Enzyklopädie der Psychologie

ENZYKLOPÄDIE DER PSYCHOLOGIE

In Verbindung mit der
Deutschen Gesellschaft für Psychologie

herausgegeben von

Prof. Dr. Niels Birbaumer, Tübingen
Prof. Dr. Dieter Frey, München
Prof. Dr. Julius Kuhl, Osnabrück
Prof. Dr. Wolfgang Schneider, Würzburg
Prof. Dr. Ralf Schwarzer, Berlin

Themenbereich D
Praxisgebiete

Serie III
Wirtschafts-, Organisations- und Arbeitspsychologie

Band 1
Arbeitspsychologie

Hogrefe • Verlag für Psychologie
Göttingen • Bern • Toronto • Seattle

Arbeitspsychologie

herausgegeben von

Prof. Dr. Uwe Kleinbeck, Dortmund
und
Prof. Dr. Klaus-Helmut Schmidt, Dortmund

Hogrefe • Verlag für Psychologie
Göttingen • Bern • Toronto • Seattle

Bibliografische Information der Deutschen Nationalbibliothek
Die Deutsche Nationalbibliothek verzeichnet diese Publikation in der Deutschen Nationalbibliografie; detaillierte bibliografische Daten sind im Internet über http://dnb.d-nb.de abrufbar.

Göttingen • Bern • Wien • Paris • Oxford • Prag • Toronto
Cambridge, MA • Amsterdam • Kopenhagen • Stockholm
Rohnsweg 25, 37085 Göttingen

http://www.hogrefe.de
Aktuelle Informationen • Weitere Titel zum Thema • Ergänzende Materialien

Satz: Grafik-Design Fischer, Weimar
Druck und Bindung: AZ Druck und Datentechnik, Kempten/Allgäu
Auf säurefreiem und chlorfrei gebleichtem Papier gedruckt
Printed in Germany

ISBN 978-3-8017-0598-5

Autorenverzeichnis

Prof. Dr. Bärbel Bergmann

Technische Universität Dresden
Institut für Allgemeine Psychologie, Biopsychologie und Methoden der Psychologie
01062 Dresden
E-Mail: bergmann@psychomail.tu-dresden.de

Prof. Dr. Gerhard Blickle

Universität Bonn
Institut für Psychologie
Kaiser-Karl-Ring 9
53111 Bonn
E-Mail: gerhard.blickle@uni-bonn.de

Prof. Dr. Veronika Brandstätter

Universität Zürich
Psychologisches Institut
Allgemeine Psychologie (Motivation)
Binzmühlestrasse 14/6
CH-8050 Zürich
E-Mail: v.brandstaetter@psychologie.uzh.ch

Prof. Dr. Felix Brodbeck

Ludwig-Maximilians-Universität München
Lehrstuhl für Organisations- und Wirtschaftspsychologie
Leopoldstraße 13
80802 München
E-Mail: brodbeck@psy.lmu.de

Prof. Dr. Heiner Bubb

Technische Universität München
Lehrstuhl für Ergonomie
Boltzmannstraße 15
85748 Garching
E-Mail: bubb@lfe.mw.tum.de

Dr. Peter Dieckmann

Danish Institute for Medical Simulation (DIMS)
Herlev Hospital
Herlev Ringvej 75
DK-2730 Herlev
E-Mail: mail@peter-dieckmann.de

Prof. Dr. Christian Dormann

Johannes Gutenberg-Universität Mainz
Psychologisches Institut
Abt. Arbeits-, Organisations- und Wirtschaftspsychologie
Staudingerweg 9
55128 Mainz
E-Mail: cdormann@uni-mainz.de

Prof. Dr. Heiner Dunckel

Universität Flensburg
Internationales Institut für Management
Munketoft 3b
24943 Flensburg
E-Mail: dunckel@uni-flensburg.de

Prof. Dr. Achim Elfering

Universität Bern
Arbeits- und Organisationspsychologie
Unitobler
Muesmattstrasse 45
CH-3000 Bern 9
E-Mail: achim.elfering@psy.unibe.ch

Dr. Charlotte Fritz

Department of Psychology
Bowling Green State University
Bowling Green, OH 43403
USA
E-Mail: fritzc@bgsu.edu

Dr. Simone Grebner

Central Michigan University
Sloan Hall 203
Mt. Pleasant, MI 48859
USA
E-Mail: simone.grebner@gmx.de

Dr. Yves R. F. Guillaume

Aston University, Aston Buisiness School
Work & Organisational Psychology Group
Birmingham B4 7ET
United Kingdom
E-Mail: y.r.f.guillaume@aston.ac.uk

Prof. Dr. Winfried Hacker

Technische Universität Dresden
Fachrichtung Psychologie
Arbeitsgruppe „Wissen-Denken-Handeln"
Objekt Falkenbrunnen
Chemnitzer Straße 46b
01187 Dresden
E-Mail: hacker@psychologie.tu-dresden.de

Prof. Dr. Herbert Heuer

Technische Universität Dortmund
Leibniz-Institut für Arbeitsforschung
Ardeystraße 67
44139 Dortmund
E-Mail: heuer@ifado.de

Prof. Dr. Uwe Kleinbeck

Technische Universität Dortmund
Institut für Psychologie
Lehrstuhl für Angewandte Organisationspsychologie
Emil-Figge-Straße 50
44227 Dortmund
E-Mail: uwe@kleinbeck.de

Prof. Dr. Udo Konradt

Universität Kiel
Arbeits-, Organisations- und Marktpsychologie
Olshausenstraße 62
24098 Kiel
E-Mail: konradt@psychologie.uni-kiel.de

Prof. Dr. Julius Kuhl

Universität Osnabrück
Fachbereich Psychologie
Seminarstraße 20
49060 Osnabrück
E-Mail: julius.kuhl@uni-osnabrueck.de

Dr. Klaus Mehl

Carl von Ossietzky Universität Oldenburg
Institut für Psychologie
Forschungszentrum sicherheitskritische Systeme
26111 Oldenburg
E-Mail: klaus.mehl@uni-oldenburg.de

Prof. Dr. Gisela Mohr

Universität Leipzig
Institut für Psychologie II
Arbeits- und Organisationspsychologie
Seeburgstraße 14-20
04103 Leipzig
E-Mail: mohr@uni-leipzig.de

Prof. Dr. Günter F. Müller

Universität Koblenz-Landau, Campus Landau
FB Psychologie
Forststr. 7
76829 Landau
E-Mail: fmueller@uni-landau.de

Prof. Dr. Friedhelm Nachreiner

Gesellschaft für Arbeits-, Wirtschafts- und Organisationspsychologische Forschung e. V. (GAWO)
26131 Oldenburg
E-Mail: nachreiner@gawo-ev.de

Dr. Peter Nickel

The University of Sheffield
Department of Psychology
Psychology Building, Western Bank
Sheffield S10 2TP
United Kingdom
E-Mail: peter.nickel@dguv.de

Dr. Franziska Perels

Technische Universität Darmstadt
Alexanderstraße 10
64283 Darmstadt
E-Mail: f.perels@iq.hessen.de

Prof. Dr. Marianne G. Resch

Universität Flensburg
Internationales Institut für Management
Munketoft 3b
24943 Flensburg
E-Mail: m.resch@uni-flensburg.de

Prof. Dr.-Ing. Heinzpeter Rühmann

Mörlbacher Weg 1
82335 Berg-Farchach
E-Mail: h.ruehmann@arcor.de

Dr. David Scheffer

Nordakademie
Hochschule der Wirtschaft
Kölner Chaussee 11
25337 Elmshorn
E-Mail: scheffer@visual-research.de

Prof. Dr. Klaus-Helmut Schmidt

Technische Universität Dortmund
Leibniz-Institut für Arbeitsforschung
Ardeystraße 67
44139 Dortmund
E-Mail: schmidtkh@ifado.de

Dipl.-Psych. Paula Schneider

Universität Bonn
Institut für Psychologie
Kaiser-Karl-Ring 9
53111 Bonn
E-Mail: paula.schneider@uni-bonn.de

Dr. Julia Schüler

Universität Zürich
Psychologisches Institut
Allgemeine Psychologie (Motivation)
Binzmühlestrasse 14/6
CH-8050 Zürich
E-Mail: j.schueler@psychologie.uzh.ch

Prof. Dr. Andreas Seeber

Technische Universität Dortmund
Leibniz-Institut für Arbeitsforschung
Ardeystraße 67
44139 Dortmund
E-Mail: seeber@ifado.de

Prof. Dr. Norbert K. Semmer

Universität Bern
Arbeits- und Organisationspsychologie
Unitobler
Muesmattstrasse 45
CH-3000 Bern 9
E-Mail: norbert.semmer@psy.unibe.ch

Prof. Dr. Bernd Six

Universität Halle
Institut für Psychologie
Brandbergweg 23c
06120 Halle
E-Mail: bernd.six@rektorat.uni-halle.de

Dr. Iris Six-Materna

Obertauerstraße 7
06258 Schkopau
E-Mail: iris.six-materna@phil.tu-chemnitz.de

Prof. Dr. Sabine Sonnentag

Universität Konstanz
Fachbereich Psychologie
Postfach D 42
78457 Konstanz
E-Mail: sabine.sonnentag@uni-konstanz.de

Prof. Dr. Karlheinz Sonntag

Universität Heidelberg
Psychologisches Institut
Hauptstraße 47-51
69117 Heidelberg
E-Mail: karlheinz.sonntag@psychologie.uni-heidelberg.de

PD Dr. Ralf Stegmaier

Universität Heidelberg
Psychologisches Institut
Hauptstraße 47-51
69117 Heidelberg
E-Mail: ralf.stegmaier@psychologie.uni-heidelberg.de

Prof. Dr. Dr. h.c. Eberhard Ulich

Institut für Arbeitsforschung und Organisationsberatung
Obere Zäune 14
CH-8001 Zürich
E-Mail: eberhard.ulich@iafob.ch

Dr. Christoph van Thriel

Technische Universität Dortmund
Leibniz-Institut für Arbeitsforschung
Ardeystraße 67
44139 Dortmund
E-Mail: thriel@ifado.de

Prof. Dr. Theo Wehner

Eidgenössische Technische Hochschule Zürich (ETH)
Zentrum für Organisations- und Arbeitswissenschaften
Kreuzplatz 5
CH-8032 Zürich
E-Mail: twehner@ethz.ch

Prof. Dr. Rainer Wieland

Bergische Universität Wuppertal
Arbeits- und Organisationspsychologie
Gaußstraße 20
42097 Wuppertal
E-Mail: wieland@uni-wuppertal.de

Prof. Dr. Bettina S. Wiese

Universität Basel
Fakultät für Psychologie
Missionsstr. 60/62
CH-4055 Basel
E-Mail: bettina.wiese@unibas.ch

Prof. Dr. Dieter Zapf

J. W. Goethe-Universität Frankfurt
Arbeits- und Organisationspsychologie
Mertonstraße 17
60054 Frankfurt/Main
E-Mail: d.zapf@psych.uni-frankfurt.de

Vorwort

Der vorliegende Enzyklopädieband „Arbeitspsychologie“ gliedert sich in drei Abschnitte: Im ersten Abschnitt werden in insgesamt sechs Kapiteln Grundlagen des menschlichen Arbeitshandelns dargestellt, einschließlich des Arbeitens in Gruppen. Der zweite Abschnitt geht mit 14 Kapiteln auf ausgewählte Themen der Arbeitspsychologie ein, die sowohl „klassische“ Inhaltsbereiche des Faches abdecken als auch Bereiche, denen als Folge veränderter Arbeits- und Lebensbedingungen besondere Aktualität beizumessen ist. Im dritten Abschnitt werden schließlich in vier Kapiteln grundlegende methodische Ansätze der arbeitspsychologischen Forschung und Anwendung beschrieben, die auch neuere Entwicklungen der statistischen Datenanalyse mit aufgreifen.

Durch die Auswahl der Beiträge wurde versucht, einen möglichst breiten Adressatenkreis anzusprechen. Wissenschaftler können sich einen kompakten Überblick über Grundlagen und neuere Entwicklungen in arbeitspsychologischen Forschungs- und Anwendungsfeldern verschaffen, deren Vertiefung durch ergänzendes Studium der in den Kapiteln zitierten Literatur ermöglicht wird. Praktiker können sich darüber informieren, welche Instrumente und Vorgehensweisen zur Lösung ihrer Probleme geeignet sind, einschließlich der Bedingungen ihrer Anwendung. Die einzelnen Beiträge sind schließlich auch für Studierende rezipierbar und eröffnen ihnen einen Zugang zur wissenschaftlichen Auseinandersetzung mit den dargestellten thematischen und methodischen Schwerpunkten des Faches.

Zur Qualitätssicherung wurden alle Kapitel einem sorgfältigen Peer-Review-Verfahren unterzogen, an dem jeweils zwei anonyme Gutachter aus dem Autorenkreis beteiligt waren. Allen an diesem Verfahren Beteiligten sei herzlich gedankt, ebenso den Autoren der einzelnen Kapitel, deren Engagement und Einsatz erst die Grundlagen für den vorliegenden Enzyklopädieband lieferten. Nicht zuletzt gilt unser Dank insbesondere Frau Marion Dömer, Frau Nicole Rück, Frau Ingrid Lange und Herrn Andreas Siebert, die mit Akribie und Ausdauer die redaktionellen Arbeiten an diesem Band übernommen haben.

Wir hoffen, dass die Leistungen aller Beteiligten für die Leserinnen und Leser von Nutzen sind.

Dortmund, im Herbst 2009

Uwe Kleinbeck
Klaus-Helmut Schmidt

Inhaltsverzeichnis

Teil I: Grundlagen des menschlichen Arbeitshandelns

1. Kapitel: Psychische Regulation von Arbeitstätigkeiten
Von Winfried Hacker

2. Kapitel: Zielbildung und Zielbindung
Von Julia Schüler und Veronika Brandstätter

3. Kapitel: Volitionale Prozesse der Zielverfolgung
Von David Scheffer und Julius Kuhl

4. Kapitel: Leistungsbeurteilung, Leistungsfeedback und Feedbackwirkungen
Von Klaus-Helmut Schmidt

5. Kapitel: Wahrnehmung und Arbeitshandeln
Von Herbert Heuer

6. Kapitel: Arbeiten in Gruppen
Von Felix C. Brodbeck und Yves R. F. Guillaume

Teil II: Ausgewählte Themen der Arbeitspsychologie

7. Kapitel: Sozialisationsprozesse bei der Arbeit
Von Bärbel Bergmann

8. Kapitel: „Psychische Kosten“ von Arbeit: Beanspruchung und Erholung, Leistung und Gesundheit
Von Norbert K. Semmer, Simone Grebner und Achim Elfering

9. Kapitel: Verhaltenstoxikologie
Von Andreas Seeber und Christoph van Thriel

10. Kapitel: Anpassungs- und Veränderungsbereitschaft angesichts des Wandels der Arbeit
Von Gerhard Blickle und Paula B. Schneider

11. Kapitel: Erwerbslosigkeit
Von Gisela Mohr

12. Kapitel: Grundsätze ergonomischer Arbeitsplatz- und Betriebsmittelgestaltung
Von Heinzpeter Rühmann und Heiner Bubb

13. Kapitel: Aufgabengestaltung
Von Eberhard Ulich

14. Kapitel
Selbstmanagement und Selbstführung bei der Arbeit
Von Günter F. Müller und Bettina S. Wiese

15. Kapitel: Arbeit und Privatleben: Das Verhältnis von Arbeit und Lebensbereichen außerhalb der Arbeit aus Sicht der Arbeitspsychologie
Von Sabine Sonnentag und Charlotte Fritz

16. Kapitel: Förderung motivationaler und volitionaler Kompetenzen in Arbeitsgruppen
Von Uwe Kleinbeck

17. Kapitel: Mensch-Computer-Interaktion
Von Udo Konradt

18. Kapitel: Handlungsfehler und Fehlerprävention
Von Theo Wehner, Klaus Mehl und Peter Dieckmann

19. Kapitel: Trainingsgestaltung
Von Karlheinz Sonntag und Ralf Stegmaier

20. Kapitel: Gestaltung gesundheitsförderlicher Arbeitsbedingungen
Von Rainer Wieland

Teil III: Grundlegende methodische Ansätze der arbeitspsychologischen Forschung und Anwendung

21. Kapitel: Quer- und Längsschnittstudien in der Arbeitspsychologie
Von Christian Dormann, Dieter Zapf und Franziska Perels

22. Kapitel: Evaluation arbeitspsychologischer Interventionsmaßnahmen
Von Peter Nickel und Friedhelm Nachreiner

23. Kapitel: Metaanalysen
Von Bernd Six und Iris Six-Materna

24. Kapitel: Arbeitsanalyse
Von Heiner Dunckel und Marianne G. Resch

Teil I

Grundlagen des menschlichen Arbeitshandelns

1. Kapitel

Psychische Regulation von Arbeitstätigkeiten

Winfried Hacker

1 Einordnung

Der Kern von Arbeitsprozessen, seien es Prozesse der Erwerbs-, Versorgungs-, Eigen- oder ehrenamtlichen Arbeit, sind Arbeitstätigkeiten. Diese sind psychisch reguliert. Das gilt für vorwiegend körperliche wie vorwiegend geistige Arbeit. Das Kapitel beschreibt die Struktur und die Komponenten dieser psychischen Regulation von Arbeitstätigkeiten und von deren Bestandteilen, den Handlungen und den Operationen.

Mit der Verlagerung der Arbeitsanforderungen von hauptsächlich körperlichen Anforderungen zu hauptsächlich psychischen ist in der heutigen und künftigen Arbeitswelt die Bedeutung des Wissens um die psychische Regulation von Arbeitstätigkeiten ausschlaggebender denn je geworden für das Untersuchen, Bewerten und Gestalten sowohl der Arbeitsprozesse als auch der Ausbildung und Auswahl der Arbeitenden (Hacker, 1995; Hacker, Fritsche, Richter & Iwanowa, 1995; Oesterreich & Volpert, 1999; Schönpflug, 1979; Volpert, 2003). Regulationsmerkmale wie Regulationsbehinderungen, Vollständigkeit oder Ganzheitlichkeit der psychischen Anforderungen sowie Tätigkeitsspielraum bestimmen das Risiko, Befindens- bzw. Gesundheitsbeeinträchtigungen bei der Arbeit zu erleiden (Wieland, Klemens, Scherrer, Timm & Krajewski, 2004). In dem Maße, in dem darüber hinaus die Neuartigkeit (Innovativität) von Produkten oder Prozessen die Konkurrenzfähigkeit rohstoffarmer Volkswirtschaften bestimmt, erlangen Kenntnisse über die intellektuellen, insbesondere die problemlösenden Regulationsvorgänge schöpferischer Arbeitstätigkeiten eine Schlüsselrolle.

Die Komponenten des Arbeitsprozesses sind das arbeitende Subjekt, der Auftrag bzw. die selbst gestellte Aufgabe, die durch die Arbeitstätigkeit verwirklicht wird, die Arbeitsmittel und die Ausführungsbedingungen (Arbeitsbedingungen). Die zentrale Komponente ist die Arbeitstätigkeit, deren Anforderungen als Arbeitsinhalt bezeichnet werden. Das gilt nicht nur für die bezahlte Erwerbsarbeit im engeren Sinne, sondern für alle Formen ergebnisorientierter Tätigkeiten, also auch für Eigenarbeit, Hausarbeit oder gemeinnützige bzw. gesellschaftliche Arbeit (Nitsche & Richter, 2003; Resch, 1999, 2003; Ulich, 2005).

Arbeitstätigkeiten als der zentrale Bestandteil von Arbeitsprozessen sind nicht beschreibbar lediglich als sichtbare äußere Verrichtungen (beispielsweise eine Reihe von Handbewegungen), sondern sie werden durch innere, psychische Prozesse (beispielsweise das Schlussfolgern) und psychische Repräsentationen (beispielsweise Wissen) reguliert. Zur Beschreibung der psychischen Regulation von Arbeitstätigkeiten wurden Konzeptionen wie die der operativen Abbildsysteme, d. h. tätigkeitsleitender psychischer Sachverhalte, entwickelt (Oschanin, 1976). Jedoch haben sich diese Konzeptionen – abgesehen von speziellen Gebieten wie dem sensumotorischen Lernen – in der US-amerikanisch dominierten Psychologie nur langsam durchgesetzt. Die Grundlagen für diese Durchsetzung kamen vorzugsweise aus der russischen und polnischen Tätigkeits- bzw. Handlungspsychologie (Bernstein, 1967; Galperin, 1966, 1967; Leont'ev, 1979; Lomow, 1964; Luria, 1956; Rubinstein, 1914, 1958; Tomaszewski, 1978, 1981) und aus Einflüssen der Regelungstheorie und der Kybernetik (Miller, Galanter & Pribram, 1960; Wiener, 1963).

Ein Blick in verbreitete Lehrbücher der Kognitionspsychologie zeigt: In der Kognitionspsychologie wurden Konzepte zur psychischen Regulation von Tätigkeiten oder Handlungen – im Unterschied zu einzelnen psychischen Prozessen – im Vergleich zur Arbeitspsychologie und ihrer Vorläuferin, der Psychotechnik (beispielsweise Lewin & Rupp, 1928), später entwickelt. Diese Konzepte sind nicht für die Analyse und Gestaltung von konkreten Arbeitsprozessen gedacht. Auch erfolgen kaum Rückgriffe der kognitionspsychologischen Beiträge auf verwandte frühere Arbeiten aus den angewandten Disziplinen (vgl. zum Beleg die Literaturangaben beispielsweise bei Müsseler & Prinz, 2002). Eigenständige Beiträge zur psychischen Regulation von Tätigkeiten bieten auch Persönlichkeits- und Entwicklungspsychologie (z. B. Kuhl & Beckmann, 1994; Brandtstädter, 2001). In diesem Beitrag erfolgt eine Beschränkung auf den Gegenstandsbereich von Arbeitstätigkeiten.

Bereits Aristoteles hatte die Handlung als intentionalen Prozess beschrieben. Er unterschied die Handlungsabsicht (Intention) von den vorweggenommenen Handlungszielen und den Handlungsumständen (-bedingungen). In seinen spät entdeckten Fragmenten hatte Novalis am Ende des 18. Jahrhunderts die fundamentale Bedeutung von ganzheitlichen Tätigkeiten für die Identitätsbildung skizziert (Novalis, 1929). Ausdrücklich auf die Industrie bezogen hat der als

Urwaldarzt bekannte Albert Schweitzer (1971) die Rolle geistig anspruchsvoller Arbeitsinhalte auch für die Persönlichkeitsentwicklung begründet.

Seit der Darstellung der theoretischen Konzeption im englischen Sprachraum (Frese & Sabini, 1985; Frese & Zapf, 1994; Hacker, 1985a–d, 1986a, b, 2001, 2002, 2003) sind Ansätze zur Nutzung des Konzepts der psychischen Regulation von Arbeitstätigkeiten als theoretische Grundlegung von Maßnahmen der Arbeitsgestaltung, besonders zur Gestaltung kognitiver Regulationsvorgänge und von Lernprozessen auch in der englischsprachigen Psychologie, in Gang gekommen (Engeström & Engeström, 1986; Roe, 1999; Parker, Wall & Cordery, 2001; Holman & Wall, 2002; Leach, Wall & Jackson, 2003).

Die Bedeutung der psychischen Regulation von Arbeitstätigkeiten geht zurück auf die zentrale Stellung der Arbeitstätigkeit im Arbeitsprozess. Diese wird im Folgenden ausgeführt.

2 Arbeitstätigkeiten als zentrale Komponenten von Arbeitsprozessen

Tätigkeiten sind Komponenten des Verhaltens, an deren psychischer Regulation alle Erscheinungsformen des Psychischen beteiligt sind. Der Tätigkeitsbegriff kann als Oberbegriff verstanden werden, während Handlungen (durch Ziele) abgegrenzte Einheiten von Tätigkeiten bezeichnen. Die psychische Tätigkeitsregulation umfasst die nach Art der Komponenten und deren Wechselbeziehungen zu kennzeichnende Struktur der tätigkeitsveranlassenden, tätigkeitsführenden und tätigkeitskontrollierenden psychischen Vorgänge (Prozesse), Repräsentationen (Wissens-/Gedächtnisinhalte) und Eigenschaften („traits"). Diese sind bestimmt durch einen übernommenen und dabei zur Aufgabe redefinierten Auftrag oder selbst abgeleitete Aufgabenstellungen mit den jeweiligen Ausführungsbedingungen. Die Aufgabe bestimmt zusammen mit den Ausführungsbedingungen und handlungsbezogenen Persönlichkeitsmerkmalen die konkreten Merkmale der psychischen Tätigkeitsregulation (Hacker, Schöppe, Grüllich & Walter, 1999).

Der Tätigkeits- und der untergeordnete Handlungsbegriff sind mehrstellige Relationen und heben in diesem Sinne wesentliche systemtheoretische (Wiener, 1963) und interaktionistische (Magnusson, 1981) Anliegen in sich auf. Der Tätigkeitsbegriff als fünfstellige Relation setzt in Beziehung

- Veränderungsvorgänge informationeller oder energetischer Art,
- Gegenstände, die den Vorgängen ihre Gesetzmäßigkeiten aufzwingen,
- als Ziel vorweggenommene Resultate,

- Mittel und Ausführungsbedingungen,
- Personen mit Könnensvoraussetzungen für die Vorgänge sowie mit Stellungnahmen zu den Vorgängen, in denen sie sich auch selbst verändern.

Diese fünf Sachverhalte sind die Leerstellen des Tätigkeitsbegriffs als relationalem Konzept. Sie geben Beziehungen vor, die in jeder Tätigkeit mit konkreten Wissensinhalten gefüllt sein müssen, damit zielgerichtet gehandelt werden kann. Die sogenannten Fragewort- oder W-Fragen der Tätigkeitsanalyse (vgl. dazu Hacker, 1998) helfen, die jeweilige konkrete Füllung zu finden: Wer (Person bzw. Subjekte der Tätigkeit) tut was (Veränderungsvorgang) wozu (Ziel als vorweggenommenes Resultat), woran (Handlungsgegenstand), womit (Hilfsmittel) unter welchen Bedingungen? In gegenständlich verändernden Arbeitstätigkeiten kommen noch hinzu die Fragen woraufhin (Signale, situational cues) und warum (zu berücksichtigende Ursachen der zu verändernden Sachlage). Die W-Fragen sind eine anwendungsorientierte Umsetzung semantischer Relationen, insbesondere der sogenannten Ereignisrelationen (vergleiche hierzu Krause, 2000), die sich beim Analysieren und Gestalten insbesondere von dominant geistigen Arbeitstätigkeiten bewähren.

Praktisch sind diese semantischen Relationen und die auf sie zielenden Fragewort-(W-)Fragen die Grundlage der Ermittlung der psychischen Anforderungen von Arbeitstätigkeiten für die Tätigkeitsbewertung (beispielsweise für Entlohnungszwecke), die Festlegung von Ausbildungsinhalten, die Arbeitstätigkeitsgestaltung oder für die Auswahl von Eignungsermittlungsverfahren.

Bei Tätigkeiten sind prinzipiell zu unterscheiden antriebsunmittelbare und antriebsmittelbare Tätigkeiten und Handlungen. Bei antriebsunmittelbaren, beispielsweise affektiven, impulsiven oder auch reflektorischen Handlungen geht der Antriebsimpuls, beispielsweise ein Affekt, ohne das Abwägen von Zielen und Konsequenzen in die Handlungsausführung über. Dagegen ist bei den im betrieblichen Alltag vorherrschenden *Arbeitstätigkeiten* eine ausgebaute Ziel-, Maßnahmen- und Mittelerwägung sowie -auswahl zwischen Antrieb (handlungsveranlassendem Motiv) und Handlungsausführung zwischengeschaltet. Die häufigste – keinesfalls jedoch die alleinige – Form antriebsmittelbarer Handlungen sind zielgerichtet-willentlich regulierte Handlungen (Leont'ev, 1979). Oftmals sind diese nicht durch Motive, insbesondere Bedürfnisse (beispielsweise Hunger) angestoßen, sondern durch Ziele als Quasibedürfnisse (beispielsweise das Ziel, sich Wissen für später anzueignen; Lewin, 1926). Die folgenden Darstellungen beschränken sich auf die antriebsmittelbaren zielgerichtet-volitiven Tätigkeiten, weil Arbeitstätigkeiten zu dieser Tätigkeitsklasse gehören.

Ein Beispiel für eine zielgerichtete Arbeitstätigkeit ist das Fertigen von Gewinden. Das Ziel sind hierbei die forderungsgerechten Gewinde. Zu erwägen sind

u. a. die Abfolge der Fertigungsschritte und das Fertigungsprinzip (beispielsweise ein Werkstück nach dem anderen komplett fertigen versus alle Teile erst vorfertigen, dann Gewinde schneiden etc.). Die gefertigten Gewinde können elementare Bedürfnisse nach Nahrung, Kleidung, Wohnung etc. nur *vermittelt* über den Lohn und dessen Verausgabung auf dem Markt befriedigen.

3 Handlung als psychologische Einheit von Tätigkeiten: Tätigkeit – Handlung – Operation

Tätigkeiten sind übergeordnete Verhaltenseinheiten, die ganze Handlungsketten und deren Komponenten, die Teilhandlungen oder Operationen, umfassen. Sie verfolgen ein sogenanntes Oberziel, das – insbesondere im Arbeitsprozess – als Quasibedürfnis ein Motiv vertritt. Die Tätigkeiten werden in Handlungen verwirklicht (Gollwitzer & Bargh, 1996; Leont'ev, 1979; Lewin, 1926).

Der Handlungsbegriff ist der wichtigste Begriff einer Psychologie der (Arbeits-) Tätigkeit. Handlung bezeichnet eine zeitlich in sich geschlossene, auf ein Ziel gerichtete sowie inhaltlich und zeitlich gegliederte Einheit der Tätigkeit, nämlich die kleinste psychologisch relevante Einheit willentlich gesteuerter Tätigkeiten. Die Abgrenzung von Handlungen erfolgt durch das bewusste Ziel, das die mit der Absicht der Realisierung (Intention) verknüpfte Vorwegnahme des Ergebnisses (Antizipation) darstellt. Jede Handlung ist stets ein psychischer Vorgang, weil sie bewusst, d. h. zielgerichtet ist. Sie hat Ziele und erfüllt Aufgaben. Für Teilhandlungen (Operationen) und die in diesen enthaltenen Bewegungen gilt das nicht (Bernstein, 1967).

Jede Handlung schließt über die Ziele hinaus auch kognitive Prozesse ein. Sie ist wenigstens eine sensumotorische Einheit, in der Regel aber eine Einheit von Wahrnehmen, Urteilen, Behalten, Reproduzieren und motorischem Ausführen (Bewegen) (Hommel, 2002; Kluwe, 2000). Der Begriff der zielgerichteten Handlung als Einheit der Tätigkeit hebt die künstliche Gegenüberstellung von motivationalen (einschließlich emotionalen; vgl. Abschnitt 11) und kognitiven (und innerhalb dieser von perzeptiven, intellektuellen und mnestischen) Prozessen sowie von psychischen Prozessen und Repräsentationen sowie Eigenschaften auf: Ziele sind Verknüpfungen wenigstens der kognitiven Vorwegnahme und der motivationalen bzw. volitionalen Vornahme (des Vorsatzes) und der Gedächtnisspeicherung der Vorwegnahmen als Grundlage rückkoppelnder Soll-ist-Vergleiche (eingehender vgl. Abschnitt 8).

Zielsetzen hat sich als außerordentlich produktive Managementtechnik zur Produktivitätssteigerung sowohl bei gewerblichen Tätigkeiten als auch bei Lehrtätigkeiten und Aufgaben im Humandienstleistungsbereich erwiesen. Entsprechend einer Vielzahl von Befunden sollen dabei die Ziele hoch, spezifisch, eindeutig an bestimmte Personen adressiert sein und präzise operationalisierte Teilzielketten enthalten (Locke & Latham, 1990). Das technologisch am stärksten durchgearbeitete PPM-Verfahren (Partizipatives Produktivitäts-Management) betont zudem den partizipativen Charakter der Zielsetzungen, um eine hohe Zielbindung (commitment) zu erzeugen, sowie die zentrale Funktion der Ergebnisrückmeldungen (Pritchard, Kleinbeck & Schmidt, 1993; Kleinbeck & Schmidt, 2004).

4 Determination der psychischen Regulation von Arbeitstätigkeiten durch die Rahmenbedingungen des Arbeitsprozesses

Die psychischen Regulationsmerkmale von Arbeitstätigkeiten sind in ausschlaggebendem Maße bedingt durch die Rahmenbedingungen der Arbeitsausführung. Dazu gehören:

1. Die *Gesetzmäßigkeiten* der Arbeitsgegenstände, Arbeitsmittel und -felder. Das können u. a. technologische, physikalische, chemische, biologische oder soziale und wirtschaftliche Gesetzmäßigkeiten sein, deren Wirken vom Arbeitenden zu erkennen, zu begreifen und bei der Wahl von Vorgehensweisen zu beachten ist. Beispielsweise ist Eisen nur bei starker Erhitzung schmiedbar. Oder: Der Wert der Arbeitskraft wird wesentlich bestimmt von Angebot und Nachfrage am Arbeitsmarkt.
2. Die Aufteilung der Tätigkeiten als *Funktionsteilung* (Allokation) zwischen Menschen und Maschinen bzw. automatisierten technischen Systemen sowie als *Aufgabenteilung* (Arbeitsteilung) zwischen Menschen in der Arbeitsorganisation (Gebert & Rosenstiel, 2002).
3. Der durch die Art der Funktions- sowie der Arbeitsteilung bestimmte *Tätigkeitsspielraum* als Möglichkeit eigenen Zielstellens und des Entscheidens bezüglich der Art und Weise der Erfüllung von Arbeitsaufträgen. Das Vorliegen bzw. Fehlen der Möglichkeiten zu eigenständigem Zielstellen und Entscheiden wird in der arbeits- und organisationspsychologischen Literatur unter verschiedenen Gesichtspunkten beschrieben und mit unterschiedlichen Begriffen wie Freiheitsgrade, Handlungsspielraum, Kontrollspielraum, Entscheidungsspielraum, Autonomie oder job discretion („Tätigkeitsermessen") belegt.

Selbstgesetzte Ziele entstehen vorzugsweise bei Entscheidungsmöglichkeiten. Selbstgesetzte Ziele sind die Kristallisationskerne psychischer Vorgänge beim Handeln (Leontjev, 1979). Möglichkeiten zum Zielsetzen und Entscheiden im Arbeitsprozess stehen in enger Beziehung zur Durchschaubarkeit (Transparenz), Vorhersehbarkeit (Prädiktibilität) und Beeinflussbarkeit (Kontrollierbarkeit, „Kontrolle“) der Arbeitssituation: In undurchschaubaren, unvorhersehbaren oder kaum beeinflussbaren Arbeitssituationen dürfte es schwieriger sein, differenzierte Ziele zu setzen oder zu verfolgen als in durchschaubaren, vorhersehbaren und beeinflussbaren (Blumenfeld, 1932; Seligman, 1975).

Durch die Beschaffenheit dieser Rahmenbedingungen von Arbeitstätigkeiten werden Möglichkeiten zu verschiedenartiger Tätigkeitsregulation – beispielsweise durch unternehmens- und arbeitsorganisatorisch eingeräumte Tätigkeitsspielräume – geboten oder aber eingeschränkt bzw. sogar behindert (Oesterreich, 1981; Semmer, 1984). Das Konzept des Tätigkeitsspielraums wurde von Frese (1987) differenziert. Er schlug die Unterscheidung zwischen Beeinflussbarkeit (Kontrolle) als Entscheidungsmöglichkeiten und Komplexität sowie Kompliziertheit vor. Komplexität beschreibt dabei notwendige Entscheidungserfordernisse, Kompliziertheit dagegen schwierige und überflüssige Entscheidungserfordernisse.

5 Arten tätigkeitsleitender psychischer Prozesse, Repräsentationen und Eigenschaften

Psychische Tätigkeitsregulation erfolgt durch mehrere Arten psychischer Sachverhalte: Beteiligt sind zum einen *psychische Prozesse*. Dazu zählen zunächst *Wahrnehmungen* der aktuellen Arbeitssituation und der in ihr auftretenden tätigkeitsleitenden Signale (zum Beispiel die Verfärbung eines Stoffs, die Veränderung eines Motorgeräuschs; vgl. Heuer in diesem Band). Spitzenkönner einer Arbeitstätigkeit verfügen über differenziertere und qualitativ andere Signale (beispielsweise über Voranzeichen für sich anbahnende Situationen) als Durchschnittskönner. Des Weiteren sind *kognitive Prozesse* als rational-intellektuelles und anschauliches Denken, *Erinnerungsvorgänge* von übernommenem Wissen und selbst erworbener Erfahrung, motivationale einschließlich emotionale Vorgänge beteiligt.

Zum Zweiten sind mehrere Formen von Gedächtnis„inhalten“ *(Gedächtnisrepräsentationen)* an der Regulation von Arbeitstätigkeiten beteiligt: Gedächtnisrepräsentationen (operative Abbildsysteme, mentale Repräsentationen oder Modelle) haben eine unerlässliche Funktion für das forderungsgerechte Ausführen von (Arbeits-)Tätigkeiten: Mit den in ihnen enthaltenen *Soll-Werten*, z. B. Zielen und Teilzielen, werden die beim Kontrollieren des Ausführens (als reafferenter Form des Orientierens) erfassten Zustände verglichen. Aus den *gespeicherten Programmen* (vgl. Abschnitt 6) werden im Falle des Nichtübereinstimmens von Soll- und Ist-Zustand die erforderlichen weiteren Schritte entnommen bzw. im Sinne des vorstellungsmäßigen bzw. gedanklichen Operierens an einem *inneren (Gedächtnis-)Modell* der Situation abgeleitet. Die wichtigste Gedächtnisrepräsentation ist dabei das *Ziel* als regulative Invariante. Ohne Ziel keine zielgerichtete Handlungsregulation. Hierin besteht der unerlässliche Beitrag des Absichtsgedächtnisses (prospektives Gedächtnis) zur Handlungsregulation (Dörner, 1983; Brandimonte, Einstein & McDaniel, 1996; Gollwitzer & Moskowitz, 1996; Hacker, Herrmann, Pakoßnik & Rudolf, 1998; Pascha, Schöppe & Hacker, 2001). Zu den Zielen in Arbeitstätigkeiten vgl. die Abschnitte 8 bis 10.

Auch in der Handlungs*vorbereitung* haben Gedächtnisrepräsentationen eine unersetzbare Funktion: Wissen als im Ausbildungsprozess übernommenes Wissen oder selbst erarbeitete Erfahrung über Eigenschaften der Situation, der Hilfsmittel oder der Handlungsgegenstände ermöglicht das Erproben von Handlungsprogrammen in der Vorstellung oder an begrifflichen Repräsentationen vor ihrem praktischen Einsatz. Weiterhin sind sie die Grundlage für das Auswählen von Aktionsprogrammen, sofern Freiheitsgrade für ein unterschiedliches Vorgehen bestehen. Sie dienen der prognostischen Bewertung der Folgen möglicher Schritte und der Entscheidung für einen Weg. Sogar bereits das Orientieren wird durch die Beschaffenheit dieser Gedächtnisrepräsentationen beeinflusst: Verschiedene Repräsentationen führen zu unterschiedlichen Hypothesen über den zu verändernden Sachverhalt und veranlassen damit unterschiedliche Suchstrategien, die Auswahl verschiedener Informationsquellen und unterschiedliche Verarbeitungsweisen.

Zum Dritten sind an der psychischen Regulation von Arbeitstätigkeiten *psychische Eigenschaften* beteiligt. Dazu gehören beispielsweise Handlungsstile als Persönlichkeitseigenschaften wie die Planungsneigung, das heißt die Neigung zum eingehenden Vorausplanen von (Arbeits-)Prozessen, gegebenenfalls bis hin zum Aufstellen von Alternativplänen für den Fall des Misslingens anderer (vgl. das HAKEMP-Verfahren von Kuhl, 1983 oder die Planungsdiagnostik nach Heisig, 1996).

Die psychische Regulation umfasst also sowohl die „Antriebs"- als auch die „Ausführungsregulation" (Rubinstein, 1958); sie verläuft auf unterschiedlichen Bewusstseinsebenen, sie kann „intuitiv" oder „rational" sein (Kannheiser, 1992); sie betrifft sowohl „objektivierendes" als auch „subjektivierendes Arbeitshandeln" (Böhle, 1994). Sie ist *realiter nicht* zerlegbar in Einzelregulationen etwa kognitiver versus emotionaler versus mnestischer (gedächtnisgestützter) etc. Art.

Die wichtigsten Kennzeichen der psychischen Regulation von Arbeitstätigkeiten sind die Zielgerichtetheit und die gleichzeitig hierarchische (bzw. heterarchische) und zyklische Organisation der Handlungskomponenten nach den Erfordernissen des zu erfüllenden Auftrags bzw. der selbst gestellten Aufgabe. Die zyklische Organisation der Handlungsregulation beschreibt den Sachverhalt, dass im Handeln in der Regel nacheinander abgewickelte *Phasen* oder Aspekte unterschieden werden können. Die hierarchische bzw. heterarchische

Organisation ist durch die Unterscheidbarkeit sogenannter *Regulationsebenen* oder *-modi* gekennzeichnet. Der Begriff der Ebenen ist dabei in einem bildhaften Sinne zu verstehen. Handlungsphasen, Regulationsebenen und die Bedeutung von Zielen werden in den nächsten Abschnitten behandelt.

6 Hierarchisch-sequenzielle Tätigkeitsregulation: die Handlungsphasen

In Bezug auf den sequenziellen Aspekt der Handlungsphasenregulation lassen sich zumindest die folgenden fünf Phasen unterscheiden (Tomaszewski, 1978).

1. Der Aspekt des „*Richtens*" beschreibt das Übernehmen eines Auftrags als Aufgabe bzw. das Selbststellen einer Aufgabe: Dabei wird auf der Grundlage der zu entwickelnden Motivierung das künftige Ergebnis als Ziel vorweggenommen. Das Übernehmen eines Auftrags geht mit seiner Redefinition einher (Hackman, 1970; Hacker, 2002; vgl. Abschnitt 9).
2. Im *Orientieren* geht es darum, die für das Handeln erforderliche Information aufzunehmen und zu verarbeiten sowie die dafür notwendigen Kenntnisse und Erfahrungen aus dem Gedächtnis zu aktivieren. Dabei werden die Ziele sowie die Ausgangsbedingungen untersucht, Wege und Mittel, sie zu erreichen, aktualisiert und Hypothesen dazu aufgestellt (Tomaszewski, 1978).
3. Auf der Grundlage des Vergleichs von Ausgangszustand, Zielvorstellung und einsetzbaren Überführungsbedingungen wird das *Entwerfen* von Aktionsprogrammen möglich. „Aktionsprogramm" ist der Oberbegriff für Strategien, Pläne, Handlungsschemata und Bewegungsentwürfe. Das Entwerfen ist wenigstens immer dann erforderlich, wenn das Erreichen des Ziels mehrere Zwischenschritte erfordert. Die deutlichste Form des Entwerfens ist die vorstellungsmäßige bzw. gedankliche Vorwegnahme der Verfahrensweise und der Mittel. Ausgehend von der Ableitung der zu durchlaufenden Teilziele aus dem Ziel werden die Operationsabfolgen einschließlich der einzusetzenden Arbeitsmittel abgeleitet und zeitlich geordnet. Bei zahlreichen Handlungen erfolgt nach dem Ableiten von Teilziel- und Operationsabfolgen in ihrer zeitlichen, phasenhaften Ordnung eine Reorganisation in rationellere größere Einheiten bis hin zu komplexen Handlungsplänen oder Strategien, welche auf heterarchischen bzw. hierarchischen Ebenen geordnet sein können. Miller et al. (1960) definierten die Aktionsprogramme (von ihnen sämtlich als Pläne bezeichnet) daher als hierarchische Prozesse des Organismus, welche die Ordnung regulieren, in der eine Folge von Operationen ablaufen soll. Aktionsprogramme sind formal beschreibbar als Befehlslisten. Vom jeweils übergeordneten Aktionsprogramm werden die Unterprogramme eingesetzt und überwacht (Miller et al., 1960; Hommel, 2002; Keele, Cohen & Ivry, 1990).

4. Da gleiche Ziele häufig auf unterschiedliche Weise erreicht werden können, ist meist eine *Entscheidung* zwischen verschiedenen Vorgehensvarianten erforderlich. Mit dem Vorsatz zum Verwirklichen des beim Entscheiden ausgewählten Weges erfolgt der Übergang von der Handlungsvorbereitung zum Handlungsvollzug (Aspekt des Entschließens).
5. Der Handlungsvollzug wird durch wiederholte *Vergleiche* des erreichten Ist-Zustands mit dem gespeicherten Ziel als Soll-Zustand kontrolliert. Wegen dieser rückkoppelnden Vergleichsprozesse haben die Handlungsphasen eine *Regelkreis-, Feedback- oder zyklische Struktur.*

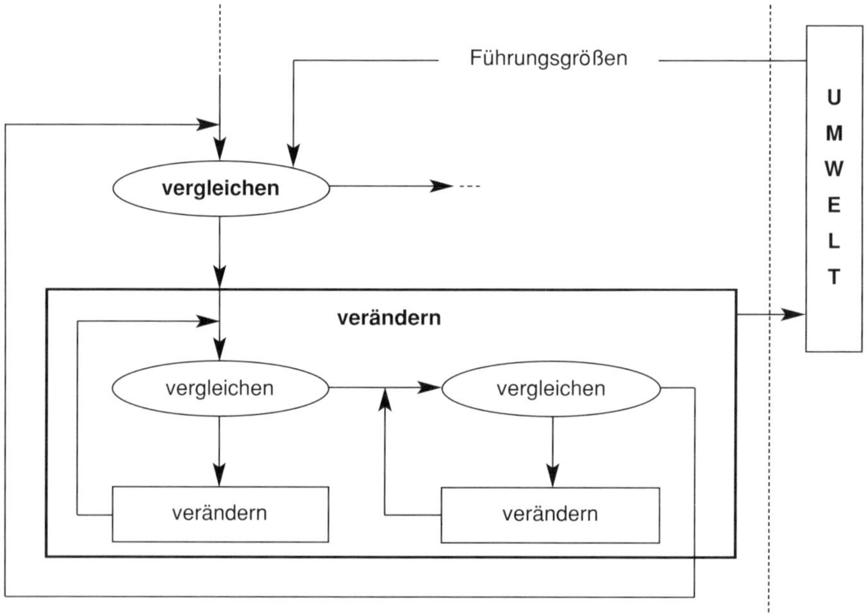

Abbildung 1:
Verschachtelungsstruktur von Rückkoppelungseinheiten (Text-Operate-Text-Exit-Einheiten oder Vergleichs-Veränderungs-Rückkoppelungseinheiten) in Weiterführung von Miller, Galanter und Pibram (1960); eingehender vgl. Hacker (1998, 2005)

In experimentellen Untersuchungen konnte Tschan (1995, 2000, 2002) die Bedeutung eines optimalen Ablaufs von Handlungsphasen zeigen: Ein hoher Prozentsatz von Handlungszyklen, die (a) vollständig waren, d. h. Orientierung, Planung, Ausführung und Bewertungsschritte enthielten und die (b) diese Phasen in eben dieser sachlogischen Abfolge enthielten, ging mit höherer Leistung einher. Das wurde für individuelles, dyadisches und Kleingruppenhandeln gezeigt.

7 Sequenziell-hierarchische Regulation: die Regulationsebenen (Modi)

Der zyklische Ablauf ist mit verschiedenen Regulationsmodi oder – bildhaft formuliert – auf unterschiedlichen *Regulationsebenen* möglich. Gemeint ist, dass komplette Tätigkeiten durch andere psychische Sachverhalte reguliert werden als ihre Bestandteile, die Handlungen, und dass Bestandteile von Handlungen, die Teilhandlungen oder Operationen, nochmals durch andere psychische Sachverhalte reguliert sind. Tätigkeiten lassen sich daher darstellen als Hierarchien in einander enthaltenen (verschachtelten) zyklischen oder Rückkoppelungseinheiten (Test-Operate-Test-Exit-, d. h. TOTE-Einheiten; Miller et al., 1960; vgl. Abb. 1). Da zyklische Regulationseinheiten hierarchisch ineinander „geschachtelt" sind, wird von hierarchisch-sequenzieller bzw. heterarchisch-sequenzieller Struktur der psychischen Regulation gesprochen. In der Hierarchie bzw. Heterarchie von Rückkopplungseinheiten sind wenigstens drei „Ebenen" der Ausführungsregulation von Handlungen zu unterscheiden, die intellektuelle, die wissensbasierte oder perzeptiv-begriffliche und die sensumotorische, die jeweils nochmals unterteilbar sind und daher relativ beliebig viele Beschreibungsebenen anbieten (Hacker, 1968, 1998, 2001, 2003; vgl. Abb. 2).

Eine Einteilung, die der hier dargestellten sehr ähnlich ist, hat Rasmussen (1983, 2001) vorgelegt. Durch die Verwendung unterschiedlicher Begriffe kann leicht Verwirrung entstehen. Rasmussen spricht von „skill-based", also fertigkeitsbasiert, wo hier von „sensumotorischer bzw. automatischer Regulation" gesprochen wird. Er spricht von „rule-based", wo hier von wissensbasierter Regulation die Rede ist, verwendet aber den Begriff „wissensbasiert" für unsere „intellektuelle" Regulation. Wir bezeichnen die mittlere Ebene in unserem Modell als „wissensbasiert", weil dabei Wissen relativ direkt, also ohne tiefgehende Analyse, nach gespeicherten Wenn-dann-Regeln in das Handeln umgesetzt wird. Bei der hier als „intellektuell" bezeichneten Regulation hingegen sind solche Analyseprozesse gerade kennzeichnend. Wissen ist dabei auch erforderlich, und vermutlich deshalb spricht Rasmussen hier von einer wissensbasierten Regulation. Der aus unserer Sicht entscheidende Prozess ist jedoch der der Analyse, und das wird mit der Bezeichnung „wissensbasiert" nicht gut ausgedrückt. Daher halten wir unsere Bezeichnungen für zweckmäßiger.

Die oben benannten drei Hauptebenen der psychischen Tätigkeitsregulation bieten sich als Grundeinteilung in Anlehnung an nicht bewusstseinsfähige, bewusstseinsfähige, wenn auch nicht bewusstseinspflichtige sowie bewusstseinspflichtige Regulationsgrundlagen an (vgl. Abb. 2): *Die sensumotorische bzw. automatische Ebene* stellt einen Grenzfall der kognitiven Handlungsregulation dar. Die Situationsabbilder (Sinnesmeldungen) und Ausführungsprogramme dieser Ebene sind nicht bewusstseinsfähig, und sie lenken Bewegungen oder mentale Operationen (etwa das Spreizen der Finger beim Ergreifen eines Stifts oder das grammatikalisch korrekte Reihen von Wörtern im Gespräch) als unselbstständige, nicht durch eigene Ziele regulierte Handlungskomponenten (Operationen). Handlungen dagegen können nur durch bewusstseinsfähige Abbilder reguliert werden. Begrifflich formulierbare Wahrnehmungen und Vorstellungen als Wissensbestände *(wissensbasierte oder perzeptiv-begriffliche Ebene)* bereiten Handlungen vor und lösen wissensgestützte Handlungsentwürfe (Schemata) aus (Leplat & Hoc, 1980). Komplexe, bewusstseinspflichtige intellektuelle Prozesse sind zum Aufstellen individueller Handlungspläne und Strategien als Hauptbestandteile von Arbeitstätigkeiten der *intellektuellen Ebene* erforderlich.

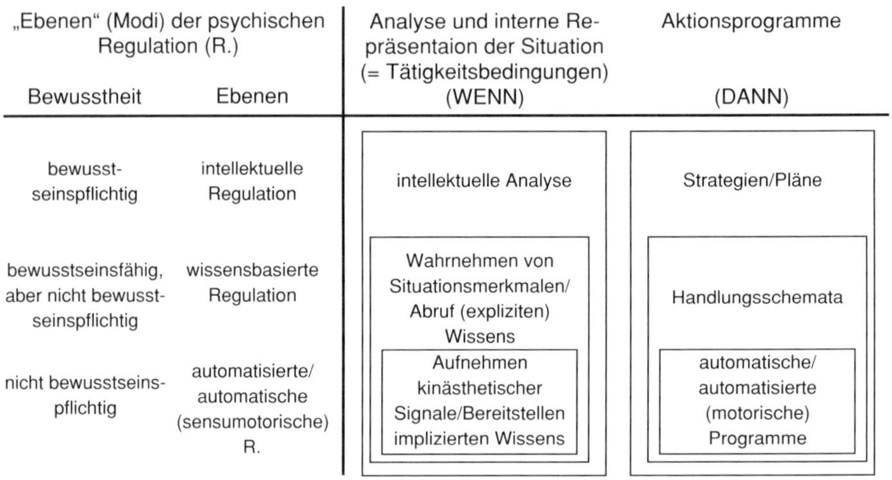

Abbildung 2:
„Ebenen“ der psychischen Regulation von Arbeitstätigkeiten (die Boxen illustrieren, dass „höhere“ Regulationsebenen „niedere“ enthalten, indem sie sich ihrer bedienen. Ausführlicher Hacker, 1998, 2005)

Die jeweils übergeordneten Ebenen enthalten die Orientierungsvorgänge und Programme der untergeordneten in abgekürzter Form und bedienen sich ihrer als Unterprogramme. Die hierarchische bzw. heterarchische „Verschachtelung“ bedeutet u. a.:

- Übergeordnete Regulationseinheiten höherer Bewusstheitserfordernis sind umfassender und *enthalten* (in abgekürzter Form kodiert) untergeordnete Einheiten weniger umfassender Regulationsweite und niedriger Bewusstheitserfordernis.
- Übergeordnete Regulationseinheiten *determinieren* untergeordnete.
- Indem sie Details an diese delegieren, werden sie selbst *entlastet.*

- Zugleich haben untergeordnete Einheiten *relative Autonomie* zur flexiblen Bildung von funktionellen Einheiten sowie rückwirkende Einflussmöglichkeiten auf übergeordnete Regulationseinheiten. Wegen dieser beiden Merkmale schlug von Cranach (1994) den Begriff der „Heterarchie" vor.

Die heterarchische Verschachtelung auf unterschiedlichen Ebenen ermöglicht zugleich, dass mehrere Ziele parallel verfolgt werden können (Multi-goal-multi-level-Konzept, Broadbent, 1985). Broadbent verallgemeinerte, dass jede einzelne Handlung mehreren Zielen dienen könne, die nicht notwendig einander untergeordnet seien, aber gleiche Wichtigkeit besitzen können. Die Heterarchie ermögliche, das Verhalten von Arbeitenden besser zu erklären, so etwa, warum bei sozial hochgeschätzter Arbeit Repetitivität toleriert werde (ebenda, S. 290 f.). Nicht vereinbare Ziele können jedoch auch zu ineffektivem Handeln, Regulationsfehlern, mentaler Belastung und „negativen" Emotionen führen (Schönpflug, 1985; Dörner, 1989).

Die Regulation baut jeweils auf *Situationsabbildungen verschiedenen Niveaus* (bewegungsorientierende kinästhetische Rezeptionen; Wahrnehmungen; intellektuelle Situationsanalysen) und *Aktionsprogrammen entsprechenden Niveaus* (Bewegungsentwürfe; Handlungsschemata; Pläne bzw. Strategien) auf. Auf allen Regulationsebenen liegt eine Ziel- und Bedingungs- sowie Maßnahmen-Struktur, kurz eine ZBM-Struktur vor. In der Kognitionspsychologie wird – allerdings ohne Berücksichtigung des Ziels – von Produktionen gesprochen (Schmid, 2002). Das Ziel als antriebsregulatorische Komponente dieser Strukturen ist bewusst. Bedingungen und Maßnahmen hingegen als ausführungsregulatorische Komponenten liegen auf den verschiedenen Ebenen der Bewusstheit vor (lediglich die sensumotorische bzw. automatische Ebene macht hier eine Ausnahme, weil sie keine eigenen Ziele aufweist und daher hier nur eine Bedingungs-Maßnahme-Struktur vorliegt).

„Unterhalb" der psychologisch relevanten Ebenen können weitere Ebenen nach physiologischen Gesichtspunkten unterschieden werden. „Oberhalb" der hier dargestellten psychischen Regulation individueller Handlungen kann von kollektiven Regulationsvorgängen gesprochen werden, die von Gruppen bzw. Organisationen – die als Handlungssubjekte angesehen werden können – realisiert werden (vgl. beispielsweise Tschan, 2000; Weber, 1997; Witte, 1998).

Im hochgeübten Zustand und unter stabilen Ausführungsbedingungen wird die kognitive Handlungsvorbereitung von Arbeitstätigkeiten, nicht aber die Motivierung und Zielbildung, verkürzt zum Abruf fertiger, zur Routine gewordener Programme aus dem Gedächtnis.

8 Zielübernahme und Zielverfolgung bei Arbeitstätigkeiten mit weitgehend vorgegebenem Ziel und weitgehend bekannter Handlungsausführung – Auftragsredefinition – Quasibedürfnis – Ziele als invariante Regulationsinstanz

Aus der systemtheoretischen und weiterführend der psychomotorischen Forschung ist bekannt, dass für die erfolgreiche Regulation von Tätigkeiten eine unveränderliche Instanz, eine *Invariante,* bis zum endgültigen Abschluss der Tätigkeit unerlässlich ist. Diese Invariante ist das Ziel (Conant & Ashby, 1970; Bernstein, 1967).

Tätigkeitsaufträge werden vom Handelnden bewertet, interpretiert und entsprechend dieser Bewertung und Interpretation (ihres Erlebens) übernommen und ausgeführt. An dieser *„Redefinition"* von Aufträgen zu übernommenen (interiorisierten) Aufgaben mit Zielen, die man sich zu eigen macht (self-set goals), sind mehrere Sachverhalte beteiligt (Hackman, 1970; Hackman & Oldham, 1980; Hacker, 2002):

- das tatsächliche Verstehen des Auftrags sowie das Verstehenwollen seiner Einzelforderungen,
- das Bewerten des Auftrags in Bezug auf
- das Anspruchsniveau der Handelnden (d. h. das Bewerten als den eigenen Leistungsmöglichkeiten angemessen oder als unter- oder überfordernd),
- die Bedürfnislage sowie Wertvorstellungen des Arbeitenden.

Das Ziel als Vorwegnahme selbst gesetzter Aufgaben oder übernommener Aufträge wirkt in Form der Vornahme bzw. des Vorsatzes gleichzeitig

- als kognitive Vorwegnahme (Antizipation) des noch zu erreichenden, künftigen Ergebnisses,
- als motivationale Triebkraft des Handelns („Quasibedürfnis"; was zum Handeln veranlasst, sind die „Anreizwerte" der vorweggenommenen Folgen der voraussichtlichen Ergebnisse eigener Handlungen) (Heckhausen, 1983; Lewin, 1926),
- als handlungslenkende Instanz, insbesondere beim Auswählen von Mitteln und Wegen, und
- als vergleichendes, im Gedächtnis abgelegtes Vergleichsmuster (Efferenzkopie) für die fortlaufende rückkoppelnde Kontrolle des Handelns.

Der Begriff *„Quasibedürfnis"* ist für die antriebsmittelbare *Arbeitsmotivation* grundlegend. Er geht auf Kurt Lewin (1926) zurück: Ziele, die beim Übernehmen von Aufträgen oder bei selbst gesetzten Vornahmen entstehen, wirken antriebsregulatorisch gleichsam wie (quasi als; stellvertretend für) Bedürfnisse (Motive) und sind gespeist und abhängig von eigentlichen lebensbedeutsamen Bedürfnissen (Motiven) (Heckhausen, 1980). Damit wird verständlich, dass auch Arbeitstätigkeiten ausgeführt werden, für die selbst kein Bedürfnis besteht (beispielsweise arbeitstäglich gewissenhaft und angestrengt ab 7:00 h Müll zu fahren) (vgl. eingehender Schüler & Brandstätter sowie Scheffer & Kuhl in diesem Band).

Ziele erfüllen ihre handlungsorganisierende Funktion in der Form der Vornahme. Eine vorstellungsmäßige oder gedankliche Antizipation des zu erreichenden Ergebnisses wird durch einen Entschluss zum Ausführen zur Vornahme. Die ausschlaggebende Rolle des Entschlusses beim Übergang vom Wünschen zum Wollen mit dem Aufheben der bis dahin eventuell bestehenden Tätigkeitsspielräume des Handelns wurde von Heckhausen (1983) sowie Heckhausen, Gollwitzer und Weinert (1987) als das Überschreiten des Rubikon (Rubikon-Modell) bezeichnet. Allein das Vorstellen oder Denken an das Ergebnis wirkt weder handlungsveranlassend noch handlungsregulierend. Auch das Entscheiden im Sinne des Ausscheidens bestimmter Handlungswege ist noch nicht Entschließen. Das wesentlichste Kennzeichen des Entschlusses ist der praktische Vorsatz, der im Übergang vom Wünschen zum Wollen entsteht; er setzt die Mittel-Weg-Entscheidung bei gleichzeitiger Hemmung der übrigen Freiheitsgrade voraus (Carver & Scheier, 1990).

Zielgerichtete Arbeitstätigkeiten mit im Auftrag weitgehend vorgegebenem Ziel sind wirtschaftlich rationell zum einen durch die *Antizipation*, also die ideelle Vorwegnahme des später zu erreichenden Ergebnisses als Ziel. Dadurch können Umwege sowie unzulängliche Ergebnisse wie Mängel oder Ausschuss vermieden werden. Das ist wesentlich, weil in Arbeitsprozessen das Ergebnis typischerweise nur über Zwischenergebnisse erreicht wird, die als Zwischenziele oder Teilziele vorweggenommen und nach Optimalitätskriterien gereiht werden müssen. Des Weiteren werden mit den Zielen auch Verfahren und Mittel der Zielerreichung (Handlungsprogramme) vorweggenommen. Auf diese Weise entsteht ein mentales Modell, an welchem eine Optimierung „im Kopfe", also ideell vor dem praktischen Ausführen, betrieben werden kann. Die Ergebnisantizipation geht damit bei komplexen Arbeitsprozessen zum Planen von Abfolgen und zur Verfahrenswahl über. Dieses Vorabplanen (planning in advance) wird wegen der begrenzten Mentalkapazität (der Begrenzung der Arbeitsgedächtniskapazität) später untersetzt durch ein feineres Unterwegsplanen (planning in action) (zusammenfassend aus kognitionspsychologischer Sicht Hommel, 2002; aus arbeitspsychologischer Sicht Hacker, 1998). Zum anderen sind zielgerichtete Arbeitstätigkeiten rationell durch die korrigierende und lernanregende vergleichende *Rückkoppelung* der Zwischen- und Endergebnisse sowie der realisierten Programme mit den ursprünglich antizipierten Zielen und den geplanten Ausführungsweisen.

9 Zielentwicklung und -verfolgung bei innovativen Arbeitstätigkeiten mit offenem Ziel: ergebnisorientierte opportunistische Tätigkeitsregulation

Bei innovativen Arbeitstätigkeiten handelt es sich um Arbeitstätigkeiten mit problemfindenden sowie sodann problemlösenden Anteilen, um die Entwurfstätigkeiten mit hohen Anteilen des sogenannten Entwurfsdenkens oder Problemlösens (design thinking, design-problem-solving; Carroll, Miller, Thomas & Friedman, 1980; Hacker, 2002; Sachse & Specker, 1999; Wetzstein, 2004). Beispielsweise geht es dabei um das Entwerfen von Maschinen, Programmen, Verfahren – auch Lehr- oder Therapieverfahren –, Gebäuden, Substanzen und anderen Artefakten. Die hohe Komplexität vieler Entwurfstätigkeiten bedingt häufig Unsicherheit (Norros, 2004).

Beim Entwurfsproblemlösen ist das spezifische Ziel oft noch zu finden. Gegeben ist bestenfalls ein mehr oder weniger schlecht definierter Zielrahmen: Es wird eine Lücke zwar umschrieben, aber sie kann nicht mit einem antizipierbaren Ergebnis bereits gefüllt werden. Damit ist die zielgerichtet voranschreitende hierarchisch-sequenzielle Handlungsorganisation nicht ohne Weiteres möglich: Die Gesamtlösung, die zielgerichtet und abfolgeoptimal in Teillösungen zu zerlegen wäre, ist noch nicht oder nur als Hypothese bekannt. Hier wird ein hybrides Vorgehen genutzt, das als „opportunistisch mit systematischen (zielgerichtet-geplanten) Episoden" bezeichnet wurde (Visser, 1994). Es handelt sich dabei einerseits weder um Versuch-Irrtum-Prozeduren noch lediglich um ein „Durchwursteln" (muddling through), andererseits aber auch nicht um eine systematische Dekomposition eines Gesamtauftrags in Teilaufträge und eines Gesamtziels in Teilziele. Eben diese Teilziele sind im Wesentlichen erst noch zu finden (Hacker, 1989).

Wenigstens fünf Merkmale beschreiben dieses nicht hierarchisch-sequenzielle, hybride Vorgehen:

1. Es werden nicht selten einzelne Lösungsmöglichkeiten verfolgt, bevor das noch zu identifizierende Problem überhaupt tiefgründig untersucht und damit das Gesamtziel klar herausgearbeitet ist. Stattdessen wird eine nach einem „Gefühl der Nähe" einschlägig erscheinende Lösungsmöglichkeit *hypothetisch* verfolgt. Es liegt ein *vermutungsgeleitetes Handeln* bei noch unvollständiger Zielspezifizierung vor (Hillier, Musgrove & O'Sullivan, 1984). Erst dabei und mithilfe der Hypothesen werden zu beachtende Bedingungen erkundet, zu verfolgende Teilziele erkannt und wird so die Komplexität des Gesamtproblems reduziert (Bucciarelli, Goldschmidt & Schön, 1987).
2. Geistige Arbeitstätigkeiten vom Typ der Entwurfs- und auch der Diagnosetätigkeiten profitieren vom Handlungsaufbau aus Rückkoppelungseinheiten.

Sie verlaufen in einem *Erzeugungs-Bewertungs-Zyklus* als iterativem Korrekturprozess (Smith & Browne, 1993): Es werden hypothesengeleitet – also nicht im blinden Versuch-Irrtum – Lösungsschritte testend begangen, und am Ergebnis wird ihre Brauchbarkeit bewertet. Es liegt also auch ein fortlaufender *Fehlerkorrekturprozess* vor, nicht nur ein Prozess zielgerichteter Lösungsentwicklung.
Dieser Erzeugungs-Bewertungs-Zyklus ist auch in einem erweiterten Sinne wirksam: Eine geeignet gestaltete Reflexionsphase, nachdem die Bearbeiter ihr Entwicklungsproblem als gelöst und abgeschlossen betrachten, kann zu signifikanten Verbesserungen der Lösungsgüte des Produkts führen (Wetzstein & Hacker, 2004a, b; Winkelmann, 2005).

3. Bei dem nur wenig gerichteten „Schweifen der Ideen" hat der Arbeitende unscharfe Ähnlichkeitsassoziationen mit Sachverhalten aus seinem *Vorwissen*, die auf Wiederverwertbarkeit als Teillösungen für das aktuelle Problem beurteilt werden. Diese Sachverhalte sind die sogenannten „Gelegenheiten" (opportunities). Dabei handelt es sich um ein fallbasiertes Schlussfolgern (case-based reasoning). Dieses *wissensbasierte Vorgehen*, d. h. ein Vorgehen, das zunächst prüft, inwieweit bereits mit vorhandenem Wissen (beispielsweise den sogenannten Designprototypen; vgl. Rowe, 1987) ein Problem gelöst wird, ist die Ausgangsform der psychischen Regulation von Arbeitstätigkeiten: Bei gleichartig wiederkehrenden und häufig wiederholten Anforderungen entstehen automatisierte Verhaltenskomponenten (Fertigkeiten, Routinen); nur bei Problemen, die mit vorhandenem Wissen nicht gelöst werden können, sind intellektuelle Analyse- und Programmentwicklungsschritte erforderlich.
4. Ein weiteres Merkmal ist ein *Analyse-durch-Synthese*-Prozess:

   - Mehrere aus explizitem oder implizitem Vorwissen aktivierte hypothetische Teillösungen werden – gleichsam von Wissensinsel zu Wissensinsel springend – auf ihre Verknüpfbarkeit miteinander untersucht.
   - Diese Teillösungen werden auf Nutzbarkeit für die noch immer unscharfe Gesamtlösung bewertet.
   - Anhand der verworfenen und der vorerst akzeptierten Lösungen für Systemteile wird ein Entwurf des Gesamtsystems entwickelt, der nun zunehmend als Gesamtziel wirksam werden kann.

Dabei greifen die opportunistische Wissensnutzung und Episoden eines systematischen Zerlegens und Präzisierens des Gesamtauftrags in seine Teilziele ineinander. Diese Vorstellung entspricht dem Task-episode-accumulation (TEA)-Modell (Ullman, Dittrich & Stauffer, 1988): Nach einer hypothetischen, vorläufigen Dekomposition einer Gesamtaufgabe werden lokal auf das Vorwissen gestützt systematisch und teilzielgerichtet Alternativen für ein Teilziel (Episode) entwickelt und auf ihre Passfähigkeit mit dem Gesamtziel geprüft. Diese systematisch erarbeiteten Teilziele (Episoden) werden genutzt, um das Konzept der Gesamtlösung akkumulativ zu präzisieren und umgekehrt die Teillösungen auf ihre Passfähigkeit mit dieser Gesamtlösung zu bewerten und erforderlichenfalls zu korrigieren.

5. Schließlich ist es auf der untergeordneten Ebene der Teilziele sogar möglich, dass sich aus Teilzielen weitere Handlungsschritte gleichsam von selbst ergeben und zu zweckmäßigen Handlungen verbinden. Das sind Schritte, die der Arbeitende zuvor nicht absichtsvoll entwickelt und mit anderen verknüpft hat. Es handelt sich um den Beitrag bedingungsgeleiteten cue-geleiteten Operierens zur Ergebnisgerichtetheit des Handelns. Eine Erklärungsmöglichkeit hierfür bietet der heterarische Aufbau des Handelns, in dem zwar auf übergeordneten Regulationsebenen *Ziel-Bedingungs-Maßnahmen-Einheiten* vorliegen, auf untergeordneten jedoch lediglich *Bedingungs-Maßnahmen-Einheiten*. Im Verlaufe der Tätigkeit auftretende Bedingungen rufen hierbei assoziativ aus dem Gedächtnis Maßnahmen ab, die sich beim Vorliegen dieser Bedingungen früher bereits bewährten. Diese Bedingungen sind jedoch keine Ziele im Sinne von Antizipationen angestrebter Ergebnisse, tragen aber zum Erreichen des Ziels wirksam bei.

10 Regulation „innovierenden Handelns"

Auch außerhalb professioneller Entwicklungstätigkeiten ist bei nahezu allen Arbeitstätigkeiten eine Herangehensweise zunehmend gefragt, die über den jeweiligen Arbeitsauftrag hinausgehende, gegebenenfalls innovative Lösungen erbringt (vgl. benachbarte Konzepte wie contextual performance, organizational citizenship behaviour; personal initiative (Frese, Fay, Hilburger, Leng & Tag, 1997; Organ, 1997; West & Farr, 1990; Unsworth & Parker, 2003)). Derartige „zusätzliche" Leistungen setzen andere Merkmale der psychischen Regulation von Tätigkeiten voraus als Leistungen, die nur gegebene Aufträge optimal erfüllen. Diese Regulationsmerkmale können als Merkmale eines innovierenden Handelns dem Handeln gegenübergestellt werden, das im gegebenen Auftragsrahmen verbleibt („nicht innovierendes, repetierendes Handeln"). Die Tabelle 1 stellt objektive Voraussetzungen, Vorgehensmerkmale sowie die regulierenden einstellungsmäßigen und kognitiven Sachverhalte für diese beiden Handlungsformen gegenüber.

In experimentellen Untersuchungen (z. B. Hacker, Wetzstein & Römer, 2002; Wetzstein & Hacker, 2004) und in Feldstudien (z. B. Rühle, 1988) ist gezeigt, dass ein unterschiedliches Vorgehen aufgrund unterschiedlicher psychischer Regulationsbestandteile (beispielsweise Ziele, Art der Reflexion über Zwischenergebnisse, unterschiedliches Handlungswissen) tatsächlich auch zu Arbeitsergebnissen mit verschiedenem Neuigkeitswert führen kann.

11 Psychische Regulation interaktiver Arbeitstätigkeiten: Emotionale Komponenten der psychischen Regulation

Im Dienstleistungsbereich und darin speziell in Humandienstleistungen arbeiten mindestens so viele Menschen wie in der industriellen Fertigung. Die Analyse und Gestaltung von Arbeitstätigkeiten war jedoch lange beschränkt auf produzierende industrielle Tätigkeiten. Arbeitstätigkeiten, deren „Gegenstände"

Tabelle 1:
Schematischer Vergleich der psychischen Regulation eines im gegebenen Auftragsrahmen verbleibenden („repetierenden") und „innovierenden" Handelns

Repetierendes Handeln Vorherrschend Erfüllen der Aufträge im gegebenen Rahmen	**Innovierendes Handeln** Zusätzlich Verbessern der Ausführungsbedingungen sowie der Ziele („contextual performance")
– Erfüllen gegebener Aufträge Verbessern der Erfüllung im gegebenen Rahmen durch Lernen beim Tun – Ausnutzen gegebener Leistungsmöglichkeiten – Ausfüllen der Arbeitszeit durch auftragsbezogene Aktivitäten	– auch Verbessern und Verändern der Ziele und Ausführungsweisen – auch Schaffen anderer/neuer Leistungsmöglichkeiten – auch aktuell nicht produktive („überflüssige") Zusatzaktivitäten problemfindender und -lösender Art
Personelle Voraussetzungen	
a) Einstellung – Verbessern des Gegebenen – Kognitive Situationsanalyse – Analysieren im Konkreten – konkretes Handeln, Reales erfassen (= „konkrete" versus „abstrakte" Einstellung, Goldstein & Scheerer, 1941) **b) kognitive Grundlagen** *Ziele* – Erfüllen der Auftragsziele *Mentale Modelle* – Tätigkeitsleitende Abbilder für gegebenen Prozess *Wissen* – Kenntnisse und Handlungswissen zum gegebenen Auftrag *Intellektuelle Leistungen* – Intellektuelles Bewältigen des gegebenen Auftrags/Problems	– Lösen aus Situationsbindung, Infragestellen des Gegebenen – auch Reflexion über Situation und eigenes Handeln – Analysieren der Situation, Entscheidendes herausfinden, dazu Abstrahieren – begriffliches Erfassen der Merkmale, Wechsel zwischen Abstraktionsebenen – Vorausdenken – auch nur Mögliches erfassen, symbolisches Handeln – auch Zusatzziele (Ziele der Veränderung der Auftragsausführung sowie der Ziele selbst) – auch mentale Modelle von Veränderungserfordernissen/alternativem Prozess – auch Verfügen/Verschaffen von Wissen über Alternativen und Veränderungsmöglichkeiten – auch Problemfinden

Tabelle 1 (Fortsetzung):
Schematischer Vergleich der psychischen Regulation eines im gegebenen Auftragsrahmen verbleibenden („repetierenden") und „innovierenden" Handelns

Objektive Voraussetzungen in Organisationen	
	– „Vollständige" (Arbeits-)Tätigkeit mit - durchschaubarer, vorhersehbarer und - beeinflussbarer Arbeitssituation einschließlich - Dispositionsspielraum - dispositiver (z. B. vorbereitender) Anteile – „Psychologischer Kontrakt" u. a. bezüglich - Risiko-Behandlung - Arbeitsplatzsicherheit - Erfolgsbeteiligung

keine Objekte, sondern andere Menschen sind, die es zu beeinflussen, beispielsweise auszubilden, zu beraten, zu heilen, zu bedienen, zum Kaufen zu veranlassen, zu unterhalten gilt, wurden systematisch erst in jüngerer Zeit bearbeitet. Sie werden oft als *interaktive Arbeitstätigkeiten* bezeichnet.

Da sie spezifische Gefühlsprozesse beinhalten können und auch teilweise Gefühle auslösen sollen, wird im Anschluss an englischsprachige Vorbilder von „Emotionsarbeit" bzw. „Gefühlsarbeit" gesprochen (Hochschild, 1983; Büssing & Glaser, 1999; Büssing, Giesenbauer & Glaser, 2003; Zapf, 2002).

Beide Begriffe bedürfen im Hinblick auf Besonderheiten der psychischen Regulation zunächst einiger Klarstellungen:

1. In interaktiven Arbeitsprozessen, zum Beispiel beim Lehren oder bei der Krankenpflege, sind von den tatsächlichen interaktiven, „dialogischen" Tätigkeitsteilen im engeren Sinne (beispielsweise den Tätigkeiten am und mit dem Patienten, dem Belehren der Schüler), monologische Teiltätigkeiten, beispielsweise Abrechnungs- und Haushaltstätigkeiten, die Unterrichtsvorbereitung, das Durchsehen von Klassenarbeiten, mit teilweise beträchtlichen Zeitanteilen zu unterscheiden. Umgekehrt enthalten monologische Arbeitstätigkeiten, beispielsweise in der spangebenden Formung, auch interaktive Teile, beispielsweise Abstimmungen mit Vorgesetzten und Kollegen. Das wesentliche Anliegen der Bezeichnung als Interaktions„arbeit" dürfte sein, Arbeitstätigkeiten abzugrenzen, deren Hauptziel die Einflussnahme auf das Verhalten und Befinden anderer Menschen ist.
2. Emotionsarbeit bezeichnet das Einflussnehmen auf Emotionen anderer (sentimental „work") beziehungsweise auf eigene Emotionen (emotional „work").

Beide Prozesse sind weder auf Arbeit im Sinne von Erwerbsarbeit beschränkt noch handelt es sich um eigenständige Arbeitstätigkeiten wie etwa das Umbetten oder die Stoffdarstellung neben anderen Arbeitstätigkeiten. Vielmehr begleiten Emotionen in der Regel (Arbeits-)Tätigkeiten mit, und an anderen sowie für andere Menschen.

Emotionsarbeit darf allerdings nicht so missverstanden werden, dass nur in interaktiven Arbeitstätigkeiten Gefühle entstehen und tätigkeitsleitend wirksam seien. Emotionen sind vielmehr eine reguläre mögliche Art tätigkeitsregulierender psychischer Sachverhalte bei allen Arbeitstätigkeiten (Wegge, 2004). Erfolgs-, Misserfolgserleben, Ärger, Freude oder Angst sind Emotionen, und sie sind keineswegs auf interaktive Teile von Arbeitstätigkeiten beschränkt. Stress als eine auch emotionale Erlebensform ist bekanntlich umfassend auch für monologische Arbeitstätigkeiten untersucht (Cox, Griffith & Rial-Gonzales, 2000). Wiederum dürfte das wesentliche Anliegen der Bezeichnung als Emotionsarbeit sein, solche Arbeitstätigkeiten abzugrenzen, in denen die Einflussnahme auf Gefühle anderer und/oder das regelkonforme Darstellen beziehungsweise Erzeugen von Gefühlen der Arbeitsperson selbst ergebnisbestimmend sind.

Regulationsbedeutsame Merkmale interaktiver Arbeitstätigkeit sind nach derzeitigem Wissen insbesondere

- Ziele, Arten, Leistungswirksamkeit und Zeitanteile der Einflussnahmen auf die psychische *Verhaltensregulation und/oder das Befinden anderer* im Arbeitsprozess.
- Das Entwickeln eines *mentalen Modells der psychischen Situation* einschließlich der Absichten und der verhaltensbestimmenden Bedingungen des anderen Menschen, um seine psychische Verhaltensregulation erfolgreich beeinflussen zu können. Dazu sind Schritte auch einer naiven Diagnostik zum Aufbau des mentalen Modells der psychischen Situation des anderen erforderlich.
- Ziele, Arten, Leistungswirksamkeit und Zeitanteile der Einflussnahme auf das Entstehen und/oder die Modifikation von *Gefühlen eines Klientels* (beispielsweise Schüler, Patienten etc.) und darunter auch verhaltensregulierender Gefühle.
- Ziele, Arten, Leistungswirksamkeit und Zeitanteile des regelkonformen Erzeugens bzw. Darstellens von *Gefühlen der Arbeitsperson* selbst im Arbeitsprozess gegenüber einem Klientel.

Die Hauptaufmerksamkeit der aktuellen Forschung zur Interaktionsarbeit gilt den *Konsequenzen* unterschiedlicher Beschaffenheit, insbesondere emotionaler Prozesse, darunter auch solcher mit einer tätigkeitsregulierenden Funktion im Arbeitsprozess. Insbesondere die „emotionale Dissonanz", d. h. das Erzeugen eines gemäß sozialer Normen zu zeigenden Gefühlsausdrucks im Widerspruch zum tatsächlich erlebten Gefühl, gilt als Quelle psychischer Beanspruchung (Hochschild, 1983). Das anhaltende Produzieren eines erlebnisdiskrepanten Gefühlsausdrucks in guter Absicht kann das Wohlbefinden und die psychische Gesundheit einschließlich ihrer psychophysiologischen Korrelate stören. Das Entstehen von emotionaler Erschöpfung, eines Burnout-Faktors, ist wahrscheinlich (zusammenfassend Cox et al., 2000).

12 Vollständige (ganzheitliche) Arbeitstätigkeiten als normatives Konzept der Arbeitstätigkeitsgestaltung: Nutzung von Merkmalen der psychischen Regulation

Im Hinblick auf die Arbeitsgestaltung ist das Konzept der ganzheitlichen oder vollständigen Arbeitstätigkeit (Hacker, 1998) von zentraler Bedeutung. Mehrere internationale Normen zu „gut gestalteten Aufgaben" fordern inzwischen ganzheitliche oder vollständige Arbeitstätigkeiten (EN DIN 29241-2, welche die ISO 9241-2 enthält; EN DIN 614-2). Die auf den einzelnen Arbeitenden wegen der Arbeitsteilung entfallenden Tätigkeiten können vollständig sein in dem Sinne, dass sie eine eigene Handlungsvorbereitung erfordern, dass sie auf der Grundlage von Tätigkeitsspielraum selbstständige Vornahmen zu den Abfolgen und Wegen ermöglichen und dabei auch intellektuelle Leistungen einschließen, dass organisatorisch bedingte Kooperationserfordernisse sowie Möglichkeiten der Selbstkontrolle der Ergebnisse bestehen und – als Grundlage dieser Merkmale – dass der Mensch in einem ausreichenden Teil der Schichtzeit aktiv gefordert ist. Die Tätigkeiten können jedoch auch unvollständig in der Hinsicht sein, dass lediglich ein weisungsgetreuer Vollzug von Tätigkeiten gefordert ist, die andere vorbereiten, andere organisieren und andere kontrollieren. In diesem Sinne haben Arbeitende keinen eigenen Anteil an der Vorbereitung; selbstständige Zielsetzungen sind bestenfalls begrenzt auf Zeit- bzw. Mengenvornahmen. Eigenes Abstimmen der Tätigkeit mit anderen (Organisieren) und eigenes Prüfen der Ergebnisse (Kontrollieren) sind nicht möglich. Durch die Reduktion auf weisungsgetreues Ausführen ist es unwahrscheinlich, dass bleibend intellektuelle Leistungen verlangt sind. Routine- oder wissensbasierte Wenn-dann-Anforderungen auf „niedrigen" Ebenen der hierarchischen Regulation dürften vorherrschen (Hacker, 1985a–d, 1986a, b).

Im engeren Sinne kann die Vollständigkeit im Hinblick auf die Phasen und Ebenen der psychischen Regulation beschrieben werden bezüglich:

- des Fehlens von eigenständig durchzuführenden Vorbereitungs-, Organisations- und Vergleichs-/Kontrolletappen in der *zyklischen* oder Phasenstruktur von Arbeitstätigkeiten sowie

- Einseitigkeiten in den erforderlichen *hierarchischen* Ebenen der Tätigkeitsregulation einschließlich sozialer Regulationsvorgänge.

Im weiteren Sinne kann die Vollständigkeit gekennzeichnet werden hinsichtlich:

1. ausreichender Tätigkeitserfordernisse überhaupt (im Unterschied zu *Aktivitätsmangel*),
2. möglicher Kooperationen (im Unterschied zu *Kooperativitätsmangel*),
3. selbstständiger individueller bzw. kooperativer Zielfindungs-/Zielstellungs- und Entscheidungsmöglichkeiten auf der Grundlage von Tätigkeitsspielräumen (im Unterschied zu *Zielbildungs- und Entscheidungsmangel* mit der Folge des *Verantwortlichkeitsmangels*),
4. kognitiver Vorbereitungs-, Organisations- sowie Kontrollschritte der Tätigkeiten (zyklische Vollständigkeit) mit nicht algorithmischen intellektuellen Anforderungen (hierarchische Vollständigkeit) (im Unterschied zu *Denkanforderungsmangel*),
5. Lern- und Übertragungsmöglichkeiten von Leistungsvoraussetzungen auf andere (Arbeits-, Freizeit-)Tätigkeiten (im Unterschied *zu Lernanforderungs-* und *Disponibilitätsmangel*).

Vollständige Tätigkeiten bieten aufgrund ihrer Zielsetzungs- und Entscheidungsmöglichkeiten Tätigkeitsspielraum. Bei unvollständigen Tätigkeiten ist dieser eingeschränkt oder fehlt gänzlich. Bei unzureichendem oder fehlendem Tätigkeitsspielraum fehlt eigenständige Beeinflussbarkeit (Kontrollierbarkeit) des Tuns. Diese Beeinflussbarkeit ist eine Voraussetzung dafür, dass in der persönlichen Zuschreibung von Tätigkeitsergebnissen zu Ursachen (der Attribuierung) überhaupt internal, d. h. zur eigenen Befähigung oder Anstrengung attribuiert werden kann.

Des Weiteren ist ausreichende Beeinflussbarkeit im Sinne des Tätigkeitsspielraums mit geringeren Fehlbeanspruchungen und niedrigeren Gesundheitsrisiken verknüpft (Karasek, 1990). Die im Demand-Control-Support-Modell von Karasek vorhergesagte Wechselwirkung, dass trotz hoher Arbeitsanforderungen bei ausreichenden Tätigkeitsspielräumen weniger Gesundheitsrisiken auftreten sollten als bei mangelnden, ist vielfach nicht empirisch bestätigt worden (Richter, Hemmann, Merboth, Fritz, Hansgen & Rudolf, 2000). Wahrscheinlich ist die Ursache hierfür eine Konfundierung der Dimension „Entscheidungsspielraum" mit „Fähigkeitsnutzung". Neukonstruktionen von Skalen, die diese Merkmale trennen, bestätigen das Modell sowie sogar eine Dreifachinteraktion, wonach die von Karasek postulierte Interaktion nur bei Personen mit hoher Selbstwirksamkeit auftritt. Sie ist also auch an personale Voraussetzungen gebunden, die es erst ermöglichen, objektive Ressourcen zu nutzen (Schaubroeck

& Merritt, 1997; Schmidt & Hollmann, 2003; Wall, Jackson, Mullarkey & Parker, 1996).

Bei unvollständigen Tätigkeiten ist die betriebliche Gesamtarbeit so verteilt (partialisiert), dass keine förderlichen Arbeitsinhalte für die Arbeitenden entstehen. Es ist wahrscheinlich, dass sie die Betätigungsbedürfnisse und Lern- bzw. Entwicklungsmöglichkeiten der Arbeitenden behindern und die psychische Gesundheit gefährden können (Oesterreich & Volpert, 1999; Wieland, Klemens, Scherrer, Timm & Krajewski, 2004).

Unscharfe und fehlende Teilziele, parallele Ausführungserfordernisse bei eingeengten inhaltlichen und zeitlichen Spielräumen und Zeitdruck, fehlende und verzögerte Rückmeldungen können auch auslösende und verstärkende Faktoren bei der Entstehung arbeitsbedingter Erkrankungen sein (Rau & Richter, 1996). Dies gilt insbesondere dann, wenn derartige Anforderungen auf unzulängliche Qualifikationen treffen (Richter, 1994). Vollständige und fordernde Tätigkeiten sind für die Leistungsmotivierung, für das Wohlbefinden und die psychische Gesundheit sowie für das Verhüten von Dequalifizierungen durch Lernangebote unerlässlich.

Eine Ordnung von (Arbeits-)Tätigkeiten nach der Art der Unvollständigkeit ist nützlich zum Bewerten von Arbeitsinhalten hinsichtlich der Umgestaltungserfordernisse. In einfachster Form erfassen zwei zusammenfassende Skalen des Verfahrens zur objektiven Tätigkeitsanalyse („Tätigkeitsbewertungssytem-TBS") unvollständige Tätigkeiten (Hacker, Fritsche, Richter & Iwanowa, 1995; vgl. Abb. 3):

Eine vierstufige Skala beschreibt die *zyklische* Vollständigkeit. Sie ermittelt, ob der Arbeitende neben dem Ausführen seinen Auftrag selbst vorbereitet (z. B. plant oder seine Maschine selbst programmiert), selbst organisiert (d. h. mit neben-, vor- oder nachgelagerten Aufträgen anderer abstimmt) sowie seine Ergebnisse selbst kontrolliert und erforderlichenfalls korrigiert. Die Skala ist in der Abbildung 3 oben dargestellt. Es wird ausgezählt, ob nur ausführende Tätigkeiten oder zusätzlich eine, zwei oder drei weitere Tätigkeitsklassen gefordert sind.

Mit zunehmender zyklischer Vollständigkeit geht eine Erweiterung des inhaltlichen und zeitlichen Tätigkeitsspielraums mit seinen Zielstellungs- und Entscheidungsmöglichkeiten bzw. Entscheidungserfordernissen einher: Eigenes Vorbereiten oder Organisieren der Tätigkeiten bedeutet eigenes Entscheiden und Zielstellen. Dieses wiederum ist oftmals Ansatzpunkt für intellektuelle Anforderungen im Sinne der hierarchischen Vollständigkeit. Eine grobe Abschätzung gibt der Zeitanteil reinen Ausführens an der Schicht. Inhaltsarme Tätigkeiten bestehen oft fast nur aus dem Ausführen der Aufträge.

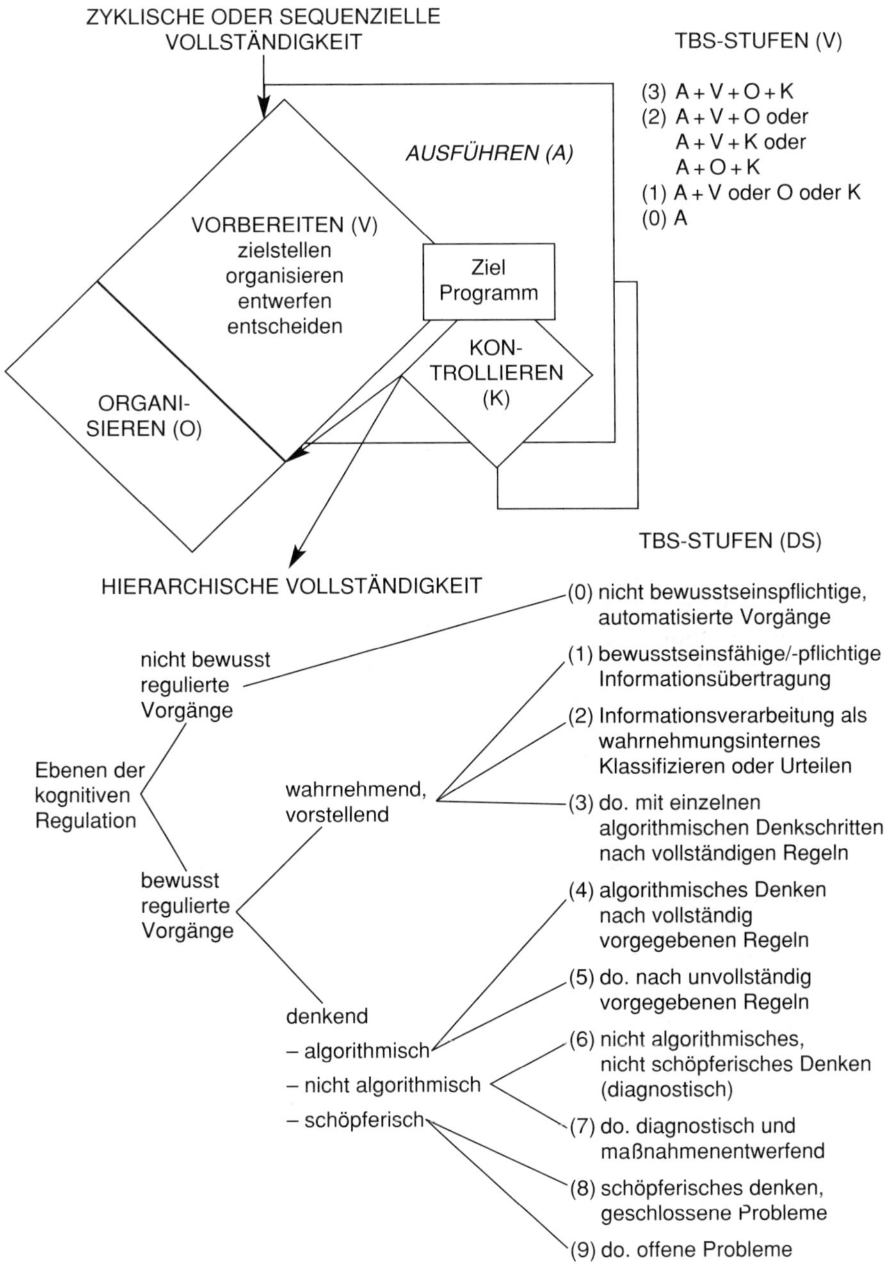

Abbildung 3:
Zyklische und hierarchische Vollständigkeit. Hilfsmittel zur Ordnung von Tätigkeiten nach dem Erfordernis der Umgestaltung wegen Restriktivität als vermutlichem Hemmnis der Lernförderlichkeit und Effektivität

Eine zehnstufige Skala beschreibt die *hierarchische* Vollständigkeit, also die Ebenen kognitiver Regulationsanforderungen (Sammelskala zu Teil D in der Handanweisung des TBS). Vollständige Tätigkeiten enthalten kognitive Anforderungen mehrerer wechselnder Regulationsebenen unter Einschluss nicht algorithmischen, gelegentlich auch kreativen Denkens. Man erkennt in der Abbildung 3 in der unteren Hälfte, dass die dargestellten Ebenen der psychischen Tätigkeitsregulation zur Beschreibung der hierarchischen Vollständigkeit der Tätigkeit genutzt werden. Die aufgeführten zehn Stufen entstehen durch das schrittweise Unterteilen gröberer Klassifikationen in feinere.

Die eingangs genannten Gründe für die psychologische Unvollständigkeit von Arbeitstätigkeiten müssen abschließend noch erweitert werden. Die tatsächlich ausgeführten Tätigkeiten können nämlich unvollständig sein, obgleich sie ursprünglich als vollständige Tätigkeiten gestaltet worden sind. Mögliche Gründe hierfür sind:

- Zeitdruck durch überfordernde Vorgaben oder Vornahmen.
- Grenzen in den Leistungsvoraussetzungen der Arbeitenden, beispielsweise im Sinne von Qualifikationslücken bezogen auf die gestellten Anforderungen. Die Unvollständigkeit von Arbeitstätigkeiten kann also auch person- und damit lernbezogen bedingt sein. Sie ist in ihren Wirkungen auf den Menschen abhängig auch von dessen Leistungsvoraussetzungen und Ansprüchen.
- Lernbedingter Abbau vollständiger Tätigkeiten zu Fertigkeiten, also zu Routineoperationen, die auf ein einfaches Signal hin automatisch ablaufen. Dieser Abbau verbindet den Vorzug der Aufwandssenkung mit dem möglichen Nachteil der geistigen Unterforderung. Er liegt vor bei häufig und gleichartig wiederholten Arbeitstätigkeiten. Ein Ausweg ist das Ermöglichen des Teilnehmens an der Weiterentwicklung der Arbeitsorganisation und -gestaltung. Diese partizipativen Veränderungs- und Innovationsaktivitäten – beispielsweise in Qualitätszirkeln – können zu vollständigen Gesamttätigkeiten führen, auch wenn die Basistätigkeit selbst durch Wiederholung zur Routine ohne intellektuelle Vorbereitungs-, Abstimmungs- oder Kontrollanteile geworden ist.

13 Fazit und Ausblick

Arbeitstätigkeiten als Kern der Arbeitsprozesse sind psychisch reguliert. Tätigkeiten werden in zielgerichteten Handlungen realisiert, die Operationen enthalten. An der psychischen Regulation als Antriebs- und Ausführungsregulation von Tätigkeiten sind psychische Prozesse, Gedächtnisrepräsentationen und psychische Eigenschaften beteiligt. Die psychische Regulation ist ausgehend vom Auftrag oder der selbst gestellten Aufgabe gleichzeitig hierarchisch in Regulationsebenen und sequenziell in Handlungsphasen organisiert.

Diese Organisation ist bei vorgegebenen Zielen anders beschaffen als bei offenen, noch zu findenden Zielen im Falle von Arbeitstätigkeiten mit hohen Problemlösungsanteilen, insbesondere dem sogenannten Design-problem-solving. Die psychische Regulation monologischer Arbeitstätigkeiten vom Typ „Subjekt-Objekt" ist von der psychischen Regulation dialogischer oder interaktiver Tätigkeiten vom Typ „Subjekt-Subjekt" zu unterscheiden. Bei interaktiven Tätigkeiten erlangt die Regulation emotionaler Prozesse besondere Bedeutung. Für das Bewerten und Gestalten von Arbeitstätigkeiten ist das normative Konzept der ganzheitlichen oder vollständigen Arbeitstätigkeit grundlegend, das den internationalen Normen „gut gestalteter Arbeitsaufgaben" zugrunde liegt und anknüpft an die Ebenen und Phasen der psychischen Regulation einschließlich der mit ihnen verknüpften Tätigkeitsspielräume.

Die Mehrzahl der derzeit in der deutschsprachigen Arbeits- und Organisationspsychologie genutzten Konzepte und Herangehensweisen waren im Wesentlichen um die Mitte der 30er Jahre des vorigen Jahrhunderts konzipiert. Das gilt auch für wesentliche Aspekte der psychischen Regulation von Arbeitstätigkeiten (Lewin, 1926; Lewin & Rupp, 1928). Ein Fortschreiben auch in das neue Jahrhundert dürfte jedoch wegen des epochalen Wandels der Arbeitsgesellschaft nicht ausreichen. Dieser Wandel beginnt tiefgreifende Auswirkungen auch auf den Gegenstand der Arbeitspsychologie zu erlangen (z. B. Hacker, 2000). Daher wird zu prüfen sein, inwieweit die traditionelle Arbeitspsychologie der Erwerbstätigkeit zu einer Psychologie zielgerichtet-volitiver Tätigkeit und ihrer psychischen Regulation generell werden sollte, die neben den vielfältigen traditionellen und neuen Formen von Erwerbsarbeit auch unbezahlte Versorgungs- und Eigenarbeit sowie bürgerschaftliches Engagement einbezieht und welche Gegenstandsgebiete und Herangehensweisen dabei in welcher Hinsicht verändert werden müssten.

Literatur

Bernstein, N. A. (1967). *The coordination and regulation of movements.* Oxford: Oxford University Press.

Blumenfeld, W. (1932). Über die Fraktionierung der Arbeit und ihre Beziehung zur Theorie der Handlung. *Bericht XII. Kongress der Deutschen Gesellschaft für Psychologie* (S. 291–294). Jena: Deutsche Gesellschaft für Psychologie.

Böhle, F. (1994). Relevance of experience-based work in modern processes. *AI & Society, 8,* 207–215.

Brandimonte, M. A., Einstein, G. O. & McDaniel, M. A. (Eds.). (1996). *Prospective memory. Theory and applications.* Mahwah, NJ: Erlbaum.

Brandtstädter, J. (2001). *Entwicklung – Intentionalität – Handeln.* Stuttgart: Kohlhammer.

Broadbent, D. E. (1985). Multiple goals and flexible procedures in the design of work. In M. Frese & J. Sabini (Eds.), *Goal directed behavior: The concept of action in psychology* (pp. 105–285). Hillsdale, NJ: Erlbaum.

Bucciarelli, L. L., Goldschmidt, G. & Schön, D. A. (1987). Generic design process in architecture and engineering. In J.-P. Protzen (Ed.), *Proceedings of the 1987 Conference on Planning and Design in Architecture* (pp. 105–111). New York, NY: American Society of Mechanical Engineers.

Büssing, A., Giesenbauer, B. & Glaser, J. (2003). Gefühlsarbeit. Beeinflussung der Gefühle von Bewohnern und Patienten in der stationären und ambulanten Altenpflege. *Pflege, 16,* 357–365.

Büssing, A. & Glaser, J. (1999). Interaktionsarbeit. Konzept und Methode der Erfassung im Krankenhaus. *Zeitschrift für Arbeitswissenschaft, 53,* 164–173.

Carroll, J. M., Miller, M. A., Thomas, J. C. & Friedman, H. P. (1980). Aspects of solution structure in design problem solving. *American Journal of Psychology, 95,* 269–284.

Carver, C. S. & Scheier, M. F. (1990). Principles of self-regulation. In E. T. Higgins & R. M. Sorrentino (Eds.), *Handbook of motivation and cognition. Foundation of social behavior.* (Vol. 2, pp. 3–52). New York, NY: Guilford.

Conant, R. C. & Ashby, W. R. (1970). Every good regulator of a system must be a model of that system. *International Journal of System Science, 1,* 89–97.

Cox, T., Griffith, A. & Rial-Gonzales, E. (2000). *Research on work-related stress.* Luxembourg: European Agency for safety and health at work.

Cranach, M. von (1994). Die Unterscheidung von Handlungstypen. In B. Bergmann & P. Richter (Hrsg.), *Die Handlungsregulationstheorie* (S. 69–88). Göttingen: Hogrefe.

DIN EN 29241–2 (1993). *Ergonomische Anforderungen für Bürotätigkeiten mit Bildschirmgeräten. Teil 2: Anforderungen an die Arbeitsaufgaben.* Berlin: Beuth.

DIN EN 614–2 (2000). *Sicherheit von Maschinen – Ergonomische Gestaltungsgrundsätze. Teil 2: Wechselwirkungen zwischen der Gestaltung von Maschinen und den Arbeitsaufgaben.* Berlin: Beuth.

Dörner, D. (1983). Kognitive Prozesse und die Organisation des Handelns. In W. Hacker, W. Volpert & M. von Cranach (Hrsg.), *Kognitive und motivationale Aspekte der Handlung* (S. 26–37). Bern: Huber.

Dörner, D. (1989). *Die Logik des Mißlingens. Strategisches Denken in komplexen Situationen.* Reinbek: Rowohlt.

Engeström, R. & Engeström, Y. (1986). Developmental work research: The approach and application in cleaning work. *Nordisk Pedagogik, 1,* 2–15.

Frese, M. (1987). A theory of control and complexity: Implications for software design and integration of computer systems into the work place. In M. Frese, E. Ulich & W. Dzida (Eds.), *Human computer interaction in the work place* (pp. 313–336). Amsterdam: Elsevier.

Frese, M., Fay, D., Hillburger, T., Leng, K. & Tag, A. (1997). The concept of personal initiative: Operationalization, reliability and validity in two German samples. *Journal of Occupational and Organizational Psychology, 70,* 139–161.

Frese, M. & Sabini, J. (1985). *Goal directed behavior: The concept of action in psychology*. Hillsdale, NJ: Erlbaum.

Frese, M. & Zapf, D. (1994). Action as the core of work psychology: A German approach. In H. C. Triandis, M. D. Dunnette & J. M. Hough (Eds.), *Handbook of industrial and organizational psychology* (Vol. 4, pp. 271–340). Palo Alto, CA: Consulting Psychology Press.

Galperin, P. J. (1966). Die geistige Handlung als Grundlage für die Bildung von Gedanken und Vorstellungen. In J. Lompscher (Hrsg.), *Probleme der Lerntheorie* (S. 33–49). Berlin: Volk und Wissen.

Galperin, P. J. (1967). Die Entwicklung der Untersuchungen über die Bildung geistiger Operationen. In H. Hiebsch (Hrsg.), *Ergebnisse der sowjetischen Psychologie* (S. 367–405). Berlin: Akademie-Verlag.

Gebert, D. & Rosenstiel, L. von (2002). *Organisationspsychologie. Person und Organisation*. Stuttgart: Kohlhammer.

Goldstein, K. & Scheerer, M. (1941). Abstract and concrete behavior. *Psychological Monographs, 53,* 1–239.

Gollwitzer, P. M. & Bargh, J. A. (1996). *The psychology of action. Linking cognition and motivation to behavior*. New York, NY: Guilford.

Gollwitzer, P. M. & Moskowitz, G. B. (1996). Goal effects on action and cognition. In E. Z. Higgins & A. M. Kruglanski (Eds.), *Social psychology. Handbook of basic principles* (pp. 280–301). New York, NY: Guilford.

Hacker, W. (1968). Zur Entwicklung der Arbeitspsychologie in der wissenschaftlich-technischen Revolution. In W. Hacker, W. Skell & W. Straub (Hrsg.), *Arbeitspsychologie und wissenschaftlich-technische Revolution* (S. 11–42). Berlin: VEB Deutscher Verlag der Wissenschaften.

Hacker, W. (1985a). Activity: A fruitful concept in industrial psychology. In M. Frese & J. Sabini (Eds.), *Goal-directed behavior: The concept of action in psychology* (pp. 262–284). Hillsdale, NJ: Erlbaum.

Hacker, W. (1985b). On some fundamentals of action regulation. In G. P. Ginsburg, M. Brenner & M. von Cranach (Eds.), *Discovery strategies in the psychology of action* (pp. 63–84). London: Academic Press.

Hacker, W. (1985c). Self-set goals in action control: Prerequisites and effects. In J. T. Spencer & C. E. Izard (Eds.), *Motivation, emotion, and personality* (pp. 87–102). Amsterdam: North Holland.

Hacker, W. (1985d). Towards the design of working tasks for the future. In L. Norros & M. Vartiainen (Eds.), *Acta Psychologica Fennica XI: Psychological aspects of technological and organizational change in work* (pp. 115–142). Helsinki: Yllopisstopaine.

Hacker, W. (1986a). Complete vs. incomplete working tasks – a concept and its verification. In G. Debus & H.-W. Schroiff (Eds.), *The psychology of work organization* (pp. 23–36). Amsterdam: North Holland.

Hacker, W. (1986b). What should be computerized? Cognitive demands of mental routine tasks and mental load. In F. Klix & H. Wandke (Eds.), *Man-computer-interaction research* (pp. 445–461). Amsterdam: North Holland.

Hacker, W. (1989). On the utility of procedural rules: Conditions of the use of rules in the production of operation sequences. *Ergonomics, 32,* 717–732.

Hacker, W. (1995). *Arbeitstätigkeitsanalyse.* Heidelberg: Asanger.

Hacker, W. (1998). *Allgemeine Arbeitspsychologie. Psychische Regulation von Arbeitstätigkeiten.* Bern: Huber.

Hacker, W. (2000). Arbeit der Zukunft – Zukunft der Arbeitspsychologie. *Zeitschrift für Psychologie, 208,* 190–206.

Hacker, W. (2001). Activity theory: Psychological aspects. In N. J. Smelser & P. B. Baltes (Eds.), *International encyclopedia of the social & behavioral sciences* (pp. 58–62). Amsterdam: Elsevier.

Hacker, W. (2002, July). Redefinition of work orders – the approach of Action Regulation Theory [CD-ROM]. Abstract from: *XXV. International Congress of Applied Psychology*, Singapur.

Hacker, W. (Hrsg.). (2002). *Denken in der Produktentwicklung. Psychologische Unterstützung der frühen Phasen.* München: Hampp.

Hacker, W. (2003). Action Regulation Theory: A practical tool for the design of modern work processes? *European Journal of Work and Organizational Psychology, 12,* 105–130.

Hacker, W. (2005). *Allgemeine Arbeitspsychologie. Psychische Regulation von Wissens-, Denk- und körperlicher Arbeit.* Bern: Huber.

Hacker, W., Fritsche, B., Richter, P. & Iwanowa, A. (1995). *Tätigkeitsbewertungssystem (TBS). Verfahren zur Analyse, Bewertung und Gestaltung von Arbeitstätigkeiten.* Zürich/Stuttgart: vdf/Teubner.

Hacker, W., Herrmann, W., Pakoßnik, K. C. & Rudolf, M. (1998). Was beeinflußt das Erfüllen mittel- und langfristig zurückgestellter ereignisbezogener Aufträge? *Sprache und Kognition, 17,* 138–160.

Hacker, W., Schöppe, B., Grüllich, K. & Walter, B. (1999). Handlungsregulation: Zum Einfluss von Aufgabenstellung, Aufgabenkomplexität und handlungsbezogenen Persönlichkeitsmerkmalen auf das Lösen eines Sequenzproblems. *Zeitschrift für Psychologie, 207,* 35–53.

Hacker, W., Wetzstein, A. & Römer, A. (2002). Gibt es Vorgehensmerkmale erfolgreichen Entwerfens von Produkten? *Zeitschrift für Arbeitswissenschaft, 56,* 307–317.

Hackman, J. R. (1970). Task and task performance in research on stress. In J. E. McGrath (Ed.), *Social and psychological factors in stress* (pp. 202–237). New York, NY: Holt, Rinhart & Winston.

Hackman, J. R. & Oldham, G. R. (1980). *Work redesign.* Reading, MA: Addison Wesley.

Heckhausen, H. (1980). *Motivation und Handeln.* Berlin: Springer.

Heckhausen, H. (1983). Motivationsmodelle. Fortschreitende Entfaltung und unbehobene Mängel. In W. Hacker, W. Volpert & M. von Cranach (Hrsg.), *Kognitive und motivationale Aspekte der Handlung* (S. 9–17). Bern: Huber.

Heckhausen, H., Gollwitzer, P. M. & Weinert, F. E. (Hrsg.). (1987). *Jenseits des Rubikon: Der Wille in den Humanwissenschaften.* Berlin: Springer.

Heisig, B. (1996). *Planen und Selbstregulation. Struktur und Eigenständigkeit der Konstrukte sowie interindividuelle Differenzen.* Frankfurt a. M.: Lang.

Hillier, B., Musgrove, J. & O'Sullivan, P. (1984). Knowledge and Design. In N. Cross (Ed.), *Developments in design methodology* (pp. 247–276). Chichester: Wiley.

Hochschild, A. R. (1983). *The managed heart. Commercialisation of human feelings.* Berkeley, CA: University Press.

Holman, D. J. & Wall, T. D. (2002). Work characteristics, learning-related outcomes, and strain: A test of competing direct effects, mediated, and moderated models. *Journal of Occupational Health Psychology, 7,* 283–301.

Hommel, B. (2002). Planung und exekutive Kontrolle von Handlungen. In J. Müsseler & W. Prinz (Hrsg.), *Allgemeine Psychologie* (S. 798–863). Heidelberg: Spektrum.

ISO 9241–2 (1992). Leitsätze. In *DIN EN 29241–2. Ergonomische Anforderungen für Bürotätigkeiten mit Bildschirmgeräten. Teil 2: Anforderungen an die Arbeitsaufgaben.* Berlin: Beuth.

Kannheiser, W. (1992). *Arbeit und Emotion. Eine integrierende Betrachtung.* München: Quintessenz.

Karasek, R. A. (1990). Lower health risk with increased job control among white collar workers. *Journal of Organisational Behaviour, 11,* 171–185.

Keele, S. W., Cohen, A. & Ivry, R. (1990). Motor programs: Concepts and issues. In M. Jeannerod (Ed.), *Attention and performance XIII. Motor representation and control* (pp. 71–110). Hillsdale, NJ: Erlbaum.

Kleinbeck, U. & Schmidt, K.-H. (2004). Gruppenleistung und Leistungsförderung. In H. Schuler (Hrsg.), *Organisationspsychologie – Gruppe und Organisation* (Enzyklopädie der Psychologie, Serie Wirtschafts-, Organisations- und Arbeitspsychologie, Band 4, S. 445–491). Göttingen: Hogrefe.

Kluwe, R. H. (2000). Steuerung des Denkens und Handelns. *Zeitschrift für Psychologie, 208,* 1–31.

Krause, W. (2000). *Denken und Gedächtnis aus naturwissenschaftlicher Sicht.* Göttingen: Hogrefe.

Kuhl, J. (1983). *Motivation, Konflikt und Handlungskontrolle.* Berlin: Springer.

Kuhl, J. & Beckmann, J. (Eds.). (1994). *Volition and personality.* Göttingen: Hogrefe.

Leach, D. J., Wall, T. D. & Jackson, P. R. (2003). The effect of empowerment on job knowledge: An empirical test involving operators of complex technology. *Journal of Occupational and Organizational Psychology, 76,* 27–52.

Leont'ev, A. N. (1979). *Tätigkeit, Bewußtsein, Persönlichkeit.* Berlin: Volk und Wissen.

Leplat, J. & Hoc, J.-M. (1980). Die Verbalisierung bei der Analyse kognitiver Prozesse. In W. Hacker & H. Raum (Hrsg.), *Optimierung kognitiver Arbeitsanforderungen* (S. 36–41). Bern: Huber.

Lewin, K. (1926). Untersuchungen zur Handlungs- und Affektpsychologie. *Psychologische Forschung, 7,* 295–385.

Lewin, K. & Rupp, H. (1928). Untersuchungen der Textilindustrie. *Psychotechnische Zeitschrift, 3,* 51–63.

Locke, E. A. & Latham, G. P. (1990). *A theory of goal setting and task performance.* Englewood Cliffs, NY: Prentice-Hall.

Lomov, B. F. (1964). *Ingenieurpsychologie.* Berlin: VEB Deutscher Verlag der Wissenschaften.

Luria, A. R. (1956). Die regulative Rolle der Sprache bei der Bildung willkürlicher Bewegungen. *Zeitschrift für die höhere Nerventätigkeit, 6,* 13–26.

Magnusson, D. (Hrsg.). (1981). *Toward a psychology of situations. An interactional perspective.* Hillsdale, NJ: Erlbaum.

Miller, G. A., Galanter, E. & Pribram, K. H. (1960). *Plans and the structure of behavior.* New York, NY: Holt.

Müsseler, J. & Prinz, W. (2002). Handlungsplanung und -ausführung. In J. Müsseler & W. Prinz (Hrsg.), *Allgemeine Psychologie* (S. 795–929). Heidelberg: Spektrum.

Nitsche, I. & Richter, P. (2003). *Tätigkeiten außerhalb der Erwerbsarbeit.* Münster: LIT.

Norros, L. (2004). *Acting under uncertainty. The core-task analysis in ecological study of work.* Espoo: VTT Publications Technical Research Centre of Finland.

Novalis (1929). *Fragmente.* Erste vollständige, geordnete Ausgabe (Hrsg. E. Kamnitzer). Dresden: Wolfgang Jess.

Oesterreich, R. (1981). *Handlungsregulation und Kontrolle.* München: Urban & Schwarzenberg.

Oesterreich, R. & Volpert, W. (Hrsg.). (1999). *Psychologie gesundheitsgerechter Arbeitsbedingungen.* Bern: Huber.

Organ, D. W. (1997). Organizational citizenship behavior: It's construct clean up time. *Human Performance, 10,* 85–97.

Oschanin, D. A. (1976). Dynamisches operatives Abbild und konzeptuelles Modell. *Probleme und Ergebnisse der Psychologie, 59,* 37–48.

Parker, S. K., Wall, T. D. & Cordery, J. L. (2001). Future work design research and practice: Towards an elaborated model of work design. *Journal of Occupational and Organizational Psychology, 74,* 413–440.

Pascha, A., Schöppe, B. & Hacker, W. (2001). Was macht Planen kompliziert? – Zum Einfluss von Aufgabenmerkmalen auf die Schwierigkeit von Abfolgeplanung. *Zeitschrift für Psychologie, 209,* 245–276.

Pritchard, R. D., Kleinbeck, U. & Schmidt, K.-H. (1993). *Das Managementsystem PPM. Durch Mitarbeiterbeteiligung zu höherer Produktivität.* München: Beck.

Rasmussen, J. (1983). Skills, rules, and knowledge: Signals, signs, and symbols, and other distinctions in human performance models. *IEEE Transactions on Systems, Man and Cybernetics, 13,* 257–266.

Rasmussen, J. (2001). Nuclear power and societal problems in risk management. In B. Wilpert & N. Itoigawa (Eds.), *Safety culture in nuclear power operations* (pp. 19–36). London: Taylor & Francis.

Rau, R. & Richter, P. (1996). Psychophysiological analysis of strain in real life work situations. In J. Fahrenberg & M. Myrtek (Eds.), *Ambulatory assessment. Computer-assisted psychological and psychophysiological methods in monitoring and field studies* (pp. 271–285). Seattle, WA: Hogrefe & Huber.

Resch, M. (2003). *Analyse psychischer Belastungen. Verfahren und ihre Anwendung im Arbeits- und Gesundheitsschutz.* Bern: Huber.

Resch, M. G. (1999). *Arbeitsanalyse im Haushalt.* Zürich: vdf.

Richter, P. (1994). Job content and myocardial health risks – consequences for occupational prevention. In M. Vartiainen & V. Teikari (Eds.), *Change, learning and mental work in organi-*

zations. Working papers of the 3rd Otaniemi-Dresden Workshop (pp. 19–33). Otaniemi: University Press.

Richter, P., Hemmann, E., Merboth, H., Fritz, S., Hansgen, C. & Rudolf, M. (2000). Das Erleben von Arbeitsintensität und Tätigkeitsspielraum – Entwicklung und Validierung eines Fragebogens zur orientierenden Analyse (FIT). *Zeitschrift für Arbeits- und Organisationspsychologie, 44,* 129–139.

Roe, R. A. (1999). Work performance: A multiple regulation perspective. In C. L. Cooper & I. T. Robertson (Eds.), *International review of industrial and organizational psychology* (pp. 231–335). New York, NY: Wiley.

Rowe, P. G. (1987). *Design thinking.* Cambridge, MA: MIT.

Rubinstein, S. L. (1914). *Eine Studie zum Problem der Methode.* Unveröffentlichte Dissertation, Philipps-Universität Marburg/L.

Rubinstein, S. L. (1958). *Grundlagen der Allgemeinen Psychologie.* Berlin: Volk und Wissen.

Rühle, R. (1988). *Kognitives Training in der Industrie.* Berlin: VEB Deutscher Verlag der Wissenschaften.

Sachse, P. & Specker, M. (Hrsg.). (1999). *Design thinking. Analyse und Unterstützung konstruktiver Entwurfstätigkeiten.* Zürich: vdf.

Schaubroeck, J. & Merritt, D. E. (1997). Divergent effects of job control on coping with work stressors: The key role of self-efficacy. *Academy of Management Journal, 40,* 738–754.

Schmid, U. (2002). Computermodelle des Problemlösens. In J. Müsseler & W. Prinz (Hrsg.), *Allgemeine Psychologie* (S. 704–733). Heidelberg: Spektrum.

Schmidt, K.-H. & Hollmann, S. (2003). Handlungsspielräume als Ressource bei der Arbeit. In K.-H. Schmidt & J. Wegge (Hrsg.), *Förderung von Arbeitsmotivation und Gesundheit in Organisationen* (S. 181–196). Göttingen: Hogrefe.

Schönpflug, W. (1979). Regulation und Fehlregulation im Verhalten. I. Verhaltensstruktur, Effizienz und Belastung – theoretische Grundlagen eines Untersuchungsprogramms. *Psychologische Beiträge, 21,* 174–201.

Schönpflug, W. (1985). Goal directed behavior as a source of stress: Psychological origins and consequences of inefficiency. In M. Frese & J. Sabini (Eds.), *Goal directed behavior: The concept of action in psychology* (pp. 172–188). Hillsdale, NJ: Erlbaum.

Schweitzer, A. (1971). Verfall und Wiederaufbau der Kultur. In A. Schweitzer, *Gesammelte Werke* (S. 17–94). Berlin: VOB Union.

Seligman, M. E. P. (1975). *Helplessness.* San Francisco, CA: Freeman.

Semmer, N. K. (1984). *Streßbezogene Tätigkeitsanalyse.* Weinheim: Beltz.

Smith, G. F. & Browne, G. J. (1993). Conceptual foundations of design problem solving. *IEEE Transactions on Systems, Man and Cybernetics, 23,* 1209–1219.

Tomaszewski, T. (1978). *Tätigkeit und Bewußtsein, Beiträge zur Einführung in die polnische Tätigkeitspsychologie.* Weinheim: Beltz.

Tomaszewski, T. (Hrsg.). (1981). *Zur Psychologie der Tätigkeit, Positionen und Ergebnisse polnischer Psychologen.* Berlin: Deutscher Verlag der Wissenschaften.

Tschan, F. (1995). Communication enhances small group performance if it conforms to task requirements: The concept of ideal communication cycles. *Basic and Applied Social Psychology, 17,* 371–393.

Tschan, F. (2000). *Produktivität in Kleingruppen.* Bern: Huber.

Tschan, F. (2002). Ideal cycles of communication (or cognitions) in triads, dyads, and individuals. *Small Group Research, 33,* 615–643.

Ulich, E. (2005). *Arbeitspsychologie.* Zürich: vdf.

Ullman, D. G., Dittrich, T. G. & Stauffer, L. A. (1988). A model of the mechanical design process based on empirical data. *Artificial Intelligence for Engineering Design, 2,* 33–52.

Unsworth, K. L. & Parker, S. K. (2003). Proactivitiy and innovation: Promoting a new workforce for the new workplace. In D. Holman, T. D. Wall, C. W. Clegg, P. Sparrow & A. Howard (Eds.), *The new workplace. A guide to the human impact of modern working practices* (pp. 175–196). Chichester: Wiley.

Visser, W. (1994). Organisation of design activities: opportunistic, with hierarchical episodes. *Interacting with Computers, 6,* 239–274.

Volpert, W. (1987). Psychische Regulation von Arbeitstätigkeiten. In U. Kleinbeck & J. Rutenfranz (Hrsg.), *Arbeitspsychologie* (Enzyklopädie der Psychologie, Serie Wirtschafts-, Organisations- und Arbeitspsychologie, Bd. 1, S. 1–42). Göttingen: Hogrefe.

Volpert, W. (2003). *Wie wir handeln – was wir können. Ein Disput als Einführung in die Handlungspsychologie.* Sottrum: Artefact.

Wall, T. D., Jackson, P. R., Mullarkey, S. & Parker, S. K. (1996). The demands-control model of job strain: A more specific test. *Journal of Occupational and Organizational Psychology, 69,* 153–166.

Weber, W. G. (1997). *Analyse von Gruppenarbeit.* Bern: Huber.

Wegge, J. (2004). Emotion in Organisationen. In H. Schuler (Hrsg.), *Organisationspsychologie – Grundlagen und Personalpsychologie* (Enzyklopädie der Psychologie, Serie Wirtschafts-, Organisations- und Arbeitspsychologie, Bd. 3, S. 715–791). Göttingen: Hogrefe.

West, M. A. & Farr, J. I. (1990). Innovation at work. In M. A. West & J. I. Farr (Eds.), *Innovation and creativity at work. Psychological and organizational strategies* (pp. 3–13). Chicester: Wiley.

Wetzstein, A. (2004). *Unterstützung der Innovationsentwicklung. Einfluss von wissensbezogenen Interaktionen, insbesondere im kooperativen Problemlösen, und fragenbasierter Reflexion.* Regensburg: Roderer.

Wetzstein, A. & Hacker, W. (2004a). Verbalisierende Reflexion und Lösungsgüte beim Entwurfsdenken. *Zeitschrift für Psychologie, 212,* 152–166.

Wetzstein, A. & Hacker, W. (2004b). Reflective verbalization improves solutions – The effects of question-based reflection in design problem solving. *Applied Cognitive Psychology, 18,* 145–156.

Wieland, R., Klemens, S., Scherrer, K., Timm, E. & Krajewski, J. (2004). *Moderne IT-Arbeitswelt gestalten. Anforderungen, Belastungen und Ressourcen in der IT-Branche.* Hamburg: Techniker Krankenkasse.

Wiener, N. (1963). *Kybernetik. Regelung und Nachrichtenübertragung in Lebewesen und in der Maschine*. Düsseldorf: VDI.

Winkelmann, C. (2005). *Die Fragetechnik für den Konstrukteur: Eine fragenbasierte Unterstützung der frühen Phasen des konstruktiven Entwurfsprozesses.* Regensburg: Roderer.

Witte, E. H. (Hrsg.). (1998). *Sozialpsychologie der Gruppenleistung*. Lengerich: Pabst.

Zapf, D. (2002). Emotion work and psychological well-being: A review of the literature and some conceptual considerations. *Human Resource Management Review, 12,* 237–268.

2. Kapitel

Zielbildung und Zielbindung

Julia Schüler und Veronika Brandstätter

1 Einleitung und Überblick über das Kapitel

„Arbeitstätigkeiten sind ... *willentlich* auf das Erreichen von *Zielen* gerichtete Tätigkeiten“ (Hacker, 2005, S. 310; Hervorhebungen im Original).

In diesem Zitat des einflussreichen Arbeitspsychologen Winfried Hacker wird der zentrale Stellenwert des Zielkonzepts für die arbeitspsychologische Theoriebildung deutlich. Handlungstheoretisch orientierte Ansätze innerhalb der Arbeitspsychologie (Frese & Zapf, 1994; Hacker, 2005; Ulich, 2005) betonen folgerichtig „das aktive, zielbewusste Handeln des Menschen, der nicht bloß auf äußere Reize reagiert, sondern gewollte Ergebnisse planvoll und situationsangepasst anstrebt“ (Neuberger, 1985, S. 59).

Die beim Arbeitshandeln verfolgten Ziele können sich dabei auf betriebliche, sich aus der Arbeitsaufgabe ergebende Zielsetzungen beziehen (z. B. eine Maschine störungsfrei bedienen; eine bestimmte Stückzahl pro Zeiteinheit produzieren; Ulich, 2005); ebenso fallen darunter aber auch die ganz individuellen, persönlichen Ziele, die Arbeitnehmer und Arbeitnehmerinnen am Arbeitsplatz verfolgen (z. B. seinen Lebensunterhalt sichern, eine verantwortungsvolle Position erreichen, mit den Kollegen einen freundschaftlichen Umgang pflegen; Wiese, 2004).

Das Zielkonzept findet seit etwa 20 Jahren wieder starkes Interesse, nachdem es seit den frühen willenspsychologischen Analysen von Ach (1910, 1935) und Lewin (1926) im Zuge des behavioristischen Paradigmenwechsels (Watson, 1924) aus dem Begriffsinstrumentarium der wissenschaftlichen Psychologie weitgehend verschwunden war. Das begann sich erst zu ändern, als motivationale Phänomene wieder mehr in den Mittelpunkt des Forschungsinteresses rückten (z. B. Atkinson, 1957; Heckhausen, 1963; McClelland, Atkinson, Clark & Lowell, 1953; Weiner, 1972). Zwar wurde vielfach nicht explizit auf das Zielkonstrukt Bezug genommen, zentrale Merkmale zielgerichteten Verhaltens (so z. B. die Wahl von Aufgabenzielen, Ausdauer bei der Aufgabenbearbeitung) wurden durch theoretische Konzepte wie Bedürfnis, Motiv, Erwartung, Anreiz erklärt. Analysegegenstand waren jedoch Ziele als „future-oriented representations of what individuals are striving for … and what they try to attain or avoid …“ (Brunstein, Schultheiss & Maier, 1999, S. 171).

Spätestens mit neueren theoretischen Entwicklungen besonders in der Motivations- und Volitionspsychologie nimmt das Zielkonstrukt einen zentralen Platz in der Theoriebildung ein (Gollwitzer, 1990, 1999; Heckhausen & Gollwitzer, 1987; Heckhausen & Kuhl, 1985; Kuhl, 1984, 2001). Im Zentrum all dieser Ansätze steht die Annahme, dass die Entscheidung für ein Ziel (Zielbildung) Selbstregulationsprozesse in Gang setzt, die die Zielrealisierung unterstützen und für einen geordneten Handlungsverlauf sorgen.

Doch nicht nur in der Motivationspsychologie, sondern auch in der Sozial- (z. B. Kruglanski, Shah, Fishbach, Friedman, Chun & Sleeth-Keppler, 2002), Persönlichkeits- (z. B. Pervin, 1989) und Arbeits- und Organisationspsychologie spielt das Zielkonzept eine bedeutsame Rolle (z. B. Frese & Zapf, 1994; Hacker, 2005; Locke & Latham, 1990; Volpert, 1980). Zahlreiche Maßnahmen zur Förderung der Arbeitsproduktivität (Mangement by Objectives, Drucker, 1954; Zielvereinbarungsgespräche, Jetter & Skrotzki, 2000; Partizipatives Produktivitäts-Management, Pritchard, Kleinbeck & Schmidt, 1993) basieren auf den grundlagentheoretischen Erkenntnissen zielpsychologischer Arbeiten.

Zielpsychologische Phänomene lassen sich danach unterteilen, ob sie sich auf das Setzen von Zielen oder aber auf deren Verwirklichung richten (Oettingen & Gollwitzer, 2000). Im vorliegenden Kapitel wird das Setzen von Zielen (Zielbildung und Zielbindung) behandelt, das Verwirklichen von Zielen ist Gegenstand des Kapitels von Scheffer und Kuhl in diesem Band.

Im zweiten Abschnitt wird dargestellt, welche Rolle das Zielkonzept sowohl in historischen Ansätzen als auch in aktuellen grundlagen- wie anwendungsorientierten Ansätzen spielt. Im dritten Teil dieses Kapitels wird ein Überblick über theoretische Ansätze zur Zielbildung gegeben. Der vierte Teil des Kapitels präsentiert die theoretischen Ansätze zum Konzept der Zielbindung (Commitment), das eines der zentralen zielpsychologischen Konstrukte ist. Die Zielbindung hat starken Einfluss auf Merkmale des Zielstrebens (z. B. die Ausdauer bei der Zielverfolgung, der Einsatz von handlungsregulatorischen Strategien, inwieweit Fortschritte bzw. Rückschläge beim Zielstreben das subjektive Wohlbefinden beeinflussen). Im fünften und letzten Teil des Kapitels werden eine Zusammenfassung und ein Ausblick auf offene Forschungsfragen gegeben.

2 Das Zielkonzept in der Psychologie

Im Folgenden werden historische und moderne Ansätze zum Zielkonzept erläutert, die sich mehr oder weniger stark voneinander unterscheiden. Trotz ihrer Unterschiede teilen sie jedoch einen gemeinsamen Kern im Verständnis des Zielkonzepts, der mit einer Operationalisierung von Hacker (1998) gut beschrieben ist. Demnach sind Ziele „[...] mehr oder weniger bewusste Intentionen bzw. Vorsätze einer Person, die sich auf zukünftige, angestrebte Resultate ihres Handelns beziehen. Ziele beinhalten zugleich auch kognitive Repräsentationen dieser angestrebten Handlungsresultate" (zitiert nach Schmidt & Kleinbeck, 2006, S. 4).

2.1 Historische Ansätze zum Zielkonzept

Selbst Behavioristen (z. B. Tolman, 1926) hätten nicht geleugnet, dass Verhalten zielgerichtet sein kann. Ein hungriges Tier, das nach Futter sucht, hat offensichtlich ein Ziel. Diese Zielgerichtetheit entspringt jedoch operanten Konditionierungsprozessen und nicht einem vom Individuum bewusst gesetzten, kognitiv repräsentierten Ziel, was die historischen Vorläufer heutiger Zieltheorien durchaus postulierten. So ging James (1890/1950) davon aus, dass Verhalten durch gute Absichten gesteuert werden kann, und McDougall (1908/1931) betonte ganz explizit die Bedeutung kognitiver Komponenten bei der Verhaltenssteuerung, zu denen auch bewusste Ziele zählen. Diese können, bedingt durch unterschiedliche Erfahrungen und Lernprozesse, interindividuell sehr verschieden sein. McDougall spricht damit dem aktiven Streben nach antizipierten Zielen eine wichtige Bedeutung für die Verhaltenssteuerung zu und nennt sieben Charakteristika, die zielgerichtetes Verhalten kennzeichnen: (1) Die zielgerichteten Handlungen werden spontan ausgeführt, müssen also nicht hervorgerufen werden, und (2) es besteht Persistenz im zielgerichteten Handeln. (3) Die Richtung zielführender Handlungen variiert: Anders als bei durch Stimuli hervorgerufenem reflexivem Verhalten verlangt die Ausrichtung auf ein Ziel die flexible Anpassung des Verhaltens an gegebene Situationsumstände. (4) Die zielführende Handlung wird eingestellt, wenn das Ziel erreicht ist, und (5) neue Ziele werden handlungsleitend. (6) Die Effektivität zielgerichteten Verhaltens nimmt zu, wenn es wiederholt in ähnlichen Situationen gezeigt wird, und (7) der ganze Organismus partizipiert an der Aktivität.

In Deutschland wurden zielpsychologische Fragen innerhalb der Willenspsychologie (z. B. Ach, 1935) und Lewins (1926) Feldtheorie diskutiert. Ach (1935) ging davon aus, dass im Willensakt intendiertes Verhalten mit antizipierten zukünftigen Handlungsgelegenheiten mental verknüpft wird. Diese mentale Verknüpfung erzeuge eine Determination, die beim Auftreten der Handlungsgelegenheit dazu führt, dass die Person das intendierte Verhalten zeigt, ohne dass hierzu ein weiterer bewusster Willensakt erforderlich wäre. Die Stärke der Determination sieht Ach von einem Einflussfaktor abhängig, der auch in modernen Zieltheorien Beachtung findet: die Spezifität von Zielen. Er postulierte in diesem Zusammenhang das Gesetz der spezifischen Determination: „Je spezifischer der Inhalt einer Determination ist, desto rascher und sicherer wird die Verwirklichung erreicht" (Ach, 1935, S. 244).

Mit dieser Formulierung hat Ach bereits die Leistungsförderlichkeit spezifischer Ziele thematisiert, die auch in der Zielsetzungstheorie von Locke und Latham (s. u., 1990) eine zentrale Bedeutung einnimmt. Im Gegensatz zu Ach verzichtete Lewin (1926) in seiner theoretischen Konzeption auf den Willensakt und verstand Zielsetzungen als Bedürfnisse, genauer als „Quasi"-Bedürfnisse, die, wie andere Bedürfnisse (z. B. Hunger) auch, einen Spannungszustand erzeugen, der die Stärke des Zielstrebens bestimmt. Wie hoch die erzeugte Spannung ist, hängt von der Stärke übergeordneter Bedürfnisse und von deren Beziehung zum Quasibedürfnis ab. Nach Lewin erklärt sich somit die Wirksamkeit von Zielen aus ihrer Verwobenheit mit übergeordneten Bedürfnissen und nicht, wie Ach vermutete, aus einem mechanistischen „Willensakt", in dem das Ziel bewusst mit den möglichen Handlungsgelegenheiten verknüpft wird. Der Grundgedanke, dass Ziele mit übergeordneten Bedürfnissen in Beziehung stehen, findet sich in aktuellen Forschungsarbeiten zu Motiv-Ziel-Beziehungen (vgl. Abschnitt 3.1.4 und 3.2.2) wieder. Achs Konzeption von Zielen als mentale Verknüpfung eines Ziels mit Handlungsgelegenheiten lässt sich in aktuellen zielpsychologischen Ansätzen wie der Zielsetzungstheorie (Locke & Latham, 1990), der Forschung zu Implementierungsintentionen (Gollwitzer, 1999) und in der Forschung zu persönlichen Zielen, die im Folgenden skizziert wird, erkennen.

2.2 Das Zielkonzept in aktuellen Ansätzen der Persönlichkeits-, Sozial- und Motivationspsychologie

In aktuellen Ansätzen der Psychologie werden Ziele in der persönlichkeits-, sozial- und motivationspsychologischen Forschung als Personmerkmal erfasst (Pervin, 1989; Cantor & Zirkel, 1990) und intra- und interindividuelle Unterschiede untersucht.

Moderne Zielkonstrukte sind

- *Current concerns* (Klinger, 1975, 1977),
- *Personal projects* (Little, 1983, 1989),
- *Personal strivings* (Emmons, 1986) und
- *Life tasks* (Cantor & Kihlstrom, 1987).

Die Zielkonstrukte sollen im Folgenden kurz erläutert werden.

Current concerns. Klingers (1975, 1977) Ansatz kann als eine der ersten modernen Zieltheorien betrachtet werden. Im Mittelpunkt stehen die affektiven und kognitiven Konsequenzen, die auftreten, nachdem man sich verbindlich auf ein Ziel *(current concern)* festgelegt hat. Nach Klinger (1977) organisiert sich menschliches Dasein um Anreize (incentives), die dem Leben Sinn und Bedeutung verleihen. Er schreibt dazu im ersten Kapitel seines Buchs:

> We have seen that, when it comes right down to specifying what makes their lives meaningful, people turn to the incentives in their lives – personal relationships, job goals, recreational activities, inner experiences, and simple daily pleasures that people spend most of their time pursuing and enjoying. The more of these that occupy them, the more meaningful their lives feel and the happier their mood. (Klinger, 1977, S. 9)

Anreize sind nach dieser Beschreibung also Dinge, die ein Individuum wertschätzt. Der Akt der verbindlichen Festlegung auf ein Ziel *(commitment)* führt zu einem Zustand der Zielverpflichtung, der mit der Zielerreichung oder der erfolgreichen Zielablösung *(disengagement)* endet. *Current concerns* können nach Klinger alle nur erdenklichen Zielzustände umfassen, von so trivialen, alltäglichen Erledigungen wie Geschirrspülen bis hin zu lebenslang wirksamen Bestrebungen wie sich für seine Mitmenschen zu engagieren.

Klingers empirische Untersuchungen beschäftigen sich in erster Linie mit dem Einfluss von *current concerns* auf kognitive Prozesse. In einer Reihe von Studien konnte er zeigen, dass Inhalte, die sich auf ein *current concern* beziehen, stärker die Aufmerksamkeit auf sich ziehen, besser erinnert werden, häufiger im Gedankenstrom wacher Personen, aber auch häufiger in Träumen enthalten sind als Inhalte, die keinen Zusammenhang zu einem *current concern* aufwiesen (zusammenfassend Klinger, 1977, 1996b). Der vermittelnde Mechanismus für die beobachteten kognitiven Effekte von *current concerns* liegt nach neueren Studien in der von *current concern*-bezogenen Reizen ausgelösten affektiven Erregung, die zu einer effektiveren Aufnahme und Verarbeitung dieser Information führt (Klinger, 1996b).

Personal projects. Im Mittelpunkt des zielpsychologischen Ansatzes von Little (1983, 1989) stehen *personal projects,* die konkrete, kurzfristige Zielsetzungen sein können (z. B. sich auf eine Besprechung vorbereiten) oder globaler und längerfristig formuliert sein können (z. B. berufliche Karriere machen). Little und Kollegen fanden, dass *personal projects*, die als bedeutungsvoll, strukturiert, gemeinschaftlich und konfliktfrei beurteilt werden, das Wohlbefinden positiv beeinflussen (Little & Chambers, 2004).

Personal strivings (Emmons, 1989) bezeichnen keine konkreten Projekte, sondern zeitlich überdauernde Bestrebungen auf relativ abstraktem Repräsentationsniveau (z. B. harmonische Freundschaften führen, ein hilfsbereiter Mensch sein). Sie bringen zum Ausdruck, was eine Person typischerweise tun oder erreichen will. Emmons Forschung hat vor allem die Beziehungen zwischen den vielfältigen Bestrebungen einer Person analysiert, beispielsweise, inwieweit Konflikte das psychische und physische Befinden beeinflussen (Emmons & King, 1988).

Life tasks. Cantor und Fleeson (1991) fokussieren in ihrem zielpsychologischen Ansatz auf den Einfluss normativer Erwartungen auf die Ziele einer Person. Sie argumentieren, dass sich in bestimmten Lebensphasen oder bei markanten Veränderungen im Leben typische Lebensaufgaben stellen (z. B. sich an der ersten Arbeitsstelle nach dem Studium bewähren; beim ersten Kind in die Elternrolle hineinwachsen), die die Ausprägung persönlicher Ziele beeinflussen. Das erfolgreiche Streben nach den mit den Lebensaufgaben verbundenen Zielen wiederum ist mit Wohlbefinden assoziiert (Cantor, Kemmelmeier, Basten & Prentice, 2002).

Eine wichtige Gemeinsamkeit der genannten grundlagentheoretischen Ansätze ist die Annahme, dass Ziele neben ihrer verhaltensausrichtenden und verhaltensenergetisierenden Funktion dem Leben Bedeutung verleihen (Baumeister, 1989). Alltägliches Handeln wird in den Bedeutungskontext übergeordneter Ziele gestellt, die in ihrer Gesamtheit die zukunftsgerichtete Seite der Person mit ihren Vorstellungen über die Gestaltung von Lebenssituationen, die zu meisternden Anforderungen und die zu erwerbenden Kompetenzen repräsentieren (Brunstein & Maier, 1996, S. 146).

2.3 Das Zielkonzept in aktuellen Ansätzen der Arbeits- und Organisationspsychologie

Locke und Lathams Zielsetzungstheorie. Im Mittelpunkt der Zielsetzungstheorie von Locke und Latham (1990, 2002) stehen die Merkmale, die ein aufgabenbezogenes Ziel haben muss, um leistungsförderlich zu wirken (für einen Überblick vgl. Kleinbeck & Schmidt, 1996; Wegge, 1998). Die zentrale Annahme ist, dass hohe, spezifische Ziele im Vergleich zu anspruchslosen oder wenig konkreten Zielvorgaben („Tun Sie Ihr Bestes!") zu höherer Leistung führen, wobei sich das Leistungskriterium nach Locke und Latham auf ganz unterschiedliche Aspekte beziehen kann (z. B. Menge, Qualität, Zeit, monetäre Größen).

In zahlreichen Labor- und Feldstudien mit ganz unterschiedlichen Stichproben (z. B. Studierende, Führungskräfte, gewerbliche Arbeitnehmer) und Aufgabenstellungen (z. B. kognitive Leistungsaufgaben, Führungsaufgaben, industrielle Montagetätigkeiten) konnte diese These belegt werden (vgl. dazu die Metaanalyse von Mento, Steel & Karren, 1987). Die ursprünglich für individuelle Leistungen formulierte Theorie wird auch zur Vorhersage von Gruppenleistungen herangezogen (O'Leary-Kelly, Martocchio & Frink, 1994; Wegge, 2000).

Locke und Latham (1990) erklären den Mechanismus der Leistungswirkungen von Zielen durch allgemeine Strategien und durch spezifische Strategien. Die allgemeinen Strategien beziehen sich auf ein generelles Vorgehen, wie Aufgaben bearbeitet und Ziele erreicht werden können. Sie werden auch *gespeicherte universelle Aufgabenbearbeitungsstrategie* genannt. Zu diesen Strategien, die vor allem bei leichten Aufgaben die Leistung beeinflussen, zählen (1) die Aufmerksamkeitsausrichtung auf für die zielgerichteten Handlungen relevanten Informationen, (2) die Mobilisierung von Anstrengung und (3) eine gesteigerte Ausdauerbereitschaft bei der Zielverfolgung. Locke und Latham gehen davon aus, dass die universellen Aufgabenbearbeitungsstrategien eine grundlegende Voraussetzung für die erfolgreiche Umsetzung von sowohl leichten als auch komplexen Aufgaben sind. Die Wirkung von Zielen auf die Leistung wird durch sie mediiert. Bei einigen vor allem schwierigen Leistungszielen reichen die universellen Strategien jedoch nicht aus und müssen um *spezifische Strategien*, die auf die Bearbeitung bestimmter Aufgaben gemünzt sind, ergänzt werden. Eine Unterform dieser spezifischen Strategien sind die *aufgabenspezifischen Strategien.* Sie entstehen durch die wiederholte Auseinandersetzung relativ konstanter Aufgabenanforderungen und beeinflussen die Leistung positiv. Variieren die Aufgabenanforderungen jedoch, können sich solche Strategien nachteilig auf die Leistung auswirken, weil sie auf nicht passende Aufgaben angewendet werden. Bei sich veränderten Aufgabenanforderungen wird eine weitere Unterform der spezifischen Strategien nötig. Dies sind die *neuen aufgabenspezifischen Bearbeitungsstrategien*, die Neukombinationen gespeicherter aufgabenspezifischer Strategien oder gänzlich neue Strategien.

Neben den Strategien nennen Locke und Latham (1990) als weitere wichtige Einflussfaktoren auf die Leistung die Schwierigkeit und Spezifität von Zielen. Der Zusammenhang dieser Zielattribute mit der Leistung wurde in zwei grundlegenden Hypothesen festgehalten. Zum einen sollten schwierige und spezifische

Ziele zu höheren Leistungen führen als leichte und spezifische Ziele und zum zweiten sollten spezifische und schwierige Ziele zu höherer Leistung führen als unspezifische oder keine Ziele. Überprüft wurden diese Hypothesen in zahlreichen experimentellen Untersuchungen, in denen die Schwierigkeit und Spezifität von Zielen variiert wurde (vgl. Latham & Locke, 1990). Ein klassisches Untersuchungsparadigma sah so aus, dass die Probanden dieselben Aufgaben unter unterschiedlichen, gestaffelten Zielschwierigkeitsbedingungen zu bearbeiten hatten. Nach einigen Übungsdurchgängen ohne Zielvorgaben wurden den Probanden dann entweder spezifische Ziele vorgegeben, indem sie beispielsweise aufgefordert wurden, ihr Leistungsniveau in den Übungsdurchgängen um 10 % zu steigern, oder aber sie erhielten unspezifische Zielvorgaben wie beispielsweise „Tun Sie Ihr Bestes bei der Bearbeitung der Aufgabe" (sogenannte „do your best goals"). Erwartungsgemäß zeigte sich, dass mit steigender Zielschwierigkeit die Leistung linear bis zu einer individuellen Fähigkeitsgrenze anstieg und dass unter spezifischen und schweren Zielbedingungen bessere Leistungen erzielt wurden als bei unspezifischen Zielen oder ohne Ziele (z. B. Locke et al., 1981; Schmidt, Kleinbeck & Brockmann, 1984).

Variablen, die die Stärke oder die Art eines Zusammenhangs zwischen Variablen beeinflussen, heißen Moderatoren. Als Moderatoren des Zusammenhangs von Zielsetzung und Leistung postulierten Locke und Latham (1990) das Fähigkeitsniveau, die Aufgabenkomplexität, die Art des Feedbacks, die Selbstwirksamkeit und das Commitment. In ihren Untersuchungen zeigte sich, dass schwierige und spezifische Ziele dann am stärksten die Leistung verbessern, wenn eine Person über hohe Fähigkeiten zur Bearbeitung der Aufgabe verfügt, wenn die zu bearbeitende Aufgabe einen niedrigen Komplexitätsgrad hat und Leistungsrückmeldungen Informationen über Zielfortschritte vermitteln. Rückmeldungen haben eine informative Funktion, da durch sie die zielbezogene Handlung bewertet werden kann, und sie erfüllen eine motivierende Funktion, da die Motivierungstendenz aufrechterhalten oder verstärkt wird. Auch bei den Rückmeldungen ist die Spezifität ein bedeutendes Attribut: Spezifische Rückmeldungen wirken im Vergleich zu unspezifischen Rückmeldungen besonders günstig auf die Leistung (Early, 1988). Auf die Moderatoren Selbstwirksamkeit und Commitment wird in späteren Abschnitten noch näher eingegangen.

Handlungstheoretische Ansätze. Unter diesem Titel lassen sich verschiedene theoretische Modelle subsumieren, in deren Mittelpunkt die Zielgerichtetheit der Arbeitstätigkeit steht (Frese & Zapf, 1994; Hacker, 2005; Oesterreich & Volpert, 1987). Übereinstimmend werden folgende Merkmale zielgerichteter Tätigkeiten postuliert:

- Hierarchische Struktur der Tätigkeit,
- Sequenzielle Abfolge von handlungsregulatorischen Prozessen.

Im Hinblick auf die hierarchische Struktur wird angenommen, dass jede Arbeitstätigkeit von einem kognitiv repräsentierten Ziel (Soll-Zustand), dem antizipierten Handlungsergebnis, geleitet wird. Ziele sind ihrerseits in ein hierarchisch organisiertes Gefüge eingebettet, das von abstrakten Oberzielen bis hin zu einzelnen, sehr konkreten Bewegungsabläufen und sogar Aktionen einzelner Muskeln reicht. Zur Erreichung eines angestrebten Ziels sind nach Hacker (2005) verschiedene Teilhandlungen (sog. Operationen) auszuführen, die nicht bewusst als Ziele repräsentiert sein müssen. Sie werden durch Auslösebedingungen reguliert, d. h. das Auftreten einer geeigneten Gelegenheit löst die entsprechende Teilhandlung aus. Operationen lassen sich wiederum auf einzelne sensumotorische Einheiten (Bewegungen) zurückführen, die auf der Ebene konkreter Bewegungsabläufe bzw. auf der Ebene einzelner Muskelaktionen beschreibbar sind.

Ein Beispiel soll den Gedanken der hierarchischen Organisation illustrieren: Eine Mitarbeiterin ist bestrebt, im Beruf erfolgreich zu sein (übergeordnetes Identitätsziel). Diesem Oberziel lassen sich nun ganz verschiedene Ziele unterordnen (z. B. sich auf eine Führungsposition bewerben; Weiterbildungsveranstaltungen besuchen; hohen Arbeitseinsatz zeigen). Jedes dieser Ziele lässt sich nun seinerseits wieder auf verschiedenste Teilziele herunterbrechen (im Hinblick auf das erstgenannte Ziel z. B. Stellenangebote studieren, ein Bewerbungsschreiben vorbereiten, sich mit dem Vorgesetzten besprechen), zu dessen Erreichung verschiedene Operationen ausgeführt werden (z. B. abends am Schreibtisch die Zeitung mit den Stelleninseraten aufschlagen, interessante Anzeigen farblich markieren).

Beim zweiten Aspekt zielgerichteter Tätigkeiten steht die sequenzielle Abfolge von handlungsregulatorischen Prozessen im Mittelpunkt der Betrachtung. Frese und Zapf (1994) beschreiben den idealtypischen Verlauf einer zielgerichteten Tätigkeit wie in Abbildung 1 dargestellt.

Ausgangspunkt ist die Zielbildung, die mit einer ersten Orientierung über die erwarteten Realisierungsbedingungen verbunden ist. Der nächste Schritt umfasst die Entwicklung alternativer Handlungspläne, die den verschiedenen möglichen Realisierungsbedingungen (z. B. förderliche und hinderliche Bedingungen) Rechnung tragen. In einem nächsten Schritt entscheidet sich die handelnde Person für einen Plan und beginnt mit seiner Umsetzung. Zentral ist nun die Annahme, dass das Handeln in wiederholten Rückkopplungschleifen fortwährend auf seinen Zielfortschritt überwacht wird, d. h. der aktuelle Ist-Zustand wird mit dem vorgenommenen Soll-Zustand verglichen. Basierend auf der von Miller, Galanter und Pribram (1960) beschriebenen TOTE-Einheit (Test-Operate-Text-Exit-Einheit) konzipierte Hacker als wirksame Funktionseinheiten der Arbeitstätigkeit sog. Vorwegnahme-Veränderungs-Rückkopplungseinheiten (VVR-Einheiten):

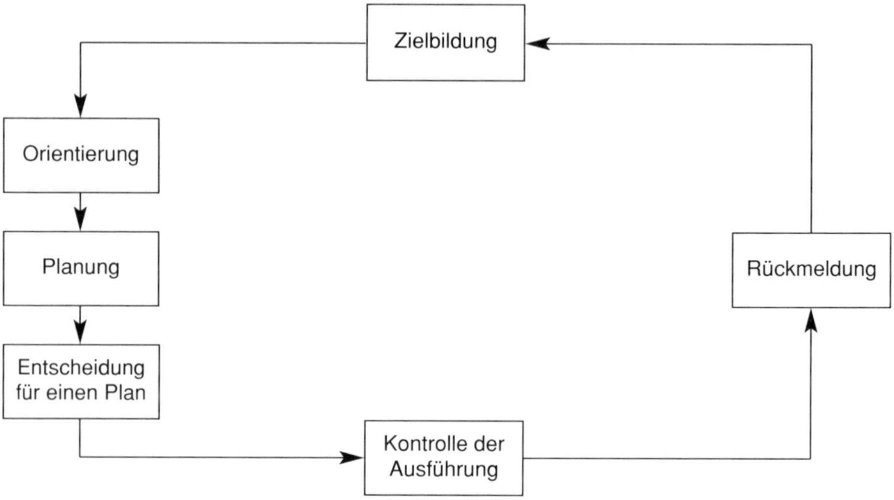

Abbildung 1:
Der Handlungsprozess (nach Frese & Zapf, 1994)

> Geleitet durch das Ziel als Vorwegnahme und Vornahme des Ergebnisses entsteht in der Tätigkeit ein Resultat, das zum Vergleich rückgekoppelt wird zu der Gedächtnisrepräsentation des Ziels. [...] Bei Abweichungen wird eine Vorwegnahme des Resultats und eine Vornahme, als das Ziel, zusammen mit einem Programm abgeleitet, welche die Veränderungen der dinglichen und sozialen Umwelt leiten. (Hacker, 2005, S. 217 ff.)

Mit diesen Überlegungen leisteten Hacker und andere handlungstheoretisch orientierte Arbeitspsychologen nicht nur einen wichtigen theoretischen Beitrag zur Frage der psychischen Regulation von Arbeitstätigkeiten, sondern schufen eine wichtige Grundlage für praktische Fragen der Arbeitsanalyse.

Kasten 1:
Die Bedeutung regulierender psychischer Vorgänge

Die praktische Bedeutung einer Klärung der psychischen Regulation der Tätigkeit und der Einheitenbildung nach psychischen Strukturkomponenten kann nicht überschätzt werden. Sie besteht, bildlich gesprochen, darin, dass das Psychische die übergeordnete Kommandostelle darstellt; ohne Berücksichtigung ihrer „Befehle" bleiben die Tätigkeiten unverständliche [...] Vorgangsbündel. Arbeitsanalysen und auf ihnen fußende Gestaltungskonzeptionen [...] sind ohne Berücksichtigung der regulierenden psychischen Vorgänge [...] wertlos. [...] Wie Bewegungen ohne Bezug auf die übergeordnete Handlung nicht befriedigend analysierbar sind, können im Falle geplanten Arbeitens Operationsketten und Handlungsfolgen nicht ohne Bezug auf den Plan verständlich werden (Hacker, 2005, S. 70 f.).

3 *Die Zielbildung*

Nach dem kurzen Überblick über die Bedeutung des Zielkonzepts geht es im folgenden Abschnitt um die Entstehungsgeschichte der Ziele selbst. In einem ersten Abschnitt wird erläutert, welche Prozesse ihrer Bildung zugrunde liegen. In einem zweiten Abschnitt werden verschiedene theoretische Blickwinkel angeführt, die in der Psychologie zur Beschreibung und inhaltlichen Klassifikation von Zielen eingenommen werden.

3.1 Prozesse der Zielbildung

3.1.1 Erwartung-mal-Wert-Modelle

Erklärungsansätze der Zielwahl stammen aus Erwartung-mal-Wert-Modellen im Rahmen der frühen Leistungsmotivationsforschung (Festinger, 1942; Feather, 1961, 1982; Lewin, Dembo, Festinger & Sears, 1944; McClelland, Atkinson, Clark & Lowell, 1953; Heckhausen, Schmalt & Schneider, 1985). Der Kerngedanke von Erwartung-mal-Wert-Modellen ist, dass Personen bei der Wahl ihrer Handlungsziele rational vorgehen, d. h. das Ziel wählen, das ihnen den höchsten subjektiv erwarteten Nutzen verspricht. Ein viel beachtetes Modell ist das Risikowahl-Modell leistungsmotivierten Verhaltens von Atkinson (1957). Dieses algebraisch formalisierte Modell zielt darauf ab, interindividuelle Unterschiede in der Aufgaben- bzw. Zielwahl zu erklären, indem es die Erwartungs- und Wertkomponenten des infragestehenden Aufgabenziels sowie personseitige Motivkomponenten mit einander verrechnet. Es macht Aussagen zur unterschiedlichen Zielwahl von erfolgs- und misserfolgsmotivierten Personen. Der Unterschied wird bei mittelschweren Aufgaben (mittlere subjektive Erfolgswahrscheinlichkeit) am deutlichsten. Erfolgsmotivierte bevorzugen Ziele mittlerer Schwierigkeit[1]. Da diese in einem Schwierigkeitsbereich liegen, in dem sowohl eine Zielerreichung als auch eine Zielverfehlung möglich ist, erlauben sie ein realistisches Feedback über das eigene Fähigkeitsniveau. Misserfolgsmo-

---

1 Es mag auf den ersten Blick als Widerspruch erscheinen, dass Erfolgszuversichtliche Ziele *mittlerer Schwierigkeit* bevorzugen, obwohl die Zielsetzungstheorie von Locke und Latham (1990, s. o.) vorhersagt, dass *schwierige* Ziele die Leistung fördern. Dieser Widerspruch ist schnell aufgelöst, wenn man die Operationalisierungen der Zielschwierigkeiten miteinander vergleicht. Im Risikowahl-Modell sind Aufgaben mittlerer Schwierigkeit anspruchsvolle Ziele, deren Realisierung gleichwahrscheinlich gelingen oder misslingen kann. Dies entspricht den schwierigen Zielen nach der Zielsetzungstheorie. Zudem sind die Vorhersagen zur Zielschwierigkeit beider Theorien nicht unmittelbar miteinander vergleichbar, da sie sich auf unterschiedliche Phasen des Zielstrebens beziehen. Das Risikowahl-Modell sagt aus der Zielschwierigkeit die *Zielwahl* vorher (Welche Aufgaben werden gewählt?), während die Zielsetzungstheorie die Zielschwierigkeit heranzieht, um Aussagen über die *Zielrealisierung* zu machen (Wie hoch ist die Leistung?).

tivierte hingegen fürchten sich gerade vor dieser Aussagekraft mittelschwerer Ziele und bevorzugen stattdessen leichte Ziele, bei denen die Erfolgswahrscheinlichkeit hoch ist, oder aber sie wählen schwere Ziele, bei denen zwar die Erfolgswahrscheinlichkeit gering ist, sich jedoch auch der negative Selbstbewertungsaffekt bei Verfehlung in Grenzen hält.

Zusammenfassend kann also das Risikowahl-Modell in Kenntnis der Motivkomponente, des Werts des Ziels (Anreiz) und der Erwartung, es erreichen zu können oder es zu verfehlen (subjektive Miss-/Erfolgswahrscheinlichkeiten) die Wahl des Schwierigkeitsniveaus von Zielen vorhersagen.

Atkinsons Theorie wurde zwar wenig auf praktische Fragen zielgerichteten Verhaltens angewendet, dennoch hat sie wichtige Impulse für die Formulierung von Erwartung-mal-Wert-Modellen im Kontext der Arbeit geliefert. Dies gilt im Besonderen für das Valenz-Instrumentalitäts-Erwartungs-(VIE)-Modell von Vroom (1964), das sich auf verschiedene Facetten des Arbeitsverhaltens anwenden lässt (z. B. Berufswahl, Übernahme einer Aufgabe, Engagement am Arbeitsplatz). Eine Besonderheit des VIE-Modells liegt darin, dass es eine für anwendungsorientierte Fragestellungen notwendige Differenzierung von Anreizen und Erwartungen vornimmt. Im Risikowahl-Modell war man idealtypisch davon ausgegangen, dass sich zielgerichtetes Handeln nur auf das Erleben leistungsbezogener Gefühle richtet. Die Tatsache, dass man Leistungen auch wegen extrinsischer Anreize (wie materielle Belohnung, Anerkennung durch andere) erbringt, wurde erst im VIE-Modell theoretisch gefasst.

Hier können die vielfältigen positiven und negativen Anreize einer gegebenen Arbeitssituation berücksichtigt werden (z. B. hoher Verdienst, weniger Freizeit, Anerkennung durch Vorgesetzte). Wie sehr sich eine Person am Arbeitsplatz für arbeitsbezogene Ziele einsetzt (vgl. Abb. 2), hängt zum einen davon ab, was ihr das Leistungsergebnis bringt (Instrumentalitätserwartung), zum anderen aber auch von der Erwartung, inwieweit sie das Leistungsergebnis überhaupt erreichen kann (Ergebniserwartung). Schließlich spielt es eine Rolle, wie die aus dem Leistungsergebnis resultierenden Folgen subjektiv bewertet werden (Valenzen). Obwohl sich Vrooms VIE-Modell anregend auf die weitere Forschung und Theoriebildung ausgewirkt hat (vgl. unten die Weg-Ziel-Theorie der Führung), werden die theoretischen Annahmen sowie sein praktischer Erklärungswert für unterschiedliche Aspekte des Arbeitsverhaltens (z. B. Berufswahl, Arbeitszufriedenheit) kritisch reflektiert (z. B. Van Eerde & Thierry, 2001). In einer Metaanalyse von 77 Studien zu Vrooms Ansatz konnten Van Eerde und Thierry (1996) beispielsweise keinen Beleg für die multiplikative Verknüpfung der theoretisch postulierten Komponenten (Valenz, Instrumentalität, Erwartung) finden. Als Hauptgrund für dieses ernüchternde Ergebnis führen die Autoren der Metaanalyse methodische Mängel der betreffenden Studien an.

In ihrer Weg-Ziel-Theorie der Führung (path-goal theory), die auf den Annahmen des VIE-Modells basiert, spezifizieren Evans (1970) und House (1971, 1996), welches Führungsverhalten sich in welcher Situation motivierend auf die Mitarbeiter auswirkt. Insgesamt wird angenommen, dass das Führungsverhalten alle motivational bedeutsamen Komponenten beeinflussen kann. Die Autoren unterscheiden unterstützende, direktive, partizipative und leistungsorientierte Führung, die je nach Merkmalen der Mitarbeiter (z. B. Bedürfnisse, Selbstwirksamkeitserwartungen) und Merkmalen der Arbeitssituation (z. B. Handlungsspielraum) zum Einsatz kommen sollen. Wenn beispielsweise ein Mitarbeiter sich von einer Tätigkeit überfordert und belastet fühlt, dann kann ein unterstützender Führungsstil Motivation und Zufriedenheit sicherstellen, weil die individuellen Bedürfnisse des Mitarbeiters berücksichtigt werden (Erhöhung der Valenz) und die Führungskraft dem Mitarbeiter hilfreich zur Seite steht. Leistungsorientierte Führung besteht beispielsweise darin, den Mitarbeitern herausfordernde Ziele zu setzen und ihnen Vertrauen in die eigene Leistungsfähigkeit (Stärkung der Ergebniserwartung) zu vermitteln.

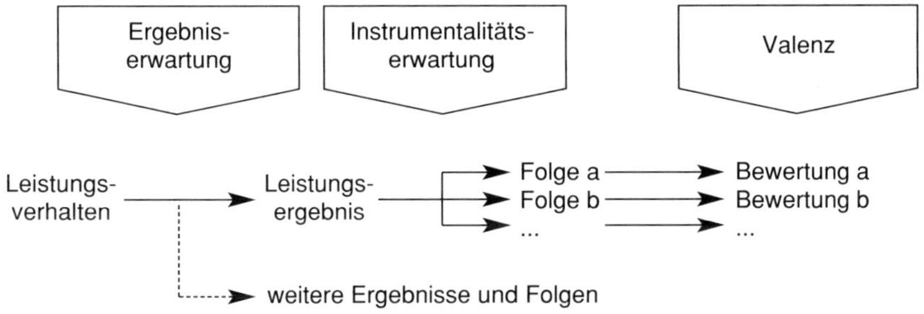

Abbildung 2:
Das VIE-Modell von Vroom (1964)

Atkinsons und Vrooms Theorien berücksichtigen beide Komponenten Erwartung und Wert, in anderen Ansätzen liegt der Fokus hingegen auf der einen oder anderen Komponente (Selbstwirksamkeitserwartung vs. Anreize der Zielverfolgung).

3.1.2 (Selbstwirksamkeits-)Erwartungen und Ziele

Reine Erwartungstheorien unterscheiden unterschiedliche Arten von Erwartungen, was präzisere Vorhersagen der Zielbildung erlaubt. Bereits in der VIE-Theorie von Vroom findet sich die Unterscheidung in Ergebnis- und Instrumentalitätserwartung. Bandura (1977) differenziert die Ergebniserwartung weiter und bezeichnet mit der *Ergebniserwartung* (outcome expectancy) i. e. S. die Überzeugung, dass die Handlung zum erwünschten Ergebnis führt. Ein Beispiel für eine Ergebniserwartung ist ein Teammitglied, das die Überzeugung hat, dass das Ansprechen eines Missstandes im Team das Teamklima verbessern wird. Die Selbstwirksamkeitserwartung (self-efficacy expectancy) hingegen ist die Überzeugung, diese Handlung auch tatsächlich ausführen zu können. Fehlt eine der beiden Erwartungen, zum Beispiel, wenn trotz der Sicherheit, dass die Thematisierung des Missstands zum Ziel führen würde (hohe Ergebniserwartung), keine Zuversicht besteht, dass man den Mut aufbringt, den Missstand anzusprechen (niedrige Selbstwirksamkeitserwartung), dann ist die Handlungsausführung höchst unwahrscheinlich. Die Selbstwirksamkeitserwartung wird im Folgenden näher erläutert.

Es gibt zahlreiche empirische Belege aus den unterschiedlichsten Lebensbereichen, dass hohe Selbstwirksamkeitserwartungen dazu führen, anspruchsvolle Ziele zu wählen, diese ausdauernd und erfolgreich zu verfolgen und im Falle von Rückschlägen dennoch an diese gebunden zu bleiben (Bandura, 1991; Carver & Scheier, 1982; Scholz, Dona, Sud & Schwarzer, 2002; Schwarzer, 1992). Auch in der Zielsetzungstheorie von Locke und Latham (1990) ist die Selbstwirksamkeitserwartung ein wichtiger Einflussfaktor, der an unterschiedlichen Stellen des Zielsetzungs-Leistungs-Prozesses ansetzt (vgl. Latham & Locke, 1991). Zum einen vermuten die Autoren einen direkten Einfluss der Selbstwirksamkeitserwartung auf die Leistung, und zum anderen schreiben sie der Selbstwirksamkeit eine Vermittlerrolle bei der Übernahme von extern vorgegebenen Zielen zu. So sind Personen mit hohen Selbstwirksamkeitserwartungen eher bereit, schwierige, von außen vorgegebene Ziele als persönliche Ziele zu übernehmen und so hohe Leistungen zu erzielen. Gleichzeitig wird auch die umgekehrte Richtung der Selbstwirksamkeits-Ziel-Beziehung postuliert: Werden schwierige Ziele an eine Person herangetragen, impliziert dies ein Zutrauen in die Fähigkeiten der Person, die ihre Selbstwirksamkeitserwartungen erhöhen kann.

Zudem bestimmt die Selbstwirksamkeitserwartung den Umgang mit negativem zielbezogenem Feedback. Zieldiskrepantes Feedback führt bei Personen mit hohen Selbstwirksamkeitserwartungen zu Bemühungen, die Leistung zu steigern, während Personen mit niedrigen Selbstwirksamkeitserwartungen eher zur Zielablösung und Resignation neigen.

3.1.3 Anreize der Zielverfolgung

Wie im Abschnitt über die Erwartung-mal-Wert-Modelle erwähnt, beeinflussen neben den Erwartungen auch der Wert bzw. die Anreize eines Ziels, ob eine Person es wählt oder nicht, wie bindend dieses Ziel für die Person ist und wie viel Anstrengung sie bei der Zielverfolgung investieren wird. War es bei Atkinson ausschließlich die positive Selbstbewertung bzw. die Vermeidung negativer Selbstbewertung, die den Wert eines Handlungsziels ausmachten, bestimmt sich nach dem VIE-Modell der Wert eines Handlungsziels aus den erwarteten *Folgen*, die das Erzielen eines Handlungsergebnisses nach sich ziehen kann. Doch auch diese Erweiterung des Anreizkonzepts greift noch zu kurz: Mit dem Verständnis von an Handlungsergebnisse gebundenen Anreizen können Handlungen nicht erklärt werden, bei denen es nicht um das Handlungsergebnis, sondern um die Handlung an sich geht. Rheinberg (2000) nennt als klassisches Beispiel den Skifahrer, für den der Anreiz nicht darin besteht, im Tal anzukommen (Handlungsergebnis), sondern im Genuss des Hinabfahrens (Handlungsausführung) selbst. Dem Handeln können also zwei Quellen von Anreizen zugrunde liegen: die in der Handlung selbst liegenden Anreize, sog. *Tätigkeitsanreize,* und die mit dem Handlungsergebnis verknüpften Anreize, sog. *Zweckanreize* (Rheinberg, 1989). Abbildung 3 illustriert die Verortung der beiden Anreizquellen in der logischen Abfolge der Handlung, dem durch die Handlung herbeigeführten Ergebnis und den Folgen des Handlungsergebnisses.

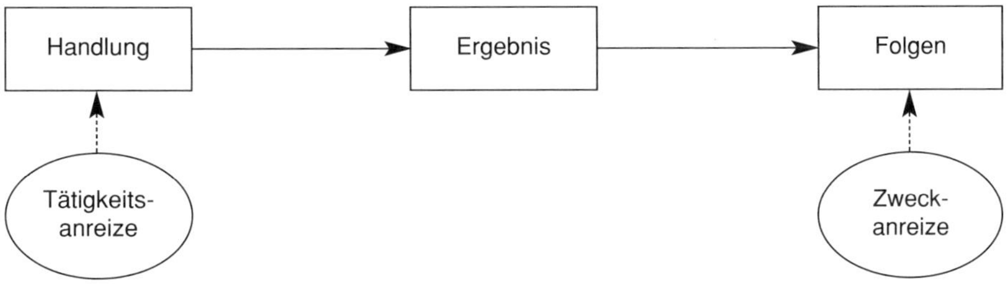

Abbildung 3:
Zwei Quellen von Anreizen beim Verfolgen von Zielen: Tätigkeits- und Zweckanreize (modifiziert nach Rheinberg, 1989)

Die Betonung von Tätigkeitsanreizen hat der weiteren motivationspsychologischen Theoriebildung einen wichtigen Impuls verliehen und Fragen der intrinsischen Motivation in den Mittelpunkt des Interesses gerückt (vgl. Rheinberg, 2006).

Wie die bisher dargestellten theoretischen Ansätze deutlich machen, ist der Wert eines Ziels eine zentrale Determinante der Zielbildung. Woraus sich der Wert eines Ziels jedoch speist, ist in den genannten Ansätzen nicht Gegenstand der Analyse. Ganz anders in Theorien, die sich genau dieser Frage zuwenden und die Quelle für Handlungsziele in relativ überdauernden Bestrebungen der Person (z. B. Bedürfnissen, Motiven) sehen.

3.1.4 Implizite Motive, motivationale Selbstbilder und Ziele

Motive sind zeitlich überdauernde Bewertungsvoreingenommenheiten oder Präferenzen für bestimmte Klassen von Anreizen (Heckhausen & Heckhausen, 2006; McClelland, 1985; Schneider & Schmalt, 2000). Für das Leistungsmotiv bedeutet dies beispielsweise, dass leistungsmotivierte Personen Situationen präferieren, in denen sie ihr Können unter Beweis stellen, neue Fähigkeiten erlernen und bei erfolgreicher Handlung den Affekt des Stolzes erleben können. Als allgemeine Bewertungsdispositionen sind Motive jedoch auf einem relativ hohen Abstraktionsniveau angesiedelt und von der Ebene konkreten Verhaltens relativ weit entfernt. Die Brücke zwischen den beiden konzeptuellen Ebenen bilden konkrete Handlungsziele (z. B. „Ich habe vor, eine Weiterbildung zu machen!"), die auch als idiosynkratische Ausdrucksformen übergeordneter Motive bezeichnet werden (Emmons, 1989, 1991; Wurf & Markus, 1991).

In welchen Zielen die Motive einer Person ihren Ausdruck finden, hängt letztlich von persönlichen Werten, Interessen und der aktuellen Lebenssituation ab. So können Ziele, die durch ein Motiv generiert werden, interindividuell sehr verschieden sein – ein Sachverhalt, den Wurf und Markus (1991) als „personalization of motivation" bezeichnet haben.

Der unterschiedliche Abstraktheitsgrad von Motiven und Zielen bringt mit sich, dass sie mehr oder weniger eng miteinander korrespondieren können. Insgesamt können sie in dreierlei Beziehung zueinander stehen: Kongruenz sowie zwei Formen der Inkongruenz. Im ersten Fall können Motive in den konkreten Zielen einer Person ihren direkten Ausdruck finden (z. B. eine Person mit einem stark ausgeprägten Leistungsmotiv, die Höchstleistungen in ihrem Arbeitsumfeld anstrebt). Hier spricht man von *motivkongruenten* oder *motivgestützten* Zielen. Zum zweiten kann der Fall vorliegen, dass sich die Motive einer Person nicht in ihren Zielen niederschlagen. Motive bleiben unbefriedigt, weil es nicht in Verhalten realisiert werden kann, beispielsweise, weil dieses sozial unerwünscht ist (z. B. eine machtmotivierte Person, die sich ihre Machtbestrebungen versagen muss, um nicht gegen die sozialen Konventionen ihrer Bezugsgruppe zu verstoßen). Neben dieser Motiv-Ziel-Inkongruenz findet sich eine zweite Form von Inkongruenz, wenn nämlich Ziele verfolgt werden, die keine Entsprechung in einem Motiv haben (z. B. ein Arbeitnehmer mit einem schwach ausgeprägten Leistungsmotiv, der die höchst anspruchsvollen Leistungsziele seiner Vorgesetzten übernimmt).

Wenn Ziele nicht aus einem Motiv gespeist sind, müssen sie aus einer anderen Quelle stammen: Sie stammen aus den Selbstbildern, die Menschen über ihre Bedürfnisse und Motive haben. Diese motivationalen Selbstbilder werden auch als selbst zugeschriebene Motive oder explizite Motive bezeichnet (McClelland,

Koestner & Weinberger, 1989) und von impliziten Motiven oder basalen Motiven (vgl. Heckhausen & Heckhausen, 2006; Schneider & Schmalt, 2000; Rheinberg, 2000) unterschieden.

Auf die Konzeption zweier unabhängiger ziel- und verhaltensgenerierender Motivationssysteme kam man, weil sich gezeigt hatte, dass implizite Motive, die aufgrund ihrer theoretisch angenommenen Unbewusstheit mit einem projektiven Verfahren (z. B. Thematischer Auffassungstest, vgl. Langens & Schüler, 2003; Operanter Motiv-Test, Kuhl, Scheffer & Eichstaedt, 2003) gemessen wurden, nicht mit den von den Probanden selbst berichteten Motiven übereinstimmten (vgl. McClelland, Koestner & Weinberger, 1989). Da sich beide Motivsysteme in der Verhaltensvorhersage ergänzen, gestand man beiden eine bedeutende Rolle für menschliche Zielsetzungen und Verhalten zu und konzipierte sie als zwei voneinander unabhängige Motivationssysteme.

Motiv-Ziel-Diskrepanzen sind neuerdings ein wichtiges Forschungsthema in der Motivationspsychologie, da sich zeigte, dass sie das psychische und physische Wohlbefinden beeinträchtigen können. McClelland et al. (1989) bemerken dazu: „Whatever the reasons for discordance between implicit and explicit motives, it can certainly lead to trouble" (S. 700).

Solange implizite Motive und motivationale Selbstbilder thematisch übereinstimmen, besteht hinsichtlich der aus beiden Systemen generierten Ziele keine Schwierigkeit. Motivkongruenz hat eine Reihe positiver Effekte auf die Zielverfolgung. So werden zielförderliche kognitive und emotionale Prozesse automatisch angeregt, die Zielverfolgung geschieht anstrengungsfrei und ist mit positiven Affekten verbunden (Kehr, 2004; Sokolowski, 1993). Schwierigkeiten treten hingegen auf, wenn Ziele aus motivationalen Selbstbildern generiert werden, die nicht mit den impliziten Motiven übereinstimmen, die also motivinkongruent sind. Ein Beispiel ist eine Person mit hohem implizitem Anschlussmotiv, die sich selbst für einen leistungsmotivierten Menschen hält und entsprechend leistungs- statt anschlussthematische Ziele verfolgt. Diese werden nicht durch ein implizites Motiv gestützt und sind auf volitionale Unterstützung, also kontrollierte, willentliche Prozesse angewiesen, damit das zielführende Verhalten durchgeführt werden kann. Mittlerweile liegen empirische Befunde vor, die zeigen, dass eine motivinkongruente Zielwahl Verhalten und Wohlbefinden negativ beeinflusst (z. B. Baumann, Kaschel & Kuhl, 2005; Brunstein, Schultheiss & Grässmann, 1998). Im Hinblick auf gesundheitliche Beeinträchtigungen von Motiv-Ziel-Diskrepanzen beschrieb McClelland (1982) das gehemmte Machtmotiv (geringe Möglichkeit, das Machtmotiv auszuleben) als Ursachenfaktor für Bluthochdruck und einer Schwächung des Immunsystems.

3.1.5 Rubikonmodell der Handlungsphasen

Das Rubikonmodell der Handlungsphasen geht von verschiedenen voneinander unterscheidbaren Phasen des Zielstrebens aus. Die wichtigste Unterscheidung ist die in eine motivationale Phase der Zielwahl und in eine volitionale Phase der Zielrealisierung. In der motivationalen Phase der Zielwahl werden verschiedene Handlungsoptionen, die nicht alle gleichzeitig ausgeführt werden können, sachlich und an der Realität orientiert gegeneinander abgewogen. Kriterien des Abwägens sind – ganz im Sinne erwartung-wert-theoretischer Überlegungen – die Machbarkeit (z. B. Selbstwirksamkeits- und Ergebniserwartungen) und die Wünschbarkeit (z. B. positive Konsequenzen der Zielerreichung) des Ziels. Diese führen schließlich zu einer Entscheidung für ein Handlungsziel (Bildung einer Zielintention). Die Intentionsbildung als markanter Übergang vom „Wählen zum Wollen" (Heckhausen, 1987) wird bildlich als die Überschreitung des Rubikons bezeichnet.

Die Intentionsbildung führt zu einer Verpflichtung gegenüber dem Ziel – der Zielbindung oder dem Commitment (s. u.; Klinger, 1975). Mit der Intentionsbildung gehen entscheidende Veränderungen in Kognition, Emotion und Verhalten einher. So findet ein Wechsel von der motivationalen zu einer volitionalen Bewusstseinslage statt (Heckhausen, 1989). Anfangs noch offen für verschiedenste zielbezogene Informationen und ausgewogen in der Einschätzung von positiven und negativen Aspekten des Ziels wird die Person nach der Bildung einer Zielintention zum „Partisan ihrer Wünsche" (Heckhausen, 1987). Die volitionale Bewusstseinslage ist mit einer markanten Verengung des Aufmerksamkeitsfokus auf realisierungsbezogene Informationen und einer positiv gefärbten, illusionär-optimistischen Einschätzung des Ziels verbunden (Gollwitzer, 1990; Gollwitzer & Bayer, 1999).

3.2 Strukturelle Merkmale von Zielen

Nachdem im vorigen Abschnitt die Determinanten der Zielbildung thematisiert wurden (und Ziele damit die abhängige Variable darstellten), stehen im Weiteren die unterschiedliche Qualität und mögliche strukturelle Merkmale von Zielen im Mittelpunkt der Betrachtung. Aus dieser Forschungsperspektive wird vor allem der Einfluss unterschiedlicher Zielformulierungen auf Erleben und Verhalten untersucht – Ziele nehmen hier also den Rang von unabhängigen Variablen ein. Zur Beschreibung und Klassifikation von Zielen bieten sich verschiedene Ordnungsprinzipien an (z. B. Austin & Vancouver, 1996; Schmidt & Kleinbeck, 2004). So wählt beispielsweise Kleinbeck (2006) als Ordnungsmerkmale von Zielen (1) den Wert des Ziels für die handelnde Person, (2) die Zielschwierigkeit, (3) die Zielspezifität, (4) die Zielbindung, (5) die Zeitperspektive von Zielen, (6) den Bewusstseinsgrad von Zielen, (7) die Zielkomplexität und (8) die Beschaffenheit von Zielen bei innovativen Tätigkeiten. Das in diesem Kapitel gewählte Ordnungsprinzip subsumiert weitestgehend die genannten Unterscheidungsmerkmale, setzt jedoch etwas andere Akzente, indem beispielsweise die Richtung und die Konflikthaftigkeit von Zielen in jeweils eigenen Abschnitten gewürdigt werden. Dies geschieht aufgrund der Überlegung, dass mit dem gewählten Ordnungsprinzip von Zielen zugleich hoch aktuelle Forschungsthemen der Motivations-, Arbeits- und Sozialpsychologie thematisiert werden können. In diesem Kapitel werden Ziele nach den folgenden Merkmalen geordnet:

- Zielrichtung: Annäherung versus Vermeidung,
- Grad der Übereinstimmung mit zugrunde liegenden Motiven (Motivkongruenz),
- Grad der Selbstbestimmung,
- Konflikthaftigkeit mit anderen Zielen,
- Abstraktionsniveau,
- Art des Erfolgskriteriums (Lern- und Leistungsziele).

3.2.1 Zielrichtung: Annäherung versus Vermeidung

Ziele können grundsätzlich in zwei Richtungen formuliert sein. Sie können darauf ausgerichtet sein, einen positiv bewerteten Zustand erreichen zu wollen (z. B. die Anlage wirtschaftlich fahren; das vorgegebene Produktionssoll erreichen; in der Teamsitzung die eigene Meinung artikulieren) oder aber, einen negativ bewerteten Zustand zu vermeiden (z. B. keine Verluste einfahren; von der Vorgesetzten nicht kritisiert werden; Entscheidungen nicht hinausschieben). Der erste Zieltypus beschreibt Annäherungsziele, der zweite Vermeidungsziele (Carver & Scheier, 1998; Elliot & Church, 1997; Elliot & Friedman, 2007; Elliot, Gable & Mapes, 2006). Wie eine Vielzahl empirischer Studien zeigen konnte, haben Annäherungs- und Vermeidungsziele sehr unterschiedliche Auswirkungen auf das Erleben und Verhalten. Vermeidungsziele haben im Vergleich zu Annäherungszielen negative Effekte auf die Leistung (Elliot & Harackiewicz, 1996; Elliot, Maier, Moller, Friedman & Meinhardt, 2007; Roney, Higgins & Shah, 1995), führen zu geringer Persistenz bei schwierigen Aufgaben (Ruvolo & Markus, 1992), beeinträchtigen die intrinsische Motivation (Elliot & Church, 1997; Elliot & Harackiewicz, 1996), die Lebenszufriedenheit und das emotionale Wohlbefinden (Elliot & Sheldon, 1997; Elliot, Gable & Mapes, 2006) und stehen in positiver Beziehung zu depressiver Verstimmtheit (Coats, Janoff-Bulman & Alpert, 1996). Als Erklärung für die negativen Auswirkungen von Vermeidungszielen wird ein Regulationsfokus angeführt, der sich von dem der annähernden Ziele unterscheidet (Carver & Scheier, 1998; Elliot & Church, 1997; Higgins, 1997). Eine Person, die ein Vermeidungsziel verfolgt, fokussiert auf negative Zustände, die unbedingt abgewendet werden müssen. Wenn Hindernisse bei der Zielverfolgung auftreten, lösen diese ein Gefühl der Bedrohung aus, während Zielfortschritte weniger gut wahrgenommen werden können (Elliot, Sheldon & Church, 1997). Die Gedanken kreisen ständig um einen möglichen Misserfolg, und die Zielverfolgung wird nicht als selbstbestimmt erlebt (Elliot & Sheldon, 1998). Vermeidungsziele beeinträchtigen also im Gegensatz zu Annäherungszielen das Befinden während der Zielverfolgung, die Effektivität des Handelns und somit die Wahrscheinlichkeit eines Erfolgs.

3.2.2 Motiv(in)kongruenz von Zielen

Wie bereits im Abschnitt über die Prozesse der Zielbildung erläutert, können Ziele mehr oder weniger eng thematisch mit impliziten Motiven übereinstimmen. Die negativen Auswirkungen der Inkongruenz auf das Befinden konnten vielfach empirisch belegt werden. Zum Beispiel fanden Brunstein und Kollegen (1995, 1998), dass Studierende, die Ziele verfolgen, die nicht mit ihren impliziten Motiven übereinstimmen, in ihrem emotionalen Wohlbefinden beeinträchtigt waren. Kehr (2004) untersuchte die Auswirkungen von Inkongruenz auf das emotionale Befinden von Managern. Er argumentiert, dass motivationale Inkongruenz zu konfliktären Verhaltenstendenzen und so zu psychischen Konflikten führt, die wiederum Willenskraft in Anspruch nehmen und in einer willentlichen Erschöpfung (volitional depletion) münden (auch: Brunstein, Schultheiss & Maier, 1999; Ryan, Sheldon, Kasser & Deci, 1996). Die willentliche Erschöpfung wird als vermittelnde Variable (Mediator) zwischen Inkongruenz und Wohlbefindensbeeinträchtigungen vermutet. In einer Langzeitstudie mit Managern des mittleren Managements erfasste Kehr zu einem ersten Messzeitpunkt die Motivinkongruenz als Prädiktor für die zum zweiten Messzeitpunkt nach 5 Monaten erhobenen Kriterien Willenskraft (volitional strength) und subjektives Wohlbefinden. Die Willenskraft wurde über die Häufigkeit des Einsatzes willentlicher Strategien operationalisiert. Zu den willentlichen Strategien, die erforderlich sind, wenn Schwierigkeiten das Zielstreben erschweren, zählen beispielsweise die Aufmerksamkeitskontrolle (Ausrichten der Aufmerksamkeit auf zielrelevante Informationen) und die Motivationskontrolle (Voraugenführen positiver Anreize der Zielerreichung) (Kuhl, 1985; Kuhl & Fuhrmann, 1998). Das subjektive Wohlbefinden wurde über Selbstberichte zu positivem und negativem Affekt und zur Lebenszufriedenheit erfasst. Unter Kontrolle der Baselinemessung der Willenskraft und des subjektiven Wohlbefindens hing die Motivinkongruenz hypothesenkonform mit der willentlichen Erschöpfung nach 5 Monaten zusammen, die über das Nachlassen der Willenskraft operationalisiert wurde. Zudem wurde das Mediationsmodell bestätigt: Der Effekt von Inkongruenz auf das subjektive Wohlbefinden wird über eine Erschöpfung der Willenskraft vermittelt. Um Inkongruenzen zwischen impliziten und expliziten Motiven zu vermeiden, sollte die Zielwahl auf die impliziten Motive abgestimmt werden. Erste Interventionsansätze für Führungskräfte liegen vor (Kehr, 2002; vgl. auch Schultheiss & Brunstein, 1999).

3.2.3 Grad der Selbstbestimmung und Selbstkonkordanz

Ziele können sich danach unterscheiden, inwieweit sie von einer Person selbst gesetzt oder aber von außen aufgetragen wurden. Nach der Selbstbestimmungstheorie von Deci und Ryan (1985) trägt ein hohes Maß an Selbstbestimmung zu hohem psychischen Wohlbefinden und hoher Leistungsfähigkeit bei. Selbstbestimmung ist neben der Möglichkeit, sich als kompetent und sozial eingebunden zu erleben, eine zentrale Bedingung für intrinsisch motiviertes Verhalten und Wohlbefinden (vgl. Ryan & Deci, 2000). Selbstbestimmte Ziele werden mit höherer Wahrscheinlichkeit, müssen aber nicht zwingend mit den impliziten Motiven einer Person übereinstimmen. Menschen setzen sich bewusst oder unbewusst auch völlig selbstbestimmt Ziele, die nicht zu ihren impliziten Motiven und Tätigkeitsvorlieben passen (Rheinberg, 2002). Selbst bestimmte Ziele können also sowohl motivkongruent als auch motivinkongruent (vgl. Abschnitt 3.2.2) sein.

Eine andere Art der (Nicht-)Übereinstimmung wird im Selbstkonkordanz-Modell von Sheldon und Elliot (1999; Sheldon, 2002) beschrieben. Hier geht es um die Übereinstimmung zwischen dem Selbst und den aktuellen Zielen einer Person. Ziele sind demnach selbstkonkordant, wenn sie mit den Interessen und Werten einer Person übereinstimmen. Selbstkonkordanz führt dazu, dass mehr Anstrengung in die Zielerreichung investiert wird und die Zielerreichung selbst mit einem größeren Wohlbefinden einhergeht. Die Selbstkonkordanz wurde über vier von den Probanden berichtete Gründe für Verhalten gemessen (Ryan & Connell, 1989):

- Ein *externaler Grund* liegt vor, wenn das Ziel verfolgt wird, weil es jemand anderes, nicht aber die Person will.
- Ein *introjizierter Grund* liegt vor, wenn sich die Person schuldig oder ängstlich fühlen würde, wenn sie das Ziel nicht verfolgt.
- Ein *identifizierter Grund* ist, wenn eine Person davon überzeugt ist, dass es sich bei dem Ziel um ein wirklich wichtiges und lohnenswertes Ziel handelt.
- Ein *intrinsischer Grund* der Zielverfolgung liegt schließlich vor, wenn die Zielverfolgung Spaß und Freude bereitet.

3.2.4 Zielkonflikte

Ziele selbstbestimmt wählen zu können ist eine wichtige Voraussetzung, nicht aber eine ausreichende Bedingung, um Wohlbefinden zu gewährleisten. Denn auch bei selbstbestimmten Zielen kommt es zu Konflikten: „We cannot have or do all that we desire because often our desires, themselves, conflict" (Emmons, King & Sheldon, 1993, S. 528).

Eine Person beispielsweise, die gerne einen Weiterbildungskurs besuchen würde, der jedoch in einem Zeitraum stattfindet, in dem der gemeinsame Urlaub mit dem Lebenspartner geplant war, befindet sich in einem Zielkonflikt. Beide Ziele können durchaus selbstbestimmt und hoch erwünscht sein, dennoch stehen sie miteinander im Konflikt, weil sie um knappe Ressourcen (im Beispiel Zeit) konkurrieren. Andere Ziele erfordern Verhaltensweisen, die miteinander inkompatibel sind. Das fremdbestimmte Ziel bei der Produktentwicklung, in erster Linie auf Kosteneinsparungen zu achten, kann mit dem selbstbestimmten Ziel, eine einzigartige kreative Umsetzung zu realisieren, konkurrieren.

Eine Methode, um die Konflikthaftigkeit persönlicher Ziele zu messen, ist das Erstellen einer Instrumentalitätsmatrix (Striving Instrumentality Matrix; Emmons, King & Sheldon, 1993). Hierzu werden Ziele, die eine Person typischerweise zu erreichen sucht, in einer Matrix angeordnet, in der die Zeilen und Spalten aus persönlichen Zielen bestehen. Die Versuchspersonen geben dann das Ausmaß der Begünstigung oder Behinderung zwischen jedem Zielpaar an. Jedes Ziel wird zum einen danach bewertet, welchen Effekt es auf andere Ziele hat, und zum anderen, wie sehr es von anderen Zielen begünstigt oder behindert wird. Untersuchungen mit dieser Erhebungsmethode fanden, dass ein hohes Maß an Zielkonflikten mit negativem Affekt, Depression, Neurotizismus und psychosomatischen Beschwerden, der Anzahl von Arztbesuchen und Krankheitsdiagnosen zusammenhängt (Emmons & King, 1988). Die Unfähigkeit, Konflikte kontrollieren zu können, ist zudem eine Quelle für Stress (Epstein, 1982) und geringer Lebenszufriedenheit (Palys & Little, 1983).

Nach Emmons (1996) können Zielkonflikte aufgelöst werden, wenn es gelingt, ursprünglich konfligierende Ziele (z. B. Anschlussziel vs. Leistungsziel) in ein gemeinsames Ziel zu integrieren, das beiden gerecht wird (z. B. in einer vertrauten Arbeitsgruppe an einem Projekt arbeiten). Eine weitere Möglichkeit, einen Zielkonflikt zu beenden, ist die Ablösung von einem oder mehreren Zielen. Die Zielablösung wird Gegenstand eines späteren Abschnitts sein.

Die noch junge Work-Life-Balance-Forschung untersucht Konflikte von Arbeitszielen (z. B. ein neues reizvolles, aber zeitaufwendiges Projekt anzunehmen) und Arbeitsanforderungen (z. B. hohe räumliche und zeitliche Flexibilität) mit Zielen und Anforderungen aus dem Privatleben (z. B. Zeit für die Familie zu haben; regelmäßig sportlichen Interessen nachzugehen). Auch bei diesem Konflikttyp hängt das Ausmaß der Konflikthaftigkeit von Zielen eines Mitarbeiters mit dessen stressbedingter Überforderung und Kontrollverlust bis hin zur Depression zusammen (Whitney, Kusznir & Dixie, 2002). Ein Gleichgewicht zwischen Arbeits- und privaten Zielen ist nicht nur für die einzelnen Mitarbeiter erstrebenswert, sondern fördert, vermittelt über die höhere Bindung an das Unternehmen (Siegel, Post, Brockner, Fishman & Garden, 2005), auch dessen Wettbewerbsvorteil und die Produktivität (Rapaport, Bailyn, Fletcher & Pruitt, 2002). Als Maßnahmen, um die Work-Life-Balance herzustellen, werden flexible Arbeitszeit- und Arbeitsplatzmodelle (z. B. Rapaport et al., 2002) und bestimmte Führungsmerkmale wie die intensive Unterstützung durch den Vorgesetzten (Galinsky, Bond & Friedman, 1996) diskutiert.

3.2.5 Abstraktionsniveau von Zielen

Ziele unterscheiden sich in ihrem Abstraktionsniveau. Ein gesunder Mensch und ein erfolgreicher Geschäftsmann zu sein, sind Beispiele für Ziele, die auf einem hohen Abstraktionsniveau angesiedelt sind. Solche verhaltensfernen abstrakten Ziele müssen in Unterziele auf einem niedrigeren Abstraktionsniveau zerlegt werden (Carver & Scheier, 1998). Bezogen auf die oben genannten Ziele könnten diese beispielsweise sein, regelmäßig Sport zu treiben und die Marketingstrategie des Unternehmens zu verbessern. Auf einer noch niedrigeren Abstraktionsebene könnten Unterziele verfolgt werden, wie am Abend joggen zu gehen und eine Werbeanzeige für das Unternehmen zu formulieren. Ziele sind also in einer hierarchischen Struktur von Abstraktionsniveaus organisiert (Carver & Scheier, 1998), die einen direkten Einfluss auf die Zielerreichung haben: Konkrete Ziele lassen sich besser umsetzen als abstrakte Ziele, da das zum Ziel führende Verhalten offensichtlicher ist und die Rückmeldeschleifen kürzer sind. Locke und Latham (1990, vgl. Abschnitt 1.3) nehmen an, dass die positiven Effekte spezifischer Ziele auf Leistungsparameter unter anderem durch eine höhere Persistenz bei der Zielverfolgung, durch die Aufmerksamkeitsausrichtung auf zielführendes Verhalten, durch Planungsbereitwilligkeit und durch die Bereitschaft der Annahme von Feedback vermittelt werden (Locke & Latham, 1990). Es gibt zahlreiche empirische Belege dafür, dass das Spezifizieren von Zielintentionen bis hin zur Formulierung ganz konkreter Durchführungsintentionen (Gollwitzer, 1999; Gollwitzer & Sheeran, 2006) für die Zielumsetzung äußerst hilfreich ist.

In ihrer Zielsystemtheorie (goal system theory; Kruglanski, Shah, Fishbach, Friedman, Chun & Sleeth-Keppler, 2002) gehen die Autoren davon aus, dass

Ziele in hierarchisch strukturierten Netzwerken organisiert sind (vgl. Abb. 4). Je abstrakter ein Ziel formuliert ist, desto höher ist es in der Hierarchie angeordnet und umso mehr Bezüge bestehen zu untergeordneten Zielen.

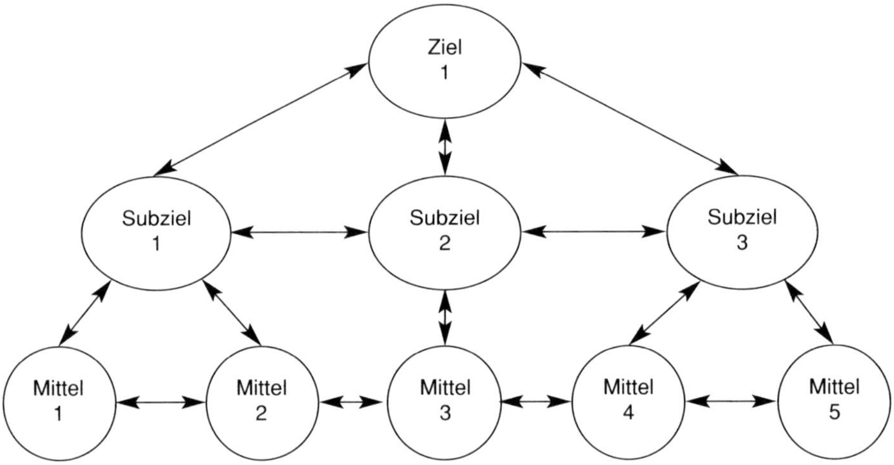

Abbildung 4:
Hierarchisch organisiertes Zielsystem mit übergeordnetem Ziel (Goal), Subzielen (Subgoals) und Mitteln zur Zielerreichung (Mean) (adaptiert an Kruglanski et al., 2002, S. 334)

Im Mittelpunkt der empirischen Analysen von Kruglanski und Kollegen (2002) steht die Analyse der kognitiven Repräsentation verschiedener (Teil-)Ziele in Abhängigkeit von der Struktur des Zielsystems. Dieses in neuerer Zeit publizierte Modell von Kruglanski und Kollegen weist große Übereinstimmungen mit handlungstheoretisch ausgerichteten Ansätzen innerhalb der Arbeitspsychologie auf (Frese & Zapf, 1994; Hacker, 2005; vgl. Abschnitt 2.3). Die bei Kruglanski et al. thematisierten kognitiven Ziel-Mittel-Repräsentationen haben eine direkte Entsprechung in Hackers Konzept des Systems operativer Abbilder (OAS). Operative Abbildsysteme sind tätigkeitsleitende mentale Repräsentationen der verschiedenen Bestandteile einer hierarchisch strukturierten Tätigkeit (Ziele, Ausführungsbedingungen, Transformationsmaßnahmen des Ist- in den Soll-Zustand).

3.2.6 Lern- und Leistungsziele

Aus einer pädagogisch-psychologischen Forschungstradition stammt die Unterscheidung in zwei verschiedene Zielorientierungen: Lernzielorientierung und Leistungszielorientierung. Dweck (1986) spricht in diesem Zusammenhang von

Lernzielen (learning goals) und *Leistungszielen (performance goals),* während Nicholls (1984) dasselbe Konstrukt unter die Begriffe *Aufgabenorientierung (task involvement)* vs. *Ich-Orientierung (ego involvement)* fasst. Personen mit Lernzielen wollen Neues hinzulernen, Kompetenzen erwerben und steigern, sehen ihre Fähigkeiten als veränderbar, orientieren sich bei der Leistungsbewertung an eigenen Leistungen und nehmen Misserfolgsrückmeldungen als informativ und nützlich für den Lernprozess wahr. Personen mit Leistungszielen hingegen sind bestrebt, das eigene Wissen und Können zu demonstrieren oder ihr Nichtwissen und Nichtkönnen zu verbergen. Sie sehen Fähigkeiten als unveränderbar an, orientieren sich bei der Leistungsbewertung an anderen Personen und erleben Misserfolgsrückmeldungen als bedrohlich. In zahlreichen Studien in pädagogisch-psychologischen und später auch in arbeitspsychologischen Kontexten konnte gezeigt werden, dass Lernziele den Leistungszielen in vielerlei Hinsicht überlegen sind. So konnten beispielsweise VandeWalle und Kollegen (1999) in einer Längsschnittstudie mit Verkäufern medizinischen Zubehörs zeigen, dass Lern-, nicht aber Leistungsziele positiv mit der Verkaufsleistung in einem dreimonatigen Verkaufszeitraum zusammenhingen (VandeWalle, Brown, Cron & Slocum, 1999). Die Autoren argumentieren, dass Lernziele den Einsatz von Selbstregulationsstrategien begünstigen, die dann wiederum positiv auf die Leistung wirken. Hypothesenkonform fanden sie, dass Selbstregulationsstrategien, wie das Setzen anspruchsvoller Ziele, die Bereitschaft, sich für ein Ziel anzustrengen, und Planungsprozesse im Sinne des Ziels, den Zusammenhang zwischen Lernzielen und Leistung vermittelten. In anderen Untersuchungen zeigte sich, dass Lernziele nicht nur die Leistung begünstigen, sondern auch zu intrinsischer Motivation (z. B. Elliot & Church, 1997), positiven Affekten gegenüber Aufgaben (Nicholls, Patashnick & Nolen, 1985) und tieferer Informationsverarbeitung und Ausdauer bei der Bearbeitung von Aufgaben (Ames & Archer, 1988) führen. Die Annahme der negativen Auswirkungen von Leistungszielen wurde von Elliot und McGregor (1999) später dahingehend revidiert, dass Leistungsziele, solange es sich um Annäherungs- und nicht um Vermeidungsziele handelt, ebenfalls zu guten Leistungsergebnissen führen können (Elliot & McGregor, 1999; Harackiewicz, Barron, Tauer, Carter & Elliot, 2000).

3.2.7 Zielvereinbarungen im Organisationskontext

Die obigen Abschnitte schildern, dass einige strukturelle Merkmale von Zielen günstiger für die Leistung und das Befinden sind als andere. So erwiesen sich Ziele, die spezifisch formuliert sind und im Dienste übergeordneter Ziele stehen, als effektiver als unspezifische Ziele (vgl. Abschnitt 3.2.5), und Ziele, die nicht mit anderen Zielen im Konflikt stehen, fördern Leistung anstatt sie zu behindern (vgl. Abschnitt 3.2.4). Selbst- oder mitbestimmte Ziele sind zudem wirksamer als fremdbestimmte Ziele (vgl. Abschnitt 3.2.3). Ein Instrument, um in Arbeitsorganisationen diese leistungsförderlichen Zielmerkmale zu fördern, sind Führungsmaßnahmen, die Zielvereinbarungen enthalten (Jetter & Skrotzki, 2000). Mit Zielvereinbarungen wird beabsichtigt, „[...] die Leistungen der Organisationsmitglieder an Zielen auszurichten, die mit den übergeordneten Zielen der Organisation in Einklang stehen“ (Schmidt & Kleinbeck, 2006, S. 1).

Nach dieser Definition geht es also genau um einige der genannten Zielmerkmale: Es werden spezifische Leistungsziele formuliert, die instrumentell statt konfligierend im Hinblick auf das übergeordnete Unternehmensziel sind. Der Begriff „Zielvereinbarung“ impliziert zudem eine gewisse Selbstbestimmung oder zumindest eine Absprache zwischen Mitarbeitern und Vorgesetzten.

Zielvereinbarungen können auf Einzelperson- oder auf Gruppenebene stattfinden (Kleinbeck, Schmidt & Werner, 2001). Ein Beispiel zur Förderung von Gruppenleistungen mithilfe von Zielvereinbarungen ist das Partizipative Produktivitätsmanagement (PPM; Pritchard et al., 1993). In diesem werden unter Partizipation von Mitarbeitern, Vorgesetzten und dem höheren Management Leistungsbewertungssysteme erarbeitet. Die Partizipation aller Beteiligten wird einer Mitbestimmung an Leistungszielen gerecht. Die Leistungsbewertungssysteme schaffen Klarheit über Aufgabenbereiche in komplexen Arbeitsfeldern und geben konkrete Indikatoren für Zielfortschritte vor. Letztendlich werden also spezifische Ziele und Zielzustände vereinbart. Die Leistungsbewertungssysteme sind an Leistungsrückmeldesysteme gebunden, die eine Transparenz hinsichtlich der Zielfortschritte ermöglichen.

4 Die Zielbindung

In der Literatur finden sich als synonyme Bezeichnungen für Zielbindung die Verpflichtung gegenüber einem Ziel, Entschlossenheit der Zielverfolgung oder Commitment. Die Zielbindung hat – wie bereits erwähnt – einen starken Einfluss auf Merkmale des Zielstrebens. Zu den zahlreichen positiven Konsequenzen hohen Ziel-Commitments im Kontext der Arbeit zählen beispielsweise eine erhöhte Wahrscheinlichkeit, dass die zielgerichtete Handlung ausgeführt wird (z. B. Wright et al., 1994), erhöhte Arbeitsleistung (z. B. Locke & Latham, 1990) und geringe Fluktuationsraten in Unternehmen (z. B. Moser, 1997).

In den folgenden Abschnitten wird zunächst eine kurze Begriffsklärung vorgenommen. Danach wird auf theoretische Ansätze eingegangen, die die Determinanten und Auswirkungen der Zielbindung analysieren. Im letzten Abschnitt wird schließlich ein Forschungsfeld skizziert, das sich mit problematischen Formen der Zielbindung (escalation of commitment, entrapment) beschäftigt.

4.1 Der Commitment-Begriff

Das Verständnis dessen, was unter Commitment subsumiert wird, ist nicht einheitlich. In einem Überblicksartikel zu Selbstverpflichtungs- oder Commitment-Theorien schlüsselt Klinger (1996a) terminologische und konzeptionelle Verschiedenheiten des Begriffs auf. Eine grobe Gliederung ist das Verständnis von Commitment als entweder dichotome oder kontinuierliche Variable. Als dichotome Variable verstanden, entspricht das Commitment der Intentionsbildung (vgl. im Rubikonmodell die Bildung einer Zielintention, Heckhausen & Gollwitzer, 1987), die die motivationale Phase der Entschlussbildung von der volitionalen Phase der Zielrealisierung trennt. Die Entscheidung für das Ziel ist mit der Bindung an das Ziel gleichgesetzt – Commitment fällt also konzeptionell mit der Intentionsbildung zusammen.

Das zweite Begriffsverständnis findet sich vor allem in der Sozial- und Arbeitspsychologie. Es bezeichnet das Ausmaß, in dem sich eine Person ihrem Ziel verpflichtet fühlt, oder in den Worten von Kruglanski et al. (2002) „the degree to which an individual is determined to pursue a goal" (S. 340).

Hier wird Commitment als eine kontinuierliche Variable verstanden, die inter- und intraindividuelle Unterschiede abbildet. Von verschiedenen Autoren wurden für Forschungszwecke Skalen zur Erfassung der Zielbindung entwickelt. So misst Brickmann (1987) mit seiner Commitment-Skala Unterschiede in der Entschlossenheit von Personen, mit der sie üblicherweise ihre Ziele verfolgen. Brunstein (1993) misst Unterschiede des Commitments gegenüber persönlichen Zielen über Items zu Entschlossenheit (z. B. Komme was da wolle, ich werde dieses Ziel nicht aufgeben), Dringlichkeit (z. B. Ich würde am liebsten sofort mit der Zielverfolgung beginnen) und Bereitschaft (Selbst wenn es mich viel Anstrengung kosten wird, werde ich alles tun, um das Ziel zu erreichen).

Auch in Locke und Lathams' (1990) Zielsetzungstheorie ist Commitment als kontinuierliche Variable konzipiert und bezeichnet das Ausmaß, mit dem sich eine Person einem Ziel gegenüber verpflichtet fühlt und es erreichen will, selbst wenn Rückschläge und Widerstände auftreten. Das Ausmaß des Commitments beeinflusst die Beziehung von Zielsetzung und Leistung. So trifft die bereits erwähnte Grundannahme der Zielsetzungstheorie, dass mit zunehmender Schwierigkeit spezifischer Ziele die Leistung steigt, nur bei Personen mit hohem Ziel-Commitment zu. Bei Personen, die sich nicht stark an ihre Ziele gebunden fühlen, bleibt die Leistung vom Schwierigkeitsniveau der Zielsetzung unbeeinflusst (Locke & Latham, 1990).

Nach dieser groben Einteilung in dichotome vs. kontinuierliche Konzepte des Commitments werden im folgenden Abschnitt differenziertere theoretische Ansätze des Commitments und deren Determinanten und Konsequenzen vorgestellt.

4.2 Determinanten und Auswirkungen der Zielbindung

Die folgenden Überlegungen zum Commitment wurden in unterschiedlichen Kontexten menschlichen Zielstrebens entwickelt und angewendet:

- Der *theoretische Ansatz von Hollenbeck und Klein (1987)* basiert auf klassischen Erwartung-Wert-theoretischen Annahmen und ist damit auf verschiedenste Inhaltsbereiche anwendbar.
- Das *Investitionsmodell (investment model) von Rusbult (1980)* richtete sich ursprünglich auf die Analyse zwischenmenschlicher Beziehungen, lässt sich aber auf die Analyse der Zielbindung in beliebigen Inhaltsbereichen – so auch auf die Bindung an ein Unternehmen (organizational commitment) – anwenden.
- Die *theoretischen Überlegungen von Brunstein (1993)*, in deren Mittelpunkt ebenfalls das Konzept der Zielbindung steht, entstammen der Forschung zu persönlichen Alltagszielen und zielen auf die Vorhersage emotionalen Wohlbefindens beim Verfolgen persönlicher Ziele ab (zieltheoretische Theorie subjektiven Wohlbefindens).
- Schließlich ist das sogenannte *Drei-Komponentenmodell des organizational commitments von Meyer und Allen (1991)* zu nennen, das im organisationspsychologischen Kontext formuliert wurde und sich von den anderen hier genannten Ansätzen insofern abhebt, als es die *Qualität* der Zielbindung in den Mittelpunkt der Aufmerksamkeit rückt. Zentral ist hier die Frage, aufgrund welcher spezifischen Faktoren sich jemand einer Organisation verbunden fühlt.

4.2.1 Der theoretische Ansatz von Hollenbeck und Klein

Hollenbeck und Klein (1987) resümieren aus einer Analyse der Commitment-Literatur, dass das Konstrukt trotz seiner theoretischen Relevanz wenig Beachtung in empirischen Studien gefunden hat und fordern „future research in the area of goal setting obviously needs to place greater emphasis on assessing goal commitment“ (S. 219).

Die Autoren führen dies unter anderem auf Inkonsistenzen bei der Messung von Commitment zurück (Hollenbeck & Klein, 1987; Hollenbeck, Williams & Klein, 1989) und entwickelten eine Selbstberichtskala zur Erfassung des Commitments (HWK-Skala, benannt nach Hollenbeck, Williams & Klein, 1989), die später zu einer reliablen und validen 5-Item-Version revidiert und für den Forschungsbereich empfohlen wurde (Klein, Wesson, Hollenbeck, Wright & DeShon, 2001). Beispiele aus dieser Skala sind „It's hard to take this goal seriously (recoded)" und „I am strongly commited to pursuing this goal"). Als Determinanten der Zielbindung betrachten die Autoren den Wert des Ziels und die Erwartung, es erreichen zu können. Hollenbeck, Williams und Klein (1989) unterscheiden dabei situative und personbezogene Bedingungen und fanden, dass die Interaktion beider Bedingungen einen hohen Anteil an der Varianz des Commitments für schwierige Ziele aufklärte. So ist das Commitment für Ziele am höchsten, wenn die Ziele öffentlich gemacht wurden (situativ), wenn eine internale Kontrollüberzeugung vorlag (personbezogen) und wenn die Ziele selbstbestimmt gesetzt wurden (Zielursprung, situativ). Als Konsequenzen von Commitment postulieren Hollenbeck und Klein (1987) in Anlehnung an Locke und Lathams Zielsetzungstheorie (1990) eine Steigerung der Anstrengung, eine hohe Persistenz und einen Widerwillen, das Ziel aufzugeben.

4.2.2 Das Investitionsmodell von Rusbult

Im Zentrum des Investitionsmodells sozialer Beziehungen von Rusbult (1980, 1983), das auf Thibaut und Kelleys (1959) Interdependenz-Theorie zurückgeht, steht die Bindung, die eine Person an eine andere Person (in der Regel den Partner oder die Partnerin) empfindet. Das Investitionsmodell nennt drei Bestimmungsstücke des Commitments. Eines ist die Zufriedenheit mit der Beziehung, die sich ihrerseits aus dem Verhältnis positiver (z. B. Austausch, Geborgenheit) und negativer Aspekte der Beziehung (z. B. Abhängigkeit, Streit) ergibt. Zum zweiten bestimmt die Qualität möglicher Alternativen, zum Beispiel die eingeschätzten Vorzüge des Alleinseins oder die Attraktivität alternativer Partner, das Commitment. Das dritte Bestimmungsstück gibt dem Modell seinen Namen: Es sind die bereits in die Beziehung getätigten „Investitionen" (z. B. Zeit, gemeinsame Kinder, Eigentum). Investitionen stärken das Commitment an die Beziehung, weil das Verlassen der Beziehung den Verlust dieser „Investitionen" mit sich brächte. In zahlreichen Studien erwiesen sich die im Investitionsmodell postulierten Faktoren als gute Prädiktoren für Verhaltensweisen, die für die Aufrechterhaltung von Beziehungen wichtig sind, wie zum Beispiel die Bereitschaft, dem Partner entgegenzukommen (z. B. Rusbult, Verette, Whitney, Slovik & Lipkus, 1991) oder die Bereitschaft, Opfer zu erbringen (Van Lange, Rusbult, Drigotas, Arriag, Witcher & Cox, 1997).

Das Investitionsmodell wurde auch zur Erklärung der Bindung an ein Unternehmen herangezogen (Rusbult, Farrell, Rogers & Mainous, 1989) und konnte gute Vorhersagen liefern, ob ein Mitarbeiter oder eine Mitarbeiterin zum Zeitpunkt der Befragung die Absicht hatte, den aktuellen Arbeitgeber zu verlassen, und diese Absicht nach einigen Monaten auch in die Tat umsetzte.

Besonders interessant an Rusbults Ansatz ist, dass er auch erklären kann, warum die Bindung an eine Person bzw. an ein Unternehmen trotz geringer (Arbeits-) Zufriedenheit hoch sein kann: wenn es nämlich keine oder nur schlechte Alternativen zur aktuellen Beziehung bzw. zum aktuellen Arbeitsplatz gibt und/ oder man schon viel in die Beziehung bzw. an der aktuellen Arbeitsstelle investiert hat. Rusbults Ansatz liefert wichtige Anregungen, wie verschiedene Formen der Arbeitzufriedenheit im Sinne von Bruggemann (Bruggemann, Groskurth & Ulich, 1975) entstehen können (z. B. die fixierte Arbeitsunzufriedenheit, bei der die Arbeitssituation als unbefriedigend erlebt wird, ohne dass jedoch die betreffende Person Kündigungsabsichten hätte).

4.2.3 Die zieltheoretische Theorie subjektiven Wohlbefindens von Brunstein

Während Rusbult in erster Linie die Bedingungen für die Bindung an ein Ziel untersuchte und dieses Konstrukt damit den Status einer abhängigen Variable hatte, ist im Ansatz von Brunstein die Zielbindung ein wichtiger Moderator für den Zusammenhang zwischen Zielforschritten und subjektivem Wohlbefinden. Die aktuelle Forschung zum emotionalen Wohlbefinden geht von der Annahme aus, dass das erfolgreiche Streben nach bedeutungsvollen Zielen eine wichtige Rolle für das subjektive Wohlbefinden spielt (Diener, Suh, Lucas & Smith, 1999; Emmons, 1989; Little, 1989; Omodei & Wearing, 1990; Wiese, 2007). Brunstein und Maier (2002) nennen drei Gründe, warum persönliche Ziele das emotionale Wohlbefinden fördern. So vermittelt erstens das Streben nach persönlichen Zielen das Gefühl, ein erfülltes und selbstbestimmtes Leben zu führen. Zweitens bieten Ziele Anreize, die geistige oder körperliche Aktivitäten erfordern, die an sich wohlbefindensförderlich sein können, und drittens liefern sie Orientierungspunkte für die Planung des Lebens. Ein hohes Ziel-Commitment hat jedoch nicht unter allen Umständen positive Auswirkungen auf das Wohlbefinden. Vor allem die starke Bindung an Ziele mit geringen Realisierungschancen kann das Wohlbefinden beeinträchtigen (Klinger, 1977; Brunstein, 1993). Brunstein (1993) untersuchte beispielsweise, wie verschiedene Merkmale von Zielen das emotionale Wohlbefinden von Studierenden vorherzusagen vermochten und fand, dass das Commitment den Zusammenhang von Zielrealisierbarkeit und emotionalem Wohlbefinden beeinflusste: Studierende mit hohem Commitment und guten Bedingungen zur Zielrealisierung zeigten eine Zunahme ihres emotionalen Wohlbefindens über ein Semester, während das Wohlbefinden von Studierenden mit hohem Commitment, aber ungünstigen Zielrealisierungsbedingungen sank. Für Personen mit niedrigem Commitment nimmt die Zielrealisierung kaum Einfluss auf das emotionale Wohlbefinden. Das Zusammenwirken von Commitment und Realisierbarkeit bei der Bestimmung des subjektiven Wohlbefindens haben Brunstein und Mitarbeiter an so unterschiedlichen Personengruppen wie Berufsanfängern, Hausfrauen und 60- bis 80-Jährigen empirisch belegen können (Brunstein, 1999; Maier & Brunstein, 2001; Brunstein, Ganser, Maier & Heckhausen, 1991) und in einem „teleonomischen Modell des emotionalen Wohlbefindens" formuliert (Brunstein & Maier, 2002).

4.2.4 Das Drei-Komponentenmodell des organizational commitments von Meyer und Allen

Die bislang dargestellten Ansätze zur Zielbindung stimmen darin überein, dass sie Zielbindung als ein unidimensionales Konstrukt betrachten, d. h. analysiert wird das Ausmaß der Verbundenheit, nicht aber die Art oder Quelle der Verbundenheit mit dem Ziel. Ebenso könnte man sich – wie Meyer und Allen (1991) – jedoch auch fragen, warum eine Person sich an ihr Ziel gebunden fühlt. Meyer und Allen (1991) gehen in ihrem dreidimensionalen Modell der organisationalen Verbundenheit (organizational commitment) genau diesen Weg. Sie unterscheiden drei Bindungstypen:

- affektive Bindung (affective commitment),
- normative Bindung (normative commitment),
- „Fortsetzungsbindung" (continuance commitment)[2].

Diese Formen der Bindung haben – so die Auffassung der Autoren – unterschiedliche Beweggründe. *Affektive Bindung* soll auf einer positiven Einstellung gegenüber der Organisation und der Identifikation mit ihr beruhen. In einem Fragebogen von Allen und Meyer (1990) wird die affektive Bindung mit Aussagen, wie „Ich wäre sehr glücklich, wenn ich den Rest meiner beruflichen Laufbahn in diesem Unternehmen verbringen würde" oder „Dieses Unternehmen hat eine hohe persönliche Bedeutung für mich" gemessen. Die *normative Bindung* spiegelt die soziale Verpflichtung wider, der Organisation treu zu bleiben (z. B. „Selbst wenn ich ein besseres Jobangebot hätte, wäre es nicht richtig, mein Unternehmen zu verlassen."), während „Fortsetzungsbindung" *(continuance commitment)* aufgrund der befürchteten negativen Konsequenzen (Kosten), die das Verlassen der Organisation bedeuten würde, entsteht (z. B. „Ich habe zu wenig alternative Gelegenheiten um das Unternehmen verlassen zu können").

2 Die Bezeichnung dieses Bindungstyps erscheint ungünstig und ist in ihrer wörtlichen Übersetzung nicht gebräuchlich; daher wird der Begriff „Fortsetzungsbindung" in Anführungszeichen gesetzt.

Ein starkes Commitment an die Organisation kann also durch völlig unterschiedliche Gründe motiviert sein: Arbeitnehmer, deren *affective commitment* stark ausgeprägt ist, bleiben bei der Organisation, weil sie es *wollen* (Wunsch), Arbeitnehmer mit starkem *continuance commitment* verbleiben, weil sie es *müssen* (Notwendigkeit), und Arbeitnehmer mit starkem *normative commitment* setzen ihre Beschäftigung fort, weil sie *sollten* (Verpflichtung).

Unterschiede zwischen den drei Bindungstypen finden sich in ihren Antezedenzen und Konsequenzen: Als stärksten Prädiktor für *affective commmitment* identifizierten Allen und Meyer (1990) Arbeitserfahrungen *(work experience)*, die die Bedürfnisse der Arbeitnehmer erfüllen können und die mit ihren Werten und Einstellungen kompatibel sind. So wurde beispielsweise gefunden, dass *affective commitment* mit Begleitfaktoren der Arbeit, wie Unterstützung durch das Unternehmen, Rollenklarheit und Konfliktfreiheit zusammenhängt (z. B. Eisenberger, Fasolo & Davis-LaMastro, 1990; Blau, 1986). Weitere Zusammenhänge fanden sich mit Autonomie und beruflicher Herausforderung (z. B. DeCotiis & Summers, 1987; Meyer & Allen, 1988), mit Persönlichkeitsmerkmalen (z. B. Leistungsmotivation, Anschluss und Autonomie; Morris & Snyder, 1979) und strukturellen Merkmalen der Organisation (z. B. dezentrale Entscheidungsprozesse; Brooke, Russel & Price, 1988).

Bedingungen für *continuance commitment* waren getätigte Investitionen (Ausbildungen, Pensionsbeiträge) und der Mangel an Alternativen. Das *continuance commitment* wird vor allem durch die Kosten, die beim Verlassen des Unternehmens entstehen würden (Verlust kollegialer Arbeitsbeziehungen, Zeitinvestitionen), bestimmt.

Kern des *normative commitments* ist ein Gefühl der Verpflichtung und Loyalität gegenüber dem Unternehmen, das durch internalisierten normativen Druck der familiären oder organisationalen Sozialisation entsteht. Getätigte Investitionen des Unternehmens, wie zum Beispiel die Finanzierung des Studiums oder von Weiterbildungsmaßnahmen, werden als Ungleichgewicht zu Ungunsten der Organisation erlebt, das durch ein starkes normatives Commitment ausgeglichen werden kann.

Im Hinblick auf die Konsequenzen der drei Bindungstypen sagen die Autoren ein jeweils spezifisches Zusammenhangsmuster mit dem Arbeitsverhalten und dem emotionalen Erleben am Arbeitsplatz voraus. So sollen affektive und normative Bindung positiv mit dem *Arbeitsverhalten* korrelieren, während „Fortsetzungsbindung" keinen bzw. einen negativen Zusammenhang mit dem Arbeitsverhalten aufweisen soll. Hinsichtlich der Korrelation zwischen Bindungstyp und *emotionalem Erleben* sagen die Autoren für die affektive Bindung eine positive Beziehung, für die normative Bindung und „Fortsetzungsbindung" keinen bzw. einen negativen Zusammenhang vorher. In einer Metaanalyse stellen Meyer und Kollegen (2002) die Befunde zu ihrem Dreikomponenten-Modell im Überblick dar. Wie erwartet fanden sich für die affektive Bindung die stärksten positiven Zusammenhänge mit dem Arbeitsverhalten, wie beispielsweise Arbeitsleistung und Anwesenheitszeiten. Die Zusammenhänge fielen für die normative Bindung ebenfalls positiv, wenn auch weit geringer aus. Im Gegensatz dazu hing die Fortsetzungsbindung entweder nicht mit dem Arbeitsverhalten zusammen oder war mit diesem sogar negativ korreliert. Auch im Hinblick auf emotionale und gesundheitliche Konsequenzen wirkte sich die affektive Bindung positiver aus als die Fortsetzungsbindung: Während die affektive Bindung beispielsweise negativ mit Stress und Konflikten zwischen Arbeits- und privaten Zielen zusammenhing, zeigten sich für die Fortsetzungsbindung positive Korrelationen. Wenngleich die korrelativen Zusammenhänge keine Aussagen über kausale Beziehungen erlauben, ist doch zu vermuten, dass das Gefühl, aufgrund mangelnder Alternativen oder negativer Konsequenzen bei Verlassen des Unternehmens an ein Unternehmen gebunden zu sein, sowohl eine Quelle für Stress am Arbeitsplatz als auch eine Quelle für Zielkonflikte darstellt.

Kritisch anzumerken ist, dass Meyer und Kollegen nicht deutlich machen, aufgrund welcher Kriterien sie ihre Typologie entwickelten, was also das übergeordnete theoretische Konstrukt ihrer Unterscheidung in drei Bindungstypen darstellt. Aus motivationspsychologischer Perspektive kann man die drei Bindungstypen auf die Anreize, also auf die positiven und negativen Aspekte der Unternehmenszugehörigkeit beziehen (Brandstätter, 2004). Eine Durchsicht der Fragebogenitems, mit denen Meyer, Allen und Smith (1993; für eine deutsche Übersetzung der Skala vgl. Schmidt, Hollmann & Sodenkamp, 1998) die verschiedenen Bindungstypen erfassen, macht deutlich, dass affektive Bindung auf positiven Anreizen der Organisationszugehörigkeit gründet (z. B. I feel emotionally attached to this organization; I identify with this organization), normative Bindung und „Fortsetzungsbindung" hingegen auf deren negativen Anreizen (z. B. normative Bindung: I would feel guilty, if I left my organization now; even if it were to my advantage, I do not feel it would be right to leave my organization now; „Fortsetzungsbindung": Too much of my life would be disrupted, if I decided to leave my organization now; if I had not already put so much of myself into this organization, I might consider working elsewhere). Die drei von Meyer et al. (1993) postulierten Bindungstypen würden sich demnach auf zwei Typen reduzieren lassen: Bindung aufgrund einer Orientierung an positiven Anreizen (Annäherungsmotivation) und Bindung aufgrund einer Orientierung an negativen Anreizen (Vermeidungsmotivation). Der Rückbezug der drei von Meyer und Allen postulierten Bindungstypen auf die klassische motivationspsychologische Unterscheidung in Annäherungs- und Vermeidungsmotivation hat sich im Kontext von Partnerschaft als vorhersagekräftig für die Zufriedenheit mit der Partnerschaft erwiesen (Frank & Brandstätter, 2002). Wie aus der

Literatur zu den affektiven Konsequenzen von Annäherungs- und Vermeidungsmotivation ableitbar, waren Personen, die bei ihrem Partner bleiben „wollten" (affective commitment), nach einem Jahr zufriedener mit ihrer Partnerschaft als Personen, die bei ihrem Partner bleiben „sollten" oder „mussten" (normative bzw. continuance commitment).

4.3 Fragen der Zielablösung

Bisher wurde auf Prozesse der Zielbildung und Zielbindung fokussiert, die eine zentrale Funktion im Zielverfolgungsprozess haben. Eine weitere wichtige Facette effektiven Handelns ist jedoch auch die rechtzeitige Ablösung von Zielen, deren Umsetzung unmöglich oder mit starken Schwierigkeiten verbunden ist (Brandstätter, 2003; Brandtstädter, 2007; Kuhl, 2001; Wrosch, Miller, Scheier & de Pontet, 2007). Zwei zentrale Forschungsansätze zu Fragen der Zielablösung sollen hier dargestellt werden. Zum einen hat Klinger in seinem grundlagentheoretischen Modell des Zielbindungs-Zielablösungs-Zyklus herausgearbeitet, dass die Ablösung von Zielen ein ausgesprochen schwieriger Prozess sein kann. Zum anderen ist in der organisationspsychologischen Literatur das Phänomen hartnäckiger Zielverfolgung trotz eines ungünstigen Handlungsverlaufs vielfach dokumentiert. In Wirtschaft und Politik werden Projekte häufig fortgeführt, obwohl der Aufwand in keinem Verhältnis mehr zum erwarteten Ertrag steht (z. B. Ross & Staw, 1993; vgl. auch das Beispiel der EXPO 2000 in Hannover, Süddeutsche Zeitung vom 25. 2. 2006). Dass die Zielablösung zum Problem werden kann, wird unter dem Stichwort „escalation of commitment" analysiert (Brockner, 1992; Staw, 1997).

4.3.1 Der Zielbindungs- und Zielablösungs-Zyklus nach Klinger

Die Ablösung von Zielen (current concerns, s. oben) ist nach Klinger mit starken affektiven Konsequenzen verbunden und stellt einen langwierigen und schwierigen Prozess dar (Klinger, 1977). Die Tragweite einer Zielablösung für das Individuum wird in folgendem Zitat deutlich: „If the state (current concern, Anmerkung der Verfasserinnen) involves a large part of a person's psychological organization, we might expect that eliminating it will set in motion a massive reorganization, a kind of psychic earthquake …" (Klinger, 1977, S. 137).

Der Zielbindungs-Zielablösungs-Zyklus (incentive-disengagement cycle) besteht aus einer Abfolge von vier Phasen, die durchlaufen werden, wenn das Zielstreben blockiert ist:

1. Phase (invigoration). Zunächst kommt es zu einer Phase erhöhter Anstrengung, Bemühungen und Engagement für das Ziel.

2. Phase (aggression). Es folgt eine Phase der Aggression als Reaktion auf die Frustration. Wenn die Frustration über längere Zeit anhält, folgt die nächste Phase.
3. Phase (depression). Die Phase der Depression kann mit starken Beeinträchtigungen des emotionalen Wohlbefindens und dem Verlust von Interesse an Anreizen jedweder Art einhergehen.
4. Phase (recovery). Der Zielbindungs-Zielablösungs-Zyklus schließt mit der Erholungsphase, in der sich die Person nicht mehr länger dem einst angestrebten Anreiz verpflichtet fühlt.

Nach Klinger haben diese vier Phasen eine hohe Funktionalität. Die ersten beiden Phasen tragen dazu bei, auch bei Blockaden der Zielrealisierung weiterhin nach wichtigen Anreizen zu streben. Die Phase der Depression ist funktional, weil sie einen Gegenmechanismus darstellt, der bei andauernder Zielblockade einen Zielabbruch möglich macht. Die Erholungsphase wiederum ist funktional, weil sie einem längeren Andauern der Depression entgegenwirkt und die Ausrichtung auf neue Anreize ermöglicht.

4.3.2 Escalation of Commitment

Kernaussage der „escalation of commitment"-Forschung ist, dass die Bindung an ein Ziel auch dysfunktional sein kann. Die Dysfunktionalität besteht darin, dass an einem Ziel festgehalten wird, obwohl die Realisierung des Ziels fragwürdig ist und die zu investierenden Kosten den zu erwartenden Nutzen ganz offensichtlich übersteigen werden. Dieses Phänomen wird häufig mit dem Begriff „concorde effect" bezeichnet, was darauf zurückgeht, dass die Entwicklung und der Betrieb des Überschallflugzeugs Concorde im Grunde nie wirtschaftlich rentabel war. Staw (1981) definiert „escalation of commitment" als „a tendency to become locked into a course of action, throwing good money after bad or committing new resources to a losing course of actions" (S. 578).

Wie das Zitat andeutet, hat die Eskalation des Commitments zur Folge, dass hohe zeitliche, finanzielle und persönliche Investitionen getätigt werden, die sich nicht auszahlen und Ressourcen für ein erfolgloses Projekt in Anspruch genommen werden, die für alternative Handlungswege fehlen.

Staw und Ross (1987) gliedern das Fehlschlagen eines Projekts in verschiedene Phasen, in denen unterschiedliche Faktoren die Eskalation des Commitments begünstigen. In der ersten Phase fällt die Entscheidung für die Durchführung eines Projekts und die zweite Phase beginnt, wenn die ersten Rückschläge erlebt werden. In diesen Phasen ist die Wahrscheinlichkeit, an einem verlustreichen Ziel festzuhalten, umso höher, je attraktiver und wichtiger das Ziel ist, je geringer die zukünftig zu erwartenden Kosten sind, je höher die Selbstwirksamkeitserwartungen sind, je besser Misserfolge variablen und kontrollierbaren Ursachen zugeschrieben werden können und je langfristiger das Ziel ist. In der dritten Phase, in der die Rückschläge unübersehbar geworden sind und wiederholte Misserfolge die Zielrealisierbarkeit ernsthaft infrage stellen, bestimmen die hohen Kosten des Zielabbruchs, der Mangel an wahrgenommenen Alternativen, das Ausmaß, in dem Hartnäckigkeit als positiver Wert verstanden wird, die bisher getätigten Investitionen, die Wahrnehmung der Situation als Konkurrenzsituation und die Institutionalisierung eines Projekts die Tendenz, an dem verlustreichen Ziel festzuhalten (Staw & Ross, 1987). Die neuere Forschung zu eskalierender Zielbindung fokussiert auf die Rolle negativer Emotionen für das Festhalten an verlustreichen Zielen (z. B. Wong, Yik & Kwong, 2006; Wong & Kwong, 2007; Zhang & Baumeister, 2006).

Als Möglichkeiten, wie einer Eskalation des Commitment entgegengewirkt werden kann, führen Staw und Ross (1987) beispielsweise das Senken der Kosten einer Zielablösung für die Mitarbeitenden an. Dies kann geschehen, indem missglückte Projekte nicht mit harten Sanktionen (Kündigungen, Missachtung durch den Vorgesetzten) bestraft werden. Als weitere Möglichkeit sehen die Autoren, das Risiko eines Projekts und dessen Abbruch für Entscheidungsträger transparent zu machen, indem beispielsweise vor Projektbeginn die Kosten eines Zielabbruchs zu unterschiedlichen Zeitpunkten des Projektverlaufs kalkuliert werden. Empirische Untersuchungen, die zeigen, wie das „escalation of commitment“ verringert werden kann, stehen noch aus.

Neben der von Staw und Ross (1987) beschriebenen Erklärung für dysfunktionales Commitment gibt es mit dem „Sunk-cost“-Effekt eine alternative Erklärung für die Dysfunktionalität der Zielbindung (zusammenfassend Arkes & Ayton, 1999). Anlehnend an die ökonomische Entscheidungsforschung werden unter „versunkenen Kosten“ solche Kosten verstanden, die bereits in ein Projekt oder Ziel investiert wurden (z. B. Geld, Anstrengung, Zeit) und die zum aktuellen Stand nicht mehr gesenkt oder verändert werden können. Die Entscheidung, weiterhin an ein Ziel gebunden zu bleiben, hängt gemäß der Vertreter des Sunk-cost-Effekts nicht von dem durch das Projekt zu erzielenden Nutzen ab, sondern wird durch die bereits investierten Kosten bestimmt (z. B. Arkes & Blumer, 1985).

4.3.3 Innere Kündigung als Zielablösung

Eine für den arbeits- und organisationspsychologischen Kontext besonders relevante Form der Zielablösung ist die „innere Kündigung“. Sie wird als rationale Entscheidung des Mitarbeitenden verstanden, sich von den Unternehmenszielen zu distanzieren, Eigeninitiative zu unterlassen und das Arbeitsengagement auf ein Minimum zu reduzieren (Höhn, 1983). Die Kündigung gegenüber dem Unternehmen findet nicht formal und explizit in Form einer äußeren Kündigung statt, sondern ist eine mentale Loslösung von dem Ziel, sich für das Unternehmen engagieren zu wollen. Die Verpflichtung zum Engagement oder – zielpsychologisch ausgedrückt – das *Commitment* wird aufgelöst. Das Phänomen der inneren Kündigung findet sich auf allen Ebenen der Organisationshierarchie und geht mit Arbeitsunzufriedenheit, Beeinträchtigungen des allgemeinen Wohlbefindens und der Gesundheit einher (Richter, 1999) und schadet aufgrund der nicht ausgeschöpften Arbeitsleistung der Mitarbeitenden dem Unternehmen (vgl. Wunderer & Küpers, 2003). Als eine Ursache für die innere Kündigung wird eine Auflösung des psychologischen Vertrages zwischen Individuum und Organisation angenommen. Die Forschung zum psychologischen Vertrag hat ihren Ausgangspunkt in der sozialen Austauschtheorie, nach der soziale Beziehungen (wie z. B. die Beziehung zwischen Arbeitnehmer und Arbeitgeber) aus unspezifischen und häufig unausgesprochenen Vorstellungen über einen gegenseitigen Austausch bestehen (z. B. Argyris, 1960). Der psychologische Vertrag beruht auf den Erwartungen des Arbeitnehmers, dass Arbeitsleistungen (Arbeitsqualität, Engagement, Loyalität) entsprechende Gegenleistungen des Arbeitgebers (Entlohnung, Arbeitsplatzsicherheit, Loyalität) nach sich ziehen. Nach Rousseau (1989, 2001) sind weniger die Erwartungen des Arbeitnehmers, sondern die subjektive Wahrnehmung, welche Verpflichtungen (obligations) zwischen Arbeitnehmer und Arbeitgeber bestehen, entscheidend. Die subjektive Wahrnehmung kann sich beispielsweise auf das Verständnis impliziter oder expliziter Versprechungen hinsichtlich Entlohnung, Förderung und Arbeitsplatzsicherheit beziehen. Eine Reihe von Studien zeigen, dass die Verletzung des psychologischen Vertrags Auswirkungen auf unterschiedliche Bereiche des Arbeitslebens, wie beispielsweise das organisationale Commitment (Lemire & Rouillard, 2005), die Work-Life-Balance (Sturges & Guest, 2004), die Arbeitszufriedenheit (Sutton & Griffin, 2004) und die Arbeitsleistung (Lester, Turnley, Bloodgood & Bolino, 2002) hat. Obwohl die steigende Anzahl von Veröffentlichungen zum Konstrukt des psychologischen Vertrags in den letzten 10 Jahren seine Relevanz für den Arbeitskontext demonstriert hat, blieb das Konstrukt nicht unkritisiert. In einem kritischen Überblicksartikel berichten Cullinane und Dundon (2006) beispielsweise, dass verschiedene Autoren unterschiedliche Aspekte desselben Konstrukts (z. B. Erwartungen des Arbeitnehmers; implizite Verpflichtungen) messen und dass bisher noch keine einheitlich akzeptierte Definition des psychologischen Vertrags vorliegt. Die Auflösung des psychologischen Vertrags und die damit einhergehende innere Kündigung ist jedoch kein irreversibler Prozess der Zielablösung: Da die wahrgenommene Verletzung des psychologischen Vertrags meist auf eine nicht zufrieden stellende Arbeitssituation zurückgeht, kann durch eine Verbesserung der Arbeitsbedingungen (z. B. Partizipation an Zielsetzungen, Erweiterung von Handlungsspielräumen, vertrauensvolle Zusammenarbeit mit der Führungskraft) das Commitment der Mitarbeitenden zurückgewonnen werden.

5 *Fazit und Ausblick*

In diesem Kapitel wurde zunächst die Geschichte des Zielkonzepts von frühen bis zu modernen Zieltheorien nachgezeichnet und die Relevanz des Konzepts für die aktuelle Grundlagen- und Anwendungsforschung aufgezeigt. Im Abschnitt über die Zielbildung wurden mit dem Zusammenhang von Motiven und Zielen, dem Risikowahl-Modell als Vertreter eines Erwartung-mal-Wert-Modells, mit dem Rubikonmodell der Handlungsphasen und dem Zusammenhang von Zielen und Selbstwirksamkeit, Prozesse der Zielbildung beleuchtet. Im Anschluss wurde auf Dimensionen eingegangen, nach denen Ziele geordnet werden können. Hier wurden die Zielrichtung, die Zielthematik, der Grad der Selbstbestimmung, das Abstraktionsniveau, die Konflikthaftigkeit und Zielorientierung genannt. Im Abschnitt über die Zielbindung wurden zur Erläuterung der Determinanten und Auswirkungen der Zielbindung der theoretische Ansatz von Hollenbeck und Klein (1987), das Investitionsmodell von Rusbult (1980, 1983), die zieltheoretische Theorie des subjektiven Wohlbefindens von Brunstein (1993) sowie das Drei-Komponentenmodell des organizational commitments von Meyer und Allen (1991) herangezogen.

Im Abschnitt über die Zielablösung wurden der Zielbindungs- und Zielablösungs-Zyklus von Klinger (1975, 1977) und die Forschung zum „escalation of commitment" (Staw & Ross, 1987) präsentiert und die innere Kündigung als Zielablösung wurde thematisiert.

Obwohl die dargestellten Theorien die zunehmende theoretische Breite und empirische Untermauerung der modernen Zielpsychologie demonstrieren, gibt es dennoch zahlreiche zielpsychologische Phänomene, zu denen bisher nur wenige oder keine empirischen Untersuchungen vorliegen. Einige dieser Phänomene erfordern neue Zugangswege in der Forschungsmethodik, um überhaupt untersucht werden zu können. Ein Beispiel ist der zwischen der Zielbildung und Zielablösung liegende Prozess der Zielverfolgung an sich. Studien, die darauf angelegt sind, diesen Prozess im Längsschnitt zu verfolgen, könnten Aufschluss über eine Reihe von Forschungsfragen geben, wie beispielsweise, ob persönliche Ziele in der Tat so statisch sind, wie in vielen Theorien angenommen, oder ob sie sich dynamisch in Anpassung an situative Gegebenheiten ändern. Ein zweites Beispiel betrifft die Interdependenz von Zielen. Die zielpsychologische Forschung betrachtet Ziele aus forschungspragmatischen Gründen zumeist als einzelne isolierte Einheiten. Ein Ziel wird aus seinem Kontext heraus präpariert, um seine Determinanten und Konsequenzen analysieren zu können. Diese Vereinfachung ist eine grundlagentheoretische Notwendigkeit, um (Ursache-Wirkungs-)Zusammenhänge methodisch korrekt überprüfen zu können, gleichzeitig wird sie der Komplexität menschlichen Lebens nicht gerecht. Menschen verfolgen nicht ein einzelnes Ziel, sondern ihr Leben besteht aus einem Gefüge von beruflichen und privaten Zielen, die nicht unabhängig voneinander sind. So interagieren Ziele miteinander und die Ablösung von einem Ziel (z. B. Trennung vom Partner) oder die Realisierung eines Ziels (z. B. Arbeitsplatzwechsel) können Auswirkungen auf weite Bereiche des aktuellen Zielsystems eines Menschen haben. Wiese und Freund (2005) fanden zudem, dass der Zusammenhang von beruflichen Zielfortschritten und dem affektiven Wohlbefinden durch das Ausmaß privater Zielfortschritte beeinflusst wurde. In einer dreijährigen Längsschnittstudie mit jungen Berufstätigen stellte sich heraus, dass Fortschritte bei beruflichen Zielen besonders dann mit Wohlbefinden einhergingen, wenn geringe Fortschritte im partnerschaftlichen Bereich erzielt wurden. Die Autorinnen argumentieren, dass die geringen Zielfortschritte im partnerschaftlichen Bereich kompensiert werden, indem die Emotionsregulation auf positive Erfahrungen im beruflichen Kontext fokussiert wird (Wiese & Freund, 2005, S. 300; vgl. auch Kruglanski, 1996). Um die Komplexität von Zielsystemen zu erfassen, ist eine Methode erforderlich, die die Interdependenzen von Zielen und deren Konsequenzen zu erfassen vermag.

Besonders im Hinblick auf die durch den demografischen Wandel bedingte Zunahme des Anteils älterer Menschen ist eine weitere wichtige Herausforderung zielpsychologischer Forschung die Betrachtung von Zielverfolgungsprozessen in unterschiedlichen Altersklassen. Dass sich eine solche Betrachtung lohnt, zeigen die Arbeiten von Brandtstädter, in denen gezeigt werden konnte, dass sich über das Alter die Art der Zielverfolgung von einer hartnäckigen Zielverfolgung zu einer flexiblen Zielanpassung wandelt (z. B. Brandtstädter & Renner, 1990). Welche Auswirkungen jedoch die hartnäckige und die flexible Art der Zielverfolgung von jungen und älteren Arbeitnehmern auf konkrete Leistungsparameter (z. B. Arbeitsquantität und -qualität) und Personparameter (z. B. Arbeitszufriedenheit, Engagement) hat, wurde – soweit den Autorinnen bekannt – bisher nicht untersucht.

Literatur

Ach, N. (1910). *Über den Willensakt und das Temperament.* Leipzig: Quelle & Meyer.

Ach, N. (1935). Analyse des Willens. In E. Abderhalden (Hrsg.), *Handbuch der biologischen Arbeitsmethoden. Abt. VI: Methoden der experimentellen Psychologie.* Berlin: Urban & Schwarzenberg.

Allen, N. J. & Meyer, J. P. (1990). The measurement and antecedents of affective, continuance and normative commitment to the organization. *Journal of Occupational Psychology, 63,* 1–18.

Ames, C. & Archer, J. (1988). Achievement goals in the classroom: Students learning strategies and motivational processes. *Journal of Educational Psychology, 80,* 260–267.

Argyris, C. (1960). *Understanding organisational behaviour.* Homewood, IL: Dorsey.

Arkes, H. R. & Ayton, P. (1999). The sunk cost and Concorde effects: Are humans less rational than lower animals? *Psychological Bulletin, 125,* 591–600.

Arkes, H. R. & Blumer, C. (1985). The psychology of sunk cost. *Organizational Behavior and Human Decision Processes, 35,* 124–140.

Atkinson, J. W. (1957). Motivational determinants of risk-taking behavior. *Psychological Review, 63,* 359–372.

Austin, J. T. & Vancouver, J. B. (1996). Goal construct in psychology: Structure, process, and content. *Psychological Bulletin, 120,* 338–375.

Bandura, A. (1977). Self-efficacy: Toward a unifying theory of behavioral change. *Psychological Review, 84,* 191–215.

Bandura, A. (1991). Self-regulation of motivation through anticipatory and self-reactive mechanisms. In R. A. Dienstbier (Ed.), *Perspectives on motivation. Nebraska Symposium on Motivation 1990* (pp. 69–164). Lincoln, NJ: University of Nebraska Press.

Baumann, N., Kaschel, R. & Kuhl, J. (2005). Striving for unwanted goals: Stress-dependent discrepancies between explicit and implicit achievement motives reduce subjective well-being and increase psychosomatic symptoms. *Journal of Personality and Social Psychology, 89,* 781–799.

Baumeister, R. F. (1989). The problem of life's meaning. In D. M. Buss & N. Cantor (Eds.), *Personality psychology. Recent trends and emerging directions* (pp. 138–148). New York, NY: Springer.

Blau, G. J. (1986). Job involvement and organizational commitment as interactive predictors of tardiness and absenteeism. *Journal of Management, 12,* 577–584.

Brandstätter, V. (2003). *Persistenz und Zielablösung.* Göttingen: Hogrefe.

Brandstätter, V. (2004). Annäherungs- und Vermeidungsmotivation: Implikationen für ausgewählte organisationspsychologische Fragestellungen. In J. Wegge & K.-H. Schmidt (Hrsg.), *Förderung von Arbeitsmotivation und Gesundheit in Organisationen* (S. 39–51). Göttingen: Hogrefe.

Brandtstädter, J. (2007). *Das flexible Selbst: Selbstentwicklung zwischen Zielbindung und Ablösung.* München: Elsevier.

Brandtstädter, J. & Renner, G. (1990). Tenacious goal pursuit and flexible goal adjustment: Explication and age-related analysis of assimilative and accommodative strategies of coping. *Psychology and Aging, 5,* 58–67.

Brickman (1987). *Commitment, conflict, and caring.* Engelwood Cliffs, NJ: Prentice-Hall.

Brockner, J. (1992). The escalation of commitment to a failing course of action: Toward theoretical progress. *Academy of Management Review, 17,* 39–61.

Brooke, P. P. jr., Russell, D. & Price, J. L. (1988). Discriminant validation of measures of job satisfaction, job involvement, and organizational commitment. *Journal of Applied Psychology, 73,* 139–145.

Bruggemann, A., Groskurth, P. & Ulich, E. (1975). *Arbeitszufriedenheit.* Bern: Huber.

Brunstein, J. C. (1993). Personal goals and subjective well-being: A longitudinal study. *Journal of Personality and Social Psychology, 65,* 1061–1070.

Brunstein, J. C. (1999). Persönliche Ziele und subjektives Wohlbefinden bei älteren Menschen. *Zeitschrift für Differentielle und Diagnostische Psychologie, 20,* 58–71.

Brunstein, J. C., Ganser, J., Maier, G. W. & Heckhausen, H. (1991). *Persönliche Anliegen in Alltagssituationen.* Nürnberg: Universität Erlangen.

Brunstein, J. C., Lautenschlager, U., Nawroth, B., Pöhlmann, K. & Schultheiss, O. C. (1995). Persönliche Anliegen, soziale Motive und emotionales Wohlbefinden. *Zeitschrift für Differentielle und Diagnostische Psychologie, 16,* 1–10.

Brunstein, J. C. & Maier, G. W. (1996). Persönliche Ziele: Ein Überblick zum Stand der Forschung. *Psychologische Rundschau, 47,* 146–160.

Brunstein, J. C. & Maier, G. W. (2002). Das Streben nach persönlichen Zielen: Emotionales Wohlbefinden und proaktive Entwicklung über die Lebensspanne. In H. Thomae & G. Jüttmann (Hrsg.), *Persönlichkeit und Entwicklung* (S. 157–190). Weinheim: Beltz.

Brunstein, J. C., Schultheiss, O. C. & Grässmann, R. (1998). Personal goals and emotional well-being: The moderating role of motive dispositions. *Journal of Personality and Social Psychology, 75,* 494–508.

Brunstein, J. C., Schultheiss, O. C. & Maier, G. W. (1999). The pursuit of personal goals: A motivational approach to well-being and life adjustment. In J. Brandtstädter & R. M. Lerner (Eds.), *Action & self-development. Theory and research through the life span* (pp. 169–196). London: Sage.

Cantor, N. & Fleeson, W. (1991). Life tasks and self-regulatory processes. In M. Maehr & P. Pintrich (Eds.), *Advances in motivation and achievement* (pp. 327–369). Greenwich, CT: JAI.

Cantor, N., Kemmelmeier, M., Basten, J. & Prentice, D. A. (2002). Life task pursuit in social groups: Balancing self-exploration and social integration. *Self and Identity, 1,* 177–184.

Cantor, N. & Kihlstrom, J. F. (1987). *Personality and social intelligence.* Englewood Cliffs, NJ: Prentice-Hall.

Cantor, N. & Zirkel, S. (1990). Personality, cognition and purposive behavior. In L. A. Pervin (Ed.), *Handbook of personality. Theory and research* (pp. 135–164). New York, NY: Guilford.

Carver, C. F. & Scheier, M. F. (1982). Outcome expectancy, locus of attribution for expectancy, and self-directed attention as determinants of evaluations and performance. *Journal of Experimental Social Psychology, 18,* 184–200.

Carver, C. F. & Scheier, M. F. (1998). *On the self-regulation of behavior.* New York, NY: Cambridge University Press.

Coats, E. J., Janoff-Bulman, R. & Alpert, N. (1996). Approach versus avoidance goals: Differences in self-evaluation and well-being. *Personality and Social Psychology Bulletin, 2,* 1057–1067.

Cullinane, N. & Dundon, T. (2006). The psychological contract: A critical review. *International Journal of Management Reviews, 8,* 113–129.

Deci, E. L. & Ryan, R. M. (1985). *Intrinsic motivation and self-determination in human behavior.* New York, NY: Plenum.

DeCotiis, T. A. & Summers, T. P. (1987). A path analysis of a model of the antecedents and consequences of organizational commitment. *Human Relations, 40,* 445–470.

Diener, E., Suh, E. M., Lucas, R. E. & Smith, H. L. (1999). Subjective well-being: Three decades of progress. *Psychological Bulletin, 125,* 276–302.

Drucker, P. F. (1954). *The practice of management.* New York, NY: Harper.

Dweck, C. S. (1986). Motivational processes affecting learning. *American Psychologist, 41,* 1040–1048.

Early, P. C. (1988). Computer-generated performance feedback in the magazine-subscription industry. *Organizational Behavior and Human Decision Processes, 41,* 50–64.

Eisenberger, R., Fasolo, P. & Davis-LaMastro, V. (1990). Perceived organizational support and employee diligence, commitment, and innovation. *Journal of Applied Psychology, 75,* 51–59.

Elliot, A. J. & Church, M. A. (1997). A hierarchical model of approach and avoidance achievement motivation. *Journal of Personality and Social Psychology, 72,* 218–232.

Elliot, A. J. & Friedman, R. (2007). Approach-avoidance: A central characteristic of personal goals. In S. D. Philips, B. R. Little & K. Salmela-Aro (Eds.), *Personal project pursuit: Goals, action, and human flourishing* (pp. 97–118). Mahwah, NJ: Erlbaum.

Elliot, A. J., Gable, S. L. & Mapes, R. R. (2006). Approach and avoidance motivation in the social domain. *Personality and Social Psychology Bulletin, 32,* 378–391.

Elliot, A. J. & Harackiewicz, J. M. (1996). Goal setting, achievement orientation, and intrinsic motivation: A mediational analysis. *Journal of Personality and Social Psychology, 66,* 968–980.

Elliot, A. J., Maier, M. A., Moller, A. C., Friedman, R. & Meinhardt, J. (2007). Color and psychological functioning: The effect of red on performance attainment. *Journal of Experimental Psychology: General, 136,* 154–168.

Elliot, A. J. & McGregor, H. A. (1999). Test anxiety and the hierarchical model of approach and avoidance achievement motivation. *Journal of Personality and Social Psychology, 76,* 628–644.

Elliot, A. J. & Sheldon, K. M. (1997). Avoidance achievement motivation: A personal goals analysis. *Journal of Personality and Social Psychology, 73,* 171–185.

Elliot, A. J. & Sheldon, K. M. (1998). Avoidance personal goals and the personality-well-being relationship. *Journal of Personality and Social Psychology, 75,* 1282–1299.

Elliot, A. J., Sheldon, K. M. & Church, M. (1997). Avoidance personal goals and subjective well-being. *Personality and Social Psychology Bulletin, 23,* 915–927.

Emmons, R. A. (1986). Personal Strivings: An approach to personality and subjective well-being. *Journal of Personality and Social Psychology, 51,* 1058–1068.

Emmons, R. A. (1989). The personal strivings approach to personality. In L. A. Pervin (Ed.), *Goal concepts in personality and social psychology* (pp. 87–126). Hillsdale, NJ: Erlbaum.

Emmons, R. A. (1991). Personal strivings, daily life events, and psychological and physical well-being. *Journal of Personality, 59,* 453–472.

Emmons, R. A. (1996). Striving and feeling: Personal goals and subjective well-being. In J. Bargh & P. Gollwitzer (Eds.), *The psychology of action. Linking motivation and cognition to behavior* (pp. 313–337). New York, NY: Guilford.

Emmons, R. A. & King, L. A. (1988). Conflict among personal strivings: Immediate and long-term implications for psychological and physical well-being. *Journal of Personality and Social Psychology, 54,* 1040–1048.

Emmons, R. A., King, L. A. & Sheldon, K. (1993). Goal conflict and the self-regulation of action. In D. M. Wegner & J. W. Pennebaker (Eds.), *Handbook of mental control* (pp. 528–551). Englewood Cliffs, NJ: Prentice-Hall.

Epstein, S. (1982). Conflict and stress. In S. Breznitz & L. Goldberger (Eds.), *Handbook of stress* (pp. 49–68). New York, NY: MacMillan.

Evans, M. G. (1970). The effects of supervisory behavior on path-goal relationship. *Organizational Behavior and Human Performance, 5,* 277–298.

Feather, N. T. (1961). The relationship of persistence at a task to expectation of success and achievement related motives. *Journal of Abnormal and Social Psychology, 63,* 552–561.

Feather, N. T. (Ed.). (1982). *Expectations and actions. Expectancy-value models in psychology.* Hillsdale, NJ: Erlbaum.

Festinger, L. (1942). A theoretical interpretation of shifts in level of aspiration. *Psychological Review, 49,* 235–250.

Frank, E. & Brandstätter, V. (2002). Approach vs. avoidance: Different types of commitment in intimate relationships. *Journal of Personality and Social Psychology, 82,* 208–221.

Frese, M. & Zapf, D. (1994). Action as the core of work psychology: A German approach. In H. C. Triandis, M. D. Dunnette & L. M. Hough (Eds.), *Handbook of industrial and organizational psychology* (Vol. 4, pp. 271–340). Palo Alto, CA: Consulting Psychologists Press.

Galinsky, E., Bond, J. & Friedman, D. (1996). The role of employers in addressing the needs of employed parents. *Journal of Social Issues, 52,* 111–136.

Gollwitzer, P. M. (1990). Action phases and mind-sets. In E. T. Higgins & R. M. Sorrentino (Eds.), *Handbook of motivation and cognition* (Vol. 2, pp. 53–92). New York, NY: Guilford.

Gollwitzer, P. M. (1999). Implementation intentions. Strong effects of simple plans. *Journal of Personality and Social Psychology, 73,* 186–197.

Gollwitzer, P. M. & Bayer, U. (1999). Deliberative versus implemental mindsets in the control of action. In S. Chaiken & Y. Trope (Eds.), *Dual-process theories in social psychology* (pp. 403–422). New York, NY: Guilford.

Gollwitzer, P. M. & Sheeran, P. (2006). Implementation intentions and goal achievement: A meta-analysis of effects and processes. *Advances in Experimental Social Psychology, 38,* 69–119.

Hacker, W. (1998). *Allgemeine Arbeitspsychologie. Psychische Regulation von Arbeitstätigkeiten.* Bern: Huber.

Hacker, W. (2005). *Allgemeine Arbeitspsychologie. Psychische Regulation von Wissens-, Denk- und körperlicher Arbeit.* Bern: Huber.

Harackiewicz, J. M., Barron, K. E., Tauer, J. M., Carter, S. M. & Elliot, A. J. (2000). Short-term and long-term consequences of achievement goals: Predicting interest and performance over time. *Journal of Educational Psychology, 92,* 316–330.

Heckhausen, H. (1963). *Hoffnung und Furcht in der Leistungsmotivation.* Meisenheim: Hain.

Heckhausen, H. (1987). Wünschen – Wählen – Wollen. In H. Heckhausen, P. M. Gollwitzer & F. E. Weinert (Hrsg.), *Jenseits des Rubikon: Der Wille in den Humanwissenschaften* (S. 3–9). Berlin: Springer.

Heckhausen, H. (1989). *Motivation und Handeln.* Berlin: Springer.

Heckhausen, H. & Gollwitzer, P. M. (1987). Thought contents and cognitive functioning in motivational vs. volitional states of mind. *Motivation and Emotion, 11,* 101–120.

Heckhausen, H. & Kuhl, J. (1985). From wishes to action: The dead ends and short cuts on the long way to action. In M. Frese & L. Sabini (Eds.), *Goal-directed behaviour: The concept of action in psychology* (pp. 134–159). Hillsdale, NJ: Erlbaum.

Heckhausen, H., Schmalt, H.-D. & Schneider, K. (1985). *Achievement motivation in perspective.* New York, NY: Academic Press.

Heckhausen, J. & Heckhausen, H. (2006). *Motivation und Handeln.* Berlin: Springer.

Higgins, E. T. (1997). Beyond pleasure and pain. *American Psychologist, 52,* 1280–1300.

Höhn, R. (1983). *Die innere Kündigung im Unternehmen. Ursachen, Folgen, Gegenmaßnahmen.* Bad Harzburg: WWT.

Hollenbeck, J. R. & Klein, H. J. (1987). Goal commitment and the goal-setting process: Problems, prospects, and proposals for future research. *Journal of Applied Psychology, 72,* 212–220.

Hollenbeck, J. R., Williams, C. L. & Klein, H. J. (1989). An empirical examination of the antecedents of commitment to difficult goals. *Journal of Applied Psychology, 74,* 18–23.

House, R. J. (1971). A path-goal theory of leader effectiveness. *Administrative Science Quarterly, 16,* 321–328.

House, R. J. (1996). Path-goal theory of leadership: Lessons, legacy, and a reformlated theory. *Leadership Quarterly, 7,* 323–352.

James, W. (1890/1950). *The principles of psychology.* New York, NY: Holt.

Jetter, F. & Skrotzki, R. (Hrsg.). (2000). *Handbuch Zielvereinbarungsgespräche.* Stuttgart: Schäffer-Poeschel.

Kehr, H. M. (2002). *Souveränes Selbstmanagement. Ein wirksames Konzept zur Förderung von Motivation und Willensstärke.* Weinheim: Beltz.

Kehr, H. M. (2004). Implicit/explicit motive discrepancies and volitional depletion among managers. *Personality and Social Psychology Bulletin, 30,* 315–327.

Klein, H. J., Wesson, M. J., Hollenbeck, J. R., Wright, P. M. & DeShon, R. P. (2001). The assessment of goal commitment: A measurement model meta-analysis. *Organizational Behavior and Human Decision Processes, 85,* 32–55.

Kleinbeck, U. (2006). Handlungsziele. In J. Heckhausen & H. Heckhausen (Hrsg.), *Motivation und Handeln* (S. 255–276). Berlin: Springer.

Kleinbeck, U. & Schmidt, K.-H. (1996). Die Wirkung von Zielsetzungen auf das Handeln. In J. Kuhl & H. Heckhausen (Hrsg.), *Motivation, Volition und Handlung* (Enzyklopädie der Psychologie, Serie Motivation und Emotion, Bd. 4, S. 875–907). Göttingen: Hogrefe.

Kleinbeck, U., Schmidt, K.-H. & Werner, W. (Hrsg.). (2001). *Produktivitätsverbesserungen durch zielorientierte Gruppenarbeit.* Göttingen: Hogrefe.

Klinger, E. (1975). Consequences of commitment to and disengagement from incentives. *Psychological Review, 82,* 1–25.

Klinger, E. (1977). *Meaning & void. Inner experience and the incentives in people's lives.* Minneapolis, MN: University of Minnesota Press.

Klinger, E. (1996a). Selbstverpflichtungs-(Commitment)Theorien. In J. Kuhl & H. Heckhausen (Hrsg.), *Motivation, Volition und Handlung* (Enzyklopädie der Psychologie, Serie Motivation und Emotion, Bd. 4, S. 469–483). Göttingen: Hogrefe.

Klinger, E. (1996b). The contents of thoughts: Interference as the downside of adaptive normal mechanisms in thought flow. In I. G. Sarason, G. R. Pierce & B. R. Sarason (Eds.), *Cognitive interference. Theories, methods, and findings* (pp. 3–23). Mahwah, NJ: Erlbaum.

Kruglanski, A. W. (1996). Goals as knowledge structures. In P. M. Gollwitzer & J. A. Bargh (Eds.), *The psychology of action. Linking cognition and motivation to behaviour* (pp. 599–618). New York, NY: Guilford.

Kruglanski, A. W., Shah, J. Y., Fishbach, A., Friedman, R., Chun, W. Y. & Sleeth-Keppler, D. (2002). A theory of goal systems. In M. P. Zanna (Ed.), *Advances in experimental social psychology* (pp. 331–378). San Diego, CA: Academic Press.

Kuhl, J. (1984). Motivational aspects of achievement motivation and learned helplessness: Toward a comprehensive theory of action control. In B. A. Maher & W. B. Maher (Eds.), *Progress in experimental personality research* (pp. 99–171). New York, NY: Academic Press.

Kuhl, J. (1985). Volitional mediators of cognition-behavior consistency: Self-regulatory processes and action versus state orientation. In J. Kuhl & J. Beckmann (Eds.), *Action control. From cognition to behaviour* (pp. 101–128). New York, NY: Springer.

Kuhl, J. (2001). *Motivation und Persönlichkeit. Die Interaktion psychischer Systeme.* Göttingen: Hogrefe.

Kuhl, J. & Fuhrmann, A. (1998). Decomposing self-regulation and self-control: The volitional components inventory. In J. Heckhausen & C. S. Dweck (Eds.), *Motivation and self-regulation across life-span* (pp. 15–49). Cambridge: Cambridge University Press.

Kuhl, J., Scheffer, D. & Eichstaedt, J. (2003). Der Operante Motiv-Test (OMT): Ein neuer Ansatz zur Messung impliziter Motive. In J. Stiensmeier-Pelster & F. Rheinberg (Hrsg.), *Diagnostik von Motivation und Selbstkonzept* (S. 129–149). Göttingen: Hogrefe.

Langens, T. A. & Schüler, J. (2003). Die Messung des Leistungsmotivs mittels des Thematischen Auffassungstests. In J. Stiensmeier-Pelster & F. Rheinberg (Hrsg.), *Diagnostik von Motivation und Selbstkonzept* (S. 89–104). Göttingen: Hogrefe.

Latham, G. P. & Locke, E. A. (1991). Self-regulation through goal setting. *Organizational Behavioral and Human Decision Processes, 50,* 212–247.

Lemire, L. & Rouillard, C. (2005). An empirical exploration of the psychological contract violation and individual behaviour. *Journal of Managerial Psychology, 20,* 150–163.

Lester, S. W., Turnley, W. H., Bloodgood, J. M. & Bolino, M. C. (2002). Not seeing eye to eye: Differences in supervisor and subordinate perceptions of an attribution for psychological contract breach. *Journal of Organizational Behavior, 23,* 39–56.

Lewin, K. (1926). Untersuchungen zur Handlungs- und Affekt-Psychologie. II. Vorsatz, Wille und Bedürfnis. *Psychologische Forschung, 7,* 330–385.

Lewin, K., Dembo, T., Festinger, L. & Sears, P. S. (1944). Level of aspiration. In J. McVicker Hunt (Ed.), *Personality and the behavior disorders* (Vol. 1, pp. 333–378). New York, NY: Ronald.

Little, B. R. (1983). Personal projects: A rationale and method for investigation. *Environment and Behavior, 15,* 273–309.

Little, B. R. (1989). Personal project analysis. Trivial pursuits, magnificent obsessions, and the search for coherence. In D. M. Buss & N. Cantor (Eds.), *Personality psychology. Recent trends and emerging directions* (pp. 15–31). New York, NY: Springer.

Little, B. R. & Chambers, N. C. (2004). Personal Projects: On human doings and well-beings. In W. M. Cox & E. Klinger (Eds.), *Handbook of motivational counselling. Concepts, approaches, and assessment* (pp. 65–82). New York, NY: Wiley.

Locke, E. A. & Latham, G. P. (1990). *A theory of goal setting and task performance.* Engelwood Cliffs, NJ: Prentice Hall.

Locke, E. A. & Latham, G. P. (2002). Building a practically useful theory of goal setting and task motivation – a 35 year odyssey. *American Psychologist, 57,* 705–717.

Locke, E. A., Shaw, K. N., Saari, L. M. & Latham, G. P. (1981). Goal setting and task performance: 1969–1980. *Psychological Bulletin, 90,* 125–152.

Maier, G. W. & Brunstein, J. C. (2001). The role of personal work goals in newcomers' job satisfaction and organizational commitment: A longitudinal analysis. *Journal of Applied Psychology, 86,* 1034–1042.

McClelland, D. C. (1982). The need for power, sympathetic activation, and illness. *Motivation and Emotion, 6,* 31–41.

McClelland, D. C. (1985). *Human motivation.* Glenview, IL: Scott, Foresman and Company.

McClelland, D. C., Atkinson, J. W., Clark, R. A. & Lowell, E. L. (1953). *The achievement motive.* New York, NY: Appleton-Century Croft.

McClelland, D. C., Koestner, R. & Weinberger, J. (1989). How do self-attributed and implicit motives differ? *Psychological Review, 96,* 690–702.

McDougall, W. (1908/1931). *An introduction to social psychology.* London: Methuen.

Mento, A. J., Steel, R. P. & Karren, R. J. (1987). A meta-analytic study of the effects of goal setting on task performance: 1966–1984. *Organziational Behavior and Human Decision Processes, 39,* 52–83.

Meyer, J. P. & Allen, N. J. (1988). Links between work experiences and organizational commitment during the first year of employment: A longitudinal analysis. *Journal of Occupational Psychology, 61,* 195–209.

Meyer, J. P. & Allen, N. J. (1991). A three-component conceptualization of organizational commitment. *Human Resource Management Review, 1,* 61–98.

Meyer, J. P., Allen, N. J. & Smith, C. A. (1993). Commitment to organizations and occupations: Extension and test of a three-component conceptualization. *Journal of Applied Psychology, 78,* 538–551.

Meyer, J. P., Stanley, D. J., Herscovitch, L. & Topolnytsky, L. (2002). Affective, continuance, and normative commitment to the organization: A meta-analysis of antecedents, correlates, and consequences. *Journal of Vocational Behavior, 61,* 20–52.

Miller, G. A., Galanter, E. & Pribram, K. H. (1960). *Plans and the structure of behaviour.* New York, NY: Holt.

Morris, J. H. & Snyder, R. A. (1979). A second look at need for achievement and need for autonomy as moderators of role perception-outcome relationships. *Journal of Applied Psychology, 64,* 173–178.

Moser, K. (1997). Commitment in Organisationen. *Zeitschrift für Arbeits- und Organisationspsychologie, 41,* 160–170

Neuberger, O. (1985). *Arbeit.* Stuttgart: Enke.

Nicholls, J. G. (1984). Achievement motivation: Conceptions of ability, subjective experience, task choice, and performance. *Psychological Review, 91,* 328–346.

Nicholls, J. G., Patashnick, M. & Nolen, S. B. (1985). Adolescents' theories of education. *Journal of Educational Psychology, 77,* 683–692.

Oesterreich, R. & Volpert, W. (1987). Handlungstheoretisch orientierte Arbeitsanalyse. In U. Kleinbeck & J. Rutenfranz (Hrsg.), *Arbeitspsychologie* (Enzyklopädie der Psychologie, Serie Wirtschafts-, Organisations- und Arbeitspsychologie, Bd. 1, S. 43–73). Göttingen: Hogrefe.

Oettingen, G. & Gollwitzer, P. M. (2000). Das Setzen und Verwirklichen von Zielen. *Zeitschrift für Psychologie, 208,* 406–430.

O'Leary-Kelly, A., Martocchio, J. J. & Frink, D. (1994). A review of the influence of group goals on group performance. *Academy of Management Journal, 37,* 1285–1301.

Omodei, M. M. & Wearing, A. J. (1990). Need satisfaction and involvement in personal projects: Toward an integrative model of subjective well-being. *Journal of Personality and Social Psychology, 59,* 762–769.

Palys, T. S. & Little, B. R. (1983). Perceived life satisfaction and the organization of personal project systems. *Journal of Personality and Social Psychology, 44,* 1221–1230.

Pervin, L. A. (1989). *Goal concepts in personality and social psychology.* Hillsdale, NJ: Erlbaum.

Pritchard, R. D., Kleinbeck, U. & Schmidt, K.-H. (1993). *Das Managementsystem PPM. Durch Mitarbeiterbeteiligung zu höherer Produktivität.* München: Beck.

Rapaport, R., Bailyn, L., Fletcher, J. K. & Pruitt, B. H. (2002). *Beyond work-family balance: Advancing gender equity and workplace performance.* San Francisco, CA: Jossey-Bass.

Rheinberg, F. (1989). *Zweck und Tätigkeit.* Göttingen: Hogrefe.

Rheinberg, F. (2000). *Motivation.* Stuttgart: Kohlhammer.

Rheinberg, F. (2002). Freude am Kompetenzerwerb, Flow-Erleben und motivpassende Ziele. In M. von Salisch (Hrsg.), *Emotionale Kompetenz entwickeln* (S. 179–206). Stuttgart: Kohlhammer.

Rheinberg, F. (2006). Intrinsische Motivation und Flow-Erleben. In J. Heckhausen & H. Heckhausen (Hrsg.), *Motivation und Handeln* (S. 331–354). Berlin: Springer.

Richter, G. (1999). Innere Kündigung. Modellentwicklung und empirische Befunde aus einer Untersuchung im Bereich der öffentlichen Verwaltung. *Zeitschrift für Personalforschung, 13,* 113–138.

Roney, C. J. R., Higgins, E. T. & Shah, J. (1995). Goals and framing: How outcome focus influences motivation and emotion. *Personality and Social Psychology Bulletin, 21,* 1151–1160.

Ross, J. & Staw, B. M. (1993). Organizational escalation and exit: Lessons from the Shoreham Nuclear Power Plant. *Academy of Management Journal, 36,* 701–732.

Rousseau, D. M. (1989). Psychological and implicit contracts in organizations. *Employee Responsibilities and Rights Journal, 2,* 121–139.

Rousseau, D. M. (2001). Schema, promises and mutuality: The building blocks of the psychological contract. *Journal of Occupational and Organisational Psychology, 74,* 511–542.

Rusbult, C. E. (1980). Commitment and satisfaction in romantic associations: A test of the investment model. *Journal of Experimental Social Psychology, 16,* 172–186.

Rusbult, C. E. (1983). A longitudinal test of the investment model: The development (and deterioration) of satisfaction and commitment in heterosexual involvement. *Journal of Personality and Social Psychology, 45,* 101–117.

Rusbult, C. E., Farrell, D., Rogers, G. & Mainous, A. G. (1989). Impact of exchange variables on exit, voice, loyalty, and neglect: An integrative model of responses to declining job satisfaction. *Academy of Management Journal, 31,* 599–627.

Rusbult, C. E., Verette, J., Whitney, G. A., Slovik, L. F. & Lipkus, I. (1991). Accommodation processes in close relationships: Theory and preliminary empirical evidence. *Journal of Personality and Social Psychology, 60,* 53–78.

Ruvolo, A. P. & Markus, H. R. (1992). Possible selves and performance: The power of self-relevant imagery. *Social Cognition, 10,* 95–124.

Ryan, R. M. & Connell, J. P. (1989). Perceived locus of causality and internalization: Examining reasons for acting in two domains. *Journal of Personality and Social Psychology, 57,* 749–761.

Ryan, R. M. & Deci, E. L. (2000). Self-determination theory and the facilitation of intrinsic motivation, social development, and well-being. *American-Psychologist, 55,* 68–78.

Ryan, R. M., Sheldon, K. M., Kasser, T. & Deci, E. L. (1996). All goals are not created equal: An organismic perspective on the nature of goals and their regulation. In P. M. Gollwitzer & I. A. Bargh (Eds.), *The psychology of action. Linking cognition and motivation to behavior* (pp. 7–26). New York, NY: Guilford.

Schmidt, K.-H., Hollmann, S. & Sodenkamp, D. (1998). Psychometrische Eigenschaften und Validität einer deutschen Version des Commitment-Fragebogens von Allen und Meyer. *Zeitschrift für Differentielle und Diagnostische Psychologie, 19,* 93–106.

Schmidt, K.-H. & Kleinbeck, U. (2004). Leistung und Leistungsförderung. In H. Schuler (Hrsg.), *Organisationspsychologie – Grundlagen und Personalpsychologie* (Enzyklopädie der Psychologie, Serie Wirtschafts-, Organisations- und Arbeitspsychologie, Bd. 3, S. 891–945). Göttingen: Hogrefe.

Schmidt, K.-H. & Kleinbeck, U. (2006). *Führen mit Zielvereinbarung.* Göttingen: Hogrefe.

Schmidt, K.-H., Kleinbeck, U. & Brockmann, W. (1984). Motivational control of motor performance by goal-setting in a dual-task situation. *Psychological Research, 46,* 129–141.

Schneider, K. & Schmalt, H.-D. (2000). *Motivation.* Stuttgart: Kohlhammer.

Scholz, U., Dona, B. G., Sud, S. & Schwarzer, R. (2002). Is general self-efficacy a universal construct? Psychometric findings from 25 countries. *European Journal of Psychological Assessment, 18,* 242–251.

Schultheiss, O. C. & Brunstein, J. C. (1999). Goal imagery: Bridging the gap between implicit motives and explicit goals. *Journal of Personality, 67,* 1–38

Schwarzer, R. (Ed.). (1992). *Self-efficacy. Thought control of action.* Washington, DC: Hemisphere.

Sheldon, K. M. (2002). The self-concordance model of healthy goal-striving: When personal goals correctly represent the person. In E. L. Deci & R. M. Ryan (Eds.), *Handbook of self-determination research* (pp. 65–86). Rochester, NY: University of Rochester Press.

Sheldon, K. M. & Elliot, A. J. (1999). Goal striving, need-satisfaction, and longitudinal well-being: The self-concordance model. *Journal of Personality and Social Psychology, 76,* 482–497.

Siegel, P. A., Post, C., Brockner, J., Fishman, A. & Garden, C. (2005). The moderating influence of procedural fairness on the relationship between work-life conflict and organizational commitment. *Journal of Applied Psychology, 90,* 13–24.

Sokolowski, K. (1993). *Emotion und Volition.* Göttingen: Hogrefe.

Staw, B. M. (1981). The escalation of commitment to a course of action. *Academy of Management Review, 6,* 577–587.

Staw, B. M. (1997). The escalation of commitment: An update and appraisal. In Z. Shapira (Ed.), *Organizational decision making. Cambridge series on judgement and decision making* (pp. 191–215). New York, NY: Cambridge University Press.

Staw, B. M. & Ross, J. (1987). Behavior in escalation situations: Antecedents, prototypes, and solutions. *Research in Organizational Behavior, 9,* 39–78.

Sturges, J. & Guest, D. (2004). Working to live or living to work? Work/life balance in the early career. *Human Resource Management Journal, 14,* 5–20.

Sutton, G. & Griffin, M. (2004). Integrating expectation, experience and psychological contract violations: A longitudinal study of new professionals. *Journal of Occupational and Organizational Psychology, 77,* 493–514.

Thibaut, J. W. & Kelley, H. H. (1959). *The social psychology of groups.* New York, NY: Wiley.

Tolman, E. C. (1926). The nature of nature of fundamental drives. *Journal of Abnormal and Social Psychology, 20,* 349–358.

Ulich, E. (2005). *Arbeitspsychologie.* Stuttgart: Schäffer-Poeschel.

Van Eerde, W. & Thierry, H. (1996). Vroom's expectancy models and work-related criteria: A meta-analysis. *Journal of Applied Psychology, 81,* 575–586.

Van Eerde, W. & Thierry, H. (2001). VIE functions, self-set goals, and performance: An experiment. In M. Erez, U. Kleinbeck & H. Thierry (Eds.), *Working in the context of a globalizing economy* (pp. 131–147). Mahwah, NJ: Erlbaum.

Van Lange, P. A. M., Rusbult, C. E., Drigotas, S. M., Arriaga, X. B., Witcher, B. S. & Cox, C. L. (1997). Willingness to sacrifice in close relationships. *Journal of Personality and Social Psychology, 72,* 1373–1395.

VandeWalle, D., Brown, S. P., Cron, W. L. & Slocum, J. W. (1999). The influence of goal orientation and self-regulation tactics on sales performance: A longitudinal field test. *Journal of Applied Psychology, 84,* 249–259.

Volpert, W. (Hrsg.). (1980). *Beiträge zur psychologischen Handlungstheorie.* Bern: Huber.

Vroom, V. H. (1964). *Work and motivation.* New York, NY: Wiley.

Watson, J. B. (1924). *Behaviorism.* New York, NY: People's Institute Company.

Wegge, J. (1998). Die Zielsetzungstheorie: Ein kritischer Blick auf Grundlagen und Anwendungen. In O. L. Braun (Hrsg.), *Ziele und Wille in der Psychologie: Grundlagen und Anwendungen* (S. 3–50). Landau: VEP.

Wegge, J. (2000). *Die Wirkung von Zielen auf das Handeln in Arbeitsgruppen.* Unveröffentlichte Habilitation, Universität Dortmund.

Weiner, B. (1972). *Theories of motivation.* Chicago, IL: Markham.

Whitney, D. K., Kusznir, A. & Dixie, A. (2002). Women with depression: The importance of social, psychological & occupational factors in illness & recovery. *Journal of Occupational Services, 9,* 20–27.

Wiese, B. S. (2004). Berufliche Ziele als entwicklungsregulative Herausforderung. In B. S. Wiese (Hrsg.), *Individuelle Steuerung beruflicher Entwicklung. Kernkompetenzen in der modernen Arbeitswelt* (S. 11–34). Frankfurt a. M.: Campus.

Wiese, B. S. (2007). Successful pursuit of personal goals and subjective well-being. In S. Phillips, B. R. Little & K. Salmela-Aro (Eds.), *Personal project pursuit: Goals, action, and human flourishing* (pp. 301–328). Mahwah, NJ: Erlbaum.

Wiese, B. S. & Freund, A. M. (2005). Goal progress makes one happy, or does it? Longitudinal findings from the work domain. *Journal of Occupational and Organizational Psychology, 78,* 287–304.

Wong, K. F. E. & Kwong, J. Y. Y. (2007). The role of anticipated regret in escalation of commitment. *Journal of Applied Psychology, 92,* 545–554.

Wong, K. F. E., Yik, M. & Kwong, J. Y. Y. (2006). Understanding the emotional aspects of escalation of commitment: The role of negative affect. *Journal of Applied Psychology, 91,* 282–297.

Wright, P. M., O'Leary-Kelly, A. M., Cortina, J. M., Klein, H. J. & Hollenbeck, J. R. (1994). On the meaning and measurement of goal commitment. *Journal of Applied Psychology, 79,* 795–803.

Wrosch, C., Miller, G. E., Scheier, M. F., de Pontet, S. B. (2007). Giving up on unattainable goals: Benefits for health? *Personality and Social Psychology Bulletin, 33,* 251–265.

Wunderer, R. & Küpers, W. (2003). *Demotivation → Remotivation.* Neuwied: Luchterhand.

Wurf, E. & Markus, H. (1991). Possible selves and the psychology of personal growth. In D. Ozer, A. Stewart & J. Healey (Eds.), *Perspectives on personality* (Vol. 3A, pp. 39–62). Greenwich, CT: JAI.

Zhang, L. & Baumeister, R. F. (2006). Your money or your self-esteem: Threatened egotism promotes costly entrapment in losing endeavors. *Personality and Social Psychology Bulletin, 32,* 881–893.

3. Kapitel

Volitionale Prozesse der Zielverfolgung

David Scheffer und Julius Kuhl

Wenn Du ein glückliches Leben willst,
dann verbinde es mit einem Ziel.

Albert Einstein

1 *Theoretische Grundlagen*

Das obige Zitat ist im Albert-Einstein-Jahr 2005 auf vielen Plakaten abgebildet gewesen. Es verdeutlicht die überragende Bedeutung von Zielen nicht nur für unser Arbeitshandeln, sondern auch für unser privates Glück. Die Aufforderung von Einstein hört sich leicht an. Dennoch gibt es zwei Problemfelder, die Menschen bei der Zielverfolgung oft zu schaffen machen. Zum einen müssen sie die für sie passenden Ziele setzen; zum anderen müssen sie einmal gesetzte Ziele auch bei Schwierigkeiten und auftretenden Zielkonflikten realisieren. Das Problemfeld der Zielbildung und Zielbindung wurde schon ausführlich im vorherigen Kapitel von Schüler und Brandstätter dargestellt. Wie die Zielrealisierung durch volitionale Prozesse optimiert werden kann, ist Gegenstand dieses Kapitels. Hierzu werden wir zunächst eine *allgemeine* Theorie der Wirkung von Zielen vorstellen, darauf aufbauend eine *differenzielle* Theorie der Zielbildung und dann aus beiden in der Praxis umsetzbare Methoden und Programme ableiten.

1.1 Definition von Zielen

Ziele werden in der Psychologie als *interne Repräsentationen von erwünschten Zuständen* definiert (Austin & Vancouver, 1996). Die Quellen dieser erwünschten Zustände können Bedürfnisse (z. B. Hunger), Motive (z. B. nach

Anschluss, Leistung oder Macht), Werte (z. B. Gerechtigkeit, Altruismus, Hedonismus) und/oder die Erwartungen anderer sein (z. B. vom Vorgesetzten gesetzte Ziele). Je nachdem, aus welcher Quelle die internen Repräsentationen von erwünschten Zuständen stammen, sind mit ihnen spezifische Anreize (Essen, Geborgenheit, Erfolg, Status etc.) verbunden (Gollwitzer, 2000a). Auf dem Weg der Zielerreichung müssen meistens Unterziele gebildet werden, beispielsweise indem eine Studentin zunächst ihr Studium absolvieren muss, um später Einfluss und Status zu erlangen. Der Studienabschluss ist dann ein Ziel zweiter Ordnung für das primäre Ziel, Status und Einfluss zu erlangen. Begleitet werden die Prozesse bei der Zielverfolgung von Emotionen, die anzeigen, ob eine Person ihre Ziele erreicht oder nicht (beispielsweise Stolz, Frustration).

Neben ihrer Quelle lassen sich Ziele auch von verschiedenen anderen Gesichtspunkten her unterscheiden (vgl. hierzu auch Schüler & Brandstätter in diesem Band). Ziele können auf verschiedenen Systemebenen oberhalb des Individuums untersucht werden: z. B. auf der Ebene von

- Dyaden,
- Gruppen,
- Organisationen.

Neben der Systemebene von Individuen ist die von Gruppen und Organisationen für die Arbeitspsychologie und Betriebswirtschaft natürlich besonders interessant und wird später noch ausführlich dargestellt.

Unabhängig davon, auf welcher Systemebene Ziele untersucht werden, ist die Struktur von Zielen, hier definiert als die Wechselwirkungen verschiedener Ziele, eine weitere wichtige Analyseeinheit (Austin & Vancouver, 1996). Die Struktur von Zielen lässt sich durch kybernetische Modelle abbilden (Bischof, 1985, 1993). Die Sollwerte in diesen Modellen entsprechen auf psychologischer Ebene Zielen. Sie werden vom Organismus (oder der Organisation) fortlaufend mit den wahrgenommenen und interpretierten Istwerten abgeglichen. Je größer die daraus resultierende Ist-Soll-Differenz, desto höher ist der Handlungsbedarf. Durch welche Handlungsweisen eine Ist-Soll-Diskrepanz reduziert werden soll, ist jedoch nicht in den Zielen definiert, sondern in *Absichten* (Gollwitzer, 2000a). Ziele besitzen daher Equifinalität, d. h. sie lassen sich auf verschiedenen Wegen realisieren.

Bischof (1985) verweist mit seinem Modell der sozialen Motivation auf die beeindruckende Komplexität, die entsteht, wenn Organismen in der Interaktion mit der Umwelt mehrere Ist-Soll-Diskrepanzen gleichzeitig durch verschiedene Handlungsprogramme reduzieren müssen. Dass dabei Zielkonflikte entstehen, ist strukturell eingebaut, da bestimmte Ziele – wie beispielsweise Geborgenheit und Autonomie – komplementär sind. Um die negativen Effekte von Zielkonflikten zu vermeiden, ist die Betrachtung der Struktur von Zielen auf individueller und Organisationsebene wichtig und wird im Laufe des Kapitels daher noch verschiedentlich aufgegriffen.

Auf eine weitere mögliche Analyseeinheit von Zielen wollen wir noch eingehen, nämlich deren *Schwierigkeitsgrad*. Die subjektiven und objektiven Schätzungen von Wahrscheinlichkeiten, ein Ziel zu realisieren, haben in der Forschung viel Aufmerksamkeit erhalten (Austin & Vancouver, 1996). Je geringer diese Wahrscheinlichkeit ist bzw. je höher die Anstrengung und Ausdauer sein muss, um ein Ziel zu erreichen, desto höher ist dessen Schwierigkeit. Wichtige theoretische Konzepte wie das der Erwartung (Vroom, 1995) und der Selbstwirksamkeit (Bandura, 2003) sind hieraus entstanden (vgl. hierzu ausführlicher Schüler & Brandstätter in diesem Band). Sowohl die in der Struktur von Zielen angelegten Zielkonflikte als auch die Schwierigkeit von vielen Zielen verweisen auf das zentrale Thema dieses Kapitels, die volitionalen Prozesse bei der Zielverfolgung.

1.2 Volition

Unter Volition versteht man in der Psychologie eine willentliche Anstrengung dahingehend, Ziele so zu bilden, ggf. zu modifizieren und ausdauernd zu verfolgen, dass sie sich auch dann realisieren lassen, wenn sich Zielkonflikte ergeben und die Ziele schwierig sind, z. B. Mut, Überwindung oder Frustrationstoleranz erfordern. Oft bedingen sich strukturelle Zielkonflikte und die Schwierigkeit von Zielen gegenseitig. Ein Beispiel hierfür ist die Gründung eines Unternehmens. Da etwa 85 % der neu gegründeten Unternehmen bereits in den ersten Jahren wieder vom Markt verschwinden, kann das Ziel einer Unternehmensgründung als äußerst schwierig gelten (Baum & Locke, 2004). Diese Schwierigkeit wiederum erfordert von Unternehmern in der Regel äußerst harte Arbeit, wodurch Konflikte entstehen können zwischen dem Ziel, Erfolg und Status zu gewinnen, und dem Ziel, ein glückliches Familienleben führen zu können (vgl. hierzu auch den Zielkonflikt der „work life balance“ im vorherigen Kapitel).

Immer wenn in der Phase der Zielbildung schwierige und sich strukturell ausschließende Ziele gewählt wurden, müssen volitionale Prozessen wie die *selektive Aufmerksamkeit* und die *Umgebungskontrolle* aktiviert werden (Kuhl & Beckmann, 1994). Bei der selektiven Aufmerksamkeit werden alle störenden Reize und damit verbundene Emotionen aus dem Bewusstsein ausgeblendet (beispielsweise könnte ein Unternehmer die mit der Familie verbundenen Gefühle der Intimität und Geborgenheit eine Zeit lang unterdrücken). Die Umgebungskontrolle geht dabei noch einen Schritt weiter, indem dafür gesorgt wird, dass ablenkende Reize gar nicht erst auftreten können (beispielsweise könnte der Unternehmensgründer gleich auch noch die Nächte in der Firma verbringen).

So aufopferungsvoll müssen volitionale Prozesse aber nicht immer ablaufen. Bereits bei der Zielbildung kann darauf geachtet werden, dass die volitionale Phase effizient abläuft. In diesem Kapitel werden wir hierzu die im Feld der Arbeits- und Organisationspsychologie sehr bekannte Zielsetzungstheorie, die Locke und Latham (1990) über viele Jahre unter der Bezeichnung *Goal Setting* entwickelt und validiert haben, vorstellen. Auch wenn diese Theorie mit dem Konzept der Zielbildung und ihrer Determinanten (Erwartungen, Motive, Werte) eine motivationspsychologische Verankerung erfährt, die Gegenstand des vorherigen Kapitels war, nimmt sie doch vor allem auf die Phasen der Zielverfolgung und -umsetzung Bezug, auf die wir uns im Folgenden konzentrieren wollen.

Die Zielsetzungstheorie (Goal Setting) liefert eine Vielfalt von Hinweisen, wie schwierige Ziele von Personen realisiert werden können. Sie ist eine *allgemeine* Theorie der Wirkung von Zielen. Eine zusätzliche Hilfe bei der Verfolgung schwieriger Ziele baut auf einer *differenziellen* Theorie der Wirkung von Zielen auf, die davon ausgeht, dass die Art und Weise, wie Ziele gesetzt werden, individuell variieren sollte, um optimal die Leistung stimulieren zu können. Auf diese differenzielle Betrachtung der Wirkung von Zielen gehen wir nach Erläuterung der Goal Setting Theorie ein.

Die Grundaussage dieses Kapitels besagt, dass die Kombination von allgemeinen und differenziellen Gesichtspunkten bei der Zielsetzung einerseits (vgl. Seijts, Latham, Tasa & Latham, 2004) und die Kombination von individueller und Gruppen-/Organisationsebene andererseits (Pritchard et al., 1989) die Leistung und Produktivität im Arbeitsleben in erheblichem Ausmaß steigern kann.

1.3 Eine allgemeine Theorie der Wirkung von Zielen

Schwerpunkt dieses Abschnitts wird die Zielsetzungstheorie von Locke und Latham sein, da sie zur Entwicklung von zahlreichen Maßnahmen und Techniken im Personalmanagement beigetragen hat und in ihrer Verknüpfung grundlagen- und anwendungsorientierter Fragestellungen für die Arbeits- und Organisationspsychologie beispielgebend sein dürfte (Schmidt & Kleinbeck, 2004). Auf die in vielen Bereichen des Managements von Humanressourcen anwendbaren Maßnahmen und Techniken gehen wir später ein. Bevor wir die Zielsetzungstheorie näher darstellen, wollen wir sie zunächst in den breiteren Theorierahmen der Prozessphasen des Rubikonmodells (Heckhausen & Gollwitzer, 1987; vgl. auch Schüler & Brandstätter in diesem Band) einordnen.

Hierdurch wird die bereits angedeutete begriffliche Unterscheidung zwischen Motivation und Volition klarer, die dann in den nachfolgenden Textpassagen durchgängig beibehalten wird.

1.3.1 Das Rubikonmodell

Das Rubikonmodell von Heckhausen und Gollwitzer (1987) untergliedert dem VPA-Modell von Kuhl (1983) folgend den Weg von der Wahl eines Handlungsziels bis zur Zielrealisation in vier eigenständige Phasen (vgl. Schmidt & Kleinbeck, 2004; vgl. Abb. 1). In der motivationalen Phase geht es um die Zielbildung, d. h. die Wahl zwischen verschiedenen Handlungsalternativen. Hierbei kann es beispielsweise um die Entscheidung für oder gegen Krieg gehen: Nach der Entscheidung für erstere Alternative hat Julius Cäsar den Fluss *Rubikon* mit seinen Truppen überschritten. Sie befanden sich danach unaufhaltsam auf dem Anmarsch nach Rom, ein Zurück konnte es nach der Entscheidung nicht mehr geben. Wieso hat Julius Cäsar diese Entscheidung getroffen, während andere in einer ähnlichen Situation auswichen? Einen Erklärungsansatz liefern die im vorherigen Kapitel dargestellten Personmerkmale wie *Current Concerns, Personal Projects* und *Personal Strivings.* Aber auch übergreifende Motive wie das *implizite Machtmotiv* dürften die Entscheidung Cäsars für Krieg mitbestimmt haben (Winter, 1996).

Motivation	**Volition**		**Motivation**
prädezisional	präaktional	aktional	postaktional
Wählen	**Zielsetzung**	**Handeln**	**Bewerten**

Abbildung 1:
Das Rubikonmodell (Heckhausen & Gollwitzer, 1987)

In diesem Kapitel geht es aber nicht um die prädezisionale Phase der Wahl eines Ziels (Zielbildung), sondern um die beiden volitionalen Phasen der Zielsetzung (präaktional) und Zielumsetzung (aktional). In dieser volitionalen Phase muss ein als attraktiv gewähltes Ziel spezifiziert und realisiert werden. Um im Bild zu bleiben: Nachdem Cäsar sich für Krieg entschieden hatte, mussten eine Vielzahl weiterer Entscheidungen getroffen werden. Wie sollte der Rubikon mit Wagen und Pferden überschritten werden? Welche Marschrichtung sollte danach aufgenommen werden? Wie konnten die Truppen verpflegt werden? Und mit welcher Taktik sollten die Gegner besiegt werden? Diese Fragen betreffen alle die volitionale Phase, die sich wiederum in zwei Unterphasen einteilen lässt. Damit das gewählte Ziel auch tatsächlich Zugang zum Verhalten erlangt, muss es in eine konkrete Absicht, dieses Ziel auch tatsächlich in Angriff zu nehmen, umgewandelt werden. In der ersten volitionalen Phase, der sog. präaktionalen Phase, werden also Ziele („den Krieg führen") in Absichten („Marsch auf Rom"), Teilziele („Marschroute") und „Meilensteine" („Eroberung von Vorposten" Roms) des Handelns zerlegt, die dann in der zweiten volitionalen Phase, der aktionalen Phase, der Reihe nach bis zur Zielrealisation abgearbeitet werden, auch wenn sich Widerstände ergeben. In einer anschließenden Phase wird dann bewertet, ob das Zielstreben erfolgreich war. So soll sich Cäsar nach dem Sieg, der viele Jahre in Anspruch nahm, in (wenigen) selbstkritischen Momenten gefragt haben, ob sein persönlicher Ruhm die Vielzahl der verlorenen Menschenleben wert gewesen ist. Diese Bewertungsphase wird wiederum der Motivation zugerechnet.

Ein wichtiger Unterschied zwischen der motivationalen Phase des Wählens (Zielbildung) und der volitionalen Phase der Umsetzung ist die größere Offenheit der Zielbildungs- gegenüber der Umsetzungsphase (Kuhl, 1983; Heckhausen & Kuhl, 1985; Gollwitzer, 1999), die sich z. B. darin äußert, dass während der motivationalen Phase des Wählens eine größere Objektivität gegenüber allen Handlungsoptionen nachweisbar ist, wohingegen während der Umsetzungsphase der Anreiz der ins Auge gefassten Handlungsalternative aufgewertet (allerdings nur von Handlungsorientierten, vgl. Beckmann & Kuhl, 1984) und der eigene Einfluss auf das Handlungsresultat überschätzt wird (Gollwitzer & Kinney, 1989). Diese beiden „Einseitigkeiten" während der (volitionalen) Implementierungsphase tragen zur Steigerung der Umsetzungsrate bei (Fuhrmann & Kuhl, 1998; Gollwitzer & Brandstätter, 1997).

Damit Ziele effektiv verfolgt werden können, müssen sie in der präaktionalen Phase auf eine bestimmte Art und Weise formuliert werden. Hiermit beschäftigt sich die Zielsetzungstheorie von Locke und Latham (1990, 2004), die als eines der am besten erforschten Modelle in der Arbeits- und Organisationspsychologie gelten kann.

1.3.2 Goal Setting

Bereits 1990 haben Locke und Latham mehr als 400 Forschungsarbeiten zusammengefasst, welche die Wirksamkeit von „Goal Setting" untersuchten. In ihrem Kern zeigen diese Arbeiten, dass Ziele ihre leistungssteigernde Wirkung dann entfalten, wenn sie *schwierig* und *spezifisch* sind. Die *Spezifität der Zielbestimmung* bezieht sich auf den Grad der Klarheit und Präzision, mit der das Ziel festgelegt ist. Das Ziel, „sein Bestes zu geben", ist demnach weniger wirksam als beispielsweise das Ziel, „10 %" mehr zu verkaufen. Die *Schwierigkeit des Ziels* bezieht sich auf die Wahrscheinlichkeit, dass ein Ziel mit den vorhandenen Ressourcen in einem bestimmten Zeitintervall erreicht werden kann. Welcher Prozentwert allerdings als optimal schwierig gelten kann, ist umstritten. Klein, Alge, Wesson und Hollenbeck (1999) kommen nach einer Sichtung der empirischen Arbeiten in ihrer Metaanalyse zu dem Schluss, dass unter *schwierig* eine objektive Wahrscheinlichkeit, das Ziel zu erreichen, von *weniger als 15 %* zu verstehen ist. Das bedeutet, dass 85 % der Versuche, ein herausforderndes Ziel in einem vorher festgelegten Zeitintervall zu erreichen, zumindest im ersten Anlauf misslingen müssen, damit dieses Ziel nach der Zielsetzungstheorie maximal motivierend sein kann! Dies widerspricht der ursprünglichen Annahme der Leistungsmotivationsforschung, dass Leistungsmotivierte aufgabenbezogene Ziele mit einer Lösungswahrscheinlichkeit von 50 % bevorzugen (Atkinson, 1957; Kuhl, 1978).

Die weiter unten dargestellte volitionspsychologische Erweiterung der Motivationstheorie (Gollwitzer & Kinney, 1989; Heckhausen & Heckhausen, 2006; Kuhl, 1983) liefert eine einfache Erklärung der unterschiedlichen Wirkung mittlerer versus hoher Schwierigkeitsgrade: Während der motivationalen Phase der Zielbildung sind mittlere Schwierigkeiten am motivierendsten, während in der Implementierungsphase höhere Schwierigkeiten motivierender sind: Man entscheidet sich nicht gern für allzu schwierige Ziele; wenn man sich aber einmal für ein Ziel entschieden hat, dann verfolgt man es umso hartnäckiger, je schwieriger es ist.

Der Kern einer allgemeinen Theorie des Setzens von Zielen, die als empirisch abgesichert gelten kann (vgl. Locke & Latham, 2002), lässt sich auf eine einfache Art und Weise zusammenfassen (vgl. Kasten 1).

Kasten 1:
Motivierende Ziele

Ziele müssen SMART sein:

S *(specific):* spezifisch, konkret, eindeutig
M *(measurable):* messbar, durch objektives Feedback „beweisbar“
A *(affordant):* anfordernd, schwierig (im Rahmen der vorhandenen Ressourcen)
R *(relevant):* akzeptiert, verpflichtend, auch für die Interessen der Mitarbeiter wichtig
T *(time frame):* klar definierter, realistischer Zeitrahmen

Eine Metaanalyse hat gezeigt, dass die Leistung von Gruppen mit SMARTen Zielen fast eine Standardabweichung höher ist als die von Gruppen ohne (SMARTe) Ziele (O'Leary-Kelly, Martocchio & Frink, 1994). Damit ist evident, dass Goal Setting auf volkswirtschaftlicher Ebene erhebliche Effekte haben kann.

Auch Latham, Locke und Fassina (2002) kommen nach einer Sichtung der Literatur zu der Auffassung, dass Goal Setting den Test der Zeit bestanden hat. Sie korrigieren dabei auch die in früheren Bestandsaufnahmen geäußerte Sorge, dass sehr schwierige Ziele zu einer Leistungsreduktion führen. Es ist vielmehr die Wahrnehmung der eigenen Selbstwirksamkeit einer Person, die die Leistung bei sehr schwierigen Zielen bestimmt. Drei universelle motivationale Prozesse und eine spezifische, eher kognitive Aufgabenstrategie vermitteln den Einfluss von Zielen auf die Leistung (sind also Mediatoren, vgl. Schüler & Brandstätter in diesem Band):

- Selektive Aufmerksamkeit (eindeutige Richtung, Priorisierung) → motivational.
- Anstrengung, Einsatz aller verfügbaren Ressourcen (Zeit, Energie, etc.) → motivational.
- Ausdauer, Persistenz, Hartnäckigkeit → motivational.
- Entwicklung von effektiven Aufgabenstrategien, Taktiken, Fertigkeiten → kognitiv.

Diese vier Mediatoren oder Wirkmechanismen von Zielen lassen sich weiter spezifizieren. Da es sich in der zweiten volitionalen Phase ja um die Realisierung schwieriger Ziele handelt, die zudem noch mit einem Geflecht anderer Ziele um den Zugang zum Verhalten konkurrieren müssen, kann man sich eigentlich gar nicht intensiv genug mit den Mechanismen beschäftigen, durch die Ziele eine hohe Leistung bewirken. Im Folgenden werden diese Mechanismen weiter ausgeführt und um neue Aspekte ergänzt. Die Faustformel, dass Ziele SMART sein müssen, wird dadurch weiter konkretisiert.

1.3.3 Selbstwirksamkeitserwartungen

Zunächst gilt ganz allgemein, dass Ziele, die mit konkreten Erwartungen verbunden sind, wirksamer verfolgt werden können als vage und unklar definierte Ziele. Nach Schmalt und Heckhausen (1992) sollten vier Typen von Erwartungen konkretisiert werden: Die *Handlungs-Ergebnis-Erwartung* beschreibt das Eintreffen eines Ereignisses unter der Bedingung, dass eine Handlung stattfindet (beispielsweise „wenn Sie stärker auf die Bedürfnisse von Kunden achten, dann erreichen Sie damit eine höhere Kundenbindung"). *Situations-Ergebnis-Erwartungen* betreffen die Assoziation zwischen bestimmten situativen Begebenheiten und dem Eintreffen von Ereignissen; eigenes Handeln ist für diese Form nicht Voraussetzung („eine freundlich eingerichtete Außenstelle unterstützt die Kundenbindung"). Ein dritter Typ bezieht sich auf Erwartungen, die Handlungsergebnisse mit weiterreichenden Handlungsfolgen in Verbindung bringen und damit deren *Instrumentalität* anzeigen („eine höhere Kundenbindung führt langfristig zu mehr Umsatz"). Ein vierter Typ schließlich ist die *Effizienz-Erwartung*, die etwas mit der eigenen Selbst-Wirksamkeit (Bandura,

2003) zu tun hat („ich kann es schaffen, mir fortlaufend bzgl. aller relevanten Marktdaten einen Überblick zu verschaffen, um mehr auf die Kundenwünsche eingehen zu können"). Wichtig ist noch zu erwähnen, dass es sich bei all diesen Erwartungen um *subjektive* Erwartungen handelt, die häufig nicht genau mit den objektiven Wahrscheinlichkeiten übereinstimmen.

1.3.4 Das Bilden von Implementierungsabsichten

Wie schon erwähnt wurde, bietet das Rubikon-Modell im Gegensatz zu früheren Ansätzen eine Ausweitung der Perspektive auf motivationale und volitionale Prozesse. Es umfasst sowohl das Bilden von Zielen und die emotionale Bindung an Ziele als auch die für die Implementierung von Zielen notwendigen volitionalen Prozesse. Erst durch diesen breiteren theoretischen Rahmen wurde deutlich, dass die Zielsetzung kein statischer, sondern ein dynamischer Prozess ist. Das heißt, dass das Definieren SMARTer Ziele während der präaktionalen Phase fortlaufend an die Rahmenbedingungen angepasst und modifiziert werden muss. Das einfache Bilden eines Ziels ist alleine oft nicht hinreichend, um dieses Ziel auch zu realisieren, selbst wenn es als sehr attraktiv und auch erreichbar eingeschätzt wird.

Dass Ziele oft nicht handlungsrelevant werden, belegt beispielsweise eine Studie von Brandstätter, Heimbeck, Malzacher und Frese (2003). Anlass ihrer empirischen Untersuchung war die Beobachtung, dass ostdeutsche Arbeitnehmer nach der Wiedervereinigung 1989 zwar mehrheitlich ein lohnenswertes Ziel darin sahen, sich weiterzubilden (was angesichts der äußerst schwierigen Arbeitsmarktlage auch angebracht und instrumentell war), dass jedoch nur knapp ein Fünftel dieses Ziel später in die Tat umsetzten. Brandstätter et al. (2003) konnten nun mithilfe einer Regressionsanalyse belegen, dass die Wahrscheinlichkeit, innerhalb von zwei Jahren eine Fortbildungsmaßnahme zu beginnen, mit jedem Schritt signifikant höher wird, wenn

1. zunächst einmal der erwartete Nutzen als hoch eingeschätzt wird und somit ein starkes Interesse an Fortbildung existiert,
2. daraufhin auch eine entsprechende Zielabsicht gebildet wird,
3. diese dann durch eine *Implementierungsabsicht* konkretisiert wird.

Empirische Bestätigungen für die Steigerung der Zielumsetzungsrate durch Spezifizierung von den Implementierungsbedingungen des Orts („wo kann ich mich fortbilden?"), des Zeitrahmens („wann finde ich die Zeit, mich fortzubilden?") und konkreter Schritte („wie versorge ich am Freitag Abend in der Zeit der Fortbildung die Kinder und wie komme ich am besten zur Volkshochschule") wurden seit den klassischen Arbeiten aus der Würzburger Schule der Willenspsychologie (Ach, 1935) besonders eindrücklich durch die Arbeiten von Brandstätter und Gollwitzer und deren Arbeitsgruppen erbracht (vgl. Kapitel 2; Brandstätter, Lengfelder & Gollwitzer, 2001; Gollwitzer, 1999). Inzwischen vorliegende Metaanalysen haben gezeigt, dass Implementierungsabsichten einen hoch signifikanten Effekt auf die Zielerreichung und objektive Leistungsmaße haben (Gollwitzer & Brandstätter, 1997; Koestner, Lekes, Powers & Chicione, 2002; Sheeran, 2002).

Wie wichtig die Spezifizierung von Implementierungsabsichten ist, verdeutlich exemplarisch eine Studie von Sheeran und Orbell (2000). Sie fragten eine Hälfte der Stichprobe von Frauen, wann, wo und wie sie einen Termin für die Krebsvorsorge vornehmen würden (→ Bildung einer Implementierungsabsicht). Die Frauen, die eine spezifische Implementierungsabsicht gebildet hatten, waren später im Vergleich zu den Frauen, die diese nicht gebildet hatten, weitaus wahrscheinlicher tatsächlich von Ärzten untersucht worden (92 % versus 69 %). Für medizinische Berufe, die sich sehr um die Motivation *(compliance)* ihrer Patienten bemühen müssen, ist der Einsatz der Zielsetzung (Goal Setting) plus der Bildung von Implementierungsabsichten daher sicherlich von hohem Interesse. Ganz allgemein gilt, dass die Bildung von Implemetierungsabsichten eine hoch bedeutsame Ergänzung von SMARTen Zielen ist, die allerdings nur dann effektiv sein kann, wenn die Personen vorher tatsächlich relevante, spezifische und messbare Ziele gebildet haben (Sheeran, Webb & Gollwitzer, 2005).

Zwei Mechanismen scheinen für die unterstützende Wirkung von Implementierungsabsichten vor allem verantwortlich zu sein: Durch sie werden erstens die kritischen Situationen (die Wann- und Wo-Komponente von Implementierungsabsichten) für die Zielumsetzung leichter und präziser abrufbar (Webb & Sheeran, 2004). Und durch sie werden zweitens die erforderlichen Reaktionen (die Wie-Komponente von Implementierungsabsichten) automatisch (unbewusst) und selbst bei massiv störenden Ablenkungsreizen ausgelöst (Brandstätter, Lengfelder & Gollwitzer, 2001).

Daneben spielen aber auch andere Mechanismen eine Rolle (vgl. Gollwitzer, 2000b): Durch Implementierungsabsichten wird ein handlungsorientierter und optimistischer „mind-set" erzeugt, der gegenüber Frustrationen immunisiert. Ablenkungen durch Distraktoren werden erschwert, und zwar besonders dann, wenn die Implementierungsabsicht in der Form gebildet wird „wann immer Distraktor x auftritt, werde ich ihn ignorieren" statt in der Form „wann immer Distraktor x auftritt, werde ich mich erst recht auf die gerade ausgeführte Tätigkeit konzentrieren". Dies ist auch aus theoretischer Sicht deswegen bedeutsam, weil dadurch verdeutlicht wird, dass volitionale Prozesse nicht einfach mit erhöhter Anstrengung gleichgesetzt werden können, es sich also dabei um einen unabhängigen Mediator der Wirkung von Zielen handelt. Am ehesten scheinen Implementierungsabsichten noch mit dem von Locke und Latham postulierten

Mediator spezifischer Aufgabenstrategien übereinzustimmen. Effektive volitionale Prozesse scheinen aus dieser Sicht also viel mit einem flexiblen und gekonnten Einsatz kognitiver Strategien zusammenzuhängen, wie sie beispielsweise bei der Bildung geeigneter Implementierungsabsichten auftreten.

1.3.5 Moderatoren der Wirkung von Zielen

Aus der inzwischen reichlich vorhandenen Forschung zur Theorie des Setzens von Zielen ist klar geworden, dass Moderatoren (= Randbedingungen) berücksichtigt werden müssen, um der Komplexität der volitionalen Prozesse beim Setzen und Verfolgen von Zielen in Organisationen besser gerecht zu werden (vgl. u. a. Kleinbeck & Schmidt, 1990; Schmidt & Kleinbeck, 1990). Die Wirkung SMARTer Ziele auf die Leistung hängt von mehreren Randbedingungen ab. Zwei davon sind die *Zielakzeptanz* und das *Ziel-Commitment (Zielbindung).*

Zielakzeptanz bezieht sich dabei auf den Grad, zu dem eine Person ein Ziel als „ihr eigenes“ ansieht und damit internalisiert. In der weiter unten vorgestellten Methode des „Management by Objectives“ ist aus diesem Grund vorgesehen, Ziele mit Mitarbeitern gemeinsam zu vereinbaren und in einer Sprache zu formulieren, die die betroffenen Mitarbeiter verstehen und mittragen können. Natürlich kann es nicht darum gehen, dass Mitarbeiter sich ihre Ziele nach Gutdünken selbst aussuchen. Sie müssen aber den tieferen Sinn eines Ziels im Gesamtkontext des Unternehmens nachvollziehen können. Diese Erweiterung unterstützt einen der wichtigsten unterstützenden Prozesse bei der Zielverfolgung, auf den wir später noch näher eingehen: Mitarbeiter müssen die gesetzten Ziele mit ihren persönlichen Stilen, Werten und Gefühlen in Einklang bringen können, um insbesondere in Misserfolgssituationen (die bei schwierigen Zielen ja zwangsläufig auftreten) die Volition aufrechterhalten und sogar steigern zu können.

Ziel-Commitment macht eine Aussage darüber, in welchem Maße ein Mitarbeiter oder eine Führungskraft sich persönlich darauf festlegt, ein Ziel zu erreichen (vgl. hierzu die ausführlichen Ausführungen von Schüler & Brandstätter in diesem Band). Auf den ersten Blick erscheint die Unterscheidung zwischen Zielakzeptanz und *Ziel-Commitment* nicht leicht nachvollziehbar. Dennoch können Mitarbeiter ein Ziel zwar akzeptieren und verstehen, sich aber nicht gleichermaßen verpflichtet fühlen, dieses zu erreichen. Ein Beispiel hierfür sind die in vielen Unternehmen in Form von Leitlinien festgelegten Ziele wie beispielsweise „wir streben an, die Nummer 1 in der Kundenzufriedenheit zu werden“. Obwohl derart formulierte Ziele oft einen hohen Grad an Akzeptanz aufweisen, müssen sich Mitarbeiter nicht verpflichtet fühlen, diese Ziele zu verfolgen, etwa weil sie im Innendienst arbeiten und daher positive Wirkungen einer Zielerreichung nicht direkt erfahrbar wären.

Ein weiterer wichtiger Moderator der Wirkung von Zielen ist die Komplexität der Aufgabe und, was eng damit zusammenhängt, das Fähigkeitsniveau einer Person. Kanfer und Ackermann (1989) zeigten, dass spezifische und schwierige Ziele bei komplexen Aufgaben zu einem *Leistungsrückgang* führen können (vgl. auch Wood, Bandura, Bailey, 1990). Dieser zunächst verblüffende Befund brachte Kanfer und Ackerman auf die Idee, dass es bei komplexen Aufgaben effektiver ist, spezifische *Lernziele* statt Leistungsziele zu setzen. Dieser Ansatz wurde von Seijts, Latham, Tasa und Latham (2004) aufgegriffen und erweitert. Sie fassen eine Reihe von Studien zusammen, die darauf hindeuten, dass Leistungsziele *(performance goals)*, die einen innerhalb einer bestimmten Zeit zu erreichenden Standard spezifizieren, bei komplexen Aufgaben tatsächlich ungeeignet sind. Bei komplexen Aufgaben kommt es nämlich zunächst mehr auf das Erlernen von Handlungswissen an, was durch spezifische Leistungsziele eingeschränkt wird (vgl. hierzu das Konzept der learning vs. performance goal orientation von Schüler & Brandstätter in diesem Band). Leistungsziele sind dagegen bei einfachen oder gut gelernten Tätigkeiten, bei denen es für eine erfolgreiche Zielrealisierung vor allem auf Anstrengung, Ausdauer und Hartnäckigkeit ankommt, wirkungsvoller (vgl. auch Winters & Latham, 1996; Wood, Mento & Locke, 1987).

Allgemein gilt daher: Bei Aufgaben, für deren Lösung eine Person bereits die Fähigkeiten zur effektiven Zielrealisierung erworben hat, sollten spezifische und schwierige Leistungsziele gesetzt werden („erreichen Sie am Ende des Quartals 6 % oder mehr Umsatz"), weil Lernziele zu einer unnötigen Identifizierung alternativer Strategien führen, die nur von den zu erreichenden Leistungsstandards ablenken. Bei einer komplexen Aufgabe sollten dagegen spezifische und schwierige Lernziele gesetzt werden (z. B. „entdecken Sie sechs oder mehr Strategien, die Ihnen dabei helfen können, den Umsatz zu steigern"). Das Lernziel lenkt die Aufmerksamkeit auf das Entdecken und Anwenden von relevanten Informationen, Prozeduren und Strategien, das die einseitige Konzentration auf den letztlich zu erreichenden Leistungsstandard verhindern würde.

Dass diese Erkenntnis weitreichende praktische Implikationen hat, belegen Seijts et al. (2004) eindrucksvoll anhand einer Simulation der realen Entwicklungen der US-amerikanischen Telefonindustrie vor der Deregulierung. 170 Studierende einer Business school hatten die Aufgabe, in der computergestützten Simulation die Rolle eines Mr. Douglas zu spielen, dem Gründer und CEO einer Telefongesellschaft. Während der 8. Entscheidungsrunde im Spiel erlebte die Industrie eine radikale Umweltveränderung in Form von Deregulierung durch die amerikanischen Behörden. Bis dahin erfolgreiche Strategien wie beispielsweise aggressive Werbekampagnen blieben plötzlich wirkungslos. Von diesem Zeitpunkt an waren die beiden erfolgreichsten Strategien nun das Knüpfen strategischer Allianzen und die Eindämmung von

Kosten. Die Situation erforderte nach der Deregulierung plötzlich nicht mehr nur den hohen Einsatz von Ressourcen, Anstrengung und Ausdauer, sondern Informationssuche zur Entdeckung neuer, angemessener Strategien. Tatsächlich zeigte sich, dass Studierende, denen zuvor ein spezifisches und schwieriges Lernziel gesetzt worden war, am Ende der Simulation einen höheren Marktanteil erreicht hatten als Studierenden, denen zuvor entweder ein spezifisches und schwieriges Leistungsziel gesetzt worden war oder aber die gedrängt wurden, „ihr Bestes zu geben".

1.3.6 Die Bedeutung des Zeitrahmens

Wie erwähnt, spielt das „wann" eine wichtige Rolle bei der Bildung von Implementierungsabsichten. Diese Startkomponente sollte jedoch durch eine kluge und eindeutige Definition eines Zeitrahmens, bis wann ein Ziel realisiert sein soll, ergänzt werden (vergleichbar mit der Bedeutung einer „Exit"-Strategie bei militärischen Einsätzen). Bereits Chung und Herrnstein (1967) hatten, ohne das Konzept der Implementierungsabsicht zu kennen, in dem sog. „matching law" formuliert, dass kurzfristige Implementierungsabsichten, die rasch zur Realisierung eines Ziels führen, am wirkungsvollsten sind. Die relative Häufigkeit und Menge eines Nutzens ist nach dem „matching law" immer durch die für die Zielrealisierung notwendige Zeit zu relativieren. Der Nutzen zeigt die Präferenz für ein bestimmtes Ziel an – je größer der Nutzen, desto höher ist in der Regel die Volitionsstärke, mit der ein Ziel verfolgt wird. Die relative Häufigkeit in der Formel bezieht sich auf die subjektive Erwartung, dass ein Ziel erreicht wird, und kann zwischen 0 % und 100 % liegen. Die zeitliche Verspätung ist in vielen Modellen nicht explizit enthalten. Sie zeigt an, wie lange ein Handelnder warten muss, bis sich der Nutzen einstellt. Je länger diese Zeitspanne, desto geringer ist der Nutzen, der mit der Erreichung eines Ziels verbunden ist.

$$Nutzen = \frac{relative\ Häufigkeit \times Menge}{zeitliche\ Verspätung}$$

Exkurs: Zeitparameter werden in Volitionstheorien oft nicht ausreichend berücksichtigt

Trotz der scheinbaren Trivialität der Aussage, dass die Häufigkeit und Menge des Nutzens anhand deren zeitlicher Verspätung relativiert werden muss, wird sie von Forschern und Praktikern, und zwar besonders den sehr gut ausgebildeten, oft nicht gewürdigt. Dies wird beispielsweise in der Diskussion der sog. „Bounded Rationality" deutlich, die insbesondere von Simon (1956) und Kahneman, Slovic und Tversky (1982) inspiriert wurde. Diese Forscher haben experimentell nachgewiesen, dass Menschen bei Entscheidungen für Ziele und für Problemlösestrategien oft nach einfachen Heuristiken („Daumenregeln“) vorgehen, die nicht alle zur Verfügung stehenden Informationen berücksichtigen. Dies wurde vielfach als „irrational“ beklagt, eine Interpretation, gegen die sich insbesondere die Arbeitsgruppe um Gigerenzer und Selten (2002) wenden. Berücksichtigt man die große Bedeutung des Zeitrahmens bei Entscheidungen, dann ist die Verwendung einfacher Heuristiken rational, da die oft überraschend geringen Effizienzgewinne durch die Verwendung elaborierter statistischer Algorithmen wie beispielsweise der multiplen Regression aufgrund ihres hohen Zeitaufwands relativiert werden müssen. So hat Todd (2002) anhand eines Beispiels aus der Betriebswirtschaft gezeigt, dass die Verwendung einer einfachen Bekanntheitsheuristik die elaborierten Anlagestrategien von professionellen Investmentbankern schlagen können – und das mit einem Bruchteil des Zeitaufwandes: Dafür reichte es bereits aus, nur die einem persönlich bekannten Unternehmen in das Portfolio des Aktienfonds aufzunehmen. Menschen verwenden nach Gigerenzer und Selten (2002) deswegen Heuristiken, weil sie damit zeiteffizient Nutzen optimieren können.

Da der Nutzen eines Ziels durch geringen Zeitaufwand der Zielrealisierung erheblich erhöht wird, verwenden Menschen bei der Zielbildung und Zielumsetzung oft einfache Heuristiken. Ein Beispiel hierfür ist die „Take-the-best-Heuristik“. Bei der Wahl zwischen zwei alternativen Zielen wird hierbei so lange gesucht, bis eines der beiden Ziele einen höheren Nutzen aufweist als die bis dahin betrachteten Alternativen. Danach wird die Suche abgebrochen – auch wenn durch eine weitere Suche durchaus eine höhere Häufigkeit und Menge an Nutzen hätte resultieren können. Die häufige Verwendung dieser und ähnlicher Heuristiken von Menschen bei der Zielverfolgung ist weniger der Ausdruck von Irrationalität als vielmehr von der Notwendigkeit, Ziele innerhalb kritischer Zeitfenster zu realisieren (Gigerenzer & Goldstein, 1996; Gigerenzer, 2002). Simon (1956) hat aus diesem Grund für das effektive Handeln in Organisationen den Ausdruck „satisfycing“ geprägt – auch ein hoch attraktives Ziel nützt nichts, wenn es nicht innerhalb eines vereinbarten, kritischen Zeitrahmens realisiert werden kann. Aus diesem Grund verfolgen Akteure so oft gerade noch ausreichend valenzierte Ziele. Für den praktischen Erfolg von Zielsetzungen ist dies von großer Bedeutung: Ziele sollten nicht nur spezifisch und objektiv sein, sondern es sollte ebenso eindeutig definiert werden, in welchem Zeitrahmen sie realisiert werden müssen. Dass dies Rückwirkungen auf die Definition von Häufigkeit und Menge des Ziels haben muss, versteht sich von selbst.

Hieran wird deutlich, dass ein klarer Zeitrahmen auch negative Effekte haben kann. Menschen tendieren aufgrund der oben beschriebenen Formel dazu, kurzfristigen geringen Nutzen auf Kosten von langfristigem hohen Nutzen zu optimieren. Dies ist aus individueller Sicht oft rational (man denke an die Karriere von Unternehmenslenkern deren Erfolg auf der Basis von Quartalszahlen gemessen wird) aus gesellschaftlicher Perspektive jedoch irrational (siehe die aktuelle Wirtschaftskrise; für illustrative Beispiele aus Politik und Wirtschaft siehe Steel & König, 2005).

Das „matching law" von Chung und Herrnstein (1967) lässt sich dahingehend verallgemeinern, dass wir Zeit als eine von mehreren notwendigen Ressourcen bei der Zielverfolgung behandeln und dann in die Formel den folgenden Ausdruck einsetzen:

$$Nutzen = \frac{Häufigkeit \times Menge}{benötigte\ Ressourcen\ (Kosten)}$$

Je mehr Ressourcen (Kosten) für die Realisierung einer bestimmten Häufigkeit und Menge benötigt werden, desto geringer ist deren Nutzen. Ziele, deren Realisierung viel Zeit verschlingt, die nur mit einer größeren Anzahl von Personal realisiert werden können, und die zudem hohe technische Investitionen erfordern, lohnen sich nur, wenn sie einen entsprechend hohen Nutzen generieren.

Anfordernde Ziele zu erreichen, ist in der Regel unsicher und ressourcenintensiv. Dass sie dennoch nicht unbedingt einen geringeren Nutzen generieren als leichte Ziele, liegt an der empirisch nachweisbaren Korrelation zwischen der Schwierigkeit, ein Ziel zu realisieren, und dessen *Menge* an Nutzen (Klein et al., 1999). Intensive volitionale Prozesse der Zielverfolgung sind empirisch daher oft dort anzutreffen, wo Ziele angestrebt werden, die statistisch gesehen mit einer Wahrscheinlichkeit von 85 % scheitern (wie beispielsweise bei der Gründung von Unternehmen: Baum & Locke, 2004). Ein wichtiger Moderator der Beziehung zwischen schwierigen Zielen und Leistung ist dabei das unmittelbare Feedback, das gerade bei Unternehmern viel stärker gegeben ist als in vielen anderen Berufen.

1.3.7 Zusammenfassung: Der Leistungszyklus

Abbildung 2 fasst das bisher Gesagte noch einmal zusammen.

Das Setzen SMARTer Ziele bewirkt eine höhere Leistung *(performance)*, die durch verschiedene Mediatoren wie die stärkere Gerichtetheit der Wahrnehmung, eine höhere Anstrengung und Ausdauer und eine Entwicklung geeigneter Strategien und Implementierungsabsichten vermittelt wird. Dabei stärkt jeder einzelne dieser Mediatoren bereits die Chancen der Zielrealisierung. Optimal ist es jedoch, wenn alle Mediatoren gleichzeitig zum Tragen kommen. Die eigene Leistung wird nachfolgend dahingehend bewertet, inwieweit durch sie eine Zielrealisierung oder nur eine Reduktion der Ist-Soll-Diskrepanz erreicht worden ist. Ist Ers-

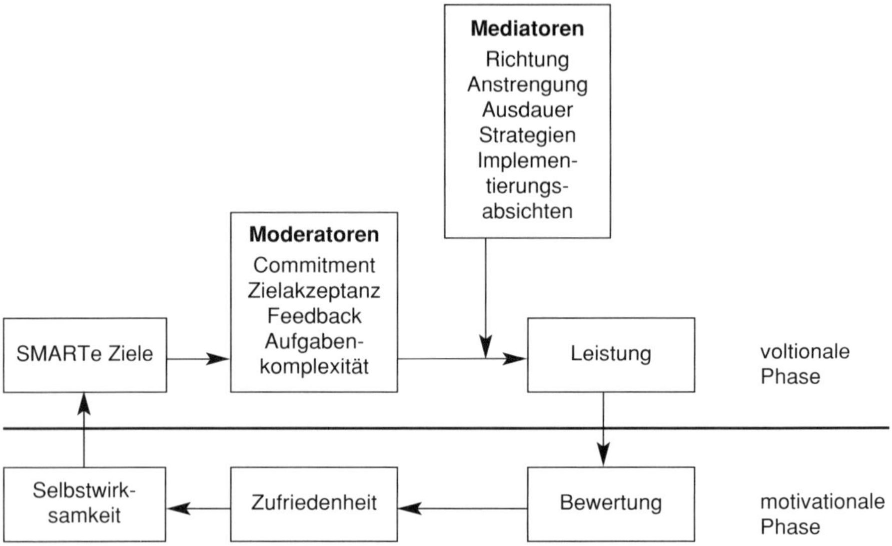

Abbildung 2:
Der Leistungszyklus (nach Latham et al., 2002, S. 204; vgl. auch Schmidt in diesem Band)

teres der Fall, resultiert daraus Zufriedenheit und die Zuwendung zu thematisch anderen Leistungszyklen. Ist Letzteres der Fall, das Ziel also noch nicht endgültig realisiert, dann entsteht die Motivation für eine erneute Schleife im Leistungszyklus, verbunden mit einer durch den ersten Zyklus bereits gestärkten Selbstwirksamkeit und einer erhöhten Bereitschaft, Herausforderungen anzunehmen und sich weiter in Richtung Zielrealisierung zu entwickeln. Diese Bewertungsphase und die Wahl neuer Ziele nach geglückter Zielrealisierung rechnen wir nicht mehr der volitionalen, sondern der motivationalen Phase zu.

Einschränkend wirkt bei diesem Zyklus jedoch der Block mit den Moderatoren. Die durch die Mediatoren vermittelte Wirkung SMARTer Ziele auf die Leistung ist nur dann zu erwarten, wenn wichtige Moderatoren aktiv sind bzw. entsprechende Randbedingungen vorliegen. Die Person muss die Ziele akzeptieren können und sich ihnen wirklich verpflichtet fühlen, was beispielsweise von der Art der Kommunikation der Ziele in dem jeweiligen Unternehmen abhängt. Es muss Feedback zum Grad der Zielerreichung gegeben werden, was allerdings bei langfristigen und/oder qualitativen Zielen (wie misst man Qualität?) nur schwer möglich ist. Die Person muss über die notwendigen Fähigkeiten verfügen. Die Aufgabe muss einen auf den Wissensstand abgestimmten Grad der Komplexität aufweisen. Bei komplexeren Aufgaben müssen eher Lernziele gesetzt werden, deren Realisierungsgrad sich wiederum meist nur qualitativ im Sinne von persönlichem Lernfortschritt messen lässt.

Die Moderatoren erschweren die Anwendung des Leistungszyklus, der aufgrund seiner Wirksamkeit für die Motivation von Mitarbeitern auch aus wirtschaftlicher Sicht außerordentlich bedeutsamen ist. Sie verweisen auf die Notwendigkeit, situative Besonderheiten und individuelle Unterschiede bei allen bis hierher beschriebenen Wirkmechanismen der Zielverfolgung zu berücksichtigen (Kanfer, 2005; Latham et al., 2002; Orbel, 2003; Scheffer & Kuhl, 2006; Seijts et al., 2004; vgl. auch Blickle & Schneider in diesem Band). Für Führungskräfte ist dies unbequem, da es aufgrund der als Randbedingungen wirkenden Moderatoren keine allgemeingültigen Rezepte geben wird. Statt allgemeingültiger Rezepte kann es nur mehr oder weniger breit anwendbare Konzepte geben. Ein aus unserer Hinsicht hilfreiches Konzept ist dabei eine differenzielle Sichtweise, die wir im folgenden Abschnitt darstellen.

1.4 Eine differenzielle Theorie der Wirkung von Zielen

Eine differenzielle Theorie beschäftigt sich mit den Auswirkungen individueller Unterschiede auf das Erleben und Verhalten von Menschen. In diesem Abschnitt wollen wir anhand der Persönlichkeits-System-Theorie (PSI-Theorie) von Kuhl (2001) aufzeigen, dass diese individuellen Unterschiede funktionell als Antworten auf situative Anforderungen verstanden und durch die Aktivierung bzw. Hemmung bestimmter kognitiver Systeme im Gehirn erklärt werden können. Die beteiligten kognitiven Systeme beschreiben wir weiter unten. Zunächst wollen wir am Beispiel SMARTer Ziele exemplarisch aufzeigen, wie sich dieses Aktivierungs- bzw. Hemmungsmuster auswirken und in welchen Situationen dies funktional sein könnte.

Kasten 2:
Individuelle Unterschiede bei der Bildung SMARTer Ziele

S *(specific):* versus bestimmte Personen wollen eher vage Ziele („Zielkorridore") → funktional in komplexen Situationen, in denen sich a priori keine Leistungsziele definieren lassen.

M *(essbar):* versus bestimmte Personen wollen subjektive Lernziele → funktional in Situationen, in denen es um die Entwicklung von Menschen geht.

A *(nfordernd):* versus bestimmte Personen wollen sicher realisierbare Ziele → funktional in Situationen, in denen Menschen durch eine Zielrealisierung relativ wenig gewinnen, durch eine Zielverfehlung aber sehr viel verlieren können.

R *(elevant):* versus bestimmte Personen streben Ziele an, die von außen betrachtet irrelevant erscheinen → funktional in Situationen, in denen der Nutzen beispielsweise einer Grundlagenwissenschaft noch nicht abschätzbar ist.

T *(ime frame):* versus bestimmte Personen streben Ziele an, die sich niemals oder erst nach sehr langen Zeiträumen realisieren lassen → funktional, falls der Weg das Ziel sein sollte.

Die in Kasten 2 formulierten Aussagen betreffen die in Abbildung 2 gezeigten Moderatoren der Wirkung von Zielen, insbesondere den Aufbau von Zielakzeptanz und Commitment. Eine wichtige Aussage dieses Abschnitts lautet daher, dass die Zielakzeptanz und das Commitment von Mitarbeitern gesteigert werden, wenn die Ziele zu ihrer Person passen bzw. individuell auf sie zugeschnitten werden. Eine weitere wichtige Aussage betrifft die selbstregulatorischen Fähigkeiten von Mitarbeitern. Die Kenntnis der eigenen Persönlichkeit kann Mitarbeitern dabei helfen, ihre Stärken und Schwächen besser zu realisieren und für die Zielverfolgung zu nutzen. Dahinter steht auch die Auffassung, dass der eben im Kasten beschriebene Umgang mit Zielen, der ja der Zielsetzungstheorie zuwiderläuft, durchaus funktional sein kann. Mit diesen funktionalen Beschränkungen der Zielsetzungstheorie wollen wir beginnen, um diese dann mithilfe der PSI-Theorie in einen breiteren theoretischen Rahmen einzubetten.

1.4.1 Grenzen der Zielsetzungstheorie

Dass das Bilden SMARTer Ziele und deren gerichtete Implementierung durch Anstrengung und Ausdauer offenbar auch dysfunktional sein kann, ist lange von der Forschung vernachlässigt worden, da sich viele Forscher mit der Zielsetzungstheorie so stark auf die kognitiven Prozesse der Zielverfolgung konzentrierten, dass sie darüber die abhängige Variable selbst – also die Messung von Leistung – vernachlässigt haben (Staw & Boettger, 1990). Leistung wurde generell einfach als Zielrealisierung verstanden, wobei die Ziele durch die Forscher in den psychologischen Labors oder im Feld durch Vorgesetzte gesetzt wurden. Dabei ist übersehen worden, dass die Leistungsdomäne viel breiter ist und der Leistungsbegriff dringend erweitert werden muss.

Unter der Rubrik der *kontextuellen Performanz* haben eine Reihe von Studien alternative Formen von Leistung untersucht, die nichts mit Zielrealisierung zu tun haben. Hierzu gehören beispielsweise die spontane Unterstützung von Kollegen mit Problemen, die Verteidigung der Organisation nach außen, die Bereitschaft, freiwillige Tätigkeiten beispielsweise in Qualitätszirkeln zu übernehmen oder das Hinterfragen bis hin zum Kritisieren dysfunktionaler Praktiken und Ziele.

Weil dieses Extrarollenverhalten typischerweise Aktivitäten beinhaltet, die der Organisation oder der Organisationseinheit als *Ganzes* dienen, wurde es mit Begriffen wie *organizational citizenship* (Neuman & Kickul, 1998; Organ, 1997) und *contextual performance* (Borman, 1974; Borman & Motowidlo, 1993) umschrieben. Gemeinsam ist diesen Aktivitäten, dass sie sich nur schwer spezifizieren und messen und daher kaum mithilfe von Goal Setting steigern lassen; dennoch sind sie für den Erfolg von Organisationen extrem wichtig (Schmidt, 1993). Schon Katz und Kahn (1966) haben eindringlich darauf verwiesen, dass keine organisationelle Planung alle Kontingenzen vorhersehen, Umweltveränderungen antizipieren und alle menschliche Variabilität kontrollieren kann. Sie zogen daraus die Schlussfolgerung, dass eine Organisation, die sich zu stark auf Zielsetzungen verlässt, scheitern muss. Auch die Arbeiten von Benjamin Schneider und seinen Mitarbeitern zeigen, dass zu wenig hinterfragte und unreflektierte Ziele, die durch eine zu hohe Homogenität und Konformität im Denken und Handeln von Mitarbeitern entstehen, ungewollt eine der Hauptursachen für das Verschwinden von Organisationen vom Markt sein können (vgl. auch Schneider, Goldstein & Smith, 1995; Schneider, Smith, Taylor & Fleenor, 1998).

Staw und Boettger (1990) ziehen aus diesen auch sozialpsychologisch begründbaren negativen Folgen von übertriebenem Goal Setting die Konsequenz, dass das Hinterfragen gesetzter Ziele für Organisationen äußerst funktional sein kann, auch wenn dies zunächst zu Dissens und Konflikt führt. Sie gehen davon aus, dass ein Mitarbeiter, der ein *falsches* Ziel mithilfe von Goal Setting realisiert, für eine Organisation letztlich sogar schädlicher ist als ein ineffizienter Mitarbeiter, der sich gegen kontraproduktives Goal Setting wehrt. In diesem auch geschichtlich bedenkenswerten Zusammenhang – man denke an die effiziente Zielorientierung in deutschen Konzentrationslagern während des Dritten Reichs – muss auch die Zielsetzungstheorie kritisch hinterfragt werden. Denn das Setzen von Zielen kann natürlich, gerade weil es die bisher verlässlichste und wirkungsvollste Methode zur Steigerung der Zielrealisierung durch Mitarbeiter ist, missbraucht werden.

In einer Simulation konnten Staw und Boettger (1990) zeigen, dass das Setzen von Zielen dann kontraproduktiv ist, wenn es eigentlich darauf ankäme, eine fehlerhafte Aufgabe zu korrigieren. Sie ließen Studenten eine angeblich vom Dekan der Universität verfasste Werbebroschüre für eine amerikanische Spitzenuniversität redigieren, die ganz offensichtlich mit den falschen Argumenten warb. So wurde beispielsweise in dem Text das Argument „wunderbare Unterkünfte" stärker betont als der sehr gute Ruf der Universität. In der Zielsetzungsbedingung wurde den Studenten das spezifische Ziel gesetzt, die Grammatik des Textes zu verbessern. Es zeigte sich, dass diese Zielsetzung den Blick der Teilnehmer für die tatsächlichen „Baustellen" im Text so stark einengte, dass sie weitaus weniger inhaltliche Veränderungen vorschlugen als die Teilnehmer in einer „Tu Dein Bestes"-Bedingung. Nur wenn das Ziel spezifisch auf die Veränderung des Textinhalts ausgerichtet wurde, also ein spezifisches Lernziel gesetzt wurde, war die Zielsetzungsinstruktion wie üblich der „Tu Dein Bestes"-Bedingung überlegen. Staw und Boettger bleiben aber auch bzgl. der Anwendung von Goal Setting mit Lernzielen skeptisch, da es aus ihrer Sicht in der Praxis nur selten erkannt wird, wann Lernziele anstatt von Leistungszielen angemessen sind. Sie nennen dafür zwei sich gegenseitig verstärkende Faktoren:

- Die Konformität dürfte im Arbeitsleben in der Regel recht hoch sein und dadurch eindeutige Leistungsziele gegenüber komplexen und mehrdeutigen Lernzielen bevorzugt werden.
- Das Setzen von Leistungszielen dürfte diese ohnehin schon hohe Konformität noch deutlich erhöhen.

Ein Fazit lässt sich aus diesen Ansätzen bereits ziehen: Aus einer ganzheitlichen Perspektive betrachtet wohnt SMARTen Zielen und Goal Setting auch eine nicht zu unterschätzende Gefahr inne, die besonders dann groß ist, wenn sich Marktumfelder dynamisch ändern und Aufgaben dadurch immer komplexer werden. In diesen komplexen und nur schwer vorher bestimmbaren Kontexten sind Lernziele statt Leistungsziele angebracht, divergentes statt konvergentes Denken funktional, multifunktionale/heterogene Teams statt homogene Gruppen erfolgreich und *contextual performance an Stelle von einseitiger task performance* erfolgskritisch für Organisationen.

Aber noch ein weiteres Problem ist mit Goal Setting nur schwer lösbar. Es betrifft die Debatte um intrinsische Bewertungsmaßstäbe bei der Zielverfolgung (vgl. dazu das Kapitel von Schüler & Brandstätter in diesem Band; Deci & Ryan, 2000; Elliot & Dweck, 1988; Elliot & Church, 1997; Kuhl & Koole, 2005; Rheinberg, 2006). Tätigkeiten, die um ihrer selbst willen ausgeführt werden, weil sie positive Empfindungen wie Freude, Sinnhaftigkeit, Stolz, etc. auslösen, lassen sich durch Goal Setting per definitionem nicht steigern, da die diesen zugrunde liegenden Ziele subjektiver Natur sind (beispielsweise der Nervenkitzel bei der Skiabfahrt). Je stärker in Forschung und Praxis auf Goal Setting fokussiert wird, desto höher ist die Gefahr, dass intrinsisch motivierte Tätigkeiten in den Freizeitbereich abgedrängt werden. Dabei haben auch diese intrinsisch motivierten und nicht durch Goal Setting steuerbaren Tätigkeiten für Organisationen einen hohen Wert, insbesondere im Bereich der kreativen Forschung und Entwicklung sowie sozial-integrativen Tätigkeiten (Holland, 1997; Scheffer & Kuhl, 2006).

Aus Sicht der jetzt gleich vorgestellten PSI-Theorie setzt Goal Setting nur an zwei von vier kognitiven Systemen an. Da sich jedoch alle vier Systeme im Lauf der Evolution bewährt haben, wäre es kurzsichtig, die zwei Systeme, die eher ganzheitlich Informationen verarbeiten und Entscheidungen durch intuitive, gefühlsnahe Prozesse vorbereiten, in der Arbeitswelt zu vernachlässigen. Da sich Menschen dispositionell darin unterscheiden, ob sie den eher ganzheitlichen gegenüber dem analytischen (mit Goal Setting kompatiblen) Informationsverarbeitungsmodus bevorzugen, würde eine zu einseitige Ausrichtung an Goal Setting zudem nur einen Teil der Mitarbeiter erreichen, was sich negativ auf das Commitment der anderen Mitarbeiter auswirkt.

1.4.2 Verstand versus Gefühl

Philosophien verschiedener kultureller Hintergründe haben die fundamentale Unterscheidung von Verstand (= analytisch) und Gefühl (= ganzheitlich) betont. C. G. Jung (1986) hat sie zur Grundlage seiner Typologie gemacht. Und diese Unterscheidung hat in jüngster Zeit in Form von Befunden der Neurowissenschaften eine unerwartete Renaissance erlebt, wie in Tabelle 1 verdeutlicht wird.

Wir führen diese Unterscheidung hier aus einem bestimmten Grund ein: Die experimentelle Psychologie konnte zeigen, dass die intuitive Informationsverarbeitung der analytischen im Umgang mit Komplexität bzw. Entropie überlegen ist (zusammenfassend Kuhl, 2001; Klein et al., 2002). Bezogen auf die im letzten Abschnitt vorgestellten Grenzen von SMARTen Zielen und Goal Setting bedeutet das u. a., dass Personen, die sich bei ihrer Informationsverarbeitung stärker auf das Gefühl verlassen, mehr Komplexität und Unbestimmtheit bei der Zielsetzung „aushalten" und entsprechend auch unter Bedingungen, die den Einsatz von Goal Setting erschweren oder dysfunktional erscheinen lassen, Leistung bringen können. Analytische Personen benötigen dagegen SMARTe Zielsetzungen, da sie sonst kaum Leistung zeigen können.

Tabelle 1:
Unterschiedliche Formen der Informationsverarbeitung als Grundlage für individuelle Unterschiede bei der Zielverfolgung (vgl. Epstein et al., 1996, S. 391)

Individuelle Unterschiede bei der Zielverfolgung	
Intuitive Zielbildung und -umsetzung ist eher …	**Analytische Zielbildung und -umsetzung ist eher …**
– ganzheitlich-parallel	– sequenziell („Schritt für Schritt")
– gering im Aufwand von Ressourcen	– intensiv im Aufwand von Ressourcen
– affektiv (Lust-Unlust-betont)	– logisch (an Wirkungen orientiert)
– assoziationistisch (viele Verbindungen zwischen koexistierenden Teilzielen)	– sequenziell (logische Verbindungen zwischen auf einander aufbauenden Teilzielen)
– in Form von Bildern enkodiert	– durch Sätze oder Zahlen enkodiert
– rasch (an sofortiger Aktion orientiert)	– langsam (an verzögerter Aktion orientiert)
– kontextspezifisch	– abstrakt
– implizit	– bewusst und kontrolliert
– glaubensbasiert	– auf Beweisen basiert

1.4.3 Die PSI-Theorie

Bereits Jung hatte zwischen *zwei* Funktionen intuitiver Informationsverarbeitung (ganzheitliches Wahrnehmen und gefühlsmäßiges Beurteilen) und zwischen zwei verschiedenen Formen von analytischer Informationsverarbeitung (an spezifische Details gebundene Wahrnehmung und analytisches Beurteilen) unterschieden. Die Theorie der Persönlichkeits-System-Interaktionen basiert ebenfalls auf einer Unterscheidung von *vier* verschiedenen Erkenntnissystemen (Kuhl, 2001). Da die psychische Architektur der PSI-Theorie nicht aus Jungs Typologie abgeleitet, sondern aus der motivationspsychologischen und neuropsychologischen Tradition entwickelt worden war, ergaben sich trotz einiger bemerkenswerter Konvergenzen mit Jungs Theorie einige für die Praxis wichtige Unterschiede: Im Gegensatz zu Jungs Typologie sind die vier Erkenntnissysteme der PSI-Theorie motivations- und handlungstheoretisch konzipiert (Kuhl, 2000). Wenn man sich nicht damit begnügen will, das Erkennen und Erleben zu untersuchen, sondern auch die Motivation und Volition, braucht man eine entsprechend andere Architektur der Psyche (wie es Jung am Ende seiner Abhandlung über die *Psychologischen Typen* auch selbstkritisch bemerkte).

Die PSI-Theorie verfeinert diese Unterscheidung dahingehend, dass unterschiedliche Formen ganzheitlich-intuitiver und analytisch-rationaler Formen der Informationsverarbeitung bei der Auswahl *und* bei der Umsetzung von Zielen angenommen werden. Es werden daher in Kasten 3 vier (statt wie in Tab. 1 nur zwei) unterschiedliche Verarbeitungssysteme postuliert, die individuelle Unterschiede in der Art der Zielverfolgung vermitteln.

Kasten 3:
Die Wirkung von vier kognitiven Systemen auf die Zielbildung und Zielverfolgung

Durch das *Objekterkennungssystem (Jungs Empfinden bzw. Sensing)* vollzieht sich die Wahrnehmung über die fünf Sinne und stellt durch Abstraktion von Kontexteinbettungen fest, welche konkreten Einzelheiten und Objekte die „Wirklichkeit“ ausmachen. Menschen, die dieses System oft benutzen, sind in der präaktionalen Phase ganz besonders angewiesen auf spezifische, realistische und klar strukturierte Ziele, deren Erreichung objektiv und eindeutig messbar ist.

Durch die *Intuitive Verhaltenssteuerung (Jungs Intuieren)* vollzieht sich die Wahrnehmung als ganzheitlicher Prozess und plötzliche Erkenntnis. Menschen, die dieses System oft benutzen, brauchen eher Zielkorridore als zu detaillierte Ziele, die sie bei der Zielverfolgung nicht zu stark festlegen und Raum für spontane Anpassungen lassen.

Durch das *Absichtsgedächtnis (Jungs Denken bzw. Thinking)* wird das Urteilen objektiv und abstrakt. Es erarbeitet Pläne, hält bei auftretenden Schwierigkeiten diesbezügliche Absichten aufrecht und verhindert, dass diese vorschnell abgesetzt werden. Menschen, die dieses System oft benutzen, wollen die Phase der Zielverfolgung zunächst analysieren, bevor sie handeln. Sie brauchen daher einen klar strukturierten Zeitrahmen. Die Valenz von Zielen bestimmt sich bei ihnen aus objektiv beurteilbaren und daher extrinsichen Anreizen (z. B. Platz 1 in einem Wettbewerb, monetäre Kompensation, Status).

Durch das *Extensionsgedächtnis (Jungs Fühlen bzw. Feeling)* werden in den Urteilsprozess viele Einzelerfahrungen einschließlich der mit ihnen vernetzten subjektiven Gefühle und Erfahrungen eingebunden. Diese Gefühls- und Erfahrungslandschaften sind ganzheitlich und lassen sich daher nur schwer in Worte fassen. Menschen, die dieses System oft benutzen, wollen daher unmittelbar erleben, wie sie durch Erfahrungen innerlich wachsen und differenzierter werden. Sie brauchen bei der Zielverfolgung unmittelbares Feedback. Die Valenz eines Ziels bestimmt sich weniger aus extrinischen Anreizen („Bester sein") als aus persönlich-subjektiven Lernfortschritten und Werthaltungen („ich habe dazu gelernt").

In der präaktionalen Phase müssen die Ziele und Teilziele eines eingeschlagenen Handlungskurses spezifiziert werden. Ein grundlegender Unterschied zwischen verschiedenen Menschen besteht in dieser Phase darin, *wie* spezifisch, konkret und messbar die Ziele gebildet werden. Die PSI-Theorie postuliert, dass diese individuellen Unterschiede durch die verschieden starke Nutzung der kognitiven Systeme vermittelt werden. Personen, die in dieser Phase stärker das sogenannte *Objekterkennungssystem* aktivieren, benötigen für ihre Leistung sehr konkrete und strukturierte Teilziele, die sie Schritt für Schritt abarbeiten können. Dieser kognitive Prozess ist analytisch-rational, da er übergreifende Ziele in mehrere Aufgaben zerlegt und deren Lösung objektiv messbar macht.

Personen, die bei ihrer Zielbildung mehr auf eine *intuitive Verhaltenssteuerung* setzen, bevorzugen dagegen ganzheitliche Ziele bzw. Zielkorridore. Zwar müssen auch diese Ziele spezifisch und messbar sein, jedoch beziehen sie sich weniger auf Aufgaben als vielmehr auf Veränderungen des ganzen Arbeitskontextes. Die Zielbildung unter dem Einfluss der intuitiven Verhaltenssteuerung ist in komplexen Handlungskontexten funktional, in denen sehr viele potenzielle Teilziele gebildet und verfolgt werden müssen, ohne dass genau spezifiziert werden kann, welche Kombination von Teilzielen oder Aufgaben zum Erfolg führen wird (Kuhl, 2000). In solchen dynamischen, vielfach vernetzten Systemen führt eine elaborierte Analyse sämtlicher Informationen selten zu besseren Ergebnissen als die Verwendung intuitiver Heuristiken, zumal die elaborierte Vorgehensweise sehr viel zeit- und energieaufwendiger ist (Gigerenzer, 2002). Die Zielbildung unter dem Einfluss des Objekterkennungssystems ist dagegen in klar strukturierten und vorhersagbaren Umfeldern, in denen Reaktionen bereits gut gelernt sind, funktional. Hier führt die gründliche Analyse aller Handlungsoptionen zu nachweisbaren Leistungsvorteilen (Koole, Kuhl, Jostmann & Vohs, 2005).

Die beiden verschiedenen kognitiven Strategien bei der Zielbildung sind in der Arbeits- und Organisationspsychologie unter den Begriffen der Aufgaben- und Kontextperformanz diskutiert worden (Borman, 1974; Borman & Motowidlo, 1993). Ziele, die sich auf klar strukturierte Aufgaben beziehen, muss es in jeder Organisation geben. Darüber dürfen aber nicht die Ziele vernachlässigt werden, die auf die positive Beeinflussung des gesamten Arbeitsumfelds gerichtet sind, die daher per se weniger spezifisch sind und sich selten objektiv messen lassen (Schmidt, 1993).

Eine zweite aktuelle Diskussion in der Forschung betrifft die Bewertung von Zielen. Wird deren Valenz aufgrund intrinsischer oder extrinsischer Maßstäbe gebildet? Ein Beispiel für einen intrinsischen Bewertungsmaßstab wäre der empfundene Stolz über den persönlichen Lernfortschritt während der Zielumsetzung (Deci & Ryan, 2000; Elliot & Church, 1997; Elliot & Dweck, 1988). Menschen, die durch diesen intrinsischen Anreiz gesteuert an ihr Ziel gebunden sind, wollen während der Zielumsetzung so viel wie möglich lernen „der Weg ist das Ziel" und dabei Freude, Neugier und – bei überwundenen Misserfolgen – Stolz erleben. Eine bessere Beurteilung als andere zu bekommen oder gar andere hinter sich zu lassen, ist dagegen keine wichtige Voraussetzung für ihre Zielbindung, *Meisterschaft* zu erlangen dagegen schon. Meisterschaft bedeutet in diesem Zusammenhang aber nicht, besser sein zu wollen als andere, sondern persönliche Fortschritte zu machen, mehr zu verstehen und Kompetenzen aufzubauen, selbst wenn diese im Vergleich zu anderen bescheiden sein mögen. Es geht also um die Fortschritte, die auf das eigene Leistungsniveau bezogen sind. Dies ist in der heutigen Schulpädagogik ein immer wichtiger werdendes Konzept, da es Schüler anhand der eigenen Fortschritte und nicht anhand der Rangreihe in der Klasse bewertet (Cube, 2003). Die Bindung an das Ziel, den vorgegeben Stoff zu beherrschen, wird also nicht mehr dadurch erreicht, dass ein Schüler eine bessere oder schlechtere Note als die Mitschüler bekommt, sondern dadurch, dass das Lernen selbst zum Anreiz wird. Wie grundlegend das Bedürfnis nach *Meisterschaft* für Menschen ist, hat bereits White (1959) erkannt.

In der PSI-Theorie wird angenommen, dass Personen, die sich bei der Beurteilung von Zielen auf das *Absichtsgedächtnis* stützen (Kuhl & Kazén, 1999), besser extrinsisch vorgegebene Ziele erreichen können. Personen hingegen, die stärker das *Extensionsgedächtnis* aktivieren, werden wirkungsvoller durch das Erleben von persönlichem Fortschritt und den damit verbundenen positiven Gefühlen wie Freude und Stolz, also intrinsischen Anreizen, bei ihrer Leistung unterstützt. Sie verlassen sich auf ihre im Arbeitshandeln empfundenen Gefühle und Erfahrungen (die im Extensionsgedächtnis integriert werden) und wollen spüren, dass sie innerlich wachsen und differenzierter werden. Der Wettbewerb mit anderen ist ihnen dabei nicht so wichtig.

Aus der Art und Weise, mit der durch die vier beschriebenen kognitiven Systeme zielbezogene Informationen wahrgenommen und beurteilt werden, lassen sich vier verschiedene Formen volitionaler Prozesse bei der Zielverfolgung ableiten, indem jeweils ein zielbildendes und ein zielumsetzendes System miteinander kombiniert werden (Scheffer & Kuhl, 2006). Die Kombination dieser jeweiligen Systeme erfordert aber einen *Affektwechsel zunächst von einer positiven zu einer negativen Stimmungslage und danach anders herum.* Eine durch erhöhte Anstrengung und Ausdauer vermittelte Realisierung schwieriger Absichten erfordert die Hemmung von positivem Affekt, also in gewissem Sinn eine angespannte, ernste Stimmungslage: Schwierigkeiten nicht auszuweichen, sondern zu überwinden trachten, erfordert Frustrationstoleranz, also die Fähigkeit, die vorübergehende Dämpfung positiven Affekts auszuhalten. Diese Stimmungslage erleichtert die Absicht, schwierige Ziele im Absichtsgedächtnis aufrechtzuerhalten, was zunächst einmal den Zugang zum Handeln erschwert (Kuhl & Kazén, 1999). Um schwierige Absichten dennoch rasch, situationsangemessen und flexibel umsetzen zu können, ist es irgendwann notwendig, die Verbindung zwischen dem Absichtsgedächtnis und der intuitiven Verhaltenssteuerung herzustellen: Die handlungssteuernden Systeme können die Ausführung von Absichten erst steuern, wenn sie überhaupt erfahren, was aktuell beabsichtigt ist. Die Zuschaltung der Intuitiven Verhaltenssteuerung erfordert positiven Affekt, d. h. die Aufhebung der gedämpften Stimmungslage. Die hier erforderlichen Fähigkeiten, positiven Affekt wieder herzustellen (Selbstmotivierung), wird durch das Konstrukt der *Handlungs- versus Lageorientierung* erfasst.

Handlungsorientierung stellt dabei eine Disposition dar, einen Affektwechsel zwischen negativen und positiven Stimmungen herstellen und damit zwischen antagonistischen Systemen (z. B. zwischen Absichtsgedächtnis und der Intuitiven Verhaltenssteuerung) wechseln zu können und diese für die Zielumsetzung zu nutzen (Fuhrmann & Kuhl, 1998; Koole & Jostmann, 2004; Kuhl & Beckmann, 1985, 1994). Lageorientierte haben Schwierigkeiten, bei Stress negative Emotionen wie Furcht herabzuregulieren (was den Zugriff auf das Extensionsgedächtnis mindert) bzw. positive zu aktivieren (was die Umsetzung schwieriger Absichten aus dem Absichtsgedächtnis mindert). Handlungsorientierte zeigen besonders dann eine gesteigerte Selbstbewertung, wenn sie mit hohen Anforderungen konfrontiert werden und die Selbstbewertung auf einer impliziten Ebene gemessen wird (Koole, 2004). Untersuchungen zeigen, dass der signifikante Zusammenhang zwischen Handlungsorientierung und Leistung unabhängig ist von der Zielorientierung, den kognitiven Fähigkeiten, der Selbstwirksamkeit, der Selbstfestlegung auf konkrete Ziele und einiger klassischer Persönlichkeitsvariablen (Diefendorff, Hall, Lord & Strean, 2000; Diefendorff, 2004). Dass sich Lageorientierung leistungsmindernd auswirkt, ist nicht verwunderlich: Lageorientierte, die negativen Affekt schlecht herabregulieren können, sind im Leistungsbereich rascher erschöpft, während Lageorientierte, die sich nicht gut selbst motivieren können, in empirischen Untersuchungen die erwartete Anstrengungsvermeidung zeigen (Jaramillo & Spector, 2004).

1.4.4 Selbststeuerung

Bei Aufgaben, die eine Zusammenarbeit verschiedener kognitiver Systeme erfordern, hilft der Wechsel zwischen verschiedenen Stimmungen oder Affekten. Wer seine Ziele mit dem inneren Überblick über eigene und fremde Bedürfnisse und Werte abgleichen will, muss aus dem Absichts- ins Extensionsgedächtnis wechseln, also vom gedämpften positiven Affekt in die Gelassenheit, die aus der Herabregulierung negativen Affekts resultiert. Wer Ziele bzw. Absichten (im AG) umsetzen will, muss die Dämpfung des positiven Affekts aufheben, um über den positiven Affekt ins Handeln (IVS) zu kommen. Wer aus leidvollen Erfahrungen lernen und daraus sein Selbstwachstum fördern will, muss aus dem negativen Affekt wieder in die innere Gelassenheit finden. Die Selbststeuerung des Affekts ist also für alle Aufgaben wichtig, die eine Interaktion der Systeme erfordern. Allerdings setzt die Affektsteuerung eine umfassende Form der Selbststeuerung voraus, nämlich diejenige, die aus der intuitiven Intelligenz des Selbst schöpft: Die rechte Hemisphäre, die auch implizite Selbstrepräsentationen unterstützt (Keenan et al., 2001; Kircher et al., 2002), ist besser als die linke Hemisphäre in der Lage, Emotionen wahrzunehmen und zu regulieren (Levesque et al., 2003; Wittling, 1990).

Die umfassendere Form der Selbststeuerung, die eine Vielzahl relevanter Erfahrungen, Emotionen und Bedürfnisse mit einbezieht und aus dem Hintergrund des Bewusstseins operiert, nennen wir *Selbstregulation* („innere Demokratie"). Sie unterscheidet sich stark von einer anderen, bewussten Form der Selbststeuerung, der *Selbstkontrolle*, die mit dem landläufigen Willensbegriff gemeint ist und die durch Unterdrückung statt durch Einbindung von Emotionen, Bedürfnissen und anderen Selbstaspekten dafür sorgt, dass das aktuelle Ziel nicht aus den Augen verloren geht und umgesetzt wird (Selbstdisziplin oder „innere Diktatur"). Empirische Befunde zeigen, dass Menschen, die einen Selbstkontrollstil haben („innere Diktatur"), im Unterschied zu Menschen mit einem Selbstregulationsstil von dem allseits gepriesenen positiven Denken und Selbstbelohnungsstrategien nicht profitieren: Sie zeigen dann sogar Einbrüche in der Umsetzung schwieriger Absichten (Fuhrmann & Kuhl, 1998). Die PSI-Theorie bietet nicht nur eine Erklärung dieses Befundes an, sondern auch einen Hinweis, wie allzu selbstdisziplinierte Menschen dazu gebracht werden können, irgendwann doch von positiven Gefühlen profitieren zu können: Sie müssen lernen, Ziele mit ihrem Selbst abzugleichen und wenn nötig so zu verändern, dass sie selbstkompatibel werden und andernfalls auch bereit sein, sich gegen fremdbestimmte Ziele zu entscheiden. Solange sie aufgrund ihrer Selbstkontrolle Ziele nicht mit dem Selbst abgleichen und sie nicht ins Selbst integrieren (weil das Selbst ja durch den negativen Affekt gehemmt wird), führt die durch positive Gefühle vermittelte Selbstöffnung zu einer Stärkung konkurrierender Bedürfnisse statt zu einer Unterstützung der introjizierten Ziele (die ja gar nicht im Selbst auffindbar sind).

Die beiden so unterschiedlichen Selbststeuerungsformen können in zahlreiche Mikrofunktionen dekomponiert werden, die mit dem Selbststeuerungsinventar (SSI) gemessen werden können (Fröhlich & Kuhl, 2003).

2 Methoden und Instrumente für die Unterstützung volitionaler Prozesse bei der Zielverfolgung

In diesem Abschnitt sollen auf der Basis der im ersten Teil dargestellten theoretischen Grundlagen in der Praxis einsetzbare Methoden und Instrumente vorgestellt werden. Zunächst werden wir eine aus der allgemeinen Zielsetzungstheorie heraus entwickelte Methode darstellen, die als „Management by Objectives (MBO)" bekannt geworden ist und die sich in der Praxis vielfach bewährt hat (Rodgers & Hunter, 1991). Mit dieser Methode sind jedoch auch einige Probleme verbunden. So ist es beispielsweise in vielen Dienstleistungsberufen nicht leicht, Ziele eindeutig zu definieren. Um den Prozess der Zielvereinbarung, Zielsetzung und Zielbewertung zu unterstützen, bieten sich daher unterstützende Methoden an.

Auch aus der differenziellen Hinterlegung der allgemeinen Zielsetzungstheorie, die hier im Rahmen der PSI-Theorie vorgenommen wurde, ergibt sich eine praktische Konsequenz: Methoden wie MBO werden effektiver, wenn die Persönlichkeit der Mitarbeiter beim Zielvereinbarungsgespräch berücksichtigt wird. Hierfür ist es notwendig, psychologische Diagnostik als Bestandteil des Methodenmix aufzunehmen. Die Diagnostik sollte sich an den Kompetenzen der Mitarbeiter orientieren (also kein einseitiges „Aufspüren" von Schwächen beinhalten), und es sollte selbstverständlich freiwillig sein. Dies bedeutet, dass die Ergebnisse der Kompetenzdiagnostik u. U. nur dem Mitarbeiter selbst bekannt sein werden. Diese die Selbsterkenntnis fördernde Methode kann den Zielvereinbarungsprozess positiv beeinflussen, da Mitarbeiter so in die Lage versetzt werden, nur Ziele zu akzeptieren, die zu ihrem persönlichen Stil, ihren Motiven und Emotionen passen. Entsprechend stärker werden dann auch nach Anwendung dieser Methode das Commitment und die Zielakzeptanz von Mitarbeitern ausfallen.

2.1 Management by Objectives (MBO)

Die klassische Methode der Zielkonkretisierung (*Management by Objectives, kurz MBO,* vgl. Drucker, 1954) ist immer dort angebracht, wo sich Ziele relativ einfach in Zielvereinbarungsgesprächen zwischen Vorgesetzten und Mitarbeitern definieren lassen. Die wichtigste Schlussfolgerung aus der Zielsetzungstheorie war, dass Mitarbeiter SMARTe Ziele brauchen, um Leistung zu bringen und dass die Erfüllung der damit verbundenen Anforderungen verlässlich zu

Belohnungen führen muss. Eine Umsetzung dieses Prinzips finden wir im Prozess des Management by Objectives (MBO) wieder. Es handelt sich dabei um einen Prozess des Setzens von Zielen, der von den über- und untergeordneten Personen eines Unternehmens gemeinsam erarbeitet wird. Durch diesen Zielbestimmungsprozess werden die Unternehmensziele von „oben" nach „unten" vermittelt. In einer Metaanalyse von Rodgers und Hunter (1991) zeigten sich in 68 der 70 untersuchten Organisationen positive Effekte auf verschiedene Produktivitätsmaße (Organisationsproduktivität, Kostenreduktion, Anwesenheitsverhalten von Mitarbeitern) durch die Einführung von MBO.

MBO ist ein Programm, das spezifische Ziele umschließt, die partizipativ erstellt und für einen bestimmten Zeitraum festgelegt werden, mit konkretem Feedback über die Fortschritte zum Erreichen der Ziele. Es ist eine inzwischen weit verbreitete Führungs- und Motivationstechnik, die erhebliche Vorteile aufweist, da der Schwerpunkt dieser Methode in der Umwandlung bzw. in der Transformation von Gesamtzielen der Organisation in spezifische Ziele für die einzelnen Unternehmensbereiche und individuellen Mitarbeiter und Führungskräfte liegt. Mitarbeiter wissen daher exakt, was von ihnen verlangt wird. Sie vergeuden keine Energie mit unerwünschtem, nicht belohntem Verhalten und können sich ganz auf die Effizienz ihres Tuns konzentrieren, die durch das regelmäßige Feedback weiter gesteigert wird.

Als Zeitrahmen für das Erreichen der gesetzten Ziele wird für gewöhnlich ein Jahr gesetzt, aber auch 3 bis 6 Monate sind üblich. Während dieser Zeit trifft sich der Vorgesetzte in regelmäßigen Abständen individuell mit jedem seiner Mitarbeiter, um die Fortschritte zu überprüfen. Diese Treffen sind eher diagnostischer als rein evaluativer Art. Dabei kann sich herausstellen, dass aufgrund neuer Informationen Ziele modifiziert werden müssen oder auch, dass zusätzliche Ressourcen notwendig werden. Am Ende des gesetzten Zeitraumes trifft sich jeder Vorgesetzte wiederum mit jedem seiner Mitarbeiter zu einem abschließenden Bewertungsgespräch, um festzustellen, wie gut die gesetzten Ziele erreicht wurden und welche Gründe für etwaige Fehleinschätzungen vorliegen mögen. Ein solches Treffen dient auch dazu, eine Überprüfung der Vorgabedaten und der Leistung durchzuführen, evtl. Gehaltsveränderungen zu bestimmen und den Start für einen neuen MBO-Zyklus im folgenden Jahr festzulegen.

MBO orientiert sich damit an dem in Abbildung 1 dargestellten Leistungszyklus, was seine hohe Wirksamkeit erklärt. Diese Wirksamkeit ist jedoch nur dann belegt, wenn das Top-Management voll und ganz hinter MBO steht (Rodgers & Hunter, 1991). In der Praxis ist dies keineswegs immer der Fall, womit wir ein in der Einführung erwähntes Merkmal von Zielen berühren. Ziele können nicht nur für Individuen gebildet werden. Sie müssen, um wirkungsvoll die Leistung zu unterstützen, auch auf Dyaden- und Gruppenebene ihre Entsprechung finden. Eine Methode, die dies unterstützt, wurde von Pritchard, Jones, Roth, Stuebing und Ekeberg (1989) unter dem Titel Productivity Measurement and Enhancement System, kurz ProMES, eingeführt.

2.1.1 ProMES

Eine Schwierigkeit beim MBO ist die, Ziele aus der Gesamtstrategie des Unternehmens abzuleiten bzw. sie auf die Produktivitätssteigerung des gesamten Unternehmens zu orientieren (und nicht etwa nur die einzelner Bereiche). Ziele müssen daher aus betriebswirtschaftlicher Sicht auch auf Gruppen- und Organisationsebene betrachtet werden.

Die Produktivität einer Unternehmens- oder Organisationseinheit, verstanden als das Verhältnis vom Output einer Einheit relativ zu einem Standard oder einer Erwartung, ist nicht einfach die Summe individueller Leistungen, da gruppendynamische Effekte beachtet werden müssen. Die Messung der Produktivität und dessen Feedback an die Organisationseinheit stellt daher eine ideale Basis für die individuelle Zielvereinbarung dar. Pritchard et al. (1989) konnten in einer Untersuchung die Produktivität einer Organisation durch die Kopplung von Produktivitätsmessung, Zielsetzung und Feedback nachhaltig um 76 % steigern. Wir wollen dieses System daher kurz vorstellen und verweisen anschließend auf Möglichkeiten, individuelles Feedback und Feedback der Produktivität an Organisationseinheiten bzw. Teams miteinander zu verbinden.

Wie auch nachfolgend im Rahmen der Konstruktion von Behavior Expectation Scales noch beschrieben wird, müssen für ProMES (Productivity Measurement and Enhancement System) zunächst Gruppen, bestehend aus Vorgesetzten und repräsentativen Mitarbeitern, gebildet werden, die zunächst die für die Produktivität kritischen Produkte der Einheit identifizieren. Als Beispiele für solche erfolgskritischen Produkte nennen Pritchard et al. (1989) die Qualität einer Dienstleistung, die Quantität einer Dienstleistung sowie das Training von Auszubildenden. Es kann sich dabei aber auch um Produktlinien handeln, wie beispielsweise bei einer Drogeriekette der Verkauf von Düften, Pflegeprodukten und Kundenkarten.

Im nächsten Schritt muss das Team Indikatoren für diese Produkte entwickeln. Dabei denken sie darüber nach, womit sie ihre Produktivität demonstrieren würden. Beim Beispiel der Produktlinien in der Drogeriekette könnten dies Kennzahlen sein, die sowieso schon an der Kasse erhoben werden. Bei qualitativen Produkten könnte dies der Prozentsatz bestandener Qualitätskontrollen sein, beim Produkt Ausbildung etwa die Anzahl qualifizierter Auszubildender geteilt durch die Anzahl benötigter Auszubildender.

Die Arbeit des Teams ist damit jedoch noch nicht abgeschlossen. Dies liegt daran, dass die Produktivität einer Einheit in der Regel nicht die Summe der identifizierten Produkte ist. So könnte für die Drogeriekette der Verkauf von Düften weitaus wichtiger für die Produktivität sein als der Verkauf von Pflegemitteln, obwohl letzteres weitaus beratungsintensiver ist. Die Beziehung zwischen der Größe eines Indikators und der Effektivität dieser Größe nennen Pritchard et al. (1989) *Kontingenz.* Die Festlegung von Kontingenzen ist die nächste Aufgabe des Konstruktionsteams. Hierfür wird in einem Koordinatensystem auf der horizontalen Achse die Menge des Indikators eingetragen und zwar von dessen realistischerweise bestmöglichen bis zu dessen schlechtestmöglichen Wert. Auf der vertikalen Achse des Koordinatensystems wird die Effektivität zwischen –100 und 100 skaliert. Der Nullpunkt ist dabei als das neutrale, erwartete Ausmaß von Effektivität definiert. An diesem Punkt werden beide Achsen miteinander verbunden. Am Beispiel der Produktlinien der Drogeriekette könnte dies beispielsweise die Erwartung sein, dass 10 % aller Neukunden die Kundenkarte bestellen. Im nächsten Schritt werden dann Maxima und Minima der verschiedenen Indikatoren bestimmt und zueinander in Beziehung gesetzt. Das Team muss dafür einen Konsens finden und bestimmen, welches Maximum eines Indikators dem Wert 100 %-Wert der Effektivitätsachse einnimmt und welche Werte unterhalb von 100 % die anderen Indikatoren bekommen sollen. Wenn beispielsweise dem Maximum vom Verkauf von Düften der Wert von 100 zugewiesen wird, dann könnte das Maximum vom Verkauf einer Kundenkarte den Wert 80 bekommen.

Die Daten für die Indikatoren werden regelmäßig (beispielsweise am Ende eines Monats) gesammelt und an die Organisationseinheit zurückgemeldet. Auf der Basis dieses Feedback können für die Gruppen Ziele gebildet werden, sodass dieses System die Volition von Mitarbeitern positiv beeinflusst. Es reduziert die Ambiguität von Managemententscheidungen und schafft so oft erst die Voraussetzung für das Setzen spezifischer und schwieriger Ziele. Außerdem unterstützt es die wichtigen Moderatoren für den Erfolg von Zielsetzungen auf der Ebene des Managements und der Mitarbeiter: Zielakzeptanz und Commitment.

2.1.2 Behavior Expectation Scales (BES)

Eine weitere Schwierigkeit bei MBO ist ihr Zuschnitt auf Leistungsziele. Lernziele lassen sich nicht immer so leicht spezifizieren. Noch schwieriger ist es, kontextbezogene Ziele zu definieren. Unter Kontextperformanz verstehen Borman (1974) und Borman und Motowdilo (1993) wie erwähnt Verhaltensweisen, die der Realisierung übergreifender Ziele, die den Arbeitskontext als Ganzes betreffen, dienen. Ausgerechnet diese der Unterstützung und Motivation anderer dienenden Verhaltensweisen werden durch traditionelle Zielsetzungsprozeduren aufgrund der schwierigeren Messbarkeit meist vernachlässigt, obwohl sie in modernen, teambasierten Organisationsstrukturen sehr wichtig sind (Schmidt, 1993).

Die besonders bei kontextbezogener Performanz häufig schwierige Definition spezifischer, messbarer Ziele bedeutet aber nicht, dass man auf das Prinzip der MBO-Methode verzichten müsste. Man muss die Ziele dann einfach verhaltensbezogen definieren (Smith & Kendall, 1963; Weinert, 2004). Die Methode der Behavior Expectation Scales (BES) eignet sich dafür gut, da sie auch den Aspekt der Relevanz in besonderem Maße würdigt – die verhaltensverankerten Ziele werden partizipativ entwickelt, beispielsweise unter Beteiligung von Vorgesetzten und Mitarbeitern verschiedener Bereiche. Gemeinsam können sie spezifische Verhaltensziele entwickeln, die sich nicht nur auf Ergebnisse, sondern auch auf förderliche bzw. hinderliche Verhaltensweisen auf dem Weg zum Ergebnis beziehen sollten (Nerdinger, 2001). MBO und BES können natürlich auch miteinander kombiniert werden. Wenn die Zielsetzung für Vertriebsmitarbeiter so gesetzt ist, den Umsatz im laufenden Jahr um 6 % zu steigern, dann können Feedbackgespräche über den Grad der Erreichung dieses Leistungsziels und zusätzlich über den Grad der Erreichung verhaltensverankerter Ziele, die andere Mitarbeiter in ihrer Arbeit unterstützen, geführt werden. So wird eine Einzelkämpfermentalität vermieden, bei der jeder Vertriebsmitarbeiter nur auf die Ziele seines Bereichs schaut. Ein Beispiel aus der Praxis ist die in Abbildung 3 dargestellte BES.

Diese BES enthält positive wie auch negative Verhaltensziele. Sie wurde von Mitarbeitern und Managern eines Unternehmens entwickelt, weil dort das Bewusstsein entstanden war, dass neben Leistungszielen auch Verhaltensziele, die kontextuelle Performanz ermöglichen, für das Erreichen der Unternehmensziele wichtig sind. Später zeigte sich, dass Vertriebskräfte, die andere in positiver Form motivierten, auch für sich selbst die Bedingungen verbesserten, ihren Umsatz im vereinbarten Ausmaß zu steigern. Im Alltag erwies sich das sehr positive Beispiel (++) als recht anfordernd. Da es jedoch verhaltensnah und damit spezifisch und messbar formuliert wurde, führte die Einführung der BES dazu, die Häufigkeit der positiven und sehr positiven Verhaltensweisen zu erhöhen und die der negativen zu verringern. Eine BES kann in jeder Organisation maßgeschneidert eingeführt werden. Eine ausführliche Beschreibung des Konstruktionsprozesses geben Scheffer und Kuhl (2006). Aber auch der Einsatz von MBO, ProMES und BES garantiert noch keinen Erfolg, da alle diese Maßnahmen nicht gewährleisten, dass die richtigen Ziele vereinbart werden. Besonders in einer Phase des Erfolgs kann in einem Unternehmen eine Kultur entstehen, auch die falschen (bzw. nicht mehr richtigen) Ziele mit blindem Aktionismus umzusetzen. Dass diese Gefahr sehr real ist, wurde bereits angedeutet und soll noch einmal aufgegriffen werden (vgl. auch Scheffer, Schmitz & Sarges, 2007).

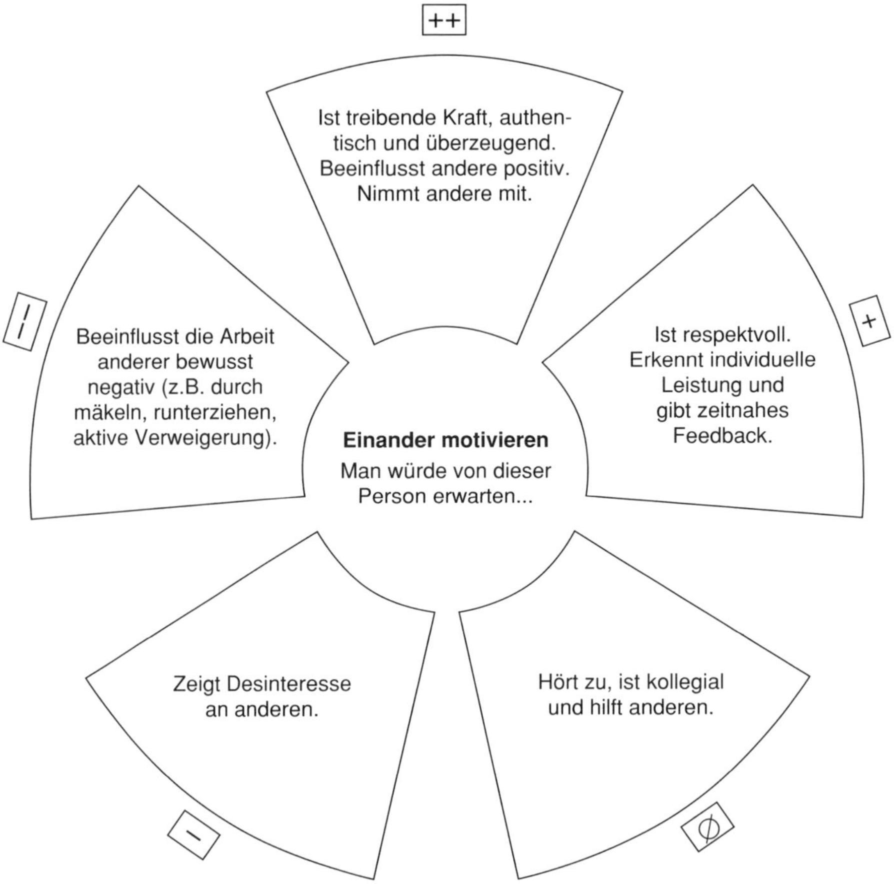

Abbildung 3:
BES „Einander motivieren" (Scheffer & Kul, 2006, S. 65)

2.1.3 Der ASA-Zyklus und das Wertequadrat

Mitte der 80er Jahre provozierte der amerikanische Organisationspsychologe Benjamin Schneider die „Scientific Community" mit einer These, die dem gesunden Menschenverstand vordergründig zu widersprechen scheint: *Organisationen scheitern (oder geraten in Turbulenzen) aufgrund ihrer Erfolge in der Vergangenheit.* In einem vielfach rezipierten Artikel begründete Schneider (1987) diese These damit, dass eine positive Rückkopplung dreier Personalprozesse existiert, die bei vielen Unternehmen zu einer immer größeren Homogenität der persönlichen Kompetenzen von Mitarbeitern führt. Diese zunehmende Homo-

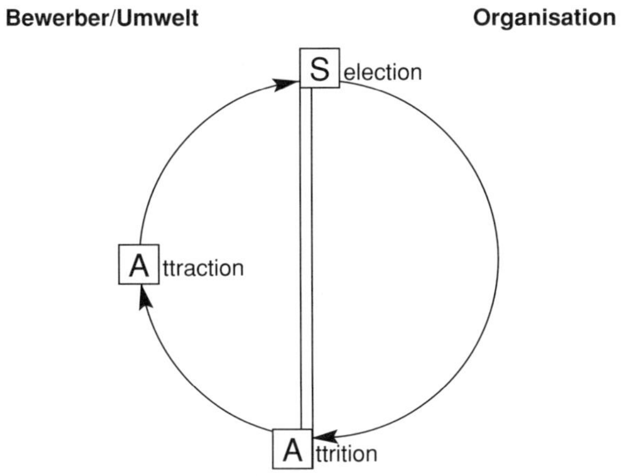

Abbildung 4:
Der ASA-Zyklus (Schneider, 1987)

genität mündet in immer ähnlicher werdenden Denk- und Verhaltensmustern und verhindert schließlich die Anpassung des Unternehmens an sich verändernde Marktbedingungen, was schließlich zum Verschwinden der Organisation führen kann. Der in Abbildung 4 dargestellte Zyklus verdeutlicht die positive Rückkopplung.

Das A in Abbildung 4 steht hierbei für *Attraction:* Unternehmen müssen fortlaufend aus dem Umfeld Bewerber für sich interessieren, die als neue Mitarbeiter infrage kommen. Hierbei will das Unternehmen natürlich vor allem die Bewerber an sich binden, die neben der notwendigen formalen Ausbildung und den gesuchten Qualifikationen auch die zur Unternehmenskultur passenden persönlichen Kompetenzen mitbringen. Dabei verlassen sich Gründer oder Personalabteilungen oft auf eine implizite (d. h. relativ unsystematische) Definition dieser Kompetenzen – ein *implizites Kompetenzmodell.* Auf der Basis dieses impliziten Kompetenzmodells werden neue Mitarbeiter angeworben und ausgewählt. Homogenität wird dann noch verstärkend erzeugt, wenn die Personaleinsatzsteuerung von dem Motto „interne Besetzung vor externer Besetzung" gespeist wird.

Das S in Abbildung 4 steht für den Prozess der *Selection.* Auch die Selektion baut auf dem impliziten Kompetenzmodell auf, d. h. es werden nur die angeworbenen Bewerber akzeptiert, die dem impliziten Kompetenzmodell entsprechen. Alle Bewerber, die von dem impliziten Kompetenzmodell abweichen, werden abgelehnt. Häufig eingesetztes Instrument bei diesem Prozess ist das sog. Assessment-Center. Der Prozess der Suche nach den am besten passenden

Kandidaten zu dem impliziten Kompetenzmodell in einem AC kommt durch den polemischen Ausspruch zum Ausdruck, dass dort „Schmidt nach Schmidtchen sucht".

Das implizite Kompetenzmodell spielt auch beim dritten Prozess, der sog. *Attrition*, eine entscheidende Rolle: Attrition bedeutet so viel wie „Abnutzung" oder „Verschleiß". Zunächst akzeptierte Mitarbeiter werden in dem Unternehmen nur dann auf Dauer überleben und aufsteigen, wenn sie die zum Kompetenzmodell passenden Denk- und Verhaltensweisen dauerhaft und konsistent zeigen, oder sozialisiert werden können, diese dauerhaft und konsistent zu zeigen. Mitarbeiter, die dies nicht können oder wollen, müssen die Organisation entweder wieder verlassen – sie werden „verschlissen" – oder sie gehen in die „innere Kündigung" und bleiben relativ erfolg- und wirkungslos. Dieser Zusammenhang zwischen dem Zeigen bestimmter Denk- und Verhaltensmuster und dem Aufstieg im Unternehmen wird sich über kurz oder lang nach außen herumsprechen und das Bewerbungsverhalten beeinflussen. Die Erfahrung mit „nicht passenden" Mitarbeitern wird aber auch seinen Niederschlag in der Formulierung von Stellenanzeigen und anderen nach außen gerichteten HR-Aktivitäten, z. B. Hochschulmarketing, finden und wahrscheinlich das Corporate Design verändern. Unterstützt wird dies durch die informelle Kommunikation mit Geschäftspartnern. Es wird somit einen Einfluss darauf haben, wer sich in der Zukunft auf ausgeschriebene Stellen des Unternehmens bewerben wird. Hiermit schließt sich die positive Rückkopplung des ASA-Zyklus.

Aus der Kybernetik ist bekannt, dass positive Rückkopplungen in Natur und Technik häufig Instabilität erzeugen (Bischof, 1985). Hierin liegt eine tiefgreifende Begründung für die Gültigkeit des Wertequadratansatzes von Schulz v. Thun (1989): Immer mehr vom Gleichen erzeugt auf Dauer eine entwertende Übertreibung, und sei dieses Gleiche im Anfangsstadium der positiven Rückkopplung auch noch so positiv.

Genau dies beobachten auch Schneider und seine Mitarbeiter für den Personalbereich, womit wir wieder zu seiner eingangs zitierten These kommen. Der ASA-Zyklus erzeugt auf der Ebene der Verhaltensweisen von Mitarbeitern immer stärkere Homogenität. Und diese Homogenität äußert sich in Form uniformer Verhaltensweisen der Mitarbeiter, in immer ähnlicher werdenden Denk- und Problemlösemustern, der Missachtung alternativer Vorgehensweisen, der Abwehr neuer Impulse von außerhalb der Organisation etc. Bei fortschreitender Homogenität entstehen auch einige aus der Sozialpsychologie bekannte pathologische Symptome. Ein Beispiel hierfür ist das sog. „Gruppendenken" (Janis, 1982) – das durch die Ähnlichkeit des Verhaltens und Denkens entstehende „Wir"-Gefühl der Gruppe oder Organisation verhindert eine realistische Einschätzung der Situation. Selbst ernannte „Sittenwächter" achten argwöhnisch darauf, dass keine abweichenden Meinungen geäußert werden. Die Gruppe sanktioniert Querdenker sofort. Es entsteht Konformität bis zur Selbstverleugnung einiger der kritischeren oder weitsichtigeren Mitglieder der Gruppe. Dass die solchen Prozessen zugrunde liegenden mentalen Modelle unbewusst bzw. implizit (im Sinne von nicht vollständig bewusst explizierbar) sein können, wird in der Sozialpsychologie heute weitgehend anerkannt (Fiedler & Bless, 2002; Nisbett & Wilson, 1977).

Schneider und seine Mitarbeiter haben in umfangreichen empirischen Untersuchungen die Existenz des ASA-Zyklus nachweisen können und Daten vorgelegt, die darauf hindeuten, dass dieser zwar in der Gründungsphase eines Unternehmens funktional zu sein scheint, in reiferen Phasen jedoch zu Turbulenzen bis hin zum Scheitern führen kann (Schneider, Goldstein & Smith, 1995; Schneider, Smith, Taylor & Fleenor, 1998). Sie empfehlen daher Unternehmen, bei der Attraktion, Selektion und Attrition ihrer Mitarbeiter gezielt darauf zu achten, keine zu starke Homogenität entstehen zu lassen.

Was hat dies nun mit der Zielsetzungstheorie zu tun? Wir haben bereits erwähnt, dass schon Katz und Kahn (1966) eindringlich davor gewarnt haben, dass Organisationen sich zu stark auf ihre durch Goal Setting vorgegebenen Blaupausen vorgeschriebenen Verhaltens verlassen. Mit anderen Worten: Unternehmen müssen darauf achten, dass durch ihre Zielsetzungspraxis nicht unbeabsichtigt entwertende Übertreibungen entstehen. Dies gilt umso mehr, je dynamischer das Marktumfeld des Unternehmens ist.

Mitglieder eines Unternehmens nehmen in fortgeschrittenem Stadium des ASA-Zyklus die hohe Homogenität und die damit verbundenen Gefahren oft auch dann nicht wahr, wenn die ersten Anzeichen für einen wirtschaftlichen Niedergang von außen nicht mehr zu übersehen sind. Dies hat aus psychologischer Sicht etwas damit zu tun, dass durch Homogenität wie auch durch spezifische Ziele Sicherheit vermittelt wird. Jeder weiß vom anderen, welche Verhaltensmuster erwartet werden. Man fühlt sich einander ähnlich, und das schafft Vertrautheit und ein Zusammengehörigkeitsgefühl – ontogenetisch gilt dies als der primäre Verstärker bzw. „Wohlfühlfaktor“ (Bischof, 1985).

Um gegen diesen Wunsch nach Vorhersagbarkeit und Desambiguisierung von Abläufen anzukommen, bedarf es mächtiger Instrumente. Wir glauben, dass das Wertequadrat ein hervorragendes Instrument dafür ist, die Gefahren von übertriebenem oder falschem Goal Setting zu überwinden. Die Struktur des Wertequadrats zeigt Abbildung 5.

Zweifellos lassen sich sowohl Sparsamkeit als auch Großzügigkeit als Werte auffassen. Beide Werte verlieren jedoch ihre positiven Eigenschaften, sobald sie

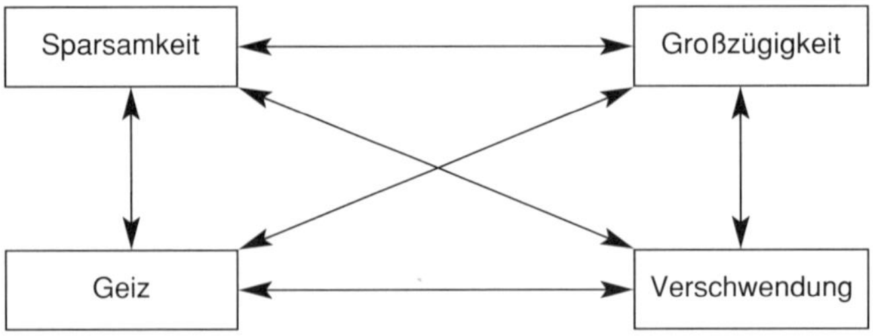

Abbildung 5:
Das „Wertequadrat“ (Schulz von Thun, 1989, S. 39)

übertrieben werden und dann zu Geiz bzw. Verschwendung führen. Das gleiche Prinzip lässt sich auch auf Goal Setting übertragen: Natürlich ist es ein hoher Wert für Unternehmen, wenn SMARTe Ziele durch MBO gesetzt werden, die aus der Messung von Produktivität abgeleitet werden. Wenn diese aber nicht durch den Gegenwert der Zielhinterfragung ausgeglichen werden, besteht die Gefahr von blindem Aktionismus. Dieser kann durch Lernziele kompensiert werden. Allerdings dürfen auch diese flexiblen Lernziele nicht übertrieben werden, da ansonsten Ressourcen, die für die Zielrealisierung notwendig wären, verschwendet werden. Eine Organisation, die sich an Leistungszielen *und* Lernzielen orientiert und die gleichzeitig deren Übertreibungen vermeidet, sollte daher gesteigerte Chancen haben, nachhaltig wirtschaftlich erfolgreich zu sein. Hierzu gehört aber auch, dass bei der Selektion und beim Training darauf geachtet wird, dass die Mitarbeiter und Manager zwischen den verschiedenen Denkstilen wechseln können. Für das ergebnisorientierte Goal Setting ist ein analytischer Stil günstiger, während für das ergebnisoffene Lernen eher ein intuitiver Stil Voraussetzung ist.

2.2 Kompetenzdiagnostik

Das eingangs angeführte Zitat von Albert Einstein impliziert, dass es nicht allen Menschen vergönnt ist, persönlich bedeutsame Ziele mit ihrem Leben zu verbinden. Dies könnte schon daran liegen, dass wir uns selbst oft gar nicht gut genug kennen, um die wirklich zur eigenen Persönlichkeit passenden Ziele und volitionalen Strategien zu wählen. Wir haben bereits ausgeführt, dass die bewussten, selbstgesteckten Ziele häufig gar nicht zu unseren impliziten Motiven passen (vgl. hierzu auch Schüler & Brandstätter in diesem Band). Volitionale Prozesse können daher durch eine profunde Selbstkenntnis bezüglich der eigenen „Kernkompetenzen“ bedeutsam unterstützt werden. In diesem Abschnitt stellen wir daher exemplarisch eine Methode vor, die für die Diagnostik von Kompetenzen bei der Zielbildung und Zielumsetzung hilfreich sein kann.

Die Messung von impliziten Motiven ist eine der anspruchsvollsten Herausforderungen der Diagnostischen Psychologie, da Motive im Kern *implizit* sind und sich deshalb durch direkte Befragung nicht messen lassen (McClelland, 1985; McClelland, Koestner & Weinberger, 1989; Winter, 1996; Winter et al., 1998). Konsequenterweise haben Motivationsforscher daher *indirekte* Methoden entwickelt, die diesem impliziten, d. h. nicht erfragbaren Charakter von Motiven gerecht werden sollen. Ein bekanntes Verfahren zur Messung impliziter Motive ist beispielsweise der Thematische Apperzeptionstest (TAT), der allerdings ein wenig in die Kritik geraten ist. Es wurde immer wieder auf dessen mangelnde Reliabilität verwiesen (Tuerlinckx et al., 2002). Andererseits haben Validierungsuntersuchungen gezeigt, dass operante Messmethoden wie der TAT eine hohe prognostische Validität insbesondere für Lebensverlaufsdaten wie Aufstieg in der Führungshierarchie (als Funktion des Machtmotivs) oder Qualität persönlicher Beziehungen (als Funktion des Affiliationsmotivs) über Zeiträume bis zu 16 Jahren aufweisen (McAdams & Vaillant, 1982; McClelland & Boyatzis, 1982; Meyer et al., 2001; Spangler, 1992; Winter et al., 1998).

In der Motivationspsychologie hat es daher auch nicht an Kritik an dem Axiom der klassischen Testtheorie gemangelt, dass die aus dieser Theorie abgeleiteten Kennwerte für Reliabilität und Validität quasi naturgesetzlich aneinander gekoppelt sind (Atkinson, 1981). Da Motivation ein dynamischer Prozess ist, sind auch dessen konstituierenden Faktoren (u. a. Motive) bislang weniger verlässlich und zeitstabil messbar als andere Eigenschaften. Geringe Zeitstabilität ist aber nicht gleichbedeutend mit niedriger Zuverlässigkeit der Messung: Auch bei Menschen mit einem sehr variablen Blutdruck muss das Messgerät deshalb nicht unzuverlässig sein. Wegen der geringen Zeitstabilität auf die Messung von Motiven zu verzichten, wäre angesichts der eindrucksvollen Validierungsbefunde verfehlt, da dann wichtige Aspekte einer ganzheitlichen Kompetenzdiagnostik unberücksichtigt blieben. Angemessener wäre es hier, die Anwendbarkeit der aus der klassischen Testtheorie abgeleiteten Methode, Reliabilität aufgrund der Stabilität eines Merkmals abzuschätzen, infrage zu stellen und nach anderen Formen der Abschätzung der psychometrischen Qualitäten der Motivationsmessung zu suchen (Kuhl, 1978).

Man kann den Spieß sogar umdrehen. Für das Thema dieses Kapitels sind die zeitlich nicht sehr stabilen Motive auch deswegen wichtig, weil sie sich durch ihre größere Veränderbarkeit für Trainingszwecke nutzen lassen. Der Grundgedanke der Veränderung ist dabei denkbar einfach: Wichtige implizite Eigenschaften müssen explizit gemacht werden, damit Fortschritte auf der individuellen und organisationellen Ebene möglich sind.

Es gibt eine ganze Reihe von Methoden zur Erfassung von Eigenschaften, die für die Motivation relevant sind und die daher im Rahmen einer Kompetenzdiagnostik Anwendung finden können. Einen Überblick über die Vielfalt solcher Methoden geben Sarges und Wottawa (2004) sowie Sarges und Scheffer (2009). Wir werden an dieser Stelle den Operanten Motiv Test (OMT; Kuhl, Scheffer & Eichstaedt, 2003; Scheffer, 2005; Scheffer, Kuhl & Eichstaedt, 2003; Scheffer, Eichstaedt, Chasiotis & Kuhl, 2007) vorstellen, weil dieser neben den bekannten drei Grundmotiven (Affiliation/Bindung, Leistung und Macht) auch die in diesem Beitrag behandelten vier Formen volitionaler Prozesse erfasst. Im Gegensatz zum TAT sollen durch den OMT also nicht nur die drei Motive *Affiliation/Bindung, Leistung* und *Macht,* sondern auch deren Interaktionen mit den in der PSI-Theorie postulierten kognitiven Systemen bei der Motivumsetzung gemessen werden.

Beim OMT werden Testteilnehmer gebeten, sich zu mehrdeutigen Bildern Geschichten auszudenken, diese aber nicht wie beim TAT ausführlich niederzuschreiben, sondern lediglich einige Stichworte zu ihrer Geschichte aufzuschreiben. Der Verzicht auf das Niederschreiben einer kompletten Geschichte ist nicht nur in der Durchführung und Auswertung ökonomischer, sondern reduziert auch Verzerrungen, die dadurch entstehen, dass die Geschichte vorzeigbar und logisch erscheinen soll. Dieser Punkt ist mit der Traumdynamik vergleichbar: Ein subjektiv sehr langer, hoch komplexer Traum ist innerhalb weniger Sekunden geträumt (was wegen der parallelen Verarbeitung der rechten Hemisphäre, die beim Träumen dominiert, erklärbar ist), wohingegen es erheblich länger dauern kann, den Traum zu erzählen oder aufzuschreiben.

Das Aufschreiben von einfachen Assoziationen zu der fantasierten Geschichte wird dabei durch zwei Fragen angeleitet. Die erste Frage bezieht sich auf das, was der handelnden Person in der Geschichte wichtig ist und gibt meist Aufschluss über die Motivstruktur des Testteilnehmers. Die zweite Frage bezieht sich auf das *Wie* der Umsetzung dieses Motivs, also die damit verbundenen kognitiven Systeme. Aufgrund von Auswertungsschlüsseln lassen sich in der Regel klare Zuordnungen zu den Grundmotiven Bindung, Leistung und Macht und deren Umsetzungsstil treffen wie im Abschnitt über implizite Motive. Tabelle 2 gibt zu diesem Auswertungsschlüssel einen Überblick.

Die Spalten in Tabelle 2 werden durch die drei Basismotive definiert. Die Zeilen der Tabelle definieren die in Abschnitt 1.4 beschriebenen vier kognitiven Systeme.

Die Diagnostik impliziter Motive und Kompetenzen hat sich in der Praxis bspw. dahingehend bewährt, Diskrepanzen zwischen expliziten und impliziten Zielsetzungen aufzuweisen und Mitarbeiter dabei zu unterstützen, kongruentere Zielsetzungen auszuprobieren (vgl. hierzu auch Schüler und Brandstätter in diesem Band). Ein typischer Zeitpunkt für die Entstehung inkongruenter

Tabelle 2:
Das Mehrebenenmodell dreier Basismotive des OMT

<table>
<tr><td colspan="2" rowspan="2"></td><td colspan="3">Spalten definieren Motive
(„WAS“ möchte eine Person?)</td></tr>
<tr><td>Affiliation/ Bindung</td><td>Leistung</td><td>Macht</td></tr>
<tr><td rowspan="4">Zeilen (Ebenen) definieren volitionale Prozesse
(„WIE“ setzt eine Person ihre Motive um)</td><td>Integrativ
EG und IVS</td><td>A1 Begegnung
Wärme, Liebe, freudiger Austausch, Aufgabe von Kontrolle</td><td>L1 Flusserleben
Aufgehen in einer Aufgabe, Erkenntnis, Interesse oder Neugier, etwas ganz alleine schaffen</td><td>M1 Führung
Beeinflussung anderer durch Stärke oder selbstverständliche Überlegenheit</td></tr>
<tr><td>Wirkungs-orientiert
AG und IVS</td><td>A2 Geselligkeit
gemeinsamer Spaß durch Kontakt und Unterhaltung</td><td>L2 Gütemaßstab
Orientierung an übernommenen Gütestandards oder Zielen</td><td>M2 Anerkennung
Sich in den Mittelpunkt stellen, Status, Bestätigung durch andere</td></tr>
<tr><td>Entwicklungs-orientiert
EG und OES</td><td>A3 Networking
Kontakt durch Unabhängigkeit, Überwindung von Distanz durch Kompetenz</td><td>L3 Misserfolgs-bewältigung
Fehler und Probleme erkennen und handlungs-orientiert lösen</td><td>M3 Selbstbehauptung
Sich gegen Widerstände anderer durchsetzen, Entscheiden unter Unsicherheit</td></tr>
<tr><td>Ergebnis-orientiert
AG und OES</td><td>A4 Anschluss
Einsamkeit oder Ausschluss verhindern, Geborgenheit suchen, hartnäckig Nähe/ Anschluss suchen</td><td>L4 Leistungsdruck
unter Stress durchhalten und nicht versagen, Druck aushalten, Anforderungen standhalten</td><td>M4 Direktion
Negative Seiten der Macht und Schwierigkeiten bei der Machtumsetzung erkennen, Kontrolle anstreben</td></tr>
</table>

Ziele ist beispielsweise der Zeitpunkt, an dem Unternehmensberater zum Partner aufsteigen wollen. Während es nämlich bei einem sehr guten Berater darauf ankommt, ein hohes Leistungs- und Bindungsmotiv sowie ein niedriges Machtmotiv zu haben, ist bei einem Partner die entgegengesetzte Konstellation zielführend. Sich mit den so fast zwangsläufig einstellenden Inkongruenzen (weiterhin viel dazu lernen und herausfordernde Probleme meistern versus strategische Allianzen mit wichtigen Kunden schaffen) auseinanderzusetzen, hilft den Beteiligten selbst dann, wenn die Unternehmensberatung sich entschließt, einen Berater nicht zum Partner zu machen.

Eine sinnvolle Ergänzung der für das Aufzeigen von Inkongruenzen wichtigen impliziten Motivmessungen ist daher der Abgleich von impliziten mit expliziten Motivmaßen (also fragebogenbasierten Verfahren). Gerade die *Kongruenz* zwischen expliziten und impliziten Motiven scheint ein wichtiger Indikator für Authentizität, emotionales Wohlbefinden und Selbstregulation zu sein (Baumann, Kaschel & Kuhl, 2005; Brunstein, Schultheiss & Grässmann, 1998; Koestner et al., 2002; Sheldon & Elliot, 1999; Sheldon & Kasser, 1995). In einer rezenten Untersuchung konnte der Zusammenhang zwischen Affektregulation (Handlungs- vs. Lageorientierung), Stress bzw. Belastung und psychischer Gesundheit nachgewiesen werden (Baumann, Kaschel & Kuhl, 2005): Menschen, deren bewusste Leistungsziele von ihren unbewussten (mit dem OMT gemessenen) Leistungsbedürfnissen abweichen (z. B. weil sie introjizierte Ziele verfolgen, die nicht ins emotionale Selbst integriert sind oder weil sie ihr durchaus vorhandenes Leistungsmotiv nicht in explizite Leistungsziele umwandeln), zeigen ein verringertes Wohlbefinden unter Belastung (wenn sie Belastungen schlecht gegenregulieren können) bzw. entwickeln eher psychosomatische Symptome unter Stress (wenn sie Stress schlecht gegenregulieren können). Mit dem OMT-Maß für das nicht bewusstseinspflichtige Leistungsmotiv konnte auch nachgewiesen werden, dass die Steigerung der Umsetzung schwieriger Absichten (Überwindung der Stroop-Interferenz) durch Wörter, die an positive Leistungserfahrungen (z. B. Erfolge) erinnerten, selektiv bei Personen mit einem ausgeprägten Leistungsmotiv auftritt (Kazén & Kuhl, 2005).

3 *Schlussfolgerungen und praktische Konsequenzen*

In den westlichen Industrienationen sind in den letzten Jahrzehnten viele technische und betriebswirtschaftliche Prozesse derart optimiert worden, dass sich heute in diesen Prozessen kaum noch Wachstumspotenzial ausmachen lässt und es daher für Unternehmen ratsam erscheint, verstärkt den „weichen" Prozessen der Zielsetzung und Zielumsetzung Beachtung zu schenken, also beispielsweise einen Schwerpunkt auf Human-Ressource-Maßnahmen zu legen (Welch & Byrne, 2001). Wie dieses und das vorhergehende Kapitel dargestellt haben, können sich Praktiker heute auf eine Vielzahl gesicherter Erkenntnisse verlassen, die ihr Handeln in diesem Bereich anregen und lenken können, um mit hoher Wahrscheinlichkeit die Zielumsetzungsrate von Mitarbeitern und Teams zu steigern.

Uns war es in diesem Kapitel wichtig, darauf zu verweisen, dass eine allgemeinpsychologische, an nomothetischen Ansätzen orientierte Vorgehensweise zwar fraglos effektiv sein kann, dass sie aber durch die Beachtung von differenziellen Aspekten erheblich optimiert werden dürfte (vgl. auch Scheffer & Heckhausen, 2006). Die Individualisierung von Produkten, Dienstleistungen und

Interventionsformen wurde schon erstaunlich früh vom russischen Ökonomen Nikolai Kondratiev (1892–1938) als der Megatrend des 21. Jahrhunderts bezeichnet. Wir werden uns daran gewöhnen, dass der Unterricht von Kindern auf deren individuelle Besonderheiten abgestimmt sein muss (vgl. v. Cube, 2003), dass Zielvereinbarungsgespräche auf der Basis einer persönlichen Kompetenzdiagnostik vorgenommen werden (Scherm & Sarges, 2002), die psychologische Diagnostik auch bei der Besetzung höchster Positionen eine Schlüsselrolle einnehmen wird (Sarges, 2000), dass nicht mehr Jobs die „building blocks" von Organisationen sind, sondern individuelle Kompetenzen (Scheffer, 2003), und dass Karrieren über den Lebensweg hinweg immer individuellere, idiosynkratische Verläufe annehmen, deren Erforschung letztlich eines ergänzenden idiografischen Ansatzes bedarf (Weinert, 2001). Um diese konstruktiven Veränderungen zuzulassen und zu verstärken, ist es aus unserer Sicht notwendig, allgemeine Gesetzmäßigkeiten im Bereich der Volition, wie etwa die Forderung nach SMARTen Zielen bei der Zielvereinbarung, mit einer individuumszentrierten Diagnostik zu kombinieren.

Literatur

Ach, N. (1935). Analyse des Willens. In E. Abderhalden (Hrsg.), *Handbuch der biologischen Arbeitsmethoden.* Berlin: Urban & Schwarzenberg.

Allport, G. W. (1937). *Personality. A psychological interpretation.* New York, NY: Holt.

Atkinson, J. W. (1957). Motivational determinants of risk-taking behavior. *Psychological Review, 64,* 359–372.

Atkinson, J. W. (1981). Studying personality in the context of an advanced motivational psychology. *American Psychologist, 36,* 117–128.

Austin, J. T. & Vancouver, J. B. (1996). Goal constructs in psychology: Structure, process, and content. *Psychological Bulletin, 120,* 338–375.

Bandura, A. (2003). *Self-efficacy. The exercise of control.* New York, NY: Freeman.

Baum, J. R. & Locke, E. A. (2004). The relationship of entrepreneurial traits, skill, and motivation to subsequent venture growth. *Journal of Applied Psychology, 89,* 587–598.

Baumann, N., Kaschel, R. & Kuhl, J. (2005). Striving for unwanted goals: Stress-dependent discrepancies between explicit and implicit achievement motives reduce subjective well-being and increase psychosomatic symptoms. *Journal of Personality and Social Psychology, 89,* 781–799.

Baumann, N. & Kuhl, J. (2002). Intuition, affect, and personality: Unconscious coherence judgements and self-regulation of negative affect. *Journal of Personality and Social Psychology, 83,* 1213–1223.

Baumann, N. & Kuhl, J. (2003). Self-infiltration: Confusing assigned tasks as self-selected in memory. *Personality and Social Psychology Bulletin, 29,* 487–497.

Beckmann, J. & Kuhl, J. (1984). Altering information to gain action control: Functional aspects of human information processing in decision-making. *Journal of Research in Personality, 18,* 223–279.

Biebrich, R. & Kuhl, J. (2002). Neurotizismus und Kreativität: Strukturelle Unterschiede in der Beeinflussung kreativer Leistung. *Zeitschrift für Differenzielle und Diagnostische Psychologie, 23,* 171–190.

Bischof, N. (1985). *Das Rätsel Ödipus. Die biologischen Wurzeln des Urkonfliktes von Intimität und Autonomie.* München: Piper.

Bischof, N. (1993). Untersuchungen zur Systemanalyse der sozialen Motivation I: Die Regulation der sozialen Distanz – Von der Feldtheorie zur Systemtheorie. *Zeitschrift für Psychologie, 201,* 5–43.

Borman, W. C. (1974). The ratings of individuals in organizations: An alternative approach. *Organizational Behavioral and Human Performance, 12,* 105–124.

Borman W. C. & Motowidlo, S. J. (1993). Expanding the criterion domain to include elements of contextual performance. In N. Schmitt & W. C. Borman (Eds.), *Personnel selection in organizations* (pp. 71–98). San Francisco, CA: Jossey-Bass.

Brandstätter, V., Heimbeck, D., Malzacher, J. T. & Frese, M. (2003). Goals need implementation intentions: The model of action phases tested in the applied setting of continuing education. *European Journal of Work and Organizational Psychology, 12,* 37–59.

Brandstätter, V., Lengfelder, A. & Gollwitzer, P. M. (2001). Implementation intentions and efficient action initiation. *Journal of Personality and Social Psychology, 81,* 946–960.

Brunstein, J. C. (2003). Implizite Motive und motivationale Selbstbilder: Zwei Prädiktoren mit unterschiedlichen Gültigkeitsbereichen. In J. Stiensmeier-Pelster & F. Rheinberg (Hrsg.), *Diagnostik von Motivation und Selbstkonzept* (S. 59–88). Göttingen: Hogrefe.

Brunstein, J. C., Schultheiss, O. C. & Grässmann, R. (1998). Personal goals and emotional wellbeing: The moderating role of motive dispositions. *Journal of Personality and Social Psychology, 75,* 494–508.

Chung, S. & Herrnstein, R. J. (1967). Choice and delay of reinforcement. *Journal of the Experimental Analysis of Behavior, 10,* 67–74.

Comelli, G. & Rosenstiel, L. von (2003). *Führung durch Motivation.* München: Vahlen.

Cube, F. von (2003). *Lust auf Leistung.* München: Piper.

Deci, E. L. & Ryan, R. M. (2000). The „what" and „why" of goal pursuits: Human needs and the self-determination perspective. *Psychological Inquiry, 11,* 227–268.

Diefendorff, J. M. (2004). Examination of the roles of action-state orientation and goal orientation in the goal-setting and performance process. *Human Performance, 17,* 375–395.

Diefendorff, J. M., Hall, R. J., Lord, R. G. & Strean, M. L. (2000). Action-state orientation: Construct validity of a revised measure and its relationship to work-related variables. *Journal of Personality and Social Psychology, 85,* 250–263.

Drucker, P. F. (1954). *The practice of management.* New York, NY: Harper.

Dweck, C. S. & Leggett, E. L. (1988). A social-cognitive approach to motivation and personality. *Psychological Review, 95,* 256–273.

Elliot, A. J. & Church, M. A. (1997). A hierarchical model of approach and avoidance achievement motivation. *Journal of Personality and Social Psychology, 72,* 218–232.

Elliott, E. S. & Dweck, C. S. (1988). Goals: An approach to motivation and achievement. *Journal of Personality and Social Psychology, 54,* 5–12.

Epstein, S., Pacini, R., Denes-Raj, V. & Heier, H. (1996). Individual differences in intuitive-experiential and analytical-rational thinking styles. *Journal of Personality and Social Psychology, 71,* 390–405.

Fiedler, K. & Bless, H. (2002). Soziale Kognition. In W. Stroebe, K. Jonas & M. Hewstone (Hrsg.), *Sozialpsychologie* (S. 125–164). Berlin: Springer.

Fröhlich, S. & Kuhl, J. (2003). Das Selbststeuerungsinventar. Dekomponierung volitionaler Funtkionen. In J. Stiensmeier-Pelster & F. Rheinberg (Hrsg.), *Diagnostik von Motivation und Selbstkonzept* (S. 221–257). Göttingen: Hogrefe.

Fuhrmann, A. & Kuhl, J. (1998). Maintaining a healthy diet: Effects of personality and self-reward versus self-punishment on commitment to and enactment of self-chosen and assigned goals. *Psychology and Health, 13,* 651–686.

Gigerenzer, G. (2002). The adaptive toolbox. In G. Gigerenzer & R. Selten (Eds.), *Bounded rationality: The adaptive toolbox* (pp. 37–50). Cambridge, MA: MIT.

Gigerenzer, G. & Goldstein, D. G. (1996). Reasoning the fast and frugal way: Models of bounded rationality. *Psychological Review, 103,* 650–669.

Gigerenzer, G. & Selten, R. (Eds.). (2002). *Bounded rationality: The adaptive toolbox.* Cambridge, MA: MIT.

Gollwitzer, P. M. (1999). Implementation intentions: Strong effects of simple plans. *American Psychologist, 54,* 493–503.

Gollwitzer, P. M. (2000a). Goals. In A. E. Kazdin (Ed.), *Encyclopedia of Psychology* (Vol. 3, pp. 501–502). Oxford: Oxford University Press.

Gollwitzer, P. M. (2000b). Volition. In A. E. Kazdin (Ed.), *Encyclopedia of Psychology* (Vol. 8, pp. 210–214). Oxford: Oxford University Press.

Gollwitzer, P. M. & Brandstätter, V. (1997). Implementation intentions and effective goal-pursuit. *Journal of Personality and Social Psychology, 73,* 186–199.

Gollwitzer, P. M. & Kinney, R. F. (1989). Effects of deliberative and implemental mind-sets on illusion of control. *Journal of Personality and Social Psychology, 56,* 531–542.

Heckhausen, H. & Gollwitzer, P. M. (1987). Thought contents and cognitive functioning in motivational versus volitional states of mind. *Motivation and Emotion, 11,* 101–120.

Heckhausen, H. & Kuhl, J. (1985). From wishes to action: The dead-ends and short-cuts on the long way to action. In M. Frese & J. Sabini (Eds.), *Goal-directed behavior: The concept of action in psychology* (pp. 134–160). Hillsdale, NJ: Erlbaum.

Heckhausen, J. & Heckhausen, H. (Hrsg.). (2006). *Motivation und Handeln.* Berlin: Springer.

Holland, J. L. (1997). *Making vocational choices: A theory of vocational personalities and work environments.* Englewood Cliffs, NJ: Prentice-Hall.

Janis, I. L. (1982). *Groupthink.* Boston, MA: Houghton Mifflin.

Jaramillo, F. & Spector, P. E. (2004). The effects of action orientation on the academic performance of undergraduate marketing majors. *Journal of Marketing Education, 26,* 250–260.

Jung, C. G. (1986). *Psychologische Typen.* Olten: Walter.

Kahneman, D., Slovic, P. & Tversky, A. (Eds.). (1982). *Judgement under Uncertainty: Heuristics and Biases.* Cambridge: Cambridge University Press.

Kanfer, R. (2005). Self-regulation research in work and I/O Psychology. *Applied Psychology: An international review, 54,* 186–191.

Kanfer, R. & Ackerman, P. L. (1989). Motivation and cognitive abilities: An integrative/aptitude-treatment interaction approach to skill acquisition. *Journal of Applied Psychology, 74,* 657–690.

Katz, D. & Kahn, R. L. (1966). *The social psychology of organizations.* New York, NY: Wiley.

Kazén, M. & Kuhl, J. (2005). Intention memory and achievement motivation: Volitional facilitation and inhibition as a function of affective contents of need-related stimuli. *Journal of Personality and Social Psychology, 89,* 426–448.

Keenan, J. P., Nelson, A., O'Connor, M. & Pascual-Leone, A. (2001). Self-recognition and the right hemisphere. *Nature, 409,* 305.

Kircher, T. T. J., Brammer, M., Bullmore, E., Simmons, A., Bartels, M. & David, A. S. (2002). The neural correlates of intentional and incidental self processing. *Neuropsychologia, 40,* 683–692.

Klein, H. J., Alge, B. J., Wesson, M. J. & Hollenbeck, J. R. (1999). Goal commitment and the goal-setting process: Conceptual clarification and empirical synthesis. *Journal of Applied Psychology, 84,* 885–896.

Klein, S. B., Cosmides, L., Tooby, J. & Chance, S. (2002). Decisions and the evolution of memory: Multiple systems, multiple functions. *Psychological Review, 109,* 306–329.

Kleinbeck, U. & Schmidt, K.-H. (1979). Aufgabenwahl im Ernstfall einer betrieblichen Ausbildung: Instrumentalitätstheoretische Ergänzung zum Risikowahlmodell. *Zeitschrift für Entwicklungspsychologie und Pädagogische Psychologie, 11,* 1–11.

Kleinbeck, U. & Schmidt, K.-H. (1990). *Work motivation.* Hillsdale, NJ: Erlbaum.

Koestner, R., Lekes, N., Powers, T. A. & Chicoine, E. (2002). Attaining personal goals: Self-concordance plus implementation intentions equals success. *Journal of Personality and Social Psychology, 83,* 231–244.

Koole, S. L. (2004). Volitional shielding of the self: Effects of action orientation and external demands on implicit self-evaluation. *Social Cognition, 22,* 100–125.

Koole, S. L. & Jostmann, N. (2004). Getting a grip on your feelings: Effects of action orientation and social demand on intuitive affect regulation. *Journal of Personality and Social Psychology, 87,* 974–990.

Koole, S. L., Kuhl. J., Jostmann, N. & Vohs, K. D. (2005). On the hidden benefits of state orientation: Can people prosper without efficient affect regulation skills? In A. Tesser, J. Wood & D. A. Stapel (Eds.), *On building, defending, and regulating the self. A psychological perspective* (pp. 217–243). London: Taylor & Francis.

Kuhl, J. (1978). Situations-, reaktions- und personenbezogene Konsistenz des Leistungsmotivs bei der Messung mittels des Heckhausen-TAT. *Archiv für Psychologie, 130,* 37–52.

Kuhl, J. (1983). *Motivation, Konflikt und Handlungskontrolle.* Heidelberg: Springer.

Kuhl, J. (2000). A functional-design approach to motivation and volition: The dynamics of personality systems interactions. In M. Boekaerts, P. R. Pintrich & M. Zeidner (Eds.), *Self-regulation: Directions and challenges for future research* (pp. 111–169). New York, NY: Academic Press.

Kuhl, J. (2001). *Motivation und Persönlichkeit. Die Interaktion psychischer Systeme.* Göttingen: Hogrefe.

Kuhl, J. & Beckmann, J. (Eds.). (1985). *Action control. From cognition to behavior.* New York, NY: Springer.

Kuhl, J. & Beckmann, J. (Eds.). (1994). *Volition and Personality. Action versus state orientation.* Göttingen: Hogrefe.

Kuhl, J. & Henseler, W. (2003). Entwicklungsorientiertes Scanning (EOS). In L. von Rosenstiel & J. Erpenbeck (Hrsg.), *Handbuch Kompetenzmessung* (S. 428–453). Stuttgart: Schäffer-Poeschel.

Kuhl, J. & Kazén, M. (1994). Self-discrimination and memory: State orientation and false self-ascription of assigned activities. *Journal of Personality and Social Psychology, 66,* 1103–1115.

Kuhl, J. & Kazén, M. (1999). Volitional facilitation of difficult intentions: Joint activation of intention memory and positive affect removes Stroop interference. *Journal of Experimental Psychology: General, 128,* 382–399.

Kuhl, J. & Koole, S. (2005). Wie gesund sind Ziele? Intrinsische Motivation, Affektregulation und das Selbst. In R. Vollmeyer & J. C. Brunstein (Hrsg.), *Motivationspsychologie und ihre Anwendung.* Stuttgart: Kohlhammer.

Kuhl, J., Scheffer, D. & Eichstaedt, J. (2003). Der Operante Motiv-Test (OMT): Ein neuer Ansatz zur Messung impliziter Motive. In J. Stiensmeier-Pelster & F. Rheinberg (Hrsg.), *Diagnostik von Motivation und Selbstkonzept* (S. 129–149). Göttingen: Hogrefe.

Latham, G. P., Locke, E. A. & Fassina, N. E. (2002). The high performance cycle: Standing the test of time. In S. Sonnentag (Ed.), *Psychological management of individual performance* (pp. 201–228). Chichester: Wiley.

Levesque, J., Fanny, E., Joanett, Y., Paquette, V., Mensour, B., Beaudouin, G., Leroux, J.-M., Borugouin, P. & Beauregard, M. (2003). Neural circuitry underlying voluntary suppression of sadness. *Biological Psychiatry, 53,* 502–510.

Locke, E. A. & Latham, G. P. (1990a). *A theory of goal setting and task performance.* Englewood Cliffs, NJ: Prentice-Hall.

Locke, E. A. & Latham, G. P. (1990b). Work motivation and satisfaction: Light at the end of the tunnel. *Psychological Science, 1,* 240–246.

Locke, E. A. & Latham, G. P. (2002). Building a particular useful theory of goal setting and task motivation: A 35 year odyssey. *American Psychologist, 57,* 705–717.

Locke, E. A. & Latham, G. P. (2004). What should we do about motivation theory? Six recommendations for the twenty-first century. *The Academy of Management Review, 29,* 388–403.

Martens, J. U. & Kuhl, J. (2004). *Die Kunst der Selbstmotivierung. Neue Erkentnisse der Motivationsforschung praktisch nutzen.* Stuttgart: Kohlhammer.

McAdams, D. P. & Vaillant, G. E. (1982). Intimacy motivation and psychosocial adjustment: A longitudinal study. *Journal of Personality Assessment, 46,* 586–593.

McClelland, D. C. (1975). *Power. The inner experience.* New York, NY: Irvington.

McClelland, D. C. (1985). *Human Motivation.* Glenview, IL: Scott, Foresman and Company.

McClelland, D. C., Atkinson, J. W., Clark, R. A. & Lowell, E. L. (1953). *The achievement motive.* New York, NY: Appleton-Century-Crofts.

McClelland, D. C. & Boyatzis, R. E. (1982). The leadership motive pattern and long term success in management. *Journal of Applied Psychology, 67,* 737–743.

McClelland, D. C., Koestner, R. & Weinberger, J. (1989): How do self-attributed and implicit motives differ? *Psychological Review, 96,* 690–702.

Meyer, G. J., Finn, S. E., Eyde, L. D., Kay, G. G., Moreland, K. L., Dies, R. R., Eisman, E. J., Kubiszyn, T. W. & Reed, G. M. (2001). Psychological testing and psychological assessment: A review of evidence and issues. *American Psychologist, 56,* 128–165.

Nerdinger, F. W. (2001). Motivierung. In H. Schuler (Hrsg.), *Lehrbuch der Personalpsychologie* (S. 349–372). Göttingen: Hogrefe.

Neuman, G. A. & Kickul, J. R. (1998). Organizational citizenship behaviors: Achievement orientation and personality. *Journal of Business and Psychology, 13,* 263–279.

Nisbett, R. E. & Wilson, T. D. (1977). Telling more than we can know: Verbal reports on mental processes. *Psychological Review, 84,* 231–259.

Oettingen, G., Pak, H. J. & Schnetter, K. (2001). Self-regulation of goal-setting: Turning free fantasies about the future into binding goals. *Journal of Personality and Social Psychology, 80,* 736–753.

O'Leary-Kelly, A. M., Martocchio, J. J. & Frink, D. D. (1994). A review of the influence of group goals on performance. *Academy of Management Journal, 37,* 1285–1301.

Orbell, S. (2003). Personality systems interactions theory and the theory of planned behaviour: Evidence that self-regulatory volitional components enhance enactment of studying behaviour. *British Journal of Social Psychology, 42,* 95–112.

Organ, D. W. (1997). Organizational citizenship behavior: It's construct clean-up time. *Human performance, 10,* 85–97.

Pritchard, R. D., Jones, S. D., Roth, P. L., Stuebing, K. K. & Ekeberg, S. E. (1989). The evaluation of an integrated approach to measuring organizational productivity. *Personnel Psychology, 42,* 69–115.

Rheinberg, F. (2006). Intrinsische Motivation und Flow-Erleben. In J. Heckhausen & H. Heckhausen (Hrsg.), *Motivation und Handeln* (S. 331–354). Berlin: Springer.

Rodgers, R. & Hunter, J. E. (1991). Impact of Management by objectives on organizational productivity. *Journal of Applied Psychology, 76,* 322–336.

Rosenstiel, L. von & Comelli, G. (2003). *Führung zwischen Stabilität und Wandel.* München: Vahlen.

Sarges, W. (2000). Diagnose von Managementpotential für eine sich immer schneller und unvorhersehbarer ändernde Wirtschaftswelt. In L. von Rosenstiel & T. Lang-von Wins (Hrsg.), *Perspektiven der Potentialbeurteilung* (S. 107–128). Göttingen: Hogrefe.

Sarges, W. & Scheffer, D. (2009). *Innovative Ansätze in der Eignungsdiagnostik.* Göttingen: Hogrefe.

Sarges, W. & Wottawa, H. (2004). *Handbuch wirtschaftspsychologischer Testverfahren.* Lengerich: Pabst.

Scheffer, D. (2003). Job Characteristics. In R. Fernandez-Ballesteros (Ed.), *Encyclopedia of psychological assessment* (pp. 515–522). London: Sage.

Scheffer, D. (2005). *Implizite Motive.* Göttingen: Hogrefe.

Scheffer, D., Eichstaedt, J., Chasiotis, A. & Kuhl, J. (2007). Towards an integrated measure of need affiliation and agreeableness derived from the Operant Motive Test. *Psychology Science, 49,* 308–324.

Scheffer, D. & Heckhausen, H. (2006). Eigenschaftstheorien der Motivation. In J. Heckhausen & H. Heckhausen (Hrsg.), *Motivation und Handeln* (S. 45–72). Berlin: Springer.

Scheffer, D. & Kuhl, J. (2006). *Erfolgreich motivieren.* Göttingen: Hogrefe.

Scheffer, D., Kuhl, J. & Eichstaedt, J. (2003). Der Operante Motiv-Test (OMT): Inhaltsklassen, Auswertung, psychometrische Kennwerte und Validierung. In J. Stiensmeier-Pelster & F. Rheinberg (Hrsg.), *Diagnostik von Motivation und Selbstkonzept* (S. 151–168). Göttingen: Hogrefe.

Scheffer, D., Schmitz, H. & Sarges, W. (2007). *Kompetenzmodelle auf Basis des Wertequadrates als Motor von Veränderungen in Unternehmen.* In F. Westermann (Hrsg.), *Entwicklungsquadrat* (S. 223–244). Göttingen: Hogrefe.

Scherm, M. & Sarges, W. (2002). *360°-Feedback.* Göttingen: Hogrefe.

Schmalt, H.-D. & Heckhausen, H. (1992). Motivation. In H. Spada (Hrsg.), *Allgemeine Psychologie* (S. 451–494). Bern: Huber.

Schmidt, F. L. (1993). Personnel psychology at the cutting edge. In N. Schmitt & W. C. Borman (Eds.), *Personnel selection in organizations* (pp. 497–515). San Francisco, CA: Jossey-Bass.

Schmidt, K.-H. & Kleinbeck, U. (1990). The role of goal setting and feedback in job design. In U. Kleinbeck & K.-H. Schmidt (Eds.), *Work motivation* (pp. 105–118). Hillsdale, NJ: Erlbaum.

Schmidt, K.-H. & Kleinbeck, U. (2004). Leistung und Leistungsförderung. In H. Schuler (Hrsg.), *Organisationspsychologie – Grundlagen und Personalpsychologie* (Enzyklopädie der Psychologie, Serie Wirtschafts- Organisations- und Arbeitspsychologie, Bd. 3, S. 891–945). Göttingen: Hogrefe.

Schneider, B. (1987). The people make the place. *Personnel Psychology, 40,* 437–453.

Schneider, B., Goldstein, H. W. & Smith, D. B. (1995). The ASA framework: An update. *Personnel Psychology, 48,* 747–773.

Schneider, B., Smith, D. B., Taylor, S. & Fleenor, J. (1998). Personality and organizations: A test of the homogeneity of personality hypothesis. *Journal of Applied Psychology, 83,* 462–470.

Schneider, K. (1973). *Motivation unter Erfolgsrisiko.* Göttingen: Hogrefe.

Schuler, H. (2001). Arbeits- und Anforderungsanalyse. In H. Schuler (Hrsg.), *Lehrbuch der Personalpsychologie* (S. 43–62). Göttingen: Hogrefe.

Schulz von Thun, F. (1989). *Miteinander reden* (Bd. 2). Reinbek: Rowohlt.

Seijts, G. H., Latham, G. P., Tasa, K. & Latham, B. W. (2004). Goal setting and goal orientation: An integration of two different yet related literatures. *Academy of Management Journal, 47,* 227–239.

Sheeran, P. (2002). Intention-behavior relations: A conceptual and empirical review. In W. Stroebe & M. Hewstone (Eds.), *European review of social psychology* (pp. 1–36). Chichester: Wiley.

Sheeran, P. & Orbell, S. (2000). Using implementation intentions to increase attendance for cervical cancer screening. *Health Psychology, 18,* 283–289.

Sheeran, P., Webb, T. L. & Gollwitzer, P. M. (2005). The interplay between goal intentions and implementation intentions. *Personality and Social Psychology Bulletin, 31,* 87–98.

Sheldon, K. M. & Elliot, A. J. (1999). Goal striving, need-satisfaction, and longitudinal well-being: The self-concordance model. *Journal of Personality and Social Psychology, 76,* 482–497.

Sheldon, K. M. & Kasser, T. (1995). Coherence and congruence: Two aspects of personality integration. *Journal of Personality and Social Psychology, 68,* 531–543.

Simon, H. A. (1956). Rational choice and the structure of environments. *Psychological Review, 63,* 129–138.

Smith, P. C. & Kendall, L. M. (1963). Retranslation of expectations: An approach to the construction of unambiguous anchors for rating scales. *Journal of Applied Psychology, 47,* 149–155.

Spangler, W. D. (1992). Validity of questionnaire and TAT measures of need for achievement: Two meta-analyses. *Psychological Bulletin, 112,* 140–154.

Sprenger, R. K. (1999). *Mythos Motivation.* Frankfurt a. M.: Campus.

Staw, B. M. & Boettger, R. D. (1990). Task revision: A neglected form of work performance. *Academy of Management Journal, 33,* 534–559.

Steel, P. & König, C. J. (2006). *Integrating Theories of Motivation. Academy of management review, 31,* 889–913.

Todd, P. M. (2002). Fast and frugal heuristics for environmentally bounded minds. In G. Gigerenzer & R. Selten (Eds.), *Bounded rationality. The adaptive toolbox* (pp. 51–70). Cambridge, MA: MIT.

Trope, Y. & Brickman, P. (1975). Difficulty and diagnosticity as determinants of choice among tasks. *Journal of Personality and Social Psychology, 31,* 918–926.

Tuerlinckx, F., De Boeck, P. & Lens, W. (2002). Measuring needs with the Thematic Apperception Test: A psychometric study. *Journal of Personality and Social Psychology, 82,* 448–461.

Vancouver, J. B. & Day, D. V. (2005). Industrial and organisation research on self-regulation: From constructs to applications. *Applied Psychology: An International Review, 54,* 155–185.

Vroom, V. H. (1995). *Work and motivation.* San Francisco, CA: Jossey-Bass.

Watson, D. & Clark, L. A. (1997). Extraversion and its positive emotional core. In R. Hogan, J. Johnson & S. Briggs (Eds.), *Handbook of personality psychology* (pp. 767–793). San Diego, CA: Academic Press.

Watson, D. & Tellegen, A. (1985). Toward a consensual structure of mood. *Psychological Bulletin, 98,* 219–235.

Watson, D., Wiese, D., Vaidya, J. & Tellegen, A. (1999). The two general activation systems of affect: Structural findings, evolutionary considerations, and psychobiological evidence. *Journal of Personality and Social Psychology, 76,* 820–838.

Webb, T. L. & Sheeran, P. (2004). Identifying good opportunities to act: Implementation intentions and cue discrimination. *European Journal of Social Psychology, 34,* 407–419.

Weinert, A. B. (2001). Psychology of career development. In N. J. Smelser & P. B. Baltes (Eds.), *International encyclopedia of the social & behavioral sciences* (pp. 1471–1476). New York, NY: Elsevier.

Weinert, A. B. (2004). *Organisationspsychologie. Ein Lehrbuch.* Weinheim: Beltz.

Welch, J. & Byrne, J. (2001). *Jack. Straight from the gut.* New York, NY: Warner.

White, R. W. (1959). Motivation reconsidered: The concept of competence. *Psychological Review, 66,* 297–333.

Winter, D. G. (1996). *Personality. Analysis and interpretation of lives.* New York, NY: McGraw-Hill.

Winter, D. G., Stewart, A., John, O. P., Klohnen, E. C. & Duncan, L. E. (1998). Traits and motives: Toward an integration of two traditions in personality research. *Psychological Review, 105,* 230–250.

Winters, D. & Latham, G. P. (1996). The effect of learning versus outcome goals on a simple versus a complex task. *Group and organizational management, 21,* 235–250.

Wittling, W. (1990). Psychophysiological correlates of human brain asymmetry: Blood pressure changes during lateralized presentation of an emotionally laden film. *Neuropsychologia, 28,* 457–470.

Wood, R. E., Bandura, A. & Bailey, T. (1990). Mechanisms governing organizational productivity in complex decision-making environments. *Organizational Behavior and Human Decision Processes, 46,* 181–201.

Wood, R. E., Mento, A. J. & Locke, E. A. (1987). Task complexity as a moderator of goal effects: A meta-analysis. *Journal of Applied Psychology, 72,* 416–425.

Wunderer, R. & Küpers, W. (2003). *Demotivation → Remotivation.* München: Luchterhand.

4. Kapitel

Leistungsbeurteilung, Leistungsfeedback und Feedbackwirkungen

Klaus-Helmut Schmidt

1 Einleitung und Überblick

Menschen im Allgemeinen und Mitglieder von Arbeitsorganisationen im Besonderen agieren in komplexen Informationsumgebungen (Hanser & Muchinsky, 1978; Steelman, Levy & Snell, 2004), die von einer Vielzahl von Informationsquellen konstituiert und versorgt werden (vgl. Greller & Herold, 1975; Rosen, Levy & Hall, 2006). Neben anderen Sachverhalten beziehen sich die Informationsquellen in Arbeitsorganisationen auch und vor allem auf die Arbeitsleistungen der Organisationsmitglieder und nehmen hierzu in der einen oder anderen Form Stellung. Diese Stellungnahmen lassen sich als Reaktionen der Informationsumgebung auf die Leistungsbeiträge der Organisationsmitglieder interpretieren (vgl. z. B. Naylor, Pritchard & Ilgen, 1980; Schmidt, 2004). Die Reaktionen können zum einen direkt aus dem Arbeits- und Tätigkeitsvollzug resultieren (einschließlich der hierbei eingesetzten Arbeitsmittel); zum anderen können sie über soziale und organisatorische Informationsquellen vermittelt sein. Während die aus dem Arbeits- und Tätigkeitsvollzug resultierenden Reaktionen aufgaben- bzw. tätigkeitsinhärenter und damit sachlicher Natur sind, enthalten die über soziale und organisatorische Informationsquellen vermittelten Reaktionen in der Regel auch eine Bewertung des Arbeitsverhaltens und der hieraus resultierenden Ergebnisse. Diese Bewertungen können an unterschiedlichen Kriterien orientiert sein. Ein häufig herangezogenes Bewertungskriterium ist das Ausmaß, in dem die Arbeitsleistungen dazu beitragen, die Organisationsziele zu erreichen.

Einige dieser Informationsquellen sind speziell zum Zwecke solcher Bewertungen installiert worden und haben die mehr oder weniger formale Aufgabe, die Leistungen der Organisationsmitglieder zu erfassen, zu beurteilen sowie die Ergebnisse dieser Erfassungs- und Beurteilungsprozesse an die Personen zurückzumelden. Andere Quellen tun dies mehr im „Verborgenen“ und ohne offiziellen Auftrag. Gleichwohl stellen auch sie entsprechende Feedbackinformationen bereit.

Mit der Vermittlung solcher bewertenden Feedbackinformationen sind augenscheinlich immer auch bestimmte Absichten verbunden. Eine zentrale Absicht dürfte darin bestehen, über die Feedbackinhalte den Organisationsmitgliedern transparent zu machen, welchem Verhalten bzw. welchen Ergebnissen überhaupt der Status einer Arbeitsleistung beigemessen wird. Denn Leistungen sind nicht durch bestimmte Handlungen oder Ergebnisse an sich definiert; was im jeweiligen Kontext als Leistung gilt, wird vielmehr erst durch entsprechende soziale Beurteilungs- und Bewertungsprozesse festgelegt und hierdurch erkennbar (vgl. Ilgen & Schneider, 1991; Motowidlo, Borman & Schmit, 1997). Neben dieser *leistungsbestimmenden Funktion* verfolgt das Vermitteln von Feedback darüber hinaus das nicht weniger bedeutsame Ziel, die Organisationsmitglieder anzuregen bzw. in Stand zu setzen, ihre Leistungen zu verbessern. Gerade diese *leistungsfördernde Funktion* von Leistungsbeurteilungen und -rückmeldungen hat in Forschung und Praxis gleichermaßen große Aufmerksamkeit gefunden (vgl. z. B. London, 2003; Viswesvaran, 2002). Aus Sicht der Organisationsmitglieder kann Feedback schließlich auch dazu beitragen, persönliche Unsicherheit bezüglich der Angemessenheit des Arbeitsverhaltens und der eigenen Leistungsbeiträge zu reduzieren sowie Gefühle von Kompetenz zu entwickeln und aufrechtzuerhalten.

Ob und unter welchen Bedingungen diese Funktionen erfüllt werden, insbesondere die leistungsfördernde Funktion des Feedback, ist der Hauptgegenstand des vorliegenden Beitrags. Der Beitrag konzentriert sich dabei im Wesentlichen auf Rückmeldungen, die Einzelpersonen vermittelt werden (zu team- bzw. gruppenbezogenen Rückmeldungen vgl. Kleinbeck in diesem Band). Der zweite Abschnitt geht zunächst auf verschiedene Feedbackquellen und Feedbackarten bei der Arbeit ein und beschreibt zwei Formen des Feedback, die insbesondere von Vorgesetzten in der Praxis vermittelt werden. Der dritte Abschnitt ist einigen einflussreichen Theorieansätzen zur Erklärung der Leistungswirkungen von Rückmeldungen gewidmet und fasst die hierzu vorliegenden empirischen Befunde zusammen. Im vierten Abschnitt wird die in der Feedbackliteratur lange Zeit dominierende Rolle der Arbeitsperson als passivem Feedbackempfänger um die Rolle eines aktiven Feedbacksuchers erweitert. Der fünfte Abschnitt nimmt einen weiteren Perspektivenwechsel vor, in dem er den Feedbackprozess nicht aus Sicht eines Feedbackempfängers oder -suchers beleuchtet, sondern aus Sicht des in der Praxis bedeutsamsten Feedbackgebers, des Vorgesetzten. Der Beitrag schließt mit einer Zusammenfassung und Hinweisen auf offene Forschungsfragen, die der weiteren Bearbeitung bedürfen, nicht zuletzt aus praktisch bedeutsamen Gründen.

2 Leistungsfeedback als Bestandteil der Informationsumgebung

2.1 Feedbackquellen und Feedbackarten

Das Konzept der Informationsumgebung beinhaltet die Vorstellung, dass leistungsbezogenes Feedback durch mehrere Quellen vermittelt wird (vgl. Steelman et al., 2004). In einer einflussreichen Untersuchung haben Greller und Herold (1975) fünf Informationsquellen im Kontext von Arbeit unterschieden. Danach können neben den klassischen sozialen Feedbackquellen wie Vorgesetzte und gleichgestellte Mitarbeiter auch die Organisation, die Aufgabe sowie nicht zuletzt die arbeitende Person selbst als potenzielle Feedbackquelle gelten. Die Organisation legt z. B. über leistungsbezogene Entgeltsysteme oder andere strukturell verankerte Verfahren der Leistungserfassung bestimmte Schlussfolgerungen bezüglich der eigenen Leistung nahe. Darüber hinaus wird der Prozess der Aufgabenbearbeitung von vielfältigen aufgabeninhärenten Rückmeldungen begleitet, die in Kombination mit dem unmittelbaren Informationsrückfluss aus den Arbeitshandlungen der ausführenden Person eine mehr oder weniger kontinuierliche Leistungsüberwachung und -beurteilung ermöglichen.

Diese Quellen können nach Greller und Herold (1975) zwei Arten von Feedbackinformationen liefern: (a) *anforderungs- bzw. ausführungsbezogenes Feedback* sowie (b) *ergebnisbezogenes (bewertendes) Feedback*. Während die erste Feedbackart darüber informiert, welches Verhalten zur Bewältigung der Aufgabenanforderungen beitragen kann, gibt die zweite Feedbackart Auskunft über die hierbei erzielten Ergebnisse und deren Bewertung (vgl. auch Abschnitt 3.5). In ihrer Untersuchung konnten Greller und Herold (1975) zeigen, dass im Urteil der befragten Personen sich diese beiden Feedbackarten nicht hinsichtlich ihres Informationsreichtums unterscheiden, wohl aber die fünf Feedbackquellen. Neben der eigenen Person und der Aufgabe liefern Vorgesetzte demnach signifikant mehr Informationen als gleichgestellte Mitarbeiter. Der geringste Informationsgehalt wird der Organisation als Feedbackquelle beigemessen.

Hanser und Muchinsky (1978) konnten diese Beobachtungen in zwei weiteren Untersuchungen replizieren. Darüber hinaus fanden sie gleichgerichtete Unterschiede zwischen den Feedbackquellen in Bezug auf die wahrgenommene Zuverlässigkeit der vermittelten Feedbackinformationen. Rückmeldungen aus dem Vollzug der Aufgabenbearbeitung (Aufgabe, eigene Person) und von Vorgesetzten werden als reliabler erlebt als Rückmeldungen von Kollegen. Den über die Organisation vermittelten Rückmeldungen wird die geringste Zuverlässigkeit beigemessen. Diese Unterschiede in der Zuverlässigkeit und im Informationsgehalt hat man in der älteren Literatur mit dem Konzept der „psychologischen Nähe“ der Quellen zum Feedbackempfänger zu erklären versucht. Wegen seiner theoretischen Unschärfe (vgl. Ilgen, Fisher & Taylor, 1979) ist dieser Erklärungsansatz allerdings nicht weiter verfolgt worden.

Mit Blick auf Veränderungen in der Arbeitswelt dürften heutzutage weitere Informationsquellen zu berücksichtigen sein (Smither, London & Reilly, 2005). So lässt die Ausweitung des Dienstleistungsbereichs erwarten, dass Kunden, Klienten und andere Dienstleistungsempfänger zunehmend mehr die Informationsumgebung bei der Arbeit prägen (vgl. Nerdinger, 1994). Deren leistungsbezogenen Urteilen kommt insbesondere angesichts des verschärften Wettbewerbs in diesem Sektor eine steigende Bedeutung für die Gestaltung von Dienstleistungsprozessen zu (vgl. Korunka, Scharitzer & Sonnek, 2003). Darüber hinaus hat der verbreitete Einsatz moderner Informations- und Kommunikationstechnologien das Spektrum der Feedbackquellen erheblich erweitert. Hierdurch bieten sich einerseits neuartige Möglichkeiten, die Arbeitsausführung durch technisch vermittelte Feedbackinformationen zu unterstützen (vgl. Konradt in diesem Band) oder netzbasierte Feedbacksysteme zu installieren, über die Vorgesetzte, Mitarbeiter oder Kollegen unabhängig von Zeit und Ort Feedback sowohl geben als auch empfangen können (vgl. z. B. Geister & Scherm, 2004). Andererseits bergen diese Technologien aber auch gewisse Risiken und Gefahren. Man denke z. B. an die Einführung elektronischer Leistungsüberwachungs- und kontrollsysteme, die häufig als Bedrohung der Privatheit und als ungerecht erlebt werden (vgl. Alge, 2001; Ambrose & Alder, 2000; Stone, Stone-Romero & Lukaszewski, 2003).

2.2 Zwei Formen des Feedbacks durch Vorgesetzte

Unter allen Feedbackquellen kommt dem Vorgesetzten in der Praxis die größte Bedeutung zu (vgl. Gosselin, Werner & Halle, 1997; London, 2003). Hierfür dürften vor allem zwei Gründe ausschlaggebend sein: Der erste Grund ist darin zu sehen, dass es in vielen Unternehmen zu den formalen Aufgaben von Vorgesetzten gehört, die Leistungen ihrer Mitarbeiter zu beurteilen und über Feedbackprozesse zu steuern und zu fördern. Der zweite Grund besteht in der großen Flexibilität und Unmittelbarkeit, mit der Vorgesetzte auf das aktuelle Mitarbeiterverhalten und die hiermit verbundenen Ergebnisse reagieren können. Zwar können auch Kollegen, Mitarbeiter oder Kunden in flexibler Weise unmittelbare Leistungsrückmeldungen geben; sie haben hierfür in der Regel allerdings keinen formalen Auftrag.

Schuler (2004a) hat neben der Potenzialbeurteilung, die der Fähigkeitseinschätzung der Mitarbeiter und der Prognose ihrer beruflichen Entwicklungen dient, zwei Ebenen bzw. Formen der Leistungsbeurteilung und -rückmeldung durch Vorgesetzte unterschieden. Eine dieser Formen akzentuiert mehr den Aspekt der Flexibilität und Unmittelbarkeit in den Vorgesetztenreaktionen, die andere mehr die formale Seite der Rolle des Vorgesetzten als Feedbackvermittler. Die erste Form, das *„Day-to-day-Feedback"*, beinhaltet die täglichen Interaktionen zwischen Vorgesetzten und Mitarbeitern und die im Rahmen dieser Interaktionen informell ablaufenden Beurteilungs- und Feedbackprozesse (vgl. auch Farr, 1993). Die zweite Form, die sog. *„Regelbeurteilung"*, folgt dagegen formalen Beurteilungsvorschriften und -verfahren und ist an eine systematischere Vorgehensweise gebunden. Solche Regelbeurteilungen finden in vielen Unternehmen turnusmäßig (häufig einmal pro Jahr) im Rahmen von Mitarbeiter- bzw. Beurteilungsgesprächen (vgl. Fiege, Muck & Schuler, 2001; Kießling-Sonntag, 2000) oder Zielvereinbarungsgesprächen statt (vgl. Jetter & Skrotzki, 2000). Beide Formen schließen sowohl ausführungs- als auch ergebnisbezogene Rückmeldungen ein, die sich zudem auf aufgabenbezogene Leistungsbeiträge und auf umfeldbezogene Leistungen („contextual performance"; vgl. Borman & Motowidlo, 1993) beziehen können.

Im Gegensatz zu Regelbeurteilungen ist das Day-to-day-Feedback stark anlassbezogen und dient dazu, unter Bezug auf konkrete Verhaltensweisen und Ergebnisse dem Mitarbeiter Zusammenhänge zu seinen Leistungszielen, den Zielen der Arbeitseinheit sowie zu den Arbeitsvollzügen anderer Personen transparent zu machen. Dies setzt natürlich auf Seiten des Vorgesetzten situationsspezifische Kenntnisse über zielführende Arbeitsweisen und -techniken sowie über aufgabeninterdependente Ursache-Wirkungs-Bezüge in den Arbeitsprozessen seiner Einheit voraus. Das Day-to-day-Feedback hat also im Wesentlichen eine verhaltenslenkende Funktion. Ihm liegen in der Regel keine systematischen Verfahren der Leistungsbeurteilung zugrunde; vielmehr basiert es auf Alltagsbeobachtungen, auf die der Vorgesetzte unmittelbar reagieren kann. In welcher Weise und unter welchen Bedingungen Vorgesetzte im Arbeitsalltag ein leistungsbezogenes Feedback vermitteln, wird im fünften Abschnitt detaillierter beschrieben.

Bei der Regelbeurteilung sind dagegen höhere methodische Ansprüche zu erfüllen. Die hier gegebenen Rückmeldungen leiten sich zumeist aus arbeitsanalytisch (insbesondere anforderungsanalytisch) fundierten Verfahren der Leistungsbeurteilung ab, die speziell zu diesem Zweck entwickelt worden sind und den klassischen Gütekriterien von Reliabilität und Validität zu entsprechen haben. Diese Beurteilungsinstrumente können mehr oder weniger strukturierte Eindrucksschilderungen, verhaltens- bzw. ergebnisbezogene Einstufungsverfahren sowie verschiedene Varianten von Rangordnungsverfahren beinhalten (vgl. im Überblick Schuler & Marcus, 2004). Ihr Abbildungsgegenstand sind aggregierte, über längere Zeitspannen hinweg gesammelte Eindrücke des Vorgesetzten über die verschiedenartigen Leistungsbeiträge des Mitarbeiters. In die Regelbeurteilung fließen also zahlreiche Erfahrungen und Beobachtungen des

Vorgesetzten aus seinen Day-to-day-Interaktionen mit dem Mitarbeiter ein, die zusammengefasst und mittels der genannten Verfahren einer systematischen Bewertung unterzogen werden (Murphy & Cleveland, 1995).

Im Rahmen der Regelbeurteilung können neben diesen subjektiven Beurteilungsverfahren aber auch objektive Leistungsmaße Berücksichtigung finden. Objektive Leistungsmaße sind gewöhnlich weniger anfällig für soziale Urteilsverzerrungen (vgl. Schuler, 2004b); sie bergen allerdings nicht selten die Gefahr der Kontamination bzw. Konfundierung mit Faktoren, die dem Einfluss des Mitarbeiters entzogen sind. Mittlerweile existieren jedoch gut ausgearbeitete und evaluierte Methoden zur Entwicklung valider objektiver Leistungsindikatoren, die neben anderen Kriterien (wie der Vollständigkeit der Leistungsmessung) insbesondere das Kriterium der Beeinflussbarkeit durch das Mitarbeiterverhalten erfüllen (vgl. Pritchard, Kleinbeck & Schmidt, 1993; Schmidt, 2004).

In der Praxis werden Regelbeurteilungen häufig auch dazu genutzt, mit den Mitarbeitern für die zukünftige Arbeitsperiode Leistungsziele zu vereinbaren und unterstützende Maßnahmen zu deren Erreichen abzustimmen. Die nächste Regelbeurteilung bietet dann die Möglichkeit, anhand der zugrunde gelegten Leistungsmaße und Beurteilungsdimensionen den Grad der Zielerreichung ermitteln zu können und hieraus weitere Ziele abzuleiten (vgl. Schmidt & Kleinbeck, 2006). In Feldstudien, die die Wirkungen dieser Kombination von formalen Leistungsbeurteilungen und Zielvereinbarungen an Indikatoren der Arbeitsproduktivität bewertet haben, konnten mehrheitlich Produktivitätsverbesserungen nachgewiesen werden. Einige Studien ließen aber auch keine sowie negative Wirkungen auf die Produktivität erkennen (vgl. Guzzo, Jette & Katzell, 1985; Rodgers & Hunter, 1991).

Zu den subjektiven Reaktionen der von regelmäßigen Leistungsbeurteilungen betroffenen Mitarbeiter liegt mittlerweile ebenfalls ein recht umfangreiches Datenmaterial vor. Demnach reagieren Mitarbeiter umso positiver auf formale Leistungsbeurteilungssysteme, je stärker sie an deren Aufbau und Ausgestaltung beteiligt sind (vgl. Cawley, Keeping & Levy, 1998). Ihre Reaktionen werden in bedeutsamer Weise auch von der Rolle bestimmt, die ihnen im Prozess der Leistungsbeurteilung vom Vorgesetzten eingeräumt wird. Lässt ihnen diese Rolle genügend Einfluss- und Mitsprachemöglichkeiten, dann wird der Vorgang der Leistungsbeurteilung von den Mitarbeitern als gerechter und weniger belastend erlebt als wenn sich ihre Rolle auf die von passiven Informationsempfängern beschränkt. Diese allgemeinen Zusammenhänge zeigen sich allerdings auf dem Hintergrund einer beträchtlichen Variabilität in den subjektiven Reaktionen der Betroffenen, deren Ursachen bisher noch weitgehend unaufgeklärt sind (vgl. Bono & Colbert, 2005; Keeping & Levy, 2000).

3 *Theoretische Grundlagen und empirische Evidenz zu den Leistungswirkungen von Feedback*

Die Vorstellung, dass von Rückmeldungen förderliche Effekte auf die Leistung ausgehen sollten, geht bis auf Thorndikes (1927) bekanntes „Gesetz der Wirkung“ zurück und ist bis heute in Wissenschaft und Praxis weit verbreitet (vgl. z. B. Ashford & Cummings, 1983; London, 2003; Pritchard, Jones, Roth, Stuebing & Ekeberg, 1988). Gleichwohl finden sich auch kritische Stellungnahmen, die Zweifel an der Allgemeingültigkeit dieser Vorstellung anmelden. So gelangten Latham und Locke (1991) in ihrer Literaturübersicht zu dem ernüchternden Schluss, dass „Few concepts in psychology have been written about more uncritically and incorrectly than that of feedback ... Actually, feedback is only information, that is, data, and as such has no necessary consequences at all“ (S. 224).

Kluger und DeNisi (1998) sowie Ilgen und Davis (2000) sehen in Feedback sogar ein „zweischneidiges Schwert“, das schmerzhafte Wunden schlagen kann, von denen selbst die Feedbackgeber nicht unberührt bleiben. Die folgenden Ausführungen gehen zunächst auf einige mögliche Gründe für diese konträren Bewertungen ein.

3.1 Ein kurzer historischer Rückblick

Nach Thorndikes (1927) mechanistischer Auffassung des Lernens durch Versuch und Irrtum wird die Auftretenswahrscheinlichkeit eines auf die Umwelt einwirkenden Verhaltens als Folge positiver Konsequenzen erhöht und als Folge negativer Konsequenzen vermindert. Die positive oder negative Qualität der Konsequenzen leitet sich aus ihrem subjektiven Wert für den Feedbackempfänger ab. Demnach sollte sowohl ein positives als auch ein negatives Feedback das Lernen und damit die Leistung fördern. Denn ein positives Feedback verstärkt korrektes Verhalten, während ein negatives Feedback inkorrektes Verhalten bestraft. Wenngleich eine Reihe empirischer Befunde diese Vorhersage stützen können (vgl. Spada, Ernst & Ketterer, 1990), so wurden aber auch einige erwartungswidrige Wirkungen beobachtet.

Thorndike (1913) berichtete z. B. selbst, dass in schulischen Kontexten ein Leistungsfeedback über Zensuren das Lernen und die Leistung beeinträchtigen kann. Er versuchte diese Beobachtung durch zwei Merkmale von Schulzensuren zu erklären, deren Effekte das Gesetz der Wirkung allerdings nicht vorherzusagen erlaubt. Das erste Merkmal betrifft den normativen Bezug (Vergleich mit anderen) von Schulzensuren, das zweite deren mangelnde Verhaltensspezifität. Neuere Theorieansätze, die ein normatives Feedback mit Konzepten intrinsischer und extrinsischer Motivation verknüpfen und die präzisere Vorstellungen zur Wirkung von Variationen der Feedbackspezifität entwickelt haben, dürften eher in der Lage sein, den von Thorndike (1913) beschriebenen Befund verständlich zu machen (vgl. Abschnitt 3.4 und 3.5).

Das Sammelreferat von Ammons (1956) stellt zweifelsohne einen weiteren Meilenstein der älteren Feedbackliteratur dar. Nach Durchsicht zahlreicher laborexperimenteller Ergebnisse insbesondere zur Wirkung des „knowledge of results" (KR), das häufig bei Untersuchungen zum Erwerb sensumotorischer Fertigkeiten eingesetzt wurde (vgl. Heuer, 1983), leitete Ammons zwei allgemeine Annahmen ab, die die Feedbackforschung stark beeinflusst haben. Demnach sollten Rückmeldungen von Leistungsergebnissen sowohl das Lernen begünstigen als auch die Motivation der Feedbackempfänger steigern, ihre Leistungen zu verbessern.

Annett (1969) sowie Kluger und DeNisi (1996) sehen diese Annahmen allerdings durch zumindest zwei Mängel ihrer Ableitung belastet. Aus Sicht dieser Autoren hat Ammons (1956) augenscheinlich von der Diskussion nicht weniger Befunde abgesehen, die mit seinen Annahmen nicht übereinstimmen (z. B. ausbleibende Feedbackeffekte auf hohen Leistungsniveaus). Darüber hinaus basieren die Annahmen zum Teil lediglich auf indirekten Belegen. So begründete Ammons (1956) die Annahme motivationsanregender Feedbackwirkungen u. a. mit dem Hinweis darauf, dass Personen in der Regel gerne ein Feedback erhalten. In dieser Begründung werden also positive Einstellungen gegenüber Rückmeldungen mit der Motivation, die Leistungen zu verbessern, gleichgesetzt. Hierfür werden allerdings keine eindeutigen empirischen Argumente geliefert.

Auch Fried und Ferris (1987) haben die Annahme positiver Feedbackwirkungen auf die Leistung infrage gestellt. In ihrer Metaanalyse der Gültigkeit des Arbeitsmotivationsmodells von Hackman und Oldham (1976) ermittelten sie mit .09 einen schwachen durchschnittlichen Zusammenhang zwischen wahrgenommenem Feedback und der Arbeitsleistung. Dagegen fielen die Feedbackwirkungen auf die Arbeitszufriedenheit mit .41 bedeutsam höher aus (vgl. Schmidt & Kleinbeck, 1999).

3.2 Neuere Theorieansätze und Befunde

Einige neuere Theorievorstellungen aus dem Grundlagen- und Anwendungsbereich haben den Versuch unternommen, das Feedback und seine Leistungswirkungen stärker mit Prozessen der Verhaltensregulation bzw. Handlungskontrolle zu verknüpfen und aus dieser Perspektive zu analysieren. Hierzu gehören die Zielsetzungstheorie von Locke und Latham (1990, 2007), kontrolltheoretische Ansätze (z. B. Carver & Scheier, 1981, 1998; Klein, 1989), die sozial-kognitive Selbstwirksamkeitstheorie von Bandura (1986, 1997) sowie Handlungsregulationsmodelle (Frese & Zapf, 1994; Hacker, 2005). Alle diese Theorievorstellungen weisen zwar einige bedeutsame Unterschiede auf, sie teilen aber auch einen Kern von Grundannahmen.

Eine der Grundannahmen geht davon aus, dass menschliches Verhalten zielgerichtet ist. Das heißt, Verhalten steht im Dienst des Erreichens bestimmter Ziele. Eine an Zielen orientierte Verhaltensregulation setzt allerdings voraus, dass Personen auch Feedbackinformationen darüber vorliegen, ob sie das Ziel erreicht oder inwieweit sie sich vom Ziel entfernt bzw. dem Ziel angenähert haben. Erst ein Vergleich von Feedbackinformationen mit den angestrebten Zielen macht zielgerichtete Verhaltensregulation möglich. Das Ergebnis dieses Vergleichs bestimmt zugleich das Vorzeichen des Feedback. Ein positives Vorzeichen weist darauf hin, dass das Ziel durch die aktuelle (rückgemeldete) Leistung übertroffen wurde (positive Feedback-Ziel-Diskrepanz); ein negatives Feedback signalisiert dagegen, dass die Leistung das Ziel verfehlt, d. h. unterschritten hat (negative Feedback-Ziel-Diskrepanz). Entsprechend dieser Vorstellungen sollten Feedbackeffekte auf die Leistung also nicht isoliert analysiert werden (wie in vielen älteren Untersuchungen), sondern immer im Zusammenspiel mit den jeweils verfolgten Zielen von Personen.

Wenngleich die genannten Theorieansätze solchen *Feedback-Ziel-Diskrepanzen* eine Schlüsselrolle im Prozess der Verhaltensregulation beimessen, so unterscheiden sie sich doch in einigen ihrer Annahmen darüber, wie Menschen diese Diskrepanzen bewerten und hierauf reagieren (vgl. Bandura & Locke, 2003). So gehen Kontrolltheorien davon aus, dass Menschen bestrebt sind, entdeckte Diskrepanzen zu reduzieren. Denn in diesem Theorierahmen wird der Mensch als Regler gesehen, dessen Funktion darin besteht, die Stellgrößen (das Verhalten) so zu beeinflussen, dass Abweichungen zwischen Regelgröße (rückgemeldete Leistung) und Führungsgröße (angestrebtes Leistungsziel) möglichst beseitigt werden (vgl. auch Heuer in diesem Band). Personen sollten demnach auf ein negatives Leistungsfeedback mit verstärkten Ressourceninvestitionen bzw. mit veränderten Arbeitsstrategien reagieren, um die negative Feedback-Ziel-Diskrepanz zu minimieren. Ein positives Feedback sollte Personen dagegen anregen, ihre Ressourceninvestitionen soweit zu reduzieren, bis die Leistung dem Ziel entspricht.

Die Zielsetzungstheorie (Locke & Latham, 1990, 2007; Latham, Locke & Fassina, 2002) und die Selbstwirksamkeitstheorie (Bandura, 1986, 1997) lassen nach negativem Feedback ebenfalls reaktive Leistungssteigerungen erwarten. Diese Leistungssteigerungen werden allerdings nicht durch das Streben nach Diskrepanzreduktion, sondern vielmehr durch die Intention der Zielerreichung motiviert. Im Unterschied zu kontrolltheoretischen Vorstellungen gehen beide Theorien zudem davon aus, dass ein positives Feedback nicht in Leistungsminderungen, sondern in Leistungssteigerungen resultiert (vgl. auch die früheren Ansätze der Anspruchsniveauforschung; z. B. Lewin, Dembo, Festinger & Sears, 1944). Positives Feedback sollte Personen dazu anregen, über das erreichte Leistungsniveau hinaus nochmals höhere Ziele zu setzen, die die positive Feedback-Ziel-Diskrepanz weiter vergrößern. Denn mit dem Erreichen zunehmend höherer Ziele gehen zunehmend höhere intrinsische und extrinsische Anreize einher, deren Antizipation eine solche Form der expandierenden Selbstmotivierung erwarten lässt.

Mit Blick auf diese Diskrepanz vergrößernden bzw. reduzierenden Effekte eines positiven Feedback haben Phillips, Hollenbeck und Ilgen (1996) auf theoretische „Fluchtklauseln" aufmerksam gemacht, die unter bestimmten Bedingungen im Rahmen der Zielsetzungs- und Selbstwirksamkeitstheorie auch Diskrepanz reduzierende und im Rahmen der Kontrolltheorie auch Diskrepanz erzeugende Wirkungen erklären können. Demnach ist davon auszugehen, dass mit dem Verfolgen zunehmend höherer Ziele nicht unbegrenzt höhere Anreize verbunden sind. Denn ab einem bestimmten Leistungsniveau, das allerdings im Vorhinein theoretisch nur schwer vorherzusagen ist, sollte der Wert der erwarteten Anreize in Anbetracht der Aufwendungen, die zu ihrem Erhalt notwendig sind, abnehmen. Erwartete Folge hiervon sind Leistungsminderungen, eine Stabilisierung der Leistung oder ein Aufgabenwechsel.

Die theoretische Fluchtklausel der Kontrolltheorie zur Erklärung Diskrepanz erzeugender Wirkungen eines positiven Feedback leitet sich aus der Annahme hierarchisch verschachtelter Zielsysteme ab (vgl. z. B. Carver & Scheier, 1981, 1998). Demnach sollten Ziele auf höheren Hierarchieebenen Ziele auf nachgeordneten Ebenen kontrollieren. Um sicherzustellen, dass auf höheren Ebenen angesiedelte Leistungsziele (zur antizipierten Diskrepanzreduktion) erreicht werden, können sich Personen auf einer niedrigeren Ebene Ziele setzen, die das bisher erreichte Leistungsniveau übertreffen. Diese Diskrepanz erzeugenden Zielsetzungen werden also als strategisches Mittel zur Diskrepanzreduktion auf höheren Hierarchieebenen eingesetzt (vgl. auch Campion & Lord, 1982).

Daneben bieten sich weitere Optionen, um auf Feedback-Ziel-Diskrepanzen zu reagieren. Angesichts mehrfacher fehlgeschlagener Bemühungen um Zielerreichung können sich Personen dazu entschließen, das Ziel zu senken oder die Zielverfolgung aufzugeben. Feedback-Ziel-Diskrepanzen lassen sich darüber hinaus auch dadurch beseitigen, dass man das Feedback ignoriert oder als invalide bzw. unglaubwürdig zurückweist (vgl. Fedor, 1991; Ilgen et al., 1979). Die Reaktionen auf Feedback-Ziel-Diskrepanzen können demnach sowohl Veränderungen einer der beiden Diskrepanzkomponenten beinhalten (Veränderung der Leistung oder Veränderung des Ziels) als auch auf das Beseitigen einer dieser Komponenten gerichtet sein (Aufgabe des Ziels oder Zurückweisen des Feedback).

In der Literatur lassen sich für alle diese Optionen bzw. Reaktionsmodi empirische Belege finden. So konnte in Übereinstimmung mit Annahmen der Zielsetzungstheorie mehrfach, auch metaanalytisch nachgewiesen werden, dass Ziele in Kombination mit Rückmeldungen stärkere positive Leistungswirkungen entfalten als alleinige Zielsetzungen und Kontrollbedingungen ohne experimentelle Variation der beiden Einflussfaktoren (Mento, Steel & Karren, 1987; Neubert, 1998; Tubbs, 1986). Rückmeldungen verstärken also die positiven Zieleffekte auf die Leistung. Locke und Latham (1990) gehen davon aus, dass diese Effekte durch den Einsatz von vier Mechanismen vermittelt sind. Danach fördern Rückmeldungen und Ziele die Leistung (1) durch die Konzentration und Ausrichtung der Aufmerksamkeit auf die für die Ausführungskontrolle der zielgerichteten Handlungen relevanten Informationen, (2) durch Mobilisierung von Anstrengung, (3) durch eine Erhöhung der Ausdauerbereitschaft bei der Zielverfolgung sowie (4) durch Entwicklung zielangemessener Handlungsstrategien.

Als Reaktionen auf negatives Feedback wurden sowohl Zielrevisionen nach unten beobachtet mit entsprechenden Leistungswirkungen (z. B. Donovan & Williams, 2003; Ilies & Judge, 2005; Williams, Donovan & Dodge, 2000), als auch Leistungssteigerungen (vgl. Locke & Latham, 1990). Zielrevisionen nach unten sind Beobachtungen von Donovan und Williams (2003) zufolge insbesondere dann zu erwarten, wenn sich der Zeithorizont für die Zielerreichung verkürzt und die Leistungen stabilen Ursachen zugeschrieben werden. Podsakoff und Farh (1989) konnten als Reaktionen auf negatives Feedback höhere Zielsetzungen und Leistungssteigerungen nachweisen, die mit der Glaubwürdigkeit des Feedback kovariierten. Personen, die ein glaubwürdiges negatives Feedback erhielten, setzten sich höhere Ziele und steigerten ihre Leistungen stärker als Personen, denen ein weniger glaubwürdiges negatives Feedback vermittelt wurde. Massive und wiederholte negative Rückmeldungen können darüber hinaus auch klassische Reaktionen der gelernten Hilflosigkeit auslösen, bis hin zum Aufgeben jeglicher Leistungsbemühungen (Ilgen & Davis, 2000; Mikulincer, 1988, 1994). Auch diese Reaktionen werden wieder stark durch Prozesse der Leistungsattribution beeinflusst.

Auf positives Feedback reagieren Personen sowohl mit Diskrepanz vergrößernden höheren Zielsetzungen und nachfolgenden Leistungssteigerungen (Phillips et al., 1996, Ilies & Judge, 2005) als auch mit verminderten Ressourceninvestitionen, einer Stabilisierung der Leistung oder einem Aufgabenwechsel (Bandura, 1997; Taylor, Fisher & Ilgen, 1984). Diskrepanz vergrößernde höhere Ziele und Leistungssteigerungen treten insbesondere in frühen Phasen der Aufgabenbearbeitung auf (Donovan & Williams, 2003); dagegen sind verminderte Investitionen bzw. eine Leistungsstabilisierung vor allem dann zu beobachten, wenn Personen bereits ein hohes Leistungsniveau erreicht haben (Bandura, 1997).

Wenngleich die Ursachen bzw. Bedingungen dieser unterschiedlichen Feedbackwirkungen bisher nur ansatzweise aufgeklärt sind (vgl. auch Abschnitt 3.4), so spiegeln alle diese Beobachtungen doch ein weitaus differenzierteres Bild der Leistungswirkungen von Rückmeldungen wider als die ältere Feedbackliteratur erwarten lässt. Die Ergebnisse einer Metaanalyse von Kluger und DeNisi (1996) liefern eine Bestätigung dieses Befundbilds und zugleich eine präzise Quantifizierung der variierenden Feedbackeffekte.

3.3 Eine Metaanalyse der Leistungswirkungen von Feedback

Kluger und DeNisi (1996) haben sich in ihrer umfangreichen Metaanalyse auf die Leistungswirkungen extern vermittelter Rückmeldungen konzentriert, eine Feedbackform, die in der älteren englischsprachigen Literatur mit Begriffen wie „knowledge of results“, „augmented feedback“ oder „extrinsic feedback“ gekennzeichnet wird (vgl. Ammons, 1956; Annett, 1969). Diese Feedbackform, die auch in den meisten der eben erwähnten Untersuchungen zur Anwendung gelangte, dürfte die größte Nähe zu den in Arbeitsorganisationen gewöhnlich praktizierten Feedbackinterventionen aufweisen. Kluger und DeNisi (1996) definieren ein derartiges Feedback „... as actions taken by (an) external agents(s) to provide information regarding some aspects(s) of one's task performance“ (S. 255).

Ihre Metaanalyse schloss folglich alle Studien aus, in denen andere Feedbackformen wie aufgabeninhärente (intrinsische) Rückmeldungen, selbst erzeugte (durch aktive Feedbacksuche, vgl. Abschnitt 4) sowie Rückmeldungen ohne Leistungsbezug untersucht wurden. Darüber hinaus fanden nur Studien Berücksichtigung, die auf Leistungsdaten von mehr als zehn Untersuchungsteilnehmern basierten, deren Design zumindest eine unkonfundierte Feedbackbedingung sowie eine Kontrollbedingung ohne Feedback beinhaltete und die die notwendigen statistischen Informationen zur Berechnung von Effektstärken berichteten. Von den ursprünglich recherchierten Feld- und Laboruntersuchungen erfüllten nur 131 (d. h. 5 %!) alle diese inhaltlichen und methodischen Einschlusskriterien.

Auf Grundlage der in diesen Studien mitgeteilten 607 Einzeleffektstärken ermittelten Kluger und DeNisi (1996) eine (durch die Stichprobengrößen gewichtete) durchschnittliche Effektstärke des Feedback von $d = .41$. Mit extern vermittelten Rückmeldungen gehen im Mittel also moderate Leistungsanstiege einher. Allerdings ließ immerhin mehr als ein Drittel (38 %) der analysierten

Einzelbeobachtungen auch negative, d. h. leistungsbeeinträchtigende Feedbackwirkungen erkennen. Die gewichtete Varianz der Effektverteilung betrug .97. Die beobachtete Variabilität in den Effektstärken entspricht im Übrigen recht gut den in Abschnitt 2.2 beschriebenen Effekten von Zielvereinbarungen und Rückmeldungen im Rahmen von formalen Regelbeurteilungen durch den Vorgesetzten.

Angesichts dieser beträchtlichen Variabilität in Vorzeichen und Stärke der beobachteten Feedbackeffekte haben Kluger und DeNisi (1996) den Versuch unternommen, Moderatorvariablen zu identifizieren, an die die unterschiedlichen Feedback-Leistungs-Zusammenhänge gebunden sein können. Hierbei ließen sie sich von einer selbst entwickelten Feedback-Interventions-Theorie (FIT) leiten, die auf den in Abschnitt 3.2 beschriebenen Theorieansätzen aufbaut und eine Reihe weiterer theoretischer Annahmen integriert.

3.4 Die Feedback-Interventions-Theorie von Kluger und DeNisi (1996)

Der FIT-Theorie liegen im Wesentlichen fünf Annahmen zugrunde. Die Theorie geht zunächst davon aus, dass (1) Verhalten durch Feedback-Ziel-Diskrepanzen reguliert wird, die über eine der in Abschnitt 3.2 erörterten vier Strategieoptionen reduziert werden können. Darüber hinaus wird in Anlehnung an kontrolltheoretische Vorstellungen davon ausgegangen, dass (2) Ziele hierarchisch organisiert sind, mit entsprechend hierarchisch verschachtelten Feedbacksystemen zu ihrer Überwachung. Da (3) die Aufmerksamkeitskapazität von Personen begrenzt ist, sollten folglich nur diejenigen Feedback-Ziel-Diskrepanzen aktiv an der Verhaltensregulation beteiligt sein, die große Teile der Aufmerksamkeitskapazität binden (vgl. auch Carver & Scheier, 1981). Kluger und DeNisi (1996) erwarten ferner, dass (4) die Aufmerksamkeit in der Regel auf eine mittlere Hierarchieebene gerichtet ist, auf der aufgabenbezogene Leistungsziele repräsentiert sind. Schließlich – und dies macht den innovativen Kern der Theorie aus – wird angenommen, dass (5) bestimmte Merkmale der Feedbackinformation den Fokus der Aufmerksamkeit verändern und hierdurch letztlich Einfluss auf das Verhalten und die Leistung nehmen können. In diesen Veränderungen des Fokus der Aufmerksamkeit wird der zentrale leistungswirksame Mechanismus von Feedbackinterventionen gesehen.

Auf Grundlage dieser Annahmen haben Kluger und DeNisi (1996) drei Hierarchieebenen der Aufmerksamkeitsfokussierung unterschieden. Demnach kann die Aufmerksamkeit auf die eigene Person, die zu bearbeitende Aufgabe oder auf Details der Aufgabe gerichtet sein (vgl. Abb. 1). Auf diesen Ebenen werden hierarchisch aufsteigend (a) elementare Lernprozesse, (b) aufgabenbezogene

Motivationsprozesse sowie (c) auf die eigene Person (d. h. das Selbst) bezogene Metaprozesse aktiviert, über die ebenenspezifische Diskrepanzen zwischen verfolgten Zielen und den aktuell erreichten (rückgemeldeten) Leistungen reduziert bzw. vergrößert werden können. Während Lern- und Motivationsprozesse an Aufgaben- bzw. Handlungszielen orientiert sind, liegen Metaprozessen abstraktere persönliche Ziele und längerfristige Anliegen zugrunde. Sie beinhalten vor allem Bewertungen der Implikationen der Leistungsrückmeldungen für die eigene Person bzw. das Selbstbild und gehen – je nach Ergebnis der Bewertungen – mit positiven oder negativen Emotionen und Affekten einher.

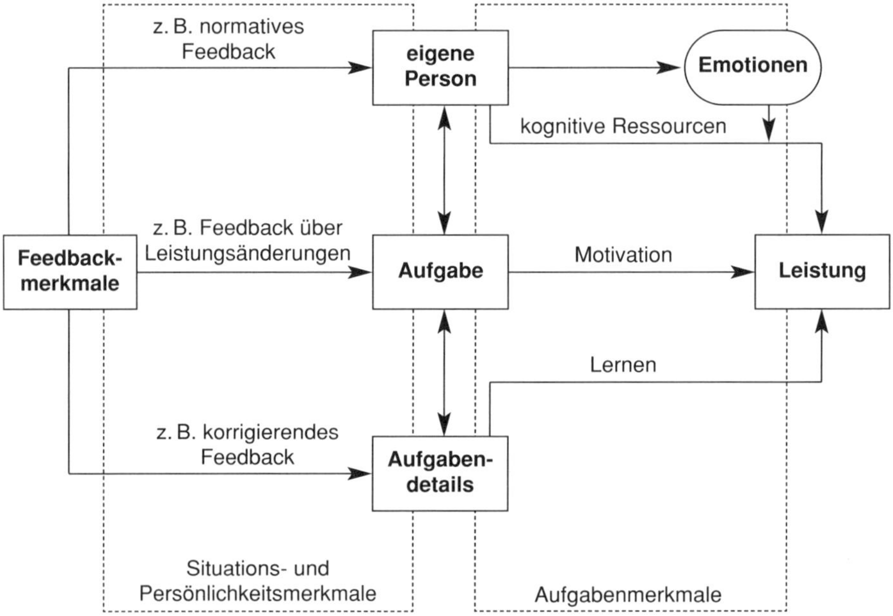

Abbildung 1:
Feedback-Interventions-Theorie (nach Kluger & DeNisi, 1996)

Unter normalen Bedingungen steht die mittlere Ebene der Motivationsprozesse im Fokus der Aufmerksamkeit von Personen, da hier entdeckte negative Feedback-Ziel-Diskrepanzen durch den Einsatz leicht verfügbarer Verhaltensmittel wie reaktiv gesteigerte Anstrengungsinvestitionen oder hartnäckige Ausdauer bei der Zielverfolgung beseitigt werden können (vgl. Wood & Locke, 1990). Gelingt dies nicht, dann verlagert sich der Fokus der Aufmerksamkeit entweder auf die nachgeordnete Ebene der Lernprozesse oder auf die übergeordnete Ebene der personenbezogenen Metaprozesse. Darüber hinaus kann auf der mittleren Ebene ein positives Feedbackvorzeichen der Person auch signalisieren, dass die bearbeitete Aufgabe Gelegenheit zu weiteren Leistungssteigerungen bietet, mit der Folge der Anhebung der Leistungsziele.

Wird durch eine Feedbackintervention die Aufmerksamkeit auf Aufgabendetails und Lernprozesse gelenkt, dann können den Annahmen von Kluger und DeNisi (1996) zufolge Feedback-Ziel-Diskrepanzen nur dann wirksam beseitigt werden, wenn das Feedback die Überprüfung neuer und eindeutiger Hypothesen über Handlungs-Ergebnis-Kontingenzen sowie tiefer gehende Prozesse der Aufgabenexploration anregt. Ein spezifisches, verhaltenskorrigierendes Feedback sollte ebenfalls Leistungsverbesserungen zur Folge haben, insbesondere in frühen Phasen der Auseinandersetzung mit einer Aufgabe. Bei hoch geübten Aufgaben kann das Ausrichten der Aufmerksamkeit auf Aufgabendetails dagegen leistungsbeeinträchtigend wirken, da hierdurch die bereits entwickelte Automatisierung des Bearbeitungsvollzugs aufgehoben wird. Sehr spezifische ausführungsbezogene Feedbackinformationen dürften zudem Kompatibilitätsprobleme mit den natürlichen kognitiven Aufgabenrepräsentationen von Personen nach sich ziehen, die ebenfalls die Lerneffekte beeinträchtigen können.

Eine durch das Feedback induzierte Verlagerung der Aufmerksamkeit auf die eigene Person und die Metaprozesse sollte (von wenigen Ausnahmen abgesehen) mit Leistungseinbußen einhergehen, da hierdurch den operativen Ebenen der Motivations- und Lernprozesse Aufmerksamkeit entzogen wird (vgl. Kanfer & Ackerman, 1989). Gleichzeitig werden Affekt- bzw. Emotionsreaktionen ausgelöst, die mit der Aufgabenbearbeitung interferieren. Beide Mechanismen dürften sich vor allem bei komplexen Aufgaben manifestieren, weniger dagegen bei einfachen und hoch geübten Aufgaben, deren Bearbeitung weitgehend automatisiert erfolgt.

Die Ergebnisse einer Untersuchung von Earley (1988) können als indirekte Belege für die erwarteten Wirkungen der Aufmerksamkeitsfokussierung auf die eigene Person interpretiert werden. In dieser Untersuchung wurden die Effekte einer computervermittelten Leistungsrückmeldung mit den Effekten einer inhaltsidentischen Rückmeldung durch den Vorgesetzten verglichen. Personen, denen das Feedback über Computer dargeboten wurde, erlebten das Feedback als glaubwürdiger und steigerten ihre Leistung mehr als Personen, die ein Feedback vom Vorgesetzten erhielten. Das Feedback durch den Vorgesetzten bewirkt augenscheinlich eine stärkere Aufmerksamkeitsfokussierung auf Metaprozesse (z. B. Bewertung der Intentionen des Vorgesetzten und deren Implikationen für die eigenen Ziele), während das Computerfeedback vermutlich eine stärkere Aufmerksamkeitsfokussierung auf die Aufgabe nahe legt.

Kluger und DeNisi (1996) nehmen weiter an, dass ein normatives Feedback, das Vergleiche mit anderen Personen beinhaltet, sowie ein Feedback, das destruktive

Kritik enthält, ebenfalls die Aufmerksamkeit auf die eigene Person lenken, mit entsprechend schwachen oder negativen Wirkungen auf die Leistung. Ähnliche Wirkungen lassen selbst positive Rückmeldungen erwarten. Ein positives Feedback kann z. B. als kontrollierend erlebt werden und die intrinsische Aufgabenmotivation untergraben. Darüber hinaus dürfte es selbstbezogene Kognitionen und Emotionen anregen (z. B. Leistungsstolz, Freude etc.), die weitere Teile der Aufmerksamkeit binden. Den Vorstellungen von Kluger und DeNisi (1996) zufolge kann eine feedbackinduzierte Aufmerksamkeitsfokussierung auf die eigene Person auch das Aufgeben der Zielverfolgung bewirken. Dies ist insbesondere dann zu erwarten, wenn das Feedback als selbstwertbedrohlich erlebt wird und die Selbstwirksamkeit von Personen schwächt (Bandura, 1997).

Die FIT-Theorie geht schließlich davon aus, dass Zielsetzungsinterventionen die positiven Leistungseffekte von Rückmeldungen verstärken sollten. Denn Zielsetzungsinterventionen resultieren in präziseren Zielvorstellungen und ermöglichen hierdurch eine genauere Analyse von Feedback-Ziel-Diskrepanzen. Gleichzeitig stärken sie die Zielbindung und das Selbstwirksamkeitserleben von Personen (vgl. Locke & Latham, 1990). Mit Zielsetzungen sollte demnach eine verstärkte Ausrichtung der Aufmerksamkeit auf Prozesse der Aufgabenbearbeitung einhergehen.

Die FIT-Theorie legt also eine Reihe von Merkmalen der Feedbackinformation und Situationsvariablen nahe, die – mittels ihres Einflusses auf die Aufmerksamkeitsausrichtung von Personen – die Leistungswirkungen von Rückmeldungen moderieren sollten. Zur Überprüfung einiger erwarteter Moderatoreffekte haben Kluger und DeNisi (1996) die Einzelstudien, die in ihrer Metaanalyse Berücksichtigung fanden, nach Informationen zu diesen Variablen durchgesehen und – wenn möglich – deren Ausprägungen von zuvor geschulten Beurteilern einstufen lassen. Im Anschluss daran haben sie die Variablenausprägungen mit der metaanalytisch bestimmten durchschnittlichen Effektstärke des Feedbacks korreliert. Nach diesem Vorgehen weisen signifikante positive bzw. negative Korrelationen darauf hin, dass die berücksichtigten Moderatorvariablen den durchschnittlichen Feedbackeffekt auf die Leistung verstärken bzw. vermindern. Für die als signifikant ausgewiesenen Moderatorvariablen wurden zusätzlich die durchschnittlichen Effektstärken bestimmt, die von ihren Extremausprägungen auf die Leistung ausgehen.

Die Ergebnisse dieser Analysen ließen einige theoriekonforme Zusammenhänge erkennen. Demnach verstärken sich die durchschnittlichen Feedbackeffekte auf die Leistung, wenn das Feedback (a) Hinweise auf leistungswirksame Strategien der Aufgabenbearbeitung enthält, (b) neben dem aktuellen Leistungsniveau auch Informationen über Leistungsveränderungen im Zeitverlauf vermittelt, (c) über Computer dargeboten sowie (d) mit Zielsetzungen bzw. -vereinbarungen kombiniert wird. Von einem Feedback mit Zielen geht z. B. ein durchschnittlicher Leistungseffekt von $d = .59$ aus, ohne Ziel vermindert sich der Effekt des Feedbacks auf $d = .30$. Unterschiede in ähnlicher Größenordnung finden sich auch zwischen den Extrembereichen der anderen effektverstärkenden Moderatorvariablen.

Die Feedbackeffekte auf die Leistung schwächen sich dagegen ab, wenn das Feedback (a) Lob und Anerkennung zum Ausdruck bringt, (b) in verbaler Form kommuniziert wird, (c) selbstwertbedrohende Informationen vermittelt sowie (d) die Feedbackempfänger entmutigt. Ein entmutigendes Feedback geht sogar mit Leistungsverschlechterungen einher ($d = -.14$). Die Tatsache, dass verbal vermitteltes Feedback effektmindernd wirkt, stimmt einerseits mit den bereits erwähnten Beobachtungen von Earley (1988) zum Vorgesetztenfeedback überein. Die schwächeren Leistungswirkungen verbaler Rückmeldungen sind andererseits mit Annahmen der FIT-Theorie zu Prozessen der Aufmerksamkeitsfokussierung erklärbar. Denn ein solches Feedback dürfte häufig Anlass zu Reflexionen und Interpretationen der Intentionen des Feedbackgebers bieten, die dem Prozess der Aufgabenbearbeitung Aufmerksamkeit entziehen.

Wenngleich diese Moderatoranalysen also erste Belege für die Gültigkeit der FIT-Theorie liefern, so stehen bislang detaillierte und direkte Analysen der Aufmerksamkeitsprozesse aus, die die erwarteten und beobachteten Moderatoreffekte vermitteln. Die Analyse dieser Prozesse dürfte zudem andere methodische Zugänge erfordern als die Untersuchungsansätze, die den von Kluger und DeNisi (1996) analysierten Einzelstudien zugrunde lagen. Allerdings hat ein Ausschnitt der FIT-Theorie in letzter Zeit zunehmendes Forschungsinteresse gefunden, der bereits in älteren Darstellungen Gegenstand der Betrachtung war. Und zwar handelt es sich um die Frage nach der Spezifität des Feedbacks und den hiermit verbundenen Lern- und Leistungswirkungen. Der folgende Abschnitt geht auf neuere Antworten zu dieser Frage ein, nicht zuletzt auch wegen ihrer praktischen Bedeutsamkeit.

3.5 Lern- und Leistungswirkungen der Spezifität des Feedbacks

Das Merkmal der Spezifität bezieht sich auf den verhaltenssteuernden Informationsgehalt einer Feedbacknachricht. Zahlreiche experimentelle Befunde zu Feedbackwirkungen insbesondere in frühen Übungsphasen von Aufgaben belegen, dass ein Feedback, das die Aufmerksamkeit von Personen auf die Korrektur von ineffizienten Aufgabenbearbeitungsstrategien richtet, in besseren Leistungen und geringeren Fehlerraten resultiert als ein weniger spezifisches Feedback (vgl. Kopelman, 1986; Payne & Hauty, 1955). Annett (1969) hat diese Befunde in der häufig zitierten Vorstellung zusammengefasst, der zufolge ein leistungsförderliches Feedback „... signals error information which releases corrective action" (S. 121).

In ganz ähnlicher Weise, wenngleich begrifflich anders umschrieben, gehen Earley, Northcraft, Lee und Lituchy (1990) davon aus, dass leistungsförderliche Feedbackwirkungen vor allem dann zu beobachten sind, wenn das Feedback neben ergebnisbezogenen Informationen („outcome feedback") auch verhaltens- bzw. ausführungsbezogene Informationen („process feedback") bereitstellt, welche die Identifikation effektiver Bearbeitungsvarianten erleichtern (vgl. auch Algera, Kleingeld & van Tuijl, 2002).

Diese Befunde und Vorstellungen aus dem Grundlagenbereich haben auch die arbeits- und organisationspsychologische Literatur nachhaltig geprägt. So wird in Überblicksdarstellungen zum Vorgesetztenverhalten in der Regel empfohlen, etwa im Rahmen von Leistungsbeurteilungen oder Coachingprozessen den Mitarbeitern ein möglichst spezifisches Feedback zu geben, einschließlich verhaltensnaher Informationen zur Modifikation suboptimaler Arbeitsstrategien (vgl. z. B. Cascio, 1998; Gomez-Mejia, Balkin & Cardy, 2001). Demnach sollten sich Vorgesetzte nicht mit Rückmeldungen über Leistungsergebnisse begnügen, sondern den Mitarbeitern zusätzlich konkrete Ansatzpunkte für Verhaltensänderungen und Leistungsverbesserungen aufzeigen.

Sowohl die mehr grundlagenorientierten als auch diese anwendungsorientierten Überblicksdarstellungen lassen allerdings die Frage offen, ob mit spezifischen Feedbackinformationen unter allen Bedingungen leistungsförderliche Wirkungen verbunden sind. Einige neuere Befunde lassen zumindest Zweifel an der Allgemeingültigkeit dieser weit verbreiteten Vorstellung aufkommen. Denn diese Befunde weisen zwar in Übereinstimmung mit vielen älteren Beobachtungen darauf hin, dass ein spezifisches und unmittelbares Feedback die Leistungen in frühen Übungsphasen verbessert; es beeinträchtigt jedoch die längerfristigen Lernleistungen. Von einem summarischen Ergebnisfeedback aus mehreren Bearbeitungsdurchgängen gehen dagegen genau die entgegengesetzten Wirkungen aus. Ein solches unspezifisches Feedback schlägt sich in schlechteren kurzfristigen Übungsleistungen, aber in besseren Lernleistungen nieder (vgl. z. B. Goodman, 1998; Schmidt, 1991; Winstein & Schmidt, 1990).

Zur Erklärung dieser differenziellen Feedbackwirkungen haben Schmidt (1991) sowie Schmidt und Bjork (1992) einige plausible lernpsychologische Überlegungen angestellt. Demnach besteht Lernen – abgesehen vom Erlernen sehr einfacher Aufgaben – im Wesentlichen in der aktiven Suche nach und Verarbeitung von Informationen über regelhafte aufgabenimmanente Kontingenzen zwischen Handlungen und ihren Effekten bzw. Resultaten (vgl. Heuer in diesem

Band). Durch systematisches Erproben möglichst aller Handlungsoptionen, die die gegebenen Freiheitsgrade von Aufgaben den Personen bieten, lassen sich dann diejenigen Handlungs- oder Bearbeitungsvarianten identifizieren, von denen die günstigsten Leistungswirkungen ausgehen.

Ein spezifisches Feedback kann solche umfassenden Erprobungs- und Explorationsprozesse unterbinden und die Personen stattdessen unmittelbar zum Einsatz bestimmter Bearbeitungsstrategien anregen, die von dem jeweiligen Feedbackgeber als leistungsförderlich angesehen werden. Hierdurch wird in frühen Übungsphasen zwar verhindert, dass sehr ungünstige Bearbeitungsweisen zur Anwendung gelangen; gleichzeitig bleiben jedoch auch viele Handlungsoptionen ungenutzt, einschließlich der möglicherweise leistungswirksamsten. Ein summarisches Ergebnisfeedback schränkt dagegen das Erproben und Explorieren weniger stark ein, wenngleich hiermit insbesondere in frühen Übungsphasen auch ein erhöhtes Risiko der Anwendung ungünstiger Bearbeitungsvarianten einhergehen kann (vgl. auch Frese, Brodbeck, Heinbokel, Mooser, Schleiffenbaum & Thiemann, 1991). Schmidt und Bjork (1992) leiten aus ihren Überlegungen darüber hinaus die nahe liegende Annahme ab, dass sich die beschriebenen differenziellen Leistungswirkungen spezifischer und unspezifischer Rückmeldungen mit zunehmender Aufgabenkomplexität, d. h. zunehmenden Freiheitsgraden der Aufgabenbearbeitung, verstärken sollten.

Erste Belege für die Angemessenheit dieser Vorstellungen liefern die Ergebnisse einer laborexperimentellen Studie von Goodman, Wood und Hendrickx (2004). Hier zeigte sich, dass mit zunehmender Feedbackspezifität zwar ein Anstieg der Übungsleistungen bei einer komplexen, computergestützten Fertigungssteuerungsaufgabe einherging; die Leistungen in späteren Bearbeitungsdurchgängen und die Transferleistungen nach Modifikation der Aufgabe fielen dagegen dann besser aus, wenn lediglich ein ergebnisbezogenes Leistungsfeedback gegeben wurde. Die zunehmend spezifischeren Feedbackinformationen schlugen sich zudem in einer Abnahme der systematischen Explorationsaktivitäten nieder, die wiederum einen positiven Einfluss auf die späteren Lern- und Transferleistungen ausübten.

In einer weiteren experimentellen Studie mit derselben Fertigungssteuerungsaufgabe konnten Goodman und Wood (2004) diese Ergebnisse im Wesentlichen bestätigen. Darüber hinaus konnten sie zeigen, dass die unterschiedlichen Effekte zunehmender Feedbackspezifität auf die Übungs- und Transferleistungen durch die Lernmöglichkeiten vermittelt sind, die variierende Niveaus der Feedbackspezifität bieten. Personen, die lediglich ein ergebnisbezogenes Feedback erhielten, waren in der Übungsphase häufiger mit eigenen Fehlentscheidungen konfrontiert als Personen, denen zusätzlich korrigierende ausführungsbezogene Rückmeldungen gegeben wurden. Die Auseinandersetzung mit eigenen

Fehlern unterstützte aber das Erlernen bedingungsspezifischer Entscheidungsregeln in größeren Segmenten des Aufgabenraums, mit der Folge besserer Transferleistungen bei modifizierten Aufgabenbedingungen. Goodman und Wood (2004) regen die Durchführung weiterer differenzierter Analysen von Feedbackwirkungen bei einem breiteren Spektrum von Aufgabenanforderungen an. Gleichzeitig leiten sie aus den neueren Befunden die Forderung ab, die übliche Empfehlung, möglichst ein spezifisches Feedback zu geben, zugunsten präziserer bedingungsbezogener Vorstellungen über Feedbackwirkungen aufzugeben (vgl. auch Sonntag & Stegmaier in diesem Band).

4 Arbeitsperson als aktiver Feedbacksucher

In einem viel beachteten und einflussreichen Untersuchungsansatz haben Ashford und Cummings (1983, 1985) die Sichtweise der traditionellen Feedbackforschung verlassen und die hier lange Zeit dominierende Rollenvorstellung von Personen als passive Feedbackempfänger um die Rolle als aktive Feedbacksucher ergänzt. Demnach suchen Personen leistungsbezogene Informationen aus der Arbeitsumgebung aktiv auf mit dem Ziel, (a) mögliche Verhaltens- und Leistungsdefizite zu erkennen und zu beheben, (b) Unsicherheiten im Hinblick auf die Angemessenheit ihres Arbeitsverhaltens sowie im Hinblick darauf zu reduzieren, wie andere Personen ihre Leistungsbeiträge bewerten und (c) positive Gefühle und Konzepte eigener Kompetenz aufzubauen, weiterzuentwickeln und aufrecht zu erhalten (vgl. Ashford, Blatt & VandeWalle, 2003).

4.1 Zwei Strategien der aktiven Feedbacksuche

Nach Ashford und Cummings (1983) können zwei Strategien bzw. Modi der aktiven Feedbacksuche unterschieden werden. Die erste Strategie („monitoring") besteht darin, durch *Beobachtung der Arbeitsumgebung* (einschließlich des Verhaltens anderer Personen) Hinweise darüber zu erhalten, ob und in welchem Ausmaß das eigene Arbeitsverhalten und die eigene Leistung als angemessen beurteilt werden können. Unter Einsatz der zweiten Strategie („inquiry") wird dagegen versucht, solche Hinweise direkt zu erzeugen, indem man die Arbeitsumgebung gezielt veranlasst, ein leistungsbezogenes Feedback zu geben. Dies lässt sich am unmittelbarsten dadurch erreichen, dass man andere Personen in der Arbeitsumgebung nach deren Urteil über die eigene Leistung befragt. In subtileren Varianten dieser *Strategie der gezielten Informationsgenerierung* kann die feedbacksuchende Person aber auch durch ungewöhnliche, auffällige oder innovative Arbeitsweisen sowie durch taktisch versteckte Aufforderungssignale die Arbeitsumgebung zu einer Rückmeldung über das eigene

Verhalten und die Leistung provozieren (Farr, 1991, 1993; Miller & Jablin, 1991; vgl. auch Abschnitt 5.2). Nach Beobachtungen von Ashford und Tsui (1991) werden beide Strategien der aktiven Feedbacksuche häufig gemeinsam eingesetzt.

Welche dieser Strategien allerdings im Einzelfall gewählt wird, hängt von den antizipierten psychischen Kosten und dem Nutzen ihres Einsatzes ab (Ashford & Cummings, 1983). Generell gilt: Der wahrgenommene Nutzen ist positiv (Ashford, 1986; VanDeWalle & Cummings, 1997), die erlebten Kosten sind negativ (Fedor, Rensvold & Adams, 1992; VandeWalle & Cummings, 1997) mit der Häufigkeit der aktiven Feedbacksuche korreliert. Während die Monitoringstrategie in der Regel weniger Anstrengungsinvestitionen erfordert als die Strategie der gezielten Informationsgenerierung, kann ihr Einsatz andererseits aber auch mit einem höheren Informationsverarbeitungsaufwand verbunden sein. Denn hier müssen mehr oder weniger komplexe Schlussfolgerungen aus subtilen und manchmal auch mehrdeutigen Hinweisreizen der Arbeitsumgebung gezogen werden (vgl. Fedor, 1991). Dabei besteht zudem die Gefahr, dass irrelevante Informationen beachtet oder relevante falsch interpretiert werden. Diese Gefahr ist dann besonders groß, wenn Ereignisse in der Informationsumgebung nicht eindeutig danach unterschieden werden können, ob sie Resultat eigenen Handelns sind oder hiervon unabhängig auftreten (vgl. auch Heuer in diesem Band). Dagegen resultieren die Strategien der gezielten Informationsgenerierung zumeist in Reaktionen der Arbeitsumgebung, die direkt auf die aktuellen Anliegen der Feedbacksucher Bezug nehmen. Gleichwohl sind auch diese Reaktionen nicht immer frei von Validitätseinschränkungen. So weichen Vorgesetzte oder Kollegen kritischen Fragen nicht selten aus und ihre Antworten können in Richtung sozialer Erwünschtheit verzerrt sein (Ashford & Northcraft, 1992; Morrison & Bies, 1991; vgl. auch Abschnitt 5.1.2).

Insbesondere die Strategie der unmittelbaren Befragung kann darüber hinaus hohe soziale Kosten verursachen. Hintergrund ist das Bemühen der meisten Menschen, ein möglichst günstiges Bild von sich und ihren Kompetenzen zu vermitteln („Eindrucksmanagement") und gegen Bedrohungen zu schützen. Mit dem Einsatz der Befragungsstrategie gehen Personen dann das Risiko eines möglichen Gesichtsverlusts ein, weil sie in den Augen der Befragten als unsicher, hilfsbedürftig und wenig selbstbewusst erscheinen (Northcraft & Ashford, 1990). Der Einsatz der Monitoringstrategie lässt dagegen keine bzw. geringere Kosten dieser Art erwarten. Untersuchungen der letzten Jahre haben diese mehrfach beschriebenen Befunde zu Kosten und Nutzen der aktiven Feedbacksuche durch Integration einer Reihe von Personen- und Situationsmerkmalen weiter ausdifferenziert, die ebenfalls Einfluss auf die aktive Feedbacksuche nehmen (Ashford et al., 2003).

4.2 Einflussfaktoren der aktiven Feedbacksuche

Als eine bedeutsame situative Einflussgröße hat sich der *Kontext* herausgestellt, in dem die aktive Feedbacksuche stattfindet. In öffentlichen Kontexten, in denen die eigene Feedbacksuche von anderen Personen erkennbar ist, werden Leistungsrückmeldungen weniger häufig abgerufen als in mehr privaten Kontexten, die ein Feedback z. B. über Computer oder Telefon zugänglich machen (vgl. z. B. Levy, Albright, Cawley & Williams, 1995; Northcraft & Ashford, 1990). Augenscheinlich wird in öffentlichen Kontexten die Gefahr eines möglichen Gesichtsverlusts stärker als Kostenfaktor antizipiert. Ganz ähnliche Mechanismen dürften auch den Einfluss vermitteln, den die wahrgenommene *Qualität der sozial-emotionalen Beziehung zur Feedbackquelle* auf die Feedbacksuche ausübt. Wird die Beziehung zur Feedbackquelle als wohlwollend und unterstützend erlebt, fördert dies die Bereitschaft von Personen, Feedback aktiv einzuholen (vgl. z. B. Vancouver & Morrison, 1995).

Williams, Miller, Steelman und Levy (1999) haben weitere Situationsbedingungen untersucht, von denen selbst in öffentlichen Kontexten positive Wirkungen auf die Häufigkeit aktiver Feedbacksuche ausgehen sollten. In ihrem ersten Experiment konnten sie zeigen, dass ein Vorgesetzter als Feedbackquelle, der zu aktiver Feedbacknachfrage ermutigt und hierauf anerkennend reagiert, häufiger um Leistungsrückmeldungen gebeten wird als ein Vorgesetzter, der den Feedbacknachfragen mit neutraler Haltung begegnet. In ihrem zweiten Experiment konnten Williams et al. (1999) diesen Befund replizieren. Darüber hinaus fanden sie ihre Annahme bestätigt, dass Mitarbeiter, die (als Vertraute des Experimentators) erkennen ließen, dass das gegebene Feedback hilfreich und nützlich für ihre eigene Arbeit sei, ebenfalls die Neigung der Untersuchungsteilnehmer stärkten, ein Feedback aktiv einzufordern (im Vergleich zu einer Kontrollbedingung ohne entsprechende Mitarbeitereinstellungen gegenüber dem Feedback). Die in öffentlichen Kontexten aus Gründen des Eindrucksmanagements antizipierten Kosten der aktiven Feedbacksuche lassen sich also vermindern, wenn das Bedrohungspotenzial eines möglichen Gesichtsverlusts verringert oder der wahrgenommene Nutzen des Feedback gesteigert wird (vgl. auch Chen, Lam & Zhong, 2007).

Anknüpfend an diese Überlegungen und Befunde haben VandeWalle, Ganesan, Challagalla und Brown (2000) zeigen können, dass ein mitarbeiterorientierter *Führungsstil* von Vorgesetzten („consideration“, Fleishman & Peters, 1962), der mit einer guten Qualität der Beziehung zur Feedbackquelle korrespondiert, in einem negativen Zusammenhang mit den wahrgenommenen Kosten der Feedbacksuche steht. Das heißt, mit zunehmender Mitarbeiterorientierung der Vorgesetzten geht eine Abnahme der antizipierten Kosten einher. Ein aufgabenorientierter Führungsstil („initiation of structure“) erhöht dagegen den Nutzen der Feedbacksuche. Zur Erklärung dieses Befunds weisen VandeWalle et al. (2000) darauf hin, dass Aufgabenorientierung einen starken Fokus des Vorgesetzten auf Leistungsziele beinhaltet, der Personen dazu anregen sollte, über Feedbacksuchprozesse Fortschritte auf dem Weg zum Ziel zu überwachen. Diese Erklärung wird durch Befunde einer Untersuchung von Morrison und Weldon (1990) indirekt gestützt. Hier zeigte sich, dass Personen, denen bei der Bearbeitung einer Brainstormingaufgabe Leistungsziele gesetzt wurden, eine intensivere aktive Feedbacksuche betrieben als Personen ohne Zielvorgaben.

Kosten und Nutzen der Feedbacksuche werden auch durch eine Reihe von Personenvariablen beeinflusst, von denen die *Zielorientierung* besondere Beachtung gefunden hat. Die Zielorientierung beinhaltet die unterschiedlich stark ausgeprägte Neigung von Personen, Leistungssituationen eher als Gelegenheit zu betrachten, ihre Kompetenzen und Fähigkeiten anderen Personen gegenüber unter Beweis zu stellen (Leistungszielorientierung), oder eher als Chance zum Lernen und zur Weiterentwicklung der eigenen Leistungspotenziale (Lernzielorientierung) (vgl. Dweck, 1986; Nicholls, 1984). Nach theoretischen Überlegungen von VandeWalle und Cummings (1997) sollten lernzielorientierte Personen aus einem Leistungsfeedback vor allem diagnostische Hinweise über Lernfortschritte ableiten und weniger Bewertungen der eigenen Kompetenzen. In Übereinstimmung mit diesen Überlegungen fanden sie, dass Personen mit einer ausgeprägten Lernzielorientierung den Nutzen der Feedbacksuche höher und die Kosten niedriger einstuften als Personen mit einer schwachen Lernzielorientierung.

Eine weitere Personenvariable, die im Zusammenhang von Untersuchungen der aktiven Feedbacksuche Aufmerksamkeit fand, ist das *Selbstwirksamkeitserleben* (Bandura, 1997). Aufbauend auf der Beobachtung, dass Personen aktiv nach Feedbackinformationen suchen, um arbeitsbezogene Rollenerwartungen zu klären (vgl. z. B. Morrison, 1993) sowie in Anbetracht der Tatsache, dass Personen mit einem hoch ausgeprägten Selbstwirksamkeitserleben besser als Personen mit geringerer Selbstwirksamkeit in der Lage sind, komplexe Informationen zu verarbeiten und zu integrieren (vgl. z. B. Bandura & Jourden, 1991), haben Brown, Ganesan und Challagalla (2001) der Selbstwirksamkeit eine Moderatorfunktion in der Beziehung zwischen aktiver Feedbacksuche und der Rollenklarheit zugewiesen. Personen mit hohem Selbstwirksamkeitserleben sollten Rollenerwartungen durch aktive Feedbacksuche besser klären können als Personen mit geringer Selbstwirksamkeit. Ihre Ergebnisse bestätigen diese Erwartung. Bei Personen mit hoher Selbstwirksamkeit standen die beiden Strategien der Feedbacknachfrage und des Monitoring in signifikant stärkeren Zusammenhängen mit der Rollenklarheit als bei Personen mit niedriger Selbstwirksamkeit. Brown et al. (2001) konnten darüber hinaus beobachten, dass die Rollenklarheit die Beziehung der beiden Feedbacksuchstrategien mit der Arbeitsleistung vermittelt.

5 Informelles Feedbackverhalten von Vorgesetzten

Die Mehrzahl der existierenden Feedbackmodelle beschreibt den Feedbackprozess und seine Wirkungen aus der Perspektive der Feedbackrezipienten (vgl. Fedor, 1991; Ilgen et al., 1979; Taylor, Fisher & Ilgen, 1984). Der Feedbackprozess lässt sich aber auch aus Sicht potenzieller Feedbackgeber analysieren. Wenngleich – wie bereits erwähnt – mehrere Feedbackquellen in der Arbeitsumgebung unterschieden werden können, konzentrieren sich die folgenden Ausführungen auf den in der Praxis wohl bedeutendsten Feedbackgeber – den Vorgesetzten. Die Bedeutung des Vorgesetzten als Feedbackgeber resultiert nicht zuletzt aus der Sanktionsmacht dieser Feedbackquelle (vgl. Ilgen et al., 1979). Larson (1984) hat ein einflussreiches Modell vorgestellt, das aufbauend auf der empirischen Befundlage die kognitiven, affektiven und situationsbezogenen Einflussfaktoren des informellen, alltäglichen Feedbackverhaltens von Vorgesetzten beschreibt, einschließlich der kognitiven und affektiven Konsequenzen, die das Vermitteln von Leistungsrückmeldungen für den Vorgesetzten selbst haben kann. Das Modell ist von Larson (1989) durch Integration des Feedbacksuchverhaltens der Mitarbeiter und die hieraus resultierenden Feedbackreaktionen des Vorgesetzten erweitert worden, wobei im Fokus seiner Analyse insbesondere weniger leistungsstarke Mitarbeiter stehen. Abbildung 2 gibt einen Überblick dieser Modellvorstellungen (vgl. auch Farr, 1993).

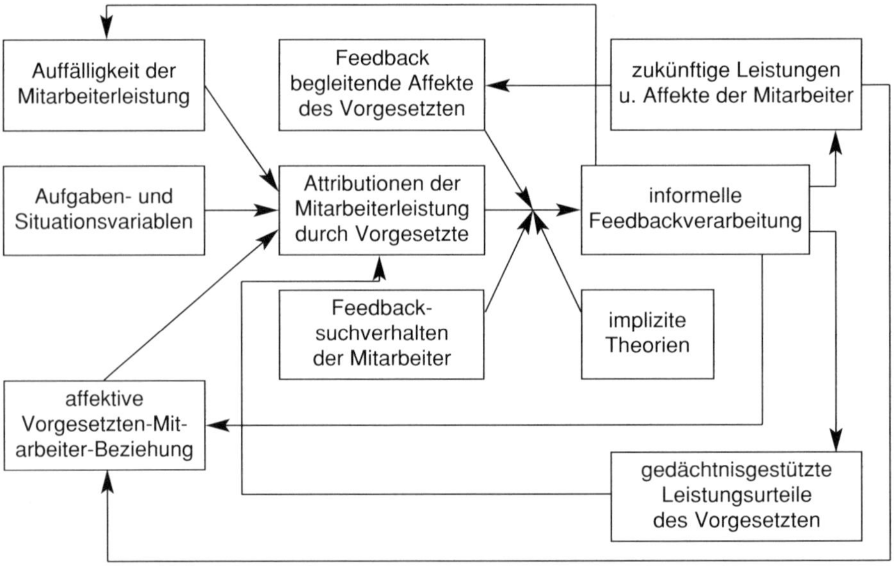

Abbildung 2:
Modell des informellen Feedbackverhaltens von Vorgesetzten
(in Anlehnung an Larson, 1984, 1989)

5.1 Einflussfaktoren des informellen Feedbackverhaltens von Vorgesetzten

Kognitive, affektive und situationsbezogene Faktoren beeinflussen sowohl die Wahrscheinlichkeit, mit der ein Vorgesetzter dem Mitarbeiter eine Rückmeldung über seine Leistung gibt als auch den Zeitpunkt, die Häufigkeit und die Genauigkeit des Feedbacks.

5.1.1 Kognitive Einflussfaktoren

Ein zentraler kognitiver Einflussfaktor der Modellvorstellungen Larsons (1984, 1989) ist die *Auffälligkeit* („salience") der Mitarbeiterleistung. Auffällig sind Arbeitsleistungen für Vorgesetzte insbesondere dann, wenn (a) die Leistungen von der Norm abweichen (d. h. besonders gute oder schlechte Leistungen), (b) sie in räumlicher und zeitlicher Nähe zum Vorgesetzten erbracht werden (z. B. die heutige Leistung im Büro im Vergleich zur Leistung im Vormonat während eines Außendiensteinsatzes des Mitarbeiters), und (c) die Leistung für den Vorgesetzten selbst eine große persönliche Bedeutung besitzt (z. B., weil von ihr der Fortschritt in einem karriereförderlichen Projekt des Vorgesetzten abhängt). Je auffälliger in diesem Sinne eine Mitarbeiterleistung ist, umso wahrscheinlicher wird sie ein Feedback vom Vorgesetzten nach sich ziehen.

Im Falle normabweichender Leistungen ist allerdings eine Besonderheit zu beachten: Vorgesetzte neigen dazu, eher auf Leistungen mit einem Feedback zu reagieren, die unterhalb der Norm liegen als auf Leistungen, welche die Norm übertreffen (vgl. Fisher, 1979; Hobson, 1986). Für diese Asymmetrie im Feedbackverhalten von Vorgesetzten dürften vor allem zwei Ursachen verantwortlich sein. Zum einen sind in Arbeitskontexten die Kriterien für normunterschreitende Leistungen gewöhnlich eindeutiger und präziser definiert als die Kriterien für gute Leistungen. Zum anderen ist davon auszugehen, dass externe Zwänge und Sanktionssysteme den Vorgesetzten zur Einhaltung gewisser Mindestleistungen veranlassen. Um diese zu gewährleisten, reagieren Vorgesetzte auf normunterschreitende Leistungen ihrer Mitarbeiter gewöhnlich schneller und häufiger als auf gute Leistungen, insbesondere dann, wenn die Leistungen für den Vorgesetzten selbst und seinen eigenen Aufgabenbereich konsequenzenreich sind.

Ein weiterer kognitiver Faktor, der Einfluss auf das Feedbackverhalten von Vorgesetzten nimmt, ist das Ausmaß, in dem der Vorgesetzte den Mitarbeiter als verantwortlich für seine Leistungen betrachtet. Je höher die *Verantwortung des Mitarbeiters* für seine Leistung aus Sicht des Vorgesetzten wahrgenommen wird, umso eher wird der Mitarbeiter auch eine Leistungsrückmeldung erhalten. Die wahrgenommene Mitarbeiterverantwortung hängt wiederum von einer Reihe von Faktoren ab, die die strukturellen Merkmale von Aufgaben und die situativen Umstände ihrer Bearbeitung betreffen. Ein Mitarbeiter wird z. B. eher dann als verantwortlich für seine Leistungen angesehen, wenn er disjunktive Aufgaben (d. h. unabhängig von anderen Personen) zu erledigen hat als im Falle konjunktiver Aufgaben, die hohe Kooperationsanforderungen stellen. In ganz ähnlicher Weise werden Personen von ihren Vorgesetzten als verantwortlich für ihre Leistungen wahrgenommen, wenn alle situativen Voraussetzungen für eine behinderungsfreie Aufgabenbearbeitung gegeben sind (wie z. B. Verfügbarkeit über alle notwendigen Arbeitsmittel und Informationen, genügend Zeit etc.).

Das Ausmaß, in dem aus Vorgesetztensicht die Mitarbeiter für ihre Leistungen verantwortlich gemacht werden können, hängt nicht zuletzt von *Leistungsattributionen* des Vorgesetzten ab. Führt der Vorgesetzte die Mitarbeiterleistung auf externale Faktoren wie Aufgabenschwierigkeit bzw. den Zufall zurück oder auf stabile internale Faktoren wie Fähigkeiten, dann bleibt in der Regel eine Rückmeldung aus (vgl. Mitchell, Green & Wood, 1981; Farr, 1991). Leistungsattributionen auf variable internale Faktoren wie Anstrengung verstärken dagegen die Neigung von Vorgesetzten, ein Feedback zu geben. Denn nur in diesem Fall können sie Leistungsveränderungen als Folge des Feedbacks erwarten.

Einen weitereren wirksamen kognitiven Faktor, der das tägliche Feedbackverhalten von Vorgesetzten bestimmt, stellen *implizite Annahmen oder Theorien dar*, die sich Vorgesetzte darüber bilden, wie ihr Feedback von den Mitarbeitern verarbeitet wird und welche Reaktionen es wahrscheinlich auslöst. Solche Annahmen oder Theorien entwickeln sich zumeist auf Grundlage eigener Erfahrungen mit Mitarbeiterreaktionen auf das gegebene Feedback. Sie können aber auch durch organisationale Sozialisationsprozesse vermittelt oder durch Eigenarten der jeweiligen Organisationskultur geprägt sein.

5.1.2 Affektive Einflussfaktoren

Das informelle Feedbackverhalten von Vorgesetzten wird daneben auch von affektiven oder emotionalen Faktoren determiniert. Zwei Faktoren dieser Art haben sich als besonders verhaltenswirksam erwiesen: das *Vorzeichen des Feedbacks* und als zweiter Faktor die *affektiven Vorgesetzten-Mitarbeiter-Beziehungen.*

Zahlreiche Untersuchungen und Alltagsbeobachtungen belegen, dass es Personen im Allgemeinen schwer fällt, negative Informationen an andere Personen zu vermitteln, insbesondere dann, wenn die Informationen einen starken Personenbezug beinhalten (vgl. Tesser & Rosen, 1975). Vorgesetzte machen da keine Ausnahme. Häufig entwickeln sie sogar eine ausgeprägte Abneigung, ein negatives Feedback zu geben (vgl. Ilgen & Davis, 2000). Diese Abneigung beeinflusst das Feedbackverhalten in dreifacher Weise. Sie kann (a) die Wahrscheinlichkeit vermindern, mit der Vorgesetzte auf schlechte Leistungen ihrer Mitarbeiter reagieren, (b) eine Verzögerung in der Vermittlung des negativen Feedbacks bewirken, und sie kann schließlich (c) eine Verzerrung des negativen Feedbacks in Richtung auf eine Beschönigung der schlechten Leistung zur Folge haben (vgl. Benedict & Levine, 1988; Longenecker, Sims & Gioia, 1987). Negatives Feedback wird von Vorgesetzten vor allem deshalb in Richtung günstigerer Urteile verzerrt, weil sie glauben, dass ein solches Feedback vom Mitarbeiter als selbstwertbedrohlich erlebt wird und/oder die Beziehungen zum Mitarbeiter belastet. Die beschönigende Verzerrung negativer Rückmeldungen durch Vorgesetzte kann nach Beobachtungen von Larson (1989) gerade von weniger leistungsstarken Mitarbeitern aber auch dazu genutzt werden, durch aktive Feedbacknachfrage beim Vorgesetzten ein günstigeres Leistungsurteil zu provozieren als durch die Sache eigentlich gerechtfertigt wäre.

Die im vorigen Abschnitt beschriebene Tendenz von Vorgesetzten, eher auf auffällige Leistungen unterhalb der Norm zu reagieren, scheint im Widerspruch zu diesen Befunden zu stehen. Larson (1984) weist allerdings darauf hin, dass die verschiedenen Einflussfaktoren unterschiedlich starke Wirkungen auf das Feedbackverhalten von Vorgesetzten ausüben können, wobei das letztlich gezeigte Verhalten von der relativen Stärke dieser Wirkungen abhängen dürfte.

Die Abneigung von Vorgesetzten, negatives Feedback zu geben, wird ferner von der Qualität der affektiven Beziehungen zu ihren Mitarbeitern beeinflusst. Vor dem Hintergrund einer guten Beziehung zum Mitarbeiter ist diese Abneigung stärker ausgeprägt, während die Tendenz, auf gute Leistungen zu reagieren, zunimmt. Hierfür dürften zwei Gründe ausschlaggebend sein: Wenn Vorgesetzte ein negatives Feedback geben, dann haben sie unter Bedingungen einer guten Mitarbeiterbeziehung mehr zu „verlieren" als unter weniger guten Beziehungsbedingungen. Das heißt, die belastenden Auswirkungen einer negativen Rückmeldung sind für den Vorgesetzten in einer guten Beziehung deutlicher spürbar. Daneben gibt es auch Hinweise darauf, dass die Qualität der Vorgesetzten-Mitarbeiter-Beziehung Einfluss auf die Attributionsprozesse von Vorgesetzten nimmt. Ein Mitarbeiter, der eine gute Beziehung zum Vorgesetzten unterhält, wird für schlechtere Leistungen weniger persönlich verantwortlich gemacht als ein Mitarbeiter, zu dem keine gute Beziehung besteht (vgl. Farr, 1991, 1993). Im Feedbackverhalten von Vorgesetzten können sich also auch komplexe Wechselwirkungen dieser affektiven Beziehungsfaktoren und kognitiven Faktoren der Leistungsattribution widerspiegeln.

5.1.3 Situative Einflussfaktoren

Schließlich wird das Feedbackverhalten von Vorgesetzten durch eine Reihe von Situationsmerkmalen bestimmt. Einige dieser Merkmale wurden bereits im Zusammenhang derjenigen Faktoren erwähnt, die das vom Vorgesetzten wahrgenommene Ausmaß an Mitarbeiterverantwortung für die Leistung prägen (wie konjunktive oder disjunktive Aufgaben, Verfügbarkeit von Ressourcen etc.). Daneben werden weitere Situationsmerkmale wirksam, die das Feedbackverhalten unmittelbar beeinflussen.

Ein bedeutsames Merkmal dieser Art stellt das Ausmaß an *Abhängigkeit des Vorgesetzten* von seinen Mitarbeitern und deren Leistungen dar. Die Abhängigkeit kann zum einen durch die Aufgaben vermittelt sein (d. h. der Vorgesetzte ist bei der Bewältigung seiner eigenen Aufgaben auf die erfolgreiche Aufgabenbearbeitung der Mitarbeiter angewiesen), zum anderen durch die Leistungsbeiträge der Mitarbeiter zu den extrinsischen Folgen, die mit der Vorgesetztenleistung verbunden sind (wie z. B. Gehaltshöhe, beruflicher Aufstieg des Vorgesetzten). Unter Bedingungen hoher Aufgabenabhängigkeit geben Vorgesetzte mehr informelles Feedback als unter niedrigen Abhängigkeitsbedingungen. Die Gründe hierfür dürften auf der Hand liegen. So erfordert eine hohe Aufgabenabhängigkeit von Vorgesetzten eine enge Kooperation mit den Mitarbeitern. Dies begünstigt einerseits die Urteilsbildung über die Mitarbeiterleistung und erleichtert andererseits die Feedbackvermittlung.

Auch unter Bedingungen einer hohen Abhängigkeit der extrinsischen Folgen von den Leistungsbeiträgen der Mitarbeiter wird die Aufmerksamkeit des Vorgesetzten stark auf die Mitarbeiterleistungen gelenkt. Daneben verstärkt diese Abhängigkeit das Bestreben, die Leistungen der Mitarbeiter durch Feedback zu fördern, da der Vorgesetzte hierdurch Einfluss auf die eigenen Leistungsfolgen nehmen kann (vgl. Farr, 1993). Schließlich beeinflussen auch bestimmte *Normen* und *Rollenerwartungen* das Feedbackverhalten des Vorgesetzten. In vielen Organisationen gehört das Geben von Feedback zu den mehr oder weniger explizit vorgeschriebenen Aufgaben, die der Vorgesetzte zu übernehmen hat (vgl. Schuler, 2004a).

5.2 Konsequenzen der Feedbackvermittlung für den Vorgesetzten

Die Feedbackvermittlung hat einerseits einige unmittelbare Konsequenzen für den Vorgesetzten, andererseits gehen von ihr indirekte (Rück-)Wirkungen auf die genannten Einflussfaktoren aus, die dann wiederum das Feedbackverhalten des Vorgesetzten determinieren. Untersuchungen der Mitarbeiterreaktionen auf informelles Feedback haben gezeigt, dass negatives Feedback, das mit Kritik verbunden ist und sich auf die Person des Mitarbeiters als einzige Ursache der schlechten Leistung konzentriert, in der Regel Ärger- bzw. Angstreaktionen auslöst, eine Schwächung der Selbstwirksamkeit des Mitarbeiters bewirkt sowie seine Bereitschaft mindert, das Feedback zu akzeptieren und entsprechende Verhaltenskorrekturen vorzunehmen (vgl. Baron, 1988, 1990; Ilgen & Davis, 2000). Diese Mitarbeiterreaktionen können dann wiederum die affektiven Beziehungen zum Vorgesetzten belasten, seine Attribuierungsvoreingenommenheiten verstärken und letztlich zu einer weiteren Verfestigung dieser widrigen Bedingungskonstellationen beitragen. Nach Befunden von Fedor, Eder und Buckley (1989) lassen sich einige dieser unerwünschten Reaktionen und Feedbackkonsequenzen allerdings dadurch vermeiden, dass der Feedbackgeber die konstruktiven sowie unterstützenden Intentionen des Feedbacks betont und nicht die Person, sondern die Sachleistung zum Feedbackgegenstand und damit auch zum Gegenstand der Förderung macht (vgl. auch Muck & Schuler, 2004).

Sowohl die intendierten als auch die unerwünschten Mitarbeiterreaktionen können darüber hinaus die impliziten Theorien von Vorgesetzten über Feedbackwirkungen untermauern oder auch verändern, mit entsprechenden Folgen für das zukünftige Feedbackverhalten. Weiterhin ist davon auszugehen, dass bereits das schlichte Geben eines Feedbacks die Auffälligkeit der Mitarbeiterleistung stärkt. Wenn z. B. einem weniger leistungsstarken Mitarbeiter eine Rückmeldung über seine unbefriedigenden Leistungen vermittelt wurde, dann dürfte dies die Wahrscheinlichkeit dafür erhöhen, dass der Vorgesetzte seine Aufmerksamkeit gerade auf diesen Mitarbeiter und dessen künftige Leistungen richtet. Eine solche Aufmerksamkeitsfokussierung ist insbesondere unter Bedingungen zu erwarten, in denen die zurückliegende Rückmeldung mit spezifischen Zielen und konkreten Verhaltensempfehlungen verbunden war (Morrison & Weldon, 1990).

In ganz ähnlicher Weise dürfte die aktuelle Feedbackvermittlung die Erinnerung an frühere Leistungen erleichtern und künftige Attribuierungsprozesse beeinflussen. Gibt z. B. ein Vorgesetzter nur im Falle unbefriedigender Leistungen ein Feedback, dann wird die Erinnerung an frühere Leistungen des Mitarbeiters zu konsistent negativen Leistungsurteilen führen, die folglich nahe legen, die Leistungen ausschließlich auf internale und stabile Faktoren wie mangelnde Fähigkeiten zu attribuieren. Schließlich kann sich die bereits erwähnte positive Verzerrung der Leistungsurteile, die vom Mitarbeiter aktiv aufgesucht bzw. nachgefragt wurden, ebenfalls in nachfolgenden Rückmeldungen niederschlagen. So weisen Befunde von Wayne und Ferris (1990) darauf hin, dass solche aktiven Feedbacksucher von Vorgesetzten als motivierter wahrgenommen werden, was die positive Verzerrungstendenz bei späteren Urteilen verstärkt.

6 *Fazit und Ausblick*

Die in der älteren Feedbackliteratur vorherrschende Vorstellung konsistent positiver Feedbackwirkungen auf die Leistung wird auch heute noch in weiten Bereichen von Wissenschaft und Praxis geteilt. Die in diesem Kapitel referierten empirischen Befunde vermitteln allerdings ein weitaus differenzierteres Bild, das die Allgemeingültigkeit dieser Vorstellung ernsthaft infrage stellt. Denn Untersuchungen zu neueren Theorieansätzen, die Feedbackwirkungen im Zusammenspiel mit den von Personen verfolgten Zielen analysieren, sowie die Ergebnisse der Metaanalyse von Kluger und DeNisi (1996) belegen, dass die Leistungseffekte des Feedbacks ein beträchtliches Ausmaß an Variabilität aufweisen.

Mit Feedback gehen zwar im Durchschnitt moderate positive Leistungseffekte einher; Feedback kann aber auch leistungsbeeinträchtigend wirken. Positive Leistungseffekte sind insbesondere dann zu erwarten, wenn das Feedback die Aufmerksamkeit von Personen auf aufgabenbezogene Feedback-Ziel-Diskrepanzen lenkt sowie lernförderliche Informationen enthält. Feedback induzierte Verlagerungen der Aufmerksamkeit auf die übergeordnete Ebene der Metaprozesse, die selbstbezogene Kognitionen und Emotionen einschließen, schlagen sich dagegen in negativen Leistungswirkungen nieder, die auf Interferenzeffekten und Effekten begrenzter Aufmerksamkeitskapazität beruhen. Aufgabe zukünftiger Forschung wird sein, diese Feedback induzierten Prozesse der Aufmerksamkeitsverlagerung direkt zugänglich zu machen und im Hinblick auf die hierbei beteiligten Mechanismen genauer zu analysieren.

Gleiches gilt für die Informationsverarbeitungsprozesse, die den unterschiedlichen Lern- und Leistungswirkungen spezifischer, ausführungsbezogener Rückmeldungen zugrunde liegen. Die hierzu vorliegenden Ergebnisse lassen einerseits Zweifel an der häufig vertretenen Auffassung aufkommen, möglichst ein spezifisches Feedback zu geben. Andererseits bedürfen die wenigen Untersuchungen, die sich mit dieser Frage auseinandergesetzt haben, einer breiteren empirischen Fundierung. Die Klärung dieser Frage dürfte nicht zuletzt aus Sicht der Praxis bedeutsam sein. Denn das Vermitteln spezifischer Feedbackinformationen ist mit einem nicht unerheblichen Kommunikationsaufwand sowie weiteren Kosten verbunden, die aus der Diagnose der Leistungen und ihrer jeweiligen Ursachen resultieren.

Die Beobachtung, dass Personen aktive Feedbacksuche in der Informationsumgebung betreiben, unterstreicht einerseits das leistungs- und lernförderliche Potenzial von Rückmeldungen. Die mit der aktiven Feedbacksuche gleichzeitig verbundenen Kosten insbesondere des Eindrucksmanagements weisen andererseits genau auch auf jene Prozesse hin, die leistungsbeeinträchtigende Feedbackwirkungen erwarten lassen, wie auf die eigene Person bezogene Kognitionen und Emotionen. Die aus der Perspektive der Feedbackempfänger und aus der Perspektive der Feedbacksucher gewonnenen Befunde stimmen insofern gut überein. Die zu den Einflussfaktoren der aktiven Feedbacksuche bisher vorliegenden Ergebnisse dürften vielversrechend sein und weitere Forschungsbemühungen anregen. Aus der Sicht der Praxis wären weitere Untersuchungen vor allem solcher Einflussfaktoren wünschenswert, die die Kosten der aktiven Feedbacksuche vermindern. Denn in Kenntnis dieser Faktoren könnte die Informationsumgebung so gestaltet werden, dass sie die aktive Feedbacksuche gezielt fördert (vgl. Geister & Scherm, 2004).

Schließlich haben die Untersuchungen zum informellen Feedbackverhalten des Vorgesetzten ein komplexes Bündel von Einflussfaktoren identifizieren können. Diese Untersuchungen bedürfen allerdings der Ergänzung durch Analysen der Wirkungen, die vom informellen Feedbackverhalten des Vorgesetzten auf das Erleben und Verhalten der Mitarbeiter ausgehen. Insbesondere wäre die Frage zu klären, welche Merkmale des informellen Vorgesetztenfeedback unter welchen Bedingungen die günstigsten Wirkungen entfalten. Ziel derartiger Analysen sollte sein, Vorgesetzte in die Lage zu versetzen, über ihr Feedbackverhalten ein leistungsförderliches Personalmanagement zu praktizieren. Darüber hinaus wäre zu fordern, weiteren Feedbackquellen in der Arbeitsumgebung, wie z. B. Kollegen und vor allem Kunden, stärkere Beachtung zu schenken als bisher.

Literatur

Alge, B. J. (2001). Effects of computer surveillance on perceptions of privacy and procedural justice. *Journal of Applied Psychology, 86,* 797–804.

Algera, J. A., Kleingeld, A. & van Tuijl, H. (2002). Enhancing performance through goal-setting and feedback. In S. Sonnentag (Ed.), *Psychological management of individual performance* (pp. 229–248). Chichester: Wiley.

Ambrose, M. L. & Alder, G. S. (2000). Designing, implementing, and utilizing computerized performance monitoring: Enhancing organizational justice. *Research in Personnel and Human Resources Management, 18,* 187–219.

Ammons, R. B. (1956). Effects of knowledge of performance: A survey and tentative theoretical formulation. *Journal of General Psychology, 54,* 279–299.

Annett, J. (1969). *Feedback and human behavior.* Harmondsworth: Penguin.

Ashford, S. J. (1986). Feedback-seeking in individual adaptation: A resource perspective. *Academy of Management Journal, 29,* 465–487.

Ashford, S. J., Blatt, R. & VandeWalle, D. (2003). Reflections on the looking glass: A review of research on feedback-seeking behavior in organizations. *Journal of Management, 29,* 773–799.

Ashford, S. J. & Cummings, L. L. (1983). Feedback as an individual resource: Personal strategies of creating information. *Organizational Behavior and Human Performance, 32,* 370–398.

Ashford, S. J. & Cummings, L. L. (1985). Proactive feedback seeking: The instrumental use of the information environment. *Journal of Occupational Psychology, 58,* 67–79.

Ashford, S. J. & Northcraft, G. B. (1992). Conveying more (or less) than we realize: The role of impression management in feedback seeking. *Organizational Behavior and Human Decision Processes, 53,* 310–334.

Ashford, S. J. & Tsui, A. S. (1991). Self-regulation for managerial effectiveness: The role of active feedback seeking. *Academy of Management Journal, 34,* 251–280.

Bandura, A. (1986). *Social foundations of thought and action: A social cognitive theory.* Englewood Cliffs, NJ: Prentice Hall.

Bandura, A. (1997). *Self-efficacy. The exercise of control.* New York, NY: Freeman.

Bandura, A. & Jourden, F. J. (1991). Self-regulatory mechanisms governing the impact of social comparison on complex decision making. *Journal of Personality and Social Psychology, 60,* 941–951.

Bandura, A. & Locke, E. A. (2003). Negative self-efficacy and goal effects revisited. *Journal of Applied Psychology, 88,* 87–99.

Baron, R. A. (1988). Negative effects of destructive criticism: Impact on conflict, self-efficacy and task performance. *Journal of Applied Psychology, 73,* 199–207.

Baron, R. A. (1990). Countering the effects of destructive criticism: The relative efficacy of four interventions. *Journal of Applied Psychology, 75,* 1–11.

Benedict, M. E. & Levine, E. L. (1988). Delay and distortion: Tacit influences on performance appraisal effectiveness. *Journal of Applied Psychology, 73,* 507–514.

Bono, J. E. & Colbert, A. E. (2005). Understanding responses to multi-source feedback: The role of core self-evaluations. *Personnel Psychology, 58,* 171–203.

Borman, W. C. & Motowidlo, S. J. (1993). Expanding the criterion domain to include elements of contextual performance. In N. Schmitt & W. C. Borman (Eds.), *Personnel selection in organizations* (pp. 71–98). San Francisco, CA: Jossey-Bass.

Brown, S. P., Ganesan, S. & Challagalla, G. (2001). Self-efficacy as a moderator of information-seeking effectiveness. *Journal of Applied Psychology, 86,* 1043–1051.

Campion, M. A. & Lord, R. G. (1982). A control systems conceptualization of the goal-setting and changing process. *Organizational Behavior and Human Performance, 30,* 265–287.

Carver, C. S. & Scheier, M. F. (1981). *Attention and self-regulation: A control-theory approach to human behavior.* Cambridge: Cambridge University Press.

Carver, C. S. & Scheier, M. F. (1998). *On the self-regulation of behavior.* Cambridge: Cambridge University Press.

Cascio, W. F. (1998). *Applied psychology in human resources management.* Englewood Cliffs, NJ: Prentice Hall.

Cawley, B. D., Keeping, L. M. & Levy, P. E. (1998). Participation in the performance appraisal process and employee reactions: A meta-analytic review of field investigations. *Journal of Applied Psychology, 83,* 615–633.

Chen, Z., Lam, W. & Zhong, J. A. (2007). Leader-member exchange and member performance: A new look at individual-level negative feedback-seeking behavior and team-level empowerment climate. *Journal of Applied Psychology, 92,* 202–212.

Donovan, J. J. & Williams, K. J. (2003). Missing the mark: Effects of time and causal attributions on goal revision in response to goal-performance discrepancies. *Journal of Applied Psychology, 88,* 379–390.

Dweck, C. S. (1986). Motivational processes affecting learning. *American Psychologist, 41,* 1040–1048.

Earley, P. C. (1988). Computer-generated performance feedback in the magazin-subscription industry. *Organizational Behavior and Human Decision Processes, 41,* 50–64.

Earley, P. C., Northcraft, G. B., Lee, C. & Lituchy, T. R. (1990). Impact of process and outcome feedback on the relation of goal setting to task performance. *Academy of Management Journal, 33,* 87–105.

Farr, J. L. (1991). Leistungsfeedback und Arbeitsverhalten. In H. Schuler (Hrsg.), *Beurteilung und Förderung beruflicher Leistung* (S. 57–80). Stuttgart: Verlag für Angewandte Psychologie.

Farr, J. L. (1993). Informal performance feedback: Seeking and giving. In H. Schuler, J. L. Farr & M. Smith (Eds.), *Personnel selection and assessment. Individual and organizational perspectives* (pp. 163–180). Hillsdale, NJ: Erlbaum.

Fedor, D. B. (1991). Recipient responses to performance feedback: A proposed model and its implications. In G. R. Ferris & K. M. Rowland (Eds.), *Research in personnel and human resources management* (pp. 73–120). Greenwich, CT: JAI.

Fedor, D. B., Eder, R. W. & Buckley, M. R. (1989). The contributory effects of supervisor intentions on subordinate feedback responses. *Organizational Behavior and Human Decision Processes, 44,* 396–414.

Fedor, D. B., Rensvold, R. B. & Adams, S. M. (1992). An investigation of factors expected to affect feedback seeking: A longitudinal field study. *Personnel Psychology, 45,* 779–805.

Fiege, R., Muck, P. M. & Schuler, H. (2001). Mitarbeitergespräche. In H. Schuler (Hrsg.), *Lehrbuch der Personalpsychologie* (S. 433–480). Göttingen: Hogrefe.

Fisher, C. D. (1979). Transmission of positive and negative feedback to subordinates: A laboratory investigation. *Journal of Applied Psychology, 64,* 533–540.

Fleishman, E. A. & Peters, D. A. (1962). Interpersonal values, leadership attitudes, and managerial success. *Personnel Psychology, 15,* 127–143.

Frese, M., Brodbeck, F., Heinbokel, T., Mooser, C., Schleiffenbaum, E. & Thiemann, P. (1991). Errors in training computer skills: On the positive function of errors. *Human Computer Interaction, 6,* 77–93.

Frese, M. & Zapf, D. (1994). Action as the core of work psychology: A German approach. In H. C. Triandis, M. D. Dunnette & L. M. Hough (Eds.), *Handbook of industrial and organizational psychology* (Vol. 4, pp. 271–340). Palo Alto, CA: Consulting Psychologists Press.

Fried, Y. & Ferris, G. R. (1987). The validity of the Job Characteristics Model: A review and meta-analysis. *Personnel Psychology, 40,* 287–322.

Geister, S. & Scherm, M. (2004). Online-Feedback-Systeme: Die Einsatzfelder „virtuelle Teamarbeit“ und „360-Grad-Feedback“. In G. Hertel & U. Konradt (Hrsg.), *Human Resource Management im Inter- und Intranet* (S. 148–168). Göttingen: Hogrefe.

Gomez-Mejia, L. R., Balkin, D. B. & Cardy, R. L. (2001). *Managing human resources.* Englewood Cliffs, NJ: Prentice Hall.

Goodman, J. S. (1998). The interactive effects of task and external feedback on practice, performance and learning. *Organizational Behavior and Human Decision Processes, 76,* 232–252.

Goodman, J. S. & Wood, R. E. (2004). Feedback specificity, learning opportunities, and learning. *Journal of Applied Psychology, 89,* 809–821.

Goodman, J. S., Wood, R. E. & Hendrickx, M. (2004). Feedback specificity, exploration, and learning. *Journal of Applied Psychology, 89,* 248–262.

Gosselin, A., Werner, J. M. & Halle, N. (1997). Ratee preferences concerning performance management and appraisal. *Human Resource Development Quarterly, 8,* 315–333.

Greller, M. M. & Herold, P. M. (1975). Sources of feedback: A preliminary investigation. *Organizational Behavior and Human Performance, 13,* 244–256.

Guzzo, R. A., Jette, R. D. & Katzell, R. A. (1985). The effects of psychologically based intervention programs on worker productivity: A meta-analysis. *Personnel Psychology, 38,* 275–291.

Hacker, W. (2005). *Allgemeine Arbeitspsychologie. Psychische Regulation von Arbeitstätigkeiten.* Bern: Huber.

Hackman, J. R. & Oldham, G. R. (1976). Motivation through the design of work: Test of theory. *Organizational Behavior and Human Performance, 16,* 286–309.

Hanser, L. M. & Muchinsky, P. M. (1978). Work as an information environment. *Organizational Behavior and Human Performance, 21,* 47–60.

Heuer, H. (1983). *Bewegungslernen.* Stuttgart: Kohlhammer.

Hobson, C. J. (1986). Factors affecting the frequency, timing and sign of informal supervisory feedback to subordinates in a simulated work setting. *Multivariate Behavioral Research, 21,* 187–200.

Ilgen, D. R. & Davis, C. A. (2000). Bearing bad news: Reactions to negative performance feedback. *Applied Psychology: An International Review, 49,* 550–565.

Ilgen, D. R., Fisher, C. D. & Taylor, M. S. (1979). Consequences of individual feedback on behavior in organizations. *Journal of Applied Psychology, 64,* 349–371.

Ilgen, D. R. & Schneider, J. (1991). Performance measurement: A multi-discipline view. In C. L. Cooper & I. T. Robertson (Eds.), *International review of industrial and organizational psychology* (pp. 71–108). New York, NY: Wiley.

Ilies, R. & Judge, T. A. (2005). Goal regulation across time: The effects of feedback and affect. *Journal of Applied Psychology, 90,* 453–467.

Jetter, F. & Skrotzki, R. (Hrsg.). (2000). *Handbuch Zielvereinbarungsgespräche: Konzeption, Durchführung, Gestaltungsmöglichkeiten.* Stuttgart: Schäffer-Poeschel.

Kanfer, R. & Ackerman, P. L. (1989). Motivation and cognitive abilities: An integration/aptitude-treatment interaction approach to skill acquisition. *Journal of Applied Psychology, 74,* 657–690.

Keeping, L. M. & Levy, P. E. (2000). Performance appraisal reactions: Measurement, modeling, and method bias. *Journal of Applied Psychology, 85,* 708–723.

Kießling-Sonntag, J. (2000). *Handbuch Mitarbeitergespräche.* Berlin: Cornelsen.

Klein, H. J. (1989). An integrated control systems theory of human motivation. *Academy of Management Review, 14,* 150–172.

Kluger, A. N. & DeNisi, A. (1996). The effects of feedback interventions on performance: A historical review, a meta-analysis, and a preliminary feedback intervention theory. *Psychological Bulletin, 119,* 254–284.

Kluger, A. N. & DeNisi, A. (1998). Feedback interventions: Toward the understanding of a double-edged sword. *Current Directions in Psychological Science, 7,* 67–72.

Kopelman, R. (1986). Objective feedback. In E. A. Locke (Ed.), *Generalizing from the laboratory to field settings* (pp. 119–146). Lexington, MA: Lexington.

Korunka, C., Scharitzer, D. & Sonnek, A. (2003). Mitarbeiter- und Kundenzufriedenheit in öffentlichen Organisationen. Eine Längsschnittstudie bei der Einführung von New Public Management. *Zeitschrift für Arbeits- und Organisationspsychologie, 47,* 208–221.

Larson, J. R. (1984). The performance feedback process: A preliminary model. *Organizational Behavior and Human Performance, 33,* 42–76.

Larson, J. R. (1989). The dynamic interplay between employees' feedback-seeking strategies and supervisors' delivery of performance feedback. *Academy of Management Review, 14,* 408–422.

Latham, G. P. & Locke, E. A. (1991). Self-regulation through goal setting. *Organizational Behavior and Human Decision Processes, 50,* 212–247.

Latham, G. P. & Locke, E. A. (2007). New developments in and directions for goal-setting research. *European Psychologist, 12,* 290–300.

Latham, G. P., Locke, E. A. & Fassina, N. E. (2002). The high performance cycle: Standing the test of time. In S. Sonnentag (Ed.), *Psychological management of individual performance* (pp. 201–228). Chichester: Wiley.

Levy, P. E., Albright, M. D., Cawley, B. D. & Williams, J. R. (1995). Situational and individual determinants of feedback seeking: A closer look at the process. *Organizational Behavior and Human Decision Processes, 62,* 23–37.

Lewin, K., Dembo, T., Festinger, L. & Sears, P. S. (1944). Level of aspiration. In J. Hunt (Ed.), *Personality and the behavior disorders* (pp. 333–378). New York, NY: Ronald.

Locke, E. A. & Latham, G. P. (1990). *A theory of goal setting and task performance.* Englewood Cliffs, NJ: Prentice Hall.

London, M. (2003). *Job feedback: Giving, seeking, and using feedback for performance improvement.* Mahwah, NJ: Erlbaum.

Longenecker, C. O., Sims, H. P. & Gioia, D. A. (1987). Behind the mask: The politics of employee appraisal. *Academy of Management Executive, 1,* 183–193.

Mento, A. J., Steel, R. P. & Karren, R. J. (1987). A meta-analytical study of the effects of goal setting on task performance: 1969–1980. *Psychological Bulletin, 90,* 125–152.

Mikulincer, M. (1988). Reactance and helplessness following exposure to unsolvable problems: The effects of attributional style. *Journal of Personality and Social Psychology, 54,* 679–686.

Mikulincer, M. (1994). *Human learned helplessness: A coping perspective.* New York, NY: Plenum.

Miller, V. D. & Jablin, F. M. (1991). Information seeking during organizational entry: Influences, tactics, and a model of the process. *Academy of Management Review, 16,* 92–120.

Mitchell, T. R., Green, S. G. & Wood, R. E. (1981). An attributional model of leadership and the poor performing subordinate: Development and validation. In L. L. Cummings & B. M. Staw (Eds.), *Research in Organizational Behavior* (pp. 197–234). Greenwich, CT: JAI.

Morrison, E. W. (1993). Longitudinal study of the effects of information seeking on newcomer socialization. *Journal of Applied Psychology, 78,* 173–183.

Morrison, E. W. & Bies, R. J. (1991). Impression management in the feedback-seeking process: A literature review and research agenda. *Academy of Management Review, 16,* 522–541.

Morrison, E. W. & Weldon, E. (1990). The impact of an assigned performance goal on feedback seeking behavior. *Human Performance, 3,* 37–50.

Motowidlo, S. J., Borman, W. C. & Schmit, M. J. (1997). A theory of individual differences in task and contextual performance. *Human Performance, 10,* 71–83.

Muck, P. M. & Schuler, H. (2004). Beurteilungsgespräch, Zielsetzung und Feedback. In H. Schuler (Hrsg.), *Beurteilung und Förderung beruflicher Leistung* (S. 255–289). Göttingen: Hogrefe.

Murphy, K. R. & Cleveland, J. N. (1995). *Understanding performance appraisal: Social, organizational and goal-based perspectives.* Newbury Park, CA: Sage.

Naylor, J. C., Pritchard, R. D. & Ilgen, D. R. (1980). *A theory of behavior in organizations.* New York, NY: Academic Press.

Nerdinger, F. W. (1994). *Zur Psychologie der Dienstleistung.* Stuttgart: Schäffer-Poeschel.

Neubert, M. J. (1998). The value of feedback and goal setting over goal setting alone and potential moderators of this effect: A meta-analysis. *Human Performance, 11,* 321–335.

Nicholls, J. G. (1984). Achievement motivation: Conceptions of ability, subjective experience, task choice, and performance. *Psychological Review, 91,* 328–346.

Northcraft, G. B. & Ashford, S. J. (1990). The preservation of self in everyday life: The effects of performance expectations and feedback context on feedback inquiry. *Organizational Behavior and Human Decision Processes, 47,* 42–64.

Payne, R. B. & Hauty, G. T. (1955). Effect of psychological feedback upon work decrement. *Journal of Experimental Psychology, 50,* 343–352.

Phillips, J. M., Hollenbeck, J. R. & Ilgen, D. R. (1996). Prevalence and prediction of positive discrepancy creation: Examining a discrepancy between two self-regulation theories. *Journal of Applied Psychology, 81,* 498–511.

Podsakoff, P. M. & Farh, J.-L. (1989). Effects of feedback sign and credibility on goal setting and task performance. *Organizational Behavior and Human Decision Processes, 44,* 45–67.

Pritchard, R. D., Jones, S. D., Roth, P. L., Stuebing, K. K. & Ekeberg, S. E. (1988). Effects of group feedback, goal setting, and incentives on organizational productivity. *Journal of Applied Psychology, 73,* 337–358.

Pritchard, R. D., Kleinbeck, U. & Schmidt, K.-H. (1993). *Das Managementsystem PPM. Durch Mitarbeiterbeteiligung zu höherer Produktivität.* München: C. H. Beck.

Rodgers, R. & Hunter, J. E. (1991). Impact of management by objectives on organizational productivity. *Journal of Applied Psychology, 76,* 322–336.

Rosen, C. C., Levy, P. E. & Hall, R. J. (2006). Placing perceptions of politics in the context of the feedback environment, employee attitudes, and job performance. *Journal of Applied Psychology, 91,* 211–220.

Schmidt, K.-H. (2004). Förderung von Gruppenleistungen mit dem Partizipativen Produktivitätsmanagement (PPM). In H. Schuler (Hrsg.), *Beurteilung und Förderung beruflicher Leistung* (S. 239–253). Göttingen: Hogrefe.

Schmidt, K.-H. & Kleinbeck, U. (1999). Der Job Diagnostic Survey (JDS – deutsche Fassung). In H. Dunckel (Hrsg.), *Handbuch psychologischer Arbeitsanalyseverfahren* (S. 205–220). Zürich: vdf.

Schmidt, K.-H. & Kleinbeck, U. (2006). *Führen mit Zielvereinbarung*. Göttingen: Hogrefe.

Schmidt, R. A. (1991). Frequent augmented feedback can degrade learning: Evidence and interpretations. In J. Requin & G. E. Stelmach (Eds.), *Tutorials in motor neuroscience* (pp. 59–75). London: Kluver.

Schmidt, R. A. & Bjork, R. A. (1992). New conceptualizations of practice: Common principles in three paradigms suggest new concepts for training. *Psychological Science, 3,* 207–217.

Schuler, H. (2004a). Drei Ebenen der Leistungsbeurteilung: Day-to-day Feedback, Regelbeurteilung und Potenzialanalyse. In H. Schuler (Hrsg.), *Beurteilung und Förderung beruflicher Leistung* (S. 25–31). Göttingen: Hogrefe.

Schuler, H. (2004b). Der Prozess der Urteilsbildung und die Qualität der Beurteilungen. In H. Schuler (Hrsg.), *Beurteilung und Förderung beruflicher Leistung* (S. 33–60). Göttingen: Hogrefe.

Schuler, H. & Marcus, B. (2004). Leistungsbeurteilung. In H. Schuler (Hrsg.), *Organisationspsychologie – Grundlagen und Personalpsychologie* (Enzyklopädie der Psychologie, Serie Wirtschafts-, Organisations- und Arbeitspsychologie, Bd. 3, S. 947–1006). Göttingen: Hogrefe.

Smither, J. W., London, M. & Reilly, R. R. (2005). Does performance improve following multisource feedback? A theoretical model, meta-analysis, and review of empirical findings. *Personnel Psychology, 58,* 33–66.

Spada, H., Ernst, A. M. & Ketterer, W. (1990). Klassische und operante Konditionierung. In H. Spada (Hrsg.), *Lehrbuch Allgemeine Psychologie* (S. 323–372). Bern: Huber.

Steelman, L. A., Levy, P. E. & Snell, A. F. (2004). The Feedback Environment Scale (FES): Construct definition, measurement and validation. *Educational and Psychological Measurement, 64,* 165–184.

Stone, D. L., Stone-Romero, E. F. & Lukaszewski, K. (2003). The functional and dysfunctional consequences of human resource information technology for organizations and their employees. In D. L. Stone (Ed.), *Advances in human performance and cognitive engineering research* (Vol. 3, pp. 37–68). Amsterdam: JAI.

Taylor, M. S., Fisher, C. D. & Ilgen, D. R. (1984). Individuals' reactions to performance feedback in organizations: A control theory perspective. *Research in Personnel and Human Resource Management, 2,* 81–124.

Tesser, A. & Rosen, S. (1975). The reluctance to transmit bad news. In L. Berkowitz (Ed.), *Advances in experimental social psychology* (pp. 193–232). New York, NY: Academic Press.

Thorndike, E. L. (1913). *Educational psychology. Volume I: The original nature of man*. New York, NY: Columbia University.

Thorndike, E. L. (1927). The law of effect. *American Journal of Psychology, 39,* 212–222.

Tubbs, M. E. (1986). Goal setting: A meta-analytic examination of the empirical evidence. *Journal of Applied Psychology, 71,* 474–483.

Vancouver, J. B. & Morrison, E. W. (1995). Feedback inquiry: The effect of source attribute and individual differences. *Organizational Behavior and Human Decision Processes, 62,* 276–285.

VandeWalle, D. & Cummings, L. L. (1997). A test of the influence of goal orientation on the feedback-seeking process. *Journal of Applied Psychology, 82,* 390–400.

VandeWalle, D., Ganesan, S., Challagalla, G. N. & Brown, S. P. (2000). An integrated model of feedback-seeking behavior: Disposition, context, and cognition. *Journal of Applied Psychology, 85,* 996–1003.

Viswesvaran, C. (2002). Assessment of individual job performance: A review of the past century and a look ahead. In N. Anderson, D. S. Ones, H. K. Sinangil & C. Viswesvaran (Eds.), *Handbook of industrial, work and organizational psychology* (Vol. 1, pp. 110–126). London: Sage.

Wayne, S. J. & Ferris, G. R. (1990). Influence tactics, affect, and exchange quality in supervisor-subordinate interactions: A laboratory experiment and field study. *Journal of Applied Psychology, 75,* 487–499.

Williams, J. R., Miller, C. E., Steelman, L. A. & Levy, P. E. (1999). Increasing feedback seeking in public contexts: It takes two (or more) to tango. *Journal of Applied Psychology, 84,* 969–976.

Williams, K. J., Donovan, J. J. & Dodge, T. L. (2000). Self-regulation of performance: Goal establishment and goal revision processes in athletes. *Human Performance, 13,* 159–180.

Winstein, C. J. & Schmidt, R. A. (1990). Reduced frequency of knowledge of results enhances motor learning. *Journal of Experimental Psychology: Learning, Memory, and Cognition, 16,* 677–691.

Wood, R. E. & Locke, E. A. (1990). Goal setting and strategy effects on complex tasks. In L. L. Cummings & B. M. Staw (Eds.), *Research in organizational behavior* (pp. 73–109). Greenwich, CT: JAI.

5. Kapitel

Wahrnehmung und Arbeitshandeln

Herbert Heuer

1 Einleitung

Arbeitshandeln ist durch spezielle Ziele gekennzeichnet, nämlich die Bewältigung von Arbeitsaufgaben. Dabei sind Wahrnehmung und Tun eng miteinander verwoben. Die Notwendigkeit dafür wird aus der Antwort auf eine einfache Frage deutlich: Wie kann ein Handelnder feststellen, ob er ein Ziel erreicht hat oder nicht bzw. sich einem Ziel annähert oder sich von ihm entfernt? Aus der Sicht eines Handelnden ist das Erreichen von Zielen ganz offensichtlich durch bestimmte Wahrnehmungen definiert. Handeln kann man daher auch als das Herstellen gewünschter Wahrnehmungen verstehen, im Fall des Arbeitshandelns beispielsweise der Wahrnehmung eines fertig montierten Teils oder eines zufriedenen Gesichtsausdrucks bei einem Kunden.

Die Verzahnung von Arbeitshandeln und Wahrnehmung ist wechselseitig. Auf der einen Seite wird das Handeln durch die Wahrnehmung gelenkt. Die Wahrnehmung der Außenwelt kann Handlungen anstoßen oder umsteuern. Beispielsweise kann ein ungewohntes Geräusch einer Maschine eine Fehlersuche anstoßen oder eine geplante Abfolge von Pflegetätigkeiten kann durch die Wahrnehmung einer leeren Infusionsflasche umgelenkt werden. Handlungen werden aber auch durch die Wahrnehmung der Konsequenzen des eigenen Tuns beeinflusst, also durch Rückmeldungen. Im einfachen Fall kann etwa eine Schraube weitergedreht werden, wenn die sensorisch erfasste Kraft, die für die Drehung benötigt wird, noch nicht groß genug ist; im komplizierten Fall können Erläuterungen eines Sachverhalts in einer Arbeitsgruppe ergänzt und modifiziert werden, wenn die Gesichter der Zuhörenden Unverständnis erkennen lassen. Im ersten Teil dieses Kapitels sollen verschiedene Aspekte der handlungsleitenden Funktionen von Wahrnehmungen ausführlicher beschrieben werden.

Da die Verzahnung von Arbeitshandeln und Wahrnehmung wechselseitig ist, wird natürlich auch die Wahrnehmung durch Handlungen beeinflusst. Wahrnehmung ist ein aktiver Prozess im Dienste der Handlungssteuerung: In gewisser Weise ist Wahrnehmung ein integraler Bestandteil von Handlungen. Wahrnehmung ein und derselben Umwelt sollte daher je nach Handlungskontext unterschiedlich ausfallen. Im Alltag lässt sich das am Beispiel von Autofahrer und Beifahrer erkennen, die nahezu identischen visuellen Reizen ausgesetzt sind, sie aber in unterschiedlicher Weise verarbeiten. Beispielsweise wird die Farbe einer Ampel vom Beifahrer seltener wahrgenommen werden als vom Fahrer, und wenn sie wahrgenommen wird, ist das für das Handeln des Beifahrers irrelevant, nicht aber für das Handeln des Fahrers. Bei einer roten Ampel wird ein Beifahrer allenfalls auf die rote Ampel hinweisen, während ein Fahrer Bremse und Kupplung betätigen wird, aber im Regelfall den Beifahrer nicht darauf hinweisen. Im zweiten Teil dieses Kapitels sollen verschiedene Aspekte der wahrnehmungslenkenden Funktionen von Handlungen bzw. Handlungskontexten ausführlicher besprochen werden.

2 Wahrnehmungen lenken Handlungen

Handlungen müssen durch Wahrnehmungen gelenkt werden, damit sie an die Umwelt angepasst sind. Dabei ist nicht nur die Wahrnehmung der Handlungsvoraussetzungen von Bedeutung, sondern auch die Wahrnehmung der Handlungskonsequenzen; nicht nur die rote Ampel muss wahrgenommen werden, sondern auch das Abbremsen des Fahrzeugs. Im ersten Abschnitt dieses Teils soll gezeigt werden, dass die Schnelligkeit und Genauigkeit des Handelns von der Beziehung zwischen Handlung und Wahrnehmung abhängt, speziell von der Einfachheit bzw. Direktheit dieser Beziehung oder ihrer Kompatibilität. Der Abschnitt ist mit dem wenig geläufigen Begriff „Wahrnehmungs-Handlungs-Kompatibilität“ überschrieben, der als Oberbegriff für „Reiz-Reaktions-“ und „Reaktions-Effekt-Kompatibilität“ dienen soll. In den nächsten beiden Abschnitten steht dann die Wirkung wahrgenommener Effekte im Vordergrund. Rückmeldungen über die Effekte oder Konsequenzen des eigenen Handelns dienen zum einen unmittelbar der Handlungssteuerung. Längerfristig erlauben sie aber auch das Erlernen von regelhaften Beziehungen zwischen dem eigenen Tun und seinen Konsequenzen, also die Entwicklung von inneren Modellen der Handlungs-Effekt-Beziehungen. Im letzten Abschnitt schließlich soll auf kurzzeitige Entkopplungen von Wahrnehmung und Handlung eingegangen werden, die sich unter bestimmten Belastungsbedingungen beobachten lassen.

2.1 Wahrnehmungs-Handlungs-Kompatibilität

Das Konzept der Wahrnehmungs-Handlungs-Kompatibilität soll am Beispiel einer klassischen Untersuchung von Fitts und Deininger (1954) erläutert werden. Dabei handelt es sich um eine Untersuchung speziell zur Reiz-Reaktions-Kompatibilität. Die verwendeten Reize und Reiz-Reaktions-Zuordnungen sind in Abbildung 1 gezeigt. Die Reaktionen waren Bewegungen von einer zentralen Position aus in acht verschiedene Richtungen. Bei Darbietung eines Reizes mussten sie jeweils möglichst schnell und genau ausgeführt werden. Die Reize waren räumlich oder symbolisch. Ein Satz von räumlichen Reizen hatte eine klare räumliche Beziehung zu den Reaktionen und ein Satz von symbolischen Reizen eine klare symbolische (gelernte) Beziehung. Bei einem zweiten Satz von räumlichen Reizen war die räumliche Korrespondenz weniger klar, aber es gab noch systematische Zuordnungen zwischen der Links-rechts-Reihung der Reizpositionen und der kreisförmigen Reihung der Bewegungsrichtungen. Bei einem zweiten Satz von symbolischen Reizen (3-buchstabige Vornamen) war die Beziehung zu den Reaktionen nur noch willkürlich.

Abbildung 1 zeigt auch die mittleren Reaktionszeiten und Fehlerprozente in den verschiedenen Bedingungen. Prinzipiell wird die Reaktionszeit länger und der Fehleranteil größer, wenn die Reiz-Reaktions-Kompatibilität kleiner wird. Dabei lassen sich die Wirkungen zweier verschiedener Arten von Kompatibilität unterscheiden. Die erste ist die Passung von Reizmenge und Reaktionsmenge. Sie ist am besten bei der kreisförmigen Anordnung der Reize, und dabei sind auch die kürzesten Reaktionszeiten zu beobachten. Die zweite Art von Kompatibilität betrifft die Zuordnung der Elemente bei gegebenen Reiz-Reaktionsmengen. Ihr Einfluss ist am stärksten, wenn die Passung von Reizmenge und Reaktionsmenge gut ist.

Was ist unter „Passung“ von Reizmenge und Reaktionsmenge zu verstehen? Einem weit verbreiteten Verständnis nach entsteht die Passung durch gemeinsame Dimensionen, durch „dimensional overlap“ (Kornblum, Hasbroucq & Osman, 1990). Bei der kreisförmigen Reizanordnung in Abbildung 1 haben Reize und Reaktionen gleiche räumliche Dimensionen. Bei den Uhrzeiten als symbolischen Reizen gibt es eine gemeinsame begriffliche Dimension mit den Reaktionen, die ja als „Uhrzeiten bei analoger Anzeige“ verstanden werden können. Bei der linearen Reizanordnung schließlich ist nur noch ein eher abstraktes strukturelles Merkmal gemeinsam, nämlich eine Reihung innerhalb der Mengen der Reize und Reaktionen. Gemeinsame Dimensionen können also von unterschiedlicher Art und mehr oder weniger stark von Lernen abhängig sein.

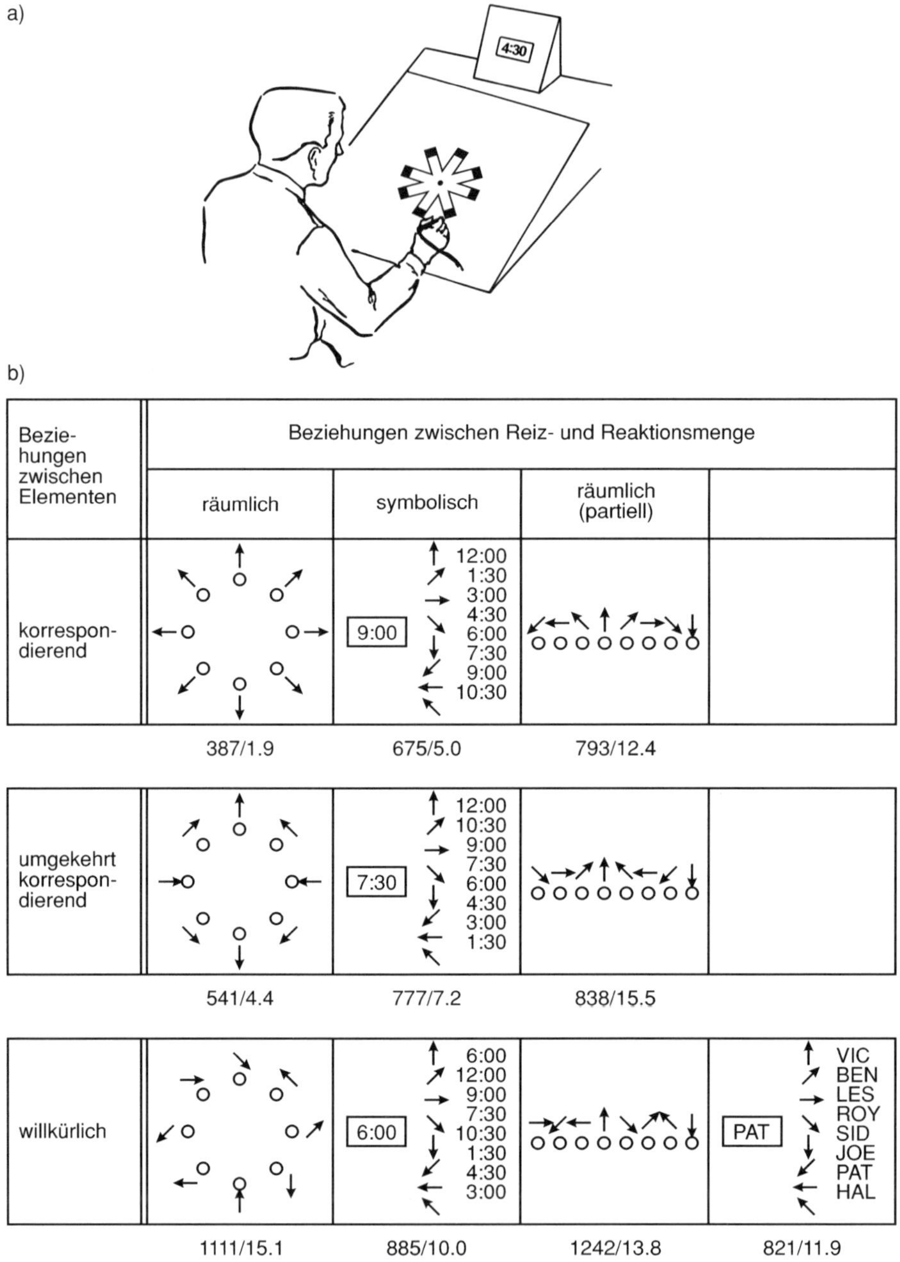

Abbildung 1:
Versuchsanordnung (a) und Reiz-Reaktions-Zuordnungen (b) in einem Experiment zur Reiz-Reaktions-Kompatibilität. Zu den verschiedenen Zuordnungen sind jeweils die Reaktionszeit in Millisekunden und der Prozentsatz von Fehlern angegeben (nach Fitts & Deininger, 1954).

Reiz-Reaktions-Kompatibilität wird nicht immer klar von der Reaktions-Effekt-Kompatibilität (z. B. Kunde, 2001) unterschieden. Prinzipiell scheinen für die Reaktions-Effekt-Kompatibilität gleiche Prinzipien zu gelten wie für die Reiz-Reaktions-Kompatibilität, so dass sich ein starker Einfluss dimensionaler Überlappung findet, die räumlich oder symbolisch sein kann. Eine räumlich begründete Reaktions-Effekt-Kompatibilität findet sich beispielsweise beim Lenken eines Autos, typischerweise auch bei der Bedienung der Fahrtrichtungsanzeige. Eine symbolisch begründete Reaktions-Effekt-Kompatibilität findet sich zum Beispiel bei der Beziehung zwischen der Betätigung des Gaspedals und der Tachometeranzeige: Bewegungen eines Zeigers im Uhrzeigersinn (bei Rundinstrumenten) oder nach rechts (bei Langfeldinstrumenten) gehen mit höheren Werten einher. Diese Form der Kompatibilität und eine Reihe weiterer sind im Wesentlichen durch kulturelle Stereotype (und technische Normen) begründet. Verletzungen von Kompatibilitätsregeln sind nicht nur wegen der Leistungseinbußen kritisch, sondern auch wegen der damit verbundenen Fehlerrisiken und oft auch Unfallgefahren.

Prinzipien der Wahrnehmungs-Handlungs-Kompatibilität spielen eine kritische Rolle für die Gestaltung von Mensch-Maschine-Schnittstellen. Die vorliegenden Normen sowie die Intuition sind dabei oft hilfreich. Manchmal aber sind die Gestaltungsprinzipien nicht offensichtlich. Ein bekanntes Beispiel ist die Zuordnung der Bedienknöpfe an der Frontplatte eines Herdes zu den Kochplatten, insbesondere beim 3-Platten-Herd. Schwierigkeiten können entstehen, wenn Bedienelemente und Anzeigen nicht nur vor den Bedienern angeordnet sind, sondern auch über oder neben ihnen. In manchen Fällen ist es unmöglich, gleichzeitig allen Prinzipien Genüge zu tun. Abbildung 2 zeigt ein Sektorinstrument mit festem Zeiger und bewegter Skala. Dem Prinzip der im Uhrzeigersinn steigenden Werte ist zwar Genüge getan, aber das Prinzip, dass ein Anstieg der gemessenen Größe mit einer Bewegung im Uhrzeigersinn einhergehen sollte, wird verletzt. Diese Verletzung ist vor allem dann von Bedeutung, wenn auch Änderungen wahrgenommen werden sollen, wie beispielsweise bei einer Geschwindigkeitsanzeige; sie ist dagegen von geringerer Bedeutung, wenn nur einzelne statische Werte abgelesen werden sollen wie beispielsweise bei einer Waage.

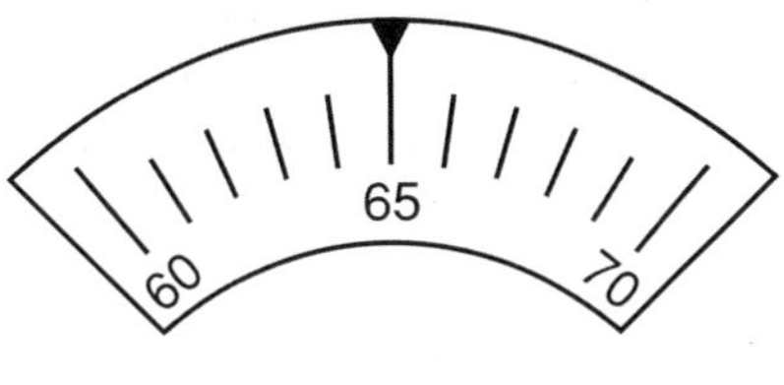

Abbildung 2:
Sektorinstrument mit festem Zeiger und bewegter Skala

Die beiden Gestaltungsprinzipien, die bei Instrumenten mit bewegter Skala typischerweise im Widerspruch stehen, beziehen sich genau genommen gar nicht auf die Wahrnehmungs-Handlungs-Kompatibilität, sondern auf die Kompatibilität zwischen Wahrnehmung und einer inneren Repräsentation von (numerischer) Größe. Allgemeiner betrifft diese Form der Kompatibilität die Beziehung zwischen einer räumlichen Anordnung und einer rein begrifflichen Größe, wie sie durch Zahlen ausgedrückt wird. Bei der räumlichen Anordnung muss es sich nicht notwendigerweise um die Anordnung von Zahlen auf einer Anzeige handeln, sondern es können auch räumliche Merkmale von Bedienelementen betroffen sein. Unabhängig von den praktischen Anwendungen zeigt sich die Beziehung zwischen räumlicher Anordnung und der Größe von Zahlen im sog. SNARC-Effekt (*s*patial-*n*umerical *a*ssociation of *r*esponse *c*odes): wenn auf kleine Zahlen mit der linken Hand und auf große mit der rechten Hand reagiert werden muss, ist die Reaktionszeit im Allgemeinen kürzer als bei umgekehrter Zuordnung, also Reaktionen mit der rechten Hand auf kleine Zahlen und mit der linken Hand auf große (Dehaene, Bossini & Giraux, 1993).

Innere Repräsentationen sind für die Wahrnehmungs-Handlungs-Kompatibilität in allgemeinerer Weise von Bedeutung als im Zusammenhang mit der Beziehung zwischen räumlichen Anordnungen und der Größe gemessener oder eingestellter Werte einer Variablen. Wahrnehmungs-Handlungs-Kompatibilität hängt nämlich in starkem Maße (wenn nicht ausschließlich) von der inneren Repräsentation der äußeren Gegebenheiten ab, und die kann auch bei physikalisch gleichen Reizen und Reaktionen verändert werden. Ein Beispiel wird von Merz, Kalveram und Huber (1981) beschrieben.

Merz et al. (1981) untersuchten das Lenken bei einer Trackingaufgabe mit unterschiedlicher Reiz-Reaktions- bzw. Reaktions-Effekt-Kompatibilität. Die Versuchsperson fasste einen Knauf an und konnte über Druck nach links bzw. rechts einen kleinen Kreis (Folgepunkt) auf einem Oszilloskop bewegen. Ihre Aufgabe war es, den Kreis möglichst mit einem senkrechten Strich (Zielpunkt) in Deckung zu halten. In jedem Durchgang bewegte sich der Zielpunkt 80 s lang hin und her, und zwar mit einem wiederholten Muster von 10 s Dauer. Als Leistungsmaß wurde die über die Dauer eines Durchgangs integrierte Abweichung zwischen den Positionen von Zielpunkt und Folgepunkt verwendet. In zwei von vier Versuchsgruppen war die Reaktions-Effekt-Zuordnung kompatibel: Bei einem Druck nach links bewegte sich der Folgepunkte nach links und bei einem Druck nach rechts bewegte er sich nach rechts. In den anderen beiden Versuchsgruppen war die Zuordnung inkompatibel: Bei einem Druck nach links bewegte sich der Folgepunkt nach rechts und bei einem Druck nach rechts bewegte er sich nach links.

Wichtiger als die Variation der Kompatibilität war eine zweite Variation in dem Experiment von Merz et al. (1981). Der Knauf, an dem die Versuchspersonen drückten, war unten an einem Lenkrad angebracht. In jeweils einer Bedingung mit kompatibler bzw. inkompatibler Zuordnung war das Lenkrad sichtbar, in der anderen war es mit Pappe verdeckt. Die Lernkurven in Abbildung 3 sind die der beiden Gruppen mit inkompatibler Zuordnung. Ohne Sehen des Lenkrads war die Leistung schlechter als mit Sehen. Im Verlauf des Lernens wurde der Unterschied zwar kleiner, ohne aber völlig zu verschwinden. Mit Sehen des Lenkrades wird offenbar eine andere Repräsentation der Reaktions-Effekt-Beziehung unterstützt, nämlich die Repräsentation einer kompatiblen Beziehung zwischen Drehung des Lenkrades im Uhrzeigersinn (durch den Druck nach links unten am Lenkrad) und Bewegung des Folgepunktes nach rechts. (Bei der Drehung im Uhrzeigersinn bewegt sich die obere Seite des Lenkrades ebenfalls nach rechts.)

Die Leistung bei der kompatiblen Zuordnung ist in Abbildung 3 nicht gezeigt. Dabei ist die Beziehung zwischen Druck und Bewegung des Folgepunktes zwar kompatibel, aber die Beziehung zwischen Lenkraddrehung und Bewegung des

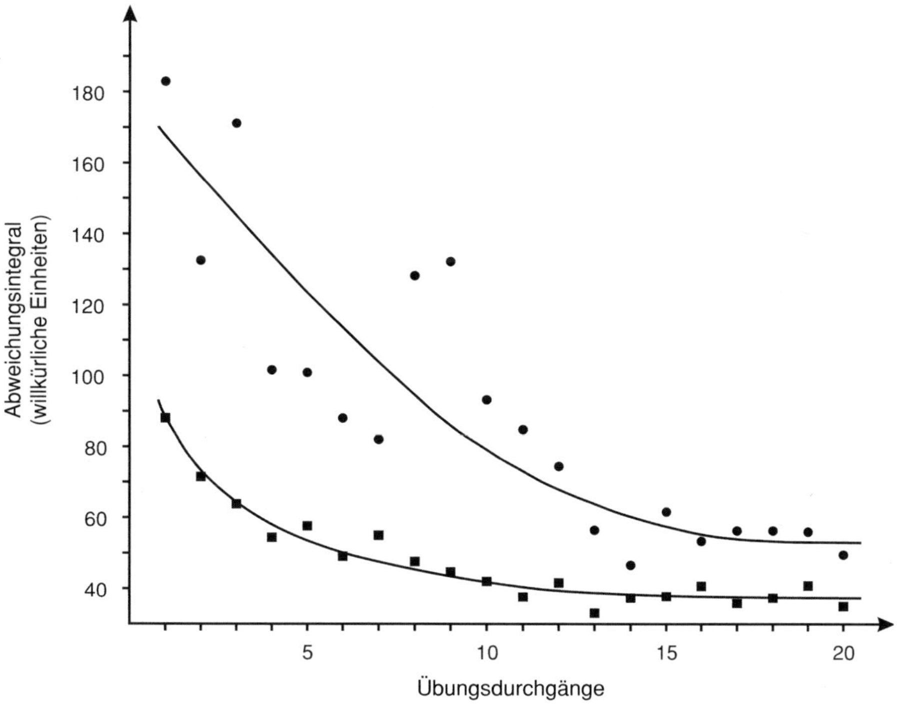

Abbildung 3:
Übungskurven zweier Gruppen beim Lernen einer Trackingaufgabe mit einem isometrischen Bedienelement unten an einem sichtbaren (Quadrate) bzw. verdeckten (Kreise) Lenkrad (nach Merz et al., 1981)

Folgepunktes ist inkompatibel. Daher könnte man mit Sehen des Lenkrades eine schlechtere Leistung erwarten als ohne Sehen. Diese Erwartung trifft aber nicht zu. Vielmehr ist die Leistung in beiden Gruppen so gut wie die Leistung der besseren Gruppe in Abbildung 3. Offenbar kann die Situation also unterschiedlich repräsentiert werden, wenn ein Lenkrad vorhanden ist, aber nicht, wenn es fehlt.

In der Untersuchung von Merz et al. (1981) wurde die innere Repräsentation der Aufgabensituation durch die Sichtbarkeit bzw. Unsichtbarkeit des Lenkrades unterstützt. Die Wahrnehmungs-Handlungs-Kompatibilität kann aber auch allein durch die Art der Aufgabeninstruktion beeinflusst werden. Bei einer bildhaften Instruktion fand beispielsweise Kleinsorge (1999) eine um 100 ms kürzere Reaktionszeit als bei einer verbalen Instruktion der Reiz-Reaktions-Zuordnung (Bewegungen nach links oder rechts bei Darbietung eines Kreuzes oben oder unten auf einem Bildschirm). Dieser Unterschied war auch bei der dritten Reaktion mit der gleichen Reiz-Reaktions-Zuordnung in Folge noch vorhanden, wenn er auch kleiner geworden war. Ergebnisse dieser Art verweisen auf die Bedeutung der individuellen Repräsentation von Arbeitsaufgaben selbst dann, wenn die Aufgaben auf den ersten Blick sehr einfach sind (vgl. Hackman, 1969).

2.2 Rückmeldungen und Regelung

Wahrnehmungen können unabhängig von der handelnden Person sein oder aber von ihr verursacht. Sowohl im Umgang mit anderen Menschen wie auch im Umgang mit hinreichend komplexen technischen Systemen ist oft schwer zu unterscheiden, ob eine beobachtete Veränderung auf eigenes Handeln zurückzuführen ist oder nicht. Prinzipiell gilt, dass das Erleben von wahrgenommenen Veränderungen als selbst verursachte, d. h. als Rückmeldungen, wenig mit „wahrer Kausalität" zu tun hat. Vielmehr beruht es auf einer systematischen Korrelation zwischen eigenem Tun und Wahrnehmungen, wobei die zeitliche Verzögerung zwischen Tun und Wahrnehmung in der Regel hinreichend kurz sein muss. Wenn Wahrnehmungen fälschlicherweise als Konsequenzen des eigenen Tuns betrachtet werden, kann das zu „abergläubischem Verhalten" führen, etwa im Umgang mit Computern.

Rückmeldungen werden hier als eine bestimmte Art von Feedback verstanden, dessen Formen und Wirkungen umfassender in Kapitel 4 beschrieben sind. Es handelt sich um Feedback, das der Aufgabe typischerweise inhärent ist, und das zum einen für die Regelung des eigenen Handelns genutzt wird und zum anderen für bestimmte Lernprozesse, die in Abschnitt 2.3 beschrieben werden. Regelung kann ein kontinuierlicher (oder nahezu kontinuierlicher) Vorgang sein, bei dem das Handeln fortlaufend unter dem Einfluss von Rückmeldungen angepasst wird. Beispiele finden sich vor allem bei Bewegungsaufgaben, sei es etwa das Ergreifen eines Objekts in einer virtuellen Welt, in der die Bewegung der eigenen Hand mithilfe eines Datenhandschuhs sichtbar gemacht wird, oder das Führen eines Baggers. Regelung kann aber auch ein zeitdiskreter Vorgang sein, bei dem das Handeln zu diskreten Zeitpunkten korrigiert wird. Prinzipiell kann man bei psychologischen Regelvorgängen die Funktion des Menschen als die eines Reglers kennzeichnen.

Ein Regelkreis mit seinen Komponenten lässt sich rein funktionell beschreiben (vgl. Abb. 4). Er realisiert zielgerichtete Veränderungen der Regelgröße, so dass sie möglichst gut an die Führungsgröße angenähert wird. Aus der Abweichung der rückgekoppelten Regelgröße von der Führungsgröße, der Regelabweichung, bestimmt der Regler die Stellgröße, die als Eingangsgröße für die Regelstrecke dient. Die Funktion eines Regelkreises kann man auch als die Berechnung der Eingangsgröße der Regelstrecke (Stellgröße) kennzeichnen, so dass die Ausgangsgröße (Regelgröße) einen gewünschten Verlauf (Führungsgröße) hat. Da die Regelstrecke stets eine Transformation der Stellgröße in die Regelgröße realisiert, kann man auch sagen, dass der Regelkreis die Eingangsgröße einer Transformation für eine gewünschte Ausgangsgröße bestimmt. Das wiederum ist gleichbedeutend mit einer näherungsweisen Umkehrung der Transformation.

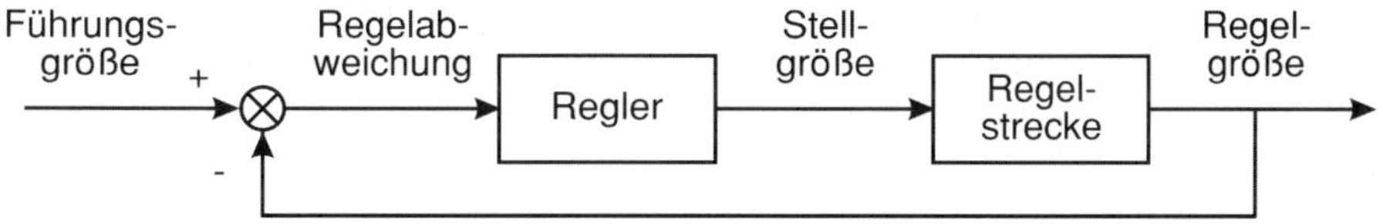

Abbildung 4:
Regelkreis

Das Konzept des Regelkreises hilft beim Verständnis der Nutzung visueller Information bei bestimmten Arbeitsaufgaben in qualitativer und manchmal auch in quantitativer Weise. Vor allem beim Umgang mit hinreichend komplexen Maschinen – also hinreichend komplexen Regelstrecken bzw. Transformationen – ist die Regelung von ausschlaggebender Bedeutung. Geregelte Arbeitsbewegungen müssen notwendigerweise langsam sein. Der Grund dafür ist die Verzögerung bei der Verarbeitung visueller Rückmeldungen, die je nach Empfindlichkeit der Untersuchungsmethoden auf ca. 200 ms (Keele & Posner, 1968) bis ca. 100 ms (Zelaznik, Hawkins & Kisselburgh, 1983) geschätzt wird. Je größer die Verzögerung bei der Regelung ist, desto höher ist das Risiko dafür, dass der Regelkreis instabil wird, vor allem dann, wenn gleichzeitig die Verstärkung im Kreis groß ist. Für die Bewegungen bedeutet das, dass sie in eher unkontrollierter

Weise hin und her schwanken, ähnlich einem schleudernden Auto. Um trotz der unvermeidbaren Verzögerungen instabiles Verhalten zu vermeiden, muss die Verstärkung klein sein und damit die Bewegungen langsam.

Das Problem der Vermeidung von Instabilitäten kann dadurch verstärkt werden, dass die biologischen Verzögerungen durch technische Verzögerungen noch vergrößert sind. Bei großen Schiffen, aber auch bei chemischen Prozessen, können derartige Verzögerungen auftreten; erhebliche Totzeiten finden sich auch in manchen Fällen funkbedienter Geräte. Manchmal kann es dann sinnvoll sein, die Regelung durch die Anzeige des auf der Grundlage eines Modells berechneten künftigen Verlaufs der Regelgröße zu unterstützen (vgl. Poulton, 1974).

Bei manchen Aufgaben können Regelmodelle auch in quantitativer Weise für arbeitspsychologische Zwecke genutzt werden. Das sind vor allem Bewegungsaufgaben, bei denen die Regelung von zentraler Bedeutung ist: dazu muss die Führungsgröße möglichst schlecht vorhersagbar sein, also zufällig, und die Regelstrecke (Transformation) so komplex, das sie nicht oder allenfalls nur ungenau gelernt werden kann (vgl. Abschnitt 2.3). Aufgaben dieser Art bzw. die auf sie anwendbaren Modelle können zum einen der Beschreibung des menschlichen Verhaltens in Mensch-Maschine-Systemen dienen, die dann genutzt werden kann, um das Verhalten des Gesamtsystems zu analysieren, insbesondere auch die Grenzen seiner Stabilität. Zum anderen dienen die Aufgaben bzw. Modelle der Analyse grundlegender menschlicher Leistungen (vgl. Sheridan & Ferrell, 1974, S. 173), insbesondere auch der Analyse der Wirkungen von Belastungen.

Abbildung 5 illustriert ein einfaches Modell des Menschen als Regler, das auf McRuer und Jex (1967) zurückgeht. Es beschreibt menschliches Verhalten beim

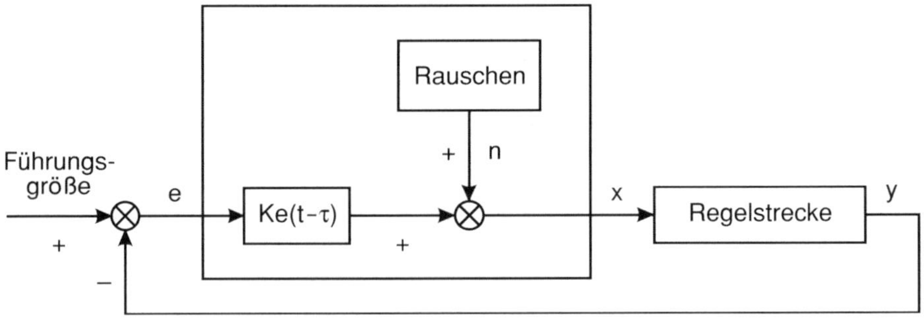

Abbildung 5:
Modell des Menschen als Regler

sog. Kompensations-Tracking recht gut, wenn die Führungsgröße zufällig ist und die Regelstrecke hinreichend kompliziert (z. B. eine Integration der Stellgröße). Beim Kompensations-Tracking werden die Regelgröße und Führungsgröße nicht jede für sich angezeigt, sondern nur ihre Differenz, die Regelabweichung. Die Bewegung des Menschen (Stellgröße) wird aus der angezeigten Regelabweichung berechnet als:

$$x(t) = K \cdot e(t - \tau) + n(t),$$

wobei n(t) Rauschen ist bzw. die als zufällig angenommene Abweichung des Modells von der wirklichen Bewegung eines Menschen. Das Verhalten des Menschen bei dieser Aufgabe wird also durch zwei Parameter beschrieben, die Verstärkung K und die Totzeit τ. Mithilfe dieser Parameter kann beispielsweise die Wirkung von Übung beschrieben werden (Pew & Rupp, 1971): Die Totzeit sinkt und die Verstärkung steigt. Bei Einführung einer Zusatztätigkeit steigt das Rauschen und die Verstärkung sinkt (Wickens, 1976). Unter den komplexen Belastungswirkungen der bemannten Raumfahrt lassen sich sowohl erhöhtes Rauschen als auch verminderte Verstärkung und erhöhte Totzeit beobachten (vgl. Manzey, Lorenz, Heuer & Sangals, 2000).

2.3 Rückmeldungen und innere Modelle

Es gibt Bewegungen, die nicht allein durch Regelung zu erklären sind. Beim Ergreifen von Objekten, auch bei der Bewegung des Cursors auf dem Bildschirm mithilfe einer Maus, kann man sich leicht davon überzeugen, dass ohne visuelle Rückmeldungen die Genauigkeit zwar etwas geringer wird, die Bewegungen aber nicht massiv gestört sind. Auch können Bewegungen sehr schnell sein, was mit einer reinen Regelung nicht vereinbar wäre. Im Prinzip ist es seit Woodworth (1899) bekannt, dass bei gezielten Bewegungen visuelle Rückmeldungen vor allem gegen Ende der Bewegung bedeutsam werden (vgl. Spijkers, 1993), vorher aber ein Prozess dominiert, der von visuellen Rückmeldungen unabhängig ist. Dabei handelt es sich um eine Form einer offenen Steuerkette (feedforward control).

Abbildung 6 illustriert einen um eine Vorwärtssteuerung ergänzten Regelkreis. Die Regelstrecke ist hier durch die Transformation T gekennzeichnet. Wenn eine offene Steuerkette die Stellgröße $x_2(t)$ so festlegen soll, dass ohne Wirkung der Regelung ($x_1(t) = 0$) die Regelgröße y(t) identisch mit der Führungsgröße w(t) ist, dann muss die Stellgröße $x_2(t)$ als inverse Transformation (T^{-1}) der Führungsgröße bestimmt werden, wobei $T^{-1}T = 1$ ist. Bei menschlichen Bewegungen ist die präzise inverse Transformation durch eine Schätzung $\hat{T}^{-1}$ zu ersetzen, also ein gelerntes inneres Modell der tatsächlichen Transformation.

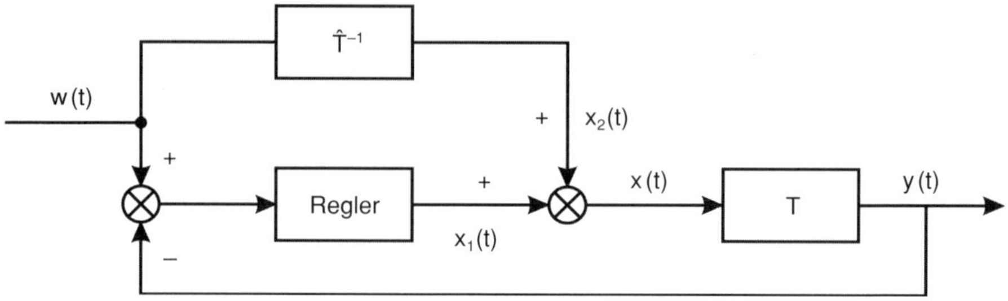

Abbildung 6:
Kombination von Regelkreis und offener Steuerkette

Wie kann die Transformation einer Regelstrecke gelernt werden? Eine Voraussetzung dafür ist, dass sowohl die Stellgröße x(t) wie auch die Regelgröße y(t) registriert werden können, denn die Beziehung zwischen ihnen definiert die Transformation T. Das Lernen von Transformationen unterschiedlicher Art ist in den letzten Jahren ein aktives Forschungsgebiet geworden. Allerdings ergeben sich auch aus klassischen Tracking-Untersuchungen, wie sie von Poulton (1974) im Überblick beschrieben werden, einige Faustregeln für die Schwierigkeit bzw. Lernbarkeit verschiedener Transformationen. Einfach zu lernen und zu beherrschen sind beispielsweise Proportionaltransformationen, wogegen integrierende Transformationen kaum oder allenfalls ungenau zu lernen sind.

Nicht jede Leistungsverbesserung im Umgang mit komplexen Transformationen kann auf den Erwerb eines inneren Modells zurückgeführt werden. Die Genauigkeit eines inneren Modells bzw. ihre Veränderung im Verlauf des Lernens zeigt sich dann, wenn die Rückmeldung ausgeblendet und damit die Regelung ausgeschaltet wird. Ein Beispiel für eine Untersuchung dieser Art wird von Davidson, Jones, Sirisena und Andreae (2000) berichtet. Sie untersuchten Tracking-Leistungen bei zwei verschiedenen Transformationen. Bei beiden Transformationen sank der Trackingfehler im Verlauf der Übung. In Testphasen war der Folgepunkt ausgeblendet. Da dann die visuellen Rückmeldungen fehlen, ist die Regelung ausgeschaltet und die Leistung hängt kritisch von der Genauigkeit des inneren Modells der Transformation ab. In diesen Testphasen ohne visuelle Rückmeldungen war die Leistung schlechter als mit visuellen Rückmeldungen. Bei einer der beiden Transformationen wurde sie im Verlauf der Übung aber ebenfalls besser. Das weist darauf hin, dass das innere Modell der Transformation genauer wurde. Bei der anderen Transformation stieg die Leistung in den Testphasen ohne visuelle Rückmeldungen dagegen nicht an. Hier findet sich also kein Erwerb eines genaueren inneren Modells. Der Übungsfortschritt bei vorhandener visueller Rückmeldung geht allein auf eine Optimierung der Regelung zurück.

Das in Abbildung 6 gezeigte Schema des Zusammenwirkens von (offener) Steuerung und Regelung verdeutlicht die unterschiedliche Rolle beider Arten von Prozessen je nachdem, ob die Transformation der Regelstrecke gelernt ist oder nicht bzw. ob das innere Modell der Transformation eher genau oder ungenau ist. Bei einem genauen inneren Modell sind die verbleibenden Regelabweichungen nur noch sehr klein; Rückmeldungen sind für die Bewegungssteuerung kaum noch von unmittelbarer Bedeutung, möglicherweise aber wichtig für die Aufrechterhaltung eines genauen inneren Modells der Transformation. Bei einem ungenauen oder fehlenden Modell der Transformation ist die Regelung dagegen von kritischer Bedeutung. Dazu gehören die im Abschnitt 2.2 beschriebenen Aufgaben.

Je nach Art der Transformation werden innere Modelle schneller, langsamer oder allenfalls sehr ungenau bis gar nicht erworben. Sehr schnell erfolgt eine Anpassung an eine veränderte Verstärkung, in der Regel im Verlauf weniger Bewegungen. Eine bei einer Bewegung mit bestimmter Weite und Richtung gelernte Verstärkung wird auf andere Weiten und Richtungen generalisiert (Bock, 1992; Krakauer, Pine, Ghilardi & Ghez, 2000). Trotz dieser Generalisierung können weitenabhängige Verstärkungen gelernt werden (Bock & Burghoff, 1997), also nicht lineare Transformationen. Richtungsabhängige Verstärkungen werden dagegen bei kontinuierlicher visueller Rückmeldung nicht gelernt (Bock, 1992), sondern nur bei sog. terminaler Rückmeldung am Ende jeder Bewegung (Heuer & Hegele, 2008).

Anpassung an Rotationen erfolgt langsamer. Die Wirkung von Rotationen kann man sich leicht veranschaulichen, indem man den Cursor mit einer gedrehten Maus bewegt, so dass eine Bewegung der Maus nach links bzw. rechts nicht zu einer Bewegung des Cursors nach links bzw. rechts führt, sondern z. B. nach oben oder unten bzw. entlang der Diagonalen. Auch bei längerer Erfahrung mit einer Rotation hängt die Leistung von der Größe der Rotation ab. Am schwierigsten sind Rotationen zwischen 90° und 135°, während der Umgang mit Rotationen von 180° wieder leichter fällt (Cunningham, 1989; Imamizu & Shimojo, 1995). Die Anpassung an eine Rotation generalisiert über verschiedene Weiten, aber nicht über alle Bewegungsrichtungen. Vielmehr findet sich um die in der Übungsphase verwendete Richtung ein Generalisierungsgradient (Krakauer et al., 2000; Pennel, Coello & Orliaguet, 2002). Eine Anpassung an eine Rotation generalisiert auch über verschiedene Typen von Bewegungen (Abeele & Bock, 2003).

Der Umgang mit sog. kinematischen Transformationen nimmt trotz der prinzipiell wohl abnehmenden Bedeutung manueller Arbeiten eher zu. Solche Transformationen liegen beispielsweise dann vor, wenn die eigene Bewegung nicht direkt gesehen wird, sondern auf einem Bildschirm. Im einfachsten Fall geht es dabei nur um die Steuerung des Cursors mithilfe einer Maus; in komplexeren Fällen werden beispielsweise medizinische Eingriffe durchgeführt, bei denen die visuelle Kontrolle über einen Bildschirm erfolgt. Bei laparoskopischen Eingriffen beispielsweise können die Transformationen der eigenen Bewegungen in die gesehenen Konsequenzen wahrscheinlich so kompliziert (und variabel über die Zeit) sein, dass sie kaum gelernt werden können und der Operateur auf eine mehr oder weniger kontinuierliche Regelung angewiesen ist.

Beim Umgang mit Werkzeugen treten nicht nur kinematische Transformationen auf, sondern auch sog. dynamische Transformationen: die für eine bestimmte Bewegung erforderlichen Kräfte werden dabei verändert. Auch hier findet sich eine Anpassung, die auf den Erwerb eines inneren Modells zurückgeführt werden kann. Beispielsweise finden sich Nachwirkungen der Anpassung dann, wenn die dynamische Transformation fehlt, und die Anpassung generalisiert auf andere Bewegungen als die beim Lernen verwendeten (z. B. Conditt, Gandolfo & Mussa-Ivaldi, 1997; Shadmehr & Moussavi, 2000). Eine eher radikale Transformation, von der aber nur wenige Menschen betroffen sind, ist die Schwerelosigkeit. Möglicherweise ist die Anpassung daran auch nach längerer Zeit unvollständig (z. B. Sangals, Heuer, Manzey & Lorenz, 1999; Heuer, Manzey, Lorenz & Sangals, 2003). Bei dieser Anpassung geht es nämlich nicht nur darum, eine neue Beziehung zwischen den Verlaufsmerkmalen von Bewegungen und den dazu erforderlichen Kräften zu lernen, sondern auch darum, eine neue Beziehung zwischen Gewicht und Masse zu lernen.

In den Abschnitten 2.2 und 2.3 sind Regelung und der Erwerb innerer Modelle von Transformationen mit Bezug zu Arbeitsbewegungen beschrieben worden. Diese Konzepte können aber auch auf komplexere Sachverhalte angewendet werden, etwa die Beziehung zwischen Führungsverhalten und Leistung einer Arbeitsgruppe oder auf soziale Interaktionen unterschiedlicher Art (Wolpert, Doya & Kawato, 2003). Beispielsweise kann man Leistungsdaten als Regelgröße betrachten, Merkmale des Führungsverhaltens als Stellgröße. Es ist klar, dass der Einfluss der Wahrnehmung dieser Größen auf das Arbeitshandeln komplexer ist als etwa die Wahrnehmung von Regel- und Stellgröße bei der Bedienung einer Computermaus. Ein Grund für die hohe Komplexität existiert im Prinzip auch bei der Bewegungssteuerung; dabei wird das Problem aber gelöst, ohne dass wir darüber nachdenken müssen. Das Problem, um das es geht, besteht darin, dass aus der Abweichung der Regelgröße vom Sollwert nicht unmittelbar eine Veränderung der Stellgröße bestimmt werden kann, weil es so viele Möglichkeiten der Veränderung gibt. Im Prinzip hat die Eingangsgröße der Regelstrecke in diesem Fall eine höhere Dimensionalität als die Ausgangsgröße.

2.4 Aussetzer: Kurzzeitige Entkopplung von Wahrnehmung und Handlung

Die Wirkungen von Wahrnehmungen auf Handlungen sind in der Regel nicht zwangsläufig. Im zweiten Teil dieses Kapitels wird näher erläutert, dass der Handlungskontext einen erheblichen Einfluss darauf hat, welche Reize wie verarbeitet werden. Die Nutzung von Wahrnehmungen für die Steuerung des Arbeitshandelns kann man also als aktiven Prozess verstehen, und dieser Prozess kann versagen. Handlungsrelevante Reize können kurzzeitig übersehen werden, es kommt zu „Aussetzern". Ein Beispiel, das fast allen Autofahrern bekannt ist, ist das Bremsen im letzten Augenblick vor dem Auffahren auf den Vordermann oder auch vor einer roten Ampel, obwohl Bremsleuchten bzw. Ampel längere Zeit vorher sichtbar sind. Es gibt keinen Grund dafür, dass die Reize nicht gesehen werden, aber sie werden nicht in dem Sinne „gesehen", dass sie das erforderliche Tun anstoßen. Das Handeln scheint kurzzeitig von der Wahrnehmung der relevanten Reize entkoppelt zu sein.

Aussetzer im beschriebenen Sinne finden sich vor allem bei eher monotonen Tätigkeiten, beispielsweise bei Überwachungsaufgaben (vgl. Heuer, 1998) oder unter anderen Bedingungen, die zu herabgesetzter Aktiviertheit führen. Der Anstieg der Häufigkeit von Aussetzern ist die wohl deutlichste Leistungskonsequenz von Schlafmangel (z. B. Dinges & Kribbs, 1991). Aussetzer zeigen sich entweder als Auslasser, wenn es um die Entdeckung kurzzeitiger Reize geht, oder als extrem verlängerte Reaktionszeiten, wenn die Reize bis zu einer Reaktion dargeboten werden (Broadbent, 1958, S. 128 ff.). Sie können ihre Wirkungen aber auch auf andere Art zeigen, etwa dadurch, dass nicht hinreichend verarbeitete Reize nicht behalten werden (Williams, Gieseking & Lubin, 1966). Verschiedene Bedingungen, die Aussetzer fördern, verstärken sich gegenseitig, beispielsweise Schlafentzug und Dauer der Tätigkeit: Je länger die Dauer der Tätigkeit, desto stärker zeigen sich Wirkungen des Schlafentzugs, und umgekehrt (z. B. Lisper & Kjellberg, 1972). Vor allem bei Nachtarbeit können diese Aussetzer vermehrt zu Fehlern und den damit verbundenen Risiken führen. Zu den klassischen Befunden zählen die bei Nachtarbeit vermehrt auftretenden Ablesefehler in einem Gaswerk (Bjerner, Holm & Swennson, 1955).

3 Handlungen lenken Wahrnehmungen

Im zweiten Teil dieses Kapitels steht die Frage im Zentrum, wie der Handlungskontext Wahrnehmungen beeinflusst. Wahrnehmungen werden nämlich nicht nur durch den Reiz bestimmt, sondern auch durch den Beobachter. Neben sog. „Bottom-up"-Einflüssen gibt es „Top-down"-Einflüsse. Eine ausschlaggebende Rolle spielt der Handlungskontext für die Verteilung der Aufmerksamkeit, also die Selektion der Reize, die letztendlich wahrgenommen und somit bewusst werden. Damit befasst sich der erste lange Abschnitt dieses Teils. Der Handlungskontext beeinflusst aber nicht nur, welche Reize verarbeitet werden, sondern auch das wie. Das Lesen eines Textes beispielsweise erfolgt auf unterschiedliche Arten, wenn die Aufgabe eine inhaltliche Wiedergabe oder das Korrigieren von Schreibfehlern verlangt. Das ist Gegenstand des zweiten Abschnitts. In einem folgenden Abschnitt werden einige weitere Einflüsse auf die Selektivität der Reizverarbeitung besprochen, die in Arbeitszusammenhängen von Bedeutung sind. Im vierten und letzten Abschnitt schließlich soll die Wirkung von Erwartungen besprochen werden, die sich aus dem Handlungskontext ergeben. Auf der einen Seite können diese Erwartungen Wahrnehmungen unterstützen, sofern sie richtig sind; auf der anderen Seite können sie Fehler induzieren, sofern sie falsch sind.

3.1 Aufmerksamkeitsverteilung: Welche Reize werden verarbeitet?

Von den Reizen, die auf unsere Sinnesorgane einwirken, nehmen wir nur einen Teil wahr. Ein klassisches Beispiel ist das sog. Cocktailparty-Phänomen. In einem Raum, in dem viele Menschen sprechen, ist ein Gesprächspartner dennoch zu verstehen. Hier kann man die Einengung der Wahrnehmung durchaus als Vorteil sehen. Auf der anderen Seite aber gibt es Situationen, in denen sie als Nachteil erscheint.

Traditionell wird die Enge des Bewusstseins als eine grundlegende Einschränkung menschlicher Leistungsfähigkeit gesehen. Infolge dieser Einschränkung muss auch die Wahrnehmung jeweils auf einen Ausschnitt des eigentlich Wahrnehmbaren beschränkt sein. Die Selektivität der Wahrnehmung ist dann die Konsequenz einer mangelhaften Aufmerksamkeits- oder Bewusstseinskapazität. Diese traditionelle Perspektive verändert sich, wenn man nach der möglichen Funktion der Selektivität fragt (vgl. Neumann, 1987, 1990). Es ist offensichtlich, dass wir zwar sehr viele Dinge gleichzeitig wahrnehmen könnten, aber nur sehr wenige Dinge gleichzeitig tun. Auf der einen Seite haben wir eine sehr große Anzahl von Rezeptoren, auf der anderen Seite aber nur eine kleine Zahl von Effektoren. Mehr als einen Text zur Zeit können wir nicht sprechen, nach mehr als zwei Orten zur Zeit können wir nicht greifen. Diese Engpässe beim Handeln machen eine Selektion auf der Wahrnehmungsseite nötig. Ohne sie würde es zu einer Reizüberflutung und zu einem Verlust zielgerichteten Tuns kommen. Natürlich muss diese Selektion, wenn sie funktionell sein soll, ganz wesentlich im Dienste der Handlungssteuerung stehen und durch den Handlungskontext bestimmt sein.

Wenn Wahrnehmung der Steuerung von Handlungen dient und nicht einem möglichst umfassenden Erleben der Welt einschließlich der eigenen körperlichen

Zustände, stellt sich natürlich die Frage, warum unsere Sinnesorgane für eine so breite und umfassende Registrierung von Reizen ausgelegt sind. Natürlich haben die Sinnesorgane auch Aufgaben bei der Steuerung vegetativer Funktionen oder bei der Bewegungssteuerung, die nichts mit Wahrnehmung im eigentlichen Sinne zu tun haben. Darüber hinaus aber überwachen sie die Umwelt. Zu bewussten Wahrnehmungen kommt es nur dann, wenn bestimmte Reize auftreten: plötzliche laute Geräusche, abrupte Bewegungen im Gesichtsfeld, ein ungewohnter Geruch, ein Schmerz, u. Ä. Diese Wahrnehmungen mögen zwar für den aktuellen Handlungskontext irrelevant sein, aber sie besitzen eine potenzielle Handlungsrelevanz. Sie indizieren Veränderungen in der Umwelt, die mit Gefahren oder auch der Möglichkeit, Vorteile zu erreichen, assoziiert sind.

Nach dem bisher Gesagten erfolgt die Steuerung der Aufmerksamkeit zugleich durch den Handelnden (endogen) und seine Umwelt (exogen) (Müller & Rabbitt, 1989). Erst damit erfüllt sie ihre hauptsächliche Funktion, nämlich die Selektion handlungsrelevanter Reize für die Wahrnehmung bei gleichzeitiger Absicherung gegenüber damit verbundenen Risiken. Die Selektion im Dienste der Handlungssteuerung ist also ergänzt durch die Entdeckung potenziell handlungsrelevanter Reize, die beispielsweise Gefahren oder besonderen Nutzen indizieren könnten. Diese Reize ziehen automatisch die Aufmerksamkeit auf sich. Warnsignale müssen von dieser Art sein.

Aufmerksamkeit kann man sich als Filter vorstellen, der bestimmte Reize zur Wahrnehmung zulässt, andere aber zurückweist. Ein solches Filtermodell bildet so etwas wie den Anfang der modernen Aufmerksamkeitsforschung (Broadbent, 1958). Die zugrunde liegenden Daten wurden in erster Linie mit einer von Cherry (1953) eingeführten Untersuchungsmethode gewonnen, dem dichotischen Hören. Dabei werden der Versuchsperson auf beiden Ohren verschiedene Texte vorgespielt. Einen dieser Texte muss sie nachsprechen. Gefragt wird nach der Wahrnehmung des anderen Textes. Typischerweise kann für diesen Text angegeben werden, ob er dem linken oder rechten Ohr dargeboten wurde, ob es sich um eine Sprecherin oder einen Sprecher handelte, u. Ä. Prinzipiell handelt es sich dabei um physikalische Reizmerkmale, während beispielsweise Bedeutungen nicht bewusst werden.

Nach dem Filtermodell von Broadbent (1958) werden zunächst alle Reize parallel verarbeitet (P-System). Die eigentliche kognitive Verarbeitung, die zum Beispiel zu Bedeutungen führt, ist seriell (S-System); in einem seriellen System kann immer nur ein Reiz zur Zeit verarbeitet werden. Am Übergang vom P-System zum S-System ist also eine Selektion nötig. Entsprechend der Befundlage in den 50er Jahren soll sich diese Auswahl nach physikalischen Reizmerkmalen richten.

Die Alltagserfahrung illustriert, dass die Selektion nicht allein nach physikalischen Merkmalen erfolgt. Auch wenn man in geselliger Runde in ein Gespräch mit dem Nachbarn vertieft ist und vom Rest, der am Tisch gesprochen wird, im Prinzip nichts mitbekommt, kann diese Selektivität durchbrochen werden – spätestens dann, wenn irgendwo am Tisch der eigene Name fällt. Dieses Phänomen lässt sich auch experimentell zeigen. Beim dichotischen Hören wird auf der nicht beachteten Seite nicht nur der eigene Name wahrgenommen, sondern andere Wörter können ebenfalls bewusst werden. Die Selektion bzw. die Filterung richtet sich offenbar nicht ausschließlich nach physikalischen Merkmalen. In den 60er Jahren kam es daher zu einer lebhaften Kontroverse darüber, ob die Selektion früh in der Verarbeitung (nach physikalischen Merkmalen) oder später in der Verarbeitung (nach Bedeutungen) erfolgt. Die Antworten fallen variabel aus. Wie oft, scheint auch hier die Antwort auf eine scheinbar einfache Frage – frühe oder späte Selektion? – von Randbedingungen abzuhängen. Möglicherweise ist die Selektion bei hoher perzeptiver Belastung früh, bei geringer perzeptiver Belastung aber spät (Lavie & Tsal, 1994). Bei hoher perzeptiver Belastung sind viele Reize vorhanden, die prinzipiell nicht alle beachtet werden können, während bei geringer perzeptiver Belastung nur wenige Reize vorhanden sind, die zwar prinzipiell alle beachtet werden können, aber nicht alle aufgabenrelevant sind.

Während in den frühen Untersuchungen zur selektiven Aufmerksamkeit überwiegend akustische Reize verwendet wurden, rückte später die visuelle Aufmerksamkeit ins Zentrum des Interesses. Schon allein durch die Anatomie des Auges wird nahe gelegt, dass räumliche Merkmale für die visuelle Aufmerksamkeit eine kritische Rolle spielen sollten. Das Auge ist so gebaut, dass es einen relativ kleinen Bereich scharfen Sehens gibt und einen relativ großen Bereich, in dem zwar die Sehschärfe nur gering ist, aber die Helligkeits- und Bewegungsempfindlichkeit hoch. Gleichzeitig verfügt das Auge über einen hervorragenden motorischen Apparat, der den Bereich scharfen Sehens nicht nur an einem bestimmten Ort in der Umwelt stabilisieren kann, wenn man beispielsweise den Kopf bewegt, sondern ihn auch in Bruchteilen von Sekunden verlagern (Sakkaden). Die Auswahl von Fixationspunkten könnte man auf den ersten Blick als Indikator für die Verteilung von Aufmerksamkeit verwenden. Für praktische Zwecke lässt sich die Aufmerksamkeitsverteilung auch vielfach aus der räumlichen Verteilung der Fixationen abschätzen.

Ein Beispiel stammt aus einer Untersuchung zur Überwachung mehrerer Anzeigen (Senders, Elkind, Grignetti & Smallwood, 1966). Die Versuchspersonen mussten Kreisinstrumente überwachen; in der Mitte befand sich eine Kamera, mit der die Augen mit 12 Bildern/s gefilmt wurden. Die Aufgabe der Versuchspersonen war es, einen Schalter zu betätigen, wenn eine der angezeigten Größen einen Schwellenwert überschritt. Die Aufgabe wurde an 10 Tagen für jeweils eine Stunde ausgeführt, wobei jeweils 10 Minuten Überwachung und 2 Minuten Pause abwechselten. Erst nach dieser Übung wurden die Augenbewegungen für 10 bis 11 Minuten registriert (Dauer eines Films). Die Auswertung der Blickrichtungen erfolgte Bild für Bild durch Beobachter. Heute erlauben die technischen Möglichkeiten eine wesentlich einfachere Registrierung von Fixationsorten.

Die wesentliche Variation war die Bandbreite der angezeigten Signale. Die Signale waren pseudozufällig; sie waren Summen vieler Sinusschwingungen mit gleichen Amplituden. Die Bandbreite gibt die höchste im Signal enthaltene Frequenz an. Je höher diese ist, desto schneller ändert sich das Signal, desto kürzer ist also auch im Mittel die Zeit von einer Beobachtung bis zum Erreichen des Schwellenwertes. Im Prinzip sollten die Anzeigen, bei denen die Bandbreiten der angezeigten Signale größer sind, in dichterer Folge beobachtet werden als die Anzeigen, bei denen die Bandbreiten der angezeigten Signale kleiner sind. Abbildung 7a zeigt, dass die Frequenz der Fixationen tatsächlich mit der Bandbreite ansteigt; die Dauer der einzelnen Fixationen variiert dagegen allenfalls leicht (vgl. Abb. 7b). Diese Anpassung der Aufmerksamkeitsverteilung an die Eigenschaften überwachter Signale erfordert selbst bei den einfachen experimentellen Aufgaben etliche Stunden Übung.

In Abbildung 7a/b ist die gemessene Frequenz und Dauer von Fixationen gezeigt. Dabei bleibt unberücksichtigt, dass eine Fixation mehrere „Beobachtungen" der Anzeige umfassen kann. Nimmt man sequenziell unabhängige Beobachtungen an, so kann dieselbe Anzeige auch mehrere Male nacheinander beobachtet werden. Das ist umso eher der Fall, je häufiger sie beobachtet wird. Senders et al. (1966) verwendeten daher eine Korrektur, und die korrigierten Daten sind bekannter (z. B. Moray, 1986, S. 40 ff.) als die hier gezeigten. Nach der Korrektur steigt die Frequenz stärker (linear) mit der Bandbreite an und die Dauer sinkt, da bei den größeren Bandbreiten und höheren Fixationsfrequenzen einzelne Fixationen eher auf wiederholte Beobachtungen aufgeteilt werden als bei den kleineren Bandbreiten. Allerdings müssen die Annahmen, die bei der Korrektur gemacht werden, nicht unbedingt zutreffen.

Obwohl Fixationen für viele praktische Zwecke Auskunft über die Aufmerksamkeitsverteilung geben können, ist der Ort der Fixation nicht notwendigerweise mit dem Ort der Aufmerksamkeit identisch. Einer Sakkade, also einer willkürlichen Änderung der Fixation, geht zwar eine Aufmerksamkeitsverlagerung voraus (z. B. Deubel & Schneider, 1996), aber die Aufmerksamkeit kann sich auch vom Ort der Fixation lösen, ohne dass eine Sakkade folgt. Das lässt sich mit der Hinweisreiz-Technik von Posner (1980) zeigen. Gemessen wird die einfache Reaktionszeit auf das Erscheinen eines Reizes, der an einem von zwei Orten in der Nähe des Fixationspunktes dargeboten werden kann. Ein Hinweisreiz kündigt kurz vorher an, wo das sein wird. Dabei kann es sich um einen

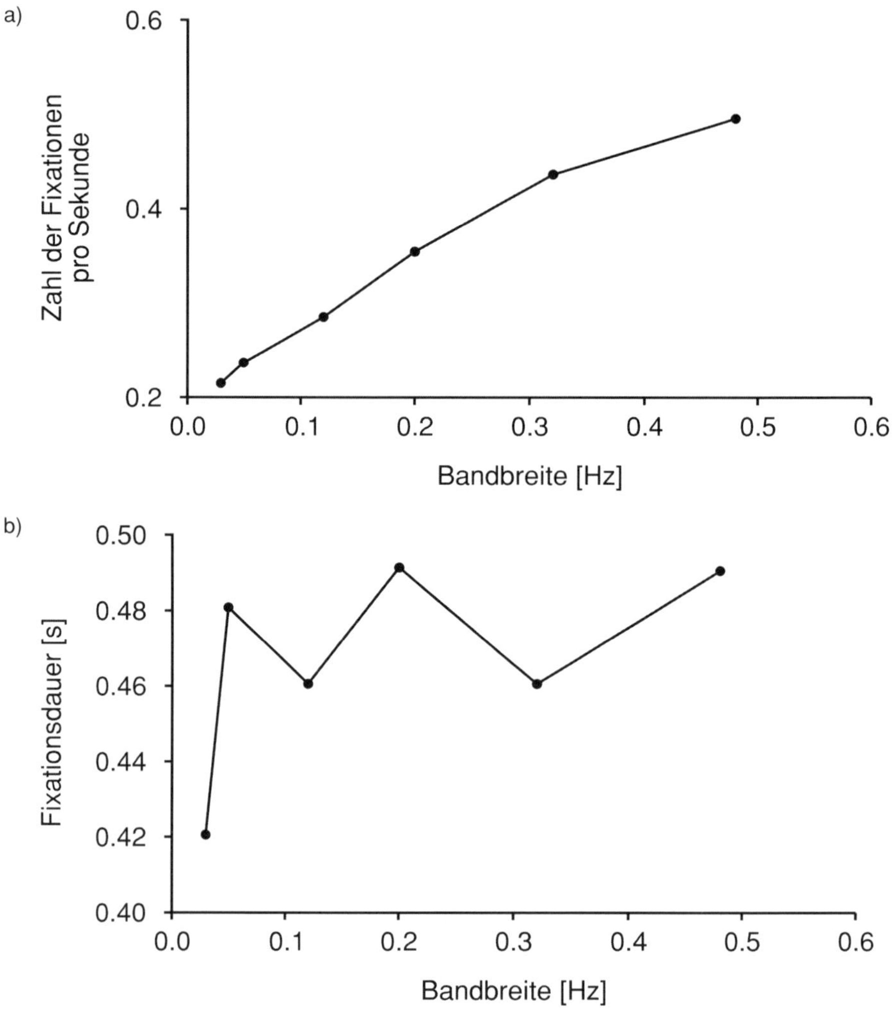

Abbildung 7:
Mittlere Zahl der Fixationen pro Sekunde (a) und mittlere Fixationsdauer (b) in Abhängigkeit von der Bandbreite überwachter Signale (nach Senders et al., 1966)

zentralen Hinweisreiz handeln, etwa einen Pfeil am Fixationspunkt, aber auch um einen peripheren Hinweisreiz, etwa einen Rahmen um die Position des späteren imperativen Reizes. In manchen Versuchsdurchgängen ist der Hinweisreiz falsch, und in neutralen Durchgängen ist er nicht informativ (z. B. Pfeile in beide Richtungen oder Rahmen um beide möglichen Positionen). Gegenüber der neutralen Bedingung ist die Reaktionszeit bei korrekten Hinweisreizen verkürzt und bei falschen Hinweisreizen verlängert. Bei konstanter Fixation kann also die Empfindlichkeit für Reize an ausgewählten Positionen des Gesichtsfeldes erhöht werden, indem die Aufmerksamkeit darauf gelenkt wird.

Aufmerksamkeit kann man sich wie einen Lichtkegel vorstellen, der auf verschiedene Orte gelenkt werden kann. Darüber hinaus spricht einiges dafür, dass nicht nur die Position, sondern auch der Radius des Lichtkegels eingestellt werden kann (z. B. Eriksen & St. James, 1986). Obwohl die Lichtkegel-Metapher wesentliche Merkmale visueller Aufmerksamkeit erfasst, und obwohl räumliche Positionen eine besondere Rolle für die Aufmerksamkeitssteuerung spielen, können auch andere Reizmerkmale für die Selektion genutzt werden (vgl. z. B. Egeth & Lamy, 2003).

Aufmerksamkeitssteuerung muss einen Kompromiss realisieren: auf der einen Seite müssen die für die aktuelle Handlung relevanten Reize ausgewählt werden (endogene Steuerung), auf der anderen Seite muss auf andere potenziell wichtige Reize reagiert werden (exogene Steuerung). Es handelt sich um einen Kompromiss zwischen widersprüchlichen Anforderungen, der natürlich nicht perfekt ist. Auf der einen Seite kann die aktuelle Handlung auch durch irrelevante Reize oder Reizmerkmale beeinflusst werden, auf der anderen Seite können potenziell wichtige Reize übersehen werden. Diese beiden Arten von „Fehlern" möchte ich durch Beispiele illustrieren.

Abbildung 8 zeigt mögliche Reize für eine Flankierreiz-Aufgabe, wie sie von Eriksen und Eriksen (1974) eingeführt wurde. Die Aufgabe der Versuchsperson ist es, auf einen Pfeil in der zentralen Position möglichst schnell mit dem Drücken einer linken oder rechten Taste zu reagieren. Die peripheren Pfeile sind dabei zu vernachlässigen. Statt der Pfeile können auch andere Zeichen wie Buchstaben verwendet werden, die keine dimensionale Überlappung mit der Anordnung der Reaktionstasten aufweisen. In der kongruenten Bedingung stimmen die peripheren Reize mit dem zentralen Reiz überein, in der inkongruenten Bedingung sind sie der alternativen Reaktion zugeordnet und in der neutralen Bedingung gar keiner. In der kongruenten Bedingung ist die Reaktionszeit typischerweise kürzer als in der neutralen, und in der inkongruenten Bedingung ist sie länger. Der Einfluss der Flankierreize wird umso kleiner, je weiter sie vom

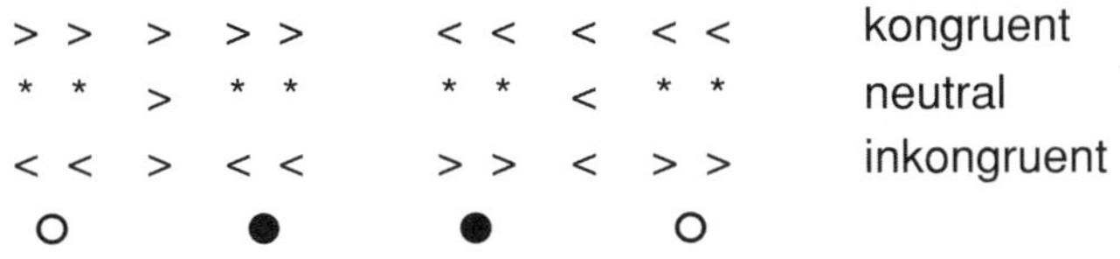

Abbildung 8:
Beispiele für die Reize bei einer Flankierreiz-Aufgabe. Die zwei Kreise stehen für die alternativen Reaktionen, der gefüllte Kreis für die richtige Reaktion.

zentralen Reiz entfernt sind. Bei größerem räumlichen Abstand gelingt also eine zunehmend bessere (räumliche) Selektion der aufgabenrelevanten Reize und eine Vernachlässigung der irrelevanten.

Die Interferenz bei der Flankierreiz-Aufgabe verweist auf Grenzen oder Defizite der endogenen Aufmerksamkeitssteuerung. Die folgenden Beispiele kennzeichnen Grenzen oder Defizite der exogenen Aufmerksamkeitssteuerung. Sie sind Beispiele dafür, dass etwas „sehenden Auges nicht gesehen wird". Ein eher dramatisches Beispiel wird von Haines (1991) berichtet. Beim simulierten Landeanflug wurden wiederholt große Hindernisse wie andere Flugzeuge auf der Rollbahn übersehen. Möglicherweise hat dabei die Verwendung eines sog. Head-up-Displays (HUD) eine Rolle gespielt. Dabei werden Anzeigen in die normale Blickrichtung projiziert, so dass man in einem Auto beispielsweise das Tachometer ablesen kann, ohne den Blick von der Fahrbahn zu wenden. Eine selektive Beachtung des HUD kann dazu führen, dass andere Dinge übersehen werden.

Änderungen im Gesichtsfeld, schnelle Bewegungen oder auch plötzliches Erscheinen von Reizen werden normalerweise wahrgenommen. Sie sind wichtige Elemente der exogenen Aufmerksamkeitssteuerung. Dennoch gelingt es, sie gewissermaßen unsichtbar zu machen („change blindness"), beispielsweise durch gleichzeitige Änderungen wie ein Flackern des Bildes. Ein fast kurioser Fall solcher Änderungsblindheit wird von Simons und Levin (1998) berichtet. Auf dem Campus einer Universität wurde ein Fußgänger nach dem Weg zu einem Gebäude in der Nähe gefragt. Nachdem das Gespräch 10 bis 15 s gedauert hatte, trugen zwei Personen eine Tür zwischen den beiden Personen hindurch – ein sicherlich eher ungewöhnliches Ereignis. Hinter dieser Tür ging eine weitere Person, die im Vorbeigehen mit dem ursprünglichen Fragesteller vertauscht wurde. Nach dem Vorbeitragen der Tür setzte der Befragte das Gespräch also mit einer anderen Person fort. Der Austausch der Fragesteller wurde nur von 7 der 15 Befragten bemerkt. Allerdings waren die beiden vertauschten Personen von gleichem Geschlecht und auch in Merkmalen wie der Größe oder dem Gewicht nicht zu unterschiedlich, aber normalerweise waren sie auch nicht zu verwechseln.

3.2 Aufgabeneinstellungen: Wie werden Reize verarbeitet?

Der Handlungskontext beeinflusst nicht nur, welche Reize verarbeitet werden, sondern auch wie. Prozesse der Reizverarbeitung werden entsprechend einem Handlungskontext oder einer Aufgabenstellung konfiguriert. Eine solche Konfiguration wird als Aufgabeneinstellung (task set) bezeichnet (Allport, Styles & Hsieh, 1994; Rogers & Monsell, 1995). In einer Vielzahl von Untersuchungen hat sich gezeigt, dass ein Wechsel von Aufgabeneinstellungen typischerweise mit

Kosten einhergeht – verlängerten Reaktionszeiten und erhöhten Fehlerquoten (Überblick z. B. bei Monsell, 2003) – und diese steigen unter zusätzlichen Belastungswirkungen wie Schlafmangel deutlich an (Heuer, Kleinsorge, Klein & Kohlisch, 2004). Diese Ergebnisse erscheinen in einem gewissen Spannungsverhältnis zu den üblicherweise beschriebenen positiven Effekten der Aufgabenvielfalt auf Motivation, Arbeitszufriedenheit und andere Kriterien (Schmidt & Kleinbeck, 1999).

Abbildung 9 illustriert verschiedene Arten von Kosten, die sich bei einfachen Laboraufgaben beobachten lassen (z. B. Klassifikation von Ziffern als klein/groß oder gerade/ungerade). Mischungskosten zeigen sich dann, wenn Aufgaben zwar wiederholt werden, aber ein Wechsel ebenfalls möglich gewesen wäre. Sie kommen also allein durch die Möglichkeit eines Aufgabenwechsels zustande. Umschaltkosten lassen sich bei einem tatsächlichen Wechsel beobachten. Kann man sich auf die neue Aufgabe vorbereiten, so sinken sie – das ist die intentionale Komponente. Auch bei beliebig langer Vorbereitung aber bleibt in der Regel ein Rest von Umschaltkosten.

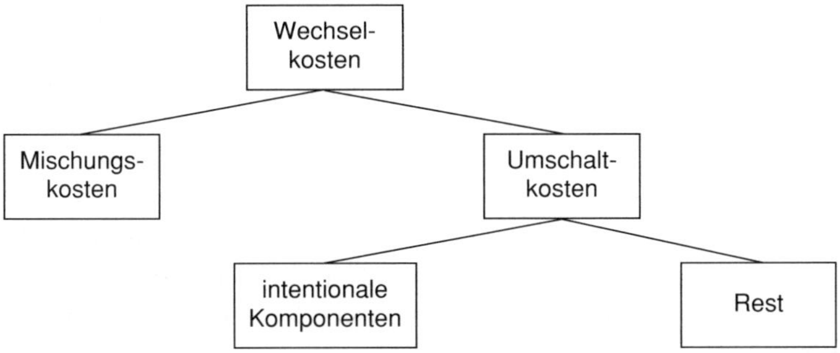

Abbildung 9:
Komponenten der Kosten bei Aufgabenwechseln

Außer ihrer oft berichteten Unvollständigkeit hat die Vorbereitung auf eine bevorstehende Aufgabe eine Reihe weiterer Eigenschaften, die eigenwillig erscheinen. Manchmal wird die Möglichkeit der Vorbereitung einfach nicht genutzt (Jong, 2000). Es kann sogar zu Situationen kommen, in denen die richtige Vorankündigung der nächsten Aufgabe nicht zu einer Verminderung der Umschaltkosten führt, aber die falsche Vorankündigung zu deren Erhöhung (Kleinsorge, Gajewski & Heuer, 2005). Schließlich muss auch perfekte Kenntnis der beschriebenen Aufgabenfolge nicht zu einer entsprechenden Minderung von Umschaltkosten führen (Kleinsorge, Schmidtke, Gajewski & Heuer, 2003).

Die experimentelle Forschung zu Aufgabenwechseln, die seit etwa 1995 sehr lebhaft geworden ist, zeigt auf der einen Seite die menschliche Flexibilität bei der Verarbeitung von Umweltreizen. Sie zeigt aber auch die Kosten, die durch diese Flexibilität entstehen. Dabei interessieren die Kosten aber nicht als solche, sondern nur als Indikatoren für zusätzliche Prozesse oder sonstige Veränderungen, durch die sie erklärt werden können. Unter arbeitspsychologischen Gesichtspunkten sind diese Zeit- und Genauigkeitskosten natürlich auch für sich genommen von Interesse. Der scheinbare Widerspruch zwischen der Existenz von Umschaltkosten und den sehr gut belegten positiven Effekten der Anforderungsvielfalt wirft in allgemeiner Weise die Frage nach der Beziehung zwischen Labor- und Feldbefunden auf bzw. nach der Beziehung zwischen unterschiedlichen Untersuchungsmethoden. Darauf soll im abschließenden Abschnitt 4 eingegangen werden.

3.3 Zustandsabhängige Reizverarbeitung: Übung, Aktiviertheit und Handlungsphasen

In den letzten beiden Abschnitten ist erläutert worden, dass durch den Handlungskontext (mit-)bestimmt wird, welche Reize wie verarbeitet werden. Die Reizverarbeitung verändert sich aber nicht nur, wenn die Aufgabenstellung verändert wird, sondern sie verändert sich auch, wenn sich der Handelnde bzw. sein Zustand verändert. So verändert sich beispielsweise die Art und Weise der Aufgabenbearbeitung im Verlauf der Übung (z. B. Heuer, 2006) und damit auch die benötigte Information. Veränderungen finden sich auch in Situationen hoher Aktiviertheit, sei es, dass besonders hohe Anforderungen bewältigt oder Zustandsbeeinträchtigungen kompensiert werden müssen (z. B. Hockey, 1997). Schließlich finden sich charakteristische Veränderungen im Verlauf von Handlungsphasen (z. B. Gollwitzer, 1991).

Änderungen handlungsrelevanter Reizmerkmale im Verlauf der Übung lassen sich bei einfachen sensomotorischen Leistungen zeigen. Bei Trackingaufgaben, bei denen die Bewegung eines Punktes verfolgt werden muss, wird zu Beginn der Übung in erster Linie die Position genutzt, während später in zunehmendem Maße die Ableitungen (Geschwindigkeit, Beschleunigung) von Bedeutung werden (z. B. Fuchs, 1962). Änderungen handlungsrelevanter Reizmerkmale finden sich aber auch bei komplexeren Leistungen. Eins der bekanntesten Beispiele ist das Erinnern von Schachstellungen. Experten können die Platzierungen der Figuren auf dem Schachbrett genauer erinnern als Anfänger. Das gilt aber nur dann, wenn es sich um sinnvolle Stellungen handelt, nicht jedoch bei Zufallsanordnungen der Figuren. Nur im ersten Fall können die Experten – im Gegensatz zu den Anfängern – Konfigurationen sehen und reproduzieren (Chase & Simon, 1973). Ähnlich dürften Elektrotechniker Schaltpläne anders wahrnehmen als Laien, Radiologen Röntgenbilder, Kraftfahrzeugtechniker Motorengeräusche usw.

Zu den klassischen, aber stets auch umstrittenen Befunden der Motivationspsychologie zählt das Yerkes-Dodson-Gesetz. Es hat seinen Ursprung in Untersuchungen zum Lernen bei Tieren (z. B. Yerkes & Dodson, 1908; Broadhurst, 1957), aber auch dort sind die Befunde nicht immer bestätigend (z. B. Miles, 1959). Das Yerkes-Dodson-Gesetz beschreibt einen umgekehrt U-förmigen Zusammenhang zwischen Aktiviertheit und Leistung. Mit zunehmender Aktiviertheit steigt die Leistung zunächst an, aber bei noch weiter zunehmender Aktiviertheit nimmt sie wieder ab. Welcher Grad der Aktiviertheit zu einer maximalen Leistung führt, hängt wiederum von der Aufgabenschwierigkeit ab. Bei einfachen Aufgaben findet sich die maximale Leistung bei höherer Aktiviertheit als bei schweren Aufgaben.

Den vom Yerkes-Dodson-Gesetz postulierten nicht monotonen Zusammenhang kann man für sehr unterschiedliche Leistungsmaße prüfen, die gerade bei schwierigen Aufgaben auch unterschiedlich definiert werden können. Auch ist der betrachtete Zustand mit „Aktiviertheit“ nur unklar beschrieben. Manchmal wird auch von Motivationsstärken gesprochen, oder in den Tierversuchen wird operational die Deprivationsdauer eingesetzt. Bei allen Unklarheiten und Ungenauigkeiten bleibt aber das Faktum, dass bei zu starkem Bemühen („Übermotiviertheit“) Leistungen wieder sinken können, und zwar vor allem bei schwierigen Aufgaben. Die Ursache dafür könnte in einer Einschränkung der Informationsselektion liegen. Easterbrook (1959) spricht davon, dass der Bereich genutzter Hinweisreize kleiner wird. Diese Einengung ist nicht nur in Bezug auf Umweltreize zu sehen, sondern breiter, etwa unter Einbeziehung von Gedächtnisinhalten. Bei leichten Aufgaben, für deren Bearbeitung nur wenig und klar definierte Information erforderlich ist, wird die Leistung bei höherer Anstrengung also kaum sinken. Bei schweren Aufgaben dagegen, für deren Bearbeitung ein großer Bereich potenziell wichtiger Information, der nicht von vornherein klar definiert ist, berücksichtigt werden muss, sinkt die Leistung ab. Fehlersuche – sofern es sich nicht um Routinefehler handelt – ist ein Beispiel für solche Aufgaben.

Eine Einengung der bei der Aufgabenbewältigung berücksichtigten Information kann auch in Situationen mit prinzipiell verminderter Leistungsfähigkeit auftreten. Hockey (1997) beschreibt „latente Leistungseinbußen“ unterschiedlicher Art. Bei prinzipiell aufrechterhaltener Leistung können etwa physiologische Kosten der Arbeit erhöht sein, oder die Strategie bei der Aufgabenbearbeitung kann verändert werden, speziell auch vereinfacht. Schließlich kann es zu Leistungseinbußen bei Zusatzaufgaben von untergeordneter Bedeutung kommen. Ein solches Muster – aufrechterhaltene Leistung bei der Hauptaufgabe, sinkende Leistung bei Nebenaufgaben – wird von Hockey, Wastell und Sauer (1998) berichtet. Bei der Aufgabe handelte es sich um eine simulierte Prozesssteuerung. Die Leistungsfähigkeit der Versuchspersonen war durch eine vorhergehende Nacht ohne Schlaf vermindert. Unter diesen Bedingungen wurde dann nur noch die für die Hauptaufgabe relevante Information in vollem Umfang berücksichtigt, während die für Zusatzaufgaben relevante Information eher vernachlässigt wurde.

Variationen in der Informationsselektion lassen sich schließlich auch im Verlauf der einzelnen Phasen komplexer Handlungen verfolgen. Klassisch ist die Dissonanztheorie (Festinger, 1957). Nachdem eine Entscheidung getroffen ist und entsprechend gehandelt wurde, wird vor allem entscheidungs- bzw. handlungskongruente Information gesucht. Auf diese Weise werden verbleibende Dissonanzen zwischen dem eigenen Tun und Überlegungen oder Einstellungen, die eher gegen die getroffene Entscheidung bzw. Handlung sprechen, reduziert. Veränderungen der Informationsselektion finden sich aber schon im Vorfeld von Handlungen. Insbesondere wird zunächst – in der Phase des Abwägens – ein größerer Bereich von Information berücksichtigt als später in der Phase des Planens (Gollwitzer, 1991).

3.4 Entdeckung, Diskrimination und Erkennen

In den vorherigen Abschnitten wurde gezeigt, dass der Handlungskontext mitbestimmt, welche Reize wie verarbeitet werden und wie die Reizverarbeitung durch den Zustand des wahrnehmenden und handelnden Menschen verändert werden kann. Abschließend soll auf die Bedeutung von Erwartungen oder Voreinstellungen für die Wahrnehmung eingegangen werden. Erwartungen sind zum einen durch die Existenz innerer Modelle von Transformationen begründet (vgl. Abschnitt 2.3) und betreffen die Wirkungen des eigenen Tuns. Sie sind aber auch dadurch begründet, dass Menschen über die Regelhaftigkeit der Welt lernen. Das gilt für einfache Bewegungsaufgaben (z. B. Poulton, 1957) ebenso wie für komplexe Arbeitstätigkeiten (vgl. Hacker in diesem Band).

Die Wirkung von Erwartungen ist im Alltag geläufig. Gesprochene oder geschriebene Sprache kann man beispielsweise auch dann noch verstehen, wenn die Reizbedingungen sehr schlecht sind, wenn also etwa in einem lauten Raum gesprochen wird oder es darum geht, Handschrift zu lesen. Das gilt jedoch nur, wenn sinnvolle Texte geschrieben oder gesprochen werden, nicht aber, wenn es sich um einzelne Wörter oder gar eine sinnlose Folge von Buchstaben handelt. Noch sicherer wird das Erkennen, wenn das zulässige Vokabular eingeschränkt ist (z. B. Miller, Heise & Lichten, 1951). Erwartungen wirken sich nicht nur auf die Genauigkeit des Erkennens aus, wenn die Qualität der Reize schlecht ist, sondern bei guter Reizqualität auch auf die Geschwindigkeit. Beispiele dafür finden sich vielfach seit den klassischen Untersuchungen von Bryan und Harter (1899) zum Erlernen des Morsens. Allerdings können Erwartungen die Wahrnehmung nicht nur fördern, sondern auch zu Fehlern führen, je nachdem ob die Reize den Erwartungen entsprechen oder nicht.

Voreinstellungen für Entdeckung, Diskrimination und Erkennen von Reizen lassen sich auf unterschiedliche Arten theoretisch fassen. Hier sollen zwei Konzeptionen kurz beschrieben werden, die für Entdeckung und Diskrimination geeignet sind, und eine Konzeption für das Erkennen. Entdeckung und Diskrimination haben gemeinsam, dass zwischen zwei Zuständen unterschieden werden muss. Im Fall des Erkennens geht es dagegen um die Zuordnung eines Reizes zu einem Gedächtnisinhalt.

Bei der Qualitätskontrolle müssen gelegentlich kleine Fehler bzw. Abweichungen von einer Norm entdeckt werden, die für das ungeübte Auge kaum oder gar nicht zu erkennen sind. Das ist eine Aufgabe, an der sich die Unterscheidung zwischen der Güte der Informationsverarbeitung und Voreinstellungen gut illustrieren lässt. Hochgeübte Personen dürften mehr fehlerhafte Teile richtig erkennen als ungeübte Personen und außerdem weniger nicht fehlerhafte Teile fälschlicherweise als fehlerhaft klassifizieren. Bei einer Voreinstellung, nach der sehr viele Teile fehlerhaft sind oder ja kein fehlerhaftes Teil übersehen werden darf, werden – bei gegebener perzeptiver Leistungsfähigkeit – viele fehlerhafte Teile richtig als fehlerhaft erkannt werden, aber auch viele nicht fehlerhafte Teile fälschlicherweise als fehlerhaft. Bei der umgekehrten Voreinstellung, dass kaum Teile fehlerhaft sind oder die Auslieferung fehlerhafter Teile wenig Schaden anrichtet, werden viele fehlerhafte Teile übersehen werden, aber kaum nicht fehlerhafte Teile als fehlerhaft klassifiziert.

Jedes richtige Entdecken eines Fehlers wird als „Treffer“ bezeichnet, jedes falsche Entdecken eines nicht fehlerhaften Teils als fehlerhaft als „falscher Alarm“. Bei einer Variation der Voreinstellung verändern sich die Quoten von Treffern und falschen Alarmen in gleichsinniger Art und Weise. Diese Verhältnisse werden in der Signalentdeckungstheorie formalisiert, so dass sowohl die perzeptive Leistungsfähigkeit wie auch die Voreinstellung gemessen werden können. Die theoretische Bedeutung von Treffern und falschen Alarmen ist in Abbildung 10 illustriert. Angenommen wird ein Kontinuum der Empfindungsstärke, im Beispiel ein Kontinuum des „Empfindens von Fehlerhaftigkeit“. Die Beziehung zwischen Empfindung und Reiz ist zufallsbehaftet. Fehlerhafte Teile führen zu Empfindungen der Fehlerhaftigkeit, die normalverteilt sind. Gleiches gilt für nicht fehlerhafte Teile, wobei das Niveau aber insgesamt niedriger ist. Im einfachen Fall von Abbildung 10 werden nicht nur Normalverteilungen angenommen, sondern auch, dass die Streuungen beider Normalverteilungen gleich sind.

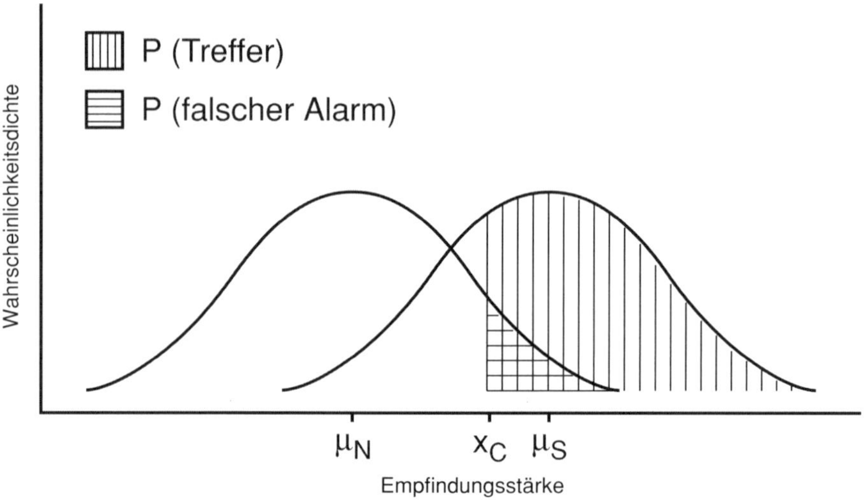

Abbildung 10:
Angenommene Verteilung von Empfindungsstärken bei Fehlen (linke Verteilung) und Vorhandensein eines Signals (rechte Verteilung) in der Signalentdeckungstheorie

(Wenn das Modell abstrakter dargestellt wird, wird statt von fehlerhaften und nicht fehlerhaften Teilen von Signal und Rauschen gesprochen.)

Eine höhere perzeptive Leistungsfähigkeit wird im Modell als ein größerer Unterschied zwischen den Mittelwerten μ_S und μ_N der beiden in Abbildung 10 gezeigten Normalverteilungen abgebildet. Voreinstellungen sind durch die Lage des Kriteriums x_c repräsentiert. Wann immer die Empfindung der Fehlerhaftigkeit oberhalb des Kriteriums liegt, wird ein Fehler erkannt, liegt sie unterhalb, wird das Teil als fehlerfrei gesehen. In Abbildung 10 sind auch die Wahrscheinlichkeiten für Treffer und falsche Alarme gezeigt. Es handelt sich dabei um die Flächen beider Verteilungen oberhalb des Kriteriums. Wenn das Kriterium verschoben wird, werden beide Flächen gleichsinnig größer bzw. kleiner.

Die konkrete Nutzung der Signalentdeckungstheorie für die Analyse von sensorischer Empfindlichkeit und Voreinstellungen soll hier nicht näher beschrieben werden. Es geht vielmehr um die Konzeption der Wirkung von Voreinstellungen bzw. Erwartungen. Bei starken Erwartungen für bestimmte Reize ist das Kriterium abgesenkt, so dass sie leicht entdeckt werden; bei unerwarteten Reizen ist das Kriterium eher hoch, so dass sie leicht übersehen werden. Das gilt nicht nur für fehlerhafte Teile bei Inspektionsarbeiten, sondern in sehr allgemeiner Weise. In der bisherigen Betrachtung fehlt allerdings die Zeit, die für die Reizverarbeitung benötigt wird. Darauf möchte ich am Beispiel der Diskrimination näher eingehen. Es sollte klar sein, dass Entdeckung und Diskrimination in formaler Hinsicht weitgehend gleichartig behandelt werden können.

Vickers (1979) beschreibt eine Klasse von sog. Akkumulator-Modellen, die eng an die Signalentdeckungstheorie angelehnt sind. Das Prinzip ist eine Verallgemeinerung von einer einzelnen „Beobachtung" auf eine Folge von „Beobachtungen". Die Diskrimination beruht dann nicht auf einer einzigen Empfindungsstärke, sondern auf einer Summation sukzessiver Empfindungsstärken. Das Flussdiagramm für eine etwas spezielle und erweiterte Variante eines Akkumulator-Modells (Heuer, 1987) ist in Abbildung 11 gezeigt. In jedem Beobachtungszyklus wird eine Empfindungsstärke X registriert. Für einen gegebenen

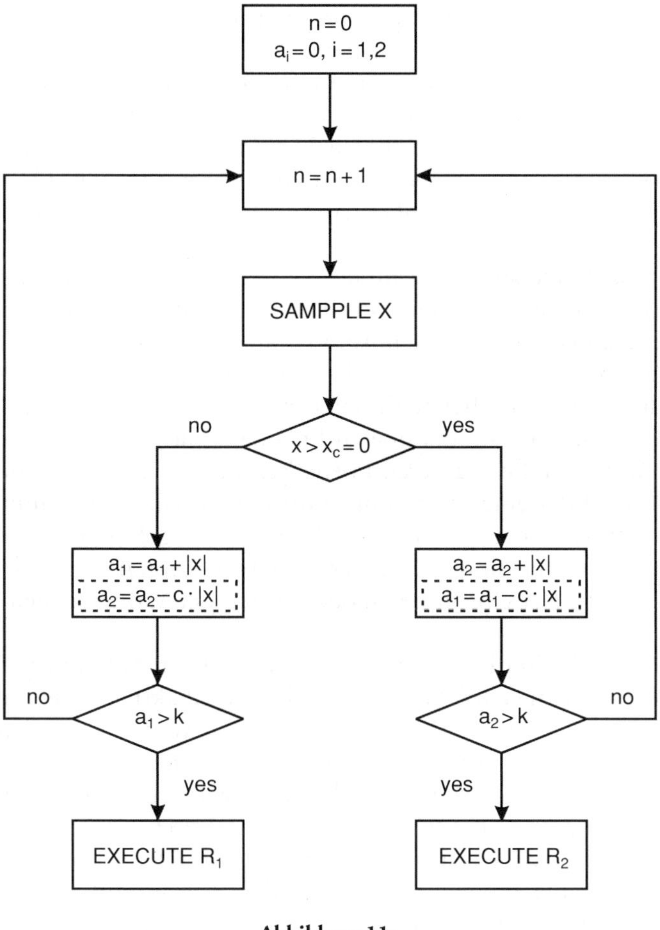

Abbildung 11:
Flussdiagramm eines Akkumulator-Modells mit gekoppelten Akkumulatoren (nach Heuer, 1987)

Reiz ist X normalverteilt, entsprechend einer der Verteilungen in Abbildung 10. Ist X größer als das Kriterium X_c, wird der Wert im einen Akkumulator erhöht, ist X aber kleiner als das Kriterium X_c, im anderen Akkumulator. Eine Entscheidung erfolgt, sobald einer der beiden Akkumulatoren eine Schwelle k erreicht. In dem Modell von Abbildung 11 ist zusätzlich eine Kopplung beider Akkumulatoren eingefügt. Wenn $c = 0$ ist, sind sie unabhängig, wenn $c = 1$ ist, gibt es eine starke negative Abhängigkeit; die Evidenz für die eine Alternative ist dann gleichzeitig Evidenz gegen die andere. Kompliziertere Formen von Modellen mit derartigen Abhängigkeiten werden von Usher und McClelland (2001) beschrieben.

Modelle der in Abbildung 11 illustrierten Art betreffen nicht nur die Genauigkeit von Diskriminationen, sondern auch die benötigte Zeit, die der Zahl der Beobachtungszyklen im Modell proportional ist. Bei niedriger Schwelle ist die Zeit kürzer und die Genauigkeit kleiner als bei höherer Schwelle. Wenn die Schwellen für beide Reaktionen unterschiedlich sind, erhält man Voreinstellungen. Für die eine Reaktion ist dann weniger sensorische Evidenz erforderlich als für die andere. Statt die Schwellen beider Akkumulatoren auf unterschiedliche Werte zu setzen, können auch die Anfangswerte (a in Abb. 11) verschieden sein. Das entspräche einer „Voraktivierung" der einen Alternative.

Voraktivierungen sind auch ein zentrales Konzept für das Verständnis von Erwartungswirkungen beim Erkennen. Zur Illustration soll eine Theorie von MacKay (1987) dienen. Das Grundelement sind Knoten in einem Netzwerk, die unterschiedliche Einheiten des Verhaltens bzw. der Kognition repräsentieren. Abbildung 12 illustriert eine Hierarchie solcher Knoten. Die mentalen Knoten repräsentieren Konzepte, auf der oberen Ebene beispielsweise einen Oberbegriff wie „Verwaltung", auf der unteren Ebene Begriffe wie „Akte", „Amt". Mentale Knoten sind auf der einen Seite mit motorischen Knoten verknüpft, die beispielsweise für das Schreiben oder Sprechen eines zugehörigen Wortes stehen. Auf der anderen Seite sind sie mit sensorischen Knoten verbunden, die beispielsweise für die Reize beim Lesen oder Hören der Wörter stehen.

Knoten sind wechselseitig verbunden. Im Beispiel von Abbildung 12 wird beispielsweise nach dem ersten Wort „Akte" Knoten 2 aktiviert, dessen Erregung sich auf Knoten 1 und 3 ausbreitet. Voraktiviert werden also inhaltlich nahe Knoten, etwa der für „Amt", aber nicht unbedingt der für „Schnelligkeit". In ähnlicher Weise können nicht nur inhaltsbezogene Erwartungen konzeptualisiert werden, sondern beispielsweise auch syntaktische. Aus der Existenz von Voraktivierungen bzw. Erwartungen ergeben sich relativ einfache Regeln für die Gestaltung einer möglichst störungsfreien Kommunikation, im Prinzip nämlich ein möglichst hohes Maß von Redundanz und damit Vorhersagbarkeit.

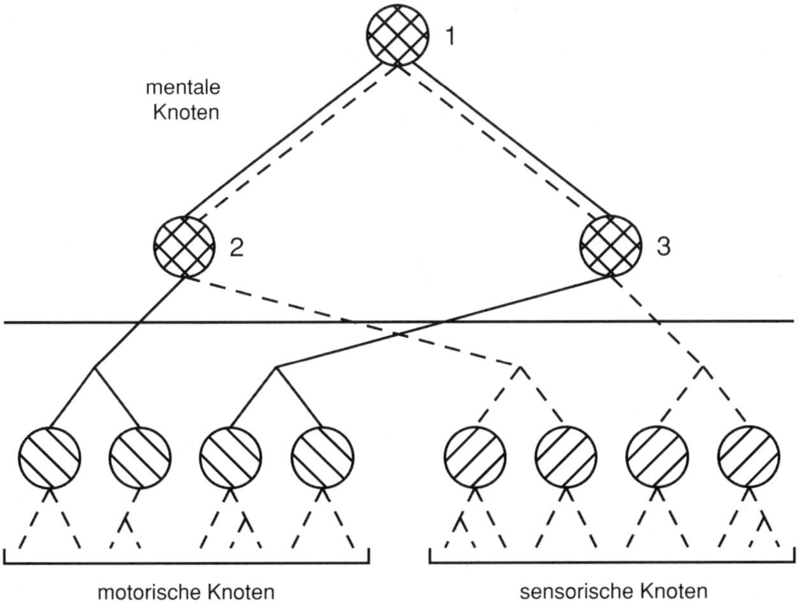

Abbildung 12:
Eine Hierarchie von Knoten, die unterschiedliche Einheiten des Verhaltens bzw. der Kognition repräsentieren

4 *Abschließende Bemerkungen*

Die in diesem Kapitel beschriebene Wechselbeziehung zwischen Wahrnehmen und Handeln durchzieht den Alltag von Menschen und ist nicht auf Arbeit beschränkt. Auch für die Arbeitswelt liefert sie aber eine Grundlage für das Verständnis von wirksamen Gestaltungsregeln, Fehlern und Belastungswirkungen. Zu den Gestaltungsregeln, die auf der Wechselbeziehung von Wahrnehmung und Handlung begründet sind, gehören eine Vielzahl der normierten Regeln für Anzeigen und Bedienelemente, aber auch Prinzipien für Warnsignale (vgl. Müller & Wiese in diesem Band). Im ersten Fall sind die Regeln für die Kompatibilität kritisch, im zweiten die Regeln für exogene Aufmerksamkeitssteuerung. Fehlleistungen bis hin zu Unfällen können beispielsweise durch überhöhte Anforderungen an Regelprozesse entstehen – die Notwendigkeit zu hoher Geschwindigkeiten kann zu Instabilität führen –, durch Aussetzer oder durch erwartungsinduziertes Bias der Wahrnehmung, etwa bei Inspektionsarbeiten. Diese Fehlerrisiken werden zumindest teilweise unter monotonen Arbeitsbedingungen sowie im Zustand der Übermüdung erhöht. Obwohl oft eine Kompensation durch erhöhte Anstrengung möglich ist, mag der Erfolg auf fokale und beherrschte Tätigkeiten begrenzt sein; Dinge am Rande können leicht übersehen werden, und unerwartete Probleme können unlösbar werden (vgl. Wieland in diesem Band).

Die Ergebnisse, die in diesem Kapitel beschrieben sind, stammen zum größten Teil aus Laboruntersuchungen. Es gibt eine Tendenz, Laborbefunde als für die Praxis der Arbeitswelt weitgehend irrelevant zu erachten. Was hat die Untersuchung artifizieller Leistungen unter artifiziellen Bedingungen schon mit der Realität zu tun? Praktisch jede Metaanalyse belegt die Kontextabhängigkeit arbeitspsychologischer Befunde, und der Kontext des psychologischen Experiments ist radikal verschieden von einem beruflichen Kontext. Schließlich gibt es offensichtliche Widersprüche. Ein Beispiel ist der in Abschnitt 3.2 beschriebene Widerspruch zwischen Wechselkosten im Reaktionszeitexperiment und den sonst vielfach belegten positiven Effekten von Anforderungsvielfalt. Ein anderes Beispiel ist die Diskrepanz zwischen den Beeinträchtigungen elementarer kognitiver Funktionen mit zunehmendem Alter (vgl. Li, Lindenberger & Sikstrom, 2001) und den komplexen Mustern von Korrelationen in Metaanalysen zum Zusammenhang von Alter und beruflicher Leistung (Sturman, 2003; vgl. Blickle & Schneider in diesem Band).

Über die Beziehung zwischen Labor und Arbeitswelt, und damit auch über die Beziehung zwischen Arbeitspsychologie und den Grundlagenfächern wie Allgemeine Psychologie, Physiologische Psychologie und Sozialpsychologie, gibt es viel zu sagen. Hier sollen nur zwei Gesichtspunkte hervorgehoben werden (vgl. Heuer, 1988). Der erste betrifft eine Unterscheidung zwischen unterschiedlichen Arten von Daten, der andere eine Unterscheidung zwischen Daten und theoretischen Folgerungen.

Bei bestimmten Daten, die unter völlig unnatürlichen Bedingungen erhoben werden, gibt es scheinbar keinen Zweifel, dass sie auf alle Arbeitssituationen verallgemeinert werden können. Ein Beispiel sind Sehtestbefunde. Bei anderen Daten gibt es dagegen Zweifel. Beispielsweise kann man in Laboruntersuchungen leicht die Grenzen beidhändiger Tätigkeit nachweisen, auf die man im Alltag und bei der Arbeit allerdings kaum trifft – allenfalls bei Musikern oder bei bestimmten chirurgischen Tätigkeiten können sie möglicherweise bedeutsam werden. Schließlich gibt es Daten, bei denen der Gedanke an eine Übertragbarkeit von Labordaten von vornherein extrem fragwürdig ist, etwa wenn es um Fragen geht, die mit beruflichen Einstellungen oder Arbeitsmotivation zu tun haben. Was sind die Unterschiede zwischen diesen Arten von Daten?

Daten, die an Menschen erhoben werden, können durch ein komplexes Gefüge von Faktoren bestimmt sein, gelegentlich aber auch durch wenige oder einzelne Faktoren. Manche Befunde, die durch wenige Faktoren bestimmt sind, können übertragen werden, vor allem dann, wenn diese Faktoren in eher „peripheren"

Eigenschaften menschlicher Sinnesorgane und Effektoren begründet sind. Das gilt für elementare Befunde der Wahrnehmungspsychologie wie die psychophysische Funktion oder der Psychomotorik wie das Fitts'sche Gesetz, auch wenn die genaue Formulierung dieser Gesetzmäßigkeiten umstritten sein mag. Für andere Befunde, die durch viele Faktoren bestimmt werden, gibt es natürlich viel mehr Spielräume für Kontextabhängigkeiten, so dass ihre Übertragbarkeit stärker infrage steht.

Auch wenn Laborbefunde übertragbar sind, können sie doch für die Arbeitswelt irrelevant erscheinen, weil Aufgaben, auf die sich die Laborbefunde beziehen, in der Arbeitswelt gar nicht vorkommen. In den Laboruntersuchungen wird in der Regel eine Analyse einzelner Funktionen angestrebt, etwa Wechsel zwischen Aufgaben oder Hemmung dominanter Verhaltenstendenzen. In der Arbeitswelt und anderen praktischen Zusammenhängen ist eine solche funktionelle Reduktion aber untypisch, und nur selten werden Leistungen bei komplexen Aufgaben durch die Grenzen einzelner Funktionen bestimmt (Ausnahmen sind teilweise die oben genannten perzeptiven und motorischen Funktionen). So kann es denn sein, dass trotz der Altersdefizite bei einzelnen Funktionen komplexe berufliche Leistungen stabil bleiben. Widersprüchlichkeiten dieser Art stellen natürlich eine Herausforderung an die Forschung dar: Durch welche Mechanismen gelingt es, die Defizite bei Einzelfunktionen im Hinblick auf die Gesamtleistung wirkungslos zu machen?

In vielen Fällen wird eine Verallgemeinerung von im Labor gefundenen Daten auf die Welt außerhalb gar nicht angestrebt. Was verallgemeinert werden soll, sind vielmehr theoretische Folgerungen und damit auch Konzepte, die dabei helfen, über menschliches Verhalten und menschliche Leistungsgrenzen nachzudenken. Beispiele sind die grundlegende Unterscheidung von Regelung und Steuerung bzw. der Nutzung innerer Modelle von Transformationen eigener Bewegungen, die grundlegende Unterscheidung von endogener und exogener Aufmerksamkeitssteuerung, die von Wahrnehmungsleistung und Erwartung bzw. Voreinstellung usw. Durch solche Konzepte ergibt sich nicht unmittelbar eine besser gestaltete Arbeitswelt, aber sie liefern gedankliche Bausteine zur Bewältigung praktischer Probleme.

Literatur

Abeele, S. & Bock, O. (2003). Transfer of sensorimotor adaptation between different movement categories. *Experimental Brain Research, 148,* 128–132.

Allport, D. A., Styles, E. A. & Hsieh, S. (1994). Shifting intentional set: Exploring the dynamic control of tasks. In C. Umiltà & M. Moscovitch (Eds.), *Attention and Performance XV. Conscious and Nonconscious Information Processing* (pp. 421–452). Hillsdale, NJ: Erlbaum.

Bjerner, B., Holm, A. & Swensson, A. (1955). Diurnal variation of mental performance. A study of three-shift workers. *British Journal of Industrial Medicine, 12,* 103–110.

Bock, O. (1992). Adaptation of aimed arm movements to sensory-motor discordance: Evidence for direction-independent gain control. *Behavioral Brain Research, 51,* 41–50.

Bock, O. & Burghoff, M. (1997). Visuo-motor adaptation: Evidence for a distributed amplitude control system. *Behavioral Brain Research, 89,* 267–273.

Broadbent, D. E. (1958). *Perception and communication.* London: Pergamon.

Broadhurst, P. L. (1957). Emotionality and the Yerkes-Dodson law. *Journal of Experimental Psychology, 54,* 345–352.

Bryan, W. L. & Harter, N. (1899). Studies on the telegraphic language. The acquisition of a hierarchy of habits. *Psychological Review, 6,* 345–375.

Chase, W. G. & Simon, H. A. (1973). Perception in chess. *Cognitive Psychology, 4,* 55–81.

Cherry, E. C. (1953). Some experiments on the recognition of speech with one and with two ears. *Journal of the Acoustical Society of America, 25,* 975–979.

Conditt, M. A., Gandolfo, F. & Mussa-Ivaldi, F. A. (1997). The motor system does not learn the dynamics of the arm by rote memorization of past experience. *Journal of Neurophysiology, 78,* 554–560.

Cunningham, H. A. (1989). Aiming error under transformed spatial mappings suggests a structure for visual-motor maps. *Journal of Experimental Psychology: Human Perception and Performance, 15,* 493–506.

Davidson, P. R., Jones, R. D., Sirisena, H. R. & Andreae, J. H. (2000). Detection of adaptive inverse models in the human motor system. *Human Movement Science, 19,* 761–795.

Dehaene, S., Bossini, S. & Giraux, P. (1993). The mental representation of parity and number magnitude. *Journal of Experimental Psychology: General, 122,* 371–396.

Deubel, H. & Schneider, W. X. (1996). Saccade target selection and object recognition: Evidence for a common attentional mechnism. *Vision Research, 36,* 1827–1837.

Dinges, D. F. & Kribbs, N. B. (1991). Performing while sleepy: Effects of experimentally-induced sleepiness. In T. H. Monk (Ed.), *Sleep, sleepiness and performance* (pp. 97–128). Chichester: Wiley.

Easterbrook, J. A. (1959). The effect of emotion on cue utilization and the organization of behavior. *Psychological Review, 66,* 183–201.

Egeth, H. & Lamy, D. (2003). Attention. In A. F. Healy & R. W. Proctor (Eds.), *Handbook of psychology* (Vol. 4, pp. 269–292). New York, NY: Wiley.

Eriksen, B. A. & Eriksen, C. W. (1974). Effects of noise letters upon the identification of a target letter in a nonsearch task. *Perception & Psychophysics, 16,* 143–149.

Eriksen, C. W. & St. James, J. D. (1986). Visual attention within and around the filed of focal attention: A zoom lense model. *Perception & Psychophysics, 40,* 225–240.

Festinger, L. (1957). *A theory of cognitive dissonance.* New York, NY: Harper & Row.

Fitts, P. M. & Deininger, R. L. (1954). S-R compatibility: Correspondence among paired elements within stimulus and response codes. *Journal of Experimental Psychology, 48,* 483– 492.

Fuchs, A. H. (1962). The progression-regression hypothes in perceptual-motor skill learning. *Journal of Experimental Psychology, 63,* 177–182.

Gollwitzer, P. M. (1991). *Abwägen und Planen.* Göttingen: Hogrefe.

Hackman, J. R. (1969). Nature of the task as a determiner of the job behaviour. *Personnel Psychology, 22,* 435–444.

Haines, R. F. (1991). A breakdown in simultaneous information processing. In G. Olbrecht & L. W. Stark (Eds.), *Presbyopia research. From molecular biology to visual adaptation* (pp. 171–175). New York, NY: Plenum.

Heuer, H. (1987). Visual discrimination and response programming. *Psychological Research, 49,* 91–98.

Heuer, H. (1988). The laboratory and the world outside. In O. G. Meijer & K. Roth (Eds.), *Complex movement behaviour. ‚The' motor-action controversy* (pp. 405–417). Amsterdam: North-Holland.

Heuer, H. (1998). Vigilance. In J. M. Stellman (Ed.), *ILO Encyclopaedia of Occupational Health and Safety* (pp. 29.43–29.46). Genf: International Labour Office.

Heuer, H. (2006). Übung. In K. Pawlik (Hrsg.), *Handbuch Psychologie* (S. 179–193). Heidelberg: Springer.

Heuer, H. & Hegele, M. (2008). Constraints on visuo-motor adaptation depend on the type of visual feedback during practice. *Experimental Brain Research, 185,* 101–110.

Heuer, H., Kleinsorge, T., Klein, W. & Kohlisch, O. (2004). Total sleep deprivation increases the costs of shifting between simple cognitive tasks. *Acta Psychologica, 117,* 29–64.

Heuer, H., Manzey, D., Lorenz, B. & Sangals, J. (2003). Impairments of manual tracking performance during spaceflight are associated with specific effects of microgravity on visuomotor transformations. *Ergonomics, 46,* 920–934.

Hockey, G. R. J. (1997). Compensatory control in the regulation of human performance under stress and high workload: A cognitive-energetical framework. *Biological Psychology, 45,* 73– 93.

Hockey, G. R. J., Wastell, D. G. & Sauer, J. (1998). Effects of sleep deprivation and user interface on complex performance: A multilevel analysis of compensatory control. *Human Factors, 40,* 233–253.

Imamizu, H. & Shimojo, S. (1995). The locus of visual-motor learning at the task or manipulator level: Implications from intermanual transfer. *Journal of Experimental Psychology: Human Perception and Performance, 21,* 719–733.

Jong, R. de (2000). An intention-activation account of residual switch costs. In S. Monsell & J. Driver (Eds.), *Attention and performance XVIII. Control of cognitive processes* (pp. 357–376). Cambridge, MA: MIT.

Keele, S. W. & Posner, M. I. (1968). Processing of visual feedback in rapid movements. *Journal of Experimental Psychology, 77,* 155–158.

Kleinsorge, T. (1999). Die Kodierungsabhängigkeit orthogonaler Reiz-Reaktions-Kompatibilität. *Zeitschrift für Experimentelle Psychologie, 46,* 249–264.

Kleinsorge, T., Gajewski, P. D. & Heuer, H. (2005). Task sets under reconstruction: Effects of partially incorrect precues. *Quarterly Journal of Experimental Psychology, 58A,* 521–546.

Kleinsorge, T., Schmidtke, V., Gajewski, P. D. & Heuer, H. (2003). The futility of explicit knowledge of a sequence of tasks. *European Journal of Cognitive Psychology, 15,* 455–469.

Kornblum, S., Hasbroucq, T. & Osman, A. (1990). Dimensional overlap: Cognitive basis for stimulus-response compatibility – a model and taxonomy. *Psychological Review, 97,* 253–270.

Krakauer, J. W., Pine, Z. M., Ghilardi, M. F. & Ghez, C. (2000). Learning of visuomotor transformations for vectorial planning of reaching trajectories. *The Journal of Neuroscience, 20,* 8916–8924.

Kunde, W. (2001). Response-effect compatibility in manual choice reaction tasks. *Journal of Experimental Psychology: Human Perception and Performance, 27,* 387–394.

Lavie, N. & Tsal, Y. (1994). Perceptual load as a major determinant of the locus of selection in visual attention. *Perception & Psychophysics, 56,* 183–197.

Li, S. C., Lindenberger, U. & Sikstrom, S. (2001). Aging cognition: From neuromodulation to representation. *Trends in Cognitive Science, 5,* 479–486.

Lisper, H.-O. & Kjellberg, A. (1972). Effects of 24-hour sleep deprivation on rate of decrement in a 10-minute auditory reaction time task. *Journal of Experimental Psychology, 96,* 287–290.

MacKay, D. G. (1987). *The organization of perception and action. A theory for language and other cognitive skills.* Berlin: Springer.

Manzey, D., Lorenz, B., Heuer, H. & Sangals, J. (2000). Impairments of manual tracking performance during spaceflight: More converging evidence from a 20-day space mission. *Ergonomics, 43,* 589–609.

McRuer, D. T. & Jex, H. R. (1967). A review of quasi-linear pilot model. *IEEE Transactions on Human Factors in Electronics, 8,* 231–249.

Merz, F., Kalveram, K.-T. & Huber, K. (1981). Der Einfluß kognitiver Faktoren auf Steuerleistungen. In L. Tent (Hrsg.), *Erkennen – Wollen – Handeln* (S. 327–335). Göttingen: Hogrefe.

Miles, R. C. (1959). Discrimination in the squirrel monkey as a function of deprivation and problem difficulty. *Journal of Experimental Psychology, 57,* 15–19.

Miller, G. A., Heise, G. A. & Lichten, W. (1951). The intelligibility of speech as a function of the context of the test materials. *Journal of Experimental Psychology, 41,* 329–335.

Monsell, S. (2003). Task switching. *Trends in Cognitive Sciences, 7,* 134–140.

Moray, N. P. (1986). Monitoring behavior and supervisory control. In K. R. Boff, L. Kaufman & J. P. Thomas (Eds.), *Handbook of perception and human performance* (Vol. 2., pp. 40-1–40-51). New York, NY: Wiley.

Müller, H. J. & Rabbitt, P. M. A. (1989). Reflexive and voluntary orienting of visual attention: Time course of activation and resistance to interruption. *Journal of Experimental Psychology: Human Perception and Performance, 15,* 315–330.

Neumann, O. (1987). Beyond capacity: A functional view of attention. In H. Heuer & A. F. Sanders (Eds.), *Perspectives on perception and action* (pp. 361–393). Hillsdale, NJ: Erlbaum.

Neumann, O. (1990). Visual attention and action. In O. Neumann & W. Prinz (Eds.), *Relationships between perception and action. Current approaches* (pp. 227–267). Berlin: Springer.

Pennel, I., Coello, Y. & Orliaguet, J.-P. (2002). Frame of reference and adaptation to directional bias in a video-controlled reaching task. *Ergonomics, 45,* 1047–1077.

Pew, R.W. & Rupp, G.L. (1971). Two quantitative measures of skill development. *Journal of Experimental Psychology, 90,* 1–7.

Posner, M.I. (1980). Orienting of attention. *Quarterly Journal of Experimental Psychology, 32,* 3–25.

Poulton, E.C. (1957). On prediction in skilled movements. *Psychological Bulletin, 54,* 467–478.

Poulton, E.C. (1974). *Tracking skill and manual control.* New York, NY: Academic Press.

Rogers, R.D. & Monsell, S. (1995). The cost of a predictable switch between simple cognitive tasks. *Journal of Experimental Psychology: General, 124,* 207–231.

Sangals, J., Heuer, H., Manzey, D. & Lorenz, B. (1999). Changed visuomotor transformations during and after prolonged microgravity. *Experimental Brain Research, 129,* 378–390.

Schmidt, K.-H. & Kleinbeck, U. (1999). Der Job Diagnostic Survey (JDS – deutsche Fassung). In H. Dunckel (Hrsg.), *Handbuch psychologischer Arbeitsanalyseverfahren* (S. 205–231). Zürich: vdf.

Senders, J.W., Elkind, J.I., Grignetti, M.C. & Smallwood, R. (1966). *An investigation of the visual sampling behaviour of human observers. NASA CR–434.* Cambridge, MA: Bolt, Beranek & Newman.

Shadmehr, R. & Moussavi, Z.M.K. (2000). Spatial generalization from learning dynamics of reaching movements. *Journal of Neuroscience, 20,* 7807–7815.

Sheridan, T.B. & Ferrell, W.R. (1974). *Man-machine systems: Information, control, and decision models of human performance.* Cambridge, MA: MIT.

Simons, D.J. & Levin, D.T. (1998). Failure to detect changes to people during a real-world interaction. *Psychonomic Bulletin & Review, 5,* 644–649.

Spijkers, W. (1993). *Sehen und Handeln: Die Rolle visueller Information bei zielgerichteten Bewegungen.* Aachen: Shaker.

Sturman, M. (2003). Searching for the inverted U-shaped relationship between time and performance: Meta-analyses of the experience/performance, tenure/performance, and age/performance relationships. *Journal of Management, 29,* 609–640.

Usher, M. & McClelland, J.L. (2001). The time course of perceptual choice: The leaky, competing accumulator model. *Psychological Review, 108,* 550–592.

Vickers, D. (1979). *Decision processes in visual perception.* London: Academic Press.

Wickens, C.D. (1976). The effects of divided attention on information processing in manual tracking. *Journal of Experimental Psychology: Human Perception and Performance, 2,* 1–13.

Williams, H.L., Gieseking, C.F. & Lubin, A. (1966). Some effects of sleep loss on memory. *Perceptual and Motor Skills, 23,* 1287–1293.

Wolpert, D.M., Doya, K. & Kawato, M. (2003). A unifying computational framework for motor control and social interaction. *Philosophical Transactions of the Royal Society of London. Series B: Biological Sciences, 358,* 593–602.

Woodworth, R. S. (1899). The accuracy of voluntary movement. *Psychological Monographs, 3,* 1–114.

Yerkes, R. M. & Dodson, J. D. (1908). The relation of strength of stimulus to rapidity of habit formation. *Journal of Comparative Neurology and Psychology, 18,* 459–482.

Zelaznik, H. N., Hawkins, B. & Kisselburgh, L. (1983). Rapid visual feedback processing in single-aiming movements. *Journal of Motor Behavior, 15,* 217–236.

6. Kapitel

Arbeiten in Gruppen

Felix C. Brodbeck und Yves R. F. Guillaume

1 Einleitung

Jeder von uns hat mit Arbeitsgruppen zu tun, sei es als produktives Mitglied oder als Nutznießer ihrer Leistungen. Dabei ist nicht nur an Arbeitsgruppen in Wirtschaft und Verwaltung zu denken, sondern auch in Bildung, Forschung, Medizin, Politik, Militär, Sport, Kunst und Unterhaltung (z. B. Lerngruppen, Projektgruppen, Operationsteams, Aufklärungseinheiten, Ausschüsse, Fußballteams, Theatergruppen, Orchester).

Welches Unfallopfer, dessen Leben gerettet wurde, empfindet keine tiefe Dankbarkeit und wohl auch eine gewisse Faszination dafür, dass viele Personen und Gruppen in aufeinander abgestimmter Art und Weise erfolgreich tätig waren, von der Erstversorgung über den Transport bis hin zur Operation und Nachbehandlung. Welchen Fußballfan berührt es nicht, wenn sein Team, trotz eines scheinbar übermächtigen Gegners, dank hervorragendem Zusammenspiel und Teamgeist den Sieg erringt. Und manch einer fragt sich, etwa angesichts eines Theater- oder Orchesterspiels, wie das Ensemble eine derart großartige Leistung erbringen kann. Was bei der Vorführung hervorsticht, begreift man häufig zunächst als Einzelleistung, etwa die des Hauptdarstellers, der Regisseurin, der Solistin oder des Dirigenten. In Wirklichkeit basieren Theaterspiel und Orchesteraufführung, genau wie alle anderen Formen des Arbeitens in Gruppen, auf einem komplexen Zusammenspiel von zahlreichen individuellen und interaktiven Handlungen. In der Regel wird uns dies erst dann bewusst, wenn das Zusammenspiel misslingt, bei der Theateraufführung etwa durch den „Hänger“ oder beim Orchesterspiel durch eine missklingende „Kakophonie“.

Das Besondere der Arbeit in Gruppen gegenüber der Einzelarbeit herauszustellen ist Ziel dieses Kapitels. Auf der einen Seite nehmen wir dabei eine *arbeitspsychologische* Sichtweise ein, die die psychische Regulation individueller und kollektiver Handlungen im Zusammenhang mit ihren Bedingungen und Auswirkungen betrachtet (vgl. Hacker, 1998), womit der handlungsregulationstheoretischen Betrachtungsweise ein besonderer Stellenwert eingeräumt wird. Dabei soll das Grundanliegen der Arbeitspsychologie, nämlich die Steigerung der Arbeitsproduktivität bei gleichzeitiger Bedürfnisbefriedigung und Förderung der Entwicklung der arbeitenden Persönlichkeiten, im Auge behalten werden. Auf der anderen Seite beziehen wir uns auf die *Sozialpsychologie* (vgl. z. B. Hewstone, Stroebe & Jonas, 2007), insbesondere auf deren Erkenntnisse über manuelle Arbeit, Problemlösen, Entscheiden, Kreativität, Lernen und Leistung in Gruppen, die bei der arbeitspsychologischen Betrachtung von Gruppen unseres Erachtens nicht hinreichend genutzt werden. Damit kann dieses Kapitel als Versuch gelten, eine Arbeitspsychologie der Gruppe zu skizzieren, die vor allem auf handlungstheoretische und sozialpsychologische Erkenntnisse zurückgreift, um die Analyse, Bewertung und Bestgestaltung von Arbeitsprozessen in Gruppen zu befördern. Des Weiteren streben wir eine stärkere Ausrichtung an der für moderne Gesellschaften typischen „Wissensarbeit" an (*intellectual teamwork*, vgl. Galegher, Kraut & Egido, 1990; *knowledge work*, vgl. Pearce, 2004), für deren Analyse und Gestaltung teilweise andere Schwerpunkte zu setzen sind als für manuelle Tätigkeiten bei klassischer Gruppenarbeit.

Mit diesem Anspruch und dieser Ausrichtung unterscheidet sich das vorliegende Kapitel von anderen kürzlich erschienenen Sammelreferaten über Arbeitsgruppen, die sich zum Beispiel mit Gestaltungsformen der Gruppenarbeit im engeren Sinne (vgl. Antoni & Bungard, 2004; Kozlowski & Bell, 2003) und mit deren Einsatz und Verbreitung u. a. in Deutschland (Benders, Huijgen & Pekruhl, 2002) beschäftigen, sowie mit Faktoren der Gruppenarbeit im Rahmen von Entwicklungsstufenmodellen (Hertel & Scholl, 2006) bzw. von Input-Prozess-Output-Modellen (vgl. West, Borrill & Unsworth, 1998; Ilgen, Hollenbeck, Johnson & Jundt, 2005) oder mit bestimmten Formen der Gruppenleistung, etwa dem Problemlösen und Entscheiden in Gruppen (vgl. Brandstätter & Brodbeck, 2004). Dem an einer Übersicht zur arbeits- und ingenieurpsychologisch ausgerichteten Gruppenpsychologie interessierten Leser seien insbesondere die Enzyklopädiekapitel von Antoni und Bungard (2004: Organisationspsychologie) sowie von Hertel und Scholl (2006: Ingenieurpsychologie) als Lektüre empfohlen. Auf relevante Inhalte dieser informativen und aktuellen Übersichten wird im vorliegenden Kapitel Bezug genommen, jedoch haben wir auf Wiederholungen weitestgehend verzichtet.

Im ersten Teil dieses Kapitels definieren wir den Forschungsgegenstand „Gruppe" bzw. „Arbeitsgruppe" und erläutern ein an der Handlungsregulationstheorie orientiertes Modell des Gruppenhandelns. Im zweiten und dritten Teil wird auf relevante Merkmale von Gruppenstrukturen und Aufgabenstrukturen eingegangen. Im vierten Teil geht es um Gruppenprozesse, die zum einen als Ausführungsbedingungen und zum anderen als Regulationsmechanismen betrachtet werden, die individuelle Handlungen bzw. Leistung und Lernen fördern (Prozessgewinn) oder hemmen (Prozessverlust). Dies alles ist jeweils dem Ziel untergeordnet, die Besonderheiten der psychischen Regulation von Arbeitstätigkeiten im sozial-interaktiven Kontext der Gruppe gegenüber Einzelarbeit darzulegen. Im fünften Teil dieses Kapitels werden Ansätze zur Gestaltung und Steuerung des Arbeitens in Gruppen anhand einzelner Themenschwerpunkte erörtert.

2 Eine Arbeitspsychologie der Gruppe

2.1 Definitionen: Gruppe, Arbeitsgruppe

Über den Begriff der Gruppe im Arbeitskontext zeichnet sich in den letzten Jahren ein Minimalkonsens ab (vgl. Antoni & Bungard, 2004; Brodbeck, 2003; Hertel & Scholl, 2006). Eine *Gruppe* im Arbeitskontext besteht aus drei oder mehr Personen, die ihre Aufgabenstellungen mithilfe von Kommunikation und Kooperation bearbeiten. Ohne *Kommunikation* lassen sich zielgerichtete Pläne der Zusammenarbeit nicht formulieren und in zielgerichtete kollektive Handlungen umsetzen. Ähnliches gilt für *Kooperation* (d. i. das Ausführen von sinnvoll aufeinander bezogenen Aktivitäten verschiedener Personen), womit zum einen das zielgerichtete Ineinandergreifen von Handlungen unterschiedlicher Personen gemeint ist (z. B. in teilautonomen Arbeitsgruppen am Fließband), zum anderen aber auch der koordinierte Austausch von Sachinformation, Meinungen und Perspektiven, etwa in Problemlöse- und Entscheidungsgruppen (*intellectual teamwork*, vgl. Galegher et al., 1990). Darüber hinaus findet *soziale Interaktion* (i. S. v. wechelseitigem sozialen Einfluss) in Gruppen statt, auch dann, wenn Kommunikation und Kooperation nicht intendiert sind.

Eine *Arbeitsgruppe* ist zusätzlich in bestimmte Organisationsstrukturen (z. B. Abteilungen, Betriebsteile, Bereiche) eingebettet, woraus sich beispielsweise ergibt, dass längerfristige oder regelmäßig wiederkehrende Arbeitsaufträge, die jeweils aus mehreren Teilaufträgen bestehen, in Zusammenarbeit erledigt werden. Aus der Einbettung in organisationale Zusammenhänge ergibt sich, dass das bei der Arbeit in Gruppen gezeigte Verhalten auch in Abhängigkeit von diesem Kontext untersucht, erklärt und verändert werden muss. „Wer psychische Arbeitsanforderungen gestalten will, muss Organisationsgestaltung betreiben" (Hacker, 1998, S. 137).

Zur besseren Abgrenzung sei angemerkt, dass Kategorien von Personen (z. B. Berufs*gruppen*, Alters*gruppen*) hier nicht als Gruppen im o. g. Sinne betrachtet werden. Im Übrigen verwenden wir die Begriffe Team bzw. Teamarbeit synonym mit den Begriffen Gruppe bzw. Gruppenarbeit.

2.2 Kriterien der Gruppenleistung und des Gruppenerfolgs

Folgt man Hacker (1986; vgl. auch Hacker, 1998) ist das Grundanliegen der Arbeitspsychologie „ihre Beteiligung an der interdisziplinären Aufgabe der Steigerung von Effektivität und Arbeitsproduktivität bei gleichzeitiger Förderung der Entwicklung der arbeitenden Persönlichkeit durch psychologische Analyse und Bestgestaltung der Arbeitstätigkeiten und ihrer Ausführungsbedingungen" (Hacker, 1986, S. 18).

Insofern muss eine Arbeitspsychologie der Gruppe Aussagen darüber treffen, wie Arbeit in Gruppen effektiv, effizient und persönlichkeitsförderlich gestaltet werden kann. Dazu bedarf es Kriterien, anhand derer sich sowohl die in Gruppen erbrachten Leistungen (d. i. Performanz) als auch deren Ergebnis bzw. Erfolg bestimmen lassen (vgl. Brodbeck, 1996; Hackman, 1987; Hackman & Wageman, 2005).

Die Begriffe Performanz und Ergebnis bzw. Erfolg bezeichnen sowohl in der deutschsprachigen als auch in der englischsprachigen Literatur zwei unterschiedliche Aspekte der Gruppenleistung: (a) *Performanz* (engl.: *performance*) wird i. S. v. zielgerichtetem Verhalten verwendet, bei dem in irgendeiner Form Arbeit geleistet wird (z. B. der Einsatz von Handlungsstrategien, die als zielführend beim Problemlösen bekannt sind), und (b) *Erfolg bzw. Ergebnis* (engl.: *output, outcome, effectiveness*) bezeichnet das Ausmaß, in dem die Leistungsergebnisse den angegebenen Zielen entsprechen (z. B. ein Problem wurde vollständig, überhaupt nicht oder nur zu einem gewissen Grad gelöst), bzw. das Ausmaß, in dem weitere Ergebnisvorgaben (z. B. bezüglich Arbeitszufriedenheit, Krankentage) eingelöst werden. (c) Ein dritter Aspekt des Leistungskriteriums ist die *Produktivität* (engl.: *efficiency*), d. i. das Ausmaß der Zielerreichung, gemessen an den verbrauchten Ressourcen (z. B. Zeitdauer, Menge benötigter Aufgabenschritte oder Information).

Leistungs- und Erfolgskriterien sollten in der angewandten Gruppenforschung grundsätzlich unabhängig voneinander gemessen werden, denn im Feld lassen sich Kontextvariablen (z. B. Autonomie, Führung, Ent- und Belohnungssysteme), die auf Zusammenhänge zwischen leistungsbezogenem Verhalten und Erfolg bzw. Ergebnis Einfluss nehmen können, in der Regel nicht ausschließen.

Sie mögen bis zu einem bestimmten Grad kontrollierbar sein, was jedoch im Feld nicht so umfassend geschehen kann, wie es im Labor möglich ist.

Eine systematische Untersuchung einschlägiger, angewandter Gruppentheorien erbrachte eine Liste zentraler Dimensionen der Gruppenleistung und des Gruppenerfolgs (Brodbeck, 1996). Danach umfassen Dimensionen der Gruppenleistung beispielsweise individuelle und kollektive Verhaltensweisen, die für das Erreichen der angestrebten Ziele relevant sind bzw. zu einem gegebenen Zeitpunkt gemeinhin als relevant erachtet werden. Auf individueller Ebene sind hier individuelle Anstrengung, eingesetzte Fertigkeiten, Fähigkeiten und eingesetztes Wissen zu nennen. Auf Gruppenebene sind hier gemeinsame bzw. aufeinander abgestimmte Handlungsstrategien sowie sozial geteilte Wissenssysteme und das kollektive Reflektieren über Gruppenziele, über kollektive Handlungsstrategien und über gegenseitige Erwartungen (vgl. z. B. *team reflexivity,* West, 1996) zu nennen.

Erfolgs- bzw. Ergebnisdimensionen auf Individualebene sind Kriterien wie beispielsweise Quantität und Qualität individueller Arbeitsergebnisse zuzurechnen (Arbeitszufriedenheit, körperliches und seelisches Wohlbefinden, Krankentage, Kündigungsabsichten oder die Entwicklung individueller Qualifikationen). Erfolgsdimensionen auf Gruppenebene sind beispielsweise kollektive Arbeitsergebnisse bzw. deren Quantität und Qualität (auch Fehlerhäufigkeiten), umgesetzte Innovationen (vgl. West & Farr, 1990) sowie auch Indikatoren für die aus der Aufgabenerledigung resultierende weitere „Funktionstüchtigkeit" von Arbeitsgruppen (*team viability*, vgl. Sundstrom, de Meuse & Futrell, 1990), wie etwa Kohäsion, kollektive Selbstwirksamkeitserwartungen, Kooperationsfähigkeit oder Partizipation.

Die Vielfalt von Kriterien der Gruppenleistung und des Gruppenerfolgs weist schon darauf hin, dass es in der Praxis der Gruppenarbeit häufig darum geht, die Erfüllung verschiedener produktionsorientierter, individueller und sozialer Kriterien zu *optimieren*. Deshalb plädieren wir für die Verwendung multidimensionaler Kriterien der Gruppenleistung und des Gruppenerfolgs (vgl. vertiefend Brodbeck, 1996, 2003).

Darüber hinaus erlaubt die operationale Unterscheidung von Leistungs- und Erfolgskriterien eine bessere Sicht auf die Wirkungsweise von Kontextbedingungen, Strukturen und Prozessen in Gruppen. Ein Beispiel: Goodman (1986) analysierte Arbeitsgruppen im Bergbau und berichtet, dass unter schlechten Witterungsbedingungen (Kontext) sehr gut koordinierte Teams (kollektive Handlungsstrategien) mehr Tonnen Kohle (Erfolgskriterium) fördern als weniger gut koordinierte Teams. Hingegen zeigen sich unter normalen Witterungsbedingungen keine Erfolgsunterschiede zwischen diesen Teams, obwohl sie sich hinsichtlich der eingesetzten kollektiven Handlungsstrategien unterscheiden. Offenbar werden manche kollektiven Handlungsstrategien erst dann erfolgswirksam, wenn (kontextbedingt) entsprechend hohe Aufgabenanforderungen gestellt werden. Ähnliche moderierende Effekte gibt es für Struktur- und Prozessmerkmale der Gruppenarbeit, die z. B. aus gegenseitiger Behinderung oder Förderung individueller Leistungen sowie aus individuellen und kollektiven Lernprozessen resultieren können. Diese werden in den Abschnitten 4, 5 und 6 vertiefend diskutiert.

2.3 Handlungsregulation in Gruppen

Zur Aufgabenerfüllung durch eine Gruppe ist es notwendig, dass die einzelnen Gruppenmitglieder nicht nur aufgabengemäße Ziele verfolgen und dementsprechend zielgerichtete individuelle Handlungen ausführen, sondern sie müssen diese auch aufeinander abstimmen und sich dabei sozial interaktiver Methoden der Kommunikation und Kooperation bedienen. Deshalb müssen die Analyse und Bewertung des Arbeitshandelns in Gruppen über die in der Arbeitspsychologie gebräuchliche, im Wesentlichen an der Einzelarbeit orientierte individualpsychologische Konzeption der Handlungsregulation hinausgehen.

Um dem gerecht zu werden, greifen wir auf eine theoretische Konzeption über Gruppen als handelnde Systeme zurück, die von Cranach und Kollegen entwickelt haben (Cranach, Ochsenbein & Valach, 1986; Cranach, 1992; Tschan & Cranach, 1996).[1] Mit diesem Modell lassen sich besondere Merkmale kollektiven Handelns gegenüber dem individuellen Handeln identifizieren.

Kollektives Handeln baut zwar auf dem Handeln individueller Akteure auf, jedoch kommt ihm eine grundsätzliche Eigenständigkeit zu (vgl. Morgeson & Hofmann, 1999). Hierzu folgendes Beispiel: Jacobs und Campbell (1961; vgl. auch MacNeil & Sherif, 1976) induzierten in einem Experiment Gruppennormen und tauschten dann von einem Versuch zum nächsten so lange einzelne Gruppenmitglieder aus, bis die Gruppe aus keinem der ursprünglichen Gruppenmitglieder mehr bestand. Trotzdem blieben die eingangs aufgestellten Gruppennormen bestehen, was dazu führte, dass sich die neuen Gruppenmitglieder genauso im Rahmen dieser Normen verhielten, wie die ursprünglichen Mitglie-

---

1 Ob man einem Anthromorphismus folgend einer Gruppe Volition, Affekt und Motivation zuschreiben kann oder ob es sich bei einer derartigen Konzeptionalisierung eher um einen Isomorphismus handelt, wonach sich Strukturen und Funktionen auf Gruppenebene analog denen auf Individualebene fassen lassen, wird philosophisch zu beantworten sein. Dies soll hier nicht weiter erörtert werden (vgl. hierzu Klein, Tosi & Cannella, 1999).

der es taten. Damit sind die Gruppenmitglieder als austauschbare Teile einer Gruppe, die sich aufgrund charakteristischer Merkmale (im vorliegenden Fall durch bestimmte Normen) von anderen vergleichbaren Gruppen stabil unterscheidet, zu sehen. Wir gehen deshalb davon aus, dass es beim Gruppenhandeln bestimmte Bedingungen, Prozesse und Auswirkungen gibt, die sich rein individualpsychologisch nicht vollständig erfassen lassen.

Wir skizzieren den Originalansatz von Cranachs (1992) und erweitern ihn um sozial- und organisationspsychologische Konstrukte, die wir nachfolgend erläutern und mit empirischen Befunden unterlegen. Wir versuchen damit eine Brücke zwischen arbeits-, organisations- und sozialpsychologischen Konzeptionen des Arbeitshandelns in Gruppen zu schlagen, um Besonderheiten der Handlungsregulation in Arbeitsgruppen herauszustellen.

Von Cranach et al. (1986) betrachten Gruppen als Einheiten, die dem Individuum vergleichbar als Ganzes zielgerichtete Handlungen planen und ausführen können. Dieses *Gruppenhandeln* besteht aus simultan integrierten Prozessen, die auf individueller und sozialer Ebene angesiedelt sind. Die Autoren unterscheiden vier theoretische Konstrukte, die beim Gruppenhandeln in folgenden Beziehungen zueinander stehen: Die *Aufgabenstruktur* (was muss wann getan werden?) wird auf die *Gruppenstruktur* (wer hat welche soziale Beziehung zu wem?) projiziert. Die daraus resultierende Form der Arbeitsteilung (wer tut was wann in welcher Beziehung zu wem?) bestimmt zum einen die *Informationsverarbeitung* (wie aufgabenrelevante Informationen vom Einzelnen verarbeitet und innerhalb der Gruppe vermittelt werden bzw. werden sollten) und zum anderen die *Tätigkeitsausführung* (wie die verschiedenen Tätigkeiten vom Einzelnen ausgeführt und innerhalb der Gruppe koordiniert werden bzw. werden sollten). Das erreichte Ergebnis bzw. die erreichten Zwischenergebnisse wirken sich in Form von Rückkopplungsprozessen zum einen direkt auf die Handlungs- und Informationsverarbeitungsprozesse in Gruppen aus und zum anderen indirekt, vermittelt über ihren Einfluss auf die Gruppen- und Aufgabenstrukturen.

Kasten 1:
Ein Beispiel zum Gruppenhandeln

Von Cranach (1992) beschreibt Gruppenhandeln am Beispiel einer *Bootscrew, die mit ihrer Yacht eine Wende ausführt.* Diese Aufgabe hat mehrere Elemente (Richtung festlegen, Schiff klar machen, Wendemanöver durchführen) mit jeweils mehreren Teilaufgaben, die von unterschiedlichem Aufgabentyp sind (z. B. additiv, disjunktiv oder konjunktiv, diese Begriffe sind weiter unten im Text erläutert) und mit anderen Teilaufgaben mehr oder weniger stark zusammenhängen können, d. h. sie müssen in einer bestimmten zeitlichen Reihenfolge bzw. im Gleichklang durchgeführt werden. Die Crew hat einen Skipper, einen Steuermann und fünf Besatzungsmitglieder mit unterschiedlichen Rollen und unterschiedlichem Status. Die Arbeitsteilung ist folgendermaßen: Der Skipper entscheidet über die Richtung und den geeigneten Moment für das Manöver, der

Steuermann positioniert das Schiff zu Beginn und steuert es während des Manövers so aus, dass die fünf weiteren Besatzungsmitglieder in zwei Untergruppen koordiniert agieren können. Drei Personen verlagern ihre Position und damit ihr Gewicht, zwei weitere Personen holen ein Segel ein, fahren ein anderes Segel aus etc., bis der Steuermann schließlich den gewünschten neuen Kurs einnehmen kann.

Nach den jeweils zugeordneten Aufgaben richten sich das für die Aufgabenerfüllung vorauszusetzende Wissen sowie Fähigkeiten und Fertigkeiten der jeweils tätigen Personen. Das aufeinander Abstimmen der verschiedenen Tätigkeiten wird durch die Gruppenkomposition (also der Verteilung von Wissen, Fertigkeiten, Rollen etc.) und weiteren Merkmalen der Gruppenstruktur (z. B. Normen, Kohäsion) bis zu einem gewissen Grad reguliert. Aufgrund der Offenheit der Situation während der Ausführung müssen darüber hinaus die verschiedenen Tätigkeiten immer wieder neu aufeinander abgestimmt werden. Dies geschieht durch individuelle Informationsverarbeitung und durch Informationsaustausch auf Gruppenebene. Nur wenn die einzelnen Gruppenmitglieder die ihnen zugedachten Teilhandlungen korrekt und aufeinander sinnvoll bezogen ausführen, wird durch das Wendemanöver der gewünschte Zielzustand erreicht.

Reibungsverluste oder ein fehlerhaftes Manöver können dadurch bedingt sein, dass die optimale Aufgabenstruktur nicht einwandfrei auf die Gruppenstruktur projiziert wird und Aufgaben- bzw. Zielkonflikte offenbar werden, beispielsweise wenn alle fünf Besatzungsmitglieder mit der Gewichtsverlagerung beschäftigt sind und niemand das Einholen der Segel erledigt. Des Weiteren kann es zu Reibungsverlusten oder Fehlern kommen, wenn die Stimmung in der Crew schlecht ist, einzelne Gruppenmitglieder ihre Gefühle nicht unter Kontrolle haben oder Beziehungskonflikte offenbar werden (Emotionen), wenn einzelne Gruppenmitglieder lustlos oder abgelenkt sind oder sich negativer Sanktionen ausgesetzt sehen (Motivation) oder wenn relevante Sachverhalte missverständlich bzw. gar nicht kommuniziert werden (soziale Interaktion, Kognition). Schließlich führen sowohl eine erfolgreiche Wende als auch ein teilweise oder gänzlich missglücktes Manöver zu Bewertungen seitens der Crew, was zu Veränderungen sowohl der Informationsverarbeitung und der Tätigkeitsausführung als auch der Aufgaben- und der Gruppenstruktur führen kann (Lernen).

2.4 Ein heuristisches Modell des Arbeitshandelns in Gruppen

Aus den eingangs zitierten Übersichtsreferaten über Arbeitsgruppen bzw. Gruppenarbeit (z. B. Antoni & Bungard, 2004; Hertel & Scholl, 2006) erfährt man viel über Erscheinungsformen der Gruppenarbeit in Organisationen, über deren Entstehungszusammenhänge und Gestaltung und über ihre Wirkungen auf die Produktivität und die Mitarbeiter. Ergänzend zu diesen Arbeiten bemühen wir uns im vorliegenden Kapitel um eine theoretische und empirische Einordnung der für das Gruppenhandeln charakteristischen Ausführungsbedingungen bei der sozial interaktiven, psychischen Regulation von Arbeitstätigkeiten. Dazu unterscheiden wir, nach von Cranachs Modell, zwischen Aufgabenstruktur, Gruppenstruktur, Tätigkeitsausführung und Informationsverarbeitung.

Während von Cranach et al. (1986) die Aufgabenstruktur als eine Art Blaupause sieht, aus der sich die Gruppenstruktur ableitet, sind unserer Überzeugung nach Aufgaben- und Gruppenstruktur zwei gleichrangige Faktoren. Sie

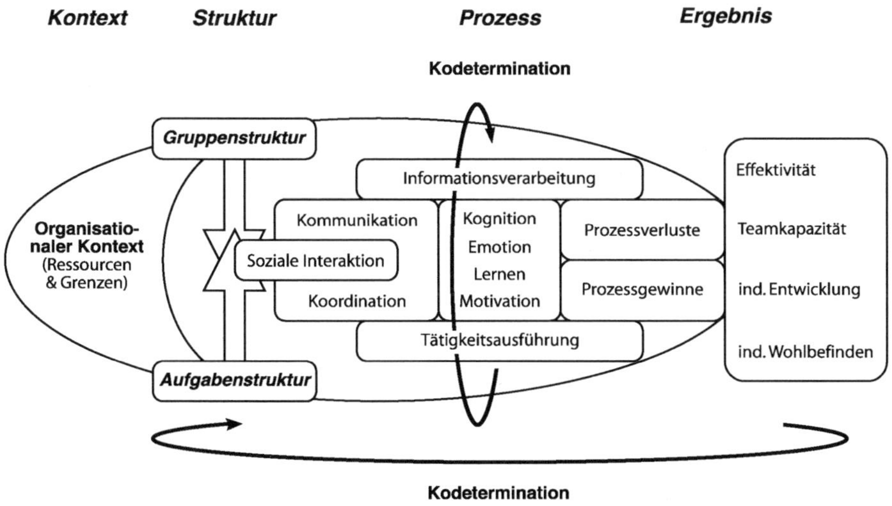

Abbildung 1:
Heuristisches Modell der kollektiven Handlungsregulation in Arbeitsgruppen

stehen im Rahmen eines gegebenen organisationalen Kontextes und vermittelt über soziale Interaktion miteinander in Beziehung. Deshalb müssen sie auch gemeinsam und in Bezug zum jeweiligen organisationalen Kontext analysiert und optimiert werden. Diese Vorstellung entspricht eher der Auffassung des soziotechnischen Systemansatzes (vgl. Emery & Thorsrud, 1976) sowie dem Modell der Gruppenleistung von Hackman (1987), und sie lässt sich auch mit Hackers (1994, 1998) Vorstellung, dass Gruppenarbeit stets in Organisationsstrukturen eingebettet ist, in Einklang bringen.

In Abbildung 1 ist unser heuristisches Modell der kollektiven Handlungsregulation in Gruppen dargestellt, wonach das vorliegende Kapitel im Wesentlichen gegliedert ist.

Gruppenhandeln findet im Rahmen eines *organisationalen Kontextes* (vgl. Abschnitt 6) statt, durch den in Bezug auf die Aufgabe und die Arbeitsgruppe bestimmte Ressourcen bereitgestellt werden (z. B. Unterstützung durch das Management), aber auch Restriktionen gesetzt sind (z. B. dem Ausmaß an Autonomie, das einer Gruppe zugestanden wird).

Merkmale der *Gruppenstruktur* (vgl. Abschnitt 3) und der *Aufgabenstruktur* (vgl. Abschnitt 4) sind, gemessen am aktuellen Handlungsvollzug, als vergleichsweise wenig veränderliche Größen zu sehen. Die Gruppenstruktur ist durch individuelle Merkmale der Gruppenmitglieder, etwa deren Einstellungen, Werte, Wissen,

Fähigkeiten, Fertigkeiten oder Persönlichkeitseigenschaften und deren Verteilung innerhalb der Gruppe bedingt *(Gruppenkomposition)*. Sie ergibt sich auch durch die im Rahmen der *Aufgabenstruktur* festgelegten Rollen und sozialen Beziehungen (z. B. Statusunterschiede) sowie durch *Gruppennormen*, *Gruppenkohäsion* und *Gruppengröße*. Daher stehen die Aufgaben- und die Gruppenstruktur bereits vermittelt über Merkmale des organisationalen Kontextes, die sich beispielsweise auf die Gruppenkomposition, die Rollenverteilung oder die Gruppennormen auswirken, miteinander in Beziehung (vgl. Abb. 1, Kontext – Struktur).

Merkmale des Gruppenprozesses (vgl. Abschnitt 5) sind im aktuellen Handlungsvollzug relativ veränderliche Größen. Beim Gruppenhandeln spielen insbesondere Prozesse der *sozialen Interaktion* eine Rolle, da *Informationsverarbeitung* und *Tätigkeitsausführung* beim kollektiven Handeln auf *Kommunikation* und *Koordination* angewiesen sind. Sowohl beim individuellen Handeln als auch beim kollektiven Handeln werden Informationsverarbeitung und Tätigkeitsausführung letztlich durch die psychischen Funktionen der *Emotion*, *Motivation*, *Kognition* und des *Lernens* reguliert. Auf Gruppenebene finden diese Ausdruck durch zum Beispiel geäußerte Gefühlslagen und den affektiven Ton sozialer Interaktionen (Emotion), durch geäußerte Zielantizipation, Sanktionen oder kollektive Selbstwirksamkeitserwartungen (Motivation), durch den Informationsaustausch über Sachinformation oder individuelle Bewertungen (Kognition) sowie durch Beobachtungslernen, gegenseitige Fehlerkorrektur oder den Aufbau sozial geteilter Wissenssysteme (Lernen).

Gruppenprozesse werden sowohl von den einzelnen Mitgliedern als auch von der Gruppe als Ganzes reguliert, wobei neben Kommunikation und Koordination insbesondere auch Prozesse der Kodetermination (d. i. sozial vermittelte Anpassung, Modifikation, Umgestaltung, Variation oder Veränderung individueller Ressourcen und Verhaltensweisen) eine Rolle spielen (vgl. vertikalen Pfeil in Abb. 1). Prozesse der Kodetermination sind auch in Bezug auf Merkmale der Gruppen- und Aufgabenstruktur sowie in Bezug zum organisationalen Kontext möglich. Diese Form der Rückkopplung ist jedoch als längerfristiger Lernprozess zu sehen, der unserem Modell zufolge auch über die Ergebnisse des Gruppenhandelns vermittelt wird (vgl. horizontalen Pfeil in Abb. 1).

Die soziale Interaktion zur *Informationsverarbeitung* (wer verarbeitet und übermittelt wann welche Information in welcher Beziehung zu wem?) und die soziale Interaktion zur *Tätigkeitsausführung* (wer tut was wann in welcher Beziehung zu wem?) stellen eine wesentliche Verbindung zwischen der Aufgaben- und der Gruppenstruktur her. Damit meinen wir, dass verschiedene denkbare Realisierungen sozialer Gruppenstrukturen zur Bearbeitung ein und derselben Aufgabenstellung eingesetzt werden können und vice versa. Worauf es dabei ankommt ist die Passung zwischen Aufgaben- und Gruppenstruktur, die durch soziale

Interaktion (Kommunikation, Koordination und Kodetermination) hergestellt und optimiert werden kann. Was am Ende zählt ist die Qualität des Informations- und Tätigkeitsflusses. Je nachdem, wie gut Aufgaben- und Gruppenstrukturen gemeinsam optimiert werden, resultiert ein mehr oder weniger effektives, effizientes, innovatives, lern- und persönlichkeitsförderliches Arbeiten in Gruppen, das mit mehr oder weniger stark ausgeprägten *Prozessverlusten* bzw. *Prozessgewinnen* einhergeht (vgl. Abb. 1).

Mit unserer Betrachtungsweise verbinden sich im Wesentlichen drei Fragenkomplexe, denen wir uns in den nachfolgenden drei Abschnitten widmen: Worin unterscheiden sich verschiedene Gruppenstrukturen, worin verschiedene Aufgabenstrukturen, und wie wirken diese zusammen? Welche Prozessverluste sind beim Arbeiten in Gruppen typisch, durch welche psychischen Funktionen werden sie vermittelt und wie lassen sie sich reduzieren bzw. vermeiden? Welche Prozessgewinne können beim Arbeiten in Gruppen entstehen, durch welche psychischen Funktionen werden sie vermittelt und wie lassen sie sich systematisch erzeugen bzw. nutzen?

3 Merkmale der Gruppenstruktur

3.1 Gruppenkomposition

Wesentliche Strukturmerkmale von Gruppen sind ihre Größe und ihre Komposition aus mehr oder weniger homogen bzw. heterogen verteilten Merkmalen der Gruppenmitglieder, z. B. demografische Merkmale wie etwa Alter, Geschlecht oder ethnische Herkunft, Persönlichkeitsmerkmale wie etwa Extrovertiertheit oder Leistungsmotivation sowie Fähigkeiten, Fertigkeiten und Wissen.

Milliken und Martins (1996) unterscheiden zwischen unmittelbar tätigkeitsbezogenen Merkmalen der Heterogenität in Gruppen (z. B. Ausbildung, beruflicher Hintergrund und die ausgeübte Funktion innerhalb einer Gruppe oder Organisation) und nicht unmittelbar tätigkeitsbezogenen Merkmalen (z. B. ethnischer Hintergrund, Nationalität, Geschlecht, Alter). Auch werden oberflächliche bzw. evidente Merkmale (z. B. Alter, Kulturzugehörgkeit) von unterschwelligen bzw. zunächst nicht augenscheinlichen Merkmalen (z. B. Einstellungen, Bildung) unterschieden (Harrison, Price & Bell, 1998). Die Befundlage zur Frage, ob und welche Dimensionen der Heterogenität sich positiv bzw. negativ auf die Leistung von Gruppen auswirken, erlaubt zurzeit keine klaren Aussagen (vgl. Milliken & Martins, 1996; Knippenberg & Schippers, 2007; Webber & Donahue, 2001). So finden zum Beispiel Sacco und Schmitt (2005), dass mit zunehmender ethnischer Heterogenität in Teams, die in Fast Food-Restaurants arbeiten, die Leistung sinkt. Brodbeck, Kerschreiter, Mojzisch, Frey und Schulz-Hardt (2002) berichten hingegen, dass sich unter Bedingungen verteilten Wissens (sog. *hidden profiles*) die Heterogenität individueller Präferenzen positiv auf die Qualität von Gruppenentscheidungen auswirkt (vgl. auch Schulz-Hardt, Brodbeck, Mojzisch, Kerschreiter & Frey, 2006).

Der augenblickliche Forschungsstand erlaubt zumindest folgende Aussagen: Mit zunehmender Heterogenität nehmen negative Emotionen und Konflikte sowie koordinative Anforderungen zu (Milliken & Martins, 1996). Heterogenität wirkt sich vor allem in frühen Phasen der Zusammenarbeit in Gruppen eher negativ auf die Gruppenleistung aus, in späteren Phasen hingegen können dieselben Merkmale auch zu höheren Leistungen führen (vgl. z. B. Harrison, Price & Bell, 1998; Watson, Kumar & Michaelson, 1993). Heterogenität kann sich vor allem bei der Bearbeitung komplexer Aufgaben (z. B. Gruppenentscheidungen und Innovationen) – und wenn aufgabenrelevantes Wissen auf verschiedene Personen verteilt ist – positiv auswirken (vgl. Bowers, Pharmer & Salas, 2000; Brodbeck, Kerschreiter, Mojzisch & Schulz-Hardt, 2007).

Analog zu Williams und O'Reilly (1998) führen Knippenberg, DeDreu und Homan (2004) die teilweise widersprüchlichen Befunde über Zusammenhänge zwischen Heterogenität (im englischen Sprachraum auch *diversity* genannt) und Gruppenleistungen auf verschiedene sozialpsychologische Mechanismen zurück. Nach der Theorie sozialer Identität (Social Identity Theory, SIT, vgl. Tajfel, 1978) und der Theorie sozialer Kategorisierung (Social Categorisation Theory, SCT, vgl. Turner, Hogg, Oakes, Reicher & Wetherell, 1987) kommt es in heterogenen Gruppen häufiger zum sogenannten Intergruppenbias (d. i. negativ verzerrte Wahrnehmung von Angehörigen eines jeweils andersartigen Personenkreises), insbesondere dann, wenn sich die Gruppe aus klaren Majoritäten und Minoritäten zusammensetzt. Um individuelle Auffassungen über die eigene Identität zu schützen, d. h. um die eigene Identität als konsistent und positiv erleben zu können, werden erkennbar andersartige Personen diskriminiert. Dadurch erhöht sich in heterogenen Gruppen die Wahrscheinlichkeit von Beziehungskonflikten, was leistungshemmend wirkt. Auf der anderen Seite gehen mit zunehmender Gruppenheterogenität auch ein größerer Wissensfundus und vielfältigere Perspektiven einher. So gesehen sollten heterogene Gruppen, wenn sie über gute Konfliktlösungsstrategien verfügen, ihr größeres Potenzial für die effektive Bearbeitung von Problemlöse-, Entscheidungs- und kreativen Aufgaben nutzen können. Knippenberg et al. (2004) gehen davon aus, dass leistungsförderliche Potenziale in heterogenen Gruppen vor allem dann besser ausgeschöpft werden können, wenn Einigkeit darüber besteht, dass die heterogen verteilten Merkmale positiv für die Aufgabenbearbeitung zu sehen sind.

Ein anderer Zugang zur Aufklärung der widersprüchlichen Befunde über Heterogenität und Leistung in Gruppen erschließt sich, wenn man Unterschiedlichkeit nicht nur in Bezug auf die gesamte Gruppe betrachtet, sondern auch die unterschiedliche Positionierung einzelner Mitglieder im Vergleich zu den verbleibenden Gruppenmitgliedern beleuchtet (vgl. Tsui, Egan & O'Reilly, 1992). Einem Gruppenmitglied ist eine hohe individuelle Unterschiedlichkeit zuzuordnen, wenn es sich aufgrund seiner Merkmale in der Minorität befindet – quasi unter allen Gruppenmitgliedern „hervorsticht". Dies kann, wie Brodbeck, Guillaume und Lee (2009) zeigen, Auswirkungen auf die individuelle Leistung haben. In ihrer Studie untersuchten sie die individuellen Lernleistungen Studierender in ethnisch mehr oder weniger heterogenen Arbeitsgruppen. Zum einen war nachweisbar, dass mit zunehmender ethnischer Heterogenität der Gruppen die durchschnittlichen individuellen Lernleistungen pro Gruppe ansteigen. Zum anderen zeigte sich, dass Studierende mit hoher individueller Unterschiedlichkeit, d. h. Mitglieder einer relativen Minorität (z. B. der britische bzw. der deutsche Studierende, der vier indischen Studierenden gegenübersteht), Einbußen in ihren Lernleistungen hinnehmen müssen, während Studierende mit geringer individueller Unterschiedlichkeit, d. h. Mitglieder einer relativen Majorität (z. B. jene vier indischen Studierenden, die jeweils einem britischen und einem deutschen Studierenden gegenüberstehen) am meisten von der insgesamt heterogenen Zusammensetzung der Gruppe profitieren. Hier scheinen die oben beschriebenen Mechanismen (vielfältige Gruppenressourcen auf der einen Seite versus interpersonale Diskriminierung und Konflikte auf der anderen Seite) gleichzeitig wirksam zu sein. Und je nachdem, wen man in der Gruppe betrachtet, ein Mitglied der relativen Minorität oder Majorität, wirkt der eine Mechanismus stärker als der andere und vice versa.

Eine durch Heterogenität bedingte größere Vielfalt von Perspektiven geht mit einer insgesamt intensiveren Informationsverarbeitung in Gruppen einher, was zu divergentem Denken führt, nachweislich zumindest auf Seiten der Majoritätsmitglieder (vgl. DeDreu & DeVries, 1996; Moscovici, 1980; Nemeth, 1986). Die jeweiligen Minoritäten hingegen sind in besonderem Maße Prozessen unterworfen, die sie von der Erreichung ihrer Arbeitsziele ablenken. Sie sind häufiger sozialen Diskriminierungen ausgesetzt, was mit negativen Emotionen und Konflikten einhergeht, die bewältigt sein wollen. Schon das Aufrechterhalten einer „Minoritäts-Position" ist bereits mit erhöhtem Stress verbunden (vgl. Van Dyne & Saavedra, 1996).

Angesichts dieser und vergleichbarer Befunde überrascht es nicht, dass sich neben der rein fachlichen Kompetenz der Gruppenmitglieder insbesondere soziale Kompetenzen und Teamfähigkeit als wichtige Grundvoraussetzungen erweisen, die möglichst viele Mitglieder einer Gruppe einbringen müssen, um Gruppenaufgaben erfolgreich bearbeiten zu können (vgl. Hertel & Scholl, 2006). Paris, Salas und Cannon-Bowers (2000) unterscheiden bezüglich sozialer Kompetenz und Teamfähigkeit drei Dimensionen: *kognitive Fähigkeiten* (z. B. strategisches

Wissen und akkurate Aufgabenmodelle), *einstellungsrelevante Merkmale* (z. B. gegenseitiges Vertrauen) und *verhaltensrelevante Merkmale* (z. B. Anpassungsbereitschaft und Kommunikationsfähigkeiten).

Bei Merkmalen sozialer Kompetenz ist ein lokaler Mangel zu einem gewissen Anteil von anderen Gruppenmitgliedern kompensierbar (vgl. Barrick, Stewart, Neubert & Mount, 1998). Dies gilt allerdings nicht in gleichem Maße für bestimmte Persönlichkeitsmerkmale. Zum Beispiel weisen Neuman und Wright (1999) darauf hin, dass nur, wenn alle Gruppenmitglieder ein gewisses Mindestmaß an Gewissenhaftigkeit und Verträglichkeit besitzen, Konflikte bzw. deren motivationshemmende Auswirkungen in Gruppen vermieden werden können. Darüber hinaus scheint die Verteilung verschiedener Persönlichkeitsmerkmale in Gruppen keinen eindeutigen, direkten Effekt auf die Gruppenleistung zu haben (vgl. Bowers et al., 2000).

Aufgrund der bisher noch inkonsistenten Forschungsbefunde lassen sich unseres Erachtens keine eindeutigen Aussagen darüber ableiten, wie Arbeitsgruppen zusammengesetzt werden sollen. Darüber hinaus werden sich in der Praxis aufgrund ethischer Erwägungen und beschränkter Humanressourcen optimale Gruppenkompositionen relativ selten verwirklichen lassen. Es wurde jedoch deutlich, dass sich demografische und funktionale Heterogenität vor allem dann als vorteilhaft erweisen, wenn es um die Bearbeitung komplexer Aufgaben geht, wobei heterogene Gruppen mehr Zeit benötigen, um ihren Kapazitätsvorteil auch zu nutzen. Wie wir in Abschnitt 6 noch weiter ausführen werden, sollte es in der Praxis vor allem darum gehen, Informationsverarbeitungsprozesse zu optimieren und negative Auswirkungen sozialer Kategorisierungsprozesse abzuschwächen. Dazu eignen sich unseres Erachtens vor allem Teambildungstrainings, Teamcoaching, klare Rollenverteilungen, ein gemeinsames Gruppenziel und kooperative Gruppennormen (vgl. hierzu auch Knippenberg & Schippers, 2007).

3.2 Gruppengröße

Obwohl größere Gruppen den Vorteil haben, dass ihnen mehr personelle Ressourcen zur Verfügung stehen (z. B. Expertise, Erfahrung und Arbeitskraft), kann ihre Größe aber auch gleichzeitig zu Koordinations- und Motivationsverlusten führen, da es für die Gruppenmitglieder schwieriger wird, ihre Handlungen zu koordinieren und nicht mehr alle Gruppenmitglieder zur Gruppenleistung beitragen müssen bzw. können oder wollen (vgl. hierzu auch Abschnitte 3 und 4). Da sich Aufgaben in Umfang und Komplexität stark unterscheiden können, ist es sehr schwierig, allgemeingültige Aussagen über die optimale Gruppengröße zu treffen. So gehen zum Beispiel Kozlowski und Bell (2003) von einer Zahl zwischen 3 und 12 aus, und Hacker (1998) empfiehlt für Gruppen, die in der Nestmontage eingesetzt werden, eine minimale Größe von 2 bis 3 und eine maximale Größe von 5 bis 6 Mitgliedern. Grundsätzlich sollte es so sein, dass sich die optimale Gruppengröße aus der Aufgabenstellung ableitet, wobei sie sich am Minimum der dafür notwendigen Mitarbeiter orientieren sollte (weiterführend vgl. Hertel & Scholl, 2006).

3.3 Normen

Normen sind eine Grundvoraussetzung für die Koordination in Gruppen, denn durch gleichsinnige individuelle Verhaltenserwartungen lässt sich individuelles Verhalten auf gemeinsames Handeln hin regulieren. Gruppennormen sind charakteristisch für Arbeitsgruppen, d. h. man kann Gruppen anhand ihrer Normen voneinander unterscheiden. Eingangs wurde schon darauf hingewiesen, dass Normen insofern unabhängig vom Individuum existieren, als sie in Gruppen fortbestehen, selbst wenn schrittweise Gruppenmitglieder ausgetauscht werden. Ihre verhaltensregulierende Wirkung entfalten Normen in zweifacher Art und Weise (vgl. Deutsch & Gerard, 1955): zum einen vermittelt über *informationalen Einfluss*, d. h. sie verdeutlichen, was unter angemessenem Verhalten in gewissen Situationen in einer Gruppe zu verstehen ist. Zum anderen wirken sie vermittelt über *sozialen Einfluss*, d. h. das in einer Gruppe erwünschte Verhalten wird sozial verstärkt (z. B. durch Lob) und unerwünschtes Verhalten wird negativ sanktioniert (z. B. durch Tadel), was im schlimmsten Fall zum Ausschluss eines Mitglieds aus der Gruppe führen kann.

Normen bilden sich vor allem im Zusammenhang mit Verhaltensweisen, die von den Mitgliedern als wichtig für die Gruppe bzw. für den Gruppenerfolg (i. S. v. Zielerreichung) erachtet werden, sowie auch durch die alltägliche soziale Interaktion der Gruppenmitglieder, durch die sie ihr Verhalten gegenseitig anpassen. Was in einer Arbeitsgruppe als wichtig erachtet wird und welche Normen daraus resultieren, kann im Einklang mit den organisationalen Erwartungen an eine Arbeitsgruppe stehen, muss es aber nicht. Dies zeigt sich häufig bei den Leistungsnormen, die in manchen Gruppen weit geringer ausgeprägt sind als es vonseiten der Organisation erwartet wird (Seashore, 1954), oder auch bei der Einhaltung von Normen zur Arbeitssicherheit und zum Gesundheitsschutz. So weist zum Beispiel Zohar (2000) nach, dass jene Arbeitsgruppen eines metallverarbeitenden Betriebs, in denen der Teamleader die Einhaltung von Normen zur Arbeitssicherheit kontrolliert, weniger Unfälle passieren als in jenen Arbeitsgruppen, in denen sich der Teamleader nur in geringerem Maße um die Einhaltung der Sicherheitsnormen bemüht.

Dieses Beispiel zeigt auch, dass Normen vor allem durch Vorgesetzte oder besonders angesehene Gruppenmitglieder geformt und verändert werden (vgl. dazu auch Newcomb, 1943). Dabei kontrollieren diese nicht nur die Einhaltung von Normen, sondern leben das in einer Gruppe erwünschte Verhalten vor, d. h. ihrem Verhalten kommt ein gewisser Modellcharakter zu (Feldman, 1984). So wird zum Beispiel von Vorgesetzten in Disney World gefordert, dass sie herumliegende Abfälle in den Papierkorb werfen. Durch dieses vorbildhafte Verhalten soll erreicht werden, dass die Angestellten Normen zur Sauberkeit internalisieren und sich in der Folge um die Einhaltung derselben bemühen. Vorgesetzte und angesehene Mitglieder mit hohem Status können sich aber auch über Normen maßvoll hinwegsetzen, ohne dass sie dafür sanktioniert werden (Hollander, 1958). Sie machten sich in der Regel durch vergangenes Verhalten um die Gruppe verdient und haben dadurch einen sogenannten *idiosynkratischen Kredit* erworben, der es ihnen nicht nur ermöglicht, sich über Normen hinwegzusetzen, sondern diese auch zu verändern.

3.4 Kohäsion

Normen haben vor allem dann eine starke Wirkung auf das Verhalten der Gruppenmitglieder, wenn der Zusammenhalt in der Gruppe besonders hoch ist (Kohäsion). Unter der *Kohäsion* einer Gruppe wird die Summe aller Kräfte verstanden, die eine Gruppe zusammenhalten (vgl. Festinger, Schachter & Back, 1950). Diese sind (a) die interpersonale Attraktivität der Gruppenmitglieder untereinander, (b) die Attraktivität der Gruppen selbst (z. B. ein Gewinnerteam, Aussicht auf finanzielle Vorteile) bzw. der Gruppenaufgabe für die Mitglieder und (c) die durchschnittliche Kommunikationshäufigkeit zwischen den Mitgliedern. Diese drei Kräfte bilden den Ausgangspunkt sozialer Einflussprozesse auf die Gruppenmitglieder und verstärken beispielsweise normkonformes Verhalten. Eine hohe Kohäsion wirkt sich jedoch nicht immer positiv auf die Leistung der Gruppe aus (vgl. Hackman, 1991; Mullen & Cooper, 1994). So weisen bereits die Ergebnisse von Seashores (1954) Feldstudie darauf hin, dass sich eine hohe Gruppenkohäsion nur bei einer positiven Einstellung zum Unternehmen auch positiv auf die Leistung der Gruppe auswirkt.

Hackman (1991) schlägt daher vor, dass die Attraktivität der Gruppenaufgabe ins Zentrum gestellt werden sollte, um aufgabenzentrierte Gruppenkohäsion zu fördern. Neuere Befunde bestätigen seine Position weitestgehend (Beal, Cohen, Burke & McLendon, 2003). Sie weisen jedoch auch darauf hin, dass der Zusammenhang zwischen Gruppenkohäsion und Gruppenleistung größer ist, wenn die Leistung in Form von Effizienzmaßen, also unter Berücksichtigung von Kontext- und Strukturmerkmalen der Gruppe wie z. B. Gruppengröße, Verteilung individueller Ressourcen der Mitglieder etc. erhoben wird, und wenn verhaltensbezogene Leistungskriterien statt der prozessferneren Erfolgskriterien erhoben werden. Dies ist, wie eingangs im Zusammenhang mit der Kriteriumsmessung in Gruppen schon ausgeführt wurde, damit zu erklären, dass Performanzmaße Gruppenprozesse besser widerspiegeln als Erfolgsmaße. Letztere sind von externen Faktoren (wie z. B. Marktentwicklung, Information, Zusammenarbeit mit anderen Gruppen) stärker beeinflusst als Leistungsmaße und damit einer Kontrolle durch die Gruppe und deren Mitglieder stärker entzogen. Schließlich berichten die Autoren, dass der Zusammenhang zwischen Kohäsion und Gruppenleistung durch die Aufgabeninterdependenz moderiert wird. Bei hoher Aufgabeninterdependenz spielt Kohäsion eine größere Rolle als bei geringer Aufgabeninterdependenz.

Über die zentrale Bedeutung der Kommunikationshäufigkeit (die dritte Facette des Kohäsionskonzepts) berichtet Brodbeck (2001). In seiner Felduntersuchung ließ sich für die durch starke Fluktuation gekennzeichnete Endphase in Software-Entwicklungsprojekten zeigen, dass intensiver Kommunikationsaustausch von besonderer Bedeutung für den Projekterfolg ist, um z. B. das Wissen vorzeitig ausgeschiedener Projektmitglieder bis zum wirklichen Abschluss des Projekts (oder für eine geplante Weiterentwicklung des Produkts) verfügbar zu halten. Darüber hinaus war über die gesamte Projektlaufzeit feststellbar, dass intensive Kommunikation, vor allem wenn besondere Hürden zu bewältigen waren (z. B. Nutzerbeteiligung, fehlende Software-Werkzeuge, große Gruppen mit mehr als 12 Mitarbeitern), in positivem Zusammenhang mit der Projektleistung steht.

3.5 Rollen

Während Normen mehr oder weniger für alle Mitglieder der Gruppe Gültigkeit besitzen, beziehen sich Rollen auf die Verhaltensweisen einzelner Gruppenmitglieder oder Untergruppen. Dabei versteht man unter einer Rolle jene Verhaltenserwartungen, die die Gruppe an den Inhaber einer bestimmten Position stellt (z. B. Führungsposition). Wie für Normen, so gilt auch für Rollen, dass erwartungskonformes Verhalten von den anderen Gruppenmitgliedern verstärkt wird und nicht konformes Verhalten negativ sanktioniert wird. In Arbeitsgruppen lassen sich formale Rollen (z. B. Arzt, Schwester, Pilot, Stewardess) und informelle Rollen (z. B. Freund, Mentor, Mediator, Experte) unterscheiden. Formale Rollen werden in der Regel durch Arbeitsplatzbeschreibungen und Berufsbilder festgeschrieben, informale Rollen bilden sich in der Interaktion der Gruppenmitglieder untereinander heraus. Dabei scheint es so zu sein, dass sich eine zu rigide Rollenaufteilung (vgl. Gersick & Hackman, 1990) ebenso negativ auf die Leistung einer Gruppe auswirken kann wie eine unklare Rollenverteilung (vgl. Salas, Rozell, Driskell & Mullen, 1999).

Zusammenfassend lässt sich sagen, dass Merkmale der Gruppenstruktur sowohl Ausführungsbedingungen als auch Regulationsinstrumente für individuelles und kollektives Handeln in Gruppen sein können. Beispielsweise erhöht sich mit der Gruppengröße die Wahrscheinlichkeit koordinations- und motivationsbedingter Prozessverluste. Damit ist das Strukturmerkmal Gruppengröße als Ausführungsbedingung zu sehen, wodurch zusätzlich zu den expliziten Arbeitsaufträgen auch implizite Arbeitsaufträge (z. B. der Koordination, des Wissens- und Motivationsmanagements) an die Gruppe gestellt werden. Wenn in Gruppen gearbeitet wird, sollte deshalb auf die damit unweigerlich verbundenen impliziten Arbeitsaufträge zur Vermeidung von Prozessverlusten und zur Förderung von Prozessgewinnen geachtet werden.

Umgekehrt kann bestimmten Ausführungsbedingungen durch Regulationsinstrumente der Gruppenstruktur begegnet werden. Beispielsweise erhöht sich bei komplexen Aufgaben, die ein hohes Maß an Interdependenz erfordern, die Wahrscheinlichkeit von Ambiguität (z. B. Unsicherheit über richtiges oder erwünschtes Verhalten), was mit Prozessverlusten einhergeht. Rollen und Normen können hier (bei entsprechender Gestaltung) Prozessverluste minimieren und Prozessgewinne fördern helfen, denn durch sie können die Gruppenmitglieder über richtiges bzw. erwünschtes Verhalten informiert werden, und entsprechende Verhaltensweisen können durch sie verstärkt oder abgeschwächt werden. Wie dies im Einzelnen geschieht und welche Rolle Merkmale der Aufgabenstruktur dabei spielen, wird im nächsten Abschnitt beschrieben.

4 Merkmale der Aufgabenstruktur

4.1 Aufgabenkomplexität

Ein wichtiges Merkmal der Aufgabenstruktur ist ihre Komplexität. Aufgaben sind umso komplexer, je höher der Grad der Aufgabeninterdependenz und je größer die Anzahl der beteiligten Teilaufgaben ist (vgl. Bell & Kozlowski, 2002). Der Grad der Komplexität bedingt den Arbeitsfluss innerhalb einer Arbeitsgruppe (vgl. Abb. 2). Einfache und unabhängige Aufgaben ermöglichen *additive* Organisationsformen. Damit ist gemeint, dass die Gruppenmitglieder unabhängig voneinander ihre Teilaufgaben ausführen (z. B. in Call Centern).[2] Die

2 Antoni und Bungard (2004) betrachten additive und sequenzielle Organisationsformen bereits als Grenzfälle von Gruppenarbeit. Seit den Hawthorne-Studien wurde vielfach darauf hingewiesen, dass sich im Raum- und Sukzessivverband tätige Menschen als soziale Gruppe verstehen und dementsprechend auch verhalten. Zur direkten Aufgabenerledigung bedarf es zwar keiner bzw. nur geringer sozialer Interaktion, dennoch kann sich schon die Anwesenheit anderer auf die Individualarbeit auswirken (s. Abschnitt 4.2). Des Weiteren können Individuen im Raumverband interagieren oder kommunizieren, wenn sie wollen auch über tätigkeitsfremde Inhalte, was durchaus in Zusammenhang mit verschiedenen Ergebniskriterien zu sehen ist (z. B. Produktivität, Wohlbefinden). Eine rein individualpsychologische Betrachtungsweise dieser Organisationsformen würde

nächst komplexere Organisationsform bezeichnet man als *sequenzielle* oder *sukzessive* Organisation. Dabei wird das zu bearbeitende Produkt von Gruppenmitglied zu Gruppenmitglied weitergereicht (*Sukzessivverband*, z. B. Fließbandarbeit). In der *reziproken* Organisationsform kommt es bei der Übergabe des Produkts an das nächste Gruppenmitglied zu Interaktionen (z. B. bei der Schichtarbeit in Krankenhausteams). Bei *intensiven* Organisationsformen interagieren alle oder ein Großteil der Gruppenmitglieder miteinander (z. B. bei der Arbeit in Forschungs- und Entwicklungsprojekten).

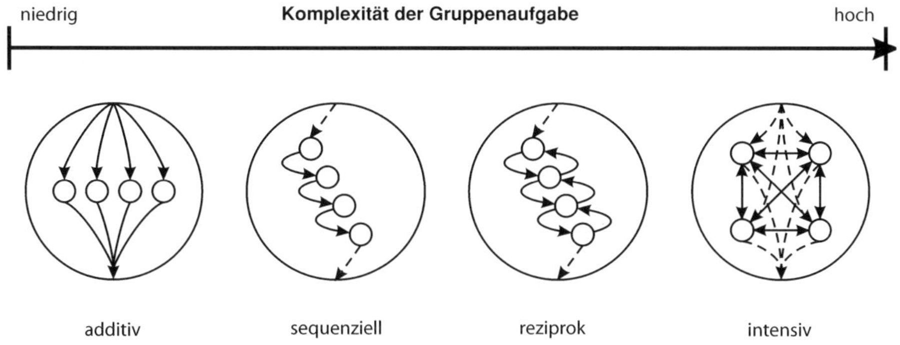

Abbildung 2:
Gruppenpotenzial in Abhängigkeit von der Gruppengröße bei disjunktiven und konjunktiven Aufgaben unterschiedlicher Schwierigkeit

Steiner (1972) beschrieb als einer der ersten ausführlich, welche Merkmale der Aufgabenstruktur als wesentliche Ausführungsbedingungen für die Leistungserbringung im sozialen Kontext der Gruppe zu sehen sind. Seiner Auffassung nach bestimmt die jeweilige Form der *Aufgabeninterdependenz* die Art und Weise, wie die einzelnen Beiträge von Gruppenmitgliedern zur Gruppenleistung verknüpft werden bzw. werden sollten, um optimale Resultate zu erzielen. Grundlegende Formen der Aufgabeninterdependenz sind nach Steiner (1972) additive, disjunktive, kompensatorische und konjunktive Aufgaben. Aufgrund der besonderen (sozial-)psychologischen Bedeutung, die die soziale Interaktion (einschließlich der Anwesenheit anderer) auf Individuen ausübt, werden wir diese, sowie Steiners grundlegende Formen der Aufgabeninterdependenz im Folgenden näher erläutern.

Wie Gruppen im Vergleich zu Individuen bei diesen Aufgabentypen in der Regel abschneiden, ist in Tabelle 1 wiedergegeben. Sie stützt sich auf verschiedene

demnach zu kurz greifen und möglicherweise eine Reihe sozialpsychologischer Ansatzpunkte zur Verbesserung von Arbeitsbedingungen und Arbeitsleistungen außen vor lassen.

Quellen aus der Literatur (Hill, 1982; Steiner, 1972; Wilke & Knippenberg, 1996). Dabei gilt es zu beachten, dass es im vorliegenden Kapitel nicht um die Frage geht, ob und bei welchem Aufgabentyp Individuen oder Gruppen im Durchschnitt bessere Leistungen erbringen, sondern vielmehr darum, wie individuelles und kollektives Arbeiten in Gruppen möglichst pozessverlustvermeidend bzw. prozessgewinnbringend gestaltet werden kann.

Tabelle 1:
Gruppen- versus Individualleistung, je nach Aufgabenstruktur

Aufgabenstruktur	Beispiel	Gruppen- vs. Individualleistung
additiv	Brainstorming	Gruppe besser als das beste Mitglied und schlechter als nominales Gruppenpotenzial
disjunktiv	Problemlösen (Heureka)	Gruppe ist so gut wie das beste Mitglied
	Entscheidung (ohne Heureka)	Gruppe kann so gut sein wie das beste Mitglied, liegt jedoch meistens darunter
kompensatorisch	Schätzen, Urteilen	Gruppen zeigen bessere Leistungen als die meisten ihrer Mitglieder
konjunktiv	Bergsteigen im Team	Gruppenleistung ist gleich der Leistung des schlechtesten Mitglieds

Je nachdem, welche Form der Aufgabeninterdependenz vorliegt, lässt sich auf Basis der individuellen Leistungsstärke der Gruppenmitglieder ermitteln, welche Gruppenleistung ohne Beeinflussung durch soziale Interaktion erzielt werden kann – d. i. die sogenannte *potenzielle Gruppenleistung*. Bei deren Bestimmung wird optimale Koordination der Einzelleistungen vorausgesetzt, was im Gruppenlabor durch Bildung sogenannter *nominaler Gruppen* realisiert wird. Beim Arbeiten in realen Gruppen werden Individuen dadurch beeinflusst, dass sie bei der Tätigkeitsausführung nach Maßgabe der Aufgaben- und Gruppenstruktur miteinander interagieren *(soziale Interaktion)* und in ihren Tätigkeitsergebnissen voneinander abhängig sind *(soziale Interdependenz)*. Deshalb ist mit Unterschieden zwischen der potenziellen Gruppenleistung und der durch soziale Interaktion und Interdependenz mitbedingten *tatsächlichen Gruppenleistung* zu rechnen. An diesen Unterschieden lassen sich Besonderheiten der psychischen Regulation von Arbeitstätigkeiten in Gruppen gegenüber Einzelarbeit identifizieren. Auf diese gehen wir nachfolgend ein, indem wir darüber berichten, wie sich gegebene Aufgabenstrukturen in Kombination mit den sozialen Einflüssen im Gruppenkontext auf grundlegende psychische Funktionen der

Emotion (bzw. Erregung) sowie der Motivation, Kognition und des Lernens auswirken, und vermittelt darüber natürlich auch auf individuelle und kollektive Arbeitsleistungen.

4.2 Einzelarbeit bei Anwesenheit anderer

Beginnen wir mit der einfachsten Kombination von Aufgaben- und Gruppenstruktur, der Einzelarbeit, die entweder unter Ausschluss oder unter Anwesenheit anderer Personen ausgeführt wird (z. B. Telefonanrufbearbeitung im Call Center). Dabei ist die Aufgabeninterdependenz jeweils gleich Null zu setzen. Die soziale Interdependenz hingegen wird dem in Einzelarbeit tätigen Subjekt durch die tatsächliche oder vorgestellte Anwesenheit anderer Personen gegenwärtig. Die dadurch hervorgerufenen Effekte der *sozialen Aktivierung (social facilitation)* und *sozialen Hemmung (social inhibition)* zählen zu den ältesten empirischen Befunden in der Sozialpsychologie (vgl. z. B. Triplett, 1898). Bis heute lässt sich konsistent zeigen, dass bei einfachen bzw. vertrauten Aufgaben die (vorgestellte) Anwesenheit anderer zu Leistungssteigerungen führt, wohingegen bei schwierigen bzw. neuartigen Aufgaben bei Anwesenheit anderer Leistungsminderungen auftreten (Bond & Titus, 1983). Nach derzeitigem Forschungstand ist dies eine Folge individueller Erregungssteigerung, wodurch dominante Reaktionen gefördert werden, was zu einer flüssigeren Ausführung einfacher bzw. geübter Verhaltensweisen führt – übrigens auch bei Tieren (Zajonc, 1965).

Beim Menschen führt die sozial bedingte Erregungssteigerung im Zusammenspiel mit soziokognitiven Prozessen, wie etwa negativen bzw. positiven Bewertungs- und Erfolgserwartungen, zu Leistungseinbußen bzw. Leistungssteigerungen (Cottrell, 1968; Sanders, 1981; Sanna, 1992). Die insgesamt recht komplexe Befundlage lässt sich sehr gut durch das Modell von Blascovich, Mendes, Hunter und Salomon (1999) erklären, das im Einklang mit den genannten Erklärungsansätzen steht und auf einem psychophysiologischen Modell der Erregungsregulation basiert (Blascovich & Tomaka, 1996). Danach erhöht die Anwesenheit anderer Personen die Relevanz der zu bearbeitenden Aufgabe, wodurch das Erregungsniveau erhöht wird. Dieses kann zu unterschiedlichen Mustern von physiologischen, kognitiven und affektiven Zuständen führen, und zwar in Abhängigkeit davon, ob die Ressourcen zur Bewältigung der Aufgabe vom tätigen Subjekt als ausreichend erlebt werden oder nicht. Erscheinen sie als ausreichend (etwa bei einfachen, vertrauten oder gut geübten Aufgaben), so entsteht ein *Herausforderungsmuster (challenge pattern)*, das physiologisch betrachtet mit einer erhöhten Herztätigkeit und verringertem vaskulärem Widerstand einhergeht und sich psychologisch in einem affektiven und kognitiven Herausforderungserleben manifestiert. Erscheinen dem tätigen Subjekt die Ressourcen zur Aufgabenausführung als unzureichend (etwa bei komplexen, wenig vertrauten oder ungeübten Aufgaben), so resultiert ein *Bedrohungsmuster (threat pattern)*, das mit erhöhter Herztätigkeit und erhöhtem vaskulärem Widerstand sowie mit affektivem und kognitivem Bedrohungserleben einhergeht. Ein aktiviertes Herausforderungsmuster steigert die Leistung, während ein Bedrohungsmuster mit Leistungshemmung einhergeht (Blascovich et al., 1999).

Die genannten Prozesse dürften in Arbeitssituationen, die durch eine für das tätige Subjekt bedeutungsvolle (bzw. auch antizipierte) Anwesenheit anderer Personen gekennzeichnet sind, eine Rolle spielen, etwa unter Beobachtung (z. B. von Kollegen, Vorgesetzten oder Wissenschaftlern), vor Publikum (z. B. bei Präsentationen, Vorführungen) sowie in Befragungs-, Prüfungs- und Lernkontexten.

4.3 Additive Aufgaben

Bei additiven Aufgaben ergibt sich das Gruppenpotenzial aus der Summe der in Einzelarbeit erbrachten Leistungen (z. B. gemeinsames Heben, Ziehen, Tragen, Brainstorming in Gruppen). Dass dieses Potenzial sich von den tatsächlich in Gruppen mithilfe sozialer Interaktion erbrachten Leistungen unterscheiden kann, wies bereits der französische Landwirtschaftsingenieur Max Ringelmann in den Jahren zwischen 1882 und 1887 nach. Durch Untersuchungen über das Zusammenwirken „biologischer Motoren“, worunter er Menschen, Ochsen und Pferde subsumierte, zeigte er, dass mit zunehmender Gruppengröße das pro Individuum bewegte Gewicht abnimmt (Ringelmann, 1913; vgl. Moede, 1914; Kravitz & Martin, 1986).

4.4 Disjunktive Aufgaben

Aufgaben sind disjunktiv, wenn es darum geht, den jeweils bestmöglichen Einzelbeitrag unter den Gruppenmitgliedern für die Bewältigung der gemeinsamen Aufgabe einzusetzen. Dies ist beispielsweise der Fall, wenn es um „richtige“ Aufgabenlösungen geht (z. B. mathematische Probleme) oder wenn plausible von unplausiblen Lösungen durch sachgerechtes Schlussfolgern zu unterscheiden sind (z. B. bei wissenschaftlichen oder technischen Problemen). Bei disjunktiven Aufgaben ergibt sich das Gruppenpotenzial aus der Qualität des Beitrags, den das sogenannte „beste“ Gruppenmitglied leisten kann.

Gibt es für eine Problemlöseaufgabe genau eine richtige Lösung, dann sind zwei Zustände möglich, „gelöst“ (= 1) und „nicht gelöst“ (= 0). Das Potenzial einer Gruppe, die über mindestens eine Person verfügt, die das Problem lösen kann, ist demnach 1, andernfalls ist es 0. Ziehen wir die Wahrscheinlichkeit, mit der ein zufällig ausgewähltes Individuum das Problem nicht lösen kann *(Q)*, in Betracht, dann errechnet sich das Potenzial (P) einer Gruppe der Größe *(N)* nach folgender Formel:

$$P = 1 - [1 - Q]^N,$$

wobei $[1 - Q]$ die Wahrscheinlichkeit ausdrückt, mit der ein Individuum löst. Die Wahrscheinlichkeit, dass alle Gruppenmitglieder *(N)* nicht lösen, wird durch $[1 - Q]^N$ ausgedrückt, sofern die individuellen Lösungsbemühungen unabhängig voneinander sind (was der Fall ist, denn bei Bestimmung des Gruppenpotenzials wird weder soziale Interaktion noch soziale Interdependenz vorausgesetzt). Somit drückt $P = 1 - [1 - Q]^N$ die Wahrscheinlichkeit aus, dass mindestens ein Gruppenmitglied das Problem löst. In Abbildung 3 (linke Seite) ist verdeutlicht, wie sich das Gruppenpotenzial nach Maßgabe der Gruppengröße und der durch Q definierten Aufgabenschwierigkeit bestimmt.

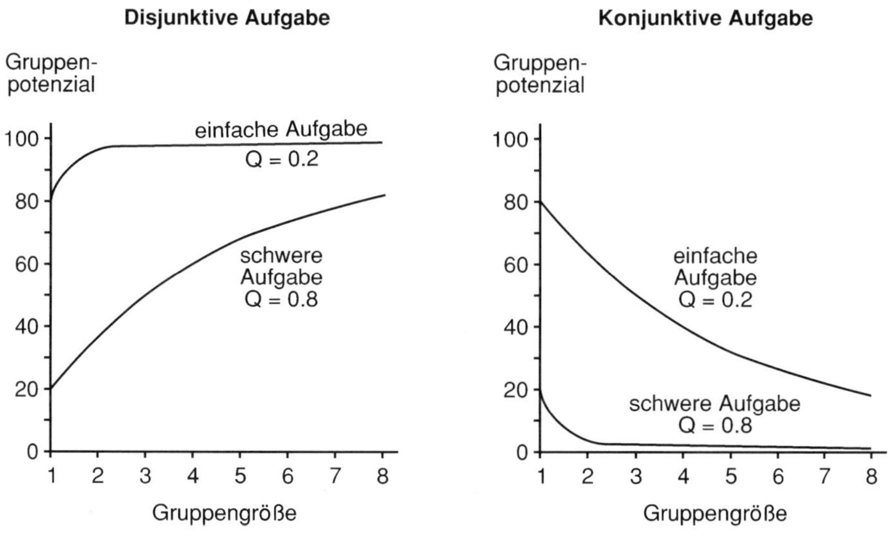

Abbildung 3:
Gruppenpotenzial in Abhängigkeit von Gruppengröße, Aufgabentyp *(disjunktiv, konjunktiv)* und Aufgabenschwierigkeit (nach Steiner, 1972)

4.5 Demonstrierbarkeit bei disjunktiven Aufgaben

Bei gegebenem Gruppenpotenzial muss eine Arbeitsgruppe zur Erbringung der tatsächlichen Leistung die „beste" Lösung mittels sozialer Interaktion erkennen bzw. auswählen und zur Gruppenlösung erklären. Bei sogenannten „Heureka"-Aufgaben fällt dies leicht, denn hier ist eine einmal vorgebrachte richtige Lösung den meisten Beteiligten unmittelbar plausibel (hohe Demonstrierbarkeit, vgl. Laughlin, 1980). Bei Aufgaben mit niedriger Demonstrierbarkeit lässt sich keine hinreichende Anzahl von Gruppenmitgliedern von der richtigen Lösung unmittelbar überzeugen, vor allem dann nicht, wenn der richtige Lösungsweg gegenläufig zu populationsstereotypischen Denkgewohnheiten ist (vgl. Kerr, McCoun & Kramer, 1996; Tindale, 1993). Die Demonstrierbarkeit richtiger Lösungen ist demnach nicht nur als Funktion der Aufgabe (z. B. komplex vs. einfach), sondern auch als Funktion der Verteilung aufgabenrelevanter Merkmale der Gruppenmitglieder (z. B. Erfahrung, Wissen, Fähigkeiten, Fertigkeiten) zu sehen.

Nach Laughlin (1996) sowie Laughlin und Hollingshead (1995) hängt die Demonstrierbarkeit von mindestens vier Faktoren ab: (1) dem Gruppenkonsens über ein konzeptionelles System (z. B. Theorien, technische Definitionen, Sprachsysteme), (2) der gegebenen bzw. generierbaren Information, die für die Aufgabenbearbeitung relevant ist, (3) der Fähigkeit bzw. Motivation von Mitgliedern mit falschen Auffassungen, Korrektes zu erkennen, sowie (4) der Motivation, Zeit und Fähigkeit, die Mitglieder mit richtigen Vorschlägen investieren, um andere von der Richtigkeit ihrer Vorschläge zu überzeugen.

Die Anzahl von Gruppenmitgliedern, die notwendig und hinreichend ist, um eine bestmögliche Gruppenentscheidung zu treffen, ist umgekehrt proportional zur Demonstrierbarkeit der vorgeschlagenen Antwortalternative. Deshalb kann man durch Erhöhen der Demonstrierbarkeit mit den zuvor geschilderten Möglichkeiten eine bessere Ausnutzung des Gruppenpotenzials erreichen – im Idealfall genügt dann ein Gruppenmitglied, das über die Bestlösung verfügt.

4.6 Kompensatorische Aufgaben

Während bei Problemlöse- und Entscheidungsaufgaben (*intellective tasks*, Laughlin, 1980) die Demonstrierbarkeit von großer Bedeutung ist, liegt der Fall anders bei Schätz- oder Urteilsaufgaben (*judgemental task*, vgl. Laughlin, 1980), die in Steiners (1972) Klassifikation als *kompensatorische Aufgaben* bezeichnet werden. Bei diesen Aufgaben gibt es per Definition keine logisch ableitbare „richtige" Lösung. Es geht eher darum, durch Gruppenarbeit ideosynkratische Schätz- und Urteilsfehler auszugleichen und mehrheitsfähige oder allseits akzeptable Urteile zu finden, als um die Demonstration von „Richtigkeit" bzw. „Plausibilität" durch logisches Schlussfolgern (vgl. Brandstätter & Brodbeck, 2004).

In diesem Zusammenhang sei darauf hingewiesen, dass die an Gruppen herangetragenen Arbeitsaufträge häufig eine Mischung aus Problemlöse-, Entscheidungs- und Urteilsaufgaben enthalten.

4.7 Konjunktive Aufgaben

Bei konjunktiven Aufgaben bestimmt das Gruppenmitglied mit der geringsten Leistungsfähigkeit die Gruppenleistung, denn diese hängt davon ab, wie gut *jedes* Mitglied der Gruppe seine Teilaufgabe erfüllt (z. B. gemeinsames Bergsteigen, Fließbandarbeit oder Großgerätmontage im Sukzessivverband). Aus der Leistung des schwächsten Gruppenmitglieds (z. B. Steigegeschwindigkeit beim individuellen Bergsteigen, Stückzahl pro Zeiteinheit bei individueller Fertigung, Qualität gefertigter Teile) lässt sich das Gruppenpotenzial ableiten. Bei disjunktiven Aufgaben wird die Beziehung zwischen dem Gruppenpotenzial P und der Gruppengröße N nach folgender Formel berechnet:

$$P = Q^N ,$$

wobei Q wiederum die Wahrscheinlichkeit zum Ausdruck bringt, mit der ein zufällig ausgewähltes Individuum die Aufgabe optimal bearbeiten kann. Da bei disjunktiven Aufgaben alle Gruppenmitglieder unabhängig voneinander ihr „Bestes" leisten müssen, damit die Gruppenaufgabe als Ganzes möglichst erfolgreich erledigt werden kann, müssen zur Bestimmung des Gruppenpotenzials ihre individuellen Leistungserbringungswahrscheinlichkeiten miteinander multipliziert werden. In Abbildung 3 (rechte Seite, S. 237) ist dargestellt, wie sich das Gruppenpotenzial nach Maßgabe der Gruppengröße und der durch Q definierten Aufgabenschwierigkeit bestimmt. Durch die sich ergebende inverse Beziehung wird klar, warum vor allem bei größeren Gruppen die Bearbeitung konjunktiver Aufgaben sehr unproduktiv sein kann – Mängel bei der individuellen Leistungserbringung werden multipliziert, nicht addiert. Deshalb ist die Qualitätskontrolle bei konjunktiven Aufgaben von besonderer Bedeutung.

4.8 Flexible Selbstorganisation

Neben einer geeigneten Personalauswahl, Training, Qualitätskontrolle und technischer Unterstützung, durch die das Gruppenpotenzial verbessert werden kann, lassen sich Leistungssteigerungen auch durch flexible Aufgabenteilung erzielen. Beispielsweise kann beim Bergsteigen (konjunktive Aufgabe) bei besonders schwierigen Passagen eine Untergruppe der höher qualifizierten Bergsteiger vorausgehen und Sicherungsleinen anbringen, was es der nachfolgenden Partei ermöglicht, sich schneller und sicherer fortzubewegen. Das gesamte Team, das sich in diesem Fall von einem Sukzessivverband (in dem sich Verzögerungen und Mängel fortpflanzen) zu einem artteiligen Integrativverband (Sicherungsgruppe und Nachfolgergruppe) verändert hat, kommt dadurch schneller und sicherer ans Ziel.

Eine Untersuchung über Mehrmaschinenbedienung in der Textilfertigung (mit im Wesentlichen additiven und konjunktiven Aufgabenanteilen) verdeutlicht, wie individuelle Leistungseinbußen und Stresserleben, die durch zeitweilige Überlastung einzelner Personen bedingt sind, durch flexible Selbstorganisation der Arbeit in Gruppen verhindert werden können, wovon die Gesamtleistung der Gruppe profitiert (vgl. Hacker, 1998, S. 150 ff.). Dabei wurde derselbe Auftrag in einer Kohorte in streng arbeitsteiligen Gruppen und in einer anderen Kohorte in flexibel selbstorganisierten Gruppen vollzogen. Der spezifische Gruppenvorteil besteht darin, zeitweiligen Arbeitshäufungen durch wechselseitige Unterstützung zu begegnen. Dabei werden die individuellen Ausführungsbedingungen durch die situationsabhängige, flexible Selbstorganisation der Gruppe verbessert, was im Vergleich zur streng arbeitsteiligen Aufgabenverteilung zu signifikanten Steigerungen der produzierten Warenmenge (+11 %) und zur Verringerung des Fehleranteils (–50 %) führte. An diesem Beispiel sieht man auch, dass flexibel selbstorganisierte Gruppen die Aufgabenkomplexität gezielt erhöhen können (z. B. kommen selbst entwickelte Koordinationsaufgaben hinzu), was auf der einen Seite eine bessere Ausnutzung des Gruppenpotenzials ermöglicht und auf der anderen Seite individuelle Überlastungen und Stresserleben reduzieren kann.

5 *Gruppenprozesse*

Wir hatten zuvor argumentiert, dass verschiedene denkbare Realisierungen der Gruppenstruktur zur Bearbeitung ein und derselben Arbeitsaufgabe eingesetzt werden können und vice versa. Worauf es ankommt ist die Passung zwischen Aufgaben- und Gruppenstruktur, was am zuvor angeführten Beispiel aus der Textilfertigung deutlich wird. Eine verbesserte Passung ist daran erkennbar, dass das Gruppenpotenzial erhöht oder optimal ausgeschöpft wird, womit die Produktivät steigt, und dass individuelle Bedürfnisbefriedigung ermöglicht wird und Handlungsspielräume entstehen, was eine Belastungsreduktion ermöglicht.

Instrumente zur Verbesserung der Passung zwischen Aufgaben- und Gruppenstruktur sind zum einen die Organisations- und Aufgabengestaltung sowie die direkte Einflussnahme auf Merkmale der Gruppenstruktur durch Rekrutierung, Training und Teamentwicklungsmaßnahmen (vgl. Abschnitte 6.1 und 6.2). Zum anderen lässt sich die Passung verbessern, indem Informationsverarbeitungs- und Tätigkeitsprozesse im aktuellen Handlungsvollzug durch Kommunikation, Koordination, Kodetermination (vgl. Abschnitte 5.2, 5.5, 5.6) sowie durch Führung (vgl. Abschnitte 6.3 und 6.4) besser synchronisiert werden (vgl. vertikalen Pfeil in Abb. 1). Und schließlich kann durch Lernprozesse auf individueller und Gruppenebene (vgl. Abschnitt 5.7) ebenfalls die Passung von Aufgaben- und Gruppenstruktur erhöht werden (vgl. horizontalen Pfeil in Abb. 1).

Deshalb beschäftigen wir uns im Folgenden damit, wie eine bessere Passung von Aufgaben- und Gruppenstruktur erreicht werden kann bzw. den damit verbundenen Fragen: Welche Prozessverluste sind beim Arbeiten in Gruppen typisch, durch welche psychischen Funktionen werden sie vermittelt und wie lassen sie sich reduzieren bzw. vermeiden? Welche Prozessgewinne können beim Arbeiten in Gruppen auftreten, durch welche psychischen Funktionen werden sie vermittelt und wie lassen sie sich systematisch nutzen bzw. erzeugen?

5.1 Prozessverluste und Prozessgewinne

Die Redensart *„Vier Augen sehen mehr als zwei"* macht auf den offenkundigen Umstand aufmerksam, dass mehrere Personen mehr leisten können als eine einzelne Person. Eine Gruppe profitiert von diesem Kapazitätsvorteil vor allem dann, wenn die Einzelbeiträge optimal zusammengefügt werden. Dass dies nicht immer der Fall sein muss, bezeugt die Redensart *„Viele Köche verderben den Brei"*. Sie verweist auf *Prozessverluste*, die auch durch unklare Zuständigkeiten oder konträre Intentionen entstehen können. Wenn sich ein einzelner Koch selber „ins Handwerk pfuscht", spricht man nicht von Prozessverlust, sondern von Unfähigkeit. Auf der anderen Seite verweist die angloamerikanische Redensart *„It takes two flints to make a fire"* (dt.: „Es Bedarf zweier Feuersteine, um ein Feuer zu entzünden.") auf synergetische Wirkungen, sogenannte *Prozessgewinne*, wobei durch das Zusammenwirken mehrerer Personen eine Wirkung entsteht, die weder eine Person alleine erzielen noch aus einer Kombination der individuellen Beiträge mehrerer Personen erzielt werden kann (vgl. Collins & Guetzkow, 1964).

Zur systematischen Untersuchung derartiger Prozesse ist es notwendig, in Abhängigkeit von der gegebenen Aufgabenstruktur die potenzielle Gruppenleistung zu bestimmen, d. i. die im Hinblick auf das Aufgabenziel und nach Maßgabe der Aufgabeninterdependenz optimale Verknüpfung individueller Leistungen bzw. Ressourcen, um sie der mithilfe sozialer Interaktion in realen Gruppen erbrachten tatsächlichen Gruppenleistung gegenüberzustellen. Nach Hackman und Morris (1975) gilt dabei die Formel:

Tatsächliche Gruppenleistung = Gruppenpotenzial – Prozessverlust + Prozessgewinn.

Ist die tatsächliche Gruppenleistung geringer als das Gruppenpotenzial, kann man auf die Existenz von Prozessverlusten schließen, im umgekehrten Fall liegen Prozessgewinne vor. Unter der Annahme, dass Prozessverlusten und Prozessgewinnen unterschiedliche Prozesse zugrunde liegen können, sind weitere Konstellationen denkbar, zum Beispiel können Prozessgewinne in Form von Potenzialüberschreitung erst nach Reduktion von gleichzeitig bestehenden Prozessverlusten offenbar werden oder nachdem eine lern- und innovationsbedingte Reduktion von Prozessverlusten bzw. Steigerung von Prozessgewinnen eingetreten ist (Brodbeck, 1999).

Soziale Interaktions- und Interdependenzprozesse spielen für die tatsächliche Gruppenleistung eine zentrale Rolle. Zum einen beeinflussen sie psychische Regulationsprozesse beim individuellen und kollektiven Handlungsvollzug, zum anderen beeinflussen sie, auf längere Sicht betrachtet, auch lernbedingte Veränderungen auf Seiten der Mitglieder sowie der Aufgaben- und der Gruppenstruktur. Dem ersten Aspekt wird durch die o. g. Formel von Hackman und Morris (1975) Rechnung getragen. Der zweite Aspekt, der auf die sozial vermittelte Veränderung individueller bzw. kollektiver Ressourcen und Verhaltensweisen verweist, verlangt nach dynamischen Modellen der Gruppenleistung, die über das Gruppenhandeln bei der unmittelbaren Aufgabenbearbeitung hinausgehen (vgl. Brodbeck & Greitemeyer, 2000 a, b; McGrath & Tschan, 2004 a, b).

Wir betrachten zunächst den ersten Aspekt anhand klassischer Theorien über Koordination und Motivation als Ursachen von Prozessverlusten und Prozessgewinnen (vgl. Hill, 1982; Steiner, 1972) und gehen danach auf dynamische Modelle der Gruppenleistung ein. Für einen zusammenfassenden Überblick über die dargestellten Prozessverluste und Prozessgewinne und die jeweils beteiligten psychischen Funktionen siehe Tabelle 2.

Tabelle 2:
Durch soziale Einflüsse bedingte Prozessverluste und Prozessgewinne, unterteilt nach den beteiligten psychischen Funktionen

Psychische Funktion	Prozessverlust	Prozessgewinn
Emotion/Erregungsniveau	Soziale Hemmung	Soziale Aktivierung
Motivation	Soziales Faulenzen Trittbrettfahren Gimpel-Effekt	Soziale Kompensation Sozialer Wettbewerb Köhler-Effekt
Kognition	Restriktion	Stimulation
Lernen	Veränderte Ressourcen & Verhaltensweisen [zielablenkend]	Veränderte Ressourcen & Verhaltensweisen [zielführend]

5.2 Koordinationsverluste

Koordinationsverluste entstehen, wenn Gruppenmitglieder nicht in der Lage sind, ihre individuellen Beiträge optimal zu einem Gruppenergebnis zu kombinieren (z. B. beim gemeinsamen Seilziehen). Beispielsweise gehen Ringelmanns oben beschriebene Befunde über das Zusammenwirken „biologischer Motoren" weitestgehend auf Koordinationsverluste zurück (Ingham, Levinger, Graves & Peckham, 1974). Des Weiteren nehmen die zur effektiven Koordination notwendigen Abstimmungserfordernisse mit zunehmender Gruppengröße zu (Steiner, 1972), was sich wiederum auch mit Ringelmanns Befunden deckt.

Als weiteres Beispiel für Koordinationsverluste wird in der Literatur häufig die „Produktionsblockade" (Diehl & Stroebe, 1987) beim Brainstorming in Gruppen angeführt. Brainstorming mag als explizite Technik weniger häufig in Unternehmen zum Einsatz kommen, doch spielen die zugrunde liegenden psychischen Prozesse beim Generieren von Ideen und Lösungsvorschlägen, vor allem bei Veränderungs- und Innovationsprozessen, eine große Rolle. Deshalb sind sie als wichtiges Performanzkriterium zu sehen, das letztlich eine wesentliche Voraussetzung für Innovationen schafft. Osborn (1957) propagierte Gruppenbrainstorming mit dem Argument, es ergäben sich daraus mehr und bessere Ideen als bei der Einzelarbeit (selbst heute überwiegt diese Überzeugung unter Praktikern). Dieser Auffassung stehen experimentelle Befunde aus einer Vielzahl von Studien entgegen (im Überblick Mullen, Johnson & Salas, 1991). Zum Beispiel zeigen Diehl und Stroebe (1987, 1991) in einer Serie von Experimenten, dass reale Gruppen, in denen soziale Interaktion stattfindet, weniger (wenn auch nicht unbedingt schlechtere) Ideen generieren als nicht interagierende (nominale) bzw. computergestützte Gruppen. Als Hauptursache erwies sich die Produktionsblockade. In einer Gruppe redet in der Regel eine Person, die anderen hören zu und versuchen gleichzeitig Ideen zu generieren. Durch den Redefluss anderer und das Teilen der Aufmerksamkeit auf das äußere und das innere Geschehen wird das Generieren von Ideen gestört und das Vergessen bereits generierter Ideen wird gefördert (z. B. muss man warten, bis man reden kann oder man wird abgelenkt, weil andere gerade sprechen). Für die Praxis empfiehlt sich eine Kombination aus nominalem Brainstorming (generieren von Ideen in Einzelarbeit) und Gruppenbrainstorming, wobei die einzeln generierten Ideen in der Gruppe ausgetauscht und anschließend weitere Ideen (gegebenenfalls in Einzelarbeit) generiert werden.

Auch bei anderen Aufgabenarten als den bisher angeführten additiven Aufgaben kann es zu Koordinationsverlusten kommen. Bei disjunktiven Aufgaben etwa, wo es um die Identifikation des besten Einzelbeitrags in der Gruppe geht, werden entsprechende Hinweisreize auf das beste Gruppenmitglied bzw. auf die beste Einzelleistung zum Teil nicht erkannt oder nicht adäquat genutzt.

Beispielsweise werden egalitäre Entscheidungsregeln eingesetzt, obwohl nach Expertise ausgerichtete Entscheidungsregeln vorteilhafter wären (Davis, 1969; Miner, 1984; Pryer & Bass, 1959; Thorndike, 1938; Yetton & Bottger, 1982), oder trotz hoher Demonstrierbarkeit wird eine suboptimale Lösung favorisiert, weil diese von einem statushohen (aber nicht notwendigerweise auch dem leistungsfähigsten) Mitglied vorgetragen wurde (Torrance, 1954).

Koordinations*gewinne* sind theoretisch nicht denkbar, zumindest nicht im Rahmen der klassischen, sozialpsychologischen Konzeption der potenziellen Gruppenleistung nach Steiner (1972). In Steiners Konzeption und deren vielfältigen Fortführungen in der Literatur werden Prozesse der sozial vermittelten Kodetermination individueller Ressourcen und des sozial vermittelten Lernens in Gruppen (i. S. v. gegenseitiger Modifikation und Veränderung leistungsrelevanter Ressourcen) außen vorgelassen, was eine durch soziale Interaktion bedingte (positive oder negative) Beeinflussung individueller Ressourcen während des kollektiven Handelns oder angelegentlich späterer kollektiver bzw. auch individueller Leistungserbringung ausschließt. Aus diesen Gründen kann nach herkömmlicher Auffassung eine soziale interaktive Gruppe durch gute Koordination ihr Gruppenpotenzial bestenfalls erreichen, nicht aber überschreiten.

Eine neue und an dynamischen Modellen orientierte Sichtweise des kollektiven Handelns, die auf Prozessgewinne durch Kodetermination im Sinne kognitiver Stimulation und Lernen verweist (vgl. Brodbeck, 1999), wird in den Abschnitten 5.5 bis 5.7 behandelt.

5.3 Motivationsverluste

Motivationsverluste entstehen, unabhängig von Koordinationseffekten, durch verminderte individuelle Anstrengungsbereitschaft im Kontext kollektiver gegenüber individueller Leistungssituationen. Sie haben verschiedene Ursachen. Beim *sozialen Faulenzen (social loafing)* wird kein persönlicher Gewinn erwartet, der in einem motivierenden Verhältnis zum individuellen Aufwand stünde (Latané, Williams & Harkins, 1979) bzw. es besteht keine persönliche Verantwortlichkeit für das Gruppenergebnis (Weldon & Gargano, 1988). Beim *Trittbrettfahren (free riding)* tritt Motivations- bzw. Leistungsreduktion ein, weil man annimmt, dass zwischen individueller Leistung und Gruppenerfolg kein Zusammenhang besteht (Kerr & Bruun, 1983; Harkins & Szymanski, 1989). Und beim *Gimpel-Effekt* (engl. *sucker effect*) wird vermutet, Partner zu haben, die die eigene Bereitschaft, einen Beitrag zu leisten, ausnutzen, folglich sinkt auch die eigene Anstrengungsbereitschaft (Kerr, 1983; Kerr & Bruun, 1983). Darüber hinaus ist auch das sogenannte *„performance matching"*, d. i. ein Angleichen von individuellen Leistungen an (zu niedrige) normative Leistungsstandards, als Motivationsverlust bezeichnet worden (Paulus & Dzindolet, 1993; Stroebe, Diehl & Abakoumkin, 1996). Motivationsverluste wurden verschiedentlich auch auf Merkmale von sozialen Dilemma-Situationen bzw. von Zielkonflikten zwischen individueller und kollektiver Gewinnmaximierung zurückgeführt (vgl. Stroebe & Frey, 1982; Kerr, 1983; Shepperd, 1993). Wie und warum Motivationsverluste darüber hinaus, je nach Aufgabentyp, unterschiedlich stark ausgeprägt sein können, erörtern weiterführend Schulz-Hardt und Brodbeck (2007).

Sind individuelle Beiträge identifizierbar, erkennbar unentbehrlich und unterliegen einer Bewertung durch andere, so reduzieren sich die genannten Motivationsverluste erheblich, insbesondere dann, wenn eine hohe Aufgabenattraktivität besteht und die Gruppenmitglieder sich für das Gruppenergebnis verantwortlich fühlen (Karau & Williams, 1993; Shepperd, 1993).

5.4 Motivationsgewinne

Eine erhöhte Anstrengungsbereitschaft im Kontext kollektiver gegenüber individueller Leistungssituationen wurde in der Sozialpsychologie lange Zeit stiefmütterlich behandelt. Sie findet erst seit kurzem größere Beachtung (vgl. Hertel, 2000). Köhler (1927) beobachtete bereits in den zwanziger Jahren des vorigen Jahrhunderts, dass sich in Dyaden der jeweils moderat leistungsschwächere Partner stärker anstrengt als bei Einzelarbeit (*Köhler-Effekt*, vgl. Witte, 1989). Als Antagonisten zum Köhler-Effekt lässt sich die *soziale Kompensation* (Williams & Karau, 1991) begreifen, wonach das moderat leistungsstärkere Gruppenmitglied im sozialen Kontext besondere Anstrengungen unternimmt, um (unverschuldet) schlechtere Leistungen des Partners zu kompensieren. Schließlich kann es auch vermittelt über *sozialen Wettbewerb* zu Motivationsgewinnen kommen (Stroebe, Diehl & Abakoumkin, 1996), vor allem dann, wenn in etwa gleichermaßen leistungsstarke Individuen in Wettstreit treten. Die jeweiligen Effekte sind nur unter bestimmten Bedingungen bzw. bei bestimmten Aufgabentypen zu finden.

Der *Köhler-Effekt* tritt vor allem bei konjunktiven Aufgaben auf, da in diesem Aufgabenkontext das schwächere Gruppenmitglied unmittelbar seiner Verantwortung für ein verringertes Gruppenergebnis gewahr werden kann (Hertel, Kerr & Messé, 2000) bzw. es erkennt, dass das Gruppenergebnis von seiner verstärkten Anstrengung profitieren kann. Am stärksten ist der Köhler-Effekt, wenn die Leistungsdifferenzen zwischen Gruppenmitgliedern erkennbar moderat ausgeprägt sind (Messé, Hertel, Kerr, Lount & Park, 2002). Bei in etwa gleichen Leistungsniveaus ist unklar, wer der Schwächere ist. Deshalb fehlt die Basis für den Köhler-Effekt. Bei sehr stark unterschiedlichen Leistungsniveaus haben die schwächeren Mitglieder kaum Hoffnung, Leistungsdiskrepanzen durch erhöhte Anstrengung zu reduzieren bzw. überhaupt einen erkennbaren Beitrag zum Gruppenergebnis zu leisten.

Bei *sozialer Kompensation* strengt sich das leistungsstärkere Mitglied im Gruppenkontext vor allem dann mehr an als bei Einzelarbeit, wenn es den Gruppenerfolg als sehr wichtig ansieht und antizipiert, dass der Beitrag schwächerer Mitglieder ein erzielbar gutes Gruppenergebnis gefährden könnte (Williams & Karau, 1991). Kompensation ist vor allem bei additiven Aufgaben möglich, da individuelle Leistungsergebnisse aufsummiert werden. Bei konjunktiven Aufgaben (ohne flexible Selbstorganisation der Gruppe) ist ein Leistungsausgleich für Schwächere nicht möglich. Bei disjunktiven Aufgaben wird er als nicht nötig erachtet, da es darum geht, den besten Beitrag (also den des Leistungsstärksten) hervorzubringen und auch als solchen im Gruppenkontext herauszustellen.

Mit *sozialem Wettbewerb* ist insbesondere dann zu rechnen, wenn individuelle Leistungsniveaus in etwa gleichhoch und die individuellen Leistungen gut identifizierbar und vergleichbar sind. Je nach Aufgabentyp treten diese Bedingungen unterschiedlich stark hervor, in hohem Maße etwa bei disjunktiven Aufgaben (durch soziale Interaktion soll der beste Beitrag identifiziert werden), sodass je nach Aufgabe gegebenenfalls zusätzliche Maßnahmen zu ergreifen sind, um Motivationsgewinne zu stimulieren, z. B. durch entsprechende Systeme der individuellen Leistungsrückmeldung oder durch flexible Selbstorganisation der Gruppe, womit auch weitere Möglichkeiten der sozialen Kompensation, etwa durch gegenseitige Unterstützung bei temporärer Überlastung Einzelner, eröffnet werden.

5.5 Kodetermination

Die klassischen Erklärungsvariablen für Prozessgewinne und -verluste, Koordination und Motivation, werden gemeinhin zur Untersuchung der Effekte sozialer Einflüsse auf das Arbeitshandeln in Gruppen eingesetzt. Sie sind insbesondere anwendbar, wenn es um einfache manuelle Tätigkeiten geht. Allerdings werden Gruppen in zunehmendem Maße zur Bewältigung kognitiver bzw. informationsverarbeitender Aufgaben eingesetzt, was wir weiter oben als Wissensarbeit bezeichnet haben (*intellectual teamwork*, Galegher et al., 1990). Dementsprechend werden Gruppen in jüngerer Zeit auch als informationsverarbeitende oder sogar als lernende Systeme betrachtet (vgl. Brodbeck & Greitemeyer, 2002a; Hinsz, Tindale & Vollrath, 1997; Levine, Resnick & Higgins, 1993; Nye & Brower, 1996).

Seit Beginn der Gruppenforschung wurden Prozessgewinne identifiziert, deren Ursachen sich weder der Kategorie „Motivationsbedingt" noch der Kategorie

„Koordinationsbedingt" ohne Weiteres zuordnen lassen, z. B. gegenseitige Fehlerkorrektur, (Experiment 2, Shaw, 1932), gegenseitige kognitive Stimulation (Casey, Gettys, Pliske & Mehle, 1984), Aufbrechen populationsstereotyper Auffassungen und Antworttendenzen (Hall & Watson, 1971), Ausgleich ideosynkratischer Sichtweisen (Barnlund, 1959), Synthese voneinander ergänzenden Beiträgen verschiedener Mitglieder (Perlmutter, 1953; Maier, 1970) oder das Kompensieren mangelhafter Teilleistungen des Gruppenbesten bei Aufgaben mit multiplen Items (Stasson & Bradshaw, 1995). Die angeführten Phänomene sind weder motivational bedingt noch sind sie dem durch die Betrachtung manueller Tätigkeiten geprägten Koordinationsbegriff i. S. v. Organisieren, Abstimmen und Kombinieren von Einzeltätigkeiten, einwandfrei zuzuordnen. Eine Zuordnung gelingt besser, wenn man den an Informationsverarbeitungsprozessen ausgerichteten Begriff der *Kodetermination* heranzieht i. S. v. sozial vermittelter Anpassung, Modifikation, Umgestaltung, Variation oder Veränderung individueller Ressourcen (Brodbeck, 1999). Zwei Formen der Kodetermination sind zu unterscheiden (vgl. Abb. 1 vertikaler und horizontaler Pfeil):

1. Kodetermination während des unmittelbaren Handlungsvollzugs (vertikaler Pfeil in Abb. 1). Sie kann sich als *Restriktion* oder *Stimulation* der gegebenen individuellen Ressourcen bei der unmittelbaren Aufgabenbearbeitung auswirken. Zum Beispiel wird ein Gruppenmitglied beim Brainstorming durch den Redefluss der anderen gestört (Restriktion) oder ein Gruppenmitglied wird beim kollektiven Problemlösen von anderen auf ein fehlerhaftes Einzelresultat hingewiesen und arbeitet mit dem richtigen Ergebnis weiter (Stimulation).
2. Kodetermination beim *Lernen* (i. S. v. vergleichsweise stabile Veränderung individueller Ressourcen und Verhaltensweisen, vgl. horizontalen Pfeil in Abb. 1). Kodetermination beim Lernen kann sich bezüglich der jeweiligen Aufgabenstellung als zielführend, aber auch als zielablenkend erweisen. Zum Beispiel lernt ein Mitglied durch gegenseitige Fehlerkorrektur beim kollektiven Handeln, effektivere Kontrollstrategien eigener Handlungen einzusetzen (zielführend bei Einzelarbeit) oder ein Mitglied lernt sich auf die Fehlerkorrektur durch andere zu verlassen und handelt daher ineffektiver in Situationen, in denen es auf sich selbst gestellt ist (zielablenkend bei Einzelarbeit).

5.6 Restriktion und Stimulation

Zur Verdeutlichung der Vorteile dieser neuen Sichtweise für die arbeitspsychologische Analyse und Gestaltung von Gruppenarbeit betrachten wir erneut die Produktionsblockade beim Brainstorming. Sie als Koordinationsverlust zu bezeichnen ist irreführend, wenn man an einer Aufklärung der zugrunde liegenden psychischen Prozesse bei der Handlungsregulation interessiert ist. Die Prozessblockade ist nicht nur dadurch bedingt, dass individuelle Beiträge zur Gruppenleistung suboptimal koordiniert (organisiert, abgestimmt oder kombiniert) werden, sondern auch dadurch, dass das individuelle Nachdenken durch ungünstige Ausführungsbedingungen (andere sprechen über das gleiche Thema) beeinträchtigt wird (*cognitive interference*, Nijstad, Stroebe & Lodewijkx, 2002). Genau genommen geht hier nichts an individueller Leistung „verloren", was man als Koordinationsverlust bezeichnen könnte, sondern aufgrund der spezifischen Ausführungsbedingungen innerhalb von Face-to-face-Gruppen kommt es erst gar nicht dazu, dass das Individuum seine Ressourcen in Leistung umsetzen kann. Deshalb betrachten wir die Produktionsblockade beim Brainstorming als Phänomen der Kodetermination oder genauer als Restriktion kognitiver Aktivität.

Kognitive Restriktion beim Generieren von Ideen liegt auch dann vor, wenn die von anderen Personen vorgeschlagenen Ideen zu einer Einschränkung des Suchraums beim Generieren neuer Ideen führen. Nehmen wir eine Brainstormingaufgabe zur Frage, wie man die Umwelt besser schützen kann: Die in der Face-to-face-Gruppe vorgetragene Idee eines Mitglieds, den Privatverkehr einzuschränken, kann zu einer kognitiven Restriktion auf das Generieren von Ideen zur „Reduktion", etwa des Benzinverbrauchs oder der gesamten Kilometerleistung usw. führen, wohingegen die Gruppenmitglieder bei Einzelarbeit insgesamt ein breiteres Spektrum von Zugangsweisen erkundet hätten, etwa alternative Formen der Energiegewinnung (z. B. auf Wasserstoffbasis) oder alternative Formen der Beschaffung und Verteilung von Energie (z. B. dezentral gewinnen und nutzen). Die Ideen anderer können aber auch zu kognitiver Stimulation führen, etwa weil viele Gruppenmitglieder bei Einzelarbeit nicht auf die Idee gekommen wären, über Möglichkeiten zur Reduktion des Energieverbrauchs nachzudenken. Empirisch wurde nachgewiesen, dass Brainstorming in Gruppen sowohl zu kognitiver Restriktion – mehr Uniformität des Ideenpools (Ziegler, Diehl & Zijlstra, 2000) – als auch zu kognitiver Stimulation – mehr Variation im Ideenpool – (vgl. Nijstad et al., 2002; Paulus & Yang, 2000) führen kann.

Um leistungswirksame Stimulationseffekte hervortreten zu lassen, ist es hilfreich, Prozessverluste bzw. Restriktionseffekte durch eine besondere Organisation des Interaktionsgeschehens in Gruppen zu verhindern. Beim Brainstroming lässt sich die Produktionsblockade zum Beispiel durch den Einsatz von computergesteuerten „Verkehrsregeln" beim Kommunizieren reduzieren (Dennis & Valacich, 1993; Diehl & Stroebe, 1987). Man kann aber auch eine Strukturierung der Brainstormingaufgabe in eine Sequenz von Einzel- und Gruppenaufgaben vornehmen: (1) in Einzelarbeit nachdenken und Ideen aufschreiben zur Vermeidung von Produktionsblockaden, (2) in Gruppenarbeit Ideen austauschen zur Erzeugung kognitiver Stimulation und (3) in Einzelarbeit nachdenken und weitere Ideen aufschreiben zur Nutzung von bisher nicht erkundeten Suchräumen durch die

Gruppenmitglieder unter Vermeidung von Produktionsblockaden. Weitere Möglichkeiten bestehen darin, die Informationsinhalte zu strukturieren, zum Beispiel indem man semantische Kategorien bildet und entsprechend homogene oder diverse Ideen zur Stimulation an die Gruppenmitglieder weitergibt (vgl. Nijstad et al., 2002).

5.7 Lernen in Gruppen

Seit ca. 25 Jahren werden Gruppen von einigen Wissenschaftlern auch als lernende Systeme betrachtet, vor allem in der angewandten Gruppenforschung, die vorwiegend in der Organisationspsychologie verankert ist. Bei der wiederholten Bearbeitung gleichartiger Aufgaben in natürlichen Arbeitsgruppen sind Leistungsverbesserungen feststellbar (vgl. Argote & Epple, 1990; Argote, 1993). Dafür werden in der Regel zwei Erklärungen angeboten, individuelles Lernen und kollektive Lernprozesse. *Individuelles Lernen* wird mit Prozessen der Automatisierung, Routinisierung und des Erwerbs von Fertigkeiten und Wissen auf Seiten der Werktätigen in Zusammenhang gebracht. Unter *kollektivem Lernen* wird Verschiedenes subsumiert, zum Beispiel die Entwicklung kollektiver Handlungsroutinen, mentaler Modelle, Normen und Werte (z. B. Gersick, 1988; Moreland, Argote & Krishnan, 1996), neuer Methoden der Arbeitsteilung und neuer Technologien (Brodbeck, 2001) sowie eines zunehmenden Konsens bzw. einer zunehmenden Integration mentaler Modelle und Vorgehensweisen (z. B. Gruenfeld & Hollingshead, 1993). Auch das Imitieren erfolgreicher Vorgehensweisen in anderen Firmen bzw. Arbeitsgruppen und der Wissenserwerb durch Aufnehmen neuer Mitarbeiter sind als kollektives Lernen bezeichnet worden (Levitt & March, 1988).

Stellt man Lernen und Innovation als einen wichtigen Beitrag zur Produktivität moderner Organisationen und zur Persönlichkeitsentwicklung der Mitarbeiter heraus, dann ist zu fragen, worin Lernvorteile beim Gruppenhandeln gegenüber der Einzelarbeit bestehen können. Unser Argument ist, dass durch wiederholtes Arbeitshandeln in Gruppen Lernprozesse auftreten können, die bei Einzelarbeit nicht möglich sind. Diese Prozesse bezeichnen wir als sozial *vermitteltes Lernen* (Brodbeck, 1999). Psychologische Prozesse, die mit sozial vermitteltem Lernen in Verbindung stehen, sind zum Beispiel *Beobachtungslernen* (Bandura, 1986), *Perspektivenwechsel* durch soziokognitive Konflikte (vgl. Doise, 1990) und *Internalisierung durch kollektives Handeln* (Vygotsky, 1978; Karpov & Haywood, 1998; Staudinger & Baltes, 1996).

Mit dem dynamischen Modell der Gruppenleistung von Brodbeck (1999; Brodbeck & Greitemeyer, 2000a, b) lassen sich vier verschiedene Formen, wie Lernprozesse und Leistung bei Gruppenarbeit in Zusammenhang stehen, unterscheiden. Der Einfachheit halber gehen wir zunächst auf zielführende (leistungssteigernde) Lernprozesse ein, bevor wir zielablenkende (leistungsmindernde) Lernprozesse erörtern.

Formen des Lern-Leistungstransfers. Wie schon erwähnt, findet beim wiederholten Bearbeiten gleichartiger Aufgaben in Einzelarbeit individuelles Lernen statt, was für gewöhnlich mit Leistungssteigerungen verbunden ist *(Individuum-Individuum-Transfer (I-I-Transfer)).* Arbeitsgruppen profitieren indirekt von positivem I-I-Transfer, weil ihre potenzielle Gruppenleistung mit zunehmender Leistungsstärke ihrer Mitglieder ansteigt. *Gruppe-Individuum-Transfer (G-I-Transfer)* liegt vor, wenn sich die individuellen Ressourcen für die Bewältigung von Aufgaben in Einzelarbeit durch vormalige kollektive Aufgabenbearbeitung verändern (vgl. Laughlin & Sweeney, 1977). Während das sozial vermittelte Lernen beim G-I-Transfer mit individuellen Leistungsveränderungen bei Einzelarbeit einhergeht, verändern sich beim *Gruppe-Individuum-Gruppe-Transfer (G-I-G-Transfer)* jene individuellen Ressourcen, die für die kollektive Bewältigung der Gruppenaufgabe bedeutsam sind. Schließlich bezeichnet *Gruppe-Gruppe-Transfer (G-G-Transfer)* stabile Veränderungen kollektiver Handlungen auf Gruppenebene (z. B. kollektive Strategien oder Normen), die nicht auf die zuvor genannten individuellen bzw. sozial vermittelten Lern-Leistungstransfers zurückzuführen sind.

Positiver Lern-Leistungstransfer. Die genannten Typen des sozial vermittelten Lern-Leistungstransfers wurden von Brodbeck und Greitemeyer (2000a, b) untersucht, und zwar unter Verwendung von Serien von bis zu zehn konsekutiven Aufgaben, die jeweils alternierend in Einzel- und Gruppenarbeit ausgeführt wurden (in zwei Experimenten mit unterschiedlicher Aufgabenschwierigkeit). Die Aufgaben bestanden darin, möglichst plausible Hypothesen anhand verschiedener vorgegebener Testreihen aufzustellen, zu verfeinern und erneut zu testen (*Regelinduktionsaufgaben*, vgl. Laughlin & Hollingshead, 1995).

Kollektive Regelinduktion findet in Arbeitsgruppen aus unterschiedlichen Bereichen und Wissensdomänen statt. Man denke beispielsweise an Teams von Kunstsachverständigen, die die Aufgabe haben, darüber zu entscheiden, welche Werke eines berühmten Malers von ihm selbst und welche von seinen Schülern und Schülerinnen angefertigt wurden. Oder an Satellitenaufklärungsteams, die die Aufgabe haben, Objekte anhand verschiedener Merkmale in die Kategorien „militärisch" versus „zivil" einzuordnen und dabei vor allem das Risiko vermeiden müssen, ein Objekt fälschlicherweise als „militärisch" einzustufen. Auch Teams von Meteorologen, die eine möglichst präzise Wettervorhersage anfertigen, gehen regelinduktiv vor. Ebenso Spezialistenteams von Ärzten, die häufig unter extremem Zeitdruck eine fundierte Diagnose treffen und eine optimale Therapie vorschlagen müssen (weitere Beispiele vgl. Laughlin & Hollingshead, 1995). Allen hier angesprochenen Teams ist gemeinsam, dass sie auf Basis bekannter Ausgangskonzeptionen und empirischer Beobachtungen nicht nur möglichst korrekte Schlussfolgerungen induktiv formulieren, sondern insbesondere auch fehlerhafte Hypothesen vermeiden sollen.

Mit Regelinduktionsaufgaben wird die in der Wissenschaft weithin akzeptierte Position von David Hume, dass Induktion zu plausiblen Schlussfolgerungen führt, im Labor nachgestellt. Der Hauptunterschied zu natürlichen Arbeitskontexten, in denen Regelinduktion stattfindet, besteht darin, dass die Rückmeldung auf einzelne Hypothesentests im Labor in der Regel deterministisch ist (richtig, falsch) und nicht, wie im realen Kontext, probabilistisch (z. B. aufgrund methodischer, technischer oder anderer systematischer Fehlertendenzen). Das Grundprinzip ist jedoch dasselbe. Derartige Aufgaben enthalten Problemlöse- und Entscheidungselemente sowie disjunktive, konjunktive und kompensatorische Merkmale, sofern sie in Gruppen bearbeitet werden.

Die Ergebnisse der genannten Untersuchungen basieren auf konkreten Verhaltens- und Leistungsdaten, die auf individueller und auf Gruppenebene erhoben wurden. Zum einen zeigte sich, dass die in Gruppen tätigen Personen im Zuge konsekutiver Aufgabenbearbeitung zunehmend besser kooperieren, d. h. flüssiger koordinieren, zügiger Entscheidungen treffen und reibungsloser Konflikte bewältigen, was mit einer erheblichen Reduktion, teilweise sogar mit einer vollständigen Elimination von Prozessverlusten einhergeht (Brodbeck & Greitemeyer, 2000a). Zum anderen zeigte sich, dass Gruppenarbeiter nach mehrfacher kollektiver Aufgabenbearbeitung demonstrierbare Fehler (z. B. unplausible Hypothesen) schneller erkennen und korrigieren als zuvor und als jene Einzelarbeiter, die die gleichen Aufgabenserien individuell bearbeiteten. Die drei oben genannten Typen des sozial vermittelten Lern-Leistungstransfers waren dabei jeweils einzeln nachweisbar (Brodbeck & Greitemeyer, 2000b):

a) Gruppenarbeiter erkennen und korrigieren ihre eigenen Fehler bei individueller Aufgabenbearbeitung besser (häufiger und schneller) als Einzelarbeiter (positiver G-I-Transfer),
b) Gruppenarbeiter erkennen und korrigieren die Fehler anderer Gruppenmitglieder, die bei Gruppendiskussionen zu Tage treten (*gegenseitige* Fehlerkorrektur) besser als zuvor und besser als Einzelarbeiter, die zu späterer Gelegenheit ebenfalls in Gruppen arbeiteten (positiver G-I-G-Transfer),
c) Gruppenarbeiter erkennen und korrigieren fehlerhafte kollektive Handlungsschritte bei der Gruppenarbeit (*kollektive* Fehlerkorrektur) besser als zuvor und besser als Einzelarbeiter, die zu späterer Gelegenheit ebenfalls in Gruppen arbeiteten (positiver G-G-Transfer).

Transaktive Wissenssysteme. Auf einen weiteren uns bekannten Erklärungsmechanismus für Gruppenlernen (G-G-Transfer) verweist das Konzept *transaktiver*

Wissenssysteme, d. i. ein von einer Gruppe von Personen geteiltes System der Encodierung, Speicherung und des Abrufs von Information (Wegner, 1986). Durch transaktive Wissenssysteme sind einzelnen Mitgliedern Wissensbestände zugänglich, die nicht sie selbst, sondern andere Mitglieder gespeichert haben. Durch soziale Interaktion (z. B. durch Fragen oder um Hilfe bitten) kann das potenziell verfügbare, auf verschiedene Gruppenmitglieder verteilte Wissen für die individuelle bzw. kollektive Aufgabenbearbeitung nutzbar gemacht werden. Das Metawissen um die jeweils adäquate Wissensquelle innerhalb einer Gruppe kann nicht nur die Verarbeitungsqualität bei wiederholt in Gruppen ausgeführten manuellen Tätigkeiten verbessern (z. B. beim Zusammenbau eines Radios, vgl. Liang, Moreland & Argote, 1995), sondern auch die Qualität von Gruppenentscheidungen, wenn die Nutzung ungeteilter Informationen (d. i. Information, über die nur einzelne Mitglieder verfügen) für das Treffen optimaler Entscheidungen notwendig ist (z. B. bei *hidden profiles*, vgl. Stasser, Stewart & Wittenbaum, 1995). Inzwischen liegen auch Fragebogenskalen zur Evaluation transaktiver Wissenssysteme in natürlichen Arbeitsgruppen vor, deren Kriteriumsvalidität anhand verschiedener Leistungsindikatoren überprüft wurde (Austin, 2003; Lewis, 2003).

Es ist offensichtlich, dass ohne kollektives Handeln in Gruppen nur der individuelle Lernleistungstransfer vom Typ I-I möglich ist, wohingegen durch Gruppenarbeit alle vier Typen realisiert werden können. Deshalb sollte eine Veränderung der Gruppenleistung durch wiederholte Aufgabenbearbeitung insgesamt mehr Lernen ermöglichen als vergleichbare Einzelarbeit, sofern Einzelarbeitern kein zusätzliches Training oder Coaching zuteil wird. Durch Lernen in Gruppen können Koordinationsverluste minimiert und kognitive Stimulationseffekte auch langfristig nutzbar gemacht werden. Weiterhin ist zu vermuten, dass auch Motivationsverluste durch Gruppenlernen positiv beeinflussbar sind. Durch wiederholte Zusammenarbeit erhöhen sich verschiedene Aspekte der Gruppenkohäsion, was mit mehr Vertrauen und Vertrautheit unter den Gruppenmitgliedern einhergeht und die Umsetzung von Leistungsnormen generell verbessert.

Auch wissen wir aus anderen Untersuchungen, dass erhöhtes Vertrauen zur Bevorzugung kollektiver gegenüber individueller Ziele führt (Dirks, 1999), womit eine höhere Anstrengungsbereitschaft im Kontext der Gruppe einhergehen sollte. Als *social labouring* wird die höhere Bedeutsamkeit der Gruppe bzw. der Gruppenaufgabe durch gemeinsame Erfahrungen beim kollektiven Handeln bezeichnet (Holt, zitiert in Brown, 1993, S. 141). Social labouring macht Gruppenmitglieder weniger anfällig für soziales Faulenzen, Trittbrettfahren und den Gimpel-Effekt. Dies steht im Einklang mit Befunden von Erez und Somech (1996), die zeigen, dass Motivationsverluste in Gruppen, die mindestens 6 Monate zusammenarbeiten, kaum auftreten.

Negativer Lern-Leistungstransfer. Dass der Mensch außerordentlich lernbegabt ist und dies bei vielen Gelegenheiten auf beeindruckende Art und Weise demonstriert, ist jedem gegenwärtig, der eigene Kinder hat oder Kinder häufiger beobachtet. Wie diese, so lernen auch Erwachsene in Organisationen trotz behutsamer Einweisung und bestmöglicher Sozialisationsbedingungen nicht immer das, was sie lernen sollen, zumindest nicht nach Auffassung von Vorgesetzten und Kollegen oder Kunden und Klienten. Wie bereits gesagt, können die oben angeführten Typen des Lern-Leistungstransfers jeweils in Bezug zu einem vorgestellten Zielkriterium entweder positive oder negative Wirkungen zeigen. Negativer Lernleistungstransfer bedeutet, dass eine signifikante Ressourcen- oder Verhaltensveränderung eingetreten ist, diese aber im Hinblick auf das vorgestellte Zielkriterium eine Leistungsverschlechterung bedeutet. Zum Beispiel lassen sich zu niedrige Leistungsnormen in Gruppen als Resultat sozial vermittelter Lernprozesse verstehen (z. B. durch Beobachtungslernen und negative Sanktionen bei Normüberschreitung), durch die die Gruppenmitglieder niedrige Leistungsnormen internalisieren, was suboptimales Leistungsverhalten stabilisiert.

Auf eine andere Art des negativen Lern-Leistungstransfers wird man aufmerksam, wenn im Detail betrachtet wird, wie durch den Aufbau transaktiver Wissenssysteme positiver G-G-Transfer entsteht. Transaktive Wissenssysteme auferlegen Gruppen eine gewisse Arbeitsteilung, was zu Spezialisierung individueller Ressourcen führt (z. B. von Wissen, Fertigkeiten etc.), die demnach in zunehmendem Maße auch nur von bestimmten Gruppenmitgliedern oder Teilgruppen zur Bearbeitung der Gesamtaufgabe beigesteuert werden können. Dabei kommt es zu einer strukturell bedingten Dequalifizierung einzelner Mitglieder (in Bezug auf die Gesamtaufgabe), die allerdings nur dann offenbar wird, wenn die Gesamtaufgabe in Einzelarbeit (ohne soziale Interaktionsmöglichkeit) zu bearbeiten ist. Aus Sicht der Handlungsregulationstheorie (vgl. Hacker, 1986, 1998) lässt sich dies damit erklären, dass zwar einzelne Tätigkeiten vollständig im Gruppenkontext ausgeführt und erlernt werden können (sowohl Kognitionen als auch Metakognitionen werden beim Lernen einer neu auszuführenden Aufgabe stimuliert), nicht jedoch die gesamte Handlungshierarchie (die Regulation des Handlungsablaufs ist im Gruppenkontext eingebettet, Ziele und Handlungen müssen mit anderen Mitgliedern abgestimmt werden). Dies sollte sich nach der HRT negativ auf die Persönlichkeitsförderlichkeit der einzelnen Gruppenmitglieder auswirken. Interessanterweise wären demnach als Folge transaktiver Wissenssysteme bei wiederholter Gruppenarbeit nicht nur Leistungsgewinne auf Gruppenebene (positiver G-G-Transfer), sondern gleichzeitig auch Leistungsverluste auf individueller Ebene (negativer G-I-Transfer) zu erwarten. Dieser theoretisch ableitbare Antagonismus von positivem G-G-Transfer mit negativem G-I-Transfer wurde unseres Wissens bisher noch nicht experimentell untersucht.

Schließlich sei in diesem Zusammenhang auch auf Probleme der Fluktuation von Gruppenmitgliedern hingewiesen. Verlassen Personen, denen aufgrund ihrer historisch gewachsenen Funktion eine Schlüsselstellung bei der Nutzung transaktiver Wissenssysteme zukommt, ihre Arbeitsgruppe, dann ist mit erheblichem Aufwand zur Wiederherstellung eines effektiv nutzbaren transaktiven Wissenssystems zu rechnen. Manchmal gelingt dies nie. Dieses Phänomen wurde von Argote (1993) für Organisationen beschrieben und *„organisational forgetting"* genannt.

Natürlich bietet das Arbeiten in Gruppen eine Vielzahl psychischer Anregungsbedingungen, die sich positiv auf die individuelle Entwicklung und Arbeitsleistung auswirken. So zeigen Griffin, Patterson und West (2001) in einer Studie bei 48 Unternehmen mit 4.708 Mitarbeitern mit Methoden der Pfadanalyse, dass eine ganzheitliche Arbeitsgestaltung (Job Enrichment) zu größeren wahrgenommenen Handlungsspielräumen bei der eigenen (individuellen) Arbeit führt und über diesen Mediator die Arbeitszufriedenheit steigert. Allerdings scheinen die Beziehungen zwischen Merkmalen der Aufgabenstruktur, der Gruppenstruktur und dynamischer Charakteristika des Gruppenprozesses sehr komplex zu sein. So fanden Janz, Colquitt und Noe (1997) bei geringer Aufgabeninterdependenz stärker positive Korrelationen zwischen produkt- bzw. planungsbezogener Gruppenautonomie und individueller Arbeitsmotivation als bei hoher Aufgabeninterdependenz. Sie werten dies als Hinweis auf eine partielle Inkompatibilität zwischen Gruppenautonomie und Aufgabeninterdepenzenz. Ferner berichten sie höhere Korrelationen zwischen Prozessvariablen, wie gegenseitige Unterstützung und innovatives Verhalten, mit Aufgabenmotivation, wenn es sich um in der Entwicklung fortgeschrittene Gruppen handelte. Dies kann als Hinweis auf Lernprozesse gedeutet werden, die im Zusamenhang mit dem Sozialverhalten, der Arbeitsleistung und mit der Motivation von Mitarbeitern stehen. Lernprozesse in Gruppen sind bisher wenig empirisch untersucht worden. Unseres Erachtens bieten sie einen vielversprechenden theoriegeleiteten Zugang zur Untersuchung von Entwicklungsprozessen in Arbeitsgruppen, der bisherige Konzepte der Gruppenentwicklung ergänzt.

5.8 Gruppenentwicklung

Gruppenentwicklung bezeichnet längerfristige, dynamische Veränderungen von Gruppenstrukturen und Interaktionsprozessen. Die klassischen Modelle der Gruppenentwicklung sind dennoch eher statischer Natur. Seit kurzem findet man auch dynamische Modelle, die Rückkopplungsschleifen explizit in Betracht ziehen. Empirische Befunde hierzu sind jedoch noch sehr dünn gesät. Einzelne Modelle treffen auch Aussagen darüber, zu welchem Zeitpunkt der Gruppenentwicklung Gestaltungs- und Steuerungsmaßnahmen besonders effektiv oder im Gegenteil sogar leistungsmindernd wirken können.

Hier sei zunächst auf zwei Hauptvertreter klassischer Entwicklungsmodelle verwiesen, das Fünf-Phasenmodell von Tuckman und Jensen (1977) und das Punctuated-Equilibrum-Modell von Gersick (1988, 1989). In beiden Entwicklungsphasenmodellen wird davon ausgegangen, dass Gruppen bestimmte aufeinanderfolgende Phasen durchlaufen. Nach Tuckman und Jenson folgen die Phasen Gruppenbildung (Forming), Austausch und Konflikt (Storming), Verständigung über Standards und Normbildung (Norming), optimale Leistungserbringung (Performing) und Auflösung der Gruppe (Adjourning) aufeinander. Die ersten drei und die fünfte Phase beinhalten implizite Aufgabenstellungen, die zusätzlich zum eigentlichen Arbeitsauftrag der Gruppe bewältigt werden müssen. Deshalb wird in diesen Phasen das eigentliche Leistungsoptimum nicht vollständig erreicht.

Nach Gersick (1988, 1989) findet, unabhängig von der Gesamtdauer (z. B. 3 Wochen oder 3 Jahre) stets in etwa der zeitlichen Mitte von Projektarbeitsgruppen eine Neuausrichtung der Gruppenziele und Arbeitsstrategien statt, was mit erhöhter Aktivität und Reflexivität einhergeht. Die Gruppenmitglieder schauen zurück, fragen sich, „was haben wir geleistet?“, „wie gut nähern wir uns dem Projektziel?“ und prognostizieren auf dieser Basis, ob und wie gut das Gesamtziel erreicht werden kann. In der Regel stellen sie fest, dass ihre Gruppe hinter der Zeitplanung zurückgeblieben ist. Deshalb finden in dieser Transitionsphase auch häufig Veränderungen der Arbeitsstrategien und der Arbeitsziele mit dem Ziel der Optimierung statt.

Für einen Überblick über dynamische Modelle, in denen auch Rückkopplungsschleifen und iterative Verläufe berücksichtigt werden, sei hier auf folgende Literatur verwiesen (vgl. Chang, Bordia & Duck, 2003; Vallacher & Nowak, 1994). Ein dynamisches Modell über Entwicklungsverläufe in Gruppen, das in der Tat auf bestimmte Zeitfenster für die Gestaltung und Steuerung von Gruppenstrukturen und Prozessen verweist, wurde von Hackman und Wageman (2005) publiziert. Die verfügbaren empirischen Befunde scheinen das Modell zu bestätigen (Hackman, Brousseau & Weiss, 1976; Woolley, 1998). Die Autoren gehen davon aus, dass Gruppen einen Zyklus durchlaufen, der mit der Aufgabenstellung beginnt, sich über die Aufgabenbearbeitung erstreckt und mit der Fertigstellung der Aufgabe oder Teilaufgaben endet. Dabei zeigen die Autoren auf, dass sich am Anfang von Gruppenarbeit vor allem Interventionen, die darauf abzielen, geeignete Gruppenstrukturen zu schaffen, als erfolgreich erweisen. Hier geht es in erster Linie darum, die Aufgabe der Gruppe zu spezifizieren, die Gruppe richtig zusammenzusetzen sowie die einzelnen Rollen der Gruppenmitglieder festzulegen und Normen zu etablieren. Während der Aufgabenbearbeitung erweisen sich verschiedene Prozessinterventionen als besonders erfolgreich. Zum Beispiel sollte die Gruppe vor allem Feedback darüber erhalten, ob und inwieweit sie von ihren eigentlichen Zielen abweicht und wie sie gegebenenfalls bestehende Abweichungen effektiv ausgleichen kann. Das Fertigstellen einer Aufgabe oder Teilaufgabe eignet sich im besonderen Maße für den Einsatz von Lern-Interventionen. Damit meinen die Autoren zunächst erst einmal nicht Trainings- und Weiterbildungsmaßnahmen, sondern vielmehr die sogenannten „lessons learned", die sich aus der kollektiven Bearbeitung der Aufgabe ergeben. Es geht also darum, dass die Gruppe über ihre bisherigen Leistungen reflektiert, Fehler aufdeckt und von diesen lernt (vgl. *reflexivity*, West, 1996).

Das Modell von Hackman und Wageman (2005) erscheint hilfreich unter dem Gesichtspunkt, wie Gruppen gestaltet und gesteuert werden können. Es erlaubt Aussagen darüber, wann und mit welchen Mitteln am effektivsten Einfluss genommen werden kann, etwa durch Führung. Dem mit handlungsregulationstheoretischen Modellen (vgl. z. B. Hacker, 1998) vertrauten Leser dürfte übrigens nicht entgangen sein, dass sich das Modell von Hackman und Wageman (2005) zur Entwicklung von Arbeitsgruppen mit Phasenmodellen individueller Handlungsregulation (Planung, Ausführung, Rückmeldung) in Einklang bringen lässt.

6 *Arbeit in Gruppen gestalten und steuern*

In den vorangehenden Abschnitten wurde beschrieben, wie Aufgaben- und Gruppenstrukturen mit sozial interaktiven und psychischen Regulationsmechanismen bei der Arbeit in Gruppen zusammenwirken und was dies für verschiedene Performanz- und Ergebniskriterien bedeutet. In diesem Abschnitt geht es darum, was bei der Gestaltung und Steuerung von Informationsverarbeitungs- und Handlungsprozessen in Arbeitsgruppen nach Maßgabe des zuvor Dargestellten zu beachten wäre. Dazu gehen wir zunächst auf spezifische Formen der „Gruppenarbeit" ein, die in den vergangenen Jahrzehnten entwickelt und in Organisationen eingeführt wurden. Natürlich decken diese Gruppenarbeitskonzepte nicht alle Möglichkeiten der Zusammenarbeit in Gruppen ab. Das ist anhand der in der Einleitung aufgeführten Beispiele leicht erkennbar. Da es im vorliegenden Kapitel generell um Arbeiten in Gruppen geht, gliedern wir unsere weiteren Ausführungen dementsprechend auch nach etwas allgemeineren Themen, nämlich: Autonomie und Selbstorganisation, Management und Führung, Ent- und Belohnungssysteme sowie Intergruppenbeziehungen.

6.1 Gruppenarbeit

Mit dem Begriff „Gruppenarbeit" verbinden sich im deutschsprachigen Raum spezielle Formen der gruppenbasierten Arbeitsorganisation. Antoni und Bungard (2004) unterscheiden insgesamt fünf Formen: teilautonome Arbeitsgruppen,

Projektgruppen, Fertigungsteams, klassische Arbeitsgruppen und Qualitätszirkel. Sie lassen sich anhand zweier Dimensionen klassifizieren: Die erste Dimension betrifft den Status der Gruppe im Hinblick auf die Aufbauorganisation des Unternehmens (Gruppenarbeit ist entweder fest verankert und dauerhaft oder eben lose verankert und temporär). Teilautonome Arbeitsgruppen, Fertigungsteams und klassische Arbeitsgruppen sind dauerhaft und fest in der Aufbauorganisation verankert, wohingegen Projektgruppen und Qualitätszirkel eher lose in der Aufbauorganisation verankert sind und nur über einen beschränkten Zeitraum hinweg bestehen. Die zweite Dimension, Autonomie, betrifft das Ausmaß der Kooperations- und Entscheidungsmöglichkeiten der Gruppe. Dabei besitzen teilautonome Arbeitsgruppen und Projektgruppen einen höheren Grad an Autonomie, Fertigungsteams einen mittleren Grad an Autonomie und klassische Arbeitsgruppen und Qualitätszirkel einen niedrigen Grad an Autonomie.

Bei *Qualitätszirkeln* handelt es sich um kleine moderierte Gruppen von Mitarbeitern der unteren Hierarchieebene, die sich regelmäßig treffen, um selbst gewählte Probleme aus ihrem Arbeitsbereich zu bearbeiten. In der Regel entscheidet das Management, ob und zu welchem Grade die gefundenen Problemlösungen auch tatsächlich umgesetzt werden. *Projektgruppen* sind zeitlich befristet. Sie bestehen aus Experten verschiedener Arbeitsbereiche, die komplexe oder neuartige Problemstellungen bearbeiten. Der Auftrag wird in der Regel vom Management vorgegeben. Sobald er erledigt wurde, endet die Zusammenarbeit. Bei *teilautonomen* oder *selbstregulierenden Arbeitsgruppen* (TAG) handelt es sich um kleine Gruppen von Mitarbeitern, denen die Erstellung eines kompletten (Teil-)Produkts oder einer Dienstleistung mehr oder weniger verantwortlich übertragen wurde. In *klassischen Arbeitsgruppen* wird die Bearbeitung von Aufgaben stark funktions- und arbeitsteilig durchgeführt. Die Aufgaben beschränken sich in der Regel auf unmittelbar produzierende Tätigkeiten. Die Arbeitsverteilung, die Feinsteuerung der Fertigung, die Personal- und Arbeitszeitplanung sind Aufgaben des Vorgesetzten (z. B. des Meisters). Er kontrolliert, ob die Mitarbeiter vorschriftsmäßig arbeiten und ist für die Lösung auftretender Probleme zuständig.

Einsatz und Verbreitung: Über Einsatz und Verbreitung bestimmter Gruppenarbeitskonzepte in Deutschland informieren u. a. Antoni und Bungard (2004) sowie Benders et al. (2002). Nach ihren Untersuchungen zeichnet sich in Deutschland in den letzten Jahren eine Abflachung der Verbreitungskurve ab. Beispielsweise verbreiteten sich Qualitätszirkel seit 1980 in den umsatzgrößten Firmen anfänglich vergleichsweise rasch (1985: 40 %, 1990: 50 %, 1995: 56 %), wurden danach aber teilweise durch modifizierte Konzepte abgelöst (z. B. *kontinuierlicher Veränderungsprozess* – KVP). Populärer ist die Projektgruppenarbeit, insbesondere in Forschungs- und Entwicklungsbereichen (1990: 69 %, 1994: 90 %, vgl. Antoni, 1995a, b). Teilautonome Arbeitsgruppen wurden in den umsatzgrößten Industrieunternehmen etwas schleppender eingeführt (1990: 25 %, 1994: 33 %), in Teilbereichen der Firmen stieg ihr Anteil von 32 % (1990) auf 64 % (1999). Ein ähnlicher Trend ist in den 1.000 größten Betrieben der USA zu beobachten (1987: 27 %, 1996: 78 %, vgl. Benders et al., 2002).

Empirische Befundlage: Die empirische Befundlage, ob und welche Formen der Arbeit in Gruppen positiv oder negativ auf die Gruppeneffektivität und Persönlichkeitsentwicklung der Gruppenmitglieder wirken, ist inkonsistent (vgl. Allen & Hecht, 2004; Antoni & Bungard, 2004; West, Brodbeck & Richter, 2004). Bei teilautonomen Arbeitsgruppen zeichnen sich, vor allem wenn es um komplexe Aufgabenstellungen geht, eher positive Wirkungen auf Effektivität und verschiedene Humankriterien ab (vgl. Antoni & Bungard, 2004; West, Brodbeck & Richter, 2004). Einige Autoren argumentieren, dass die Einführung von Gruppenarbeit mit Produktivitätssteigerungen, finanziellem Erfolg und Qualitätssteigerungen in Organisationen einhergehen (Applebaum & Batt, 1994; Macy & Izumi, 1993). Andere Autoren wie etwa jene der MIT-Studie (vgl. Adler & Cohen, 1993; Womack, Jones & Roos, 1991) argumentieren, dass japanische Fertigungsteams gegenüber klassischen und selbstregulierenden Arbeitsgruppen europäischen Zuschnitts sowohl in Bezug auf Produktivität als auch in Bezug auf Qualität überlegen sind. Antoni und Bungard (2004) weisen jedoch darauf hin, dass die japanische Form der Gruppenarbeit durch repetitive, monotone Arbeit unter hohem Zeit- und Leistungsdruck geprägt ist und zu hohem Stress führt, was sich insgesamt negativ auf das Wohlbefinden der Mitarbeiter auswirken kann. Systematische Untersuchungen, die dies belegen würden, fehlen zurzeit noch. Einige Einzelfallstudien weisen darauf hin, dass Fertigungsteams sich dann positiv auf Motivation, Zufriedenheit, Lernentwicklung und das Engagement im Vorschlagswesen auswirken, wenn den Mitarbeitern Mitsprachemöglichkeiten (Stichwort: Partizipation) bei der Gestaltung der Arbeitsmethoden und Kontrollmöglichkeiten über ihren Arbeitsprozess eingeräumt werden (Adler & Borrys, 1996).

Einführung von Gruppenarbeit: Die Einführung von Gruppenarbeit bzw. Teambasiertem Arbeiten (TBA) bedeutet in der Regel eine umfassende Organisationsentwicklung (vgl. Antoni & Bungard, 2004; West & Markiewicz, 2004; Dick & West, 2005). Die genannten Autoren unterscheiden sechs Phasen: In Phase 1, nachdem das Topmanagement eine Entscheidung getroffen hat, müssen vorhandene Organisationsstrukturen, die Organisationskultur und alle Aufgaben dahingehend überprüft werden, inwieweit sie sich für TBA eignen. Gegebenenfalls werden sie entsprechend verändert. In Phase 2 geht es darum, organisationale Strukturen zu schaffen, die die Arbeitsgruppe ins Zentrum stellen (gängigerweise steht der einzelne Mitarbeiter bzw. stehen Führungskräfte im Zentrum) und unterstützen können; neue Aufgabenbeschreibungen sind entsprechend zu erstellen. Erst in Phase 3 werden die Arbeitsgruppen zusammengestellt und Gruppenleiter bestimmt. In Phase 4 geht es um die Entwicklung der Arbeitsgruppen im Hinblick auf relevante Performanz- und Ergebniskriterien. In Phase 5 werden diese evaluiert, gegebenenfalls wird korrigiert (KVP auf Gruppenebene), und in Phase 6 wird die gesamte Organisationsentwicklungsmaßnahme evaluiert und gegebenenfalls korrigiert (KVP auf Organisationsebene).

Bedingt vor allem durch komplexer werdende Aufgabenstellungen, eine Zunahme der Wissensarbeit sowie virtueller Zusammenarbeit (mittels elektronischer Kommunikationsmedien) und multinationaler bzw. multiorganisationaler Formen der Zusammenarbeit (z. B. Unternehmenspartnerschaften und Netzwerke) erkennt man zunehmend, dass sich in vielen Bereichen effektive Arbeitsprozesse nur noch schwerlich vorstrukturieren lassen. Deshalb rücken selbstregulative Arbeitsgruppen bzw. teambasierte Organisationsformen verstärkt ins Blickfeld (vgl. Antoni & Bungard, 2004; Pearce, 2004). Auch Hacker (1998) sieht eine optimale Organisationsform für komplexe kooperative Arbeit in der flexiblen, situationsabhängigen Selbstorganisation von Arbeitsgruppen.

Sah sich die (deutschsprachige) Arbeitspsychologie vor einiger Zeit im Wesentlichen noch mit der Frage konfrontiert, wie man Organisationen davon überzeugen kann, durch bestimmte Formen der Gruppenarbeit die Humanisierung des Arbeitslebens zu stärken (vgl. Ulich, 2001), so scheint es heute eher darum zu gehen, Antworten auf die Frage zu finden, welche Rahmenbedingungen in Organisationen geschaffen werden müssen, damit kollektive Handlungen in verschiedensten Arbeits- und Gruppenkontexten flexibel, effektiv und effizient vollzogen werden können (vgl. Karoly & Panis, 2004).

Wie aber schafft es die Gruppe bzw. schaffen es ihre Mitglieder, Freiräume effektiv zu nutzen, für ihre eigene Entwicklung und für das Fortkommen der Organisation, in der sie tätig sind? Woran sollen sie sich orientieren, und wie kann man sie darin unterstützen? Welche arbeits-, organisations- und sozialpsychologischen Erkenntnisse und Methoden können hierzu einen Beitrag leisten? Einige davon haben wir in den voranstehenden Abschnitten beschrieben. Sie werden nachfolgend aus Sicht der Gestaltung und Steuerung von Gruppenarbeit in Organisationen weiterführend erörtert. Darüber hinaus müssen die Fähigkeiten und Fertigkeiten der Mitarbeiter immer komplexer werdenden und ständig wechselnden Aufgabenstellungen durch lebenslanges Lernen angepasst werden. Auch hierzu kann das Arbeiten in Gruppen etwas beitragen, wie wir in den Abschnitten über Kodetermination und Lernen in Gruppen zu zeigen versucht haben.

6.2 Autonomie

Aus arbeitspsychologischer Sicht ist die Kontrolle bzw. der Grad der Selbstorganisation, den Arbeitsgruppen bei der Aufgabenbearbeitung haben, ein zentraler Aspekt der Arbeitsgestaltung (vgl. Hertel & Scholl, 2006; Frese & Zapf, 1994). Kontrolle bezeichnet den Grad an Einfluss, den die Gruppenmitglieder auf die Bedingungen und ihre Handlungen in Bezug auf die Bearbeitung der Gruppenaufgabe haben, also das Ausmaß, in dem Gruppen individuelle und kollektive Handlungen selbst regulieren können. Es ist bekannt, dass ein hohes Maß an individueller Selbstkontrolle unter anderem Stress reduziert (vgl. Frese & Zapf, 1994), Eigeninitiative fördert (vgl. Fay & Frese, 2001) und sich positiv auf Gruppenleistungen auswirken kann (Leach, Wall, Rogelberg & Jackson, 2005). Neben Umweltcharakteristika (z. B. Marktbedingungen, Wettbewerb, verfügbare Ressourcen) und Merkmalen der Organisationskultur (vgl. Tannenbaum, Salas & Cannon-Bowers, 1996) hängt das Ausmaß an effektiver Kontrolle, das eine Gruppe zur Bearbeitung ihrer Aufgaben einsetzen kann, im Wesentlichen von vier Faktoren ab:

a) vom Ausmaß an *Autonomie*, das der Gruppe zugestanden wird,
b) vom Ausmaß an Unterstützung und effizienter Steuerung durch *Management und Führung*,
c) von den zur Motivation und Rückmeldungskontrolle eingesetzten *Entlohnungs- und Belohnungssystemen* und
d) vom Ausmaß an *Interdependenz zwischen verschiedenen Arbeitsgruppen.*

Unter dem Grad der *Autonomie* einer Gruppe verstehen wir das Ausmaß, in dem diese sich selbst Ziele setzt, verantwortlich für deren Umsetzung ist und die Ausführung überwachen kann. War das Konzept teilautonomer Arbeitsgruppen bis vor kurzem noch wenig verbreitet, so gewinnt es immer mehr an Attraktivität (vgl. Antoni & Bungard, 2004). Dies liegt sowohl an den zunehmend komplexeren Aufgabenstellungen, die an Gruppen herangetragen werden (Innovation, komplexe Entscheidungen, interdisziplinäre, interorganisationale und internationale Kollaboration), als auch daran, dass die positiven Effekte sich selbstregulierender Gruppen auf Motivation, Wohlbefinden, Lernen, Innovation und Persönlichkeitsentwicklung immer mehr in den Blickpunkt rücken (vgl. Hacker, 1998; Hackman & Oldham, 1980; Hackman, 1991).

Beispielsweise berichten Mierlo, Rutte, Seinen und Kompier (2001), dass Angestellte einer Supermarktkette, die in Teams mit einem höheren Grad an Autonomie arbeiten, motivierter sind und weniger Stress empfinden. Dieser Zusammenhang wird durch das Empfinden, mehr Kontrolle, geringere Arbeitsbelastung, abwechslungsreichere Arbeit und bessere Beziehungen zu anderen Gruppenmitgliedern zu haben, hergestellt (mediiert). Andererseits spielt ein größerer Grad an Autonomie, insbesondere bei der Bearbeitung komplexer Aufgaben (z. B. bei der Software- und Produktentwicklung oder bei der Arbeit in virtuellen Teams) eine wesentliche Rolle (vgl. Konradt & Hertel, 2002). Vorgesetzte haben oftmals auch nicht die technische Expertise, die die Gruppenmitglieder besitzen. Daher müssen diese in gewissem Maße selbst entscheiden können, wie sie die Gruppenaufgabe lösen und bearbeiten wollen. So konnten zum Bespiel Leach et al. (2005) nachweisen, dass Wissen, Fertigkeiten und Fähigkeiten (engl.: *knowledge, skills, abilities; KSA*) als Mediatoren des Zusammenhangs zwischen Autonomie und Gruppenleistung fungieren. Je mehr Autonomie einer Gruppe zugestanden wird, desto mehr setzen die Gruppenmitglieder ihre KSAs (soweit vorhanden) ein, was wiederum zu einer höheren Gruppenleistung beiträgt. Folgt man Ulich (2001), wirkt sich ein Mehr an Autonomie längerfristig gesehen auch positiv auf die Persönlichkeitsentwicklung der Gruppenmitglieder aus.

Auf der anderen Seite ist zu berücksichtigen, dass ein hohes Maß an Autonomie auch zu Leistungseinbußen führen kann, nämlich dann, wenn die Gruppenmitglieder sich gegenseitig quasi „blind" vertrauen. So fand Langfred (2004) bei der Untersuchung von 76 MBA-Studententeams, die an einem Wettbewerb teilnahmen und vier Business-Fälle lösen mussten, dass der Zusammenhang zwischen hoher individuell wahrgenommener Autonomie und Gruppenleistung dann am größten war, wenn sich die Gruppenmitglieder gegenseitig kontrollierten, also eine maßvolle Skepsis den Arbeitsleistungen ihrer Studienkollegen gegenüber an den Tag legten.

6.3 Management und Führung

Autonomie wird sich nur dann umfassend positiv auswirken können, wenn (teil-)autonome bzw. selbstorganisierte Arbeitsgruppen aktiv vom Management unterstützt werden. Dabei spielen die durch das Management bereitgestellten Ressourcen, wie etwa Entlohnungs- und Rückmeldungssysteme (vgl. Abschnitt 6.4) sowie der Zugang der Mitarbeiter zu Informationen, Trainings- und Entwicklungsmöglichkeiten eine wesentliche Rolle (vgl. Antoni & Bungard, 2004; Hackman, 1987; Wageman, 2001).

Wageman (2001) untersuchte dieses Beziehungsgefüge in 34 teilautonomen Arbeitsgruppen und konnte zeigen, dass jene Arbeitsgruppen, deren Teamstruktur eine klare Passung mit der Aufgabenstruktur aufwies und die darüber hinaus gruppenbasiert entlohnt wurden, sowie benötigte Trainings, Informationen und Ressourcen vom Management zur Verfügung gestellt bekamen, effektiver waren und die Gruppenmitglieder zufriedener waren als Vergleichsgruppen mit jeweils niedriger Ausprägung der genannten Merkmale. Seibert, Silver und Randolph

(2004) ergänzten diese Ergebnisse, in dem sie 50 Forschungs- und Entwicklungs-Teams (F & E-Teams) untersuchten. Zum einen war ein direkter Zusammenhang zwischen einem Klima des „Empowerment" (das Management unterstützt aktiv Gruppenarbeit sowie einen hohen Grad an Autonomie und sorgt dafür, dass die dazu nötigen Ressourcen verfügbar sind) und der Gruppenleistung feststellbar. Zum anderen zeigte sich, dass das Ausmaß der individuell wahrgenommenen Kontrolle Zusammenhänge zwischen Empowerment und der individuellen Leistung und Zufriedenheit teilweise mediiert, d. h. Unterstützung durch das Management, die gleichzeitig nicht auch wahrnehmbar und erfahrbar ist, wirkt weniger stark.

Beide Studien zeigen, dass es eine ganze Reihe von Gestaltungsmöglichkeiten seitens des Managements gibt, durch die die Passung zwischen Aufgaben- und Gruppenstruktur erhöht werden kann. Diese lassen sich außerdem um das, was zuvor über das Fördern von Prozessgewinnen und über die Reduktion von Prozessverlusten gesagt wurde, ergänzen, indem weitere Gestaltungsmöglichkeiten in Betracht gezogen werden: zum Beispiel Motivationsgewinne fördern (z. B. Wir-Gefühl durch räumliche Nähe zwischen Gruppenmitgliedern herstellen) oder Motivationsverluste verringern (z. B. klare Rollen und Ziele setzen, Partizipation fördern, vgl. auch Abschnitt 5.3).

In anderer Hinsicht bedeutsam für die am Führungsprozess orientierte Gestaltung des organisationalen Kontexts, in dem Gruppenarbeit stattfindet, ist eine Studie von Erez, Lepine und Elms (2002). Sie untersuchten selbstorganisierte studentische Lerngruppen, deren Zweck der Austausch von lernstoffrelevanten Informationen sowie Diskussion und die kollektive Bearbeitung von bewerteten Gruppenaufgaben war. Gruppen, in denen die Führungsrolle im Turnus zwischen verschiedenen Studierenden rotierte, zeigten mehr Partizipation, mehr Mitglieder kamen gleichermaßen häufig zu Wort, und es wurde mehr kooperiert als in Gruppen, in denen die Leitung quasi naturwüchsig vom dominantesten Mitglied durchgehend übernommen wurde.

Die Art und Weise wie Führungsverantwortung in Gruppen verteilt wird, hat offensichtlich Auswirkungen auf die Qualität der Gruppenprozesse und Performanz. Deshalb wird in jüngerer Zeit der klassischen „Great man"-Führungsphilosophie, wonach stets *eine* Person führt, die besser informiert, kompetenter und zuversichtlicher als andere Gruppenmitglieder ist (oder sich so gibt), um das Konzept der *geteilten Führung* (engl.: *shared leadership*) erweitert. Bradford und Cohen (1984) argumentieren beispielsweise, dass die dominierende und oftmals romantisierte Vorstellung eines „heroic leader" die positiven Effekte von Empowerment und verteilten Führungsfunktionen unterminiert. Zur analogen Unterscheidung von „*leader* development" versus „*leadership* development" empfiehlt sich der Übersichtsartikel von Day (2001).

Sowohl der Begriff der *geteilten Führung* (*shared leadership*, vgl. Pearce & Sims, 2000) als auch der Begriff der *Teamführung* (*team leadership*, vgl. Sivasubramaniam, Murry, Avolio & Jung, 2002) bezeichnet weitgehend das Gleiche, nämlich eine Verteilung von Führungsfunktionen und Verantwortung, bei der das Führungsverhalten verschiedener Personen aufeinander abgestimmt werden muss und dies von allen Beteiligten entsprechend wahrgenommen wird. Das Ausmaß, in dem beides der Fall ist, steht in engem Zusammenhang mit der Gruppenleistung.

Vor diesem Hintergrund sind die Ergebnisse von West, Borril, Dawson, Brodbeck, Shapiro und Haward (2003) relevant. In interdisziplinären Gruppen mit geteilter Führung (183 Arbeitsgruppen aus drei verschiedenen Arbeitsbereichen des britischen Gesundheitssystems) erwies sich eine konsensuale Klarheit der Gruppenmitglieder darüber, wer wofür die Führungsrolle übernimmt, sowie die Abwesenheit von Führungskonflikten als zentraler Prädiktor von Gruppenleistung (z. B. Innovation). Des Weiteren wurde gezeigt, dass dieser Zusammenhang durch Merkmale des Gruppenprozesses (z. B. Partizipation, Kommitment, gegenseitige Unterstützung) mediiert wird.

Neben der Gestaltung des organisationalen Kontexts, der Aufgabenstruktur und der Gruppenstruktur durch das Management (*vertikale Führung*, vgl. Pearce, 2004) gibt es eine Reihe weiterer Funktionen, die durch Führung in Gruppen unterstützt werden können. Da es sich hierbei vor allem um steuernde Einflüsse während des aktuellen Handlungsvollzugs in Gruppen handelt, bezeichnen wir dies in Anlehnng an Pearce (2004) als *horizontale Führung*.

Bei kollektiver Wissensarbeit in Gruppen (z. B. Problemlösen, Entscheidungs- und Urteilsfindung zu einzelnen oder mehreren aufeinanderfolgenden Gelegenheiten), vor allem wenn es sich um interdisziplinäre Gruppen handelt, hat horizontale Führung die Funktion, den effektiven Austausch von in der Regel auf verschiedene Gruppenmitglieder verteilten Ideen, Perspektiven, Meinungen und Wissen zu befördern. Auch geht es darum, die Gruppe auf das Aufgabenziel fokussiert zu halten, den Austausch aufgabenrelevanter Beiträge zu fördern und diese während der Diskussion (oder von einer Sitzung zur anderen) dem kollektiven Gedächtnis verfügbar zu halten (vgl. Fleishman, Mumford, Zaccaro, Levin, Korotkin & Hein, 1991; Larson & Christensen, 1993).

In einer Studie über medizinische Diagnoseteams (bestehend aus unterschiedlichen Experten) untersuchten Larson, Christensen, Abbott und Franz (1996), wie besonders erfahrene Mediziner als Diskussionsleiter Gruppenprozesse steuern, um auf Basis der auf verschiedene Experten verteilten Informationen möglichst hochwertige diagnostische Gruppenentscheidungen herbeizuführen. Die erfahrenen Mediziner wiederholten beispielsweise mit zunehmender Häufigkeit jene Informationen, die nur von einzelnen Personen beigesteuert wurden (sog. *ungeteilte Informationen*). Außerdem fragten sie signifikant häufiger nach Fakten als andere Gruppenmitglieder. In einer Replikationsstudie zeigten sich die gleichen Befunde, wobei außerdem ein positiver Zusammenhang zwischen dieser Art des Informationsmanagements und der Qualität der Gruppendiagnose festzustellen war (Larson, Christensen, Franz & Abbott, 1998).

Beide Untersuchungen zusammengenommen zeigen, wie Prozessverluste in Gruppen, die bei der kollektiven Informationsverarbeitung häufig auftreten, durch horizontale Führung verringert oder sogar eliminiert werden können. Larson, Foster-Fishman und Franz (1998) untersuchten auch die Produktivität von direktiven versus partizipativen Führungsverhaltensweisen, wiederum in interdisziplinären Entscheidungsgruppen mit verteilten Ressourcen. Sofern der Diskussionsleiter besser informiert war als die übrigen Gruppenmitglieder, erwiesen sich direktive Führungsverhaltensweisen als vorteilhafter für die Qualität der Gruppenentscheidung. Waren direktive Diskussionsleiter hingegen schlechter oder gleich gut (bzw. bruchstückhaft) informiert wie die verbleibenden Gruppenmitglieder, dann hatte dies besonders negative Folgen für die Qualität der Gruppenentscheidung. Dies war bei partizipativer Führung unter den gleichen Bedingungen nicht der Fall. Im Gegenteil, unter partizipativer Führung wurden geteilte wie ungeteilte Informationen gleichermaßen berücksichtigt. Direktive Diskussionsleiter versuchten hingegen ihre Position zu „verkaufen", indem sie ihre eigenen (einzigartigen) Informationen, die für ihre Position sprachen, besonders betonten und häufiger vorbrachten, was in einer verzerrten Informationsverarbeitung und verminderter Entscheidungsqualität der Gruppen resultierte. Diese Befunde stehen im Einklang mit der Beobachtung von Vroom und Jago (1988), dass autokratische Formen der Entscheidungsfindung in Gruppen nur dann von Vorteil sind, wenn die Führungsperson über alle wesentlichen Informationen und die Kompetenz verfügt, um richtige Entscheidungen zu treffen.

In Situationen, in denen Informationen auf verschiedenen Personen verteilt sind und eine Integration möglichst vieler Wissensbestandteile, Sichtweisen und Meinungen notwendig ist, um hochwertige Entscheidungen zu treffen, sind demnach partizipative Führungsverhaltensweisen von Vorteil, insbesondere dann, wenn die Diskussionsleitung nicht besser informiert ist (oder sein kann, da es sich um Multiexpertengruppen handelt) als alle anderen Teilnehmer. Darüber, wie sich kollektive Entscheidungsprozesse unter verteilten Wissensressourcen verbessern lassen, informieren umfassend Brodbeck et al. (2007).

Die Bedeutung horizontaler Führung für die effektive Steuerung von Gruppenprozessen ist auch für Gruppenarbeit belegt, bei der manuelle und kognitive Tätigkeitsanteile kombiniert werden. Komaki und Minnich (2002) fertigten

Videoaufnahmen von Segelcrews an, während sie ein Rennen fuhren. Das Führungsverhalten des Skippers wurde alle 15 Sekunden kategorisiert, womit sich zwei zentrale Funktionen der Steuerung des Gruppenprozesses identifizieren ließen: (a) *Monitoring* des kollektiven Tätigkeitsflusses und (b) *Feedback* über tatsächliche *und* potenzielle Handlungskonsequenzen im Zusammenhang mit den gestellten Aufgabenzielen geben. Des Weiteren ließ sich durch Zeitreihenanalysen zeigen, dass der Skipper die jeweiligen Anteile dieser Steuerungsfunktionen, je nachdem, welche Aufgabenanforderungen gerade besonders relevant waren, flexibel änderte.

Durch horizontale Führung lassen sich auch sozioemotionale Prozesse in Gruppen regulieren. Pirola-Merlo, Härtel, Mann und Hirst (2002) untersuchten sogenannte transformationale Führungsverhaltensweisen (Vision vermitteln, durch Inspiration motivieren, intellektuelle Stimulation, individuelles Coaching, vgl. Bass, 1985) im Hinblick auf ihre regulative Funktion von Emotionen, die beim Überwinden von Barrieren bei der Zusammenarbeit gezeigt werden. Anhand einer Stichprobe von 54 F&E-Projektgruppen war feststellbar, dass transformationale Führung das Teamklima (d. h. Kommunikationshäufigkeit, geteilte Vision, Aufgabenziele, partizipative Sicherheit) verbessert und damit auch die Gruppenleistung. Weitere Analysen zeigten, dass transformationale Führung die negativen Wirkungen von Emotionen, die als Folge von Barrieren bei der Arbeit (z. B. technische Probleme, mangelnde Verfügbarkeit von Arbeitskräften, Konflikte, Arbeitsüberlastung) entstehen, auf die Gruppenleistung reduziert.

Zusammenfassend lässt sich sagen, dass horizontale Führung zur Synchronisation kollektiver Handlungen und kollektiver Informationsverarbeitung beitragen kann, indem sie Prozessverluste minimiert und Prozessgewinne fördert. Durch dezentralisiert ausgeführte und aufeinander abgestimmte Führungsfunktionen und partizipatives Führungsverhalten werden verteilte Ressourcen und divergierende Perspektiven, vor allem in interdisziplinären Gruppen, besser genutzt. Und durch ein stetiges Augenmerk auf die Aufgabenziele, durch das Bereitstellen von Informationen über individuelle und kollektive Leistungen, durch Coaching und das Vermitteln von Strategien für die Bewältigung von Emotionen, die mit Barrieren und Konflikten auftreten, lässt sich Gruppenleistung insgesamt fördern.

Eine häufig unterschätzte Funktion von Management und Führung (vertikale und horizontale Führung) ist das Fördern von individuellen und kollektiven Lernprozessen. Für die Entwicklung und Aufrechterhaltung leistungsfähiger und innovativer Arbeitssysteme in einer komplexen, globalisierten und sich stetig verändernden Umgebung ist es wichtig, dass eine hohe Lernorientierung durch Management und Führung systematisch gefördert wird (Bunderson & Sutcliffe, 2003). Im Einzelnen bedeutet dies, Zusammenarbeit und gegenseitiges Lernen sowie dezentralisierte Strukturen der Kommunikation und Führung zu fördern statt direktive und zentralisierte Strukturen. Beispielsweise sind dezentralisierte transaktive Wissenssysteme, in denen die Gruppenmitglieder ihre individuellen Wissensressourcen untereinander austauschen, weniger anfällig für Störungen als ein Wissenssystem mit zentraler Führungsfunktion (Wissensaustausch findet im Wesentlichen zwischen einer Person und allen anderen statt). Eine zentrale Führungsfunktion ist bei Überlastung oder fehlerhafter Funktion aufgrund fehlender Redundanz im Gesamtsystem nicht umgehbar oder ersetzbar.

Im Zusammenhang damit steht das von Weisband (2002) propagierte Konzept eines sozial geteilten Bewusstseins über kollektive Handlungen in Gruppen („shared awarenes about what others actually do"), das mit der Gruppenleistung räumlich verteilter Arbeitsgruppen in Zusammenhang steht. Anhand studentischer Arbeitsgruppen zeigt Weisband, dass sich ein sozial geteiltes Bewusstsein über kollektive Handlungen durch Führung systematisch fördern lässt, etwa indem Rückmeldung über Leistungsfortschritte sowie Probleme Einzelner anderen Gruppenmitgliedern mitgeteilt werden, sodass durch gegenseitige Unterstützung besondere Arbeitsbelastungen ausgleichbar sind. Interessanterweise zeigte sich auch, dass, je mehr dieser Führungsaufgaben unter den Gruppenmitgliedern geteilt wahrgenommen werden, desto besser die Leistung der gesamten Gruppe ist.

In diesem Zusammenhang ist es wichtig darauf hinzuweisen, dass das proaktive Fördern entsprechender Einstellungen und Fertigkeiten bei den einzelnen Gruppenmitgliedern sowie entsprechender Normen und Rollenverteilungen auf Gruppenebene Zeit und Aufwand in Anspruch nehmen, was sich erst nach einiger Zeit amortisieren kann (nach dem Motto „Synergy is not for free", Brodbeck, 1999). Derartige Investitionen zahlen sich insbesondere bei neu gegründeten Arbeitsgruppen aus sowie bei räumlich verteilten, interdisziplinären oder inter-kulturellen Gruppen (Early & Gibson, 2002).

Generell sollten Management und Führung nicht nur am Individuum orientierte Trainings- und Entwicklungsmöglichkeiten fördern (I-I-Transfer), sondern auch eine kollaborative Lernorientierung, sodass sich die Gruppenmitglieder (a) gegenseitig unterstützen und voranbringen (G-I-Transfer), (b) ihre individuellen Ressourcen sowie ihre Arbeitsstrategien und Verhaltensweisen bei der sozialen Interaktion an die kollektiven Handlungsprozesse flexibel anpassen können (G-IG-Transfer) und (c) durch systematische Reflexion des Gruppengeschehens ihre transaktiven Wissenssysteme und ihre kollektiven Arbeitsstrategien weiterentwickeln (G-G-Transfer). Je mehr Unterstützung diese sozial vermittelten Formen des Lernens durch Management und Führung erfahren, desto mehr kollektive Ressourcen (man könnte auch „social capital" dazu sagen, vgl. Day, 2001) stehen zur Verfügung, um effektive gegenseitige Hilfe und

Fehlerkorrektur sowie flexiblen Rollentausch und geteilte Führung zu praktizieren. Barrieren und Probleme lassen sich dadurch in selbstorganisierten Gruppen schneller antizipieren und flexibler begegnen.

6.4 Ent- und Belohnungssysteme

Ent- und Belohnungssysteme können aus arbeitspsychologischer Sicht als Anreize verstanden werden, die das Verhalten der Mitarbeiter verstärken und gegebenenfalls modifizieren, sodass Aufgabenausführung und Zielerreichung besser sichergestellt werden können (vgl. Stajkovic & Luthans, 1997). Insofern stellen sie einen Regulationsmechanismus dar, mit dem vor allem das *Verhalten* und die *Motivation* von Mitarbeitern beeinflusst werden. In Gruppen sollten sich Anreize darüber hinaus auch noch dazu nutzen lassen, die Kommunikation, Koordination und Kodetermination der Mitarbeiter bzw. ihrer Ressourcen zu verbessern. Um Empfehlungen abzuleiten, wie Organisationen und ihre Führungskräfte Entlohnungs- und Belohnungssysteme gestalten und einsetzen können, gehen wir zunächst darauf ein, welche Arten von Anreizen es gibt und wie sie auf individuelles und kollektives Handeln wirken.

Nach Stajkovic und Luthans (1997) wirken sich Anreize dann positiv auf das Verhalten von Mitarbeitern aus, wenn die in Aussicht gestellten Ent- und Belohnungen für den Mitarbeiter einen entsprechend hohen Stellenwert besitzen und darüber hinaus Informationen bereitstellen, welches Verhalten entlohnt bzw. belohnt wird. Die Autoren unterscheiden dabei drei Arten von Anreizen: (a) monetäre Anreize (z. B. Bezahlung, Preise und bezahlter Urlaub), (b) nicht monetäre Anreize (z. B. objektive und leistungsbezogene Rückmeldungen) und (c) soziale Anreize (z. B. Lob, Anerkennung, Beförderungen, Auszeichnungen, Freizeit). In der von ihnen durchgeführten Metaanalyse zeigt sich, dass im Produktionssektor eine Kombination monetärer, nicht monetärer und sozialer Anreize die individuelle Leistung am stärksten fördert. Im Servicesektor wirkt sich dagegen eine Kombination sozialer und monetärer Anreize am förderlichsten auf die individuelle Leistung aus, wobei objektive und leistungsbezogene Rückmeldungen die positiven Effekte sozialer und monetärer Anreize leicht abschwächen. Stajkovic und Luthans erklären dies damit, dass es im Servicesektor in der Regel schwieriger ist, spezifische, akkurate und auf die Aufgabe bezogene Rückmeldung zu geben.

Was die Förderung des kollektiven Handelns in Gruppen angeht, genügt es nicht, sich auf Anreize für individuelles Arbeitshandeln zu beschränken. Beispielsweise ist gesondert zu klären, welcherart Anreize die Kooperation in Gruppen verbessern (vgl. Antoni & Bungard, 2004) und Motivationsverluste verringern können (vgl. Hertel & Scholl, 2006). Rein individuelle Ent- und Belohnungssysteme scheinen sich eher negativ auf gruppenspezifische Leistungen auszuwirken (Lawler, 2000), da sie beispielsweise Wettbewerb und Einzelkämpfertum fördern und daher Kooperationen innerhalb der Gruppe behindern (Hertel & Scholl, 2006) und auch zu Konflikten führen können (Hackman, 1987).

Eine empirische Klärung, wie man die Effektivität kollektiven Handelns durch Anreize am besten fördern kann, steht zwar bisher noch aus (DeMatteo, Eby & Sundstrom, 1998), jedoch deuten einige Befunde daraufhin, dass sich bei interdependenten Gruppenaufgaben eine Kombination von individuellen und Gruppenanreizen stärker positiv auf die Gruppenleistung auswirkt als rein individuelle Anreize (vgl. DeShon, Kozlowski, Schmidt, Milner & Wiechmann, 2004; Wageman, 2001). Der Anteil der flexiblen Entlohnung an der Gesamtentlohnung wird in der Regel zwischen 15 und 30 % angesetzt. Dieser Anteil sollte sich den oben angestellten Überlegungen zufolge aus zwei Anteilen zusammensetzen; ein Anteil wird für besondere individuelle Leistungen, der andere Anteil für besondere Beiträge zur Gruppenleistung ausgeschüttet (vgl. Lawler, 2000).

Was einen gegebenenfalls unterschiedlichen Einsatz monetärer, nicht monetärer (z. B. Feedback) und sozialer Anreize (z. B. Lob) zur Förderung von Gruppenarbeit angeht, gibt es bisher noch keine systematischen Untersuchungen. Im Einklang mit dem gerade angesprochenen Prinzip sollte gelten, dass alle Arten sowohl individuell als auch gruppenbasiert eingesetzt werden können (vgl. DeShon et al., 2004).

Von Ent- und Belohnungssystemen, die sich an kollektiven Leistungen orientieren, erwartet man eine Reduktion von Prozessverlusten, wie etwa dem „social loafing" (Erez & Somech, 1996), was in Labor- und Feldexperimenten auch schon demonstriert werden konnte (Wageman & Baker, 1995, 1997). Allerdings ist bekannt, dass gruppenbasierte Anreizsysteme zu unerwünschten sozialen Vergleichsprozessen führen können. Beispielsweise fühlen sich manche Mitarbeiter unterbezahlt, weil sie zu Recht oder zu Unrecht der Ansicht sind, sie hätten mehr zum Erreichen des Gruppenzieles beigetragen als andere. Dadurch kann es zu Spannungen innerhalb der Gruppe kommen und zur Leistungszurückhaltung *(sucker effekt)*. Snell und Dean (1994) schlagen daher wiederum eine Kombination vor, d. h. sowohl gute Gruppenleistungen als auch besondere Einzelleistungen sollten belohnt werden. Folgt man Lind und Tyler (1988), ist es in diesem Zusammenhang nicht nur wichtig, dass Belohnungen fair verteilt werden *(distributive Gerechtigkeit)*, sondern es ist auch wichtig, dass die Art und Weise, wie dies geschieht, als fair und transparent von den Mitarbeitern wahrgenommen wird *(prozessurale Gerechtigkeit)*.

Transparenz und Fairness kann dadurch hergestellt werden, dass die Kriterien, nach denen Leistung beurteilt wird, offengelegt und Gruppenmitglieder bei der

Bewertung von Kollegen einbezogen werden. Dazu stehen zwei bereits in der Praxis erprobte Verfahren zur Verfügung: ProMES und die 360°-Grad-Feedback-Methode.

ProMES ist ein Instrument, womit sich evaluieren lässt, wie gut eine Gruppe oder Abteilung einer Organisation seine Ressourcen nutzt, um ihre Ziele zu erreichen (Pritchard, 1995). Dabei bestimmen Mitarbeiter und Management gemeinsam, welche Leistungsindikatoren in das Instrument mit aufgenommen werden und zu welchem Grade diese Kriterien dann in der täglichen Arbeit erfüllt werden müssen. ProMES ermöglicht es dann, ein detailliertes Feedback zu erstellen, das der Gruppe rückgemeldet werden kann.

Um zu bestimmen, was im Einzelnen jeder Mitarbeiter zur gesamten Gruppenleistung beigetragen hat, bietet sich die 360°-Grad-Feedback-Methode an (vgl. Smither, London, Vasilopoulos, Reilly, Millsap & Salvemini, 1995). Indem andere Gruppenmitglieder Kunden, Vorgesetzte und untergebene Mitarbeiter bewerten, entsteht ein insgesamt umfassenderes und zum Teil auch objektiveres Bild (durch Ausgleich idiosynkratischer Sichtweisen). Zu beachten ist hierbei, dass Gruppen unterschiedliche, teilweise sogar widersprüchliche Ziele verfolgen, je nachdem, welche ihrer Klienten *(stakeholder)* betrachtet werden. Bereits dadurch kann es zu teilweise recht unterschiedlichen Beurteilungen sowohl individueller als auch kollektiver Leistungen beim 360°-Grad-Feedback kommen. Den daraus gegebenenfalls entstehenden Konflikten kann durch Leistungsziel- und Kriteriengewichtungen, die sich wiederum mit Verfahren aus ProMES generieren lassen, entgegengewirkt werden.

6.5 Intergruppenbeziehungen

Obwohl die Zusammenarbeit mit anderen Gruppen in Organisationen eine entscheidende Rolle spielt und dies im Zuge der Einführung teambasierter Organisationsformen (bedingt durch Globalisierung, „grenzenlose“ Organisation, vermehrte Partnerschaften und Netzwerke zwischen Organisationen) noch an Bedeutung gewinnen sollte, finden sich zu diesem Thema kaum empirische Untersuchungen. Bleiben wir beim einfachen Fall der intraorganisationalen Zusammenarbeit zwischen Gruppen, zum Beispiel bei der Einführung eines neuen Produkts oder einer neuen Dienstleistung: Die F&E-Abteilung entwickelt ein neues Produkt, die Marketingabteilung sammelt Informationen darüber, wie das Produkt vermarktet werden kann, die Finanzabteilung ermittelt, ob und wie es finanzierbar ist und die Produktionsabteilung ist dafür verantwortlich, dass es effizient und hochwertig produziert werden kann. Da die Zielstellungen jeder Partei unterschiedlich, teilweise sogar widersprüchlich sind (F&E will den neuesten Stand von Technik und Design nutzen, Marketing will die ermittelten Wünsche der Kunden verwirklicht sehen, die Finanzabteilung will Kosten reduzieren, und die Produktionsabteilung will Hochwertiges möglichst reibungslos produzieren), kann dies zu Konflikten und Effektivitätsverlusten führen. Es geht hier also um die Frage, wie die unterschiedlichen Ziele verschiedener Gruppen koordiniert und integriert werden können, sodass die Organisation als Ganzes und deren Mitarbeiter profitieren.

Zu diesen Fragestellungen kann man die sozialpsychologische Forschung über Intergruppenbeziehungen und Intergruppeneffektivität konsultieren. Beispielsweise stellen Knippenberg (2003) sowie Richter, West, Dick und Dawson (2006) unter Verwendung der Theorie Sozialer Identität soziale Kategorisierungsprozesse als besonders bedeutsam für eine effektive Zusammenarbeit zwischen Gruppen in Organisationen heraus. Identifizieren sich Mitglieder sehr stark mit der eigenen Gruppe oder Abteilung, dann sind sie ihren unmittelbaren Kollegen gegenüber eher positiv voreingenommen *(in-group favourism)* und Mitgliedern anderer Gruppen und Abteilungen gegenüber eher negativ voreingestellt *(out-group discrimination)*. Diese auch in vielen anderen sozialen Kontexten beobachtbaren Voreingenommenheiten führen zu Konflikten zwischen Abteilungen und damit auf Organisationsebene zu Effektivitätsverlusten.

Eine empirische Untersuchung, die sich direkt mit dem Thema der Effektivität von Intergruppenbeziehungen beschäftigt, wurde von Richter et al. (2006) an 50 Gruppen im Gesundheitswesen, die in 37 Dyaden zusammenarbeiteten, durchgeführt. Dabei zeigte sich, dass, je stärker sich Mitglieder mit ihrer eigenen Gruppe identifizieren, desto geringer ist die Effektivität der Zusammenarbeit mit der jeweils anderen Gruppe. Interessant ist allerdings, dass in jenen Gruppen, in denen sich die Mitglieder auch sehr stark mit der gesamten Organisation identifizieren, ein positiver Zusammenhang zwischen der Identifikation mit der eigenen Gruppe und der Intergruppeneffektivität besteht. Diese Ergebnisse zeigen zweierlei: Erstens scheint es möglich zu sein, sich sowohl mit der eigenen Gruppe bzw. Abteilung als auch mit der Organisation als Ganzes zu identifizieren. Zweitens kann eine übergeordnete, an der Organisation orientierte, soziale Identität helfen, Leistungsverluste bei der Zusammenarbeit zwischen Gruppen bzw. Abteilungen zu reduzieren bzw. in Leistungsgewinne zu verwandeln. Dabei spielt ein effektives und effizientes *Boundary Management* eine entscheidende Rolle.

Beim Boundary Management geht es darum, wie Intergruppenbeziehungen bestmöglich gestaltet und gesteuert werden können (vgl. Druskat & Wheeler, 2003). Jenen Gruppenmitgliedern, die besonders häufig mit anderen Gruppen und Vertretern des Managements zusammentreffen (sog. *boundary spanner*), fallen dabei vielfältige Schnittstellenfunktionen zu, z. B. soziale Allianzen mit dem Management und anderen Gruppen zu bilden, um Informationen und Ressourcen aus anderen Bereichen zu beschaffen, die ihre Gruppe benötigt, um ihre eigenen Aufgaben effizient, effektiv und erfolgreich (wiederum für andere) zu bearbeiten sowie eine reibungsarme Zusammenarbeit zwischen ihren Gruppen und anderen Bereichen sicherzustellen, etwa durch frühzeitiges Erkennen von Konfliktpotenzialen und Bewältigen von Intergruppenkonflikten. Derartige Aktivitäten profitieren natürlich von guten sozialen Kompetenzen auf Seiten der *boundary spanner*, sodass sowohl die Eigengruppe als auch die anderen Gruppen davon überzeugt werden können, dass ein gewisses Vertrauen sowie informationale Transparenz und die prinzipielle Bereitschaft, eigene freie Ressourcen mit anderen Gruppen um der Profitabilität des gesamten Unternehmens willen zu teilen, für alle von Vorteil sind.

Damit wird auch beim Thema Intergruppenziehungen, welches über das Arbeiten *in* Gruppen im engeren Sinne hinausgeht, nochmals deutlich, dass sozialen Kompetenzen seitens der Mitarbeiter und der sozialen Interaktion in und zwischen Gruppen eine wesentliche Rolle für die Prosperität von Organisationen und ihren Mitarbeitern zukommt. Ein höheres Maß an Autonomie und Selbstregulation in Arbeitsgruppen ist deshalb nicht nur im Zusammenhang mit einem Mehr an Flexibilität und Innovationskraft in Gruppen zu sehen, sondern auch mit einer zunehmend vernetzten Handlungsregulation, Informationsverarbeitung und Führung zwischen Gruppen und Organisationen.

7 Ausblick

Bedenkt man, dass Wissensarbeit, Aufgabenkomplexität und organisationale Vernetzung in den nächsten Jahren noch weiter ansteigen werden, wird deutlich, dass die soziale Interaktion innerhalb und zwischen Gruppen an Bedeutung gewinnen wird. Deshalb sollte von Organisationen ein ansteigendes Interesse an Forschungsprojekten gezeigt werden, die sich mit der effektiven Gestaltung, Steuerung und Optimierung von sozialen Interaktionsprozessen bei der Arbeit beschäftigen. Die Bedeutung, die dabei einer (im vorliegenden Kapitel lediglich skizzierten) Sozial- und Arbeitspsychologie der Gruppe zukommen kann, wird unseres Erachtens vor allem davon abhängen, inwieweit es gelingt, Theorien und Modelle zur effektiven, effizienten und persönlichkeitsförderlichen Gestaltung der Arbeit in (und zwischen) Gruppen weiterzuentwickeln und in die Praxis zu übertragen.

Wir sind davon überzeugt, dass es bei einer arbeitspsychologischen Untersuchung von Gruppenarbeit vor allem darum gehen sollte, die zugrunde liegenden psychischen *und* sozial interaktiven Strukturen und Prozesse aufzuklären und theoretisch zu integrieren. Wir hoffen, mit den hier dargelegten Modellen und empirischen Befunden einen ersten Schritt in diese Richtung gesetzt zu haben. Wir haben versucht, Gruppen als Systeme individueller *und* kollektiver Handlungen zu beschreiben, die individual- *und* sozialpsychologischen Gesetzmäßigkeiten folgen, die es zu beachten gilt, wenn mit arbeitspsychologischen Verfahren Prozessverluste minimiert und Prozessgewinne maximiert werden sollen. Des Weiteren hoffen wir, auch hinreichend deutlich gemacht zu haben, dass Arbeitsgestaltung mit Organisationsgestaltung eng verbunden ist. Vor diesem Hintergrund geht es vor allem darum, die Arbeit in Gruppen effektiv und persönlichkeitsförderlich zu gestalten und zu steuern. Wir sind zuversichtlich, dass das hier präsentierte heuristische Modell der kollektiven Handlungsregulation in Gruppen zusammen mit den referierten theoretischen Konzepten, empirischen Befunden und Gestaltungsempfehlungen uns diesem Ziel in Zukunft noch ein wenig näher bringen kann.

Literatur

Adler, P. S. & Borrys, B. (1996). Two types of bureaucracy: Enabling and coercive. *Administrative Science Quarterly, 41,* 61–89.

Adler, P. S. & Cohen, R. E. (1993). Designed for learning: A tale of two auto plants. *Sloan Management Review, 34,* 85–94.

Allen, N. J. & Hecht, T. D. (2004). The ‚romance of teams': Toward an understanding of its psychological underpinnings and implications. *Journal of Occupational and Organizational Psychology, 77,* 439–461.

Antoni, C. H. (1995a). Gruppenarbeit in Deutschland – eine Bestandsaufnahme. In K. J. Zink (Hrsg.), *Erfolgreiche Konzepte der Gruppenarbeit – aus Erfahrung lernen* (S. 23–37). Neuwied: Luchterhand.

Antoni, C. H. (1995b). Gruppenarbeitskonzepte im Rahmen von Lean Management. In W. Bungard (Hrsg.), *Lean Management* (S. 93–112). Weinheim: Beltz.

Antoni, C. H. & Bungard, W. (2004). Arbeitsgruppen. In H. Schuler (Hrsg.), *Organisationspsychologie – Gruppe und Organisation* (Enzyklopädie der Psychologie, Serie Wirtschafts-, Organisations- und Abreitspsychologie, Bd. 4, S. 129–191). Göttingen: Hogrefe.

Applebaum, E. & Batt, R. (1994). *The new American workplace. Transforming work systems in the United States.* Ithaca, NY: ILR.

Argote, L. (1993). Group and organizational learning curves: Individual, system and environmental components. *British Journal of Social Psychology, 32,* 31–51.

Argote, L. & Epple, D. (1990). Learning curves in manufacturing. *Science, 247,* 920–923.

Austin, J. R. (2003). Transactive memory in organizational groups: The effects of content, consensus, specialization, and accuracy on group performance. *Journal of Applied Psychology, 88,* 866–878.

Bandura, A. (1986). *Social foundations of thought and action. A social cognitive theory.* Englewood Cliffs, NJ: Prentice-Hall.

Barnlund, D. C. (1959). A comparative study of individual, majority, and group judgement. *Journal of Abnormal and Social Psychology, 58,* 55–60.

Barrick, M. R., Stewart, G. L., Neubert, M. J. & Mount, M. K. (1998). Relating member ability and personality to work-team processes and team effectiveness. *Journal of Applied Psychology, 83,* 377–391.

Bass, B. M. (1985). *Leadership and performance beyond expectations.* New York, NY: Free Press.

Beal, D. J., Cohen, R. R., Burke, M. J. & McLendon, C. L. (2003). Cohesion and performance in groups: A meta-analytic clarification of construct relations. *Journal of Applied Psychology, 88,* 989–1004.

Bell, B. S. & Kozlowski, S. W. J. (2002). A typology of virtual teams: Implications for effective leadership. *Group and Organization Management, 27,* 14–49.

Benders, J., Huijgen, F. & Pekruhl, U. (2002). What do we know about the incidence of group work (if anything)? *Personnel Review, 31,* 371–385.

Blascovich, J., Mendes, W. B., Hunter, S.-B. & Salomon, K. (1999). Social „facilitation" as challenge and threat. *Journal of Personality and Social Psychology, 77,* 68–77.

Blascovich, J. & Tomaka, J. (1996). The biopsychosocial model of arousal regulation. In M. Zanna (Ed.), *Advances in experimental social psychology* (pp. 1–51). San Diego, CA: Academic Press.

Bond, C. F. & Titus, L. J. (1983). Social facilitation: A meta-analysis of 241 studies. *Psychological Bulletin, 94,* 265–292.

Bowers, C. A., Pharmer, J. A. & Salas, E. (2000). When member homogeneity is needed in work teams: A meta-analysis. *Small Group Research, 31,* 305–327.

Bradford, D. L. & Cohen, A. R. (1984). *Managing for excellence: The guide to developing high performance organizations.* New York, NY: Wiley.

Brandstätter, H. & Brodbeck, F. C. (2004). Problemlösen und Entscheiden in Gruppen. In H. Schuler (Hrsg.), *Organisationspsychologie – Gruppe und Organisation* (Enzyklopädie der Psychologie, Serie Wirtschafts-, Organisations- und Arbeitspsychologie, Bd. 4, S. 383–443). Göttingen: Hogrefe.

Brodbeck, F. C. (1996). Criteria for the study of work group functioning. In M. A. West (Ed.), *Handbook of work group psychology* (pp. 285–315). Chichester: Wiley.

Brodbeck, F. C. (1999). *„Synergy is not for free": Theoretische Modelle und experimentelle Untersuchungen über Leistung und Leistungsveränderung in aufgabenorientierten Kleingruppen.* Unveröffentlichte Habilitationsschrift, Ludwig-Maximilians Universität München.

Brodbeck, F. C. (2001). Communication and effectiveness in research and development: The case for software development projects. *The European Journal of Work and Organizational Psychology, 10,* 73–94.

Brodbeck, F. C. (2003). Analyse von Gruppenprozessen und Gruppenleistung. In H. Schuler (Hrsg.), *Lehrbuch Organisationspsychologie* (S. 415–435). Bern: Huber.

Brodbeck, F. C. & Greitemeyer, T. (2000a). A dynamic model of group performance: Considering the group members' capacity to learn. *Group Processes and Intergroup Relations, 3,* 159–182.

Brodbeck, F. C. & Greitemeyer, T. (2000b). Effects of individual versus mixed individual and group experience in rule induction on group member learning and group performance. *Journal of Experimental Social Psychology, 36,* 621–648.

Brodbeck, F. C., Guillaume, Y. R. F. & Lee, N. (2009). *Diversity as a multilevel construct: Predicting cross-level interaction effects on group member performance.* Manusrcipt submitted for publication.

Brodbeck, F. C., Kerschreiter, R., Mojzisch, A., Frey, D. & Schulz-Hardt, S. (2002). The dissemination of critical, unshared information in decision-making groups: The effects of prediscussion dissent. *European Journal of Social Psychology, 32,* 35–56.

Brodbeck, F. C., Kerschreiter, R., Mojzisch, A. & Schulz-Hardt, S. (2007). Group decision making under conditions of distributed knowledge: The information asymmetries model. *Academy of Management Review, 32,* 459–479.

Brown, R. (1993). *Group processes: Dynamics within and between groups.* Oxford: Blackwell.

Bunderson, J. S. & Sutcliffe, K. M. (2003). Management team learning orientation and business unit performance. *Journal of Applied Psychology, 88,* 552–560.

Casey, J. T., Gettys, C. F., Pliske, R. M. & Mehle, T. (1984). A partition of small group predecision performance into informational and social components. *Organizational Behavior and Human Performance, 34,* 112–139.

Chang, A., Bordia, P. & Duck, J. (2003). Punctuated equilibrium and linear progression: Toward a new understanding of group development. *Academy of Management Journal, 46,* 106–117.

Collins, B. E. & Guetzkow, H. (1964). *A social psychology of group processes for decision-making.* New York, NY: Wiley.

Cottrell, N. B. (1968). Performance in the presence of other human beings: Mere presence audience and affiliation effects. In E. C. Simmel, R. A. Hoppe & G. A. Milton (Hrsg.), *Social facilitation and imitative behavior* (pp. 245–250). Boston, MA: Allyn & Bacon.

Cranach, M. von (1992). The multi-level organisation of knowledge and action – An integration of complexity. In M. von Cranach, W. Doise & G. Mugny (Eds.), *Social representations and the social basis of knowledge* (pp. 10–22). Lewiston, NY: Hogrefe & Huber.

Cranach, M. von, Ochsenbein, G. & Valach, L. (1986). The group as a self active system: Outline of a theory of group action. *European Journal of Social Psychology, 16,* 193–229.

Davis, J. H. (1969). *Group performance.* Reading, MA: Addison-Wesley.

Day, D. V. (2001). Leadership development: A review in context. *Leadership Quarterly, 11,* 581–613.

DeDreu, C. K. W. & DeVries, N. K. (1996). Differential processing and attitude change following majority versus minority arguments. *British Journal of Social Psychology, 35,* 77–90.

DeMatteo, J.-S., Eby, L. T. & Sundstrom, E. (1998). Team-based rewards: Current empirical evidence and directions for future research. In B. M. Staw & L. L. Cummings (Eds.), *Research in organizational behavior* (pp. 141–183). Greenwich, CT: JAI.

Dennis, A. R. & Valacich, J. S. (1993). Computer brainstorms: More heads are better than one. *Journal of Applied Psychology, 78,* 531–537.

DeShon, R. P., Kozlowski, S. W. J., Schmidt, A. M., Milner, K. R. & Wiechmann, D. (2004). A multiple-goal, multilevel model of feedback effects on the regulation of individual and team performance. *Journal of Applied Psychology, 89,* 1035–1056.

Deutsch, M. & Gerard, H. B. (1955). A study of normative and informational social influences upon individual judgement. *Journal of Abnormal and Social Psychology, 51,* 629–636.

Dick, R. van & West, M. A. (2005). *Teamwork, Teamdiagnose, Teamentwicklung*. Göttingen: Hogrefe.

Diehl, M. & Stroebe, W. (1987). Productivity loss in brainstorming groups: Toward the solution of a riddle. *Journal of Personality and Social Psychology, 53,* 497–509.

Diehl, M. & Stroebe, W. (1991). Productivity loss in idea-generating groups: Tracking down the blocking effect. *Journal of Personality and Social Psychology, 61,* 392–403.

Dirks, K. T. (1999). The effects of interpersonal trust on work group performance. *Journal of Applied Psychology, 84,* 445–455.

Doise, W. (1990). The development of individual competencies through social interaction. In H. C. Foot, M. J. Morgan & R. H. Shute (Eds.), *Children helping children* (pp. 43–64). Chichester: Wiley.

Druskat, V. U. & Wheeler, J. V. (2003). Managing from the boundary: the effective leadership of self-managing work teams. *Academy of Management, 46,* 435–457.

Early, P. C. & Gibson, C. B. (2002). *Multinational work teams. A new perspective*. Mahwah, NJ: Erlbaum.

Emery, F. E. & Thorsrud, E. (1976). *Democracy at work. The report of the Norwegian industrial democracy programme*. Leiden: Nijhoff.

Erez, M. & Somech, A. (1996). Is group productivity loss the rule or the exception? Effects of culture and group-based motivation. *Academy of Management Journal, 39,* 1513–1537.

Erez, A., Lepine, J. A. & Elms, H. (2002). Effects of roated leadership and peer evaluation on the functioning and effectiveness of self-managed teams: A quasi experiment. *Personnel Psychology, 55,* 929–948.

Fay, D. & Frese, M. (2001). The concept of personal initiative: An overview of validity studies. *Human performance, 14,* 97–124.

Feldman, D. C. (1984). The development and enforcement of group norms. *Academy of Management Review, 9,* 47–53.

Festinger, L., Schachter, S. & Back, K. (1950). *Social pressures in informal groups. A study of human factors in housing*. New York, NY: Harper.

Fleishman, E. A., Mumford, M. D., Zaccaro, S. J., Levin, K. Y., Korotkin, A. L. & Hein, M. B. (1991). Taxonomic efforts in the description of leader behaviour: A synthesis and functional interpretation. *Leadership Quarterly, 2,* 245–287.

Frese, M. & Zapf, D. (1994). Action as the core of work psychology: A German approach. In H. C. Triandis, M. D. Dunnette & L. M. Hough (Eds.), *Handbook of industrial and organizational psychology* (Vol. 4, pp. 271–340). Palo Alto, CA: Consulting Psychologists Press.

Galegher, J., Kraut, R. E. & Egido, C. (1990). *Intellectual teamwork. Social and technological foundations of cooperative work*. Hillsdale, NJ: Erlbaum.

Gersick, C. J. G. (1988). Time and transition in work teams: Toward a new model of group development. *Academy of Management Journal, 31,* 9–41.

Gersick, C. J. G. (1989). Marking time: Predictable transitions in task groups. *Academy of Management Journal, 32,* 274–309.

Gersick, C. J. G. & Hackman, J. R. (1990). Habitual routines in task performing groups. *Organizational Behaviour and Human Decision Processes, 47,* 65–97.

Goodman, P. S. (1986). Impact of task and technology on group performance. In P. S. Goodman and Associates (Eds.), *Designing effective work groups* (pp. 120–167). San Francisco, CA: Jossey-Bass.

Griffin, M. A., Patterson, M. G. & West, M. A. (2001). Job satisfaction and teamwork: The role of supervisor support. *Journal of Organizational Behavior, 22,* 537–550.

Gruenfeld, D. H. & Hollingshead, A. B. (1993). Sociocognition in work groups: The evolution of group integrative complexity and its relation to task performance. *Small Group Research, 24,* 383–405.

Hacker, W. (1986). *Allgemeine Arbeitspsychologie. Psychische Regulation von Arbeitstätigkeiten.* Bern: Huber.

Hacker, W. (1994). Arbeitsanalyse zur prospektiven Gestaltung von Gruppenarbeit. In C. H. Antoni (Hrsg.), *Gruppenarbeit in Unternehmen* (S. 49–80). Weinheim: Beltz.

Hacker, W. (1998). *Allgemeine Arbeitspsychologie. Psychische Regulation von Arbeitstätigkeiten.* Bern: Huber.

Hackman, J. R. (1987). The design of work teams. In J. W. Lorsch (Ed.), *Handbook of organizational behavior* (pp. 315–342). Enlgewood Cliffs, NJ: Prentice-Hall.

Hackman, J. R. (1991). Group influences on individuals in organizations. In M. D. Dunnette & L. M. Hough (Eds.), *Handbook of industrial and organizational psychology* (Vol. 3, pp. 199–267). Palo Alto, CA: Consulting Psychologists Press.

Hackman, J. R., Brousseau, K. R. & Weiss, J. A. (1976). The interaction of task design and group performance strategies in determining group effectiveness. *Organizational Behaviour and Human Performance, 16,* 350–365.

Hackman, J. R. & Morris, C. G. (1975). Group tasks, group interaction process and group performance effectiveness: A review and proposed integration. In L. Berkowitz (Ed.), *Advances in experimental social psychology* (pp. 47–99). New York, NY: Academic Press.

Hackman, J. R. & Oldham, G. R. (1980). *Work redesign.* Reading, MA: Addison-Wesley.

Hackman, J. R. & Wageman, R. (2005). A theory of team coaching. *Academy of Management Review, 30,* 269–287.

Hall, J. & Watson, W. H. (1971). The effects of a normative intervention on group decision-making performance. *Human Relations, 23,* 299–317.

Harkins, S. & Szymanski, K. (1989). Social loafing and group evaluation. *Journal of Personality and Social Psychology, 56,* 934–941.

Harrison, D. A., Price, K. H. & Bell, M. P. (1998). Beyond relational demography: Time and the effects of surface- and deep-level diversity on work group cohesion. *Academy of Management Journal, 41,* 96–107.

Hertel, G. (2000). Motivation gains in groups: A brief review of the state of the art. *Zeitschrift für Sozialpsychologie, 31,* 169–175.

Hertel, G., Kerr, N. L. & Messé, L. A. (2000). Motivation gains in performance groups: Paradigmatic and theoretical developments on the Köhler effect. *Journal of Personality and Social Psychology, 79,* 580–601.

Hertel, G. & Scholl, W. (2006). Grundlagen der Gruppenarbeit in Organisationen. In B. Zimolong & U. Konradt (Hrsg.), *Ingenieurpsychologie* (Enzyklopädie der Psychologie, Serie Wirtschafts-, Organisations- und Arbeitspsychologie, Bd. 2, S. 181–216). Göttingen: Hogrefe.

Hewstone, M., Stroebe, W. & Jonas K. (2007). *Introduction to social psychology.* Oxford: Blackwell.

Hill, G. W. (1982). Group versus individual performance: Are N + 1 heads better than one? *Psychological Bulletin, 91,* 517–539.

Hinsz, V. B., Tindale, R. S. & Vollrath, D. A. (1997). The emerging conceptualization of groups as information processes. *Psychological Bulletin, 121,* 43–64.

Hollander, E. P. (1958). Conformity, status, idiosyncrasy credit. *Psychological Review, 65,* 117–127.

Ilgen, D. R., Hollenbeck, J. R., Johnson, M. & Jundt, D. (2005). Teams in organizations: From input-process-output models to IMOI models. *Annual Review of Psychology, 56,* 517–543.

Ingham, A. G., Levinger, G., Graves, J. & Peckham, V. (1974). The Ringelmann effect: Studies of group size and group performance. *Journal of Personality and Social Psychology, 10,* 371–384.

Jacobs, R. & Campbell, D. T. (1961). The perpetuation of an arbitrary tradition through several generations of a laboratory microculture. *Journal of Abnormal and Social Psychology, 82,* 649–658.

Janz, B. D., Colquitt, J. A. & Noe, R. A. (1997). Knowledge worker team effectiveness: The role of autonomy, interdependence, team development, and contextual support variables. *Personnel Psychology, 50,* 877–904.

Karau, S. J. & Williams, K. D. (1993). Social loafing: A meta-analytic review and theoretical integration. *Journal of Personality and Social Psychology, 65,* 681–706.

Karoly, L. A. & Panis, C. W. (2004). *The 21st century at work. Forces shaping the future workforce and workplace in the United States.* Santa Monica, CA: RAND.

Karpov, Y. V. & Haywood, H. C. (1998). Two ways to elaborate Vygotsky's concept of mediation: Implications for instruction. *American Psychologist, 53,* 27–36.

Kerr, N. L. (1983). Motivation losses in small groups: A social dilemma analysis. *Journal of Personality and Social Psychology, 45,* 819–828.

Kerr, N. L. & Bruun, S. E. (1983). The dispensability of member effort and group motivation losses: Free-rider effects. *Journal of Personality and Social Psychology, 44,* 78–94.

Kerr, N. L., MacCoun, R. & Kramer, G. P. (1996). Bias in judgment: Comparing individuals and groups. *Psychological Review, 103,* 687–719.

Klein, K. J., Tosi, H. & Cannella, A. A. Jr. (1999). Multilevel theory building: Benefits, barriers, and new developments. *Academy of Management Review, 24,* 243–248.

Knippenberg, D. van (2003). Intergroup relations in organizations. In M. West, D. Tjosvold & K. G. Smith (Eds.), *International handbook of organizational teamwork and cooperative working* (pp. 381–399). Chichester: Wiley.

Knippenberg, D. van, De Dreu, C. K. W. & Homan, A. C. (2004). Work group diversity and group performance: An integrative model and research agenda. *Journal of Applied Psychology, 89,* 1008–1022.

Knippenberg, D. van & Schippers, M. C. (2007). Work group diversity. *Annual Review of Psychology, 58,* 515–541.

Köhler, O. (1927). Über den Gruppenwirkungsgrad der menschlichen Körperarbeit und die Bedingung optimaler Kollektivkraftreaktion. *Industrielle Psychotechnik, 4,* 209–226.

Komaki, J. L. & Minnich, M. R. (2002). Cross currence at sea: The ebb and flow of leaders to the shifting demands of racing sailboats. *Group and Organisation Management, 27,* 113–141.

Konradt, U. & Hertel, G. (2002). *Management virtueller Teams.* Weinheim: Beltz.

Kozlowski, S. W. J. & Bell, B. S. (2003). Work groups and teams in organizations. In W. C. Borman, D. R. Ilgen & R. J. Klimoski (Eds.), *Handbook of psychology* (Vol. 12, pp. 333–375). Hoboken, NJ: Wiley.

Kravitz, D. A. & Martin, B. (1986). Ringelmann rediscovered: The original article. *Journal of Personality and Social Psychology, 50,* 936–941.

Langfred, C. W. (2004). Too much of a good thing? Negative Effects of high trust and individual autonomy in self-managing teams. *The Academy of Management Journal, 47,* 385–399.

Larson, J. R. Jr. & Christensen, C. (1993). Groups as problem-solving units: Toward a new meaning of social cognition. *British Journal of Social Psychology, 32,* 5–30.

Larson, J. R. Jr., Christensen, C., Abbott, A. S. & Franz, T. M. (1996). Diagnosing groups: Charting the flow of information in medical decision-making teams. *Journal of Personality and Social Psychology, 71,* 315–330.

Larson, J. R. Jr., Christensen, C., Franz, T. M. & Abbott, A. S. (1998). Diagnosing groups: The pooling, management, and impact of shared and unshared case information in team-based medical decision making. *Journal of Personality and Social Psychology, 75,* 93–108.

Larson, J. R. Jr., Foster-Fishman, P. G. & Franz, T. M. (1998). Leadership style and the discussion of shared and unshared information in decision-making groups. *Personality and Social Psychology Bulletin, 24,* 482–495.

Latané, B., Williams, K. & Harkins, S. (1979). „Many hands make light the work": The causes and consequences of social loafing. *Journal of Personality and Social Psychology, 37,* 822–832.

Laughlin, P. R. (1980). Social combination processes of cooperative problem-solving groups on verbal intellective tasks. In M. Fishbein (Hrsg.), *Progress in social psychology* (pp. 127–155). Hillsdale, NJ: Erlbaum.

Laughlin, P. R. (1996). Group decision making and collective induction. In E. H. Witte & J. H. Davis (Hrsg.), *Understanding group behavior* (Vol. 1, pp. 61–80). Mahwah, NJ: Erlbaum.

Laughlin, P. R. & Hollingshead, A. B. (1995). A theory of collective induction. *Organizational Behavior and Human Decision Processes, 61,* 94–107.

Laughlin, P. R. & Sweeney, J. D. (1977). Individual-to-group and group-to-individual transfer in problem solving. *Journal of Experimental Psychology: Human Learning and Memory, 3,* 246–254.

Lawler, E. E. (2000). *Rewarding excellence: Pay strategies for the new economy.* San Francisco, CA: Jossey-Bass.

Leach, D. J., Wall, T. D., Rogelberg, S. G. & Jackson, P. R. (2005). Team autonomy, performance, and member job strain: Uncovering the teamwork KSA link. *Applied Psychology: An international review, 54,* 1–24.

Levine, J. M., Resnick, L. B. & Higgins, E. T. (1993). Social foundations of cognition. *Annual Review of Psychology, 44,* 585–612.

Levitt, B. & March, J. G. (1988). Organizational learning. *Annual Review of Sociology, 14,* 319–340.

Lewis, K. (2003). Measuring transactive memory systems in the field: Scale development and validation. *Journal of Applied Psychology, 88,* 587–604.

Liang, D. W., Moreland, R. & Argote, L. (1995). Group versus individual training and group performance: The mediating factor of transactive memory. *Personality and Social Psychology Bulletin, 21,* 384–393.

Lind, E. A. & Tyler, T. R. (1988). *The social psychology of procedural justice.* New York, NY: Plenum.

MacNeil, M. & Sherif, M. (1976). Norm change over subject generations as a function of arbitrariness of prescribed norms. *Journal of Personality and Social Psychology, 58,* 812–822.

Macy, B. A. & Izumi, H. (1993). Organizational change, design, and work innovation: A meta-analysis of 131 North American field studies – 1961–1991. In R. W. Woodman & W. A. Pasmore (Eds.), *Research in organizational change and development* (pp. 235–313). Greenwich, CT: JAI.

Maier, N. R. F. (1970). *Problem-solving and creativity in individuals and groups.* Belmont, CA: Brooks/Cole.

McGrath, J. E. & Tschan, F. (2004a). Dynamics in groups and teams: Groups as complex action systems. In M. S. Poole & A. H. Van de Ven (Eds.), *Handbook of organizational change and development* (pp. 50–73). Oxford: Oxford University Press.

McGrath, J. E. & Tschan, F. (2004b). *Temporal matters in social psychology: Examining the role of time in lives of groups and individuals.* Washington, DC: APA.

Messé, L. A., Hertel, G., Kerr, N. L., Lount, R. B. Jr. & Park, E. S. (2002). Knowledge of partner's ability as a moderator of group motivation gains: Exploration of the Köhler discrepancy effect. *Journal of Personality and Social Psychology, 82,* 935–946.

Mierlo, H. van, Rutte, C. G., Seinen, B. & Kompier, M. (2001). Autonomous teamwork and psychological well-being. *European Journal of Work and Organizational Psychology, 10,* 291–301.

Milliken, F. J. & Martins, L. L. (1996). Searching for common threads: Understanding the multiple effects of diversity in organizational groups. *Academy of Management Review, 21,* 402–433.

Miner, F. C. (1984). Group versus individual decision making: An investigation of performance measures, decision strategies, and process losses/gains. *Organizational Behavior and Human Decision Processes, 33,* 112–124.

Moede, W. (1914). Der Wetteifer, seine Struktur und sein Ausmaß. Ein Beitrag zur experimentellen Gruppenarbeit. *Zeitschrift für Pädagogische Psychologie, 15,* 353–368.

Moreland, R. L., Argote, L. & Krishnan, R. (1996). Socially shared cognition at work: Transactive memory and group performance. In J. L. Nye & A. M. Brower (Eds.), *What's social about social cognition? Research on socially shared cognition in small groups* (pp. 57–84). Thousand Oaks, CA: Sage.

Morgeson, F. P. & Hofmann, D. A. (1999). The structure and function of collective constructs: Implications for multilevel research and theory development. *Academy of Management Review, 24,* 249–265.

Moscovici, S. (1980). Towards a theory of conversion behavior. In L. Berkowitz (Ed.), *Advances in experimental social psychology* (pp. 208–239). New York, NY: Academic Press.

Mullen, B. & Copper, C. (1994). The relation between group cohesiveness and performance: An integration. *Psychological Bulletin, 15,* 210–227.

Mullen, B., Johnson, C. & Salas, E. (1991). Productivity loss in brainstorming groups: A meta-analytic integration. *Basic and Applied Social Psychology, 12,* 3–24.

Nemeth, C. J. (1986). Differential contributions of majority and minority influence. *Psychological Review, 93,* 23–32.

Neuman, G. A. & Wright, J. (1999). Team effectiveness: Beyond skills and cognitive ability. *Journal of Applied Psychology, 84,* 376–389.

Newcomb, T. (1943). *Personality and social change.* New York, NY: Dryden.

Nijstad, B. A., Stroebe, W. & Lodewijkx, H. F. M. (2002). Cognitive stimulation and interference in groups: Exposure effects in an idea generation task. *Journal of Experimental Social Psychology, 38,* 535–544.

Nye, J. L. & Brower, A. M. (1996). *What's social about social cognition? Research on socially shared cognition in small groups.* Thousand Oaks, CA: Sage.

Osborn, A. F. (1957). *Applied imaginations.* New York, NY: Scribner's.

Paris, C. R., Salas, E. & Cannon-Bowers, J. A. (2000). Teamwork in multi-person systems: A review and analysis. *Ergonomics, 43,* 1052–1075.

Paulus, P. B. & Dzindolet, M. T. (1993). Social influence processes in group brainstorming. *Journal of Personality and Social Psychology, 64,* 575–586.

Paulus, P. B. & Yang, H.-C. (2000). Idea generation in groups: A basis for creativity in organizations. *Organizational Behavior and Human Decision Processes, 82,* 76–87.

Pearce, C. L. (2004). The future of leadership: Combining vertical and shared leadership to transform knowledge work. *Academy of Management Executive, 19,* 47–57.

Pearce, C. L. & Sims, H. P. (2000). Shared leadership: Toward a multi-level theory of leadership. *Team Development, 7,* 115–139.

Perlmutter, H. V. (1953). Group memory of meaningful material. *The Journal of Psychology, 35,* 361–370.

Pirola-Merlo, A., Härtel, C., Mann, L. & Hirst, G. (2002). How leaders influence the impact of affective events on team climate and performance in R&D teams. *The Leadership Quarterly, 13,* 561–581.

Pritchard, R. D. (1995). Organizational productivity. In M. D. Dunnette & L. M. Hough (Eds.), *Handbook of industrial and organizational psychology* (Vol. 3, pp. 443–471). Palo Alto, CA: Consulting Psychologists Press.

Pryer, M. W. & Bass, B. M. (1959). Some effects of feedback on behavior in Groups. *Sociometry, 22,* 56–63.

Richter, A. W., West, M. A., Dick, R. van & Dawson, J. F. (2006). Boundary spanners' identification, intergroup contact, and effective intergroup relations. *Academy of Management Journal, 49,* 1252–1269.

Ringelmann, M. (1913). Recherches sur les moteurs animés: Travail de l'homme [Research on animate sources of power: The work of man]. *Annales d l'Institut National Agronomique, 2e série-tome XII,* 1–40.

Sacco, J. M. & Schmitt, N. (2005). A dynamic multilevel model of demographic diversity and misfit effects. *Journal of Applied Psychology, 90,* 203–231.

Salas, E., Rozell, D., Driskell, J. E. & Mullen, B. (1999). The effect on team building on performance: An integration. *Small Group Research, 30,* 309–329.

Sanders, G. S. (1981). Driven by distraction: An integrative review of social facilitation theory and research. *Journal of Experimental Social Psychology, 17,* 227–251.

Sanna, L. J. (1992). Self-efficacy theory: Implications for social facilitation and social loafing. *Journal of Personality and Social Psychology, 62,* 774–786.

Schulz-Hardt, S. & Brodbeck, F. C. (2007). Group performance and leadership. In M. Hewstone, W. Stroebe & K. Jonas (Eds.), *Introduction to Social Psychology.* Oxford: Blackwell.

Schulz-Hardt, S., Brodbeck, F. C., Mojzisch, A., Kerschreiter, R. & Frey, D. (2006). Group decision making in hidden profile situations: Dissent as a facilitator for decision quality. *Journal of Personality and Social Psychology, 91,* 1080–1093.

Seashore, S. E. (1954). *Group cohesiveness in the industrial work group.* Ann Arbor, MI: Michigan University Press.

Seibert, S. E., Silver, S. R. & Randolph, W. A. (2004). Taking empowerment to the next level: A multiple-level model of empowerment, performance, and satisfaction. *Academy of Management Journal, 47,* 332–349.

Shaw, M. E. (1932). A comparison of individuals and small groups in the rational solution of complex problems. *American Journal of Psychology, 44,* 491–504.

Shepperd, J. A. (1993). Productivity loss in performance groups: A motivation analysis. *Psychological Bulletin, 113,* 67–81.

Sivasubramaniam, N., Murry, W. D., Avolio, B. J. & Jung, D. I. (2002). A longitudinal model of the effects of team leadership and group potency on group performance. *Group and Organization Management, 27,* 66–96.

Smither, J., London, M., Vasilopoulos, N., Reilly, R. R., Millsap, R. & Salvemini, N. (1995). An examination of the effects of an upward feedback program over time. *Personnel Psychology, 48,* 1–34.

Snell, S. A. & Dean, J. W. J. (1994). Strategic compensation for integrated manufacturing: The moderating effects of jobs and organizational inertia. *Academy of Management Journal, 37,* 1109–1140.

Stajkovic, A. D. & Luthans, F. (1997). A meta-analysis of the effects of organizational behavior modification on task performance, 1975–95. *Academy of Management Journal, 40,* 1122– 1149.

Stasser, G., Stewart, D. D. & Wittenbaum, G. M. (1995). Expert roles and information exchange during discussion: The importance of knowing who knows what. *Journal of Experimental Social Psychology, 31,* 244–265.

Stasson, M. F. & Bradshaw, S. D. (1995). Explanations of individual-group performance differences. What sort of „bonus" can be gained through group interaction. *Small Group Research, 26,* 296–308.

Staudinger, U. M. & Baltes, P. B. (1996). Interactive minds: A facilitative setting for wisdom-related performance? *Journal of Personality and Social Psychology, 71,* 746–762.

Steiner, I. D. (1972). *Group process and productivity.* New York, NY: Academic Press.

Stroebe, W., Diehl, M. & Abakoumkin, G. (1996). Social compensation and the Köhler effect: Toward a theoretical explanation of motivation gains in group productivity. In E. Witte & J. H. Davis (Eds.), *Understanding group behavior* (Vol. 2, pp. 37–65). Hillsdale, NJ: Erlbaum.

Stroebe, W. & Frey, B. (1982). Self-interest and collective action: The economics and psychology of public goods. *British Journal of Social Psychology, 21,* 121–137.

Sundstrom, E., de Meuse, K. P. & Futrell, D. (1990). Work teams: Applications and effectiveness. *American Psychologist, 45,* 120–133.

Tajfel, H. (1978). Social categorization, social identity, and social comparison. In H. Tajfel (Ed.), *Differentiation between social groups: Studies in social psychology of intergroup relations* (pp. 61–76). London: Academic Press.

Tannenbaum, S. I., Salas, E. & Cannon-Bowers, J. A. (1996). Promoting team effectiveness. In M. A. West (Ed.), *Handbook of work group psychology* (pp. 503–528). Chichester: Wiley.

Thorndike, R. L. (1938). On what type of task will a group do well? *Journal of Abnormal and Social Psychology, 33,* 409–413.

Tindale, R. S. (1993). Decision errors made by individuals and groups. In J. Castellan (Ed.), *Current issues in individual and group decision making research* (pp. 109–124). Hillsdale, NJ: Erlbaum.

Torrance, E. P. (1954). Some consequences of power differences in decision making in permanent and temporary three-man groups. *Research Studies, State College of Washington, 22,* 130–140.

Triplett, N. (1898). The dynamogenic factors in pacemaking and competition. *American Journal of Psychology, 9,* 507–533.

Tschan, F. & Cranach, M. von (1996). Group task structure, process and outcome. In M. A. West (Ed.), *Handbook of work group psychology* (pp. 95–121). Chichester: Wiley.

Tsui, A. S., Egan, T. D. & O'Reilly, C. A. (1992). Being different: Relational demography and organizational attachment. *Administrative Science Quarterly, 37,* 549–579.

Tuckman, B. W. & Jensen, M. A. C. (1977). Stages of small-group development revisited. *Group and Organization Studies, 2,* 419–427.

Turner, J. C., Hogg, M. A., Oakes, P. J., Reicher, S. D. & Wetherell, M. S. (1987). *Rediscovering the social group: A self-categorization theory.* Oxford: Blackwell.

Ulich, E. (2001). *Arbeitspsychologie.* Stuttgart: Schäffer-Poeschel.

Vallacher, R. R. & Nowak, A. (1994). *Dynamical systems in social psychology.* New York, NY: Academic Press.

Van Dyne, L. & Saavedra, R. (1996). A naturalistic minority influence experiment: Effects on divergent thinking, conflict and originality in work groups. *British Journal of Social Psychology, 35,* 151–167.

Vroom, V. H. & Jago, A. G. (1988). *The new leadership. Managing participation in organizations.* Englewood Cliffs, NJ: Prentice-Hall.

Vygotsky, L. S. (1978). *Mind in society. The development of higher psychological processes.* Cambridge, MA: Harvard University Press.

Wageman, R. (2001). How leaders foster self-managing team effectiveness: Design choices versus hands-on coaching. *Organization Science, 12,* 559–577.

Wageman, R. & Baker, R. (1995). Interdependence and group effectiveness. *Administrative Science Quarterly, 40,* 145–180.

Wageman, R. & Baker, R. (1997). Incentives and cooperation: The joint effects of task and reward interdependence on group performance. *Journal of Organizational Behavior, 18,* 139–158.

Watson, W. E., Kumar, K. & Michaelson, L. K. (1993). Cultural diversity's impact on interaction process and performance: Comparing homogenous and diverse task groups. *Academy of Management Journal, 35,* 91–121.

Webber, S. S. & Donahue, L. M. (2001). Impact of highly and less job-related diversity on work group cohesion and performance: A meta-analysis. *Journal of Management, 27,* 141–162.

Wegner, D. M. (1986). Transactive memory: A contemporary analysis of the group mind. In B. Mullen & G. R. Goethals (Eds.), *Theories of group behavior* (pp. 85–208). New York, NY: Springer.

Weisband, S. (2002). Maintaining awareness in distributed team collaboration: Implications for leadership and performance. In P. Hinds & S. Kiesler (Eds.), *Distributed work* (pp. 311–333). Cambridge, MA: MIT.

Weldon, E. & Gargano, G. M. (1988). Cognitive loafing: The effects of accountability and shared responsibility on cognitive effort. *Personality and Social Psychology Bulletin, 14,* 159–171.

West, M. A. (1996). Reflexivity and work group effectiveness: A conceptual integration. In M. A. West (Ed.), *Handbook of work group psychology* (pp. 555–579). Chichester: Wiley.

West, M. A., Borrill, C. S., Dawson, J. F., Brodbeck, F. C., Shapiro, D. A. & Haward, B. (2003). Leadership clarity and team innovation in health care. *Leadership Quarterly, 14,* 393–410.

West, M. A., Borrill, C. S. & Unsworth, K. L. (1998). Team effectiveness in organizations. In C. L. Cooper & I. T. Robertson (Eds.), *International review of industrial and organizational psychology* (pp. 1–48). Chichester: Wiley.

West, M. A., Brodbeck, F. C. & Richter, A. W. (2004). Does the ‚romance of teams' exist? The effectiveness of teams in experimental and field settings. *Journal of Occupational and Organizational Psychology, 77,* 467–473.

West, M. A. & Farr, J. L. (1990). *Innovation and creativity at work. Psychological and organizational strategies.* Chichester: Wiley.

West, M. A. & Markiewicz, L. (2004). *Building team-based working.* Oxford: Blackwell.

Wilke, A. & van Knippenberg, A. (1996). Gruppenleistung. In W. Stroebe, M. Hewstone, J.-P. Codol & G. M. Stephenson (Hrsg.), *Sozialpsychologie* (S. 455–502). Berlin: Springer.

Williams, K. D. & Karau, S. J. (1991). Social loafing and social compensation: The effects of co-worker performance. *Journal of Personality and Social Psychology, 61,* 570–581.

Williams, K. Y. & O'Reilly, C. A. (1998). Demography and diversity in organizations. A review of 40 years of research. In B. M. Staw & L. L. Cummings (Eds.), *Research in organizational behavior* (pp. 77–140). Greenwich, CT: JAI.

Witte, E. H. (1989). Köhler rediscovered: The anti-Ringelmann effect. *European Journal of Social Psychology, 19,* 147–154.

Womack, J. P., Jones, D. T. & Roos, D. (1991). *Die zweite Revolution in der Automobilindustrie.* Frankfurt a. M.: Campus.

Woolley, A. W. (1998). Effects of intervention content and timing on group task performance. *Journal of Applied Behavioral Science, 34,* 30–49.

Yetton, P. W. & Bottger, P. C. (1982). Individual versus group problem solving: An empirical test of a best member strategy. *Organizational Behavior and Human Performance, 29,* 307–321.

Zajonc, R. B. (1965). Social facilitation. *Science, 149,* 269–274.

Ziegler, R., Diehl, M. & Zijlstra, G. (2000). Idea production in nominal and virtual groups: Does computer-mediated communication improve group brainstorming? *Group Processes and Intergroup Relations, 3,* 141–158.

Zohar, D. (2000). A group-level model of safety climate: Testing the effect of group climate on microaccidents in manufacturing jobs. *Journal of Applied Psychology, 85,* 587–596.

Teil II
Ausgewählte Themen der Arbeitspsychologie

7. Kapitel

Sozialisationsprozesse bei der Arbeit

Bärbel Bergmann

1 Einleitung

Mit Sozialisation wird ein lebenslanger Prozess der Prägung und Beeinflussung des Individuums durch seine Umwelt bezeichnet. Die Sozialisationsforschung stammt aus den Disziplinen Soziologie und Psychologie und ist seit den 40er Jahren des 20. Jahrhunderts ein interdisziplinäres Thema in den Sozialwissenschaften. In diesem Aufsatz wird zunächst der Sozialisationsbegriff erläutert und daran anschließend die Sozialisation durch Arbeit als Teilgebiet der Sozialisationsforschung beschrieben. Es folgt ein Überblick über theoretische Konzepte zur Erklärung von Sozialisationsprozessen. Das Attraction-Selection-Attrition-Modell, zur Erklärung von Sozialisation herangezogene Lerntheorien einschließlich des Konzepts der Expertiseforschung, die Handlungstheorie und die Rollentheorie werden skizziert. Danach wird der empirische Forschungsstand zur Beschreibung und Begründung von Sozialisationsprozessen in der Arbeit und durch Rahmenbedingungen von Arbeit dargestellt. Zum Schluss werden Wandlungen in den Sozialisationsbedingungen erläutert, die aus den aktuellen Veränderungen in der Arbeitswelt resultieren.

2 Sozialisationsbegriff

Die Entwicklung von Verhaltensmustern, von Fähigkeiten, Werten und Motiven erfolgt in der Auseinandersetzung mit den entsprechenden Maßstäben der Gesellschaft. Damit bezeichnet Sozialisation die Formung des Menschen durch seine soziale und kulturelle Umwelt und orientiert auf eine makroskopische Betrachtung der individuellen Entwicklung. Schulze und Künzler (1998) formulieren: „Sozialisation hat die Aufgabe, Werte und Fähigkeiten zu vermitteln und auf diese Weise die Kontinuität der Gesellschaft zu sichern" (S. 129).

Wichtige Sozialisationsinstanzen sind demzufolge in der Entwicklung des Individuums zunächst die Familie, später die Schule, Gruppen, Ausbildungseinrichtungen, Hochschulen und Universitäten, Organisationen und Institutionen, in denen Erwerbsarbeit stattfindet, aber auch Massenmedien und kulturelle Rahmenbedingungen. Eine primäre Sozialisation im Kindesalter wird von einer sekundären Sozialisation durch die Schule, durch Gruppen, durch Partnerschaft, durch Unternehmen unterschieden. Sozialisation beschreibt die Aneignung sozialer Wirklichkeit im Entwicklungsprozess des Individuums. Dabei sind Beobachtung und Nachahmung die Hauptmechanismen. Auf diese Weise wird implizites Wissen erworben. Heinz (1990) definiert „Sozialisation als Bildungsprozess des Subjekts, der sich auf der Grundlage seiner biologischen Ausstattung durch Tätigkeit und Kommunikation unter gesellschaftshistorischen Lernbedingungen mit dem Ziel der Identitäts- und Fähigkeitsentwicklung vollzieht" (S. 988).

Zu Beginn der Sozialisationsforschung standen entwicklungspsychologische Fragen des Kindesalters, untersucht am Beispiel der Sprachentwicklung, im Vordergrund. Später wurde der Gegenstandsbereich der Sozialisation erweitert und in mehrere Themen gegliedert: geschlechtsspezifische, schichtspezifische, kognitiv-sprachliche, kulturvergleichende, politische Sozialisation, Erwachsenensozialisation und berufliche Sozialisation (Geulen, 1998).

Inzwischen ist Sozialisation ein Oberbegriff für Entwicklungsprozesse des Menschen, die sich bei seiner aktiven Auseinandersetzung mit der sozialen und dinglichen Umwelt vollziehen. Dabei besteht das Ziel, „die gesellschaftliche Bedingtheit von individuellen Entwicklungsprozessen nachzuzeichnen" (Hurrelmann & Ulich, 1998, S. 4).

In diesem Zusammenhang wird das Mitgliedwerden Heranwachsender in Gruppen bzw. Strukturen der Gesellschaft als wesentlicher Vorgang der Sozialisation betrachtet. Ungleich verteilte Chancen dafür und unterschiedliche Gruppen oder Kulturen, in die Menschen integriert werden, sind als unterschiedliche Sozialisationsbedingungen begründet. In dieser generellen Sichtweise gibt es verschiedene Schwerpunktsetzungen. Hurrelmann und Ulich (1998) unterscheiden eine subjektbezogene Perspektive, welche die Entwicklung von Handlungskompetenzen eines Individuums in Abhängigkeit von der konkreten, gesellschaftlich mitbedingten Umwelt erklären will, von einer institutionenbezogenen Perspektive, welche die Vermittlung von Werthaltungen und Kulturtechniken an die jeweils nachfolgende Generation betrachtet, und einer kulturbezogenen Perspektive, die „Kultur als Inbegriff geteilter Bedeutungen und Bedeutungszuschreibungen“ (S. 8) versteht, wobei Gruppen, soziale Schichten, Institutionen usw. als Träger einer Kultur verstanden werden.

Wirkungen der Umwelt auf das Individuum funktionieren nicht deterministisch in einer Richtung, sondern in Entwicklungsprozessen bestehen auch umgekehrte Wirkungen, nämlich solche vom Individuum auf seine Umgebung. Sozialisationskonzepte betonen die Aktivität des Menschen. Hurrelmann (2002) spricht vom Modell der produktiven Realitätsverarbeitung. In der Realität sind diese einzelnen Wirkungen in komplexe Interaktionen, d. h. in Form von Wechselwirkungen zwischen Umwelt und Individuum integriert. In sehr abstrakter Form befassen sich auch Gesellschaftstheorien mit der Sozialisation. Die Formung und Entwicklung der Identität durch die gesellschaftlichen Verhältnisse wird thematisiert. Mit Ulich (1998) kann zusammengefasst werden: „Sozialisationstheorien ist gemeinsam, dass sich Individuen und die sie umgebende Gesellschaft zu ihrer Entwicklung gegenseitig brauchen“ (S. 57).

3 Sozialisation durch Arbeit

3.1 Erläuterung des Phänomens

Sozialisation durch Arbeit beschreibt Prozesse, durch die ein Individuum Aufgabenwissen, soziales Wissen, Verhaltensweisen und Einstellungen erwirbt, die erforderlich sind, um als Mitglied einer Organisation tätig zu sein (van Maanen & Schein, 1979; Morrison, 1993). Heinz (1998) spricht von beruflicher Sozialisation und definiert sie als „Aneignungs- und Veränderungsprozess von Fähigkeiten, Kenntnissen, Motiven, Orientierungen und Deutungsmustern, die in der Arbeitstätigkeit eingesetzt werden können“ (S. 397 ff.).

Damit wird auf vielfältige komplexe Lernprozesse als Mechanismen verwiesen, die aber weitgehend ungeplant ohne Curriculum erfolgen (Lempert, 2002). Durch sie erwerben Arbeitende ein Gerüst an Wissen, Werten und Normen für das Umgehen mit Anforderungen in ihrer Arbeit und für die Koordinierung mit anderen Mitgliedern der Organisation. Es wird davon ausgegangen, dass diese Lernprozesse abhängig sind vom Inhalt der Arbeit und von Eigenschaften der Organisation. Diese Abhängigkeit kann sich in Behinderungen oder in Förderungen des Lernens und der Motivation zu lernen äußern. Im Zeitalter der industriellen Massenproduktionen wurde der eingeschränkte Freiraum zur Entfaltung der Person thematisiert (Fordismus, Taylorismus). In fehlenden oder nur sehr geringen Möglichkeiten zum Einsatz und zur Entwicklung von Wissen und Fähigkeiten und in mangelnder Kontrolle bei taktgebundener partialisierter Arbeit wurden Mechanismen für negative Wirkungen auf den Menschen gesehen (Frese, 1979).

Als klassisches Beispiel für die Illustration von Behinderungen von Lernprozessen durch die Arbeit gilt die Studie von Meissner (1971) an Industriearbeitern eines Holz verarbeitenden Betriebes. In dieser Studie sind Lernbehinderungen beschrieben, die aufgrund technischer Zwänge, welche durch den Arbeitstakt, durch räumliche Beschränkungen und eine Abhängigkeit von der Arbeitsleistung anderer entstehen. Die Folge sind Einschränkungen der Arbeitenden in ihrer sozialen Interaktion bei der Arbeit, und diese Einschränkungen zeigten sich auch bei Kontakten außerhalb der Arbeit. Das Fazit der Studie mündete in die Metapher vom „langen Arm der Arbeit" und benannte Wirkungen von der Arbeit in die arbeitsfreie Zeit hinein.

Umgekehrt ist erwiesen, dass Menschen ein besonderes Arbeitsumfeld benötigen, um außergewöhnliche Leistungen zu vollbringen. Für Wissenschaftler und auch für Künstler ist die Entwicklung von Höchstleistungen an die Zugehörigkeit zu Arbeitsgruppen bzw. Institutionen gebunden, welche die Möglichkeit zur vertieften Auseinandersetzung mit Aufgaben und der Rückkopplung an Spitzenstandards bieten.

3.2 Vorberufliche Sozialisation

Eine vorberufliche Sozialisation wird von der Sozialisation unterschieden, die mit dem Eintritt in das Erwerbsleben beginnt (Heinz, 1998). Wirkungen der vorberuflichen Sozialisation werden mit Einflüssen aus dem Elternhaus, mit den Arbeitserfahrungen und beruflichen Werdegängen der Eltern und den daraus entstehenden Rückwirkungen auf das Familienleben beschrieben. Berufliche Orientierungen, aber auch berufliche Werthaltungen und Erwartungen an den anzustrebenden beruflichen Status beginnen sich bereits in der Herkunftsfamilie zu entwickeln. Sie sind besonders dort ausgeprägt, wo Berufe oder Arbeitsplätze „vererbt" werden, wie es in Familienunternehmen der Fall ist oder auch in Betrieben, die über Generationen hinweg in einer Region ein wichtiger Arbeitgeber sind. Zusätzlich werden Einflüsse der Schule sowie die Berufsfindung und Ausbildung als Sozialisationsinstanzen beschrieben (Hoff, Lempert & Lappe, 1991) und es wird darauf hingewiesen, dass diese Einflüsse nicht spezifisch, sondern eher als Ensemble wirken.

Eine Beteiligung von Sozialisationsprozessen wird bereits an der Berufswahl begründet, die nicht als einmaliger Akt, sondern als langfristiger Prozess mit mehreren Entscheidungen für eine Laufbahn oder auch für Berufswechsel charakterisiert ist. Ältere Berufswahltheorien sind Zuordnungstheorien, die auf der Annahme basieren, dass stabile Eigenschaften einer Person in Übereinstimmung mit dem Anforderungsprofil eines Berufs zu bringen sind. Die Selbstkonzepttheorie von Super (1957, 1981) und die daraus entwickelte Kongruenztheorie von Holland (1985, 1996) gehören dazu. Holland unterscheidet sechs Persönlichkeitstypen, nämlich den realistischen, intellektuellen, sozialen, konventionellen, unternehmerischen oder künstlerischen Menschen und unterstellt, dass diese Typen durch bestimmte Interessen, Einstellungen und Kompetenzen gekennzeichnet sind. Zusätzlich wird angenommen, dass berufliche Umwelten auf die gleiche Weise klassifiziert werden können und dass Vorhersagen der Berufswahl und Berufszufriedenheit aus der Kongruenz der Person-Umwelt-Beziehung ableitbar sind.

Diesen Theorien liegt die Annahme der weitgehenden Konstanz und Unabhängigkeit sowohl der berufsrelevanten Persönlichkeitsmerkmale als auch der Berufsmerkmale zugrunde, die schwer aufrecht zu erhalten ist. Demgegenüber betonen allokationstheoretische Ansätze die Bedeutung sozialer Selektionsprozesse und von ökonomischen sozialen Bedingungen wie z. B. lokalen Wirtschaftsstrukturen und der Arbeitsmarktlage (Potocnik, 1993; Seifert, 1988). Entwicklungspsychologische Theorien der Berufswahl (Ginzberg, Ginsburg, Axelrad & Herma, 1951) verweisen darauf, dass im Prozess der individuellen Entwicklung Selbstkonzepte und Persönlichkeitseigenschaften verändert werden können und dass die Berufswahl auch deshalb als Entwicklungsprozess zu verstehen ist, weil sie sich häufig als Kompromiss zwischen Interessen, Fähigkeiten und Werthaltungen eines Individuums auf der einen Seite und den gegebenen Bedingungen auf der anderen Seite gestaltet. Die Längsschnittstudie von Häfeli, Kraft und Schallberger (1988) zeigt, dass Berufswahlentscheidungen und Sozialisationseffekte im Sinne einer unterschiedlichen Weiterentwicklung von Fähigkeiten je nach Anforderungen im gewählten Beruf miteinander verzahnt sind und sich gegenseitig verstärken. In der arbeitssoziologischen Forschung werden geschlechts- und schichtspezifische Einflussfaktoren thematisiert, die oft soziale Ungleichheit reproduzieren. Mit der Aussage, dass „berufliche Arbeit zentral in der Persönlichkeit verankert ist", fasst Christian Bergmann (2004) Befunde zur Bedeutung der Berufswahl zusammen. Die Funktion von beruflichen Wahl- und Entscheidungsprozessen für die Entwicklung der Persönlichkeit wird damit unterstrichen.

3.3 Sozialisation neuer Mitarbeiter

Sozialisationsprozesse in der Arbeit sind insbesondere bei der Integration neuer Mitarbeiter in Organisationen relevant. Dabei werden Stadienmodelle beschrieben. Wanous (1992) verweist auf vier Stadien. Das erste ist die Konfrontation eines neuen Mitarbeiters mit der Unternehmensrealität, die charakterisiert ist durch das Spannungsfeld zwischen den Erwartungen an die Tätigkeit und den tatsächlichen Bedingungen. Im negativen Fall kann sich diese Spannung als Praxisschock äußern. Die Einführung in die Aufgaben, der Aufbau sozialer

Kontakte im direkten Arbeitsumfeld mit dem Erreichen von Rollenklarheit beschreiben das zweite Stadium. Die Integration in das gesamte Unternehmen einschließlich der Bewältigung von Konflikten zwischen den Anforderungen des Unternehmens und dem Privatleben stellen das dritte Stadium dar und die Bewertung des Sozialisationserfolgs als Akzeptanz im Unternehmen sowie die Herausbildung einer Identifikation mit dem Unternehmen sind das vierte. Ein Sozialisationsprozess ist abgeschlossen, wenn ein Mitarbeiter zum „Insider" geworden ist.

Es ist gezeigt, dass die Sozialisation neuer Mitarbeiter durch Maßnahmen der Organisation unterstützt werden kann. Diese beeinflussen die wahrgenommene Passung der persönlichen Werte neuer Mitarbeiter mit den Werten der Organisation, die Arbeitszufriedenheit der neuen Mitarbeiter und ihre Identifizierung mit der Organisation (Cooper-Thomas, van Vianen & Anderson, 2004). Solche Maßnahmen können Orientierungsprogramme für neue Mitarbeiter sein oder Trainings, in denen Werte und Ziele der Organisation und beispielhaft deren Umsetzung in konkreten Situationen vermittelt werden. Beispiele sind Karriereentwicklungsprogramme und Einarbeitungsprogramme (Russel, 1991; Moser & Schmook, 2001) oder Coachingprogramme für Vorgesetzte (Rauen, 2000). Systematische Arbeitsplatzwechsel in den ersten Jahren einer Karriere, durch die der Erfahrungserwerb in einer Organisation geplant wird, gehören ebenso dazu wie Mentorenprogramme, kurz Mentoring. Das mit diesem Begriff bezeichnete Maßnahmenbündel kann definiert werden „als eine intensive Austauschbeziehung zwischen einem erfahrenen Kollegen (Mentor) und einem weniger erfahrenen jungen Mitarbeiter (Protegé)" (Moser, 2004, S. 563). Neue Mitarbeiter können am Beispiel eines erfahrenen Insiders einer Organisation ein Modell für das Ausfüllen der Rolle als Mitglied der Organisation erleben und sie erhalten soziale Unterstützung beim Entwickeln sozialer Netzwerke im Prozess des Hineinwachsens in die Organisation. Beim Mentoring werden Karrierefunktionen wie

- Türen öffnen,
- Feedback geben,
- Schutz sowie Gelegenheiten zur Selbstdarstellung verschaffen,
- herausfordernde Aufgaben vermitteln

von psychosozialen Funktionen wie

- ein Vorbild haben,
- Bereitstellen von Hilfe und Ratschlägen einschließlich der Möglichkeit zu einer freundschaftlichen Vertrauensbeziehung

unterschieden.

Im Ergebnis von Sozialisationsprozessen entstehen psychologische Kontrakte, die als subjektive Deutungen der Beziehung zwischen Mitarbeiter und Unternehmen beschrieben werden können. Sie stellen eine freiwillige, informelle Vereinbarung dar. Vonseiten des Unternehmens wird dabei erwartet, dass Mitarbeiter ihre Aufgaben und ihre Position kennen, hohe Leistungen anstreben, sich dem Unternehmen gegenüber loyal verhalten, sich an den Werten und Normen des Unternehmens orientieren und zur Identifikation mit dessen Zielen bereit sind. Auf Seiten der Mitarbeiter betreffen die Erwartungen Arbeitsplatzsicherheit und Entwicklungsperspektiven. Ein solcher Kontrakt verlangt von beiden Seiten Verlässlichkeit, weil er nicht auf kurzfristigen ökonomischen Austausch ausgerichtet ist (von Rosenstiel & Stengel, 1987; Moser, 2004).

Morrison (1993) spricht bei der Sozialisation neuer Mitarbeiter von vier Aufgaben:

1. *Erlernen des Meisterns der Arbeitsaufgabe:* Unternehmens- und arbeitsplatzspezifisches Wissen ist zu erwerben. Dies geschieht wesentlich durch Lernen im Prozess der Arbeit.
2. *Rollenklärung:* Neue Mitarbeiter müssen sich Informationen darüber aneignen, welches Verhalten die anderen Mitglieder der Organisation von ihnen erwarten. Durch das aktive Aufsuchen von Informationen über Arbeitsanforderungen und Rollenerwartungen einschließlich der Verarbeitung von Rückmeldungen zu ihrem Handeln erfolgt eine Klärung der Rolle.
3. *Verstehen der Organisationskultur:* Es erfolgt die Aneignung von den in einer Organisation gültigen Normen und Werten. Soziale Rückmeldungen zum Verhalten sind dabei eine wichtige Informationsquelle.
4. *Soziale Integration:* Das Ziel der Sozialisation ist die Integration in die Arbeitsgruppe. Für den Aufbau der Beziehungen ist es für neue Mitarbeiter wichtig zu lernen, welches Verhalten und welche Einstellungen die Mitglieder der Arbeitsgruppe als angemessen und welches sie als unangemessen betrachten. Die soziale Integration erfordert Informationen über die Organisationskultur und dazu, wie das eigene soziale Verhalten eingeschätzt wird.

Als Indikatoren einer gelungenen Sozialisation gelten Arbeitszufriedenheit, die Identifizierung mit der Organisation sowie positive Leistungsbeurteilungen (Cooper-Thomas, Vianen & Anderson, 2004; Bauer & Green, 1998) bzw. allgemein der Übergang eines neuen Mitarbeiters zum Insider.

4 Theoretische Konzepte zur Beschreibung von Sozialisationsprozessen

Der unscharfe und interpretationsfähige Sozialisationsbegriff hat zur Folge, dass mehrere theoretische Modelle zu Erklärung von Sozialisationsprozessen herangezogen werden.

4.1 Das Attraction-Selection-Attrition-Modell (ASA)

Dieses von Schneider (1987; vgl. auch Schneider, Goldstein & Smith, 1995) entwickelte Modell beschreibt Prozesse des Mitgliedwerdens von Personen in Organisationen. Die Annahme einer Passung zwischen Person und Organisation stellt das Grundgerüst für das Verständnis individuellen Verhaltens in Organisationen dar. Dabei wird davon ausgegangen, dass die Eigenschaften einer Organisation, ihre Ziele, diesen zugrunde liegende Werte und Einstellungen, und auch die Struktur und die Kultur einer Organisation durch die Menschen in ihr, insbesondere durch die Gründer und TOP-Manager bestimmt sind. Die Bedingungen in einer Organisation werden damit als abhängig von den Menschen und deren Handlungen verstanden. Die Grundthese des Modells lautet, dass Personen Organisationen nicht zufällig zugeteilt werden, sondern dass drei Prozesse dafür verantwortlich sind:

1. Personen beurteilen Organisationen als unterschiedlich attraktiv. Dies resultiert aus einer impliziten Beurteilung der Übereinstimmung zwischen den Organisationszielen und den eigenen Eigenschaften. Damit suchen Personen bestimmte Organisationen und Arbeitsplätze auf. Sie wählen Organisationen, die mit ihren Eigenschaften übereinstimmen und sie vermeiden Organisationen, die mit ihren Eigenschaften nicht übereinstimmen.
2. Der nächste Prozess bezieht sich auf die formalen und informalen Auswahlprozeduren, die Organisationen beim Gewinnen neuer Mitarbeiter nutzen. Auch Organisationen wählen. Bewerbungen können akzeptiert oder nicht berücksichtigt werden.
3. Der dritte Prozess enthält die Idee, dass Personen die Organisation verlassen werden, deren Eigenschaften nicht zu denen der Organisation passen.

Allerdings werden im ASA-Modell die Personeneigenschaften und die Merkmale der Organisation, die entscheidend sind für eine Passung zwischen Person und Organisation, nicht näher spezifiziert.

Die ersten beiden Prozesse in diesem Modell werden auch mit den Begriffen *Selbstselektion* als Bezeichnung für das aktive Aufsuchen bestimmter Umwelten durch Handlungen der Person, das bereits bei Entscheidungen für einen Bildungsweg beginnt und in Bewerbungen für einen Arbeitsplatz beobachtbar ist, und mit *Fremdselektion* als Bezeichnung für Wahlentscheidungen von Organisationen, die Bewerbungen von Personen akzeptieren oder zurückweisen können, beschrieben.

4.2 Lerntheorien

Sozialisation befindet sich in semantischer Nähe zu Lernen und Bildung. Das hat zur Folge, dass Lerntheorien auch als Sozialisationstheorien interpretiert werden. Geulen (1998) bezieht in seiner Übersicht über grundlegende Theorie-

Ansätze der Sozialisation sogar behavioristische Lerntheorien mit ein. Es gibt aber Probleme, diese eher mechanistischen Lernvorgänge als Sozialisationsmechanismen zu interpretieren. Diese resultieren aus dem Tatbestand, dass Konditionierungstheorien mit dem Erlernen von Assoziationen elementare Lernprozesse beschreiben. Sozialisationsprozesse sind hingegen makroskopische Prozesse, die längerfristig wirken und zu einer Formung der Persönlichkeit führen.

Eine Lerntheorie, die den makroskopischen Gegenstand von Sozialisation besser abbildet und die auch Interaktionsprozessen zwischen Person und Umwelt gerecht wird, hat Bandura (1977a, b, 1997) mit seinen Theorien des Modelllernens und der Selbstwirksamkeit entwickelt. Bandura führt das Erlernen von Sozialverhalten auf Beobachtung und Nachahmung zurück. Seine Lerntheorie geht über behavioristische Kontiguitäts- und Verstärkungstheorien weit hinaus. Sie verweist auf die Abhängigkeit des Lernens von sozialen Einflüssen. Die aktive Rolle des Lernenden schon während des Beobachtens durch das Vorstellen der Beobachtungsgegenstände und (inneres) Verbalisieren und die Rolle kognitiver Prozesse, vor allem die von Erfolgserwartungen und Kompetenzerwartungen (self efficacy), werden betont.

Bandura begründet, dass Menschen dazu tendieren, diejenigen zu imitieren, die sie als ähnlich, als erfolgreich oder bewunderungswürdig erleben. So sind von prosozialen, d. h. positiven, hilfsbereiten Vorbildern Effekte auf ihre Umgebung zu beobachten. Die enorme Resonanz, die Mahatma Gandhi auf sein gewaltfreies Handeln erlebte, ist ein Beispiel. Banduras Arbeiten haben eine ganze Reihe von Korrelationsstudien zum Beobachtungslernen durch Fernsehen ausgelöst. Diese Studien stellen einen Zusammenhang her zwischen dem Beobachten aggressiven Verhaltens in Fernsehsendungen und dem Ausüben von Gewalt. Befunde sind beispielsweise, dass Jugendliche und Erwachsene umso anfälliger für Gewalt und Aggression sind, je mehr Stunden sie als Kinder vor dem Fernseher mit dem Anschauen von Gewaltszenen verbracht haben (Eron, 1987; Turner, Hesse & Peterson-Lewis, 1986), dass Jugendliche, die im Alter von 14 Jahren täglich drei und mehr Stunden fernsehen, im Alter von 16 bzw. 22 Jahren fünfmal mehr Gewalttaten begehen als Jugendliche, die im Alter von 14 Jahren eine Stunde und weniger fernsehen, dass sich in den USA und in Kanada die Mordfälle zwischen 1957 und 1974, also während der Zeit der Einführung des Fernsehens, verdoppelt haben (nach Myers, 2005). Eine mit dem Thema „Jugend und Gewalt“ befasste Kommission des amerikanischen Psychologieverbandes APA schlussfolgerte: „Es besteht absolut kein Zweifel, dass häufiges Anschauen von Gewalt im Fernsehen mit einer erhöhten Akzeptanz aggressiver Einstellungen und mit aggressiverem Verhalten korreliert ist“ (S. 364 f.).

Das Lernen durch Beobachten spielt im Arbeitsprozess eine große Rolle. Hacker und Skell (1993) widmen in ihrem Buch „Lernen in der Arbeit“ dem Lernen durch Beobachtung ein ganzes Kapitel. Neulingen wird traditionell die Möglichkeit eingeräumt, einige Tage einen erfahrenen Kollegen zu begleiten und durch Beobachten, das Erfragen von Gründen, Kriterien, Teilzielen der Handlungsplanung sowie das Abfordern der Kommentierung des Handelns wichtiges Wissen zu entwickeln. Das ist bereits im Beistellverfahren sowie in der Vier-Stufen-Methode der Arbeitsunterweisung praktiziert (REFA-Verband für Arbeitsstudien und Betriebsorganisation, 1989). Ebenso enthalten Traineekonzepte Vorgaben für eine systematische Arbeitsplatzrotation mit umfangreichen Gelegenheiten für ein Lernen durch Beobachtung.

Banduras Theorie des Modelllernens beschreibt mit Beobachtung und Nachahmung Lernmechanismen für die Aneignung sehr komplexer Verhaltensweisen. Sie kennzeichnet damit zweifellos Prozesse, die an Sozialisationswirkungen beteiligt sind. Bandura hat in einer weiteren Hinsicht das Verständnis von Sozialisationsprozessen befördert. Mit dem von ihm eingeführten Konzept der Selbstwirksamkeit (self efficacy) beschreibt er Wechselwirkungsprozesse zwischen Individuum und Umwelt. Selbstwirksamkeit ist die Überzeugung einer Person, in einer bestimmten Situation eine angemessene Leistung erbringen zu können. Diese Kompetenzerwartung entsteht aus erfolgreichem Handeln. Mit dem Erleben, eine schwierige Situation gemeistert zu haben, wächst über emotionale Prozesse wie Freude und Stolz Vertrauen in die eigene Kompetenz und motiviert dazu, künftige schwierige Situationen aktiv anzugehen. Das Selbstwirksamkeitserleben funktioniert also als Verstärker für Lernen und ist deshalb gleichermaßen Vorrausetzung und Folge von Lernen. In mehreren Studien ist gezeigt, dass diese Kompetenzerwartung einen großen Einfluss auf das Arbeitsverhalten hat (Gist & Mitchell, 1992) und dass Lernerfolge in arbeitsbezogenen Trainings damit vorhergesagt werden können (z. B. Warr & Bunce, 1995). Fritsch berichtet als Ergebnis seiner Analyse von Einflussfaktoren auf die Wiederbeschäftigung von Arbeitsuchenden, dass in seiner Stichprobe arbeitsloser Personen, die künftig Wiederbeschäftigten ein „höheres Selbstkonzept fachlicher Kompetenz, ein höheres Selbstkonzept methodischer Kompetenz, eine höhere Selbstwirksamkeitserwartung und eine höhere generalisierte Kompetenzerwartung" aufweisen (Fritsch, 2003, S. 215). Die Relevanz von Kompetenz- und Selbstwirksamkeitserwartung für Verhalten und Entscheidungen im Rahmen von Erwerbsarbeit ist durch solche Befunde belegt.

Komplexe Lernprozesse, wie sie Sozialisationsprozessen zugrunde liegen, wollen auch konstruktivistische und situierte Lerntheorien beschreiben. Sie betrachten Lernen als aktive Konstruktion von Wissen, bei der neue Informationen und vorhandenes Wissen verbunden werden (Gerstenmaier & Mandl, 1995). Dieser Prozess ist durch die Bearbeitung von Aufgaben oder das Lösen von Problemen charakterisiert. Lernen funktioniert dabei durch die Kombination von Erwerb und Anwendung von Wissen. Daraus folgt die Annahme, dass Lernen immer situations- und kontextgebunden ist. Wissen wird in einer konkreten Situation aufgebaut. Die Repräsentation des Wissens ist mit dieser Situation verbunden. Extreme Vertreter der situierten Lerntheorien lehnen eine ausschließliche Betrachtung von Wissen in Form von gespeicherten Informationen sogar ab (Greeno, 1993). Daraus wird geschlussfolgert, dass Lernen am Beispiel von Aufgaben aus realen Kontexten erfolgen sollte, denn in künstlichen, nicht authentischen Situationen erworbenes Wissen führt zu trägem Wissen, das nicht genutzt wird. Diese Lerntheorien betonen ebenso den Situations- und Kontextbezug wie das auch bei der Erläuterung des Sozialisationsbegriffs geschieht.

Die Integration des Lernens in einen sozialen Kontext wird dabei als besonders wichtig beschrieben. Resnick (1987) spricht davon, dass Lernprozesse soziale Prozesse mit einbeziehen. Lernende explizieren und reflektieren ihr Wissen. In der Kommunikation mit anderen Personen wird eigenes Wissen mit fremdem Wissen verbunden, werden Unklarheiten beseitigt, wird Wissen vertieft und werden Bedeutungen ausgehandelt. Diese Kennzeichnung von Lernen ist ganz typisch für Sozialisationsprozesse im Erwerbsleben. Beratungen in Arbeitsgruppen sind immer auch Lernprozesse, bei denen am Beispiel von Aufgaben und Problemen Wissen konstruiert und Bedeutungen festgelegt werden. Konstruktivistische und situierte Lerntheorien beschreiben die gegenwärtig stattfindende Verschmelzung von Arbeiten und Lernen. Konkrete Probleme im Arbeitsprozess, die durch veränderte Kunden, Technologien, Produkte, Kooperationspartner, Materialien, Marktkonstellationen usw. entstehen können, haben auch immer den Charakter von Lernaufgaben, und diese werden zum großen Teil in „communities of practice“ gelöst (Bettoni, Clases & Wehner, 2004). Dabei wird Wissen konstruiert, dabei wird gelernt.

Mit der Angebundenheit dieses Lernens an Probleme, die im Erwerbsleben häufig im Prozess der Arbeit entstehen, ist ein weiteres Merkmal konstruktivistischer und situierter Lerntheorien verbunden, nämlich die Kennzeichnung von Lernen als ein selbst gesteuerter Prozess. Das kommt zum Ausdruck in Entscheidungen der Lernenden über Ziele und Methoden des Lernens sowie in der Kontrolle des eigenen Verhaltens durch metakognitive Strategien. Lernende bestimmen und verantworten ihren Lernprozess weitgehend selbst (Deitering, 1998).

Aus diesen Theorien sind Instruktionsansätze entwickelt, die auch als Lern- und Trainingskonzepte für Erwerbsarbeit eine Rolle spielen. Dazu gehört der Cognitive Apprenticeship-Ansatz (Brown, Collins & Duguid, 1989; Collins, 1991; Collins, Brown & Newman, 1989). Er stammt aus der Handwerkslehre und enthält die Idee, dass Lernende, wenn sie bei der Bearbeitung von Aufgaben einen Dialog mit Experten führen können, die Möglichkeit haben, von deren Expertenwissen zu profitieren und domänenspezifische Kniffe zu erwerben. In der Anfangsphase des Lernens wird deshalb eine relativ starke fremd gesteuerte Unterstützung und Unterweisung durch einen Experten erfolgen. In diesem Ansatz wird eine Phasenstruktur des Lernens beschrieben. Das Lernen beginnt mit dem Entwurf der Handlungen für die Bearbeitung einer Aufgabe (modeling). Dieser Handlungsentwurf erfolgt wesentlich durch Experten. Darauf folgt das Bearbeiten der Aufgabe durch die Lernenden, bei dem sie zunächst stark durch Experten unterstützt werden (coaching, scaffolding), während dann im Verlauf des Lernprozesses Hilfestellungen zurückgenommen werden (fading), sodass es den Lernenden stärker möglich wird, selbstständig Probleme zu lösen und unterschiedliche Strategien auszuprobieren (exploring). Bei der Bearbeitung der Aufgaben sollen die Lernenden ihre Handlungen und Strategien artikulieren (articulation) und mit dem Vorgehen der Experten und anderer Lernender vergleichen (reflection) (vgl. Sonntag & Stegmaier in diesem Band).

Konzepte des problemorientierten Lernens, die in der Schule, zunehmend aber auch in reformierten Ausbildungscurricula der Medizin, in Trainingsprogrammen für den Arbeitsprozess oder in Weiterbildungen implementiert sind, basieren ebenfalls auf konstruktivistischen und situierten Lerntheorien. In Kleingruppen von acht bis zehn Personen werden dabei Problemfälle bearbeitet, indem in der Gruppe aus diesen Fällen zunächst Lernziele abgeleitet und Aufgaben für das Besorgen oder Konstruieren fehlenden Wissens an die Gruppenmitglieder verteilt werden. Anschließend wird das Wissen ausgetauscht und zu einer Lösung für den konkreten Fall kombiniert (Bergmann, Dieter & Nitsche, 2002).

Diesen Lernkonzepten ist gemeinsam, dass Wissen als nicht abgeschlossen und nicht als fertiger Körper übermittelbar betrachtet wird. Demzufolge ist Lehren im Sinne einer Wissensvermittlung nicht möglich (Reinmann-Rothmeier & Mandl, 1997), sondern erfordert die Eigenaktivität der Lernenden auf der Basis ihrer Erfahrungen. Die Bedeutung der Selbststeuerung steigt, je komplexer die Lernumgebung ist und je mehr Spielraum für das Einbringen eigener Ziele und Methoden in den Lernprozess besteht (Gräsel, 1997). Durch problemhaltige Lernaufgaben kann deshalb selbst organisiertes Lernen herausgefordert werden. Dabei betonen Ansätze des situierten Lernens zusätzlich, dass Wissen für aktuelle Problemlösungen häufig auf mehrere Personen verteilt ist, weshalb die Organisation eines Wissensaustausches zwischen Personen Lernen unterstützt.

4.3 Expertiseforschung

Auch die Expertiseforschung hat Bezug zu Problemen, die bei der Erörterung von Sozialisation im Beruf angesprochen werden. Sie verfolgt das Ziel, die besondere Qualität des Wissens und der Strategien von Personen zu beschreiben, die dauerhaft überdurchschnittliche Leistungen vollbringen, also einen Expertenstatus erreicht haben. Sie sucht auch nach Prädiktoren für überdurchschnittliche Leistungen. Mit ihrer 10-Jahre-Regel wird ausgedrückt, dass etwa zehn Jahre intensiver beruflicher Erfahrung und beruflichen Trainings erforderlich sind, um Leistungen auf Expertenniveau zu erbringen (Ericsson, Krampe & Tesch-Römer, 1993).

Damit betont auch die Expertiseforschung eine Abhängigkeit des Wissens der Personen mit überdurchschnittlichen Leistungen von ihrer Arbeitsumgebung und benennt als Voraussetzung die Kenntnis und aktive Auseinandersetzung mit zahlreichen Problemfällen. Groot (1965) hat mit seinen Untersuchungen an Schachspielern gezeigt, „dass das situationsangemessene Verhalten des Experten sich wesentlich über seine diagnostischen Fähigkeiten und insofern eher über sein *Sehen* als über sein *Denken* erklärt“ (nach Neuweg, 1999, S. 263).

Die Fähigkeit zum Diagnostizieren komplexer Problemsituationen wird als wesentliche Komponente von Expertise betrachtet. Experten praktizieren dabei häufig vereinfachte Strategien. Das sind sogenannte vorwärtsgerichtete Strategien, die auf der Basis spezifischen Wissens Wenn-Dann-Verbindungen zwischen Symptomen und Ursachen herstellen (Bromme, 1992; Gruber, 1994; Wiedemann, 1995). In der medizinischen Expertiseforschung ist gezeigt, dass sich die Entwicklung medizinischer Expertise durch die Entwicklung von Wissensnetzwerken vollzieht. Diese sind anfänglich – bei Novizen – Kausalnetzwerke auf der Basis physiologischen und pathophysiologischen Faktenwissens. Bei Experten hingegen entwickle sich eine „Enkapsulierung“ des Wissens, die einer effektiveren Organisation und Zusammenfassung des Faktenwissens unter Schlüsselkonzepten entspricht. Diese gehe einher mit der Bildung prozedualer Wissensstrukturen, die z. T. „illness scripts“ genannt werden und nicht biomedizinisches, sondern klinisches Wissen, also Wissen über Krankheiten und die damit verbundenen Symptome und Befunde enthalten (Gräsel, 1997). Als Voraussetzung für diese Form des Expertenwissens wird die Bearbeitung möglichst vieler Fälle angegeben, d. h. eine Arbeitsumgebung, die vielfältige Anforderungen stellt.

Reimann (1997) verweist auf die Rolle von Beispielen beim Lernen und begründet ihren Wert mit der Möglichkeit, rasch analogiebasierte Lösungsmethoden einzusetzen, die vorteilhaft sind, weil ein Bearbeiten von Aufgaben mit weniger kognitiver Verarbeitungskapazität möglich wird. Die Existenz vielfältiger Anforderungen wird nicht nur deshalb für wichtig gehalten, weil sie die Möglichkeit bietet, viele Beispiele von Aufgaben und von deren Bearbeitung kennen zu lernen und das Wissen aus einzelnen Anforderungskategorien zu addieren und so in der Summe mehr Wissen anzueignen. Sie ermöglicht auch eine andere, nämlich ganzheitliche Wissensorganisation, eine bessere Situationsanpassung, einen stärkeren Kontextbezug (Hacker, 1992) und die Integration impliziten Wissens (Neuweg, 1999). Dreyfus und Dreyfus (1987) fassen dieses erfahrungsbasierte, flexible Vorgehen von Experten wie folgt zusammen: „Wenn keine außergewöhnlichen Schwierigkeiten auftauchen, lösen Experten weder Probleme noch treffen sie Entscheidungen, sie machen einfach das, was normalerweise funktioniert" (S. 55).

4.4 Handlungstheorie

Mehrere Autoren interpretieren die Handlungstheorie als Sozialisationstheorie (Heinz, 1998; Lempert, 2002). Das geschieht, indem Arbeitsanforderungen als Einflussfaktoren für die Entwicklung von Arbeitenden begründet werden. In dieser Sichtweise werden die Arbeitsaufgaben als Rahmen für das Entstehen kognitiver Anforderungen und damit als Lernchance für das Entwickeln von Wissen und Können gesehen. Die Wirkung von Arbeitsaufgaben kann dabei in die Richtung einer differenzierten Wissens- und Fähigkeitsentwicklung gehen, sodass als Folge der mehrjährigen Ausführung anspruchsvoller Tätigkeiten eine Entwicklung zum Spezialisten entsteht. Dies ist der in der Expertiseforschung beschriebene Wirkungspfad. Aber es kann auch umgekehrte Auswirkungen geben, wenn Arbeitsaufgaben mit nur geringeren Anforderungen längerfristig ein mangelndes Training beruflichen Wissens zur Folge haben, sodass ein Kompetenzverlust gemäß der „Disuse"-Hypothese von Berkowitz und Green (1965) eintritt (Koller & Plath, 2000).

Aber die Handlungstheorie charakterisiert nicht nur diese kognitiven Mechanismen. Sie beschreibt mit ihrer Regelkreisstruktur auch Prozesse der Entwicklung von Motivation in Abhängigkeit von den Arbeitsanforderungen. In paradigmatischer Form ist das auch im Job Characteristics-Modell von Hackman und Oldham (1976) dargestellt. Das Motivationspotenzial einer Tätigkeit als Spielraum für die Entwicklung intrinsischer Motivation wird hier als abhängig vom Ausprägungsgrad von fünf Tätigkeitsmerkmalen beschrieben, nämlich der Anforderungsvielfalt (V), der Geschlossenheit der zu erfüllenden Aufgaben (G), der Bedeutung der Aufgabe für andere (B), der Autonomie bei selbstständigen Zielsetzungen mit Entscheidungen über Tätigkeitsinhalte und Arbeitsmethoden (A) sowie der Rückmeldung der Tätigkeitsergebnisse (R). Moderiert durch das Persönlichkeitsmerkmal „Stärke des Entwicklungsbedürfnisses" wird das Motivationspotenzial einer Tätigkeit wie folgt gekennzeichnet:

$$M = \left(\frac{V + G + B}{3}\right) \times A \times R$$

Dabei sind die Gewichtungen der fünf Merkmale zu erkennen. Für die drei additiv verknüpften Merkmale bestehen Kompensationsmöglichkeiten. Die Eigenschaften Autonomie und Rückmeldung sind mit der multiplikativen Verknüpfung als notwendige Bedingungen für die Entwicklung von Motivation gekennzeichnet.

Eine Spezifik der Motivation bei Erwerbsarbeit hängt damit zusammen, dass sie vermittelt ist. Erwerbsarbeit wird gegen Geld verrichtet. Tätigkeitsziele befriedigen nicht unmittelbar Bedürfnisse, sondern sie haben als Ketten von Teilzielen, Zielen und Oberzielen eine Vermittlerrolle zu persönlichen Zielen (Hacker, 2005, S. 319 ff.). Die in der Handlungstheorie beschriebene Zielhierarchie kennzeichnet gleichzeitig auch Prozesse der Wechselwirkung zwischen Arbeitenden und Arbeit und macht damit deutlich, dass Sozialisationswirkungen nicht unidirektional, sondern komplexe Wechselwirkungen sind. Die Verschachtelung von Teilzielen, Zielen, Oberzielen usw. wird daran erkennbar, dass Ziele für Arbeitsaufgaben in Ziele an einem Arbeitsplatz mit mehreren Aufgaben integriert sind, dass diese ihrerseits den Charakter von Teilzielen bzw. Etappen in der beruflichen Entwicklung einer Person haben können, welche ein Bestandteil der Lebensplanung ist.

Die für das selbst organisierte Lernen erforderlichen persönlichen Zielsetzungen gelingen nur, wenn immer wieder selbstständig Lernbedarf identifiziert wird, wenn dieser in realistische Ziele für das Beschaffen oder Konstruieren fehlenden Wissens transformiert wird, wenn selbstständig Lernunterstützungen oder ein Wissensaustausch organisiert und individuelles Lernen realisiert werden. Das sind anspruchsvolle und auch anstrengende Prozesse des Wissensmanagements. Sie gehören zu den nicht dokumentierten Arbeitsaufgaben, die immer wieder neu, und zwar zusätzlich zu den vereinbarten Arbeitsaufgaben entstehen und die realisiert werden, wenn Arbeitende sich selbst dafür zuständig erklären und damit Verantwortung für die eigene Kompetenzentwicklung übernehmen (Bergmann, 1999). Diese Selbsterklärung der Zuständigkeit für anstrengende und schwierige Prozesse funktioniert in der Regel, wenn sich der Aufwand für die Arbeitenden lohnt, weil damit die Verwirklichung persönlicher beruflicher Ziele für wahrscheinlicher gehalten wird und wenn Verwertungsmöglichkeiten für die Resultate selbst organisierten Lernens gesehen werden.

Diese Verwertungsmöglichkeiten sind gegeben, wenn Arbeitende Einflussmöglichkeiten auf ihre Entwicklung, auf ihre Arbeitsaufgaben und die Bedingungen ihrer Ausführung haben, wenn die Arbeit an einem Arbeitsplatz als Schritt für eine längerfristig angestrebte bzw. akzeptierte Entwicklung in der Erwerbsarbeit gesehen wird und so in Ziele und Motive eingebunden ist, die über den derzeitigen Arbeitsplatz hinausreichen. Werden hingegen Rückkopplungsstrukturen auf solchen übergeordneten Zielebenen zerschnitten, wie es beispielsweise für

Zeitarbeitnehmer der Fall ist, die nur vorübergehend konkrete Arbeitsaufgaben in einem Unternehmen ausführen, dann sind auch Quellen für Zielbildungen und die Motivation zu selbst organisiertem Lernen erschwert, weil sowohl längerfristige Verwertungsmöglichkeiten für arbeitsbezogene Lernresultate, z. B. in der Form von unternehmensspezifischem Wissen, als auch für realistische Entwicklungen in der Erwerbsarbeit nicht bestehen. Pietrzyk (2004) hat in einer Vergleichsstudie an alters- und branchenhomogenisierten männlichen technischen Fachkräften gleicher Qualifikation, die entweder in einem traditionellen unbefristeten Beschäftigungsverhältnis tätig sind, in dem sie qualifikationsgerechte, vielfältige Arbeitsaufgaben mit Entscheidungsspielräumen bearbeiten, oder als Zeitarbeitnehmer und dann größtenteils als Helfer eingesetzt sind und Routinearbeiten ausführen, für Zeitarbeitnehmer geringere Ausprägungen für die Eigenaktivität beim Lernen als einer Facette arbeitsbezogener Motivation nachgewiesen.

Bezüglich der Entwicklung von Motivation im Prozess der Arbeit bezieht sich die Handlungstheorie auf ähnliche Mechanismen wie das von Argyris (1976) beschriebene Zweikreislernen, wonach Lernen nicht nur als single loop learning im Sinne des Ausregelns von Abweichungen des Ist von einem vorgegebenen Soll erfolgt, sondern zusätzlich als sogenanntes double loop learning, das in einer Veränderung des Ziels als Folge der Reflektion über Entwicklungstrends besteht (Argyris & Schön, 1974). Kontinuierliches double loop learning beschreibt gleichermaßen Wirkungspfade von der Arbeit auf Arbeitende und von Arbeitenden auf die Arbeit, die bis zum Mitwirken auf den Zuschnitt der Arbeitsaufgaben und zum Gestalten der Bedingungen für die Bearbeitung von Aufgaben reichen. Damit werden Wechselwirkungen zwischen Arbeit und Person als komplexe Wirkmechanismen für Sozialisationsprozesse in der Arbeit beschrieben. Die Aussage der Handlungstheorie als Sozialisationstheorie kann mit Hacker (2005) wie folgt zusammengefasst werden: „Persönlichkeitsentwicklung im Arbeitsprozess ist in entscheidendem Maße Selbstveränderung durch das Gestalten der prägenden Bedingungen in der eigenen Arbeitstätigkeit" (S. 798).

Als Voraussetzung einer Persönlichkeitsentwicklung in der Arbeit, die zu Kompetenz und Expertise führt, ist die Lernhaltigkeit der Arbeitssituation in mehreren Studien empirisch begründet. Die Wirkungspfade von der Arbeit auf die Person lassen sich dabei unterscheiden in einen kognitiven, der Prozesse des Lernens, des Trainings, der Wissensentwicklung enthält, und in einen motivationalen, der über Zielbildungen und die Entwicklung der Bereitschaft, die Ziele mit eigenen Anstrengungen zu erreichen, funktioniert. Dabei wirken insbesondere Spielräume für Zielsetzungen auf die Gestaltung der Arbeitssituation zurück.

Die Forderung nach der Projektierung von Arbeitsaufgaben (Hacker, 1991) resultiert aus dem Wissen um eine Förderung der Arbeitenden durch die Gestaltung ihrer Arbeit. Das gilt sowohl für die Erhaltung und Entwicklung von Gesundheit als auch für das Erhalten und Entwickeln von Motivation, Wissen und Fähigkeiten. Es ist empirisch gezeigt, dass vielfältige und sensu Hacker (2005) vollständige Arbeitsaufgaben, bei denen Vorbereitungs-, Durchführungs- und Kontrollaktivitäten integriert sind, sowohl mit höheren Ausprägungen von Motivationsindikatoren als auch von Indikatoren für Wissen und Können im Zusammenhang stehen (Bergmann, Pohlandt, Richter, Pietrzyk & Eisfeldt, 2004; Richter, 2005). Wirkungen der Arbeit auf die Arbeitenden funktionieren auch über die Anerkennung der Arbeitsergebnisse und der Arbeit sowie des Arbeitenden als Vertreter eines Berufs. Dies führt zu einem weiteren Erklärungskonzept für Sozialisationsprozesse in der Arbeit.

4.5 Rollentheorie

Theoretische Konzepte dieser Gruppe betonen die soziale Seite von Sozialisationsprozessen. Mead (1968) führte die Begriffe Rolle und Rollenübernahme im Rahmen einer anthropologischen Theorie menschlicher Kommunikation ein (Joas, 1998). Das Sich-Hineinversetzen in die Rolle eines Partners ist eine wichtige Bedingung gelingender Kommunikation. Die Aneignung so komplexer Sachverhalte wie Normen und Werte, z. B. Zuverlässigkeit, Zeitdisziplin, Genauigkeit, wird durch die Beobachtung von Erfahrungsträgern, die eine zu übernehmende Rolle effizient ausfüllen, erleichtert. Mentorenmodelle funktionieren wesentlich darüber, neuen Mitarbeitern die Möglichkeit einzuräumen, die zu übernehmende Rolle an einem konkreten Rollenmodell in Form des Mentors zu beobachten und dadurch zu lernen. Rollen sind verbunden mit einem ganzen Bündel von Erwartungen, die sich an das Verhalten von Positionsinhabern richten. Joas (1998) definiert: „Rolle ist die normative Erwartung eines situationsspezifisch sinnvollen Verhaltens“ (S. 147).

Damit wird beschrieben, dass Menschen durch die Übernahme von Rollen über die Antizipation der Erwartungen an diese beeinflusst werden.

Menschen haben mehrere Rollen. Der Erwerb von Geschlechts- und Generationsrollen sind traditionelle Beispiele für die Beschreibung von Rollenübernahmen. Beim Eintritt in eine Organisation übernehmen Erwerbstätige eine Rolle (die Rolle des Mitarbeiters, des Helfers, des Spezialisten, einer Führungskraft usw.), und diese Rollen ändern sich im Laufe ihres Erwerbslebens. Bei der Übernahme von Rollen machen sich Menschen Maßstäbe zu Eigen, die andere vor ihnen entwickelt haben. Prozesse der Internalisierung werden dabei als

Mechanismen der Aneignung von Normen und Werten beschrieben. Aber dies muss sich nicht als bloße Übernahme von Regeln und Vorschriften vollziehen. Eine aktive und kreative Auseinandersetzung mit der Rolle ist möglich. Joas (1998) beschreibt das Phänomen der Rollendistanz und weist darauf hin, dass nicht nur Prozesse der Rollenübernahme, sondern auch die „aktive Selbstdefinition sozialer Beziehungen durch die wechselseitige Abarbeitung der aneinander gewichteten Ansprüche und Erwartungen existiert" (S. 143).

Sozialisationsprozesse in der Arbeit sind für einen Teil der Menschen mit dem Mitgliedwerden in einem Beruf verbunden. Aufgrund der beruflichen Arbeitsteilung resultieren daraus besondere Bedingungen. Berufsgruppen haben gesellschaftliches Ansehen. Die Entwicklung einer Berufsgruppe ist mit Verbands- und Definitionsmacht verbunden (Mieg, 2003, S. 59). Zuständigkeiten für Gegenstände und Strategien der Wissensgenerierung und -verwendung werden geklärt. Mit dem Eintritt in einen Beruf, mit der Zugehörigkeit zu einer Berufsgruppe und der Übernahme einer Berufsrolle wird damit eine wesentliche Bedingung für die Entwicklung von Identität und Anerkennung eines Menschen in der Gesellschaft bestimmt. Einige Berufsgruppen haben sich in die Richtung einer ausgeprägten Professionalisierung entwickelt. Sie erklären sich für einen gesellschaftlich relevanten Rollenbereich und einen Bereich an Handlungs- und Erklärungswissen für zuständig und monopolisieren damit einen Tätigkeitsbereich, indem sie auf die Ausbildung und Zulassung des Nachwuchses Einfluss nehmen und indem sie durch berufsständische Organisationen, durch Berufsverbände die Interessen ihrer Mitglieder vertreten, sowie als Mittel der gesellschaftlichen Selbstorganisation und der politischen Meinungsbildung funktionieren (Mieg & Woschnak, 2002). Beispiele für Berufsgruppen mit ausgeprägter Professionalisierung sind die Mediziner und Juristen. Aber auch Ingenieure und andere Berufsgruppen sind gut organisiert. Das Mitgliedwerden wirkt sich entscheidend auf das Selbstkonzept und das Selbstwertgefühl der Personen aus und stellt einen wesentlichen Aspekt beruflicher Sozialisation dar.

5 *Empirischer Forschungsstand zur beruflichen und organisationalen Sozialisation*

Empirische Belege für Sozialisationsprozesse in der Arbeit lassen sich zwei Gruppen zuordnen. Eine Gruppe von Studien befasst sich mit Zusammenhängen zwischen Arbeit und Persönlichkeitsmerkmalen der Arbeitenden und geht von der Annahme aus, dass Anforderungen in der Arbeit mit darüber entscheiden, welche Aspekte der Persönlichkeit gefördert werden und welche sich nicht entwickeln oder verkümmern (Schallberger, 2000). Solche Zusammenhänge zwischen Arbeit und Person und darauf basierende Interpretationen von Wirkungspfaden von der Arbeit auf die Person werden als berufliche Sozialisation bezeichnet. Eine zweite Gruppe von Studien widmet sich unter dem Thema „Organisationale Sozialisation“ der Aneignung von Normen, Werten und Orientierungen von Personen nach ihrem Eintritt in eine Organisation. Im Folgenden werden in exemplarischer Form Befunde aus Studien jeder Gruppe vorgestellt, um die existierende Empirie zu illustrieren.

5.1 Befunde zur beruflichen Sozialisation

Es existieren eine ganze Reihe empirischer Studien, in denen Merkmale der Arbeitssituation, insbesondere Merkmale des Arbeitsinhalts, z. B. der Entscheidungsspielraum, die Aufgabenvielfalt, die Abhängigkeit der Arbeit vom Maschinentakt, der Wiederholungsgrad, mit Eigenschaften der Arbeitenden wie ihrer Intelligenz, ihrer Kompetenz, ihrem Sozialverhalten, ihren Wertorientierungen oder Indikatoren für ihre psychische Gesundheit in Zusammenhang gebracht werden. Dabei sind signifikante Zusammenhänge belegt. Sie lassen sich so zusammenfassen, dass komplexe ganzheitliche Arbeit in positivem Zusammenhang steht mit höheren Ausprägungsgraden für Kompetenz, Arbeitsmotivation, der Identifikation mit der Arbeit und seelischer Gesundheit, restriktive Arbeit hingegen mit geringen Kompetenzen, Demotivation, dem Erleben von Fremdbestimmung in der Arbeit und schlechter seelischer Gesundheit. Einige solcher Studien werden stellvertretend angegeben.

Benninghaus (1987) analysierte Eigenschaften von Arbeitsaufgaben von männlichen Beschäftigten des öffentlichen Dienstes, und zwar die Aufgabenvielfalt, den Entscheidungsspielraum, psychische Jobanforderungen und den Umgang mit anderen Personen. Er erfasste bei den Arbeitenden Arbeitszufriedenheit, das Selbstwert- und Kompetenzgefühl, Depressivität und psychosomatische Beschwerden. Seine Studie zeigt, dass größere Aufgabenvielfalt einhergeht mit höheren Ausprägungen bei Indikatoren der Arbeitszufriedenheit, des Selbstwert- und Kompetenzgefühls sowie des Wohlbefindens und geringeren Ausprägungen von Depressivität und der psychosomatischen Beschwerden.

Holman und Wall (2002) berichten über Beziehungen zwischen Merkmalen der Arbeitssituation, und zwar Arbeitskontrolle und Arbeitsanforderungen auf der einen Seite sowie den Personenmerkmalen Fähigkeitsnutzung und Selbstwirksamkeit und Angst und Depressionen auf der anderen Seite. Ihre Befunde zeigen, dass Lernen Belastung reduziert, dass Belastung Lernen hemmt und dass diese Zusammenhänge abhängig sind vom Kontrollspielraum in der Arbeit.

In der Arbeitsgruppe von Bergmann (Bergmann, Fritsch, Göpfert, Richter, Wardanjan & Wilczek, 2000; Bergmann, Richter, Pohlandt, Pietrzyk, Eisfeldt, Hermet & Oschmann, 2004) sind branchenübergreifende und auch branchenspezifische Studien durchgeführt worden, in denen Merkmale der Arbeitssituation und Merkmale der Arbeitenden analysiert wurden. Die Arbeitssituation wurde beschrieben durch die Lernhaltigkeit der Arbeitsaufgaben, mit den Merkmalen Tätigkeitsspielraum und Vollständigkeit der resultierenden Handlungen (Hacker, 2005), Aufgabenvielfalt und Transparenz der Informationsflüsse sowie durch die Lernförderung über die Organisation mit den Aspekten Umfang an Partizipationsmöglichkeiten, Anerkennung von Lernen und Selbstständigkeit, Existenz von Zeitpuffern und Entwicklungsmöglichkeiten und zum Teil über Lernunterstützungen, welche durch die Organisation gewährt werden. Von den Arbeitenden wurden Merkmale ihrer Arbeitsmotivation, das Selbstkonzept von Wissen und Können und Maße seelischer Gesundheit erhoben. Die Befunde weisen positive Zusammenhänge zwischen der Lernhaltigkeit der Arbeitsaufgaben und Indikatoren für Motivation, Wissen, Können und seelische Gesundheit aus (Bergmann, Pohlandt, Richter, Pietrzyk & Eisfeldt, 2004; Bergmann & Wardanjan, 1999).

In Korrelations- und Querschnittsstudien gefundene signifikante Zusammenhänge zwischen Arbeits- und Personenmerkmalen stützen Annahmen der beruflichen Sozialisation, aber sie sind aufgrund vielfältiger Konfundierungen mit Drittvariablen keine Beweise. Eine Begründung der Wirkrichtung erfordert Längsschnittstudien. Die bekanntesten Längsschnittstudien zum Zusammenhang von Arbeit und Persönlichkeit haben Kohn und Schooler und ihre Arbeitsgruppe (Kohn & Schooler, 1982, 1983; Kohn, 1985) an repräsentativen Stichproben von mehr als 3000 erwerbstätigen Männern in den USA durchgeführt, von denen sie nach zehn Jahren annähernd 700 Personen erneut untersucht haben. Die mithilfe von Interviews analysierten Merkmale der Arbeit betrafen die Selbstbestimmung im Beruf, die Enge der Überwachung, die inhaltliche Komplexität und Routinisierung der Arbeit. Gleichzeitig wurden Eigenschaften der Arbeitenden wie intellektuelle Flexibilität, das Selbstkonzept, Selbstvertrauen, die Zuschreibung von Verantwortung und auch Wertvorstellungen, Eigenverantwortlichkeit, Vertrauen in Mitmenschen und Einstellungen gegenüber Veränderungen erhoben. Die Autoren fanden einen Einfluss der inhaltlichen Komplexität der Arbeit auf die intellektuelle Flexibilität der Arbeitenden in der Höhe von 0.17. Sie fanden auch eine empirische Bestätigung für die umgekehrte Wirkrichtung, nämlich den Einfluss der intellektuellen Flexibilität der Arbeitenden auf ihre Arbeit. Die Effekte für diese zweite Wirkrichtung waren mit 0.45 stärker.

Wirkungen der Komplexität der Arbeit auf die intellektuelle Leistungsfähigkeit belegt auch die Studie von Schooler, Mulatu und Oates (1999). Die Autoren können zusätzlich zeigen, dass der Effekt der Komplexität der Arbeit auf die Erhöhung der intellektuellen Leistungsfähigkeit bei älteren Arbeitenden signifikant größer ist als bei jüngeren. Damit wird gezeigt, dass ein Zusammenhang zwischen Aufgaben- und Persönlichkeitsmerkmalen mit dem Alter stärker wird. Schallberger (1988) fand in einer Längsschnittstudie an Auszubildenden mit einer Abhängigkeit der Intelligenzentwicklung vom Anforderungsniveau in der Berufsausbildung einen Sozialisationseffekt von 0.15, gleichzeitig auch einen Selektionseffekt von knapp 0.40.

Für die Begründung von Wirkungen der Arbeit auf die Arbeitenden, die als Sozialisationseffekte interpretiert werden können, sind Längsschnittstudien bei Arbeitenden hilfreich, deren Arbeitssituation sich entscheidend verändert hat. Solche Studien hat Pietrzyk (2002) durchgeführt. Sie zeigt für Erwerbstätige, die von einem qualifikationsgerechtem Arbeitsplatz mit lernhaltigen Arbeitsaufgaben als Folge des Verlusts ihres Arbeitsplatzes in eine unterwertige Beschäftigung mit wenig lernhaltigen Arbeitsaufgaben wechseln, einen Kompetenzabbau, für Erwerbstätige aber, die aus der Arbeitslosigkeit oder aus unterwertiger Beschäftigung an einen qualifikationsgerechten Arbeitsplatz wechseln, einen messbaren Kompetenzaufbau (Pietrzyk, 2002).

In einer weiteren Längsschnittstudie wurden Erwerbstätige untersucht, die von einer Beschäftigung in Zeitarbeit in ein unbefristetes Normalarbeitsverhältnis gewechselt sind (Pietrzyk, 2004). Veränderungen in Indikatoren für Motivation, Resignation und Arbeitszufriedenheit sind als Folge des Wechsels nachweisbar. Solche Befunde aus Längsschnittstudien über eine Kovariation von Merkmalen der Arbeitsaufgaben, insbesondere ihrer durch Aufgabenvielfalt und Entscheidungsspielräume bedingten Lernhaltigkeit, und von Indikatoren für arbeitsorientierte Motivation, Wissen und Können der Arbeitenden sind als Ausdruck von Sozialisationswirkungen zu interpretieren.

Einflüsse der Arbeit auf die Arbeitenden sind in jüngerer Zeit durch die Arbeitsgruppe von Ilmarinen nachgewiesen (Ilmarinen, 1999; Ilmarinen & Tuomi 1993; Ilmarinen & Tempel, 2002; Tuomi, Ilmarinen, Jahkola, Katojarinne & Tulki, 1998). In Längsschnittuntersuchungen an Erwerbstätigen über einen Zeitraum von 12 Jahren wurde die individuelle Arbeitsfähigkeit durch eine Selbstbeurteilung der Arbeitenden zur psychischen und physischen Verausgabung durch die bisherige Arbeit, zum individuellen Gesundheitszustand und zu Leistungsreserven wiederholt erhoben. Zu mehreren Subskalen wurden Angaben eingeholt:

- zur derzeitigen Arbeitsfähigkeit im Vergleich zur besten je erreichten,
- zur Bewältigung der derzeitigen physischen bzw. psychischen Arbeitsanforderungen,
- zu aktuellen, vom Arzt diagnostizierten Krankheiten,

- zum Krankenstand in den letzten 12 Monaten,
- zur Einschätzung der eigenen Arbeitsfähigkeit für die nächsten zwei Jahre und
- zur psychischen Einstellung und Befindlichkeit.

Diese Skalen werden zu einem Index der Arbeitsfähigkeit verrechnet. Die Befunde zeigen, dass zwar mit zunehmendem Alter der Anteil der Personen mit schlechter Arbeitsfähigkeit zunimmt und der Anteil derer mit guter oder exzellenter Arbeitsfähigkeit abnimmt, dass aber bei einem Teil der Beschäftigten die Arbeitsfähigkeit sogar leicht angestiegen war. Die Gründe für eine Verbesserung der Arbeitsfähigkeit werden in den Arbeitsinhalten und der beruflichen Qualifizierung gesehen.

5.2 Befunde zur organisationalen Sozialisation

Empirische Studien zur organisationalen Sozialisation beschreiben eine erfolgreiche Sozialisation neuer Mitarbeiter damit, dass Erwartungsenttäuschungen ausbleiben, Stress und Unsicherheit rasch reduziert werden und neuerdings zunehmend an einem intakten psychologischen Kontrakt, der ein implizites Einverständnis zwischen einem Mitarbeiter und der Organisation enthält und sich durch Reziprozität und Austausch der Partner auszeichnet. Als messbare Erfolgskriterien gelten Leistungen am Arbeitsplatz und die mittels Arbeitszufriedenheit und Commitment beschriebene Passung zwischen Person und Organisation, Fluktuation und Karriereerfolg (Cohen, 1991; Galais & Moser, 2001; Moser, 2004).

Der Eintritt neuer Mitarbeiter in eine Organisation wird von diesen häufig problematisch erlebt (Praxisschock). Das rührt daher, dass sie sich mit Unterschieden zwischen ihren Erwartungen und der Realität auseinandersetzen müssen, dass sie noch nicht über Routinen für die Zusammenarbeit mit anderen Mitgliedern der Organisation verfügen und deshalb ihre Annahmen dazu, wie diese auf Ereignisse reagieren, revidieren müssen. Außerdem sind Aufgaben- und Rollenanforderungen zu Beginn oft unklar, sodass neue Mitarbeiter ihre Situation widersprüchlich erleben und Ängste entwickeln (Kim, Cable & Kim, 2005). Organisationen begegnen diesen Problemen durch Maßnahmen bzw. Methoden, die in einer Organisation eingesetzt werden können, um neue Mitarbeiter erfolgreich zu sozialisieren. Van Maanen und Schein (1979) unterscheiden solche Maßnahmen (Sozialisationstaktiken) danach, ob sie formal und systematisch geplant (sequenziell) oder eher informell und zufällig realisiert werden, ob sie individuell oder kollektiv durchgeführt werden, ob sie fixiert oder variabel sind, was sich darauf bezieht, wie präzise ein Zeitplan für Maßnahmen vorgegeben ist, ob sie seriell sind, d. h. neue Mitarbeiter werden für in der Organisation schon vorhandene Rollen vorbereitet, oder disjunktiv, d. h. es gibt keine Vorgänger für neue Mitarbeiter in der Organisation, und ob sie weiterentwickelnd oder neu entwickelnd sind, was sich darauf bezieht, ob vorhandene Kompetenzen und Eigenschaften eines neuen Mitarbeiters ausgebaut oder infrage gestellt werden.

Zahlreiche Studien befassen sich damit, Effekte der sogenannten Sozialisationstaktiken nachzuweisen. So berichten Cable und Parsons (2001) anhand einer zweijährigen Längsschnittstudie an Studierenden, die sich in der Phase der Arbeitssuche befinden, dass sich systematisch geplante Sozialisationsmaßnahmen positiv auf die von den neuen Mitarbeitern subjektiv wahrgenommene Passung ihrer persönlichen Werte mit denen der Organisation auswirken. Cooper-Thomas, Vianen und Anderson (2004) weisen am Beispiel des Eintritts von neuen Mitarbeitern in eine Organisation nach, dass Mentoring und systematische Sozialisationstaktiken die wahrgenommene Passung zwischen Person und Organisation, die Arbeitszufriedenheit und das Comitment beeinflussen und dass Wahrnehmungen der Organisation durch die neuen Mitarbeiter dadurch realistischer werden. Klein und Weaver (2000) demonstrierten in einer quasi-experimentellen Feldstudie Wirkungen eines freiwilligen Orientierungstrainings für neue Beschäftigte. Die Trainingsteilnehmer waren bezüglich der Ziele, Werte, der Geschichte und der Sprache der Organisation deutlich besser sozialisiert als Nichtteilnehmer. Kim, Cable und Kim (2005) belegen positive Wirkungen von Sozialisationstaktiken auch in einem anderen kulturellen Kontext, nämlich in Korea. Hetze (2008) berichtet aus einer Längsschnittuntersuchung an Berufseinsteigern über signifikante Zusammenhänge zwischen arbeitsbezogenen Werthaltungen und Kompetenz.

Ein weiterer Fokus empirischer Studien zur Sozialisation neuer Mitarbeiter bezieht sich darauf nachzuweisen, dass neue Mitarbeiter nicht nur als Empfänger vielfältiger Maßnahmen, welche Organisationen zur Unterstützung von Einarbeitungs- und Sozialisationsprozessen durchführen, angesehen werden können, sondern dass sie auch Akteure sind. Der Sozialisationsprozess werde nicht nur durch Initiativen der Organisation beeinflusst, sondern auch durch Initiativen der neuen Mitarbeiter, betont Morrison (1993). Aktives Verhalten neuer Mitarbeiter besteht in der selbstständigen Informationssuche, im selbstständigen Aufsuchen von Rückmeldungen über eigenes Verhalten (vgl. Schmidt in diesem Band), im Aufbau von Beziehungen in der neuen Organisation einschließlich der Bildung von Netzwerken mit dem Entwickeln von sozialer Unterstützung in diesen (Bauer & Green, 1994, 1998; Ashford & Black, 1996; Fisher, 1986; Kim, Cable & Kim, 2005). Solche Aktivitäten führen dazu, dass neue Mitarbeiter mehr lernen, dass sie schneller die für eine erfolgreiche Bearbeitung ihrer Aufgaben erforderlichen Kenntnisse und Fähigkeiten sowie Rollenklarheit erwerben und dass ihnen das Hineinwachsen in die Organisationskultur besser gelingt.

Bauer und Green (1994) argumentieren, dass zwischen dem aktiven Verhalten neuer Mitarbeiter und der Bereitstellung von Voraussetzungen dafür durch die Organisation eine Wechselwirkung besteht, wenn sie begründen, dass neue Mitarbeiter, denen mehr Gelegenheiten zum Sammeln von Erfahrungen in der Organisation gegeben werden, auch mehr über die Organisation lernen und weniger Rollenkonflikte erleben. Am Beispiel einer Längsschnittstudie an Teilnehmern einer Graduiertenausbildung bestätigen sie ihre Annahme. In einer weiteren Studie (Bauer & Green, 1998) begründen sie das Verhalten von Managern als wichtige Voraussetzung für die aktive Beteiligung neuer Mitarbeiter am Sozialisationsprozess.

5.3 Mechanismen von Sozialisationsprozessen

Der vorliegende Forschungsstand hat dazu geführt, die Mechanismen der Sozialisation in der Arbeit als komplexe Wechselwirkungen zwischen Arbeitssituation und Person zu beschreiben. Es existieren Befunde, die eine Wirkrichtung von der Arbeit auf die Person bestätigen. Diese kann durch vielfältige Lernprozesse sowie Möglichkeiten für die Entwicklung von Motivation beschrieben werden. Auch Fremdselektionen beeinflussen über die Zuordnung zwischen Person und Arbeit die Entwicklungsmöglichkeiten von Menschen in der Erwerbsarbeit. Sie werden als Auswählen von Bewerbern für Ausbildungsplätze oder Karrierepfade realisiert.

Es existiert aber auch ein umgekehrter Wirkungspfad von der Person auf die Arbeit, Personen wählen einen Beruf, eine konkrete Ausbildung, einen Arbeitsplatz, und sie nehmen damit Einfluss auf die Arbeitsumgebung während ihrer Erwerbstätigkeit. Dieser Einfluss ist durch Passungstheorien zwischen Arbeit und Person beschrieben (vgl. Holland, 1985, 1996), die in der Berufswahl, aber auch in der Eignungspsychologie eine Rolle spielen. Mit dem Begriff der Selektionshypothese oder Gravitationshypothese (Schallberger, 2000; Hoff, 2005) wird diese Einflussrichtung bezeichnet.

> Stabil bleibende Person-Merkmale gelten hier als Ursache für Veränderungen der Arbeitsbedingungen oder des Berufsverlaufs durch Fremd- und Selbstselektion sowie durch aktive Beteiligung der arbeitenden Personen selbst. Personen suchen sich z. B. berufliche Umwelten, die zu ihren vorhandenen Fähigkeiten und Eigenschaften passen oder gestalten ihre Arbeitsbedingungen entsprechend. (Hoff, 2005, S. 535)

Eine Einflussnahme der Person auf ihre Arbeit erfolgt nicht nur durch Selektionsprozesse, sondern auch, indem Personen auf ihren Arbeitsinhalt, ihren Arbeitsplatz, auf die Veränderung von Zielen und auch auf die Lernkultur in ihrer

Arbeitsgruppe Einfluss nehmen. Zahlreiche Innovationen der Arbeitenden, die unter den Überschriften kontinuierlicher Verbesserungsprozess, betriebliches Vorschlagswesen, Qualitätszirkel, aufgabenorientierter Informationsaustausch oder als Beispiele partizipativer Arbeitsgestaltung beschrieben sind, illustrieren die Einflussmöglichkeiten Arbeitender auf die Gestaltung ihrer Arbeitssituation. Zusätzlich ist zu berücksichtigen, dass in der sich rasch verändernden Arbeitswelt Arbeitsaufgaben nicht stabil, sondern in ständigem Wandel begriffen sind. Arbeitende können für unscharfe Aufgabenfelder in ihrer Organisation durch die Selbsterklärung der Zuständigkeit für diese zu Gestaltern ihrer Arbeitsinhalte werden und so über die Lern- und Entwicklungspotenziale, die ihnen eine Organisation gewährt, mitentscheiden (Bergmann, 1999).

Seit Veröffentlichung der Studien von Kohn und Schooler (1982, 1983; Kohn, 1985) sind Auffassungen über einseitige Wirkmechanismen, die entweder in der Arbeit die Ursache der Persönlichkeitsentwicklung (Sozialisationsthese) oder die Person als Ursache für die Wahl einer zu ihr passenden Arbeit sehen (Selektions- und Gravitationsthese), überwunden. Kohn und Schooler sprechen von einer reziproken Beziehung, d. h. einer permanenten Wechselwirkung zwischen Arbeit und Person. Diese Interpretation stützt auch Befunde über die Rolle aktiven Verhaltens neuer Mitarbeiter bei Prozessen der organisationalen Sozialisation.

Lempert (2002) beschreibt Mechanismen der Sozialisation des Menschen in der Arbeit als Interaktion zwischen beruflicher und betrieblicher Umwelt und Persönlichkeitsentwicklung, d. h. damit, dass beide Seiten Ursache und Wirkung zugleich sind. Diese Überlegung illustriert er wie folgt:

> Beispielsweise müssen individuelle Lernmotivation und Eigeninitiative bereits vorhanden sein, wenn sie durch die soziale Zuweisung von Lernchancen belohnt werden sollen, müssen illusionäre Ansprüche erst entwickelt werden, ehe sie enttäuscht werden können, müssen autonome Entscheidungen schon gefallen sein, bevor betreffende Handlungen durch äußere Erfolge Bestätigung finden. (Lempert, S. 31)

Wirkungen der Arbeitssituation und Wahlentscheidungen der Person können sich wechselseitig positiv verstärken. Dies ist der Fall, wenn eine Person durch Glück oder eine geschickte Wahl in eine Arbeitsgruppe gelangt, in der sie sich mit anspruchsvollen zur eigenständigen Wissensentwicklung herausfordernden Aufgaben und kompetenten Kollegen auseinandersetzen kann, sich dadurch weiterentwickelt und die Chance erhält, sich für einen Arbeitsplatz mit noch anspruchsvolleren Aufgaben und besseren Entwicklungsmöglichkeiten zu bewerben. Durch Wahlentscheidungen der Person und durch Lernen im Prozess der Arbeit entsteht dann eine sehr erfolgreiche Entwicklung.

Interaktionen von Sozialisations- und Selektionsprozessen charakterisieren aber auch Abstiegsprozesse im Erwerbsleben. Eine Entscheidung für einen unterwertigen Arbeitsplatz, die von der betroffenen Person eventuell nur als zeitweilige Überbrückung betrachtet wird, hat zur Folge, dass wenig lernhaltige Arbeitsaufgaben und weniger Gelegenheit zum dialogischen Lernen im Kollegenkreis bestehen, sodass Personalverantwortliche diese Person, wenn sie sich um einen anspruchsvollen Arbeitsplatz bewirbt, eher nicht berücksichtigen, weil Dequalifizierungsprozesse an einem unterwertigen Arbeitsplatz für möglich gehalten werden. Geringe Chancen zu arbeitsimmanentem Lernen mangels anspruchsvoller Arbeitsaufgaben und Fremdselektionen können längerfristig Abstiegsprozesse erklären. Diese Wechselwirkungsmechanismen begründen, dass die Gestaltung der Arbeitssituation und hier insbesondere die Gestaltung der Arbeitsaufgabe eine Stellschraube für den Erfolg von Sozialisationsprozessen ist. Richter (2006) zeigt am Beispiel des Vergleichs kontinuierlicher und diskontinuierlicher Erwerbsverläufe, dass sich Sozialisierungsbedingungen in Form der Lernhaltigkeit der Arbeitsaufgaben zwischen diesen Gruppen unterscheiden und gleichgerichtete Unterschiede im Selbstkonzept der Kompetenz und bei Indikatoren arbeitsorientierter Motivation bestehen. Erwerbstätige mit kontinuierlichen Erwerbsverläufen haben höhere Werte.

6 *Der Wandel der Sozialisationsbedingungen durch die aktuellen Veränderungen in der Arbeitswelt*

In traditionellen Auffassungen zur Sozialisation in der Arbeit werden die dabei integrierten Lernprozesse dominierend als unbewusstes, beiläufiges Lernen ohne Curriculum gekennzeichnet (Lempert, 2002). In einer Arbeitswelt, die Wissen als wichtigen Wertschöpfungsfaktor betrachtet, ist es jedoch nicht mehr möglich, Sozialisationsprozesse dem Selbstlauf zu überlassen. Vielmehr sind diese sowohl auf der Ebene des Individuums als auch auf der Ebene der Organisation bewusst zu fördern. Auf der Ebene des Individuums ist eine aktive Mitwirkung an Sozialisationsprozessen als selbst organisiertem Lernen zu verstehen. Das ist auch bewusst motiviertes Lernen. Dieser Gedanke ist bereits im Kompetenzbegriff von White (1959) enthalten, der die selbst motivierte Interaktion des Individuums mit seiner Umwelt als Voraussetzung für selbst organisiertes Lernen begründet hat. Mehrere Feldstudien belegen, dass selbst organisiertes Lernen im Prozess der Arbeit im Erleben der Arbeitenden die dominierende Lernform bzw. die wichtigste Quelle ihrer derzeitigen Handlungskompetenz ist (Baethge & Baethge-Kinsky, 2002; Bergmann, 2004).

Das verstärkte Einfordern der individuellen Verantwortung der Erwerbstätigen, wie es die Entwicklung hin zum Arbeitskraftunternehmer beschreibt, ist nicht ohne die Befähigung der Erwerbstätigen zur Planung ihrer Erwerbsbiografie zu erreichen. Das erfordert es, Ziele, Strategien und Methoden dafür bewusst zu machen. Pongratz und Voß (2003) sprechen davon, dass Selbstkontrolle, Selbstökonomisierung sowie Selbstrationalisierung für die unternehmerische Entwicklung der eigenen Arbeitskraft einzusetzen sind (S. 24). Dieser Trend, traditionell eher nicht voll bewusste, dafür aber auch zeitaufwendige Prozesse der Aneignung von Werten, der Unternehmenskultur und unternehmensbezogenem Wissen durch eine bewusste Implementierung und methodische Unterstützung zu fördern, ist auch auf Seiten der Unternehmen zu beobachten. Das beginnt mit Zielvereinbarungen, reicht über Arbeitsplatzrotationen während einer Einarbeitungsphase, durch die ein Beobachtungslernen und ein Learning by Doing aufgrund einer systematischen Arbeitsplatzabfolge intensiviert werden kann, bis zu speziellen Techniken der Unterstützung von Arbeitsgruppen bei der Beschaffung, Erzeugung und Nutzung von Wissen. Prozeduren des aufgabenorientierten Informationsaustauschs als einer Methode der Schaffung und Integration von Wissen sowie der partizipativen Gestaltung von Arbeitsprozessen und -produkten (Neubert & Tomczyk, 1986; Wetzstein & Hacker, 2003) gehören ebenso dazu wie die als Strategien des Wissensmanagements beschriebenen Methoden (Probst, Raub & Romhardt, 2003).

Prozesse der Feststellung von Lernbedarf, der Definition von Lernzielen, der Auswahl und Implementierung von Methoden zum Erreichen der Ziele werden dabei an Arbeitsgruppen delegiert und in diesen realisiert. Die Kombination von Lernen und Arbeiten in Arbeitsgruppen erfordert den Umgang mit verteiltem Wissen. Dafür ist Vertrauen eine unverzichtbare Voraussetzung. Die gegenseitige Anerkennung der Expertise der Gruppenmitglieder schafft dabei ein Erleben von Verantwortung und erweist sich gleichzeitig als Motivator für eine Wissensentwicklung. Sozialisationsprozesse verlaufen so als bewusst implementierte Prozesse organisationalen Lernens und ermöglichen eine Passfähigkeit von individueller Wissensdarstellung und dem Wissensbedarf des Unternehmens. „Wissen muss nur gleichsam den Trichter des Individuums passieren, um der Organisation zur Verfügung zu stehen" (Spies, 2001, S. 713).

Als wichtigstes Kriterium für eine erfolgreiche Sozialisation in der Erwerbsarbeit dürfte das Erhalten und Entwickeln der Beschäftigungsfähigkeit über die Spanne des erwerbsfähigen Alters anzusehen sein.

Eine folgenreiche Veränderung in der Arbeitswelt ist die beschleunigte Entwicklung von Technologien. Die Innovationszyklen werden kürzer. Die rasante Entwicklung auf dem Gebiet der Informations- und Kommunikationstechnologien bedingt veränderte Organisationsformen für die Herstellung von Produkten und Dienstleistungen. Unternehmensgrenzen lösen sich auf. Netzwerke werden gebildet, die als virtuelle Unternehmen regional, aber auch international agieren. Die Konsequenzen dieser technologischen Entwicklung sind zahlreich. Eine äußert sich in Verschiebungen des Anteils der für die Volkswirtschaft zentralen Sektoren. Im primären Sektor der Landwirtschaft und Rohstoffgewinnung sind nur noch 3 % der Erwerbstätigen beschäftigt. Im sekundären Sektor der industriellen Produktion sind es noch ca. 31 %, während im dritten Sektor von Handel und Dienstleistungen die Beschäftigtenzahlen wachsen und ca. 66 % betragen (Statistisches Bundesamt, http://www.destatis.de).

Eine zweite Konsequenz der technologischen Entwicklung betrifft veränderte Relationen zwischen Bildung und Arbeit. Die Beschleunigung der Veränderungsprozesse geht mit einer Verkürzung der Halbwertzeit des in der Erwerbsarbeit benötigten Spezialwissens einher, sodass durch das Bildungssystem das benötigte Wissen nicht mehr zeitnah bereitgestellt werden kann. Eine didaktische Aufbereitung neuer Lerninhalte und deren Strukturierung in Aus- und Weiterbildungscurricula brauchen Zeit. Die Folge ist die Delegierung der Verantwortung für die Bestimmung von Lernzielen, Lerninhalten und die Organisation der Lernprozesse an das Individuum. Das spezifische Fach- und Methodenwissen muss im Arbeitsprozess angeeignet werden. Arbeiten und Lernen erfolgen teilweise parallel.

Diese Entwicklung ist damit verbunden, dass sich der Wettbewerb vom klassischen Kostenwettbewerb zum Wettbewerb um innovative Produkte und Dienstleistungen verlagert (Hübner, 2002). Deren Herstellung erfordert neues Wissen. Aber dieses Wissen wird nicht in der Ausbildung gelehrt und selten während der Weiterbildung angeeignet. Es wird zum großen Teil während des Arbeitsprozesses als unternehmensspezifisches Wissen erworben, das Mitarbeiter in der Auseinandersetzung mit Aufgaben, durch Tüfteln, oft im Dialog mit einem Kunden oder mit Mitarbeitern anderer Abteilungen erzeugen. Dabei sind jene Wissensfacetten für das Bestehen im Wettbewerb besonders wertvoll, die für Konkurrenten schwer imitierbar sind (Osterloh, Bastian & Weibel, 2002). Dieses Wissen ist unternehmensspezifisch. Es enthält Erfahrungen für die Erzeugung von Produkten mit Unternehmensressourcen.

Nonaka und Takeuchi (1997) beschreiben mit dem „Middle up down Management“ eine Strategie der Förderung der Wissensentwicklung in Arbeitsgruppen, mit der Nachteile traditioneller bürokratischer Organisationsstrukturen wie Widerstand gegen Veränderungen, Pedanterie, Zurückscheuen vor Verantwortung überwunden werden sollen. Die Autoren betonen notwendige Wandlungen in den Organisationsstrukturen mit dem Ziel, die Erzeugung des für Innovation wichtigen unternehmensspezifischen Wissens zu unterstützen. Die Strategie besteht darin, dass die Unternehmensführung eine Vision artikuliert, die vom mittleren Management durch das Schaffen von Tätigkeitsfeldern und Produktkonzepten so transformiert wird, dass Mitarbeiter an der Basis daraus Handlungsziele und konkrete Ziele für die Wissensschaffung ableiten können. Der Widerspruch zwischen der konkreten Realität der Mitarbeiter, d. h. dem was ist, und der abstrakten Vision der Unternehmensführung, d. h. dem was sein soll, wird hier durch das mittlere Management so aufgelöst, dass den zugeordneten Mitarbeitern ein verständlicher Rahmen für die Bildung eigener Wissens- und Handlungsziele gegeben wird. Mit der Metapher der Wissensspirale, die eine Integration von vier Formen der Wissensumwandlung beschreibt, wird die Wissensschaffung als Transformationsprozess zwischen Individuum, Arbeitsgruppe, dem Unternehmen als Ganzem und das Spannungsfeld zwischen implizitem und explizitem Wissen veranschaulicht.

Die Formen der Wissensumwandlung sind Sozialisation als Transport impliziten Wissens zwischen Mitarbeitern, die Externalisierung als Umwandlung impliziten in explizites Wissen, die Wissenskombination als Zusammenführen verschiedener Wissenskörper und die Internalisierung als Prozess der Eingliederung expliziten Wissens in das implizite Wissen, die ähnlich wie ein „Learning by Doing“ funktioniert. Schlussfolgerungen auf veränderte Sozialisationsbedingungen bestehen darin, dass Organisationen unter den Bedingungen wachsender Beschleunigung der Veränderungsprozesse nicht nur für neue Mitarbeiter Maßnahmen zur Unterstützung bereitstellen sollten, sondern dass auch vorhandene Mitarbeiter bei der Entwicklung bzw. Übernahme neuer Ziele und Arbeitsmethoden sowie bei der Zusammenarbeit mit neuen Kooperationspartnern der kontinuierlichen Unterstützung bedürfen (vgl. Blickle & Schneider in diesem Band).

Eine weitere Veränderung in der Arbeitswelt betrifft die Berufe als stabilen Rahmen für eine Sozialisation während der Erwerbsphase. Dieser stabile Rahmen besteht nicht mehr durchgängig. Schaeper, Kühn und Witzel (2000) sprechen von der Erosion des Berufs als komplexe Kategorie sozialer Integration des Individuums und lebenslangem Orientierungsrahmen. Die technische Entwicklung hat auch Folgen für die Berufsstruktur. Manche Berufe werden überflüssig, weil die traditionellen Aufgaben automatisiert bearbeitet werden. Neue Berufe lösen sich aus traditionellen durch weitere Spezialisierung heraus, z. B. aus dem Medizinerberuf die Spezialisierungen der Fachärzte, und sogenannte Hybridberufe entstehen, z. B. der Mechatroniker als Synthese aus dem Mechaniker und dem Elektroniker.

Damit ist der Verlust der Dauerhaftigkeit des Berufs verbunden. Berufsverläufe verlieren an Kontinuität und Berechenbarkeit. Die Mobilitätsforschung des Instituts für Arbeits- und Berufsforschung macht deutlich, dass Berufswechsel insbesondere unterhalb der akademischen Berufe zum Alltag geworden sind (Dostal, Stooß & Troll, 1998). Diese Autoren unterscheiden vier Erwerbssegmente, die Freiberufler, die Kernbelegschaften, die Randbelegschaften und die Arbeitslosen, welche durch ein Rotationsmodell in die Randbelegschaften integriert werden können. Der Bedeutungsverlust des Berufs betrifft insbesondere die Randbelegschaften. Arbeitsaufgaben für sie sind so zugeschnitten, dass sie nach kurzer Einweisung ausführbar sind und wenig unternehmensspezifisches Wissen erfordern.

Diese Entwicklung steht im Zusammenhang mit Deregulierungen, die im Zuge der Globalisierung zu beobachten sind. Erwerbsarbeit findet nicht mehr nur in Form traditioneller unbefristeter Vollzeitarbeit statt. Neue Beschäftigungsverhältnisse entstehen. Die Veränderungen in Arbeits- und Beschäftigungsverhältnissen lassen erkennen, dass zwischen bislang weitgehend eindeutig abgegrenzten Statusgruppen im Erwerbsleben „... die Übergänge zunehmend fließender werden" (Dietrich, 1999, S. 85).

Die Zahl der selbstständig Erwerbstätigen und mit diesen die Ein-Personen-Selbstständigen und die Scheinselbstständigen, die wie selbstständig Erwerbstätige tätig sind, aber aufgrund der spezifischen Erwerbssituation doch als abhängig Beschäftigte zu bewerten sind, nimmt zu (Dietrich, 1999). Diese Gruppe ist beruflich nicht definiert, sondern stellt eine sehr heterogene und im Wandel befindliche Erwerbsform dar.

Im Zuge der Flexibilisierung in der Arbeitswelt nehmen auch Teilzeitarbeit, geringfügige Beschäftigung und Leiharbeit zu. In der Europäischen Union sind derzeit rund 2,2 Millionen Menschen, das entspricht 1,4 % der Beschäftigten, in Leih- oder Zeitarbeit tätig (Europäische Kommission für Beschäftigung und Soziales, 2002). Auch in diesen Beschäftigungsformen sind Arbeitsbedingungen, Qualifikationsanforderungen, Weiterbildungsmöglichkeiten weniger klar geregelt als in traditionellen Vollzeitarbeitsverhältnissen, und die Zuordnung zu Berufen ist weit weniger eng. Ein großes Problem der Erwerbstätigen in sogenannten flexiblen Beschäftigungsverhältnissen besteht darin, dass sie aufgrund der Befristung ihrer Unternehmenszugehörigkeit und aufgrund der Zuweisung eher einfacher Arbeit, in die sie mit geringerem Zeitaufwand eingewiesen werden können, schlechtere Vorraussetzungen für die Aneignung unternehmensspezifischen Wissens haben. Sie sind deshalb auch weitgehend vom Innovationsgeschehen abgekoppelt.

Die skizzierten Entwicklungen bedeuten gravierende Veränderungen in den Sozialisationsbedingungen. Für einen Teil Erwerbstätiger entfallen die Stabilität eines Berufs und die mit diesem in der Vergangenheit verbundenen Laufbahnmuster als vorgeformte Entwicklungsmodelle, in denen häufig sogar auch Weiterbildungen inhaltlich und zeitlich geplant waren. Stattdessen wird der Erwerbsstatus unsicher, und die Entwicklung im Erwerbsleben einschließlich Weiterbildungen ist an die Selbstverantwortung des Einzelnen übertragen. Lebenslanges Lernen ist nicht nur wegen der beschleunigt erfolgenden Veränderungsprozesse eine Forderung, sondern auch, weil Erwerbsverläufe zunehmend diskontinuierlich sind und Berufs- und Branchenwechsel enthalten, die wiederholte Einarbeitungen und die Aneignung neuen Spezialwissens erfordern (vgl. Blickle & Schneider in diesem Band).

Literatur

Argyris, C. (1976). *Six presidents: Increasing leadership effectiveness.* New York, NY: Wiley.

Argyris, C. & Schön, D. A. (1974). *Theory in practice. Increasing professional effectiveness.* San Francisco, CA: Jossey-Bass.

Ashford, S. J. & Black, S. J. (1996). Proactivity during organizational entry: The role of desire for control. *Journal of Applied Psychology, 81,* 199–214.

Bandura, A. (1977a). *Social learning theory.* Englewood Cliffs, NJ: Prentice-Hall.

Bandura, A. (1977b). Self-efficacy. *Psychological Review, 84,* 191–215.

Bandura, A. (1997). *Self-efficacy. The exercise of control.* New York, NY: Freeman.

Baethge, M. & Baethge-Kinsky, V. (2002). Arbeit – die zweite Chance. Zum Verhältnis von Arbeitserfahrungen und lebenslangem Lernen. In Arbeitsgemeinschaft Betriebliche Weiterbildungsforschung e. V. (Hrsg.), *Kompetenzentwicklung 2002* (S. 69–140). Münster: Waxmann.

Bauer, T. N. & Green, S. G. (1994). Effect of newcomer involvement in work-related activities: A longitudinal study of socialisation. *Journal of Applied Psychology, 79,* 211–223.

Bauer, T. N. & Green, S. G. (1998). Testing the combined effects of newcomer information seeking and manager behavior on socialization. *Journal of Applied Psychology, 83,* 72–83.

Benninghaus, H. (1987). Substantielle Komplexität der Arbeit als zentrale Dimension der Jobstruktur. *Zeitschrift für Soziologie, 16,* 334–352.

Bergmann, B. (1999). *Training für den Arbeitsprozess. Entwicklung und Evaluation aufgaben- und zielgruppenspezifischer Trainingsprogramme.* Zürich: vdf.

Bergmann, B. (2000). Arbeitsimmanente Kompetenzentwicklung. In B. Bergmann, A. Fritsch, P. Göpfert, F. Richter, B. Wardanjan & S. Wilczek (Hrsg.), *Kompetenzentwicklung und Berufsarbeit* (S. 11–40). Münster: Waxmann.

Bergmann, B. (2004). Einführung: Arbeiten und Lernen. In B. Bergmann, F. Richter, A. Pohlandt, U. Pietrzyk, D. Eisfeldt, V. Hermet & D. Oschmann (Hrsg.), *Arbeiten und Lernen* (S. 13–35). Münster: Waxmann.

Bergmann, B., Dieter, P. & Nitsche, I. (2002). Evaluation des Dresdner Modells DIPOL (Dresdner integratives problemorientiertes Lernen) des reformierten Medizinstudiums. *Zeitschrift Medizinische Ausbildung, 19,* 1–6.

Bergmann, B., Fritsch, A., Göpfert, P., Richter, F., Wardanjan, B. & Wilczek, S. (Hrsg.). (2000). *Kompetenzentwicklung und Berufsarbeit.* Münster: Waxmann.

Bergmann, B., Pohlandt, A., Richter, F., Pietrzyk, U. & Eisfeldt, D. (2004). Zusammenhänge zwischen der Lernhaltigkeit der Arbeitssituation und der Kompetenz Erwerbstätiger. In B. Bergmann, F. Richter, A. Pohlandt, U. Pietrzyk, D. Eisfeldt, V. Hermet & D. Oschmann (Hrsg.), *Arbeiten und Lernen* (S. 37–76). Münster: Waxmann.

Bergmann, B., Richter, F. Pohlandt, A., Pietrzyk, U., Eisfeldt, D., Hermet, V. & Oschmann, D. (Hrsg.). (2004). *Arbeiten und Lernen.* Münster: Waxmann.

Bergmann, B. & Wardanjan, B. (1999). Organisationsgestaltung und Mitarbeitermotivation. *Zeitschrift für Arbeitswissenschaft, 53,* 25–29.

Bergmann, C. (2004). Berufswahl. In H. Schuler (Hrsg.), *Organisationspsychologie – Grundlagen und Personalpsychologie* (Enzyklopädie der Psychologie, Serie Wirtschafts-, Organisations- und Arbeitspsychologie, Bd. 3, S. 343–387). Göttingen: Hogrefe.

Berkowitz, E. & Green, R. E. (1965). Changes in intellect with age. V. Differential changes as functions of time intervall and original score. *Journal of Genetic Psychology, 107,* 179–192.

Bettoni, M., Clases, C. & Wehner, T. (2004). Communities of Practice im Wissensmanagement: Charakteristika, Initiierung und Gestaltung. In G. Reinmann & H. Mandl (Hrsg.), *Psychologie des Wissensmanagements* (S. 318–328). Göttingen: Hogrefe.

Bromme, R. (1992). *Der Lehrer als Experte. Zur Psychologie des professionellen Wissens.* Bern: Huber.

Brown, J. S., Collins, A. & Duguid, P. (1989). Situated cognition and the culture of learning. *Educational researcher, 18,* 31–42.

Cable, D. M. & Parsons, C. K. (2001). Sozialization tactics and person-organization fit. *Personnel Psychology, 54,* 1–23.

Cohen, A. (1991). Career stage as a moderator of the relationship between organizational commitment and its outcomes: A meta-analysis. *Journal of Occupational Psychology, 64,* 253–268.

Collins, A. (1991). Cognitive apprenticeship and instructional technology. In L. Idol & B. F. Jones (Eds.), *Educational values and cognitive instruction: Implications for reform* (pp. 121–138). Hillsdale, NJ: Erlbaum.

Collins, A., Brown, J. S. & Newman, S. E. (1989). Cogntive apprenticeship: Teaching the crafts of reading, writing and mathematics. In L. B. Resnick (Ed.), *Knowing, learning, and instruction. Essay of the honour of Robert Glaser* (pp. 453–494). Hillsdale, NJ: Erlbaum.

Cooper-Thomas, H. D., van Vianen, A. & Anderson, N. (2004). Changes in person-organization fit: The impact of socialization tactics on perceived and actual P-O fit. *European Journal of Work and Organizational Psychology, 13,* 52–78.

Deitering, F. (1998). Selbstgesteuertes Lernen. In S. Greif & H.-J. Kurtz (Hrsg.), *Handbuch Selbstorganisiertes Lernen* (S. 155–160). Göttingen: Hogrefe.

Dietrich, H. (1999). Empirische Befunde zur selbständigen Erwerbstätigkeit unter besonderer Berücksichtigung scheinselbständiger Arbeitsverhältnisse. *Mitteilungen aus der Arbeitsmarkt- und Berufsforschung, 32,* 85–101.

Dostal, W., Stooß, F. & Troll, L. (1998). Beruf-Auflösungstendenzen und erneute Konsolidierung. *Mitteilungen aus der Arbeitsmarkt- und Berufsforschung, 31,* 438–460.

Dreyfus, H. L. & Dreyfus, S. E. (1987). *Künstliche Intelligenz. Von den Grenzen der Denkmaschine und dem Wert der Intuition.* Reinbek: Rowohlt.

Ericsson, K. A., Krampe, R. T. & Tesch-Römer, C. (1993). The role of deliberate practice in the acquisition of expert performance. *Psychological Review, 100,* 363–406.

Eron, D. L. (1987). The development of aggressive behavior from the perspective of a developing behaviorism. *American Psychologist, 42,* 435–442.

Europäische Kommission für Beschäftigung und Soziales (2002). Kommissionsvorschlag unterstützt die Leiharbeit. *Sozial Agenda, 2,* 3–4.

Fisher, C. D. (1986). Organizational socialisations. In R. A. Giacalone & P. Rosenfeld (Eds.), *Research in personnel and human resources management* (pp. 101–145). Greenwich, CT: JAI.

Frese, M. (1979). Partialisierte Handlung und Kontrolle: Zwei Themen der industriellen Psychopathologie. In M. Frese, S. Greif & N. K. Semmer (Hrsg.), *Industrielle Psychopathologie* (S. 159–183). Bern: Huber.

Fritsch, A. (2003). *Einflussfaktoren auf die Wiederbeschäftigung von Arbeitsuchenden.* Aachen: Shaker.

Galais, N. & Moser, K. (2001). Eintritt in die Arbeitswelt – enttäuschte, erfüllte und übertroffene Erwartungen. *Zeitschrift für Arbeitswissenschaft, 55,* 179–186.

Gerstenmaier, J. & Mandl, H. (1995). Wissenserwerb unter konstruktivistischer Perspektive. *Zeitschrift für Pädagogik, 41,* 867–888.

Geulen, D. (1998). Die historische Entwicklung sozialisationstheoretischer Ansätze. In K. Hurrelmann & D. Ulich (Hrsg.), *Handbuch der Sozialisationsforschung* (S. 21–54). Weinheim: Beltz.

Ginzberg, E., Ginsburg, S. W., Axelrad, S. & Herma, J. (1951). *Occupational choice. An approach to a general theory.* New York, NY: Columbia University Press.

Gist, M. E. & Mitchell, T. R. (1992). Self-efficacy: A theoretical analysis of its determinants and malleability. *Academy of Management Review, 17,* 183–211.

Gräsel, C. (1997). *Problemorientiertes Lernen.* Göttingen: Hogrefe.

Greeno, J. G. (1993). Situativity and symbols: Response to Vera and Simon. *Cognitive Science, 17,* 49–59.

Groot, A. D. de (1965). *Thought and choice in chess.* Den Haag: Mouton.

Gruber, H. (1994). *Expertise.* Opladen: Westdeutscher Verlag.

Hacker, W. (1991). Projektieren von Arbeitstätigkeiten. Möglichkeiten – Probleme – Grenzen. *Zeitschrift für Arbeitswissenschaft, 45,* 193–198.

Hacker, W. (1992). *Expertenkönnen. Erkennen und Vermitteln.* Göttingen: Verlag für Angewandte Psychologie.

Hacker, W. (2005). *Allgemeine Arbeitspsychologie. Psychische Regulation von Wissens-, Denk- und körperlicher Arbeit.* Bern: Huber.

Hacker, W. & Skell, W. (1993). *Lernen in der Arbeit.* Berlin: Bundesinstitut für Berufsbildung.

Hackman, J. R. & Oldham, G. R. (1976). Motivation through the design of work: Test of a theory. *Organisational Behaviour and Human Performance, 21,* 289–304.

Häfeli, K., Kraft, U. & Schallberger, U. (1988). *Berufsausbildung und Persönlichkeitsentwicklung. Eine Längsschnittstudie.* Bern: Huber.

Heinz, W. R. (1990). Sozialisation. In S. Grubitzsch & G. Rexilius (Hrsg.), *Psychologische Grundbegriffe. Mensch und Gesellschaft in der Psychologie. Ein Handbuch* (S. 986–997). Reinbek: Rowohlt.

Heinz, W. R. (1998). Berufliche und betriebliche Sozialisation. In K. Hurrelmann & D. Ulich (Hrsg.), *Handbuch der Sozialisationsforschung* (S. 397–415). Weinheim: Beltz.

Hetze, A.-M. (2008). *Zusammenhänge arbeitsbezogener Werthaltungen mit der beruflichen Handlungskompetenz. Ein Beitrag zur Bedeutung von Werthaltungen in der Arbeitstätigkeit.* Unveröffentlichte Dissertation. TU Dresden.

Hoff, E.-H. (2005). Arbeit und berufliche Entwicklung. In S.-H. Filipp & U. M. Staudinger (Hrsg.), *Entwicklungspsychologie des mittleren und höheren Erwachsenenalters* (Enzyklopädie der Psychologie, Serie Entwicklungspsychologie, Bd. 6, S. 525–557). Göttingen: Hogrefe.

Hoff, E.-H., Lempert, W. & Lappe, L. (1991). *Persönlichkeitsentwicklung in Facharbeiterbiographien.* Bern: Huber.

Holland, J. L. (1985). *Making vocational choices.* Englewood Cliffs, NJ: Prentice Hall.

Holland, J. L. (1996). Exploring careers with a typology: What we have learned and some new directions. *American Psychologist, 51,* 397–406.

Holman, D. & Wall, T. D. (2002). Work characteristics, learning related outcomes, and strain: A test of competing direct effects, mediated, and moderated models. *Journal of Occupational Health Psychology, 7,* 283–301.

Hübner, H. (2002). *Integratives Innovationsmanagement.* Berlin: Erich Schmidt.

Hurrelmann, K. (2002). Sozialisation. In G. Endruweit & G. Trommsdorff (Hrsg.), *Wörterbuch der Soziologie* (S. 500–509). Stuttgart: Lucius & Lucius.

Hurrelmann, K. & Ulich, D. (Hrsg.). (1998). *Handbuch der Sozialisationsforschung.* Weinheim: Beltz.

Ilmarinen, J. (1999). *Aging workers in the European Union-status and promotion of work ability, employability and employment.* Helsinki: Finnish Institute of Occupational Health.

Ilmarinen, J. & Tempel, J. (2002). *Arbeitsfähigkeit 2010. Was können Sie tun, damit Sie gesund bleiben?* Hamburg: VSA.

Ilmarinen, J. & Tuomi, K. (1993). Work ability index for aging workers. In J. Ilmarinen (Ed.), *Aging and work* (pp. 142–151). Helsinki: Finnish Institute of Occupational Health.

Joas, H. (1998). Rollen- und Interaktionstheorien in der Sozialisationsforschung. In K. Hurrelmann & D. Ulich (Hrsg.), *Handbuch der Sozialisationsforschung* (S. 137–152). Weinheim: Beltz.

Kim, T.-Y., Cable, D. M. & Kim, S.-P. (2005). Sozialization tactics, employee proactivity, and person-organization fit. *Journal of Applied Psychology, 90,* 232–241.

Klein, H. J. & Weaver, N. A. (2000). The effectiveness of an organizational level orientation training program in the socialization of new hires. *Personnel Psychology, 53,* 47–66.

Kohn, M. L. (1985). *Persönlichkeit, Beruf und soziale Schichtung.* Stuttgart: Klett.

Kohn, M. L. & Schooler, C. (1982). Job conditions and personality: A longitudinal assessment of their reciprocal effect. *American Journal of Sociology, 87,* 1257–1286.

Kohn, M. L. & Schooler, C. (1983). *Work and personality. An inquiry into the impact of social stratification.* London: Erlbaum.

Koller, B. & Plath, H.-E. (2000). Qualifikation und Qualifizierung älterer Arbeitnehmer. *Mitteilungen aus der Arbeitsmarkt- und Berufsforschung, 1,* 112–125.

Lempert, W. (2002). *Berufliche Sozialisation oder Was Berufe aus Menschen machen.* Baltmannsweiler: Schneider.

Mead, G. H. (1968). *Geist, Identität und Gesellschaft.* Frankfurt a. M.: Campus.

Meissner, M. (1971). The long arm of the job: Study of work and leisure. *Industrial Relations, 10,* 239–260.

Mieg, H. (2003). Professionalisierung als Muster der beruflichen Kompetenzentwicklung bei hochqualifizierten Tätigkeiten. Der lange Arm der absolvierten Studienrichtung. *Wirtschaftspsychologie, 1,* 59–62.

Mieg, H. A. & Woschnak, U. (2002). Die berufliche Identität von Umweltdienstleistern: Altes, neues oder ohne Berufsbild? *Arbeit, 3,* 185–198.

Morrison, E. W. (1993). Longitudinal study of the effects of information seeking on newcomer socialization. *Journal of Applied Psychology, 78,* 173–183.

Moser, K. (2004). Organisationale Sozialisation und berufliche Entwicklung. In H. Schuler (Hrsg.), *Organisationspsychologie – Grundlagen und Personalpsychologie* (Enzyklopädie der Psychologie, Serie Wirtschafts-, Organisations- und Arbeitspsychologie, Bd. 3, S. 535–595). Göttingen: Hogrefe.

Moser, K. & Schmook, R. (2001). Berufliche und organisationale Sozialisation. In H. Schuler (Hrsg.), *Lehrbuch der Personalpsychologie* (S. 215–239). Göttingen: Hogrefe.

Myers, D. G. (2005). *Psychologie.* Heidelberg: Springer.

Neubert, J. & Tomczyk, R. (1986). *Gruppenverfahren der Arbeitsanalyse und Arbeitsgestaltung.* Berlin: Deutscher Verlag der Wissenschaften.

Neuweg, G. H. (1999). *Könnerschaft und implizites Wissen.* Münster: Waxmann.

Nonaka, I. & Takeuchi, H. (1997). *Die Organisation des Wissens. Wie japanische Unternehmen eine brachliegende Ressource nutzbar machen.* Frankfurt a. M.: Campus.

Osterloh, M., Bastian, D. & Weibel, A. (2002). Kompetenzentwicklung im Betrieb. In Arbeitsgemeinschaft Betriebliche Weiterbildungsforschung e. V. (Hrsg.), *Kompetenzentwicklung 2002* (S. 391–434). Münster: Waxmann.

Pietrzyk, U. (2002). *Brüche in der Berufsbiografie – Chancen und Risiken für die Entwicklung beruflicher Kompetenz.* Hamburg: Dr. Kovac.

Pietrzyk, U. (2004). Evaluation unterschiedlicher Beschäftigungsformen unter dem Aspekt der Entwicklung beruflicher Handlungskompetenz und Gesundheit. In B. Bergmann, F. Richter, A. Pohlandt, U. Pietrzyk, D. Eisfeldt, V. Hermet & D. Oschmann (Hrsg.), *Arbeiten und Lernen* (S. 149–235). Münster: Waxmann.

Pongratz, H. J. & Voß, G. G. (2003). *Arbeitskraftunternehmer.* Berlin: edition sigma.

Potocnik, R. (1993). Entscheidungstraining zur Laufbahnwahl: Konzeption, Evaluierung, Erfahrungen. *Zeitschrift für Arbeits- und Organisationspsychologie, 37,* 95–100.

Probst, G., Raub, S. & Romhardt, K. (2003). *Wissen managen. Wie Unternehmen ihre wertvollste Ressource optimal nutzen.* Wiesbaden: Gabler.

Rauen, C. (2000). Varianten des Coachings im Personalentwicklungsbereich. In C. Rauen (Hrsg.), *Handbuch Coaching* (S. 41–68). Göttingen: Verlag für Angewandte Psychologie.

REFA-Verband für Arbeitsstudien und Betriebsorganisation (1989). *Methodenlehre des Arbeitsstudiums. Teil 6: Arbeitspädagogik.* München: Hanser.

Reimann, P. (1997). *Lernprozesse beim Wissenserwerb an Beispielen. Analyse, Modellierung, Förderung*. Bern: Huber.

Reinmann-Rothmeier, G. & Mandl, H. (1997). Lehren im Erwachsenenalter. Auffassungen vom Lehren und Lernen, Prinzipien und Methoden. In F. E. Weinert & H. Mandl (Hrsg.), *Psychologie der Erwachsenenbildung* (Enzyklopädie der Psychologie, Serie Pädagogische Psychologie, Bd. 4, S. 355–403). Göttingen: Hogrefe.

Resnick, L. B. (1987). Learning in school and out. *Educational Researcher, 16,* 13–20.

Richter, F. (2005). *Lernförderlichkeit der Arbeitssituation und Entwicklung beruflicher Handlungskompetenz*. Hamburg: Dr. Kovac.

Richter, F. (2006). Erwerbsbiografien in der neuen Arbeitswelt – Bewertung im Hinblick auf Erhalt und Entwicklung von Kompetenz, Arbeitsfähigkeit und Gesundheit. In B. Bergmann u. a. (Hrsg.), *Kompetent für die Wissensgesellschaft, edition QUEM, Bd. 22* (S. 167–263). Münster: Waxmann.

Rosenstiel, L. von & Stengel, M. (1987). *Identifikationskrise?* Bern: Huber.

Russel, J. E. A. (1991). Career development interventions in organizations. *Journal of Vocational Behavior, 38,* 237–287.

Schaeper, H., Kühn, T. & Witzel, A. (2000). Diskontinuierliche Erwerbskarrieren und Berufswechsel in den 1990ern: Strukturmuster und biografische Umgangsweisen betrieblich ausgebildeter Fachkräfte. *Mitteilungen aus der Arbeitsmarkt- und Berufsforschung, 33,* 80–100.

Schallberger, U. (1988). Berufsausbildung und Intelligenzentwicklung. In K. Häfeli, U. Kraft & U. Schallberger (Hrsg.), *Berufsausbildung und Persönlichkeitsentwicklung. Eine Längsschnittuntersuchung* (S. 148–167). Bern: Huber.

Schallberger, U. (2000). Berufliche Tätigkeit als „Determinante" interindividueller Differenzen. In M. Amelang (Hrsg.), *Determinanten individueller Unterschiede* (Enzyklopädie der Psychologie, Serie Differentielle Psychologie und Persönlichkeitsforschung, Bd. 4, S. 407–454). Göttingen: Hogrefe.

Schneider, B. (1987). The people make the place. *Personnel Psychology, 40,* 437–453.

Schneider, B., Goldstein, H. W. & Smith, D. B. (1995). The ASA framework: An update. *Personnel Psychology, 48,* 747–773.

Schooler, C., Mulatu, M. S. & Oates, G. (1999). The continuing effects of substantively complex work on the intellectual functioning of older workers. *Psychology and Aging, 14,* 483–506.

Schulze, H.-J. & Künzler, J. (1998). Funktionalistische und systemtheoretische Ansätze in der Sozialisationsforschung. In K. Hurrelmann & D. Ulich (Hrsg.), *Handbuch der Sozialisationsforschung* (S. 121–136). Weinheim: Beltz.

Seifert, K. H. (1988). Berufswahl und Laufbahnentwicklung. In D. Frey, C. Graf Hoyos & D. Stahlberg (Hrsg.), *Angewandte Psychologie* (S. 187–204). Weinheim: Psychologie Verlags Union.

Spies, M. (2001). Wissensorganisation und Wissen in der Organisation – Aufgabe der Psychologie im prozessorientierten Wissensmanagement. In R. K. Silbereisen & M. Reitzle (Hrsg.), *Psychologie 2000. Bericht über den 42. Kongress der Deutschen Gesellschaft für Psychologie in Jena 2000* (S. 712–723). Lengerich: Pabst.

Super, D. E. (1957). *Psychology and careers*. New York, NY: Harper & Row.

Super, D. E. (1981). Approaches to occupational choice and career development. In A. G. Watts, D. E. Super & J. M. Kidd (Eds.), *Career development in Britain* (pp. 7–51). Cambridge: Hobsons.

Tuomi, K., Ilmarinen, J., Jahkola, A., Katojarinne, L. & Tulki, A. (1998). *Work ability index.* Helsinki: Finnish Institute of Occupational Health.

Turner, C. W., Hesse, B. W. & Peterson-Lewis, S. (1986). Naturalistic studies of long term effects of television violence. *Journal of Social Issues, 42,* 7–28.

Ulich, D. (1998). Zur Relevanz verhaltenstheoretischer Lern-Konzepte für die Sozialisationsforschung. In K. Hurrelmann & D. Ulich (Hrsg.), *Handbuch der Sozialisationsforschung* (S. 57–76). Weinheim: Beltz.

Van Maanen, J. & Schein, E. H. (1979). Toward a theory of organizational socialization. In B. M. Staw (Ed.), *Research in organizational behavior* (pp. 209–264). Greenwich, CT: JAI.

Wanous, J. P. (1992). *Organizational entry. Recruitment, selection, orientation and socialization of newcomers.* Reading, MA: Addison-Wesley.

Warr, P. & Bunce, D. (1995). Trainee characteristics and the outcomes of open learning. *Personnel Psychology, 48,* 347–375.

Wetzstein, A. & Hacker, W. (2003). Vom Wissen zur Innovation – Techniken der Wissensintegration. In B. Bergmann & U. Pietrzyk (Hrsg.), *Kompetenzentwicklung und Flexibilität in der Arbeitswelt* (S. 71–82). Dresden: TU Dresden.

White, R. W. (1959). Motivation reconsidered: The concept of competence. *Psychological Review, 66,* 297–333.

Wiedemann, J. (1995). *Ermittlung von Qualifizierungsbedarf am Beispiel der Störungsdiagnose in der flexiblen Fertigung.* Münster: Waxmann.

8. Kapitel

„Psychische Kosten“ von Arbeit: Beanspruchung und Erholung, Leistung und Gesundheit

Norbert K. Semmer, Simone Grebner und Achim Elfering

1 Einführung und Überblick

Wenn von „Kosten der Arbeit“ die Rede ist, denken viele an Unfallgefahren und Berufskrankheiten wie die Staublunge, an Gehörschäden von Arbeiten unter Lärmbedingungen, an Infektionsgefahren für Arbeitende im Gesundheitswesen. Glücklicherweise gehen diese gesundheitlichen Kosten von Arbeit zurück. In den Jahren 2001 bis 2005 sind in Deutschland die Rentenzugänge wegen verminderter Erwerbsfähigkeit insgesamt um fast ein Fünftel zurückgegangen (von 200.507 auf 162.905, Bundesministerium für Arbeit und Soziales, 2005; Bundesministerium für Wirtschaft und Arbeit und Bundesanstalt für Arbeitsschutz und Arbeitsmedizin, 2003). Dabei stieg aber der relative Anteil von psychischen und Verhaltensstörungen (ICD-10-V) von 26,7 % im Jahr 2001 auf 29,2 % im Jahr 2003 und auf 32,3 % im Jahr 2005. Für Frauen sind die Zahlen höher als für Männer: Bei den Männern macht diese Diagnose im Jahr 2005 27,5 % aller Diagnosen aus, bei den Frauen hingegen 38,4 %. Die Diagnose „Psychische und Verhaltensstörungen“ ist damit seit Jahren der häufigste Grund für Rentenzugänge wegen verminderter Erwerbsfähigkeit – mit einigem Abstand zu den Krankheiten des Muskel-Skelett-Systems und des Bindegewebes (ICD-10-XIII), welche im Jahr 2005 18,1 % der Diagnosen ausmachten (2001 waren es noch 25,1 %). Im Jahr 2005 waren psychische und Verhaltensstörungen Ursache von rund 44 Mio. Arbeitsunfähigkeitstagen; sie machten damit 10,5 % der Krankheitstage aus. Die sog. indirekten Folgekosten betrugen 4 Mrd. Euro an Produktionsausfall.

Der Anteil psychischer Probleme an den Krankheitstagen ist aber nur ein Aspekt. Hinzu kommt, dass eine Reihe anderer Krankheiten von psychischen Belastungen mindestens mit beeinflusst ist, so z. B. muskulo-skelettale Erkrankungen, bei denen etwa Aspekte wie mangelnder Zeitspielraum (Elfering, Grebner, Semmer & Gerber, 2002), „work-related mental stress" (nach Heliövaara, Mäkelä, Knekt, Impivaara & Aromaa, 1991, d. h. Zeitdruck, uninteressante Tätigkeit und Angst vor Fehlern – Schade, Semmer, Main, Hora & Boos, 1999) oder eine resignative Einstellung zur Arbeit (Boos, Semmer, Elfering, Schade, Gal, Zanetti, Kissling, Buchegger, Hodler & Main, 2000) eine Rolle spielen können.

Weiter kommt hinzu, dass Arbeitsbelastungen nicht nur die – körperliche wie psychische – Gesundheit beeinträchtigen können, sondern, wie in diesem Beitrag dargestellt wird, auch Bewältigungshandeln auslösen, welches (a) seinerseits gesundheitsrelevant sein kann und (b) Qualitätsmängel sowie (c) Unfälle begünstigen kann – Grund genug also, sich mit den psychischen Kosten von Arbeit auseinanderzusetzen.

Dabei kann man das Thema „psychische Kosten" aus verschiedenen Perspektiven angehen. Naheliegend wäre einerseits, das Thema Stress in den Vordergrund zu stellen und damit das Erleben negativen Affekts (vgl. Zapf & Semmer, 2004). Man kann andererseits von einem breiteren Konzept ausgehen und Mechanismen in den Vordergrund stellen, die in der deutschsprachigen Arbeitswissenschaft mit den Begriffen „Belastung und Beanspruchung" verbunden sind (vgl. Luczak & Rohmert, 1997). Da sich bereits ein anderer Beitrag dieses Enzyklopädiebandes mit dem Thema Stress befasst (vgl. Wieland in diesem Band), konzentriert sich der vorliegende Beitrag auf diese breitere Betrachtung. Somit steht nicht (wie beim Thema Stress) die negative Erlebnisqualität im Vordergrund, sondern – allgemeiner – die Inanspruchnahme von Ressourcen. Die Verausgabung von Energie wird damit zentral, ebenso die dadurch bedingte Ermüdung und die Wiederherstellung der Ressourcen durch Erholung. Da die Auseinandersetzung mit Belastungen ein aktiver Prozess ist, spielen weiterhin Merkmale der betroffenen Personen eine wesentliche Rolle – z. B. im Hinblick auf die Effizienz von Arbeitsstrategien oder auf die Nutzung von Erholungsmöglichkeiten. Und schließlich sind diese Prozesse abhängig von den vorhandenen Ressourcen (z. B. vom Gesundheitszustand, körperlicher Fitness, Gelegenheiten zur Erholung und von fachlichen Kompetenzen), beeinflussen aber ihrerseits eben diese Ressourcen. Dadurch rücken zyklische Prozesse gelungenen vs. mangelnden Aufbaus und gelunger vs. mangelnder Wiederherstellung von Ressourcen und ihre Folgen für Gesundheit und Leistung in den Vordergrund. Da all diese Prozesse an die Inanspruchnahme von Ressourcen über die Zeit gekoppelt sind, erhält der *zeitliche* Aspekt ein ganz besonderes Gewicht. Im Begriff des „Beanspruchungs-Erholungszyklus" wird dieser zeitliche Aspekt deutlich; er spielt in diesem Beitrag eine herausragende Rolle.

Im Folgenden werden wir zunächst grundlegende Begriffe erläutern (vgl. Abschnitt 2) und anschließend wichtige theoretische Modelle darstellen (vgl. Abschnitt 3). Abschnitt 4 befasst sich mit unmittelbaren Beanspruchungsprozessen im Zusammenhang mit auslösenden Belastungen, Strategien ihrer Bewältigung und Auswirkungen auf Leistung und Erholung, konzentriert sich also auf eher kurzfristige Prozesse, während in Abschnitt 5 längerfristige Effekte von Belastungen im Vordergrund stehen. Dabei sind allerdings die jeweiligen Perspektiven nicht immer scharf abgrenzbar, gewisse Überlappungen lassen sich nicht vermeiden.

Da sich dieser Beitrag mit den psychischen *Kosten* von Arbeit beschäftigt, halten wir es für wichtig zu betonen, dass wir damit nicht einer einseitigen Betrachtung das Wort reden wollen. Arbeit hat wichtige positive Funktionen. Sie bietet Einkommen, ermöglicht aber darüber hinaus auch das Erwerben und Erleben von Kompetenz und Erfahrung (Taris & Kompier, 2005), sie ist mit sozialen Kontakten und sozialer Anerkennung, mit Identität verbunden (vgl. Semmer & Udris, 2007). Dies wird besonders deutlich am Entzug von Arbeit, der Erwerbslosigkeit, deren negative Folgen gut belegt sind (Lang-von Wins, Mohr & von Rosenstiel, 2004). Erneut Arbeit zu finden, verbessert hingegen das Befinden (Murphy & Athanasou, 1999; Paul & Moser, 2001). Selbst eine befristete Wiederaufnahme im Rahmen einer sogenannten Arbeitsbeschaffungsmaßnahme vermindert nach den Ergebnissen von Swart und Mächler (2000) subjektiv empfundene Beschwerden. Die Effekte von Erwerbslosigkeit sind jedoch nicht auf psychische Gesundheit beschränkt, sie erhöht auch das relative Mortalitätsrisiko auf das 1,5- bis 3-Fache (Jin, Shah & Svoboda, 1995; Martikainen & Valkonen, 1996).

Wenn also im Folgenden vor allem von den Kosten von Arbeit die Rede ist, dann dürfen demgegenüber die positiven Folgen von Arbeit nicht aus dem Auge verloren werden.

2 Grundlegende Konzepte und Definitionen

2.1 Belastung, Beanspruchung, Ermüdung

Belastung und Beanspruchung werden im Sinn der in den deutschsprachigen Arbeitswissenschaften üblichen Definition verstanden (Luczak & Rohmert, 1997; Schönpflug, 1987). *Belastung* meint von außen, unabhängig von der Person, auftretende Einflüsse, die sich beispielsweise aus Merkmalen der Arbeitsaufgabe (z. B. Komplexität, Kooperationsnotwendigkeiten, Notwendigkeit, bestimmte Sinne einzusetzen oder bestimmte Kräfte aufzubringen) und den Ausführungsbedingungen (z. B. Zeitvorgaben, Umwelteinflüsse, Arbeitsklima) ergeben.

Beanspruchung hingegen ist ein Zustand der Person. Dieser hängt nicht nur von der Dauer und der Höhe der Belastung ab, sondern auch von individuellen Merkmalen (z. B. Gesundheitszustand, Grad der Ermüdung, Grad der Beherrschung einer bestimmten Tätigkeit), darüber hinaus aber auch vom Handeln der Person und von ihren Arbeitsstrategien.

Wichtig ist dabei, dass Belastung und Beanspruchung neutrale Konzepte in dem Sinne sind, dass sie sowohl auf angenehme wie auch auf unangenehme Auslöser bzw. Zustände anwendbar sind. Der Organismus wird in jedem Fall „in Anspruch genommen". Das heißt nicht, dass jede Beanspruchung als gleichwertig anzusehen ist, sofern sie nur gleiche Intensität aufweist. Beanspruchung, die als positiv erlebt wird (Herausforderung), weist in vieler Hinsicht andere Charakteristika auf und hat auch andere Folgen als Beanspruchung, die als negativ erlebt wird (vgl. z. B. Gaillard, 2001; Lepine, Podsakoff & Lepine, 2005; Seery, Blascovich, Weisbuch & Vick, 2004; Semmer, McGrath & Beehr, 2005; vgl. Zapf & Semmer, 2004). Dennoch ist allen Arten von Beanspruchung gemeinsam, dass sie mit einer Inanspruchnahme von Ressourcen verbunden ist. Dieser „energetische" Aspekt steht im Vordergrund dieses Beitrags. Da eine Trennung von allgemeiner Beanspruchung und Stress nicht immer eindeutig ist und da Beanspruchung zu Stress und Stress zu Beanspruchung führen kann (s. u.), lassen sich Überlappungen allerdings nicht vollständig vermeiden[1].

Unter *Ermüdung* versteht man eine tätigkeitsbedingte „Stabilitätsbeeinträchtigung der Tätigkeitsregulation" (Richter & Hacker, 1998, S. 72). Ermüdung ist also eine Funktion der Dauer und Intensität der Beanspruchung. Sie kann sich auf spezifische biologische Systeme (z. B. Muskelermüdung, Ermüdung von Sinnesorganen) oder auf den Gesamtorganismus beziehen. Letzteres wird meist als „psychische Ermüdung" gekennzeichnet (Richter & Hacker, 1998) und steht in diesem Beitrag im Vordergrund. Ermüdung ist gekennzeichnet durch eine reduzierte Aktivierung (häufig allerdings nach einer Phase von kompensatorisch *erhöhter* Aktivierung), durch verzögerte Reaktionszeiten, durch Wahrnehmungsveränderungen (z. B. Sensibilitätsverschlechterungen), Verschlechterungen der Informationsverarbeitung u. Ä. (vgl. im Detail Richter & Hacker, 1998). Das Ermüdungs*gefühl* (Müdigkeit) ist nur bedingt ein Indikator für Ermüdung, da hier auch motivationale Prozesse eine wichtige Rolle spielen, sodass das Müdigkeitsgefühl bei langweiligen Aufgaben schneller, bei interessanten Tätigkeiten hingegen verzögert auftreten kann. Wie der Ausdruck „Stabilitätsbeeinträch-

---

1 Wie eng beide Aspekte verwoben sind, zeigt sich eindrücklich in einer Untersuchung von Marras, Davis, Heaney, Maronitis und Allread (2000), die sich mit Rückenschmerzen befasste. Sie konnten – bei beschwerdefreien Personen! – zeigen, dass der Druck auf die Bandscheiben und das Oberflächen-EMG der Rückenmuskulatur beim Heben einer Standardlast davon abhing, ob der Versuchsleiter die Teilnehmer bzw. Teilnehmerinnen gleichzeitig lobte oder kritisierte.

tigung der Tätigkeitsregulation“ deutlich macht, setzt Ermüdung nicht automatisch die Leistung (i. S. des Arbeitsergebnisses) herab – es sind die Leistungs*voraussetzungen*, die beeinträchtigt werden. Diese können aber durch eine Vielzahl von Mechanismen kompensiert werden, so dass kein automatischer und sofortiger Leistungsabfall erfolgt, wenn auch Leistungsschwankungen wahrscheinlicher werden. Allerdings ist Ermüdung mit „aversion to effort“ (Hockey, 1997) verbunden, Richter und Hacker (1998, S. 71) sprechen von einer „Schutzhemmmung der Leistungsbereitschaft“. In manchen Studien werden verschiedene Aspekte der Ermüdung unterschieden, wobei neben allgemeiner physischer und kognitiver Ermüdung vor allem die Unterscheidung von Müdigkeitsgefühlen und das Ankämpfen gegen den Schlaf („sleepiness“) im Vordergrund steht (Åkerstedt, Knutsson, Westerholm, Theorell, Alfredsson & Kecklund, 2004).

Bei der *Monotonie* handelt es sich um einen ermüdungsähnlichen Zustand, der jedoch durch spezifische Tätigkeitsanforderungen hervorgerufen wird, nämlich durch Daueraufmerksamkeit bei geringer Ereignisdichte und eingeschränktem Beobachtungsumfang (das impliziert z. B., dass nicht jede repetitive Tätigkeit auch monotonieerzeugend ist). Monotonie ist daher – im Unterschied zur Ermüdung, die einer längeren Erholungsphase bedarf – durch einen Wechsel der Tätigkeit *unmittelbar* reversibel[2].

2.2 Zwei Aspekte der Beanspruchung: Energetisierung und Inanspruchnahme von Ressourcen

2.2.1 Aktivierungsvorgänge

Die Beanspruchungsforschung ist traditionell eng mit dem Konzept des „Arousal“ bzw. der „Aktivierung“ verbunden (zwei Konzepte, die manchmal austauschbar, oft aber unterschiedlich verwendet werden – Baltissen & Boucsein, 2005; Brocke, Hennig & Netter, 2004; Matthews, Davies, Westermann & Stammers, 2000; Richter & Hacker, 1998; Schönpflug, 1987). Allerdings besteht heute weitgehend Einigkeit, dass ein eindimensionales Konzept von Arousal nicht haltbar ist, dass vielmehr verschiedene Arousal-Systeme unterschieden werden müssen, wenngleich, wie Brocke et al. (2004, S. 486) betonen, eine „unspezifische Basisaktivierung“ auch in differenzierteren Konzepten durchaus Platz hat.

2 Klassischerweise werden in der deutschsprachigen Arbeitspsychologie die Begriffe „Ermüdung“ und „Monotonie“ gemeinsam mit dem Begriff der „psychischen Sättigung“ behandelt. Dieser „bezeichnet einen ärgerlich-unruhigen, unlustbetonten Spannungszustand“ (Richter & Hacker, 1998, S. 69), der insbesondere durch einen fehlenden Sinnbezug der Arbeit hervorgerufen wird (vgl. auch Schulz-Hardt, Rott, Meinken & Frey, 2001; Ulich, 2005). Somit ist psychische Sättigung kein ermüdungsähnlicher Zustand, sondern eher ein Stresszustand.

Auf die Details dieser Forschung kann hier nicht eingegangen werden. Es sei jedoch darauf hingewiesen, dass vielfach zwischen positivem Arousal – im Sinne der Herausforderung, gekennzeichnet durch Annäherungsmotivation und positive Emotionen – und negativem Arousal – Bedrohung, Distress, gekennzeichnet durch Vermeidungsmotivation und negative Emotionen – unterschieden wird (Baltissen & Boucsein, 2005; Blascovich & Tomaka, 1996; Dienstbier, 1989; Frankenhaeuser, 1986; Netter, 2005; Thayer, 1989; Wieland, 1999). Letzteres kennzeichnet das Kerngebiet der psychologischen Stressforschung (Zapf & Semmer, 2004). Eine zentrale Rolle spielen dabei das Sympathiko-adrenale (SAM)-System und das Hypophysen-Nebennierenrinden (HPA)-System (Netter, 2005), wobei Ersteres häufig mit allgemeiner Energie-Bereitstellung, das HPA-System zusätzlich mit Stress und Hilflosigkeit (Kontrollverlust) in Verbindung gebracht wird. Zunehmend richtet sich bei diesen Forschungen die Aufmerksamkeit nicht einfach auf erhöhte Basalwerte bzw. erhöhte Reagibilität auf Belastungen, sondern auch auf zeitliche Verläufe und eine gestörte Regulation (s. u.).

2.2.2 Inanspruchnahme begrenzter psychischer Ressourcen

Beanspruchungsvorgänge sind aber nicht nur im Hinblick auf das Ausmaß von Aktivierungsvorgängen von Bedeutung, sondern auch im Hinblick auf die Frage der Inanspruchnahme von Ressourcen der Person, die nur in begrenztem Ausmaß zur Verfügung stehen. Auch hier stellt sich die Frage, ob solche Ressourcen als einheitliche Größe angesehen werden sollen oder ob es eine Vielzahl unterschiedlicher Ressourcen gibt. Im ersten Fall konkurriert jede Art von Tätigkeit um dieselben begrenzten Ressourcen. Gibt es hingegen verschiedene Ressourcen, konkurrieren nur solche Tätigkeiten, die dieselben Ressourcen beanspruchen (wodurch z. B. visuelle und auditive Beanspruchung weniger interferieren als zwei visuelle oder zwei auditive Beanspruchungen – Wickens, Lee, Liu & Gordon Becker, 2004; s. a. Matthews et al., 2000). Es besteht heute Einigkeit, dass ein eindimensionales Modell nicht haltbar ist, dass strukturell unterschiedliche Ressourcen unterschieden werden müssen; zugleich gehen viele Autoren im Sinne eines hierarchischen Modells davon aus, dass es eine zentrale Steuerungsfunktion geben muss, die z. B. für die Überwachung des Verhältnisses von Ressourcen und Anforderungen und für die Zuteilung von Ressourcen – z. B. im Sinne der Aufmerksamkeitssteuerung oder der Anstrengungsregulation – „zuständig" ist (Baltissen & Boucsein, 2005; Gaillard & Kramer, 2000; Hockey, 1997; Matthews et al., 2000). Nutzung, „Überbeanspruchung", aber auch „Unterbeanspruchung" vorhandener Ressourcen und deren Implikationen für den Abbau, Aufbau bzw. Erhalt von Ressourcen sind daher für die Frage der „Kosten von Arbeit" von zentraler Bedeutung.

2.3 Beanspruchung und Stress

Wir haben betont, dass Beanspruchung auch dann gegeben ist, wenn keine negativen Emotionen damit verbunden sind, also kein Stress vorliegt. Auch neutral oder sogar positiv erlebte Beanspruchung kann jedoch im Verlauf der Zeit zu Stress führen, nämlich dann, wenn man bemerkt, dass die eigenen Ressourcen zur Neige gehen. Die Ressourcenzuteilung wird dann zum Problem, das seinerseits aber auch wieder Ressourcen erfordert; hinzu kommt ggf. die Befürchtung, man werde es nicht schaffen. Damit kommen negative Emotionen ins Spiel, Stress entsteht (Gaillard, 2001; Meijman & Mulder, 1998). Solche Befürchtungen sind häufig gekennzeichnet durch „aufgabenirrelevante Kognitionen“ (Wine, 1971; s. a. Schönpflug, 1987), die ihrerseits Aufmerksamkeit binden und psychische Ressourcen in Anspruch nehmen. Zudem ist mit zunehmender Ermüdung immer mehr Anstrengung erforderlich, um weiterzumachen, da Ermüdung gerade als „Schutzhemmung“ gegenüber weiterer Verausgabung verstanden werden kann (Richter & Hacker, 1998) und mit einer „aversion to effort“ (Hockey, 1997) verbunden ist. Lang andauernde Beanspruchung ohne Erholungsmöglichkeit ist insofern mit einer Tendenz verbunden, in Stress überzugehen.

2.4 „Psychische Kosten“

„Kosten“ beziehen sich auf die Folgen von Beanspruchung, wobei immer bedacht werden muss, dass Beanspruchung kein rein passiver Vorgang ist, sondern immer sowohl von den Belastungen als auch der Person und ihrem Bewältigungshandeln abhängt. Kosten können in kurz- oder in langfristiger Perspektive betrachtet werden.

Kurzfristige psychische Kosten entstehen vor allem durch die Herabsetzung momentaner Ressourcen (Schönpflug, 1987, spricht von „konsumptiven“ Ressourcen, die durch die Beanspruchung „verbraucht“ werden). Zentral ist hier die Ermüdung (als Folge andauernder Beanspruchung, aber auch biologischer Rhythmen wie dem Circadian-Rhythmus). Ermüdung ihrerseits ist mit Erholungsbedarf verbunden und – falls dieser nicht befriedigt werden kann – mit zusätzlicher Anstrengung zur Aufrechterhaltung der Leistung (i. S. des Arbeitsergebnisses), mit erhöhtem Risiko der Leistungsbeeinträchtigung bzw. – aufgrund der damit verbundenen negativen Emotionen (s. o.) – auch mit Stress. Diese Folgen sind in der Regel reversibel, so lange nicht extreme Beanspruchungen vorliegen und so lange die Ermüdung nicht ihrerseits zu weitergehenden Konsequenzen führt (z. B. zu einem Unfall).

Im optimalen Fall trägt der Einsatz konsumptiver Ressourcen zur Bewältigung von Belastungen dazu bei, dass „strukturelle Ressourcen" (Schönpflug, 1987) aufgebaut bzw. erhalten werden, etwa wenn durch erfolgreiche Anstrengung fachliche Kompetenz, aber auch Selbstvertrauen gefördert werden (vgl. Hobfoll, 2001). Kurzfristige Kosten können dann als „Investitionen" in Aufbau und Erhalt struktureller Ressourcen verstanden werden (dies gilt im Übrigen auch für Stressereignisse, die zwar per definitionem kurzfristig negativ erlebt werden, bei erfolgreicher Bewältigung jedoch durchaus positive Folgen haben können – Semmer et al., 2005; Thoits, 1994). *Längerfristige* Kosten hingegen resultieren, wenn Beanspruchungen zu lange andauern und nicht durch ausreichende Erholung kompensiert werden, der Beanspruchungs-Erholungszyklus also gestört ist (Wieland-Eckelmann & Baggen, 1994). Dann können länger andauernde Beeinträchtigungen der Leistungsfähigkeit, des psychischen Befindens und der Gesundheit entstehen. Diese können durchaus auch noch reversibel sein. So spricht vieles dafür, dass ein erheblicher Teil psychischer Beeinträchtigungen relativ schnell auftritt, aber auch wieder verschwindet, wenn sich die Bedingungen ändern (z. B. Grebner, Semmer & Elfering, 2005; Sonnentag & Frese, 2003; Westman, Hobfoll, Chen, Davidson & Laski, 2005). Ändern sie sich jedoch nicht und erfolgt auch keine Anpassung, so kann die Erholungsfähigkeit selbst leiden. Sogar vorhandene Erholungsmöglichkeiten können dann nicht mehr optimal genutzt werden, und damit werden zunehmend mehr als die „normalen" Erholungsvorgänge (Freizeit, Wochenende und Urlaub) erforderlich (Geurts & Sonnentag, 2006; Sonnentag & Bayer, 2005). Letztendlich können sie in irreversible Schädigungen übergehen. Ausreichende Erholung kann somit als „Investition" in langfristige Leistungsfähigkeit und Gesundheit angesehen werden.

3 Theoretische Modelle

Phasen der Arbeit und potenzielle Erholungsphasen wechseln – zumindest in Bezug auf die Erwerbsarbeit – in einem mehr oder weniger stark vorgegebenen Rhythmus ab (Sluiter, Frings-Dresen, Meijman & van der Beek, 2000). Dieser Wechsel findet nicht nur innerhalb eines Arbeitstages statt, indem Arbeit durch Pausen unterbrochen wird, sondern auch zwischen Arbeitstagen, d. h. am Feierabend und während des Schlafs, sowie innerhalb einer Arbeitswoche an den arbeitsfreien Tagen. Innerhalb eines Jahres kommen eine oder mehrere mehrtägige bzw. mehrwöchige erwerbsarbeitsfreie Phasen dazu (Urlaub). Weiterhin können Erholungsprozesse auch über mehrere Jahre oder die gesamte Dauer der Erwerbstätigkeit betrachtet werden. Man kann daher von Arbeits-Erholungszyklen (Sonnentag & Zijlstra, 2006; Wieland-Eckelmann & Baggen, 1994) oder allgemeiner von Beanspruchungs-Erholungszyklen sprechen.

Störungen solcher Beanspruchungs-Erholungszyklen sind auf vielfältige Weise möglich. Sie können während der Arbeit selbst entstehen, etwa wenn die Leistung gegen Ende des Arbeitstages sinkt oder die Bereitschaft, anderen zu helfen, bei großer Müdigkeit geringer wird. Sie können aber auch im Privatleben auftreten, etwa wenn familiäre Verpflichtungen bestehen. Und sie können durch die Person selbst verursacht sein, etwa durch die Art der Freizeitgestaltung. Schließlich kann die Erholungs*fähigkeit* selbst durch die (Arbeits-)Beanspruchung eingeschränkt werden, sodass man selbst vorhandene Erholungsmöglichkeiten schlechter nutzen kann (z. B. bei Schlafproblemen).

Mit der Betonung von Beanspruchungs-Erholungszyklen und deren Beeinträchtigung rücken zunehmend Fragen nach zeitlichen Verläufen von Beanspruchungsreaktionen in den Vordergrund (vgl. McGrath & Tschan, 2004). Es zählt also nicht nur die Höhe einer bestimmten Reaktion (z. B. Blutdruck und Herzrate, Müdigkeitsgefühl) unter Belastung, sondern auch ihre zeitliche Entwicklung („Unwinding"). Im Folgenden wird kurz auf Modelle eingegangen, die diese zeitlichen Verhältnisse besonders betonen.

3.1 Rahmenmodell: Das Anstrengungs-Erholungsmodell von Meijman und Mulder

Meijman und Mulder (1998; ähnlich Wieland-Eckelmann & Baggen, 1994) gehen davon aus, dass Störungen des Beanspruchungs-Erholungszyklus für die Entstehung von Problemen (z. B. mangelnde Leistung, Befindensbeeinträchtigung, gesundheitliche Beeinträchtigung) eine zentrale Rolle spielen. Sie stellen zwei Prozesse ins Zentrum: zum einen die Beanspruchungsregulation während der Arbeit, zum anderen die Nachwirkungen arbeitsbedingter Anstrengung.

Zentral für die Beanspruchungsregulation während der Tätigkeit sind u. a. die geforderten Aktivierungsvorgänge. Anstrengung ist nötig, wenn eine Aufgabe Aufmerksamkeit erfordert, also das Arbeitsgedächtnis beansprucht. Unter optimalen Bedingungen ist das Verhältnis von Anstrengung und Kapazität günstig, die geforderte Anstrengung ist ohne größere Probleme möglich und von der maximal möglichen Anstrengung relativ weit entfernt. Nach einer Vielzahl von Autoren erfolgt die Abstimmung der Anstrengung auf die Aufgabe unter diesen Umständen quasi „automatisch", d. h. die Aufgabe „erzeugt" sozusagen die Aktivierung, die für ihre Bewältigung nötig ist (Gaillard, 2001; Kahnemann, 1973). In diesem Fall wird die Anstrengung positiv erlebt; Frankenhaeuser (1986) spricht von „effort without distress". Geht die erforderliche Aktivierung über die unmittelbar bereitstehende Kapazität hinaus, ist „kompensatorische Anstrengung" vonnöten, die Anstrengung muss zunehmend bewusst reguliert werden und wird dadurch schließlich selbst zum Regulationsproblem. Dies kostet seinerseits Kapazität, und es ist, wie in Abschnitt 2.3 beschrieben, zunehmend mit negativen Emotionen verbunden, es entsteht „effort with distress" (Frankenhaeuser, 1986). Dabei hängt die geforderte Anstrengung einerseits von den jeweiligen Aufgaben (z. B. von deren Schwierigkeit) und den Rahmenbedingungen (z. B. Handlungsspielraum, Umgebungsbedingungen wie Lärm etc.) ab, andererseits von den verfügbaren Ressourcen der Person (Grad der Ermüdung, Kompetenz, Gesundheitszustand u. Ä.).

Ist die geforderte Anstrengung über längere Zeit hoch, setzen typischerweise Regulationsvorgänge ein, mittels derer sie gesenkt werden kann: Handlungsvereinfachung, Senkung des Anspruchsniveaus, Verzicht auf die Erledigung von „Sekundäraufgaben" (z. B. Wartung und Pflege von Systemen, Erstellen von Sicherungskopien), zunehmende Auflösung des Dilemmas zwischen Geschwindigkeit und Genauigkeit (speed-accuracy tradeoff) zugunsten der Geschwindigkeit, d. h. die Arbeitsgeschwindigkeit wird beibehalten, geht jedoch auf Kosten von mehr Fehlern. Diese Prozesse werden in Abschnitt 4 anhand empirischer Untersuchungen genauer beschrieben. Entscheidend ist, dass mit solchen Strategieänderungen die Leistung (i. S. des Ergebnisses der Arbeit, also der Effektivität) häufig aufrechterhalten werden kann, dass jedoch die *Effizienz* sinkt: Das Ergebnis wird mit höherem Aufwand – also mit einem stärkeren Abbau von Ressourcen und insofern mit höheren Kosten – erbracht. Es liegt auf der Hand, dass Effizienzeinbußen zwar das Leistungsergebnis nicht automatisch beeinträchtigen, sehr wohl aber mit erhöhten Risiken einhergehen, insbesondere im Hinblick auf Fehler. Da deren Wahrscheinlichkeit u. U. jedoch klein ist und da sich Fehler nicht automatisch auf das Produkt auswirken oder gar zu Unfällen führen müssen, werden sich solche Folgen oft nicht kurzfristig zeigen, sondern erst über längere Zeit.

Der zweite Prozess, der im Konzept von Meijman und Mulder (1998) zentral ist, ist die Erholung, also die „Rückstellung" der Aktivierungsprozesse auf ein „normales" Niveau (z. B. im Sinne eines Ruhewertes). Ist keine ausreichende Möglichkeit zur Erholung gegeben (innerhalb eines Arbeitstages, über die Arbeitswoche hinweg oder auch über mehrere Wochen oder Jahre), kann sich eine Kumulation von Kosten ergeben. Dies kann sich entweder in veränderten Reaktionen auf Belastung während der Tätigkeit, aber auch in anhaltenden Beanspruchungsreaktionen nach Beendigung der Belastung hinaus äußern. Langfristige Kosten eines gestörten Beanspruchungs-Erholungszyklus sind Abnahme der Kapazitäten, beeinträchtigtes Befinden und beeinträchtigte Gesundheit.

Das Ausmaß von Belastungen, ihr Niederschlag in Beanspruchung, Strategien des Umgangs mit Belastung und Beanspruchung sowie Erholungsvorgänge zur Wiederherstellung der Fähigkeit, mit Belastungen umzugehen – all diese

Aspekte spielen in diesem Beitrag eine herausragende Rolle. Dementsprechend ist das Modell von Meijman und Mulder (1998; ähnlich Wieland-Eckelmann & Baggen, 1994) von zentraler Bedeutung für unsere Ausführungen und kann als „Rahmenmodell“ angesehen werden.

3.2 Muster gestörter Erholung: Das Modell allostatischer Belastung

Das Modell allostatischer Belastung (Sterling & Eyer, 1988; McEwen, 1998; Seeman, McEwen, Rowe & Singer, 2001) befasst sich mit verschiedenen Mustern gestörter physiologischer Erholung, also Hyper- und auch Hyporeaktivität des kardiovaskulären, des neuroendokrinen und des Immunsystems als Beanspruchungsfolgen. Der Begriff der „Allostase“ drückt aus, dass viele Regulationsmechanismen sich nicht darauf beschränken, Werte (z. B. Hormonspiegel) in engen Bereichen zu halten (Homöostase), sondern dass auch größere Abweichungen kurzfristig adaptiv sein können – etwa, wenn die Herzrate bei großer körperlicher Anstrengung auf hohe Werte steigt. Problematisch wird es hingegen, wenn diese Regulationsmechanismen in dem Sinne dauerhaft gestört sind, dass die Reaktionen nicht mehr im Verhältnis zum Auslöser stehen. Das kann sich z. B. darin äußern, dass bestimmte Werte – z. B. der Cortisolspiegel – *chronisch* (also unabhängig von spezifischen Belastungen) hoch oder tief sind oder dass die Reaktionen auf Belastungen nicht mehr im Verhältnis zum Auslöser stehen, dass also die Reaktion auf eine Belastung zu stark, zu lange andauernd oder zu schwach ist (Hyper- bzw. Hypo-Reaktivität). Die Vertreter dieses Konzepts sprechen dann von „allostatic load“.

Im Unterschied zu Meijman und Mulder geht McEwen nicht von einem neutralen Belastungsbegriff aus, sondern fokussiert auf die Wirkung von Stressoren. Allerdings ist in verschiedenen Publikationen (so etwa in Seeman et al., 2001) von „challenge“ und „wear and tear“ die Rede. Damit wird über den Bereich des – als bedrohlich definierten – Stress hinausgegangen, sodass die Unterschiede zwischen den Modellen letztlich nicht so groß sind. Vergleichbar mit Meijman und Mulder geht das Modell der allostatischen Belastung davon aus, dass beeinträchtigte Erholung, die insbesondere durch kumulative Belastungswirkung ausgelöst wird, langfristig zu einer Störung von Leistungsparametern (z. B. Gedächtnisfunktionen), Befinden und Gesundheit führt (z. B. kardiovaskuläre Erkrankungen wie Herzinfarkt und plötzlicher Herztod, Erkrankungen des neuroendokrinen Systems wie Diabetes, Störungen des Immunsystems und psychische Erkrankungen wie Depression). McEwen postuliert verschiedene Muster gestörter Reaktivität auf einen aversiven Stimulus (Stressor) und darauffolgender beeinträchtigter physiologischer Erholung nach Beendigung der Stressorexposition. Das „normale“ Muster entspricht dem bereits diskutierten:

Ein Stressor löst (adaptive) physiologische Reaktionen aus, die jedoch wieder abklingen, wenn der Stressor nicht mehr präsent ist. Dysfunktionale Verläufe können nun verschiedene Formen annehmen. Eine Form entspricht dem verzögerten bzw. unvollständigen „Unwinding" (*„prolonged response"*, oft auch als „sustained activation" bezeichnet). Häufiges Auftreten *verschiedener* Stressoren führt zu „repeated hits", was eine Überforderung des Organismus impliziert. Häufiges Auftreten von Stressoren *desselben* Typs sollte unter normalen Umständen zu Habituation führen; bleibt diese aus (z. B. wegen inadäquaten Copings), so ergibt sich unzureichende Habituation („lack of habituation") als drittes maladaptives Muster. Und schließlich thematisiert McEwen noch einen weiteren Typus dysfunktionaler Verläufe, der in früheren Darstellungen kaum auftaucht, in letzter Zeit jedoch zunehmend Aufmerksamkeit auf sich zieht: die Hypo-Reaktivität (Heim, Ehlert & Hellhammer, 2000; Siegrist, 1998). Gemeint ist ein auffallend geringer Anstieg von Aktivierungsparametern unter Belastung, der nicht – wie man zunächst meinen könnte – als „gesunde" Reaktion angesehen wird, sondern als Zeichen dafür, dass das System durch langfristige Überbeanspruchung erschöpft und deshalb nicht mehr in der Lage ist, auf Stimulierung mit adäquater Aktivierung zu reagieren.

Das Modell des „Allostatic Load" ist deutlich spezifischer als das Rahmenmodell von Meijman und Mulder (1998). Es beschreibt verschiedene Varianten von gestörten vs. gelungenen Zyklen, setzt sich aber deutlich weniger mit den jeweiligen Bedingungen für das Gelingen bzw. Misslingen auseinander. Es liefert jedoch insbesondere für den Bereich physiologischer Maße einen wichtigen Bezugsrahmen.

3.3 Weitere Modelle: „Conservation of Resources" und „Effort-Reward-Imbalance"

Obschon ursprünglich nicht spezifisch darauf angelegt, ist auch das „Conservation of Resources" (COR)-Modell von Hobfoll (2001) für die Frage zeitlicher Verläufe und möglicher (kumulativer) Kosten relevant. Das Modell stellt den Erhalt bzw. die Vermehrung von Ressourcen in den Vordergrund. Realer oder drohender Ressourcenverlust, aber auch „Investitionen" (z. B. im Sinne von Anstrengung und Engagement), die sich nicht auszahlen, weil sie die Vermehrung von Ressourcen nicht zu gewährleisten vermögen, führen zu Stress. Hobfoll (2001) postuliert ein Primat des Verlusts, d. h. die negative Bedeutung von Ressourcenverlust ist größer als die positive Bedeutung von Ressourcengewinn. Die grundsätzliche Logik ist also relativ nahe an der von Meijman und Mulder, wenngleich der Ressourcenbegriff viel allgemeiner ist und beispielsweise Nahrung und Behausung, aber auch einen positiven Selbstwert und soziale Beziehungen als „primäre Ressourcen" sowie alles, was nötig ist, um diese primären

Ressourcen zu erhalten, als „sekundäre Ressourcen" (z. B. Arbeit, Familie, Zeit usw.) umfasst. Das Modell ist daher zur Interpretation von Ergebnissen der Erholungs- und Präventionswirkung von arbeitsfreier Zeit (z. B. Urlaub) herangezogen worden (vgl. Westman et al., 2005).

Das COR-Modell impliziert, dass mangelnde Ressourcen in einem Bereich durch andere Ressourcen kompensiert werden können. Dieser Kompensationsgedanke ist auch zentral für das Modell der „Effort-Reward-Imbalance" von Siegrist (z. B. 2002). Es postuliert, dass hohe Beanspruchung („Effort") keine gravierenden Folgen hat, wenn ihnen entsprechende Belohnungen (z. B. in Form guter Bezahlung, eines qualifikationsadäquaten und sicheren Arbeitsplatzes, aber auch von Unterstützung und Anerkennung) gegenüberstehen. Hier rücken also Aspekte der Fairness, der Gerechtigkeit, der Reziprozität in den Vordergrund (vgl. Schaufeli, 2006; Taris, Peeters, Le Blanc, Schreurs & Schaufeli, 2001; Dierendonck, Schaufeli & Buunk, 2001; vgl. Semmer et al., 2005). Damit wird die rein energetische Betrachtungsweise verlassen, die Kompensation der Anstrengung erfordert nicht nur Erholung, sondern auch „Belohnung". Belohnung wird daher von Siegrist (2002) als „Brückenkonzept" bezeichnet. Solche Konzepte – und ihre empirische Bestätigung – verweisen daher auch auf die Grenzen einer rein energetischen Betrachtungsweise, welche – so wichtig sie ist – Vieles nicht zureichend erklären kann. Damit ist erneut auf die Rolle positiver und negativer Emotionen verwiesen (Gallo & Matthews, 2003; Kubzansky, Davidson & Rozanski, 2005; Wieland, 1999).

Diese beiden Modelle sind für den vorliegenden Beitrag nicht so zentral wie das „Anstrengungs-Erholungs"-Modell. Dennoch sind sie für die vorliegende Thematik von besonderem Interesse. Das COR-Modell stellt den Erhalt vs. Verlust von Ressourcen in den Vordergrund und legt besonderes Augenmerk auf Verlust- bzw. Gewinnspiralen. Viele der in diesem Beitrag angesprochenen Prozesse lassen sich so beschreiben. Das Effort-Reward-Imbalance-Modell macht deutlich, dass neben dem Ausgleich von Beanspruchungswirkungen – also Erholung – auch die Belohnung für die Anstrengung von zentraler Bedeutung ist, es verweist damit auf Grenzen des überwiegend energetischen Paradigmas und legt Erklärungen für manche zunächst überraschenden Befunde (wie z. B. den geringen Zusammenhang zwischen der Anzahl Arbeitsstunden und der Gesundheit – vgl. Abschnitt 5.1) nahe.

4 Beanspruchung, Bewältigung, Leistung

Beanspruchung bedeutet Bindung von Aufmerksamkeit und mentaler Kapazität. Da mentale Ressourcen begrenzt sind (z. B. Hockey, 1997; Matthews et al., 2000; Richter & Hacker, 1998; Schönpflug, 1987; Wieland-Eckelmann, 1992), liegt die Annahme nahe, dass sich die Leistung als Folge von längerer Beanspruchung verschlechtert. Denn man kann, wie bereits oben dargestellt, Ermüdung als „Schutzhemmung der Leistungsbereitschaft" definieren (Richter & Hacker, 1998, S. 71) – Hockey (1997) spricht von „aversion to effort". Es gibt in der Tat eine Reihe von Ergebnissen, die dem entsprechen. So strengen sich Personen unter Ermüdung (also nach längerer Beanspruchung) häufig weniger an (Holding, 1983; Hockey, 1997). Nach Stresssituationen arbeiten viele weniger lange an nicht lösbaren Problemen (Glass & Singer, 1972) oder zeigen Leistungsverschlechterungen bei arithmetischen Berechnungen mit steigender Lärmintensität (Frankenhaeuser & Lundberg, 1977). Auch kann es unter hoher Belastung zur Zunahme von Arbeitsunfällen kommen (Hoyos, 1980; Wenninger & Gstalter, 1995). Schließlich zeigt eine Studie von Hoeksema-van Orden, Gaillard und Buunk (1998), dass die Beteiligten unter Ermüdung mehr „Social Loafing" zeigten.

Solche Ergebnisse legen nahe, eine Leistungseinbuße durch Beanspruchung über die Zeit zu postulieren. Allerdings sind die Zusammenhänge sehr viel komplexer, denn Menschen gehen aktiv mit einer Situation um. Sie versuchen, ihre Aufgabe trotz widriger Bedingungen zu erfüllen – und sie sind dabei, zumindest kurzfristig, im Allgemeinen erstaunlich erfolgreich (Hockey, 1997). Anstatt von einer „automatischen" Leistungsverschlechterung ist daher eher von einer „Destabilisierung der Handlungsregulation" (Richter & Hacker, 1998) auszugehen.

Wenn somit Leistungseinbußen nicht einfach „automatisch" auftreten, muss man sich mit den Strategien beschäftigen, die Menschen entwickeln, um der Destabilisierung der Handlungsregulation entgegenzuwirken und ihre (Leistungs-)Ziele zu „schützen". Man muss dann allerdings auch nach den Kosten dieser Strategien fragen (Hockey, 1997; Richter & Hacker, 1998; Schönpflug & Battmann, 1988). Damit rückt neben der Zielerfüllung, also der Effektivität des Handelns, auch die Frage des Verhältnisses von Aufwand und Ertrag, also der Effizienz, ins Zentrum (Meijman & Mulder, 1998; vgl. Abschnitt 3.1).

Die Frage der Leistungsbeeinträchtigung hängt nicht zuletzt auch davon ab, wie man Leistung definiert. Versteht man unter Leistung das *Produkt* des Arbeitshandelns bzw. dessen Merkmale wie Qualität und Menge – eine Definition, die eher einer betriebswirtschaftlichen Sicht entspricht –, dann kann die Beziehung zwischen Beanspruchung und Leistungseinbuße über relativ lange Zeit recht gering sein, denn die angestrebten Ergebnisse können trotz der Beeinträchtigung verhaltensbezogener Leistungskomponenten häufig durch verschiedene Kompensationsmöglichkeiten erreicht werden (z. B. durch erhöhte Anstrengung und Strategiewechsel). Versteht man unter Leistung hingegen das menschliche Leistungs*verhalten*, eine Definition, die aus psychologischer Sicht sinnvoll erscheint (Campbell, McCloy, Oppler & Sager, 1993; Sonnentag & Frese, 2002), dann zeigen sich sehr wohl Veränderungen in verschiedenen Komponenten des Leistungsverhaltens, angefangen von verlängerten Reaktionszeiten über die Veränderung von Wahrnehmungsschwellen bis hin zu verminderter Effizienz und zu veränderten Arbeitsstrategien (vgl. Richter & Hacker, 1998, S. 88). Im Folgenden wird jeweils genauer gekennzeichnet, was gemeint ist, sofern es nicht aus dem Kontext eindeutig ersichtlich ist.

Die folgenden Ausführungen sollen die hier angesprochenen Mechanismen des Umgangs mit Beanspruchung und ihren Folgen näher beleuchten und durch empirische Ergebnisse untermauern. Diskutiert wird zunächst die naheliegende Strategie der Steigerung der Anstrengung (vgl. Abschnitt 4.1). Andere Strategieänderungen hingegen (vgl. Abschnitt 4.2) zielen auf eine *Reduktion* der Beanspruchung. Abschnitt 4.3 befasst sich mit misslungenen Bewältigungsversuchen und Abschnitt 4.4 schließlich mit Reaktionen, bei denen Handlungsziele aufgegeben oder reduziert werden. Diese Ausführungen münden in ein zweifaches Fazit: Das erste Fazit (vgl. Abschnitt 4.5) gilt der Frage von Bewältigungsstrategien und Leistung, das zweite (vgl. Abschnitt 4.6) der Frage von Beanspruchungs-Erholungszyklen, die ja in diesem Beitrag von besonderer Bedeutung sind.

4.1 Bewältigung durch Steigerung der Anstrengung

Eine naheliegende Möglichkeit liegt darin, die Anstrengung zu steigern („reaktive Anspannungssteigerung“, Düker, 1963). Das ist relativ problemlos, wenn genügend Kapazität vorhanden ist. Hockey (1997) spricht in diesem Fall von „active coping“ (vgl. auch Frankenhaeuser, 1986). Fay und Sonnentag (2002) fanden z. B. eine Zunahme von Eigeninitiative unter Stress. Wenn aber die Grenzen der Kapazität erreicht werden, kann eine erhöhte Anstrengung nur für begrenzte Zeit aufrechterhalten werden.

Wo liegen die Kosten der Bewältigung durch Steigerung der Anstrengung? Zum einen führt größere Beanspruchung zu größerer Ermüdung und damit zu größerem Erholungsbedarf. Dies gilt umso mehr, je länger die Arbeitszeit ausgedehnt bzw. je intensiver sie genutzt wird. Insbesondere der Verzicht auf Pausen lässt die Ermüdung stark ansteigen, wobei vor allem häufige kurze Pausen der Ermüdung besonders gut vorbeugen (Graf, 1970; Tucker, 2003). Zu berücksichtigen ist auch, dass Menschen ganzheitlich reagieren, sodass Belastungen sich auch in Bereichen auf den Organismus auswirken, die für die jeweilige Aufgabe gar nicht benötigt werden. So zeigt eine Untersuchung von Sjogaard, Lundberg und Kadefors (2000), dass mentale Beanspruchung auch den allgemeinen Muskeltonus erhöhte.

Manche Kosten zeigen sich unmittelbar nach einer Belastungsphase, so etwa Leistungsverschlechterung, weniger Ausdauer oder Bevorzugung aufwandsarmer Strategien bei *nachfolgenden* Aufgaben, aber auch leichtere Provozierbarkeit (Cohen, 1980). Hockey (1997) spricht von „fatigue after-effects". Andere Kosten entstehen möglicherweise erst über längere Zeit. So reicht möglicherweise die Zeit, die für Erholung zur Verfügung steht, nicht aus, es entsteht ein Schlafmanko, das langfristig große gesundheitliche Risiken mit sich bringt (z. B. im Sinne „chronischer Erschöpfung" („chronic fatigue" bzw. „vital exhaustion"), die ihrerseits einen Risikofaktor für kardiovaskuläre Erkrankungen darstellt (Diest & Appels, 2002). Augenfällig sind dabei Überschneidungen mit der „emotionalen Erschöpfung", die unter dem Stichwort „Burnout" untersucht wird (Maslach, Schaufeli & Leiter, 2001).

Zudem ist zu berücksichtigen, dass auch in den Phasen, die potenziell für die Erholung zur Verfügung stehen, neue Anforderungen entstehen. Häufig ist es ja nicht möglich, in der erwerbsarbeitsfreien Zeit ausschließlich erholenden Aktivitäten nachzugehen, da zum Beispiel andere Lebensrollen (z. B. Elternschaft) erfordern, Arbeit zu leisten. Aber auch Gewohnheiten, Kompetenzen oder Reaktionstendenzen der Person spielen eine Rolle. So können z. B. Freizeitgewohnheiten der Erholung mehr oder weniger förderlich sein. Viele erholungsförderliche Aktivitäten (z. B. regelmäßige sportliche Aktivität; vgl. Åkerstedt, Knutsson, Westerholm, Theorell, Alfredsson & Kecklund, 2002) erfordern zudem Selbstregulationsfähigkeiten (Sonnentag & Jelden, 2005), die bei verschiedenen Personen unterschiedlich ausgeprägt sein können. Mangelnde soziale Kompetenz oder geringe Verträglichkeit können dazu führen, dass man in der Freizeit konflikthafte Interaktionen initiiert, die der Erholung im Wege stehen. Denn es sind die positiven Freizeiterlebnisse, die die Erholung fördern (Sonnentag & Zijlstra, 2006).

So gibt es viele Gründe dafür, dass Dauer und/oder Qualität der Freizeit nicht ausreichen, um die Beanspruchung durch Erwerbsarbeit auszugleichen. Nicht zufällig sind Konflikte zwischen Arbeit und Familienleben zu einem nicht unerheblichen Teil *zeitbedingte* Konflikte (Amstad & Semmer, 2009; Frone, 2003; Jacobshagen, Amstad, Semmer & Kuster, 2005; Taris, Beckers, Verhoeven, Geurts, Kompier & van der Linden, 2006). In vielen Fällen führt das dazu, dass für die Familie nicht genügend Zeit zur Verfügung steht – sei es, weil man nicht anwesend ist oder weil man sich trotz physischer Anwesenheit nicht engagiert bzw. sich zurückzieht – eine Strategie, die kurzfristig sehr sinnvoll sein kann, aber nicht zu extensiv genutzt werden sollte (Repetti, 1992). Hinzu kommen qualitative Aspekte, so z. B. der emotionale „Spillover" (das Mitnehmen von – in diesem Fall negativen – Emotionen in das Privatleben) oder „Crossover" (die anderen mit schlechter Laune anstecken – Amstad & Semmer, 2009; Westman, 2002; vgl. auch die oben genannten „fatigue after-effects"), aber auch eine potenzielle „Übernutzung" von sozialer Unterstützung durch die Partnerin oder den Partner (z. B. wenn man vom Partner/der Partnerin über zu lange Zeit erwartet, „abgeschottet" und geschützt zu werden – Repetti, 1992).

Im Laufe der Zeit wird möglicherweise auch die Erholungs*fähigkeit* eingeschränkt, d. h. sogar vorhandene Erholungsmöglichkeiten können ihre Wirkung nicht voll entfalten (vgl. Geurts & Sonnentag, 2006; Wieland-Eckelmann & Baggen, 1994). Das kann sich z. B. darin zeigen, dass man sich in der Freizeit gedanklich nicht von der Arbeit lösen kann (Mohr, Rigotti & Müller, 2005; s. a. Åkerstedt et al., 2002; Grebner et al., 2005; Sonnentag & Bayer, 2005), dass der Schlaf beeinträchtigt wird (Åkerstedt et al., 2002; Parkes, 2002; Rau & Triemer, 2004) bzw. dass die normale Reduktion der Werte bei physiologischen Parametern wie Blutdruck und Herzrate in der Nacht in geringerem Ausmaß oder langsamer erfolgt (Rau & Triemer, 2004). Diese Mechanismen sind natürlich nicht unabhängig voneinander. So sieht Brosschot (z. B. Brosschot, Pieper & Thayer, 2005; Pieper & Brosschot, 2005) den entscheidenden Mechanismus, der für ein verzögertes „Unwinding" physiologischer Parameter verantwortlich ist, in der gedanklichen Weiterbeschäftigung mit Problemen („perseverative cognition").

Die Erholungsfähigkeit kann aber auch dadurch eingeschränkt sein, dass die Selbstregulationskapazitäten, die nötig wären, um aktiv Freizeit zu gestalten, nach stark beanspruchenden Arbeitstagen nicht mehr in ausreichendem Ausmaß zur Verfügung stehen (Muraven & Baumeister, 2000; Sonnentag & Jelden, 2005). Wenn solche Zustände chronisch werden, können „Verlustspiralen" entstehen (Demerouti, Bakker & Bulters, 2004); mit der dauerhaften Störung des Beanspruchungs-Erholungszyklus sinkt die Fähigkeit, mit Belastungen und Stress umzugehen (Zapf & Semmer, 2004). Das zeigt sich in Untersuchungen, wonach *situative* Reaktionen nicht zuletzt von *chronischen* Belastungen abhängen. So fanden etwa Pike, Smith, Hauger, Nicassiol, Patterson, McClintick, Costlow und Irwin (1997), dass Personen mit chronischem Stress verstärkt auf einen Laborstressor reagieren. Ähnlich zeigen Grebner, Elfering, Semmer, Kaiser-Probst und Schlapbach (2004) sowie Elfering, Grebner, Semmer, Kaiser-Freiburghaus, Lauper-Del Ponte und Witschi (2005), dass chronische Arbeitsbedingungen (z. B. aufgabenbezogene Stressoren und Ressourcen) den Bewältigungserfolg bei aktuellen Problemen beeinflussten. Verschiedene Studien ergaben eine gestörte Regulation des Hypothalamus-Hypophysen-Systems, sie kann sich z. B. in erhöhten Morgen-Cortisolwerten (so Lundberg & Hellström, 2002, bei Probandinnen mit vielen Überstunden) oder in einem erhöhten Cortisolanstieg am Morgen (so Schulz, Kirschbaum, Pruessner & Hellhammer, 1998, bei Probandinnen bzw. Probanden, die eine hohe Arbeitsbelastung angaben) zeigen. Aber auch eine *verringerte* Cortisolausschüttung unter hoher Belastung wird berichtet (vgl. Pruessner, Hellhammer & Kirschbaum, 1999), ebenso erhöhte Variabilität (Kaspers & Scholz, 2004). Andere Studien finden z. B. eine veränderte Immunreaktion unter chronischer Belastung (Kiecolt-Glaser, Glaser, Gravenstein, Malarkey & Sheridan, 1996). Hier wird also die Reaktion auf akute Belastung durch die vorhergehende chronische Belastung mit determiniert, die Ressourcen, die für die Bewältigung zur Verfügung stehen, werden sukzessive geringer. Hier zeigen sich die gestörten Regulationsmechanismen, die im Modell der allostatischen Belastung beschrieben werden (McEwen, 1998; vgl. Abschnitt 3.2).

Es sei noch darauf hingewiesen, dass auch die Monotonie als eine spezielle Form der (Über-)Beanspruchung angesehen werden kann. Unter monotonieerzeugenden Bedingungen (vgl. Abschnitt 2.1) liefert die Arbeitsumgebung zu wenig Reize, um eine adäquates Arousal zu erzeugen. Die Aufmerksamkeit kann daher nur unter großer Anstrengung (evtl. unterstützt durch externe Stimulantien wie Kaffee) aufrechterhalten werden. Dies gelingt jedoch nur für relativ kurze Zeit, die Fehlerquote nimmt rasch zu, und es entsteht Monotonie. Typisch ist dies für Überwachungstätigkeiten mit geringer Ereignisdichte (Qualitätskontrolle; Luftraumüberwachung, Überwachung voll automatisierter Anlagen, Nachtfahrten auf schnurgeraden Autobahnen bei geringem Verkehrsaufkommen). Diese Situation lässt sich treffend als „Überforderung durch Unterforderung" kennzeichnen (Richter & Hacker, 1998, S. 113).

4.2 Bewältigung durch Änderung der Strategie

Eine weitere Möglichkeit besteht darin, die Arbeitsstrategie so zu verändern, dass Kapazität „eingespart" wird. Dabei steht die Einsparung mentalen Aufwands im Vordergrund, also die Entlastung des Arbeitsgedächtnisses und die Reduktion erforderlicher Entscheidungs- und Planungsvorgänge durch die Wahl einfacherer Strategien. Es geht also um „Handlungsvereinfachung", genauer: um Regulationsvereinfachung[3].

Regulationsvereinfachung bedeutet keineswegs automatisch eine Verschlechterung der Leistung (i. S. des Produkts). Vielmehr besteht das wesentliche Merkmal der beobachteten Strategieänderungen häufig in der (kognitiven) Vereinfachung bei gleichzeitiger Prioritätensetzung zugunsten primärer Ziele (Hockey,

3 Die äußeren Handlungsabläufe können dabei durchaus „umständlicher" werden. So kann es vorkommen, dass man normalerweise prinzipiell „spätere" Arbeitsgänge vorzieht, wenn es die Abläufe effizienter macht (z. B. weil man ohnehin gerade in dem Raum ist, in dem benötigte Materialien gelagert sind), unter Müdigkeit hingegen die einzelnen Arbeitsgänge nacheinander abarbeitet, weil die Planung nicht mehr so effizient ist. „Gespart" wird also kognitive Kapazität.

1997). Hockey betont daher, dass sich Leistungsveränderungen, jedenfalls über relativ lange Zeit, nicht bei den Primäraufgaben (z. B. einen Produktionsprozess überwachen), sondern bei Sekundäraufgaben (z. B. rechtzeitig Wartungsarbeiten durchführen) zeigen. Man verzichtet auf Handlungen oder Operationen, denen (momentan) keine Priorität zugemessen wird (z. B. Kontroll- und Orientierungshandlungen, Einholen von Feedback, Wartungsarbeiten). Auch Veränderungen im Verhältnis von Geschwindigkeit und Genauigkeit („speed accuracy trade-off") sind hier zu nennen. Die Aufrechterhaltung der Geschwindigkeit geht auf Kosten der Genauigkeit (Hockey, 1997; Richter & Hacker, 1998; Schönpflug & Battmann, 1988).

Einige Beispiele für Strategieänderungen:

Wendrich (1973) findet bei Steuerungstätigkeiten an Walzstraßen, dass gegen Ende der Schicht einfachere Schaltvarianten gewählt wurden, die jedoch ein größeres Risiko von Fehlern und damit verbundenen Korrekturhandlungen beinhalteten.

Sperandio (1978) schildert, dass Fluglotsen bei einer geringen Anzahl von Flugbewegungen jede Maschine auf dem optimalen Weg zur Landung brachten. Überstieg hingegen die Anzahl von Landungen eine kritische Grenze, gingen die Fluglotsen dazu über, die Maschinen in eine Routineschleife zu schicken (wo sie gefahrlos kreisen konnten) und sich ihnen erst dann wieder zuzuwenden, wenn wieder Kapazität dafür vorhanden war. Sicheres Landen (die Kernaufgabe) wird somit bewältigt, jedoch auf Kosten von Zeit und Energie (Kerosin). Dies wird im Fall der Fluglotsen natürlich gerne in Kauf genommen, würde unter anderen Umständen jedoch eher als Verschwendung von Material und Ressourcen angesehen.

Vielfach haben also sekundäre Kosten keine unmittelbaren Auswirkungen; diese zeigen sich erst über längere Zeit oder unter zusätzlichen Bedingungen: Einfachere, aber riskantere Arbeitshandlungen („Abkürzungen" – Holding, 1983) erhöhen auf die Dauer das Risiko verminderter Qualität bzw. Sicherheit, dasselbe gilt für die Reduzierung von Wartungs- und Kontrollhandlungen (vgl. zu riskanterem Verhalten unter Belastung auch Hoyos, 1980; Wenninger & Gstalter, 1995). Häufig zeigen sich solche Folgen aber nur unter Zusatzbelastungen – etwa wenn Operateure es zwar schaffen, kritische Parameter innerhalb der Toleranzgrenzen zu halten, jedoch schlechter mit falschen Alarmen umgehen (Hockey, 1997). Nur wenn solche Zusatzbelastungen auftreten, ergeben sich Folgen für Qualität und/oder Sicherheit. Dann allerdings können fatale Teufelskreise entstehen, in denen beeinträchtigte Effizienz Stress erzeugt oder verstärkt und dieser wiederum die Effizienz beeinträchtigt (Schönpflug, 1983, 1985; s. a. Dörner, 1989).

Die beschriebenen Strategieänderungen sind also in der Regel mit Kosten verbunden, wenngleich diese sich häufig nur langfristig oder unter dem Einfluss zusätzlicher Belastungen merklich auswirken. Anstatt von automatischer Verschlechterung kann man also für eine gewisse Zeit eher davon sprechen, dass das System *störanfälliger* wird: Es stehen weniger Reserven zur Verfügung, Zusatzbelastungen oder Störungen können nicht mehr ohne weiteres aufgefangen werden. Hockey (1997) spricht daher von „latenten Verschlechterungen" (latent decrements).

4.3 Misslungene Bewältigung

Bisher wurde unterstellt, die Bewältigung (durch Steigerung der Anstrengung bzw. durch Strategiewechsel) sei – jedenfalls kurzfristig und ohne zusätzliche Störungen – erfolgreich, und es wurde darauf hingewiesen, dass auch kurzfristig erfolgreiche Bewältigung ihre Kosten haben kann. Nun ist auch der kurzfristige Erfolg natürlich keineswegs garantiert. Nicht nur können eingegangene Risiken auch sehr schnell zum Tragen kommen und Probleme verursachen. Hinzu kommt, dass der Einsatz von Bewältigungsstrategien selbst Kapazität erfordern kann: Man muss Entscheidungen für oder gegen eine bestimmte Strategie bzw. deren Beibehaltung oder Beendigung treffen, man muss ihren Erfolg überwachen usw. Mit anderen Worten: Bewältigungsstrategien erfordern einen Prozess des Ressourcenmanagements (Schönpflug & Battmann, 1988). Bei all dem können natürlich Fehler passieren, sodass ineffiziente Bewältigungsstrategien entstehen können, die nun ihrerseits Probleme verursachen.

So führte in einem Experiment von Schulz (1979) Zeitdruck dazu, dass sich die Zeit, die man für das Einprägen wichtiger Informationen aufwandte, verkürzte. Diese Informationen musste man sich später erneut beschaffen, sodass der eingesparte kognitive Aufwand durch eine vermehrte Anzahl von Operationen kompensiert wurde. Darüber hinaus förderte die Zeitdruckbedingung voreilige Entscheidungen: Die Abwägung zwischen Genauigkeit und Schnelligkeit („speed-accuracy-tradeoff") wurde verstärkt zugunsten der Schnelligkeit und zulasten der Genauigkeit vorgenommen, sodass mehr Fehler resultierten.

Die Wahrnehmung mangelnder Effizienz in der Bewältigung kann aber auch dazu führen, dass sich die Aufmerksamkeit auf die eigene Ineffizienz richtet, vermehrt aufgabenirrelevante Kognitionen auftreten und aversive Emotionen, also Stresszustände entstehen (Gaillard, 2001; Schönpflug & Battmann, 1988; vgl. Zapf & Semmer, 2004). Im Ergebnis können Abwärtsspiralen entstehen (vgl. Hobfolls „Verlust-Spirale"). Dörner (1989) beschreibt sehr anschaulich, wie dann beispielsweise Probleme, die gerade anstehen, gelöst werden, ohne dass der Gesamtkontext noch berücksichtigt wird („Reparaturdienstverhalten"), wie

Einzelziele sich verselbstständigen oder wie auf die Kontrolle der Auswirkungen eigener Entscheidungen verzichtet wird („ballistisches Verhalten") und einmal eingeschlagene Wege ohne Rücksicht auf ihre Wirkung rigide verfolgt werden (vgl. dazu auch Strohschneider & von der Weth, 2002).

4.4 Bewältigung durch Anspruchsreduktion

Neben der erhöhten Anstrengung und der Prioritätensetzung unter Hintanstellen „sekundärer" Aufgaben gibt es natürlich noch die Möglichkeit, die Ansprüche zu reduzieren, d. h. sich mit geringerer Qualität und/oder Quantität der Arbeitsergebnisse zufriedenzugeben oder ganz aufzugeben (vgl. Krenauer & Schönpflug, 1980). Sich mit weniger zufriedenzugeben, kann durchaus eine sinnvolle Strategie sein. Dies gilt insbesondere bei unrealistisch hohen Ansprüchen, wie sie etwa für Typ-A-Personen charakteristisch sind (Ward & Eisler, 1987, s. a. Siegrist, 1996). Allerdings kann man, speziell im Arbeitsleben, Ziele nicht nach Belieben reduzieren oder gar aufgeben. Schließlich hat man Verpflichtungen gegenüber Arbeitgebern, Klienten usw. Aber selbst wo es ohne offizielle Sanktionen möglich ist, Ziele zu reduzieren, kann dies – durch andere oder die Person selbst – als Misserfolg, als Zeichen der Inkompetenz u. Ä. interpretiert werden und dementsprechend mit „Kosten" in sozialer oder persönlicher Hinsicht („Imageverlust, Selbstvorwürfe, beeinträchtigtes Kompetenzerleben") verbunden sein, die nicht zu unterschätzen sind (vgl. Hobfoll, 2001; Semmer, 2003).

4.5 Fazit I: Bewältigung und Leistung

Zusammenfassend ergibt sich somit: Eine Verschlechterung der Leistung i. S. d. Ergebnisses ist – jedenfalls kurzfristig – nur *eine* mögliche Folge von Belastung und Ermüdung. Weitere Möglichkeiten liegen in der Verschlechterung der Effizienz (höherer Aufwand für das gleiche Ergebnis) und in der Vernachlässigung von Sekundäraufgaben – sei es, dass *innerhalb einer Aufgabe* die nicht vordringlichen Aspekte vernachlässigt werden (z. B. Verzicht auf ausreichende Orientierung und Kontrolle), dass *innerhalb der Arbeitsrolle* nur noch vordringliche Aufgaben bearbeitet werden (z. B. Vernachlässigung der Kundenpflege) oder dass *andere Rollen* vernachlässigt werden (z. B. die Familienrolle). Mit steigender Beanspruchung steigt dabei die Schwelle für „prioritäre" Aufgaben in inhaltlicher („das Allernötigste"), aber auch zeitlicher („das Dringlichste") Hinsicht. Beanspruchung und Ermüdung sind insofern häufig mit einer Verkürzung der Zeitperspektive verbunden.

Dabei ist darauf hinzuweisen, dass diese Strategien häufig insofern trotzdem als optimal bezeichnet werden können, als sie den bestmöglichen Umgang mit schwierigen Bedingungen und insofern durchaus das unter den gegebenen Umständen am ehesten erfolgversprechende Vorgehen darstellen können. Vor allem unter extremen Umständen kann allerdings die Handlungsstruktur weitgehend zerfallen, man verbeißt sich z. B. auf eine (nicht unbedingt besonders wichtige) Detailfrage oder man zeigt „blinden Aktionismus" (Dörner, 1989).

Sowohl die Aufwandssteigerung als auch die Vernachlässigung „sekundärer Aufgaben" – die durchaus gemeinsam auftreten können – haben in der Regel Kosten. Diese werden allerdings oft erst mit zeitlicher Verzögerung bzw. bei Auftreten zusätzlicher Belastungen (Störungen), u. U. auch vor allem in anderen Rollen (Privatleben), sichtbar. Nur da, wo auf funktionierende Routinen zurückgegriffen werden kann, kann die Reduktion der eigenen Beanspruchung ohne nennenswerte Kosten erfolgen. Schließlich können ineffiziente Bewältigungsstrategien ihrerseits neue Probleme erzeugen und nicht zuletzt zu Stress im Sinne negativer Emotionen führen.

4.6 Fazit II: Beanspruchungs-Erholungszyklen

Neben den potenziellen – kurz- wie langfristigen – Folgen für die Leistung ist vor allem die Frage von gestörten Beanspruchungs-Erholungszyklen von besonderer Bedeutung. Hohe Beanspruchung stellt so lange kein Problem dar, wie sie durch entsprechende Phasen geringer bzw. anders gearteter Beanspruchung kompensiert werden kann. Im Gegenteil: Optimale Beanspruchungs-Erholungszyklen tragen dazu bei, Ressourcen wie Fitness und Gesundheit, Kenntnisse, Fähigkeiten und Fertigkeiten u. Ä. – also „strukturelle Ressourcen" sensu Schönpflug (1987) aufrechtzuerhalten bzw. zu erweitern (ggf. ist „aufrechterhalten" relativ zu sehen, z. B. in der Verlangsamung von altersbedingten Einbußen – Semmer & Richter, 2004). Hier liegt der „Doppelcharakter" von Beanspruchung: Aufbau bzw. Erhalt der strukturellen Ressourcen ist nur möglich über die vorübergehende Verminderung „energetischer" Ressourcen (Schönpflug, 1987).

Beanspruchungs-Erholungszyklen beziehen sich auf verschiedene Ebenen. Auf einer untersten Stufe geht es um die Frage von Pausen während der täglichen Arbeit. Sie beugen der Ermüdung über den Arbeitstag vor, wobei viele kurze Pausen unter dem Gesichtspunkt der Ermüdung effektiver sind als wenige lange (Richter & Hacker, 1998; Tucker, 2003). Auf einer höheren Ebene geht es um Zyklen im Bereich von Arbeitswochen, wobei insbesondere die Frage der Erholung durch arbeitsfreie Tage (Wochenenden) im Vordergrund stehen. Über Monate hinweg kommen länger andauernde arbeitsfreie Zeiten (Urlaub) ins Spiel (Eden, 2001; Westman et al., 2005), und schließlich stellt sich über viele Jahre hinweg die Frage nach kumulativen Langzeitwirkungen, die nicht zuletzt mit über längere Zeit gestörten Beanspruchungs-Erholungszyklen zusammenhängen dürften.

Aus den obigen Ausführungen geht hervor, dass kurzzeitige Beeinträchtigungen von Beanspruchungs-Erholungszyklen zumindest so lange unproblematisch sind, wie man es nicht mit Tätigkeiten zu tun hat, bei denen beeinträchtigte Leistungskomponenten unmittelbare Auswirkungen haben können. Dies wäre etwa bei Fahrtätigkeiten der Fall, wo ein Mangel an Pausen die Reaktionszeit verlängert und damit das Risiko eines Unfalls unmittelbar beeinflusst (vgl. Matthews et al., 2000). Länger dauernde Beeinträchtigungen des Beanspruchungs-Erholungszyklus hingegen können sich sowohl auf die Leistungsergebnisse als auch auf die Gesundheit auswirken, wobei zwischen beiden vermutlich über längere Zeit eine umgekehrt reziproke Beziehung besteht: Die Leistung kann umso länger aufrechterhalten werden, je größer der Einsatz – und letztendlich die Überbeanspruchung – der persönlichen Ressourcen ist. Am Ende können irreversible Schäden stehen, wie sich etwa daran zeigt, dass *ehemalige* Schichtarbeiter häufig einen schlechteren Gesundheitszustand aufweisen als aktuell Schichtarbeitende – der Ausstieg aus der Schichtarbeit war nicht mehr in der Lage, die eingetretenen Schädigungen wieder umzukehren (Frese & Semmer, 1986; Quéinnec, Gadbois & Prêteur-Turbet Delof, 1998). Chronische Belastungen können so auch *Verschleiß*prozesse beschleunigen und dadurch nicht zuletzt zu einem „belastungsbedingt vorzeitigen Altern" führen (Epel, Blackburn, Lin, Dhabar, Adler, Morrow & Cawthon, 2004; Hacker, 2004; Marquié, Paumès Cau-Bareille & Vokoff, 1998; Semmer & Richter, 2004).

5 Belastung und ihre Kosten: Längerfristige Wirkungen

Der vorhergehende Abschnitt hat sich vor allem mit dem aktiven Bewältigungshandeln in vergleichsweise kurzen Zyklen beschäftigt. Die diesbezüglichen empirischen Erkenntnisse beruhen zu einem erheblichen Teil auf experimentellen Studien. Soweit es sich um Feldforschung handelt, geht es in der Regel um vergleichsweise kurze Zeiträume. Nun sind die in der Arbeitspsychologie normalerweise untersuchten Belastungen und Beanspruchungen glücklicherweise nicht so hoch, dass sie in kurzen Zeiträumen zu irreversiblen Schäden führen. Zwar können, wie oben dargelegt, Stresssymptome relativ schnell auftreten, sie gehen jedoch häufig auch relativ schnell wieder zurück (Sonnentag & Frese, 2003; Fritz & Sonnentag, 2006; Grebner et al., 2005; Westman et al., 2005). Irreversible Schäden entstehen oft erst nach jahrelanger Exposition (vgl. das bereits erwähnte Beispiel der Schichtarbeit).

Die auf kurze Zeiträume ausgelegten Untersuchungen bedürfen daher der Ergänzung durch Studien, die sich auf „chronische" Arbeitsbedingungen konzentrieren. Im Idealfall erfassen sie kumulative Wirkungen über die Zeit, indem sie die Arbeitsbedingungen mehrfach erheben. Je weniger über die zeitliche Charakteristik der Expositionswirkung bekannt ist, desto wichtiger sind möglichst häufige Messungen (z. B. Sarris, 1992). Das ist sehr aufwendig und entsprechend selten. Typisch sind eher Querschnittstudien, die Arbeitsbedingungen und ihre potenziellen Folgen in Beziehung setzen und dabei von einer gewissen Stabilität beider ausgehen. Kausalschlüsse sind damit kaum möglich und können allenfalls durch zusätzliche statistische Analysen (z. B. Auspartialisierung von Neurotizismus) oder durch Plausibilitätsargumente wahrscheinlich gemacht werden (z. B. indem man darauf hinweist, dass Schichtarbeiter vor ihrer Einstellung medizinisch untersucht werden, sodass mögliche Krankheitssymptome kaum vorher vorhanden waren und somit mit einer größeren Wahrscheinlichkeit auf die Schichtarbeit zurückgeführt werden können). Längsschnittstudien gehen hier einen Schritt weiter und ermöglichen es z. B., den Gesundheitszustand zum Ausgangszeitpunkt zu kontrollieren. Wenn sie allerdings – was typisch ist – nur zwei Erhebungszeitpunkte haben, bleibt unklar, was genau in der Zwischenzeit geschehen ist. Am Beispiel der Stressforschung lässt sich aufzeigen, dass die Vorteile, die Längsschnittstudien gegenüber Querschnittstudien mit sich bringen, selten ausgeschöpft werden (Zapf, Dormann & Frese, 1996). Frese und Zapf (1988) diskutieren für die zeitliche Komponente der Beziehung zwischen Stressor und Stressreaktion unterschiedliche Beziehungsmuster. Das *„Stress-Reaktionsmodell"* nimmt an, dass Stresssymptome mit der Dauer der Stressperiode ansteigen – und wieder sinken, wenn diese Periode vorbei ist. Das *„Anpassungmodell"* geht davon aus, dass – z. B. durch Coping oder durch Habituation – eine Gewöhnung eintritt, sodass die Symptome zwar zunächst ansteigen, dann aber schon während der Stressperiode wieder abnehmen. Im *„Akkumulationsmodell"* hingegen lassen die Stresssymptome nach dem Abklingen der Stressoren nicht unmittelbar nach, sie haben sich verselbstständigt. So ist z. B. plausibel, dass ein Magengeschwür – eine mögliche Folge der Stressoreneinwirkung – nach Abklingen der Stressoren nicht unmittelbar verschwindet. Unter Umständen nehmen die Stresssymptome sogar auch ohne Stressorexposition weiter zu, etwa wenn das Immunsystem geschädigt ist und daher immer weitere Krankheiten den Organismus schwächen *(„dynamisches Akkumulationsmodell")*. Das *„Sleeper-Effekt"*-Modell schließlich nimmt an, dass die Funktionsstörung verzögert – also nicht unmittelbar auf die Einwirkung der Stressoren – auftritt. Kardiovaskuläre Krankheiten etwa treten in der Regel erst nach langen Expositionszeiten auf.

Im Folgenden soll auf den Stand der Empirie zu längerfristigen Wirkungen eingegangen werden. Im Vordergrund steht zunächst – gemäß unserer Betonung des energetischen Aspekts – die Arbeitszeit und ihre Bedeutung für Gesundheit, Produktivität und Unfälle. In einem zweiten Abschnitt geht es um die Bedeutung von Arbeitsbelastungen für die Balance zwischen Lebensbereichen, insbesondere Arbeit und Familie. Auch hier stellen Fragen der Arbeitszeit einen wichtigen Faktor dar, jedoch werden auch andere Aspekte (Stressfaktoren) mit einbezogen. Und schließlich wird in einem dritten Abschnitt auf Studien eingegangen, die über mehrfache Messungen Aussagen über kumulative Effekte und zeitliche Verläufe erlauben. Der zeitliche Aspekt steht auch hier – über die Frage der Expositionsdauer – im Vordergrund, inhaltlich jedoch werden auch hier Belastungen aller Art, also auch Stressfaktoren, miteinbezogen.

5.1 Arbeitszeit

5.1.1 Arbeitszeit und Gesundheit

Wenn es um gestörte Beanspruchungs-Erholungszyklen geht, ist die Untersuchung der Arbeitszeit ein naheliegendes Feld für Forschung wie auch für Interventionen. Insbesondere bei langen Arbeitszeiten liegt die Annahme nahe, dass die damit verbundene Beanspruchung nicht ausreichend kompensiert wird. Verstärkt wird das Problem, wenn zu Zeiten gearbeitet werden muss, in denen der Organismus von seinem Zirkadianrhythmus eher auf Erholung als auf Leistungserbringung eingestellt ist, also in der Nacht. Entsprechend ist bekannt, dass Nachtarbeit mit kürzerem – und oft auch qualitativ schlechterem – Schlaf verbunden ist (z. B. Åkerstedt, 2003). In der mangelnden Regeneration von Bandscheiben während verkürzter Schlafphasen wird beispielsweise ein Risikofaktor für eine beschleunigte Bandscheibendegeneration vermutet (Elfering, Semmer, Birkhofer, Zanetti, Hodler & Boos, 2002). Dass Schichtarbeit, und dabei vor allem Nachtarbeit, mit einem allgemein größeren Risiko gesundheitlicher Beschwerden verbunden ist, kann als gesichert gelten (Knauth, 1997; Knutsson, 2003). Langjährige Schichtarbeit erhöht speziell auch die Wahrscheinlichkeit, an kardiovaskulären Krankheiten zu sterben (Karlsson, Alfredsson, Knutsson, Andersson & Torén, 2005). Dabei muss darauf hingewiesen werden, dass in solchen Studien das Risiko für Schichtarbeitende oft unterschätzt wird, wenn sie mit Tagesarbeitern verglichen werden. Dies liegt zum einen daran, dass Schichtarbeiter von Anfang an einer positiven (Selbst-)Selektion unterliegen (Knutsson & Åkerstedt, 1992), sodass sie im Vergleich zu unausgelesenen Stichproben besonders gesund sein müssten. Verschärft wird das Problem, wenn unter den Tagesarbeitern ehemalige Schichtarbeiter sind. Denn deren Gesundheitszustand ist möglicherweise *durch die frühere Schichtarbeit* beeinträchtigt, und im Vergleich mit ihnen erscheinen dann die jetzigen Schichtarbeiter möglicherweise als relativ gesund (Frese & Semmer, 1986).

Auch die Dauer der Arbeitszeit weist einen Zusammenhang zur Gesundheit auf. So ergab eine japanische Studie (Hayashi, Kobayashi, Yamaoka & Yano, 1996), dass der Blutdruck über 24 Stunden höher war, wenn viele Überstunden geleistet wurden, und Lundberg und Hellström (2002) berichten höhere Morgen-Cortisolwerte bei Frauen mit vielen Überstunden. Metaanalysen über den Zusammenhang von Arbeitszeit und Gesundheit zeigen allerdings, dass die

Zusammenhänge ziemlich schwach sind (Sparks, Cooper, Fried & Shirom, 1997; Hulst, 2003; Härmä, 2006). Das dürfte nicht zuletzt damit zusammenhängen, dass neben der reinen Arbeitszeit sehr viele andere Faktoren eine Rolle spielen, so etwa Fragen des Arbeitsinhalts, verschiedener Belastungen und Stressfaktoren in der Arbeit, aber auch Unterschiede in Variablen wie allgemeine Gesundheit, sportliche Betätigung, familiäre Belastungen u. Ä. (Spurgeon & Cooper, 2000). Dabei können lange Arbeitszeiten unter Umständen mit einer positiven Ausprägung solcher Faktoren einhergehen, welche die potenziell negativen Folgen der langen Arbeitszeit möglicherweise, zumindest zum Teil, kompensieren können. Zudem können positive und negative Wirkungen durchaus nebeneinander existieren. So ergab eine Studie von Rau und Triemer (2004) beispielsweise bessere Arbeitsbedingungen für Personen, die viele Überstunden leisteten. Zugleich fanden sie allerdings eine beeinträchtigte Erholung und schlechtere Stimmung nach der Arbeit, für Frauen auch erhöhte Blutdruckwerte. Auch Taris u. a. (2006) berichten sowohl über größere Arbeits-Familien-Konflikte als auch über größere Arbeitsfreude bei Managern mit vielen Überstunden. Nach einer neueren Studie von Tucker und Rutherford (2005) mit Lokführern ergaben sich Zusammenhänge zwischen der Anzahl der Arbeitsstunden und (selbst berichteter) körperlicher Gesundheit vor allem für diejenigen, die sich zu Überstunden gedrängt sahen (erlebter Druck von Vorgesetzten) und die sich in der Arbeit wenig unterstützt fühlten.

Auch das Fehlen eines Zusammenhangs zwischen dem Ausmaß der „Familienarbeit" und dem Bedürfnis nach Erholung (als Indikator für Ermüdung), das beispielsweise Sonnentag und Zijlstra (2006) berichten, dürfte mit der Qualität der Familienarbeit zusammenhängen, die häufig positive Erlebnisse vermittelt.

Besondere Bedeutung hat auch die Intensität der Arbeit (Sonnentag & Zijlstra, 2006). Längere Arbeitstage können durchaus weniger negative Beanspruchungsfolgen nach sich ziehen als kürzere, wenn sie mit einem besseren Pausenregime verbunden sind (vgl. Abschnitt 4.1). Und schließlich spielt eine Rolle, inwieweit die Betroffenen sich an arbeitsfreien Tagen und Wochenenden erholen können, denn erholsame Aktivitäten am Wochenende (z. B. soziale Aktivitäten, positive Gedanken über die Arbeit, vgl. Fritz & Sonnentag, 2005) können positive Auswirkungen auf das Befinden der darauf folgenden Woche haben. Analoges gilt für Urlaub (Eden, 2001; Fritz & Sonnentag, 2006; Westman et al., 2005). Umgekehrt können private Belastungen die Erholung beeinträchtigen (Fritz & Sonnentag, 2005).

Ermüdung und unzureichende Erholung gehören somit zu den wichtigsten Mechanismen, die für den Zusammenhang von Arbeitszeit und Gesundheit verantwortlich sind (Krauss, Chen, DeArmond & Moorcroft, 2003). Dies ergab auch die Übersicht von Hulst (2003), die hingegen kaum Hinweise auf eine entscheidende Rolle des Gesundheitsverhaltens ergab.

Sogar Fehlzeiten können unter bestimmten Bedingungen positive Auswirkungen auf Befinden und Gesundheit haben und insofern als „Coping" angesehen werden: Hackett und Bycio (1996) fanden, dass das Befinden von Krankenschwestern nach einem Fehltag besser war als vorher, und Kivimäki, Head, Ferrie, Shipley, Vahtera und Marmot (2003) zeigen, dass eine hohe Anzahl ärztlich bescheinigter Fehltage eine höhere Mortalität voraussagen, dass aber eine kleine Anzahl von kurzen, selbst verantworteten Abwesenheiten protektiv war (ähnlich Kristensen, 1991). Kivimäki, Head, Ferrie, Hemingway, Shipley, Vahtera und Marmot (2005) untersuchten das Krankheitsrisiko („serious coronary events") spezifisch für Männer mit schlechten Werten bezüglich körperlicher Gesundheit (Selbsteinschätzung) oder „Distress" (General Health Questionnaire) in Abhängigkeit von ihren Abwesenheitsraten (betriebliche Daten). Die Anwesenheit am Arbeitsplatz trotz schlechter Gesundheit – also „Präsentismus" – war längsschnittlich mit einem fast doppelt so hohen Krankheitsrisiko verbunden wie eine mittlere Anzahl von Fehltagen (1–14). Bei mehr als 14 Fehltagen stieg das Risiko wieder und erreichte fast das Niveau für Männer mit „Präsentismus". Es gibt Gründe für die Annahme, dass Arbeitnehmerinnen und Arbeitnehmer angesichts der wirtschaftlichen Lage aus Angst vor dem Verlust des Arbeitsplatzes vermehrt arbeiten, wenn sie nicht gesund sind (Badura, Schellschmit & Vetter, 2005). Die berichteten Untersuchungen zeigen, dass dieses Phänomen des Präsentismus zu einer ernsthaften Gefahr für die Gesundheit werden kann.

5.1.2 Arbeitszeit, Unfälle und Produktivität

Lange – und unregelmäßige – Arbeitszeiten haben nicht nur gesundheitliche Folgen. Sie begünstigen auch Unfälle. In einer Untersuchung von Tucker, Folkard und Macdonald (2003) stieg das Unfallrisiko schon über einen Zeitraum von zwei Stunden auf das Doppelte, sofern dem nicht durch Kurzpausen entgegengewirkt wurde. Hänecke, Tiedemann, Nachreiner und Grzech-Šukalo (1998) zeigen anhand von Daten, die für Deutschland repräsentativ sind, dass das Unfallrisiko nach der neunten Arbeitsstunde deutlich ansteigt, und dieses Ergebnis ist im Einklang mit anderen Studien (Folkard & Tucker, 2003; vgl. auch Krauss et al., 2003). Auch Dong (2005) berichtet deutlich erhöhte Verletzungswahrscheinlichkeiten bei langen Arbeitstagen. Unfallrisiken sind zudem größer in der Nachtschicht (Folkard & Tucker, 2003).

Die Anzahl der entsprechenden Studien ist allerdings nicht groß, und die methodischen Schwierigkeiten sind beträchtlich, da zu verschiedenen Zeiten unterschiedlich viele Menschen arbeiten und da sich die Arbeitsbedingungen zu unterschiedlichen Tageszeiten oft auch in verschiedenen Belastungsparametern unterscheiden. Im Hinblick auf die Leistung spielt zudem die Art der Tätigkeit eine große Rolle, bestimmte Fehler treten während der Nacht seltener auf (Folkard & Tucker, 2003; Knauth & Rutenfranz, 1987). Trotz dieser Schwierigkeiten zeigen die Untersuchungen jedoch, was das Gesamtbild angeht, eine erstaunliche Konvergenz.

Die bisherige Diskussion bezog sich ausschließlich auf Arbeitsunfälle. Dabei darf jedoch nicht vernachlässigt werden, dass – ganz im Sinne der „fatigue aftereffects" (s. o.) – Unfälle auf dem Weg zur bzw. von der Arbeit oder von einem Arbeitsort zum anderen ebenso betroffen sein können. So finden Trimpop, Kirkcaldy, Athanasou und Cooper (2000) mehr Automobilunfälle von Veterinärmedizinern bei Hausbesuchen, wenn die wöchentliche Arbeitszeit über 48 Stunden war, als wenn sie darunter lag. Auch für Assistenzärzte wurde gefunden, dass sie relativ häufig auf der Nachhausefahrt einnicken und im Vergleich zu der Zeit vor dem Stellenantritt deutlich mehr Verkehrsunfälle hatten (Krauss et al., 2003).

Und schließlich ist der Zusammenhang zwischen langen Arbeitszeiten und sinkender Produktivät seit langem bekannt. Schon im Ersten Weltkrieg führte die Verlängerung der Arbeitszeiten in Großbritannien zu sinkender Produktivität (und schlussendlich sogar zu absolut geringerer Produktion), was dann zur Gründung des „health of ammunition workers committees" führte (vgl. Rose, 1978). Neben der Gesamtdauer spielen auch hier die Pausen eine wesentliche Rolle (Graf, 1970). Auch Nachtarbeit geht mit verminderter Produktivität einher (Folkard & Tucker, 2003). Schließlich gibt es Hinweise darauf, dass ein Urlaub nicht nur, wie oben beschrieben, das Wohlbefinden verbessert, sondern auch die Effizienz, indem die für die Bewältigung der Arbeitsanforderungen nötige Anstrengung geringer wird (Fritz & Sonnentag, 2006).

5.2 Work-Life-Balance

Viele Kosten der Erwerbstätigkeit beziehen sich auf Beeinträchtigungen des Familienlebens bzw. der Balance zwischen Arbeit und Familie (Duxbury, Higgins & Johnson, 1999). Greenhaus und Beutell (1985, S. 77) sehen Konflikte zwischen Lebensbereichen als „[...] eine Form von Interrollenkonflikt, bei dem die Rollenanforderungen des Arbeits- und Familienbereichs in gewisser Hinsicht gegenseitig inkompatibel sind". Demnach wird die Bewältigung der Anforderungen der einen Rolle durch die Investitionen in die andere Rolle erschwert. Des Weiteren werden Konflikte zwischen Arbeits- und Privatleben nach ihrer

Richtung unterschieden: Man spricht von einem Konflikt „Arbeit-Familie", wenn das Arbeitsleben das Familienleben negativ beeinflusst, und von einem Konflikt „Familie-Arbeit", wenn das Familienleben das Arbeitsleben negativ beeinflusst (Frone, 2003). Beide Arten von Konflikten zeigen beeinträchtigende Wirkungen auf Wohlbefinden und Gesundheit (Allen, Herst, Bruck & Sutton, 2000; Kossek & Ozeki, 1998).

Im Hinblick auf die Ursachen des Konflikts zwischen Arbeit und Familie scheinen erwartungsgemäß bereichsspezifische Auslöser die besten Prädiktoren zu sein, d. h. für den Konflikt „Arbeit-Familie" stammen die Auslöser v. a. aus dem Arbeitsbereich, für den Konflikt „Familie-Arbeit" hingegen aus dem Familienbereich (für einen Überblick vgl. Amstad & Semmer, 2009; Eby, Casper, Lockwood, Bordeaux & Brinley, 2005). Zeit, die bereichsspezifisch investiert wird (Aryee, Field & Luk, 1999; Frone, Russell & Cooper , 1992), bereichsspezifische psychische Involviertheit (Barnett & Baruch, 1985; Carlson & Frone, 2003; Frone et al., 1992) oder bereichsspezifischer Stress können Arbeits-Familien-Konflikte auslösen (Fox & Dwyer, 1999; Greenhaus & Parasuraman, 2002). In Übereinstimmung mit der arbeitsbezogenen Stressforschung insgesamt (Sonnentag & Frese, 2003; Zapf & Semmer, 2004) konnte umgekehrt auch gezeigt werden, dass Ressourcen wie Handlungsspielraum mit weniger Arbeits-Familien-Konflikt im Zusammenhang stehen (Adams & Jex, 1999). Die berichteten Ergebnisse beruhen überwiegend auf Querschnittstudien. Eine Längsschnittstudie mit drei Messzeitpunkten (Demerouti et al., 2004) ergab, dass es angebracht wäre, von einer Verlustspirale auszugehen, dass also eine reziproke Beeinflussung von ungünstigen Arbeitsbedingungen, Arbeits-Familien-Konflikten und reduziertem Wohlbefinden besteht. In der Stressforschung wird der Konflikt „Arbeit-Familie" auch als vermittelnde Variable (Mediator) zwischen Stressoren und Befinden untersucht (z. B. Aryee et al., 1999; Demerouti et al., 2004; Frone et al., 1992; Geurts, Kompier, Roxburgh & Houtman, 2003; Geurts, Rutte & Peeters, 1999; Smith Major, Klein & Ehrhart, 2002). Das ist theoretisch plausibel, da die Ressourcen, die für die Bewältigung der Belastung in einem Bereich nötig sind, für den anderen Bereich nicht mehr zur Verfügung stehen. Dadurch wird der Konflikt „Arbeit-Familie" gefördert und die Belastung letztlich erhöht, sodass das Risiko, Stresssymptome zu entwickeln, steigt. Evidenz für eine Mediation ergab sich in einer ganzen Reihe von Studien. Aryee und Kollegen (1999) fanden beispielsweise eine Mediation mit Lebenszufriedenheit als Befindensindikator, und Jacobshagen et al. (2005) konnten eine vermittelnde Rolle des Konflikts „Arbeit-Familie" für den Zusammenhang zwischen drei Belastungsfaktoren (Überlastung, Unsicherheit und Anzahl Arbeitsstunden) und zwei Befindensindikatoren (Irritation und psychosomatische Beschwerden) zeigen.

5.3 Kumulative Effekte

Wie bereits diskutiert, sind viele Effekte relativ kurzfristig, und die Beeinträchtigungen gehen wieder zurück, sobald sich die Bedingungen verbessern. Chronifizierte Effekte sollten sich daher vor allem dann zeigen, wenn die Belastung über längere Zeit – und das heißt in vielen Fällen: über viele Jahre – anhält. Dafür sind Studien nötig, die über eine Reihe von Jahren immer wieder Messungen durchführen. Die in diesem Abschnitt diskutierten Studien sind alle von dieser Art. Sie weisen mehrere Erhebungszeitpunkte auf, sodass die Aussagekraft bezüglich kumulativer Wirkungen besonders groß ist.

Arametti (2004) zeigte an Hand von Daten der Berner Aequas-Studie (vier Messzeitpunkte über fünf Jahre; Semmer et al., 2005), dass die Anzahl der Messperioden, für die die Probanden hohe Werte auf einem Index aus verschiedenen Stressoren angaben, eine besonders gute Vorhersage ihres Befindens zum letzten Messzeitpunkt ermöglichte. Elfering, Semmer und Kälin (2004) konnten einen Zusammenhang zwischen der kumulativen Exposition hinsichtlich einseitiger körperlicher Belastungen und der Stärke bzw. Anzahl berichteter Rückenschmerzen aufzeigen (vgl. dazu auch Marras, 2003; Norman, Wells, Neumann, Frank, Shannon & Kerr, 1998). In ähnlicher Weise testeten De Lange, Taris, Kompier, Houtman und Bongers (2002) kumulative Effekte für das Stressmodell von Karasek (1979). Sie erhoben Arbeitsstressoren, Kontrolle und Gesundheit zu vier jährlichen Messzeitpunkten von 1994 bis 1997. Für jedes Beobachtungsjahr wurden für Stressoren und Kontrolle eine durch Median-Dichotomisierung bewerkstelligte Einstufung vorgenommen. Insgesamt ergaben sich so für die vier Karasek-Bedingungen und stabiler Gruppenzugehörigkeit versus Wechslern zehn Expositionszeitbedingungen. Erwartungsgemäß zeigten sich für die abhängigen Variablen Depression, Arbeitszufriedenheit sowie Dauer und Häufigkeit von krankheitsbedingten Abwesenheiten die deutlichsten Einbußen bei Individuen, die über die vier Messzeitpunkte hinweg konstant der High-Strain-Bedingung angehörten. Ein Wechsel der Bedingungen über die Zeit war mit unterschiedlichen Effekten hinsichtlich verschiedener Outcome-Variablen verbunden. Zuvor hatten bereits Schnall, Schwartz, Landsbergis, Warren und Pickering (1998) in ihrer nur zwei Messzeitpunkte umfassenden Längsschnittstudie die Effekte der Stabilität resp. der Veränderung von Arbeitsbedingungen auf den Blutdruck analysiert. Sie bildeten vier Expositionsgruppen (zwei Erhebungen: Job Strain vorhanden vs. nicht vorhanden). Gemäß der Strain-Hypothese resultierte für die stabile High-Strain-Gruppe der höchste Blutdruck. Der niedrigste ergab sich für die Gruppe, die beide Male nicht der High-Strain-Gruppe angehörte, die „Wechsler" lagen dazwischen. Ähnlich gingen Bourbonnais, Comeau und Vezina (1999) vor. Auch ihre Resultate sprechen dafür, dass über die Zeit hinweg anhaltende High-Strain-Arbeitsbedingungen mit mehr Stressreaktionen, u. a. mit emotionaler Erschöpfung einhergehen –

allerdings weniger klar als bei Schnall et al. (1998), denn die Krankenschwestern, die nur zu T2 unter High-Strain-Bedingungen arbeiteten, unterschieden sich nur unwesentlich von denen, für die das zu beiden Zeitpunkten zutraf. Auch Kivimäki, Head, Ferrie, Brunner, Marmot, Vahtera und Shipley (2006) berichten eine bessere Vorhersage von koronaren Herzkrankheiten durch „Job Strain“ (i. S. v. Karasek, 1979) für eine Substichprobe mit relativ konstanten Arbeitsbedingungen.

Amick, McDonough, Chang, Rogers, Pieper und Duncan (2002) analysierten die kumulativen Effekte von Kontrolle am Arbeitsplatz auf die Lebenserwartung. Die Stichprobe ist für die USA repräsentativ, Daten wurden zwischen 1968 und 1992 in jährlichem Abstand erhoben. Dabei zeigte sich: Wer ständig mit Arbeitsbedingungen konfrontiert war, die mit geringer Kontrolle einhergingen, hatte eine deutlich geringere Lebenserwartung. Dieser Effekt war unabhängig von der Ausprägung der Arbeitsstressoren, es wurde kein Zusammenhang mit High-Strain-Arbeitsbedingungen (hohe Arbeitsstressoren und geringe Kontrolle) gefunden. Kumulative Belastungseffekte sind, konzeptionell gesehen, eine naheliegende Folge dauerhaft gestörter Erholungs- und Belastungszyklen. Künftige Längsschnittstudien sollten diesen Zusammenhang verstärkt betrachten.

6 *Praktische Konsequenzen*

Die in diesem Beitrag diskutierten Effekte zeigen, dass der Gestaltung von Beanspruchungs-Erholungszyklen große Bedeutung für Gesundheit und Befinden, aber auch für die Arbeitsproduktivät zukommt. Beanspruchungs-Erholungszyklen sind bezüglich kurzer (Pausengestaltung; Länge des Arbeitstages), mittlerer (Feierabend, Wochenende) und langer Zeiträume (Jahresurlaub, Belastungsakkumulation über viele Jahre) bedeutsam. Dementsprechend ergeben sich auch eine Reihe von Konsequenzen.

Auf der Seite der Arbeitsgestaltung ist die Frage ausreichender Erholungsmöglichkeiten essenziell. Dies betrifft zum einen das Ausmaß der Tages- und Wochenarbeitszeit und die Anzahl von Überstunden. Zwar gibt es dabei große individuelle Unterschiede, zudem spielt die Frage der Freiwilligkeit bzw. des „Sich-genötigt-Sehens“ eine wichtige Rolle. Dennoch kann man im Allgemeinen davon ausgehen, dass wöchentliche Arbeitszeiten, die nicht nur vorübergehend über 50 Stunden liegen, ein Gesundheitsrisiko darstellen und vermieden werden sollten (Sparks et al.,1997; s. a. Hänecke et al., 1998). Aber auch die Lage der Arbeitszeit ist wichtig, denn Nacht- und Schichtarbeit sind als Risikofaktor gut nachgewiesen. Der Vermeidung von Nachtarbeit, wo immer das möglich ist, sowie der optimalen Gestaltung von Schichtplänen, wo Vermeidung nicht möglich ist, kommt daher besondere Bedeutung zu (Knauth & Rutenfranz,

1987). Die reine Arbeitszeit ist aber nur ein Element. Hinzu kommt z. B. die Frage der Belastungshöhe während der Arbeitszeit, vor allem aber auch die Pausengestaltung. Unter dem Gesichtspunkt der Ermüdung sind hier vor allem viele Kurzpausen an vorderster Stelle zu nennen.

Nicht alle diese Dinge müssen von Arbeitgeberseite her im Detail gestaltet werden. Ein zentraler Ansatzpunkt liegt vielmehr in ausreichenden Handlungsspielräumen: Eigene Entscheidungsmöglichkeiten erlauben z. B., die Art der Aufgaben, die man bearbeitet, sowie die Bearbeitungsgeschwindigkeit den eigenen Ressourcen anzupassen. Dabei muss man allerdings berücksichtigen, dass vielfach erste Anzeichen von Ermüdung nicht beachtet und prinzipiell mögliche Pausen nicht oder zu spät genommen werden (Tucker, 2003). Da solche Tendenzen besonders zu erwarten sind, wenn die Beteiligten sich unter Druck fühlen (s. o.: Präsentismus), sollten Führungskräfte nicht nur auf eine zu großzügige Auslegung von Pausenmöglichkeiten achten, sondern auch auf eine zu geringe Nutzung von Pausen. Auch für die Gestaltung familienfreundlicher Arbeitszeiten spielt die Flexibilität im Sinne zeitlicher Entscheidungsspielräume eine zentrale Rolle (Amstad & Semmer, 2009). Aber ihre Wirkung hängt nicht zuletzt davon ab, ob formal bestehende Möglichkeiten von der Organisation bzw. ihren Repräsentanten auch unterstützt werden (Allen, 2001; Saltzstein, Ting & Saltzstein, 2001; Semmer, 2006).

Und schließlich ist hier daran zu erinnern, dass die Qualität der Arbeit – angefangen von interessanten und abwechslungsreichen Aufgaben bis zum sozialen Klima und der erfahrenen Anerkennung – dabei immer mitzuberücksichtigen ist (Ulich, 2005). Die Bedeutung all dieser Faktoren ist wohl dafür verantwortlich, dass die reine Arbeitszeit, sofern sie nicht extrem hoch ist, nur begrenzt aussagekräftig ist. Die damit verbundene Intensität wie auch die Qualität der Arbeit und ihrer emotionalen Implikationen i. S. v. Stolz und Befriedigung auf der einen, Ärger, Frustration, Enttäuschung und Sorgen (also: Stress) auf der anderen Seite, müssen mitberücksichtigt werden (vgl. Elfering, Semmer, Tschan, Kälin & Bucher, 2007; Siegrist, 2002; Sonnentag & Zijlstra, 2006; Taris et al., 2006). Insofern sollten Maßnahmen der Arbeitsgestaltung mit Personalentwicklungsmaßnahmen verbunden werden, und zwar nicht zuletzt für Führungskräfte. Deren Haltung zu getroffenen Maßnahmen, ihre Unterstützung in schwierigen Situationen und ihre Anerkennung für Engagement und Leistung sind außerordentlich wichtig.

Solche Maßnahmen der „Verhältnisprävention“ werden sinnvollerweise ergänzt durch verhaltensorientierte Maßnahmen (Semmer, 2006; Semmer & Zapf, 2004; Ulich & Wülser, 2004). Erholungseffekte hängen nicht nur von der dafür zur Verfügung stehenden Zeit ab, sondern auch von deren Nutzung und Gestaltung (Sonnentag & Zijlstra, 2006). Alle Maßnahmen, die dazu beitragen, eine gesunde Lebensweise zu fördern (z. B. durch Sport und gesunde Ernährung), aber auch Maßnahmen, die die Planung der eigenen Zeit verbessern helfen sowie solche, die dazu beitragen, Symptome von Ermüdung besser zu erkennen und darauf zu reagieren – also letztlich Maßnahmen, die die Selbstregulation verbessern helfen –, sind geeignet, die Nutzung der Zeit zu optimieren, die potenziell für Erholung zur Verfügung steht.

Daneben soll aber noch darauf verwiesen werden, dass Ermüdung und Erschöpfung ja nicht zuletzt durch die Wahl der Arbeitsstrategien beeinflusst werden (vgl. Abschnitt 4). Effiziente Arbeitsstrategien sind, bei gleicher oder sogar besserer Leistung, mit weniger Ressourcenverbrauch – und damit geringerer Ermüdung – verbunden. Daraus folgt nicht zuletzt, dass eine gute berufliche Aus- und Weiterbildung ein zentrales Element auch im Hinblick auf die Vermeidung unnötiger psychischer Kosten der Arbeit darstellt.

7 Ausblick

Dieser Beitrag betont bei den psychischen Kosten der Arbeit eine „energetische" Betrachtungsweise, welche die Beanspruchung, die dadurch bedingte Ermüdung sowie die Wiederherstellung der Ressourcen durch Erholung mit einschließt. Hier gilt es, Veränderungen in den Arbeitsbedingungen genau zu beachten und zu steuern.

Eine Reihe von Autorinnen und Autoren berichten eine steigende Intensität der Arbeit (z. B. Kompier, 2005 für die EU; Green, 2001 für Großbritannien). Andere konstatieren hingegen eine bemerkenswerte Stabilität. Dies gilt z. B. für Handel (2005), der für die USA zwar eine leichte Zunahme für „Erschöpfung nach der Arbeit" zwischen 1989 und 1998 berichtet, allerdings eine signifikant geringere Ausprägung für das Item „How hard do you work". Gallie (2005) ermittelt für die EU sehr stabile Verhältnisse zwischen 1996 und 2001. Allerdings muss man spezifische Trends im Hinblick auf Perioden und spezielle Arbeitsverhältnisse beachten. So berichtet Green (2001), dass sowohl die Anzahl derer, die pro Woche sehr viele, als auch die Zahl derer, die pro Woche eher wenige Stunden arbeiten, zugenommen hat. Handel (2005) ermittelt eine klare Zunahme in der Arbeitsintensität für Büroarbeiten, wo die Restrukturierung der Arbeit später erfolgte als in der Produktion (vgl. Green, 2001). Houtman (2005) konstatiert eine Zunahme quantitativer Anforderung anfangs der 90er Jahre, die jedoch gegen Ende der Dekade zum Stillstand kommt und sogar einer leichten Abnahme Platz macht (für Deutschland deutlicher als für den EU-Durchschnitt), was mit den auf Stabilität hindeutenden Ergebnissen von Gallie (2005) übereinstimmt.

Von einer generellen und anhaltenden Zunahme der Arbeitsintensität zu sprechen, ist somit durch die vorliegenden Daten nicht gerechtfertigt, von einer steigenden Intensivierung Anfang der 90er Jahre und von anhaltender Intensivierung in verschiedenen Berufsgruppen (z. B. in Büroberufen) sowie von – unabhängig vom Trend – außerordentlich hohen Belastungen in anderen (insbesondere bei Führungskräften; Jacobshagen u. a., 2005) hingegen schon. Allerdings ist bei alledem immer zu beachten, dass die Wochenarbeitszeit für viele Berufsgruppen in den letzten Jahrzehnten gesunken ist, sodass für viele die Gesamtbelastung möglicherweise trotz intensiverer Nutzung der Arbeitszeit gleich geblieben ist. Derzeit ist wieder eine Zunahme der Wochenarbeitszeit zu beobachten – sofern dies mit gleichbleibender Intensität der Arbeit verbunden ist, kann sich dadurch mancherorts eine Bedrohung energetischer Ressourcen ergeben. Alle Beteiligten sollten sich dieses Risikos bewusst sein und die Entwicklung genau verfolgen. Allerdings ist trotz oder gerade wegen unserer Fokussierung auf energetische Aspekte immer wieder darauf hinzuweisen, dass auch die Intensität der Arbeit immer im Zusammenhang mit anderen Faktoren, wie z. B. Handlungsspielraum, soziale Beziehungen, Effort-Reward-Imbalance u. Ä., gesehen werden muss.

Das durchschnittliche Alter der Arbeitnehmerschaft wird sich erhöhen (Rappaport, Bancroft & Okum, 2003), und die durchschnittliche Lebensarbeitszeit wird sich voraussichtlich in vielen Industrieländern verlängern. Für eine zunehmend ältere Arbeitnehmerschaft muss ein struktureller Ressourcenerhalt ein gesundheits- und arbeitspolitisch wichtiges Ziel sein. Dabei sollte man nicht nur ältere Arbeitskräfte im Auge haben, denn die Kumulation von Belastungen in jüngeren Jahren beeinflusst auch Alterungsprozesse (vgl. Abschnitt 4). Schließlich stellt das weiter oben (vgl. Abschnitt 5.1) diskutierte Phänomen des „Präsentismus" eine beunruhigende Entwicklung dar. Denn es ist zu vermuten, dass die derzeitige Abnahme von Fehlzeiten zum Teil darauf zurückzuführen ist, dass Arbeitnehmer vermehrt auch im Krankheitsfall arbeiten (Badura, Schellschmidt & Vetter, 2005).

Insgesamt geht es darum, dass durch eine sinnvolle Gestaltung der Arbeit wie auch der personalen Voraussetzungen Beanspruchungs-Erholungszyklen entstehen, die den Aufbau und den Erhalt von Ressourcen begünstigen und so ermöglichen, „dass die Arbeit über die Dauer des Berufslebens [...] ohne Beeinträchtigung der körperlichen und geistigen Gesundheit ausgeführt werden kann" (Luczak, 1993; S. 36 f.; s. a. Ulich, 2005).

Literatur

Adams, G. A. & Jex, S. M. (1999). Relationships between time management, control, workfamily conflict, and strain. *Journal of Occupational Health Psychology, 4,* 72–77.

Åkerstedt, T. (2003). Shift work and disturbed sleep/wakefulness. *Occupational Medicine, 53,* 89–94.

Åkerstedt, T., Knutsson, A., Westerholm. P., Theorell, T., Alfredsson, L. & Kecklund, G. (2002). Sleep disturbances, work stress and work hours: A cross-sectional study. *Journal of Psychosomatic Research, 53,* 741–748.

Åkerstedt, T., Knutsson, A., Westerholm. P., Theorell, T., Alfredsson, L. & Kecklund, G. (2004). Mental fatigue, work and sleep. *Journal of Psychosomatic Research, 57,* 427–433.

Allen, T. D. (2001). Family-supportive work environments: The role of organizational perceptions. *Journal of Vocational Behavior, 58,* 414–435.

Allen, T. D., Herst, D. E. L., Bruck, C. S. & Sutton, J. (2000). Consequences associated with work-to-family conflict: A review and agenda for future research. *Journal of Occupational Health Psychology, 5,* 278–308.

Amick, B. C., McDonough, P., Chang, H., Rogers, W. H., Pieper, C. F. & Duncan, G. (2002). Relationship between all-cause mortality and cumulative working life course psychosocial and physical exposures in the United States labor market from 1968 to 1992. *Psychosomatic Medicine, 64,* 370–381.

Amstad, F. T. & Semmer, N. K. (2009). Recovery and the work-family interface. In P. L. Perrewé, D. C. Gangster & S. Sonnentag (Eds.), *Research in Occupational Stress and Well-being* (Vol. 7, pp. 125–166). Bingley: Emerald Group Publishing.

Arametti, M. (2004). *Die kumulativen Effekte von Stressoren and Ressourcen.* Unveröffentlichte Lizenziatsarbeit, Universität Bern.

Aryee, S., Field, D. & Luk, V. (1999). A cross-cultural test of a model of the work-family interface. *Journal of Management, 25,* 491–511.

Badura, B., Schellschmidt, H. & Vetter, C. (2005). *Fehlzeiten-Report 2005. Arbeitsplatzunsicherheit und Gesundheit. Zahlen, Daten, Analysen aus allen Branchen der Wirtschaft.* Berlin: Springer.

Baltissen, R. & Boucsein, W. (2005). Vegetatives System und Persönlichkeit. In J. Hennig & P. Netter (Hrsg.), *Biopsychologische Grundlagen der Persönlichkeit* (S. 397–510). München: Spektrum.

Barnett, R. C. & Baruch, G. K. (1985). Women's Involvement in multiple roles and psychological distress. *Journal of Personality and Social Psychology, 49,* 135–145.

Blascovich, J. & Tomaka, J. (1996). The biopsychosocial model of arousal regulation. *Advances in Experimental Social Psychology, 28,* 1–51.

Boos, N., Semmer, N. K., Elfering, A., Schade, V., Gal, I., Zanetti, M., Kissling, R., Buchegger, N., Hodler, J. & Main, C. (2000). Natural history of individuals with asymptomatic disc abnormalities in magnetic resonance imaging: Predictors of low back pain-related medical consultation and work incapacity. *Spine, 25,* 1484–1492.

Bourbonnais, R., Comeau, M. & Vezina, M. (1999). Job strain and evolution of mental health among nurses. *Journal of Occupational Health Psychology, 4,* 95–107.

Brocke, B., Hennig, J. & Netter, P. (2004). Biopsychologische Theorien der Persönlichkeit. In K. Pawlik (Hrsg.), *Theorien und Anwendungsfelder der Differentiellen Psychologie* (Enzyklopädie der Psychologie, Serie Differentielle Psychologie und Persönlichkeitsforschung, Bd. 5, S. 365–430). Göttingen: Hogrefe.

Brosschot, J. F., Pieper, S. & Thayer, J. F. (2005). Expanding stress theory: Prolonged activation and perseverative cognition. *Psychoneuroendocrinology, 30,* 1043–1049.

Bundesministerium für Arbeit und Soziales (2005). *Sicherheit und Gesundheit bei der Arbeit. Bericht der Bundesregierung über den Stand von Sicherheit und Gesundheit bei der Arbeit und über das Unfall- und Berufskrankheitengeschen in der Bundesrepublik Deutschland im Jahre 2005* [Online]. Verfügbar unter: http://de.osha.europa.eu/statistics/statistiken/suga/suga2005/suga_2005.pdf [30. 04. 2009].

Bundesministerium für Wirtschaft und Arbeit und Bundesanstalt für Arbeitsschutz und Arbeitsmedizin (2003). *Bericht der Bundesregierung 2003: Sicherheit und Gesundheit bei der Arbeit* [Online]. Verfügbar unter: http://www.osha.de/statistics/statistiken/suga/suga_2003/suga2003.pdf [30. 04. 2009].

Campbell, J. P., McCloy, R. A., Oppler, S. H. & Sager, C. E. (1993). A theory of performance. In E. Schmitt, W. C. Borman & Associates (Eds.), *Personnel selection in organizations* (pp. 35–70). San Francisco, CA: Jossey-Bass.

Carlson, D. S. & Frone, M. R. (2003). Relation of behavioral and psychological involvement to a new four-factor conceptualisation of work-family interference. *Journal of Business and Psychology, 17,* 515–535.

Cohen, S. (1980). Aftereffects of stress on human performance and social behavior: A review of research and theory. *Psychological Bulletin, 88,* 82–108.

De Lange, A. H., Taris, T. W., Kompier, M. A. J., Houtman, I. L. D. & Bongers, P. M. (2002). Effects of stable and changing demand-control histories on worker health. *Scandinavian Journal of Work and Environmental Health, 28,* 94–108.

Demerouti, E., Bakker, A. G. & Bulters, A. J. (2004). The loss spiral of work pressure, work-home interference and exhaustion: Reciprocal relations in a three-wave study. *Journal of Vocational Behavior, 64,* 131–149.

Dienstbier, R. A. (1989). Arousal and physiological toughness: Implications for mental and physical health. *Psychological Review, 96,* 84–100.

Dierendonck, D. van, Schaufeli, W. B. & Buunk, B. P. (2001). Burnout and inequity among human service professionals: A longitudinal study. *Journal of Occupational Health Psychology, 6,* 43–52.

Diest, R. van & Appels, A. (2002). Vital exhaustion: Behavioural and biological correlates. *Current Opinion in Psychiatry, 15,* 639–641.

Dong, X. (2005). Long workhours, work scheduling and work-related injuries among construction workers in the United States. *Scandinavian Journal of Work, Environment and Health, 31,* 329–335.

Dörner, D. (1989). *Die Logik des Mißlingens.* Reinbek: Rowohlt.

Düker, H. (1963). Über reaktive Anspannungssteigerung. *Zeitschrift für Experimentelle und Angewandte Psychologie, 10,* 46–72.

Duxbury, L., Higgins, C. & Johnson, K. L. (1999). *An examination of the implications and costs of work-life conflict in Canada.* Ottawa: Department of Health.

Eby, L. T., Casper, W. J., Lockwood, A., Bordeaux, C. & Brinley, A. (2005). Work and family research in IO/OB: Content analysis and review of the literature (1980–2002). *Journal of Vocational Behavior, 66,* 124–197.

Eden, D. (2001). Vacations and other respites: Studying stress on and off the job. In C. L. Cooper & I. T. Robertson (Eds.), *International review of industrial and organizational psychology* (pp. 121–146). Chichester: Wiley.

Elfering, A., Grebner, S., Semmer, N. K. & Gerber, H. (2002). Time control, catecholamines, and back pain: A longitudinal study in first-year nurses. *Scandinavian Journal of Work, Environment, and Health, 28,* 386–393.

Elfering, A., Grebner, S., Semmer, N. K., Kaiser-Freiburghaus, D., Lauper-Del Ponte, S. & Witschi, I. (2005). Chronic job stressors and job control: Effects on event-related coping success and well-being. *Journal of Occupational and Organizational Psychology, 78,* 237–252.

Elfering, A., Semmer, N. K., Birkhofer, D., Zanetti, M., Hodler, J. & Boos, N. (2002). Risk factors for lumbar disc degeneration: A five-year prospective MRI study in asymptomatic individuals. *Spine, 27,* 125–134.

Elfering A., Semmer, N. K. & Kälin, W. (2004, May). *Beyond risk factor intensity: Length of risk factor exposure in prognostic studies.* Paper presented at 31st Annual SSE Meeting Porto, Portugal.

Elfering, A., Semmer, N. K., Schade, V., Grund, S. & Boos, N. (2002). Supportive colleague, unsupportive supervisor: The role of provider-specific constellations of social support at work in the development of low back pain. *Journal of Occupational Health Psychology, 7,* 130–140.

Elfering, A., Semmer, N. K., Tschan, F., Kälin, W. & Bucher, A. (2007). First years in job: A three-wave analysis of work experiences. *Journal of Vocational Behavior, 70,* 97–115.

Epel, E. S., Blackburn, E. H., Lin, J., Dhabhar, F. S., Adler, N. E., Morrow, J. D. & Cawthon, R. M. (2004). Accelerated telomere shortening in response to life stress. *Proceedings of the National Academy of Sciences of the United States of America, 101,* 17312–17315.

Fay, D. & Sonnentag, S. (2002). Rethinking the effects of stressors: A longitudinal study on personal initiative. *Journal of Occupational Health Psychology, 7,* 221–234.

Folkard, S. & Tucker, P. (2003). Shift work, safety and productivity. *Occupational Medicine, 53,* 95–101.

Fox, M. L. & Dwyer, D. J. (1999). An investigation of the effects of time and involvement in the relationship between stressors and work-family conflict. *Journal of Occupational Health Psychology, 4,* 164–174.

Frankenhaeuser, M. (1986). A psychobiological framework for research on human stress and coping. In M. H. Appley & R. Trumbull (Eds.), *Dynamics of stress. Physiological, psychological, and social perspectives* (pp. 101–116). New York, NY: Plenum.

Frankenhaeuser, M. & Lundberg, U. (1977). The influence of cognitive set on performance and arousal under different noise loads. *Motivation and Emotion, 1,* 139–150.

Frese, M. & Semmer, N. K. (1986). Shiftwork, stress, and psychosomatic complaints: A comparison between workers in different shiftwork schedules, non-shiftworkers, and former shiftworkers. *Ergonomics, 19,* 99–114.

Frese, M. & Zapf, D. (1988). Methodological issues in the study of work stress: Objective vs. subjective measurement of work stress and the question of longitudinal studies. In C. L. Cooper & R. Payne (Eds.), *Causes, coping, and consequences of stress at work* (pp. 375–411). Chichester: Wiley.

Fritz, C. & Sonnentag, S. (2005). Recovery, health, and job performance: Effects of weekend experiences. *Journal of Occupational Health Psychology, 10,* 187–199.

Fritz, C. & Sonnentag, S. (2006). Recovery, well-being, and performance-related outcomes: The role of work load and vacation experiences. *Journal of Applied Psychology, 91,* 936–945.

Frone, M. R. (2003). Work-family balance. In J. Campbell Quick & L. E. Tetrick (Eds.), *Handbook of occupational health psychology* (pp. 143–162). Washington, DC: APA.

Frone, M. R., Russell, M. & Cooper, M. L. (1992). Antecedents and outcomes of work-family conflict: Testing a model of the work-family interface. *Journal of Applied Psychology, 77,* 65–78.

Gaillard, A. W. K. (2001). Stress, workload, and fatigue as three biobehavioral states: A general overview. In P. A. Hancock & P. A. Desmond (Eds.), *Stress, workload, and fatigue* (pp. 623–639). Mahwah, NJ: Erlbaum.

Gaillard, A. W. K. & Kramer, A. F. (2000). Theoretical and methodological issues in psychophysiological research. In R. W. Backs & W. Boucsein (Eds.), *Engineering Psychophysiology* (pp. 31–58). Mahwah, NJ: Erlbaum.

Gallie, D. (2005). Work pressure in Europe 1996–2001: Trends and determinants. *British Journal of Industrial Relations, 41,* 351–375.

Gallo, L. C. & Matthews, K. A. (2003). Understanding the association between socioeconomic status and physical health: Do negative emotions play a role? *Psychological Bulletin, 129,* 10–51.

Geurts, S. A. E., Kompier, M. A. J., Roxburgh, S. & Houtman, I. L. D. (2003). Does work-home interference mediate the relationship between workload and well-being? *Journal of Vocational Behavior, 63,* 532–559.

Geurts, S. A. E., Rutte, C. & Peeters, M. (1999). Antecedents and consequences of work-home interference among medical residents. *Social Science & Medicine, 48,* 1135–1148.

Geurts, S. A. E. & Sonnentag, S. (2006). Recovery as an explanatory mechanism in the relation between acute stress reactions and chronic health impairment. *Scandinavian Journal of Work, Environment and Health, 32,* 482–492.

Glass, D. C. & Singer, J. E. (1972). *Urban stress: Experiments on noise and social stressors.* New York, NY: Academic Press.

Graf, O. (1970). Arbeitszeit und Arbeitspausen. In A. Mayer & B. Herwig (Hrsg.), *Handbuch der Psychologie* (Bd. 9, S. 244–277). Göttingen: Hogrefe.

Grebner, S., Elfering, A., Semmer, N. K., Kaiser-Probst, C. & Schlapbach, M. L. (2004). Stressful situations at work and in private life among young workers: An event sampling approach. *Social Indicators Research, 67,* 11–49.

Grebner, S., Semmer, N. K. & Elfering, A. (2005). Working conditions and three types of well-being: A longitudinal study with self-report and rating data. *Journal of Occupational Health Psychology, 10,* 31–43.

Green, F. (2001). It's been a hard day's night: The concentration and intensification of work in late twentieth-century Britain. *British Journal of Industrial Relations, 39,* 53–80.

Greenhaus, J. H. & Beutell, N. J. (1985). Sources of conflict between work and family roles. *Academy of Management Review, 10,* 76–88.

Greenhaus, J. H. & Parasuraman, S. (2002). The allocation of time to work and family roles. In D. L. Nelson & R. J. Burke (Eds.), *Gender, work stress, and health* (pp. 115–128). Washington, DC: APA.

Hacker, W. (2004). Leistungs- und Lernfähigkeiten älterer Mitarbeiter und Mitarbeiterinnen. In M. von Cranach, H.-D. Schneider, E. Ulich & R. Winkler (Hrsg.), *Ältere Menschen im Unternehmen* (S. 163–172). Bern: Haupt.

Hackett, R. D. & Bycio, P. (1996). An evaluation of employee absenteeism as a coping mechanism among hospital nurses. *Journal of Occupational and Organizational Psychology, 69,* 327–338.

Handel, M. J. (2005). Trends in perceived job quality, 1989–1998. *Work and Occupations, 32,* 66–94.

Hänecke, K., Tiedemann, S., Nachreiner, F. & Grzech-Šukalo, H. (1998). Accident risk as a function of hour at work and time of day as determined from accident data and exposure models for the German working population. *Scandinavian Journal of Work, Environment and Health, 24,* 43–48.

Härmä, M. (2006). Workhours in relation to work stress, recovery and health. *Scandinavian Journal of Work, Environment and Health, 32,* 502–514.

Hayashi, T., Kobayashi, Y., Yamaoka, K. & Yano, E. (1996). Effect of overtime work on 24-hour ambulatory blood pressure. *Journal of Occupational and Environmental Medicine, 38,* 1007–1011.

Heim, C., Ehlert, U. & Hellhammer, D. H. (2000). The potential role of hypocortisolism in the pathophysiology of stress-related bodily disorders. *Psychoneuroendocrinology, 25,* 1–35.

Heliövaara, M., Mäkelä, M., Knekt, P., Impivaara, O. & Aromaa, A. (1991). Determinants of sciatica and low-back pain. *Spine, 16,* 608–614.

Hobfoll, S. E. (2001). The influence of culture, community, and the nested-self in the stress process: Advancing conservation of resources theory. *Applied Psychology: An International Review, 50,* 337–421.

Hockey, G. R. J. (1997). Compensatory control in the regulation of human performance under stress and high workload: A cognitive-energetical framework. *Biological Psychology, 45,* 73–93.

Hoeksema-van Orden, C. Y. D., Gaillard, A. W. K. & Buunk, B. P. (1998). Social loafing under fatique. *Journal of Personality and Social Psychology, 75,* 1179–1190.

Holding, D. (1983). Fatigue. In G. R. J. Hockey (Ed.), *Stress and fatigue in human performance* (pp. 145–168). Chichester: Wiley.

Houtman, I. L. D. (2005). *Work related stress.* Dublin: European Foundation for the Improvement of Living and Working Conditions.

Hoyos, C. Graf (1980). *Psychologische Unfall- und Sicherheitsforschung.* Stuttgart: Kohlhammer.

Hulst, M. van der (2003). Long workhours and health. *Scandinavian Journal of Work, Environment and Health, 29,* 171–188.

Jacobshagen, N., Amstad, F. T., Semmer, N. K. & Kuster, M. (2005). Work-Family Balance im Top Management: Konflikt zwischen Arbeit und Familie als Mediator der Beziehung zwischen Stressoren und Befinden. *Zeitschrift für Arbeits- und Organisationspsychologie, 49,* 208– 219.

Jin, R. L., Shah, C. P. & Svoboda, T. (1995). The impact of unemployment on health: A review of the evidence. *Canadian Medical Association Journal, 153,* 529–540.

Kahnemann, D. (1973). *Attention and effort.* Englewood Cliffs, NJ: Prentice Hall.

Karasek, R. A. (1979). Job demands, job decision latitude and mental strain: Implications for job redesign. *Administrative Science Quarterly, 24,* 385–408.

Karlsson, B., Alfredsson, L., Knutsson, A., Andersson, E. & Toréen, K. (2005). Total mortality and case-specific mortality of Swedish shift- and dayworkers in the pulp and paper industry 1952–2001. *Scandinavian Journal of work, Environment and Health, 31,* 30–35.

Kaspers, F. A. & Scholz, O. B. (2004). Stress-induced increase in morning cortisol variance. *Stress and Health, 20,* 127–139.

Kiecolt-Glaser, J. K., Glaser, R., Gravenstein, S., Malarkey, W. B. & Sheridan, J. (1996). Chronic stress alters the immune response to influenza viris vaccine in older adults. *Proceedings of the National Academy of Sciences, 93,* 3043–3047.

Kivimäki, M., Head, J., Ferrie, J. E, Brunner, E., Marmot, M. G., Vahtera, J. & Shipley, M. J. (2006). Why is evidence on job strain and coronary heart disease mixed? An illustration of measurement challenges in the Whitehall II Study. *Psychosomatic Medicine, 68,* 398–401.

Kivimäki, M., Head, J., Ferrie, J. E., Hemingway, H., Shipley, M. J., Vahtera, J. & Marmot, M. G. (2005). Working while ill as a risk factor for serious coronary events: The Whitehall II Study. *American Journal of Public Health, 95,* 98–102.

Kivimäki, M., Head, J., Ferrie, J. E., Shipley, M. J., Vahtera, J. & Marmot, M. G. (2003). Sickness absence as a global measure of health: Evidence from mortality in the Whitehall II prospective cohort study. *Britisch Medical Journal, 327,* 364–469.

Knauth, P. (1997). Nacht- und Schichtarbeit. In H. Luczak & W. Volpert (Hrsg.), *Handbuch Arbeitswissenschaft.* (S. 938–942). Stuttgart: Schaeffer-Poeschel.

Knauth, P. & Rutenfranz, J. (1987). Arbeitszeitgestaltung. In U. Kleinbeck & J. Rutenfranz (Hrsg.), *Arbeitspsychologie* (Enzyklopädie der Psychologie, Serie Wirtschafts-, Organisations- und Arbeitspsychologie, Bd. 1, S. 533–576). Göttingen: Hogrefe.

Knutsson, A. (2003). Health disorders of shift workers. *Occupational Medicine, 53,* 103–108.

Knutsson, A. & Åkerstedt, T. (1992). The healthy-worker effect: Self-selection among Swedish shift workers. *Work and Stress, 6,* 163–167.

Kompier, M. (2005). Dealing with workplace stress. In C. L. Cooper (Ed.), *Handbook of stress medicine and health* (pp. 349–374). Boca Raton, FL: CRC.

Kossek, E. E. & Ozeki, C. (1998). Work-family conflict, policies, and the job-life satisfaction relationship: A review and directions for organizational behavior-human resources research. *Journal of Applied Psychology, 83,* 139–149.

Krauss, A., Chen, P. Y., DeArmond, S. & Moorcroft, B. (2003). Sleepiness in the workplace: Causes, consequences, and countermeasures. In C. L. Cooper & I. T. Robertson (Eds.), *International review of industrial and organizational psychology* (pp. 81–129). Chichester: Wiley.

Krenauer, M. & Schönpflug, W. (1980). Regulation und Fehlregulation im Verhalten. III. Zielsetzung und Ursachenbeschreibung unter Belastung. *Psychologische Beiträge, 22,* 414–431.

Kristensen, T. S. (1991). Sickness absence and work strain among Danish slaughterhouse workers: An analysis of absence from work regarded as coping behaviour. *Social Science and Medicine, 32,* 15–27.

Kubzansky, L. D., Davidson, K. W. & Rozanski, A. (2005). The clinical impact of negative psychological states: Expanding the spectrum of risk for coronary artery disease. *Psychosomatic Medicine, 67,* 10-S14.

Lang-von Wins, T., Mohr, G. & Rosenstiel, L. von (2004). Kritische Laufbahnübergänge: Erwerbslosigkeit, Wiedereingliederung und Übergang in den Ruhestand. In H. Schuler (Hrsg.), *Organisationspsychologie – Grundlagen und Personalpsychologie* (Enzyklopädie der Psychologie, Serie Wirtschafts-, Organisations- und Arbeitspsychologie, Bd. 3, S. 1113–1189). Göttingen: Hogrefe.

Lepine, J. A., Podsakoff, N. P. & Lepine, M. (2005). A meta-analytic test of the challenge stressor-hindrance stressor framework: An explanation for inconsistent relationships among stressors and performance. *Academy of Management Journal, 48,* 764–775.

Luczak, H. (1993). *Handbuch Arbeitswissenschaft.* Berlin: Springer.

Luczak, H. & Rohmert, W. (1997). Belastungs-Beanspruchungs-Konzept. In H. Luczak & W. Volpert (Hrsg.), *Handbuch Arbeitswissenschaft* (S. 326–332). Stuttgart: Schaeffer-Poeschel.

Lundberg, U. & Hellström, B. (2002). Workload and morning salivary cortisol in women. *Work and Stress, 16,* 356–363.

Marquié, J. C., Paumés Cau-Bareille, D. & Vokoff, S. (Eds.). (1998). *Working with age.* London: Taylor & Francis.

Marras, W. S. (2003). The case for cumulative trauma in low back disorders. *Spine, 3,* 177–179.

Marras, W. S., Davis, K. G., Heaney, C. A., Maronitis, A. B. & Allread, W. (2000). The influence of psychosocial stress, gender, and personality on mechanical loading of the lumbar spine. *Spine, 25,* 3045–3054.

Martikainen, P. T. & Valkonen, T. (1996). Excess mortality of unemployed men and women during a period of rapidly increasing unemployment. *Lancet, 348,* 909–912.

Maslach, C., Schaufeli, W. B. & Leiter, M. P. (2001). Job burnout. *Annual Review of Psychology, 52,* 397–422.

Matthews, G., Davies, D. R., Westermann, S. J. & Stammers, R. B. (2000). *Human performance. Cognition, stress and individual differences.* Hove: Psychology Press.

McEwen, B. S. (1998). Protective and damaging effects of stress mediators. *New England Journal of Medicine, 338,* 171–179.

McGrath, J. E. & Tschan, F. (2004). *Temporal matters in social psychology. Examining the role of time in lives of groups and individuals.* Washington, DC: APA.

Meijman, T. F. & Mulder, G. (1998). Psychological aspects of workload. In P. J. D. Drenth, H. Thierry & C. J. de Wolff (Eds.), *Handbook of work and organizational psychology* (Vol. 2, pp. 5–33). Hove: Psychology Press.

Mohr, G., Rigotti, T. & Müller, A. (2005). Irritation – ein Instrument zur Erfassung psychischer Befindensbeeinträchtigungen im Arbeitskontext. Skalen- und Itemparameter aus 15 Studien. *Zeitschrift für Arbeits- und Organisationspsychologie, 49,* 44–48.

Muraven, M. & Baumeister, R. F. (2000). Self-regulation and depletion of limited resources: Does self-control resemble a muscle? *Psychological Bulletin, 126,* 247–259.

Murphy, G. C. & Athanasou, J. A. (1999). The effect of unemployment on mental health. *Journal of Occupational and Organizational Psychology, 72,* 83–99.

Netter, P. (2005). Endokrine Systeme und Persönlichkeit. In J. Hennig & P. Netter (Hrsg.), *Biopsychologische Grundlagen der Persönlichkeit* (S. 291–395). München: Spektrum.

Norman, R., Wells, R., Neumann, P., Frank, J., Shannon, H. & Kerr, M. (1998). A comparison of peak vs. cumulative physical work exposure risk factors for the reporting of low back pain in the automotive industry. *Clinical Biomechanics, 13,* 561–573.

Parkes, K. R. (2002). Age, smoking, and negative affectivity as predictors of sleep patterns among shiftworkers in two environments. *Journal of Occupational Health Psychology, 7,* 156–173.

Paul, K. & Moser, K. (2001). Negatives psychisches Befinden als Wirkung und als Ursache von Arbeitslosigkeit: Ergebnisse einer Metaanalyse. In J. Zempel, J. Bacher & K. Moser (Hrsg.), *Erwerbslosigkeit. Ursachen, Auswirkungen und Interventionen* (S. 83–110). Opladen: Leske + Budrich.

Pieper, S. & Brosschot, J. F. (2005). Prolonged stress-related cardiovascular activation: Is there any? *Annals of Behavioral Medicine, 30,* 91–103.

Pike, J. L., Smith, T. L., Hauger, R. L., Nicassiol, P. M., Patterson, T. L., McClintick, J., Costlow, C. & Irwin, M. R. (1997). Chronic life stress alters sympathetic, neuroendocrine, and immune responsivity to an acute psychological stressor in humans. *Psychosomatic Medicine, 59,* 447–457.

Pruessner, J. C., Hellhammer, D. H. & Kirschbaum, C. (1999). Burnout, perceived stress, and cortisol responses to awakening. *Psychosomatic Medicine, 61,* 197–204.

Quéinnec, Y., Gadbois, C. & Prêteur-Turbet Delof, V. (1998). Suffering from work schedules: The burden of age and life history. In J. C. Marquié, D. Paumés Cau-Bareille & S. Vokoff (Eds.), *Working with age* (pp. 209–230). London: Taylor & Fancis.

Rappaport, A., Bancroft, E. & Okum, L. (2003). The aging workforce raises new talent management issues for employers. *Journal of Organizational Excellence, 23,* 55–66.

Rau, R. & Triemer, A. (2004). Overtime in relation to blood pressure and mood during work, leisure, and night time. *Social Indicators Research, 67,* 51–73.

Repetti, R. L. (1992). Social withdrawal as a short-term coping response to daily stressors. In H. W. Friedman (Ed.), *Hostility, coping, and health* (pp. 15–165). Washington, DC: APA.

Richter, P. & Hacker, W. (1998). *Belastung und Beanspruchung. Stress, Ermüdung und Burnout im Arbeitsleben.* München: Asanger.

Rose, M. (1978). *Industrial behaviour: Theoretical developments since Taylor.* London: Penguin.

Saltzstein, A. S., Ting, Y. & Saltzstein, G. (2001). Work-family balance and job satisfaction: The impact of family-friendly policies on attitudes of Federal Government employees. *Public Administration Review, 61,* 452–467.

Sarris, V. (1992). *Methodologische Grundlagen der Experimentalpsychologie* (Bd. 2). München: Ernst Reinhardt.

Schade, V., Semmer, N. K., Main, C., Hora, J. & Boos, N. (1999). The Impact of clinical, morphological, psychosocial and work-related factors on the outcome of lumbar discectomy. *Pain, 80,* 239–249.

Schaufeli, W. B. (2006). The balance of give and take: Toward a social exchange model of burnout. *International Review of Social Psychology, 19,* 87–131.

Schnall, P. L., Schwartz, J. E., Landsbergis, P. A., Warren, K. & Pickering, T. G. (1998). A longitudinal study of job strain and ambulatory blood pressure: Results from a three year follow-up. *Psychosomatic Medicine, 60,* 697–706.

Schönpflug, W. (1983). Coping efficiency and situational demands. In G. R. J. Hockey (Ed.), *Stress and fatigue in human performance* (pp. 299–330). Chichester: Wiley.

Schönpflug, W. (1985). Goal directed behavior as a source of stress: Psychological origins and consequences of inefficiency. In M. Frese & J. Sabini (Eds.), *Goal directed behavior: The concept of action in psychology* (pp. 172–188). Hillsdale, NJ: Erlbaum.

Schönpflug, W. (1987). Beanspruchung und Belastung bei der Arbeit – Konzepte und Theorien. In U. Kleinbeck & J. Rutenfranz (Hrsg.), *Arbeitspsychologie.* (Enzyklopädie der Psychologie, Serie Wirtschafts-, Organisations- und Arbeitspsychologie, Bd. 1, S. 130–184). Göttingen: Hogrefe.

Schönpflug, W. & Battmann, W. (1988). The costs and benefits of coping. In S. Fisher & J. Reason (Eds.), *Handbook of life stress, cognition and health* (pp. 699–713). New York, NY: Wiley.

Schulz, P. (1979). Regulation und Fehlregulation im Verhalten. II. Streß durch Fehlregulation. *Psychologische Beiträge, 21,* 597–621.

Schulz, P., Kirschbaum, C., Pruessner, J. & Hellhammer, D. (1998). Increased free corstisol secretion after awakening in chronically stressed individuals due to work overload. *Stress Medicine, 14,* 91–97.

Schulz-Hardt, S., Rott, A., Meinken, I. & Frey, D. (2001). Ein weiterentwickeltes Modell psychischer Sättigung. *Psychologische Rundschau, 52,* 141–149.

Seeman, T. E., McEwen, B. S., Rowe, J. W. & Singer, B. H. (2001). Allostatic load as a marker of cumulative biological risk: MacArthur studies of successful aging. *Proceedings of the National Academy of Sciences of the USA, 98,* 4770–4775.

Seery, M. D., Blascovich, J., Weisbuch, M. & Vick, S. B. (2004). The relationship between self-esteem level, self-esteem stability, and cardiovascular reactions to performance feedback. *Journal of Personality and Social Psychology, 87,* 133–145.

Semmer, N. K. (2003). Individual differences, work stress, and health. In M. J. Schabracq, J. A. M. Winnubst & C. L. Cooper (Eds.), *Handbook of work and health psychology* (pp. 51–86). Chichester: Wiley.

Semmer, N. K. (2006). Job stress interventions and the organization of work. *Scandinavian Journal of Work, Environment and Health, 32,* 515–527.

Semmer, N. K., McGrath, J. E. & Beehr, T. A. (2005). Conceptual issues in research on stress and health. In C. L. Cooper (Ed.), *Handbook of stress and health* (pp. 1–43). New York, NY: CRC.

Semmer, N. K. & Richter, P. (2004). Leistungsfähigkeit, Leistungsbereitschaft und Belastbarkeit älterer Menschen. In M. von Cranach, H.-D. Schneider, E. Ulich & R. Winkler (Hrsg.), *Ältere Menschen im Unternehmen* (S. 95–116). Bern: Haupt.

Semmer, N. K., Tschan, F., Elfering, A., Kälin, W. & Grebner, S. (2005). Young adults entering the workforce in Switzerland: Working conditions and well-being. In H. Kriesi, P. Farago, M. Kohli & M. Zarin (Eds.), *Contemporary Switzerland. Revisiting the special case* (pp. 163–189). Houndmills: Palgrave Macmillan.

Semmer, N. K. & Udris, I. (2007). Bedeutung und Wirkung von Arbeit. In H. Schuler (Hrsg.), *Lehrbuch Organisationspsychologie* (S. 157–195). Bern: Huber.

Semmer, N. K. & Zapf, D. (2004). Gesundheits- und verhaltensbezogene Interventionen in Organisationen. In H. Schuler (Hrsg.), *Organisationspsychologie – Gruppe und Organisation* (Enzyklopädie der Psychologie, Serie Wirtschafts-, Organisations- und Arbeitspsychologie, Bd. 4, S. 773–843). Göttingen: Hogrefe.

Siegrist, J. (1996). *Soziale Krisen und Gesundheit. Eine Theorie der Gesundheitsförderung am Beispiel von Herz-Kreislauf-Risiken im Erwerbsleben.* Göttingen: Hogrefe.

Siegrist, J. (1998). Adverse health effects of effort-reward imbalance at work: Theory, empirical support, and implications for prevention. In C. L. Cooper (Ed.), *Theories of organizational stress* (pp. 191–204). Oxford: Oxford University Press.

Siegrist, J. (2002). Effort-reward imbalance at work and health. In P. L. Perrewé & D. C. Ganster (Eds.), *Historical and current perspectives on stress and health* (Vol. 2, pp. 261–291). Amsterdam: JAI.

Sjogaard, G., Lundberg, U. & Kadefors, R. (2000). The role of muscle activity and mental load in the development of pain and degenerative processes at the muscle cell level during computer work. *European Journal of Applied Physiology, 83,* 99–105.

Sluiter, J. K., Frings-Dresen, M. H. W., Meijman, T. F. & van der Beek, A. L. (2000). Reactivity and recovery from different types of work measured by catecholamines and cortisol: A systematic literature overview. *Occupational and Environmental Medicine, 57,* 298–315.

Smith Major, V., Klein, K. J. & Ehrhart, M. G. (2002). Work time, work interference with family, and psychological distress. *Journal of Applied Psychology, 87,* 427–436.

Sonnentag, S. & Bayer, U. V. (2005). Switching off mentally: Predictors and consequences of psychological detachment from work during off-job time. *Journal of Occupational Health Psychology, 10,* 393–414.

Sonnentag, S. & Frese, M. (2002). Performance concepts and performance theory. In S. Sonnentag (Ed.), *Psychological management of individual performance* (pp. 3–25). Chichester: Wiley.

Sonnentag, S. & Frese, M. (2003). Stress in organizations. In W. C. Borman, D. R. Ilgen & R. J. Klimoski (Eds.), *Handbook of psychology* (Vol. 12, pp. 453–491). Hoboken, NJ: Wiley.

Sonnentag, S. & Jelden, S. (2005, April). *The recovery paradox: Why we don't exercise after stressful days.* Paper presented at the 20th Annual Conference of the Society for Industrial and Organizational Psychology, Los Angeles, CA.

Sonnentag, S. & Zijlstra, F. R. H. (2006). Job characteristics and off-job activities as predictors of need for recovery, well-being, and fatigue. *Journal of Applied Psychology, 91,* 330–350.

Sparks, K., Cooper, C. L., Fried, Y. & Shirom, A. (1997). The effects of hours of work on health: A meta-analytic review. *Journal of Occupational and Organizational Psychology, 70,* 391–408.

Sperandio, J. C. (1978). The regulation of working methods as a function of workload among air traffic controllers. *Ergonomics, 21,* 195–202.

Spurgeon, A. & Cooper, C. L. (2000). Working time, health and performance. In C. L. Cooper & I. T. Robertson (Eds.), *International review of industrial and organizational psychology* (pp. 189–222). Chichester: Wiley.

Sterling, P. & Eyer, J. (1988). Allostasis: A new paradigm to explain arousal pathology. In S. Fisher & J. Reason (Eds.), *Handbook of life stress, cognition and health* (pp. 629–649). Chichester: Wiley.

Strohschneider, S. & von der Weth, R. (Hrsg.). (2002). *Ja, mach nur einen Plan. Pannen und Fehlschläge – Ursachen, Beispiele, Lösungen.* Bern: Huber

Swart, E. & Mächler, H. (2000). Verbessert sich der Gesundheitszustand nach Wiederaufnahme einer ABM-Tätigkeit? *Gesundheitswesen, 62,* 335–341.

Taris, T. W., Beckers, D. G. J., Verhoeven, L. C., Geurts, S. A. E., Kompier, M. A. J. & van der Linden, D. (2006). Recovery opportunities, work-home interference, and well-being among managers. *European Journal of Work and Organizational Psychology, 15,* 149–157.

Taris, T. W. & Kompier, M. A. J. (2005). Job characteristics and learning behavior: Review and psychological mechanisms. In P. L. Perrewé & D. C. Ganster (Eds.), *Research in occupational stress and well-being* (Vol. 4, pp. 127–166). Amsterdam: JAI.

Taris, T. W., Peeters, M. C. W., Le-Blanc, P. M., Schreurs, P. J. G. & Schaufeli, W. B. (2001). From inequity to burnout: The role of job stress. *Journal of Occupational Health Psychology, 6,* 303–323.

Thayer, R. E. (1989). *The biopsychology of mood and arousal.* Oxford: Oxford University Press.

Thoits, P. A. (1994). Stressors and problem-solving: The individual as psychological activist. *Journal of Health and Social Behavior, 35,* 143–159.

Trimpop, R., Kirkcaldy, B., Athanasou, J. & Cooper, C. (2000). Individual differences in working hours, work perceptions and accident rates in veterinary surgeries. *Work & Stress, 14,* 181–188.

Tucker, P. (2003). The impact of rest breaks upon accident risk, fatigue and performance: A review. *Work and Stress, 17,* 123–137.

Tucker, P., Folkard, S. & MacDonald, I. (2003). Rest breaks and accident risk. *The Lancet, 361,* 680.

Tucker, P. & Rutherford, C. (2005). Moderators of the relationship between long work hours and health. *Journal of Occupational Health Psychology, 10,* 465–476.

Ulich, E. (2005). *Arbeitspsychologie.* Zürich/Stuttgart: vdf/Poeschel.

Ulich, E. & Wülser, M. (2004). *Gesundheitsmanagement im Unternehmen. Arbeitspsychologische Perspektiven.* Wiesbaden: Gabler.

Ward, C. H. & Eisler, R. M. (1987). Type A behavior, achievement striving, and a dysfunctional self-evaluation system. *Journal of Personality and Social Psychology, 53,* 318–326.

Wendrich, P. (1973). Methodische Probleme bei der Anwendung von Algorhithmen zur Strukturanalyse von Arbeitshandlungen bei Belastungsuntersuchungen. In W. Hacker, W. Quaas, H. Raum & H.-J. Schulz (Hrsg.), *Psychologische Arbeitsuntersuchung* (S. 92–108). Berlin: Deutscher Verlag der Wissenschaften.

Wenninger, G. & Gstalter, H. (1995). Organisatorische Bedingungen für sicheres, gesundheits- und umweltbewusstes Arbeiten. In C. Graf Hoyos & G. Wenninger (Hrsg.), *Arbeitssicherheit und Gesundheitsschutz in Organisationen* (S. 107–147). Göttingen: Verlag für Angewandte Psychologie.

Westman, M. (2002). Gender asymmetry in crossover research. In D. L. Nelson & R. J. Burke (Eds.), *Gender, work stress and health* (pp. 129–149). Washington, DC: APA.

Westman, M., Hobfoll, S. E., Chen, S., Davidson, O. B. & Laski, S. (2005). Organizational stress through the lens of conservation of resources (COR) theory. In P. L. Perrewé & D. C. Ganster (Eds.), *Research in occupational stress and well-being* (Vol. 4, pp. 167–220). Amsterdam: JAI.

Wickens, C. D., Lee, J., Liu, Y. & Gordon Becker, S. (2004). *An introduction to human factors engineering.* Upper Saddle River, NJ: Pearson.

Wieland, R. (1999). Analyse, Bewertung und Gestaltung psychischer Belastung und Beanspruchung. In B. Badura, M. Litsch & C. Vetter (Hrsg.), *Fehlzeiten-Report 1999* (S. 197–211). Berlin: Springer.

Wieland-Eckelmann, R. (1992). *Kognition, Emotion und psychische Beanspruchung. Theoretische und empirische Studien zu informationsverarbeitenden Tätigkeiten.* Göttingen: Hogrefe.

Wieland-Eckelmann, R. & Baggen, R. (1994). Beanspruchung und Erholung im Arbeits-Erholungszyklus. In R. Wieland-Eckelmann, H. Allmer, K. W. Kallus & J. Otto (Hrsg.), *Erholungsforschung* (S. 102–154). Weinheim: Beltz.

Wine, J. (1971). Test anxiety and direction of attention. *Psychological Bulletin, 76,* 92–104.

Zapf, D., Dormann, C. & Frese, M. (1996). Longitudinal studies in organizational stress research: A review of the literature with reference to methodological issues. *Journal of Occupational Health Psychology, 1,* 145–169.

Zapf, D. & Semmer, N. K. (2004). Stress und Gesundheit in Organisationen. In H. Schuler (Hrsg.), *Organisationspsychologie – Grundlagen und Personalpsychologie* (Enzyklopädie der Psychologie, Serie Wirtschafts-, Organisations- und Arbeitspsychologie, Bd. 3, S. 1007–1112). Göttingen: Hogrefe.

9. Kapitel

Verhaltenstoxikologie

Andreas Seeber und Christoph van Thriel

1 Einführung

Verhaltenstoxikologie ist ein Sachgebiet zwischen Psychologie, Arbeitsmedizin und Toxikologie. Gegenstand und Methodik beruhen auf wissenschaftlichen Ansätzen der genannten Disziplinen. Bezüge zur Arbeitspsychologie ergeben sich, da Zusammenhänge zwischen chemischen Bedingungen der Arbeitsumwelt einerseits und Gesundheit, dem Erhalt der Arbeitsfähigkeit und Wohlbefinden andererseits angesprochen werden. Verhaltenstoxikologische Inhalte sind üblicherweise nicht ausführlich in Werken zur Arbeitspsychologie enthalten, deshalb sei zunächst eine Übersicht des Kapitels vorangestellt.

Nach einer Gegenstandsbestimmung wird modellhaft erläutert, wie psychische Wirkungen durch chemische Stoffe in der Arbeitsumwelt entstehen können. Als messbare Veränderungen im Verhalten und Befinden werden sie erklärt durch (a) neurotoxisch begründete Veränderungen neuronaler Prozesse und Strukturen, (b) psychische Veränderungen nach Wahrnehmungen der Arbeitsstoffe und Erwartungen zu deren Wirkungen sowie (c) ein über Stresserleben induziertes Geschehen. Anschließend werden methodische Ansätze zur systematischen Erfassung von Verhaltens- und Befindensänderungen nach chemischer Exposition vorgestellt. Epidemiologische und experimentelle Zugänge werden erläutert. Abhängige Variablen der Ansätze ergeben sich im Bereich sensorischer, kognitiver und exekutiver Funktionen (Verhalten) sowie in systematischen Erhebungen zur aktuellen Befindlichkeit (Erleben). Analysen der Raumluft an Arbeitsplätzen sind wesentliche Voraussetzung dafür, ob und in welchem Ausmaß gesundheitliche Wirkungen der Arbeitsumgebung zu erwarten sind. Deshalb ist die Bestimmung von chemischen Expositionen Voraussetzung verhaltenstoxikologischer Studien. Drei relevante Substanzklassen werden angesprochen: organische Lösungsmittel, Blei- und Quecksilberverbindungen.

Aus arbeitspsychologischer Sicht ist die Frage bedeutsam, inwieweit individuelle Arbeitstätigkeiten oder betriebliche Bedingungen der Arbeitsumgebung mit der individuellen Exposition in Bezug zu bringen sind. Dazu werden Erfahrungen berichtet. In einem abschließenden Abschnitt zu Anwendungen der Verhaltenstoxikologie werden drei gesundheitliche Wirkungen chemischer Exposition am Arbeitsplatz dargestellt. (a) Die *Toxische Encephalopathie* ist ein Beispiel für den neurotoxischen Ansatz, (b) die *Multiple Chemische Sensitivität* und (c) das *Sick Building-Syndrom* sind Beispiele für vorwiegend durch Wahrnehmungen und Erwartungen sowie durch Stresserleben verursachte psychische Veränderungen. Abschließend wird die zurzeit wichtigste Anwendung verhaltenstoxikologischer Forschungsergebnisse behandelt, deren Anwendung bei der Risikobewertung von Arbeitsstoffen.

1.1 Historische Entwicklungen

Im Jahr 1985 wurde ein Rückblick auf 25 Jahre im Sachgebiet Verhaltenstoxikologie (Neurobehavioral Toxicology) publiziert (Hänninen, 1985). Zwar waren schon zuvor Hinweise zu berufsbedingten neurotoxischen Erkrankungen bekannt, aber die Nutzung standardisierter psychodiagnostischer Verfahren für deren Bewertung entwickelte sich erst in den 1970er Jahren.

Frühe systematische Untersuchungen bezogen sich auf Schwefelkohlenstoff in der Viskoseindustrie. Eine Studie von Hänninen (1971) stützte sich vorwiegend auf klinisch psychologische Diagnostik und gilt als „Meilenstein“. Auffälligkeiten der peripheren Nervenleitgeschwindigkeit vervollständigten das Schädigungsmuster nach Schwefelkohlenstoffexposition (Lukas, 1969; Seppälainen et al., 1972). Gleichzeitig wurden auch in Deutschland exponierte Viskosearbeiter psychodiagnostisch untersucht (Hacker & Kühn, 1968; Herbig, 1971) und Erfahrungen zu psychischen Wirkungen von Arbeitsstoffen wurden publiziert (Fodor, 1972).

Ein Überblick zum methodischen „State of the Art“ wurde erstmals auf dem Symposium „Neurobehavioral Methods in Occupational Health“ im Jahr 1983 gegeben (Gilioli et al., 1983). Neben einer Systematik psychologischer Methoden und Testbatterien wurden auch neurologische, elektromyografische und neurografische Untersuchungstechniken zusammengefasst. In den USA, Italien und Skandinavien hatte eine Entwicklung stattgefunden, die auch in Deutschland präsent war (Triebig et al., 1977; Schneider & Seeber, 1978; Winneke et al., 1982).

Ein Symposium zu „Neurobehavioral Methods in Occupational and Environmental Health“ (Grandjean, 1985) zeigte, dass in den 1980er Jahren internationale Programme aufgelegt worden waren, verhaltenstoxikologische Methoden verbindlicher zu empfehlen. In Entwicklungsländern sollten die Folgen neurotoxischer Expositionen vergleichbar erfasst und durch Präventionsprogramme zurückdrängt werden. Eine entsprechende Testbatterie (WHO Core Neurobehavioral Battery) war 1982 empfohlen worden. Ein „Konsensus“-Report zu Wirkungen organischer Lösungsmittel sei als letzter historischer Entwicklungspunkt des Sachgebiets erwähnt (Cranmer & Golberg, 1987).

1.2 Verhaltenstoxikologie als Sachgebiet

Verhaltenstoxikologie ist der Bereich der Neurotoxikologie, der sich mit den Effekten im Verhalten und Erleben als Reaktion auf chemische Exposition in der Arbeit und in der Umwelt (Abgrenzung gegen Psychopharmakologie) befasst. Dabei wird angenommen, dass Verhalten und Erleben durch exogene, chemische Einwirkungen verändert werden können.

Diese Annahmen sind grob zu kennzeichnen über vier Schritte:

1. Die beobachtbaren Veränderungen sind messbar,
2. die Veränderungen stehen in einem definierbaren Bezug zur Stärke der Einwirkung einer neurotoxisch wirkenden Substanz (Dosis-Wirkungs-Bezug),
3. die Veränderungen sind als Glied einer Kausalkette „Externe Exposition – interne Repräsentation oder Metabolisierung des Stoffs – Wirkung des Stoffs oder seiner Metaboliten in Strukturen des zentralen und/oder peripheren Nervensystems – messbare Auswirkung auf Verhalten und Befinden“ anzusehen,
4. die mit psychologischen Methoden erfassten Veränderungen sind frühe Indikatoren einer gesundheitlichen Beeinträchtigung oder expositionsbezogenen Erkrankung.

Insbesondere die unter (3) erwähnte Kausalkette nutzt experimentelle Tiermodelle (Winneke, 1997; Tilson et al., 1980; Boyes et al., 2007). Sie werden für den neurophysiologischen, neuromorphologischen und biochemischen Erkenntnisgewinn genutzt, um Expositionswirkungen beim Menschen erklären zu können.

Bezüge der Verhaltenstoxikologie zu arbeitswissenschaftlichen, speziell auch arbeitspsychologischen Sachverhalten ergeben sich, da Arbeitsbedingungen aus toxikologischer Sicht bewertet werden. Für die chemischen Bedingungen eines Arbeits- oder Aufenthaltsbereichs wird abgeschätzt, ob mit Beeinträchtigungen von psychischen Funktionen oder des Befindens der dort Beschäftigten zu rechnen ist. Gefährdungsrisiken durch Arbeitsstoffe bei bestimmter Raumluftkonzentration können aber nur bewertet werden, sofern stoffbezogene Erkenntnisse vorliegen. Dabei ist nicht allein ein „neurotoxischer" Weg der Verursachung möglicher Effekte zu betrachten, auch psychologische Zusatzbedingungen sind in die Modellbetrachtung einzubeziehen. Das sind zum Beispiel die subjektive Bewertung weiterer Arbeitsplatzbedingungen (z. B. Lärm, Gerüche), Persönlichkeitsmerkmale der Untersuchten (z. B. Negative Affektivität, Trait-Ängstlichkeit) oder soziodemografische Merkmale (z. B. Alter, Bildung), die modifizierend auf den neurotoxisch bestimmten Zusammenhang wirken können.

Verhaltenstoxikologische Ansätze bieten differenzierte Analysen von Arbeitsbedingungen, die mit arbeitswissenschaftlichen Screeningmethoden als Gefährdung durch Arbeitsstoffe bewertet werden (Dunckel, 1999). Zum Beispiel wird im „Fragebogen zur Arbeitsanalyse" (FAA, Frieling & Hoyos, 1978) im Abschnitt „Gefährdungsarten" sowie im „Fragebogen zur Sicherheitsdiagnose" (FSD, Hoyos & Ruppert, 1993) im Abschnitt „Gefahrstoffe" darauf eingegangen.

Bezüge zur Klinischen Psychologie hat die Verhaltenstoxikologie über Krankheitsbilder, die als organisch bedingte psychische Störungen oder als somatoforme Störungen eingeordnet sind. Bezüge zur Neuropsychologie ergeben sich, weil schadstoffspezifisch bestimmte Hirnareale Anreicherungen der jeweiligen Substanz oder deren Metaboliten aufweisen, womit Hypothesenbildungen über betroffene psychische Funktionen und einsetzbare Messmethoden möglich sind. Verbindungen zur Arbeitsmedizin ergeben sich im präventiven Arbeitsschutz sowie bei der Gesundheitsüberwachung von Exponierten (gemäß Listen arbeitsmedizinischer Vorsorgeuntersuchungen) und bei der Diagnostik einiger Berufskrankheiten, insbesondere nach Einwirkung neurotoxischer Lösungsmittel und Schwermetalle. Schließlich ist als wesentlichste Verbindung die Toxikologie, speziell die Neurotoxikologie, zu betonen. Kenntnisse über Aufnahme, Abbaumechanismen und Verweildauer der Substanzen oder ihrer Metaboliten in organismischen Strukturen sind Voraussetzung für verhaltenstoxikologische Erklärungsmuster.

2 Verhalten und Befinden als Wirkung chemischer Exposition

2.1 Drei Modellannahmen

Einführend wird zunächst über Fallbeispiele auf typische Unterschiede von Verhaltens- und Befindensänderungen nach chemischer Exposition hingewiesen (vgl. Tab. 1). Neben einem neurotoxischen Erklärungsmodell bieten sich Erklärungen über psychologische Verarbeitungsmechanismen an.

Tabelle 1:
Individuelle Fälle von Exposition zu neurotoxischen Substanzen und deren Wirkungen: Die Fälle 1 und 3 repräsentieren einen neurotoxischen Weg, die Fälle 2 und 4 einen psychisch vermittelten Weg der Expositionseffekte.

	Fall 1 (50 Jahre) Quecksilber Elektriker	**Fall 2** (42 Jahre) Quecksilber Industriekauffrau	**Fall 3** (63 Jahre) Lösungsmittel Schreiner	**Fall 4** (40 Jahre) Lösungsmittel Grafikerin
Expositions-dauer	6 Jahre Reparieren von Turbowechselrichtern von Lichtanlagen, weitere Jahre mit Kontakt zu einem Quecksilber-kontaminierten Arbeitsraum	Nach 2 Jahren Reinigungsarbeiten in nicht kontaminierten Räumen, Spuren von Quecksilber aus zerbrochenem Quecksilber-schalter	Spritzlackierer: 18 Jahre verarbeiten von etwa 31 Lösungsmittel-gemischen/Tag	10 Jahre Anwendung von Filzstiften und Klebern. Expositions-erleben auch in Fotolabor, Büros, an PC und Drucker
Expositions-intensität	Raumluft- und Urinkonzentrationen von Hg als ausreichend für mögliche Entstehung einer Berufskrankheit bewertet	Konzentrationen für Hg im Urin „normal"; Raumluft ohne relevante Konzentration	Hohe Verarbeitungsmengen ohne Atemschutz, Rauschsymptome infolge hoher Raumluftkonzentrationen während der Arbeit	Konzentrationen von Lösungs-mitteln in der Raumluft der angegebenen Arbeitsplätze minimal
Psychische Funktionen	Psychomotorische Leistungen deutlich gemindert, typische Zeichen nach deutlicher Quecksilber-exposition	Vielfältige Minderungen der psychischen Leistungs-fähigkeit ohne „spezielles Profil"	„Normale Dinge" nicht mehr bewältigt, sehr verlangsamt, Gedächtnisleistungen gemindert	Keine medizinischen und psychologischen Befunde einer lösungsmittel-bedingten Erkrankung
Symptome	Beschwerdenrate während Umganges mit Substanz deutlich erhöht, aber gemindert nach Beendigung der Exposition	Vielfältig(st)e Beschwerden ohne Bezug zu einer nachweislichen Exposition oder erlebten Phasen von Exposition	Typische Symptome, Besserung in psychischen Leistungen sowie geringere Beschwerden nach Expositionsende	Höchste Beschwerdenrate, beklagte „Blockaden der Leistung" nicht objektivierbar
Bewertung	Gesundheits-störung (auch neurologisch) als Berufskrankheit nach Quecksilbereinwirkung bewertet	Somatoforme Störung, keine Beziehung zur Exposition	Gesundheits-störung als Berufskrankheit, Toxische Encephalopathie nach Lösungsmittelgemischeinwirkung bewertet	Hypochondrie, Konversionsneigung, Depression; angestrebte Erwerbsunfähigkeit wurde nicht bestätigt

In allen Fällen liegen eine gemessene oder erlebte Minderung psychischer Leistungen sowie ein erhöhtes Symptomerleben mit Bezug zu einer Exposition vor. Eine neurotoxische Erklärung wird aber nur angenommen, wenn Dauer und Intensität des Umgangs mit den Substanzen kritische Erfahrungswerte überschreiten. Das wurde mit Nachweisdaten für den mindestens 6-jährigen Kontakt zu Quecksilberdämpfen (Fall 1) sowie für die 18 Jahre Kontakt zu Lösungsmittelgemischen (Fall 3) belegt. Beide Betroffenen zeigten als Expositionswirkung verlangsamte und vergröberte bzw. reduzierte psychische Leistungen, im Falle der Quecksilberexposition erwartungsgemäß mit Betonung der Psychomotorik (Meyer-Baron et al., 2004). Für die anderen Fälle wurden die ermittelbaren Expositionen als nicht neurotoxisch relevant bewertet, weil sie unterhalb der anzunehmenden Wirkschwellen lagen. Somit konnten die gemessenen (Fall 2) oder die erlebten Einschränkungen psychischer Leistungen (Fall 4) nicht als direkte Expositionswirkung bewertet werden. Ungeachtet dessen, die chemische Exposition wurde von den Betroffenen als gegeben erlebt, als Bedrohung bzw. Ursache der Erkrankung sowie als zusätzlicher Stress der Arbeit mit Krankheitsfolgen verarbeitet.

Verallgemeinernd können drei Erklärungsmodelle für expositionsbezogene Veränderungen des Verhaltens und Befindens unterschieden werden, die in Kasten 1 zusammengefasst sind.

Kasten 1:
Drei Modellannahmen der Entstehung von Verhaltens- und Befindensänderungen als Reaktion auf chemische Expositionen

1. *Neurotoxisch verursacht:* Die meist inhalative Exposition gegenüber einer potenziell neurotoxischen Substanz ist nachgewiesen und oberhalb der Wirkschwelle. Über einen neurotoxischen Wirkungsmechanismus (an Nervenzellen, Nervenzellsträngen, Synapsen, Hirnzentren) wird erklärbar, dass Veränderungen an psychischen Funktionen oder im Befinden auftreten. Dabei sind Moderatoren (z. B. Persönlichkeitsmerkmale, verbale Intelligenz, aktuelle Bedingungen, Alter) der Wirkungen zu berücksichtigen. Diese Modellannahme ist gängige Praxis der Verhaltenstoxikologie (Chang & Slikker, 1995; Feldman, 1999) und gilt für die Fälle 1 und 3.
2. *Durch Wahrnehmungen und Erwartungen induziert:* Die mögliche Exposition gegenüber einem Stoff oder Stoffgemisch ist geringfügig, jedoch noch wahrnehmbar. Eine selektive und zielorientierte Informationsverarbeitung der meist geruchlichen Wahrnehmung wird aktiviert. Mögliche Veränderungen – vordringlich im Befinden und als Symptome nachweisbar – werden induziert durch Mechanismen der individuellen Informationsverarbeitung und damit verbundene Erwartungen. Externe Bewertungen sowie Persönlichkeitsmerkmale können den Mechanismus verstärken oder hemmen. Dieses Modell bezieht sich auf den Bereich der Chemosensorik (Dalton et al., 1997) und gilt für den Fall 4.
3. *Durch Stresserleben induziert:* Die Exposition gegenüber einem Stoff liegt nur als Vermutung und als Information über negative Gefahrstoffwirkungen vor. Eine Bedrohung wird erlebt. Ein Mechanismus der Symptomentstehung und -verstärkung gemäß Stresstheorien entsteht. Er ist unabhängig von einer Exposition und als psychische Fehlverarbeitung zu erklären. Die erlebte Bedrohung durch eine mögliche Exposition, oft verstärkt durch Meinungen anderer Personen und spezielle persönliche Bedingungen, wirkt Symptom erzeugend. Dieses Modell bezieht sich auf Ansätze, die psychosoziale und psychodynamische Aspekte betonen (Spurgeon et al., 1996, 1997; Bailer et al., 2001) und gilt für den Fall 2.

Diese Erklärungsmodelle stützen sich einerseits auf Voraussetzungen für ein neurotoxisches Erklärungsmuster (z. B. eine Lokalisationshypothese oder Informationen zur Verweildauer und Metabolisierung von Arbeitsstoffen im Organismus). Andererseits werden psychische Verarbeitungsmechanismen (z. B. Risikowahrnehmung und -kommunikation, Umweltbesorgnis) angenommen, die wirksam sind. Weiterführende Erläuterungen werden in einem anderen Band dieser Reihe gegeben (Seeber, in Vorb.). Im Folgenden wird der neurotoxische Ansatz kurz angesprochen.

2.2 Verhaltenstoxikologie im Zusammenhang der Neurotoxikologie

Neurotoxizität beruht auf adversen Effekten chemischer Substanzen an Strukturen und Funktionen des Nervensystems. Adversität ist dabei definiert als eine Veränderung in der Morphologie, der Physiologie, im Wachstum, in der Entwicklung oder in der Lebenslänge eines Organismus, die sich in einer Einschränkung der funktionellen Fähigkeiten, in einer Einschränkung zusätzlichen Stress zu kompensieren oder in einer erhöhten Empfindlichkeit gegenüber anderen Umgebungseinwirkungen ausdrückt (Organisation for Economic Co-operation and Development/International Programme on Chemical Safety [OECD/IPCS], 2001).

Verhaltenstoxikologie bezieht sich auf Effektnachweise in kognitiven, exekutiven und sensorischen Funktionen, auf Veränderungen von Persönlichkeitsdimensionen sowie auf Funktionen des Nervensystems, die mit klinischen oder elektrophysiologischen Methoden messbar sind. Ohne biologische Nachweise der Wirkung eines Arbeitsstoffs ist verhaltenstoxikologisches Vorgehen nicht begründbar. Eine Verbindung zwischen pathophysiologisch definierbarer Veränderung und psychologisch messbarer Funktionsminderung – beruhend auf vergleichbarer Exposition – sollte bestehen.

Eine solche Brücke kann zum Beispiel in neuropathologischen Daten experimenteller Tiermodelle gesehen werden. Läsionen, bezogen auf Zell- oder Gewebeanteile, werden strukturell dargestellt und topografisch Hirnarealen zugeordnet. Daraus werden Vorhersagen zu Verhaltensänderungen abgeleitet. Diese Lokalisationshypothese in der Neurotoxikologie wird ergänzt durch weitere Ansätze, die nur kursorisch erwähnt sind. Enzymhistochemische Ansätze werden genutzt, um biochemische Grundlagen der Zell- und Gewebeveränderungen als neurotoxische Mechanismen zu verstehen. Quantitative Messungen der Menge zerstörter Nervenzellen werden auf die Dosis von Neurotoxinen bezogen. Weiterhin werden elektrophysiologische Ableitungen zur Funktionsuntersuchung des Ionenaustauschs an Zellmembranen vorgenommen, neurotoxische

Effekte der synaptischen Übertragung untersucht sowie sensorisch evozierte Potenziale nach neurotoxischen Einwirkungen abgeleitet.

Die genannten Ansätze sind in Standardwerken der Neurotoxikologie zugänglich (Spencer et al., 2000; Chang & Slikker, 1995). Ein weiteres Standardwerk mit Stoffdarstellungen zu 19 wichtigen Substanzen (z. B. Blei, Quecksilber, Aluminium, Mangan, Styrol, Toluol) behandelt jeweils Metabolismus, Verteilungscharakteristika der Stoffe oder Metabolismen im Körper sowie die biochemischen, neurologischen, elektrophysiologischen und neuropsychologischen Ergebnisse nach Stoffeinwirkungen (Feldman, 1999).

2.3 Untersuchungsansätze der Verhaltenstoxikologie

2.3.1 Epidemiologische Ansätze

Epidemiologische Ansätze untersuchen in der Regel Langzeiteffekte von Expositionen und lassen sich als Fallkontrollstudien und Kohortenstudien darstellen, das gilt auch für verhaltenstoxikologische Untersuchungen (Iregren, 1996). Expositionsbedingungen und Untersuchungspersonen werden einer betrieblichen Realität „entnommen", klassifiziert und mit je nach Fragestellung angemessenen Methoden untersucht (vgl. Abb. 1).

Vorrangig findet man Kohortenstudien im Querschnittansatz. Für exponierte Personen werden Expositionsparameter ermittelt und klassifiziert, gegebenenfalls auch über verschiedene Zeitpunkte. Messungen abhängiger Variablen werden erhoben und mit denen von Nicht-Exponierten (auch sehr niedrig exponierte Personen) verglichen. Querschnittstudien beziehen sich auf einmalige Messungen der abhängigen Variablen, Längsschnittstudien auf wiederholte Messungen. Beispielhaft sei auf Übersichten oder Metaanalysen zu Wirkungen von Bleiexpositionen hingewiesen. Bis zu 140 Referenzen wurden in entsprechenden Publikationen ausgewertet (Balbus-Kornfeld, 1995; Meyer-Baron & Seeber, 2000; Goodman et al., 2002; Seeber et al., 2002a). In der Regel werden einmalige Untersuchungen von Kohorten Exponierter und deren Kontrollen zitiert. Die Expositionsangaben sind meist retrospektiv und/oder aktuell bezogen auf den Zeitpunkt der Untersuchung. Dabei werden auch kumulative Expositionsmaße verwendet, die die ermittelte Dosis (Konzentration × Dauer) ausdrücken.

Längsschnittstudien (vgl. t_1 bis t_i in Abb. 1), zum Beispiel nach Änderung der Arbeitsbedingungen, sind seltener verfügbar. Für Bleiexponierte weisen Studien auf Zusammenhänge zwischen geminderter Exposition und „normalisierten" Funktionen hin (Mantere et al., 1984; Baker et al., 1985; Banks & Stollery, 1988; Schwartz et al., 2005; Chuang et al., 2005).

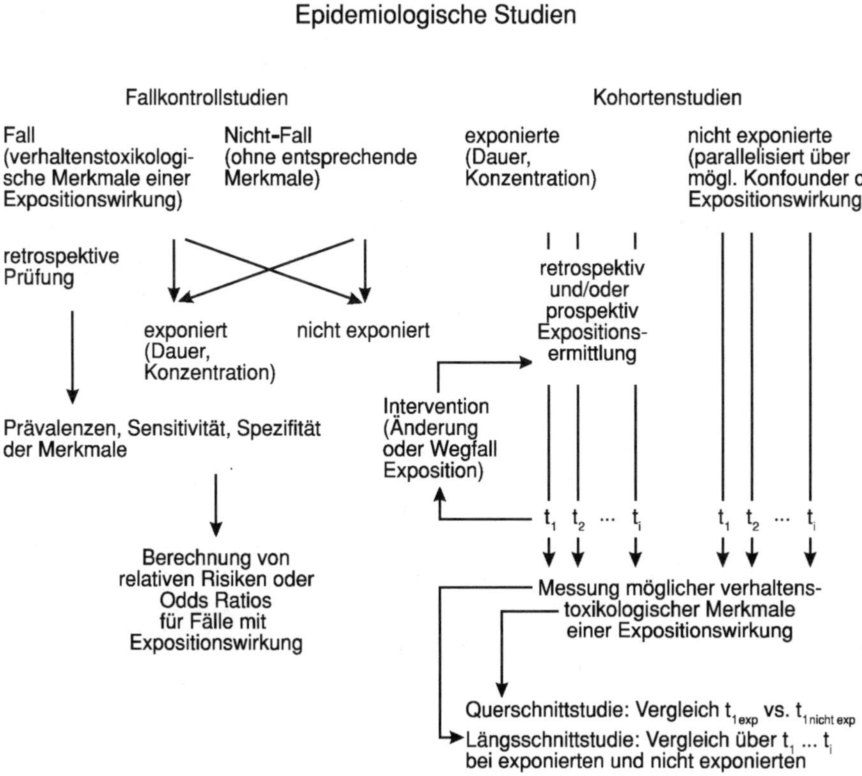

Abbildung 1:
Übersicht zu epidemiologischen Ansätzen in der Verhaltenstoxikologie. Vorrangig sind Querschnittstudien. T_1 bis t_i repräsentieren Zeitpunkte.

Weitere Längsschnitterhebungen, die in der Aussagekraft Querschnittstudien meist vorzuziehen sind, seien für verschiedene Arbeitsstoffe beispielhaft genannt. So wurden untersucht Zusammenhänge zwischen Lösungsmittelgemischen und Symptomen im Atembereich (Wieslander et al., 1997), zwischen Lösungsmittelgemischen und Veränderungen von Toxischen Encephalopathien (Oerbaek & Lindgren, 1988; Edling et al., 1990; Nordling Nilson et al., 2002; Cairney et al., 2005), zwischen Toluol und kognitiven sowie sensorischen Funktionen (Schäper et al., 2003, 2004b; Seeber et al., 2004b), zwischen Mangan bzw. Quecksilber und kognitiven sowie neurophysiologischen Funktionen (Roels et al., 1999; Bast-Pettersen et al., 2005) und zwischen Styrol und kognitiven sowie sensorischen Funktionen (Mackay & Kelman, 1986; Mergler et al., 1996; Triebig et al., 2001).

Fallkontrollstudien beziehen sich auf definierte Krankheitsbilder und deren Assoziation zu bestimmten Expositionen. Abbildung 1 stellt mit den Pfeilen dar, dass zum Beispiel bei Vorhandensein der diagnostischen Merkmale einer Encephalopathie geprüft wird, ob Expositionsvoraussetzungen im Sinne einer toxisch bedingten Encephalopathie vorliegen oder nicht. Gleichermaßen wird bei Nicht-Merkmalsträgern geprüft, ob entsprechende Voraussetzungen gegeben oder nicht gegeben sind. Daraus werden Berechnungen von Relativen Risiken oder Odds Ratios abgeleitet. Beispielhaft seien wiederum Studien erwähnt. Sie betreffen die Assoziation einer parkinsonähnlichen Erkrankung mit Mangan und anderen Metallen (Gorell et al., 1999; Park et al., 2005) sowie die Assoziation der Toxischen Encephalopathie zu Expositionen gegenüber Lösungsmittelgemischen (Mikkelsen, 1980; Rasmussen et al., 1985; Hout et al., 2003).

Epidemiologische Studien in der Verhaltenstoxikologie gehen von der Hypothese einer neurotoxischen Wirkung des zu untersuchenden Stoffs aus. Die psychologisch determinierten Wirkungswege werden geprüft, wenn die Expositionshypothese nicht bestätigt wird. Expositionsvariablen erklären oftmals weniger als 5 % der Varianz der abhängigen Variablen (z. B. Reaktionszeit). Das gilt insbesondere im Niedrigdosisbereich, wo die Expositionen im Bereich der Neurotoxizitätsschwelle des fraglichen Stoffs liegen. Als Neurotoxizitätsschwelle kann beispielsweise der Lowest Observed Adverse Effect Level (LOAEL) genutzt werden. Das ist die niedrigste Dosis (Konzentration × Einwirkungsdauer), bei der neurotoxische Effekte zu erwarten sind.

Wegen der niedrigen Varianzaufklärung von abhängigen Variablen durch Expositionsmerkmale sind Erkenntnisse über mögliche Störgrößen nötig, die sich mit der Wirkung der primär interessierenden Prädiktorvariablen (hier Exposition) „vermischen", sogenannte Konfounder. Beispielhaft sei auf Erhebungen mit dem weltweit meist genutzten Neurobehavioral Evaluation System (NES, Letz et al., 1996a) hingewiesen. Für sechs computergestützte Tests (Continuous Performance Test; Simple Reaction Time; Finger Tapping; Symbol-Digit-Substitution; Pattern Memory, Serial Digit Learning) wurde gezeigt, dass Varianzaufklärungen der Testleistungen

- durch Ausbildungsdauer bis zu 10 % (auch Angaben bis 30 % möglich),
- durch allgemeine Intelligenz (gemessen 20 Jahre vorher) bis zu 16 %,
- durch verbale Intelligenz (gemessen mit Reading Test als Hold-Test) bis zu 14 %,
- durch Alter bis zu 40 %

betragen. Insgesamt sei mit einer Gesamtaufklärung durch alle Prädiktoren – inklusive Exposition – von bis zu 50 % zu rechnen. Vergleichbare Angaben sind einer Kohortenstudie zu Toluolwirkungen mit wiederholten Messungen (Seeber et al., 2004b) zu entnehmen.

2.3.2 Experimentelle Ansätze

Experimentelle Ansätze untersuchen in der Regel akute Effekte durch Expositionen und sind in der Verhaltenstoxikologie als Laborexperimente oder quasi-experimentelle Studien üblich (vgl. Abb. 2). In Laborexperimenten werden gezielt Expositionsbedingungen, Randbedingungen wie auch Untersuchungspersonen gemäß Hypothesen variiert, während in quasi-experimentellen Untersuchungen Exposition, Randbedingungen und Untersuchungspersonen der betrieblichen Realität „entnommen“ werden. Erst nachträglich werden hypothesengemäß Merkmalsklassifikationen der erhobenen Resultate vorgenommen (vgl. A_1 bis C_k bzw. A_1 bis B_k in Abb. 2). Der Effektvergleich der variierten Bedingungen betrifft die abhängigen Variablen der jeweiligen Versuchsansätze und verläuft bei Labor- oder quasi-experimentellen Studien vergleichbar.

In Laborexperimenten werden vordringlich Expositionshöhe (aktuelle Raumluftkonzentration), Expositionsdauer und deren Kombination (Dosis) variiert. Die Dauer orientiert sich am achtstündigen Arbeitstag, halbschichtige Expositionsversuche (drei bis vier Stunden) dominieren. Im Ansatz werden kritische Raumluftkonzentrationen gesucht, die das Reaktionsverhalten (z. B. Fehlerrate

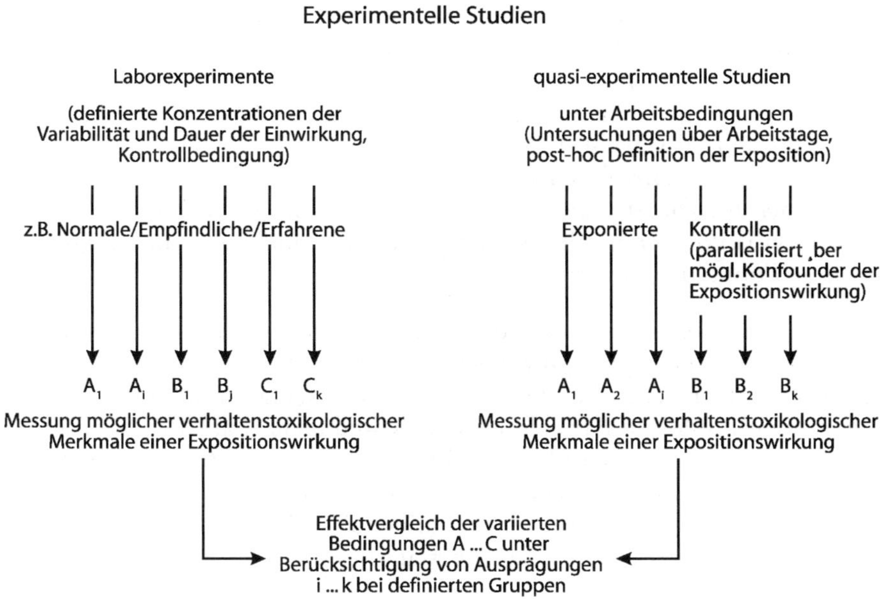

Abbildung 2:
Übersicht zu experimentellen Ansätzen in der Verhaltenstoxikologie. Vorrangig sind Laborexperimente. A_1 bis C_k repräsentieren Variationen von Versuchsbedingungen (Exposition, Zeit, Personengruppen, zusätzliche Belastungen, ...).

im Vigilanzversuch) beeinträchtigen oder chemosensorische Effekte (z. B. Reizungen der Augen) induzieren. Es wird auch untersucht, ob bei vorgegebener Raumluftkonzentration (z. B. gültiger Grenzwert des Stoffs) entsprechende Effekte auftreten. Die Experimente folgen in der Regel einem Messwiederholungsdesign. Als Kontrollbedingung werden „reine" Raumluftbedingungen oder „Niedrigst-Dosis-Bedingungen" in der Nähe der Geruchsschwelle des zu untersuchenden Stoffs eingesetzt (Thriel et al., 2003a). Teilweise werden zusätzlich „Positiv-Kontrollen" verwendet. Das sind Versuchsbedingungen (z. B. 0,8 ‰ Blutalkohol nach oraler Ethanolaufnahme über Getränk) mit gesichertem Effekt auf die abhängigen Variablen (Dick et al., 1984).

Verhaltenstoxikologische Experimente sind aufwendig. Nur spezielle Expositionslabore ermöglichen Kontrolle und Analytik der gewünschten Raumluftbedingungen. Kooperationen zwischen analytischer Chemie (Generierung und Überwachung der Lösemittelatmosphären), Arbeitsmedizin (Biomonitoring und medizinische Betreuung) und Verhaltenstoxikologie (Versuchsdesign) sowie Ethik-Genehmigungsverfahren sind erforderlich.

Quasi-experimentelle Studien (Sethre et al., 2000c; Thriel, 1999) untersuchen ebenfalls akute Effekte neurotoxischer Expositionen, jedoch in betrieblicher Umgebung. Nach individuellen Expositionsmessungen nutzen sie Ex-post-Klassifikationen dieser Variablen, um die zugehörigen Messungen der abhängigen Variablen auf Effekte der chemischen Exposition zu untersuchen. Die Kontrolle von Störvariablen (z. B. Ko-Expositionen, Lärm- und Klimabelastungen) ist dabei nur eingeschränkt möglich. Experimentelle Ansätze der Verhaltenstoxikologie unterliegen einem Wechsel der Zielstellungen. Während in der Vergangenheit Expositionswirkungen im Bereich kognitiver und psychomotorischer Funktionen im Vordergrund standen, werden nunmehr zunehmend häufiger Expositionswirkungen im Bereich der aktuellen Befindlichkeit und chemosensorischer Funktionen untersucht.

Zunächst wurde eine Hypothese der generellen Sedierung, der Handlungsverlangsamung infolge Exposition verfolgt. Diese Hypothese wurde in Expositionsversuchen mit einfachen Reaktionszeitaufgaben bestätigt, u. a. für die Lösungsmittel Styrol, Xylol und Trichlorethylen (Gamberale et al., 1975a, b, 1978). Analogien zu chronischen Lösungsmittelwirkungen im Sinne der Toxischen Encephalopathie wurden gesehen. Mit erweiterten Testsystemen (reaction time, visual vigilance, dual task, memory scanning, SYNWORK test etc.) wurde die Sedierungshypothese später seltener bestätigt (Dick et al., 1984, 1988, 1989, 1992; Rahill et al., 1996).

Dieser Trend setzte sich fort auch bei anderen Erweiterungen von Testaufgaben (Wiener Reaktions- und Determinationstest, Stroop Interferenztest, nonverbales Lernen, „Konturtracking"-Test) zur Erfassung von akuten Lösungsmittelwirkungen (Seeber et al., 2004a; Sethre et al., 2000a, b).

Auch elektrophysiologische Verfahren (auditorisch-evozierte Potenziale) wurden eingesetzt, um die Sedierungshypothese nach Lösungsmitteleinwirkungen zu stützen. Mit Spektralanalysen im EEG konnten subtile Arbeitsstoffeffekte nachgewiesen werden, die im Fall von 1,1,1-Trichloroethan und n-Hexan auf eine sedative Wirkung (Muttray et al., 2000), bei Methanol (200 ppm) auf eine schwach exzitatorische Wirkung (Muttray et al., 2001) hindeuten.

Übersichtsarbeiten zur Verwendung verhaltenstoxikologischer Befunde bei der Grenzwertsetzung ergaben, dass die Vermeidung sensorischer Irritationen, also von Reizerscheinungen an den Schleimhäuten der oberen Atemwege (Nase) und der Augen, die Grundlage für ca. 40 % der Grenzwerte für Raumluftkonzentrationen am Arbeitsplatz bilden (Dick & Ahlers, 1998; Edling & Lundberg, 2000; Feron et al., 2001).

Daraufhin wurde ein Paradigmenwechsel mit Betonung chemosensorischer Wirkungen flüchtiger Arbeitsstoffe erkennbar. Verfeinerte Analysen des aktuellen Befindens, der Belästigung durch Geruch und Reizung (Seeber et al., 2002b) sowie Untersuchungen zur Distraktion von Aufmerksamkeitsleistungen durch chemosensorische Reizung (Dick & Ahlers, 1998) wurden integriert. Als Moderatoren chemosensorisch-induzierter Befindlichkeitsänderungen wurden Persönlichkeitsmerkmale, die Einstellung zu Chemikalien sowie Gewöhnung dargestellt (Dalton et al., 1997; Dalton, 1999, 2003). Vor allem chemosensorisch-vermittelte Symptome (Shusterman, 2001) und das Erleben von Lästigkeit (Dalton et al., 2000) werden davon moderiert. Geeignete Skalierungsverfahren mindern den Einfluss der genannten Moderatoren bei den Messungen (van Thriel et al., 2005). Auch aus anderen Forschungsbereichen, z. B. Indoor Air Forschung, Rhinologie, Chemosensorik und experimenteller Psychologie (Doty et al., 2004; Klimek et al., 2002) wurden zusätzlich Messmethoden übernommen. Chemosensorische Effekte werden inzwischen mittels biochemischer (Muttray et al., 2002; Norback & Wieslander, 2002; Thriel et al., 2003c), rhinologischer (Sundblad et al., 2004; Thriel et al., 2003b; Wiesmüller et al., 2002), respiratorischer (Haumann et al., 2003; Smeets & Dalton, 2002) und weiterer psychophysiologischer Methoden (Emmen et al., 2003; Kiesswetter et al., 2005) dargestellt. Auch die Distraktionshypothese wird breiter verfolgt (Osterberg et al., 2004; Thriel et al., 2003a). Dabei wird angenommen, dass infolge expositionsbezogener Reizerscheinungen/Geruchsbelästigungen exekutive Funktionen beeinträchtigt werden. Bisher wurden solche Ablenkungsmechanismen nur in Subpopulationen gefunden, die sich selbst als besonders empfindlich gegenüber chemischen Stoffen beschreiben.

2.4 Methoden zum Wirkungsnachweis chemischer Exposition

Reaktionen auf chemische Expositionen werden verhaltenstoxikologisch über sensorische Funktionen, über kognitive und exekutive Funktionen und über das Erleben von Symptomen und Befindlichkeiten ermittelt. Die folgenden Abschnitte geben einen Einblick in die Methodik.

2.4.1 Messungen sensorischer Funktionen

Die chemischen Sinne Riechen und Schmecken, vor allem aber visuelle und auditive Funktionen und deren neurophysiologischen Korrelate sind als Ziele toxischer Einwirkungen bekannt. Insgesamt sollen die sensorischen Organe eine erhöhte Sensitivität für neurotoxische Expositionen aufweisen (Gobba, 2003).

Riechen

Das olfaktorische System besitzt in Arbeitsumwelten mit neurotoxischen Expositionen eine Warnfunktion. Minderungen der olfaktorischen Sensitivität können das Risiko für Intoxikationen erhöhen, weil ein Arbeitsstoff nicht oder nur in höheren Konzentrationen wahrgenommen wird. Inhalativ aufgenommene Arbeitsstoffe passieren in der Nase primäre olfaktorische Rezeptorneurone, die sie einerseits stimulieren, andererseits auch nachhaltig schädigen können. Nahezu alle flüchtigen Substanzen erregen bereits in niedrigen Konzentrationen olfaktorische Rezeptoren (Cometto-Muñiz et al., 2004), bevor sie in höheren Konzentrationen trigeminale Nervenendigungen in den Schleimhäuten der oberen Atemwege reizen und somit sensorische Irritationen (Reizerscheinungen an Auge/Nase) oder toxische Effekte an den nasalen Schleimhäuten und dem olfaktorischen Epithel auslösen.

In Übersichtsarbeiten (Hastings, 1990; Schiffman & Nagle, 1992; Upadhyay & Holbrook, 2004) wurde für verschiedene Arbeitsstoffe (z. B. Dimethylamin, Formaldehyd, 3-Methylindole, Cadmium, Quecksilber) gezeigt, dass teilweise irreversible Schädigungen am olfaktorischen Epithel und an den olfaktorischen Rezeptoren beobachtbar sind. Das olfaktorische System verfügt aber auch über Detoxifizierungsmechanismen, außerdem regenerieren sich die olfaktorischen Rezeptoren (Beites et al., 2005) in einem festen Zeitzyklus.

Studien des Geruchssinns nach beruflicher Exposition stützen sich auf Tests zur Überprüfung der Geruchsidentifikation und -diskrimination sowie auf Schwellentests (Doty & Hastings, 2001). Psychophysikalisch durchgeführte Schwellentests erfassen stoffspezifische Funktionsminderungen und weisen auf adaptive Prozesse hin. Identifikations- und Diskriminationstests sind stoffunabhängig und weisen auf Schädigungen olfaktorischer Strukturen hin. Substanzspezifische Schwellenveränderungen nach beruflichen Expositionen wurden mehrfach nachgewiesen. So war die Geruchsschwelle für Styrol bei styrolexponierten Arbeitern im Vergleich zu Kontrollpersonen signifikant erhöht (Dalton et al., 2003). Ähnliches wurde für Aceton (Wysocki et al., 1997) und Isopropanol (Smeets & Dalton, 2002) berichtet. Für die Kontrollsubstanzen Phenylethylalkohol oder n-Butanol wurden jeweils keine Schwellenveränderungen gefunden. Die Veränderungen wurden als adaptationsbedingt und damit als reversible Effekte bewertet.

Untersuchungen der Geruchsidentifikation stützen sich hauptsächlich auf den University of Pennsylvania Smell Identifikation Test (UPSIT), der im amerikanischen Raum verbreitet ist. Mit dem UPSIT wurden beispielsweise 731 Arbeiter untersucht, die gegenüber Acrylsäure und anderen Acrylverbindungen exponiert waren (Schwartz et al., 1989). Obwohl die Exposition unterhalb der Arbeitsplatzgrenzwerte lag, nahmen die zutreffenden UPSIT-Identifikationen mit zunehmender Expositionshöhe ab. Nichtraucher waren besonders anfällig für eine chemisch induzierte Verminderung der Geruchsidentifikation. In einer nachfolgenden Studie bei lösungsmittelexponierten Arbeitern (Schwartz et al., 1991) wurden die Testleistungen in neuropsychologischen Testverfahren mit den Testscores des UPSIT verglichen. Es bestand keine Beziehung zwischen beiden Effektvariablen.

Die bisher erwähnten Verfahren zur Riechprüfung wurden vordringlich für klinische Anwendungen entwickelt. Ein weiteres Verfahren mittels Sniffin' Sticks (Stifte mit unterschiedlichen Gerüchen) ist in Feldstudien einsetzbar, und für Deutschland gültige Normwerte liegen vor (Hummel et al., 2004). Zum Beispiel wurde gezeigt, dass Parfümerie-Beschäftigte bessere Geruchsdiskriminationen aufweisen als Kontrollpersonen. Das Verfahren wird verhaltenstoxikologisch zum Beispiel als Screeningmethode zum Ausschluss von Riechstörungen genutzt.

Es sei darauf verwiesen, dass Schmecken in der verhaltenstoxikologischen Literatur bisher keine Bedeutung hat, obwohl in der Otolaryngologie Riechen und Schmecken als verbundene Funktionssysteme behandelt werden.

Periphere Somatosensorik, Propiozeption und Gleichgewicht

Symptomangaben wie „Kribbeln/Taubheitsgefühl in den Armen/Beinen“ oder „Gleichgewichtsstörungen“ gehören zu typischen Beschwerden, die als neuronale Wirkung von Lösungsmitteln bekannt sind. Untersuchungen entsprechender Funktionen gehören aber seltener zum Instrumentarium verhaltenstoxikologischer Studien. Zum Beispiel wurden Minderungen der Vibrationsempfindlichkeit nach Lösungsmittelexposition festgestellt und können als Zeichen einer peripheren Neuropathie angesehen werden. Elekrophysiologische (Seppälainen, 1988) und klinische Verfahren der Neurologie (z. B. Stimmgabeltest, Nageradtest) werden genutzt, diese sensorischen Schädigungen zu erfassen. Die durch periphere Neuropathien veränderte Propiozeption kann auch die Gleichgewichtsfunktion beeinträchtigen. Mit verschiedenen Systemen (force platform oder head position monitor) wird diese neurosensorische Funktion gemessen (Letz & Gerr, 1995; Letz et al., 1996b). Nachweise expositionsbezogener Unterschiede liegen vor (Gerr & Letz, 2000). Eine Methodik mit dreidimensionaler Brillenprojektion von optischen Reizen wird als besonders sensitiv dargestellt (Toppila et al., 2006). Diese Funktionsprüfungen sind aufwendig und Konfounder (z. B. chronischer Alkoholkonsum, Körpergewicht und -größe) erschweren die Auswertung und Interpretation der Ergebnisse.

Visuelle Funktionen

Verglichen zu den vorgenannten Messungen sensorischer Funktionen, werden visuelle Funktionen häufiger genutzt, um neurotoxische Effekte abzubilden. Der breitere Kenntnisstand aus in vitro- und tierexperimentellen Studien ermöglicht Modellübertragungen pathophysiologischer Mechanismen in den Humanbereich (Geller, 2005).

Die physiologische Differenzierung visueller Rezeptoren in Stäbchen (hell-dunkel; Kontrast) und Zäpfchen (Farbensehen) verlangt, entsprechende neurotoxische Veränderungen zwei Funktionsbereichen zuzuordnen. Defizite in der visuellen Kontrastsensitivität wurden in Querschnittsstudien beruflich exponierter Arbeiter (Boeckelmann & Pfister, 2003; Gong et al., 2003) und bei Patienten mit lösungsmittelbedingter chronischer toxischer Encephalopathie (Donoghue et al., 1995) festgestellt. Diese Funktion lässt sich mit standardisierten Sehtests (z. B. Pelli-Robson Test, Vistech VCTS 6500) oder mit PC-gestützten psychophysikalischen Verfahren erfassen. Oft findet man bei Exponierten eine geringere Kontrastsensitivität. Diese Erkenntnis wurde genutzt, die Defizite von Exponierten in verhaltenstoxikologischen Tests als Nebeneffekte geminderter Kontrastempfindlichkeit, nicht als kognitive Leistungsminderungen anzusehen (Hudnell et al., 1996). Kontrastsensitivität wird deshalb inzwischen auch erfasst, um entsprechende Konfoundereffekte zu kontrollieren. Als Ursache der Veränderungen werden periphere Schädigungen der Rezeptoren angenommen.

Die Farbdiskrimination als Funktion der drei Typen von Zäpfchen ist in ihrer Pathophysiologie und auch als funktionelle Minderleistung nach neurotoxischer Exposition umfassender untersucht. Retinale oder zentralnervöse (Sehnerv-)Mechanismen werden als Ursachen diskutiert (Gobba, 2000, 2003). Erworbene Farbsehstörungen – also auch neurotoxische – betreffen eher die Blau-gelb-Achse, angeborene Farbschwächen die Rot-grün-Achse (Paramei et al., 2004). Als Messmethode hat sich in Studien der Verhaltenstoxikologie der Lanthony Colour Vision Test D-15d durchgesetzt (Iregren et al., 2002; Paramei et al., 2004; Good et al., 2005). 15 Farbflecken in kleinen Näpfchen mit hellen ungesättigten Farben sind in einer harmonischen, spektralen Reihenfolge zu sortieren. Diagnostisches Screening schwächerer, erworbener Minderungen der Farbdiskrimination ist damit möglich. Aus der ermittelten Farbfolge der 15 Farbflecken wird der Color Confusion Index (CCI) berechnet (Bowman, 1982), der ideal 1 beträgt und bei Fehlern in der Farbreihenfolge diesen Wert überschreitet. Auch qualitative Klassifikationen der Störung sind mit dem D-15d möglich. Umfangreicher ist der Farnsworth-Munsell 100-Hue Colour Vision Test (100 Farbreize), mit dem wiederum eine quantitative Bewertung mittels CCI und eine qualitative Einstufung der Schädigung möglich sind. Für beide Verfahren sind Normen für nicht exponierte Stichproben verfügbar (Iregren et al., 2002; Kinnear & Sahraie, 2002).

Die empirischen Befunde zu neurotoxischen Wirkungen auf das Farbensehen beruhen vorwiegend auf Ergebnissen mit dem D-15d. Sie sind bisweilen kontrovers. So ergaben sich bei toluolexponierten Arbeitern Hinweise auf bessere Diskriminationsleistungen als für deren Kontrollen (Schäper et al., 2004b), während Übersichtsarbeiten Leistungsminderungen durch organische Lösungsmittel wiederholt darstellen (Gobba, 2000; Gobba & Cavalleri, 2003; Iregren et al., 2002). Eine Metaanalyse (Paramei et al., 2004) legt nahe, dass methodische Schwierigkeiten in der Funktionsprüfung (Altersbezug, Vorerfahrungen, Zufallsanordnung der Reize) Belege für einen dosis- oder substanzbezogenen Mechanismus der Schädigung nicht immer erkennbar werden lassen.

Auditive Funktionen

Auch Messungen von Hörschwellen werden genutzt, beruflich bedingte neurotoxische Effekte abzubilden. Aus Tierversuchen ist bekannt, dass bei ausreichend hoher Dosierung organische Lösungsmittel die inneren und äußeren Haarzellen des Corti-Organs in der Cochlea schädigen (Gagnaire & Langlais, 2005). Bei intraperitonaler Applikation von Dosen, die erheblich über beruflich inhalativen Expositionen liegen, zeigten sich strukturelle Wirkunterschiede zwischen aromatischen Kohlenwasserstoffen. Die äußeren Haarzellen wurden z. B. von Isopropylbenzol und Isobutylbenzol nicht geschädigt, während für andere Substanzen (u. a. Toluol, Xylol, Styrol) eine dosisabhängige Schädigung der Haarzellen im Corti-Organ nachgewiesen wurde. Zusammenhänge zwischen der ototoxischen Potenz und der molekularen Struktur der Aromaten werden vermutet. Auch andere tierexperimentelle Studien belegen für organische Lösemittel einen cochlearen Wirkmechanismus (Loquet et al., 1999; Makitie et al., 2002; Morata & Campo, 2002). Für den Menschen sind die Mechanismen der Ototoxizität organischer Lösemittel kaum untersucht. Die Pathophysiologie für Bleiexpositionen und möglicherweise auch für andere Schwermetalle ist davon verschieden. Eine Demyelisierung und axonale Degeneration des Hörnervs (CN 8) wird angenommen, ohne dass cochleare Strukturen geschädigt werden (Otto & Fox, 1993). Trotz der Kenntnis unterschiedlicher Wirkmechanismen wird im Humanbereich zur Prüfung des Hörvermögens bisher vorwiegend die Tonaudiometrie eingesetzt. Für definierte Frequenzen des hörbaren Frequenzbereichs (125–12000 Hz) wird die Wahrnehmungsschwelle bestimmt und als Hörverlust, meist nach Altersjustierung, dargestellt. Empfehlungen für ein breiteres Vorgehen mit Verhaltenstests liegen inzwischen vor (Morata & Little, 2002).

Bei beruflichen Expositionen ist die ototoxische Wirkung von Arbeitsstoffen in Interaktion mit berufsbedingten Lärmexpositionen zu sehen (Cary et al., 1997; Morata et al., 1994). Da Lärmexpositionen auditive Funktionen schädigen können, sind potenziell neurotoxische Arbeitsstoffkonzentrationen in Kombination mit anderen Quellen möglicher Hörschwellenveränderungen zu analysieren. Das wurde über kombinierte Expositionen mit Lärm im Tierversuch gezeigt (Fechter, 1995). Nach diesen Vorstellungen kann oxidativer Stress in den physiologischen Strukturen des auditiven Systems die Lärmwirkung verstärken (Fechter, 1999; Fechter et al., 2003).

Aus epidemiologischen Studien liegen, ähnlich wie beim Farbensehen, widersprüchliche Ergebnisse vor. Für Toluol (Morata et al., 1997), Styrol (Morata & Campo, 2002) und Schwefelkohlenstoff (Morata, 1989) wurden ototoxische Effekte als Hörschwellenveränderung gezeigt. Andererseits wurde im Längsschnittansatz bei Toluolexponierten mittels Tonaudiometrie keine ototoxische Wirkung nachgewiesen (Schäper et al., 2003). Diese Diskrepanzen sind wahrscheinlich als Unter- oder Überschreiten einer kritischen Expositionsdosis zu deuten (Sliwinska-Kowalska et al., 2005, 2007).

2.4.2 Kognitive und exekutive Funktionen

Im Unterschied zu Messungen sensorischer Funktionen werden Messungen mit psychologischen Testverfahren in verhaltenstoxikologischen Studien häufiger genutzt, um neurotoxisch bedingte Veränderungen im peripheren und zentralen Nervensystem abzubilden. Dabei wird üblicherweise von einer Lokalisationshypothese ausgegangen, nach der Schädigungsmuster in Hirnarealen funktional abbildbar sind. Eine Fallstudie nach Tetrabromethanexposition soll als Beispiel dienen (Miller, 1993). EEG- und PET-daten zeigten verschiedene Auffälligkeiten, insbesondere einen verminderten Glukosemetabolismus im linken Temporallappen, in den Basalganglien und in Amygdala und Hippocampus. Verminderte Gedächtnisleistungen wurden den Veränderungen im linken Temporallappen

Tabelle 2:
Übersicht zu Testsystemen mit verhaltenstoxikologischen Anwendungen

Testbatterie	Inhalt	Anwendungen	Autoren
Neurobehavioral Core Test Battery (NCTB)	Zahlen-Symbol-Test, Zahlenspanne, Benton Test, Einfache Reaktionszeit, Santa Ana Test (Manuelle Geschicklichkeit), Profile of Mood States (POMS)	Computerunabhängige Testbatterie, die für Anwendungen in Entwicklungs- und Schwellenländern empfohlen wurde (Anger et al., 2000; Farahat et al., 2003; Kang, 2000)	Johnson (1987)
Adult Environmental Neurobehavioral Test Battery (AENTB)	Weiterentwicklung des Testsystems NCTB sowie Nutzung von NES-Tests, auch mit Empfehlung zu sensorischen Funktionen	Standards und Normen empfohlen (Amler et al., 1994), jedoch selten vollständig angewendet (Bowler et al., 2003)	Anger et al. (1994)
Swedish Performance Evaluation System (SPES)	20 Testaufgaben sowie Symptomlisten, verschiedene Auswertungsparameter (z. B. Reaktionsgenauigkeit, -geschwindigkeit)	Zunächst experimentelle Anwendungen, später für epidemiologische Studien erweitert (Elofsson et al., 1980; Lucchini et al., 1995; Iregren et al., 2001)	Iregren et al. (1996)
Neurobehavioral Evaluation System (NES)	Mehr als 20 Testaufgaben ohne Symptomerfassung, Versionen NES 1 bis 3 sind als Erweiterungen (z. B. computergestützte Sprachanwendungen, Visualisierungen) bzw. als zunehmend validierte Verfahren vorhanden	Weltweit wahrscheinlich breitest angewendete Testbatterie, inzwischen mit Anwendungen adaptiven Testens, Übersicht zu 40 epidemiologischen Studien vorhanden (Proctor et al., 2000)	Letz (1991, 2003) Letz et al. (2003)
Behavioral Assessement and Research System (BARS)	Im Unterschied zu vorherigen Systemen für Apple Macintosh Computer, durch umfangreichen Trainings- und Instruktionsaufwand wird stärkere Unabhängigkeit von kognitiven („prämorbiden“) Voraussetzungen erreicht	Sprach- und Visualisierungsanwendungen, Multilingualität und Reaktionen auf einer numerisch kodierten Tastatur erleichtern Anwendungen bei unterschiedlichsten Bildungsvoraussetzungen (Rohlman et al., 2001, 2003)	Anger (2003)
Performance and Information Processing Systems Test Battery (PIPS)	Bereiche Motorik, Aufmerksamkeit, Gedächtnis mit 8 Aufgaben erfasst, Standardisierung liegt vor	Trotz Standardisierung und Hinweisen auf Konfoundereinflüsse keine Anwendungen außerhalb Australiens	Williamson (1990)

Tabelle 2 (Fortsetzung):
Übersicht zu Testsystemen mit verhaltenstoxikologischen Anwendungen

Testbatterie	Inhalt	Anwendungen	Autoren
Automated Cognitive Test (ACT)	Im Unterschied zu den vorgenannten Systemen eine differenziert neuropsychologisch begründete Batterie mit 26 Tests	Trotz differenzierter theoretischer Begründung keine breite Anwendung bekannt	Stollery (1996)
Computer-Administered Technique for Testing Cognitive Functions	System wurde entwickelt in der Übergangszeit von Einzeltests zu computergestützten Systemen, 12 Tests, auch Symptomerfassung	Trotz umfangreicher Normierung an Nicht-exponierten keine breite Anwendung bekannt	Laursen (1990)

und im Hippocampus, verlangsamte psychomotorische Leistungen den Dysfunktionen der Basalganglien und depressive Symptome den Veränderungen im Amygdala zugeordnet.

Ungeachtet genauerer Lokalisationsannahmen hat sich ein Methodenspektrum zur Messung kognitiver Beeinträchtigungen entwickelt, das vordringlich auf die sogenannte Handlungsintelligenz und Gedächtnisleistungen ausgerichtet ist. In seinen Anfängen stützte es sich auf Tests aus der Wechsler Adult Intelligence Scale (WAIS, Wechsler, 1955). Mit dem Ziel, chronische, toxisch bedingte Enzephalopathien nach Lösungsmittel-, Blei- oder Quecksilberexpositionen abzubilden, begannen spezielle neuropsychologische Testentwicklungen und deren Standardisierung. Daran waren verschiedene Arbeitsgruppen beteiligt, deren Vorschläge für Testbatterien in Tabelle 2 zusammengefasst sind.

Kritisch ist zu vermerken, dass die dargestellten Verfahren modernere neuropsychologische Entwicklungen nur eingeschränkt widerspiegeln (Peper, 1999). Im Bereich der Aufmerksamkeitsfunktionen (Posner, 2004) und der auf Selbstregulation und Handlungssteuerung gerichteten „exekutiven" Funktionen (Miller & Cohen, 2001) ist es inzwischen möglich, funktionelle Defizite differenzierter mit neuroanatomischen und neurophysiologischen Schädigungen in Verbindung zu bringen. So konnten über verschiedene Studien hinweg neuroanatomische Lokalisationen frontaler Hirnareale bestimmten Funktionen wie *response conflict, novelty, working memory* und *perceptual difficulty* zugeordnet werden (Duncan & Owen, 2000). Für *working memory* liegt eine Metaanalyse über einen Aufgabentyp vor (N-Back task, Zuordnungsaufgabe mit wechselnden Instruktionen), die spezifische Aktivierungen frontaler und parietaler Cortexareale belegt (Owen et al., 2005)

Daneben kann inzwischen die Beteiligung dopaminerger Schaltkreise für einige kognitive Prozesse wie *involuntary attention shifting* und anschließendes *reorienting* als gesichert angenommen werden (Kahkonen et al., 2002). In Arbeiten, die den akuten Alkoholeinfluss auf diese Funktionen untersuchten (Jaaskelainen et al., 1999; Ridderinkhof et al., 2002), konnte aus dem Reaktionsverhalten auf eine Beeinträchtigung dieser Subfunktion von Aufmerksamkeitsprozessen geschlossen werden.

Dieses eher neurowissenschaftlich ausgerichtete Vorgehen wurde in einer verhaltenstoxikologischen Studie zu Toluolwirkungen angewendet (Thriel et al., 2000). Die NES-Aufgabe „Switching Attention“ wurde reanalysiert im Sinne des Paradigma Aufmerksamkeitswechsels. Dopaminerge, frontostriatale Schaltkreise sollen an dieser kognitiven „Wechselfunktion“ beteiligt sein (Coull, 1998). Tierexperimentelle Studien hatten gezeigt (von Euler et al., 1993, 1994), dass Toluolexposition dopaminerge, kognitive Funktionen beeinträchtigt. Die Hypothese, auch bei niedrigen Toluolexpositionen des Menschen entsprechende Assoziationen nachweisen zu können, ließ sich nicht bestätigen. Die kognitiven „Wechselkosten“ – hypothetisch verbunden mit dopaminergen, frontostriatalen Schaltkreisen – waren zwar positiv, aber nicht signifikant mit der kumulativen Exposition gegenüber Toluol assoziiert.

2.4.3 Beschwerdenangaben (Symptome)

Die Suche nach typischen neurotoxisch verursachten, chronischen Symptomen ist problematisch, weil trotz verschiedenster umweltbezogener Bedingungen gleichartige Symptome bei Betroffenen beobachtet wurden (Spurgeon et al., 1997). Verunreinigungen von Wasser durch Aluminiumsulfat oder des Bodens durch Tankeröl, das Auftreten des Sick Building-Syndroms in Bürogebäuden, die Nutzung von Bildschirmarbeitsplätzen, die Nähe zu elektromagnetischen Feldern oder zu Organophosphat-Kontaminationen unterschieden sich nicht bedeutsam in den „Effekten“, die als Symptomangaben vorliegen. Aus 15 Arbeiten wurden die wiederholt bedeutsamen Symptome extrahiert: Kopfschmerz, Augenreizung, gastrointestinale Störungen (je sechsmal) sowie trockener Rachen, Müdigkeit, Angst, gedrückte Stimmung, Hautausschlag/-reizung (je fünfmal) werden genannt. Ein Bezug zur möglichen Ursache ist nicht erkennbar. Daraus wurde geschlussfolgert, bei der Analyse von Symptomen in verhaltenstoxikologischen Studien komplexere Stressmodelle zu nutzen und nicht nur allein den Expositionsbezug als Erklärungsmodell zu sehen.

Eine Literaturübersicht zu Symptomangaben als Lösungsmittelgemischwirkung (Baker, 1994) kam zu dem Schluss, spezifische Symptome würden nur dann auftreten, wenn Expositionsgrenzwerte an Arbeitsplätzen überschritten würden. Eine

Tabelle 3:
Fragebogen zu Symptomen bei verhaltenstoxikologischen Studien

Fragebogen	Inhalt	Anwendungen	Autoren
Questionnaire on neurotoxic symptoms (Q 16)	16 Items (Ja/Nein-Beantwortung), als Screening entwickelt	Breite Anwendung vordringlich im skandinavischen Raum, deutsche Version vorhanden (Ihrig et al., 2001)	Hogstedt et al. (1984) Lundberg et al. (1997)
Psychologisch Neurologischer Fragebogen (PNF)	42 Items (Häufigkeit von Symptomen) Skalen: Psycho- und neurovegetative Beschwerden, neurologische Symptome, Antriebsminderung, Erregbarkeitssteigerung, Konzentrations- und Gedächtnisstörungen, spezifische Symptome	Neuere Anwendungen in epidemiologischen Studien, entwickelt als Screening für Gesundheitsüberwachung Exponierter, Konfounder Trait-Ängstlichkeit und Empfindlichkeit gegenüber Umweltwirkungen untersucht (Seeber et al., 2000; Kieswetter et al., 1999, 2002)	Seeber et al. (1978), Kiesswetter et al. (1997), Schäper et al. (2000)
Euroquest	82 Items in Anlehnung an Q 16 und PNF, Kovariablen Trait-Ängstlichkeit, Umweltempfindlichkeit und Lebensqualität eingearbeitet	Anwendungen in epidemiologischen Studien Chouanière et al. (1997), Karlson et al. (2000)	Rouch et al. (2003), Carter et al. (2002)
SPES: Lists of Symptoms and Mood scale	Testbatterie SPES enthält eine Liste zu akuten Symptomen (17 Items), zu chronischen Symptomen (38 Items) sowie zur Erfassung von Stimmungen (Arousal, Stress)	Vgl. Tab. 2	Iregren et al. (1996)
NES Mood scale	Keine Symptomliste, sondern Erfassung von Stimmungsmerkmalen auf 4 Skalen (tension, depression, anger, fatigue, confusion)	Methodik ist auch in AENTB enthalten (vgl. Tab. 2)	Anger et al. (1994); Letz (1991, 2003)

Zusammenstellung aus 28 Publikationen zu Lösungsmittelwirkungen (Deutsche Forschungsgemeinschaft [DFG], 1996) weist unabhängig von Expositionsstärken einige Symptome als besonders häufig signifikant trennend zwischen Exponierten und Kontrollpersonen aus (Kriterium ≥ 50 % der Anwendungen): Müdigkeit, körperliche Erschöpfung, Schwierigkeiten beim Atmen, Schwindel, mentale Erschöpfung, Passivität, Reizungen der Augen/Nase, Benommenheit. Damit ist zumindest für Lösungsmittelwirkungen das Bild eines Erschöpfungssyndroms erkennbar.

Diese Tendenzen widerspiegelnd, wurden Fragebögen entwickelt, die auf typisch neurotoxische Beschwerden ausgerichtet sind. Tabelle 3 gibt einen Überblick dazu.

Die Tabelle weist neben Symptomlisten auch Messungen zu Affekt- und Stimmungsmerkmalen aus. Hintergrund dafür ist, dass langzeitige Veränderungen der Persönlichkeit zur Charakteristik einer neurotoxisch bedingten Krankheitsentwicklung gehören. Neben den in der Tabelle genannten Skalen sei auch der Fragebogen Profile of Mood State (POMS) genannt, der in Verbindung mit der Neurobehavioral Core Test Battery (NCTB) als Standardmethodik empfohlen worden war (Anger et al., 2000). Auch die breit angewendete Beschwerdenskala SCL-90 wurde für neurotoxische Zwecke genutzt (Derogatis, 2002; Crago et al., 2003).

Kritisch für eine Weiterentwicklung der angewendeten Methoden ist, ob und in welcher Standardisierung Persönlichkeitsmerkmale zur Varianzaufklärung der selbstberichteten Symptome in Symptommessungen einbezogen werden. Erhebliche Anteile aufgeklärter Varianz von Symptomen oder von Einschätzungen des aktuellen Befindens sind zum Beispiel der Trait-Ängstlichkeit zuzuordnen (Seeber et al., 2000; Oerbaek et al., 2005). Der Euroquest-Fragebogen in Tabelle 3 wird dieser Entwicklung gerecht, indem verschiedene mögliche Konfounder (Ängstlichkeit, Umweltweltempfindlichkeit, Lebensqualität) der Symptommessung direkt in die Frageliste eingearbeitet wurden. Das Problem der persönlichkeitsbedingten Konfounder wird auch bei der Erfassung von akuten Befindlichkeitsschwankungen bedeutsam, die im folgenden Abschnitt behandelt werden.

2.4.4 Aktuelles Befinden

Befindlichkeitsskalen sind im Vergleich zu den meisten Symptomlisten geeignet, aktuelle Veränderungen des Befindens mit ausreichenden Effektstärken zu reflektieren (Wittmann & Matt, 1986). Für neurotoxische Anwendungen besteht das Ziel, kurzzeitige Schwankungen von Expositionsintensitäten in Dimensionen des Befindens abbilden zu können, um Aussagen zu noch tolerablen Spitzenkonzentrationen von Arbeitsstoffen zu geben. Zwei Anwendungen dieser

Erkenntnisse werden angestrebt. Einerseits sind Spitzenkonzentrationen Bestandteil von Grenzwertdefinitionen für Arbeitsstoffe (DFG, 2006; American Conference of Governmental Industrial Hygienists [ACGIH], 2003). Hierbei sind Bewertungen zu Reizerscheinungen an den Schleimhäuten von Augen, Nase und Rachen von besonderem Interesse. Andererseits werden wiederholte, sehr hohe Expositionen mit aktuellen Befindlichkeitsstörungen (z. B. Rauschzustände nach inhalativen Lösungsmittelexpositionen) als wesentlich angesehen, Langzeitwirkungen von Arbeitsstoffen in seiner Entstehung zu begründen. Es besteht also methodischer Bedarf zu Messungen aktueller Befindlichkeitsschwankungen vor allem in experimentellen und quasi-experimentellen Ansätzen der Verhaltenstoxikologie.

In Analogie zu Skalen des Befindens in Alltagssituationen (Buse & Pawlik, 1994) wurden für verhaltenstoxikologische Studien Analogskalen angewendet, die das Erleben von „Anspannung", „Müdigkeit", „Beschwerden" und „Lästigkeit" unter verschiedenen Bedingungen erfassen. Nach Auswertung von fünf Studien zu Ethanol- und Acetoneffekten wurde zum Beispiel festgestellt (Seeber et al., 1997), dass die Dimensionen „Lästigkeit" und „Beschwerden" signifikant mit der Konzentration der Stoffe in der Raumluft korrelieren (Varianzaufklärung 34 bzw. 13 %), während „Anspannung" und „Müdigkeit" im Sinne einer divergenten Validität keine entsprechenden Korrelationen zur Raumluftkonzentration aufweisen.

Zur Messung von Befindlichkeitsschwankungen wird auch eine Liste mit „akuten Symptomen" genutzt (vgl. Tab. 3), die in der Testbatterie Swedish Performance Evaluation System (SPES, Gamberale et al., 1989; Iregren, 1998) enthalten ist. Unspezifische, respiratorische und irritative Symptome sowie Geschmacks- und Geruchsempfindungen werden in der Originalversion erfasst. Items zu Geruchs- und Reizwirkungen wurden inzwischen erweitert und spezifiziert (Seeber et al., 2002b; Thriel et al., 2003a). Dabei wurden Fragebogenelemente genutzt, die für Wirkungen von Innenraumluft validiert worden waren (Franck & Skov, 1991). Mit diesen Messungen wurde gezeigt, dass Kovariationen zwischen Lösungsmittelexpositionen (Ethylbenzol, Isopropanol, Methylethylketon, Ethylhexanol) einerseits und Befindlichkeitsdimensionen andererseits (Dimensionen sensorische Irritationen, Geruchssymptome, Lästigkeit) mit Varianzanteilen bis zu 92 % aufgeklärt werden konnten. Stoffmerkmale, die Raumluftkonzentration des Stoffs sowie die Schwankungen der Konzentrationen beeinflussen das Reaktionsmuster reproduzierbar (Thriel et al., 2003a). Im Unterschied zu Skalen, die vorwiegend Geruchseffekte oder Augenirritationen abbilden, beispielhaft seien Arbeiten zu Aceton und Formaldehydeffekten genannt (Green et al., 1987; Kulle, 1993; Bender et al., 1983; Schachter et al., 1987; Lang et al., 2008), sind die neueren Entwicklungen als breitere Ansätze mit physiologischen und biochemischen Validierungen einzuordnen.

3 Expositionen an Arbeitsplätzen und deren Bewertung

Eine kaum überschaubare Vielfalt an Expositionen mit neurotoxischem Wirkpotenzial ist an Arbeitsplätzen in Handwerk, Industrie und Landwirtschaft, bisweilen auch für Bürotätigkeiten, denkbar. Im Folgenden werden Ansätze vorgestellt, Risikobewertungen zu gegebenen Arbeitsbedingungen vorzunehmen. Voraussetzung dafür sind zunächst Erkenntnisse über die relevanten Stoffe und deren Auftreten in bestimmten Arbeitsstätten. Daneben kann aus arbeitspsychologischer Sicht gefragt werden, in welchem Ausmaß individuelles Handeln mit möglichen Gefährdungen assoziiert ist.

3.1 Grundlagen zur Bewertung von Expositionen

Nach der Identifikation eines relevanten Stoffs ermöglichen Raumluftmessungen am Arbeitsplatz sowie Messungen des Stoffs oder seiner Metaboliten im biologischen Material (Urin, Blut, Serum) der Exponierten verschiedene Bewertungen der gegebenen chemischen Exposition. Die *toxikologische Bewertung* von stoffspezifischen Gefährdungen kann eingeholt werden über Informationen in Datenbanken. International weiteste Verbreitung hat das Informationssystem zu toxischen Substanzen gefunden, das über eine Informationszentrale des USA-Gesundheitsministeriums, die ATSDR (Agency for Toxic Substances and Disease Registry), angeboten wird. In Deutschland bietet der Hauptverband der Gewerblichen Berufsgenossenschaften die GESTIS-Stoffdatenbank für etwa 7.000 Stoffe an. Weitere Datenbanken sind das Chemikalieninformationssystem zu verbraucherrelevanten Stoffen (CIVS), ein System zu Sicherheitsdatenblättern (International Chemical Safety Cards, ICSC) sowie die Hazardous Substances Data Bank (HSDB).

Eine *quantitative Bewertung* ermittelter Raumluft- oder biologischer Belastungen kann erfolgen über Vergleiche zu Grenzwerten der Arbeitsstoffe, die für Deutschland über die MAK- und BAT-Werte-Liste (Maximale Arbeitsplatzkonzentrationen, Biologische Arbeitsstofftoleranzwerte) jährlich mitgeteilt werden (z. B. DFG, 2006). Ausführliche Begründungen sind als „Gesundheitsschädliche Arbeitsstoffe – Toxikologisch-arbeitsmedizinische Begründungen von MAK-Werten" zugänglich.

Ein MAK-Wert ist definiert als die höchstzulässige Konzentration eines Arbeitsstoffs als Gas, Dampf oder Schwebstoff in der Luft am Arbeitsplatz, die nach dem gegenwärtigen Stand der Kenntnis auch bei wiederholter und langfristiger Anwendung (8 Stunden arbeitstäglich, 40 Stunden pro Woche) im Allgemeinen die Gesundheit der Beschäftigten „nicht beeinträchtigt" und „nicht unangemessen belästigt". Der MAK-Wert wird ergänzt durch die Angabe einer Spitzenkonzentration, die auch kurzzeitig nicht überschritten werden darf. Die über den MAK-Wert zu beurteilende Gesundheitsgefährdung bezieht sich auf etwa 1.200 Stoffe und berücksichtigt vorwiegend Organerkrankungen und/ oder die fruchtschädigende, erbgutverändernde sowie allergische Potenz eines Stoffs. Durch die Begriffe „beeinträchtigt" und „unangenehm belästigt" als Teil des MAK-Konzepts werden auch Aspekte des Verhaltens und Erlebens für die Grenzwertfestlegung relevant.

Das Konzept der BAT-Werte verfolgt gleiche Ziele. Ein BAT-Wert ist definiert als die beim Menschen höchstzulässige Quantität eines Arbeitsstoffs (auch dessen Metabolit oder Indikator), die nach dem gegenwärtigen Stand der wissenschaftlichen Kenntnis im Allgemeinen die Gesundheit der Beschäftigten auch dann nicht beeinträchtigt, wenn sie durch Einflüsse des Arbeitsplatzes regelhaft erzeugt wird.

3.2 Typische Gefährdungen durch neurotoxische Stoffe

3.2.1 Lösungsmittel

Infolge der weit verbreiteten Anwendung von verschiedenen Lösungsmitteln an Arbeitsplätzen ist diese Stoffklasse als potenzielle Gefährdung der Gesundheit vielfach in Diskussion. Tabelle 4 stellt relevante Arbeitsbereiche zusammen.

Die Übersicht verdeutlicht die Breite des Umgangs mit neurotoxischen Lösungsmitteln, obwohl zum Beispiel der Umgang mit n-Hexan oder Tri- und Tetrachlorethen teilweise drastisch reduziert wurde. Informationen zur Höhe der Expositionen belegen historische Veränderungen im Sinne eines Abnahmetrends in den industriell entwickelten Ländern. Als Beispiel sei hingewiesen auf das Laminieren/Spachteln von Reaktionsharzen mit Styrolexpositionen (z. B. im Bootsbau; Health and Safety Executive [HSE], 2005; Deutsche Gesetzliche Unfallversicherung [DGUV], 2007). Für die letzten 20 Jahre ist in Großbritannien und Deutschland jeweils eine Minderung auf 86 % auszuweisen, sofern man personbezogene Raumluftmessungen heranzieht. Für Messungen von Metaboliten (Mandelsäure als Abbauprodukt) des Styrols im Urin wurde über den gleichen Zeitraum eine Reduktion auf 50 % des Ausgangswerts dargestellt. Diese Differenz weist auf die zunehmende Verwendung von Atemschutzmasken hin (Welp et al., 1996; Gong et al., 2002). Veränderungsinformationen sind auch zu Toluolexpositionen (bei Anwendungen im Tiefdruck) verfügbar. Sie reduzierten sich in den letzten 25 Jahren in Frankreich, Dänemark und Deutschland auf etwa 20 % des Ausgangswerts (Chouanière et al., 2002; Eller et al., 1999; Seeber et al., 2004b). Neurotoxische Gefährdungen sind inzwischen in diesem Arbeitsbereich wenig wahrscheinlich.

Tabelle 4:
Arbeitstätigkeiten mit möglichen neurotoxischen Lösungsmittelexpositionen (zusammengestellt nach Angaben in DGUV, 2007). Zuordnung der Lösungsmittel (z. T. Synonyme) zu den Zahlenangaben in der Fußnote

Charakteristik der Arbeiten	**Mögliche Exposition**
Verarbeiten, Spritzen, Pinseln von Lacken und Farben	1, 2, 3, 4, 5, 6, 7, 8, 10, 11, 13, 14
Verarbeitung von Natur- und Syntheseharzen	2, 3, 4, 6, 7, 10, 11, 13, 14
Verarbeitung, Laminieren, Spachteln von Reaktionsharzen	6, 9, 10
Verarbeitung, Spritzen, Pinseln, Spachteln von Klebstoffen	1, 2, 3, 5, 6, 7, 8, 10, 11, 14
Befettungsanlagen in der Metallindustrie	13
Verarbeitung von Oberflächenreinigern	2, 3, 10, 11, 12, 13, 14, 15
Verarbeitung von Abbeizern	6, 12
Verarbeitung von Treibmitteln, u. a. Schäumen	12, 13, 14
Reinigung und Wartung von Tanks und Tankarmaturen	8
Gießereien	8
Kontrolle, Wartung, Prüfstand Kfz-Industrie	8
Speziell Baugewerbe	
Verarbeitung von Lacken, Farben, Korrosionsschutz	1, 2, 3, 4, 6, 7, 10, 11, 14
Verarbeitung, Laminieren, Spachteln von Reaktionsharzen, Säurebau	9, 10
Verarbeitung von Klebstoffen bei Bodenlegearbeiten	1, 2, 3, 6, 10, 11
Verarbeitung von Holzkitten und Parkettsiegeln	3, 5, 10, 11
Verarbeitung von Insektizid- und Holzschutzmitteln	11
Gebäudereinigung, Holz-, Steinpflegemittel, Eloxalreiniger	2, 3, 5, 10, 11, 12
Verarbeitung von Abbeizern	6, 12
Steinbearbeitung, Asphaltlaboratorien	15

Anmerkungen: 1 = n – Heptan; 2 = n – Hexan; 3 = 2-Butanon, Methylethylketon; 4 = 2-Hexanon, Methylbuthylketon; 5 = Ethanol, Ethylalkohol; 6 = Methanol, Methylalkohol; 7 = 2-Metoxyethanol; 8 = Benzol; 9 = Styrol; 10 = Toluol; 11 = Xylol; 12 = Dichlormethan; 13 = Tetrachlorethen; 14 = 1,1,1 – Trichlorethan; 15 = Trichlorethen

3.2.2 Blei und Quecksilber als neurotoxische Metalle

Expositionen gegenüber anorganischem Blei sind bekannt für die Bleigewinnung beim Schmelzen und in der elektrolytischen Raffination, in der Akkumulatorenherstellung und -aufbereitung, bei der Verarbeitung von Bleiglasuren in der Keramik- und Porzellanindustrie sowie bei der Produktion, Verarbeitung und Entfernung bleihaltiger Farben (Mennige). Als Quelle organischer Bleiexpositionen ist besonders Bleitetraethyl als Antiklopfmittel in Kraftstoffen bekannt geworden. Bei einer repräsentativen Auswertung von Messwerten aus verschiedenen Arbeitsbereichen in Deutschland wurden die schon erwähnten Expositionsminderungen wiederum sichtbar. Zwischen 1989 und 2000 ist eine Minderung auf 61 % dokumentiert (Jaekel-Reinhard et al., 2001).

Expositionen gegenüber metallischem Quecksilber oder anorganischen Quecksilberverbindungen sind bekannt bei der Herstellung und Anwendung von Quecksilberdampflampen, Thermometern, Minibatterien, Amalgamen und diversen elektronischen Bauteilen, aber auch in der Chloralkali-Elektrolyse. Aufgrund seines hohen Dampfdrucks ist die inhalative Aufnahme von Quecksilber (z. B. aus Fußbodenfugen) – im Unterschied zu anderen Metallen – bedeutsam. In organischer Form wird Quecksilber über die Nahrungskette bioverfügbar nach der Umwandlung anorganischer Verbindungen durch Mikroorganismen in organische Verbindungen. Durch Vermeiden von quecksilberbelasteten Technologien und Produkten gingen in industriell entwickelten Ländern entsprechende Gefährdungen zurück, wenn auch hier nicht quantitativ ausweisbar. Aus einer Übersicht zu verhaltenstoxikologischen Studien (Meyer-Baron et al., 2004) ist abzuleiten, dass sehr niedrige Expositionen den Umgang mit Amalgam in Laboren oder Zahnarztpraxen betreffen, während die höchsten Expositionen in der Quecksilbergewinnung und in Anlagen der Alkali-Elektrolyse zu finden sind.

3.3 Individuelle Faktoren der Gefährdung durch Exposition am Arbeitsplatz

Die Ermittlung und Bewertung von Gefährdungen durch chemische Exposition betrifft im Kontext einer arbeitspsychologischen Darstellung auch den individuellen Umgang mit Arbeitsstoffen. Das Prinzip der differenziellen Arbeitsgestaltung wurde vielfach diskutiert, und die Nutzung individueller Freiheitsgrade der Arbeitsausführung sowie die Förderung individueller Arbeitsweisen sind wichtige Teile dieses Konzepts (Ulich, 1991). Eine Umsetzung des Konzepts ist möglich, indem solche individuellen Arbeitsweisen gefördert werden, die expositionsreduzierend sind. Das ist mit einer Video-gestützten Methodik (z. B. PIMEX, Picture Mixture Exposure) möglich. Protokolle der Assoziation von individuellen Arbeitshandlungen mit zugehöriger Exposition werden *in dichter Zeitfolge* erstellt (Übleis & Novak, 1994), indem Videoaufnahmen während der Tätigkeiten mit Messungen dabei auftretender chemischer Expositionen verbunden werden (auch Lärm, Vibrationen, Hitze). Reproduzierbare Hinweise auf Arbeitsweisen mit reduzierter Exposition sind somit möglich (Rosén, 2001).

Der übliche Weg in verhaltenstoxikologischen Studien ist, die Assoziationen zwischen Tätigkeiten und Expositionsstärke als gemittelte, *auf den Arbeitstag bezogene Information* einzuholen. Personbezogene Probenahmen der Luft in der Atemzone eines Beschäftigten und nachfolgende chemische Analytik liefern Informationen, die individuell differieren. Die Konzentrationen des Arbeitsstoffs über eine Arbeitsschicht werden ermittelt und dem Arbeitsplatz oder -bereich zugeordnet. Parallel kann auch über Blut- oder Urinproben des Arbeitenden (vor oder nach der Schicht oder nach der Arbeitswoche) der biochemische Expositionsnachweis des Stoffs oder seiner Metaboliten erhoben und Personen zugeordnet werden.

Arbeitspsychologisch ist von Interesse, welche Varianzquellen die Expositionsstärke bei gegebenen Arbeitsbedingungen beeinflussen. Erhebungen in einer umfangreichen Studie zur Toluolexposition in Tiefdruckereien zeigen, dass keineswegs der Arbeitsbereich und die dort nötigen Arbeitshandlungen ausreichen, reale Toluolexpositionen vorherzusagen (Sietmann et al., 1998; Schäper et al., 2004a). Nach tausenden von Erhebungen in 13 Betrieben dominierte in der Varianzaufklärung der Exposition der Betrieb, aus dem ein Studienteilnehmer kam. Erst nachfolgend wurden die Arbeitsbereiche als Varianzquelle bedeutsam. Des Weiteren sind technologische Parameter (Materialeigenschaften, Druckgeschwindigkeit) sowie die Aufenthaltsdauer im Arbeitsbereich bedeutsam. Varianzaufklärungen im Sinne der Wiederholungsstabilität bei gleichen Personen über mehrere Jahre lagen bei 60 %. Die Anregungen für diese Analysen stammten aus Modellstudien zu Pestizid- und anderen Expositionen (Preller et al., 1995; Rappaport, 1991). Die Arbeiten zielten darauf, zeit- und kostenaufwendige Probenahme und Analytik von Luft im Arbeitsbereich durch Protokolldaten verrichteter Tätigkeiten reduzieren zu können.

Bezüge zwischen wiederholt auftretenden Arbeitshandlungen und biologisch erfassten Expositionsmassen wurden für zwei typische Tätigkeiten (Rüst- und Reinigungsarbeiten) an Tiefdruckanlagen (Thriel, 1999) detaillierter untersucht. Mit zunehmender täglicher Dauer dieser Tätigkeiten stieg zwar die Konzentration von ortho-Kresol als Toluol-Metabolit im Urin an, dieser Anstieg war aber statistisch nicht bedeutsam. Das wurde auf die niedrige Konzentration von Toluol in der Raumluft und eine nur geringe Kumulation des Stoffs und seiner Metaboliten im Organismus während einer Schicht zurückgeführt. Die Expositionsmerkmale waren unter diesen Bedingungen auch nicht stabil assoziiert zu Verhaltens- oder Befindensdaten.

Ob und in welcher Form individuelle Exposition und Verhaltensfehler am Arbeitsplatz verbunden sind, wurde in einer Studie mit lösungsmittelexponierten Malern und Lackierern untersucht. Gemäß individuellen Protokollen waren kleinere Fehler bei der Arbeit (slips, trips and falls) über einen längeren Zeitraum nicht mit der jeweiligen Höhe der Exposition assoziiert, sondern mit den Veränderungsperioden der Exposition infolge Arbeit mit oder ohne Einsatz von lösungsmittelhaltigen Anstrichen (Hunting et al., 1991). Das wurde interpretiert als Anpassungsproblem an jeweils wechselnde Arbeitsbedingungen.

Insgesamt ist zu schlussfolgern, dass betriebliche Expositionsvermeidung (Kapselung von Expositionsquellen, Lüftungstechnik, Vermeidung von Reparaturen unter Exposition etc.) effektiver zur Minderung individueller Expositionen beiträgt als der Versuch, individuelle Strategien der Expositionsvermeidung (Verhaltensänderung) zu fördern.

4 Anwendungen verhaltenstoxikologischer Resultate

Im Folgenden werden vier Anwendungen verhaltenstoxikologischer Erfahrungen dargestellt, die historische Entwicklungen widerspiegeln. Die *toxische Enzephalopathie*, auch bekannt als Lösungsmittelsyndrom oder „Dänische Malerkrankheit", wurde in den 1970er Jahren zum Gegenstand wissenschaftlichen und öffentlichen Interesses. Daran anknüpfend wurden Vorstellungen entwickelt, dass bestimmte Personen eine besondere Vulnerabilität gegenüber chemischen Stoffen besitzen. Das Syndrom einer *Multiplen Chemischen Sensitivität* (MCS-Syndrom) wurde beschrieben. Etwa parallel dazu entwickelten sich in den späten 1980er Jahren Vorstellungen zu einem *Sick Building-Syndrom*, wonach in bestimmten Gebäuden solche Raumluftbedingungen vorliegen, dass die im Gebäude Beschäftigten quasi epidemisch krank werden. Schließlich wurde in den Jahren nach 1995 zunehmend bewusst, dass die Menge zur Verfügung stehender verhaltenstoxikologischer Befunde zur *Risikobewertung und Grenzwertfindung* von Arbeitsstoffen herangezogen werden kann.

4.1 Toxische Enzephalopathie

4.1.1 Das Krankheitsbild und seine Entstehungsbedingungen

Nicht entzündliche Erkrankungen oder Schädigungen des Gehirns, die als Struktur- oder Funktionsstörung vorliegen, werden als Encephalopathie bezeichnet. Eine Toxische Encephalopathie ist Folge einer direkten oder indirekten Schädigung von Teilen des Gehirns durch exogen aufgenommene oder im Stoffwechsel entstandene neurotoxisch wirkende Substanzen. Für die Toxische Encephalopathie nach Lösungsmitteleinwirkung wurden drei notwendige Voraussetzungen definiert (World Health Organization[WHO], 1985). Es soll gesichert sein, dass (1) eine neurotoxische Exposition sowie (2) das klinische Bild einer organisch bedingten Störung des zentralen und peripheren Nervensystems vorliegen und (3) andere organische und psychiatrische Erkrankungen ausgeschlossen sind.

Übersichten zur Toxischen Encephalopathie sind in Sammelwerken der Neurotoxikologie enthalten (Mikkelsen, 1995; Chang & Slikker, 1995; Feldman, 1999; Lezak, 1995). Eine Literaturanalyse ermittelte aus den 1980er und 90er Jahren 132 Publikationen zum Stichwort (Hoek et al., 2000), auch eine Übersicht zur europäischen Bewertung des Problems liegt vor (Triebig & Hallermann, 2001).

Als Leitsymptome der toxischen Encephalopathie gelten,

- verminderte Konzentrationsfähigkeit, Merkschwäche,
- Schwierigkeiten beim Erfassen und Behalten von Informationen,
- Antriebs- und Affektstörungen mit Nachlassen der Initiative,
- erhöhte Reizbarkeit, Verstimmungszustände,
- Veränderungen der Primärpersönlichkeit,
- außergewöhnliche Ermüdbarkeit, rasche Erschöpfbarkeit.

Das Erkrankungsbild der Toxischen Encephalopathie nach Lösungsmitteleinwirkungen wird differenziert gegenüber dem einer toxisch bedingten Polyneuropathie, obwohl eine Verbindung beider Erkrankungen durchaus vorgefunden wird (Berufskrankheit (Bk) 1317, DGUV, 2007). Da nicht Gegenstand psychologischer Methodik, sei nur darauf verwiesen, dass Polyneuropathien Erkrankungen des peripheren Nervensystems sind, die motorische, sensible und vegetative Fasern betreffen können. In einem Konsensus-Report wurden Ausprägungsgrade der Toxischen Encephalopathie unterschieden (vgl. Tab. 5; Cranmer & Golberg, 1987; Triebig & Grobe, 1987).

Diese Übereinkunft gilt heute noch, wenn auch beim Typ II (mittlerer Schweregrad) verschiedene Auslegungen vorliegen, die im Sinne einer geringeren Trennung zwischen Typen mit vorwiegender Persönlichkeitsveränderungen oder vorwiegender Intelligenzdefizite zu verstehen sind (DGUV, 2007). Typ III kommt als beruflich bedingte Erkrankung in industriell entwickelten Ländern praktisch nicht vor.

Eine Übersicht zu Studien der vordringlich betroffenen Berufsgruppen (DGUV, 2007) weist Spritzlackierer und Maler, Beschäftigte in der Lack- und Farbenherstellung, Fußbodenleger, Tankwagenfahrer, Kfz-Techniker und Klebstoffverarbeiter aus. Kritisch ist, dass es selten gelingt, Dosis-Wirkungs-Beziehungen

Tabelle 5:
Toxische Encephalopathie in ihren Ausprägungsgraden I bis III (Cranmer & Golberg, 1987)

Schweregrad	Charakteristik
Typ I Nur Symptome	Unspezifische Symptome, wie Ermüdbarkeit, Gedächtnisbeeinträchtigung, Konzentrationsschwierigkeiten, Initiativeverlust. Reversibilität wahrscheinlich. Keine neuropsychiatrische Dysfunktion
Typ IIa Bleibende Persönlichkeits-oder Stimmungsveränderungen	Müdigkeit, emotionale Labilität, Veränderung der Impulskontrolle, der allgemeinen Stimmung und Motivation. Reversibilität fraglich
Typ IIb Beeinträchtigung intellektueller Funktionen	Schwierigkeiten in Konzentration, Beeinträchtigung im Gedächtnis, Minderung der Lernkapazität; diese Symptome sind begleitet von objektiven Zeichen der Beeinträchtigung. Geringere neurologische Zeichen können auftreten. Vollständige Reversibilität fraglich
Typ III Demenz	Deutliche globale Minderung des Intellektes, des Gedächtnisses; oft begleitet von neurologischen Zeichen und/oder neuroradiologischen Befunden. Kaum reversibel, nicht progredient nach Expositionsende

zwischen Expositionsmassen der genutzten Lösungsmittelgemische und Effektstärken der beeinträchtigten Funktionen zu finden.

Die Suche nach einer kritischen Expositionsschwelle für die Auslösung einer toxischen Encephalopathie nach Lösungsmittelinhalationen scheint bisher nicht gelöst zu sein. Praktische Empfehlungen wurden aber gefunden mittels Dosisberechnungen über die verbrauchten Mengen von Lösungsmitteln als „Liter/Tag × Jahre“ (Mikkelsen et al., 1988; Royal Society, 1990) sowie über einen „aktuellen …“ und „chronischen Bewertungsindex“ (ABI, CBI) (DGUV, 2007).

4.1.2 Diagnostik psychischer Langzeitwirkungen von Lösungsmittelexpositionen

Verhaltenstoxikologisch erfassbare Effekte nach Lösungsmittelexpositionen betreffen verschiedene Funktionsbereiche, für die diagnostische Empfehlungen vorliegen (z. B. Agnew & Masten, 1994). Dazu gehören Tests zu (1) intellektuellen Fähigkeiten, (2) Aufmerksamkeit, Konzentration, Orientierung, (3) Gedächtnis, (4) Wahrnehmungs-, konstruktiven und motorischen Fertigkeiten, (5) Sprache, (6) begriffsbildenden und exekutiven Funktionen und (7) zur Befindlichkeit.

Eine Übersicht zu 16 Studien resümiert Leistungsminderungen insbesondere in mnestischen und psychomotorischen Funktionen (Baker, 1994). Dosis-Wirkungsbeziehungen zur Exposition konnten teilweise gezeigt werden, das galt auch für Symptomangaben, sofern analysiert. Eine spätere Übersicht zu 18 epidemiologischen Querschnittsstudien mit Exponierten gegenüber Lösungsmittelgemischen (Zupanic, 2001) suchte nach neuropsychologischen Tests, die zwischen Exponierten und Kontrollen trennen. Leistungsminderungen im Kurzzeitgedächtnis wurden in 10 Studien, verminderte Wahrnehmungs- und kognitive Verarbeitungsgeschwindigkeiten in 11 Studien berichtet. Eine Metaanalyse mit einer Ausgangsmenge von 40 Studien wies nur für Aufmerksamkeitstests (Trail Making/Zahlen-Verbindung; Switching Attention/Wechselnde Aufmerksamkeit; Continuous Performance/Daueraufmerksamkeit) signifikante Effektstärken für Leistungsminderungen der Exponierten aus (Meyer-Baron et al., 2005, 2008).

Direkt auf die Diagnostik der Toxischen Encephalopathie (Bk 1317) ist eine Untersuchung von 79 Begutachtungsfällen ausgerichtet (Zupanic, 2001). Zwei Gruppen der streng vorselektierten Fälle wurden gebildet. Sie betrafen „fragliche“ (Dauer und Intensität der Lösungsmittelexposition 16 Jahre, 12 Liter Verbrauch/Tag Jahre) versus „begründete“ (26 Jahre, 35 l/d Jahre) Expositionsvoraussetzungen für das Entstehen einer toxischen Encephalopathie. Bei alleiniger Berücksichtigung des Syndrom-Kurztests (SKT, Erzigkeit, 1986), des Freiburger Persönlichkeitsinventars (FPI; Fahrenberg et al., 1984) sowie des Beschwerdefragebogens (PNF, vgl. Tab. 3) ergab sich diskriminanzanalytisch eine korrekte Klassifikation von 84 % der Fälle mit „begründeten“ und von 69 % der Fälle mit „fraglichen“ Expositionsvoraussetzungen. Bei der Diagnostik einer toxischen Encephalopathie sind offenbar nicht allein – wie vorwiegend dargestellt – kognitive Testleistungen, sondern neben dem Beschwerdeerleben auch Persönlichkeitsvariablen zu berücksichtigen.

4.2 Multiple Chemische Sensitivität

4.2.1 Das Krankheitsbild und Hypothesen seiner Entstehung

Seit Ende der 1970er Jahre wird über Personen berichtet, die an „Multipler Chemischer Sensitivität“ (MCS) leiden. Damit wird ein Phänomen beschrieben, dass bei bestimmten Personen eine chemische Mehrfachempfindlichkeit vorliegt. Sie führt zu wiederkehrenden Symptomen, die mit verschiedenen Faktoren der Umwelt in Verbindung gebracht werden. Von der Mehrheit der Bevölkerung werden diese Umweltfaktoren problemlos toleriert. Deshalb wurde auch der Begriff „Idiopathic Environmental Intolerance“ (IEI) für das Phänomen vorgeschlagen.

Die Symptome der MCS sind unspezifisch, aber drei Wirkbereichen zuordenbar (Wolf, 1997):

- Zentralnervöse Beschwerden wie Kopfschmerzen, Müdigkeit, allgemeine Schwäche, Schlafstörungen, Schwindelgefühl, Merk- und Konzentrationsstörungen.
- Beschwerden durch Reizerscheinungen an den Schleimhäuten der Augen und des oberen Respirationstrakts, Augenbrennen und Reizhusten.
- Beschwerden des Verdauungssystems wie Völlegefühl, Durchfälle, Verstopfungen, krampfartige Leibschmerzen, Zungenbrennen.

Prävalenzen von MCS-Patienten in den USA liegen zwischen 0,2 und 4 %, wobei Frauen mit 70 bis 80 % der Fälle überrepräsentiert sind (Sparks, 2000). Mildere Formen, über Fragebogen ermittelt, sollen zu 8 bis 15 % vorkommen (Bell et al., 1993; Kiesswetter et al., 1999). Der Geschlechtsunterschied ist hier geringer.

Weithin akzeptiert sind sechs Definitionskriterien der MCS (Cullen, 1987):

- Die Symptome sind reproduzierbar für wiederholt auftretende, chemische Expositionen,
- die Auslösebedingungen gelten langzeitig,
- das Niveau der Expositionen zur Auslösung der Symptome ist niedriger als üblicherweise toleriert,
- die Symptome bessern sich oder verschwinden nach Wegfall der Auslöser,
- die Reaktionen treten multiple auslösbar auf, also unabhängig von bestimmten chemischen Substanzen,
- die Symptome betreffen verschiedene Organsysteme.

Trotz Konsens über diagnostische Kriterien wird die Entstehung des Syndroms kontrovers diskutiert. In einem State of the Art Review (Sparks, 2000) werden zur Ätiologie von MCS toxikologische, lerntheoretische und psychologisch/psychiatrische (kognitiv vermittelt) Theorien diskutiert. Die toxikologischen Theorien orientieren sich an immunologischen Mechanismen, die auch bei Allergien eine Rolle spielen. Des Weiteren postulieren sie eine erhöhte Sensitivität trigeminaler Rezeptoren, die über neurogene Reflexschleifen zu Entzündungen an den Schleimhäuten der oberen Atemwege führen (Bascom et al., 1997; Winder, 2002). Auch wenn bei einzelnen MCS Patienten immunologische Auffälligkeiten gefunden wurden, so spricht die mangelnde Konsistenz der Ergebnisse gegen eine derartige Verursachung (Graveling et al., 1999). Auch eine erhöhte trigeminale Reaktivität wurde bei MCS-Patienten angenommen und experimentell beobachtet (Ternesten-Hasseus et al., 2002), sie wurde aber als chemosensorische Überempfindlichkeit nicht bestätigt (Dalton & Hummel, 2000). Auch die

Annahme einer olfaktorischen Überempfindlichkeit wurde nicht bestätigt (Ross et al., 1999).

Lerntheoretische Konzepte postulieren einen Prozess der klassischen Konditionierung (Siegel & Kreutzer, 1997; Siegel, 1999), nach dem adverse körperliche Reaktionen mit der Wahrnehmung von Umweltchemikalien verbunden werden. Ein Bezug zur chemischen Exposition ist zunächst gegeben, im späteren Verlauf der Erkrankung ist er aber nicht mehr notwendig, die körperlichen Reaktionen auszulösen.

In Reviews zur Ätiologie der MCS (Graveling et al., 1999; Ross et al., 1999; Winder, 2002) werden auch psychologische (Fehlattributionen) und psychiatrische Theorien (Umweltphobien, -wahn) als Erklärungsmodell angenommen. Die chemische Stimulation spielt nur noch eine untergeordnete Rolle.

Im deutschsprachigen Raum widmet sich 1999 ein Sonderheft der Zeitschrift Allergologie dem Phänomen MCS/IEI. Neben anderen Darstellungen wird ein multifaktorielles Modell der Entstehung von MCS entwickelt, das verschiedene Ansätze konzeptionell integriert. Dort wird auch gezeigt, dass es keine Beziehung zwischen beruflicher Exposition und einer selbstberichteten Multiplen Chemischen Sensitivität (sMCS, Fragebogenmethodik zu Merkmalen von MCS, Kiesswetter et al., 1999) gibt.

4.2.2 Ansätze zum Nachweis von MCS

Verschiedene Ansätze wurden gewählt, physiologische Nachweise organischer Dysfunktionen für MCS/IEI – Patienten zu erbringen. Das gelang aber nicht überzeugend.

Als bildgebendes Verfahren wurde zum Beispiel SPECT (Single Photon Emission Computed Tomography) eingesetzt. Mit visuell qualitativen Analysen durch radiologisches Personal wurde eine Sensitivität von 73 % und eine Spezifität von 58 % bei der Trennung von MCS-Patienten gegenüber Kontrollpersonen festgestellt (Waxman, 2000). Das wird nicht als ausreichend angesehen, um SPECT-Analysen zur Diagnostik von MCS zu empfehlen. Andere Studien mit Bildgebenden Verfahren bestätigen das (Bartenstein et al., 1999; Bornschein et al., 2002). Auch neuropsychologische Verfahren zur Diagnostik von MCS/IEI wurden vorgeschlagen (Bolla, 2000; Wetherell, 1997). Bisher sind empirische Daten kaum verfügbar, und kognitive Defizite von MCS-Patienten beruhen in der Regel auf subjektiven Angaben. Bemerkenswert ist eine experimentelle Studie mit Personen, die sich als empfindlich gegenüber Umweltgerüchen und elektromagnetischen Feldern bezeichneten. Verlangsamungen in einem Wahlreaktionsparadigma wurden unter Expositionsbedingungen gefunden (Osterberg et al., 2004). Die Autoren bewerten das Ergebnis als akute und geruchsinduzierte Ablenkung, nicht als neurotoxisch vermittelte Reaktion. Vergleichbare experimentelle Ergebnisse, interpretiert als Distraktion der Aufmerksamkeit, wurden für Personen mit selbstberichteter MCS (sMCS) dargestellt (Thriel et al., 2003a).

Die eingangs dargestellten Symptomangaben dominieren in der Charakteristik von MCS-Patienten. Eine standardisierte Methodik zur Erfassung des Krankheitsbildes liegt aber nicht vor. Die eher unspezifischen Symptome werden durch Angaben über „dramatische" Geruchsintoleranzen ergänzt (Bell et al., 1993). Schwellentests und andere Verfahren zu Geruchsfunktionen zeigten aber keine Unterschiede zwischen MCS-Patienten und Kontrollen (Dalton & Hummel, 2000; Doty et al., 1988). Daraus wurde geschlussfolgert, dass das Phänomen MCS/IEI möglicherweise weniger auf sensorischen Unterschieden (z. B. niedrigeren Geruchschwellen) als vielmehr auf unterschiedlichen kognitiven Verarbeitungsmechanismen olfaktorischer Umweltreize beruht.

4.3 Das Sick Building-Syndrom

4.3.1 Abgrenzung des Syndroms

Sick Building-Syndrom (SBS) ist eine Bezeichnung für gesundheitliche Beschwerden, die in modernen Büro- und Verwaltungsgebäuden beobachtet werden. Störungen des Wohlbefindens, teilweise der Leistungsfähigkeit, werden von zahlreichen Beschäftigten in den Räumlichkeiten beklagt. Eine Übersicht zum Sick Building-Syndrom mit Betonung der chemischen Raumluftanteile (flüchtige organische Lösungsmittel) macht deutlich, dass zunächst viel Forschungsaufwand in diese Faktoren der Beschwerdenentstehung gelegt wurde (Baechler et al., 1991). Die aktuellen Publikationen zum Problem betonen stärker die mikrobakteriellen Faktoren. Man ist an der Identifikation von Schimmelpilzen und -sporen interessiert (Meyer et al., 2005a; Meyer et al., 2005b; Meklin et al., 2005) und an Feuchtigkeitsbedingungen (Bornehag et al., 2004; Saijo et al., 2004), die zur Symptomentstehung beitragen. Eine deutschsprachige Übersicht, die definitorische, raumlufttechnische, psychosoziale, psychologische und umweltmedizinische Aspekte behandelt, lässt sich Sonderheften der Zeitschrift Allergologie (Wiesmüller 1998, 1999) entnehmen. Ein Teil der Beiträge widmet sich der schon erwähnten Multiplen Chemischen Sensitivität (MCS), die im Zusammenhang mit dem Sick Building-Syndrom gesehen wird.

Das Sick Building-Syndrom wird über eher unspezifische Merkmale umschrieben, die Ähnlichkeit zu den Merkmalen von MCS/IEI aufweisen:

- Ansteigen unspezifischer Symptome bei mehr als etwa 20 % der Raumnutzer, z. B. Irritationen der Augen, Irritationen der Schleimhäute, der Nase und des Rachens, „Lethargie“, Antriebslosigkeit, Müdigkeit, Kopfschmerz,
- Minderung der Beschwerden nach Verlassen des Gebäudes.

Die Messungen chemisch-physikalischer Bedingungen im Gebäude ergeben oft keinen deutlichen Nachweis einzelner Faktoren oder Stoffe, eher wird von einem multifaktoriellen Ursachenkomplex ausgegangen. Die unspezifische Symptomlage beim SBS legt Assoziationen zu psychosozialen Faktoren nahe. So wurde gezeigt, dass diese Variablen, z. B. Wahrnehmung des Raumklimas, Raumklimazufriedenheit oder Stressbelastung am Arbeitsplatz, bis zu 48 % der Varianz der Befindlichkeitsstörungen erklären können. Auch Mobbing spielt eine bedeutsame Rolle bei der Entwicklung des SBS (Mackensen von Astfeld, 2000). Beispielhaft für diese Sichtweise des Sick Building-Problems ist eine Studie an drei Gruppen, (1) Personen mit mindestens drei raumluftbezogenen Symptomen, (2) Personen mit einem bis zwei Symptomen und (3) Kontrollpersonen ohne Symptome (Bauer et al., 1992). Diskriminanzanalytisch (MMPI, Symptom Checkliste) wurde gezeigt, dass Somatisierungstendenzen den weitaus größten Varianzanteil zur Trennung der Gruppen beitrugen.

Verwandt zum Begriff SBS sind sogenannte gebäudebezogene Erkrankungen („Building-Related Illnesses“, BRI, Stolwijk, 1991; Marbury & Woods, 1991) als eher klinisches Syndrom. Meist sind nur wenige Personen betroffen, nach Verlassen des Gebäudes mindern sich die länger anhaltenden Symptome. Medizinische Erklärungen über Bioaerosole oder Bakterien, als Überempfindlichkeit der Lunge/Atemwege sowie über Infektionen werden angenommen. Folgerichtig kann das Krankheitsbild durch Identifikation und Beseitigung der Quelle (z. B. Luftbefeuchter kontaminiert, Kamin undicht, Absaugung defekt) behandelt werden.

4.3.2 Entstehungsbedingungen

Die Diskussion möglicher Ursachen des Sick Building-Syndroms betont einerseits die Idee, psychologische Probleme würden in Raumluftprobleme projiziert (Binder & Campbell, 2004), oder Personen mit besonderen psychischen Merkmalen (z. B. erhöhte Ängstlichkeit) seien davon betroffen (Runeson & Norbak, 2005). Daneben wurden physikalische, luftchemische und mikrobiologische Faktoren identifiziert, die als Ursachen der Beschwerden infrage kommen (Baechler et al., 1991; HVBG, 1995).

Faktoren zu Entstehungsmechanismen des Sick Building-Syndroms wurden in einer Übersicht zusammengefasst, für die sieben Studien als repräsentativ herangezogen wurden (Seeber et al., 1998). Chemische Bedingungen (z. B. Konzentrationen flüchtiger organischer Lösungsmittel, VOC, volatile organic compounds), Arbeitsplatzbedingungen (z. B. Raumgröße, Zeit am Arbeitsplatz, Temperatur und Feuchte, Staubanteile im Raum) und Personfaktoren (z. B. Alter, Geschlecht) wurden aufgelistet. Zusammenhänge zwischen analysierten Bedingungen einerseits und Schleimhautreizungen bzw. der Nennung von Symptomen andererseits werden dargestellt. Bemerkenswert ist, dass der Faktor Geschlecht am häufigsten untersucht wurde. Eine höhere Beschwerdenneigung liegt bei weiblichen Untersuchten vor. Wenn untersucht, dann haben die Faktoren VOC-Exposition und Arbeitsunzufriedenheit Assoziationen zu allgemeinen Symptomen, während das individuelle Vorhandensein einer Allergie, die tägliche Zeit am Arbeitsplatz, das Vorhandensein eines PC-Arbeitsplatzes sowie Scores zur Befindlichkeit (z. B. Profile of Mood State, POMS) Assoziationen zu Schleimhautreizungen aufwiesen.

Zur Erläuterung der raumluftbezogenen Erklärungsansätze sei auf zwei experimentelle Untersuchungen mit VOC-Expositionen eingegangen. Ein definiertes VOC-Gemisch wurde appliziert als „saubere Luft“ (0 mg/m^3), als „normal in neuen Häusern“ (5 mgVOC/m^3) und als „typisch für sehr kontaminierte Häuser“ (25 mgVOC/m^3) (Mølhave et al., 1986; Mølhave, 1992). Von den Personen, die an Sick Building-Syndrom litten, wurden 5 und 25 mg VOC/m^3 als nicht akzeptable Luftqualität bewertet. Nase- und Rachenirritationen und Konzentrationsschwäche wurden berichtet, eine verringerte Gedächtnisspanne wurde gemessen. Eine Nachuntersuchung in einem anderen Labor mit „normalen“ Freiwilligen ergab die Einschätzung von allgemeinem Unwohlsein (discomfort), von strengem Geruch, beeinträchtigter Luftqualität, Kopfschmerz und Schläfrigkeit erst bei 25 mg VOC/m^3 (Otto et al., 1990). Auch Irritationen von Auge und Rachen wurden berichtet, jedoch keine Leistungsunterschiede bei Anwendung einer Testbatterie. Die Arbeiten bestätigen die Hypothese einer höheren Empfindlichkeit bestimmter Personengruppen für das Sick Building-Syndrom. Sie legen nahe, eher eine Distraktionshypothese (über Geruch und Reizung vermittelt) für mögliche Beeinträchtigungen psychischer Leistungen als einen neurotoxischen Wirkmechanismus anzunehmen.

4.4 Beiträge zu Risikobewertungen von Arbeitsstoffen

4.4.1 Kognitive Leistungsminderungen und Grenzwerte

Im Abschnitt 2.1 wurde der neurotoxische Wirkmechanismus als verhaltenstoxikologisches Erklärungsmodell herausgestellt mit der Annahme, dass psychologisch ermittelte kognitive Funktionsminderungen frühe Indikatoren einer gesundheitlichen Beeinträchtigung sind. Am Beispiel von Blei- und Quecksilbereffekten soll das erläutert werden.

Für neurotoxische Wirkungen von Bleiexpositionen wurde 1995 in einer Übersicht (Balbus-Kornfeld et al., 1995) zu 28 Studien geschlussfolgert, dass wegen fehlender kumulativer Expositionsmaße keine eindeutige Entscheidung über die mögliche Schädlichkeit einer langjährigen Bleiexposition für das zentrale Nervensystem des Menschen gefällt werden könne. Dieser Einschätzung wurde durch eine Metaanalyse zu verhaltenstoxikologischen Effekten (Meyer-Baron & Seeber, 2000) widersprochen. Nach äußerst kritischen Gegenmeinungen (Kentner & Hofmann-Kamensky, 2000; Goodman et al., 2001) sowie einer weiteren Metaanalyse (Goodman et al., 2002) und deren Zusammenfassung mit der Erstanalyse (Seeber et al., 2002a) wurde schließlich festgehalten, dass kognitive Beeinträchtigungen von Leistungsfunktionen bei einem aktuellen Blutbleiwert unterhalb 700 µg Pb/l Blut (ehemaliger BAT-Wert für Männer) wiederholt nachzuweisen sind. Sie betreffen

- kurzfristiges Behalten verbaler Informationen bei durchschnittlich 400 µg/l,
- Aufmerksamkeits- und Zuordnungsleistungen bei durchschnittlich 470 µg/l,
- komplexere kognitive Funktionen bei durchschnittlich 420 bzw. 480 µg/l,
- sowie Fingergeschicklichkeit bei durchschnittlich 450 µg/l.

Diese Befunde wurden als adverse gesundheitliche Beeinträchtigungen gewertet und wurden als Begründung für eine Grenzwertsenkung für Bleikonzentrationen im Blut von 700 auf 400 µg Pb/l Blut in Deutschland (für Männer) herangezogen.

Zu kognitiven Effekten nach Quecksilberexpositionen verläuft derzeitig eine noch nicht abgeschlossene Diskussion nach Metaanalyse-Publikationen (Meyer-Baron et al., 2002, 2004). Dominant sind hier Beeinträchtigungen der Psychomotorik, z. B. gemessen in Tests zur Fingergeschicklichkeit, bei durchschnittlich 23 bzw. 34 µg Hg/g Kreatinin im Urin (BAT-Wert derzeitig 100 µg/l Urin). Auch für z. B. Toluol, Aceton, Styrol sowie Aluminium gab oder gibt es grenzwertrelevante Diskussionen mit Bezug auf verhaltenstoxikologische Daten zu kognitiven und sensorischen Funktionsminderungen.

4.4.2 Chemosensorische Effekte und Grenzwerte

Für eine Vielzahl von Chemikalien, die als Arbeitsstoffe eingesetzt werden, basiert der Arbeitsplatzgrenzwert auf dem kritischen Endpunkt der lokalen Reizwirkung. Dick und Ahlers (1998) ermittelten, dass in den USA 43 % der Substanzen, deren Arbeitsplatzkonzentrationen durch die OSHA (Occupational Safety and Health Administration) reguliert werden, den kritischen Endpunkt „sensory irritations" aufweisen. In Schweden sind 60 von 141 (40 %) der chemischen Substanzen durch Grenzwerte reguliert, um Irritationen der Schleimhäute, insbesondere der Nase und der Augen, zu vermeiden (Edling & Lundberg, 2000). Die deutsche MAK- und BAT-Werte-Liste klassifiziert für die Begrenzung von Expositionsspitzen etwa 100 Substanzen als lokale Reizstoffe, meist beruhen sie zurzeit nur auf tierexperimentellen Befunden.

Kritischer Punkt der neueren Grenzwert-relevanten Diskussion ist, chemosensorische Effekte zu differenzieren. Durch Publikationen der letzten Jahre wurde evident, dass olfaktorische Wahrnehmungen vordringlich Lästigkeitsempfindungen bei den Betroffenen auslösen, während trigeminales „Reizerleben" als Indikator physiologischer Veränderungen der Schleimhäute angesehen wird (Cometto-Muñiz et al., 1998) und damit gesundheitlich bedeutsamer ist. Eine Abgrenzung beider chemosensorischer Wirkungen ist somit notwendig. In den letzten Jahren fanden drei Symposien statt, die chemosensorische Arbeitsstoffeffekte auf psychologischer, elektrophysiologischer, biochemischer und psychophysiologischer Ebene in zahlreichen Studien betrachteten (Sonderhefte des International Archive of Occupational and Environmental Health, Vol. 75/2002 sowie 79/2006, Toxicology Letters Vol. 140-141/2003). Daraus geht hervor: Zunehmend werden experimentelle Kombinationen von psychologischen Techniken der Befindensskalierung mit psychophysiologischen und biochemischen Nachweismethoden chemosensorischer Effekte genutzt. Damit lassen sich umfangreichere Bewertungen von deren gesundheitlicher Adversität erreichen. Die Kriteriendiskussion erweitert sich von bisher vorwiegend kognitiven Effekten (DFG, 1996) auf chemosensorische Effekte.

5 Fazit

Veränderungen der Arbeitswelt haben Arbeitsinhalte und -organisation, aber auch physikalische und chemische Bedingungen der Arbeitsumwelt zu einem Gegenstand psychologischer Betrachtungen werden lassen. In der Verhaltenstoxikologie werden Wirkungen chemischer Arbeitsstoffe auf Verhalten und Erleben mit psychologischen Methoden und Modellen untersucht und im Kontext einer toxikologischen und arbeitsmedizinischen Sichtweise bewertet. Psychologische Variablen spiegeln Arbeitsstoffwirkung dann wider, wenn Strukturen oder Funktionen des zentralen oder peripheren Nervensystems infolge einer Exposition geschädigt oder beeinträchtigt werden. Dabei werden die toxikologisch gewonnenen Erkenntnisse aus In-vitro- und tierexperimentellen Studien genutzt, um Arbeitsstoffe als Neurotoxine zu klassifizieren und Hypothesen über vulnerable Funktionsbereiche (z. B. kognitive oder sensorische Funktionen) abzuleiten.

Historisch ist dieser psychologische Forschungsbereich mit dem sog. „Lösemittelsyndrom" bei Malern verknüpft, das als Auslöser für epidemiologische und experimentelle Studien und methodische Entwicklungen angesehen werden kann. Im klinischen Bild der toxischen Encephalopathie durch Lösemittel zeigen sich Minderungen kognitiver Leistungen (Aufmerksamkeit, Lernen, Gedächtnis, exekutive Funktionen) sowie Veränderungen der Persönlichkeit (Antriebs- und Affektstörungen, Erschöpfbarkeit).

Nicht alle beruflichen Expositionen gegenüber chemischen Arbeitsstoffen sind neurotoxisch bzw. gesundheitsschädlich. Vielmehr ist die Dosis der Einwirkung entscheidend, um ein kritisches Niveau neurotoxisch verursachter Effekte zu erreichen. Dessen ungeachtet berichten Personen nach Kontakt zu Arbeitsstoffen gesundheitliche Beschwerden und Leistungseinschränkungen, die neurotoxisch nicht erklärbar sind. Die psychologisch orientierte Verhaltenstoxikologie versucht, solche Reaktionen als Stressreaktion, als Fehlwahrnehmung oder -attribuierung zu erklären nach Ausschluss eines neurotoxisch nachvollziehbaren Erklärungsweges.

Chronische Effekte der Arbeitsstoffwirkung werden vor allem in epidemiologischen Studien an Kohorten von Exponierten und deren Kontrollpersonen untersucht. Akute Effekte werden vordringlich in experimentellen Laborstudien oder in quasi-experimentellen Betriebsstudien untersucht. Als Wirkungen standen in früheren Jahren bei höheren Expositionen in der Arbeitswelt der Industrieländer Befindensänderungen im Sinne pränarkotischer Wirkungen sowie kognitive Leistungsminderungen im Vordergrund. Bei nunmehr verbesserten Arbeitsbedingungen ist ein Paradigmenwechsel bzw. eine Erweiterung des verhaltenstoxikologischen Methodenspektrums auf sensorische, insbesondere auch chemosensorische Effekte, festzustellen.

Um vergleichbare Daten für verschiedene Neurotoxine zu erhalten und international ähnliche Daten zu generieren, wurden verschiedene Testbatterien entwickelt. Größtenteils basieren sie auf Verfahren der klinischen Neuropsychologie und der Intelligenzforschung. Wie auch in anderen Bereichen psychologischer Diagnostik ergänzen sich computergestützte Verfahren, klassische Testverfahren (Leistungsdiagnostik) und Fragebögen zu neurotoxisch-vermittelten Beschwerden. Detaillierte Informationen zu neurotoxischen Schädigungsmechanismen, z. B. Schädigungen der Cochlea durch aromatische Kohlenwasserstoffe, machten es notwendig, auch sensorische Funktionen (sehen, hören, riechen) zu erfassen. Tests zur Farbdiskrimination, Geruchsprüfung oder Hörschwellenmessungen erweitern nun die Testbatterien. Deren Ergebnisse ergänzen Informationen zum neurotoxischen Profil chemischer Arbeitsstoffe.

Verhaltenstoxikologische Methoden und Erkenntnisse werden genutzt bei gesundheitlichen Störungen mit Bezug zu Raumluftbedingungen am Arbeitsplatz, aber auch bei der regulatorischen Begründung von Arbeitsplatzgrenzwerten, z. B. für verschiedene Lösemittel, Blei oder Quecksilber. Diese Anwendungen verhaltenstoxikologischer Erkenntnisse sind als nachhaltige Gesundheitsprävention anzusehen, weil bei Einhaltung verbesserter Arbeitsbedingungen die ermittelten Frühzeichen einer Gesundheitsschädigung vermieden werden. Andererseits führt das neue Wissen über Ätiologie, Diagnose und Behandlung raumluftbezogener Gesundheitsstörungen zu neuen Sichtweisen im Bereich Arbeitssicherheit und Gesundheit. Insgesamt ist also eine Erweiterung der „klassischen Arbeitspsychologie" festzustellen.

Literatur

American Conference of Governmental Industrial Hygienists (2003, February). *TLVs and BEIs – Threshold Limit Values for Chemical Substances and Physical Agents & Biological Exposure Indices.* Paper presented at the American Conference of Governmental Industrial Hygienists, Cincinnati, OH.

Agnew, J. & Masten, V. L. (1994). Neuropsychological Assessment of Occupational Neurotoxic Exposure. In M. L. Bleecker (Ed.), *Occupational neurology and clinical neurotoxicology* (pp. 113–131). Baltimore, MD: William & Wilkins.

Amler, R. W., Lybarger, J. A., Anger, W. K., Phifer, B. L., Chappell, W. & Hutchinson, L. (1994). Adoption of an adult environmental neurobehavioral test battery. *Neurotoxicology and Teratology, 16,* 525–530.

Anger, W. K. (2003). Neurobehavioural tests and systems to assess neurotoxic exposures in the workplace and community. *Occupational and Environmental Medicine, 60,* 531–538.

Anger, W. K., Letz, R., Chrislip, D. W., Frumkin, H., Hudnell, K., Russo, J. M., Chappell, W. & Hutchinson, L. (1994). Neurobehavioral test methods for environmental health studies of adults. *Neurotoxicology and Teratology, 16,* 489–497.

Anger, W. K., Liang, Y. X., Nell, V., Kang, S. K., Cole, D., Bazylewicz-Walczak, B., Rohlman, D. S. & Sizemore, O. J. (2000). Lessons learned – 15 years of the WHO-NCTB: A review. *Neurotoxicology, 21,* 837–846.

Baechler, M. C., Hadler, D. L., Marseille, T. J., Stenner, R. D., Peterson, M. R., Naugle, D. F. & Berry, M. A. (1991). *Sick building syndrome: Sources, health effects, mitigation.* Park Ridge, NJ: Noyes Data Corporation.

Bailer, J., Rist, F., Rudolf, A., Staehle, H. J., Eickholz, P., Triebig, G., Bader, M. & Pfeifer, U. (2001). Adverse health effects related to mercury exposure from dental amalgam fillings: Toxicological or psychological causes? *Psychological Medicine, 31,* 255–263.

Baker, E. L. (1994). A review of recent research on health effects of human occupational exposure to organic solvents. *Journal of Occupational Medicine, 36,* 1079–1092.

Baker, E. L., White, R. A., Pothier, L. J., Berkey, C. S., Dinse, G. E. & Travers, P. H. (1985). Occupational lead neurotoxicity: Improvement in behavioral effects after reduction of exposure. *British Journal of Industrial Medicine, 42,* 507–516.

Balbus-Kornfeld, J. M., Stewart, W., Bolla, K. I. & Schwartz, B. S. (1995). Cumulative exposure to inorganic lead and neurobehavioural test performance in adults: An epidemiological review. *Occupational and Environmental Medicine, 52,* 2–12.

Banks, H. A. & Stollery, B. T. (1988). The longitudinal evaluation of verbal-reasoning in lead workers. *Science of the Total Environment, 71,* 469–476.

Bartenstein, P., Grunwald, F., Herholz, K., Kuwert, T., Tatsch, K., Sabri, O. & Weiller, C. (1999). Role of positron emission tomography (PET) and single photon emission tomography (SPECT) in so-called „multiple chemical sensitivity". *Nuklearmedizin, 38,* 297–301.

Bascom, R., Meggs, W. J., Frampton, M., Hudnell, K., Killburn, K., Kobal, G., Medinsky, M. & Rea, W. (1997). Neurogenic inflammation: With additional discussion of central and perceptual integration of nonneurogenic inflammation. *Environmental Health Perspectives, 105* (Suppl. 2), 531–537.

Bast-Pettersen, R., Ellingsen, D. G., Efskind, J., Jordskogen, R. & Thomassen, Y. (2005). A neurobehavioral study of chloralkali workers after the cessation of exposure to mercury vapor. *Neurotoxicology, 26,* 427–437.

Bauer, R. M., Greve, K. W., Besch, E. L., Schramke, C. J., Crouch, J., Hicks, A., Ware, M. R. & Lyles, W. B. (1992). The role of psychological factors in the report of building-related symptoms in sick building syndrome. *Journal of Consulting and Clinical Psychology, 60,* 213–219.

Beites, C. L., Kawauchi, S., Crocker, C. E. & Calof, A. L. (2005). Identification and molecular regulation of neural stem cells in the olfactory epithelium. *Experimental Cell Research, 306,* 309–316.

Bell, I. R., Schwartz, G. E., Peterson, J. M. & Amend, D. (1993). Self-reported illness from chemical odors in young adults without clinical syndromes or occupational exposures. *Archives of Environmental Health, 48,* 6–13.

Bender, J. R., Mullin, L. S., Graepel, G. J. & Wilson, W. E. (1983). Eye irritation response of humans to formaldehyde. *American Industrial Hygiene Association Journal, 44,* 463–465.

Binder, L. M. & Campbell, K. A. (2004). Medically unexplained symptoms and neuropsychological assessment. *Journal of Clinical and Experimental Neuropsychology, 26,* 369–392.

Boeckelmann, I. & Pfister, E. A. (2003). Influence of occupational exposure to organic solvent mixtures on contrast sensitivity in printers. *Journal of Occupational and Environmental Medicine, 45,* 25–33.

Bolla, K. I. (2000). Use of neuropsychological testing in idiopathic environmental testing. *Occupational Medicine (Philadelphia, PA), 15,* 617–25.

Bornehag, C. G., Sundell, J., Bonini, S., Custovic, A., Malmberg, P., Skerfving, S., Sigsgaard, T. & Verhoeff, A. (2004). Dampness in buildings as a risk factor for health effects, EUROEXPO: a multidisciplinary review of the literature (1998–2000) on dampness and mite exposure in buildings and health effects. *Indoor Air, 14,* 243–257.

Bornschein, S., Hausteiner, C., Drzezga, A., Bartenstein, P., Schwaiger, M., Forstl, H. & Zilker, T. (2002). PET in patients with clear-cut multiple chemical sensitivity (MCS). *Nuklearmedizin, 41,* 233–9.

Bowler, R. M., Gysens, S., Diamond, E., Booty, A., Hartney, C. & Roels, H. A. (2003). Neuropsychological sequelae of exposure to welding fumes in a group of occupationally exposed men. *International Journal of Hygiene and Environmental Health, 206,* 517–529.

Bowman, K. J. (1982). A method for quantitative scoring of the Farnsworth Panel D–15. *Acta Ophthalmologica, 60,* 907–916.

Boyes, W. K., Moser, V. C., Geller, A. M., Benignus V. A., Bushnell, P. J. & Kamel F. (2007). Intrigating epidemiology and toxicology in neurotoxicity risk assessment. *Human & Experimental Toxicology, 26,* 283–293.

Buse, L. & Pawlik, K. (1994). Differenzierung zwischen Tages-, Setting- und Situationskonsistenz ausgewählter Verhaltensmerkmale, Maßen der Aktivierung, des Befindens und der Stimmung in Alltagssituationen. *Diagnostica, 40,* 2–28.

Cairney, S., Maruff, P., Burns, C. B., Currie, J. & Currie, B. J. (2005). Neurological and cognitive recovery following abstinence from petrol sniffing. *Neuropsychopharmacology, 30,* 1019–1027.

Carter, N., Iregren, A., Soderman, E., Olson, B. A., Karlson, B., Lindelof, B., Lundberg, I. & Osterberg, K. (2002). EUROQUEST – a questionnaire for solvent related symptoms: Factor structure, item analysis and predictive validity. *Neurotoxicology, 23,* 711–717.

Cary, R., Clarke, S. & Delic, J. (1997). Effects of combined exposure to noise and toxic substances – critical review of the literature. *Annals of Occupational Hygiene, 41,* 455–465.

Chang, L. W. & Slikker, W. (Eds.). (1995). *Neurotoxicology. Approaches and Methods.* San Diego, CA: Academic Press.

Chouanière, D., Cassitto, M. G., Spurgeon, A., Verdier, A. & Gilioli, R. (1997). An international questionnaire to explore neurotoxic symptoms. *Environmental Research, 73,* 70–72.

Chouanière, D., Wild, P., Fontana, J.-M., Héry, M., Fournier, M., Baudin, V., Subra, I., Rousselle, D., Toamain, J.-P., Saurin, S. & Ardiot, M. (2002). Neurobehavioral disturbances arising from occupational toluene exposure. *American Journal of Industrial Medicine, 41,* 77–88.

Chuang, H. Y., Chao, K. Y. & Tsai, S. Y. (2005). Reversible neurobehavioral performance with reductions in blood lead levels – A prospective study on lead workers. *Neurotoxicology and Teratology, 27,* 497–504.

Cometto-Muñiz, J. E., Cain, W. S. & Abraham, M. H. (1998). Nasal pungency and odor of homologous aldehydes and carboxylic acids. *Experimental Brain Research, 118,* 180–188.

Cometto-Muñiz, J. E., Cain, W. S. & Abraham, M. H. (2004). Detection of single and mixed VOCs by smell and by sensory irritation. *Indoor Air, 14* (Suppl. 8), 108–117.

Coull, J. T. (1998). Neural correlates of attention and arousal: Insights from electrophysiology, functional neuroimaging and psychopharmacology. *Progress in Neurobiology, 55,* 343–361.

Crago, B. R., Gray, M. R., Nelson, L. A., Davis, M., Arnold, L. & Thrasher, J. D. (2003). Psychological, neuropsychological, and electrocortical effects of mixed mold exposure. *Archives of Environmental Health, 58,* 452–463.

Cranmer, J. M. & Golberg, M. (1987). Human aspects of solvent neurobehavioral effects. Proceedings of the workshop on neurobehavioral effects of solvents. *Neurotoxicology, 7,* 45–54.

Cullen, M. R. (1987). The worker with multiple chemical sensitivities: An overview. *Occupational Medicine (Philadelphia, PA), 2,* 655–661.

Dalton, P. (1999). Cognitive influences on health symptoms from acute chemical exposure. *Health Psychology, 18,* 579–590.

Dalton, P. (2003). Upper airway irritation, odor perception and health risk due to airborne chemicals. *Toxicology Letters, 140–141,* 239–248.

Dalton, P., Cowart, B., Dilks, D., Gould, M., Lees, P. S., Stefaniak, A. & Emmett, E. (2003). Olfactory function in workers exposed to styrene in the reinforced-plastics industry. *American Journal of Industrial Medicine, 44,* 1–11.

Dalton, P. H., Dilks, D. D. & Banton, M. I. (2000). Evaluation of odor and sensory irritation thresholds for methyl isobutyl ketone in humans. *American Industrial Hygiene Association Journal, 61,* 340–350.

Dalton, P. & Hummel, T. (2000). Chemosensory function and response in idiopathic environmental intolerance. *Occupational Medicine (Philadelphia, PA), 15,* 539–556.

Dalton, P., Wysocki, C. J., Brody, M. J. & Lawley, H. J. (1997). The influence of cognitive bias on the perceived odor, irritation and health symptoms from chemical exposure. *International Archives of Occupational and Environmental Health, 69,* 407–417.

Derogatis, L. R. (2002). *SCL-90 – R, Deutsche Ausgabe von Gabriela Helga Franke.* Göttingen: Beltz.

Deutsche Forschungsgemeinschaft (1996). Commission for the Investigation of Health Hazards of Chemical Compounds in the Work Area, Ad hoc group Neurobehavioral Toxicology. In A. Seeber, H. M. Bolt, H.-P. Gelbke, L. Miksche, K. Pawlik, H. W. Rüdiger, G. Triebig & K. Ziegler-Skylakakis (Eds.), *Criteria for the establishment of neurotoxicity thresholds for occupational exposures on the basis of human neurobehavioral studies.* Weinheim: Wiley-VCH.

Deutsche Forschungsgemeinschaft (2006). *MAK- und BAT-Werte-Liste 2006.* Weinheim: Wiley-VCH.

Deutsche Gesetzliche Unfallversicherung (Hrsg.). (2007). BK 1317 – Polyneuropathie oder Encephalopathie durch organische Lösungsmittel oder deren Gemische. Bk-Report 2/2007, DGUV, Sankt Augustin.

Dick, R. B. & Ahlers, H. (1998). Chemicals in the workplace: Incorporating human neurobehavioral testing into the regulatory process. *American Journal of Industrial Medicine, 33,* 439–453.

Dick, R. B., Brown, W. D., Setzer, J. V., Taylor, B. J. & Shukla, R. (1988). Effects of short duration exposures to acetone and methyl ethyl ketone. *Toxicology Letters, 43,* 31–49.

Dick, R. B., Krieg, E. F. Jr., Setzer, J. & Taylor, B. (1992). Neurobehavioral effects from acute exposures to methyl isobutyl ketone and methyl ethyl ketone. *Fundamental and Applied Toxicology, 19,* 453–473.

Dick, R. B., Setzer, J. V., Taylor, B. J. & Shukla, R. (1989). Neurobehavioural effects of short duration exposures to acetone and methyl ethyl ketone. *British Journal of Industrial Medicine, 46,* 111–121.

Dick, R. B., Setzer, J. V., Wait, R., Hayden, M. B., Taylor, B. J., Tolos, B. & Putz-Anderson, V. (1984). Effects of acute exposure of toluene and methyl ethyl ketone on psychomotor performance. *International Archives of Occupational and Environmental Health, 54,* 91–109.

Donoghue, A. M., Dryson, E. W. & Wynn-Williams, G. (1995). Contrast sensitivity in organic-solvent-induced chronic toxic encephalopathy. *Journal of Occupational and Environmental Medicine, 37,* 1357–1363.

Doty, R. L., Cometto-Muñiz, J. E., Jalowayski, A. A., Dalton, P., Kendal-Reed, M. & Hodgson, M. (2004). Assessment of upper respiratory tract and ocular irritative effects of volatile chemicals in humans. *Critical Reviews in Toxicology, 34,* 85–142.

Doty, R. L., Deems, D. A., Frye, R. E., Pelberg, R. & Shapiro, A. (1988). Olfactory sensitivity, nasal resistance, and autonomic function in patients with multiple chemical sensitivities. *Archives of Otolaryngology – Head & Neck Surgery, 114,* 1422–1427.

Doty, R. L. & Hastings, L. (2001). Neurotoxic exposure and olfactory impairment. *Clinics in Occupational and Environmental Medicine (Neurotoxicology), 1,* 547–575.

Duncan, J. & Owen, A. M. (2000). Common regions of the human frontal lobe recruited by diverse cognitive demands. *Trends in Neurosciences, 23,* 475–483.

Dunckel, H. (1999). *Handbuch psychologischer Arbeitsanalyseverfahren.* Zürich: vdf.

Edling, C., Ekberg, K., Ahlborg, G. Jr., Alexandersson, R., Barregard, L., Ekenvall, L., Nilsson, L. & Svensson, B. G. (1990). Long-term follow up of workers exposed to solvents. *British Journal of Industrial Medicine, 47,* 75–82.

Edling, C. & Lundberg, P. (2000). The significance of neurobehavioral tests for occupational exposure limits: An example from Sweden. *Neurotoxicology, 21,* 653–658.

Eller, N., Netterstrom, B. & Laursen, P. (1999). Risk of chronic effects on the central nervous system at low toluene exposure. *Occupational Medicine (Oxford), 49,* 389–395.

Elofsson, S. A., Gamberale, F., Hindmarsh, T., Iregren, A., Isaksson, A., Johnsson, I., Knave, B., Lydahl, E., Mindus, P., Persson, H. E., Philipson, B., Steby, M., Struwe, G., Soderman, E., Wennberg, A. & Widen, L. (1980). Exposure to organic solvents. A cross-sectional epidemiologic investigation on occupationally exposed care and industrial spray painters with special reference to the nervous system. *Scandinavian Journal of Work, Environment & Health, 6,* 239–273.

Emmen, H. H., Muijser, H., Arts, J. H. & Prinsen, M. K. (2003). Human volunteer study with PGME: Eye irritation during vapour exposure. *Toxicology Letters, 140–141,* 249–259.

Erzigkeit, H. (1986). *Manual zum SKT. Formen A-E. Ein Kurztest zur Erfassung von Aufmerksamkeits- und Gedächtnisstörungen.* Ebersberg: Vless.

Euler, G. von, Ogren, S. O., Eneroth, P., Fuxe, K. & Gustafsson, J. A. (1994). Persistent effects of 80 ppm toluene on dopamine-regulated locomotor activity and prolactin secretion in the male rat. *Neurotoxicology, 15,* 621–624.

Euler, G. von, Ogren, S. O., Li, X. M., Fuxe, K. & Gustafsson, J. A. (1993). Persistent effects of subchronic toluene exposure on spatial learning and memory, dopamine-mediated locomotor activity and dopamine D2 agonist binding in the rat. *Toxicology, 77,* 223–232.

Fahrenberg, J., Hampel, R. & Selg, H. (1984). *Das Freiburger Persönlichkeitsinventar (FPI). Revidierte Fassung. FPI-R und teilweise geänderte Fassung. FPI-Al.* Göttingen: Hogrefe.

Farahat, F. M., Rohlman, D. S., Storzbach, D., Ammerman, T. & Anger, W. K. (2003). Measures of short-term test-retest reliability of computerized neurobehavioral tests. *Neurotoxicology, 24,* 513–521.

Fechter, L. D. (1995). Combined effects of noise and chemicals. *Occupational Medicine (Philadelphia, PA), 10,* 609–621.

Fechter, L. D. (1999). Mechanisms of ototoxicity by chemical contaminants: Prospects for intervention. *Noise & Health, 1,* 10–27.

Fechter, L. D., Klis, S. F., Shirwany, N. A., Moore, T. G. & Rao, D. B. (2003). Acrylonitrile produces transient cochlear function loss and potentiates permanent noise-induced hearing loss. *Toxicological Sciences, 75,* 117–123.

Feldman, R. G. (1999). *Occupational and Environmental Neurotoxicology*. Philadelphia, PA: Lippincott-Raven.

Feron, V. J., Art, J. H. & Mojet, J. (2001). Approach to setting occupational exposure limits for sensory irritants in The Netherlands. *American Industrial Hygiene Association Journal, 62,* 733–735.

Fodor, G. (1972). *Schädliche Dämpfe.* Düsseldorf: VDI.

Franck, C. & Skov, P. (1991). Evaluation of two different questionnaires used for diagnosing ocular manifestations in the Sick Building Syndrome on the basis of an objective index. *Indoor Air, 1,* 5–11.

Frieling, E. & Hoyos, Graf C. (1978). *Der Fragebogen zur Arbeitsplatzanalyse (FAA).* Bern: Huber.

Gagnaire, F. & Langlais, C. (2005). Relative ototoxicity of 21 aromatic solvents. *Archives of Toxicology, 79,* 346–354.

Gamberale, F., Annwall, G. & Hultengren, M. (1975a). Exposure to methylene chloride. II. Psychological functions. *Scandinavian Journal of Work, Environment & Health, 1,* 95–103.

Gamberale, F., Annwall, G. & Hultengren, M. (1975b). Exposure to white spirit. II. Psychological functions. *Scandinavian Journal of Work, Environment & Health, 1,* 31–39.

Gamberale, F., Annwall, G. & Hultengren, M. (1978). Exposure to xylene and ethylbenzene. III. Effects on central nervous functions. *Scandinavian Journal of Work, Environment & Health, 4,* 204–211.

Gamberale, F., Iregren, A. & Kjellberg, A. (1989). *SPES: The computerized Swedish performance evaluation system.* Solna: National Institute of Occupational Health.

Geller, A. M. (2005). Homology of assessment of visual function in human and animal models. *Environmental Toxicology and Pharmacology, 19,* 485–490.

Gerr, F. & Letz, R. (2000). Epidemiological case definitions of peripheral neuropathy: experience from two neurotoxicity studies. *Neurotoxicology, 21,* 761–768.

Gilioli, R., Cassitto, M. G. & Foa, V. (Eds.). (1983, June). *Neurobehavioral Methods in Occupational Health.* Paper presented at the International Symposium on Neurobehavioral Methods in Occupational Health, Milan.

Gobba, F. (2000). Color vision: A sensitive indicator of exposure to neurotoxins. *Neurotoxicology, 21,* 857–862.

Gobba, F. (2003). Occupational exposure to chemicals and sensory organs: A neglected research field. *Neurotoxicology, 24,* 675–91.

Gobba, F. & Cavalleri, A. (2003). Color vision impairment in workers exposed to neurotoxic chemicals. *Neurotoxicology, 24,* 693–702.

Gong, Y., Kishi, R., Kasai, S., Katakura, Y., Fujiwara, K., Umemura, T., Kondo, T., Sato, T., Sata, F., Tsukishima, E., Tozaki, S., Kawai, T. & Miyama, Y. (2003). Visual dysfunction in workers exposed to a mixture of organic solvents. *Neurotoxicology, 24,* 703–710.

Gong, Y. Y., Kishi, R., Katakura, Y., Tsukishima, E., Fujiwara, K., Kasai, S., Satoh, T., Sata, F. & Kawai, T. (2002). Relation between colour vision loss and occupational styrene exposure level. *Occupational and Environmental Medicine, 59,* 824–829.

Good, G. W., Schepler, A. & Nichols, J. J. (2005) The reliability of the Lanthony Desaturated D–15 test. *Optometry and Vision Science, 82,* 1054–1059.

Goodman, M., LaVerda, N., Clarke, C., Foster, E. D., Iannuzzi, J. & Mandel, J. (2002). Neurobehavioural testing in workers occupationally exposed to lead: systematic review and meta-analysis of publications. *Occupational and Environmental Medicine. 59*, 217–223.

Goodman, M., LaVerda, N. & Mandel, J. (2001). Commentary on „A meta-analysis for neurobehavioural results due to occupational lead exposure with blood lead concentrations < 70 microg/100 ml" by M. Meyer-Baron and A. Seeber. *Archives of Toxicology, 75*, 439–442.

Gorell, J. M., Johnson, C. C., Rybicki, B. A., Peterson, E. L., Kortsha, G. X., Brown, G. G. & Richardson, R. J. (1999). Occupational exposure to manganese, copper, lead, iron, mercury and zinc and the risk of Parkinson's disease. *Neurotoxicology, 20*, 239–247.

Grandjean, P. (Ed.). (1985, August). *Neurobehavioral Methods in Occupational and Environmental Health.* Extended abstracts from the Second International Symposium, Copenhagen.

Graveling, R. A., Pilkington, A., George, J. P., Butler, M. P. & Tannahill, S. N. (1999). A review of multiple chemical sensitivity. *Occupational and Environmental Medicine, 56*, 73–85.

Green, D. J., Sauder, L. R., Kulle, T. J. & Bascom, R. (1987). Acute response to 3.0 ppm formaldehyde in exercising healthy nonsmokers and asthmatics. *American Review of Respiratory Disease, 135*, 1261–1266.

Hacker, W. & Kühn, M. (1968). Zur Anwendung psychodiagnostischer Untersuchungsverfahren bei berufsbedingten Vergiftungen durch neurotoxische Substanzen. In W. Grund (Hrsg.), *Toxikologie und Arbeitsmedizin. Ausgewählte Vorträge aus Fortbildungslehrgängen 1965–1967* (S. 189–207). Berlin: Volk und Gesundheit.

Hänninen, H. (1971). Psychological picture of manifest and latent carbon disulfide poisoning. *British Journal of Industrial Medicine, 28*, 374–381.

Hänninen, H. (1985) Twenty-five years of behavioral toxicology within occupational medicine: A personal account. *American Journal of Industrial Medicine, 7*, 19–30.

Hastings, L. (1990). Sensory neurotoxicology: Use of the olfactory system in the assessment of toxicity. *Neurotoxicology and Teratology, 12*, 455–459.

Haumann, K., Kiesswetter, E., van Thriel, C., Blaszkewicz, M., Golka, K. & Seeber, A. (2003). Breathing and heart rate during experimental solvent exposure of young adults with self-reported multiple chemical sensitivity (sMCS). *Neurotoxicology, 24*, 179–186.

Health and Safety Executive (2005, February). *Health & Safety Executives.* Unpublished draft, cited in European Union Risk Assessment Report Styrene, United Kingdom.

Herbig, C. (1971). Psychologische Untersuchungen zur Wirkung von CS2 in Abhängigkeit vom Geschlecht der exponierten Arbeitskräfte. *Zeitschrift für die gesamte Hygiene und ihre Grenzgebiete, 17*, 831–834.

Hoek, J. A. van der, Verberk, M. M. & Hageman, G. (2000). Criteria for solvent-induced chronic toxic encephalopathy: A systematic review. *International Archives of Occupational and Environmental Health, 73*, 362–368.

Hogstedt, C., Andersson, K. & Hane, M. (1984). A questionnaire approache to the monitoring of early disturbances in central nervous functions. In A. Aito, V. Riihimäki & H. Vainio (Eds.), *Biological monitoring and surveillance of workers exposed to chemicals* (pp. 275–287). Washington, DC: Hemisphere.

Hout, M. S. van, Schmand, B., Wekking, E. M., Hageman, G. & Deelman, B. G. (2003). Suboptimal performance on neuropsychological tests in patients with suspected chronic toxic encephalopathy. *Neurotoxicology, 24,* 547–551.

Hoyos, Graf C. & Ruppert, F. (1993). *Der Fragebogen zur Sicherheitsdiagnose FSD.* Bern: Huber.

Hudnell, H. K., Otto, D. A. & House, D. E. (1996). The influence of vision on computerized neurobehavioral test scores: A proposal for improving test protocols. *Neurotoxicology and Teratology, 18,* 391–400.

Hummel, T., Guel, H. & Delank, W. (2004). Olfactory sensitivity of subjects working in odorous environments. *Chemical Senses, 29,* 533–536.

Hunting, K. L., Matanoski, G. M., Larson, M. & Wolford, R. (1991). Solvent exposure and the risk of slips, trips, and falls among painters. *American Journal of Industrial Medicine, 20,* 353–370.

Hauptverband der Berufsgenossenschaften (Hrsg.). (1995). *Innenraumluftqualität. BIA-Report 2/95.* Sankt Augustin: BIA.

Ihrig, A., Triebig, G. & Dietz, M. C. (2001). Evaluation of a modified German version of the Q 16 questionnaire for neurotoxic symptoms in workers exposed to solvents. *Occupational and Environmental Medicine, 58,* 19–23.

Iregren, A. (1996). Behavioral methods and organic solvents: Questions and consequences. *Environmental Health Perspectives, 104* (Suppl. 2), 361–366.

Iregren, A. (1998). Computer-assisted testing. In L. G. Costa & L. Manzo (Eds.), *Occupational Neurotoxicology* (pp. 213–232). Boca Raton, FL: CRC Press.

Iregren, A., Andersson, M. & Nylen, P. (2002). Color vision and occupational chemical exposures. II. Visual functions in non-exposed subjects. *Neurotoxicology, 23,* 735–745.

Iregren, A., Gamberale, F. & Kjellberg, A. (1996). SPES: A psychological test system to diagnose environmental hazards. Swedish Performance Evaluation System. *Neurotoxicology and Teratology, 18,* 485–91.

Iregren, A., Sjogren, B., Gustafsson, K., Hagman, M., Nylen, L., Frech, W., Andersson, M., Ljunggren, K. G. & Wennberg, A. (2001). Effects on the nervous system in different groups of workers exposed to aluminium. *Occupational and Environmental Medicine, 58,* 453–460.

Jaaskelainen, I. P., Schroger, E. & Naatanen, R. (1999). Electrophysiological indices of acute effects of ethanol on involuntary attention shifting. *Psychopharmacology, 141,* 16–21.

Jaekel-Reinhard, A., Schaller, K. H., Weltle, D., Lehnert, G. & Drexler, H. (2001). Entwicklung der beruflichen Bleibelastung verschiedener Berufszweige in Deutschland von 1989–2000. In H. Drexler & H. C. Broding (Hrsg.), *Dokumentation 41. Kongress der DGAUM in Erlangen 25–28. April 2001* (S. 183–187). Fulda: Rindt.

Johnson, B. L. (1987). *Prevention of neurotoxic illness in working populations.* New York, NY: Wiley.

Kahkonen, S., Ahveninen, J., Pekkonen, E., Kaakkola, S., Huttunen, J., Ilmoniemi, R. J. & Jaaskelainen, I. P. (2002). Dopamine modulates involuntary attention shifting and reorienting: an electromagnetic study. *Clinical Neurophysiology, 113,* 1894–1902.

Kang, S. K. (2000). The applicability of WHO-NCTB in Korea. *Neurotoxicology, 21,* 697–701.

Karlson, B., Osterberg, K. & Orbaek, P. (2000). Euroquest: The validity of a new symptom questionnaire. *Neurotoxicology, 21,* 783–789.

Kentner, M. & Hofmann-Kamensky, M. (2000). Absenkung des BAT-Wertes für Blutblei – Folgenabschätzung für die Bleibatterieproduktion und den Gesundheitsschutz in Deutschland. *Arbeitsmedizin, Sozialmedizin, Umweltmedizin, 35,* 413–421.

Kiesswetter, E., Sietmann, B. & Seeber, A. (1997). Standardization of a questionnaire for neurotoxic symptoms. *Environmental Research, 73,* 73–80.

Kiesswetter, E., van Thriel, C., Schäper, M., Blaszkewicz, M. & Seeber, A. (2005). Eye blinks as indicator for sensory irritation during constant and peak exposures to 2-ethylhexanol. *Environmental Toxicology and Pharmacology, 19,* 531–541.

Kiesswetter, E., Sietmann, B., Zupanic, M., van Thriel, C., Golka, K. & Seeber, A. (1999). Verhaltenstoxikologische Aspekte der Prävalenz und Ätiologie „multipler chemischer Sensitivität". *Allergologie, 22,* 719–735.

Kinnear, P. R. & Sahraie, A. (2002). New Farnsworth-Munsell 100 hue test norms of normal observers for each year of age 5–22 and for age decades 30–70. *British Journal of Ophthalmology, 86,* 1408–1411.

Klimek, L., Hundorf, I., Delank, K. W. & Hormann, K. (2002). Assessment of rhinological parameters for evaluating the effects of airborne irritants to the nasal epithelium. *International Archives of Occupational and Environmental Health, 75,* 291–297.

Kulle, T. J. (1993). Acute odor and irritation response in healthy non-smokers with formaldehyde exposure. *Inhalation Toxicology, 5,* 323–332.

Lang, I., Bruckner, T. & Triebig, G. (2008). Formaldehyde and chemosensory irritation in humans: A controlled human exposure study. *Regulatory Toxicology and Pharmacology, 50,* 23–36.

Laursen, P. (1990). A computer-aided technique for testing cognitive functions. Validated on a sample of Danes 30 to 60 years of age. *Acta Neurologica Scandinavica, 131* (Suppl.), 1–108.

Letz, R. (1991). Use of computerized test batteries for quantifying neurobehavioral outcomes. *Environmental Health Perspectives, 90,* 195–198.

Letz, R. (2003). Continuing challenges for computer-based neuropsychological tests. *Neurotoxicology, 24,* 479–489.

Letz, R., DiIorio, C. K., Shafer, P. O., Yeager, K. A., Schomer, D. L. & Henry, T. R. (2003). Further standardization of some NES3 tests. *Neurotoxicology, 24,* 491–501.

Letz, R. & Gerr, F. (1995). Standing steadiness measurements: Empirical selection of testing protocol and outcome measures. *Neurotoxicology and Teratology, 17,* 611–616.

Letz, R., Gerr, F., Harris-Abbott, D. & Dick, R. (1996b). A comparison of standing steadiness measurements from two devices: Covariates and normal values. *Neurotoxicology and Teratology, 18,* 83–88.

Letz, R., Pieper, W. A. & Morris, R. D. (1996a). NES test performance in a large US army veteran sample: Relationships with both demographic factors and traditional neuropsychological measures. *Neurotoxicology and Teratology, 18,* 381–390.

Lezak, M. D. (1995). *Neuropsychological assessment.* Oxford: HDI.

Loquet, G., Campo, P. & Lataye, R. (1999). Comparison of toluene-induced and styrene-induced hearing losses. *Neurotoxicology and Teratology, 21,* 689–697.

Lucchini, R., Selis, L., Folli, D., Apostoli, P., Mutti, A., Vanoni, O., Iregren, A. & Alessio, L. (1995). Neurobehavioral effects of manganese in workers from a ferroalloy plant after temporary cessation of exposure. *Scandinavian Journal of Work, Environment & Health, 21,* 143– 149.

Lukas, E. (1969). Leitgeschwindigkeit bei peripherer Nerven bei Schwefelkohlenstoff ausgesetzten Personen. *International Journal of Clinical Pharmacology, Therapy and Toxicology, 2,* 354–358.

Lundberg, I., Hogberg, M., Michelsen, H., Nise, G. & Hogstedt, C. (1997). Evaluation of the Q16 questionnaire on neurotoxic symptoms and a review of its use. *Occupational and Environmental Medicine, 54,* 343–350.

Mackay, C. J. & Kelman, G. R. (1986). Choice reaction time in workers exposed to styrene vapour. *Human Toxicology, 5,* 85–89.

Mackensen von Astfeld, S. (2000). *Das Sick-Building-Syndrom unter besonderer Berücksichtigung des Einflusses von Mobbing.* Hamburg: Dr. Kovac.

Makitie, A., Pirvola, U., Pyykkö, I., Sakakibara, H., Riihimäki, V. & Ylikoski, J. (2002). Functional and morphological effects of styrene on the auditory system of the rat. *Archives of Toxicology, 76,* 40–47.

Mantere, P., Haenninen, H., Hernberg, S. & Luukkonen, R. (1984). A prospective follow-up study on psychological effects in workers exposed to low levels of lead. *Scandinavian Journal of Work, Environment & Health, 10,* 43–50.

Marbury, M. C. & Woods, J. E. (1991). Building-related illnesses. In J. M. Samet & J. D. Spengler (Eds.), *Indoor air pollution. A health perspective* (pp. 306–322). Baltimore, MD: Johns Hopkins University.

Meklin, T., Potus, T., Pekkanen, J., Hyvarinen, A., Hirvonen, M. R. & Nevalainen, A. (2005). Effects of moisture-damage repairs on microbial exposure and symptoms in schoolchildren. *Indoor Air, 15* (Suppl. 10), 40–47.

Mergler, D., Huel, G., Belanger, S., Bowler, R. M., Truchon, G., Drolet, D. & Ostiguy, C. (1996). Surveillance of early neurotoxic dysfunction. *Neurotoxicology, 17,* 803–812.

Meyer, H. W., Jensen, K. A., Nielsen, K. F., Kildeso, J., Norn, S., Permin, H., Poulsen, L. K., Malling, H. J., Gravesen, S. & Gyntelberg, F. (2005a). Double blind placebo controlled exposure to molds: exposure system and clinical results. *Indoor Air, 15* (Suppl. 10), 73–80.

Meyer, H. W., Wurtz, H., Suadicani, P., Valbjorn, O., Sigsgaard, T. & Gyntelberg, F. (2005b). Molds in floor dust and building-related symptoms among adolescent school children: A problem for boys only? *Indoor Air, 15* (Suppl. 10), 17–24.

Meyer-Baron, M., Blaszkewicz, M., Henke, H., Knapp, G., Muttray, A., Schäper, M. & van Thriel, C. (2008). The impact of solvent mixtures on neurobehavioral performance-Conclusions form epidemiological data, *Neurotoxicology,* doi:10.1016/j.neuro.2008.02.005.

Meyer-Baron, M., Schäper, M. & Seeber, A. (2002). A meta-analysis for neurobehavioural results due to occupational mercury exposure. *Archives of Toxicology, 76,* 127–136.

Meyer-Baron, M., Schäper, M. & van Thriel, C. (2005). Erste Ergebnisse einer Metaanalyse zur Wirkung von Lösungsmittelgemischen am Arbeitsplatz. In L. Packebusch, B. Weber & S. Laumen (Hrsg.), *Psychologie der Arbeitssicherheit und Gesundheit* (S. 347–350). Kröning: Asanger.

Meyer-Baron. M., Schäper, M., van Thriel, C. & Seeber, A. (2004). Neurobehavioral test results and exposure to inorganic mercury: in search of dose-response relations. *Archives of Toxicology, 78,* 207–211.

Meyer-Baron, M. & Seeber, A. (2000). A meta-analysis for neurobehavioural results due to occupational lead exposure with blood lead concentrations < 70 µg/100 ml. *Archives of Toxicology, 73,* 510–518.

Mikkelsen, S. (1980). A cohort study of disability pension and death among painters with special regard to disabling presenile dementia as an occupational disease. *Scandinavian Journal of Social Medicine, 16* (Suppl.), 34–43.

Mikkelsen, S. (1995). Solvent encephalopathy: Disability pension studies and other case studies. In L. W. Chang & R. S. Dyer (Eds.), *Handbook of Neurotoxicology* (pp. 323–338). New York, NY: Dekker.

Mikkelsen, S., Jorgensen, M., Browne, E. & Gyldensted, C. (1988). Mixed solvent exposure and organic brain damage. A study of painters. *Acta Neurologica Scandinavica, 118* (Suppl.), 1–143.

Miller, E. K. & Cohen, J. D. (2001). An integrative theory of prefrontal cortex function. *Annual Review of Neuroscience, 24,* 167–202.

Miller, L. (1993). Toxic torts: Clinical, neuropsychological, and forensic aspects of chemical and electrical injuries. *Journal of Cognitive Rehabilitation, 11,* 6–18.

Mølhave, L. (1992). Design considerations for experiments at exposure levels below TLVs. *Applied Psychology: An International Review, 41,* 229–238.

Mølhave, L., Bach, B. & Pedersen, O. F. (1986). Human reactions to low concentrations of volatile organic compounds. *Environment International, 12,* 167–175.

Morata, T. C. (1989). Study of the effects of simultaneous exposure to noise and carbon disulfide on workers' hearing. *Scandinavian Audiology, 18,* 53–8.

Morata, T. C. & Campo, P. (2002). Ototoxic effects of styrene alone or in concert with other agents: A review. *Noise & Health, 4,* 15–24.

Morata, T. C., Dunn, D. E. & Sieber, W. K. (1994). Occupational exposure to noise and ototoxic organic solvents. *Archives of Environmental Health, 49,* 359–365.

Morata, T. C., Fiorini, A. C., Fischer, F. M., Colacioppo, S., Wallingford, K. M., Krieg, E. F., Dunn, D. E., Gozzoli, L., Padrao, M. A. & Cesar, C. L. (1997). Toluene-induced hearing loss among rotogravure printing workers. *Scandinavian Journal of Work, Environment & Health, 23,* 289–298.

Morata T. C. & Little M. B. (2002). Protocol: Suggested guidelines for studying the combined effects of occupational exposure to noise and chemicals on hearing. *Noise & Health, 14,* 73– 87.

Muttray, A., Jung, D., Klimek, L. & Kreiner, C. (2002). Effects of an external exposure to 200 ppm methyl ethyl ketone on nasal mucosa in healthy volunteers. *International Archives of Occupational and Environmental Health, 75,* 197–200.

Muttray, A., Kurten, R., Jung, D., Schicketanz, K. H. & Konietzko, J. (2001). Acute effects on the human EEG after an external exposure to 200 ppm methanol. *International Archives of Occupational and Environmental Health, 74,* 43–48.

Muttray, A., Kurten, R., Jung, D., Schicketanz, K. H., Mayer-Popken, O. & Konietzko, J. (2000). Acute effects of 200 ppm 1,1,1-trichloroethane on the human EEG. *European Journal of Medical Research, 5,* 375–384.

Norback, D. & Wieslander, G. (2002). Biomarkers and chemosensory irritations. *International Archives of Occupational and Environmental Health, 75,* 298–304.

Nordling Nilson, L., Sällsten, G., Hagberg, S., Bäckman, L. & Barregård, L. (2002). Influence of solvent exposure and aging on cognitive functioning: An 18 year follow up of formerly exposed floor layers and their controls. *Occupational and Environmental Medicine, 59,* 49–57.

Organisation for Economic Co-operation and Development and World Health Organization, International Programme on Chemical Safety (2001). *Project on the harmonization of chemical hazard/risk assessment terminology: Critical analysis of survey results.* OECD/WHO/IPCS.

Oerbaek, P. & Lindgren, M. (1988). Prospective clinical and psychometric investigation of patients with chronic toxic encephalopathy induced by solvents. *Scandinavian Journal of Work, Environment & Health, 14,* 37–44.

Oerbaek, P., Persson, R. & Österberg, K. (2005). Impact of trait anxiety and social conformity on responses to experimental chemical challenge. *Environmental Toxicology and Pharmacology, 19,* 659–664.

Osterberg, K., Persson, R., Karlson, B. & Orbaek, P. (2004). Annoyance and performance of three environmentally intolerant groups during experimental challenge with chemical odors. *Scandinavian Journal of Work, Environment & Health, 30,* 486–496.

Otto, D. A. & Fox, D. A. (1993). Auditory and visual dysfunction following lead exposure. *Neurotoxicology, 14,* 191–207.

Otto, D. A., Mølhave, L., Hudnell, H. K., Goldstein, G. & O'Neill, J. (1990). *Indoor air – health. Neurotoxic effects of controlled exposure to a complex mixture of volatile organic compounds.* Springfield, VA: National Technical Information Service.

Owen, A. M., McMillan, K. M., Laird, A. R. & Bullmore, E. (2005). N-back working memory paradigm: A meta-analysis of normative functional neuroimaging studies. *Human Brain Mapping, 25,* 46–59.

Paramei, G. V., Meyer-Baron, M. & Seeber, A. (2004). Impairments of colour vision induced by organic solvents: A meta-analysis study. *Neurotoxicology, 25,* 803–816.

Park, J., Yoo, C. I., Sim, C. S., Kim, H. K., Kim, J. W., Jeon, B. S., Kim, K. R., Bang, O. Y., Lee, W. Y., Yi, Y., Jung, K. Y., Chung, S. E. & Kim, Y. (2005). Occupations and Parkinson's disease: A multi-center case-control study in South Korea. *Neurotoxicology, 26,* 99–105.

Peper, M. (1999). Neuropsychological toxicology: Selected fields of research and of application. *European Psychologist, 4,* 90–105.

Posner, M. I. (2004). *Cognitive neuroscience of attention.* New York, NY: Guilford.

Preller, L., Kromhout, H., Heederik, D. & Tielen, M. J. M. (1995). Modelling long-term average exposure in occupational exposure-response analysis. *Scandinavian Journal of Work, Environment and Health, 21,* 504–512.

Proctor, S. P., Letz, R. & White, R. F. (2000). Validity of a computer-assisted neurobehavioral test battery in toxicant encephalopathy. *Neurotoxicology, 21,* 703–14.

Rahill, A. A., Weiss, B., Morrow, P. E., Frampton, M. W., Cox, C., Gibb, R., Gelein, R., Speers, D. & Utell, M. J. (1996). Human performance during exposure to toluene. *Aviation, Space, and Environmental Medicine, 67,* 640–647.

Rappaport, S. M. (1991). Review: Assessment of long-term exposures to toxic substances in air. *Annals of Occupational Hygiene, 35,* 61–121.

Rasmussen, H., Olsen, J. & Lauritsen, J. (1985). Risk of encephalopathia among retired solvent-exposed workers. A case-control study among males applying for nursing home accommodation or other types of social support facilities. *Journal of Occupational Medicine, 27,* 561–566.

Ridderinkhof, K. R., de Vlugt, Y., Bramlage, A., Spaan, M., Elton, M., Snel, J. & Band, G. P. (2002). Alcohol consumption impairs detection of performance errors in mediofrontal cortex. *Science, 298,* 2209–2211.

Roels, H. A., Ortega Eslava, M. I., Ceulemans, E., Robert, A. & Lison, D. (1999). Prospective study on the reversibility of neurobehavioral effects in workers exposed to manganese dioxide. *Neurotoxicology, 20,* 255–271.

Rohlman, D. S., Bailey, S. R., Anger, W. K. & McCauley, L. (2001). Assessment of neurobehavioral function with computerized tests in a population of hispanic adolescents working in agriculture. *Environmental Research, 85,* 14–24.

Rohlman, D. S., Gimenes, L. S., Eckerman, D. A., Kang, S. K., Farahat, F. M. & Anger, W. K. (2003). Development of the Behavioral Assessment and Research System (BARS) to detect and characterize neurotoxicity in humans. *Neurotoxicology, 24,* 523–531.

Rosén, G. (2001). Toppexponering och visualisering med PIMEX. In Norge's Statens arbeidsmiljöinstitutt (Ed.), *48. Nordiske arbeidsmiljömöte* (S. 169–170). Trondheim: Norge's Statens arbeidsmiljöinstitutt.

Ross, P. M., Whysner, J., Covello, V. T., Kuschner, M., Rifkind, A. B., Sedler, M. J., Trichopoulos, D. & Williams, G. M. (1999). Olfaction and symptoms in the multiple chemical sensitivities syndrome. *Preventive Medicine, 28,* 467–480.

Rouch, I., Wild, P., Fontana, J. M. & Chouaniere, D. (2003): Evaluation of the French version of EUROQUEST: A questionnaire for neurotoxic symptoms. *Neurotoxicology, 24,* 541–546.

Royal Society of Chemistry (Ed.). (1990). *Long-term neurotoxic effects of paint solvents.* Luxemburg: Commission of the European Communities.

Runeson, R. & Norback, D. (2005). Associations among sick building syndrome, psychosocial factors, and personality traits. *Perceptual and Motor Skills, 100,* 747–759.

Saijo, Y., Kishi, R., Sata, F., Katakura, Y., Urashima, Y., Hatakeyama, A., Kobayashi, S., Jin, K., Kurahashi, N., Kondo, T., Gong, Y. Y. & Umemura, T. (2004). Symptoms in relation to chemicals and dampness in newly built dwellings. *International Archives of Occupational and Environmental Health, 77,* 461–470.

Schachter, E. N., Witek, T. J., Brody, D. J., Tosun, T. & Beck, G. J. (1987). A study of respiratory effects from expsoure to 2.0 ppm formaldehyde in occupationally exposed workers. *Environmental Research, 44,* 188–205.

Schäper, M., Cuno, E., Zupanic, M. & Seeber, A. (2004a, June). Exposure assessment and dose-response relationship: Improving the accuracy of estimation. In R. Lucchini & L. Alessio (Eds.), *Neurobehavioral methods and effects in occupational and environmental health.* Paper presented at the 8th International Symposium, Brescia, Italy.

Schäper, M., Demes, P., Kiesswetter, E., Zupanic, M. & Seeber, A. (2004b). Colour vision and occupational toluene exposure: results of repeated examinations. *Toxicology Letters, 151,* 193–202.

Schäper, M., Demes, P., Zupanic, M., Blaszkewicz, M. & Seeber, A. (2003). Occupational toluene exposure and auditory function: Results from a follow-up study. *Annals of Occupational Hygiene, 47,* 493–502.

Schäper, M., Kiesswetter, E., Zupanic, M. & Seeber, A. (2000). Der Psychologisch-neurologische Fragebogen (PNF): Normwerte nach 844 Anwendungen. In G. Schäcke & P. Lüth (Hrsg.), *Dokumentationsband 40. Jahrestagung der Deutschen Gesellschaft für Arbeitsmedizin und Umweltmedizin* (S. 172–174). Lübeck: DGAUM.

Schiffman, S. S. & Nagle, H. T. (1992). Effect of environmental pollutants on taste and smell. *Otolaryngology – Head and Neck Surgery, 106,* 693–700.

Schneider, H. & Seeber, A. (1978). Psychodiagnostik bei der Erfassung neurotoxischer Wirkungen chemischer Schadstoffe. *Zeitschrift für Psychologie, 187,* 178–205.

Schwartz, B. S., Doty, R. L., Monroe, C., Frye, R. & Barker, S. (1989). Olfactory function in chemical workers exposed to acrylate and methacrylate vapors. *American Journal of Public Health, 79,* 613–618.

Schwartz, B. S., Ford, D. P., Bolla, K. I., Agnew, J. & Bleecker, M. L. (1991). Solvent-associated olfactory dysfunction: Not a predictor of deficits in learning and memory. *American Journal of Psychiatry, 148,* 751–756.

Schwartz, B. S., Lee, B. K., Bandeen-Roche, K., Stewart, W., Bolla, K., Links, J., Weaver, V. & Todd, A. (2005). Occupational lead exposure and longitudinal decline in neurobehavioral test scores. *Epidemiology, 16,* 106–113.

Seeber, A. (in Vorb.). Gefahrstoffe und Altlasten. In V. Linneweber & E.-D. Lantermann (Hrsg.), *Spezifische Umwelten und umweltbezogenes Handeln* (Enzyklopädie der Psychologie, Serie Umweltpsychologie, Bd. 2). Göttingen: Hogrefe.

Seeber, A., Blaszkewicz, M., Golka, K., Hallier, E., Kiesswetter, E., Schäper, M. & van Thriel, C. (2004a). Neurobehavioral effects of experimental exposures to low levels of styrene. *Toxicology Letters, 151,* 183–92.

Seeber, A., Blaszkewicz, M., Golka, K. & Kiesswetter, E. (1997). Solvent exposure and ratings of well-being: Dose-effect relationships and consistency of data. *Environmental Research, 73,* 81–91.

Seeber, A., Demes, P., Golka, K., Kiesswetter, E., Schäper, M., van Thriel, C. & Zupanic, M. (2000). Subjective symptoms due to solvent mixtures, dioxin, and toluene: Impact of exposure versus personality factors. *Neurotoxicology, 21,* 677–684.

Seeber, A., Kiesswetter, E., Meyer-Baron, M., Müller, M., Vangala, R. R. & Zupanic, M. (1998). Das Sick Building Syndrom als psychologisches Problem. *Allergologie, 21,* 209–219.

Seeber, A., Meyer-Baron, M. & Schäper, M. (2002a). A summary of two meta-analyses on neurobehavioral effects due to occupational lead exposure. *Archives of Toxicology, 76,* 137–145.

Seeber, A., Schäper, M., Zupanic, M., Blaszkewicz, M., Demes, P., Kiesswetter, E. & van Thriel, C. (2004b). Toluene exposure below 50 ppm and cognitive functions: A follow up study with four repeated measurements in rotogravure printing plants. *International Archives of Environmental & Occupational Health, 77,* 1–9.

Seeber, A., Schneider, H. & Zeller, H. J. (1978). Ein psychologisch-neurologischer Fragebogen (PNF) als Screeningmethode zur Beschwerdeerfassung bei neurotoxisch Exponierten. *Probleme und Ergebnisse der Psychologie, 65,* 23–43.

Seeber, A., van Thriel, C., Haumann, K., Kiesswetter, E., Blaszkewicz, M. & Golka, K. (2002b). Psychological reactions related to chemosensory irritation. *International Archives of Occupational and Environmental Health, 75,* 314–325.

Seppälainen, A. M. (1988). Neurophysiological approaches to the detection of early neurotoxicity in humans. *Critical Reviews in Toxicology, 18,* 245–298.

Seppälainen, A. M., Tolonen, M., Karli, P., Hänninen, H. & Hernberg, S. (1972). Neurophysiological findings in chronic carbon disulfide poisoning. A descriptive study. *Work Environmental Health, 2,* 71–75.

Sethre, T., Laubli, T., Berode, M., Hangartner, M. & Krueger, H. (2000b). Experimental exposure to methylformate and its neurobehavioral effects. *International Archives of Occupational and Environmental Health, 73,* 401–409.

Sethre, T., Laubli, T., Berode, M. & Krueger, H. (2000c). Neurobehavioural effects of experimental isopropanol exposure. *International Archives of Occupational and Environmental Health, 73,* 105–112.

Sethre, T., Laubli, T., Hangartner, M., Berode, M. & Krueger, H. (2000a). Isopropanol and methylformate exposure in a foundry: Exposure data and neurobehavioural measurements. *International Archives of Occupational and Environmental Health, 73,* 528–536.

Shusterman, D. (2001). Odor-associated health complaints: Competing explanatory models. *Chemical Senses, 26,* 339–343.

Siegel, S. (1999). Multiple chemical sensitivity as a conditional response. *Toxicology and Industrial Health, 15,* 323–330.

Siegel, S. & Kreutzer, R. (1997). Pavlovian conditioning and multiple chemical sensitivity. *Environmental Health Perspectives, 105* (Suppl. 2), 521–526.

Sietmann, B., Wameling, A., Blaszkewicz, M., van Thriel, C., Zupanic, M. & Seeber, A. (1998). Zur Bestimmung individueller Lösungsmittelbelastungen aus Tätigkeitsmerkmalen und technologischen Parametern. In E. Hallier & J. Bünger (Hrsg.), *Dokumentationsband 38. Jahrestagung der Deutschen Gesellschaft für Arbeitsmedizin und Umweltmedizin in Wiesbaden* (S. 797–799). Lübeck: DGAUM.

Sliwinska-Kowalska, M., Prasher, D., Rodrigues, C. A., Zamyslowska-Szmytke, E., Campo, P., Henderson, D., Lund, S. P., Johnson, A-C., Schäper, M., Ödkvist, L., Stark, J., Toppila, E., Schneider, E., Möller, C., Fuente, A. & Gopal, K. V. (2007). Ototoxicity of organic solvents – From scientific evidence to health policy. *International Journal of Occupational Medicine and Environmental Health, 20,* 215–222.

Sliwinska-Kowalska, M., Zamyslowska-Szmytke, E., Szymczak, W., Kotylo, P., Fiszer, M., Wesolowski, W. & Pawlaczyk-Luszczyska, M. (2005). Exacerbation of noise-induced hearing loss by co-exposure to workplace chemicals. *Environmental Toxicology and Pharmacology, 19,* 547–554.

Smeets, M. & Dalton, P. (2002). Perceived odor and irritation of isopropanol: A comparison between naive controls and occupationally exposed workers. *International Archives of Occupational and Environmental Health, 75,* 541–8.

Sparks, P. J. (2000). Idiopathic environmental intolerances: Overview. *Occupational medicine, 15,* 497–510.

Spencer, P. S., Schaumburg, H. H. & Ludolph, A. C. (Eds.). (2000). *Experimental and Clinical Neurotoxicology.* New York, NY: Oxford University Press.

Spurgeon, A., Gompertz, D. & Harrington, J. M. (1996). Modifiers of non-specific Symptoms in occupational and environmental syndromes. *Occupational and Environmental Medicine, 53,* 361–366.

Spurgeon, A., Gompertz, D. & Harrington, J. M. (1997). Non-specific symptoms in response to hazard exposure in the workplace. *Journal of Psychosomatic Research, 43,* 43–49.

Stollery, B. T. (1996). The Automated Cognitive Test (ACT) system. *Neurotoxicology and Teratology, 18,* 493–497.

Stolwijk, J. A. J. (1991). Sick-building syndrome. *Environmental Health Perspectives, 95,* 99–100.

Sundblad, B. M., Larsson, B. M., Acevedo, F., Ernstgard, L., Johanson, G., Larsson, K. & Palmberg, L. (2004). Acute respiratory effects of exposure to ammonia on healthy persons. *Scandinavian Journal of Work, Environment & Health, 30,* 313–321.

Ternesten-Hasseus, E., Bende, M. & Millqvist, E. (2002). Increased capsaicin cough sensitivity in patients with multiple chemical sensitivity. *Journal of Occupational and Environmental Medicine, 44,* 1012–1017.

Thriel, C. van (1999). *Akute und chronische Wirkungen des Lösungsmittels Toluol unter realen Betriebsbedingungen im Tiefdruck. Ergebnisse aus zwei quasi-experimentellen Studien zu Kurzzeitwirkungen und einer epidemiologischen Querschnittstudie zu Langzeitwirkungen.* Bad Iburg: Der Andere Verlag.

Thriel, C. van, Kiesswetter, E., Blaszkewicz, M., Golka, K. & Seeber, A. (2003a). Neurobehavioral effects during experimental exposure to 1-octanol and isopropanol. *Scandinavian Journal of Work, Environment & Health, 29,* 143–151.

Thriel, C. van, Kiesswetter, E., Schäper, M., Blaszkewicz, M., Golka, K. & Seeber, A. (2005). An integrative approach considering acute symptoms and intensity ratings of chemosensory sensations during experimental exposures. *Environmental Toxicology and Pharmacology, 19,* 589–598.

Thriel, C. van, Kleinsorge, T., Zupanic, M. & Seeber, A. (2000). Switching attention -additional aspects for the analysis. *Neurotoxicology, 21,* 795–804.

Thriel, C. van, Seeber, A., Kiesswetter, E., Blaszkewicz, M., Golka, K. & Wiesmüller, G. A. (2003b). Physiological and psychological approaches to chemosensory effects of solvents. *Toxicology Letters, 140–141,* 261–271.

Thriel, C. van, Wiesmuller, G. A., Blaszkewicz, M., Golka, K., Kiesswetter, E., Seeber, A. & Bachert, C. (2003c). Intranasal effects in chemically sensitive volunteers: An experimental exposure study. *Environmental Toxicology and Pharmacology, 14,* 129–137.

Tilson, H. A., Cabe, P. A. & Burne, T. A. (1980). Behavioral procedures for the assessment of neurotoxicity. In P. Spencer & H. H. Schaumburg (Eds.), *Experimental and clinical neurotoxicology* (pp. 758–766). Baltimore, MD: Williams & Wilkins.

Toppila, E., Forman, P., Pyykkö, I., Stark, J., Tossavainen, T., Uitti, J. & Oksa, P. (2006). Effect of styrene on postural stability among reinforced plastic boat plant workers in Finland. *Journal of Occupational and Environmental Medicine, 48,* 175–180.

Triebig, G. & Grobe, T. (1987). Toxische Enzephalopathie durch chronische Lösemittelexposition als Berufskrankheit. Arbeitsmedizinische Aspekte zur Begutachtung am Beispiel von 3 Erkrankungsfällen. *Arbeitsmedizin, Sozialmedizin, Umweltmedizin, 22,* 222–228.

Triebig, G. & Hallermann, J. (2001). Survey of solvent related chronic encephalopathy as an occupational disease in European countries. *Occupational and Environmental Medicine, 58,* 575–581.

Triebig, G., Schaller, K. H., Erzigkeit, H. & Valentin, H. (1977). Biochemische Untersuchungen und psychologische Studien an chronisch Trichloräthylen-belasteten Personen unter Berücksichtigung expositionsfreier Intervalle. *International Archives of Occupational and Environmental Health, 38,* 149–162.

Triebig, G., Stark, T., Ihrig, A. & Dietz, M. C. (2001). Intervention study on acquired color vision deficiencies in styrene-exposed workers. *Journal of Occupational and Environmental Medicine, 43,* 494–500.

Übleis, W. & Novak, H. (1994). Arbeitsbelastung sichtbar gemacht – Methode PIMEX. In Allgemeine Unfallversicherungsanstalt (Hrsg.), *Schlussbericht Internationaler Kongress Gemeinsam sicher, Risiken – Limits – Trends* (S. 187–189). Wien: Allgemeine Unfallversicherungsanstalt.

Ulich, E. (1991). *Arbeitspsychologie.* Stuttgart: Schäffer-Poeschel.

Upadhyay, U. D. & Holbrook, E. H. (2004). Olfactory loss as a result of toxic exposure. *Otolaryngologic Clinics of North America, 37,* 1185–207.

Waxman, A. D. (2000). Functional brain imaging in the assessment of multiple chemical sensitivities. *Occupational Medicine (Philadelphia, PA), 15,* 611–616.

Wechsler, D. (1955). *Wechsler adult intelligence scale.* New York, NY: Psychological Corporation.

Welp, E., Kogevinas, M., Andersen, A., Bellander, T., Biocca, M., Coggon, D., Esteve, J., Gennaro, V., Kolstad, H., Lundberg, I., Lynge, E., Partanen, T., Spence, A., Boffetta, P., Ferro, G. & Saracci, R. (1996). Exposure to styrene and mortality from nervous system diseases and mental disorders. *American Journal of Epidemiology, 144,* 623–633.

Wetherell, A. (1997). Cognitive and psychomotor performance tests and experiment design in multiple chemical sensitivity. *Environmental Health Perspectives, 105* (Suppl. 2), 495–503.

World Health Organization (1985). *Chronic effects of organic solvents on the central nervous system and diagnostic criteria.* Copenhagen: WHO.

Wieslander, G., Norback, D. & Edling, C. (1997). Airway symptoms among house painters in relation to exposure to volatile organic compounds (VOCs) – a longitudinal study. *Annals of Occupational Hygiene, 41,* 155–166.

Wiesmüller, G. A. (1998). Sick Building Syndrome, Idiopathic Environmental Intolerances und verwandte Krankheitsbilder. I. Sick Building Sybdrome (SBS). *Allergologie, 21,* 177–179.

Wiesmüller, G. A. (1999). Sick Building Syndrome, Idiopathic Environmental Intolerances und verwandte Krankheitsbilder. III. Idiopathic Environmental Intolerances (IEI), Multiple Chemical Sensitivities (MCS), Klinisches Ökologie-Syndrom (Öko-Syndrom). *Allergologie, 22, 697–698.*

Wiesmüller, G. A., van Thriel, C., Steup, A., Bachert, C., Clinic, E. N., Blaszkewicz, M., Golka, K., Kiesswetter, E. & Seeber, A. (2002). Nasal function in self-reported chemically intolerant individuals. *Archives of Environmental Health, 57,* 247–254.

Williamson, A. M. (1990). The development of a neurobehavioral test battery for use in hazard evaluations in occupational settings. *Neurotoxicology and teratology, 12,* 509–514.

Winder, C. (2002). Mechanisms of multiple chemical sensitivity. *Toxicology Letters, 128,* 85–97.

Winneke, G. (1997). Verhalten und Erleben. In H.-E. Wichmann, H.-W. Schlipköter & G. Füllgraf (Hrsg.), *Handbuch Umweltmedizin* (S. 1–12). Landsberg: Ecomed.

Winneke, G., Hrdina, K.-G. & Brockhaus, A. (1982). Neuropsychological studies in children with elevated tooth-lead concentrations. I. Pilot study. *International Archives of Occupational and Environmental Health, 51,* 169–183.

Wittmann, W. W. & Matt, G. E. (1986). Metaanalyse als Integration von Forschungsergebnissen am Beispiel deutschsprachiger Arbeiten zur Effektivität von Psychotherapie. *Psychologische Rundschau, 37,* 20–40.

Wolf, C. (1997). Multiple Chemische Sensitivität (MCS). In H.-E. Wichmann, H.-W. Schlipköter & G. Füllgraf (Hrsg.), *Handbuch der Umweltmedizin* (S. 1–7). Landsberg: Ecomed.

Wysocki, C. J., Dalton, P., Brody, M. J. & Lawley, H. J. (1997). Acetone odor and irritation thresholds obtained from acetone-exposed factory workers and from control (occupationally unexposed) subjects. *American Industrial Hygiene Association Journal, 58,* 704–712.

Zupanic, M. (2001). *Psychologische Diagnostik der toxischen Enzephalopathie.* Bremerhaven: Wirtschaftsverlag NW.

10. Kapitel

Anpassungs- und Veränderungsbereitschaft angesichts des Wandels der Arbeit

Gerhard Blickle und Paula B. Schneider[1]

1 Einleitung

Seit Mitte der 90er Jahre des vergangenen Jahrhunderts befindet sich die sogenannte abhängige Erwerbsarbeit in Deutschland im Wandel. Man versteht darunter die Tätigkeit von Arbeitern und Angestellten (hier und im Folgenden sind jeweils beide Geschlechter gemeint) zur Sicherung des Lebensunterhalts für sich und ihre Familien. Der Wandel betrifft die organisatorischen, zeitlichen, räumlichen und technischen Rahmenbedingungen der Erwerbsarbeit, die dort geforderten Qualifikationen sowie das veränderte Verhältnis der Erwerbstätigen zu der sie beschäftigenden Organisation (Voß, 2001). Während dieser Wandlungsprozess von liberaler Seite aus als Chance gesehen wird, dass die bisher in eine passive Rolle gedrängten Arbeitnehmer nun zu aktiven Gestaltern und Verwertern ihres Fähigkeitspotenzials werden können (Wollert, 2001), äußern Vertreter der katholischen Soziallehre die Befürchtung, dass diese Veränderungen dem totalen Zugriff auf das Arbeitspotenzial zum Zwecke der „möglichst effizienten betrieblichen Ausbeutung" der Arbeitnehmer dienen (Hengsbach, 2001, S. 35). Im Folgenden sollen zunächst die Ursachen des aktuellen Wandels der Arbeitsbedingungen in Deutschland dargestellt werden, um im Anschluss daran die verschiedenen Aspekte des Wandels näher zu beleuchten.

1 Wir danken Eva Gauler, den Herausgebern sowie zwei anonymen Gutachtern für hilfreiche Anregungen und Kommentare.

1.1 Ursachen des Wandels der Arbeit

Der Wandel der Arbeitsbedingungen seit Mitte der 90er Jahre hat folgende Ursachen (Rump, 2003; Friedman, 2005):

- die zunehmend globale internationale Vernetzung der nationalen Volkswirtschaften,
- die Möglichkeiten der neuen Informations- und Kommunikationstechnologien,
- die Entwicklung weg von der Industrie- und hin zur Informationsgesellschaft sowie
- der Einsatz neuer Managementkonzepte.

Begleitend, wenn auch nicht ursächlich, kommen in Deutschland demografische (Wingen, 1999) und kulturelle (Hosemann, 1999) Veränderungen hinzu. Die genannten Ursachen sollen im Folgenden kurz skizziert werden.

Die zunehmend globale internationale Verflechtung der Volkswirtschaften wurde durch die Welthandelsabkommen (General Agreement on Tariffs and Trade – GATT) in den 80er Jahren des vergangenen Jahrhunderts ermöglicht, die den internationalen Austausch von Waren, Geld und Dienstleistungen erheblich erleichtert haben. Hinzu kam der Zusammenbruch der ehemaligen Sowjetunion und ihrer Satellitenstaaten, die sich ebenso wie Rot-China dem freien Welthandel öffneten. Für Deutschland besonders wichtig in Bezug auf die Liberalisierung der Wirtschaftsbeziehungen zu anderen Ländern war die Erweiterung der Europäischen Union, die Einführung des Euros sowie die Abgabe von Regulationskompetenz an die Europäische Union in Brüssel. So entstanden supranationale und z. T. globale Standards für die Produktgestaltung und die Produktsicherheit, den internationalen Handel sowie den internationalen Finanzverkehr. 1980 betrug die Exportquote in Deutschland 36 %, im Jahre 2000 49 % und für das Jahr 2010 wird eine Exportquote von 60 % erwartet (Institut der Deutschen Wirtschaft [IDW], 2002). Etwa 40 % der deutschen Unternehmen investierten 2001 im Ausland. Es wird geschätzt, dass sich dieser Trend weiterhin verstärken wird. Außerdem hat sich die Zahl internationaler Unternehmenszusammenschlüsse (vgl. z. B. DaimlerChrysler) zwischen 1990 und 2000 um das 2,8-Fache erhöht (Rump, 2003). In der Summe haben diese Entwicklungen dazu geführt, dass die wirtschaftliche Steuerungskompetenz der nationalen Regierungen und Parlamente erheblich abgenommen hat und sich die Einzelunternehmen im globalen Wettbewerb behaupten müssen. *Damit sind auch die einzelnen Arbeitsplätze in Deutschland in diesen Unternehmen einem zunehmenden internationalen Wettbewerbsdruck ausgesetzt.* Zusätzlich kommt es aufgrund des Standortwettbewerbs der Nationalstaaten zu einer Abnahme der Schutzregeln für die Arbeitnehmer in den traditionellen Industriestaaten (Niedenhoff, 1999).

Die enorm gewachsene Bedeutung der neuen Informations- und Kommunikationstechnologien lässt sich an folgenden Sachverhalten ablesen (Cascio, 2003): EDV-gestützte Arbeitstätigkeiten haben quantitativ und qualitativ erheblich zugenommen. Der satellitengestützte Datenaustausch und die satellitengestützte Kommunikation haben enorm an Bedeutung gewonnen. Allein in Deutschland waren im Jahre 2003 ca. 40 Millionen Mobiltelefone im Einsatz (Rump, 2003). Call-Center sind eine Wachstumsbranche. Das Internet ermöglicht die weltweite Informationssuche und -weitergabe sowie ein sogenanntes 24-Stunden-Business rund um den Globus. So können sich Beschäftigte, die an unterschiedlichen Orten zu unterschiedlichen Zeiten arbeiten, trotzdem in ihrer Arbeit miteinander koordinieren. *Die Möglichkeiten der räumlichen und zeitlichen Unabhängigkeit bei der Aufgabenbewältigung sind damit wesentlich größer geworden.* Die neuen Informations- und Kommunikationstechnologien haben zu einer steigenden Arbeitsproduktivität und zu einem sinkenden Volumen an bezahlter Arbeit in Deutschland beigetragen, weil dadurch auch Arbeitstätigkeiten ins Ausland verlagert werden konnten. Beispielsweise werden Programmierarbeiten für deutsche Firmen in Indien erledigt, oder Call-Center, die Ansprechpartner für den deutschen Markt sind, werden in der Türkei betrieben.

Der Übergang von der Industrie- zur Wissensgesellschaft dokumentiert sich an folgenden Sachverhalten: Nur noch ca. 20 % der Beschäftigten in der Industrie sind in klassischen Produktionstätigkeiten beschäftigt. Der weit überwiegende Teil erfüllt auch dort sogenannte Dienstleistungsaufgaben. Dabei spielt die Gewinnung, Speicherung, Vermittlung, Verarbeitung und Nutzung von Informationen und Wissen eine entscheidende Rolle (Niedenhoff, 1999). Produktivitätszuwächse resultieren vor allem aus dem Einsatz von Wissen. Der Wisseneinsatz ermöglicht es, sich durch Neuartigkeit und Hochwertigkeit von der Konkurrenz zu differenzieren und die Produkt- bzw. Innovationszyklen zu verkürzen. Die Größe des Unternehmens verliert an Bedeutung. Immer entscheidender wird dagegen die von den Unternehmen in ihren Entscheidungen erreichte Geschwindigkeit. Dies bedeutet für die Beschäftigten, dass nur durch eine beständige, das ganze Berufsleben begleitende Weiterentwicklung ihrer Qualifikationen ihre Beschäftigungsfähigkeit (employability) erhalten bleiben wird.

Eine weitere mögliche Ursache für veränderte Arbeitsbedingungen sind auch *Veränderungen bei den Erwerbstätigen selbst.* Flynn (1984) konnte für die USA zeigen, dass der Intelligenzquotient der Jahrgangskohorten seit vielen Jahrzehnten kontinuierlich deutlich erkennbar anwächst. Dieser Zuwachs ist insbesondere in den sprachfreien Teilen der Intelligenztests stark ausgeprägt. Flynn konnte diesen Zuwachs auch in vierzehn weiteren Nationen nachweisen (1987). Damit einher geht auch ein deutlicher Anstieg des Qualifikationsniveaus in Deutschland. Allein zwischen 1991 und 2003 stieg der Anteil der Erwerbstätigen mit einem Fachhochschul- oder Hochschulabschluss von 12 % auf 17 %. Dieser

Zuwachs von 5 % war bei beiden Geschlechtern gleichermaßen zu verzeichnen (Statistisches Bundesamt, 2004, S. 59). Es kann vermutet werden, dass daraus auch veränderte Ansprüche an die Arbeitsinhalte und die Freiheitsgrade in der Arbeit resultieren (Rosenstiel & Nerdinger, 2000), die wiederum zu einer tatsächlichen Umgestaltung der Arbeitsbedingungen geführt haben (Moser & Zempel, 2004).

Schließlich spielten seit Mitte der 90er Jahre auch veränderte Managementkonzepte wie Unternehmenszusammenschlüsse (mergers and acquisitions), Unternehmensverkleinerungen (downsizing) und Firmenrestrukturierungen (business reengineering) eine wichtige Rolle. Für einen Teil der betroffenen Beschäftigten war dies mit Entlassungen verbunden. Für den anderen Teil, nämlich die in den Firmen verbliebenen Beschäftigten (survivors of layoff), führte es oft zu einer Arbeitsverdichtung (Fay & Lührmann, 2004). Die Folgen für die Entlassenen waren in den USA und Deutschland jedoch ganz unterschiedlich: Aufgrund der in den USA insgesamt wachsenden Wirtschaft konnten die dort entlassenen Beschäftigten auch bei einem niedrigen Qualifikationsniveau wieder relativ schnell eine neue Arbeitsstelle finden (Cascio, 2003). In Deutschland sind hingegen aufgrund der stagnierenden Wirtschaftslage insbesondere Niedrigqualifizierte und Ostdeutsche in Folge von Entlassungen oft eine längere Zeit arbeitslos (Rump, 2003).

1.2 Aspekte des Wandels der Arbeit

Wie eingangs bereits ausgeführt, betrifft der Wandel der Arbeit die organisatorischen, zeitlichen, räumlichen und technischen Rahmenbedingungen der Erwerbsarbeit, die dort geforderten Qualifikationen sowie das Verhältnis der Erwerbstätigen zu der sie beschäftigenden Organisation. Diese Aspekte sollen im Folgenden kurz skizziert werden.

1.2.1 Neue Organisationsstrukturen

Um den Flexibilitätserfordernissen des internationalen Wissenswettbewerbs Stand halten zu können, verändern Unternehmen ihre Organisationsstrukturen (Cascio, 2003, S. 417 ff.): Aus statischen, nur kleine Veränderungen tolerierenden, auf langfristige Stabilität hin ausgerichteten Hierarchien, die von oben nach unten gesteuert werden, entwickeln sich flexible Netzwerkstrukturen mit flachen Hierarchien, in denen selbstorganisierende Prozesse eine wichtige Bedeutung erhalten. Team- und Gruppenarbeit spielen dort eine wichtige Rolle. Verantwortung wird durch Cost- und Profitcenter dezentralisiert. Die Steuerung durch Vorgesetzte wird durch die informelle Steuerung durch Kollegen in Arbeitsgruppen und Projekten sowie durch die Steuerung durch Zielvereinbarungen ersetzt. Die Sicherstellung der Anwesenheit eines Mitarbeiters wird beispielsweise durch die Prüfung seiner Leistung ersetzt. Beschäftigte müssen sich daher in stärkerem Maß als früher selbst kontrollieren. Die Unternehmen reduzieren damit ihre Hierarchie- und Leitungskosten und transformieren die Konflikte zwischen Person und Organisation in Konflikte zwischen den Beschäftigten.

1.2.2 Veränderte zeitliche, räumliche und technische Rahmenbedingungen

Die Standardarbeitszeit, die früher für alle gleich war, wird in Bezug auf die Dauer, Lage und Regulierungsform flexibilisiert und individualisiert (Voß, 1998). Zeitkonten ermöglichen Arbeit auf Abruf und unregelmäßige Mehrarbeit. Überstunden-, Nacht- und Feiertagszuschläge fallen deswegen oft weg.

Telearbeit, Home- und Mobil-Offices verringern die Bindung der Arbeit an feste Orte im Betrieb. Viele Mitarbeiter haben keine festen Arbeitsplätze in ihrem Betrieb mehr, sondern treffen sich lediglich sporadisch zur Face-to-face-Abstimmung der Arbeit mit ihren Kollegen und Vorgesetzten im Unternehmen. Der eigentliche Arbeitsplatz vieler Beschäftigte befindet sich in ihren eigenen vier Wänden. Für die Unternehmen bedeutet dies erhebliche Einsparungen in Bezug auf die erforderliche Bürofläche und -ausstattung.

Die technischen Hilfsmittel, die dies ermöglichen, sind elektronische Post, Diskussionsforen, Informationsdatenbanken, gemeinsame elektronische Terminkalender, Ko-Autorensysteme, Videokonferenzsysteme und andere sogenannte Groupware-Produkte (Wegge, 2001, S. 501 f.).

1.2.3 Neue Arbeitsanforderungen

Durch die Rücknahme der Detailsteuerung und die Zunahme der Rahmensteuerung werden die Tätigkeiten für einen Teil der Beschäftigten komplexer, und die Bedeutung der laufenden eigenständigen Informationsbeschaffung und -auswertung nimmt zu. Die veränderten Tätigkeiten erfordern eine stärkere eigenständige Planung, mehr Entscheidungen, mehr Selbstkontrolle sowie die Bereitschaft zur permanenten Weiterqualifizierung. Die erwartete soziale Selbstorganisation führt zu gesteigerten Anforderungen in Bezug auf die Kontakt-, Kommunikations- und Konfliktfähigkeit. Personale Ressourcen zur erfolgreichen Bewältigung dieser Anforderungen sind ein positives Selbstwertgefühl und emotionale Stabilität (Voß, 1998). Allerdings gibt es auch Beobachter (Springer, 1999), die für den verbliebenen Produktionsbereich im engeren Sinn eine Rückkehr zum Taylorismus diagnostizieren.

1.2.4 Neuer Psychologischer Kontrakt

Schließlich verändert sich auch die Art der Bindung der Beschäftigten (vgl. Tab. 1) an die Organisation (Rousseau, 1995): Während die Beschäftigten vor den 90er Jahren auf eine langfristige, stabile, kalkulierbare und sichere Tätigkeit in ihrer Organisation setzen konnten, die ihnen nach dem einmaligen Erlernen des relevanten Wissens sowie der entsprechenden fachlichen Fähigkeiten und Fertigkeiten überschaubare Aufgaben zumutete, was bei entsprechender Loyalität und Fügsamkeit zu schrittweisem hierarchischem Aufstieg und betrieblicher Absicherung gegen Lebensrisiken (Unfälle, Krankheit, Arbeitslosigkeit und Altersarmut) führte, veränderte sich die Situation für viele Beschäftigte seit Mitte der 90er Jahre nachhaltig. Heute ist die Anstellung in einer Organisation häufig zeitlich befristet und die Weiterbeschäftigung unsicher (Dostal, 2001). Die Art der Tätigkeiten variiert. Die Berufsbiografie gleicht oft einem Flickenteppich (Lang-von Wins, Mohr & Rosenstiel, 2004). Viele Personen haben schon sehr unterschiedliche Tätigkeiten ausgeführt, um ihren Lebensunterhalt zu verdienen. Unterbrechungen durch Zeiten der Arbeitslosigkeit sind nicht ungewöhnlich. Die Bezahlung hängt weniger von Alter, Geschlecht, Familienstand und der Dauer der Betriebszugehörigkeit ab, sondern mehr davon, über welches im Moment erfolgskritische Wissen die Beschäftigten verfügen. Die Weiterqualifizierung fällt zunehmend mehr in die Eigenverantwortung der Beschäftigten. Die Lebensrisiken müssen verstärkt eigenständig abgesichert werden (Voß, 1998).

Speziell in der Bundesrepublik Deutschland haben die sogenannten *prekären Beschäftigungsverhältnisse* (zeitliche Befristigung, Teilzeitbeschäftigung, Scheinselbstständigkeit) stark zugenommen (Statistisches Bundesamt, 2004, S. 42 ff.): Im Jahr 1991 waren 11 % der abhängig Beschäftigten im Alter von 15 bis 29 nur *zeitlich befristet* beschäftigt, im Jahr 2003 waren es 20 %. Auch die *Teilzeitarbeit* nahm erheblich in diesem Zeitraum zu: Seit 1991 stieg die Anzahl der abhängig Beschäftigten, die nur ein *Teilzeitbeschäftigungsverhältnis* hatten, um 2,4 Millionen Personen, also um 51 % auf 22 % der Erwerbstätigen insgesamt an. Nur noch 78 % der Erwerbstätigen gingen im Jahr 2003 einer Vollzeitbeschäftigung nach. Schließlich stieg auch die Anzahl der *Selbstständigen* beträchtlich an, darunter auch die der *Selbstständigen ohne Beschäftigte.* Im Jahre 1991 gab es rund 1,4 Millionen *Selbstständige ohne Beschäftigte.* Im Jahr 2003 waren es rund 2 Millionen Selbstständige ohne Beschäftigte in Deutschland. Dies entspricht einem Zuwachs von 42 %. Es ist zu vermuten, dass ein erheblicher Anteil der Selbstständigen ohne Beschäftigte in Arbeitsverhältnissen arbeitet, die dem einer Scheinselbstständigkeit sehr nahe kommen. Ein Beispiel dafür sind LKW-Fahrer, die nicht mehr als Angestellte, sondern als Selbstständige mit eigenem LKW für dieselbe Spedition tätig sind. Sie arbeiten nicht selbstständig, sondern nach Anweisung, tragen aber die wirtschaftlichen Risiken selbst, müs-

Tabelle 1:
Alter und Neuer Psychologischer Kontrakt nach Cascio (2003)

Alter psychologischer Kontrakt	**Neuer psychologischer Kontrakt**
Stabilität, Vorhersehbarkeit	Veränderung, Ungewissheit
Langfristigkeit	zeitliche Befristung
standardisierte Aufgaben	flexible Aufgaben
Belohnung von Loyalität	Belohnung von Leistung und Wissen
Patriarchalische Fürsorge	Eigenverantwortung
Sicherheit des Arbeitsplatzes	Arbeitsplatzunsicherheit*
Lineare Berufslaufbahnen	berufliche Patchworkbiografien
Lernen am Berufsanfang	lebenslanges berufliches Lernen

Anmerkung: * Im Gegensatz zu den USA steht der Sicherheit des Arbeitsplatzes in Deutschland nicht die Sicherheit gegenüber, schnell wieder irgendwo anders einen Arbeitsplatz zu finden. Dies gilt in Deutschland nur für hochqualifizierte Beschäftigte.

sen ihre Kranken-, Renten-, Pflege- und Arbeitslosenversicherung alleine finanzieren und bekommen weder bezahlten Urlaub noch bezahlte Krankheitstage.

1.3 Anpassungs- und Veränderungsbereitschaft

Wie oben ausgeführt wurde, sind die sich aktuell verändernden und sich wandelnden Arbeitsbedingungen die Folge weltwirtschaftlicher, technologischer und gesellschaftlicher Veränderungen sowie die Folge neuer Managementkonzepte. In einem marktwirtschaftlichen Wirtschaftssystem ist zudem davon auszugehen, dass sich aus den Märkten selbst Veränderungen mit weitreichenden Konsequenzen für die Arbeitsbedingungen ergeben. Der Wandel der Arbeit ist also kein einmaliges Ereignis, sondern eine Konstante in Marktwirtschaften. In bestimmten Phasen ist der Wandel eher inkrementell, in anderen Phasen eher revolutionär.

Aus psychologischer Perspektive haben wir es also mit dem Phänomen zu tun, dass Beschäftigte stets mit dem Wandel ihrer Arbeitsbedingungen konfrontiert sind. Die gelungene Anpassung an diesen Wandel bezeichnen Pulakos, Arad, Donovan und Plamondon (2000) als adaptive Leistung. Wichtig sind dabei u. a.

der Erwerb neuer Vorgehensweisen, das Erlernen neuer Arbeitsaufgaben, die Handhabung neuer Technologien, die erfolgreiche Zusammenarbeit mit neuen Kollegen und Vorgesetzten unter veränderten Bedingungen und bei veränderten Regeln sowie die erfolgreiche Anpassung an veränderte kulturelle Bedingungen wie z. B. beim Auslandseinsatz oder bei Unternehmensaufkäufen und -zusammenschlüssen.

Im Folgenden wird daher dargestellt, welche psychologischen Erkenntnisse ganz allgemein dazu vorliegen, wie Beschäftigte auf den Wandel der Arbeit reagieren. In Abschnitt 2 wird dabei im Vordergrund stehen, wie Beschäftigte mit Veränderung *an einem bestehenden Arbeitsplatz* umgehen. In Abschnitt 3 steht im Mittelpunkt, von welchen Bedingungen es abhängt, ob sich Beschäftigte *aktiv an Veränderungsprozessen in Organisationen beteiligen* oder nicht. In Abschnitt 4 werden schließlich die Bedingungen für proaktives *Weiterbildungsverhalten* sowie für die Bereitschaft zur Aufstiegsqualifizierung dargestellt.

Unsere Betrachtung konzentriert sich auf die Beschäftigten, die *in* einer Organisation einer Erwerbsarbeit nachgehen. Wir werden also weder auf die Bedingungen für wirtschaftliche Existenzgründungen (Müller, 2004) noch auf die Auseinandersetzung mit drohender Arbeitslosigkeit noch auf die Bewältigung von eingetretener Arbeitslosigkeit (Lang-von Wins et al., 2004; Zempel, Bacher & Moser, 2001) eingehen und nur am Rande die gezielten Veränderungen von Organisationen durch das Management streifen (Guldin, 2004). Denn dazu liegen bereits aktuelle und kompetent geschriebene Überblicksarbeiten vor (Lang-von Wins et al., 2004; Müller, 2004; Zempel et al., 2001). Auch auf prekäre Arbeitsverhältnisse werden wir nicht im Detail eingehen, denn die arbeits- und organisationspsychologische Forschung dazu hat gerade erst begonnen (Galais & Rigotti, 2005).

2 Ablehnung und Akzeptanz von Veränderungen am Arbeitsplatz

In den modernen Wissens- und Informationsgesellschaften werden Personen geschätzt, die willens und fähig sind, auf Veränderungen positiv zu reagieren. Doch die Vorteile, die sich die Organisationen vom Wandel versprechen, sind nicht unbedingt deckungsgleich mit den Interessen des Einzelnen. Es müssen z. T. bewährte Methoden, Ziele und Bezugssysteme aufgegeben werden, und für die Einzelperson droht die Gefahr, dass Ansehen, Status, Einfluss und Komfort nicht länger Bestand haben. So gibt es für die Einzelnen oft eine Reihe von Gründen, Veränderungen nicht zu akzeptieren, sondern dagegen Widerstand zu leisten. Andererseits können Veränderungen für die Einzelnen auch Erleichterungen und Verbesserungen mit sich bringen sowie die Gelegenheit zum Aufstieg bieten.

Bei den Veränderungen selbst kann es sich um *Mikro-*, *Meso-* oder *Makroveränderungen* handeln (vgl. Dirkx, Gilley & Gilley, 2004). Gemeint sind damit zum einen kleine und leicht zu handhabende Veränderungen, zum anderen umfangreiche und weitreichende Neuerungen, die auch Interaktionen, Beziehungen und Verantwortlichkeiten betreffen, sowie als Drittes sehr tiefgehende und nachhaltige Veränderungen, welche die gesamte Lebensführung der Einzelnen tangieren.

Im Folgenden soll ein Überblick über die aktuelle psychologische Forschung gegeben werden, die sich mit den subjektiven Reaktionen der Beschäftigten auf Veränderungen am Arbeitsplatz und in Organisationen befasst. Untersucht wurden dabei u. a. Universitätsprofessoren, Manager, Industriearbeiter, Beschäftigte in Behörden und Krankenpflegepersonal. Die aktuelle Forschung deckt also ein breites Spektrum an Tätigkeiten und Organisationen ab. Zunächst (vgl. Unterabschnitt 2.1) wird auf *komplexe Prozessmodelle* eingegangen, die sich allerdings nur schwer strikt empirisch prüfen lassen. Dann (vgl. Unterabschnitt 2.2) werden drei Studien vorgestellt, bei denen die *Rolle der Persönlichkeit* für den Umgang mit und die Reaktion auf Veränderungen am Arbeitsplatz im Vordergrund steht. Im darauf folgenden Abschnitt (vgl. Unterabschnitt 2.3) wird über zwei weitere Studien berichtet, die die *Rolle von wahrgenommenen Situationsmerkmalen* für die Reaktion auf und den Umgang mit Veränderungen am Arbeitsplatz untersuchen. Im vorletzten Abschnitt (vgl. Unterabschnitt 2.4) wird die Bedeutung *normativer Verpflichtungen* gegenüber der Organisation sowie *individueller Vorteilskalkulationen* für den Umgang mit Veränderungen am Arbeitsplatz herausgearbeitet. Außerdem wird das *Prinzip der optimalen Neuerung* vorgestellt. Am Ende (vgl. Unterabschnitt 2.5) steht ein kurzes Fazit.

2.1 Prozessmodelle

Streich (1997) beschreibt in dem von ihm formulierten Prozessmodell das subjektive Erleben als Reaktion auf wahrgenommene Veränderungen wie folgt: Zu Beginn der Veränderung erleben die betroffenen Personen einen Schock. Dieser resultiert aus einer Verminderung der wahrgenommenen eigenen Handlungskompetenz. Dem Schock folgen die Phasen der Verneinung, der Einsicht und der Akzeptanz sowie die Phasen des Ausprobierens, der Erkenntnis und letztendlich die Phase der Integration, also der erfolgreichen Übernahme neuer Verfahrensweisen in das eigene Handlungsrepertoire. Ein ähnliches Modell wurde auch von Zell (2003) vorgelegt. Im Laufe von zwei Jahren führte die Autorin zahlreiche halbstrukturierte Interviews mit 40 Professoren eines Physikinstituts einer führenden amerikanischen Universität, die sich mit erheblichen organisatorischen Veränderungen konfrontiert sahen. Diese Konfrontation mit den Veränderungen am Arbeitsplatz durchlief nach

Zell fünf verschiedene Stadien, nämlich Leugnung, Zorn, Verhandeln, Depression und schließlich Akzeptanz. Ein *zyklisches* Prozessmodell des individuellen Umgangs mit Veränderungen in Organisationen ist von George und Jones (2001) vorgelegt worden. Die drei Prozessmodelle weisen eine große Komplexität auf, was ihre strikte empirische Überprüfung allerdings erheblich erschwert.

2.2 Persönlichkeitsdispositionen und Veränderungen am Arbeitsplatz

Entsprechend der allgemeinen Tendenz, sich auch im Bereich der Arbeitspsychologie wieder stärker mit Persönlichkeitsvariablen zu befassen (Hough & Furnham, 2003; siehe dazu jedoch kritisch Cortina & Ingerick, 2005), rücken sie auch in der psychologischen Forschung zur Thematik der Reaktionen auf Veränderungen am Arbeitsplatz stärker in den Blickpunkt. Im Folgenden sollen zunächst die Studien von Oreg (2003) vorgestellt werden, der *Widerstand gegen Veränderungen als Persönlichkeitsdisposition* konzipiert hat. Danach wird über die Studie von Judge, Thoresen, Pucik und Welbourne (1999) berichtet, die einen engen Zusammenhang von *Persönlichkeitsmerkmalen und gelingender Bewältigung von Veränderungen* am Arbeitsplatz postuliert haben.

In einer systematisch aufgebauten Serie von sieben empirischen Studien konnte Oreg (2003) zunächst die Faktoren identifizieren, die eine individuelle Disposition, Veränderungen abzulehnen und dagegen Widerstand zu leisten, charakterisieren. Eine konfirmatorische Faktorenanalyse zeigte vier Facetten (Faktoren erster Ordnung) eines Faktors zweiter Ordnung, nämlich

- Wunsch nach Routine (Routine Seeking) (Präferenz für ein geringes Niveau an Stimulation und Neuheit, Abneigung, alte Gewohnheiten aufzugeben),
- emotionale Anspannung (Emotional Reaction) (geringe Belastbarkeit, Furcht vor Kontrollverlust),
- Kurzfristorientierung (Short-Term Thinking) (wegen kurzfristiger Vorteile und Annehmlichkeiten nicht das langfristig Richtige tun) sowie
- Kognitive Rigidität (Cognitive Rigidity) (Sturheit).

Zur konvergenten Validierung des Konstrukts einer interindividuell variierenden Disposition, Veränderungen abzulehnen, wurden die Zusammenhänge mit Persönlichkeitskonstrukten untersucht. Die Gesamtskala und die drei ersten Facetten korrelieren im Intervall zwischen $|.26| \leq r \leq |.58|$ mit den Konstrukten (geringes) *Sensation Seeking*, (hohe) *Risikoaversion*, (geringe) *Ambiguitätstoleranz* und (hoher) *Neurotizismus*. Die Korrelationen der Konstrukte mit der Facette *Kognitive Rigidität* lagen dagegen allerdings deutlich niedriger ($r \leq |.22|$).

Zur diskriminanten Validierung des Konstrukts einer interindividuell variierenden Disposition, Veränderungen abzulehnen, wurde die Beziehung mit der Allgemeinen Intelligenz untersucht: Die Gesamtskala und alle Facetten hatten sehr geringe Korrelationen ($.03 \leq r \leq .18$) mit der Wonderlic-Intelligenz-Skala. Außerdem fand eine konkurrente und prädiktive Validierung an Außenkriterien statt. Je stärker die individuelle Disposition, Veränderungen abzulehnen, bei Studierenden ausgeprägt war, desto schwächer war die Tendenz bei ihnen, sich bei Lehrveranstaltungen, für die sie sich einmal eingetragen hatten, wieder abzumelden und sich stattdessen bei anderen Veranstaltungen einzutragen. *Fazit:* Je stärker die individuelle Widerstandsdisposition, desto größer die Beharrungstendenz. In einer weiteren Studie zeigte sich: Je stärker die individuelle Disposition, Veränderungen abzulehnen, bei Lehrenden an einer Universität ausgeprägt war, desto geringer war die faktische Nutzung eines neuartigen EDV-Programms, das den Dozenten von der Universitätsverwaltung zur Unterstützung der Lehre zur Verfügung gestellt worden war. Wenn die Widerstandsdisposition bei diesen Dozenten stark ausgeprägt war, lag also eine geringere freiwillige Nutzung neuer Technologien vor. Schließlich zeigte sich in der siebten Studie von Oreg für den Fall unfreiwilliger Veränderungen am Arbeitsplatz – die Dozenten mussten auf dem Campus umziehen, ihr altes Arbeitszimmer räumen und ein neues beziehen –, dass, je stärker die individuelle Disposition, Veränderungen abzulehnen, ausgeprägt war, die Betroffenen auch noch einen Monat nach dem Umzug ihre eigene Arbeitseffektivität umso geringer einschätzten und sie nach eigenen Auskünften in den sozialen Beziehungen in ihrem Arbeitsumfeld umso angespannter reagierten. Insgesamt kann man festhalten, dass die Studien von Oreg (2003) deutliche empirische Hinweise dafür bieten, dass es interindividuelle Unterschiede in Bezug auf die Intensität der Ablehnung von Veränderungen am Arbeitsplatz gibt, die in der Persönlichkeit der betroffenen Personen verankert sind.

Judge et al. (1999) untersuchten in einer Studie mit 514 Personen, die in Managementfunktionen in sechs verschiedenen Organisationen in Australien, Großbritannien, Skandinavien, Süd-Korea und den USA tätig waren, wie gut es ihnen jeweils gelungen war, sich an die tief greifenden organisationalen Veränderungen (Reorganisationen, Verkleinerungen, Zusammenschlüsse) anzupassen. Die Autoren der Studie gingen dabei davon aus, dass diese organisationalen Veränderungen für die betroffenen Manager Stressoren darstellten, deren erfolgreiche Bewältigung von ihrer Persönlichkeit abhing. Das Ausmaß der Bewältigung wurde von Vorgesetzten, Kollegen oder Mitarbeitern der Betroffenen eingeschätzt. Außerdem wurden subjektive (Arbeitszufriedenheit, Bindung an die Organisation, Aufstiegsaussichten) und objektive (hierarchische Position, Einkommenshöhe und Leistungsbeurteilung) Indikatoren des beruflichen Erfolgs erhoben. Folgende Persönlichkeitskonstrukte wurden von den Autoren als bewältigungsrelevant eingestuft und erhoben: Ambiguitätstoleranz, Generalisierte Selbstwirksamkeitserwartung, Locus of Control, Offenheit für Erfahrung, Positive Affektivität, Risikoaversion sowie Selbstwertschätzung. Die Daten aus den unterschiedlichen Stichproben wurden durch eine Metaanalyse zusammengeführt. Eine Hauptkomponentenanalyse der die Konstrukte erfassenden Persönlichkeitsskalen erbrachte zwei Faktoren, nämlich

- den Faktor *Positives Selbstkonzept* (Selbstwertschätzung, Generalisierte Selbstwirksamkeitserwartung, Locus of Control und Positive Affektivität) und
- den Faktor *Risikotoleranz* (Ambiguitätstoleranz, geringe Risikoaversion, Offenheit für Erfahrung und Positive Affektivität).

Beide Faktoren der Persönlichkeitsskalen standen in positiver Beziehung zur Einschätzung der gelungenen Bewältigung (coping) der organisationalen Veränderungen durch Vorgesetzte, Kollegen oder Mitarbeiter. Die in Bezug auf das Coping aufgeklärte Varianz durch die beiden Persönlichkeitsfaktoren betrug 16 %. Das Ausmaß der gelungenen Bewältigung der organisationalen Veränderungen stand sowohl in positiver Beziehung zur Arbeitszufriedenheit und zur Bindung an die Organisation als auch zur Leistungsbeurteilung und der Einkommenshöhe. Darüber hinaus gab es auch direkte Beziehungen zwischen den Persönlichkeitsfaktoren und den Maßen des Berufserfolgs: Der Faktor *Positives Selbstkonzept* stand in positiver Beziehung zur Arbeitszufriedenheit, zur Bindung an die Organisation sowie zu den Aufstiegsaussichten. Der Faktor *Risikotoleranz* stand in positiver Beziehung zur Bindung an die Organisation und zu den Aufstiegsaussichten.

Insgesamt beeindruckt die Studie durch die große und breite Gesamtstichprobe sowie durch den Umstand, dass der Bewältigungserfolg und die Leistungsbeurteilung einerseits und die Persönlichkeitsmerkmale andererseits aus unterschiedlichen Datenquellen erfasst wurden, wodurch einer möglichen, artifiziellen Überschätzung der Zusammenhänge vorgebeugt wurde. Da das Design jedoch querschnittlich und nicht längsschnittlich angelegt war, können aus den Ergebnissen keine kausalen Schlussfolgerungen abgeleitet werden. Die Ergebnisse belegen jedoch, dass die Persönlichkeitsfaktoren *Positives Selbstkonzept* und *Risikotoleranz* in Beziehung zur gelungenen Bewältigung von Veränderungen in Organisationen durch die Betroffenen stehen. Der Faktor *Risikotoleranz* dürfte dabei in enger Beziehung zur Disposition *Widerstand gegen Veränderungen* im Sinne von Oreg (2003) stehen. Darauf deutet der hohe Stellenwert der Konstrukte *Risikoaversion* und *Ambiguitätstoleranz* in den beiden Konzepten hin. Ein hoher dispositionaler Widerstand gegen Veränderungen könnte als individueller Vulnerabilitätsfaktor wirken. Der Persönlichkeitsfaktor *Positives Selbstkonzept* dürfte dagegen als persönliche Ressource bei der Bewältigung von Veränderungen am Arbeitsplatz zu sehen sein.

2.3 Wahrgenommene Merkmale der Situation und Einstellungen zu Veränderungen am Arbeitsplatz

Im Folgenden werden drei Studien dargestellt, die deutliche Zusammenhänge zwischen der Wahrnehmung der Umstände einer sich verändernden Arbeitssituation und der Einstellung zu diesen Veränderungen selbst aufzeigen. Es geht dabei um die Antezedenzbedingungen und Korrelate von *Zynismus gegenüber organisationalen Veränderungen* bei Industriearbeitern sowie um die Antezedenzbedingungen und Korrelate der *Offenheit für Veränderungen* bei Behördenmitarbeitern. Es ist jedoch wichtig darauf hinzuweisen, dass in den Studien nicht die objektiven Situationsveränderungen erfasst und gemessen wurden, sondern die Situationsveränderungen, wie sie von den betroffenen Mitarbeitern wahrgenommen wurden. Für die Arbeitspsychologie ist dies ein bedeutsamer Unterschied (vgl. Hacker, 1998, Kap. 4). Wie Schmidt und Kleinbeck in einem Literaturüberblick zeigen (1999, S. 215 ff.), konvergieren jedoch die Wahrnehmungen der Betroffenen mit den Wahrnehmungen von außenstehenden Beobachtern und geschulten Arbeitsanalytikern positiv.

Unter *Zynismus gegenüber organisationalen Veränderungen* verstehen Wanous, Reichers und Austin (2000, 2004) eine pessimistische Einstellung bei den Betroffenen in Bezug auf Versuche der Umgestaltung in und von Organisationen, da den dafür Verantwortlichen in der Organisation von den Betroffenen ein Mangel an wirklicher Veränderungsmotivation oder ein Mangel an Kompetenz oder beides unterstellt wird (dispositionale Attribution).

In einer Studie mit über 2000 Arbeitern in einem amerikanischen Unternehmen der Automobilzulieferindustrie konnten Wanous et al. (2000) mithilfe einer konfirmatorischen Faktorenanalyse eine Skala zum Zynismus gegenüber organisationalen Veränderungen entwickeln, die konzeptuell aus den beiden Facetten *Pessimismus* (Itembeispiele: Die meisten Veränderungsinitiativen taugen hier wenig, … es kommt nichts Gutes dabei heraus, … wirklich verändern tut sich nichts) sowie *Dispositionale Attribution* (Itembeispiele: Die Verantwortlichen versuchen es nicht wirklich, … sie kümmern sich nicht um ihre Aufgaben, … wissen zu wenig Bescheid; Wanous et al., 2000, S. 151) besteht. Zur diskriminanten Validierung wurden außerdem situationale Attributionen für das Scheitern von Umstrukturierungsmaßnahmen erhoben. Die beiden Faktoren *Zynismus* und *situationale Attributionen* korrelierten erwartungsgemäß sehr gering (s. a. Wanous et al., 2004).

Im Rahmen einer prädiktiven Studie wurden zum ersten Erhebungszeitpunkt das Ausmaß wahrgenommener Mitwirkungsmöglichkeiten am Arbeitsplatz, das unterstützende Führungsverhalten der Vorgesetzten sowie das Ausmaß wahrgenommener Veränderungen am Arbeitsplatz in den vergangenen 6 Monaten aus der Sicht der Arbeitspersonen erfasst. Nach 21 Monaten wurden dann der Zynismus gegenüber organisationalen Veränderungen, die Bindung an die Organisation, die Anzahl der offiziell eingereichten Beschwerden, das Ausmaß der wahrgenommenen Veränderungen, die Bereitschaft, sich an Veränderungen zu beteiligen sowie als dispositionale Variable die *Negative Affektivität* erhoben.

Die konkurrente Validierung ergab, dass der Zynismus gegenüber organisationalen Veränderungen negativ mit dem Ausmaß der aktuell wahrgenommenen Veränderungen, negativ mit der Bindung an die Organisation, negativ mit der Bereitschaft, sich an Veränderungen zu beteiligen und positiv mit der Anzahl der von der Arbeitsperson eingereichten Beschwerden korrelierte.

Zur prädiktiven Validierung wurden die Skalen *Mitsprachemöglichkeiten, Führungsverhalten und wahrgenommene Veränderungen* zum Zeitpunkt 1 sowie die Skala zur *Negativen Affektivität*, die wie das Kriterium *Zynismus* zum Zeitpunkt 2 erhoben worden war, auf das Kriterium *Zynismus gegenüber organisationalen Veränderungen* regressiert. Obwohl gleichzeitig erhoben, klärte die Negative Affektivität nur 2 % der Varianz im Kriterium auf, wohingegen die 21 Monate früher erhobenen Einschätzungen zur *Partizipation, Führung und den wahrgenommenen Veränderungen* 12 % der Varianz in der Skala *Zynismus gegenüber organisationalen Veränderungen* aufklärten.

Zynische Einstellungen gegenüber der Möglichkeit erfolgreicher Veränderungen in Organisationen, so deuten diese Befunde an, stehen also hauptsächlich in Zusammenhang mit der Wahrnehmung des Führungsverhaltens, den wahrgenommenen Partizipationsmöglichkeiten und den wahrgenommenen positiven Veränderungen und wesentlich weniger mit Persönlichkeitsdispositionen. Eine weitere Studie von Wanous et al. (2004) zeigt allerdings auch, dass es Zusammenhänge zwischen der Facette *dispositionale Fremdattribution von Misserfolg bei organisatorischen Veränderungen* einerseits und *Allgemeinem Zynismus* sowie *Zynismus als Persönlichkeitsmerkmal* im MMPI andererseits ($24 \leq r \leq .50$) gibt. Insgesamt darf man vor dem Hintergrund dieser Daten vermuten, dass die wahrgenommene Situation in der Organisation zumindest ebenso wichtig für die Entstehung von Zynismus gegenüber organisationalen Veränderungen ist wie die dispositionale Persönlichkeitskomponente.

Wanberg und Banas (2000) haben in einer Längsschnittstudie, die sich über 14 Monate hinweg erstreckte, die *Offenheit für Veränderungen* am Arbeitsplatz in einer amerikanischen Bundesbehörde, die einen grundlegenden Umgestaltungsprozess erfuhr, untersucht. An der Studie beteiligten sich 173 Angestellte und Führungskräfte. *Offenheit für Veränderungen* wurde durch zwei Facetten operationalisiert, nämlich einerseits durch die Akzeptanz bzw. den Widerstand gegen die Veränderung und andererseits durch das Ausmaß, in dem die Veränderungen als richtig, nützlich und wichtig eingeschätzt wurden. Die beiden Skalen korrelierten zu $r = .56$.

Das Bemerkenswerte an der Studie von Wanberg und Banas (2000) ist, dass dort wahrgenommene situative Kontextvariablen und Persönlichkeitsvariablen in einer Studie untersucht wurden. Vor dem Hintergrund der kognitiven Adaptationstheorie (Aspinwall & Taylor, 1992) sowie der Core-Self-Evaluation-Theorie (Judge, Locke, Durham & Kluger, 1998) postulieren die Autoren, dass die Kombination der Persönlichkeitsmerkmale *Selbstwertschätzung, Optimismus* sowie ein *internaler Locus of Control* eine personale Ressource für die positive Bewältigung organisationaler Veränderungen darstellt. Die Kombination dieser Persönlichkeitsmerkmale wird als *belastbare Persönlichkeit (resilient personality)* bezeichnet. Untersuchte Variablen der wahrgenommenen Situation waren das wahrgenommene Ausmaß der verfügbaren *Information* über die stattfindenden Veränderungen, das wahrgenommene Ausmaß an *Partizipationsmöglichkeiten* bei den Veränderungen, die auch im Verlauf der Veränderungen wahrgenommene aufrechterhaltene eigene *Selbstwirksamkeit am Arbeitsplatz*, die z. B. durch Trainingsmaßnahmen gestärkt werden kann, das Ausmaß der wahrgenommenen *sozialen Unterstützung* sowie das Ausmaß der wahrgenommenen unmittelbaren *persönlichen Betroffenheit* von Veränderungen. Statistisch kontrolliert wurden das Alter, das Ausbildungsniveau und der Status (Angestellter vs. Führungskraft). Die Persönlichkeitsvariablen, die Variablen der Situationswahrnehmung und die Kontrollvariablen wurden zum Zeitpunkt 1 erhoben. Zwei Monate später (T2) wurden die Offenheit für Veränderungen, die Arbeitszufriedenheit, die Gereiztheit durch die Arbeitsbedingungen (Reizbarkeit) sowie die Kündigungsabsicht erhoben. Zum Zeitpunkt T3, also nach einem weiteren Jahr, wurde ermittelt, wer tatsächlich gekündigt hatte.

Eine Regressionsanalyse mit der Facette *Akzeptanz von/Widerstand gegen Veränderungen* ergab, dass die Akzeptanz in einer positiven Beziehung mit den drei kombinierten Merkmalen der belastbaren Persönlichkeit sowie den zwei wahrgenommenen Kontextmerkmalen *Information* und aufrechterhaltene *Selbstwirksamkeit* stand. Jede der beiden Variablen der Situationswahrnehmung hatte ein Beta-Gewicht von der gleichen Stärke wie die drei kombinierten Persönlichkeitsmerkmale. Insgesamt konnten 13 % der Varianz im Kriterium aufgeklärt werden.

Eine weitere Regressionsanalyse mit der Facette *Ausmaß, in dem die Veränderungen als richtig, nützlich und wichtig eingeschätzt werden,* zeigte nur einen einzigen signifikanten Prädiktor, und zwar das Ausmaß an wahrgenommenen *Mitwirkungsmöglichkeiten (Partizipation).*

Bei drei weiteren Regressionsanalysen, bei denen die *Akzeptanz und Nützlichkeit der Veränderung* als zusätzliche Prädiktoren für die Kriterien *Arbeitszufriedenheit, Reizbarkeit und Kündigungsabsicht* zum Einsatz kamen, zeigte sich, dass die Akzeptanz der Veränderung sowohl die *Arbeitszufriedenheit* als auch die *Kündigungsabsicht* statistisch vorhersagte. Das Ausmaß der Reizbarkeit wurde vom Ausmaß der persönlichen Betroffenheit durch die Veränderungen vorhergesagt. Die *tatsächliche freiwillige Kündigung* durch den Arbeitnehmer im Laufe eines weiteren Jahres wurde von der Arbeitszufriedenheit und der Kündigungsabsicht zum Zeitpunkt T2 vorhergesagt. In Bezug auf die Arbeitszufriedenheit konnte außerdem ein Interaktionseffekt der drei kombinierten Persönlichkeitsmerkmale und der Mitwirkungsmöglichkeiten festgestellt werden: Bei *belastbaren Persönlichkeiten* tritt bei *wahrgenommenen hohen Mitwirkungsmöglichkeiten* eine *Erhöhung der Arbeitszufriedenheit ein, wahrgenommene geringe Mitwirkungsmöglichkeiten* sind dagegen mit einer *Verminderung der Arbeitszufriedenheit* verbunden. Bei *wenig belastbaren Persönlichkeiten* tritt bei *wahrgenommenen hohen Mitwirkungsmöglichkeiten eine Verminderung der Arbeitszufriedenheit ein, wahrgenommene geringe Mitwirkungsmöglichkeiten* sind dagegen mit einer *Erhöhung der Arbeitszufriedenheit* verbunden.

Obwohl die Stichprobe relativ klein war und die Daten der Studie nur auf Selbstauskünften beruhen, belegt die Studie doch sehr gut, dass die Offenheit für Veränderungen am Arbeitsplatz sowohl mit Persönlichkeitsdispositionen als auch mit Merkmalen der wahrgenommenen Situation als auch mit dem Zusammenwirken von Persönlichkeitsdispositionen und Merkmalen der wahrgenommenen Situation in Verbindung steht.

2.4 Subjektive Bindung an die Veränderungen in der Organisation

Die Akzeptanz von Veränderungen am Arbeitsplatz hängt nicht nur von der Belastbarkeit der Persönlichkeit, von der Information über die Veränderungen, von den Partizipationsmöglichkeiten am Veränderungsprozess sowie von der Aufrechterhaltung der Selbstwirksamkeit im Prozess der Veränderung selbst ab, sondern auch von der subjektiven Bindung der Arbeitspersonen an die Veränderungen in der Organisation.

Die Bedeutung der Bindung an Veränderungen am Arbeitsplatz haben Herscovitch und Meyer (2002) in einer Studie mit 108 nordamerikanischen Pflegekräften untersucht. Diese waren vor allem mit folgenden Arten von Veränderungen konfrontiert: Zusammenlegung von Abteilungen, Einführung neuer Technologien am Arbeitsplatz, Veränderungen des Schichtplans sowie der Integration von Pflege*hilfs*kräften. Herscovitch und Meyer (2002) haben die Konzeption des organisationalen Commitments von Meyer und Allen (1991) auf die Bindung an Veränderungen in Organisationen übertragen. Sie wollten die Faktoren identifizieren, die dazu beitragen, dass Personen Veränderungen in Organisationen akzeptieren, auch wenn sie möglicherweise von deren Sinnhaftigkeit nicht überzeugt sind. Das Überzeugtsein von der Sinnhaftigkeit, Wichtigkeit und Richtigkeit einer Veränderung wird von Herscovitch und Meyer (2002) als *affektives Commitment* bezeichnet. Es ist z. B. die Folge spezieller Trainingsmaßnahmen zum Erwerb von neuen Kompetenzen im Umgang mit den Veränderungen, die Folge der Beteiligung der Betroffenen an der Einführung von Veränderungen sowie die Folge von eingeräumten Handlungsspielräumen (empowerment) im Umgang mit Veränderungen.

Ein *normatives Commitment* liegt dann vor, wenn die betroffenen Personen überzeugt sind, dass sie zur Befolgung (compliance) der Veränderung verpflichtet sind, auch wenn sie möglicherweise von der Sinnhaftigkeit, Wichtigkeit und Richtigkeit einer Veränderung in der Organisation nicht überzeugt sind. Herscovitch und Meyer (2002) gehen davon aus, dass ein solches Verpflichtungsgefühl die Folge der Akzeptanz eines psychologischen Kontrakts mit der Organisation, die Folge der Sozialisation in der Organisation sowie die Folge des Bedürfnisses der Mitarbeiter ist, für Leistungen der Organisation an sie eine Gegenleistung für die Organisation zu erbringen (Reziprozitätsprinzip).

Ein *fortsetzungsbezogenes bzw. kalkulatives Commitment* in Bezug auf organisatorische Veränderungen liegt schließlich dann vor, wenn die betroffene Person sich der Veränderung unterwirft, weil sie der Meinung ist, dass Verweigerung, Widerstand oder Rückzug für sie langfristig mit höheren Kosten verbunden wäre als Anpassung an die Veränderung und Befolgung der entsprechenden Vorgaben.

Die Gesamtbindung an die Veränderung ist interessanterweise nicht dann am höchsten, wenn alle drei Bindungsarten hoch ausgeprägt sind, sondern dann, wenn das affektive und das normative Commitment hoch und das kalkulative Commitment niedrig ausgeprägt sind.

In Bezug auf das Ausmaß der akzeptierten Veränderung postuliert Wiswede (2000) das *Prinzip der optimalen Neuerung.* Seine These lautet, dass Veränderungen nur dann akzeptiert werden, wenn sie kognitiv konsistent verarbeitet werden können. Geringfügige Inkonsistenzen können bei gleichzeitiger Belohnungserwartung durch Reduktion kognitiver Dissonanzen ausgeglichen werden. Sind die kognitiven Dissonanzen, die durch die Veränderung hervorgerufen werden, jedoch zu groß, schlägt die Akzeptanz in Ablehnung um. Wiswede (2000, S. 282) postuliert daher einen Punkt der optimalen Neuerung, den er zwischen die Pole „überhaupt nicht neu“ und „viel zu neu“ platziert. Der Autor sieht die Akzeptanzbereitschaft dort am stärksten ausgeprägt, wo an Vorhandenes und Bewährtes angeknüpft wird und gleichzeitig das Risiko des Scheiterns sowie die Wechselkosten nicht zu groß sind. Eine empirische Überprüfung dieses Modells steht allerdings noch aus.

2.5 Fazit

Die empirischen Befunde von Judge et al. (1999), Oreg (2003) sowie Wanberg und Banas (2000) deuten darauf hin, dass Ablehnung und Akzeptanz von Veränderungen am Arbeitsplatz auch *eine in der Persönlichkeit der betroffenen Person verankerte, interindividuell variierende Basis* haben. Judge et al. (1999) konnten dabei zwei Gruppen von Persönlichkeitsfaktoren identifizieren, nämlich *Risikotoleranz* und *Positives Selbstkonzept.*

Der Faktor *Risikotoleranz* dürfte in enger Beziehung zur Disposition *Widerstand gegen Veränderungen* stehen. Dieser dispositional verankerte, interindividuell variierende Widerstand gegen Veränderungen könnte als individueller *Vulnerabilitätsfaktor* bei Veränderungsprozessen am Arbeitsplatz wirken. Die Gruppe der Persönlichkeitsmerkmale, die besonders eng mit der (geringen) *Risikotoleranz* zusammenhängen, sind (geringe) *Ambiguitätstoleranz, (hohe) Risikoaversion und (geringes) Sensation Seeking.*

Der Persönlichkeitsfaktor *Positives Selbstkonzept* (Wanberg und Banas sprechen von einer *belastbaren Persönlichkeit (resilient personality)*) dürfte dagegen als *persönliche Ressource* bei der Bewältigung von Veränderungen am Arbeitsplatz zu sehen sein. Die Gruppe der Persönlichkeitsmerkmale, die besonders eng mit dem *Positiven Selbstkonzept* zusammenhängen, sind (hohe) *Generalisierte Selbstwirksamkeitserwartung*, *Internaler Locus of Control*, (hoher) *Optimismus* sowie (hohe) *Selbstwertschätzung*. Es ist zu vermuten, dass bei diesen Persönlichkeitsdispositionen die genetische Komponente im Vergleich zu Sozialisations- und Erfahrungseinflüssen relativ gering ist.

Allerdings spielt auch die *Situationswahrnehmung* eine wichtige Rolle, wie die Studien von Wanous et al. (2000) sowie Wanberg und Banas (2000) zeigen. Ein wahrgenommener *unterstützender Führungsstil*, wahrgenommene *Mitwirkungsmöglichkeiten* am Arbeitsplatz und bei der Gestaltung der Veränderungen, als *ausreichend wahrgenommene Information* über Veränderungen, die *Stärkung der arbeitsbezogenen Selbstwirksamkeit* (im Sinne der von Streich (1997) thematisierten Handlungskompetenz) im Laufe des Veränderungsprozesses (z. B. durch Trainingsmaßnahmen) sowie die *Erfahrung positiver Veränderungen* am Arbeitsplatz in der Vergangenheit verhindern Zynismus gegenüber Veränderungen am Arbeitsplatz und fördern die Offenheit gegenüber Veränderungen am Arbeitsplatz. Geringer Zynismus und hohe Offenheit gegenüber Veränderungen gehen dann einher mit hoher Arbeitszufriedenheit, hohem organisationalem Commitment, weniger Gereiztheit, weniger Beschwerden (grievances) und weniger Kündigungen.

Außerdem ist ein *Zusammenwirken* von situativ wahrgenommenen *Partizipationsmöglichkeiten* und *dispositionaler Belastbarkeit* festzustellen. Wahrgenommene Partizipationsmöglichkeiten gehen bei belastbaren Personen mit höherer Arbeitszufriedenheit, bei weniger belastbaren Personen dagegen mit einer geringeren Arbeitszufriedenheit einher.

Neben den Einflüssen von Persönlichkeitsmerkmalen sowie wahrgenommenen Situationsmerkmalen, welche die affektive Bindung (Commitment) an die Veränderungen am Arbeitsplatz stärken können, kann die Befolgung und Beachtung (compliance) der vorgegebenen Änderungen am Arbeitsplatz und in der Organisation sowohl durch ein normatives als auch durch ein kalkulatives Commitment gefestigt werden.

3 Aktive Beteiligung an Veränderungsprozessen in Organisationen

Im folgenden Abschnitt soll der Frage nachgegangen werden, von welchen psychologischen Mechanismen die Bereitschaft abhängt, sich *aktiv* am Veränderungsprozess in Organisationen zu beteiligen. Dazu werden zwei Modelle vorgestellt, zum einen (vgl. Unterabschnitt 3.1) das Modell des individuellen Innovationsverhaltens nach Farr und Ford (1990), das die Befunde aus der Attributions- und Selbstwirksamkeitsforschung im Sinne eines erweiterten Erwartungs-Wert-Modells integriert, und zum anderen (vgl. Unterabschnitt 3.2) der Ansatz von Gebert (2002), der das Appraisal-Modell von Lazarus (1991) auf die Erklärung von aktivem, individuellem Veränderungsverhalten von Beschäftigten in Organisationen übertragen hat. Auf die Art der Veränderung (Optimierung oder Umgestaltung) wird im dritten Abschnitt (vgl. Unterabschnitt 3.3) eingegangen. Die wesentlichen Ergebnisse dieses Abschnittes werden zum Schluss (vgl. Unterabschnitt 3.4) zusammengefasst.

3.1 Faktoren aktiven, individuellen Innovationsverhaltens nach Farr und Ford (1990)

Das Modell zu den Faktoren des aktiven, individuellen Innovationsverhaltens an einem bestimmten Arbeitsplatz bzw. in einer bestimmten Tätigkeitsrolle nach Farr und Ford (1990) geht von folgenden vier Einflussfaktoren auf das individuelle Innovationsverhalten am Arbeitsplatz aus (vgl. Abb. 1).

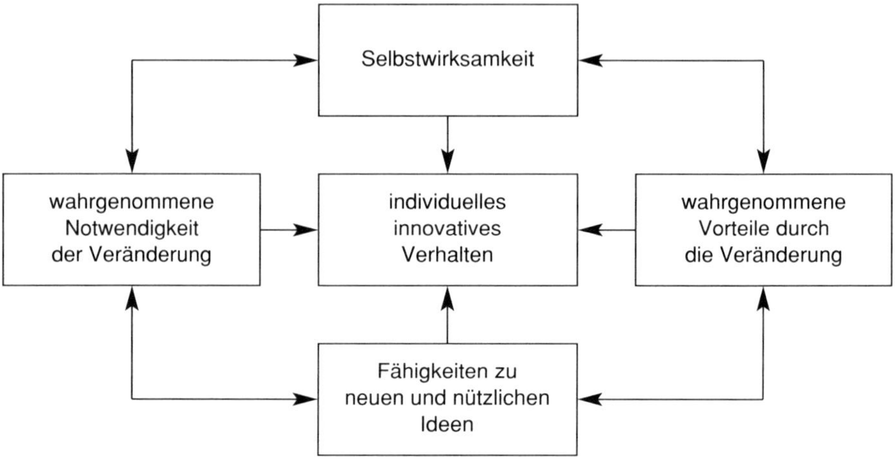

Abbildung 1:
Das Modell individuellen Innovationsverhaltens in Organisationen nach Farr und Ford (1990)

Der erste Faktor bezieht sich auf die Stärke der wahrgenommenen Notwendigkeit einer Veränderung. Die Stärke der wahrgenommen Notwendigkeit einer Veränderung am Arbeitsplatz wird nach Farr und Ford u. a. von eigenen Leistungsproblemen und der Beobachtung des Verhaltens bzw. der Leistungen anderer Kollegen im Sinne eines sozialen Vergleichsprozesses und im Sinne des Modelllernens beeinflusst.

Der *zweite* Faktor bezieht sich auf die Stärke der Einschätzung, dass die eigenen Möglichkeiten und Fähigkeiten ausreichend sind, um solche Veränderungen auch in der eigenen Organisation durchsetzen zu können. Sie hängt nach Farr und Ford von der Stärke der eigenen Selbstwirksamkeitseinschätzung, vorausgegangenen Erfahrungen mit der Tätigkeit, dem Niveau der formalen Ausbildung und Schulung, dem Attributionsstil für Misserfolge, der Art der Rückmeldungen am Arbeitsplatz und der Ermutigung durch Vorgesetzte und Kollegen ab: Eine positive, aber nicht zu hohe Selbstwirksamkeitseinschätzung sei am förderlichsten für aktives Innovationsverhalten. Auch vorausgegangener Misserfolg könne förderlich für aktives Innovationsverhalten sein, sofern die betroffene Person dadurch zu einer adäquateren Einschätzung der Situation und ihrer eigenen Rolle darin gelangt sei. Förderlich sei außerdem ein optimistischer Attributionsstil bei auftretenden Schwierigkeiten. Ein optimistischer Attributionsstil für Misserfolge lokalisiert deren Ursachen in veränderbaren und spezifischen Bedingungen, die außerhalb der eigenen Person liegen. Konstruktive und unterstützende Rückmeldungen von Vorgesetzten und Kollegen sind weitere Aspekte, die die Einschätzung fördern, dass die eigenen Möglichkeiten und Fähigkeiten ausreichend sind, um Veränderungen in Organisationen aktiv herbeiführen zu können.

Der dritte Faktor bezieht sich auf den wahrgenommenen subjektiven Nutzen erfolgreich durchgeführter Veränderungen am Arbeitsplatz. Dieser liege dann vor, wenn aktives Innovationsverhalten für den Einzelnen mit finanziellen Belohnungen, Aufstieg, Reputationszuwachs, vergrößerten Handlungsspielräumen, einer erhöhten Sicherheit des Arbeitsplatzes, weniger Langeweile oder einem gestärkten Selbstwertgefühl einhergehe.

Der vierte Faktor bezieht sich auf die Stärke der Fähigkeit einer Arbeitsperson, neue und brauchbare Ideen für Veränderungen an seinem Arbeitsplatz zu entwickeln. Farr und Ford gehen von einer multiplikativen Verknüpfung der vier Faktoren aus. Dies bedeutet, dass es nur dann zu aktivem Innovationsverhalten seitens der betroffenen Arbeitsperson an ihrem Arbeitsplatz kommt, wenn keiner dieser Faktoren eine Ausprägung von Null hat.

Das Modell von Farr und Ford integriert die Befunde aus der Attributions- und Selbstwirksamkeitsforschung im Sinne eines erweiterten Erwartungs-Wert-Modells. Es hat einen hohen heuristischen Wert und bietet zahlreiche praktische Hinweise für die Förderung und Unterstützung des aktiven Innovationsverhaltens von Arbeitspersonen an ihrem Arbeitsplatz oder in ihrer Arbeitsrolle in Organisationen. Einschränkend ist jedoch festzuhalten, dass bis heute eine Umsetzung in falsifizierbare Hypothesen und deren kritische Prüfung noch aussteht.

3.2 Aktives Veränderungsverhalten und Führung nach Gebert (2002)

Gebert (2002) hat das Appraisal-Modell, das Lazarus (1991) für die situative Auslösung von individuellem Bewältigungsverhalten in aversiven Problemsituationen entwickelt hat, auf die Erklärung von aktivem, individuellem Innovationsverhalten von Beschäftigten in Organisationen übertragen und es mit transformationalem, delegativem, partizipativem und zielsetzungsorientiertem Führungshandeln durch Vorgesetzte in Verbindung gesetzt.

Auch für Gebert (2002) sind die von den Beschäftigten wahrgenommene *Veränderungsbedürftigkeit* und *Veränderungsfähigkeit* organisationaler Gegebenheiten zentrale Erklärungskonzepte für das tatsächliche Veränderungsverhalten (vgl. Abb. 2). Zwischen der Veränderungsbedürftigkeit und der Veränderungsfähigkeit besteht in Anlehnung an Vrooms Valenz-Instrumentalitäts-Erwartungs-Theorie (1964) eine multiplikative Verknüpfung. Ist einer der beiden Faktoren sehr gering ausgeprägt, tendiert die individuelle Bereitschaft zu innovationsbezogenen Handlungen gegen Null. Sowohl die wahrgenommene *Veränderungsbedürftigkeit* als auch die *wahrgenommene Veränderungsfähigkeit* sind Bestandteile seines komplexen Modells zur Innovativität in Organisationen. Bezugspunkt der Überlegungen von Gebert ist ebenfalls die Individualebene.

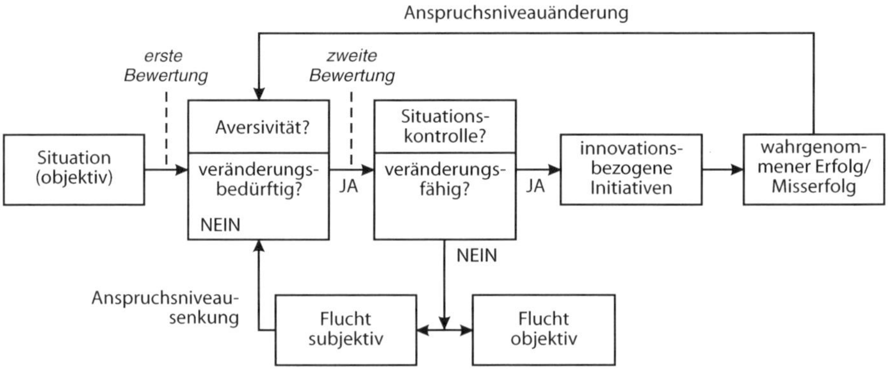

Abbildung 2:
Subjektive Bewertungen und innovationsbezogenes Handeln nach Gebert (2002)

Die Gegebenheiten in einer Organisation gelten den Arbeitspersonen dann als *veränderungsbedürftig*, wenn ihre Mitglieder hinsichtlich der betrieblichen Situation einen Unterschied zwischen dem gewünschten Soll- und dem faktischen Ist-Zustand feststellen. Je nach Ausmaß dieser Diskrepanz bzw. je nach objektivem Problemdruck wird von den Beschäftigten der Umfang der Veränderungsbedürftigkeit eingeschätzt und damit indirekt auch der erwartete Nutzen von innovationsbezogenen Initiativen.

Für die Wahrnehmung, dass ein Bedarf an Veränderung besteht, ist es allerdings entscheidend, dass die sogenannten *Trägheitsbarrieren* überwunden werden. So macht etwa Erfolg zufrieden und senkt die Bereitschaft, neue, kritische Informationen aufzunehmen. Etablierte Gewohnheiten sorgen dafür, dass an in der Vergangenheit bewährten Handlungsweisen festgehalten wird, anstatt sie den neuen Gegebenheiten anzupassen. Negative Soll-Ist-Diskrepanzen werden außerdem häufig durch intrapsychische Adaptationsprozesse, Beschönigungstendenzen oder Senkungen des Anspruchsniveaus relativiert. Schließlich begünstigt das Streben nach interpersonalem Konsens die Einschätzung, dass eine Situation eigentlich nicht veränderungsbedürftig ist.

Wird von den Betroffenen allerdings ein Veränderungsbedarf festgestellt, so ergibt sich als nächstes die Frage, inwieweit überhaupt die Möglichkeit besteht, eine Veränderung durchzuführen. Gebert (2002, S. 88) spricht hier von der wahrgenommenen *Veränderungsfähigkeit*, die er als Ausmaß definiert, in dem das Organisationsmitglied meint, zur innovationsbezogenen Verbesserung der Situation beitragen zu können. Geht die Person nach dieser zweiten Bewertung (vgl. Abb. 2) davon aus, dass sie in der Lage ist, die Situation zu kontrollieren und zu bewältigen, werden von ihr innovationsbezogene Initiativen entwickelt. Das Organisationsmitglied kann sich dabei entweder durch eigenes Handeln oder indirekt über die Aktualisierung der Ressourcen anderer, beispielsweise durch die Inanspruchnahme ihrer Fachkenntnisse, beteiligen. Die Stärke von Veränderungsinitiativen wird dabei von der Stärke des wahrgenommenen Veränderungsbedarfs sowie von der Stärke der wahrgenommenen Veränderbarkeit beeinflusst. Werden diese Initiativen von den Akteuren als Erfolg erlebt, steigt das Anspruchsniveau (Soll-Wert).

Erleben die Akteure die Veränderungsfähigkeit der Situation als nicht gegeben, werden von ihnen Versuche unternommen, sich der Situation zu entziehen. Ist ein solches Aus-dem-Felde-Gehen (Flucht) nicht möglich, senken die Betroffenen das Anspruchsniveau, oder die Bewertung des momentanen Ist-Werts wird beschönigend verzerrt. Dadurch ist subjektiv keine Diskrepanz zum Anspruchsniveau und damit auch keine wahrgenommene Veränderungsbedürftigkeit mehr vorhanden. Es kommt zu resignativer Arbeitszufriedenheit (Six & Felfe, 2004, S. 607 ff.).

Die Wahrnehmung und Bewertung der Situation in Bezug auf ihre Veränderungsbedürftigkeit und -fähigkeit hängt einerseits mit *Merkmalen der Betroffenen* und andererseits mit *Merkmalen der Führung in der Organisation* zusammen (vgl. Abb. 3).

Je größer die *intrinsische Motivation*, desto größer die Sensibilität für die Veränderungsbedürftigkeit der Situation. Die intrinsische Motivation manifestiert sich in den beiden Komponenten Gefordert-Sein und positive Emotionalität im Tätigkeitsvollzug. Intrinsische Motivation entsteht dann, wenn der Inhalt der Tätigkeit mit persönlichen Idealen und Wertvollstellungen übereinstimmt. Durch sogenannte *transformationale Führung* können die Selbstkonzepte der Geführten so beeinflusst werden, dass die Inhalte der Tätigkeit und die persönlichen Ideale und Wertvorstellungen sich einander annähern.

Je stärker die internalen Kontrollüberzeugungen, je stärker die Neigung, *Erfolge internal zu attribuieren* und je stärker die Selbstwirksamkeitserwartungen von Arbeitspersonen ausgeprägt sind, desto stärker schätzen sie die Veränderungsfähigkeit von Situationen ein. Diese drei Persönlichkeitsdispositionen können durch das Führungsverhalten in folgender Weise gestärkt werden: Übertragung von Aufgaben mit gestufter Schwierigkeit, Vereinbarung von kurz- (in Bezug auf leichtere Aufgaben) und mittelfristigen Zielen (in Bezug auf schwierigere Aufgaben) sowie kontinuierliches, konstruktives Feedback, sodass die Mitarbeiter einen Zuwachs an eigenen Qualifikationen erfahren, Erfolge auf ihre eigenen Anstrengungen und gewachsenen Qualifikationen zurückführen sowie Zuversicht für die erfolgreiche Bewältigung noch schwierigerer Aufgaben entwickeln können.

Durch transformationale Führung soll auch das Anspruchsniveau der betroffenen Arbeitspersonen direkt adressiert werden und damit die wahrgenommene Veränderungsbedürftigkeit der Situation für die Mitarbeiter erhöht werden. Durch Delegation von Aufgaben und Verantwortung an die Mitarbeiter sowie durch praktizierte Partizipation an der Entscheidungsfindung durch die Mitarbeiter soll die wahrgenommene Veränderungsfähigkeit der Situation durch die Mitarbeiter erhöht werden.

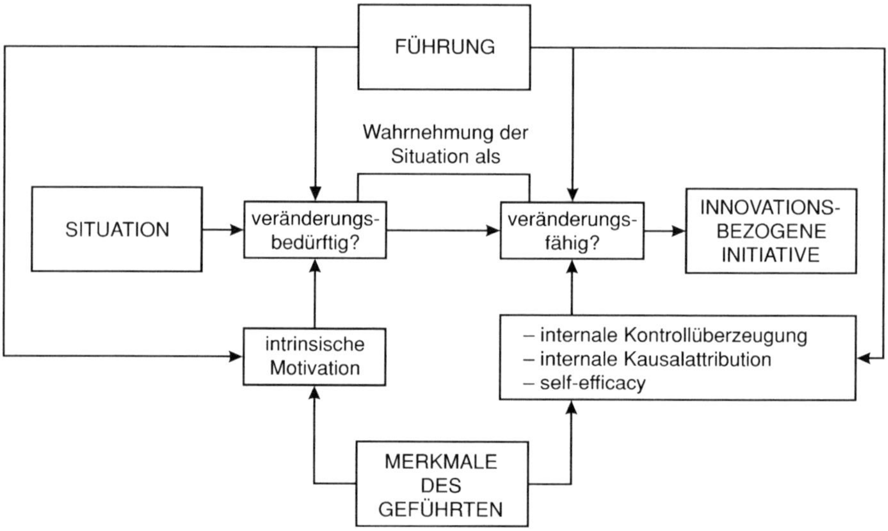

Abbildung 3:
Aktives Veränderungsverhalten, Merkmale der Geführten und Merkmale der Führung im Anschluss an Gebert (2002)

Das komplexe Modell von Gebert zum aktiven, innovationsbezogenen Handeln von Erwerbstätigen in Organisationen steht erst am Anfang seiner empirischen Überprüfung. Die ersten Studien (Krause, 2004a, b, 2005) weisen jedoch auf eine gute empirische Fundierung hin. Gebert (2004) selbst hat zwischenzeitlich sein Modell auch auf den Bereich der Teamarbeit erweitert.

3.3 Adaptation versus Innovation

Die *Adaptations-Innovations*-Typologie nach Kirton (vgl. Kirton, 1976; Kirton, Bailey & Glendinning, 1991) stellt zur Erklärung der Art des veränderungsbezogenen Verhaltens den kognitiven Stil einer Person in den Vordergrund. Demnach kann bei Individuen entweder die Tendenz vorherrschen, bereits vorhandene Strukturen zu verbessern, oder es kann die Neigung vorhanden sein, Sachverhalte umgestaltend anzugehen. Kirton (1976, S. 622) unterscheidet hier zwischen Aktivitäten „to do things better" und Aktivitäten „to do things differently". Idealtypisch werden die Adaptoren wie folgt charakterisiert (Holland, 1987, S. 264): Sie arbeiten präzise, zuverlässig, effizient, planvoll, vorsichtig, diszipliniert und in Übereinstimmung mit den geltenden Regeln. Sie wollen lieber bestehende Probleme lösen, anstatt neue zu entdecken. Sie suchen nach bewährten Lösungen für Probleme. Sie zeigen eine geringe Anfälligkeit für Langeweile und sind in der Lage, über lange Zeit hinweg detailgenau zu arbeiten. Sie haben starke Selbstzweifel, reagieren auf Kritik mit verstärkter Anpassung und neigen bei sozialem Druck und autoritärem Auftreten von Vorgesetzten zur Fügsamkeit. Im Gegensatz dazu werden Innovatoren idealtypisch wie folgt wahrgenommen: undiszipliniert, unpraktisch, schockierend und oft überraschend. Sie übernehmen in unstrukturierten Situationen die Führung, missachten bei der Verfolgung von Zielen vorgegebene Regeln, haben wenig Selbstzweifel und nehmen im sozialen Kontext oft Minderheitenpositionen ein.

Im *Kirton Adaption-Innovation-Inventory* (Kirton, 1977) werden Anpassung und Innovation als die zwei Endpunkte eines Kontinuums angesehen. Zu den Innovatoren zählen hier Personen, deren Werte über dem theoretischen Mittelwert liegen, während die Werte der Adaptoren dementsprechend unterhalb des Mittelwerts liegen. Empirisch zeigten sich folgende Befunde: Die spezifische Art des Vorgehens bestimmt das Veränderungsverhalten in allen Phasen: Dies beginnt bei der Frage, wie das Problem überhaupt beschaffen ist. Es setzt sich fort in Bezug auf die Frage, welche Art von Daten für die Beurteilung relevant sein könnten, wie beim Problemlösen vorgegangen werden sollte und wie die Lösung letztendlich zu implementieren ist (Chan, 2000). Skinner (1996) fand, dass Innovativität in diesem Sinne eine große Ähnlichkeit mit dem Streben nach Einzigartigkeit (uniqueness-seeking) hat. Goldsmith (1984) konnte außerdem einen negativen Zusammenhang von Innovativität mit Dogmatismus und positive Korrelationen von Innovativität mit Sensation Seeking und Risikobereitschaft feststellen. Im Rahmen einer Metaanalyse fand Gelade (2002) positive Beziehungen der Skala mit den Dimensionen Offenheit für Erfahrungen ($r = .60$) sowie Extraversion ($r = .37$) und eine negative Beziehung mit der Dimension Gewissenhaftigkeit ($r = -.60$). Die Konfidenzintervalle um die Korrelationen mit den beiden Dimensionen Umgänglichkeit (Agreeableness) und Neurotizismus der sogenannten Big Five schlossen dagegen den Nullpunkt mit ein. In einer weiteren Studie von Goldsmith und Matherly (1987) konnte zusätzlich gezeigt werden, dass Innovatoren sich im Vergleich zu Adaptoren eher als Personen mit hohem Selbstwertgefühl beschreiben.

Neben diesen Studien, die Kirtons Ansatz mit Persönlichkeitsdispositionen in Beziehung setzen, existieren Arbeiten, die das Konstrukt auch im organisationalen Kontext untersuchten. Isaksen, Babij und Lauer (2003) baten Erwerbstätige, das Adaption-Innovation Inventory nach Kirton (1977) sowie das Leadership Practices Inventory, ein Instrument zur Erfassung von Präferenzen für transformationale Führung von Posner und Kouzes (1988), zu bearbeiten. Dabei stellten sie positive Korrelationen zwischen der Kirton-Skala und den Dimensionen *radikale Infragestellung* ($r = .58$) sowie *Entwicklung einer geteilten Vision* ($r = .42$) fest. Tullett (1995) fand bei einem Vergleich zwischen dem Mittelwert der britischen Allgemeinbevölkerung und dem Mittelwert von britischen Managern, die in Projekten mit einem hohem Anteil an Veränderungen arbeiteten, dass der Wert der Projektmanager deutlich stärker in Richtung Innovation ausgeprägt ist. Holland (1987) fand, dass die Nachwuchsführungskräfte in einer Bank signifikant höhere Werte in Richtung Innovativität hatten als etablierte Bankmanager. Engle, Mah und Sadri (1997) stellten darüber hinaus fest, dass mithilfe des Kirton Adaption-Innovation-Inventory Personen innerhalb einer Organisation identifiziert werden können, die unternehmerische Eigenschaften aufweisen.

Insgesamt kann festgehalten werden, dass es stabile dispositionale interindividuelle Unterschiede in Bezug auf die Präferenz und Art des Veränderungsverhaltens gibt, die auch für die berufliche Platzierung im Erwerbsleben relevant sind. Adaptoren sind eher an der Verbesserung und Optimierung der bestehenden Zustände orientiert, wohingegen Innovatoren Veränderung eher in Richtung Neu- und Umgestaltung betreiben.

3.4 Fazit

Geberts Modell (2002) des individuellen Innovationsverhaltens kann als Weiterführung und Konkretisierung des Modells von Farr und Ford (1990) verstanden werden. Für die Auslösung von aktivem Veränderungsverhalten bei Erwerbstätigen in Organisationen sind zwei Aspekte ihrer Situationswahrnehmung von herausragender Bedeutung, nämlich zum einen die wahrgenommene Notwendigkeit der Veränderung und zum anderen die wahrgenommene Veränderungsfähigkeit von Situationen in Organisationen. Die wahrgenommene Veränderungsbedürftigkeit wird vom individuellen Anspruchsniveau, das wiederum vom

Ausmaß der intrinsischen Tätigkeitsmotivation abhängt, bestimmt. Die wahrgenommene Veränderungsfähigkeit hängt von der Stärke der internalen Kontrollüberzeugungen, dem Attributionsmuster für Erfolg und Misserfolg sowie der Selbstwirksamkeitserwartung von Arbeitspersonen ab. Sowohl das Anspruchsniveau als auch die Persönlichkeitsdispositionen der Arbeitspersonen sind prinzipiell durch entsprechendes Führungsverhalten beeinflussbar. Die empirische Überprüfung dieser Hypothesen hat allerdings erst begonnen. In Bezug auf die Art des Veränderungsverhaltens selbst lässt sich eine Tendenz zur Optimierung und eine Tendenz zur Umgestaltung unterscheiden.

4 Bedingungen der beruflichen Weiterbildungsbereitschaft

Der erste Abschnitt dieses Beitrags befasste sich mit den Ursachen und Manifestationen des rezenten und aktuellen Wandels in Deutschland. Im zweiten Abschnitt wurden die Ergebnisse der aktuellen psychologischen Forschung zum Umgang von abhängigen Erwerbstätigen mit Veränderungen an ihrem Arbeitsplatz und in ihrer Organisation dargestellt. Im dritten Abschnitt stand die aktive Beteiligung von abhängig Erwerbstätigen an den Veränderungsprozessen an ihrem Arbeitsplatz und in ihrer Organisation im Mittelpunkt. Im nun folgenden vierten Abschnitt werden die Einflussgrößen der Weiterbildungsbereitschaft herausgearbeitet.

Die berufliche Weiterbildung genießt derzeit in Deutschland einen hohen Stellenwert. Eine Analyse des Deutschen Instituts für Erwachsenenbildung für das Jahr 2002 ergab, dass bei den erfassten 2.600 Weiterbildungseinrichtungen 1,3 Millionen Weiterbildungsveranstaltungen mit insgesamt 25 Millionen Unterrichtsstunden durchgeführt wurden, die ein Finanzvolumen von 1,5 Milliarden Euro aufwiesen (Ioannidou, Meese, Pehl & Reitz, 2004). Ein Grund dafür dürfte sein, dass Weiterbildung in Deutschland ein sehr positives Image in der Bevölkerung genießt. Nach dem Gesamtbericht zur Weiterbildungssituation in Deutschland für das Jahr 2000 des Bundesministeriums für Bildung und Forschung (2003) stimmten bundesweit 91 % aller Befragten der Aussage zu, dass *jeder bereit sein sollte, sich ständig weiterzubilden*, und 83 % hielten Weiterbildung für eine wichtige Hilfe, um im Alltag besser zurechtzukommen.

Der erste Unterabschnitt (4.1) dieses Teilkapitels befasst sich mit der Analyse der individuellen Motivationen zur beruflichen Weiterbildung. Im zweiten Unterabschnitt (4.2) werden Barrieren und Hindernisse beschrieben, die dafür sorgen, dass die Teilnahme an Bildungsangeboten verhindert wird. Im nächsten Unterabschnitt (4.3) werden die förderlichen Bedingungen für eine Weiterbildungsteilnahme und den Weiterbildungserfolg dargestellt. Am Ende von Abschnitt 4 steht ein kurzes Fazit.

4.1 Individuelle Weiterbildungsmotivationen

Geht man davon aus, dass Erwerbsarbeit nicht nur von zentraler Bedeutung für die Sicherung des Lebensunterhalts ist, sondern zusätzlich auch als identitätsstiftendes Merkmal einer Person dient (Sennett, 1998), so wird deutlich, dass auch der beruflichen Weiterbildung als Bestandteil des Erwerbslebens ein hoher Stellenwert zukommt.

Folgt man der *Laufbahnentwicklungstheorie* (Super, Savickas & Super, 1996), die den vorberuflichen und beruflichen Entwicklungsverlauf in die Phasen *Wachstums- und Explorationsstadium, Etablierungsstadium, Erhaltungsstadium* und *Rückzugsstadium* unterteilt, zeigt sich, dass Weiterbildung spätestens ab der zweiten Phase einen festen Platz in der individuellen Berufsbiografie einnimmt. Das Etablierungsstadium beginnt, nachdem die Berufswahl vorbereitet und eingeleitet wurde und endet ungefähr mit dem fünften Lebensjahrzehnt. In dieser Zeit entwickelt sich eine feste Bindung an den gewählten Beruf, und es wird versucht, sich in der eingeschlagenen Laufbahn zu stabilisieren. Zusätzlich findet eine Spezialisierung innerhalb des Berufs statt, welche die Möglichkeit eröffnet, die eigenen Interessen, Fähigkeiten und Werthaltungen mit den beruflichen Anforderungen noch besser zu verbinden. Weiterbildung ist dabei nicht nur ein Mittel, diese Spezialisierungsbestrebungen zu fördern, sondern auch, um nach der Eingliederung in den Beruf einen beruflichen Aufstieg zu erreichen. Im Erhaltungsstadium dient Weiterbildung hingegen dazu, den Verbleib in der Organisation und im Beruf zu sichern und das bisherige Qualifikationsniveau zu bewahren. Erst mit dem Rückzug aus dem Berufsleben endet die berufliche Weiterbildung.

Konkret werden folgende Weiterbildungsmotivationen genannt (vgl. Faulstich, 2003): der Wunsch, durch Weiterbildung früher verpasste Lern- und Berufschancen auszugleichen, berufliche Verschlechterungen abzuwenden, sich neuen Entwicklungen anzupassen, Verbesserungen zu erreichen, die etwa mit einem beruflichen Aufstieg verbunden sind, die eigenen Kenntnisse aufzufrischen und zu erweitern, beruflich nicht so festgelegt zu sein, sich Beschäftigungs- und Einkommenschancen zu erhalten und einen beruflichen oder schulischen Abschluss nachzuholen. Bei einer empirischen Analyse der betrieblichen Weiterbildung in mittelständischen Unternehmen konnten Gebert und Steinkamp (1990, S. 84) feststellen, dass fast 30 % der Weiterbildungsteilnehmer tatsächlich finanzielle Verbesserungen erfahren hatten, etwa 46 % davon berichteten, dass ihr Arbeitsplatz sicherer geworden sei, 15 % meinten, höheres Ansehen zu genießen und ca. 53 % angaben, eine erhöhte „employability" (i. S. von beruflicher Mobilität) zu besitzen. Zusätzlich wurde eine bessere Arbeit (24 %), eine leichtere Arbeitsverrichtung (15 %), das fachlich Auf-dem-Laufenden-Sein (43 %) und ein besserer Umgang mit der Technik (25 %) genannt.

Neben diesen Bedürfnissen, die meist zu einer freiwilligen Teilnahme an Weiterbildung führen, existiert noch ein weiteres Muster, warum eine Person zu den verschiedensten Veranstaltungen geht. Im Gesamtbericht zur Weiterbildungssituation in Deutschland (vgl. Bundesministerium für Bildung und Forschung, 2003, S. 69) heißt es dazu, dass die Teilnahme entweder auf individuellen Interessen beruht oder aufgrund eines tatsächlichen oder vermeintlichen äußeren Drucks einer wahrgenommenen Weiterbildungspflicht besteht, von der die Person meint, sich ihr nicht entziehen zu können. Die Ergebnisse der Repräsentativerhebung des Berichtssystems Weiterbildung 2000 (Bundesministerium für Bildung und Forschung, 2003) zeigen dabei, dass etwa 42 % der Befragten angaben, dass die Teilnahme an beruflicher Weiterbildung von ihnen ausging, während sie bei etwas mehr als der Hälfte aller Fälle auf betriebliche Anordnung oder aufgrund eines Vorgesetztenvorschlags erfolgte. In beiden Fällen spielen individuelle Interessen an neuen Tätigkeiten eine entscheidende Rolle.

Nicht zu vergessen neben diesen auf den Lebensunterhalt und den Lebensstandard bezogenen Gründen ist das Bedürfnis nach persönlicher Entfaltung (Hackman & Oldham, 1976; Hulin & Blood, 1968; Kruse, 1997). Dem korrespondiert das Interesse der jeweiligen Person an einer kontinuierlichen Weiterentwicklung und Selbstverbesserung als ein entscheidender Faktor der Weiterbildungsmotivation. Dieses Interesse ist Gegenstand des Modells der sogenannten *employee learning and development orientation* (Maurer, 2002).

4.2 Nutzungsbarrieren für Weiterbildung

Trotz der erfahrenen Veränderungen am Arbeitsplatz und in der Organisation und trotz des mediengestützten Dauerappells, dass Lernen über die gesamte Lebensspanne hinweg betrieben werden sollte (Faulstich, 2003), werden viele Erwerbstätige davon abgehalten, Weiterbildungsangebote wahrzunehmen. Der Nutzung von Weiterbildungsangeboten stehen im Alltag der Erwerbstätigen folgende Barrieren auf der individuellen Ebene entgegen (Bundesministerium für Bildung und Forschung, 2003; Faulstich, 2003; Gebert & Steinkamp, 1990; Kruse, 1997):

- Fehlendes Problembewusstsein für die Notwendigkeit von Weiterbildung;
- allgemeiner Pessimismus und generelle Interessenlosigkeit als verfestigte Persönlichkeitsdispositionen;
- „Lernmüdigkeit" aufgrund negativer früherer Erfahrungen mit Lernsituationen;
- zu geringe Vertrautheit mit Weiterbildung;
- zu geringe Kenntnisse über die bestehenden beruflichen und außerberuflichen Weiterbildungsangebote;

- befürchtete oder erfahrene Vorbehalte der sozialen Umwelt (z. B. durch Vorgesetzte) gegen die Teilnahme;
- familiäre Verpflichtungen, wenn die Kurszeiten der Weiterbildungsveranstaltungen außerhalb der Arbeitszeit liegen;
- fehlende finanzielle Ressourcen;
- zu weite Anfahrtswege;
- die Befürchtung, aufgrund mangelnder Qualifikationen oder mangelnder Kenntnisse für die Teilnahme an einer Weiterbildung nicht geeignet zu sein;
- zu strenge Zulassungsvoraussetzungen;
- die Erwartung, dass die Maßnahmen keine Verbesserung der Berufschancen mit sich bringen.

Bei Frauen scheinen diese Barrieren besonders wirksam zu sein. Nach dem Gesamtbericht zur Weiterbildungssituation in Deutschland vom Bundesministerium für Bildung und Forschung (2003) beteiligen Frauen sich zwar etwas häufiger an allgemeiner Weiterbildung als Männer, jedoch deutlich seltener an beruflicher Weiterbildung.

Auch bei älteren Mitarbeitern sind Handlungshindernisse erkennbar. So ist die Beteiligung an allgemeinen und beruflichen Weiterbildungsangeboten bereits ab einem Alter von 45 Jahren im Vergleich zu jüngeren Personen deutlich herabgesetzt (vgl. Bundesministerium für Bildung und Forschung, 2003, S. 86; Kruse, 1997, S. 140). Es kommt sogar vor, dass ältere Mitarbeiter eher ihre Arbeitsstelle verlassen, als dass sie sich durch Weiterbildung den Veränderungen am Arbeitsplatz anpassen. Dies ist ein Phänomen, mit dem sich Yeatts, Folts und Knapp (2000) in ihrem Modell „older workers' adaption to a changing workplace" befassen. Älteren Mitarbeitern werden aber oft auch vom Arbeitgeber nur sehr wenige oder keine Weiterbildungsangebote mehr gemacht.

Eine weitere Problemgruppe sind Mitarbeiter ohne Schulabschluss oder mit einem niedrigen Bildungsabschluss. Aufgrund einer synoptischen Betrachtung des sogenannten Berichtssystems Weiterbildung, der Volkshochschulstatistik, der amtlichen Nachrichten der Bundesagentur der Arbeit, der Erhebung des Instituts der deutschen Wirtschaft zur betrieblichen Weiterbildung und der europäischen Weiterbildungserhebung kommt Bellmann (2004) zu dem Ergebnis, dass die Weiterbildungsbeteiligung umso niedriger ausfällt, je geringer das schulische und berufliche Qualifikationsniveau oder die berufliche Stellung sind. Letzteres bestätigt auch eine Befragung von Gebert und Steinkamp (1990), bei der sich zeigte, dass 16 % der Führungskräfte, 28 % der Meister und 74 % der gewerblichen Arbeitnehmer in den im Durchschnitt 16,5 Jahren, in denen sie dem Betrieb angehörten, an keinerlei Weiterbildungsmöglichkeit teilgenommen hatten.

Schließlich beeinflussen auch die Branchenzugehörigkeit und die Betriebsgröße die Weiterbildungsbeteiligung. So ist die Teilnahme an Weiterbildung in Großbetrieben mit mehr als 1.000 Beschäftigten höher als in Klein- oder Mittelbetrieben, die die geringste Teilnehmerquote aufweisen (Bundesministerium für Bildung und Forschung, 2003).

4.3 Förderliche Bedingungen für Weiterbildungsbeteiligung und -erfolg

Als förderliche Bedingungen für die individuelle Teilnahme an Weiterbildungsveranstaltungen sind vom Bundesministerium für Bildung und Forschung (2003, S. 70) folgende Aspekte benannt worden:

- Der sozio-ökonomische Status: je höher der Status, desto höher die Weiterbildungsbeteiligung.
- Die Teilnahmewahrscheinlichkeit wächst in dem Maß, wie zwischen dem Selbstbild der Lernenden und der Art und dem Umfeld des Weiterbildungsangebots Kongruenz besteht.
- Die Teilnahmemotivation ergibt sich aus dem Produkt von Erwartungen und der Summe der positiven und negativen Bewertungen, die ein Individuum in Bezug auf die Lernaktivitäten vornimmt.
- Die Entscheidung zur Teilnahme fällt häufig mit Wechseln in Lebenssituationen zusammen.
- Das Teilnahmeverhalten ist abhängig davon, inwieweit es mit dem Verhalten der jeweiligen sozialen und kulturellen Referenzgruppe übereinstimmt.
- Die Teilnahme an Weiterbildung korrespondiert mit der Teilnahme am sozialen Leben überhaupt.

Eine wichtige organisationale Bedingung für Fort- und Weiterbildung ist eine förderliche Lernkultur in einer Organisation (Sonntag, Stegmaier, Schaper & Friebe, 2004). Sie umfasst folgende neun Dimensionen:

- Lernen als Teil der Unternehmensphilosophie,
- Rahmenbedingungen für Lernen im Unternehmen,
- Personalentwicklung,
- Formalisierung der Kompetenzentwicklung,
- Lernatmosphäre und Unterstützung durch Kollegen,
- Lernorientierte Führungsaufgaben,
- Information und Partizipation,
- Wissensaustausch des Unternehmens mit der Umwelt,
- Lern- und Entwicklungsmöglichkeiten im Unternehmen.

Der Gestaltung von Arbeitsaufgaben kommt im Rahmen der Lernkultur in Unternehmen eine wichtige Rolle zu. Lernförderliche Arbeitsaufgaben sind dadurch (Sonntag, 1996) charakterisiert, dass

- sie es ermöglichen, die vorhandenen Fähigkeiten auszunutzen und weiterzuentwickeln,
- sie genügend Freiheitsgrade für eigenes Entscheiden und kreatives Ausführen enthalten,
- sie Verantwortungsübernahme und selbstständige Handlungsweisen zulassen,
- beim Gelingen ein Erfolgserleben stattfindet und
- ein organisationaler oder gesellschaftlicher Nutzen erkennbar ist.

Bei Personen, die sich nicht an Weiterbildungsmaßnahmen beteiligen wollen, da sie zum Beispiel davon überzeugt sind, dass sie bereits alle relevanten Kenntnisse und Fertigkeiten besitzen oder weil sie Mängel und Probleme mit der Zeit nicht mehr wahrgenommen haben (s. o. *fehlendes Problembewusstsein*), ist die *subjektive Tätigkeitsanalyse* (Ulich, 1999) eine geeignete Methode, um diese Qualifizierungsbarrieren abzubauen. Die Vorgehensweise besteht dabei aus vier verschiedenen Schritten. Im ersten Schritt soll eine kognitive Umstrukturierung ausgelöst werden. Im zweiten Schritt werden Pläne für die Veränderung der Situation entwickelt. Als nächstes wird ermittelt, welche Qualifikationen, die für die Realisierung der Pläne erforderlich sind, bei den Beteiligten vorhanden sind. Im vierten Schritt wird dann ein spezifisches Ausbildungsprogramm geplant, um vorhandene Defizite bei den erforderlichen Qualifikationen zu beheben.

Colquitt, LePine und Noe (2000) haben in einer Metaanalyse die Determinanten der *Trainingsmotivation* analysiert. Signifikante Prädiktoren waren die Situationsfaktoren *Lernklima* ($r = .39$) sowie *soziale Unterstützung durch Vorgesetzte* ($r = .36$) *und Kollegen* ($r = .37$), die Persönlichmerkmale *Ängstlichkeit* ($r = -.57$), *internale Kontrollüberzeugung* ($r = .46$), *Selbstwirksamkeit* ($r = .42$), *Gewissenhaftigkeit* ($r = .38$), *Leistungsmotivation* ($r = .35$), das *Alter* ($r = -.18$) sowie die *Bindung an die Organisation* (organizational commitment) ($r = .47$), die *Karriereplanung* ($r = .36$) und das *arbeitsbezogene Engagement* (job involvement) ($r = .20$). Schmidt und Hunter (1998) haben in einer weiteren Metaanalyse Prädiktoren des *Trainingserfolgs* untersucht. Als beste Individualprädiktoren für arbeitsplatzbezogenes Lernen (job-related-learning) sowie für die Leistung in arbeitsbezogenen Trainingsprogrammen konnten die *Allgemeine Intelligenz* ($r = .56$) sowie die Persönlichkeitsmerkmale *Ehrlichkeit* (Integrität; $r = .38$) und *Gewissenhaftigkeit* ($r = .30$) identifiziert werden.

Wie eine sich anschließende Pfadanalyse von Colquitt et al. (2000) ergab, stellen die *Trainingsmotivation* und die *Allgemeine Intelligenz* wichtige Prädiktoren für den Zuwachs an *beruflichem Wissen*, an *beruflichen Fertigkeiten* sowie die *Selbstwirksamkeitseinschätzung nach den Trainingsmaßnahmen* dar. Für die Übertragung *(Transfer)* des im Training Gelernten in den beruflichen Alltag sind insbesondere der Zuwachs bei den beruflichen Fertigkeiten ($b = .59$), die Selbstwirksamkeitseinschätzung nach den Trainingsmaßnahmen ($b = .27$), eine hohe Gewissenhaftigkeit ($b = .52$) sowie ein internaler Locus of Control ($b = .41$) von Bedeutung. Dieser Transfer ($b = .59$) ist dann der stärkste Prädiktor der *beruflichen Leistung.*

4.4 Fazit

Der Begriff der beruflichen *Weiterbildung* deckt ein breites Spektrum von Phänomenen ab, das von durch die beschäftigende Organisation formal initiierten bis hin zu informellen, selbst gesteuerten berufsbezogenen Lernaktivitäten reicht. Die Beteiligung an beruflicher Weiterbildung geht nicht nur auf unmittelbar berufsbezogene, einkommens- und lebensstandardbezogene Gründe zurück, sondern ist auch in dem allgemeinen Bedürfnis von Menschen nach kontinuierlicher, lebenslanger Weiterentwicklung und Selbstverbesserung verankert. Gruppen, die weniger an beruflicher Weiterbildung partizipieren, sind erwerbstätige Frauen, ältere Erwerbstätige, Personen mit einem geringen Qualifikationsniveau in der Erstausbildung, Personen mit niedrigem sozialen Status sowie Beschäftigte in Klein- und Mittelbetrieben. Individuelle Merkmale, welche die Motivation zur Teilnahme an beruflichen Weiterbildungsmaßnahmen erhöhen, sind (geringe) Ängstlichkeit, internale Kontrollüberzeugung, hohe Selbstwirksamkeitserwartungen, Gewissenhaftigkeit, Leistungsmotivation und Karriereplanung. Förderliche Bedingungen für erfolgreiche betriebliche Weiterbildung sind die Lernkultur im Unternehmen, soziale Unterstützung beim Lernen am Arbeitsplatz sowie die lernförderliche Gestaltung von Arbeitsaufgaben. Um auf betrieblicher Ebene die Einsicht in die Notwendigkeit von Lernen und Weiterbildung bei Beschäftigten zu fördern, kann das Verfahren der subjektiven Tätigkeitsanalyse eingesetzt werden. Der individuelle Erfolg von Weiterbildungsmaßnahmen steht in Verbindung mit folgenden Personenmerkmalen: *Allgemeine Intelligenz, Ehrlichkeit* (Integrität) *und Gewissenhaftigkeit.*

5 *Schlussfolgerung*

Wirtschaftsunternehmen und andere Organisationen sehen sich derzeit einem starken Veränderungsdruck ausgesetzt. Zunächst (vgl. Abschnitt 1) wurde dargestellt, welche Ursachen diesen Wandel ausgelöst haben und welche Aspekte der Erwerbsarbeit davon betroffen sind. Dem folgte in Abschnitt 2 ein Überblick über die aktuelle psychologische Forschung, die sich mit den Reaktionen

Tabelle 2:
Anpassungs- und Veränderungsbereitschaft angesichts des Wandels der Arbeit

Ursachen und Aspekte des Wandels	– Ursachen des aktuellen Wandels der Arbeitsbedingungen – zunehmend globale internationale Vernetzung der nationalen Volkswirtschaften – neue Informations- und Kommunikationstechnologien – Entwicklung weg von der Industrie- und hin zur Informationsgesellschaft – Veränderungen bei den Erwerbstätigen sowie – neue Managementkonzepte (Zusammenschlüsse, Verkleinerungen, Umstrukturierungen) – Aspekte des aktuellen Wandels der Arbeitsbedingungen – flachere, netzwerkartige Organisationsstrukturen – zeitlich flexibilisiertere und räumlich dezentralisiertere Arbeitsverrichtung – mehr Selbststeuerung und Kompetenzweiterentwicklung als neue Arbeitsanforderungen – Neuer psychologischer Kontrakt – prekäre Arbeitsverhältnisse
Individuelle Reaktionen auf Veränderungen	– in Abhängigkeit von Persönlichkeitsdispositionen – Widerstand: geringe Ambiguitätstoleranz, hohe Risikoaversion, geringes Sensation Seeking, negative Affektivität – Akzeptanz: Generalisierte Selbstwirksamkeitserwartung, internaler Locus of Control, Optimismus, Selbstwertschätzung – in Abhängigkeit von wahrgenommenen Situationsmerkmalen: Akzeptanz durch – unterstützenden Führungsstil – Mitwirkungsmöglichkeiten bei der Veränderung – Informationen über Veränderung – Aufrechterhaltung der Handlungskompetenz durch Trainingsangebote – in Abhängigkeit von weiteren Einflussbedingungen – Zynismus vs. affektives, normatives oder kalkulatives Commitment – Passung von Person und Situation – Prinzip der optimalen Innovation
Aktive Beteiligung an der Veränderung	– aufgrund wahrgenommener Veränderungsbedürftigkeit bedingt durch intrinsische Tätigkeitsmotivation sowie transformationale Führung – aufgrund wahrgenommener Veränderungsfähigkeit bedingt durch hohe Selbstwirksamkeitserwartung, internalen Locus of Control, internale Erfolgsattribution sowie delegative, partizipative und zielsetzungsorientierte Führung – aufgrund individuell erwartetem, subjektivem Nutzen – aufgrund der Verfügbarkeit neuer und brauchbarer Ideen – unterschiedliche individuelle Richtung der Veränderungsmotivation: Adaptoren vs. Innovatoren

Tabelle 2 (Fortsetzung):
Anpassungs- und Veränderungsbereitschaft angesichts des Wandels der Arbeit

Berufliche Weiter-bildungs-bereitschaft	– Motivation: Allgemeines Bedürfnis zur Weiterentwicklung und Selbstverbesserung, finanzielle Verbesserung, Arbeitsplatzsicherung, Reputationszuwachs, fachliche Aktualisierung, wahrgenommene Verpflichtung – Problemgruppen: Frauen, Ältere, Personen mit niedrigem Bildungsabschluss und niedrigem sozialem Status, Beschäftigte in Klein- und Mittelbetrieben – Organisationale Faktoren: Lernkultur, lernförderliche Aufgabengestaltung, subjektive Tätigkeitsanalyse, soziale Unterstützung durch Vorgesetzte und Kollegen – Prädiktoren der Trainingsmotivation: geringe Ängstlichkeit, internale Kontrollüberzeugung, Selbstwirksamkeit, Gewissenhaftigkeit und Leistungsmotivation – Prädiktoren des Trainingserfolges: Allgemeine Intelligenz, Ehrlichkeit (Integrität), Gewissenhaftigkeit

– sei es Ablehnung oder Akzeptanz – der betroffenen Erwerbstätigen befasst hat. Untersucht wurden dabei u. a. Beschäftigte in Behörden, Industriearbeiter, Krankenpflegepersonal, Manager und Universitätsprofessoren. Berücksichtigung fanden prozess-, persönlichkeits- und situationsbezogene Aspekte des Widerstands gegen sowie bei der Bewältigung dieser Veränderungen. Im dritten Abschnitt wurden verschiedene Ansätze dargestellt, die sich jeweils mit der *aktiven* Beteiligung von Erwerbstätigen an Veränderungsprozessen in ihren Organisationen befassen. Der letzte Abschnitt (vgl. Abschnitt 4) befasste sich mit der individuellen Weiterbildungsmotivation sowie förderlichen und hemmenden Bedingungen für die proaktive Weiterbildungsbereitschaft und die individuelle Aufstiegsqualifizierung. Tabelle 2 gibt einen zusammenfassenden Überblick über die Inhalte dieses Kapitels.

Literatur

Aspinwall, L. G. & Taylor, S. E. (1992). Modelling cognitive adaptation: A longitudinal of the impact of individual differences and coping on college adjustment investigation and performance. *Journal of Personality and Social Psychology, 63,* 989–1003.

Bellmann, L. (2004). Der Stand der Aus- und Weiterbildungsstatistik in Deutschland. In *Expertisen zu den konzeptionellen Grundlagen für einen Nationalen Bildungsbericht – Berufliche Bildung und Weiterbildung/Lebenslanges Lernen* [online]. BMBF. Verfügbar unter: http://www.bmbf.de/pub/expertisen_zd_konzept_grundlagen_fn_bildungsbericht_bb_wb_lll.pdf [30. 04. 2009].

Bundesministerium für Bildung und Forschung (Hrsg.). (2003). *Berichtssystem Weiterbildung 2000. Integrierter Gesamtbericht zur Weiterbildungssituation in Deutschland.* Bonn: Bundesministerium für Bildung und Forschung.

Cascio, W. (2003). Changes in workers, work, and organizations. In C. Borman, D. R. Ilgen & R. J. Klimoski (Eds.), *Handbook of psychology* (Vol. 12, pp. 401–422). Hoboken, NJ: Wiley.

Chan, D. (2000). Detection of differential item functioning on the Kirton Adaption-Innovation Inventory using multiple-group mean and covariance structure analyses. *Multivariate Behavioral Research, 35,* 169–199.

Colquitt, J. A., LePine, J. A. & Noe, R. A. (2000). Toward an integrative theory of training motivation: A meta-analytic path analysis of 20 years of research. *Journal of Applied Psychology, 85,* 678–707.

Cortina, J. M. & Ingerick, M. J. (2005). Personality in industrial/organizational psychology: Not much more than cheese. In G. P. Hodgkinson & J. K. Ford (Eds.), *International Review of Industrial and Organizational Psychology* (pp. 119–148). Chichester: Wiley.

Dirkx, J. M., Gilley, J. W. & Gilley, A. M. (2004). Change theory in CPE and HRD: Toward a holistic view of learning and change in work. *Advances in Developing Human Resources, 6,* 35–51.

Dostal, W. (2001). Neue Beschäftigungsverhältnisse und Arbeitsmarkt. In H. Reichold, A. Löhr & G. Blickle (Hrsg.), *Wirtschaftsbürger oder Marktopfer* (S. 63–84). Mering: Hampp.

Engle, D. E., Mah, J. J. & Sadri, G. (1997). An empirical comparison of entrepreneurs and employees: Implications for innovation. *Creativity Research Journal, 10,* 45–49.

Farr, J. L. & Ford, C. M. (1990). Individual innovation. In M. A. West & J. L. Farr (Eds.), *Innovation and creativity at work. psychological and organizational strategies* (pp. 63–80). Chichester: Wiley.

Faulstich, P. (2003). *Weiterbildung. Begründungen lebensentfaltender Bildung.* München: Oldenbourg.

Fay, D. & Lührmann, H. (2004). Current themes in organizational change. *European Journal of Work and Organizational Psychology, 13,* 113–119.

Flynn, J. R. (1984). The mean IQ of Americans: Massive gains 1932 to 1978. *Psychological Bulletin, 95,* 29–51.

Flynn, J. R. (1987). Massive IQ gains in 14 nations: What IQ tests really measure. *Psychological Bulletin, 101,* 171–191.

Friedman, T. L. (2005). *The world is flat. A brief history of the twenty-first century.* New York, NY: Farrar, Straus and Giroux.

Galais, N. & Rigotti, T. (2005). Die Beziehung zwischen Arbeitnehmern und Arbeitgebern im Kontext von Deregulierungs- und Flexibilisierungsprozessen. In G. Blickle & A. Witzki (Hrsg.), *Psychologie im Arbeitsleben. Menschen verstehen, Organisationen erklären, Arbeit human gestalten* (Heft 1, Bd. 31, S. A 26 – A 27). Berichte aus dem Institut für Psychologie der Rheinischen Friedrich-Wilhelms-Universität Bonn.

Gebert, D. (2002). *Führung und Innovation.* Stuttgart: Kohlhammer.

Gebert, D. (2004). *Innovation durch Teamarbeit.* Stuttgart: Kohlhammer.

Gebert, D. & Steinkamp, T. (1990). *Innovativität und Produktivität durch betriebliche Weiterbildung.* Stuttgart: Schäffer-Poeschel.

Gelade, G. A. (2002). Creative style, personality, and artistic endeavour. *Genetic, Social and General Psychology Monographs, 128,* 213–234.

George, J. M. & Jones, G. R. (2001). Towards a process model of individual change on organizations. *Human Relations, 54,* 419–444.

Goldsmith, R. E. (1984). Personality characteristics associated with adaption-innovation. *Journal of Psychology, 117,* 159–165.

Goldsmith, R. E. & Matherly, T. A. (1987). Adaption-innovation and self-esteem. *Journal of Social Psychology, 127,* 351–352.

Guldin, A. (2004). Veränderungen von Organisationen. In H. Schuler (Hrsg.), *Organisationspsychologie – Gruppe und Organisation* (Enzyklopädie der Psychologie, Serie Wirtschafts-, Organisations- und Arbeitspsychologie, Bd. 4, S. 701–771). Göttingen: Hogrefe.

Hacker, W. (1998). *Allgemeine Arbeitspsychologie. Psychische Regulation von Arbeitstätigkeiten.* Bern: Huber.

Hackman, J. R. & Oldham, G. R. (1976). Motivation through the design of work: Test of a theory. *Organizational Behavior and Human Performance, 16,* 250–279.

Hengsbach, F. (2001). Neue Beschäftigungsverhältnisse aus sozialethischer Sicht. In H. Reichold, A. Löhr & G. Blickle (Hrsg.), *Wirtschaftsbürger oder Marktopfer* (S. 33–44). Mering: Hampp.

Herscovitch, L. & Meyer, J. P. (2002). Commitment to organizational change: Extension of a three-component model. *Journal of Applied Psychology, 87,* 474–487.

Holland, P. A. (1987). Adoptors and innovators: Application of the Kirton Adaption-Innovation Inventory to bank employees. *Psychological Reports, 60,* 263–270.

Hosemann, W. (1999). Gesellschaftlicher Wandel. In P. Knauth & A. Wollert (Hrsg.), *Human Resource Management. Neue Formen betrieblicher Arbeitsorganisation und Mitarbeiterführung* (Kap. 3.3). Köln: Deutscher Wirtschaftsdienst.

Hough, L. M. & Furnham, A. (2003). Use of personality variables in work settings. In C. Borman, D. R. Ilgen & R. J. Klimoski (Eds.), *Handbook of psychology* (Vol. 12, pp. 131–170). Hoboken, NJ: Wiley.

Hulin, C. L. & Blood, M. R. (1968). Job enlargement, individual differences, and worker responses. *Psychological Bulletin, 69,* 41–55.

Institut der Deutschen Wirtschaft (Hrsg.). (2002). *Deutschland in Zahlen.* Köln: Eigenverlag.

Ioannidou, A., Meese, A., Pehl, K. & Reitz, G. (2004). *Weiterbildungsstatistik im Verbund 2002* [Online]. Verfügbar unter: http://www.die-bonn.de/esprid/dokumente/doc-2004/ioannidou04_01.pdf [30. 04. 2009].

Isaksen, S. G., Babij, B. J. & Lauer, K. J. (2003). Cognitive styles in creative leadership practices: exploring the relationship between level and style. *Psychological Reports, 93,* 983–994.

Judge, T. A., Locke, E. A., Durham, C. & Kluger, A. N. (1998). Dispositional effects on job and life satisfaction: The role of core evaluations. *Journal of Applied Psychology, 83,* 17–34.

Judge, T. A., Thoresen, C. J., Pucik, V. & Welbourne, T. M. (1999). Managerial coping with organizational change: A dispositional perspective. *Journal of Applied Psychology, 84,* 107–122.

Kirton, M. (1976). Adaptors and innovators: A description and measure. *Journal of Applied Psychology, 61,* 622–629.

Kirton, M. (1977). *Manual of Kirton Adaption-Innovation Inventory.* London: National Foundation for Educational Research.

Kirton, M., Bailey, A. & Glendinning, W. (1991). Adaptors and innovators: Preference for educational procedures. *Journal of Psychology, 125,* 445–455.

Krause, D. E. (2004a). Influence based leadership as a determinant of the inclination to innovate and of innovation-related behaviors. An empirical investigation. *Leadership-Quarterly, 15,* 79–102.

Krause, D. E. (2004b). Kognitiv-emotionale Prozesse als Auslöser von Innovationen. Empirische Überprüfung der Lazarus-Theorie im Innovationskontext. *Zeitschrift für Personalpsychologie, 3,* 63–78.

Krause, D. E. (2005). Innovationsförderliche Führung – Eine empirische Analyse. *Zeitschrift für Psychologie, 213,* 61–76.

Kruse, A. (1997). Bildung und Bildungsmotivation im Erwachsenenalter. In F. E. Weinert & H. Mandl (Hrsg.), *Psychologie der Erwachsenenbildung* (Enzyklopädie der Psychologie, Serie Pädagogische Psychologie, Bd. 4, S. 115–178). Göttingen: Hogrefe.

Lang-von Wins, T., Mohr, G. & Rosenstiel, L. von (2004). Kritische Laufbahnübergänge: Erwerbslosigkeit, Wiedereingliederung und Übergang in den Ruhestand. In H. Schuler (Hrsg.), *Organisationspsychologie – Grundlagen und Personalpsychologie* (Enzyklopädie der Psychologie, Serie Wirtschafts-, Organisations- und Arbeitspsychologie, Bd. 3, S. 1113–1189). Göttingen: Hogrefe.

Lazarus, R. S. (1991). *Emotion and adaptation.* New York, NY: Oxford University Press.

Maurer, T. J. (2002). Employee learning and development orientation: Toward an integrative model of involvement in continuous learning. *Human Resource Development Review, 1,* 9–44.

Meyer, J. P. & Allen, N. J. (1991). A three-component conceptualization of organizational commitment. *Human Resource Management Review, 1,* 61–89.

Moser, K. & Zempel, J. (2004). Personalmarketing. *Organisationspsychologie – Grundlagen und Personalpsychologie* (Enzyklopädie der Psychologie, Serie Wirtschafts-, Organisations- und Arbeitspsychologie, Bd. 3, S. 389–438). Göttingen: Hogrefe.

Müller, G. F. (2004). Selbstständig organisierte Erwerbsarbeit. In H. Schuler (Hrsg.), *Organisationspsychologie – Gruppe und Organisation* (Enzyklopädie der Psychologie, Serie Wirtschafts-, Organisations- und Arbeitspsychologie, Bd. 4, S. 999–1046). Göttingen: Hogrefe.

Niedenhoff, H.-U. (1999). Informationsgesellschaft und Arbeitswelt. In P. Knauth & A. Wollert (Hrsg.), *Human Resource Management. Neue Formen betrieblicher Arbeitsorganisation und Mitarbeiterführung* (Kap. 3.5). Köln: Deutscher Wirtschaftsdienst.

Oreg, S. (2003). Resistance to change: Developing an individual differences measure. *Journal of Applied Psychology, 88,* 680–693.

Posner, B. Z. & Kouzes, J. M. (1988). Development and validation of the Leadership Practices Inventory. *Educational and Psychological Measurement, 48,* 483–496.

Pulakos, E. D., Arad, S., Donovan, M. A. & Plamondon, K. E. (2000). Adaptability in the workplace: Development of a taxonomy of adaptive performance. *Journal of Applied Psychology, 85,* 612–624.

Pulakos, E. D., Schmitt, N., Dorsey, D. W., Arad, S., Hedge, J. W. & Borman, W. C. (2002). Predicting adaptive performance: Further tests of a model of adaptability. *Human Performance, 15,* 299–323.

Rosenstiel, L. von & Nerdinger, F. W. (2000). Die Münchner Wertestudien – Bestandsaufnahme und vorläufiges Resumee. *Psychologische Rundschau, 51,* 146–157.

Rousseau, D. M. (1995). *Psychological contracts in organizations. Understanding written and unwritten agreements.* Newbury Park, CA: Sage.

Rump, J. (2003). Wandel in der Arbeitswelt – Herausforderungen für Mensch und Organisation. In P. Knauth & A. Wollert (Hrsg.), *Human Resource Management. Neue Formen betrieblicher Arbeitsorganisation und Mitarbeiterführung* (Kap. 3.13). Köln: Deutscher Wirtschaftsdienst.

Schmidt, F. L. & Hunter, J. E. (1998). The validity and utility of selection methods in personnel psychology: Practical and theoretical implications of 85 years in research findings. *Psychological Bulletin, 124,* 262–274.

Schmidt, K.-H. & Kleinbeck, U. (1999). Job Diagnostic Survey (JDS – deutsche Fassung). In H. Dunckel (Hrsg.), *Handbuch psychologischer Arbeitsanalyseverfahren* (S. 205–230). Zürich: vdf.

Sennett, R. (1998). *The corrosion of character.* New York, NY: Norton.

Six, B. & Felfe, J. (2004). Einstellungen und Werthaltungen im organisationalen Kontext. In H. Schuler (Hrsg.), *Organisationspsychologie – Grundlagen und Personalpsychologie* (Enzyklopädie der Psychologie, Serie Wirtschafts-, Organisations- und Arbeitspsychologie, Bd. 3, S. 597–672). Göttingen: Hogrefe.

Skinner, N. F. (1996). Behavioral implications of adaption-innovation: II. Adaption-innovation and motivation for uniqueness. *Social Behavior & Personality, 24,* 231–234.

Sonntag, K. (1996). *Lernen im Unternehmen.* München: Beck.

Sonntag, K. & Stegmaier, R. (2005). Lernkultur verstehen, gestalten und messen. Das „Lernkulturinventar" als organisationsdiagnostisches Verfahren zur Messung von Lernkultur. *Personalführung, 1,* 22–29.

Sonntag, K., Stegmaier, R., Schaper, N. & Friebe, J. (2004). Dem Lernen im Unternehmen auf der Spur: Operationalisierung von Lernkultur. *Unterrichtswissenschaft, 32,* 104–127.

Springer, R. (1999). *Rückkehr zum Taylorismus? Arbeitspolitik in der Automobilindustrie am Scheideweg.* Frankfurt a. M.: Campus.

Statistisches Bundesamt (2004). *Leben und Arbeiten in Deutschland. Ergebnisse des Mikrozensus 2003* [Online]. Verfügbar unter: https://www-ec.destatis.de/csp/shop/sfg/vollanzeige.csp?ID=1013796 [12. 11. 2007].

Streich, R. (1997). Veränderungsprozessmanagement. In M. Reiß, L. von Rosenstiel & A. Lanz (Hrsg.), *Change Management: Programme, Projekte und Prozesse* (S. 237–254). Stuttgart: Schäffer-Poeschel.

Super, D. E., Savickas, M. S. & Super, C. M. (1996). The life-span, life-space approach to careers. In D. Brown, L. Brooks & associates (Eds.), *Career choice and development* (pp. 121–178). San Francisco, CA: Jossey-Bass.

Tullett, A. D. (1995). The adaptive-innovative (A-I) cognitive styles of male and female project managers: Some implications for the management of change. *Journal of Occupational & Organizational Psychology, 68,* 359–365.

Ulich, E. (1999). Lern und Entwicklungspotentiale in der Arbeit – Beiträge der Arbeits- und Organisationspsychologie. In K.-H. Sonntag (Hrsg.), *Personalentwicklung in Organisationen* (S. 123–53). Göttingen: Hogrefe.

Voß, G. G. (1998). Die Entgrenzung von Arbeit und Arbeitskraft. Eine subjektorientierte Interpretation des Wandels der Arbeit. *Mitteilungen aus der Arbeitsmarkt- und Berufsforschung, 98,* 473–487.

Voß, G. G. (2001). Der Arbeitskraftunternehmer. Ein neuer Typus von Arbeitskraft und seine sozialen Folgen. In H. Reichold, A. Löhr & G. Blickle (Hrsg.), *Wirtschaftsbürger oder Marktopfer* (S. 15–32). Mering: Hampp.

Vroom, V. H. (1964). *Work and motivation.* New York, NY: Wiley.

Wanberg, C. R. & Banas, J. T. (2000). Predictors and outcomes of openness to changes in a reorganizing workplace. *Journal of Applied Psychology, 85,* 132–142.

Wanous, J. P., Reichers, A. E. & Austin, J. T. (2000). Cynicism about organizational change: Measurement, antecedents, and correlates. *Group & Organization Management, 25,* 132–153.

Wanous, J. P., Reichers, A. E. & Austin, J. T. (2004). Cynicism about organizational change: An attribution process perspective. *Psychological Reports, 94,* 1421–1434.

Wegge, J. (2001). Gruppenarbeit. In H. Schuler (Hrsg.), *Lehrbuch der Personalpsychologie* (S. 483–507). Göttingen: Hogrefe.

Wingen, M. (1999). Demographische Entwicklung und Personalplanung. In P. Knauth & A. Wollert (Hrsg.), *Human Resource Management* (Kap. 3.4). Köln: Wolters & Kluwer.

Wiswede, G. (2000). Psychologie der Innovation. In G. Wiswede (Hrsg.), *Einführung in die Wirtschaftspsychologie* (S. 280–285). München: Reinhardt.

Wollert, A. (2001). Der Arbeitskraftunternehmer – Vision und Wirklichkeit. Überlegungen zu den Ausführungen von G. Günter Voß. In H. Reichold, A. Löhr & G. Blickle (Hrsg.), *Wirtschaftsbürger oder Marktopfer* (S. 45–50). Mering: Hampp.

Yeatts, D. E., Folts, W. E. & Knapp, J. (2000). Older workers' adaptation to a changing workplace: Employment issues for the 21st century. *Educational Gerontology, 26,* 565–582.

Zell, D. (2003). Organizational change as a process of death, dying, and rebirth. *Journal of Applied Behavioral Science, 39,* 73–96.

Zempel, J., Bacher, J. & Moser, K. (Hrsg.). (2001). *Erwerbslosigkeit.* Opladen: Leske + Budrich.

11. Kapitel

Erwerbslosigkeit

Gisela Mohr

1 Einleitung

In der Bundesrepublik Deutschland (BRD) hat die Erwerbslosigkeit seit 1975 nie mehr nennenswert die Eine-Million-Grenze unterschritten und liegt seit vielen Jahren bei über 4 Millionen. Die Hälfte aller Erwerbslosen sind Langzeiterwerbslose, d. h. mindestens ein Jahr erwerbslos. Die offiziellen Statistiken bilden die Realität nur begrenzt ab. Es ist davon auszugehen, dass ein erheblicher Teil von erwerbsfähigen und erwerbswilligen Personen bei den Ämtern nicht gemeldet ist, weil sie ohnehin keine Bezüge erhalten oder nicht auf eine Vermittlung hoffen. Ferner führen vielfältige Maßnahmen (Frühverrentung, Ausbildungsförderung usw.) dazu, dass erwerbsfähige und erwerbswillige Personen nicht als Erwerbslose in den Statistiken geführt werden.

Im öffentlichen Sprachgebrauch ist der Begriff Arbeitslosigkeit etabliert. Dabei wird übersehen, dass in den westlichen Industrieländern zum Funktionieren der Gesellschaft notwendige Arbeit nicht nur als bezahlte Arbeit geleistet wird. In der Bundesrepublik werden ca. ein Drittel mehr unbezahlte Stunden als bezahlte gearbeitet (Blanke, Ehling & Schwarz, 1996). Der Begriff Arbeitslosigkeit täuscht also darüber hinweg, dass zunächst einmal die Arbeitslosen lediglich die bezahlte Arbeit „los“ sind. Dies ist insofern von Bedeutung, als der Blick darauf gelenkt wird, inwieweit unbezahlte Arbeit die psychische Funktion der Erwerbsarbeit ersetzen kann.

In diesem Beitrag wird dargestellt, was bisher bekannt ist über die Bedeutung des Verlusts der Erwerbsarbeit und der Bedrohung des Arbeitsplatzes für das psychische Befinden sowie über die Bedingungen des Wiedereinstiegs in das

Erwerbsleben. Zunächst wird nach einem kurzen Rückblick in die Geschichte der Erwerbslosigkeitsforschung – aus dem die Besonderheit der heutigen Situation der Erwerbslosen abgeleitet werden kann – ein Überblick über solche Theorien gegeben, die bisher in der Forschung genutzt werden oder genutzt werden könnten. Es folgt eine Erläuterung der besonderen methodischen Anforderungen in diesem Forschungsfeld und ein Überblick über die Ergebnisse. Dabei wird zuerst auf der Grundlage zentraler Metaanalysen auf die Kausalitätsfrage eingegangen. Erwartete und unerwartete sowie widersprüchliche Befunde werden anschließend erläutert. Auch einige bislang wenig abgesicherte Befunde (Auswirkung auf die Familie, Bedeutung für den Drogenkonsum, Zeitgestaltung, Unterschiede zwischen erwerbslosen Männern und Frauen) werden kommentiert. Einen breiten Raum nimmt die Darstellung von intervenierenden Variablen ein, da sie zur Erklärung der Vielfalt der Ergebnisse beitragen können. Merkmale der Person werden im Hinblick auf ihre Bedeutung für die Wiedervermittlung dargestellt. Daraus lassen sich Schlussfolgerungen für die Intervention ableiten. Abschließend werden Modelle der Intervention erläutert und Perspektiven für die Forschung und Praxis aufgezeigt.

2 Erwerbslosigkeit als Forschungsthema: ein historischer Rückblick

2.1 Erwerbslosigkeit früher und heute

Bereits zu Anfang der Industrialisierung 1816, 1857 und 1891 sind Phasen der Massenerwerbslosigkeit dokumentiert (Nies, 1979). Erwerbslosigkeit unterscheidet sich heute von den früheren Phasen der Erwerbslosigkeit in drei wesentlichen Punkten:

– Da die industrielle Expansion nach immer neuen Arbeitskräften verlangte, dauerte die Erwerbslosigkeit damals meist nur wenige Wochen oder Monate. Erst im zwanzigsten Jahrhundert gibt es die Verbindung von Massenerwerbslosigkeit mit Langzeiterwerbslosigkeit.
– Erwerbslosigkeit war damals – anders als heute – auch in der Öffentlichkeit sichtbar: z. B. auf der Straße durch lange Schlangen vor den Einrichtungen der staatlichen Arbeitsverwaltung oder in der Kunst (vgl. den Holzschnitt von Gerd Arntz: „Arbeitslose“, 1931, und Käthe Kollwitz: „Erwerbslos“, 1925). Es ist anzunehmen, dass das Fehlen solcher sinnlichen kollektiven Erfahrungen heutzutage nicht ohne Einfluss auf die Art der individuellen Verarbeitung der Erwerbslosigkeit ist.
– Erwerbslose waren früher auf privat organisierte materielle Unterstützung angewiesen. Erst seit 1927 existiert eine staatliche Arbeitslosenversicherung (Nies, 1979).

2.2 Fünf Perioden sozialwissenschaftlicher Erwerbslosigkeitsforschung

Die erste bedeutsame sozialwissenschaftliche Studie, die sogenannte „Marienthalstudie“ (benannt nach der Ortschaft, in der sie durchgeführt wurde), kann als typisch gelten für die *erste Periode* der Erwerbslosigkeitsforschung: Erwerbslosigkeit wurde als *Verlust* latenter und manifester Funktionen der Erwerbsarbeit betrachtet, auf den eine Bewältigungsreaktion erfolgt, die bei andauernder Erwerbslosigkeit einen typischen Phasenverlauf zeigt (Eisenberg & Lazarsfeld, 1938). Es werden vier „Haltungstypen“ beschrieben (die Ungebrochenen, die Resignierten, die Gebrochenen: verzweifelt oder apathisch, vgl. Jahoda, Lazarsfeld & Zeisel, 1933, 1975).

Wenngleich also in dieser ersten Studie die Bewältigung der Erwerbslosigkeit als Prozess betrachtet wurde, handelt es sich (sieht man einmal davon ab, dass in der o. g. Studie die Datenerhebung über sechs Monate andauerte) um eine Querschnittsstudie. Die Untersuchungsteilnehmer waren hinsichtlich ihrer Qualifikation relativ homogene Gruppen von Arbeitern oder Angestellten (vgl. auch Bakke, 1933; Komarovsky, 1940; Men without work, 1938; Shlionsky, Preu & Rose, 1937; Woolston, 1934).

Die *zweite Periode* der Erwerbslosigkeitsforschung setzte um 1970 ein, als die heute noch gültige Kombination von Massen- und Dauererwerbslosigkeit als lediglich konjunkturelles, d. h. vorübergehendes Phänomen (fehl-)eingeschätzt wurde. Die Forschungsparadigmen in dieser Periode sind Querschnittsstudien an unterschiedlichen, wenngleich vielfach ebenfalls homogenen Stichproben. Es überwiegt die Konzeption der Erwerbslosigkeit als „life-event“ (vgl. Paykel, 1976; Rahe, 1975), d. h. als ein Lebensereignis, das plötzlich eintritt und eine Neuorientierung von den Betroffenen fordert. Die zuvor festgestellten typischen Bewältigungsreaktionen und Haltungstypen ließen sich bei unterschiedlichen Stichproben nicht replizieren. Die entsprechenden Studien erbrachten zunehmend zwischen den Gruppen differenzierende Ergebnisse, teilweise sogar (scheinbar) widersprüchliche Befunde (s. u.). Moderator- oder Mediatorvariablen, wie z. B. das Qualifikationsniveau, die Ursachenattribution, die Einschätzung der Kontrollierbarkeit der Situation, die Dauer der Erwerbslosigkeit, Alter, Geschlecht, und – wie schon in der Periode zuvor – die finanzielle Lage und soziale Unterstützung usw. wurden geprüft (zum Überblick vgl. Mohr, 1995). In dieser Periode standen mit wenigen Ausnahmen (Anderson, Backhaus & Keisu, 1975; Kasl, Gore & Cobb, 1975; Mohr & Frese, 1978) zunächst *Querschnittsstudien* im Vordergrund (Backlund, 1973; Braginsky & Braginsky, 1975; Brinkmann, 1976; Dubey, 1971; Opaschowski, 1976; Schindler, 1979; Schober, 1978; Tiffany, Cowan & Tiffany, 1970). Die Befunde zum Zusammenhang zwischen

Verlust der Erwerbsarbeit und psychischer Befindlichkeit ließen sich damit kaum auf ihre Wirkungsrichtung hin beurteilen.

Kennzeichnend für die *dritte Periode* der Erwerbslosigkeitsforschung waren *Längsschnittuntersuchungen.* Einerseits sollte damit die Klärung der Wirkungsrichtungen ermöglicht werden. Andererseits hatten die Studien der vorherigen Perioden Unterschiede im Erleben der Erwerbslosigkeit in Abhängigkeit von der Dauer verdeutlicht, womit Erwerbslosigkeit als prozesshaftes Geschehen in den Vordergrund rückte (wie dies bereits für die Marienthalstudie im Ansatz galt, s. o.).

Dies war eine wichtige Weiterentwicklung, da in der Anfangszeit, vor allem im ersten halben Jahr, nur selten einheitliche Effekte für eine gesamte Stichprobe auftreten. Einige Studien konnten aufzeigen, dass sich auch nach sehr langen Zeiträumen stichprobenspezifische Veränderungen zeigen können (z. B. für Lehrer in Abhängigkeit von jährlichen Einstellungsterminen, vgl. Strehmel & Mayring, 1986). Parallel zur Erweiterung der zeitlichen Perspektive wurde in dieser dritten Periode auch eine andere Perspektive (wieder!) erweitert: Erwerbslosigkeit wird zunehmend auch im Hinblick auf die Folgen für das soziale Umfeld, z. B. für die Familienmitglieder (Kirchler, 1987; Linnebank, 1983; Schindler & Wetzels, 1985; Schindler, Wacker & Wetzels, 1990; Verkleij, 1987) untersucht (Spill-over-Effekt, vgl. Dooley & Catalano, 2003).

In der *vierten Periode* fand eine weitere wesentliche Erweiterung statt: Erwerbslosigkeit wird als ein Prozess betrachtet, der nicht erst nach dem letzten Arbeitstag eintritt, sondern bereits einige Zeit vor der Entlassung. Hintergrund waren Befunde, aus denen deutlich wurde, dass bereits in der *Antizipationsphase* Belastungsreaktionen festgestellt werden können (Jones, 1992; Siegrist, 1995; Sverke, Hellgren, Näswall, Chirumbolo, De Witte & Goslinga, 2004) bis hin zu Veränderungen physiologischer Stressindikatoren (Arnetz, Brenner, Levi, Hjielm, Petterson, Wassermann, Petrini, Eneroth, Kallner, Kvetnansky & Vigas, 1991). Eine solche Erweiterung erscheint nahe liegend, da Arbeitsplatzunsicherheit durch den Wandel der Arbeitswelt in den beiden letzten Jahrzehnten (Werkschließungen, Standortverlagerung ins Ausland oder deren Androhungen, Rationalisierungen, Fusionen mit Belegschaftsreduzierungen, „Outsourcing" usw.) zur Alltagserfahrung für viele Beschäftigte wurde, auch dann, wenn sie im Prozess der Umorganisation letztendlich nicht zu den Entlassenen gehören. Diese Erweiterung geht wiederum mit einer Veränderung der Stichprobe einher: Einbezogen werden nun auch die „Noch-Beschäftigten", womit berücksichtigt wird, dass auch diese eine Bedrohungssituation zu bewältigen haben. Ferner ist in dieser vierten Periode eine vermehrte Zuwendung zu beobachten zu der Frage, durch welche Maßnahmen Erwerbslosen am schnellsten der Wiedereintritt in die Erwerbsarbeit gelingt.

Die jetzige *fünfte Periode* kann dadurch gekennzeichnet werden, dass die längst fällige *Erweiterung des Arbeitsbegriffs* auch ihren Niederschlag in der Erwerbslosigkeitsforschung findet. Es wird nicht mehr (nur) der Frage nachgegangen: „Wie viel (Erwerbs-)Arbeit braucht der Mensch?" (Jahoda, 1983), sondern auch „Welche Arbeit ist gut für den Menschen?". Erwerbsarbeit, Erwerbslosigkeit und unsichere Arbeitsverhältnisse oder „underemployment" (z. B. Erwerbsarbeit, die im Zeitumfang geringer als gewünscht ist und für die das Einkommen nahe oder unter der Armutsgrenze liegt, Dooley, 2003, oder Arbeitsverhältnisse, die nicht der Qualifikation entsprechen, Scherer, 2004) werden verglichen. Als Arbeit wird nicht nur die bezahlte Erwerbsarbeit betrachtet, sondern auch unbezahlte Arbeit, Haus-, Pflege- und Betreuungsarbeit, ehrenamtliche Arbeit, bürgerschaftliches Engagement bzw. Aktivitäten im weitesten Sinne inklusive Freizeitaktivitäten (Göttling, 2006). Damit hat also eine Erweiterung stattgefunden, die die Vielfalt der Lebenssituationen der Erwerbslosen besser abbilden kann.

3 Theorien in der Erwerbslosigkeitsforschung

Das von Jahoda (1983) formulierte Modell über die Funktion der Erwerbsarbeit hat das Design vieler Studien beeinflusst: Sie betrachtet Erwerbslosigkeit als Deprivation von den manifesten (die materielle Existenz sichernde) und latenten Funktionen (soziale Einbindung, Einbindung in gesellschaftliche Ziele, zeitstrukturierend, statusvermittelnd, sinnstiftend usw.) der Erwerbsarbeit. Creed und Watson (2003) wenden das Modell bei der Konzeption der eigenen Studie konsequent an: Der Einfluss verschiedener „Deprivatoren" auf die psychische Befindlichkeit wird nicht nur einzeln untersucht, sondern auch geprüft, ob sich Interaktionseffekte zeigen lassen. Ihre Befunde stützen eine andere theoretische Konzeption der Erwerbslosigkeit, wie sie von Fryer (1995) formuliert wurde.

Fryer (1995) geht von einem „agency restriction model" aus: Der Mensch wird als aktiv handelndes Wesen verstanden, jedoch unter beschränkten Bedingungen. Dabei gilt, dass Erwerbslosigkeit vor allem als „psychological corrosive poverty" wirkt, d. h. über die Verarmung wird Erwerbslosigkeit eine relevante kritische Bedingung für die psychische Gesundheit. Die abnehmenden finanziellen Ressourcen schränken die Handlungsoptionen ein und erhöhen zudem die Anforderungen zur Lebensgestaltung: Während es zunächst nur um die Einsparung bei besonderen Bedürfnissen geht, sind in einer späteren Phase Einschränkungen bei den Grundbedürfnissen zu bewältigen. Daraus leitet sich ein Prozessmodell der Erwerbslosigkeit ab, d. h. der Dauer wird eine große Bedeutung zugeschrieben und die finanzielle Lage als zentrale Variable betrachtet.

Ezzy (1993), der sich auf Identitätstheorien bezieht, kritisiert, dass der zeitliche Verlauf – mithin also das Verständnis von Erwerbslosigkeit als Prozess – nicht genügend berücksichtigt wird. Genau unter diesem Blickwinkel – die Betrachtung des Verlaufs – stehen jedoch die Metaanalyse von Jones (1992) über 28 Längsschnittstudien und die Arbeit von De Witte (1993), der als Ergebnis seines Überblicks ein Adaptionsmodell postuliert, das einerseits gesundheitsstabilisierende Effekte, andererseits abnehmende Wiedervermittlungschancen erklärt. Als Adaption wird der Rückzug vom Arbeitsmarkt in Form einer verringerten Orientierung (commitment) auf Erwerbsarbeit und ein reduziertes Arbeitssuchverhalten betrachtet.

Erwerbslosigkeit als Prozess zu betrachten, ist auch die Grundlage stresstheoretischer Ansätze (vgl. z. B. Ockenfels, Porter, Smyth, Kirschbaum, Hellhammer & Stone, 1995), wobei weniger die besonderen und einmaligen Stressoren im Vordergrund stehen, sondern die alltäglichen Anforderungen, die jedoch insofern der Stressdefinition genügen, als sie die Fähigkeiten der Person übersteigen und von ihr als unangenehm und bedeutsam erlebt werden (Greif, 1991).

Vereinzelt wird die Erwerbslosigkeitserfahrung auch als Trauma betrachtet (Barwinski Fäh, 2005), allerdings ebenfalls auf dem Hintergrund einer prozessorientierten Sichtweise: Ein Trauma entsteht nicht nur durch einmalige besondere Ereignisse, sondern kann auch Folge von kumulativen belastenden Situationen sein wie z. B. die andauernden Ablehnungen bei Bewerbungen. Die Nähe zum Konzept der „daily hazzles“ liegt nahe. Jedoch betont der Bezug zum Traumabegriff, dass Alltagssituationen zu bewältigen sind, die mit dem Verlust der Situationskontrolle und der Entwertung der eigenen Person verbunden sind.

Andere Autoren (z. B. Broomhall & Winefield, 1990; Taris, 2002) beziehen sich auf das „Vitamin-Modell“ von Warr (1987). Warr postuliert, dass der Mensch zum Erhalt seiner psychischen Gesundheit neun Vitamine brauche (Entscheidungsspielräume, Möglichkeit der Anwendung von Fähigkeiten, Ziele, Vielfalt, Durchschaubarkeit, finanzielle Ressourcen, physische Sicherheit, soziale Beziehungen und eine wertgeschätzte soziale Position). Dabei ist es unwesentlich, woher diese „Vitamine“ kommen. Auf der Grundlage dieses Modells liegt die Frage nahe, ob andere Formen der Arbeit einen Ersatz für die Vitamine der Erwerbsarbeit darstellen können.

Wenig verbreitet sind bisher Wert-Erwartungsansätze (Feather, 1992; Rank, 1997), obwohl sich doch gerade die Situation der Erwerbslosen dadurch auszeichnet, dass es um die Bewertung verschiedener Alternativen geht und dass Entscheidungen über Handlungsschritte gefällt werden müssen, deren Ausgang ungewiss ist. Auch Theorien des sozialen Vergleichs werden kaum genutzt (als Ausnahme vgl. Sheeran, Abrams & Orbell, 1995), obwohl es Studien gibt, die den sozialen Status einer Gruppe (z. B. Rentner, Hausfrau vs. Erwerbslos) als bedeutsam im Erleben und Bewältigen der Erwerbslosigkeit vermuten. Häufiger vertreten ist der Bezug zu Kontrolltheorien, insbesondere der Kontrolltheorie von Rotter (1966) (z. B. Cvetanovski & Jex, 1994; Frese & Mohr, 1987; Westaby & Braithwaite, 2003), vereinzelt auch der Bezug zu Ajzens (1991) Theorie des geplanten Verhaltens (Hooft, Born, Taris, van der Flier & Blonk, 2004; Westaby & Braithwaite, 2003). Einige Autoren beziehen sich auf Gerechtigkeitstheorien (z. B. Dalbert, 2006; Montada, 1994; Naumann, Bennett, Bies & Martin, 1999). Neu ist der Versuch von Paul und Moser (2006), die Situation der Erwerbslosen als Inkongruenz zwischen Beschäftigungspräferenz (ermittelt über „employment commitment", „work involvement", „work ethic" usw.) und tatsächlichem Beschäftigungsstatus zu erklären. Dieser Ansatz ist so formuliert, dass er sich auf Erwerbstätige und Erwerbslose anwenden lässt.

Nahe liegend wäre es, den Ansatz der beruflichen Gratifikationskrise von Siegrist (1996) auf die Situation der Erwerbslosen zu übertragen. Eine Gratifikationskrise liegt dann vor, wenn den extern oder selbst gesetzten Anforderungen kein positiv erlebter Gegenwert gegenübersteht. Als positive Gegenwerte bzw. Gratifikationen gelten Aspekte der „Statuskontrolle" wie z. B. Aufstiegschancen, Arbeitsplatzsicherheit oder eine qualifikationsgemäße Beschäftigung. In verschiedenen Studien konnte Siegrist (1996) zeigen, dass Gratifikationskrisen kardiovaskuläre Krankheiten vorhersagen. Da bei Kündigungen im Rahmen von Massenentlassungen oder Betriebsschließungen keine Selektion der Beschäftigten vorgenommen wird, werden auch immer solche Erwerbslose entlassen, die sich im Betrieb hohen Anforderungen ausgesetzt sahen und diese zu erfüllen versucht haben. Für diese entsteht demzufolge durch den Verlust des Arbeitsplatzes die Konstellation einer Gratifikationskrise, da ihnen die Grundlage für die o. g. Statuskontrolle entzogen worden ist. Dies macht deutlich, dass das Erleben bzw. die Auswirkung der Erwerbslosigkeit nicht unabhängig von der früheren Erwerbssituation betrachtet werden kann.

Denkbar wäre auch, das im Rahmen der Zunahme befristeter Arbeitsverhältnisse diskutierte Konzept des psychologischen Vertrags (Schalk, deJong, Rigotti, Mohr, Peiró & Cabeller, 2006), d. h. die gegenseitigen vertraglich nicht fixierten Erwartungen zwischen Arbeitgebern und Arbeitnehmern bzw. Arbeitnehmerinnen, auf seine Übertragbarkeit zu prüfen: Auch in einer Gesellschaft mit einem schon seit längerem relativ hohen Lebensstandard und einem entwickelten Sozialversicherungssystem bilden sich Erwartungen der Erwerbslosen an die Gesellschaft, aber auch der Gesellschaft an die Erwerbslosen heraus.

Festzuhalten ist, dass sich ein großer Teil der inzwischen umfangreichen Forschung nicht explizit auf theoretische Modellvorstellungen bezieht.

4 Methodische Anforderungen in der Erwerbslosigkeitsforschung

Eine besondere methodische Anforderung ist es in der Erwerbslosigkeitsforschung, Verursachungs- bzw. Sozialisationseffekte von Selektionseffekten zu trennen (vgl. Dormann, Zapf & Perels in diesem Band): Es muss entscheidbar sein, welchen Anteil das Erleben der Erwerbslosigkeit an der psychischen Verfassung der Person hat (Verursachungs- bzw. Sozialisationseffekte) und inwieweit die Person schon bei Eintritt der Erwerbslosigkeit psychische Beeinträchtigungen aufwies (Selektion). Da bereits die Arbeitsplatzunsicherheit mit psychischen Reaktionen einhergehen kann (s. u.), bedeutet dies, dass Vergleichsdaten aus einer Zeit notwendig sind, bevor überhaupt die Gefährdung der Arbeitsplätze bekannt ist. Das Idealdesign einer Studie über die Wirkungen der Erwerbslosigkeit müsste also zunächst mit einer Stichprobe von Erwerbstätigen beginnen, deren zukünftige Erwerbslosigkeit weder ihnen selbst noch dem Management bekannt ist. Letzteres erscheint als notwendige Bedingung, da sich Entlassungsabsichten oder die Krise eines Betriebes selten geheim halten lassen. Es liegt auf der Hand, dass ein solches Design nicht realisierbar ist (ausführlicher zu den methodologischen Problemen der Erwerbslosigkeitsforschung vgl. in Lang von Wins, Mohr & von Rosenstiel, 2004, Abschnitt 2.2.2). Seltene Gelegenheiten für solche Vergleiche liegen vor, wenn aus (arbeits-)psychologischen Untersuchungen, die ursprünglich in einem anderen thematischen Kontext durchgeführt wurden, Daten zum Zeitpunkt vor Eintritt der akuten Arbeitsplatzunsicherheit genutzt werden können (wie z. B. in Mohr, 2000 und in Dew, Bromet & Penkower, 1992).

Ein realistischer Ausweg bietet sich im Rahmen eines „quasiexperimentellen Hilfsdesigns" (vgl. Mohr, 1997) an, das die meisten Studien in diesem Forschungsfeld kennzeichnet: Erwerbslos gewordene Personen werden zu Beginn der Erwerbslosigkeit untersucht und zu (mindestens) einem weiteren Zeitpunkt. Beim zweiten Erhebungszeitpunkt hat ein Teil der Ursprungsstichprobe den Status gewechselt: Einige sind wieder erwerbstätig, andere Rentnerin oder Rentner, wieder andere bezeichnen sich als Hausfrau oder Hausmann, d. h. definieren sich selbst nicht (mehr) als arbeitssuchend oder sind in einer Qualifizierungsmaßnahme, im Erziehungsurlaub usw. Bei einem solchen Design lassen sich einerseits Vergleiche zwischen diesen unterschiedlichen Statusgruppen durchführen, andererseits aber auch Vergleiche zwischen erstem und zweitem Erhebungszeitpunkt.

Ein weiteres methodisches Problem liegt in der Bestimmung des idealen Untersuchungszeitpunkts. Modelle verschiedener Störungsbilder enthalten kaum Aussagen darüber, mit welcher Latenzzeit – also hier: Dauer der Arbeitsplatzunsicherheit oder Erwerbslosigkeit – sie sich entwickeln. Zudem kann von bestimmten Reaktionen – wie z. B. der Depression – ein kurvenlinearer Verlauf angenommen werden. Damit ist es prinzipiell möglich, dass eine Untersuchung gerade dann durchgeführt wird, wenn die depressive Phase am Abklingen ist. Es kann demzufolge davon ausgegangen werden, dass die Befunde über Zusammenhänge zwischen Erwerbslosigkeit und psychischer Befindlichkeit tendenziell unterschätzt werden (zum Problem der „Wirkungsverlaufvariationen" vgl. ausführlicher in Mohr, 1997, S. 33 ff.).

5 Überblick über die zentralen Forschungsbefunde

5.1 Auswirkungen der Erwerbslosigkeit I: Zentrale Forschungsbefunde und Klärung der Kausalitätsfrage

Inzwischen liegt eine Vielzahl von Längsschnittstudien vor (vgl. Paul & Moser, 2001). Selten wird das Kriterium erfüllt, Daten *vor* dem Eintritt der Arbeitsplatzunsicherheit zu erheben. Insofern kann tendenziell von einer Unterschätzung der Zusammenhänge ausgegangen werden, da die ermittelten Werte in der Erwerbslosigkeit nicht mit der „wahren" Basisrate verglichen werden.

Paul und Moser (2001) haben eine Metaanalyse über 172 Querschnittsstudien und 51 Längsschnittstudien vorgelegt. Mit dieser Metaanalyse kann die grundsätzliche Frage, ob Erwerbslose aufgrund ihrer psychischen Labilität erwerbslos werden und bleiben (Selektions- bzw. Drift-Hypothese) oder die psychische Labilität der Erwerbslosen eine Folge der Erwerbslosigkeit ist (Verursachungs- oder Sozialisationsthese), folgendermaßen beantwortet werden: Es lassen sich sowohl Selektions- als auch Sozialisationseffekte feststellen, d. h. dass eine verursachende Wirkung der Erwerbslosigkeit für Befindensbeeinträchtigungen nachgewiesen werden kann, dass aber bei einigen Menschen ihre psychische Labilität der Erwerbslosigkeit Vorschub leistet. Offenbar gelten dabei für Frauen und Männer jeweils andere Symptome als Selektionskriterium (Novo, 2000). Die Effekte, die die Selektions- bzw. Drift-Hypothese stützen, sind deutlich geringer als die Effekte zur Stützung der Sozialisations- bzw. Verursachungshypothese. Die Effektstärke zur Verursachungshypothese wird als mittelgroß eingestuft. Die praktische Bedeutung liegt darin, dass dies einer Verdopplung des Prozentsatzes von psychisch beeinträchtigten Personen unter den Erwerbslosen im Vergleich zu den Erwerbstätigen gleichkommt (Paul, Hassel & Moser, 2006).

Wie die Autoren bemerken, ist dieser Befund im gesamtgesellschaftlichen Kontext zu sehen. In Zeiten der Massenerwerbslosigkeit – und in solchen Zeiten wurde die Mehrzahl der Studien durchgeführt – wird die Erwerbslosigkeit nicht durch das Individuum „verursacht". Personenbezogene Selektionsprozesse sind

– so Hammarström und Janlert (2002) – umso geringer ausgeprägt, je allgemeiner die wirtschaftliche Krise ist.

Wenn sich selbst in Zeiten der Massenentlassungen auch die Selektions- bzw. Drift-Hypothese bestätigen lässt – wenn auch nur mit geringen Effektstärken – so wirft das die Frage auf, welche Prozesse dahinter stehen. Es ist unwahrscheinlich, dass bei Massenentlassungen von betrieblicher Seite Personen gezielt nach dem Kriterium der psychischen Beeinträchtigung (und der damit vermuteten geringeren Leistung) ausgewählt und entlassen werden (Fremdselektion). Wie dann ist es zu erklären, dass die Drift-Hypothese zutrifft? Möglich ist, dass sich die psychisch Labilen durch ein anderes Merkmal auszeichnen, das bei Massenentlassungen angewandt wird und damit vorzugsweise sie trifft. Wie Klein (1990) nachweist, sind von den wiedervermittelten Erwerbslosen innerhalb von vier Jahren drei Viertel wieder erwerbslos. Wenn bei Massenentlassungen die Dauer der Betriebszugehörigkeit ein Auswahlprinzip darstellt („last in – first out“), dann haben also ehemals Erwerbslose ein größeres Risiko, als erste wieder entlassen zu werden, unabhängig von ihrer psychischen Verfassung.

Paul und Moser (2001) prüfen mit ihrer Metaanalyse auch die für die Verursachungs- bzw. Kausalitätshypothese relevante Frage, ob der Zusammenhang zwischen Erwerbslosigkeit und psychischen Beeinträchtigungen durch Drittvariablen verursacht sein könnte, insbesondere z. B. durch eine schlechte körperliche Gesundheit oder ein geringes Qualifikationsniveau. Obwohl keine direkten Analysen möglich sind, kommen die Autoren auf der Grundlage verschiedener Vergleiche zu dem Schluss, dass mit diesen beiden Drittvariablen der ursächliche Zusammenhang zwischen Erwerbslosigkeit und psychischen Beeinträchtigungen nicht erklärbar ist.

Generell kann man also sagen, dass Erwerbslosigkeit verschiedene psychische Beeinträchtigungen begünstigt. Relativ häufig wurden Depressivität, Angstsymptome, psychosomatische Beschwerden und die Auswirkungen auf das Selbstwertgefühl untersucht. Im Gesundheitsreport einer deutschen Krankenversicherung wird auf der Grundlage der Daten von 2,4 Millionen Versicherten festgestellt, dass die Behandlungsquote mit Antidepressiva bei Erwerbslosen um 77 % höher liegt als bei Erwerbstätigen (Grobe & Dörning, 2005). Dies kann als Validierung der höheren Depressionswerte bei Erwerbslosen betrachtet werden. Zu beachten ist, dass Erwerbslosigkeit am Anfang der Berufslaufbahn noch Erklärungswert für den Gesundheitszustand 14 (!) Jahre später hat, auch bei Kontrolle des Einflusses späterer Erwerbslosigkeit, des sozioökonomischen Status und des früheren Gesundheitszustands (Hammarström & Janlert, 2002, vgl. auch die Daten von Wadsworth, Montgomery & Bartley, 1999, die eine Geburtskohorte vom 7. bis 33. Lebensjahr untersuchten!).

Es zeigt sich, dass nach der Wiedervermittlung diese Beeinträchtigungen zurückgehen. Ausgenommen sind jene Personen, die in sogenannten „bad jobs“ landen (Aycan & Berry, 1996; Dooley & Prause, 1997; Dooley, Prause & Ham-Rowbottom, 2000). Damit sind einfache Tätigkeiten in gering bezahlten ungesicherten Beschäftigungsverhältnissen gemeint und meist mit einem geringeren Arbeitszeitvolumen („underemployment“) als gewünscht (vgl. auch Viinimäki, Niskanen & Koskela, 1995). In dieser Allgemeinheit gelten die Befunde sowohl für Frauen als auch für Männer. Zudem gilt, dass die Befunde über Verschlechterungen bei Arbeitsplatzunsicherheit und die Verbesserung der Gesundheit bei Wiedereinstellung einheitlicher sind als die Untersuchungsergebnisse zum Gesundheitszustand während der Erwerbslosigkeit (Murphy & Athanasou, 1999). Dies ist vermutlich darauf zurückzuführen, dass sich die Bedingungen, unter denen Erwerbslosigkeit erlebt und bewältigt wird, sehr stark unterscheiden und für den Einzelnen bei andauernder Erwerbslosigkeit noch ändern. Als eine zentrale Bedingung zur Erklärung von Unterschieden im Erleben und Bewältigen ist demzufolge die Dauer der Erwerbslosigkeit zu sehen, auf die im Abschnitt 5.3 als eine der intervenierenden Variablen eingegangen wird. Hingegen zeigt die Metaanalyse von McKee-Ryan, Song, Wanberg und Kinicki (2005), dass die Erwerbslosenrate und das Ausmaß staatlicher Unterstützungszahlungen nicht bedeutsam sind zur Erklärung der psychosozialen Befindlichkeit.

5.2 Auswirkungen der Erwerbslosigkeit II: Unerwartete, widersprüchliche oder wenig abgesicherte Befunde

5.2.1 Politische Radikalisierung

McLaren (1999) kann den Zusammenhang zwischen rechten Gewalttaten und Erwerbslosenrate in einer Zeitreihenanalyse nicht belegen. Betrachtet man jedoch zusätzlich die Zahl der Ausländer im Land, so ist erkennbar: Eine Zunahme der Erwerbslosenrate geht dann mit zunehmenden rechtsradikal motivierten Gewalttaten einher, wenn die Zahl der Ausländer im Land ebenfalls zunimmt. Der Autor verweist auf gleichsinnige Ergebnisse in Frankreich. De Witte (1992) konstatiert nach einem Überblick über vorwiegend belgische und holländische Studien, dass ein Teil der erwerbslosen Jugendlichen politisch radikaler wird, und zwar in beide Richtungen, d. h. linksradikaler und rechtsradikaler. Dabei scheint das bisherige politische Umfeld eine bedeutsame Rolle zu spielen. Die Mehrheit der erwerbslosen Jugendlichen wird in den verschiedenen Untersuchungen jedoch als politisch abstinent beschrieben. Insgesamt muss dieses Thema bislang als wenig erforscht bewertet werden (vgl. auch Bacher, 2001).

5.2.2 Kriminalität

Bei diesem Thema sind drei unterschiedliche Fragestellungen zu unterscheiden: Steigt bei zunehmender Erwerbslosigkeit die Kriminalität an – ohne dass notwendigerweise die Erwerbslosen selbst kriminell sind? Haben Erwerbslose eine höhere Kriminalitätsrate als andere Bevölkerungsgruppen? Begünstigt die Erwerbslosigkeit der Eltern eine vermehrte Kriminalität der Kinder?

Zur ersten Frage wird zwar immer wieder festgestellt, dass in Regionen mit hohen Erwerbslosenraten auch die Kriminalität höher ist. In Zeitreihenanalysen ergibt sich jedoch kein systematischer Zusammenhang zwischen Veränderung der Erwerbslosenrate und der Kriminalitätsrate (zum Überblick vgl. Kapuscinski, Braithwaite & Chapman, 1998). Zusammenhänge zwischen hoher Erwerbslosigkeit und Kriminalität sind demzufolge nicht belegbar (vgl. auch Albrecht, 1988; Lester, 1993; Spiess, 1993).

Die zweite Fragestellung wurde vor allem an Jugendlichen untersucht. Nach Sampson und Laub (1990) erweist sich eine stabile Arbeitssituation als zentraler Hemmfaktor für Kriminalität und abweichendes Verhalten. Erwerbslosigkeit nach Beendigung der Schule erhöht das Risiko von Straftaten. Die Autoren stellen allerdings auf der Grundlage ihrer Längsschnittstudie fest, dass Bedingungen in der Kindheit starke Prädiktoren für Kriminalität im Erwachsenenalter sind und zugleich einen Vorhersagewert für Erwerbslosigkeit haben (vgl. auch Fergusson, Horwood & Lynskey, 1997).

Ein Zusammenhang zwischen elterlicher Erwerbslosigkeit und Kriminalität der Kinder konnte nicht nachgewiesen werden: Sturzbecher, Dietrich und Kohlstruck (1994) gehen davon aus, dass weniger die ökonomischen Mangelzustände als vielmehr die sozial-emotionalen Defizite einen Zusammenhang zu gewaltbezogenen Merkmalen aufweisen.

5.2.3 Suizid

Ein Zusammenhang zwischen hoher Erwerbslosigkeit und erhöhter Suizidrate kann nicht als abgesichert gelten, da er über verschiedene Studien in unterschiedlichen Ländern nicht ausreichend replizierbar war (vgl. Lester & Yang, 2003).

Weyerer und Wiedemann (1995) kommen zu folgender Aussage: Ein eindeutiger Zusammenhang zwischen langzyklischen Veränderungen der Erwerbslosenrate und Suizid ist nicht replizierbar, wohl aber zwischen konkreten Erhöhungen innerhalb kürzerer Zeitabschnitte und der Zunahme der Suizide. Auch hiermit ist eine ursächliche Bedeutung des Arbeitsplatzverlustes für den Suizid nicht belegt (vgl. auch Eliason & Storrie, 2004). Vermutlich müssen Zusatzbedingungen vorhanden sein, wie z. B. soziale Isolation (vgl. Agerbo, 2003) oder eine ohnehin vorhandene psychische Labilität.

Für den Kontext der Intervention ist zu beachten, dass der fehlende Nachweis eines allgemeinen Zusammenhangs nicht ausschließt, dass ein solcher Zusammenhang im Einzelfall bestehen kann.

5.2.4 Somatische Veränderungen

Murphy und Athanasou (1999) konnten – ebenfalls auf der Grundlage einer Metaanalyse – feststellen, dass Befunde über die Verschlechterung der psychischen Befindlichkeit eindeutiger sind als die über die somatischen Veränderungen. Dem entspricht, dass Erwerbslose häufiger wegen psychischer als wegen körperlicher Erkrankungen in Behandlung sind (Rose, 2003), insbesondere die Langzeiterwerbslosen (Nyman, Häkkinen, Keskimäki & Alha, 2004). Vermutlich ist dies ein Effekt der früheren Arbeitsbedingungen: Bei erwerbslosen Holzarbeitern (Liira & Leino-Arjas, 1999) nehmen die Symptome des Muskel-Skelett-Apparats ab, d. h. hier werden Regenerationseffekte wirksam. Befunde zur Veränderung des Cholesterinspiegels sind widersprüchlich (nach Kasl, Cobb & Brooks, 1968; Mattiasson, Lindgärde, Nilsson & Theorell, 1990 erhöht, anders bei Ockenfels et al., 1995). Cohen, Frank, Doyle, Skoner, Rabin und Gwaltney (1998) zeigen, dass die Immunabwehr bei Personen geschwächt ist, die Erwerbslosigkeit als chronischen Stressor benennen.

5.2.5 Selbstwertgefühl und Selbstkonzept

Erwartungsgemäß zeigt sich in der Querschnittsuntersuchung von Wacker und Kolobkova (2000), dass Erwerbslose ein deutlich negativeres Selbstkonzept haben als Erwerbstätige. Die Befunde aus verschiedenen weiteren Studien sind jedoch keineswegs einheitlich (vgl. Goldsmith, Veum & Darity, 1997; Hartley, 1980; Kokko & Pulkkinen, 1998).

Widersprüchliche Befunde sind vermutlich vor allem auf drei Gründe zurückzuführen:

1. Eine Verschlechterung des Selbstwertgefühls tritt erst nach einer gewissen Dauer der Erwerbslosigkeit ein, was in einigen der o. g. Studien nicht ausreichend berücksichtigt wird.

2. Bestimmte Gruppen – z. B. Hochqualifizierte – haben mehr alternative Möglichkeiten des Selbstwerterhalts (vgl. z. B. die Stichprobe der Manager bei Hartley, 1980).
3. Es werden unterschiedliche Operationalisierungen gewählt.

Nach Epstein (1979) besteht das Selbstbild aus Postulaten höherer und niedriger Ordnung. Postulate höherer Ordnung sind generalisierte Aussagen über die eigene Person. Sie sind nicht an eine konkrete Situation gebunden und deswegen vermutlich veränderungsresistenter. Diese Überlegung wird von Warr (1984) bestätigt. Er weist darauf hin, dass eine Verschlechterung des Selbstbilds von Erwerbslosen nicht festgestellt wird, wenn globale positive Selbsteinschätzungen erfragt werden, wohl aber, wenn spezifische negative Aspekte erhoben werden.

5.2.6 Auswirkungen auf die Familie

Es gibt nur wenige Untersuchungen über die Auswirkungen auf die Familie, und die Befunde sind inkonsistent (Grant & Barling, 1994). Bleich und Witte (1992) kommen zu der Schlussfolgerung, dass die zuvor bereits vorhandene (positive oder negative) Qualität in der Beziehung während der Erwerbslosigkeit verstärkt wird (vgl. auch schon Komarovsky, 1940; Liem & Liem, 1990; vgl. auch Noelle, 2003). Siegel, Bradley, Gallo und Kasl (2003) stellen fest – bei älteren Paaren – dass die Erwerbslosigkeit des Mannes und damit einhergehende depressive Reaktionen nur dann bedeutsam war zur Erklärung des Depressionsniveaus der Ehefrau, wenn die Frau vor der Erwerbslosigkeit ein hohes Maß an Zufriedenheit mit der finanziellen Lage angab. Offenbar ist von Geschlechtsunterschieden auszugehen: Jensen und Smith (1990) ermitteln, dass die Erwerbslosigkeit des Mannes ein hohes Risiko für eine instabile Partnerbeziehung ist. Gleiches gilt nicht, wenn die Frau erwerbslos ist. Nach Jones (1988) sind es vor allem Schwierigkeiten beim Rollenwechsel (insb. Übernahme der Ernährerrolle durch die Frau), die Dauer der Erwerbslosigkeit, soziale Isolation und die vermehrte häusliche Präsenz des Erwerbslosen, die Spannungen zwischen den Partnern begünstigen. Patton und Donohue (2001) zeigen, dass es bei einigen Erwerbslosen zum Rückzug kommt, d. h. sie meiden den Kontakt zu den Familienmitgliedern, um nicht deren unerfüllbaren Erwartungen und negativen Bewertungen ausgesetzt zu sein. Ekert-Jaffe und Solaz (2001) stellen fest, dass Erwerbslose später als andere eine feste Partnerschaft eingehen und dass weniger oft geheiratet wird oder Kinder geboren werden. Der Prozentsatz der Beziehungen, die innerhalb der ersten vier Jahre wieder aufgelöst werden, ist bei erwerbslosen Männern mehr als dreifach (20 %) so hoch wie bei den erwerbstätigen Männern (6 %).

Verschiedene Studien weisen darauf hin, dass Kinder erwerbsloser Mütter ein geringeres Geburtsgewicht haben. Auch ist in Familien mit einem erwerbslosen

Elternteil ein geringeres Wachstum der Kinder festzustellen, die Unfallrate der Kinder ist höher, Krankenhauseinweisungen sind häufiger (vgl. Ström, 2002, 2003). Bei Kindern erwerbsloser Eltern zeigen sich häufiger Schulabbrüche und selbstdestruktives Verhalten, und sie sind später häufiger selbst erwerbslos. In Familien mit langzeiterwerbslosen Müttern (Christoffersen, 2000) oder mit erwerbslosen Vätern (Gillham, Tanner, Cheyne, Freeman, Rooney & Lambie, 1998) sind Kinder häufiger vernachlässigt und haben Missbrauchserfahrungen. Nur in wenigen Studien wurden Zusatzvariablen kontrolliert: Die erwerbslosen Mütter, deren Kinder ein geringes Geburtsgewicht hatten, waren auch diejenigen mit mehr Nikotinkonsum. Andere kontrollierte Variablen sind soziale Klasse und ethnische Abstammung. Es konnte jedoch nach Kontrolle dieser Variable noch ein bedeutsamer Effekt der Erwerbslosigkeit festgestellt werden, was kausale Zusammenhänge nahe legt (vgl. Ström, 2003), wenngleich eine Vielzahl weiterer denkbarer Variablen noch nicht geprüft ist. Jones (1997) stellt fest, dass vor allem in einer bereits gefährdeten Umwelt negative Folgen elterlicher Erwerbslosigkeit auftreten. Dabei scheinen die sozial-emotionalen Defizite in der Eltern-Kindbeziehung bedeutsamer zu sein als die ökonomische Lage. Eine gute Beziehung und kompetentes Erziehungsverhalten hilft, negative Folgen der elterlichen Erwerbslosigkeit zu verhindern.

Die Feststellung, dass Kinder erwerbsloser Eltern ein höheres Risiko haben, selbst wieder erwerbslos zu werden, wirft die Frage der (sozialen) Vererbbarkeit auf („intergenerational unemployment“ nach Ström, 2003). Barling, Dupre und Hepburn (1998) zeigen, dass die erlebte Arbeitsplatzunsicherheit des Vaters (nicht der Mutter!) einen negativen Einfluss auf die Entwicklung einer humanistischen oder protestantischen Arbeitsethik hat. Diese ist wiederum bedeutsam für die Entwicklung von geringer Arbeitsidentifikation (alienation) und Leistungsmotivationsproblemen bei den Jugendlichen. Bei Galambos und Silbereisen (1987) sind es die Jugendlichen erwerbsloser Eltern, die für sich selbst nur geringe Chancen sehen, eine Arbeit zu finden. Es ist also anzunehmen, dass Kinder erwerbsloser Eltern eine schlechtere Ausstattung für das Bestehen auf dem Arbeitsmarkt mitbekommen. Caspi, Wright, Moffitt und Silva (1998) haben den Lebensweg von Kindern bis zum 21. Lebensjahr verfolgt. Das umfangreiche Material lässt den Schluss zu, dass ein erhöhtes Risiko, später erwerbslos zu sein, durch Bedingungen lange vor Eintritt in die Arbeitswelt vorhergesagt werden kann. Diese – geringe elterliche Unterstützung, Familienkonflikte, geringe Einbindung in Schulaktivitäten, antisoziales Verhalten – sind selbst dann noch bedeutsam, wenn man den Einfluss der Qualifikation kontrolliert. Eine besonders kritische Bedeutung für ein erhöhtes Erwerbslosigkeitsrisiko scheint eine Trennung der Eltern zu sein. Offenbar sind Merkmale der Familienkonstellation bedeutsamer als Personenmerkmale. Dabei sind Unterschiede zwischen Jungen und Mädchen feststellbar: Während für Jungen die Erwerbslosigkeit der Eltern den höchsten Zusammenhang zur eigenen Erwerbslosigkeit aufweist, sind bei Mädchen Merkmale gestörter Familienbeziehungen bedeutsamer (Goede, Spruijt, Maas & Duindam, 2000).

Über die Funktion von Kindern für die Bewältigung der Erwerbslosigkeit liegen wenige Daten vor (Lüders & Rosner, 1990; Schindler & Wetzels, 1990). Ein Teil der erwerbslosen Eltern erlebt die Sorge um die kleinen Kinder als „sinnstiftend". Goldsmith et al. (1997) stellten fest, dass bei jungen erwerbslosen Müttern das Selbstwertgefühl besser ist als bei den erwerbslosen Frauen ohne Kinder. Dies gilt nicht für die jungen Väter. Dagegen geben in der Studie von Patton und Donohue (2001) auch einige (wenige) Männer an, dass ihnen die Beschäftigung mit den Kindern das Gefühl vermitteln würde, etwas Sinnvolles zu tun.

5.2.7 Drogenkonsum

Catalano, Dooley, Wilson und Hough (1993) machen mit einer epidemiologischen Längsschnittstudie deutlich, dass Alkoholerkrankungen vermehrt bei Erwerbslosen auftreten, die zuvor keine solche Diagnose hatten, es sich also nicht (nur) um Rückfälle oder nur um einen intensivierenden bzw. expandierenden Effekt handelt (vgl. Claussen, 1999; Henkel, 1985). Offenbar gibt es einen Einfluss der Dauer: Nach Khan, Murray und Banes (2002) nimmt der Alkoholkonsum zunächst ab und steigt nach längerer Erwerbslosigkeit wieder an. Nachgewiesen ist ein erhöhtes Rückfallrisiko nach dem Entzug bei erwerbslosen Alkoholikern (Brewer, Catalano, Haggerty, Gainey & Fleming, 1998; Henkel, Zemlin & Dornbusch, 2004; bzw. bei Methadon: Qammou, Tschan, Seiler & Tüller, 1996).

In einer finnischen Studie nimmt der Nikotinkonsum erwerbsloser Arbeiter ab. Erklärt wird dies mit den geringeren finanziellen Ressourcen und der Möglichkeit, dass Arbeitsroutinen wegfallen, an die das Rauchverhalten geknüpft war (Liira & Leino-Arjas, 1999).

5.2.8 Zeitgestaltung

Aktivitäten, die mit Geldausgaben verbunden sind, werden reduziert (Feather, 1989; Gnegel & Mohr, 1982; Warr & Payne, 1983). Häusliche Aktivitäten nehmen zu (Gnegel & Mohr, 1982; Warr, 1984), soziale Aktivitäten nehmen ab (Underlid, 1996). Die qualitative Studie mit erwerbslosen Arbeiterinnen von Gnegel und Mohr (1982) lässt den Schluss zu, dass neue Aktivitäten kaum aufgenommen werden. Die Strukturierung der Zeit geschieht durch die Orientierung an den Zeitplänen anderer (Mohr & Müller, 2000). Ob diese Ergebnisse generalisierbar sind und z. B. auch für hoch Qualifizierte gelten, bedarf einer weiteren Prüfung. Vermutet werden kann, dass die Gestaltung der freien Zeit abhängig ist von der früheren Erwerbstätigkeit und den dort erworbenen Kompetenzen (s. Bergmann in diesem Band). Eine Bedingung, die positiv erlebte Aktivitäten in der Erwerbslosigkeit begünstigt, scheint die Hoffnung zu sein, bald wieder einen Arbeitsplatz zu finden (Kronauer, Vogel & Gerlach, 1993) bzw. die Sicherheit, in absehbarer Zeit wieder einen Arbeitsplatz zu erhalten (Fryer & McKenna, 1987, wobei allerdings anzumerken ist, dass in deren Stichprobe höher qualifizierte Erwerbslose enthalten waren). Feather und Bond (1983) gehen davon aus, dass vor allem als sinnhaft erlebte Aktivitäten und solche, die mit dem Erreichen eines wichtigen persönlichen Ziels verbunden sind, eine positive Funktion für die Gesundheit der Erwerbslosen haben (vgl. auch Waters & Moore, 2002). Dies scheint nicht bei Jugendlichen zu gelten (O'Brien, Feather & Kabanoff, 1994). Bei Winefield, Tiggemann und Winefield (1992) – eine besondere Studie, da das Ausmaß der Aktivitäten vor der Erwerbslosigkeit bekannt war und nicht retrospektiv erhoben werden musste – verbrachten die erwerbslosen Jugendlichen mehr Freizeit mit Nichtstun, obwohl sie sich während der Schulzeit von den anderen, die später eine Arbeit gefunden haben, noch nicht unterschieden (vgl. auch Rantakeisu, Starrin & Hagquist, 1999).

Sjoeberg und Magneberg (1990) kommt der Verdienst zu, nicht nur nach Freizeitaktivitäten gefragt zu haben, sondern auch nach anderen Formen der Arbeit wie z. B. ehrenamtlicher Arbeit, Reparaturarbeiten etc. Erwerbstätige und Erwerbslose verbringen gleichermaßen nur sehr wenig ihrer Zeit mit diesen Tätigkeiten. Die Auswertung der Interventionsmaßnahme von Nitsche und Richter (2003) zeigt, dass freiwillige gemeinnützige Arbeit zur psychischen Stabilisierung beiträgt, aber die positiven Effekte nicht stabil über die Zeit sind. Ambrosino (2003) konstatiert positive Effekte durch die Mitgliedschaft in Vereinigungen. Anzunehmen ist, dass es sich um einen Selektionseffekt handelt: Es verbleiben nur jene in Vereinigungen, die dies positiv erleben. In einigen Studien wird dargestellt, dass erwerbslose Männer vermehrt Hausarbeiten ausführen. Jedoch wird nur in einer Studie dargestellt, dass die Hausarbeit als Ersatz für die Erwerbsarbeit gewertet wird (vgl. Ström, 2003). Wie die o. g. Studie von Goldsmith et al. (1997) zeigt, kann die Beschäftigung mit Kindern für Männer und Frauen unterschiedliche Bedeutung in Bezug auf das Selbstwertgefühl haben. Ein traditionelles Rollenbild männlicher Erwerbsloser ist vermutlich kontraproduktiv. Offen ist noch die Frage, ob als sinnvoll erlebte Aktivitäten ein Mittel zur Strukturierung des Tages sind oder ob erst eine Strukturierung des Tages geschaffen werden muss, um aktiv zu sein.

5.2.9 Unterschiede zwischen Männern und Frauen

Die Frage, ob Erwerbslosigkeit für Männer und Frauen vergleichbare Auswirkungen hat, ist Gegenstand der meisten Dateninterpretationen bei gemischt-geschlechtlichen Stichproben. Eine Analyse früher Längsschnittuntersuchungen ergab kein eindeutiges Bild: Es werden sowohl höhere als auch geringere Beeinträchtigungswerte von erwerbslosen Frauen im Vergleich zu Männern berichtet (Mohr, 1993). Geringere Beeinträchtigungswerte bei Frauen – keineswegs immer auf Signifikanz geprüft – werden als Bestätigung von Annahmen betrachtet, die zwar häufig in den Abschlussdiskussionen formuliert werden, aber gar nicht Gegenstand der Untersuchungen waren, wie z. B. dass Frauen die „Alternativrolle Hausfrau" zur Verfügung stehen würde und diese positiver erlebt wird als der Status der Erwerbslosigkeit. Ferner wird darauf verwiesen, dass Frauen mit anderen Tätigkeiten ihren Tag füllen können (nämlich Haus- und Familienarbeit) und dadurch einen geringeren Verlust der Tagesstrukturierung (einer latenten Funktion nach Jahoda, s. o.) erleiden würden. Schließlich wird darauf verwiesen, dass Frauen zumeist das geringere Einkommen haben und damit nicht Haupternährer der Familie sondern „Zuverdienerin" sind. Es fällt auf, dass sich diese und weitere Annahmen ausschließlich auf die Erklärungen einer geringeren Beeinträchtigung von Frauen durch Erwerbslosigkeit beziehen (Mohr, 1993). Angesichts der häufigen Verwendung dieser Annahmen (!) bei der Dateninterpretation ist erstaunlich, dass sie nicht in das Design einer Untersuchung, die Formulierung der Fragestellungen und damit die Auswahl der Untersuchungsvariablen eingehen. Wenn beispielsweise geringere psychosoziale Beeinträchtigungen erwerbsloser Frauen darauf zurückgeführt werden, dass die Alternativrolle Hausfrau positiver erlebt wird als der Status der Erwerbslosigkeit, dann wäre es nahe liegend, dies genau zu untersuchen: das Diskriminierungserleben in verschiedenen Rollen. Auch wäre es naheliegend zu prüfen, ob Haus- und Familienarbeit – wenn sie denn eine Hilfe bei der Tagesstrukturierung darstellt – nur bei Frauen positiv wirkt oder auch bei Männern. Die implizite Vermutung, dass der Verlust eines Zuverdienstes leichter bewältigbar ist, wäre ebenfalls einer genauere Analyse zu unterziehen, bedeutet doch der Verlust eines Zuverdienstes ein sehr viel schnelleres Abgleiten in die ökonomische Abhängigkeit von anderen Personen, wohingegen beim Verlust eines höheren Einkommens die Inanspruchnahme institutioneller Unterstützung mit geregelten Ansprüchen wahrscheinlicher ist. Es ist keineswegs evident, welche Situation leichter bewältigbar ist.

Erst in neueren Untersuchungen werden auch Erwartungen über einen stärkeren negativen Effekt der Erwerbslosigkeit bei Frauen formuliert (z. B. Fielden & Davidson, 2001). Diese neueren Studien unterscheiden sich von den älteren zumeist auch darin, dass die vergleichende Analyse zwischen erwerbslosen Männern und Frauen nicht erst bei der Dateninterpretation einsetzt, sondern bereits bei der Konzeption der Studie eingeplant wird. Nach wie vor sind die Ergebnisse uneinheitlich (Artazcoz, Benach, Borrell & Cortes, 2004; Creed & Watson, 2003; Fielden & Davidson, 2001; Kulik, 2001). Diese Widersprüchlichkeit der Befunde wiederholt sich beim Vergleich zweier neuerer Metaanalysen (McKee-Ryan et al., 2005; Paul et al., 2006). Die Daten von Berth, Förster, Petrowski, Stöbel-Richter und Balck (2006) weisen darauf hin, dass dies eventuell durch die Auswahl des Gesundheits- bzw. Krankheitsindikators bedingt sein kann. Die Befunde von Lange und Lampert (2005) lassen vermuten, dass die Richtung der Unterschiede davon abhängt, ob kurzfristig oder langfristig Erwerbslose untersucht werden. Malen und Stroh (1998) stellen fest, dass Männer insgesamt mehr Arbeitssuchaktivitäten als Frauen aufweisen (vgl. auch Kulik, 2000) und auch optimistischer hinsichtlich ihrer Erfolgsaussichten sind. Die Autorinnen können nicht ausschließen, dass dies dadurch bedingt ist, dass die erwerbslosen männlichen Manager ihrer Studie eine längere Arbeitsbiografie haben, als Erwerbstätige einen höheren Status hatten und sich damit ein besseres Netzwerk aufbauen konnten. In einer Studie mit jungen Erwerbslosen – unter Verwendung desselben Messinstruments zur Erfassung der Arbeitssuchaktivitäten – konnte dieser Geschlechtsunterschied nicht bestätigt werden (vgl. Malen & Stroh, 1998). Diese Liste widersprüchlicher Ergebnisse ließe sich noch verlängern. Offenbar fehlt hier ein integrativer Ansatz. Paul et al. (2006) kommen auf der Grundlage ihrer Metaanalyse zu einem geringen Unterschied ($d = 0.09$) im psychischen Befinden zwischen erwerbslosen Männern und Frauen, der zudem aufgrund einer geringen Zahl von Studien als nicht gut abgesichert bewertet wird. Sie ziehen daraus den Schluss, dass der festgestellte Moderatoreffekt des Geschlechts eher auf Unterschiede in der Erwerbsarbeit als auf Unterschiede zwischen erwerbslosen Frauen und Männern zurückzuführen ist.

Zusammenfassend kann festgehalten werden, dass nur wenig Forschungsbefunde bezüglich der Frage politischer Radikalisierung und Kriminalität bestehen und diese – ebenso wie die Ergebnisse zum Suizid – auf die Bedeutung zusätzlicher Bedingungen verweisen. Befunde bezüglich der Veränderung des somatischen Gesundheitszustands und des Selbstwertgefühls sind widersprüchlich. Dies kann einerseits durch unterschiedliche Arten der Erfassung erklärt werden, andererseits durch die Unterschiede in der körperlichen Belastung während der früheren Erwerbsarbeit. Es überrascht, dass Untersuchungen über die Auswirkungen auf die Familie, die Bedeutung für den Drogenkonsum und zur Zeitgestaltung eher selten sind. Einige umfangreiche Längsschnittuntersuchungen weisen darauf hin, dass Erwerbslosigkeit generationsübergreifend wirkt. Erwerbslosigkeit wurde als kritische Bedingung für Alkoholerkrankungen nachgewiesen. Für die Zeitgestaltung liegen meist methodisch unzulängliche Untersuchungen vor, da nichts bekannt ist über die Zeitgestaltung vor Beginn der Erwerbslosigkeit. Auch Unterschiede zwischen Männern und Frauen sind unzureichend untersucht, wenngleich sie häufig postuliert werden.

5.3 Erklärende Bedingungen: intervenierende Variablen

Hinsichtlich der nachfolgend aufgeführten erklärenden Bedingungen ist anzumerken, dass keineswegs immer eine theoretische Modellvorstellung darüber besteht, ob diese Variablen als Moderator (d. h. in der Regel verstärkend) auf den Zusammenhang zwischen Erwerbslosigkeit und verschiedenen Folgen wirken oder ob ein Mediatoreffekt vermutet wird, d. h. dass ein empirisch vorhandener Zusammenhang nicht mehr existiert, wenn man den Einfluss der zusätzlichen Variable – der Mediatorvariable – kontrolliert.

5.3.1 Dauer der Erwerbslosigkeit

Wie bereits angeführt, sind bei andauernder Erwerbslosigkeit auch nach längerer Zeit weitere Verschlechterungen feststellbar. Bei älteren Erwerbslosen wurden nach über einjähriger Dauer Rückzugs- und Distanzierungsprozesse festgestellt (Zippay, 1995). Bei Lehrern wurden auch nach lang andauernder Erwerbslosigkeit noch Verschlechterungen der psychosozialen Befindlichkeit festgestellt, wenn bei den jährlichen Einstellungsterminen die Bewerbung wiederum erfolglos war (Strehmel & Mayring, 1986, z. B. Demoralisierung, vgl. Strehmel, 1993). Die weitere Reduzierung der finanziellen Bezüge bei andauernder Erwerbslosigkeit steht ebenfalls in einem systematischen Zusammenhang zu weiteren Beeinträchtigungen der Befindlichkeit (Elovainio, Kivimäki, Kortteinen & Tuomikoski, 2001; Leana & Feldmann, 1992). Diese Angaben weisen darauf hin, dass es also nicht die Zeit „an sich" ist, sondern die mit andauernder Erwerbslosigkeit verbundenen Veränderungen der Anforderungen, die zu bewältigen sind (z. B. Lebensgestaltung mit immer weniger finanziellen Mitteln, Verarbeitung wiederholter Misserfolgserfahrungen usw.). Einer der wenigen Befunde über positive Effekte der Erwerbslosigkeit – die Zunahme von Freizeitaktivitäten – scheint daran gebunden zu sein, dass die Erwerbslosigkeit absehbar befristet ist (Fryer & McKenna, 1987).

5.3.2 Finanzielle Lage

In einer Vielzahl von Studien haben Erwerbslose mit einer schlechteren finanziellen Lage auch eine schlechtere psychische Gesundheit (Mallinckrodt & Bennett, 1992; Viinamäki, Koskela, Niskanen & Arnkill, 1993; u. v. a.).

Nahe liegend ist die Annahme, dass mit den finanziellen Einschränkungen soziale Kontakte und kostenträchtige Hobbys aufgegeben werden und damit Möglichkeiten für positive Emotionen reduziert sind. Waters und Moore (2001) unterscheiden zwischen finanziellen Einschränkungen für die notwendige Lebensführung und Beschränkungen der Mittel für (bedeutsame) Freizeitaktivitäten. Die Erwerblosen in dieser Studie gaben keine schlechtere Lage als die Erwerbstätigen in Bezug auf die notwendige Lebensführung an, jedoch deutlich mehr Beschränkungen der Mittel für Freizeitaktivitäten. Beide Arten der erlebten Beschränkung sind verbunden mit Depressivität. Für ein verringertes Selbstwertgefühl scheint aber vor allem die Beschränkung der Mittel für Freizeitaktivitäten relevant zu sein.

Die finanzielle Lage ist eine der wenigen Variablen, die auch als Mediatorvariable geprüft wurde. Dahinter steht implizit die Annahme, dass mit ausreichend finanziellen Mitteln alles, was mit dem Verlust der Erwerbsarbeit verbunden ist, mehr oder weniger gut kompensiert werden kann. Eine der ersten Längsschnittuntersuchungen, in der die Mediatorthese geprüft wurde, scheint dies zu bestätigen: Der Zusammenhang zwischen Erwerbsstatus und Depressivität war nicht mehr nachweisbar, wenn eine Person angab, mit ihren finanziellen Mitteln auszukommen (Frese & Mohr, 1987; vgl. auch Kokko & Pulkkinen, 1998). Es wäre allerdings voreilig, daraus den Schluss zu ziehen, dass bei einer ausreichenden materiellen Ausstattung grundsätzlich keine negativen psychosozialen Folgen der Erwerbslosigkeit zu erwarten sind. In der erstgenannten Studie wurde die Relevanz der finanziellen Situation nur auf eine mögliche Folge untersucht, die Depressivität, und nur bei einer spezifischen Stichprobe von gering qualifizierten Industriearbeitern. In der zweiten Studie konnte eine Mediatorwirkung für Angst nicht nachgewiesen werden.

In der Studie von Raaij und Antonides (1991) lagen die Einkommensunterschiede zwischen den (nach verschiedenen Kriterien parallelisierten) Erwerbslosen und Erwerbstätigen bei 64 %. Die Autoren gingen der Frage nach, um wie viel höher der Verdienst bei einer neuen Stelle (im Vergleich zur finanziellen Lage in der Erwerbslosigkeit) sein müsste, damit trotz potenziell negativen Aspekten einer Erwerbsarbeit (Stress, wenig Freizeit, nicht qualifikationsgerechter Einsatz etc.) die Zufriedenheit nicht geringer ist als in der Erwerbslosigkeit. Auf der Grundlage ihrer Befragung kommen sie zu dem Ergebnis, dass eine Verbesserung der finanziellen Lage um 9,3 % bei Aufnahme einer Erwerbsarbeit als Kompensation für negative Bedingungen der Erwerbsarbeit erlebt wird. Ist dies nicht gegeben, so kann sich Erwerbslosigkeit als attraktive Alternative zu den sogenannten „bad jobs“ (s. o.) darstellen.

Die regelmäßig stattfindenden repräsentativen Bevölkerungsumfragen des Instituts für Demoskopie in Allensbach zeigen, dass mehr als die Hälfte der Bevölkerung im geringen finanziellen Unterschied zwischen Arbeitslosenunterstützung und normalem Einkommen einen Grund dafür sieht, dass Erwerbslose erwerbslos bleiben (Allensbacher Archiv, 2002). Die Befunde zur Frage, ob eine schlechtere materielle Lage mit mehr Arbeitssuchaktivitäten einhergeht, sind widersprüchlich (Hooft et al., 2004; Vuori & Vesalainen, 1999). Die letztgenannten Autoren machen deutlich, dass nicht die ökonomische Lage zu Beginn oder nach längerer Erwerbslosigkeit mehr Arbeitssuchaktivitäten erklärt, sondern die erlebte Verschlechterung über die Zeit. Allerdings geht eine Verschlechterung der materiellen Lage in der Regel mit einer Zunahme der psychischen Beeinträchtigungen einher, was wiederum als kontraproduktiv für die erfolgreiche Bewältigung von Bewerbungssituationen zu betrachten ist (vgl. hierzu auch die Befunde von Vinokur & Schul, 2002).

5.3.3 Soziale Unterstützung

Als Form der emotionalen Unterstützung hat sich die „reassurance of worth" (die Versicherung des Werts der Person) und die emotionale Unterstützung bei der Arbeitssuche (bei der Verarbeitung von Absagen, Ermunterungen, Verständnis für Schwierigkeiten usw.) als positiv erwiesen (Mallinckrodt & Bennett, 1992). Für die Konzeption von Intervention ist interessant, dass die emotionale Unterstützung durch andere Erwerbslose hilfreicher erlebt wurde als die von Erwerbstätigen oder Rentnern in der Familie oder unter Freunden (Rife & Belcher, 1993). Nach Patton und Donohue (2001) ist zu vermuten, dass als negativ erlebte Erwartungen und Bewertungen durch die Familienmitglieder dies begünstigen. Dies weist auf mögliche Kosten sozialer Unterstützung hin (vgl. Zapf & Semmer, 2004) und mag eine Erklärung dafür sein, dass die Befunde nicht einheitlich sind (vgl. Dekker & Schaufeli, 1995; Kokko & Pulkkinen, 1998). Auch ist nicht auszuschließen, dass mit der sozialen Unterstützung Konflikte begünstigt werden (Vinokur & van Ryan, 1993), durch die Ermunterung die Übernahme der Hausfrauenrolle zu akzeptieren oder – im Falle des erwerbslosen Mannes – durch die Zuschreibung der bislang ihm vorbehaltenen sogenannten Haupternährerrolle an seine erwerbstätige Partnerin.

Soziale Unterstützung scheint vor allem am Anfang wirksam zu sein (Shams, 1993). Offenbar sind – wie auch sonst in der Forschung zur sozialen Unterstützung – Geschlechtsunterschiede relevant: Mangelnde soziale Unterstützung durch den Partner hat bei jüngeren erwerblosen Frauen stärkere negative Folgen als bei jungen Männern (vgl. auch Walsh & Jackson, 1995).

Verschiedentlich wird dargestellt, dass das soziale Umfeld der Erwerbslosen kleiner wird (Jackson, 1988; Jones, 1992). Bedenkt man, dass gerade ein größeres Netz eher loser, wenig verbindlicher Beziehungen (sog. „weak ties", vgl. Ganovetter, 1974) bezeichnend ist für diejenigen, denen der Wiedereinstieg gelungen ist (Brown, 2000; Zippay, 1990), so ist diese Reduzierung des sozialen

Umfelds kontraproduktiv und sollte als Ansatzpunkt für die Interventionen bedacht werden.

Kong, Perrucci und Perrucci (1993) haben feststellen können, dass eine längere finanzielle Unterstützung durch Freunde und Verwandte mit längerer Erwerbslosigkeit einhergeht. Allerdings waren in dieser Studie keine Langzeiterwerbslosen enthalten. Die Autoren gehen davon aus, dass diese instrumentelle Art der sozialen Unterstützung den Druck, Konzessionen zu machen, reduziert.

Ungeklärt ist die Frage, welche positive Funktion das *Geben* sozialer Unterstützung an andere hat, sei es in Form der o. g. emotionalen Unterstützung für andere Erwerbslose, sei es in Form von z. B. instrumenteller Unterstützung, die erst durch die frei gewordene Zeit möglich sind (z. B. Hilfen bei der Kinderbetreuung, Übernahme von Reparaturarbeiten oder Botengänge für andere usw.).

5.3.4 Diskriminierung

McFadyen (1998) berichtet, dass Sympathieäußerungen über Erwerbslose häufiger sind als negative Äußerungen. Repräsentative Bevölkerungsumfragen des Instituts für Demoskopie in Allensbach zeigen ein geteiltes Bild: Einerseits ist ein großer Teil der Bevölkerung (57 %) der Meinung, Erwerbslose hätten zu hohe Ansprüche, andererseits wird gesehen, dass es Erwerbslose „heutzutage schwerer (haben) als früher, eine neue Arbeit zu finden“ (67 %) (Noelle-Neumann, 2002). 57 % sind der Meinung, dass viele Erwerbslose nicht arbeiten wollen, 35 % betrachten dies als Einzelfälle (Noelle, 2003).

Auf der Seite der Erwerbslosen haben Rantakeisu et al. (1999) bei jungen Erwerbslosen festgestellt, dass ein hohes Maß an Scham in Verbindung mit einer schlechten ökonomischen Lage einherging mit einem erhöhten Maß an psychosomatischen Beschwerden, Gefühlen der Machtlosigkeit, Depression, Unruhe, Nervosität und Angst. Der Anteil der Personen, der es für ratsam hält, im sozialen Umfeld nicht bekannt werden zu lassen, dass man erwerbslos sei, hat zwischen 1986 und 2003 deutlich zugenommen (von 13 % auf 25 %, Noelle, 2003; vgl. auch Truniger, 1990 zu den Distanzierungsprozessen von Lehrern gegenüber ihrem Erwerbslosigkeitsstatus). Dies ist ein kritisches Verhalten für die Wiedervermittlung, wenn man davon ausgeht, dass ein beträchtlicher Teil über die Nutzung der sog. „weak ties“ (s. o.) geschieht. Die Nutzung dieser Kontakte setzt aber voraus, dass andere vom Erwerbslosenstatus wissen.

Offenbar besteht also ein beträchtliches und zunehmendes Risiko, Diskriminierungen zu erleben, es ist aber nicht zwingend. Wodurch geringe oder hohe

Diskriminierungen begünstigt werden, ist unklar. Eigene Erfahrungen mit Erwerbslosigkeit oder Kontakte mit Erwerbslosen haben sich nicht als Moderatoren erwiesen (McFadyen, 1998). Zu prüfen wäre, ob Erwerbslose nicht nur Opfer, sondern möglicherweise auch selbst Akteure von Diskriminierungen sind, indem sie selbst den Status als Erwerbslose als minderwertig bewerten. Die fehlende sinnliche Erfahrung der Erwerbslosigkeit als kollektive Situation – wie dies zu Beginn des vorigen Jahrhunderts noch möglich war – mag dem Vorschub leisten.

5.3.5 Vorherige Arbeitssituation

Lernen findet (auch) in der Arbeit statt. Dies gilt nicht nur für Fachwissen, sondern auch für Schlüsselqualifikationen wie Teamfähigkeit, Problemlösefähigkeit, Umgang mit Konflikten, Kenntnisse bürokratischer Abläufe, Frustrationstoleranz usw. (Bergmann, 2000). Es liegt auf der Hand, dass die letztgenannten Fähigkeiten auch dienlich sind, eine neue Anforderungssituation wie die Erwerbslosigkeit zu bewältigen. Niessen (2005) hat aufgezeigt, dass der Anforderungsgehalt der früheren Tätigkeit (Tätigkeitsspielraum und Vollständigkeit, Anforderungsvielfalt, Transparenz) einen positiven Zusammenhang aufweist mit der Lernbereitschaft bzw. Lernaktivitäten während der Erwerbslosigkeit. Schließlich ist davon auszugehen, dass höher qualifizierte Erwerbslose über bessere finanzielle Ressourcen verfügen, somit über mehr Handlungsspielräume. Auch sind bei höherer Qualifikation die verbleibenden beruflichen Optionen größer (wie aus der abnehmenden Erwerbslosenquote bei zunehmender Qualifikation abzulesen ist). Raaij und Antonides (1991) stellen fest, dass höher qualifizierte Erwerbslose mehr zusätzliche Einnahmen haben durch Gelegenheitsarbeit vermittelt über Freunde, Verwandte und frühere Kollegen bzw. Kolleginnen. Dagegen steht die These: Je höher der Status, desto tiefer der Fall. In der o. g. Metaanalyse von Paul und Moser (2001) wird der Berufsstatus (manuelle Arbeit vs. Büroarbeit) als Moderatorvariable untersucht. Es zeigt sich, dass die Unterschiede im Gesundheitsstatus zwischen Erwerbslosen und Erwerbstätigen bei den gering Qualifizierten größer sind als bei den höher Qualifizierten. In beiden Gruppen bleibt jedoch ein signifikanter Zusammenhang zwischen Erwerbslosigkeit und Befindensbeeinträchtigungen nachweisbar. Dies spricht also dafür, dass Erwerbslosigkeit bei höher Qualifizierten zwar auch mit negativen Folgen einhergeht, jedoch nicht im gleichen Ausmaß.

5.3.6 Arbeitsplatzunsicherheit

Mohr und De Witte (2004) haben in einem Überblick über 100 Untersuchungen 65 verschiedene Messinstrumente zur Erfassung der Arbeitsplatzunsicherheit identifiziert. Dies macht deutlich, dass noch keine Übereinstimmung herrscht, was unter Arbeitsplatzunsicherheit zu verstehen ist. Die Metaanalyse von Sverke, Hellgren und Näswall (2002) zeigt, dass Arbeitsplatzunsicherheit deutlich mit psychischen Beeinträchtigungen einhergeht und – zu einem geringeren Ausmaß – mit einer schlechteren physischen Verfassung. Dabei ist unerheblich, ob die Person (später) tatsächlich entlassen wird. Entscheidend ist das subjektive Maß erlebter Unsicherheit. Die Beobachtung, dass sich erhöhte physiologische Stressreaktionen nach der Kündigung wieder den Ausgangswerten annähern (Kasl & Cobb, 1970; Kasl, Cobb & Brooks, 1968), hat zu der Überlegung geführt, dass vor allem die Unkontrollierbarkeit der Situation als kritisches Merkmal zu betrachten ist.

Zusammenfassend kann festgehalten werden, dass die Dauer der Erwerbslosigkeit eine zentrale Bedingung ist, um Unterschiede im Erleben der Erwerbslosigkeit zu erklären. Eine ebenso zentrale Bedeutung kommt der finanziellen Lage zu. Dies ist das einzige Merkmal, für das eine Mediatorwirkung bezüglich depressiver Reaktionen festgestellt wurde. Das bedeutet: Die Einschätzung, mit den finanziellen Mitteln nicht auskommen zu können – nicht die Erwerbslosigkeit an sich – begünstigt depressive Reaktionen. Allerdings bedarf dieser Befund weiterer Replikationen, da er bisher nur an spezifischen Stichproben ermittelt wurde. Offenbar ist weniger das absolute Ausmaß der Einkommensreduzierung für die psychosoziale Befindlichkeit oder das Arbeitssuchverhalten relevant als vielmehr das Erleben der finanziellen Lage (vgl. McKee-Ryan et al., 2005; Vuori & Vesalainen, 1999). Soziale Unterstützung ist erwartungsgemäß auch bei Erwerbslosen eine wichtige Ressource. Befunde zum Erleben von Diskriminierung sind so rar und unterschiedlich bezüglich Stichprobe und Methodik, dass keine verallgemeinerbare Aussage möglich ist. Die frühere Arbeitssituation und das Erleben von Arbeitsplatzunsicherheit erweisen sich als bedeutsame Bedingungen zur Vorhersage des Gesundheitszustands in der Erwerbslosigkeit. Bei höher Qualifizierten sind die Zusammenhänge mit den Beeinträchtigungen weniger stark.

5.4 Merkmale der Person I: Risikogruppen des Arbeitsmarkts

Unter den Langzeiterwerbslosen sind diejenigen mit gesundheitlichen Einschränkungen, gering Qualifizierte, Alte und Frauen besonders stark vertreten (Rudolph, 1998). Nach Bender, Konietzka und Sopp (2000) hat die Gruppe der 52- bis 59-Jährigen das höchste Erwerbslosigkeitsrisiko. Auch erhöht eine bereits vorhandene Erwerbslosigkeitserfahrung das Risiko, nochmals erwerbslos zu werden. Interessant ist in diesem Zusammenhang, dass andere Erwerbsunterbrechungen keinen signifikanten Effekt auf ein erhöhtes Erwerbslosigkeitsrisiko haben (Bender et al., 2000). Eine besondere Risikogruppe sind vermutlich die sogenannten „jungen Alten“, d. h. solche Personen, die zu jung sind für den

Wechsel in den (vorgezogenen) Ruhestand, aber aufgrund ihres Alters geringe Wiedervermittlungschancen haben. Entsprechend zeigt bei Breslin und Mustard (2003) die Gruppe der Jüngeren (18 bis 30 Jahre) und der Älteren geringere Beeinträchtigungen als die mittlere Altersgruppe: Die mittlere Altersgruppe ist diejenige mit den größten finanziellen Verpflichtungen und ohne Aussichten auf den Übergang in die (Früh-)Rente. Creed und Watson (2003) finden allerdings keinen Unterschied zwischen der mittleren und älteren Gruppe ihrer Untersuchung. Allerdings sind in ihrer Stichprobe gerade diejenigen mit einer Chance auf den vorgezogenen Übergang in den Ruhestand nicht enthalten, da das maximale Alter bei 55 Jahren lag.

Hinsichtlich der Wirkung der Erwerbslosigkeit bei Jugendlichen sind die Befunde widersprüchlich (Breslin & Mustard, 2003; Prause & Dooley, 2001; Schaufeli & van Yperen, 1993; Winefield, Tiggemann & Winefield, 1991). Zu beachten ist, dass Jugendliche häufig in sog. „bad jobs“ oder „underemployment“ (s. o.) arbeiten, d. h. unter Bedingungen, bei denen nicht zu erwarten ist, dass sich ihr Gesundheitszustand von denen der erwerbslosen Jugendlichen unterscheidet bzw. wo er sich möglicherweise sogar noch verschlechtert.

Die Daten von Winefield et al. (1991) lassen annehmen, dass junge erwerbslose Menschen sich weniger durch eine schlechtere psychische Gesundheit auszeichnen, sondern dass bei den erwerbstätigen Jugendlichen ein Zugewinn an psychischer Stabilität durch die Integration in positiv gestaltete Erwerbsarbeit stattfindet. Insofern bedeutet Erwerbslosigkeit bei Jugendlichen eine Vorenthaltung von Entwicklungsschritten im Rahmen der (beruflichen) Sozialisation (vgl. Bergmann in diesem Band) (vgl. auch das Konzept der sozialen Ausgrenzung bei Kieselbach, 2003). Paul und Moser (2001) kommen zu dem Ergebnis, dass das Ende der Schulzeit mit einer deutlichen Verbesserung der Befindlichkeit einhergeht, auch wenn danach die Erwerbslosigkeit folgt. Ein Forschungsdefizit besteht bezüglich der Lage von erwerbslosen Migranten bzw. Ausländern.

5.5 Merkmale der Person II: Förderliche und hinderliche Bedingungen für die Wiedervermittlung

5.5.1 Arbeitssuchverhalten

In der Metaanalyse von Kanfer, Wanberg und Katrowitz (2001) zeigt sich ein kleiner bis mittlerer Zusammenhang ($r_c = .21$) zwischen Häufigkeit der Bewerbungen und Aufnahme einer Erwerbsarbeit. Zu vermuten ist, dass weniger die Quantität als vielmehr die Art und die Qualität des Arbeitssuchverhaltens für die Wiedervermittlung entscheidend sind, denn Bewerbungsaktivitäten, die nicht zum Erfolg führen, implizieren selbstwertbedrohliche Erfahrungen und stellen damit eine Bedrohung personaler Ressourcen dar. Die Ergebnisse von Taris (2002) legen die Vermutung nahe, dass die Quantität des Arbeitssuchverhaltens womöglich Ausdruck einer misslungenen Strategie sein kann: Die erwerblosen Jugendlichen, die besonders viele Arbeitssuchaktivitäten aufwiesen, waren zugleich auch jene, die ein besonders hohes Hilflosigkeitsgefühl hatten. Wanberg (1997) macht deutlich, dass aktives Arbeitssuchverhalten mit einer Verschlechterung der psychischen Gesundheit einhergeht, wenn das Gefühl der Situationskontrolle niedrig ist. Das Gefühl hoher Kontrolle verhindert eine Verschlechterung.

5.5.2 Kontrolle

Ausgehend von der sozialen Lerntheorie von Rotter (1966) wird zumeist unterschieden zwischen internaler und externaler Kontrolle, d. h. die Vorstellung, selbst Einfluss zu haben oder schicksalhaft von anderen bestimmt zu werden. Erwerbslose zeichnen sich im Vergleich zu Erwerbstätigen durch eine höhere externale Kontrolle aus (O'Brien & Kabanoff, 1979). Wiederbeschäftigte, die die neue Tätigkeit als zufriedenstellend erleben, lassen sich zu Beginn ihrer Erwerbslosigkeit durch eine hohe internale Kontrolle beschreiben (Mallinckrodt, 1990). Zu beachten ist, dass eine anfänglich hohe internale Kontrolle depressionsförderlich zu wirken scheint, wenn sie sich bei andauernder Erwerbslosigkeit als unrealistisch herausstellt (enttäuschte Kontrollhoffnung, Frese & Mohr, 1987). Die externale Kontrolle nimmt – den Daten der Studie von Baubion-Broye, Megemont und Sellinger (1989) zufolge – mit der Dauer der Erwerbslosigkeit zu.

5.5.3 Attribuierung

Bei erwerbslosen Managern haben jene größere Schwierigkeiten, wieder eine Arbeit zu finden, die external attribuieren (Chauvot, 1997; Miller & Hoppe, 1994). Die Befunde bei Jugendlichen bzw. jungen Erwachsenen sind widersprüchlich (Heubeck, Tausch & Mayer, 1995; Winefield et al., 1992). Generell kann nicht davon ausgegangen werden, dass die internale Zuschreibung der Ursachen (self-blame) negativ für die Befindlichkeit bzw. für die Wiedervermittlung (Zempel & Frese, 1997) ist, sofern auf veränderbare personale Ursachen attribuiert wird (Miller & Hoppe, 1994). Allerdings ist hierbei zu bedenken, dass die Untersuchung von Miller und Hoppe (1994) im ersten Monat der Erwerbslosigkeit stattfand. Die internale Ursachenzuschreibung nimmt mit zunehmender Dauer der Erwerbslosigkeit offenbar zu (vg. Chambres, Granier & Marescaux, 2000).

5.5.4 Arbeitsorientierung

Pernice (1996) zeigt, dass sich im Zeitraum eines Jahres der Anteil derjenigen, die weiterhin eine Erwerbsarbeit wollen, von 87 % auf 67 % reduziert (vgl. auch Kinicki, Prussia & McKee-Ryan, 2000). In der Längsschnittstudie von Isaksson, Johansson, Bellaagh und Sjörberg (2004) hingegen nimmt die Arbeitsorientierung bei den aktiv suchenden Erwerbslosen zu. Auch die Befunde über die Bedeutung der Arbeitsorientierung für die Wiedervermittlung sind widersprüchlich: Bei Lai und Chan (2002) sind es die Wiedereingestellten, die bereits zum ersten Erhebungszeitpunkt – zu Beginn der Erwerbslosigkeit – eine höhere Arbeitsorientierung haben. Bei Leana und Feldman (1995) sind es hingegen diejenigen mit einer geringeren Arbeitsorientierung, denen eher der Wiedereinstieg gelingt. Vermutlich ist entscheidend, was Wanberg (1997) als Zusatzbedingung identifiziert hat: Distanzierung vom Verlust des Arbeitsplatzes verschlechtert nur dann die Wiedereinstiegschancen, wenn das Gefühl, Einfluss auf die Umwelt zu haben, gering ausgeprägt ist. Eine niedrigere Arbeitsorientierung geht einher mit einer besseren mentalen Gesundheit (Pernice, 1996; Wanberg & Marchese; 1994). Abzuleiten ist, dass Arbeitsorientierung eine relevante Variable für den Wiedereinstieg ist, dass eine hohe Arbeitsorientierung während der Erwerbslosigkeit jedoch nicht zwingend positiv sein muss. Zippay (1995) weist darauf hin, dass die Erwerbslosen im ersten Jahr vielfache Misserfolgserfahrungen bei ihren Bewerbungen machen. Zu vermuten ist, dass bei nicht zu hoher Arbeitsorientierung Misserfolge bei erfolglosen Bewerbungen besser verarbeitet werden.

5.5.5 Bewältigungsverhalten, kognitive Fähigkeiten und Eigeninitiative

Problembezogenes Bewältigungsverhalten (z. B. einen Handlungsplan aufstellen und diesen umsetzen) und kognitive Restrukturierung (z. B. der Versuch, die positiven Aspekte zu sehen) sind bei Erwerbslosen mit geringerer Ängstlichkeit und Depressivität verbunden (Grossi, 1999; Waters & Moore, 2001). Jüngere nutzen häufiger emotionsbezogenes Bewältigungsverhalten als problembezogene oder kognitive Restrukturierung (Grossi, 1999). Jedoch ist es das problembezogene Coping, was sich bei ihnen als Prädiktor für den Wiedereinstieg in den Arbeitsmarkt erweist (Schaufeli & VanYperen, 1993). Im Falle, dass die ökonomische Situation die Ausübung bedeutungsvoller Freizeitaktivitäten einschränkt, hilft ein ausgeprägtes lösungsorientiertes Coping, das Selbstwertgefühl zu erhalten (Waters & Moore, 2001). Offenbar weniger günstig sind das emotionsbezogene Coping und Vermeidungsstrategien (Rascle, Sifakis, Bruchon-Schweitzer, Bouley & Koleck, 2003). Diese gehen bei erwerbslosen Frauen einher mit höherer Depressivität und Ängstlichkeit. Bei erwerbslosen Männern besteht dieser ungünstige Zusammenhang nur bei Gebrauch der Vermeidungsstrategien (Smari, Arason, Hafsteinsson & Ingimarsson, 1997). Emotionsbezogenes Coping wird offenbar dann eher gewählt, wenn mehr Copingressourcen vorhanden sind (hier: Selbstwertgefühl, Lebenszufriedenheit, soziale Unterstützung), ist aber mit anhaltender Erwerbslosigkeit verbunden. Die Autoren interpretieren diesen Sachverhalt als das Vorliegen von dysfunktionalen positiven Illusionen (Kinicki, Prussia & McKee-Ryan, 2000).

Distanzierung als eine Form des emotionalen Copings (nicht nachdenken über den Arbeitsplatzverlust) zeigt sich – überraschend – als positiv korreliert mit dem Wiedereinstieg. Die Strategie der Distanzierung war die einzige, die mit der Einschätzung der Reversibilität zusammenhing, d. h. der Meinung, dass man schon wieder eine Arbeitsstelle finden werde. Distanzierung hat sich auch im chinesischen Kulturkontext als positiv für mentale Gesundheit bei Erwerbslosen herausgestellt (Lai & Chan, 2002). Ist die Strategie der Distanzierung hingegen mit dem Empfinden des Kontrollverlusts verbunden, dann erweist sie sich als nachteilig für die Wiedervermittlung (Wanberg, 1997).

Gute kognitive Fähigkeiten und Initiative erwiesen sich in der Längsschnittstudie von Zempel und Frese (2000) als Prädiktoren für eine kürzere Dauer der Erwerbslosigkeit. Das Konzept der Initiative beinhaltet – ähnlich dem Konzept des problembezogenen Copings – Aspekte des aktiven Handelns, allerdings zusätzlich dadurch gekennzeichnet, dass die Handlung umgehend und aufgrund eigener Initiative eingeleitet wird.

5.5.6 Konzessionsbereitschaft

Nach Klems und Schmid (1990) gibt fast die Hälfte der von ihnen befragten 1.356 Langzeiterwerbslosen an, sie würden ein geringeres Einkommen akzeptieren. 41 % würden einen längeren Arbeitsweg in Kauf nehmen. Die inhaltliche Konzessionsbereitschaft ist – zumindest bei einer Studie mit Frauen in Israel – hingegen geringer ausgeprägt (Kulik, 2000). Typisch männliche Tätigkeitsfelder werden abgelehnt. Auch hier erweisen sich also fixierte Rollenbilder als hinderlich. Die regionale Mobilitätsbereitschaft hat in den letzten Jahren zugenommen. Allerdings ist der Anteil der örtlich Mobilen bei den Erwerbslosen 5 % geringer als bei den Erwerbstätigen (IAB, 2000). Nach De Witte (1993) ist die Konzessionsbereitschaft bei ein- bis dreijähriger Erwerbslosigkeit am höchsten, nimmt aber mit weiter andauernder Erwerbslosigkeit ab, was damit erklärt wird, dass die Erwerbslosen nach drei Jahren ihren Status akzeptiert haben. Welche Effekte die Konzessionsbereitschaft hat, ist kaum bekannt. Nach einer ländervergleichenden Analyse von Scherer (2004) dauert es in Deutschland ca. 13 Jahre, bis man einen anfänglichen „Mismatch“, d. h. den Beginn einer beruflichen Laufbahn unterhalb der erworbenen Qualifikation, wieder ausgeglichen hat.

Bedeutsam ist nicht der Mismatch an sich, sondern wenn dieser mit dem Einstieg auf besonders niedrigem Niveau verbunden ist. Interessanterweise ist hier nicht ausschlaggebend, ob Personen befristete Verträge, eine kurze Vertragsdauer oder „nur" einen Ausbildungsvertrag haben. Demzufolge könnten befristete Verträge als Eingangsposition in den Arbeitsmarkt bewertet werden, sofern die Position nicht deutlich unter dem Qualifikationsniveau liegt. Die Studie von Leana und Feldmann (1995) lässt vermuten, dass eine höhere Konzessionsbereitschaft zwar den Wiedereinstieg beschleunigen mag, nicht aber die psychische Befindlichkeit verbessert. In ihrer Studie glich die psychische Befindlichkeit der Wiedereingestellten, die mit ihren Arbeitsverhältnissen nicht zufrieden waren, eher derjenigen der nach wie vor Erwerblosen. Zu vermuten ist, dass die Anpassungsleistung an ein unbefriedigendes Beschäftigungsverhältnis mehr „psychische Kosten" verursacht als die Bewältigung der Erwerbslosigkeit. In diesem Zusammenhang sind die von Klein (1990) o. g. Zahlen relevant: Von den wiedervermittelten Erwerbslosen sind innerhalb von vier Jahren Dreiviertel wieder erwerbslos. Eine zu hohe Konzessionsbereitschaft birgt vermutlich ein erhöhtes Risiko für den Beginn einer Abwärtsspirale.

Zusammenfassend wird deutlich, dass beim Arbeitssuchverhalten Qualität vor Quantität gehen sollte, dass internale Kontrolle bei andauernder Erwerbslosigkeit eher depressionsfördernd wirken kann, eine internale Ursachenattribuierung nicht per se negativ ist, dass eine hohe Arbeitsorientierung kontraproduktiv erscheint und dass – erwartungsgemäß – problembezogene Bewältigungsstrategien mit besserem psychischen Befinden und größeren Wiedervermittlungschancen einhergehen. Gleiches gilt auch – unerwartet – für Distanzierung als Form einer emotionsbezogenen Strategie. Konzessionsbereitschaft scheint Chancen zu enthalten, wenn sie sich auf formale Aspekte bezieht (Vertragsform) und birgt das Risiko, eine Abwärtsspirale einzuleiten, wenn inhaltliche Konzessionen an die Qualität der Arbeit oder den qualifikationsgerechten Einsatz gemacht werden.

6 Schlussfolgerungen für die Intervention

Die Befunde weisen auf einige grundsätzliche Überlegungen hin, die bei der Gestaltung von Interventionsmaßnahmen zu berücksichtigen sind: Wenn es gilt, Erwerbslose wieder zu vermitteln, so muss eine erste Aufgabe sein, deren psychische Stabilität zu sichern. Depressiven Personen wird es nicht gelingen – darauf weist die Depressionstheorie von Beck (1967) hin – ihre Fähigkeiten und Fertigkeiten in einer Bewerbungssituation positiv darzustellen. Labile Personen werden nicht ausreichend Ressourcen haben, Misserfolge durch erfolglose Bewerbungen ohne Selbstwertschädigungen zu bewältigen. Ein Merkmal depressiver Personen ist auch ein geringes Aktivitätsniveau, was dysfunktional in der Erwerbslosigkeit sein wird. Andererseits sind es nicht Aktivitäten per se, die sich als positiv für die Befindlichkeit erwiesen haben, sondern vor allem jene, die als relevant und sinnhaft erlebt werden. Zudem hat sich ein hohes Maß an Arbeitssuchaktivitäten nicht als prädiktiv für die Wiedervermittlung erwiesen, sondern vielmehr eine bessere psychische Gesundheit (wie z. B. ein gutes Selbstwertgefühl, niedrige Depressionswerte usw., Taris, 2002). Hier gilt: Qualität ist wichtiger als Quantität der Bewerbungen. Daraus lässt sich die Rechtfertigung für Maßnahmen ableiten, in deren Rahmen die Kompetenzen der Erwerbslosen im Bewerbungsverfahren erhöht werden und eine psychische Stabilisierung erreicht wird.

Darüber hinaus sind einige psychologisch relevante Details aus den Befunden abzuleiten: Eine ansonsten als depressionsreduzierend bekannte eher externale Attribuierung ist nur begrenzt sinnvoll. Sofern auf internale veränderbare Personenmerkmale attribuiert wird, erhöht das die Wahrscheinlichkeit der Wiedervermittlung. Eine hohe Kontrollhoffnung – in der Regel ebenfalls mit geringer Depression assoziiert – ist kontraproduktiv, wenn sie sich als unrealistisch erweist. Der Aufbau einer hohen Arbeitsorientierung kann nicht als primäres Ziel einer Maßnahme gelten, da mit ihr eine schlechtere Befindlichkeit (bei andauernder Erwerbslosigkeit) einhergeht. Insofern ist eine Gratwanderung der Vermeidung von exzessiven Aktivitäten bei gleichzeitiger Förderung der Vermittlungsfähigkeit zu leisten. Das in einigen Programmen explizit enthaltene „Stressinokulationstraining", d. h. der Umgang mit Misserfolgen (hier: erfolglosen Bewerbungen) erscheint daher geboten (Millman & Latham, 2001; Price & Vinokur, 1995; Vuori & Silvonen, 2005; Wanberg, Kanfer & Rotundo, 1999: „inoculation against setbacks").

Die Förderung der Konzessionsbereitschaft erhöht das Risiko, in eine Abwärtsspirale mit zunehmendem Erwerbslosigkeitsrisiko zu geraten. Maßnahmen machen Sinn, die so früh wie möglich einsetzen, nicht erst nach der Chronifizierung von dysfunktionalen Bewältigungsstrategien. Sie sollten sogar vor der eigentlichen Entlassung beginnen, da es auch gilt, die Folgen von Arbeitsplatzunsicherheit zu minimieren. Intervention wird zur Prävention, wenn es gelingt, eine Wiedervermittlung zu erreichen, bevor die Kündigungsfrist abgelaufen ist. Der Erhalt der „weak ties" (s. o.) sollte beachtet werden. Der Kontakt zu anderen Erwerbslosen scheint eine Hilfe bei der Bewältigung darzustellen und spricht für Konzepte der Erwerbsloseninitiativen. Hier liegt eventuell auch ein Ansatzpunkt, Selbstdiskriminierungen zu identifizieren und zu verändern. Das engere soziale Umfeld sollte einbezogen werden, da die Familie oder Partnerschaft mit konflikthaften Anforderungen der Rollenveränderungen (und womöglich damit verbundenen Statusveränderungen) – konfrontiert ist und die besonderen Anforderungen der Haushaltsführung mit geringen Mitteln bewältigen muss.

Die Bewältigung der Erwerbslosigkeit ist nicht nur davon abhängig, was während der Erwerbslosigkeit geschieht, sondern wird mitbeeinflusst davon, was die

Erwerbslosen zuvor an Kompetenzen erworben haben. Die Gestaltung humaner persönlichkeitsförderlicher Arbeit wird damit Bestandteil einer wirkungsvollen Intervention (vgl. Ulich sowie Wieland in diesem Band). Dies zeigt sich auch darin, dass nur jene Wiedervermittelten eine bessere psychische Gesundheit gegenüber den weiterhin Erwerbslosen aufweisen, die nicht in den sog. „bad jobs" landen.

7 Intervention: Modelle und Evaluationen

Inzwischen gibt es eine Vielzahl von Interventionsprogrammen, für die auch Evaluationen vorliegen (zum Überblick über Maßnahmen mit Langzeiterwerbslosen vgl. Mohr & Otto, 2005). Grob lassen sich die Maßnahmen einteilen in solche mit stärker psychologischem Gehalt (kognitive Umstrukturierung, soziales Kompetenztraining, Stressbewältigung usw., z. B. Millman & Latham, 2001), solche, die sich mehr auf den Aufbau der Bewerbungskompetenz fokussieren (z. B. Saam, Wodtke & Hains, 1995) und solche, in der eine Kombination enthalten ist (z. B. Price, van Ryn & Vinokur, 1992). Weitergehend sind sogenannte „Career guidance-Programme", deren Ziel es ist, einerseits Nischen auf dem Arbeitsmarkt zu finden, andererseits im Sinne einer Potenzialanalyse die Einsatzoptionen zu erkennen und gegebenenfalls zu erweitern (z. B. Donohue & Patton, 1998).

Präventionsorientiert sind sogenannte Outplacementprogramme, d. h. betriebliche Unterstützung bei der Arbeitssuche für Beschäftigte, die entlassen werden, sodass diese die Chance haben, erst gar nicht in die Erwerbslosigkeit zu geraten (Solomon, 1983). Doch selbst wenn es zur Erwerbslosigkeit kommt, scheinen Outplacementprogramme – d. h. die erfahrene Fürsorge des Betriebs – einen positiven Effekt für die psychische Gesundheit zu haben (Isaksson, Hellgren & Pettersson, 2005). Allerdings ist nicht geprüft, wie lange dieser Effekt anhält.

In der Regel handelt es sich um Gruppenmaßnahmen. Man kann ferner unterscheiden in selbstregulative Maßnahmen, d. h. solche Initiativen, bei denen sich Erwerbslose – z. B. im Sinne des „Job-Club"-Ansatzes – treffen und sich gegenseitig unterstützen, und Maßnahmen, bei denen externe Berater bzw. Trainer eingesetzt werden. Die Dauer der Maßnahmen ist extrem unterschiedlich – von wenigen Stundenblöcken bis zu über einem Jahr. Ebenso sind die Teilnehmergruppen sehr divergent: Jugendliche, Hochqualifizierte, schwervermittelbare Langzeiterwerbslose. Dies erschwert Vergleiche zwischen den Maßnahmen. Zudem ist die Frage zu stellen, was Erfolgskriterium einer Maßnahme sein kann. Das zentrale Kriterium der Wiedervermittlungsquote in einer Region mit einer Erwerbslosenquote von 5 % ist sicherlich anders zu bewerten als in einer Region der neuen Bundesländer mit über 20 %. Insofern erscheint es nur konsequent, dass ein großer Teil der Evaluationsstudien in der Regel zwei Kriterien zur Erfolgsüberprüfung benennt: die Wiedervermittlungsrate, aber auch die Verbesserung der psychischen Befindlichkeit. Kieselbach, Klink, Scharf und Schulz (1998) geben an, dass die durchschnittliche Vermittlungsrate verschiedenster Maßnahmen mit verschiedenen Gruppen zwischen 20 % und 30 % schwankt. Dabei sind jedoch zwei Dinge zu beachten: Das Kriterium für die Wiedervermittlung wird in den Studien unterschiedlich gesetzt. In manchen Studien wird die Vermittlung auf den „zweiten Arbeitsmarkt", also in Arbeitsbeschaffungsmaßnahmen, Qualifizierungsmaßnahmen, Praktika etc. mitgewertet. Betrachtet man nur die Vermittlung in den ersten Arbeitsmarkt, dann sind die Vermittlungsquoten wesentlich geringer. Zudem: Nur wenige Studien überprüfen, ob es sich um eine „stabile" Wiederbeschäftigung handelt, d. h. ob die Vermittelten sich auf dieser neuen Stelle auch halten können (z. B. Kieselbach et al., 1998).

Man kann davon ausgehen, dass die Wiedervermittlung ein stark kontaminiertes Kriterium (Marcus & Schuler, 2001) ist, d. h. dass die jeweiligen spezifischen regionalen Bedingungen des Arbeitsmarkts einen Einfluss haben auf die Wiedervermittlungsrate. Ein genauer Blick zeigt, dass die Teilnehmer der Kontrollgruppen häufig eine ähnliche Wiedervermittlungsrate haben. Damit stellt sich die Frage, ob die Maßnahmen überhaupt Sinn machen. Trube und Luschei (2001) errechnen eine positive Kostenbilanz, auch wenn gerade in deren Studie die Kontrollgruppen eine vergleichbare Wiedervermittlungsrate aufweisen. Zu beachten ist in diesem Zusammenhang, dass für Erwerbslose nicht nur Kosten durch die ausgezahlten Leistungen entstehen, sondern dass offenbar durch Erwerbslose eine besondere Inanspruchnahme der Gesundheitsversorgung stattfindet (Kraut, Mustard, Walld & Tate, 2000). Beim direkten Vergleich dreier unterschiedlicher Maßnahmen (Verbesserung der Bewerbungskompetenz, Ergänzung beruflicher Fähigkeiten wie z. B. Sprachkenntnis, Arbeitsbeschaffungsprogramm) erweist sich die Verbesserung der Bewerbungskompetenz – die kürzeste Maßnahme – als diejenige mit der besten Wiedervermittlungsrate (Vuori & Vesalainen, 1999). Dies unterstützt die Orientierung auf Qualität statt auf Quantität der Arbeitssuchaktivitäten.

Hinsichtlich des zweiten Kriteriums, der psychischen Befindlichkeit, belegen die meisten Studien, dass es während der Maßnahme positive Effekte auf die Befindlichkeit gibt. Allerdings scheint diese Verbesserung nicht anzuhalten, auch nicht in Bezug auf die während der Intervention verbesserten physiologischen Werte (Westerlund, Bergström & Theorell, 2004). Dies wird vor allem deutlich, wenn nicht nur direkt nach Ende der Maßnahme, sondern auch einige Monate später eine Follow-up-Messung durchgeführt wird. Eine Ausnahme davon zeigt die Studie von Price et al. (1992). Dort waren auch 2,5 Jahre nach Maßnahmenende noch positive Effekte (verringerte Depressionswerte) festzustellen. Es fällt auf, dass sich auch in der Evaluationsstudie von Vuori und Silvonen (2005) erst in der zweiten Follow-up-Erhebung sehr lange nach Maßnahmenende (zwei Jahre) eine Befindlichkeitsverbesserung der Maßnahmenteilnehmer nachweisen lässt. Die Autoren nehmen an, dass die Maßnahme wirksam war, indem sie einen Schutz bzw. Hilfe im Umgang mit den bei lang andauernder Erwerbslosigkeit noch folgenden Verschlechterungen der materiellen und sozialen Lage bot. Kieselbach et al. (1998) gehen daher davon aus, dass der Wert hinsichtlich der Verbesserung der mentalen Gesundheit darin liegen kann, die Erwerbslosen gegenüber Misserfolgserfahrungen resistenter gemacht zu haben.

Die deutlichste Verbesserung wiesen bei Price et al. (1992) diejenigen auf, die relativ schlechte Ausgangswerte haben. Dass die am stärksten Beeinträchtigten am meisten von einer Maßnahme profitieren, wird auch von Machin und Creed (2003) bzw. Creed, Machin und Hicks (1996) bestätigt. Es wäre allerdings voreilig, in eine Maßnahme nur jene einzubeziehen. Damit würde für die stärker Beeinträchtigten das Lernen am Modell (die psychisch stabileren Teilnehmer) eventuell verhindert. Eine offensichtliche Lücke bisheriger Maßnahmen sind solche Programme, bei denen auch Personen des sozialen Umfelds, insbesondere die Partner bzw. Partnerinnen, einbezogen werden. Einige Befunde wiesen darauf hin, dass Rollenveränderungen offenbar schwer bewältigt werden. Da Rollenveränderungen einer Person innerhalb eines sozialen Systems auch immer mit Veränderungen der Rollen anderer verbunden sind, liegt es nahe, das soziale Umfeld einzubeziehen.

Angesichts neuer Maßnahmen wie die Einführung der sogenannten 1-Euro-Jobs, d. h. die Zuweisung von Tätigkeiten an Erwerbslose, die nicht im Rahmen normaler Arbeitsverhältnisse abgedeckt sind, also zumeist gemeinnützige Arbeit gegen eine geringe Vergütung, ist die Studie von Nitsche und Richter (2003) von besonderer Bedeutung: Hier wurden ältere Langzeiterwerbslose (auf freiwilliger Basis!) gegen eine geringe Aufwandsentschädigung in gemeinnützige Arbeit vermittelt. Eine parallelisierte Gruppe von Erwerbslosen diente als Vergleichsgruppe. Eine weitere Vergleichsgruppe bestand aus Erwerbstätigen, deren Arbeitsmerkmale etwa denen der gemeinnützigen Arbeit entsprachen. Bei der Analyse der Arbeitstätigkeit wurde festgestellt, dass für beide Gruppen Anforderungen an eine gesundheitsförderliche Arbeitstätigkeit zumeist nicht vollständig, aber weitgehend erfüllt waren. Die Evaluation zeigte, dass gemeinnützige Arbeit eine Hilfe beim Übergang in den ersten Arbeitsmarkt darstellen kann und während der Maßnahme eine gesundheitliche Stabilisierung eintritt. Diese hält allerdings nicht an. Damit wird deutlich, dass alternative Tätigkeiten – selbst wenn sie ebenfalls positive arbeitspsychologisch relevante Merkmale der Erwerbsarbeit, wie z. B. Handlungsspielraum, Möglichkeit zur Kompetenzerweiterung usw. enthalten – die Funktion der Erwerbsarbeit für die psychosoziale Gesundheit nicht ersetzen (vgl. auch Göttling, 2006). Als kritische Bedingung erweist sich in der Studie die unzureichende materielle Absicherung. Alternative Formen der Arbeit können demzufolge zurzeit nicht als ein Ausweg aus der fehlenden Erwerbsarbeit betrachtet werden, solange die materielle Absicherung nicht auf einem Niveau liegt, das die Teilhabe am gesellschaftlichen Leben ermöglicht.

8 Resümee

Erwerbslosigkeit stellt für die Betroffenen eine Situation mit bisher meist wenig bekannten oder gänzlich neuen Anforderungen dar, die zu bewältigen sind: Antizipation des Arbeitsplatzverlusts und damit verbundenes Entscheiden und Handeln unter Unsicherheitsbedingungen, Umgang mit geringen finanziellen Mitteln, Veränderung der sozialen Beziehungen, neue häusliche Rollenaufteilung, Neugestaltung des Tages, Verarbeitung von gehäuften Misserfolgserfahrungen, das richtige Maß an Konzessionsbereitschaft finden, den Wiedereinstieg bewältigen.

Die methodischen Möglichkeiten der Untersuchung der Folgen der Erwerbslosigkeit sind begrenzt dadurch, dass in der Regel keine Vergleichsdaten über den Gesundheitszustand vor der Erwerbslosigkeit bzw. vor der Arbeitsplatzunsicherheit vorliegen. Dennoch kann auf der Grundlage von Metaanalysen und Längsschnittstudien als abgesichert gelten, dass Erwerbslosigkeit zu psychischen Beeinträchtigungen führt und diese hinderlich sind für den Wiedereinstieg. Befunde zur generationsübergreifenden Wirkung der Erwerbslosigkeit weisen auf zusätzliche verdeckte gesellschaftliche Folgekosten hin.

Über einige gesellschaftlich relevante Zusammenhänge (politische Radikalisierung, Diskriminierung, Kriminalität, Bedeutung alternativer Formen der Arbeit) und zur Frage des unterschiedlichen Erlebens von Frauen und Männern bestehen noch erstaunlich wenig Kenntnisse.

Kritische Bedingungen wie anhaltende Dauer der Erwerbslosigkeit und schlechte finanzielle Lage verdeutlichen die zentralen Ansatzpunkte für die Intervention: Langzeiterwerbslosigkeit sollte vermieden werden. Maßnahmen müssen so früh wie möglich einsetzen. Die Reduzierung finanzieller Mittel mag zwar den Druck erhöhen, stärkt jedoch nicht die psychischen Ressourcen. Wenig Beachtung bei den Interventionsmaßnahmen hat der soziale Kontext der Erwerbslosen gefunden, indem z. B. mögliche Folgen für die Kinder mit thematisiert werden oder die Partner Unterstützung bei einer notwendigen neuen Aufteilung familiärer Rollen erhalten. Maßnahmen zur Verbesserung der Bewerbungsqualität haben sich als effektiver erwiesen als eine – meist aufwändigere – allgemeine fachliche Qualifizierung oder Arbeitsbeschaffungsmaßnahmen.

Der Ansatzpunkt der Arbeitspsychologie liegt zu einem erheblichen Teil beim Thema Erwerbslosigkeit da, wo man ihn zunächst nicht vermutet: bei der betrieblichen Präventionsarbeit. Primärprävention ist es, bei unvermeidbaren Entlassungen im Rahmen von Outplacementprogrammen Hilfen anzubieten für den Übergang in ein neues Beschäftigungsverhältnis, um so das gesundheitsabträgliche Stadium der Erwerbslosigkeit zu vermeiden (vgl. Kieselbach & Beelmann, 2005). Gelingt dies nicht, dann geraten Erwerbslose mit zunehmender Dauer der Erwerbslosigkeit in einen gefährlichen Zirkel: Je länger die Erwerbslosigkeit andauert, je größer die finanziellen Einschränkungen sind, desto größer ist die Bedrohung gerade jener Ressourcen, die die Person für den Wiedereinstieg benötigt: die personale Ressource (psychische) Gesundheit. Primärprävention ist auch die Gestaltung persönlichkeitsförderlicher Arbeit, die den Menschen hilft, psychische Ressourcen zu entwickeln, mit denen sie auch Zeiten ohne Erwerbsarbeit bewältigen können. Nicht bezahlte Arbeit hat sich bislang noch nicht als der Königsweg erwiesen, um negative Folgen des Verlusts der Erwerbsarbeit zu kompensieren. Ein dritter Zugang zur Primärprävention liegt daher in der Entwicklung von intelligenten gesellschaftlichen Modellen zur besseren Verteilung des vorhandenen Volumens bezahlter Arbeit.

Literatur

Agerbo, E. (2003). Unemployment and suicide. *Journal of Epidemiology & Community Health, 57,* 560–561.

Ajzen, J. (1991). The theory of planned behaviour. *Organizational and Human Decision, 50,* 179–211.

Albrecht, H. J. (1988). Kriminell weil arbeitslos? Arbeitslos weil kriminell? Der Stand der Forschung zum Zusammenhang von Kriminalität und Arbeitslosigkeit. *Bewährungshilfe, 35,* 133–148.

Ambrosino, V. (2003). Aider les Chômeurs à reconstruire leurs Repéres Temporels: Une Étude des Stratégies Mises en Place Pours Mieux Vivre le Chômage [...]. *Orientation Scolaire et Professionnelle, 32,* 123–144.

Anderson, I., Backhaus, C. & Keisu, L. (1975). *Företagsnedläggningars för Personalen.* Stockholm: PA radet.

Arnetz, B., Brenner, S.-O., Levi, L. Hjielm, R., Petterson, I.-L., Wassermann, J., Petrini, B., Eneroth, P., Kallner, A., Kvetnansky, R. & Vigas, M. (1991). Neuroendocrine and immunologic effects of unemployment and job insecurity. *Psychotherapy and Psychosomatics, 55,* 76–80.

Artazcoz, L., Benach, J., Borrell, C. & Cortès, I. (2004). Unemployment and mental health: Understanding the Interactions among gender, family roles, and social class. *American Journal of Public Health, 94,* 82–88.

Aycan, Z. & Berry, J. W. (1996). Impact of employment related experiences on immigrants' psycholgical well-being and adaption to Canada. *Canadian Journal of Behavioural Science, 28,* 240–251.

Bacher, J. (2001). Macht Arbeitslosigkeit rechtsextrem? In J. Zempel, J. Bacher & K. Moser (Hrsg.), *Erwerbslosigkeit. Ursachen, Auswirkungen und Interventionen* (S. 171–186). Opladen: Leske + Budrich.

Backlund, A. (1973). Företagsnedläggningars Konsekvenser för Personalen. In Delrapport 5: Spacialstudie av de Langtidsarbeitslösa. Stockholm: PA radet.

Bakke, E. W. (1933). The unemployed man. London: Nisbet.

Barling, J., Dupre, K. E. & Hepburn, C. G. (1998). Effects of parents' job insecurity on children's work beliefs and attitudes. *Journal of Applied Psychology, 83,* 112–118.

Barwinski Fäh, R. (2005). Seelische Folgen von Langzeiterwerbslosigkeit: erklärende Konzepte und Hinweise für die Beratung und Therapie. *Zeitschrift für Psychotraumatologie und Psychologische Medizin, 4,* 65–75.

Baubion-Broye, A., Megemont, J.-L. & Sellinger, M. (1989). Evolution des sentiments de controle et de la réceptivité à l'information au cours du chômage. *Applied Psychology: An International Review, 38,* 265–275.

Beck, A. T. (1967). *Depression. Clinical, experimental, and theoretical aspects.* New York, NY: Harper & Row.

Bender, S., Konietzka, D. & Sopp, P. (2000). Diskontinuität im Erwerbsverlauf und betrieblicher Kontext. *Kölner Zeitschrift für Soziologie und Sozialpsychologie, 52,* 475–499.

Bergmann, B. (2000). Arbeitsimmanente Kompetenzentwicklung. In B. Bergmann, A. Fritsch, P. Göpfert, F. Richter, B. Wardanjan & S. Wilcek (Hrsg.), *Kompetenzentwicklung und Berufsarbeit* (S. 11–39). Münster: Waxmann.

Berth, H., Förster, P., Petrowski, K., Stöbel-Richter, Y. & Balck, F. (2006). Geschlechterdifferenzen und Gesundheitsfolgen von Arbeitslosigkeit. Ergebnisse der Sächsischen Längsschnittstudie. In A. Hinz (Hrsg.), *Gesundheit im gesellschaftlichen Wandel. Altersspezifik und Geschlechterrollen* (S. 78–92). Gießen: Psychosozial-Verlag.

Blanke, K., Ehling, M. & Schwarz, N. (Hrsg.). (1996). *Zeit im Blickfeld – Ergebnisse einer repräsentativen Zeitbudgeterhebung.* Stuttgart: Kohlhammer.

Bleich, C. & Witte, E. H. (1992). Zu Veränderungen in der Paarbeziehung bei Erwerbslosigkeit des Mannes. *Kölner Zeitschrift für Soziologie und Sozialpsychologie, 44,* 731–746.

Braginsky, D. D. & Braginsky, B. M. (1975). Arbeitslose: Menschen ohne Vertrauen in sich und das System. *Psychologie Heute, 2,* 23–28.

Breslin, F. C. & Mustard, C. (2003). Factors influencing the impact of unemployment on mental health among young and older adults in a longitudinal, population-based survey. *Scandinavian Journal of Work, Environment & Health, 29,* 5–14.

Brewer, D. D., Catalano, R. F., Haggerty, K., Gainey, R. R. & Fleming, C. B. (1998). A meta-analysis of predictors of continued drug use during and after treatment for opiate addiction. *Addiction, 93,* 73–92.

Brinkmann, C. (1976). Finanzielle und psychosoziale Belastungen während der Arbeitslosigkeit. *Mitteilungen aus der Arbeitsmarkt und Berufsforschung, 9,* 397–413.

Broomhall, H. S. & Winefield, A. H. (1990). A comparison of the affective well-being of young and middle-aged unemployed men matched for length of unemployment. *British Journal of Medical Psychology, 63,* 43–52.

Brown, D.W. (2000). Job searching in a labyrinth of opportunity: The strategies, the contacts, the outcomes. *Journal of Social Behavior and Personality, 15,* 227–242.

Caspi, A., Wright, B.R.E., Moffitt, T.E. & Silva, P.A. (1998). Early failure in the labor market: Childhood and adolescent predictors of unemployment in the transition adulthood. *American Sociological Review, 63,* 424–451.

Catalano, R., Dooley, D., Wilson, G. & Hough, R. (1993). Job loss and alcohol abuse: A test using data from the epidemiologic catchment area project. *Journal of Health and Social Behavior, 34,* 215–225.

Chambres, P., Granier, S. & Marescaux, P.-J. (2000). Causal attribution, learned helplessness and autonomy in job seeking: A typology. *European Review of Applied Psychology, 50,* 383–392.

Chauvot, P. (1997). L'attribution de l'echec chez les cadres. Attribution of failure among managers. *Orientation Scolaire et Professionnelle, 26,* 527–557.

Christoffersen, M.N. (2000). Growing up with unemployment: A study of parental unemployment and children's risk of abuse and neglect based on national longitudinal 1973 birth cohorts in Denmark. *Childhood: A Global Journal of Child Research, 7,* 421–438.

Claussen, B. (1999). Alcohol disorders and re-employment in a 5-year follow-up of long-term unemployed. *Addiction, 94,* 133–138.

Cohen, S., Frank, E., Doyle, W.J., Skoner, D.P., Rabin, B.S. & Gwaltney, J.M. Jr. (1998). Types of stressors that increase susceptibility to the common cold in healthy adults. *Health Psychology, 17,* 214–223.

Creed, P.A., Machin, M.A. & Hicks, R. (1996). Neuroticism and mental health outcomes for long term unemployed youth attending occupational skills training programs. *Personality and Individual Differences, 21,* 537–544.

Creed, P.A. & Watson, T. (2003). Age, gender, psychological wellbeing and the impact of losing the latent and manifest benefits of employment in unemployed people. *Australian Journal of Psychology, 55,* 95–103.

Cvetanovski, J. & Jex, S.M. (1994). Locus of control of unemployed people and its relationship to psychological and physical well-being. *Work and Stress, 8,* 60–67.

Dalbert, C. (2006). Justice concerns and mental health during unemployment. In T. Kieselbach, A. Winefield, C. Boyd & S. Anderson (Eds.), *Unemployment and Health. International and Interdisciplinary Perspectives* (pp. 33–50). Melbourne: Australian Academic Press.

De Witte, H. (1992). On the social impact of youth unemployment: political radicalisation and a decline of the work ethic? In C.H.A. Verhaar & L.G. Jansma (Eds.), *On the myteries of unemployment: Causes, consequences and policies* (pp. 296–313). Dodrecht: Kluwer.

De Witte, H. (1993). Gevolgen van langdurige werkloosheid voor het psychisch welzijn: Overzicht van de onderzoeksliteratuur. [Psychological consequences of long-term unemployment: Review of the literature]. *Psychologica Belgica, 33,* 1–35.

Dekker, S.W.A. & Schaufeli, W.B. (1995). The effects o f job insecurity on psychological health and withdrawal: A longitudinal study. *Australian Psychologist, 30,* 1–7.

Dew, M.A., Bromet, E.J. & Penkower, L. (1992). Mental Health effects of job loss in women. *Psychological Medicine, 22,* 751–764.

Donohue, R. & Patton, W. (1998). The effectiveness of a career guidance program with long-term unemployed individuals. *Journal of Employment Counseling, 35,* 179–184.

Dooley, D. (2003). Unemployment, underemployment, and mental health: Conceptualizing employment status as a continuum. *American Journal of Community Psychology, 32,* 9–20.

Dooley, D. & Catalano, R. (2003). Introduction to underemployment and its social costs. *American Journal of Community Psychology, 32,* 1–7.

Dooley, D. & Prause, J. A. (1997). Effects of favourable employment change on alcohol abuse: One- and five-year follow-ups in the National Longitudinal Survey of Youth. *American Journal of Community Psychology, 25,* 787–807.

Dooley, D., Prause, J. A. & Ham-Rowbottom, K. A. (2000). Underemployment and depression: Longitudinal relationships. *Journal of Health & Social Behavior, 41,* 421–436.

Dubey, S. N. (1971). Powerlessness and mobility orientations among disadvantaged blacks. *Public Opinion Quarterly, 35,* 183.

Eisenberg, P. & Lazarsfeld, P. F. (1938). The psychological effects of unemployment. *Psychological Bulletin, 35,* 358–390.

Ekert-Jaffe, O. & Solaz, A. (2001). Unemployment, marriage and cohabitation in France. *Journal of Socio-Economics, 30,* 75–98.

Eliason, M. & Storrie, D. (2004, September). *Does job loss shorten life?* Paper presented at the 3rd International Expert Conference on Unemployment and Health, University of Bremen.

Elovainio, M., Kivimäki, M., Kortteinen, M. & Tuomikoski, H. (2001). Socioeconomic status, hostility and health. *Personality and Individual Differences, 31,* 303–315.

Epstein, S. (1979). Entwurf einer integrativen Persönlichkeitstheorie. In S. H. Filipp (Hrsg.), *Selbstkonzept-Forschung* (S. 15–46). Stuttgart: Klett.

Ezzy, D. (1993). Unemployment and mental health: A critical review. *Social Science and Medicine, 37,* 41–52.

Feather, N. T. (1989). Reported changes in behavior after job loss in a sample of older unemployed man. *Australian Journal of Psychology, 41,* 175–185.

Feather, N. T. (1992). Expectancy-value theory and unemployment effects. *Journal of Occupational and Organizationl Psychology, 65,* 315–330.

Feather, N. T. & Bond, M. J. (1983). Time structure and purposeful activity among employed and unemployed university graduates. *Journal of Occupational Psychology, 56,* 241–254.

Fergusson, D. M., Horwood, L. J. & Lynskey, M. T. (1997). The effects of unemployment on psychiatric illness during young adulthood. *Psychological Medicine, 27,* 371–381.

Fielden, S. L. & Davidson, M. J. (2001). Stress and gender in unemployed and employed managers. *Applied Psychology: An International Review, 50,* 305–334.

Frese, M. & Mohr, G. (1987). Prolonged unemployment and depression in older workers: A longitudinal study of intervening variables. *Social Science and Medicine, 25,* 173–178.

Fryer, D. (1995). Benefit agency? Labour market disadvantage, deprivation and mental health. *Psychologist, 8,* 265–272.

Fryer, D. & McKenna, S. (1987). The laying off on hands – unemployment and the experience of time. In S. Fineman (Ed.), *Unemployment. Personal and social consequences* (pp. 47–73). Suffolk: Richard Clay.

Galambos, N. L. & Silbereisen, R. K. (1987). Income change, parental life outlook, and adolescent expectation for job success. *Journal of Marriage and the Family, 49,* 141–149.

Gillham, B., Tanner, G., Cheyne, B., Freeman, I., Rooney, M. & Lambie, A. (1998). Unemployment rates, single parent density, and indices of child poverty: Their relationship to different categories of child abuse and neglect. *Child Abuse & Neglect, 22,* 79–90.

Gnegel, A. & Mohr, G. (1982). Wenn Frauen ihren Arbeitsplatz verlieren. In G. Mohr, M. Rummel & D. Rückert (Hrsg.), *Frauen: Psychologische Beiträge zur Arbeits- und Lebenssituation* (S. 88–102). München: Urban & Schwarzenberg.

Goede, M. de, Spruijt, E., Maas, C. & Duindam, V. (2000). Family problems and youth unemployment. *Adolescence, 35,* 587–601.

Goldsmith, A. H., Veum, J. R. & Darity Jr., W. (1997). Unemployment, joblessness, psychological well-being and self-esteem: Theory and evidence. *Journal of Socio-Economics, 26,* 133–158.

Göttling, S. (2006). *Am Rande der Arbeitsgesellschaft – Psychologische Analyse der Arbeit langzeiterwerbsloser Menschen.* Unveröffentlichte Promotion, Universität Leipzig.

Grant, S. & Barling, J. (1994). Linking unemployment experiences, depressive symptoms, and marital functioning: A mediational model. In G. P. Keita & J. J. Hurrell (Eds.), *Job stress in a changing workforce. Investigating gender, diversity, and family issues* (pp. 311–327). Washington, DC: American Psychological Association.

Greif, S. (1991). Streß in der Arbeit – Einführung und Grundbegriffe. In S. Greif, N. Semmer & E. Bamberg (Hrsg.), *Psychischer Streß am Arbeitsplatz* (S. 1–28). Göttingen: Hogrefe.

Grobe, T. & Dörning, H. (2005). *Gesundheitsreport 2005. Veröffentlichung zum Betrieblichen Gesundheitsmanagement der TK, Band 8* [Online]. Verfügbar unter: https://www.tk-online.de/centaurus/generator/tk-online.de/b01_bestellungen_downloads/z99_downloads_bilder/pdf/gesundheitsreport_2005,property=Data.pdf [30. 04. 2009].

Grossi, G. (1999). Coping and emotional distress in a sample of Swedish unemployed. *Scandinavian Journal of Psychology, 40,* 157–165.

Hammarström, U. & Janlert, U. (2002). Early unemployment can contribute to adult health problems: Results from a longitudinal study of school leavers. *Journal of Epidemiology and Community Health, 56,* 624–630.

Hammer, T. (2000). Mental health and social exclusion among unemployed youth in Scandinavia. A comparative study. *International Journal of Social Welfare, 9,* 53–63.

Hartley, J. (1980). Psychological approaches to unemployment. *Bulletin of the British Pychological Society, 33,* 412–414.

Henkel, D. (1985). Arbeitslosigkeit als Risikofaktor für Alkoholgefährdung und Hindernis für Rehabilitationsprozesse. In T. Kieselbach & A. Wacker (Hrsg.), *Individuelle und gesellschaftliche Kosten der Massenarbeitslosigkeit* (S. 66–90). Weinheim: Beltz.

Henkel, D., Zemlin, U. & Dornbusch, P. (2004). Analyse rückfallbeeinflussender Bedingungen bei arbeitslosen Alkoholabhängigen (ARA-Projekt) – Teil II: Ergebnisse des Therapieverlaufs und der 6-Monatskatamnese. *Sucht Aktuell, 1,* 1–15.

Heubeck, B. G., Tausch, B. & Mayer, B. (1995). Models of responsibility and depression in unemployed young males and females. *Journal of Community and Applied Social Psychology, 5,* 291–309.

Hooft, E. A. J. van, Born, M., Taris, T. W., van der Flier, H. & Blonk, R. W. B. (2004). Predictors of job search behavior among employed and unemployed people. *Personnel Psychology, 57,* 25–59.

Institut für Arbeitsmarkt- und Berufsforschung (2000). Arbeitsmarkt: Regionale Mobilität gestiegen. *IAB-Kurzbericht, 4,* 1–7.

Isaksson, K., Hellgren, J. & Pettersson, P. (2005). Union involvement during downsizing and its relation to attitudes and distress among workers. In H. De Witte (Ed.), *Job insecurity, union involvement and union activism* (pp. 97–116) London: Ashgate.

Isaksson, K., Johansson, G., Bellaagh, K. & Sjörberg, A. (2004). Work values among the unemployed: Changes over time and some gender differences. *Scandinavian Journal of Psychology, 45,* 207–214.

Jackson, P. R. (1988). Personal networks, support mobilization and unemployment. *Psychological Medicine, 18,* 397–404.

Jahoda, M. (1983). *Wieviel Arbeit braucht der Mensch? Arbeit und Arbeitslosigkeit im 20. Jahrhundert.* Weinheim: Beltz.

Jahoda, M., Lazarsfeld, P. F. & Zeisel, H. (1933, 1975). *Die Arbeitslosen von Marienthal.* Frankfurt a. M.: Suhrkamp.

Jensen, P. & Smith, N. (1990). Unemployment and marital dissolution. *Journal of Population Economics, 3,* 215–229.

Jones, L. (1988). The relationship between unemployment and divorce. *Journal of Divorce, 12,* 99–112.

Jones, L. (1992). Specifying the temporal relationship between job loss and consequences: Implication for service delivery. *Journal of Applied Social Sciences, 16,* 37–62.

Jones, L. (1997). The psychological correlates of parental employment status in a sample of foster children. *Journal of Applied social Science, 21,* 71–83.

Kanfer, R., Wanberg, C. R. & Katrowitz, T. M. (2001). Job search and unemployment: A personality-motivational analysis and meta-analytic review. *Journal of Applied Psychology, 86,* 837–855.

Kapuscinski, C. A., Braithwaite, J. & Chapman, B. (1998). Unemployment and Crime: Toward resolving the paradox. *Journal of Quantitative Criminology, 14,* 215–243.

Kasl, S. V. & Cobb, S. (1970). Blood pressure changes in men undergoing job loss: A preliminary report. *Psychosomatic Medicine, 32,* 19–38.

Kasl, S. V., Cobb, S. & Brooks, G. W. (1968). Changes in serum uric acid and cholesterol levels in men undergoing job loss. *The Journal of the American Medical Association, 206,* 1500–1507.

Kasl, S. V., Gore, S. & Cobb, S. (1975). The experience of losing a job: Reported changes in health, symptoms and illness behavior. *Psychosomatic Medicine, 37,* 106–122.

Khan, S., Murray, R. P. & Barnes, G. E. (2002). A structural equation model of the effect of poverty and unemployment on alcohol abuse. *Addictive Behaviors, 27,* 405–423.

Kieselbach, T. (2003). Long-term unemployment among young people: The risk of social exclusion. *American Journal of Community Psychology, 32,* 69–76.

Kieselbach, T. & Beelmann, G. (2005) Unternehmensverantwortung bei Entlassungen: Berufliche Transitionsberatung zur Sicherung von Beschäftigungsfähigkeit. In B. Badura, H. Schellschmidt & C. Vetter (Hrsg.), *Fehlzeiten-Report 2005: Schwerpunktthema: Arbeitsplatzunsicherheit und Gesundheit – Zahlen, Daten, Analysen aus allen Branchen der Wirtschaft* (S. 185–204). Berlin: Springer.

Kieselbach, T., Klink, F., Scharf, G. & Schulz, S. (1998). *Ich wäre sonst ja nie wieder an Arbeit rangekommen! Evaluation einer Reintegrationsmaßnahme für Langzeiterwerbslose. Psychologie sozialer Ungleichheit.* Weinheim: Deutscher Studienverlag.

Kinicki, A. J., Prussia, G. E. & McKee-Ryan, F. M. (2000). A panel study of coping with involuntary job loss. *Academy of Management Journal, 43,* 90–100.

Kirchler, E. (1987). Arbeitslosigkeit – Herausforderung an die Familie. *Gesellschaft und Politik, 23,* 7–18.

Klein, T. (1990). Arbeitslosigkeit und Wiederbeschäftigung im Erwerbsverlauf. Theorieansätze und theoretische Befunde. *Kölner Zeitschrift für Soziologie und Sozialpsychologie, 42,* 688–705.

Klems, W. & Schmid, A. (1990). *Langzeitarbeitslosigkeit.* Berlin: edition sigma.

Kokko, K. & Pulkkinen, L. (1998). Unemployment and psychological distress: Mediator effects. *Journal of Adult Development, 5,* 205–217.

Komarovsky, M. (1940). *The unemployed man and his family.* New York: Dryden.

Kong, F., Perrucci, C. C. & Perrucci, R. (1993). The impact of unemployment and economic stress on social support. *Community Mental Health Journal, 29,* 205–221.

Kraut, A., Mustard, C., Walld, R. & Tate, R. (2000). Unemployment and health care utilization. *Scandinavian Journal of Work, Environment & Health, 26,* 169–177.

Kronauer, M., Vogel, B. & Gerlach, F. (1993). *Im Schatten der Arbeitsgesellschaft.* Frankfurt a. M.: Campus.

Kulik, L. (2000). The impact of gender and age on attitudes and reactions to unemployment: The Israeli case. *Sex Roles, 43,* 85–104.

Kulik, L. (2001). Impact of length of unemployment and age on jobless men and women: A comparative analysis. *Journal of Employment Counseling, 38,* 15–27.

Lai, J. C. L. & Chan, R. K. H. (2002). The effects of job-search motives and coping on psychological health and re-employment: A study of unemployed Hong-Kong Chinese. *International Journal of Human Resource Management, 13,* 465–483.

Lang-von Wins, T., Mohr, G. & Rosenstiel, L. von (2004). Kritische Laufbahnübergänge: Erwerbslosigkeit, Wiedereingliederung und Übergang in den Ruhestand. In H. Schuler (Hrsg.), *Organisationspsychologie – Grundlagen und Personalpsychologie* (Enzyklopädie der Psychologie, Serie Wirtschafts-, Organisations- und Arbeitspsychologie, Bd. 3, S. 1113–1189). Göttingen: Hogrefe.

Lange, C. & Lampert, T. (2005). Die Gesundheit arbeitsloser Männer und Frauen. *Bundesgesundheitsblatt – Gesundheitsforschung – Gesundheitsschutz, 48,* 1256–1264.

Leana, C. R. & Feldman, D. C. (1992). *Coping with job loss. How individuals, organizations and communities respond to layoffs.* New York, NY: Mcmillan Lexington Books.

Leana, C. R. & Feldmann, D. C. (1995). Finding new jobs after a plant closing: Antecedents and outcomes of the occurrence and quality of reemployment. *Human Relations, 48,* 1381–1401.

Lester, D. (1993). The effect of war on crime. *Psychological Reports, 73,* 381–382.

Lester, D. & Yang, B. (2003). Unemployment and suicidal behaviour. *Journal of Epidemiology & Community Health, 57,* 558–559.

Liem, J. H. & Liem, G. R. (1990). Understanding the individual and family effects of unemployment. In J. Echanrode & S. Gore (Eds.), *Stress between work and family* (pp. 175–204). New York, NY: Plenum.

Liira, J. & Leino-Arjas, P. (1999). Predictors and consequences of unemployment in construction and forest work during a 5-year follow-up. *Scandinavian Journal of Work, Environment and Health, 25,* 42–49.

Linnebank, H. (1983). Auswirkungen der Arbeitslosigkeit des Familienvorstandes auf seine Kinder. *Ergebnisse aus Forschung und Entwicklung.* Dortmund: Fachhochschule.

Lüders, C. & Rosner, S. (1990). Arbeitslosigkeit in der Familie. In H. Schindler, A. Wacker & P. Wetzels (Hrsg.), *Familienleben in der Arbeitslosigkeit* (S. 75–98). Heidelberg: Asanger.

Machin, M. A. & Creed, P. A. (2003). Understanding the differential benefits of training for the unemployed. *Australian Journal of Psychology, 55,* 104–113.

Malen, E. A. & Stroh, L. K. (1998). The influence of gender on job loss coping behavior among unemployed managers. *Journal of Employment Counseling, 35,* 26–39.

Mallinckrodt, B. (1990). Satisfaction with a new job after unemployment: Consequences of job loss for older professionals. *Journal of Counseling Psychology, 37,* 149–152.

Mallinckrodt, B. & Bennett, J. (1992). Social support and the impact of job loss in dislocated blue-collar workers. *Journal of Counseling Psychology, 39,* 482–489.

Marcus, B. & Schuler, H. (2001). Leistungsbeurteilung. In H. Schuler (Hrsg.), *Lehrbuch der Personalpsychologie* (S. 397–431). Göttingen: Hogrefe.

Mattiasson, I., Lindgärde, F., Nilsson, J. A. & Theorell, T. (1990). Threat of unemployment and cardiovascular risk factors: Longitudinal study of quality of sleep and serum cholesterol concentration in men threatened with redundancy. *British Medical Journal, 301,* 461–466.

McFadyen, R. G. (1998). Attitudes toward the unemployed. *Human-Relations, 51,* 179–199.

McKee-Ryan, F., Song, Z., Wanberg, C. & Kinicki, A. (2005). Psychological and physical well-being during unemployment: A meta-analytic study. *Journal of Applied Psychology, 90,* 53–76.

McLaren, L. M. (1999). Explaining right-wing violence in Germany: A time series analysis. *Social Science Quarterly, 80,* 166–180.

Men without work (1938). *A report made to the Pilgrims Trust.* New York: Greenwood.

Miller, M. V. & Hoppe, S. K. (1994). Attributions for job termination and psychological distress. *Human Relations, 47,* 307–327.

Millman, Z. & Latham, G. (2001). Increasing reemployment through training in verbal guidance. In M. Erez, U. Kleinbeck & H. Thierry (Eds.), *Work motivation in the context of a globalizing economy* (pp. 87–97). Mahwah, NJ: Erlbaum.

Mohr, G. (1993). Frauenerwerbslosigkeit: Spekulationen und Befunde. In G. Mohr (Hrsg.), *Ausgezählt. Theoretische und empirische Beiträge zur Psychologie der Frauenerwerbslosigkeit* (S. 17–48). Weinheim: Deutscher Studien Verlag.

Mohr, G. (1995). *Erwerbslosigkeit: Überblick über Ergebnisse und Methoden der Forschung. Kurseinheit 1.* Hagen: Fernuniversität Hagen.

Mohr, G. (1997). *Erwerbslosigkeit, Arbeitsplatzunsicherheit und psychische Befindlichkeit.* Frankfurt a. M.: Lang.

Mohr, G. (2000). The changing significance of different stressors after the announcement of bankruptcy. A longitudinal investigation with special emphasis on job insecurity. *Journal of Organizational Behavior, 21,* 337–359.

Mohr, G. & De Witte, H. (2004, September). *Review of the literature in job insecurity.* Paper presented at the 3rd International Expert Conference on Unemployment and Health, Bremen.

Mohr, G. & Frese, M. (1978). Arbeitslosigkeit und Depression. Zur Langzeitarbeitslosigkeit älterer Arbeiter. In A. Wacker (Hrsg.), *Vom Schock zum Fatalismus* (S. 179–193). Frankfurt a. M.: Campus.

Mohr, G. & Müller, K. (2000). Zeitstrukturierung in der Erwerbslosigkeit am Beispiel von Industriearbeiterinnen. Eine qualitative Analyse. *Verhaltenstherapie und Psychosoziale Praxis, 32,* 53–64.

Mohr, G. & Otto, K. (2005). Langzeiterwerbslosigkeit: Welche Interventionen machen aus psychologischer Sicht Sinn? *Zeitschrift für Psychotraumatologie und Psychologische Medizin, 3,* 45–63.

Montada, L. (Hrsg.). (1994). *Arbeitslosigkeit und soziale Gerechtigkeit.* Frankfurt a. M.: Campus.

Murphy, C. M. & Athanasou, J. A. (1999). The effect of unemployment on mental health. *Journal of Occupational and Organizational Psychology, 72,* 83–99.

Naumann, S. E., Bennett, N., Bies, R. J. & Martin C. L. (1999). Laid off, but still loyal: The influence of perceived justice and organizational support. *International Journal of Conflict Management, 9,* 356–368.

Nies, F. (1979). *Geschichte der Arbeitslosigkeit.* Frankfurt a. M.: Pahl-Rugenstein.

Niessen, C. (2005, April). *Life-long learning of unemployed individuals: Age effects on continuous learning.* Paper presented at the 20th Annual Conference of the Society of Industrial and Organizational Psychology, Los Angeles, CA.

Nitsche, I. & Richter, P. (2003). *Tätigkeiten außerhalb der Erwerbsarbeit. Evaluation des TAURIS-Projektes* (Bd. 6). Münster: LIT.

Noelle, E. (2003, 17. September). Der Arbeitslose als Pechvogel. Die geplanten Einschränkungen wirken schon jetzt. Die ‚Ich-AG' als Medizin gegen Depression. In *FAZ,* S. 5.

Noelle-Neumann, E. (2002). *Arbeitslosigkeit im Wahljahr.* Allensbach: Institut für Demoskopie Allensbach.

Novo, M. (2000). *Young and unemployed – does the trade cycle matter for health? A study of young men and women during times of prosperity and times of recession.* Unpublished doctoral thesis, Umeå-University, Sweden.

Nyman, J., Häkkinen, U., Keskimäki, I. & Alha, P. (2004). *Differences in the patterns of health care use between the unemployed and the employed.* Paper presented at the 3rd International Expert Conference on Unemployment and Health, University of Bremen.

O'Brien, G. E., Feather, N. T. & Kabanoff, B. (1994). Quality of activities and the adjustment of unemployed youth. *Australian Journal of Psychology, 46,* 29–34.

O'Brien, G. E. & Kabanoff, B. (1979). Comparison of unemployed and employed workers on work values, locus of control and health variables. *Australian Psychology, 14,* 143–154.

Ockenfels, M. C., Porter, L., Smyth, J., Kirschbaum, C., Hellhammer, D. H. & Stone, A. (1995). Effect of chronic stress associated with unemployment on salivary cortisol. Overall cortisol levels, diurnal rhythm, and acute stress reactivity. *Psychosomatic Medicine, 57,* 460–467.

Opaschowski, H. W. (1976). *Soziale Arbeit mit arbeitslosen Jugendlichen. Streetwork und Aktionsforschung im Wohnbereich.* Opladen: Leske + Budrich.

Patton, W. & Donohue, R. (2001). Effects on the family of a family member being long term unemployed. *Journal of Applied Health Behaviour, 3,* 31–39.

Paul, K., Hassel, A. & Moser, K. (2006). Die Auswirkung von Arbeitslosigkeit auf die psychische Gesundheit. In A. Hollederer & H. Brand (Hrsg.), *Arbeitslosigkeit, Gesundheit und Krankheit* (S. 35–51) Bern: Huber.

Paul, K. & Moser, K. (2001). Negatives psychisches Befinden als Wirkung und als Ursache von Arbeitslosigkeit: Ergebnisse einer Metaanalyse. In J. Zempel, J. Bacher & K. Moser (Hrsg.), *Erwerbslosigkeit. Ursachen, Auswirkungen und Interventionen* (S. 83–110). Opladen: Leske + Budrich.

Paul, K. & Moser, K. (2006). Incongruence as an explanation for the negative mental health effects of unemployment: Meta-analytic evidence. *Journal of Occupational and Organizational Psychology, 79,* 595–621.

Paykel, E. S. (1976). Life stress, depression and attempted suicide. *Journal of Human Stress, 2,* 3–12.

Pernice, R. (1996). Methodological issues in unemployment research: Quantitative and/or qualitative approaches? *Journal of Occupational and Organizational Psychology, 69,* 339–349.

Prause, J. & Dooley, D. (2001). Favourable employment status change and psychological depression: A two-year follow-up analysis of the national Longitudinal Survey of Youth. *Applied Psychology: An International Review, 50,* 282–304.

Price, R., van Ryan, M. & Vinokur, A. (1992). Impact of preventive job search intervention on the likelihood of depression among the unemployed. *Journal of Health and Social Behavior, 33,* 158–167.

Price, R. & Vinokur, A. D. (1995). Supporting career transitions in time of organizational downsizing: The Michigan JOBS program. In M. London (Ed.), *Employees, careers, and job creation. Developing growth-oriented human resource strategies and programs* (pp. 191–209). San Francisco, CA: Jossey-Bass.

Qammou, L. M., Tschan, F., Seiler, A. & Tüller, N. (1996). Folgebehandlungen mit Methadon: Lässt sich der Eintritt in eine Folgebehandlung zum Zeitpunkt der Erstbehandlung voraussagen? *Abhängigkeiten, 2,* 4–22.

Raaij, W. F. van & Antonides, G. (1991). Costs and benefits of unemployment and employment. *Journal of Economic Psychology, 12,* 667–687.

Rahe, R. H. (1975). Life changes and near-future illness reports. In L. Levi (Ed.), *Emotions. Their parameters and measurement.* New York, NY: Raven.

Rank, B. (1997). *Erwartungs-Wert-Theorien. Ein Theoriekonzept der Wirtschaftspsychologie und seine Anwendung auf eine berufsbiographische Entscheidung.* München: Hampp.

Rantakeisu, U., Starrin, B. & Hagquist, C. (1999). Financial hardship and shame: A tentative model to understand the social and health effects of unemployment. *British Journal of Social Work, 29,* 877–901.

Rascle, N., Sifakis, Y., Bruchon-Schweitzer, M., Bouley, M. & Koleck, M. (2003). Étude des déterminants de la recherche active de l'emploi et de l'état dépressif de cadres chômeurs: Test d'un modèle structural. *Revue Européenne de Psychologie Appliquée, 53,* 57–67.

Rife, J. C. & Belcher, J. R. (1993). Social support and job search intensity among older unemployed workers: Implications for employment counselors. *Journal of Employment Counseling, 30,* 98–107.

Rose, U. (2003, November). *Epidemiological analysis of the German National Health Interview and Examination Survey: Differences between employed and unemployed adults aged 20–64 – first results.* Paper presented at the „5th European Conference of the European Academy of Occupational Health Psychology", Berlin.

Rotter, J. B. (1966). Generalized expectancies for internal versus external control of reinforcement. *Psychological Monographs: General and Applied, 80,* 1–28.

Rudolph, H. (1998). Risiko von Langzeitarbeitslosigkeit früh erkennen. Berechnung der Verbleibswahrscheinlichkeit von Arbeitslosen. *IAB Werkstattbericht, Nr. 14.* Nürnberg: Institut für Arbeits- und Berufsforschung.

Saam, R.-H., Wodtke, K.-H. & Hains, A.-A. (1995). A cognitive stress reduction program for recently unemployed managers. *Career Development Quarterly, 44,* 43–51.

Sampson, R. J. & Laub, J. H. (1990). Crime and deviance over the life course: The salience of adult social bonds. *American Sociological Review, 55,* 609–627.

Schalk, R., de Jong, J., Rigotti, T., Mohr, G., Peiró, J. M. & Cabeller, A. (2006). *The nature of psychological contracts in theory and practice.* Unpublished manuscript, University of Tilburg, Netherlands.

Schaufeli, W. & van Yperen, N. (1993). Success and failure on the labour market. *Journal of Organizational Behavior, 14,* 559–572.

Scherer, S. (2004). Stepping-stones or traps? The consequences of labour market entrypositions on future careers in West Germany, Great Britain and Italy. *Work, Employment & Society, 18,* 369–394.

Schindler, H. (1979). Familie und Arbeitslosigkeit. In T. Kieselbach & H. Offe (Hrsg.), *Arbeitslosigkeit* (S. 258–286). Darmstadt: Steinkopff.

Schindler, H., Wacker, A. & Wetzels, P. (1990). *Familienleben in der Arbeitslosigkeit. Ergebnisse neuer europäischer Studien.* Heidelberg: Asanger.

Schindler, H. & Wetzels, P. (1985). Subjektive Bedeutung familiärer Arbeitslosigkeit bei Schülern in einem Bremer Arbeiterstadtteil. In T. Kieselbach & A. Wacker (Hrsg.), *Individuelle und gesellschaftliche Kosten der Massenarbeitslosigkeit* (S. 120–138). Weinheim: Beltz.

Schindler, H. & Wetzels, P. (1990). Familiensysteme in der Arbeitslosigkeit. Ergebnisse neuer europäischer Studien. In H. Schindler, A. Wacker & P. Wetzels (Hrsg.), *Familienleben in der Arbeitslosigkeit* (S. 43–73). Heidelberg: Asanger.

Schober, K. (1978). Arbeitslose Jugendliche: Belastungen und Reaktionen der Betroffenen. *Mitteilungen aus der Arbeitsmarkt- und Berufsforschung, 11,* 198–215.

Shams, M. (1993). Social support and psychological well-being among unemployed British Asian men. *Social Behavior and Personality, 21,* 175–186.

Sheeran, P., Abrams, D. & Orbell, S. (1995). Unemployment, self-esteem, and depression: A social comparison theory approach. *Basic and Applied Social Psychology, 17,* 65–82.

Shlionsky, H., Preu, P. W. & Rose, M. (1937). Clinical observations on the reaction of a group of transients to unemployment. *Journal of Social Psychology, 8,* 73–86.

Siegel, M., Bradley, E. H., Gallo, W. T. & Kasl, S. V. (2003). Impact of husbands' involuntary job loss on wives' mental health, among older adults. *Journals of Gerontology: Series B: Psychological Sciences & Social Sciences, 58,* S30-S37.

Siegrist, J. (1995). Emotions and health in occupational life: New scientific findings and policy implications. *Patient Education and Counseling, 25,* 227–236.

Siegrist, J. (1996). *Soziale Krisen und Gesundheit.* Göttingen: Hogrefe.

Sjoeberg, L. & Magneberg, R. (1990). Action and emotion in everyday life. *Scandinavian Journal of Psychology, 31,* 9–27.

Smari, J., Arason, E., Hafsteinsson, H. & Ingimarsson, S. (1997). Unemployment, coping and psychological distress. *Scandinavian Journal of Psychology, 38,* 151–156.

Solomon, L. J. (1983). Considerations in laying off employees: A programm description. *Journal of Organizational Behavior, 5,* 53–62.

Spiess, G. (1993). Arbeitslosigkeit und Kriminalität. In G. Kaiser, H. J. Kerner, F. Sack & H. Schellhoss (Hrsg.), *Kleines Kriminologisches Wörterbuch.* Heidelberg: Müller.

Strehmel, P. (1993). Erwerbslosigkeit hochqulifizierter Frauen. Eine Längsschnittstudie mit Lehrerinnen im Referendariat. In G. Mohr (Hrsg.), *Ausgezählt. Theoretische und empirische Beiträge zur Psychologie der Frauenerwerbslosigkeit* (S. 153–156). Weinheim: Deutscher Studienverlag.

Strehmel, P. & Mayring, P. (1986). Arbeitslosigkeit: Belastungen und kognitive Verarbeitung. In *Augsburger Berichte zur Entwicklungspsychologie und Pädagogischen Psychologie* (Bd. 2). Referat gehalten auf der 7. Tagung Entwicklungspsychologie in Trier 1985, erweiterte Fassung. Augsburg: Forschungsstelle für Pädagogische Psychologie und Entwicklungspsychologie.

Ström, S. (2002). Keep out of the reach of children: Parental unemployment and children's accident risks in Sweden 1991–1993. *International Journal of Social Welfare, 11,* 40–52.

Ström, S. (2003). Unemployment and Families: A Review of Research. *Social Service Review, 77,* 399–430.

Sturzbecher, D., Dietrich, P. & Kohlstruck, M. (1994). *Jugend in Brandenburg 93.* Frankfurt/O.: Agentur „neue odersche" Verlags- und Medien GmbH.

Sverke, M., Hellgren, J. & Näswall, K. (2002). No security: A meta-analysis and review of job insecurity and its consequences. *Journal of Occupational Health Psychology, 7,* 242–264.

Sverke, M., Hellgren, J., Näswall, K., Chirumbolo, A., De Witte, H. & Goslinga, S. (2004). Job Insecurity and Union Membership. New York, NY: Lang.

Taris, T. W. (2002). Unemployment and mental health: A longitudinal perspective. *International Journal of Stress Managment, 9,* 43–57.

Tiffany, D. W., Cowan, J. R. & Tiffany, P. M. (1970). *The unemployed.* New York, NY: Prentice Hall.

Trube, A. & Luschei, F. (2001). *Longitudinalstudie zur Entwicklungs- und Vermittlungs-Assistenz (EVA): Teilnehmerverbleib und Nachhaltigkeit von arbeitsmarktrechtlichen Integrationseffekten (EVA II).* Siegen: Zentrum für Planung und Evaluation Sozialer Dienste.

Truniger, L. (1990). *Arbeitslos? – Ich nicht. Distanzierungen bei Arbeitslosen und deren subjektive Wahrnehmung der öffentlichen Meinung.* Bern: Huber.

Underlid, K. (1996). Activity during unemployment and mental health. *Scandinavian Journal of Psychology, 37,* 269–281.

Verkleij, H. (1987, Oktober). *Veränderungen der Lebenssituation und des Gesundheitszustandes bei langfristig Arbeitslosen: Eine zweijährige Follow-up Studie.* Vortrag auf dem 2. Bremer Symposium Arbeitslosigkeit – Psychologische Theorie und Praxis, Bremen.

Viinamäki, H., Koskela, K., Niskanen, L. & Arnkill, R. (1993). Unemployment, financial stress and mental well-being: A factory closure study. *European Journal of Psychiatry, 7,* 95–102.

Viinamäki, H., Niskanen, L. & Koskela, K. (1995). How do mental factors predict ability to cope with long-term unemployment? *Nordic Journal Psychiatry, 49,* 183–189.

Vinokur, A. D. & Schul, Y. (2002). The Web of coping resources and pathways to reemployment following a job loss. *Journal of Occupational Health Psychology, 7,* 68–83.

Vinokur, A. D. & van Ryan, M. (1993). Social support and undermining in close relationships: Their independent effects on the mental health of unemployed persons. *Journal of Personality and Social Psychology, 65,* 350–359.

Vuori, J. & Silvonen, J. (2005). The benefits of a preventive job search program on re-employment and mental health at two-year follow up. *Journal of Occupational and Organizational Psychology, 78,* 43–52.

Vuori, J. & Vesalainen, J. (1999). Labour market interventions as predictors of re-employment, job seeking activity and psychological distress among the unemployed. *Journal of Occupational and Organizational Psychology, 72,* 523–538.

Wacker, A. & Kolobkova, A. (2000) Arbeitslosigkeit und Selbstkonzept. Ein Beitrag zu einer kontroversen Diskussion. *Zeitschrift für Arbeits- und Organisationspsychologie, 44,* 69–82.

Wadsworth, M. E. J., Montgomery, S. M. & Bartley, M. J. (1999). The persisting effect of unemployment on health and social well-being in men early in working life. *Social Science & Medicine, 48,* 1491–1499.

Walsh, S. & Jackson, P. R. (1995). Partner support and gender: Contexts for coping with job less. *Journal of Occupational and Organizational Psychology, 68,* 253–268.

Wanberg, C. R. (1997). Antecedents and outcomes of coping behaviors among unemployed and reemployed individuals. *Journal of Applied Psychology, 82,* 731–744.

Wanberg, C. R., Kanfer, R. & Rotundo, M. (1999). Unemployed individuals: Motives, job search competencies, and job search constraints as predictors of job seeking and reemployment. *Journal of Applied Psychology, 84,* 897–910.

Wanberg, C. R. & Marchese, M. C. (1994). Heterogenity in the unemployment experience: A cluster analytic investigation. *Journal of Applied Social Psychology, 24,* 473–488.

Warr, P. (1984). Work and unemployment. In P. J. D. Drenth, H. Thierry, P. J. Willems & C. J. de Wolff (Eds.), *Handbook of work and organizational psychology* (pp. 413–443). New York, NY: Wiley.

Warr, P. (1987). Job characteristics and mental health. In P. Warr (Eds.), *Psychology at work* (pp. 247–269). London: Penguin.

Warr, P. & Payne, R. (1983). Social class and reported changes in behavior after job loss. *Journal of Applied Social Psychology, 13,* 206–222.

Waters, L. E. & Moore, K. A. (2001). Coping with economic deprivation during unemployment. *Journal of Economic Psychology, 22,* 461–482.

Waters, L. E. & Moore, K. A. (2002). Reducing latent deprivation during unemployment: The role of meaningful leisure activity. *Journal of Occupational & Organizational Psychology, 75,* 15–32.

Westaby, J. D. & Braithwaite, K. N. (2003). Specific factors underlying reemployments self-efficacy: Comparing control belief and motivational reason methods for the recently unemployed. *Journal of Applied Behavioral Science, 39,* 415–437.

Westerlund, H., Bergström, A. & Theorell, T. (2004). Changes in anabolic and catabolic activity among women taking part in an alternative labour market programme. *Integrative Physiological & Behavioral Science, 39,* 3–15.

Weyerer, S. & Wiedemann, A. (1995). Wirtschaftliche Faktoren und die Anzahl der Suizide in Deutschland zwischen 1881 und 1989. *Psychological Reports, 76,* 1331–1341.

Winefield, A. H., Tiggemann, M. & Winefield, H. R. (1991). The psychological impact of unemployment and unsatisfactory employment in young men and women: Longitudinal and cross-sectional data. *British Journal of Psychology, 82,* 473–486.

Winefield, A. H., Tiggemann, M. & Winefield, H. R. (1992). Spare time use and psychological well-being in employed and unemployed young people. *Journal of Occupational and Organizational Psychology, 65,* 307–313.

Woolston, H. B. P. (1934). Psychology of unemployment. *Sociology and Social Research, 19,* 335.

Zapf, D. & Semmer, N. K. (2004). Stress und Gesundheit in Organisationen. In H. Schuler (Hrsg.), *Organisationspsychologie – Grundlagen und Personalpsychologie* (Enzyklopädie der Psychologie, Serie Wirtschafts-, Organisations- und Arbeitspsychologie, Bd. 3, S. 1007–1112). Göttingen: Hogrefe.

Zempel, J. & Frese, M. (1997). Arbeitslose Selbstverantwortung überwindet Lethargie. *Psychologie Heute, 61,* 37–41.

Zempel, J. & Frese, M. (2000). Prädiktoren der Erwerbslosigkeit und Wiederbeschäftigung. *Verhaltenstherapie & Psychosoziale Praxis, 32,* 379–390.

Zippay, A. (1990). The limits of intimates: Social networks and economic status among displaced industrial workers. *Journal of Applied Social Sciences, 15,* 75–95.

Zippay, A. (1995). Tracing behavioral changes among discouraged workers: What happens to the work ethic? *Psychological Reports, 76,* 531–543.

12. Kapitel

Grundsätze ergonomischer Arbeitsplatz- und Betriebsmittelgestaltung

Heinzpeter Rühmann und Heiner Bubb

1 Einführung

Die Wurzeln der *Arbeitswissenschaft* und *Ergonomie* reichen bis in die Mitte des 19. Jahrhunderts. Bereits 1857 machte der Pole *Jastrzebowski* in der Zeitschrift *Natur und Industrie* den Vorschlag „*... uns mit einem wissenschaftlichen Ansatz zum Problem der Arbeit zu beschäftigen und sogar zu ihrer (der Arbeit) Erklärung eine gesonderte Lehre zu betreiben ..., damit wir aus diesem Leben die besten Früchte bei der geringsten Anstrengung mit der höchsten Befriedigung für das eigene und das allgemeine Wohl ernten und damit anderen und dem eigenen Gewissen gegenüber gerecht verfahren.*" Er nannte diesen neuen Wissenschaftszweig *Arbeitswissenschaft* bzw. *Ergonomie*, Bezeichnungen, die in der Folgezeit allerdings wieder in Vergessenheit gerieten.

Ausgehend von den grundlegenden Arbeiten von *Taylor* (wissenschaftliche Betriebsführung, 1919), aber auch veranlasst durch das mechanistische Weltbild des 19. Jahrhunderts, entstand in Europa und in den USA ein Wissenschaftsgebiet, das heute im deutschsprachigen Raum als *Arbeitswissenschaft* bezeichnet wird (im Angloamerikanischen mit etwas anderem Schwerpunkt: *Human Factors, Human Engineering*).

Die Arbeitswissenschaft ist eine multidisziplinäre Wissenschaft, die ihr Grundwissen aus den Bereichen der Humanwissenschaft, den Ingenieurwissenschaften und den Wirtschafts- und Sozialwissenschaften bezieht. Sie umfasst die Bereiche *Arbeitsphysiologie, Arbeitspsychologie, Betriebssoziologie, Arbeitspädagogik, Arbeitstechnologie, Arbeitsrecht* und *Ergonomie.* Jedes dieser Teilgebiete beschäftigt sich aus seiner Blickrichtung mit der menschlichen Arbeit. Das überwiegend ingenieurwissenschaftlich orientierte Gebiet ist die Ergonomie, die den Menschen in der Interaktion mit der Arbeit (Arbeitsaufgabe), den Arbeitsmitteln (Werkzeuge, Maschinen, Anlagen) und der Arbeitsumgebung (Beleuchtung, Lärm, Klima usw.) untersucht.

Während der Forschungsgegenstand der Arbeitsphysiologie im weitesten Sinne auf die Rückwirkungen menschlicher Arbeit auf die Lebensvorgänge im Organismus gerichtet ist, untersucht die Arbeitspsychologie das Erleben und Verhalten des arbeitenden Menschen in Organisationen und bei der Interaktion mit technischen Systemen.

Während des 2. Weltkriegs entwickelt sich aus der Arbeitspsychologie infolge einer Fülle von Fragestellungen, insbesondere aus dem militärischen Bereich, die *Ingenieurpsychologie (Engineering Psychology)*, die als angewandte Disziplin auf der Basis der Allgemeinen und Experimentellen Psychologie verstanden wird (Hoyos & Zimolong, 1989). Die Aufgabenstellung der Ingenieurpsychologie wird in der Untersuchung und Erklärung des menschlichen Verhaltens mit dem Ziel gesehen, die Interaktion des Menschen mit technischen Systemen zu verbessern (Kannheiser, 1989).

Eine Abgrenzung der Ingenieurpsychologie zum Human Factors Engineering bzw. zur Ergonomie kann durch den Anwendungsbezug erfolgen. Schwerpunktmäßig bemüht sich die Ergonomie um die Erarbeitung von Konstruktionsrichtlinien für Ingenieure auf der Grundlage ingenieurpsychologischer Erkenntnisse sowie auf der Basis anthropometrischer und biomechanischer Daten. Eine inhaltliche Trennung der angesprochenen Wissenschaftsdisziplinen hat immer einen etwas artifiziellen Charakter. Vielmehr erfordert die zunehmende Komplexität technischer Systeme die interdisziplinäre Zusammenarbeit von Arbeitsmedizinern, Psychologen, Ergonomen und Ingenieuren.

2 Grundlagen der Ergonomie

2.1 Strukturschema des Arbeitsprozesses

Grundlage jeder Mensch-Maschine-System[1]-Gestaltung ist der Informationsfluss, der die Aufgabenstellung, die mit dem System erledigt werden soll, in die Aufgabenerfüllung überführt. Diese Mensch-Maschine-Interaktion lässt sich

1 Der Begriff „Maschine" steht hier als Synonym für jede technische Einrichtung, die der Mensch zur Erfüllung der Arbeitsaufgabe nutzt.

besonders gut mittels des Regelkreises veranschaulichen (vgl. Abb. 1): Der Mensch verwandelt die durch die Aufgabe gegebene Information in eine Aktion, welche über das Wirkungsprinzip der Maschine in die Ausgangsinformation, die Aufgabenerfüllung, übergeführt wird. In der Regel besteht die Möglichkeit, Aufgabenstellung und -erfüllung miteinander zu vergleichen und bei einer nicht akzeptierten Abweichung korrigierend in den Prozess einzugreifen. Dieser Prozess kann durch äußere Umstände beeinflusst werden, die nichts mit diesem eigentlichen aufgabenbezogenen Informationsfluss zu tun haben. Sie werden in diesem Kontext als Umgebungs- bzw. Umwelteinflüsse bezeichnet.

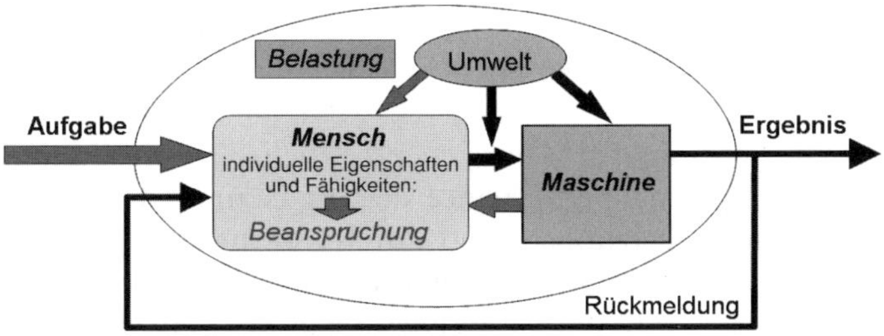

Abbildung 1:
Allgemeines Strukturbild der Mensch-Maschine-Interaktion

Der Grad der Übereinstimmung von Ergebnis E und Aufgabe A wird als Arbeitsqualität Q bezeichnet

$$Q = \frac{E}{A},$$

die pro Zeitabschnitt t erreichte Arbeitsqualität als Arbeitsleistung L (Schmidtke, 1993a):

$$L = \frac{Q}{t}.$$

Aus diesem Zusammenhang wird bereits offensichtlich, dass durch eine optimierte Anpassung der Arbeitsmittel und der Arbeitsumgebung an den Menschen eine Leistungssteigerung erwartet werden kann.

Nach einem grundlegenden Modell der Ergonomie wird die Wirkung von Aufgabe, Umgebung und Maschinenauslegung durch das *Belastungs-Beanspruchungs-Konzept* beschrieben. Es besagt, dass alle erfassbaren Einflüsse, die von außen auf den Menschen physisch und psychisch einwirken, als Belastung zu bezeichnen sind (vgl. DIN EN ISO 10075-1). Sie sind für jeden Menschen gleich, der sich in der gleichen Arbeitssituation befindet. Die Belastung lässt sich im Allgemeinen – meist sogar mittels physikalischer Messmethoden – objektivieren. In Abhängigkeit von den Eigenschaften, Fähigkeiten und Fertigkeiten des jeweils in dieser Situation befindlichen Menschen bewirkt die Belastung eine individuell unterschiedliche Beanspruchung (Laurig, 1982). Für die subjektiv erlebte Beanspruchung ist auch die individuelle Bewältigungsstrategie von Bedeutung (DIN EN ISO 10075-1). Durch Beobachtung unterschiedlicher Beanspruchungen in Feld- und Laborversuchen versucht man, einen Zusammenhang zwischen der objektiven Belastung und der im Mittel oder ggf. im Extrem zu erwartenden Beanspruchung herzustellen.

2.2 Leistungsvoraussetzungen

Die individuelle Leistung des Menschen am Arbeitsplatz wird durch die äußeren Bedingungen (external performance shaping factors), d. h. durch die sachlichen Leistungsvoraussetzungen, und durch interne Bedingungen (internal performance shaping factors), d. h. durch die menschlichen Leistungsvoraussetzungen, beeinflusst (vgl. Abb. 2). Es ist Aufgabe des Managements, durch die Gestaltung der äußeren Bedingungen die Voraussetzungen für einen optimalen Leistungseinsatz des Menschen zu schaffen.

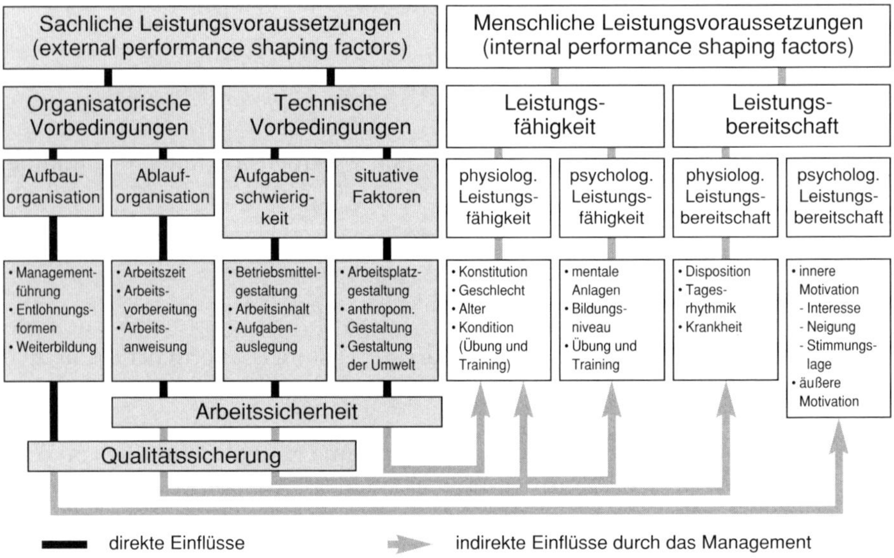

Abbildung 2:
Die Arbeitsleistung beeinflussende Voraussetzungen

Den wirtschafts- und sozialwissenschaftlichen Ansatz für die Optimierung der äußeren Arbeitsbedingungen liefert die Arbeits- und Organisationslehre (international: „macro ergonomics"), die Regeln für die Gestaltung von Organisation, Betriebs- und Arbeitsgruppen bereitstellt; den mehr ingenieurmäßig orientierten Ansatz liefert die Ergonomie (international: „micro ergonomics"), deren Ziel es ist, Regeln für die technische Gestaltung von Arbeitsplätzen und Arbeitsmitteln zu geben. Letztere bezieht sich zunächst im engeren Sinne auf die Interaktion zwischen Mensch und Maschine (vgl. Abb. 1). In beiden Fällen ist aber der Fokus der Forschung auf den arbeitenden Menschen und sein Erleben der Situation am Arbeitsplatz gerichtet, was das arbeitswissenschaftliche Spezifikum gegenüber anderen Wissenschaftsdisziplinen ausmacht, die sich mit ähnlichen Inhalten auseinandersetzen. Durch diesen Fokus wird auch die Verbindung zwischen den Bereichen Mikro- und Makroergonomie hergestellt.

Es ist nicht Aufgabe der Ergonomie, durch gestalterische Maßnahmen die aufgabenbedingten Belastungen zu minimieren (vgl. „Aufgabenschwierigkeit" in Abb. 2). Den Produktionsplaner beschäftigt vielmehr die Frage, bei welchem Leistungsanspruch und einer damit für den Mitarbeiter verbundenen Beanspruchung eine optimale Arbeitsqualität erreicht wird. Ein ergonomisches Optimum zwischen erreichter Arbeitsqualität und Beanspruchung ist schließlich Garant für optimale Bedingungen auf beiden Seiten: Für das Unternehmen stellt es die Grundlage für effiziente und produktive Arbeitsprozesse dar, für den Mitarbeiter schafft es die Voraussetzung dafür, dass er die Arbeit für sich selbst als angemessen bewertet.

Ganz allgemein kann von der Vorstellung ausgegangen werden, dass sowohl der unterforderte als auch der überforderte Mitarbeiter nicht in der Lage sein wird, eine hinreichende Arbeitsqualität zu erzielen. Ein im Hinblick auf Qualitätsarbeit angemessener Leistungsanspruch muss demnach „irgendwo in der goldenen Mitte" zwischen Unterforderung und Überforderung liegen.

Wie Rühmann (2001) in einer Übersicht über diesbezügliche Forschungsarbeiten zeigt, kann ein Optimum zwischen Arbeitsqualität bzw. Arbeitsleistung und Beanspruchung experimentell sowohl nachgewiesen werden für repetitiv-dynamische Muskelarbeit wie auch für Überwachungstätigkeiten und für sensumotorische Arbeit.

Für die sehr unterschiedlichen Arbeitsanforderungen lässt sich der Schluss ziehen, dass die vom Menschen erbrachte Arbeitsqualität immer dann optimal ist, wenn der Leistungsanspruch, z. B. die Belastung bei muskulärer Arbeit, in einem mittleren Bereich liegt, der Schwierigkeitsgrad der Aufgabe nicht zu hoch ist, ein hohes Maß an Einförmigkeit der Tätigkeit vermieden wird (z. B. bei Überwachungsaufgaben) und die Arbeit nicht unter Zeitdruck ausgeführt werden muss.

Dieses Optimum ist nach einer allgemein gültigen „Formel" nicht kalkulierbar. Für die unterschiedlichen Arbeitsanforderungen in der beruflichen Praxis lässt sich ein Optimum zwischen erreichter Arbeitsqualität und subjektiv erlebter Arbeitsanspannung nur nach der „Versuch-und-Irrtum-Methode" über die Arbeitsqualität selbst bzw. aus der Häufigkeit auftretender Fehler ermitteln, z. B. durch die systematische Variation des Arbeitszeit-Pausen-Regimes. Unabhängig von organisatorischen Maßnahmen schaffen ergonomisch gestaltete Arbeitsplätze und Arbeitsmittel die besten Voraussetzungen für Arbeitsqualität und Wirtschaftlichkeit (vgl. „situative Faktoren" in Abb. 2).

2.3 Anwendungsfelder der Ergonomie

Heute hat es sich als sinnvoll erwiesen, eine Einteilung der Ergonomie auch nach ihren hauptsächlichen Anwendungsfeldern vorzunehmen. So wird generell zwischen der Produkt- und der Produktionsergonomie unterschieden:

Produktergonomie. Bei der *Produktergonomie* ist es vorrangiges Ziel, einen möglichst benutzerfreundlichen Gebrauchsgegenstand für eine im Prinzip unbekannte Nutzergruppe anzubieten. Für die Entwicklung ergonomischer Produkte ist es folglich wichtig, die Variabilität des Menschen sowohl hinsichtlich seiner anthropometrischen Eigenschaften als auch hinsichtlich seiner kognitiven Fähigkeiten zu kennen und in der Gestaltung zu berücksichtigen. Ein aktuelles und neues Forschungsgebiet der Produktergonomie ist dabei die wissenschaftliche Erfassung dessen, was das *Komfortempfinden* ausmacht.

Produktionsergonomie. Bei der *Produktionsergonomie* geht es darum, menschengerechte Arbeitsplätze in Produktions- und Dienstleistungsbetrieben zu schaffen. Das vorrangige Ziel besteht darin, *aufgabenunabhängige* Belastungen des Mitarbeiters weitgehend zu reduzieren (z. B. Belastungen infolge der Mensch-Maschine-Interaktion oder aus der Umgebung) und zugleich die Leistungsabgabe zu optimieren. Im Gegensatz zur Aufgabenstellung der Produktergonomie ist die Zielgruppe, für die Arbeitsplätze auszulegen sind, bekannt (z. B. Gestaltung einer Montagelinie, an der ausschließlich Frauen arbeiten, Anteil ausländischer Mitarbeiter usw.), und es kann und muss auf deren Bedürfnisse eingegangen werden.

Da sowohl bei Produkt- wie bei Produktionsergonomie die oben beschriebenen Methoden der Ergonomie zum Einsatz kommen und da oftmals das „Produkt" des einen Herstellers „Arbeitsmittel" des anderen ist, ist eine genaue Trennung zwischen diesen beiden Anwendungsgebieten praktisch nicht möglich, zumal in beiden Bereichen die gleichen wissenschaftlichen Methoden und Umsetzungsverfahren benutzt werden.

2.4 Motive für ergonomische Arbeitsgestaltung

Die Motive für die Einrichtung ergonomisch günstig gestalteter Produktionsarbeitsplätze bzw. für die ergonomische Bewertung vorhandener Arbeitsplätze sind vielfältig.

Rechtliche Aspekte. Anfang der 70er Jahre sind in Deutschland Gesetze und Verordnungen erlassen worden, die dem Arbeitgeber die Berücksichtigung der *„gesicherten arbeitswissenschaftlichen Erkenntnisse"* bei der Gestaltung menschlicher Arbeit zwingend vorschreiben. Von Bedeutung sind hier das Betriebsverfassungsgesetz (BetrVG), die Arbeitsstättenverordnung (ArbStättV), die Gefahrstoffverordnung (GefStoffV) und das Gesetz über Betriebsärzte, Sicherheitsingenieure und andere Fachkräfte für Arbeitssicherheit (ASiG).

Der Artikel 6 der Arbeitsschutzrahmenrichtlinie (89/391/EWG) schreibt dem Arbeitgeber die Berücksichtigung des Faktors „Mensch" bei der Arbeit vor. Dies gilt insbesondere für die Gestaltung von Arbeitsplätzen sowie für die Auswahl von Arbeitsmitteln, Arbeits- und Fertigungsverfahren, vor allem im Hinblick auf eine Erleichterung bei eintöniger Arbeit und bei maschinenbestimmtem Arbeitsrhythmus sowie auf eine Abschwächung ihrer gesundheitsschädigenden Auswirkungen.
Während Artikel 6 den Arbeitgeber zu Maßnahmen der *Verhältnisergonomie* verpflichtet (Schaffung menschenwürdiger Verhältnisse am Arbeitsplatz), richtet sich Artikel 13 (89/391/EWG) an den Arbeitnehmer und verpflichtet ihn [...] nach seinen Möglichkeiten für seine eigene Sicherheit und Gesundheit [...] Sorge zu tragen. Damit wird der Mitarbeiter unter Berücksichtigung der situativen Arbeitsplatzfaktoren (vgl. Abb. 2) zur *Verhaltensergonomie* angehalten (dem gesundheitsgerechten Verhalten am Arbeitsplatz).

Abbildung 3 veranschaulicht in einer qualitativen Darstellung und auf der Basis von über 50 Interventionsmaßnahmen am Arbeitsplatz (Landau, 2002), dass die ergonomischen „Kosten" von Maßnahmen der Verhaltensergonomie vergleichsweise niedrig liegen, geringe Eingriffe in die Organisationsstruktur zur Folge haben, ihre Wirkungen aber eher langsam und zeitverzögert erfolgen. Maßnahmen der Verhältnisergonomie (Gestaltung von Arbeitsplatz und Arbeitsumgebung, Verbesserung des Materialflusses) zeigen dagegen eine schnelle Wirkung, sind aber mit hohen Kosten und mit stärkeren Eingriffen in die Organisationsstruktur verbunden.

Für die Produktergonomie sind in den EU-Verträgen die Artikel 94 und 95 (früher 100 und 100a) von Bedeutung, aus denen sich der Europäische Verbraucherschutz aus arbeitswissenschaftlicher Sicht aufbaut. Ergonomisch relevant ist vor allem die Maschinenrichtlinie (98/37 EG, früher 89/392 EWG), die Gegen-

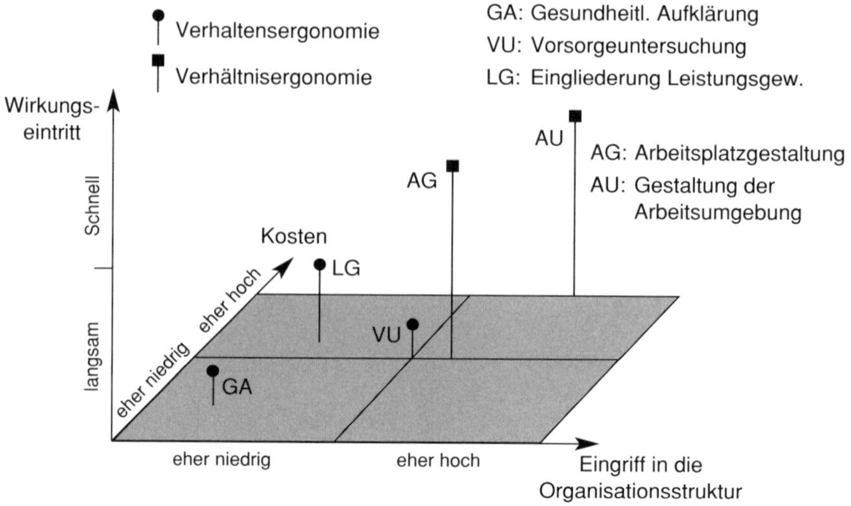

Abbildung 3:
Ergonomische „Kosten" von Maßnahmen (Landau, 2002)

stand der CEN-Normung ist und von „Technical Committees" (CEN/TC 114 und CEN/TC 122) in konkrete Produktnormen umgesetzt wird (z. B. DIN EN 614 Sicherheit von Maschinen – Ergonomische Gestaltungsgrundsätze). Für diese Produktnorm sind CEN-Grundlagennormen von Bedeutung, wie DIN EN 547 (Sicherheit von Maschinen – Körpermaße des Menschen) und DIN EN 1005 (Sicherheit von Maschinen – Menschliche körperliche Leistung).

Betriebswirtschaftliche Aspekte. Der Betrieb erwartet im Zusammenhang mit ergonomisch optimierten Arbeitsplätzen eine Leistungssteigerung seiner Mitarbeiter in effizienten Arbeitsprozessen, eine Minimierung des Ausschusses, die Reduzierung von Ausfallzeiten wegen Krankheit und Arbeitsunfällen und die damit einhergehende Senkung der Lohnfortzahlungskosten, eine Minderung der Fluktuation und ggf. den Wegfall von Erschwerniszulagen.

Ergonomische Arbeitsplatzmaßnahmen sind häufig mit Kosten verbunden und konkurrieren mit anderen Investitionen des Unternehmens. Auf der anderen Seite ist dem Management die Bedeutung gesunder, leistungsfähiger und motivierter Mitarbeiter als Voraussetzung für die Mitarbeiterzufriedenheit und die Produktivität bewusst. Schließlich prägen die Arbeitsbedingungen in einem Unternehmen nicht nur das eigene Image, sondern auch das zum Markterfolg notwendige Produktimage (vgl. das negative Image von in China gefertigtem Spielzeug).

Die monetäre Bewertung dieser Effekte ist jedoch mit erheblichen Schwierigkeiten verbunden. In der betrieblichen Praxis wird deshalb der betriebliche Nutzen ergonomischer Maßnahmen überwiegend mit dem geschätzten Abbau des aktuellen Krankenstandes begründet. Das ökonomische Potenzial der Beseitigung von zu Erkrankung führenden arbeitsbedingten Belastungen kann hierbei nur über die Kosten der zugehörigen Arbeitsunfähigkeitstage abgeschätzt werden. Dazu sind die branchenüblichen Produktionsausfallkosten (Arbeitskosten = Lohnkosten + Lohnnebenkosten, Arbeitsplatzkosten) zuzüglich der erforderlichen Kompensationskosten (Überstunden oder Leiharbeitskosten) sowie ggf. weitere Kosten (Umsatz- und Qualitätseinbußen, Verwaltungskosten etc.) zu ermitteln (vgl. Lüdeke, 2006). Unbestritten ist, dass ein Arbeitsunfähigkeitstag das Unternehmen ein Mehrfaches des Bruttoarbeitsentgelts kostet.

Volkswirtschaftliche Aspekte. Die Schätzung der Produktionsausfälle durch Arbeitsunfähigkeit gibt volkswirtschaftlich gesehen ein mögliches Präventions- und Nutzenpotenzial an. Die Bundesanstalt für Arbeitsschutz und Arbeitsmedizin (BAuA) nennt für das Jahr 2004 eine durchschnittliche Arbeitsunfähigkeit von 12,7 Tagen je Arbeitnehmer. Bei 34,65 Millionen Arbeitnehmern ergaben sich für das Jahr 2004 insgesamt ca. 440 Millionen Arbeitsunfähigkeitstage (= 1,2 Millionen ausgefallene Erwerbsjahre), wobei ca. ein Viertel der Ausfalltage auf Erkrankungen des Muskel-Skelett-Systems und des Bindegewebes zurückzuführen ist. Ausgehend von diesem Arbeitsunfähigkeitsvolumen und einem durchschnittlichen Arbeitnehmerentgelt von 32.800 Euro schätzt die Bundesanstalt für Arbeitsschutz und Arbeitsmedizin die volkswirtschaftlichen Produktionsausfallkosten auf insgesamt ca. 40 Milliarden Euro, was einem Anteil von etwa 1,8 % am Bruttonationaleinkommen entspricht.

Zu diesem Leistungsausfall addieren sich Behandlungs- und Rehakosten von rund 50 Milliarden Euro, wobei 20 bis 30 % der genannten Kosten als arbeitsbedingt angesehen werden. Mit der Beseitigung organisatorischer, sicherheitstechnischer und ergonomischer Defizite in den Betrieben wird ein Einsparpotenzial von mehr als 30 Milliarden Euro erwartet. Jede Volkswirtschaft muss sich ihre sozialen Sicherungssysteme verdienen. Staatliche Systeme können aber immer nur das leisten, was durch die Leistungsfähigkeit und den Leistungswillen der Erwerbstätigen erwirtschaftet wird.

Arbeitswissenschaftliche Aspekte. Arbeitsprozesse müssen nicht nur wirtschaftlich sein, zugleich müssen die arbeitenden Menschen *ausführbare* und *erträgliche* (d. h. schädigungslose) Arbeitsbedingungen vorfinden, wobei die Arbeit nach Arbeitsaufgabe, Arbeitsinhalt und Arbeitsumgebung *sozial angemessen* (d. h. zumutbar) sowie *persönlichkeitsförderlich* sein sollte (vgl. Kerndefinition der Arbeitswissenschaft, Luczak, Volpert, Raeithel & Schwier, 1987). Ergonomische

Arbeitsgestaltung dient vor allem der Erfüllung der Muss-Anforderungen (Ausführbarkeit und Erträglichkeit der Arbeit) und schafft damit die Voraussetzungen für die Erfüllung der Soll-Anforderungen (Zumutbarkeit und Persönlichkeitsförderlichkeit der Arbeit; Laurig, 1982).

2.5 Teilgebiete der ergonomischen Arbeitsgestaltung

Entsprechend den Einflüssen der Arbeit auf den Menschen (im Wesentlichen charakterisiert durch die auf den Menschen gerichteten Pfeile in Abb. 1) ermöglicht es das Belastungs-Beanspruchungs-Konzept, Teilgebiete ergonomischer Arbeitsgestaltung zu umreißen.

Bei der *Belastung durch* die *Aufgabenstellung* unterscheidet man zwischen Aufgaben mit überwiegend physischem Anforderungscharakter (sog. *„körperliche Arbeit"*), Aufgaben mit überwiegend mentalem Anforderungscharakter (sog. *„geistige Arbeit"*) und Aufgaben mit gemischtem Anforderungscharakter (sog. *„sensumotorische Arbeit"*). Durch die Gestaltung der Arbeitsaufgabe ist es insbesondere durch die fundierten Kenntnisse über die physiologischen Reaktionen des Menschen auf körperliche Arbeitsanforderung möglich, die Belastung des Menschen auf ein ausführbares bzw. erträgliches Maß zu reduzieren. Auf die physiologische Reaktion des Menschen wird dabei das Modell der Wärmekraftmaschine angewendet und letztlich der biologische Aufwand des Organismus bewertet, der erforderlich ist, um eine physikalische Leistung zu erbringen. Für geistige Arbeitsanforderungen existieren bei weitem nicht solche eindeutigen Zusammenhänge, da praktisch alle Versuche gescheitert sind, allgemeingültig die menschliche Leistung bei der Informationsaufnahme, -verarbeitung und Informationsumsetzung (beispielsweise in bit/s) zu definieren oder gar in aktuellen Situationen zu messen. Solche Anforderungen kann man dann eher durch die Optimierung des Informationsflusses behandeln, mit der sich insbesondere die *Systemergonomie* beschäftigt.

Bei der *Belastung durch die Umgebungseinflüsse* unterscheidet man *physikalische und soziale Umwelteinflüsse.* Physikalische Umwelteinflüsse (Beleuchtung, Lärm, mechanische Schwingungen, Klima, giftige Gase und Dämpfe, Strahlungsbelastung, Staub, Schmutz und Nässe) lassen sich messtechnisch erfassen, und ihre Auswirkungen auf den Menschen sind quantitativ bewertbar. Soziale Umwelteinflüsse, die sich einer physikalisch-messtechnischen Erfassung prinzipiell entziehen, müssen folglich mit anderen Methoden analysiert werden (Aufgabe der Betriebssoziologie, zum Teil auch der Arbeitspsychologie). Die Gestaltung der physikalischen Umwelteinflüsse bezieht sich im Kern darauf, entsprechend den Kenntnissen über die Wirkung dieser Einflüsse, die Intensität (= Leistung/

Querschittsfläche) und die Einwirkungszeit so zu bemessen, dass es zu keinen schädigenden Wirkungen kommt. In diesem Zusammenhang spielt vor allem das Energiedosismodell eine herausragende Rolle. Es geht davon aus, dass die vom Körper absorbierte Energiemenge (= Leistung × Zeit) ein Maß für die zu erwartende Schädigung ist (Bubb, 1987). Entsprechend definiert man Grenzen zur Gesundheitsschädigung und zur Lebensgefahr. Wie Hesse (1994) darlegt, wird dieses einfache Modell jedoch nicht den komplexen physiologischen Reaktionsweisen beispielsweise des Gehörs gerecht. Es müssen demgegenüber erhebliche Korrekturen vorgenommen werden. Diese Überlegungen sind mit Sicherheit in spezifischer Weise auch auf andere Umweltfaktoren übertragbar.

Die Gestaltung sozialer Umwelteinflüsse zählt nicht zu dem klassischen Gebiet der Ergonomie. Es handelt sich hierbei um derartig komplexe Zusammenhänge, dass sie in dem eigenen Wissensgebiet der Betriebssoziologie und Arbeitspsychologie mit den dort üblichen Methoden behandelt werden müssen. Dennoch ist es für die menschengerechte, d. h. ergonomische Gestaltung der technischen Arbeitswelt von außerordentlicher Bedeutung, den im Vergleich zu den physikalischen Umwelteinwirkungen teilweise dominanten Einfluss sozialer Konstellationen zu berücksichtigen.

Ein weiteres Teilgebiet der Ergonomie befasst sich mit der Analyse der *Belastung durch das Mensch-Maschine-System (MMS)* im engeren Sinne. Diese Belastung kann einerseits im Hinblick auf den Informationsfluss im Mensch-Maschine-System analysiert werden *(Systemergonomie)* und andererseits im Hinblick auf die geometrisch-räumliche Auslegung des Arbeitsplatzes und der Arbeitsmittel *(anthropometrische Arbeitsplatzgestaltung)*.

Im Rahmen der *„Systemergonomie“* werden Gestaltungsregeln für die Optimierung des Informationsflusses entwickelt, der durch die Einbindung des Menschen in das Mensch-Maschine-System zustande kommt. Dafür sind zwei Zielrichtungen von Bedeutung, die sich gegenseitig keineswegs ausschließen, ja für deren Erreichen zum großen Teil die gleichen Maßnahmen herangezogen werden: Zum einen kann die Systemleistung optimiert werden und zum anderen die Systemzuverlässigkeit. Im ersteren Fall geht es darum, die Effektivität und die Genauigkeit des Systems zu erhöhen. Die angewendeten Methoden sind zum großen Teil aus der Regelungstechnik übernommen. Wesentliche Betrachtungsobjekte sind die dynamischen Eigenschaften des Systems, für dessen Beschreibung sich besonders Übergangsfunktion und Frequenzgang eignen (vgl. Bubb & Schmidtke, 1993). Im zweiten Fall ist es das Ziel, die Betriebssicherheit des Systems zu erhalten bzw. zu erhöhen, d. h. die Wahrscheinlichkeit dafür zu minimieren, dass das System außer Kontrolle gerät. Die angewendeten Methoden sind die der Probabilistik. Um das Zusammenwirken des Gesamtsystems zu beschreiben, werden die Methoden der Booleschen Algebra herangezogen. Für das Auftreten von Ausfallwahrscheinlichkeiten bzw. von Fehlern müssen Wahrscheinlichkeitsverteilungen angenommen werden. Insbesondere spielt in diesem Zusammenhang die menschliche Fehlerwahrscheinlichkeit eine Rolle, die als Human Error Probability HEP bezeichnet wird (Bubb, 1992). Die verschiedenen Verfahren zur Bewertung der menschlichen Zuverlässigkeit werden z. B. vorgestellt und diskutiert von Sträter (1996). Die von ihm auf der Basis von Betriebserfahrungen entwickelten Methoden zur systematischen Beschreibung und Analyse von Ereignissen bzw. zur Auswertung der Informationen aus Ereignissen erlauben die Verifizierung von quantitativen Angaben zur menschlichen Zuverlässigkeit.

Die *anthropometrische Arbeitsplatz- und Betriebsmittelgestaltung* bezieht sich für den Produktionsbereich auf die maßliche Auslegung der unterschiedlichen Arbeitsplatztypen (Steh-, Sitz- und Sitz-/Steh-Arbeitsplatz) und auf die am Arbeitsplatz verwendeten Körperabstützungen (Fußpodeste an Steharbeitsplätzen, Arbeitsdrehstühle und Fußstützen an Sitzarbeitsplätzen), um sowohl eine aufgabenbezogene als auch individuelle Arbeitsplatzanpassung zu gewährleisten (Schmidtke, 1993b; Schmidtke & Rühmann, 1993). Darüber hinaus spielen die Anordnung der Arbeitsobjekte und Betriebsmittel innerhalb des Seh- und Greifraumes sowie die Auslegung und Anordnung von Anzeigen und Stellteilen eine bedeutsame Rolle. Neben der Kenntnis der relevanten sinnesphysiologischen Grenzen und Bedingungen (z. B. Auflösungsvermögen des Auges, Bewegungsgeschwindigkeit und -genauigkeit der Extremitäten), die für die Gestaltung von Anzeigen und Stellteilen notwendig sind, sind insbesondere die unterschiedlichen Körpergrößen und Proportionen der Menschen für die Auslegung des Arbeitsplatzes und für die Gestaltung von Körperunterstützungen von Bedeutung. Durch die Perzentilierung der einzelnen Körpermaße versucht man, diese Problematik systematisch zu handhaben.

Zur Erleichterung der oftmals komplexen geometrischen Gestaltungsaufgaben wurden darüber hinaus computergenerierte geometrische Menschmodelle (3D-Modelle) entwickelt, die eine Konstruktion von Produkten und Arbeitsplätzen im CAD (Computer Aided Design) erlauben. Chaffin (2001) stellt anhand von unterschiedlichen Fallstudien – von Wartungsarbeiten auf der Internationalen Raumstation (ISS) bis zur Handhabung von Blechtafeln im Produktionsbereich – die verschiedenen Menschmodelle und deren Anwendungsmöglichkeiten vor. Der wesentliche Vorteil für Produkt- und Prozessgestalter wird darin gesehen, mithilfe digitaler Menschmodelle in einer frühen Entwicklungsphase die möglichen Probleme zu erkennen, die insbesondere für Randgruppen einer Population (sehr kleine bzw. sehr große Personen) bei der Handhabung von Produkten oder beispielsweise bei der Wartung von Produktionsanlagen auftreten können. Gegenüber der traditionellen Vorgehensweise, z. B. der Überprüfung von Prototypen in Usability Labors oder Mock-ups, die zumeist iterative Optimierungsschritte zur Folge haben, werden Entwicklungszeiten und -kosten eingespart. Eine deutliche Einschränkung bei der Anwendung von CAD-Menschmodellen wird in der noch mangelhaften Haltungs- und Bewegungssimulation mittels der inversen Kinematik gesehen, die dem Verhalten von Robotern ähnlicher ist als dem des Menschen und lange Rechenzeiten benötigt. Eine umfassende Analyse der Mensch-Maschine-Interaktion bei Variation physiologischer und psychologischer Stressoren im CAD-System (z. B. aufzubringende Kräfte, Dauer der Tätigkeit, repetitive Arbeit, Klima- und Beleuchtungswirkungen etc.) ist noch nicht möglich. Hinsichtlich der Anwendung besteht schon seit langem der Wunsch, die digitale Mensch-Modellierung abteilungs- und ggf. firmenübergreifend einzusetzen, und Konstrukteure, Produktionsplaner, Zulieferer und die Werker von Anfang an in den Planungsprozess einzubinden.

Im Folgenden wird auf die ergonomische Gestaltung der Mensch-Maschine-Interaktion näher eingegangen. In diesem Bereich sieht die Ergonomie ihre Kernkompetenz.

3 Grundlagen für die Gestaltung der Mensch-Maschine-Interaktion

3.1 Anthropometrische Grundlagen

Die Anthropometrie („Menschenmesskunde") beschäftigt sich mit der systematischen Vermessung des menschlichen Körpers: Das von ihr gelieferte Datenmaterial stellt die Grundlage für die industrielle Fertigung von Wirtschaftsgütern dar.

Körpermaße. Zu den klassischen Körpermaßen zählen Strecken (horizontale und vertikale Distanzen) und Umfänge, die an der Körperoberfläche abgenommen werden. Aus Gründen der Reproduzierbarkeit und Vergleichbarkeit anthropometrischer Messungen wird in Deutschland einheitlich die Messmethode nach *Martin* (z. B. zitiert in Károlyi, 1971) angewandt. Die zu vermessende Person steht bzw. sitzt in maximal gestreckter aufrechter Körperhaltung, mit aufrechter Kopfhaltung (definiert durch die „Frankfurter Horizontale"), und ist üblicherweise weitgehend unbekleidet. Messpunkte sind – soweit möglich – von außen tastbare Knochenpunkte (z. B. unterer Rand der knöchernen Augenhöhle); trotz der Asymmetrie des menschlichen Körpers werden Körpermaße an der rechten Körperseite gemessen (z. B. Gesäß-Knielänge).

Zur anthropometrischen Vermessung einer Person können klassische Messgeräte verwendet werden (Anthropometer, Schieblehre, Bandmaß, Tastzirkel usw.), oder die Person wird in den definierten Körperhaltungen nach dem Prinzip der

Stereophotogrammmetrie fotografiert zur nachträglichen Vermessung der Aufnahmen. Ein neuer Messansatz beruht darauf, Videobilder einer Person im Rechner zu digitalisieren und mit einem 3D-CAD-Menschmodell zu überlagern; durch die Anpassung des Rechner-Menschmodells an die Aufnahmen der Person werden u. a. deren Körpermaße ermittelt (vgl. Abb. 4; vgl. Seitz, 2002).

Im weiteren Sinne zählen zu den Körpermaßen auch Körperkonturen (z. B. Rückenlängs- und -querprofile) sowie Gelenkwinkel, die mit klassischen Messgeräten (Tastgeräte, Winkelmesser), aber auch nach der o. a. Überlagerungsmethode bestimmt werden können.

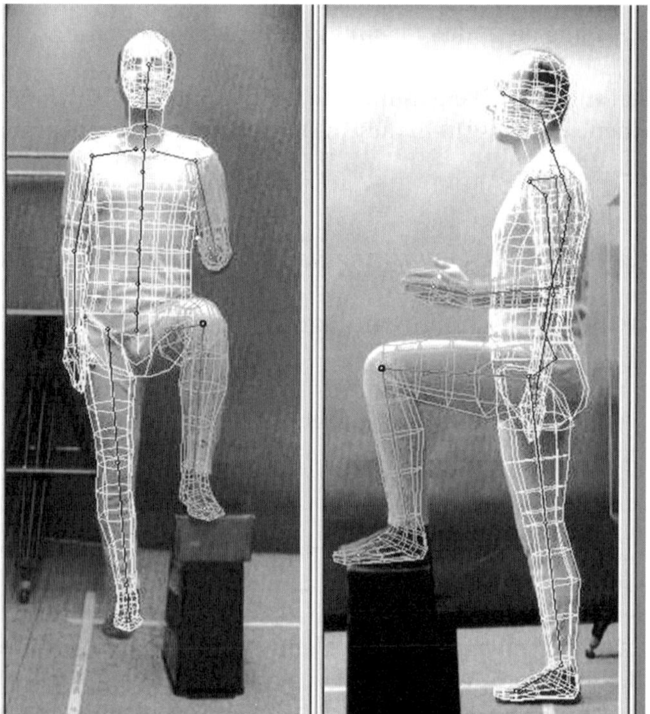

Abbildung 4:
Anthropometrische Vermessung einer Person durch Überlagerung der realen Videoaufnahme mit einem 3D-Menschmodell

Körperkräfte, Körperteilgewichte. Körperkräfte des Menschen werden in aller Regel als sog. maximale isometrische (statische) Aktionskräfte gemessen. Die statische Aktionskraft ist eine Körperkraft, die auf einen unbeweglichen Kraftangriffspunkt wirkt. Da sie aus der Muskelkraft und/oder der Massenkraft resultiert, die sich in ihrer Wirkung verstärken oder abschwächen können, und diese Wirkung in erster Linie von der Körperstellung abhängt, bezeichnet man statische Aktionskräfte auch als Stellungskräfte (vgl. DIN 33 411 Teil 1). Statische Aktionskräfte werden auf Körperunterstützungsflächen übertragen, bewirken als Haltungskräfte die Aufrechterhaltung einer bestimmten Körperhaltung, oder sie werden als Haltekräfte aufgebracht, um Lasten oder Stellteile gegen Widerstandskräfte in einer bestimmten Stellung zu halten.

Für ergonomische Fragestellungen (z. B. für die Auslegung einer Kopfstützenpolsterung) ist nicht das theoretische Gewicht eines (abgetrennten) Körperteils von Bedeutung, sondern sein *funktionales* Gewicht, das als Kraft bei gelenkiger, sehniger und muskulärer Verbindung mit dem restlichen lebenden Körper auf abstützende Systeme wirkt (Jürgens & Mader, 1989). Daten über Körperteilgewichte werden beispielsweise angewendet für die konstruktive Auslegung der Festigkeit von Körperabstützungen (z. B. Kopfstützenbefestigung in der Pkw-Rückenlehne zur Aufnahme von Beschleunigungskräften beim Heckaufprall) oder bei der Auslegung der Rückstellkraft von Fußpedalen, die auch als Fußstütze dienen (z. B. Gaspedal).

Visuelle Daten. Für die Anordnung der Arbeitsmittel am Arbeitsplatz innerhalb der Sehbereiche sind vor allem die räumlichen Ausdehnungen der verschiedenen Gesichtsfeldgrenzen (Gesichtsfeld, Blick-Gesichtsfeld, Umblick-Gesichtsfeld) von Bedeutung. Das Gesichtsfeld des Menschen umfasst die Gesamtheit aller Raumpunkte, die bei ruhendem Kopf und ruhendem Auge gleichzeitig wahrgenommen werden, wobei zwischen monokularem und binokularem Gesichtsfeld zu unterscheiden ist. Gesichtsfeldvermessungen werden mit dem *Perimeter* vorgenommen. Darüber hinaus stehen andere visuelle Daten zur Verfügung, z. B. Verteilung der Sehschärfe in der Population, Akkommodations- und Adaptationszeiten (Schmidtke, 1989).

Weitere Daten. Für den Konstrukteur können noch weitere Daten von Interesse sein: Für die menschliche Motorik wurden Daten für Bewegungszeiten und Bewegungsgenauigkeiten verschiedener Körperteilsysteme (z. B. Hand-Finger-, Hand-Arm-, Fuß-Bein-System) erhoben. Auditive Daten beziehen sich z. B. auf Sprachverständlichkeit und Richtungshören.

Um die Variationsbreite der gewonnenen Daten praxisrelevant und dennoch mit wenigen Zahlen wiederzugeben, ist es Usus geworden, Körpermaße (auch Körperkräfte, Körperteilgewichte und Gelenkwinkel) in *Perzentilen* anzugeben. Das Perzentil kennzeichnet den Wert, der von einem bestimmten Prozentsatz der vermessenen Population unterschritten wird. Wird beispielsweise für das 95. Perzentil der Körperhöhe von Frauen ein Maß von 174 cm angegeben, so bedeutet dies, dass 95 % der vermessenen Frauen dieses Maß unterschreiten (vgl. Abb. 5). Wenn die Versuchspersonen die entsprechende Bevölkerung hinreichend repräsentieren, wird damit auch ein erwartungstreuer Schätzwert für die Gesamtpopulation genannt.

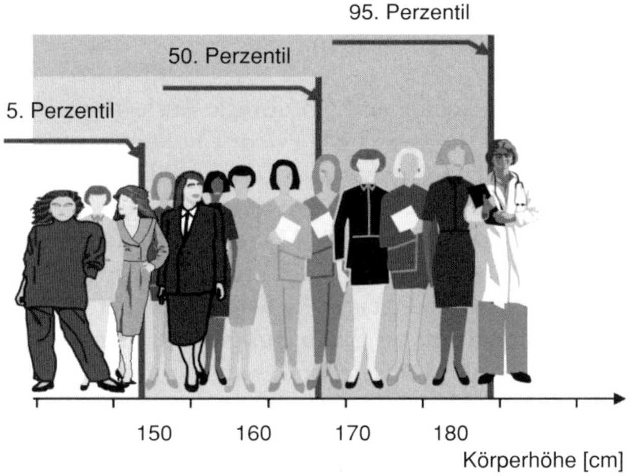

Abbildung 5:
Veranschaulichung der Perzentilierung anthropometrischer Daten am Beispiel der Körperhöhe

In anthropometrischen Tabellen werden im Allgemeinen die Maße des 5., 50. und 95. Perzentils getrennt nach dem Geschlecht angegeben. Als ein Beispiel wird in Abbildung 6 ein Ausschnitt aus dem Tabellenwerk nach DIN 33402–2 gegeben. Die Maße beziehen sich gemäß der Grundidee des Perzentils immer nur auf ein einzelnes Körpermaß (also z. B. auf die Körperhöhe, Sitzhöhe, Unterschenkellänge usw.). Durch die Perzentilierung wird die Information über den individuellen Zusammenhang dieser Maße aufgegeben. Es ist aber evident, dass kein real existierender Mensch für alle Körperelemente Maße eines bestimmten Perzentils aufweist. Menschen sind durch unterschiedliche Verhältnisse ihrer Körperelemente (Proportionen) und durch unterschiedlich ausgeprägtes Fettgewebe (Korpulenz) genauso gekennzeichnet wie durch ihre Körpergröße. Es gibt nur wenige Forschungsberichte, die diesen Sachverhalt entweder durch eine erweiterte Form der Tabellen (z. B. Jürgens & Dirlewanger, 1979) oder durch Angabe von Korrelationskoeffizienten (z. B. Greil, 1993) berücksichtigen.

Körpermaße lassen sich bezüglich verschiedener Merkmale (Geschlecht, Alter, regionale Herkunft, Berufsgruppen, Rasse) differenzieren. Das ausgeprägte Nord-

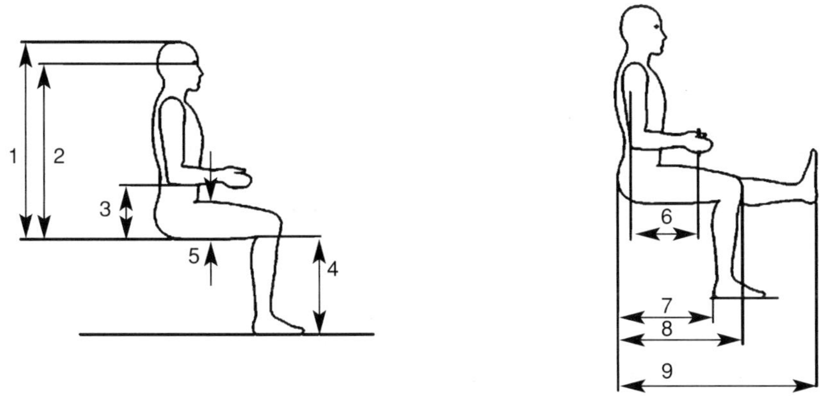

Maße in cm	Perzentil männlich 5 %	50 %	95 %	weiblich 5 %	50 %	95 %
1 Körpersitzhöhe (Stammlänge)	85,5	91,0	96,5	81,0	86,0	91,0
2 Augenhöhe im Sitzen	74,0	79,5	85,5	70,5	75,5	80,5
3 Ellenbogenhöhe über der Sitzfläche	21,0	24,0	28,5	18,5	23,0	27,5
4 Länge des Unterschenkels mit Fuß (Sitzflächenhöhe)	41,0	45,0	49,0	37,5	41,5	45,0
5 Oberschenkelhöhe	13,0	15,0	18,0	12,5	14,5	17,5
6 Ellenbogen-Griffachsen-Abstand	32,5	35,0	39,0	29,5	31,5	35,0
7 Sitztiefe	45,0	49,5	54,0	43,5	48,5	53,0
8 Gesäß-Knie-Länge	56,5	61,0	65,5	54,5	59,0	64,0
9 Gesäß-Bein-Länge	95,5	104,5	114,0	92,5	99,0	105,5

Abbildung 6:
Körpermaße für die Altergruppe 18 bis 65 Jahre nach DIN 33402-2 (Erhebungszeitraum 1999–2002)

Süd-Gefälle innerhalb Europas hat sich verschoben, die holländische Bevölkerung weist zwischenzeitlich eine durchschnittlich größere Körperhöhe auf als die norwegische. Gegenüber ihrer früheren Ausgabe (1986) gibt die aktualisierte Fassung der DIN 33402-2 keine Werte mehr für ausländische Arbeitnehmer in der Bundesrepublik Deutschland wieder, sondern aufgrund der zunehmenden Migration in Europa und der uneinheitlichen Übernahme der Staatsangehörigkeit nur noch für die „Wohnbevölkerung", die auch die Nutzerpopulation repräsentiert. Eine Gegenüberstellung deutscher und japanischer Körpermaßdaten findet sich beispielsweise in dem Ergonomischen Datenbanksystem EKIDES (*E*rgonomics *K*nowledge and *I*ntelligent *De*sign *S*ystem, Jastrzebska-Fraczek, Schmidtke, Bubb & Karwowski, 2006).

3.2 Anwendung anthropometrischer Daten

Üblicherweise werden technische Einrichtungen so ausgelegt, dass sie vom 5. bis zum 95. Perzentil benutzt werden können. Falls das Nutzerkollektiv nur männlich oder nur weiblich ist (z. B. Arbeitsplätze, an denen ausschließlich Frauen beschäftigt sind), würden dadurch 90 % der Bevölkerung zufrieden gestellt. Das bedeutet aber auch, dass sich dann für 10 % der Bevölkerung Probleme ergeben können.

Produkte müssen dagegen für die Nutzung beiderlei Geschlechts konzipiert werden. Dabei berücksichtigt man die Spannweite von der 5-Perzentil-Frau bis zum 95-Perzentil-Mann. Auch in diesem Fall schließt man praktisch 10 % (genauer 5 % der Frauen und 5 % der Männer; die Anzahl der Männer und Frauen ist nicht gleich!) der Bevölkerung aus dem berücksichtigten Nutzerkreis aus. Man vertritt hierbei die Auffassung, dass es billiger sei, für diese sog. „Randgruppen" Speziallösungen bereitzustellen, als den gesamten Variationsbereich der Körpermaße durch entsprechende konstruktiv vorgesehene, aufwändige und damit kostspielige Verstellbereiche abzudecken. Beispiel: Der Variationsbereich für die Körperhöhe von der 5-Perzentil-Frau (153,5 cm) bis zum 95-Perzentil-Mann (185,5 cm) beträgt 32 cm, die Spannbreite von der „kleinsten" Frau (ca. 130 cm) bis zum „größten" Mann (210 cm) dagegen 80 cm.

Für die Nutzung der Perzentilwerte gelten allgemein folgende Regeln:

- *Innenmaße* charakterisieren Distanzen, die von „jedermann" erreicht werden sollen. Sie müssen also auch von den „Kleinen" erreicht werden, d. h. je nach Anwendungsbereich von der 5-Perzentil-Frau bzw. vom 5-Perzentil-Mann. Typische Beispiele hierfür sind Greifräume und Fußräume, in denen Stellteile (z. B. Pedale) angeordnet sind.
  Innenmaße spielen beispielsweise auch bei sicherheitstechnischer Auslegung eine Rolle. So müssen z. B. Schutzgitter verhindern, dass auch Personen mit kleinen Fingern hindurchgreifen können. Da bei der Gestaltung sicherheitskritischer Elemente 5 % der Nutzergruppe nicht ausgeschlossen werden dürfen, orientiert man sich an den Werten des 1. Perzentils und versieht diese mit Sicherheitsabschlägen, um damit praktisch *allen* Nutzern gerecht zu werden.
- *Außenmaße* dürfen den/die „Große(n)" nicht behindern, sie orientieren sich also am 95. Perzentil. Typische Beispiele für solche Außenmaße sind Türöffnungen, Zugangsöffnungen oder der Beinraum an Sitzarbeitsplätzen. Auch im Zusammenhang mit den Außenmaßen kommen sicherheitstechnische Fragen auf. So soll beispielsweise der sich bewegende Mensch gefährdende Teile nicht berühren bzw. gefährdende bewegte Teile dürfen den Menschen nicht erfassen (siehe auch Skiba, 1991). Man rechnet dann zu dem Wert des

99. Perzentils einen Sicherheitszuschlag von ca. 10 % hinzu, um Menschen in einer Gefahrensituation nicht zu beeinträchtigen (z. B. mindestens notwendiger Durchmesser einer Notausstiegsluke: Schulterbreite des 99-Perzentil-Mannes mit schwerer Bekleidung = 554 mm + Zuschlag von 10 % ≈ 610 mm Lukendurchmesser; Jürgens, 1999).

3.3 Anthropometrische Gestaltungsweisen

Bei der praktischen anthropometrischen Gestaltung von Arbeitsplätzen und Produkten müssen diese Maße in einer oft sehr komplex verschränkten Weise angewendet werden (man denke nur an die Bemessung der Türöffnung eines Fahrzeugs oder die Zuordnung des Sitzes zu den Bedienelementen). Wegen dieser Anwendungsproblematik haben sich letztlich zwei unterschiedliche Herangehensweisen für die anthropometrische Gestaltung herauskristallisiert: die eine ist subjektbezogen, d. h. man verwendet Repräsentative des realen Menschen. Zu diesen subjektbezogenen Methoden gehören die bereits erwähnte Anwendung anthropometrischer Daten aus Tabellen, aber auch Zeichenschablonen und digitale 3D-Menschmodelle, die diese Tabellenwerte in eine anschauliche Form komprimieren.

Die objektbezogenen Methoden liefern im Gegensatz dazu für die anthropometrische Gestaltung von definierten Objekten (z. B. für Bürodrehstühle DIN EN 1335; für Arbeitsplätze in Leitzentralen DIN EN ISO 11064-4; für Arbeitsplätze im Produktionsbereich DIN 33406 u. Ä.) konkrete Maße. Der Vorteil der unmittelbaren Anwendbarkeit gegenüber den subjektbezogenen Methoden wird durch den Nachteil der Starrheit erkauft, d. h. die Gestaltung neuartiger Objekte ist bestenfalls nur durch vage Analogieschlüsse möglich.

3.3.1 Subjektbezogene Methoden

Durch die Entwicklung von Zeichenschablonen wurde schon frühzeitig die Grundlage für eine anschauliche Berücksichtigung der menschlichen Gestalt bei Konstruktionen geschaffen. Grundlage für die Normung einer zweidimensionalen, beweglichen Zeichenschablone in drei Ansichten für die Auslegung von Sitzarbeitsplätzen (vgl. DIN 33408-1) war die sog. *„Kieler Puppe"* (vgl. Abb. 7).

Diese konstruktiven Hilfsmittel erlauben jedoch nicht die zeichnerische Darstellung einer beliebigen Lage des menschlichen Körpers oder einzelner Körperelemente, da Bewegungen der Körperelemente in ihren gelenkigen Verbindungen immer nur in zur Zeichenebene parallelen Ebenen möglich sind. Hierfür ist mehr die Zeichenschablone nach Jenik (1972; vgl. Abb. 8) geeignet, wobei

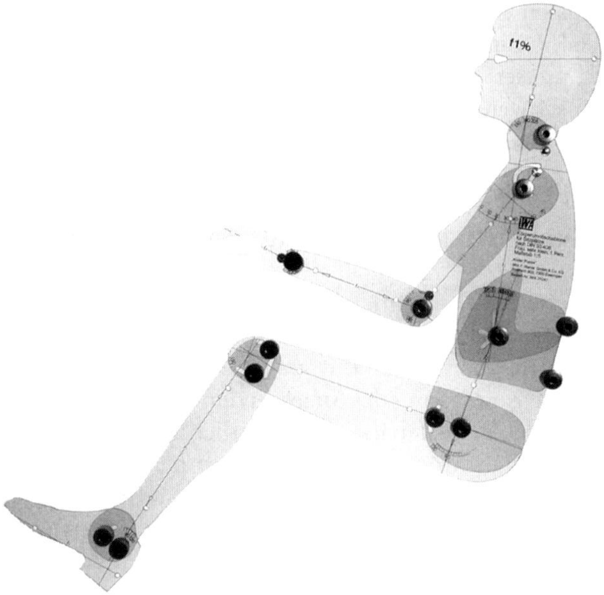

Abbildung 7:
Zeichenschablone der menschlichen Gestalt nach DIN 33408-1 (Kieler Puppe) in der gebräuchlichsten Seitenansicht

allerdings in der praktischen Handhabung und für die Darstellung komplexer Haltungen der Körperelemente doch erhebliche Anforderungen an das konstruktive Geschick des Anwenders gestellt werden. Die Problematik von korrelativen Zusammenhängen zwischen den Körpermaßen lässt sich mit Zeichenschablonen prinzipiell nicht beheben. Vielmehr repräsentieren Zeichenschablonen der menschlichen Gestalt „synthetische Konstruktionsmenschen“, deren Körpermaße einem „Leitmaß“, nämlich der Körperhöhe folgen. So modelliert beispielsweise die Zeichenschablone für die 5-Perzentil-Frau eine kleine Frau (Körperhöhe 151 cm gemäß der früheren Ausgabe der DIN 33402-2 von 1984), die etwa in *allen* Körpermaßen dem 5. Perzentil entspricht.

Um eine gewisse Standardisierung für die Anwendung der Zeichenschablonen zu erreichen, wurden zumindest für bestimmte Anwendungsfälle (z. B. Sitzarbeitsplätze) *Komfortwinkel* definiert (vgl. Abb. 9). Zur korrekten Handhabung der Zeichenschablonen gehört auch die Beachtung der maximalen Beweglichkeit in den einzelnen Körpergelenken, die selbst wieder perzentiliert dargestellt werden kann. Einige der in Abbildung 9 angegebenen Gelenkpunkte (Schulterdrehpunkt, Hüftpunkt und Fersenpunkt) und der Augenpunkt sind wichtige Bezugspunkte für die konstruktive Auslegung des Arbeitsplatzes. Der Hüftpunkt

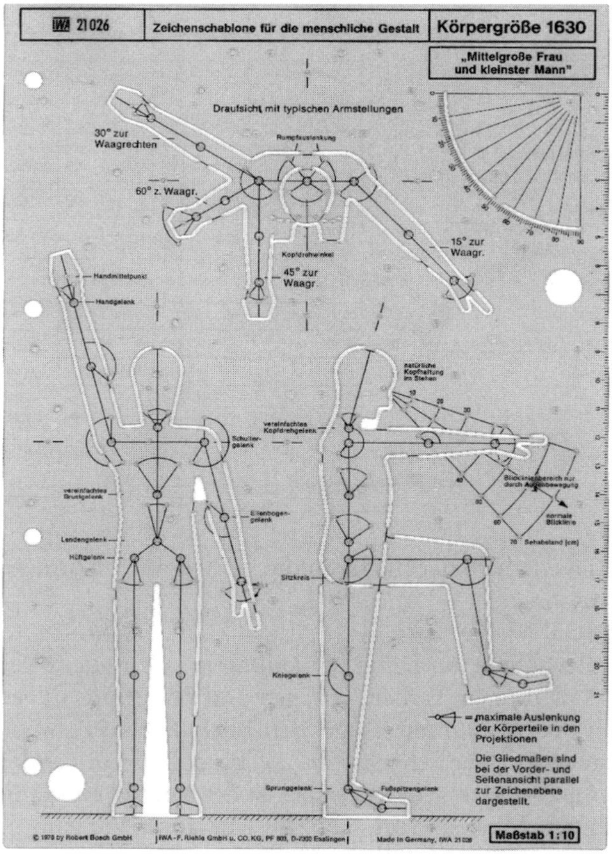

Abbildung 8:
Bosch-Jenik-Zeichenschablone der menschlichen Gestalt

(H-Punkt) beschreibt beispielsweise die Verbindung des menschlichen Körpers zum Sitz, bezogen auf den Augenpunkt werden die bevorzugten Sehbereiche festgelegt, der Schulterdrehpunkt und der Fersenpunkt dienen u. a. dazu, Stellteile innerhalb des Greifraums und Fußraums zu positionieren.

Auch der Sehraum ist ein subjektbezogenes Maß. Für die Gestaltung muss man jedoch auf normierte Daten zurückgreifen, die ihren Bezug im Augenpunkt der Zeichenschablone haben. Für das Verständnis der Festlegungen ist zu beachten, dass das menschliche Auge nur einen Winkelbereich von ca. 2° bis 3° um die sog. Sehachse scharf auf dem Augenhintergrund (sog. zentrales Sehfeld bzw. „gelber Fleck") abbilden kann, also für das kognitive optische Erfassen der Blick auf das jeweilige Objekt gerichtet werden muss. Zum kognitiven Erfassen

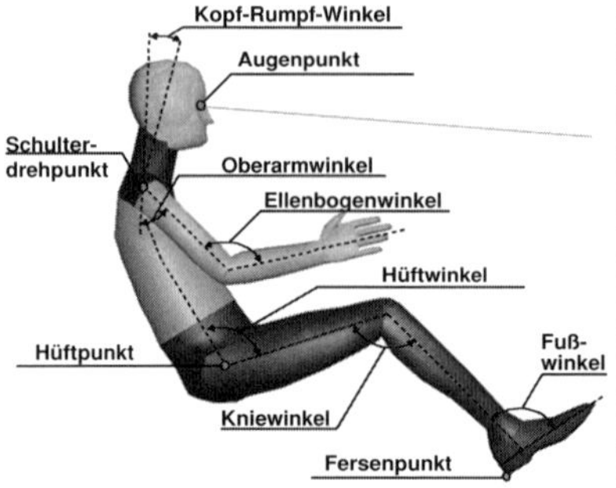

Winkel	Perzentil			physiologisch günstiger Bereich
	5.	50.	95.	
Kopf-Rumpf-Winkel	52° bis –60°	67° bis –77°	82° bis –93°	Stehen 15° Sitzen 25°
Handgelenk-Winkel	35° bis –12°	47° bis –27°	59° bis –42°	0°
Ellenbogen-Winkel	54° bis 180°	38° bis –180°	22° bis 180°	115°
Oberarm-Winkel	38° bis –168°	61° bis –188°	84° bis –208°	28°
Oberer Rumpf-Winkel	bequeme Stellung 9° ⇒ entspricht gebeugter Sitzhaltung			
Unterer Rumpf-Winkel	bequeme Stellung 17° ⇒ entspricht gebeugter Sitzhaltung			
Hüftwinkel	88° bis 180°	67° bis 180°	46° bis 180°	100°
Kniewinkel	88° bis 180°	67° bis 180°	46° bis 180°	110° bis 140°
Fußwinkel	67° bis 108°	55° bis 128°	43° bis 148°	90° ± 10°

Abbildung 9:
Maximale Gelenkwinkel (mit Perzentilangabe) und physiologisch günstige Bereiche („Komfortwinkel", z. T. nach Damon, Stoudt & McFarland, 1966)

der Umwelt muss deshalb der Blick ständig bewegt werden, um so das gesamte Blickfeld abzuscannen.

Trotzdem werden Dinge auch in der Peripherie – vor allem Veränderungen (Leuchtdichteänderungen, Farbänderungen und Bewegungen) verstärkt wahrgenommen und veranlassen das Auge, den Blick dorthin zu wenden. Im entspannten Zustand ist diese Sehachse ca. 25° bis 35° gegenüber der Horizontalen des Kopfes nach unten geneigt. Dabei ist der Kopf in entspannter Haltung etwa 15° nach vorne geneigt (vgl. Abb. 9). Mit dieser Vorkenntnis kann man unterscheiden (Schmidtke, 1993b):

- *Gesichtsfeld:* der Wahrnehmungsbereich, der bei festem Kopf und unbewegtem Auge unter Einbeziehung des peripheren Sehens erfasst wird: horizontal: ±95°, vertikal: +15° nach oben, –75° nach unten.
- *Blickgesichtsfeld:* der Wahrnehmungsbereich, der bei starrem Kopf nur durch Bewegung der Augen unter Einbeziehung des peripheren Gesichtsfelds erfasst werden kann: horizontal: ±110°, vertikal: +25° nach oben, –85° nach unten.
- *Umblickgesichtsfeld:* Der Wahrnehmungsbereich, der mit bewegtem Auge und bewegtem Kopf unter Einbeziehung des peripheren Gesichtsfeld erfasst werden kann: horizontal: ±160°, vertikal: +100° nach oben, –90° nach unten.

Jedes dieser Sehfelder kann zudem monokular und binokular definiert werden. Wie die Gelenkwinkel gehören Körperkräfte zu den biomechanischen Daten in der Anthropometrie. Wegen der großen Spannbreite dieser Daten werden auch hier die individuell gemessenen Maximalkräfte perzentiliert dargestellt. Bezüglich der entsprechenden Definitionsproblematik der Maximalkraft und der unterschiedlichen Messmethoden wird auf die Literatur verwiesen (siehe hierzu: Rohmert, 1993; Rühmann, 1985).

Für die Definition der maximalen isometrischen Stellungskräfte (Aktionskräfte) werden grundsätzlich – ähnlich wie bei den geometrischen anthropometrischen Maßen – zwei unterschiedliche Ansätze, nämlich ein subjekt- und ein objektbezogener unterschieden: Im einen Fall werden Kraftangaben körperbezogen getroffen, d. h. sie beziehen sich auf einen Körperreferenzpunkt (z. B. Schulter- bzw. Hüftpunkt). Die Ergebnisse können dann beispielsweise in Form von *Isodynen* (vgl. Abb. 10) dargestellt werden (z. B. Rohmert, 1966; DIN 33411-4). Eine Isodyne ist eine Kurve, die Kraftangriffspunkte im Bewegungsraum der Arme verbindet, die in einer vertikalen Ebene durch den Schulterdrehpunkt liegen und an denen gleich große statische Aktionskräfte ermittelt wurden.

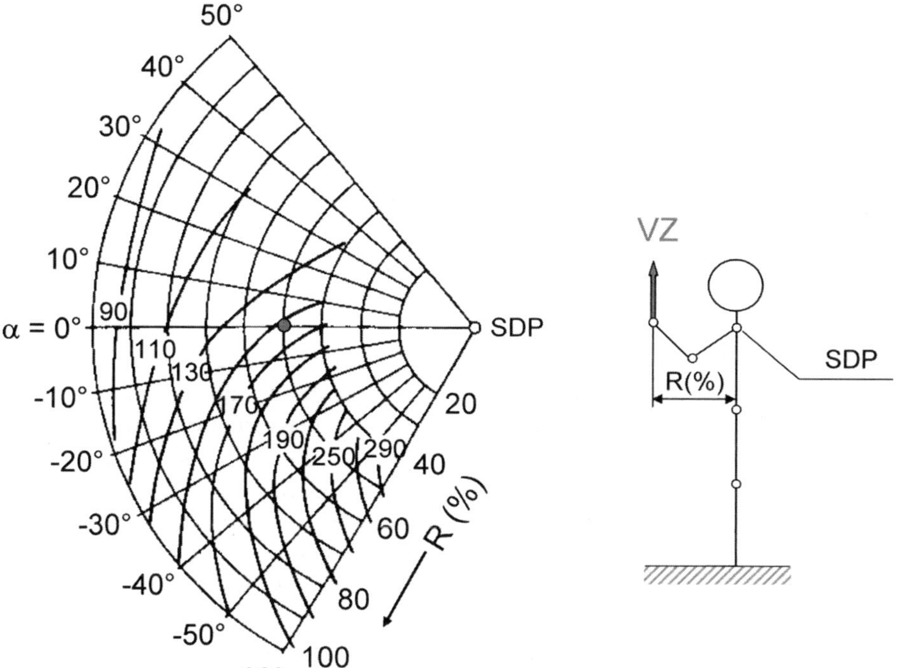

Anmerkung: SDP: Schulterdrehpunkt, α: Höhenwinkel, R (%): Entfernung des Kraftangriffspunktes vom SDP in Prozent der maximalen individuellen Reichweite; für den eingezeichneten Kraftangriffspunkt beträgt VZ ca. 150 N.

Abbildung 10:
Isodynen für eine vertikal nach oben gerichtete Zugkraft (VZ) in einer Sagittalebene durch das Schultergelenk

In anderen Fällen werden für verschiedene Tätigkeitsarten (Stellteilbetätigungen, Heben von Stapelkästen, Schieben und Ziehen von Containern) nach außen hin wirksame Kräfte perzentiliert (vgl. hierzu auch DIN 33411-5). Auf der Grundlage einer ausgedehnten Studie von Schmidtke und Rühmann (1991) sind entsprechende Datenblätter entstanden. Solche Daten sind zwar unmittelbar anwendbar, können aber natürlich nicht alle denkbaren Anwendungsfälle abdecken. Um dem abzuhelfen, wurde von Burandt (1978) ein subjektbezogenes Prognoseverfahren entwickelt, das ursprünglich in Form von Tabellen und Berechnungsvorschriften vorlag, inzwischen aber von verschiedenen Seiten in die Software digitaler Menschmodelle implementiert wurde (z. B. auch in RAMSIS, *R*echner gestütztes *A*nthropologisch *M*athematisches *S*ystem zur *I*nsassen *S*imulation). Es ermöglicht für eine Vielzahl von Krafteinsätzen eine Prognose der Maximalkraft bzw. der auf Dauer zu erbringenden Kraft in Abhängigkeit vom Geschlecht, vom Alter, der Trainiertheit und der Betätigungsart. Das Burandtsche Verfahren ist im Prinzip körperbezogen, enthält aber auch einige aktionsbezogene Angaben.

Mit der Computertechnologie sind neuartige Möglichkeiten entstanden, die Komplexität menschlicher Erscheinungsformen und ihre Interdependenzen sowie die Wechselwirkung mit der Umgebung darzustellen. Mit der *digitalen Menschmodellierung* haben sich für die anthropometrische Gestaltung ganz neue Verfahrensweisen eröffnet. Mit den vorhandenen sowie neu erhobenen anthropometrischen Daten und mit den drei Leitmaßen *Körperhöhe, Proportion und Korpulenz* wurde eine Personentypologie entwickelt (Geuß, 1995), die die dreidimensionale Simulation *realer Personen* in einer CAD-Umgebung ermöglicht.

Neben der geometrischen Repräsentation der unterschiedlichen Konstitutionstypen wird deren menschenähnliches Verhalten in einer konstruktiven Umgebung gefordert. Aus Beobachtungen in experimentellen Situationen wird deshalb modellhaftes Verhalten des Menschen abgeleitet und auf das Menschmodell übertragen. Dies bietet den Vorteil, bereits in der Definitions- und Konstruktionsphase eines Produkts bzw. eines Arbeitssystems Vorhersagen über das wahrscheinliche Verhalten des Menschen machen zu können. Mit „onlinefähigen" Menschmodellen ist es dann möglich, virtuelle Experimente durchzuführen, um so in adaptiver Weise im CAD vorhandene Produkte oder Arbeitsplätze an die Eigenschaften des Menschen anzupassen. Diese Vorgehensweise macht zwar spätere Evaluationsexperimente nicht überflüssig, aber sie ermöglicht es, bereits weitgehend optimierte technische Lösungen für die Evaluation vorzusehen. Ein weiterer Aspekt darf in diesem Zusammenhang nicht übersehen werden: Konstrukteure verfügen oft nicht über ausreichende ergonomische Kenntnisse, sodass keineswegs ergonomisch optimierte Vorprodukte in das Versuchsstadium geraten. Durch die Nutzung von digitalen Menschmodellen wird ergonomisches Wissen in das Modell gesteckt, das dem Konstrukteur dann indirekt zur Verfügung steht. Nicht zuletzt werden dadurch unter Umständen auch neue Ideen initiiert, die starre Vorschriften in Empfehlungen eher verhindern würden.

Neben den für die Automobilentwicklung entstandenen Menschmodellen (z. B. RAMSIS) existieren weltweit rund 130 Menschmodelle, die überwiegend für den allgemeinen Einsatz zur Arbeitsplatzauslegung, Produktgestaltung, sicherheitstechnischen Überprüfung oder Dokumentation von Planungsergebnissen entwickelt wurden (Aune & Jürgens, 1989; Walthier, 1989; Hickey, Pierrynowski & Rothwell, 1985). Sie unterscheiden sich in den anthropometrischen Datensätzen nur unwesentlich von den in der Automobilindustrie verwendeten 3D-Modellen des Menschen. Allerdings sind die Analysefunktionen der Einzelsysteme stark an den Anwendungsschwerpunkt angepasst. Allen aufgeführten Schablonen und Computermodellen liegt die Annahme zugrunde, durch die Verwendung der drei Perzentile (5., 50. und 95. Perzentil) die Berücksichtigung der Maße des Menschen hinreichend sicherzustellen. Es wird zwar öfters auf die Möglichkeit verwiesen, dass die Modelle an individuelle anthropometrische Daten angepasst werden können, ein geschlossenes von der Datenerhebung bis zur Simulation und Rechneranalyse konsistentes Menschmodellkonzept existierte bis Anfang der 90er Jahre jedoch nicht (Gärtner, 1992). Erst die neuesten Entwicklungen von RAMSIS, Safework und Jack bemühen sich, diese Mängel zu beheben und darüber hinaus den Weg in eine neue Zukunft anthropometrischer Werkzeuge zu eröffnen.

Abbildung 11 zeigt für das Beispiel des Fahrerplatzes in einem Gabelstapler die aktuellen Analyse- und Konstruktionstechniken. Mit der bereits dargestellten Überlagerungstechnik (vgl. Abb. 4) wurde im Versuch die Körperhaltung von Gabelstaplerfahrern bei Rückwärtsfahrt mit zwei Sitzvarianten, einem starren und einem drehbaren Fahrersitz untersucht (Schröder & Seitz, 2004). Die Auswertung zeigt erhebliche Vorteile für die drehbare Variante, da damit nicht nur eine größere Verdrehung der Blickachse nach hinten möglich ist (129,6° vs. 121,7°), sondern diese bei etwa gleicher Beckendrehung (16,3° bzw. 16,7°) mit einer geringeren Verdrehung der Wirbelsäule erreicht wird (94,9° vs. 105,4° Abb. 12). Weiterhin konnte für den projektierten Stapler mit Drehsitz gezeigt werden, dass die Zweipedalbedienung (Rückwärtsfahren mit dem linken Fuß, Vorwärtsfahren mit dem rechten Fuß) vorteilhafter ist als die Einpedalbedienung mit dem rechten Fuß. In Verbindung mit den CAD-Daten für den Gabelstapleraufbau ist eine ergonomisch verbesserte Sitzhaltung, eine günstige Anordnung der Stellteile sowie eine möglichst unverdeckte Sicht nach hinten konstruierbar.

Zu den CAD-Modellen des Menschen für die Auslegung von Produkten und Arbeitsplätzen gesellt sich seit Beginn der 90er Jahre noch ein weiterer Zweig: Hier simulieren Menschmodelle Arbeitsabläufe und erlauben so z. B. eine vereinfachte

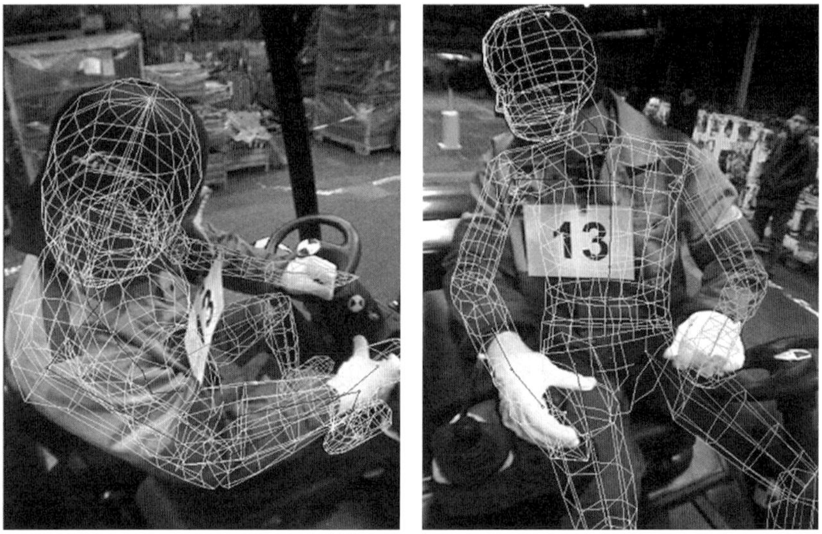

Abbildung 11:
Körperhaltung des Gabelstaplerfahrers bei Rückwärtsfahrt

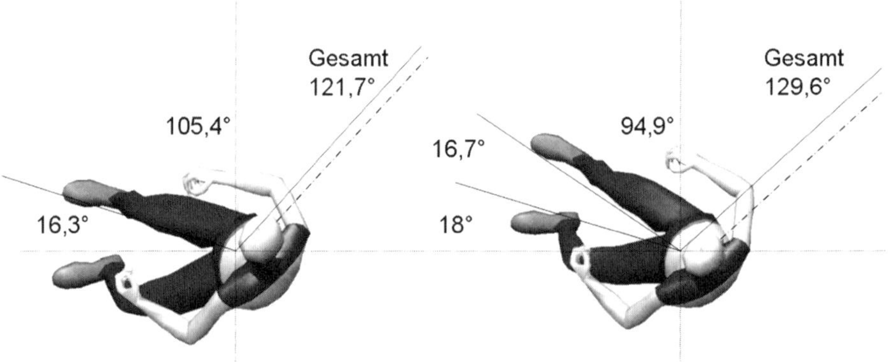

Abbildung 12:
Verdrehung von Becken, Wirbelsäule und Blickachse beim Rückwärtsfahren auf einem starren Sitz (links) und einem Drehsitz (rechts)

Berechnung der in Abhängigkeit von der Geometrie des Arbeitsplatzes benötigten Arbeitszeit nach der MTM-Methode. Als Beispiel hierfür sei AnySIM genannt (vgl. Abb. 13).

Das Menschmodell AnySIM verfügt über 44 Bewegungsachsen und ist in sechs Körpergrößenklassen abrufbar. Somit ist es möglich, das im Produktionsbereich

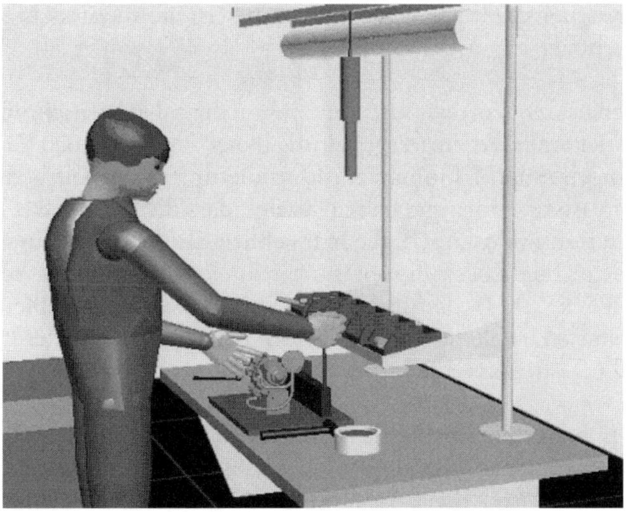

Abbildung 13:
AnySIM zur Simulation von Prozessabläufen

eingesetzte Personenkollektiv bei der Planung zu berücksichtigen. Im Simulationssystem kann der Planer den gesamten Arbeitsablauf in einer realistischen dreidimensionalen Umgebung nachvollziehen. Weitgehend automatisch ermittelt die Simulation dabei die benötigte Arbeitszeit sowie die auftretenden Körperbelastungen des Werkers. Durch schrittweises Verändern des Arbeitsplatzes kann mithilfe der Bewertung durch AnySIM ein unter wirtschaftlichen *und* ergonomischen Gesichtspunkten optimaler Arbeitsplatz gestaltet werden. Die optimierte Arbeitsplatzanordnung kann in Bildern und Zeichnungen dokumentiert werden, um die Umsetzung in die Praxis zu ermöglichen.

Die Weiterentwicklung von AnySIM ist die von Tecnomatix entwickelte Software eM-Human mit erweiterten Funktionen wie Sichtbarkeitsanalysen (aus der Sicht des Werkers) und Erreichbarkeitsanalysen. In das Programmpaket sind standardisierte Bewertungsverfahren implementiert (NIOSH: Heben und Tragen von Lasten; Burandt-Schultetus-Verfahren: Berechnung maximal zulässiger Lastgewichte und Betätigungskräfte; OWAS: Belastungsanalyse für körperliche Zwangshaltungen), mit denen das gesundheitliche Risiko der geplanten Arbeitsplätze und Arbeitsbedingungen abgeschätzt werden kann. In eM-Human wird die Simulation menschlicher Eigenschaften mit RAMSIS, dem in der Automobilindustrie führenden CAD-Menschmodell für die Gestaltung von Fahrzeuginnenräumen, mit langjährigen Erfahrungen im MPM (Manufacturing Process Management) verknüpft. RAMSIS ermöglicht dabei die Berechnung kritischer Körperhaltungen (Bücken, Knien, Liegen) sowie die Analyse erschwerter Arbeitsbedingungen (z. B. Arbeitsstelle nicht sichtbar und/oder schwer erreichbar).

Trotz der genannten Vorteile, die der Einsatz digitaler Menschmodelle bei der Produktentwicklung und Prozessgestaltung bietet, bestehen noch Defizite. Eigene Untersuchungen mit eM-Human zur Optimierung der Arbeitsbedingungen bei der mikro-invasiven Chirurgie haben gezeigt, dass die komplexen Zugriffsarten an den Operationsendoskopen, die maßgeblich die Gelenkstellungen der nachfolgenden Gelenkkette beeinflussen, nur unzureichend simuliert werden können (Rodríguez-Flick, 2004), da für die bisherigen Anwendungsgebiete nur wenige Standardgreifarten implementiert sind (z. B. Handumfassung des Lenkrads oder Dreifinger-Zufassung an einem Drehknopf).

Trotz der geschilderten Möglichkeiten im CAD sind die zuvor beschriebenen „Papierversionen" der anthropometrischen Gestaltung nach wie vor von Bedeutung und finden weitreichend Anwendung. Es kommt noch hinzu, dass Vorgehensweisen, die für die Papierversion entwickelt worden sind, sinngemäß auf den Computer übertragen wurden.

3.3.2 Objektbezogene Methoden

Wie bereits angesprochen, beziehen sich die objektbezogenen Methoden direkt auf Gestaltungsvorschläge für den Arbeitsplatz. Von noch relativ allgemeiner Gültigkeit ist dabei die Darstellung von Bewegungsräumen, die z. T. auch subjektbezogen aus den Zeichenschablonen abgeleitet oder bezogen auf einen realen Menschen definiert werden können. Man unterscheidet Seh-, Greif- und Beinbewegungsraum. Herausgegriffen sei hier der Greifraum, bei dem zwischen dem maximalen Greifraum, der die jeweilige maximale Reichweite definiert, und dem funktionalen Greifraum zu unterscheiden ist, dessen räumliche Ausdehnung von der jeweiligen Greifart (z. B. Drei-Finger-Zufassungsgriff zur Betätigung eines Drehknopfs vs. Handumfassungsgriff zur kraftintensiven Betätigung eines Stellhebels) abhängt. Greifräume werden ebenfalls geschlechtsabhängig für unterschiedliche Perzentile definiert (z. B. Schmidtke, 1993b; vgl. Abb. 14). Für die konstruktionsbezogene Positionierung der Greifräume muss man sich in jedem Fall auf Referenzpunkte beziehen, wie z. B. den hypothetischen Schulterdrehpunkt (SDP; vgl. Abb. 9 und 10). Für den Bewegungsbereich der unteren Extremitäten sind die entsprechenden Bezugspunkte der Sitzreferenzpunkt (SRP) oder Hüftpunkt (H-Punkt).

Die Nutzung von Referenzpunkten stellt die Übergangsform von der subjektbezogenen zur objektbezogenen Herangehensweise dar, da die lokalen Positionen von Referenzpunkten in den meisten Fällen erst durch subjektbezogene

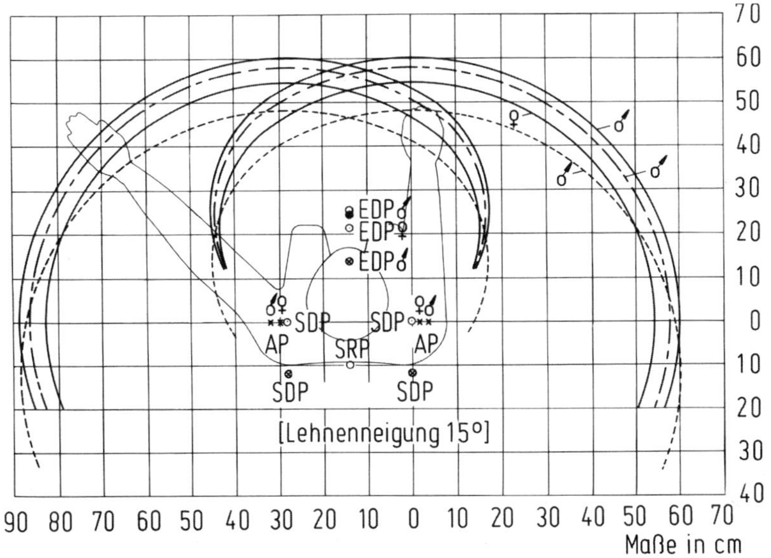

Anmerkung: ♂: 5. Perzentil männlich, ♀: 5. Perzentil weiblich, ○——: horizontale Armposition, vertikale Lehnenposition, ●- - -: Arm um 15° gegen Horizontale geneigt, ⊗-----: horizontale Armposition, 15° Lehnenneigung, SRP: Sitzreferenzpunkt, AP: Akromionpunkt, SDP: Schulterdrehpunkt, EDP: Ellenbogendrehpunkt

Abbildung 14:
Funktioneller Greifraum im Grundriss

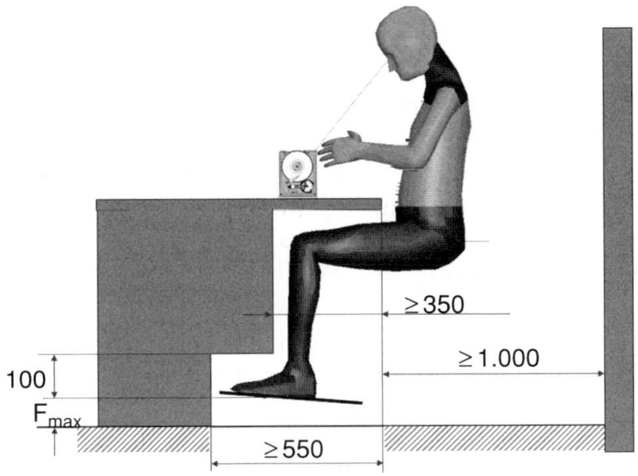

Anmerkung: F_{max}: maximale Fußstützenhöhe

Abbildung 15:
Fuß- und Beinraummaße an einem Sitz-Arbeitsplatz (Maße in mm)

Methoden (anthropometrische Tabellen, Zeichenschablonen) bestimmt werden müssen. Abbildung 15 gibt ein Beispiel für rein objektbezogene anthropometrische Maßangaben für die Gestaltung eines Sitz-Arbeitsplatzes. In Lehrbüchern sowie einschlägigen Normen lassen sich dafür viele Beispiele finden (Schmidtke, 1993b; DIN 33406).

3.3.2.1 Anthropometrische Arbeitsplatzgestaltung

Zu den objektbezogenen Methoden gehören auch Verfahren, die für den Arbeitsgestalter eine auf das Notwendigste beschränkte Handlungsanleitung darstellen (vgl. z. B. DIN 33406). Für die Auslegung von Arbeitsplatzmaßen im Produktionsbereich wurde eine solche Handlungsanleitung entwickelt, bei der zunächst zwischen aufgabenunabhängigen und aufgabenabhängigen Maßen unterschieden wird.

Aufgabenunabhängige Maße sind beispielsweise die in Abbildung 15 dargestellten Fuß- und Beinraummaße an einem Sitzarbeitsplatz oder die erforderlichen Mindestmaße für den Bewegungsfreiraum, der nach der Arbeitsstättenverordnung 1,5 m^2 betragen muss und an keiner Stelle eine Breite von 1 m unterschreiten darf.

Zu den aufgabenabhängigen Maßen zählen die *Arbeitshöhe H*, die von den Arbeitsanforderungen und vom Nutzerkollektiv abhängt sowie die Größe der zu manipulierenden Objekte, die *Werkstückhöhe W*. Bei der Arbeitshöhe wird zwischen eher kraftbetonten und mehr feinmotorischen Tätigkeiten unterschieden. Bezugsmaß für die aus Tabellen zu entnehmenden Arbeitshöhen ist die Ellenbogenhöhe als anthropometrisches Maß (vgl. Tab. 1).

Für Arbeitsplätze, an denen sowohl Männer als auch Frauen eingesetzt werden sollen, wird für die Auslegung der Arbeitsplatzmaße die Arbeitshöhe von Männern (als Außenmaß) angesetzt. Durch höhenverstellbare Arbeitsstühle und Fußstützen ist der Arbeitsplatz dann auch für Frauen geeignet. Die Arbeitshöhe H_K wird für „kollektive Arbeitsplätze“ verwendet, die von verschiedenen Personen nur vorübergehend genutzt werden.

Für Einzelarbeitsplätze, die für unterschiedliche Tätigkeiten und Werkstückgrößen umrüstbar sein sollen, und für Arbeitsplätze, die in einer Fließreihe nebeneinander angeordnet sind und schon aus Gründen des Werkstücktransports eine einheitliche Arbeitstischhöhe voraussetzen, sind die Maße entsprechend Abbildung 16 auszulegen.

Die festzulegende reale Arbeitsflächenhöhe $T \geq T^*$ resultiert aus dem Maximalwert der für die Arbeitsplätze mit unterschiedlichen Tätigkeitsanforderungen

Tabelle 1:
Arbeitshöhen für feinmotorische Sitzarbeit

Arbeitsart	Beispiele	Arbeitshöhe in mm			
		H, H*		H_k	
		Frauen	Männer	Min.	Max.
Arbeiten mit erhöhten Anforderungen an Bewegungssteuerung und Sehvermögen – 100–140 mm über Ellenbogenhöhe durchführen	• Montieren kleiner Teile • Normale Lötarbeiten • Verdrahten	810	880	700	800
Arbeiten mit hohen Anforderungen an Bewegungssteuerung und Sehvermögen – 160–200 mm über Ellenbogenhöhe mit abgestütztem Arm durchführen	• Montieren kleinster Teile • Feine Lötarbeiten • Justierarbeiten • Bestücken von Leiterplatten	880	970	800	900
Beobachtungsarbeiten	• Arbeiten in Augenhöhe	1.230	1.320	1.050	1.100
Manuelle Arbeiten in Kopfhöhe	• Greifen nach Schrauber	1.050–1.200		950	1.150

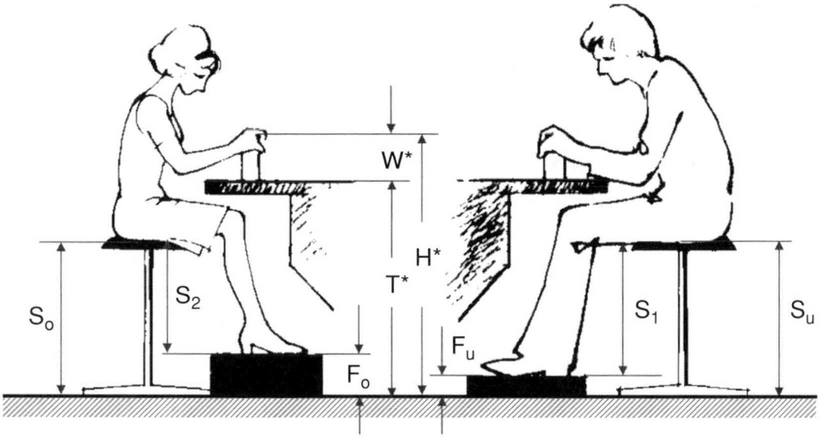

Abbildung 16:
Festzulegende Maße für einen Sitzarbeitsplatz

anzusetzenden Arbeitshöhen ($H^* = MAX(H_i)$) und dem Minimalwert der Werkstückgrößen ($W^* = MIN(W_i)$). Mittels der unteren Fußstützenhöhen F_u erfolgt eine *aufgabenbezogene* Anpassung jedes Arbeitsplatzes durch Berücksichtigung der Differenzen $H^* - H$ und $W - W^*$ (und ggf. $T - T^*$), während die Verstellbereiche der Fußstützen bis F_o eine individuelle Arbeitsplatzanpassung ermöglichen. Die für große und kleine Personen erforderlichen Sitzhöhen S_u bzw. S_o resultieren aus den anthropometrischen Maßen S_1 und S_2 (95. bzw. 5. Perzentil für das Maß Nr. 4 in Abb. 6). Schließlich muss noch die Oberschenkelfreiheit überprüft werden, die speziell bei den oberen Sitzhöhen für kleinere Personen durch die Werkstückhöhe und die Arbeitsplatte mit Unterkonstruktion eingeschränkt sein kann.

3.3.2.2 Anthropometrische Arbeitsmittelgestaltung

Für die anthropometrische Arbeitsmittelgestaltung haben Bullinger und Solf (1979) eine vergleichbare Handlungsanleitung entwickelt und an einer Reihe von handgeführten Werkzeugen demonstriert. Für den Ergonomen ist dabei die sog. *Handseite* von besonderem Interesse, da sie die unmittelbare Verbindung der Hand zum Werkzeug und der Arbeitsseite schafft.

Neben den statischen Körpermaßen, insbesondere den Handmaßen, spielen die Bewegungsmöglichkeiten des Hand-Arm-Systems sowie biomechanische Gesetzmäßigkeiten für die Gestaltung der Arbeitsmittel eine besondere Rolle. Die ergonomische Gestaltung gliedert sich in drei Schritte:

1. Grobanalyse,
2. Feinanalyse und
3. Gestaltung.

Ad1: Die Grobanalyse umfasst die

- Aufgabenanalyse,
- Analyse der Stellung des Menschen zur Arbeitsaufgabe und die
- Analyse der Bewegungsmöglichkeiten des Hand-Arm-Systems.

Aufgabenanalyse: Zu unterscheiden ist zwischen fest angeordneten und frei im Raum beweglichen Arbeitsmitteln. Aufgabenbezogene Aspekte sind der Arbeitswiderstand, die Bewegungsform und Bewegungsrichtung, die erforderliche Genauigkeit, Schnelligkeit und Häufigkeit der Nutzung.

Körperhaltung: Der zu überwindende Arbeitswiderstand und die bei der Arbeit einzunehmende Körperhaltung bestimmen die Belastung. Je ungünstiger die Arbeitshaltung ist (z. B. gebeugt knien), desto höher ist der Anteil statischer

Haltungsarbeit. Für die Beanspruchung ist der Ausnutzungsgrad der individuellen, maximalen Muskelkraft maßgebend.

Bewegungsmöglichkeiten des Hand-Arm-Systems: Hand, Unterarm, Oberarm und Schultergürtel bilden eine kinematische Kette, die bei Beteiligung einer Hand offen, bei Zweihandkopplung am Werkzeug geschlossen und im Bewegungsumfang gegenüber der offenen kinematischen Kette stark reduziert ist. Die Funktionsachsen der Werkzeuge müssen mit den anatomisch günstigen Bewegungen möglichst gut übereinstimmen. Abbildung 17 gibt hierfür ein Beispiel.

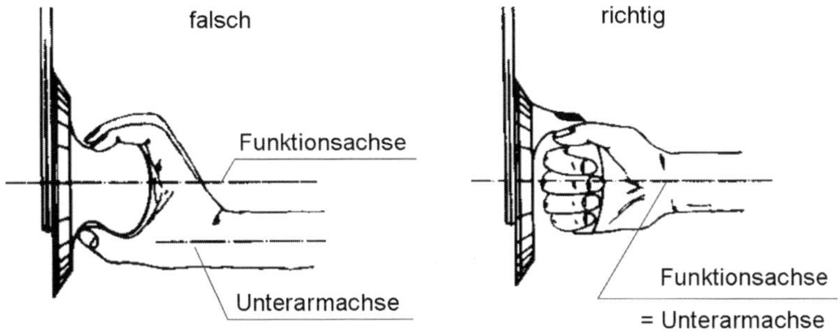

Abbildung 17:
Zuordnung der Funktionsachse einer Zeichenmaschine zur Unterarmachse

Ad 2: Die Feinanalyse umfasst die

- Handhaltung,
- Greifart und
- Kopplungsart.

Handhaltung: Die Handhaltung beschreibt die Lage der Hand zur Unterarmachse. Die Auslenkung des Handgelenks in dorsal-volarer (oben-unten) Richtung ist deutlich größer als in ulnar-radialer (links-rechts) Richtung. Die größten Kräfte sind über das Handgelenk in Richtung der Unterarmachse übertragbar (vgl. Abb. 18). Größere Kraftübertragungen in Richtung der Handquerachse und Handnormalachse sind möglichst zu vermeiden.

Greifart: Zu unterscheiden sind drei Greifartengruppen (vgl. Abb. 19):

- Kontaktgriff,
- Zufassungsgriff und
- Umfassungsgriff.

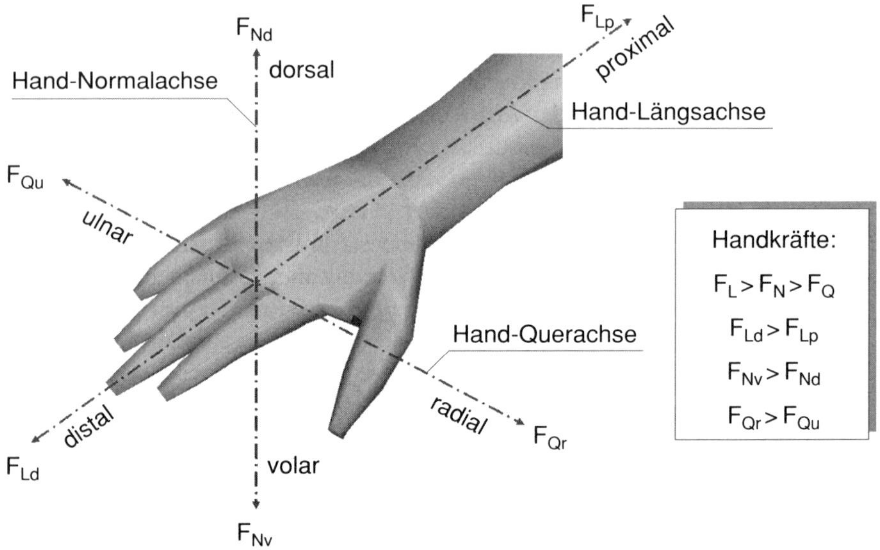

Abbildung 18:
Über das Handgelenk übertragbare Handkräfte

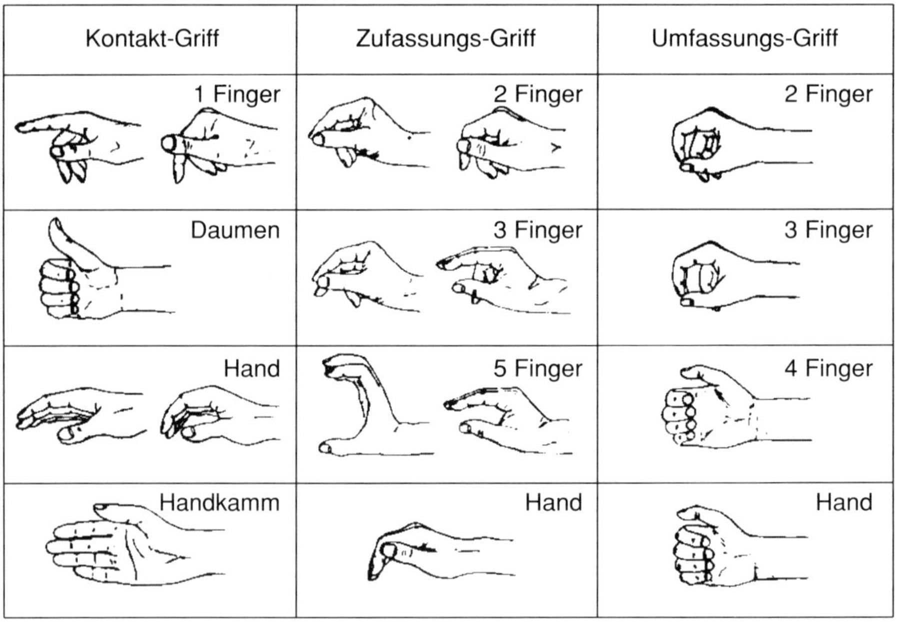

Abbildung 19:
Systematik der Greifarten

Der Kontaktgriff ist ein offener Griff, bei dem die Kopplungsglieder am Werkzeug aufliegen (z. B. Drücken der Maustaste). Der Zufassungsgriff ist geschlossen bei punktueller Anlage mehrerer Kopplungsglieder am Werkzeug (z. B. Pinzette). Beim Umfassungsgriff wird das Werkzeug bei vollständiger Anlage der Kopplungsglieder umschlossen (z. B. Hammerstiel). Der Kontaktgriff ist der „schnellste" Griff, der Zufassungsgriff der genaueste, der Umfassungsgriff der „kräftigste" Griff.

Kopplungsart: Sie kennzeichnet die Kraftübertragung der Finger bzw. der Hand auf das Werkzeug. Bei mittelbarer (reibschlüssiger) Kraftübertragung wirkt die Kraft in der Berührungsfläche (z. B. Schraubendreher), bei unmittelbarer (formschlüssiger) Kraftübertragung in einer Ebene, die darauf senkrecht steht (z. B. Schraubenschlüssel). Bei gegebenem Arbeitswiderstand ist der Kraftaufwand bei reibschlüssiger Kopplung immer größer als bei formschlüssiger.

Ad 3: Bei der Gestaltung der Arbeitsmittel-Handseite sind festzulegen:

- Form,
- Abmessungen,
- Material und
- Oberfläche.

*Formgestaltung: Form*gebende Aspekte resultieren aus der Handhaltung, der Greif- und Kopplungsart.

Abmessungen: Unter Berücksichtigung der Form werden aufbauend auf den anthropometrischen Maßen der Finger bzw. der Hand die Abmessungen der Arbeitsmittel festgelegt.

Material: Bei der Materialwahl sind zunächst technische und wirtschaftliche Aspekte von Bedeutung – mechanische, physikalisch-chemische und elektrische Eigenschaften sowie Bearbeitbarkeit und Herstellkosten. Ergonomisch bedeutsam ist die Materialwahl bei Werkzeugen mit reibschlüssiger Kopplung. Interessante Aufschlüsse zum Ruhereibungsbeiwert gebräuchlicher Griffmaterialien wurden von Bullinger, Kern und Solf (1989) erarbeitet, deren prozentuale Reibbeiwerte auf den für Plexiglas ermittelten maximalen Ruhereibbeiwert bezogen sind. So erreicht beispielsweise ein lackierter Holzgriff 40 % des Ruhereibbeiwertes von Plexiglas. Je höher die Rautiefe des Werkstoffs ist, umso geringer ist der Reibungsbeiwert. Der Reibungsbeiwert hängt somit nicht nur von der Kopplungskraft, sondern auch von der Kopplungsfläche ab.

Eine Sonderstellung nimmt der Werkstoff Gummi mit den höchsten Reibungsbeiwerten ein, der einerseits durch seine Verformbarkeit eine Vergrößerung der

Kontaktfläche und andererseits eine gleichmäßige Flächenpressung bewirkt. Werkstoffe mit hohen Reibbeiwerten zeigen beim Gleiten ein ausgeprägtes „Stick-slip"-Verhalten und bringen die Gefahr von Hautschädigungen mit sich.

Oberfläche: Bei der Oberflächengestaltung steht die Frage im Vordergrund, inwieweit der Reibungskoeffizient durch Profilierungen (Fein-, Grobprofilierung) beeinflusst werden kann. Der landläufigen Meinung, dass Profilierungen in jedem Fall den Reibungskoeffizienten erhöhen, ist mit Skepsis zu begegnen. Profile führen – ähnlich wie größere Rautiefen – zu einer Verringerung der Kopplungsfläche und damit zu geringeren Reibungsbeiwerten im Vergleich zu glatten Oberflächen. Profilierte Oberflächen sind nur dann günstig, wenn widrige Einsatzbedingungen (Schmutz, Nässe) den Reibungsbeiwert negativ beeinflussen können. Feinprofilierungen können aber auch als Schmutzfänger wirken und unter normalen Einsatzbedingungen den Reibungskoeffizienten verringern. Bei Grobprofilen besteht die Gefahr des Einhakens in Hautwülste und des Durchwalkens der Haut, was zur Blasenbildung und zu Hautentzündungen führt.

In einer neueren Untersuchung von Kluth und Strasser (2005) zur ergonomischen Griffgestaltung von Schraubendrehern konnte bei verölten Händen der positive Effekt von Mikrofasereinsätzen in den Kontaktflächen und von Griffen mit einer mikrofeinen Oberflächenstrukturierung nachgewiesen werden. Die maximal übertragbaren Drehmomente lagen für diese Griffvarianten nur um 15 % bzw. 20 % niedriger im Vergleich zu den Versuchen mit trockenen Händen, während der Leistungsverlust bei harten und glatten Griffen bis zu 40 % betrug.

Von Strasser (2007) werden zusätzlich einige „Good-Practice-Beispiele" für die Gestaltung von Handwerkzeugen vorgestellt und auf die „physiologischen Kosten" hingewiesen, die von der Muskulatur bei schlecht gestalteten Werkzeugen zu „bezahlen" sind. Der physiologische Aufwand kann dabei objektiv mit elektromyografischen Daten sowie subjektiv durch die „gefühlten" Beschwerden ermittelt werden.

3.4 Informatorische Gestaltung der Mensch-Maschine-Interaktion

Im Rahmen der Betriebsmittelgestaltung sind aus informationstechnischer Sicht für die Gestaltung der Schnittstellen in Mensch-Maschine-Systemen (Auslegung und Anordnung von Anzeigen und Stellteilen) Aspekte der Kompatibilität, Codierung und Gruppierung von Informationsmitteln sowie die Rückmeldung von besonderer Bedeutung.

3.4.1 Kompatibilität

Unter Kompatibilität versteht man in diesem Kontext den vom Menschen zu bewältigenden Umcodierungsaufwand zwischen verschiedenen Informationen. Kompatibilität ist damit ein Teilaspekt der Informationsverarbeitung. Da unterschiedliche Wissenschaftsdisziplinen (Experimentalpsychologie, Kybernetik, Ergonomie) Kompatibilitätsbeziehungen und deren Bedeutung für die Gestaltung von Informationsmitteln zum Forschungsgegenstand hatten, finden sich dafür in der Literatur unterschiedliche Begriffe und Definitionen. Eine Übersicht gibt beispielsweise Spanner (1993). Häufig wird zwischen Reiz-Reiz-Kompatibilität, Reiz-Reaktions-Kompatibilität und räumlicher Kompatibilität unterschieden.

Unter *Reiz-Reiz-Kompatibilität* wird die Sinnfälligkeit zwischen Anzeige und Wirklichkeit verstanden. Die „Moving-Map"-Anzeige im Flugzeugcockpit oder die Navigationsanzeige im Kraftfahrzeug mit Kartendarstellung in Fahrtrichtung, bei der das Flugzeug- bzw. Fahrzeugsymbol ortsfest dargestellt wird, unter dem sich die Karte bewegt, ist kompatibel zur realen Umgebung, da dem Pilot bzw. Fahrer die Veränderung seiner Position in der Karte genauso dargestellt wird wie er sie in der Realität wahrnimmt.

Eine *Reiz-Reaktions-Kompatibilität* liegt dann vor, wenn die Bewegungsrichtung eines Stellteils der erwarteten Wirkung entspricht, d. h. wenn Bewegungsstereotypien mit dem Funktionseffekt vereinbar sind oder wenn die Bewegungsrichtung des Stellteils und die erwartete Veränderung der zugehörigen Anzeige bzw. die Bewegung des zu steuernden Systems zueinander sinnfällig sind.

Räumliche Kompatibilität bedeutet einerseits die Vereinbarkeit zwischen der räumlichen Anordnung der Anzeigen und Stellteile zueinander und andererseits die räumliche Anordnung der Informationsmittel relativ zur Lage der Sensoren und Subsysteme innerhalb des Gesamtsystems (vgl. Abb. 20).

Weiterhin kann zwischen der primären und der sekundären Kompatibilität unterschieden werden. Unter der *primären Kompatibilität* versteht man die Sinnfälligkeit zwischen verschiedenen Informationskanälen (Hoyos, 1974). Informationskanäle sind die sich dem Menschen präsentierende Wirklichkeit, Anzeigen und Stellteile, die miteinander vereinbar sein müssen, um kompatibel zu sein. Dabei kann nochmals zwischen der *äußeren Kompatibilität*, die sich auf die Sinnfälligkeit der Kanäle bezieht, welche die Schnittstelle zwischen Mensch und Maschine ausmachen, und der *inneren Kompatibilität* separiert werden, welche sich auf die Sinnfälligkeit zwischen Peripherie und inneren Modellen, z. B. inneren Vorstellungen, Stereotypien u. Ä., beziehen (vgl. Bubb & Schmidtke, 1993).

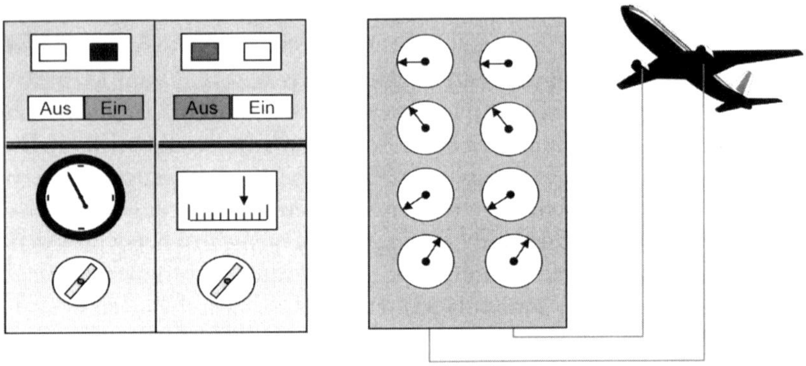

Abbildung 20:
Beispiele für räumliche Kompatibilität

Von Spanner (1993) wurde ein Strukturschema entworfen, das die ergonomischen Gestaltungsmöglichkeiten der primären äußeren und inneren Kompatibilität veranschaulicht (vgl. Abb. 21). Die primäre Kompatibilität umfasst alle Kombinationen der Informationskanäle untereinander sowie die mit inneren (mentalen) Modellen. Nur bestimmte Bereiche sind einer ergonomischen Gestaltung zugänglich. So ist beispielsweise die Kompatibilität zwischen in der Wirklichkeit dargestellten Informationen trivial.

	Primäre Kompatibilität			
	externe			interne
	Realität	Anzeige	Bedien-element	Inneres Modell
Realität	trivial	●	●	Erfahrung Training Erziehung
Anzeige		●	●	●
Bedien-element			●	●
inneres Modell				eindeutiges Verständnis der Situation

Anmerkung: ● ergonomische Gestaltungsmöglichkeiten

Abbildung 21:
Ergonomische Gestaltungsbereiche der Kompatibilität

Der Kompatibilität zwischen der Wirklichkeit und inneren individuellen Vorstellungen davon entzieht sich ebenfalls der ergonomischen Gestaltung, da sie durch Erfahrung, Training und Erziehung aufgebaut wird. Einem „eindeutigen Situationsverständnis" entspricht die Kompatibilität zwischen verschiedenen inneren Modellen.

Die übrigen Bereiche lassen sich ergonomisch in dem Sinne gestalten, dass beispielsweise die Bewegung eines Bedienelements „nach vorne" auch eine Bewegung des gesteuerten Objekts „nach vorne" bewirkt bzw. dass eine Drehung nach rechts ein „an" bzw. „mehr" bedeutet. Eine Stellteilbetätigung kann demzufolge unterschiedliche Wirkungen zur Folge haben: Im ersten Fall eine sichtbare Bewegung oder Bewegungsänderung eines gesteuerten Objekts (oder Zeigers), im zweiten Fall einen wahrnehmbaren Effekt, z. B. die Zunahme der Lautstärke beim Drehen des Lautstärkereglers an einem Radio.

Als Ursprünge der Kompatibilität werden häufig die sog. „Naturnormen" angeführt, wobei einige dieser Normen als angeboren, andere als erlernte Verhaltensformen angesehen werden können (Murrell, 1971). Wenn man Kleinkinder bei den ersten Fahrversuchen auf einem Dreirad beobachtet, fällt auf, dass der Lenker intuitiv nach rechts gedreht wird, wenn das Kind nach rechts fahren will. Eine andere Zuordnung von Lenkerbewegung zu Fahrzeugbewegung wäre auch deshalb sinnlos, weil sie offensichtlich einer angeborenen Naturnorm widersprechen würde. Dagegen muss das Kind lernen, dass der Wasserhahn nach links gedreht werden muss, um den Durchfluss zu erhöhen. Wenn eine Rechtsdrehung eine erlernte Norm für „mehr" ist, kann für den gleichen Effekt auch die Linksdrehung gelernt werden. Wenn aber das eine „natürlich", das andere gelernt ist, kann es in Notfallsituationen vorkommen, dass Bedienpersonen in die Naturnorm „Rechtsdrehung für mehr" zurückfallen.

Unter der *sekundären Kompatibilität* versteht man, dass kein Widerspruch zwischen der Bewegungsrichtung und der Bedeutung des Drehsinns bzw. der Anordnung der Beschriftung gemäß dem inneren Modell auftreten darf. Dies hat beispielsweise Konsequenzen für den nutzbaren Bereich eines Analoginstruments oder für die Anbringung von Beschriftungen (vgl. Abb. 22 und 23).

Anzeigen-Kompatibilität: Eine kompatible Anzeige liegt vor, wenn der Decodierungsaufwand bei der Informationsverarbeitung gering ist. Kompatibilität basiert auf der elementaren Erwartung des Operateurs – im Sinne habitueller Stereotypien – über die Beziehung zwischen Anzeige und Wirklichkeit (Reiz-Reiz-Kompatibilität).

Stellteil-Kompatibilität: Eine kompatible Stellteilauslegung basiert auf der Vereinbarkeit von Bewegungsstereotypien mit dem Funktionseffekt oder mit der intendierten Bewegungsrichtung des Systems (Reiz-Reaktions-Kompatibilität). Eine kompatible Stellteilanordnung liegt dann vor, wenn der Umcodierungsaufwand an der Schnittstelle der Informationsumsetzung, gemessen nach Zeit und Fehlern, minimal ist.

Räumliche Kompatibilität bedeutet einerseits die Vereinbarkeit zwischen der räumlichen Anordnung der Anzeigen und Stellteile zueinander und andererseits deren Anordnung relativ zur Lage der Sensoren bzw. Subsysteme des Systems.

Anzeigen-Kompatibilität. Bei Analoganzeigen sind im Hinblick auf die „natürliche" Erwartung bezüglich Zeiger- bzw. Skalenbewegung und Funktionsänderung folgende Beziehungen kompatibel: Bei einem Rund- oder Sektorinstrument mit fester Skala und bewegtem Zeiger nehmen die Werte der Bezifferung im Uhrzeigersinn zu (vgl. Abb. 22). Eine Wertezunahme wird durch eine Rechtsdrehung des Zeigers angezeigt. Sind positive und negative Werte anzuzeigen, gelten für die Bezifferung und die Zeigerbewegung dieselben Empfehlungen. Für den Skalennullpunkt ist die „12-Uhr"- oder „9-Uhr"-Position zu wählen. Bei vertikal oder horizontal angeordneten Langfeldskalen erfolgt die Wertezunahme der Bezifferung von unten nach oben bzw. von links nach rechts. Ein Wertezuwachs wird durch eine Zeigerbewegung nach oben respektive nach rechts wiedergegeben.

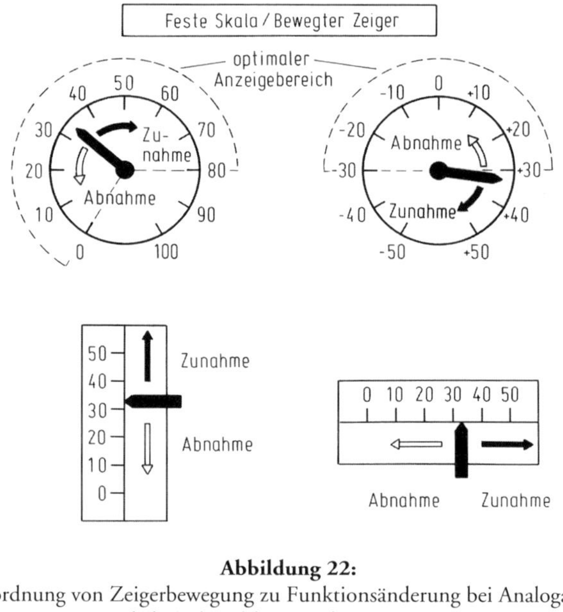

Abbildung 22:
Kompatible Zuordnung von Zeigerbewegung zu Funktionsänderung bei Analoganzeigen mit fester Skala (Schmidtke & Rühmann, 1993)

Bei der Gestaltung von Sektoranzeigen ist zu beachten, dass die Skalensektoren im optimalen Anzeigebereich liegen und somit Drehsinn und Bewegungsrichtung zueinander nicht im Widerspruch stehen (z. B. Wertezunahme wird durch eine Zeigerdrehung im Uhrzeigersinn angezeigt, da der Sektor jedoch im unteren Bereich des Vollkreises liegt, wird eine Bewegung des Zeigers von rechts nach links beobachtet, vgl. hierzu Abb. 23), d. h. eine Sektoranzeige muss primär und sekundär kompatibel sein.

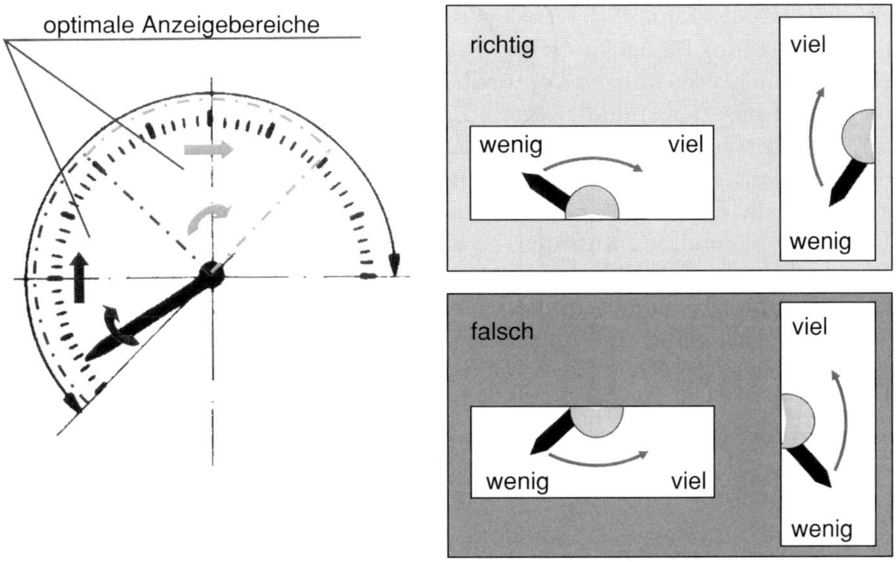

Abbildung 23:
Primäre und sekundäre Anzeigenkompatibilität, dargestellt am Beispiel von Sektoranzeigen

Aus einer Anzeigenauslegung mit festem Zeiger und bewegter Skala (vgl. Abb. 24) resultiert eine Inkompatibilität bezüglich der Skalen- und Bedienelementbewegung. Einer der nachstehend aufgeführten Konstruktionsgrundsätze wird in jedem Fall verletzt:

1. Die Skalenbezifferung soll im Uhrzeigersinn von unten nach oben bzw. von links nach rechts zunehmen. Eine Wertezunahme wird demzufolge durch eine Linksdrehung, Abwärts- bzw. Linksbewegung der Skala angezeigt.
2. Die Bewegungsrichtung der Skala soll kompatibel zur Auslenkung des Bedienelements sein, d. h. eine Rechtsdrehung, Aufwärts- oder Rechtsbewegung

der Steuerarmatur sollte eine Rechtsdrehung, Aufwärts- bzw. Rechtsbewegung der Skala bewirken.
3. Eine Rechtsbewegung, Aufwärts- oder Vorwärtsbewegung des Stellteils führt zu einem Funktionszuwachs.

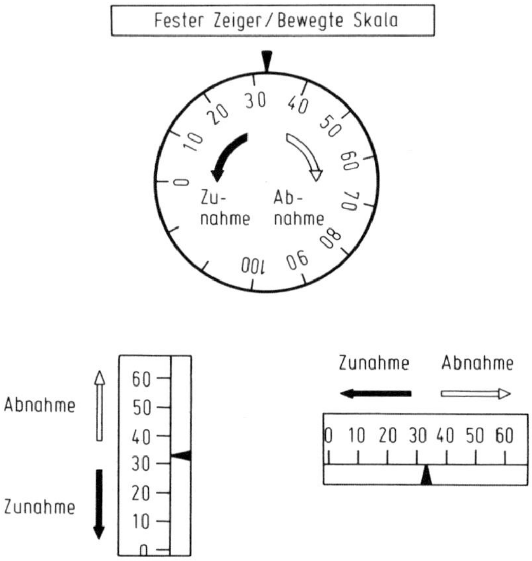

Abbildung 24:
Kompatible Zuordnung von Skalenbewegung zu Funktionsänderung bei Analoganzeigen mit bewegter Skala (Schmidtke & Rühmann, 1993)

Aus diesem Grund ist für Regelungsaufgaben die Konfiguration feste Skala/bewegter Zeiger in jedem Fall zu bevorzugen. Sind bewegte Skalen unumgänglich (z. B. wegen eines großen Wertebereichs), sind folgende Auslegungsempfehlungen zu berücksichtigen:

a) Die Skalenbezifferung und Bewegungsrichtung der Skala ist wie oben ausgeführt zu konzipieren (z. B. Skalenwerte im Uhrzeigersinn zunehmend, Drehung der Skala gegen den Uhrzeigersinn bei Wertezunahme).
b) Dient das der Anzeige zugehörige Bedienelement nicht unmittelbar der Führung eines Fahrzeugs (z. B. Einstellen einer Funkfrequenz), ist der Rechtsdrehung, Aufwärts- oder Rechtsbewegung des Stellteils eine Rechtsdrehung, Aufwärts- bzw. Rechtsbewegung der Skala zuzuordnen, die einer (inkompatiblen!) Werteabnahme entspricht.
c) Beeinflusst dagegen das Bedienelement das Fahrzeugverhalten (Zu- oder Abnahme der Geschwindigkeit, Lageveränderungen, z. B. künstlicher Horizont

im Flugzeug), ist mit einer Rechtsdrehung, Aufwärts- oder Rechtsbewegung des Stellteils (Rechtsbewegung, Zunahme) eine Skalendrehung gegen den Uhrzeigersinn, eine Abwärts- bzw. Linksbewegung der Skala verbunden.

d) Der feste Zeiger oder Index ist in „12-Uhr"- Position für Links-rechts-Information, in „9-Uhr"-Position für Aufwärts-abwärts-Information anzuordnen.

Werden inkompatible Einrichtungen verwendet, ist die Gefahr der Fehlinterpretation bzw. Fehlbedienung größer, da der Operateur unter Stress und in Notsituationen auf natürliche Bewegungsrichtungen zurückgreift und nicht auf die erlernten.

Stellteil-Kompatibilität. Für die „natürliche" Erwartung, was eine Bedienelementbewegung bewirkt, können die in Tabelle 2 angegebenen Beziehungen (Bewegungs-Effekt-Stereotypien) unterstellt werden.

Tabelle 2:
Kompatible Beziehungen zwischen Bedienelementbewegung und Funktionseffekt

Funktion	Stellteilbewegung
ein	aufwärts, nach rechts, vorwärts, im Uhrzeigersinn, (nach hinten), ziehen (Zug-/Druckschalter)
aus	abwärts, nach links, rückwärts, gegen den Uhrzeigersinn, (nach vorne), drücken
verstärken	vorwärts, aufwärts, nach rechts, im Uhrzeigersinn
vermindern	rückwärts, abwärts, nach links, gegen den Uhrzeigersinn
Ausnahme: Ventil öffnen	gegen den Uhrzeigersinn
Ausnahme: Ventil schließen	im Uhrzeigersinn
rechts	nach rechts, im Uhrzeigersinn
links	nach links, gegen den Uhrzeigersinn
heben	aufwärts, rückwärts
senken	abwärts, vorwärts
einziehen	aufwärts, rückwärts, ziehen
ausfahren	abwärts, vowärts, drücken

Eine Schwierigkeit bei der Auslegung einer kompatiblen Betätigungsrichtung von Stellteilen (z. B. von Kippschaltern) ergibt sich jedoch, wenn diese sequenziell in unterschiedlichen Ebenen betätigt werden (z. B. Schalterbetätigungen im Overhead Panel des Flugzeugcockpits). Müssen beispielsweise mehrere Teilsysteme nacheinander in der Horizontal-, Frontal- und Überkopfebene eingeschaltet werden, ist es zweckmäßiger, die Betätigungsrichtung (z. B. für die Funktion „Ein", „nach vorne", „nach oben" und „nach hinten") beizubehalten als streng kompatible Bewegungs-Effekt-Stereotypien. Deshalb ist in Tabelle 2 und in DIN ISO 44 für die Funktion „Ein" auch die Betätigungsrichtung „nach hinten" festgelegt (vgl. Abb. 25).

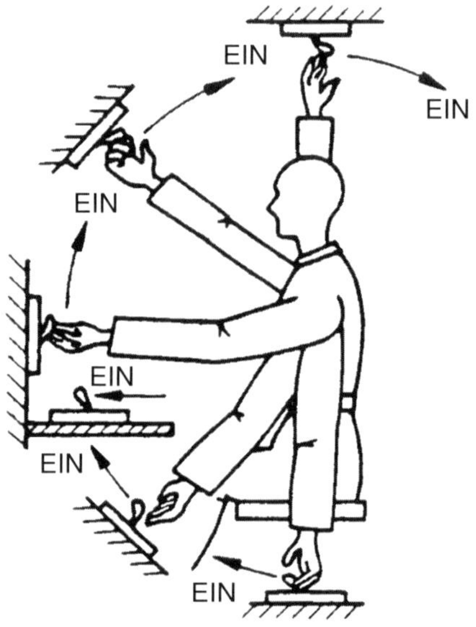

Abbildung 25:
Betätigungsrichtungen für die Funktion „Ein" nach DIN ISO 44

Gemäß den in Tabelle 2 angegebenen Beziehungen zwischen Bedienelementbewegung und Funktionseffekt sollte das Heben und Senken einer motorisch zu bewegenden Tafel durch eine entsprechende Aufwärts- bzw. Abwärtsbewegung des zugehörigen Stellteils zu bewerkstelligen sein. Der üblicherweise unterhalb der Tafel angeordnete Drehgriff ist zu diesem Zweck weniger gut geeignet (vgl. Abb. 26), und häufig lassen sich deshalb in Hörsälen auch Fehlbetätigungen beobachten. Mit einer an dem Drehgriff zusätzlich angebrachten Griffleiste lässt sich diese sekundäre Stellteil-Inkompatibilität ohne nennenswerten Mehraufwand beseitigen.

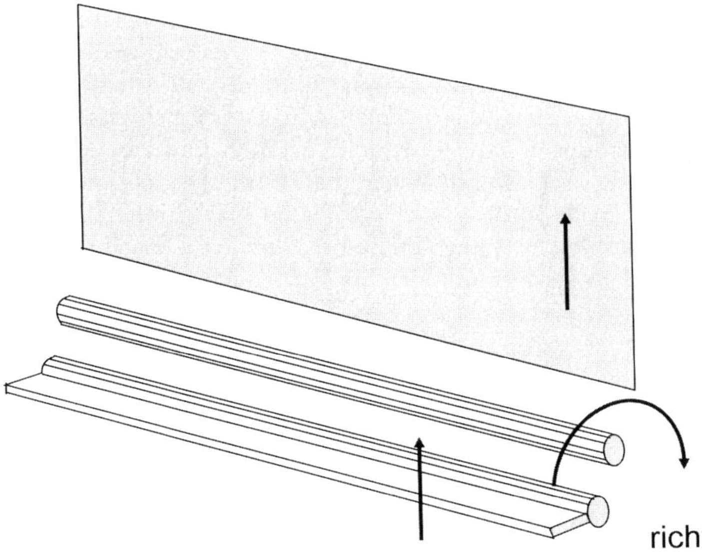

Abbildung 26:
Beispiel für sekundäre Stellteil-Inkompatibilität

Räumliche Kompatibilität. Bei der räumlichen Zuordnung von Anzeigen zu Bedienelementen ist darauf zu achten, dass sich die funktionelle Zusammengehörigkeit unmissverständlich erkennen lässt (siehe hierzu auch „funktionelle Gruppierung“). Am günstigsten ist eine direkte räumliche Kopplung von Anzeige und Stellteil, wobei der Grundsatz der primären und sekundären Kompatibilität zu beachten ist. In Abbildung 27 ist jedes Stellteil und jede zugehörige Anzeige hinsichtlich Betätigungsrichtung und Funktionseffekt bzw. hinsichtlich Werteveränderung und Zeigerbewegung primär kompatibel ausgelegt. Die Anordnung des Stellteils links neben der Anzeige führt jedoch zu einer sekundären Inkompatibilität, da beim Drehen des Bedienelements nicht der Eindruck entsteht, den Zeiger in die gewünschte Richtung zu „ziehen“.

Räumliche Kompatibilität bezieht sich auch auf die Anordnung der Informationsmittel relativ zur Lage der Sensoren bzw. Effektoren des Systems (Beispiele: Anzeigeblock zur Überwachung der Triebwerke im Flugzeug, vgl. Abb. 20; Schubhebel im Flugzeug; Drehschalter am Elektroherd). Der Identifikationsprozess erfolgt umso schneller, je weniger Decodierungsschritte notwendig sind.

Durch die räumliche Anordnung von Stellteilen kann unmittelbar ein Hinweis auf die mit einem Stellteil zu beeinflussende Funktion erfolgen, wie das Beispiel

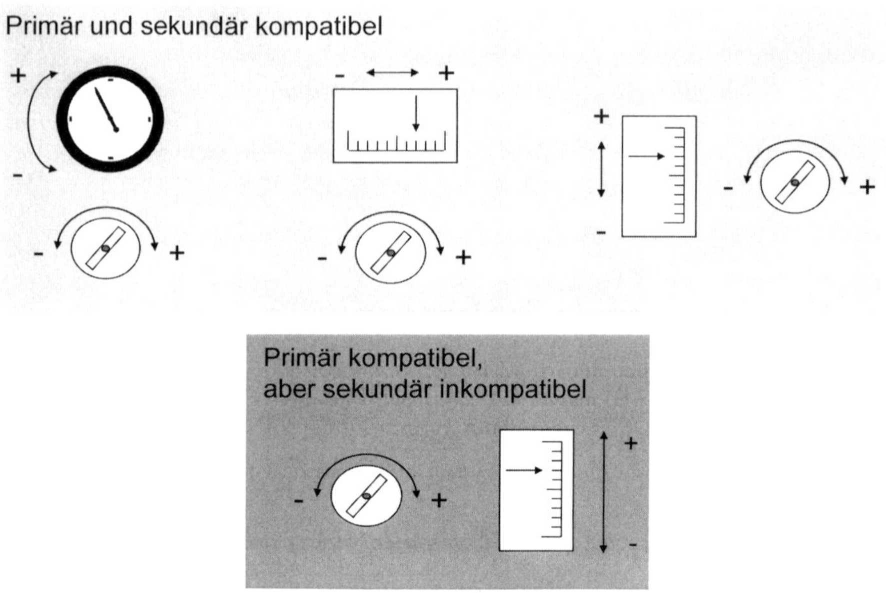

Abbildung 27:
Primäre und sekundäre Kompatibilität bei der räumlichen Zuordnung von Anzeigen und Stellteilen

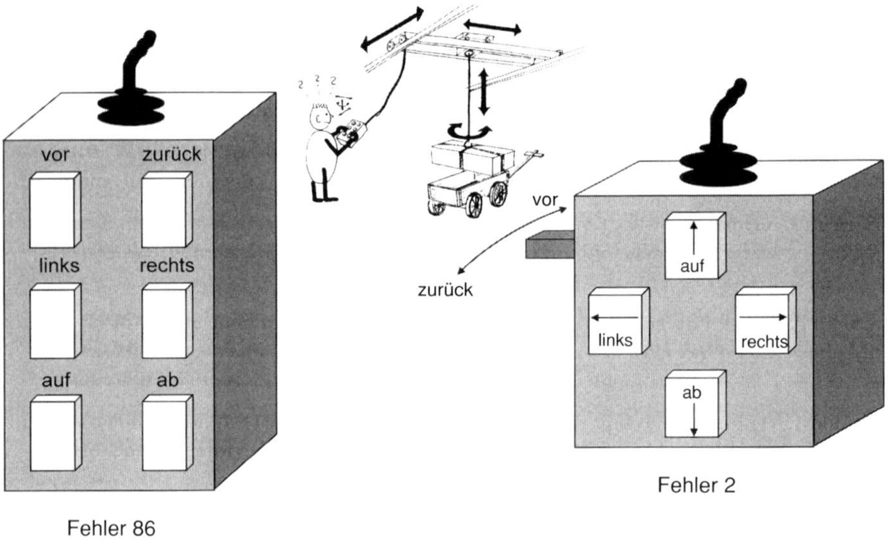

Abbildung 28:
Räumlich inkompatible (links) und kompatible (rechts) Stellteil-Anordnung bei einer Kransteuerung

für eine Kransteuerung in Abbildung 28 zeigt. Bei der üblichen Anordnung der Stellteile in einem Schaltkasten (vgl. Abb. 28 links) treten ohne Schriftcodierung der Funktionen 86 Fehlbetätigungen auf, während bei der rechts gezeigten Anordnung die Zuordnung zu den drei Subsystemen (Portal, Katze und Kranhaken) unmittelbar einsichtig ist und nur zwei Bedienfehler auftreten.

3.4.2 Gruppierung

Maßnahmen der Gruppierung von Informationsmitteln dienen der geometrischen Organisation von Anzeige- und Bedienfeldern. Je besser die Prinzipien der Gruppierung von Informationsmitteln verwirklicht werden, umso schneller können relevante Informationen aufgenommen werden, d. h. die „visuelle Suche" wird in entscheidendem Umfang unterstützt.

Mit dem Begriff „Gruppierung" ist die Zusammenfassung funktionell identischer oder sequenziell zusammengehöriger Informationsmittel gemeint. Anzeigen sind also entweder in funktionell zusammengehörige Gruppen einzugliedern oder die Gruppierungsüberlegungen orientieren sich an der sequenziellen Betätigungsabfolge und deren Kontrolle.

Bei der funktionellen Gruppierung werden Informationsträger, die einzelnen Subsystemen (z. B. Stromversorgung) zugeordnet sind oder die einem bestimmten Zweck dienen, zu räumlich abgesetzten Gruppen zusammengefasst (vgl. Abb. 29). Innerhalb jeder funktionellen Gruppe können weitere Untergruppen (z. B. Gleichstrom-, Wechselstrom-, Drehstromversorgung) gebildet werden.

In Abbildung 29 ist für die beiden in Betrieb befindlichen Hydrauliksysteme der Vorteil der „Scan-line"-Technik bei Überwachungsaufgaben dargestellt. Dabei werden die Anzeigen, unabhängig von ihrer jeweiligen Nullpunktlage, so in das Anzeigenfeld eingebaut, dass ihre Zeiger für den normalen Betriebspunkt eine Vorzugsposition (z. B. die 3-Uhr-Position) einnehmen. Bei einem Kontrollblick auf das Anzeigenfeld fällt ein vom Sollwert abweichender Wert sofort auf.

Bei alternativer Stellteilnutzung, d. h. von n Stellteilen wird zu einem bestimmten Zeitpunkt ohne Vorgabe einer definierten Betätigungsabfolge immer nur eines verstellt, ist zu beachten, dass alle Stellteile, die auf ein Subsystem wirken oder die der Veränderung eines Funktionszustands dienen, zu räumlich abgesetzten Funktionsgruppen zusammengefasst werden (z. B. 3 Funktionsblöcke für 3 Hydrauliksysteme vgl. Abb. 29; Schalttafel für Hörsaalbeleuchtung mit den Funktionsgruppen „Saalbeleuchtung", „Tafelbeleuchtung", „Projektion" usw.). Die

Anordnung dieser Funktionsgruppen in einem Steuerpult oder einer Tafel soll entsprechend

- der logischen Abfolge von Verstellvorgängen,
- der wahrscheinlichsten Häufigkeit von Verstellvorgängen oder
- dem Grad der Gefährdung durch Fehlbetätigung

erfolgen.

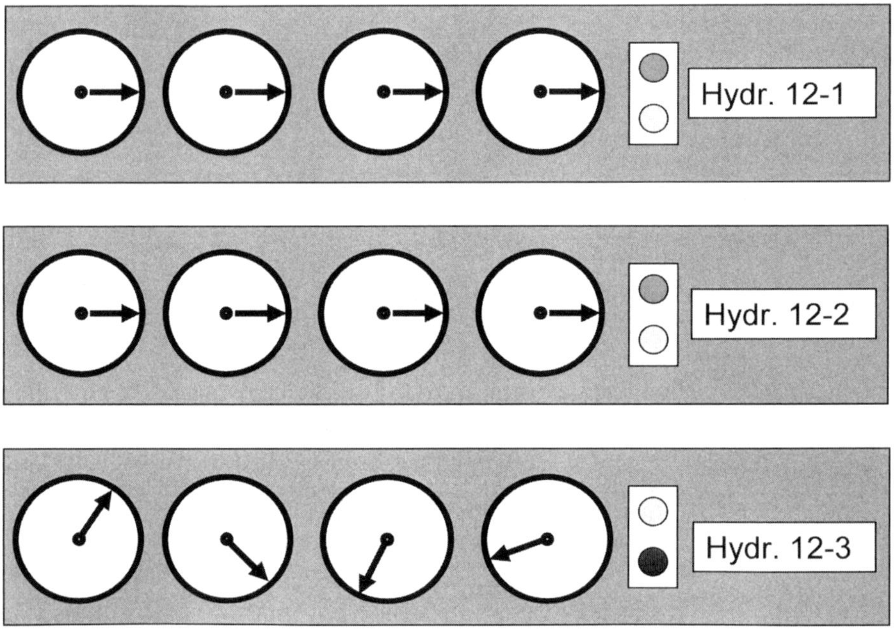

Abbildung 29:
Funktionelle Gruppierung für drei Hydrauliksysteme

Bei einer Gruppierung nach logischer Abfolge werden die Stellteile in der Reihenfolge in das Bedienfeld eingebaut (z. B. von links nach rechts), in der nach der Logik des zu beeinflussenden Prozesses Schalt- und Verstellmanipulationen anfallen. Stellteilgruppen mit der größten relativen Nutzungshäufigkeit sind im bevorzugten Greifraum der Arbeitsperson, selten benutzte Stellteile oder solche, deren Fehlbedienung zu einer Gefährdung von Menschen oder Anlagen führen kann, in den Randzonen des Bedienfelds zu positionieren.

Bei der sequenziellen Gruppierung folgt die Instrumentenanordnung innerhalb eines Funktionsblocks (z. B. Subsystem „Speisewasserförderung" in einem Kraftwerk) streng der Betätigungs- und Ablesesequenz. Als Grundregel gilt hierbei, dass die Sequenz von links nach rechts bzw. von oben nach unten verläuft (Ausnahme: Energie- und Stofffluss von unten nach oben). Abbildung 30 gibt hierfür ein Beispiel.

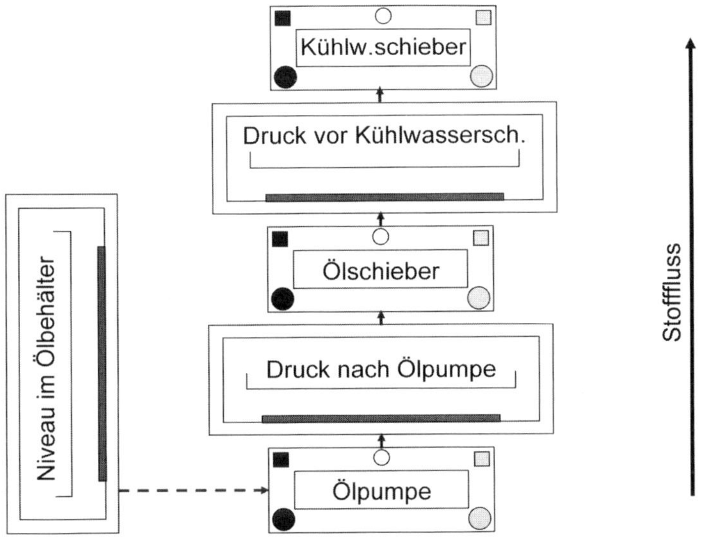

Abbildung 30:
Sequenzielle Gruppierung von Informationsmitteln (Ausschnitt) für die Inbetriebnahme der Speisewasserförderung in einem Kraftwerk

Aus ergonomischer Sicht ist auch unzulässig, durch technische Integrationsmaßnahmen Bedienelemente einzusparen, wenn damit eine Unterbrechung der Betätigungssequenz verbunden ist. Anhand des in Abbildung 31 dargestellten Bedienfelds zur Schaltung unterschiedlicher Betriebszustände (BZI-BZV) lässt sich dieser Sachverhalt verdeutlichen. Das rechte Bedienfeld weist gegenüber dem linken weniger Stellteile auf, die hier zu funktionsspezifischen Gruppen zusammengefasst sind (Tasten zur Anwahl des Betriebszustands Potenziometer, Funktionstasten). Ein Nachteil dieser Anordnung ist, dass die je Betriebszustand zu betätigenden Stellteile und deren Bedienungssequenz gelernt werden und dem Operateur ständig präsent sein müssen. Bei der Stellteilgruppierung im linken Bedienfeld ist die Handlungsabfolge unmittelbar aus der Anordnung einsichtig.

Werden mehrere Stellteile simultan betätigt, stehen entsprechend der Betätigungsfunktion andere Gruppierungsüberlegungen im Vordergrund. Bei der gleichzeitigen Betätigung von Stellteilen für diskrete Informationseingabe (Kipp-

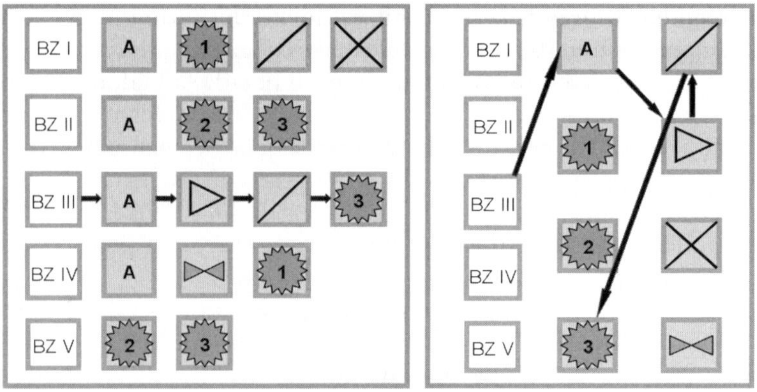

Abbildung 31:
Optimale (links) und pessimale (rechts) Stellteilgruppierung für sequenzielle Betätigungsvorgänge (Schmidtke & Rühmann, 1993)

schalter, Wipptasten usw.) ist sicherzustellen, dass die Bedienelemente horizontal angeordnet sind und einen Abstand zueinander aufweisen, der die Betätigung mit mehreren Fingern einer Hand erlaubt. Gleichartige, nicht simultan zu bedienende Stellteile müssen von der simultan zu bedienenden Gruppe räumlich abgesetzt sein, um Fehlbedienungen zu vermeiden.

Dienen mehrere Bedienelemente der Regelung unterschiedlicher Funktionen (z. B. bei Erdbearbeitungsmaschinen), sind die Stellteile so zu gruppieren, dass eine Betätigung mit verschiedenen Extremitäten (linke Hand – rechte Hand, Hand – Fuß) möglich ist. Dabei dürfen nur die Stellteile zu einer Gruppe zusammengefasst werden, die nicht gleichzeitig zu bedienen sind. Eine Ausnahme zu dieser Gruppierungsregel ist dann gegeben, wenn mehrere gleichartige Prozesse sowohl alternativ als auch simultan zu regeln sind (z. B. Schubregelung der Düsentriebwerke in einem Verkehrsflugzeug; simultane Bedienung im Normalfall, alternative bei Triebwerkausfall). Die Gruppierung und Dimensionierung solcher Bedienelemente muss für den Fall alternativer Stellteilbedienung Fingerbetätigung, für simultane Operationen einhändige Bedienung zulassen.

3.4.3 Codierung

Codierungsmaßnahmen dienen der Verbesserung der visuellen und taktilen Unterscheidbarkeit von Anzeigen und Stellteilen. Zur Erleichterung der Identifikation einzelner Informationsmittel kommen die Größen-, Form-, Farb- und Positionscodierung sowie die Codierung mit Beschriftung oder Symbolen in Betracht. Alle aufgeführten Codierungsarten können untereinander kombiniert werden (Verbundcodierung, z. B. Stoppschild, codiert durch die sechseckige Form, die Farbe rot und die Beschriftung „Stopp").

Farbcodierung von Anzeigen und Stellteilen ist nur dann zweckmäßig, wenn am Bedienerplatz für die Farbwahrnehmung angemessene Beleuchtungsverhältnisse vorliegen und der gewählten Farbe aus der Alltagserfahrung ein besonderer Bedeutungsgehalt zukommt (z. B. rot für Gefahr, gelb für mögliche Gefährdung, grün oder andere neutrale Farben für normalen, ungestörten Betrieb).

Nach den internationalen Empfehlungen der DIN EN 60073/VDE 0199 (vgl. auch die Warn-, Sicherheits- und Kennzeichnungsfarben nach ISO 3864-1) sind den Farben folgende Bedeutungen zugeordnet:

- Rot: unmittelbare Gefahr,
- Gelb: Vorsicht, Achtung,
- Grün: Sicherheit, Gefahrlosigkeit,
- Blau: spezielle Information,
- Weiß oder klar: neutral, allgemeine Information,
- Schwarz, Grau: keine besondere Bedeutung.

Die *Formcodierung* von Bedienelementen ist so auszuwählen, dass sich die Griffformen visuell und taktil deutlich unterscheiden lassen und gegebenenfalls einen Hinweis auf die Betätigungsfunktion vermitteln (vgl. Abb. 32). Stellteilformen, für die sich besondere Bewegungs-Effekt-Stereotypien aufgebaut haben (z. B. Ventil-Handrad), dürfen nicht durch andere Griffformen ersetzt werden. Sind nach den allgemeinen Regeln der Technik für bestimmte Funktionen besondere Bedienelementformen vorgesehen (z. B. Pilztasten für Not-Aus-Einrichtungen), so dürfen diese oder ähnliche Formen nicht für die Codierung anderer Funktionen benutzt werden.

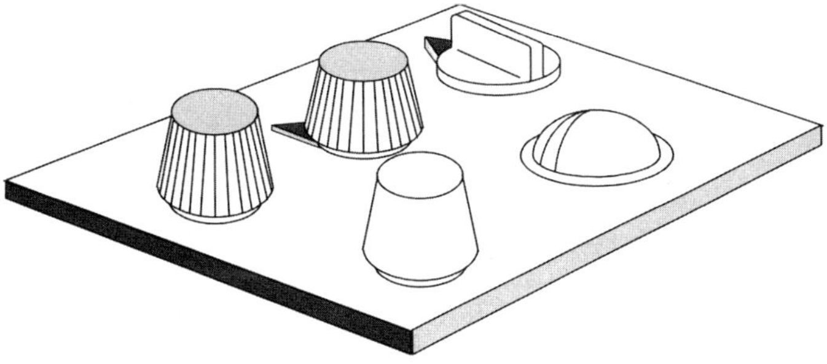

Abbildung 32:
Formcodierte Stellteile

Größencodierung: Für Bedienelemente gleicher Funktion (z. B. Potenziometer-Drehknöpfe für Feineinstellungen) sind identische Abmessungen zu wählen. Die Anzahl der unterschiedlichen Größenstufen (z. B. Drehknöpfe für Grob- und Feineinstellungen) sollte nicht größer als drei sein, die Größenstufung, bezogen auf Länge oder Durchmesser, muss mindestens 20 % betragen.

Positionscodierung ist eine grundlegende Voraussetzung für das fehlerfreie Bedienen unterschiedlicher Typen des gleichen Systems (z. B. Drehmaschinen). Wird diese Form der Codierung unabhängig vom Typ nicht eingehalten, sind Umlernprozesse nötig und negative Transfereffekte bei häufigem Typenwechsel zu erwarten. Bei Kraftfahrzeugen wird die Lage- und Positionscodierung von Bedienelementen markenspezifisch häufig, nicht jedoch auf breiter Basis (z. B. Pkw, Lkw, Omnibus) eingehalten.

Schrift- und Symbolcodierung: Für die Funktionskennzeichnung mit alphanumerischen Zeichen spricht – im Gegensatz zur symbolhaften Kennzeichnung – die hohe Eindeutigkeit. Nachteilig ist, dass die Wortcodierung – wenn auf missverständliche Abkürzungen verzichtet werden soll – mehr Raum beansprucht als die Symbolcodierung und zudem sprachgebunden ist. Die Interpretation der alphanumerischen Codierung wird wesentlich erleichtert durch Überlagerung mit Farbe (Verbundcodierung: farbige Schrift auf Bildschirmen, farbige Kalotten von Leuchtmeldern).

Symbolcodierungen sind allgemein bekannt aus öffentlichen Bereichen (Bahnhof, Flughafen usw.) und aus der Kraftfahrzeugtechnik (vgl. z. B. SAE J 1048). Gestaltungsregeln für grafische Symbole in Sicherheitszeichen sind z. B. genormt in ISO 3864-3. Als grundlegende Gestaltungsregel für die grafische und bildliche Symbolcodierung gilt, dass die Assoziation zum codierten Objekt möglichst eindeutig und die Unterscheidbarkeit der in einem System verwendeten Symbole gewährleistet ist.

3.4.4 Rückmeldung

Die Rückmeldung ist ein insbesondere mit Blick auf die kognitive Verarbeitung des Menschen essenzieller Aspekt, da er das korrekte *Aufnehmen* von Information über den Zustand des technischen Systems gewährleistet und damit den Informationsfluss im Mensch-Maschine-System wesentlich beeinflusst (siehe Sträter, 1996). Prinzipiell ist es als positiv zu bewerten, wenn die Rückmeldung über möglichst viele Sinneskanäle simultan erfolgt (beispielsweise sollte die Betätigung eines Stellteils *gespürt* und *gehört* werden; zugleich sollte der eingeleitete Effekt *gesehen* werden). Die Rückmeldung über die verschiedenen Sinneskanäle muss dann in sich widerspruchsfrei sein, um Interferenzen zu verhindern (vgl. Wickens & Hollands, 2000). Auch muss die Laufzeit der verschiedenen Sinneskanäle berücksichtigt werden. Auditive Verarbeitung benötigt ca. 1.500 ms und ist gegenüber visueller damit um den Faktor 7 bis 8 langsamer (vgl. Card, Moran & Newell, 1983). Ein zweiter Aspekt ist die *Zeit*, die zwischen einer Informationseingabe durch den Menschen, also meist der Betätigung eines Stellteils, und den sich dadurch einstellenden Effekt abläuft. Wenn die Zeit deutlich oberhalb der Verarbeitungszeit der menschlichen Informationsaufnahme liegt, also oberhalb von 100 bis 200 ms, wird dies als störend empfunden und führt gegebenenfalls sogar zur Desorientierung (z. B. zu lange Antwortzeiten eines Rechnerprogramms; es muss dann beispielsweise durch das Sanduhrsymbol angezeigt werden, dass die Eingabe erfolgt ist, vgl. DIN EN ISO 9241-13). Besonders kritisch sind Verzögerungszeiten größer als zwei Sekunden anzusehen. Bei derartig langen Antwortzeiten, z. B. bei der Installation von Programmen, ist es erforderlich, den Fortschritt des Prozesses direkt anzuzeigen (z. B. Balkenanzeige mit Prozentangabe der bereits erfolgten Bearbeitungszeit).

4 Fazit

Ganz allgemein ist festzustellen, dass eine optimale Anpassung des Arbeitsplatzes und der Betriebsmittel an den menschlichen Nutzer dazu beiträgt, Gefährdungssituationen für ihn und andere Menschen zu vermeiden. Insofern stellt jede ergonomische Gestaltungsmaßnahme zugleich auch einen sicherheitstechnischen Beitrag dar.

Nicht zuletzt deshalb sind Ergonomieabteilungen in der Großindustrie, die nicht die Produktergonomie, sondern die Produktionsergonomie im Auge haben, im Bereich des Arbeitsschutzes angesiedelt. Von diesen Abteilungen wurden z. T. eigene ergonomische Bewertungsverfahren für Arbeitsplätze entwickelt, z. B. von der BMW Group die ABA-Methode (*A*nforderungs- und *B*elastbarkeits-*A*nalyse), die aus zwei Teilen besteht: Mit ABA-Tech werden vorhandene oder zu planende Produktionsarbeitsplätze ergonomisch bewertet, während ABA-Med die standardisierte Bewertung ärztlicher Atteste von Mitarbeitern mit Leistungseinschränkungen ermöglicht, um für *Leistungsgewandelte* einen adäquaten Arbeitsplatz zu finden.

Neben betriebsinternen Verfahren zur Arbeitsplatzbewertung wurden auch einfach handhabbare Verfahren zur geometrischen Auslegung des Arbeitsplatzes sowie Handlungsanleitungen zur Gestaltung der Umgebungsbedingungen erarbeitet, die es dem für die Arbeitsplatzergonomie vor Ort Verantwortlichen (Meister) ohne großen Aufwand und im Wesentlichen mit „Papier-und-Bleistift"-Methoden ermöglichen soll, zur Verbesserung der Arbeitsbedingungen beizutragen. Das im Rahmen der objektbezogenen Methoden dargestellte Verfahren zur Auslegung der Arbeitsplatzmaße wurde bei der Siemens AG entwickelt und später in etwas modifizierter Form in DIN 33406 veröffentlicht.

Sehr viel ungünstiger sehen die Bedingungen in der mittelständischen Industrie aus. Der Mittelstand stellt etwa 90 bis 95 % aller Betriebe dar, bietet den größten Teil aller Ausbildungsplätze und einen großen Teil aller Beschäftigungsverhältnisse überhaupt. Die Großindustrie ist wichtig, aber für die gesamtwirtschaftliche Entwicklung in Deutschland, für stabile Beschäftigungsverhältnisse, für genügend Ausbildungsplätze tragen vor allem das Handwerk und der Mittelstand Verantwortung. Der zunehmende Kostendruck in deutschen Betrieben durch die Globalisierung zwingt den Mittelstand zu ständigen Produktivitätssteigerungen, z. B. zu Investitionen in den Maschinenpark, um am Markt bestehen zu können.

Um die mittelständische Industrie in Fragen zur Produkt- und Produktionsergonomie zu unterstützen, wurde das „Ergonomie Kompetenz Netzwerk (ecn)“ ins Leben gerufen, das bislang allerdings nur in einem sehr bescheidenen Umfang in Anspruch genommen wurde. Es bedarf hier in aller Regel einer Initialzündung, um den Ergonomen im Produktionsbereich auf den Plan zu rufen. Meist sind es ins Stocken geratene Auseinandersetzungen zwischen der Geschäftsleitung und dem Betriebsrat, in eher seltenen Fällen geht die Initiative von einem engagierten Betriebsleiter aus, der auch aufgrund des hohen Krankenstands die Unternehmensleitung vom Sinn und Zweck ergonomischer Maßnahmen an Arbeitsplätzen in der Produktion überzeugen konnte.

Durch den Wandel der Arbeitsbedingungen in der Wirtschaft unter dem Einfluss der Automatisierung sind die meisten nur schwer *ausführbaren* und wenig *erträglichen* Arbeiten entfallen, wenngleich es solche noch immer in einzelnen Bereichen der Unternehmen gibt. Das wachsende Anspruchsniveau der Menschen hat auch vor ihrer Arbeit nicht Halt gemacht. Mehr und mehr wird in der Arbeitswelt die Frage aufgeworfen, ob eine Tätigkeit nach Art und Inhalt für den heutigen Menschen noch *zumutbar* und *persönlichkeitsförderlich* ist. Die Forderungen nach *Zumutbarkeit* und *Persönlichkeitsförderlichkeit* werden die Arbeitsgestalter, Psychologen, Soziologen und auch die Ergonomen in Zukunft mehr und mehr beschäftigen. Es gibt zahlreiche Tätigkeiten, z. B. in der Montage, wo durch Einführung eines Rotationsprinzips sowohl ein größerer Überblick über die Gesamtaufgabe als auch eine Erweiterung des eigenen geistigen Horizonts durch Lernen möglich ist. Ob allerdings auch jeder Einzelne dies als Gewinn betrachtet, darf nach den Ergebnissen der Forschungsprogramme über die Einführung teilautonomer Gruppenarbeit bezweifelt werden. Bei der beabsichtigten Einführung neuer Arbeitsstrukturen wird gerne übersehen, dass es in jeder Population einen nicht unerheblichen Anteil an Menschen gibt, die – z. T. aufgrund ihrer begrenzten intellektuellen Fähigkeiten – keine besonderen Vorlieben für neuartige Aufgaben haben, und es wird auch übersehen, dass es nun einmal Arbeiten gibt, die wenig zur geistigen Bildung beitragen können. Würde man z. B. die inhaltlich wenig attraktive Arbeit der Müllabfuhr weitgehend automatisieren, so würde zugleich ein Anteil der dort beschäftigten Personen genauso auf die Lohnliste der Bundesanstalt für Arbeit befördert, wie das mit den schwer arbeitenden Schweißern im Karosseriebau geschehen ist, die durch Schweißroboter ersetzt wurden. Mit organisatorischen bzw. technischen Maßnahmen zur Verbesserung von Arbeitssituationen stößt man daher schnell an individuelle bzw. volkswirtschaftliche Grenzen.

Was sind die zentralen zukünftigen Fragen der Ergonomie? Sicher werden die Problemfelder des Komforts bei der *Produktergonomie* und der Persönlichkeitsförderlichkeit bei der *Produktionsergonomie* noch eine gewisse Zeit virulent sein. Der Beitrag des Komforts zur *Systemwirksamkeit* technischer Einrichtungen ist sicher noch nicht abschließend zu beurteilen. Zugleich wird die weitere Verbreitung der Informationstechnik neue Fragen aufwerfen. Schon heute sind wir unsicher, ob die Anreicherung unserer Fahrzeuge mit immer mehr Elektronik und Displays der Fahrsicherheit zuträglich ist. Ob die zusätzlichen Funktionen jeder neuen Generation von Mobiltelefonen (Internetzugang, E-Mail, Navigation usw.), die auch ihren Extrapreis haben, vom Kunden wirklich gewünscht werden, ist ebenso zweifelhaft. Aus dieser Sicht kommt der Entwicklung und Weiterentwicklung von Assistenz- und Kommunikationssystemen große Bedeutung zu.

Auch manche Probleme der Softwareergonomie harren noch ihrer Lösung. Benutzerfreundlichkeit ist zwar ein verbreitetes Werbeargument, bei zahlreichen Anwendungsprogrammen sieht die Wirklichkeit jedoch ganz anders aus. Viele Bedienungsanleitungen sind völlig unbefriedigend, selbst wenn sie nicht aus anderen Sprachen übersetzt wurden. Auch hier könnte die Ergonomie einen Beitrag zur Förderung der Benutzerfreundlichkeit liefern. Probleme der Analyse und Messung mentaler Beanspruchung sind bis heute noch nicht gelöst und stellen für intelligente Ergonomen der Zukunft eine echte Herausforderung dar. Gleiches gilt für das gesamte Problemfeld der menschlichen Zuverlässigkeit, von der wir bei fortschreitender Automatisierung noch mehr abhängig sein werden als bisher. Orientierungs- und Navigationshilfen in einer virtuellen Umwelt werden sicher künftig stärker gefragt sein als die heute noch mancherorts gepflegte „Knöpfchenergonomie“. Schließlich werden wir mit fortschreitender Automatisierung in der Industrie und im Verkehr immer mehr Arbeitsplätze bekommen, an denen lediglich das korrekte Funktionieren der Automatik ohne nennenswerte eigene Handlungsmöglichkeiten zu überwachen ist. Die Frage, wie sich der Mensch in einer solchen inhaltlich entleerten, aber umso verantwortlicheren Tätigkeit auf Dauer zurechtfindet, ist noch weitgehend offen.

Literatur

Aune, I. A. & Jürgens, H. W. (1989). *Computermodelle des menschlichen Körpers*. Koblenz: Auftragsstudie des Bundesamtes für Wehrtechnik und Beschaffung.

Bubb, H. (1987). *Entropie, Energie, Ergonomie: Eine arbeitswissenschaftliche Betrachtung*. München: Minerva.

Bubb, H. (1992). *Menschliche Zuverlässigkeit: Definitionen, Zusammenhänge, Bewertung*. Landsberg: Ecomed.

Bubb, H. & Schmidtke, H. (1993). Systemergonomie. In H. Schmidtke (Hrsg.), *Ergonomie* (S. 305–458). München: Hanser.

Bullinger, H.-J., Kern, P. & Solf, J. J. (1989). Gestaltungsregeln für Werkzeuge. In Bundesamt für Wehrtechnik und Beschaffung (Hrsg.), *Handbuch der Ergonomie mit ergonomischen Konstruktionsrichtlinien und Methoden* (Bd. 4, S. 1–14). Koblenz: Bundesamt für Wehrtechnik und Beschaffung.

Bullinger, H.-J. & Solf, J. J. (1979). *Ergonomische Arbeitsmittelgestaltung. Teil II: Fallstudien*. Bremerhaven: Wirtschaftsverlag.

Burandt, H. (1978). *Ergonomie für Design und Entwicklung*. Köln: O. Schmidt.

Card, S. K., Moran, T. P. & Newell, A. (1983). *The psychology of human-computer interaction*. Hillsdale, NJ: Erlbaum.

Chaffin, D. B. (Ed.). (2001). *Digital human modeling for vehicle and workplace design*. Warrendale, PA: Society of Automotive Engineers, Inc.

Damon, A., Stoudt, H. W. & McFarland, R. A. (1966). *The human body in equipment design*. Cambridge, MA: Harvard University Press.

Gärtner, K. (1992). *Innenraumgestaltung mit rechnergestützten Mensch-Modellen*. Düsseldorf: VDI.

Geuß, H. (1995). *Entwicklung eines anthropometrischen Messverfahrens für das CAD-Menschmodell RAMSIS*. Unveröffentlichte Dissertation, TU München.

Greil, H. (1993). *Körperbaugerechte Mittelwerte und Variabilitätsbereiche von Körpermaßen im Erwachsenenalter zur Regenerierung mit dem Programmsystem RAMSIS*. Unveröffentlichter Abschlussbericht einer Auftragsstudie vom 5. 3. 93.

Hesse, J. (1994). *Theoretische und experimentelle Untersuchungen zur Gehörschädlichkeit von Impulsschall*. Unveröffentlichte Dissertation, Universität-Gesamthochschule Siegen.

Hickey, D., Pierrynowski, M. R. & Rothwell, P. (1985). *Man-modeling CAD-programs for workspace evaluations*. Vortragsmanuskript, University of Toronto.

Hoyos, C. Graf (1974). Kompatibilität. In H. Schmidtke (Hrsg.), *Ergonomie 2. Gestaltung von Arbeitsplatz und Arbeitsumwelt* (S. 93–112). München: Hanser.

Hoyos, C. Graf & Zimolong, B. (1989). Vorwort. In C. Graf Hoyos & B. Zimolong (Hrsg.), *Ingenieurpsychologie* (Enzyklopädie der Psychologie, Serie Wirtschafts-, Organisations- und Arbeitspsychologie, Bd. 2, S. VII–IX). Göttingen: Hogrefe.

Jastrzebska-Fraczek, I., Schmidtke, H., Bubb, H. & Karwowski, W. (2006). Ergonomics Knowledge and Intelligent Design System (EKIDES) – software tool for design, assessment and ergonomics teaching. In W. Karwowski (Ed.), *International encyclopedia of ergonomics and human factors* (pp. 1613–1625). London: Taylor & Francis.

Jenik, P. (1972). Maschinen menschlich konstruiert. Somatographie als wissenschaftliche Methode für Konstrukteure. *Maschinenmarkt – Industriejournal, 78,* 87–90.

Jürgens, H. W. (1999). Körpermaße. In Bundesamt für Wehrtechnik und Beschaffung (Hrsg.), *Handbuch der Ergonomie mit ergonomischen Konstruktionsrichtlinien und Methoden* (Bd. 3, Abschnitt B-1, Datenblätter B-1.2.1-91 und B-1.4.1-91). Koblenz: Bundesamt für Wehrtechnik und Beschaffung.

Jürgens, H. W. & Dirlewanger, A. (1979). *Entwurf eines ergonomisch-anthropometrischen Bewertungssystems für Bewegungsräume. Ergonomische Studien.* Koblenz: Bundesamt für Wehrtechnik und Beschaffung.

Jürgens, H. W. & Mader, R. (1989). Anwendung der Datenblätter für das Körperteilgewicht. In Bundesamt für Wehrtechnik und Beschaffung (Hrsg.), *Handbuch der Ergonomie mit ergonomischen Konstruktionsrichtlinien und Methoden* (Bd. 3, Abschnitt B-3.1.2, S. 1–2). Koblenz: Bundesamt für Wehrtechnik und Beschaffung.

Kannheiser, W. (1989). Methoden der Ingenieurpsychologie. In C. Graf Hoyos & B. Zimolong (Hrsg.), *Ingenieurpsychologie* (Enzyklopädie der Psychologie, Serie Wirtschafts-, Organisations- und Arbeitspsychologie, Bd. 2, S. 55–91). Göttingen: Hogrefe.

Károlyi, L. von (1971). *Anthropometrie. Grundlagen der Anthropologischen Methoden.* Stuttgart: G. Fischer.

Kluth, K. & Strasser, H. (2005). Beurteilung der ergonomischen Qualität professioneller Schraubendreher mit objektiven Methoden. In Gesellschaft für Arbeitswissenschaft (Hrsg.), *Personalmanagement und Arbeitsgestaltung* (S. 565–568). Dortmund: GfA.

Landau, K. (2002). Ergonomie und Wirtschaftlichkeit – „rechnet" sich die Arbeitsgestaltung? In Institut für angewandte Arbeitswissenschaft (Hrsg.), *angewandte Arbeitswissenschaft Nr. 172,* 49–67.

Laurig, W. (1982). *Grundzüge der Ergonomie: Einführung.* Berlin: Beuth.

Luczak, H., Volpert, W., Raeithel, A. & Schwier, W. (1987). *Arbeitswissenschaft. Kerndefinition – Gegenstandskatalog – Forschungsgebiete.* Eschborn: Rationalisierungs-Kuratorium der Deutschen Wirtschaft e. V.

Lüdeke, A. (2006). Ein Instrument zur monetären Bewertung der Arbeitsunfähigkeit. *Praktische Arbeitsmedizin, 5,* 36–39.

Murrell, K. F. H. (1971). *Ergonomie. Grundlagen und Praxis der Gestaltung optimaler Arbeitsverhältnisse.* Düsseldorf: Econ.

Rodríguez-Flick, D. (2004). *Validierung der in der Software eMPower implementierten OWAS-Methode am Arbeitsplatzbeispiel der minimal invasiven Chirurgie.* Unveröffentlichte Diplomarbeit, TU München.

Rohmert, W. (1966). *Maximalkräfte von Männern im Bewegungsraum der Arme und Beine.* Opladen: Westdeutscher Verlag.

Rohmert, W. (1993). Biomechanische Grundlagen. In H. Schmidtke (Hrsg.), *Ergonomie* (S. 469–484). München: Hanser.

Rühmann, H. (1985). Methodik zur Messung von Körperkräften. In M. Heners, G. Krieger & E.-A. Behne (Hrsg.), *Arbeitswissenschaft in der Zahnheilkunde – Methoden und Ergebnisse* (S. 77–90). Berlin: Quintessenz.

Rühmann, H. (2001). Leistungsvorgaben und Qualitätsarbeit – wo ist das ergonomische Optimum zwischen erreichter Arbeitsqualität und Arbeitsanspannung? In Bundesanstalt für Arbeitsschutz und Arbeitsmedizin (Hrsg.), *Arbeitsschutz – Ergonomie – Normleistung. Strategische Beiträge zur ganzheitlichen Arbeitsgestaltung* (S. 82–104). Bremerhaven: Wirtschaftsverlag NW.

Schmidtke, H. (1989). Visuelle Daten. In Bundesamt für Wehrtechnik und Beschaffung (Hrsg.), *Handbuch der Ergonomie mit ergonomischen Konstruktionsrichtlinien und Methoden* (Bd. 3, Abschnitt B-5.1.1–B-5.1.9). Koblenz: Bundesamt für Wehrtechnik und Beschaffung.

Schmidtke, H. (1993a). Der Leistungsbegriff in der Ergonomie. In H. Schmidtke (Hrsg.), *Ergonomie* (S. 110–120). München: Hanser.

Schmidtke, H. (1993b). Arbeitsplatzgestaltung. In H. Schmidtke (Hrsg.), *Ergonomie* (S. 502–520). München: Hanser.

Schmidtke, H. & Rühmann, H. (1991). Körperkräfte. In Bundesamt für Wehrtechnik und Beschaffung (Hrsg.), *Handbuch der Ergonomie mit ergonomischen Konstruktionsrichtlinien und Methoden* (Bd. 3, Abschnitt B-4, Datenblätter B-4.2.1-7, B-4.3.1-9, B-4.4.1-5 und B-4.5.1). Koblenz: Bundesamt für Wehrtechnik und Beschaffung.

Schmidtke, H. & Rühmann, H. (1993). Betriebsmittelgestaltung. In H. Schmidtke (Hrsg.), *Ergonomie* (S. 521–554). München: Hanser.

Schröder, F. & Seitz, T. (2004). Verbesserte Ergonomie durch Schwenksitz. *Linde Technology, Berichte aus Technik und Wissenschaft, 1/2004,* 15–22.

Seitz, T. (2002). PCMAN – ein Messsystem nicht nur zur Analyse von Fahrerarbeitsplätzen in Gabelstaplern. *REFA-Nachrichten, 55,* 4–9.

Skiba, R. (1991). *Taschenbuch der Arbeitssicherheit.* Bielefeld: E. Schmidt.

Spanner, B. (1993). *Einfluss der Kompatibilität von Stellteilen auf die menschliche Zuverlässigkeit.* Düsseldorf: VDI.

Strasser, H. (2007). Handwerkzeuge. In K. Landau (Hrsg.), *Lexikon Arbeitsgestaltung. Best Practice im Arbeitsprozess* (S. 641–650). Stuttgart: Gentner.

Sträter, O. (1996). *Beurteilung der menschlichen Zuverlässigkeit auf der Basis von Betriebserfahrung.* Unveröffentlichte Dissertation, TU München.

Walthier, T. (1989). *Menschmodellierende Verfahren zur rechnergestützten Arbeitsplatzgestaltung – Eine Übersicht.* Marktanalyse am Lehrstuhl für Arbeitswissenschaft und Betriebsorganisation der TH Karlsruhe.

Wickens, C. D. & Hollands, J. G. (2000). *Engineering Psychology and Human Performance.* New Jersey, NJ: Prentice Hall.

Richtlinien und Normen

Richtlinie 89/391/EWG des Rates vom 12. Juni 1989 über die Durchführung von Maßnahmen zur Verbesserung der Sicherheit und des Gesundheitsschutzes der Arbeitnehmer bei der Arbeit. Amtsblatt Nr. L 183 vom 29/06/1989, S. 1–8.

DIN 33402-1 (Ausgabe: 1978-01): Körpermaße des Menschen; Teil 1: Begriffe, Messverfahren.

DIN 33402-2 (Ausgabe: 2005-12): Ergonomie – Körpermaße des Menschen; Teil 2: Werte.

DIN 33402-2 Beiblatt 1 (Ausgabe: 2006-08): Körpermaße des Menschen; Teil 2: Werte; Anwendung von Körpermaßen in der Praxis.

DIN 33402-3 (Ausgabe: 1984-10): Körpermaße des Menschen; Teil 3: Bewegungsraum bei verschiedenen Grundstellungen und Bewegungen.

DIN 33406 (Ausgabe: 1988-07): Arbeitsplatzmaße im Produktionsbereich; Begriffe, Arbeitsplatztypen, Arbeitsplatzmaße.

DIN 33408-1 (Ausgabe: 1987-01): Körperumrissschablonen für Sitzplätze.

DIN 33408-1 Beiblatt 1 (Ausgabe: 1987-01): Körperumrissschablonen für Sitzplätze; Anwendungsbeispiele.

DIN 33411-1 (Ausgabe: 1982-09): Körperkräfte des Menschen; Teil 1: Begriffe, Zusammenhänge, Bestimmungsgrößen.

DIN 33411-4 (Ausgabe: 1987-05): Körperkräfte des Menschen; Teil 4: Maximale statische Aktionskräfte (Isodynen).

DIN 33411-5 (Ausgabe: 1999-11): Körperkräfte des Menschen; Teil 5: Maximale statische Aktionskräfte, Werte.

DIN EN 547-1 (Ausgabe: 1997-02): Sicherheit von Maschinen – Körpermaße des Menschen – Teil 1: Grundlagen zur Bestimmung von Abmessungen für Ganzkörper-Zugänge an Maschinenarbeitsplätzen; Deutsche Fassung EN 547-1.

DIN EN 547-2 (Ausgabe: 1997-02): Sicherheit von Maschinen – Körpermaße des Menschen – Teil 2: Grundlagen für die Bemessung von Zugangsöffnungen; Deutsche Fassung EN 547-2.

DIN EN 547-3 (Ausgabe: 1997-09): Sicherheit von Maschinen – Körpermaße des Menschen – Teil 3: Körpermaßdaten; Deutsche Fassung EN 547-3.

DIN EN 614-1 (Ausgabe: 2006-07): Sicherheit von Maschinen – Ergonomische Gestaltungsgrundsätze – Teil 1: Begriffe und allgemeine Leitsätze; Deutsche Fassung EN 614-1.

DIN EN 614-2 (Ausgabe: 2000-10): Sicherheit von Maschinen – Ergonomische Gestaltungsgrundsätze – Teil 2: Wechselwirkungen zwischen der Gestaltung von Maschinen und den Arbeitsaufgaben; Deutsche Fassung EN 614-2.

DIN EN 1005-1 (Ausgabe: 2002-02): Sicherheit von Maschinen – Menschliche körperliche Leistung – Teil 1: Begriffe; Deutsche Fassung EN 1005-1.

DIN EN 1005-2 (Ausgabe: 2003-09): Sicherheit von Maschinen – Menschliche körperliche Leistung – Teil 2: Manuelle Handhabung von Gegenständen in Verbindung mit Maschinen und Maschinenteilen; Deutsche Fassung EN 1005-2.

DIN EN 1005-3 (Ausgabe: 2002-05): Sicherheit von Maschinen – Menschliche körperliche Leistung – Teil 3: Empfohlene Kraftgrenzen bei Maschinenbetätigung; Deutsche Fassung EN 1005-3.

DIN EN 1005-4 (Ausgabe: 2005-08): Sicherheit von Maschinen – Menschliche körperliche Leistung – Teil 4: Bewertung von Körperhaltungen und Bewegungen bei der Arbeit an Maschinen; Deutsche Fassung EN 1005-4.

DIN EN 1005-5 (Ausgabe: 2005-06): Sicherheit von Maschinen – Menschliche körperliche Leistung – Teil 5: Risikobewertung für kurzzyklische Tätigkeiten bei hohen Handhabungsfrequenzen; Deutsche Fassung prEN 1005-5.

DIN EN 1335-1 (Ausgabe: 2002-08): Büromöbel – Büro-Arbeitsstuhl – Teil 1: Maße; Bestimmung der Maße; Deutsche Fassung EN 1335-1.

DIN EN 60073/VDE 0199 (Ausgabe: 2003-05): Grund- und Sicherheitsregeln für die Mensch-Maschine-Schnittstelle, Kennzeichnung – Codierungsgrundsätze für Anzeigengeräte und Bedienteile (IEC 60073: 2002); Deutsche Fassung EN 60073.

DIN EN ISO 9241-13 (Ausgabe: 2000-08): Ergonomische Anforderungen für Bürotätigkeiten mit Bildschirmgeräten – Teil 13: Benutzerführung; Deutsche Fassung EN ISO 9241-13.

DIN EN ISO 10075-1 (Ausgabe: 2000-11): Ergonomische Grundlagen bezüglich psychischer Arbeitsbelastung – Teil 1: Allgemeines und Begriffe; Deutsche Fassung EN ISO 10075-1.

DIN EN ISO 11064-4 (Ausgabe: 2004-10): Ergonomische Gestaltung von Leitzentralen – Teil 4: Auslegung und Maße von Arbeitsplätzen (ISO 11064-4: 2004); Deutsche Fassung EN ISO 11064-4.

DIN ISO 44 (Ausgabe: 1980-12): Luft- und Raumfahrt; Kippschalter zum Ein- und Ausschalten, Bedienungsrichtungen.

ISO 3864-1 (Ausgabe: 2002-05): Grafische Symbole – Sicherheitsfarben und Sicherheitszeichen – Teil 1: Gestaltungsgrundsätze für Sicherheitszeichen in Arbeitsstätten und in öffentlichen Bereichen.

ISO/DIS 3864-3 (Ausgabe: 2004-08): Grafische Symbole – Sicherheitsfarben und Sicherheitszeichen – Teil 3: Gestaltungskriterien für grafische Symbole zur Anwendung in Sicherheitszeichen (Norm-Entwurf).

SAE J 1048 (1979): Symbols for Motor Vehicle Controls, Indicators, and Tell-Tales. SAE Handbook Part 2, Society of Automotive Engineers, Inc., 34.140–34.141.

13. Kapitel

Aufgabengestaltung

Eberhard Ulich

1 Historische Einordnung von Konzepten der Aufgabengestaltung

Fragen der Aufgabengestaltung wurden schon in frühen Texten der Arbeitspsychologie thematisiert, auch wenn diese nur noch selten zitiert werden (vgl. dazu Sachse, Hacker & Ulich, 2008).

So findet sich bereits bei Hellpach (1922) eine durchaus modern anmutende Beschreibung der Charakteristika einer Aufgabe:

> Zu einer Aufgabe gehören eigene Planung, Entwurf, wo nicht Entwurf der Aufgabe, so doch Entwurf ihrer Lösung mit freier Wahl unter verschiedenen Möglichkeiten, Entscheidung für eine und Verantwortungsübernahme für die Entscheidung, Übersicht und Einteilung der Durchführung, in der Durchführung das stets infinitesimale Abschätzen des Gelingens an der geistigen Zielvorstellung des Erzeugnisses, am Abschluss die Überzeugung: er sah, was er gemacht hatte, und siehe, es war sehr gut (1. Mose, 1,31). (Hellpach, 1922, S. 27)

Damit enthält der Beitrag von Hellpach (1922) ein Konzept, das vollständige Aufgaben als Einheit von Planen, Ausführen und Kontrollieren beschreibt und auf das Erfordernis von Rückmeldungen in allen Phasen der Aufgabenbewältigung verweist, ergänzt durch den Hinweis, jede wirkliche Aufgabe setze „einen stattlichen Rest persönlicher Auswirkungen in der Ausführung voraus“ (a. a. O.).

Beispielhaft für eine arbeitspsychologische Tätigkeitsanalyse als Voraussetzung für Aufgabengestaltung ist das von Lewin und Rupp (1928) beschriebene Konzept der Arbeitsuntersuchungen, in dem die Beobachtung eine zentrale Rolle spielt.

Rupp (1928, 1929) stellt schließlich eine Beziehung zwischen anspruchsvollen Aufgaben und dem Bedürfnis nach persönlicher Entfaltung her. Und Krause (1933) beschäftigt sich mit einer arbeitsgestalterischen Maßnahme, die vierzig Jahre später in Zusammenhang mit „Neuen Formen der Arbeitsgestaltung" wieder aufgegriffen wurde und heute unter dem Begriff „Mischarbeit" hohe Aktualität besitzt. Er untersuchte in einer Lochkartenabteilung die Wirkungen von für die Beschäftigten nicht kalkulierbar eingestreuten, im Vergleich zu systematisch eingeschobenen, d. h. kalkulierbaren „Ausgleichsarbeiten". Abgesehen von den berichteten Leistungssteigerungen und Belastungswirkungen

> [...] erhalten die Locherinnen durch die Erledigung anderer mit dem Lochkartenverfahren verbundener Arbeiten [...] über den Arbeitsgang und Einzelfragen einen wertvollen Überblick, der sich sowohl zum Vorteil der Arbeitserledigung als auch zum eigenen Vorteil der Angestellten auswirkt. Diese werden dadurch auch für andere Arbeiten geschult und können, besonders bei Überalterung, in andere Abteilungen übernommen werden. (Krause, 1933, S. 104)

Im Lehrbuch der Arbeitswissenschaft von Lipmann (1932) wird – im Unterschied zu Münsterberg (1912), der der Psychologie noch eine „wertfreie" Aufgabenerfüllung zugeschrieben hatte – aus der Arbeitswissenschaft ein normatives Konzept abgeleitet:

> Aus arbeitswissenschaftlichen Erwägungen heraus werden wir zu der Forderung geführt, dass dem Arbeiter die Gestaltung seiner Arbeit, die Wahl der Arbeitsmittel und Arbeitsmethoden *in möglichst hohem Grade* überlassen bleiben soll, und dass dieses Prinzip nur aufgrund streng begründeter wirtschaftlicher Erwägungen durchbrochen werden soll. Selbst wenn es durchbrochen wird, muss die Regelung des Arbeitsprozesses auch die *Menschen*ökonomie, d. h. die Erhaltung einer *dauernden* Leistungsfähigkeit des Arbeiters, mitberücksichtigen. „Arbeitsfreude" im eigentlichen Sinne des Wortes gibt es nur da, wo der Arbeiter eine zielgerichtete Tätigkeit zu verrichten hat, deren Ziel oder deren Ablauf er *autonom* bestimmen oder regulieren kann und deren [...] Merkmale seiner Arbeitsneigung entsprechen. (Lipmann, 1932, S. 387)

Bei Lipmann (1932) finden sich also deutliche Hinweise auf die motivierende Kraft von Autonomie und Selbstregulation. Bemerkenswert an den Äußerungen von Lipmann und Krause ist nicht zuletzt der Hinweis auf die Bedeutung von Maßnahmen der Arbeits- bzw. Aufgabengestaltung für den Erhalt der Leistungsfähigkeit mit zunehmendem Lebensalter (vgl. Abschnitt 5.2).

Nach Rubinstein (1958) ist Arbeit schließlich „das wichtigste Mittel zur Formung der Persönlichkeit. Im Prozess der Arbeit wird nicht nur ein bestimmtes

Produkt der Arbeitstätigkeit des Subjekts erzeugt, sondern dieses selbst wird in der Arbeit geformt" (S. 704).

Zu den Produkten eines Unternehmens im weitesten Sinne zählen also offenbar nicht nur industrielle Güter oder Dienstleistungen, sondern auch menschliche Qualifikationen, Einstellungen und Verhaltensweisen. „The product of work is people" (Herbst, 1975). Deshalb ist „Persönlichkeitsförderlichkeit" in der Arbeitspsychologie das bedeutsamste Kriterium für die Bewertung von Arbeitstätigkeiten und Arbeitssystemen (Hacker & Richter, 1980; Hacker, 1986, 1998, 2005; Ulich, 1980, 2005; Volpert, 1982). Nach Volpert (1987) sind es vor allem das Ausmaß der Aufgabenvollständigkeit und die Höhe der Regulationserfordernisse, die zu kurz- und langfristigen Auswirkungen auf die Persönlichkeit führen: „Ein größerer Handlungsspielraum bzw. höhere Regulationserfordernisse wirken dabei förderlich, während für einen kleineren Handlungsspielraum bzw. niedrigere Regulationserfordernisse das Gegenteil gilt" (Volpert, 1987, S. 20).

Das gleiche gilt grundsätzlich auch für die Gesundheit, sofern diese oder ihre Beeinträchtigung durch Merkmale der Arbeitsgestaltung bedingt ist. Das heißt: Die aus den Arbeitsaufgaben resultierenden Anforderungen definieren die Höhe der zu ihrer Bewältigung erforderlichen Regulation und sind damit entscheidend für die Bewertung einer Arbeitstätigkeit als mehr oder weniger persönlichkeits- und gesundheitsförderlich (vgl. den Beitrag von Hacker in diesem Band).

Insofern war es durchaus folgerichtig, dass bei Hacker (1991) schon vor einiger Zeit von gesundheits- und persönlichkeitsfördernden Arbeitstätigkeiten die Rede war und dass Richter (1996) postulierte: „Kern eines solchen auf Gesundheits- und Persönlichkeitsförderlichkeit ausgerichteten psychologischen Vorgehens ist die Gestaltung von Arbeitsaufgaben" (Richter, 1996, S. 109).

Umgekehrt ist aber auch bemerkenswert, dass in einem neueren Bericht über den Stand der Gesundheitspsychologie (Haisch, 2000) der Betrieb als möglicher Ort der Gesundheitsförderung kaum und die Arbeitstätigkeit als potenziell gesundheitsstabilisierende oder gesundheitsfördernde Lebenstätigkeit überhaupt nicht erwähnt wird. Dies ist umso erstaunlicher, als Parallelen zwischen den Ansätzen der Gesundheitswissenschaft und der Arbeitswissenschaft nicht zu übersehen sind.

Im Rahmen der Handlungsregulationstheorie ist der Arbeitsauftrag bzw. seine Interpretation oder Übernahme als Arbeitsaufgabe „die zentrale Kategorie einer psychologischen Tätigkeitsbetrachtung, weil mit der „objektiven Logik" seiner Inhalte entscheidende Festlegungen zur Regulation und Organisation der Tätigkeiten erfolgen" (Hacker, 1998, S. 51).

Im Beitrag von Volpert (1987) heißt es dazu: „Der Charakter eines „Schnittpunktes“ zwischen Organisation und Individuum macht die Arbeitsaufgabe zum psychologisch relevantesten Teil der vorgegebenen Arbeitsbedingungen“ (S. 14).

In der soziotechnischen Tradition spielt der Begriff der „Aufgabenorientierung“ (task orientation) eine bedeutsame Rolle. Damit gemeint ist ein Zustand des Engagements und Interesses, der zur Weiterführung der Aufgabenbearbeitung anregt, also Motivationsgehalt hat. Bei Emery (1959) findet sich diesbezüglich auch ein Hinweis auf von Asch (1957) berichtete Beispiele aus der experimentellen Sozialpsychologie, in denen „there is activity growing out of interest in the task itself, in the problems and challenges it offers. The task guides the person, steers his actions, becomes the centre of concern“ (Asch, 1957, S. 303).

Nach Emery (1959) gibt es zwei Voraussetzungen für das Entstehen einer Aufgabenorientierung: (a) die arbeitende Person muss Kontrolle über die Arbeitsabläufe und die dafür benötigten Hilfsmittel haben; (b) die strukturellen Merkmale der Aufgabe müssen so beschaffen sein, dass sie in der arbeitenden Person Kräfte zur Vollendung oder Fortsetzung der Arbeit auslösen. Grote (1997) hat darauf aufmerksam gemacht, dass zwischen Kontrolle und Autonomie zu unterscheiden ist. Unter Autonomie ist die Möglichkeit der – individuellen oder kollektiven – Einflussnahme auf die Festlegung von Zielen und von der Zielerreichung dienenden Regeln gemeint. Kontrolle meint die Einflussnahme auf Maßnahmen, die der Zielerreichung dienen.

Ein Überblick über die aus der soziotechnischen Tradition stammende Literatur (z. B. Trist & Bamforth, 1951; Emery & Trist, 1960; Emery & Thorsrud, 1976, 1982; Trist, 1981) zeigt schließlich, dass eine derartige Aufgabenorientierung durch folgende Merkmale von Arbeitsaufgaben begünstigt werden kann: Ganzheitlichkeit, Anforderungsvielfalt, Möglichkeiten der sozialen Interaktion, Autonomie, Lern- und Entwicklungsmöglichkeiten. Damit ergeben sich weitgehende Übereinstimmungen mit den von Hackman und Lawler (1971) bzw. Hackman und Oldham (1975, 1976) im Rahmen ihres „Job Characteristic Model“ als bedeutsam bezeichneten Aufgabenmerkmalen.[1]

Die Tatsache, dass die „Möglichkeit zu lernen“ und die „persönlichen Entwicklungsmöglichkeiten“ bei Hackman und Oldham nicht zu den Aufgabenmerkmalen gehören, sondern als „Bedürfnis nach persönlicher Entfaltung“ zu den Personmerkmalen, macht aber auch Unterschiede in der Konzeption deutlich.

1 „This degree of agreement is exceptional in so a new field and has placed work redesign on a firmer foundation than is commonly realized“ (Trist 1981, S. 31).

Schließlich kommen Parker, Wall und Cordery (2001) in Bezug auf das Modell von Hackman und Oldham zu dem Ergebnis:

> First, the collective effects of the core job characteristics on affective responses (satisfaction and motivation) have been largely supported, but those for behaviour (i. e. work performance, turnover and absence) less consistently so (Parker & Wall, 1998). Second, the more particular features of the model remain unproven. For example, the specified links between the job characteristics and the critical psychological states have not be confirmed (e. g. Johns, Xie & Fang, 1992), and the job characteristics have not always been found to be separable aspects of jobs (e. g. Cordery & Sevastos, 1993). (Parker, Wall & Cordery, 2001, S. 415)

Darüber hinaus kommen sie zu dem Ergebnis, dass das Job Characteristic Model und das soziotechnische Systemkonzept „... remain the most common approaches to work design research today“ (S. 416).

Bei Rice (1958) und Emery (1959) finden sich bereits auch Hinweise auf die besondere motivationale Bedeutung der Ganzheitlichkeit bzw. Vollständigkeit (wholeness) von Aufgaben (vgl. Abschnitt 3). Damit stellt sich die Frage nach den angenommenen Wirkungen und den Realisierungsmöglichkeiten der verschiedenen Merkmale persönlichkeits- und gesundheitsförderlicher Aufgabengestaltung.

2 Persönlichkeits- und gesundheitsförderliche Aufgabengestaltung

Ansatz der Aufgabengestaltung ist die Primäraufgabe, d. h. die Aufgabe, zu deren Bearbeitung das entsprechende System bzw. Subsystem geschaffen wurde (Rice, 1958, S. 33). Gerade beim Einsatz fortgeschrittener Technologien kommt aber auch den Sekundäraufgaben, wie etwa der Fertigungssteuerung oder dem Systemunterhalt, insofern zentrale Bedeutung zu, als deren Auslegung die Spielräume für die Gestaltung der Primäraufgaben entscheidend beeinflussen kann (vgl. Abschnitt 4.1). Aus handlungsregulationstheoretischer und aus soziotechnischer Perspektive lässt sich ein übereinstimmender Satz von Merkmalen für die motivations-, persönlichkeits- und gesundheitsförderliche Gestaltung von Arbeitsaufgaben ableiten (vgl. Tab. 1).

Aufgaben, die nach den hier beschriebenen Merkmalen gestaltet sind, können

- die Motivation und die Gesundheit,
- die fachliche Qualifikation und die soziale Kompetenz,
- die Selbstwirksamkeit und die Flexibilität

Tabelle 1:
Merkmale motivations-, persönlichkeits- und gesundheitsförderlicher Aufgabengestaltung (aus: Ulich, 2005)

Gestaltungs-merkmal	**Angenommene Wirkung**	**Realisierung durch ...**
Ganzheit-lichkeit	• Mitarbeiter erkennen Bedeutung und Stellenwert ihrer Tätigkeit. • Mitarbeiter erhalten Rückmeldung über den eigenen Arbeitsfortschritt aus der Tätigkeit selbst.	... Aufgaben mit planenden, ausführenden und kontrollierenden Elementen und der Möglichkeit, Ergebnisse der eigenen Tätigkeit auf Übereinstimmung mit gestellten Anforderungen zu prüfen.
Anforderungs-vielfalt	• Unterschiedliche Fähigkeiten, Kenntnisse und Fertigkeiten können eingesetzt werden. • Einseitige Beanspruchungen können vermieden werden.	... Aufgaben mit unterschiedlichen Anforderungen an Körperfunktionen und Sinnesorganen.
Möglichkeiten der sozialen Interaktion	• Schwierigkeiten können gemeinsam bewältigt werden. • Gegenseitige Unterstützung hilft Belastungen besser ertragen.	... Aufgaben, deren Bewältigung Kooperation nahe legt oder voraussetzt.
Autonomie	• Stärkt Selbstwertgefühl und Bereitschaft zur Übernahme von Verantwortung. • Vermittelt die Erfahrung, nicht einfluss- und bedeutungslos zu sein.	... Aufgaben mit Dispositions- und Entscheidungsmöglichkeiten.
Lern- und Entwicklungs-möglichkeiten	• Allgemeine geistige Flexibilität bleibt erhalten. • Berufliche Qualifikationen werden erhalten und weiter entwickelt.	... problemhaltige Aufgaben, zu deren Bewältigung vorhandene Qualifikationen eingesetzt und erweitert bzw. neue Qualifikationen angeeignet werden müssen.
Zeitelastizität und stressfreie Regulierbarkeit	• Wirkt unangemessener Arbeits-verdichtung entgegen. • Schafft Freiräume für stressfreies Nachdenken und selbst gewählte Interaktionen.	... Schaffen von Zeitpuffern bei der Festlegung von Vorgabezeiten.
Sinnhaftigkeit	• Vermittelt das Gefühl, an der Erstellung gesellschaftlich nützlicher Produkte beteiligt zu sein. • Gibt Sicherheit der Übereinstimmung individueller und gesellschaftlicher Interessen.	... Produkte, deren gesellschaftlicher Nutzen nicht infrage gestellt wird. ... Produkte und Produktions-prozesse, deren ökologische Unbedenklichkeit überprüft und sichergestellt werden kann.

der Beschäftigten fördern und sind deshalb zugleich ein geeignetes Mittel, Qualifikation und Kompetenz der Beschäftigten in – auch ökonomisch – sinnvoller Weise zu nutzen und zu ihrer Erweiterung beizutragen. Derartige Effekte werden durch zahlreiche Fallbeispiele aus Produktions- und Dienstleistungsunternehmen belegt (vgl. Emery & Thorsrud, 1982; Antoni, 1994; Zink, 1995; Brödner & Kötter, 1999; Ulich, 2005). Über Zusammenhänge zwischen einzelnen Aufgabenmerkmalen, ökonomischen Erfolgsfaktoren, Krankenstand und Fluktuation in KMU der IT-Branche finden sich bei Degener (2004) bemerkenswerte Ergebnisse. Unter den genannten Aufgabenmerkmalen kommt der Ganzheitlichkeit bzw. Vollständigkeit insofern zentrale Bedeutung zu, als die Möglichkeit der Erfüllung bzw. Nichterfüllung einiger anderer Merkmale durch den Grad der Aufgabenvollständigkeit weitgehend bedingt ist.

Das Konzept der individuellen Aufgabenerweiterung (job enrichment sensu Herzberg, Mausner & Snyderman, 1959) postuliert, strukturell verschiedenartige Tätigkeitselemente – z. B. Planungs-, Ausführungs- und Kontrollfunktionen – in eine umfassendere Aufgabe zu integrieren, die in jedem Fall auch kognitive Elemente im Sinne von Denkleistungen mit antizipatorischen Anforderungen enthalten sollte. Eine sinnvolle Restrukturierung sollte vor allem auch ein gewisses Ausmaß an Kontrolle beinhalten: „... the individual should have some measure of control over the way in which the job is done in order to realise a sense of achievement and of personal growth" (Herzberg, Mausner & Snyderman, 1959, S. 132).

Im Unterschied dazu meint das Konzept der Aufgabenvergrößerung (job enlargement) die Aneinanderreihung strukturell gleichartiger oder ähnlicher Aufgabenelemente, ohne dass dadurch eine vollständige Tätigkeit bzw. Aufgabe entsteht. Zum Konzept der Aufgabenerweiterung wird hingegen ausdrücklich postuliert: „Giving a person a complete natural unit of work" (Herzberg, 1968).

3 Das Konzept der vollständigen Aufgabe

Für Theorie und Praxis persönlichkeits- und gesundheitsförderlicher Arbeitsgestaltung kommt dem Konzept der „vollständigen Aufgabe" (Tomaszewski, 1981) bzw. der „vollständigen Tätigkeit" (Hacker, 1986, 1987) oder der „vollständigen Handlung" (Volpert, 1987) besondere Bedeutung zu. „Vollständige, fordernde Tätigkeiten sind für die Leistungsmotivierung, für das Wohlbefinden und die psychische Gesundheit sowie das Verhüten von Dequalifizierungen durch Lernangebote unerlässlich" (Hacker, 2005, S. 252).

Dass dies auch für Tätigkeiten in gemeinnützigen Organisationen gilt, haben Richter und Nitsche (2002; Nitsche & Richter, 2003) gezeigt. Bei unvollständigen Tätigkeiten – oder: partialisierten Handlungen im Sinne von Volpert (1974) – „fehlen weitestgehend Möglichkeiten für ein eigenständiges Zielsetzen und Entscheiden, für das Entwickeln individueller Arbeitsweisen oder für ausreichend genaue Rückmeldungen“ (Hacker, 1987, S. 35).

Vollständige Tätigkeiten bzw. Aufgaben bieten demgegenüber Möglichkeiten der Setzung von Zielen und Teilzielen und Entscheidungsmöglichkeiten in allen Phasen der Aufgabenerledigung, gewähren also Tätigkeits- bzw. Handlungsspielraum.

Ein Beispiel für das Entwickeln individueller Arbeitsweisen ist in Kasten 1 wiedergegeben. Dabei handelt es sich um das Ergebnis von Tätigkeitsbeobachtungen im Rahmen eines Arbeitsstrukturierungsprojekts, in dem die Einführung teilautonomer Arbeitsgruppen mit der Forderung verbunden war, dass alle beteiligten Werker die zu montierenden Automotoren komplett montieren können. Die Analyse der Montagestrategien (Triebe 1977, 1980) ergab, dass bei der untersuchten komplexen Tätigkeit objektive Freiheitsgrade bestanden, dass diese mit zunehmendem Lernfortschritt auch erkannt und genutzt wurden und dass unterschiedliche Vorgehensweisen ohne erkennbare Unterschiede in der Effizienz möglich waren (vgl. Kasten 1).

Kasten 1:
Montagestrategien in der Komplettmontage (aus: Triebe, 1977, S. 225)

Die Analyse von insgesamt 191 vollständigen Montageprotokollen ergab z. B., „dass zu Beginn der Beobachtungen die Strategien vor allem durch ein schrittweises Komplettieren des Motors gekennzeichnet waren, wobei jedes Teil nach dem Auflegen meist sofort auch geheftet, gegengezogen und auf Drehmoment angezogen (‚nachgeknickt‘) wurde, bevor der Arbeiter sich dem nächsten Teil zuwandte. Das Vorgehen wirkte dadurch oft umständlich, der Überblick über den gesamten Montagevorgang und seine wechselseitigen Abhängigkeiten fehlte weitgehend. In späteren Phasen wurde dann unter anderem die möglichst ökonomische Werkzeugverwendung ein wichtiges, die Strategien charakterisierendes Merkmal: Verschiedenste Teile wurden zum Beispiel alle zunächst aufgelegt und geheftet, weil es daraufhin möglich war, sämtliche zugehörigen Schrauben unter Verwendung ein und desselben Schrauber-Einsatzes gegenzuziehen. Werkzeug wurde überdies nach Gebrauch nicht mehr wie früher häufig einfach weggelegt, sondern gezielt für seine spätere Verwendung schon an einen bestimmten Platz gelegt.

Im weiteren zeitlichen Verlauf wurden vorausplanende Vorgehensweisen noch ausgeprägter sichtbar. Hierzu gehörte etwa der vermehrte Übergang zum Vormontieren und Bereitlegen einer Vielzahl von Teilen vor Beginn der eigentlichen Montage. Zum Teil planten einzelne Arbeiter auf diese Art sogar ihre ganze Schicht voraus, indem sie bei Arbeitsbeginn von bestimmten Teilen einen bis Schichtende reichenden Vorrat fertig vormontierten, bevor sie überhaupt mit der Montage des ersten Motors begannen“.

Merkmale vollständiger Tätigkeiten, die es bei der Festlegung von Aufgaben zu berücksichtigen gilt, sind

1. das selbstständige Setzen von Zielen, die in übergeordnete Ziele eingebettet werden können,
2. selbstständige Handlungsvorbereitungen im Sinne der Wahrnehmung von Planungsfunktionen,
3. Auswahl der Mittel einschließlich der erforderlichen Interaktionen zur adäquaten Zielerreichung,
4. Ausführungsfunktionen mit Ablauffeedback zur allfälligen Handlungskorrektur,
5. Kontrolle mit Resultatfeedback und der Möglichkeit, Ergebnisse der eigenen Handlungen auf Übereinstimmung mit den gesetzten Zielen zu überprüfen (Ulich, 2005; vgl. Schmidt in diesem Band).

Konkrete Folgerungen für die Produktionsgestaltung, die aus dem Prinzip der vollständigen Aufgabe resultieren, seien hier beispielhaft skizziert:

- Das selbstständige Setzen von Zielen, die in übergeordnete Ziele eingebettet werden können, erfordert eine Abkehr von betrieblicher Zentralsteuerung zugunsten dezentraler Werkstattsteuerung, die die Möglichkeit selbstständiger Entscheidungen im Rahmen definierter Zeiträume schafft.
- Selbstständige Handlungsvorbereitungen im Sinne der Wahrnehmung von Planungsfunktionen erfordert die Integration von Aufgaben der Arbeitsvorbereitung in die Werkstatt.
- Auswahl der Mittel heißt z. B. dem Konstrukteur freistellen, ob er für die Erledigung bestimmter Teilaufgaben anstelle des CAD-Systems das Zeichenbrett benutzen oder Modelle manuell formen will, sofern gesichert ist, dass die andernorts oder wiederholt benötigten Daten in das System eingegeben werden.
- Ausführungsfunktionen mit Ablauffeedback zur allfälligen Handlungskorrektur erfordern bei abgekapselten Bearbeitungsvorgängen „Fenster zum Prozess", mit deren Hilfe die Prozessdistanz minimiert werden kann.
- Kontrolle mit Resultatfeedback bedeutet Übernahme der Funktionen der Qualitätsprüfung durch die in der Werkstatt Beschäftigten.

Tatsächlich können ursprünglich als vollständig geplante und realisierte Aufgaben mit der Zeit ihre Vollständigkeit einbüßen, z. B. durch Routinisierung. Einem derartigen „Absinken" der Vollständigkeit kann nach der Auffassung von Hacker (2005) durch die Realisierung des Konzepts der „evolvierend-vollständigen" Tätigkeiten begegnet werden (vgl. Kasten 2).

Mit diesen Hinweisen auf Konsequenzen aus der Realisierung des Prinzips der vollständigen Aufgabe wird dreierlei deutlich:

Kasten 2:
Das Konzept der evolvierend-vollständigen Tätigkeiten (aus: Hacker, 2005, S. 257)

Durch Lernprozesse kann bei gleich bleibenden Anforderungen, also bei fehlenden Übertragungserfordernissen auf andere Tätigkeiten, die Möglichkeit des Vorliegens unvollständiger Tätigkeiten wachsen. So werden beim Regulieren aus dem Gedächtnis wesentliche kognitive Vorbereitungsoperationen überflüssig. [...] Ein Ausweg ist das Angebot *evolvierend vollständiger Tätigkeiten.* Hier wird den Arbeitenden das Teilnehmen an der Weiterentwicklung ihrer Arbeitsorganisation und -gestaltung ermöglicht. Diese partizipativen Veränderungs- und Innovationsaktivitäten – beispielsweise in Qualitätszirkeln – können zu vollständigen Gesamttätigkeiten führen, auch wenn die Basistätigkeit selbst durch Wiederholung zur Routine ohne intellektuelle Vorbereitung geworden ist.

1. Die Realisierung des Konzepts der vollständigen Aufgabe erfordert eine u. U. weitgehende Integration produktionsnaher bzw. indirekt produktiver Funktionen. Gestaltungsansatz ist zwar grundsätzlich die Primäraufgabe. Insbesondere unter den Bedingungen des Einsatzes fortgeschrittener Technologien kommt aber der Gestaltung der Sekundäraufgaben wie z. B. der Steuerung des Inputs wachsende, u. U. sogar entscheidende Bedeutung zu. Gerade mit deren Einbezug kann zugleich das „Absinken" der Vollständigkeit von Arbeitsaufgaben verhindert werden. In diesem Zusammenhang ist auch auf das Konzept der „Handlungsverschränkung" (Zölch, 2001) zu verweisen.

Bei den Aktivitäten der Handlungsverschränkung handelt es sich um „Aktivitäten, die der zeitlichen Koordination von Arbeitshandlungen sowie der Sicherstellung ihrer jeweiligen inhaltlichen Voraussetzungen dienen, um ein den zu verschränkenden Arbeitshandlungen übergeordnetes Ziel zu erreichen" (Zölch, 2001, S. 56).

Am Beispiel der Werkstattsteuerung wird u. a. die Notwendigkeit von Perspektivenwechsel und Perspektivenübernahme gezeigt. Damit wird zugleich deutlich, dass betriebliche „Schnittstellen" zugleich potenzielle Lernorte sind.

2. Vollständige Aufgaben in dem in Tabelle 1 beschriebenen Sinn sind in zahlreichen Fällen wegen der daraus resultierenden Komplexität und des damit verbundenen Umfangs nur als Gruppenaufgaben gestaltbar, d. h. das Erleben ganzheitlicher Arbeit ist in modernen Arbeitsprozessen häufig nur möglich, wenn interdependente Teilaufgaben zu vollständigen Gruppenaufgaben zusammengefasst werden. Dies ermöglicht zugleich ein höheres Maß an Selbstregulation und sozialer Unterstützung. Schließlich kann eine gemeinsame Aufgabenorientierung nur dann entstehen, wenn die Gruppe auch eine gemeinsame Aufgabe hat, für die sie als Gruppe die Verantwortung übernehmen kann (Emery, 1959).

3. Die Restrukturierung von Arbeitsaufgaben – insbesondere wenn sie mit der Einführung von Gruppenarbeit verbunden ist – bedarf der Einordnung in ein umfassendes Restrukturierungskonzept, das alle Unternehmensebenen umfasst. Damit lässt sich wiederum eine Brücke schlagen zu den Konzepten soziotechnischer Systemgestaltung. Bei Blumberg (1988) heißt es dazu: „… the task must be the point of articulation between the social and technical systems – linking the job in the technical system with is correlated, role behavior in the social system" (S. 56).

Die Aufgabe ist also nicht nur „Schnittpunkt" zwischen Organisation und Individuum, sondern zugleich Kern des soziotechnischen Systems und Fokus arbeitspsychologischer Gestaltungskonzepte.

3.1 Gruppenaufgaben

Wo eine Gruppe durch „ineinander greifende" Aufgaben oder Tätigkeitswechsel miteinander verbunden ist, sollen diese nach Emery und Thorsrud (1982) „(a) als Gesamtaufgabe erkennbar werden, die einen Beitrag zum gesellschaftlichen Nutzen des Produkts leistet, (b) einen gewissen Spielraum bieten, um selbst Normen festsetzen und sich Kenntnis der Ergebnisse beschaffen zu können, (c) eine gewisse Kontrolle über die „Grenzaufgaben" ermöglichen" (S. 34).

Eine wichtige Voraussetzung für Gruppenarbeit ist schließlich das Vorhandensein einer „Kernaufgabe" (Demmer, Gohde & Kötter, 1991, S. 20), die kollektive Planungs- und Entscheidungsprozesse beinhaltet und „einen nennenswerten Anteil" der zu bewältigenden Gesamtaufgabe ausmachen muss. In diesem Zusammenhang spielt die Bereitschaft der Beschäftigten, sich an derart herausfordernden Arbeitsstrukturen zu beteiligen, eine bedeutsame Rolle. Dazu bedarf es häufig einer kognitiven Umstrukturierung, um die gegebenen Strukturen als problemhaltig und optimierbar zu erkennen. Als dafür geeignetes methodisches Vorgehen hat sich die auf Emery und Emery (1976) zurückgehende Subjektive Tätigkeitsanalyse (STA) bewährt (Ulich, 1980; Baitsch, 1985), mit deren Hilfe Beschäftigte an der Restrukturierung ihrer Arbeitstätigkeiten entscheidend beteiligt werden. Die besondere Bedeutung der Beteiligung an Entscheidungen wurde schon von Lewin (1947, abgedruckt in Graumann, 1982, S. 283 f.) hervorgehoben: „Die Entscheidung verbindet die Motivation mit der Handlung, und sie scheint gleichzeitig eine Verfestigungswirkung auszuüben, die teils durch die Tendenz des Individuums, zu „seinen Entscheidungen zu stehen", und teils durch das „Bekenntnis zur Gruppe" bedingt ist".

Das eigenständige Setzen von Zielen bzw. Teilzielen, das gemeinsame Treffen von Entscheidungen sowie die Vollständigkeit der gemeinsamen Aufgabe bestimmen zugleich den Grad der kollektiven Autonomie einer Arbeitsgruppe. Kriterien für deren Ausprägung finden sich u. a. bei Herbst (1962), Gulowsen (1972), Susman (1976), Ulich (1994) und Weber (1997). Parker, Wall und Cordery (2001) postulieren dazu: „Rather like the premise of traditional work design theory, researchers and practitioners need to be afforded autonomy and minimal critical specification if the full potential of their contribution is to be realized!“ (S. 433).

Da die einer Gruppe eingeräumte Autonomie im Regelfall begrenzt bleibt, entspricht der Begriff „teilautonome Arbeitsgruppe“ der betrieblichen Realität am ehesten. Ein „klassisches“ Beispiel für die Arbeit in teilautonomen Gruppen mit hoher Aufgabenvollständigkeit und entsprechender Autonomie war das Volvo-Werk für die Endmontage von Personenwagen in Uddevalla. Als das Werk, das 1989 eröffnet worden war, 1993 wieder geschlossen wurde (Berggren, 1993), war die Mehrzahl der Beschäftigten für einen Arbeitsinhalt von zwei bis drei Stunden Umfang qualifiziert; einige waren sogar in der Lage, die Fahrzeuge komplett zu montieren.

> [...] when the Uddevalla factory closed down, approximately 25 persons mastered the assembling of a complete car, with high quality and within the full production pace. In fact they could control the same work content that is distributed over hundreds of persons in an assembly line factory. In such a comparative perspective, the results in Uddevalla reveal that the basic competence equals the competence of at least 60 workers taken together in a plant with an assembly line. (Ellegard, 1995, S. 53 f.)

Tatsächlich waren die Ziele, die mit der Errichtung des Uddevalla-Werks verbunden waren, vollumfänglich erreicht worden (vgl. Kasten 3).

Kasten 3:
Zielerreichung im Volvo-Werk Uddevalla (aus: Nilsson, 1995, S. 84)

„All the criteria that one had expected the plant to meet were fullfilled:

1. The efficiency in car production was very good regarding quality, productivity and flexibility.
2. It had achieved dignity in terms of professional identity and human conditions for the workers.
3. The technical equipment had been adjusted to the workers and their growing competence.
4. It was a working place for both men and women of varying ages.
5. It had a very low rate of absenteeism and turnover.
6. New learning strategies to support long-cycle assembly work, new organic and holistic descriptions for materials handling and assembly work as well as, new technical strategies for parallelized work places had been developed.“

Deshalb wurde das Werk 1995 wieder eröffnet; mit der Übernahme der Volvo Car Corporation durch Ford wurden allerdings wieder klassische Liniensysteme etabliert.

Damit stellt sich schließlich die Frage, inwieweit „traditionelle Arbeitssysteme den langfristigen Tendenzen zu höherer Variantenvielfalt und individueller kundenorientierter Produktion noch gerecht werden können“ (Freiboth, 1997, S. 235).

In diesem Sinne hat auch Spath (2004) die aus dem Trend zur Individualisierung resultierende massive Zunahme der Variantenvielfalt betont und auf Arbeit in Gruppen mit vollständigen Aufgaben als Beitrag zur Lösung für die daraus entstehenden Probleme aufmerksam gemacht. Immerhin findet sich etwa in der Audi-Betriebsvereinbarung über Gruppenarbeit vom 10. April 2003 die folgende Definition: „Gruppenarbeit ist die Zusammenarbeit mehrerer Belegschaftsmitglieder

- zur eigenverantwortlichen Erledigung,
- zu einer inhaltlich abgegrenzten ganzheitlichen Arbeitsaufgabe,
- in einem räumlich zusammengehörenden Bereich“.

Und neuerdings hat Audi damit begonnen, „Fremdleistung“ wieder in „Eigenleistung“ zu verwandeln.

Zahlreiche Beispiele zeigen, dass vollständige Aufgaben in teilautonomen Gruppen zu positiven Effekten führen können, dass dies aber keineswegs immer der Fall ist. Eine der Fragen, die in diesem Zusammenhang entsteht, ist die nach Möglichkeiten der Entwicklung interindividuell hinreichend gemeinsamer mentaler Modelle als Voraussetzung für den adäquaten Umgang mit kollektiven Tätigkeitsspielräumen (vgl. Kleinbeck in diesem Band). Eine der möglichen Antworten darauf ist das Konzept der gemeinsamen Vergegenständlichungen von Weber (1997, 2000).

3.2 Gemeinsame Vergegenständlichungen

Dem von Weber (1997) in Anlehnung an Leont'ev (1977), Raeithel (1989, 1991) und Volpert (1994) entwickelten Konzept der gemeinsamen Vergegenständlichungen kommt für die Arbeit in teilautonomen Gruppen erhebliche Bedeutung zu. Bei den gemeinsamen Vergegenständlichungen handelt es sich um von einer Gruppe oder innerhalb einer Gruppe geschaffene oder verbesserte Arbeitsmittel, Arbeitsmethoden oder Wissensreservoirs. Durch gemeinsame oder gegenseitige Aneignung fördern sie die Kompetenzentwicklung der Gruppenmitglieder und dienen zugleich „als Vorbeugung zur Bewältigung zukünftiger Arbeitsanforderungen“ (Weber, 1997, S. 233).

In Untersuchungen über gemeinsame Vergegenständlichungen in teilautonomen Arbeitsgruppen konnte Weber zeigen, dass deren Anzahl einerseits mit dem Niveau der kollektiven Autonomie hoch korreliert, andererseits deutliche

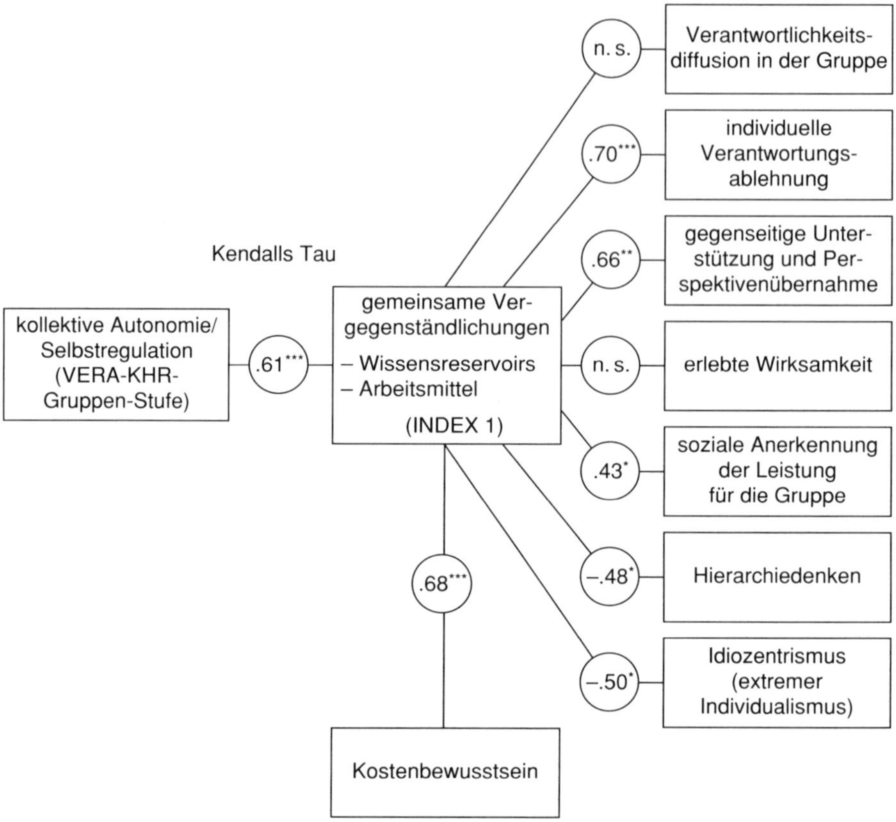

Anmerkung: Stichprobe: 17 Arbeitsgruppen; Rangkorrelationen; Signifikanz gemäß Kendalls Tau

Abbildung 1:
Zusammenhänge zwischen dem Niveau der kollektiven Handlungsregulation, der Anzahl gemeinsamer Vergegenständlichungen und Indices der gemeinsamen Aufgabenorientierung sowie Kostenbewusstsein in 17 Arbeitsgruppen aus dem Auto- und Anlagenbau (übersetzt aus: Weber, 2000)

Beziehungen zu wichtigen Einstellungs- und Verhaltensmerkmalen aufweist (vgl. Abb. 1).

Damit übereinstimmend konnten Schaubroeck, Lam und Xie (2000) zeigen, dass die Einschätzung der kollektiven Selbstwirksamkeit in Arbeitsgruppen das Wohlbefinden der Gruppenmitglieder mehrheitlich positiv beeinflusst. Vielfältige Erfahrungen zeigen allerdings, dass die hier skizzierten Effekte nicht bei allen Beschäftigten in gleicher Weise oder überhaupt auftreten (vgl. dazu Ducki, 2006). Mit der Realisierung des Prinzips der differenziellen Arbeitsgestaltung wird es möglich, interindividuelle Unterschiede systematisch zu berücksichtigen.

4 Strategien der Arbeitsgestaltung

Mit unterschiedlichen Strategien der Arbeitsgestaltung werden verschiedenartige Ziele verfolgt, die sich nicht nur qualitativ, sondern auch hinsichtlich ihrer Reichweite und ihres Zeithorizonts unterscheiden. Alltagserfahrungen belegen, dass Arbeitssysteme und Arbeitsabläufe nach ihrer Einführung in den Betrieb häufig erst adaptiert bzw. verändert werden müssen, damit sie arbeitswissenschaftlich gesicherten Erkenntnissen nicht widersprechen. Derartige Vorgänge bezeichnen wir als *korrektive* Arbeitsgestaltung. Korrektive Arbeitsgestaltung wird immer dann erforderlich, wenn ergonomische, physiologische, psychologische, sicherheitstechnische oder rechtliche Erfordernisse von Planern, Konstrukteuren, Anlagenherstellern, Softwareproduzenten, Organisatoren oder anderen „zuständigen" Instanzen nicht oder nicht angemessen berücksichtigt worden sind.

Korrektive Arbeitsgestaltung ist – sofern sie hinreichend wirksam sein soll – nicht selten mit erheblichem ökonomischem Aufwand verbunden; ihre Unterlassung kann andererseits erhebliche Beeinträchtigungen oder Schädigungen der physischen und/oder psychischen Gesundheit bewirken. Im ersten Fall haben die Betriebe, im zweiten Fall die betroffenen Beschäftigten und die Volkswirtschaft die Folgen zu tragen. Beide Arten von Folgen können aber vermieden oder doch erheblich vermindert werden, wenn korrektive Arbeitsgestaltung, wo immer möglich, durch *präventive* Arbeitsgestaltung ersetzt wird.

Präventive Arbeitsgestaltung meint die Berücksichtigung arbeitswissenschaftlicher Konzepte und Regeln bereits im Stadium des Entwurfs von Arbeitssystemen und Arbeitsabläufen, bedeutet also die gedankliche Vorwegnahme möglicher Schädigungen der Gesundheit und Beeinträchtigungen des Wohlbefindens spätestens zu dem Zeitpunkt, in dem die Funktionsteilung zwischen Mensch und Maschine festgelegt wird.

Die Forderung nach Schaffung persönlichkeits- und gesundheitsförderlicher Arbeitstätigkeiten verlangt darüber hinaus eine Vorgehensweise, die wir als *prospektive* Arbeitsgestaltung bezeichnen. Prospektive Arbeitsgestaltung meint die bewusste Vorwegnahme von Möglichkeiten der Entwicklung der Persönlichkeit und ihrer Gesundheit im Stadium der Planung bzw. des Entwurfs – oder der Neustrukturierung – von Arbeitssystemen durch Schaffung objektiver Tätigkeitsspielräume, die von den Beschäftigten in unterschiedlicher Weise genutzt werden können. Damit werden zugleich optimale Voraussetzungen für eine differenzielle Arbeitsgestaltung geschaffen.

Differenzielle Arbeitsgestaltung meint das Angebot unterschiedlicher Arbeitsstrukturen für die Erzeugung identischer Produkte oder Dienstleistungen, zwischen denen die Beschäftigten wählen können (Ulich, 1978, 2005). Damit kann eine Annäherung an die optimale Entwicklung der Persönlichkeit in der Auseinandersetzung mit ihren Arbeitsaufgaben unter Berücksichtigung von Persönlichkeitsmerkmalen erreicht werden. Solche Merkmalsunterschiede werden hier nicht im Sinne dispositionsorientierter Ansätze verstanden, sondern „vereinfacht als Ergebnis vergangener Konfrontation mit der Lernumwelt" (Herrmann, 1976, S. 430).

Das Prinzip der differenziellen Arbeitsgestaltung ist zu ergänzen durch das *Prinzip der dynamischen Arbeitsgestaltung.* Damit ist die Möglichkeit der Veränderung bzw. Erweiterung bestehender oder der Schaffung neuer Arbeitsstrukturen gemeint, um so auch intraindividuellen Differenzen über die Zeit gerecht werden und dem Lernfortschritt der Beschäftigten Rechnung tragen zu können (vgl. dazu das Konzept der evolvierend-vollständigen Tätigkeiten in Abschnitt 3).

Die Möglichkeit, zwischen Alternativen wählen und die Wahl gegebenenfalls korrigieren zu können, bedeutet einerseits eine Abkehr von der Suche nach dem „einen richtigen Weg" für die Gestaltung von Arbeitstätigkeiten und Arbeitsabläufen, andererseits einen erheblichen Zuwachs an Autonomie und Kontrolle über die eigenen Arbeitsbedingungen. Fallbeispiele mit Berichten über positive Wirkungen der Realisierung des Konzepts der differenziellen Arbeitsgestaltung finden sich für die Montage von Haushaltsgeräten bei Zink (1978), für die Flachbaugruppenfertigung bei Zülch und Starringer (1984) und bei Grob (1985), für die Schreibmaschinenmontage bei Ulich (2005). Abholz, Hildebrandt, Ochs, Rosenbrock, Spitzley, Stebani und Wotschak (1981) schrieben dem Konzept „eine erhebliche Ausstrahlung auf die zukünftige Arbeitsgestaltung" (S. 197) zu, während Grob und Haffner (1982) postulierten, den Beschäftigten müsse „eine breite Palette unterschiedlicher Arbeitsstrukturen angeboten werden" (S. 29).

Nach den Erfahrungen aus mehreren Projekten hat sich unter den geprüften Alternativen die differenzielle Arbeitsgestaltung „als die beste Lösung herausgestellt [...], weil sie sowohl die monetären als auch die nicht monetären Zielkriterien am besten erfüllt" (Zülch & Starringer, 1984, S. 213).

So zeigte sich nicht nur eine Verbesserung der Motivation und eine Verminderung einseitiger Beanspruchungen, sondern auch „eine Senkung der Durchlaufzeiten und der Werkstattbestände auf jeweils die Hälfte des vorhergehenden Wertes" (a. a. O., S. 215).

Zusätzlich konnten die Autoren die Anwendbarkeit des Konzepts der differenziellen Arbeitsgestaltung auf Fertigungssysteme mit unterschiedlichem Technisierungsgrad belegen.

Als Ergebnis einer Diskussion über „Arbeitsgestaltung versus Eignungsdiagnostik" kam Frieling (1988) sogar zu dem Schluss: „Differentieller Arbeitsgestaltung ist der Vorzug vor eignungsdiagnostischer Auswahl zu geben, auch dann, wenn die Methode der Selektion vordergründig kostengünstiger erscheint" (S. 143).

Damit würde der eignungsdiagnostische Ansatz für bestimmte Fälle „umgekehrt". In diesen Fällen wären es nicht mehr externe oder betriebliche Instanzen, die die „Eignung" einer Person für eine bestimmte Art der Auftragserledigung feststellen, sondern es wären die betroffenen Personen selbst, die – z. B. aufgrund ihres Selbstkonzepts, ihrer Bedürfnisse und Qualifikationen – die Entscheidung für eine bestimmte Arbeitsstruktur treffen. In diesem Zusammenhang ist auch auf das Kontingenzmodell von Cummings und Blumberg (1987) zu verweisen, das die Ausprägung technologischer Schlüsselmerkmale – technische Verkoppelung und technische Ungewissheit – und die Umweltdynamik sowie Personmerkmale – Bedürfnisse nach persönlicher Entfaltung und Bedürfnisse nach lohnenden sozialen Beziehungen – mit dafür geeigneten Arbeitsstrukturen in Beziehung setzt.

Aus dem von Cummings und Blumberg (1987) vorgelegten Kontingenzkonzept lassen sich folgende Aussagen ableiten:

1. Die Gestaltung von Arbeitsaufgaben als traditionelle Einzelarbeit kann zu Erfolg führen, wenn technische Verkoppelung, technische Ungewissheit, Entfaltungs- und soziale Bedürfnisse schwache Ausprägungen aufweisen und die Umweltdynamik nur schwach ausgeprägt ist.
2. Arbeitsteilige Gruppenarbeit kann erfolgreich sein, wenn der Grad der technischen Verkoppelung stark, die technische Ungewissheit aber schwach ausgeprägt, die Umwelt eher stabil, Entfaltungsbedürfnisse schwach, soziale Bedürfnisse dagegen stark ausgeprägt sind.
3. Individuelle Aufgabenerweiterung verspricht Erfolg, wenn geringe technische Verkoppelung bei hoher technischer Ungewissheit und starker Umweltdynamik vorliegt, bei ausgeprägtem Wunsch nach persönlicher Entfaltung, aber gering ausgeprägten sozialen Bedürfnissen.
4. Selbstregulierende Arbeitsgruppen sind dann besonders erfolgreich, wenn technische Verkoppelung und technische Ungewissheit hohe Ausprägungen aufweisen, starke Bedürfnisse nach persönlicher Entfaltung und sozialer Interaktion bestehen und die Umwelt eine hohe Dynamik aufweist.

Dass sich in diesem Zusammenhang Fragen nach den Möglichkeiten der Auslegung bzw. Gestaltung von Technik ebenso stellen wie Fragen nach der Stimulierung bzw. Unterdrückung von Bedürfnissen durch unterschiedliche Formen der Arbeitsgestaltung, liegt auf der Hand.

Ganz *allgemein* gilt, dass mit der differenziellen Arbeitsgestaltung eine Brücke hergestellt werden kann „zwischen den für viele Menschen gedachten Arbeitsgestaltungsmaßnahmen und den individuell unterschiedlichen Voraussetzungen und Bedürfnissen einzelner Menschen. Das Angebot wählbarer Freiheitsgrade zur Beeinflussung der eigenen Tätigkeit ist das entscheidende Kettenglied zur Lösung dieses Widerspruchs (Blumenfeld, 1932; Prinzip der *differentiellen Arbeitsgestaltung*, Ulich, 1978)" (Hacker, 1998, S. 777).

Für Bamberg und Metz (1998, S. 192) ist differenzielle Arbeitsgestaltung zugleich eine Möglichkeit, die salutogenen Potenziale von Arbeitstätigkeiten „für jeden Beschäftigten zu erschließen" und damit auch eine der Schnittstellen „zwischen bedingungs- und personenbezogenen gesundheitsförderlichen Interventionen". Damit wird deutlich: Die Aufgabe ist „Schnittpunkt" zwischen Organisation und Individuum (Volpert, 1987). Sie ist aber zugleich Kern des soziotechnischen Systems. Die Arbeitsaufgabe verknüpft einerseits das soziale mit dem technischen Teilsystem, sie verbindet andererseits den Menschen mit den organisationalen Strukturen. Deshalb ist auch die Rede vom Primat der Aufgabe (Ulich, 2005).

5 *Primat der Aufgabe zwischen Mensch, Technik und Organisation*

Das Konzept der soziotechnischen Systemgestaltung postuliert explizit die gemeinsame Optimierung von Technologieeinsatz und Organisation (joint optimization). In diesem Zusammenhang sind folgende Prinzipien (vgl. Alioth, 1986; Ulich, 2005) praktisch bedeutsam:

1. *Bildung relativ unabhängiger Organisationseinheiten.* Mehrpersonenstellen als kleinster Organisationseinheit sollen ganzheitliche Aufgaben übertragen werden.
2. *Zusammenhang der Aufgaben innerhalb der Organisationseinheit.* Die in einer Organisationseinheit angesiedelten Arbeitstätigkeiten sollen einen inhaltlichen Zusammenhang aufweisen, sodass das Bewusstsein einer gemeinsamen Aufgabe entsteht und gegenseitige Unterstützung nahe gelegt wird.
3. *Einheit von Produkt und Organisation.* Der technisch-organisatorische Ablauf soll ermöglichen, die Arbeitsergebnisse qualitativ und quantitativ auf die Organisationseinheit zurückzuführen. Dies gehört zu den Voraussetzungen für die Schaffung ganzheitlicher Aufgaben.

Mit der Realisierung dieser Prinzipien kann auch dem Entstehen – tatsächlicher oder vermeintlicher – technischer „Sachzwänge" entgegengewirkt werden, die häufig dann auftreten, wenn technische Systeme ohne Berücksichtigung organisationaler Anforderungen konzipiert werden. Die Ausdifferenzierung des

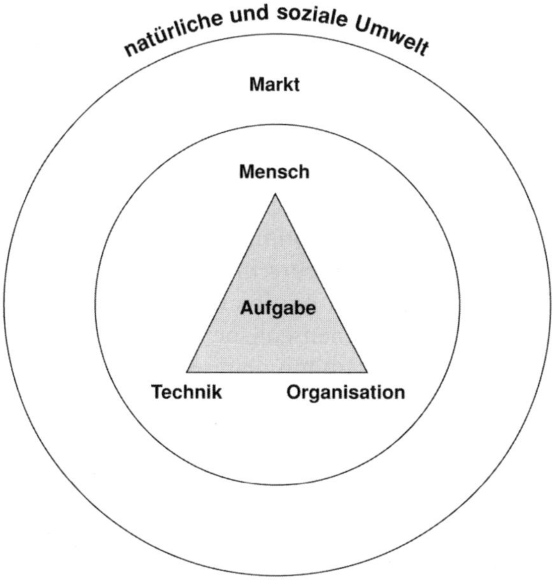

Abbildung 2:
Mensch, Technik, Organisation: ein soziotechnisches Gestaltungskonzept (aus: Ulich, 1997)

Ansatzes der soziotechnischen Systemgestaltung, der auch in Arbeiten von Frieling (1999), Frieling und Sonntag (1999) und Oesterreich (1999) eine positive Würdigung erfährt, führte schließlich zur Formulierung des MTO-Konzepts (Ulich, 1997, 2005) und der MTO-Analyse (Strohm & Ulich, 1997). Dieser Ansatz geht davon aus, dass *M*ensch, *T*echnik und *O*rganisation in ihrer gegenseitigen Abhängigkeit und ihrem Zusammenwirken verstanden werden müssen (vgl. Abb. 2).

Die Reihenfolge der Verknüpfung (MTO) ist keineswegs zufällig. Vielmehr spielt die Aufgabenverteilung zwischen Mensch und Technik, die *Mensch-Maschine-Funktionsteilung* also, eine entscheidende Rolle für die Entwicklung und Konstruktion von Produktionssystemen und zugleich auch für die Rolle des Menschen im Produktionsprozess. Sie bestimmt weitgehend darüber, ob die in Tabelle 1 genannten Merkmale motivierender, persönlichkeits- und gesundheitsförderlicher Aufgabengestaltung im betrieblichen Alltag realisiert werden können. Schließlich bestimmt die Art der Mensch-Maschine-Funktionsteilung den Grad der Automatisierung sowie die mögliche Autonomie der Beschäftigten (vgl. dazu Grote, 1997; Grote, Wäfler, Ryser, Weik, Zölch & Windischer, 1999; Wäfler, Grote, Ryser, Weik & Windischer, 1999) und signalisiert damit zugleich, von welcher Art der Ressourcennutzung Markterfolg erwartet wird. Ein ähnliches Konzept findet sich auch bei Frieling (1999) und Frieling und Sonntag

(1999). Fragen der Nutzung bzw. Vergeudung natürlicher und sozialer externer Ressourcen sind in ein erweitertes MTO-Konzept einzubeziehen.

Persönlichkeits- und gesundheitsförderliche Aufgabengestaltung bedeutet in diesem Zusammenhang, dass beispielsweise bei der Gestaltung rechnergestützter Produktions- und Dienstleistungssysteme der Einsatz von Technik, die Gestaltung der Organisation und die Entwicklung der Mitarbeiterqualifikation gemeinsam zu optimieren sind (joint optimization). Damit übereinstimmend hat auch der Verein Deutscher Ingenieure in seiner Handlungsempfehlung zur sozialverträglichen Gestaltung von Automatisierungsvorhaben gefordert, „dass die Inhalte und Strukturen der menschlichen Arbeit innerhalb des automatisierten Arbeitsprozesses gemeinsam mit dem technischen Entwurf geplant werden sollen“ (Verein Deutscher Ingeneure [VDI], 1989, S. 11).

Dass auch andere Arbeitssysteme wie z. B. im Gesundheitsbereich als soziotechnische Systeme zu begreifen sind, haben Schüpbach und Majumdar (2003) am Beispiel der Arztpraxis aufgezeigt. Schüpbach (2008) hat das Konzept schließlich auch auf Schulen als Organisationen übertragen.

5.1 Arbeits- vs. technikorientierte Aufgabengestaltung

Überlegungen über die angemessene Nutzung menschlicher Qualifikation und Erfahrung werden seit den 1980er Jahren vermehrt angestellt. In diesem Zusammenhang hat die Kommission der Europäischen Gemeinschaft (CEC, 1989), einer Unterscheidung von Brödner (1985) zwischen „anthropozentrischen“ und „technozentrischen“ Entwicklungspfaden folgend, auf die Notwendigkeit der Entwicklung „anthropozentrischer“ Produktions- und Dienstleistungssysteme hingewiesen. An anderer Stelle werden diese Gestaltungskonzepte als technikorientiert bzw. arbeitsorientiert bezeichnet (Ulich, 1989, 2005). Technikorientierte Konzepte zielen in erster Linie darauf ab, Technik und deren Einsatz zu gestalten: Das heißt, dass die Strukturierung von Arbeitsaufgaben und der Einsatz dazu benötigter menschlicher Qualifikationen dem Primat der Technik nachgeordnet sind. Arbeitsorientierte Konzepte zielen demgegenüber darauf ab, Arbeitssysteme zu gestalten, das heißt, die Entwicklung und den Einsatz von Technik, die Gestaltung von Arbeitsaufgaben und -organisation sowie die Möglichkeiten der Nutzung menschlicher Qualifikationen gemeinsam zu optimieren. Konsequenzen der Realisierung dieser Konzepte sind – in Anlehnung an Corbett (1987), Clegg und Corbett (1987) und Ulich (1989) – in Tabelle 2 einander gegenübergestellt.

Der Vergleich der in Tabelle 2 skizzierten Konzepte lässt deutlich erkennen, dass hier grundsätzlich verschiedene Auffassungen von der Allokation der Kontrolle und der daraus abgeleiteten Rolle des Menschen im Arbeitssystem vorliegen.

Tabelle 2:
Vergleich unterschiedlicher Konzepte für die Gestaltung rechnergestützter Arbeitstätigkeiten
(aus: Ulich, 2005)

	Technikorientierte Gestaltungskonzepte – Technikgestaltung –	**Arbeitsorientierte Gestaltungskonzepte – Arbeitsgestaltung –**
Mensch-Maschine-Funktionsteilung	Operateure übernehmen nicht automatisierte Resttätigkeiten.	Operateure übernehmen ganzheitliche Aufgaben von der Arbeitsplanung bis zur Qualitätskontrolle.
Allokation der Kontrolle im Mensch-Maschine-System	Zentrale Kontrolle. Aufgabenausführung durch Rechnervorgaben inhaltlich und zeitlich festgelegt. Keine Handlungs- und Gestaltungsspielräume für Operateure.	Lokale Kontrolle. Aufgabenausführung nach Vorgaben der Operateure innerhalb definierter Handlungs- und Gestaltungsspielräume.
Allokation der Steuerung	Zentralisierte Steuerung durch vorgelagerte Bereiche.	Dezentralisierte Steuerung im Fertigungsbereich.
Informationszugang	Uneingeschränkter Zugang zu Informationen über Systemzustände nur auf der Steuerungsebene.	Informationen über Systemzustände vor Ort jederzeit abrufbar.
Zuordnung von Regulation und Verantwortung	Regulation der Arbeit durch Spezialisten, z. B. Programmierer, Einrichter.	Regulation der Arbeit durch Operateure mit Verantwortung für Programmier-, Einricht-, Feinplanungs-, Überwachungs- und Kontrolltätigkeiten.

Czaja (1987) hat die Unterschiede auf eine einfache Formel gebracht: „The difference lies in whether people are regarded as extensions of the machine or the machine is designed as an extension of people“ (S. 1599).

Eine ähnliche Position, wenngleich in gänzlich anderem historischen Kontext, hat Krenzler (1927) bereits vor rund acht Jahrzehnten vertreten: „Tatsächlich steht der betriebsgerecht handelnde Mensch heute nicht mehr über der Maschine, sondern *unter* ihr. Nicht die Maschine ist sein Werkzeug, er ist das Werkzeug seiner Maschine, ergänzt ihre Tätigkeit lediglich. Den Gipfel erklimmt dieser Zustand mit der *Automatisierung* ...“ (S. 111).

Damit stellt sich die grundsätzliche Frage, inwieweit organisationale Wahlmöglichkeiten durch technologische „Zwänge“ systematisch eingeschränkt werden bzw. welche Möglichkeiten allenfalls bestehen oder geschaffen werden können, auch technologische Optionen zu entwickeln. In diesem Zusammenhang ist den betrieblichen Produktionsplanungs- und -steuerungs- bzw. Logistiksystemen insofern besondere Beachtung zu schenken, als deren Auslegung die mögliche Vollständigkeit der Arbeitsaufgaben und die lokale Selbstregulation unterstützen, aber auch entscheidend behindern bzw. verhindern kann. Dies hat schon vor längerer Zeit auch die Vereinigung der Metallarbeitgeberverbände in Deutschland so gesehen:

> Manchmal können einfachere Lösungen die besseren sein. Ein PPS-System z. B., das den Produktionsablauf in jedem Detail plant und steuert, benötigt eine Unmenge von Daten und schafft viele Informationsschnittstellen, die überbrückt werden müssen. Kleine qualifizierte Arbeitsgruppen, deren Mitglieder sich untereinander absprechen und die Arbeit richtig organisieren, können einem solchen hochtechnischen System überlegen sein. (Gesamtmetall, 1989, S. 15)

Von Interesse ist in diesem Zusammenhang neben der von Dunckel, Volpert, Zölch, Kreutner, Pleiss und Hennes (1993; Dunckel, 1999) entwickelten Kontrastiven Aufgabenanalyse für Büroarbeit (KABA), deren von Dunckel und Pleiss (2007) neuerdings vorgelegten Weiterentwicklung und der von Grote et al. (1999) bzw. Wäfler et al. (1999) entwickelten Methode KOMPASS (Komplementäre Analyse und Gestaltung von Produktionsaufgaben in soziotechnischen Systemen) schließlich die von Waterson, Older Gray und Clegg (2002) vorgeschlagene soziotechnische Methode zur Aufgabenverteilung in Mensch-Maschine-Systemen. Dabei handelt es sich um ein sequenzielles Vorgehen, das – unter aktiver Beteiligung der Betroffenen – von einem allgemeinen Systementwurf und eingebrachten Vorgaben über provisorische Aufteilungen zwischen Mensch und Maschine, provisorischen Aufteilungen zwischen den beteiligten Menschen bis zu einer provisorischen dynamischen Aufgabenverteilung, einer Überprüfung in Bezug auf die Vorgaben und schließlich zu einem endgültigen Vorschlag führt.

6 Mögliche Folgen inadäquater Aufgabengestaltung

Über mögliche Auswirkungen inadäquater Aufgabengestaltung auf die Motivation der Beschäftigten sowie die Produktivität und Qualität der geleisteten Arbeit ist vielfach berichtet worden (z. B. Parker & Wall, 1998; Parker, Wall & Cordery, 2001; Frieling & Sonntag, 1999; Hacker, 2005; Ulich, 2005). Erst neuerdings wird auch über Zusammenhänge zwischen inadäquater Aufgabengestaltung und mangelnder Innovationstätigkeit berichtet:

> Es besteht ein positiver Zusammenhang zwischen der Lernhaltigkeit der Arbeitsaufgaben und der Innovationsaktivität und ein negativer Zusammenhang zwischen der Arbeitsintensität und der Innovationstätigkeit. Umgekehrt ausgedrückt wird damit beschrieben, dass Erwerbstätige, die wenig lernhaltige Arbeitsaufgaben bearbeiten und dabei ein hohes Arbeitsvolumen zu bewältigen haben, sodass Zeitdruck entsteht, eher nicht innovativ sind". (Bergmann, Eisfeldt, Prescher & Seeringer, 2006, S. 25)

Vielfach belegt ist die Bedeutung inadäquater Aufgabengestaltung für die Entwicklung von Fehlbeanspruchungen (z. B. Leitner, 1999; Oesterreich, 1999; Semmer & Udris, 2004; Semmer & Zapf, 2004; Zapf & Semmer, 2004; Semmer, McGrath & Beehr, 2005; Ulich & Wülser, 2009). Besonders gut belegt sind die nachteiligen Auswirkungen mangelnder Vollständigkeit von Arbeitsaufgaben.

6.1 Fehlbeanspruchungen

Rudolph (1986) konnte zeigen, dass mit zunehmender Vollständigkeit – hier: durch Einbezug von Vorbereitungs-, Organisations- und Kontrollfunktionen – positive Auswirkungen auf den berichteten und über Krankenstandsdaten erfassten Gesundheitszustand der Beschäftigten verbunden waren. Damit übereinstimmend fand Hacker (1991, S. 54) bei rechnerunterstützten Angestelltentätigkeiten mit Routinecharakter:

> Mit zunehmender Einschränkung der sequenziellen Vollständigkeit, also wachsender Einengung auf fremdorganisiertes Ausführen durch Fehlen von selbst durchzuführenden Vorbereitungs- und Prüfschritten, nimmt die Häufigkeit von Magen-Darm-Beschwerden und des Erlebens von „psychischer Sättigung", also einer affektiven Aversion gegen die Tätigkeit, zu (Schönfelder, 1984).

(vgl. dazu die Untersuchungen von Iwanowa, 1981, 2004 sowie den Beitrag von Wieland in diesem Band). Für den Zusammenhang zwischen mangelnder Vollständigkeit der Aufgabe bzw. Tätigkeit und gesundheitlichen Auswirkungen formuliert Hacker (1991) praktisch höchst bedeutsame, zum Teil als Hypothesen zu verstehende Konsequenzen (vgl. Kasten 4).

Die in einigen Unternehmen beobachtbare Re-Taylorisierung der Produktionsarbeit dürfte demzufolge mit entsprechend nachteiligen Effekten verbunden sein.

Hoch arbeitsteilige Arbeitsstrukturen finden sich allerdings nicht nur in industriellen Unternehmen, sondern z. B. auch bei *Call Center* Arbeitstätigkeiten. Die Analysen der seit der zweiten Hälfte der 1990er Jahre in Deutschland durchge-

Kasten 4:
Mögliche gesundheitliche Wirkungen mangelnder Vollständigkeit (aus: Hacker, 1991, S. 55)

„Vollständige Arbeitstätigkeiten bieten ganzheitliche, gesellschaftlich bedeutsame Aufgaben. Im Maße ihres Fehlens könnte ein Verlust des Sinns der Arbeit entstehen, erlebt als Unzufriedenheit mit der Tätigkeit und psychischer Sättigung. Vollständige Arbeitstätigkeiten bieten Freiheitsgrade für selbstständige Zielsetzungen und für Entscheidungen. Sie sichern damit Durchschaubarkeit, Vorhersehbarkeit und Beeinflussbarkeit. Im Maße fehlender Freiheitsgrade für eigenständiges Zielsetzen und Entscheiden wären angstbetontes (Stress-)Erleben – etwa durch die Stressoren „Zeitdruck" oder „Kontrollverlust" (d. h. Verlust an Beeinflussbarkeit mangels Tätigkeitsspielraum für Zielsetzen und Entscheiden) – Monotonie-Erleben, erhöhter Medikamentenverbrauch und vermehrte Arbeitsunfähigkeit zu befürchten. Vollständige Arbeitstätigkeiten bieten Kooperations- und Kommunikationsmöglichkeiten, deren Entzug das Risiko depressiver Tendenzen erhöhen könnte (Broadbent, 1982; Richter, 1985)."

führten Untersuchungen in Call Centers weisen auf enge Tätigkeitsspielräume bei oft hohem Zeitdruck und eingeschränkter körperlicher Aktivität hin (Isic, Dormann & Zapf, 1999; Scherrer, 2000, 2002; Metz, Rothe & Degener, 2001; Wieland, Metz & Richter, 2001, 2002; Debitz & Schulze, 2002; Grebner, Semmer, Lo Faso, Gut, Kälin & Elfering, 2003; Wieland 2006). Zur Überwindung des „Tele-Taylorismus" werden Maßnahmen wie die Konzeption von Mischtätigkeiten durch Aufhebung der strikten Trennung von Inbound- und Outbound-Aufgaben sowie von Front office und Back office vorgeschlagen.

Im Rahmen eines von Hutchinson und Kinnie (2000) berichteten Modellversuchs wurden in einem britischen Call Center mit rund 200 Beschäftigten im Anschluss an eine Analyse der Arbeitsbedingungen bisher getrennte Aufgaben, wie Telesachbearbeitung und Televerkauf, zusammengeführt, entsprechende Qualifizierungs- und Entwicklungsmöglichkeiten geschaffen und teamähnliche Strukturen entwickelt. Zu den Ergebnissen des Projekts gehörte neben verbesserter Leistung und Kundenzufriedenheit eine Abnahme von Fluktuation und Fehlzeiten. Konzepte einer Re-Taylorisierung finden sich schließlich auch in weiten Bereichen des *Einzelhandels* (vgl. Kasten 5).

Zu dem von Hacker, Schroda, Riemer und Ishig (2000) formulierten branchen- und tätigkeitsübergreifenden Satz risikobehafteter Kombinationen gehört folgerichtig auch die „unzureichende Vollständigkeit der Aufgaben". Unvollständige Aufgaben „bilden Lern- und Entwicklungsbarrieren, beeinträchtigen das Wohlbefinden und gehen über komplizierte psychonervale und neuroendokrine Vermittlungen mit Gesundheitsstörungen und erhöhtem Krankenstand einher. Aus Gruppen von unzureichenden Tätigkeitsmerkmalen bei unvollständigen Tätigkeiten können Befindensbeeinträchtigungen und Krankenstand mit einem vertretbaren Fehler vorhergesagt werden" (Hacker, 1991, S. 55).

Kasten 5:
Retaylorisierung im Einzelhandel (aus: Bosch, 2000, S. 248)

„Die Retaylorisierung ist nicht auf kleine Bereiche beschränkt, sondern umfasst beschäftigungsstarke Tätigkeitsbereiche. Ein Musterbeispiel hierfür ist der [...] Einzelhandel, der mit rund 2,1 Mio. Beschäftigten einer der größten Arbeitgeber in der Bundesrepublik Deutschland ist. In ihrem Minutenmanagement nutzen die Unternehmen zunehmend Lohndifferenziale zwischen geringfügig Beschäftigten und anderen Teilzeitbeschäftigten sowie zwischen gelernten und ungelernten Kräften zur Kostensenkung. Dies gelingt ihnen nur bei einer zunehmenden Aufspaltung vorher ganzheitlich angebotener Tätigkeiten wie Kassieren, Beraten, Bedienen und Regalauffüllen (Kirsch, Klein, Lehndorff & Voss-Dahm, 1999). Die Beschäftigten haben eher ein instrumentelles Verhältnis zur Arbeit und leisten in der Regel keine unbezahlten Überstunden; Arbeitszeit wird genau registriert und ist abgegrenzt von Nicht-Arbeitszeit. Im Unterschied zum traditionellen Taylorismus wird die Arbeitsleistung allerdings nicht in festgelegten Zeitfenstern abgeleistet, sondern es wird eine hohe Disponibilität beim Arbeitseinsatz abverlangt."

Das heißt aber auch, dass eine geringe Ausprägung des Merkmals Ganzheitlichkeit nicht – wie im Modell von Hackman und Oldham (1975, 1976) – durch starke Ausprägungen anderer Merkmale kompensiert werden kann.

Am Beispiel der Muskel- und Skeletterkrankungen lässt sich die gesundheitliche Relevanz der Aufgabengestaltung exemplarisch aufzeigen. Diese Erkrankungsformen stehen in Deutschland an erster Stelle der Ursachen für krankheitsbedingte Fehltage. Gründe dafür sind einerseits in Bewegungsmangel und lang andauernder einseitiger körperlicher Belastung zu suchen, wie sie in zahlreichen Fällen, etwa bei Bildschirmarbeit, vorzufinden sind. Andererseits spielen in diesem Zusammenhang offensichtlich auch Merkmale wie Aufgabenvollständigkeit und Autonomie eine bedeutsame Rolle. So konnte Lundberg (1996) zeigen, dass Muskel- und Skeletterkrankungen in Gruppenarbeitsstrukturen mit entsprechender Autonomie weniger häufig auftreten als in arbeitsteiligen Arbeitsstrukturen, in denen die gleichen Produkte bzw. Dienstleistungen zu erstellen sind. Auch hier zeigte sich, dass physiologische Belastungsreaktionen und Selbsteinstufungen der erlebten Ermüdung in den arbeitsteiligen Strukturen während des Schichtverlaufs zunahmen und ihren Gipfel am Ende der Schicht erreichten, während in der flexiblen Gruppenarbeitsstruktur „a moderate and more stable level throughout the shift" gefunden wurde (Lundberg, 1996). Melin, Lundberg, Söderlund und Granqvist (1999) fanden in einer Untersuchung von Beschäftigten, die in unterschiedlichen Produktionsstrukturen das gleiche Produkt montierten, bei der Arbeit in teilautonomen Gruppen im Vergleich zur partialisierten Arbeit von Beginn bis Ende der Schicht die günstigeren physiologischen Kennwerte und nach der Schicht die bessere Erholungsfähigkeit.

In Untersuchungen von Richter und Uhlig (1998) konnte belegt werden,

> dass das Erleben von Stress abhängig ist von der Aufgabengestaltung. Bei unvollständigen Aufgabenstrukturen ist das Erleben von Stress signifikant erhöht. Insbesondere für ältere Beschäftigte konnte gezeigt werden, dass eine Erweiterung des Arbeitsinhalts auf der Dimension der sequenziell-zyklischen Vollständigkeit das Stresserleben entscheidend zu vermindern vermag. (S. 413)

Wichtig sind in diesem Zusammenhang vor allem aber auch die verschiedenen Formen von Regulationsbehinderungen mit den daraus resultierenden Folgen für das Entstehen psychischer Belastungen (vgl. Leitner, 1999). „Aufgabenbezogene psychische Belastungen entstehen somit dann, wenn die konkreten Arbeitsbedingungen die Arbeitsausführung behindern, ohne dass die arbeitende Person diesen Bedingungen effizient begegnen kann" (Dunckel & Resch, 2004, S. 43).

Tatsächlich können aber die mit angestrebter Vollständigkeit verbundenen Anforderungen auch zu hoch sein, sodass quantitative oder qualitative Überforderung mit den entsprechenden Folgen für die Gesundheit resultieren kann (vgl. Abb. 3).

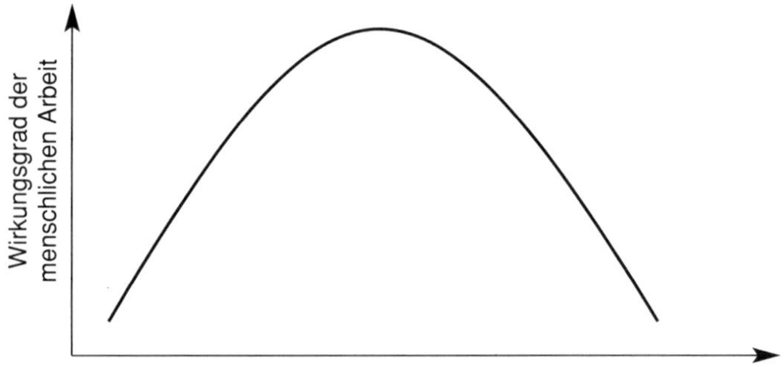

Abbildung 3:
Vermuteter Zusammenhang zwischen dem Komplexitätsgrad der Tätigkeit und dem Wirkungsgrad der menschlichen Arbeit (aus: Ulich, 1972)

Nedeß und Meyer (2001) haben diese Überlegung aufgenommen; sie stimmt zumindest teilweise auch mit der früheren Annahme von Blum und Naylor (1968) überein, derzufolge sowohl sehr einfache als auch sehr komplexe Aufgaben dann Frustration erzeugen können, wenn die optimale Abstimmung zwischen Arbeitsanforderungen und menschlichen Fähigkeiten dadurch nicht gegeben ist. Die oben wiedergegebene Vermutung zeigt auch Übereinstimmungen mit dem sogenannten „Vitaminmodell“ von Warr (1994), das ebenfalls eine kurvilineare Beziehung zwischen Tätigkeitsmerkmalen wie Autonomie oder Anforderungsvielfalt und dem Wohlbefinden der Beschäftigten postuliert. Derartige Überlegungen sind nicht zuletzt auch bei der alterns- und altersgerechten Gestaltung von Arbeitsaufgaben zu berücksichtigen. Dabei gilt: *Alterns*gerechte Arbeitsgestaltung kann dazu führen, dass das Erfordernis *alters*gerechter Arbeitsgestaltung reduziert wird.

6.2 Arbeitsbedingtes Voraltern oder: Alternsgerechte Gestaltung von Arbeitsaufgaben

In zahlreichen europäischen Unternehmen finden sich seit einigen Jahren kaum noch über 50-jährige Beschäftigte. Davon abgesehen, dass ein Teil dieser Unternehmen seine Probleme durch Frühpensionierungen oder Abschieben in die Invalidität externalisiert, liegen diesem Verhalten offensichtlich auch mangelnde Kenntnisse über die Folgen von Arbeitsgestaltung für Alterungsprozesse zugrunde. Die Untersuchungen von Warr (1995) sowie von Schooler, Mulatu und Oates (1999) bestätigen frühere Ergebnisse, die zeigen, dass der Einfluss anspruchsvoller Arbeitstätigkeiten auf die geistige Leistungsfähigkeit mit dem Alter noch zunimmt. Bemerkenswert sind in diesem Zusammenhang auch die Befunde über mögliche Auswirkungen von länger ausgeübten Arbeitstätigkeiten auf Ruhestandspläne (z. B. Abraham & Hoefelmayr-Fischer, 1982; Richter, 1993). „Die am wenigsten differenzierten Zukunftskonzepte im höheren Lebensalter fanden wir bei Beschäftigten mit restriktiven, anforderungsarmen Arbeitsaufgaben“ (Richter, 1993, S. 40).

Naegele (2004) macht – unter Verweis auf Frerichs (1998) – darauf aufmerksam, dass sowohl das Krankheits- als auch das Qualifikationsrisiko ungleich verteilt sind: „Sie sind weit verbreitet in Branchen und Betrieben mit tayloristischen Produktionsregimes aufgrund des hier hohen Anteils an typischen Verschleißarbeitsplätzen und der geringen Bedeutung des Erfahrungswissens“ (Naegele, 2004, S. 208).

Und auch nach Behrens (2004) gilt:

> Die Ungleichheit der Chance, länger erwerbstätig zu sein, scheint fast ausschließlich reproduziert zu werden durch
>
> - den Zuschnitt von Tätigkeiten, die sich als qualifikatorische und gesundheitliche Sackgassen erweisen und
> - die Zuweisung von Personen zu diesen Tätigkeiten nach schulischen Abschlüssen, Ausbildung und Region (S. 261).

Hacker (2004) hat neuerdings die Notwendigkeit der Unterscheidung zwischen dem kalendarischen und dem „menschgemachten“ Altern betont und in diesem Zusammenhang insbesondere auf das „arbeitsinduzierte Vor-Altern“ aufmerksam gemacht. Unter Hinweis auf die Befunde der Leipziger Alternsforschung (Ries & Sauer, 1991) stellt Hacker fest: „Die Lebens- und die Arbeitsbedingungen können das Altern beschleunigen (man kann voraltern) oder im Idealfall auch verzögern“ (Hacker, 2004, S. 164).

Deshalb muss das *kalendarische* Alter vom *biologischen* Alter unterschieden werden. Arbeitsinduziertes Voraltern kann einerseits z. B. als Folge von neurotoxischen Einflüssen am Arbeitsplatz entstehen, andererseits offensichtlich aber auch durch Arbeitsaufgaben, die keine Lern- und Entwicklungsmöglichkeiten enthalten. „Derzeit scheinen in der Mehrzahl von Arbeitsprozessen voralternde Arbeitsbedingungen noch zu überwiegen“ (a. a. O., S. 164).

Im Umkehrschluss gilt: „Lernen in Tätigkeiten mit Lernpotenzialen kann nicht nur das Hinzulernen neuer Kenntnisse, Fertigkeiten, Fähigkeiten oder Einstellungen ermöglichen, sondern auch das Erhalten dieser Leistungsvoraussetzungen gegen ihren alterskorrelierten Verlust“ (a. a. O., S. 169) (vgl. Kasten 6).

Kasten 6:
Leistungsfähigkeit im Alter in Abhängigkeit von der Aufgabengestaltung (aus: Hacker, 2004, S. 167)

„Zerlegt man den generellen Befund in Klassen von Arbeitsaufgaben, so lassen sich alternsbezogene Aufgabentypen *ohne* Leistungsveränderungen mit dem Lebensalter, Aufgabentypen mit Leistungs*verbesserungen* und solche mit *Verschlechterungen* mit dem Lebensalter unterscheiden. Der letztgenannte Typ betrifft Aufgaben, die nach EU-Anforderungen an Arbeitsplätzen für alle Altersgruppen nicht existieren dürften. Das sind Aufgaben mit Zeitdruck, ohne Tätigkeitsspielraum und ohne Lernchancen (zum Beispiel Maschinenrichtlinie 108a der EU). Die Leistungsabnahme ist bei diesem Aufgabentyp also nicht in erster Linie ein biologisches Altersergebnis, sondern Produkt einer defizitären Arbeits- und Organisationsgestaltung“.

Damit stimmt auch die Feststellung von Semmer und Richter (2004, S. 112) überein, derzufolge „Erwerb, Gebrauch und Entwicklung von Kompetenzen […] die beste Grundlage für eine gute Leistung im Alter sind […]“.

Zu Recht hat Hacker auch darauf hingewiesen, dass Menschen, die „in der zweiten Hälfte der Lebensspanne qualifiziert werden müssen“, durch arbeitsbedingte Alterungsprozesse „nicht auch noch vorgealtert sein sollten. Das würde ihr Lernen weiter komplizieren“ (Hacker, 2003, S. 19).

Im Übrigen gilt, dass die Merkmale von Aufgaben mit Lernpotenzialen weitgehend identisch sind mit denen vollständiger Aufgaben.

7 Beispiele für aufgabenrelevante Normen

7.1 Aufgabengestaltung für den Mensch-Rechner-Dialog

Mit der Entwicklung von Software für Dialogprogramme wird nicht nur über die „Benutzungsfreundlichkeit“, sondern weitgehend auch über die Aufgabenverteilung zwischen Mensch und Rechner entschieden. In manchen Publikationen zu Fragen der „Benutzungsfreundlichkeit“ wird der Bezug zur Arbeitsaufgabe lediglich über den Begriff der „Aufgabenangemessenheit“ hergestellt (vgl. Konradt in diesem Band). In vielen Fällen wird allerdings entweder nicht oder nur unzureichend definiert, was damit gemeint ist. In der DIN-Vorschrift 66234, Teil 8 – die inzwischen in die DIN EN ISO 9241 integriert worden ist – hieß es ursprünglich: „Ein Dialog ist aufgabenangemessen, wenn er die Erledigung der Arbeitsaufgabe des Benutzers unterstützt, ohne ihn durch Eigenschaften des Dialogsystems unnötig zu belasten“.

Eine solche Definition erlaubt, einen Dialog auch dann als „aufgabenangemessen“ zu bezeichnen, wenn die Gestaltung der Aufgabe selbst weder Human- noch Wirtschaftlichkeitskriterien entspricht. Da Softwaregestaltung selbst zumindest teilweise aber zugleich auch Aufgabengestaltung ist, sollten die Kriterien der Aufgabengestaltung den Merkmalen der Dialoggestaltung stets vorgeordnet sein. Deshalb formulierten Hamborg und Schweppenhäuser (1991) in ihrer Expertise zur „Arbeits- und Softwaregestaltung“ zu Recht den Grundsatz „Arbeitsgestaltung vor Softwaregestaltung“. Ein Versuch, verschiedene mögliche Merkmale benutzungsorientierter Dialoggestaltung in ein arbeitspsychologisches Konzept einzuordnen, findet sich in Abbildung 4.

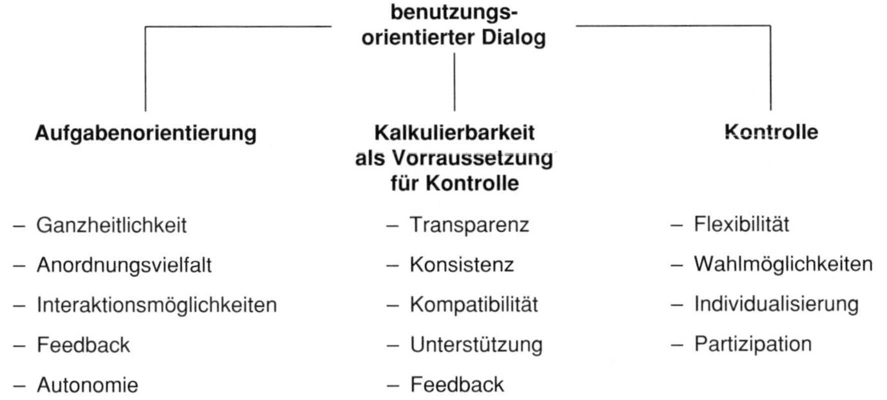

Abbildung 4:
Merkmale benutzungsorientierter Dialoggestaltung (aus: Ulich, 1989)

Einige der dort aufgeführten Merkmale finden sich – sinngemäß oder begriffsidentisch – auch in den Gestaltungsprinzipien der DIN EN ISO 9241 (vgl. Kasten 7).

Kasten 7:
Prinzipien der Schnittstellen- und Dialoggestaltung nach der DIN EN ISO 9241

In der Norm *DIN EN ISO 9241* finden sich im Teil 10 die folgenden Grundsätze der Dialoggestaltung:

– Aufgabenangemessenheit	Ein Dialog ist aufgabenangemessen, wenn er den Benutzer unterstützt, seine Arbeitsaufgabe effektiv und effizient zu erledigen.
– Selbstbeschreibungsfähigkeit	Ein Dialog ist selbstbeschreibungsfähig, wenn jeder einzelne Dialogschritt durch Rückmeldung des Dialogsystems unmittelbar verständlich ist oder dem Benutzer auf Anfrage erklärt wird.
– Steuerbarkeit	Ein Dialog ist steuerbar, wenn der Benutzer in der Lage ist, den Dialogablauf zu starten sowie seine Richtung und Geschwindigkeit zu beeinflussen, bis das Ziel erreicht ist.
– Erwartungskonformität	Ein Dialog ist erwartungskonform, wenn er konsistent ist und den Merkmalen des Benutzers entspricht, z. B. seinen Kenntnissen aus dem Arbeitsgebiet, seiner Ausbildung und seiner Erfahrung sowie den allgemein anerkannten Konventionen.
– Fehlertoleranz	Ein Dialog ist fehlertolerant, wenn das beabsichtigte Arbeitsergebnis trotz erkennbarer fehlerhafter Eingaben entweder mit keinem oder mit minimalem Korrekturaufwand seitens des Benutzers erreicht werden kann.
– Individualisierbarkeit	Ein Dialog ist individualisierbar, wenn das Dialogsystem Anpassungen an die Erfordernisse der Arbeitsaufgabe sowie an die individuellen Fähigkeiten und Vorlieben des Benutzers zulässt.*
– Lernförderlichkeit	Ein Dialog ist lernförderlich, wenn er den Benutzer beim Erlernen des Dialogsystems unterstützt und anleitet.

* Hierzu gibt es eine Anmerkung, derzufolge Änderungen im Sinne der Individualisierung keine Beeinträchtigungen für die Benutzer zur Folge haben dürfen.

In der DIN EN ISO 9241 werden Konzepte der Kompetenz- bzw. Lernförderlichkeit ausdrücklich erwähnt. Dabei spielt die Identifizierung der „Lernhaltigkeit" von Arbeitsaufgaben eine bedeutsame Rolle (Richter & Wardanjan, 2000).

Im Rahmen des vom Bundesministerium für Bildung und Forschung gemeinsam mit dem Europäischen Sozialfonds geförderten Projekts „Lernförderlichkeitsindex" konnte nachgewiesen werden, „dass Unternehmen mit lernförderlichen Arbeitsplätzen auch die erfolgreicheren sind" (Bernard, 2004). In diesem Zusammenhang kommt dem von Frieling, Bernard, Bigalk und Müller (2006) neuerdings vorgelegten Verfahren zur Bestimmung der Lernmöglichkeiten am Arbeitsplatz besondere Bedeutung zu.

7.2 Aufgabengestaltung bei der Konstruktion von Maschinen

Besonders deutlich ist die Berücksichtigung von arbeitspsychologischen Konzepten der Aufgabengestaltung in der Norm DIN EN 614-2. Dabei geht es um Ergonomische Gestaltungsgrundsätze für die Sicherheit von Maschinen, im hier relevanten Teil 2 um die „Wechselwirkungen zwischen der Gestaltung von Maschinen und den Arbeitsaufgaben". In der Einleitung zur Deutschen Fassung der Norm heißt es: „Diese Europäische Norm hilft dem Konstrukteur, ergonomische Grundsätze bei der Gestaltung von Maschinen anzuwenden, indem sie insbesondere auf die Wechselwirkungen zwischen der Gestaltung von Maschinen und Arbeitsaufgaben abhebt" (DIN 2000, S. 3).

Bei der Beschreibung der „Grundsätze der Aufgabengestaltung" (a. a. O., S. 4 ff.) findet sich eine Auflistung von Merkmalen gut gestalteter Arbeitsaufgaben (vgl. Kasten 8).[2]

Kasten 8:
Merkmale gut gestalteter Arbeitsaufgaben nach DIN EN 614-2

„Bei der Gestaltung von Maschinen und Arbeitsaufgaben muss der Konstrukteur sicherstellen, dass die folgenden ergonomischen Merkmale gut gestalteter Arbeitsaufgaben erfüllt werden. Diese Merkmale berücksichtigen die Unterschiede sowie die zeitliche Verteilung von Merkmalen innerhalb der vorgesehenen Operatorenpopulation und werden durch eine aufeinander bezogene Gestaltung von Maschinen und Arbeitsaufgaben erreicht. Im Gestaltungsprozess muss der Konstrukteur daher

a) die Erfahrung sowie die Fähigkeiten und Fertigkeiten der bestehenden oder zu erwartenden Operatorenpopulation berücksichtigen.
Dazu gehören der Stand der Schulbildung und der beruflichen Ausbildung sowie das bei anderen ähnlichen Arbeitssituationen erworbene Wissen. Hierbei sollte bedacht werden, dass Ausbildungs- und Wissensstand innerhalb der Operatorenpopulation unterschiedlich sind und sich mit der Zeit verändern. Daher sollten beispielsweise Anforderungen an Geschwindigkeit und Komplexität sowie Informationen zur Aufgabendurchführung an alle vorgesehenen Benutzer anpassbar sein.

b) sicherstellen, dass die durchzuführenden Arbeitsaufgaben als vollständige und sinnvolle Arbeitseinheiten mit deutlich identifizierbarem Anfang und Ende erkennbar sind und nicht einzelne Fragmente solcher Aufgaben darstellen.
Daher sollte jede Arbeitsaufgabe nicht nur aus Durchführungskomponenten bestehen, sondern auch Vorbereitungs- (z. B. Planung) und Bewertungskomponenten (z. B. Inspektion, Prüfung) beinhalten.

2 Wiedergegeben mit Erlaubnis des DIN Deutsches Institut für Normung e. V. Maßgebend für das Anwenden der DIN-Norm ist deren Fassung mit dem neuesten Ausgabedatum, die bei der Beuth Verlag GmbH, Burggrafenstraße 6, 10787 Berlin, erhältlich ist.

c) sicherstellen, dass durchgeführte Arbeitsaufgaben als bedeutsamer Beitrag zum Gesamtergebnis des Arbeitssystems erkennbar sind.
Für den Operator sollte erkennbar sein, wie und in welchem Ausmaß die Durchführung der Arbeitsaufgabe und deren Ergebnis das gesamte Arbeitssystem und dessen Ergebnisse beeinflusst. Daher muss eine unnötige Fragmentierung des Arbeitsprozesses, die zu eng begrenzten Arbeitsaufgaben der Operatoren führt, vermieden werden.

d) die Anwendung einer angemessenen Vielfalt von Fertigkeiten, Fähigkeiten und Tätigkeiten ermöglichen, insbesondere für eine angemessene Kombination folgender Arten des Verhaltens sorgen:
Wissensbasiertes Verhalten, das von dem Operator verlangt, komplexe Kenntnisse über die Zusammenhänge innerhalb des Prozesses zu entwickeln und aufrechtzuerhalten, damit er/sie Systemzustände und Fehler feststellen, Lösungen entwickeln und angemessene Tätigkeiten durchführen kann.

e) für ein angemessenes Maß an Freiheit und Selbstständigkeit des Operators sorgen.
Der Operator sollte bei der Aufgabendurchführung zwischen Alternativen wählen sowie Prioritäten, Arbeitstempo und Arbeitsablauf bei der Erledigung der Arbeitsaufgabe bestimmen können. Streng festgelegte Abfolgen von Arbeitsschritten, Taktzeiten und Arbeitsmethoden müssen vermieden werden.

f) für ausreichende, für den Operator sinnvolle Rückmeldungen in Bezug auf die Aufgabendurchführung sorgen.
Dem Operator müssen Informationen über die Aufgabendurchführung zur Verfügung gestellt werden, die es ihm/ihr ermöglichen zu überprüfen, ob das Ziel erreicht wurde und die Durchführung angemessen erfolgt ist. Dies beinhaltet auch Informationen über Fehlhandlungen und richtige Alternativen.
Bei Arbeitsaufgaben, die mit häufigen Unterbrechungen verbunden sind, müssen bei der Gestaltung von Maschinen Hilfsmittel zur Unterstützung des Gedächtnisses vorgesehen werden, die es dem Operator erleichtern, sich daran zu erinnern, wo er/sie die Arbeitsaufgabe unterbrochen hat.

g) ermöglichen, vorhandene Fertigkeiten und Fähigkeiten auszuüben und weiterzuentwickeln sowie neue zu erwerben.
Dies sollte erreicht werden, indem verschiedene Wege der Aufgabendurchführung, ein ausreichendes Maß an Selbstständigkeit und Abwechslung in Verbindung mit angemessenen Rückmeldungen in Bezug auf die Aufgabenausführung ermöglicht werden. Dadurch kann der Operator den Betriebsmodus wählen, der dem jeweiligen Stand seiner/ihrer Fachkenntnisse am besten entspricht, sowie versuchen, neue Erfahrungen in Bezug auf verschiedene Wege der Aufgabendurchführung zu erlangen, vorzugsweise durch Kombination verschiedener Arten des Verhaltens.
Bei Überwachungs- und Steuerungstätigkeiten, insbesondere in hoch automatisierten Systemen, muss der Operator in die Lage versetzt werden, die Fähigkeit zu erwerben, den Prozess zu steuern und sich ein klares Bild der Struktur und der Zusammenhänge innerhalb des Prozesses anzueignen. Dies ist besonders wichtig in Notfallsituationen.

h) Über- und Unterforderung des Operators vermeiden, die zu unnötiger oder übermäßiger Beanspruchung, Ermüdung oder zu Fehlern führen kann.

i) repetitive Aufgaben vermeiden, die zu einseitiger Arbeitsbelastung und somit zu Monotonie- und Sättigungsempfindungen, Langeweile oder Unzufriedenheit führen können.

j) vermeiden, dass der Operator alleine, ohne Gelegenheit zu sozialen und funktionalen Kontakten, arbeitet.

Diese Merkmale gut gestalteter Arbeitsaufgaben der Operatoren dürfen bei der Gestaltung von Maschinen nicht verletzt werden. Unter Berücksichtigung der Anwendbarkeit und des Standes der Technik ist es jedoch unter Umständen nicht möglich, all diese Ziele vollständig zu erreichen. In diesem Fall müssen Maschinen und Arbeitsaufgaben der Operatoren so weit wie möglich in Übereinstimmung mit diesen Zielen gestaltet und ausgeführt werden."

Dieser Auszug aus der seit Juni 2000 auch in Deutschland gültigen Norm zur Aufgabengestaltung bei der Konstruktion von Maschinen zeigt sehr weitgehende Übereinstimmungen mit den in Tabelle 1 wiedergegebenen Merkmalen persönlichkeits- und gesundheitsförderlicher Arbeitsgestaltung, wobei offensichtlich auch die Konzepte der differenziellen und dynamischen Arbeitsgestaltung einen Niederschlag gefunden haben.

8 *Schlussfolgerung*

Aus der Handlungsregulationstheorie und den soziotechnischen Konzepten ergibt sich das Postulat, die Entwicklung und den Einsatz von Humanvermögen durch Aufgabengestaltung als das zentrale Element der Gestaltung von Produktions- und Dienstleistungssystemen zu begreifen. Daraus ergibt sich die Notwendigkeit, die Entwicklung und den Einsatz von technischen Arbeitsmitteln, Arbeitsstrukturen und Humanvermögen in ihrer Interdependenz zu verstehen und gemeinsam zu optimieren. Planungs- und Steuerungssysteme sind deshalb vermehrt hinsichtlich ihrer Auswirkungen auf organisatorische Gestaltungsspielräume und – damit verbunden – auf die Möglichkeiten des Erhalts bzw. der Schaffung persönlichkeits- und gesundheitsförderlicher Arbeitsaufgaben zu beurteilen.

Literatur

Abholz, H.-H., Hildebrandt, E., Ochs, P., Rosenbrock, R., Spitzley, H., Stebani, J. & Wotschak, W. (1981). Von den Grenzen der Ergonomie und den Möglichkeiten der Arbeitswissenschaft. *Zeitschrift für Arbeitswissenschaft, 35,* 193–199.

Abraham, E. & Hoefelmayr-Fischer, K. (1982). Auswirkungen der früheren Arbeitstätigkeit auf den Ruhestand. *Zeitschrift für Sozialisationsforschung und Erziehungssoziologie, 2,* 53–72.

Alioth, A. (1986). *Entwicklung und Einführung alternativer Arbeitsformen.* Bern: Huber.

Antoni, C. H. (Hrsg.). (1994). *Gruppenarbeit in Unternehmen. Konzepte, Erfahrungen, Perspektiven.* Weinheim: Psychologie Verlags Union.

Asch, S. E. (1957). *Social Psychology.* New York, NY: Prentice Hall.

Baitsch, C. (1985). *Kompetenzentwicklung und partizipative Arbeitsgestaltung.* Bern: Lang.

Bamberg, E. & Metz, A.-M. (1998). Intervention. In E. Bamberg, A. Ducki & A.-M. Metz (Hrsg.), *Handbuch Betriebliche Gesundheitsförderung* (S. 177–209). Göttingen: Verlag für Angewandte Psychologie.

Behrens, J. (2004). Betriebliche Strategien und demographische Folgen. Die komprimierte Berufsphase. *Arbeit, 3,* 248–263.

Berggren, C. (1993). *Volvo Uddevalla – a dream plant for dealers? An evaluation of the economic performance of Volvo's unique assembly plant 1989–1992.* Stockholm: Royal Institute of Technology.

Bergmann, B., Eisfeldt, D., Prescher, C. & Seeringer, C. (2006). Innovationen – eine Bestandsaufnahme bei Erwerbstätigen. *Zeitschrift für Arbeitswissenschaft, 60,* 17–26.

Bernard, H. (2004). Facetten und Einfluss lernförderlicher Arbeitsplatzgestaltung. In Gesellschaft für Arbeitswissenschaft (Hrsg.), *Arbeit und Gesundheit in effizienten Arbeitssystemen* (S. 495–498). Dortmund: GfA.

Blum, M. L. & Naylor, J. C. (1968). *Industrial Psychology.* New York, NY: Harper & Row.

Blumberg, M. (1988). Towards a new theory of job design. In W. Karwowski, H. R. Parsaei & M. R. Wilhelm (Eds.), *Ergonomics of hybrid automated systems I* (pp. 53–59). Amsterdam: Elsevier.

Blumenfeld, W. (1932). Über die Fraktionierung der Arbeit und ihre Beziehung zur Theorie der Handlung. In *Bericht über den XII. Kongress der Deutschen Gesellschaft für Psychologie* (S. 291–294). Jena.

Bosch, G. (2000). Neue Lernkulturen und Arbeitnehmerinteressen. In Arbeitsgemeinschaft Qualifikations-Entwicklungsmanagement (Hrsg.), *Kompetenzentwicklung 2000* (S. 227–270). Münster: Waxmann.

Brödner, P. (1985). *Fabrik 2000. Alternative Entwicklungspfade in die Zukunft der Fabrik.* Berlin: edition sigma Bohn.

Brödner, P. & Kötter, W. (Hrsg.). (1999.). *Frischer Wind in der Fabrik. Spielregeln und Leitbilder von Veränderungsprozessen.* Berlin: Springer.

Clegg, C. & Corbett, M. (1987). Research and development into humanizing advanced manufacturing technology. In T. Wall, C. Clegg & N. Kemp (Eds.), *The human side of advanced manufacturing technology* (pp. 173–195). Chichester: Wiley.

Commission of the European Communities (1989). *Science, Technology and Societies: European Priorities. Results and Recommandations of the FAST II Programme, a Summary Report.* Brussel: Directorate-General Science, Research and Development.

Corbett, M. (1987). Computer-aided manufacturing and the design of shopfloor jobs: Towards a new research perspective in occupational psychology. In M. Frese, E. Ulich & W. Dzida (Eds.), *Psychological issues of human-computer-interaction in the workplace* (pp. 23–40). Amsterdam: North Holland.

Cummings, T. & Blumberg, M. (1987). Advanced manufacturing technology and work design. In T. Wall, C. Clegg & N. Kemp (Eds.), *The human side of advanced manufacturing technology* (pp. 37–60). Chichester: Wiley.

Czaja, S. J. (1987). Human factors in office automation. In G. Salvendy (Ed.), *Handbook of human factors* (pp. 1587–1616). New York, NY: Wiley.

Debitz, U. & Schulze, F. (2002). Gesundheitsförderliche Arbeitsgestaltung. In P. Richter & U. Debitz (Hrsg.), *Tagungsband zum III. Arbeits- und Organisationspsychologischen Workshop der Technischen Universität Dresden: Effektive Organisation im Call Center* (S. 11–41). Dresden: TU Dresden.

Degener, M. (2004). *Unternehmenserfolg und soziale Verantwortung*. Frankfurt a. M.: Peter Lang.

Demmer, B., Gohde, H.-E. & Kötter, W. (1991). Komplettbearbeitung in eigener Regie. *Technische Rundschau, 44,* 8–16.

DIN EN 614-2 (2000). *Sicherheit von Maschinen – Ergonomische Gestaltungsgrundsätze, Teil 2: Wechselwirkungen zwischen der Gestaltung von Maschinen und den Arbeitsaufgaben.* Berlin: Beuth.

Ducki, A. (2006). Teamarbeit: Stressfaktor oder gesundheitliche Ressource? In S. Leidig, K. Limbacher & M. Zielke (Hrsg.), *Stress im Erwerbsleben: Perspektiven eines integrativen Gesundheitsmanagements* (S. 89–104). Lengerich: Pabst.

Dunckel, H. (1999). Leitfaden zur kontrastiven Aufgabenanalyse (KABA). In H. Dunckel (Hrsg.), *Handbuch psychologischer Arbeitsanalyseverfahren* (S. 231–254). Zürich: vdf.

Dunckel, H. & Pleiss, C. (Hrsg.). (2007). *Kontrastive Aufgabenanalyse. Grundlagen, Entwicklungen und Anwendungserfahrungen.* Zürich: vdf.

Dunckel, H. & Resch, M. (2004). Arbeitsbezogene psychische Belastungen. In G. Steffgen (Hrsg.), *Betriebliche Gesundheitsförderung. Problembezogene psychologische Interventionen* (S. 37–61). Göttingen: Hogrefe.

Dunckel, H., Volpert, W., Zölch, M., Kreutner, U., Pleiss, C. & Hennes, K. (1993). *Kontrastive Aufgabenanalyse im Büro.* Zürich/Stuttgart: Verlag der Fachvereine/Teubner.

Ellegard, K. (1995). The creation of a new production system at the Volvo automobile assembly plant in Uddevalla, Sweden. In A. Sandberg (Ed.), *Enriching production* (pp. 37–59). Aldershot: Avebury.

Emery, F. E. (1959). *Characteristics of socio-technical systems.* Tavistock: Institute of Human Relations.

Emery, F. E. & Emery, M. (1976). *Participative design: Work and community life.* In F. Emery & E. Thorsrud, *Industrial Democracy* (pp. 158–177). Leiden: Martinus Njhoff.

Emery, F. E. & Thorsrud, E. (1976). *Democracy at Work.* Leiden: Martinus Nijhoff.

Emery, F. E. & Thorsrud, E. (1982). *Industrielle Demokratie.* Bern: Huber.

Emery, F. E. & Trist, E. L. (1960). Socio-technical systems. In C. W. Churchman & M. Verhulst (Eds.), *Management Science, Models and Techniques* (Vol. 2, pp. 83–97). Oxford: Pergamon.

Freiboth, M. (1997). Gruppenarbeit. In E. Frieling (Hrsg.), *Automobilmontage in Europa* (S. 191–237). Frankfurt a. M.: Campus.

Frerichs, F. (1998). *Älterwerden im Betrieb. Beschäftigungschancen und -risiken im demografischen Wandel.* Opladen: Westdeutscher Verlag.

Frieling, E. (1988). Workshop. Arbeits- und organisationspsychologische Aspekte neuer Technologien. In K. J. Zink (Hrsg.), *Arbeitswissenschaft und neue Technologien* (S. 141–144). Eschborn: Rationalisierungskuratorium der Deutschen Wirtschaft.

Frieling, E. (1999). Arbeitsanalyse und Arbeitsgestaltung. In C. Graf Hoyos & D. Frey (Hrsg.), *Arbeits- und Organisationspsychologie. Ein Lehrbuch* (S. 468–487). Weinheim: Psychologie Verlags Union.

Frieling, E. & Sonntag, K. (1999). *Lehrbuch Arbeitspsychologie* (2. Aufl.). Bern: Huber.

Gesamtmetall (1989). *Mensch und Arbeit.* Köln: edtion agrippa.

Graumann, C. F. (Hrsg.). (1982). *Kurt Lewin. Werkausgabe* (Bd. 4). Bern: Huber.

Grebner, S., Semmer, N., Lo Faso, L., Gut, S., Kälin, W. & Elfering, A. (2003). Working conditions, well-being and job-related attitudes among call centre agents. *European Journal of Work and Organizational Psychology, 12,* 341–365.

Grob, R. (1985). *Flexibilität in der Fertigung.* Berlin: Springer.

Grob, R. & Haffner, H. (1982). *Planungsleitlinien Arbeitsstrukturierung.* München: Siemens.

Grote, G. (1997). *Autonomie und Kontrolle. Zur Gestaltung automatisierter und risikoreicher Arbeitssysteme.* Zürich: vdf.

Grote, G., Wäfler, T., Ryser, C., Weik, S., Zölch, M. & Windischer, A. (1999). *Wie sich Mensch und Technik sinnvoll ergänzen. Die Analyse automatisierter Produktionssysteme mit KOMPASS.* Zürich: vdf.

Gulowsen, J. (1972). A measure of work group autonomy. In L. E. Davis & J. C. Taylor (Eds.), *Design of jobs* (pp. 374–390). Harmondsworth: Penguin.

Hacker, W. (1986). *Arbeitspsychologie.* Bern: Huber.

Hacker, W. (1987). Software-Ergonomie: Gestalten rechnergestützter Arbeit? In W. Schönpflug & M. Wittstock (Hrsg.), *Software Ergonomie '87: Nützen Informationssysteme dem Benutzer?* (S. 31–54). Stuttgart: Teubner.

Hacker, W. (1991). Aspekte einer gesundheitsstabilisierenden und -fördernden Arbeitsgestaltung. *Zeitschrift für Arbeits- und Organisationspsychologie, 35,* 48–51.

Hacker, W. (1998). *Allgemeine Arbeitspsychologie. Psychische Regulation von Arbeitstätigkeiten.* Bern: Huber.

Hacker, W. (2003). Entwicklung von Qualifizierungsmaßnahmen im Alterungsprozess. In P. Stein & H. Loebe (Hrsg.), *Qualifizierung und Beschäftigung. Argumente und Materialien zum Zeitgeschehen* (S. 18–22). München: Hanns-Seidel-Stiftung.

Hacker, W. (2004). Leistungs- und Lernfähigkeiten älterer Menschen. In M. von Cranach, H.-D. Schneider, E. Ulich & R. Winkler (Hrsg.), *Ältere Menschen in Unternehmen* (S. 163–172). Bern: Haupt.

Hacker, W. (2005). *Allgemeine Arbeitspsychologie. Psychische Regulation von Wissens-, Denk- und körperlicher Arbeit.* Bern: Huber.

Hacker, W. & Richter, P. (1980). *Psychische Fehlbeanspruchung: Psychische Ermüdung, Monotonie, Sättigung und Stress. Spezielle Arbeits- und Ingenieurpsychologie in Einzeldarstellungen, Lehrtext 2.* Berlin: Verlag der Wissenschaften.

Hacker, W., Schroda, F., Riemer, S. & Ishig, A. (2000). *Forschungsprojekt gesundheitsfördernde Arbeitsprozessgestaltung.* Projektberichte, Heft 2. Dresden: Institut für Allgemeine Psychologie, Biopsychologie und Methoden der Psychologie der Technischen Universität.

Hackman, J. R. & Lawler, E. E. (1971). Employee reactions to job characteristics. *Journal of Applied Psychology, 55,* 259–286.

Hackman, J. R. & Oldham, G. R. (1975). Development of the job diagnostic survey. *Journal of Applied Psychology, 60,* 159–170.

Hackman, J. R. & Oldham, G. (1976). Motivation through the design of work: Test of a theory. *Organizational Behavior and Human Performance, 16,* 250–279.

Haisch, J. (2000). Gesundheitspsychologie. In J. Straub, A. Kochinka & H. Werbik (Hrsg.), *Psychologie in der Praxis. Anwendungs- und Berufsfelder einer modernen Wissenschaft* (S. 561–580). München: Deutscher Taschenbuch Verlag.

Hamborg, K.-C. & Schweppenhäuser, A. (1991). *Expertise: Arbeits- und Softwaregestaltung.* Düsseldorf: Hans-Böckler-Stiftung.

Hellpach, W. (1922). Sozialpsychologische Analyse des betriebstechnischen Tatbestandes ‚Gruppenfabrikation'. In R. Lang & W. Hellpach (Hrsg.), *Gruppenfabrikation* (S. 5–186). Berlin: Springer. [Auszugsweise abgedruckt in P. Sachse, W. Hacker & E. Ulich (Hrsg.). (2008). Quellen der Arbeitspsychologie. Ausgewählte historische Texte. Schriften zur Arbeitspsychologie (Hrsg. E. Ulich), Band 65. Bern: Huber]

Herbst, P. (1962). *Autonomous Group Functioning.* London: Tavistock.

Herbst, P. (1975). The product of work is people. In L. E. Davis & A. B. Cherns (Eds.), *The quality of working life* (Vol. 1, pp. 439–442). New York, NY: Free Press.

Herrmann, T. (1976). *Lehrbuch der empirischen Persönlichkeitsforschung.* Göttingen: Hogrefe.

Herzberg, F. (1968). *Work and the nature of man.* London: Staples.

Herzberg, F., Mausner, B. & Snyderman, B. (1959). *The motivation to work.* New York, NY: Wiley.

Hutchinson, S. P. & Kinnie, N. J. (2000). Evolving high commitment management and the experience of the RAC call center. *Human Resource Management Journal, 10,* 63–78.

Isic, A., Dormann, C. & Zapf, D. (1999). Belastungen und Ressourcen an Call Center Arbeitsplätzen. *Zeitschrift für Arbeitswissenschaft, 53,* 202–208.

Iwanowa, A. (1981). *Untersuchungen zur inneren Struktur und Validität eines Tätigkeitsbewertungssystems.* Unveröffentlichte Dissertation, TU Dresden.

Iwanowa, A. (2004). *Das Ressourcen-Anforderungen-Stressoren Modell – Bezüge zur Gesundheits- und Persönlichkeitsförderlichkeit in der Arbeitswelt.* Unveröffentlichte Habilitationsschrift, Leopold-Franzens-Universität Innsbruck.

Kirsch, J., Klein, M., Lehndorff, S. & Voss-Dahm, D. (1999). *„Darf's etwas weniger sein?" Arbeitszeiten und Beschäftigungsbedingungen im Lebensmittel-Einzelhandel. Ein europäischer Vergleich.* Berlin: Sigma.

Krause, E. (1933). Leistungssteigerung durch Arbeitswechsel. *Industrielle Psychotechnik, 10,* 97–106. [Abgedruckt in P. Sachse, W. Hacker & E. Ulich (Hrsg.). (2008). Quellen der Arbeitspsychologie. Ausgewählte historische Texte (S. 583–604). Schriften zur Arbeitspsychologie (Hrsg. E. Ulich), Band 65. Bern: Huber]

Krenzler, G. (1927). *Arbeit und Arbeitsfreude.* Unveröffentlichte Dissertation, Universität Freiburg.

Leitner, K. (1999). Kriterien und Befunde zu gesundheitsgerechter Arbeit – Was schädigt, was fördert die Gesundheit? In R. Oesterreich & W. Volpert (Hrsg.), *Psychologie gesundheitsgerechter Arbeitsbedingungen* (S. 63–139). Bern: Huber.

Leont'ev, A. N. (1977). *Tätigkeit, Bewusstsein, Persönlichkeit.* Stuttgart: Klett.

Lewin, K. (1947). Frontiers in group dynamics. Concept, method and reality in social science, social equilibria and social change. *Human Relations, 1,* 5–38.

Lewin, K. & Rupp, H. (1928). Untersuchungen zur Textilindustrie. *Psychotechnische Zeitschrift, 3,* 8–23 und 51–63. [Abgedruckt in P. Sachse, W. Hacker & E. Ulich (Hrsg.). (2008). Quellen der Arbeitspsychologie. Ausgewählte historische Texte (S. 180–259). Schriften zur Arbeitspsychologie (Hrsg. E. Ulich), Band 65. Bern: Huber]

Lipmann, O. (1932). *Lehrbuch der Arbeitswissenschaft.* Jena: G. Fischer.

Lundberg, U. (1996). Work, stress and musculoskeletal disorders. In P. Ullsperger, M. Ertel & G. Freude (Eds.), *Occupational health and safety aspects of stress at modern workplaces* (pp. 66–78). Bremerhaven: Wirtschaftsverlag NW.

Melin, B., Lundberg, U., Söderlund, J. & Granqvist, M. (1999). Psychological and physiological stress reactions of male and female assembly workers: A comparison between two different forms of work organization. *Journal of Organizational Behavior, 20,* 47–61.

Metz, A.-M., Rothe, H.-J. & Degener, M. (2001). Belastungsprofile von Beschäftigten in Call Centers. *Zeitschrift für Arbeits- und Organisationspsychologie, 45,* 124–135.

Münsterberg, H. (1912). *Psychologie und Wirtschaftsleben.* Leipzig: J. A. Barth.

Naegele, G. (2004). Verrentungspolitik und Herausforderungen des demografischen Wandels in der Arbeitswelt. In M. von Cranach, H.-D. Schneider, E. Ulich & R. Winkler (Hrsg.), *Ältere Menschen im Unternehmen* (S. 189–219). Bern: Haupt.

Nedeß, C. & Meyer, S. (2001). Quo vadis Gruppenarbeit? *Angewandte Arbeitswissenschaft, 167,* 1–15.

Nilsson, L. (1995). The Uddevalla plant: Why did it succeed with a holistic approach and why did it come to an end? In A. Sandberg (Ed.), *Enriching production* (pp. 75–86). Aldershot: Avebury.

Nitsche, I. & Richter, P. (2003). *Tätigkeiten außerhalb der Erwerbsarbeit. Evaluation des TAURIS-Projekts.* Münster: LIT.

Oesterreich, R. (1999). Konzepte zu Arbeitsbedingungen und Gesundheit – Fünf Erklärungsmodelle im Vergleich. In R. Oesterreich & W. Volpert (Hrsg.), *Psychologie gesundheitsgerechter Arbeitsbedingungen* (S. 141–215). Bern: Huber.

Parker, S. K. & Wall, T. D. (1998). *Job and work design. Organizing work to promote well-being and effectiveness.* San Francisco, CA: Sage.

Parker, S. K., Wall, T. D. & Cordery, J. L. (2001). Future work design research and practice: Towards an elaborated model of work design. *Journal of Occupational and Organizational Psychology, 74,* 413–440.

Raeithel, A. (1989). Kommunikation als gegenständliche Tätigkeit. In C. Knobloch (Hrsg.), *Kognition und Kommunikation* (S. 29–70). Münster: Nodus.

Raeithel, A. (1991). Zur Ethnographie der kooperativen Arbeit. In H. Oberquelle (Hrsg.), *Kooperative Arbeit und Computerunterstützung* (S. 99–111). Göttingen: Verlag für Angewandte Psychologie.

Rice, A. K. (1958). *Productivity and social organization: The AHMEDABAD Experiment.* London: Tavistock.

Richter, P. (1985). Arbeitsinhaltsgestaltung und Gesundheit – Pathopsychologie der Arbeit. *Psychologie und Praxis, 4,* 310–321.

Richter, P. (1993). Kompetenz im höheren Lebensalter – Arbeitsinhalt und Alterspläne. *Psychosozial, 15,* 33–41.

Richter, P. (1996). Beitrag der Arbeitspsychologie zur Gesundheitsförderung im Betrieb. In U. Brandenburg, K. Kuhn, B. Marschall & C. Verkoyen (Hrsg.), *Gesundheitsförderung im Betrieb* (S. 107–119). Bremerhaven: Wirtschaftsverlag NW.

Richter, P. & Nitsche, I. (2002). Langzeiterwerbslosigkeit und Gesundheit – Stabilisierende Effekte durch Tätigkeiten außerhalb der Erwerbsarbeit. *Zentralblatt für Arbeitsmedizin, 52,* 194–199.

Richter, P. & Uhlig, K. (1998). Psychische Belastungen und Ressourcen in der Arbeit und Herz-Kreislauf-Erkrankungen – Ansätze für eine betriebliche Prävention. In E. Bamberg, A. Ducki & A.-M. Metz (Hrsg.), *Handbuch betrieblicher Gesundheitsförderung. Arbeits- und organisationspsychologische Methoden und Konzepte* (S. 407–422). Göttingen: Hogrefe.

Richter, P. & Wardanjan, B. (2000). Die Lernhaltigkeit der Arbeitsaufgabe – Entwicklung und Erprobung eines Fragebogens zu lernrelevanten Merkmalen der Arbeitsaufgabe (FLMA). *Zeitschrift für Arbeitswissenschaft, 54,* 175–183.

Ries, W. & Sauer, J. (1991). *Biologisches Alter.* Berlin: Akademie-Verlag.

Rubinstein, S. L. (1958). *Grundlagen der Allgemeinen Psychologie.* Berlin: Volk und Wissen.

Rudolph, E. (1986). *Verfahren zur objektiven Analyse, Bewertung und Gestaltung von Arbeitstätigkeiten mit überwiegend geistigen Anforderungen.* Unveröffentlichte Dissertation, TU Dresden.

Rupp, H. (1928). Die Aufgaben der psychotechnischen Arbeitsrationalisierung. *Psychotechnische Zeitschrift, 3,* 165–182. [Abgedruckt in P. Sachse, W. Hacker & E. Ulich (Hrsg.). (2008). Quellen der Arbeitspsychologie. Ausgewählte historische Texte (S. 129–179). Schriften zur Arbeitspsychologie (Hrsg. E. Ulich), Bd. 65. Bern: Huber]

Rupp, H. (1929). Die Aufgaben der psychotechnischen Arbeitsrationalisierung. *Psychotechnische Zeitschrift, 4,* 17–19.

Sachse, P., Hacker, W. & Ulich, E. (Hrsg.). (2008). Quellen der Arbeitspsychologie. Ausgewählte historische Texte. Schriften zur Arbeitspsychologie (Hrsg. E. Ulich), Band 65. Bern: Huber.

Schaubroeck, J., Lam, S. S. & Xie, J. L. (2000). Collective efficacy versus self-efficacy in coping responses to stressors and control: A cross-cultural study. *Journal of Applied Psychology, 85,* 512–525.

Scherrer, K. (2000). Dauerarbeitsplatz Call Center: Gesundheitsförderliche Arbeitsgestaltung senkt Fluktuation und Krankenstand. In B. Badura, M. Litsch & C. Vetter (Hrsg.), *Fehlzeiten Report 2000* (S. 61–79). Berlin: Springer.

Scherrer, K. (2002). *Kommunikationsarbeit im Teleservice: Beanspruchung und emotionale Regulation bei Call Center-Dienstleistungen.* Unveröffentlichte Dissertation, Universität Wuppertal.

Schooler, C., Mulatu, M. S. & Oates, G. (1999). The continuing effects of substantively complex work on the intellectual functioning of older workers. *Psychology and Aging, 14,* 483–506.

Schüpbach, H. (2008). Schulen als soziotechnische Systeme – Versuch einer Konzeptualisierung. In A. Krause, H. Schüpbach, E. Ulich & M. Wülser (Hrsg.), *Arbeitsort Schule. Organisations- und arbeitspsychologische Perspektiven* (S. 21–46). Wiesbaden: Gabler.

Schüpbach, H. & Majumdar, M. (2003). Psychologische Organisationsdiagnose in der Arztpraxis. In E. Ulich (Hrsg.), *Arbeitspsychologie in Krankenhaus und Arztpraxis* (S. 381–397). Bern: Huber.

Semmer, N. K., McGrath, J. E. & Beehr, T. A. (2005). Conceptual issues in research on stress and health. In C. L. Cooper (Ed.), *Handbook of Stress Medicine and Health* (pp. 1–43). New York: CRC Press.

Semmer, N. K. & Richter, P. (2004). Leistungsfähigkeit, Leistungsbereitschaft und Belastbarkeit älterer Menschen. Befunde und Konsequenzen. In M. von Cranach, H.-D. Schneider, E. Ulich & R. Winkler (Hrsg.), *Ältere Menschen in Unternehmen. Chancen, Risiken, Modelle* (S. 95–116). Bern: Haupt.

Semmer, N. K. & Udris, I. (2004). Bedeutung und Wirkung von Arbeit. In H. Schuler (Hrsg.), *Lehrbuch Organisationspsychologie* (S. 157–195). Bern: Huber.

Semmer, N. K. & Zapf, D. (2004). Gesundheitsbezogene Interventionen in Organisationen. In H. Schuler (Hrsg.), *Organisationspsychologie – Gruppe und Organisation* (Enzyklopädie der Psychologie, Serie Wirtschafts-, Organisations- und Arbeitspsychologie, Bd. 4, S. 773–843). Göttingen: Hogrefe.

Spath, D. (2004). *Technologietrends: Auswirkungen auf den arbeitenden Menschen.* Vortrag am Fachkolloquium ‚Arbeitswelten morgen: Mensch, Organisation und Technik im Wandel', Bundesanstalt für Arbeitsschutz und Arbeitsmedizin Dortmund.

Strohm, O. & Ulich, E. (Hrsg.). (1997). *Unternehmen arbeitspsychologisch bewerten. Ein Mehrebenenansatz unter besonderer Berücksichtigung von Mensch, Technik und Organisation.* Schriftenreihe Mensch Technik Organisation (Hrsg. E. Ulich), Bd. 10. Zürich: vdf.

Susman, G. (1976). *Autonomy at work. A socio-technical analysis of participative management.* New York, NY: Praeger.

Tomaszewski, T. (1981). Struktur, Funktion und Steuerungsmechanismen menschlicher Tätigkeit. In T. Tomaszewski (Hrsg.), *Zur Psychologie der Tätigkeit* (S. 11–33). Berlin: Deutscher Verlag der Wissenschaften.

Triebe, J. K. (1977). Entwicklung von Handlungsstrategien in der Arbeit. *Zeitschrift für Arbeitswissenschaft, 31,* 221–228.

Triebe, J. K. (1980). *Untersuchungen zum Lernprozess während des Erwerbs der Grundqualifikation (Montage eines kompletten Motors). Arbeits- und sozialpsychologische Untersuchungen von Arbeitsstrukturen im Bereich der Aggregatefertigung der Volkswagen AG.* Bonn: BMFT.

Trist, E. L. (1981). *The Evolution of Sociotechnical Systems. Issues in the Quality of Working Life, Occasional Papers No. 2.* Toronto: Ontario Quality of Working Life Centre.

Trist, E. L. & Bamforth, K. W. (1951). Some social and psychological consequences of the long-wall method of coal getting. *Human Relations, 4,* 3–38.

Ulich, E. (1972). Arbeitswechsel und Aufgabenerweiterung. *REFA-Nachrichten, 25,* 265–275.

Ulich, E. (1978). Über mögliche Zusammenhänge zwischen Arbeitstätigkeit und Persönlichkeitsentwicklung. *Psychosozial, 1,* 44–63.

Ulich, E. (1980). Subjektive Tätigkeitsanalyse als Voraussetzung autonomieorientierter Arbeitsgestaltung. In F. Frei & E. Ulich (Hrsg.), *Beiträge zur psychologischen Arbeitsanalyse* (S. 327–347). Bern: Huber.

Ulich, E. (1989). Arbeitspsychologische Konzepte der Aufgabengestaltung. In S. Maas & H. Oberquelle (Hrsg.), *Software-Ergonomie '89: Aufgabenorientierte Systemgestaltung und Funktionalität* (S. 51–65). Stuttgart: Teubner.

Ulich, E. (1994). Arbeitsgruppen und Kriterien zur Bestimmung ihrer Autonomie – ein Versuch. In B. Bergmann & P. Richter (Hrsg.), *Die Handlungsregulationstheorie* (S. 218–232). Göttingen: Hogrefe.

Ulich, E. (1997). Mensch-Technik-Organisation: Ein europäisches Produktionskonzept. In O. Strohm & E. Ulich (Hrsg.), *Unternehmen arbeitspsychologisch bewerten* (S. 5–17). Zürich: vdf.

Ulich, E. (2005). *Arbeitspsychologie.* Zürich: vdf Hochschulverlag/Stuttgart: Schäffer Poeschel.

Ulich, E. & Wülser, M. (2009). *Gesundheitsmanagement in Unternehmen. Arbeitspsychologische Perspektiven.* Wiesbaden: Gabler.

Verein Deutscher Ingenieure (1989). *Handlungsempfehlung „Sozialverträgliche Gestaltung von Automatisierungsvorhaben“.* Düsseldorf: VDI.

Volpert, W. (1974). *Handlungsstrukturanalyse als Beitrag zur Qualifikationsforschung.* Köln: Pahl-Rugenstein.

Volpert, W. (1982). Der Zusammenhang von Arbeit und Persönlichkeit – Folgerungen für die Arbeitsgestaltung. In J. Albertz (Hrsg.), *Technik und menschliche Existenz* (S. 81–92). Wiesbaden: Freie Akademie.

Volpert, W. (1987). Psychische Regulation von Arbeitstätigkeiten. In U. Kleinbeck & J. Rutenfranz (Hrsg.), *Arbeitspsychologie* (Enzyklopädie der Psychologie, Serie Wirtschafts-, Organisations- und Arbeitspsychologie, Bd. 1, S. 1–42). Göttingen: Hogrefe.

Volpert, W. (1994). Die Spielräume der Menschen erhalten und ihre Fähigkeiten fördern – Gedanken zu einer sanften KI-Forschung. In G. Cyranek & W. Coy (Hrsg.), *Die maschinelle Kunst des Denkens. Perspektiven und Grenzen der künstlichen Intelligenz* (S. 199–213). Braunschweig: Vieweg.

Wäfler, T., Grote, G., Ryser, C., Weik, S. & Windischer, A. (1999). *Wie sich Mensch und Maschine sinnvoll ergänzen. Die Gestaltung automatisierter Produktionssysteme mit KOMPASS.* Zürich: vdf.

Warr, P. (1994). A conceptual framework for the study of work and mental health. *Work and Stress, 8,* 84–97.

Warr, P. (1995). In what circumstances does job performance vary with age? In J. M. Peiró, F. Prieto, J. L. Meliá & O. Luque (Eds.), *Work and organizational psychology: European contributions of the nineties* (pp. 1–13). London: Taylor & Francis.

Waterson, P. E., Older Gray, M. T. & Clegg, Ch. W. (2002). A sociotechnical method for designing work systems. *Human Factors, 44,* 376–391.

Weber, W. G. (1997). *Analyse von Gruppenarbeit. Kollektive Handlungsregulation in soziotechnischen Systemen.* Bern: Huber.

Weber, W. G. (2000). Organizational conditions fostering prosocial work orientations in teams. In M. Vartiainen, F. Avallone & N. Anderson (Eds.), *Innovative Theories, Tools and Practices in Work and Organizational Psychology* (pp. 75–96). Seattle: Hogrefe & Huber.

Wieland, R. (2006). Gesundheitsförderliche Arbeitsgestaltung – Ziele, Konzepte und Maßnahmen. *Wuppertaler Beiträge zur Arbeits- und Organisationspsychologie, 1,* 2–47.

Wieland, R., Metz, A.-M. & Richter, P. (2001). *Call Center auf dem arbeitspsychologischen Prüfstand. Teil 1: Verfahren, Tätigkeitsmerkmale und erste Ergebnisse zur psychischen Belastung.* Dresden: Verwaltungsberufsgenossenschaft.

Wieland, R., Metz, A.-M. & Richter, P. (2002). *Call Center auf dem arbeitspsychologischen Prüfstand. Teil 2: Arbeitsgestaltung, Belastung, Beanspruchung und Ressourcen.* Hamburg: Verwaltungsberufsgenossenschaft.

Zapf, D. & Semmer, N. (2004). Stress und Gesundheit in Organisationen. In H. Schuler (Hrsg.), *Organisationspsychologie – Grundlagen und Personalpsychologie* (Enzyklopädie der Psychologie, Serie Wirtschafts-, Organisations- und Arbeitspsychologie, Bd. 3, S. 1007–1112). Göttingen: Hogrefe.

Zink, K. J. (1978). Zur Begründung einer zielgruppenspezifischen Organisationsentwicklung. *Zeitschrift für Arbeitswissenschaft, 32,* 42–48.

Zink, K. J. (Hrsg.). (1995). *Erfolgreiche Konzepte zur Gruppenarbeit. Aus Erfahrung lernen.* Neuwied: Luchterhand.

Zölch, M. (2001). *Zeitliche Koordination in der Produktion. Aktivitäten der Handlungsverschränkung.* Bern: Huber.

Zülch, G. & Starringer, M. (1984). Differentielle Arbeitsgestaltung in Fertigungen für elektronische Flachbaugruppen. *Zeitschrift für Arbeitswissenschaft, 38,* 211–216.

14. Kapitel

Selbstmanagement und Selbstführung bei der Arbeit

Günter F. Müller und Bettina S. Wiese

1 Einführung

In Zeiten, in denen stark regulierte Arbeitstätigkeiten und gleich bleibende Aufgabenanforderungen seltener werden und von Erwerbstätigen ein zunehmend höheres Maß an Eigenverantwortung gefordert wird, gewinnt die Frage nach arbeits- und berufsbezogenen Selbststeuerungskompetenzen und deren Förderbarkeit an Bedeutung.

Tatsächlich wird seit etwa 1980 in der arbeits- und organisationspsychologischen Literatur der Übergang von kontrollorientierten zu flexiblen Organisationsstrukturen diskutiert (vgl. Walton, 1985). Während erstgenannte durch starre Arbeitsvorgaben, geringe Handlungsspielräume, wenig Transparenz und ausgeprägte Hierarchiestrukturen gekennzeichnet sind, zeichnen sich letztgenannte durch geteilte Werte und Ziele, flache Hierarchien (und damit einhergehend größere Kontrollspannen), wechselnde Verantwortungsbereiche und projektorientierte Arbeitsweisen aus. Die Entwicklung dieser modernen Organisationsstrukturen verlangt mehr Selbstverantwortung und Eigenständigkeit von den Mitarbeitern (vgl. Castaneda, Kolenko & Aldag, 1999; Manz, 1990). Zugleich führt die in vielen Bereichen abnehmende Halbwertszeit des beruflich relevanten Wissens zu einem Bedeutungszuwachs selbstgesteuerter Lernprozesse (Bergmann, 2000; Friedrich & Mandl, 1997), die auch in der Managementliteratur immer mehr Beachtung finden (vgl. z. B. Dealtry, 2004). Aber nicht nur mit Blick auf aktuelle Tätigkeitsanforderungen, sondern auch mit Blick auf die individuelle berufliche Entwicklung und die eigenen Karrierechancen wird in Zeiten zunehmender Globalisierung der Veränderungsbereitschaft und Eigeninitiative von Beschäftigten eine immer größere Rolle zugeschrieben (Fay & Frese, 2000; Frese, Garman, Garmeister, Halemba, Hortig, Pulwitt & Schildbach, 2002, vgl. auch Blickle & Schneider in diesem Band).

Im ersten Teil des vorliegenden Kapitels werden zunächst zentrale Begriffe definiert und voneinander abgegrenzt sowie Überlegungen zur grundsätzlichen Relevanz von Selbststeuerungskompetenzen und -aktivitäten für individuelle Leistung, Gesundheit und Wohlbefinden skizziert. Im zweiten Teil des Kapitels werden theoretische Modelle und Erklärungsansätze vorgestellt, bei denen sowohl traditionelle Konzepte der behavioralen und der sozial-kognitiven Theorie als auch neuere motivationspsychologische und differenzialpsychologische Konzepte sowie spezifische Theorieansätze aus der Arbeits- und Organisationspsychologie berücksichtigt werden. Im anschließenden dritten Teil des Kapitels werden spezifische Dimensionen von Selbstmanagement und Selbstführung herausgearbeitet. Außerdem wird die gegenwärtige empirische Befundlage zu wichtigen einstellungs- und leistungsbezogenen Korrelaten von Selbststeuerungsaktivitäten bei der Arbeit zusammengefasst. Im vierten Abschnitt werden Interventions- und Trainingsansätze zur Stärkung von Selbstmanagement und Selbstführung vorgestellt. Der abschließende fünfte Teil des Kapitels behandelt Ansatzpunkte für die zukünftige arbeitspsychologische Forschung und Anwendungspraxis.

1.1 Begriffsbestimmung

Die Begriffe Selbstmanagement, Selbstführung und Selbstregulation werden in der Literatur zum Teil synonym benutzt. Sie alle bezeichnen Selbststeuerungsaktivitäten des Individuums. Einige Autoren bemühen sich jedoch um konzeptuelle Abgrenzungen der einzelnen Konzepte (Manz, 1992; Markham & Markham, 1995; Müller, 2003; König & Kleinmann, 2006). In diesem Beitrag wird ebenfalls eine terminologische Präzisierung angestrebt. Dabei wird Selbststeuerung als Oberbegriff für die Konzepte des Selbstmanagement, der Selbstführung und der Selbstregulation betrachtet.

Selbstmanagement. Eine relativ breite Definition von Selbstmanagement schlagen König und Kleinmann (2006) vor. Unter Selbstmanagement verstehen sie „alle Bemühungen einer Person, das eigene Verhalten zielgerichtet zu beeinflussen“ (2006, S. 332). Für Kehr (1998, S. 52) ist Selbstmanagement „die Fähigkeit, die eigene Motivation systematisch zu steigern und Handlungsbarrieren zu überwinden“. Weiter verbreitet ist die Auffassung von Frayne und Geringer (2000, S. 361), die Selbstmanagement definieren als „effort by an individual to exert control over certain aspects of his or her decision making and behaviour“. Diese Art selbstkontrollierender Einflussnahme ist auch ein Kennzeichen älterer behavioristisch orientierter Selbstmanagementansätze. Dabei geht es um den

Versuch, ein Verhalten zu initiieren, das vorhandenen Verhaltensimpulsen entgegensteht (Thoresen & Mahoney, 1974). Mit dem Begriff des Selbstmanagements werden offensichtlich vor allem Selbststeuerungsaktivitäten beschrieben, die sich auf die Ziel*erreichung*, weniger auf die Ziel*setzung* beziehen.

Dass sich der Begriff Selbstmanagement nicht nur auf unmittelbares Arbeitsverhalten beziehen muss, zeigt sich in neueren Konzepten wie dem des *Career Self-Management* (vgl. z. B. Abele & Wiese, 2008; Allred, Snow & Miles, 1996; King, 2004; Kossek, Roberts, Fisher & Demarr, 1998; vgl. auch Wiese, 2008). Hierin geht es um den selbstinitiierten Einsatz von Karriereplanungsstrategien, die gezielte Informationssuche über neue Jobperspektiven, Networking innerhalb und außerhalb der beschäftigenden Organisation oder den Einsatz von Einflusstaktiken, welche die Chancen für das eigene berufliche Vorwärtskommen systematisch erhöhen sollen.

Selbstführung. Das Konzept der Selbstführung ist von der Forschungsgruppe um Charles C. Manz eingeführt und weiterentwickelt worden (Manz, 1986; Neck & Manz, 1992, 2007). Manz (1986) kritisierte den Fokus der damals diskutierten Selbstmanagementansätze, der sich primär an extern gesetzten Zielen und Standards orientierte. Für ihn ist die möglichst effiziente Erfüllung externer Anforderungen nur *ein* Bestandteil adaptiver Selbststeuerung in Organisationen und am Arbeitsplatz. Ein weiterer Bestandteil ist aus seiner Sicht die intrinsische Qualität von Tätigkeiten. Entsprechend wird Selbstführung von ihm definiert als „comprehensive perspective that concerns leading oneself toward performance of naturally motivating tasks as well as managing oneself to do work that must be done but is not naturally motivating" (Manz, 1986, S. 589).

Daraus würden nach Manz neue strategische Herausforderungen erwachsen, weil es für Beschäftigte nunmehr auch darum geht, sich eigene Ziele zu setzen oder Arbeitsaufgaben so zu (re)definieren, dass diese eine „natürliche", intrinsisch motivierende Qualität besitzen. Der Selbstführungsansatz wirft somit in besonderer Weise die Frage nach adaptiven übergeordneten Handlungsstandards auf. Zentrale Elemente einer in sich belohnenden Arbeitssituation *(natural reward)* sind die Gewährleistung von Kompetenzerleben, Sinnhaftigkeit und Selbstbestimmung (zum Konzept der Selbstbestimmung siehe ausführlicher Abschnitt 2.2.3). In seiner weiterentwickelten Version schließt der Ansatz auch Komponenten von *„thought self-leadership"* mit ein, die sich insbesondere in der Berücksichtigung grundlegender Glaubensgrundsätze und Gedankenmuster über die eigene Selbstwirksamkeit äußern (vgl. Neck & Manz, 1992, 1996).

Selbstregulation. Baumeister und Heatherton (1996) definieren Selbstregulation als Prozess, mit dem Personen ihr Verhalten zielbezogen beeinflussen, modifizieren oder kontrollieren. Diese Definition stimmt weitgehend mit der Selbstmanagementdefinition von König und Kleinmann (2006, s. o.) überein. Unklar bleibt in beiden Fällen, ob fremd- oder selbstgesetzte Verhaltensziele gemeint sind. Bei Zimmerman (2000, S. 14) ist eine spezifischere Definition zu finden: „Self-regulation refers to self-generated thoughts, feelings, and actions that are planned and cyclically adapted to the attainment of personal goals."

In dieser Definition wird auch die von Bandura (1989, 1991) betonte zyklische Natur der Selbstregulation deutlich, mit den ihr inhärenten Feedforward- und Feedbackschleifen. Zudem wird der Prozesscharakter der Selbstregulation betont (vgl. Schmitz & Wiese, 2006): Selbstregulation ist ein dynamischer Prozess, da sich im Laufe des Handelns und Lernens immer wieder personeninterne (durch wachsende Kompetenzen etwa) und -externe Veränderungen ergeben, auf die es zu reagieren gilt.

Zusammenfassend lässt sich zu den gängigen Begriffen aus dem Konnotationsfeld der Selbststeuerung Folgendes festhalten: Sowohl der Begriff des Selbstmanagements als auch jener der Selbstführung werden insbesondere dann verwendet, wenn Selbststeuerungsaktivitäten im Beruf und bei der Arbeit bezeichnet werden sollen. Dabei wird Selbstmanagement (zumindest historisch) vor allem auf selbstkontrollierende Aktivitäten bezogen, bei denen es um das Erreichen bereits (extern) gesetzter Ziele geht, zu deren Gunsten auch gegen innere Widerstände gehandelt wird. Hingegen bezieht Selbstführung explizit jene Aktivitäten mit ein, die notwendig sind, um sich eigene Ziele zu setzen oder Arbeitsaufgaben so zu (re)definieren, dass diese intrinsisch motivierend wirken. Selbstregulation stellt den breitesten Begriff im Konnotationsfeld der Selbststeuerungstermini dar (vgl. auch Markham & Markham, 1995), da er zur Bezeichnung von Zielsetzungs- und Zielverfolgungsprozessen in verschiedenen Lebensbereichen (Schule, Beruf, Familie, Gesundheit etc.) und auf unterschiedlichen Abstraktionsniveaus herangezogen wird.

1.2 Relevanz für Leistung, Gesundheit und subjektives Wohlbefinden

Die zunehmende Relevanz von Selbststeuerungsaktivitäten für die berufliche Leistungsfähigkeit ergibt sich unter anderem aus der aktuell raschen Wissensentwicklung und der abnehmenden Wahrscheinlichkeit, ein Erwerbsleben lang einen Arbeitsplatz in ein und demselben Unternehmen zu haben. Je mehr diese Charakteristika auf die individuelle Erwerbssituation und die Erwerbsbiographien in der eigenen Beschäftigungsbranche zutreffen, desto stärker sollte der Effekt von Selbststeuerungsaktivitäten auf das individuelle Leistungsniveau und Kriterien der Karriereentwicklung sein. König und Kleinmann (2006) argumentieren, dass dem Selbstmanagement vor allem dann große Bedeutung zukommt, wenn Personen im Rahmen ihrer Tätigkeit Freiheitsgrade und Ausgestaltungsmöglichkeiten haben. Aus arbeitspsychologischer Sicht wären dies vor allem Tätigkeiten, die in größerem Umfang Operationen auf der intellektuellen Regulationsebene erfordern (Hacker, 1998; vgl. Abschnitt 2.3.2 sowie Hacker in diesem Band). Auf dieser Ebene sind wesentliche Anforderungen der weitgehend selbstständige Entwurf von übergeordneten Handlungszielen sowie die Entwicklung von Unterzielen und deren Realisierung. Von einzelnen konkreten Selbstmanagementtechniken können aber auch Berufstätige profitieren, von denen im Erwerbsleben in der Regel eher selten Tätigkeiten auf der intellektuellen Regulationsebene verlangt werden. So sind etwa Selbstinstruktionstechniken auch von Erwerbstätigen mit Lernbehinderungen anwendbar (z. B. Hughes & Scott, 1997).

Jenseits beruflicher Leistungen ist zu erwarten, dass Selbstmanagement-, Selbstführungs- und Selbststeuerungskompetenzen eine Rolle für die Gesundheit und das Wohlbefinden von Beschäftigten spielen. Hierbei wird im Bereich der Stressbewältigung den für Selbstregulationsprozesse zentralen Selbstwirksamkeitsüberzeugungen eine wichtige Rolle zugeschrieben. Personen, die überzeugt sind, Belastungen mit eigenen Möglichkeiten bewältigen zu können, lassen tatsächlich ein aktiveres Copingverhalten erkennen und fühlen sich auch physisch und psychisch weniger negativ beansprucht (vgl. z. B. Mearns & Mauch, 1998). Auch scheint es selbstmanagementkompetenteren Personen, wenn sie sich gesundheitsrelevante Ziele gesetzt haben, leichter zu fallen, gesundheitsbewusst und krankheitspräventiv zu handeln (vgl. Shimizu, Takahasi, Mizoue, Kubota, Mishima & Nagata, 2003). Daneben werden auch Erholungsprozesse unter einer Selbstmanagementperspektive diskutiert. In der einschlägigen Forschung bezeichnet Erholungskompetenz die Fähigkeit, „eigenaktiv Regenerationsprozesse einzuleiten und durchzuführen“ (Eichhorn, 2002, S. 55). Die Berücksichtigung von Erholungsphasen ist nicht nur aus gesundheitlicher Sicht bedeutsam, sondern auch leistungsrelevant. Ein Grund hierfür ist, dass Verzögerungen bei der Erholung von Arbeitstätigkeiten zu einem erhöhten Anstrengungsaufwand durch kompensatorische Aktivitäten führen (vgl. Wieland-Eckelmann & Baggen, 1994).

Über Bezüge zu gesundheitsbezogenen Parametern im engeren Sinne hinaus, lassen sich Facetten der Selbststeuerung auch auf Merkmale subjektiven Wohlbefindens beziehen. Dafür, dass eine erfolgreiche Zielverfolgung das persönliche Wohlbefinden steigert, gibt es eine breite konzeptuelle Basis (vgl. zusammenfassend Wiese, 2007). So sind *kognitive Wohlbefindenskonzepte* häufig per definitionem zielbezogen formuliert (z. B. Andrews & McKennell, 1980). In Ryffs (1989) mehrdimensionalen Ansatz finden sich etwa direkte Bezüge zum

Vorhandensein bedeutungsvoller persönlicher Ziele und dem Erleben von Selbstwirksamkeit. Mit Blick auf *affektives Wohlbefinden* stellt eine Reihe von Autoren Beziehungen zu zielbezogenen Verhaltens- und Erlebensweisen her (z. B. Bagozzi, Baumgartner & Pieters, 1998; Carver & Scheier, 1990). So werden im Ansatz von Bagozzi et al. (1998) sowohl antizipatorische als auch ergebnisbezogene Emotionen postuliert. Antizipatorische Emotionen werden diesem Ansatz zufolge durch die Aussicht auf Zielerfolg bzw. -misserfolg ausgelöst. Sie haben das Potenzial, zielgerichtetes Handeln zu motivieren, welches seinerseits wiederum Ursache für ergebnisbezogene Emotionen sein kann. Zielfortschritt gilt als proximale Bedingung für emotionales Wohlbefinden. Darüber hinaus wird angenommen, dass eine erfolgreiche Zielverfolgung die Selbstwirksamkeitsüberzeugung von Personen stärkt, was sich wiederum positiv auf das subjektive Wohlbefinden auswirkt.

Zusammenfassend scheint es also nahe liegend, den Einsatz von Selbstmanagement- und Selbstführungsstrategien sowohl zu leistungs- als auch zu wohlbefindens- und gesundheitsrelevanten Kriterien in Beziehung zu setzen. Sonnentag (2002) argumentiert, dass mit Blick auf Leistung und Wohlbefinden sowohl die Möglichkeit einer direkten und separaten Beeinflussung als auch die Möglichkeit mediierender Einflüsse zu berücksichtigen sind. Mediierende Einflüsse könnten z. B. darin bestehen, dass Wohlbefinden Selbststeuerungsprozesse aktiviert, die ihrerseits dazu beitragen, bessere Leistungsergebnisse zu erreichen. Vermittelnde Prozesse wären charakteristisch für zyklische Selbstregulationsansätze, wie sie von Bandura (2001) oder Zimmerman (2000) vertreten werden (vgl. Abschnitt 2.2.2).

2 *Erklärungsansätze*

Welche theoretischen Ansätze lassen sich heranziehen, um Auftreten und Erscheinungsformen selbstgesteuerten Handelns bei der Arbeit und im Beruf zu erklären? Wie nachfolgend skizziert, findet sich die grundsätzliche Idee einer möglichen Selbststeuerung bereits in der behavioralen Lerntheorie, deren Erklärungskraft allerdings durch die Exklusion kognitiver Steuerungsaktivitäten deutlich eingeschränkt ist (vgl. Abschnitt 2.1). Einflussreich sind gegenwärtig vor allem jene Selbstregulationsansätze, die kognitive, motivationale, aktionale und emotionale Komponenten integrieren und überwiegend motivationspsychologischer oder differenzialpsychologischer Provenienz sind. Diese in Abschnitt 2.2 dargestellten Ansätze sind in der Regel nicht in der Arbeits- und Organisationspsychologie entstanden, aber auf den Phänomenbereich „Arbeit und Beruf" anwendbar. Darüber hinaus gibt es aber auch noch wichtige Ansätze, die innerhalb der Arbeits- und Organisationspsychologie formuliert wurden (Zielsetzungstheorie, Handlungsregulationstheorie). Diese werden in Abschnitt 2.3 beschrieben.

2.1 Behaviorale Lerntheorie

Ältere Ansätze psychologischer Selbststeuerungsforschung beziehen sich zumeist auf klassische lerntheoretische Überlegungen und deren Anwendbarkeit v. a. im Kontext klinisch-therapeutischer Probleme (Cautela, 1969; Goldiamond, 1965; Mahoney, 1972). Die zentrale Annahme der behavioralen Lerntheorie ist, dass offenes und/oder latentes Verhalten, das negative Konsequenzen hat, nachfolgend mit geringerer Wahrscheinlichkeit auftritt, während ein Verhalten, das positive Konsequenzen hat, nachfolgend mit höherer Wahrscheinlichkeit auftritt. Überdies kann Verhalten auch über Schlüsselreize kontrolliert werden, über Reize also, die mit bestimmten Verhaltensweisen und deren Konsequenzen verknüpft sind. Bei Vorhandensein eines Schlüsselreizes wird das mit dem Reiz assoziierte Verhalten mit höherer Wahrscheinlichkeit ausgeführt.

Selbstmanagement bezieht sich in der behavioralen Lerntheorie darauf, dass Personen in eigener Regie die Wahrscheinlichkeit verändern, mit der sie bestimmte Verhaltensweisen zeigen (vgl. Mahoney, 1972). Selbstmanagement ist dabei vor allem kontrollbezogen (Thoresen & Mahoney, 1974). Aufbauend auf den Grundprinzipien des behavioralen Ansatzes lassen sich drei Kontrollstrategien unterscheiden: (1) Personen können sich selbst positiv *verstärken*, (2) Personen können sich selbst *bestrafen* und (3) Personen können mittels *Stimuluskontrolle* verhindern, sich Schlüsselreizen auszusetzen, die mit unerwünschtem Verhalten assoziiert sind (für Beispiele dieser Strategien im Bereich des Arbeitsverhaltens vgl. bereits Luthans & Davis, 1979). Wie König und Kleinmann (2006) erläutern, hat die Arbeits- und Organisationspsychologie das Thema Selbstmanagement in nennenswertem Umfang allerdings erst aufgegriffen, als der behaviorale Ansatz schon durch Einbezug kognitiver Steuerungsprozesse erweitert worden ist (s. u.). Tatsächlich hat sich empirisch gezeigt, dass es durch Rekurs auf selbstverstärkende und selbstbestrafende Prozesse allein kaum möglich ist, arbeitsbezogene Performanz zu prognostizieren (Brief & Hollenbeck, 1985).

2.2 Selbstregulationstheorien und -ansätze

Die ersten zwei im Folgenden beschriebenen Selbstregulationsansätze gleichen sich darin, dass sie kognitive Zielrepräsentationen als Orientierungsgröße für die Handlungssteuerung betrachten. Allerdings behandelt die erste Theorie – die Kontrolltheorie – ausschließlich die motivierende Kraft, die aus der Reduktion von Diskrepanzen zwischen einem Status Quo und einem wünschenswerten Zielstandard resultiert, während die zweite Theorie – die sozial-kognitive Lerntheorie – neben diskrepanzreduzierenden auch diskrepanzproduzierende Prozesse annimmt. Die beiden nachfolgend skizzierten Ansätze – die Selbstbestimmungstheorie bzw. das Konzept der Zielorientierungen – behandeln die

Gründe bzw. Erscheinungsformen intentionalen Verhaltens. Die anschließend umrissene Handlungskontrolltheorie und ihre rezenten Weiterentwicklungen fokussieren auf die sich aus der jeweiligen Handlungsmotivation ergebenen Handlungsmodi, die sich vor allem im Grad der notwendigen volitionalen Anstrengungen unterscheiden. Abschließend wird ein integratives Metamodell – das Modell der Selektiven Optimierung mit Kompensation – vorgestellt, das es in seiner handlungstheoretischen Spezifikation erlaubt, spezifische Theorien zur adaptiven Zielauswahl und erfolgreichen Handlungssteuerung zu integrieren.

2.2.1 Kontrolltheorie

Die Kontrolltheorie (z. B. Carver & Scheier, 1981; Klein, 1989; Powers, 1978) rekurriert auf die Kernidee der in den Ingenieurwissenschaften entwickelten kybernetischen Modelle, nämlich auf das Wirken eines negativen Feedbackmechanismus: Abweichungen von einem definierten Zielzustand werden dabei von einem Sensor entdeckt, woraufhin die Steuerungskomponenten des Systems aktiviert werden, um den ursprünglichen Zustand wieder herzustellen. Powers (1978) hat diese Idee auf menschliches Handeln übertragen und postuliert, dass die wesentliche treibende Kraft menschlichen Handelns wahrgenommene Diskrepanzen zwischen Ist- und Zielzuständen seien. Auch in der Kontrolltheorie von Carver und Scheier (1990) findet sich diese Grundannahme. Mit Blick auf Wohlbefindenskonsequenzen betonen Carver und Scheier (1990) die Rolle der Geschwindigkeit der Diskrepanzreduktion: Nur wenn ein Ziel schneller als erwartet erreicht würde, sollte dies positive Emotionen auslösen (zur kritischen Diskussion dieser Annahme vgl. z. B. Wiese, 2007).

Ziele sind im kontrolltheoretischen Ansatz schlicht mentale Repräsentationen von Leistungsstandards. Diskrepanzreduktion stellt die primäre Handlungsmotivation dar. Handeln ist damit weitgehend reaktiv bis ein homöostatischer Zielzustand hergestellt ist. Insofern bestünde aus kontrolltheoretischer Sicht bei einer Zielerreichung auch wenig Anlass, sich neue Ziele, gegebenenfalls sogar höhere Ziele zu setzen. Mittlerweile sprechen eine ganze Reihe von Befunden dagegen, dass ein alleiniger Rekurs auf diskrepanzreduzierende Prozesse für die Erklärung motivierten leistungsbezogenen Handelns ausreicht (z. B. Williams, Donovan & Dodge, 2000; für eine ausführliche kritische Diskussion kontrolltheoretischer Ansätze siehe Bandura & Locke, 2003). Im Sinne der Selbststeuerung kann der kontrolltheoretische Ansatz allenfalls für jene Selbstmanagementansätze als mögliches Erklärungsmodell dienen, bei denen Beschäftigte handlungsleitende Standards nicht hinterfragen, sondern sich ausschließlich auf den Einsatz von Strategien konzentrieren, mit denen Diskrepanzen zwischen Status Quo und gegebenem Standard verringert werden können.

2.2.2 Sozial-kognitive Theorie der Selbstregulation

Die Theorie von Bandura (1986, 2001) basiert auf der Vorstellung, dass Menschen antizipierende sowie zielgerichtet und selbstbewertend agierende Regulatoren ihrer Motivation und ihres Verhaltens sind. Im Gegensatz zur Kontrolltheorie geht diese Theorie von einem doppelten Regulationssystem aus, einem mit proaktiv-diskrepanzerzeugender und einem mit reaktiv-diskrepanzreduzierender Funktion (Bandura, 1991). Konkret wird postuliert, dass Menschen durch persönliche Zielsetzung handlungsmotivierende Diskrepanzen erzeugen und diese Diskrepanzen nachfolgend wiederum reduzieren, indem sie an der Realisierung entsprechender Ziele arbeiten. Anders als in der Kontrolltheorie, die eine Diskrepanzreduktion als treibende Kraft betrachtet, motiviert aus Banduras Sicht primär der Wunsch, selbstgesetzte Ziele zu erreichen: „It is not discrepancies that people seek to eliminate but goals and valued outcomes that they seek to attain" (Bandura & Locke, 2003, S. 91).

Diskrepanzreduktion ist demnach nur ein notwendiger Mechanismus, angestrebten Ziele zu erreichen. Zur Adaptation des Handelns muss zunächst die aktuelle Nähe zum Ziel und das eigene Verhalten beobachtet und bewertet werden. Auf der Basis von Selbstbeobachtung und darauf aufbauender Selbstbewertung erfolgt dann eine Entscheidung darüber, ob bisherige Handlungen erfolgreich gewesen sind und fortgeführt werden können oder ob eine „Kurskorrektur" erforderlich ist, sei es durch alternative Handlungsstrategien oder Anpassung eigener Zielvorstellungen. Damit kommt der Selbstbeobachtung und der Selbstreflektion eine fundamental bedeutsame Rolle zu (vgl. Korotitsch & Nelson-Gray, 1999; Schmitz, 2001; Webber, Scheuermann, MacCall & Coleman, 1993), die wie in Abbildung 1 skizziert sowohl bisherige Zielfortschritte als auch die eingesetzten Handlungsstrategien umfassen sollte. Die mit dem Erreichen oder Nichterreichen von Zielen verbundenen befindlichkeitsbezogenen Reaktionen der Person sind dabei integraler Bestandteil des Selbstregulationszyklus (Schmitz & Wiese, 2006; vgl. Abb. 1).

Ein Kernkonstrukt sind in diesem Zusammenhang Selbstwirksamkeitsüberzeugungen, definiert als „beliefs in one's capabilities to organize and execute the courses of action required to produce given attainments" (Bandura, 1997, S. 3). Es wird vermutet, dass mit zunehmender Stärke von Selbstwirksamkeitsüberzeugungen die Bereitschaft von Personen steigt, sich herausfordernde Ziele zu setzen und deren Realisierung trotz möglicher Hindernisse und Schwierigkeiten voranzutreiben. Handlungserfolge wirken sich ihrerseits wiederum verstärkend auf vorhandene Selbstwirksamkeitsüberzeugungen aus. Die positiven Beziehungen zwischen Selbstwirksamkeitsüberzeugungen einerseits sowie Motivation und Leistung andererseits wurden in einer Vielzahl von Untersuchungen bestätigt (vgl. Bandura & Locke, 2003; Metaanalysen zu den Zusammenhängen zwischen

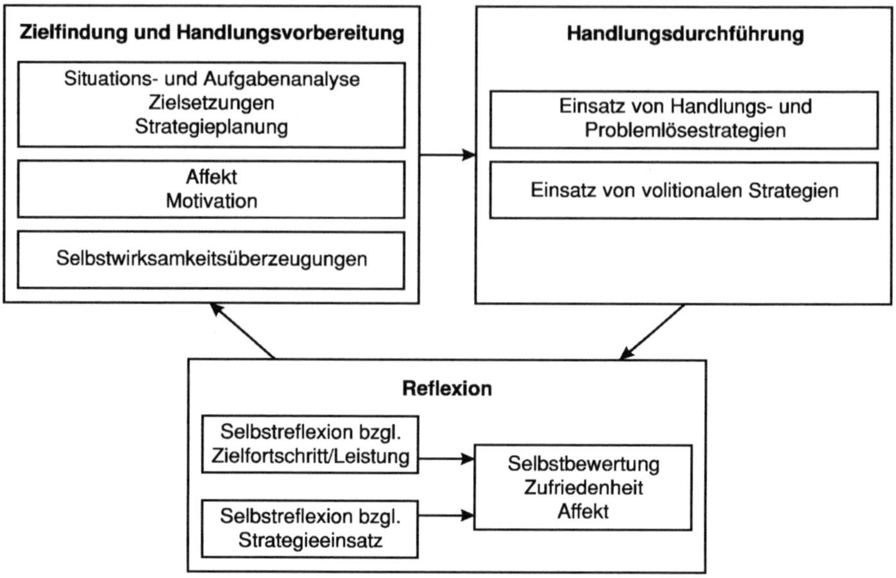

Abbildung 1:
Zyklisches Prozessmodell der Selbstregulation
(in Anlehnung an Schmitz & Wiese, 2006; Zimmerman, 2000)

Selbstwirksamkeitsüberzeugungen und berufs- bzw. arbeitsbezogener Leistungen: Sadri & Robertson, 1993; Stajkovic & Luthans, 1998). Auch die Selbstwirksamkeitsrelevanz von Selbstmanagementtrainings konnte empirisch vielfach belegt werden (vgl. Abschnitt 4.2).

2.2.3 Selbstbestimmungstheorie

In ihrer stark humanistisch geprägten Selbstbestimmungstheorie beschäftigen sich Deci und Ryan (1985, 2000) mit verschiedenen Gründen für intentionales Verhalten. Zentral ist dabei die Unterscheidung zwischen autonomer und kontrollierter Motivation.

Autonomes oder intrinsisch motiviertes Verhalten zeichnet sich nach Deci und Ryan (1985, 2000) dadurch aus, dass es um seiner selbst Willen ausgeführt wird und der Befriedigung der Grundbedürfnisse nach Autonomie, Kompetenzerleben und sozialem Anschluss dient. Verstärkt werde es durch die das Verhalten begleitenden Gedanken und Gefühle. Diese Art der Motivation gilt Deci und Ryan (1991) als besonders erstrebenswert. Kontrolliert oder extrinsisch motiviert ist ein Verhalten, wenn der Grund für die Tätigkeitsausführung ein anderer als das Interesse an der Tätigkeit selbst ist (Deci & Ryan, 1991). Innerhalb des kontrolliert-motivierten Verhaltens wird außerdem noch zwischen einer internal regulierten Motivation und einer external regulierten Motivation unterschieden. Dabei wird angenommen, dass durch Internalisierung auch kontrolliert-motiviertes Verhalten ein gewisses Maß an Selbstbestimmtheit beinhalten kann. Aus diesem Grund unterscheiden Deci und Ryan (1985) beim kontrolliert-motivierten Verhalten sowohl eine rein externale Regulation, bei der Verhalten aufgrund von Zwang, angedrohten Sanktionen oder in Aussicht gestellter Belohnung ausgeführt wird (vgl. Abschnitt 2.1), als auch drei Formen internaler Regulation: (a) eine introjizierte Regulation, bei der Normvorschriften beachtet werden, ohne dass diese eigenen Wertvorstellungen entsprechen, (b) eine identifizierte Regulation, bei der auf der Basis übernommener Regeln und Normen gehandelt wird und (c) eine integrierte Regulation, bei der sich Personen zwar als Urheber von Handlungen erleben, das Verhalten dennoch letztlich nicht um seiner selbst willen ausgeführt wird, sondern primär Mittel zum Zweck ist.

Aufbauend auf der Selbstbestimmungstheorie haben Sheldon und Elliot (1998, 1999) ein *Selbstkonkordanzmodell* entwickelt, bei dem es sich um einen explizit zielorientierten Ansatz handelt. Postuliert wird, dass primär Ziele, die als selbstbestimmt erlebt werden, die Zielerreichungswahrscheinlichkeit erhöhen. Eine Zielerreichung trägt ihrerseits zum Wohlbefinden bei, und dies umso mehr, je stärker die Ziele die von Deci und Ryan (1991) beschriebenen Grundbedürfnisse nach Autonomie, Kompetenzerleben und sozialer Eingebundenheit befriedigen. In analoger Weise findet sich die Idee, dass es eine Funktion persönlicher Ziele sei, zu einem Gefühl persönlicher Integrität beizutragen (symbolische Funktion), auch im *Zwei-Funktionen-Modell* persönlicher Ziele von McGregor und Little (1998). Zugleich nehmen aber McGregor und Little (1998) noch eine zweite wohlbefindensrelevante Funktion persönlicher Ziele an, nämlich die Unterstützung des Erlebens der eigenen Wirksamkeit (instrumentelle Funktion).

2.2.4 Zielorientierungsansatz

In ihrem Modell der Zielorientierungen postuliert Dweck (1986, 1996; Dweck & Legett, 1988), dass sich Personen in Leistungssituationen darin unterscheiden, ob sie eher eine Lernzielorientierung („learning goal orientation“; Wunsch, eigene Kompetenzen weiterzuentwickeln) oder eher eine Ergebniszielorientierung („performance goal orientation“; Wunsch, eigene Kompetenzen zu demonstrieren bzw. negative Kompetenzbeurteilungen zu vermeiden) besitzen. Bei einer Lernzielorientierung würden herausfordernde Leistungssituationen vor allem als positiv zu bewertende Chance für die eigene Weiterentwicklung gesehen. Bei einer Ergebniszielorientierung würden herausfordernde Leistungssituationen hingegen eher als Bedrohung wahrgenommen, da unzureichende Kompetenzen zutage treten könnten. Konzeptuell stellt die Lernziel- bzw. Ergebniszielorientierung ein Persönlichkeitsmerkmal dar. Zugleich lässt sich die Zielorientierung aber auch situativ beeinflussen.

Zur Erklärung, wie Zielorientierungen Verhalten und Leistung beeinflussen, postuliert die Theorie das Vorhandensein und Wirken zielorientierungsspezifischer Interpretationen von Aufgabensituationen. Als entscheidend gilt dabei, wie überzeugt Personen von ihrer Fähigkeit und Anstrengungsbereitschaft sind, welche Bedeutung Leistungsrückmeldungen zugeschrieben wird und welche impliziten Vorstellungen über die Veränderbarkeit intellektueller Potenziale vorhanden sind. So sind Personen mit ausgeprägter Lernzielorientierung häufiger der Ansicht, dass sich Fähigkeiten weiterentwickeln lassen, während Personen mit ausgeprägter Ergebnisorientierung eher als Anhänger eines stabilen Fähigkeitskonzepts gelten. Verbunden damit ist auch eine unterschiedliche Bewertung von Anstrengung und Persistenz: Bei ausgeprägter Lernzielorientierung gilt Anstrengung als wichtige Voraussetzung für Leistungserfolg. Weniger bedeutsam erscheint Anstrengung bei ausgeprägter Ergebniszielorientierung, da der Leistungserfolg als Resultat vorhandener Begabungen betrachtet wird. Weiterhin neigen lernzielorientierte Personen dazu, Feedback als nützliche Information über eigene Fortschritte zu betrachten, während ergebnisorientierte Personen Feedback eher scheuen.

Zusammenhänge zwischen Zielorientierungen und Leistungs- bzw. Erfolgskriterien wurden zunächst im Kontext von Schule und Studium untersucht. Dort zeigte sich in der Regel, dass eine Lernzielorientierung im Vergleich zu einer Ergebniszielorientierung mit einem effektiveren Lernstrategieeinsatz, mehr Interesse am Lernstoff und erhöhten individuellen Selbstwirksamkeitsüberzeugungen verbunden ist (z. B. Ames, 1992; Elliot & Dweck, 1988; Wolters, 2004). Hinsichtlich der erreichten Noten als einem zentralen objektiven Kriterium ergaben sich jedoch uneinheitliche Befunde (vgl. zusammenfassend Mattern, 2005). Zumindest dann, wenn Ergebnisziele als Annäherungsziele (und nicht als Vermeidensziele; zur Unterscheidung zwischen Annäherungs- und Vermeidungsorientierung, vgl. Schüler & Brandstätter in diesem Band) formuliert sind, kann hier nicht mehr einfach von ausschließlich negativen Leistungseffekten ausgegangen werden. Mittlerweile liegen auch Befunde zur Wirkung von Zielorientierungen im Arbeits- und Berufsleben vor (z. B. Wirkung auf Einkommen, Verkaufszahlen, Kundenorientierung; Abele, 2004; Audia, Kristof-Brown, Brown & Locke, 1996; Harris, Mowen & Brown, 2005; VandeWalle, Brown, Cron & Slocum, 1999). Es fanden sich in der Regel die erwarteten positiven Effekte der Lernzielorentierung, teilweise ergaben sich aber durchaus auch positive Effekte einer Ergebnisorientierung. Dennoch ist davon auszugehen, dass eine dauerhafte Überbetonung der Ergebniszielorientierung zuungunsten der Lernzielorientierung auch im Arbeitsleben dysfunktional sein kann, da sie Personen möglicherweise dazu verleitet, herausfordernde Situationen zu vermeiden, die wertvolle Lernoptionen bieten würden.

Generell ist zu vermuten, dass es auch von den Arbeitsanforderungen selbst abhängt, ob eher eine Lernziel- oder Ergebnisorientierung adaptiv ist (Winters & Latham, 1996). Es ist denkbar, dass längerfristig Personen im Vorteil sind, die je nach Anforderungssituation entweder auf der Basis einer Lernzielausrichtung oder auf der Basis einer Ergebniszielausrichtung agieren. Verfügen Personen bereits über Handlungsmittel, die zu einer erfolgreichen Aufgabenbewältigung notwendig sind, wäre eine Ergebniszielorientierung von Vorteil. Verfügen Person hingegen noch nicht über probate Handlungsmittel, dürfte es adaptiver sein, sich zunächst Ziele zu setzen, bei denen der Erwerb aufgabenrelevanten Handlungswissens im Vordergrund steht. Hier könnten ergebniszielorientierte Personen im Nachteil sein, da sie ihr Bedürfnis, Eindrücke von Kompetenz zu hinterlassen, davon abhält, jene Fähigkeiten zu entwickeln, die tatsächlich benötigt werden, um erfolgreich sein und bleiben zu können (vgl. VandeWalle, 2001). Eine wichtige Implikation dieser Überlegungen wäre, bei anspruchsvollen und sich rasch wandelnden Arbeitsbedingungen die Lernzielorientierung von Beschäftigten zu stärken. Das Gleiche dürfte für Tätigkeiten gelten, die von Beschäftigten in nennenswertem Umfang abverlangen, sich selbst zu führen.

2.2.5 Handlungskontrolltheorie

In seiner Handlungskontrolltheorie unterscheidet Kuhl (Kuhl 1996; Kuhl & Fuhrmann, 1998; Kuhl & Goschke, 1994) zwischen einer selbstintegrierenden und einer selbstdisziplinierenden Form der Handlungssteuerung. Nach Kuhl (1996) bezieht sich erstgenannte auf die Fähigkeit, Ziele in Übereinstimmung mit eigenen Bedürfnissen zu bilden. Kuhl und Fuhrmann (1998) nehmen an, dass diese Art der Selbstregulation das Belohnungssystem von Personen aktiviert. Von der Selbstregulation grenzen sie die Selbstkontrolle ab, die ihrer Ansicht nach für die Unterdrückung konkurrierender Handlungsimpulse zuständig ist. Kurzfristig ist eine selbstdisziplinierende Handlungssteuerung zumeist adaptiv, um die Realisierung gewünschter Ziele gegen andere Absichten oder Vorhaben abzuschirmen. Mittel- und längerfristig birgt das Handeln in diesem Kontrollmodus jedoch auch Risiken, da es nach Kuhl und Fuhrmann (1998) das Bestrafungssystem von Personen aktiviert, sodass Personen (zusätzlich) gegen aversive Empfindungen ankämpfen und psychische Mehrbelastungen auf sich nehmen müssen. Diese Kosten selbstkontrollierender Aktivitäten wurden besonders eindrücklich in den experimentellen Studien der Arbeitsgruppe um Baumeister demonstriert (Baumeister, 2000; Muraven, Tice & Baumeister, 1998).

Aus Sicht der Handlungskontrolltheorie lassen sich längerfristige Ziele generell nicht ohne Einsatz volitionaler Strategien erreichen, da eingeschliffene Gewohnheiten, aktuelle Bedürfnislagen und situative Gegebenheiten immer wieder einen Zustand erzeugen können, der ihren Einsatz erforderlich macht. Ein Grundprinzip ist dabei, dass aktuelle Bedürfnisse einen direkteren Einfluss auf individuelle Verhaltenstendenzen haben als antizipierte Bedürfnisse. Weitergehend lässt sich außerdem argumentieren, dass es ein zentrales und funktionales Merkmal willentlicher Handlungssteuerung ist, dass diese es ermöglicht, „präventiv Ziele zu bilden, die nicht nur durch ein aktuell bestehendes Bedürfnis motiviert sind, sondern auf die Befriedigung zukünftiger, lediglich vorgestellter Bedürfnisse gerichtet sind" (Goschke, 2004, S. 189). Goschke (2004) betrachtet es deshalb als eine besondere Anforderung an die Handlungsregulation zu entscheiden, ob die Verschlechterung der momentanen Bedürfnislage zu Gunsten eines längerfristigen Ziels in Kauf genommen werden soll oder nicht.

Aufbauend auf Überlegungen von Kuhl (1996) hat Kehr (2004a, 2005) ein *Kompensationsmodell von Motivation und Volition* entwickelt. Er geht davon aus, „dass es die Funktion volitionaler Mechanismen ist, ungenügende Motivation zu kompensieren" (Kehr, 2004 a, S. 45). Zu den Kernaussagen des Modells zählt, dass Personen Diskrepanzen zwischen impliziten Motiven (weitgehend unbewussten Bedürfnissen und Beweggründen des Handelns) und expliziten Motiven (bewussten Zielen und Handlungsabsichten) als Konflikte erleben und für die Zielerreichung daher auf den Einsatz volitionaler Strategien angewiesen sind. Problematisch dabei sei, dass volitionale Anstrengungen die Chancen einer Zielerreichung auch senken können, da Personen nun mit der Lösung innerer Konflikte und der Regulation negativer Emotionen beschäftigt sind, statt sich voll und ganz dem zielrelevanten Handeln zu widmen (vgl. Sokolowski, 1996; Tice & Bratslavsky, 2000). Bei Kongruenz zwischen impliziten Motiven und expliziten Zielen würde nach Kehr (2004a) intrinsische Motivation entstehen, die ohne volitionale Anstrengung auskommt und neben der Zielereichung auch das Wohlbefinden fördert (vgl. Schüler & Brandstätter in diesem Band). Mittlerweile hat Kehr (2004b) sein Modell noch um den Aspekt der wahrgenommenen Fähigkeiten erweitert, sodass nun die Diskrepanz bzw. Konvergenz zwischen impliziten Motiven und expliziten Zielen gemeinsam mit dem aufgabenbezogenen Fähigkeitsniveau bestimmen, welche Handlungsstrategien erfolgversprechend erscheinen. So ist in seinem Modell bei Übereinstimmung zwischen impliziten Motiven und expliziten Zielen zwar kein volitionaler

Strategieeinsatz notwendig, je nach Fähigkeitsniveau sei jedoch ein differenzierter Einsatz spezifischer Problemlösestrategien erforderlich. Handlungskontrolltheoretische Überlegungen haben auch Eingang in die Konzeption von Selbstmanagementtrainings gefunden (vgl. Abschnitt 4.2).

2.2.6 Metamodell Selektiver Optimierung mit Kompensation

Von einer Lebensspannenperspektive aus schlagen Baltes und Baltes (1990) drei zentrale Komponenten erfolgreicher Entwicklungsprozesse vor: Selektion, Optimierung und Kompensation. In einer handlungstheoretischen Spezifikation bezeichnet Selektion Prozesse der Zielauswahl. Optimierung und Kompensation beziehen sich auf Prozesse der Zielverfolgung, wobei Optimierung den Einsatz von Handlungsstrategien zur Verbesserung des Funktionsniveaus und Kompensation den Einsatz von Handlungsstrategien bei tatsächlichen oder drohenden Einschränkungen des Funktionsniveaus beschreibt. Prinzipiell lässt sich das Modell auf Handeln in unterschiedlichen Lebensbereichen (z. B. Beruf, Familie, Freizeit) und auf unterschiedliche Aggregationsebenen der Handlungsanalyse (z. B. Alltagshandeln, längerfristige Lebensgestaltung) anwenden. Das Metamodell erlaubt dabei die Integration spezifischer Theorien der Motivations- und Handlungssteuerung wie sie exemplarisch im vorangegangen Abschnitt skizziert wurden.

Eine selektive Zielauswahl ist erforderlich, da Ressourcen für die Realisierung wünschenswerter Zielzustände (Zeit, Energie, Unterstützung) begrenzt sind. Für eine Zielauswahl werden in der psychologischen Literatur formale Kriterien (z. B. Annäherung oder Vermeiden), systemische Kriterien (z. B. Verknüpfung untergeordneter und übergeordneter Ziele, Konvergenz von Zielen und impliziten Motiven) und anreizbezogene Kriterien (z. B. subjektive Bedeutsamkeit des Ziels) diskutiert, die mit Blick auf eine erfolgreiche Zielverfolgung bedeutsam erscheinen (vgl. zusammenfassend Wiese, 2000 sowie Schüler & Brandstätter in diesem Band). Außerdem gilt für eine adaptive Zielsetzung auch die Auseinandersetzung mit soziokulturellen Erwartungen als funktional. Mit einer selektiven Zielauswahl stecken Personen zugleich den Rahmen dafür ab, welche optimierenden und kompensatorischen Handlungen im Weiteren zum Einsatz kommen könnten. Übung, modellorientiertes Lernen, Persistenz und Belohnungsaufschub werden als typische Beispiele für optimierende Strategien genannt (z. B. Freund & Baltes, 2002). Diese lassen sich auch als sinnvolle Optionen des Arbeitsverhaltens konzeptualisieren (Wiese, Freund & Baltes, 2000, 2002): als Orientierung am Verhalten erfolgreicher Kollegen etwa oder als Bereitschaft zum Belohnungsaufschub, wenn erst ein aufwendiges Studium abgeschlossen werden muss, bevor eine anspruchsvolle Führungsposition erreicht werden kann. Auch der konstruktive Umgang mit Misserfolgen, ebenfalls eine kompensatorische Strategie (vgl. Wiese & Schmitz, 2002), dürfte für Berufskarrieren von Vorteil sein. Viele der in der Literatur diskutierten volitionalen Strategien (z. B. Emotions- und Motivationskontrolle, vgl. Kuhl & Fuhrmann, 1998) lassen sich ebenfalls als Optimierungs- und. Kompensationsstrategien betrachten (vgl. Wiese & Schmitz, 2002).

2.3 Theorien des Arbeitsverhaltens

Im Folgenden werden abschließend noch zwei Theorien beschrieben, die unmittelbar im arbeits- und organisationspsychologischen Forschungskontext entstanden sind: die Zielsetzungstheorie von Locke und Latham (1990), welche als eine der einflussreichsten Zieltheorien überhaupt betrachtet werden kann (vgl. Schüler & Brandstätter in diesem Band) sowie die vor allem im deutschsprachigen Raum bekannte arbeitspsychologisch fundierte Handlungsregulationstheorie von Hacker (1986; vgl. auch Hacker in diesem Band).

2.3.1 Zielsetzungstheorie

Die Arbeits- und Organisationspsychologie hat sich zunächst stark mit fremdgesetzten Zielen, also zugewiesenen Aufgaben beschäftigt. Besondere Bedeutung hat hier die Zielsetzungstheorie von Locke und Latham (1990) gewonnen, deren wesentliche Annahme ist, dass es leistungsförderlich sei, wenn tätigkeitsrelevante Ziele möglichst *herausfordernd* und *spezifisch* formuliert werden. Die Adaptivität spezifischer herausfordernder Ziele wird mittlerweile auch für den Bereich der selbstgesetzten Ziele angenommen (z. B. Emmons, 1992).

Eine große Zahl von Studien belegt, dass Personen, denen spezifische und herausfordernde Ziele zugewiesen werden, durchgängig bessere Leistungen erzielen als Personen, die unter der Instruktion arbeiten, ihr Bestes zu geben („Do your best"-Ziele; vgl. Locke & Latham, 2002). Erklärt wird dieser Effekt so, dass spezifische und schwierige Leistungsziele zu mehr Anstrengung führen, die Persistenz erhöhen, die Aufmerksamkeit auf die Zielerreichung ausrichten, das Selbstvertrauen erhöhen sowie die Suche nach und Anwendung von effektiven Aufgabenstrategien unterstützen (vgl. zusammenfassend Wegge, 1998). Außerdem wird angenommen, dass der Leistungsvorteil spezifischer und herausfordernder Ziele in Abhängigkeit von personen-, situations- und aufgabenspezifischen Faktoren variiert. Zu den entsprechenden Moderatoren zählen nach Wegge (1998) die aufgabenrelevanten Fähigkeiten einer Person, das Ausmaß der Zielbindung, die Verfügbarkeit von Leistungsrückmeldungen, das Vorhandensein zielrelevanter

Handlungsfreiräume und Arbeitsmittel sowie die Komplexität der zu bewältigenden Aufgabe. In Bezug auf Selbstmanagement stellen Aufgabenkomplexität und Verfügbarkeit von Feedback wichtige Moderatorvariablen dar. Bezüglich Aufgabenkomplexität berichten Wood, Mento und Locke (1987), dass Leistungsverbesserungen bei einfachen Aufgaben (z. B. Additionsaufgaben) deutlich höher ausfallen als bei komplexeren Aufgaben (z. B. Problemlöseaufgaben). In der Berufswelt stellen sich aber in der heutigen Zeit zusehends komplexe Arbeitsanforderungen, die insbesondere Problemlösekompetenzen erfordern, die von den Berufstätigen erst noch entwickelt werden müssen (vgl. hierzu die Ausführungen zur Adaptivität von Lernzielorientierungen in Abschnitt 2.2.4). Leistungsfeedback war ursprünglich ein Parameter, der vor allem externes Feedback betraf. Gerade in selbstregulierten Lern- und Arbeitsprozessen ist aber entscheidend, dass Personen sich selbst ein Feedback geben. Die Basis hierfür sind – wie sie bereits im Zusammenhang mit dem oben ausgeführten Prozessmodell der Selbstregulation skizziert (Schmitz, 2001; Schmitz & Wiese, 2006; vgl. Abb. 1) – systematische Selbstbeobachtung und -reflexion.

2.3.2 Handlungsregulationstheorie

Die von Hacker (1986, 1998) entwickelte Handlungsregulationstheorie beschäftigt sich mit zielgerichteter Arbeitstätigkeit. Unterschieden wird zwischen vorgegebenen Aufgaben und subjektiven Aufgaben bzw. Zielen. Ein Kernkonzept der Theorie ist das operative Abbildsystem. Hierbei handelt es sich um eine kognitive Repräsentation von Aufgaben, die Ziele (i. S. vorweggenommener Handlungsergebnisse), Ausführungs- und Transformationsbedingungen (mit Blick auf die Überführung des Istzustandes in den Sollzustand) sowie antizipierte Auswirkungen des Handlungsprozesses beinhaltet.

Arbeitstätigkeiten durchlaufen hierarchisch geordnete Regulationsebenen, in die operative Abbildsysteme integriert sind. Konkret werden folgende Ebenen unterschieden: die intellektuelle Regulationsebene (Ebene der Ziel- und Plangenerierung), die wissensbasierte Regulationsebene (Ebene der erworbenen und leicht abrufbaren Handlungsschemata) und die sensumotorische Regulationsebene (Ebene der nicht bewusstseinskontrollierten automatisierten Bewegungsabläufe). Vollständige Arbeitstätigkeiten weisen Regulationsanforderungen auf allen Ebenen der Handlungsregulation auf. Sie gelten als Voraussetzung für arbeitsimmanente Kompetenzentwicklung und sollten die Lern- und Leistungsfähigkeit von Personen langfristig erhalten und fördern (vgl. Wieland, 2004). Insbesondere die intellektuelle Regulationsebene erfordert bei großen Handlungs- und Entscheidungsspielräumen Kompetenzen, wie sie auch in der Selbstmanagement- und Selbstführungsliteratur diskutiert werden.

3 Faktoren, Dimensionen, Domänen und Korrelate von Selbstmanagement und Selbstführung

3.1 Dimensionen

3.1.1 Theoriegeleitete Unterscheidungen

Manz und Sims (1980) rekurrieren auf die sozial-kognitive Theorie von Bandura (1977) und unterscheiden sechs Faktoren von Selbstmanagement und Selbstführung: Selbstbeobachtung, selbst initiierte Umfeldgestaltung *(self-cueing)*, Selbstsetzung von Verhaltenszielen, Selbstbelohnung, Selbstbestrafung und Selbsteinübung *(rehearsal)*. Manz (1986) und Neck und Manz (1992) ergänzen diese Dimensionen später um zwei weitere Dimensionen, Suche nach intrinsischen Anreizen der Arbeit und konstruktives Denken durch positive Überzeugungen, Selbstdialoge und visuelle Vergegenwärtigungen. Theo- retisch werden die beiden zusätzlichen Dimensionen aus der Motivationspsychologie (Deci & Ryan, 1985) und Psychotherapie (Ellis, 1977) hergeleitet.

Im motivations- und volitionspsychologisch fundierten Selbstmanagementansatz von Kehr (2002, 2005, vgl. Abschnitt 2.3.3) werden ebenfalls Faktoren wie die Erkundung eigener Bedürfnisse und Beweggründe des Handelns, das Setzen eigener Leistungsziele und die Suche nach intrinsischen Belohnungen unterschieden. Neu hinzu kommt der Einbezug von zwei volitionalen Faktoren: Aufbau von Willensstärke und Abbau von Überkontrolle.

Müller (2003, 2004) und Müller und Braun (2009) fassen Faktoren von Selbstmanagement und Selbstführung in einem integrativen Ansatz zusammen. Aus Theorien sozialer Kognition und Emotion werden zudem einige Spezifizierungen und Erweiterungen abgeleitet. Es resultieren folgende sieben Faktoren:

- Innere Transparenz durch Selbstaufmerksamkeit, Introspektion und Beachtung körperlicher Signale,
- Willensfokussierung durch Vorsatzbildung, Prioritätensetzung und Abbau von Überkontrolle,
- Affektive Selbststeuerung durch Beachtung situativer Auslöser, Reinterpretation physiologischer Erregungszustände und Kontrolle nonverbaler Ausdrucksweisen,
- Selbstmotivierung durch Intuition und Zielsetzung, Identifizierung intrinsischer Anreizquellen und Verstärkung eigener Verhaltensweisen,
- Metakognitive Selbststeuerung durch prozedurale Wissensinhalte, konstruktive Denkhaltungen und mentales Probehandeln,
- Selbstinitiierte Verhaltensanpassung durch Identifizierung eines gewünschten Zielverhaltens und Einübung motorischer Verhaltensabläufe,

- Gestaltung des eigenen Umfelds durch gezielte Auswahl und Modifikation physikalischer und sozialer Umfeldbedingungen.

Zur Messung einzelner Faktoren von Selbstmanagement und Selbstführung wurden Fragebögen entwickelt. Empirische Untersuchungen mit diesen Instrumenten führten zu dem Ergebnis, dass sich die gemessenen Faktoren zu drei Dimensionen zusammenfassen lassen (Prussia, Anderson & Manz, 1998; Houghton & Neck, 2002; Müller, 2004, 2006; Andreßen & Konradt, 2007). Als Dimensionen zeichnen sich ab:

- Verhaltensinitiative *(behavioral focus)*,
- Konstruktives Denken *(constructive thought focus)*,
- Selbstmotivierung durch intrinsische Anreize *(natural reward focus)*.

Zur Verhaltensdimension gehören Faktoren wie Selbstverstärkung, proaktive Verhaltensanpassung und Umfeldgestaltung. Die Dimension konstruktiven Denkens beinhaltet Faktoren wie Willensfokussierung und metakognitive Selbststeuerung. Faktoren wie innere Transparenz, affektive Selbststeuerung und Selbstmotivierung mittels aufgabenimmanenter Anreize bilden die dritte Dimension.

3.1.2 Domänenspezifische Unterscheidungen

In einem Selbstmanagementsatz von Braun, Adjei und Münch (2003) werden berufsübergreifende Domänen wie der Umgang mit Zeit und Zielsetzungen, der Einsatz finanzieller Ressourcen, die Bewältigung von Belastungen und Konflikten, die Akquisition von Wissen und sozialer Unterstützung, die Pflege der Gesundheit und die Entwicklung von Kontakten zu anderen Menschen beschrieben. Dem „Life-leadership-Konzept“ von Seiwert (2001) zufolge können diese Domänen vier Lebensbereichen zuordnet werden, deren Anforderungen wechselseitig abhängig voneinander sind:

- Sinn und Kultur (Ziele, Wissenserwerb),
- Körper und Fitness (Gesundheit, Belastung),
- Arbeit und Leistung (Zeit, Finanzen, Konflikte),
- Familie und soziale Beziehungen (Unterstützung, Kontakt).

Der Umgang mit Zeit ist die bislang am besten erforschte Domäne. König und Kleinmann (2004) haben vorliegende Erkenntnisse ausgewertet und auf typische Schwierigkeiten der Zeitverwendung hin untersucht. Problembereiche der Zeitverwendung sind unklare Ziele und Prioritäten, eine unzulängliche Zeit- und Handlungsplanung, die Unterschätzung der Dauer von Aufgabenerledigungen und die Überschätzung eigener Möglichkeiten, mehrere Aufgaben gleichzeitig bewältigen zu können. Weitere Quellen für zeitbezogene Probleme sind Neigungen, die Erledigung von Aufgaben aufzuschieben, sich ablenken zu lassen, nicht „nein“ sagen und delegieren zu können, Vorhaben zu vergessen, biorhythmische Leistungsschwankungen zu missachten und den Arbeitsplatz nicht in Ordnung zu halten.

Um Selbstmanagementstrategien beim Umgang mit berufsübergreifenden Domänen zu messen, haben Braun et al. (2003) einen Fragebogen entwickelt, dessen Gütekriterien empirisch abgesichert sind. Auch der Umgang mit den meisten von König und Kleinmann (2004) beschriebenen Problemen des Zeitmanagements kann mit bewährten Fragebögen gemessen werden.

Besonderheiten des Selbstmanagements bei organisierter (Zusammen-)Arbeit sind von Hackman (1992) untersucht und beschrieben worden. Die Tätigkeit in Organisationen wird durch funktionale und koordinative Erfordernisse bestimmt, die für Organisationsmitglieder zumeist konkrete Ziel- und Handlungsvorgaben nach sich ziehen. Möglichkeiten zum Selbstmanagement bleiben aus diesem Grund oft darauf beschränkt, auf welche Weise entsprechende Vorgaben erreicht bzw. umgesetzt werden können. Dies kann beinhalten, dass Organisationsmitglieder

- mehr Verantwortung für eigene Arbeitshandlungen übernehmen und ihr Verhalten kontinuierlich daraufhin überprüfen, wie erfolgreich es nach organisatorischen Maßstäben ist,
- insgesamt mehr Eigeninitiative entfalten („*taking corrective action at their own initiative to improve their performance*“, Hackman, 1992, S. 149),
- gezielter und engagierter nach Unterstützung und verfügbaren Ressourcen in der Organisation suchen, die für eine Verbesserung von Prozessen und Ergebnissen benötigt werden,
- häufiger freiwillig Hilfe anbieten, um auch die Arbeitseffektivität anderer Organisationsmitglieder zu steigern.

Die identifizierten Möglichkeiten von Organisationsmitgliedern umfassen also im Wesentlichen Strategien, die dem Verhaltensfokus von Selbstmanagement und Selbstführung zuzurechnen sind.

3.1.3 Kompetenzdimensionen und -faktoren

Selbstmanagement und Selbstführung sind auch als Kompetenz beschrieben worden (Müller, 2003, 2004, 2005b). Auf der Ebene allgemeiner Kompetenzdimensionen wird zwischen intuitiven (impliziten) und elaborierten (expliziten) Wissensinhalten und Kenntnissen sowie zwischen erfahrungsbasierten und systematisch geübten oder trainierten Fertigkeiten der Verhaltensausführung unterschieden. Spezifische Kompetenzfaktoren sind:

- introspektiv erkundete und/oder über externe Informationsquellen gewonnene Einsichten, wie psychische Prozesse funktionieren und über welche psychischen Potenziale und Ressourcen Menschen verfügen können.
- Kenntnisse über Strategien und Möglichkeiten, Besonderheiten der eigenen Psyche identifizieren, mentale, emotionale und motivationale Vorgänge bewusst(er) kontrollieren, sowie eigene Ziele konkretisieren und unter Einbezug verfügbarer Ressourcen des physikalischen und sozialen Umfelds realisieren zu können.
- Erfahrungswissen, das sich aus der praktischen Anwendung von Kenntnissen über Strategien, wie man sich selbst Ziele setzt und mittels Eigeninitiative erreicht, sowie aus Erinnerungen zusammensetzt, wie erfolgreich die Verwendung solcher Kenntnisse bisher gewesen ist.
- Gestaltungswissen, das durch Versuch und Irrtum oder Übung und Training erworben wird und dazu befähigt, selbstführungsrelevante Kenntnisse und Erfahrungen abzurufen und einzusetzen, um aktuelle Situationsanforderungen in gewünschter Weise bewältigen zu können.

In beruflichen und außerberuflichen Kontexten gibt es im Prinzip drei Möglichkeiten, selbstkompetent zu agieren (Müller & Braun, 2009). Zum einen, indem Personen gezielt nach neuen Aufgaben- und Lebensbereichen suchen, in denen sie eigene Bedürfnisse besser befriedigen und eigene Fähigkeiten umfassender realisieren und entwickeln können. Zum zweiten, indem Personen direkten Einfluss auf ihr Tätigkeits- und Lebensumfeld nehmen und dieses so verändern, dass es für sie bedürfnisgerechter und ihren Fähigkeiten entsprechender gestaltet ist. Zum dritten, indem Personen Anregungen von außen aufgreifen und, ohne direkten Einfluss auf das Umfeld auszuüben, Veränderungen in der eigenen Person initiieren. Die erste Möglichkeit kennzeichnet die Fertigkeit, *proaktiv zu selegieren.* Personen ergreifen die Initiative, um andere Betätigungsfelder und Lebensbereiche zu explorieren, besser zu ihren Bedürfnissen und Fähigkeiten passende Umfelder auszuwählen und diese sodann gezielt aufzusuchen. Im beruflichen Bereich könnte dies mit einer Job Rotation oder mit der Übernahme einer verantwortungsvolleren Position verbunden sein. Es sind jedoch auch harte Einschnitte denkbar, etwa wenn Personen beschließen, die Organisation zu verlassen. Die zweite Möglichkeit impliziert die Fertigkeit, *proaktiv zu intervenieren.* Personen verändern gezielt bestimmte Merkmale ihres Betätigungsfeldes oder Lebensraums, um physikalische und soziale Bedingungen, mit denen sie gewöhnlich konfrontiert sind, so zu gestalten, dass diese besser zu eigenen Bedürfnissen und Fähigkeiten passen. Unmittelbare Auswirkungen sind hier zumeist weniger einschneidend. Personen verlassen ihr Umfeld nicht, sondern ergreifen die Initiative, ihm einen selbstkongruenteren Stempel aufzudrücken.

Die dritte Möglichkeit lässt sich als Fertigkeit zur *proaktiven Selbstanpassung* beschreiben. Hier beginnen Personen, sich selbst zu verändern, um durch ihr Vorbild auch andere Personen des Umfelds zu motivieren, Veränderungen einzuleiten. Führung durch Selbstführung (*super leadership*, vgl. Manz & Sims, 1980) basiert auf dieser Fertigkeit. Intuitiv oder absichtsvoll folgen Personen dabei dem Prinzip, Veränderungen, die sie in ihrem Umfeld erreichen möchten, dadurch anzustoßen, dass sie mit Veränderungen bei sich selbst beginnen (vgl. de Waele, Morval & Sheitoyan, 1993).

3.2 Bedeutung arbeitspsychologisch relevanter Korrelate von Selbstmanagement und Selbstführung

Auf unterschiedliche Korrelate von Selbstmanagement und Selbstführung ist einleitend bereits hingewiesen worden. Im Folgenden wird dargestellt, was zur Bedeutung dieser Korrelate in empirischen Studien gefunden worden ist.

Zu den empirisch am häufigsten untersuchten Korrelaten von Selbstmanagement und Selbstführung gehören *Selbstwirksamkeitsüberzeugungen* („self-efficacy beliefs"). Selbstwirksamkeitsüberzeugungen beschreiben die Stärke des Vertrauens in eigene Fähigkeiten, Handlungen beherrschen und ausführen zu können, mit denen sich gewünschte Resultate erreichen lassen (Bandura, 1997, vgl. Abschnitt 2.2.2). Prussia et al. (1998) führten eine Untersuchung durch, in der sie Strategien der Selbstführung, Selbstwirksamkeitsüberzeugungen und Leistungen von über 200 Studierenden analysierten. Zwischen dem Gebrauch von Selbstführungsstrategien und Selbstwirksamkeitsüberzeugungen wurde eine durchschnittliche Korrelation von $r = 0.22$ ermittelt. Dies entspricht einer auch von Müller (2004) ermittelten Größenordnung ($r = 0.20$). Als weiterer Befund zeichnete sich ab, dass die Beziehung zwischen dem Gebrauch von Selbstführungsstrategien und Studienleistungen nahezu vollständig durch die Stärke der Selbstwirksamkeitsüberzeugungen vermittelt wurde. Ein vergleichbarer Mediationseffekt wurde von Macan (1994) für die Beziehung zwischen Zeitmanagement und Arbeitsleistung festgestellt. Hier waren Überzeugungen, wirkungsvoll agieren zu können, ebenfalls ausschlaggebend dafür, dass die Anwendung von Zeitmanagementtechniken zu Leistungssteigerungen führte. Positive Beziehungen zu Selbstwirksamkeitsüberzeugungen konnten sich auch bei Selbststeuerungsstrategien der Selektion, Optimierung und Kompensation (Wiese, 2000) sowie bei weiteren von Klein, König und Kleinmann (2003) beschriebenen Selbstmanagementstrategien nachweisen lassen.

Weitere Korrelate zeichneten sich in Untersuchungen ab, in denen die Validität verschiedener Versionen eines Selbstführungsfragebogens an über 400 Studierenden überprüft wurde (Müller, 2004, 2005; Roux, 2007). Die höchsten

Korrelationen resultierten mit Messungen des Selbststeuerungsinventars (SSI) von Kuhl (vgl. Abschnitt 3.3.3). Selbstführung korrelierte mit *Selbstmotivierung* (r = 0.49), *Initiative* (r = 0.43) und *Selbstbestimmung* (r = 0.36), woraus auf Gemeinsamkeiten mit verwandten Konstrukten geschlossen werden konnte. Auch Zusammenhänge mit verschiedenen Berufsorientierungen der Studierenden waren feststellbar. Sich selbst zu führen korrelierte erwartungsgemäß mit Orientierungen, in denen Präferenzen für *unternehmerische* Berufskarrieren (r = 0.19) zum Ausdruck kamen. Mit einer auf Karriere in großen Organisationen ausgerichteten Berufsorientierung gab es keinen Zusammenhang (r = 0.09). Negative Korrelationen resultierten mit einer auf Freizeit und beruflicher Absicherung ausgerichteten Berufsorientierung (r = – 0.16).

In einer von Murphy und Ensher (2001) durchgeführten Untersuchung zeichneten sich Beziehungen zwischen dem Gebrauch von Selbstführungsstrategien einerseits sowie dem selbst eingeschätzten *Karriereerfolg* und der empfundenen *Arbeitszufriedenheit* andererseits ab. Untersuchungsteilnehmer waren 158 Beschäftigte einer Medien- und Verwaltungsorganisation. Arbeitszufriedenheit korrelierte am stärksten mit konstruktivem Denken (r = 0.21), eingeschätzter Karriereerfolg mit Selbstmotivierung durch selbst gesetzte Karriereziele (r = 0.24). Zudem wurden Einflüsse der Unterstützung durch Mentoren gefunden. Gewährten Mentoren wenig psychosoziale Unterstützung, korrelierte Selbstführung stärker mit Arbeitszufriedenheit und eingeschätztem Karriereerfolg als wenn Mentoren ein intensiveres Betreuungsverhältnis zu den Protegés besaßen. Auch Wiese et al. (2000, 2002) konnten zeigen, dass selegierendes, optimierendes und kompensatorisches Selbstmanagement in positiver Beziehung zur Arbeitzufriedenheit stehen. Zudem wurden Zusammenhänge mit beruflicher Entwicklung und allgemeinem *Wohlbefinden* gefunden. Klein et al. (2003) stellten fest, dass Selbstmanagement darüber hinaus positiv mit allgemeiner *Lebenszufriedenheit* korreliert.

Zusammenhänge mit Arbeitszufriedenheit wurden auch bei selbstführungsrelevantem Vorgesetztenverhalten ermittelt. Cohen, Chang und Ledford (1997) stellten zunächst per Fragebogen fest, in welchem Umfang Vorgesetzte Führung durch Selbstführung praktizieren. Anschließend berechneten sie Korrelationen zwischen einem entsprechenden Vorgesetztenverhalten und der Zufriedenheit, die Mitarbeiter mit verschiedenen Aspekten ihrer Tätigkeit empfanden. Bedeutsame Zusammenhänge ergaben sich für die Zufriedenheit mit dem persönlichen Vorwärtskommen (r = 0.25), mit der eigenen Tätigkeit (r = 0.26), mit der Qualität der Zusammenarbeit (r = 0.30) und mit den sozial-emotionalen Beziehungen in der Arbeitsgruppe (r = 0.35). Diese Korrelationen wurden in 58 teilautonomen Arbeitsgruppen einer großen Telefongesellschaft ermittelt. Vergleichserhebungen im gleichen Unternehmen ergaben zusätzlich, dass Führung durch Selbstführung und Arbeitszufriedenheit durchgängig niedriger korrelierten, wenn die Gruppenarbeit stärker hierarchisch und funktionsteilig organisiert war.

Innerhalb teilautonomer Arbeitsgruppen ließen sich ebenfalls Unterschiede registrieren. Elloy und Randolph (1997) untersuchten Mitglieder von 18 Instandhaltungsgruppen einer Eisenbahngesellschaft. Sie unterteilten die Gruppen, je nachdem ob die Leiter dieser Gruppen in großem, mittlerem oder geringem Umfang Führung durch Selbstführung praktizierten. Dabei zeigten sich Unterschiede bei der Arbeitszufriedenheit und anderen tätigkeitsrelevanten Variablen. Am zufriedensten waren die Gruppenmitglieder bei intensiver Selbstführung ihrer Gruppenleiter. Die *Bindung* der Gruppenmitglieder an die Organisation und die *Wertschätzung* der Organisation waren ebenfalls stärker ausgeprägt. Zudem kommunizierten die Gruppenmitglieder häufiger miteinander.

Es konnten jedoch nicht nur positive Auswirkungen festgestellt werden. Bereits Cohen et al. (1997) hatten gefunden, dass Führung durch Selbstführung nicht automatisch Produktivitäts- oder Leistungsvorteile mit sich bringen muss. Elloy und Randolph (1997) registrierten überdies, dass bei Führung durch Selbstführung auch keine qualitativ hochwertigeren Entscheidungen resultierten. Was Rollenerwartungen und Verantwortlichkeiten betraf, war eine Führung durch Selbstführung sogar von Nachteil. Die Mitglieder entsprechend geführter Gruppen empfanden mehr *Rollenambiguität* und stärkere *Rollenkonflikte* als Mitglieder von Gruppen, deren Vorgesetzte einen direktiveren Führungsstil praktizierten.

Ergebnisse einer Untersuchung von Roberts und Foti (1998) zeigten, dass Selbstführung besonders hoch mit Zufriedenheit korreliert, wenn die Arbeitssituation große Handlungsspielräume bietet. Bei kleinen Handlungsspielräumen wurde ein negativer Zusammenhang zwischen Selbstführung und Arbeitszufriedenheit festgestellt. Selbstführung und Leistung korrelierten zwar durchgängig positiv miteinander. Aber auch hier deutete sich an, dass der Zusammenhang umso ausgeprägter ist, je mehr Freiheitsgrade die Arbeitssituation besitzt.

Über bisherige Erkenntnis hinaus konnten Dolbier, Soderstrom und Steinhardt (2001) Beziehungen zur gesundheitsrelevanten Variablen feststellen. Sie fanden, dass mit zunehmender Selbstführung weniger tätigkeitsbezogener *Stress* ($r = -0.33$) und ein stärkeres allgemeines *Wohlbefinden* ($r = 0.65$) berichtet wurden. Shimizu et al. (2003) befragten Mitarbeiter eines Fertigungsbetriebs und erfassten neben allgemeiner Selbstmanagementkompetenz auch Selbsteinschätzungen des *Gesundheitszustands* dieser Mitarbeiter. Der Gesundheitszustand wurde anhand einer Liste von Symptomen ermittelt, die von depressiven Reaktionen über Konzentrationsschwierigkeiten bis hin zu psychosomatischen Beschwerden reichten. Die festgestellte Korrelation zwischen der Häufigkeit berichteter Symptome und dem Ausmaß an Selbstmanagementkompetenz betrug $r = -0.29$ und war in etwa so groß wie der Zusammenhang, den Dolbier et al. (2001) zwischen Selbstführung und Stress gefunden hatten.

Als Resümee ergibt sich, dass Selbstmanagement und Selbstführung mit Selbstwirksamkeitsüberzeugungen zusammenhängen, was für die Verhaltensrelevanz der beiden Konzepte spricht. Zudem sind Beziehungen zu inneren Regulatoren nachweisbar, wodurch die Annahme gerechtfertigt erscheint, dass zum Gegenstandsbereich der beiden Konzepte auch die Steuerung und Kontrolle psychischer Prozesse gehören. Die empirisch gefundenen Korrelationen sind allerdings nur klein bis mittel groß, sodass substanzielle Varianzanteile noch als unaufgeklärt betrachtet werden müssen. Dies gilt auch für Beziehungen mit arbeitsrelevanten Variablen wie Zufriedenheit, Wohlbefinden und Gesundheit am Arbeitsplatz, Organisationsbindung und Wertschätzung der Organisation sowie Kommunikation und Kooperation.

Arbeitspsychologisch wünschenswerte Implikationen von Selbstmanagement und Selbstführung fügen sich in allgemeinere Erkenntnisse zur Rolle und Bedeutung von Autonomie- und Selbstverwirklichungsbedürfnissen im Arbeitsleben ein (Deci & Ryan, 2000; Müller, 2003; vgl. Abschnitt 2.4.1). Gleichwohl legen Untersuchungsergebnisse aber auch eine differenziertere Betrachtung nahe, indem sie auf situative Besonderheiten (Art der Gruppenarbeit) oder Begleiterscheinungen verweisen, die weniger wünschenswerte Implikationen besitzen können (Rollenambiguität). Solche komplexeren Zusammenhänge, für die es z. T. auch Anhaltspunkte in theoretischen Erklärungsansätzen gibt (vgl. Abschnitt 2.4.2), sind empirisch bislang erst punktuell erforscht worden.

4 Training und tätigkeitsrelevante Veränderungen

Selbstmanagement und Selbstführung sind erlernbar. Es ist bereits darauf hingewiesen worden, dass sich entsprechende Kompetenzen großenteils aus intuitiv und/oder systematisch erworbenem Handlungswissen zusammensetzen. Im Folgenden wird auf Ergebnisse von Studien eingegangen, in denen Kompetenztrainings empirisch evaluiert und in Bezug auf tätigkeitsrelevante Effekte überprüft worden sind. Obwohl Zeitmanagement als Teil von Selbstmanagement betrachtet werden kann, soll wegen der relativ großen Anzahl von Evaluationsstudien speziell in diesen beiden Bereichen eine separate Darstellung erfolgen.

4.1 Zeitmanagementtraining

Zeitmanagementtrainings zielen darauf ab, Personen zu befähigen, effektiver und effizienter mit Aufgaben und Verpflichtungen des Arbeitsalltags umgehen, bei großem Termindruck wirkungsvoller agieren und die eigene Arbeits-, manchmal auch Lebenszeit insgesamt produktiver nutzen zu können. Zumeist beinhalten ihre Konzepte, Wissen über typische Zeitfallen zu vermitteln, Lösungen für Probleme der Zeitverwendung (vgl. Abschnitt 3.1) zu erarbeiten und Trainingsteilnehmer zu sensibilisieren, Unzulänglichkeiten bei der Strukturierung und Verwendung ihrer Arbeitszeit zu erkennen. Lerninhalte sind Strategien und Techniken, realistischere Zeitpläne aufzustellen, aufgabenadäquatere Prioritäten zu setzen, die Tätigkeiten häufiger zu delegieren, kontrollierter mit Störfaktoren wie Unterbrechungen umzugehen, die Erledigung von Aufgaben passgenauer mit eigenen Leistungs- und Biorhythmen zu synchronisieren, sowie Besprechungsanforderungen zu ökonomisieren. Strategien und Techniken des Zeitmanagements werden auch in vielen populärwissenschaftlichen Ratgebern beschrieben (z. B. Hovestädt, 1997; MacKenzie, 1997; Seiwert, 2000, 2001). In Trainings- und Seminarveranstaltungen wird über Ratgeber- und/oder wissenschaftlich fundiertes Wissen hinaus zumeist Gelegenheit gegeben, die Anwendung einzelner Strategien und Techniken einzuüben. Sich mit der konkreten Handhabung von Zeitplanungssystemen vertraut zu machen, soll dabei helfen, den Transfer des Gelernten in den Arbeitsalltag zu verbessern.

Studien, in denen Zeitmanagementtrainings evaluiert und tätigkeitsrelevante Veränderungen überprüft wurden, führten überwiegend zu positiven Ergebnissen (zsf. Green & Skinner, 2005; Wagner, Spiel, Schober, Mandl & Friedrich, 2006).

Orpen (1994) analysierte Effekte einer dreitägigen Trainingsveranstaltung, die aus Vorträgen, Gruppendiskussionen, Übungen und Rollenspielen bestand. An der Veranstaltung nahmen 52 Vorarbeiter eines mittelständigen Industriebetriebs teil. Es wurden per Losverfahren zwei Gruppen gebildet, die zeitversetzte Trainingstermine erhielten. Die Teilnehmer des späteren Trainings dienten als Kontrollgruppe. Verglichen mit den noch untrainierten Teilnehmern zeichneten sich die trainierten Teilnehmer sowohl durch eine größere wahrgenommene Effektivität der Zeitverwendung als auch durch ein objektiv effizienteres Zeitmanagement aus. Um das tatsächliche Zeitmanagement zu messen, musste in der vierten und fünften Woche nach dem Training ein Zeit- und Tätigkeitstagebuch geführt werden, in dem auch zu protokollieren war, wie geplant oder ungeplant, mit welchen Prioritäten und wodurch beeinträchtigt Arbeitsaufgaben erledigt worden waren. Die Tagebuchaufzeichnungen wurden von drei Beurteilern ausgewertet, die einzustufen hatten, wie erfolgreich das tatsächliche Zeitmanagement jeweils gewesen war. Obwohl die Trainingsbilanz insgesamt positiv ausfiel, profitierten nicht alle Teilnehmer in gleichem Umfang von den vermittelten Inhalten und Fertigkeiten. Waren die Teilnehmer von den Trainingsinhalten nicht überzeugt oder hatten sie den Eindruck, die Trainingsziele seien nur partiell erreicht worden, ließ auch der Transfer des Gelernten zu wünschen übrig.

Van Eerde (2003) evaluierte ein anderthalb Tage dauerndes Zeitmanagementseminar, in dem die Erstellung von Jahres-, Monats-, Wochen- und Tagesplänen sowie das Setzen aufgabenadäquater Prioritäten gelehrt und eingeübt wurden. An zeitgleichen Veranstaltungen nahmen insgesamt 37 Mitarbeiter verschiedener Organisationen teil. Eine Kontrollgruppe mit einem späteren Seminartermin umfasste 14 Teilnehmer. Neben dem wahrgenommenen eigenen Zeitmanagement wurden Neigungen, das Erledigen von Aufgaben aufzuschieben *(procrastination)*, und das Ausmaß arbeitsbedingter Besorgnis *(worrying)* gemessen. Auch dieses Seminar hatte positive Auswirkungen. Es verbesserte die Einschätzung des eigenen Zeitmanagements und schwächte Neigungen ab, Aufgaben unerledigt vor sich her zu schieben. Zudem wurden Gefühle von Besorgnis und Beunruhigung als weniger stark und aversiv empfunden. Van Eerde stellte allerdings fest, dass arbeitsbedingte Besorgnis relativ hoch mit emotionaler Stabilität korrelierte ($r = -0.53$). Neben trainierbaren Fertigkeiten gibt es offenbar also auch überdauernde Dispositionen, die bei der affektiven Verarbeitung von Zeitdruck und Aufgabenbelastung eine Rolle spielen.

Über die Auswirkung unterschiedlicher Formate von Zeitmanagementtrainings liegen Erkenntnisse von Weisweiler und Hammerl (2005) vor. Dazu wurde ein eintägiges Standardseminar mit einem Seminar verglichen, dessen Konzeption mit konstruktivistischen Elementen angereichert war. Im Gegensatz zum Standardseminar, in dem eine einseitige Wissensvermittlung sowie angeleitetes Üben, Diskutieren und Präsentieren im Vordergrund standen, zeichnete sich die konstruktivistische Seminarkonzeption durch realitätsnahe Übungen, situatives Lernen, multiple Fokussierung und Lerninitiative der Teilnehmer aus. An beiden Seminaren nahmen 71 Studierende und 42 Führungskräfte des mittleren Managements teil. Drei Monate nach dem Training wurde mit einem Test das Wissen über Zeitmanagement und mit einer Postkorbübung die konkrete Zeitplanungskompetenz erfasst. Wie sich zeigen und nachweisen ließ, erreichten die Teilnehmer des konstruktivistisch konzipierten Seminars bessere Leistungen als die Teilnehmer des Standardseminars. Die Leistungsunterschiede differierten jedoch. Sie fielen bei Wissensinhalten größer als bei konkreten Planungskompetenzen aus.

Ergebnisse einer Untersuchung von König, Kleinmann und Höhmann (2005) lassen vermuten, dass es nicht notwendigerweise eines Trainings bedarf, um effizienter mit Arbeitszeit umgehen zu können. 27 leitende Bankangestellte führten zwei Wochen lang Tagebuch über Tätigkeiten, die sie verrichteten. Eine Woche sollten sie dabei arbeiten wie gewohnt. In der anderen Woche waren sie gehalten, täglich eine Stunde einzuplanen, in der sie ihre Arbeit von jeglicher Störung abschirmten *(quiet hour)*. Zum einen wurde gefunden, dass die Einplanung einer störungsfreien Stunde die wahrgenommene Leistung bei Aufgaben verbessert, die während der ungestörten Stunde bearbeitet wurden (verglichen mit der wahrgenommenen Leistung bei ähnlichen Aufgaben während des normalen Tagesablaufs). Zum anderen waren die Untersuchungsteilnehmer der Ansicht, eine störungsfreie Stunde habe auch die gesamte Tagesleistung verbessert. Allerdings zeichnete sich auch in dieser Studie ab, dass nicht alle Untersuchungsteilnehmer in gleichem Umfang profitierten. Eine Zeit lang ungestört arbeiten zu können, kam vor allem weniger gewissenhaften und pflichtbewussten Personen entgegen.

Die Vermittlung von Zeitmanagementstrategien scheint insgesamt vorteilhafte Auswirkungen zu haben. Personen fühlen sich weniger negativ beansprucht *(worrying)*, teilen ihre Arbeit besser ein und sind der Ansicht, mehr geleistet zu haben und effizienter mit Tätigkeitsanforderungen umgegangen zu sein. Welche Trainingskomponenten welchen Einfluss auf Veränderungen des Erlebens und Verhaltens am Arbeitsplatz haben, ist noch weitgehend unerforscht. Offensichtlich dürfte sich der Transfer jedoch durch konstruktivistische Trainingselemente verbessern lassen. Allerdings deutet sich an, dass Beschäftigte ohne Training ebenfalls zeiteffektiver und -effizienter arbeiten können, wenn sie entsprechend disponiert sind (Gewissenhaftigkeit, vgl. auch Steel, 2007) und/oder geeignete Gestaltungsmöglichkeiten erhalten (z. B. *quiet hour*).

4.2 Selbstmanagementtraining

Die Domäne von Selbstmanagementtrainings reicht über reines Zeitmanagement hinaus. Selbstmanagementtrainings vermitteln Beschäftigten nicht nur, wie sie ihre Arbeit effizienter organisieren, Stress konstruktiver bewältigen oder Arbeitsüberlastungen wirksamer begegnen können. Lerninhalte erstrecken sich darüber hinaus auch auf Themen, die von der Veränderung ungünstiger Arbeitshaltungen (z. B. Neigungen, sich oft krankschreiben zu lassen), über den produktiveren Umgang mit kritischen Situationen (schwierigen Kundengesprächen, Arbeitsplatzverlust) und unsicheren Berufsperspektiven (Karriereentscheidungen) bis hin zur Förderung von Willensstärke und Innovation bei der Arbeit reichen. Die Palette von Kriterien, mit denen Trainingserfolge gemessen werden, ist ebenfalls größer. Sie umfasst neben Arbeitszufriedenheit, Selbstwirksamkeitsüberzeugungen, Stressreaktionen und Leistungsindikatoren auch Kriterien wie Mobilität, Flexibilität, Eigeninitiative und Lebenszufriedenheit. Aufgrund einer konzeptuell breiteren Fundierung (vgl. Abschnitt 2.2.2 und 2.2.5) informieren Selbstmanagementtrainings oft über allgemeine Gesetzmäßigkeiten psychologischer Handlungsregulation, bieten Möglichkeiten, aufgabenübergreifende Strategien der Verhaltensänderung zu lernen, und bearbeiten innere und äußere Widerstände, die den Transfer des Gelernten beeinträchtigen können.

Frayne und Latham (1987; Latham & Frayne, 1990) trainierten 20 Beschäftigte des Öffentlichen Dienstes, die durch hohe Fehlzeiten aufgefallen waren. Die Teilnehmer wurden per Zufall auf zwei Gruppen mit früheren und späteren Trainingsterminen verteilt. Das Training bestand aus acht einstündigen Gruppenseminaren, an die sich eine jeweils halbstündige Einzelberatung anschloss. Trainingsinhalte waren, über Lernprinzipien zu informieren, fehlzeitenrelevante Probleme herauszuarbeiten, Verhaltensziele zu formulieren, Verhaltensfortschritte zu protokollieren, Selbstverstärkungsmöglichkeiten auszuloten, einen Verhaltenskontrakt zu schließen und Rückfallvorsorge zu treffen. Wie sich im Verlaufe des Trainings zeigte, nahm die selbstberichtete Fähigkeit der Teilnehmer zu, familiäre Probleme, Schwierigkeiten bei der Fahrt zur Arbeit und Konflikte mit Arbeitskollegen selbst in den Griff zu bekommen. Als Folge davon nahm die durchschnittliche Anwesenheitszeit pro Woche von 33,1 Stunden vor dem Training auf 38,4 Stunden zwölf Monate nach dem Training zu (Latham & Frayne, 1989). Bei den Teilnehmern der Kontrollgruppe änderte sich zunächst nichts. Erst als sie ebenfalls trainiert wurden, konnten ähnliche Effekte nachgewiesen werden.

In ähnlicher Weise trainierten Frayne und Geringer (2000) 30 Angehörigen des Verkaufspersonals einer großen Versicherungsgesellschaft, um deren Umgang mit Kunden- und Absatzproblemen zu verbessern. Das Training hatte auch in diesem Fall positive Effekte. Selbstwirksamkeitsüberzeugungen und die Zuversicht, Arbeitsergebnisse steigern zu können, nahmen zu. Die Anzahl von Versicherungsabschlüssen stieg von durchschnittlich 10,3 Abschlüssen drei Monate vor dem Training auf über 16 Abschlüsse sechs bis zwölf Monate nach dem Training.

Klein et al. (2003) überprüften, ob ein psychologisch fundiertes Selbstmanagementtraining einem psychologisch weniger fundierten Training überlegen ist. Dies konnte in einer Vergleichsstudie empirisch belegt werden, an der 106 Personen teilnahmen, die zum größeren Teil arbeitslos waren, zum kleineren Teil in der Weiterbildung arbeiteten. Die Konzeption des psychologisch weniger fundierten Trainings orientierte sich am pragmatischen Zeitmanagementansatz von Seiwert (1998) und bestand hauptsächlich darin, mit vorgegebenen Lösungen für eine effektivere Zeit- und Lebensplanung zu arbeiten. Die psychologisch fundierte Trainingskonzeption baute auf dem Selbstregulationsmodell von Kanfer (1987) auf. Sie war durch ein stärker individualisiertes Vorgehen gekennzeichnet, d. h. Problemlösungen wurden von den Trainingsteilnehmern selbst erarbeitet. Zudem wurden explizit auch Transferprobleme thematisiert.

Die psychologisch fundierte Trainingskonzeption wies eine deutlich bessere Ergebnisbilanz auf. Selbstwirksamkeitsüberzeugung und allgemeine Lebenszufriedenheit nahmen zu. Insgesamt waren die Teilnehmer dieses Trainings der Ansicht, mehr Selbstmanagementkompetenzen erworben zu haben.

In einem von Eden und Aviram (1993) evaluierten Selbstmanagementtraining sollten die Teilnehmer konstruktive Strategien des Umgangs mit Arbeitslosigkeit lernen und Fertigkeiten erwerben, die ihre Wiederbeschäftigungschancen verbessern. Das Training bestand aus acht Tagesveranstaltungen, die sich über zweieinhalb Wochen verteilten. Bestandteile einzelner Trainingsbausteine waren *behavior modeling* Methoden wie die Videopräsentation des Zielverhaltens und das Einüben des Zielverhaltens in Rollenspielen, Verhaltensrückmeldungen, die positive Verstärkung von Übungsfortschritten und eine Diskussion konkreter Transfermöglichkeiten. Es konnte festgestellt werden, dass Trainingsteilnehmer im Vergleich zu Personen einer Kontrollgruppe mehr Aktivitäten entfalteten, sich zu bewerben und eine neue Beschäftigung zu finden. Besonders wirksam war das Training bei solchen Teilnehmern, die ein weniger ausgeprägtes Selbstvertrauen besaßen, kritische Situationen durch eigenes Dazutun bewältigen zu können. Beobachtungen von Frese et al. (2002) gehen in die gleiche Richtung. Eine selbstmanagementorientierte Intervention für Arbeitslose führte auch hier zu einer Stärkung von Selbstwirksamkeitsüberzeugungen, Zunahme an Eigeninitiative und Verbesserung der allgemeinen Befindlichkeit.

Gesundheitsrelevante Effekte von Selbstmanagementtrainings wurden von Thomason und Pond (1995) untersucht. Die Autoren kombinierten ein tätigkeitsspezifisches Stressbewältigungstraining mit einem allgemeinen Selbstmanagementtraining. Sie verglichen die Wirksamkeit dieses kombinierten Trainings mit der Wirksamkeit eines Stressbewältigungstrainings ohne Selbstmanagementtraining und eines reinen Persönlichkeitsentwicklungstrainings. Zudem wurden Messungen an einer Kontrollgruppe ohne Training erhoben. Auf die vier Untersuchungsbedingungen verteilten sich insgesamt 54 Personen, die in der industriellen Fertigung beschäftigt waren. Kriterienmessungen bis zu sechs Monaten nach dem Training ergaben, dass von dem kombinierten Training die deutlichsten und nachhaltigsten Veränderungen ausgingen. Blutdruck und Stresssymptome nahmen ab. Der größte Zusatzeffekt des Selbstmanagementtrainings wurde beim Angstabbau registriert.

Kennzeichnend für neuere Selbstmanagementtrainings ist die Sichtweise, sich an Prozessen der intentionalen Beeinflussung von Gedanken, Gefühlen und Handlungen zu orientieren, die eine Zielverfolgung unterstützen und im Verlauf der Zielverfolgung immer wieder angepasst werden können (Landmann, Pöhnl & Schmitz, 2005; Perels, Gürtler & Schmitz, 2005; Schmitz & Wiese, 2006). Inhalte der zumeist über vier bis zehn Wochen verteilten Trainingssitzungen umfassen sowohl motivationale als auch volitionale Strategien wie z. B. das Setzen herausfordernder, spezifischer Ziele, Strategien der Handlungsplanung, der Selbstmotivierung, Emotions- und Kognitionskontrolle sowie des adaptiven Umgangs mit Erfolg und Misserfolg. Flankiert werden die Trainingssitzungen von einer kontinuierlichen Bearbeitung standardisierter Tagebücher, die die zur erfolgreichen Selbststeuerung notwendige Selbstbeobachtung und -reflexion anleitet und den Transfer des Gelernten in den Alltag erleichtert (vgl. Landmann & Schmitz, 2007). Sowohl in Bezug auf schulische und universitäre Ziele als auch auf Ziele im beruflichen Bereich konnte mittels Kontrollgruppen- und Multiple Baseline-Designs gezeigt werden, dass es zu einer signifikanten Verbesserung der im Training vermittelten Strategien kommt. Darüber hinaus ließ sich als Konsequenz aus einem erfolgreichen Strategieeinsatz auch eine Verstärkung von Selbstwirksamkeitsüberzeugungen feststellen. Landmann et al. (2005) konnten den Nutzen eines entsprechenden Trainings bei Frauen, die sich in einer Phase der beruflichen Neuorientierung befanden, dabei nicht nur kurz-, sondern auch langfristig belegen: Eine *Follow-up*-Erhebung zweieinhalb Jahre nach dem Training zeigte stabile Effekte und eine positive Bilanz bezüglich der Realisierung beruflicher Ziele.

Auch ein von Kehr (1998, 2002) konzipiertes Selbstmanagementtraining berücksichtigt Besonderheiten der Zielsetzung und des Zielhandelns. Zu den Trainingsinhalten gehören Lehrgespräche, mentale Simulationen und die Rückmeldung individueller Kompetenzausprägungen. Es wird das Erkennen von Zielen und unbewussten Motiven, die Entschärfung von Zielkonflikten, der Aufbau wirkungsvoller Willensstrategien und die Fähigkeit zur bedürfnisgerechte(re)n Planung arbeitsbezogener Tätigkeiten vermittelt. Empirische Evaluationen dieses Trainings haben seine Wirkung teilweise belegt (Kehr, 2004b), teilweise aber auch weniger deutliche Befunde erbracht (Primuth, 2003, s. u.).

In einer Bewertung verschiedener Selbstmanagementtrainings kommen König und Kleinmann (2006) zu dem Schluss, dass sich für Trainingskonzeptionen mit sozial-kognitiver und selbstregulatorischer Fundierung ein relativ günstiges Bild ergibt und dass mit solchen Trainings positive Veränderungen bei arbeitspsychologisch relevanten Kriterien erreicht werden können.

Allerdings liegen auch Erkenntnisse vor, die dieses optimistische Fazit relativieren. In einer aufwändigen Evaluationsstudie mit Erhebungen an mehreren hundert Beschäftigten fanden Kossek et al. (1998) heraus, dass es durch ein Selbstmanagementtraining nicht gelang, die Eigeninitiative bei der beruflichen Weiterentwicklung, Mobilität und Veränderung zu fördern. Auch die Kombination von tätigkeitsspezifischem Training mit einem Selbstmanagementtraining scheint nicht immer positive Auswirkungen zu haben. Richman-Hirsch (2001) stellte dies in einer Studie fest, in der an über 250 Kundendienstmitarbeitern evaluiert wurde, ob die Vermittlung konkreter Dienstleistungsstrategien die Arbeit mit Kunden verbessert, wenn zusätzlich das Selbstmanagement der Mitarbeiter trainiert wird. Wie sich zeigte, profitierten die Trainingsteilnehmer nicht davon, Selbstmanagementstrategien gelernt zu haben. An Grenzen stößt die Wirksamkeit von Selbstmanagementtrainings nicht selten auch durch Schwierigkeiten, zentrale Prozesse psychischer Handlungsregulation bewusst und damit überhaupt erst trainierbar zu machen. Im Selbstmanagementtraining von Kehr (1998, 2002) etwa spielen implizite Motive eine zentrale Rolle (vgl. Abschnitt 2.3.3). Implizite Motive sind dem Bewusstsein in der Regel nicht unmittelbar zugänglich. Die von ihnen ausgehenden Wirkungen haben für die Trainingsarbeit jedoch große Bedeutung, da eine effektive Kontrolle und Steuerung von Willenskräften erst dann möglich ist, wenn sich Personen über Konflikte zwischen eher unbewussten Beweggründen ihres Handelns einerseits und bewussten Handlungszielen und -absichten (expliziten Motiven) andererseits im Klaren sind. Bei den gewöhnlich nur zwei bis drei Tage dauernden Trainingsveranstaltungen sind für eine Analyse impliziter Motive aber oft nur drei bis vier Stunden vorgesehen. Hier wäre es vermutlich angezeigt, für den relativ hohen konzeptuellen Anspruch eine zeitlich weniger restriktive Trainingskonzeption zu entwickeln (vgl. Storch & Krause, 2003).

4.3 Selbstführungstraining

Den Besonderheiten von „Führung“ im Sinne von „Werte vermitteln“ oder „Visionen entwickeln“ wird in Selbstführungstrainings dadurch Rechnung getragen, dass nicht nur Strategien gelehrt und eingeübt werden, die eine bessere Verhaltensanpassung an vorgegebene Aufgaben und organisationale Tätigkeitsanforderungen erleichtern (die *outer centered reality* der Arbeit, vgl. Giardiana, 2002). Darüber hinaus wird angestrebt, Perspektiven zu entwickeln und Fertigkeiten zu vermitteln, wie Arbeit und Erwerb mit individuellen Vorstellungen beruflicher Identität (der *inner centered reality* der Arbeit) in Übereinstimmung gebracht werden können. Eine wichtige Rolle spielt die Identifizierung intrinsischer Anreizqualitäten einer Berufstätigkeit. Des Weiteren die kontrollierte Steuerung von Denk- und Bewusstseinsprozessen, um sich beruflich umfassender selbst verwirklichen zu können. Zu diesem Zweck werden u. a. Strategien des mentalen Probehandelns und konstruktiven Denkens trainiert.

Neck (1996), Neck und Manz (1996) sowie Neck, Mitchell, Manz und Thompson (2004) konzipierten ein Training, das aus sechs bis acht zweistündigen Lehr- und Übungsmodulen besteht. Die evaluierte Version dieses Trainings bestand aus sechs Modulen, die über mehrere Wochen verteilt waren. Akzente lagen auf der Vermittlung kognitiver Selbstführung *(thought self-leadership)*. In den einzelnen Trainingsmodulen wurden berufsrelevante Werte und Überzeugungen identifiziert, Techniken des positiven Selbstdialogs und gedanklichen Visualisierens geübt, konstruktives Denken erprobt und Rückfallsprävention betrieben. Am Training nahmen 48 Angestellte einer amerikanischen Fluggesellschaft teil, die Konkurs angemeldet hatte, sodass eine Weiterbeschäftigung der Belegschaft ungewiss war. Das Training sollte die Angestellten zu einem produktiveren Umgang mit möglichen beruflichen Veränderungen (Restrukturierung, Arbeitsplatzverlust) befähigen. Trainingsinhalte wurden durch Kurzvorträge, Selbstdiagnosen, Individualübungen, Gruppendiskussionen und Analysen von Anreizen der aktuellen Arbeitssituation vermittelt. Verglichen mit Teilnehmern eines späteren Trainingstermins (Kontrollgruppe), konnte festgestellt werden, dass das Training zu einer optimistischeren Haltung der eigenen beruflichen Zukunft gegenüber verhilft, Gefühle von Beunruhigung aufgrund der aktuellen Beschäftigungssituation reduziert, die Zufriedenheit mit der bisherigen Tätigkeit erhöht, ein Bewusstsein dafür schärft, welche Chancen die aktuelle Beschäftigungssituation eröffnet, positivere Sichtweisen für Lösungen eröffnet, die sich für den Fortbestand des Unternehmens ergeben könnten. Keine Unterschiede wurden bei Leistungsbeurteilungen durch Vorgesetzte festgestellt, wobei einige Beurteilungskriterien allerdings auch nicht explizit zu den Lernzielen des Trainings gehörten (z. B. zwischenmenschliche Beziehungen, Kommunikation am Arbeitsplatz oder Unterweisung anderer Kollegen).

Ein Trainingskonzept, das von Stewart, Carson und Cardy (1996) entwickelt und evaluiert wurde, besteht im Kern aus einer fünfwöchigen Selbstinstruktionsphase, in der schriftliche Trainingsmaterialien gelesen und bearbeitet werden müssen. Vor Beginn dieser Phase führt ein Trainer in die Handhabung der Materialien ein. Nach Abschluss der Phase steht der Trainer nochmals für Klärungs- und Transferhilfen zur Verfügung. Das Training wurde an 80 Beschäftigten aus der Hotelbranche erprobt. Als Evaluationskriterien dienten Leistungsbeurteilungen von Vorgesetzten in Bezug auf Ideengenerierung, Veränderungsbereitschaft, Eigeninitiative und Durchsetzungswillen. Wie sich zeigte, hatte das Training nicht für alle Teilnehmer den gleichen Effekt. Es wurde gefunden, dass primär solche Teilnehmer profitierten, die Probleme mit der Gewissenhaftigkeit bei der Arbeit hatten. Diese Disposition hat sich auch als bedeutsame Moderatorvariable für die Wirksamkeit von Zeitmanagementtrainings erwiesen (vgl. Abschnitt 4.1).

Was Selbstführungstrainings tatsächlich leisten und worin ihr zusätzlicher Nutzen über Zeit- und Selbstmanagement hinaus besteht, lässt sich derzeit noch nicht abschätzen. Selbstführungsrelevante psychische Prozesse laufen oft unbewusst und automatisiert ab und müssen durch geeignete Vermittlungs- und Interventionsmethoden zunächst erst einmal reflektierbar gemacht werden. Ob dies mit bisherigen Trainingskonzeptionen in hinreichendem Umfang gelungen ist, ist fraglich. Selbstführungskompetenz scheint sich eher langsam aufzubauen (Phelan & Young, 2003), sodass für die Herstellung einer genügend großen inneren Transparenz und einer darauf aufbauende Strategiearbeit vermutlich mehr Zeit und eine umfassendere Selbstdiagnose als bisher erforderlich sein dürften.

5 Ausblick

Die Analyse von Selbstregulationsprozessen hat in der Grundlagen- und Anwendungsforschung beträchtliche Fortschritte gemacht und viel dazu beigetragen, dass schon länger existierende Theorien weiterentwickelt und neue Theorien formuliert worden sind, die auch für Selbstmanagement und Selbstführung von Bedeutung sind. Empirisch belegt ist außerdem, dass Selbstmanagement und Selbstführung mit einer ganzen Reihe arbeitspsychologisch relevanter Variablen in Zusammenhang stehen. Über eine bisher schon weit verbreitete Trainings*praxis* hinaus haben zahlreiche wissenschaftliche Evaluationsstudien gezeigt, dass durch theoretisch fundierte Trainingskonzeptionen selbstregulatorische Kompetenzen vermittelt werden können, deren Erwerb arbeitspsychologisch wünschenswerte Implikationen besitzt.

Gleichwohl gibt es noch eine Reihe von Ansatzpunkten, die vielversrechende Zukunftsperspektiven für Forschung und Anwendungspraxis eröffnen könnten.

Ein Ansatzpunkt dürften solche Theorien selbstregulatorischer Prozesse sein, die für ein Verständnis und eine Förderung von Selbstmanagement und Selbstführung noch nicht umfassend genug ausgeschöpft erscheinen. Dies trifft z. B. für die Selbstkonkordanztheorie und insbesondere auch für die Theorie der Zielorientierungen zu. Da diese Theorien eine weit reichende Beschreibung und Erklärung individueller Veränderungs- und Entwicklungsprozesse beinhalten, würde ihr stärkerer Einbezug vor allem für die Konzipierung von Trainingsprogrammen und Optimierung konkreter Trainingsmethoden Vorteile erwarten lassen.

Ein zweiter Ansatzpunkt wäre die Verbreiterung der Palette untersuchungsbedürftiger Korrelate von Selbstmanagement und Selbstführung, sowie die Intensivierung einer empirischen Analyse dispositioneller und situativer Bedingungen, die den psychologischen, sozialen und ökonomischen Erfolg von Selbstmanagement und Selbstführung am Arbeitsplatz beeinflussen. Erforschenswert erschienen z. B. auch Zusammenhänge mit der Fluktuationsneigung bzw. Bindungsbereitschaft von Beschäftigten und mit produktiver oder kontraproduktiver Eigeninitiative von Organisationsmitgliedern *(extra-role behavior)*. Untersuchungsbedürftig wäre ebenfalls, welche persönlichkeitsspezifischen Variablen mit Selbstmanagement und Selbstführung in Beziehung stehen und welche moderierenden Wirkungen von Kontextvariablen ausgehen, damit sich Selbstmanagement und Selbstführung bei der Arbeit entfalten können. Bisher sind Zusammenhänge mit Persönlichkeitsvariablen und Auswirkungen von Kontextvariablen erst vereinzelt empirisch untersucht worden. Auf dispositioneller Seite dürften neben bereits bekannten Einflussgrößen vermutlich auch Merkmale wie Problemlöseorientierung und Ungewissheitstoleranz (vgl. Müller, 2005a) oder Extraversion und Emotionale Stabilität (Houghton, Bonham, Neck & Singh, 2005) selbstmanagement- und selbstführungsrelevant sein. Beim Arbeitskontext wäre eine vielversrechende Forschungsrichtung, neben weiteren Einflüssen des engeren Arbeitsumfelds (Führung, Gruppe, Tätigkeitsinhalt) auch Einflüsse struktureller Variablen (Hierarchie, Funktionsteilung, Organisationsklima) zu untersuchen.

Als dritter Ansatzpunkt käme die Entwicklung, Verbesserung und Erprobung von Methoden infrage, Selbstmanagement und Selbstführung auf konzeptuell breiterer Grundlage zu trainieren, und empirisch zu überprüfen, ob durch theoretisch umfassender fundierte Trainingskonzeptionen auch mehr arbeitspsychologisch wünschenswerte Veränderungen zu erreichen sind. Neue Impulse für die Gestaltung wirkungsvollerer Trainings könnten sich z. B. daraus ergeben, dass einer Analyse und Reflektion unbewusster Prozesse der Handlungsregulation, einer Diagnose latenter individueller Potenziale und einer Bearbeitung innerer Veränderungswiderstände mehr Zeit und Aufmerksamkeit gewidmet wird. So mögen sich im Einzelfall nicht die bewussten Absichten, mehr leisten, Kräfte besser bündeln oder zügiger arbeiten zu wollen als selbstmanagementrelevante Lernziele herausstellen, sondern stattdessen weniger vordergründige, subjektiv jedoch nicht weniger gewichtige Absichten, wie z. B. mehr Ruhe und Erholung haben zu wollen, um auch längerfristig leistungsfähig bleiben zu können (vgl. Storch & Krause, 2003, S. 84 f.). Die diagnostische Seite ist in bisher evaluierten Trainings häufig zu kurz gekommen. Eine differenziertere IST-Analyse (im Fall der Trainingskonzeption von Storch & Krause etwa auch unter Einsatz projektiver Diagnoseverfahren) dürfte Effektivitätsgewinne erwarten lassen, da Trainingsinhalte und Trainingsziele den tatsächlichen Selbstmanagement- oder Selbstführungsbedürfnissen der Teilnehmer noch stärker angepasst werden könnten. Was arbeitspsychologisch wünschenswerte Veränderungen betrifft, ist festzustellen, dass Selbstmanagement- und Selbstführungstrainings ihre Effektivität bisher zwar schon bei einer ganzen Reihe tätigkeitsrelevanter Indikatoren und Kriterien unter Beweis gestellt haben. Da die meisten Evaluationsstudien Trainingseffekte bislang jedoch nur über relativ kurze Zeitintervalle untersucht haben, würde es angezeigt sein, nunmehr verstärkt auch längerfristige Trainingseffekte zu untersuchen. Dies könnte mit einer Überprüfung weiterer tätigkeitsrelevanter Indikatoren einhergehen, auch und gerade im Bereich von Gesundheit und Wohlbefinden bei der Arbeit. Die Hauptzielrichtung evaluierter Trainings hat bisher darin bestanden, arbeitsbedingte Stress- und Belastungsfolgen zu reduzieren.

Selbstmanagement- und Selbstführungskompetenzen können darüber hinaus jedoch auch dazu beitragen, physische Gesundheit aufzubauen, psychische Ressourcen zu stärken, Vitalität und Wohlbefinden zu fördern und eine selbstkongruente berufliche Weiterentwicklung zu ermöglichen.

Ein letzter Absatzpunkt würde die Erforschung interkultureller Aspekte von Selbstmanagament und Selbstführung beinhalten. Die Zunahme globalisierter Arbeits- und Wirtschaftsbeziehungen dürfte es erforderlich machen, auch kulturübergreifende Gemeinsamkeiten bzw. kulturspezifische Besonderheiten der hier behandelten Phänomene zu analysieren. Bisher vorliegende Erkenntnisse legen zwar nahe, dass zumindest Selbstführung ein interkulturell stabiles Phänomen zu sein scheint (Müller, 2006; Georgianna, 2007; Goldinger, 2007). Ein entsprechender Nachweis für Zeit- und Selbstmanagement steht jedoch aus.

Angesichts der einleitend erwähnten Veränderungen des Arbeitslebens dürften Eigeninitiative und Selbstverantwortung künftig weiter an Bedeutung gewinnen, sodass auch die individuelle Ausgestaltung beruflicher Tätigkeits- und Entscheidungsspielräume eine zunehmend wichtige Aufgabe darstellt. Weitere Bedingungen, Begleiterscheinungen und Auswirkungen von Selbstmanagement und Selbstführung zu erforschen, dürfte somit bereits der aktuelle Zuschnitt vieler Tätigkeiten nahe legen, wovon neben der Arbeit in Organisationen auch vielfältige Formen selbst organisierter Erwerbsarbeit betroffen sind. Wissenschaftliche Erkenntnisse über Selbstmanagement und Selbstführung können dazu beitragen, wirtschaftliche und betriebliche Anpassungsprozesse zu beschleunigen, auch und insbesondere deshalb, weil sie die große Bedeutung vieler individueller Potenziale unterstreichen, von denen der Wandel mitgetragen werden muss.

Literatur

Abele, A. E. (2004). Selbstregulationskompetenzen und beruflicher Erfolg. In B. S. Wiese (Hrsg.), *Individuelle Steuerung beruflicher Entwicklung. Kernkompetenzen in der modernen Arbeitswelt* (S. 61–89). Frankfurt a. M.: Campus.

Abele, A. E. & Wiese, B. S. (2008). The nomological network of self-management strategies and career success. *Journal of Occupational and Organizational Psychology, 81,* 733–749.

Allred, B. B., Snow, C. C. & Miles, R. E. (1996). Characteristics of managerial careers in the 21st century. *Academy of Management Executive, 10,* 17–27.

Ames, C. (1992). Classrooms: Goals, structures and student motivation. *Journal of Educational Psychology, 80,* 260–267.

Andreßen, P. & Konradt, U. (2007). Messung von Selbstführung: Psychometrische Überprüfung der deutschsprachigen Version des Revised Self-Leadership Questionnaire. *Zeitschrift für Personalpsychologie, 6,* 117–128.

Andrews, F. M. & McKennell, A. C. (1980). Measures of self-reported well-being: Their affective, cognitive, and other components. *Social Indicators Research, 8,* 127–155.

Audia, G., Kristof-Brown, A. L., Brown, K. G. & Locke, E. A. (1996). Relationship of goals and micro-level work processes to performance on a multipath manual task. *Journal of Applied Psychology, 81,* 483–497.

Bagozzi, R. P., Baumgartner, H. & Pieters, R. (1998). Goal-directed emotions. *Cognition and Emotion, 12,* 1–26.

Baltes, P. B. & Baltes, M. M. (1990). Psychological perspectives on successful aging: The model of selective optimization with compensation. In P. B. Baltes & M. M. Baltes (Eds.), *Successful aging. Perspectives from the behavioral sciences* (pp. 1–34). Cambridge: Cambridge University Press.

Bandura, A. (1977). *Social learning theory.* Englewood Cliffs, NJ: Prentice-Hall.

Bandura, A. (1986). *Social foundations of thought and action.* Englewood Cliffs, NJ: Prentice Hall.

Bandura, A. (1989). Self-regulation of motivation and action through internal standards and goal systems. In L. A. Pervin (Ed.), *Goal concepts in personality and social psychology* (pp. 19–85). Hillsdale, NJ: Erlbaum.

Bandura, A. (1991). Self-regulation of motivation and action through internal standards and goal systems. In R. Dienstbier (Ed.), *Nebraska Symposium on Motivation* (Vol. 38, pp. 19–85). Lincoln: University of Nebraska Press.

Bandura, A. (1997). *Self-efficacy. The exercise of control.* New York, NY: Freeman.

Bandura, A. (2001). Social cognitive theory: An agentic perspective. *Annual Review of Psychology, 52,* 1–26.

Bandura, A. & Locke, E. A. (2003). Negative self-efficacy and goal effects revisited. *Journal of Applied Psychology, 88,* 87–99.

Baumeister, R. F. (2000). Self-regulation and depletion of limited resources: Does self-control resemble a muscle? *Psychological Bulletin, 126,* 247–259.

Baumeister, R. F. & Heatherton, T. F. (1996). Self-regulation failure: An overview. *Psychological Inquiry, 7,* 1–15.

Bergmann, B. (2000). Kompetenzentwicklung im Arbeitsprozess. *Zeitschrift für Arbeitswissenschaft, 54,* 138–144.

Braun, O. L., Adjei, M. & Münch, M. (2003). Selbstmanagement und Lebenszufriedenheit. In G. F. Müller (Hrsg.), *Selbstverwirklichung im Arbeitsleben* (S. 151–170). Lengerich: Pabst.

Brief, A. P. & Hollenbeck, J. R. (1985). An exploratory study of self-regulating activities and their effects on job performance. *Journal of Occupational Behavior, 6,* 197–208.

Carver, C. S. & Scheier, M. F. (1981). *Attention and self-regulation. A control theory approach to human behavior.* New York, NY: Springer.

Carver, C. S. & Scheier, M. F. (1990). Origins and functions of positive and negative affect: A control-process view. *Psychological Review, 97,* 19–35.

Castaneda, M., Kolenko, T. A. & Aldag, R. J. (1999). Self-management perceptions and practices: A structural equations analysis. *Journal of Organizational Behavior, 20,* 101–120.

Cautela, J. R. (1969). Behavior therapy and self-control: Techniques and implications. In C. M. Franks (Ed.), *Behavior therapy. Appraisal and status* (pp. 323–340). New York, NY: McGraw-Hill.

Cohen, S. G., Chang, L. & Ledford, G. E. (1997). A hierarchical constrcut of self-management leadership and its relationship to quality of work life and perceived work group effectiveness. *Personnel Psychology, 50,* 271–308.

De Waele, M., Morval, J. & Sheitoyan, R. (1993). *Self management in organizations.* Seattle: Hogrefe & Huber.

Dealtry, R. (2004). The savvy learner. *Journal of Workplace Learning, 16,* 101–109.

Deci, E. L. & Ryan, R. M. (1985). *Intrinsic motivation and self-determination in human behavior.* New York, NY: Plenum.

Deci, E. L. & Ryan, R. M. (1991). A motivational approach to self: Integration in personality. In R. Dienstbier (Ed.), *Nebraska Symposium on Motivation* (Vol. 38, pp. 237–288). Lincoln: University of Nebraska Press.

Deci, E. L. & Ryan, R. M. (2000). The „what" and „why" of goal pursuits: Human needs and the self-determination of behavior. *Psychological Inquiry, 11,* 227–268.

Dolbier, C. L., Soderstrom, M. & Steinhardt, M. A. (2001). The relationships between self-leadership and enhanced psychological, health, and work outcomes. *The Journal of Psychology, 135,* 469–485.

Dweck, C. S. (1986). Motivational processes affecting learning. *American Psychologist, 41,* 1040–1048.

Dweck, C. S. (1996). Implicit theories as organizers of goals and behavior. In P. M. Gollwitzer & J. A. Bargh (Eds.), *The psychology of action. Linking cognition and motivation to behavior* (pp. 69–90). New York, NY: Guilford.

Dweck, C. S. & Legett, E. L. (1988). A social-cognitive approach to motivation and personality. *Psychological Review, 95,* 256–273.

Eden, D. & Aviram, A. (1993). Self-efficacy training to speed reemployment: Helping people to help themselves. *Journal of Applied Psychology, 78,* 352–360.

Eichhorn, C. (2002). Erholungskompetenz durch Self-Coaching – Basis für berufliche Höchstleistung. *Wirtschaftspsychologie Aktuell, 1,* 54–59.

Elliot, E. S. & Dweck, C. S. (1988). Goals: An approach to motivation and achievement. *Journal of Personality and Social Psychology, 54,* 5–12.

Ellis, A. (1977). *The basic clinical theory of rational-emotive therapy.* New York, NY: Springer.

Elloy, D. F. & Randolph, A. (1997). The effect of superleader behavior on autonomous work groups in a government operated railway service. *Public Personnel Management, 26,* 257–272.

Emmons, R. A. (1992). Active versus concrete goals: Personal striving level, physical illness, and psychological well-being. *Journal of Personality and Social Psychology, 6,* 292–300.

Fay, D. & Frese, M. (2000). Self-starting behavior at work: Toward a theory of personal initiative. In J. Heckhausen (Ed.), *Motivational psychology of human development. Developing motivation and motivating development* (pp. 307–324). Amsterdam: Elsevier.

Frayne, C. A. & Geringer, J. M. (2000). Self-management training for improving job performance: A field experiment involving salespeople. *Journal of Applied Psychology, 85,* 361–372.

Frayne, C. A. & Latham, G. P. (1987). Application of social learning theory to employee self-management of attendance. *Journal of Applied Psychology, 72,* 387–392.

Frese, M., Garman, G., Garmeister, K., Halemba, K., Hortig, A., Pulwitt, T. & Schildbach, S. (2002). Training zur Erhöhung der Eigeninitiative bei Arbeitslosen: Bericht über einen Pilotversuch. *Zeitschrift für Arbeits- und Organisationspsychologie, 46,* 89–97.

Freund, A. M. & Baltes, P. B. (2002). Life-management strategies of selection, optimization, and compensation: Measurement by self-report and construct validity. *Journal of Personality and Social Psychology, 82,* 642–662.

Friedrich, H. F. & Mandl, H. (1997). Analyse und Förderung selbstregulierten Lernens. In F. E. Weinert & H. Mandl (Hrsg.), *Psychologie der Erwachsenenbildung* (Enzyklopädie der Psychologie, Serie Pädagogische Psychologie, Bd. 4, S. 237–295). Göttingen: Hogrefe.

Georgianna, S. (2007). Self-leadership: A cross-cultural perspective. *Journal of Managerial Psychology, 22,* 569–589.

Giardiana, R. (2002). *Your authentic self.* Hillsboro, OR: Beyond Words.

Goldiamond, I. (1965). Self-control procedures in personal behavior problems. *Psychological Reports, 17,* 851–868.

Goldinger, K. (2007). *Interkulturelle Gemeinsamkeiten und Unterschiede von Selbstführungskompetenz.* Unveröffentlichte Diplomarbeit: Universität Koblenz-Landau.

Goschke, T. (2004). Vom freien Willen zur Selbstdetermination. Kognitive und volitionale Mechanismen der Handlungssteuerung. *Psychologische Rundschau, 55,* 186–197.

Green, P. & Skinner, D. (2005). Does time management training work? An Evaluation. *International Journal of Training and Developement, 9,* 124–139.

Hacker, W. (1986). *Arbeitspsychologie.* Bern: Huber.

Hacker, W. (1998). *Allgemeine Arbeitspsychologie. Psychische Regulation von Arbeitstätigkeiten.* Bern: Huber.

Hackman, J. R. (1992). The psychology of self-management in organizations. In R. Glaser (Ed.), *Classic readings in self-managing team work* (pp. 143–193). King of Prussia, PA: Organization Design and Development.

Harris, E. G., Mowen, J. C. & Brown, T. J. (2005). Re-examining salesperson goal orientations: Personality influencers, customer orientation, and work satisfaction. *Journal of the Academy of Marketing Science, 33,* 19–35.

Houghton, J. D., Bonham, T. W., Neck, C. P. & Singh, K. (2005). The relationship between self-leadership and personality. *Journal of Managerial Psychology, 19,* 427–441.

Houghton, J. D. & Neck, C. P. (2002). The revised self-leadership questionnaire. *Journal of Managerial Psychology, 17,* 672–691.

Hovestädt, W. (1997). *Sich selbst organisieren.* Weinheim: Beltz.

Hughes, C. & Scott, S. V. (1997). Teaching self-management in employment settings. *Journal of Vocational Rehabilitation, 8,* 43–53.

Kanfer, F. H. (1987). Selbstregulation und Verhalten. In H. Heckhausen, P. M. Gollwitzer & F. E. Weinert (Hrsg.), *Jenseits des Rubikon: Der Wille in den Humanwissenschaften* (S. 286–299). Berlin: Springer.

Kehr, H. M. (1998). Strategien der Selbstüberlistung: Motivation und Willen trainieren. *Personalführung, 12,* 52–58.

Kehr, H. M. (2002). *Souveränes Selbstmanagement.* Weinheim: Beltz.

Kehr, H. M. (2004a). *Motivation und Volition.* Göttingen: Hogrefe.

Kehr, H. M. (2004b). Integrating implicit motives, explicit motives, and perceived abilities: The compensatory model of work motivation and volition. *Academy of Management Review, 29,* 479–499.

Kehr, H. M. (2005). Das Kompensationsmodell der Motivation und Volition als Basis für die Führung von Mitarbeitern. In R. Vollmeyer & J. Brunstein (Hrsg.), *Motivationspsychologie und ihre Anwendung* (S. 131–150). Stuttgart: Kohlhammer.

King, Z. (2004). Career self-management: Its nature, causes and consequences. *Journal of Vocational Behavior, 65,* 112–133.

Klein, H. (1989). An integrated control theory model of work motivation. *Academy of Management Review, 14,* 150–172.

Klein, S., König, C. J. & Kleinmann, M. (2003). Sind Selbstmanagement-Trainings effektiv? Zwei Trainingsansätze im Vergleich. *Zeitschrift für Personalpsychologie, 2,* 157–168.

König, C. J. & Kleinmann, M. (2004). Zeitmanagement im Beruf: Typische Probleme und ihre Lösung. In B. S. Wiese (Hrsg.), *Individuelle Steuerung beruflicher Entwicklung* (S. 109–127). Frankfurt a. M.: Campus.

König, C. J. & Kleinmann, M. (2006). Selbstmanagement. In H. Schuler (Hrsg.), *Lehrbuch der Personalpsychologie* (S. 331–351). Göttingen: Hogrefe.

König, C. J., Kleinmann, M. & Höhmann, W. (2005). *Is a quiet hour an effective time management technique.* Unveröffentlichter Forschungsbericht, Universität Zürich.

Korotitsch, W. J. & Nelson-Gray, R. O. (1999). An overview of self-monitoring research in assessment and treatment. *Psychological Assessment, 11,* 415–425.

Kossek, E. E., Roberts, K., Fisher, S. & Demarr, B. (1998). Career self-management: A quasi-experimental assessment of the effects of a training intervention. *Personnel Psychology, 51,* 935–961.

Kuhl, J. (1996). Wille und Freiheitserleben: Formen der Selbststeuerung. In J. Kuhl & H. Heckhausen (Hrsg.), *Motivation, Volition und Handlung* (Enzyklopädie der Psychologie, Serie Motivation und Emotion, Bd. 4, S. 665–765). Göttingen: Hogrefe.

Kuhl, J. & Fuhrmann, A. (1998). Decomposing self-regulation and self-control: The volitional components inventory. In J. Heckhausen & C. S. Dweck (Eds.), *Motivation and self-regulation across the life span* (pp. 15–49). New York, NY: Cambridge University Press.

Kuhl, J. & Goschke, T. (1994). A theory of action control: Mental subsystems, modes of control, and volitional conflict resolution strategies. In J. Kuhl & J. Beckmann (Eds.), *Volition and personality: Action versus state orientation* (pp. 93–124). Seattle, WA: Hogrefe & Huber.

Landmann, M., Pöhnl, A. & Schmitz, B. (2005). Ein Selbstregulationstraining zur Steigerung der Zielerreichung bei Frauen in Situationen beruflicher Neuorientierung und Berufsrückkehr. *Zeitschrift für Arbeits- und Organisationspsychologie, 49,* 12–26.

Landmann, M. & Schmitz, B. (2007). Die Kombination von Trainings mit standardisierten Tagebüchern: Angeleitete Selbstbeobachtung als Möglichkeit der Unterstützung von Trainingsmaßnahmen. In M. Landmann & B. Schmitz (Hrsg.), *Selbstregulation erfolgreich fördern* (S. 151–163). Stuttgart: Kohlhammer.

Latham, G. P. & Frayne, C. A. (1989). Self-management training for increasing job attendance: A follow-up and a replication. *Journal of Applied Psychology, 74,* 411–416.

Latham, G. P. & Frayne, C. A. (1990). Increasing job attendance through training in self-management: A review of two field experiments. In U. Kleinbeck, H.-H. Quast, H. Thierry & H. Häcker (Eds.), *Work motivation* (pp. 169–187). Hillsdale, NJ: Erlbaum.

Locke, E. A. & Latham, G. P. (1990). *A theory of goal setting and task performance.* Englewood Cliffs, NJ: Prentice Hall.

Locke, E. A. & Latham, G. P. (2002). Building a practically useful theory of goal setting and task motivation: A 35-year odyssey. *American Psychologist, 57,* 705–717.

Luthans, F. & Davis, T. R. V. (1979). Behavioral self-management: The missing link in managerial effectiveness. *Organizational Dynamics, 8,* 42–60.

Macan, T. H. (1994). Time management: Test of a process model. *Journal of Applied Psychology, 79,* 381–391.

MacKenzie, S. B. (1997). *The time trap.* New York, NY: Amacom.

Mahoney, M. J. (1972). Research issues in self-management. *Behavior Therapy, 3,* 45–63.

Manz, C. C. (1986). Self-leadership: Toward an expanded theory of self-influence processes in organizations. *Academy of Management Review, 11,* 585–600.

Manz, C. C. (1990). Beyond self-managing work teams: Toward self-leading teams in the workplace. *Research in Organizational Change and Development, 4,* 273–299.

Manz, C. C. (1992). Self-leadering work teams: Moving beyond self-management myths. *Human Relations, 45,* 1119–1140.

Manz, C. C. & Sims, H. P. (1980). Self-management as a substitute for leadership: A social learning perspective. *Academy of Management Review, 5,* 361–367.

Markham, S. E. & Markham, I. S. (1995). Self-management and self-leadership re-examined: A levels-of-analysis perspective. *Leadership Quarterly, 6,* 343–359.

Martens, J. U. & Kuhl, J. (2004). *Die Kunst der Selbstmotivierung.* Stuttgart: Kohlhammer.

Mattern, R. A. (2005). College students' goal orientations and achievement. *International Journal of Teaching and Lerning in Higher Education, 17,* 27–32.

McGregor, I. M. & Little, B. R. (1998). Personal projects, happiness, and meaning: On doing well and being yourself. *Journal of Personality and Social Psychology, 74,* 494–512.

Mearns, J. & Mauch, T. G. (1998). Negative mood regulation expectancies predict anger among police officers and buffer the effects of job stress. *The Journal of Nervous and Mental Disease, 186,* 120–125.

Müller, G. F. (2003). Strategien zur Erhöhung innerer Transparenz und äußerer Wirksamkeit für mehr berufliche Selbstverwirklichung. In G. F. Müller (Hrsg.), *Selbstverwirklichung im Arbeitsleben* (S. 171–202). Lengerich: Pabst.

Müller, G. F. (2004). Selbstführungkompetenz. In B. S. Wiese (Hrsg.), *Individuelle Steuerung beruflicher Entwicklung* (S. 91–104). Frankfurt a. M.: Campus.

Müller, G. F. (2005a). Selbstführung – Messung und Analyse von Beziehungen zu unternehmerischen Eignungspotenzialen und Berufsorientierungen. *Wirtschaftspsychologie, 7,* 105–112.

Müller, G. F. (2005b, März). *Schlüsselqualifikation Selbstführungskompetenz.* Unveröffentlichter Vortrag des 10. Landauer Frühjahrssymposiums „Organisationen psychologisch optimieren".

Müller, G. F. (2006). Dimensions of self-leadership: A German replication and extension. *Psychological Reports, 99,* 357–362.

Müller, G. F. & Braun, W. (2009). *Selbstführung.* Bern: Huber.

Muraven, M., Tice, D. M. & Baumeister, R. F. (1998). Self-control as limited resources: Regulatory depletion patterns. *Journal of Personality and Social Psychology, 74,* 774–789.

Murphy, G. B. & Ensher, E. A. (2001). The role of mentoring support and self-management on reported career outcomes. *Journal of Career Development, 27,* 229–246.

Neck, C. P. (1996). Thought self-leadership: A self-regulatory approach towards overcoming resistance to organizational change. *The International Journal of Organizational Analysis, 4,* 202–216.

Neck, C. P. & Manz, C. C. (1992). Thought-leadership: The impact of self-talk and mental imagery on performance. *Journal of Organizational Behavior, 12,* 681–699.

Neck, C. P. & Manz, C. C. (1996). Thought self-leadership: The impact of mental strategies training on employee cognition, behavior, and affect. *Journal of Organizational Behavior, 17,* 445–465.

Neck, C. P. & Manz, C. C. (2007). *Mastering Self-Leadership.* Upper Saddle River: Pearson.

Neck, C. P., Mitchell, T. L., Manz, C. C. & Thompson, E. C. (2004). *Fit for lead.* New York, NY: St. Martin's Press.

Orpen, C. (1994). The effect of time-management training on employee attitudes and behavior: A field experiment. *Journal of Psychology, 128,* 393–396.

Perels, F., Gürtler, T. & Schmitz, B. (2005). Training of self-regulatory and problem-solving competence. *Learning and Instruction, 15,* 123–139.

Phelan, S. & Young, A. M. (2003). Understanding creativity in the workplace: An examination of individual styles and training in relation to creative confidence and creative self-leadership. *Journal of Creative Behavior, 37,* 266–281.

Powers, W. T. (1978). Quantitative analysis of purposive systems: Some spadework at the foundations of scientific psychology. *Psychological Review, 85,* 417–435.

Primuth, K. (2003). *Motivation und Volition. Evaluation eines psychologischen Interventionsprogramms.* Frankfurt a. M.: Lang.

Prussia, G. E., Anderson, J. S. & Manz, C. C. (1998). Self-leadership and performance outcomes: The mediating influence of self-efficacy. *Journal of Organizational Behavior, 19,* 523–538.

Richman-Hirsch, W. L. (2001). Posttraining interventions to enhance transfer: The moderating effects of work environments. *Human Resource Development Quarterly, 12,* 105–120.

Roberts, H. E. & Foti, R. J. (1998). Evaluating the interaction between self-leadership and work structure in predicting job satisfaction. *Journal of Business and Psychology, 12,* 257–267.

Roux, G. (2007). *Selbstführung – Überprüfung der Dimensionalität, Reliabilität und Validität einer dritten Version des Fragebogens zur Erfahrung von Selbstführungskompetenz (FES 3).* Unveröffentlichte Diplomarbeit. Universität Koblenz-Landau.

Ryff, C. D. (1989). Happiness is everything, or is it? Explorations on the meaning of psychological well-being. *Journal of Personality and Social Psychology, 57,* 1069–1081.

Sadri, G. & Robertson, I. T. (1993). Self-efficacy and work-related behavior: A review and meta-analysis. *Applied Psychology: An International Review, 42,* 139–152.

Schmitz, B. (2001). Self-Monitoring zur Unterstützung des Transfers einer Schulung in Selbstregulation für Studierende. Eine prozessanalytische Untersuchung. *Zeitschrift für Pädagogische Psychologie, 15,* 179–195.

Schmitz, B. & Wiese, B. S. (2006). New perspectives for the evaluation of training sessions in self-regulated learning: Time-series analyses of diary data. *Contemporary Educational Psychology, 31,* 64–96.

Seiwert, L. (1998). *Wenn du es eilig hast, gehe langsam. Das neue Zeitmanagement in einer beschleunigten Welt.* Frankfurt a. M.: Campus.

Seiwert, L. (2000). *Mehr Zeit für das Wesentliche.* Landsberg: mi.

Seiwert, L. (2001). *Life Leadership.* Frankfurt a. M.: Campus.

Sheldon, K. M. & Elliot, A. J. (1998). Not all personal goals are personal: Comparing autonomous and controlled reasons as predictors of effort and attainment. *Personality and Social Psychology Bulletin, 24,* 546–557.

Sheldon, K. M. & Elliot, A. J. (1999). Goal striving, need satisfaction, and longitudinal well-being: The self-concordance model. *Journal of Personality and Social Psychology, 76,* 482–497.

Shimizu, T., Takahasi, H., Mizoue, T., Kubota, S., Mishima, N. & Nagata, S. (2003). Relationships among self-efficacy, communication, self-management skills and mental health of employees at a Japanese Workplace. *JUOEH, 3,* 261–270.

Sokolowski, K. (1996). Wille und Bewusstsein. In J. Kuhl & H. Heckhausen (Hrsg.), *Motivation, Volition und Handlung* (Enzyklopädie der Psychologie, Serie Motivation und Emotion, Bd. 4, S. 485–530). Göttingen: Hogrefe.

Sonnentag, S. (2002). Performance, well-being and self-regulation. In S. Sonnentag (Ed.), *Psychological management of individual performance* (pp. 405–423). Chichester: Wiley.

Stajkovic, A. D. & Luthans, F. (1998). Self-efficacy and work-related performance. *Journal of Applied Psychology, 86,* 605–620.

Steel, P. (2007). The nature of procrastination: A meta-analytical and theoretical review of quintessential self-regulatory failure. *Psychological Bulletin, 133, 65–94.*

Stewart, G. L., Carson, K. P. & Cardy, R. L. (1996). The joint effects of conscientiousness and self-leadership training on employee self-directed behavior in a service setting. *Personnel Psycholoy, 49,* 143–163.

Storch, M. & Krause, F. (2003). *Selbstmanagement – ressourcenorientiert.* Bern: Huber.

Thomason, J. A. & Pond, S. B. I. (1995). Effects of instruction on stress management skills and self-management skills among blue-collar employees. In L. R. Murphey (Ed.), *Job stress interventions* (pp. 7–20). Washington, DC: American Psychological Association.

Thoresen, C. E. & Mahoney, M. J. (1974). *Behavioral self-control.* New York, NY: Holt, Rinehart and Winston.

Tice, D. M. & Bratslavsky, E. (2000). Giving in to feel good: The place of emotion regulation in the context of general self-control. *Psychological Inquiry, 11,* 149–159.

Van Eerde, W. (2003). Procrastination at work and time management training. *Journal of Psychology, 137,* 421–434.

VandeWalle, D. (2001). Why wanting to look successful doesn't always lead to success. *Organizational Dynamics, 30,* 162–171.

VandeWalle, D., Brown, S. P., Cron, W. L. & Slocum, J. W. (1999). The influence of goal orientation and self-regulation tactics on sales performance: A longitudinal field test. *Journal of Applied Psychology, 84,* 249–259.

Wagner, P., Spiel, C., Schober, B., Mandl, H. & Friedrich, H.-F. (2006). Zeitmanagement. In H. Mandl & H.-F. Friedrich (Hrsg.), *Handbuch Lernstrategien* (S. 297–306). Göttingen: Hogrefe.

Walton, R. E. (1985). From control to commitment in the workplace. *Harvard Business Review, 63,* 77–84.

Webber, J., Scheuermann, B., MacCall, C. & Coleman, M. (1993). Research on self-monitoring as a behavior management technique in special education classrooms: A descriptive review. *Remedial and Special Education, 14,* 38–56.

Wegge, J. (1998). Die Zielsetzungstheorie: Ein kritischer Blick auf Grundlagen und Anwendungen. In O. L. Braun (Hrsg.), *Ziele und Wille in der Psychologie* (S. 3–50). Landau: Verlag Empirische Pädagogik.

Weisweiler, S. & Hammerl, M. (2005). Enhancing training transfer: Effects to time-management training based on constructivism. In H. Gruber, C. Harteis, R. G. Mulder & M. Rehrl (Eds.), *Bridging individual, organizational, and cultural aspects of professional learning* (pp. 89–96). Regensburg: Roderer.

Wieland, R. (2004). Arbeitsgestaltung, Selbstregulationskompetenz und berufliche Kompetenzentwicklung. In B. S. Wiese (Hrsg.), *Individuelle Steuerung beruflicher Entwicklung. Kernkompetenzen in der modernen Arbeitswelt* (S. 169–196). Frankfurt a. M.: Campus.

Wieland-Eckelmann, R. & Baggen, R. (1994). Beanspruchung und Erholung im Arbeits-Erholungszyklus. In R. Wieland-Eckelmann, H. Allmer, K. W. Kallus & J. H. Otto (Hrsg.), *Erholungsforschung. Beiträge der Emotionspsychologie, Sportpsychologie und Arbeitspsychologie* (S. 102–155). München: Beltz.

Wiese, B. S. (2000). *Berufliche und familiäre Zielstrukturen.* Münster: Waxmann.

Wiese, B. S. (2007). Successful pursuit of personal goals and subjective well-being. In B. Little, K. Salmela-Aro & S. Phillips (Eds.), *Personal project pursuit. Goals, action, and human flourishing* (pp. 301–328). Hillsdale, NJ: Erlbaum.

Wiese, B. S. (2008). Selbstmanagement im Arbeits- und Berufsleben. *Zeitschrift für Personalpsychologie, 7,* 153–169.

Wiese, B. S., Freund, A. M. & Baltes, P. B. (2000). Selection, optimization, and compensation: An action-related approach to work and partnership. *Journal of Vocational Behavior, 57,* 273–300.

Wiese, B. S., Freund, A. M. & Baltes, P. B. (2002). Subjective career success and emotional well-being: Longitudinal predictive power of selection, optimization and compensation. *Journal of Vocational Behavior, 60,* 321–335.

Wiese, B. S. & Schmitz, B. (2002). Studienbezogenes Handeln im Kontext eines entwicklungspsychologischen Metamodells. *Zeitschrift für Entwicklungspsychologie und Pädagogische Psychologie, 34,* 80–94.

Williams, K. J., Donovan, J. J. & Dodge, T. L. (2000). Self-regulation of performance: Goal establishment and goal revision processes in athletes. *Human Performance, 13,* 159–180.

Winters, D. & Latham, G. P. (1996). The effect of learning versus outcome goals on a simple versus complex task. *Group and Organization Management, 21,* 235–250.

Wolters, C. A. (2004). Advancing achievement goals theory: Using goal structures and goal orientations to predict students' motivation, cognition, and achievement. *Journal of Educational Psychology, 96,* 236–250.

Wood, R. E., Mento, A. J. & Locke, E. A. (1987). Task complexity as a moderator of goal effects: A meta-analysis. *Journal of Applied Psychology, 72,* 416–425.

Zimmerman, B. J. (2000). Attaining self-regulation. A social cognitive perspective. In M. Boekarts, P. R. Pintrich & M. Zeidner (Eds.), *Handbook of self-regulation* (pp. 13–39). San Diego, CA: Academic Press.

15. Kapitel

Arbeit und Privatleben: Das Verhältnis von Arbeit und Lebensbereichen außerhalb der Arbeit aus Sicht der Arbeitspsychologie

Sabine Sonnentag und Charlotte Fritz

1 Einleitung

Die Frage, in welchem Verhältnis die Arbeit zu den Lebensbereichen außerhalb der Arbeit steht, beschäftigt die Arbeits- und Organisationspsychologie seit langem. Gerade in neuerer Zeit erlangte dieses Thema große Aufmerksamkeit, nicht mehr nur innerhalb des Fachs, sondern unter dem Stichwort *Work-Life Balance* auch in der breiteren Öffentlichkeit.

Auch wenn das Thema im Vergleich zu anderen Inhalten der Arbeits- und Organisationspsychologie wie beispielsweise „Arbeitsmotivation“ oder „Arbeitsgestaltung“ auf den ersten Blick eher peripher erscheint, so ist die Schnittstelle zwischen Arbeit und den Lebensbereichen außerhalb der Arbeit sowohl für den einzelnen Menschen als auch für Organisationen als Ganzes von großer Bedeutung: Anforderungen, die die Arbeit stellt, machen es zum Teil schwer, Verpflichtungen außerhalb der Arbeit nachzukommen (Byron, 2005). Zusätzlich entfalten Beeinträchtigungen des Befindens oder gar der Gesundheit, die aufgrund ungünstiger Arbeitsbedingungen entstehen, ihre Wirkung auch außerhalb der Arbeit. Weiterhin schlagen sich Reaktionen auf einen besonders stressvollen Arbeitstag im Sozialverhalten außerhalb der Arbeit nieder, sodass die Interaktion mit Familie oder Freunden beeinträchtigt sein kann (Repetti, 1989). Umgekehrt fürchten Organisationen, dass familiäre Anforderungen die Zeit und Aufmerksamkeit der Arbeitenden bisweilen so beanspruchen, dass die Arbeitsleistung darunter leiden könnte. Gelingt es nicht, sich in der Freizeit ausreichend von der Arbeit zu erholen, so macht sich das im Befinden und Verhalten bei der Arbeit bemerkbar (Sonnentag, 2003). Zusätzlich gehen jedoch auch bereichernde Erfahrungen außerhalb der Arbeit mit positiven arbeitsbezogenen Einstellungen einher (Kirchmeyer, 1992a). Thematisch weist das Thema enge Bezüge unter anderem zur arbeits- und organisationspsychologischen Stressforschung (Zapf & Semmer, 2004) sowie zur Gesundheitspsychologie (Schwarzer, 2005) auf.

Theoretische Ansätze zum Verhältnis zwischen Arbeit und Privatleben wurden vor allem in der Soziologie, teilweise aber auch in der Psychologie entwickelt (zusammenfassend Ashforth, Kreiner & Fugate, 2000; Edwards & Rothbard, 2000; Geurts & Demerouti, 2003; Greenhaus & Powell, 2006; Kabanoff, 1980). Zu den am häufigsten diskutierten Vorstellungen gehören die Segregations- bzw. Segmentierungshypothese, die Kompensationshypothese, die Spillover-Hypothese, die Konflikthypothese und die Bereicherungshypothese. Während die ersten beiden Hypothesen vor allem im Hinblick auf das Verhältnis zwischen Arbeit und Freizeit thematisiert wurden, beziehen sich die beiden letzten Hypothesen vor allem auf das Verhältnis zwischen Arbeit und Familie. Die Spillover-Hypothese wurde sowohl auf den Bereich der Freizeit als auch den Bereich der Familie angewendet.

Die Segregations- bzw. Segmentierungshypothese nimmt an, dass unterschiedliche Lebensbereiche einer Person getrennt nebeneinander bestehen, dass es also beispielsweise keine Beziehung zwischen Arbeit und Freizeit gibt und sie somit in jeglicher Hinsicht unterschiedliche Domänen darstellen. Es wird postuliert, dass die Aktivitäten und Erfahrungen in einem Bereich für den jeweils anderen Bereich irrelevant sind.

Im Gegensatz dazu nehmen die anderen Hypothesen Zusammenhänge zwischen den einzelnen Lebensbereichen an, wobei die Zusammenhänge – je nach Hypothese – unterschiedliche Gestalt annehmen. So besagt die Kompensationshypothese (Wilensky, 1960), dass Menschen den Lebensbereich außerhalb der Arbeit nutzen, um die mit der Arbeit verbundenen Entbehrungen zu kompensieren; also dass sie sich in der Freizeit von der Arbeit erholen oder die Freizeit primär nutzen wollen, um dort den Sinn zu finden, der in der Arbeit möglicherweise nicht erlebt werden kann.

Die Grundaussage der Spillover-Hypothese ist, dass Erfahrungen bei der Arbeit in den Bereich außerhalb der Arbeit „mitgenommen“ werden – und umgekehrt. Es wird davon ausgegangen, dass sich dieses Spillover sowohl auf Stimmung als auch auf Werte und Verhaltensweisen beziehen kann (Edwards & Rothbard, 2000). Während die empirische Evidenz für die Segregations- bzw. Segmentierungshypothese schwach ist, finden sich sowohl Befunde, die für die Kompensationshypothese sprechen, als auch Befunde, die die Spillover-Hypothese unterstützen (Lambert, 1990; Staines, 1980).

Bei der Beschreibung des Verhältnisses zwischen Arbeit und Familie ist die Perspektive des Konflikts vorherrschend, die zunehmend jedoch um eine Bereicherungsperspektive ergänzt wird. Die Konflikthypothese nimmt an, dass die Anforderungen der Arbeit mit denen aus der Familie aufgrund knapper Zeit, Beanspruchung und gegensätzlichen Verhaltensanforderungen in Widerspruch stehen. Die Bereicherungshypothese dagegen postuliert, dass Erfahrungen in einem Lebensbereich – beispielsweise aufgrund von Lernerfahrungen – den jeweils anderen Lebensbereich positiv beeinflussen können.

In diesem Kapitel werden wir Untersuchungsbefunde zur Spillover-Hypothese vorstellen und die Konflikt- und die Bereicherungsperspektive im Hinblick auf das Verhältnis zwischen Arbeit und Familie diskutieren. Die Kompensationshypothese werden wir aufgreifen, indem wir Forschungsergebnisse zu Erholung beschreiben.

Den Begriff der *Arbeit* verwenden wir in diesem Kapitel primär, um Prozesse und Merkmale zu bezeichnen, die mit Erwerbsarbeit in Zusammenhang stehen. Andere Arbeitsprozesse, die außerhalb der Erwerbsarbeit stattfinden – vorrangig Hausarbeit und ehrenamtliche Arbeit (vgl. dazu Mieg & Wehner, 2002; Resch, 1999) – sind damit nicht gemeint. Der bewusst sehr breit gefasste Begriff des *Privatlebens* umfasst die Familie im engeren Sinn, aber auch soziale Beziehungen mit Freunden und den gesamten Freizeitbereich.

2 Spillover-Prozesse zwischen Arbeit und Privatleben

2.1 Begriff

Spillover bezieht sich auf Wirkprozesse zwischen Arbeit und Lebensbereichen außerhalb der Arbeit, wodurch Gemeinsamkeiten zwischen beiden Bereichen entstehen (Edwards & Rothbard, 2000). Dies beinhaltet sowohl Effekte von der Arbeit auf Familie oder Freizeit als auch Effekte von der Familie oder Freizeit auf die Arbeit. Konkret geht es dabei um Prozesse, die Ähnlichkeiten hinsichtlich des Affekts, der Werte sowie von Fertigkeiten und beobachtbarem Verhalten herstellen: Beispielsweise wird die negative Stimmung, die durch die Arbeit entstanden ist, mit nach Hause „gebracht" und kommt dort in schlechter Laune zum Ausdruck. Werte, die in der Arbeit eine große Rolle spielen, beeinflussen das Verhalten gegenüber den Kindern oder dem Partner. Fertigkeiten, die bei der Organisation der Familienaufgaben erworben werden, können auch in der Arbeit angewendet werden. Während ein enges Spillover-Konzept davon ausgeht, dass in beiden Lebensbereichen dieselben Konstrukte betrachtet werden (z. B. Zufriedenheit oder Stimmung; vgl. dazu Edwards & Rothbard, 2000), setzen viele Studien an einem breiteren Spillover-Konzept an, wobei sie in den beiden Lebensbereichen unterschiedliche Konstrukte erfassen (zum Beispiel Stressoren bei der Arbeit und Stimmung im Privatbereich).

Ergebnisse aus Studien, die sich mit der Schnittstelle zwischen Arbeit und Nichtarbeit beschäftigt haben, liefern Hinweise auf Spillover zwischen Arbeit und Nichtarbeit (und umgekehrt). Dazu gehören vor allem Forschungsbefunde zum Spillover von Stimmung und Beanspruchung sowie zum Spillover auf Erleben und Verhalten in der Familie. Aber auch bei der Untersuchung der Frage, wie Merkmale der Arbeitssituation mit dem Freizeitverhalten in Zusammenhang stehen, wurde der Spillover-Hypothese große Aufmerksamkeit geschenkt (Meissner, 1971).

2.2 Spillover von Stimmung und Beanspruchung

Eine Reihe von empirischen Untersuchungen widmete sich dem Spillover von Stimmung zwischen den unterschiedlichen Lebensbereichen. So erfassten Williams und Alliger (1994) bei 41 berufstätigen Elternteilen den Affekt bei der Arbeit und zu Hause mit einer Experience Sampling-Methode. Der Affekt (Distress, Ermüdung, positive Stimmung) wurde dabei über eine Woche mehrmals täglich gemessen. Die Analysen zeigten, dass sich der bei der Arbeit erlebte Distress in erhöhtem Distress zu Hause niederschlug. Auch die arbeitsbezogene Ermüdung sagte die Ermüdung zu Hause vorher. Positive Stimmung bei der Arbeit hing jedoch nicht mit positiver Stimmung zu Hause zusammen. Umgekehrt hingen sowohl Distress und Ermüdung zu Hause als auch zu Hause erlebte positive Stimmung mit dem jeweiligen Affekt bei der Arbeit zusammen. Neuere Untersuchungen, beispielsweise von Ilies et al. (2007) sowie von Song, Foo und Uy (2008), zeigen in eine ähnliche Richtung.

Untersuchungen weisen darauf hin, dass Merkmale der Arbeit selbst mit der Stimmung zu Hause einhergehen. So fanden beispielsweise Doby und Caplan (1995), dass Bedrohung bei der Arbeit mit erhöhter Angst zu Hause einhergeht und dass dieser Zusammenhang durch die Angst bei der Arbeit mediiert wird. Jones und Fletcher (1996) ließen 20 Paare über einen Zeitraum von drei Wochen täglich Fragebögen zu ihrer Arbeit und zu ihrem Befinden am Abend ausfüllen. Die Analysen zeigten, dass Arbeitsstressoren und geringe soziale Unterstützung bei der Arbeit mit negativer Stimmung zu Hause zusammenhingen, wobei der Zusammenhang zwischen Stressoren und Stimmung nur bei Männern, nicht jedoch bei Frauen signifikant wurde. Auch Zohar (1999) konnte zeigen, dass arbeitsbezogene Stressoren, die auf Tagesniveau zum Ausdruck kommen, mit negativer Stimmung und Ermüdung am jeweiligen Abend vor dem Zubettgehen zusammenhängen (vgl. dazu auch Repetti, 1993).

Eine inzwischen schon klassische Untersuchung mit 166 verheirateten Paaren, die über einen Zeitraum von sechs Wochen täglich Angaben zu Stressoren bei der Arbeit und Stressoren zu Hause machten, liefern jedoch deutlich schwächere Hinweise für die Spillover-Hypothese (Bolger, DeLongis, Kessler & Wethington, 1989). So sagten zwar bei Männern die Rollenüberlastung zu Hause und Konflikte mit den Kindern die berufliche Rollenüberlastung am Folgetag vorher, ansonsten hingen Stressoren in einem Lebensbereich jedoch kaum positiv mit Stressoren im anderen Lebensbereich zusammen. Die berufsbezogene Rollenüberlastung ging sogar mit geringerer Rollenbelastung zu Hause am selben Tag einher, und zwar sowohl bei Männern als auch bei Frauen. Dieser Befund lässt vermuten, dass bei einem hohen Ausmaß an Arbeitsstressoren zu Hause kompensatorische Mechanismen angewendet werden, um dort die Stressoren möglichst gering zu halten. Möglicherweise spielen aber auch Kontrasteffekte eine Rolle: Ist die berufsbezogene Rollenüberlastung groß, wird die Rollenüberlastung zu Hause als vergleichsweise gering eingeschätzt.

Zusammengenommen legen diese Untersuchungen, die zum großen Teil auf detaillierten tagesspezifischen Erhebungen beruhen, den Schluss nahe, dass die bei der Arbeit erlebten Stressoren und die damit verbundene beeinträchtigte Stimmung mit der Stimmung zu Hause zusammenhängen. Dabei scheinen die Effekte der Stressoren über die arbeitsbezogene Stimmung vermittelt zu werden.

2.3 Spillover auf Erleben und Verhalten in der Familie

Spillover-Prozesse sind jedoch nicht nur auf Ähnlichkeiten hinsichtlich der Stimmung in den unterschiedlichen Lebensbereichen beschränkt. Untersuchungen zeigen, dass arbeitsbezogene Erfahrungen auch im Erleben und Verhalten innerhalb des familiären Kontextes zum Ausdruck kommen. Im Hinblick auf den Zusammenhang zwischen Arbeit und Partnerbeziehung wurden sowohl Analysen zwischen Personen als auch Analysen innerhalb von Personen durchgeführt.

Analysen zu den Zusammenhängen zwischen den Personen zeigen, dass Merkmale der Arbeitssituation mit der Qualität der Partnerschaft und der Zufriedenheit mit der Partnerschaft einhergehen. So konnten beispielsweise Hughes, Galinsky und Morris (1992) anhand einer Stichprobe von mehr als 500 Paaren zeigen, dass eine ungünstige Arbeitssituation (wenige Ressourcen wie geringer Entscheidungs- oder Handlungsspielraum, Arbeitsdruck, Arbeitsplatzunsicherheit) mit erhöhten Spannungen in der Partnerschaft und teilweise einem geringen Ausmaß an positiven Verhaltensweisen einhergingen. Mediatoranalysen machten deutlich, dass diese Zusammenhänge sowohl durch strukturelle Merkmale (zum Beispiel aufgrund von Arbeitsanforderungen zu wenig Zeit für den

Partner oder die Partnerin zu haben) als auch durch Aspekte der Stimmung vermittelt wurden.

Andere Untersuchungen beschäftigten sich mit dem Zusammenhang zwischen Merkmalen der Arbeitssituation und der Zufriedenheit mit der Partnerschaft und fanden insbesondere Zusammenhänge zwischen Arbeitsstressoren und einer geringen Zufriedenheit sowie einem erhöhten Ausmaß an Aggression (Mauno & Kinnunen, 1999; Barling & MacEwen, 1992). Fehlender Handlungsspielraum scheint dagegen nicht mit einer geringen Zufriedenheit mit der Partnerschaft einherzugehen (Mauno & Kinnunen, 1999). Die Untersuchungen weisen recht übereinstimmend darauf hin, dass die Zusammenhänge zwischen Arbeitsstressoren und einer geringen Zufriedenheit mit der Partnerschaft über Befindensvariablen wie Erschöpfung, psychosomatische Symptome oder Depressivität vermittelt zu sein scheinen. Da jedoch in den einzelnen Untersuchungen immer wieder andere Befindensvariablen als potenzielle Mediatoren untersucht wurden (vgl. dazu auch Hughes et al., 1992), sind definitive Aussagen über die wichtigsten Mediatoren noch nicht möglich.

Als Beispiel für eine Untersuchung zum Zusammenhang zwischen Arbeitsstressoren und dem Verhalten in der Partnerbeziehung innerhalb von Personen ist die Studie von Repetti (1989) zu nennen. An einer Stichprobe von Fluglotsen analysierte sie den Zusammenhang zwischen der Arbeitsbelastung an einzelnen Arbeitstagen und dem Verhalten gegenüber der Ehepartnerin zu Hause. An drei aufeinander folgenden Arbeitstagen wurden sowohl subjektive als auch objektive Indikatoren für die tagesspezifische Arbeitsbelastung erhoben. Zusätzlich machten die Fluglotsen und ihre Partnerinnen Aussagen zum Verhalten in der Partnerschaft. Es zeigten sich deutliche Zusammenhänge zwischen der Arbeitsbelastung und dem Verhalten zu Hause, beispielsweise zogen sich die Fluglotsen nach Tagen mit hoher Arbeitsbelastung abends verstärkt zurück.

In ähnlicher Weise wurden auch Zusammenhänge zwischen der tagesspezifischen Arbeitsbelastung und dem Verhalten gegenüber den Kindern zu Hause gefunden (Repetti, 1994). Nach Tagen mit hoher Arbeitsbelastung beschäftigten sich die Fluglotsen weniger mit ihren Kindern, zeigten aber auch weniger negative Gefühle und weniger disziplinierendes Verhalten den Kindern gegenüber. Nach Tagen mit deutlich negativen sozialen Interaktionen bei der Arbeit zeigten die Väter mehr negative Gefühle und mehr disziplinierendes Verhalten, beschäftigten sich aber gleichzeitig relativ wenig mit den Kindern.

Auch zwischen der Arbeitsbelastung von Müttern und deren Verhalten ihren Kindern gegenüber ließen sich deutliche Zusammenhänge aufzeigen (Repetti & Wood, 1997). Über einen Zeitraum von fünf aufeinander folgenden Arbeitstagen wurden 30 Mutter-Kind-Dyaden untersucht. Die untersuchten Kinder waren zwischen drei und sechs Jahre alt und wurden tagsüber in betrieblichen Kindertagesstätten betreut. Im Zentrum der Untersuchung stand der Zeitraum, in dem die Mütter die Kinder aus der Tagesstätte abholten. An Tagen mit besonders hoher Arbeitsbelastung oder negativen sozialen Interaktionen bei der Arbeit berichteten die Mütter, sich ihren Kindern weniger stark zuzuwenden. Dieses Ergebnis wurde durch Beobachtungsdaten, die für einen Teil der Dyaden vorlagen, bestätigt. Nach Tagen mit hoher Arbeitsbelastung schenkten die Mütter ihren Kindern weniger Aufmerksamkeit, sprachen weniger mit ihnen und zeigten weniger liebevolles Verhalten.

Diese Untersuchungen zeigen somit insgesamt, dass sich tagesspezifische Arbeitsbelastungen nicht nur in der Stimmung, sondern auch im Sozialverhalten nach der Arbeit niederschlagen, wobei sozialer Rückzug eine typische Reaktion auf hohe Arbeitsbelastung zu sein scheint. Ergebnisse aus weiteren Untersuchungen lassen vermuten, dass die Arbeitserfahrungen der Eltern nicht nur kurzfristig mit familienbezogenem Verhalten in Zusammenhang stehen, sondern die Entwicklung der Kinder auch längerfristig beeinflussen (Parcel & Menaghan, 1990). Ein wichtiger vermittelnder Mechanismus scheint dabei der arbeitsbezogene Affekt zu sein (Stewart & Barling, 1996; vgl. auch Ilies et al., 2007).

Umgekehrt legen Untersuchungen nahe, dass Erfahrungen außerhalb der Arbeit in die Arbeit „mitgenommen" werden und mit dem Befinden und Verhalten bei der Arbeit in Zusammenhang stehen können (Cohen & Kirchmeyer, 1995; Kirchmeyer, 1992a; Sonnentag, 2003). So berichten beispielsweise Martin und Sanders (2003) von einem Interventionsprogramm, bei dem die elterlichen Erziehungskompetenzen verbessert werden sollten. Im Vergleich zu einer Wartekontrollgruppe verbesserte sich bei der Interventionsgruppe nicht nur das Erziehungsverhalten, sondern auch die arbeitsbezogene Selbstwirksamkeit. Diese Veränderung blieb auch in einer Nachbefragung nach vier Monaten erhalten. Zusätzlich zeigte sich in der Nachbefragung, dass in der Interventionsgruppe der wahrgenommene Arbeitsstress abgenommen hatte.

Zusammenfassend kann festgehalten werden, dass Merkmale der Arbeitssituation mit dem Erleben und dem Verhalten in der Familie zusammenhängen. Diese Zusammenhänge kommen dabei sowohl in der Partnerschaft als auch in der Interaktion mit den Kindern zum Ausdruck. Einschränkend muss jedoch angemerkt werden, dass eine Reihe von Untersuchungen (vor allem zur Qualität der Partnerbeziehung und zur Zufriedenheit in der Partnerschaft) auf querschnittlichen Untersuchungsdesigns und Selbstberichten beruht. Somit verbieten sich Aussagen zur Kausalität. Beispielsweise könnten Schwierigkeiten in der Partnerbeziehung auch zu vermehrten Problemen und damit zu einem erhöhten Ausmaß an (wahrgenommenen) Stressoren bei der Arbeit führen. Anzunehmen ist, dass Spillover-Prozesse von der Arbeit auf die Familie und von der

Familie auf die Arbeit in einem komplexen Interaktionsprozess zueinander stehen. Um mehr Licht in diese Interaktionsprozesse zu bringen, sind in Zukunft Längsschnittuntersuchungen mit wiederholten Messungen in kurzen Zeitabständen notwendig.

2.4 Spillover von Arbeitsmerkmalen auf Freizeitverhalten

Vor allem in den 70er- und 80er Jahren des 20. Jahrhunderts wurden mögliche Spillover-Prozesse von der Arbeit auf die Freizeit häufig untersucht. Dabei zeigten sich sowohl Hinweise auf Spillover-Prozesse als auch auf Kompensationsprozesse (Bamberg, 1991; Lambert, 1990; Staines, 1980).

In einer klassischen Studie mit kanadischen Fabrikarbeitern untersuchte Meissner (1971) den Zusammenhang zwischen Merkmalen der Arbeitssituation und sozialen Aktivitäten in der Freizeit. Dabei fand er, dass Arbeiter, deren Arbeit geringe Handlungsmöglichkeiten aufwies (beispielsweise aufgrund von Zeitvorgaben durch Maschine bzw. Fließband oder aufgrund von räumlichen Bedingungen) und die während der Arbeit wenig Gelegenheiten zu sozialen Interaktionen mit Kollegen hatten, seltener Mitglieder in Freizeit- und anderen Organisationen waren und im letzten halben Jahr weniger an Veranstaltungen solcher Organisationen teilgenommen hatten.

Andere Untersuchungen sprechen jedoch gegen die Spillover-Hypothese. So erfassten beispielsweise Kabanoff und O'Brien (1982) in einer groß angelegten Untersuchung die Attribute von Arbeits- und Freizeitaktivitäten und fanden nur geringe und teilweise negative Korrelationen zwischen den Attributen der Arbeits- und der Freizeitaktivitäten.

In methodischer Hinsicht ist anzumerken, dass die meisten Untersuchungen zum Zusammenhang zwischen Arbeit und Freizeit querschnittlichen Charakter haben. Dies bedeutet, dass ein empirischer Zusammenhang zwischen Aspekten der Arbeitssituation und der Freizeit nicht zwangsläufig für ein Spillover von der Arbeit auf die Freizeit spricht. Möglich ist auch ein Spillover von der Freizeit auf die Arbeit oder die gleichzeitige Beeinflussung von Arbeit und Freizeit durch Drittvariablen wie beispielsweise Persönlichkeit, Ausbildung oder spezifische Kompetenzen.

Insgesamt ist festzuhalten, dass die empirische Evidenz für ausschließliche Spillover-Prozesse von der Arbeit auf die Freizeit relativ gering ist (Bamberg, 1991). Es finden sich immer auch Hinweise auf kompensatorische Prozesse. Es ist insbesondere fraglich, ob Arbeitsstressoren mit der Häufigkeit von spezifischem Freizeitverhalten oder von sozialen Aktivitäten zusammenhängen. Jedoch scheinen

Arbeitsstressoren mit Belastungen im Freizeitbereich und mit geringer sozialer Unterstützung in Zusammenhang zu stehen (Bamberg, 1991). Auch eine Untersuchung von Lüders, Resch und Weyerich (1992) weist darauf hin, dass möglicherweise nicht alle Aspekte der Arbeitssituation gleichermaßen mit dem Handeln außerhalb der Arbeit in Zusammenhang stehen. So berichten die Autorinnen, dass zwar die Regulationserfordernisse in der Arbeit, nicht jedoch die Höhe der Arbeitsbelastungen mit langfristigen Freizeitaktivitäten in Zusammenhang stehen.

Diese Ergebnisse implizieren, dass vermutlich nicht alle Aspekte der Arbeitssituation für das Freizeitverhalten gleichermaßen relevant sind und dass „der lange Arm der Arbeit" (Meissner, 1971) nicht alle Aspekte des Lebens außerhalb der Arbeit gleichermaßen erfasst. Lambert (1990) argumentiert, dass Kompensations- und Spillover-Prozesse gleichzeitig auftreten können. Möglicherweise gelten Spillover-Prozesse von der Arbeit auf die Freizeit auch nur unter spezifischen Bedingungen oder nur für bestimmte Personengruppen (vgl. dazu Demerouti & Geurts, 2004). Fasst man den Forschungsstand zu Spillover-Prozessen insgesamt zusammen, so gibt es deutliche Evidenz für Spillover in den Bereichen Stimmung bzw. Beanspruchung und Familie, jedoch vergleichsweise nur schwach ausgeprägte Hinweise auf Spillover im Bereich der Freizeit.

Eine Herausforderung für alle zukünftigen Untersuchungen zu Spillover wird es sein aufzuzeigen, dass tatsächlich ein Spillover stattgefunden hat. Und dass nicht nur Zusammenhänge zwischen Variablen aus unterschiedlichen Lebensbereichen bestehen. Dafür ist es notwendig, Längsschnittdesigns zu wählen, in denen der Einfluss möglicher Drittvariablen ausgeschlossen werden kann. Zudem müssen auch die „Trägervariablen", die die Mediatoren der Stimmung oder Verhaltensweise sind, identifiziert werden (Edwards & Rothbard, 2000).

3 Konflikte zwischen Arbeit und Privatleben

Die Forschung zu möglichen Konflikten zwischen Arbeit und Privatleben bezieht sich im Wesentlichen auf Konflikte zwischen Arbeit und Familie. Die Vorstellung eines konflikthaften Verhältnisses dominierte viele Jahre die arbeits- und organisationspsychologische sowie auch die familienpsychologische Forschung zur Beziehung zwischen Arbeit und Familie. Zunehmend wird diese Sichtweise jedoch durch die Auffassung ergänzt, dass beide Lebensbereiche auch gegenseitig voneinander profitieren können (Kirchmeyer, 1992b).

In theoretischer Hinsicht baut der überwiegende Teil der Forschung zum Verhältnis von Arbeit und Familie auf rollentheoretischen Konzepten auf (Kahn, Wolfe, Quinn, Snoek & Rosenthal, 1964). Teilweise wird auch auf andere Ansätze wie das SOC (Selection, Optimization, Compensation)-Modell (Baltes, 1997) und das Modell der Ressourcenkonservierung (Hobfoll, 1998) rekurriert (Baltes & Heydens-Gahir, 2003; Demerouti, Bakker & Bulters, 2004; Grandey & Cropanzano, 1999; Wiese, Freund & Baltes, 2000). Einen kurzen Überblick über neuere Ansätze geben Geurts und Demerouti (2003).

3.1 Begriff und Konfliktarten

Greenhaus und Beutell (1985) definierten den Konflikt zwischen Arbeit und Familie als

> a form of interrole conflict in which the role pressures from the work and family domains are mutually incompatible in some respect. That is, participation in the work (family) role is made more difficult by virtues of participation in the family (work) role. (Greenhaus & Beutell, S. 77)

Sie unterschieden dabei drei Quellen dieses Konflikts: Zeit, Beanspruchung und widersprüchliche Verhaltenserwartungen. Der zeitbezogene Konflikt resultiert aus begrenzten zeitlichen Ressourcen: Zeit, die für erwerbsarbeitsbezogene Aufgaben verwendet wird, steht für die Erfüllung der familiären Aufgaben nicht zur Verfügung und umgekehrt. Beanspruchungsbezogener Konflikt bezieht sich auf Beanspruchungen (z. B. Anspannung, Ermüdung), die in einem der beiden Lebensbereiche entstehen und die die Erfüllung der jeweils anderen Rolle erschweren. Hier gibt es eine Überschneidung mit der oben dargestellten Spillover-Hypothese. Der verhaltensbasierte Konflikt schließlich ergibt sich aus jeweils unterschiedlichen Verhaltenserwartungen in den beiden Lebensbereichen, beispielsweise aus der Anforderung, im Erwerbsbereich rational und professionell zu handeln und in der Familie die Emotionalität stärker zu betonen. Die empirische Forschung fokussierte primär auf die zeitlichen und beanspruchungsbezogenen Aspekte des Konflikts, vor allem weil sich die Operationalisierung des verhaltensbasierten Konflikts als schwierig erwies (Geurts & Demerouti, 2003).

Frone, Russell und Cooper (1992) haben argumentiert, dass nicht allgemein von einem Konflikt zwischen Arbeit und Familie gesprochen werden sollte, sondern dass zwei Wirkrichtungen des Konflikts zu unterscheiden sind: zum einen der Arbeits-Familien-Konflikt (AFK, *work-to-family conflict*), der impliziert, dass sich die arbeitsbezogenen Anforderungen auf das familiäre Leben auswirken, und zum anderen der Familien-Arbeits-Konflikt (FAK, *family-to-work conflict*), der beinhaltet, dass sich familienbezogene Anforderungen auf das Arbeitsleben auswirken.

Diese Differenzierung wurde in der Operationalisierung des Konfliktkonstrukts aufgegriffen (Geurts, Taris, Kompier, Dikkers, van Hooff & Kinnunen, 2005;

Netemeyer, Boles & McMurrian, 1996) und fand in der empirischen Forschung breite Resonanz (MacDermid, 2005), auch wenn die theoretische Fundierung dieser Unterscheidung weiterhin infrage gestellt wird (Greenhaus & Powell, 2003).

3.2 Mögliche Folgen von Konflikten zwischen Arbeit und Privatleben

Die generelle Annahme, dass der erlebte Konflikt zwischen Arbeit und Familie in einem Zusammenhang zu geringer Zufriedenheit und einer Reihe anderer Variablen steht, wurde in einer Vielzahl von Untersuchungen überprüft, sodass dazu inzwischen Metaanalysen vorliegen (Allen, Herst, Bruck & Sutton, 2000; Kossek & Ozeki, 1998). Diese Metaanalysen fassen Untersuchungen mit recht unterschiedlichen, überwiegend amerikanischen Stichproben zusammen, die seit 1967 bzw. 1977 publiziert wurden. Die wichtigsten Ergebnisse aus den Metaanalysen zu den potenziellen Folgen sind in Tabelle 1 zusammengefasst (neuere Ergebnisse sind in der Metaanalyse von Ford, Heinen und Langkamer, 2007 aufgenommen, in der sich die Befunde der früheren Metaanalysen im Wesentlichen bestätigen).

Insgesamt zeigt sich, dass der Konflikt zwischen Arbeit und Familie mit geringer Arbeits- und Lebenszufriedenheit einhergeht. Dabei waren die Zusammenhänge für den Arbeits-Familien-Konflikt auf der deskriptiven Ebene jeweils etwas höher als für den Familien-Arbeits-Konflikt, wobei sich allerdings die Konfidenzintervalle (95 %) überlappten. Kossek und Ozeki (1998) gingen auch der Frage nach möglichen Geschlechtsunterschieden nach. Dafür gab es keine deutlichen Hinweise. Generell waren zwar die Zusammenhänge für Frauen etwas höher als bei Männern, jedoch überlappten sich die Konfidenzintervalle beträchtlich. Zu berichten ist jedoch, dass bei allen Analysen die Konfidenzintervalle den Wert Null nicht enthielten, sodass von einem negativen Zusammenhang zwischen dem Konflikt zwischen Arbeit und Familie einerseits und Arbeits- bzw. Lebenszufriedenheit andererseits auszugehen ist.

Die Metaanalyse von Allen et al. (2000) zeigte im Hinblick auf weitere arbeitsbezogene Korrelate, dass der Konflikt zwischen Arbeit und Familie negativ mit organisationaler Bindung zusammenhing. Der Zusammenhang mit der Kündigungsabsicht war positiv. Zur Karrierezufriedenheit und zu Fehlzeiten zeigten sich keine bedeutsamen Zusammenhänge. Im Hinblick auf Korrelate außerhalb des Arbeitsbereichs wurde deutlich, dass ein Konflikt zwischen Arbeit und Familie nicht nur mit einer geringeren Lebenszufriedenheit allgemein, sondern auch mit einer geringeren Zufriedenheit mit der Ehe und der Familie einherging. Schließlich wurde der Zusammenhang des Konflikts zwischen Arbeit und

Tabelle 1:
Angenommene Folgen von Konflikten zwischen Arbeit und Familie: Ergebnisse aus Metaanalysen

Variable	k	N	r_w	Art des Konflikts	Quelle
Arbeitszufriedenheit	32	10.107	–.27	Alle	Kossek & Ozeki, 1998
Arbeitszufriedenheit	19	5.499	–.23	AFK	Kossek & Ozeki, 1998
Arbeitszufriedenheit	38	12.624	–.24	AFK	Allen et al., 2000
Arbeitszufriedenheit	9	2.438	–.18	FAK	Kossek & Ozeki, 1998
Lebenszufriedenheit	18	6.010	–.30	Alle	Kossek & Ozeki, 1998
Lebenszufriedenheit	11	3.296	–.31	AFK	Kossek & Ozeki, 1998
Lebenszufriedenheit	18	6.395	–.28	AFK	Allen et al., 2000
Lebenszufriedenheit	6	1.946	–.20	FAK	Kossek & Ozeki, 1998
Organisationale Bindung	6	1.208	–.23	AFK	Allen et al., 2000
Kündigungsabsicht	10	2.863	.29	AFK	Allen et al., 2000
Ehezufriedenheit	14	4.662	–.24	AFK	Allen et al., 2000
Familien-zufriedenheit	7	2.053	–.17	AFK	Allen et al., 2000
Allgemeine psychische Beanspruchung	13	4.481	.34	AFK	Allen et al., 2000
Körperliche Symptome	17	7.780	.30	AFK	Allen et al., 2000
Depression	11	4.304	.34	AFK	Allen et al., 2000
Burnout	10	3.582	.40	AFK	Allen et al., 2000

Anmerkungen: k = Anzahl der Untersuchungen; N = Stichprobenumfang; r_w = mittlere gewichtete Korrelation; AFK = Arbeits-Familien-Konflikt; FAK = Familien-Arbeits-Konflikt

Familie einerseits und stressbezogenen Maßen analysiert. Dabei wurde deutlich, dass der Konflikt zwischen Arbeit und Familie positiv mit allen untersuchten Indikatoren wie allgemeiner psychischer Beanspruchung, körperlichen Symptomen, Depressivität und Burnout zusammenhing.

Zusammenfassend ist hier festzuhalten, dass Menschen, die einen Konflikt zwischen den beiden Lebensbereichen erleben, sowohl mit ihrer Arbeit als auch mit ihrem Leben unzufriedener sind und eine schlechtere psychische Gesundheit haben als Menschen, die die unterschiedlichen Lebensbereiche gut in Einklang miteinander bringen. Nicht auszuschließen ist, dass die empirisch gefundenen Zusammenhänge teilweise auf gemeinsamen Drittvariablen wie beispielsweise hohen Arbeitsstressoren oder negativer Affektivität beruhen könnten. Auch die Frage der Kausalität muss an dieser Stelle offen bleiben, da die meisten der Untersuchungen, die in diese Metaanalyse eingingen, auf querschnittlichen Untersuchungsansätzen beruhen. Auch wenn es plausibel ist, dass der Konflikt zwischen Arbeit und Familie zu Unzufriedenheit und einer Beeinträchtigung des Befindens führen könnte, können Alternativerklärungen nicht ausgeschlossen werden. So ist es möglich, dass Unzufriedenheit und schlechte psychische Gesundheit den berichteten Konflikt zwischen Arbeit und Familie erhöhen, sei es, weil es dann weniger gut gelingt, die beiden Lebensbereiche miteinander in Einklang zu bringen, oder sei es, weil der Konflikt dann als ausgeprägter wahrgenommen wird.

Im Folgenden sollen deshalb Längsschnittuntersuchungen dargestellt werden, durch die plausible Alternativerklärungen teilweise ausgeschlossen werden können (zur Problematik von Längsschnittuntersuchungen vgl. Zapf, Dormann & Frese, 1996; siehe auch Dormann et al. in diesem Band).

In einer Stichprobe von 267 berufstätigen Männern und Frauen mit Kindern untersuchten Frone, Russell und Cooper (1997) die zeitverzögerten Zusammenhänge zwischen dem Konflikt von Arbeit und Familie und einer Reihe von Gesundheitsindikatoren über einen Zeitraum von vier Jahren. Multiple Regressionsanalysen, bei denen der gesundheitliche Ausgangszustand sowie mehrere Kontrollvariablen berücksichtigt wurden, zeigten, dass der Arbeits-Familien-Konflikt Depressivität und eine schlechte körperliche Gesundheit vier Jahre später vorhersagte, nicht jedoch starken Alkoholkonsum. Umgekehrt wurde starker Alkoholkonsum, nicht jedoch Depressivität oder schlechte körperliche Gesundheit durch den Familien-Arbeits-Konflikt vorhergesagt, auch wiederum bei Kontrolle des Ausgangsniveaus des Alkoholkonsums und Berücksichtigung mehrerer Kontrollvariablen. Zusätzlich zeigte sich, dass Familien-Arbeits-Konflikt, nicht jedoch Arbeits-Familien-Konflikt ein signifikanter Prädiktor von Bluthochdruck vier Jahre später war. Insgesamt legt diese Untersuchung also den Schluss nahe, dass vor allem der Familien-Arbeits-Konflikt mit späteren Gesundheitsproblemen einhergeht.

Grant-Vallone und Donaldson (2001) untersuchten den zeitverzögerten Zusammenhang zwischen dem erlebten Konflikt zwischen Arbeit und Familie einerseits und dem allgemeinen Wohlbefinden andererseits in einer Stichprobe von 342 Personen aus unterschiedlichen Beschäftigungsfeldern (70 % Frauen). Zwischen unterschiedlichen Arten des Konflikts wurde nicht differenziert. Multiple Regressionsanalysen ergaben, dass der Konflikt zwischen Arbeit und Familie ein geringes allgemeines Wohlbefinden sechs Monate später vorhersagte, auch wenn das allgemeine Wohlbefinden zum Ausgangszeitpunkt konstant gehalten wurde. Interessant an dieser Untersuchung ist, dass sich dieses Ergebnis nicht nur für das selbst berichtete Wohlbefinden zeigte, sondern auch für das durch Kollegen eingeschätzte Wohlbefinden. Analysen zum umgekehrten Zusammenhang zwischen dem Wohlbefinden zum ersten Zeitpunkt und dem erlebten Konflikt zwischen Arbeit und Familie zum zweiten Zeitpunkt wurden jedoch nicht berichtet.

Eine Untersuchung von Leiter und Durup (1996) an 151 Krankenhausmitarbeiterinnen, in der in einem längsschnittlichen Design reziproke Zusammenhänge getestet wurden, machte deutlich, dass das Erleben eines Arbeits-Familien-Konflikts die emotionale Erschöpfung drei Monate später vorhersagt, jedoch die emotionale Erschöpfung ebenfalls ein Prädiktor für das Erleben eines Arbeits-Familien-Konflikts drei Monate später ist.

Demerouti et al. (2004) untersuchten an einer Stichprobe von 335 Männern und Frauen, ob der Konflikt zwischen Arbeit und Familie mit Erschöpfung als einem Aspekt eines beeinträchtigten Befindens einhergeht. Zusätzlich haben die Autoren auch den umgekehrten Zusammenhang getestet. Insgesamt umfasste die Untersuchung drei Messzeitpunkte, die jeweils sechs Wochen auseinander lagen. Strukturgleichungsmodelle zeigten, dass ein reziprokes Modell den Daten am besten entsprach. Dies bedeutet, dass es sowohl zeitverzögerte Einflüsse des Konflikts zwischen Arbeit und Familie auf Erschöpfung als auch einen Effekt von Erschöpfung auf den Konflikt zwischen den zwei Lebensbereichen gab.

Hammer, Cullen, Neal, Sinclair und Shafiro (2005b) untersuchten den Zusammenhang zwischen dem Konflikt zwischen Arbeit und Familie einerseits und Depressivität andererseits über den Zeitraum von einem Jahr. Als Stichprobe nahmen 234 Paare, bei denen beide Partner erwerbstätig waren, an der Untersuchung teil. Die Analysen lieferten keine Evidenz für zeitverzögerte Zusammenhänge, weder bei Männern noch bei Frauen. In weiteren Analysen gingen die Autoren der Frage nach, ob möglicherweise familienfreundliche Regelungen am Arbeitsplatz die Arbeitszufriedenheit verbessern. Dabei zeigte sich für Männer, nicht jedoch für Frauen, dass Regelungen wie Unterstützung bei der Kinderbetreuung die Arbeitszufriedenheit nach einem Jahr vorhersagte, auch wenn das Ausgangsniveau der Arbeitszufriedenheit als Kontrollvariable mitberücksichtigt wurde (Hammer, Neal & Newsom, 2005a).

Insgesamt liefern diese Längsschnittuntersuchungen einige Hinweise dafür, dass der Konflikt zwischen Arbeit und Familie tatsächlich eine kausale Wirkung auf das Befinden haben könnte. Allerdings sind auch umgekehrt Effekte nicht auszuschließen (vgl. dazu auch Innstrand, Langballe, Espnes, Falkum & Assland, 2008). Wichtig ist anzumerken, dass sich die zeitverzögerten Zusammenhänge nicht für alle Befindensindikatoren gleichermaßen zeigen. Hier ist weitere theoretische und empirische Arbeit notwendig, um die spezifischen Befindensbereiche zu identifizierten, die vom Konflikt zwischen Arbeit und Familie am stärksten in Mitleidenschaft gezogen werden.

3.3 Mögliche Antezedenzen von Konflikten zwischen Arbeit und Privatleben

Eine weitere wichtige Frage ist die nach Ursachen für den Konflikt zwischen Arbeit und Familie. Dazu liegen wiederum bereits viele Einzeluntersuchungen vor, sodass wir hier die Ergebnisse einer Metaanalyse berichten (Byron, 2005). Dieser Metaanalyse, die auf insgesamt mehr als 60 Untersuchungen basiert, lag die Vermutung zugrunde, dass vor allem arbeitsbezogene Variablen mit dem Arbeits-Familien-Konflikt zusammenhängen, während vor allem Variablen aus dem Bereich außerhalb der Arbeit mit dem Familien-Arbeits-Konflikt in Zusammenhang stehen sollten. Die Analysen ergaben, dass Arbeitsinvolvement, Anzahl der Arbeitsstunden im Beruf und Arbeitsstress positiv und Unterstützung bei der Arbeit und Flexibilität in den Arbeitszeiten negativ mit dem Arbeits-Familien-Konflikt zusammenhingen. Für den Familien-Arbeits-Konflikt zeigte sich ein ähnliches Muster, jedoch waren die Effektstärken deutlich geringer und deren Konfidenzintervalle überlappten sich nicht mit denen der Effektstärken für den Arbeits-Familien-Konflikt.

Im Hinblick auf Variablen, die den Lebensbereich außerhalb der Arbeit betreffen, zeigte sich, dass die Anzahl der Arbeitsstunden außerhalb des Berufs, familienbezogener Stress, Konflikte in der Familie und die Anzahl der Kinder positiv mit dem Familien-Arbeits-Konflikt zusammenhingen, während es negative Korrelationen zwischen der Unterstützung in der Familie und dem Alter des jüngsten Kindes einerseits und dem Familien-Arbeits-Konflikt andererseits gab. Familienbezogener Stress, Konflikte in der Familie, geringe Unterstützung in der Familie, Anzahl der Kinder und geringes Alter des jüngsten Kindes wiesen auch mit dem Arbeits-Familien-Konflikt bedeutsame Zusammenhänge auf. Andere Variablen wie das Geschlecht, der Familienstand, die Berufstätigkeit des Partners und das Familieninvolvement zeigten keine oder nur schwache Zusammenhänge mit den beiden Arten des Konflikts zwischen Arbeit und Familie.

Elternschaft und Geschlecht erwiesen sich als Moderatoren im Zusammenhang zwischen einer Reihe von Variablen und dem Konflikt zwischen Arbeit und

Familie. Konkret bedeutet das, dass der Zusammenhang zwischen arbeitsbezogenem Stress und beiden Arten des Konflikts bei Personen mit Kindern stärker war als bei Personen ohne Kinder und dass der Zusammenhang zwischen Arbeitsinvolvement und beiden Arten des Konflikts für Männer stärker war als für Frauen, während der Zusammenhang zwischen familienbezogenem Involvement und dem Konflikt für Frauen stärker war als für Männer. Familienbezogener Stress, Konflikte in der Familie und der Familienstand waren bei Männern stärker mit dem Konflikt zwischen Arbeit und Familie assoziiert als bei Frauen.

Insgesamt machen die Ergebnisse dieser Metaanalyse deutlich, dass Merkmale der Arbeitssituation sowie belastende Aspekte des Privatlebens mit dem Erleben eines Konflikts zwischen Arbeit und Familie zusammenhängen. Da jedoch die in der Metaanalyse berücksichtigten Untersuchungen auf Querschnittsdesigns basieren, verbieten sich auch hier Schlussfolgerungen zur Kausalität. Einige, vor allem neuere Untersuchungen haben die Zusammenhänge zwischen Arbeitsstressoren und dem Konflikt zwischen Arbeit und Familie auch im Längsschnitt analysiert.

In der weiter oben dargestellten Untersuchung von Leiter und Durup (1996), die einen Zeitraum von drei Monaten erfasste, zeigten sich jedoch keine zeitverzögerten Zusammenhänge zwischen Arbeitsstressoren und dem Konflikt zwischen Arbeit und Familie.

In einer Untersuchung an 383 Beschäftigten, die ebenfalls im Gesundheitswesen tätig waren, gingen auch Peeters, de Jonge, Janssen und van der Linden (2004) möglichen zeitverzögerten Zusammenhängen zwischen arbeitsbezogenen Stressoren einerseits und dem Konflikt zwischen Arbeit und Familie andererseits nach. Die Ergebnisse zeigten, dass selbst berichtete kognitive, emotionale und physische Stressoren zum ersten Erhebungszeitpunkt den erlebten Konflikt zwischen Arbeit und Familie zum zweiten Erhebungszeitpunkt ein Jahr später vorhersagten, auch wenn eine Reihe von demografischen Merkmalen und die Ausgangswerte des Konflikts zwischen Arbeit und Familie konstant gehalten wurden. Umgekehrt sagte der Konflikt zwischen Arbeit und Familie zum ersten Erhebungszeitpunkt die Arbeitsstressoren zum zweiten Erhebungszeitpunkt nicht vorher. Eine Mediatoranalyse zeigte darüber hinaus, dass der Konflikt zwischen Arbeit und Familie den Zusammenhang zwischen Arbeitsstressoren und emotionaler Erschöpfung partiell mediierte. Dieses Ergebnis legt den Schluss nahe, dass Personen, die mit einem hohen Ausmaß an Arbeitsstressoren konfrontiert sind, deshalb eher emotional erschöpft sind, weil sie gleichzeitig einen starken Konflikt zwischen Arbeit und Familie erleben.

In der oben berichteten Untersuchung von Demerouti et al. (2004) wurde auch untersucht, inwiefern Arbeitsstressoren mit dem Konflikt zwischen Arbeit und

Familie zusammenhängen und ob möglicherweise reziproke Effekte bestehen. Strukturgleichungsmodelle zeigten, dass es sowohl zeitverzögerte Einflüsse von Arbeitsstressoren auf den Konflikt zwischen Arbeit und Familie als auch zeitverzögerte Einflüsse des Konflikts zwischen Arbeit und Familie auf die Wahrnehmung von Arbeitsstressoren gab. Diese Untersuchung macht deutlich, dass das Beziehungsgefüge zwischen Arbeitsstressoren, Konflikt zwischen Arbeit und Familie sowie Befinden komplexer ist als bislang angenommen und untersucht.

Insgesamt sind die Befunde aus Längsschnittuntersuchungen, die gleichzeitig reziproke Zusammenhänge getestet haben (Demerouti et al., 2004; Leiter & Durup, 1996; Peeters et al., 2004), wenig konsistent. So finden sich teilweise zeitverzögerte Zusammenhänge zwischen Stressoren und dem Konflikt zwischen Arbeit und Familie (Demerouti et al., 2004; Peeters et al., 2004), jedoch nicht immer (Leiter & Durup, 1996). Auch die umgekehrte Wirkrichtung vom Konflikt zwischen Arbeit und Familie auf Arbeitsstressoren kann nicht ausgeschlossen werden. Die wenig konsistenten Befunde könnten auch durch die unterschiedlichen Operationalisierungen der wesentlichen Konstrukte in den einzelnen Untersuchungen, die unterschiedlichen Stichproben oder auch die unterschiedlichen Zeitabstände zwischen den einzelnen Messungen erklärt werden. Möglich ist auch, dass hier auch Moderatorvariablen (beispielsweise die Unterstützung durch den Partner) eine wichtige Rolle spielen.

Alles in allem konnte die Forschung zum Konflikt zwischen Arbeit und Familie Zusammenhänge zwischen dem Konflikt zwischen den unterschiedlichen Lebensbereichen und Beeinträchtigungen des Befindens sowie zwischen Arbeitsstressoren und diesem Konflikt nachweisen. Die zugrunde liegenden kausalen Prozesse sind jedoch erst in Anfängen aufgedeckt. Hier wird in den kommenden Jahren noch einiges an Forschungsarbeit zu leisten sein.

4 Bereicherungsprozesse zwischen Arbeit und Privatleben

4.1 Begriff

Zusätzlich zu der Annahme, dass Arbeit und Privatleben in Konflikt zueinander stehen, wird in der Literatur die Auffassung vertreten, dass sich Aspekte aus den unterschiedlichen Lebensbereichen auch gegenseitig bereichern können („enrichment“) und dass die Teilnahme an einem Lebensbereich das Verhalten im jeweils anderen Lebensbereich erleichtern kann („facilitation“) (Rothbard, 2001). Dies ist beispielsweise dann der Fall, wenn durch das Erfüllen von Aufgaben in der Familie Kompetenzen erworben werden, die auch in der Arbeit zum Einsatz kommen (und umgekehrt) oder wenn positive Erlebnisse bei der

Arbeit die Stimmung in der Familie positiv beeinflussen (und umgekehrt). Hier gibt es wiederum eine konzeptionelle Überschneidung mit der oben diskutierten Spillover-Hypothese.

4.2 Arbeitsbedingungen, Bereicherungsprozesse und Befinden

Auch wenn es – gemessen an der sehr großen Anzahl von Untersuchungen zum Konflikt zwischen Arbeit und Familie – noch vergleichsweise wenig empirische Untersuchungen zur Bereicherungshypothese gibt, so zeichnen sich dennoch interessante Befunde ab. So konnten Grzywacz und Marks (2000) in einer groß angelegten Untersuchung an knapp 2.000 Männern und Frauen zeigen, dass negative und positive Interferenzen zwischen Arbeit und Familie sowie negative und positive Interferenzen zwischen Familie und Arbeit vier klar unterscheidbare Konstrukte darstellen (vgl. dazu auch Aryee, Srinivas & Tan, 2005). Weiter wurde deutlich, dass bei negativen Bedingungen in der Familie wie beispielsweise geringe soziale Unterstützung durch den Ehepartner wenig Erleichterung von der Familie auf die Arbeit auftrat, also die Männer und Frauen bei der Arbeit nicht von ihren Erfahrungen in der Familie profitieren konnten. Gleichzeitig gingen ungünstige Bedingungen in der Familie mit einem hohen Arbeits-Familien-Konflikt sowie einem hohen Familien-Arbeits-Konflikt einher. Ungünstige Bedingungen bei der Arbeit (beispielsweise hoher Arbeitsdruck) hingen mit geringen gegenseitigen Bereicherungsprozessen zwischen Arbeit und Familie und einem hohen gegenseitigen Konflikt zwischen Arbeit und Familie zusammen, während sich für günstige Bedingungen bei der Arbeit (beispielsweise hoher Handlungsspielraum) ein umgekehrtes Bild zeigte.

Aryee et al. (2005) untersuchten Erleichterungsprozesse an einer indischen Stichprobe und fanden, ähnlich wie bereits Grzywacz und Marks (2000) in der amerikanischen Stichprobe, dass soziale Unterstützung in der Familie positiv mit der Erleichterung von der Familie auf die Arbeit zusammenhing. Die Erleichterung von der Arbeit auf die Familie hing positiv mit dem Arbeitsinvolvement und negativ mit dem Familieninvolvement zusammen.

Einen etwas anderen methodischen Ansatz zur Untersuchung von Bereicherungsprozessen verfolgte Rothbard (2001), wobei sie Bereicherung bzw. Erleichterung nicht direkt erfasste, sondern durch die empirischen Zusammenhänge zwischen Konstrukten aus dem Familienbereich mit Konstrukten aus dem Arbeitsbereich erschloss. Sie nahm an, dass Engagement in der Arbeit (Aufmerksamkeit für die Arbeit und Aufgehen in der Arbeit) mit Engagement in der Familie einhergehen sollte, wobei der zentrale vermittelnde Mechanismus der hohe positive und der geringe negative familien- bzw. arbeitsbezogene Affekt sein sollte. Ergebnisse aus einer Untersuchung an insgesamt 790 Beschäftigten sprechen insgesamt für diese Annahmen, wobei jedoch unterschiedliche Zusammenhänge bei Männern und Frauen deutlich wurden. Männer erlebten eher, dass die Arbeit ihr Familienleben bereichert, während sich bei Frauen eher zeigte, dass die familiären Erfahrungen ihre Arbeit bereicherten.

Grzywacz und Bass (2003) nutzten die bereits von Grzywacz und Marks (2000) verwendeten Daten, um Zusammenhänge zwischen Erleichterungsprozessen einerseits und psychischer Gesundheit andererseits zu analysieren. In logistischen Regressionsanalysen, in denen ein breites Spektrum von Drittvariablen kontrolliert wurde, zeigte sich, dass vor allem die Erleichterung von der Familie auf die Arbeit mit einer geringeren Depressivität und einem geringeren Ausmaß an problematischem Alkoholkonsum einherging. Die Befragten, bei denen die Erleichterung zwischen den beiden Lebensbereichen stärker ausgeprägt war als der Konflikt, zeigten eine bessere psychische Gesundheit als die Befragten, bei denen der Konflikt dominierte.

In einer längsschnittlichen Untersuchung an berufstätigen Paaren, die sowohl Kinder als auch ihre eigenen Eltern zu betreuen hatten, analysierten Hammer et al. (2005b) die Zusammenhänge zwischen Konflikt bzw. Bereicherung zwischen Arbeit und Familie einerseits und Depressivität andererseits. Es zeigte sich, dass vor allem die Wahrnehmung, dass das Familienleben die Arbeit bereichert, mit einer geringeren Depressivität nach einem Jahr einherging, auch wenn der Ausgangswert der Depressivität statistisch kontrolliert wurde.

Insgesamt weisen diese Untersuchungen darauf hin, dass Arbeit und Familie im Erleben der Befragten nicht nur in Konflikt zueinander stehen, sondern auch Bereicherungsprozesse zwischen Aspekten aus beiden Lebensbereichen wahrgenommen werden. So machte auch eine Untersuchung an 276 Frauen in Führungspositionen deutlich, dass Frauen, die sich in mehreren unterschiedlichen Lebensbereichen engagierten, eine höhere Lebenszufriedenheit, einen höheren Selbstwert und eine höhere Selbstakzeptanz aufweisen als Frauen, die in weniger Lebensbereichen involviert sind. Gleichzeitig wiesen sie auch mehr soziale und aufgabenbezogene Fertigkeiten auf (Ruderman, Ohlott, Panzer & King, 2002). Anzumerken ist hier jedoch, dass aufgrund des querschnittlichen Designs keine Schlüsse über die Kausalität gezogen werden können.

Dennoch ist zu vermuten, dass eine Sichtweise, die Arbeit und Familie ausschließlich im Konflikt zueinander sieht, zu kurz greift. Damit wird deutlich, dass die wechselseitigen Abhängigkeiten zwischen den einzelnen Lebensbereichen vermutlich komplexer sind als traditionell angenommen.

5 Erholung

5.1 Begriff und theoretische Rahmenmodelle

Erholung kann als ein dem Beanspruchungsprozess entgegengesetzter Prozess beschrieben werden (Wieland-Eckelmann & Baggen, 1994), der deutlich über die reine Unterbrechung der Arbeit hinausgeht. Idealerweise kehren die physischen und psychischen Funktionssysteme während des Erholungsprozesses in ihren Ausgangszustand zurück, und Wohlbefinden und Leistungsfähigkeit werden wieder hergestellt (Craig & Cooper, 1992; Meijman & Mulder, 1998). Erholung kann unterschiedlichen Zwecken dienen und unterschiedlich erlebt werden, unter anderem als „Energie tanken“, „zur Ruhe kommen“, „etwas Anregendes machen“ oder „etwas Sinnvolles tun“ (Allmer, 1996). Der Alltag außerhalb der Arbeit bietet vielfältige Möglichkeiten zur Erholung, zum Beispiel am Feierabend, am Wochenende oder im Urlaub. Erholung kann auch in Arbeitspausen am oder nahe dem Arbeitsplatz stattfinden. Da in diesem Kapitel jedoch Zusammenhänge zwischen Arbeit und anderen Lebensbereichen im Mittelpunkt stehen, soll hier nicht näher auf die erholungsförderliche Wirkung von Arbeitspausen eingegangen werden (vgl. dazu Boucsein & Thum, 1997; Galinsky, Swanson, Sauter, Hurrell & Schleifer, 2000; Henning, Jacques, Kissel, Sullivan & Alteras-Webb, 1997).

Zwei in der Erholungsforschung häufig herangezogene theoretische Ansätze sind das Anstrengungs-Erholungs-Modell (Effort-Recovery Model, Meijman & Mulder, 1998; vgl. dazu auch Semmer et al. in diesem Band) und das Modell der Ressourcenkonservierung (Hobfoll, 1989, 1998). In ihrem Anstrengungs-Erholungs-Modell gehen Meijman und Mulder (1998) davon aus, dass durch Arbeit und die damit verbundene – körperliche oder psychische – Anstrengung Beanspruchung auftritt. Zur Aufhebung der Beanspruchungen ist es erforderlich, dass die Funktionssysteme, die durch die Arbeit in Anspruch genommen wurden, nicht weiter gefordert werden. Das Ausbleiben von Erholungsphasen kann zur Kumulation von Beanspruchungen sowie irreversiblen Störungen des körperlichen oder psychischen Wohlbefindens führen.

Hobfolls (1989, 1998) Modell der Ressourcenkonservierung beschreibt Ressourcen als für das Individuum wertvolle Objekte, Bedingungen, persönliche Merkmale und Energien. Tatsächlicher oder drohender Ressourcenverlust sowie fehlender Ressourcengewinn nach Ressourceninvestition kann zu Stresserleben führen. Ungünstige Arbeitsbedingungen können demzufolge mit Ressourcenverlust und daraus folgend mit der Beeinträchtigung von Wohlbefinden und Arbeitsleistung verbunden sein. Westman (1999) beschreibt daher Urlaub als eine Möglichkeit, verlorene Ressourcen wiederzugewinnen.

5.2 Zusammenhang zwischen arbeitsfreier Zeit, Gesundheit und Wohlbefinden

Arbeitsfreie Zeit kann genutzt werden, um Ressourcen zu erneuern bzw. aufzubauen (Westman, 1999) und arbeitsbezogene Beanspruchungsfolgen auszugleichen (Allmer, 1996). Als Folge kann sich ein Anstieg in Gesundheit und subjektivem Wohlbefinden zeigen. Der größte Teil bisheriger Studien zur generellen Wirkung arbeitsfreier Zeit auf Gesundheit und Wohlbefinden untersuchte den Urlaubskontext (Eden, 2001b). So zeigte sich zum Beispiel nach dem Urlaub eine Abnahme des individuellen Stresserlebens und ein Anstieg der allgemeinen Lebenszufriedenheit sowie der Zufriedenheit mit einzelnen Lebensbereichen (z. B. Freizeit/Entspannung und Partnerschaft/Familie; Eden, 1990; Hoopes & Lounsbury, 1989; Westman & Eden, 1997). Weiterhin haben mehrere Studien eine Abnahme von Burnout durch Urlaub gefunden (Etzion, 2003; Etzion & Westman, 2001; Fritz & Sonnentag, 2006; Westman & Eden, 1997). Zum Beispiel zeigte ein Vergleich zwischen Arbeitnehmern mit und ohne Urlaub eine Abnahme des Burnouts bei der Urlaubsgruppe, während der Burnoutlevel bei der arbeitenden Gruppe konstant blieb (Etzion, 2003). Eine Studie von Strauss-Blasche, Riedmann, Schobesberger, Ekmekcioglu, Riedmann, Waanders, Fries, Mittermayr, Marktl und Humpeler (2004) wies zusätzlich auf einen Anstieg in positiver Stimmung und eine Abnahme in negativer Stimmung durch den Urlaub hin. Außerdem fand sich nach dem Urlaub ein Anstieg der Kündigungsintentionen (Lounsbury & Hoopes, 1986) sowie ein Abfall des Job Involvements (Lounsbury & Hoopes, 1986), was darauf hinweist, dass arbeitsfreie Zeit auch dazu genutzt wird, sich von der Arbeit zu lösen und neu zu orientieren. Neben Veränderungen des subjektiven Wohlbefindens kann Erholung im Urlaub auch mit Veränderungen von physiologischen Parametern verbunden sein. Zum Beispiel weist eine Studie von Glaser, Kiecolt-Glaser, Speicher und Holliday (1985) auf eine deutliche Stärkung des Immunsystems nach dem Urlaub hin.

Untersuchungen zur Wirkung von Urlaub zeigten vielfach positive Effekte, wiesen jedoch auch darauf hin, dass diese Effekte sich in relativ kurzer Zeit wieder „ausschleichen". Solche „Fadeout"-Prozesse fanden sich einige Wochen nach der Rückkehr an den Arbeitsplatz (Westman & Eden, 1997), was darauf hinweist, dass das Stresserleben recht bald nach Ende der arbeitsfreien Zeit wieder sein „chronisches Niveau" erreicht. Aufgabe zukünftiger Forschung sollte es daher sein, mögliche Strategien zur Verzögerung oder Verhinderung von Fadeout-Prozessen zu untersuchen.

Weitere Untersuchungen im Erholungskontext beziehen sich auf die gesundheitsförderliche Wirkung von Geschäftsreisen. Obwohl diese eigentlich nicht als arbeitsfreie Zeit beschrieben werden sollten, können sie mit Veränderungen in der Arbeitsbeanspruchung und infolgedessen auch mit Veränderungen im Wohlbefinden einhergehen. Befunde zur Wirkung von Dienstreisen sind jedoch widersprüchlich: Zum einen zeigten sich positive Zusammenhänge zwischen Dienstreisen und erhöhtem Stresserleben (Striker, Luippold, Naggy, Liese, Bigelow & Mundt, 1999), die möglicherweise durch die nötige Anpassung an den Wechsel in täglichen Routinen erklärt werden können (Fisher & Cooper, 1990). Zum anderen können Orts- und Routinenwechsel jedoch zur Distanzierung von der Arbeit und damit zu einem Anstieg des Wohlbefindens führen, worauf Untersuchungsergebnisse von Westman und Etzion (2002) hinweisen. In dieser Studie wurden Arbeitnehmer eine Woche vor ihrer Dienstreise, währenddessen und eine Woche nach der Reise befragt und gaben an, sich trotz hohem Arbeitspensum während der Reise nach der Dienstreise wohler zu fühlen als davor. Ein Vergleich von Arbeitnehmern in Israel, die für eine begrenzte Zeit zum Militärdienst einberufen wurden, mit Kollegen, die in der Zeit wie gewohnt weiter zur Arbeit gingen, zeigte eine deutliche Abnahme von Stress und Burnout in der Militärdienstgruppe (Etzion, Eden & Lapidot, 1998). Ähnlich wie die Ergebnisse zu positiven Effekten von Geschäftsreisen weisen die Befunde dieser Untersuchung darauf hin, dass selbst die Veränderung von Anforderungen (vom Arbeitsplatz zum Militärdienst) mit einer Veränderung in wahrgenommenem Stress und berichtetem Burnout einhergehen kann. Dies bedeutet, dass Erfahrungen, die nicht primär einen Freizeitcharakter haben, auch eine erholende Wirkung haben können, sofern dabei eine gute Ablösung von der Arbeit gelingt.

Zusammenfassend machen diese Untersuchungen deutlich, dass sowohl arbeitsfreie Zeit wie zum Beispiel Urlaub als auch eine Veränderung der Arbeitsanforderungen zur Verringerung von Stresserleben und zur Steigerung des individuellen Wohlbefindens führen kann.

5.3 Zusammenhang zwischen arbeitsfreier Zeit und Leistung

Befunde zum Zusammenhang von arbeitsfreier Zeit und Arbeitsleistung sind weniger zahlreich als die zum Zusammenhang mit Wohlbefinden (Eden, 2001), wobei sich der größte Teil der Forschung wiederum auf den Urlaubskontext bezieht. Zum Beispiel berichteten Arbeitnehmer in einer Studie von Westman und Aharon-Madar (1998) nach dem Urlaub eine höhere Arbeitsleistung als vor dem Urlaub. Im Gegensatz dazu fand sich in einer Studie von Fritz und Sonnentag (2006) kein Anstieg in wahrgenommener Arbeitsleistung. Allerdings gaben die Teilnehmer dieser Studie an, nach dem Urlaub weniger Anstrengung zum Erfüllen der täglichen Arbeitsaufgaben zu benötigen als vor dem Urlaub. Eine weitere Studie fand eine Verringerung der Fehlzeiten direkt nach dem Urlaub (Westman & Etzion, 2001). Auch die bisher wenigen Untersuchungen zu Effekten von Urlaub auf Arbeitsleistung weisen auf sogenannte „Fadeout"-Prozesse hin, das heißt, wenige Wochen nach dem Urlaub erreichen leistungsbezogene Variablen wieder ihr ursprüngliches Niveau.

Eine Studie von Sonnentag (2003) konnte zeigen, dass auch Erholung am Feierabend in positivem Zusammenhang mit leistungsbezogenen Variablen stehen kann. In einer Tagebuchuntersuchung über fünf Arbeitstage fand sich ein positiver Effekt von Erholung am Feierabend auf Arbeitsengagement, Eigeninitiative und Lernbereitschaft am folgenden Arbeitstag (vgl. dazu auch Binnewies, Sonnentag & Mojza, 2009). Dabei mediierte das Arbeitsengagement den Zusammenhang zwischen Erholung und Eigeninitiative bzw. Lernbereitschaft.

Ein Grund für noch ausstehende Untersuchungen zu Effekten von arbeitsfreier Zeit auf die Arbeitsleistung könnten Messprobleme sein, die durch die Nutzung von Selbsteinschätzungen entstehen. Möglicherweise nehmen andere Personen am Arbeitsplatz Veränderungen in der Arbeitsleistung eines Mitarbeiters eher wahr als der Betroffene selbst, was für Bewertungen durch Kollegen oder Vorgesetzte sprechen würde. Zusätzlich könnten objektive Leistungsmessungen hilfreich sein, würden aber möglicherweise vor allem quantitative und weniger qualitative Veränderungen der Arbeitsleistung erfassen.

5.4 Erholungsförderliche Aspekte arbeitsfreier Zeit

Neben den oben aufgeführten allgemeinen Effekten arbeitsfreier Zeit scheint es spezifische Aspekte zu geben, die die Erholung zusätzlich fördern. Im Urlaubskontext zum Beispiel scheint die Zufriedenheit mit dem gerade erlebten Urlaub von Bedeutung zu sein. So zeigten empirische Ergebnisse aus längsschnittlichen Untersuchungen einen positiven Zusammenhang zwischen der Zufriedenheit mit dem Urlaub und Arbeits- sowie Lebenszufriedenheit nach dem Urlaub (Lounsbury & Hoopes, 1986; Westman & Eden, 1997). Bei Personen mit hoher Urlaubszufriedenheit stiegen Arbeits- und Lebenszufriedenheit an, während Arbeits- und Lebenszufriedenheit bei Personen mit geringer Urlaubszufriedenheit leicht abnahmen.

Fritz und Sonnentag (2006) untersuchten die Rolle spezifischer Erfahrungen im Urlaubskontext, indem sie Arbeitnehmer (nicht wissenschaftliches Personal an Hochschulen) vor, in und nach ihrem Urlaub befragten. Sie fanden, dass besonders ein hohes Ausmaß an negativer Reflexion über die Arbeit während des Urlaubs mit höheren psychosomatischen Beschwerden, vermehrtem Burnout und erhöhter wahrgenommener Anstrengung nach dem Urlaub in Zusammenhang steht. Weiterhin zeigten sich positive Effekte von positiver Reflexion über die Arbeit, Entspannung und der Bewältigung von Herausforderungen während des Urlaubs. Im Gegensatz dazu hingen private Stressoren während des Urlaubs, wie zum Beispiel Konflikte mit dem Partner, mit einem Anstieg in wahrgenommener Erschöpfung nach dem Urlaub zusammen. Insgesamt fanden sich Effekte von spezifischen Erfahrungen während des Urlaubs auf Wohlbefinden und Anstrengung direkt nach dem Urlaub sowie – wenn auch in geringerem Ausmaß – zwei Wochen nach dem Urlaub. Allerdings zeigte sich keine Wirkung spezifischer Erfahrungen während des Urlaubs auf wahrgenommene Arbeitsleistung nach dem Urlaub. Strauss-Blasche, Reithofer, Schobesberger, Ekmekcioglu und Marktl (2005) befragten 191 Arbeitnehmer in der Woche nach der Rückkehr aus dem Urlaub und fanden positive Zusammenhänge zwischen Erholung und verschiedenen Charakteristika des Urlaubs (beispielsweise Schlafqualität, Temperatur am Urlaubsort, Zeit für einen selbst).

Eine längsschnittliche Studie bei Mitarbeitern im Rettungsdienst untersuchte die Erholungsförderlichkeit spezifischer Erfahrungen am Wochenende (Fritz & Sonnentag, 2005). Die Ergebnisse zeigten, dass ein hohes Maß an positiver Reflexion über die Arbeit während des Wochenendes mit verringertem Burnout und vermehrter Lernbereitschaft zu Beginn der neuen Arbeitswoche in Zusammenhang stand. Weiterhin fand sich eine positive Wirkung von Aktivitäten mit anderen Personen auf die allgemeine Arbeitsleistung und auf verschiedene Aspekte des Wohlbefindens. Private Stressoren gingen hingegen mit einer Beeinträchtigung von Wohlbefinden und allgemeiner Arbeitsleistung sowie Lernbereitschaft bei der Arbeit einher.

Forschung zu Erholung am Feierabend konnte zeigen, dass auch in dieser Phase arbeitsfreier Zeit spezifische Aktivitäten mit dem individuellen Wohlbefinden in Zusammenhang stehen (Sonnentag, 2001; Sonnentag & Kruel, 2006; Sonnentag & Natter, 2004; Sonnentag & Bayer, 2005). Zum Beispiel fanden sich positive Effekte von Aktivitäten, die mit wenig Anstrengung verbunden waren, von Aktivitäten mit anderen Personen sowie von körperlichen Aktivitäten auf das Wohlbefinden vor dem Schlafengehen. Dagegen waren arbeitsbezogene Aktivitäten am Feierabend mit verringertem Wohlbefinden vor dem Schlafengehen verbunden (Sonnentag, 2001).

Auch Sonnentag und Natter (2004) fanden negative Zusammenhänge zwischen arbeitsbezogenen Aktivitäten und individuellem Wohlbefinden vor dem Schlafengehen sowie positive Zusammenhänge zwischen körperlichen Aktivitäten und individuellem Wohlbefinden. Vorherigen Befunden widersprechend (Fritz & Sonnentag, 2005; Sonnentag, 2001) standen soziale Aktivitäten am Feierabend jedoch in negativem Zusammenhang mit individuellem Wohlbefinden, was zunächst möglicherweise durch die spezifische Stichprobe (Flugbegleiter) erklärt werden kann. Da der soziale Kontakt mit Fluggästen eine der wesentlichen Arbeitsanforderungen darstellt, wirken möglicherweise soziale Kontakte am Feierabend nicht erholungsförderlich.

Weitere Forschung zu Erholungseffekten nahm an, dass das Ausmaß der Distanzierung von der Arbeit während der arbeitsfreien Zeit eine wichtige Voraussetzung für Erholung von der Arbeit darstellt (z. B. Etzion et al., 1998). Sonnentag und Bayer (2005) konnten zeigen, dass ein größeres Ausmaß an Distanzierung von der Arbeit am Feierabend zu einem Anstieg in positiver Stimmung und einer Abnahme an Müdigkeit vor dem Schlafengehen führte. Über ähnliche Zusammenhänge zwischen fehlendem Abschalten von der Arbeit und Beeinträchtigungen des Befindens an einer Stichprobe von Selbstständigen berichten auch Taris, Geurts, Schaufeli, Blon und Lagerveld (2008).

Sonnentag und Zijlstra (2006) fanden, dass Arbeitnehmer ein höheres Wohlbefinden vor dem Schlafengehen berichteten, wenn sie die Aktivitäten in ihrer arbeitsfreien Zeit als positiv wahrgenommen hatten. Ähnlich zeigte sich ein Anstieg des Wohlbefindens vor dem Schlafengehen, wenn die Aktivitäten außerhalb der Arbeit als erholsam erlebt wurden (Sonnentag & Natter, 2004). Das heißt, dass das subjektive Erleben der Aktivitäten am Feierabend eine bedeutende Rolle für den Erholungserfolg darzustellen scheint. Diese Befunde sowie Befunde zur Bedeutung der Urlaubszufriedenheit (Lounsbury & Hoopes, 1986) weisen darauf hin, dass eine Aktivität nicht unbedingt per se einen Einfluss auf den Erholungserfolg hat, sondern dass es auf das subjektive Erleben dieser Aktivitäten ankommt.

5.5 Erholungshinderliche Aspekte der Arbeitssituation

Untersuchungen zum Zusammenhang zwischen Arbeitsbedingungen und Erholungsprozessen weisen auf mögliche Effekte von Arbeitsplatzmerkmalen auf das Erleben der freien Zeit und die Wahl von Erholungsaktivitäten hin. So berichten Cropley und Purvis (2003), dass Lehrer, die hohe Belastungen und geringen Handlungsspielraum bei ihrer Arbeit erlebten, nach der Arbeit länger über ihre Arbeit grübelten als Lehrer, die ihren Arbeitsplatz als günstiger wahrnahmen. Rau und Triemer (2004) fanden, dass Personen, die viele Überstunden leisteten, weniger gut in der Lage waren, sich nach der Arbeit zu entspannen als Personen, die weniger Stunden arbeiteten.

Ergebnisse von Sonnentag und Bayer (2005) sowie von Sonnentag und Kruel (2006) zeigten, dass Personen, die erhöhte Arbeitsstressoren (Zeitdruck und lange Arbeitszeiten) erleben, am Feierabend weniger gut von der Arbeit abschalten können als Personen, die weniger Arbeitsstressoren ausgesetzt sind (vgl. dazu auch Grebner, Semmer & Elfering, 2005). Dabei scheint vor allem der Zeitdruck der wesentliche Stressor zu sein, bei dem es schwerfällt, abzuschalten (Grebner, Semmer, Lo Faso, Gut, Kälin & Elfering, 2003).

Weiterhin zeigte sich, dass Polizeimitarbeiter und -mitarbeiterinnen nach einem stressvollen Arbeitstag, an dem sie ein hohes Ausmaß an arbeitsorganisatorischen Problemen erlebt haben, weniger Zeit mit sportlichen Aktivitäten und stattdessen mehr Zeit mit wenig anstrengenden Aktivitäten verbrachten – obwohl sie sportliche Aktivitäten generell als erholsamer einschätzten als wenig anstrengende Aktivitäten (Sonnentag & Jelden, in Druck). Dieses Ergebnis legt die Interpretation nahe, dass Stressoren in der Arbeit psychische Ressourcen erschöpfen, die notwendig sind, um sportliche – d. h. in der Regel anstrengende – Aktivitäten zu initiieren und durchzuhalten (Muraven & Baumeister, 2000).

Insgesamt liefern die Befunde zu erholungshinderlichen Aspekten der Arbeitssituation interessante Hinweise auf die Rolle arbeitsbezogener Variablen im Erleben arbeitsfreier Zeit. Es scheint, dass genau dann, wenn Erholung besonders wichtig ist (bei einer stressvollen Arbeitssituation), sie gleichzeitig auch besonders schwierig zu erreichen ist.

6 *Zusammenfassung und Ausblick*

Ziel dieses Kapitels war es, die Forschung zum Verhältnis zwischen Arbeit und Lebensbereichen außerhalb der Arbeit zusammenzufassen und dabei insbesondere die Aspekte Freizeit, Familie und Erholung zu beleuchten. Zusammenfassend machen die Untersuchungen zum Verhältnis von Arbeit und den Lebensbereichen außerhalb der Arbeit deutlich, dass Stimmung von einem Bereich in die anderen Bereiche „mitgenommen" wird und sich dort sowohl im Affekt als auch im Sozialverhalten ausdrückt (Repetti, 1989; Williams & Alliger, 1994). Das Erleben eines Konflikts zwischen Arbeit und Familie steht in negativem Zusammenhang mit Arbeits- und Lebenszufriedenheit (Kossek & Ozeki, 1998; Allen et al., 2000) und geht mit einer Beeinträchtigung der psychischen Gesundheit einher (Allen et al., 2000). Zusätzlich gibt es Hinweise darauf, dass der Konflikt zwischen Arbeit und Familie tatsächlich zu schlechterem Befinden und schlechterer Gesundheit führt (Frone et al., 1997; Demerouti et al., 2004). Allerdings scheint ein schlechteres psychisches Befinden auch das Erleben eines Konflikts zwischen Arbeit und Familie zu begünstigen (Leiter & Durup, 1996; Demerouti et al., 2004). Darüber hinaus machen Untersuchungen zunehmend deutlich, dass Arbeit und Familie nicht nur in Konflikt zueinander stehen, sondern Aspekte aus beiden Lebensbereichen sich gegenseitig bereichern können (Rothbard, 2001; Hammer et al., 2005b). Forschung zu Erholung zum Beispiel hat gezeigt, dass arbeitsfreie Zeit an sich (Westman & Eden, 1997; Fritz & Sonnentag, 2006) sowie spezifische Freizeitaktivitäten und Erlebensqualitäten mit dem Wohlbefinden in Zusammenhang stehen (Sonnentag, 2001; Sonnentag & Zijlstra, 2006). Gute Erholung scheint jedoch nicht unter allen Bedingungen gleichermaßen möglich zu sein: Unter stressvollen Arbeitsbedingungen sind Menschen weniger gut in der Lage, sich am Feierabend zu entspannen und von der Arbeit abzuschalten (Grebner et al., 2005; Rau & Triemer, 2004; Sonnentag & Bayer, 2005).

Trotz der deutlichen Fortschritte, die die Forschung zum Verhältnis von Arbeit, Freizeit und Familie in den letzten Jahren vorweisen kann, sind noch lange nicht alle Fragen beantwortet. Die Forschung zu Freizeit, zum Verhältnis von Arbeit und Familie sowie zu Erholung entstammen unterschiedlichen Forschungstraditionen und stehen bislang relativ unverbunden nebeneinander. Da die einzelnen Bereiche und Prozesse im Erleben stark ineinander verwoben sein dürften, ist eine stärkere Integration der verschiedenen Forschungsstränge empfehlenswert und notwendig. Beispielsweise haben Geurts, Kompier und Roxburgh (2003) sowie Demerouti et al. (2004) argumentiert, dass das Erleben des Konflikts zwischen Arbeit und Familie deshalb mit Befindens- und Gesundheitsbeeinträchtigungen einhergeht, da diese Konflikte die Erholungsmöglichkeiten verringern. Untersuchungen, die diese Mediatorhypothese explizit testen, könnten somit wesentlich zu einer Integration der unterschiedlichen Forschungsstränge beitragen.

Eine weitere wichtige Frage für die zukünftige Forschung betrifft das berufsbezogene Lernen außerhalb der Arbeitszeit. Ständiges Weiterlernen wird zunehmend zu einer Notwendigkeit für fast alle Arbeitenden (Bergmann in diesem Band; Sonnentag, Niessen & Ohly, 2004). Für das Thema „Arbeit und Privatleben“ ist dieses Lernen aus mehrerlei Gründen von Bedeutung. Zum einen können Lernerfordernisse den Konflikt zwischen Arbeit und Familie vor allem in zeitlicher Hinsicht noch verstärken, da nun nicht nur arbeitsbezogene und familiäre, sondern auch Lernanforderungen um die knappe Zeit konkurrieren. Wie sich solche verstärkten Konflikte äußern und wie sie möglicherweise auf die Arbeit, das Wohlbefinden und die Lernleistung wirken, ist eine zentrale Frage für weitere Untersuchungen. Zum anderen können arbeitsrelevante Kenntnisse und Fertigkeiten durch Lernprozesse im Privatbereich verbessert werden, wie beispielsweise die Untersuchung von Ruderman et al. (2002) nahe legt. Schließlich können auch Lernprozesse während der Arbeit durch ein günstiges Privatleben, d. h. vor allem durch Erholung gefördert werden (Fritz & Sonnentag, 2005; Sonnentag, 2003).

Die überwiegende Zahl der Untersuchungen in dem Forschungsfeld zum Verhältnis zwischen Arbeit und Familie bzw. Freizeit basiert auf einem querschnittlichen Design oder benutzt längsschnittliche Designs mit relativ langen Zeitabständen. Eine weitgehend ungeklärte Frage ist, wie sich Konflikt bzw. Bereicherung zwischen Arbeit und Familie im täglichen Erleben der einzelnen Personen niederschlagen (vgl. dazu Williams, Suls, Alliger, Learner & Wan, 1991). Zur Beantwortung dieser Frage könnten Experience-Sampling- oder Tagebuchmethoden eingesetzt werden (Bolger, Davis & Rafaeli, 2003). Aktuelle Untersuchungen zeigen, dass ein solcher Ansatz vielversprechend ist (Amstad, 2006; Butler, Grzywacz, Bass & Linnery, 2005; Ilies et al., 2007).

In diesem Kapitel sind wir vorrangig der Frage nachgegangen, wie das Verhältnis zwischen Arbeit und Nichtarbeit mit dem Erleben und Verhalten der unmittelbar davon betroffenen Person zusammenhängt (vgl. Repetti, 1994; Repetti & Wood, 1997). Die Forschung zeigt jedoch, dass sich Stimmungen auch von einer Person auf eine andere übertragen können (Westman, 2001). Gerade im Grenzbereich zwischen Arbeit und Lebensbereichen außerhalb der Arbeit dürfte es besonders Gewinn bringend sein, solche Crossover-Prozesse im Detail zu untersuchen. Erste Ansätze dazu bestehen bereits (Amstad, 2006; Hammer et al., 2005b; Klumb, Hoppmann & Staats, 2006).

Die Thematisierung der Frage, in welchem Verhältnis Arbeit und Lebensbereiche außerhalb der Arbeit stehen, beruht auf der Setzung, dass Arbeit und das Leben außerhalb der Arbeit zumindest konzeptionell klar zu trennen sind. Die Unterscheidung von Arbeit und dem Leben außerhalb der Arbeit ist jedoch nicht zwingend und wird als ein Ergebnis der Industrialisierung angesehen (Wilensky, 1960). Heute können wir Entwicklungen beobachten, die auf eine teilweise Aufhebung der Trennung zwischen Arbeit und Lebensbereichen außerhalb der Arbeit hinweisen. Zu nennen sind hier beispielsweise Arrangements im Kontext von Telearbeit, in denen zumindest ein Teil der mit der Erwerbsarbeit verbundenen Aufgaben im bislang „privaten" Lebensbereich erledigt wird (Chapman, Sheehy, Heywood, Dooley & Collins, 1995; Konradt & Schmook, 1999). Auch die Verfügbarkeit von technischen Kommunikationsmitteln wie Handy und E-Mail und die damit verbundene ständige Erreichbarkeit lassen die Grenzen zwischen Arbeit und dem Leben außerhalb der Arbeit zunehmend verschwimmen (Eden, 2001a). Es wäre eine interessante und wichtige Aufgabe für die Forschung, das Verhältnis sowohl zwischen Arbeit und Familie als auch Erholungsprozessen im Lichte dieser zunehmenden Vermischung von Arbeit und Nichtarbeit zu untersuchen (vgl. dazu Standen, Daniels & Lamond, 1999).

Die Forschung zum Verhältnis zwischen Arbeit und Privatleben ist auch für andere Bereiche der Arbeits- und Organisationspsychologie von Bedeutung. Vorrangig ist hier die Forschung zum Arbeitsstress zu nennen, die gezeigt hat, dass Stressoren zu einer Schädigung des Befindens und der Gesundheit führen können (Sonnentag & Frese, 2003; Zapf & Semmer, 2004; vgl. Semmer et al. in diesem Band). Wir nehmen an, dass Lebensbereiche außerhalb der Arbeit in diesem Wirkgefüge sowohl ein Mediator als auch ein Moderator sein können.

So gibt es erste Hinweise darauf, dass unter stressvollen Arbeitsbedingungen der Konflikt zwischen Arbeit und Familie zunimmt (z. B. Demerouti et al., 2004) und auch das Erholungsverhalten eingeschränkt ist (z. B. Rau & Triemer, 2004; Sonnentag & Bayer, 2005), was infolge zu einer Beeinträchtigung des Befindens und der Gesundheit führen kann (Peeters et al., 2004). Theoretisch lässt sich auch argumentieren, dass Stressoren besonders dann negative Wirkungen auf die Gesundheit entfalten, wenn Erholungsphasen fehlen (Meijman & Mulder, 1998) und wenn andere Lebensbereiche durch die Arbeit in Mitleidenschaft gezogen werden.

Geht man davon aus, dass Arbeit und Lebensbereiche außerhalb der Arbeit nicht vollkommen unabhängig voneinander sind, so ist die Forschung zu Freizeit, Familie und Erholung auch von Bedeutung für organisationales Verhalten und Leistungserbringung bei der Arbeit. Insbesondere Befinden und psychische Gesundheit scheinen hier die zentrale vermittelnde Variable zu sein (Cropanzano, Rupp & Byrne, 2003; Staw, Sutton & Pelled, 1994).

Insgesamt macht die Forschung zum Verhältnis von Arbeit und Privatleben deutlich, dass die Wirkungen der Arbeit sich nicht nur unmittelbar am Arbeitsplatz bzw. innerhalb der Organisation entfalten, sondern weit darüber hinausgehen. Umgekehrt kann Verhalten bei der Arbeit nicht ausschließlich durch Konstrukte, die dem Arbeitsbereich selbst entstammen, erklärt werden. Somit ist das in diesem Kapitel diskutierte Thema für die Arbeitspsychologie wichtiger als man ursprünglich annehmen möchte.

Literatur

Allen, T. D., Herst, D. E. L., Bruck, C. S. & Sutton, M. (2000). Consequences associated with work-to-family conflict: A review and agenda for future research. *Journal of Occupational Health Psychology, 5,* 278–308.

Allmer, H. (1996). *Erholung und Gesundheit. Grundlagen, Ergebnisse und Maßnahmen.* Göttingen: Hogrefe.

Amstad, F. T. (2006). *Das Gleichgewicht zwischen verschiedenen Lebensbereichen: Eine mikro- und makroanalytische Auseinandersetzung mit der Balance zwischen Arbeit und Familie.* Unveröffentlichte Dissertation, Universität Bern.

Aryee, S., Srinivas, E. S. & Tan, H. H. (2005). Rhythms of life: Antecedents and outcomes of work-family balance in employed parents. *Journal of Applied Psychology, 90,* 132–146.

Ashforth, B. E., Kreiner, G. E. & Fugate, M. (2000). All in a day's work: Boundaries and micro role transitions. *Academy of Management Review, 25,* 472–491.

Baltes, B. B. & Heydens-Gahir, H. A. (2003). Reduction of work-family conflict through the use of selection, optimization, and compensation behaviors. *Journal of Applied Psychology, 88,* 1005–1018.

Baltes, P. B. (1997). On the incomplete architecture of human ontogeny: Selection, optimization, and compensation as foundation of developmental theory. *American Psychologist, 52,* 366–380.

Bamberg, E. (1991). Arbeit, Freizeit und Familie. In S. Greif, E. Bamberg & N. Semmer (Hrsg.), *Psychischer Streß am Arbeitsplatz* (S. 201–221). Göttingen: Hogrefe.

Barling, J. & MacEwen, K. E. (1992). Linking work experiences to facets of marital functioning. *Journal of Organizational Behavior, 13,* 573–583.

Binnewies, C., Sonnentag, S. & Mojza, E. J. (2009). Daily performance at work: Feeling recovered in the morning as a predictor of day-level job performance. *Journal of Organizational Behavior, 30,* 67–93.

Bolger, N., Davis, A. & Rafaeli, E. (2003). Diary methods: Capturing life as it is lived. *Annual Review of Psychology, 54,* 579–616.

Bolger, N., DeLongis, A., Kessler, R. C. & Wethington, E. (1989). The contagion of stress across multiple roles. *Journal of Marriage and the Family, 51,* 175–183.

Boucsein, W. & Thum, M. (1997). Design of work/rest schedules for computer work based on psychophysiological recovery measures. *International Journal of Industrial Ergonomics, 20,* 51–57.

Butler, A., Grzywacz, J. G., Bass, B. L. & Linnery, K. D. (2005). Extending the demands-control model: A daily diary study of job characteristics, work-family conflict, and work-family facilitation. *Journal of Occupational and Organizational Psychology, 78,* 155–169.

Byron, K. (2005). A meta-analytic review of work-family conflict and its antecedents. *Journal of Vocational Behavior, 67,* 169–198.

Chapman, A. J., Sheehy, N. P., Heywood, S., Dooley, B. & Collins, S. C. (1995). The organizational implications of teleworking. In C. L. Cooper & I. T. Robertson (Eds.), *International review of industrial and organizational psychology* (pp. 229–248). Chichester: Wiley.

Cohen, A. & Kirchmeyer, C. (1995). A multidimensional approach to the relation between organizational commitment and nonwork participation. *Journal of Vocational Behavior, 46,* 189–202.

Craig, A. & Cooper, R. E. (1992). Symptoms of acute and chronic fatigue. In A. P. Smith & D. M. Jones (Eds.), *Handbook of human performance* (Vol. 3, pp. 289–339). London: Academic Press.

Cropanzano, R., Rupp, D. E. & Byrne, Z. S. (2003). The relationship of emotional exhaustion to work attitutes, job performance, and organizational citizenship behaviors. *Journal of Applied Psychology, 88,* 160–169.

Cropley, M. & Purvis, L. J. M. (2003). Job strain and rumination about work issues during leisure time: A diary study. *European Journal of Work and Organizational Psychology, 12,* 195–207.

Demerouti, E., Bakker, A. B. & Bulters, A. J. (2004). The loss spiral of work pressure, work-home interference and exhaustion: Reciprocal relations in a three-way study. *Journal of Vocational Behavior, 64,* 131–149.

Demerouti, E. & Geurts, S. A. E. (2004). Towards a typology of work-home interaction. *Community, Work & Family, 7,* 285–309.

Doby, V. J. & Caplan, R. D. (1995). Organizational stress as threat to reputation: Effects on anxiety at work and at home. *Academy of Management Journal, 38,* 1105–1123.

Eden, D. (1990). Acute and chronic job stress, strain, and vacation relief. *Organizational Behavior and Human Decision Processes, 45,* 175–193.

Eden, D. (2001a). Job stress and respite relief: Overcoming high-tech tethers. In P. L. Perrewé & D. C. Ganster (Eds.), *Research in occupational stress and well-being* (Vol. 1, pp. 143–194). New York, NY: JAI.

Eden, D. (2001b). Vacations and other respites: Studying stress on and off the job. In C. L. Cooper & I. T. Robertson (Eds.), *International review of industrial and organizational psychology* (pp. 121–146). New York, NY: Wiley.

Edwards, J. R. & Rothbard, N. P. (2000). Mechanisms linking work and family: Clarifying the relationship between work and family constructs. *Academy of Management Review, 25,* 178–199.

Etzion, D. (2003). Annual vacation: Duration and relief from job stress and burnout. *Anxiety, Stress and Coping: An International Journal, 16,* 213–226.

Etzion, D., Eden, D. & Lapidot, Y. (1998). Relief from job stressors and burnout: Reserve service as a respite. *Journal of Applied Psychology, 83,* 377–585.

Etzion, D. & Westman, M. (2001). Vacation and the crossover of strain between spouses – stopping the vicious cycle. *Man at Work, 11,* 106–118.

Fisher, S. & Cooper, C. (1990). *On the move.* New York, NY: Wiley.

Ford, M. T., Heinen, B. A. & Langkamer, K. L. (2007). Work and family satisfaction and conflict: A meta-analysis of cross-domain relations. *Journal of Applied Psychology, 92,* 57–80.

Fritz, C. & Sonnentag, S. (2005). Recovery, health, and job performance: Effects of weekend experiences. *Journal of Occupational Health Psychology, 10,* 187–199.

Fritz, C. & Sonnentag, S. (2006). Recovery, well-being, and performance-related outcomes: The role of work load and vacation experiences. *Journal of Applied Psychology, 91,* 936–945.

Frone, M. R., Russell, M. & Cooper, M. L. (1992). Antecedents and outcomes of work-family conflict: Testing a model of the work-family interface. *Journal of Applied Psychology, 77,* 65–78.

Frone, M. R., Russell, M. & Cooper, M. L. (1997). Relation of work-family conflict to health outcomes: A four-year longitudinal study of employed parents. *Journal of Occupational and Organizational Psychology, 70,* 325–335.

Galinsky, T. L., Swanson, N. G., Sauter, S. L., Hurrell, J. J. & Schleifer, L. M. (2000). A field study of supplementary rest breaks for data-entry operators. *Ergonomics, 43,* 622–638.

Geurts, S. A. E. & Demerouti, E. (2003). Work/non-work interface: A review of theories and findings. In M. J. Schabracq, J. A. M. Winnubst & C. L. Cooper (Eds.), *The handbook of work and health psychology* (pp. 279–312). Chichester: Wiley.

Geurts, S. A. E., Kompier, M. A. J. & Roxburgh, S. (2003). Does work-home interference mediate the relationship between workload and well-being? *Journal of Vocational Behavior, 63,* 532–559.

Geurts, S. A. E., Taris, T. W., Kompier, M. A. J., Dikkers, J. S. E., van Hooff, M. L. M. & Kinnunen, U. M. (2005). Work-home interaction from a work psychological perspective: Development and validation of a new questionnaire, the SWING. *Work & Stress, 19,* 319–339.

Glaser, R., Kiecolt-Glaser, J. K., Speicher, C. E. & Holliday, J. E. (1985). Stress, loneliness, and changes in herpesvirus latency. *Journal of Behavioral Medicine, 8,* 249–260.

Grandey, A. A. & Cropanzano, R. (1999). The conservation of resources model applied to work-family conflict and strain. *Journal of Vocational Behavior, 54,* 350–370.

Grant-Vallone, E. J. & Donaldson, S. I. (2001). Consequences of work-family conflict on employee well-being over time. *Work & Stress, 15,* 214–226.

Grebner, S., Semmer, N. K. & Elfering, A. (2005). Working conditions and three types of well-being: A longitudinal study with self-report and rating data. *Journal of Occupational Health Psychology, 10,* 31–43.

Grebner, S., Semmer, N. K., Lo Faso, L., Gut, S., Kälin, W. & Elfering, A. (2003). Working conditions, well-being, and job-related attitudes among call centre agents. *European Journal of Work and Organizational Psychology, 12,* 341–365.

Greenhaus, J. H. & Beutell, N. J. (1985). Sources of conflict between work and family roles. *Academy of Management Review, 10,* 76–88.

Greenhaus, J. H. & Powell, G. N. (2003). When work and family collide: Deciding between competing role demands. *Organizational Behavior and Human Decision Making Processes, 90,* 291–303.

Greenhaus, J. H. & Powell, G. N. (2006). When work and family are allies: A theory of work-family enrichment. *Academy of Management Journal, 31,* 72–92.

Grzywacz, J. G. & Bass, B. L. (2003). Work, family, and mental health: Testing different models of work-family fit. *Journal of Marriage and the Family, 65,* 248–262.

Grzywacz, J. G. & Marks, N. F. (2000). Reconceptualizing the work-family interface: An ecological perspective on the correlates of positive and negative spillover between work and family. *Journal of Occupational Health Psychology, 5,* 111–126.

Hammer, L. B., Cullen, J. C., Neal, M. B., Sinclair, R. R. & Shafiro, M. V. (2005b). The longitudinal effects of work-family conflict and positive spillover on depressive symptoms among dual-earner couples. *Journal of Occupational Health Psychology, 10,* 138–154.

Hammer, L. B., Neal, M. B. & Newsom, J. T. (2005a). A longitudinal study of the effects of dual-earner couples' utilization of family-friendly workplace supports on work and family outcomes. *Journal of Applied Psychology, 90,* 799–810.

Henning, R. A., Jacques, P., Kissel, G. V., Sullivan, A. B. & Alteras-Webb, S. M. (1997). Frequent short rest breaks from computer work: effects on productivity and well-being in two fields. *Ergonomics, 40,* 78–91.

Hobfoll, S. E. (1989). Conservation of resources: A new attempt at conceptualizing stress. *American Psychologist, 44,* 513–524.

Hobfoll, S. E. (1998). *Stress, culture, and community. The psychology and philosophy of stress.* New York, NY: Plenum.

Hoopes, L. L. & Lounsbury, J. W. (1989). An investigation of life satisfaction following vacation: A domain-specific approach. *Journal of Community Psychology, 17,* 129–140.

Hughes, D., Galinsky, E. & Morris, A. (1992). The effects of job characteristics on marital quality: Specifying linking mechanisms. *Journal of Marriage and the Family, 53,* 31–42.

Ilies, R., Schwind, K. M., Wagner, D. T., Johnson, M. D., DeRue, D. S. & Ilgen, D. R. (2007). When can employees have a family life? The effects of daily workload and affect on work-family conflict and social behavior at work. *Journal of Applied Psychology, 92,* 1368–1379.

Innstrand, S. T., Langballe, E. M., Espnes, G. A., Falkum, E. & Assland, O. G. (2008). Positive and negative work-family interaction and burnout: A longitudinal study of reciprocal relations. *Work & Stress, 22,* 1–15.

Jones, F. & Fletcher, B. (1996). Taking work home: A study of daily fluctuations in work stressors, effects on moods and impacts on marital partners. *Journal of Occupational and Organizational Psychology, 69,* 89–106.

Kabanoff, B. (1980). Work and nonwork: A review of models, methods, and findings. *Psychological Bulletin, 88,* 60–77.

Kabanoff, B. & O'Brien, G. E. (1982). Relationships between work and leisure attributes across occupational and sex groups in Australia. *Australian Journal of Psychology, 34,* 165–182.

Kahn, R. L., Wolfe, D. M., Quinn, R. P., Snoek, J. D. & Rosenthal, R. A. (1964). *Organizational stress: Studies in role conflict and ambiguity.* New York, NY: Wiley.

Kirchmeyer, C. (1992a). Nonwork participation and work attitudes: A test of scarcity vs. Expansion models of personal resources. *Human Relations, 45,* 775–795.

Kirchmeyer, C. (1992b). Perceptions of nonwork-to-work spillover: Challenging the common view of conflict-ridden domain relationships. *Basic and Applied Social Psychology, 13,* 231–249.

Klumb, P., Hoppmann, C. & Staats, M. (2006). Work hours affect spouse's cortisol secretion. For better and for worse. *Psychosomatic Medicine, 68,* 742–746.

Konradt, U. & Schmook, R. (1999). Telearbeit – Belastungen und Beanspruchungen im Längsschnitt. *Zeitschrift für Arbeits- und Organisationspsychologie, 43,* 142–150.

Kossek, E. E. & Ozeki, C. (1998). Work-family conflict, policies, and the job-life satisfaction relationship: A review and directions for organizational behavior-human resources research. *Journal of Applied Psychology, 83,* 139–149.

Lambert, S. J. (1990). Processes linking work and family: A critical review and research agenda. *Human Relations, 43,* 239–257.

Leiter, M. P. & Durup, M. J. (1996). Work, home, and in-between: A longitudinal study of spillover. *Journal of Applied Behavioral Science, 32,* 29–47.

Lounsbury, J. W. & Hoopes, L. L. (1986). A vacation from work: Changes in work and nonwork outcomes. *Journal of Applied Psychology, 71,* 392–401.

Lüders, E., Resch, M. G. & Weyerich, A. (1992). Auswirkungen psychischer Anforderungen und Belastungen in der Erwerbsarbeit auf das außerbetriebliche Handeln. *Zeitschrift für Arbeits- und Organisationspsychologie, 36,* 92–97.

MacDermid, S. M. (2005). (Re)considering conflict between work and family. In E. E. Kossek & S. J. Lambert (Eds.), *Work and life integration. Organizational, cultural, and individual perspectives* (pp. 19–40). Mahwah, NJ: Erlbaum.

Martin, A. J. & Sanders, M. R. (2003). Balancing work and family: A controlled evaluation of the triple p-positive parentating program as a work-site intervention. *Child and Adolescent Mental Health, 8,* 161–169.

Mauno, S. & Kinnunen, U. (1999). The effects of job stressors on marital satisfaction in Finnish dual-earner couples. *Journal of Organizational Behavior, 20,* 879–895.

Meijman, T. F. & Mulder, G. (1998). Psychological aspects of workload. In P. J. D. Drenth, H. Thierry & C. J. de Wolff (Eds.), *Handbook of work and organizational psychology* (Vol. 2, pp. 5–33). Hove: Psychology Press.

Meissner, M. (1971). The long arm of the job: A study of work and leisure. *Industrial Relations, 10,* 239–260.

Mieg, H. A. & Wehner, T. (2002). Frei-gemeinnützige Arbeit: Eine Analyse aus Sicht der Arbeits- und Organisationspsychologie. *Harburger Beiträge zur Psychologie und Soziologie der Arbeit, 33,* 1–30.

Muraven, M. & Baumeister, R. F. (2000). Self-regulation and depletion of limited resources: Does self-control resemble a muscle? *Psychological Bulletin, 126,* 247–259.

Netemeyer, R. G., Boles, J. S. & McMurrian, R. (1996). Development and validation of work-family conflict and family-work conflict scales. *Journal of Applied Psychology, 81,* 400–410.

Parcel, T. L. & Menaghan, E. G. (1990). Maternal working conditions and children's verbal facility: Studying the intergenerational transmission of inequality from mothers to young children. *Social Psychology Quarterly, 56,* 120–135.

Peeters, M. C. W., de Jonge, J., Janssen, P. P. M. & van der Linden, S. (2004). Work-home interference, job stressors, and employee health in a longitudinal perspective. *International Journal of Stress Management, 11,* 305–322.

Rau, R. & Triemer, A. (2004). Overtime in relation to blood pressure and mood during work, leisure, and night time. *Social Indicators Research, 67,* 51–73.

Repetti, R. L. (1989). Effects of daily workload on subsequent behavior during marital interaction: The roles of social withdrawal and spouse support. *Journal of Personality and Social Psychology, 57,* 651–659.

Repetti, R. L. (1993). Short-term effects of occupational stressors on daily mood and health complaints. *Health Psychology, 12,* 125–131.

Repetti, R. L. (1994). Short-term and long-term processes linking job stressors to father-child interaction. *Social Development, 3,* 1–15.

Repetti, R. L. & Wood, J. (1997). Effects of daily stress at work on mothers' interactions with preschoolers. *Journal of Family Psychology, 11,* 90–108.

Resch, M. (1999). *Arbeitsanalyse im Haushalt. Erhebung und Bewertung von Tätigkeiten außerhalb der Erwerbsarbeit mit dem AVAH-Verfahren.* Zürich: vdf.

Rothbard, N. P. (2001). Enriching or depleting? The dynamics of engagement in work and family roles. *Administrative Science Quarterly, 46,* 655–684.

Ruderman, M. N., Ohlott, P. J., Panzer, K. & King, S. N. (2002). Benefit of multiple roles for managerial women. *Academy of Management Journal, 45,* 369–386.

Schwarzer, R. (Hrsg.). (2005). *Gesundheitspsychologie* (Enzyklopädie der Psychologie, Serie Gesundheitspsychologie, Bd. 1). Göttingen: Hogrefe.

Song, Z., Foo, M.-D. & Uy, M. A. (2008). Mood spillover and crossover among dual-earner couples: A cell phone event sampling study. *Journal of Applied Psychology, 93,* 443–452.

Sonnentag, S. (2001). Work, recovery activities, and individual well-being: A diary study. *Journal of Occupational Health Psychology, 6,* 196–210.

Sonnentag, S. (2003). Recovery, work engagement, and proactive behavior: A new look at the interface between non-work and work. *Journal of Applied Psychology, 88,* 518–528.

Sonnentag, S. & Bayer, U. (2005). Switching off mentally: Predictors and consequences of psychological detachment from work during off-job time. *Journal of Occupational Health Psychology, 10,* 393–414.

Sonnentag, S. & Frese, M. (2003). Stress in organizations. In W. C. Borman, D. R. Ilgen & R. J. Klimoski (Eds.), *Handbook of psychology* (Vol. 12, pp. 453–491). Hoboken, NJ: Wiley.

Sonnentag, S. & Jelden, S. (in press). Job stressors and the pursuit of sport activities: A day-level perspective. *Journal of Occupational Psychology.*

Sonnentag, S. & Kruel, U. (2006). Psychological detachment from work during off-job time: The role of job stressors, job involvement, recovery efficacy. *European Journal of Work and Organizational Psychology, 15,* 197–217.

Sonnentag, S. & Natter, E. (2004). Is there no place like home? Flight attendants' recovery from daily work. *International Journal of Stress Management, 11,* 366–391.

Sonnentag, S., Niessen, C. & Ohly, S. (2004). Learning at work: Training and development. In C. L. Cooper & I. T. Robertson (Eds.), *International review of industrial and organizational psychology* (pp. 249–289). Chichester: Wiley.

Sonnentag, S. & Zijlstra, F. R. H. (2006). Job characteristics and off-job time activities as predictors of need for recovery, well-being and fatigue. *Journal of Applied Psychology, 91,* 330–350.

Staines, G. L. (1980). Spillover versus compensation: A review of the literature on the relationship between work and nonwork. *Human Relations, 33,* 111–129.

Standen, P., Daniels, K. & Lamond, D. (1999). The home as a workplace: Work-family interaction and psychological well-being in telework. *Journal of Occupational Health Psychology, 4,* 368–381.

Staw, B. M., Sutton, R. I. & Pelled, L. H. (1994). Employee positive emotion and favorable outcomes at the workplace. *Organization Science, 5,* 51–71.

Stewart, W. & Barling, J. (1996). Fathers' work experiences effect children's behaviors via job-related affect and parenting behaviors. *Journal of Organizational Behavior, 17,* 221–232.

Strauss-Blasche, G., Reithofer, B., Schobesberger, W., Ekmekcioglu, C. & Marktl, W. (2005). Effect of vacation on health: Moderating factors of vacation outcome. *Journal of Travel Medicine, 12,* 94–101.

Strauss-Blasche, G., Riedmann, B., Schobesberger, W., Ekmekcioglu, C., Riedmann, G., Waanders, R., Fries, D., Mittermayr, M., Marktl, W. & Humpeler, E. (2004). Vacation at moderate and low altitude improves perceived health in individuals with metabolic syndrome. *Journal of Travel Medicine, 11,* 300–306.

Striker, J., Luippold, R. L., Naggy, L., Liese, B., Bigelow, C. & Mundt, K. A. (1999). Risk factors for psychological stress among international business travellers. *Occupational Environmental Medicine, 56,* 245–252.

Taris, T. W., Geurts, S. A. E., Schaufeli, W. B., Blonk, R. W. B. & Lagerveld, S. (2008). All day and all of the night: The relative contribution of two dimensions of workaholism to well-being in self-employed workers. *Work & Stress, 22,* 153–165.

Westman, M. (1999, August). *Gain and loss spirals: Applying Hobfoll's COR theory to respite research.* Paper presented at the Academy of Management Meeting, Chicago, IL.

Westman, M. (2001). Stress and strain crossover. *Human Relations, 54,* 717–751.

Westman, M. & Aharon-Madar, M. (1998, May). *The impact of vacation on stress, burnout, and performance.* Paper presented at the 7th International Conference on Social Stress, Budapest.

Westman, M. & Eden, D. (1997). Effects of a respite from work on burnout: Vacation relief and fade-out. *Journal of Applied Psychology, 82,* 516–527.

Westman, M. & Etzion, D. (2001). The impact of vacation and job stress on burnout and absenteeism. *Psychology and Health, 16,* 595–606.

Westman, M. & Etzion, D. (2002). The impact of short overseas business trips on job stress and burnout. *Applied Psychology: An International Review, 51,* 582–592.

Wieland-Eckelmann, R. & Baggen, R. (1994). Beanspruchung und Erholung im Arbeits-Erholungs-Zyklus. In R. Wieland Eckelmann, H. Allmer, K. W. Kallus & J. H. Otto (Hrsg.), *Erholungsforschung* (S. 103–154). Weinheim: Beltz.

Wiese, B. S., Freund, A. M. & Baltes, P. B. (2000). Selection, optimization, and compensation: An action-related approach to work and partnership. *Journal of Vocational Behavior, 57,* 273–300.

Wilensky, H. L. (1960). Work, careers and social interaction. *International Social Science Journal, 12,* 543–560.

Williams, K. J. & Alliger, G. M. (1994). Role stressors, mood spillover, and perceptions of work-family conflict in employed parents. *Academy of Management Journal, 37,* 837–868.

Williams, K. J., Suls, J., Alliger, G. M., Learner, S. M. & Wan, C. K. (1991). Multiple role juggling and daily mood states in working mothers: An experience sampling study. *Journal of Applied Psychology, 76,* 664–674.

Zapf, D., Dormann, C. & Frese, M. (1996). Longitudinal studies in organizational stress research: A review of the literature with reference to methodological issues. *Journal of Occupational Health Psychology, 1,* 145–169.

Zapf, D. & Semmer, N. (2004). Stress und Gesundheit in Organisationen. In H. Schuler (Hrsg.), *Organisationspsychologie – Grundlagen und Personalpsychologie* (Enzyklopädie der Psychologie, Serie Wirtschafts-, Organisations- und Arbeitspsychologie, Bd. 3, S. 1007–1112). Göttingen: Hogrefe.

Zohar, D. (1999). When things go wrong: The effect of daily work hassles on effort, exertion and negative mood. *Journal of Occupational and Organizational Psychology, 72,* 265–283.

16. Kapitel

Förderung motivationaler und volitionaler Kompetenzen in Arbeitsgruppen

Uwe Kleinbeck

1 Gruppenarbeit, Arbeitsmotivation und Produktivität

Gruppenarbeit ist trotz möglicher Nachteile (vgl. Abschnitt 2) eine zentrale Form der Arbeitsorganisation geworden (Bungard & Antoni, 2004; Hackman & Wageman, 2005). Sie kann aber nur dann erfolgreich zur Produktivitätssteigerung eingesetzt werden, wenn den motivationspsychologisch bedeutsamen Veränderungen, die ihre Einführung mit sich bringt, Rechnung getragen wird. In diesem Zusammenhang entsteht dann eine Reihe von Fragen, auf die die Motivationspsychologie bisher noch keine umfassenden Antworten geben kann (DeShon, Kozlowski, Schmidt, Milner & Wiechmann, 2004):

1. Gelten die Erkenntnisse über die Wirksamkeit von Zielvereinbarungen, Rückmeldungen und Leistungsmessungen bei Einzelpersonen in gleicher Weise auch für Arbeitsgruppen?
2. Welche motivationspsychologisch relevanten Bedingungsfaktoren sichern die für eine hohe Produktivität notwendige Arbeitsmotivation der einzelnen Gruppenmitglieder?
3. Wie kann man die psychische Struktur von Motivationsprozessen in Arbeitsgruppen beschreiben?
4. Wie lassen sich die persönlichen Kompetenzen zur Steuerung des Motivationsprozesses in Arbeitsgruppen so fördern, dass Gruppenmitglieder ihre Leistungsvoraussetzungen produktivitätswirksam einsetzen?
5. Wie müssen Gruppenaufgaben und Arbeitsprozesse gestaltet werden, damit sie die Arbeitsmotivation stärken und aufrechterhalten und auf diese Weise produktivitätswirksam werden?

Die Beantwortung dieser Fragen ist deshalb schwierig, weil

1. mehrdeutige Befunde vorliegen (DeShon et al., 2004, vgl. Abschnitt 2),
2. die Wirkung von Einzelzielen bzw. Gruppenzielen auf Einzelleistungen oder die Gruppenleistung nicht konsequent genug getrennt untersucht worden ist,
3. noch keine gesicherte Theorie zur Arbeitsmotivation in Gruppen existiert.

Um die Entstehung hoher Gruppeneffektivität aus motivationspsychologischer Sicht erklären zu können, braucht man eine Theorie, die sich durch eine Multi-Ziel-Perspektive und eine Multi-Ebenenperspektive auszeichnet und die Betrachtung der Einflüsse von individuellen Merkmalen und Gruppenmerkmalen sowie situativen Faktoren auf die leistungsrelevanten Prozesse, die auf der individuellen und auf der Gruppenebene ablaufen, ermöglicht. Im nächsten Abschnitt dieses Kapitels wird deshalb auf einen Theorieansatz zurückgegriffen, der sich zur Erklärung des motivgesteuerten individuellen Handelns bewährt hat. Es wird begründet, warum dieser Ansatz auch die motivationspsychologischen Voraussetzungen produktivitätsorientierter Gruppenarbeit verständlich machen kann. Ausgehend von seinen theoretischen Konstrukten lassen sich Anforderungen an die Kompetenz von Gruppenmitgliedern ableiten, die Voraussetzung für eine erfolgreiche Gruppenarbeit sind. Nach den theoretischen Betrachtungen zur motivationalen und volitionalen Steuerung des Arbeitshandelns in Gruppen (vgl. Abschnitt 3, 5 und 7) werden einzelne Techniken zur Stärkung entsprechender Kompetenzen vorgestellt (vgl. Abschnitt 4, 6 und 8). Daran anschließend wird eine Managementtechnik beschrieben, die in der Lage ist, Führungskräfte bei der Förderung der motivationalen und volitionalen Kompetenz von Gruppenmitgliedern zu unterstützen und die Bedingungen für hohe Arbeitsmotivation zu verbessern (vgl. Abschnitt 9). Die erfolgreiche Anwendung aller geschilderten Techniken zur Kompetenzerweiterung stellt Führungskräfte vor neue Herausforderungen, die ebenfalls dargestellt werden (vgl. Abschnitt 10). Am Ende des Kapitels wird erklärt, warum solche Fördermaßnahmen nicht nur zur Steigerung der Gruppenproduktivität beitragen, sondern auch zur Persönlichkeitsentwicklung der Gruppenmitglieder (vgl. Abschnitt 11).

2 *Bedingungsfaktoren erfolgreicher Gruppenarbeit*

Gruppenarbeit ist für viele Unternehmen eine bevorzugte Form der Arbeitsorganisation. Sie lässt die Bearbeitung „vollständiger Aufgaben“ zu und stärkt die Eigenverantwortung der Mitarbeiter (Bierhoff, Wegge, Bipp, Kleinbeck, Attig-Grabosch & Schulz, 2005). Die Idee der vollständigen Handlung wurde von Hellpach bereits 1922 vorgestellt. Sie beinhaltet die Mitwirkung der Gruppenmitglieder an der Zielsetzung für das eigene Handeln, an der Auswahl der Mittel zur Zielerreichung, an der zielorientierten Steuerung des Arbeitsablaufs und an der Bewertung des Arbeitsergebnisses. Vollständige Aufgaben eignen sich dann gut zur Bearbeitung in Gruppen, wenn den Gruppenmitgliedern ein Großteil der Verantwortung für den Leistungsprozess übertragen wird. Wie Mathieu, Gilson und Ruddy (2006) zeigen konnten, führt das dadurch entstehende „Empowerment" zu verbesserten Gruppenprozessen, höherer Leistung und höherer Kundenzufriedenheit.

Seit Mitte des 20. Jahrhunderts führen Unternehmen vermehrt Arbeitsgruppen ein und beteiligen sie an der Bildung der Gruppenziele und der Überwachung der Zielerreichung (Kleinbeck, Schmidt & Rutenfranz, 1983; Antoni, 1994; Ilgen, 1999; Ulich, 2001; Kleinbeck & Schmidt, 2004; McGrath, 1984; West, 1996). Gruppenarbeit wird von vielen Mitarbeitern wegen der Möglichkeit zur Mitgestaltung und Mitverantwortung für attraktiver gehalten als Einzelarbeit (Wegge, 2006). Doch entgegen den Erwartungen von Unternehmen, bei Gruppenarbeit die Leistungspotenziale ihrer Mitarbeiter besser nutzen zu können, stellt sich der gewünschte Erfolg nicht immer ein (Schmidt, 2001). Verursachungsfaktoren können sein:

1. Gruppenaufgaben ohne Interdependenz der Einzelaufgaben,
2. Fehlen einer sinnvollen Gesamtstrategie des Unternehmens (Hey, Jöns & Pietruschka, 1997; Kleinbeck, Wegge & Schmidt, 2001; Reichwald & Koller, 1996),
3. unangepasste Entlohnungssysteme (DeMatteo, Eby & Sundstrom, 1998),
4. falsche Gruppenzusammensetzung,
5. Konflikte als Folge unterschiedlicher Interessen, Ziele und Handlungsvorstellungen innerhalb der Gruppe.

Es kommt zu Motivationsverlust und Formen unerwünschten Fehlverhaltens wie

a) social loafing – sozialer Müßiggang (Engelhardt & Witte, 1998),
b) social anxiety – soziale Angst (Camacho & Paulus, 1995),
c) free-riding – Trittbrettfahren (Kerr, 1983; Kerr & Brunn, 1983),
d) sucker effect – nicht länger der „Dumme" sein wollen (Kerr, 1983; Kerr & Brunn, 1983),
e) Soldiering – Soldatentum (Wegge, 2004).

Die Bedingungen effektiver Gruppenarbeit sind Gegenstand der sozial- und organisationspsychologischen Forschung geworden (Brodbeck & Guillaume in diesem Band; Hackman, Wageman, Ruddy & Ray, 2000; Schmidt, 2001; Wegge, 2004). Gruppenarbeit bietet die Möglichkeit der Arbeitsteilung und eine breite Streuung an Wissensbeständen, Fähigkeiten und Fertigkeiten. Zahlreiche Studien belegen, dass in Gruppen mehr Ideen zur Problemlösung entstehen und dass eine Gruppe in der Lage ist, mehr Informationen zu verarbeiten, weil sie sie besser strukturieren kann. Es kommt zu Synergieeffekten, da Gruppenmitglieder eigene Fehler in der Interaktion mit anderen erkennen und vermeiden, voneinander lernen und dadurch neue Fertigkeiten erlangen können (Brodbeck & Greitemeyer, 2000; Sader, 1996; Stumpf, 1999; Tschan, 2000; Webb & Palinscar, 1996). Die Befunde zeigen, dass Gruppenarbeit für Unternehmen dann effektiv ist (Brodbeck, 2004; Brodbeck & Guillaume in diesem Band; Hackman & Wageman, 2005; Hollingshead, Wittenbaum, Paulus, Hirokawa, Ancona, Peterson, Jehn & Yoon, 2005), wenn

1. das Leistungspotenzial der Gruppenmitglieder insgesamt den Anforderungen der Arbeitsaufgabe entspricht,
2. angemessen hohe, spezifische Ziele vereinbart werden,
3. die Gruppenmitglieder ihre in gegenseitiger Abhängigkeit voneinander zu erledigenden (interdependenten) Einzelaufgaben optimal koordinieren,
4. die Erfahrungen bei der Gruppenarbeit den persönlichen Wissenserwerb fördern,
5. das Vertrauen in die eigene Tüchtigkeit und in die der Gruppe groß ist,
6. die Motivation, die Willenskraft und das persönliche Wohlbefinden der Gruppenmitglieder dadurch positiv beeinflusst wird,
7. Kundenwünsche bezüglich der Leistungsqualität und der Termintreue erfüllt oder übertroffen werden.

Ausschlaggebend für den Erfolg sind aus motivationspsychologischer Sicht ein zielorientiertes persönliches Leistungsstreben der Gruppenmitglieder und ihre feste Bindung an das gemeinsame Gruppenziel. Es gibt die Richtung des Handelns vor und bestimmt die Stärke der zu investierenden Anstrengung, die aus der Zielhöhe resultiert. Neben der Gruppenstruktur mit ihren formalen Interaktions- und Kommunikationssystemen bestimmt auch die richtige Gruppenzusammensetzung die Gruppenproduktivität. Ausführlichere Erläuterungen und empirische Belege zur Wirksamkeit der genannten Faktoren finden sich in der einschlägigen organisationspsychologischen Literatur bei Brodbeck und Guillaume (in diesem Band), Hackman und Wageman (2005), Hollingshead et al. (2005). Zur Sicherstellung hoher Gruppenproduktivität kommt dem Management eine wichtige Funktion zu. Aufgrund abnehmender Kontrollmöglichkeiten und steigender Intransparenz von Gruppenprozessen sowie der Komplexität und Dynamik von Führungsprozessen ziehen viele Unternehmen externe Berater hinzu, um die Selbstregulation der Gruppe unterstützend zu fördern. Diesem Zweck dienen auch Managementsysteme.

Gruppenarbeit verlangt von Mitarbeitern und Führungskräften Anpassungsprozesse an die neuen Aufgaben. Handlungsziele sind gemeinsam so zu vereinbaren, dass dabei individuelle Ziele und Unternehmensziele Berücksichtigung finden. Der Umsetzungsprozess des Gruppenziels in Handlungen ist zielorientiert zu optimieren, Verlaufs- und Ergebnisrückmeldungen sind einzuholen und für eine nachhaltige Verbesserung der Arbeitsabläufe zu nutzen. An die Stelle autoritärer Zielvorgaben muss die Unterstützung des Vorgesetzten bei der Zielfindung, Zielvereinbarung und Zielakzeptanz treten. Geeignete Leistungsmess- und Rückmeldeverfahren sind einzusetzen, um zielorientiertes Arbeitshandeln und eine Leistungsbewertung zu ermöglichen. Diese Aktionen dienen der Kompetenzerweiterung der Gruppenmitglieder (Schmidt & Kleinbeck, 2006) und der Förderung ihrer aufgabenrelevanten Fähigkeiten. Beides trägt zur Persönlichkeitsentwicklung bei. Der vorliegende Beitrag unterzieht solche Gruppenprozesse einer genaueren Betrachtung, die bei der Vereinbarung handlungsleitender Ziele (individuelle Ziele und Gruppenziele) stattfinden und die dann auch Planung und Umsetzung des zielorientierten Handelns steuern. Sie werden analysiert, um auf diese Weise Einsichten über die motivationspsychologischen Voraussetzungen produktiver Gruppenarbeit zu gewinnen. Am Anfang der nachfolgenden Ausführungen steht ein Modell, das einzelne Handlungsphasen (Zielauswahl, Planung, Handlungsausführung und -bewertung) beschreibt, in denen vorwiegend motivationale oder volitionale Prozesse auftreten. In dem Modell werden Volitionsprozesse als eine Unterkategorie von Motivationsprozessen definiert, mit denen sich die Zielorientierung des Handelns, die Zielwahl und die Intensität der Zielverfolgung erklären lassen. Das Modell wurde von Heckhausen (1989) für den Handlungsverlauf bei Individuen entwickelt (s. a. Kornadt, 1988; Gollwitzer, 1996; Kleinbeck, 1996; Kuhl, 2000; Schneider & Schmalt, 2000; Rheinberg, 2004) und soll auf die Beschreibung motivationaler und volitionaler Prozesse von Gruppen übertragen werden (vgl. Abschnitt 2.1). Den mit der Gruppenarbeit verbundenen Anforderungen genügen am Besten kompetente Mitarbeiter, die in der Lage sind, die Prozesse bei der Zielvereinbarung (motivationale Prozesse) und beim zielorientierten Handeln (volitionale Prozesse) zu steuern und nach der Bewertung des Handlungsergebnisses mit Erfolg oder Misserfolg richtig umzugehen (motivationale Prozesse). Die psychische Struktur solcher Kompetenzen ist in der modernen Motivationspsychologie ausführlich analysiert worden (Heckhausen, 1989; Kuhl, 2001; Gollwitzer, Fujita & Oettingen, 2004; Rheinberg, 2004; Kehr, 2004; Kleinbeck, 2006b) und soll im Folgenden in den für die Gruppenarbeit bedeutsamen Aspekten erläutert werden.

2.1 Ein motivationspsychologisches Handlungsmodell

Der Handlungsbegriff ist für die Arbeitspsychologie sehr wichtig, denn Handlungen bilden die psychologische Grundeinheit der willensgesteuerten Tätigkeiten (Hacker, 2005, S. 69). Die Abgrenzung dieser Handlungen von anderen Verhaltensweisen erfolgt durch das bewusste Ziel, das die mit einer Absicht verbundene Vorwegnahme des Handlungsergebnisses darstellt. Nur kraft ihres Ziels sind Handlungen selbstständige, abgrenzbare Grundbestandteile oder Einheiten der Tätigkeit. Das diesen Ausführungen zugrunde liegende Handlungsmodell (Heckhausen, 1989) wurde in der Motivationspsychologie zunächst zur Erklärung individueller Handlungen genutzt und hat seine Gültigkeit in diesem Bereich erwiesen. Die zentralen Konzepte dieses Modells werden in diesem Beitrag auch zur Erklärung des Handelns von Arbeitsgruppen herangezogen. Ein solcher Versuch, theoretische Konzepte zur Erklärung individueller Handlungssteuerung auf die Gruppenebene zu übertragen, wird durch Überlegungen und Befunde von DeShon et al. (2004) legitimiert. Sie fanden einen empirischen Beleg für die Homologie der Konzepte auf der individuellen und der gruppenbezogenen Ebene der Handlungssteuerung und konnten zeigen, dass zentrale Aspekte des Steuerungsprozesses von Handlungen bei Individuen und Gruppen funktional äquivalent wirken. Ihre Studie hatte zum Ziel, ein Modell zur Selbststeuerung bei individuellen Handlungen in einen Gruppenkontext zu übertragen. Sie benutzen dabei als Grundkonzepte der Handlungssteuerung individuelle Ziele und Gruppenziele sowie Leistungsergebnisse und deren Rückmeldung auf individueller und auf Gruppenebene. Die Ergebnisse der Studie belegen, dass ein solches Vorgehen theoretisch und empirisch gerechtfertigt ist. Ausgehend von dieser Erkenntnis soll nun das motivationspsychologische Handlungsmodell von Heckhausen (1989) auf Gruppen übertragen werden. Der Prozess der zielgerichteten Handlungssteuerung wird dabei in vier aufein-

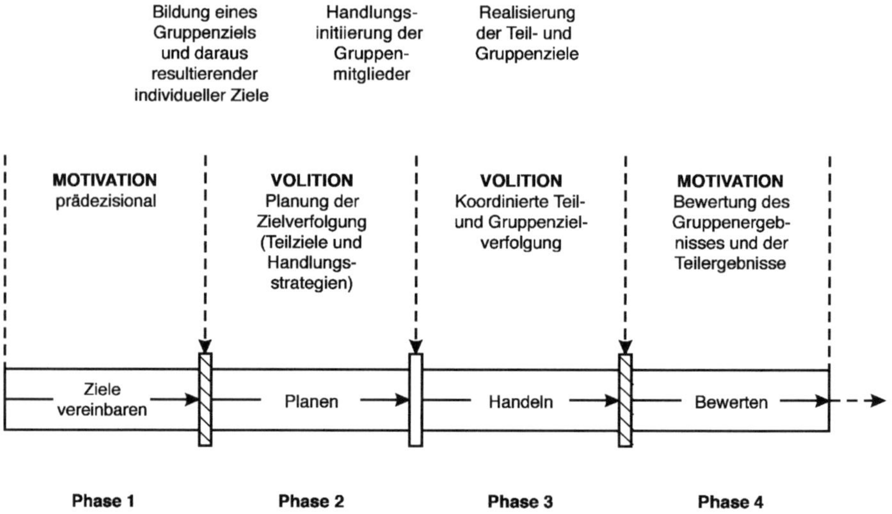

Abbildung 1:
Die vier Phasen eines zielgerichteten Handlungsverlaufs in Arbeitsgruppen (nach Heckhausen, 1989)

ander folgenden Handlungsphasen abgebildet (vgl. Abb. 1). Die gruppenspezifische Ausformulierung dieses Modells ist Thema der folgenden Abschnitte.

In den vier Phasen des Handlungsmodells laufen motivationale und volitionale Prozesse ab (Heckhausen & Heckhausen, 2006), deren Qualität von den Kompetenzen der Gruppenmitglieder abhängt. Während motivationale Prozesse in der prädezisionalen und in der postaktionalen Handlungsphase dominieren, überwiegen volitionale Prozesse in der präaktionalen und der aktionalen Handlungsphase. Verstärkt motivationale Kompetenz erfordern die Prozesse, die zum Vereinbaren von als wünschenswert und realisierbar eingeschätzten Gruppenzielen führen und bei denen Tätigkeitsvorlieben mit den Anforderungen der Gruppenaufgabe und den daraus resultierenden Teilaufgaben in Einklang gebracht werden müssen (Phase 1). Das Gruppenziel mit seinen Teilzielen bestimmt dann Richtung und Intensität des Gruppenhandelns. Am Ende der Zielverfolgung steht ein Erfolg oder Misserfolg (Phase 4). Dessen Verarbeitung erfordert ebenfalls motivationale Kompetenz. Die Auswirkungen der eigenen Bemühungen müssen nach Analyse der Verursachungsfaktoren eingeschätzt werden, um die Erkenntnisse dann in einen erneuten Zielvereinbarungsprozess einmünden zu lassen. Planung und handelnde Zielverfolgung erfordern volitionale Kompetenz (Phase 2 und 3). Motivation und Volition bewegen Gruppenmitglieder dazu, ihre Handlungen zielorientiert zu planen und ihre Handlungsausführung auf die erwarteten Handlungsergebnisse mit ihren Folgen auszurichten. Handlungsrichtung und -intensität sind dabei von der Höhe der Arbeitsmotivation abhängig. In der sich anschließenden Beschreibung der psychischen Struktur motivationaler und volitionaler Kompetenzen erfolgt die jeweilige Zuordnung zu den vier Prozessphasen (vgl. Abb. 1) der psychischen Handlungssteuerung bei Gruppenarbeit.

3 Die psychische Struktur motivationaler Kompetenz in Arbeitsgruppen

3.1 Komponenten der prädezisionalen Motivationsphase

In der ersten Phase des Handlungsprozesses ist die motivationale Kompetenz verantwortlich für die Zielqualität. Motivationale Kompetenz zeigt sich in der Fähigkeit der Gruppenmitglieder, gemeinsam handlungsleitende, herausfordernde Ziele für die Gruppenaufgabe mit ihren Teilaufgaben zu vereinbaren und die mit der Zielvereinbarung verbundenen Motivationsprozesse zu steuern. Eine motivationsgesteuerte Zielvereinbarung wird durch die Motive der Gruppenmitglieder auf der einen Seite und die Motivierungspotenziale der Arbeitssituation auf der anderen Seite beeinflusst (Hackman & Oldham, 1980; Kleinbeck, 2006a). Weitere zentrale Faktoren sind Erfolgserwartungen hinsichtlich der aktuellen Zielerreichung (siehe das Risiko-Wahl-Modell von Atkinson, 1964) und solche Erwartungen, die zukünftige Folgen von Handlungsergebnissen vorwegnehmen (Vroom, 1964). Sie bestimmen die Höhe der Arbeitsmotivation (Kleinbeck, 1996; Nerdinger, 1995; Pinder, 1998; Kleinbeck, 2007).

Die Motivationspsychologie definiert Motive als Inhaltsklassen von Zielen (Vroom, 1964; Heckhausen, 1989; Kleinbeck, 1996, 2004, 2009). Zu den Motiven, die die Arbeitsmotivation in Gruppen beeinflussen, gehören das Leistungsmotiv, das Anschlussmotiv, das Machtmotiv und das Neugiermotiv (McClelland, 1999; Rheinberg, 2004; Schneider & Schmalt, 2000; vgl. auch Abb. 3). Man unterscheidet implizite und explizite Motive. McClelland (1999) definiert implizite Motive als emotionale Präferenzen für bestimmte Anreize, die früh gelernt oder entwickelt worden sind. Sie werden unbewusst angeregt und in instrumentelles Handeln umgesetzt, ohne auf der sprachlichen Ebene repräsentiert zu sein. Im Gegensatz dazu enthalten explizite Motive Selbstbilder, Werte und Ziele, mit denen sich Menschen bewusst identifizieren. Sie sind Vorstellungen von den eigenen handlungsleitenden Motiven, entsprechen ihnen aber nicht immer. Neben der Übereinstimmung zwischen Motiven und Motivierungspotenzialen beeinflussen auch Gruppeneffekte die Höhe der persönlichen Motivation. Die folgende Abbildung 2 veranschaulicht das Zustandekommen von Arbeitsmotivation im Zusammenhang mit Gruppenarbeit und ihre Auswirkungen auf die Zielsetzung.

Frühe Untersuchungen von E. French (1958) belegen den Zusammenhang zwischen Motiven, Motivierungspotenzialen und der Gruppenleistung. In ihrem

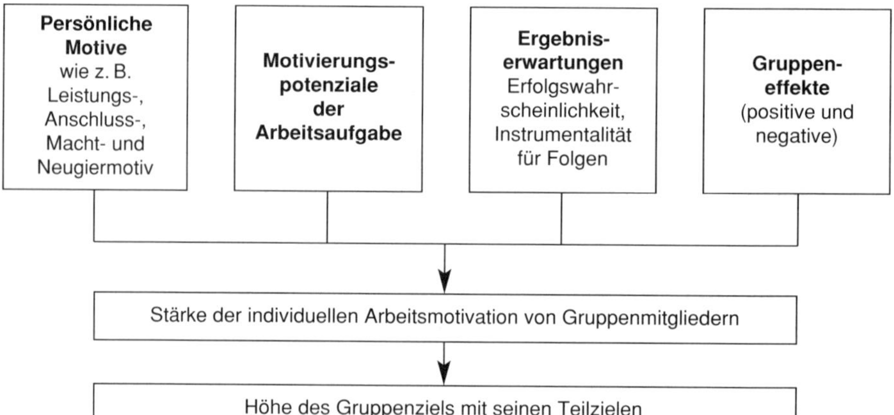

Abbildung 2:
Zusammenhang zwischen den Bestimmungsstücken der Arbeitsmotivation und der Höhe des Gruppenziels (Phase 1 des Handlungsmodells)

Experiment wurden Gruppen von jeweils vier Personen untersucht. Jedem Gruppenmitglied waren fünf Sätze vorgegeben, die von der Gruppe zu einer Geschichte mit 20 Sätzen zusammengefügt werden mussten. Es gab leistungs- und zusammenarbeitsbezogene Rückmeldungen. Ein Teil der Gruppen sollte bei der Aufgabenlösung einen Gruppenkonsens herbeiführen (Aufgabe mit anschlussthematischem Motivierungspotenzial), während beim anderen Teil die Aufforderung zur Zusammenarbeit entfiel (eher leistungsthematisches Motivierungspotenzial). Beide Instruktionsgruppen erhielten in den Pausen der Versuchsdurchführung Rückmeldungen, die sich zum Teil auf die gute Zusammenarbeit, zum Teil auf die Leistungsfähigkeit der Gruppe bezogen. Die Gruppen waren je nach Motivausprägung homogen zusammengesetzt: Hohes Leistungsmotiv, niedriges Anschlussmotiv oder umgekehrt hohes Anschlussmotiv, niedriges Leistungsmotiv. Hoch Leistungsmotivierte bevorzugen Aufgaben, bei denen sie Erkenntnisse über ihre eigene Tüchtigkeit gewinnen können, um sie ggf. zu verbessern. Niedrig Leistungsmotivierte fürchten solche Aufgaben, weil sie die Auseinandersetzung mit Gütemaßstäben scheuen. Hoch Anschlussmotivierte erstreben positive Kontakte mit anderen Menschen, die beide Seiten als befriedigend, erregend und bereichernd erleben. Niedrig Anschlussmotivierte fürchten eine Zurückweisung und meiden deswegen Kontaktaufnahmen.

Die Untersuchung von French brachte folgende Ergebnisse: Hoch leistungsmotivierte Gruppenmitglieder reagierten auf die Leistungsrückmeldung und steigerten ihre Leistung deutlich, unabhängig davon, ob sie zur Herstellung eines Gruppenkonsenses aufgefordert worden waren oder nicht. Zusammenarbeitsbezogene Rückmeldungen zeigten bei ihnen keine leistungssteigernde Wirkung. Die hoch anschlussmotivierten Gruppenmitglieder reagierten mit einer besseren Leistung, wenn die Rückmeldung auf ihre Zusammenarbeit als Gruppe bezogen war, und zwar besonders dann, wenn sie die Instruktion für den Gruppenkonsens bekommen hatten. Leistungsrückmeldungen hatten bei dieser Motivgruppe leistungssteigernde Auswirkungen. Diese Befunde belegen, dass Leistung von Gruppenmitgliedern mit unterschiedlichen Motivausprägungen trotz gleicher Versuchsbedingungen unterschiedlich hoch ist (s. auch McKeachie, 1967; Wegge & Kleinbeck, 1996). Ursache dafür ist die Interaktion zwischen persönlichen Motiven und Charakteristika der Aufgabensituation (hier motivbezogene Rückmeldungen und Instruktionen).

Motivationale Kompetenz als Fähigkeit, handlungsleitende Gruppenziele mit dazu gehörigen Einzelzielen für jede Teilaufgabe zu vereinbaren, setzt die Kenntnis der eigenen Motivlage und der anderer Gruppenmitglieder voraus, denn nur dann können die in der Gruppenaufgabe enthaltenen Motivierungspotenziale richtig eingeschätzt werden. Hinzu kommen muss eine realistische Kalkulation der Erfolgswahrscheinlichkeiten zur Zielerreichung (Ergebniserwartung) und zur Erreichung der damit einhergehenden erwünschten Folgen (Instrumentalität).

Solche Überlegungen führten zu dem ersten Entwurf eines Handlungsmodells von DeShon et al. (2004). Sie berichten über eine Studie, die sie auf der Basis eines Zwei- Ebenen-Modells des Gruppenhandelns durchgeführt haben (vgl. Abb. 3).

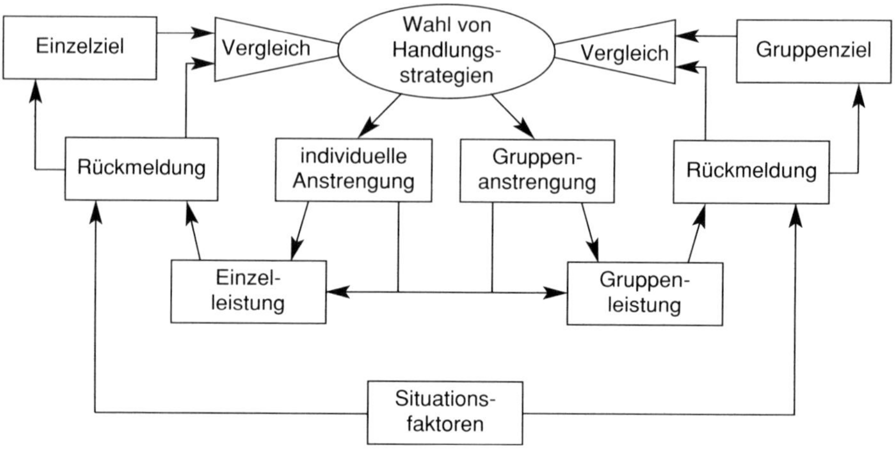

Abbildung 3:
Die Wirkung von Einzelzielen und Gruppenzielen bei der Gruppenarbeit (nach DeShon et al., 2004)

Da es sich bei Gruppenarbeit um die koordinierte Zusammenarbeit von Individuen handelt, gingen sie davon aus, dass Gruppenmitglieder beim Arbeitshandeln gleichzeitig individuelle Ziele und Gruppenziele verfolgen. Nach ihrer Modellannahme wird die aktuell ablaufende Handlung eines jeden Gruppenmitglieds durch diese zwei Ziele gesteuert. Das Modell nimmt zusätzlich eine Verlaufs- und Ergebnisrückmeldung für beide Ziele als erforderlich an, damit zielorientiert gehandelt werden kann. Die Überprüfung der Modellannahmen zeigt, dass die motivationspsychologischen Konzepte, die ihre Gültigkeit auf der Individualebene erwiesen haben, auch Gruppenhandeln erklären können.

3.1.1 Die Vereinbarung von Gruppenzielen

Ziele sind gedankliche Repräsentationen einer Person mit Blick auf zukünftige Ergebnisse (Zustände) innerhalb oder außerhalb der eigenen Person, die mit dem Vorsatz des Verwirklichens durch eigene Anstrengung verbunden sind (Hacker, 2005). In einem Unternehmen werden die Aufgaben für die einzelnen Arbeitsgruppen oft zusammen mit Zielen vorgegeben. Nach Abwägung von Erfolgserwartungen aufgrund eigener Fähigkeitseinschätzungen und Abgleich der

Motivierungspotenziale mit den persönlichen Motiven können die Gruppenmitglieder das vorgegebene Ziel für ihre Arbeitsaufgabe im Verlauf des Zielvereinbarungsgesprächs akzeptieren oder sich darum bemühen, es im Sinne ihrer Motivziele bzw. Erfolgserwartungen zu verändern. Eine zentrale Variable zur Bestimmung der Höhe der Erfolgserwartungen ist das Vertrauen in die eigene Tüchtigkeit und die der Gruppe. Sie ist verantwortlich für das Ausmaß der investierten Anstrengung (DeShon et al., 2004). Die gemeinsame Zielvereinbarung in der Gruppe führt zu positiven Emotionen wie Zufriedenheit und Vertrauen und bringt Klarheit über Unternehmensziele und die Belohnung (z. B. Entgelt mit leistungsbezogenen Anteilen), die sie bei Zielerreichung erhalten (Ergebnis-Folge-Erwartungen). Wissen Gruppenmitglieder, was wie zu tun ist, um das vereinbarte Ziel zu erreichen und ist das Vertrauen in die eigene Tüchtigkeit und die der Gruppe groß, entsteht eine hohe Arbeitsmotivation, die die Anstrengungsbereitschaft, Aufmerksamkeit, Ausdauer und Kooperationsbereitschaft steuert. Durch die Beteiligung am Prozess der Entscheidungsfindung (Gruppenziel und Einzelziele) sinkt auch der mögliche Widerstand gegenüber Vorschlägen des Vorgesetzten (Erez, 1995; Sagie, Elizur & Koslowski, 1995), und es erfolgt eine Stärkung der Zielbindung (erlebte Verpflichtung bzw. Verantwortlichkeit für die eigene Arbeit). Viele Befunde belegen (vgl. Wegge, 2004), dass die Einbindung in den Entscheidungsprozess dazu führt, dass die getroffene Entscheidung als eigene Entscheidung erlebt wird. Wichtig sind im Zusammenhang mit Zielvereinbarungen Kenntnisse über die Wirkung der Zielspezifität (Mento, Steel & Karren, 1987; Tubbs, 1986), die bei Zielvereinbarungsgesprächen berücksichtigt werden müssten (Schmidt & Kleinbeck, 2006). Aus anspruchsvollen hohen spezifischen Zielen resultieren sowohl bei Individuen als auch bei Gruppen bessere Leistungen als aus unspezifischen (Locke & Latham, 2002; Weingart, 1992).

3.1.2 Ausdrucksformen motivationaler Kompetenz beim Zielvereinbarungsprozess

Zielvorgaben werden von den Gruppenmitgliedern akzeptiert, wenn ausreichende Motivierungspotenziale vorhanden sind, hohe Erfolgserwartungen bestehen und die Gruppenmitglieder ihrer Tüchtigkeit und der der Gruppe vertrauen. Werden die Zielvorgaben von den Gruppenmitgliedern als praxisnah erlebt und sind sie stolz darauf, wie viel ihnen zugetraut wird, kann das die produktivitätsfördernde Wirkung des vorgegebenen Ziels unterstützen. Beim Fehlen dieser Voraussetzungen entstehen Widerstände gegen die Zielvorgabe (Earley & Shalley, 1991). Allerdings wird das Ziel dann trotzdem als handlungsleitend akzeptiert, wenn das verbundene Leistungsergebnis einen instrumentellen Wert für weiterreichende Folgen hat, wie es z. B. bei der finanziellen Entlohnung der Fall ist, durch die ebenfalls eine Motivbefriedigung zustande kommen kann (Instrumentalitätstheorie von Vroom, 1964). Entsteht die Arbeitsmotivation der Gruppenmitglieder allerdings ausschließlich durch die Attraktivität der erwarteten Folgen, bleibt die leistungsfördernde Wirkung der Zielsetzung relativ gering, weil die Zielverfolgung aufgrund eines dadurch erforderlich werdenden verstärkten Anstrengungseinsatzes vermehrt psychische Kosten verursacht und das zu Lasten der Leistung und der Arbeitszufriedenheit geht (Muraven & Baumeister, 2000).

Zur erfolgreichen Umsetzung des Gruppenziels im Arbeitshandeln reicht seine Akzeptanz und Internalisierung noch nicht aus. Da die Teilaufgaben einer Gruppenaufgabe oft unterschiedliche Motivierungspotenziale aufweisen, fühlen sich einzelne Gruppenmitglieder aufgrund ihrer unterschiedlichen Motivkonstellationen auch unterschiedlich stark von ihnen angezogen (McClelland, 1999). Gelingt ihre Zuordnung zu den Teilzielen in der Form, dass die persönlichen Motive der Gruppenmitglieder den Motivierungspotenzialen und ihre Fähigkeiten und Fertigkeiten den Anforderungen der Teilaufgaben entsprechen, ist die Weichenstellung für die zukünftige, Ressourcen schonende Zielerreichung ohne ständige Überforderung der motivationalen Befindlichkeit vollzogen (Wegge, 2004).

Im Folgenden werden Ausdrucksformen motivationaler Kompetenz zusammengetragen, die eine wichtige Voraussetzung für die zielorientiert ablaufende Gruppenarbeit darstellen und in der prädezisionalen Handlungsphase wirken. Motivationale Kompetenz stärkt die Arbeitsmotivation der Gruppenmitglieder und ermöglicht ihnen produktivitätsorientierte Zielvereinbarungen durch

1. das Inbeziehungsetzen der Motivierungspotenziale ihrer Teilaufgaben zu den eigenen, motivbedingten Tätigkeitsvorlieben,
2. den Vergleich zwischen den Aufgabenanforderungen und dem vorhandenen Wissen und Leistungspotenzial zur Aufgabenbewältigung,
3. die realitätsangemessenen Erwartungen der Handlungsergebnisse,
4. die Kalkulation der Erfolgswahrscheinlichkeiten und der Instrumentalitäten der erwarteten Handlungsergebnisse für erwünschte Folgen.

Motivational kompetente Gruppenmitglieder können vorgegebene Ziele bewerten. Fehlen wichtige Voraussetzungen für die Akzeptanz, streben sie danach, das vorgegebene Ziel entsprechend ihrer Bedürfnislage und unter Berücksichtigung der Unternehmensziele gemeinsam zu modifizieren. In diesen Entscheidungsprozessen können sie auch die Erfolgswahrscheinlichkeiten der anderen Gruppenmitglieder berücksichtigen und dadurch ein angemessenes Vertrauen in die Tüchtigkeit der Gruppe aufbauen, aufrechterhalten und ggf. stärken (Bandura, 1997; DeShon et al., 2004). Die Frage nach möglichen Fördermaßnahmen für motivationale Kompetenzen wird im nächsten Abschnitt beantwortet.

4 *Techniken zur Stärkung motivationaler Kompetenz*

Obwohl Gruppenmitglieder ihre eigenen Fähigkeiten und Fertigkeiten meistens sehr genau einschätzen können, fehlen ihnen oft Kenntnisse über ihre motivationalen Dispositionen (persönliche Motivkonstellation). Im betrieblichen Umfeld mit seinem kontrollierenden Kontext der Gruppenaufgabe sind sie stark außenbestimmt und übernehmen Anforderungen im Sinne expliziter Motive. Ihre impliziten Motive bleiben dabei sehr oft unbeachtet. Untersuchungen haben aber gezeigt (McClelland, Koestner & Weinberger, 1989), dass eine Zielerreichung nur dann zu einer Steigerung des persönlichen Wohlbefindens führt, wenn das handlungsleitende Ziel auch zu den eigenen impliziten Motivzielen passt (Langens, in Druck). Auch deswegen ist es wichtig, Gruppenmitgliedern zur Kenntnis ihrer impliziten Motive zu verhelfen, die weitgehend unbewusst in ihnen wirken (McClelland, Koestner & Weinberger, 1989). Da sie unwillkürlich durch motivthematische Anreize aktiviert werden, kommt es zu affektiven Präferenzen und spontanen Handlungsimpulsen („Das würde ich gern machen"). Explizite Motive hingegen sind dem Handelnden bewusst. Nach Kehr (2004) entsprechen sie den selbst eingeschätzten Gründen einer Person für ihre Handlungen. Werden sie angeregt, so kommt es zu kognitiven Präferenzen und entsprechenden expliziten Handlungstendenzen („Das halt ich für wichtig, das will ich machen"). Alle zuvor im Rahmen von Arbeit wirksamen Motive kommen sowohl als implizite als auch als explizite Motive vor. Durch die unbewusste Handlungswirksamkeit impliziter Motive kann es während der Zielverfolgung zu Konflikten zwischen beiden Motivarten kommen (Jehn & Mannix, 2001). Um sie zu vermeiden, muss man möglichst viel über die eigenen impliziten Motive wissen, damit man die Gruppenziele während des Zielvereinbarungsprozesses nicht nur auf ihre Passung zu den expliziten, sondern auch zu den impliziten eigenen Motivzielen überprüfen kann.

Motivationale Kompetenz lässt sich erwerben und stärken, das zeigen Erfahrungen mit entsprechenden Techniken (Kehr, 2004; Scheffer & Kuhl in diesem Band; Spinath, 2005; Scheffer & Kuhl, 2006). Übungen zum Erkennen der eigenen bewussten und unbewussten Motivziele bilden den Anfang eines Trainingsprogramms. Dazu stellen die Übungsteilnehmer eine Liste mit ihnen aktuell wichtig erscheinenden Zielen zusammen (Kehr, 2004). Anhand dieser Liste lassen sich störende oder förderliche Beziehungen zwischen den Zielen entdecken und Zielprioritäten aufzeigen. Außerdem können Verfahren zur Messung impliziter Motive (Brunstein, 2006) und Fragebögen mit Selbsteinschätzungen wie die Personality Research Form (PRF, Stumpf, Angleitner, Wieck, Jackson & Beloch-Till, 1985) und Imaginationsübungen (Schultheiß & Brunstein, 1999) eingesetzt werden. Letztere eignen sich zum Bewusstmachen impliziter Motivziele, bei denen man sich das Erreichen unterschiedlicher Ziele vorstellt und versucht, die damit verbundenen emotionalen Folgen vorwegzunehmen, um auf diese Weise zu erkennen, welche zielführenden Handlungen eine Befriedigung der eigenen expliziten und impliziten Motive versprechen. Zur Stärkung in Konfliktsituationen eignen sich Planspiele zum Umgang mit Ziel- und Handlungskonflikten (Glasl, 2002) und Planspiele zur Festlegung von Zielprioritäten (Kehr, 2002).

Motivationale Kompetenz beinhaltet auch die Fähigkeit zur Analyse von Motivierungspotenzialen der Gruppenaufgabe. Hier können Übungen zum Erkennen von Motivierungspotenzialen weiterhelfen, die es ermöglichen, Teilaufgaben mit unterschiedlichen Motivierungspotenzialen aus der Gruppenaufgabe auszugliedern, die den verschiedenen Motivkonstellationen der Gruppenmitglieder entgegenkommen. Wie sich fehlende Motivierungspotenziale schaffen lassen, zeigen die Arbeiten von Hackman und Oldham (1980) zum „Job Characteristics Model" der Arbeitsmotivation, dessen Konzepte die theoretische Grundlage für motivationsförderliche Maßnahmen zur Aufgabengestaltung geliefert haben (Kleinbeck, 1987; Schmidt & Kleinbeck, 1999). Eine empfehlenswerte motivationale Strategie ist in diesem Zusammenhang das Motto „find the fun in every job that must be done" von Corno (1992).

Leistungsbezogene Spiele (Geschicklichkeitsspiele mit unterschiedlichen Schwierigkeitsgraden) erlauben die Entwicklung und Übung solcher Fähigkeiten, wie das Erkennen der eigenen Handlungsmöglichkeiten, die Kalkulation von Erfolgswahrscheinlichkeiten und Instrumentalitäten und das Einschätzen von Handlungsmöglichkeiten der anderen Beteiligten (Rheinberg & Krug, 2005; Scheffer & Kuhl, 2006). Bei der Übung von Zielvereinbarungen müssen sich Gruppenmitglieder das objektive Motivierungspotenzial einer Aufgabe einschließlich ihrer Instrumentalität für denkbare Folgen kognitiv erschließen. Da sie sich bei komplexen Gruppenaufgaben mit ihren interdependenten Teilaufgaben durch die Entscheidung zwischen unterschiedlichen, sich wechselseitig beeinflussenden Alternativen mit ihren erwünschten und unerwünschten Folgen überfordert fühlen können, müssen sie Entscheidungshilfen und ihre Nutzung kennen lernen (Wehner, Stadler, Brünink & Kobs, 1994). Um den Gebrauch konkreter, handlungsbezogener und verständlicher Formulierungen zu üben, die eine Verständigung über mögliche Ziele unterstützen, gibt es ein Zielsetzungs- und Formulierungstraining und ein Kommunikations- und Interaktionstraining (Benien, 2003). Übungen zum Aufstellen optimaler Teilzielketten mithilfe heuristischer Regeln (Hacker & Skell, 1993, Kap. 11) runden das Trainingsprogramm zur Förderung motivationaler Kompetenz ab.

Nach der verbindlichen Zielvereinbarung beginnt die handelnde Zielverfolgung. Im vorgestellten Handlungsmodell (vgl. Abb. 1) werden diese Prozesse von der Volition gesteuert. Eine starke Zielbindung der Gruppenmitglieder ist dabei Ausdruck ihrer volitionalen Kompetenz.

5 Die psychische Struktur volitionaler Kompetenz in Arbeitsgruppen

5.1 Komponenten der präaktionalen und aktionalen Volitionsphase

In der präaktionalen Handlungsphase sind Handlungspläne zu entwerfen und Handlungsstrategien auszuwählen, die auf die Wissensbestände und Handlungsmöglichkeiten der Gruppenmitglieder bezogen werden müssen. Dazu ist ein Wissenscheck erforderlich. Das Wissen der Gruppenmitglieder setzt sich zusammen aus übernommenem Wissen (Kenntnisse) und selbst gewonnenem (Erfahrungs-)Wissen. Außerdem verfügen sie über ein Gruppenwissen (gemeinsames Handlungswissen) und ein Wissen darüber, was andere Gruppenmitglieder wissen (transaktionales Wissen). Das gemeinsame Handlungswissen (mentales Modell der Gruppe; s. a. Mohammed & Dumville, 2001; Wittenbaum & Stasser, 1996; Greitemeyer & Schulz-Hardt, 2003) ist Voraussetzung für einen kooperativen, zielgerichteten Handlungsablauf. Stellt man Defizite beim Handlungswissen und bei den erforderlichen Leistungsvoraussetzungen fest, kann man die Gruppe eventuell durch die Bildung veränderter Teilaufgaben mit entsprechenden Zielen doch noch handlungsfähig machen. Eine andere Möglichkeit besteht darin, Gruppenmitglieder auszutauschen, damit das geforderte Handlungswissen zur Verfügung steht. Andernfalls muss ein neuer Zielverein-

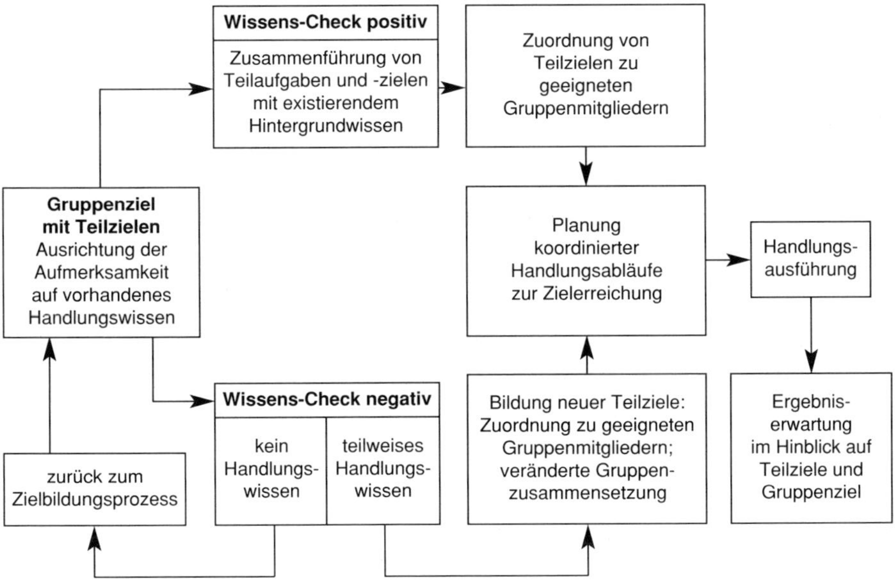

Abbildung 4:
Die Rolle des Handlungswissens bei der Umsetzung von Gruppen- und Teilzielen in Arbeitshandeln

barungsprozess begonnen werden. Am Ende der zielorientierten Handlungsausführung steht ein Ergebnis, das dann in Bezug auf die Zielerreichung bewertet werden kann (vgl. Abb. 4).

Volitionale Kompetenz befähigt Gruppenmitglieder dazu, mögliche Motivationsdefizite während des Handlungsverlaufs auszugleichen, die durch unzureichende Übereinstimmung zwischen Motiven und Motivierungspotenzialen entstehen (Kleinbeck, 2006b) oder aufgrund der Diskrepanz zwischen impliziten und expliziten Motiven (Kehr, 2004). Sie stärkt zum einen die kognitiv bevorzugten expliziten Tendenzen der Handlungssteuerung und unterdrückt zum anderen störende implizite Verhaltensimpulse, die eine Zielerreichung gefährden (Zielbindung).

5.2 Die Bedingungen für effektive Volitionsprozesse in der Gruppe

In der volitionsgesteuerten Handlungsphase hängt der Erfolg der einzelnen, zielorientierten Arbeitshandlungen von mehreren Faktoren ab (vgl. Abb. 5). Neben personspezifischen Merkmalen und den Wissensbeständen der Gruppenmitglieder sind das auch Charakteristika der Gruppenaufgabe (Komplexität und Interdependenz der Teilaufgaben) und die Art der Rückmeldung (verlaufs- oder ergebnisbezogen, leistungs- und zusammenarbeitsbezogen, einzelziel- und gruppenzielorientiert; DeShon et al., 2004). Grundvoraussetzung aber ist die Vereinbarung herausfordernder spezifischer Ziele für die Gruppenaufgabe mit ihren Teilaufgaben sowie deren Zuordnung zu geeigneten Gruppenmitgliedern. Eine perfekte Koordination der sich anschließenden, zielorientierten Einzelhandlungen hilft dann, Konflikte zu vermeiden, die die Gruppenleistung gefährden, und andere zuzulassen, die sie fördern (Jehn & Mannix, 2001). Zu einer erfolgreich volitionsgesteuerten Handlungsausführung gehören außerdem die Abwehr von Ablenkungen und die Konzentration von Aufmerksamkeit, Anstrengung und Ausdauer auf den aktuellen Handlungsverlauf. Verantwortlich dafür ist die Zielbindung, deren Stärke von der subjektiv eingeschätzten Erfolgswahrscheinlichkeit und dem Wert der Zielerreichung für den Handelnden abhängt. Auf diese Faktoren und auf eine optimale, an den Anforderungen der Gruppenaufgabe orientierte Gruppenzusammensetzung wird im Folgenden eingegangen.

5.2.1 Zielhöhe und Aufgabenkomplexität

Einer Studie von Weingart (1992) über die Wirkung von Zielen auf das Leistungsergebnis von Arbeitsgruppen lag die Annahme zugrunde, dass Zielhöhe und Aufgabenkomplexität den Anstrengungseinsatz der Gruppenmitglieder im

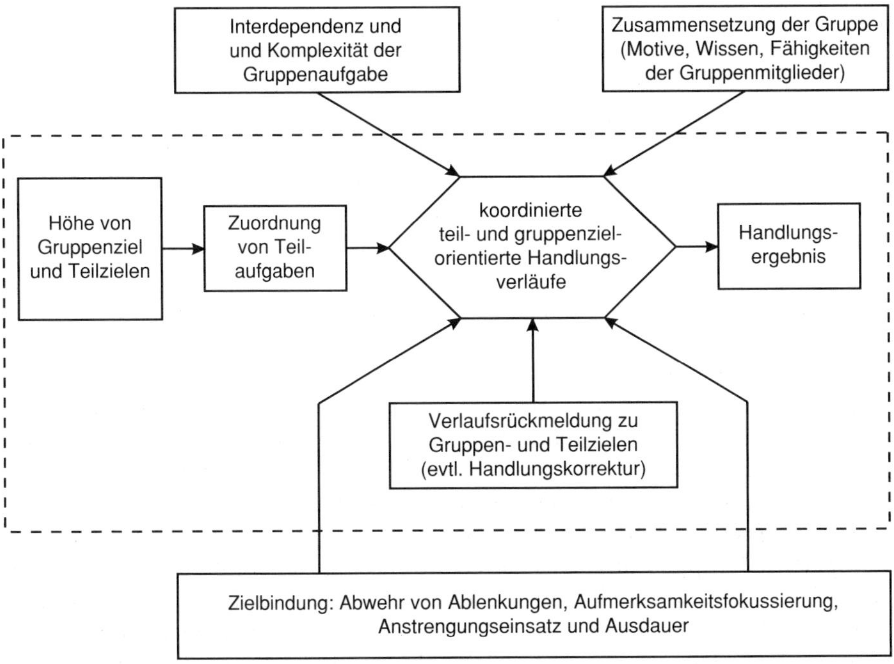

Abbildung 5:
Bedingungen für effektive, volitionsgesteuerte Handlungsprozesse in Arbeitsgruppen

Verlauf ihres Arbeitshandelns steuern. Hohe Zielsetzungen und komplexe Arbeitsaufgaben sollten ihn verstärken und bewirken, dass auch Menge und Qualität der Planungsaktivitäten zunehmen. Besonders bemerkenswert ist ein Befund, nach dem die Zielhöhe zwar direkt und auch vermittelt über die Anstrengung auf die Gruppenleistung wirkt, aber keine direkte Auswirkung auf die Planungsaktivitäten hat. Die Aufgabenkomplexität hingegen wirkt sich nicht wie erwartet direkt auf die Gruppenleistung aus, es zeigt sich jedoch, dass komplexe Aufgaben dann die Gruppenleistung fördern, wenn ihre Lösung mit umfangreichen Planungsaktivitäten verbunden ist. Nach Befunden von Wood und Locke (1990) hat die Aufgabenkomplexität einen engen Bezug zum Umfang individueller und gruppenbezogener Planung. Komplexere Aufgabenstellungen erfordern ein sorgfältiges Planungsverhalten und die richtige Auswahl effektiver Strategien. Da die Struktur einer komplexen Aufgabe das Vorgehen zur Zielerreichung nicht vorgibt, bleibt es den strategischen Entscheidungen der Gruppenmitglieder vorbehalten. Die Ergebnisse zeigen, dass sich positive Zielwirkungen bei komplexen Gruppenaufgaben nur dann einstellen, wenn den Gruppenmitgliedern zuvor ein zeitlicher Spielraum für die Erprobung und Bewertung unterschiedlicher Handlungsstrategien gewährt worden ist. Auch die Zielspezifität ist von Bedeutung, da spezifische Ziele die Auswahl leistungsfördernder Strategien erleichtern. Diese Ergebnisse zeigen, dass vereinbarte spezifische Ziele auch bei komplexen Aufgaben zu guten Leistungsergebnissen führen, wenn volitional kompetente Gruppenmitglieder ihre Planungsaktivitäten in der präaktionalen Phase der Zielhöhe und der Aufgabenkomplexität anpassen und zeitliche Spielräume zur Strategieerprobung effektiv nutzen.

5.2.2 Interdependenz der Teilaufgaben und Art der Rückmeldung

Bei interdependenten Gruppenaufgaben kann es im Abstimmungsprozess über das Gruppenziel mit seinen Teilzielen und der entsprechenden Zuordnung zu Personen kontroverse Vorstellungen geben. Es bilden sich dann Koalitionen zwischen „gleichgesinnten" Gruppenmitgliedern, die so gemeinsam ihre Auffassung durchsetzen wollen. Solche Koalitionen beeinflussen den Zielsetzungsprozess (Terhune, 1968; Schnackers & Kleinbeck, 1975; Jehn, 1997). Volitional kompetente Gruppenmitglieder unterstützen Koalitionen, die die Gruppenleistung durch angemessen hohe Zielsetzungen fördern, und verhindern andere, die sie gefährden. Sie wissen um die Wechselwirkungen von Zielen und Aufgabeninterdependenz und können Rückmeldungen, die Auskunft über den aktuellen Stand auf dem Weg zum Ziel geben, zielorientiert nutzen. Zur Bedeutung unterschiedlicher Rückmeldungen siehe DeShon et al. (2004), Saavedra, Earley und Van Dyne (1993) und Schmidt (in diesem Band).

5.2.3 Zielbindung

Das Gruppenziel wird erreicht, wenn alle Gruppenmitglieder ihre Handlungen konzentriert und ausdauernd an den ihnen zugeordneten Teilzielen orientieren, geschickt auf Widerstände bei der Zielverfolgung reagieren und dabei auch das gemeinsame Gruppenziel nicht aus den Augen verlieren. Das erfordert eine starke Zielbindung. Die Zielbindung bei Gruppenarbeit hat zwei Facetten. Die erste ist auf das Teilziel bezogen und erhält ihre Stärke durch die persönliche Bewertung dieses Teilziels im Hinblick auf eigene Motivziele. Die zweite bezieht sich auf das Gruppenziel. Sieht ein Gruppenmitglied das Erreichen dieses Gruppenziels als erstrebenswert und erreichbar an, weil es jedem einzelnen Gruppenmitglied zutraut, das ihm zugeordnete Teilziel zu erreichen, dann ist auch seine Bindung an das Gruppenziel stark. Je größer dieser Bezug ist, desto stärker wird die Zielbindung. Die Konzepte der Instrumentalitätstheorie von Vroom (1964) können das Zustandekommen der Zielbindung erklären. In seiner Terminologie wird ein Teilziel umso höher bewertet (Valenz), je instrumenteller es für das Erreichen weiterer Ziele wie z. B. des Gruppenziels ist. Wenn dazu auch die Erfolgs-

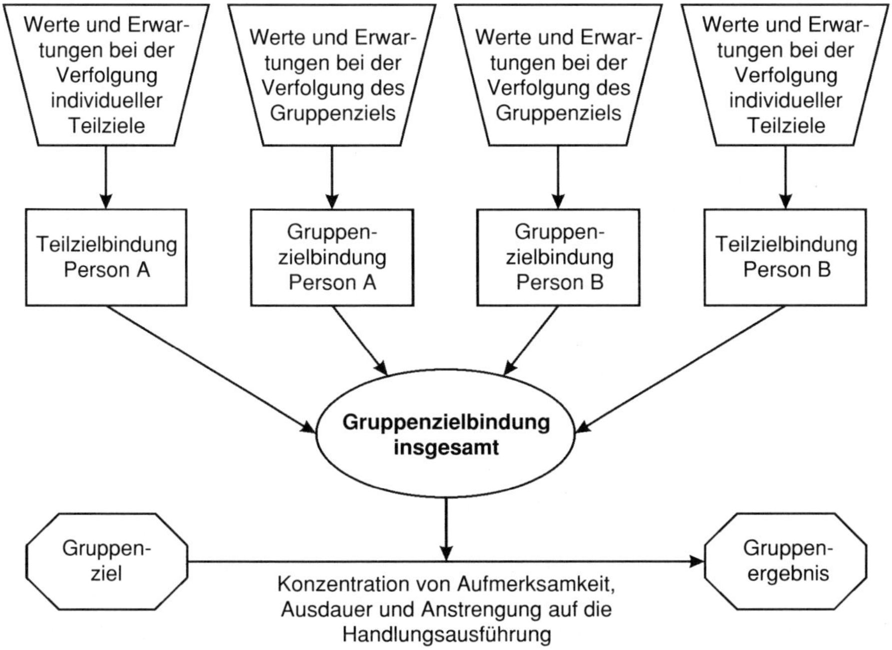

Abbildung 6:
Die Gruppenzielbindung moderiert den Umsetzungsprozess von Gruppenzielen in die Handlung

erwartungen hoch sind, wird die Bindung an das Teilziel und das Gruppenziel stark sein (vgl. Abb. 6).

Es konnte gezeigt werden, dass Zielhöhe, Aufgabeninterdependenz und -komplexität ebenso wie die Zielbindung einflussreiche Wirkgrößen im Zusammenhang mit der Produktivität von Arbeitsgruppen sind (s. v. a. DeShon et al., 2004). Auf die Gruppenzusammensetzung als Bedingungsfaktor erfolgreicher Gruppenarbeit soll im Folgenden eingegangen werden.

5.2.4 Die Zusammensetzung von Arbeitsgruppen

Eine wichtige Voraussetzung für produktive Gruppenarbeit ist die richtige Auswahl der Gruppenmitglieder. Ihre Personmerkmale wie Alter, Geschlecht, intellektuelle Fähigkeiten, manuelle Fertigkeiten, soziale und motivationale Kompetenzen müssen den Anforderungen der Gruppenaufgabe entsprechen (Wegge, 2004). Es ist darauf zu achten, dass in der zu bildenden Gruppe kein zu großes Leistungsgefälle entsteht. Da die vorhandenen unterschiedlichen Motivkonstellationen der Gruppenmitglieder ebenfalls leistungswirksam sind, sollten die persönlichen Motivausprägungen des Leistungs-, Anschluss-, Macht- und Neugiermotivs zu den Motivierungspotenzialen der Gruppenaufgabe passen. Je mehr Kenntnisse über die jeweiligen Motivausprägungen der einzelnen Gruppenmitglieder vorhanden sind, desto besser lässt sich eine leistungsfördernde Zusammensetzung der Gruppe planen und gestalten. Weitere wichtige Auswahlkriterien sind neben dem erforderlichen Sach- und Handlungswissen und dem Vertrauen in die eigene Tüchtigkeit auch die Bereitschaft, in der Gruppe zu arbeiten (Teamfähigkeit) und eine ausreichende Kommunikationsfähigkeit (Ausdruck sozialer Kompetenz). Letztgenannte Kriterien sind besonders bei interdependenten Gruppenaufgaben notwendig, um die sozialen Beziehungen bei den gegenseitigen Abhängigkeiten so zu regeln, dass eine zielführende, produktivitätsorientierte Bewältigung der Gruppenaufgabe möglich wird. Auch die Gruppengröße ist von Bedeutung. Untersuchungsergebnisse aus sozial- und organisationspsychologischen Studien (Yetton & Bottger, 1982) lassen eine Fünfer-Gruppe optimal erscheinen, denn mit der höheren Anzahl von Gruppenmitgliedern nimmt die individuelle Bereitschaft ab, Vorschläge einzubringen und gemeinsame Entscheidungen zu treffen (Diehl & Stroebe, 1987). Das hängt mit den geringer werdenden Möglichkeiten zur unmittelbaren Kommunikation zusammen. Die Entscheidungsqualität bei der Auswahl geeigneter Handlungsstrategien und bei der Koordination der Teilaufgaben ist ein weiteres Kriterium für die Gruppenzusammensetzung. Welche Faktoren die Entscheidungsgüte von Arbeitsgruppen bestimmen, zeigt das in Abbildung 7 dargestellte Modell, das durch die Arbeit von Hollenbeck, LePine und Ilgen (1996) angeregt wurde.

Das Modell umfasst als individuelle Merkmale das Leistungs- und Neugiermotiv sowie das Anschluss- und Machtmotiv, die soziale und intellektuelle Kompetenz, das Handlungswissen und das Vertrauen in die eigene Tüchtigkeit. Weiterhin sieht es als ausschlaggebend für die Entscheidungsgüte sechs Bedingungen an, die aufeinander aufbauen. In der Abbildung 7 sind sie in Form einer oben abgeschnittenen Pyramide dargestellt, bei der jeweils drei Bedingungen eine Ebene bilden. Die Schnittfläche stellt die Entscheidungsgüte dar. Die Basis der Pyramide bilden der individuelle Informiertheitsgrad (Kenntnis der aktuellen Anforderungen der Gruppenaufgabe), die individuelle Aussagegültigkeit (Qualität des Handlungswissens) und die Sensibilität für soziale Beziehungen (wie gut kennt ein Gruppenmitglied die sozialen Beziehungen der Gruppenmitglieder zueinander). Jede dieser Bedingungen wird von vier der sechs individuellen Faktoren beeinflusst. Der individuelle Informiertheitsgrad z. B. hängt vom Handlungswissen ab, von der intellektuellen und der sozialen Kompetenz und vom Anschluss- und Machtmotiv. Diese Basisbedingungen – entstanden aus jeweils vier individuellen Merkmalen – bestimmen wiederum die in der darauf aufbauenden Schicht dargestellten jeweiligen Gruppenbedingungen. So hängt z. B. die Sensibilität für die Gruppe (Sensibilität für die sozialen Bezie-

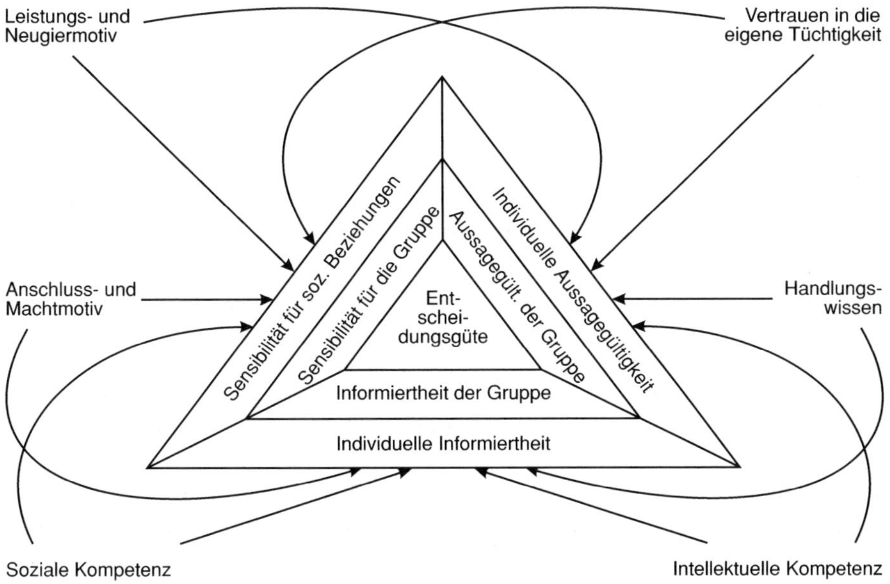

Abbildung 7:
Ein Modell zur Wirkung von Personmerkmalen auf die Güte von Gruppenentscheidungen (nach Hollenbeck, LePine & Ilgen, 1996)

hungen und die Machtverhältnisse in der Gruppe) von der sozialen Kompetenz, dem Anschluss- und Machtmotiv und dem Leistungs- und Neugiermotiv sowie dem Vertrauen in die Tüchtigkeit jedes einzelnen Gruppenmitglieds ab. Die entscheidungsbezogene Aussagegültigkeit der Gruppe (sie beschreibt das Ausmaß, in dem die Gruppenmitglieder gemeinsam Ausgangsinformationen über den Entscheidungsgegenstand so in Maßnahmen umsetzen können, dass sich der wirkliche Zustand des Entscheidungsobjekts darin widerspiegelt) wird beeinflusst durch das Leistungs- und Neugiermotiv der Mitglieder, ihr Vertrauen in die eigene Tüchtigkeit, ihr Handlungswissen und durch ihre intellektuelle Kompetenz. Dieses Modell zur Wirkung von Persönlichkeitsmerkmalen auf die Entscheidungsgüte verdeutlicht, auf welch vielfältige Weise individuelle Charakteristika der Gruppenmitglieder die Gruppenleistung über unterschiedliche Gruppenprozesse beeinflussen.

6 Techniken zur Stärkung volitionaler Kompetenz in Gruppen

Zur Erweiterung volitionaler Kompetenz durch Übung zielorientierter Planung und Auswahl von Handlungsstrategien für die Lösung komplexer Aufgaben gibt es eine Reihe von Möglichkeiten, u. a. von Scheffer und Kuhl (2006). Andere

Techniken konzentrieren sich auf das Einüben der zeitlichen Koordination von Leistungsvoraussetzungen und das Zuordnen von Teilaufgaben (Bungard & Antoni, 2004). Willensgesteuerte Zielverfolgung beim Arbeitshandeln ruft Emotionen hervor, die den Handlungsablauf fördern oder auch behindern können. Übungen zur Emotionskontrolle (Scheffer & Kuhl in diesem Band; Seo, Feldman Barrett & Bartunek, 2004) helfen, störende Gefühle wie Ärger und Furcht zu unterdrücken und zielförderliche wie Freude und Hoffnung aufzubauen. Meditationsübungen unterstützen die Aufmerksamkeitsfokussierung bei der Zielverfolgung. So kann es gelingen, die Arbeitsmotivation auf dem Ausgangsniveau zu halten oder während des zielorientierten Handlungsverlaufs sogar noch zu erhöhen (Fröhlich & Kuhl, 2003). Diese Technik hat Kehr (2004) mit Erfolg bei Trainingsmaßnahmen eingesetzt. Die Vorstellung solcher Gefühle wie Freude und Stolz nach erfolgreichem Handlungsabschluss oder die Vorfreude auf zu erwartende finanzielle Belohnung stärkt die aktuelle Zielbindung.

Atemübungen und Muskelentspannungstechniken fördern den Abbau von Erregungszuständen (Hainbuch, 2004). Im Rahmen der Simulation von Gruppenprozessen lassen sich Entscheidungsfindung und Zusammenarbeit trainieren, um einerseits einer Unentschlossenheit bei der Zielvereinbarung vorzubeugen und andererseits den Handlungseinsatz aller Gruppenmitglieder konfliktfrei koordinieren zu können. Kehr (2004) hat ein Selbstmanagement-Training entwickelt, das sich im Rahmen einer Evaluationsstudie als praktikable Technik zur Stärkung motivationaler und volitionaler Kompetenz erwiesen hat. Es enthält insgesamt sechs Module mit folgenden Lerninhalten:

1. Zielsetzung sowie Reduzierung von Zielkonflikten durch Repriorisierung von Zielen,
2. Kennenlernen impliziter Motive und Gegenüberstellung expliziter und impliziter Motive,
3. Erkennen und Stärken volitionaler Kompetenzen,
4. Erkennen und Reduzieren von Überkontrolle durch verbesserte Selbstwahrnehmung,
5. Förderung der Motivation durch Ausrichtung von Zielen an der Motiv- und Bedürfnisstruktur,
6. Präventive Analyse potenzieller Handlungsbarrieren und Entwicklung spezifischer Problemlöse- und Bewältigungsstrategien.

Die Wirkung des Selbstmanagementtrainings wurde bei Führungskräften und Studenten untersucht; die dabei gemessenen Effektstärken fielen in Einzelfällen hoch, meistens aber mittel oder gering aus (vgl. Kehr, 2004, S. 241 f.). Mithilfe von Techniken zur Förderung der volitionalen Kompetenz lässt sich auch „sozialer Müßiggang" (social loafing) verhindern. Nach Karau und Williams

(1993) tritt dieses Phänomen besonders dann auf, wenn bei Gruppenarbeit keine Bewertung der individuellen Leistungsergebnisse erfolgt oder Leistungsstandards ganz fehlen. In solchen Fällen fördert hohe volitionale Kompetenz eine aktive Selbstregulation der Gruppenmitglieder und wirkt damit einer Verführung zum sozialen Müßiggang entgegen (Wegge, 2004). Ein zielorientierter Handlungsprozess endet mit einem Ergebnis, das erkennen lässt, ob das vereinbarte Gruppenziel erreicht wurde bzw. wie groß die Diskrepanz zwischen angestrebter und tatsächlicher Leistung ist. Mit der Bewertung als Erfolg oder Misserfolg beginnt für die Gruppenmitglieder die Analyse der Verursachungsfaktoren, die bestimmt, ob das alte Ziel beibehalten, erhöht oder gesenkt werden sollte. Die Bedeutung der dabei ablaufenden psychischen Prozesse für die Arbeitsmotivation von Gruppenmitgliedern wird im Folgenden beschrieben.

7 Die psychische Struktur motivationaler Kompetenz in der postaktionalen Bewertungsphase

Die Zielerreichung oder Zielverfehlung hat Auswirkungen auf das weitere Verhalten der Gruppenmitglieder. Untersuchungen, die bis jetzt vor allem für Einzelpersonen vorliegen, zeigen, dass Erfolge eine andere verhaltenssteuernde Wirkung haben als Misserfolge. Nach der Leistungsrückmeldung beginnt bei den Gruppenmitgliedern ein Verarbeitungsprozess, bei dem das Leistungsergebnis zu der eigenen Leistungseinschätzung und dem angestrebten Ziel in Beziehung gesetzt wird. Als Verursachungsfaktoren für seine Handlungsergebnisse kann man internale und externale, veränderliche oder stabile Faktoren heranziehen (Weiner, 1986; Stiensmeyer-Pelster & Heckhausen, 2006). Das ist individuell verschieden. Solche Attribuierungsstile beeinflussen aber nicht nur die Bewertung einer aktuell abgeschlossenen Handlung, sondern können sich auch verfestigen und dann bereits bei Zielsetzungen und Handlungsvorbereitungen wirksam werden. Sie bestimmen dann die Einstellungen hinsichtlich der eigenen Leistungsmöglichkeiten und dadurch auch die Erfolgs- oder Misserfolgserwartungen mit, regulieren die Zielbindung und wirken sich auf Anstrengungseinsatz und Ausdauer aus. Wird der Anstrengungseinsatz bei der Zielverfolgung mit der Zielerreichung belohnt, führt dieses Erfolgserlebnis zu einer Bestätigung der Erfolgserwartung und der eigenen Leistungsfähigkeit, die mit Stolz und Freude zur Kenntnis genommen wird. Solche Gefühle stärken die motivationale Kompetenz und das Vertrauen in die eigene Tüchtigkeit, bewirken eine hohe Arbeitsmotivation und die Steigerung des eigenen Anspruchsniveaus. Sie dokumentiert sich in der Ausrichtung auf ein neues, höheres Ziel. Wurde ein Ziel ohne große persönliche Anstrengung erreicht, führt das möglicherweise zu einer Überschätzung des eigenen Leistungsvermögens, in deren

Folge Anstrengungsbereitschaft und Einsatzwille sinken oder eine neue, unrealistisch hohe Zielsetzung entsteht, die die Produktivität künftigen Arbeitshandelns gefährdet.

Ein Misserfolg wird meist ärgerlich oder verschämt zur Kenntnis genommen. Nach der Kausalattribuierungstheorie (Weiner, 1986; Stiensmeier-Pelster & Heckhausen, 2006) machen Menschen vier Faktoren für eigene und fremde Leistungen verantwortlich, indem sie z. B. als stabile Verursachungsfaktoren Fähigkeiten (internal) und Aufgabenschwierigkeit (external) oder als veränderbare Faktoren Anstrengung (internal) und Zufall (external) zur Begründung ihrer Leistung heranziehen. Wenn sie bei Misserfolgsrückmeldung die Ursachen für die Zielverfehlung nicht bei sich selbst suchen (Fähigkeiten und Anstrengung), sondern von Faktoren abhängig machen, die außerhalb ihres Einflussbereichs liegen (Aufgabenschwierigkeit, Zufall), dann sind keine leistungsfördernden Rückmeldungswirkungen zu erwarten. Das ist auch der Fall, wenn der Misserfolg auf den stabilen Faktor „mangelnde eigene Fähigkeiten“ zurückgeführt wird und einen Vertrauensverlust in die eigene Tüchtigkeit bewirkt. Das Erleben mangelnder eigener Tüchtigkeit ruft Versagensängste und Resignation hervor (Kluger & DeNisi, 1996). Mit der Attribuierung auf veränderbare oder stabile Verursachungsfaktoren gibt es zwei Möglichkeiten, auf einen Misserfolg zu reagieren. Im positiven Fall (veränderbare Verursachungsfaktoren) unternimmt man einen erneuten Versuch zur Zielerreichung, weil man Möglichkeiten zur Leistungssteigerung sieht. Dazu mobilisiert man mehr oder andere Leistungsvoraussetzungen, vergrößert seine Anstrengung, verfolgt sein Ziel hoch motiviert mit eventuell veränderten Strategien und aufgrund der starken Zielbindung ausdauernd und voll Hoffnung auf Erfolg. Im negativen Fall hat Misserfolg solche unerwünschten Konsequenzen wie Reduzierung der Zielhöhe oder sogar völlige Zielaufgabe. Niedrigere Ziele aber führen zu niedrigeren Leistungen. Personen mit Furcht vor Misserfolg und geringem Vertrauen in die eigene Tüchtigkeit neigen dazu, Misserfolg nicht auf durch sie veränderbare Faktoren zurückzuführen, sondern auf relativ stabile wie mangelnde eigene Fähigkeiten und Fertigkeiten oder auf von ihnen nicht zu beeinflussende äußere Gegebenheiten. Dadurch sinkt ihre Motivation, sie wagen keinen erneuten Versuch der Zielerreichung und geben ihre Zielbindung auf.

Für produktivitätsorientierte Unternehmen ist eine solche Abkehr vom Ziel aus nachvollziehbaren Gründen kontraproduktiv, sodass Führungskräfte häufig darauf verzichten, Misserfolge zurückzumelden. Sie befürchten den Rückzug von den hohen handlungsleitenden Zielen, denn wenn das Vertrauen der Gruppenmitglieder in die eigene Tüchtigkeit sinkt, resultieren weitere Misserfolge (Ilgen & Davies, 2000). Lediglich Erfolge zurückzumelden wird aber die Produktivität auf Dauer nicht fördern. Mit dem Verschweigen von Misserfolgen aus falsch verstandener Rücksichtnahme vergeben Führungskräfte die Möglichkeit, das Leistungsniveau zu sichern und Leistungssteigerungen anzuregen. Daraus ergibt sich die Frage, ob und wie Misserfolge zurückgemeldet werden können, ohne dass Gruppenmitglieder dadurch ihre hohe Arbeitsmotivation verlieren und ihre Zielbindung und Leistungsbereitschaft aufgeben. Eine Antwort geben Befunde zur Motivationspsychologie (Schmidt in diesem Band; Schmidt & Kleinbeck, 2006), aus denen sich die Empfehlung ableiten lässt, bei Misserfolgsrückmeldungen die selbstwertbedrohlichen Aspekte möglichst gering zu halten. Misserfolg sollte nach sachlicher Analyse nicht als ein persönliches Versagen gebrandmarkt werden, sondern als eine Chance dargestellt werden, das Leistungshandeln neu auszurichten und aus Fehlern zu lernen. Dazu müssen die Gruppenmitglieder aber auch die Verantwortung für das Zustandekommen des Misserfolgs übernehmen und ihn nicht externalen oder stabilen Verursachungsfaktoren zuschreiben.

8 *Techniken zur Stärkung der in der postaktionalen Phase geforderten motivationalen Kompetenz*

Führungskräfte können Gruppenmitgliedern helfen, den angemessenen, zielführenden Umgang mit Misserfolg zu üben. Eine Lernzielorientierung kann sie bei einem solchen Vorgehen unterstützen. Im Kontext eines Forschungsprogramms zur Förderung der Leistungsmotivation in der Schule machte Dweck (1986) eine Unterscheidung zwischen Lern- und Leistungszielen. Lernziele dienen dem Kompetenzerwerb beim Lernen. Wer sie setzt, will eigene Fähigkeiten und Fertigkeiten weiterentwickeln. Rückmeldungen werden im Zusammenhang mit Lernzielen als lernrelevante Informationen gewertet, wobei auch ein Misserfolg als bedeutsam und hilfreich für Lernzuwächse erlebt wird. Die handelnden Personen orientieren sich dabei vornehmlich an individuellen Bezugsnormen, vergleichen ihre Leistungsergebnisse nicht mit denen anderer, sondern beziehen sie auf die eigenen, die sie im Verlaufe ihrer Lerngeschichte bereits erbracht haben. Die sind dann Ausgangspunkt für die Einstufung als Erfolg oder Misserfolg (Rheinberg, 2004). Leistungsziele beinhalten demgegenüber interpersonelle Bezugsnormen. Man strebt nach Zielerreichung, um die eigene Leistungsfähigkeit, die als konstante Größe erlebt wird, vor anderen unter Beweis zu stellen und mögliche Mängel zu verbergen. Bei einer solchen Zielsetzung wird eine Misserfolgsrückmeldung als Bedrohung des Selbstwerts erlebt und nicht als Hilfestellung zur Steigerung der eigenen Leistungsfähigkeit. Verantwortlich dafür sind die sozialen Bezugsnormen (Rheinberg, 2004; Spinath & Stiensmeier-Pelster, 2003). Die vorliegenden Befunde (vgl. VandeWalle, Cron & Slocum, 2001) lassen den Schluss zu, dass eine Lernzielorientierung (Dweck, 1986; Meyer, 2000) die selbstwertbedrohlichen Effekte von Misserfolgsrückmeldungen zu vermeiden hilft, sodass Misserfolge Ausgangspunkt für verbessertes Leistungshandeln werden (DeShon & Alexander, 1996). Ein lernzielorientiertes Leistungsverhalten wirkt sich außerdem positiv auf die Zielbindung und das Vertrauen in die eigene Tüchtigkeit aus, und das sowohl auf der Gruppenebene als auch auf der Individualebene (DeShon et al., 2004).

Beim motivationsgesteuerten Umgang der Gruppenmitglieder mit Erfolg und Misserfolg entscheidet das Ausmaß ihrer motivationalen Kompetenz über die Art der Motivationsveränderung in Richtung auf eine Schwächung oder Stärkung der resultierenden Arbeitsmotivation. Reichen ihre motivationalen Kompetenzen nicht aus, um Rückmeldungen auf ihren sachlichen Gehalt hin zu analysieren, und herauszufinden, weshalb der erwartete Erfolg ausgeblieben ist, können Übungen zur Ursachenanalyse und -zuschreibung bei Erfolg und Misserfolg (Cleary & Zimmerman, 2004; Schmidt & Kleinbeck, 2006) weiterhelfen. Das Ziehen angemessener Konsequenzen aus Misserfolg kann ebenfalls trainiert werden (Scheffer & Kuhl in diesem Band). Mit erweiterter motivationaler Kompetenz wird der Misserfolg nicht mehr als eine Bedrohung des Selbstwertgefühls erlebt, sondern selbstwertdienlich als Möglichkeit für einen Lernzuwachs, den es zu nutzen gilt.

9 Das Managementsystem PPM – eine Methode, Gruppenmitglieder bei der Entwicklung motivationaler und volitionaler Kompetenz zu unterstützen

Die aufgeführten Techniken zur motivationalen und volitionalen Kompetenzerweiterung mit ihren methodisch fundierten Übungen können im unternehmerischen Umfeld aber nicht immer durchgeführt werden, da sie den organisatorischen Kontext von Unternehmen nicht berücksichtigen. Deswegen empfiehlt sich, eine ganzheitlich angelegte Strategie zur Motivations- und Volitionsförderung von Gruppenmitgliedern am Arbeitsplatz zu verfolgen und dazu ein Managementsystem einzusetzen. Mit ihm lassen sich angemessene Rahmenbedingungen für erfolgreiches Gruppenhandeln schaffen und die motivationale und volitionale Kompetenz von Gruppenmitgliedern fördern (Hackman, Wageman, Ruddy & Ray, 2000; Brodbeck & Guillaume in diesem Band). 1993 wurde das Partizipative Produktivitätsmanagement (PPM) von Pritchard, Kleinbeck und Schmidt vorgestellt, das auf der Basis von Leistungsmessung, systematischer Leistungsrückmeldung und Zielvereinbarungsprozessen funktioniert und die Konzepte der Zielsetzungstheorie konsequent nutzt. Seine positive Wirkung auf die Produktivität von Arbeitsgruppen wurde bereits in einer Reihe von Untersuchungen nachgewiesen (Kleinbeck, Schmidt & Werner, 2001). Bei einem Vergleich zwischen diesen Befunden und denen anderer Managementsysteme, bei denen nach der Metaanalyse von Salas, Rozell, Mullen und Driscoll (1999) im

Mittel keine Leistungssteigerungen gefunden wurden, erweist sich PPM als eine empfehlenswerte Methode, um die Selbstorganisation von Arbeitsgruppen fördernd zu begleiten. Die für 83 untersuchte PPM-Gruppen ermittelte durchschnittliche Effektstärke lag bei 1.16 und kann deshalb als hoch bezeichnet werden (Pritchard, Harrell, DiazGranados & Guzman, 2008). Welche Prozesse für die mit PPM verbundenen Produktivitätssteigerungen im Einzelnen verantwortlich sind, lässt sich auf der Basis der bisher gefundenen Daten noch nicht endgültig klären. Eine entscheidende Rolle spielt dabei auf jeden Fall die Zielsetzungstheorie mit ihren zentralen Konzepten Zielsetzung und Zielbindung.

Mit der Anwendung von PPM unterstützen Führungskräfte Arbeitsgruppen bei der Vereinbarung herausfordernder Ziele und bei deren Umsetzung im Arbeitshandeln (Pritchard & Ashwood, 2008). Die dabei erreichten Leistungsergebnisse tragen zu einer größeren Unternehmensproduktivität bei (Schmidt, 2001, 2004). Gleichzeitig fördert PPM die Persönlichkeitsentwicklung der Gruppenmitglieder, die aktiv an der Systementwicklung beteiligt werden und dadurch ihren persönlichen Beitrag zu Entscheidungsprozessen leisten können. Das stärkt die Akzeptanz des Systems und fördert die Kooperationsbereitschaft. PPM ist eine gruppenorientierte Interventionsmethode, deren Entwicklung und Einführung am besten unter Anleitung eines externen PPM-Fachmanns vorgenommen wird. Der Entwicklungsprozess des PPM zugrunde liegenden Leistungsmesssystems in der Arbeitsgruppe beginnt mit der Aufgliederung der Gruppenaufgabe in einzelne Aufgabenbereiche mit den dazugehörigen Verantwortlichkeiten, Funktionen und Pflichten der Gruppenmitglieder. Dabei werden alle Aufgabenaspekte berücksichtigt, die dem Einfluss der Gruppenmitglieder unterliegen. Da in dieser Phase unterschiedliche Aufgabenwahrnehmungen zwischen Gruppenmitgliedern und Vorgesetzten aufeinandertreffen, muss auf jeden Fall eine Übereinstimmung angestrebt werden (Aufgabenbereiche einer Produktionsgruppe könnten z. B. sein: Einhalten von Fertigungsterminen, Beachtung von Qualitätsstandards, Zielorientierung bei der Produktherstellung). Nach Festlegung ihrer Aufgabenbereiche bestimmen die Gruppenmitglieder für jeden Bereich Messgrößen (Leistungsindikatoren), die widerspiegeln, in welchem Ausmaß die Gruppe den Aufgabenanforderungen gerecht wird. Je nach Aufgabenkomplexität kann ein Aufgabenbereich durch einen oder mehrere Indikatoren abgebildet werden (Leistungsindikatoren für die Einhaltung eines bestimmten Qualitätsstandards wären z. B. der Prozentsatz fehlerhafter Produkte oder die Anzahl von Kundenreklamationen). Durch das gemeinsame Festlegen ihrer Aufgabenbereiche mit den entsprechenden Indikatoren wird die Gruppenaufgabe überschaubar gemacht und das spätere Ausgliedern von Teilaufgaben erleichtert.

Gemeinsam wird anschließend für jeden Leistungsindikator eine Messskala entwickelt, auf der die Höhe der Gruppenleistung in diesem Aufgabenbereich

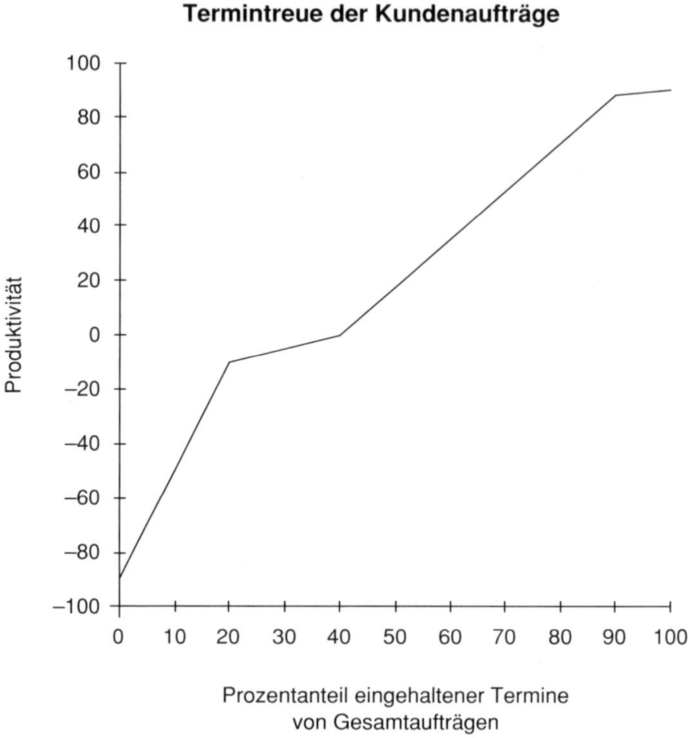

Abbildung 8:
Beispiel einer Bewertungskurve aus einer Produktionsgruppe

während eines bestimmten Messzeitraums abgetragen werden kann. Als Nächstes geht es darum, eine Beziehung zwischen den Indikatorwerten der Aufgabenbereiche und einer Produktivitätswerteskala, die von –100 bis +100 reicht, herzustellen, um mit ihrer Hilfe später erkennen zu können, welche Beiträge die erreichten Werte der einzelnen Leistungsindikatoren zur Gesamtproduktivität der Arbeitsgruppe leisten. Beim Nullpunkt wird der Indikatorwert abgetragen, der von der Gruppe unter normalen Bedingungen erwartet wird. Auf diese Weise entsteht dann eine sogenannte Bewertungskurve für Indikatorwerte (vgl. Abb. 8). Je steiler die Kurve verläuft, desto stärkere Produktivitätseffekte sind zu erzielen und umso größer ist der Beitrag des jeweiligen Indikators zur Gesamtproduktivität der Gruppe.

Ist die Systementwicklung abgeschlossen, erfolgt zur Überprüfung der Praxistauglichkeit ein Probelauf des Messsystems, um möglicherweise enthaltene

Fehler zu korrigieren, bevor das Leistungsmesssystem als Grundlage für zukünftige Rückmeldeberichte verbindlich eingeführt wird. Leistungsrückmeldungen sind dabei wesentliche Voraussetzungen für produktivitätswirksame, angemessen hohe und spezifische Zielvereinbarungen der Gruppenmitglieder (Förderung motivationaler Kompetenz; s. a. Schmidt & Kleinbeck, 2006). Mithilfe von PPM wird es möglich, die positive Wirkung von Zielen auf das Leistungsergebnis – besonders auch bei komplexen Gruppenaufgaben – sicherzustellen (Wood & Locke, 1990). Nach Hacker (1983, 2005) kommt ein erfolgreicher, zielgerichteter Handlungsverlauf erst durch das Zusammenwirken von Zielen als Führungs- oder Sollgrößen und den Rückmeldungen als Regel- oder Istgrößen zustande. Ziele und Rückmeldungen müssen einen engen Bezug zueinander haben, damit die Rückmeldungen das widerspiegeln, was die Ziele enthalten.

Die auf der Grundlage von PPM erstellten Rückmeldeberichte über die Gruppenleistung besitzen eine hohe Glaubwürdigkeit für die Gruppenmitglieder, weil sie aufgrund der gemeinsamen Entwicklung des Messsystems durchschaut und verstanden werden. Die Bereitschaft, Rückmeldungen bei zukünftigen Zielvereinbarungen zu berücksichtigen, hängt u. a. von der Akzeptanz der Rückmeldequelle ab, die bei PPM aus den beschriebenen Gründen hoch ist. Der Zeitraum zwischen den Rückmeldungen, die so spezifisch sind wie die Ziele selbst, wird so gewählt, dass die Intervalle nicht zu kurz sind und deswegen auch kein Gefühl von Kontrolle oder Überwachung entsteht. Stattdessen sollen sie die Beseitigung von Handlungsfehlern unterstützen und Verhaltenskorrekturen ermöglichen. Das fördert die Zielbindung der Gruppenmitglieder und ihre volitionale Kompetenz. Der Verarbeitungsprozess nach der Leistungsrückmeldung wird durch eine sachbezogene Ergebnisdiskussion im Verlauf der Rückmeldesitzungen, die in einem fehlertoleranten, lernzielorientierten Klima stattfinden, unterstützt. Gruppenmitglieder werden ermuntert, veränderte oder neue Handlungsstrategien zu verfolgen, um sie auf ihre Wirksamkeit zu überprüfen. In diesem Zusammenhang sei noch auf die Bedeutsamkeit der in den Rückmeldeberichten enthaltenen Bewertungskurven hingewiesen. Sie erlauben Einsichten darüber, in welchem Umfang die erzielten Werte bei den einzelnen Leistungsindikatoren einen Beitrag zur Gesamtproduktivität leisten und machen deutlich, wo es sich besonders lohnt, den persönlichen Anstrengungseinsatz zu verstärken. Auf diese Weise werden die Leistungsressourcen der Gruppenmitglieder optimal genutzt und Überbelastungen gleichzeitig vermieden. Das Partizipative Produktivitätsmanagementsystem PPM beeinflusst die motivationale und volitionale Kompetenz der Gruppenmitglieder aus folgenden Gründen:

1. Die Beteiligung an der Systementwicklung wird von ihnen als Würdigung ihrer fachlichen Fähigkeiten und als Zubilligung eines Mitspracherechts bei Dingen, die sie als Gruppe angehen, erlebt und hat eine stark motivierende

Wirkung. Das Vertrauen in die eigene Tüchtigkeit und in die der Gruppe wird dadurch gestärkt.

2. Die größere Klarheit über die einzelnen Aufgabenbereiche ihrer Gruppenaufgabe ermöglicht ihnen eine schnellere Auswahl geeigneter Handlungsstrategien und unterstützt die Ausgliederung von Teilaufgaben. Dadurch wird ein motiviertes Arbeitshandeln möglich, das zu einer höheren Gruppenproduktivität und zu größerer individueller Zufriedenheit führt.
3. In den regelmäßigen Rückmeldesitzungen wird der lernzielorientierte Umgang mit den Leistungsergebnissen unterstützt. Das führt zu Zielvereinbarungen, die als herausfordernd und gleichzeitig erreichbar erlebt werden. Sie sind produktivitätsorientiert, gehen mit einer Erhöhung der erlebten Verpflichtungen gegenüber der gemeinsam getroffenen Entscheidung einher und fördern die Zielbindung, besonders wenn im Zusammenhang mit komplexen Gruppenaufgaben auch zeitliche Handlungsspielräume zur Strategieerprobung gewährt werden.
4. Die Nutzung des Managementsystems PPM schafft ein Arbeitsklima wechselseitigen Vertrauens, in dem Fehler und Misserfolge nicht zum Rückzug von der Arbeitsaufgabe führen. Eine solche fehlertolerante Atmosphäre fängt den erlebten Leistungsdruck auf und schwächt ihn ab. Zielvereinbarungen mit herausfordernden spezifischen Zielen werden möglich, ohne dass ihre Umsetzung zu Über- oder Unterforderung führt.
5. Die Gruppenmitglieder lernen, sich bei ihrem zielorientierten Arbeitshandeln zu einem großen Teil selbst zu organisieren und vermehrt Verantwortung zu übernehmen. Sie können eigene und fremde aufgabenbezogene Fähigkeiten und motivgesteuerte Vorlieben besser einschätzen und in ihre produktivitätsorientierten Zielvereinbarungen einfließen lassen. Dieses Kompetenzerleben fördert ihre Arbeitszufriedenheit.
6. PPM unterstützt erfolgreiche soziale Interaktionsprozesse zwischen den Gruppenmitgliedern, die besonders bei interdependenten Aktionen bedeutsam sind. Sie können bei ihrer Arbeitstätigkeit zügiger Entscheidungen treffen, Konflikte leichter bewältigen, die Teilaufgaben besser koordinieren, Fehler schneller erkennen und beseitigen und beim Arbeitshandeln optimal kooperieren. Kooperation bedeutet zum einen das Ausführen sinnvoll aufeinander bezogener Aktivitäten zur Zielerreichung, zum anderen aber auch den Austausch von Informationen, Bewertungen und Meinungen beim gemeinsamen Planen, Problemlösen, Beurteilen und Entscheiden (Galegher, Kraut & Egido, 1990). Diese Fähigkeiten sind Ausdruck volitionaler Kompetenz.

In Abbildung 9 zeigen sich die Auswirkungen gestärkter Kompetenzen durch die Anwendung von PPM. Sie äußern sich im Zuwachs an Gruppenproduktivität und individueller Zufriedenheit (geringere Fehlzeiten). Beides beeinflusst die Unternehmensproduktivität positiv.

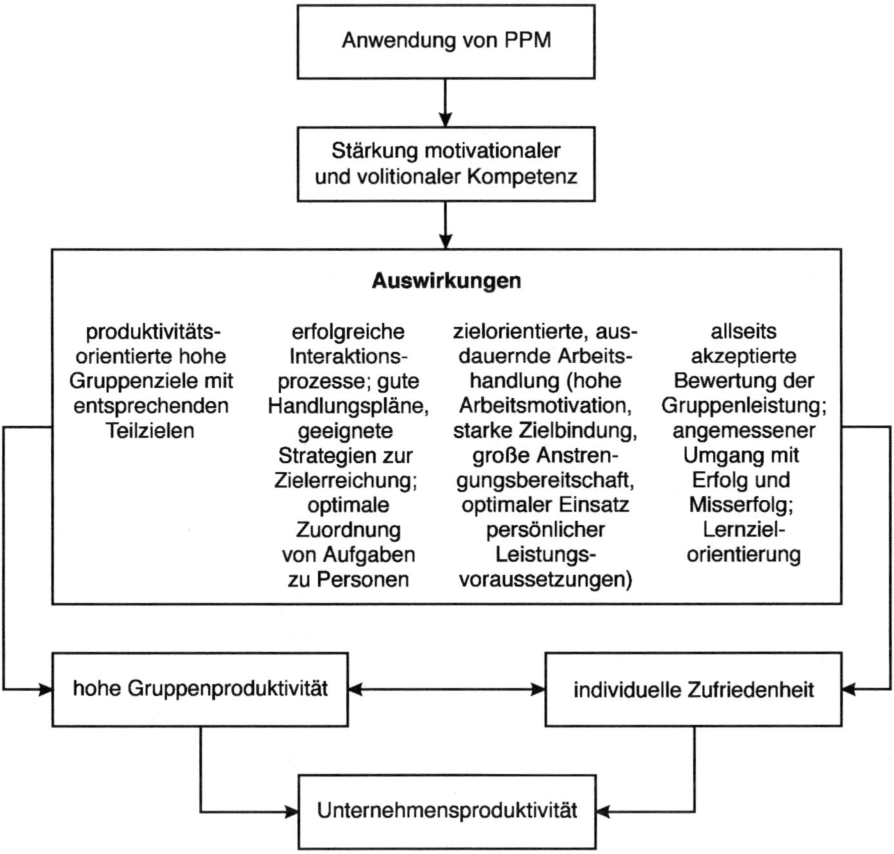

Abbildung 9:
Auswirkungen der durch PPM gestärkten motivationalen und volitionalen Kompetenz von Gruppenmitgliedern auf die Unternehmensproduktivität

10 Spezielle Aufgaben von Führungskräften bei der Förderung motivationaler und volitionaler Kompetenz

Moderne Unternehmen profitieren davon, wenn ihre Arbeitsgruppen kompetent leistungsfördernde Ziele vereinbaren und im Arbeitshandeln erfolgreich umsetzen (Bungard & Kohnke, 2002). Die damit verbundenen personalen und organisatorischen Führungsaufgaben, die unter dem Gesichtspunkt der Förderung motivationaler und volitionaler Kompetenz in Arbeitsgruppen stattfinden müssen, sind in Tabelle 1 aufgelistet.

Tabelle 1:
Führungsaufgaben bei der Förderung motivationaler und volitionaler Kompetenzen der Gruppenmitglieder in sich weitgehend selbst steuernden Arbeitsgruppen

Ansatzpunkt	**Personale Führungsaufgaben**	**Organisatorische Führungsaufgaben**
Zielvereinbarungsgespräche für die Gruppenaufgabe mit ihren Teilaufgaben	Geeignete Gruppenmitglieder auswählen, eine vertrauensvolle Gesprächsbasis schaffen, Gruppenmitglieder als gleichberechtigte Partner behandeln, Unternehmensstrategie und -ziele in einfacher, klarer Sprache vermitteln, Gespräch auf das Wesentliche konzentrieren, Fragen und Kritik zulassen, praktische Erfahrungen der Gruppenmitglieder nutzen, partizipative Entscheidungen unterstützen, Zielkonflikte verhindern, persönliche Fachkompetenz entwickeln, positiv wirksame Koalitionen fördern.	Führungshierarchie flacher gestalten, durch Aneignung grundlegender Kommunikationstechniken eigene Gesprächskompetenz ausbilden, attraktive Gruppenaufgaben mit interdependenten Teilaufgaben, Motivierungspotenzialen und Handlungsspielräumen schaffen, Arbeitsgruppen den Leistungsanforderungen gemäß zusammensetzen ohne zu große Leistungsunterschiede, optimale Gruppengröße berücksichtigen (Kleinbeck, 2006a; Wegge, 2004), Förderung der Identifikation mit der Gruppe (Haslam, 2001).
Zuordnung von Teilaufgaben mit den vereinbarten Zielen zu geeigneten Gruppenmitgliedern und Planung eines zielorientierten Handlungsverlaufs	Wissenscheck vornehmen, Zuordnungsprozess steuern, Handlungsplanung unterstützen, Abhängigkeitsbeziehungen und Koordinationsanforderungen klären, Zielbindung stärken.	Bei Bedarf Angebot von Übungs- bzw. Förderkursen zur Kompetenzerweiterung machen (Kehr, 2002), Förderung des Selbstmanagements betreiben (Bandura, 1997).
Zielbezogene Handlungsausführung	Kommunikationsprozesse fördern, Interaktionen und Koalitionen zielbezogen unterstützen, Konflikte vermeiden, Rückmeldungen über den Handlungsverlauf ermöglichen.	Ein geeignetes Leistungsmess- und Rückmeldesystem (am besten partizipativ entwickelt) zur Verfügung stellen, dabei auf Akzeptanz achten (Schmidt & Kleinbeck, 2006), störungsfreien Arbeitsablauf gewährleisten, Hindernisse bei der Zielverfolgung beseitigen, Handlungsspielräume ermöglichen.

Die Zusammensetzung einer Arbeitsgruppe fällt in den organisatorischen Aufgabenbereich. Neben dem Handlungswissen und den Fähigkeiten und Fertigkeiten der Gruppenmitglieder, die den Anforderungen der Gruppenaufgabe entsprechen müssen, sind auch deren Motivkonstellationen wichtig. Führungskräfte sollten

Tabelle 1 (Fortsetzung):
Führungsaufgaben bei der Förderung motivationaler und volitionaler Kompetenzen der Gruppenmitglieder in sich weitgehend selbst steuernden Arbeitsgruppen

Ansatzpunkt	Personale Führungsaufgaben	Organisatorische Führungsaufgaben
Bewertung des Arbeitsergebnisses in Bezug auf die angestrebte Zielerreichung	Gemeinsame Ergebnisanalyse mit Bewertung als Erfolg oder Misserfolg vornehmen, Mitarbeitern Zeit zur Verarbeitung zugestehen, bei Erfolg Lob und Anerkennung ausdrücken, bei Misserfolg auf negative Wertungen verzichten, angemessene Konsequenzen unterstützen, Zielbindung stärken durch Betonung der Lernzielorientierung, Rückmeldungen über eigene Verhaltenswirkungen einfordern, freie Meinungsäußerung ohne negative Konsequenzen garantieren.	Systematische Rückmeldungen in angemessenen Abständen zur Verfügung stellen, Rückmeldesitzungen anberaumen, ein lernzielorientiertes Arbeitsklima schaffen, erfahrungsgeleitete Lernprozesse gestalten (DeShon, Kozlowski, Schmidt, Milner & Wiechmann, 2004), Erprobungsphasen für veränderte Handlungsstrategien zulassen, Nutzung von Moderationstechniken (Witte, 2001).
Erneuter Zielvereinbarungsprozess	Auf die erneute Vereinbarung herausfordernder, konkreter Ziele achten, Unter- oder Überforderung vermeiden, Übereinstimmung mit Unternehmenszielen gewährleisten.	Angemessenen Zeitrahmen für Gruppensitzungen schaffen.

Kenntnisse darüber durch geeignete diagnostische Verfahren oder durch Erfahrungen im Umgang miteinander erwerben (s. z. B. Stiensmeier-Pelster & Rheinberg, 2003), um die Gruppenaufgabe mit geeigneten Motivierungspotenzialen versehen zu können. Dabei sollten sie berücksichtigen, dass sich leistungsmotivierte Mitarbeiter durch relativ schwierige Aufgaben motivieren lassen, bei denen sie sich als tüchtig erweisen können, während anschlussmotivierte gern Teamarbeit machen und kollektive Verantwortung übernehmen. Machtmotivierte Mitarbeiter werden angeregt durch die Übernahme von Funktionen, bei denen sie Einfluss nehmen können, und neugierige durch die Möglichkeit, innovativ zu sein. Mit diesem Wissen können im Idealfall Gruppen so zusammengesetzt werden, dass die in der Arbeitsaufgabe enthaltenen Motivierungspotenziale und Handlungsspielräume den Gruppenmitgliedern ermöglichen, ihre persönlichen Motivziele bei der Vereinbarung von Gruppenzielen zu berücksichtigen.

Neben solchen organisatorischen sind auch personale Führungsqualitäten gefragt (Schmidt & Kleinbeck, 2006). Es ist die Aufgabe von Vorgesetzten, die

Gruppenmitglieder dabei zu unterstützen, gemeinsam angemessen hohe Handlungsziele zu vereinbaren, die an den Unternehmenszielen orientiert sind. Außerdem sollten sie zusammen mit ihnen die vereinbarten Gruppenziele auf ihre Produktivitätswirksamkeit hin überprüfen, um so den Anstrengungseinsatz zu optimieren. Durch die den Gruppenmitgliedern gewährte Partizipation an Entscheidungsprozessen, die die Gruppe betreffen, können Führungskräfte eine hohe Zielbindung fördern und die Anzahl konfliktträchtiger Situationen reduzieren.

Neben der Organisation von Rückmeldesitzungen fällt Führungskräften auch die Aufgabe zu, den Umgang mit Erfolg und Misserfolg in die richtigen Bahnen zu lenken. Bei PPM können die Gruppenmitglieder anhand der berichteten Leistungsmesswerte selbst feststellen, in welchem Umfang sie produktiv waren. Zeichnet sich ein Misserfolg ab, sollten Führungskräfte eine lernzielorientierte Ursachenforschung unterstützen und ggf. auch notwendige Hilfestellungen für einen möglicherweise erforderlich werdenden zusätzlichen Wissens- und Fähigkeitserwerb anbieten. Da die erfolgreiche Erledigung der Gruppenaufgabe nicht automatisch mit höheren Zielvereinbarungen einhergeht, weil Erfolg auch eine geringere Anstrengungsbereitschaft bei gleich bleibend hohem Gruppenziel nach sich ziehen kann, müssen Führungskräfte versuchen, ein solches Fehlverhalten zu unterbinden. Mit PPM gelingt es, immer wieder aufs Neue angemessen hohe, leistungsfördernde Ziele zu vereinbaren, ohne dass es zu einer Überforderung kommt.

11 Die Stärkung motivationaler und volitionaler Kompetenzen fördert die Persönlichkeitsentwicklung von Gruppenmitgliedern

Untersuchungen belegen, dass Gruppenarbeit zu Motivationsgewinn führt und dass mit ihrer Hilfe neben den ökonomischen Zielen (Produktivitätssteigerungen) auch humanitäre Ziele (Persönlichkeitsförderung und -weiterentwicklung) erreicht werden können (Wegge, 2004). Aus den Studien von Kohn und Schooler (1983; s. a. Ulich, 2001; Hacker, 2005) geht hervor, dass die geistige Leistungsfähigkeit von Menschen durch eine kognitiv reichhaltige, komplexe Arbeitstätigkeit gefördert wird. Fertigkeiten und kognitive Qualifikationen entwickeln sich nur dann weiter, wenn sie eingesetzt und gefordert werden. Deshalb kommt der Gruppenarbeit, bei der eine Kompetenzentwicklung der Mitarbeiter angestrebt wird, eine persönlichkeitsfördernde Bedeutung zu, denn nach Hacker (2005, S. 798) ist Persönlichkeitsentwicklung „in entscheidendem Maße Selbstveränderung durch Selbstorganisation der prägenden Bedingungen in der eigenen Arbeitstätigkeit".

Wie bereits dargestellt, gibt es verschiedene Möglichkeiten, Gruppenmitgliedern zu motivationaler und volitionaler Kompetenz zu verhelfen. Durch die Organisation vollständiger, komplexer und interdependenter Arbeitsaufgaben mit Motivierungspotenzialen und vielfältigen Leistungsanforderungen für die Gruppenmitglieder bietet man ihnen die Möglichkeit, sich durch Lernen weiter zu entwickeln. Dadurch und durch die Gewährung weitgehender Selbstständigkeit beim Arbeitshandeln und durch die Gelegenheit zur Übernahme von Verantwortung fördert man ihre Persönlichkeitsentwicklung. Die Gruppenmitglieder können sich mit ihren spezifischen Persönlichkeitsmerkmalen (Motive, Einstellungen, Fähigkeiten, Fertigkeiten, theoretisches und praktisches Wissen) einbringen und werden in den gemeinsamen Aktionen leistungsfähiger, weil ihre Leistungsfähigkeit mit den Anforderungen wächst und ihr Wissenskanon durch Gruppeneffekte erweitert wird (s. a. Schmidt & Kleinbeck, 2006). Ein hohes Maß an Übereinstimmung zwischen den Bedürfnissen der Gruppenmitglieder mit ihren persönlichen Motivzielen und den Anforderungen einer Arbeitsaufgabe mit den zu diesen Bedürfnissen passenden Motivierungspotenzialen und das erforderliche Leistungspotenzial schaffen gute Voraussetzungen dafür, dass der Handlungsverlauf bei der Zielverfolgung als anregend empfunden wird, relativ mühelos und Ressourcen schonend vonstatten geht, Erfolgserleben verspricht und die Arbeitszufriedenheit fördert. Es kommt zur Ausbildung eines positiven Selbstwertgefühls der Gruppenmitglieder, weil sie die Wirksamkeit des eigenen Anstrengungseinsatzes erkennen und beobachten können, wie Qualität und Produktivität der Gruppe zunehmen. Außerdem erhalten sie durch die Rückmeldung eine entsprechende Anerkennung des eigenen Leistungseinsatzes. Das umfangreiche Kompetenzerleben stärkt das Selbstbewusstsein, trägt zur Selbstregulation der eigenen Befindlichkeit bei und bewirkt eine Steigerung des eigenen Anspruchsniveaus im Leistungsbereich (Hacker, 2005). All das fördert die Persönlichkeitsentwicklung.

12 Ausblick

Der Erfolg von Unternehmen wird auch in Zukunft in hohem Maße davon abhängen, ob es ihnen gelingt, Arbeitsaufgaben so zu gestalten, dass Mitarbeiter bei der handelnden Umsetzung von Unternehmenszielen in gewissem Umfang auch persönliche Ziele (Motive) verwirklichen können. Dann entsteht bei ihnen eine hohe Arbeitsmotivation, die sie dabei unterstützt, effektiv zu arbeiten, um die Produktivität zu steigern und auf hohem Niveau zu halten. Die vorgestellten Forschungsansätze verdeutlichen, auf welche Weise Arbeitsleistungen von Einzelpersonen und Gruppen von motivations- und volitionspsychologischen Bedingungen abhängen. Allerdings ist die Forschung noch nicht so weit vorangekommen, dass sie bereits alle Phänomene von Gruppenarbeit erklären könnte. Auch wenn sich gezeigt hat, dass sich die unter motivationspsychologischer Fragestellung gefundenen Konzepte zur Beschreibung der Handlungssteuerung von Einzelpersonen auch auf Gruppen übertragen lassen, müssten hier weitere

Forschungsbemühungen konzentriert werden. Zentrale Themen sind dabei Zielsetzung und Zielbindung ebenso wie der Umgang mit Erfolg und Misserfolg in Arbeitsgruppen.

Erkenntnisse aus der Grundlagenforschung und der Arbeits- und Organisationspsychologie sollten von Unternehmen berücksichtigt werden, damit die Einführung von Gruppenarbeit zu den gewünschten Produktivitätssteigerungen führt. Mit jedem neuen, gesicherten Befund können die vorhandenen Techniken und Managementsysteme zur Förderung von Gruppenarbeit weiter entwickelt und perfektioniert werden. Führungskräften gelingt es dann mit ihrer Unterstützung umso besser, Arbeitsgruppen zum Wohl des Unternehmens, von dessen Produktivität auch die Arbeitsplätze abhängen, so zu leiten und zu unterstützen, dass dabei auch das Wohlbefinden und die Persönlichkeit der Gruppenmitglieder, die sich bei ihrer Arbeit weiterentwickeln und in bestimmtem Umfang auch selbst verwirklichen können, gefördert werden.

Literatur

Antoni, C. (1994). *Gruppenarbeit in Unternehmen.* Weinheim: Beltz.

Bandura, A. (1997). *Self-efficacy. The exercise of control.* New York, NY: Freeman.

Benien, K. (2003). *Schwierige Gespräche führen. Modelle für Beratungs-, Kritik- und Konfliktgespräche im Berufsalltag.* Reinbek: Rowohlt.

Bierhoff, H. W., Wegge, J., Bipp, T., Kleinbeck, U., Attig-Grabosch, C. & Schulz, S. (2005). Entwicklung und Messung eines Fragebogens zur Messung von Eigenverantwortung oder: „Es gibt nichts Gutes, außer man tut es". *Zeitschrift für Personalpsychologie, 4,* 4–18.

Brodbeck, F. C. (2004). Analyse von Gruppenprozessen und Gruppenleistung. In H. Schuler (Hrsg.), *Lehrbuch der Organisationspsychologie* (S. 415–438). Bern: Huber.

Brodbeck, F. C. & Greitemeyer, T. (2000). A dynamic model of group performance: Considering group member's capacity to learn. *Group processes and Intergroup relations, 3,* 159–182.

Brunstein, J. (2006). Implizite und explizite Motive. In J. Heckhausen & H. Heckhausen (Hrsg.), *Motivation und Handeln* (S. 235–253). Heidelberg: Springer.

Bungard, W. & Antoni, C. H. (2004). Gruppenorientierte Interventionstechniken. In H. Schuler (Hrsg.), *Organisationspsychologie* (S. 439–473). Bern: Huber.

Bungard, W. & Kohnke, O. (Hrsg.). (2002). *Zielvereinbarungen erfolgreich umsetzen.* Wiesbaden: Gabler.

Camacho, L. M. & Paulus, P. B. (1995). The role of social anxiousness in group brainstorming. *Journal of Personality and Social Psychology, 68,* 1071–1080.

Cleary, T. J. & Zimmerman, B. J. (2004). Self-regulation empowerment program: A school-based program to enhance self-regulated and self-motivated cycles of student learning. *Psychology in the Schools, 41,* 537–550.

Corno, L. (1992). Encouraging students to take responsibility for learning and performance. *Elementary School Journal, 93,* 69–83.

DeMatteo, J. S., Eby, L. T. & Sundstrom, E. (1998). Team based rewards: Current empirical evidence and directions for future research. *Research in organizational behavior, 20,* 141–183.

DeShon, R. P. & Alexander, R. A. (1996). Goal setting effects on implicit and explicit learning of complex tasks. *Organizational Behavior and Human Decision Processes, 65,* 18–36.

DeShon, R. P., Kozlowski, S. W. J, Schmidt, A. M., Milner, K. R. & Wiechmann, D. (2004). A multiple-goal, multilevel model of feedback effects on the regulation of individual and team performance. *Journal of Applied Psychology, 89,* 1035–1056.

Diehl, M. & Stroebe, W. (1987). Productivity loss in brainstorming groups: Toward the solution of a riddle. *Journal of Personality and Social Psychology, 53,* 497–509.

Dweck, C. S. (1986). Motivational processes affecting learning. *American Psychologist, 41,* 1040–1048.

Earley, P. C. & Shalley, C. E. (1991). New perspectives on goals and performance: Merging motivation and cognition. In G. Ferris & K. M. Rowland (Eds.), *Research in personnel and human resources management* (pp. 121–157). Greenwich, CT: JAI.

Engelhardt, G. & Witte, E. H. (1998). Soziale Repräsentationen von Gruppen. In E. H. Witte (Hrsg.), *Sozialpsychologie der Gruppenleistung* (S. 229–250). Lengerich: Pabst.

Erez, M. (1995). Prospects of participative management in developing countries: The role of socio-cultural environment. In D. M. Saunders & R. N. Kanungo (Eds.), *New approaches to employee management* (pp. 171–196). Greenwich, CT: JAI.

French, E. G. (1958). Effects of the interaction of motivation and feedback on task performance. In J. W. Atkinson (Ed.), *Motives in fantasy, action, and society* (pp. 400–408). Princeton, NJ: Van Nostrand.

Fröhlich, S. M. & Kuhl, J. (2003). Das Selbststeuerungsinventar: Dekomponierung volitionaler Funktionen. In J. Stiensmeier-Pelster & F. Rheinberg (Hrsg.), *Diagnostik von Motivation und Selbstkonzept* (S. 221–257). Göttingen: Hogrefe.

Galegher, J., Kraut, R. & Egido, C. (Eds.). (1990). *Intellectual teamwork.* Hillsdale, NJ: Erlbaum.

Glasl, F. (2002). *Konfliktmanagement. Ein Handbuch für Führungskräfte, Beraterinnen und Berater.* Bern/Stuttgart: Haupt/Freies Geistesleben.

Gollwitzer, P. M. (1996). The volitional benefits of planning. In P. M. Gollwitzer & J. A. Bargh (Eds.), *The psychology of action. Linking cognition and motivation to behavior* (pp. 287–312). New York, NY: Guilford.

Gollwitzer, P. M., Fujita, K. & Oettingen, G. (2004). Planning and the implementation of goals. In R. F. Baumeister & K. D. Vohs (Eds.), *Handbook of self-regulation* (pp. 211–228). New York, NY: Guilford.

Greitemeyer, T. & Schulz-Hardt, S. (2003). Preference-consistent evaluation of information in the hidden profile paradigm: Beyond group-level explanations for the dominance of shared information in group decisions. *Journal of Personality and Social Psychology, 84,* 322–339.

Hacker, W. (1983). Ziele – eine vergessene Schlüsselvariable? Zur antriebsregulatorischen Tendenz von Tätigkeitsmerkmalen. *Psychologie für die Praxis, 2,* 5–26.

Hacker, W. (2005). *Allgemeine Arbeitspsychologie. Psychische Regulation von Wissens-, Denk- und körperlicher Arbeit.* Bern: Huber.

Hacker, W. & Skell, W. (1993). *Lernen in der Arbeit.* Berlin: Bundesinstitut für Berufsbildung.

Hackman, J. R. & Oldham, G. R. (1980). *Work redesign.* Reading, MA: Addison-Wesley.

Hackman, J. R. & Wageman, R. (2005). A theory of team coaching. *Academy of Management Review, 30,* 269–287.

Hackman, J. R., Wageman, R., Ruddy, T. M. & Ray, C. R. (2000). Team effectiveness in theory and practice. In C. Cooper & E. A. Locke (Eds.), *Industrial and organizational psychology: Theory and practice* (pp. 109–129). Oxford: Blackwell.

Hainbuch, F. (2004). *Muskelentspannung nach Jacobson.* München: Gräfe und Unzer.

Haslam, S. A. (2001). *Psychology in organizations. The social identity approach.* London: Sage.

Heckhausen, H. (1989). *Motivation und Handeln.* Berlin: Springer.

Heckhausen, J. & Heckhausen, H. (2006). *Motivation und Handeln.* Berlin: Springer.

Hellpach, W. (1922). Sozialpsychologische Analyse des betriebstechnischen Tatbestandes „Gruppenfabrikation". In R. Lang & W. Hellpach (Hrsg.), *Gruppenfabrikation* (S. 5–186). Berlin: Springer.

Hey, A. H., Jöns, I. & Pietruschka, S. (1997). Unterstützung selbstregulierter Gruppenarbeit – Entwicklung eines Modells. In W. Bungard (Hrsg.), *Mannheimer Beiträge zur Wirtschafts- und Organisationspsychologie* (S. 2–10). Mannheim: Universität.

Hollenbeck, J. R., LePine, J. A. & Ilgen, D. R. (1996). Adapting to roles in decision-making teams. In K. R. Murphy (Ed.), *Individual differences and behavior in organizations* (pp. 300–333). San Francisco, CA: Jossey-Bass.

Hollingshead, A. B., Wittenbaum, G. M., Paulus, P., Hirokawa, R., Ancona, D. G., Peterson, R. S., Jehn, K. A. & Yoon, K. (2005). A look at groups from the functional perspective. In M. S. Poole & A. B. Hollingshead (Eds.), *Theories of small groups. Interdisciplinary Perspectives* (pp. 21–62). Thousand Oaks, CA: Sage.

Ilgen, D. R. (1999). Teams embedded in organizations: Some implications. *American Psychologist, 54,* 129–139.

Ilgen, D. R. & Davies, C. A. (2000). Bearing bad news: Reactions to negative performance feedback. *Applied Psychology: An International Journal, 49,* 550–565.

Jehn, K. A. (1997). A qualitative analysis of conflict types and dimensions in organizational groups. *Administrative Science Quarterly, 42,* 520–557.

Jehn, K. A. & Mannix, E. A. (2001). The dynamic nature of conflict: A longitudinal study of intragroup conflict and group performance. *Academy of Mangement Journal, 44,* 238–251.

Karau, S. J. & Williams, K. D. (1993). Social loafing: A meta-analytic review and theoretical integration. *Journal of Personality and Social Psychology, 65,* 681–706.

Kehr, H. M. (2002). *Souveränes Selbstmanagement.* Weinheim: Beltz.

Kehr, H. M. (2004). *Motivation und Volition.* Göttingen: Hogrefe.

Kerr, N. L. (1983). Motivation losses in small groups: A social dilemma analysis. *Journal of Personality and Social Psychology, 45,* 819–828.

Kerr, N. L. & Brunn, S. E. (1983). Dispensibility of members effort and group motivation losses: Free-rider effects. *Journal of Personality and Social Psychology, 44,* 78–94.

Kleinbeck, U. (1987). Gestaltung von Motivationsbedingungen der Arbeit. In U. Kleinbeck & J. Rutenfranz (Hrsg.), *Arbeitspsychologie* (Enzyklopädie der Psychologie, Serie Wirtschafts-, Organisations- und Arbeitspsychologie, Bd. 1, S. 440–492). Göttingen: Hogrefe.

Kleinbeck, U. (1996). *Arbeitsmotivation.* München: Juventa.

Kleinbeck, U. (2001). Das Management von Arbeitsgruppen. In H. Schuler (Hrsg.), *Lehrbuch der Personalpsychologie* (S. 509–531). Göttingen: Hogrefe.

Kleinbeck, U. (2004). Die Wirkung von Zielsetzungen auf die Leistung. In H. Schuler (Hrsg.), *Beurteilung und Förderung beruflicher Leistung* (S. 215–237). Göttingen: Hogrefe.

Kleinbeck, U. (2006a). Das Management von Arbeitsgruppen. In H. Schuler (Hrsg.), *Lehrbuch der Personalpsychologie* (S. 651–670). Göttingen: Hogrefe.

Kleinbeck, U. (2006b). Handlungsziele. In J. Heckhausen & H. Heckhausen (Hrsg.), *Motivation und Handeln* (S. 255–276). Heidelberg: Springer.

Kleinbeck, U. (2007). Arbeitsmotivation. In K. Landau (Hrsg.), *Lexikon Arbeitsgestaltung* (S. 140–143). Stuttgart: Gentner.

Kleinbeck, U. (2009). Motivation in Arbeit und Beruf. In V. Brandstätter & J. H. Otto (Hrsg.), *Handbuch der Allgemeinen Psychologie – Motivation und Emotion* (S. 347–359). Göttingen: Hogrefe.

Kleinbeck, U. & Schmidt, K.-H. (2004). Gruppenleistung und Leistungsförderung. In H. Schuler (Hrsg.), *Organisationspsychologie – Gruppe und Organisation* (Enzyklopädie der Psychologie, Serie Wirtschafts-, Organisations- und Arbeitspsychologie, Bd. 4, S. 445–491). Göttingen: Hogrefe.

Kleinbeck, U., Schmidt, K.-H. & Rutenfranz, J. (1983). Handlungshilfen für den Einsatz neuer Arbeitsstrukturen in der Montage. In Der Bundesminister für Forschung und Technologie (Hrsg.), *Neue Arbeitsstrukturen in Teilefertigung und Montage, Teil II: Montage.* (S. 227–246). Frankfurt a. M.: Campus.

Kleinbeck, U., Schmidt, K.-H. & Werner, W. (Hrsg.). (2001). *Produktivitätsverbesserung durch zielorientierte Gruppenarbeit.* Göttingen: Hogrefe.

Kleinbeck, U., Wegge, J. & Schmidt, K.-H. (2001). Work motivation and performance in groups. In M. Erez, U. Kleinbeck & H. Thierry (Eds.), *Work motivation in the context of a globalizing economy* (pp. 181–191). Mahwah, NJ: Erlbaum.

Kluger, A. N. & DeNisi, A. (1996). The effects of feedback interventions on performance: A historical review, a meta-analysis, and a preliminary feedback intervention theory. *Psychological Bulletin, 119,* 254–284.

Kohn, M. L. & Schooler, C. (1983). *Work and personality: An inquiry into the impact of social stratification.* Norwood: Ablex.

Kornadt, H.-J. (1988). Motivation und Volition. Anmerkungen und Fragen zur wiederbelebten Willenspsychologie. *Archiv für Psychologie, 140,* 209–222.

Kuhl, J. (2000). A functional design approach to motivation and self-regulation: The dynamics of personality systems interactions. In M. Boekarts, P. R. Pintrich & M. Zeidner (Eds.), *Handbook on self-regulation* (pp. 111–170). San Diego, CA: Academic Press.

Kuhl, J. (2001). *Motivation und Persönlichkeit.* Göttingen: Hogrefe.

Langens, T. A. (in press). *Congruence between explicit and implicit motives and emotional well-being: The moderating role of activity inhibition.* Motivation and Emotion.

Locke, E. A. & Latham, G. P. (2002). Building a practically useful theory of goal setting and task motivation. *American Psychologist, 57,* 705–717.

Mathieu, J. E., Gilson, L. L. & Ruddy, T. M. (2006). Empowerment and team effectiveness: An empirical test of an integrated model. *Journal of Applied Psychology, 91,* 97–108.

McClelland, D. C. (1999). *Human motivation.* Cambridge: University Press.

McClelland, D. C., Koestner, R. & Weinberger, J. (1989). How do self-attributed and implicit motives differ? *Psychological Review, 96,* 690–702.

McGrath, J. E. (1984). *Groups: Interaction and performance.* Englewood Cliffs, NJ: Prentice Hall.

McKeachie, W. J. (1967). Motivation, Lehrmethoden und Lernen in Hochschulen. In F. E. Weinert (Hrsg.), *Pädagogische Psychologie* (S. 159–187). Köln: Kiepenheuer & Witsch.

Mento, A. J., Steel, R. P. & Karren, R. J. (1987). A meta-analytic study of the effects of goal setting on task performance: 1966–1984. *Organizational Behavior and Human Decision Processes, 39,* 52–83.

Meyer, W.-U. (2000). *Gelernte Hilflosigkeit. Grundlagen und Anwendungen in Schule und Unterricht.* Bern: Huber.

Mohammed, S. & Dumville, B. C. (2001). Team mental models in a team knowledge framework: Expanding theory and measurement across disciplinary boundaries. *Journal of Organizational Behavior, 22,* 89–106.

Muraven, M. & Baumeister, R. (2000). Self-regulation and depletion of limited resources: Does self-control resemble a muscle? *Psychological Bulletin, 126,* 247–259.

Nerdinger, F. W. (1995). *Motivation und Handeln in Organisationen. Eine Einführung.* Stuttgart: Kohlhammer.

Pinder, C. C. (1998). *Work motivation in organizational behavior.* Upper Saddle River, NJ: Prentice Hall.

Pritchard, R. D. & Ashwood, E. L. (2008). *Managing motivation: A manager's guide to diagnosing and improving motivation.* New York: Routledge, Taylor & Francis Group.

Pritchard, R. D., Harrell, M. M., DiazGranados, D. & Guzman, M. J. (2008). The productivity measurement and enhancement system: A meta-analysis. *Journal of Applied Psychology, 93* (3), 540–567.

Pritchard, R. D., Kleinbeck, U. & Schmidt, K.-H. (Hrsg.). (1993). *Das Managementsystem PPM. Durch Mitarbeiterbeteiligung zu höherer Produktivität.* München: C. H. Beck.

Reichwald, R. & Koller, H. (1996). Die Dezentralisierung als Maßnahme zur Förderung der Lernfähigkeit von Organisationen – Spannungsfelder auf dem Weg zu neuen Innovationsstrategien. In H.-J. Bullinger (Hrsg.), *Lernende Organisationen. Konzepte, Methoden und Erfahrungsberichte* (S. 105–153). Stuttgart: Schäffer-Poeschel.

Rheinberg, F. (2004). *Motivation.* Stuttgart: Kohlhammer.

Rheinberg, F. & Krug, S. (2005). *Motivationsförderung im Schulalltag.* Göttingen: Hogrefe.

Rosenstiel, L. von (1992). *Grundlagen der Organisationspsychologie.* Stuttgart: Schäffer-Poeschel.

Saavedra, R., Earley, P. C. & Van Dyne, L. (1993). Complex interdependence in task-performing groups. *Journal of Applied Psychology, 78,* 61–72.

Sader, M. (1996). Beobachtungslernen in der Gruppe. *Gruppendynamik, 27,* 67–83.

Sagie, A., Elizur, D. & Koslowski, M. (1995). Decision type, participative decision making (PDM), and organizational behavior: An experimental simulation. *Human Performance, 8,* 81–94.

Salas, E., Rozell, D., Mullen, B. & Driskell, J. E. (1999). The effect of team building on performance. An integration. *Small Group Research, 30,* 309–329.

Scheffer, D. & Kuhl, J. (2006). *Erfolgreich motivieren. Mitarbeiterpersönlichkeit und Motivationstechniken.* Göttingen: Hogrefe.

Schmidt, K.-H. (2001). Psychologische Grundlagen der Produktivität von Arbeitsgruppen. In U. Kleinbeck, K.-H. Schmidt & W. Werner (Hrsg.), *Produktivitätsverbesserung durch zielorientierte Gruppenarbeit* (S. 49–70). Göttingen: Hogrefe.

Schmidt, K.-H. (2004). Förderung von Gruppenleistungen mit dem Partizipativen Produktivitätsmanagement (PPM). In H. Schuler (Hrsg.), *Beurteilung und Förderung beruflicher Leistung* (S. 239–253). Göttingen: Hogrefe.

Schmidt, K.-H. & Kleinbeck, U. (1999). Funktionsgrundlagen der Leistungswirkungen von Zielen bei der Arbeit. In M. Jerusalem & R. Pekrun (Hrsg.), *Emotion, Motivation und Leistung* (S. 291–304). Göttingen: Hogrefe.

Schmidt, K.-H. & Kleinbeck, U. (2006). *Führen mit Zielvereinbarung.* Göttingen: Hogrefe.

Schnackers, U. & Kleinbeck, U. (1975). Machtmotiv und machtthematisches Verhalten in einem Verhandlungsspiel. *Archiv für Psychologie, 127,* 300–319.

Schneider, K. & Schmalt, H.-D. (2000). *Motivation.* Stuttgart: Kohlhammer.

Schultheiss, O. C. & Brunstein, J. C. (1999). Goal imagery: Bridging the gap between implicit motives and explicit goals. *Journal of Personality, 67,* 1–38.

Seo, M. G., Feldman Barrett, L. & Bartunek, J. M. (2004). The role of affective experience in work motivation. *Academy of Management Review, 29,* 423–439.

Spinath, B. (2005). Motivation als Kompetenz: Wie wird Motivation lehr- und lernbar? In R. Vollmeyer & J. Brunstein (Hrsg.), *Motivationspsychologie und ihre Anwendung* (S. 203–219). Stuttgart: Kohlhammer.

Spinath, B. & Stiensmeier-Pelster, J. (2003). Goal orientation and achievement: The role of ability self-concept and failure perception. *Learning and instruction, 13,* 403–422.

Sodenkamp, D., Wieczorek, P. & Schmidt, K.-H. (2003). Ressourcenverteilungsprobleme bei Gruppenarbeit: Ein praktischer Lösungsansatz. *Zeitschrift für Arbeitswissenschaft, 57,* 214–218.

Stiensmeier-Pelster, J. & Heckhausen, J. (2006). Kausalattribution von Verhalten und Leistung. In J. Heckhausen & H. Heckhausen (Hrsg.), *Motivation und Handeln* (S. 355–392). Heidelberg: Springer.

Stiensmeier-Pelster, J. & Rheinberg, F. (Hrsg.). (2003). *Diagnostik von Motivation und Selbstkonzept.* Göttingen: Hogrefe.

Stumpf, S. (1999). Wann man von Synergie in Gruppen sprechen kann: Eine Begriffsanalyse. *Gruppendynamik, 30,* 191–206.

Stumpf, H., Angleitner, A., Wieck, T., Jackson, D. N. & Beloch-Till, H. (1985). *Deutsche Personality Research Form (PRF).* Göttingen: Hogrefe.

Terhune, K. W. (1968). Motives, situation, and interpersonal conflict within prisoner's dilemma. *Journal of Personality and Social Psychology, 8* (Suppl. 3), 1–24.

Tschan, F. (2000). *Produktivität in Kleingruppen. Was machen produktive Gruppen anders und besser?* Bern: Huber.

Tubbs, M. E. (1986). Goal setting: A Meta-analytic examination of the empirical evidence. *Journal of Applied Psychology, 71,* 474–483.

Ulich, E. (2001). *Arbeitspsychologie.* Zürich/Stuttgart: vdf/Schaeffer-Poeschel.

VandeWalle, D., Cron, W. L. & Slocum Jr., J. W. (2001). The role of goal orientation following performance feedback. *Journal of Applied Psychology, 86,* 629–640.

Vroom, V. H. (1964). *Work and motivation.* New York, NY: Wiley.

Webb, N. M. & Palinscar, A. S. (1996). Group processes in the classroom. In D. C. Berliner & R. C. Calfee (Eds.), *Handbook of educational psychology* (pp. 841–873). London: MacMillan.

Wegge, J. (2004). *Führung von Arbeitsgruppen.* Göttingen: Hogrefe.

Wegge, J. (2006). Gruppenarbeit. In H. Schuler (Hrsg.), *Lehrbuch der Personalpsychologie* (S. 579–610). Göttingen: Hogrefe.

Wegge, J. & Kleinbeck, U. (1996). Goal-setting and group performance: Impact of achievement and affiliation motives, participation in goal-setting, and task interdependence of group members. In T. Gjesme & R. Nygard (Eds.), *Advances in motivation* (pp. 145–167). Oslo: Scandinavian University Press.

Wehner, T., Stadler, M. A., Brünink, H. & Kobs, M. (1994). Die bedeutungsstiftende Funktion des Handlungskontext beim (Biofeedback-)Lernen. In B. Bergmann & P. Richter (Hrsg.), *Die Handlungsregulationstheorie. Von der Praxis einer Theorie* (S. 151–172). Göttingen: Hogrefe.

Weiner, B. (1986). *An attributional theory of motivation and emotion.* New York, NY: Springer.

Weingart, L. R. (1992). Impact of group goals, task component complexity, effort and planning on group performance. *Journal of Applied Psychology, 77,* 682–693.

West, M. A. (Ed.). (1996). *Handbook of work group psychology.* Chichester: Wiley.

Witte, E. H. (2001). Die Entwicklung einer Gruppenmoderationstheorie für Projektgruppen und ihre empirische Überprüfung. In E. Witte (Hrsg.), *Leistungsverbesserungen in aufgabenorientierten Kleingruppen* (S. 217–235). Lengerich: Pabst.

Wittenbaum, G. M., Hollingshead, A. B., Paulus, P. B., Hirokawa, R. Y., Ancona, D. G., Peterson, R. S., Jehn, K. A. & Yoon, K. (2004). The functional perspective as a lens for understanding groups. *Small Group Research, 35,* 17–43.

Wittenbaum, G. M. & Stasser, G. (1996). Management of information in small groups. In J. L. Nye & A. M. Brower (Eds.), *What's social about social cognition? Social cognition research in small groups* (pp. 3–28). Thousand Oaks, CA: Sage.

Wood, R. E. & Locke, E. A. (1990). Goal setting and strategy effects on complex tasks. In B. Staw & L. Cummings (Eds.), *Research in organizational behavior* (pp. 73–110). Greenwich, CT: JAI.

Yetton, P. W. & Bottger, P. C. (1982). Individual versus group problem solving: An empirical test of a best-member strategy. *Organizational Behavior and Human Performance, 29,* 307–321.

17. Kapitel

Mensch-Computer-Interaktion

Udo Konradt

1 Einleitung und Überblick

Computer dienen als universelles Arbeitsmittel zur Ausführung von Arbeitsprozessen, als Informations- und Kommunikationsmedium und zur Unterstützung von schulischem und betrieblichem Lernen. Die vielfältigen Einsatz- und Nutzungsmöglichkeiten der Computertechnik haben zum Entstehen neuer Arbeits- und Organisationsformen sowie Geschäftsmodellen beigetragen, u. a. in Form von virtueller Teamarbeit, virtueller sozialer Gemeinschaften, virtueller Unternehmen und E-Commerce. Neben den technischen Leistungsmerkmalen der Endgeräte sind auch leicht erlernbare und intuitiv zu bedienende interaktive Anwendungssysteme dafür verantwortlich, dass Computer über alle Bevölkerungs- und Altersgruppen hinweg verwendet werden. Die Beschreibung, Gestaltung und Bewertung benutzungsgerechter interaktiver Systeme ist Gegenstand des Forschungsgebietes der Mensch-Computer-Interaktion (MCI).

Zum Forschungsgebiet der MCI sind umfangreiche Arbeiten erschienen, u. a. enzyklopädische Gesamtüberblicke (Helander, Landauer & Prabhu, 1997; Salvendy, 2006; Sears & Jacko, 2007) sowie einführende und vertiefende Darstellungen (Dzida & Wandke, 2006; Eberleh, Oberquelle & Oppermann, 1994; Hamborg & Gediga, 2006; Herczeg, 2005; Shneiderman & Plaisant, 2005). Da das Forschungsgebiet stark multidisziplinär geprägt ist, wird MCI zudem aus der jeweiligen fachwissenschaftlichen Sicht betrachtet, u. a. aus Sicht der Ingenieurwissenschaften und der Angewandten Informatik (Carroll, 1997, 2003; Eberleh et al., 1994), der Arbeits- und Organisationspsychologie (Dzida & Konradt, 1995; Frese & Brodbeck, 1989; Nullmeier & Rödiger, 1987), der Medienwissenschaften, der Soziologie und Anthropologie (vgl. Steinmüller, 1993) sowie aus Sicht der Design- und Kunstwissenschaften (vgl. Lavie & Tractinsky,

2004). Aufgrund der Multidisziplinarität ist das Forschungsgebiet verhältnismäßig extensiv und in stärkerem Maße fragmentiert als andere Fachgebiete und deshalb kaum mehr geschlossen darstellbar. Naturgemäß muss deshalb eine Schwerpunktsetzung erfolgen.

In diesem Beitrag liegen die Schwerpunkte auf der Beschreibung, Gestaltung und Bewertung arbeitspsychologisch relevanter Aspekte der MCI. Nach der Darstellung der begrifflichen und konzeptionellen Grundlagen werden die unterschiedlichen Ansätze aus fachdisziplinärer Sicht kontrastiert. Anschließend werden Methoden der Arbeits- und Systemgestaltung vorgestellt, die sich auf die Anforderungsanalyse, den Systementwurf sowie die Evaluation von Anwendungssystemen beziehen. Ferner werden Aspekte der Implementierung interaktiver Systeme behandelt. Nach einer kursorischen Darstellung ausgewählter Nutzungskontexte der MCI, wie kollaborativer computergestützter Arbeitsformen, hypertextueller Anwendungssysteme und virtueller Realitäten, erfolgt abschließend ein Ausblick auf mögliche zukünftige Entwicklungen der MCI.

2 Grundlagen der MCI

2.1 Grundlegende Definitionen und Terminologie

MCI lässt sich als eine spezielle Klasse von Aktionen innerhalb eines Mensch-Maschine-Systems auffassen, welches als ein zielgerichtetes Zusammenwirken von Personen und technischen Systemen zur Erfüllung eines fremd- oder selbstgestellten Auftrags verstanden wird. Mensch-Computer-Systeme stellen demgegenüber eine Klasse von Mensch-Maschine-Systemen dar, in denen das technische System in seiner einfachsten Form ein Computersystem ist. Unter Mensch-Computer-Interaktion wird der wechselseitige Nachrichtenaustausch zwischen dem Benutzer und einem Anwendungssystem zur Erledigung von Aufgaben innerhalb einer Arbeitsumgebung verstanden. Ein Anwendungssystem ist ein „computergestütztes Arbeitsmittel zum Zweck der Durchführung einer definierten und logisch zusammenhängenden Menge von Aufgaben“ (Herczeg, 2005, S. 15). Vielfach wird auch der Begriff des (technischen) Artefakts verwendet, welches zur Klasse der interaktiven Systeme zählt. Da mit dem Begriff des Artefakts jedoch uneindeutig das Ergebnis (Produkt), Zwischenergebnis, manchmal auch der im Rahmen eines Prozessfortschritts erzeugte Zustand bezeichnet wird, soll hier dem Begriff des Anwendungssystems der Vorzug gegeben werden.

Die Interaktion zwischen Benutzer und Anwendungssystem findet in Form von Dialogen statt, bei denen der Benutzer im Rahmen seiner Arbeitsaufgabe dem Computer Daten zur Verfügung stellt und vom Computer Rückmeldungen über den Verarbeitungsstatus zurück erhält. Die Dialogformen, die auch als Dialogtechniken, Interaktionstechniken oder Interaktionsformen bezeichnet werden, können benutzer- oder systemgeführt sein. Während beim benutzergeführten Dialog die Initiative zur Interaktion hauptsächlich vom Benutzer ausgeht, liegt sie im Falle des systemgeführten Dialogs auf Seiten des Computers.

Die Dialoge erfolgen über die Benutzungsschnittstelle, worunter alle interaktiven Eingriffsmöglichkeiten bezeichnet werden, über die der Benutzer begrifflich oder sensomotorisch mit dem Anwendungssystem in Verbindung steht. Die Benutzungsoberfläche ist demgegenüber der für den Benutzer wahrnehmbare, in der Regel visuelle Teil der Benutzungsschnittstelle und damit eine Teilmenge dieser.

Von zentraler Bedeutung für die MCI ist der Begriff der Usability (Gebrauchstauglichkeit), der in der Norm DIN EN ISO 9241 als eine wesentliche Anforderung an die Arbeit mit Bildschirmgeräten und als ein Qualitätskriterium von Anwendungssystemen festgelegt ist. Demnach wird Usability aus der Effektivität, Effizienz und Zufriedenheit gebildet. Die Effektivität ist umso höher einzustufen, je vollständiger und genauer ein bestimmtes Ziel mithilfe eines Anwendungssystems erreicht werden kann. Effizient ist ein System, wenn das Verhältnis zwischen der Effektivität und dem für den Benutzer verbundenen Bedienungsaufwand positiv ausfällt. Die Zufriedenheit wird durch die subjektive Produktbewertung vonseiten des Benutzers sowie die damit verbundene Akzeptanz bestimmt.

Die folgende Darstellung bezieht sich nicht ausschließlich auf Anwendungssysteme, sondern auch auf Softwareprodukte mit eingeschränktem informationsverarbeitenden Anteil, sogenannte Informationsgeräte („Information appliances", Norman, 1998) (u. a. Handy, Navigationssystem), sowie eingebetteten Systemen.

2.2 Rahmenmodelle

Zur Klassifikation und Analyse der Elemente der MCI wurden umfassende Rahmenmodelle entwickelt, wie das Schichtenmodell (Moran, 1981) oder das Modell der International Federation for Information Processing (IFIP). Im Schichtenmodell (Moran, 1981) werden die folgenden fünf Ebenen unterschieden: (1) die Aufgabenebene (auch pragmatische Ebene) als die Zielstruktur des Benutzers, worunter aufgabenbezogene und werkzeugunabhängige Ziele bzw. Zwecke erfasst werden; (2) die Werkzeugebene (auch semantische Ebene) als die werkzeugunabhängige Aufgabenebene, auf die die Funktionalität des Anwendungssystems gerichtet ist; (3) die Kommunikationsebene (auch syntaktische Ebene), die die Auswahl von Bedienungsfunktionen und Benutzereingaben umfasst; (4) die Interaktionsebene, worunter die Prozesse der Ein- und Ausgabe verstanden werden, sowie (5) die Hardware-Ebene, wozu die technisch-physikalischen Merkmale der Hardware sowie der Arbeitsumgebung zählen.

Weite Verbreitung hat das IFIP-Modell (vgl. Abb. 1) gefunden, u. a. als Grundlage der Gliederung der MCI-bezogenen Normen. Nach dem erweiterten IFIP-Modell (Dzida, 1983; vgl. Dzida & Wandke, 2006) werden die folgenden Ebenen unterschieden: (1) Mit der Ein-/Ausgabeschnittstelle werden Regeln für die Eingabe des Benutzers definiert – wie etwa zur Positionierung des Cursors per Maus oder Tastatur – und die Ausgabe des Rechners in Hinblick auf die Art der Darstellung, Formatierung von Daten, Meldungen oder Werkzeugen, Orts- und Farbcodierung etc.; (2) die Dialogschnittstelle bestimmt Regeln, die den Ablauf der Arbeit des Benutzers mit dem System festlegen, etwa in wie vielen Schritten vorgegangen wird, auf welche Weise Aufträge an das System erteilt werden und wie der Benutzer durch das Hilfesystem unterstützt wird; (3) die Werkzeugschnittstelle bezieht sich auf die eigentliche Arbeitsaufgabe des Benutzers. Sie repräsentiert Arbeitsgegenstände (Daten) in ihrem aktuellen Bearbeitungsstadium sowie die dazu verfügbaren (Software-)Werkzeuge. Das Anwendungssystem stellt für den Benutzer somit nur eine Ansammlung verschiedener Werkzeuge dar, deren Kombinationsprinzipien die Werkzeugschnittstelle bestimmen. Diese drei Schnittstellen sind in jedem Dialogschritt simultan verfügbar und tauschen über technische Mittel Informationen aus (in Abb. 1 als P.1 und P.2 bezeichnet); (4) die Organisationsschnittstelle wird geprägt durch Regeln, die das Entstehen, Festlegen und Verteilen von Arbeitsaufgaben des Benutzers und deren Zusammenhang mit Aufgaben anderer Personen in der Organisation bestimmen (z. B. Dienstweg, Arbeitsteilung). Sie gliedert sich in einen technischen Teil bzgl. der Integration von Benutzer und Rechner in die Organisation (unter besonderer Berücksichtigung der Kooperation mittels des Anwendungssystems) und in einen nicht technischen, der sich auf die Integration des Benutzers und seiner Aufgaben in die Aufbau- und Ablauforganisation bezieht.

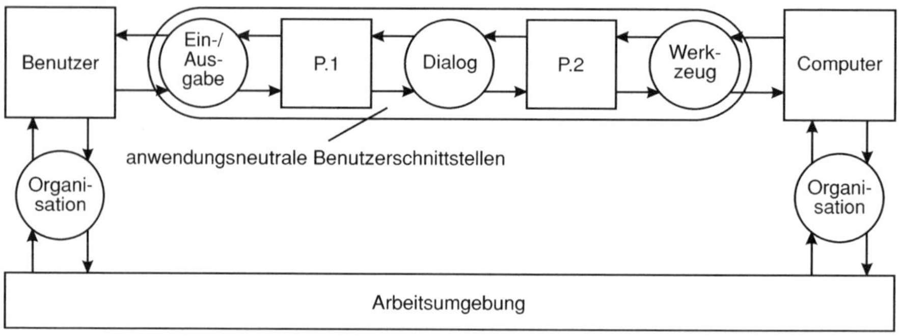

Abbildung 1:
Das IFIP-Modell für Benutzerschnittstellen

Die Arbeitsumgebung, in der der Benutzer mit dem Anwendungssystem arbeitet, wird auch als Nutzungskontext bezeichnet. Der Nutzungskontext wird durch den Benutzer, die Arbeitsaufgabe(n), die Arbeitsmittel (Hardware, Software, Materialien) sowie die soziale und physische Umgebung, in der das Anwendungssystem genutzt wird, gebildet (DIN EN ISO 9241-11, 1998).

3 Disziplinäre Ansätze der MCI

Das primäre Ziel aller an der MCI beteiligten Disziplinen liegt darin, die theoretischen und empirischen Grundlagen für die Beschreibung, Erklärung und Vorhersage der Benutzung von Anwendungssystemen zu schaffen, die an die sensomotorischen und kognitiven Fähigkeiten und Fertigkeiten des Benutzers sowie an seine sozialen und emotionalen Bedürfnisse unter Berücksichtigung der Arbeitsumgebung angepasst sind. Dadurch soll eine zuverlässige, sichere, effektive und effiziente Aufgabenausführung ermöglicht, die Arbeitszufriedenheit und Akzeptanz gesichert und Fehlbelastungen verringert werden. Je nach fachlicher und inhaltlicher Ausrichtung der beteiligten Disziplinen werden dazu unterschiedliche Inhaltsfelder betrachtet und Schwerpunkte gebildet, von denen im Folgenden psychologisch relevante Ansätze dargestellt werden.

3.1 Software-ergonomische und ingenieurpsychologische Ansätze

Das Ziel software-ergonomischer und ingenieurpsychologischer Ansätze der MCI liegt in der Beschreibung, Erklärung und Prognose von Anwendungssystemen, die effektive, effiziente und gesundheitsfördernde Arbeitsbedingungen schaffen bzw. zulassen (Hacker, 1998; Rasmussen, 1986). Inhaltliche Schwerpunkte dieser Ansätze liegen auf der Entwicklung sowie dem Testen von Anwendungssystemen unter dem Aspekt der effektiven und effizienten Arbeitsausführung, wobei in unterschiedlichem Maße technische, organisatorische und soziale Aspekte des Arbeitssystems herangezogen werden. Zentrale Zielgrößen stellen die (System-)Leistung, insbesondere die Fehlertoleranz, sowie Müdigkeit und Vigilanz der Benutzer dar. Neben der Gestaltung der Ein- und Ausgabeschnittstelle beziehen sich diese Ansätze auch auf umgebungsbezogene Belastungsfaktoren (Landau & Schultetus, 2002) wie Beleuchtung, Temperatur und Lärm.

Ein Schwerpunkt software-ergonomischer und ingenieurpsychologischer Ansätze der MCI liegt auf der Qualitätssicherung und dem Qualitätsmanagement (Seghezzi, 2003; Zink & Leimenstoll, 2006). Qualität wird definiert als die „Gesamtheit von Merkmalen einer Einheit bezüglich ihrer Eignung, festgelegte und vorausgesetzte Erfordernisse zu erfüllen" (DIN EN ISO 8402, 1992), wobei Qualitätsziele im Zusammenhang mit der Kundenorientierung oder

Kundenzufriedenheit (Zink, 1994) stehen. Dabei wird auf arbeitswissenschaftliche Kriterien (vgl. Rohmert, 1972; Ulich, 2001) zurückgegriffen, wonach Arbeitsmittel eine langfristige Ausführung der Arbeitstätigkeit gewährleisten (Ausführbarkeit), physische und psychophysische Schäden (Schädigungslosigkeit) und Beeinträchtigungen des psychosozialen Wohlbefindens vermeiden (Beeinträchtigungslosigkeit) sowie Möglichkeiten der Persönlichkeitsentwicklung durch inhaltsreiche, vielfältige Anforderungen (Persönlichkeitsförderlichkeit) ermöglichen sollten.

Hinsichtlich der Theorien bedienen sich diese Ansätze häufig kognitionspsychologischer Theorien und Modelle, wozu einerseits allgemeine kognitive Gedächtnismodelle, wie die ACT-Theorie (Anderson, 1993) oder die Signalentdeckungstheorie (Green & Swets, 1966) zählen, und andererseits spezielle im Zusammenhang mit der MCI entwickelte Modelle, wie das Keystroke-Level-Model (Card, Moran & Newell, 1983). Im Vordergrund stehen Modellierungen des Benutzers auf der Grundlage einzelner kognitiver Funktionen. Dazu wird ein formal-analytischer Ansatz gewählt. Zu den relevanten ingenieurpsychologischen Modellen zählt das SRK-Modell (Skill-Rule-Knowledge Model, Rasmussen, 1985), mit dem Aussagen zur kognitiven Regulation der Arbeitstätigkeit auf den drei Ebenen der wissens-, regel- und fertigkeitsbasierten Regulation getroffen werden können. In der deutschsprachigen Ingenieurpsychologie wurde eine ähnliche Konzeption von Hacker (1998) entwickelt, in der zwischen intellektueller, perzeptiv-begrifflicher und sensumotorischer Regulationsebene unterschieden wird.

Für die technisch geprägten software-ergonomischen und ingenieurpsychologischen Ansätze der MCI stehen der Gestaltungsbezug und damit präskriptive Gestaltungsprinzipien im Vordergrund. Schwerpunkte dieser Ansätze liegen einerseits auf der Effektivität und Wirtschaftlichkeit benutzergerechter Anwendungssysteme bzw. von Arbeitssystemen sowie andererseits auf dem Designprozess, wobei dem Entwickler eine besondere Stellung zukommt. Hierzu wurden Verfahren und Techniken zum Entwurf und zur entwicklungsbegleitenden Evaluation von Anwendungssystemen nach Designprinzipien, Regeln und Verfahrensgrundsätzen entwickelt, die Entwickler bei der Systemgestaltung unterstützen.

3.2 Allgemeinpsychologische Ansätze

In allgemeinpsychologischen, speziell kognitionspsychologischen und linguistischen Ansätzen der MCI werden Aspekte der menschlichen Informationsverarbeitung sowie der Sprachkodierung betrachtet, wozu die menschlichen Funktionen der Wahrnehmung, der Aufmerksamkeit, des Gedächtnisses, der Bewegungsausführung und des Bewegungslernens sowie höhere kognitive Prozesse des Problemlösens und Entscheidens zählen. Ferner wurde in diesen Ansätzen das Konzept des mentalen Modells angewendet (u. a. Card et al., 1983; Norman, 1986), worunter relativ überdauernde kognitive Repräsentationen verstanden werden, die es Personen ermöglichen, ihre Handlungen zu steuern, zu antizipieren und zu erklären (Norman, 1983). Allerdings wird der Begriff in der MCI in einer solchen Breite und Vielfalt verwendet, u. a. zur Repräsentation von Systemeigenschaften, Aufgaben, Benutzern oder der Welt, dass er aufgrund der terminologischen Unschärfe nicht eindeutig ist (Nielsen, 1990; Payne, 1992).

Im Zentrum allgemeinpsychologischer Ansätze stehen Fragen einer leistungsadäquaten Informationsdarstellung in Hinblick auf Oberflächeneigenschaften einer Benutzungsschnittstelle wie Erkennbarkeit, Lesbarkeit, Klarheit, Konsistenz, Unterscheidbarkeit und Prägnanz (vgl. DIN EN ISO 9241-12, 1998) sowie der Dialogführung durch die Entwicklung eines Vokabulars und einer Syntax von Interaktionssprachen (Oberquelle, 1987). Hierzu werden Grundlagen menschlicher Informationsverarbeitung, wie z. B. die perzeptuellen und kognitiven Leistungen in Mensch-Maschine-Systemen oder die Gestaltung der Hardware und des Bildschirmarbeitsplatzes herangezogen (vgl. Smith & Cohen, 1997; Landau & Schultetus, 2002). Zusätzlich wurden kognitionspsychologische Ansätze zur Benutzerunterstützung bei bestimmten Systemklassen entwickelt, wie z. B. bei Experten- und Entscheidungshilfesystemen (Puppe, 1991; Zimolong & Majonica, 1999), die das Fachwissen und die Schlussfolgerungsfähigkeit von Experten nachbilden. Ebenso zählen hierzu die Arbeiten zum Einfluss mentaler Modelle des Benutzers und des Designers auf den Designprozess.

Allgemeinpsychologische Ansätze der MCI stellen den Benutzer in Hinblick auf einzelne *kognitive Leistungsfähigkeiten* sowie der *Informationspräsentation* und *Wissensakquisition* in den Fokus, wobei soziale und organisationale Aspekte der Handlungsausführung ausgeblendet werden. Die grundlagenwissenschaftlich orientierten formalen Modelle und Theorien sind oft sehr elaboriert und inhaltsvalide, allerdings aufgrund ihres elementaren Charakters hinsichtlich ihres Beitrags zur Gestaltung von Werkzeug- und Organisationsschnittstellen eher begrenzt. Die Überprüfung dieser Ansätze erfolgt von wenigen Ausnahmen abgesehen (u. a. Norman, 1986) in der Regel laborexperimentell.

3.3 Arbeitspsychologische Ansätze

Der Schwerpunkt arbeitspsychologischer Ansätze der MCI liegt auf der Betrachtung der Wirkungen und Folgen von MCI unter besonderer Berücksichtigung der Werkzeugschnittstelle. Dabei werden insbesondere (1) physische und psychische Beeinträchtigungen der Benutzer in Hinblick auf Ermüdung, Monotonie, herabgesetzte Vigilanz und psychische Sättigung, (2) Bedienungsfehler (Frese & Zapf, 1991; Zapf, Frese & Brodbeck, 1999) sowie (3) Lern- und Entwicklungsmöglichkeiten fokussiert (Frese, Ulich & Dzida, 1987). Der Ausgangspunkt arbeitspsychologischer Ansätze der MCI ist die Forderung, dass Anwendungssysteme angemessen in Hinblick auf die kognitiven, motivationalen und sozialen Bedürfnisse der Benutzer gestaltet sein sollten, wozu die Berücksichtigung körperlicher und kognitiver Leistungsvoraussetzungen, habitueller Denk- und Arbeitsweisen, Einarbeitungsaufwand und Konzentrationsbedarf, Unterstützung vollständiger Arbeitsabläufe, sozialer Austausch und eine Flexibilität im Arbeitsablauf zählen. Die theoretischen Grundlagen der Beschreibung, Vorhersage und Vorgabe werden durch die Handlungsregulationstheorie (Hacker, 1998; vgl. Hacker in diesem Band; Ulich, 2001), durch motivationstheoretische Ansätze wie das Aufgaben-Merkmal-Modell (Hackman & Oldham, 1976), sowie stresstheoretische Ansätze (für einen Überblick vgl. Zapf & Semmer, 2004) gebildet.

Als gestaltungsrelevant werden insbesondere die Funktionsteilung zwischen Mensch und Computer sowie die Merkmale der Aufgabengestaltung angesehen, wobei benutzergeführte Dialogformen hervorgehoben werden. Für die Funktionsteilung stehen die normativen Ansätze zur Allokation von Funktionen (u. a. Grote, Weik, Wafler & Zölch, 1995; Sheridan, 1997) in Form von MABA-Listen *(Man (Machines) Are Better At)* zur Verfügung, die die Verteilung bzw. Verantwortung zwischen Mensch und Computer auf abstrakter Ebene festlegen (Herczeg, 2005). In neueren Modellen der Funktionsallokation werden Differenzierungen in den Systemfunktionen berücksichtigt, die sich auf die Informationsaufnahme, die Interpretation der Information, die Handlungsentscheidung und die Handlungsausführung beziehen (Sheridan, 2000). Daneben werden Merkmale von Aufgaben herangezogen, die nach Ulich (2001) folgende Merkmale aufweisen sollten: (1) Ganzheitlichkeit, d. h. Benutzer erkennen die Bedeutung und den Stellenwert ihrer Tätigkeit und erhalten Rückmeldung über den Arbeitsfortschritt; (2) Anforderungsvielfalt, d. h. Benutzer können unterschiedliche Fähigkeiten, Kenntnisse und Fertigkeiten einsetzen, sodass einseitige Beanspruchungen vermieden werden; (3) Möglichkeiten der sozialen Interaktion, d. h. Austausch von Informationen zwischen den Benutzern und gegenseitige Unterstützung ist möglich und hilft, Belastungen besser zu ertragen; (4) Autonomie, d. h. Übernahme von Verantwortung durch den Benutzer, um die Arbeitsmotivation, das Selbstwertgefühl und die erlebte Bedeutsamkeit zu steigern, und (5) Lern- und Entwicklungsmöglichkeiten, d. h. berufliche Qualifikationen werden erhalten und weiterentwickelt.

Arbeitspsychologische Ansätze der MCI fokussieren auf Fragen der Aufgabengestaltung und Funktionsverteilung („Primat der Aufgabe", Ulich, 2001). Dadurch werden zentrale Aspekte der effektiven und effizienten Anwendung durch den Benutzer berücksichtigt und neue Einsatzmöglichkeiten eröffnet. Defizite in der Arbeitstätigkeit, die in der Funktionsteilung begründet sind, können nicht durch andere Anforderungen, die aus der Interaktionsaufgabe resultieren, kompensiert werden (Dzida & Wandke, 2006). Als prinzipielles Problem erweist sich die Reaktivität der Bewertung von bereits vorhandenen Anwendungssystemen (korrektive Arbeitsgestaltung), die im Widerspruch zu einer präventiven bzw. prospektiven Arbeitsgestaltung steht. Deshalb wurden Modelle und Methoden zur Integration arbeitspsychologischen Wissens in frühen Phasen der Systemplanung entwickelt (u. a. Dunckel, 1996).

3.4 Organisationspsychologische Ansätze

In organisationspsychologischen Ansätzen der MCI werden nicht nur die arbeitsorganisatorischen Rahmenbedingungen, unter denen Anwendungssysteme eingesetzt werden, in Hinblick auf sozialpersonale und organisatorische Aspekte der Auswirkungen bewertet (Clegg, 1994; Eason, 2001), sondern auch die Projektorganisation, unter der Anwendungssysteme entwickelt werden (Brodbeck & Frese, 1994; Sonnentag, Frese, Brodbeck & Heinbokel, 1997). Eine spezielle Gruppe von organisationspsychologischen Ansätzen ist die der „Macro-Ergonomics", in denen die Passung zwischen Informationstechnologie und Organisationsmerkmalen betrachtet wird (Hendrick, 1997; Orlikowski, 2000).

In organisationspsychologischen Ansätzen der MCI wird angenommen, dass durch die Organisationsschnittstelle, mit der die Form und der Grad der Arbeitsteilung, der Handlungsspielraum sowie die Systemflexibilität festgelegt wird, ein maßgeblicher Einfluss auf die Effizienz, Effektivität und Zufriedenheit gegeben ist. Über arbeitspsychologische Ansätze hinaus werden Konzepte der Systementwicklung betrachtet, die im Ansatz der soziotechnischen Systemgestaltung (Davis & Taylor, 1972) oder in Ansätzen der Benutzerpartizipation (Eason, 1988; 2001; Mumford, 1983) zum Ausdruck kommen. Die Bedeutung der Organisationsschnittstelle wird daraus ersichtlich, dass die überwiegende Zahl von Softwareentwicklungsprojekten ihre Ziele aufgrund einer zu starken Technikzentrierung und einer geringen Berücksichtigung humaner und organisatorischer Aspekte nicht erreicht (Clegg et al., 1997; Doherty & King, 1998; Eason, 2001). Als Kriterium der Übereinstimmung zwischen der Technologie und den Benutzer- und Organisationsanforderungen wird oft die subjektive Einschätzung von Benutzern herangezogen. Als beispielhaft kann die ETHICS-Methodologie *(Effective Technical and Human Implementation of Computer-based Systems)* von Mumford (1983) zur partizipativen Entwicklung von Anwendungssystemen gelten, bei der von Nützlichkeits- und Machbarkeitsanalysen bis zum implementierten Anwendungssystem alle Projektphasen unter Einbeziehung von Benutzern bzw. Fokusgruppen unterstützt werden.

Organisationspsychologische Ansätze der MCI fokussieren auf Aspekte der Arbeitsausführung und des Projektmanagements. Wenngleich vereinzelt positive Beispiele ihres Nutzens in der Literatur belegt sind (u. a. Carayon & Karsh, 2000), wurde kritisiert, dass organisationspsychologische Ansätze aufgrund ihrer konzeptionellen Breite wenig konkrete Hinweise für die Gestaltungspraxis, insbesondere der Gestaltung der Dialogschnittstelle, leisten. Zudem sind die Methoden und Verfahren aufgrund ihrer Extensität meist aufwendig und kostspielig und eignen sich daher eher für sehr große Entwicklungsprojekte. Zahlreiche konzeptuelle Elemente dieser Ansätze finden sich jedoch in aktuellen Ansätzen wieder und können daher als Ausgangspunkt von heutigen Verfahren angesehen werden, wie die Benutzerpartizipation, die Hervorhebung des Projektmanagements als Erfolgsfaktor, die Reorganisation von Arbeitsabläufen im Rahmen von Business-Reengineering sowie die Bedeutung von (Arbeits-)Zufriedenheit von Benutzern (McNeese, 2003).

3.5 Betriebs- und industriesoziologische Ansätze

In betriebs- und industriesoziologischen Ansätzen werden die Auswirkungen der Technologisierung in Hinblick auf die demografischen, sozialen und kulturellen Strukturen in Organisationen bzw. die Wechselwirkungen zwischen den Organisationen und gesamtgesellschaftlichen Prozessen untersucht. Relevante gesellschaftliche Aspekte des Computereinsatzes liegen in der Vereinsamung, der Machtausübung, aber auch den u. a. durch Computer verursachten Veränderungen in Arbeits- und Organisationsstrukturen (Cascio, 2003). Ansätze dieser Art haben eine konsultierende Funktion, wie im Falle von Technikfolgenabschätzung, oder eine präskriptive Funktion in Richtung einer gerechteren Machtverteilung (Ehn, 1988), der Schaffung von Motivation zur Veränderung (Weizenbaum, 1978) sowie der Vision einer egalitären Informationsgesellschaft (Stephanidis et al., 1999). Technik soll dazu dienen, einen barrierefreien Zugang für alle gesellschaftlichen Gruppen zu schaffen, Kommunikations- und Kooperationsmöglichkeiten zwischen Angehörigen verschiedener sozialer Gruppen herzustellen und Systemflexibilität zu erhalten.

Aufgrund der Komplexität und Dynamik organisationaler Einheiten und gesellschaftlicher Subsysteme ist eine Erklärung und Vorhersage aller Zusammenhänge kaum mehr möglich. Betriebs- und industriesoziologische Ansätze beschränken sich daher auf die Deskription sozialer Wirklichkeit zwischen Akteuren und Akteursgruppen sowie auf Veränderungsprozesse. Ein Schwerpunkt liegt auf der Aufklärung der Benutzer, um Engagement an einer aktiven politischen Mitgestaltung zu erzeugen, die nicht nur eine unternehmensbezogene, sondern auch eine gesellschaftliche Wirkung entfalten soll.

3.6 Integration

Aus den fachdisziplinären Ansätzen ergeben sich nicht nur inhaltliche Unterschiede des jeweiligen Untersuchungsgegenstands. Auch die betrachteten Analyseeinheiten, die bevorzugten Untersuchungsdesigns, die Bedeutung externer Validität im Rahmen ökologischer Ansätze sowie die damit verbundenen Untersuchungsmethoden unterscheiden sich mehr oder minder deutlich voneinander. Arbeits- und organisationspsychologische Ansätze der MCI bevorzugen dabei Feldstudiendesigns, in denen eher größere soziale Einheiten wie Arbeitsgruppen oder Arbeitsabteilungen betrachtet werden, um die wechselseitigen Abhängigkeiten zwischen den Arbeitsaufträgen zu quantifizieren und Freiheitsgrade für die Gestaltung der Werkzeug- und Organisationsschnittstelle zu identifizieren.

An der Distinktheit der Ansätze sowie ihrer disziplinären Eigenständigkeit sind jedoch Zweifel angebracht. Erstens sind die Unterschiede zwischen einzelnen Ansätzen gering, wie etwa zwischen den arbeits- und organisationspsychologischen Ansätzen, und die Zuordnung der Inhalte nicht immer eindeutig. Zweitens wird die Software-Ergonomie vielfach als Leitwissenschaft der MCI betrachtet, die selbst multidisziplinär aus Arbeitswissenschaft, Psychologie, Informatik und Produktdesign gebildet ist (Carroll, 1997; Herczeg, 2005). Drittens gelten zahlreiche Konzepte wie die humanzentrierte Systemgestaltung über Disziplinen hinweg als gesichert und für eine gute Gestaltungspraxis unverzichtbar. In der Praxis schließen sich die Ansätze auch nicht aus, sondern werden für unterschiedliche Phasen der Systemgestaltung herangezogen (Blackler & Brown, 1986). Für die Zukunft wird deshalb eine fortschreitende Integration fachdisziplinärer Ansätze erwartet (Dzida & Wandke, 2006; Hartson, 1998).

4 Ziele und Kriteriensysteme der MCI

Je nach Betrachtung der einzelnen Systemelemente können Ziele und Kriterien, nach denen Anwendungssysteme gestaltet und beurteilt werden, unterschiedlich ausgelegt werden (vgl. Herczeg, 2005). Als übergeordnete Ziele, die als abstrakte Kriterien aufgefasst werden können, gelten die Kriterien gebrauchstauglicher Systeme (DIN EN ISO 9241-11, 1998), die die Effektivität, Effizienz und Zufriedenheit der Benutzer umfassen, mit denen eine Aufgabe ausgeführt wird. Betrachtet man hingegen das System aus Sicht der Ingenieurwissenschaften, so spielen (1) Funktionalität im Sinne der Ausführbarkeit der Aufgaben, (2) Zuverlässigkeit, Verfügbarkeit, Sicherheit und Datenintegrität sowie (3) standardisierte und portierbare Merkmale und Dialogformen im Sinne der Erweiterbarkeit und Wiederverwendbarkeit eine wesentliche Rolle. Neben diesen funktionalen Kriterien wurden weitere Kriteriensysteme zur Beschreibung und Beurteilung der Dialogfähigkeit entwickelt (vgl. Tab. 1).

Die Dialogprinzipien sind allerdings aufgrund ihres Abstraktionsgrades nicht unmittelbar für die Bewertung geeignet, sondern durch Rahmenbedingungen zu spezifizieren (vgl. Dzida, 2004). Zudem sind nicht alle Ziele in gleichem Maße für die Gestaltung und für die Bewertung geeignet (Dzida & Wandke, 2006), da Zielkriterien des Entwurfs und der Spezifikation in der Regel abstrakter for-

Tabelle 1:
Dialogprinzipien der Gestaltung und Bewertung (DIN EN ISO 9241-110, 2006)

Aufgaben-angemessenheit	Eine Benutzungsschnittstelle ist aufgabenangemessen, wenn sie die Erledigung der Arbeitsaufgabe des Benutzers unterstützt, ohne ihn durch Eigenschaften des Systems allzu leicht abzulenken.
Selbstbeschreibungs-fähigkeit	Eine Benutzungsschnittstelle ist selbstbeschreibungsfähig, wenn dem Benutzer eine geeignete Hilfestellung zur Verfügung steht, die den Einsatzzweck sowie den Leistungsumfang des Systems erläutert, und dem Benutzer unmittelbar verständlich ist, wie er vorzugehen hat.
Steuerbarkeit	Eine Benutzungsschnittstelle ist steuerbar, wenn der Benutzer die Geschwindigkeit des Ablaufs sowie die Auswahl und Reihenfolge von Arbeitsmitteln oder Art und Umfang von Ein- und Ausgaben beeinflussen kann.
Erwartungs-konformität	Eine Benutzungsschnittstelle ist erwartungskonform, wenn sie konsistent ist und den Merkmalen des Benutzers entspricht, z. B. seinen Kenntnissen aus dem Arbeitsgebiet, seiner Ausbildung und seiner Erfahrung sowie den allgemein anerkannten Konventionen.
Fehlertoleranz	Eine Benutzungsschnittstelle ist fehlertolerant, wenn trotz erkennbar fehlerhafter Eingaben das beabsichtigte Arbeitsergebnis mit minimalem oder ohne Korrekturaufwand erreicht wird. Dazu müssen dem Benutzer die Fehler zum Zwecke der Behebung verständlich gemacht werden.
Individualisierbar-keit	Eine Benutzungsschnittstelle ist individualisierbar, wenn das System Anpassungen an die Erfordernisse der Arbeitsaufgabe, an die Benutzerfähigkeiten und individuellen Vorlieben der Benutzer zulässt.
Lernförderlichkeit	Ein Dialog ist lernförderlich, wenn er den Benutzer beim Erlernen des Systems unterstützt und anleitet.

muliert sind als die der Bewertung. Ihre Anwendbarkeit wird auch dadurch erschwert, dass sie nicht unabhängig voneinander gestaltbar sind und ihre Umsetzung teilweise erhebliche Kosten verursacht, wie im Falle von Reorganisationsmaßnahmen. Zudem kann die Auslegung der Anwendungssysteme in Hinblick auf die spezifischen Nutzungskontexte zu Zielkonflikten führen und die Verletzung einzelner Kriterien nach sich ziehen, wie beispielsweise bei Prozesssteuerungsaufgaben, in denen das System aus sicherheitstechnischen Gründen die Autorität (Sheridan, 1997) bzw. Steuerungskontrolle besitzt.

Ansätze zur Klassifikation psychologisch relevanter Merkmale, die zur Überprüfung der Nutzungsqualität herangezogen werden können, ergeben sich aus Benutzerbelangen (DIN EN ISO 9241-11, 1998; Dzida & Wandke, 2006), von denen einige in Tabelle 2 aufgeführt sind.

Tabelle 2:
Beispiele für Merkmale zur Überprüfung der Nutzungsqualität (aus Dzida & Wandke, 2006)

Benutzerbelange	**Beispiele für relevante Merkmale**
Leistung	Qualität des Ergebnisses, Bearbeitungszeit, Fehlerart
Vorgehensweisen	Auswahl und Abfolge von Schritten, Zeitprofil von Schritten
Aufwand	Motorischer Aufwand (z. B. Mausklicks), sensorischer Aufwand (Blickpfade, Fixationen, Lesezeiten), mentaler Aufwand (z. B. Denkzeit, Kapazität für parallele Aufgaben), Aufmerksamkeit
Bevorzugungen	Notwendige Auswahlmöglichkeiten, Entscheidungszeit, bevorzugte Voreinstellung (default value)
Befinden	Ermüdung, Monotonie, Sättigung, Stress, Angst, Unsicherheit, Ärger, Wut, Langeweile, Selbstsicherheit, Herausforderung, Spaß, Faszination, Flow-Erleben
Kenntnisse	Systemkenntnisse, Kenntnisse über Hilfequellen, Fachkenntnisse, Sprachkenntnisse
Fähigkeiten und Fertigkeiten	Sensorische und motorische Einschränkungen

5 Untersuchungsmethoden der MCI

Die Untersuchungsmethoden der MCI bzw. des „Usability engineering" (Hix & Hartson, 1993; Mayhew, 1999; Nielsen, 1993; Rosson & Carroll, 2002), welches das systematische Testen sowie die Optimierung der Benutzbarkeit von Anwendungssystemen bezeichnet, können danach unterschieden werden, (1) welche und in welchem Umfang systembezogene, personale, soziale, organisatorische oder gesellschaftliche Kriterien herangezogen werden, (2) inwieweit und in welcher Form der Nutzungskontext berücksichtigt ist, d. h. Art und Umfang der Arbeitsaufgaben, u. a. reale oder szenariobasierte Ansätze, (3) welche rechtliche Verbindlichkeit sie im Rahmen von Gesetzen, Verordnungen, Richtlinien und Erlassen, Normen haben, (4) ob sie durch dafür ausgebildete Fachkräfte („Objektive Verfahren") oder durch Benutzer („Subjektive Verfahren") durchgeführt werden, (5) ob sie den Benutzer, den Anwender (einer Anwendungssysteme einsetzenden Organisation) oder den Systementwickler unterstützen, (6) welche Funktion bzw. Rolle den Benutzern zukommt (gestaltend, beratend, beurteilend, überprüfend) und (7) ob sie zur Selbstbewertung oder Fremdbewertung verwendet werden. Im Folgenden werden Methoden und Verfahren der MCI in Hinblick auf zentrale Entwicklungsphasen von Softwareprojekten dargestellt, zu denen die Anforderungsanalyse, der Gestaltungsentwurf, die Evaluation und die Implementierung von Anwendungssystemen zählen.

5.1 Methoden der Anforderungsanalyse

Die Anforderungsanalyse dient der Analyse des Nutzungskontextes des Anwendungssystems (DIN EN ISO 9241-11, 1998) und wird durch den Benutzer, die Arbeitsaufgaben, die Arbeitsmittel sowie die physische und soziale Umgebung, in der das System zum Einsatz kommt, gebildet. Die Ergebnisse der Anforderungsanalyse bilden die Grundlage für den konzeptionellen Entwurf des Anwendungssystems bzw. der ergonomischen Gestaltungsziele (Wixon & Wilson, 1997). Vonseiten des Anwenders werden in dieser Phase auch die sachlichen und zeitlichen Projektressourcen festgelegt und die Kriterien der Verifikation und Akzeptanz bestimmt, die einen wesentlichen Einfluss auf die Qualität des Anwendungssystems nehmen. Wichtige Methoden der Anforderungsanalyse sind die Benutzeranalyse, die Arbeits- und Aufgabenanalyse sowie die Bedarfsanalyse (Hamborg & Gediga, 2006; Preece, 1999).

Im Rahmen der Benutzeranalyse werden meist strukturierte und teilstrukturierte Befragungen bzw. Beobachtungen durchgeführt, bei denen Benutzergruppen nach vorab festgelegten Segmentierungskriterien typologisiert werden. Unterschiede zwischen Benutzergruppen sind von zentraler Bedeutung für den Erfolg der MCI, da sich daraus die unterschiedlichen Anforderungen an die Benutzungsschnittstelle und die Systemfunktionalität ergeben (Dillon & Watson, 1996; Egan, 1988). Beispielsweise sollten Anfänger einfache und anschauliche Informationen über die einzelnen Schritte der Systembenutzung erhalten, während für geübte Benutzer arbeitsschrittverkürzende Sequenzen („Shortcuts") sowie Möglichkeiten zur Anpassbarkeit als angemessen angesehen werden (Shneiderman

& Plaisant, 2005). Personenvariablen, die einen wichtigen Einfluss auf die MCI nehmen können, sind (1) physische Variablen wie Körperbau, reifungsabhängige Wahrnehmungs- und Reaktionszeiten, (2) kognitive Variablen im Sinne spezieller kognitiver Leistungsfähigkeiten wie Aufmerksamkeit, Gedächtnis, Sprachverständnis, (3) funktionale Zugehörigkeit bezogen auf Aufgabenbereiche, Rollen und Verantwortlichkeiten, (4) Wissen und Vorerfahrung bezogen auf Aufgaben sowie auf die Nutzung von Anwendungssystemen, (5) Persönlichkeitsvariablen wie Impulsivität, Gewissenhaftigkeit, Einstellungen gegenüber neuen Technologien und kognitive Stile, (6) kulturelle und ethnische Variablen wie Leserichtungen, (7) körperliche Behinderungen bzw. physische Einschränkungen wie eingeschränktes Sehvermögen oder Lese- und Lernschwächen, (8) geistige Behinderungen wie herabgesetzte Intelligenz und (9) altersbedingte Einflüsse wie verminderte Gedächtnisfähigkeit und herabgesetzte Lernmotivation.

Eine weitere Gruppe von Verfahren stellen Arbeits- und Aufgabenanalysen dar (Diaper & Stanton, 2003; Hackos & Redish, 1998), wobei Aufgaben entweder detailliert in Bezug auf einzelne Arbeitsschritte oder allgemeine strukturelle Merkmale wie Anforderungsvielfalt, Autonomie, Möglichkeiten zur sozialen Interaktion und erlebte Sinnhaftigkeit herangezogen werden (vgl. Ulich, 2001). Konradt, Semmer und Tschan (2006) unterscheiden hierbei zwischen strukturell-vergleichenden Verfahren, die sich in der Regel auf einen eingeschränkten Satz von Merkmalen beziehen (z. B. Freiheitsgrade, Komplexität, Belastungen, Kooperationserfordernisse) sowie inhaltlich-aufgabenspezifischen und modellierenden Verfahren, die auf das Verständnis der jeweiligen spezifischen Aufgabe abzielen und die darauf bezogenen Anforderungen an äußere Handlungen oder an die beteiligten kognitiven Prozesse abzielen (z. B. die bereitgestellten Hilfsmittel, das für die Aufgabenausführung benötigte deklarative und prozedurale Wissen).

Methoden der *Bedarfsanalyse* sind häufig auf die Konsensfindung ausgerichtet, bei der Bedürfnisse der beteiligten Benutzergruppen erfasst, diskutiert und in Zusammenhang mit Umsetzungsideen in konkreten Anwendungsszenarien gestellt werden. Für die Generierung und Bewertung einzelner Gestaltungsvorschläge stehen Verfahren wie die „Psychologisch orientierte Systemanalyse" (Dunckel, 1996) zur Verfügung, aus denen Einzelheiten über die Art und Form der Aufgabenausführung jedoch nicht gewonnen werden können.

Ein prinzipielles Problem der benutzerorientierten Anforderungsanalyse liegt in der möglichen Vielfalt der abzubildenden Arbeitsabläufe, die durch individuelle Arbeitsgewohnheiten der Benutzer bestimmt werden, welche in eine einzelne Systemspezifikation münden müssen. Dabei müssen auftretende Zielkonflikte und Partikularinteressen der Beteiligten berücksichtigt werden. Zusätzlich stellen die empirisch verfügbaren Wege prinzipiell nur eine Teilmenge möglicher

Ausführungswege dar und lassen weitere Wege, insbesondere bei der Projektierung neuer und damit unbekannter Arbeitstätigkeiten, offen. Deshalb sind aus arbeitspsychologischer Sicht die Methoden der benutzerorientierten Anforderungsanalyse durch weitere Verfahren der Aufbau- und Ablauforganisation sowie partizipative Verfahren zur Gewinnung von Prototypen zu ergänzen, die auf die Kompetenzentwicklung und Ideenfindung der Mitarbeiter ausgerichtet sind (vgl. Baitsch, 1986; Ehn, 1988).

Ein weiteres Problem besteht in den Einschränkungen der Reliabilität und Validität mentaler Modelle, die für die Anforderungsanalyse herangezogen werden. Norman (1983, 1986) verweist darauf, dass mentale Modelle unvollständig, instabil, widersprüchlich und fehlerhaft sind und inkonsistent verwendet werden. Schließlich sind relevante Arbeitshandlungen, die auf der fertigkeitsbasierten Ebene (Rasmussen, 1985) reguliert werden, nicht bewusstseinsfähig und damit prinzipiell nicht explizierbar. Trotz dieser Einschränkungen erfüllen Benutzer eine nützliche und aus Sicht der Arbeitspsychologie unverzichtbare Funktion in der Anforderungsanalyse, wobei der Aufbau adäquater mentaler Modelle durch Trainingsmaßnahmen wie aktives Explorieren, Konsultation von Experten und durch externe Hilfen, wie Pläne und Übersichten, unterstützt und verbessert werden kann (Frese et al., 1987; Kieras & Bovair, 1984).

5.2 Methoden des Entwurfs

Die Methoden des Entwurfs beziehen sich auf den Entwurf bzw. die (Aus-)Gestaltung der Benutzungsschnittstellen (Inhaltsgestaltung) sowie auf den Prozess der Erstellung von Anwendungssystemen (Prozess- bzw. Ablaufgestaltung).

5.2.1 Methoden des Entwurfs von Benutzungsschnittstellen

Für die Gestaltung von Benutzungsschnittstellen existiert eine Vielzahl von Leitfäden und Anleitungen (u. a. Mayhew, 1992; Shneiderman & Plaisant, 2005; Smith & Mosier, 1986), die beispielsweise auf gestalttheoretische Prinzipien der räumlichen Anordnung, den Einsatz von Farbe, der Verwendung von Formen und Schriften sowie auf eine „gute und bewährte Praxis" Bezug nehmen. Weiterhin stehen Gestaltungsrichtlinien („Style guides"), d. h. Empfehlungen einflussreicher Software-Hersteller zur Verfügung, um die Konsistenz von Gestaltungslösungen zu steigern.

Da Computer als Arbeitsmittel aufzufassen sind, sind Aspekte der MCI zwangsläufig Gegenstand der rechtlichen Regulation im Bereich des betrieblichen Arbeits- und Gesundheitsschutzes (Çakir & Dzida, 1997). Neben nationalen

Gesetzen, Verordnungen, Richtlinien und Erlassen sind zahlreiche Normen gültig, die Mindestvorschriften für die Gestaltung sowie Ausführungsvorschriften für die Implementierung und Kontrolle für Hersteller, Anwender und Benutzer festlegen (Dzida, 2004).

Für den Entwurf der Ein- und Ausgabeschnittstelle liegen zentrale Designprinzipien darin, (1) Informationen zu hierarchisieren, (2) die zentrale Information bzw. Aktivität zu fokussieren, (3) eine ausgewogene und erkennbare Struktur anzubieten, (4) Zusammenhänge zwischen Elementen herzustellen, (5) die Darstellung und Elementenauswahl einfach und sparsam zu arrangieren und (6) eine Ausgewogenheit in der Gesamtlösung zu erzielen. Dabei haben sich grafische Benutzungsoberflächen, die mit Fenstern, Menüs und Piktogrammen ausgestattet sind, als Quasi-Standard durchgesetzt. Neben visuellen und auditiven Modalitäten können auch haptische und kinästhetische Modalitäten in virtuellen Umgebungen sowie olfaktorische Modalitäten in multimodalen Ein- und Ausgabeschnittstellen angesprochen werden (vgl. DIN EN ISO 14915, 2003).

Für die Gestaltung der Dialogschnittstelle stehen verschiedene Dialogstile zur Verfügung (Shneiderman & Plaisant, 2005), u. a. Kommandosprachen, Menüauswahl und Eingabemasken („Fill-in-Interfaces"), Direkte Manipulation (in der Regel über Icons) und anthropomorphe Dialogstile in natürlichsprachlichen und mimisch orientierten Systemen („Facial expression interfaces"). Als Regeln des Dialogdesigns haben sich etabliert: (1) ein konsistenter Aufbau, (2) Feedback an den Benutzer über den aktuellen Systemzustand, (3) Dialoghilfen zu inhalts- und vorgehensbezogenen Aspekten, (4) einfache Fehlerbehandlung und Rücksetzmöglichkeiten („Undo"), (5) benutzergesteuerter Dialog, (6) Möglichkeit zu Verkürzungen („Short-Cuts" und Makros) für erfahrene Benutzer und (7) Reduzierung der Belastung des Kurzzeitgedächtnisses.

Auf grafischen Benutzungsoberflächen werden Metaphern verwendet, die eine piktorale Form der Darstellung von Funktionalitäten zur Erläuterung von Inhalten und Funktionen veranschaulichen und die Analogien zu bereits vorhandenen kognitiven Schemata und mentalen Modellen nutzen (Carroll & Mack, 1985; Wozny, 1989). Es werden Interaktionsmetaphern (z. B. Werkzeuge, Agenten, Warenkorb im Bereich E-Commerce) und Inhaltsmetaphern (z. B. Desktop-Metapher, Papier-Metapher) unterschieden (Wozny, 1989). Die Grenzen dieses Ansatzes liegen darin, dass die Beziehung zwischen den gemappten Objekten unscharf ist und damit nicht immer eindeutige Assoziationen und Handlungen ausgelöst werden. Der Vorrat an Piktogrammen ist zudem begrenzt und nicht immer für alle Benutzergruppen vollständig intuitiv. Zudem kann eine konsequente Umsetzung von Interface-Metaphern zu einer großen Menge von Piktogrammen, zu Unübersichtlichkeit und einer hohen kognitiven Belastung führen. Deshalb sind Metaphern im Gestaltungsentwurf hinsichtlich ihrer Wirksamkeit zu überprüfen und ggf. durch Systemfunktionen (Steigerung der Fehlertoleranz und der Erlernbarkeit) zu unterstützen.

Prinzipien für den Entwurf der Werkzeugschnittstelle fasst Rauterberg (1992) folgendermaßen zusammen: (1) ausreichender Handlungs- und Entscheidungsspielraum, (2) angemessener zeitlicher Spielraum, (3) ausreichende körperliche Aktivitäten, (4) konkreter Kontakt zu materiellen und sozialen Bedingungen des Arbeitshandelns, (5) tatsächliche Beanspruchung vielfältiger Sinnesmodalitäten, (6) Variationsmöglichkeiten bei der Erledigung der Arbeitsaufgaben, (7) aufgabenbezogene Kommunikation und unmittelbare zwischenmenschliche Kontakte.

Der wissenschaftliche Wert vieler Gestaltungsrichtlinien sowie faktorenanalytisch gewonnener Heuristiken oder „Goldener Regeln" (vgl. Nielsen, 1993) ist umstritten. Allen gestaltungsorientierten Ansätzen der MCI ist gemein, dass sie in Hinblick auf die Handhabung entweder zu pauschal oder zu restriktiv sind und von der vereinfachenden Annahme eines „mittleren Benutzers" ausgehen und damit individuelle Unterschiede ausblenden. Stufenorientierte Ansätze und Ansätze, die Gestaltungswissen in die Prototypenentwicklung integrieren (z. B. CASE-Tools, Interface-Builder), können als angemessener angesehen werden (Wandke & Hüttner, 1995; Wandke, Oed, Metzker, van Ballegooy & Nitschke, 2001).

5.2.2 Methoden und Techniken des Projektmanagements und Ablaufmodelle

Ablaufmodelle legen die Reihenfolge der Phasen fest, in denen Teilziele der Systementwicklung realisiert werden. Ihnen kommt eine Schlüsselstellung bei der Gestaltung der MCI zu, da zentrale Merkmale der MCI darin festgelegt werden (Gould & Lewis, 1985; Konradt & Dzida, 1995). Während in den siebziger Jahren ein diskret-sequenzielles Vorgehen (Wasserfallmodell) propagiert wurde, haben sich mittlerweile iterative Ablaufmodelle durchgesetzt. Ein Rahmenmodell für ein partizipatives und evolutionäres Vorgehen stellt das STEPS-Modell (Floyd, Reisin & Schmidt, 1989) dar, welches den Schwerpunkt auf die Kommunikation zwischen Entwicklern und Benutzern legt. Die Softwareentwicklung wird dabei als ein zyklischer Prozess aufgefasst, bei dem die Phasen der Anforderungsanalyse, des Entwurfs, der Realisierung und des Systemeinsatzes mehrfach durchlaufen werden. In jedem Zyklus wird mindestens ein Prototyp des Anwendungssystems erzeugt, der durch „repräsentative Benutzer" bewertet wird (Rosson & Carroll, 2002). Dabei können auch Merkmale der Benutzerschnittstellen und Nutzungsmöglichkeiten in Form von Papier- oder Videoprototypen dargestellt werden (zu den einzelnen Prototypen-Techniken vgl. Hamborg & Gediga, 2006). Die Vorteile, die mit einer frühzeitigen Erzeugung von Vor-Systemen und der Bewertung durch die Benutzer („Rapid Prototyping") einhergehen, liegen darin, dass (1) an den Benutzerpräferenzen orientierte Systeme entwickelt werden, (2) auftretende Benutzbarkeitsprobleme und zusätzliche Anforderungen unmittelbar erfasst werden und (3) Veränderungen der Merkmale der Benutzungsschnittstelle von den Benutzern anhand von Prototypen direkt überprüft werden können. Durch den Einsatz von Prototypen wird die Effizienz durch geringere Wahrscheinlichkeit von Fehlentwicklungen, die im Allgemeinen hohe Kosten verursachen (Doherty & King, 2001; Preece, Rogers & Sharp, 2002), gesteigert, die Effektivität erhöht und zudem die Kommunikation zwischen Entwicklern und Benutzern erleichtert. Hierzu existieren auch Techniken wie CASE-Tools („Computer-Aided Software Engineering") oder Versionsmanagementsysteme, die bei der Herstellung, Verwaltung und Dokumentation von Prototypen eingesetzt werden können.

Im Rahmen der Ablaufmodelle spielt die Beteiligung der Benutzer eine zentrale Rolle, die im Ansatz des *benutzerzentrierten Entwurfs* („User-centred design", Karat, 1997; Norman & Draper, 1986) zum Ausdruck kommt. Dabei werden dem Benutzer verschiedene Rollen zugewiesen, u. a. als (Mit-)Gestalter als Teil einer Entwicklungsgruppe, als gelegentlicher Berater, insbesondere bei korrektiver Arbeitsgestaltung, oder als Beurteiler. Da sich der Ansatz des benutzerzentrierten Entwurfs auf den gesamten Lebenszyklus der Systementwicklung bezieht, ist er nicht mehr klar umgrenzbar. In Tabelle 3 sind Schlüsselfunktionen des benutzerzentrierten Entwurfs aufgeführt.

Diese Elemente haben auch in Normen für den Entwicklungsprozess Eingang gefunden. In der DIN EN ISO 13407 (1999) werden projektbezogene Aktivitäten („Prinzipien humanzentrierter Gestaltung") beschrieben, die sich auf (1) die Partizipation von Benutzern, (2) die angemessene Berücksichtigung der Fertigkeiten, (3) eine iterative Systementwicklung und (4) den Einsatz multidisziplinärer Entwicklerteams beziehen. Darin wird dem Kontext der Benutzung bei der Analyse, dem Entwurf und der Bewertung der Designprototypen eine zentrale Rolle zugewiesen.

Anhand von Experteninterviews haben Clegg et al. (1997) folgende erfolgskritische Merkmale von IT-Projekten zusammengetragen, die auch mit Ergebnissen anderer Studien übereinstimmen (u. a. Doherty & King, 1998): (1) Ansatz der technischen *und* organisatorischen Gestaltung, die untrennbar miteinander verbunden sind, (2) Senior Manager sind für die Entwicklung der zugehörigen Strategie verantwortlich, (3) konkrete Ziele werden gesetzt, überprüft und bewertet, (4) Projektmanager sind für die Berücksichtigung menschlicher und organisationaler Faktoren verantwortlich, (5) Beachtung der Auswirkungen auf Aufgaben und Stellen, (6) strukturiertes Vorgehen unter Einsatz von Verfahren und Techniken, (7) Information und Promotion über bevorstehende organisatorische Änderungen, (8) Einarbeitung und Weiterbildungsangebote, (9) syste-

Tabelle 3:
Schlüsselfunktionen des benutzerzentrierten Ansatzes
(nach Gulliksen et al., 2003)

Funktion	Beschreibung
Fokus auf dem Benutzer	Die Aufgabe, die Handlungen und der Kontext der Handlungen von Benutzern leiten die Systementwicklung.
Aktive Einbeziehung des Benutzers	Repräsentative Benutzer sind aktiv, frühzeitig und kontinuierlich an allen Phasen des Lebenszyklus beteiligt.
Evolutionäre Systementwicklung	Die Systementwicklung ist iterativ und inkrementell.
Einfache Darstellung von Gestaltungsvorschlägen	Entwürfe müssen so dargestellt werden, dass sie von Benutzern und Anwendern verstanden werden.
Rapid Prototyping	Frühzeitig und fortlaufend erstellte Prototypen werden zur Kommunikation und zur Bewertung mit Benutzern verwendet.
Evaluation der Benutzung im Aufgabenzusammenhang	Grundlegende Usability-Ziele und Entwurfskriterien bestimmen die Systementwicklung.
Explizite und bewusste Gestaltungsaktivitäten	Der Entwicklungsprozess umfasst festgelegte Gestaltungsaufgaben.
Professionelle Einstellung	Der Entwicklungsprozess wird in professionellen und multidisziplinären Teams durchgeführt.
Usability-Führerschaft	Usability-Experten werden frühzeitig und kontinuierlich an allen Lebensphasen beteiligt.
Holistisches Design	Aspekte, die Einfluss auf die Gestaltung nehmen, werden parallel gestaltet.
Projektspezifische Anpassung	Der Entwurfsprozess muss anwenderbezogen spezifiziert, angepasst und umgesetzt werden.
Benutzerzentrierte Haltung	Alle Beteiligten weisen eine positive Einstellung gegenüber einem benutzerzentrierten Vorgehen auf.

matische und intensive Beteiligung von Benutzern, und (10) Budgetierung von Kosten der Personalmaßnahmen und der Reorganisation.

Abgesehen von dem hohen Aufwand, die partizipative Vorgehensmodelle nach sich ziehen, erweisen sie sich in der Praxis als schwierig handhabbar, da Benutzer divergierende und widersprüchliche Anforderungen benennen, die selbst im

Widerspruch zu gesicherten softwareergomischen Erkenntnissen stehen können. Benutzerorientierte Modelle gehen von zum Teil idealistischen Annahmen aus, dass (1) die Informationen prinzipiell vollständig zur Verfügung stehen, (2) die mentalen Modelle der Beteiligten die Wissensdomäne adäquat abbilden und keine Heuristiken und Informationsanomalien in Form von Gewohnheiten zeigen, (3) die Informationsverarbeitungskapazität aller Beteiligten ausreicht. Es zeigte sich jedoch, dass diese Annahmen nicht zutreffend sind (u. a. Hertzum & Jacobson, 2003; Norman, 1983). Ferner sind Entwickler, die an der Schnittstelle zwischen Anwender und Benutzer sitzen, einer Vielzahl von komplexen Anforderungen ausgesetzt (vgl. Goel & Pirolli, 1992; Heinbokel, Sonnentag, Frese, Stolte & Brodbeck, 1996). Soziale Prozesse im Verlauf des Entwicklungsprojekts wie Dissens in Auffassungsfragen, Multiziel-Konflikte sowie Macht und organisationale Einflusstaktiken, die maßgeblich zur Entscheidung über Produktmerkmale und damit zur Produktqualität beitragen, werden in den Modellen jedoch weitgehend ignoriert (Olsen, Olsen, Carter & Storrosten, 1992).

Best Practices stellt eine Methode zur Beschreibung von in der Regel gelungenen Beispielen von Softwareprojekten dar, deren Ergebnisse, Zwischenergebnisse und Verlauf im konkreten Praxisumfeld geschildert werden. Der Vorteil dieser qualitativen Methodik (vgl. Breuer, 1996) liegt in der Anschaulichkeit, mit der Maßnahmen und Abläufe innerhalb eines Falles beschrieben werden und (1) Anhaltspunkte für die Wirkungen von Interventionen innerhalb eines komplexen Umfelds geben, (2) Fehlentwicklungen und deren Auswirkungen aufzeigen und (3) den Vergleich zwischen Unternehmen (Benchmarking) zulassen. In Best Practices kann auch dem rationalistischen Verständnis eines wohlgeordneten, sequenziellen und aufeinander aufbauenden Projektmanagements entgegen getreten werden, welches in der Praxis der Entwicklung von Anwendungssystemen oft nicht gegeben ist (Doherty & King, 1998, 2001).

5.3 Methoden der Evaluation

Mit der Evaluation wird allgemein die Überprüfung der Einhaltung festgelegter Merkmale bezeichnet. Für die MCI ist einerseits der Zeitpunkt der Evaluation *(Formative Evaluation vs. Summative Evaluation)* sowie die Unterscheidung zwischen *Prüfung* und *Bewertung* von Bedeutung. Im Rahmen der Produktherstellung sind Maßnahmen zur Qualitäts*prüfung* (ISO/IEC 9126, 1–4; ISO/IEC 9126-11; DIN EN ISO 20282; DIN EN ISO 9241-2) sowie zur Normenkonformität (Dzida, 2004) vorgeschrieben, um Abweichungen von einer spezifizierten Anforderung festzustellen. Dabei werden ingenieurwissenschaftliche Modelle, Techniken und Verfahren der Verifikation und Validierung von Produkten und Produktprototypen (vgl. Pejtersen & Rasmussen, 1997) herangezogen. Nach Dzida und Wandke (2006) dient demgegenüber die Qualitäts*bewer-*

tung der Einschätzung der Bedeutung oder der Auswirkung eines Mangels. Dzida und Wandke (2006) schlagen dafür auch den Begriff der Nutzungsqualität vor, da eine direkte Anschlussfähigkeit an den Qualitätsbegriff gegeben ist und der Kontext der Nutzung hervorgehoben wird.

Im Folgenden werden Methoden zur Qualitätsbewertung dargestellt. Maßnahmen zur Qualitätsprüfung im Rahmen der Software-Technik werden an anderer Stelle behandelt (Balzert, 2000). Ausführliche Überblicke über Bewertungsmethoden finden sich in Gray und Salzman (1998), Gediga und Hamborg (2002); Hamborg und Gediga (2006); Rauterberg, Spinas, Strohm, Ulich und Waeber (1994) und Wandke (2004). Spezielle Verfahren der Anthropologie und Soziologie wie die Ethnografie (Nardi, 1997) oder aufwendige apparative Verfahren wie neuropsychologische Methoden (Gevins & Smith, 2003) werden nicht näher betrachtet.

Im Rahmen der Qualitätsbewertung bzw. Nutzungsqualität liegen zentrale Fragen u. a. darin (vgl. Rasmussen, Pejtersen & Goodstein, 1994): (1) Ist das System zu den sensomotorischen Fertigkeiten kompatibel? (2) Ist das System mit den kognitiven Prozessen und dem mentalen Modell kompatibel? (3) Unterstützt das System Benutzerentscheidungen und Aufgabenstrategien? (4) Unterstützt das System relevante Aufgabensituationen? (5) Sind relevante Aspekte der Arbeitsumgebung adäquat berücksichtigt? (6) Bewährt sich das System im Praxiseinsatz? Eine wesentliche Unterscheidung der Methoden zur Qualitätsbewertung bzw. Nutzungsqualität (vgl. dazu Hamborg & Gediga, 2006; Rauterberg et al., 1994) besteht darin, ob es sich um expertenbasierte oder um verhaltensbasierte Evaluationsmethoden durch Beobachtung des Nutzerverhaltens bei dem Gebrauch einer Software handelt oder ob es eine Kombination davon darstellt.

Zu den wichtigsten expertenbasierten Evaluationsmethoden zählen neben automatisierten Evaluationsmethoden, die eine Bewertung auf der Grundlage formalisierter Nutzermodelle zulassen (Ivory & Hearst, 2001), auch die heuristische Evaluation (auch „cognitive walkthrough“ oder „usability review“), bei der Experten das Anwendungssystem systematisch auf Usability untersuchen. Hierzu können verschiedene Benutzergruppen sowie Materialien zur Festlegung der Prüfschritte und Protokollierung herangezogen werden (vgl. Reiterer & Oppermann, 1993).

Zu den wichtigsten verhaltensbasierten Evaluationsmethoden zählen die Methode des Lauten Denkens (Jørgensen, 1989) zur Erfassung bewusstseinsfähiger Kognitionen und Emotionen während (periaktional) oder nach der Nutzung (postaktional) eines Anwendungssystems sowie die mündliche bzw. schriftliche Befragung, wobei sich die Verfahren auf einzelne kritische Ereignisse oder auf die unspezifische gesamte Benutzung richten können. Zur Registrierung des Benutzerverhaltens werden u. a. Eingabeprotokolle (log-files) oder Blickbewegungskameras eingesetzt. Neben der breiten Anzahl von Befragungsverfahren (für einen Überblick s. Gediga & Hamborg, 2002) existieren auch checklistenorientierte Verfahren, die von den Benutzern zur Grobabschätzung einer Gefährdungsbeurteilung verwendet werden können (Richenhagen, Prümper & Wagner, 2002).

Die Auswahl von Aufgaben und Benutzern sollte so erfolgen, dass (1) die Testaufgabe dem Aufgabenkontext der Benutzergruppe entstammt, (2) die Bearbeitung in dem „natürlichen" Arbeitskontext der Benutzer erfolgt und (3) die Auswahl der Benutzer repräsentativ ist (vgl. Holleran, 1991). Über die Mindestanzahl erforderlicher Benutzer herrscht Unklarheit. Annahmen, nach denen von vier bis fünf Benutzern die Entdeckung von 80 % von Benutzungsfehlern erwartet werden können (Lewis, 1994; Virzi, 1992), treffen wohl eher bei homogenen Benutzerpopulationen zu. Wenn Untergruppen existieren – beispielsweise zum Vorwissen, in Bezug auf das Alter (Dickinson, Arnott & Prior, 2007) oder die kulturelle Orientierung (Rau, Gao & Liang, 2008) – sind die Stichprobenumfänge deutlich größer zu wählen (Caulton, 2001).

Die Grenzen des Einsatzes von Benutzern liegen u. a. darin, dass (1) Benutzer u. U. nicht in die relevanten Nutzungskontexte Einblick besitzen, (2) neue Gestaltungsvorschläge nur schwer entwickelt werden können, (3) Interessen und Verhaltensgewohnheiten nicht immer mit normativen Angaben aus Leitfäden übereinstimmen und (4) Partikularinteressen nicht berücksichtigt werden können.

Vergleichende Untersuchungen von Verfahren der Qualitätsbewertung hinsichtlich testtheoretischer Kriterien ergeben ein uneinheitliches Bild (Andre, Hartson, Belz & McCreary, 2001; Hartson, Andre & Williges, 2001), was u. a. auf die Untersuchungsdurchführung und die ungeklärte Inhaltsvalidität einzelner Verfahren zurückgeführt werden kann. Da sich Nutzungskontexte und Benutzergruppen erheblich voneinander unterscheiden, ist es empfehlenswert, nicht nur einen methodischen Ansatz zu verfolgen oder eine Methode einzusetzen, sondern mehrere miteinander zu kombinieren.

5.4 Methoden der Implementierung von Anwendungssystemen

In der organisationspsychologischen Erfolgsfaktorenforschung (vgl. Hamborg & Greif, 2003; Premkumar, 2003) werden Bedingungen von Anwendungssystemen untersucht, die sich förderlich auf die Nutzung und Akzeptanz der Benutzer auswirken. Hierzu zählen u. a. (1) organisatorische Unterstützung für das Projekt bzw. die Arbeitsgestaltungsmaßnahme, z. B. durch Einführungs- und Informationsveranstaltungen, vorbereitende Schulungen und Trainingsmaßnahmen, (2) Klarheit der Benutzer über Zweck, Ziele und Erwartungen, die mit dem Systemeinsatz verbunden sind, (3) Mitsprache der Benutzer und Partizipation an einzelnen Gestaltungsaufgaben sowie (4) Überprüfung und Bewertung der Benutzbarkeit im Praxiseinsatz. Mit der Bildschirmarbeitsverordnung von 1996 (Richenhagen et al., 2002) wurden gesetzliche Grundlagen geschaffen, die Anwender bei der Einrichtung von Bildschirmarbeitsplätzen zur Überprüfung der Einhaltung von Mindestvorschriften verpflichten (vgl. Wieland-Eckelmann, Baggen, Schmitz & Schwarz, 1994). Dabei sind insbesondere die Sicherheits- und Gesundheitsbedingungen hinsichtlich des Sehvermögens, der Körperhaltung sowie psychischer Belastungen zu ermitteln, zu beurteilen und ggf. durch geeignete Maßnahmen abzustellen.

Prinzipiell gilt, dass Benutzerbeteiligung in einer frühen Phase der Systementwicklung auch zu einer besseren Aufgabenpassung und Nützlichkeit sowie einer einfacheren Benutzbarkeit führt, die wiederum einen Einfluss auf die tatsächliche Benutzung und die Zufriedenheit ausüben (Davis, 1989; Venkatesh & Davis, 2000). Darüber hinaus zeigen Untersuchungen, dass auch der Prozess der Aneignung von Anwendungssystemen von Bedeutung ist. Die „Adaptive Structuration Theory" (DeSanctis & Poole, 1994) stellt ein solches Modell dar, in dem die Interaktionsprozesse in Gruppen sowie der aktive Charakter der Aneignung einer Technologie durch eine Gruppe von Benutzern im Verlauf des Arbeitsprozesses in Zusammenhang mit Erfolgskriterien gestellt werden (vgl. Büssing & Konradt, 2006).

6 *Ausgewählte Nutzungskontexte der MCI*

Die Nutzungskontexte der MCI sind sehr weit gespannt und unterscheiden sich u. a. in Hinblick auf die unterstützten Funktionen (Textverarbeitung, Prozesssteuerung etc.), Einzel- oder Gruppenanwendungen, die Bedingungen des Einsatzortes, die verwendeten Kommunikationsmedien sowie in der Art der Integration in eine größere Systemumgebung („Embedded systems"). Stellvertretend für die Vielfalt (vgl. hierzu Helander et al., 1997; Sears & Jacko, 2007) sollen im Folgenden drei relevante Nutzungskontexte näher betrachtet werden.

Ein erster Nutzungskontext bezieht sich auf computergestützte Zusammenarbeit zwischen verteilten Aufgabenträgern, Organisationseinheiten und/oder Organisationen (Büssing & Konradt, 2006; Olson & Olson, 1999; Schwabe, Streitz & Unland, 2001) in Form von virtuellen Teams oder größeren sozialen Verbünden (Communities, Forschungsverbünde, Organisationen). Für kollaborative

Kontexte gelten besondere Anforderungen an die Zugänglichkeit, Erlernbarkeit, soziale Präsenz und die Entwicklung eines gemeinsamen Verständnisses, welches über Avatare und immersive grafische Umgebungen unterstützt werden kann (vgl. Preece & Maloney-Krichmar, 2003). In Anwendungssystemen für Kooperations- und Koordinationsprozesse in Gruppen, sog. Groupware (Borghoff & Schlichter, 1998), gewinnen Funktionen des Gruppenhandelns wie Informationsaustausch zwischen Benutzern, der Einsatz von synchronen Kommunikationsmedien, Aspekte der Privatheit sowie Fragen des „Team situation awareness“ (Endsley, 1995) an Bedeutung. Team situation awareness bezieht sich auf das Ausmaß des Verständnisses, welches jedes Teammitglied von den Personen und Elementen des Arbeitssystems besitzt. MCI in Gruppen wurde bisher überwiegend unter dem Aspekt der Werkzeugschnittstelle untersucht (u. a. Dutke, Paul & Foks, 1996; Fjeld et al., 2002; Herrmann, 1994).

Mit der Verbreitung von Internetdiensten stellen hypertextuelle und hypermediale Systeme eine bedeutende Klasse von Anwendungssystemen dar, in denen eine nicht linear vernetzte Struktur der Informationsabbildung vorliegt, und die an den Benutzer hohe kognitive Anforderungen stellt. Obwohl beispielsweise zum WWW-Design umfangreiche Guidelines vorliegen (u. a. Farkas & Farkas, 2002; Nielsen, 2000), ist die wissenschaftlich-empirische Basis, auf die sie sich stützen, verhältnismäßig gering (vgl. Christophersen & Konradt, 2004; Konradt, Wandke, Balazs & Christophersen, 2003). Es ist jedoch anzunehmen, dass die Schnittstellengestaltung von anwendergesteuerten Systemen wie betriebliche Employee-Self-Service-Systeme (Schäffer-Külz, 2004), kommerzielle Self-Service-Systeme wie Bankautomaten (Lee & Allaway, 2002), Kiosk-Systeme oder Webshops (Nah & Davis, 2002) weiter an Bedeutung gewinnen wird. Neben einer auf Erlernbarkeit und Fehlertoleranz optimierten Gestaltung der Ein- und Ausgabe- sowie der Dialogschnittstellen werden dabei auch Sicherheits- und Privatheitsaspekte sowie affektive und emotionale Prozesse von größerer Bedeutung sein (Hudlicka, 2003), bei der auch die ästhetische und hedonistische Qualität von Bedeutung ist (Hassenzahl, 2001; Lavie & Tractinsky, 2004; Thüring & Mahlke, 2007).

Ein dritter Nutzungskontext der MCI bezieht sich auf Systeme der Virtuellen Realität und der Erweiterten Realität („Augmented Reality“) (Stone, 2002). Während unter Virtueller Realität die Ausgabeschnittstelle ausschließlich vom Computer generiert wird und der Benutzer in eine künstliche Welt eintaucht, werden mit dem Begriff der erweiterten Realität technische Systeme bezeichnet, mit denen die menschliche Wahrnehmung der physikalischen Realität um virtuelle, vom Computer erzeugte Bilder erweitert wird. Durch Verwendung semitransparenter Displays, etwa in Form einer Brille, werden Realszenen mit digitalen Computerszenen überlagert. Dabei werden als Ausgabeschnittstelle auch anthropomorphe visuelle Informationen vermittelt, wie beispielsweise bei „Embodied

Convertional agents“, oder haptische Informationen wie bei Force-Feedback-Systemen. Force-Feedback-Systeme sollen die sensomotorischen Fähigkeiten des Menschen beim Umgang mit virtuellen Objekten zur Geltung bringen. Aufgrund der Unterschiede zu zweidimensionalen und grafischen Benutzungsoberflächen sind hierfür spezielle Methoden der Evaluation entwickelt worden (Bowman, Gabbard & Hix, 2002).

7 Schlussbetrachtung

Als multidisziplinäres Wissens- und Forschungsgebiet ist die Mensch-Computer-Interaktion in zahlreiche Disziplinen eingebunden und darüber hinaus in juristischen Regelwerken des betrieblichen Arbeits- und Gesundheitsschutzes verankert. In den letzten beiden Dekaden haben arbeits- und organisationspsychologische Ansätze, Befunde und Methoden Eingang in die Entwicklungspraxis von Anwendungssystemen gefunden, nicht zuletzt aufgrund ihrer Effizienz. Die weit fortgeschrittene Verbreitung von Computern markiert voraussichtlich erst den Beginn einer Entwicklung, die sich bereits abzeichnet. Dabei könnten verteilte und mobile Systeme sowie Aspekte der Individualisierbarkeit von Anwendungssystemen voraussichtlich eine zunehmend größere Rolle spielen.

Aufgrund der zunehmenden Verbreitung von Computern sowie der demografischen Entwicklung gewinnt auch die Schaffung barrierefreier Systeme für spezielle Anwendergruppen an Bedeutung, zu denen beispielsweise Kinder (Bruckman & Bandlow, 2003), ältere Menschen (Fisk & Rogers, 1997) oder Menschen mit körperlichen Einschränkungen und Beeinträchtigungen (Edwards, 1995) zählen. Generelle Ansatzpunkte zur Unterstützung spezieller Benutzergruppen durch Individualisierung liegen in der Steigerung der Freiheitsgrade durch Vervielfältigung von Ein- und Ausgabekanälen (u. a. durch multimodale Ein- und Ausgabekanäle, die visuelle, auditive und haptische Informationsverarbeitung zulassen), der Verringerung von Informationen (größere Fonts, Steigerung des Kontrasts, Reduktion irrelevanter Information oder durch spezielle Visualierungstechniken wie Fish-eye) oder der Vergrößerung der Informationsmenge (Schaffung von Redundanz z. B. durch Multimediaeinsatz).

In Ansätzen allgegenwärtiger und unsichtbarer Computer („Ubiquitous Computing“; Stanton, 2001), Roomware oder „Wearable Computers“ (Baber, 2001), in denen Computer in allen Lebensbereichen eingesetzt werden, könnten intuitive und anthropomorphe Benutzungsschnittstellen an Bedeutung gewinnen. Natürlichsprachliche und parallele Eingabeschnittstellen (Pitt & Edwards, 2003) sowie Sprachdialogsysteme, die die Spracheingabe von Benutzern verstehen und über eine Sprachausgabe verfügen, lassen ein Multitasking zu. In Roomware-Ansätzen, in denen Elemente der Arbeitsumgebung (Tische, Stühle usw.)

über Sensorik verfügen, um interaktive und teilweise autonome Leistungen zu erbringen, werden neue Ein-/Ausgabegeräte wie Datenhandschuh und Head-up-Displays sowie tragbare Computer dem Menschen die Benutzung der Computer nicht nur erleichtern, sondern erst ermöglichen.

Literatur

Anderson, J. R. (1993). *Rules of the mind.* Hillsdale, NJ: Erlbaum.

Andre, T. S., Hartson, H. R., Belz, S. M. & McCreary, F. A. (2001). The user action framework: A reliable foundation for usability engineering support tools. *International Journal of Human-Computer Studies, 54,* 107–136.

Baber, C. (2001). Wearable computers: A human factors review. *International Journal of Human-Computer Interaction, 13,* 123–145.

Baitsch, C. (1986). Methoden zur Beteiligung von Arbeitnehmern. In W. Duell & F. Frei (Hrsg.), *Arbeit gestalten – Mitarbeiter beteiligen* (S. 97–117). Frankfurt a. M.: Campus.

Balzert, H. (2000). *Lehrbuch der Software-Technik. Software-Management, Software-Qualitätssicherung, Unternehmensmodellierung.* Heidelberg: Spektrum.

Blackler, F. & Brown, C. (1986). Alternative models to guide the design and introduction of the new information technologies into work organisations. *Journal of Occupational Psychology, 59,* 287–313.

Bowman, D., Gabbard, J. & Hix, D. (2002). A survey of usability evaluation in virtual environments: Classification and comparison of methods. *Presence: Teleoperators and Virtual Environments, 11,* 404–424.

Borghoff, U. M. & Schlichter, J. H. (1998). *Rechnergestützte Gruppenarbeit. Eine Einführung in Verteilte Anwendungen.* Berlin: Springer.

Breuer, F. (1996). *Qualitative Psychologie.* Opladen: Westdeutscher Verlag.

Brodbeck, F. C. & Frese, M. (Hrsg.). (1994). *Produktivität und Qualität in Software-Projekten.* München: Oldenbourg.

Bruckman, A. & Bandlow, A. (2003). Human-computer interaction for kids. In J. A. Jacko & A. Sears (Eds.), *The human-computer interaction handbook* (pp. 428–440). Mahwah, NJ: Erlbaum.

Büssing, A. & Konradt, U. (2006). Telekooperation. In B. Zimolong & U. Konradt (Hrsg.), *Ingenieurpsychologie* (Enzyklopädie der Psychologie, Serie Wirtschafts- Organisations- und Arbeitspsychologie, Bd. 2, S. 871–906). Göttingen: Hogrefe.

Çakir, A. & Dzida, W. (1997). International ergonomic HCI standards. In M. G. Helander, T. K. Landauer & P. V. Prabhu (Eds.), *Handbook of human-computer interaction* (pp. 407–420). Amsterdam: Elsevier.

Carayon, P. & Karsh, B. (2000). Sociotechnical issues in the implementation of imaging technology. *Behaviour and Information Technology, 19,* 247–262.

Card, S. K., Moran, T. P. & Newell, A. (1983). *The psychology of human computer interaction.* Hillsdale, NJ: Erlbaum.

Carroll, J. M. (1997). Human-computer interaction: Psychology as a science of design. *Annual Review of Psychology, 48,* 61–83.

Carroll, J. M. (2003). *HCI models, theories and frameworks.* New York; NY: Morgan Kaufman.

Carroll, J. M. & Mack, R. L. (1985). Metaphor, computer systems and active learning. *International Journal of Man-Machine Studies, 22,* 39–57.

Cascio, W. F. (2003). Changes in workers, work, and organizations. In W. C. Borman, D. R. Ilgen, R. J. Klimoski & I. B. Weiner (Eds.), *Handbook of Psychology* (pp. 401–422). Hoboken, NJ: Wiley.

Caulton, D. A. (2001). Relaxing the homogeneity assumption in usability testing. *Behaviour & Information Technology, 20,* 1–7.

Christophersen, T. & Konradt, U. (2004). Wettbewerbsvorteile im Online-Shopping durch kundenorientierte Gestaltung der Benutzungsoberfläche. In S. Albers, V. Haßmann, F. Somm & T. Tomczak (Hrsg.), *Verkauf: Kundenmanagement, Vertriebssteuerung, E-Commerce* (Loseblattwerk Kap. 06.25). Wiesbaden: Gabler.

Clegg, C. (1994) Psychology and information technology: The study of cognition in organisations. *British Journal of Psychology, 85,* 449–477.

Clegg, C., Axtell, C., Damodaran, L., Farbey, B., Hull, R., Lloyd-Jones, R., Nicholls, J., Sell, R. & Tomlinson, C. (1997). Information technology: A study of performance and the role of human and organizational factors. *Ergonomics, 40,* 851–871.

Davis, F. D. (1989). Perceived usefulness, perceived ease of use, and user acceptance of information technology. *MIS Quarterly, 13,* 318–340.

Davis, L. E. & Taylor, J. C. (Eds.). (1972). *Design of jobs.* Harmondsworth: Penguin.

DeSanctis, G. & Poole, M. S. (1994). Capturing the complexity in advanced technology use: Adaptive Structuration Theory. *Organization Science, 5,* 121–147.

Diaper, D. & Stanton, N. (Eds.). (2003). *The handbook of task analysis for human-computer interaction.* Mahwah, NJ: Erlbaum.

Dickinson, A., Arnott, J. & Prior, S. (2007). Methods for human-computer interaction research with older people. *Behaviour & Information Technology, 26,* 343–352.

Dillon, A. & Watson, C. (1996). User analysis in HCI: The historical lessons from individual differences research. *International Journal of Human-Computer Studies, 45,* 619–637.

DIN EN ISO 8402 (1992). *Qualitätsmanagement – Begriffe.* Berlin: Beuth.

DIN EN ISO 9241. *Ergonomische Anforderungen für Bürotätigkeiten mit Bildschirmgeräten.* Berlin: Beuth.

Teil 11 (1998). *Anforderungen an die Gebrauchstauglichkeit: Leitsätze.*

Teil 12 (1998). *Informationsdarstellung.*

Teil 110 (2006). *Grundsätze der Dialoggestaltung.*

ISO/IEC 9126 (2001). Software engineering – Pruduct quality. Part 1: Quality model.

ISO/IEC 9126 (2003). Software engineering – Pruduct quality. Part 2: External metrics.

ISO/IEC 9126 (2003). Software engineering – Pruduct quality. Part 3: Internal metrics.

ISO/IEC 9126 (2004). Software engineering – Pruduct quality. Part 4: Quality in use metrics.

ISO/IEC 9126 (1998). Software engineering – Pruduct quality. Part 11: Guidance on Usability.

DIN EN ISO 9241 (1993). Ergonomische Anforderungen für Bürotätigkeiten mit Bildschirmgeräten. Teil 2: Leitsätze zur Aufgabengestaltung.

DIN EN ISO 13407 (1999). *Benutzerorientierte Gestaltung interaktiver Systeme*. Berlin: Beuth.

DIN EN ISO 14915 (2003). *Software-Ergonomie für Multimedia-Benutzungschnittstellen*. Berlin: Beuth.

Doherty, N. F. & King, M. (1998). The consideration of organizational issues during the systems development process: An empirical analysis. *Behaviour & Information Technology, 17,* 41–51.

Doherty, N. F. & King, M. (2001). An investigation of the factors affecting the successful treatment of organizational issues in systems development projects. *European Journal of Information Systems, 10,* 147–161.

Dunckel, H. (1996). *Psychologisch orientierte Systemanalyse im Büro*. Bern: Huber.

Dutke, S., Paul, H. & Foks, T. (1996). *Privatheit, Gruppenhandeln und mentale Modelle: Psychologische Schlüsselkonzepte in der Gestaltung multimedial unterstützter kooperativer Arbeit.* Gelsenkirchen: Institut Arbeit und Technik.

Dzida, W. (1983). Das IFIP-Modell für Benutzerschnittstellen. *Office-Management, 31 (Sonderheft),* 6–8.

Dzida, W. (2004). Applying international usability standards. In A. Tucker (Ed.), *The computer science handbook* (pp. 51-1–51-20). Boca Raton, FL: CRC.

Dzida, W. & Konradt, U. (Hrsg.). (1995). *Psychologie des Software-Entwurfs*. Göttingen: Verlag für Angewandte Psychologie.

Dzida, W. & Wandke, H. (2006). Software-Ergonomie. Gestalten und Bewerten interaktiver Systeme. In B. Zimolong & U. Konradt (Hrsg.), *Ingenieurpsychologie* (Enzyklopädie der Psychologie, Serie Wirtschafts-, Organisations- und Arbeitspsychologie, Bd. 2, S. 462–494). Göttingen: Hogrefe.

Eason, K. (1988). *Information technology and organizational change*. London: Taylor & Francis.

Eason, K. (2001). Changing perspectives on the organizational consequences of information technology. *Behaviour & Information Technology, 20,* 323–328.

Eberleh, E., Oberquelle, H. & Oppermann, R. (1994). *Einführung in die Software Ergonomie.* Berlin: de Gruyter.

Edwards, A. D. N. (1995). *Extra-ordinary human-computer interaction. Interfaces for users with disabilities*. New York, NY: Cambridge University Press.

Egan, D. E. (1988). Individual differences in human-computer interaction. In M. Helander (Ed.), *Handbook of human computer interaction* (pp. 543–661). Amsterdam: North Holland.

Ehn, P. (1988). *Work oriented design of computer artifacts*. Stockholm: Almqvist & Wiksell.

Endsley, M. R. (1995). Toward a theory of situation awareness in dynamic systems. *Human Factors, 37,* 32–64.

Farkas, D. K. & Farkas, J. B. (2002). *Principles of web design*. New York, NY: Longman.

Fisk, A. D. & Rogers, W. (1997). *The handbook of human factors and the older adults*. San Diego, CA: Academic Press.

Fjeld, M., Lauche, K., Bichsel, F. M., Voorhorst, H., Krueger, H. & Rauterberg, M. (2002). Physical and virtual tools: Activity theory applied to the design of groupware. *Computer Supported Cooperative Work, 11,* 153–180.

Floyd, C., Reisin, F.-M. & Schmidt, G. (1989). STEPS to software development with users. In C. Ghezzi & J. A. McDermid (Eds.), *Proceedings ESEC '89* (pp. 48–64). Berlin: Springer.

Frese, M. & Brodbeck, F. C. (1989). *Computer in Büro und Verwaltung*. Berlin: Springer.

Frese, M., Ulich, E. & Dzida, W. (Eds.). (1987). *Psychological issues of human-computer interaction in the work place*. Amsterdam: North-Holland.

Frese, M. & Zapf, D. (1991). *Fehler bei der Arbeit mit dem Computer. Ergebnisse von Beobachtungen und Befragungen im Bürobereich.* Bern: Huber.

Gediga, G. & Hamborg, K.-C. (2002). Ergonomische Evaluation von Software: Methoden und Modelle im Software-Entwicklungsprozess. *Zeitschrift für Psychologie, 210,* 40–57.

Gevins, A. & Smith, M. E. (2003). Neurophysiological measures of cognitive workload during human-computer interaction. *Theoretical Issues in Ergonomic Science, 4,* 113–131.

Goel, V. & Pirolli, P. (1992). The structure of design problem spaces. *Cognitive Science, 16,* 395–429.

Gould, J. D. & Lewis, C. (1985). Designing for usability: Key principles and what designers think. *Communications of the ACM, 28,* 300–311.

Gray, W. D. & Salzman, M. C. (1998). Damaged merchandise? A review of experiments that compare usability evaluation methods. *Human-Computer Interaction, 13,* 203–261.

Green, D. M. & Swets, J. A. (1966). *Signal detection theory and psychophysics*. New York, NY: Wiley.

Grote, G., Weik, S., Wafler, T. & Zölch, M. (1995). Criteria for the complementary allocation of functions in automated work systems and their use in simultaneous engineering projects. *International Journal of Industrial Ergonomics, 16,* 377–382.

Gulliksen, J., Göransson, B., Boivie, I., Blomkvist, S., Persson, J. & Cajander, Å. (2003). Putting usability back on track: Key principles for applying user-centered systems design. *Behaviour & Information Technology, 22,* 397–409.

Hacker, W. (1998). *Allgemeine Arbeitspsychologie*. Bern: Huber.

Hackman, J. R. & Oldham, G. R. (1976). Motivation through the design of work: Test of a theory. *Organizational Behavior and Human Performance, 16,* 250–279.

Hackos, J. T. & Redish, J. C. (1998). *User and task analysis for interface design*. New York, NY: Wiley.

Hamborg, K.-C. & Gediga, G. (2006). *Methoden und Modelle für die Gestaltung gebrauchstauglicher Software.* In B. Zimolong & U. Konradt (Hrsg.), *Ingenieurpsychologie* (Enzyklopädie der Psychologie, Serie Wirtschafts-, Organisations- und Arbeitspsychologie, Bd. 2, S. 495–530). Göttingen: Hogrefe.

Hamborg, K.-C. & Greif, S. (2003). New technologies and stress. In M. J. Schabracq, J. A. Winnubst & C. L. Cooper (Eds.), *Handbook of Work and Health Psychology* (pp. 209–235). Chichester: Wiley.

Hartson, H. R. (1998). Human-computer interaction: Interdisciplinary roots and trends. *Journal of Systems and Software, 43,* 103–118.

Hartson, H. R., Andre, T. S. & Williges, R. C. (2001). Criteria for evaluating usability evaluation methods. *International Journal of Human-Computer Interaction, 13,* 373–410.

Hassenzahl, M. (2001). The effect of perceived hedonic quality on product appealingness. *International Journal of Human-Computer Interaction, 13,* 481–499.

Heinbokel, T., Sonnentag, S., Frese, M., Stolte, W. & Brodbeck F. C. (1996). Don't underestimate the problems of user centredness in software development projects – there are many! *Behaviour & Information Technology, 15,* 226–236.

Helander, M. G., Landauer, T. K. & Prabhu, P. V. (Eds.). (1997). *Handbook of human-computer interaction.* Amsterdam: North-Holland.

Hendrick, H. W. (1997). Organizational design and macroergonomics. In G. Salvendy (Ed.), *Handbook of human factors and ergonomics* (pp. 594–636). New York, NY: Wiley.

Herczeg, M. (2005). *Software-Ergonomie.* München: Oldenbourg.

Herrmann, T. (1994). Software-ergonomische Grundsätze für die Gestaltung von Groupware. *Ergonomie & Informatik, 21,* 7–12.

Hertzum, M. & Jacobsen, N. E. (2003). The evaluator effect: A chilling fact about usability evaluation methods. *International Journal of Human-Computer Interaction, 15,* 183–204.

Hix, D. & Hartson, H. R. (1993). *Developing user interfaces. Ensuring usability through product and process.* New York, NY: Wiley.

Holleran, P. A. (1991). A methodological note on pitfalls in usability testing. *Behaviour & Information Technology, 10,* 345–357.

Hudlicka, E. (2003). To feel or not to feel: The role of affect in human-computer interaction. *International Journal of Human-Computer Studies, 59,* 1–32.

Ivory, M. Y. & Hearst, M. A. (2001). The state of the art in automating usability evaluation. *ACM Computing, 33,* 470–516.

Jørgensen, A. H. (1989). Using the thinking-aloud method in system development. In G. Salvendy & M. J. Smith (Eds.), *Designing and using human-computer interfaces and knowledge based systems* (pp. 743–750). Amsterdam: Elsevier.

Karat, J. (1997). Evolving the scope of user-centered design. *Communications of the ACM, 40,* 33–38.

Kieras, D. E. & Bovair, S. (1984). The role of a mental model in learning to operate a device. *Cognitive Science, 8,* 255–273.

Konradt, U. & Dzida, W. (1995). Die Bedeutung des Entwurfs für die Software-Entwicklung. In W. Dzida & U. Konradt (Hrsg.), *Psychologie des Software-Entwurfs* (S. 5–24). Göttingen: Verlag für Angewandte Psychologie.

Konradt, U., Semmer, N. & Tschan, F. (2006). Aufgabenanalyse. In B. Zimolong & U. Konradt (Hrsg.), *Ingenieurpsychologie* (Enzyklopädie der Psychologie, Serie Wirtschafts-, Organisations- und Arbeitspsychologie, Bd. 2, S. 359–392). Göttingen: Hogrefe.

Konradt, U., Wandke, H., Balazs, B. & Christophersen, T. (2003). Usability in online shops: Scale construction, validation and the influence on buyers' motivation and decision. *Behaviour & Information Technology, 22,* 165–174.

Landau, K. & Schultetus, W. (Hrsg.). (2002). Ergonomie im Büro. *Zeitschrift für Arbeitswissenschaft, 56 (Sonderausgabe).*

Lavie, T. & Tractinsky, N. (2004). Assessing dimensions of perceived visual aesthetics of web sites. *International Journal of Human-Computer Studies, 60,* 269–298.

Lee, J. & Allaway, A. (2002). Effects of personal control on adoption of self-service technology innovations. *Journal of Services Marketing, 16,* 553–572.

Lewis, J. R. (1994). Sample sizes for usability studies: Additional considerations. *Human Factors, 36,* 368–378.

Mayhew, D. J. (1992). *Principles and guidelines in software user interface design.* Englewood Cliffs, NJ: Prentice Hall.

Mayhew, D. J. (1999). *The usability engineering lifecycle.* San Fransisco, CA: Morgan Kaufman.

McNeese, M. D. (2003). New visions of human-computer interaction: Making affect compute. *International Journal of Human-Computer Studies, 59,* 33–54.

Moran, T. P. (1981). The command language grammar: A representation for the user interface of interactive computer systems. *International Journal of Man-Machine Studies, 15,* 3–50.

Mumford, E. (1983). *Designing human systems for new technology: The ETHICS method.* Manchester: Manchester Business School.

Nah, F. F. & Davis, S. (2002). HCI research issues in e-commerce. *Journal of Electronic Commerce Research, 3,* 98–113.

Nardi, B. A. (1997). The use of ethnographic methods in design and evaluation. In M. Helander, T. K. Landauer & P. V. Prabhu (Eds.), *Handbook of human-computer interaction* (pp. 361–366). Amsterdam: Elsevier.

Nielsen, J. (1990). A meta-model for interacting with computers. *Interacting with Computers, 2,* 147–160.

Nielsen, J. (1993). *Usability engineering.* Boston, MA: Academic Press.

Nielsen, J. (2000). *Designing web usability. The practice of simplicity.* Indianapolis, IN: New Riders.

Norman, D. A. (1983). Some observations on mental models. In D. A. Gentner & A. A. Stevens (Eds.), *Mental models* (pp. 15–34). Hillsdale, NJ: Erlbaum.

Norman, D. A. (1986). Cognitive engineering. In D. A. Norman & S. W. Draper (Eds.), *User-centered system design. New perspectives in human-computer interaction* (pp. 31–61). Hillsdale, NJ: Erlbaum.

Norman, D. A. (1988). *The psychology of everyday things.* New York, NY: Basic.

Norman, D. A. (1998). *The invisible computer.* Cambridge, MA: MIT.

Norman, D. A. & Draper, S. W. (1986). *User-centered system design. New perspectives in human-computer interaction.* Hillsdale, NJ: Erlbaum.

Nullmeier, E. & Rödiger, K.-H. (Hrsg.). (1987). *Dialogsysteme in der Arbeitswelt.* Mannheim: BI-Wissenschaftsverlag.

Oberquelle, H. (1987). *Sprachkonzepte für benutzergerechte Systeme.* Berlin: Springer.

Olson, G. M., Olson, J. S., Carter, M. R. & Storrosten, M. (1992). Small group design meetings: An analysis of collaboration. *Human-Computer Interaction, 7,* 347–374.

Olson, J. S. & Olson, G. M. (1999) Computer supported cooperative work. In F. T. Durso, R. S. Nickerson, S. Dumais, S. Lewandowsky & T. J. Perfect (Eds.), *Handbook of applied cognition* (pp. 409–442). New York, NY: Wiley.

Orlikowski, W. (2000). Using technology and constituting structures: A practice lens for studying technology in organizations. *Organization Science, 11,* 404–428.

Payne, S. J. (1992). On mental models and cognitive artefacts. In Y. Rogers, A. Rutherford & P. Bibby (Eds.), *Models in the mind. Theory, perspective & application* (pp. 103–118). London: Academic Press.

Pejtersen, A. M. & Rasmussen, J. (1997). Effectiveness testing of complex systems. In G. Salvendy (Ed.), *Handbook of human factors and ergonomics* (pp. 1514–1542). New York, NY: Wiley.

Pitt, I. & Edwards, A. (2003). *Design of speech-based devices. A practical guide.* Berlin: Springer.

Preece, J. (1999). *Human-computer interaction.* Harlow: Addison-Wesley.

Preece, J. & Maloney-Krichmar, D. (2003). Online communities. In J. Jacko & A. Sears (Eds.), *Handbook of human-computer interaction* (pp. 596–620). Mahwah, NJ: Erlbaum.

Preece, J., Rogers, Y. & Sharp, H. (2002). *Interaction design. Beyond human-computer interaction.* New York, NY: Wiley.

Premkumar, G. (2003). A meta-analysis of research on information technology implementation in small business. *Journal of Organizational Computing & Electronic Commerce, 13,* 91–122.

Puppe, F. (1991). *Einführung in Expertensysteme.* Berlin: Springer.

Rasmussen, J. (1985). The role of hierarchical knowledge representation in decision making and system management. *IEEE Transactions on Systems, Man, and Cybernetics, 15,* 234–243.

Rasmussen, J. (1986). *Information processing and human-machine interaction. An approach to cognitive engineering.* Amsterdam: North-Holland.

Rasmussen, J., Pejtersen, A. M. & Goodstein, L. P. (1994). *Cognitive systems engineering.* London: Wiley.

Rau, P. P., Gao, Q. & Liang, S. M. (2008). Good computing systems for everyone – how on earth? Cultural aspects. *Behaviour & Information Technology, 27,* 287–292.

Rauterberg, M. (1992). Partizipative Modellbildung zur Optimierung der Softwareentwicklung. In R. Studer (Hrsg.), *Informationssysteme und Künstliche Intelligenz: Modellierung* (S. 113–128). Berlin: Springer.

Rauterberg, M., Spinas, P., Strohm, O., Ulich, E. & Waeber, D. (1994). *Benutzerorientierte Software-Entwicklung. Konzepte, Methoden und Vorgehen zur Benutzerbeteiligung.* Zürich: vdf.

Reiterer, H. & Oppermann, R. (1993). Evaluation of User Interfaces. EVADIS II – a comprehensive evaluation approach. *Behaviour & Information Technology, 12,* 137–148.

Richenhagen, G., Prümper, J. & Wagner, J. (2002). *Handbuch der Bildschirmarbeit. Mit einer Kommentierung der Bildscharbeitsverordnung.* Neuwied: Luchterhand.

Rohmert, W. (1972). Aufgaben und Inhalt der Arbeitswissenschaft. *Die berufsbildende Schule, 24,* 3–14.

Rosson, M. B. & Carroll, J. M. (2002). *Usability engineering. Scenario-based development of human-computer interaction.* San Francisco, CA: Morgan Kaufman.

Salvendy, G. (2006). *Handbook of human factors and ergonomics* (3rd ed.). New York, NY: Wiley.

Schäffer-Külz, U. G. (2004). Employee-Self-Services und Mitarbeiterportale. In G. Hertel & U. Konradt (Hrsg.), *Electronic Human Ressource Management* (S. 253–273). Göttingen: Hogrefe.

Schwabe, G., Streitz, N. & Unland, R. (Hrsg.). (2001). *CSCW-Kompendium. Lehr- und Handbuch zum computerunterstützten kooperativen Arbeiten.* Berlin: Springer.

Sears, A. & Jacko, J. A. (Eds.). (2007). *The human-computer interaction handbook* (2nd ed.). Mahwah, NJ: Erlbaum.

Seghezzi, H. D. (2003). *Integriertes Qualitätsmanagement.* München: Hanser.

Sheridan, T. B. (1997). Task analysis, task allocation and supervisory control. In M. Helander, T. K. Landauer & V. B. Prabhu (Eds.), *Handbook of human-computer interaction* (pp. 159–173). Amsterdam: North-Holland.

Sheridan, T. B. (2000). Function allocation: Algorithm, alchemy or apostasy? *International Journal of Human-Computer Studies, 52,* 203–216.

Shneiderman, B. & Plaisant, C. (2005). *Designing the user interface.* Boston, MA: Addison-Wesley.

Smith, L. S. & Mosier, J. N. (1986). *Guidelines for designing user interface software.* Bedford, MA: The MITRE Corporation.

Smith, M. J. & Cohen, W. J. (1997). Design of computer terminal workstations. In G. Salvendy (Ed.), *Handbook of human factors and ergonomics* (pp. 1637–1688). New York, NY: Wiley.

Sonnentag, S., Frese, M., Brodbeck, F. C. & Heinbokel, T. (1997). Use of design methods, team leaders' goal orientation, and team effectiveness: A follow-up study in software development projects. *International Journal of Human-Computer Interaction, 9,* 443–454.

Stanton, N. A. (2001). Introduction: Ubiquitous computing: Anytime, anyplace, anywhere? *International Journal of Human-Computer Interaction, 13,* 107–111.

Steinmüller, W. (1993). *Informationstechnologie und Gesellschaft.* Darmstadt: Wissenschaftliche Buchgesellschaft.

Stephanidis, C., Salvendy, G., Akoumianakis, D., Arnold, A., Bevan, N., Dardailler, D., Emiliani, P.-L., Iakovidis, I., Jenkins, P., Karshmer, A., Korn, P., Marcus, A., Murphy, H., Oppermann, C., Stary, C., Tamura, H., Tscheligi, M., Ueda, H., Weber, G. & Ziegler, J. (1999). Toward an Information Society for All: HCI challenges and R&D recommendations. *International Journal of Human-Computer Interaction, 11,* 1–28.

Stone, R. J. (2002). Applications of virtual environments: An overview. In K. M. Stanney (Ed.), *Handbook of virtual environments. Design, implementation and applications* (pp. 827–856). Mahwah, NJ: Erlbaum.

Thüring, M. & Mahlke, S. (2007). Usability, aesthetics and emotions in human-technology interaction. *International Journal of Psychology, 42,* 253–264.

Ulich, E. (2001). *Arbeitspsychologie.* Stuttgart: Schäffer-Poeschel.

Venkatesh, V. & Davis, F. D. (2000). A theoretical extension of the Technology Acceptance Model: Four longitudinal field studies. *Management Science, 46,* 186–204.

Virzi, R. A. (1992). Refining the test phase of usability evaluation: How many subjects is enough? *Human Factors, 34,* 457–468.

Wandke, H. (2004). Usability Testing. In R. Mangold, P. Vorderer & G. Bente (Hrsg.), *Lehrbuch der Medienpsychologie* (S. 325–354). Göttingen: Hogrefe.

Wandke, H. & Hüttner, J. (1995). Unterstützung bei der Gestaltung von Benutzungsschnittstellen in einem Informations- und Beratungssystem. In H. D. Böcker (Hrsg.), *Software-Ergonomie '95* (S. 383–394). Stuttgart: Teubner.

Wandke, H., Oed, R., Metzker, E., van Ballegooy, M. & Nitschke, J. (2001). Die Entwicklung von User Interfaces als arbeitswissenschaftlicher Prozess und seine Unterstützung durch Software-Werkzeuge. *Zeitschrift für Arbeitswissenschaft, 55,* 1–14.

Weizenbaum, J. (1978). *Die Macht der Computer und die Ohnmacht der Vernunft.* Frankfurt a. M.: Suhrkamp.

Wieland-Eckelmann, R., Baggen, R., Schmitz, U. & Schwarz, R. (1994). *Systemergonomische Beanspruchungs- und Arbeitsanalyse (SEBA).* Bremerhaven: Wirtschaftsverlag NW.

Wixon, D. & Wilson, C. (1997). The usability engineering framework for product design and evaluation. In M. Helander, T. Landauer & P. Prabhu (Eds.), *Handbook of human-computer interaction* (pp. 653–688). Amsterdam. Elsevier.

Wozny, L. A. (1989). The application of metaphor, analogy and conceptual models in computer systems. *Interacting with Computers, 1,* 273–283.

Zapf, D., Frese, M. & Brodbeck, F. C. (1999). Fehler und Fehlermanagement. In C. Graf Hoyos & D. Frey (Hrsg.), *Arbeits- und Organisationspsychologie* (S. 398–411). Weinheim: Beltz.

Zapf, D. & Semmer, N. K. (2004). Stress und Gesundheit in Organisationen. In H. Schuler (Hrsg.), *Organisationspsychologie – Grundlagen und Personalpsychologie* (Enzyklopädie der Psychologie, Serie Wirtschafts-, Organisations- und Arbeitspsychologie, Bd. 3, S. 1007–1112). Göttingen: Hogrefe.

Zimolong, B. & Majonica, B. (1999). Wissen und Entscheidungshilfen. In C. Graf Hoyos & D. Frey (Hrsg.), *Lehrbuch Arbeits- und Organisationspsychologie* (S. 82–90). Weinheim: Psychologie Verlags Union.

Zink, K. J. (1994). Total Quality Management. In K. J. Zink (Hrsg.), *Qualität als Managementaufgabe* (S. 9–52). Landsberg/L.: moderne industrie.

Zink, K. J. & Leimenstoll, D. (2006). Qualitätssicherung und Qualitätsmanagement. In B. Zimolong & U. Konradt (Hrsg.), *Ingenieurpsychologie* (Enzyklopädie der Psychologie, Serie Wirtschafts-, Organisations- und Arbeitspsychologie, Bd. 2, S. 566–602). Göttingen: Hogrefe.

18. Kapitel

Handlungsfehler und Fehlerprävention

Theo Wehner, Klaus Mehl und Peter Dieckmann

1 Einleitung

Es gibt kaum ein psychologisches Phänomen, das gleichermaßen im Alltag wie in der betrieblichen Lebenswelt so viel Aufmerksamkeit erfährt wie der Fehler. *Zielverfehlungen* – so eine erste Kennzeichnung fehlerhaften Handelns – im schulischen Kontext provozieren zwar vorderhand den Rotstift des Lehrers, haben aber auch seit langem schon methodische und didaktische Überlegungen nach sich gezogen. Auch das Verwechseln von zwei Schaltern im Cockpit eines Flugzeugs oder im hoch technisierten Automobil einer Privatperson löst nicht mehr nur eine Schuldfrage aus, sondern mündet in die Auseinandersetzung mit Problemen des Designs, mit Schulungs- oder Trainingskonzepten oder auch mit zusätzlichen Automatisierungsstrategien, sodass Handelnde zumindest an dieser Stelle möglichst keine Fehler mehr machen können. Und natürlich amüsieren uns Versprecher in Alltagssituationen, sei es die Verwechselung eines Namens durch uns selbst, durch Nachrichtensprecher oder auf der politischen Bühne.

Bevor wir im Folgenden verschiedene Stränge der Fehlerforschung und Ergebnisse referieren, stellen wir in Anlehnung an Senders und Moray (1991) einige Fragen, die im Zusammenhang mit Handlungsfehlern forschungsrelevant sind.

1. Haben Fehler Ursachen, oder sind es zufällige Ereignisse?
   Die Antwort auf diese Frage entscheidet, ob es überhaupt sinnvoll ist, sich einer systematischen, psychologischen und ursachenorientierten Fehlersuche zu stellen. Wenn Fehler unsystematisch, regellos bzw. zufällig auftreten, dann können wir nur versuchen, statistische Zusammenhänge zu finden und auf der Basis von Wahrscheinlichkeiten mit Fehlern umgehen.

2. Gibt es unendlich viele Fehlerursachen, oder ist ihre Zahl beschränkt? Nur wenn es gelingt, Gesetzmäßigkeiten zu finden, die sich generalisieren lassen, ist es möglich, daraus Vorhersagen abzuleiten. Selbst wenn Fehler Ursachen haben, diese aber zu zahlreich sind, sind wir wieder auf die Statistik als alleiniges Erkenntnismittel angewiesen.
3. Kann willentliche, konzentrative Anstrengung Handlungsfehler verhindern? Hier ist in besonderer Weise die Frage der Fehlerprävention angesprochen. Wenn willentliche Anstrengung oder das Aufbringen von mehr Aufmerksamkeit Fehler nicht verhindern können, dann hat dies sowohl Implikationen für eine Bewertung von Fehlern als auch für die Gestaltung von Arbeit und Leben.

In einem 2008 erschienen Themenheft der Zeitschrift „E*rwägen* W*issen* E*thik*" zeigt sich sowohl in den Hauptartikeln (diese werden ohne Review-Verfahren veröffentlicht), als auch in den Kommentaren (welche mit Repliken durch die Hauptartikelautoren abgeschlossen werden), dass es immer noch diese Fragen sind, die den Disput bestimmen: Es bleibt offen, was man aus der Fehlerforschung lernen könnte!

1.1 Zum Aufbau der Arbeit

Wir wollen das Thema wie folgt gliedern: Definitionen und Abgrenzungen stehen am *Anfang*, gefolgt von einem Blick in die Vergangenheit und Gegenwart der Fehlerforschung. Danach stellen wir einen Überblick vor, der die methodischen Zugänge zur Fehlerforschung zu unterscheiden versucht und die verschiedenen angewandten Strategien zur Fehlerprävention benennt.

Im *zweiten Teil* des Textes wenden wir uns den Fehlleistungen des prospektiven Gedächtnisses (dem Vergessen einer Vornahme) zu. Durch die vertiefende Darstellung des sog. Prospective Memory (PM) und seiner Fehlleistungen ist es möglich, bestehende methodische Fallstricke der Fehlerforschung exemplarisch zu erläutern und – dies gilt nicht nur für die PM-Forschung – auf eine lange (zeitweise verschüttete) Tradition hinzuweisen. Fehler des PM spiegeln die Vielfalt der Annäherung an das Thema sehr gut wider. Sie begegnen uns in den unterschiedlichsten Formen in vielen Lebensbereichen und sind bedingt durch viele Ursachen. Sie tauchen in allen uns bekannten Fehlerklassifikationen auf (als Vergessen, Unterlassung etc.) und sind heute ein Experimentierfeld sowohl für die Grundlagenforschung als auch für angewandte Gebiete, die Gerontopsychologie etwa.

Für den *dritten Teil* der Arbeit haben wir die Auseinandersetzung mit Fehlern und deren Prävention in zwei hoch komplexen und durchaus deutlich unterschiedenen Lebensbereichen gewählt: die Luftfahrt und die Medizin. In beiden

Bereichen besteht im Fehlerfalle hoher Legitimations- und Erklärungsdruck. Kommt es zu Fehlern in einem Cockpit, wird sehr rasch geklärt, ob es sich um menschliches, technisches oder – heute zunehmend diagnostiziert – auch um organisationales „Versagen" handelt. Kommt es im Operationssaal zu einem Fehler, so wird auch dieser, sofern er bekannt wird, schnell medial verbreitet und zunehmend systematisch analysiert.

Die beiden Betrachtungsgebiete wurden auch deshalb gewählt, weil uns in beiden Domänen teilweise dieselben Forschungsgruppen (Reason, 1990; Helmreich, 2000) begegnen und in der öffentlichen Diskussion zunehmend die Methoden und Erfolge der einen Seite (der Luftfahrt) als Herausforderung für die andere Seite (die Medizin) formuliert werden (s. etwa Rothmund, 2005).

Im *letzten Teil* der Arbeit skizzieren wir dann die eigene Position (Wehner, 1992a) zur Erforschung von Fehlern und – so unsere Handlungsaufforderung – den fehlerfreundlichen Umgang mit unerwarteten Ereignissen. Im Vordergrund steht für uns die *potenzielle Vitalität fehlerhaften Handelns.* Gerade in Bezug auf Sicherheit – und dies ist *die* Legitimation für die Erforschung von Fehlern – gilt, dass fehlerfreie Sicherheit eine weniger günstige Strategie ist als die Vision von fehlerfreundlichen Systemen; sei es auf der Ebene der Technikgestaltung, Organisationsentwicklung oder dem menschlichen Handeln: „Niemand kann uns in der Sicherheit wiegen, für uns alle entscheidende Fehler gemacht zu haben, sodass jetzt ein für alle Mal fest steht, was richtig ist" (Baecker, 2003, S. 29).

1.2 Annäherung an den Gegenstand

In einem ersten Schritt wollen wir anhand von zwei Beispielen aus unserer Fehlersammlung eine Phänomendarstellung vornehmen:

Beispiel 1: Ein junger Mann ging, wie fast jeden Morgen, nachdem er Wasser für den Tee aufgesetzt hatte, zum nahe gelegenen Bäcker, um Brötchen und eine Zeitung zu kaufen. Wieder vor der Wohnungstür angekommen, will es ihm jedoch nicht gelingen, mit dem Schlüssel diese zu öffnen. Alle Versuche, durch Drücken, Heben, Rütteln an Tür und Schlüssel zeigten keinerlei Erfolg. Langsam wuchs die Sorge über das auf dem Herd stehende Wasser. Erste Überlegungen, einen Schlüsseldienst zu beauftragen oder ggf. die Scheibe der Tür einzudrücken, setzten ein, als ihm plötzlich auffiel, dass er mehr als fünf Minuten lang vergeblich versucht hatte, mit dem Schlüssel der Hauseingangstür die Wohnungstür zu öffnen.

Beispiel 2: Eine Studentin fuhr nach der Arbeit mit dem Fahrrad nach Hause, um sich rasch umzuziehen, da sie am Abend noch eine Verabredung hatte. Sie stellte das Fahrrad vor der Tür des Zweifamilienhauses, indem sie eine Wohnung im Erdgeschoss bewohnte, ab, schloss es an, betrat das Haus und musste vor der Wohnungstür erstaunt feststellen, dass sich das Schloss trotz aller Bemühungen nicht öffnen ließ. Nach ein paar Minuten öffnete zu ihrer Überraschung die im ersten Stock wohnende Vermieterin die Tür von innen und fragte erbost, was sie denn an ihrer Tür und womöglich in ihrer Wohnung wolle.

Was haben die Fälle gemeinsam, wo liegt der Fehler, wo die eventuelle Erklärung? In beiden Fällen verfehlten die Handelnden ihr Ziel bzw. erreichten es nicht auf die gewohnte und routinisierte Art und Weise. Sie wollten in ihre Wohnung, was ihnen aber diesmal (weil der Schlüssel bzw. das Stockwerk *verwechselt* wurden) nicht gelang. Beide Male treffen wir – so die Aussagen der Betroffenen – auf das für Fehler typische Bewusstsein der „Fehlerlosigkeit gegenüber dem eigenen Tun“ (Müller & Schuhmann, 1894, S. 305). Die Handelnden bemerkten ihr aus der Rückschau ganz offensichtlich fehlerhaftes Tun in der Handlungssituation nicht sofort, sondern erst durch eine Barriere im Handlungsfluss und erfolglose Versuche, diese zu überwinden. Beide Handelnde konnten darüber hinaus keine Angaben zu den Begleitumständen oder gar zu den Ursachen ihres Fehlers machen, zumal ihr Auftreten erstmalig geschah.

Was sagt die psychologische Fehlerforschung zu diesem Handlungsgeschehen? Eine psychoanalytische Position (Freud, 1904) würde – über den Weg serieller Assoziationen – nach unbewussten Motiven bzw. interferierenden Absichten suchen. Kognitiv orientierte Forscher (Reason, 1979, 1990), Vertreter der Handlungsregulationstheorie (Frese & Zapf, 1991) oder Schematheoretiker (Rasmussen, 1985) würden den Fehler zumindest eindeutig auf den verschiedenen Regulationsebenen (Gewohnheits-/Wissensebene; Skill-Based oder Rule-Based Level) oder theoretisch bestimmten Fehlerklassen (*faulty activation of schemas* oder *faulty triggering of active schemas*; Norman, 1981) zu verorten versuchen, um dann nach Fehler auslösenden Bedingungen (Stress, Ablenkung etc.) zu suchen. Schließlich sei noch eine frühe Position zitiert, die die Leistungsgüte der Handelnden thematisiert, eine eindeutige Antwort auf die dritte der oben gestellten Ausgangsfragen gibt und auch heute noch in subjektiven Theorien von Laien und in Empfehlungen von Experten auftaucht: „Wo Aufmerksamkeit, Gedächtnis und Denken sich auf der vollen Höhe der erforderlichen Leistungsfähigkeit befinden, da ist ein Abirren [...] in ungehörige Bahnen ausgeschlossen“ (Weimer, 1925, S. 80).

Bereits nach der Schilderung von nur wenigen möglichen Forschungsstandpunkten sind wir mitten drin im Erklärungsnotstand: Welche Position kann Gültigkeit beanspruchen? Wie lassen sich die Ansätze validieren? Welcher Weg sollte bei der systematischen Rekonstruktion beschritten werden?

Versuchen wir, zumindest eine Antwort auf die zuletzt gestellte Frage zu geben: Unsere Forschungsgruppe (Wehner, 1992a) stellt den Handelnden beim Auftreten von unerwarteten Ereignissen grundsätzlich die Frage: „Wo wäre das richtig gewesen, was hier falsch war?“ Eine Frage, die davon ausgeht, dass Fehler keine Nonsens-Gebilde sind, sondern, gestalttheoretisch gesprochen (Metzger, 1954), eine Tendenz zum Richtigen aufweisen. Auch bei Weimer (1925) in seiner „Psychologie der Fehler“ scheint diese Position implizit auf: „Das versagende Gedächtnis bringt nicht etwa überhaupt keine Reproduktion zustande – sonst wäre ja auch kein Fehler möglich –, aber es lässt unrichtige Vorstellungen zutage treten“ (S. 80).

In den dargestellten Fehlerverläufen handelten die Personen tatsächlich weitgehend richtig. So nutzen sie z. B. nicht den Auto- oder Fahrradschlüssel beim Versuch, ihre Tür zu öffnen oder gar andere Gegenstände, sie standen nicht in fremden Häusern oder vor inadäquaten Türen (Keller, Schuppen oder Garage). Es traten vielmehr Kontextvariationen auf, die sich im ersten Fall aufgrund einer Wiederholung des Vorfalls und im zweiten Fall durch eine systematische Rekonstruktion näher bestimmen ließen:

Beispiel 1: Dem jungen Mann begegnete auf dem Heimweg einige Zeit später und unmittelbar vor der Haustür ein Mitbewohner, der die Haustür für ihn offen ließ und ihm Einlass bot. Vor seiner Wohnungstür angekommen versuchte er nun erneut mit einem *falschen* Schlüssel, nämlich wieder mit dem der Haustür, die Wohnungstür zu öffnen. Die Erklärung? In der Nähe des Hauses angekommen sucht der junge Mann grundsätzlich bereits seinen Schlüsselbund in einer der Taschen, ertastet, ohne auf visuelles Feedback angewiesen zu sein, den Haustürschlüssel und benutzt diesen an der ersten zu öffnenden Tür: So auch diesmal, nur, dass die erste selbst aufzuschließende Tür die der Wohnung war, wozu der Hausschlüssel selbstverständlich nicht passte. Die freundliche Geste des Nachbarn hatte zwar zu einer Teilzielerreichung geführt, nicht aber dazu, dass er, wenn er üblicherweise den Hausflur betritt, wieder ohne visuelle Aufmerksamkeit aufzuwenden, den zweiten Schlüssel ertastet, um letztlich in die Wohnung zu gelangen.

Was ergab die systematische Rekonstruktion der fehlerhaften Handlungssequenz der Studentin?

Beispiel 2: Sie trägt normalerweise bei der abendlichen Rückkehr in ihre Wohnung das Fahrrad über eine Treppe neben der Haustür in den mit einem Schlüssel zu öffnenden Keller, schließt es dort an und geht genau ein Stockwerk nach oben zu ihrer Wohnung. An dem fraglichen Tag tat sie – was die Bewegung im Haus anbelangte – letztlich nichts anderes: Sie schloss die Tür, die ins Haus führt, auf, ging eine Treppe hoch und wähnte sich vor der Tür zu ihrer Wohnung.

In beiden Fällen war die Fehler auslösende „Psycho-Logik" das Zurückfallen in gewohnte Bahnen oder Gewohnheiten oder, anders formuliert, die fehlende Anpassung von Handlungsroutinen an veränderte Situationsbedingungen.

1.3 Fehlerdefinition und Abgrenzung von anderen Phänomenen

Wer im Humanbereich von Fehlern spricht, der spricht immer auch vom Handeln. Dabei kann es sich um die Ausführung unbewusster Motive oder willentlicher Vornahmen handeln. Es kann explizites oder auch implizites – momentan nicht verbalisierbares – Wissen zum Ausdruck kommen. Handeln wiederum kann sich auf Denk- oder Phantasietätigkeit beziehen, zumal Denken als Probehandeln und Phantasie als Probedenken aufgefasst werden können. Handeln hat allerdings immer mit Wahrnehmungs- und Verarbeitungsvorgängen, mit Gedächtnisleistungen und Erinnerungsprozessen und schließlich mit einer Ausführungsprozedur zu tun. Es ist sinnvoll, Handlungsprozesse nach ihrer Auftretenshäufigkeit einzuteilen: Erstmalige und seltene Handlungsausführungen können von Routinehandlungen und diese wiederum von Gewohnheiten bzw. Automatismen unterschieden werden. Während mit dieser Unterscheidung die *Performanzkomponenten* (*„was wir können"*; Volpert, 1992) des Handelns berücksichtigt werden, werden bei der Einteilung des zur Verfügung stehenden Wissens, der Nutzung von Informationsquellen und eventuellen Schlussfolgerungs- oder Entscheidungsprozessen die *Kompetenzanteile* (*„wie wir handeln"*; Volpert, 1992) des Handelns thematisiert. Zumindest so viel war an allgemeinpsychologischer Beschreibung notwendig, um nun den Fehler zu definieren und von anderen Phänomenen abzugrenzen.

Das allgemeinste, definitorische Bestimmungsstück war bereits mit dem Begriff der *Zielverfehlung* umschrieben. Insofern sind Fehler immer auch *unerwartete Ereignisse* innerhalb von Handlungsabläufen.

Wenn jedoch ein Kellner mit dem Ziel, uns ein Gericht zu servieren, über eine Teppichkante stolpert und sich die Bestellung über Tisch und Gast ergießt, dann müssen wir von einer *Handlungsstörung* und nicht von einer fehler- oder irrtumsbedingten Zielverfehlung sprechen (vgl. Tab. 1). Wenn wir andererseits jemanden beobachten, der vor einer Hotelzimmertür mit einem Schlüssel im Kartenformat mehrere Male vergeblich versucht, die Tür zu öffnen, so handelt es sich u. U. ebenfalls weder um einen Fehler noch um einen Irrtum, sondern um eine bewusst durchgeführte *„Trial-and-error"-Sequenz*, eine Sequenz, die begonnen wird, weil der zielführende Gebrauch des Kartenschlüssels nicht be-

Tabelle 1:
Begriffsdefinitionen und Beispiele

Begriff	Definition	Beispiel
Fehler	Zielverfehlung bzw. Eintreten eines unerwarteten Ereignisses trotz vorhandenen Wissens und Könnens.	Kaffeemaschine in Betrieb gesetzt, ohne zuvor Kaffeepulver in den Filter gefüllt zu haben.
Irrtum	Fürwahrhalten des Falschen, bedingt durch Unkenntnis von Tatsachen, die für die richtige Erkenntnis von wesentlicher Bedeutung gewesen wären.	Christoph Columbus glaubte, in Indien gelandet zu sein, obwohl er Amerika entdeckt hatte.
Handlungs-störung	Zielverfehlung bzw. Unterbrechung des Handlungsverlaufs aufgrund unerwarteter, jedoch nicht antizipierbarer situativer Veränderung.	Ausrutschen auf einer Bananenschale.
Versuch und Irrtum	Bewusstes (systematisch variiertes, feedbackverarbeitendes) Handeln trotz fehlenden Wissens zur Zielerreichung.	Die Seiten eines „Kartenformat-schlüssels“ so oft variieren, bis sich die Tür öffnet.
Täuschung, Fälschung	Mit Bewusstsein ausgeführte Handlung, die die Absichtslosigkeit eines Fehlers vortäuscht.	Bewusst in eine Zahlkarte statt 100,00 Euro 1,00 Euro eingetragen.

kannt ist und beendet wird, wenn sich nach systematischer Variation der (Fehl-) Versuche die Tür öffnet.

Weiter muss der Irrtum abgegrenzt werden. Die Handlungsstörung, eine „Versuch und Irrtum“-Sequenz oder die Täuschung sind Ereignisse, bei denen wir definitionsgemäß davon ausgehen, dass es sich um kontingente Einflüsse, um systematisches Ausprobieren oder um eine bewusste Manipulation handelt, die zur Zielverfehlung führen und deren Vermeidung nicht zur systematisch erworbenen Kompetenz von Handelnden gehört. Dies ist beim Irrtum anders: Als Columbus seinerzeit mit aktuellen Seekarten ausgestattet aufbrach, um eine neue Route in den fernen Osten zu finden, hatte er, als er landete, keinen Grund, dieses nicht Westindien zu nennen. Bei dieser ersten Benennung des neu entdeckten Landes muss berücksichtigt werden, dass sowohl Columbus als auch jene, die die Seekarten anfertigten, über ein unzureichendes geografisches Weltbild und damit über unzureichendes Wissen (vgl. Tab. 1) verfügten. Wir sprechen deshalb heute von einem Irrtum und haben es mit der Entdeckung Amerikas zu tun. Offen bleibt die Frage, welchen vergleichbaren Irrtümern unser aktuelles Weltbild unterliegen mag.

Verwechselt jedoch jemand, ausgestattet mit Wissen und Performanz, rechts mit links und verfehlt dadurch sein Ziel, so definieren wir diesen Vorgang als Fehler: eine *Zielverfehlung wider besseren Wissens und Könnens*. Die so getroffene Unterscheidung zwischen Fehler und Irrtum wird sowohl in der Literatur als auch in der Alltagskommunikation wenig berücksichtigt. Dies ist deshalb verwunderlich, weil bereits die Sprache einen deutlichen sprachlogischen Unterschied aufweist: *Man befand sich im Irrtum*, aber *man macht einen Fehler*. Der Irrtum kennt kein Präsens, der Fehler hingegen taucht im Fluss des Handelns auf. Die Aussage: „Ich *begehe* jetzt einen Irrtum" würde bedeuten, über das zur Zielerreichung notwendige Wissen oder die Richtigkeit der Handlungsausführung zu verfügen, diese Kompetenz und Performanz jedoch nicht zu nutzen. In der Lüge kommt diese Kommunikationsform zum Ausdruck, wobei gilt, dass diese nicht angekündigt, sondern von Dritten nachgewiesen oder aufgrund moralischer Einsicht unterlassen oder nachträglich eingestanden werden sollte.

Um die Unterscheidung zwischen Fehler und Irrtum weiter zu charakterisieren, kann hervorgehoben werden, dass die Zielverfehlung im Falle des Irrtums u. U. von dem Handelnden weder bemerkt noch in eine korrekte Zielerreichung (der Überwindung der Wissenslücke) gelenkt werden kann. Definitionsgemäß sollte hingegen die Wahrnehmung eines Fehlers (s. die oben diskutierten Fehlerbeispiele) für die Handelnden kein Problem darstellen, sobald einmal eine sich aus den Fehlern ergebende Handlungsbarriere erreicht wurde.

Wenn zur Fehlercharakterisierung hervorgehoben wurde, dass es sich beim Fehler um eigentliche Zielverfehlungen handelt, so muss doch gleichzeitig darauf verwiesen werden, dass es sich letztlich immer auch um eine, wenn auch nicht intendierte Zielerreichung handelt. Damit kommt zum Ausdruck, dass Handlungsprozesse, auch wenn sie ins Stocken geraten, Umwege, Wiederholungen oder Korrekturen aufweisen, gerade nicht zu Handlungsabbrüchen und damit zu einer Resultatvermeidung führen. Unter Umständen fällt uns zwar nicht der richtige Name, sondern ein anderer ein, aber uns fällt nicht gar kein Name ein. Auf die Frage von Dekker (2002, S. 113) „if you lose situation awareness, what replace it?" gibt der Autor selbst eine für die Fehlerforschung geradezu paradigmatische Antwort: „there is no such thing as a mental vacuum". Dem ist hinzuzufügen, dass im Fehlerfall, so er nicht bemerkt wird, ein „Bewusstsein der Fehlerlosigkeit" (Sigmar, 1925, S. 136) herrscht oder dass das „Bewusstsein der Richtigkeit" (Ach, 1910, S. 264) keinesfalls immer der Wirklichkeit entspricht.

Nachdem die Definitionen und Abgrenzungen vorgenommen wurden, soll noch auf das Problem der Zuordnung von unerwarteten Ereignissen zu möglichen Fehlertypen oder -klassen hingewiesen werden: Selbst wenn es sich bei den beiden Eingangsbeispielen um Verwechslungen (von Schlüssel bzw. Stockwerk) gehandelt hat, so ist, will man die „Psycho-Logik des Fehlers" verstehen, danach zu fragen, was zu der jeweiligen Verwechslung geführt hat; war es Ermüdung, fehlende Informationsauswertung, mangelnde Aufmerksamkeit oder eben ein gewohnheitsbedingtes Handeln? Wie auch immer: wir wollen auf die Unterscheidung zwischen *Fehlerart* und *Fehlerform* aufmerksam machen und damit eine Möglichkeit zur qualitativen Differenzierung von Fehlern anbieten. Auf Weimer (1925) geht die Auseinandersetzung um die Differenz zwischen Fehler und Irrtum zurück, und er ist es auch, der die Einteilung in *Fehlerformen* und *-arten* begründete: Interferenzen, Auslassungsfehler oder Verwechslungen etc. sagen uns nach seiner Auffassung

> [...] wertvolles über die äußere Erscheinung, wenig aber über die zugrunde liegenden seelischen Vorgänge. [...] Wichtiger ist es für uns, die seelischen Geschehnisse festzustellen, die den verschiedenen Handlungen zugrunde liegen. Sie wechseln durchaus nicht immer mit der äußeren Form; vielmehr kann ein und derselbe seelische Vorgang sich in verschiedenen Fehlererscheinungen kundgeben, und umgekehrt können äußerlich ganz gleiche Fehlhandlungen verschiedene psychische Wurzeln haben. (Weimer, S. 9)

Fehlerformen (man könnte auch von Bezeichnungen sprechen) zeigen uns die Buntheit der Möglichkeiten auf, *Fehlerarten* (oder Fehlerquellen) hingegen versuchen die psychologischen Vorgänge zu beschreiben, die der Zielverfehlung zugrunde liegen. Weimer zählte hierzu Perseverationen, Ähnlichkeits- und Geläufigkeitsfehler, Kontaminationen sowie gefühls- und willensbedingte Fehler.

Nach dieser Begriffsarbeit wenden wir uns nun den verschiedenen Forschungssträngen zu.

1.4 Zugänge und Methoden der psychologischen Fehlerforschung

Die Fehlerforschung hat eine lange Tradition, begegnet uns in vielen psychologischen Teildisziplinen und war sehr früh auch interdisziplinär ausgerichtet. Die verschiedenen Zugänge zur Fehlerforschung sollen hier gruppiert und innerhalb einer Gruppe an einem Beispiel illustriert werden:

1. Einen frühen Schwerpunkt der Fehlerforschung bildete die Analyse von *Fehlleistungen* mit dem Ziel, unbewusste Motive aufdecken und verstehen zu wollen. Hierunter sind die psychoanalytischen Arbeiten von Freud (1904) zu subsumieren, wobei es eine ganze Reihe weiterer Autoren gibt, die sich bei der Bemühung um eine tiefenpsychologische Theoriebildung den Fehlleistungen zuwandten (s. etwa Eichelberg, 1936; Federn, 1933).
   In der „Psychopathologie des Alltagslebens" von Freud (1904) wird die legendär gewordene „Freud'sche Fehlleistung" als ein *voll gültiger psychischer Akt*

begriffen und dies wie folgt begründet: „Gewisse Unzulänglichkeiten unserer psychischen Leistungen (...) und gewisse absichtslos erscheinende Verrichtungen erweisen sich, wenn man das Verfahren der psychoanalytischen Untersuchung auf sie anwendet, als wohl motiviert und durch dem Bewusstsein unbekannte Motive determiniert" (S. 189, im Original gesperrt).
In der akademischen Psychologie werden sowohl die Erkenntnisse als auch die Erkenntnisquellen dieser Richtung höchstens kritisiert (s. etwa Eysenck, 1985; Timpanaro, 1976), ansonsten aber wird die Kategorie des Unbewussten nicht erforscht. Dies erfolgt so umfassend und so gründlich, dass es lohnen würde, den Vorgang zumindest aus der Irrtumsperspektive näher zu betrachten.

2. Fehlerereignisse wurden und werden analysiert, um äußerlich nicht beobachtbare psychische (Regulations-)Prozesse des Erinnerns (Ranschburg, 1911), des Handelns bzw. Denkens zu erkennen und zu modellieren. Der Prozess der Gewohnheitsbildung (Münsterberg, 1892; Schwarz, 1927, 1933; Wehner & Mehl, 1986) oder die Analyse von Problemlösestrategien (Dörner, 1999; Kluwe, 1990) gehören in diese Forschungsstrategie. Verschiedene Studien zur Handlungsregulationstheorie sind seit den 1980er Jahren noch hinzuzufügen (s. etwa Frese & Zapf, 1991; Hacker, 1986).
Mit der griffigen Aussage: *„Errors are the window to the mind"* fasst Norman (1981) diese Forschungsposition treffend zusammen. Bereits in den 30er Jahren des 20. Jahrhunderts bringt die Lewin'sche Handlungs- und Affektpsychologie mehrere zentrale Arbeiten hervor (s. etwa Birenbaum, 1930; Ovsiankina, 1928; Schwarz, 1927, 1933). Von besonderem Interesse sind diese Arbeiten u. a. deshalb, weil sie Affekte als direkt handlungssteuernd und damit auch als Fehler verursachend ansehen und emotionale Aspekte weiterfassen, als in ihnen nur eine unerwünschte Folge von Fehlern (s. etwa Brodbeck, Zapf, Prümper & Frese, 1993) zu sehen. Auch ist die gestalttheoretische Auseinandersetzung mit dem denkenden Problemlösen ohne die intensive Auseinandersetzung mit introspektiv analysierten, im Feld beobachteten oder experimentell erzeugten Fehlern nicht denkbar (s. etwa Duncker, 1935; Koffka, 1935; Köhler, 1917; Luchins & Luchins, 1950). Ganz sicher werden die konzeptionellen Arbeiten von Reason (1990) heute breit rezipiert und sowohl in der Medizin als auch in der Luftfahrt (s. u.) und anderen Arbeitsfeldern angewendet.

3. Fehlerforschung wurde immer auch dort betrieben, wo komplexe Vermittlungs- bzw. Aneignungsprozesse von Kulturtechniken stattfinden. Beim Erwerb des Sprechens (Paul, 1880; Rossipal, 1973), Schreibens (Offner, 1896; Svartvik, 1973) und des Rechnens (Hylla, 1916a, b; Radatz, 1980) finden sich seit den 1880er Jahren (Meringer & Meyer, 1895) bis heute (Althof, 1999) Studien zur psychologischen, pädagogischen, curricularen oder methodisch-didaktischen Fehlerforschung (s. auch die Arbeit von Weingardt, 2004).
Letztlich war es die Sprachforschung, die zum Ende des 19. Jahrhunderts (von einer interessanten Arbeit von Goethe aus dem Jahre 1820 einmal ab-

gesehen) die wissenschaftliche Fehlerforschung begründete: Sprachwandel (s. etwa Paul, 1880) ist nur erklärbar, indem Sprechende (wegen Artikulationserleichterungen etwa) vom „Usus“ abweichen und sich die daraus ergebenden, ursprünglich fehlerhaften Sprachformen (Lautverschiebung, Dissimilation etc.) als „brauchbarer“ erweisen und letztlich durchsetzen: „Jede Neuerung der Sprache (...) wollen wir als Abänderung bezeichnen im Gegensatze zu den (...) constitutionellen Weiterbildungen. Jede derartige Abänderung war nun ursprünglich fehlerhaft“ (v. d. Gabelentz, 1891, S. 428).

4. Neben dem eher ursachenanalytischen Vorgehen wurde und wird angewandte Fehlerforschung zunehmend betrieben, um die menschliche Zuverlässigkeit abzuschätzen oder im Rahmen von Arbeitstätigkeiten (für die Büroarbeit und Softwareentwicklung s. etwa Frese & Zapf, 1991) die Leistungsgüte zu optimieren. Grundlage für diese auf Häufigkeiten beruhenden Ansätze sind Daten, die meist auf Schätzungen von Experten, auf Simulator-, Feld- oder auf Experimentalstudien zurückgreifen. Eine neue Perspektive hierzu bietet die psychologisch, soziologische Arbeit von Wallace und Ross (2006).
   In einer Überblicksarbeit (Stanton, Salmon, Walker, Barber & Jenkins, 2005) werden die vorliegenden Methoden der sog. Zuverlässigkeitsforschung aufgelistet und breit beschrieben. Es finden sich z. B. *klassifikationsorientierte Ansätze*, die versuchen, auf der Basis von hierarchischen Aufgabenanalysen zu beschreiben, welche Fehler bei welchem Prozessschritt auftreten können und wie sich diese auswirken könnten. Hierzu zählen sie u. a. den *Systematic Human Error and Prediction Approach* (SHERPA) (Embrey, 1986), den *Human Error Template* (HET) (Marshall et al., 2003) und die *Cognitive Reliability and Error Analysis Method* (CREAM) (Hollnagel, 1998).
5. *Ansätze zur Fehleridentifizierung* erarbeiten auf einer heuristischen Basis Handlungs- und Analysevorschläge, mittels derer identifiziert werden kann, welche Fehler sich prinzipiell ereignen könnten und wie sich diese dann im System auswirken würden. Genannt werden hierbei z. B. das *Human Error Identification in Systems Tool I* (HEIST) (Kirwan, 1994) oder die *Technique for Human Error Assessment* (THEA) (Pocock, Harrison, Wright & Johnson, 2001). Weiter kann hier die *Failure Modes and Effects Analysis* (FMEA) (Willis, 1992) genannt werden.
6. *Fehlerquantifizierungsversuche* zielen im Sinne einer probabilistischen Sicherheitseinschätzung darauf ab, anhand von Fehlerwahrscheinlichkeiten einzelner Systemelemente, die zu einer Gesamtfehlerwahrscheinlichkeit verrechnet werden, die Sicherheit von Systemen einzuschätzen. Hierzu zählen die *Technique for Human Error Rate Prediction* (THERP) (Swain & Guttman, 1983) sowie die *Success-Likelihood Index Methodology* (SLIM MAUD) (Embrey, Humphreys, Rosa, Kirwan & Rea, 1984).
7. Mit *Beobachtungsmethoden* wird in unterschiedlichen Domänen versucht, das potenzielle oder tatsächliche Fehleraufkommen zu beobachten (Chisholm, Collison, Nelson & Cordell, 2000; Dismukes, Young & Sumwalt,

1998; Helmreich, Wilhelm, Gregorich & Chidester, 1990). Weitet man den Fokus von der Fremd- zur Selbsteinschätzung aus, so lassen sich hierunter auch verschiedene Diagnoseinstrumente zuordnen (s. Rybowiak, Garst, Frese & Batinic, 1999).

Die zuletzt beschriebenen Ansätze haben durch den Systemfokus notwendigerweise eine Schwäche, wenn es darum geht, Fehler auslösende Bedingungen herauszuarbeiten. Auch wenn Fehler bzw. Unfälle multikausal verursacht sind, so sind dennoch situative, kontextuelle *und* personale Aspekte für die Frage relevant, warum es einmal zu einem unerwünschten Ereignis kommt, ein anderes Mal aber nicht. Hier können letztlich nur Hypothesen prüfende Methoden weiterführen.

Es konnte nicht ausbleiben, dass auch das MRI Einzug in die Fehlerforschung hielt. In einer Arbeit von Eichele et al. (2007) verspricht der Titel *(„Prediction of human errors by maladaptive changes in event-related brain networks")* mehr, als der untersuchte Gegenstand hergibt: Monotone Tätigkeiten ohne kontextuelle Bezüge wurden untersucht und folglich Aufmersamkeitsdefizite oder Vigilanzprobleme beschrieben: Die „Human Error" Forschung ist weiter. Sie bezieht den Kontext des Auftrags, die Kompetenz des Handelnden und auch die systemischen oder organisationalen Bedingungen bei der Analyse, Vorhersage und Überwindung von Fehlern mit ein.

2 *Fehler des Prospective Memory als Beispiel der Fehlerbetrachtung*

Wir konzentrieren uns im Folgenden auf (Auslassungs-)Fehler bei der Ausführung von vorgenommenen Handlungen. In der Literatur werden sie unter der Bezeichnung Fehler des *Prospective Memory (PM)* abgehandelt. Handelnde „verpassen" dabei die vorgenommene Handlung, wenn es Gelegenheit gegeben hätte, sie auszuführen. Frühe Arbeiten behandelten diesen Fehler als das *Vergessen einer Vornahme* (Birenbaum, 1930) oder die *Wiederaufnahme unterbrochener Handlungen* (Ovsiankina, 1928). Beispiele hierfür sind die am Morgen auf dem Weg zur Arbeit gefasste Intention, auf dem Heimweg am Abend noch ein Brot zu kaufen, die Vornahme, nächstes Jahr nicht wieder den Geburtstag eines Freundes zu vergessen oder die Intention, einem Patienten später, vor Operationsbeginn, noch ein Antibiotikum zu verabreichen.

Die Auswahl gerade dieser Fehlerart für dieses Kapitel ist in mehrfacher Hinsicht begründet: Sie hat einen hohen lebensweltlichen Bezug. Die Anforderungen an das PM und damit verbundene Fehlleistungsgelegenheiten sind im heutigen Arbeitsalltag eher die Regel als die Ausnahme. Selbst bei etablierten *Standard Operating Procedures* haben Arbeitsaufträge und Vornahmen *günstige*

Gelegenheiten für ihre Ausführung oder können oftmals, z. B. aufgrund situativer Umstände, nicht unmittelbar durchgeführt werden. Gerade solche seltenen Abweichungen stellen dann besondere Herausforderungen an das Prospective Memory.

2.1 Eine genauere Bestimmung der Fehlerart

Obwohl verschiedene Autoren (s. etwa Crowder, 1996; Dobbs & Reeves, 1996) betonen, dass der Begriff „Prospective Memory" durch die Einschränkung auf *„Memory"* nicht unproblematisch ist, da es sich eigentlich um das Zusammenspiel verschiedener kognitiver und emotionaler Prozesse handelt, wenn Intentionen umgesetzt oder eben nicht umgesetzt werden, verwenden wir den Begriff mit Hinweis auf diese Kritik weiter.

Mit dem Begriff „Prospective Memory" werden zusammenfassend kognitive Prozesse bezeichnet, die es ermöglichen, eine gefasste, momentan jedoch nicht realisierbare Intention zur passenden Gelegenheit in die Tat umzusetzen, ohne dass hierzu eine explizite erneute Aufforderung erfolgt. Die Gründe für die Verzögerung können unterschiedlichster Natur sein. Passende Gelegenheiten lassen sich in zeit-, ereignis- oder aktivitätsbasierte Gelegenheiten einteilen. Ein *PM-Fehler* tritt auf, wenn eine intendierte Handlung nicht innerhalb der ihr zugehörigen passenden Ausführungsgelegenheit, ihrem „window of opportunity" (Harris & Wilkins, 1982) umgesetzt wird. Die *Definition einer passenden Ausführungsgelegenheit* ist durchaus nicht trivial, da ihre Grenzen oftmals nicht scharf gefasst werden können. Beginn und Ende sind meist sozial- und konventionsbedingt zu beschreiben. Cockburn (1996) führt dazu unter Rückgriff auf Winograd aus: „if retrospective memory fails, the memory is seen as unreliable, but if prospective memory fails, the person is seen as unreliable" (S. 307).

2.1.1 Handlungsmodell des Prospective Memory

Entsprechend unserer Aussage, dass, wer von Fehlern spricht, immer auch das Handeln thematisiert, werden für die Erklärung von PM-Fehlern immer auch Handlungsmodelle zugrunde gelegt. In der PM-Forschung hat sich weitgehend ein Phasenmodell (s. etwa Ellis, 1996) durchgesetzt, um die Fehlerart zu beschreiben. Abbildung 1 zeigt einen Zyklus eines (erfolgreichen) PM-Prozesses. Bei der *Enkodierung* wird eine Handlungsintention, bestehend aus drei Komponenten, gefasst: Neben der eigentlichen Intention, zu einem späteren Zeitpunkt etwas zu tun *(Dass-Komponente)*, wird prozessiert, was getan werden soll *(Was-Komponente)* und wie die passende Gelegenheit definiert ist, zu der die Intention umgesetzt werden kann *(Wann-Komponente)*.

Beispiel: Wenn ich einem Patienten begegne (Dass-Komponente), *der allergisch auf Penicillin reagiert* (Wann-Komponente), *muss ich bei einer Operation ein anderes Antibiotikum verabreichen als Penicillin* (Was-Komponente).

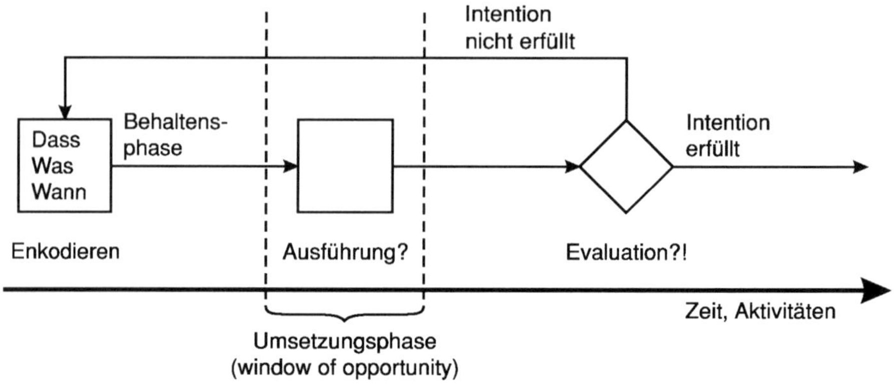

Abbildung 1:
Zyklus einer Prospective Memory-Leistung

2.1.2 Intention als Schlüsselpunkt der Prospective Memory-Forschung

Anhand der Abbildung 1 werden Aspekte deutlich, die bei der Erforschung von Fehlleistungen des PM bedeutsam sind: Wird eine Intention gefasst (enkodiert), muss sie während der Behaltensphase (mehr oder weniger bewusst) im Gedächtnis behalten werden. Verschiedene Studien weisen darauf hin, dass die Dauer dieses Zwischenintervalls keinen eindeutigen Einfluss auf die erfolgreiche Umsetzung von Intentionen hat (vgl. z. B. Hicks, Marsh & Russell, 2000; Kvavilashvili & Ellis, 1996). Im Weiteren ist dann fraglich, ob die Intention innerhalb ihres passenden *windows of opportunity* tatsächlich umgesetzt wird. Schließlich ist unklar, ob tatsächlich für jede Intention die Evaluationsphase durchlaufen wird; insbesondere in den Fällen, in denen die Intention nicht umgesetzt wird. Es ist hier auch die Frage zu stellen, wer die Initiative für die Evaluation des Ergebnisses übernimmt. Nicht immer ist es die handelnde Person selbst. Möglicherweise erinnert uns ein Freund an den vergessenen Geburtstag der gemeinsamen Freundin.

Ohne eine Aussage über die Intention(en) einer Person sind (Fehl-)Leistungen des PM nicht zu beurteilen, da sie als solche von „außen“ nicht beobachtbar sind. Dies haben PM-Fehler mit anderen Fehlerformen gemeinsam: Es ist zu fragen, welcher innerpsychische Prozess dazu führte, dass die Intention nicht ausgeführt wurde. War es die Aufmerksamkeit, die versagte, sodass die Ausführungsgelegenheit verpasst wurde? War es das Gedächtnis, aus dem die Was-Komponente der Intention verschwand? Die Analyse des PM-Prozesses hängt davon ab, detailliert zu verstehen, was aus der Intention geworden ist. Hierzu dürfte es methodisch unabdingbar sein, sich intensiv mit dem Einzelfall zu befassen und dabei die subjektive Perspektive der Handelnden mit einzubeziehen. Letztlich geht es also um die Frage, welcher psychische Prozess der konkreten Fehlerform zugrunde lag, aus welcher Fehlerart sie also hervorgegangen ist.

2.2 Prospective Memory in der Forschung

In der gut siebzigjährigen Tradition in der Auseinandersetzung mit „Prospective Memory“ haben sich verschiedenste Forschungsschwerpunkte herausgebildet, wobei gilt, dass die PM-Forschung nur in den seltensten Fällen (s. etwa Dismukes et al., 1998) eine arbeits- oder gar organisationspsychologische Perspektive einnimmt und die lange Tradition vielen Gruppen nicht bewusst ist (oder sie mindestens in den eigenen Arbeiten nicht auf diese Tradition eingehen).

Beim Versuch, die Ergebnisse der Forschungsstränge (s. Brandimonte, Einstein & McDaniel, 1996) zu integrieren, stößt man immer wieder auf uneindeutige Befunde, z. B. bei den verschiedenen (kognitiven) Einflussfaktoren. Insbesondere für die Anwendungsperspektive lassen sich nicht ohne Weiteres direkte Handlungsanweisungen ableiten, da die Generalisierbarkeit der oftmals im Labor erhobenen Befunde auf die komplexer werdenden betrieblichen Lebenswelten problematisch erscheint und es damit heute noch deutlich an ökologischer Validität (s. Bronfenbrenner, 1979) fehlt.

Anwendungsperspektive und Prävention

Besonders aus einer Anwendungsperspektive heraus ist es wichtig zu untersuchen, wie sich Fehlleistungen des PM reduzieren lassen. Grundsätzlich können *internale* von *externalen* Strategien des Umgangs unterschieden werden (vgl. z. B. Schaefer & Laing, 2000). Bei internalen Strategien wird versucht, die Verarbeitungstiefe von Intentionen zu verbessern und somit die Wahrscheinlichkeit zu erhöhen, dass diese während des *windows of opportunity* aktiviert und umgesetzt werden. In Bezug auf externale Strategien, die Leistung des PM zu erhöhen, werden z. B. Versuche genannt, sich von anderen Personen an die Umsetzung der Intention erinnern zu lassen. Schaefer und Laing (2000) weisen in diesem Zusammenhang darauf hin, dass diese Strategie immer dann zu besonderen Problemen führt, wenn die Personen, die um die Erinnerung gebeten wurden, diese selbst vergessen. Ebenfalls im Zusammenhang mit externalen Strategien werden die Wirkungen von elektronischen Erinnerungssystemen untersucht (s. etwa Oriani, Moniz-Cook, Binetti, Zanieri, Frisoni, Geroldi, de Vreese & Zanetti, 2003).

2.3 Methodische Herangehensweisen

Die Komplexität von (Fehl-)Leistungen des PM spiegelt sich in der Bandbreite der Forschungsansätze wider, mit denen das Phänomen untersucht wurde. Grundsätzlich lässt sich unterscheiden zwischen

- sog. „naturalistischen" Designs, bei denen alltagsnahe prospektive Aufgaben gestellt werden (s. etwa Ceci & Bronfenbrenner, 1985; Meacham & Leiman, 1982),
- Fragebogenstudien (s. etwa Hannon, Adam, Harrington, Fries-Dias & Gipson, 1995),
- neuropsychologisch orientierten Studien (s. etwa Bisiacchi, 1996) und
- laborexperimenteller Forschung.

Innerhalb der laborexperimentellen Studien sind drei große Paradigmen der PM-Forschung abzugrenzen. Historisch betrachtet arbeitete die Gruppe um Kurt Lewin (vgl. Birenbaum, 1930; Ovsiankina, 1928) mit dem sog. U-C-Test. Versuchsteilnehmer wurden gebeten, eine Reihe von Aufgaben durchzuführen, wobei die Durchführung einiger dieser Aufgaben unterbrochen wurde, während die anderen bis zum Ende bearbeitet wurden. Im U-C-Test werden die unterbrochenen und beendeten Aufgaben in Bezug gesetzt. In neuerer Zeit folgen viele (quasi) experimentelle Studien entweder dem *Einstein-McDaniel-Paradigma* (Einstein & McDaniel, 1990) oder dem *Goschke-Kuhl-Paradigma* (z. B. Goschke & Kuhl, 1996).

Die Grundidee des Einstein-McDaniel-Paradigmas ist, den Versuchsteilnehmern eine Aufgabe zu stellen, die kontinuierlich zu bearbeiten ist. Zusätzlich werden sie instruiert, zu bestimmten Gelegenheiten, die ereignis-, zeit- oder aktivitätsbasiert sein können, eine weitere Aufgabe zu bearbeiten. So baten z. B. Einstein und McDaniel (1990) ihre Versuchsteilnehmer, kontinuierlich Wortlisten zu erstellen. Die PM-Aufgabe bestand darin, immer dann einen Knopf zu drücken, wenn Wörter einer bestimmten Art auf der Liste auftauchten.

Das Goschke-Kuhl-Paradigma setzt auf den sog. „Intention Superiority-Effekt" (Goschke & Kuhl, 1996), nachdem nicht erledigte Intentionen mit höherer Energie im Gedächtnis gehalten werden. Das Paradigma ist reaktionszeitenbasiert und besteht nun darin, durch Instruktionen für zu erledigende Aufgaben Intentionen zu setzen. Die Intentionen unterscheiden sich anhand ihrer Ausführungsrelevanz. Manche der Aufgaben werden so instruiert, dass sie später tatsächlich ausgeführt werden sollen, während andere Aufgaben nur durch Beobachtung zu erledigen sind. Im weiteren Verlauf der Untersuchungen werden den Studienteilnehmern dann einzelne Wörter vorgelegt, und sie sollen entscheiden, ob diese einen Bezug zu den gestellten Aufgaben haben oder nicht. Es zeigt sich in der Regel, dass die Wörter, die Bezug zu einer handlungsrelevanten Instruktion haben, schneller zugeordnet werden können als Wörter, die mit einer rein auf Beobachtung basierenden Intention verbunden sind.

2.4 Probleme bei der Erforschung von Fehlleistungen des PM

Besonderheiten bei der Erforschung von Fehlleistungen des PM ergeben sich aus definitorischen Schwierigkeiten. So ist, wie oben beschrieben, nicht leicht zu entscheiden, ob eine Fehlleistung tatsächlich auf das PM oder auf eine bewusste, aber falsche Entscheidung, letztlich einem Irrtum, zurückzuführen ist. Gerade unter Studienbedingungen ist es nicht leicht zu entscheiden, ob durch den Versuchsleiter gesetzte Instruktionen tatsächlich auch als persönliche Intentionen *redefiniert* werden. Es gibt deutliche Hinweise darauf, dass die Erforschung von Fehlleistungen des PM stark von Artefakten belastet ist, die sich aus den Forschungssituationen selbst ergeben. So zeigt sich z. B. in der entwicklungspsychologischen Forschung bei älteren Menschen ein paradox anmutender Effekt. Während ältere Menschen jüngeren Menschen in Bezug auf die Leistung ihres PM im Labor oftmals unterlegen sind, sind sie unter den Bedingungen des Alltags oftmals überlegen. Dies wird mit ordnenden und strukturierenden Handlungsbezügen erklärt, die im Alltag gelebt, aber im Labor nicht aufrechterhalten werden (Rendell & Craik, 2000). Ein weiteres Problem der Untersuchung von Fehlleistungen des PM ergibt sich dadurch, dass zu Studienzwecken die Ausführungsgelegenheit schärfer definiert werden muss, als es im Alltagshandeln der Fall ist. Die zuletzt genannten Aspekte machen erneut deutlich, dass die Forschung zu Prospective Memory meist wenig ökologisch valide ist. Gerade Simulatoren bieten hier, z. B. in der Medizin, hervorragende Möglichkeiten, diesem Schwachpunkt zu begegnen (Dieckmann, Reddersen, Wehner & Rall, 2006).

3 Fehlhandlungen auf dem Gebiet der Luftfahrt

Der Bereich der Luftfahrt gehört zu den Handlungsfeldern, bei denen Fehler katastrophale Folgen haben können. In der vorliegenden Literatur steht folglich der enge Zusammenhang mit Unfallereignissen im Mittelpunkt (vgl. Strauch, 2002). Da es der Luftfahrt in den zurückliegenden 100 Jahren gelungen ist, die Relation zwischen Unfällen und Starts von etwa 1 : 80 auf 1 : 1.000.000 zu verbessern, eignet sich dieser Bereich zudem besonders, um präventiven Maßnahmen zur Vermeidung kritischer Ereignisse nachzugehen. Zugleich gehen jedoch Expertenschätzungen von einer Verdreifachung des Flugaufkommens in den nächsten Jahrzehnten aus und fordern Bemühungen um eine Reduzierung der heutigen Unfallraten um 50 % bis 65 %, um auf diesem Wege einer dramatischen Steigerung der absoluten Unfallzahlen entgegenzuwirken.

Von Beginn an war der Bereich der Luftfahrt durch besondere Bemühungen gekennzeichnet, aus Fehlern, gleich ob technischer oder menschlicher Art, zu lernen. Früh erkannte man die Bedeutung von Analysen der Pilot-Flugzeug-Interaktionen und daran anknüpfende Optimierungen des Equipment-Designs (Meister, 1966). In der Folge wurden Instrumentierungen, fliegerische Verfahrensweisen, Ausbildungs- und Trainingsanforderungen in hohem Grade auf internationaler Ebene systematisch optimiert und standardisiert. Parallel dazu etablierte man Systeme, die international alle Unfälle und Zwischenfälle von Luftfahrzeugen erfassen und dokumentieren, bei denen eine Person tödlich verletzt wird oder ein schwerer Personen- oder Sachschaden entsteht. Veröffentlicht werden die abschließenden Berichte durch nationale Behörden. Daneben existieren Meldesysteme für Beinaheunfälle und Zwischenfälle (s. etwa: ASRS, Aviation Safety Reporting System). Da diese Berichte in Pilotenkreisen breit rezipiert werden, entfaltet allein ihre Publikation eine sensibilisierende, präventive Wirkung. Finden sich in diesen Berichten Hinweise auf generelle Mängel, so werden umgehend Verhaltens- oder Ausrüstungsänderungen vorgeschrieben. So lautete beispielsweise die ursprüngliche Phraseologie im Sprechfunkverkehr zur Erteilung einer Freigabe in allen Situationen: „cleared for/to …". Aufgrund von Unfällen und Hinweisen auf mögliche Verwechslungen wurde diese Redewendung zwischenzeitlich ausschließlich auf Freigaben zum Start und zur Landung beschränkt. Alle anderen Freigaben lauten seitdem weltweit: „approved to …". Das Beispiel zeigt exemplarisch die typische Umgangsweise gegenüber Handlungsfehlern mit einem erkennbaren Risikopotenzial. Im Vordergrund stehen Bemühungen, das zukünftige Auftreten solcher Fehler wirkungsvoll zu verhindern oder fehlerhafte Handlungsverläufe rasch zu stoppen. Prominent veranschaulicht diese Strategie das sog. „Swiss cheese model" von Reason (1990). Reason geht von einer multikausalen Verursachung von Unfällen aus und plädiert für die Einrichtung von gestaffelt hintereinander aufgebauten Schutzsystemen. Analytisch ist dabei zu prüfen, ob unvermeidbare „Löcher" in diesen Schutzsystemen nicht so angeordnet sein können, dass im kritischen Fall der Handlungsfluss durch keines der Schutzsysteme gestoppt wird (vgl. Abb. 2 und vgl. dazu Hollnagel, 2004).

Ein wichtiges Element dieser Strategie bilden, neben dem Einsatz technischer Systeme, die umfangreich zur Verfügung stehenden und ritualisiert von beiden Piloten gemeinsam zu bearbeitenden Checklisten. Zweifellos konnten nicht

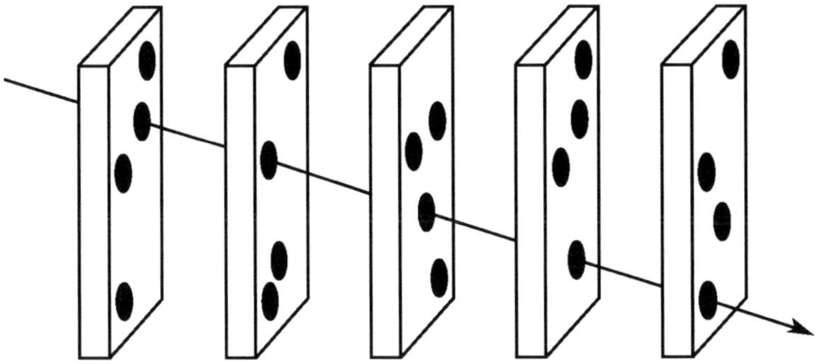

Abbildung 2:
„Swiss Cheese Model" nach Reason (1990)

zuletzt auf diese Weise wirkungsvolle Schutzmechanismen gegenüber Fehlern etabliert werden – auch wenn gelegentlich solche Mechanismen das Einleiten Gefahr abwehrender Handlungen durch die Crews verhinderten und so selbst zu einem Unfallauslöser wurden (s. etwa den Unfall eines AIRBUS A 320 in Warschau; Höhl & Ladkin, 1997). Doch auch auf dem Gebiet der Luftfahrt gibt es Bereiche, die sich nicht durch technische oder andere Maßnahmen vor brisanten Folgen menschlicher Handlungsfehler abschotten lassen. So muss beispielsweise bei der Landung einzig und allein der Pilot innerhalb eines sehr engen Zeitfensters die Entscheidung fällen: Landen oder durchstarten? Unfallanalysen der letzten Jahrzehnte zeigen nun, dass fehlerhafte Handlungen vom Typ „failed to establish and maintain stabilized approach (or perform a go-around)" zwischen 70 % und 80 % der Geschehnisse ausmachen. Damit, so scheint es, haben die geschilderten Konzepte einer Verhinderung oder Blockade durch die zur Zeit zu Verfügung stehenden Möglichkeiten in bestimmten Bereichen ihre Grenzen erreicht, und sichtbar wird ein „altes" Problem, das Wiegmann und Shapell (2003) so formulieren: „A limitation of Reason's model, however, is that it fails to identify the exact nature of the ‚holes' in the cheese" (S. 49).

Vertiefte unfallanalytische Betrachtungen, wie etwa die von Höhl und Ladkin (1997), die sich mit einem Airbusunfall in Warschau beschäftigen, arbeiten diesen Aspekt deutlich heraus. Die Kausalketten technischer und physiologischer Verläufe lassen sich problemlos logisch nachvollziehen. Sobald jedoch kritisches Handlungsgeschehen in den Blick genommen wird, gelingt dies nicht mehr; die (Psycho-)Logik der Geschehnisse verbleibt in bemerkenswerter Dunkelheit.

Ganz ähnlich verhält es sich bei spezifisch auf den Bereich der Luftfahrt abgestimmten Fehlerklassifikationssystemen. Wiegmann und Shappell (2003, S. 121) legen beispielsweise ein *Human Factors Analysis and Classification System* (HFACS) vor, dessen Auflösungsgrad es jedoch nicht erlaubt, das z. B. hinter dem Endpunkt „skill-based error" befindliche konditional-genetische Bedingungsgefüge zu erfassen, geschweige denn zu analysieren. Es bleibt unklar, ob eine betrachtete Sequenz eine vollständige, am falschen Ort platzierte oder aufgrund noch mangelhafter Ausbildung ungefestigte Sequenz darstellt, oder ob es sich gar um eine einst etablierte, durch mangelnde Übung im Sinne einer Regression verblasste Sequenz handelt.

Als ein Fazit kann damit festgehalten werden, dass von Intentionen und Vorgaben abweichende Handlungsweisen ein bedeutsames Thema dieser Domäne darstellen. Das für ein vertieftes Verständnis über die Ursachen und Verläufe von Handlungsfehlern vonseiten der Psychologie zur Verfügung zu stellende Wissen, in theoretischer wie in praktischer Hinsicht, ist – noch – zu unspezifisch und markiert bestehenden Forschungsbedarf. Der Bereich der Luftfahrt fordert damit ein Bemühen um eine empirisch fundierte Operationalisierung von Fehler*arten*. Zugleich stellt dieses Feld der psychologischen Fehlerforschung umfassende Dokumente und Datenbestände zur Verfügung, die geeignet sein könnten, einen über den Bereich der Luftfahrt hinaus weisenden Erkenntniszuwachs zu erreichen (s. Mehl & Köster, 2004). Von daher ist es nicht erstaunlich, dass in der Arbeit von Dismukes, Berman und Loukopoulos (2007) im Zusammenhang mit dem Anspruch auf „Rethinking Pilot Errors" von den „Limits of Expertise" gesprochen und diese Grenzen auch tatsächlich aufgezeigt werden können. Dazu haben die Autoren 19 Flugunfälle (zwischen 1991 und 2000) nochmals ausgewertet, eine deutlichere System- bzw. Kontextperspektive eingenommen und wegweisende Verallgemeinerungen erzielt.

3.1 Personenbezogene Präventionskonzepte

Auf dem Gebiet der Luftfahrt lassen sich neben ingenieurwissenschaftlich orientierten Ansätzen Präventionskonzepte auf der personenbezogenen Ebene, der Personalauswahl und des Trainings unterscheiden.

Die Selektion geeigneter Personen für fliegerische Tätigkeiten stellt einen der ältesten Ansätze in der Luftfahrt dar. Bereits Selz (1913) versuchte, anhand einer Analyse von „Fliegerunfällen" die für ein „erfolgreiches Fliegen erforderlichen Eigenschaften bloßzulegen", um sie für eine „experimentelle Eignungsprüfung" zu nutzen. Das damit motivierte Konzept einer Extraktion spezifischer Prädiktoren geriet jedoch zugunsten einer eher unspezifischen Bestenauslese in den Hintergrund (vgl. dazu die Kritik von Diepgen, 1999).

Nach erfolgter Ausbildung spielen im fliegerischen Alltag – insbesondere simulatorgestützte – Trainingsmaßnahmen eine zentrale Rolle. Darüber hinaus haben sie Orientierungsfunktion für die Gestaltung von Trainingsmaßnahmen auf anderen Gebieten, wie z. B. der Medizin oder der Leitwartentätigkeit. Der im Zentrum stehende inhaltliche Aspekt orientiert sich an der Grundannahme:

> Durch Training können Fertigkeiten zu einem Niveau entwickelt werden, das eine erhebliche Herabsetzung der Beanspruchung des Menschen zur Folge hat und zwar gerade in kritischen Situationen. Damit wird Training zu einem entscheidenden Faktor zur Begründung und Festigkeit der Sicherheit und Zuverlässigkeit des Menschen als Systemoperateur. (Steininger, 1995, S. 303)

Dabei stehen zunächst elementare Kompetenzen und Grundfertigkeiten im Zentrum, die vorhanden sein müssen, um eine Maschine in unterschiedlichsten Bedingungen (sicher) fliegen zu können. Einen weiteren Schwerpunkt bildet die Analyse und Bewältigung von Störungen aller Art. Da das Spektrum potenzieller Bedingungskombinationen im fliegerischen Alltag nicht regelmäßig vorkommt und grundsätzlich gilt: „If skills are not practiced periodically, they are likely to decay" (Hunt, 2001, S. 51), dient ein Großteil der Trainingszeit zum „Auffrischen" fliegerischer Fertigkeiten. Ein besonderes Gewicht hat dabei das Training der Bewältigung von Notsituationen. Piloten sind damit ständig mit der Aufforderung konfrontiert, in Übung zu bleiben, den Stand der eigenen Kompetenzen und Fertigkeiten kritisch zu hinterfragen und zu festigen. Jeder Pilot muss zudem regelmäßig durch zahlreiche gesetzliche Regelungen geforderte Übungs- und Überprüfungsflüge absolvieren sowie Mindestflugzeiten und eine Mindestzahl von absolvierten Landungen beachten, um seine Fluglizenz aufrechtzuerhalten.

Dem Erwerb und dem Aufrechterhalten fliegerisch-technischer Kompetenzen an die Seite gestellt sind Konzepte, die mit den Schlagworten *Crew* oder *Cockpit Resource Management* (CRM), *Coordinated Crew Communication* (CCC) und *Line Oriented Flight Training* (LOFT) verbunden sind. Das Anliegen dieser Konzepte besteht darin, die sog. „single-pilot tradition" aufzubrechen und die Teamperspektive im Cockpit zu etablieren. Der Grundsatz lautet: „it is better to be part of a champion team than to be a team of champions" (Braithwaite, 2001, S. 173).

Den Anlass, solche Konzepte zu entwickeln und einzuführen, bildeten Ergebnisse von Flugunfallanalysen (s. etwa Cooper, White & Lauber, 1980). Die Befunde wurden dahingehend interpretiert, dass (zunehmend) weniger Mängel in den grundlegenden fliegerischen Wissens- und Fertigkeitskompetenzen für die Unfälle verantwortlich sind als vielmehr Defizite in der Teamkommunikation und -koordination sowie auf der Ebene individueller Fertigkeiten, das vorhandene deklarative und prozedurale Wissen gerade auch in kritischen Situationen anwenden zu können. Operativ umgesetzt werden diese Konzepte durch intensives

Training der standardisierten und in Teilbereichen regelbasierten, ritualisierten Zusammenarbeit auf der Grundlage der zur Verfügung stehenden Checklisten (s. etwa Wiener, Kanki & Helmreich, 1993). In der Ausbildungs- und Trainingspraxis werden dabei eine Reihe ökologisch valider Situationskonstellationen, bevorzugt im Simulator, aufgebaut, die einen möglichst ambivalenten, unscharfen Charakter aufweisen und Analysen, systematische Planungen, beispielsweise über einen möglichen Wechsel der ursprünglich gewählten Ziele, erfordern.

Eine kritische Sicht auf die *Trainingspraxis* markieren Salas, Bowers und Rhodenizer (1998) mit dem Titel ihres Aufsatzes: It is not how much you have but how you use it: Towards a rational use of simulation to support aviation training. Sie kommen zu dem Schluss:

> [...] it is becoming more apparent that the current approach to aviation training needs to be refined to incorporate advances gleaned from psychological research. We would suggest that the aviation community should begin to utilize more systematic, trainee-centered approaches to the development of training programs. (Salas, Bowers & Rhodenizer, S. 82)

Hervorzuheben ist noch, dass sich keine Konzepte finden, die versuchen, Handlungsfehler aktiv und bewusst in Trainingssituationen für präventive Zwecke zu evozieren und zu nutzen. So könnte ein ungenutztes Lernpotenzial von Fehlern darin liegen, Situationen zu schaffen, in denen die Zusammenarbeit eher hinderlich ist und somit Fehler eher provoziert als unterdrückt werden. Einem solchen „Training durch Erfahrung" könnte es gelingen, im völlig harmlosen Rahmen des Simulators Reflexionsprozesse anzustoßen, die im operativen Geschehen so nicht zu initiieren wären. Leicht überspitzt beschrieben hat das Begehen von Handlungsfehlern in Trainingssituationen jedoch eher den Charakter eines „Sakrilegs" als den eines lernförderlichen Ereignisses. Steininger (1995) führt dazu aus:

> Da Handlungsfehler nicht vermeidbar sind, konzentriert sich das Training [...] oft überproportional auf die Fehlerkorrektur, d. h. auf den Erwerb der individuellen Fähigkeit, unerwünschte Abweichungen von Regelgrößen im System einschließlich der Regelgrößen des Reglers Mensch rechtzeitig und sicher zu korrigieren. Obwohl die Fehlerkorrektur eine wichtige Trainingsstufe bedeutet, ist ihre Überbetonung eine typische Erscheinung in den traditionellen Trainingssystemen, die eher die Angst fördert, Fehler zu machen, als positive Bewältigungsstrategien aufzubauen.

Und er fährt fort:

> Die Überbetonung der Fehlerkorrektur kann leicht den Blick auf andere ebenso wichtige, jedoch weniger beachtete Trainingsziele verstellen. Dies sind

> die Fähigkeiten, Fehler bzw. unvorhersehbare Veränderungen von Sollgrößen im System zu entdecken, ferner Fehler richtig zu diagnostizieren, [...] und schließlich die Fähigkeit, die Entstehung von möglichen Fehlern zu antizipieren, d. h. geeignete Vermeidungsstrategien zu entwickeln. (Steininger, S. 369)

Verlässt man das Gebiet der Aviatik und bezieht bei dem Präventionsgedanken auch die Pädagogik als Nachbardisziplin mit ein, so fallen die neueren Arbeiten von Bauer und Mulder (2007), Harteis, Bauer und Haltia (2007) oder Bauer (2008) positiv auf. Hier werden auch die Voraussetzungen für Lernen und kompetentes Handeln konzeptionell aufgearbeitet und Studien aus verschiedenen Branchen vorgestellt.

4 *Fehlhandlungen in der Medizin*

Die Beschäftigung mit Fehlern in der Medizin bewegt sich zwischen sensationsorientierten Berichten in den Medien und wissenschaftlichen Ansätzen („*Doctors Are More Dangerous Than Gun Owners*", Dekker, 2007), die versuchen, Ursachen und Begleitfaktoren zu verstehen und daraus Präventionsstrategien zu entwickeln. Dabei wird meist explizit gefordert, den Fokus weg von einzelnen Personen auf das komplexe Zusammenspiel der Faktoren *Mensch*, *Technik* und *Organisation* im betrachteten System (z. B. System „Patientensicherheit") zu verlegen (s. etwa Reason, Carthey & de Leval, 2001; Amalberti & Hourlier, 2007). Dies gelingt nur langsam, auch aktuell gilt noch: „Als Antwort auf das unerwünschte Ereignis folgen Training und Sanktionen, also Disziplinierung, Überwachung, Tadel, Ansehensverlust der Person(en). Aber Fehler und das daraus folgende Patientenleid belasten auch ohnedies den unmittelbaren Verursacher zumeist erheblich" (Sachverständigenrat für die Konzertierte Aktion im Gesundheitswesen, 2003, S. 154).

Verschiedene Studien weisen darauf hin, dass die Patientensicherheit in den westlichen Ländern nicht so hoch ist, wie sie sein könnte und sollte (s. etwa Kohn, Corrigan & Donaldson, 2000), wobei das Ausmaß an Patientenschäden in der (Fach-)Öffentlichkeit bisher kaum bekannt ist (Blendon et al., 2002). Viele Autoren machen für diese Ist-Situation eine „*Culture of Blame*" verantwortlich (s. etwa Runciman, Merry & Tito, 2003). Für die beteiligten Personen und Organisationen stehen hohe Einsätze auf dem Spiel, sei es das individuelle Leid von Patienten, seien es die beteiligten Ärzte und Pflegekräfte, die durch entstandene Patientenschäden in tiefe Krisen gestürzt werden können (s. etwa Manser & Staender, 2005) oder seien es schließlich die beteiligten Organisationen wie das Krankenhaus, Haftpflichtversicherungen oder Rückversicherungen, für die meist immense Geldbeträge auf dem Spiel stehen.

Aktuell stehen Bemühungen im Vordergrund herauszufinden, welche Fehler auftreten, sie zu klassifizieren sowie die Genesebedingungen dieser Fehler zu erfassen und sie zu analysieren. Dazu werden sogenannte Incident Reporting Systeme – oftmals nach dem Vorbild der oben beschriebenen Systeme der Luftfahrt – etabliert. Die Analyse von Fehlern ist aufgrund einer Reihe von Gründen erschwert, die sich aus der Komplexität der Situation ergeben. In der Medizin erschweren z. B. lange Latenzzeiten für das Sichtbarwerden der Fehlerauswirkungen (z. B. durch eine Infektion) die Analyse ebenso wie die große Zahl an möglichen Ursachen (z. B. durch die Luft, unreine Instrumente oder Körperflüssigkeiten). Zudem ergeben sich durch den oftmals schlechten Gesundheitszustand der Patienten Konfundierungen, die kausale Schlüsse kaum mehr möglich machen. Hier zeigt sich ein wesentlicher Unterschied zur Luftfahrt, wo der Erfolg oder Misserfolg eines Fluges, eines Starts oder einer Landung meist sofort und eindeutig sichtbar wird (wir vernachlässigen hier Materialverschleiß, Wartungsprobleme etc.).

4.1 Dokumentation von (Beinahe-)Zwischenfällen und die Bandbreite der Normalität

Seit langem – und verstärkt in neuerer Zeit – wird versucht zu verstehen, welche Fehler in der Medizin vorkommen, wie sie sich auswirken, welche Bedingungsgefüge ihnen zugrunde liegen und wie sie verhindert werden können (Cooper, Newborner, Long & Philip, 1978). Das aktuell am deutlichsten diskutierte Vorgehen ist das sog. Incident-Reporting (s. etwa Leape, 2002; Rall, Dieckmann, Stricker & Arbeitsgruppe Incident Reporting der DGAI, 2006; Ständer, Kaufmann & Scheidegger, 2000; Stricker et al., 2005; Holden & Karsh, 2007; Johnson, 2007). Das Sammeln von Daten über (Beinahe-)Zwischenfälle ist momentan wohl das sich am deutlichsten verbreitende Verfahren, um Anhaltspunkte über die Ursachen von Fehlern zu gewinnen (s. etwa www.pasis.de; www.jeder-fehler-zaehlt.de). Die Hoffnung der Betreiber dieser Systeme ist es, zum einen die Anonymität der Berichtenden zu garantieren und so die „Offenheit" der Angaben zu erhöhen und gleichzeitig durch die leichte (technische) Verfügbarkeit die Zahl der eingehenden Fälle zu erhöhen. Aktuell bemühen sich viele Forschungsgruppen auch um ein Verständnis von Barrieren und Födernissen für funktionierende Incident Reporting Systeme (s. etwa Vincent, Stanhope & Crowley-Murphy, 1999).

Während alle bisher beschriebenen Ansätze darauf „angewiesen" sind, dass Fehler auftreten, bevor sie analysiert werden können, bieten Simulatoren weitergehende Möglichkeiten der Analyse von Fehlern (Mehl & Schuette, 1999; Dieckmann, Reddersen, Wehner & Rall, 2006; Howard et al., 2003). Fehlerarten und -formen könnten im Simulatorsetting experimentell evoziert werden, um sie so einer *synthetisierenden Fehleranalyse* zu unterziehen. Für eine solche *Inszenierung von Fehlern* ist ein deutlich tieferes Verständnis ihrer Genese notwendig, als dies für die Rekonstruktion der Fall ist. Ein weiterer Vorteil der synthetisierenden Fehleranalyse liegt darin, dass Präventions- oder Bewältigungsstrategien gleichzeitig beobachtet und erprobt werden können.

Schließlich gibt es Ansätze, die gar nicht mehr auf den Fehler an sich ausgerichtet sind, sondern auf die „Normalität" der medizinischen Behandlung bzw. ihre Variationsbreite. Auf der Ebene größerer Systemzusammenhänge wurden z. B. Studien durchgeführt, mittels derer *Störungen und Schwankungen in den Prozessabläufen* im Operationssaal (s. etwa Manser & Wehner, 2002), in einer Notaufnahme (Chisholm et al., 2000) oder im OP (Weinger, Gonzales, Slagle & Syeed, 2004) untersucht wurden. Aus aufgabenanalytischer Sicht wurden Studien durchgeführt, in denen Operationen als kleinste *Handlungsbausteine* von Anästhesisten bei der Narkoseführung beobachtet wurden (Manser & Wehner, 2002). Zunehmend kommen dabei *Analysen von Gruppenprozessen* bei der Koordination im Operationssaal in den Blick (Grote et al., 2004; Manser, Howard & Gaba, 2005).

Wo die beschriebenen Verfahren helfen können, Schwachstellen im System zu finden, sind Rahmenmodelle für Fehleranalysen notwendig, um die Genesebedingungen zu beschreiben. Vincent und Kollegen beziehen die folgenden Aspekte in die Analyse ein: den institutionellen Kontext, organisationale und Managementfaktoren, die Arbeitsumgebung, Teamfaktoren, individuelle Faktoren der Handelnden, Aufgabencharakteristika und Patienteneigenschaften (Vincent, Taylor-Adams & Stanhope, 1998). Es wird deutlich betont, dass nur die komplexe Analyse des Gesamtgefüges relevante Aussagen über Ursachen und Begleitfaktoren ermöglicht.

4.2 Fehlerprävention in der Medizin

Die Suche nach Möglichkeiten, mit Fehlern in der Medizin umzugehen oder sie zu vermeiden, hat hohe Priorität. So fordert der Sachverständigenrat für die Konzertierte Aktion im Gesundheitswesen mit Blick auf die Prävention von Patientenschäden die „[F]ehler vermeidende Gestaltung der Arbeitsbedingungen und -strukturen im Gesundheitswesen" (Sachverständigenrat für die Konzertierte Aktion im Gesundheitswesen, 2003, S. 377).

Diese Forderung ist so richtig, wie sie beim derzeitigen Stand des Wissens über Fehlhandlungen in der Medizin nur schwer erfüllbar ist. Fehler evozierende

Bedingungen sind in der Medizin ebenso wie in der Luftfahrt noch nicht hinlänglich verstanden. Die vorliegenden Daten ermöglichen maximal die Identifikation von fehleranfälligen Systemkomponenten im Gesundheitssystem auf korrelativer Basis, ursächliche Erklärungen fehlen aber bisher weitgehend.

Dennoch gibt es Bemühungen, im System bedingte fehlerträchtige Situationen zu reduzieren und die im Gesundheitswesen tätigen Personen für Handlungsfehler zu sensibilisieren bzw. darin zu schulen, diese möglichst früh zu erkennen und entsprechende Maßnahmen zur Reduktion zu unternehmen oder aber die negativen Konsequenzen von Fehlern gering zu halten. Viele dieser Bemühungen spielen sich auf einer mehr oder weniger standespolitischen Ebene ab und setzten sich selbst zum Ziel, die *Culture of Blame* in eine *positive Fehlerkultur* zu überführen. Alle Präventionsmaßnahmen müssen dabei gerade die kulturellen Besonderheiten des medizinischen Feldes beachten, wenn es darum geht, das komplexe Zusammenspiel von Mensch, Technik und Organisation zu untersuchen. Einzelne Arbeiten setzen auf allen drei Ebenen an.

Mensch: Anders als in der Luftfahrt gibt es in der Medizin keine institutionalisierten Eignungsprüfungen und (ab einem gewissen Ausbildungsstand) auch keine wiederkehrenden Leistungsüberprüfungen. Jedoch werden bei der Prävention von Fehlern in drei Bereichen sehr deutliche Anleihen bei der Aviatik gemacht. Dies sind die zunehmende Ausbreitung von Incident-Reporting Systemen, Simulatoren in der Aus- und Weiterbildung und die Übertragung von Konzepten des *Crew Resource Managements* auf das sog. *Crisis Resource Management* (s. etwa Gaba, Fish & Howard, 1998; Rall & Dieckmann, 2005). Simulatoren bieten dabei weit über das *Einüben* von Handlungsweisen oder Prozeduren hinaus die Möglichkeit, die Antizipationsweite und -tiefe (s. o.) zu verbessern. Auch der Einsatz von Checklisten, *Standard Operating Procedures* oder die Harmonisierung von medizinischen Vorgehensweisen über verschiedene Akteure hinweg werden diskutiert.

Technik: Hier lassen sich Bemühungen ausmachen, fehlerträchtige Situationen durch die produkt- und prozessergonomische Gestaltung der Arbeitsbedingungen zu reduzieren, z. B. auch durch Gebrauchstauglichkeitsstudien. Diese werden mittlerweile auch in einschlägigen Normenwerken gefordert (International Electronical Commission, 2004).

Organisation: Auf dieser Ebene lassen sich Bemühungen um eine (positive) *Fehlerkultur* (Incident Reporting und Schulungen von Mitarbeitern) verorten ebenso wie Plädoyers dafür, den Einfluss von Personen auf der Führungsebene, die z. B. für die organisationalen Abläufe (mit-)verantwortlich sind, zu beschreiben (s. etwa Mohr, Batalden & Barach, 2004).

Zusammenfassend zeigt insbesondere die Fehlerbetrachtung in der Medizin die komplexen Zusammenhänge, die sowohl bei der Fehlerentstehung als auch der -prävention zu berücksichtigen sind.

5 Nachbemerkungen: Die eigene Position der Forschergruppe

Am Ende dieses Textes wollen wir die eigene Position nicht unbenannt lassen. Sie lässt sich am besten durch den von Christine und Ernst Ulrich von Weizsäcker eingeführten Begriff der *Fehlerfreundlichkeit* (Weizsäcker & Weizsäcker, 1985) charakterisieren und soll hier lediglich durch die spezifische Konstruktionsweise und das Handhabungsprinzip eines technischen Artefakts, des Bumerangs, illustriert werden. *Fehlerfreundlichkeit* ist in erster Linie eine Haltung, nämlich die der bewussten Hinwendung zum und nicht der Abwendung oder Tabuisierung von Fehlern. *Fehlerfreundlichkeit* dient als Prinzip vor allem der aktiven Handlungskontrolle von Fehlerkonsequenzen und nicht der bloßen Vermeidung oder der ausschließlichen Korrektur von Fehlern. Damit ist der programmatische Anspruch unserer Forschung (Wehner, 1992b) gekennzeichnet: Fehlerfreundliche Systeme (seien es Werkzeuge oder soziale Interaktionen) müssen den Handelnden Aneignungschancen bieten, sodass sie ihr Wissen, ihre Kompetenz und ihre Performanz bezüglich der gestellten Anforderungen und Probleme kontinuierlich entlang der wiederholten Ausführung und der daraus resultierenden Rückmeldungen verändern oder gar verbessern können. Dies gelingt nur dann, wenn die Folgen von Fehlern und damit der individuelle oder kollektive Schaden harmlos gehalten werden können; dies gilt gleichermaßen für die Bedienung von Maschinen und Werkzeugen wie für personenbezogene Dienstleistungen. Eine solche Strategie gelingt angesichts der Effizienzmaximierung moderner Arbeitssysteme aber gerade nicht mehr (oder noch nicht) „on the job", sondern erfordert die Hinwendung zu sicheren Erfahrungsräumen für unsichere Handlungen, wie sie etwa Simulationen bieten (Dieckmann, 2005; Dieckmann, Wehner, Rall & Manser, 2005; Mehl, 1998; Mehl, Dieckmann, Manser & Wehner, 2002; Mehl & Schuette, 1999).

In der Konstruktions- und Wirkweise des Bumerangs findet dieses Prinzip seinen herausragenden Niederschlag. Er wurde ursprünglich von westaustralischen Ureinwohnern bei der Jagd eingesetzt. Bei dieser Verwendung erweist sich der Bumerang nur dann als *Kehrwiederkeule*, wenn der Jäger sein eigentliches Ziel und damit die Intention verfehlt. Ziel nämlich war es, die beobachtete Beute zu treffen; einen Vogel etwa, der wegen des irregulären Fluges des Bumerangs diesen nicht als eine gegen ihn gerichtete Waffe „erkennt". In der Konstruktionsweise und im Handhabungsprinzip des Bumerangs steckt so gesehen die Einsicht, dass über den Weg der Zielverfehlung die ursprüngliche Handlungsintention aufrechterhalten und die Handlungsvoraussetzung im Prozess der Ausführung den situativen Anforderungen angepasst und damit letztlich optimiert werden können. Dabei kommt das gesamte Handlungsgeschehen – das Werfen, die eventuelle Zielverfehlung und der erneute Wurf – ohne externe, negative Sanktion aus, auch wenn sich der das Ziel verfehlende Jäger unter Umständen geärgert haben mag oder er gar hungrig, weil ohne Beute, zurückkehren musste.

Ein weiterer Kernpunkt unserer Position besteht in der methodischen Herangehensweise an die Fehlerforschung. Als Schlüsselpunkt hierbei sehen wir die Definition der Analyseeinheit, auf die sich die Forschung bezieht und die, wie oben gesagt, nur innerhalb eines Bezugssystems festgelegt werden kann. Unserer Meinung nach scheitert Fehlerforschung dann, wenn sie Bezugssysteme von außen an Situationen anlegt, die für den Handelnden u. U. nicht relevant waren. Die Intentionen des Handelnden sind der Ausgangspunkt für die Definition der Analyseeinheiten und die Auswahl der Methoden zu ihrer Untersuchung. Hier haben es die frühen, im historischen Teil referierten Arbeiten geschafft, Situationen für die Analyse zu wählen, die in dieser Beziehung einfach waren und dadurch Erkenntnisgewinn ermöglichten. Gleichzeitig ist sicherlich kritisch anzumerken, dass moderne Arbeitssysteme ungleich komplexere Anforderungen stellen und sich nicht mehr so leicht auf die wesentlichen Anforderungen und Wirkfaktoren reduzieren lassen. Versuche, diese Komplexität zu reduzieren, indem Klassifikationen als hinreichende Ursachenbeschreibungen gesehen werden oder indem nur statistische Zusammenhänge mit den Fehlern gesucht werden, greifen zu kurz. Viel versprechender ist die Konzentration auf bestimmte Fehlerarten oder wenigstens auf spezielle Fehlerformen und deren exemplarische Analyse.

Damit ist zum Ende der Abhandlung auch ein programmatischer Anspruch für die Fehlerforschung formuliert. Er kann in verschiedenen Publikationen der Autoren (Mehl, 1993; Wehner, 1992b) vertieft werden und lässt sich in folgenden Kernaussagen zusammenfassen:

- Handlungsfehler sind der aussagekräftigste Fall für Handlungsbedürfnisse, Handlungsgewohnheiten, soziale Konventionen und emotionale sowie situative Gegebenheiten.
- Handlungsfehler treten weder zufällig noch regellos auf. Die Abweichung vom intendierten Ziel ist kein Nonsens-Gebilde, sie weist vielmehr eine Tendenz zum Richtigen auf und ist ein voll gültiger psychischer Akt.
- Die potenzielle Vitalität des fehlerhaften Handelns liegt in der Veränderung von Handlungsgewohnheiten, in der Optimierung von technischen Artefakten und in der Bereitstellung von Handlungsalternativen.
- Fehler sind Ausdruck von Fertigkeiten, die Bezeichnung der Ereignisse als fehlerhaft, unzulänglich oder defizitär etc. ist ein soziales und kein strukturanalytisches oder systemimmanentes Urteil.

Psychologische Fehlerforschung ist damit Erkenntnisgegenstand und methodisches Vehikel zugleich, eine Feststellung, die in dieser Arbeit zum Ausdruck gekommen sein sollte.

Literatur

Ach, N. (1910). *Über den Willensakt und das Temperament.* Leipzig: Quelle & Meyer.

Althof, W. (1999). *Fehlerwelten. Vom Fehler machen und Lernen aus Fehlern.* Opladen: Leske + Budrich.

Amalberti, R. & Hourlier, S. (2007). Human error reduction strategies in health care. In P. Carayon (Ed.), *Handbook of human factors and ergonomics in health care and patient safety* (pp. 561–577). London: Erlbaum.

Baecker, D. (2003). Plädoyer für eine Fehlerkultur. *Organisationsentwicklung, 2,* 24–29.

Bauer, J. (2008). *Learning from Errors at Work: Studies on Nurses' Engagement in Error-Related Learning Activities.* Unveröffentlichte Dissertation, Universität Regensburg.

Bauer, J. & Mulder R. H. (2007). Modelling learning from errors in daily work. *Learning in Health & Social Care, 6* (3), 121–133.

Bauer, J. & Mulder R. H. (2008). Conceptualizing learning from errors at work: A literature review. In S. Billet, C. Harteis & A. Eteläpelto (Hrsg.). *Emerging perspectives on learning through work.* Rotterdam: Sense.

Birenbaum, G. (1930). Das Vergessen einer Vornahme. *Psychologische Forschung, 13,* 218–284.

Bisiacchi, P. S. (1996). The neuropsychological approach in the study of prospective memory. In M. Brandimonte, G. O. Einstein & M. McDaniel (Eds.), *Prospective memory. Theory and applications* (pp. 297–317). Mahwah, NJ: Erlbaum.

Blendon, R. J., DesRoches, C. M., Brodie, M., Benson, J. M., Rosen, A. B., Schneider, E., Altman, D. E., Zapert, K., Herrmann, M. J. & Steffenson, A. E. (2002). Views of practicing physicians and the public on medical errors. *New England Journal of Medicine, 347,* 1933–1940.

Braithwaite, G. R. (2001). *Attitude or latitude? Australian aviation safety.* Aldershot: Ashgate.

Brandimonte, M., Einstein, G. O. & McDaniel, M. (Eds.). (1996). *Prospective memory: Theory and applications.* Mahwah, NJ: Erlbaum.

Brodbeck, F. C., Zapf, D., Prümper, J. & Frese, M. (1993). Error handling in office work with computers. A field study. *Journal of Occupational and Organizational Psychology, 66,* 303–317.

Bronfenbrenner, U. (1979). *The ecology of human development. Experiments by nature and design.* Cambridge: Harvard University Press.

Ceci, S. J. & Bronfenbrenner, U. (1985). „Don't forget to take the cupcakes out of the oven": Prospective memory, strategic time-monitoring, and context. *Child Development, 56,* 152–164.

Chisholm, C. D., Collison, E. K., Nelson, D. R. & Cordell, W. H. (2000). Emergency department workplace interruptions: Are emergency physicians „interrupt-driven" and „multitasking"? *Academic Emergency Medicine, 7,* 1239–1243.

Cockburn, J. (1996). Failure of prospective memory after acquired brain damage: Preliminary investigation and suggestions for future directions. *Journal of Clinical & Experimental Neuropsychology, 18,* 304–309.

Cooper, G. E., White, M. D. & Lauber, J. K. (Eds.). (1980). *Resource management on the flight-deck: Proceedings of a NASA/Industry workshop (NASA CP–2120).* Moffett Field: NASA Ames Research Center.

Cooper, J. B., Newborner, R. S., Long, C. D. & Philip, J. H. (1978). Preventable anesthesia mishaps: A study of human factors. *Anesthesiology, 49,* 399–406.

Crowder, R. G. (1996). Commentary: The trouble with prospective memory. In M. Brandimonte, G. O. Einstein & M. McDaniel (Eds.), *Prospective memory: Theory and applications* (pp. 143–147). Mahwah, NJ: Erlbaum.

Dekker, S. W. A. (2002). *The field guide to human error investigations.* Aldershot: Ashgate.

Dekker, S. W. A. (2007). Doctors Are More Dangerous Than Gun Owners: A Rejoinder to Error Counting. *Human Factors, 49,* 177–184.

Dieckmann, P. (2005). *„Ein bisschen wirkliche Echtheit simulieren": Über Simulatorsettings in der Anästhesiologie. Oldenburg: Universität* [Online]. Verfügbar unter: *http://docserver.bis.uni-oldenburg.de/publikationen/dissertation/2005/diebis05/diebis05.html* [30. 04. 2009].

Dieckmann, P., Reddersen, S., Wehner, T. & Rall, M. (2006). Prospective memory failures as an unexplored threat to patient safety: Results from a pilot study using patient simulators to investigate the missed execution of intentions. *Ergonomics, 49, 526–543.*

Dieckmann, P., Wehner, T., Rall, M. & Manser, T. (2005). Prospektive Simulation: Ein Konzept zur methodischen Ergänzung von medizinischen Simulatorsettings. *Zeitschrift für Arbeitswissenschaft, 59,* 172–180.

Diepgen, R. (1999). Pilot selection in Germany: An example of some short-sighted arguments. *European Review of Applied Psychology, 49,* 191–198.

Dismukes, K., Berman, B. A. & Loukopoulos, L. D. (2007). *The Limits of Expertise: Rethinking Pilot Error and the Causes of Airline.* Aldershot: Ashgate.

Dismukes, K., Young, G. & Sumwalt, R. (1998). Cockpit interruptions and distractions. *ASRS Directline, 10,* 4–9.

Dobbs, A. R. & Reeves, B. M. (1996). Prospective memory: More than memory. In M. Brandimonte, G. O. Einstein & M. McDaniel (Eds.), *Prospective memory. Theory and applications* (pp. 199–225). Mahwah, NJ: Erlbaum.

Dörner, D. (1999). *Die Logik des Mißlingens. Strategisches Denken in komplexen Situationen.* Reinbek: Rowohlt.

Duncker, K. (1935). *Zur Psychologie des produktiven Denkens.* Berlin: Springer.

Eichelberg, L. (1936). Zum Studium des Versprechens. *Imago, 22,* 196–202.

Eichele, T., Debener, S., Calhoun, V. D., Specht, K., Engel, A. K., Hugdahl, K., Cramon, D. Y. von & Ullsperger, M. (2007). Prediction of human errors by maladaptive changes in event-related brain networks. *Proceedings of the National Academy of Sciences of the United States of America, 105* (16), 6173–6178.

Einstein, G. O. & McDaniel, M. A. (1990). Normal aging and prospective memory. *Journal of Experimental Psychology, Learning, Memory, and Cognition, 16,* 717–726.

Ellis, J. (1996). Prospective memory or the realization of delayed intentions: A conceptual framework for research. In M. Brandimonte, G. O. Einstein & M. McDaniel (Eds.), *Prospective memory. Theory and applications* (pp. 1–22). Mahwah, NJ: Erlbaum.

Embrey, D. E. (1986, April). *SHERPA: A systematic human error reduction and prevention approach.* Paper presentet at the International Meeting on Advances in Nuclear Power Systems. Knoxville, TN.

Embrey, D. E., Humphreys, P., Rosa, E. A., Kirwan, B. & Rea, K. (1984). *SLIM-MAUD: An approach to assessing human error probabilities using structured expert judgement.* Washington, DC: US Nuclear Regulatory Commission.

Erwägen Wissen Ethik (2008). Ethik und Sozialwissenschaften – Streitforum für Erwägungskultur, 19 (2).

Eysenck, H. J. (1985). *Sigmund Freud – Niedergang und Ende der Psychoanalyse.* München: List.

Federn, P. (1933). Die Ichbesetzung bei den Fehlleistungen. *Imago, 19,* 312–338, 433–453.

Frese, M. & Zapf, D. (1991). *Fehler bei der Arbeit mit dem Computer. Ergebnisse von Beobachtungen und Befragungen im Bürobereich.* Bern: Huber.

Freud, S. (1904). *Zur Psychopathologie des Alltagslebens.* Frankfurt a. M.: Fischer.

Gaba, D. M., Fish, K. J. & Howard, S. K. (1998). *Zwischenfälle in der Anästhesie. Prävention und Management.* Lübeck: Fischer.

Gabelentz, G. von der (1891, 1969). *Die Sprachwissenschaft, ihre Aufgaben, Methoden und bisherigen Ergebnisse.* Tübingen: Vogt.

Goschke, T. & Kuhl, J. (1996). Remembering what to do: Explicit and implicit memory for intentions. In M. Brandimonte, G. O. Einstein & M. McDaniel (Eds.), *Prospective memory. Theory and applications* (pp. 53–91). Mahwah, NJ: Erlbaum.

Grote, G., Helmreich, R. L., Sträter, O., Häusler, R., Zala-Mezö, E. & Sexton, B. (2004). Setting the stage: Characteristics of organizations, teams and tasks influencing team processes. In R. Dietrich & M. Childress (Eds.), *Group interaction in high risk environments* (pp. 111–141). Aldershot: Ashgate.

Hacker, W. (1986). *Arbeitspsychologie. Psychische Regulation von Arbeitstätigkeiten.* Bern: Huber.

Hannon, R., Adam, P., Harrington, S., Fries-Dias, C. & Gipson, M. T. (1995). Effects of brain injury and age on prospective memory self-rating and performance. *Rehabilitation Psychology, 40,* 289–298.

Harris, J. E. & Wilkins, A. J. (1982). Remembering to do things: A theoretical framework and an illustrative experiment. *Human Learning, 1,* 123–126.

Harteis, C., Bauer, J. & Haltia, P. (2007). Learning from errors at the workplace – insights from two studies in Germany and Finland. In H. Gruber & T. Palonen (Eds.), *Learning in the workplace – new developments in the relation between learning and working* (pp. 119–138). Turku: Finnish Educational Research Association (FERA).

Helmreich, R. L. (2000). On error management: Lessons from aviation. *British Medical Journal, 320,* 781–785.

Helmreich, R. L., Wilhelm, J. A., Gregorich, S. E. & Chidester, T. R. (1990). Preliminary results from evaluation of cockpit resource management training: Performance ratings of flightcrews. *Aviation, Space, and Environmental Medicine, 61,* 576–579.

Hicks, J. L., Marsh, R. L. & Russell, E. J. (2000). The properties of retention intervals and their affect on retaining prospective memories. *Journal of Experimental Psychology: Learning, Memory and Cognition, 26,* 1160–1169.

Höhl, M. & Ladkin, P. B. (1997). *Analysing the 1993 Warsaw accident with a WB-Graph [Online].* Verfügbar unter: http://www.rvs.uni-bielefeld.de/publications/Reports/WarsawWB.html [30. 04. 2009].

Holden, R. J. & Karsh, B.-T. (2007). A Review of Medical Error Reporting System Design Considerations and a Proposed Cross-Level Systems Research Framework. *Human Factors, 49* (2), 257–276.

Hollnagel, E. (1998). *Cognitive reliability and error analysis method. CREAM.* Kidlington: Elsevier.

Hollnagel, E. (2004). *Barriers and accident prevention.* Aldershot: Ashgate.

Howard, S. K., Gaba, D. M., Smith, B. E., Weinger, M. B., Herndon, C., Keshavacharya, S. & Rosekind, M. R. (2003). Simulation study of rested versus sleep-deprived anesthesiologists. *Anesthesiology, 98,* 1345–1355.

Hunt, G. J. F. (2001). *Instruction for human factors training in aviation.* Burlington: Ashgate.

Hylla, E. (1916a). Analyse der Rechenfehler. *Zeitschrift für pädagogische Psychologie und Jugendkunde, 17* (5), 319–325.

Hylla, E. (1916b). Analyse der Rechenfehler. *Zeitschrift für pädagogische Psychologie und Jugendkunde, 17* (6), 362–373.

International Electronical Commission (2004). *IEC 60601-1-6: Medical electrical equipment – Part 1–6: General requirements for safety – Collateral standard: Usability.* Geneva: IEC.

Johnson, C. (2007). Human factors of health care reporting systems. In P. Carayon (Ed.), *Handbook of human factors and ergonomics in health care and patient safety* (pp. 525–560). London: Erlbaum.

Kirwan, B. (1994). *A Guide to practical human reliability assessment.* Bristol: Taylor & Francis.

Kluwe, R. H. (1990). Problemlösen, Entscheiden und Denkfehler. In C. Graf Hoyos & B. Zimolong (Hrsg.), *Ingenieurpsychologie* (Enzyklopädie der Psychologie, Serie Wirtschafts-, Organisations- und Arbeitspsychologie, Bd. 2, S. 121–147). Göttingen: Hogrefe.

Koffka, K. (1935). *Principles of Gestalt Psychology.* London: Routledge & Kegan Paul.

Köhler, W. (1917). *Intelligenzprüfungen an Anthropoiden.* Berlin: Preußische Akademie der Wissenschaften.

Kohn, L. T., Corrigan, J. M. & Donaldson, M. S. (Eds.). (2000). *To err is human. Building a Safer Health System* [Online]. Verfügbar unter: http://www.nap.edu/books/0309068371/html/ [30. 04. 2009].

Kvavilashvili, L. & Ellis, J. (1996). Varieties of intention: Some distinctions and classifications. In M. Brandimonte, G. O. Einstein & M. McDaniel (Eds.), *Prospective memory. Theory and applications* (pp. 23–51). Mahwah, NJ: Erlbaum.

Leape, L. (2002). Reporting of adverse events. *New England Journal of Medicine, 347,* 1633–1638.

Luchins, A. S. & Luchins, E. H. (1950). New experimental attempts at preventing mechanization in problem solving. *The Journal of General Psychology, 42,* 279–297.

Manser, T., Howard, S. K. & Gaba, D. (2005). *An observation method to assess coordination processes in anesthesia* [Online]. Verfügbar unter: http://www.anestech.org/media/Publications/IMMS_2005/Manser.pdf [30. 04. 2009].

Manser, T. & Staender, S. (2005). Aftermath of an adverse event: Supporting health care professionals to meet patient expectations through open disclosure. *Acta Anaesthesiol Scand, 49,* 728–734.

Manser, T. & Wehner, T. (2002). Analysing action sequences: Variations in action density in the administration of anaesthesia. *Cognition, Technology & Work, 4,* 71–81.

Marshall, A., Stanton, N., Young, M., Salmon, P., Harris, D., Demagalski, J., Waldmann, T. & Dekker, S. W. A. (2003). *Development of a human error template – a new methodology for assessing design induced errors on aircraft flight decks.* Final Report of the ERRORPRED Project E!1970. London: Department of Trade and Industry.

Meacham, J. A. & Leiman, B. (1982). Remembering to perform future actions. In U. Neisser (Ed.), *Memory observed* (pp. 327–336). San Francisco, CA: Freeman and Company.

Mehl, K. (1993). *Über einen funktionalen Aspekt von Handlungsfehlern – Was lernt man wie aus Fehlern.* Münster: LIT.

Mehl, K. (1998). Simulation als Analyse- und Trainingsinstrument menschlicher (Un)Zuverlässigkeit. In G. Faber & F. Wiessmann (Hrsg.), *Bausteine für ein Hochschulcurriculum ‚Luftfahrtsystemtechnik und -manangement'* (S. 119–124). Darmstadt: FHP.

Mehl, K., Dieckmann, P., Manser, T. & Wehner, T. (2002). Psychologischer Erkenntnisgewinn mit und für Simulatoren. Virtuelle Realität als Zugang zur Erforschung verhaltenswissenschaftlicher Mechanismen als Gestaltungselemente virtueller Realität. In H. Reuter & M. A. Stadler (Hrsg.), *Lebenswelt und Erleben. Beiträge zur Erfahrungspsychologie* (S. 153–171). Lengerich: Pabst.

Mehl, K. & Köster, F. (2004). Online Diagnose von Flugführungsaufgaben. In M. Steffens, M. Thüring & L. Urbas (Hrsg.), *Entwerfen und Gestalten* (S. 145–159). Düsseldorf: VDI.

Mehl, K. & Schuette, M. (1999). Simulators – A perspective on what to train and what to analyse regarding human reliability. In G. I. Scheller & P. Kaffka (Eds.), *Safety and Reliability* (pp. 675–680). Rotterdam: A. A. Balkema.

Meister, D. (1966). Human factors in reliability. In W. G. Ireson (Ed.), *Reliability handbook* (pp. 12.11–12.38). New York, NY: McGraw-Hill.

Meringer, R. & Meyer, K. (1895). *Versprechen und Verlesen. Eine psycho-linguistische Studie.* Stuttgart: Göschen.

Metzger, W. (1954). *Psychologie.* Darmstadt: Steinkopff.

Mohr, J., Batalden, P. & Barach, P. (2004). Integrating patient safety into the clinical microsystem. *Qualify & Safety in Health Care, 13,* ii34-ii38.

Müller, G. E. & Schuhmann, F. (1894). Experimentelle Beiträge zur Untersuchung des Gedächtnisses. *Zeitschrift für Psychologie, 6,* 257–339.

Münsterberg, H. (1892). *Beiträge zur experimentellen Psychologie.* Freiburg: Mohr.

Norman, D. A. (1981). Categorization of action slips. *Psychological Review, 88,* 1–15.

Offner, M. (1896). Die Entstehung der Schreibfehler. In *III. Internationaler Kongreß für Psychologie* (S. 443–445). München: Schreiber.

Oriani, M., Moniz-Cook, E., Binetti, G., Zanieri, G., Frisoni, G. B., Geroldi, C., de Vreese, L. P. & Zanetti, O. (2003). An electronic memory aid to support prospective memory in patients in the early stages of Alzheimer's disease: A pilot study. *Aging & Mental Health, 7,* 22–27.

Ovsiankina, M. (1928). Die Wiederaufnahme unterbrochener Handlungen. *Psychologische Forschung, 11,* 302–379.

Paul, H. (1880). *Prinzipien der Sprachgeschichte.* Halle: Niemeyer.

Pocock, S., Harrison, M. D., Wright, P. C. & Johnson, P. (2001). THEA: A technique for human error assessment early in design. In M. Hirose (Ed.), *Human-computer interaction. Interact '01* (pp. 247–254). Amsterdam: JOS.

Radatz, H. (1980). *Fehleranalysen im Mathematikunterricht.* Braunschweig: Vieweg.

Rall, M. & Dieckmann, P. (2005). Prävention und Management von kritischen Ereignissen durch Crisis Resource Management (CRM). *Minimal Invasive Chirurgie, 14,* 31–38.

Rall, M., Dieckmann, P., Stricker, E. & Arbeitsgruppe Incident Reporting (2006). Patientensicherheits-Optimierungs-System (PaSOS). *Anästhesiologie und Intensivmedizin, 47* (Suppl. 2), s20–s24.

Ranschburg, P. (1911). *Das kranke Gedächtnis.* Leipzig: Barth.

Rasmussen, J. (1985). The definition of human error and a taxanomy for technical system design. In J. Rasmussen, K. Duncan & J. Leplat (Eds.), *New technology and human error* (pp. 23–30). London: Wiley.

Reason, J. T. (1979). Actions not as planned: The price of automatization. In G. Underwood & R. Stevens (Eds.), *Aspects of consciousness* (pp. 67–89). London: Academic Press.

Reason, J. T. (1990). *Human error.* Cambridge: Cambridge University Press.

Reason, J. T., Carthey, J. & de Leval, M. R. (2001). Diagnosing „vulnerable system syndrome": An essential prerequisite to effective risk management. *Quality and Safety in Health Care, 10* (Suppl. II), ii21–ii25.

Rendell, P. G. & Craik, F. I. (2000). Virtual week and actual week: Age-related differences in prospective memory. *Applied Cognitive Psychology, 14,* 43–62.

Rossipal, H. (1973). Zur Struktur der sprachlichen Fehlleistung. In J. Svartvik (Ed.), *Errata. Papers in error analysis. Proceedings of the Lund Symposiom of error analysis* (pp. 68–89). Paper presented at the Symposium on Error Analysis, Lund, Sweden.

Rothmund, M. (2005). Schluss mit dem Schweigen! [Online]. Verfügbar unter: http://www.zeit.de/2005/15/M-Patientsicherheit [30. 04. 2009].

Runciman, W. B., Merry, A. F. & Tito, F. (2003). Error, blame, and the law in health care – an antipodean perspective. *Annual Internal Medicine, 138,* 974–980.

Rybowiak, V., Garst, H., Frese, M. & Batinic, B. (1999). Error orientation questionnaire (EOQ): Reliability, validity, and different language equivalence. *Journal of Organizational Behavior, 20,* 527–547.

Sachverständigenrat für die Konzertierte Aktion im Gesundheitswesen (2003). *Gutachten 2003. Drucksache des Deutschen Bundestages 15/530* [Online]. Verfügbar unter: http://dip.bundestag.de/btd/15/005/1500530.pdf [30. 04. 2009].

Salas, E., Bowers, C. A. & Rhodenizer, L. (1998). It is not how much you have but how you use it: Toward a rational use of simulation to support aviation training. *International Journal of Aviation Psychology, 8,* 197–208.

Schaefer, E. G. & Laing, M. L. (2000). ‚Please remind me'. The role of others in prospective remembering. *Applied Cognitive Psychology, 14,* 99–114.

Schwarz, G. (1927). Über Rückfälligkeit bei Umgewöhnung. 1. Teil. Rückfalltendenz und Verwechslungsgefahr. *Psychologische Forschung, 9,* 86–158.

Schwarz, G. (1933). Über Rückfälligkeit bei Umgewöhnung. Teil II. Über Handlungsganzheiten und ihre Bedeutung für die Rückfälligkeit. *Psychologische Forschung, 18,* 143–190.

Selz, O. (1913). Die Gesetze der produktiven Tätigkeit. *Archiv für die gesamte Psychologie, 27,* 367–380.

Senders, J. W. & Moray, N. P. (1991). *Human Error. Cause, prediction and reduction.* Hillsdale, NJ: Erlbaum.

Sigmar, J. (1925). Über Hemmung bei der Realisation des Willensaktes. *Archiv für die gesamte Psychologie, 52,* 91–176.

Ständer, S., Kaufmann, M. & Scheidegger, D. (2000). Critical incident reporting systems in anaesthesia. In C. Vincent & B. de Mol (Eds.), *Safety in medicine* (pp. 65–82). Oxford: Pergamon.

Stanton, N. A., Salmon, P. M., Walker, G. H., Barber, C. & Jenkins, D. P. (2005). *Human factors methods. A practical guide for engineering and design.* Aldershot: Ashgate.

Steininger, K. (1995). Ausbildung und Training. In K. Steininger, S. Fichtbauer & K.-M. Goeters (Hrsg.), *Personalentwicklung für komplexe Mensch-Maschine-Systeme* (S. 275–381). Weinheim: Beltz.

Strauch, B. (2002). *Investigating human error: Incidents, accidents, and complex system.* Burlington: Ashgate.

Stricker, E., Rall, M., Siegert, N., Conrad, G., Kieber, T., Ringger, M. et al. (2005). Das Patienten-Sicherheits-Informations-System PaSIS. Ein internetbasiertes interaktives Meldesystem für negative und positive Ereignisse in der Anästhesie, Intensiv- und Notfallmedizin. In A. Jäckel (Hrsg.), *Telemedizinführer – Ausgabe 2006* (S. 67–77). Ober-Mörlen: Medizin-Forum.

Svartvik, J. (1973). Introduction. In J. Svartvik (Ed.), *Errata. Papers in error analysis. Proceedings of the Lund Symposion of error analysis* (pp. 7–15). Lund: University Press.

Swain, A. D. & Guttman, H. E. (1983). *Handbook of human reliability analysis with emphasis on nuclear power plant applications. (NUREG/CR–1278).* Washington, DC: U. S. Nuclear Regulatory Commission.

Timpanaro, S. (1976). *The Freudian Slip.* London: NLB.

Vincent, C., Stanhope, N. & Crowley-Murphy, M. (1999). Reasons for not reporting adverse incidents: an empirical study. *Journal of Evaluation in Clinical Practice, 5,* 13–21.

Vincent, C., Taylor-Adams, S. & Stanhope, N. (1998). Framework for analysing risk and safety in clinical medicine. *British Medical Journal, 316,* 1154–1157.

Volpert, W. (1992). *Wie wir handeln – was wir können. Ein Disput als Einführung in die Handlungspsychologie.* Heidelberg: Asanger.

Wallace, B. & Ross, A. (2006). *Beyond human error. Taxonomies and safety sciences.* Boca Raton, FL: Taylor & Francis.

Wehner, T. (1992a). Fehlerfreie Sicherheit – weniger als ein günstiger Störfall. In T. Wehner (Hrsg.), *Sicherheit als Fehlerfreundlichkeit. Arbeits- und Sozialpsychologische Befunde für eine kritische Technikbewertung* (S. 14–33). Opladen: Westdeutscher Verlag.

Wehner, T. (1992b). *Sicherheit als Fehlerfreundlichkeit. Arbeits- und Sozialpsychologische Befunde für eine kritische Technikbewertung.* Opladen: Westdeutscher Verlag.

Wehner, T. & Mehl, K. (1986). Über das Verhältnis von Handlungsteilen zum Handlungsganzen. Der Fehler als Indikator unterschiedlicher Bindungsstärken in ‚Automatismen'. *Zeitschrift für Psychologie, 194,* 231–245.

Weimer, H. (1925). *Psychologie der Fehler.* Leipzig: Klinkhardt.

Weingardt, M. (2004). *Fehler zeichnen uns aus. Transdisziplinäre Grundlagen zur Theorie und Produktivität des Fehlers in Schule und Arbeitswelt.* Heilbronn: Klinkhardt.

Weinger, M. B., Gonzales, D. C., Slagle, J. & Syeed, M. (2004). Video capture of clinical care to enhance patient safety. *Qualify & Safety in Health Care, 13,* 136–144.

Weizsäcker, C. von & Weizsäcker, E. U. von (1985). Fehlerfreundlichkeit. In K. Kornwachs (Hrsg.), *Offenheit – Zeitlichkeit – Komplexität. Zur Theorie offener Systeme* (S. 167–201). Frankfurt a. M.: Campus.

Wiegmann, D. A. & Shappell, S. A. (2003). *A human error approach to aviation accident analysis.* Burlington: Ashgate.

Wiener, E. L., Kanki, B. G. & Helmreich, R. (Eds.). (1993). *Cockpit resource management.* San Diego, CA: Academic Press.

Willis, G. (1992). Failure modes and effects analysis in clinical engineering. *Journal of Clinical Engineering, 17,* 59–63.

Woods, D. & Patterson, E. (2007). Behind human error: taming complexity to improve patient safety. In P. Carayon (Ed.), *Handbook of human factors and ergonomics in health care and patient safety* (pp. 459–476). London: Erlbaum.

19. Kapitel

Trainingsgestaltung

Karlheinz Sonntag und Ralf Stegmaier

1 Trainingsgestaltung – Entwicklungen und Grundlagen

In diesem Beitrag soll ein Überblick zum Kenntnisstand der Trainingsgestaltung geleistet werden. Zunächst werden im Abschnitt *„Grundlagen"* Relevanz und Entwicklungen der Trainingsforschung aufgezeigt, das Konzept Training definiert, theoretische Grundlagen dargestellt sowie ein Phasenmodell zur Trainingsgestaltung vorgestellt. Der weitere Aufbau des Beitrags orientiert sich an den Phasen der Trainingsgestaltung und gliedert sich in vorbereitende Aufgaben- und Anforderungsanalysen, Intervention und Evaluation. Im Abschnitt *„Analysen"* werden Methoden und Verfahren zur Analyse der Aufgaben und Anforderungen vorgestellt, die für die Entwicklung von Trainingsinhalten und Trainingszielen von Bedeutung sind. Je nach Verfahrensart stehen eher die Aufgabe und ihre Bedingungen, das konkrete Arbeitsverhalten oder kognitive Voraussetzungen für eine erfolgreiche Aufgabenbewältigung im Zentrum der Analysen. Im Abschnitt *„Intervention"* werden konkrete Methoden und Prinzipien der Trainingsgestaltung dargestellt. Hierbei wird eine pragmatische Untergliederung in die Kategorien klassische Trainingsverfahren, arbeitsbezogene Verfahren, computergestützte Verfahren sowie teambezogene Verfahren vorgenommen. Für die einzelnen Formen der Trainingsgestaltung werden jeweils Gestaltungsprinzipien sowie Ergebnisse von Evaluationsstudien berichtet. Der Abschnitt *„Evaluation und Transfer"* stellt Evaluationsansätze sowie Erkenntnisse zu Determinanten des Trainingserfolgs dar. Ausgehend von einem Rahmenmodell zum Transfer werden empirische Befunde aktueller Studien zu den Merkmalen von Trainingsdesign, Trainingsteilnehmern und Arbeitsumfeld dargestellt. Hierbei stehen identifizierte Wirkmechanismen und Erkenntnisse über Wechselwirkungen der Merkmale im Vordergrund. Abschließend werden im Abschnitt *„Ausblick und Forschungsperspektiven“* Herausforderungen und thematische Schwerpunkte für die weitere Forschung zur Trainingsgestaltung formuliert.

1.1 Relevanz und Entwicklungen der Trainingsforschung

Die Entwicklungen in der Arbeits- und Berufswelt verstärken die Bedeutung von Training für die Entwicklung und den Erhalt der Leistungsfähigkeit von Personen in Organisationen. Kurz einige Trends: Nicht imitierbares Wissen und dessen Transformation in Prozess- und Produktinnovationen werden als ein nachhaltiger Wettbewerbsvorteil angesehen. Enorm ist die Veränderungsdynamik von Wissen angesichts technologischer Neuerungen und organisationalen Wandels. Das Arbeitsleben zeichnet sich verstärkt durch diskontinuierliche Erwerbsverläufe und zunehmende Berufswechsel aus, die sich in Patchwork-Biographien manifestieren. All diese Entwicklungen fordern von Arbeitnehmern die Bereitschaft zum kontinuierlichen, lebenslangen Lernen und von Organisationen den gezielten Einsatz von Trainingsmaßnahmen zur Unterstützung der erforderlichen Lern- und Anpassungsprozesse.

Wenn auch aktuelle Entwicklungen die Relevanz des Themas Trainingsgestaltung erhöhen, sollte man nicht vergessen, dass es sich doch um einen Bereich mit Tradition in der Angewandten Psychologie handelt. Fragen der beruflichen Qualifizierung, des betrieblichen Anlernens und Schulens, heute würde man von Training sprechen, zählten schon seit Münsterberg (1912) zum Gegenstandsbereich der Angewandten Psychologie. Seit den 60er Jahren wurde auch ein stärkerer Bezug zur experimentellen Psychologie und zur Lernpsychologie hergestellt, insbesondere durch Forschungsarbeiten zum sensumotorischen Lernen (vgl. Volpert, 1971), und später zum Training kognitiv anspruchsvoller und komplexer Tätigkeiten (vgl. Bergmann, 1998; Sonntag, 1989).

Die Erkenntnisse und Befunde der zahlreichen und vielfältigen Studien sind in einer Reihe aktueller Übersichtsarbeiten zu Fragen von Trainingsgestaltung und Personalentwicklung zusammengeführt (vgl. Holling & Liepmann, 2004; Sonnentag, Niessen & Ohly, 2004; Sonntag, 2002, 2004). Auch für speziellere Themenfelder im Kontext der Trainingsgestaltung liegen Überblicksarbeiten vor: Arbeitsorientiertes Lernen (Sonntag & Stegmaier, 2007), Personalentwicklung mit computer- und netzbasierten Medien (vgl. Brown & Ford, 2002; Schaper, Sonntag & Baumgart, 2003), Evaluation und Transfersicherung (vgl. Rowold, Hochholdinger & Schaper, 2008), wissensorientierte Verfahren (vgl. Sonntag & Schaper, 2001), verhaltensorientierte Verfahren (vgl. Sonntag & Stegmaier, 2001), gesundheitsbezogene Interventionen (vgl. Semmer & Zapf, 2004), personale Förderung älterer Mitarbeiter (Callahan, Kiker & Cross, 2003) oder Training von Führungskräften (vgl. Kaschube & von Rosenstiel, 2004).

Auf internationaler Ebene haben Reviews Tradition, die mehr oder minder regelmäßig den Stand der Trainingsforschung über

- das gesamte Aufgabenfeld (vgl. Agninis & Kraiger, 2009; Campbell, 1971; Goldstein, 1980; Goldstein & Gessner, 1988; Latham, 1988; Salas & Cannon-Bowers, 2001; Tannenbaum & Yukl, 1992; Wexley, 1984),
- Management-Training und dessen Effektivität (vgl. Burke & Day, 1986; Baldwin & Padgett, 1993),
- Trainingstransfer (vgl. Baldwin & Ford, 1988; Hesketh, 1997),
- Trainingsmotivation (vgl. Colquitt, LePine & Noe, 2000; Tharenou, 2001),
- Trainingsevaluation und -design (vgl. Alliger, Tannenbaum, Bennett, Traver & Shotland, 1997; Arthur, Bennett, Edens & Bell, 2003; Sitzmann, Brown, Casper, Ely & Zimmerman, 2008)

kritisch reflektieren und neuere Entwicklungen diskutieren.

Die Vielfalt der Forschung zur Trainingsgestaltung verdeutlicht, dass es sich hierbei um einen komplexen Gegenstandsbereich handelt, der durch die traditionell damit betraute Betriebswirtschaftslehre, Berufs- und Wirtschaftspädagogik und Ingenieurpsychologie allein nicht mehr angemessen bearbeitet werden kann. Benötigt werden vielmehr theoretische Konzeptionen, Methoden und Erkenntnisse aus psychologischen Grundlagen- und Anwendungsfächern wie Entwicklungspsychologie, Persönlichkeits-/Differenzielle Psychologie, Pädagogische Psychologie, Sozialpsychologie und Arbeits- und Organisationspsychologie (vgl. Sonntag, 2006).

1.2 Definition und Gegenstand der Trainingsgestaltung

Training wird charakterisiert als geplante und systematische Maßnahme, die sich vor allem auf Anforderungen des aktuellen Jobs bezieht und einen Beitrag zur verbesserten Aufgabenbewältigung leisten soll (Chao, 1997; Goldstein & Gessner, 1988; Noe, Wilk, Mullen & Wanek, 1997; Sonnentag, Niessen & Ohly, 2004; Sonntag, 2004). Training kann somit gegenüber Maßnahmen abgegrenzt werden, die sich auf die professionelle Entwicklung im längeren Zeitverlauf beziehen wie z. B. Karriere-Entwicklungsprogramme oder Mentoring bzw. Maßnahmen, die eher einen ungeplanten und unsystematischen Charakter aufweisen wie z. B. organisationale Sozialisation oder informelles „On-the-job-learning“ (vgl. Chao, 1997; Noe, Wilk, Mullen & Wanek, 1997).

Je nach theoretischem Hintergrund wird unterschiedlich konzeptualisiert, welche personalen Merkmale durch Trainingsmaßnahmen verändert werden sollen. Konzepte wie „knowledge, skills, abilities (KSA)“, Kompetenzen oder personale Ressourcen sind Beispiele für derartige Bestimmungen.

In der internationalen Forschung hat sich eine pragmatische Einteilung in die Kategorien „knowledge, skills, abilities", kurz KSA, bewährt (vgl. Goldstein & Ford, 2002). Dies entspricht im deutschsprachigen Raum der Klassifikation von Wissen, Fertigkeiten und Fähigkeiten. Fähigkeiten beziehen sich stärker auf kognitive Leistungen. Fertigkeiten sind eher verhaltensbezogen und das Ergebnis von Prozessen der Prozeduralisierung (Goldstein & Ford, 2002; Hacker, 2005).

Eine integrative Betrachtung verschiedener personaler Leistungsvoraussetzungen erlaubt das Konzept der Kompetenz. Der Kompetenzbegriff bezieht neben den fachlich-funktionalen auch die sozialen, motivationalen und emotionalen Aspekte menschlichen Arbeitshandelns mit ein (vgl. Sonntag & Schaper, 1999; Shipman, Ash, Battista, Carr, Eyde, Hesketh, Kehoe, Pearlman, Prien & Sanchez, 2000; Sonntag, 2009). Darüber hinaus stellen neuere Auslegungen des Kompetenzbegriffs das Prinzip der Selbstorganisation des Handelns in offenen, komplexen und dynamischen Situationen in den Vordergrund (vgl. Erpenbeck & von Rosenstiel, 2003; Sonntag, 2006; Weinert, 2001). Zur Operationalisierung und Klassifizierung unterschiedlicher Kompetenzen hat sich eine pragmatische Aufteilung in die Bereiche Fach-, Methoden- und Sozialkompetenz durchgesetzt, die faktorenanalytisch bestätigt werden konnte (vgl. Sonntag & Schäfer-Rauser, 1993).

Im Umfeld der Stress- und Gesundheitsforschung wird die Bedeutung von Training für die Optimierung personaler Ressourcen betrachtet, die dem Menschen helfen, Belastungen zu bewältigen und negative Auswirkungen auf die Gesundheit zu reduzieren (Battmann & Schönpflug, 2006; Semmer & Zapf, 2004; Sonntag, Benz, Edelmann & Kipfmüller, 2001; Sonntag & Spellenberg, 2005).

1.3 Theoretische Grundlagen der Trainingsgestaltung

Verschiedene Theorien und Modelle können herangezogen werden, um Gestaltungsprinzipien, Wirkmechanismen und Ergebnisse von Trainingsmaßnahmen zu formulieren und zu begründen. Hierbei haben sich insbesondere handlungstheoretische und kognitionspsychologische Modelle sowie Ansätze einer konstruktivistisch orientierten Instruktionspsychologie als relevant erwiesen.

Handlungstheoretisch fundierte Trainingsansätze gehen davon aus, dass Lernen als ein zielgerichteter Prozess aufzufassen ist, bei dem die angestrebten Ergebnisse des „Handeln-Lernens" von Lernenden antizipiert werden, um auf der Grundlage dieser Zielvorstellungen das Lernen zu steuern und zu kontrollieren. Ein handlungsorientiertes Lernen verläuft demnach in Anlehnung an das Modell der vollständigen Handlung phasenbezogen ab und enthält sowohl Orientierungs-, Zielbildungs- und Planungsphasen als auch praktische Ausführungs-,

Kontroll- und Reflexionsphasen (Hacker, 2005). Werden diese Phasen nicht oder nur unvollständig im Lernprozess abgehandelt, entwickeln sich Fehlverhaltensweisen. Nach einem allgemeinen Modell des „Handeln-Lernens“ bilden sich nach Volpert (1985) auf den unteren (sensumotorischen und perzeptiv-begrifflichen) Handlungsebenen vielseitig kombinierbare Teilhandlungen oder Bewegungsprogramme aus, die auf einer höheren (intellektuellen) Ebene durch verallgemeinerte Vorgehensschemata (Strategien oder Heuristiken) koordiniert werden.

Kognitionspsychologische Modelle beschreiben in erster Linie, welche internen Prozesse und kognitiven Architekturen beim Wissenserwerb angenommen werden können (beispielsweise Schemata, Produktionssysteme oder mentale Modelle). Sie bleiben aber weitgehend indifferent hinsichtlich der Rolle der Kontextbedingungen und der spezifischen Bedeutung von Lernprozessen. Wertvolle Ergänzungen hierzu liefert die Expertiseforschung. Expertise bezeichnet dauerhafte und herausragende Leistungen in einem Aufgabenbereich. Vielfältige Studien in unterschiedlichen Domänen (vgl. Ericsson, Krampe & Tesch-Römer, 1993; Ford & Kraiger, 1995; Krems, 1997; Schaper & Sonntag, 1998; Smith, Ford & Kozlowski, 1997; Sonnentag, 2000) zeigen, dass Expertenleistungen auf (1) umfangreiches und differenziertes bereichsspezifisches Wissen, (2) die Nutzung komplexer Wissenseinheiten beim Verstehen einer Problemsituation, (3) die fallbasierte Organisation von Wissen, (4) eine tiefere Verarbeitung von Problemlöseanforderungen, (5) eine stärkere Vernetzung der Wissensstrukturen, (6) eine im höheren Maße vorhandene Prozeduralisierung von Wissen und (7) eine bessere und flexiblere Verfügbarkeit von komplexen Informationsstrategien zurückzuführen ist. Zur Beschreibung und Erklärung, wie Expertise erworben wird, liegen Untersuchungen zu Einflussfaktoren wie Begabung, Erfahrung, Übung, Motivation, Selbstkonzept, Einstellungen sowie soziokulturelle Rahmenbedingungen vor.

Die Übernahme *konstruktivistischer* Ansätze in der Instruktionspsychologie geht auf die Einsicht zurück, dass bei traditioneller Wissensvermittlung vor allem passiv-rezeptives (also nur aufnehmendes) Lernen gefördert wird mit den negativen Folgen, dass „träges Wissen“ (Renkl, 1996) beim Lernenden produziert wird und der Transfer des Gelernten auf die Anwendungssituation mangelhaft ist. Durch konstruktivistisch orientierte Ansätze soll daher insbesondere der Transfer von Wissen und erworbenen Fertigkeiten verbessert werden. Hierzu werden authentische Aufgaben oder komplexe Anwendungssituationen eingesetzt, die eine Anwendung des Wissens in multiplen Kontexten und/oder unter multiplen Perspektiven erlauben und ein kooperatives Lernen in sozialen Kontexten fördern. Seit Ende der achtziger Jahre sind vor allem drei Ansätze zur Gestaltung von Lernumgebungen bekannt geworden, die sich explizit auf konstruktivistische Positionen beziehen. Es handelt sich um den „Cognitive Apprenticeship"-Ansatz (Collins, Brown & Newman, 1989), den „Anchored Instruction"-Ansatz (Cognition and Technology Group at Vanderbilt [CTGV], 1990) sowie die „Cognitive Flexibility Theory" (Spiro, Coulson, Feltovich & Anderson, 1988). Evaluationen der beschriebenen konstruktivistischen Gestaltungsansätze für den beruflichen Kontext liegen bisher nur vereinzelt vor (vgl. für einen Überblick Sonntag & Stegmaier, 2007).

1.4 Phasenmodell der Trainingsgestaltung

Unabhängig vom theoretischen Hintergrund gilt, dass Trainingsgestaltung systematisch und nicht ad hoc betrieben werden muss. Ohne eine fundierte Bedarfsanalyse, ohne konzeptionelle Vorarbeiten zur Gestaltung der Maßnahmen und, nach deren Realisierung, ohne ausreichende Effektkontrolle bleibt Training suboptimal. Ein Ablaufmodell für die Trainingsgestaltung kann ausgehend von international eingesetzten „Instructional system design"-Modellen abgeleitet werden (vgl. Goldstein & Ford, 2002; Sonntag, 2004). Ein entsprechend für die Trainingsgestaltung und auch für Maßnahmen der Personalentwicklung allgemein gültiges Modell gibt Abbildung 1 mit vier Hauptphasen wieder.

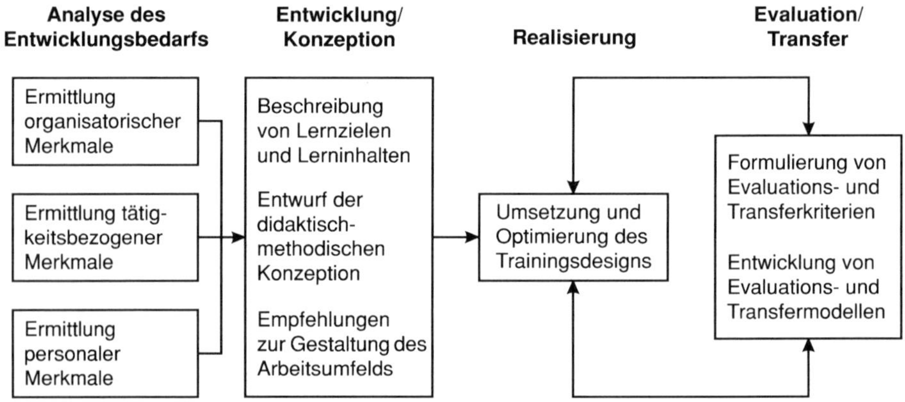

Abbildung 1:
Phasenmodell der Trainingsgestaltung (aus Sonntag, 2006)

Phase 1: Analyse des Entwicklungsbedarfs. Die Bedarfsanalyse liefert vielfältige Informationen über Ziele, Inhalte, Gestaltungsprinzipien und Evaluationskriterien der Trainingsmaßnahmen. Eine „Trichotomie der Bedarfsermittlung" (Goldstein & Ford, 2002; Latham, 1988) sieht empirische Zugänge zur Ermittlung organisationaler, tätigkeits- und personbezogener Merkmale in drei Methoden:

1. *Organisationsanalyse:* Die Organisationsanalyse leitet aus Unternehmens- und Führungsphilosophien, aus Daten der strategischen Planung oder aus organisationsdiagnostischen Variablen wie Betriebsklima oder Arbeitszufriedenheit Zielvorgaben für die Trainingsgestaltung ab (vgl. Kleinmann & Wallmichrath, 2004; Sonntag, Stegmaier & Schaper, 2006; Tannenbaum, 2002).
2. *Aufgaben-/Anforderungsanalyse:* Durch entsprechende Analysen werden zentrale Aufgaben sowie die zur Aufgabenbewältigung erforderlichen Kenntnisse, Fähigkeiten und Fertigkeiten eines Mitarbeiters erfasst (vgl. Überblick bei Sonntag, 2004).
3. *Personanalyse:* Durch die Personanalyse werden die individuellen Leistungs- und Verhaltensdefizite sowie Entwicklungspotenziale ermittelt. Eine Vielzahl unterschiedlicher Verfahren zur Einschätzung vergangenen Leistungsverhaltens und zur Beurteilung des Förder- und Entwicklungspotenzials liegen hierfür vor (Mitarbeitergespräch, psychologische Testverfahren, biografische Fragebögen, Arbeitsproben und Assessment Center, vgl. Schuler & Görlich, 2006).

Phase 2: Entwicklung/Konzeption. In dieser Phase gilt es, Trainingsziele und Trainingsinhalte zu formulieren, didaktisch-methodische Konzeptionen zu entwerfen und Gestaltungsempfehlungen für das organisationale Umfeld abzuleiten (vgl. Jonassen & Hannum, 1991; Goldstein & Ford, 2002).

Phase 3: Realisierung. In der Realisierungsphase werden die entwickelten Maßnahmen umgesetzt. Hierbei sollte auch das organisationale Umfeld der Trainingsteilnehmer einbezogen werden. Sowohl im Training als auch bei der Arbeit ist es wichtig, Lernprozesse zu optimieren (Tannenbaum, 2002).

Phase 4: Evaluations-/Transfer: Eine zuverlässige Optimierung der Trainingsmaßnahmen setzt deren Evaluation voraus. Bewertungen mithilfe systematisch angewandter wissenschaftlicher Techniken werden in der Praxis, aber auch in vielen Trainingsstudien leider noch immer häufig vernachlässigt. Zur Formulierung von Kriterien und zur Entwicklung von Evaluationsmodellen für einzelne Trainingsmaßnahmen sei auf Sitzmann et al. (2008), Thierau-Brunner, Wottawa und Stangel-Meseke (2006), Kraiger (2002) und Kraiger, Ford und Salas (1993) verwiesen.

Erkenntnisse der Evaluation werden in die vorangegangenen Phasen rückgekoppelt und einzelne Interventionen und somit der gesamte Förderprozess optimiert. Eine bedeutsame Rolle zur Überprüfung der Wirksamkeit von Trainingsmaßnahmen spielen Transferstudien, die zeigen, inwieweit das erworbene Wissen oder Verhalten am Arbeitsplatz umgesetzt oder auf andere Tätigkeiten übertragen werden kann (Baldwin & Ford, 1988; Bergmann & Sonntag, 2006; Hesketh, 1997; Rowold, Hochholdinger & Schaper, 2008).

2 *Vorbereitende Aufgaben- und Anforderungsanalysen*

Die Beschreibung menschlichen Arbeitshandelns, seiner Leistungsvoraussetzungen sowie Ausführungsbedingungen stellt eine wesentliche Informationsquelle für die Gestaltung von Trainingsmaßnahmen dar. Zum einen geben Aufgaben und Anforderungsanalysen Auskunft darüber, welche kognitiven, sensumotorischen, sozialkommunikativen, motivationalen Leistungsvoraussetzungen und Persönlichkeitsmerkmale in welchem Ausmaß gefordert bzw. beansprucht werden, zum anderen liefern sie Hinweise für die Modellierung authentischer Trainingsumgebungen (Ford & Kraiger, 1995; Shipman et al., 2000; zu weiteren personalpsychologischen Verwendungen vgl. Schuler, 2006; Nerdinger, Blickle & Schaper, 2008). Arbeitsanalytische Analysezugänge ergeben sich nach Fleishman und Quaintance (1984) grundsätzlich über (1) Aufgabenbedingungen und Strukturen (task characteristic approach), (2) Handlungsausführung als beobachtbares Verhalten (behavior description approach) sowie (3) intervenierende Prozesse zwischen Aufgabenstruktur und Handlungsausführung als Informationstransfer (behavior requirements approach) oder als Fähigkeiten (ability requirement approach).

Für die nachfolgende Beschreibung ausgewählter Verfahren lassen sich entsprechend ihrer unterschiedlichen Einsatzzwecke zwei Verfahrensgruppen bilden: Aufgabenanalytische Ansätze und kombinierte arbeits- und wissensanalytische Ansätze.

2.1 Aufgabenanalysen

Aufgabenanalysen waren ursprünglich gedacht für die Analyse relativ einfacher Tätigkeiten mit überwiegend psychomotorischen Anteilen (Aufgabeninventare). Zunehmend kommen jedoch Techniken zur Anwendung, die auch die hierarchische Aufgabenstruktur (Hierarchische Aufgabenanalyse) sowie kognitive Aspekte komplexer Aufgaben (Kognitive Aufgabenanalyse) einer Analyse zugänglich machen (vgl. auch Konradt, Semmer & Tschan, 2006; Annett & Stanton, 2000).

Aufgabeninventare („task inventories“). Aufgabeninventare dienen dazu, die Bestandteile einer Tätigkeit in Form von Aufgaben und Funktionen zu identifizieren und aufzulisten (Sonntag, 1996; Goldstein & Ford, 2002). Solche Inventare werden auf der Basis von Experten- und Stelleninhaberbefragungen sowie Dokumentenanalysen entwickelt. Die Beschreibung von Aufgaben erschöpft sich meist in der Angabe eines Tätigkeitsworts und des dazugehörigen Objekts (z. B. Durchführen einer Programmkorrektur). Darüber hinaus werden die Aufgaben von Stelleninhabern oder Experten hinsichtlich ihrer Bedeutsamkeit, ihres Zeitanteils oder ihrer Schwierigkeit beurteilt. Eine Analyse der die Aufgabenbewältigung steuernden psychischen Prozesse können Aufgabeninventare allerdings nicht leisten.

Hierarchische Aufgabenanalyse („hierarchical task analysis"). Gegenüber dem obigen Ansatz wird mit der hierarchischen Aufgabenanalyse versucht, komplexe Arbeitsaufgaben als logisch konsistente Hierarchie von Unteraufgaben zu beschreiben. Dabei soll möglichst deutlich werden, unter welchen Bedingungen welche Handlungen bzw. Unteraufgaben wie auszuführen sind (vgl. Sheperd, 2001). Das Verfahren basiert auf der Annahme, dass Verhalten hierarchisch organisiert ist (Miller, Galanter & Pribram, 1960). Analysekategorien sind „Operationen und Pläne", die in Zusammenarbeit mit betrieblichen Experten als hierarchische Handlungsstruktur beschrieben und grafikgestützt aufbereitet werden. Die Analysen erlauben trainingsbezogene Aussagen über effektive Vorgehensstrategien und geben Hinweise zur Anleitung besonders leistungskritischer Aufgabenkomponenten und zur Sequenzierung der Trainingsinhalte (vgl. Shepherd, 1985, 2001). Analysebeispiele liegen für Tätigkeiten von Kraftwerksoperateuren (Shepherd, Marshall, Turner & Duncan, 1977) oder Diagnoseaufgaben von Anlageninstandhaltern (Schaper & Sonntag, 1995) vor.

Kognitive Aufgabenanalyse („cognitive task analysis"). Die kognitive Aufgabenanalyse zielt darauf ab, die für bestimmte Aufgabenklassen relevanten Wissenselemente, Zielstrukturen, kognitiven Strategien, mentalen Modelle und/oder Stufen des Expertiseerwerbs zu identifizieren und zu beschreiben (DuBois, 2002; DuBois, Shalin, Levi & Borman, 1997). Sie basieren auf Theorien der kognitiven Psychologie und Expertiseforschung (vgl. Schraagen, Chipman & Shalin, 2000). Techniken der kognitiven Aufgabenanalyse unterscheiden sich in Bezug auf die Art der Wissensrepräsentation, die Methode zur Erhebung des Wissens sowie den Aufgabentyp bzw. das Aufgabenmaterial, das als Ausgangssituation für die Analyse herangezogen wird. Gebräuchliche Repräsentationsformate sind Netzwerkdarstellungen, Kreuztabellen, Ablaufdiagramme und Problemraumgrafen. Als Erhebungsmethoden werden strukturierte Interviews, Gruppenbefragungstechniken, systematische Verhaltensbeobachtungen, lautes Denken, retrospektives Befragen oder die Analyse von Strukturmodelltechniken eingesetzt (vgl. Gordon & Gill, 1992).

2.2 Kombinierte arbeits- und wissensanalytische Ansätze

Die Notwendigkeit, arbeitsanalytische um wissensanalytische Methoden zu ergänzen, wird im Trainingskontext ausführlich diskutiert (vgl. Burns & Vicente, 2001; Ford & Kraiger, 1995; Salas & Cannon-Bowers, 2001; Smith, Ford & Kozlowski, 1997; Sonntag, 2006). Ein solch integrierter Verfahrenseinsatz wurde für die Gestaltung kognitiver und computergestützter Trainingsverfahren bei komplexen Tätigkeiten erprobt (vgl. Schaper & Sonntag, 1995). Untersucht wurden Diagnosetätigkeiten des Instandhaltungspersonals in flexibel automatisierten Fertigungssystemen in der Automobilindustrie. Die Bestimmung des Trainingsbedarfs orientierte sich dabei am Handeln und Wissen erfahrener Instandhalter in konkreten Störungssituationen. Insgesamt ist der Analyseprozess durch ein „trichterförmiges" Vorgehen charakterisiert. Zu Beginn der Analyse galt es, über die Vielfalt der Tätigkeitsbedingungen einen Überblick zu gewinnen, sodass in weiteren Analyseschritten eine gezielte Auswahl repräsentativer und kritischer Anforderungsbereiche getroffen werden konnte. Schließlich konnten dann in Feinanalysen die psychischen Regulationsgrundlagen bei der Aufgabenbewältigung beschrieben werden. Insgesamt kamen so eine Reihe unterschiedlicher arbeits- und wissensanalytischer Methoden wie Tätigkeitsanalysen, hierarchische Aufgabenanalyse, Struktur-Lege-Techniken oder Experten-Novizen-Vergleiche zum Einsatz.

3 Intervention

Trainingverfahren lassen sich nach unterschiedlichen Prinzipien kategorisieren. Lernziele, Lernorte, Rolle und Einsatz von Medien, methodisch-didaktische Aspekte oder die Zielgruppe sind hier nur einige Aspekte, die allein oder in Kombination für eine Kategorisierung von Trainingsformen herangezogen werden können (vgl. Goldstein & Ford, 2002). So unterscheidet beispielsweise Sonntag (2004) in einer Überblicksarbeit zur Personalentwicklung Trainingsverfahren, situativ-erfahrungsbezogene Ansätze und computergestützte Ansätze. Sonntag und Stegmaier (2006) kommen bei der Einordnung von Formen verhaltensorientierter Personalentwicklung zu den Kategorien problembezogene Verfahren, beratungsorientierte Ansätze, Simulationsansätze, erlebnisorientierte Verfahren sowie aufgabenstrukturale Ansätze. In diesem Beitrag wird eine pragmatische Kategorisierung in die Gruppen klassische Trainingsverfahren, arbeitsbezogene Verfahren, computergestützte Ansätze sowie teambezogene Verfahren vorgenommen:

- *Klassische Trainingsverfahren:* Hierbei handelt es sich um Gestaltungsansätze, die zielgerichtet und geplant in Trainingskontexten stattfinden, die eher arbeitsplatzfern sind.
- *Arbeitsbezogene Verfahren:* Diese Ansätze finden direkt im Kontext der Arbeit statt oder in ihrer unmittelbaren Nähe und haben arbeitsbezogene Themen als zentrale Trainingsinhalte.
- *Computergestützte Ansätze:* Computergestützte Ansätze nutzen die vielfältigen Möglichkeiten des Mediums Computer gezielt für Lern- und Trainingszwecke.
- *Teambezogene Verfahren:* Hierbei ist die Zielgruppe der Maßnahme die Gruppe oder das Team. Meist geht es um die Verbesserung von deren Kommunikation und Koordination.

Nachfolgend werden die zentralen Gestaltungsprinzipien und empirischen Befunde aus Evaluationsstudien für die verschiedenen Formen der Trainingsgestaltung dargestellt und diskutiert (vgl. Tab. 1 für einen Überblick zu den Trainingsformen).

Tabelle 1:
Überblick zu verschiedenen Trainingsformen

Verfahrensgruppe	Trainingsformen
Klassische Trainingsverfahren	– Psychoregulativ akzentuierte Verfahren – Kognitive Trainingsverfahren – Behavior Modeling (Verhaltensmodellierung) – Stress- und Selbstmanagement-Training
Arbeitsbezogene Verfahren	– Aufgabenstrukturale Ansätze – Cognitive Apprenticeship (Kognitive Handwerkslehre)
Computergestützte Ansätze	– Trainingssysteme – Tutorielle Systeme – Lernergesteuerte Systeme – Computergestützte Simulationen
Teambezogene Verfahren	– Outdoor Training – Crew Resource Management Training

3.1 Klassische Trainingsverfahren

3.1.1 Psychoregulativ akzentuierte Trainingsverfahren

Psychoregulativ akzentuierte Trainingsverfahren setzen bei der Vermittlung sensumotorischer Fertigkeiten in besonderer Weise auf den Einsatz von Sprech-, Denk- und Vorstellungsprozessen. Hierzu werden Elemente observativer, mentaler und verbaler Trainingsformen miteinander kombiniert (vgl. Hacker & Skell, 1993; Sonntag, 1989).

Observatives Training. Hierbei geht es um Lernen durch das gezielte Wahrnehmen planmäßig wiederholter Tätigkeitsabläufe. Observatives Training schafft eine Orientierungsgrundlage für die eigene Handlungssteuerung und dient der Einübung einer Tätigkeit durch gleichzeitiges innerliches Mitvollziehen (Hacker & Skell, 1993). Durch der Beobachtung vorausgehende Leitfragen kann die Aufmerksamkeit des Lernenden gezielt auf relevante Aspekte des Modellverhaltens gelenkt werden.

Mentales Training. Beim mentalen Training lassen sich zwei Formen unterscheiden. Beim kognitiv-mentalen Training findet ein gezieltes Nachdenken über die Tätigkeit statt, beim imaginativ-mentalen Training wird die zu erwerbende Fertigkeit wiederholt in der Vorstellung durchgespielt.

Verbales Training. Beim verbalen Training wird die Sprache gezielt zur Unterstützung des Fertigkeitserwerbs genutzt. Dies kann in Form des Sprechens mit anderen als Kommunikation, begleitend zur Bewegungs- oder Handlungsausführung als Verbalisation oder als Sprechen mit sich selbst im Sinne der Selbstinstruktion stattfinden. Die sprachliche Überformung dient der Verallgemeinerung und erleichtert den Wissenstransfer.

Beispiele für den erfolgreichen Einsatz psychoregulativ akzentuierter Verfahren gibt es für das Anlernen lernungewohnter Arbeiter für neue Produktionstechniken, die Höherqualifizierung im Bereich der Arbeitsstrukturierung oder aus dem Bereich sensumotorischer Rehabilitationsverfahren (vgl. Hacker, 2005; Sonntag, 1989). Über den Nutzen mentaler Trainingsverfahren für die Handlungs- und Bewegungsregulation im Bereich der invasiven Medizin und des Leistungssports berichten Immenroth (2003) und Eberspächer (2004).

3.1.2 Kognitive Trainingsverfahren

Mithilfe kognitiver Trainingsverfahren sollen Mitarbeiter befähigt werden, komplexe Arbeitsaufgaben zu bewältigen. Im Gegensatz zur Aneignung sensumotorischer Fertigkeiten werden nicht konkrete Tätigkeitsabläufe erlernt, sondern Denkleistungen wie gedankliches Probehandeln, Planen und Entscheiden geübt. Kognitive Trainingsverfahren beruhen auf der Anwendung und Kombination verschiedener Methoden wie heuristischer Regeln, Selbstreflexionstechniken und Selbstinstruktionstechniken.

Heuristische Regeln. Der Einsatz solcher Regeln basiert auf der Formulierung und Vermittlung von möglichst knappen und eindeutigen Anweisungen, die den Lernenden zu einer präzisen Situationsanalyse, zur Mitgestaltung des Problemraums und zur Reflexion und Bewertung über bereits vollzogene Denkschritte anregen sollen (vgl. Sonntag, 1996). Über den erfolgreichen Einsatz dieser Methode zur Vermittlung von Strategien zur Störungsdiagnose in automatisierten Systemen berichten Sonntag und Schaper (1988).

Selbstreflexionstechniken. Diese Techniken beruhen darauf, dass Lernende mittels relativ einfacher Fragen im Anschluss oder während der Problemlösung zur Reflexion und Modifikation ihres eigenen Denkens und Handelns angeregt werden. In verschiedenen Untersuchungen (vgl. Schaper & Sonntag, 1997) konnte gezeigt werden, dass durch ein Training mit Selbstreflexionstechniken eine Verbesserung der eigenständigen Verhaltensorganisation, eine Erhöhung der Handlungsflexibilität und ein verbesserter Transfer von Problemlösefähigkeiten erzielt werden kann.

Selbstinstruktionstechniken. Durch die Verwendung dieser Techniken werden Lernende angeleitet, sich selbstständig aufgabenrelevante Kenntnisse anzueignen, indem sie beispielsweise ihre eigenen Arbeitsvollzüge protokollieren und bewerten oder erfahrene Arbeitskollegen hinsichtlich bestimmter Tätigkeitsmerkmale beobachten. Rühle (1988) entwickelte auf dieser Basis einen Ansatz zur selektiven kognitiven Selbstausbildung für Bedientätigkeiten an mehreren Textilmaschinen.

Entwicklungen und Erprobungen kognitiver Trainingsverfahren liegen darüber hinaus für folgende Bereiche vor:

- Planungs- und Instandsetzungstätigkeiten in der Ausbildung von gewerblich-technischen Auszubildenden (vgl. Bergmann & Zehrt, 1999).
- Diagnosetätigkeiten bei Anlagenführern in Produktionssystemen, Messwartenfahrern oder Operateuren in Kernkraftwerken (vgl. Bergmann, Wiedemann & Zehrt, 1997; Duncan, 1987; Shepherd et al., 1977).

3.1.3 Behavior Modeling Training

Das Behavior Modeling Training baut auf der Theorie des sozialen Lernens von Bandura (1977) auf und geht davon aus, dass menschliches Verhalten überwiegend durch Beobachtung an aktuellen oder symbolischen Modellen gelernt wird. Aufmerksamkeitsprozesse (wie das Wahrnehmen relevanter Merkmale des Modellverhaltens und der Situation), Gedächtnisprozesse (im Sinne einer sprachlichen oder bildhaften Kodierung des wahrgenommenen Modellverhaltens), motorische Reproduktionsprozesse (als aktives Erproben neu erworbener Verhaltensweisen) und motivationale Prozesse (bezogen auf Erwartungen von Verstärkung oder Bestrafung neuer Verhaltensweisen) sind entscheidend für den erfolgreichen Lernprozess.

Das Behavior Modeling Training hat klassischerweise folgenden Ablauf (vgl. Davis & Yi, 2004; Latham & Saari, 1979; Taylor, Russ-Eft & Chan, 2005):

- Einführung in den Problembereich durch den Trainer,
- Entwicklung von Lernpunkten (meist als Verhalten formulierte Lernziele),
- Filmdarbietung des Verhaltensmodells,
- Gruppendiskussion über die Effektivität des Verhaltensmodells,

- Einübung der Lernpunkte im Rollenspiel,
- Rückmeldung über das Rollenspiel durch die Gruppe.

Durch die spezifische Gestaltung einzelner Elemente des Trainings kann der Nutzen weiter erhöht werden. Regelhafte Lernpunkte, die von den Teilnehmern selbst formuliert werden, wirken sich förderlicher auf die Verhaltensgenerierung aus als deskriptive Lernpunkte, die der Trainer vorgibt (Mann & Decker, 1984). Auch eine Erhöhung der Modellvariabilität durch Verwendung von positiven und negativen Verhaltensmodellen verbessert die Verhaltensgeneralisierung (Baldwin, 1992; Taylor, Russ-Eft & Chan, 2005). Durch die symbolische Kodierung von Lernpunkten (sprachliches Benennen), symbolisches Wiederholen (bildhaftes Vorstellen), die Anwesenheit eines Beobachters und videounterstütztes Feedback lassen sich ebenfalls Verhaltensreproduktion und Verhaltensgeneralisierung verbessern (Decker, 1980, 1982, 1983). In ihrer Metaanalyse weisen Burke und Day (1986) Behavior Modeling als eine der effektivsten Trainingsmethoden aus (vgl. auch Robertson, 1990). Auswirkungen auf „harte" Kriterien wie Verkaufsleistung (Meyer & Raich, 1983) oder Unternehmensproduktivität, Absentismus und Fluktuation (Porras & Anderson, 1981) sind ebenfalls belegt.

Kasten 1:
Vertiefungsbeispiel: Behavior Modeling Training zur Förderung sozialer Kompetenzen

Ein Behavior Modeling Training wurde eingesetzt, um soziale Kompetenzen von Auszubildenden zu entwickeln und diese so auf die sozial-kommunikativen Anforderungen späterer Gruppenarbeit in der Produktion angemessen vorzubereiten (vgl. ausführlich Sonntag & Stegmaier, 2001). Soziale Kompetenz wird mit Schuler und Barthelme (1995) verstanden als Fähigkeit, Ziele und Pläne im Kontext sozialer Interaktionen unter Berücksichtigung spezifischer Anforderungen zweckrational zu realisieren.

Um relevante Aufgabenfelder und Inhalte für das Training zu identifizieren, wurden zunächst Interviews mit Meistern geführt, die über intensive Erfahrungen mit den sozial-kommunikativen Anforderungen der Gruppenarbeit verfügen. Die Gespräche machten deutlich, dass insbesondere das Führen von Gruppendiskussionen, der konstruktive Umgang mit Konflikten sowie der Umgang mit Rückmeldungen (feedback) hohe Anforderungen an die soziale Kompetenz der Gruppenmitglieder stellen. Für die einzelnen Anforderungsbereiche wurden dann Lernpunkte im Sinne positiv bzw. negativ zu bewertender Verhaltensweisen als Verhaltensregeln formuliert (z. B. „Andere in das Gespräch einbeziehen" als Regel für den Bereich Gruppendiskussion oder „Den richtigen Zeitpunkt für eine Rückmeldung wählen" für den Bereich Feedback). Das Training selbst war in mehrere Phasen untergliedert.

Sammeln von Regeln: Um das Vorwissen der Teilnehmer zu aktivieren, wurden zunächst in der Gruppe Beispiele für positiv bzw. negativ zu bewertende Verhaltenweisen für die identifizierten Anforderungsbereiche gesammelt und als Verhaltensregeln formuliert.

Videofilme und Diskussion: In dieser Phase wurden den Teilnehmern Videofilme mit Beispielen von Verhaltensweisen aus den drei Anforderungsbereichen vorgeführt. Für den Bereich Gruppendiskussion ging es um die Verteilung von Überstunden in einer Gruppe, bei der Konfliktbewältigung stand der Umgang mit Problemen der Urlaubsplanung einer Gruppe im Vordergrund, und im Anforderungsbereich Feedback wurde der Umgang mit einem überlasteten Mitarbeiter dargestellt. Für jeden Bereich wurde jeweils ein Film mit einem positiven und negativen Modellverhalten gezeigt. Die Teilnehmer mussten dann im Anschluss an einen jeweiligen Film erkannte positive bzw. negative Verhaltensweisen als Regeln formulieren, um durch die sprachliche Kodierung das erworbene Wissen später leichter abrufbar zu halten.

Rollenspiel und Feedback: Durch Rollenspiele in verschiedenen Kontexten (z. B. Gruppendiskussion zum Thema Rauchen im Pausenraum) wurde den Teilnehmern die Möglichkeit gegeben, die in den erarbeiteten Lernpunkten formulierten Verhaltensweisen im eigenen Verhalten aktiv zu erproben. Im Anschluss an ein Rollenspiel erhielten die Teilnehmer durch den Trainer und die Gruppe Rückmeldung, inwieweit sie Lernpunkte erfolgreich umgesetzt hatten.

Eine Evaluation des Trainings durch Selbsteinschätzungen der Teilnehmer zeigte Verbesserungen der sozialen Kompetenz auf der Wissens-, Wahrnehmungs- und Verhaltensebene. Um die soziale Wahrnehmungsfähigkeit der Auszubildenden zu testen, wurde ihnen außerdem ein weiterer Videofilm vorgeführt, und die Auszubildenden mussten dann Urteile über die Angemessenheit des beobachteten Modellverhaltens treffen. Ein Vergleich mit den Urteilen von Mitgliedern einer Kontrollgruppe, die nicht an dem Training teilgenommen hatten, zeigte deutlich bessere Ergebnisse der Trainingsgruppe.

3.1.4 Stress- und Selbstmanagement-Training

Stressmanagement-Training: Durch gezieltes Training gilt es, emotions- und kognitionsbezogene Bewältigungsstrategien zu fördern und personale Ressourcen aufzubauen, die in stresshaltigen Situationen verhaltenswirksam werden. Neben verschiedenen Maßnahmen wie Entspannungstechniken und Zeitmanagement ist insbesondere das Stressimmunisierungstraining (SIT) von Meichenbaum (1991) zu nennen, das u. a. Elemente der kognitiven Umstrukturierung, der Selbstbeobachtung und Entspannung umfasst. Studien zum Stress-Exposure-Training (SET) von Driskell und Johnston (1998) zeigen deutliche Erfolge bei der Stressreduktion und Generalisierungseffekte auf neue Stressoren und Aufgaben. Auch Bamberg und Busch (1996) berichten in einer Metaanalyse zur Wirksamkeit von Stressmanagementtrainings von Effekten in den Dimensionen somatische und psychophysiologische Stresssymptome, Kontrollkognitionen, Bewältigung sowie Gesundheits- und Freizeitverhalten.

Selbstmanagement-Training: Beim Selbstmanagement-Training lernen die Teilnehmer Probleme zu diagnostizieren, sich Ziele zu setzen und die Umwelt aufmerksam zu beobachten, ob das gewählte Verhalten tatsächlich zielführend ist. Als theoretischer Hintergrund dient der Ansatz der Selbstmanagement-Therapie (vgl. Kanfer, Reinecker & Schmelzer, 1996), der wiederum auf dem Selbstregulationsmodell von Kanfer (1987) basiert. Selbstmanagement besteht danach aus den Schritten (1) Selbstbeobachtung zur Feststellung des Ist-Zustands, (2) Selbstbewertung als Klärung des Soll-Zustands und (3) Selbstkonsequenz (oder Selbstbekräftigung) als Soll-Ist-Vergleich. Studien belegen positive Effekte in den Bereichen Selbstwirksamkeit und Abwesenheitsraten (Frayne & Latham, 1987; Latham & Frayne, 1989), verbesserte Arbeitsleistung (Frayne & Geringer, 2000) sowie allgemeine Lebenszufriedenheit (Klein, König & Kleinmann, 2003).

3.2 Arbeitsbezogene Verfahren

Arbeitsbezogene Verfahren sind direkt im Kontext der Arbeit oder in ihrer unmittelbaren Nähe angesiedelt. Lernen findet statt, indem ein Mitarbeiter Aufgaben wiederholt ausführt, Probleme löst, Erfahrungen reflektiert und Wissen mit anderen austauscht (sog. arbeitsorientiertes Lernen; vgl. ausführlich Sonntag & Stegmaier, 2007). Instruktionale Interventionen können das Lernen in der Arbeitsumgebung unterstützen.

3.2.1 Aufgabenstrukturale Ansätze

Diese Ansätze gehen davon aus, dass in der Gestaltung der Aufgabe und Arbeitsinhalte erhebliche Potenziale für die Kompetenz- und Persönlichkeitsentwicklung liegen. Durch konkrete Maßnahmen wie „job enrichment", „job rotation" oder Projektarbeit können lernrelevante Merkmale der Arbeit wie Komplexität, Variabilität oder Handlungsspielraum gezielt gestaltet werden (vgl. Sonntag & Stegmaier, 2007). Eine Vielzahl quer- und längsschnittlich orientierter Studien konnte mittlerweile mit einheitlicher Tendenz nachweisen, dass geringe Restriktivität in arbeitsbezogenen Dimensionen in einem positiven Zusammenhang mit als förderlich bewerteten psychologischen Dimensionen wie intellektuelle Leistung, Selbstkonzept, Leistungsmotivation, Gesundheit oder Innovations- und Anpassungsfähigkeit steht (vgl. Baitsch, 1998; Bergmann, 2000; Hackman & Oldham, 1976; Sonntag & Stegmaier, 2007; Stegmaier, 2007; Stegmaier, Noefer, Molter & Sonntag, 2006). Die Wirkung der Arbeitsgestaltung hängt auch ab von übergeordneten Rahmenbedingungen wie Betriebsklima, Organisationsstruktur, Technologieentwicklung oder der Lernförderung durch die Organisation (Bergmann & Wardanjan, 1999; Franke & Kleinschmitt, 1987).

Speziell für Managertätigkeiten liegt mit dem „Job Challenge Profil (JCP)" ein Instrument vor, das die Bestimmung von Entwicklungspotenzialen einer Aufgabe erlaubt und so gezielt als Vorbereitung für das „Job Assignment" von Managern eingesetzt werden kann (vgl. Baldwin & Padgett, 1993; McCauley, Ohlott & Ruderman, 1989; Ruderman, Ohlott & McCauley, 1990).

3.2.2 Cognitive Apprenticeship

Dieser an der traditionellen Handwerkslehre orientierte instruktionspsychologische Ansatz (vgl. Collins et al., 1989) macht anwendungsbezogene Vermittlungsprozesse in einer Experten/Novizen-Gemeinschaft nutzbar. Nicht manuelle Fertigkeiten sind Gegenstand der Vermittlung, sondern strategisches Wissen, das Experten ermöglicht, Faktenwissen, inhaltliche Zusammenhänge und Prozeduren bei der Bewältigung von Aufgaben oder Problemen anzuwenden. Darüber hinaus sind in diesem Ansatz verschiedene Instruktionsmethoden zur Anleitung des Wissenserwerbs beschrieben wie kognitives Modellieren, Anleiten und Zurücknehmen, Hilfestellungen geben, Auffordern zum Verbalisieren, Reflektieren

Kasten 2:
Vertiefungsbeispiel: Cognitive Apprenticeship an produktionsintegrierten Lernorten

Die Methoden des Cognitive Apprenticeship wurden zur Betreuung von Auszubildenden an produktionsintegrierten Lernorten angewandt (vgl. für ausführliche Darstellung Sonntag, Stegmaier, Müller, Baumgart & Schaupeter, 2000). An produktionsintegrierten Lernorten arbeiten und lernen gewerblich-technische Auszubildende an realen Produktionsanlagen und übernehmen dort alle direkten und indirekten Aufgaben (z. B. Maschinenbedienung, Werkzeugwechsel, Wartung, Programmierung oder Qualitätskontrolle). Das Produktionssystem ist hierbei nicht vom eigentlichen Produktionsprozess entkoppelt, sondern vollständig in die Wertschöpfungskette eingebunden. Ein nebenberuflicher Ausbilder (Ausbildungsbeauftrager), meist ein erfahrener Meister der Produktion, leitet die Auszubildenden bei ihrer Arbeit und beim Lernen an. Da das Lernen hier direkt im Arbeitsprozess stattfindet, eignen sich Methoden des Cognitive Apprenticeship besonders gut für die Betreuung der Auszubildenden durch den Ausbildungsbeauftragten. Konkret wurden folgende Methoden umgesetzt:

Kognitives Modellieren: Hier demonstriert der Ausbildungsbeauftragte dem Auszubildenden, wie er bei der Bearbeitung eines authentischen Problems vorgeht, wobei er durch die Verbalisierung seiner Gedanken und Wahrnehmungen auch Denk- und Urteilsprozesse für den Lernenden modelliert.

Coaching: In Situationen, in denen der Auszubildende nicht mehr alleine weiterkommt oder direkt Hilfe erfragt, unterstützt der Ausbildungsbeauftragte durch konkrete Vorschläge oder die Übernahme von Teilaufgaben.

Scaffolding: In Abhängigkeit vom Kompetenzniveau des Lernenden reduziert der Ausbildungsbeauftragte seine Hinweise, Vorschläge und den Grad der Unterstützung.

Artikulation: Der Lernende wird vom Ausbildungsbeauftragten angehalten, über seine Arbeitstätigkeit zu sprechen und seine Wahrnehmungs- und Denkprozesse mitzuteilen. Dies kann parallel zur Aufgabenbearbeitung erfolgen oder in Phasen der Vor- und Nachbereitung einer Aufgabe.

Reflexion: Hierbei soll der Auszubildende sein Arbeitshandeln kritisch betrachten und mit dem Vorgehen von Experten oder anderen Auszubildenden vergleichen. Durch den Wechsel von generativen (Ausführung von Tätigkeit) und evaluativen Prozessen (Bewertung der Tätigkeiten) wird der Aufbau strategischen Wissens unterstützt.

Exploration: Bei Exploration geht es darum, das entdeckende Lernen von Auszubildenden anzuregen. Der Ausbildungsbeauftragte muss hierzu für die Auszubildenden Handlungsspielräume schaffen und sie an der Formulierung von Zielen, Aufgaben- und Problemstellungen beteiligen.

Eine Evaluation der Wirkung der Cognitive Apprenticeship Methoden ergab positive Effekte auf das Selbstkonzept beruflicher Kompetenzen der Auszubildenden (vgl. Stegmaier, 2000).

und Explorieren (vgl. Collins et al., 1989). Für die praktische Krankenpflegeausbildung (Schaper, 2000), die Vermittlung von Wissen zum Qualitätsmanagement (Hron, Lauche & Schultz-Gambard, 2000) sowie eine arbeitsintegrierte Berufsbildung im gewerblich-technischen Bereich (Sonntag, Stegmaier, Müller, Baumgart & Schaupeter, 2000; Stegmaier, 2000) werden positive Effekte des Einsatzes von Cognitive Apprenticeship im beruflichen Kontext belegt.

3.3 Computergestützte Ansätze

Die Computerunterstützung ermöglicht vielfältige Trainings- und Lernformen (vgl. Brown & Ford, 2002; Sonntag, Bausch & Stegmaier, in Druck; Sonntag & Stegmaier, 2007): Lernen als Wiederholen und Memorieren (Trainingssysteme), als interaktiver und konstruktiver Prozess (Tutorielle Systeme) oder als explorativer und entdeckender Prozess (Lernergesteuerte Systeme). Metaanalysen belegen Zeitgewinne und höhere Testleistungen für computergestützte Trainingsformen im Vergleich zu herkömmlichen Trainingsformen (vgl. Kulik, 1994).

3.3.1 Trainingssysteme

Trainingssysteme dienen in erster Linie zur Vertiefung und Verfestigung von bereits vorhandenem oder leicht erlernbarem Wissen. Sie sind noch stark an Prinzipien des Programmierten Unterrichts ausgerichtet, da sie dem Lerner nur wenig Einfluss auf den Programmablauf zugestehen und meist nur aus einfachen Frage-Antwort-Rückmeldungs-Sequenzen bestehen. Anwendungsbeispiele liegen in Form von Grammatik- und Rechentrainern oder Lernprogrammen zur Vorbereitung auf berufliche Prüfungen (vgl. Euler, 1992) vor.

3.3.2 Tutorielle Systeme

Tutorielle Systeme zielen neben der Stoffvermittlung auch auf die Überprüfung und individuell abgestimmte Förderung des Lernerfolgs ab. Die Steuerung liegt dabei sowohl beim System als auch beim Lerner, wobei das Programm die Fortschritte des Anwenders überwacht und steuert. „Intelligente" tutorielle Systeme (ITS) besitzen dazu eine Diagnosekomponente, die ein Modell der kognitiven Prozesse des Lerners aufbaut, fortlaufend ausdifferenziert und auf dieser Grundlage die individuellen Schwächen des Lernenden erkennt und bei der Instruktion berücksichtigt (Goldstein & Ford, 2002). Auch über den Einsatz menschlicher Tutoren in Kombination mit dem Computer wird verstärkt nachgedacht (Steele-Johnson & Hyde, 1997). Positive Reaktionen von Trainingsteilnehmern sowie eine als angemessen beurteilte Bearbeitungsdauer sind belegt (Bloom, Linton & Bell, 1997). Steele-Johnson und Hyde (1997) berichten über den erfolgreichen Einsatz von ITS bei der NASA für die Vermittlung von Fähigkeiten zur Positionierung von Satelliten.

3.3.3 Lernergesteuerte Systeme

Typische lernergesteuerte Systeme sind Hypertext- oder Hypermediasysteme. Der Grundgedanke solcher Systeme besteht darin, den Inhalt eines Gegenstandsbereichs in einzelne Informationseinheiten aufzugliedern und in Form von Knoten und Verbindungen zwischen den Knoten in einer Datenbasis elektronisch in Netzwerkform zu repräsentieren (vgl. Tergan, 1995). Im Unterschied zu linearen Bearbeitungswegen durch ein Informationsmedium wird durch Hypertextsysteme ein flexibler Zugriff auf beliebige Informationsknoten in beliebiger Reihenfolge möglich. Zur Wirkung von Hypermediasystemen beim Lernen liegen ein eher qualitatives Review von Dillon und Gabbard (1998) sowie eine Metaanalyse von Chen und Rada (1996) vor. Beide Studien kommen allerdings zu dem Ergebnis, dass der Nutzen von Hypermediasystemen eher begrenzt ist. Vorteile gegenüber dem Lernen mit herkömmlichen Texten liegen vor allem in einer schnellen Informationssuche in umfangreichen Informationsbeständen. Anwendungen von lernergesteuerten Systemen im Beruf sind vielfältig (vgl. Issing & Klimsa, 2002). Ein Beispiel ist ein Lernprogramm zur Förderung von Verkaufsfähigkeiten in einem Warenhaus (Zumbach, 2002).

3.3.4 Computergestützte Simulationen

Eine Simulation ist die Beschreibung eines bestimmten Ausschnitts der Realität, deren Elemente und Relationen ein Lerner explorieren und/oder kontrollieren soll (vgl. Jacobs & Dempsey, 1993). Simulationen erlauben somit insbesondere „entdeckendes Lernen“ und unterstützen den Aufbau mentaler Modelle. Der Einsatz von Simulationen bietet sich immer dann an, wenn bestimmte Abläufe, die trainiert werden sollen, in der Realität mit Risiken und Gefahren verbunden sind oder bei Fehlhandlungen zu kosten- und zeitintensiven Ausfällen des Systems führen. Der Einsatz von Simulationen sollte durch flankierende Maßnahmen wie die Präsentation eines effektiven Modells im Umgang mit der Simulation, die Nachbereitung der Erfahrungen und Möglichkeiten für Coaching und Feedback begleitet werden (Tannenbaum & Yukl, 1992). Die Einsatzfelder von Simulationen zu Trainingszwecken sind vielfältig:

- Qualifizierung von Instandhaltungspersonal für die Diagnose und Behebung von technischen Störungen an automatisierten Fertigungssystemen (vgl. Scha-

per, Hochholdinger & Sonntag, 2004; Schaper, Sonntag, Zink & Spenke, 2000; Sonntag, Lohbeck & Thomas, 1997),
- Schulung von Operateuren in (Kern-)Kraftwerken zur Überwachung und Störfallbewältigung (vgl. Baker & Marshall, 1989; Norros, 1989),
- Training von Piloten (vgl. Willigies, Roscoe & Willigies, 1973).

Kasten 3:
Vertiefungsbeispiel: Vermittlung von Störungsdiagnosekompetenz durch eine computergestützte Simulation

Die Lernumgebung „Diagnose-KIT" (vgl. zusammenfassend Sonntag, Schaper, Hochholdinger & Zink, 2004) eignet sich zur Vermittlung von Störungsdiagnosekompetenzen für Instandhaltungspersonal. Den Kern des CBTs bildet die authentische Simulation einer teilautomatisierten Fertigungsanlage mit 20 Störungsdiagnoseaufgaben, wobei jede Aufgabe genau eine Störung enthält, wie sie im laufenden Betrieb auftreten könnte. In Diagnose-KIT sollen die Lernenden in der Rolle von Instandhaltern den Fehler durch Prüfoperationen eingrenzen, diagnostizieren und beheben, indem sie defekte Bauteile austauschen oder justieren. Zur Bewältigung der Diagnoseaufgaben navigieren die Benutzer mithilfe einer virtuellen Instandhalterfigur durch einen zweidimensionalen Aufriss des realen Anlagenaufbaus.

Nachdem die Instandhalterfigur die angewählte Anlagenkomponente erreicht hat, lassen sich durch Anklicken detaillierte Ansichten von Anlagenkomponenten und Bauteilen aufrufen. Bei der Interaktion mit dem Lernprogramm können sich Lernende wie in der Realität mit Anlagenplänen über technische Gegebenheiten orientieren, Strom- und Druckmessungen durchführen, den Operandenstatus der SPS-Steuerung abfragen und manuell in die Anlagensteuerung eingreifen. Die Anlagenpläne sind eine digitalisierte Abbildung der originalen Pläne und in einem „Ordner" organisiert, der den Zugriff über entsprechende Register ermöglicht.

Die computerbasierte Lernumgebung „Diagnose-KIT" sollte weiter optimiert und um drei transferförderliche didaktische Module erweitert werden (vgl. ausführlich Sonntag, Schaper, Hochholdinger & Zink, 2004). Hierzu wurden Prinzipien der kognitiven Modellierung, Transferanker sowie adaptive tutorielle Hilfen in die Lernumgebung integriert.

Kognitive Modellierung: In der Lernumgebung setzen sechs digitalisierte Videos Prinzipien der kognitiven Modellierung um. Darin erklären erfahrene Instandhalter, welche Ziele sie verfolgen, welches Vorgehen sie gewählt haben und erläutern ihre Handlungen sowie Schlussfolgerungen aus Messergebnissen. Die Videos entsprechen sechs Störungen in der Simulation und werden im Training zum ersten Mal nach der ungeleiteten Bearbeitung einer Störung präsentiert.

Transferanker: Der Einsatz von Transferankern stammt aus dem konstruktivistischen Ansatz der Anchored Instruction als einer Form problembasierten Lernens (Michael, Klee, Bransford & Warren, 1993). Das „Verankern" zusätzlicher Anwendung soll subjektive Anwendungsbereiche erweitern. Zu diesem Zweck wurden in der Lernumgebung Transferanker für zwei weitere Fertigungsanlagen implementiert, um die Anwendung von Diagnosestrategien in einem anderen technischen System zu veranschaulichen. Die Transferanker werden jeweils nach den Simulationsaufgaben aus einem Störungsbereich bearbeitet. Sie bestehen aus einem computergestützten Einführungstutorial für zwei Fertigungsanlagen und digitalisierten Videos, welche die Störungsdiagnose veranschaulichen. Der erste Teil eines jeden Videos enthält eine Bestandsaufnahme des Störungsbildes durch den Experten, der zweite zeigt die erfolgreiche Diagnose. Beide Teile werden anhand strukturierender Fragen zunächst individuell vertieft. Anschließend werden die Antworten in einem kollaborativen Setting gesammelt und diskutiert.

Adaptive tutorielle Hilfen: Mit den adaptiven tutoriellen Hilfen werden mehrere Elemente des Cognitive Apprenticeship (vgl. Collins et al., 1989) realisiert: Coaching, Scaffolding und Fading/Exploration. Die Hilfen werden systemgesteuert je nach Lernverhalten erzeugt. Die Zuweisung von situativen Hinweisen zu bestimmten Benutzerereignissen erfolgte auf der Basis der Analysen von Instandhaltern bei der Störungsdiagnose. Anhand dieser Beobachtungen wurden ungünstige Diagnosehandlungen operationalisiert und festgelegt, ab welcher Häufigkeit des Auftretens sie als ungünstig einzustufen sind. Zu diesen Verhaltensweisen wurden Tipps formuliert, um sie entsprechend zu ändern, also zum Beispiel Hinweise auf wichtige Diagnosemöglichkeiten oder auf eine generelle Richtung der Störungssuche, die in Dialogboxen erscheinen. Die Hinweise sind gestuft in allgemeine und spezielle Hinweise. Ob diese Hilfen tatsächlich erscheinen, hängt vom Benutzerverhalten ab.

Die Ergebnisse mehrerer Studien belegen, dass durch die Kombination der computergestützten Simulation Diagnose-KIT mit den beschriebenen Elementen kognitive Modellierung, adaptive tutorielle Hilfen sowie Transferanker die Erfolgsrate bezogen auf Aufgaben mit unterschiedlichen Transferabständen deutlich verbessert werden kann (vgl. Schaper, Hochholdinger & Sonntag, 2004; Sonntag, Schaper, Hochholdinger & Zink, 2004).

3.4 Teambezogene Verfahren

3.4.1 Outdoor Training

Üblicherweise arbeiten beim Outdoor Training die Teilnehmer als Gruppe an einer Reihe von Aufgaben, die die gegenseitige Abhängigkeit der Gruppenmitglieder erhöhen und wachsendes Vertrauen erfordern (vgl. Baldwin & Padgett, 1993). Nach Winkler und Stein (1994) liegt folgender typischer Ablauf einem Outdoor Training zugrunde: Zunächst werden der Ist-Zustand der eigenen Teamarbeit erarbeitet und Spielregeln entwickelt, die von der Gruppe für die eigene Teamarbeit als wichtig erachtet werden. Im Anschluss werden Übungen und Aufgaben im Freien bearbeitet, die ein unmittelbares Erleben der Konsequenzen unterschiedlichen Teamverhaltens erlauben. Schließlich findet eine Aufarbeitung der beobachteten Gruppenprozesse statt.

Als Gruppenübungen kommen Orientierungsaufgaben (z. B. Zielort mit Karte, Kompass und Wegbeschreibung erreichen) sowie Geschicklichkeits- und Konditionsaufgaben (z. B. Wand erklimmen, Abseilen von Anhöhe) zum Einsatz (Winkler & Stein, 1994). Eine weitere Übungsvariante stellen die sogenannten Stressübungen, bei denen die Teilnehmer mit einer emotional belastenden Situation konfrontiert werden (möglichst realistische Darstellung beispielsweise eines Unfalls), für die in kürzester Zeit eine geeignete Problemlösung gefunden und umgesetzt werden muss.

Über die Auswirkungen von Outdoor Trainings auf Verhaltens- und Persönlichkeitsmerkmale ist noch wenig bekannt. Positive Teilnehmerberichte über den Nutzen des Trainings sollten mit gebührender Vorsicht betrachtet werden, da die neuartigen erlebnisintensiven Übungen zunächst so etwas wie Euphorie bei der Gruppe hervorrufen können (vgl. Baldwin & Padgett, 1993). In Untersuchungen von Marsh, Richards und Barnes (1987) führte ein Outdoor Training zu erhöhten Selbstwertkonzepten bei den Teilnehmern. Die Reduzierung von Werten auf dem Trait Ängstlichkeit durch ein Outdoor Training konnte Ewert (1988) belegen. Baldwin und Padgett (1993) berichten über positive Auswirkungen auf Gruppeneffektivität und individuelle Problemlösekompetenz, jedoch keine Auswirkungen in den Bereichen Vertrauen und Selbstkonzept. Wagner und Weigand (1994) zeigen, dass drei Monate nach einer Outdoor Maßnahme die Teilnehmer Kommunikation, Teamgeist und die Bereitschaft, neue Ideen auszuprobieren, besser einschätzen als vor der Maßnahme. Eine quasiexperimentelle Kontrollgruppenstudie von Krüger (2000) belegt mittel- und längerfristige positive Effekte auf Teamkultur und Informations- und Kommunikationsverhalten eines Outdoor Trainings.

3.4.2 Crew Resource Management Training

Teamleistungen sind insbesondere im Flugverkehr und im medizinischen Bereich gefordert. Crew Resource Management Training (CRM-Training) hat daher die Förderung von fachlich-inhaltlichen und teambezogenen Kompetenzen beim Flugzeug- und Bodenpersonal oder Teams im Operationssaal zum Inhalt, um menschliche Fehlleistungen und Unfälle zu reduzieren, den Umgang mit Gefahren zu optimieren und die Koordination im Team zu verbessern (vgl. Helmreich, Merrit & Wilhelm, 1999). Hierzu werden methodische Elemente wie Simulatoreinsatz, kognitive Modellierung, Feedback sowie die gezielte Nachbesprechung und Diskussion von Vorgehensweisen anhand von Videoaufzeichnungen (Debriefing und Probing) miteinander kombiniert.

Der Simulatoreinsatz ist hierbei besonders zentral. Sowohl im Luftfahrtbereich als auch im Kontext der Medizin kommen High Fidelity-Simulatoren zum Einsatz, die eine Situation möglichst realitätsnah abzubilden erlauben. Simulatoren erlauben die Herstellung von in der täglichen Arbeit nur selten auftretenden kritischen Situationen, bei deren Bewältigung im Simulator auch Fehler als Lernchancen risikofrei auftreten können. Durch die Möglichkeit zur Aufzeichnung des Verhaltens wird eine ideale Basis für anschließendes Feedback und entsprechende Selbstreflexion geschaffen (Schaper, Schmitz, Grube, Dieckmann & Graf, 2002). Auch die Möglichkeit, in einem Simulator Teammitglieder verschiedener Disziplinen gezielt gemeinsam zu trainieren, bietet gute Ansatzpunkte für den Aufbau geteilter mentaler Modelle, die für eine effektive Koordination des Handelns unerlässlich sind.

Salas, Rhodenizer und Bowers (2000) entwickeln entsprechende Designs für CRM-Trainings und weisen die Förderung von Teamkompetenzen im Cockpit nach. Positive Effekte auf die Einstellungen von Piloten bezüglich unfallrelevanter Verhaltensweisen (Helmreich, Merrrit & Wilhelm, 1999) sowie auf verbesserte Kommunikation und Teamkoordination (Leedom & Simon, 1995) sind ebenfalls nachgewiesen. Auch in einer Metaanalyse können Salas, Burke, Bowers und Wilson (2001) positive Effekte von CRM-Training auf verschiedenen Evaluationsebenen identifizieren.

Auch im Bereich des Zwischenfallmanagements bei der Narkoseführung (Anesthesia Crisis Resource Managment – ACRM) kommen Simulatoren zum Einsatz. Trainingsbezogene Verbesserungen sind belegt u. a. bezüglich der Einstellungen gegenüber Führung, Planung und Kommunikation (Schaper et al., 2002), der Fähigkeiten zum Krisenmanagement (Weller, Wilson & Robinson, 2003) und der Qualität der Entscheidungsfindung (Berkenstadt, Ziv, Barsuk, Levine, Cohen & Vardi, 2003). Die Evaluation eines simulatorgestützten ACRM-Trainings zeigt anhand der Veränderungen von Einstellungs- und Fähigkeitsaspekten deutlich, dass der Nutzen eines Simulatoreinsatzes durch die Vermittlung von ACRM-Prinzipien („Übernimm die Führung", „Kommuniziere effektiv"), systematische Bedarfsanalysen, eine gezielte Moderation des Debriefings, die Unterstützung des Lerntransfers sowie die gezielte Förderung der Trainingsmotivation gesteigert werden kann (Bayer, 2003).

4 Evaluation und Transfer

4.1 Evaluationsansätze und Ebenenmodelle

Eine systematische Evaluation als letzte Phase der Trainingsgestaltung erfüllt eine Reihe von Zwecken (vgl. Kraiger, 2002). Zunächst dient sie der Legitimation und dem Nachweis, dass die beabsichtigten Ziele tatsächlich erreicht wurden. Darüber hinaus liefert die Evaluation Hinweise, wie die didaktisch-methodische Gestaltung einer Maßnahme optimiert werden kann. Schließlich können die Evaluationserkenntnisse auch herangezogen werden, wenn es um die Frage geht, wie Ressourcen einer Organisation auf verschiedene Trainingsangebote verteilt werden sollen. Dennoch wird auf das Fehlen oder fehlerhafte systematische Evaluation immer wieder hingewiesen (Sackett & Mullen, 1993; Sonntag, 1996; Thierau-Brunner et al., 2006). Zu häufig werden in der Praxis lediglich subjektive Einschätzungen der Zufriedenheit der Teilnehmer nach einem Training erfasst. Bungard, Holling und Schultz-Gambard (1996) führen drei grundlegende Problembereiche auf, die bei der Durchführung von Evaluationsstudien zu berücksichtigen sind:

1. *Auswahl der Verfahren*
Analog der Aufteilung in formative (prozessbegleitende) und summative Evaluation wird beim Einsatz im Allgemeinen zwischen qualitativen und quantitativen Verfahren unterschieden. Nach Thierau-Brunner et al. (2006) ist es allerdings verfehlt, Evaluation in der Personalentwicklung in strenger Abhängigkeit vom favorisierten Paradigma durchzuführen. Je nach situativer Einbettung einer Maßnahme sollte sich der Evaluator für eine adäquate qualitative und/oder quantitative Vorgehensweise entscheiden. Sonntag (1996) stellt Verfahren für die formative und summative Evaluation von Trainingsmaßnahmen dar.

2. *Auswahl von Evaluationskriterien*
Der Nutzen von Evaluationsstudien wird maßgeblich von der Kriterienselektion bestimmt. Ein klassischer Ansatz liegt mit dem Modell von Kirkpatrick (1976) vor, wonach der Erfolg einer Maßnahme an der Reaktion der Teilnehmer (z. B. Einschätzung der Qualität und Relevanz), dem Lernergebnis (z. B. Beherrschung der vermittelten Kenntnisse, Fähigkeiten und Fertigkeiten), dem Verhalten (hinsichtlich der erfolgreichen Anwendung im Arbeitsalltag) und dem Resultat (Auswirkungen auf übergeordnete organisationale Ziele) erfasst wird. Darüber hinaus empfehlen Kraiger, Ford und Salas (1993) einen theoriegestützten, kriteriengeleiteten Ansatz zur Klassifikation von Trainingsergebnissen. Abgeleitet aus Forschungsrichtungen der Kognitiven, Sozial- und Instruktionspsychologie werden Kriterien auf einer kognitiven (verbales Wissen, Wissensstrukturen, Strategien), fertigkeitsbasierten (Kompilation, Automatisierung) und affektiven (Einstellungen, Selbstwirksamkeit, Zielsetzung usw.) Ebene formuliert.

Arthur, Bennett, Edens und Bell (2003) ermitteln in ihrer Metaanalyse Effektgrößen für unterschiedliche Evaluationsebenen von Trainingsmaßnahmen: Reaktionsebene ($d = 0{,}60$), Lernebene ($d = 0{,}63$), Verhaltensebene ($d = 0{,}62$) und Ergebnisebene ($d = 0{,}62$). Die Trainingsmethode, die Inhalte des Trainings bzw. die Art der aufzubauenden Kompetenzen und das gewählte Evaluationskriterium spielen jeweils eine Rolle für die Trainingseffektivität. Alliger, Tannenbaum, Bennett, Traver und Shotland (1997) zeigen, dass es sinnvoll ist, auf der Reaktionsebene affektive Reaktionen und nutzenbezogene Reaktionen zu unterscheiden. Während es bei den affektiven Reaktionen in erster Linie um die Frage geht, wie den Teilnehmern das Training gefallen hat, bezieht sich die nutzenbezogene Reaktion auf die von den Teilnehmern eingeschätzte Nützlichkeit einer Maßnahme für ihre beruflichen Anforderungen. Für die nutzenbezogene Reaktion ergeben sich positive Zusammenhänge mit Maßen der Lernebene sowie des Transfererfolgs. Auch Warr, Allan und Birdi (1999) weisen nach, dass eine differenzierte Erfassung von Reaktionen (Gefallen, Nützlichkeit, erlebte Schwierigkeit) eine bessere Bestimmung von Zusammenhängen mit Größen der Lernebene erlaubt als übergreifende Reaktionsmaße. Allerdings lässt sich auch durch eine differenzierte Erfassung der Reaktionsebene nicht das tatsächliche Verhalten in der täglichen Arbeit und somit der Wissenstransfer vorhersagen.

3. *Auswertung und Interpretation der Evaluationsergebnisse*
Nach Thierau-Brunner et al. (2006) sollten für die Auswertung und Interpretation der Evaluationsergebnisse nicht nur die statistische Signifikanz, sondern auch die Relevanz der Resultate für organisationale Strategien und Zielsetzungen berücksichtigt werden (Kraiger, 2002; Tannenbaum, 2002). Aufgrund hoher Investitionen in anspruchsvolle Trainingslösungen dürften außerdem Kosten-Nutzen-Analysen zukünftig einen noch höheren Stellenwert einnehmen. Bei der Nutzenbemessung ist auch das Zeitintervall zu berücksichtigen, in dem die Realisierung des Nutzens stattfindet. Einen Überblick zur ökonomischen Bedeutung von Training und Personalentwicklung im Kontext des Human Resource Managements geben Sonntag und Stegmaier (2006).

4.2 Determinanten von Trainingserfolg

Als zentrales Anliegen der Trainingsgestaltung ist neben der engagierten Teilnahme der Mitarbeiter die Anwendung und Generalisierung erlernten Wissens oder neu erworbener Strategien und Verhaltensweisen am Arbeitsplatz zu definieren (Maurer, Weiss & Barbeite, 2003; Schaper & Kauffeld, 2008; Tannenbaum, 2002). Begriffe wie Transferdilemmata (Hesketh, 1997) weisen aber darauf hin, dass es nicht einfach ist, die in Trainingssituationen (= Lernfeld) erworbenen Kompetenzen in die alltägliche Arbeit (= Funktionsfeld) umzusetzen und auf neue Aufgabenstellungen zu übertragen. Noe und Colquitt (2002) haben Merkmale effektiver Trainingsumgebungen identifiziert, u. a. Klarheit über Ziele der Maßnahme, Relevanz der Inhalte, Übungsmöglichkeiten, Rückmeldungen und Austausch mit anderen Teilnehmern.

Zur Erklärung und insbesondere Förderung transferorientierten Lernens wurde eine Vielzahl von Konzepten und Maßnahmen entwickelt (vgl. Bergmann & Sonntag, 2006; Machin, 2002). Baldwin und Ford (1988) formulieren ein integratives Rahmenmodell zur Erklärung und Beschreibung des Transferprozesses. *Transfer* wird daran festgemacht, inwieweit eine Verallgemeinerung des gelernten Materials im Arbeitskontext stattfindet und in welchem Zeitraum das erworbene Wissen und Verhalten erhalten und im Funktionsfeld genutzt werden kann. Der *Trainingsoutput* wird nach diesem Modell verstanden als die Menge des ursprünglich Gelernten und dessen Verfügbarkeit nach Abschluss des Trainings. *Trainingsinputs* sind *Merkmale des Trainingsdesigns* (z. B. Lehr-Lernprinzipien, Lehr-Lernmethoden, kontextbezogene Lerninhalte), die *Merkmale der Trainingsteilnehmer* (z. B. Fähigkeiten, Fertigkeiten, Motivation, Lernstile und

Strategien) und die *Merkmale des Arbeitsumfelds* (z. B. Unterstützung durch Vorgesetzte, Vorhandensein organisationaler und sozialer Ressourcen).

Nachfolgend werden aktuelle Untersuchungsbefunde (vgl. Goldstein & Ford, 2002; Mathieu & Martineau, 1997; Noe & Colquitt, 2002; Sonnentag, Niessen & Ohly, 2004; Sonntag, 2004) zur Bedeutung von Merkmalen von Trainingsdesign, Trainingsteilnehmern und Arbeitsumfeld für den Trainingserfolg dargestellt (vgl. Abb. 2).

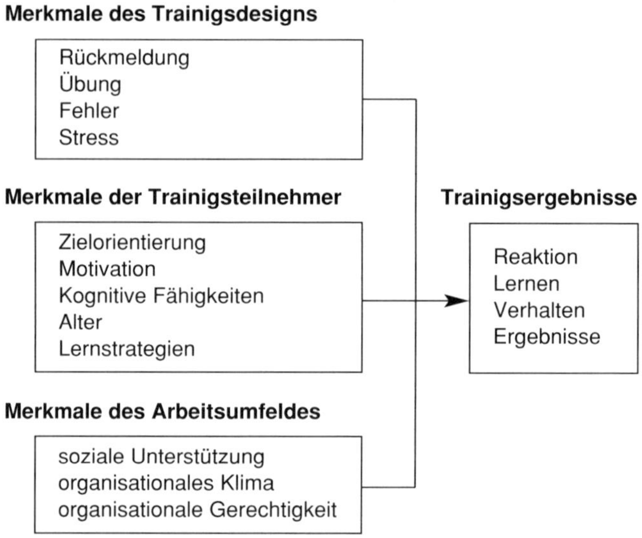

Abbildung 2:
Determinanten von Trainingsergebnissen

4.2.1 Merkmale des Trainingsdesigns

Rückmeldungen zu Lernverhalten in Trainingskontexten (Goodman, Wood & Hendrickx, 2004), absichtliche Übungen (Sonnentag & Kleine, 2000), der Umgang mit Fehlern (Debowski, Wood & Bandura, 2001; Gully, Payne, Koles & Whiteman, 2002; Heimbeck, Frese, Sonnentag & Keith, 2003; Keith & Frese, 2008) sowie der erlebte Stress (LePine, LePine & Jackson, 2004) in Trainingskontexten sind wesentliche Merkmale des Trainingsdesigns mit Bedeutung für den Trainingserfolg.

Rückmeldung. Goodman, Wood und Hendrickx (2004) untersuchen in ihrer Studie die Wirkungen unterschiedlich spezifischer Formen von Feedback in

Trainingskontexten hinsichtlich verschiedener Ergebnismaße. Für die unmittelbare Performance bei einer Aufgabe erweist sich ein hoch spezifisches Feedback als förderlich, jedoch sind gerade für spätere Leistungen bei ähnlichen Aufgaben geringe und moderate Grade der Feedback-Spezifität am hilfreichsten. Durch eine hohe Feedback-Spezifität können lernförderliche Explorationen im Trainingskontext verhindert und der Transfer somit erschwert werden. Schmidt und Wulf (1997) kommen in ihrer Studie zu dem Schluss, dass kontinuierliches Feedback beim Erwerb einer motorischen Fertigkeit den Lernprozess eher behindert als fördert. Zu häufiges Feedback kann den Aufbau eigener Bewertungs- und Steuerungskompetenzen behindern.

Übung. Die Expertiseforschung hat die Bedeutung der praktischen Übung für die Herausbildung von Könnerschaft und Spitzenleistungen beispielsweise auf den Gebieten Musik und Sport bereits herausgearbeitet und empirisch belegt (Ericsson et al., 1993). Unter praktischer Übung werden Aktivitäten verstanden, die zu einer Anhebung des Leistungsniveaus beitragen sollen, d. h. eine Kompetenzsteigerung ist das explizite Ziel des absichtlichen Übens (Ericsson et al., 1993). Sonnentag und Kleine (2000) belegen für den Arbeitskontext einen positiven Zusammenhang von gezielter Übung (deliberate practice) und Vorgesetzteneinschätzungen der Leistungen von Versicherungsagenten. Typische Aktivitäten der Versicherungsagenten waren die mentale Simulation von schwierigen Verkaufssituationen, das Einholen von Rückmeldungen und die intensive Vorbereitung auf herausfordernde Situationen.

Fehler. Fehler im Sinne prinzipiell vermeidbarer Abweichungen von angestrebten Zielen können unter geeigneten Umständen Trainings- und Lernprozesse unterstützen, da sie eine tiefere und elaborierte Verarbeitung von Informationen fördern, zur Exploration anregen und den Einsatz metakognitiver Strategien motivieren können (Heimbeck et al., 2003; Keith & Frese, 2008). Fehler können jedoch auch negative Effekte auf Emotion und Motivation ausüben. Die empirische Befundlage spiegelt diese Widersprüchlichkeit wider. So finden Debowski, Wood und Bandura (2001), dass sich aktives Erkunden (enactive exploration) als eine Form fehlerbezogenen Lernens weniger förderlich auf die Leistung auswirkte als angeleitetes Explorieren (guided exploration), das eher fehlervermeidend ist. Auf eine Wechselwirkung der Trainingsform mit Merkmalen der Trainingsteilnehmer weisen die Befunde von Gully, Payne, Koles und Whiteman (2002) hin. In dieser Studie zeigen sich positive Effekte eines fehlerbezogenen Trainings auf die Performance nur für Teilnehmer mit hohem Fähigkeitsniveau und ausgeprägter Offenheit für Erfahrung.

Heimbeck et al. (2003) demonstrieren in ihrer Studie, dass ein fehlerbezogenes Training mit zusätzlichen Instruktionen zur Bewertung von Fehlern sowohl einem fehlerbezogenen Training ohne Instruktionen als auch einem fehlervermeidenden Training im Hinblick auf verschiedene leistungsbezogene Transfermaße überlegen ist. Durch Instruktionen zur positiven Bewertung von Fehlern („Fehler sind Teil des Lernprozesses“, „Je mehr Fehler, desto höher die Lernchancen“) können negative Effekte von Fehlern auf Emotion und Motivation kompensiert werden. Auch in dieser Studie finden sich Hinweise auf Wechselwirkungen von Trainingsmerkmalen und Personenmerkmalen. Teilnehmer mit ausgeprägter „prove goal orientation“ schneiden unter der Bedingung des fehlervermeidenden Trainings besser ab als in den fehlerbezogenen Trainingsbedingungen. Der Kontext der Fehlervermeidung entspricht eher dem Bedürfnis der Leistungszielorientierung und erlaubt den Teilnehmern ihre Leistung unter Beweis zu stellen, ohne dass sie hierbei Angst vor auftretenden Fehlern haben müssen.

Stress. LePine, LePine und Jackson (2004) belegen in ihrer Studie Wirkungen verschiedener Formen von Stresserleben in Trainings- und Lernkontexten. Stress infolge einer erlebten Herausforderung (z. B. durch Zeitdruck) steht in einem positiven, Stress als Folge von Störungen und Hindernissen (z. B. unklare Ziele des Trainings) in einem negativen Zusammenhang mit dem Lernerfolg. Die Beziehung von Stress und Lernerfolg wird teilweise durch Erschöpfung und Lernmotivation mediiert.

4.2.2 Merkmale der Trainingsteilnehmer

Für eine Vielzahl personaler Merkmale ist deren Bedeutung für Lernverhalten und Trainingsergebnisse belegt. Insbesondere für Zielorientierung (Bell & Kozlowski, 2002; Steele-Johnson, Beauregard, Hoover & Schmidt, 2000), Motivation (Guerrero & Sire, 2001; Warr, Allan & Birdi, 1999), kognitive Fähigkeiten (Day, Arthur & Gettman, 2001), Alter (Chiu, Chan, Snape & Redman, 2001; Maurer, Weiss & Barbeite, 2003) und Lernstrategien (Warr & Allan, 1998) liegen interessante aktuelle Studien vor.

Zielorientierung. Üblicherweise werden Lernzielorientierung (learning goal orientation) und Leistungszielorientierung (performance goal orientation) unterschieden (Button, Mathieu & Zajac, 1996). Die Lernzielorientierung zielt auf die Weiterentwicklung der eigenen Kompetenzen durch den Erwerb neuer Fähigkeiten und Fertigkeiten. Personen mit hoher Lernzielorientierung wählen bevorzugt schwierige Aufgaben und halten auch bei auftretenden Schwierigkeiten ihre Anstrengung aufrecht. Bei der Leistungszielorientierung steht das Bedürfnis, die eigene Kompetenz unter Beweis zu stellen und von Dritten positiv beurteilt zu werden, im Mittelpunkt. Entsprechend wählen Personen mit hoher Leistungszielorientierung eher einfache Aufgaben und lassen bei Misserfolgen schneller mit ihrer Anstrengung nach (Button et al., 1996). Die Zielorientierung setzt sich sowohl aus dispositionalen als auch situationalen Einflüssen zusammen.

Positive Effekte der Lernzielorientierung sind belegt für die Anstrengung Lernender (VandeWalle, Brown, Cron & Slocum, 1999), das aktive Bemühen um Feedback (VandeWalle, Ganesan, Challagalla & Brown, 2000) sowie den Einsatz von Lernstrategien (Ford, Weissbein, Smith & Gully, 1998). Ford et al. (1998) zeigen, dass die Lernzielorientierung über den Einsatz von Lernstrategien mit Lernergebnissen wie Wissenszuwachs und Selbstwirksamkeit verbunden ist, die ihrerseits zentrale Prädiktoren der Transferleistungen sind. Die Aufgabenkomplexität (Steele-Johnson et al., 2000) und das Fähigkeitsniveau der Lernenden (Bell & Kozlowski, 2002) stehen in Wechselwirkung mit der Zielorientierung. So zeigen Steele-Johnson et al. (2000), dass bei einfachen Aufgaben eine Leistungs- einer Lernzielorientierung überlegen ist. Bell und Kozlowski (2002) belegen eine Wechselwirkung von Zielorientierung und Fähigkeitsniveau, derzufolge die Lernzielorientierung insbesondere für Personen mit hohem Fähigkeitsniveau adaptiv ist.

Motivation. Die Motivation der Trainingsteilnehmer vor einem Training kann Mathieu und Martineau (1997) folgend in die Komponenten Lernmotivation, Valenz-Instrumentalitäts-Erwartung sowie Selbstwirksamkeit unterteilt werden. Die Selbstwirksamkeit lässt sich weiter in eine lernbezogene (learning self-efficacy) und eine aufgabenbezogene Selbstwirksamkeit (task-specific self-efficacy) untergliedern (Colquitt et al., 2000). Im Arbeitskontext spielt besonders die entwicklungsbezogene Selbstwirksamkeit eine wichtige Rolle, die das Zutrauen von Mitarbeitern beschreibt, neues Wissen zu erwerben und anzuwenden (vgl. Maurer, Weiss & Barbeite, 2003).

Colquitt et al. (2000) zeigen in ihrer Metaanalyse, dass die Lernmotivation signifikant mit Trainingsergebnissen wie deklarativem Wissen, Fertigkeitserwerb, Bewertung von Maßnahmen und Wissenstransfer zusammenhängt. Tharenou (2001) belegt, dass sowohl die Lernmotivation als auch die Valenz-Instrumentalitäts-Erwartung (also die Einschätzung, inwieweit im Training erworbene Kompetenzen für den aktuellen Job einen Nutzen aufweisen) beides signifikante Prädiktoren für die Vorhersage der Teilnahme an Trainingsaktivitäten sind. In ähnlicher Weise finden Guerrero und Sire (2001), dass die intrinsische Instrumentalitätseinschätzung, inwieweit durch neue Kompetenzen Erleichterungen bzw. Effizienzsteigerungen der Arbeit erreicht werden können, positiv mit der Trainingszufriedenheit und dem deklarativen Wissen zusammenhängt.

Positive Auswirkungen der lernbezogenen Selbstwirksamkeit auf Transfermotivation und Häufigkeit des Einsatzes einer neuen Technologie nach einem Training (Warr, Allan & Birdi, 1999) sowie Wissen (Warr & Bunce, 1995) sind belegt. Warr und Bunce (1995) demonstrieren jedoch auch, dass die lernbezogene Selbstwirksamkeit keine zusätzliche Varianzaufklärung über die Lernmotivation hinaus leisten kann. Sonnentag, Niessen und Ohly (2004) schlagen in diesem Zusammenhang vor, die lernbezogene Selbstwirksamkeit als Voraussetzung der Lernmotivation zu betrachten.

Kognitive Fähigkeiten. Kognitive Fähigkeiten beziehen sich auf die mentale Kapazität, Informationen zu verarbeiten, und werden je nach theoretischem Zugang als Formen der Intelligenz oder Merkmale von Arbeitsgedächtnisstrukturen und Prozessen der Informationsverarbeitung betrachtet (Ree, Carretta & Steindl, 2001). Insbesondere für eine allgemeine kognitive Fähigkeit (general cognitive ability), kurz (g), als grundlegendem Faktor verschiedener Maße kognitiver Leistungen ist die Bedeutung für den Trainingserfolg belegt. So zeigen Ree und Carretta (1991), dass die Trainingsperformance stärker durch (g) als durch spezifische Fähigkeitsmaße bestimmt wird. Auch Metaanalysen replizieren diese Befunde (Colquitt et al., 2000; Schmidt & Hunter, 1998).

Day, Arthur und Gettman (2001) können demonstrieren, dass Trainingsteilnehmer mit hohen (g-)Werten Wissensstrukturen entwickeln, die den Strukturen von Experten ähnlicher sind. Dies ist auch deshalb von besonderer Bedeutung, da die Genauigkeit der Wissensstruktur den Zusammenhang von allgemeiner kognitiver Fähigkeit und Aufrechterhaltung einer neu erworbenen Fertigkeit mediiert. Gully, Payne, Koles und Whiteman (2002) verdeutlichen in ihrer Studie im Kontext eines Trainings zur Verbesserung der Leistungen bei einer simulierten Entscheidungsaufgabe, dass durch die Berücksichtigung des Niveaus kognitiver Fähigkeiten von Trainingsteilnehmern der Trainingsnutzen gesteigert werden kann. Teilnehmer mit einem höheren Niveau kognitiver Fähigkeiten profitieren stärker von einem „error-encouraging training" als Personen mit niedrigem Niveau kognitiver Fähigkeiten.

Alter. Ältere Arbeitnehmer haben einen erhöhten Zeitbedarf für arbeitsbezogene Trainingsmaßnahmen (Callahan, Kiker & Cross, 2003; Czaja & Sharit, 1998; Kubeck, Delp, Haslett & McDaniel, 1996), sind außerdem eher störanfällig bzw. unsicher und haben mehr Schwierigkeiten, ihre Aufmerksamkeit zu verteilen (Barcat & Marquie, 1994; Kramer & Larish, 1996). In der Metaanalyse von Colquitt et al. (2000) ergibt sich ein schwacher negativer Zusammenhang von Alter und deklarativem Wissen sowie Lernmotivation. Nach einem Training weisen ältere Arbeitnehmer eine geringere Selbstwirksamkeit auf, den Transfer des Gelernten in den beruflichen Alltag leisten zu können als jüngere (Colquitt et al., 2000). Durch vermehrte Übung können ältere Arbeitnehmer jedoch altersbedingte Nachteile beim Erwerb arbeitsbezogener Fertigkeiten teilweise kompensieren (Czaja & Sharit, 1998).

Ältere Arbeitnehmer nehmen auch deutlich seltener an Maßnahmen wie Training oder Personalentwicklung teil als jüngere (Wrenn & Maurer, 2004) und erhalten weniger Feedback von Kollegen sowie Unterstützung ihrer horizontalen Mobilität (Noefer, Stegmaier, Molter & Sonntag, 2009). Durch altersfreundliche Personalleitlinien kann jedoch die altersbedingte Diskriminierung bei der Bereitstellung von Trainingsangeboten reduziert werden (Chiu, Chan, Snape & Redman, 2001). Maurer, Weiss und Barbeite (2003) zeigen, dass die reduzierte Teilnahme Älterer an Trainingsmaßnahmen durch eine verminderte entwicklungsbezogene Selbstwirksamkeitserwartung bestimmt wird, die ihrerseits auf ungünstige Karrierebedingungen und verminderte lernbezogene situationale Unterstützung zurückgeht. Die entwicklungsbezogene Selbstwirksamkeit steht darüber hinaus in positiver Beziehung zum innovativen Verhalten von jüngeren und älteren Mitarbeitern (Noefer, Stegmaier, Molter & Sonntag, 2008; Noefer et al., 2009). Ältere Arbeitnehmer schätzen den Nutzen von Trainingsmaßnahmen als geringer ein als jüngere (Warr, Allan & Birdi, 1999). Dies dürfte u. a. damit zu tun haben, dass Trainingsmaßnahmen für Ältere zunehmend funktionsspezifischer werden und so negative Effekte aus Anpassungsfähigkeit und Entwicklungschancen (horizontale Mobilität) entstehen (Boerlijst, 1994). Werden ältere Mitarbeiter durch die Personalentwicklung in ihrer horizontalen Mobilität und Karriere unterstützt, fördert dies deren innovatives Verhalten und erleichtert die Bewältigung unsicherer Situationen (Stegmaier, Noefer & Sonntag, 2008).

Lernstrategien. Warr und Allan (1998) formulieren neun arbeitsbezogene Lernstrategien, die sie den Kategorien kognitive Lernstrategien (z. B. Wiederholung, Elaboration), verhaltensorientierte Strategien (z. B. Unterstützung einholen, praktische Anwendung von neuem Wissen) und selbstregulatorische Lernstrategien (z. B. Kontrolle von Emotion und Motivation) zuordnen. Holman, Epitropaki und Fernie (2001) replizieren die vorgeschlagene Dimensionalität von Warr und Allan (1998) faktorenanalytisch. Der Einsatz von Lernstrategien ist jedoch nicht für alle Trainingsteilnehmer gleich wirksam. So zeigen Warr und Downing (2000), dass nur Teilnehmer mit geringer Lernängstlichkeit vom Einsatz von Lernstrategien im Hinblick auf den Wissenszuwachs profitieren. Bei Teilnehmern mit hoher Lernängstlichkeit ergab sich sogar ein negativer Zusammenhang des Einsatzes von Lernstrategien und Wissenszuwachs.

4.2.3 Merkmale des Arbeitsumfeldes

Das Arbeitsumfeld spielt eine wichtige Rolle für die Entscheidung zur Teilnahme an Trainings- und Entwicklungsmaßnahmen, das Lern- und Trainingsverhalten sowie den Trainingserfolg. Hierbei sind neben der sozialen Unterstützung durch Vorgesetzte und Kollegen (Baldwin & Ford, 1988; Kauffeld, Bates, Holton & Müller, 2008) auch organisationale Klimafaktoren (Rouiller & Goldstein, 1993; Tracey, Tannenbaum & Kavanagh, 1995) und erlebte organisationale Gerechtigkeit (Quiñones, 1995) von entscheidender Bedeutung.

Soziale Unterstützung. Die Führungskraft besitzt vielfältige Ansatzpunkte zur Unterstützung der Trainingsaktivitäten ihrer Mitarbeiter. Diese reichen von der Ermutigung zur Teilnahme und der Unterstützung der Zielformulierung über das Schaffen von Möglichkeiten zur Anwendung neuer Kompetenzen und die entsprechende Verstärkung neuer Verhaltensweisen bis hin zum eigenen Modellverhalten (Baldwin & Ford, 1988).

Die Unterstützung der Führungskraft beginnt bereits in der Vorbereitungsphase. Mitarbeiter, die von ihrer Führungskraft zur Teilnahme an Trainingsmaßnahmen ermutigt werden, sehen einen höheren Nutzen in der Maßnahme und erzielen bessere Transferleistungen (Cohen, 1990). Unterstreicht die Führungskraft die Wichtigkeit einer Maßnahme, erhöht dies die Trainingsmotivation und den Wissenstransfer des Mitarbeiters (Huczynski & Lewis, 1980).

Auch in der Transferphase kann die Führungskraft das Lernen fördern. Mitarbeiter müssen die Gelegenheit bekommen, neue Kompetenzen bei der Arbeit einzusetzen (Ford, Quiñones, Sego & Sorra, 1992), da mit zunehmender Zeit, die zwischen dem Erwerb neuer Kompetenzen und der Möglichkeit zur Anwendung liegt, eher ein Verlernen stattfindet (Arthur, Bennett, Stanush & McNelly, 1998). Signalisiert die Führungskraft ihrem Mitarbeiter Unterstützung, holt dieser verstärkt Rückmeldungen zu seinem Verhalten ein (Williams, Miller, Steelman & Levy, 1999). Lob und Anerkennung für die Anwendung neuer Kompetenzen verbessern ebenfalls den Wissenstransfer (Smith-Jentsch, Salas & Brannick, 2001). Gerade bei älteren Mitarbeitern steht das Feedback von Vorgesetzten in einer positiven Beziehung zum Lernen neuer Technologien und Verfahren (Stegmaier, Noefer, Molter & Sonntag, 2006).

Organisationales Klima. Ein positives Transferklima (Rückmeldung, soziale Unterstützung, individuelle Umsetzungsziele, persönliche Herausforderungen) fördert die Anwendung neuer Kompetenzen bei der Arbeit (Rouiller & Goldstein, 1993) ebenso wie eine Kultur des kontinuierlichen Lernens (Tracey, Tannenbaum & Kavanaugh, 1995) in einer Organisation (Entwicklungsmöglichkeiten bei der Arbeit, Lernanforderungen, Betonung von Innovation und Leistung in der Unternehmensphilosophie). Durch ein unterstützendes Klima wird die Trainingsmotivation und die Bereitschaft zur Teilnahme an Trainings- und Entwicklungsmaßnahmen erhöht (Noe & Wilk, 1993; Maurer & Tarulli, 1994). Ein transferförderliches Klima trägt ferner dazu bei, dass Rückfälle in nicht angemessene Verhaltensweisen vermindert und die Anwendung neuer Verhaltensweisen verstärkt werden (Burke & Baldwin, 1999; Stevens & Gist, 1997). Auch positive Auswirkungen des Transferklimas auf die Beziehung von durch Training vermitteltem sicherheitsrelevanten Wissen und dem tatsächlichen Sicherheitshandeln sind belegt (Smith-Crowe, Burke & Landis, 2003).

Studien sowohl auf der individuellen, gruppenbezogenen als auch organisationalen Ebene zeigen, dass ein Klima psychologischer Sicherheit (keine Angst vor Benachteiligungen, wenn man seine Ideen, Kritik oder Unsicherheit offen äußert) eine wichtige Voraussetzung für Lernprozesse und erfolgreichen Wissenstransfer darstellt (Edmondson, Bohmer & Pisano, 2001; Edmondson, 1999). Colquitt et al. (2000) zeigen anhand metaanalytischer Befunde, dass ein entwicklungsfreundliches Klima positiv mit der Bewertung von Trainingsmaßnahmen, Lernmotivation, Fertigkeitserwerb, Wissenstransfer und anschließender Leistung in der Arbeit zusammenhängt.

Organisationale Gerechtigkeit. Die empfundene Fairness bezogen auf Trainingsthemen wirkt sich auf Trainingsmotivation und Lernerfolg aus. Freiwilligkeit der Teilnahme (Baldwin, Magjuka & Loher, 1991), Einfluss auf die Trainingsinhalte (Hicks & Klimoski, 1987) sowie erlebte Fairness bei der Zuteilung zu Nachschulungen (Quiñones, 1995) stehen in positivem Zusammenhang mit Reaktionen und Lernerfolg der Trainingsteilnehmer.

5 Ausblick und Forschungsperspektiven

Die Trainingsforschung hat mit ihren Ergebnissen einen wichtigen Beitrag geleistet für ein besseres Verständnis des Zusammenspiels von Lern- und Trainingsprozessen. Insbesondere die Rolle von personalen Merkmalen und ihre Wechselwirkungen mit Merkmalen des Trainingsdesigns wurden intensiv untersucht. Für die weitere Forschung scheinen zwei Aspekte von besonderer Bedeutung, nämlich die stärkere Berücksichtigung des organisationalen Umfelds und des ökonomische Nutzens von Trainingsmaßnahmen.

1. *Vertiefte Untersuchung der Bedeutung des organisationalen Umfelds für Trainingsgestaltung und Trainingsergebnisse:* Die Bedeutung des organisationalen Umfelds im Sinne von sozialer Unterstützung und organisationalem Klima für Trainingsmotivation und erfolgreichen Wissenstransfer wurde in einer Reihe von Studien ermittelt (Colquitt et al., 2000; Hochholdinger & Schaper, 2008; Rouiller & Goldstein, 1993; Smith-Jentsch et al., 2001; Tannenbaum, 2002; Tracey, Tannenbaum & Kavanagh, 1995). Wenig ist hingegen bekannt über die Bedeutung von Prozessen des Human Resource Managements (wie eine systematische Bedarfsermittlung, der Einsatz von Kompetenzmodellen als Zielgröße für die Trainingsgestaltung bzw. die Behandlung von Trainingsthemen in Zielvereinbarungsgesprächen) für den Trainingserfolg (vgl. Arthur, Bennett, Edens & Bell, 2003; Colquitt et al., 2000; Sonntag & Schmidt-Rathjens, 2004; Tannenbaum, 2002; VandeWalle, 1997).

Es gilt daher, in weiteren Studien die Bedeutung des organisationalen Umfelds für Variablen wie Trainingsmotivation, Zielorientierung, Selbstwirksamkeit vor und nach dem Training, entwicklungsbezogene Selbstwirksamkeit oder Wissenstransfer zu untersuchen. Ein hierzu geeignetes Konstrukt ist die Lernkultur, die Aspekte des lernrelevanten organisationalen Klimas und Themen des Human Resource Managements (HRM) integriert. Eine Lernkultur ist Ausdruck des Stellenwerts, der dem Lernen in Organisationen zukommt (Sonntag, 1996). Auf normativer Ebene findet sie Ausdruck in lernbezogenen Werten, Normen und Einstellungen. Auf der strategischen Ebene manifestiert sie sich in Rahmenbedingungen und Support, die Lernen längerfristig und nachhaltig unterstützen. Operativ drückt sich die Lernkultur aus in den vielfältigen Formen individuellen, gruppenbezogenen und organisationalen Lernens. Mit dem Lernkulturinventar (LKI) liegt ein valides und bewährtes Verfahren zur Messung von Lernkulturen in Organisationen vor (vgl. Sonntag, Stegmaier, Schaper & Friebe, 2004), das zur Planung von Trainingsmaßnahmen und für entsprechende Evaluationsstudien eingesetzt werden kann. Wie die Organisationsdiagnose gezielt zur Unterstützung der Trainingsgestaltung eingesetzt werden kann, beschreiben Sonntag, Stegmaier und Schaper (2006).

2. *Herausarbeitung des ökonomischen Nutzens der Trainingsgestaltung für Organisationen:* Trainingsmaßnahmen werden auf unterschiedlichen Ebenen evaluiert. Jedoch befassen sich nur wenige Studien mit dem Nachweis der Auswirkungen von Training auf organisational relevante Ergebnisgrößen (vgl. Agninis & Kraiger, 2009; Sonnentag, Niessen & Ohly, 2004; Tannenbaum, 2002). In der stärker managementwissenschaftlich geprägten Forschung liegt eine Vielzahl von Studien vor, die die ökonomische Bedeutung der Trainingsgestaltung im Kontext des Human Resource Managements aufzeigen (vgl. Überblick bei Sonntag & Stegmaier, 2006). Es dürfte für die weitere Forschung von Nutzen sein, die managementwissenschaftlichen und stärker trainingspsychologischen Evaluationsperspektiven zu verbinden und so die strategische Bedeutung der Trainingsgestaltung aufzuzeigen. So kann es gelingen, auch die Prozesse zu identifizieren, die zwischen Maßnahmen der Trainingsgestaltung und organisationalen Ergebnisgrößen wie Produktivität oder finanzieller Performance vermitteln. In diesem Zusammenhang stellt sich auch die Frage, wie Trainingsgestaltung durch die Entwicklung schwer imitierbarer individueller Kompetenzen einen Beitrag zu Wettbewerbsvorteilen von Unternehmen leisten kann (Reed & DeFillipi, 1990; Wright, Dunford & Snell, 2001). Hier sind Theorieentwicklungen gefordert, die eine Verbindung individueller und organisationaler Kompetenzen leisten und die Rolle der Trainingsgestaltung für die Strategieumsetzung herausarbeiten (vgl. Stegmaier & Sonntag, 2007; Tannenbaum, 2002).

Literatur

Agninis, H. & Kraiger, K. (2009). Benefits of training and development for individuals and teams, organizations and society. *Annual Review of Psychology, 60,* 451–474.

Annett, J. & Stanton, N. A. (Eds.). (2000). *Task analysis.* London: Taylor & Francis.

Alliger, G. M., Tannenbaum, S. I., Bennett, W. J., Traver, H. & Shotland, A. (1997). A meta-analysis of the relations among training criteria. *Personnel Psychology, 50,* 341–358.

Arthur, W. Jr., Bennett, W. Jr., Edens, P. S. & Bell, S. T. (2003). Effectiveness of training in organizations: A meta-analysis of design and evaluation features. *Journal of Applied Psychology, 88,* 234–245.

Arthur, W. Jr., Bennett, W. Jr., Stanush, P. L. & McNelly, T. L. (1998). Factors that influence skill decay and retention: A quantitative review and analysis. *Human Performance, 11,* 79–86.

Baitsch, C. (1998). Lernen im Prozess der Arbeit – zum Stand der internationalen Forschung. In Arbeitsgemeinschaft Qualifikations-Entwicklungsmanagement (Hrsg.), *Kompetenzentwicklung '98* (S. 269–337). Münster: Waxmann.

Baker, S. & Marshall, E. (1989). Simulations for training and the evaluation of the operator. In L. Bainbridge & S. A. Ruiz-Quintanilla (Eds.), *Developing skills with information technology* (pp. 293–314). Chichester: Wiley.

Baldwin, T. T. (1992). Effects of alternative modeling strategies on outcomes of interpersonal-skills training. *Journal of Applied Psychology, 77,* 147–154.

Baldwin, T. T. & Ford, J. K. (1988). Transfer of Training: A review and directions for future research. *Personnel Psychology, 41,* 63–105.

Baldwin, T. T., Magjuka, R. J. & Loher, B. T. (1991). The perils of participation: Effects of learner choice on motivation and learning. *Personnel Psychology, 44,* 51–65.

Baldwin, T. T. & Padgett, M. (1993). Management development: A review and commentary. In C. L. Cooper & I. T. Robertson (Eds.), *International review of industrial and organizational psychology* (pp. 35–85). Chichester: Wiley.

Bamberg, E. & Busch, C. (1996). Betriebliche Gesundheitsförderung durch Stressmanagementtraining: Eine Metaanalyse (quasi-)experimenteller Studien. *Zeitschrift für Arbeits- und Organisationspsychologie, 40,* 127–137.

Bandura, A. (1977). *Social learning theory.* Englewood Cliffs, NJ: Prentice Hall.

Barcat, B. & Marquie, J. C. (1994). Training the middle-aged in new computer technology using signal detection theory in a real-life word-processing situation. In J. Snel (Ed.), *Work and aging. A european prospective* (pp. 197–212). London: Taylor & Francis.

Battmann, W. & Schönpflug, W. (2006). Stress in der Organisation: Ursachen, Konsequenzen und Bewältigungsformen. In K. Sonntag (Hrsg.), *Personalentwicklung in Organisationen* (3. Aufl., S. 312–329). Göttingen: Hogrefe.

Bayer, Y. (2003). *Vermittlung und Evaluation von Prinzipien des Anesthesia Crisis Resource Management im Rahmen eines Full Scale Simulatortrainings.* Unveröffentlichte Diplomarbeit, Universität Heidelberg.

Bell, B. S. & Kozlowski, S. W. J. (2002). Goal orientation and ability: Interactive effects on self-efficacy, performance, and knowledge. *Journal of Applied Psychology, 87,* 497–505.

Bergmann, B. (1998). *Training für den Arbeitsprozess.* Zürich: vdf.

Bergmann, B. (2000). Arbeitsimmanente Kompetenzentwicklung. In B. Bergmann, A. Fritsch, P. Göpfert, F. Richter, B. Wardanjan & S. Wilczek (Hrsg.), *Kompetenzentwicklung und Berufsarbeit* (S. 11–40). Münster: Waxmann.

Bergmann, B. & Sonntag, K. (2006). Transfer: Die Umsetzung und Generalisierung erworbener Kompetenzen in den Arbeitsalltag. In K. Sonntag (Hrsg.), *Personalentwicklung in Organisationen* (S. 287–312). Göttingen: Hogrefe.

Bergmann, B. & Wardanjan, B. (1999). Organisationsgestaltung und Mitarbeitermotivation. *Zeitschrift für Arbeitswissenschaft, 53,* 25–29.

Bergmann, B., Wiedemann, J. & Zehrt, P. (1997). Konzipierung und Erprobung eines multiplen Störungsdiagnosetrainings. In K. Sonntag & N. Schaper (Hrsg.), *Störungsmanagement und Diagnosekompetenz* (S. 233–251). Stuttgart: Teubner.

Bergmann, B. & Zehrt, P. (1999). Transferbefähigung als Ziel eines Störungsdiagnosetrainings. *Zeitschrift für Arbeits- und Organisationspsychologie, 43,* 180–192.

Berkenstadt, H., Ziv, A., Barsuk, D., Levine, I., Cohen, A. & Vardi, A. (2003). The use of advanced simulation in the training of anesthesiologists to treat chemical warfare casualities. *Anesthesia & Analgesia, 96,* 1739–1742.

Bloom, C., Linton, F. & Bell, B. (1997). Using evaluation in the design of an intelligent tutoring system. *Journal of Interactive Learning Research, 8,* 235–276.

Boerlijst, J. G. (1994). The neglect of growth and development of employees over 40 in organizations: A managerial and training problem. In J. Snel (Ed.), *Work and aging. A european prospective* (pp. 251–273). London: Taylor & Francis.

Brown, K. G. & Ford, J. K. (2002). Using computer technology in training: Building an infrastructure for active learning. In K. Kraiger (Ed.), *Creating, implementing, and managing effective training and development* (pp. 192–234). San Francisco, CA: Jossey-Bass.

Bungard, W., Holling, H. & Schultz-Gambard, J. (1996). *Methoden der Arbeits- und Organisationspsychologie.* Weinheim: Psychologie Verlags Union.

Burke, L. A. & Baldwin, T. P. (1999). Workforce training transfer: A study of the effect of relapse prevention training and transfer climate. *Human Resource Management, 38,* 227–241.

Burke, M. J. & Day, R. D. (1986). A cumulative study of the effectiveness of managerial training. *Journal of Applied Psychology, 71,* 232–245.

Burns, C. M. & Vicente, K. J. (2001). Model-based approaches for analyzing cognitive work: A comparison of abstraction hierarchy, multilevel flow modeling, and decision ladder modeling. *International Journal of Cognitive Ergonomics, 5,* 357–366.

Button, S. B., Mathieu, J. E. & Zajac, D. M. (1996). Goal orientation in organizational research: A conceptual and empirical foundation. *Organizational Behavior and Human Decision Making Processes, 67,* 26–48.

Callahan, J. S., Kiker, D. S. & Cross, T. C. (2003). Does method matter? A meta-analysis of the effects of training method on older learner training performance. *Journal of Management, 29,* 663–680.

Campbell, J. P. (1971). Personal training and development. *Annual Review of Psychology, 22,* 565–602.

Chao, G. T. (1997). Unstructured training and development: The role of organizational socialization. In J. K. Ford, S. W. J. Kozlowski, K. Kraiger, E. Salas & M. S. Teachout (Eds.), *Improving training effectiveness in work organizations* (pp. 129–151). Mahwah, NJ: Erlbaum.

Chen, C. & Rada, R. (1996). Interacting with hypertext: A meta-analysis of experimental studies. *Human-Computer-Interaction, 11,* 125–156.

Chiu, W. C. K., Chan, A. W., Snape, E. & Redman, T. (2001). Age stereotypes and discriminatory attitudes towards older workers: An east-west comparison. *Human Relations, 54,* 629–661.

Cognition and Technology Group at Vanderbilt (1990). Anchored instruction and its relationship to situated cognition. *Educational Researcher, 19* (6), 2–10.

Cohen, D. J. (1990). What motivates trainees. *Training & Development Journal, 44,* 91–93.

Collins, A., Brown, J. S. & Newman, S. E. (1989). Cognitive apprenticeship. Teaching the crafts of reading, writing, and mathematics. In L. B. Resnick (Ed.), *Knowing, learning and instruction* (pp. 453–494). Hillsdale, NJ: Erlbaum.

Colquitt, J. A., LePine, J. A. & Noe, R. A. (2000). Toward an integrative theory of training motivation: A meta-analytic path analysis of 20 years of research. *Journal of Applied Psychology, 85,* 678–707.

Czaja, S. J. & Sharit, J. (1998). Ability-performance relationships as a function of age and task experience for a data entry task. *Journal of Experimental Psychology: Applied, 4,* 332–351.

Davis, F. D. & Yi, M. Y. (2004). Improving computer skill training: Behavior modeling, symbolic mental rehearsal, and role of knowledge structures. *Journal of Applied Psychology, 89,* 509–523.

Day, E. A., Arthur, W. Jr. & Gettman, D. (2001). Knowledge structures and the acquisition of a complex skill. *Journal of Applied Psychology, 86,* 1022–1033.

Debowski, S., Wood, R. E. & Bandura, A. (2001). Impact of guided exploration and enactive exploration on self-regulatory mechanisms and information acquisition through electronic search. *Journal of Applied Psychology, 86,* 1129–1141.

Decker, P. (1980). Effects of symbolic coding and rehearsal in behavior-modeling training. *Journal of Applied Psychology, 65,* 627–634.

Decker, P. (1982). The enhancement of behavior modelling training of supervisory skills by the inclusion of retention processes. *Personnel Psychology, 35,* 323–332.

Decker, P. (1983). The effects of rehearsal group size and video feedback in behavior modeling training. *Personnel Psychology, 36,* 763–773.

Dillon, A. & Gabbard, R. (1998). Hypermedia as an educational technology: A review of the quantitative research literature on learner comprehension, control, and style. *Review of Educational Research, 68,* 322–349.

Driskell, J. & Johnston, J. H. (1998). Stress exposure training. In J. A. Cannon-Bowers & E. Salas (Eds.), *Making decisions under stress. Implications for individual and team training* (pp. 191–217). Washington, DC: American Psychological Association.

DuBois, D. A. (2002). Leveraging hidden expertise: Why, when and how to use cognitive task analysis. In K. Kraiger (Ed.), *Creating, implementing, and managing effective training and development* (pp. 80–114). San Francisco, CA: Jossey-Bass.

DuBois, D. A., Shalin, V. L., Levi, K. & Borman, W. C. (1997). A cognitively oriented approach to task analysis. *Training Research Journal, 3,* 103–142.

Duncan, K. D. (1987). Fault diagnosis training for advanced continuous process installation. In J. Rasmussen, K. Duncan & J. Leplat (Eds.), *New technology and human error* (pp. 209–222). New York, NY: Wiley.

Eberspächer, H. (2004). *Mentales Training. Ein Handbuch für Trainer und Sportler.* München: Corpress.

Edmondson, A. C. (1999). Psychological safety and learning behavior in work teams. *Administrative Science Quarterly, 44,* 350–383.

Edmondson, A. C., Bohmer, R. M. & Pisano, G. P. (2001). Disrupted routines: Team learning and new technology implementation in hospitals. *Administrative Science Quarterly, 46,* 685–716.

Ericsson, K. A., Krampe, R. T. & Tesch-Römer, C. (1993). The role of deliberate practice in the acquisition of expert performance. *Psychological Review, 100,* 363–406.

Erpenbeck, J. & Rosenstiel, L. von (Hrsg.). (2003). *Handbuch Kompetenzmessung.* Stuttgart: Schäffer-Poeschel.

Euler, D. (1992). *Didaktik des computerunterstützten Lernens. Praktische Gestaltung und theoretische Grundlagen.* Nürnberg: Bildung und Wissen.

Ewert, A. (1988). Reduction of trait anxiety through participation in outward bound. *Leisure Science, 10,* 107–117.

Fleishman, E. A. & Quaintance, M. K. (1984). *Taxonomies of human performance. The description of human tasks.* Orlando, FL: Academic press.

Ford, J. K. & Kraiger, K. (1995). The application of cognitive constructs to the instructional systems model of training: Implications for needs assessment, design and transfer. In C. L. Cooper & I. T. Robertson (Eds.), *International review of industrial and organizational psychology* (pp. 1–35). Chichester: Wiley.

Ford, J. K., Quiñones, M. A., Sego, D. J. & Sorra, J. S. (1992). Factors affecting the opportunity to perform trained tasks on the job. *Personnel Psychology, 45,* 511–527.

Ford, J. K., Weissbein, D. A., Smith, E. M. & Gully, S. M. (1998). Relationships of goal orientation, metacognitive activity, and practice strategies with learning outcomes and transfer. *Journal of Applied Psychology, 83,* 218–233.

Franke, G. & Kleinschmitt, M. (1987). *Der Lernort Arbeitsplatz.* Berlin: Beuth.

Frayne, C. A. & Geringer, J. M. (2000). Self-management training for improving job performance: A field experiment involving salespeople. *Journal of Applied Psychology, 85,* 361–372.

Frayne, C. A. & Latham, G. P. (1987). Application of social learning theory to employee self-management of attendance. *Journal of Applied Psychology, 72,* 387–392.

Goldstein, I. L. (1980). Training in work organizations. *Annual Review of Psychology, 31,* 229–272.

Goldstein, I. L. & Ford, J. K. (2002). *Training in organizations.* Belmont, CA: Wadsworth.

Goldstein, I. L. & Gessner, M. (1988). Training and development in work organizations. In C. L. Cooper & I. T. Robertson (Eds.), *International review of industrial and organizational psychology* (pp. 43–72). Chichester: Wiley.

Goodman, J. S., Wood, R. E. & Hendrickx, M. (2004). Feedback specificity, exploration, and learning. *Journal of Applied Psychology, 89,* 248–262.

Gordon, S. E. & Gill, R. T. (1992). Knowledge acquisition with question process and conceptual graph structures. In T. Lauer, E. Peacock & A. Graesser (Eds.), *Questions and information systems* (pp. 29–46). Hillsdale, NJ: Erlbaum.

Guerrero, S. & Sire, B. (2001). Motivation to train from the workers' perspective: example of French companies. *International Journal of Human Resource Management, 12,* 988–1004.

Gully, S. M., Payne, S. C., Koles, K. L. K. & Whiteman, J. A. K. (2002). The impact of error training and individual differences on training outcomes: An attribute-treatment interaction perspective. *Journal of Applied Psychology, 87,* 143–155.

Hacker, W. (2005). *Allgemeine Arbeitspsychologie.* Bern: Huber.

Hacker, W., Fritsche, F., Richter, P. & Iwanowa, A. (1995). *Tätigkeitsbewertungssystem (TBS).* Zürich: vdf.

Hacker, W. & Skell, W. (1993). *Lernen in der Arbeit.* Berlin: Bundesinstitut für Berufsbildung.

Hackman, J. R. & Oldham, G. R. (1976). Motivation through the design of work. Test of a theory. *Organizational Behavior and Human Performance, 16,* 250–279.

Heimbeck, D., Frese, M., Sonnentag, S. & Keith, N. (2003). Integrating errors into the training process: The function of error management instructions and the role of goal orientation. *Personnel Psychology, 56,* 333–361.

Helmreich, R. L., Merrit, A. & Wilhelm, J. A. (1999). The evolution of crew resource management training in commercial aviation. *The International Journal of Aviation Psychology, 9,* 19–32.

Hesketh, B. (1997). Dilemmas in training for transfer and retention. *Applied Psychology: An International Review, 46,* 317–386.

Hicks, W. D. & Klimoski, R. (1987). The process of entering training programs and its effect on training outcomes. *Academy of Management Journal, 30,* 542–552.

Hochholdinger, S. & Schaper, N. (2008). Die Bedeutung von Lernkultur und Transfermotivation für betrieblichen E-Learning-Erfolg. *Zeitschrift für Personalpsychologie, 7,* 70–81.

Holling, H. & Liepmann, D. (2004). Personalentwicklung. In H. Schuler (Hrsg.), *Organisationspsychologie* (S. 285–316). Bern: Huber.

Holman, D., Epitropaki, O. & Fernie, S. (2001). Understanding learning strategies in the workplace: A factor analytic investigation. *Journal of Occupational and Organizational Psychology, 74,* 675–681.

Hron, I., Lauche, K. & Schultz-Gambard, I. (2000). Training im Qualitätsmanagement: Eine Interventionsstudie zur Vermittlung von Qualitätswissen und handlungsleitenden Kognitionen. *Zeitschrift für Arbeits- und Organisationspsychologie, 44,* 192–201.

Huczynski, A. A. & Lewis, J. W. (1980). An empirical study into the learning transfer process in management training. *Journal of Management Studies, 17,* 227–240.

Immenroth, M. (2003). *Mentales Training in der Medizin. Anwendung in der Chirurgie und Zahnmedizin.* Hamburg: Dr. Kovak.

Issing, L. J. & Klimsa, P. (2002). *Information und Lernen mit Multimedia.* Weinheim: Beltz.

Jacobs, J. & Dempsey, J. V. (1993). Simulation and gaming: Fidelity, feedback and motivation. In J. V. Dempsey & G. F. Salas (Eds.), *Interactive instruction and feedback* (pp. 197–229). Englewood Cliffs, NJ: Educational Technology.

Jonassen, D. H. & Hannum, W. H. (1991). Analysis of task analysis procedures. In G. J. Anglin (Ed.), *Instructional technology. Past, present and future* (pp. 170–187). Englewood, OH: Libraries Unlimited.

Kanfer, F. H. (1987). Selbstregulation und Verhalten. In H. Heckhausen, P. M. Gollwitzer & F. E. Weinert (Hrsg.), *Jenseits des Rubikon: Der Wille in den Humanwissenschaften* (S. 286–299). Berlin: Springer.

Kanfer, F. H., Reinecker, H. & Schmelzer, D. (1996). *Selbstmanagement-Therapie.* Berlin: Springer.

Kaschube, J. & Rosenstiel, L. von (2004). Training von Führungskräften. In H. Schuler (Hrsg.), *Organisationspsychologie – Gruppe und Organisation* (Enzyklopädie der Psychologie, Serie Wirtschafts-, Organisations-, und Arbeitspsychologie, Bd. 4, S. 559–602). Göttingen: Hogrefe.

Kauffeld, S., Bates, R., Holton, E. F.III & Müller, A. C. (2008). Das deutsche Lerntransfer-System-Inventar (GLTSI): Psychometrische Überprüfung der deutschsprachigen Version. *Zeitschrift für Personalpsychologie, 7,* 50–70.

Keith, N. & Frese, M. (2008). Effectiveness of error management timing: A meta-analysis. *Journal of Applied Psychology, 93,* 59–69.

Kirkpatrick, D. L. (1976). Evaluation of training. In R. L. Craig (Ed.), *Training and development handbook: A guide to human resource development* (pp. 301–319). New York, NY: McGraw-Hill.

Klein, S., König, C. & Kleinmann, M. (2003). Sind Selbstmanagement-Trainings effektiv? *Zeitschrift für Personalpsychologie, 2,* 157–168.

Kleinmann, M. & Wallmichrath, K. (2004). Organisationsdiagnose. In H. Schuler (Hrsg.), *Organisationspsychologie 2 – Gruppe und Organisation* (Enzyklopädie der Psychologie, Serie Wirtschafts-, Organisations-, und Arbeitspsychologie, Bd. 4, S. 653–700). Göttingen: Hogrefe.

Konradt, U., Semmer, N. & Tschan, F. (2006). Aufgabenanalyse. In B. Zimolog & U. Konradt (Hrsg.), *Ingenieurpsychologie* (Enzyklopädie der Psychologie, Serie Wirtschafts-, Organisations- und Arbeitspsychologie, Bd. 2, S. 359–392). Göttingen: Hogrefe.

Kraiger, K. (2002). Decision-based evaluation. In K. Kraiger (Ed.), *Creating, implementing, and managing effective training and development* (pp. 331–377). San Francisco, CA: Jossey-Bass.

Kraiger, K., Ford, J. K. & Salas, E. (1993). Application of cognitive, skill-based, and affective theories of learning outcomes to new methods of training evaluation. *Journal of Applied Psychology, 78,* 311–328.

Kramer, A. F. & Larish, J. L. (1996). Aging and dual-task performance. In W. A. Rogers, A. D. Fisk & N. Walker (Eds.), *Aging and skilled performance-advance in theory and applications* (pp. 83–112). Hillsdale, NJ: Erlbaum.

Krems, J. (1997). Expertise und diagnostische Urteilsbildung. In K. Sonntag & N. Schaper (Hrsg.), *Störungsmanagement und Diagnosekompetenz* (S. 77–94). Zürich: vdf.

Krüger, R. (2000). *Evaluation von Outdoor-Teamentwicklungsseminaren.* Unveröffentlichte Diplomarbeit, Universität Heidelberg.

Kubeck, J. E., Delp, N. D., Haslett, T. K. & McDaniel, M. A. (1996). Does job related training performance decline with age. *Psychology and Aging, 9,* 539–553.

Kühlmann, T. & Franke, J. (1989). Organisationsdiagnose. In E. Roth (Hrsg.), *Organisationspsychologie* (Enzyklopädie der Psychologie, Serie Wirtschafts-, Organisations-, und Arbeitspsychologie, Bd. 4, S. 631–651). Göttingen: Hogrefe.

Kulik, J. A. (1994). Meta-analytic studies of findings on computer-based instruction. In E. L. Baker & H. F. O'Neil (Eds.), *Technology assessment in education and training* (pp. 9–33). Hillsdale, NJ: Erlbaum.

Latham, G. P. (1988). Human resource training and development. *Annual Review of Psychology, 39,* 545–582.

Latham, G. P. & Frayne, C. (1989). Self-management training for increasing job attendance. A follow-up and a replication. *Journal of Applied Psychology, 74,* 411–416.

Latham, G. P. & Saari, L. M. (1979). The application of social learning theory to training supervisors through behavior modeling. *Journal of Applied Psychology, 64,* 239–246.

Leedom, D. & Simon, R. (1995). Improving team coordination. A case for behavioural-based military training. *Military Psychology, 7,* 109–122.

LePine, J. A., LePine, M. A. & Jackson, C. L. (2004). Challenge and hindrance stress: Relationships with exhaustion, motivation to learn, and learning performance. *Journal of Applied Psychology, 89,* 883–891.

Machin, M. A. (2002). Planning, managing and optimizing transfer of training. In K. Kraiger (Ed.), *Creating, implementing, and managing effective training and development* (pp. 263–302). San Francisco, CA: Jossey-Bass.

Mann, R. B. & Decker, P. (1984). The effect of key behavior distinctiveness on generalization and recall in behavior modeling training. *Academy of Management Journal, 27,* 900–910.

Marsh, H. W., Richards, G. E. & Barnes, J. (1987). A longterm follow-up of the effect of participation in an outward bound program. *Personality and Social Psychology Bulletin, 12,* 475–492.

Mathieu, J. E. & Martineau, J. W. (1997). Individual and situational influences on training motivation. In J. K. Ford, S. W. J. Kozlowski, K. Kraiger, E. Salas & M. Teachout (Eds.), *Improving training effectiveness in work organizations* (pp. 193–222). Mahwah, NJ: Erlbaum.

Maurer, T. J. & Tarulli, B. A. (1994). Investigation of perceived environment, perceived outcome and person variables in relationship to voluntary development activity by employees. *Journal of Applied Psychology, 79,* 3–14.

Maurer, T. J., Weiss, E. M. & Barbeite, F. G. (2003). A Model of involvement in work-related learning and development activity: The effects of individual, situational, motivational, and age variables. *Journal of Applied Psychology, 88,* 707–724.

McCauley, C. D., Ohlott, P. J. & Ruderman, M. N. (1989). On-the-job-development: A conceptual model and preliminary investigation. *Journal of Managerial Issues, 1,* 142–158.

Meichenbaum, D. (1991). *Intervention bei Stress. Anwendung und Wirkung des Stressimpfungstrainings.* Bern: Huber.

Meyer, H. H. & Raich, M. S. (1983). An objective evaluation of a behavior modeling training program. *Personnel Psychology, 36,* 755–761.

Michael, A. L., Klee, T., Bransford, J. D. & Warren, S. F. (1993). The transition from theory to therapy: Test of two instructional methods. *Applied Cognitive Psychology, 7,* 139–153.

Miller, G. A., Galanter, E. & Pribram, K. H. (1960). *Plans and the structure of behavior.* New York, NY: Holt.

Münsterberg, H. (1912). *Psychologie und Wirtschaftsleben.* Leipzig: Barth.

Nerdinger, F. W., Blickle, G. & Schaper, N. (2008). *Arbeits- und Organisationspsychologie.* Heidelberg: Springer.

Noefer, K., Stegmaier, R., Molter, B. & Sonntag, K. (2008). Entwicklungsbezogene Selbstwirksamkeit als Mediator für den Zusammenhang von Feedback und Ideenimplementierung. *Zeitschrift für Arbeits- und Organisationspsychologie, 52,* 1–9.

Noefer, K., Stegmaier, R., Molter, B. & Sonntag, K. (2009). Innovatives Verhalten über die Altersspanne: Effekte von Feedback, Unterstützung der horizontalen Mobilität und entwicklungsbezogener Selbstwirksamkeit. *Zeitschrift für Personalpsychologie, 8,* 1–12.

Noe, R. A. & Colquitt, J. A. (2002). Planning for training impact: Principles of training effectiveness. In K. Kraiger (Ed.), *Creating, implementing, and managing effective training and development* (pp. 53–80). San Francisco, CA: Jossey-Bass.

Noe, R. A. & Wilk, S. L. (1993). Investigation of the factors that influence employees' participation in development activities. *Journal of Applied Psychology, 78,* 291–302.

Noe, R. A., Wilk, S. L., Mullen, E. J. & Wanek, J. E. (1997). Employee development: Issues in construct definition and investigation antecedents. In J. K. Ford, S. W. J. Kozlowski, K. Kraiger, E. Salas & M. S. Teachout (Eds.), *Improving training effectiveness in work organizations* (pp. 153–189). Mahwah, NJ: Erlbaum.

Norros, L. (1989). Simulation in industrial work training. In L. Bainbridge & S. A. Ruiz-Quintanilla (Eds.), *Developing skills with information technology* (pp. 315–328). Chichester: Wiley.

Porras, J. I. & Anderson, B. (1981). Improving managerial effectiveness through modeling-based training. *Organzational Dynamics, 9,* 60–77.

Quiñones, M. A. (1995). Pretraining context effects: Training assignments as feedback. *Journal of Applied Psychology, 80,* 226–238.

Ree, M. J. & Carretta, T. R. (1991). Predicting training success: Not much more than g. *Personnel Psychology, 44,* 321–332.

Ree, M. J., Carretta, T. R. & Steindl, J. R. (2001). Cognitive ability. In N. Anderson, D. S. Ones, H. K. Sinangil & C. Viswesvaran (Eds.), *Handbook of industrial, work and organizational psychology* (Vol. 1, pp. 219–232). London: Sage.

Reed, R. & DeFillipi, R. J. (1990). Causal ambiguity, barriers to imitation and sustainable competitive advantage. *Academy of Management Review, 15,* 88–102.

Renkl, A. (1996). Träges Wissen: Wenn Erlerntes nicht genutzt wird. *Psychologische Rundschau, 47,* 78–92.

Robertson, L. T. (1990). Behavior modeling: Its record and potential in training and development. *British Journal of Management, 1,* 117–125.

Rouieller, J. Z. & Goldstein, I. L. (1993). The relationship between organizational transfer climate and positive transfer of training. *Human Resource Quarterly, 4,* 377–390.

Rowold, I., Hochholdinger, S. & Schaper, N. (2008). *Evaluation und Transfersicherung betrieblicher Trainings.* Göttingen: Hogrefe.

Ruderman, M. N., Ohlott, P. J. & McCauley, C. D. (1990). Assessing opportunities for leadership development. In K. E. Clark & M. B. Clark (Eds.), *Measures of leadership* (pp. 547–562). West Orange, NJ: Leadership Library.

Rühle, R. (1988). *Kognitives Training in der Industrie.* Berlin: Deutscher Verlag der Wissenschaften.

Sackett, P. R. & Mullen, E. J. (1993). Beyond formal experimental design: Towards an expanded view of the training evaluation process. *Personnel Psychology, 46,* 613–627.

Salas, E., Burke, C., Bowers, C. & Wilson, K. A. (2001). Team training in the skies: Does crew resource management (CRM) work? *Human Factors, 43,* 641–674.

Salas, E. & Cannon-Bowers, J. A. (2001). The science of training: A decade of progress. *Annual Review of Psychology, 52,* 471–499.

Salas, E., Rhodenizer, L. & Bowers, C. (2000). The design and delivery of crew resource management training: Exploiting available resources. *Human Factors, 42,* 490–511.

Schaper, N. (2000). *Gestaltung und Evaluation arbeitsbezogener Lernumgebungen.* Unveröffentlichte Habilitation, Ruprecht-Karls-Universität Heidelberg.

Schaper, N., Hochholdinger, S. & Sonntag, K. (2004). Förderung des Transfers von Diagnosestrategien durch computergestütztes Training mit kognitiver Modellierung. *Zeitschrift für Personalpsychologie, 3,* 51–62.

Schaper, N. & Kauffeld, S. (2008). Editorial – Themenheft: Lerntransfer und Kompetenzentwicklung. *Zeitschrift für Personalpsychologie, 7,* 45–50.

Schaper, N., Schmitz, A., Grube, C., Dieckmann, P. & Graf, B. (2002). Design and evaluation of simulator-training in Anaesthesia Crisis Resource Management (ACRM). In D. de Waard, K. Brookhuis, J. Moraal & A. Toffeti (Eds.), *Human factors in transportation, communication, health and the workplace* (pp. 421–434). Maastricht: Shaker.

Schaper, N. & Sonntag, K. (1995). Lernbedarfsanalyse bei komplexen Aufgabenstellungen – eine inhaltsbezogene und methodenkritische Studie. *Zeitschrift für Arbeits- und Organisationspsychologie, 39,* 168–178.

Schaper, N. & Sonntag, K. (1997). Kognitive Trainingsmethoden zur Förderung diagnostischer Problemlösefähigkeiten. In K. Sonntag & N. Schaper (Hrsg.), *Störungsmanagement und Diagnosekompetenz* (S. 193–210). Zürich: vdf.

Schaper, N. & Sonntag, K. (1998). Analysis and training of diagnostic expertise in complex technical domains. *European Journal of Work and Organisational Psychology, 7,* 479–499.

Schaper, N., Sonntag, K. & Baumgart, C. (2003). Ziele und Strategien von Personalentwicklung mit computer- und netzbasierten Medien. In U. Konradt & W. Sarges (Hrsg.), *E-Recruitment und E-Assessment. Rekrutierung, Auswahl und Beratung von Personal im Inter- und Intranet* (S. 55–81). Göttingen: Hogrefe.

Schaper, N., Sonntag, K., Zink, T. & Spenke, H. (2000). Authentizität und kognitive Modellierung als Gestaltungsprinzipien eines Diagnose-CBT. *Zeitschrift für Arbeits- und Organisationspsychologie, 44,* 209–220.

Schmidt, F. L. & Hunter, J. E. (1998). The validity and utility of selection methods in personnel psychology: Practical and theoretical implications of 85 years of research findings. *Psychological Bulletin, 124,* 262–274.

Schmidt, R. A. & Wulf, G. (1997). Continuous concurrent feedback degrades skill learning: Implications for training and simulation. *Human Factors, 39,* 509–525.

Schraagen, J. M., Chipman, S. F. & Shalin, V. L. (Eds.). (2000). *Cognitive task analysis.* Mahwah, NJ: Erlbaum.

Schuler, H. (2006). Arbeits- und Anforderungsanalyse. In H. Schuler (Hrsg.), *Lehrbuch Personalpsychologie* (S. 46–68). Göttingen: Hogrefe.

Schuler, H. & Barhelme, D. (1995). Soziale Kompetenz als berufliche Anforderung. In B. Seyfried (Hrsg.), *„Stolperstein" Sozialkompetenz* (S. 77–117). Bielefeld: Bertelsmann.

Schuler, H. & Görlich, Y. (2006). Ermittlung erfolgsrelevanter Merkmale von Mitarbeitern durch Leistungs- und Potenzialbeurteilung. In K. Sonntag (Hrsg.), *Personalentwicklung in Organisationen.* (S. 235–269). Göttingen: Hogrefe.

Semmer, N. K. & Zapf, D. (2004). Gesundheitsbezogene Interventionen in Organisationen. In H. Schuler (Hrsg.), *Organisationspsychologie – Gruppe und Organisation* (Enzyklopädie der Psychologie, Serie Wirtschafts-, Organisations- und Arbeitspsychologie, Bd. 4, S. 773–843). Göttingen: Hogrefe.

Shepherd, A. (1985). Hierarchical task analysis and training decisions. *Programmed Learning and Educational Technology, 22,* 162–176.

Shepherd, A. (2001). *Hierarchical task analysis.* London: Taylor & Francis.

Shepherd, A., Marshall, E. C., Turner, A. & Duncan, K. D. (1977). Diagnosis of plant failures from a control panel: A comparison of three training methods. *Ergonomics, 20,* 347–61.

Shipman, J. S., Ash, R. A., Battista, M., Carr, L., Eyde, L. D., Hesketh, B., Kehoe, J., Pearlman, K., Prien, E. P. & Sanchez, J. I. (2000). The practice of competency modeling. *Personnel Psychology, 53,* 703–740.

Sitzmann, T., Brown, K. G., Casper, W. J., Ely, K. & Zimmerman, R. D. (2008). A review and meta-analysis of the nomological network of trainee reactions. *Journal of Applied Psychology, 93,* 280–295.

Smith, E. M., Ford, J. K. & Kozlowski, S. W. J. (1997). Building adaptive expertise: implications for training design strategies. In M. A. Quiñones & A. Ehrenstein (Eds.), *Training for a rapidly changing workplace* (pp. 89–118). Washington, DC: APA.

Smith-Crowe, K., Burke, M. J. & Landis, R. S. (2003). Organizational climate as moderator of safety knowledge-safety performance relationships. *Journal of Organizational Behavior, 24,* 861–876.

Smith-Jentsch, K. A., Salas, E. & Brannick, M. T. (2001). To transfer or not to transfer? Investigating the combined effects of trainee characteristics, team leader support, and team climate. *Journal of Applied Psychology, 86,* 279–292.

Sonnentag, S. (2000). Expertise at work: Experience and excellent performance. In C. L. Cooper & I. T. Robertson (Eds.), *International review of industrial and organizational psychology* (pp. 223–264). Chichester: Wiley.

Sonnentag, S. & Kleine, B. M. (2000). Deliberate practice at work: A study with insurance agents. *Journal of Occupational and Organizational Psychology, 73,* 87–102.

Sonnentag, S., Niessen, C. & Ohly, S. (2004). Learning at work: Training and development. In C. L. Cooper & I. T. Robertson (Eds.), *International review of industrial and organizational psychology* (pp. 249–289). New York, NY: Wiley.

Sonntag, K. (1989). *Trainingsforschung in der Arbeitspsychologie. Berufsbezogene Lernprozesse bei veränderten Tätigkeitsinhalten.* Bern: Huber.

Sonntag, K. (1996). *Lernen im Unternehmen.* München: C. H. Beck.

Sonntag, K. (2000). Personalentwicklung „on the job“. In M. Kleinmann & B. Strauß (Hrsg.), *Potenzialfeststellung und Personalentwicklung* (S. 181–205). Göttingen: Verlag für Angewandte Psychologie.

Sonntag, K. (2002). Personalentwicklung und Training. *Zeitschrift für Personalpsychologie, 2,* 59–79.

Sonntag, K. (2004). Personalentwicklung. In H. Schuler (Hrsg.), *Organisationspsychologie – Grundlagen und Personalpsychologie* (Enzyklopädie der Psychologie, Serie Wirtschafts-, Organisations- und Arbeitspsychologie, Bd. 3, S. 827–890). Göttingen: Hogrefe.

Sonntag, K. (Hrsg.). (2006). *Personalentwicklung in Organisationen*. Göttingen: Hogrefe.

Sonntag, K. (2009). Kompetenztaxonomien und -modelle: Orientierungsrahmen und Referenzgröße beruflichen Lernens bei sich verändernden Umfeldbedingungen. In U. M. Staudinger & H. Heidemeier (Hrsg.), *Bildung und lebenslanges Lernen als Chance und Herausforderung einer alternden Gesellschaft* (NF 100, Nr. 364, S. 249–265). Halle: Nova Acta Leopoldina.

Sonntag, K., Bausch, S. & Stegmaier, R. (in Druck). Personalauswahl und Personalentwicklung. In M. Henninger & H. Mandl (Hrsg.), *Handbuch für Medien- und Bildungsmanagement*. Weinheim: PVU.

Sonntag, K., Benz, D., Edelmann, M. & Kipfmüller, K. (2001). Gesundheit, Arbeitssicherheit und Motivation bei innerbetrieblichen Rekrutierungen. In M. Kastner (Hrsg.), *Gesundheit und Sicherheit in neuen Arbeits- und Organisationsformen* (S. 329–399). Bremerhaven: Wirtschaftsverlag NW.

Sonntag, K., Lohbeck, B. & Thomas, M. (1997). Computer-based Training zur Bewältigung komplexer Diagnoseaufgaben. In K. Sonntag & N. Schaper (Hrsg.), *Störungsmanagement und Diagnosekompetenz* (S. 211–234). Zürich: vdf.

Sonntag, K. & Schäfer-Rauser, U. (1993). Selbsteinschätzung beruflicher Kompetenzen bei der Evaluation von Bildungsmaßnahmen. *Zeitschrift für Arbeits- und Organisationspsychologie, 37,* 163–171.

Sonntag, K. & Schaper, N. (1988). Kognitives Training zur Bewältigung steuerungstechnischer Aufgabenstellungen. *Zeitschrift für Arbeits- und Organisationspsychologie, 32,* 128–138.

Sonntag, K. & Schaper, N. (1999). Förderung beruflicher Handlungskompetenz. In K. Sonntag (Hrsg.), *Personalentwicklung in Organisationen* (S. 211–244). Göttingen: Hogrefe.

Sonntag, K. & Schaper, N. (2001). Wissensorientierte Verfahren der Personalentwicklung. In H. Schuler (Hrsg.), *Lehrbuch der Personalpsychologie* (S. 241–264). Göttingen: Hogrefe.

Sonntag, K., Schaper, N., Hochholdinger, S. & Zink, Th. (2004). Verbesserung des Transfers bei computergestütztem Diagnosetraining durch konstruktivistische Instruktionsgestaltung. *Arbeitsbericht zum DFG-Forschungsprojekt So-224/5-3*. Heidelberg: Psychologisches Institut.

Sonntag, K. & Schmidt-Rathjens, C. (2004). Kompetenzmodelle – Erfolgsfaktoren im HR-Management? Ein strategie- und evidenzbasierter Ansatz der Kompetenzmodellierung. *Personalführung, 10,* 18–26.

Sonntag, K. & Spellenberg, U. (2005). *Erfolgreich durch Veränderungen – Veränderungen erfolgreich managen* (Abschlussbericht Projekt SERO) Stuttgart: IPA-Verlag.

Sonntag, K. & Stegmaier, R. (2001). Verhaltensorientierte Verfahren der Personalentwicklung. In H. Schuler (Hrsg.), *Lehrbuch der Personalpsychologie* (S. 265–287). Göttingen: Hogrefe.

Sonntag, K. & Stegmaier, R. (2006). Personalentwicklung und Unternehmensperformance. Eine Evaluationsperspektive für das Human Resource Management. In K. Sonntag (Hrsg.), *Personalentwicklung in Organisationen* (S. 389–410). Göttingen: Hogrefe.

Sonntag, K. & Stegmaier, R. (2007). *Arbeitsorientiertes Lernen: Zur Psychologie der Integration von Lernen und Arbeit*. Stuttgart: Kohlhammer.

Sonntag, K., Stegmaier, R., Müller, B., Baumgart, C. & Schaupeter, H. (2000). *Leitfaden zur Implementation arbeitsintegrierter Lernumgebungen.* Bielefeld: Bertelsmann.

Sonntag, K., Stegmaier, R. & Schaper, N. (2006). Ermittlung organisationaler Merkmale: Organisationsdiagnose und Lernkultur. In K. Sonntag (Hrsg.), *Personalentwicklung in Organisationen* (S. 179–205). Göttingen: Hogrefe.

Sonntag, K., Stegmaier, R., Schaper, N. & Friebe, J. (2004). Dem Lernen im Unternehmen auf der Spur: Operationalisierung von Lernkultur. *Unterrichtswissenschaft, 32,* 104–128.

Spiro, R. D., Coulson, R. I., Feltovich, P. J. & Anderson, D. K. (1988). Cognitive flexibility theory: Advanced knowledge acquisition in ill-structured domains. In V. Patel (Ed.), *Tenth annual conference of the cognitive science society* (pp. 375–383). Hillsdale, NJ: Erlbaum.

Steele-Johnson, D., Beauregard, R. S., Hoover, P. B. & Schmidt, A. M. (2000). Goal orientation and task demand effects on motivation, affect and performance. *Journal of Applied Psychology, 85,* 724–748.

Steele-Johnson, D. & Hyde, B. G. (1997). Advanced technologies in training: Intelligent tutoring systems and virtual reality. In M. A. Quiñones & A. Ehrenstein (Eds.), *Training for a rapidly changing workplace* (pp. 225–248). Washington, DC: APA.

Stegmaier, R. (2000). *Kompetenzentwicklung durch arbeitsintegriertes Lernen in der Berufsbildung.* Unveröffentlichte Dissertationsschrift, Ruprecht-Karls-Universität Heidelberg.

Stegmaier, R. (2007). Kompetenzentwicklung in der Arbeit. In H. Schuler & K. Sonntag (Hrsg.), *Handbuch der Arbeits- und Organisationspsychologie* (S. 126–134). Göttingen: Hogrefe.

Stegmaier, R., Noefer, K., Molter, B. & Sonntag, K. (2006). Die Bedeutung von Arbeitsgestaltung für die innovative und adaptive Leistung älterer Berufstätiger. *Zeitschrift für Arbeitswissenschaft, 4,* 246–255.

Stegmaier, R., Noefer, K. & Sonntag, K. (2008). Innovations- und Anpassungsfähigkeit von Mitarbeitern: Altersneutrale und altersdifferenzierte Effekte der Arbeitsgestaltung und Personalentwicklung. *Wirtschaftspsychologie, 3,* 72–82.

Stegmaier, R. & Sonntag, K. (2007). Kompetenzmanagement und Lernkultur zur Förderung der Nicht-Imitierbarkeit individueller und organisationaler Kompetenz. In E. Barthel, J. Erpenbeck, J. Hasebrook & O. Zawacki-Richter (Hrsg.), *Kompetenzkapital heute – Wege zum integrierten Kompetenzmanagement* (S. 80–122). Frankfurt: Frankfurt School.

Stevens, C. K. & Gist, M. E. (1997). Effects of self-efficacy and goal orientation training on negotiation skill maintenance: What are the mechanisms? *Personnel Psychology, 50,* 955–978.

Tannenbaum, S. I. (2002). A strategic view of organizational training and learning. In K. Kraiger (Ed.), *Creating, implementing, and managing effective training and development* (pp. 10–52). San Francisco, CA: Jossey-Bass.

Tannenbaum, S. I. & Yukl, G. (1992). Training and development in work organizations. *Annual Review of Psychology, 43,* 399–441.

Taylor, P. J., Russ-Eft, D. F. & Chan, D. W. L. (2005). A meta-analytic review of behavior modeling training. *Journal of Applied Psychology, 90,* 692–709.

Tergan, O.-S. (1995). Hypertext und Hypermedia: Konzeptionen, Lernmöglichkeiten, Lernprobleme. In L. J. Issing & P. Klimsa (Hrsg.), *Information und Lernen mit Multimedia* (S. 123–138). Weinheim: Psychologie Verlags Union.

Tharenou, P. (2001). The relationship of training motivation to participation in training and development. *Journal of Occupational and Organizational Psychology, 74,* 599–621.

Thierau-Brunner, H., Wottawa, H. & Stangel-Meseke, M. (2006). Evaluation von Personalentwicklungsmaßnahmen. In K. Sonntag (Hrsg.), *Personalentwicklung in Organisationen* (S. 329–354). Göttingen: Hogrefe.

Tracey, I. B., Tannenbaum, S. I. & Kavanagh, M. J. (1995). Applying trained skills on the job: The importance of the work environment. *Journal of Applied Psychology, 80,* 239–252.

VandeWalle, D. (1997). Development and validation of a work domain goal orientation instrument. *Educational and Psychological Measurement, 8,* 995–1015.

VandeWalle, D., Brown, S. P., Cron, W. L. & Slocum, J. W. Jr. (1999). The influence of goal orientation and self-regulation tactics on sales performance: A longitudinal field test. *Journal of Applied Psychology, 84,* 249–259.

VandeWalle, D., Cron, W. L. & Slocum, J. W. Jr. (2001). The role of goal orientation following performance feedback. *Journal of Applied Psychology, 86,* 629–640.

VandeWalle, D., Ganesan, S., Challagalla, G. N. & Brown, S. P. (2000). An integrated model of feedback-seeking behavior: Disposition, context, and cognition. *Journal of Applied Psychology, 85,* 996–1003.

Volpert, W. (1971). *Sensumotorisches Lernen. Zur Theorie des Trainings in Industrie und Sport.* Frankfurt a. M.: Limpert.

Volpert, W. (1985). Pädagogische Aspekte der Handlungsregulationstheorie. In H. Passe-Tietjen & H. Stiehl (Hrsg.), *Betriebliches Handlungslernen und die Rolle des Ausbilders* (S. 109–123). Wetzlar: Werner-von-Siemens-Schule.

Wagner, R. & Weigand R. (1994). Evaluation an outdoor-based training program. In D. L. Kirkpatrick (Ed.), *Evaluating Training Programs: The four levels* (pp. 118–133). San Francisco, CA: Berrett-Koehler.

Warr, P. & Allan, C. (1998). Learning strategies and occupational training. In C. L. Cooper & I. T. Robertson (Eds.), *International review of industrial and organizational psychology* (pp. 83–121). Chichester: Wiley.

Warr, P., Allan, C. & Birdi, K. (1999). Predicting three levels of training outcome. *Journal of Occupational and Organizational Psychology, 72,* 351–375.

Warr, P. & Bunce, D. (1995). Trainee characteristics and the outcomes of open learning. *Personnel Psychology, 48,* 347–375.

Warr, P. & Downing, J. (2000). Learning strategies, learning anxiety and knowledge acquisition. *British Journal of Psychology, 91,* 311–333.

Weinert, F. E. (2001). Concept of competence. A conceptual clarification. In D. S. Rydren & L.-H. Salganik (Eds.), *Defining and Selecting Key Competencies.* Seattle: Hogrefe & Huber.

Weller, J., Wilson, L. & Robinson, B. (2003). Survey of change in practice following simulation-based training in crisis management. *Anaesthesia, 58,* 471–479.

Wexley, K. N. (1984). Personnel training. *Annual Reviews of Psychology, 35,* 519–551.

Williams, J. R., Miller, C. E., Steelman, L. A., Miller, C. E. & Levy, P. E. (1999). Increasing feedback seeking in public contexts: It takes two (or more) to Tango. *Journal of Applied Psychology, 84,* 969–976.

Willigies, B. H., Roscoe, S. N. & Willigies, R. C. (1973). „Synthetic Flight Training Revisited“, *Human Factors, 15,* 543–560.

Winkler, S. & Stein, F. (1994). Outdoor-Training: Ein Erfahrungsbericht. In L. M. Hofmann & E. Regnet (Hrsg.), *Innovative Weiterbildungskonzepte* (S. 329–334). Göttingen: Verlag für Angewandte Psychologie.

Wrenn, K. A. & Maurer, T. J. (2004). Beliefs about older workers' learning and development behavior in relation to beliefs about malleability of skills, age-related decline and control. *Journal of Applied Social Psychology, 34,* 223–242.

Wright, P. M., Dunford, B. B. & Snell, S. A. (2001). Human resources and the resource based view of the firm. *Journal of Management, 27,* 701–721.

Zumbach, J. (2002). Goal-based scenarios. In U. Scheffer & F. W. Hesse (Hrsg.), *E-Learning. Die Revolution des Lernens gewinnbringend einsetzen* (S. 67–82). Stuttgart: Klett-Cotta.

20. Kapitel

Gestaltung gesundheitsförderlicher Arbeitsbedingungen

Rainer Wieland

1 Einleitung

Die Qualität des Arbeitslebens wird in zunehmendem Maße als wichtiger Bestandteil allgemeiner Lebensqualität und Gesundheit betrachtet. Die Weltgesundheitsorganisation (WHO), die Luxemburger Deklaration für betriebliche Gesundheitsförderung, nationale (Deutsches Netzwerk für betriebliche Gesundheitsförderung, DNBGF; Initiative neue Qualität der Arbeit, Bundesministerium für Wirtschaft und Arbeit, INQA) und europäische (Europäisches Netzwerk für partnerschaftliche Unternehmenskultur und betriebliche Gesundheitspolitik, Enterprise for Health) Initiativen betonen die Bedeutung der Arbeitsbedingungen für das körperliche, psychische und soziale Wohlbefinden.

Gesundheitsförderung als Bildungsziel an Hochschulen zu etablieren, hat sich auch der Arbeitskreis „Gesundheitsfördernde Hochschulen e. V." zum Ziel gesetzt. Dieser wurde mit Unterstützung der Landesunfallkasse Nordrhein-Westfalen, der Hochschulübergreifenden Fortbildung (HÜF) und mehrerer Hochschulen und Fachhochschulen in NRW (u. a. Bielefeld, Dortmund, Paderborn und Wuppertal) im November 2004 gegründet (vgl. dazu auch Wieland, Hölper & Tint-Antusch, 2005). Damit wird zwischen Bildung und Gesundheit eine längst fällige Verbindung hergestellt.

Die skizzierten gesellschafts- und wirtschaftspolitischen Rahmenbedingungen verdeutlichen, dass die „Gestaltung gesundheitsförderlicher Arbeitsbedingungen" eines der wichtigen Themen der Zukunft sein wird, da die psychosoziale Gesundheit für die Weiterentwicklung von Wirtschaft und Gesellschaft von hoher Bedeutung ist und die größte Wachstumsbarriere in Zukunft die Kosten der sozialen Entropie sein werden (Nefiodow, 2000, S. 136; vgl. auch Ulich & Wülser, 2004, S. 24).

Die Schere zwischen Programm und Wirklichkeit gesundheitsförderlicher Arbeitsgestaltung ist jedoch nach wie vor weit: Betrachtet man die Umsetzung betrieblicher Gesundheitsförderung in der öffentlichen Verwaltung als Gradmesser für das öffentliche Bewusstsein in Bezug auf diese Thematik, so lässt sich feststellen, das Deutschland hier das Schlusslicht bildet: Während in Finnland 96 % und in Holland 88 % der öffentlichen Verwaltung nach eigenen Angaben betriebliche Gesundheitsförderung umgesetzt haben, sind dies in Deutschland gerade mal 29 % der öffentlichen Verwaltung (vgl. Sochert & Schwippert, 2003; Gräser, 2005).

Ziele gesundheitsförderlicher Arbeitsgestaltung sind: (1) die Steigerung der Effektivität der Arbeit, (2) die Optimierung der psychophysischen Beanspruchung der Beschäftigten, (3) die langfristige Stabilisierung und Förderung der körperlichen und psychischen Gesundheit sowie (4) die Entwicklung aufgabenbezogener Handlungskompetenz und individueller Selbstregulationsfähigkeit, d. h. die Steigerung der Motivation und Befähigung einer Person zur selbstständigen Weiterentwicklung von Wissen und Können (vgl. z. B. Bamberg, Ducki & Metz, 1998; Hacker, 1991, 1998, 2005a, b; Bergmann, 2004; Semmer & Zapf, 2004; Ulich & Wülser, 2004; Wieland, 2004; Zapf & Semmer, 2004). Damit sind vier Ziele psychologisch begründeter Arbeitsgestaltung genannt, die den Gestaltungsraum aufspannen, der gegenwärtig das Thema „Gesundheitsförderliche Arbeitsgestaltung" aus arbeits- und organisationspsychologischer Perspektive charakterisiert.

Inzwischen gibt es eine ganze Reihe von umfassenden und informativen Überblicksarbeiten und Handbüchern (z. B. Karasek, 1979; Warr, 1987, 1994; Karasek & Theorell, 1990; Kahn & Byosiere, 1992; Bamberg, Ducki & Metz, 1998; Oestereich & Volpert, 1999; Ducki, 2000; Sonnentag & Frese, 2003; Badura, Hehlmann, Baumeister, Bindzins & Erfkamp, 2003; Semmer, 2003; Schabracq, Winnubst & Cooper, 2003; Semmer & Zapf, 2004; Zapf & Semmer, 2004; Semmer, McGrath & Beehr, 2005; Wieland, 2006) zum Thema Arbeit und Gesundheit, aus denen sich (a) theoretisch begründet und (b) empirisch fundiert Aussagen über den Zusammenhang von psychologischen (Kern-)Merkmalen der Arbeit und Gesundheit ableiten, und (c) Verbindungen zwischen arbeitspsychologischen und betriebswirtschaftlichen Konzepten betrieblicher Gesundheitsförderung (Thiehoff, 2004; Fritz, 2005; Ulich & Wülser, 2004) herstellen lassen.

Auf die Fülle der Konzepte, Modelle und empirischen Studien, die in der Literatur zum Thema gesundheitsförderlicher Arbeitsgestaltung zur Verfügung stehen, kann dieser Beitrag nicht eingehen. Er konzentriert sich deshalb auf folgende

Aspekte bzw. Fragestellungen: (1) Welche Gestaltungsziele bzw. Maßnahmen gesundheitsförderlicher Arbeitsgestaltung lassen sich unterscheiden? (2) Wie wird Gesundheit und Gesundheits*förderung* aus arbeitspsychologischer Perspektive definiert? (3) Welche Wirkungsmodelle (die zugleich immer auch Gestaltungsmodelle sind) bietet die arbeits- und organisationspsychologische Forschung zur (a) Erklärung des Zusammenhangs von Arbeit und Gesundheit, (b) zur Analyse und Bewertung der (organisationalen und personalen) Bedingungskonstellationen die Gesundheit eher erhalten, schwächen bzw. fördern und (c) welche Kernmerkmale gesundheitsförderlicher bzw. beeinträchtigender Arbeitsgestaltung lassen sich identifizieren? (4) Welche Bedeutung haben Prozesse der Handlungsregulation (aufgabenbezogene Regulation) und der Selbstregulation (personbezogene Regulation) im Rahmen des Wirkungsgefüges von Arbeit und Person für das Ausmaß arbeitsbedingter Beanspruchung und ihrer gesundheitsrelevanten Folgen? (5) Wie lassen sich personale Ressourcen bzw. verhaltensorientierte Maßnahmen und organisationale bzw. verhältnisorientierte Maßnahmen integrieren? Dargestellt und diskutiert wird dazu ein integratives Rahmenmodell, das die „Beanspruchungsoptimalität" als Bewertungskriterium und Gestaltungsziel in den Vordergrund stellt. Abschließend werden (6) exemplarisch anhand von Maßnahmen zur Verhaltens- und Verhältnisprävention Wege von der Analyse zur Gestaltung aufgezeigt.

2 Gestaltungsziele: Verhältnis-, Verhaltens- und kulturelle Prävention

Semmer und Zapf (2004) unterscheiden in ihrem Beitrag zu gesundheitsbezogenen Interventionen in Organisationen wie bereits mehr als zwanzig Jahre zuvor Nitsch (1981) und Udris (1981a, b) Ansatzpunkte von gesundheitsbezogenen Maßnahmen danach, „ob sie sich in erster Linie auf die Veränderung der Person („Verhaltensprävention") oder auf die Arbeitssituation („Verhältnisprävention") richten", wobei grundsätzlich davon auszugehen ist, „dass Organisationen bemüht sein sollten, Verhältnisse zu schaffen, die die Gesundheit nicht schädigen und das Befinden nicht dauerhaft beeinträchtigen" (s. Ulich, 2001) (a. a. O., S. 774).

Auch Bamberg, Ducki und Metz (1998) betonen in den Leitlinien des Handbuchs betriebliche Gesundheitsförderung, dass betriebliche Gesundheitsförderung sowohl situations- als auch personorientiert ist und neben verhaltensändernden Angeboten auch verhältnisbezogene Maßnahmen einschließen muss (a. a. O., S. 19/20). Ulich (2001) betont allerdings in Anlehnung an Klotter (1999), dass in der Sachlogik die Verhaltensprävention der Verhältnisprävention stets nachgeordnet ist.

Darüber hinaus sind seit einiger Zeit verstärkt Entwicklungen sichtbar, die sich mit dem Einfluss auseinandersetzen, den die Führungskultur und betriebliche

Gesundheitspolitik auf die Gesundheit haben (Scherrer, 2007). Gefordert wird eine integrierte Personal- und Gesundheitspolitik, in der betriebliches Gesundheitsmanagement zu einer wichtigen Führungsaufgabe wird (Badura et al., 2003, S. 19). Dabei bilden die Normen, Regeln und Standards einer Unternehmung ihr jeweils spezifisches soziales System, wobei Vertrauen unter den Mitarbeiterinnen, gegenseitige Hilfe im Netzwerk sozialer Beziehungen, Transparenz und Berechenbarkeit von Führung(sentscheidungen), sowie Gerechtigkeit (Adams, 1965), Fairness und organisationale Bindung bzw. Commitment (Zapf & Semmer, 2004, S. 1090) essenzielle Grundlage für hohe Produktivität und gute Gesundheit bzw. eine „gesunde Organisation" (Badura et al., 2003) bilden. Insbesondere scheinen dabei die „heimlichen Spielregeln" des Arbeits- und Gesundheitsschutzes (Elke, 2000, S. 185) eine Rolle zu spielen, da die Basisannahmen, die den Kern einer Kultur bilden, nicht direkt beobachtbar und zumeist auch unbewusst sind (Schein, 2003).

> Je mehr an Unternehmensgrundsätzen und -leitlinien zum Arbeits- und Gesundheitsschutz die befragten Führungs-, Fachkräfte und Mitarbeitervertreter aus einem Unternehmen im Durchschnitt nennen konnten, desto günstiger waren in der Tendenz die Unfall- wie Krankenstandsquoten und auch pro Mitarbeiter im Durchschnitt wahrgenommenen Belastungen. (Ruppert & Gerstberger, 2001, S. 227)

Abbildung 1:
Gesundheitsförderliche Arbeitsgestaltung im Dreieck von Verhältnisprävention, Verhaltensprävention und kultureller Prävention

Die auf die gesundheitsbezogene Führungs- und Unternehmenskultur abzielenden Interventionen lassen sich unter dem Begriff „kulturelle Prävention“ (Wieland, Klemens, Scherrer, Timm & Krajewski, 2004) subsumieren.

Gesundheitsförderliche Arbeitsgestaltung kann damit als Intervention in Organisationen betrachtet werden, die ein *integriertes Handlungskonzept* erfordert, das verhältnisorientierte, verhaltensorientierte und Maßnahmen der kulturellen Prävention (Unternehmens- und Führungskultur) im Sinne einer „joint optimization“ (Semmer & Zapf, 2004, S. 826) gleichermaßen berücksichtigt (vgl. Abb. 1).

3 Gesundheit und gesundheitsförderliche Arbeit – eine Positionsbestimmung aus arbeitspsychologischer Perspektive

3.1 Gesundheit als prozesshaftes Geschehen und als Handlungsfähigkeit

Begriffe sind stets theorie- und interessengeleitet. So war und ist auch *Gesundheit* ein „vielschichtiger normativer Begriff, der das Ergebnis sich wandelnder Gruppeninteressen und gesellschaftlicher Diskussionen“ (Ulich & Wülser, 2004, S. 39) darstellt.

> Unterschiede finden sich nicht nur in den Definitionsbestandteilen, sondern auch in Annahmen darüber, wie Gesundheit erhalten, geschwächt oder stabilisiert werden kann. Implizite Übereinstimmung besteht in der Regel darüber, dass Gesundheit eine Bedeutung von positiv, richtig, wünschenswert, normal oder normativ gebilligt zugeordnet wird. (Greiner, 1998, S. 39 f.)

Viele Annahmen sind allerdings aufgrund ihres Allgemeinheitsgrades (siehe World Health Organization, 1988) und/oder ihrer Komplexität einer empirischen Überprüfung und damit gezielten Nutzung in der Praxis nur schwer zugänglich.

In einer Vielzahl arbeits- und organisationspsychologischer Ansätze wird subjektives Wohlbefinden als zentrales Bestimmungsstück von Gesundheit betrachtet (vgl. z. B. dazu Warr, 1987, 1994; Blaxter, 1990; Schmidt, 1998; Dormann & Zapf, 2001; Ulich & Wülser, 2004, S. 41). Nach Hurrelmann (1991) ist Gesundheit „ein individueller Zustand des Befindens, indem ein Individuum sowohl die internen körperlichen als auch die externen Umweltanforderungen in eine produktive Balance bringen kann“ (a. a. O., S. 1989).

Bei Kobasa (1982) sind es vor allem die Haltungen und inneren Überzeugungen, die im Prozess der Gesundheit (Salutogenese) eine bedeutende Rolle spielen: (1) Verantwortungsgefühl für sich selbst, für Bezugspersonen, Arbeit, Werte und Ziele; (2) Vertrauen in die Wirksamkeit des eigenen Handelns und (3) die Fähigkeit, Veränderungen als Herausforderungen und Wachstumschancen zu erleben (vgl. auch Ruppert & Gerstberger, 2001, S. 207).

Udris, Kraft, Mussmann und Rimann (1992, S. 12) betrachten Gesundheit im Arbeitskontext aus handlungs- und systemtheoretischer Perspektive. Gesundheit ist nach ihrer Auffassung (1) ein Zustand dynamischen (Fließ-)Gleichgewichts (Balance) innerhalb der Person und der Umwelt und kann (2) als Prozess zielgerichteter, präventiver und protektiver Handlungen bzw. der erfolgreichen Bewältigung von Anforderungen und Belastungen aufgefasst werden.

Badura et al. (2003) definieren Gesundheit als „Fähigkeit zur Problemlösung und Gefühlsregulierung im Arbeitsprozess, durch die ein positives seelisches und körperliches Befinden – insbesondere ein positives Selbstwertgefühl – und ein unterstützendes Netzwerk sozialer Beziehungen erhalten oder wieder hergestellt wird“ (a. a. O., S. 18).

Gesundheit kann demnach als prozesshaftes Geschehen aufgefasst werden, indem insbesondere folgende Komponenten eine zentrale Rolle spielen:

1. die Einstellungen, Werte und Überzeugungen im Hinblick auf Gesundheit,
2. die Fähigkeit der Person, im Arbeitsprozess (sowie außerhalb der Arbeitswelt) auftretende Anforderungen und Belastungen erfolgreich zu bewältigen,
3. wünschenswerte Zielzustände (Gesundheit) herzustellen und unerwünschte Zustände (Krankheit) zu vermeiden, und damit langfristig eine Balance zu erreichen, die sich dadurch auszeichnet, dass körperliches und seelisches Wohlbefinden gegenüber negativen, gesundheitsbeeinträchtigenden Zuständen überwiegt.

3.2 Handlungsfähigkeit als Merkmal gesundheitsförderlicher Arbeit

Im Mittelpunkt arbeitspsychologischer Konzepte betrieblicher Gesundheitsförderung steht die *Förderung der Handlungsfähigkeit, um berufliche (externale) Anforderungen und Belastungen angemessen zu bewältigen und innere Zustände entsprechend eigener Ziele und Wünsche zu realisieren* (vgl. z. B. Bamberg, et al., 1998; Greiner, 1998; Hacker, 2005b; Oesterreich, 1999; Ducki, 2000; Badura, Münch & Ritter, 1999; Kuhn, 2000; Wieland & Scherrer, 2002; Badura et al., 2003, Ulich & Wülser, 2004).

Ducki und Greiner (1992) sowie Ducki (2000) definieren Gesundheit als dauerhafte Weiterentwicklung und Erhalt der menschlichen Handlungsfähigkeit und beschreiben diese anhand von drei Komponenten: Als Fähigkeit, (1) langfristige, eigene Ziele zu bilden, (2) flexibel auf Umweltveränderungen durch Anpassung und/oder neue Strategien (Veränderung) zu reagieren und (3) als Fähigkeit zur Regulation interner Prozesse (z. B. Aufmerksamkeit, Anstrengung), die zur Ausführung (externer) Handlungen notwendig sind.

Dementsprechend sollten durch Gestaltungsmaßnahmen Lern- und Entwicklungsprozesse ermöglicht werden, die das Schaffen und Erhalten der Kompetenz zum Führen eines wirtschaftlich und sozial selbstständigen Lebens einschließen, wobei dementsprechend lernförderliche und gesundheitsförderliche Arbeitsgestaltung Synonyme sind (Hacker, 1998, S. 58).

3.3 Handlungsfähigkeit als organisationale und personale Ressource

Konzepte, die primär auf Gesundheitsförderung durch Gestaltung der Arbeitsbedingungen abzielen, betrachten *Handlungsfähigkeit als organisationale Ressource*, die durch verhältnisorientierte Prävention verbessert werden kann (vgl. Ulich, 2001, S. 486). Sie gehen davon aus, dass Arbeitstätigkeiten bei optimaler Gestaltung *Handlungsmöglichkeiten* (Volpert, 1987) schaffen, die ein gesundheitsförderliches (und damit zugleich auch persönlichkeitsförderliches) Potenzial aufweisen (Hacker, 1998).

Gesundheitsförderlich sind Arbeitstätigkeiten mit hinreichenden Handlungs-, Entscheidungs- und Kontrollspielräumen (Hacker, 1991, 2005a; Ulich, 2001) und den damit verbundenen Regulationsspielräumen (Frese, 1978; Volpert, 1987). Voraussetzung dafür sind nach Hacker (2005a) vollständige Tätigkeiten, d. h. Aufgabenstrukturen, die bestimmte Mindestanforderungen erfüllen, wie z. B. das selbstständige Setzen von Zielen, Planen, Auswahl der Arbeitsmittel und eigenständige Überprüfung/Verbesserung des Ergebnisses. Weiter unten wird auf das Konzept „vollständiger Tätigkeit" noch ausführlich eingegangen. Die Wirkung verhältnisorientierter Maßnahmen ist allerdings nicht unabhängig von den Fähigkeiten (z. B. Gesundheitskompetenz) und Ressourcen der Person (vgl. Wieland et al., 2004).

Auf die Handlungsfähigkeit als personale Ressource fokussieren *salutogenetische Modelle* Antonovsky (1979, 1997). Sie beschäftigten sich mit Fragen, warum und wie Menschen trotz vielfältiger Anforderungen und Belastungen gesund bleiben, während andere Menschen krank werden (Udris, Kraft, Mussmann & Rimann, 1992; Rimann & Udris, 1993). Eine wichtige personale Ressource ist das „Kohärenzerleben" (sense of coherence, SOC). Es bezieht sich insbesondere auf das Vertrauen, das eine Person in Bezug darauf besitzt, dass (1) die Ereignisse in der eigenen inneren und äußeren Umwelt im Lebensverlauf strukturiert, vorhersehbar und erklärbar sind, (2) dass hinreichende Ressourcen zur Anforderungsbewältigung verfügbar und dass (3) die Anforderungen sinnhaft sind, d. h. eine Herausforderung (und weniger eine Bedrohung) darstellen, für die sich die eingesetzten Anstrengungen lohnen. Gesundheitsförderlich sind in dieser Konzeption also (Arbeits-)Bedingungen mit hoher Sinnhaftigkeit, Versteh- und Beeinflussbarkeit bzw. Kontrollierbarkeit. Eine große Anzahl von zum Teil sehr ähnlichen Konstrukten zur Erfassung personaler Ressourcen findet sich in der gesundheitswissenschaftlichen Literatur (z. B. „hardiness", Kobasa, 1982; „Selbstwirksamkeit", Bandura, 1997; Schwarzer, 1994; „locus of control", Rotter, 1975; „seelische Gesundheit", Becker, 1992).

„Entwicklungsmodelle" untersuchen gesundheitsförderliche Handlungsfähigkeit anhand des zeitlichen Verlaufs gesundheitsrelevanter Indikatoren (z. B. depressive Verstimmung, Angst, Irritation, psychosomatische Beschwerden) und deren längerfristige kumulative Wirkungen im Arbeitsprozess (vgl. z. B. Mohr, 1991; Müller, Mohr & Rigotti, 2004). Hier stehen die kumulativen Wirkungen von täglich im Arbeitsprozess erlebten Zuständen (negative bzw. positive Beanspruchungszustände und Gefühle) im Vordergrund, von denen angenommen wird, dass sie langfristig förderliche (positives Arbeitserleben; vgl. z. B. Rau, 2001; Rau & Triemer, 2003) oder beeinträchtigende Auswirkungen auf die Gesundheit haben. Bei längerfristigem Stresserleben werden die vorhandenen Reserven aufgebraucht, „und es kommt zu einer Dauermobilisierung, die ohne korrektive Maßnahmen im weiteren Verlauf zu psychovegetativen Reaktionsbildungen mit Krankheitswert führen" (Müller et al., 2004, S. 214) und bei anhaltender Belastung auch habitualisieren können. Die Entwicklung solcher habitualisierter Reaktionsweisen ist auch Gegenstand des Modells des „Arbeits-Erholungs-Zy-

Abbildung 2:
Handlungsfähigkeit als organisationale Ressource (Pfeil 2), als personale Ressource (Pfeil 1) und Wechselwirkung von situationsbedingter mit personenbezogener Handlungsfähigkeit (Pfeil 3)

klus" von Wieland-Eckelmann & Baggen (1994), das die Phasenstruktur und Prozesscharakteristik eines Arbeitstages beschreibt.

Handlungsfähigkeit als Ziel und Mittel der Förderung von Gesundheit wird also in mehrfacher Funktion betrachtet: Erstens als Fähigkeit bzw. organisationale Ressource, deren Ausprägung durch die in den Arbeitsbedingungen (z. B. Entscheidungsspielraum, Kontrollmöglichkeiten, Arbeitsanforderungen) gegebenen Handlungsmöglichkeiten (Volpert, 1987) beeinflusst wird (Pfeil 2 in Abb. 2). Zweitens als personale Ressource bzw. Leistungsvoraussetzung, die die Wahrnehmung, Bewertung und den Umgang mit den Arbeitsanforderungen beeinflusst (Pfeil 1). Drittens als Wechselwirkung der Handlungsmöglichkeiten in der Arbeitssituation mit der Handlungsfähigkeit bzw. der persönlichen Ressourcen, die zu psychovegetativen Reaktionsbildungen mit Krankheitswert führen können (Pfeil 3).

4 Wirkungs- und Gestaltungsmodelle

Den nachfolgend dargestellten arbeitspsychologisch orientierten Wirkungsmodellen zu Arbeit und Gesundheit gemeinsam ist die Annahme, dass Gesundheit (bzw. Krankheit) das Ergebnis systematischer und damit auch prognostizierbarer Wechselwirkungen zwischen (1) Merkmalen der Arbeitssituation, (2) Merkmalen der Person sowie (3) Handlungs- und Selbstregulationsvorgängen im Arbeitsprozess und den damit verbundenen Beanspruchungen und Befindlichkeiten sowie (4) gesundheitsbezogenen langfristigen Folgen ist.

Das aus diesen Annahmen resultierende allgemeine Rahmenmodell ist in Abbildung 3 dargestellt. Die weiter unten beschriebenen (vgl. Abschnitt 4) Wirkungs- und Gestaltungsmodelle rekurrieren dabei jeweils auf spezifische Zusammenhänge in diesem Wirkungsgefüge.

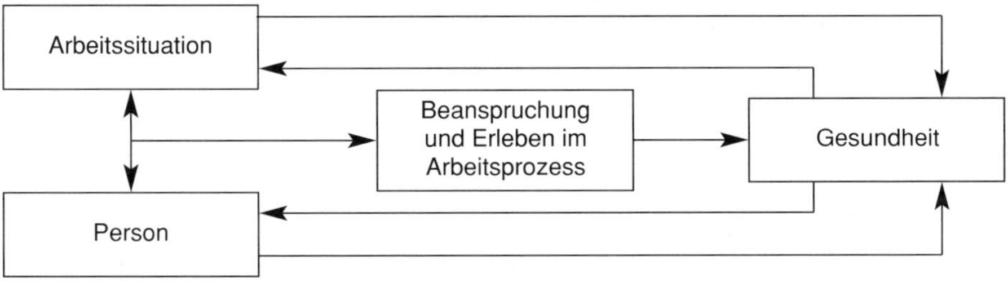

Abbildung 3:
Rahmenmodell arbeitspsychologisch orientierter Analyse- und Wirkungsmodelle

4.1 Drei Wirkungspfade im Gefüge „Arbeit und Gesundheit"

Im Wirkungsgefüge von Arbeit und Gesundheit lassen sich zunächst drei übergeordnete Wirkungsarten unterscheiden: Selektionswirkungen, direkte Wirkungen und indirekte (vermittelte) Wirkungen.

4.1.1 Selektionswirkungen

Selektionswirkungen haben ihren Ursprung darin, dass aufgrund soziodemografischer Merkmale (Geschlecht, Alter, Bildungsstatus, Schichtzugehörigkeit, Familienstand, Elternschaft), von Eigenschaften, Motiven, Fähigkeiten, beruflichem Selbstkonzept sowie berufsbezogenen Einstellungen und Interessen (vgl. Abele, 2004; Wiese, 2004) bestimmte Berufe und Arbeitstätigkeiten bevorzugt ausgewählt werden. Personen mit einer bestimmten Bildungs- bzw. Berufsbiografie (vgl. Hoff, Lappe & Lempert, 1985; Abele, 2004) treffen Selektionsentscheidungen (Baitsch, 1998), die der Qualität ihrer Fähigkeit sowie ihren Wünschen und Neigungen entsprechen (Kohn & Schooler, 1983; Schallberger, 1987; vgl. Mohr in diesem Band). Daraus entsteht eine sich im Berufsalltag im Laufe der Zeit verstärkende Interaktion von Personmerkmalen und den konkreten Arbeitsbedingungen – eine stabile strukturelle Kopplung (Baitsch, 1998, S. 288) – die weitreichende Auswirkungen auf die Gesundheit haben kann.

Langfristig entsteht so ein *Fit oder Misfit* (vgl. dazu das „Person-Environment-Fit" Modell von Caplan, Cobb, French, van Harrison & Pinneau, 1975; French, Caplan & van Harrison, 1982; Edwards, Caplan & van Harrison, 2000) zwischen individuellen Charakteristika und den mit den beruflichen Anforderungen verbundenen Risiken für die Gesundheit (vgl. dazu auch Ilmarinen & Tempel (2002) und das Demand-Control-Modell von Karasek (1979) weiter unten). Entscheidet sich z. B. eine Person dafür, in der Krankenpflege zu arbeiten, dann erhöht sich das relative Risiko einer Muskel-Skelett-Erkrankung im Laufe der Berufstätigkeit kontinuierlich und ist für Personen der Altersgruppe 50 bis 54 Jahre dreifach so hoch verglichen mit der Altersgruppe 20 bis 24 Jahre; für Personen mit der Berufswahl „Sprechstundenhelferin" dagegen erhöht sich das (ohnehin geringe) Risiko einer Muskel-Skelett-Erkrankung im Laufe des Berufslebens kaum (Wieland & Scherrer, 2004, S. 33).

4.1.2 Direkte Wirkungen

Direkte Wirkungen beziehen sich auf Merkmale der Arbeitssituation oder Eigenschaften der Person (vgl. z. B. Levin & Stokes, 1989; Watson & Slack, 1993; Judge, Bono & Locke, 2000; Dormann & Zapf, 2001), die – unabhängig von Interaktionseffekten und/oder vermittelnden Variablen (s. dazu Zapf & Semmer, 2004) wie z. B. erlebte Emotionen während der Arbeit (Fisher, 1993) – einen substanziellen Einfluss auf das Wohlbefinden (z. B. die allgemeine Arbeitszufriedenheit; vgl. dazu Arvey, Carter & Buerkley, 1991; Spector, 1986; Wegge, 2004; Wieland, Krajewski & Memmou, 2006) oder Befindensbeeinträchtigungen (vgl. Kahn & Byosiere, 1992; Richter & Hacker, 1998; Semmer, 2003) haben. Direkte Wirkungen werden nach Zapf und Semmer (2004, S. 1045) z. B. in groß angelegten Studien gefunden, die sich mit dem Zusammenhang von erhöhtem Risiko von Herzerkrankungen, Depression, Erschöpfung und Kopfschmerzen bei geringer Kontrolle (geringer Handlungs- und Entscheidungsspielraum, geringe Autonomie und wenig Partizipationsmöglichkeiten) befassen.

4.1.3 Indirekte Wirkungen

Indirekte Wirkungen auf die Gesundheit resultieren zum einen aus dem Beziehungsgefüge zwischen Arbeits- oder Personmerkmalen und den davon (kausal) beeinflussten Beanspruchungszuständen und Befindlichkeiten während der Arbeit (vgl. dazu auch Locke, 1976; Fisher, 1993; Temme & Tränkle, 1996; Wieland, 2004). Sie sind dann zu beobachten, wenn ein Merkmal der Arbeitssituation (z. B. hohe Entscheidungs- und Handlungskontrolle) zu einer Redefinition (vgl. dazu Udris, 1981a), Reduktion (Spector, 1986; Semmer, 1990) oder zu einer effektiveren Bewältigung der Stressoren und psychischen Belastungsfaktoren führt (vgl. auch Zapf & Semmer, 2004, S. 1046). Zum anderen beziehen sie sich auf diejenigen Wirkungen, die arbeitsbedingte, täglich erlebte Beanspruchungs- und Befindlichkeitszustände auf die Art und Ausprägung von gesundheitsrelevanten Folgen wie psychosomatische Erkrankungen, psychische Störungen oder Erkrankungen des Herz-Kreislauf-Systems und anderer Systeme (Atmung, Magen, Darm) haben.

Eine ausführliche Diskussion zu direkten und indirekten Wirkungen bzw. zu Mediator- und Moderatorwirkungen findet sich bei Zapf und Semmer (2004) (vgl. auch Schultz-Gambard, 1993, Udris & Rimann, 1999).

4.2 Modelle zur Wirkung von Arbeitsbedingungen auf die Gesundheit

Im Folgenden werden das Job Demand-Control-Modell (Karasek, 1979), das Konzept Anforderung/Belastung (Leitner, 1999; Oesterreich, 1999), das Konzept vollständiger Tätigkeit (Hacker, 2005a) sowie das Effort-Reward-Imbalance-Modell (ERI-Modell) (Siegrist, 1996) näher erläutert. Die ersten drei Modelle spiegeln das Zusammenspiel zwischen Anforderungscharakteristiken der Arbeitssituation und den Kontrollmöglichkeiten bei der Arbeit wider. Im

Effort-Reward-Imbalance-Modell (ERI-Modell) (Siegrist, 1996) geht es neben den Tätigkeitsanforderungen der Arbeit um den Einfluss, den Gratifikationen (Bezahlung, Lob, Anerkennung) bzw. deren defizitäre Ausprägung auf die Gesundheit der Beschäftigten haben. Anschließend wird eine vorläufige Bilanz gezogen, indem aus den beschriebenen Modellen Kernmerkmale gesundheitsförderlicher bzw. gesundheitsbeeinträchtigender Arbeitsgestaltung abgeleitet und tabellarisch (s. dazu Tab. 1 weiter unten) aufgeführt werden.

4.2.1 Das Job Demand-Control Modell

Das von Karasek (1979) vorgeschlagene Job Demand-Control-Modell (JD-C-Modell) hat in der Gesundheitsforschung einen hohen Stellenwert (vgl. Karasek & Theorell, 1990; Richter, 2004) und als allgemeines Rahmenkonzept mittlerweile auch außerhalb der Forschung Beachtung gefunden (so dient es z. B. dem BKK Bundesverband als Leitfaden für betriebliches Gesundheitsmanagement).

Das JD-C-Modell (Karasek, 1979, 1989; Karasek & Theorell, 1990) basiert auf zwei gesundheitsrelevanten Kerndimensionen der Arbeitswelt: Arbeitsanforderungen (demands) und Entscheidungsspielraum (decision latitude, control). Stress-, Angst- und Beanspruchungserleben und deren längerfristige Auswirkungen wie z. B. psychosomatische Störungen und Herz-Kreislauf-Erkrankungen können nach Karasek durch die Wechselwirkung von Arbeitsanforderungen (hohe Arbeitsintensität, Zeitdruck, widersprüchliche Anforderungen) und Entscheidungsspielraum (als Ressource) vorhergesagt werden (vgl. dazu auch Edelmann, 2002; Schmidt & Hollmann, 2004).

Bei grober Unterscheidung von geringen und hohen Anforderungen und geringen und hohen Entscheidungs- und Handlungsspielräumen lassen sich Arbeitsplätze in vier Kategorien einordnen (vgl. Abb. 4): „Ruhige Jobs“, „Stressige Jobs“, „Passive Jobs“ und „Aktive Jobs“.

Insbesondere bei Arbeitsplätzen, die ein Ungleichgewicht zwischen Anforderungen und Entscheidungsspielraum aufweisen (geringe Anforderungen und hoher Entscheidungsspielraum; hohe Anforderungen und geringer Spielraum), besteht die Gefahr der Fehlbeanspruchung. Tätigkeiten, die sowohl hohe Entscheidungsspielräume als auch hohe Anforderungen bieten (Aktive Jobs), wirken sich – durch die Notwendigkeit der Selbststeuerung – positiv auf Beschäftigte aus und besitzen ein gesundheits- und persönlichkeitsförderliches Entwicklungspotenzial. Tendenziell gilt, dass hauptsächlich in niedrigen beruflichen Positionen ein ungünstiges Verhältnis zwischen Anforderungen und Entscheidungsspielraum zu erwarten ist (vgl. dazu die berufsbezogene Typologie in Karasek & Theorell, 1990, S. 73). Theorell (2003) berichtet von einer 10-jährigen Lang-

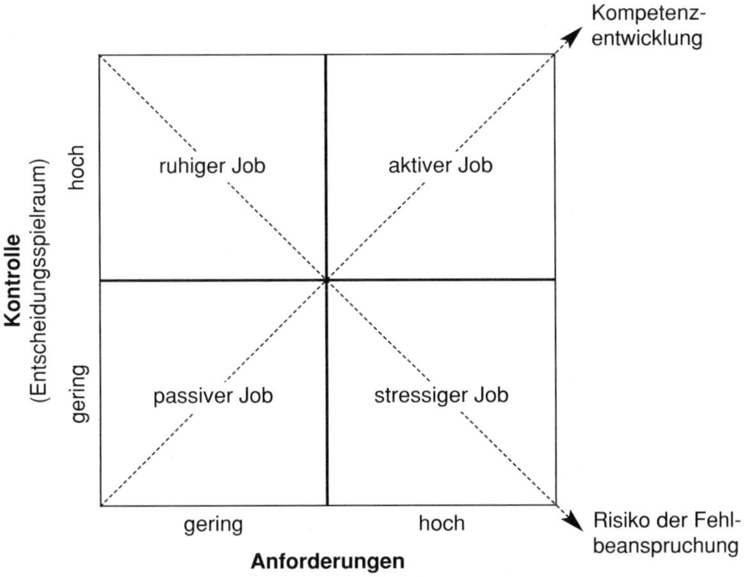

Abbildung 4:
Das Anforderungs-Kontroll-Modell von Karasek (Karasek & Theorell, 1990)

zeitstudie, die gezeigt hat, dass der Grad der Kontrolle, der aufgrund der Berufsbezeichnung bestimmt wurde, bedeutsame Auswirkungen hinsichtlich der Entwicklung von Herzinfarkten hatte: In der Altersgruppe von 45- bis 54-jährigen Männern mit geringer Kontrolle stieg das Herzinfarktrisiko im Vergleich zu Personen mit hoher Kontrolle (bei Berücksichtigung wichtiger Kontrollvariablen wie Alter, Berufsdauer etc.) dramatisch an.

Während die beschriebenen Haupteffekte unbestritten sind (Anstieg der Arbeitsanforderungen/Belastungen geht einher mit erhöhtem Stress- und Angsterleben, vorhandene Entscheidungs- und Handlungsspielräume senken Depressivitätssymptome, erhöhen die Arbeitsmotivation und -zufriedenheit), liegen widersprüchliche Befunde zur vorhergesagten Wechselwirkung beider Variablen vor (Edelmann, 2002; Schmidt & Hollmann, 2004). Erhöhte Anforderungen verbunden mit erweiterten Tätigkeitsspielräumen müssen nicht zu Gesundheitsrisiken führen, es sind sogar positive Effekte nachweisbar. Neuere Untersuchungen haben nun gezeigt,

> [...] dass vermutlich dieses „klassische Einfachmodell" zu schnell verallgemeinert worden und eine Reihe von weiteren Faktoren unbeachtet geblieben sind. Dies betrifft z. B. Faktoren wie Selbstwirksamkeit und Qualifikation, die erfüllt sein müssen, um die Kombination erhöhte Arbeitsanforderungen

und erweiterte Spielräume ohne Gesundheitsrisiken zu bewältigen. (Richter, 2004, S. 205)

Insbesondere haben Untersuchungen an Arbeitsplätzen der Computer- bzw. IT-Branche, die oft durch *zu* hohe Handlungsunsicherheit hervorrufende Tätigkeitsspielräume gekennzeichnet sind, gezeigt, dass diese nur dann nicht mit Burnout-Symptomen verbunden sind, wenn die Beschäftigten ein hohes Maß an Selbstregulationsfähigkeit aufweisen (Wieland et al., 2004). Zu hohe Entscheidungsspielräume können demnach in Zusammenhang mit unzureichender Selbststeuerung – d. h. ohne die Entwicklung entsprechender Kompetenzen – ebenfalls zu Fehlbeanspruchungen führen, insbesondere dann, wenn für die Entwicklung solcher Kompetenzen zu wenig Zeit bleibt und/oder angemessene Rückmeldungen fehlen (vgl. dazu auch Ulich & Wülser, 2004, S. 34). Nach Semmer und Udris (2004) mehren sich in den letzten Jahren auch die Befunde, „die eine Dreifach-Interaktion zwischen Merkmalen der Person (insbesondere Self-efficacy), Anforderungen und Kontrolle finden: Kontrolle erweist sich nur dann als „Puffer" bei hohen Anforderungen, wenn man über entsprechende personale Ressourcen verfügt" (a. a. O., S. 182).

Insgesamt zeigt sich, dass mangelnde Kontrolle die entscheidende Variable ist: „Overall, there is now mounting evidence for the importance of job control as a variable implicated in both increased coronary heart disease and reduced psychological well being and it may even also impact on the well-being of martial partners" (Jones & Fletcher, 2003, S. 129).

Eine wichtige Erweiterung des Ansatzes bezieht sich auf die *Rolle der sozialen Unterstützung* als gesundheitsförderliche Ressource. Karasek und Theorell (1990) schreiben ihr aufgrund vorliegender Befunde eine stressreduzierende Pufferwirkung zu. Beschäftigte mit geringer sozialer Unterstützung berichten über signifikant mehr Herzleiden, psychische Ermüdung, Verdauungsstörungen und Rückenprobleme als Personen mit hoher sozialer Unterstützung. Die Befunde unterstreichen, wie wichtig die Verfügbarkeit sozialer Ressourcen für das Beanspruchungserleben ist und welche „zentrale Bedeutung der Arbeitsorganisation als Determinante für innerbetriebliche Unterstützungssysteme" (Udris, 1992; zitiert in Ulich, 2001, S. 46) zukommt.

Die *Analyseinstrumente* zur Erfassung von Entscheidungsspielraum (decision latitude) und psychischen Anforderungen/Belastungen (psychological job demands) bestehen meist aus Fragebogen, wie den vom Michigan Survey Research Center in den USA, der sich auf folgende Einzelaspekte bezieht: Entscheidungsspielraum – Qualifikationsanforderungen (ich kann immer etwas hinzulernen, meine Fähigkeiten weiterentwickeln, hohe Qualifikation ist erforderlich, die Arbeit ist abwechslungsreich) und Entscheidungsverantwortung (ich habe Freiheit zu eigenständigen Entscheidungen und nehme teil an wichtigen Entscheidungen). Ähnliche Dimensionen wie die von Karasek vorgeschlagenen (vgl. den JCQ von Karasek, Brisson, Kawakami, Houtman, Bongers & Amick, 1998) werden auch in einer Reihe von deutschsprachigen Fragebogen zur subjektiven Arbeitsanalyse (z. B. Fragebogen zur subjektiven Arbeitsanalyse (SAA) oder zur Salutogenetischen subjektiven Arbeitsanalyse (SALSA); Udris & Rimann, 1999) erhoben. Die Erfassung der Psychischen Anforderungen wird im Karasek-Modell allerdings aufgrund seiner mehrdeutigen Items als relativ unzuverlässig eingestuft (Oesterreich, 1999; Ostry, et al., 2001).

Eine differenziertere Betrachtung der Arbeitsanforderungen wird im nachfolgend dargestellten Konzept Anforderung/Belastung vorgenommen, indem zwischen psychischen Anforderungen und psychischen Belastungen als unabhängig voneinander variierende Merkmalskategorien unterschieden wird.

4.2.2 Das Konzept Anforderung/Belastung

Zentral für dieses Konzept ist die „strikte Unterscheidung von mehr oder weniger großen Handlungsmöglichkeiten, die die Umwelt dem Menschen bietet und – im Kontrast dazu – bestimmten Handlungsbeschränkungen, denen die Menschen unterliegen“ (Leitner, 1999, S. 69).

Handlungsmöglichkeiten werden dabei im Sinne *Psychischer Anforderungen* und Handlungsbeschränkungen im Sinne *Psychischer Belastungen* definiert. Beide sind voneinander unabhängig, d. h. die „Höhe der Anforderungen sagt nichts über die Belastungshöhe aus. Geringe (wie auch hohe) Belastungen können sowohl bei stark vorstrukturierten Tätigkeiten als auch bei anspruchsvoller Arbeit auftreten“ (Leitner, 1999, S. 77).

Arbeitstätigkeiten müssen – wenn sie gesundheitsförderlich oder gesundheitsgerecht sein sollen – hinreichende Entscheidungs- und Kooperationsanforderungen aufweisen und durch möglichst wenig psychische Belastungen (Zusatzaufwand, monotone Tätigkeiten, Zeitdruck) gekennzeichnet sein (vgl. dazu Leitner, 1999, S. 70; Oesterreich, 1999, S. 144). Zur Ermittlung psychischer Anforderungen liegt das Verfahren zur Ermittlung von Regulationserfordernissen in der Arbeitstätigkeit (VERA; Oesterreich & Volpert, 1991; Oesterreich, 1999) vor. Psychische Belastungen können mit dem Verfahren zur Erfassung von Regulationshindernissen in der Arbeit (RHIA; Leitner, Volpert, Greiner, Weber & Hennes, 1987; Lüders, 1999) ermittelt werden.

Die empirischen Untersuchungen im Rahmen der AIDA-Studie (Anforderungen, Belastungen und psychosoziale Gesundheit in der Arbeit; Leitner, 1993, 1999), bei der es sich um eine Längsschnittuntersuchung zu drei Messzeitpunkten handelt, die kürzlich um einen vierten Messzeitpunkt ergänzt wurde (Leitner & Resch, 2005), zeigen, dass gesundheitsrelevante Merkmale wie psychosomatische Beschwerden, Gereiztheit, Deprimiertheit, Zufriedenheit, Augenbeschwerden, allergische und chronische Krankheiten vor allem durch die Höhe der psychischen Belastungen (Regulationsbehinderungen) vorhergesagt werden können. Die psychischen Anforderungen haben dagegen vor allem Auswirkungen auf das Freizeitverhalten sowie (in geringerem Maße) auf Ängstlichkeit und Selbstwirksamkeit. Dieses Zusammenhangsmuster ließ sich darüber hinaus auch in der zweiten Erhebungswelle nach einem Jahr vollständig bestätigen. Für eine ausführliche Beschreibung des Konzepts sei auf Leitner (1999) und Oesterreich (1999) verwiesen.

Semmer (1984) und andere Autoren (z. B. Dunckel, 1985; Zapf, 1993; Frese & Zapf, 1994; Semmer, Zapf & Dunckel, 1999) schlagen vor, (a) zwischen kognitiven Aufgabenanforderungen (im Sinne vollständiger Tätigkeiten) und Entscheidungsspielräumen bzw. -möglichkeiten zu unterscheiden und (b) dementsprechend Regulationsanforderungen, Regulationsmöglichkeiten (Ressourcen) und Regulationsprobleme (Stressoren) zu analysieren. Zapf und Semmer (2004) erachten diese Teilung deshalb als notwendig, weil sie in Bezug auf gesundheits- bzw. stressrelevante Befindenszustände in unterschiedlicher Weise wirksam sind: *Regulationsanforderungen* – die Kernvariable hierzu ist die Komplexität von Arbeitstätigkeiten – verhalten sich in Bezug auf psychisches Befinden u-förmig entsprechend des Person-environment-fit-Ansatzes (Edwards et al., 2000): Sind die Regulationsanforderungen extrem niedrig (wenig intellektuelle Anforderungen wie z. B. bei Fließbandarbeit), dann sind die Auswirkungen der Arbeit eher negativ. Liegt eine Balance zwischen Komplexität und Qualifikation vor, dann sind die Auswirkungen positiv (z. B. Arbeitszufriedenheit, Gefühl der Selbstwirksamkeit, Wohlbefinden). Übersteigt die Komplexität die Leistungsvoraussetzungen der Person deutlich, sind Überforderung und damit oft Beeinträchtigung des Befindens die Folge (Zapf & Semmer, 2004).

Bezogen auf *Regulationsmöglichkeiten* (Handlungs- und Zeitspielraum) kann davon ausgegangen werden, dass niedrige Regulationsmöglichkeiten mit geringem Wohlbefinden, viele Regulationsmöglichkeiten sich dagegen positiv auf das Befinden auswirken, d. h., z. B. zu hohem Selbstwert und Zufriedenheit in der Arbeit führen (s. im Überblick Kahn & Byosiere, 1992). „Zudem wird davon ausgegangen, dass Regulationsmöglichkeiten in Bezug auf Stressoren eine sogenannte Pufferfunktion erfüllen, indem sie deren belastende Wirkungen abschwächen" (a. a. O., Zapf & Semmer, 2004, S. 1029 f.).

Extrem hohe Freiheitsgrade bzw. Regulationsmöglichkeiten können allerdings auch zu Beeinträchtigungen führen, da sie mit Handlungsunsicherheit verbunden sind.

Für *Regulationsprobleme bzw. Stressoren*, die differenziert werden nach Regulationshindernissen, Regulationsunsicherheit und Regulationsüberforderungen, wird dagegen eine einseitige Wirkungsrichtung angenommen: Je höher die Stressoren, desto stärker wird das psychische Befinden beeinträchtigt (vgl. dazu auch Dunckel, 1985; Dunckel, Zapf & Udris, 1991).

Eine weitere, theoretisch am besten fundierte Differenzierung hinsichtlich gesundheitsförderlicher bzw. beeinträchtigender Arbeitsgestaltungsmerkmale liefert das Konzept vollständiger Tätigkeit, das im Folgenden beschrieben wird.

4.2.3 Das Konzept vollständiger Tätigkeit

Das *Konzept vollständiger Tätigkeit* liefert mit der Handlungsregulationstheorie (Hacker, 1998) als theoretische Basis, dem Tätigkeitsbewertungssystem (TBS) bzw. der TBS-Verfahrensfamilie (Hacker, Fritsche, Richter & Iwanona, 1994) und seiner computerunterstützten Variante (TBS-REBA; Pohlandt, Jordan, Rehnisch & Richter, 1996), dem Fragebogen zum Erleben von Arbeitsintensität und Tätigkeitsspielraum, (FIT; Richter et al., 2000) sowie dem Verfahren zur Erfassung erlebter Beanspruchungsfolgen (Ermüdung, Monotonie, Sättigung und Stress, BMS; Plath & Richter, 1984) eine für den Zusammenhang von Arbeitsgestaltung und Gesundheit theoretisch und empirisch herausragende Grundlage. Arbeitstätigkeiten werden in diesem Konzept hinsichtlich ihrer sequenziellen und hierarchischen Vollständigkeit unterschieden.

Sequenziell (oder zyklisch) vollständige Arbeitsaufgaben beinhalten neben der bloßen *Ausführung* auch *vorbereitende Arbeitsfunktionen* – selbstständiges Setzen von Zielen, Handlungsvorbereitungen im Sinne der Wahrnehmung von Planungsfunktionen, Auswahl der Arbeitsmittel einschließlich der erforderlichen Interaktionen und das *Kontrollieren* der eigenen Ergebnisse (Hacker, 2005a; vgl. auch Ulich, 2001; s. auch Ulich in diesem Band). Wenn vorbereitende, ausführende und kontrollierende Tätigkeiten in „einer Hand" liegen, hat das zur Folge, dass die Beschäftigten die Folgen ihrer vorausgegangenen Arbeitsphasen in diesem Arbeitsprozess erleben, also Rückmeldungen aus dem Arbeitsprozess erfahren und diese für eine lernende Optimierung ihrer Arbeitsmethoden nutzen können (Bergmann, 2004, S. 39).

Hierarchisch vollständig sind Arbeitstätigkeiten dann, wenn beim Bearbeiten der Aufgaben unterschiedliche Ebenen der inneren Regulation aktiviert werden, d. h. Regulation(en) sowohl auf der intellektuellen Ebene, der wissensbasierten Ebene (die den Normalfall täglichen und oft routinisierten Handelns bildet) sowie der Ebene sensumotorischer Handlungen (vgl. Hacker, 2005a, S. 252). Gerade die Mischung von Regulationsebenen sichert nach Hacker (2005a, b) die Aktivierung und Motivierung der Beschäftigten durch die Tätigkeitsausführung, fördert eigenständige Zielsetzungen, Entscheidungs- und Handlungsspielräume, stellt Denk-, Kooperations- und Lernanforderungen und fördert die Übernahme von Verantwortung. *Unvollständige Tätigkeiten* bedeuten dagegen Anforderungsdefizite mit der Folge von Aktivitäts-, Zielbildungs- sowie Lernmängeln.

Vollständige Arbeitsaufgaben gehören zu den wichtigsten objektivierbaren und vor allem auch *gestaltbaren Voraussetzungen* für eine (arbeitsimmanente) gesundheitsförderliche Kompetenzentwicklung bzw. Förderung der Handlungsfähigkeit (vgl. auch Bergmann & Wardanjan, 1999). Dabei geht es *nicht* um die Gestaltung *anforderungsarmer* Arbeitsplätze bzw. Tätigkeiten, sondern um die Gestaltung *beanspruchungsoptimaler* und damit zugleich gesundheitsförderlicher Arbeitsplätze. Dass der konkreten täglichen Arbeitstätigkeit für die Entwicklung der eigenen Handlungskompetenz eine herausragende Bedeutung auch aus der Sicht der Beschäftigten zukommt, verdeutlichen Befunde von Bergmann (2004, S. 26): Danach wird *Lernen im Arbeitsprozess* aus der Sicht von Mitarbeitern der Fertigung in einem mittelständischen Unternehmen mit 54 % der größte Anteil für die Entwicklung der Handlungskompetenz zugeschrieben; Ausbildung und berufliche Weiterbildung erhalten dagegen nur einen Anteil von 34 % bzw. 12 %. Ähnliche Verteilungen finden sich auch bei Mitarbeitern eines Großunternehmens (Heinrich & Zwipp, 2002), bei Ingenieurtätigkeiten (Laube, 2002) sowie bei Mitarbeitern der Instandhaltung eines Unternehmens der IT-Branche (Starke, 2004).

Mit dem Tätigkeitsbewertungssystem (TBS; Hacker, Fritsche, Richter & Iwanona, 1995) liegt ein Analyse- und Bewertungssystem vor, das die Anwendung und Umsetzung des Konzepts der vollständigen Tätigkeit für eine gesundheitsförderliche Arbeitsgestaltung möglich macht. Arbeitstätigkeiten werden mit diesem Verfahren in fünf Bereichen erfasst: (1) Organisatorische und technische Bedingungen, die die Vollständigkeit bzw. Unvollständigkeit von Tätigkeiten determinieren (u. a. Vielfalt und Variabilität von Teiltätigkeiten), (2) Kooperations- und Kommunikationserfordernisse (Umfang, Formen und Variabilität kooperativer Arbeit), (3) aus dem Arbeitsauftrag resultierende Verantwortung (individuelle und kollektive), (4) erforderliche geistige (kognitive) Leistungen sowie (5) Qualifikations- und Lernerfordernisse. Aus einer solchen Arbeitsanalyse resultieren Mindestprofile, anhand derer sich das Gesundheitspotenzial eines Arbeitsplatzes und seiner Ausführungsbedingungen abschätzen lässt (vgl. dazu z. B. Richter, 2004).

In einer Reihe anwendungsbezogener Forschungsprojekte (vgl. z. B. Rau & Triemer, 2003; Richter, Debitz, Schulze, 2002; Wieland, Metz & Richter, 2002; Richter, Debitz, Schulze & Hüttges, 2003; Jahn & Hacker, 2002; Richter, 2004; Rau & Riedel, 2004) konnte gezeigt werden, dass mit gesundheitsstabilisierenden und -förderlichen Effekten vor allem an Arbeitsplätzen mit vollständigen Tätigkeiten zu rechnen ist (Hacker, 1991). Die aus dem Konzept „sequenziell-hierarchisch vollständiger Tätigkeiten“ (Hacker, 2005a, S. 249 f.) ableitbaren Prinzipien der Arbeitsgestaltung werden deshalb auch als *Idealform* einer wirtschaftlich effizienten und gesundheitsförderlichen Arbeitsgestaltung angesehen (Hacker, 1991, 1998).

Zur Bewertung von Arbeitstätigkeiten im Hinblick auf ihr gesundheitliches Risikopotenzial aufgrund unvollständiger Tätigkeitsstrukturen liegt inzwischen auch ein Software-Instrument zur prospektiven Arbeitsgestaltung vor (TBS-REBA; Pohlandt, Richter, Jordan & Schulze, 2001), das auf der Grundlage der Handlungsregulationstheorie (Hacker, 2005a) und dem Tätigkeitsbewertungssystem entwickelt wurde.

Gestützt auf einen sich ständig erweiternden Datensatz von mehr als 300 Tätigkeiten erfolgen mit diesem Instrument aus bedingungsbezogen erfassbaren Merkmalen der Aufgabe/Tätigkeit über multiple Regressionsanalysen Voraussagen psychischer Fehlbeanspruchungen (BMS-Verfahren; Plath & Richter, 1984; psychische Ermüdung, Monotonie, psychische Sättigung, Stress). Dieses Modell hat sich nach Richter (2004) als praktikabel und hinlänglich valide erwiesen, reflektiert weitgehend das arbeitswissenschaftliche Gestaltungswissen und basiert auf der ISO EN DIN 10 075 „Psychische Belastung“. Wie Richter (2004, S. 201) zudem betont, gehört das Instrument „heute bereits zur Routineausstattung von Berufsgenossenschaften und Unfallkassen bei der Bewertung von psychischen Fehlbeanspruchungsrisiken und bei der Beratung von gesundheitsfördernden Arbeitsgestaltungsmaßnahmen“ (Pohlandt et al., 2001; Gruber, Trippler, Debitz, Kamusella, Senft & Machowiak, 2003).

Während die bisherigen Konzepte die Bedeutung der Aufgabengestaltung, der Kontrollmöglichkeiten und belastender Arbeitsbedingungen in den Vordergrund gerückt haben, betrachtet das nachfolgende Modell das Verhältnis Arbeit und Gesundheit aus der Perspektive des Aufwands-/Ertragsverhältnisses: Welche gesundheitlichen Auswirkungen sind zu erwarten, wenn der eingesetzte Aufwand nicht hinreichend belohnt wird?

4.2.4 Effort-Reward-Imbalance – ERI Modell

Im Modell beruflicher Gratifikationskrisen (Siegrist, 1996) werden nicht nur vorhandene Entscheidungsspielräume bewertet, sondern es wird zusätzlich gefragt, ob sich die Bewältigung der Anforderungen auch „lohnt“. Gratifikationskrisen können eine äußere bzw. extrinsische (Belohnung) wie auch eine innere bzw. intrinsische (Anstrengung, Verausgabung) Ursache haben. Sie entstehen dann, wenn die im Beruf eingesetzten Anstrengungen und die erbrachten Leistungen nicht den erwarteten Belohnungen entsprechen, d. h. in einem unausgewogenen Verhältnis stehen (sog. Prinzip der Reziprozität). Es werden dabei drei Arten von Belohnungen (Gratifikationen) unterschieden: finanzielle Belohnung (Lohn, Gehalt), Belohnung durch Wertschätzung und Anerkennung und Belohnung in Form von gewährtem Aufstieg bzw. gewährter Arbeitsplatzsicherheit. In diesem Modell steht somit der Arbeitsvertrag als gesellschaftliches Tauschverhältnis im Vordergrund.

Die Voraussagen des Modells werden in drei Stufen vorgenommen: Stufe 1 bedeutet, dass keine berufliche Gratifikationskrise vorliegt, Stufe 2 besagt, dass einer der Faktoren – geringe Belohnung oder hohe Verausgabung – die Person belastet und Stufe 3, dass als kritische Belastung beide Faktoren zusammentreffen. Nach Scherrer (2002) lassen sich Zusammenhänge zur Burnout-Forschung herstellen, wie sie von Demerouti (1999) durchgeführt wurde sowie auch zu Equity-Modellen aus der Sozialpsychologie. Bei Demerouti sind es fehlende motivationale Anreize aus der Arbeitssituation und negative Arbeitsanforderungen, die zu Distanzierung von der Arbeit und Erschöpfung führen. Dabei spielt der Faktor „Arbeit mit/an Menschen" keine Rolle, die Arbeitsbedingungen sind entscheidend. Die Equity-Forschung hat schon früh gezeigt, dass der Einsatz (z. B. Arbeitszeit, Intensität) im Verhältnis zur Belohnung/Bezahlung stehen muss, wenn es nicht zu emotionalen Reaktionen wie Widerstand und Ärger kommen soll (Adams, 1965). Offensichtlich existiert ein allgemeines Empfinden für gerechte Verteilung von Ressourcen und Belohnungen, das bei Verletzung entsprechende Reaktionen hervorruft. Widerstand zeigt sich in Form von Demotivation, Leistungszurückhaltung, innerer Kündigung oder „Dienst nach Vorschrift" (Scherrer, 2002).

Die Effort-Komponente wird im ERI Modell durch sechs Items, die Belohnungskomponente durch elf Items erfasst. Beispiele für die Effort-Komponente: „Aufgrund des hohen Arbeitsaufkommens besteht häufig großer Zeitdruck", „Bei meiner Arbeit habe ich viel Verantwortung zu tragen", „Ich bin häufig gezwungen, Überstunden zu machen". Beispiele für die Belohnungskomponente: „Ich erhalte von meinen Vorgesetzten die Anerkennung, die ich verdiene", „Ich werde bei meiner Arbeit ungerecht behandelt" oder „Wenn ich an all die erbrachten Leistungen denke, halte ich mein Gehalt/meinen Lohn für angemessen".

In der wachsenden Zahl von Studien mit dem ERI-Modell konnte nachgewiesen werden, dass die Kombination von großer Anstrengung (overcommitment) und geringer Belohnung als psychosozialer Stressfaktor ein Risikofaktor für die Entstehung von Herz-Kreislauf-Erkrankungen, geringem Wohlbefinden, leichteren psychischen Störungen sowie berichteten Krankheitssymptomen ist (vgl. z. B. Siegrist, 1996, 1998; Peter & Siegrist, 1997; Stansfeld, Bosma, Hemingway & Marmot, 1999; Jonge, Bosma, Peter & Siegrist, 2000). So war bei denjenigen Beamten (mehreren zehntausend männlichen und weiblichen Regierungsangestellten), die zu Beginn unter beruflichen Gratifikationskrisen litten, das Risiko neuer koronarer Herzkrankheiten in einem 5-Jahreszeitraum um mehr als das Zweifache erhöht (vgl. dazu Siegrist, 2005).

Eine Stärke des Modells von Siegrist liegt in den bereits vorliegenden epidemiologischen Studien, insbesondere sog. „prospektiven Kohortenstudien". Eine zum Zeitpunkt der Erstuntersuchung bezüglich der interessierenden Gesundheitsindikatoren bzw. Zielkrankheiten (z. B. Herz-Kreislauf-Krankheiten) gesunde Population Erwerbstätiger wird nach dem Ausmaß und der Dauer erfahrender beruflicher Gratifikationskrisen untersucht und nach der Höhe des beruflichen Risikos klassifiziert. Anschließend werden in einem unterschiedlich langen Beobachtungszeitraum (in der Regel mindestens 5 Jahre) neu auftretende Krankheitsrisiken (Zielkriterien) erfasst und mit dem klassifizierten Risiko in Beziehung gesetzt. Liegt dann ein gehäuftes Auftreten von Krankheitsereignissen in der Gruppe mit dem höchsten beruflichen Risiken im Vergleich zu der beruflich gering belasteten Gruppe vor, kann dies – bei Kontrolle möglicher Störgrößen (Alter, Geschlecht, Bildung etc.) – als *direkte Wirkung* (s. dazu auch Abschnitt 0) von beruflichen Belastungen auf die Entwicklung von Krankheiten interpretiert werden (Siegrist, 2005, S. 16).

Interventionsmaßnahmen werden sowohl auf verhältnis- als auch verhaltensorientierter Ebene thematisiert. So werden Verbesserungen des Lohn-Leistungs-Verhältnisses vorgeschlagen (z. B. durch den „Ausbau von Gewinnbeteiligungen für Arbeitnehmer" oder „Verbesserungen im Bereich kompensierender Lohndifferenziale"; Siegrist, 1996, S. 254) sowie nicht monetäre Aspekte wie beispielsweise verbesserte Weiterbildungsangebote. Auf Verhaltensebene werden die Bedeutung der Fähigkeit zur Selbstregulation und die intrinsische Verausgabungsbereitschaft als gesundheitsrelevante Merkmale diskutiert.

Vor dem Hintergrund der veränderten Rahmenbedingungen von Arbeit (neue Arbeitsformen) beschreibt das Modell beruflicher Gratifikationskrisen das Zusammenspiel von sozialen Krisen, Selbstregulation und negativen Emotionen bzw. langfristigen Beanspruchungsfolgen (vgl. Siegrist, 2002; vgl. dazu auch Timm, 2003).

4.2.5 Merkmale gesundheitsförderlicher Arbeitsgestaltung – vorläufige Bilanz

Die bisher beschrieben Wirkungsmodelle, in denen ein „gerichteter Wirkungszusammenhang" (Volpert, 1987, S. 20) zwischen Arbeitsgestaltung und Gesundheit angenommen wird, belegen den substanziellen Einfluss arbeitspsychologisch bzw. handlungstheoretisch fundierter Kernmerkmale zur Gestaltung von Arbeitsaufgaben und -bedingungen auf die Gesundheit der Erwerbstätigen. Ebenso wird deutlich, das „weiche" Faktoren wie Anerkennung und Wertschätzung, die Gegenstand des ERI-Modells sind, die Gesundheit nachhaltig beeinflussen können.

Zusammenfassend lassen sich aus diesen Modellen folgende Kernmerkmale und -bedingungen von Arbeitstätigkeiten mit gesundheitsförderlichen (Ressourcen) bzw. gesundheitsbeeinträchtigenden Potenzialen ableiten:

1. Kernmerkmale der Arbeit mit *gesundheitsbeeinträchtigendem Potenzial* sind:
   a. Arbeitsinhalte und -bedingungen, die durch die Kombination überdurchschnittlicher Arbeitsintensität und geringer Kontrolle (Entscheidungsspielraum) gekennzeichnet sind.
   b. *Regulationsbehinderungen* mit ihren Teilkomponenten: Regulationshindernisse (z. B. Arbeitsunterbrechungen, störende Umweltbedingungen), Regulationsunsicherheit (z. B. durch qualitative Überforderung, Rollenunsicherheit) und Regulationsüberforderungen (z. B. quantitative Überforderung durch Zeitdruck).
   c. Arbeitstätigkeiten mit einer unausgewogenen Balance von Aufwand (Anstrengung) und Ertrag (materielle und soziale Belohnung).
2. Kernmerkmale der Arbeit mit *gesundheitsförderlichem Potenzial* sind:
   a. Art und Ausmaß *psychischer Regulationsanforderungen* im Sinne hierarchisch und sequenziell vollständiger Tätigkeiten. Dies beinhaltet anspruchsvolle, vielfältige Arbeitsaufgaben mit relativ komplexen Denkanforderungen sowie der Erfordernis, Ziele selbstständig zu generieren, Pläne zu entwickeln und Entscheidungen über Ausführungsweisen selbstständig zu treffen.
   b. Regulationsmöglichkeiten in Bezug auf die selbstständige (Handlungs- und Zeitspielraum), eigenverantwortliche (Entscheidungsspielraum) und selbstregulierte (Kontrollspielraum) Erledigung von Arbeitsaufgaben.
   c. Möglichst wenig Regulationsprobleme in Form von Regulationshindernissen oder Zusatzbelastungen (Zeitdruck, zu hoher Leistungsdruck, Störungen des Arbeitsablaufs, unfreiwillige Wartezeiten), Regulationsunsicherheiten oder Regulationsüberforderungen.
   d. Eine „Belohnungskultur", die eine angemessene Balance von Entlohnung, Wertschätzung und Anerkennung und Entwicklungsmöglichkeiten auf der einen Seite und den investierten Anstrengungen auf der anderen Seite bietet.
   e. Ein gesundheitsförderliches Betriebsklima, das durch Kooperation und sozial-unterstützende Kommunikation sowie eine mitarbeiter- und gesundheitsorientierte Führungskultur geprägt ist.
   f. Möglichkeiten zur Weiterentwicklung von (aufgabenbezogener) Handlungskompetenz (Bergmann, 2004), personbezogener Handlungsfähigkeit wie z. B. Selbstregulationskompetenz (Bandura, 1997; Wieland, 2004), Gesundheitskompetenz (Wieland et al., 2005), beruflicher Selbstwirksam-

keit (Collani & Schyns, 1999) und Emotionsregulierung (Lazarus & Launier, 1981).

g. Möglichkeit zur Entwicklung kollektiver Kompetenzen (Weber, 1997) wie z. B. soziale und kommunikative Kompetenz (Sonntag & Schaper, 1999; Kanning, 2003; Wieland & Brodersen, 2005).

Werden Arbeitstätigkeiten einschließlich ihrer Ausführungsbedingungen nach diesen Prinzipien gestaltet, können arbeitsbedingte Anforderungs- und Belastungsmerkmale soweit optimiert werden, dass die Entstehung von Missempfinden und Krankheiten reduziert und Ressourcen zur Steigerung der Gesundheit und des Wohlbefindens geschaffen werden.

Tabelle 1 fasst gesundheitsförderliche Gestaltungsziele und entsprechende Empfehlungen zu ihrer Realisierung zusammen:

Tabelle 1:
Bedingungsbezogene Interventionen mit salutogener und (präventiv) beanspruchungsreduzierender Wirkung (aus Bamberg & Metz, 1998, S. 190 f.)

Gestaltungsziel	**Gestaltungsempfehlung**	**Präventive Beanspruchungsreduktion**	**Aufgabeninherente salutogene Wirkung**
Ganzheitliche Aufgaben			
– hierarchisch vollständig	unterschiedliche Anforderungen	Vermeidung einseitiger Belastung qualifizierter Mischarbeit	Qualifikationserhalt und -entwicklung
– sequenziell vollständig	Planen, Ausführen, Kontrollieren „in einer Hand“	Vielfalt; eigenständige Fehlerkorrektur	erleben ganzheitlicher Arbeit; Motivierung
Entscheidungsspielraum/Kontrolle			
– zeitlich	Freiheitsgrade bzgl. Terminplanung/ Arbeitspensum/Pausen	Vermeidung von Zeitdruck	Erleben von Zeitsouveränität
	flexible Arbeitszeiten	zeitliche Arbeitsverteilung entsprechend aktueller Beanspruchung	Koordination beruflicher und persönlicher Pflichten/Wünsche
– aufgabenbezogen	Reihenfolge der Aufgabenbearbeitung, Bearbeitungsweise wählbar	Aufgabenbearbeitung entsprechend aktueller Beanspruchung	Anreiz zur Veränderung von Arbeitsweisen, Lernanreize
– sozial/interaktional	Kooperationspartner wählbar	Reduzierung sozialer Konflikte	Voraussetzung für soziale Unterstützung

Tabelle 1 (Fortsetzung):
Bedingungsbezogene Interventionen mit salutogener und (präventiv) beanspruchungsreduzierender Wirkung (aus Bamberg & Metz, 1998, S. 190 f.)

Gestaltungsziel	Gestaltungsempfehlung	Präventive Beanspruchungsreduktion	Aufgabeninherente salutogene Wirkung
Lern- und Entwicklungsmöglichkeiten			
	anspruchsvolle Arbeitsinhalte (Denk- und Planungserfordernisse)	Reduktion kognitiver Überforderungen durch kognitive Kompetenzentwicklung	Nutzung der Qualifikation, Anreiz zur Weiterqualifizierung
Möglichkeiten zur sozialen Interaktion			
– arbeitsbezogen	arbeitsbezogene Kooperation und Kommunikation; Gruppenarbeit	Voraussetzung für Unterstützung bei Aufgabenbearbeitung	Entwicklung kognitiver und sozialer Kompetenzen
– nicht arbeitsbezogen	Raum und Zeit für Kommunikation	Voraussetzung für Unterstützung bei persönlichen Problemen	persönliche Wertschätzung
Leistungsbewertung, -anerkennung			
	eindeutige Bewertungskriterien; „gerechte“ Gratifikation	Vermeidung von „Gratifikationskrisen“	internale Attribution von Ergebnissen; Selbstwertgefühl
Sinnhaftigkeit der Arbeit			
	Einordnung individueller/kollektiver Tätigkeiten in Gesamtzusammenhang	Akzeptanz weniger anspruchvoller Tätigkeiten	persönliche Identifizierung mit der Tätigkeit → Arbeitsmotivation/ Stolz auf Leistung
Organisationsstruktur			
	„flache Hierarchie“	kurze Entscheidungswege	Bereitschaft zur Verantwortungsübernahme;
	dezentrale Entscheidungen	Erreichbarkeit von Hilfe	Erleben von Selbstwirksamkeit
Führungsverhalten/Organisationsklima			
	„demokratisch“; mitarbeiterorientiert	aufgabenbezogene und persönliche (auch emotionale) Unterstützung	Partizipation der Beschäftigten an Entscheidungen, zeitnahe Rückmeldung

Bamberg, Metz und andere (Bamberg & Metz, 1998; Wieland, 1999; Elke, 2000; Elke & Zimolong, 2001; Ulich, 2001; Badura et al., 2003; Semmer & Zapf, 2004; Ulich & Wülser, 2004) formulieren dazu Leitlinien, denen Maßnahmen betrieblicher Gesundheitsförderung folgen sollten: (a) Realisierung eines partizipativen Gestaltungsansatzes unter Nutzung des Erfahrungswissens der Beschäftigten und des Wissens organisationsinterner Experten. Externe Experten können – in Abhängigkeit von spezifischen Problemen – einbezogen werden; (b) Belastungsreduktion *und* Erzeugen von salutogenen Ressourcen, was auch bedeutet, dass nicht beanspruchungsarme, sondern *beanspruchungsoptimale* Arbeitsbedingungen eine wesentliche Voraussetzung gesunder und produktivitätsförderlicher Arbeit sind; (c) Berücksichtigung von gesundheitsrelevanten Fragen als Teil der Unternehmens- und Führungskultur und bei strategischen Managemententscheidungen; sowie (d) Maßnahmen zur Gesundheitsförderung nicht als einmalige Maßnahme, sondern als Prozess zu begreifen und entsprechend zu gestalten.

4.3 Moderierende Wirkung von Personmerkmalen

Es wird immer wieder kritisch angemerkt, dass auch individuelle Unterschiede in Persönlichkeitsmerkmalen wie z. B. Selbstwirksamkeit (Schaubroeck & Merritt, 1997; Schyns & Collani, 2002), Selbstregulationsfähigkeit (Wieland, 2004), negative Affektivität (Spector, Zapf, Chen & Frese, 2000) oder individuelle Bewältigungsstrategien und -muster (Wieland-Eckelmann, 1992; Schaarschmidt & Fischer, 2001; Semmer, 2003) einen substanziellen, von den Arbeitsbedingungen unabhängigen Effekt auf gesundheitsrelevantes Befinden haben.

Arbeitsaufgaben und -anforderungen können sehr unterschiedlich interpretiert werden (Redefinition von Arbeitsaufgaben; Hackman & Oldham, 1980; Matern, 1983), ebenso kann die berufliche Tätigkeit insgesamt für die Beschäftigten unterschiedliche Funktionen erfüllen (Semmer & Udris, 2004, S. 159 f.). Durch die Arbeitsaufgabe und -umgebung bedingte *Regulationsanforderungen*, ein hohes Ausmaß an Entscheidungs-, Handlungs- und Zeitspielraum oder *Regulationsprobleme*, die durch Regulationshindernisse, -unsicherheiten oder Regulationsüberforderungen hervorgerufen werden (vgl. dazu Zapf & Semmer, 2004) können entweder als Herausforderung oder als Bedrohung (Lazarus & Launier, 1981; Lazarus, 1999) wahrgenommen werden. Dementsprechend unterschiedlich fallen auch die Strategien beim Umgang mit den am Arbeitsplatz vorfindbaren psychischen Anforderungen und psychischen Belastungsfaktoren aus.

Den vielfältigen Einfluss von Persönlichkeitsmerkmalen im Arbeitsprozess (stress-strain process) fassen Spector et al. (2000) auf Grundlage ihrer umfangreichen

Recherchen wie folgt zusammen: Persönlichkeitsmerkmale wie z. B. „hohe negative Affektivität" (Watson & Clark, 1984) können verbunden sein mit: (1) erhöhter Sensibilität für Stressoren (perception mechanism), (2) der Bereitschaft zur Wahl stressreicher Jobs (selection mechanism), (3) der Disposition zu überdurchschnittlich stark ausgeprägten Stressreaktionen (hyper-responsivity mechanism), (4) der Tendenz, Stressoren und Beanspruchungen bzw. die Wahrnehmung der eigenen Affektivität zu überschätzen (mood mechanism) sowie (5) der Disposition zu erhöhten Stressreaktionen aufgrund ineffizienter Bewältigungsversuche (stressor creation mechanism).

Neben der Frage „Was ist gesundheitsförderliche Arbeit?" ist deshalb auch die Frage zu beantworten „Was sind Merkmale und Eigenschaften einer gesundheitsförderlichen Persönlichkeit?" Hinter diesen Fragen verbirgt sich das Kernproblem „Verhaltens- oder Verhältnisprävention?" bzw. „Welche Maßnahmen sind zu ergreifen, wenn die Arbeit mit Beeinträchtigungen der Gesundheit verbunden sind und/oder die wirtschaftliche Effektivität bzw. Produktivität eines Betriebes oder einzelner Arbeitsplätze zu gering ausfällt: Qualifizierung und Verbesserung der Bewältigungsfähigkeiten der Betroffenen und damit Anpassung des Menschen an die existierenden Arbeitsbedingungen oder Umgestaltung der Arbeitsbedingungen und damit Anpassung der Arbeitsbedingungen an den Menschen?"

Eine sehr differenzierte Sichtweise auf die Frage nach der Anzahl relevanter Gesundheitsindikatoren, deren Interkorrelationen bzw. innere Verknüpfungen und dem spezifischen Einfluss von neun gesundheitsrelevanten Arbeitsmerkmalen hinsichtlich der Ausprägung dieser Indikatoren, hat Warr (1987, 1994) mit dem „Vitaminmodell" vorgelegt. Das Modell unterscheidet (a) emotionales Wohlbefinden; Kompetenz, arbeitsbezogenes Anspruchsniveau, Autonomie und „integrated functioning" im Sinne von Selbstregulationsfähigkeit als Indikatoren mentaler Gesundheit und (b) neun Merkmalseigenschaften von Arbeitssituationen: (1) Kontrollmöglichkeit, (2) Möglichkeit, die eigenen Fähigkeiten einzusetzen, (3) fremd- vs. selbstbestimmte Zielsetzungen und Rollenanforderungen, (4) Vielfalt, (5) Klarheit in Bezug auf handlungsbezogenes Feedback, Vorhersagbarkeit und Rollenanforderungen, (6) Verfügbarkeit von Geld, (7) physische Sicherheit, (8) Möglichkeiten sozialer Interaktion sowie (9) soziale Rolle bzw. Sozialprestige.

Gesundheitsförderliche Arbeitsgestaltung heißt deshalb immer auch *Entwicklung von Personen* bzw. die Berücksichtigung, Nutzung und Weiterentwicklung der personalen Ressourcen. Die im Demand-Control-Modell postulierte Interaktion zwischen Anforderungen und Kontrolle gilt nur für Personen, die über hohe Selbstwirksamkeit verfügen bzw. „aktives Coping" betreiben (siehe auch Semmer & Zapf, 2004, S. 823).

Höhere Kontrolle nützt nur denjenigen, die auch über die entsprechenden personalen Ressourcen verfügen.

Diese Befunde zeigen, dass verhältnis- und verhaltensorientierte Maßnahmen, d. h. *„Gestaltung der Arbeitsbedingungen und Entwicklung der Beteiligten"* möglichst miteinander verbunden bzw. in einem integrativen Analyse- und Interventionskonzept integriert werden sollten (vgl. dazu auch Bamberg & Metz, 1998, S. 206). Dafür sprechen auch von Semmer und Zapf (2004) zitierte Befunde, nach denen Stressmanagement-Interventionen sowohl personale Ressourcen (Selbstwirksamkeit) verbessern (Smith, 1989) als auch dazu führen können, Arbeitsbedingungen im Sinne eigener Ziele zu verbessern (Bond & Bunce, 2000; Larsson, Setterlind & Starrin, 1990).

5 Zur Integration von Verhältnis- und Verhaltensprävention. Das Konzept optimaler Beanspruchung: ein integratives Rahmenmodell

Ausgangspunkt zur Integration von Verhältnis- und Verhaltensprävention bildet das in Abschnitt 3 dargestellte Rahmenmodell zur Einordnung arbeitspsychologisch-orientierter Analyse- und Wirkungsmodelle. Es wird hier erweitert um das Konzept der Beanspruchungsbilanz als Bewertungskriterium (vgl. dazu auch Hart & Cooper, 2001). Der Begriff „Personmerkmale" wurde im Gegensatz zum Begriff „Person" in Abbildung 5 gewählt, um deutlich zu machen, dass es hier um konkrete Personmerkmale geht, die in das „Verhältniskonzept" gesundheitsförderlicher Arbeitsgestaltung integriert werden (vgl. Abb. 5).

Dieses Modell geht von folgenden (u. a. mit den Konzepten vollständiger Tätigkeit und Konzept Anforderung/Belastung übereinstimmenden) zentralen Annahmen aus:

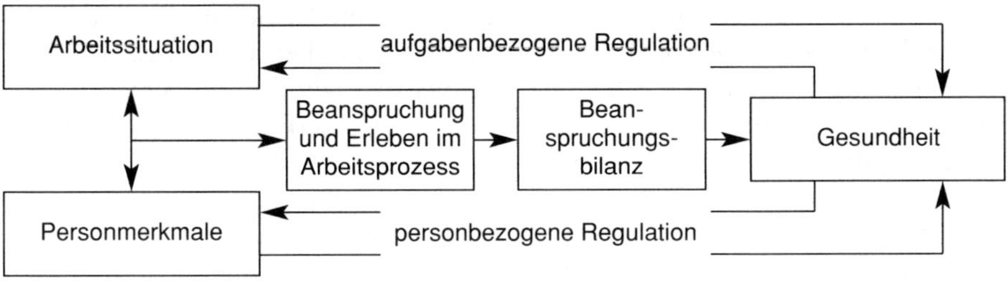

Abbildung 5:
Das Konzept optimaler Beanspruchung: Ein Rahmenmodell zur Integration von Verhältnis- und Verhaltensprävention

5.1 Beanspruchungsbilanz als Bewertungskriterium

Arbeitstätigkeiten und ihre Ausführungsbedingungen sind dann beanspruchungsoptimal gestaltet, wenn sie insgesamt zu einer positiven *Beanspruchungsbilanz* führen. Diese liegt dann vor, wenn die im Arbeitsprozess auftretenden positiven bzw. funktionalen Beanspruchungen deutlich stärker ausgeprägt sind als die negativen, dysfunktionalen Beanspruchungen. Die Unterscheidung von positiver und negativer Beanspruchung trägt der Doppelrolle der Beanspruchung (Schönpflug, 1987) Rechnung: „Arbeitsbedingte Belastungen können mit Beanspruchungen und Folgen verbunden sein, die nützlich, lohnend und persönlichkeits- sowie gesundheitsförderlich sind und/oder mit Beanspruchungen, die hohe psychophysische Kosten verursachend und gesundheitsschädlich sind" (Wieland-Eckelmann, 1992, S. 28).

Aus der Gestaltungsperspektive betrachtet sind *Arbeitstätigkeiten* mit psychischen Regulationsanforderungen (im Sinne vollständiger Tätigkeiten) beanspruchungsoptimal, die ein ausgewogenes Verhältnis von höheren kognitiven Anforderungen (Gedächtnis- und Verarbeitungsoperationen) und Routinetätigkeiten, Entscheidungs- und Handlungsspielräumen, angemessenen Leistungs- und Zeitvorgaben sowie ausreichenden Kooperationsmöglichkeiten aufweisen. Die *Ausführungsbedingungen* sind dann beanspruchungsoptimal, wenn wenig Regulationsbehinderungen (z. B. unfreiwillige Wartezeiten, Systemabstürze, mangelnde Rückmeldung über Arbeitsergebnisse) bei der Ausführung vorhanden sind (vgl. z. B. Leitner, 1999; Wieland, Krajewski & Memmou, 2006). Wie im Konzept Anforderung/Belastung (s. o.) werden psychische Regulationsanforderungen und Regulationsbehinderungen als unabhängig voneinander betrachtet. Dies konnte in empirischen Studien, die mehr als 1.000 Arbeitsplätze umfassen, auch bestätigt werden (vgl. Wieland, 2004; Wieland et al., 2006).

Unabhängigkeit von negativen und positiven Zuständen und ihre differenzielle Wirksamkeit. Allgemeinpsychologisch orientierte Konzepte (Thayer, 1989; Hockey, 1997; Diener, 2000; Watson, 1988) sowie eine Reihe von Befunden aus dem Arbeitskontext (vgl. z. B. Kannheiser, 1983; Fischer, Brauns & Belschak, 2002; Hart & Cooper, 2001) belegen, dass negative (dysfunktionale) und positive (funktionale) Beanspruchungszustände sowie positive und negative Emotionen unabhängig voneinander variieren können. Hart und Cooper (2001) betrachten deshalb auch Arbeitszufriedenheit als ein integriertes Urteil (summary judgement), das aus der Bilanzierung positiver und negativer Befindlichkeiten während der Arbeitstätigkeit resultiert. Diese Differenzierung trägt damit der Kritik an der organisationalen und arbeitspsychologischen Stressforschung Rechnung, die von Hart und Cooper (2001, S. 103) so formuliert wird:

> The different approaches to the conceptualization of stressors share one common thing in common. They all focus on the negatives experiences that are believed to influence employee well-being. This common theme fails to recognize, however, that positive experiences also play a role.

Die Unabhängigkeit negativer und positiver Emotionen lässt sich dabei nicht nur auf Stateebene (d. h. als Zustandsmerkmal), sondern auch auf Traitebene (d. h. als Persönlichkeitsmerkmal) nachweisen (vgl. Pülschen, 1982).

Wesentlich für den vorliegenden Kontext ist, dass das Modell Aussagen macht über Zusammenhänge bzw. die Passung von Persönlichkeitseigenschaften und arbeitsbezogenen Merkmalen und den Auswirkungen, die dies auf die Gesundheit hat.

5.2 Arbeitsbezogene Determinanten der Beanspruchungsoptimalität

Wie die Ausführungen in den vorangegangenen Kapiteln gezeigt haben, gibt es zwei gesundheitsrelevante (und natürlich auch leistungsrelevante) Kerndimensionen von Arbeitstätigkeiten, die sowohl konzeptionell als auch empirisch unabhängig voneinander sind: (1) Aus der Arbeitsaufgabe resultierende *psychische Anforderungen*, die nach dem Konzept ‚Vollständige Tätigkeit' beschrieben werden und (2) Belastungen/Regulationsbehinderungen, die sich aus den Arbeitsbedingungen ergeben.

Sowohl in Untersuchungen im Produktionsbereich (Leitner et al., 1987) als auch im AIDA-Projekt wurden nur sehr geringe Zusammenhänge zwischen psychischen Regulationsanforderungen und Regulationsbehinderungen (psychischen Belastungen) gefunden: Produktion: $r = .08$; Büro: $r = .12$ (Leitner, 1999). Auch Wieland (2004) konnte für verschiedene Tätigkeitsbranchen (Call Center, $N = 610$; Öffentliche Verwaltung, $N = 327$; IT-Branche, $N = 223$) zeigen, dass psychische Regulationsanforderungen und Regulationsbehinderungen durchgängig fast Nullkorrelationen aufwiesen.

Das bedeutet, dass sich prinzipiell vier Typen von Arbeitsplätzen unterscheiden lassen: Arbeitsplätze mit (1) optimalen psychischen Anforderungen (im Sinne vollständiger Tätigkeiten) und wenig Regulationsbehinderungen, (2) optimalen psychischen Anforderungen (im Sinne vollständiger Tätigkeiten) und vielen Regulationsbehinderungen (3) mit dysfunktionalen psychischen Anforderungen (Fehlanforderungen durch unvollständige Tätigkeiten) und wenig Regulationsbehinderungen, sowie (4) Arbeitsplätze mit dysfunktionalen psychischen Anforderungen und viel Regulationsbehinderungen (vgl. dazu das Vierfelderschema zur Arbeitsplatzdiagnostik in Abb. 6).

5.3 Personbezogene Determinanten der Beanspruchungsoptimalität

Die Förderung der Handlungsfähigkeit wurde zu Beginn dieses Beitrags (vgl. Abschnitt 3.2) als Ziel und Mittel der Förderung von Gesundheit bestimmt und in zwei Komponenten unterteilt: Handlungsfähigkeit als organisationale und als personale Ressource. Diese Ressourcen lassen sich den im Modell der Abbildung 5 dargestellten Formen der aufgabenbezogenen Regulation (sie ist abhängig von organisationalen Ressourcen) und personbezogenen Regulation (sie ist abhängig von personalen Ressourcen) zuordnen.

Die organisationalen Voraussetzungen der Handlungsfähigkeit und damit auch die Möglichkeiten aufgabenbezogener Regulation werden durch Merkmale der Arbeitssituation (Kontrolle, psychische Anforderungen), die personalen Voraussetzungen der Handlungsfähigkeit durch das Ausmaß der individuellen Selbstregulationskompetenz beeinflusst.

Eine hohe Kompetenz zur Selbstregulation besteht in der Fähigkeit, interne Zustände entsprechend den aktuellen internen (personbezogenen) und externen (aufgabenbezogenen) Anforderungen und Belastungen zu regulieren. Damit umfasst die Selbstregulationskompetenz zwei Komponenten: (1) die Fähigkeit, *emotionsbezogene, interne Zustände* (innere Anspannungen, körperliche Erregung, Gedanken der Besorgtheit) so zu verändern oder aufrechtzuerhalten, dass sie mit den gewünschten Ziel- bzw. Sollzuständen übereinstimmen, und (2) die Fähigkeit, *aufgabenbezogene, interne Zustände* (energetische Aktiviertheit, *effort, Aufmerksamkeit*) so zu regulieren, dass sie dem von der Aufgabe geforderten Zielzustand *(target state)* entsprechen (ohne Fokussierung der Aufmerksamkeit bzw. Aktivierung entsprechender Funktionseinheiten ist eine erfolgreiche Aufgabenbewältigung nicht möglich; vgl. dazu das State-control model von Hockey, 1986, 1997). Selbstregulation heißt das Setzen und Verfolgen von eigenen Zielen unter Berücksichtigung des Befindens. Dieser Prozess kann als *Metaregulation* verstanden werden, der Problemregulierung, Aufmerksamkeits-, Emotions- und Anstrengungsregulation sowie die Einflussnahme auf körperliche Zustände auf einer übergeordneten Ebene initiiert, kontrolliert und steuert.

Für diese Regulationsprozesse stellt die psychophysische Aktivierung eine zentrale Voraussetzung dar. Nach der zweidimensionalen Aktivierungstheorie von Thayer (1978) kennzeichnet die Befindensdimension „Energetische Aktiviertheit“ (general activation) das Ausmaß aufgabenbezogener Aktiviertheit und korreliert dementsprechend mit Leistungsparametern. Die Befindensdimension „Ängstliche Anspannung“ (high activation) dagegen ist hoch korreliert mit Stressmerkmalen der Situation. Beide Dimensionen können – analog zu negativen und positiven Emotionen (Diener, 2000) – unabhängig voneinander variieren (vgl. dazu Wieland-Eckelmann, 1992; Wieland, 2004). Ähnlich wie im State-Trait-Modell der Angst von Spielberger (vgl. Laux, Glanzmann, Schaffner & Spielberger, 1981) führt die häufige Erfahrung von Zuständen energetischer Aktiviertheit oder ängstlicher Anspannung dazu, dass sich ein habituelles Niveau energetischer Aktiviertheit bzw. ängstlicher Anspannung herausbildet (vgl. auch Wieland-Eckelmann & Bösel, 1987).

Bisher ist in der arbeits- und organisationspsychologischen Forschung noch wenig bekannt über die Beanspruchungswirksamkeit von tätigkeitsbedingten Selbstregulations- und Selbstkontrollvorgängen. Selbstkontrolle ist – im Gegensatz zur nach Kuhl (2001) weitgehend automatisch ablaufenden Selbstregulation – oft mit hohen psychophysischen Kosten verbunden. Neubach und Schmidt (2006) betrachten deshalb auch „Selbstkontrolle als Arbeitsanforderung" und haben zu ihrer Messung kürzlich eine Skala entwickelt.

5.4 Korrespondierende Erfassung von arbeitsbedingten und personabhängigen Beanspruchungsdimensionen

Um den Einfluss von Persönlichkeitsmerkmalen einerseits und von Merkmalen der Arbeitssituation andererseits auf die erlebte Beanspruchung während der Arbeit abzuschätzen, erscheint es sinnvoll – analog zu Trait-State-Konzepten menschlichen Befindens und Verhaltens (vgl. z. B. das Trait-State-Konzept der Angst von Spielberger, 1972; Schwenkmezger, 1985) – die am Arbeitsplatz erlebte Beanspruchung und die sich in Personmerkmalen manifestierenden Erfahrungen mittels der gleichen Dimensionen zu erfassen. Ist beispielsweise die Beanspruchungsbilanz einer Person überwiegend negativ, d. h. überwiegen die negativen Erlebnisse/Bewertungen (während der Arbeit und/oder in anderen Lebenssituationen), dann ist damit zu rechnen, dass ihre „habituelle Beanspruchungsbilanz" ähnlich ausfällt.

Die Diagnose der Selbstregulationskompetenz erfolgt anhand eines Vierfelderschemas, das in Abbildung 6 (linkes Bild) dargestellt ist. Danach kann ein habituell hohes energetisches Aktiviertheitsniveau bei gleichzeitig geringer Ausprägung der ängstlichen Anspannung als ein effizientes Verhaltenspotenzial (hohe Selbstregulationskompetenz) und das umgekehrte Verhältnis dieser beiden Dimensionen zueinander als ein vergleichsweise geringes Verhaltenspotenzial (geringe Selbstregulationskompetenz) angesehen werden (vgl. Wieland-Eckelmann, 1992, S. 73 f.). Ein mittleres Niveau liegt vor, wenn entweder beide Dimensionen gering oder beide hoch ausgeprägt sind.

Nach den Diagnoseschemata der Abbildung 6 können Personen hinsichtlich ihrer Selbstregulationskompetenz und Arbeitsplätze hinsichtlich ihrer Bean-

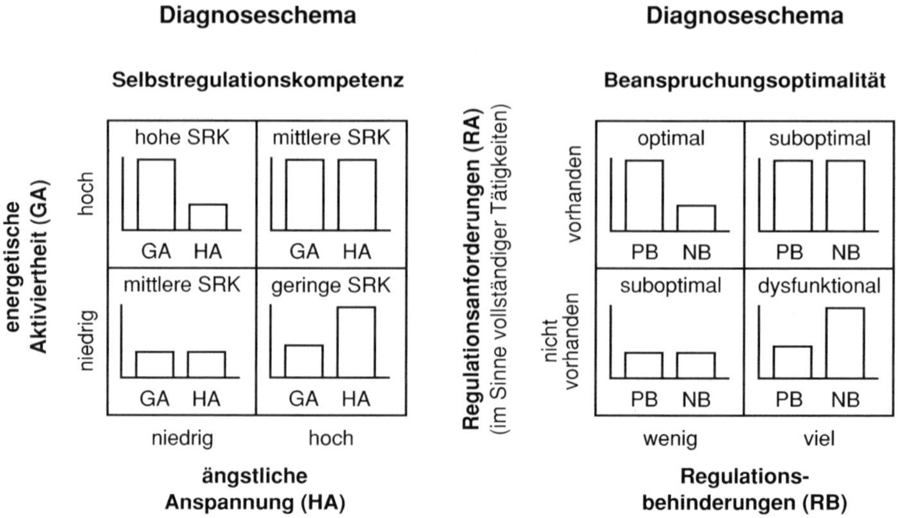

Abbildung 6:
Diagnoseschema zur Bestimmung der Selbstregulationskompetenz (linkes Bild) und des Beanspruchungspotenzials (rechtes Bild) von Arbeitssituationen sowie prognostizierter Zusammenhang zwischen gesundheitsförderlichen Merkmalen der Arbeitsgestaltung (Regulationsanforderungen)

spruchungsoptimalität klassifiziert werden (vgl. dazu auch Wieland, Krajewski & Memmou, 2006). Für „optimale" Arbeitsplätze wird eine positive bzw. optimale Beanspruchungsbilanz prognostiziert; für „dysfunktionale" Arbeitsplätze – unvollständige Tätigkeiten bzw. geringe psychische Regulationsanforderungen und viele Regulationsbehinderungen – eine negative bzw. gesundheitsbeeinträchtigende Beanspruchungsbilanz. Ein suboptimales Beanspruchungspotenzial liegt vor, wenn entweder bei vollständigen Tätigkeiten zu viele Regulationsbehinderungen oder wenig Regulationsbehinderungen bei unvollständigen Tätigkeiten vorliegen.

Belege für die in Abbildung 6 eingetragenen Beanspruchungsmuster finden sich zum einen in Studien von Leitner (1993) und Saavedra und Kwun (2000), die zeigen konnten, dass Regulationshindernisse vor allem mit negativen Emotionen und psychosomatischen Beschwerden kovariieren, während kognitive Aufgabenanforderungen (im Sinne vollständiger Tätigkeiten) mit dem Erleben positiver Emotionen verknüpft sind (vgl. dazu auch die Längsschnittstudie von Leitner & Resch, 2005).

Ergebnisse eigener Studien, in denen Beschäftigte verschiedener Branchen und Unternehmen (insgesamt N = 1.160 Arbeitsplätze) nach ihrem Beanspruchungserleben während der Arbeit gefragt wurden, zeigen, dass sich die theoretisch vorhergesagten Beanspruchungsmuster empirisch sehr gut absichern lassen: Beschäftigte an optimal gestalteten Arbeitsplätzen weisen funktionale Beanspruchungsmuster (hohe positive, geringe negative Beanspruchung) auf; für dysfunktional gestaltete Arbeitsplätze finden sich dagegen die entgegengesetzten Beanspruchungsmuster (geringe positive, hohe negative Beanspruchung). Suboptimal gestaltete Arbeitplätze, d. h. solche, die in Bezug auf eine Merkmalsklasse (entweder Regulationsanforderungen oder -behinderungen) ungünstig gestaltet sind, weisen jeweils Beanspruchungsmuster mit mittleren Ausprägungen für die positive bzw. negative Beanspruchung auf (vgl. Wieland, 2004; Wieland et al., 2006; vgl. auch Ulich & Wülser, 2004, S. 291). Funktionale Beanspruchung ist gekennzeichnet durch hohe mentale und motivationale Beanspruchung sowie Kontrollerleben; dysfunktionale Beanspruchung bezieht sich auf nervöse Anspannung, körperliches Unwohlsein und Ärger.

Die Arbeitsmerkmale – Regulationsanforderungen bzw. Regulationsbehinderungen – wurden in den Studien, über die hier berichtet wird, mit dem Verfahren der Synthetischen Beanspruchungs- und Arbeitsanalyse (SynBA; vgl. dazu Wieland-Eckelmann, Saßmannshausen, Rose & Schwarz, 1999; Wieland, 2004) erfasst. Mit den aus dem SynBA Verfahren resultierenden standardisierten Kennwerten lassen sich Arbeitsplätze nach dem in Abbildung 6 dargestellten Vierfelderschema klassifizieren. Regulationsanforderungen im Sinne vollständiger Tätigkeiten werden dabei in vier Arbeitsgestaltungsdimensionen erfasst: Kognitive Aufgabenanforderungen, Tätigkeitsspielräume, Leistungsvorgaben und Kooperationsanforderungen. Regulationsbehinderungen beziehen sich auf Merkmale im Arbeitsprozess wie mangelnde Rückmeldung von Arbeitsergebnissen, mangelnde Aufgabentransparenz, Störungen des Arbeitsablaufs, störende Umweltbedingungen, unfreiwillige Wartezeiten. Die Beschreibung der Arbeitsplatzmerkmale erfolgt durch den Arbeitsplatzinhaber; die Standardisierung der Kennwerte zur Bestimmung der Vollständigkeit der Tätigkeit und ihres Beanspruchungspotenzials erfolgt über den Vergleich von Arbeitsplätzen mit ähnlichen Aufgabenprofilen, die im SynBA Verfahren im Rahmen der jeweils branchenspezifischen Tätigkeits- bzw. Aufgabenanalyse ermittelt werden. Die arbeitsbedingte Beanspruchung wurde mit dem Verfahren zur Erfassung arbeitsbedingter Emotionen und Beanspruchungszustände (EBEL Fragebogen, s. dazu Wieland, 2004; Wieland et al., 2005) erfasst, der mittlerweile integraler Bestandteil des SynBA-Verfahrens ist.

Für Arbeitsplätze von Call Centern (N = 610), der IT-Branche (N = 223) und im Bereich einer öffentlichen Verwaltung (N = 354) zeigte sich zudem, dass sich die nach dem Vierfelderschema klassifizierten Arbeitsplätze prognosegemäß hinsichtlich ihrer langfristigen, gesundheitlichen Beanspruchungsfolgen unterscheiden: Burnout, seelische Gesundheit und psychosomatische Beschwerden waren an Arbeitsplätzen mit dysfunktionaler Beanspruchungsbilanz signifikant höher ausgeprägt als an Arbeitsplätzen mit positiver Beanspruchungsbilanz (Wieland 2004; Wieland et al., 2006).

6 Von der Analyse zur Gestaltung

Gesundheitsförderliche Arbeitsgestaltung zielt darauf ab, die Handlungsfähigkeit der Beschäftigten und des Unternehmens zur Bewältigung von Stressoren und zum Aufbau von Ressourcen zu verbessern. Die Auswahl geeigneter Strategien und Maßnahmen richtet sich nach den dominanten Quellen krankheitsrelevanter Beanspruchungen oder Erkrankungen und nach der Verfügbarkeit gesundheitsförderlicher Ressourcen. Die wirksamsten und nachhaltigsten Maßnahmen zur Gesundheitsförderung bestehen aus der aufeinander abgestimmten Kombination verhältnis- und verhaltensbezogener Interventionen (Ulich & Wülser, 2004). Eine Entscheidungshilfe zur Auswahl geeigneter Maßnahmen bietet das „Vierfelder-Schema“ in Abbildung 7.

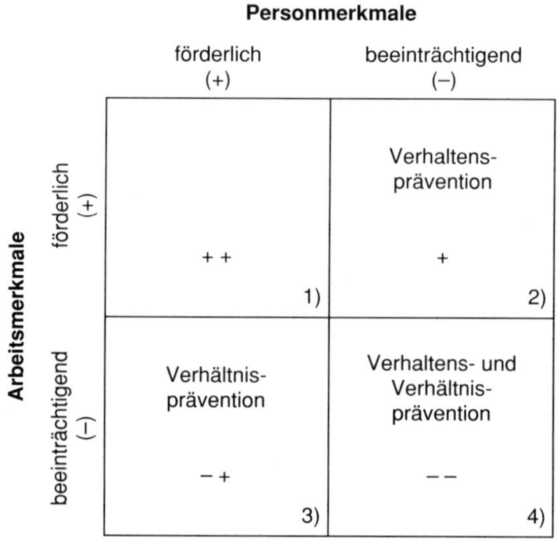

1) Optimale Bedingungen, d. h. beanspruchungsoptimale, gesundheitsförderliche Arbeitsmerkmale und gesundheitsförderliche Persönlichkeitsdispositionen;
2) Verhaltensorientierte Maßnahmen, z. B. Stärkung der Stressbewältigungskompetenz;
3) Verhältnisorientierte Maßnahmen, z. B. Anreicherung der Arbeitsaufgaben (job enrichment) und Erweiterung des individuellen Verantwortungsbereichs;
4) Verbesserung der Arbeitsbedingungen *und* Qualifizierung bzw. Kompetenzentwicklung

Abbildung 7:
Vierfelderschema als Entscheidungshilfe zur Ableitung von Maßnahmen betrieblicher Gesundheitsförderung (nach Wieland et al., 2004)

Für *verhältnisbezogene Interventionen* ergeben sich aus Analysen, die nach dem Diagnoseschema für Arbeitsplätze (vgl. Abb. 6) vorgenommen werden, relativ eindeutige Hinweise, welche gesundheitsförderlichen Wirkungen für Arbeitsgestaltungsmaßnahmen wie z. B. die Herstellung von Arbeitsanforderungen nach (a) den Prinzipien vollständiger Tätigkeiten bzw. (b) die Reduzierung von Regulationsbehinderungen zu erwarten sind (vgl. Tab. 2).

In Anlehnung an die Aussagen von Oesterreich (1999, S. 213) zu beanspruchungsbezogenen Wirkungen von Arbeitsgestaltungsmaßnahmen (Verhältnisprävention) zeigt Tabelle 2, welche Effekte bei Optimierung der Regulationsanforderungen durch vollständige Tätigkeiten beziehungsweise Reduzierung von Regulationsbehinderungen zu erwarten sind. Danach wird deutlich, dass eine *Optimierung der Regulationsanforderungen zu einer Erhöhung positiver* bzw. *gesundheitsförderlicher Beanspruchungszustände* führt; ein Einfluss auf negative, dysfunktionale Beanspruchungszustände ist dagegen nicht anzunehmen. Bei *Reduzierung von Regulationsbehinderungen* ist sowohl eine Verringerung negativer, dysfunktionaler Beanspruchung zu erwarten als auch eine Erhöhung funktionaler Beanspruchung. Ähnliche Schlussfolgerungen lassen sich auch aus Befunden zum Konzept Anforderung/Belastung ableiten (vgl. Oesterreich, 1999; Leitner, 1999; Leitner & Resch, 2004).

Verhältnisorientierte Maßnahmen umfassen insgesamt die Gestaltung organisationaler Rahmenbedingungen, der Arbeitsorganisation und -prozesse, der

Tabelle 2:
Empirisch begründete Aussagen über beanspruchungsbezogene Wirkungen von Arbeitsgestaltungsmaßnahmen (Verhältnisprävention) auf der Basis des Konzeptes „Beanspruchungsoptimalität“

	Erwartete Beanspruchungseffekte	
Gestaltungsmaßnahme	Positive, funktionale Beanspruchung	Negative, dysfunktionale Beanspruchung
Optimierung psychischer Regulationsanforderungen (im Sinne vollständiger Tätigkeiten)	Führt zur Erhöhung funktionaler, positiver Beanspruchung (r = .25 bis .40)*	Geringe bis keine Effekte (r = –.04 bis .10)
Reduzierung von Regulationsbehinderungen	Führt zur Erhöhung funktionaler, positiver Beanspruchung (r = –.21 bis –.26)	Führt zur Reduzierung dysfunktionaler, negativer Beanspruchung (r = .28 bis .34)

Anmerkung: * Die Korrelationen stammen aus den drei weiter oben genannten Studien an Call Centern (N = 610), der IT-Branche (N = 223) und einer öffentlichen Verwaltung (N = 354).

ergonomischen Bedingungen am Arbeitsplatz, der Arbeitsaufgaben sowie die Kommunikations- und Kooperationsbeziehungen. Während hinsichtlich der *Benennung von Defiziten* mit den Verantwortlichen im Betrieb oft schnell Einigkeit erzielt werden kann, ist die *konkrete Umsetzung* von Arbeitsgestaltungsmaßnahmen oftmals von Unsicherheit, Ängsten oder unterschiedlichen Interessen und Prioritätensetzungen begleitet. Der richtige Umgang (z. B. Ängste und Unsicherheiten ernst nehmen und nicht runterspielen) mit solchen Unsicherheiten ist deshalb gerade zu Beginn einer Umsetzungsphase sehr wichtig, um Widerstände abzubauen und eine konstruktive Veränderungsbereitschaft aufzubauen (vgl. dazu auch Heintel & Krainz, 2000).

Tabelle 3 fasst Beispiele gesundheitsförderlicher Gestaltungsziele auf der Ebene der Aufgaben- und Organisationsgestaltung zusammen (vgl. dazu auch Semmer & Zapf, 2004; Steffgen, 2004; Ulich & Wülser, 2005; Wieland, 2006; Zimolong, Elke & Trimpop, 2006). Allerdings gibt es aufgrund der jeweils spezifischen Bedingungskonstellationen in den Unternehmen keine Patentlösungen. Insbesondere zeigt sich immer wieder, dass die Einstellung der Führungskräfte zum Thema „Betriebliche Gesundheitsförderung“ über den Erfolg von Projekten entscheidet (vgl. Scherrer, 2007).

Für *verhaltensbezogene Interventionen* bietet das personbezogene Diagnoseschema der Abbildung 6 eine Orientierungshilfe. Im Folgenden soll dies exemplarisch für Personen mit geringer Selbstregulationskompetenz (SRK) bzw. habituell hoher ängstlicher Anspannung und geringer energetischer Aktiviertheit veranschaulicht werden. Für diese Personengruppe ist anzunehmen, dass eine Kombination aus Stressbewältigungsmaßnahmen zur Reduzierung des habituellen Niveaus ängstlicher Anspannung und Maßnahmen zur Erhöhung der Selbstwirksamkeitserwartungen (Schwarzer, 1994) und/oder zur Verbesserung der Selbstregulation (vgl. dazu Bamberg, Busch & Ducki, 2003) bzw. der Stressbewältigungsfähigkeit (vgl. Kaluza, 1996) gesundheitsförderliche Effekte haben werden. Für die Nutzung eines solchen Maßnahmenbündels spricht insbesondere die Theorie der Ressourcenerhaltung von Hobfoll (vgl. Hobfoll & Buchwald, 2004), die davon ausgeht, dass Ressourcenverluste für die Entstehung von Stress wichtiger sind als Ressourcengewinne, Gewinne aber zukünftige Verluste auffangen können. Die Erweiterung dieses Ansatzes durch das „Modell des dyadischen Coping“, das individuelle sowie gemeinsame, soziale Bewältigungsanstrengungen integriert und prosozialen Bewältigungsstrategien eine höhere Wirksamkeit zuschreibt („gesundes Coping ist aktiv und prosozial“), macht diesen Ansatz für arbeitspsychologische Interventionen besonders attraktiv.

Die aufgezeigten Korrespondenzen zwischen dem Diagnoseschema zur Klassifizierung von Arbeitsplätzen hinsichtlich ihres gesundheitsförderlichen bzw. -beeinträchtigenden Beanspruchungspotenzials und dem Diagnoseschema zur

Tabelle 3:
Beispiele für gesundheitsförderliche Gestaltungsziele und entsprechende Umgestaltungsmaßnahmen

Gestaltungsziele mit gesundheitsförderlicher Wirkung: Arbeitsaufgaben	**Umgestaltungsmaßnahmen**
Vielfältige Arbeitsaufgaben	Durch Neuverteilung von Arbeitsaufgaben können Mischarbeitsplätze hergestellt werden
Aufgabenerweiterung (job enlargement)	Verschiedene ausführende Teiltätigkeiten kombinieren
Aufgabenanreicherung (job enrichement)	Kombination von planenden-vorbereitenden und kontrollierenden Tätigkeiten mit unmittelbar ausführenden Tätigkeiten, Tätigkeitswechsel
Körperliche Abwechslung	Anreicherung der Arbeit durch kooperative Aufgaben mit Ortswechsel
Verantwortungsübertragung	Erhöhung des Verantwortungsumfangs für Teilfunktionen innerhalb größerer Aufgabeneinheiten
Herstellung von Sinnbezug	Durch Zusammenfassen von Aufgaben in Organisationseinheiten Sinnbezug schaffen
Gestaltungsziele mit gesundheitsförderlicher Wirkung: Arbeitsorganisation	**Umgestaltungsmaßnahmen**
Zeitliche und mengenmäßige Gliederung der Arbeit	Arbeitsaufträge und Aufgaben zeitlich und räumlich überschaubar gliedern
Rückmeldung	Über erreichte Ziele regelmäßige Rückmeldung geben
Pausengestaltung	Anreize und Möglichkeiten gesundheitsförderlicher Pausengestaltung bieten
Zielvereinbarung	Realistische aber anspruchsvolle Ziele setzen
Kooperation	Übertragung gemeinsamer Verantwortung für Ergebnisse, kooperative Aufgabenbearbeitung (Teilautonome Arbeitsgruppen, Gesundheitszirkel)
Kommunikation	Möglichkeiten zum sozialen Austausch schaffen

Selbstregulationskompetenz bieten einen ersten Ansatz zur systematischen Integration von person- bzw. verhaltensorientierter und auf die Arbeitssituation bezogener, verhältnisorientierter Intervention.

Einen ähnlichen Ansatz verfolgen Hart und Cooper (2001) mit ihrem integrativen Rahmenmodell zu Stress in Organisationen, indem sie (a) „psychological distress" und „morale" als Determinanten von Arbeitszufriedenheit betrachten, (b) spezifische Wirkungen zwischen emotionsbezogenem Coping und negativem Arbeitserleben und problembezogenem Coping und positivem Arbeitserleben postulieren sowie (c) Persönlichkeitsmerkmale (Neurotizismus und Extraversion) als Einflussvariablen explizit in ihrem Modell berücksichtigen.

Gesundheitsförderliche Maßnahmen sollten sich demnach nicht nur auf die externen Anforderungen, Ressourcen und Belastungen, die in den Wirkungsmodellen beschrieben wurden, beziehen. Auch die der Person zur Verfügung stehenden internen Anforderungen und Ressourcen sollten sowohl in der Analyse als auch bei der Gestaltung bzw. der Auswahl von Interventionsmaßnahmen Berücksichtigung finden: *Genauso wenig wie Verhaltensprävention nicht ohne Verhältnisprävention auskommt, wird Verhältnisprävention ohne Verhaltensprävention nicht erfolgreich sein.*

7 Ausblick

Für eine nachhaltige *Implementierung eines betrieblichen Gesundheitsmanagements* ist eine langfristig angelegte Strategie notwendig, die sowohl durch das Management als auch die betroffenen Mitarbeiterinnen und ihre Vorgesetzten getragen wird (vgl. Zimolong, 2001; Scherrer, 2007). Im Implementierungsprozess sollten dabei Information und Kommunikation als Kernprozesse erfolgreicher Strategien (Elke & Zimolong, 2001) sowie folgende, immer wieder auftretende Problemstellungen und kritische Rahmenbedingungen besondere Beachtung finden:

- Beteiligung aller relevanten Interessengruppen, um einerseits individuelle Verantwortung und Handlungsbereitschaft und kollektive Bemühungen gemeinsamen Handelns zu erhöhen und anderseits Befürchtungen von Nachteilen zu verringern.
- Beachtung betrieblich relevanter Umweltbedingungen (z. B. drohende Arbeitslosigkeit, Nachfragesituation auf dem Markt, personelle Veränderungen im Betrieb, projektbezogene Konflikte).
- Beachtung der Zusatzbelastungen während intensiver Projektphasen, da die meisten Projekte zusätzlich zum Alltagsgeschäft laufen. Deshalb sollten Möglichkeiten einer teilweisen Entlastung (Freistellung) relevanter Akteurinnen thematisiert werden.
- Beachtung des Prinzips der „prozeduralen Gerechtigkeit": Entscheidungen werden nicht nur nach ihrem Ergebnis beurteilt, sondern auch nach ihrem Zustandekommen (vgl. Adams, 1965). Letzteres kann für das Gerechtigkeits-

empfinden unter Umständen wichtiger sein als ein zunächst erwünschtes Ergebnis. In diesem Kontext sind z. B. Konsistenz (klare Entscheidungsregeln und keine intransparenten Änderungen der Regeln im Projektverlauf), Genauigkeit (Einbezug aller relevanten Informationen) und Korrigierbarkeit (faktische Offenheit von Entscheidungen bei sich ändernden Rahmenbedingungen) wichtige Rahmenbedingungen bei der Projektdurchführung.

Was allerdings mit hoher Wahrscheinlichkeit vorhandene Motivationspotenziale der Projektbeteiligten und anderer beteiligter Personen zunichte macht, ist ein „pseudopartizipativer" Einbezug dieser Personengruppen an den Entscheidungsfindungsprozessen. Beteiligungsorientierte Maßnahmen des Gesundheitsmanagements sollten letztlich zu einer *zielunterstützenden gemeinsamen Aufgabenorientierung*, Vernetzung der Wünsche, Präferenzen und Perspektiven aller Betroffenen, unabhängig von der Tätigkeit, Berufsgruppe, der Hierarchieebene oder des Unternehmensbereichs führen.

Für den Erfolg betrieblicher Gesundheitsförderung wesentlich ist, so zeigen zahlreiche Erfahrungen in der betrieblichen Praxis, eine Balance zwischen „organisierter Gesundheit" durch Arbeitsgestaltung und Eigenverantwortung zu finden bzw. durch entsprechende Maßnahmen herzustellen.

Literatur

Abele, A. E. (2004). Selbstregulationskompetenz und beruflicher Erfolg. In B. Wiese (Hrsg.), *Individuelle Steuerung beruflicher Entwicklung. Kernkompetenzen in der Arbeitswelt* (S. 61–69). Frankfurt a. M.: Campus.

Adams, J. S. (1965). Inequity in social exchange. In L. Berkowitz (Ed.), *Advances in experimental social psychology* (pp. 276–299). New York, NY: Academic Press.

Antonovsky, A. (1979). *Health, stress and coping. New perspectives on mental and physical wellbeing.* San Francisco, CA: Jossey-Bass.

Antonovsky, A. (1997). *Salutogenese. Zur Entmystifizierung der Gesundheit. Forum für Verhaltenstherapie und psychosoziale Praxis.* Tübingen: dgvt.

Arvey, R. D., Carter, G. W. & Buerkley, D. K. (1991). Job satisfaction: Dispositional and situational influences. In C. L. Cooper & I. T. Robertson (Eds.), *International review of industrial and organizational psychology* (pp. 359–383). Oxford: Wiley.

Badura, B., Hehlmann, T., Baumeister, A., Bindzius, F. & Erfkamp, H. (2003). *Betriebliche Gesundheitspolitik: Der Weg zur gesunden Organisation.* Berlin: Springer.

Badura, B., Münch, E. & Ritter, W. (1999). *Partnerschaftliche Unternehmenskultur und betriebliche Gesundheitspolitik.* Gütersloh: Bertelsmann Stiftung.

Baitsch, C. (1998). Lernen im Prozess der Arbeit – zum Stand der internationalen Forschung. In Arbeitsgemeinschaft Qualifikations-Entwicklungs-Management (Hrsg.), *Kompetenzentwicklung 98* (S. 269–337). Münster: Waxmann.

Bamberg, E., Busch, C. & Ducki, A. (2003). *Stress und Ressourcenmanagement. Strategien und Methoden für die neue Arbeitswelt.* Bern: Huber.

Bamberg, E., Ducki, A. & Metz, A.-M. (1998). *Handbuch Betrieblicher Gesundheitsförderung. Arbeits- und organisationspsychologische Methoden und Konzepte.* Göttingen: Verlag für Angewandte Psychologie.

Bamberg, E. & Metz, A. (1998). Intervention. In E. Bamberg, A. Ducki & A. Metz (Hrsg.), *Handbuch Betriebliche Gesundheitsförderung. Arbeits- und organisationspsychologische Methoden und Konzepte* (S. 177–209). Göttingen: Hogrefe.

Bandura, A. (1997). *Self-efficacy. The exercise of control.* New York, NY: Freemann.

Becker, P. (1992). Die Bedeutung integrativer Modelle von Gesundheit und Krankheit für die Prävention und Gesundheitsförderung. In P. Paulus (Hrsg.), *Prävention und Gesundheitsförderung. Perspektiven für die psychosoziale Praxis* (S. 91–107). Köln: GwG.

Bergmann, B. (2004). Einführung: Arbeit und Lernen. In B. Bergmann, F. Richter, A. Pohlandt, U. Peietrzyk, D. Eisfeldt, V. Hermet & D. Oschman (Hrsg.), *Arbeiten und Lernen* (S. 13–33). Münster: Waxmann.

Bergmann, B., Richter, F., Pohlandt, A., Pietrzyk, U., Eisfeldt, D., Hermet, V. & Oschmann, D. (2004). *Arbeiten und Lernen.* Münster: Waxmann.

Bergmann, B. & Wardanjan, B. (1999). Organisationsgestaltung und Mitarbeitermotivation. *Zeitschrift für Arbeitswissenschaft, 53,* 25–29.

Blaxter, M. (1990). *Health and lifestyles.* London: Routledge.

Bond, F. W. & Bunce, D. (2000). Mediators of change in emotion-focused and problem-focused worksite stress management interventions. *Journal of Occupational Health Psychology, 5,* 156–163.

Breucker, G. (1999, June). *Models of good practice: Healthy employees in healthy organisations.* Paper presented at the Healthy employees in healthy organisaions. Good practice in workplace health promotion in Europe, Bonn.

Buchwald, P. & Hobfoll, S. E. (2004). Burnout aus ressourcentheoretischer Perspektive. *Psychologie in Erziehung und Unterricht, 51,* 246–257.

Caplan, R. D., Cobb, S., French, J. R. P., Van Harrison, R. & Pinneau, S. R. (1975). *Job demands and worker health.* Washington: National Institut for Occupational Saftey and Health (NIOSH).

Collani, G. von & Schyns, B. (1999). Berufliche Selbstwirksamkeitserwartung. In A. Glöckner-Rist & P. Schmidt (Hrsg.), *ZUMA-Informationssystem. Elektronisches Handbuch sozialwissenschaftlicher Erhebungsinstrumente, Version 4.00.* Mannheim: Zentrum für Umfragen, Methoden und Analysen.

Demerouti, E. (1999). *Burnout. Eine Folge konkreter Arbeitsbedingungen bei Dienstleistungs- und Produktionstätigkeiten.* Frankfurt a. M.: Peter Lang.

Diener, E. (2000). Subjective well-being: The science of happiness, and proposal for national index. *American Psychologist, 55,* 34–43.

Diener, E. & Lucas, R. E. (1999). Personality and subjective well-being. In D. Kahneman, E. Diener & N. Schwarz (Eds.), *Well-being. The foundations of hedonic psychology* (pp. 213–229). New York, NY: Sage.

Dormann, C. & Zapf, D. (2001). Job satisfaction: A meta-analysis of stabilities. *Journal of Organizational Behavior, 22,* 483–504.

Ducki, A. (2000). *Diagnose gesundheitsförderlicher Arbeit. Eine Gesamtstrategie zur betrieblichen Gesundheitsanalyse.* Zürich: vdf.

Ducki, A. & Greiner, B. (1992). Gesundheit als Entwicklung von Handlungsfähigkeit – Ein „arbeitspsychologischer Baustein" zu einem allgemeinen Gesundheitsmodell. *Zeitschrift für Arbeits- und Organisationspsychologie, 36,* 184–189.

Dunckel, H. (1985). *Mehrfachbelastungen am Arbeitsplatz und psychosoziale Gesundheit.* Frankfurt a. M.: Peter Lang.

Dunckel, E., Zapf, D. & Udris, I. (1991). Methoden betrieblicher Stressanalyse. In S. Greif, E. Bamberg & N. Semmer (Hrsg.), *Psychischer Stress am Arbeitsplatz* (S. 29–45). Göttingen: Hogrefe.

Edelmann, M. (2002). *Gesundheitsressourcen im Beruf.* Weinheim: Beltz.

Edwards, J. R., Caplan, R. D. & Van Harrison, R. (2000). Person-environment fit theory. In C. Cooper (Ed.), *Theories of organisational stress* (pp. 28–67). Oxford: Oxford University Press.

Elke, G. (2000). *Management des Arbeitsschutzes.* Wiesbaden: Deutscher Universitäts-Verlag.

Elke, G. & Zimolong, B. (2001). Ganzheitlicher Ansatz des Gesundheitsmanagements. In U. Brandenburg, P. Nieder & B. Susen (Hrsg.), *Gesundheitsmanagement im Betrieb* (S. 111–130). Weinheim: Juventus.

Fischer, L., Brauns, D. & Belschak, F. (2002). *Zur Messung von Emotionen in der angewandten Forschung. Analysen mit den SAMs-Self-Assesment-Manikin.* Lengerich: Pabst.

Fisher, C. D. (1993). Boredom at work: A neglected concept. *Human Relations, 3,* 395–417.

French, J. R. P., Caplan, R. D. & Van Harrison, R. (1982). *The mechanisms of job stress and strain.* New York, NY: Wiley.

Frese, M. (1978). Partialisierte Handlung und Kontrolle: Zwei Themen der industriellen Psychopathologie. In M. Frese, S. Greif & N. K. Semmer (Hrsg.), *Industrielle Psychopathologie* (S. 159–183). Bern: Huber.

Frese, M. & Zapf, D. (1988). Methodological issues in the study of work stress: objective vs. subjective measurement and the question of longitudinal studies. In C. Cooper & R. Payne (Eds.), *Causes, coping and consequences of stress at work* (pp. 375–411). New York, NY: Wiley.

Frese, M. & Zapf, D. (1994). Action as the core of work psychology: A German approach. In H. C. Triandis, M. D. Dunnette & L. M. Hough (Eds.), *Handbook of industrial and organizational psychology* (Vol. 4, pp. 271–340). Palo Alto, CA: Consulting Psychologists Press.

Fritz, S. (2005). *Ökonomischer Nutzen von „Weichen Kennzahlen" (Geld) Wert von Arbeitszufriedenheit und Gesundheit.* Zürich: vdf.

Gräser, S. (2005). Betriebliche Gesundheitsförderung an Hochschulen aus europäischer Perspektive. *HIS Hochschul-Informations-System, B1,* 50–52.

Greif, S., Bamberg, E. & Semmer, N. (1991). *Psychischer Stress am Arbeitsplatz.* Göttingen: Hogrefe.

Greiner, B. A. (1998). Der Gesundheitsbegriff. In E. Bamberg, A. Ducki & A.-M. Metz (Hrsg.), *Handbuch Betriebliche Gesundheitsförderung. Arbeits- und organisationspsychologische Methoden und Konzepte* (S. 39–55). Göttingen: Verlag für Angewandte Psychologie.

Gruber, H., Trippler, D., Debitz, U., Kamusella, C., Senft, R. & Machowiak, R. (2003, May). *Risk assessment taking account mental workload.* Paper presented at the Proceedings of the international symposium of the ISSA research section, Athen.

Hacker, W. (1991). Aspekte einer gesundheitsstabilisierenden und -fördernden Arbeitsgestaltung. *Zeitschrift für Arbeits- und Organisationspsychologie, 35,* 48–58.

Hacker, W. (1998). Die Bedeutung der Allgemeinen Psychologie für die Gesundheitsförderung. In E. Bamberg, A. Ducki & A.-M. Metz (Hrsg.), *Handbuch Betriebliche Gesundheitsförderung* (S. 57–74). Göttingen: Hogrefe.

Hacker, W. (2005a). *Allgemeine Arbeitspsychologie. Psychische Regulation von Arbeitstätigkeiten.* Bern: Huber.

Hacker, W. (2005b). *Psychologische Beiträge zur Verhältnis- und Verhaltensprävention.* Dresden: Universität Dresden.

Hacker, W., Fritsche, B., Richter, P. & Iwanowa, A. (1994). *Tätigkeitsbewertungssystem (TBS). Verfahren zur Analyse, Bewertung und Gestaltung von Arbeitstätigkeiten.* Zürich: vdf.

Hackman, J. R. & Oldham, G. R. (1980). *Work redesign.* Reading, MA: Addison-Wesley.

Hart, P. M. & Cooper, C. (2001). Occupational stress: Toward a more integrated framework. In N. Anderson, D. S. Ones, H. K. Sinagil & C. Viswesvaran (Eds.), *Handbook of industrial, work and organizational psychology* (pp. 93–114). London: Sage.

Heinrich, S. & Zwipp, J. (2002). *Kompetenzentwicklung durch Aufgaben- und Organisationsgestaltung unter den Bedingungen beschleunigter Veränderungsprozesse in der Arbeitswelt.* Unveröffentlichte Diplomarbeit, TU Dresden.

Heintel, P. & Krainz, E. E. (2000). *Projektmanagement.* Wiesbaden: Gabler.

Hobfoll, S. & Buchwald, P. (2004). Die Theorie der Ressourcenerhaltung und das multiaxiale Copingmodell – eine innovative Stresstheorie. In P. Buchwald, C. Schwarzer & S. E. Hobfoll (Hrsg.), *Stress gemeinsam bewältigen. Ressourcenmanagement und multiaxiales Coping* (S. 11–26). Göttingen: Hogrefe.

Hochschul-Informations-System (2005). *Gesundheitsförderung in Hochschulen.* Hannover: Hochschul-Informations-System.

Hockey, G. R. J. (1986). A state control theory of adaption and individual differences in stress management. In G. R. J. Hockey, A. W. K. Gaillard & M. G. H. Coles (Eds.), *Energetics and human information processing* (pp. 285–298). Dordrecht: Nijhoff.

Hockey, G. R. J. (1997). Compensatory control in the regulation of human performance under stress and high workload: A cognitive-energetical framework. *Biological Psychology, 45,* 73–93.

Hoff, E., Lappe, L. & Lempert, W. (1985). *Arbeitsbiographie und Persönlichkeitsentwicklung.* Bern: Huber.

Hurrelmann, K. (1991). Gesundheitswissenschaftliche Ansätze in der Sozialisationsforschung. In K. Hurrelmann & E. Ulich (Hrsg.), *Neues Handbuch der Sozialisationsforschung* (S. 189–213). Weinheim: Beltz.

Ilmarinen, J. & Tempel, J. (2002). *Arbeitsfähigkeit 2010.* Hamburg: VSA.

Jahn, F. & Hacker, W. (2002). *Evaluation der weiterentwickelten Methode des Aufgabenbezogenen Informationsaustausches (AI) – Ergebnisse einer Längsschnittstudie.* Dresden: TU Dresden.

Jones, F. & Fletcher, B. C. (2003). Job control, physical health and psychological well-being. In M. J. Schabracq, J. A. M. Winnubst & C. L. Cooper (Eds.), *The handbook of work and health psychology* (pp. 121–142). Chichester: Wiley.

Jonge, J. de, Bosma, H., Peter, R. & Siegrist, J. (2000). Job strain, effort-reward imbalance and employee well-being: A large-scale cross sectional study. *Social science and medicine, 50,* 1317–1327.

Jonge, J. de & Kompier, A. J. (1997). A critical examination of the demand-control-support model from a work psychological perspective. *International Journal of Stress Management, 4,* 235–258.

Judge, T. A., Bono, J. E. & Locke, E. A. (2000). Personality and job satisfaction: The mediating role of job characteristics. *Journal of Applied Psychology, 85,* 237–249.

Kahn, R. L. & Byosiere, P. (1992). Stress in organisations. In M. D. Dunnette & L. M. Hough (Eds.), *Handbook of industrial and organizational psychology* (Vol. 3, pp. 571–650). Palo Alto, CA: Consulting Psychologist Press.

Kaluza, G. (1996). Evaluation von Stressbewältigungstrainings in der primären Prävention: Eine Metaanalyse (quasi-)experimenteller Feldstudien. *Zeitschrift für Gesundheitspsychologie, 5,* 149–169.

Kannheiser, W. (1983). Theorie der Tätigkeit als Grundlage eines Modells von Arbeitsstreß. *Zeitschrift für Arbeits- und Organisationspsychologie, 3,* 102–110.

Kanning, U. P. (2003). Selbstwertmanagement. In G. F. Müller (Hrsg.), *Selbstverwirklichung im Arbeitsleben* (S. 59–84). Lengerich: Pabst.

Karasek, R. A. (1979). Job Demands, job decision latitude and mental strain: Implications for job redesign. *Administrative Science Quarterly, 24,* 285–308.

Karasek, R. A. (1989). Control in the workplace and its health-related aspects. In S. L. Sauter, J. J. Hurrell & C. Cooper (Eds.), *Job control and worker health* (pp. 129–159). New York, NY: Wiley.

Karasek, R. A., Brisson, C., Kawakami, N., Houtman, I. L. D., Bongers, P. & Amick, B. (1998). The job content questionnaire (JCQ): An instrument for internationally comparative assessments of psychosocial job characteristics. *Journal of Occupational Health Psychology, 3,* 322–355.

Karasek, R. A. & Theorell, T. (1990). *Healthy work, stress, producitivty, and the reconstruction of working life.* New York, NY: Basic Books.

Klotter, C. (1999). Historische und aktuelle Entwicklungen der Prävention und Gesundheitsförderung – Warum Verhaltensprävention nicht ausreicht. In R. Oesterreich & Volpert, W. (Hrsg.), *Psychologie gesundheitsgerechter Arbeitsbedingungen. Konzepte, Ergebnisse und Werkzeuge zur Arbeitsgestaltung* (S. 23–61). Bern: Huber.

Kobasa, S. C. (1982). The hardy personality: Toward a social psychology of stress and health. In G. S. Sanders & J. Suls (Eds.), *Social psychology of health and illness* (pp. 3–32). Hillsdale, NJ: Erlbaum.

Kohn, M. L. & Schooler, C. (1983). *Work and personality: An inquiry into the impact of social stratification.* Nordwood, NJ: Ablex.

Korte, W. (1997). *Männergesundheit. Zahlen, Fakten.* Hamburg: FHH-BAGS und HAG.

Kuhl, J. (2001). *Motivation und Persönlichkeit. Interaktionen psychischer Systeme.* Göttingen: Hogrefe.

Kuhn, K. (2000). Die volkswirtschaftliche Bedeutung von Gesundheitsmanagement. In U. Brandenburg, P. Nieder & B. Susen (Hrsg.), *Gesundheitsmanagement im Unternehmen* (S. 95–197). Weinheim: Juventa.

Larsson, G., Setterlind, S. & Starrin, B. (1990). Routinization of stress control programmes in organizations: A study of Swedish teachers. *Health Promotion International, 5,* 269–278.

Laube, M. (2002). *Entwicklung von Laufbahnmodellen als Methode der Personalentwicklung in einem mittelständischen Unternehmen.* Unveröffentlichte Diplomarbeit, TU Dresden.

Laux, L., Glanzmann, P., Schaffner, P. & Spielberger, C. D. (1981). *Das State-Trait-Angstinventar. Theoretische Grundlagen und Handanweisung.* Weinheim: Beltz.

Lazarus, R. S. (1999). *Stress and emotion.* London: Association Books.

Lazarus, R. S. & Launier, R. (1981). Streßbezogene Transaktionen zwischen Mensch und Umwelt. In J. R. Nitsch (Hrsg.), *Stress, Theorien, Untersuchungen, Maßnahmen* (S. 213–260). Bern: Huber.

Leitner, K. (1993). Auswirkungen von Arbeitsbedingungen auf die psychosoziale Gesundheit. *Zeitschrift für Arbeitswissenschaft, 2,* 98–107.

Leitner, K. (1999). Kriterien und Befunde zu gesundheitsgerechter Arbeit – Was schädigt, was fördert die Gesundheit. In R. Oesterreich & W. Volpert (Hrsg.), *Psychologie gesundheitsgerechter Arbeitsbedingungen* (S. 63–139). Bern: Huber.

Leitner, K. & Resch, M. G. (2005). Do the effects of job stressors on health persist over time? A longitudinal study with observational stressor measures. *Journal of Occupational Health, 10,* 18–30.

Leitner, K., Volpert, W., Greiner, B., Weber, W. & Hennes, K. (1987). *Analyse psychischer Belastung in der Arbeit. Das RHIA-Verfahren. Handbuch sowie Manual mit Antwortblättern.* Köln: TÜV Rheinland.

Levin, I. & Stokes, J. P. (1989). Dispositional approach to job satisfaction: Role of negative affectivity. *Journal of Applied Psychology, 74,* 752–758.

Locke, E. A. (1976). The nature and causes of job satisfaction. In M. D. Dunnette (Ed.), *Handbook of industrial and organizational psychology* (pp. 1297–1349). Chicago, IL: Rand McNally.

Lüders, E. (1999). Analyse psychischer Beanspruchungen in der Arbeit: Das RHIA-Verfahren. In H. Dunckel (Hrsg.), *Handbuch psychologischer Arbeitsanalyseverfahren* (S. 365–395). Zürich: vdf.

Matern, B. (1983). *Psychologische Arbeitsanalyse.* Berlin: Springer.

Meierjürgen, R. & Scherrer, K. (2004). Wettbewerbsfaktor Gesundheit: Die großen Unternehmen. In D. Kuhn & D. Sommer (Hrsg.), *Betriebliche Gesundheitsförderung. Ausgangspunkte – Widerstände – Wirkungen* (S. 181–206). Wiesbaden: Gabler.

Mohr, G. (1991). Fünf Subkonstrukte psychischer Befindensbeeinträchtigungen bei Industriearbeitern: Auswahl und Entwicklung. In S. Greif, E. Bamberg & N. Semmer (Hrsg.), *Psychischer Stress am Arbeitsplatz* (S. 91–119). Göttingen: Hogrefe.

Müller, A., Mohr, G. & Rigotti, T. (2004). Differenzielle Aspekte psychischer Beanspruchung aus Sicht der Zielorientierung. *Zeitschrift für Differentielle und Diagnostische Psychologie, 25,* 213–225.

Nefiodow, L. (2000). *Der sechste Kondratieff. Wege zur Produktivität und Vollbeschäftigung im Zeitalter der Information.* Sankt-Augustin: Rhein-Sieg.

Neubach, B. & Schmidt, K.-H. (2006). Selbstkontrolle als Arbeitsanforderung – Entwicklung und Validierung eines Messinstruments. *Zeitschrift für Arbeits- und Organisationspsychologie, 50,* 103–109.

Nitsch, J. R. (1981). *Stress, Theorien, Untersuchungen, Maßnahmen.* Bern: Huber.

Oesterreich, R. (1999). Konzepte zu Arbeitsbedingungen und Gesundheit – Fünf Erklärungsmodelle im Vergleich. In R. Oesterreich & W. Volpert (Hrsg.), *Psychologie gesundheitsgerechter Arbeitsbedingungen* (S. 141–215). Bern: Huber.

Oesterreich, R. & Volpert, W. (1991). *VERA Version 2. Arbeitsanalyseverfahren zur Ermittlung von Planungs- und Denkanforderungen im Rahmen der RHIA-Anwendung. Forschungen zum Handeln in Arbeit und Alltag.* Berlin: TU.

Oesterreich, R. & Volpert, W. (1999). *Psychologie gesundheitsgerechter Arbeitsbedingungen.* Bern: Huber.

Ostry, A. S., Marion, S. A., Demers, P. A., Hersheler, R., Kelly, S., Teschke, K. & Hertzman, C. (2001). Measuring psychosocial job strain with the job content questionnaire using experienced job evaluators. *American Journal of industrial medicine, 39,* 397–401.

Peter, R. & Siegrist, J. (1997). Chronic work stress, sickness absence and hypertension in middle managers: General of specific sociological explanations. *Social Science and Medicine, 45,* 1111–1120.

Plath, H.-E. & Richter, P. (1984). *Ermüdung-Monotonie-Sättigung-Stress – Handanweisung.* Berlin: Humboldt-Universität Berlin.

Pohlandt, A., Jordan, P., Rehnisch, G. & Richter, P. (1996). REBA – Ein rechnergestütztes Verfahren für die psychologische Arbeitsbewertung und -gestaltung. *Zeitschrift für Arbeits- und Organisationspsychologie, 40,* 63–74.

Pohlandt, A., Richter, P., Jordan, P. & Schulze, F. (2001). *Rechnergestütztes Dialogverfahren für die Bewertung und Gestaltung von Arbeitstätigkeiten unter Berücksichtigung von Sicherheit und Gesundheitsschutz.* Bochum: Technik & Information.

Pülschen, D. (1992). *Emotionen im Alltag: Zum Einfluß von Situationen auf Emotionen – Eine Längsschnittstudie.* Wuppertal: Bergische Universität Wuppertal.

Rau, R. (2001). Objective characteristics of jobs affect blood pressure at work, after work, and at night. In J. Fahrenberg & M. Myrtek (Eds.), *Progress in ambulatory assessment* (Chapt. 21). Göttingen: Hogrefe & Huber.

Rau, R. & Riedel, S. (2004). Besteht ein Zusammenhang zwischen dem Auftreten von positivem Arbeitserleben unter Flow-Bedingungen und Merkmalen der Arbeitstätigkeit? *Zeitschrift für Arbeits- und Organisationspsychologie, 48,* 55–66.

Rau, R. & Triemer, A. (2003). Overtime work in relation to blood pressure and mood during work, leisure, and night time. *Social Indicators Research, 67,* 51–73.

Richter, P. (2003). Messung psychischer Belastung und Beanspruchung in der modernen Arbeitswelt. In K. Brandenburg, U. Marschall, K. Kaden & I. Kopp (Hrsg.), *Psychische Belastungen in der Arbeitswelt.* Opladen: Westdeutscher Verlag.

Richter, P. (2004). Gesundheitsförderung in Organisationen. Arbeits- und organisationspsychologische Präventionsansätze. In J. Wegge & K.-H. Schmidt (Hrsg.), *Förderung von Arbeitsmotivation und Gesundheit in Organisationen* (S. 197–214). Göttingen: Hogrefe.

Richter, P., Debitz, U. & Schulze, F. (2002). Diagnostik von Arbeitsanforderungen und kumulativen Beanspruchungsfolgen am Beispiel eines Call Centers. *Zeitschrift für Arbeitswissenschaft, 56,* 67–78.

Richter, P., Debitz, U., Schulze, F. & Hüttges, A. (2003). Organisations- und Arbeitsgestaltung im Call Center – Eine Herausforderung an den modernen Arbeits- und Gesundheitsschutz. In K. P. Timpe & P. Giesa (Hrsg.), *12. Workshop Psychologie der Arbeitssicherheit und Gesundheit.* Heidelberg: Asanger.

Richter, P. & Hacker, W. (1998). *Belastung und Beanspruchung. Stress, Ermüdung und Burnout im Arbeitsleben.* Heidelberg: Asanger.

Richter, P., Hemmann, E., Merboth, H., Fritz, S., Hansgen, C. & Rudolf, M. (2000). Das Erleben von Arbeitsintensität und Tätigkeitsspielraum – Entwicklung und Validierung eines Fragebogens zur orientierenden Analyse (FIT). *Zeitschrift für Arbeits- und Organisationspsychologie, 44,* 129–139.

Richter, P., Hille, B. & Rudolf, M. (1999). Gesundheitsrelevante Bewältigung von Arbeitsanforderungen. *Zeitschrift für Differentielle und Diagnostische Psychologie, 20,* 25–38.

Rijk, A. E. de, LeBlanc, P. M., Schaufeli, W. B. & Jonge, J. de (1998). Active coping and need for control as moderators of the job-control model: Effects on burnout. *Journal of Occupational and Organizational Psychology, 71,* 1–18.

Rimann, M. & Udris, I. (1993). *Belastungen und Gesundheitsressourcen im Berufs- und Privatbereich. Eine quantitative Studie.* Zürich: Eidgenössische Technische Hochschule.

Rotter, J. B. (1975). Some problems and misconceptions related to the construct of internal versus external control of reinforcement. *Journal of Consulting and Clinical Psychology, 43,* 56–67.

Ruppert, F. & Gerstberger, C. (2001). Sicherheits- und Gesundheitskultur II – Faktoren eines ganzheitlichen Verständnisses. In B. Zimolong (Hrsg.), *Management des Arbeits- und Gesundheitsschutzes. Die erfolgreichen Strategien der Unternehmen* (S. 201–233). Wiesbaden: Gabler.

Saavedra, R. & Kwun, S. K. (2000). Affective states in job characteristics theory. *Journal of Organizational Behavior, 21,* 131–146.

Schaarschmidt, U. & Fischer, A. (2001). *Bewältigungsmuster im Beruf.* Göttingen: Vandenhoeck & Ruprecht.

Schabracq, M. J., Winnubst, J. A. M. & Cooper, C. (2003). *The handbook of work and health psychology.* Chichester: Wiley.

Schallberger, U. (1987). Berufsarbeit und Persönlichkeit – Aspekte einer komplexen ökopsychologischen Problemstellung. *Schweizerische Zeitschrift für Psychologie, 46,* 91–104.

Schaubroeck, J. & Merritt, D. E. (1997). Divergent effects of job control on coping with work stressors: The key role of self-efficacy. *Academy of Management Journal, 40,* 738–754.

Schein, E. (2003). *Organisationskultur.* Köln: Edition Humanistische Psychologie.

Scherrer, K. (2002). *Kommunikationsarbeit im Teleservice: Beanspruchung und emotionale Regulation bei Call Center-Dienstleistungen* [Online]. Verfügbar unter: http://deposit.ddb.de/cgi-bin/dokserv?idn=965454487 [30. 04. 2009].

Scherrer, K. (2007). Versöhnung von Struktur und Kultur – die Aktivierung von Führungskräften als notwendige Voraussetzung für betriebliche Gesundheitsförderung. In K. Rausch (Hrsg.), *Organisation gestalten. Band zur 13. wissenschaftlichen Fachtagung für Angewandte Wirtschaftspsychologie* (S. 508–514). Lengerich: Pabst.

Schmidt, K.-H. & Hollmann, S. (2004). Handlungsspielräume als Ressource bei der Arbeit. In J. Wegge & K.-H. Schmidt (Hrsg.), *Förderung von Arbeitsmotivation und Gesundheit in Organisationen* (S. 181–196). Göttingen: Hogrefe.

Schmidt, L. R. (1998). Zur Dimensionalität von Gesundheit (und Krankheit): Überblicksarbeit. *Zeitschrift für Gesundheitspsychologie, 6,* 161–178.

Schönpflug, W. (1987). Beanspruchung und Belastung bei der Arbeit – Konzepte und Theorien. In U. Kleinbeck & J. Rutenfranz (Hrsg.), *Arbeitspsychologie* (Enzyklopädie der Pychologie, Serie Wirtschafts-, Organisations- und Arbeitspsychologie, Bd. 1, S. 130–184). Göttingen: Hogrefe.

Schulz-Gambard, J. (1993). Zum Problem von Drittvariablen in arbeits- und organisationspsychologischer Forschung. In W. Bungard & T. Hermann (Hrsg.), *Arbeits- und Organisationspsychologie im Spannungsfeld zwischen Grundlagenorientierung und Anwendung* (S. 127–144). Bern: Huber.

Schwager, T. & Udris, I. (1995). *Was tun Betriebe für die Gesundheit ihres Personals? Recherche der Maßnahmen in der Gesundheitsförderung am Arbeitsplatz RIGA.* Zürich. Eidgenössische Technische Hochschule.

Schwarzer, R. (1994). Optimistische Kompetenzerwartung. Zur Erfassung einer personalen Bewältigungsressource. *Diagnostica, 40,* 105–123.

Schwenkmezger, P. (1985). *Modelle der Eigenschafts- und Zustandsangst. Theoretische Analysen und empirische Untersuchungen zur Angsttheorie von Spielberger.* Göttingen: Hogrefe.

Schyns, B. & Collani, G. (2002). A new occupational self-efficacy scale and its relation to personality constructs and organizational variables. *European Journal of Work and Organizational Psychology, 11, 219–241.*

Semmer, N. K. (1984). *Stressbezogene Tätigkeitsanalyse.* Weinheim: Beltz.

Semmer, N. K. (1990). Stress und Kontrollverlust. In F. Frei & I. Udnis (Hrsg.), *Das Bild der Arbeit* (S. 190–207). Bern: Huber.

Semmer, N. K. (2003). Individual differences, work stress and health. In M. J. Schabracq, J. A. M. Winnubst & C. L. Cooper (Eds.), *The handbook of work and health psychology* (pp. 83–120). Chichester: Wiley.

Semmer, N. K., McGrath, J. E. & Beehr, T. A. (2005). Conceptual issues in research on stress and health. In C. Cooper (Ed.), *Handbook of stress medicine and health* (pp. 1–43). London: CRC.

Semmer, N. K. & Udris, I. (2004). Bedeutung und Wirkung von Arbeit. In H. Schuler (Hrsg.), *Lehrbuch Organisationspsychologie* (S. 157–195). Bern: Huber.

Semmer, N. K. & Zapf, D. (2004). Gesundheitsbezogene Interventionen in Organisationen. In H. Schuler (Hrsg.), *Organisationspsychologie – Gruppe und Organisation* (Enzyklopädie der

Pychologie, Serie Wirtschafts-, Organisations- und Arbeitspsychologie, Bd. 4, S. 774–843). Göttingen: Hogrefe.

Semmer, N. K., Zapf, D. & Dunckel, H. (1999). Instrument zur stressbezogenen Arbeitsanalyse (ISTA). In H. Dunckel (Hrsg.), *Handbuch psychologischer Arbeitsanalyseverfahren* (S. 179–204). Zürich: vdf.

Siegrist, J. (1996). *Soziale Krisen und Gesundheit. Eine Theorie der Gesundheitsförderung am Beispiel von Herz-Kreislauf Risiken im Erwerbsleben.* Göttingen: Hogrefe.

Siegrist, J. (1998). Adverse effects of effort – reward imbalance at work. In C. L. Cooper (Ed.), *Theories of organizational stress* (pp. 190–204). Oxford: Oxford University Press.

Siegrist, J. (2002). Effort-reward imbalance at work and health. In P. L. Perrewé & D. C. Ganster (Eds.), *Research in occupational stress and well being* (Vol. 2, pp. 261–291). Amsterdam: JAI.

Siegrist, J. (2004). *Gesundheitliche Folgen und Herausforderungen. Bericht der Arbeitsgruppe 2, Expertenkommission „Betriebliche Gesundheitspolitik". Ergebnisse der Arbeitsgruppen.* Gütersloh: Bertelsmann Stiftung.

Siegrist, J. (2005). *Soziale Determinanten von Herz-Kreislauf-Krankheiten – neue Erkenntnisse und ihre Bedeutung für die Prävention.* Paderborn: Schöningh.

Smith, R. E. (1989). Effects of coping skills training on generalized self-efficacy and locus of control. *Journal of Personality and Social Psychology, 56,* 228–233.

Sochert, R. & Schwippert, C. (2003). *Die öffentliche Verwaltung ein kranker Sektor? Europäische Trends und deutsche Praxis betrieblicher Gesundheitsförderung.* Bremerhaven: Wirtschaftsverlag NW.

Sonnentag, S. & Frese, M. (2003). Stress in Organizations. In W. C. Borman, D. R. Ilgen & R. J. Klimoski (Eds.), *Handbook of psychology* (Vol. 12, pp. 453–491). New York, NY: Wiley.

Sonntag, K.-H. & Schaper, N. (1999). Förderung beruflicher Handlungskompetenzen. In K.-H. Sonntag (Hrsg.), *Personalentwicklung in Organisationen* (S. 211–244). Göttingen: Hogrefe.

Spector, P. E. (1986). Perceived control by employees: A meta-analysis of studies concerning autonomy and participation at work. *Human Relations, 39,* 1005–1016.

Spector, P. E., Zapf, D., Chen, P. Y. & Frese, M. (2000). Why negative affectivity should not be controlled in job stress research: don't throw out the baby with the bath water. *Journal of Organizational Behavior, 21,* 79–95.

Spielberger, C. D. (1972). Anxiety as an emotional state. In C. D. Spielberger (Ed.), *Anxiety: Current trends in theory and research* (Vol. 1, pp. 23–49). New York, NY: Academic Press.

Stansfeld, S., Fuhrer, R., Shipley, M. J. & Marmot, M. G. (1999). Work characteristics predict psychiatric disorders: prospective results from the Whitehall II study. *Occupational and Environmental Medicine, 56,* 302–307.

Starke, P. (2004). *Beschreibung der Lernhaltigkeit der Arbeitssituation und von Facetten beruflicher Handlungskompetenz für Instandhaltungspersonal bei zwei Technologiegenerationen.* Dresden: TU Dresden.

Steffgen, G. (Hrsg.). (2004). *Betriebliche Gesundheitsförderung. Problembezogene psychologische Interventionen.* Göttingen: Hogrefe.

Taylor, S. E. & Repetti, R. L. (1997). Health Psychology: What is an unhealthy environment and how does it get under the skin? *Annual Review of Psychology, 48,* 411–447.

Temme, G. & Tränkle, U. (1996). Arbeitsemotionen – Ein vernachlässigter Aspekt in der Arbeitszufriedenheitsforschung. *Journal Arbeit, 5,* 275–297.

Thayer, R. E. (1978). Toward a psychological theory of multidimensional activation (arousal). *Motivation and Emotion, 2,* 1–34.

Thayer, R. E. (1989). *The biopsychology of mood and arousal.* New York, NY: Oxford University Press.

Theorell, T. (2003). Flexibility at work in relation to employee health. In M. J. Schabracq, J. A. M. Winnubst & C. L. Cooper (Eds.), *The handbook of work and health psychology* (pp. 159–170). Chichester: Wiley.

Thiehoff, R. (2004). Gemeinsam handeln, jeder in seiner Verantwortung. *Arbeit, 13,* 197–204.

Timm, E. (2003). *Arbeit im Call Center – Tätigkeitsstrukturen, Belastungen und Ressourcen* [Online]. Verfügbar unter: http://deposit.ddb.de/cgi-bin/dokserv?idn=969210329 [30. 04. 2009].

Udris, I. (1981a). Redefinition als Problem der Arbeitsanalyse. In F. Frei & E. Ulich (Hrsg.), *Beiträge zur psychologischen Arbeitsanalyse* (S. 283–302). Bern: Huber.

Udris, I. (1981b). Stress in arbeitspsychologischer Sicht. In J. R. Nitsch (Hrsg.), *Stress* (S. 391–440). Bern: Huber.

Udris, I., Kraft, U., Mussmann, C. & Rimann, M. (1992). Arbeiten, gesund sein und gesund bleiben: Theoretische Überlegungen zu einem Ressourcenkonzept. *Psychosozial, 15,* 9–22.

Udris, I. & Rimann, M. (1999). SAA und SALSA: Zwei Fragebögen zur subjektiven Arbeitsanalyse. In E. Dunckel (Hrsg.), *Handbuch psychologischer Arbeitsanalyseverfahren* (S. 397–419). Zürich: vdf.

Ulich, E. (2001). *Arbeitspsychologie.* Stuttgart: Schäffer-Poeschel.

Ulich, E. & Wülser, M. (2004). *Gesundheitsmanagement in Unternehmen.* Wiesbaden: Gabler.

Volpert, W. (1987). Psychische Regulation von Arbeitstätigkeiten. In U. Kleinbeck & J. Rutenfranz (Hrsg.), *Arbeitspsychologie* (Enzyklopädie der Psychologie, Serie Wirtschafts-, Organisations- und Arbeitspsychologie, Bd. 1, S. 1–42). Göttingen: Hogrefe.

Warr, P. (1987). *Work, unemployment and mental health.* Oxford: Clarendon.

Warr, P. (1994). A conceptual framework for the study of work and mental health. *Work and Stress, 8,* 84–97.

Watson, D. (1988). Intraindividual and interindividual analyses of positive and negative affect: their relation to health complaints, perceived stress and daily activities. *Journal of Personality and Social Psychology, 54,* 1020–1030.

Watson, D. & Clark, L. A. (1984). Negative affectivity: The disposition to experience aversive emotional states. *Psychological Bulletin, 96,* 465–490.

Watson, D. & Slack, A. K. (1993). General factors of affective temperament and their relation to job satisfaction over time. *Organizational Behavior and Human Decision Processes, 54,* 181–202.

Weber, W. G. (1997). *Analyse von Gruppenarbeit. Kollektive Handlungsregulation in soziotechnischen Systemen.* Bern: Huber.

Wegge, J. (2004). Emotionen in Organisationen. In H. Schuler (Hrsg.), *Organisationspsychologie – Grundlagen und Personalpsychologie* (Enzyklopädie der Psychologie, Serie Wirtschafts-, Organisations- und Arbeitspsychologie, Bd. 3, S. 673–749). Göttingen: Hogrefe.

Wieland, R. (1999). Analyse, Bewertung und Gestaltung psychischer Belastung und Beanspruchung. In B. Badura, M. Litsch & C. Vetter (Hrsg.), *Fehlzeiten-Report 1999* (S. 197–211). Berlin: Springer.

Wieland, R. (2004). Arbeitsgestaltung, Selbstregulationskompetenz und berufliche Kompetenzentwicklung. In B. Wiese (Hrsg.), *Individuelle Steuerung beruflicher Entwicklung. Kernkompetenzen in der modernen Arbeitswelt* (S. 169–196). Frankfurt a. M.: Campus.

Wieland, R. (Hrsg.). (2006), *Wuppertaler Beiträge zur Arbeits- und Organisationspsychologie. Heft 1/2006. Themenheft: Gesundheitsmanagement.* Wuppertal: Bergische Universität Wuppertal.

Wieland, R. & Baggen, R. (1999). *Wuppertaler Psychologische Berichte. Heft 1: Bewertung und Gestaltung der Arbeit auf der Grundlage psychophysiologischer Beanspruchungsanalysen.* Wuppertal: Bergische Universität Wuppertal.

Wieland, R. & Brodersen, S. (2005). Schlüsselkompetenzen – der Schlüssel zu Unternehmenserfolg. Entwicklung und Erprobung eines Instrumentes. In K. Sonntag (Hrsg.), *Personalmanagement und Arbeitsgestaltung. Träger von Innovation, Gesundheit und Leistung* (S. 453–456). Dortmund: GfA.

Wieland, R., Hölper, K. & Tint-Antusch, T. (2005). *Lebensraum Hochschule – für alle gesund und erfolgreich gestalten. Kurzinformation Bau und Technik.* Hannover: Hochschul-Informations-System.

Wieland, R., Klemens, S., Scherrer, K., Timm, E. & Krajewski, J. (2004). *Moderne IT-Arbeitswelt gestalten. Anforderungen, Belastungen und Ressourcen in der IT-Branche.* Hamburg: Techniker Krankenkasse.

Wieland, R., Krajewski, J. & Memmou, M. (2006). Arbeitsgestaltung, Persönlichkeit und Arbeitszufriedenheit. In L. Fischer (Hrsg.), *Arbeitszufriedenheit* (S. 226–242). Göttingen: Hogrefe.

Wieland, R., Metz, A.-M. & Richter, P. (2002). *Call Center auf dem arbeitspsychologischen Prüfstand. Teil 2: Arbeitsgestaltung im Call Center – Belastung, Beanspruchung und Ressourcen.* Hamburg: Verwaltungs-Berufsgenossenschaft.

Wieland, R. & Scherrer, K. (2002). *Wuppertaler Psychologische Berichte. Heft 2: Vertrauensarbeitszeit – Merkmale einer gesunden und tragfähigen Praxis.* Wuppertal: Bergische Universität Wuppertal.

Wieland, R. & Scherrer, K. (2004). *BARMER Gesundheitsreport 2004. Gesundheit, Fitness und Produktivität* – Betriebliche Gesunsheitsförderung bewegt was.... [Online]. Verfügbar unter: http://www.wirtschaftspsychologie-wuppertal.de/Publikationen%20Texte/Gesundheitsreport_202004Data.pdf [30. 04. 2009].

Wieland-Eckelmann, R. (1992). Gesundheitsförderliche Arbeit oder gesundheitsförderliche Persönlichkeit: Ein geklärtes Verhältnis? *Psychosozial, 15,* 51–60.

Wieland-Eckelmann, R. & Baggen, R. (1994). Beanspruchung und Erholung im Arbeits-Erholungs-Zyklus. In R. Wieland-Eckelmann, H. Allmer, K. W. Kallus & J. H. Otto (Hrsg.), *Erholungsforschung* (S. 103–154). Weinheim: Beltz.

Wieland-Eckelmann, R. & Bösel, R. (1987). Konstruktion eines Verfahrens zur Erfassung dispositioneller Angstbewältigungsstile im Leistungsbereich. *Zeitschrift für Differentielle und Diagnostische Psychologie, 8,* 39–56.

Wieland-Eckelmann, R., Saßmannshausen, A., Rose, M. & Schwarz, R. (1999). Synthetische Beanspruchungs- und Arbeitsanalyse. In H. Dunckel (Hrsg.), *Handbuch psychologischer Arbeitsanalyseverfahren* (S. 421–463). Zürich: vdf.

Wiese, B. S. (2004). Berufliche Ziele als entwicklungsregulative Herausforderung. In B. S. Wiese (Hrsg.), *Individuelle Steuerung beruflicher Entwicklung. Kernkompetenzen in der modernen Arbeitswelt* (S. 11–34). Frankfurt a. M.: Campus.

World Health Organization (1988). *Ottawa Charta for Health Promotion*. Ottawa: WHO.

Zapf, D. (1993). Stress-oriented job analysis of computerized office work. *The european work and organizational Psychologist, 3,* 85–100.

Zapf, D. & Dormann, C. (2001). Gesundheit und Arbeitsschutz. In H. Schuler (Hrsg.), *Lehrbuch der Personalpsychologie* (S. 559–588). Göttingen: Hogrefe.

Zapf, D. & Semmer, N. K. (2004). Stress und Gesundheit in Organisationen. In H. Schuler (Hrsg.), *Organisationspsychologie – Grundlagen und Personalpsychologie* (Enzyklopädie der Psychologie, Serie Wirtschafts-, Organisations- und Arbeitspsychologie, Bd. 3, S. 1007–1012). Göttingen: Hogrefe.

Zimolong, B. (2001). *Ganzheitliches Management des Arbeits- und Gesundheitsschutzes GAMAGS.* Wiesbaden: Gabler.

Zimolong, B., Elke, G. & Trimpop, R. (2006). Gesundheitsmanagement. In B. Zimolong (Hrsg.), *Ingenieurpsychologie* (Enzyklopädie der Psychologie, Serie Wirtschafts-, Organisations- und Arbeitspsychologie, Bd. 2, S. 633–668). Göttingen: Hogrefe.

Teil III

Grundlegende methodische Ansätze der arbeitspsychologischen Forschung und Anwendung

21. Kapitel

Quer- und Längsschnittstudien in der Arbeitspsychologie

Christian Dormann, Dieter Zapf und Franziska Perels

1 Ziele empirischer Forschung in der Arbeitspsychologie

Empirische Untersuchungen in der Arbeitspsychologie werden im Rahmen von unterschiedlichen Zielstellungen eingesetzt. Erstens reicht das Spektrum von Studien von rein praktischen Fragestellungen wie z. B. „Wie ist die Mitarbeiterzufriedenheit in den verschiedenen Abteilungen eines Großunternehmens?" bis hin zu reinen Forschungsfragestellungen wie z. B. „Beeinflusst die Mitarbeiterzufriedenheit die Leistung der Mitarbeiter oder umgekehrt oder beides?"

Zweitens können solche Untersuchungen einerseits eher explorativ bzw. hypothesengenerierend sein, weil man sich vielleicht in einem noch wenig beforschten Gebiet bewegt. Andererseits kann es um die Überprüfung einer spezifischen Forschungshypothese gehen.

Drittens können empirische Untersuchungen in der Arbeitspsychologie eher quantitativ oder eher qualitativ ausgerichtet sein. Die jeweilige Ausrichtung geht oft auch mit dem Wissenschaftsverständnis der jeweiligen Forscher einher (s. z. B. Bortz & Döring, 2002).

Viertens lassen sich schließlich quasi-experimentelle Studien von sogenannten passiven Untersuchungsdesigns unterscheiden (Dwyer, 1983). Zumindest in der naturwissenschaftlich orientierten Forschung gilt das Experiment als der „Königsweg": Unter vollständig kontrollierten Bedingungen (Laborbedingungen) werden durch *Zufallsauswahl (Randomisierung)* Experimental- und Kontrollgruppen gebildet, sodass die Gruppen statistisch vergleichbar sind. Die Experimentalgruppen werden Maßnahmen (Treatments) ausgesetzt, die Kontrollgruppen nicht. Treten nach Durchführung der Maßnahme Unterschiede zwischen Experimental- und Kontrollgruppen auf, dann kann man mit hoher Sicherheit davon ausgehen, dass diese durch das Treatment verursacht wurden (z. B. Huber, 2005; Hussy & Jain, 2002). Laborexperimentelle Forschung spielt natürlich auch in der Arbeitspsychologie eine große Rolle, beispielsweise in der Belastungs-Beanspruchungsforschung (z. B. Schönpflug, 1983).

Auch in Organisationen oder allgemein „im Feld" lassen sich Experimente durchführen. Allerdings gibt es hier meistens keine perfekte Kontrolle über das Experiment. So ist in Organisationen meist die Randomisierung mit großen Schwierigkeiten verbunden. Ist keine Randomisierung möglich, sondern werden „natürlich" vorgegebene Gruppen oder „natürlich" vorhandene Personen (also Gruppen oder Personen, die nicht zufällig auf Experimental- oder Kontrollgruppe verteilt wurden) einer experimentellen Manipulation ausgesetzt, spricht man von *Quasi-Experimenten* (Cook & Campbell, 1979; Cook, Campbell & Perracchio, 1990). Quasiexperimentelle Ansätze spielen in der Evaluationsforschung bei der Überprüfung der Wirksamkeit von Interventionen eine große Rolle (Nachreiner, Müller & Ernst, 1987; Wottawa & Thierau, 1998; vgl. Nickel & Nachreiner in diesem Band).

In vielen Fällen ist man zwar an Ursache-Wirkungszusammenhängen interessiert, kann aber aus ökonomischen oder auch aus prinzipiellen Gründen weder ein echtes noch ein Quasi-Experiment durchführen. Prinzipielle Gründe können beispielsweise darin bestehen, dass man aus ethischen Gründen Personen einer Maßnahme nicht aussetzen möchte (z. B. bei Untersuchungen zu psychischen und physischen Aggressionen am Arbeitsplatz) oder die zu untersuchenden Effekte sprengen jeden zeitlichen Rahmen einer quasi-experimentellen Untersuchung (z. B. bei Untersuchungen zum Zusammenhang zwischen Arbeitsbedingungen und Herzinfarktrisiko, z. B. Karasek & Theorell, 1990). In all diesen Fällen ist man auf sogenannte *passive Designs* angewiesen, bei denen die interessierenden Merkmale einmal (Querschnittsstudien) oder mehrmals (Längsschnittstudien) erhoben werden. Wir wollen uns in diesem Kapitel schwerpunktmäßig damit auseinandersetzen, was man auf Grundlage dieser passiven Untersuchungsdesigns über Ursache-Wirkungszusammenhänge aussagen kann. Daraus wiederum ergeben sich Hinweise, wie solche Quer- und Längsschnittstudien in idealer Weise geplant und durchgeführt werden sollten.

2 *Probleme kausaler Schlussfolgerungen in der arbeitspsychologischen Forschung*

Wie in vielen anderen Bereichen auch ist in der Arbeitspsychologie eine zentrale Frage, ob die in einer Studie gefundenen Zusammenhänge kausal interpretiert werden können, sodass eine aktive Veränderung der einen Variable auch zu den gewünschten Veränderungen in der anderen Variable führt. Eine solche kausale Interpretation ist jedoch nicht immer möglich. Viele Studien lassen nämlich genau genommen nur den Schluss zu, dass zwei Variablen korreliert sind, nicht aber, dass beispielsweise die Beeinflussung der Bedingung X zu einer Verbesserung des Ergebnisses Y führt. So haben mittlerweile sehr viele Studien gezeigt, dass Handlungsspielraum (HSP) mit Arbeitszufriedenheit (AZ) korreliert ist (z. B. Fried, 1991; Loher, Noe, Moeller & Fitzgerald, 1985; Spector, 1986). Kann man daraus folgern, dass die Einführung von Handlungsspielräumen (z. B. durch Job Enrichment-Programme, siehe dazu die Kapitel von Ulich und Wieland, in diesem Band) zu höherer Arbeitszufriedenheit führt? Diese Annahme ist in Abbildung 1 dargestellt. Dieses Ursache-Wirkungs-Modell impliziert, dass HSP und AZ korrelieren. Der Umkehrschluss jedoch gilt nicht: Auch wenn HSP und AZ korrelieren, lässt sich nicht schlussfolgern, dass HSP eine Ursache der AZ ist. Wann diese Schlussfolgerung möglich ist bzw. was getan werden kann, um diese Schlussfolgerung *so plausibel wie möglich* zu machen, ist Gegenstand dieses Kapitels.

Abbildung 1:
Kausaler Effekt von Handlungsspielraum auf Arbeitszufriedenheit

Wir werden uns in diesem Kapitel bei der Darstellung von Modellen an der Terminologie und der Symbolik von Strukturgleichungsmodellen orientieren (s. beispielsweise Jöreskog & Sörbom, 1996; Schumacker & Lomax, 2004). Latente Variablen, die wir später einführen, werden dabei durch Ellipsen dargestellt und beobachtete Variablen durch Rechtecke. In Abbildung 1 sind folglich der HSP und die AZ als beobachtete Variable (z. B. Mittelwerte mehrerer Items) aufzufassen. Gerade Pfade mit nur einer Pfeilspitze stehen für einen kausalen Effekt. Gekrümmte Pfade mit Doppelspitze, die in Abbildung 1 noch nicht enthalten sind, repräsentieren typischerweise einfache korrelative Beziehungen. Pfade, die weder von Ellipsen noch von Rechtecken ausgehen (sondern in der Regel von freien griechischen Buchstaben oder Variablennamen) stellen unbekannte Varianzquellen dar. Dabei handelt es sich z. B. um ungemessene Variablen, Messfehler oder die unaufgeklärte Varianz in einer abhängigen Variablen. In Abbildung 1 soll das griechische ζ (Zeta) andeuten, dass der HSP nicht alle Varianz in der AZ erklärt, sondern es weitere, in diesem Modell nicht berücksichtigte Varianzquellen/Ursachen der AZ gibt. In fast allen theoretischen Modellen muss man für die abhängigen Variablen davon ausgehen, dass nicht alle Varianz erklärt werden kann und daher ein ζ notwendig ist.

Nach Cook und Campbell (1979) kann man von einer kausalen Beziehung dann sprechen, wenn (a) ein Zusammenhang zwischen zwei Variablen besteht, (b) die verursachende Variable zeitlich vor der abhängigen Variablen auftritt und (c) die Erklärung des Zusammenhangs durch dritte Variablen ausgeschlossen werden kann. Hängen zwei Variablen zusammen, dann ergeben sich für eine kausale Interpretation zwei Probleme: Das Problem der *umgekehrten Verursachung* und das *Drittvariablenproblem* (Cook & Campbell, 1979). Auf diese soll im Folgenden eingegangen werden.

2.1 Umgekehrte Verursachung

Mit umgekehrter Verursachung ist gemeint, dass die Korrelation von HSP mit AZ auch dadurch zustande kommen kann, dass nicht die Einführung von HSP zu mehr AZ führt, sondern dass eine gesteigerte AZ dazu führt, dass die Beschäftigten höheren HSP aufweisen. Dies ist in Abbildung 2 dargestellt.

Abbildung 2:
Umgekehrter Kausaleffekt von Arbeitszufriedenheit auf Handlungsspielraum

Der Effekt der AZ auf den HSP könnte z. B. dadurch erklärbar sein, dass die Beschäftigten ihre gestiegene AZ auf einen gestiegenen HSP fehlattribuieren. Der Wirkungszusammenhang kann aber auch ohne die Annahme einer Fehlattribution zustande kommen. Da hohe AZ mit der Motivation verbunden ist, sich herausfordernde Ziele und komplexere Aufgaben in der Arbeit zu suchen und da komplexe Arbeitsaufgaben typischerweise auch mit mehr HSP verbunden sind, kann eine Steigerung der AZ zu einer Steigerung des HSP führen.

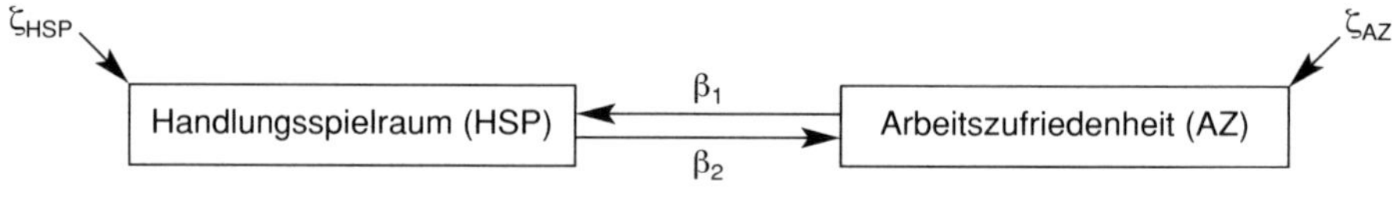

Abbildung 3:
Reziproke Kausaleffekte

Natürlich schließen sich theoriekonforme und umgekehrte Wirkmechanismen nicht gegenseitig aus. Vielmehr gibt es auch recht überzeugende Evidenz für die simultane Existenz beider Mechanismen. Man spricht in diesem Fall von *reziproken* Kausaleffekten. Dies ist in Abbildung 3 gezeigt. Im Beispiel ist es durchaus plausibel, dass sich HSP und AZ gegenseitig beeinflussen.

Aus Abbildung 3 lässt sich eine Grunderkenntnis empirischer Sozialforschung ableiten, nämlich dass die Kausalitätsfrage in Querschnittsstudien nicht eindeutig zu klären ist, und zwar selbst dann nicht, wenn es kein Drittvariablenproblem (s. u.) gibt (z. B. Bortz & Döring, 2002). Jedem Regressions- oder Strukturgleichungsmodell liegt eine empirische Varianz-Kovarianz-Matrix oder eine Korrelationsmatrix zugrunde. In diesem Fall würde die empirische Varianz-Kovarianz-Matrix genau drei Informationen enthalten, nämlich die Varianz von HSP, die Varianz von AZ und die Kovarianz (Korrelation) von HSP und AZ. Mehr empirische Informationen stehen nicht zur Verfügung. Um das in Abbildung 3 gezeigte Modell zu analysieren, müssen aber vier Informationen geschätzt werden, nämlich die beiden Betas und die beiden Zetas. Die drei empirischen Informationen reichen aber für die Schätzung von vier Parametern nicht aus. Das Modell ist technisch ausgedrückt *nicht identifiziert* (z. B. Berry, 1989). Liegen hingegen geeignete Längsschnitt- bzw. Prozessdaten vor (vgl. Abschnitt 4.2), dann lässt sich das Identifikationsproblem lösen, und es können reziproke Effekte geschätzt werden.

2.2 Drittvariablen

Das zweite Problem kausaler Schlussfolgerungen bezieht sich auf die sogenannten Drittvariablen (z. B. Cook & Campbell, 1979; James, Mulaik & Brett, 1982; Kenny, 1979). Drittvariablen führen dazu, dass sich Zusammenhänge zwischen zwei oder mehr interessierenden Variablen *(fokale Variablen)* beobachten lassen, die ohne die Wirkung der Drittvariablen nicht oder deutlich weniger zusammenhängen würden. Man spricht in diesem Fall davon, dass der Zusammenhang zweier Variablen durch eine dritte, gemeinsame Einflussgröße konfundiert ist.

Häufig findet man in der Literatur anstelle des allgemeinen Begriffs Drittvariable den Begriff Störvariable. Die negative Konnotation des Begriffs Störvariable ist aber nicht immer gerechtfertigt. Ob es sich bei einer Drittvariablen um eine „Störvariable“ handelt oder ob man dieser Variable einen den fokalen Variablen ebenbürtigen, inhaltlichen Status einräumt, ist ausschließlich durch die jeweilige Fragestellung bedingt. Soll z. B. ein möglichst objektives Befragungsinstrument zur Arbeitsanalyse entwickelt werden, so kann man Persönlichkeitsmerkmale als Störvariablen auffassen, wenn in Abhängigkeit von diesen Persönlichkeitsmerkmalen der angegebene HSP unterschiedlich ausfällt. Soll hingegen die inhaltliche Frage beantwortet werden, ob bestimmte Persönlichkeitsmerkmale zu Selektionsvorteilen bei der Personalauswahl führen, sodass Personen mit diesen Persönlichkeitsmerkmalen Jobs mit mehr HSP erhalten, dann sind diese Persönlichkeitsmerkmale offensichtlich nicht als Störvariablen, sondern als fokale Variablen aufzufassen.

Bei der Konfundierung lassen sich zwei Fälle unterscheiden, die nachfolgend dargestellt werden: die *Messkonfundierung* und die *kongenerische Konfundierung* (z. B. Munz, Huelsman, Konold & McKinney, 1996; Schaubroeck, Ganster & Fox, 1992; Williams, Gavin & Williams, 1996).

2.2.1 Messkonfundierung: Methodenbedingte Drittvariablen

Bei der Messkonfundierung geht es im Allgemeinen darum, dass ein beobachteter Zusammenhang, also beispielsweise eine bivariate Korrelation, *nur aufgrund der Art der Messung* zustande kommt und nicht auf einen kausalen Effekt unter den fokalen Variablen zurückgeführt werden kann (Podsakoff, MacKenzie, Lee & Podsakoff, 2003). In der Literatur zu Persönlichkeitseinflüssen auf die AZ wird oft das Argument vorgebracht, dass emotionale Stabilität (= geringer Neurotizismus; in etwa vergleichbar mit geringer Negativer Affektivität, NA) zu überhöhten AZ-Werten führt bzw. umgekehrt, dass Personen mit Neurotizismus zu verringerten AZ-Werten neigen (zur Diskussion des Einflusses von NA auf Befragungsdaten vgl. Burke, Brief & George, 1993; Spector, 1992; Spector, Zapf, Chen & Frese, 2000). Dahinter steht die Vorstellung, dass Personen mit hoher emotionaler Stabilität alles positiv betrachten, Personen mit hohem Neurotizismus alles negativ. Ein analoges Argument lässt sich auch für den HSP vorbringen.

In Abbildung 4 wird nun zwischen der „wahren“ Ausprägung eines Merkmals und der durch die Methode der Selbstauskunft gemessenen Ausprägung dieses Merkmals unterschieden. In Abbildung 4 wird unterstellt, dass jedes Merkmal über drei Items erfasst wurde. Dies ist hier zunächst aber noch ohne Belang. Die Unterscheidung zwischen der „wahren“ Ausprägung eines Merkmals und der durch die Methode der Selbstauskunft gemessenen Ausprägung dieses Merkmals macht beim HSP durchaus Sinn. Es ist ein wichtiges Anliegen der Arbeitspsychologie, den Beschäftigten zu vermitteln, über welche objektiven bzw. wahren HSP sie verfügen, damit dieser überhaupt genutzt werden kann. Entscheidend ist dabei, dass der Neurotizismus nur den Selbstbericht von HSP, nicht aber den HSP an sich beeinflusst.

Gleiches gilt nun auch für die AZ. Auch hier könnte man zwischen wahrer AZ und selbstberichteter AZ unterscheiden (z. B. Judge, Locke, Durham & Kluger, 1998). Der entscheidende Punkt ist folgender: Neurotizismus beeinflusst sowohl die Messung von HSP als auch von AZ und stiftet dadurch einen Zusammenhang zwischen diesen Variablen, der in Wirklichkeit so nicht existiert. Würde man nämlich nur eine der Variablen, z. B. den HSP über eine andere Messmethode erfassen, dann würde dieser Zusammenhang nicht mehr auftreten. Der Zusammenhang ist also an die gemeinsame Messmethode gebunden. Die ausschließlich durch die Verwendung der Methode erzeugte gemeinsame Varianz der betroffenen Variablen wird auch als *Methodenvarianz* bezeichnet (z. B. Campbell & Fiske, 1959; Cook et al., 1990; Spector & Brannick, 1995). Man sagt auch, dass ein *Methodenfaktor* die Beziehung konfundiert. Allerdings verschleiert der Begriff *Methodenfaktor*, dass sich dahinter psychologische Prozesse verbergen, wie z. B. die Tendenz, sich selbst in ein gutes Licht zu stellen, was dann bei bestimmten Erhebungsmethoden dazu führt, die wahren Werte zu über- oder zu unterschätzen.

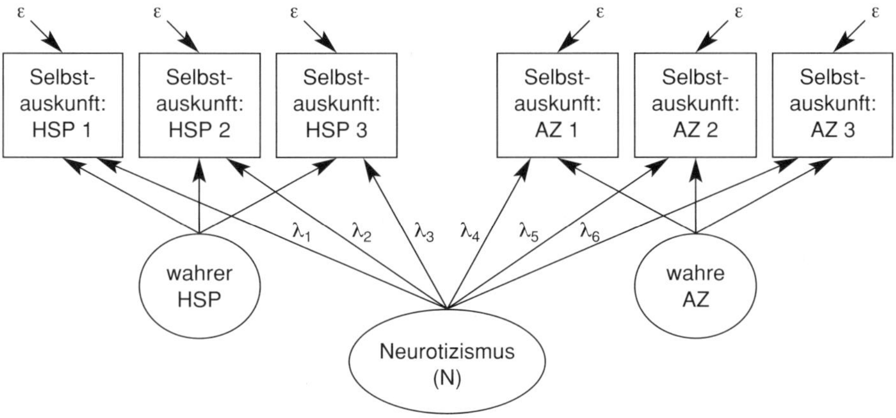

Abbildung 4:
Messkonfundierung

Dieses Problem entsteht also aufgrund des Designs der Untersuchung und kann daher durch ein anderes Design, nämlich durch die *Verwendung unterschiedlicher Messmethoden* vermieden werden (Beispiele in Frese, 1985, 1991; Leitner & Resch, 2005; Spector, Fox & van Katwyk, 1999). Was sollte man aber tun, wenn beispielsweise nur eine Methode eingesetzt werden kann, z. B. die schriftliche Befragung, wie es im Arbeitskontext ja nicht selten der Fall ist? Auch hier bieten sich Möglichkeiten, Messkonfundierung als Ursache einer Korrelation der fokalen Variablen auszuschließen bzw. zu reduzieren. Hierzu muss man die infrage kommenden Drittvariablen in der Studie mit erheben. Dann eröffnet sich die Möglichkeit, durch verschiedene Methoden der statistischen Datenanalyse, z. B. der hierarchischen Regressionsanalyse (Cohen, Cohen, West & Aiken, 2003), die Effekte zu kontrollieren. Mittels latenter Strukturgleichungsmodelle lässt sich beispielsweise die Messkonfundierung, wie in Abbildung 4 dargestellt, abbilden.

Was würde passieren, wenn man den Neurotizismus nicht durch ein Modell, wie es Abbildung 4 zeigt, statistisch kontrollieren würde? Die auf den Neurotizismus zurückgehende Varianz in den Indikatoren würde dann nicht extrahiert werden. Da diese Varianz in allen Indikatoren enthalten bleibt, würde sie jeweils durch den latenten HSP und die latente AZ extrahiert werden. Dann sind aber sowohl im latenten HSP als auch in der latenten AZ Bestandteile von Neurotizismus enthalten. Anders ausgedrückt, latenter HSP und latente AZ würden miteinander korrelieren, obschon sie das gemäß Abbildung 4 nicht tun. Die Güte eines Modells ohne Berücksichtigung von Neurotizismus als messkonfundierende Variable – wie sie z. B. als Chi-Quadrat-Wert, *goodness-of-fit* (GFI) oder *root mean square error of approaximation* (RMSEA) numerisch angegeben werden kann – wäre zwar schlecht, aber die fälschlicherweise resultierende latente Korrelation zwischen HSP und AZ könnte zu der ebenso falschen Ansicht verleiten, HSP wäre eine Ursache von AZ.

2.2.2 Kongenerische Konfundierung: Methodenunabhängige Drittvariablen

Im vorangegangen Unterkapitel haben wir erläutert, dass Neurotizismus zu einer „Verfälschung" von Selbstaussagen führen kann, sodass unter Umständen eine Korrelation zweier fokaler Variablen artifiziell ist. Mit anderen Worten, die beiden Konstrukte – im Beispiel HSP und AZ – sind durch interindividuell unterschiedliche Tendenzen bei der Beantwortung von Fragebogenitems bedingt.

In diesem Abschnitt geht es nun darum, dass eine Drittvariable die wahren Werte verändert. Wahre Werte und beobachtete/berichtete Werte können dabei durchaus übereinstimmen, aber die Drittvariable führt dennoch zu einer Scheinkorrelation. Beziehen wir uns wieder auf das schon eingeführte Beispiel, also eine Variable, die sowohl eine Ursache des HSP als auch der AZ ist. Als methodenunabhängige Drittvariablen kommen beispielsweise die Komplexität der Arbeit

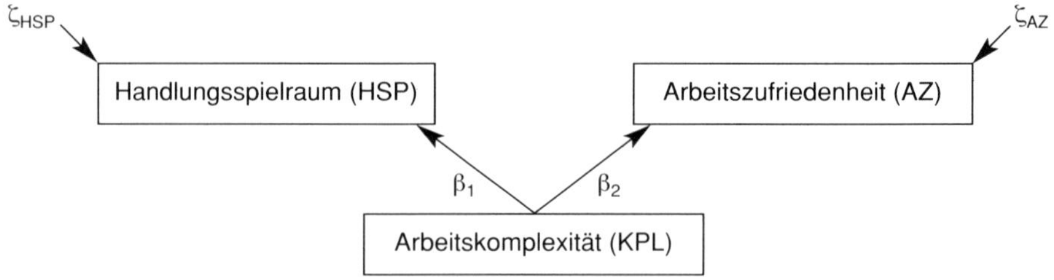

Abbildung 5:
Kongenerische Konfundierung von Variablen

(KPL), der soziale Status oder Neurotizismus infrage. Zusätzlich zu dem schon erwähnten Argument, dass komplexe Aufgaben in der Regel zu mehr Handlungsspielraum führen, führt KPL auch zu mehr AZ (vgl. Abb. 5). Ein empirisch gefundener Zusammenhang zwischen HSP und AZ wäre dementsprechend zumindest teilweise durch die KPL erklärbar, ohne dass HSP und AZ sich – in welcher Richtung auch immer – gegenseitig verursachen.

Eine zur KPL analoge Argumentation lässt sich auch für Neurotizismus oder NA vorbringen. Man kann nämlich Neurotizismus oder NA nicht nur, wie zuvor erläutert, als Störvariable betrachten, sondern auch unter inhaltlichen Gesichtspunkten (Spector et al., 1999, 2000). Dass Neurotizismus tatsächlich die allgemeine Lebenszufriedenheit und speziell auch die Arbeitszufriedenheit beeinflusst – wenn auch eher in bescheidenem Maße – ist empirisch kaum von der Hand zu weisen (Dormann & Zapf, 2001). Weiterhin gibt es dafür Belege, dass Personen mit hohem Neurotizismus oder NA Arbeitsplätze mit weniger Autonomie und Handlungsspielraum innehaben (Spector et al., 1999; Spector, Jex & Chen, 1995). Cook, Vance und Spector (2000) konnten beispielsweise zeigen, dass sie in Einstellungsinterviews weniger erfolgreich waren und nur Chancen auf belastendere Arbeitsplätze mit weniger Handlungsspielraum hatten (s. dazu auch Zapf & Semmer, 2004). Zusammengefasst heißt dies, dass es Belege dafür gibt, dass Neurotizismus tatsächlich, also unabhängig von der Erhebungsmethode, HSP und AZ beeinflusst und damit eine artifizielle Korrelation zwischen diesen Variablen stiften kann.

Anzumerken ist natürlich auch, dass sowohl eine Messkonfundierung als auch eine kongenerische Konfundierung nicht nur artifizielle Zusammenhänge erzeugen, sondern auch wahre Zusammenhänge verschleiern können. Das Beispiel in Abbildung 6 zeigt, wie ein kausaler Effekt von X auf Y durch Z „verschleiert" wird. Der wahre Effekt von X auf Y ist hier .49, die empirisch beobachtbare Korrelation wäre hingegen $.49 - .70 \times .70 = .00$.

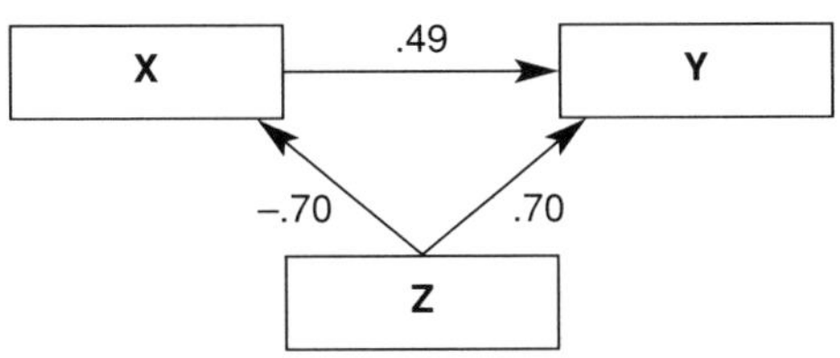

Abbildung 6:
Vereinbarkeit von Nullkorrelation und Kausalzusammenhang

3 Querschnittdesigns

3.1 Grundannahmen von Querschnittdesigns

Aus den vorausgehenden Überlegungen ergeben sich einige Schlussfolgerungen für die Anlage und Durchführung von Querschnittdesigns.

1. Prinzipiell ist es nicht möglich, kausale Schlussfolgerungen aus passiven Querschnittstudien zu ziehen. Kausale Schlussfolgerungen sind nur dadurch möglich, dass bestimmte Voraussetzungen als gegeben angenommen werden. Dies ist zum Beispiel der Fall, wenn eine der beteiligten Variablen stabil ist und deswegen nicht von anderen Variablen beeinflusst werden kann (vgl. dazu Zapf, Dormann & Frese, 1996). Dies trifft etwa auf das Geschlecht, Schulbildung, sozialer Status und mit Einschränkungen auf stabile Persönlichkeitsmerkmale zu. Findet man beispielsweise in einem Querschnitt eine Korrelation zwischen Geschlecht und AZ, könnte man schlussfolgern, dass das Geschlecht die Arbeitszufriedenheit beeinflusst. Die Voraussetzung, die dafür als gegeben erachtet werden muss, ist, dass dieser Einfluss nicht von einer mit dem Geschlecht korrelierten Drittvariablen ausgeübt wird.
2. Um einen kausalen Zusammenhang zwischen zwei (oder mehr) Variablen sicherzustellen, ist es also erforderlich, mögliche Drittvariableneinflüsse zu kontrollieren. Dabei können
   a) messkonfundierende Drittvariablen durch Verwendung unterschiedlicher Erhebungsmethoden kontrolliert werden. Dies hat gerade in der Arbeitspsychologie eine Tradition. So hat man u. a. aus den diskutierten methodischen Gründen für die Arbeitsanalyse eine Reihe von Beobachtungsverfahren (vgl. Dunckel, 1999) entwickelt (z. B. Leitner & Resch, 2005; Rau, 2004; Semmer, Zapf & Greif, 1996). In der Belastungs-Beanspruchungsforschung werden vielfach physiologische Messmethoden eingesetzt (Semmer, Grebner & Elfering, 2004), z. B. in den Studien von Rau (2004) und Rau, Georgiades, Fredrikson, Lemne und de Faire (2001; vgl. auch Nachreiner, 2003). Fehlzeiten (z. B. Schmidt, 2002; Schmidt & Daume, 1996), Fluktuation (Baillod & Semmer, 1994; Schmidt & Daume, 1996) oder Unfälle (Iverson & Erwin, 1997) können beispielsweise über betriebliche Dokumentenanalysen erfasst werden. Sind die psychologischen Konstrukte bekannt, die eine Messkonfundierung verursachen (z. B. Tendenz zu sozial erwünschten Antworten, NA etc.) und werden diese gemessen, dann können diese Einflüsse auch, z. B. mithilfe latenter Strukturgleichungsmodelle (structural equation models, SEM, s. u.), statistisch kontrolliert werden, ohne dass unterschiedliche Erhebungsmethoden notwendig sind.
   b) Kongenerisch konfundierende Drittvariablen können dann kontrolliert werden, wenn sie erhoben worden sind. Hierin unterscheiden sich Expe-

rimente grundlegend von nicht experimentellen Studien. Durch die (gelungene) Randomisierung im Experiment ist gewährleistet, dass Effekte auf die unabhängige Variable zurückgeführt werden können. Drittvariablen brauchen nicht erhoben und kontrolliert zu werden. In nicht experimentellen, sogenannten passiven Studien sollte dies jedoch getan werden. Nun könnte man erst einmal eine unendliche Zahl von kongenerischen Drittvariablen postulieren, die für mögliche Zusammenhänge verantwortlich sind. Das Argument, ein Zusammenhang sei auf eine bislang unbekannte Drittvariable, zurückzuführen, ist kaum zu widerlegen, spielt aber in der Wissenschaftspraxis kaum eine ernstzunehmende Rolle. Vielmehr ist es in der Praxis oft üblich, die Effekte soziodemografischer Daten routinemäßig zu kontrollieren. In bereits beforschten Gebieten lassen sich durch ein Literaturreview mögliche Drittvariableneinflüsse im Vorfeld eruieren. Frese (1985, 1991) diskutiert beispielsweise im Stressbereich eine Liste von etwa 20 potenziellen Drittvariablen. Deren Kontrolle reduziert den Zusammenhang zwischen beobachteten Stressoren und über Befragung erhobene psychosomatische Beschwerden von $r = .19$ auf .17.

In dem folgenden Unterkapitel werden wir kurz die wesentlichen Methoden zur Analyse von Querschnittsdaten beschreiben. Ein Problem im Zusammenhang mit der statistischen Kontrolle ist, dass man die potenziellen Drittvariablen auch tatsächlich messen muss. Im weiteren Verlauf werden wir zeigen, dass dies bei Längsschnittdesigns nicht immer der Fall ist bzw. dass Drittvariablen bei vorliegenden Längsschnittdaten einen geringeren konfundierenden Effekt haben.

3.2 Statistische Modellierung einfacher Kausalbeziehungen

3.2.1 Statistische Kontrolle verfügbarer Drittvariablen

3.2.1.1 Hierarchische Regression

Eine wesentliche Methode der Datenanalyse von querschnittlichen, passiven Designs ist die *multiple* Regressionsanalyse (zur Regressionsanalyse vgl. z. B. Cohen et al., 2003, ein Anwendungsbeispiel in Bungard, Holling & Schulz-Gambard, 1996). Bei Vorliegen nominaler Daten in Kombination mit intervallskalierten Daten wären Varianzanalysen (UV nominal; AV intervall) oder logistische Regressionen (UV intervall; AV nominal) zu verwenden (z. B. Bortz, 2004; Holling & Schulze, 2004). Die zugrunde liegende Absicht der Anwendung solcher Analyseverfahren ist jedoch identisch: Ein Kriterium wird durch mehrere Prädiktoren vorhergesagt. Neben fokalen Variablen sollte die Menge der Prädiktoren dabei auch die potenziellen Drittvariablen umfassen. Dadurch, dass die Zusammenhänge unter den Prädiktorvariablen in der multiplen Regressionsanalyse berücksichtigt werden, handelt es sich bei den resultierenden Regressionskoeffizienten (genauer: Partialregressionskoeffizienten) um Zusammenhangsmaße, die um die mitanalysierten potenziellen Drittvariableneffekte bereinigt sind. Ist der Regressionskoeffizient des fokalen Prädiktors signifikant, so kann dies nicht an den berücksichtigten Drittvariablen liegen.

Der *hierarchischen* Regressionsanalyse liegt die Logik zugrunde, dass eine fokale Variable – z. B. eine Variable, die neu in ein Forschungsgebiet eingeführt werden soll – über die Drittvariablen hinausgehend einen Einfluss auf das Kriterium ausüben muss. Mit anderen Worten, es muss ein Zusatznutzen („added value") erkennbar sein. Diese Logik ist aber unabhängig von dem Drittvariablenproblem, welches auch mittels einer normalen (d. h. nicht hierarchischen) multiplen Regression angegangen werden kann.

Einer wissenschaftlichen Konvention entsprechend wird aber anstelle der normalen multiplen Regression häufig der hierarchischen Regression (blockweise Regression; nicht zu verwechseln mit einer schrittweisen Regression; vgl. Bortz, 2004) der Vorzug gegeben. Bei der hierarchischen Regression werden die Prädiktorvariablen in aufeinander folgenden Gruppen bzw. Blöcken in die Regressionsgleichung eingeführt. Im Prinzip besteht eine hierarchische Regression aus mehreren (mindestens zwei; je nach Anzahl der Blöcke) Regressionsanalysen, nämlich zum einen eine Regressionsanalyse mit den Prädiktoren des ersten Blocks und zum anderen eine Regressionsanalyse mit den Prädiktoren des ersten und des zweiten Blocks gemeinsam. Die Unterschiede zwischen diesen beiden Analysen werden in der Regel automatisch von Statistikprogrammen ausgewertet und als weiteres Ergebnis dem Benutzer präsentiert.

Dies soll hier an einem Beispiel erläutert werden. In Tabelle 1 sind die Korrelationen von Variablen eines fiktiven Beispiels gezeigt. In diesem Beispiel korreliert der HSP mit der AZ zu $r = .50$. Die Frage, die mit einer hierarchischen Regres-

Tabelle 1:
Korrelationen der Variablen eines fiktiven Drittvariablenproblems ($N = 1.000$)

	M	SD	KPL	HSP
KPL	.00	1.00		
HSP	.00	1.00	.50**	
AZ	.00	1.00	.80**	.50**

Anmerkung: ** $p < .01$ (zweiseitig).

sion beantwortet werden soll ist, wie gut der HSP die AZ vorhersagt, wenn die KPL statistisch kontrolliert wird. Die Ergebnisse werden dabei typischerweise wie in Tabelle 2 dargestellt.

Eine hierarchische Regressionsanalyse liefert zwei relevante Ergebnisse. Erstens, ob die Variablen eines nachfolgenden Blocks über die Variablen des vorausgegangenen Block hinaus signifikant zur Erklärung der Kriteriumsvarianz beitragen. Dabei wird die Differenz der *F*-Werte der beiden Regressionen (erster Block vs. erster und zweiter Block) auf Signifikanz getestet. Erweist sich der Unterschied als signifikant, erklären die Prädiktoren des zweiten Blocks über die Prädiktoren des ersten Blocks hinaus weitere Varianz im Kriterium. In Tabelle 2 ist dies der Fall ($\Delta R^2 = .01$, $F = 38.35$, $p < .01$). Dies gilt unabhängig davon, ob im ersten und/oder im zweiten Block nur ein Prädiktor oder mehrere Prädiktoren enthalten sind. Auch können bei Bedarf mehrere Blöcke eingeführt werden.

Das zweite relevante Ergebnis betrifft die Regressionskoeffizienten. Hier kommt es vereinzelt zu Konfusionen, da Statistikprogramme (z. B. SPSS) mehr als nur eine Liste von Regressionskoeffizienten ausgeben, und zwar für jede der (mindestens ja zwei) durchgeführten Regressionsanalysen. In der Regel sollten die Regressionskoeffizienten aus dem letzten Regressionsschritt präsentiert werden

Tabelle 2:
Fiktives Beispiel einer hierarchischen Regression zur Kontrolle von Drittvariablen ($N = 1.000$)

Schritt	**Arbeitszufriedenheit (AZ)**		
	B	*SE B*	β
1 Konstante	.00	.02	
Komplexität (KPL)	.73	.02	.73**
		$\Delta R^2 = .64$ F = 1774.22**	
2 Handlungsspielraum (HSP)	.13	.02	.13**
		$\Delta R^2 = .01$ F = 38.35**	

Anmerkungen: B = Regressionsgewicht, $SE\ B$ = Standardfehler von B, β = standardisiertes Regressionsgewicht. Alle Regressionskoeffizienten wurden dem letzten Schritt der Regressionsgleichung entnommen. Für den ersten Schritt $df1 = 1$, $df2 = 998$. Für den zweiten Schritt $df1 = 1$, $df2 = 997$.
** $p < .01$ (zweiseitig).

(vgl. Tab. 2), da diese darüber Aufschluss geben, wie der Effekt der fokalen Variablen unter statistischer Kontrolle der Drittvariablen *und umgekehrt* ausfällt.

Im Übrigen fällt auf, dass der Effekt des HSP auf die AZ deutlich reduziert wird, wenn die KPL kontrolliert wird. Manchmal ist die Frage von Interesse, ob die Reduktion im Vergleich zur einfachen Korrelation signifikant ist (hier also der Unterschied zwischen $r = .50$ und $\beta = .13$). Im Zusammenhang mit der Analyse von Mediatoreffekten werden wir später erläutern, wie sich dies statistisch testen lässt.

3.2.1.2 Strukturgleichungsmodelle

In den letzten zwei Jahrzehnten haben sich Strukturgleichungsmodelle (structural equation modeling; SEM) immer mehr zur Analyse arbeitspsychologischer Daten durchgesetzt (zu SEM vgl. z. B. Bollen, 1989; Jöreskog & Sörbom, 1996; Schumacker & Lomax, 2004; zu den Fit-Indizes von SEM siehe Schermelleh-Engel, Moosbrugger & Müller, 2003). Strukturgleichungsmodelle wurden anfänglich noch als Kausalanalysen bezeichnet. Inzwischen hat sich aber die Erkenntnis durchgesetzt, dass die Kausalitätsfrage sich am Untersuchungsdesign und nicht an der statistischen Auswertungsmethode festmacht.

Die wesentliche Popularität von SEM ist in ihrer Flexibilität zu sehen, die z. B. die gleichzeitige Analyse mehrerer Kriteriumsvariablen oder die direkte Modellierung von Mediatoreffekten erlaubt (entsprechende Beispiele werden später folgen). Um festzustellen, ob eine bivariate Beziehung zweier Variablen kausal interpretiert werden kann oder nicht, liefern SEM per se aber keine Hinweise. Der wesentliche Vorteil in dieser Hinsicht liegt vielmehr darin, dass SEM die Trennung von wahrer Varianz (besser: systematischer Varianz) und Fehlervarianz erlauben. Ohne dies hier im Einzelnen zu erörtern, liegt nämlich ein wesentliches Problem von Regressionsanalysen in der Annahme von Messfehlerfreiheit der Prädiktoren (Jöreskog & Sörbom, 1996). Dies lässt sich durch die Modellierung latenter Variablen in SEM verhindern.

Die Trennung von Fehlervarianz und systematischer Varianz wirkt sich insbesondere bei den später beschriebenen Längsschnittmodellen vorteilhaft aus. Außerdem ergibt sich so die Möglichkeit, zwischen den oben theoretisch unterschiedenen Fällen der Messkonfundierung und der kongenerischen Konfundierung zu unterscheiden. Dies haben wir weiter oben bereits erläutert und entsprechende Modelle grafisch veranschaulicht (vgl. Abb. 4 und Abb. 5).

Man kann also festhalten: (1) Sowohl Regressionsanalysen als auch SEM sind zur statistischen Kontrolle kongenerisch konfundierender Variablen geeignet.

(2) SEM erlauben darüber hinaus, auch messkonfundierende Drittvariableneffekte zu kontrollieren. (3) Außerdem können in SEM auch die Drittvariablen als messfehlerfreie latente Variablen modelliert werden, sodass eine bessere statistische Kontrolle der Drittvariablen möglich ist.

3.2.2 Statistische Kontrolle nicht verfügbarer Drittvariablen: Multitrait-Multimethod-Modelle (MTMM-Modelle)

Bislang sind wir immer davon ausgegangen, dass die zu kontrollierenden Drittvariablen für eine Analyse auch zur Verfügung stehen müssen. Sie müssen also erhoben worden sein. Tatsächlich lassen sich aber auch ungemessene Drittvariablen statistisch kontrollieren. Dies stellt zwar die schlechtere der beiden Möglichkeiten dar, weil dafür bestimmte Annahmen gemacht und bestimmte Bedingungen erfüllt werden müssen. Allerdings wird dennoch eine kausale Interpretation von empirischen Zusammenhängen wieder ein wenig plausibler gemacht, als wenn man auf diese Möglichkeit verzichtete (vgl. Dormann, 2001; Dormann & Zapf, 2002). Im Querschnitt ist die Behandlung nicht gemessener Drittvariablen möglich, wenn mehrere Merkmale mit mehreren Methoden erhoben werden. Dies führt zu den sog. Multitrait-Multimethod-Modellen, die im Folgenden behandelt werden.

Der Multitrait-Multimethod-Ansatz (MTMM-Ansatz) geht auf Campbell und Fiske (1959) zurück. Diese Autoren haben gezeigt, dass man, um die Validität einer Variablen nachzuweisen, die Variable nicht nur mit dem zu messenden Konstrukt (der latenten Variable) korrelieren muss. Vielmehr muss die zu validierende Variable auch mit anderen Konstrukten, die sie nicht darstellen soll, deutlich weniger korrelieren. Die von Campbell und Fiske dazu eingeführten Konzepte konvergente und diskriminante Validität besagen Folgendes:

Konvergente Validität bezieht sich darauf, dass ein bestimmtes psychologisches Konstrukt mit verschiedenen Methoden gemessen wird und diese Messungen hoch miteinander korrelieren.

Diskriminante Validität bezieht sich darauf, dass unterschiedliche Konstrukte differenziert gemessen werden können. Das heißt, dass Indikatoren mit den Konstrukten, die sie messen sollen, höher korrelieren als mit den Konstrukten, die sie nicht messen sollen. Ein bestimmtes Konstrukt kann deshalb diskriminante Validität immer nur in Bezug auf ein bestimmtes anderes Konstrukt besitzen.

Möchte man konvergente und diskriminante Validität im Einzelnen untersuchen, wird es notwendig, *mehrere* Konstrukte mit *mehreren* Methoden zu erfassen. Dies führt zur Erstellung einer MTMM-Matrix sensu Campbell und Fiske (1959), an der die Konzepte konvergente und diskriminante Validität noch einmal ganz kurz erläutert werden sollen (vgl. Tab. 3). Eine MTMM-Matrix ist die Korrelationsmatrix aller verwendeten Indikatoren einer Untersuchung. In Tabelle 3 ist eine Korrelationsmatrix dargestellt, bei der die Traits A, B und C mit den Methoden 1, 2 und 3 gemessen werden.

Die Korrelationskoeffizienten in der Hauptdiagonale (A1A1, B1B1 usw.) sind als Reliabilitätsschätzungen (innere Konsistenz) zu interpretieren. Die dreieckigen Blöcke entlang der Hauptdiagonalen enthalten Korrelationen von verschiedenen Traits, gemessen mit der gleichen Methode (Monomethod-Blöcke). Die fett gedruckten Korrelationen (A2A1, B2B1 usw.) sind Korrelationen eines Traits, gemessen mit unterschiedlichen Methoden. Sie werden als Validitätsdiagonale bezeichnet. Die übrigen Blöcke enthalten Korrelationen zwischen unterschiedlichen Traits, gemessen mit unterschiedlichen Methoden und werden als Heterotrait-Heteromethod-Blöcke bezeichnet.

Die Grundannahmen des MTMM-Ansatzes nach Campbell und Fiske (1959) sind folgende (z. B. Fisseni, 2004; Widaman, 1985):

1. Verschiedene, methodisch unterschiedliche Messungen eines Traits (hier allgemein im Sinne eines Konstrukts) sollten hoch miteinander korrelieren (konvergente Validität).
2. Die Messung eines Traits mit zwei Methoden sollte eine höhere Korrelation ergeben als die Messung zweier Traits mit zwei Methoden (diskriminante Validität; die fett gedruckten Korrelationen der Validitätsdiagonalen sollten höher sein als die Heterotrait-Heteromethod-Korrelationen in der gleichen Spalte und der gleichen Reihe, z. B. soll A2A1 größer sein als A2B1).
3. Die Messung eines Traits mit zwei Methoden sollte eine höhere Korrelation ergeben als die Messung zweier Traits mit einer Methode (diskriminante Validität; die fett gedruckten Korrelationen eines Blockes sollten höher sein, als Monomethod-Korrelationen in der gleichen Spalte, z. B. soll A2A1 größer sein als C1A1).

Die letzte Forderung schließlich bezieht sich auf die Struktur der Trait-Korrelationen: Hier sollten sich für alle Heterotrait-Blöcke ähnliche Muster ergeben (Campbell & Fiske, 1959).

Diese Prozedur der Vergleiche von Korrelationskoeffizienten, wie sie von Campbell und Fiske (1959) vorgeschlagen wurde, hat jedoch einige Mängel (vgl. z. B. Schmitt, 1978; Schmitt & Stults, 1986). Die wichtigsten Kritikpunkte sind:

Tabelle 3:
Multitrait-Multimethod-Matrix

		Methode 1			**Methode 2**			**Methode 3**		
	Traits	A1	B1	C1	A2	B2	C2	A3	B3	C3
Methode 1	A1	*A1A1*								
	B1	B1A1	*B1B1*							
	C1	C1A1	C1B1	*C1C1*						
Methode 2	A2	**A2A1**	A2B1	A2C1	*A2A2*					
	B2	B2A1	**B2B1**	B2C1	B2A2	*B2B2*				
	C2	C2A1	C2B1	**C2C1**	C2A2	C2B2	*C2C2*			
Methode 3	A3	**A3A1**	A3B1	A3C1	**A3A2**	A3B2	A3C2	*A3A3*		
	B3	B3A1	**B3B1**	B3C1	B3A2	**B3B2**	B3C2	B3A3	*B3B3*	
	C3	C3A1	C3B1	**C3C1**	C3A2	C3B2	**C3C2**	C3A3	C3B3	*C3C3*

1. Die Campbell und Fiske-Kriterien liefern keinen Test für die Signifikanz des Gesamtmodells (d. h. die Gesamtheit der theoretischen Annahmen über die beteiligten Konstrukte sowie die Annahmen über die Beziehungen zwischen theoretischen Konstrukten und Messinstrumenten).
2. Sie liefern keine präzise Schätzung der trait-, methoden- und zufallsfehlerbezogenen Varianzanteile beobachteter Messungen.
3. Die Zahl der Trait-Dimensionen kann nicht überprüft werden.

Es wurde deswegen wiederholt vorgeschlagen, MTMM-Daten mithilfe von linearen SEM zu bearbeiten, speziell mithilfe konfirmatorischer Faktorenanalysen (CFA; z. B. Kenny, 1979; Schmitt, 1978; Schmitt & Stults, 1986; Widaman, 1985; zu weiteren Methoden vgl. z. B. Wothke, 1996). Ein Beispiel dafür ist in Abbildung 7 dargestellt.

Modelle wie das in Abbildung 7 dargestellte gibt es in verschiedenen Varianten. Widaman (1985) hat daher eine generelle Prozedur für das Spezifizieren und Testen von MTMM-Daten vorgeschlagen. Durch seine Prozedur ergibt sich eine zweidimensionale Hierarchie geschachtelter Modelle. Die beiden Dimensionen sind die Anzahl der Traitfaktoren (0, 1, mehrere nicht korrelierte Traits, mehrere korrelierte Traits) sowie die Anzahl der Methodenfaktoren (0, 1, mehrere nicht korrelierte Methoden, mehrere korrelierte Methoden). Durch den Vergleich bestimmter Modelle ist es dann möglich, das Ausmaß konvergenter und diskriminanter Validität zu bestimmen. Kern seiner Systematik ist es, ausgehend von einem restriktivsten Modell (Modell mit wenig Pfaden, d. h. mit vielen Annahmen über nicht existierende Zusammenhänge; Null-Modell), jeweils weniger restriktive Modelle zu entwickeln, wobei bei einem Modellvergleich das restriktivere im jeweils weniger restriktiven Modell enthalten sein muss (zu geschachtelten Modellen vgl. auch Bentler & Bonett, 1980; Jöreskog & Sörbom, 1996).

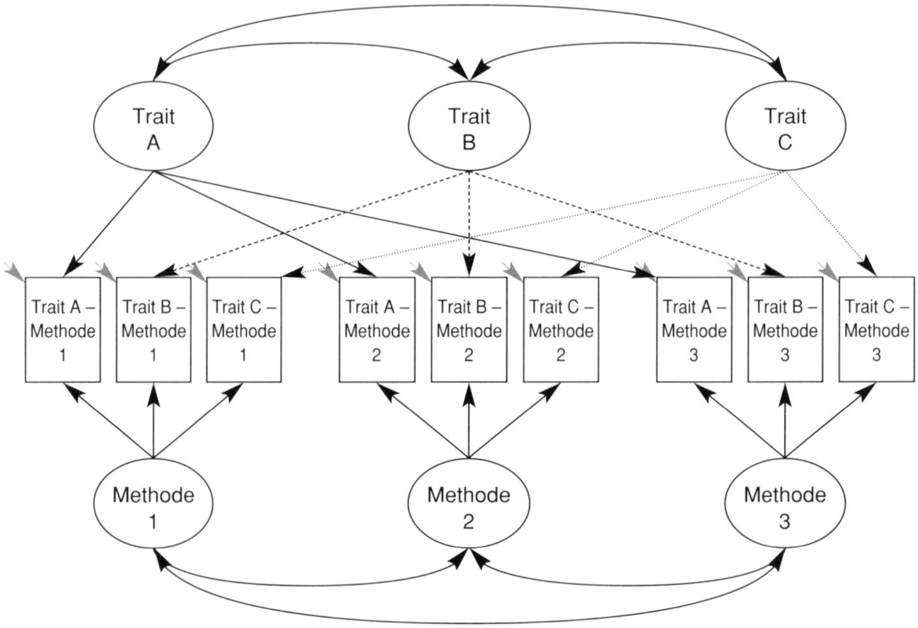

Abbildung 7:
Konfirmatorische Faktorenanalyse zur Analyse von MTMM-Daten

Aus der Darstellung von Widaman (1985) wird deutlich, dass es problematisch ist, wenn man einen generellen Faktor modelliert, auf dem alle empirischen Indikatoren laden und nur eine Methode verwendet wurde, wie es in Abbildung 4 vorgestellt wurde (eine latente Variable beeinflusst alle empirischen Indikatoren). Denn es ist offen, ob eine solche Variable inhaltlich als ein übergreifendes Trait (z. B. allgemeiner Intelligenzfaktor g, allgemeine Arbeitszufriedenheit oder Gesamtbelastung) oder eher unter methodischen Gesichtspunkten als Methodenfaktor (z. B. die Tendenz zu negativen Urteilen) zu interpretieren ist. Deshalb stellt eine solche Strategie, d. h. die Modellierung eines generellen Methodenfaktors, nur begrenzt einen Ausweg dar, um mit Methodenproblemen in einer Querschnittsunteruntersuchung umzugehen. Hat man dagegen spezifischere Vorstellungen, worin ein Methodeneffekt bestehen könnte – z. B., wenn man ihn als NA interpretiert – dann könnte dieser Faktor zusätzlich durch entsprechende NA-Items verankert werden, die dann sehr hoch auf diesem Faktor laden müssten (siehe z. B. die Modelle von Williams & Anderson, 1994 und Williams et al., 1996).

Wenn man über einen Datensatz verfügt, in welchem wie in Tabelle 3 mindestens drei Traits mit mindestens drei Methoden erhoben wurden, dann kann man sich bei der Analyse an den SEM von Widaman (1985) orientieren. Es können hier nicht alle möglichen Modelle diskutiert werden. Wenn man systematisch MTMM-Daten analysieren möchte, wird man sicherlich als Referenzmaße ein reines Traitmodell ohne Methodenfaktoren sowie ein reines Methodenmodell ohne Traitfaktoren modellieren (Abbildungen z. B. in Zapf, 1989). Auch reine Methodenmodelle können sich durchaus als den Daten angemessen erweisen (s. z. B. die Re-Analyse von Douthitt, 2000 in Lance, Noble & Scullen, 2002). Im Folgenden seien vier Analysestrategien unterschieden. Alle diese Strategien haben gemeinsam, dass Traitfaktoren modelliert werden, die auch untereinander korrelieren. Theoretische Modelle, bei denen alle beteiligten Konstrukte vollkommen unkorreliert sind, dürften die Ausnahme sein.

1. *MTMM-Modelle mit unkorrelierten Methodenfaktoren* (Abb. 7 ohne Korrelationen der Methodenfaktoren). Eine Möglichkeit besteht darin, Trait- und Methodenfaktoren zu spezifizieren, sodass alle Indikatoren auf ihren jeweiligen Traits sowie alle Indikatoren, die mit einer Messmethode erhoben wurden, auf einem gemeinsamen Methodenfaktor laden (vgl. Abb. 7). Dieses Modell hat den Vorteil, dass ein zugrunde liegender Faktor auf die Items einer Methode wirkt, und man könnte diesen Faktor mit bestimmten Methodeneinflüssen interpretativ in Beziehung setzen (wie z. B. soziale Erwünschtheit, Milde- oder Härteeffekte). Soweit tatsächlich Methodeneffekte im Sinne eines Methodenfaktors vorliegen, lassen sich diese Modelle mithilfe von SEM relativ problemlos modellieren, und es ergeben sich in der Regel auch brauchbare Lösungen. Für einzelne Variablen lässt sich die Varianz übersichtlich in Trait-, Methoden- und Fehlervarianz zerlegen. Im Gegensatz zur Campbell und Fiske-Prozedur kommt man auch noch zu guten Lösungen, wenn die Methodeneinflüsse sehr hoch sind.
2. *MTMM-Modelle mit korrelierten Methodenfaktoren (Correlated Traits-Correlated Methods CT-CM-Modelle;* Abb. 7). MTMM-Modelle mit unkorrelierten Methodenfaktoren sind verschiedentlich kritisiert worden (z. B. Schmitt & Stults, 1986). Korrelierte Methodenfaktoren machen dann Sinn, wenn zwischen bestimmten Methoden eine größere Ähnlichkeit angenommen

werden kann. Dies wäre beispielsweise der Fall, wenn man AZ einmal über Selbstauskunft sowie zusätzlich durch die Einschätzungen zweier Arbeitskollegen erheben würde. Man könnte annehmen, dass die Außenperspektive der beiden Kollegen nicht voneinander unabhängig ist, da beide Kollegen die AZ aus bestimmten Äußerungen und Verhalten erschließen, sodass systematische Ähnlichkeiten in den Daten entstehen. In dem CT-CM-Modell wird deshalb angenommen, dass neben den Trait- auch die Methodenfaktoren untereinander korrelieren.

Dieses von den meisten Forschern favorisierte Modell wirft jedoch bei der statistischen Analyse Probleme auf. Wie insbesondere Spector und Brannick (1995), Grayson und Marsh (1994) und Kenny und Kashy (1992) zeigten, sind MTMM-Modelle nicht immer identifiziert. Steyer (1995) hat dies für das Modell mit drei Traits und drei Methoden gezeigt. Darüber hinaus kommt es oft zu nicht sinnvollen Parameterschätzungen bzw. es kommt bei der Parameterschätzung zu keinen konvergierenden Lösungen.

3. *MTMM-Modelle mit korrelierten Messfehlern (Correlated Traits- – Correlated Uniqueness CT-CU-Modelle).* Eine Möglichkeit, mit Methodeneffekten umzugehen, besteht darin, bei allen Indikatoren einer Messmethode die Itemresiduen (Messfehler) korrelieren zu lassen (Kenny, 1979; Marsh, 1989). In diesem Modell gibt es keine Methodenfaktoren. Es ist möglich, sehr unspezifische Methodeneffekte anzunehmen, das Modell ist ja diesbezüglich auch nicht sehr theoretisch orientiert. Ein Nachteil dieses Modells ist, dass bei einer größeren Anzahl von Traits sehr viele freie Parameter zu schätzen sind. Weitere Nachteile sind, dass Methodeneffekte nicht von Zufallsfehlern getrennt und dass keine Korrelationen der Methodenfaktoren modelliert werden können. Der Vorteil besteht darin, dass diese Modelle immer identifiziert sind und in der Regel zu brauchbaren Parameterschätzungen führen (zu einer ausführlichen Kritik dieses Modells s. Lance et al., 2002).
4. *Das CT-C(M-1)-Modell.* Eid (2000; Eid, Lischetzke, Nussbeck & Trierweiler, 2003) hat das sogenannte CT-C(M-1)-Modell vorgeschlagen. Dies ist ein MTMM-Modell mit korrelierten Traits. Korrelierte Methodenfaktoren werden ebenfalls modelliert, allerdings einer weniger als die Zahl der tatsächlich eingesetzten Methoden. Damit gelingt es, die Identifikations- und Schätzprobleme des CT-CM-Modells zu umgehen. Dem Ansatz liegt zugrunde, dass der Gedanke aufgegeben wird, ein Konstrukt methodenunabhängig zu bestimmen. Die weggelassene Methode stellt vielmehr eine Referenzmethode dar. Die latenten Variablen sind mit dieser Referenzmethode gemessene Konstrukte, und die anderen Methodenfaktoren modellieren Relationen zu dieser Referenzmethode. In der Methodenabhängigkeit der Traits kann sicherlich der Hauptnachteil dieses Ansatzes gesehen werden.

Auf eine Auseinandersetzung mit dem sogenannten „Full-Modell", bei dem auch latente Trait-Methodenfaktor-Korrelationen zugelassen sind, sei hier verzichtet (vgl. dazu Campbell & O'Connell, 1982; Marsh & Hocevar, 1983). In der Literatur wird eindeutig dem CT-CM-Modell der Vorzug gegeben. Was bei der Auseinandersetzung mit diesem Modell allerdings zu wenig gewürdigt wird, ist, dass man wieder Interpretationsprobleme (und in der Regel auch technische Probleme, s. o.) hat, wenn es gemeinsame Varianz zwischen allen beobachteten Indikatoren gibt. Letztlich sollte hier Campbell und Fiskes (1959) sowie Cook und Matts (1987) Ratschlag ernst genommen werden, *möglichst unabhängige Messmethoden* zu wählen. Denn es ist intuitiv unmittelbar einsichtig, dass ein Ergebnis, welches mit zwei vollkommen unabhängigen Methoden repliziert werden konnte, eine sehr hohe Vertrauenswürdigkeit besitzt. Auch lassen sich Identifikationsprobleme lösen, wenn es gelingt, mindestens zwei unabhängige Methoden zu realisieren, sodass deren latente Korrelation Null ist.

Obwohl die Logik der MTMM-Analyse bestechend ist, gibt es nicht allzu viele Anwendungsfälle. In der Personalpsychologie werden Assessment Center-Studien manchmal mit MTMM analysiert (z. B. Klehe, König, Richter, Kleinmann & Melchers, 2008; Kleinmann, Kuptsch & Köller, 1996). Conway (1999) hat eine Multitrait-Multirater-Studie zur Unterscheidung von aufgabenbezogener und kontextueller Performanz vorgelegt. In der arbeitspsychologischen Stressforschung haben Semmer et al. (1996) und Zapf (1989) Arbeitsmerkmale durch Selbstbericht, Beobachterwerte und Gruppenwerte erhoben und mittels MTMM analysiert. Der Grund für die nicht allzu häufige Anwendung ist darin zu sehen, dass man für eine MTMM-Analyse möglichst *alle Konstrukte* mit *allen Methoden* messen muss. Dies ist aber nicht immer möglich und in der Regel sehr aufwendig.

3.2.3 Kongenerisch-konfundierte Modelle

Im Unterschied zu den messkonfundierten Modellen erweist sich die statistische Kontrolle ungemessener kongenerischer Drittvariablen als vergleichsweise einfach. In *Regressionsanalysen* ist dies nicht möglich, aber in SEM.

Die statistische Kontrolle ungemessener, kongenerisch konfundierender Variablen in *SEM* ist im Wesentlichen auf einen Fall beschränkt, nämlich wenn mehrere Kriteriumsvariablen simultan analysiert werden. Ein *richtig spezifiziertes* Modell, welches in der Praxis ohne experimentelle Manipulation kaum je gelingen kann, würde alle Variablen enthalten, die *mit mindestens einem weiteren Prädiktor und mit mindestens einem Kriterium korreliert und damit eine Quelle der Konfundierung sind.* Was passiert, wenn solche Variablen nicht berücksichtigt sind? Dies führt dazu, dass Zusammenhänge zwischen den Variablen des Modells über- oder unterschätzt werden. Unter besonderen Konstellationen lassen sich diese Verzerrungen aber vermeiden.

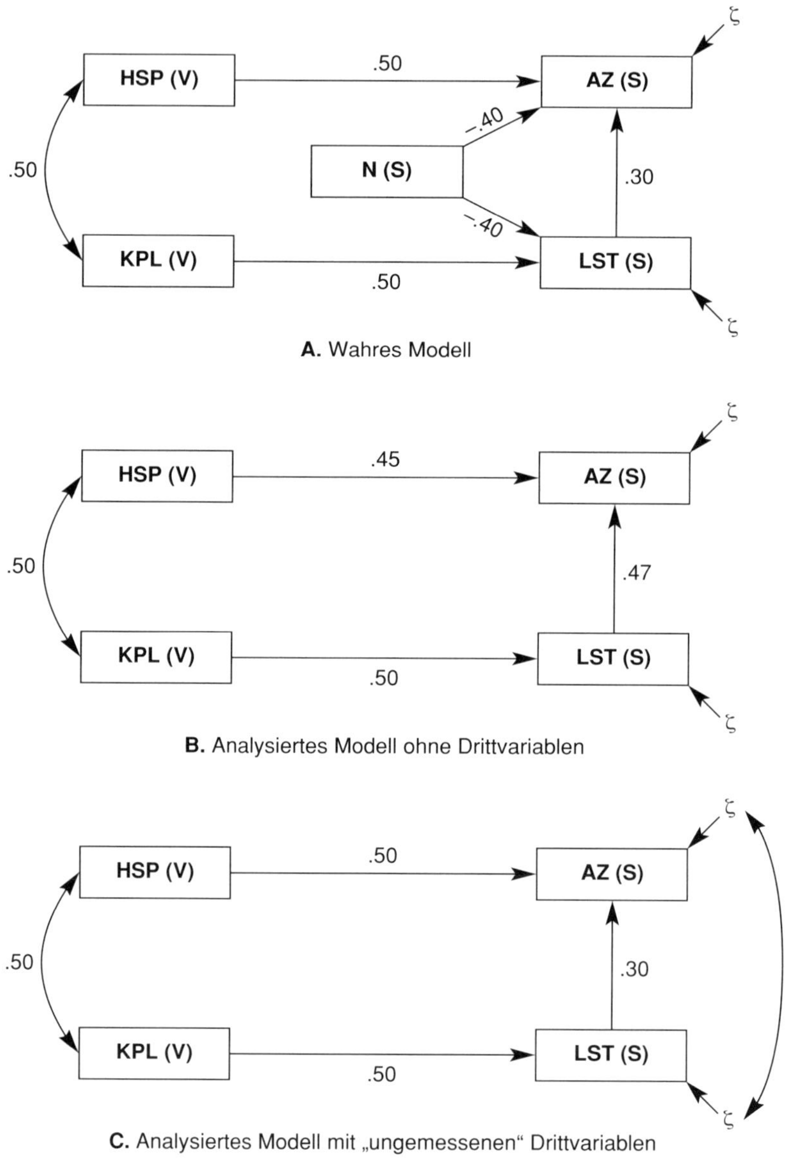

Abbildung 8:
Kontrolle ungemessener kongenerisch konfundierender Drittvariablen (Spezialfall)

Das Modell in Abbildung 8 zeigt im oberen Teil (Modell A) einen solchen Fall. Die Arbeitskomplexität KPL – hier als Vorgesetztenrating erhoben – führt zu höherer Leistung LST (Selbstauskunft). Der Handlungsspielraum HSP – hier ebenso als Vorgesetztenrating (V) erhoben – führt zu höherer AZ (Selbstauskunft). Hinzu kommt, dass der Neurotizismus (Selbstauskunft) die selbst angegebene AZ und die selbst angegebene LST jeweils um –.40 reduziert. Weiterhin handelt es sich um ein Mediatormodell (vgl. Abschnitt 3.3.1), weil LST den Effekt der KPL auf die AZ vermittelt (.30).

Was passiert nun, wenn man den Neurotizismus in der Analyse weglassen würde? Das Ergebnis ist in dem mittleren Teil von Abbildung 8 gezeigt. Wie zu erwarten, würde der Effekt von LST auf die AZ deutlich überschätzt. Im korrekten Modell A ist dieser Effekt .30, wohingegen er ohne statistische Kontrolle des Neurotizismus auf .47 steigt (Modell B).

Dieses Problem lässt sich vermeiden, indem man eine ungemessene kongenerisch konfundierende Drittvariable modelliert, die sowohl LST als auch AZ beeinflusst. Eine Möglichkeit besteht darin, eine Korrelation der beiden ζ (latente Strukturfehler, Zetas) von LST und AZ zuzulassen. Diese beiden Strukturfehler repräsentieren die nicht aufgeklärte Varianz in diesen beiden Variablen. Weil eine wichtige Variable fehlt, die sowohl Varianz in LST als auch AZ aufklärt, folgt, dass beiden nicht aufgeklärten Varianzen etwas gemein ist und daher die beiden Zetas korrelieren müssen. Das Ergebnis ist im unteren Teil der Abbildung 8 zu sehen (Modell C). Obwohl Neurotizismus eine wesentliche Drittvariable ist und obwohl er nicht in dem Modell berücksichtigt wurde, erhalten wir eine korrekte Parameterschätzung. Mit anderen Worten, das Zulassen einer latenten Messfehlerkorrelation kann, wenn es inhaltlich angemessen ist, den Einfluss ungemessener Drittvariablen eliminieren (vgl. auch Judge & Colquitt, 2004; Shirom, Nirel & Vinokur, 2006)

3.3 Statistische Modellierung komplexer Kausalbeziehungen

3.3.1 Mediatormodelle

Mit Mediatormodellen (vgl. Abb. 9) versucht man typischerweise, den Prozess, der zwischen zwei Variablen vermittelt, inhaltlich besser zu verstehen. Beispielsweise gehört hierzu die Frage, warum denn KPL zu mehr AZ führt. Daraus ergibt sich, dass man Mediatormodelle eigentlich nur dann untersucht, wenn der Zusammenhang zwischen UV und AV relativ hoch ist, sodass überhaupt noch mediierende Prozesse plausibel angenommen werden können (vgl. Baron & Kenny, 1986).

Im oberen Teil der Abbildung 9 wird davon ausgegangen, dass KPL zu höherer Leistung führt, die den Effekt der KPL auf die AZ *vollständig* vermittelt. Im Unterschied dazu wird in dem unteren Teil der Abbildung 9 eine Gegenhypothese dargestellt. Hier wird vermutet, dass es auch Effekte der KPL auf die AZ gibt, die nicht über die LST vermittelt werden. Es könnte z. B. sein, dass bei höherer KPL die Bezahlung (unabhängig von der LST) besser ist, wodurch die AZ steigt. Würde das obere Modell zutreffen, wäre dies theoretisch sehr wertvoll, weil man dann wüsste, dass die LST die vermutlich einzige relevante Variable in diesem Prozess ist. Zumindest müssten die wirklichen Mediatoren sehr eng mit der LST korrelieren. Würde aber das untere Modell zutreffen, dann muss man zukünftig weitere Variablen identifizieren, die bei dem Zusammenhang zwischen KPL und AZ eine mediierende Funktion haben.

Mediation ist unter vier Bedingungen gegeben (in Anlehnung an Baron & Kenny, 1986, S. 1176):

1. Es gibt einen Einfluss von KPL auf LST (UV beeinflusst Mediator).
2. Es gibt einen Einfluss von LST auf AZ (Mediator beeinflusst AV).
3. Es gibt einen Einfluss von KPL auf AZ (UV beeinflusst AV).
4. Der Einfluss von KPL auf AZ reduziert sich, wenn LST statistisch kontrolliert wird.

Das kausale Wort „Einfluss" sollte dabei vor dem Hintergrund der bisherigen Ausführungen als Voraussetzung aufgefasst werden, deren Beleg den bereits genannten Schwierigkeiten unterliegt. Zur Beantwortung dieser Fragen werden häufig Regressionsanalysen und SEM verwendet. Die jeweiligen Vorgehensweisen werden wir im Folgenden erläutern.

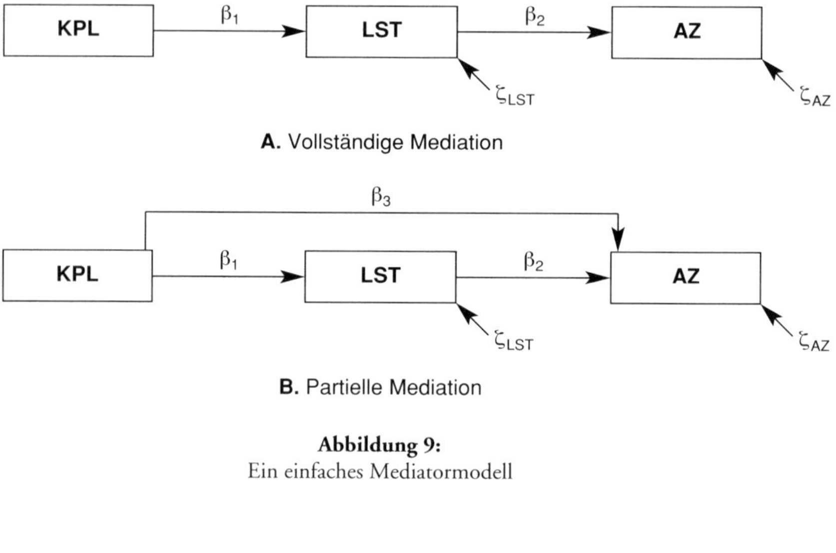

Abbildung 9:
Ein einfaches Mediatormodell

3.3.1.1 Regressionsanalytischer Ansatz

Wie Mediatormodelle mithilfe von Regressionsanalysen getestet werden können, ist in einem viel beachteten Aufsatz von Baron und Kenny (1986) beschrieben. Mit einer Serie von Analysen lassen sich nun die vier oben formulierten Bedingungen prüfen.

Zum Prüfen der Bedingung 1 wird eine erste Regressionsanalyse vom Mediator (LST) auf die UV (KPL) durchgeführt; hier sagt uns ein signifikanter F-Test oder ein signifikantes Regressionsgewicht, dass es diesen „Einfluss" gibt. Im Prinzip reicht hier auch, die einfache Korrelation auf Signifikanz zu testen.

Eine zweite einfache Regressionsanalyse wird nun zum Prüfen der Bedingung 2 durchgeführt. Es wird getestet, ob das Regressionsgewicht der AV (AZ) auf den Mediator (LST) signifikant ist (oder wiederum einfach ein Signifikanztest für die Korrelation).

Eine dritte einfache Regressionsanalyse wird nun zum Prüfen der Bedingung 3 durchgeführt. Es wird getestet, ob das Regressionsgewicht der AV (AZ) auf die UV (KPL) signifikant ist (oder wiederum einfach ein Signifikanztest für die Korrelation).

Das von Baron und Kenny (1986) vorgeschlagene Vorgehen wird etwas komplizierter, wenn es um die Bedingung 4 geht. Hier reichen nun keine einfachen Regressionen oder Korrelationen mehr aus. Es ist eine vierte, diesmal multiple Regression nötig, in der sowohl die UV (KPL) als auch der Mediator (LST) als Prädiktoren der AV (AZ) dienen. Für eine Mediation muss nun erstens der Effekt des Mediators (LST) in dieser vierten Regressionsanalyse signifikant sein. Zweitens muss das Regressionsgewicht der UV (KPL) in dieser vierten Regressionsanalyse geringer sein als in der dritten Regressionsanalyse. Mit anderen Worten, sobald der Mediator in dem Modell enthalten ist, erklärt die UV weniger Varianz in der AV als zuvor.

In der Praxis wird meist eine hierarchische Regressionsanalyse gerechnet; die UV wird in Block 1 aufgenommen, und im Block 2 kommt dann der Mediator hinzu. In der abschließenden Ergebnistabelle werden dann die Regressionskoeffizienten aus dem letzten Regressionsschritt präsentiert. Korrelationen für ein fiktives Beispiel sind in Tabelle 4 abgebildet, und die Ergebnisse der dazugehörigen hierarchischen Regressionsanalyse finden sich in Tabelle 5.

Aus Tabelle 4 ist ersichtlich, dass alle drei Variablen signifikant miteinander korrelieren. Da Korrelationsanalysen und einfache Regressionsanalysen identische Ergebnisse liefern, sind somit die Bedingungen 1, 2 und 3 erfüllt.

Aus Tabelle 5 ist zunächst nochmals ersichtlich, dass die Bedingung 3 erfüllt ist. Der Einfluss der UV (KPL) auf die AZ in einer einfachen Regression ist signifikant. Dies ist an dem signifikanten Wert von F = 557.02 zu sehen. Hingegen lässt sich dies *nicht* an dem signifikanten $\beta = .50$ erkennen, denn dies entstammt dem 2. Schritt. Das β der KPL des ersten Blocks entspricht der einfachen Korrelation in Tabelle 4 bzw. der Wurzel aus der aus den 36 % aufgeklärter Varianz (= .60).

Tabelle 4:
Korrelationen eines fiktiven Beispiels zur Mediatoranalyse (N = 1.000)

	M	*SD*	**Komplexität (KPL)**	**Leistung (LST)**
Komplexität (KPL)	.01	1.00		
Leistung (LST)	.05	1.00	.25**	
Arbeitszufriedenheit (AZ)	.02	1.00	.60**	.53**

Anmerkung: ** $p < .01$ (zweiseitig).

Vollständige Mediation wäre nun gegeben, wenn der Effekt der UV (KPL) in der multiplen Regression *nicht signifikant* wäre, weil dann der gesamte Effekt von dem Mediator getragen werden würde (Baron & Kenny, 1986). Dies ist hier offensichtlich nicht der Fall ($\beta = .50$, $p < .01$).

Partielle Mediation ist dann gegeben, wenn der Effekt der UV (KPL) in der multiplen Regression *signifikant* geringer wäre als in der einfachen Regression (also .50 < .60; Baron & Kenny, 1986).

Dieser Test auf signifikanten Unterschied in den Regressionsgewichten wird in der Forschungspraxis nicht oft durchgeführt. Vermutlich sind dafür zwei Ursachen verantwortlich. Erstens, die Logik, dass ein nicht signifikantes Regressionsgewicht nur perfekte Mediation signalisiert, aber dass partielle Mediation gegeben ist, wenn das Regressionsgewicht signifikant kleiner wird (aber signifikant verbleiben kann), ist womöglich nicht bekannt. Zweitens, ein automatischer Test wird von Statistikprogrammen (z. B. SPSS) nicht bereitgestellt, sodass man selbst eine dafür angemessene Teststatistik berechnen muss. Dafür schlagen Baron und Kenny (1986) den Test von Sobel (1982) vor; in unserem Fall liefert er eine Teststatistik = 7.48 ($p < .01$). Die Formel für den Sobel-Test findet sich z. B. bei MacKinnon, Lockwood, Hoffman, West und Sheets (2002; Auswertungsmöglichkeiten gibt es mittlerweile an verschiedenen Stellen im Internet, z. B. http://www.psych.ku.edu/preacher/sobel/sobel.htm). Zwar zeigen MacKinnon et al., dass es alternative Verfahren gibt, die den Fehler 1. Art akkurater abbilden und höhere statistische Power aufweisen, aber der Sobel-Test ist vermutlich immer noch am weitesten verbreitet.

Tabelle 5:
Fiktives Beispiel einer hierarchischen Regressionsanalyse zum Test von Mediatoreffekten (*N* = 1.000)

Schritt	**Arbeitszufriedenheit (AZ)**		
	B	*SE B*	β
1 Konstante	–.01	.02	
Komplexität (KPL)	.50	.02	.50**
	$\Delta R^2 = .36$ F = 557.02**		
2 Leistung (LST)	.40	.02	.41**
	$\Delta R^2 = .15$ F = 312.92**		

Einfluss von KPL auf AZ mit Kontrolle von LST ist $\beta = .50$.

Einfluss von KPL auf AZ ohne Kontrolle von LST ist $\beta = .36^{1/2} = .60$.

Hinweis auf Mediation

Anmerkungen: *B* = Regressionsgewicht, *SE B* = Standardfehler von *B*, β = standardisiertes Regressionsgewicht. Alle Regressionskoeffizienten wurden dem letzten Schritt der Regressionsgleichung entnommen. Für den ersten Schritt *df1* = 1, *df2* = 998. Für den zweiten Schritt *df1* = 1, *df2* = 997.
** $p < .01$ (zweiseitig).

3.3.1.2 Strukturgleichungsansatz

Wesentlich einfacher ist, ein Mediatormodell mithilfe von SEM zu testen. Dies geschieht in einem einzigen Modell, und die Signifikanz der einzelnen Pfade zeigt unmittelbar, welches Modell die empirischen Daten am besten erklärt. Es kann zu vier Ergebnissen kommen:

a) Keiner der Pfade ist signifikant: Es gibt keinen Effekt von KPL auf AZ und folglich auch keine Mediation durch LST.
b) Der direkte Effekt von KPL auf AZ ist der einzige signifikante Effekt: KPL beeinflusst AZ, aber LST ist kein Mediator (kein Mediatoreffekt von LST).
c) Der Effekt von KPL auf LST und von LST auf AZ ist signifikant, aber nicht der direkte Effekt von KPL auf AZ: Es gibt einen Effekt von KPL auf AZ, der vollständig über LST mediiert wird (vollständiger Mediatoreffekt von LST).
d) Alle Effekte sind signifikant: Es gibt einen über LST mediierten Effekt von KPL auf AZ, aber KPL wirkt noch über andere, in dem Modell noch nicht berücksichtigte Variablen (partieller Mediatoreffekt von LST).

Die Modelle werden im Prinzip genau so getestet, wie sie grafisch in Abbildung 9 dargestellt sind. Dementsprechend veranschaulichen wir hier die Ergebnisse

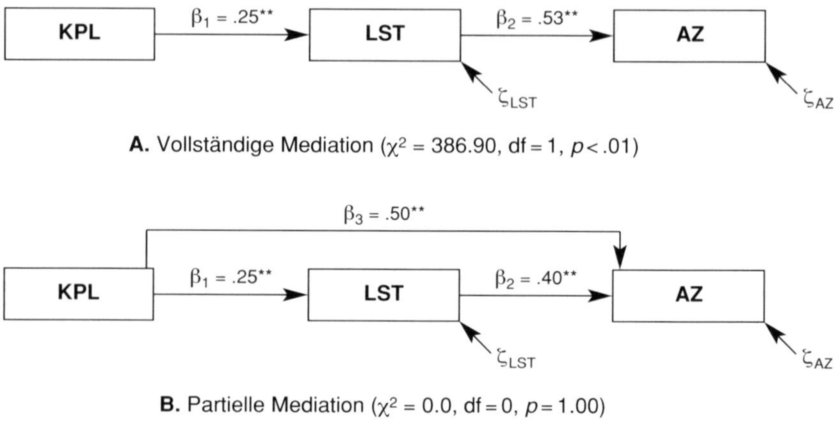

Abbildung 10:
Grafische Ergebnisdarstellung der Mediatoranalysen mit SEM

auch in grafischer Form in Abbildung 10. Bis auf Rundungsfehler sind die Ergebnisse im Teil B identisch zu denen der Regressionsanalyse (vgl. Tab. 5). Da es sich hier um ein gesättigtes Modell oder ein gerade identifiziertes Modell handelt (sechs Parameterschätzungen, nämlich β_1, β_2, β_3, ζ_{LST}, ζ_{AZ}, und die Varianz von KPL, stehen sechs empirische Informationen gegenüber, nämlich drei Varianzen und drei Kovarianzen), ist der Modell-Fit exzellent aber wenig aussagekräftig. Im oberen Teil A wurde hingegen die Annahme einer vollständigen Mediation getestet, d. h., der direkte Effekt von KPL auf AZ wurde weggelassen. Dadurch wird ein Parameter weniger geschätzt, wodurch ein Freiheitsgrad gewonnen wird (df = 1), der nun für die statistische Evaluation des Gesamtmodells verfügbar ist. Dabei zeigt sich ein sehr schlechter Modell-Fit (χ^2 = 386.90, df = 1, p < .01). Im Prinzip hätte ein Test der vollständigen Mediation auch ausgelassen werden können, denn die Koeffizienten im partiellen Mediatormodell unten in Abbildung 10 zeigen ja, dass sowohl der direkte Effekt von KPL auf die AZ als auch der indirekte Effekt via LST signifikant ist.

Anzumerken ist weiterhin, dass analog zum Test von Mediatoreffekten mit Regressionsanalysen der gesamte Mediatoreffekt (also der indirekte Effekt von KPL auf $AZ = \beta_1 \times \beta_2 = .10$) mit Strukturgleichungsmodellen getestet werden kann. Strukturgleichungsmodelle (LISREL, EQS) wenden dabei ebenfalls das Verfahren von Sobel an ($SE(\beta_1 \times \beta_2) = .01$, $t = 7.48$, $p < .01$); (vgl. MacKinnon et al., 2002).

Es sei am Schluss angemerkt, dass eigentlich nur die vollständige Mediation wirklich interessant ist. Bei vollständiger Mediation erklärt der untersuchte, vermittelnde Mechanismus den gesamten Zusammenhang zwischen UV und AV.

Entweder, es gibt keinen weiteren vermittelnden Mechanismus, oder der wahre vermittelnde Mechanismus muss mit dem untersuchten Mechanismus hoch korreliert sein. Der unvollständigen Mediation kann oft mit gleicher theoretischer Plausibilität ein Modell entgegengehalten werden, in welchem UV und Mediator zwei korrelierte UVs darstellen. Beispielsweise könnten KPL und LST als korrelierte unabhängige Variablen die AZ beeinflussen, was inhaltlich ebenfalls durchaus plausibel wäre. Es kann empirisch nicht entschieden werden, welchem der Modelle der Vorzug gegeben werden soll. Hierzu wären Längsschnittuntersuchungen erforderlich (s. u.).

Die von Baron und Kenny (1986) vorgeschlagene Methode, Mediatoreffekte mithilfe von Regressionsanalysen zu untersuchen, wird weniger häufig angewendet als man vielleicht aufgrund der psychologischen Theorienbildung vermuten würde. Holman, Chissick und Totterdell (2002) berichten beispielsweise, dass die Beziehung zwischen Maßnahmen zur Leistungsüberwachung und surface acting vollständig durch emotionale Dissonanz mediiert wird. In der Studie von Wallace, Popp und Mondore (2006) wird auf der Ebene von Arbeitsgruppen die Beziehung zwischen organisationaler Unterstützung und Beziehungen zwischen Management und Belegschaft auf der einen und Unfallhäufigkeit auf der anderen vollständig durch das Sicherheitsklima mediiert. Dagegen werden Mediatoren mithilfe von SEM häufiger modelliert. In einer Untersuchung über Dienstleistungsarbeit von Zapf und Holz (2006) wird die Beziehung zwischen der Häufigkeit, positive Emotionen ausdrücken zu müssen, und emotionaler Erschöpfung vollständig durch emotionale Dissonanz mediiert, und in einer Untersuchung von Sonnentag und Zijlstra (2006) mediiert das Erholungsbedürfnis die Beziehung zwischen Arbeits- und Freizeitmerkmalen und Müdigkeit.

3.3.2 Moderatormodelle

Ganz allgemein bedeutet ein Moderatoreffekt, dass der Zusammenhang zweier Variablen von einer dritten Variablen beeinflusst wird (Baron & Kenny, 1986; McClelland & Judd, 1993). Ein Kausaleffekt ist – in Abhängigkeit von der Ausprägung einer weiteren Variablen (dem Moderator) – unterschiedlich groß. Mit anderen Worten, die Moderatorvariable beeinflusst die Größe (z. B. beta) eines Zusammenhangs. Die Moderatorvariable ist also nicht der Prädiktor einer Kriteriumsvariable, sondern der Prädiktor eines Zusammenhangsgewichts (siehe dazu Baron & Kenny, 1986; Cohen et al., 2003). Dies ist in Abbildung 11 dargestellt.

Moderatoreffekte werden typischerweise varianzanalytisch, mithilfe von Subgruppenvergleichen oder mithilfe der sogenannten moderierten Regression untersucht (Aiken & West, 1991; Baron & Kenny, 1986; Cohen et al., 2003;

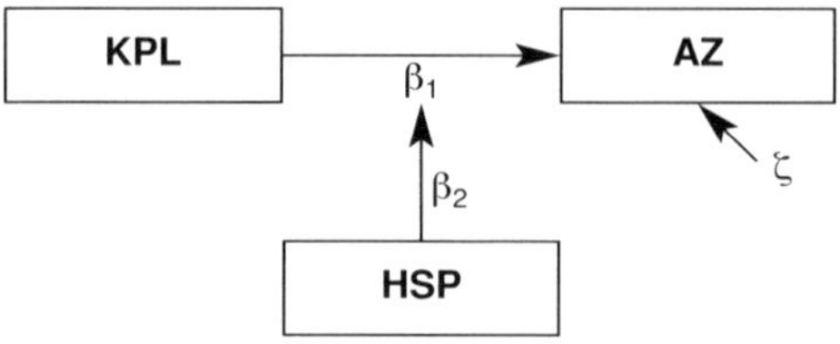

Abbildung 11:
Moderatoreffekt: HSP beeinflusst, wie stark KPL auf AZ wirkt

Evans, 1985; Klein, 2000; McClelland & Judd, 1993). Bei einem varianzanalytischen Vorgehen wird die Stichprobe anhand der Werte in der UV und des Moderators in Subgruppen aufgeteilt (z. B. anhand des Medians). Im Anschluss wird dann eine zweifaktorielle Varianzanalyse gerechnet, mit der die Interaktion der beiden Faktoren auf Signifikanz getestet wird. Wenn dies der Fall ist, wird das Ergebnis so interpretiert, dass die Moderatorvariable den Effekt der UV auf die AV moderiert.

Neben diesem varianzanalytischen Vorgehen werden in der arbeitspsychologischen Forschung regressionsanalytische Verfahren sehr oft angewendet. Im Folgenden wollen wir zeigen, wie sich ein Moderatormodell mittels Regressionsanalyse und mittels SEM testen lässt.

3.3.2.1 Regressionsanalytischer Ansatz

Schreibt man das Modell aus Abbildung 11 als Gleichung, ergibt sich für AZ:

$$AZ = \beta_1 \times KPL + \zeta$$

Außerdem lässt sich β_1 als Kriterium von HSP ausdrücken:

$$\beta_1 = \beta_2 \times HSP.$$

Damit kann man β_1 in der ersten der beiden Gleichungen durch $\beta_2 \times$ HSP ersetzen, und es ergibt sich

$$AZ = \beta_2 \times HSP \times KPL + \zeta.$$

Die letzte Gleichung zeigt, dass zum Testen dieses Modells eine Produktvariable benötigt wird. Diese wird im Unterschied zu varianzanalytischen Prozeduren bei den meisten Statistikprogrammen nicht automatisch erzeugt, sondern es wird dem Benutzer überlassen, eine neue Variable aus dem Produkt der beiden fokalen Variablen zu generieren. Um numerische Probleme bei der Analyse zu vermeiden, werden die beiden Ausgangsvariablen zunächst zentriert (d. h. als Abweichung vom Mittelwert ausgedrückt) und dann multipliziert (z. B. Cohen et al., 2003).

Neben der neu gebildeten Produktvariablen werden aber in der Regressionsanalyse auch noch die beiden fokalen Ausgangsvariablen als Prädiktoren mit aufgenommen. Und auch hier wird wieder der Logik der hierarchischen Regressionsanalyse gefolgt (vgl. Abschnitt 3.2.1.1). Das heißt, dass die beiden fokalen Ausgangsvariablen als Prädiktoren in den ersten Block aufgenommen werden und die Produktvariable im zweiten Block in die Regression eingeführt wird. Die Logik besagt hier, dass man erst dann ein Moderatormodell akzeptieren sollte, wenn der Produktterm zusätzlich zu den Haupteffekten der Ausgangsvariablen weitere Varianz im Kriterium aufklären kann. Wenn der Regressionsblock mit der Produktvariablen einen signifikanten Zuwachs an erklärter Varianz aufweist (bzw. wenn der Regressionskoeffizient der Produktvariablen signifikant ist), dann gilt ein Moderatoreffekt als wahrscheinlich.

Eine sich anschließende Frage ist, wie man denn anhand eines signifikanten Moderatoreffekts sehen kann, ob sich dieser im Sinne der Hypothese oder genau entgegengerichtet verhält. Zum Beispiel wird zwar davon ausgegangen, dass der HSP den Einfluss der KPL auf die AZ verstärkt, aber die Empirie könnte ja auch Gegenteiliges hervorbringen. Um hier Klarheit zu schaffen, werden Moderatoreffekte in einer ganz bestimmten Art und Weise grafisch dargestellt.

Die grafische Darstellung von Moderatoreffekten erfolgt in der Regel immer auf die gleiche Art und Weise. Auch erfahrene Moderatoranalytiker müssen sich die gefundenen Moderatoreffekte immer wieder visualisieren, um sicher zu sein, dass diese auch im Sinne der Hypothese und nicht etwa entgegengerichtet ausfallen. Tatsächlich ist dem Regressionskoeffizienten ja nicht einfach anzusehen, ob er beispielsweise dafür spricht, dass HSP den Einfluss der KPL auf die AZ verstärkt oder abschwächt.

Bei der grafischen Darstellung geht man wie folgt vor (vgl. dazu Cohen et al., 2003, S. 267). Man betrachtet die standardisierten Regressionskoeffizienten. Diese basieren ja auf standardisierten Variablen, d. h., sie geben an, wie viele Standardabweichungseinheiten das Kriterium steigt, wenn ein Prädiktor um eine Standardabweichung steigt. Man betrachtet nun vier idealtypische Prädiktorausprägungen, nämlich in unserem Fall einen hohen vs. niedrigen HSP und eine hohe vs. geringe KPL. Als hoch wird dabei eine Standardabweichung über dem Durchschnitt definiert (+1 SD) und als gering eine Standardabweichung unter dem Durchschnitt (–1 SD). Da die standardisierten Regressionskoeffizienten ja auf standardisierten Prädiktoren beruhen, ist dies genau dann der Fall, wenn HSP und KPL entweder +1 oder –1 sind. Diese Werte (also +1 und –1) werden nun in die standardisierte Regressionsgleichung eingesetzt, und man erhält vier Punkte. Nehmen wir an, die Regressionsgleichung sei:

AZ = .30 × HSP + .20 × KPL + .40 × „Produktvariable“,

dann lässt sich diese Gleichung umschreiben, wenn wir „Produktvariable“ durch das ersetzen, was es wirklich ist, nämlich HSP × KPL (so haben wir die neue Produktvariable ja zuvor gebildet). Die Gleichung ist also

AZ = .30 × HSP + .20 × KPL + .40 × HSP × KPL.

Setzen wir nun für HSP und KPL die unterschiedlichen Kombinationen von +1 und –1 ein, ergibt sich

HSP = +1; KPL = +1: AZ = .30 × (+1) + .20 × (+1) + .40 × (+1) × (+1) = +.90

HSP = +1; KPL = –1: AZ = .30 × (+1) + .20 × (–1) + .40 × (+1) × (–1) = –.30

HSP = –1; KPL = +1: AZ = .30 × (–1) + .20 × (+1) + .40 × (–1) × (+1) = –.50

HSP = –1; KPL = –1: AZ = .30 × (–1) + .20 × (–1) + .40 × (–1) × (–1) = –.10

Nun werden in einer Grafik der Prädiktor auf der Abszisse und das Kriterium auf der Ordinate abgetragen. Die beiden Punkte (KPL = –1; KPL = +1), die jeweils mit geringem HSP (–1) gepaart sind, werden nun durch eine Linie verbunden. Analog verfährt man für die beiden Punkte, die mit hohem HSP gepaart sind. Es ergibt sich folgende Abbildung 12.

Bei der Interpretation eines solchen Effekts muss man vorsichtig zwischen den beteiligten Haupteffekten und dem Moderatoreffekt an sich trennen. Die Haupteffekte des HSP beziehen sich auf die vertikale Position der beiden Linien. Bei einem größeren Haupteffekt des HSP würden die beiden Linien weiter auseinanderdriften, und der Schnittpunkt im linken Teil der Abbildung 12 würde verschwinden. Die Steilheit der beiden Linien würde aber erhalten bleiben. Der Moderatoreffekt dagegen wird durch den *Unterschied in der Steilheit der beiden Linien* repräsentiert. Folglich muss sich eine Interpretation des Moderatoreffekts auch ausschließlich auf die Unterschiede in der Steilheit der Zusammenhänge zwischen KPL und AZ beziehen. In diesem Fall kann man den Effekt folglich so interpretieren, dass ein großer HSP insbesondere bei hoher KPL zur AZ beiträgt. Ist die KPL hingegen gering, kann eine Zunahme des HSP sogar zu einem leichten Absinken der AZ führen.

Im Folgenden sei auf einige Probleme verwiesen, die typischerweise bei der Analyse von Moderatoreffekten in Feldstudien bei Verwendung der moderierten Regression auftreten. In vielen Bereichen zeigt sich, dass Moderatoreffekte

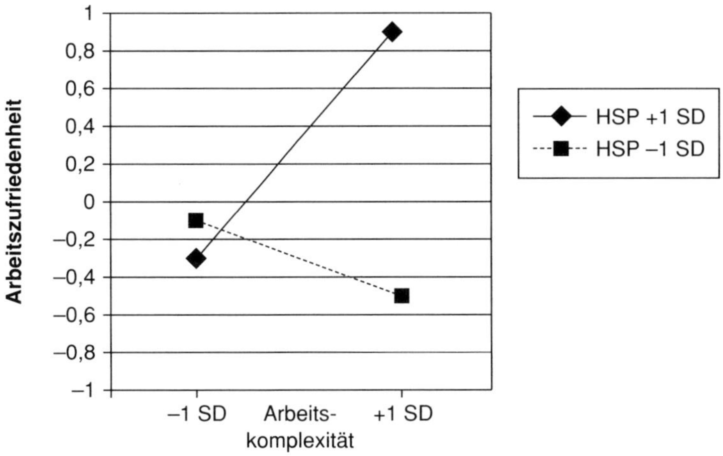

Abbildung 12:
Visualisierung eines regressionsanalytisch bestimmten Moderatoreffekts

in experimentellen Studien häufig, in Feldstudien jedoch weniger häufig gefunden werden (McClelland & Judd, 1993).

Gegen die einzelnen Analyseverfahren sind verschiedene Einwände vorgebracht worden. Varianzanalytische Techniken sind problematisch, wenn die unabhängige Variable nicht nominal ist, da die künstliche Kategorisierung mit Informationsverlusten verbunden ist. Beim Subgruppenvergleich wird die Stichprobe anhand des Moderators in (meist zwei) Gruppen geteilt, und es werden die Korrelationen zweier Variablen zwischen den Subgruppen verglichen. Im Beispiel des Demand-Control-Modells (vgl. Karasek & Theorell, 1990) werden Korrelationen zwischen Stressoren und Beschwerden in einer Gruppe mit hoher und einer Gruppe mit niedriger Kontrolle verglichen. Der Moderatoreffekt gilt als nachgewiesen, wenn sich die Korrelationen in beiden Teilstichproben signifikant voneinander unterscheiden. Hier ist das Problem, dass durch die Subgruppenbildung die Varianz der untersuchten Variablen eingeschränkt werden kann.

Als Methode der Wahl galt lange Zeit die eben dargestellte moderierte Regression (Aiken & West, 1991; Cohen et al., 2003). Aber auch diese Methode birgt nicht unerhebliche methodische Probleme (s. nächster Abschnitt). In der moderierten Regression werden, wie oben beschrieben, in einem ersten Block (neben Kontrollvariablen) die unabhängige Variable und der Moderator und dann in einem zweiten Block ein Produktterm aus unabhängiger Variablen und Moderatorvariablen in die Gleichung eingefügt. Ein Moderatoreffekt gilt als nachgewiesen, wenn die zusätzliche Varianz durch den Produktterm signifikant ist. In Felduntersuchungen ist das aber nicht sehr häufig der Fall. Zudem ist die zusätzlich aufgeklärte Varianz meist sehr gering. Campoux und Peters (1987) und Chaplin (1991) finden in ihren Übersichten, dass die meisten berichteten Moderatoreffekte zwischen 1 und 3 % Varianz aufklären.

Nun sind experimentelle Untersuchungen in der Regel so angelegt, dass sich die experimentellen Gruppen deutlich unterscheiden. Die unabhängigen Variablen weisen daher große Streuungen auf. Deswegen gibt es hier in der Regel geringe Probleme, Interaktionseffekte nachzuweisen. In Felduntersuchungen ist dagegen – meist aus theoretisch sehr plausiblen Gründen – die Varianz der unabhängigen Variablen oft eingeschränkt. So wird man beispielsweise extreme, kaum zu bewältigende Arbeitsanforderungen in Organisationen schon aus ökonomischen und arbeitsorganisatorischen Gründen in der Regel nicht finden, genauso wenig wie extrem geringe Anforderungen. Auch der sogenannte *healthy worker effect* (Zapf & Semmer, 2004) sorgt für Varianzeinschränkungen bei unterschiedlichsten Variablen. Varianzeinschränkungen in den Ausgangsvariablen führen zu erheblichen Varianzeinschränkungen in der Varianz des Produktterms. Zweitens multiplizieren sich die Messfehler im Produktterm, sodass dieser in der Regel einen substanziellen Messfehler aufweist (Aiken & West, 1991). Die Vergrößerung des Messfehlers im Multiplikationsterm erfordert sehr reliable Messinstrumente, was auch nicht immer gegeben ist. Weiterhin ist der Produktterm nicht normal verteilt. Durch die Verletzung der Normalverteilungsvoraussetzung wird das Finden eines Moderators weiter erschwert (Klein, 2000; Klein & Moosbrugger, 2000). Schließlich unterstellt die moderierte Regression, dass der Interaktionseffekt linear ist, dass also z. B. keine Schwelleneffekte derart auftreten, dass die Wirkung einer Ressource erst greift, wenn Stressoren oder Ressourcen bestimmte Werte über- oder unterschreiten (Aiken & West, 1991).

McClelland und Judd (1993) sowie Wall, Jackson, Mullarkey und Parker (1996) haben gezeigt, dass wegen dieser genannten Probleme die Wahrscheinlichkeit, einen tatsächlich existierenden Effekt nicht zu finden (β-Fehler), sehr groß ist. In einer Simulationsstudie von McClelland und Judd (1993) wurde zum Beispiel ein tatsächlich existierender Moderatoreffekt in 91 % (!) aller Fälle nicht entdeckt (vgl. auch Klein, 2000).

Neben diesen rein statistischen Problemen gibt es weitere methodische Probleme (Wall et al., 1996). Die – häufige – Beschränkung auf Fragebogen führt zu methodisch bedingten Überschätzungen von Korrelationen. Dadurch ergeben sich in Regressionsanalysen artifiziell starke Haupteffekte, welche die Aufdeckung von Moderatoreffekten weiter erschweren. Evans (1985) hat hierzu in Monte

Carlo-Studien nachgewiesen, dass solche Methodeneffekte den Nachweis von Interaktionseffekten um bis zu 50 % reduzieren können. Schließlich gibt es deutliche Hinweise dafür, dass in spezifischen Stichproben Interaktionseffekte eher gefunden werden als in bereichsübergreifenden Studien. Jonge, Dollard, Dormann, Le Blanc und Houtman (2000) fanden zum Beispiel keine Interaktionseffekte in einer Gesamtstichprobe aus dem Dienstleistungsbereich, jedoch in drei von fünf branchenspezifischen Teilstichproben.

3.3.2.2 Strukturgleichungsansatz (latente Interaktionseffekte)

Während die zuletzt angesprochenen Probleme durch geeignete Messinstrumente und Untersuchungsdesigns gemildert werden können, werden Lösungen für die grundsätzlichen Probleme der moderierten Regression in Verfahren gesehen, die auf SEM basieren (Kenny & Judd, 1984; Klein & Moosbrugger, 2000; Moosbrugger, Schermelleh-Engel & Klein, 1997; Jöreskog & Yang, 1996; s. u.). Entsprechende Verfahren haben sich aber noch nicht durchgesetzt, und die Studie von Dormann und Zapf (1999) ist eine der wenigen Ausnahmen aus dem Bereich der Arbeitspsychologie oder der Organisationspsychologie, in dem latente Interaktionseffekte modelliert wurden. Allerdings gehen wir davon aus, dass diese Verfahren in Zukunft häufiger eingesetzt werden. Daher sei das Vorgehen kurz skizziert. Dabei orientieren wir uns an dem Vorgehen, wie es Jöreskog und Yang auf Grundlage der Arbeit von Kenny und Judd ausgearbeitet haben.

Auch wenn bei SEM häufig auf Messmodelle verzichtet wird, sind diese essenziell bei der Analyse latenter Interaktionseffekte. Nur dadurch wird das massive Reliabilitätsproblem von Produkttermen umgangen. Ebenso wie bei der moderierten Regressionsanalyse verlangen auch latente Interaktionsmodelle die Berücksichtigung von Produkttermen. Da latente Variablen typischerweise mehrere Indikatoren aufweisen, werden hier kreuzweise die Produkte aus jeweils einem Indikator der UV mit jeweils einem Indikator des Moderators gebildet. Hat man z. B. nur jeweils drei Indikatoren für UV und Moderator, dann ergeben sich bereits neun Produktterme. Die Komplexität dieses Ansatzes folgt aber erst dadurch, dass aufgrund der später im Modell durchgeführten Aufsplittung der Indikatorvarianz in wahre Varianz und Fehlervarianz diese Produktterme komplizierte Messfehlerterme und Ladungsmuster haben: Darin fließen nicht nur die Messfehler der beteiligten Indikatoren ein, sondern auch ihre Kovarianzen, die Varianzen der latenten Variablen und die Mittelwerte (sic) der beteiligten Indikatoren. Außerdem gibt es oft Probleme in den iterativen Schätzalgorithmen, sodass man auch hier manuell mit vorgegebenen Startwerten probieren muss. Selbst so lassen sich nicht immer Lösungen finden, und Jöreskog und Yang (1996) haben vorgeschlagen, statt aller Indikator-Produktterme nur jeweils einen einzigen in einem Modell zu berücksichtigen. Dies erleichtert zwar die Schätzung, führt aber dazu, dass eine Vielzahl von Modellen – nämlich für jedes Kreuzprodukt aus Indikatoren – berechnet werden muss (vgl. Dormann & Zapf, 1999).

Da vor allem die Nichtnormalverteilung der latenten Moderatorvariablen auch in den meisten SEM-basierten Verfahren nicht berücksichtigt wurde, haben Klein und Moosbrugger (2000) ein neues Verfahren entwickelt (LMS: Latent Moderated Structural Equations), welches diese Probleme besser löst. Im Vergleich zu anderen SEM-Verfahren liefert die LMS-Methode die unverzerrtesten Parameterschätzungen (Schermelleh-Engel, Klein & Moosbrugger, 1998; Schermelleh-Engel, Moosbrugger & Klein, 1998). Allerdings ist dieses Verfahren in seinen Anwendungsmöglichkeiten noch begrenzt und noch nicht leicht verfügbar.

Weil es noch vergleichsweise komplex und aufwendig ist, Moderatoreffekte mit latenten SEM zu überprüfen, wird die moderierte Regression mit ihren beschriebenen Problemen sicher noch für eine Weile die am meisten verwendete Methode bleiben. Aufgrund der Vielfalt methodischer Gründe, die *gegen* die Entdeckung von tatsächlich vorhandenen Moderatoreffekten mit herkömmlichen Verfahren sprechen, verbietet es sich u. E., die Zahl der Effekte einfach auszuzählen. Vielmehr gehen wir davon aus, dass aufgrund der beschriebenen methodischen Probleme *mehrfache Replikationen für das Vorliegen entsprechender Moderatoreffekte* sprechen.

Zusammenfassend kann man festhalten, dass die Chance, Moderatoreffekte zu finden, größer ist, wenn (1) spezifische Stichproben verwendet werden, (2) möglichst messtechnisch unabhängige Maße der beteiligten Variablen verwendet werden, um artifiziell überhöhte Haupteffekte zu vermeiden, (3) die unabhängigen Variablen eine große Streuung aufweisen, (4) möglichst reliable Messinstrumente verwendet werden und wenn (5) theoretisch klare Konzepte verwendet werden, aus denen auch hervorgeht, wie sich die Wirkung des Moderators auf die Beziehung von unabhängiger und abhängiger Variable entfalten kann (vgl. auch die Match-Hypothese; Jonge & Dormann, 2006). Moderatoranalysen haben sich in den letzten zwei Jahrzehnten in der Arbeits- und Organisationspsychologie fest etabliert, in der Regel unter Verwendung der moderierten Regressionsanalyse. Als Beispiele seien hierzu nur die vielfältigen Studien zum Demand-Control-Modell von Karasek und Theorell (1990) genannt (z. B. Überblicke bei Terry & Jimmieson, 1999; Doef & Maes, 1999). Ein Grund hierfür ist sicherlich, dass sich auch bei relativ einfachen Querschnittsdesigns mithilfe von Moderatoranalysen relativ anspruchsvolle Analysen machen lassen. Während sich bei einfachen Zusammenhängen in Querschnittsanalysen in der Regel mehrere alternative Erklärungsmöglichkeiten finden (z. B. Methodeneffekte), ist es wesentlich schwieriger zu argumentieren, dass ein theoretisch postulierter und gefundener Moderatoreffekt artifiziell zustande kam.

3.4 Schlussfolgerungen für Querschnittstudien

Aus den gemachten Ausführungen lassen sich folgende Schlussfolgerungen für Querschnittstudien ziehen.

1. Im Vergleich zu den meisten anderen Designs sind Querschnittstudien – insbesondere wenn es sich dabei um reine Befragungsstudien handelt – relativ unaufwendig. Insbesondere für eher explorative oder rein deskriptive Zwecke wird man sich mit diesem Design begnügen können. Wenn es vor allem um Deskription geht, sollte eine hohe Repräsentativität angestrebt werden.
2. Steht der Test spezifischer Hypothesen im Mittelpunkt, gibt es bestimmte Einschränkungen:
   a) Aussagen zum Kausalzusammenhang zweier Variablen können nur auf Grundlage der Annahme getroffen werden, dass eine Reihe von Voraussetzungen erfüllt ist. Man kann einen Kausaleffekt als wahrscheinlich annehmen, wenn aus inhaltlichen Gründen nur eine der Variablen als UV infrage kommt und wenn Drittvariablenerklärungen ausgeschlossen werden konnten. In allen anderen Fällen ist es nicht möglich, etwas über die Kausalrichtung auszusagen.
   b) Kongenerische Drittvariablen können kontrolliert werden, wenn sie erhoben worden sind. Häufig werden die Effekte soziodemografischer Variablen kontrolliert. Meist werden in der Literatur weitere Drittvariablenerklärungen diskutiert. Diese Drittvariablen sind sinnvollerweise in der Querschnittstudie mitzuerheben. Bei komplexeren Modellen lassen sich die Effekte ungemessener kongenerischer Drittvariablen zumindest teilweise durch Korrelation latenter Strukturfehler abmildern.
   c) Methodeneffekte können auf ähnliche Weise kontrolliert werden, indem entsprechende Variablen, z. B. soziale Erwünschtheit, miterhoben werden. Darüber hinaus können Methodeneffekte kontrolliert (eliminiert) werden, indem mehrere Messmethoden eingesetzt werden. Wie die Darstellung zu den MTMM-Modellen gezeigt hat, empfiehlt es sich dabei, möglichst unabhängige Methoden zu verwenden. In diesem Fall führen die Modelle mit korrelierten Traits und unkorrelierten Methoden sowie das CT-CU-Modell zu guten Lösungen.
3. Gegeben, dass Drittvariableneffekte kontrolliert wurden, lassen sich Mediatoreffekte entweder über die von Baron und Kenny (1986) vorgeschlagene Prozedur oder mithilfe von SEM gut untersuchen. Zwar kann in der Querschnittstudie belegt werden, dass eine Variable den Zusammenhang zweier anderer Variablen mediiert. Über die Kausalrichtung dagegen kann nichts ausgesagt werden. Hierzu sind Längsschnittuntersuchungen erforderlich. Auch für die partielle Mediation gibt es oft alternative Erklärungsmöglichkeiten, sodass ihr Erklärungswert eingeschränkt ist.

4. Moderatoreffekte werden typischerweise in Querschnittstudien untersucht, wobei, wie im letzten Abschnitt ausgeführt, eine Reihe von Gesichtspunkten zu berücksichtigen sind, da Moderatoreffekte im Feld nicht immer einfach gefunden werden können.
5. Mittlerweile existieren auch Vorschläge (Edwards & Lambert, 2007), wie mithilfe von SEM *moderierte Mediatormodelle* (der Effekt der UV auf den Mediator und/oder der Effekt des Mediators auf die AV wird moderiert) und *mediierte Moderatormodelle* (der Moderatoreffekt wird über eine nachgeschaltete Mediatorvariable weitervermittelt) überprüft werden können. Diese Ansätze sind noch vergleichsweise komplex. Weil aber ihre Komplexität weniger in der Modellierung mittels SEM liegt, sondern vielmehr in der aufwendigen manuellen Bestimmung angemessener Teststatistiken, könnten durch Automatisierung solche Modelle zukünftig weitere Verbreitung finden. Bis dahin sind sie zumindest sehr hilfreich bei der konzeptionellen Präzisierung arbeitspsychologischer Theorien.

4 Längsschnittdesigns

In diesem Abschnitt werden wir zunächst kurz verschiedene Varianten von Längsschnittdesigns vorstellen. Die Struktur des weiteren Abschnitts ist dabei ähnlich zu dem vorangegangenen Abschnitt über Querschnittstudien.

Längsschnittstudien werden wohl meistens aufgrund einer von drei Ursachen eingesetzt (vgl. Cohen et al., 2003; Nesselroade & Baltes, 1979): (1) Das Interesse an zeitlichen Veränderungen *per se* (z. B. Wie verändert sich die KPL der Tätigkeit im Laufe des Älterwerdens), (2) die Klärung des „Henne-Ei-Problems" (z. B. Ist die LST Ursache der AZ oder umgekehrt?), (3) die methodische Absicherung der „Ursächlichkeit" eines postulierten Zusammenhangs (Ist KPL wirklich die Ursache von AZ oder ist der Zusammenhang artifiziell?). Zur Beantwortung dieser Fragestellungen gibt es eine Reihe unterschiedlicher Varianten von Längsschnittdesigns, von denen einige nachfolgend erörtert werden.

4.1 Varianten von Längsschnittdesigns

4.1.1 Messwiederholungsdesigns (Panel-Designs)

Psychologen denken wohl im Allgemeinen an Panel-Designs, wenn von Längsschnittdesigns die Rede ist. Dabei werden Daten wiederholt von denselben Untersuchungsobjekten erhoben. Das am häufigsten anzutreffende Untersuchungsdesign ist wohl das 2-Variablen-2-Wellen-Design (2V2W; Cohen et al., 2003; Zapf et al., 1996). Die Bezeichnung 2V2W ist allerdings nicht ganz präzise. In den meisten Fällen werden natürlich mehr als zwei Variablen erhoben, sodass man eigentlich nicht von einem 2-Variablen-Design sprechen sollte. Vielmehr bezieht sich dieser Terminus auf die Modelle zur Analyse der Daten. Es geht darum, dass die UVs und die AVs sowohl von der ersten (T1) als auch von der zweiten (T2) Erhebungswelle für eine Analyse zur Verfügung stehen (ab hier verwenden wir die Suffixe T*n*, wobei T für „Messzeitpunkt", „Erhebungswelle" oder „time" steht und *n* die 1., 2., etc. Messung angibt).

Bei der Datenanalyse kann man weiterhin zwischen vollständigen und unvollständigen 2V2W-Modellen unterscheiden. Vereinzelt findet man Modelle (siehe z. B. die bei Zapf et al., 1996 zusammengestellten Untersuchungen im Stressbereich), bei denen die interessierende AV nur zu T2 berücksichtigt wurde. Manchmal liegt dies in der Art des Untersuchungsgegenstands begründet. Will man beispielsweise im Längsschnitt untersuchen, wie sich unergonomische Bürostühle auf die Frühberentung auswirken, dann kann man bei Berufsanfängern nicht erheben, ob sie bereits frühberentet sind. Diese Variable steht also für die Analyse gar nicht zur Verfügung.

Selbst wenn alle interessierenden Variablen zu beiden Erhebungswellen verfügbar sind, werden diese bei der Datenanalyse meist nicht alle simultan berücksichtigt (vgl. Zapf et al., 1996). Dies kann als unvollständige Panelanalyse bezeichnet werden. Nur mittels multivariater ANOVAs oder mit SEM können mehrere abhängige Variablen simultan analysiert werden. Beispielsweise lassen sich mit SEM reziproke Beziehungen zwischen KPL T2 und AZ T2 unter statistischer Kontrolle von KPL T1 und AZ T1 analysieren (s. u.). Dabei sind KPL T2 und AZ T2 beides AVs. Entsprechende Modelle lassen sich z. B. mit Regressionsanalysen nicht umsetzen. Solche Modelle werden wir weiter unten ausführlicher vorstellen.

Panel-Designs mit mehr als zwei Erhebungswellen sind in der arbeitspsychologischen Forschung bislang selten. Dies hat mehrere Gründe. Zum einen spielen Wachstumsmodelle (s. u.), für die mehrere Erhebungswellen nötig sind, in der arbeitspsychologischen Forschung bisher eine untergeordnete Rolle. Zweitens sind auch komplexe State-Trait-Modelle, die ebenfalls mehrere Erhebungswellen benötigen, bislang kaum zu finden (z. B. Dormann, Fay, Zapf & Frese, 2006; Ormel & Schaufeli, 1991). Drittens bieten Mehrwellendesigns nur bescheidene Vorteile bei der Analyse von Kausalmodellen (s. u.). Diese Vorteile beziehen sich meist darauf, dass die Stärke von Zusammenhängen über die Zeit hinweg generalisiert (oder eben nicht generalisiert) werden kann.

Schließlich sei angemerkt, dass die Bezeichnung „Panel Design" meist implizit verwendet wird, um ein Design mit vielen Untersuchungsteilnehmern und wenigen Erhebungswellen zu charakterisieren.

4.1.2 Zeitreihenanalyse

Wird ein Merkmal/Untersuchungsobjekt (z. B. Organisation, Arbeitsgruppe, Beschäftigter) über einen längeren Zeitraum beobachtet, sodass eine Vielzahl von Messungen vorliegt, eröffnet die Zeitreihenanalyse verschiedene Möglichkeiten zur Analyse von Wirkungszusammenhängen, indem der Verlauf der Veränderung betrachtet wird. Dabei kann eine Zeitreihe beschrieben werden als eine zeitliche Folge von Erhebungen von ein- oder mehrdimensionalen Zuständen zu aufeinanderfolgenden Zeitpunkten (Schmitz, 1987, 1989).

Die Bezeichnung Zeitreihenanalyse (Time Series) bezieht sich ursprünglich auf die Untersuchung *eines* Untersuchungsobjekts (z. B. Organisation, Arbeitsgruppe, Beschäftigter) über viele Messzeitpunkte hinweg, die alle den gleichen Abstand voneinander haben (z. B. 1 Jahr; vgl. Cohen et al., 2003). Die Untersuchungsobjekte sind dabei in der Praxis oft Aggregate kleinerer Einheiten. Zum Beispiel wird die durchschnittliche Produktivität in einer Organisation anstelle der Produktivitäten von einzelnen Organisationsmitgliedern betrachtet. Beispiele hierfür sind die sogenannten nationalen Stimmungsbarometer zur politischen Einstellung, zur Kundenzufriedenheit, zum Konsumklima etc. oder Daten zu Fehlzeiten in einer Organisation über die Zeit (Paul, Nickel & Nachreiner, 2005).

Mit Zeitreihenanalysen wird es möglich, nicht nur Änderungen (z. B. Zu- oder Abnahmen) des Verlaufs festzustellen, sondern auch Annahmen über die *Form* des Verlaufs zu überprüfen. Eine Zeitreihenanalyse kann auch eine längsschnittliche Erweiterung einer Fallstudie sein. Damit wird es möglich, idiografische Analysen durchzuführen, weil auch für Einzelfälle statistische Absicherungen erfolgen können. Dabei können sowohl intraindividuelle Zusammenhänge untersucht als auch Interventionswirkungen (z. B. von Trainings) überprüft werden. Im Gegensatz zu konventionellen Prätest-Posttest-Messungen kommt es bei Zeitreihenanalysen zu keinem Verlust von intraindividuellen Informationen. Darüber hinaus ist auch ein Vergleich von Einzelfällen (komparative Kasuistik) möglich.

4.1.2.1 Univariate und multivariate Zeitreihenanalyse

Bei einer univariaten Zeitreihenanalyse wird nur eine Variable bzw. Zeitreihe betrachtet. Häufig ist eine wichtige Frage bei der Analyse von Zeitreihen, ob und wie sich ein bestimmtes Phänomen über die Zeit verändert (z. B. Änderungen der AZ). Eine bedeutsame Klasse von Veränderungen wird durch Trends repräsentiert. Die Approximation einer Zeitreihe durch einen linearen Trend entspricht der Berechnung einer Regressionsgeraden. In diese Berechnung geht die Zeit als Prädiktor und die Zeitreihe bzw. das zu analysierende Merkmal als Kriterium ein. Ist die Beschreibung der Zeitreihe durch einen linearen Trend nicht ausreichend, so bietet sich die Berechnung eines Polynoms höherer Ordnung an.

Bei der Analyse von Zeitreihen steht deren interne Struktur im Vordergrund, da anhand der Identifikation von seriellen Abhängigkeiten (siehe Autokorrelation z. B. Schmitz, Perels & Löb, in Druck) u. a. Prognosen abgeleitet werden können. Als theoretische Modelle zur Beschreibung von Prozessstrukturen eignen sich besonders univariate (da es sich in diesem Fall um Abhängigkeiten innerhalb einer Zeitreihe handelt) ARIMA-Modelle. ARIMA steht als Abkürzung für *a*uto*r*egressive *i*ntegrierte *m*oving-*a*verage-Modelle und beschreibt drei Modellanteile: den autoregressiven Anteil (AR-Modell), den integrierten Anteil (I) und den Moving-Average Anteil (MA-Modell).

Das AR-Modell beschreibt, inwieweit sich die Ausprägung einer Variablen (z. B. AZ) zu einem Zeitpunkt aufgrund der Ausprägung derselben Variablen zu einem oder mehreren früheren Zeitpunkten bestimmen lässt (auf das Beispiel der AZ übertragen bedeutet ein AR(1)-Modell zu überprüfen, ob die aktuelle AZ von der Ausprägung der AZ des vorherigen Messzeitpunkts beeinflusst wird und wiederum die aktuelle AZ die AZ des nächsten Zeitpunkts beeinflusst). Innerhalb der AR-Modelle werden verschiedene Ordnungsgrade unterschieden, die sich darauf beziehen, wie viele Prädiktoren zur Bestimmung des Wertes zum Zeitpunkt t einbezogen werden.

Mit Moving-Average-(MA)-Prozessen wird die gewichtete Mittelung der Zufallseinflüsse beschrieben, wobei zukünftige Werte nicht einbezogen werden. Auch bei diesen Prozessen werden verschiedene Ordnungsgrade unterschieden. Mit ARIMA wird nun die Integration der verschiedenen Modellanteile zur Beschreibung der internen Struktur einer Zeitreihe dargestellt. Eine ausführliche Beschreibung des Vorgehens bei der Modellidentifikation findet man bei Schmitz (1989).

Werden im Rahmen von Zeitreihenanalysen mindestens zwei Variablen betrachtet, so ist die multivariate Zeitreihenanalyse die geeignete statistische Methode. Mithilfe der multivariaten Zeitreihenanalyse kann eine dynamische Analyse des Beziehungsgeflechts zwischen verschiedenen Variablen durchgeführt werden. Dieser Vorteil beruht auf der Möglichkeit, sogenannte Lag-Zeitreihen (Verschiebung einer Zeitreihe um eine oder mehrere Zeiteinheiten) zu bilden und somit zeitverzögert Effekte zu analysieren. Damit zielt man auf die Überprüfung der kausalen Wirkrichtung, was bei statischen Korrelationsanalysen, die die Zeitdimension nicht betrachten, nicht möglich ist (hier können lediglich Aussagen über das gemeinsame Auftreten bzw. eine Kovariation abgeleitet werden). Eine detaillierte Erörterung zu multivariaten Analysen befindet sich z. B. bei Schmitz (1989).

Zeitreihenanalysen können, wie bisher beschrieben, bei der Auswertung passiver Designs angewendet werden (vgl. Paul et al., 2005). Ihr Einsatz kann aber auch im Zusammenhang mit experimentellen oder quasi-experimentellen Designs nützlich sein, wie im Folgenden beschrieben wird.

4.1.2.2 Zeitreihenanalysen bei experimentellen Designs

Wird in einer Organisation eine Schulung durchgeführt, so stellt sich oft die Frage, ob diese Maßnahme zu bedeutsamen Veränderungen im Arbeitsverhalten geführt hat. Derartige Fragestellungen können mithilfe von Interventionsanalysen beantwortet werden. Mithilfe einer Interventionsanalyse kann geprüft werden, ob die Intervention (z. B. ein Training oder eine ergonomische Gestaltung des Arbeitsplatzes) eine Wirkung hat, wie die Intervention wirkt und welche zusätzlichen Einflüsse auf die abhängige Variable wirken. Ob die Intervention eine erfolgreiche Wirkung zeigt, wird durch den Vergleich der Baseline (Grundrate der abhängigen Variable ohne Interventionswirkung, Input) mit der Interventionsphase (abhängige Variable mit Interventionswirkung, Output) geprüft. Dieses Vorgehen ähnelt prinzipiell einem *t*-Test. Die Wirkung einer Intervention kann mithilfe einer Transferfunktion dargestellt werden (siehe dazu Schmitz, 1989). Welche zusätzlichen Einflüsse die abhängige Variable (Output) bestimmen, kann mithilfe eines ARIMA-Modells (s. o.) beschrieben werden.

Im Rahmen von Fragestellungen, welche auf die Untersuchungen von Veränderungen bzw. von Prozessen fokussieren, können die klassischen Gruppendesigns mit Prätest-Posttest-Messungen manchmal nicht weiterhelfen. Dann können alternative Untersuchungspläne zur Überprüfung von Veränderungen und Verläufen angewendet werden, die mit zeitreihenanalytischen Verfahren ausgewertet werden. Im Folgenden werden zwei grundlegende Designs vorgestellt.

AB-Design: Das AB-Design stellt das einfachste zeitreihenanalytische Untersuchungsparadigma dar. Für die Realisierung eines AB-Designs wird der Untersuchungsablauf in zwei Phasen geteilt. In der Baseline-Phase/Phase A wird die Grundrate des Merkmals erfasst. In der Interventionsphase/Phase B wird dann eine experimentelle Variation, z. B. eine Fortbildungsmaßnahme, realisiert. Geprüft und interpretiert werden die Unterschiede in den *Verläufen* der beiden Phasen, wodurch sich feststellen lässt, ob die experimentelle Variable Einfluss auf die abhängige Variable besitzt.

Bei diesem AB-Untersuchungsdesign muss die interne Validität jedoch als problematisch bewertet werden, da Veränderungen in der beobachteten Verhaltensweise auch auf alternative Erklärungen zurückgeführt werden können. Für eine ausführliche Diskussion der Validitätsproblematik sei an dieser Stelle auf Shadish, Cook und Campbell (2002) verwiesen.

Das AB-Design lässt sich erweitern zu einem *Ausblendungsdesign* (ABAB-Design), bei dem nach der Interventionsphase (B) die Baselinebedingung wieder hergestellt (A) und schließlich die experimentelle Variable (B) erneut eingeführt wird. Eine weitere Variante ist das *Umkehrdesign*, bei dem die ersten beiden Phasen identisch zum Ausblendungsdesign sind (AB, Baseline- und Interventionsphase), die dritte Phase jedoch auf eine Umkehr des Verhaltens abzielt.

Multiples-Baseline-Design: Beim multiplen Baseline-Design werden die Zeitreihen für mindestens zwei Variablen einbezogen, wobei jede Variable in einer eigenen Zeitreihe dargestellt wird. Die Besonderheit dieses Designs liegt darin, dass die Interventionen jeweils zeitlich versetzt eingeführt werden. Dies bedeutet, dass alle Zeitreihen in einer ersten Phase mit der Erfassung der Grundraten der zu beobachtenden Verhaltensweisen (abhängige Variablen) beginnen. In einer zweiten Phase wird im Hinblick auf eine erste abhängige Variable die Interventionsphase begonnen, während auf den verbleibenden Zeitreihen die Baselinephase fortgesetzt wird. Zeitlich versetzt findet nun auf der zweiten abhängigen Variablen ebenfalls eine Intervention statt, während die Intervention auf der ersten abhängigen Variablen kontinuierlich fortgeführt wird.

Neben dem dargestellten *multiplen Baseline-Design über Verhaltensweisen*, bei dem mehrere verschiedene voneinander unabhängige Verhaltensweisen einer Person in der gleichen Situation erhoben werden, ist weiterhin auch das *multiple Baseline-Design über Situationen* von Bedeutung, bei dem dasselbe Verhalten einer Person in verschiedenen Situationen betrachtet wird. Dabei wird die Intervention in den verschiedenen Situationen zu unterschiedlichen Zeitpunkten eingesetzt und sollte immer nur in den zugeordneten Situationen zu Veränderungen führen.

4.1.2.3 Abschließende Bemerkungen zu Zeitreihenanalysen

Bei Zeitreihenanalysen wird typischerweise ein „Fall" über mehrere Messzeitpunkte hinweg beobachtet. Mit der Wahl eines solchen Designs beansprucht man also eine Generalisierung der Ergebnisse über die Zeit – ein Generalisierungsanspruch über das konkrete Untersuchungsobjekt hinaus existiert jedoch nicht. Werden die Zeitreihen verschiedener Fälle zusammengenommen, spricht man von „pooled time series" (z. B. Duncan & Duncan, 2004), die dann z. B. mithilfe der zuvor schon genannten Wachstumsmodelle (vgl. Garst, Frese & Molenaar, 2000) analysiert werden können. Damit wird auch eine Generalisierung der Befunde über einen Einzelfall hinaus möglich.

Mithilfe von Zeitreihenanalysen lassen sich innerhalb des untersuchten Falls zeitverzögerte Korrelationen verschiedener Variablen bestimmen. Damit kann bessere Evidenz für kausale Zusammenhänge bereitgestellt werden. Zum Beispiel untersuchten Paul et al. (2005), ob Schwankungen in Belastungen bei der Arbeit zu Schwankungen in der Beanspruchung oder in Beanspruchungsfolgen, wie z. B. Fehlzeiten, führen. Neben den Beziehungen zwischen den untersuchten Variablen lassen sich gleichzeitig zeitliche Trends mit analysieren. Zum Beispiel können saisonale Schwankungen auspartialisiert werden, die ansonsten wie Drittvariablen die Beziehung zwischen den untersuchten Variablen konfundieren würden. Allerdings setzen solche Analysen einen theoretisch wie empirisch sehr gut elaborierten Untersuchungsgegenstand voraus, denn über die theoretisch begründete Vermutung von Variablenzusammenhängen hinausgehend benötigt man auch theoretisch begründbare Vorstellungen der zeitlichen Charakteristik der untersuchten Effekte. Zu einem derartigen Komplexitätsgrad sind aber bislang nur wenige arbeitspsychologische Theorien ausgebaut.

Für problematisch halten wir im Bereich der Arbeitspsychologie insbesondere, dass bei der einfachen Zeitreihenanalyse auf einen Einzelfall Bezug genommen wird und Generalisierungen (auf andere Personen, Gruppen, Organisationen etc.) nicht zuverlässig möglich sind. Dies mag ein Grund dafür sein, dass Zeitreihen im Unterschied zu Panel-Designs oder Tagebuch- bzw. Event-Sampling-Studien (s. u.) in der arbeitspsychologischen Forschung eine vergleichsweise untergeordnete Rolle spielen.

4.1.3 Tagebuch-Studien und Ereignis-Stichproben-Designs (Event Sampling)

In letzter Zeit wurden Tagebuchdesigns und Event-Sampling-Designs zunehmend angewendet. Tagebuchstudien kann man auch als multiples Zeitreihendesign mit kurzen Messwiederholungsabständen beschreiben. An festgelegten Tagen werden – meist abends – die Untersuchungsteilnehmer zu ihren Erlebnissen, Einstellungen, Empfindungen und ihrem Verhalten des abgelaufenen Tages befragt. In der Forschungspraxis sind die Stichproben in Tagebuchstudien meist geringer als bei typischen Panel-Designs (vgl. z. B. Van Eerde, Holman & Totterdell, 2005), was nicht zuletzt darin begründet ist, dass die Untersuchungsteilnehmer häufig an vielen Wiederholungsmessungen teilnehmen. Je größer die Anzahl der Wiederholungsmessungen ist, umso schwieriger gestaltet es sich in der Regel, eine große Anzahl von Personen oder Gruppen zur Teilnahme an einer solchen Studie zu bewegen.

Event-Sampling-Designs sind Tagebuchstudien sehr ähnlich. Der Unterschied ist hier, dass die Zeitpunkte, zu denen die Daten erhoben werden, nicht gleichförmig über die Tage verteilt sind, sondern an das Auftreten bestimmter Ereignisse wie beispielsweise Konflikte oder besonders belastende Situationen gebunden sind. Ein verbreitetes Instrument ist beispielsweise der Rochester Interaction Record (Nezlek, Wheeler & Reis, 1983). Hingegen werden beim sog. Time-Sampling-Design die Untersuchungsteilnehmer z. B. mithilfe von elektronischen Signalgebern zu fest vorgegebenen oder zu zufälligen Zeitpunkten aufgefordert, Auskünfte über den interessierenden Sachverhalt zu geben. Dies kann z. B. die Beantwortung eines Fragebogens, eines Intelligenztests o. Ä. sein, der auf einem Pocket-PC dargeboten wird.

Es gibt ein paar spezifische Merkmale, die Tagebuchstudien und Event-Sampling-Designs von den anderen Längsschnittdesigns unterscheiden. Erstens sind die relativ kurzen Messabstände, die relativ häufigen Messzeitpunkte und die vergleichsweise geringen Stichprobenumfänge zu nennen. Beispielsweise haben in der Untersuchung von Ilies und Judge (2004) 33 Untersuchungsteilnehmer an 10 Tagen in zwei aufeinanderfolgenden Wochen jeweils drei Mal pro Tag einen Fragebogen ausgefüllt. Ein weiteres Merkmal solcher Studien ist, dass die Erhebungszeitpunkte im Idealfall zufällig gewählt sind. Das heißt, dass z. B. innerhalb eines vorgegebenen Zeitraums die Tage für eine Tagebuchstudie nicht gleichmäßig weit auseinander liegen, sondern sich zufällig in diesem Zeitraum verteilen. Dies ist auch eine Voraussetzung dafür, sogenannte Mutlilevel-Modelle zur Datenanalyse heranzuziehen.

Wachstumsmodelle und Multilevel-Modelle werden im Folgenden nicht näher dargestellt. Der interessierte Leser sei hier z. B. auf Cohen et al. (2003) oder Hox (2002) verwiesen. Ein Anwendungsbeispiel für Wachstumsmodelle geben Garst et al. (2000), und Beispiele für Event-Sampling-Studien sind bei Niklas und Dormann (2005), Sonnentag und Zijlstra (2006) oder Tschan, Rochat und Zapf (2005) zu finden. Eine Time-Sampling-Studie mit vorgegebenen Zeitintervallen findet sich beispielsweise bei Totterdell und Holman (2003). Wir werden uns im Folgenden auf die Analyse klassischer Messwiederholungsdesigns (Panel-Designs) beschränken.

4.2 Statistische Modellierung einfacher Kausalbeziehungen

Sowohl bei Quer- als auch bei Längsschnittuntersuchungen ist das Ziel, *intra*individuelle Veränderungen in einer UV als Ursache von intraindividuellen Veränderungen in einer AV zu belegen (bzw. Intragruppen-Veränderungen, z. B. Kohäsion in Teams oder Organisationsstrukturen). Ein wesentlicher Unterschied zwischen Quer- und Längsschnitten ist dabei, dass in Querschnitten interindividuelle Unterschiede wie intraindividuelle Veränderungen interpretiert werden. Das heißt, findet man in einer Querschnittsuntersuchung einen Zusammenhang zwischen AZ und LST, impliziert dies, dass zufriedenere Personen eine höhere Leistung erbringen. Daraus wird üblicherweise der Schluss gezogen, dass die intraindividuelle Veränderung der AZ ebenfalls zu einer Veränderung der Leistung führt. Im Längsschnitt lassen sich hingegen intraindividuelle Veränderungen tatsächlich analysieren.

4.2.1 Zur Problematik von Differenzwerten

Eine einfache Überlegung wäre nun, nach der Erhebung zweier, zeitlich nacheinander folgender Messwerte deren Differenz (Δ) zu betrachten. So könnte man beispielsweise die Differenz zwischen HSP T2 und HSP T1 bilden und mit der Differenz zwischen AZ T2 und AZ T1 korrelieren. Die Korrelation der beiden Differenzwerte (ΔHSP mit ΔAK) gibt an, ob ein Anstieg/Abfall im HSP mit einem Anstieg/Abfall der AZ zusammenhängt. Dieses Vorgehen hat allerdings mehrere Nachteile und außer der einfachen Handhabbarkeit keine Vorteile. Auf diese Nachteile werden wir im weiteren Verlauf wiederholt zu sprechen kommen.

Am Rande sei hier vermerkt, dass das am häufigsten vorgebrachte (richtige) Argument, nämlich dass Differenzwerte unreliabel seien, in unserem Kontext keine Rolle spielt. Die Unreliabilität von Differenzwerten leitet sich aus den Axiomen der klassischen Testtheorie (KTT) her, wodurch Veränderungen über die Zeit als Messfehler „erscheinen". Da in der arbeitspsychologischen Forschung aber natürlich von wahren Veränderungen der fokalen Variablen auszugehen ist, wären Differenzwerte an sich auch nicht zwingend völlig unreliabel. Man sollte dennoch keine Differenzwerte analysieren, aber die Gründe sind andere.

Ein erstes Argument gegen die Verwendung von Differenzwerten ist, dass hier die implizite Annahme eingeht, beide Variablen seien für den Differenzwert von gleicher Bedeutung (also z. B. ΔHSP = 1 × HSP T2 – 1 × HSP T1). Warum sollte dies nicht so sein? Man mag zunächst kaum einsehen, warum z. B. HSP T1 weniger wichtig für den Differenzwert sein soll als HSP T2. Wir werden aber später sehen, dass es durchaus Sinn machen kann, z. B. ΔHSP = 1 × HSP T2 – .70 × HSP T1 anzunehmen. Dabei lässt sich die richtige Gewichtung (in diesem Beispiel .70 für HSP T1) auch noch leicht empirisch bestimmen. Dies zeigen wir in den folgenden Abschnitten.

4.2.2 Die Notwendigkeit zur statistischen Kontrolle der Ausgangzustände

Differenzwerte sollten auch aus einem anderen Grund nicht gebildet werden. Kausale Schlussfolgerungen sind nur dann möglich, wenn ein Modell (z. B. ein SEM; Regressionsmodell) *richtig spezifiziert* wird. Damit ist gemeint, dass *alle* Kausalbeziehungen zwischen den enthaltenen Variablen richtig abgebildet sind. Zumindest gilt dies für die Bruttoeffekte (auch als *total effects* bezeichnet). Es stört z. B. nicht, wenn eine Mediatorvariable ausgelassen wurde – zumindest dann nicht, wenn diese Mediatorvariable nicht ihrerseits die anderen Variablen des Modells nachhaltig beeinflusst. Auch lassen sich kausale Effekte manchmal durch die schwächere Annahme einer einfachen Korrelation ersetzen. Aber nur, wenn die richtige algebraische Struktur vorhanden ist, lässt sich ein Regressionskoeffizient kausal interpretieren.

Warum sollte es nun ein Spezifikationsfehler sein, wenn man Differenzwerte anstelle der Ausgangswerte analysiert? Weil – in gewisser Hinsicht – die Ausgangswerte einer Variablen Ursache von den nachfolgenden Werten sind. Für die Modellierung von Ausgangswerten als Ursache von Folgewerten sprechen manchmal substanzielle, immer aber statistische Gründe (z. B. Finkel, 1995).

4.2.2.1 Substanzielle Gründe

Manchmal ist die Ausprägung einer Variablen zu T1 tatsächlich eine Ursache der Ausprägung dieser Variablen zu T2. Im umgangssprachlichen Sinne des Wortes Ursache gilt dies, z. B. wenn man feststellt, dass die Reichen immer reicher, die Armen immer ärmer werden.

Im Falle des Reichtums als Ursache zukünftigen Reichtums ließe sich in einer Regressionsanalyse beobachten, dass ein Regressionskoeffizient > 1.00 resultiert, weil ein hoher Wert zu T1 mit einem noch höheren Wert zu T2 und ein kleiner Wert zu T1 mit einem noch kleineren Wert zu T2 einhergeht. Dies ergibt sich, weil erstens eine perfekte Test-Retest-Korrelation ($r = 1.00$) der Messwertreihen zu beiden Zeitpunkten besteht (der Reichste bleibt der Reichste, der Ärmste bleibt der Ärmste) und zweitens, weil gleichzeitig die Varianz ansteigt (vgl. Kessler & Greenberg, 1981).

Ein solches System ist nicht im *Equilibrium (Gleichgewicht)*. Ein System ist im Equilibrium, wenn die Stabilität 1.00 und die Varianz zu T1 und T2 gleich ist. Dies ist aber sehr untypisch für Variablen aus biologischen oder sozialen Systemen. Vielmehr ist es hier so, dass die meisten Systeme sich nur „mehr oder weniger" in einem Equilibrium befinden. Droht Arbeitsplatzverlust und empfindet ein Beschäftigter daher Arbeitsplatzunsicherheit, erscheint er oder sie auch im Falle von Krankheit häufiger bei der Arbeit, und je seltener ein Beschäftigter fehlt, umso weniger Grund gibt es, ihn oder sie zu entlassen. Als Modell würde man formulieren, dass die Anwesenheitshäufigkeit den Zusammenhang zwischen Arbeitsplatzunsicherheit T1 und Arbeitsplatzunsicherheit T2 mediiert. Arbeitsplatzunsicherheit T1 führt zu mehr Anwesenheit, und mehr Anwesenheit reduziert die Arbeitsplatzunsicherheit T2. Umgekehrt fehlen Personen mit sehr sicheren Arbeitplätzen vermutlich etwas häufiger. Das System ist im Equilibrium, die Varianz bleibt gleich und die Test-Retest-Korrelation $r < 1.00$.

4.2.2.2 Statistische Gründe

Es ist nun nicht nötig, sich jedes Mal zu fragen, ob mediierende Mechanismen der eben beschriebenen Art existieren und dann auch noch die Mediatorvariablen (Arbeitsplatzunsicherheit) zu messen und in den Modellen zu berücksichtigen. Dies würde bei der Modellierung von Längsschnittdaten ein immenses Problem bedeuten, denn es ist *immer* so, dass bei gleichbleibenden Varianzen und bei einer Test-Retestkorrelation $r < 1.00$ solche Mechanismen existieren. In der statistischen Terminologie ist dieser Effekt weithin als *Regression-zur-Mitte-Effekt* bekannt (vgl. Dwyer, 1983; Finkel, 1995; Kessler & Greenberg, 1981).

Am Rande sei hier vermerkt, dass häufig vorgebracht wird, die Regression zur Mitte käme aufgrund von Messfehlern zustande. Das ist richtig, bedeutet aber nicht, dass die Regression zur Mitte *ausschließlich* aufgrund von Messfehlern zustande kommt. Sie tritt bei den meisten biologischen und sozialen Variablen auf (vgl. die negative Entropie in der Systemtheorie, Katz & Kahn, 1978), selbst wenn diese messfehlerfrei erhoben wurden (zu den Gründen siehe Cook & Campbell, 1979). Man sollte daher nicht dem Schluss verfallen, dass man Differenzwerte latenter Variablen bilden könne, weil latente Variablen messfehlerfrei seien. Auch bei latenten Variablen ist die Regression zur Mitte die Regel und nicht die Ausnahme.

Wir wollen den Regression-zur-Mitte-Effekt hier einmal unter einer etwas ungewöhnlichen Perspektive betrachten (ähnlich Kessler & Greenberg, 1981). Gehen wir zunächst mal von der Annahme aus, alle Variablen seien stabil über die Zeit. In Abbildung 13 ist dies veranschaulicht: HSP T1 beeinflusst mit einem Regressionsgewicht von genau 1.00 den HSP T2. Dieses Regressionsgewicht bezeichnen wir im Folgenden als *Stabilität.* Das Modell impliziert den schon besprochenen Fall, dass die Test-Retest-Korrelation genau $r = 1.00$ ist und die Varianzen zu T1 und T2 identisch sind.

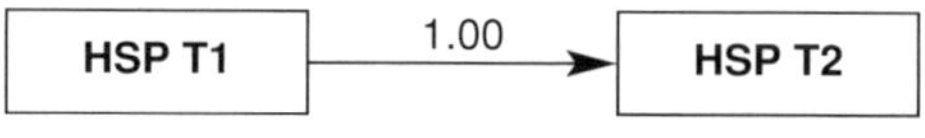

Abbildung 13:
Perfekte Stabilität

Die Test-Retest-Korrelation ist empirisch praktisch nie $r = 1.00$. Es gibt weitere Faktoren, die den Zustand zu T2 beeinflussen und die nicht perfekt mit dem Zustand zu T1 korreliert sind. Dieser Fall ist in Abbildung 14 gezeigt. Hier wirkt eine – nicht näher spezifizierte – Varianzquelle auf HSP T2 ein, die wir hier als ζ (Zeta) bezeichnen. Diese Varianzquelle ist unabhängig von HSP T1 (sonst wäre hier eine Verbindung eingezeichnet). Sie führt dazu, dass HSP T1 und HSP T2 nicht mehr perfekt korrelieren.

Abbildung 14:
Nicht perfekte Stabilität bei steigender Varianz

Das Modell in Abbildung 14 entspricht schon eher der empirischen Realität. Allerdings gibt es noch das Problem, dass hier die Varianz gegenüber T1 zunimmt, und zwar um die Varianz von ζ. Es gibt nun zwei Möglichkeiten, dieses Modellproblem in den Griff zu bekommen.

Die erste Möglichkeit ist, die Regression zur Mitte direkt zu modellieren. Wieso sollte besonders ein hoher HSP zu T1 mit einer Einschränkung des HSP zu T2, und wieso sollte besonders ein geringer HSP zu T1 mit einer Erweiterung des HSP zu T2 verbunden sein? Man denke hier beispielsweise an die möglichen Entscheidungsfehler, die mit HSP verbunden sind. Wer viel entscheiden kann, wird mehr Fehler machen, und Vorgesetzte werden daher u. U. den HSP beschneiden. Wer hingegen alles richtig entscheidet, weil er oder sie gar nichts entscheiden kann, da gar kein eigener HSP vorhanden ist, dem wird in der Folge mehr HSP zugesprochen werden. Mit anderen Worten, die Anerkennung durch den Vorgesetzten stellt eine mediierende Variable dar. Nehmen wir nun an, dass ζ der Variable „Anerkennung durch den Vorgesetzten" entspricht. Dann müsste das Modell so umformuliert werden, wie es als Resultat in Abbildung 15 zu sehen ist: HSP T1 reduziert ζ. In dem Modell ist dieser Effekt mit –.30 angenommen.

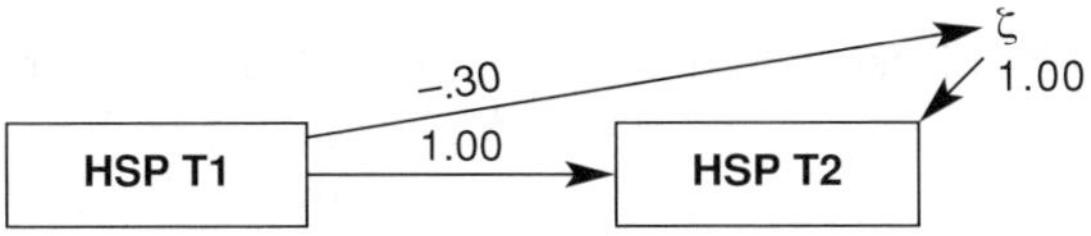

Abbildung 15:
Explizite Modellierung der Regression zur Mitte über einen Mediator

Dieses Modell, unabhängig davon, ob nun HSP oder praktisch jede andere Variable betrachtet wird, ist nun mit der Empirie in der Regel vereinbar. HSP T1 hat zwei Effekte auf HSP T2, nämlich einmal 1.0 (Stabilität) und einmal $-.30 \times 1.0$ (die beiden Pfade über ζ müssen multipliziert werden). Der Bruttoeffekt von HSP T1 auf HSP T2 ist die Summe dieser beiden Effekte, also $1.0 + (-.30 \times 1.0) = .70$. Das Modell stellt sich nun vereinfacht so dar, wie es in Abbildung 16 gezeigt ist und wie man es typischerweise auch darstellen sollte. Was wir über den hier gegangenen Umweg aber zeigen wollten ist, wie man einen Stabilitätskoeffizienten von .70 interpretieren kann, nämlich als den Effekt einer (ungemessenen) Mediatorvariablen, der eine Regression zur Mitte bewirkt (Kessler & Greenberg, 1981).

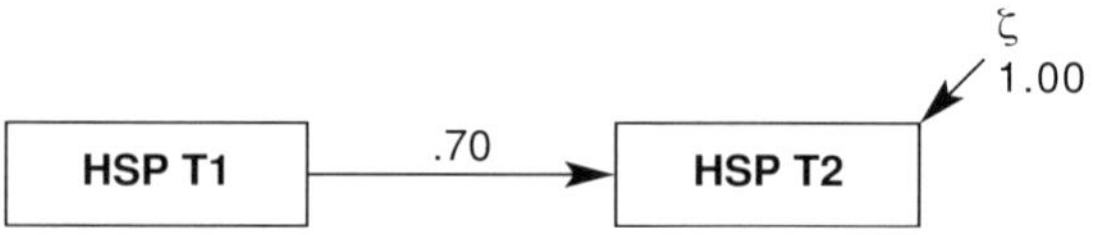

Abbildung 16:
Implizite Modellierung der Regression zur Mitte über den Stabilitätskoeffizienten

Betrachten wir aber an dieser Stelle noch mal das Modell in Abbildung 15, welches ja mit dem Modell in Abbildung 16 algebraisch identisch ist. Als Regressionsgleichung lässt sich das Modell aus Abbildung 15 wie folgt schreiben:

$$\text{HSP T2} = 1.00 \times \text{HSP T1} - .30 \times 1.00 \times \text{HSP T1}$$

Umformulierung dieser Gleichung durch Subtraktion von HSP T1 auf beiden Seiten ergibt:

$$\text{HSP T2} - 1.0 \times \text{HSP T1} = -.30 \times 1.00 \times \text{HSP T1}.$$

Auf der linken Seite dieser Gleichung steht interessanterweise nun genau das, vor dem wir zuvor gewarnt haben, nämlich der Differenzwert HSP T2 – HSP T1. Aber, und dies ist wichtig, der Differenzwert ist eine Funktion des Ausgangswertes, nämlich –.30 × HSP T1. Unterschlägt man den Einfluss von HSP T1 auf den Differenzwert und betrachtet nur den Differenzwert allein, dann ist das Modell falsch- bzw. fehlspezifiziert.

Wir können damit festhalten, dass man zwar Differenzwerte bilden und analysieren *darf*, aber dass man dabei den Ausgangswert in der Modellgleichung mit berücksichtigen *muss*. Dies gilt immer, wenn inhaltliche Gründe dafür sprechen, dass eine Variable zu T1 die Ursache für ihr Gegenstück zu T2 ist oder wenn statistische Gründe dafür sprechen. Dies ist *immer* dann der Fall, wenn die Test-Retest-Korrelation $r < 1.00$ und die Varianzen über die Zeit konstant bleiben. Alle anderen Modelle sind fehlspezifiziert und erlauben damit keine kausale Schlussfolgerung.

Im Falle der Regression bedeutet dies z. B., dass man neben dem Differenzwert als Prädiktorvariable auch den Ausgangswert als Prädiktorvariable mit aufnehmen muss. Analoges gilt für Differenzwerte als Kriterium: Auch hier muss der Ausgangswert als Prädiktor mit in die Regressionsgleichung aufgenommen werden. Wenn aber die Ausgangswerte sowieso aufgenommen werden müssen, dann stellt sich die Frage, warum man überhaupt noch mit Differenzwerten operieren will. Einfacher ist es, die T2-Werte und die T1-Werte zu analysieren ohne den Umweg über Differenzwerte zu gehen. Für Längsschnittanalysen sind Differenzwerte unnötig und werden oft falsch verwendet, wenn nämlich die Ausgangswerte als Prädiktoren unberücksichtigt bleiben.

4.2.3 Die Modellierung von Kausaleffekten im Längsschnitt

4.2.3.1 Zeitverzögerte Effekte

Die Darstellung im vorangegangenen Abschnitt hat deutlich gemacht, dass intraindividuelle Veränderungen nicht über Differenzwerte modelliert werden müssen. Die Berücksichtigung der Ausgangswerte als Prädiktor der Werte zu T2 ermöglicht implizit, dass intraindividuelle Veränderungen der Analyse zugänglich gemacht werden. Die nächste Frage ist nun, wie man die intraindividuellen Veränderungen in einem Prädiktor zu den intraindividuellen Veränderungen im Kriterium in Beziehung setzen kann, sodass der eigentliche Sinn von Längsschnittdesigns zum Tragen kommt. Prinzipiell lassen sich – zumindest für die einfacheren Modelle –Varianzanalysen und Regressionsanalysen einsetzen. Für besondere Modelle werden jedoch SEM nötig, sodass wir uns weiter an deren Terminologie und grafischer Veranschaulichung orientieren. Es gehört zu den grundlegenden Annahmen des kausalen Schlussfolgerns, dass eine Ursache ihrem Effekt zeitlich vorangehen muss (James et al., 1982). Eine direkte Umsetzung dieser Annahme bedeutet daher, dass ein Kriterium zu T2 durch einen Prädiktor zu T1 vorhergesagt werden muss (eine Relativierung dieses Ansatzes erfolgt später). Für den Fall der Verursachung von AZ durch HSP ist dies in Abbildung 17 dargestellt.

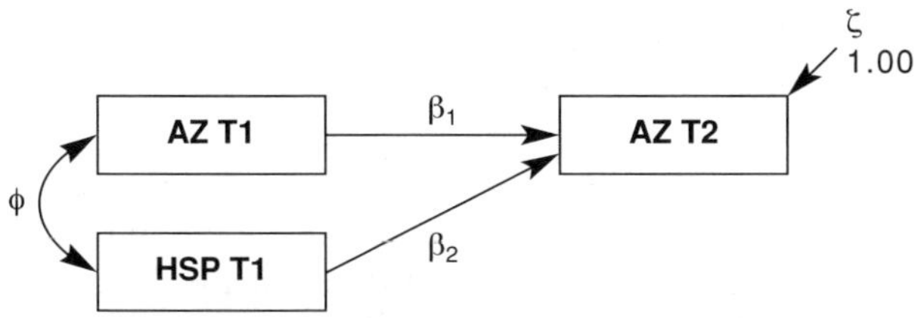

Abbildung 17:
Zeitverzögerte (cross-lagged) Effekte im Längsschnitt

Abbildung 17 ergibt sich bis auf eine Ausnahme aus dem zuvor Dargestellten. Die Ausnahme ist der geschwungene Pfad zwischen HSP T1 und AZ T1. Diese Annahme wird übrigens „automatisch" bei Regressionsanalysen und z. T. auch bei Varianzanalysen getroffen, ohne dass der Benutzer dies spezifizieren muss. Hingegen ist dies bei SEM explizit notwendig und wird in der Regel zu einem schlechten Modell-Fit führen, wenn man es unterlässt.

Das Zulassen einer Korrelation von Prädiktor und Kriterium zu T1 hat einige sehr wünschenswerte Implikationen: (1) Nur so werden tatsächlich intraindividuelle Veränderungen analysiert. (2) Dadurch werden die Effekte von Drittvariablen minimiert, die nicht explizit im Modell berücksichtigt sind.

Zu (1). Wenn das Ziel ist, intraindividuelle Veränderungen zu modellieren, dann könnte man geneigt sein zu behaupten, dass mindestens drei Erhebungswellen nötig seien, um eine Veränderung des Prädiktors als Ursache einer Veränderung im Kriterium abbilden zu können. Die Begründung scheint auf der Hand zu liegen: Erst ab der zweiten Erhebungswelle scheinen die Veränderungen im Prädiktor modellierbar zu sein, denn, so haben wir ja ausführlich dargelegt, der Ausgangszustand des Prädiktors zu T1 muss ja mit berücksichtigt werden. Vereinzelt hört man deswegen auch das Argument, dass in 2-Wellen-Designs der Status quo oder Ausgangswert zu T1 mit einem Veränderungswert zu T2 in Verbindung gebracht würde, was doch etwas merkwürdig sei.

Es ist aber anders. In dem Modell in Abbildung 17 wird tatsächlich eine intraindividuelle *Veränderung* in HSP T1 als Ursache einer intraindividuellen *Veränderung* von AZ T2 modelliert. Wie kann das sein? Der Schlüssel zur Erklärung liegt in der Korrelation der beiden Prädiktoren zu T1. Mit dieser doch recht einfach erscheinenden Korrelation werden – und das kann man wörtlich nehmen – *alle* in der Vergangenheit liegenden Merkmalsausprägungen der beiden Prädiktoren sowie deren gegenseitige Kausaleffekte als Ursachen von HSP T1 und AZ T1 automatisch mit modelliert. Mit anderen Worten, das Zulassen einer Korrelation der Prädiktoren zu T1 extrahiert aus den T1-Variablen ihre gesamte Vorgeschichte – als Residuen bleiben Veränderungswerte (natürlich nicht im algebraischen Sinne, aber so lässt es sich interpretieren). Das Modell in Abbildung 17 sagt also aus einer Veränderung im HSP eine zeitverzögerte Veränderung in der AZ vorher.

Allerdings fußt eine kausale Interpretation dieser Vorhersage auf einer Annahme. Zwar ist es notwendige Voraussetzung, dass eine Veränderung in der Ursache einer Veränderung in dem Effekt vorangehen muss, es ist aber keine hinreichende Bedingung. Es könnte Drittvariablen geben, die Veränderungen in beiden fokalen Variablen bedingen und das gleiche empirische Datenmuster erzeugen, das der vermutete Kausaleffekt produzieren würde.

Zu (2). Die Modellierung einer Korrelation der beiden Prädiktoren zu T1 puffert auch das Drittvariablenproblem ab, wenngleich es dadurch nicht vollständig eliminiert wird. Der Einfluss von Drittvariablen, die lediglich *vor* T1 relevant waren, wird *vollständig* eliminiert. Ist z. B. der/die Vorgesetzte sowohl für den zugestandenen HSP als auch für die AZ verantwortlich und analysiert man eine Stichprobe von Beschäftigten, bei denen *allen* der/die Vorgesetzte vor T1 ausgewechselt wurde, dann kann das Verhalten des/der Vorgesetzten keine plausible Drittvariable mehr sein, die einen Effekt von HSP T1 auf AZ T2 erklären könnte. Solche Designs sind natürlich selten. Eine Ausnahme stellt z. B. die Studie von Schonfeld (1992) dar.

Später werden wir zeigen, dass sich auch der Einfluss von Drittvariablen, die *nicht* gemessen wurden, modellieren lässt. Allerdings sind diese Methoden immer schlechter im Vergleich zu der tatsächlichen Messung und expliziten Modellierung. Wie auch immer, Längsschnittdesigns und Modelle wie das in Abbildung 17 haben gegenüber Querschnittdesigns den Vorteil, dass zeitlich vorher liegende Drittvariableneffekte keinen Einfluss auf die modellierten Effekte mehr haben. Mit anderen Worten, Kausalinterpretationen der gefundenen Effekte – wie z. B. von β_2 in Abbildung 17 – sind wesentlich plausibler als Kausalinterpretationen von Korrelationen, die auf Querschnittsdaten basieren. Das gilt auch für den nächsten Fall der synchronen Effekte.

Sollen zeitverzögerte Effekte mittels einer Regressionsanalyse geprüft werden, so wird auch hier hierarchisch vorgegangen. Sie stellt aber eher eine Konvention denn ein Muss dar; auch ein nicht hierarchisches Vorgehen ist angemessen. Stellen wir uns eine fiktive Studie vor, in welcher der zeitverzögerte Einfluss des HSP auf die AZ untersucht werden soll. Tabelle 6 zeigt hierzu eine fiktive Korrelationstabelle.

Tabelle 6:
Korrelationen eines fiktiven 2V2W-Beispiels ($N = 1.000$)

	M	**SD**	**HSP T1**	**AZ T1**	**HSP T2**
HSP T1	.00	1.00			
AZ T1	.00	1.00	.50**		
HSP T2	.00	1.00	.80**	.50**	
AZ T2	.00	1.00	.50**	.80**	.60**

Anmerkung: ** $p < .01$ (zweiseitig).

In einer hierarchischen Regression wird AZ T2 (AV) auf AZ T1 und HSP T1 (UV) zurückgeführt. Im ersten Block wird nur der Ausgangswert der AV, also hier AZ T1, eingeführt. Dadurch wird es im zweiten Schritt möglich, durch den HSP die Residuen – sprich die Veränderung – in der AZ vorherzusagen. Die Ergebnisse werden dabei typischerweise so wie hier in Tabelle 7 dargestellt.

Die Ergebnisse zeigen, dass der HSP T1 signifikant zur Vorhersage der AZ T2 beiträgt. Es wird durch den HSP T1 zusätzlich 1 % Varianz aufgeklärt, die durch die Stabilität der AZ allein nicht erklärbar ist. Das ist zwar nicht sehr viel, aber durchaus nicht sehr ungewöhnlich für zeitverzögerte kausale Effekte. Wie es scheint, ist mit dem vorliegenden fiktiven Ergebnis eine Standardhypothese der Arbeitspsychologie belegt. Nichts scheint zumindest dagegen zu sprechen. Eine Analyse von exakt diesem unvollständigen Panel-Modell mittels SEM würde übrigens die gleichen Ergebnisse hervorbringen.

Tabelle 7:
Fiktives Beispiel einer zeitverzögerten Regressionsanalyse I (N = 1.000)

Schritt	Arbeitszufriedenheit T2		
	B	*SE B*	β
1 Konstante	.00	.02	
Arbeitszufriedenheit T1	.73	.02	.73**
		ΔR^2 = .64 F = 1774.22**	
2 Handlungsspielraum T1	.13	.02	.13**
		ΔR^2 = .01 F = 38.35**	

Anmerkungen: B = Regressionsgewicht, $SE\ B$ = Standardfehler von B, β = standardisiertes Regressionsgewicht. Alle Regressionskoeffizienten wurden dem letzten Schritt der Regressionsgleichung entnommen. Für den ersten Schritt $df1$ = 1, $df2$ = 998. Für den zweiten Schritt $df1$ = 1, $df2$ = 997.
** $p < .01$ (zweiseitig).

4.2.3.2 Synchrone Effekte

Ein Längsschnittmodell mit synchronen Effekten ist in Abbildung 18 dargestellt. Abbildung 18 zeigt, dass der vermutete synchrone Kausaleffekt nur zu T2, nicht aber zu T1 modelliert wird. Zu T1 wird nur eine einfache Korrelation zugelassen. Der Grund dafür ist, dass der Zusammenhang zwischen HSP und AZ vermutlich mehrere Ursachen hat: (1) Kausaleffekte von HSP auf AZ, die aufgrund der Trägheit der Variablen in T1 enthalten sind. (2) Mögliche Drittvariablen, die sowohl AZ und HSP zu T1 oder davor beeinflusst haben, die aber in dem Modell nicht berücksichtigt wurden. (3) Umgekehrte Kausaleffekte von AZ T1 auf HSP T1. All diese Möglichkeiten werden durch die einfache Korrelation statistisch kontrolliert. Würde man anstelle dessen aber den Effekt wie zu T2 modellieren (HSP T1 wirkt auf AZ T1), dann sind die beiden anderen Möglichkeiten nicht vollständig kontrolliert, und das Modell produziert u. U. größere Fehler in den Parameterschätzungen. Daher sollte zu T1 im Längsschnitt *immer* eine einfache Korrelation modelliert werden.

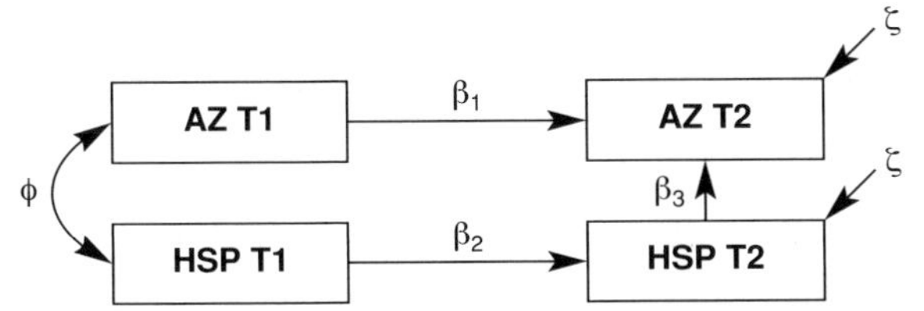

Abbildung 18:
Synchrone Effekte im Längsschnitt

Synchrone Effekte werden im Längsschnitt dann modelliert, wenn das Untersuchungsintervall so groß ist, dass ein synchroner Effekt zu T2 dem „wahren" Zeitintervall ähnlicher ist als ein zeitverzögerter Effekt von T1 nach T2 (z. B. Dwyer, 1983).

Dieses Modell lässt sich nun nicht mehr so ohne weiteres durch Regressionsanalysen abbilden. Mittels SEM ausgewertet sehen die Ergebnisse aber grafisch veranschaulicht so aus, wie es in Abbildung 19 dargestellt ist. Auch dieses Ergebnis spricht für die Standardhypothese. Allerdings gibt es ein erstes Warnsignal, dass das Modell nicht richtig sein kann. Der Chi-Quadrat-Wert des Modells ist mit 58.38 (df = 2, $p < .01$) sehr hoch. Dies zeigt, dass es mindestens ein besseres Modell zur Erklärung der Daten geben muss. Dies ist aber nicht jenes Modell, welches anstelle des synchronen Effekts einen zeitverzögerten Effekt von HSP T1 auf AZ T2 annimmt, denn jenes Modell hat einen noch schlechteren Fit (Chi-Quadrat = 180.86, $df = 2$, $p < .01$). Wir werden später darauf zurückkommen. Aber es sollte schon jetzt deutlich geworden sein, dass

- eine Beschränkung auf die Analyse zeitverzögerter Effekte mittels Regressionsanalysen (unvollständiges Panel-Modell) nur im Falle fehlender Signifikanz Hinweise gegen ein bestimmtes Modell liefern kann,
- die Analyse synchroner Effekte mittels SEM Hinweise liefert, ob die Annahme eines synchronen Effekts evtl. nicht korrekt ist, obschon der Effekt signifikant wird,
- die Analyse zeitverzögerter Effekte in einem vollständigen Panel-Modell mittels SEM Hinweise liefern kann, ob die Annahme zeitverzögerter vs. synchroner Effekte eher angemessen ist.

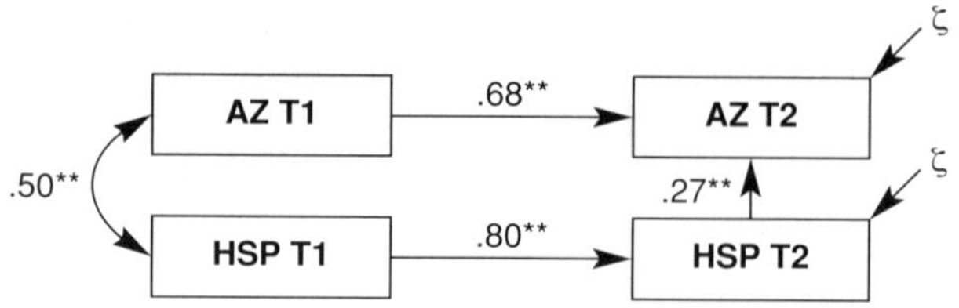

Abbildung 19:
Fiktives Beispiel eines simultanen Effektes in SEM ($N = 1.000$)

4.2.3.3 Analyse von Daten aus mehr als zwei Erhebungswellen: Mehrwellenmodelle

Die Analyse von Daten mit mehr als zwei Erhebungswellen bringt entscheidende Vorteile dann, wenn spezielle, Nicht-standard-Modelle überprüft werden sollen. Dazu gehören z. B. die Modellierung von State-trait-Modellen (Dormann et al., 2006) oder latente Wachstumsmodelle (Garst et al., 2000). Ohne hier im Detail darauf eingehen zu können, sei kurz erwähnt, dass bei State-trait-Modellen die Varianz eines Konstrukts in unterschiedlich stabile, hypothetische Varianzquellen (Traits, States u. a. m.) zerlegt wird. So konnten Dormann et al. (2006) beispielsweise zeigen, dass der AZ zu 24,25 % eine stabile Varianzquelle (vermutlich im Wesentlichen Persönlichkeitsmerkmale) zugrunde liegt, zu 62,00 % eine Varianzquelle, die sich über die Zeit verändert (vermutlich im Wesentlichen aufgrund des Einflusses von Arbeitsbedingungen) und zu 13,75 % zeitlich fluktuierende Einflussfaktoren (vermutlich im Wesentlichen Stimmungsschwankungen). Um solche hypothetischen Varianzquellen identifizieren zu können, benötigt man mehr empirische Informationen, als sie durch nur zwei Erhebungswellen geliefert wird. Wachstumsmodelle (Garst et al., 2000) spielen vor allem in Disziplinen eine Rolle, in denen Wachstums-, Reifungs- und Entwicklungsprozesse betrachtet werden. Hinzu kommen Zeitreihenanalysen, die Aufschlüsse über lineare und nicht lineare (z. B. polynomiale oder zyklische) Trends über die Zeit liefern (z. B. Paul et al., 2005).

Hier wollen wir jetzt kurz beschreiben, wie typische Mehrwellenmodelle aussehen. Für Mehrwellenmodelle erweisen sich nun endgültig einfache Regressionsmodelle als unbrauchbar, die für die bisher diskutierten Analysen noch ebenbürtig zu den SEM waren. Zwar lassen sich einige der im Folgenden gezeigten SEM noch durch Regressionsanalysen approximieren, spätestens bei bestimmten statistischen Prüfverfahren wird dies jedoch sehr aufwendig bzw. diese sind für Regressionsanalysen noch gar nicht bekannt. Wir werden dabei immer ein 3-Wellen-Modell erörtern. Eine Erweiterung auf vier oder mehr Wellen ist für diese Art von Modellen trivial.

Mediatormodelle. Einen geradezu idealtypischen Verwendungszweck stellen Mehrwellenmodelle für das Testen von *Mediatoreffekten* dar (vgl. Dormann & Zapf, 2002). Ein Mediatormodell mit einfach zeitverzögerten Effekten – Effekte, die jeweils von einem zum nachfolgenden Messzeitpunkt reichen – ist in Abbildung 20 dargestellt. Dieses Modell analysiert, ob die Arbeitsleistung (LST) zwischen dem HSP und der AZ mediiert.

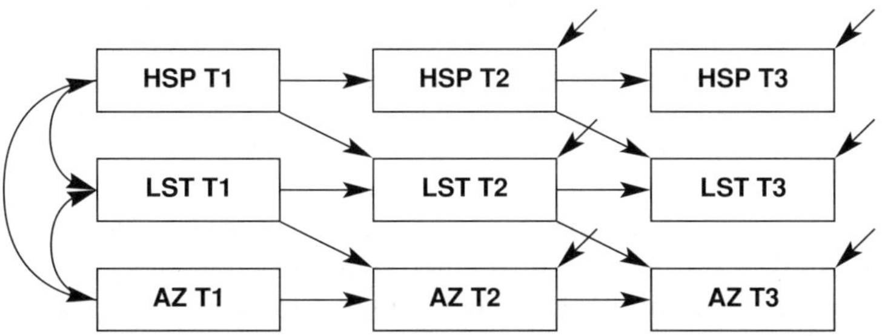

Abbildung 20:
Mediatormodell mit einfach zeitverzögerten Effekten im Mehrwellenmodell

Bei Mediatormodellen stellt sich im Allgemeinen die Frage, ob ein vermeintlicher Mediator (1) tatsächlich ein Mediator ist. Dies ist in Abbildung 20 dann der Fall, wenn der Effekt von HSP T1 auf LST T2 und der Effekt von LST T2 auf AZ T3 signifikant werden (und das Modell einen guten Fit aufweist).

Die zweite Frage ist oft: (2) Handelt es sich um einen *vollständigen Mediator* oder um einen *partiellen Mediator*? Im Abschnitt über Mediatoren im Querschnitt haben wir auf die Interpretationsprobleme bei der partiellen Mediation hingewiesen. Im Längsschnitt lassen sich diese Probleme lösen. Die Frage nach vollständiger oder partieller Mediation lässt sich beantworten, indem ein weiterer Effekt modelliert wird, nämlich ein direkter Effekt von HSP T1 auf AZ T3 (vgl. hierzu das entsprechende Querschnittsmodell in Abb. 9). Mittels eines Chi-Quadrat-Differenzen-Tests (Bentler & Bonett, 1980) lässt sich prüfen, ob dieses erweiterte Modell die empirischen Daten besser erklärt als ein Modell ohne die direkten Effekte. (A) Wenn das erweiterte Modell nicht signifikant besser fittet, aber Bedingung (1) zutrifft (vgl. vorhergehender Absatz), dann handelt es sich bei LST um einen *vollständigen Mediator*. Wenn das erweiterte Modell signifikant besser fittet, dann kann man folgern, dass die Annahme eines direkten Effekts von HSP T1 auf AZ T3 notwendig ist. (B) Ist in diesem erweiterten und signifikant besseren Modell der Effekt von LST T2 auf AZ T3 nicht mehr signifikant, dann ist LST auch *kein Mediator*. Vielmehr werden sowohl LST als auch AZ von HSP als einer gemeinsamen Drittvariable beeinflusst. (C) Ist in dem erweiterten und signifikant besseren Modell der Effekt von LST T2 auf AZ T3 aber immer noch signifikant, dann handelt es sich bei LST um einen *partiellen Mediator.*

Konsistenzprüfung. Mehrwellenmodelle bieten auch die Möglichkeit, die Konsistenz eines Effekts über die Zeit zu testen. Beispielsweise ließe sich testen, ob der Effekt des HSP auf die LST in Abbildung 20 über die Zeit invariant bleibt. Dies entspricht einer Replikation innerhalb der gleichen Stichprobe und würde die Existenz des Effekts an sich untermauern. Eine Generalisierung des gefundenen Effekts über die Zeit ist damit möglich. Dies ist für die psychologische Forschung von immenser Bedeutung, weil Effekte, die nur innerhalb eines kurzen Zeitfensters Gültigkeit besitzen, von begrenztem wissenschaftlichen Wert sind (vgl. Cohen et al., 2003).

Zur Überprüfung zweier Koeffizienten auf Gleichheit können diese in SEM so fixiert werden, dass für beide Koeffizienten derselbe Parameter geschätzt wird (vgl. Jöreskog & Sörbom, 1996). Man spricht hier auch von einer Gleichsetzungseinschränkung (equality constraint). Dadurch, dass anstelle von zwei Parametern nur noch einer geschätzt wird, spart man einen Freiheitsgrad. Ein Modell mit einer derartigen Gleichsetzungseinschränkung wird zwar generell den empirischen Daten nicht so gut entsprechen wie das Modell ohne diese Einschränkung (d. h., der Chi-Quadrat-Wert wird steigen). Es lässt sich mittels eines Chi-Quadrat-Differenzen-Tests (Bentler & Bonett, 1980) aber prüfen, ob diese Verschlechterung signifikant ist. Ist sie es nicht, entscheidet man sich dafür, die Gleichsetzungseinschränkung zu akzeptieren. Bei mehr als drei Wellen kann man analog verfahren.

Prüfung unterschiedlicher Messintervalle. Liegen drei Erhebungswellen vor, kann man prüfen, ob ein zeitverzögerter Effekt von T1 nach T3 zu einer besseren Modellanpassung führt als zwei zeitverzögerte Effekte von T1 nach T2 bzw. von T2 nach T3 (vgl. Dormann & Zapf, 2002). Allerdings bietet sich hier nicht die Möglichkeit, zwischen den unterschiedlichen Modellen mittels eines Chi-Quadrat-Differenzen-Tests zu entscheiden. Dies liegt daran, dass ein Modell mit zwei einfach verzögerten Effekten und ein Modell mit einem zweifach verzögerten Effekt nicht ineinander geschachtelt (genestet) sind.

Um zwischen Modellen mit unterschiedlichen Graden an zeitverzögerten Effekten zu unterscheiden, sind zum einen die Effekte der jeweiligen Modelle an sich aufschlussreich. Zum anderen gibt es eine Reihe von Fit-Indizes, die zur Abschätzung hilfreich sind, welches Modell präferiert werden sollte (z. B. Bollen & Long, 1993; Schermelleh-Engel et al., 2003). Eine wichtige Rolle spielt hier z. B. der AIC als Fit-Maß, weil er recht sensibel auf unterschiedliche Modellanpassungen reagiert und selbst kleine Unterschiede zwischen Modellen sichtbar werden lässt. Ausführliche Beispiele für derartige Modellvergleiche finden sich beispielsweise in Dormann und Zapf (2002).

4.2.4 Die Überprüfung von umgekehrter Verursachung

Bereits recht früh haben wir erörtert, warum man in der Regel keine Differenzwerte modellieren sollte. Ein weiterer Nachteil wäre, dass man damit auch die Anzahl der Variablen im Modell von vier (Ausgangswerte) auf zwei (Differenzwerte) reduzieren würde. Informationstheoretisch formuliert ist der Verlust noch deutlicher: Anstelle von vier Varianzen und sechs Kovarianzen (zehn empirische Informationen) hat man nur zwei Varianzen und eine Kovarianz (drei empirische Informationen) als Informationsquelle zur Modellschätzung zur Verfügung. Damit ist selbst in einem sehr einfachen Modell ein erheblicher Verlust an Freiheitsgraden verbunden. Kommen zu diesem Fall von nur einem Prädiktor und nur einem Kriterium weitere Variablen hinzu, nimmt der Informationsverlust extrem zu. Die besonderen Vorteile von Längsschnittstudien, wie z. B. die Möglichkeit zum Testen umgekehrter Verursachung, sind aber auf diese Freiheitsgerade angewiesen.

Warum ist das Testen auf umgekehrte Verursachung überhaupt wichtig? Im Querschnitt gibt es diese Möglichkeit ja nicht, sodass dort selbst bei Kontrolle aller Drittvariablen immer die Frage offen bleiben muss, in welche Richtung der Kausaleffekt läuft. Dass es in der Tat leicht möglich ist, dass sich die vorherrschende theoretische Ansicht über die Richtung eines Kausaleffekts ändern

Tabelle 8:
Fiktives Beispiel einer zeitverzögerten Regressionsanalyse II (N = 1.000)

Schritt	Handlungsspielraum T2		
	B	*SE B*	β
1 Konstante	.00	.02	
Handlungsspielraum T1	.73	.02	.73**
		ΔR^2 = .64 F = 1774.22**	
2 Arbeitszufriedenheit T1	.13	.02	.13**
		ΔR^2 = .01 F = 38.35**	

Anmerkungen: B = Regressionsgewicht, $SE\ B$ = Standardfehler von B, β = standardisiertes Regressionsgewicht. Alle Regressionskoeffizienten wurden dem letzten Schritt der Regressionsgleichung entnommen. Für den ersten Schritt $df1$ = 1, $df2$ = 998. Für den zweiten Schritt $df1$ = 1, $df2$ = 997.
** $p < .01$ (zweiseitig).

kann, sieht man beispielsweise anhand des Zusammenhangs zwischen AZ und LST (Judge, Thoresen, Bono & Patton, 2001).

Dass dies wichtig ist, zeigt das folgende Beispiel: Die Hypothese sei, dass AZ zu mehr HSP führt, also genau der umgekehrte Zusammenhang zu dem, der häufig postuliert wird. Wir haben die Daten aus Tabelle 6 nun nochmals analysiert, aber dabei umgekehrte Verursachung angenommen. Die Ergebnisse sind in Tabelle 8 dargestellt.

Es fällt auf, dass die Ergebnisse in Tabelle 8 denen in Tabelle 7 exakt gleichen. Die AZ T1 trägt signifikant zur Vorhersage des HSP T2 bei. Es wird durch die AZ T1 zusätzlich 1 % Varianz aufgeklärt, die durch die Stabilität des HSP allein nicht erklärbar ist. Wie es scheint, ist mit dem vorliegenden fiktiven Ergebnis eine Standardhypothese der Arbeitspsychologie widerlegt: Kommt die Korrelation von AZ und HSP dadurch zustande, dass die AZ den HSP beeinflusst und nicht umgekehrt?

Nun stehen wir allerdings vor dem Problem, dass die hierarchische Regressionsanalyse und die SEM-Modelle mit synchronen und zeitverzögerten Effekten doch auch für einen Effekt von HSP auf AZ sprechen. Trifft eventuell beides zu? Gibt es reziproke Effekte? Diese Frage lässt sich nicht mittels Regressionsanalyse beantworten. Das Problem ist, dass bei einer simultanen Berücksichtigung reziproker Effekte die Ergebnisse ganz anders ausfallen können, als wenn

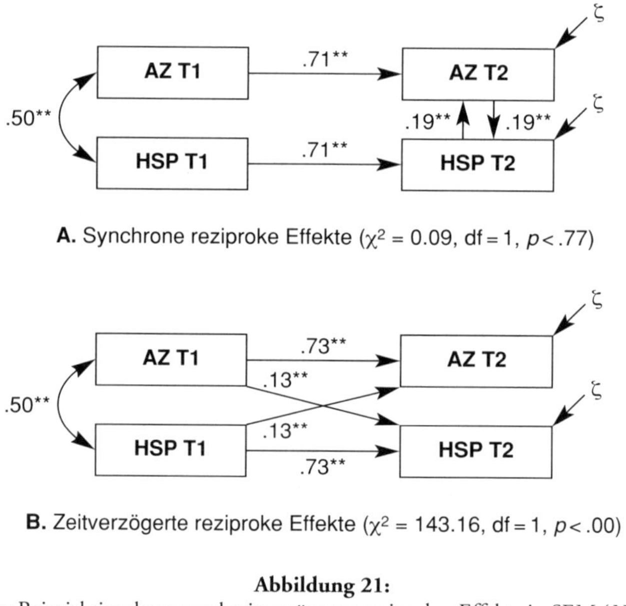

Abbildung 21:
Fiktives Beispiel simultaner und zeitverzögerter reziproker Effekte in SEM ($N = 1.000$)

nur einer der beiden Effekte berücksichtigt wird. Aber mittels SEM lässt sich dieser Frage nachgehen.

Im oberen Teil der Abbildung 21 sind die Ergebnisse der Analyse reziproker synchroner Effekte zu sehen und im unteren Teil entsprechend dem Modell mit reziproken zeitverzögerten Effekten. Etwas ungewöhnlich im Vergleich zu einem empirischen Beispiel ist sicher, dass die reziproken Effekte identische Größe haben, was in der Forschungspraxis in dieser Form kaum vorkommt. Auch sind alle Effekte signifikant, unabhängig davon, ob sie synchron oder zeitverzögert angenommen werden (Mischformen sind natürlich auch noch denkbar). Schließlich wird deutlich, dass das Modell mit synchronen Effekten den Daten wesentlich besser entspricht als das Modell mit zeitverzögerten Effekten. Das synchrone Modell weist einen praktisch perfekten Modell-Fit auf.

Damit bleibt festzuhalten, dass eine Analyse synchroner vs. zeitverzögerter Effekte ebenso unerlässlich ist wie die Analyse der hypothetischen Wirkrichtung, also auch der umgekehrten Verursachung sowie, bei Evidenz für beide Wirkrichtungen, auch Modelle mit reziproken Kausalbeziehungen. Unter Umständen liefert sogar eine einzelne Regressionsanalyse mit einem zeitverzögerten Effekt Evidenz für Effekte, die gar nicht existieren. Wenn man schon die Mühen der Umsetzung eines Längsschnittprojekts auf sich genommen hat, dann sollte man auf jeden Fall nicht davor scheuen, die Daten unter verschiedenen Blickwinkeln zu analysieren und sein eigener „advocatus diaboli" zu sein.

4.2.5 Statistische Kontrolle verfügbarer Drittvariablen

Drittvariablen können durchaus auch im Längsschnitt unerwünschte artifizielle Zusammenhänge erzeugen. Drittvariablen haben oft Effekte, die über T1 hinaus wirken. Diese können sein (Zapf et al., 1996): (a) *Occasion-factors:* Drittvariablen, die nur zu T2 wirksam sind (z. B. bei Selbstauskünften die Stimmung zum Zeitpunkt der Erhebung zu T2); (b) *Background-factors:* Drittvariablen, die kontinuierliche Effekte auf die fokalen Variablen ausüben, ohne dass sie sich selbst verändern (z. B. das Bildungsniveau der Eltern; Geschlecht); (c) *Changing-factors:* Drittvariablen, die sich über die Zeit verändern und deren veränderte Ausprägung neue Effekte auf die fokalen Variablen zu späteren Zeitpunkten ausüben (z. B. das Engagement bei der Arbeit).

Solche potenziellen Drittvariablen sollten immer gemessen und ihr Einfluss modelliert (statistisch kontrolliert) werden. Fehler, die man in der Literatur in diesem Zusammenhang verschiedentlich findet, sind z. B., dass die Effekte von Background-factors wie das Geschlecht zwar zu T1 modelliert werden, aber deren Effekt zu T2 ausgelassen wird. Einem solchen Modell fehlt in der Regel die interne Validität: Wenn ein Background-factor die fokalen Variablen *vor* T1 beeinflusst hat, dann sollte er es auch *nach* T1 tun. Zwar ist der Effekt eines Background-factors auf eine fokale Variable zu T1 meist deutlich größer als auf die gleiche fokale Variable zu T2, weil die Einwirkungsphase vor T1 typischerweise länger ist als die Einwirkphase zwischen T1 und T2, aber aus Konsistenzgründen müsste man einen solchen Effekt auf die T2-Variablen annehmen (z. B. Jonge et al., 2001). Andernfalls bräuchte man eine gute Theorie, die erklärt, warum der Background-factor just nach T1 keine Effekte mehr hat. Ein weiterer, durchaus verbreiteter Fehler ist, Changing-factors, z. B. mittelmäßig stabile Persönlichkeitsmerkmale wie NA, nur zu T1, aber nicht zu T2 zu erheben. Dies wäre nötig, da sich Changing-factors per definitionem zwischen den beiden Messzeitpunkten verändern. Stattdessen werden veränderliche Drittvariablen ebenfalls oft nur zu T1 erhoben. Hier finden sich dann zwei Varianten. Im günstigen Fall wird zumindest ein Einfluss dieser Changing-factors sowohl auf die fokalen T1- als auch die fokalen T2-Variablen modelliert. Im ungünstigen Fall werden die Effekte auf die fokalen Variablen zu T2 auch noch weggelassen (z. B. Jonge et al., 2001).

4.2.5.1 Hierarchische Regression

Die statistische Kontrolle gemessener Drittvariablen mittels der hierarchischen Regression erfolgt als eine Kombination der oben aufgezeigten zeitverzögerten Regressionsanalyse mit einer Ergänzung: Wie auch schon bei den querschnittlichen hierarchischen Regressionsanalysen werden in einem weiteren Block die Drittvariablen eingeführt. Da diese Drittvariablen der Logik nach sowohl die UV als auch die AV zu *jedem* Messzeitpunkt beeinflussen, werden sie in den ersten Block der hierarchischen Regressionsanalyse eingefügt. Im zweiten Block folgt dann die AV T1. Im dritten Block wird dann die UV T1 hinzugenommen. Die Darstellung und die Interpretation erfolgt analog zu den Interpretationen, wie sie für Tabelle 7 bzw. Tabelle 8 vorgenommen wurden.

4.2.5.2 Strukturgleichungsmodelle

Die statistische Kontrolle von gemessenen Drittvariablen in SEM ist denkbar einfach. Implizit haben wir nämlich schon verschiedene SEM-Modelle vorgestellt, in denen Drittvariablen diskutiert wurden. Und zwar handelt es sich um die Längsschnittmodelle, in denen ja der Ausgangswert einer AV (z. B. AZ T1) kontrolliert wurde, als es darum ging, mit HSP T1 die AZ T2 vorherzusagen.

Analog ist bei der Kontrolle weiterer Drittvariablen zu verfahren. An dieser Stelle müssen wir zwei weitere Fachbegriffe einführen, nämlich die Unterscheidung zwischen *exogenen* und *endogenen Variablen* (z. B. Jöreskog & Sörbom, 1996). Den Begriff der exogenen Variablen kann man praktisch mit dem Begriff UV gleichsetzen. Die Bezeichnung exogen soll verdeutlichen, dass die Ursachen dieser Variablen außerhalb des Modells liegen und gar nicht erst versucht wird, diese Variable (bzw. ihre Varianz) zu erklären. Eine endogene Variable hingegen ist nicht mit einer AV gleichzusetzen. Dies hat damit zu tun, dass in SEM bestimmte Variablen zugleich UV als auch AV sein können. Dabei handelt es sich in der Regel um Mediatorvariablen.

Drittvariablen sind nun praktisch immer als exogene Variablen aufzufassen. In SEM werden nun typischerweise die Korrelationen zwischen allen exogenen Variablen geschätzt. Wir haben bereits festgestellt, dass dies bei Regressionsanalysen „automatisch" gemacht wird, bei SEM muss der Benutzer dies aber in der Regel explizit zulassen. In der Sprache der SEM heißt dies, dass die entsprechenden Parameter freigesetzt werden müssen. Nur in extremen Ausnahmefällen ist dies nicht der Fall. Will man beispielsweise den erlebten Ärger bei der Arbeit durch NA vorhersagen und gleichzeitig die Anzahl der roten Ampelphasen auf dem Weg zur Arbeit statistisch kontrollieren, dann kann auf die Korrelation zwischen NA und Anzahl roter Ampelphasen verzichtet werden. Es ist kaum anzunehmen, dass diese Variablen zusammenhängen (allerdings kommt daher die Anzahl roter Ampelphasen auch nicht mehr als Drittvariable in Betracht). Ein anderes Beispiel ist der Fall, in dem eine exogene Variable binär ausgeprägt ist und die Zugehörigkeit zu einer Experimental- vs. Kontrollgruppe kodiert. Bei einer echten Randomisierung sollte diese Variable mit keiner weiteren exogenen Variablen korrelieren.

4.2.6 Statistische Kontrolle nicht verfügbarer Drittvariablen

Wir haben bereits angesprochen, dass beim Vorliegen von Längsschnittdaten mit SEM sogar Drittvariablen statistisch kontrolliert werden können, die gar nicht erhoben wurden und daher für eine explizite Modellierung auch nicht zur Verfügung stehen. Dies ist bis auf wenige Ausnahmen eine komplexe Thematik, die hier nur kurz angerissen wird. Der interessierte Leser sei z. B. auf Dormann (2001), Dormann und Zapf (2002), Kenny (1979) und Mauro (1990) verwiesen.

Bestimmte Charakteristika von Drittvariablen werden anhand der Terminologie von Dormann (2000) deutlicher, die in Tabelle 9 dargestellt ist. Im Prinzip lassen sich alle diese Arten von Drittvariablen modellieren, auch wenn sie nicht gemessen wurden. Die Einschränkung ist dabei allerdings, dass mehr als zwei unterschiedliche Formen ungemessener Drittvariablen praktisch nie modelliert werden können. Von diesen zwei ist eine Möglichkeit immer *notwendig*, nämlich die spezifischen Occasion-factors. Dies ist technisch gesehen nichts anderes als die unaufgeklärte Varianz einer Variablen.

Tabelle 9:
Terminologie von Drittvariablen (nach Dormann, 2000)

Stabilität	**Anzahl der beeinflussten fokalen Variablen**		
	eine	einige	alle
keine (0.0)	spezifischer Occasion-factor[a)]	partieller Occasion-factor[b)]	gemeinsamer Occasion-factor
mittlere (> 0; < 1)	spezifischer Changing-factor	partieller Changing-factor	gemeinsamer Changing-factor
perfekte (1.0)	spezifischer Background-factor	partieller Background-factor	gemeinsamer Background-factor

Anmerkungen: a) Cattell (1957, 1964) nannte diese Art von Einflussfaktoren *state fluctuation*, und James (1980) bezeichnete sie als *random shocks*.
b) Dwyer (1983) bezeichnete nur solche Variablen als Occasion-factors, die genau zwei Variablen beeinflussten.

Von den verschiedenen in Tabelle 9 aufgeführten Drittvariablen finden nur zwei in der Forschungspraxis Berücksichtigung. Dies sind die Occasion-factors und in einer sehr speziellen Variante die gemeinsamen Changing-factors (synchronous common factor model, Kenny, 1979). Beide werden hier kurz vorgestellt.

4.2.6.1 Occasion-factors

Occasion-factors oder „situationsspezifische Faktoren" sind Drittvariablen, die absolut keine Stabilität oder Test-Retest-Korrelation über die Zeit aufweisen (Dwyer, 1983). Inhaltlich kommen hier Faktoren wie die Stimmung, die Wetterlage oder spezifische betriebliche Ereignisse zur Zeit einer psychologischen Messung infrage.

Betrachten wir zunächst den Fall eines spezifischen Occasion-factors. Nehmen wir an, uns interessierte der Zusammenhang zwischen der eigenen Stimmung bei der Arbeit und der Anzahl der roten Ampeln auf dem Weg zur Arbeit. Betrachten wir weiterhin das Wetter als potenzielle Drittvariable, die wir nicht gemessen haben. Das Wetter dürfte kaum einen Einfluss auf die Anzahl der roten Ampeln haben, aber die Stimmung bei der Arbeit könnte vom Wetter abhängen. In unserem untersuchten System wird also nur eine der Variablen vom Wetter beeinflusst – daher ist die Drittvariable spezifisch.

Weiterhin ist in einem Längsschnitt kaum davon auszugehen, dass die Wetterbedingungen, die zum Zeitpunkt der Befragung bei den Befragten vorherrschten, über die Zeit korreliert sind. Findet z. B. die Erhebung nur in einer Firma statt und wird sie an nur einem Vormittag durchgeführt, dürfte bei allen Befragten das Wetter annähernd gleich sein. Die Varianz ist daher Null, und die Kovarianz mit einer zukünftigen Messung ebenfalls. Daher handelt es sich bei dem Einfluss des Wetters um einen Occasion-factor und nicht um einen Background-factor oder einen Changing-factor.

Ein spezifischer Occasion-factor ist nun nichts anderes als die unaufgeklärte Varianz einer (latenten) Variablen. In SEM wird dies typischerweise als ζ (Zeta) bezeichnet. Zeta wirkt meist nur auf eine Variable (daher spezifisch) und ist über die Zeit unkorreliert (daher occasion).

Interessant wird es nun, wenn ein Occasion-factor mehr als eine Variable beeinflusst und somit einen partiellen oder einen gemeinsamen Occasion-factor darstellt. Solche Einflussfaktoren lassen sich in SEM sehr gut abfangen, und dies ist schon seit längerer Zeit gute Praxis (z. B. Marcelissen, Winnubst, Buunk & de Wolff, 1988).

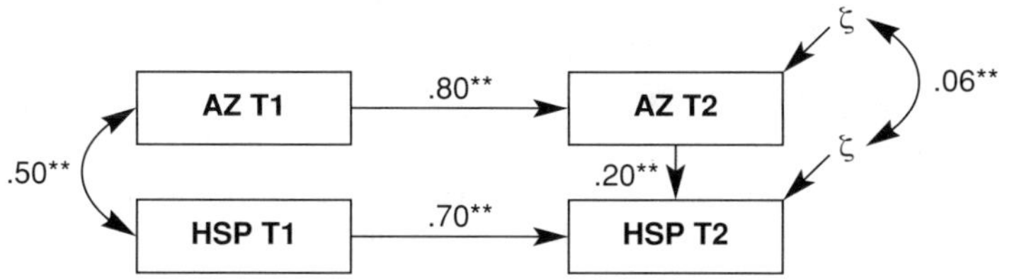

Abbildung 22:
Ein common Occasion-factor-Modell

Ein Occasion-factor-Modell basierend auf den Daten aus Tabelle 6 ist in Abbildung 22 gezeigt. Man sieht, dass der Occasion-factor durch die Korrelation der unaufgeklärten Varianzen (auch latente Messfehler genannt) abgebildet wird. Der Modell-Fit (Chi-Quadrat = 37.70, df = 1, $p < .01$) ist zwar schlechter als der des zuvor (Abb. 21, Modell A) dargestellten synchron-reziproken Modells (Chi-Quadrat = 0.09, df = 1, $p = .77$), aber besser als die zuvor dargestellten Modelle (Abb. 19, Modell A) mit nur einem synchronen Pfad (Chi-Quadrat = 58.38, df = 2, $p < .01$). Dies zeigt, dass es „etwas" gibt, was über den Effekt von AZ T2 auf HSP T2 zu der Beziehung zwischen diesen beiden Variablen beiträgt. Wie die vorhergehenden Ergebnisse nahelegen, ist dieses „Etwas" ein reziproker Effekt. Interessant ist, dass durch den Occasion-factor der kausale Effekt von AZ T2 auf HSP T2 fast richtig geschätzt wird (.20 statt .19). Selbst das reziproke, aber mit zeitverzögerten Effekten fehlspezifizierte Modell lieferte mit .13 eine deutlich schlechtere Schätzung. Tatsächlich erweisen sich Occasion-factors als recht potent, wenn es um die Vermeidung von Verzerrungen in Parameterschätzungen geht (Dormann, 2000).

4.2.6.2 Changing-factors und die Cross-lagged-panel-correlation-Technik

Ungemessene Occasion-factors lassen sich gut modellieren, weil sie über die Zeit hinweg unkorreliert (perfekt instabil) sind. Das heißt, die Ausprägungen eines Occasion-factors für eine Person zu T1 und T2 sind unabhängig voneinander. Problematischer wird es, wenn diese Unabhängigkeit nicht gegeben ist. Es lassen sich die beiden Fälle teilweiser und vollständiger Abhängigkeit unterscheiden. Im ersten Fall kann man von Changing-factors, im zweiten Fall von Background-factors sprechen (vgl. Tab. 9). Dormann (2000) hat gezeigt, dass die Modellierung ungemessener Background-factors problematisch ist und quasi nie zu besseren Ergebnissen führt als Changing-factors oder Occasion-factor-Modelle. Daher werden wir hier nur auf die Changing-factor Modelle eingehen.

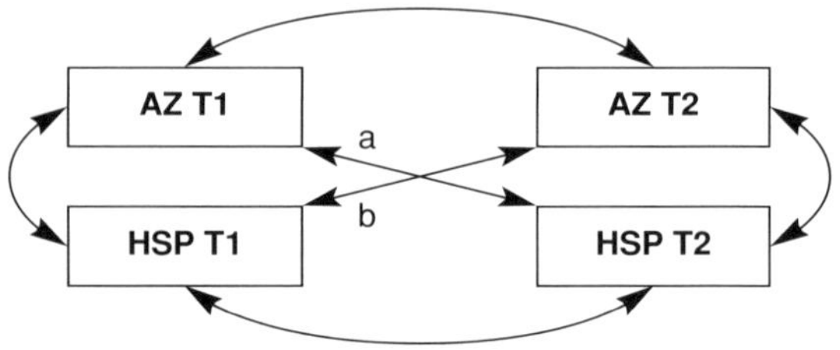

Abbildung 23:
Die CLPC-Technik

Ein seit langem bekanntes Modell zur „Kontrolle" von Changing-factors ist jenes theoretische Modell, was der Cross-lagged-panel-correlation-Technik (CLPC-Technik) zugrunde liegt. Da die Technik recht bekannt, die theoretischen Grundannahmen aber relativ unbekannt sind, wollen wir diese kurz erörtern.

Die CLPC-Technik wurde von Campbell und Stanley (1963) und Pelz und Andrews (1964) eingeführt, um kausale Beziehungen zwischen Variablen aufzuzeigen und wird in diesem Sinne auch noch häufig benutzt. Dabei werden die beiden zeitverzögerten Kreuzkorrelationen (vgl. Abb. 23) miteinander statistisch verglichen. Ist z. B. die Korrelation *b* von HSP T1 mit AZ T2 größer als die Korrelation *a* von AZ T1 mit HSP T2, dann wird das oft als Hinweis für einen kausalen Einfluss von HSP auf AZ interpretiert.

Allerdings hat bereits Kenny (1975) darauf hingewiesen, dass die CLPC-Technik in diesem Sinne nicht benutzt werden sollte, dass sie aber anderweitig Sinn macht. Und zwar kann man damit die Alternativhypothese zurückweisen, dass der Zusammenhang zwischen HSP und AZ nur durch eine Drittvariable zustande kommt. Allerdings kann man weder etwas über die kausale Wirkrichtung sagen, noch kann man *jede* Drittvariablenerklärung zurückweisen. Zurückgewiesen

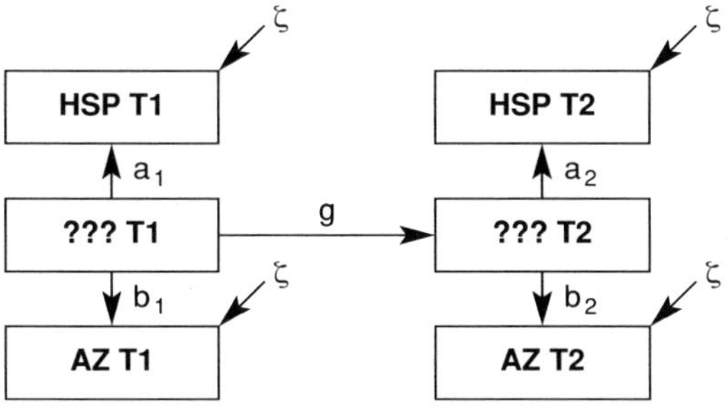

Abbildung 24:
Das synchrone Common-factor-Modell von Kenny (1979)

wird nur die Alternativhypothese, dass die Drittvariable ein „proportional-stationärer, synchroner Changing-factor" ist.

Dieses Wortungetüm lässt sich erklären. Die Bedeutung von „Changing-factor" haben wir bereits zuvor erläutert: Es geht um eine Drittvariable, die über die Zeit eine gewisse Stabilität besitzt. Diese ist in dem Modell aus Abbildung 24 mit g bezeichnet und lässt sich empirisch schätzen. Mit „synchron" ist gemeint, dass von dem Changing-factor T1 die Effekte auf die beiden fokalen Variablen ebenfalls zu T1 ausgehen und nicht auf die fokalen Variablen zu T2. Mit „proportional stationär" ist gemeint, dass sich das Verhältnis a_1 / b_1 über die Zeit nicht ändert, also gleich a_2 / b_2 ist. Gleich benötigen wir die Auflösung von $a_1 / b_1 = a_2 / b_2$ nach a_2. Die ist $a_2 = a_1 \times b_2 / b_1$.

Die Regeln der Pfadanalyse (z. B. Kenny, 1979) implizieren nun, dass sich die Korrelation von HSP T1 und AZ T2 aus $a_1 \times g \times b_2$ ergibt. Die Korrelation von AZ T1 und HSP T2 ergibt sich aus $b_1 \times g \times a_2$. Setzen wir in die letzte Gleichung anstelle a_2 nun $a_1 \times b_2 / b_1$ ein (s. o.), dann ist die durch das Modell implizierte Korrelation von AZ T1 und HSP T2 folglich $b_1 \times g \times a_1 \times b_2 / b_1$. Dies kürzt sich zu $g \times a_1 \times b_2$ und ist identisch zu der Korrelation von HSP T1 und AZ T2 (nämlich $a_1 \times g \times b_2$, s. o.). Mit anderen Worten, stimmt das Modell aus Abbildung 24, dann müssten beide zeitverzögerten Kreuzkorrelationen identisch sein. Sind die beiden zeitverzögerten Kreuzkorrelationen statistisch signifikant unterschiedlich, dann kann die Beziehung zwischen HSP und AZ nicht durch einen „proportional-stationären, synchronen Changing-factor" zustande kommen. Über die Richtung des Kausalzusammenhangs ist damit allerdings genauso wenig gesagt wie über den Einfluss anderer Arten von ungemessenen Drittvariablen.

Dormann (2001) hat gezeigt, wie sich bei der Analyse komplexerer Modelle mit mindestens drei fokalen Variablen (z. B. Mediatormodelle wie in Abb. 20) die Annahme proportionaler Stationarität aufgeben lässt. Damit bleibt nur die Annahme synchroner Effekte. Außerdem lassen sich dann sogar Kausaleffekte modellieren. Damit wird auch die Richtung des kausalen Effekts einer empirischen Analyse zugänglich. Ein empirisches Beispiel findet sich bei Dormann und Zapf (2002). Detaillierte Steueranweisungen, wie sich solche Modelle in SEM umsetzen lassen, sind bei Dormann (2000, 2001) im Detail gezeigt.

4.3 Schlussfolgerungen für Längsschnittstudien

Aus den gemachten Ausführungen lassen sich folgende Schlussfolgerungen für Längsschnittstudien ziehen:

1. Längsschnittstudien im organisationalen Kontext sind auf jeden Fall sehr aufwendig. Es ist oft schwierig, Firmen oder Institutionen zu überzeugen, dass mit aufwendigen Instrumenten innerhalb eines bestimmten Zeitraums mehrmals in gleicher Weise Erhebungen durchgeführt werden müssen. Aus diesem Grund wird man aus praktischen Gründen versuchen, den „Schwierigkeitsgrad" der Untersuchung nicht unnötig zu erhöhen. So gibt es nur sehr wenige Längsschnittstudien, in denen multiple Methoden eingesetzt wurden (eine Ausnahme ist beispielsweise Leitner & Resch, 2005).
2. Längsschnittstudien haben ihre Stärke darin, dass sie Möglichkeiten eröffnen, die Kausalitätsfrage zwischen Variablen zu untersuchen. Um dies zu tun, sollte Folgendes berücksichtigt werden:
   a) Wie die Ausführungen gezeigt haben, ist es erforderlich, alle Variablen, die von Interesse sind, zu allen Erhebungszeitpunkten zu messen.
   b) Für die meisten Zwecke reichen Designs mit zwei Erhebungswellen aus. Für anspruchsvollere Analysen, z. B. zur Modellierung des Einflusses nicht gemessener Drittvariablen, sind drei Erhebungswellen notwendig (Dormann, 2001). Für sogenannte State-Trait-Analysen sind sogar vier Wellen erforderlich (z. B. Dormann, Fay et al., 2006; Ormel & Schaufeli, 1991). Wachstumsmodelle und Zeitreihenanalysen benötigen u. U. Daten von noch mehr Erhebungswellen.
   c) Die Zeitintervalle zwischen den Erhebungswellen sind ein kritischer Faktor. Ist das gewählte Intervall zu kurz, lässt sich auch ein tatsächlich existierender Effekt nicht nachweisen (Dwyer, 1983). Ist das gewählte Intervall hingegen zu lang, sinkt die Größe der gefundenen Effekte. In einem solchen Fall findet man auch keine zeitverzögerten Effekte mehr, sondern Modelle mit synchronen Effekten zu T2 weisen typischerweise einen besseren Modell-Fit auf.
   d) Bei Längsschnittstudien wird man in der Praxis eher einfachere Modelle testen können. Der Grund liegt darin, dass die Zahl der Indikatoren sehr schnell steigt. Analysiert man beispielsweise ein Mediatormodell mit unabhängiger, Mediator- und abhängiger Variable mit jeweils drei Indika-

toren zu drei Messzeitpunkten, braucht man schon eine Matrix von 27 Variablen.

e) Kongenerische Drittvariablen können kontrolliert werden, wenn sie erhoben worden sind. Werden drei oder mehr fokale Variablen im Längsschnitt analysiert, können auch ungemessene Drittvariablen kontrolliert werden.

f) Methodeneffekte können auf ähnliche Weise kontrolliert werden wie im Querschnitt. Hier dürfte es in der Regel genügen, wenn zu T1 Korrelationen mit anderen exogenen Variablen modelliert werden. Gerade bei kurzen Zeitintervallen dürften Methodenartefakte im Längsschnitt kaum eine bedeutsame Rolle spielen.

3. Mediatoreffekte lassen sich analog zum Querschnitt modellieren. Zusätzlich zum Querschnitt lässt sich hier die kausale Richtung untersuchen, und partielle Mediation kann eindeutiger identifiziert werden.
4. Bei der Analyse von Moderatoreffekten im Längsschnitt besteht die Schwierigkeit, dass es keine klare Methodologie zur Analyse der Effekte im Längsschnitt gibt. Da sich im Prinzip immer zeitverzögerte von synchronen Effekten unterscheiden lassen, kommt bei der Analyse eines einzigen Moderatoreffekts immer eine von vier Kombinationen in Betracht: (A) UV T1 & Moderator T1, (B) UV T2 & Moderator T2, (C) UV T1 & Moderator T2 und (D) UV T2 & Moderator T1. In der Praxis wird praktisch ausschließlich die Variante (A) verwendet, allerdings ohne dies theoretisch zu begründen.

Wie die Übersichten zu Längsschnittstudien im Bereich der Arbeits- und Organisationspsychologie zeigen (z. B. Sonnentag & Frese, 2003; Zapf et al., 1996), wird das Potenzial von Längsschnittstudien nicht immer ausgeschöpft. Allerdings zeigt sich deutlich, dass sich in den letzten Jahren SEM als Analysemethode durchsetzt, während man beispielsweise Cross-lagged panel-Analysen CLPA immer weniger findet. 2-Wellen-Längsschnitte überwiegen bei weitem, was für viele Forschungsfragen auch genügt. Ein häufiges Problem ist nach wie vor, dass die Zeitabstände zwischen den Wellen wenig theoretisch reflektiert werden, sondern eher untersuchungspragmatisch zustande kommen. Auch kann man feststellen, dass theoretisch plausible Modelle, die eine umgekehrte Verursachung annehmen, oft nicht analysiert werden, obwohl dies vom Design her möglich wäre. Schließlich ist die Modellierung nicht gemessener Drittvariablen noch eher selten anzutreffen.

5 *Schlussbetrachtung*

Das implizite oder explizite Ziel arbeitspsychologischer Theorien ist die Erklärung von psychologischen Phänomenen, die bei der Auseinandersetzung von Personen mit ihrer Tätigkeit und ihren Arbeitsbedingungen resultieren. Oft beginnt dies mit einer deskriptiven Beschreibung eines Phänomens an sich, aber in der Regel schließt sich an die Beschreibung an, dass man das Auftreten des Phänomens durch Identifikation der dafür relevanten Ursachen erklären will. Dazu zieht man auf Grundlage von empirisch gefundenen Zusammenhängen kausale Schlussfolgerungen. Kausale Schlussfolgerungen basieren immer auf bestimmten Annahmen. Dabei stellt das Experiment keine Ausnahme dar, wo z. B. kausale Transitivität und zeitliche Stabilität unterstellt werden (vgl. Holland, 1986). Die Annahmen, die in nicht experimentelle Studien eingehen, sind allerdings viel stärker. Dies gilt insbesondere für Querschnittsdaten. Hier wird u. a. angenommen, dass:

1. intraindividuelle Veränderungen durch interindividuelle Unterschiede substituierbar sind,
2. alle relevanten Drittvariablen in dem analysierten Modell berücksichtigt worden sind und die Richtung des Kausalzusammenhangs in die vermutete Richtung und
3. nicht umgekehrt verläuft.

Bei Längsschnittstudien weichen diese Annahmen auf:

1. Intraindividuelle Veränderungen sind modellierbar.
2. Drittvariablen haben einen geringeren Einfluss, und ungemessene Drittvariablen können modelliert werden.
3. Die Frage nach der Richtung des Kausalzusammenhangs lässt sich empirisch durch den Vergleich unterschiedlicher Modelle entscheiden.

Drittvariablen lassen sich dabei dahingehend unterscheiden, ob sie eine messkonfundierende oder eine kongenerisch konfundierende Wirkung aufweisen, d. h., ob sie die Messung einer Variablen oder die Variable an sich beeinflussen. Variablen, welche die Messung einer anderen Variablen beeinflussen, werden gemeinhin Methodenfaktoren genannt. Damit werden dann z. B. Effekte bezeichnet, die nur bei einer Befragung oder nur bei einer Beobachtung zum Tragen kommen. Es sei nochmals vorsichtig angemerkt, dass es sich dabei letztendlich aber auch wieder um psychologische Variablen handelt. Das Problem ist nämlich nie die Fragebogenmethode oder die Beobachtungsmethode *per se*. Diese ist ja auch innerhalb einer Untersuchung für alle Befragten identisch, hat also keine Varianz und damit auch keinen Einfluss. Vielmehr geht es um psychologische Unterschiede in der Beantwortung eines Fragebogens oder bei einer Beobachtung, z. B. die Tendenz zur Über- vs. Untertreibung, zum Schwarz- vs. Rosasehen, zu Ehrlichkeit vs. Erwünschtheit etc. Methodeneffekte lassen sich folglich auf zwei Wegen eliminieren. Erstens, durch explizite Messung und durch statistische Kontrolle der infrage kommenden psychologischen Einflussfaktoren. Zweitens durch Variation der Methode. Letzteres geschieht meist im Sinne eines Within-subjects-Designs, d. h. die gleichen Merkmale werden bei denselben Personen wiederholt mit unterschiedlichen Methoden gemessen.

Längsschnittdesigns sind unserer Ansicht nach in der arbeitspsychologischen Forschung mittlerweile weitaus häufiger anzutreffen als multimethodale Designs. Beide Methoden genießen aber hohes Ansehen. Aufsätze, die auf derartigen Designs basieren, werden weithin zur Kenntnis genommen (vgl. die Untersuchungen zur Zitationsfrequenz von Judge, Cable, Colbert & Rynes, 2007). Relativ selten findet man noch Zeitreihen, Tagebuchstudien und Event-sampling-Designs. Gerade für Tagebuchstudien und Event-sampling-Designs sehen wir das größte Potenzial für die Zukunft. Vermutlich sind bei klassischen Panel-Studien die Zeitintervalle viel zu lang, um die meisten Kausaleffekte überhaupt noch zu entdecken. Zeitintervalle von Tagen bis hin zu wenigen Wochen, wie sie in Tagebuchstudien realisiert werden, scheinen uns wesentlich geeigneter (Dormann, Werner & Zapf, 2006).

Man kann kaum oft genug betonen, dass die Analysemethode weit weniger als das Untersuchungsdesign für die interne und externe Validität von Studien verantwortlich ist. So hat es sich glücklicherweise auch nicht durchgesetzt, von SEM als Kausalanalyse zu sprechen. Allerdings können auch die besten Designs durch schlechte Analysemethoden konterkariert werden. Tatsächlich bieten hier latente SEM viele Vorteile, wie wir an verschiedenen Beispielen gezeigt haben. Aus Gründen der einfachen Darstellung haben wir dabei meist auf die Verwendung von Messmodellen verzichtet, sodass die hier dargestellten Modelle selten den Bezeichner „latent“ tragen. Diese didaktische Entscheidung unsererseits soll aber keinesfalls suggerieren, dass Messmodelle unwichtig sind; sie sind ein wesentlicher Baustein, die SEM-Modelle etwas „kausaler“ machen als z. B. Regressionsanalysen.

In diesem Zusammenhang ist auch die rasante Entwicklung von Multi-level-Modellen (hierarchisch lineare Modelle, random effect models, covariance component models) sehr vielversrechend. Die Kombination solcher Multi-level-Modelle mit SEM, welche heute schon möglich ist (vgl. Hox, 2002), wird die zukünftigen Analysemethoden von Längsschnittdaten nachhaltig verändern. Wenn wir eine Prognose wagen würden, dann die, dass im nicht experimentellen Bereich in 20 Jahren Event-sampling-Studien mit latenten Multi-level-Modellen state-of-the-art der arbeitspsychologischen Forschung sein werden.

Literatur

Aiken, L. S. & West, S. G. (1991). *Multiple regression: Testing and interpreting interactions.* Newbury Park, CA: Sage.

Baillod, J. & Semmer, N. K. (1994). Fluktuation und Berufsverläufe bei Computerfachleuten. *Zeitschrift für Arbeits- und Organisationspsychologie, 38,* 152–163.

Baron, R. A. & Kenny, D. (1986). The moderator-mediator variable distinction in social psychological research: Conceptual, strategic, and statistical considerations. *Journal of Personality and Social Psychology, 51,* 1173–1182.

Bentler, P. M. & Bonett, D. G. (1980). Significance tests and goodness-of-fit in the analysis of covariance structures. *Psychological Bulletin, 88,* 588–606.

Berry, W. D. (1989). *Nonrecursive causal models.* London: Sage.

Bollen, K. A. (1989). *Structural equations with latent variables.* New York, NY: Wiley.

Bollen, K. A. & Long, J. S. (Eds.). (1993). *Testing structural equation models.* London: Sage.

Bortz, J. (2004). *Statistik für Human- und Sozialwissenschaftler.* Berlin: Springer.

Bortz, J. & Döring, N. (2002). *Forschungsmethoden und Evaluation für Sozialwissenschaftler.* Berlin: Springer.

Bungard, W., Holling, H. & Schultz-Gambard, J. (1996). *Methoden der Arbeits- und Organisationspsychologie.* Weinheim: Psychologie Verlags Union.

Burke, M. J., Brief, A. P. & George, J. M. (1993). The role of negative affectivity in understanding relations between self-reports of stressors and strains: A comment on the applied psychology literature. *Journal of Applied Psychology, 78,* 402–412.

Campbell, D. T. & Fiske, D. W. (1959). Convergent and discriminant validation by the multitrait-multimethod matrix. *Psychological Bulletin, 56,* 81–105.

Campbell, D. T. & O'Connell, E. J. (1982). Methods as diluting trait relationships rather than adding irrelevant systematic variance. In D. Brinberg & L. Kidder (Eds.), *New directions for methodology of social and behavioral science: Forms of validity in research* (pp. 93–111). San Francisco, CA: Jossey-Bass.

Campbell, D. T. & Stanley, J. (1963). *Experimentation and quasiexperimental designs for research.* Chicago, IL: Rand Mc Nally.

Cattell, R. (1957). *Personality and motivation structure and measurement.* Yonkers, NY: World Book.

Cattell, R. (1964). Validity and reliability: A proposed more basic set of concepts. *Journal of Educational Psychology, 55,* 1–22.

Champoux, J. E. & Peters, W. S. (1987). Form, effect size, and power in moderated regression analysis. *Journal of Occupational Psychology, 10,* 243–255.

Chaplin, W. F. (1991). The next generation of moderator research in personality psychology. *Journal of Personality, 59,* 143–178.

Cohen, J., Cohen, P., West, S. G. & Aiken, L. S. (2003). *Applied multiple regression/correlation analysis for the behavioral sciences.* Hillsdale, NJ: Erlbaum.

Conway, J. M. (1999). Distinguishing contextual performance from task performance for managerial jobs. *Journal of Applied Psychology, 84, 3–13.*

Cook, K. W., Vance, C. A. & Spector, P. E. (2000). The relation of candidate personality with selection interview outcomes. *Journal of Applied Social Psychology, 30,* 867–885.

Cook, T. D. & Campbell, D. T. (1979). *Quasi-experimentation. Design and analysis for field settings.* Boston, MA: Houghton Mifflin Company.

Cook, T. D., Campbell, D. T. & Peracchio, L. (1990). Quasi-experimentation. In M. D. Dunnette & L. M. Hough (Eds.), *Handbook of industrial and organizational psychology* (Vol. 1, pp. 491–576). Palo Alto, CA: Consulting Psychologists Press.

Cook, T. D. & Matt, G. E. (1987). Kritischer Multiplismus und die Interaktionismusdebatte. In M. Amelang (Hrsg.), *Bericht über den 35. Kongreß der deutschen Gesellschaft für Psychologie* (Bd. 2, S. 301–332). Göttingen: Hogrefe.

Doef, M. van der & Maes, S. (1999). The job demand-control (-support) model and psychological well-being: A review of 20 years of empirical research. *Work & Stress, 13,* 87–114.

Dormann, C. (2000). *Modeling unmeasured third variables in longitudinal studies on organizational stress. The case of social stressors at work, irritation, and depression.* Unveröffentlichte Dissertation, Johann Wolfgang Goethe-Universität Frankfurt.

Dormann, C. (2001). Modeling unmeasured third variables in longitudinal studies. *Structural Equation Modeling, 8,* 575–598.

Dormann, C., Fay, D., Zapf, D. & Frese, M. (2006). Situational and dispositional influences on job satisfaction and the role of core self-evaluations: A latent state-trait analysis. *Applied Psychology: An International Review, 55,* 27–51.

Dormann, C., Werner, C. & Zapf, D. (2006, July). *Optimal time lags in panel surveys – Do we need more shortitudinal research?* Paper presented at the 26th International Congress of Applied Psychology, Athens, Greece.

Dormann, C. & Zapf, D. (1999). Social support, social stressors at work and depression: Testing for main and moderating effects with structural equations in a 3-wave longitudinal study. *Journal of Applied Psychology, 84,* 874–884.

Dormann, C. & Zapf, D. (2001). Job satisfaction – a meta-analysis of stabilities. *Journal of Organizational Behavior, 22,* 1–22.

Dormann, C. & Zapf, D. (2002). Social stressors at work, irritation, and depressive symptoms accounting for unmeasured third variables in a multi-wave study. *Journal of Occupational and Organizational Psychology, 75,* 33–58.

Duncan, T. E. & Duncan, S. C. (2004). A latent growth curve modeling approach to pooled interrupted time series analyses. *Journal of Psychopathology and Behavioral Assessment, 26,* 271–278.

Dunckel, H. (Hrsg.). (1999). *Handbuch psychologischer Arbeitsanalyseverfahren.* Zürich: vdf.

Dwyer, J. E. (1983). *Statistical models for the social and behavioral sciences.* New York, NY: Oxford University Press.

Edwards, J. R. & Lambert, L. S. (2007). Methods for integrating moderation and mediation: A general analytic framework using moderated path analysis. *Psychological Methods, 12,* 1–22.

Eid, M. (2000). A multitrait-multimethod model with minimal assumptions. *Psychometrika, 65,* 241–261.

Eid, M., Lischetzke, T., Nussbeck, F. W. & Trierweiler, L. I. (2003). Separating trait effects from trait specific method effects in multitrait-multimethod models: A multiple indicator CT-C(M-1) Model. *Psychological Methods, 8,* 38–60.

Evans, M. G. (1985). A Monte Carlo study of the effects of correlated method variance in moderated multiple regression analysis. *Organizational Behavior and Human Decision Processes, 36,* 305–323.

Finkel, S. E. (1995). *Causal analysis with panel data.* London: Sage.

Fisseni, H.-J. (2004). *Lehrbuch der psychologischen Diagnostik.* Göttingen: Hogrefe.

Frese, M. (1985). Stress at work and psychosomatic complaints: A causal interpretation. *Journal of Applied Psychology, 70,* 314–328.

Frese, M. (1991). Streßbedingungen in der Arbeit und psychosomatische Beschwerden: Eine kausale Interpretation. In S. Greif, E. Bamberg & N. Semmer (Hrsg.), *Psychischer Streß am Arbeitsplatz* (S. 120–134). Göttingen: Hogrefe.

Fried, Y. (1991). Meta-analytic comparison of the job diagnostic survey and job characteristics inventory as correlates of work satisfaction and performance. *Journal of Applied Psychology, 76,* 690–697.

Garst, H., Frese, M. & Molenaar, P. C. M. (2000). The temporal factor of change in stressor-strain relationships: A growth curve model on a longitudinal study in East Germany. *Journal of Applied Psychology, 85,* 417–438.

Grayson, D. & Marsh, H. W. (1994). Identification with deficient rank loading matrices in confirmatory factor analysis: Multitrait-multimethod models. *Psychometrica, 59,* 121–134.

Holland, P. W. (1986). Statistics and causal inference. *Journal of the American Statistical Association, 81,* 945–960.

Holling, H. & Schulze, R. (2004). Statistische Modelle und Auswertungsverfahren in der Organisationspsychologie. In H. Schuler (Hrsg.), *Organisationspsychologie – Grundlagen der Personalpsychologie* (Enzyklopädie der Psychologie, Serie Wirtschafts-, Organisations- und Arbeitspsychologie, Bd. 3, S. 73–129). Göttingen: Hogrefe.

Holman, D. J., Chissick, C. & Totterdell, P. (2002). The effects of performance monitoring on emotional labor and well being in call centres. *Motivation and Emotion, 26,* 57–81.

Hox, J. J. (2002). *Multilevel analysis: Techniques and applications.* Mahwah, NJ: Erlbaum.

Huber, O. (2005). *Das psychologische Experiment. Eine Einführung.* Bern: Huber.

Hussy, W. & Jain, A. (2002). *Experimentelle Hypothesenprüfung in der Psychologie.* Göttingen: Hogrefe.

Ilies, R. & Judge, T. A. (2004). An experience-sampling measure of job satisfaction and its relationships with affectivity, mood at work, job beliefs, and general job satisfaction. *European Journal of Work and Organizational Psychology, 13,* 367–389.

Iverson, R. D. & Erwin, P. J. (1997). Predicting occupational injury: The role of negative affectivity. *Journal of Occupational and Organizational Psychology, 70,* 113–128.

James, L. R. (1980). The unmeasured variables problem in path analysis. *Journal of Applied Psychology, 65,* 415–421.

James, L. R., Mulaik, S. A. & Brett, J. M. (1982). *Causal analysis: Assumptions, models, and data.* London: Sage.

Jonge, J. de, Dollard, M. F., Dormann, C., Le Blanc, P. M. & Houtman, I. L. D. (2000). The demand-control-support model: Specific demands, specific control, and well-defined groups. *International Journal of Stress Management, 7,* 269–287.

Jonge, J. de & Dormann, C. (2006). Job demands, job resources and psychological well-being: A longitudinal test of the triple match principle. *Journal of Applied Psychology, 91,* 1359–1374.

Jonge, J. de, Dormann, C., Janssen, P. P. M., Dollard, M. F., Landeweerd, J. A. & Nijhuis, F. J. N. (2001). Testing reciprocal relationships between job characteristics and psychological well-being: A cross-lagged structural equation model. *Journal of Occupational and Organizational Psychology, 74,* 29–46.

Jöreskog, K. G. & Sörbom, D. (1996). *LISREL 8.3.* Chicago, IL: Scientific Software, Inc.

Jöreskog, K. G. & Yang, F. (1996). Nonlinear structural equation models: The Kenny-Judd model with interaction effects. In G. A. Marcoulides & R. E. Schumacker (Eds.), *Advanced structural equation modeling* (pp. 57–88). Mahaw, NJ: Erlbaum.

Judge, T. A., Cable, D. M., Colbert, A. E. & Rynes, S. L. (2007). What causes a management article to be cited – article, author, or journal? *Academy of Management Journal, 50,* 491–506.

Judge, T. A. & Colquitt, J. A. (2004). Organizational justice and stress: The mediating role of work-family conflict. *Journal of Applied Psychology, 89,* 395–404.

Judge, T. A., Locke, E. A., Durham, C. C. & Kluger, A. N. (1998). Dispositional effects on job and life satisfaction: The role of core evaluations. *Journal of Applied Psychology, 83,* 17–34.

Judge, T. A., Thoresen, C. J., Bono, J. E. & Patton, G. K. (2001). The job satisfaction-job performance relationship: A qualitative and quantitative review. *Psychological Bulletin, 127,* 376–407.

Karasek, R. A. & Theorell, T. (1990). *Healthy work. Stress, productivity, and the reconstruction of working life.* New York, NY: Basic Books.

Katz, D. & Kahn, R. L. (1978). *The social psychology of organizations.* New York, NY: Wiley.

Kenny, D. A. (1975). Cross-lagged panel correlation: A test for spuriousness. *Psychological Bulletin, 82,* 887–903.

Kenny, D. A. (1979). *Correlation and causality.* New York, NY: Wiley.

Kenny, D. A. & Judd, C. M. (1984). Estimating the nonlinear and interactive effects of latent variables. *Psychological Bulletin, 96,* 201–210.

Kenny, D. A. & Kashy, D. A. (1992). Analysis of the multitrait-multimethod matrix by confirmatory factor analysis. *Psychological Bulletin, 112,* 165–172.

Kessler, R. C. & Greenberg, D. F. (1981). *Linear panel analysis.* New York, NY: Academic Press.

Klehe, U.-C., König, C. J., Richter, G. M., Kleinmann, M. & Melchers, K. G. (2008). Transparency in structured interviews: Consequences for construct and criterion related validity. *Human Performance, 21,* 107–137.

Klein, A. (2000). *Moderatormodelle. Verfahren zur Analyse von Moderatoreffekten in Strukturgleichungsmodellen.* Hamburg: Dr. Kovac.

Klein, A. & Moosbrugger, H. (2000). Maximum likelihood estimation of latent interaction effects with the LMS method. *Psychometrika, 65,* 457–474.

Kleinmann, M., Kuptsch, C. & Köller, O. (1996). Transparency: A necessary requirement for the construct validity of assessment centers. *Applied Psychology: An International Review, 45,* 67–84.

Lance, C. E., Noble, C. L. & Scullen, S. E. (2002). A critique of the correlated trait-correlated method and correlated uniqueness models for multitrait-multimethod data. *Psychological Methods, 7,* 228–244.

Leitner, K. & Resch, M. G. (2005). Do the effects of job stressors on health persist over time? A longitudinal study with observational measures. *Journal of Occupational Health Psychology, 10,* 18–30.

Loher, B. T., Noe, R. A., Moeller, N. L. & Fitzgerald, M. P. (1985). A meta-analysis of the relation of job characteristics to job satisfaction. *Journal of Applied Psychology, 70,* 280–289.

MacKinnon, D. P., Lockwood, C. M., Hoffman, J. M., West, S. G. & Sheets, V. (2002). A comparison of methods to test mediation and other intervening variable effects. *Psychological Methods, 7,* 83–104.

Marcelissen, F. H., Winnubst, J. A. M., Buunk, B. P. & de Wolff, C. J. (1988). Social support and occupational stress: A causal analysis. *Social Science and Medicine, 26,* 365–373.

Marsh, H. W. (1989). Confirmatory factor analyses of multitrait-multimethod data: Many problems and a few solutions. *Applied Psychological Measurement, 13,* 335–361.

Marsh, H. W. & Hocevar, D. (1983). Confirmatory factor analysis of multitrait-multimethod matrices. *Journal of Educational Measurement, 20,* 231–248.

Mauro, R. (1990). Understanding L. O. V. E. (Left Out Variables Error): A method for estimating the effects of omitted variables. *Psychological Bulletin, 108,* 314–329.

McClelland, G. H. & Judd, C. M. (1993). Statistical difficulties of detecting interactions and moderator effects. *Psychological Bulletin, 114,* 376–390.

Moosbrugger, H., Schermelleh-Engel, K. & Klein, A. (1997). Methodological problems of estimating latent interaction effects. *Methods of Psychological Research Online, 2,* 95–111.

Munz, D. C., Huelsman, T. J., Konold, T. R. & McKinney, J. J. (1996). Are there methodological and substantive roles for affectivity in job diagnostic survey relationships. *Journal of Applied Psychology, 81,* 795–805.

Nachreiner, F. (2003). Physiologische Indikatoren psychischer Beanspruchung: Stand der Forschung. In BAuA (Hrsg.), *Psychische Belastungen am Arbeitsplatz* (S. 181–201). Bremerhaven: Wirtschaftsverlag NW.

Nachreiner, F., Müller, G. F. & Ernst, G. (1987). Methoden zur Planung und Bewertung arbeitspsychologischer Interventionsmaßnahmen. In U. Kleinbeck & J. Rutenfranz (Hrsg.), *Arbeitspsychologie* (Enzyklopädie der Psychologie, Serie Wirtschafts-, Organisations- und Arbeitspsychologie, Bd. 1, S. 360–439). Göttingen: Hogrefe.

Nesselroade, J. R. & Baltes, P. B. (1979). *Longitudinal research in the study of behavior and development.* New York, NY: Academic Press.

Nezlek, J. B., Wheeler, L. & Reis, H. T. (1983). Studies of social participation. In H. T. Reis (Ed.), *Naturalistic approaches to studying social interaction* (pp. 57–73). San Francisco, CA: Jossey-Bass.

Niklas, C. & Dormann, C. (2005). The impact of state affect on job satisfaction. *European Journal of Work and Organizational Psychology, 14,* 367–388.

Ormel, J. & Schaufeli, W. B. (1991). Stability and change in psychological distress and their relationships with self-esteem and locus of control: A dynamic equilibrium model. *Journal of Personality and Social Psychology, 60,* 288–299.

Paul, M., Nickel, P. & Nachreiner, F. (2005). Belastung und Arbeitsunfähigkeit. Eine explorative Längsschnittuntersuchung am Beispiel des Pflegepersonals eines allgemeinen Krankenhauses. *Zeitschrift für Arbeitswissenschaften, 59,* 152–161.

Pelz, D. C. & Andrews, F. M. (1964). Detecting causal priorities in panel study data. *American Sociological Review, 29,* 836–848.

Podsakoff, P. M., MacKenzie, S. B., Lee, J. & Podsakoff, N. P. (2003). Common method biases in behavioral research: A critical review of the literature and recommended remedies. *Journal of Applied Psychology, 88,* 879–903.

Rau, R. (2004). Lern- und gesundheitsförderliche Arbeitsgestaltung: Eine empirische Studie. *Zeitschrift für Arbeits- und Organisationspsychologie, 48,* 181–192.

Rau, R., Georgiades, A., Fredrikson, M., Lemne, C. & de Faire, U. (2001). Psychosocial work characteristics and perceived control in relation to cardiovascular rewind at night. *Journal of Occupational Health Psychology, 6,* 171–181.

Schaubroeck, J., Ganster, D. C. & Fox, M. L. (1992). Dispositional affect and work-related stress. *Journal of Applied Psychology, 77,* 322–335.

Schermelleh-Engel, K., Klein, A. & Moosbrugger, H. (1998). Estimating nonlinear effects using a latent structural equations approach. In R. E. Schumacker & G. A. Marcoulides (Eds.), *Interaction and nonlinear effects in structural equation modeling* (pp. 203–238). Mahwah, NJ: Erlbaum.

Schermelleh-Engel, K., Moosbrugger, H. & Klein, A. (1998). Structural equation models with latent interaction effects: Comparing the efficiency of LMS, LISREL-ML and LISREL-WLSA. In J. J. Hox & E. D. de Leeuw (Eds.), *Assumptions, robnustness, and estimation methods in multivariate modeling* (pp. 87–109). Amsterdam: TT-Publikaties.

Schermelleh-Engel, K., Moosbrugger, H. & Müller, H. (2003). Evaluating the fit of structural equation models: Tests of significance and descriptive goodness-of-fit measures. *Methods of Psychological Research Online, 8,* 23–74.

Schmidt, K.-H. (2002). Organisationales und individuelles Abwesenheitsverhalten: Eine Cross-Level Studie. *Zeitschrift für Arbeits- und Organisationspsychologie, 46,* 69–77.

Schmidt, K.-H. & Daume, B. (1996). Beziehungen zwischen Aufgabenmerkmalen, Fehlzeiten und Fluktuation. *Zeitschrift für Arbeits- und Organisationspsychologie, 40,* 181–189.

Schmitt, N. (1978). Path analysis of multitrait-multimethod matrices. *Applied Psychological Measurement, 2,* 157–178.

Schmitt, N. & Stults, D. M. (1986). Methodological review: Analysis of multitrait-multimethod matrices. *Applied Psychological Measurement, 10,* 1–22.

Schmitz, B. (1987). *Zeitreihenanalyse in der Psychologie.* Weinheim: Deutscher Studien Verlag.

Schmitz, B. (1989). *Einführung in die Zeitreihenanalyse. Modelle, Softwarebeschreibung, Anwendungen.* Bern: Huber.

Schmitz, B., Perels, F. & Löb, M. (in Druck). Zeitreihenanalysen. In H. Holling (Hrsg.), *Grundlagen und statistische Methoden der Evaluationsforschung* (Enzyklopädie der Psychologie, Serie Evaluation, Bd. 1) Göttingen: Hogrefe.

Schönpflug, W. (1983). Coping efficiency and situational demands. In G. R. J. Hockey (Ed.), *Stress and fatigue in human performance* (pp. 299–330). Chichester: Wiley.

Schonfeld, I. S. (1992). A longitudinal study of occupational stressors and depressive symptoms in first-year female teachers. *Teaching and Teacher Education, 8,* 151–158.

Schumacker, R. E. & Lomax, R. G. (2004). *A beginner's guide to structural equation modeling.* Mahwah, NJ: Erlbaum.

Semmer, N. K., Grebner, S. & Elfering, A. (2004). Beyond self-report: Using observational, physiological, and event-based measures in research on occupational stress. In P. L. Perrewé & D. C. Ganster (Eds.), *Research in occupational stress and well-being* (Vol. 3, pp. 205–263). Amsterdam: Elsevier.

Semmer, N. K., Zapf, D. & Greif, S. (1996). „Shared job strain": A new approach for assessing the validity of job stress measurements. *Journal of Occupational and Organizational Psychology, 69,* 293–311.

Shadish, W. R., Cook, T. D. & Campbell, D. T. (2002). *Experimental and quasi-experimental designs for generalized causal inference.* Boston, MA: Houghton Mifflin.

Shirom, A., Nirel, N. & Vinokur, A. D. (2006). Overload, autonomy, and burnout as predictors of physicians' quality of care. *Journal of Occupational Health Psychology, 11,* 328–342.

Sobel, M. E. (1982). Asymptotic confidence intervals for indirect effects in structural equations models. In S. Leinhart (Ed.), *Sociological methodology 1982* (pp. 290–312). San Francisco, CA: Jossey-Bass.

Sonnentag, S. & Frese, M. (2003). Stress in organizations. In W. C. Borman, D. R. Ilgen & R. J. Klimoski (Eds.), *Comprehensive handbook of psychology* (Vol. 12, pp. 453–491). New York, NY: Wiley.

Sonnentag, S. & Zijlstra, F. R. H. (2006). Job characteristics and off-job activities as predictors of need for recovery, well-being and fatigue. *Journal of Applied Psychology, 91,* 330–350.

Spector, P. E. (1986). Perceived control by employees: A meta-analysis of studies concerning autonomy and participation at work. *Human Relations, 39,* 1005–1016.

Spector, P. E. (1992). A consideration of the validity and meaning of self report measures of job conditions. In C. L. Cooper & I. T. Robertson (Eds.), *International review of industrial and organizational psychology* (pp. 123–151). Chichester: Wiley.

Spector, P. E. & Brannick, M. T. (1995). The nature and effects of method variance in organizational research. In C. L. Cooper & I. T. Robertson (Eds.), *International review of industrial and organizational psychology* (pp. 249–274). New York, NY: Wiley.

Spector, P. E., Fox, S. & van Katwyk, P. T. (1999). The role of negative affectivity in employee reactions to jobs: Nuisance effect or substantive effect? *Journal of Occupational and Organizational Psychology, 72,* 205–218.

Spector, P. E., Jex, S. M. & Chen, P. Y. (1995). Relations of incumbent affect-related personality traits with incumbent and objective measures of jobs. *Journal of Organizational Behavior, 16,* 59–65.

Spector, P. E., Zapf, D., Chen, P. Y. & Frese, M. (2000). Why negative affectivity should not be controlled in job stress research: Don't throw out the baby with the bath water. *Journal of Organizational Behavior, 21,* 79–95.

Steyer, R. (1995). Das MTMM-Modell ist nicht identifiziert. *Newsletter der Fachgruppe Methoden in der Deutschen Gesellschaft für Psychologie, 3,* 2–3.

Terry, D. J. & Jimmieson, N. L. (1999). Work control and employee well-being: A decade review. In C. L. Cooper & I. T. Robertson (Eds.), *International review of industrial and organizational psychology* (pp. 95–148). Chichester: Wiley.

Totterdell, P. & Holman, D. (2003). Emotion regulation in customer service roles: Testing a model of emotional labor. *Journal of Occupational Health Psychology, 8,* 55–73.

Tschan, F., Rochat, S. & Zapf, D. (2005). It's not only clients: Studying emotion work with clients and co-workers with an event-sampling approach. *Journal of Occupational and Organizational Psychology, 78,* 195–220.

Van Eerde, W., Holman, D. & Totterdell, P. (2005). Editorial. *Journal of Occupational and Organizational Psychology, 78,* 151–154.

Wall, T. D., Jackson, P. R., Mullarkey, S. & Parker, S. K. (1996). The demand-control model of job strain: A more specific test. *Journal of Occupational and Organizational Psychology, 69,* 153–166.

Wallace, J. C., Popp, E. & Mondore, S. (2006). Safety climate as a mediator between foundation climates and occupational accidents: A group-level investigation. *Journal of Applied Psychology, 91,* 681–688.

Widaman, K. F. (1985). Hierarchically nested covariance structure models for multitrait-multimethod data. *Applied Psychological Measurement, 9,* 1–26.

Williams, L. J. & Anderson, S. E. (1994). An alternative approach to method effects by using latent-variable models: Application in organizational behavior research. *Journal of Applied Psychology, 79,* 323–331.

Williams, L. J., Gavin, M. B. & Williams, M. L. (1996). Measurement and non-measurement processes with negative affectivity and employee attitudes. *Journal of Applied Psychology, 81,* 88–101.

Wothke, W. (1996). Models for multitrait-multimethod matrix analysis. In G. A. Marcoulides & R. E. Schumacker (Eds.), *Advanced structural equation modeling. Issues and techniques* (pp. 7–56). Mahwah, NJ: Erlbaum.

Wottawa, H. & Thierau, H. (1998). *Lehrbuch Evaluation.* Bern: Huber.

Zapf, D. (1989). *Selbst- und Fremdbeobachtung in der psychologischen Arbeitsanalyse. Methodische Probleme bei der Erfassung von Streß am Arbeitsplatz.* Göttingen: Hogrefe.

Zapf, D., Dormann, C. & Frese, M. (1996). Longitudinal studies in organizational stress research: A review of the literature with reference to methodological issues. *Journal of Occupational Health Psychology, 1,* 145–169.

Zapf, D. & Holz, M. (2006). The positive and negative effects of emotion work in organizations. *European Journal of Work and Organizational Psychology, 15,* 1–28.

Zapf, D. & Semmer, N. K. (2004). Stress und Gesundheit in Organisationen. In H. Schuler (Hrsg.), *Organisationspsychologie – Grundlagen und Personalpsychologie* (Enzyklopädie der Psychologie, Serie Wirtschafts-, Organisations- und Arbeitspsychologie, Bd. 3, S. 1007–1112). Göttingen: Hogrefe.

22. Kapitel

Evaluation arbeitspsychologischer Interventionsmaßnahmen[1]

Peter Nickel und Friedhelm Nachreiner

1 Zur Bedeutung der Evaluation arbeitspsychologischer Interventionen

Am 28. 3. 1979 nachts gegen 04.00 Uhr ereignete sich im Kontrollraum eines Kernkraftwerks bei Harrisburg eine folgenschwere Fehlentscheidung, deren Ursachen zu nicht unerheblichen Anteilen in der konkreten Gestaltung der Arbeitsbedingungen – und zwar der Anzeigen und des Arbeitszeitsystems (Andlauer, Rutenfranz, Kogi, Thierry, Vieux & Duverneuil, 1982; Perrow, 2002) – zu suchen sind. Solche arbeitspsychologischen Gestaltungsmängel lassen sich bei einer Reihe von Beispielen mit katastrophalen Ergebnissen festmachen (vgl. Nickel & Nachreiner, 2009). Offensichtlich hat also die vorab, d. h. vor dem operativen Einsatz erforderliche arbeitspsychologische Bewertung oder Evaluation der Arbeitsbedingungen nicht oder nicht angemessen stattgefunden – mit den bekannten Konsequenzen. Systematische arbeitspsychologische Evaluationen erscheinen daher offensichtlich unerlässlich.

Im Prinzip ist eine Evaluation von Interventionsmaßnahmen ein völlig „normaler" Prozess, wie er bei jedem zielgerichteten Handeln stattfindet, nämlich

---

1 Dieses Kapitel stellt eine Überarbeitung des Beitrags von Nachreiner, Müller und Ernst (1987) in der ersten Auflage des Enzyklopädiebandes Arbeitspsychologie dar. Wir danken G. F. Müller und G. Ernst für ihre Bereitschaft, die von ihnen verantworteten Textteile original oder in überarbeiteter Form weiter verwenden zu dürfen. Insofern haben beide einen bedeutsamen Anteil am Zustandekommen auch dieser Überarbeitung. Fehler und Unschärfen gehen jedoch allein zu unseren Lasten. Aus Gründen besserer Lesbarkeit verwenden wir im Text den Begriff Evaluator generisch. Darin sind auch weibliche Evaluatoren eingeschlossen. Dies gilt sinngemäß auch für andere Bezeichnungen.

die Feststellung von (Soll-)Ist-Differenzen oder die Beurteilung der Wirksamkeit des ausgeführten Verhaltens (hier der arbeitspsychologischen Intervention) zur Erreichung des angestrebten Ziels zwecks möglicher Korrekturen in der Annäherung an dieses Ziel. Vereinfacht stellt sich die Frage, ob und in welchem Umfang die einer Interventionsmaßnahme zugrunde liegende (Soll-)Ist-Differenz (deren Feststellung bereits als eine Form der Evaluation betrachtet werden kann) durch die Intervention behoben wurde und welche anderen unbeabsichtigten (Neben-)Wirkungen sich aus der durchgeführten Maßnahme ergeben. Als arbeitspsychologisch relevante Interventionen werden hier alle Eingriffe oder Gestaltungsmaßnahmen betrachtet, die die Arbeitstätigkeit oder deren Ausführungsbedingungen betreffen und daher in ihren Wirkungen bekannt oder sicher abschätzbar sein sollten, damit diese Eingriffe in Bezug auf deren Konsequenzen für die Betroffenen, die Organisation und die Gesellschaft verantwortbar sind.

Zu den beiden traditionellen Perspektiven arbeitspsychologischer Evaluation – der mitarbeiter- und der organisationsbezogenen – tritt damit eine weitere hinzu, die Abschätzung und Kontrolle gesellschaftlicher Konsequenzen der Gestaltung und Veränderung von Arbeitsbedingungen (vgl. Seashore, 1975; Chapanis, 1979; EASH, 2002). Beim wissenschaftsorientierten Zugang zur Evaluationsproblematik geht es schließlich um die Frage der Zuordenbarkeit von Maßnahmen und Effekten und damit um die Prüfung von (kausalen) Erklärungsmodellen im Rahmen der Prüfung und Erweiterung nomologischen und technologischen Wissens.

Vor dem Hintergrund der skizzierten unterschiedlichen Zugänge zur Evaluationsproblematik lassen sich unterschiedliche Zielvorstellungen für Evaluationsuntersuchungen formulieren. So verfolgen Untersuchungen über Effekte von Arbeitsgestaltungsmaßnahmen mit Blick auf die betroffenen Mitarbeiter häufig humanitäre Ziele (z. B. Arbeitsschutz, Qualität der Arbeit, Personalentwicklung), während Untersuchungen aus organisationaler Perspektive häufig ökonomische und solche aus gesellschaftlicher dominant (sozial-)politische Zielvorstellungen verfolgen. Aus wissenschaftlicher Perspektive stehen dagegen Zielvorstellungen über (generalisierbare) Kausalerklärungen und Modellprüfungen im Vordergrund des Interesses (vgl. Shadish, Cook & Campbell, 2002).

Auf der Ebene individuenbezogener Kriterien stehen mehrere, meist hierarchisch aufgebaute Bewertungsschemata zur Verfügung (Rohmert & Rutenfranz, 1975; Hacker & Richter, 1980; Luczak & Volpert, 1997; Ulich, 2005); nicht zuletzt erscheint hier auch die Gesundheitsdefinition der WHO relevant. Dabei decken die Bewertungskriterien die Aspekte der forderungsgerechten Ausführbarkeit (als Grundforderung), der Erträglichkeit oder Schädigungslosigkeit (als Ausschluss von bleibenden Schädigungen durch die Arbeitstätigkeit), der Beeinträchtigungsfreiheit (als Ausbleiben auch temporärer aversiver Beanspruchungsfolgen inkl.

Unzufriedenheit) als Defizitmerkmale ab. Darüber hinaus greifen einige Bewertungsschemata Positivmerkmale wie die Weiterentwicklung personeller Ressourcen oder die Teilhabe an der Gestaltung der eigenen Arbeitstätigkeit als arbeitspsychologisch relevante Zielkriterien auf. Auf die in diesem Kontext interessante Frage der Operationalisierungen dieser Kriterien kann hier nicht eingegangen werden, wir verweisen dazu auf die Originalliteratur sowie Nickel und Nachreiner (2009).

Wirtschaftliche Ziele im Rahmen von Interventionsmaßnahmen betreffen vor allem die Effizienz und die Wirtschaftlichkeit sowohl unter betriebs- als unter volkswirtschaftlicher Perspektive und unter Berücksichtigung direkter wie indirekter Gewinne/Kosten, z. B. die über Ausfallzeiten oder Fehlhandlungen verursachten Kosten oder etwa entgangener Gewinn durch Unterlassung bestimmter Gestaltungs- oder Interventionsansätze, z. B. in den Bereichen der betrieblichen Gesundheitsförderung. Häufig sind solche Kosten nur schwer quantifizierbar – und noch schwerer die entgangenen Gewinne –, obwohl sich Geldwertkriterien immer ausgesprochen plausibel anhören. Noch schwieriger wird die Gemengelage, wenn neben den (leicht oder schwer) quantifizierbaren Kosten auch noch nicht (oder nur inadäquat) monetär quantifizierbare Merkmale von Arbeitssystemen in eine Bewertung einfließen sollen – was unter einer arbeitspsychologischen Perspektive ja durchaus wünschenswert sein kann. Modelle dazu wurden seit den 70er Jahren u. a. im Programm „Humanisierung des Arbeitslebens“ entwickelt (z. B. Metzger, 1977). International konnte sich die Humanvermögensrechnung, obwohl vereinzelt z. B. in schwedischen Unternehmen praktiziert, u. a. wegen zeitlich unzureichender Bewertungshorizonte, unzureichender Reliabilität und Validität der entwickelten Instrumente und Modelle zur monetären Abbildung und mangelnder Nutzung multi-attributiver Nutzenanalysen nicht etablieren (Johanson, Eklöv, Holmgren & Mårtensson, 1999; vgl. auch Rossi, Lipsey & Freeman, 2004; Nickel & Nachreiner, 2009). Für die Bewertung entgangenen Nutzens durch unterbliebene Interventionsmaßnahmen sind zur Zeit noch keine Ansätze erkennbar.

Wissenschaftliche Ziele bei Evaluationsmaßnahmen sind die Gewinnung von Erkenntnissen zu inhaltlichen und methodischen Fragestellungen aus dem Bereich der Arbeitspsychologie sowie die Überprüfung von Voraussagen über Wirkungszusammenhänge zwischen Arbeitsbedingungen, Arbeitsverhalten und dessen Folgen. Interventionsmaßnahmen und deren Evaluation bieten damit, soweit sie auf arbeitspsychologischen Theorien oder Modellen beruhen und nicht ad hoc oder aufgrund „langjähriger Erfahrung“ („das haben wir schon immer so gemacht“) konzipiert wurden, die Möglichkeit der Überprüfung nomologischer und technologischer (vgl. dazu Patry & Perrez, 2000) Aussagen im angestrebten Gültigkeitsbereich. Dabei interessieren Fragen der Zuordenbarkeit von Maßnahmen und Effekten ebenso wie Fragen der Generalisierungsweite vorhandener Erkenntnisse. Das betrifft u. a. auch Fragen wie, ob und in welchem Umfang Erklärungsmodelle, die wegen nicht absehbarer bzw. nicht zu verantwortender Konsequenzen des Experimentierens mit Arbeitnehmern im Feld unter Modellierung wesentlicher Merkmale (auch des Feldes) in einer Laborsituation gewonnen wurden, auf die eigentlich interessierende Ausgangssituation (z. B. den Betrieb) rückübertragbar und auf andere, vergleichbare Konstellationen generalisierbar sind.

Hier dürfte ja gerade eines der besonderen Probleme oder Dilemmata einer anwendungsorientierten Disziplin wie der Arbeitspsychologie liegen. Einerseits werden von ihr technologische Regeln für eine optimale Gestaltung konkreter Arbeitsbedingungen verlangt – mit optimalen Konsequenzen für Individuum, Organisation und Gesellschaft. Auf der anderen Seite verbietet sich aber – schon aus ethischen Gründen – ein Herumprobieren mit nicht absehbaren Konsequenzen im Feld. Aus diesen Gründen wird man, und darin besteht im Rahmen der Arbeitspsychologie eine lange Tradition, vor dem Hintergrund des vorhandenen Wissens, die Fragestellung unter Beschränkung auf die als relevant betrachteten Bedingungen im Labor zu lösen versuchen. Dieser Abstraktionsprozess selbst verändert aber die Variablen, ihre Zusammenhänge und möglicherweise auch die Fragestellung selbst, sodass die Rückübertragung ins Feld – sowohl als nomologisches als auch als technologisches Wissen – nicht ohne weiteres als gültig angenommen werden darf. Chapanis (1967) hat an einigen Beispielen demonstriert, wie problematisch diese Übertragung sein kann, und wir selber (Nachreiner, 1980) haben an anderer Stelle gezeigt, welche Fallstricke sich daraus ergeben können. Geht man davon aus, dass für die Arbeitspsychologie nicht das Labor, sondern die betriebliche Realität der angezielte Gültigkeitsbereich ihrer Aussagen darstellt, wird die Überprüfung der Generalisierungsweite von Laboruntersuchungen, aber auch von notwendigerweise immer nur im abgegrenzten Rahmen durchgeführten Felduntersuchungen zwingend.

Die Kombination von pragmatischem, technologischem und nomologischem Wissen, die zur Durchführung der Intervention Anlass gibt, stellt damit für die (theoretische) Arbeitspsychologie ein geeignetes Feld zur Überprüfung ihrer Untersuchungsansätze, Erklärungsmodelle und Fragestellungen dar. Damit wird deutlich, dass der arbeitspsychologischen Intervention und deren Evaluation eine hervorragende Bedeutung im Rahmen der arbeitspsychologischen Theorienbildung zukommt (vgl. Dunnette, 1976; Dubin, 1976). Sie schließt den Zyklus von der Gewinnung der Fragestellung, ihrer Explikation, theoretischen Lösung, empirischen Überprüfung, zur Ableitung von Schlussfolgerungen und deren Überprüfung in der Realität und überführt ihn in eine nächste Ebene. Die Evaluation arbeitspsychologischer Interventionsmaßnahmen stellt damit eine nicht nur aus anwendungsbezogener, sondern auch aus theoretischer Perspektive zwingend erforderliche Vorgehensweise dar.

Wir werden uns im Folgenden auf die für die Arbeitspsychologie relevanten Grundlagen arbeitspsychologischer Evaluationen beschränken und dabei Grundüberlegungen zur Planung und Bewertung arbeitspsychologischer Interventionsmaßnahmen darstellen, die einen Zugang zu den methodologischen Problemen der Evaluation eröffnen (für detailliertere Darstellungen vgl. Cook & Campbell, 1979; Nachreiner, Müller & Ernst, 1987; Shadish et al., 2002 oder Nickel & Nachreiner, 2009). Wir werden dabei versuchen, grundlegende Kontrollprinzipien und -techniken herauszuarbeiten, die eine generalisierbare Kausalinterpretation ermöglichen (zu Strukturgleichungsmodellen und Metaanalysen, die ebenfalls zur Bewertung arbeitspsychologischer Interventionsmaßnahmen herangezogen werden können, sei auf Dormann, Zapf & Perels sowie auf Six & Six-Materna (in diesem Band) verwiesen).

2 *Evaluierungsaufgaben und Evaluationskonzepte*

Für die Bewertung speziell arbeitspsychologischer Interventionsmaßnahmen gibt es kaum einschlägige Vorarbeiten (vgl. auch Krauth, 1983; Lange, 1983; Wittmann, 1985). Viele Evaluationskonzepte sind auf Erfordernisse sozialpolitischer, pädagogischer oder medizinischer Interventionen zugeschnitten, sodass eine direkte Übertragung auf den betrieblichen Bereich nicht immer angemessen und zielführend erscheint.

2.1 Aufgaben bei der Maßnahmenevaluierung im Betrieb

Aufgaben, die allerdings nicht zwingend alle Bestandteil einer Evaluationsmaßnahme sind, in ihrer (logischen aber nicht immer tatsächlichen) zeitlichen Abfolge zeigt Tabelle 1 (vgl. auch Nachreiner et al., 1987; Rossi et al., 2004; Nickel & Nachreiner, 2009).

Die erste Aufgabe ist die Feststellung, ob eine Erfolgsbewertung einer geplanten Maßnahme oder des Gestaltungszustands eines Systems oder seiner Komponenten überhaupt notwendig erscheint. Aus pragmatischer Sicht könnte eine Evaluierungsstudie notwendige Eingriffe stören oder verzögern, wobei Handeln ohnehin erforderlich ist, wenn die Ergebnisse nicht passen und allfällige Korrekturen auch ohne systematische Evaluation vorgenommen werden können (wobei das eine praxisnahe Form der Evaluation darstellt).

Die zweite Aufgabe besteht in der Zieldefinition. Für eine angemessene Evaluation muss herausgearbeitet werden, worauf sich inhaltlich und zeitlich geplante Veränderungen beziehen und welche Zielkriterien für die Bewertung herangezogen werden sollen. Diese Kriterien definieren damit, was im Einzelnen als

Tabelle 1:
Aufgaben im Rahmen eines Evaluationsprojektes

Phase im Evaluationsprojekt	Teilaufgabe
Planungsstadium	1 Bedarfsfeststellung 2 Zieldefinition 3 Maßnahmenentscheidung 4 Untersuchungsplanung
Maßnahmendurchführung	5 Ist-Analyse 6 Implementierungskontrolle 7 Teilerfolgsanalyse 8 Gesamterfolgsanalyse
Nachbereitung der Maßnahme	9 Statistische Auswertung 10 Kosten-Nutzen-Analyse 11 Evaluationsbericht 12 Zielperspektiven

Interventionserfolg anzusehen und auf welchen Dimensionen er zu bewerten ist. Durch die Festlegung der Zielkriterien wird somit auch über den Erfolg der Evaluation (mit-)entschieden. Verbindliche Kriterien festzulegen ist ein schwieriger Prozess, in dem der Evaluator gezwungen ist, zwischen widerstreitenden Vorstellungen zu vermitteln und Interessen humanitärer und ökonomischer Art in Einklang zu bringen. Er kann dabei auf Unvereinbarkeiten in den Interventionszielen hinweisen (Zeit – Qualität – Kosten) und Prozeduren vorschlagen, mit denen sich konsensfähige Kriterien finden lassen.

Die nächste Aufgabe besteht in der (Beratung bei der) Auswahl geeigneter bzw. zu präferierender Interventionsmaßnahmen. Derartige Entscheidungen sind in aller Regel mit Unsicherheit behaftet, wobei der Evaluator ggf. wertvolle Entscheidungshilfen zu geben vermag, u. a. durch Methoden, mit denen sich die zu erwartenden Nutzen potenzieller Maßnahmen abschätzen lassen.

Sind die Maßnahmenentscheidungen gefallen, stellt sich die Aufgabe der Untersuchungsplanung. Dabei wird verbindlich festgelegt, welche Kontrollen realisiert werden sollen und welche Messungen durchzuführen sind, um eine fundierte Maßnahmenbewertung zu gewährleisten.

Der Maßnahmenimplementierung (und oft auch der Maßnahmenplanung) voraus gehen (Soll-)Ist-Analysen der relevanten Zielkriterien. Diese bilden häufig erst den Ausgangspunkt für die Durchführung von Eingriffen und stellen bereits eine erste Form der Evaluation dar. Dazu sind die festgelegten Erfolgsindikatoren möglichst reliabel, valide und objektiv zu messen. Je stärker diese Messungen allerdings von Opportunität, betrieblicher Praxis und Politik diktiert werden, desto ungenauer erfassen sie die effektive Ausgangslage und umso unzuverlässiger müssen Aussagen über mögliche Wirkungen der Intervention ausfallen.

Einer Auswahl potenziell geeigneter Interventionen schließt sich die Aufgabe der Implementierungskontrolle an. Sie umfasst die Überwachung und/oder Steuerung der Intervention (z. B. Ablaufkorrekturen) dann, wenn der Evaluator auch inhaltliche Verantwortung für die Intervention trägt. Für den nicht inhaltlich engagierten Evaluator, dessen Hauptaufgabe in der Feststellung des Erfolgs und der Zuordnung von Erfolgskomponenten zu Interventionskomponenten liegt, stellt sich die Aufgabe der Implementierungskontrolle dagegen in einer möglichst präzisen Erfassung der Intervention und ggf. ihrer Komponenten, möglichst im Zeitverlauf. Darüber kann bei der Analyse der Wirksamkeit beurteilt werden, wie valide die intendierte Intervention umgesetzt wurde und in welcher Beziehung Maßnahmen(-komponenten) und Effekte stehen.

An den Beginn der Implementierung schließen sich oft periodische Teilerfolgsanalysen an. Diese geben einen Einblick, bei welchen Kriterien wie schnell Fortschritte gemacht werden und welche Feinkorrekturen ggf. erforderlich sind, um noch bessere Zielanpassungen zu erreichen.

Nach Abschluss der Maßnahme stellt sich die Aufgabe der Gesamterfolgsanalyse. Hierzu sind Abschlussmessungen aller zielrelevanter Kriterien erforderlich, um sie mit den Ausgangsmessungen oder den Zielwerten vergleichen zu können. Auf konfundierende Einflussgrößen ist dabei ebenso zu achten wie auf deren Veränderungen und Effekte. Dies gelingt umso besser, je mehr kriterienrelevante Information aus dem jeweiligen Umfeld der Intervention zur Verfügung steht (vgl. Nachreiner, Brand, Ernst & Rutenfranz, 1977). Sich auf Messungen und Bewertungen des Gesamterfolgs – bezogen auf längere Zeiträume – zu konzentrieren, ist meist dann unumgänglich, wenn die durchgeführte Maßnahme ein abruptes Umstellen von Arbeitsbedingungen beinhaltet.

Im Anschluss an die Kriterienmessungen wird ermittelt, ob bedeutsame Zielannäherungen/-abweichungen erreicht wurden. Für die Auswahl konkreter Auswertungsverfahren, die idealerweise bereits im Rahmen der Untersuchungsplanung festgelegt wurden, sind Anzahl und Niveau der Messungen ausschlaggebend. Wie deutlich Unterschiede ausfallen müssen, um als „bedeutsam" zu gelten, hängt von Zielerwartungen und Generalisierungsansprüchen ab. Die bei akademischen Forschungsarbeiten üblichen Signifikanzniveaus (1 % bzw. 5 %) sind hier nicht unbedingt obligatorisch (z. B. Wickens, 1998). Wichtiger als hohe Signifikanz ist hier i. d. R. eine hinreichende Effektstärke, insbesondere auch unter ökonomischen oder Sicherheitsaspekten.

Kriterienveränderungen an sich sagen noch nichts über deren Verursachung aus. Eine Abschätzung eigentlicher „Netto-Effekte" der Maßnahme ermöglichen erst geeignete Vergleiche zwischen Gruppen oder Messzeitpunkten, die eine Zuordnung der Kriterienwerte oder ihrer Veränderung zur durchgeführten Maßnahme oder einzelner ihrer Komponenten erlauben.

Abschließend werden die Ergebnisse der Messungen und Auswertungen in einem Bericht und einer Präsentation dargelegt sowie noch vorhandene Zieldiskrepanzen und Perspektiven für das weitere Vorgehen aufgezeigt. Die Überzeugungskraft des Berichts und insbesondere der Präsentation sind nicht nur bedeutend für maßnahmenübergreifende Entscheidungen und die Information betrieblicher Interessenvertreter, sie sind auch der Maßstab, mit dem die Evaluation selbst „evaluiert" wird, mit dem ihre Aussagen ernst genommen und als Richtschnur für betriebliche Planungen akzeptiert werden (vgl. Weeks, 1979).

2.2 Evaluationskonzepte

Aus verschiedenen Evaluationskonzepten (vgl. Rossi et al., 2004) haben sich Haupt- und Nebenströmungen herausgebildet, von denen hier aus Raumgründen lediglich die wichtigsten Konzepte dargestellt werden können (für eine umfassendere Darstellung vgl. Nickel & Nachreiner, 2009).

Das wesentliche Ziel einer *summativen* oder *„Netto-Effekt"-Evaluation* ist eine Zuordnung von Interventionsmaßnahmen und Effekten (im Sinne einer Ursachenanalyse) unter Befolgung von Prinzipien wissenschaftlicher Beweisführung. Orientiert an experimenteller Untersuchungslogik werden Ergebnisse mit hoher (interner) Validität und streng überprüfte maßnahmenspezifische Effekte angestrebt. Verfahrensgrundsätze hierzu sind die Unabhängigkeit von Intervention und Evaluation, die Verwendung objektiver, zuverlässiger, gültiger, sensitiver und diagnostisch aussagefähiger Mess- und Beobachtungsinstrumente und der Einsatz kontrollstarker Untersuchungspläne (vgl. Shadish et al., 2002; Nickel & Nachreiner, 2009). Vertreter dieses Ansatzes wissenschaftlicher Evaluierung bemühen sich insbesondere darum, die zahlreichen Faktoren einer Bedrohung interner Validität zu identifizieren, zu kontrollieren und verschiedene Erhebungsmethoden dahingehend zu untersuchen, wie verlässlich deren Netto-Effekt-Diagnosen sind. Untersuchungsbedingungen sollen so gestaltet werden, dass Effekte mutmaßlicher relevanter Störfaktoren so gut wie möglich kontrolliert werden und ein Mindestmaß an interner Validität gewährleistet ist.

Richtet sich dagegen das Augenmerk nicht nur auf den Gesamterfolg der Maßnahme, sondern auch auf die Entwicklung der Kriterien während des Ablaufs der Intervention, so besteht das Hauptziel einer Evaluation darin, brauchbare

Informationen zur Optimierung der Maßnahmendurchführung zu erhalten (vgl. Cronbach et al., 1980; Rossi et al., 2004, Nickel & Nachreiner, 2009). Hauptgegenstand entsprechender Evaluierungen sind „entwicklungsfähige“ bzw. gestaltbare Interventionen. Eine solche *„formative“* oder *Anpassungsevaluation* ist primär Kontrolle – im Sinne von Steuerung – durch maßnahmenbegleitende Vergleichsmessungen und zielt auf eine adaptive Prozesssteuerung, die in zunehmendem Maße Unsicherheit über den (Gesamt-)Erfolg der Maßnahme reduzieren soll (vgl. McClintock, 1984). Da Intervention und Bewertungsvorgänge eng mit inhaltlichen Gestaltungskonzeptionen verbunden sind, gibt es keine „prototypischen“ Pläne, denen eine konkrete Evaluierungsstudie folgen sollte. Messinstrumente und Messstrategien werden vielmehr auf Erfordernisse des jeweiligen Einzelfalls zum jeweiligen Zeitpunkt zugeschneidert und mit den maßnahmenspezifischen Wirkungstheorien abgestimmt. Den jeweiligen Wirkungstheorien sind bestimmte Erfolgsprognosen zu entnehmen („causal maps“, vgl. McClintock, 1984, S. 82; Montibeller & Belton, 2006), deren tatsächliches Eintreten dann sukzessiv überprüft wird. Da eine Evaluierungsstudie primär Informationen liefern soll, die für Anpassungskorrekturen nützlich sind, wird von Kriterienüberprüfungen erwartet, dass sie den jeweils aktuellen Interventions- und Kriterienstand detailliert, repräsentativ und umfassend wiedergeben. Der Auswahl von Messinstrumenten sind hierbei kaum Grenzen gesetzt. Die Messzeitpunkte werden ebenfalls durch Besonderheiten der Maßnahmengestaltung und ihres Verlaufs vorgegeben. Im Vergleich der oben gelisteten Evaluationsaufgaben ergeben sich für einen „Anpassungsevaluator“ anders akzentuierte Aufgabenschwerpunkte als für einen „Netto-Effekt-Evaluator“.

Bei einem weiteren Ansatz, der sich als formalisierte Entscheidungshilfe charakterisieren lässt und im Wesentlichen auf der multi-attributiven Nutzentechnologie (MAUT; vgl. von Winterfelt & Edwards, 1986) beruht, geht es weniger um den Erfolg konkret durchgeführter Maßnahmen, als vielmehr um eine (Vorab-)Evaluierung potenziell durchführbarer Maßnahmen. Über empirisch ermittelte und gewichtete Kriterienpräferenzen und Erfolgserwartungen wird hierbei zu bestimmen versucht, wie effizient einzelne Maßnahmen mutmaßlich sein werden und welchen Nutzen ihre Auswahl im Rahmen der spezifizierten Kriterien mit sich bringen könnte. Im Vordergrund steht damit eine rationale Entscheidungsfindung bei unsicherheitsbehafteter Maßnahmenauswahl. Die Erfolgsprognosen von MAUT hängen allerdings stark vom verfügbaren Expertenwissen und dessen quantitativ rationaler Umsetzbarkeit ab.

Diese drei skizzierten Evaluationskonzepte (weitere bei Nickel & Nachreiner, 2009) besitzen in unterschiedlichen Kontexten unterschiedliche Relevanz. Geht es etwa um die Entwicklung und Gestaltung von Software, für die zwar eine konkrete Zielvorstellung, nicht aber eine detaillierte Definition von Funktionalitäten existiert, sind offensichtlich Ansätze der formativen Evaluation geboten. Geht es dagegen um die Zulassung dieser Software für den betrieblichen Gebrauch (z. B. nach Vorgaben der Bildschirmrichtlinie), lassen sich nur summative oder Netto-Effekt-Ansätze einsetzen, die eine klare und replizierbare Entscheidung anhand nachvollziehbarer Kriterienmessung und -bewertung erlauben. Geht es andererseits darum, welche von mehreren vorhandenen Software-Lösungen eingeführt werden soll, kann diese Entscheidung über MAUT unterstützt werden, indem die relevanten Zielkriterien und die gewünschten Erfüllungsgrade spezifiziert werden.

Entscheidend für die Bevorzugung eines bestimmten Evaluationskonzepts ist also der jeweilige Kontext, und dazu zählt auch die konkrete Aufgabenstellung. Es kann daher also nur kontext-taugliche oder kontext-untaugliche Ansätze, nicht aber generell zu bevorzugende Konzepte geben. In der betrieblichen Praxis sind allerdings oft „vermischte" Aufgaben und daher dann auch „gemischte" Ansätze vorzufinden, z. B. wenn die Intervention mit formativen Ansätzen begonnen und abschließend eine Netto-Effekt-Evaluation angestrebt wird. Dass sich dabei gelegentlich Probleme ergeben, kann allerdings nicht verwundern.

3 Evaluationsmethoden

3.1 Grundprobleme

Primäres Ziel der Evaluation im Kontext der Arbeitspsychologie ist und bleibt die Beurteilung, ob und in welchem Umfang die vorausgesagten bzw. erwarteten Werte (oder Veränderungen) in den Zielkriterien durch die eingeleiteten Maßnahmen erreicht wurden/werden. Dieses Problem lässt sich durch folgende Fragestellungen präzisieren:

1. Haben sich die vorausgesagten Werte/Veränderungen in den Kriterien (als den abhängigen Variablen) ergeben?
2. Ist die angezielte Ausprägung der Kriterienvariablen erreicht worden?
3. Lassen sich die Veränderungen in den Kriterien auf die in der Intervention realisierten Veränderungen (als unabhängige Variablen) zurückführen oder sind andere Veränderungen für die Ausprägung/die Veränderungen in den abhängigen Variablen verantwortlich?
4. Wie stark sind die Veränderungen in den abhängigen Variablen, und in welchem Umfang sind diese Veränderungen auf die Veränderungen der unabhängigen Variablen zurückzuführen?
5. Welche anderen Variablen sind in welchem Umfang am Zustandekommen der Veränderungen in den abhängigen Variablen beteiligt und wie ist deren Wirkungszusammenhang?
6. Welche anderen, nicht beabsichtigten und nicht vorausgesagten Effekte (Nebenwirkungen) sind als Folge der Intervention eingetreten?

Diese Fragestellungen lassen sich – wie alle wissenschaftlichen Fragestellungen über Ursache-Wirkungszusammenhänge (vgl. Shadish et al., 2002) – nur durch den Vergleich mit einer Referenzsituation, bei der die auf ihre Wirksamkeit zu beurteilenden Variablen nicht verändert wurden, beantworten. Zentral für jegliche Evaluationsmaßnahmen ist daher die Möglichkeit zum Vergleich (vgl. auch Fine & Akabas, 1981), und zwar mit einer Referenz-Population und -Situation, die sich idealerweise nur durch das unterschiedliche (idealerweise Nicht-)Vorhandensein der in ihrer Wirksamkeit zu beurteilenden Intervention unterscheidet.

Zur Lösung dieses Problems ist eine geeignete Vergleichsbasis für die intendierten Vergleiche zu finden, die es zudem ermöglicht, den Einfluss anderer als der eigentlich interessierenden Variablen zu kontrollieren bzw. abschätzen zu können. Dies gilt nicht nur für Evaluationsmaßnahmen, die am Netto-Effekt-Prinzip orientiert sind. Auch für formative Evaluationsmaßnahmen gilt die Forderung angemessener Vergleichsgrößen, hier beispielsweise als vergangene und zukünftige Systemzustände, wenn auch unter einer etwas anderen Perspektive.

Für diese Herstellung der Vergleichsbasis und die Kontrolle des Einflusses von Drittvariablen bieten sich die auch sonst in der empirischen Forschung dazu geeigneten prinzipiellen Vorgehensweisen an, wobei die zuerst genannte wissenschaftslogisch die beweiskräftigere Variante darstellt:

- experimentelle Variation der unabhängigen Variablen und Kontrolle von Drittvariablen durch Randomisierung, Parallelisierung oder expliziten Einbezug in die Untersuchung als zusätzliche unabhängige Variable(n),
- statistische Kontrolle der Kovariation zwischen unabhängigen, abhängigen und Drittvariablen.

Welche dieser Möglichkeiten jedoch konkret realisierbar ist, entscheidet sich nach den konkreten Gegebenheiten im konkreten Untersuchungsfeld. Gerade hieraus ergeben sich die spezifischen Probleme der Planung und Bewertung arbeitspsychologischer Interventionsmaßnahmen. Da arbeitspsychologische Interventionen qua Definition manipulative Eingriffe darstellen, bei denen im Sinne der experimentellen Logik unabhängige Variablen manipuliert werden, liegt es nahe, zur Bewertung der Wirksamkeit der Interventionsmaßnahmen experimentelle Grundprinzipien heranzuziehen. Als Konsequenz ergibt sich damit, dass zur Beurteilung der Wirksamkeit einer Intervention die gleichen Kriterien herangezogen werden sollten, wie dies bei (experimentellen oder quasiexperimentellen) Kausalanalysen üblich ist (vgl. dazu insbesondere Shadish et al., 2002).

Für den experimentellen Nachweis der Kausalverursachung von Effekten durch die Interventionsmaßnahmen müssen drei notwendige Bedingungen erfüllt sein:

1. Zeitliches Vorausgehen der Ursache vor der Wirkung. Diese Bedingung ist bei Interventionsmaßnahmen kaum problematisch, da die Messungen der abhängigen Variablen bei echten Experimenten nach Einführung und bei Quasi-Experimenten mit nicht äquivalenten Kontrollgruppen vor und nach Einführung der Intervention erfolgen und Veränderungen bzw. Unterschiede in den abhängigen Variablen mit den vorausgegangenen Interventionsmaßnahmen in Beziehung gesetzt werden können.
2. Kovariation von Intervention und Effekt. Hier ist mithilfe geeigneter statistischer Verfahren der entsprechende Nachweis zu führen, wobei allerdings auch statistisch abgesicherte Schlüsse nicht frei von Fehlern sein müssen.
3. Ausschließbarkeit plausibler Alternativerklärungen. Dies ist die – nicht nur logisch – am schwierigsten zu gewährleistende Bedingung, da eine vollständige Kontrolle aller denkbaren Einflussgrößen in der Realsituation eines Betriebs (wie auch im Labor) nicht zu gewährleisten ist.

Gültige Aussagen über Ursache-Wirkungszusammenhänge, d. h. hier gültige, aussagefähige Bewertungen der durchgeführten Interventionsmaßnahmen bezüglich ihrer Effekte, sind nur möglich, wenn vier Formen der Validität gegeben sind (Cook & Campbell, 1976, 1979; Shadish et al., 2002):

1. Validität des statistischen Schlusses,
2. Interne Validität,
3. Konstruktvalidität,
4. Externe Validität.

Die genannten Aspekte der Validität beziehen sich auf vier typische Grundfragen, die im Forschungsprozess zu beantworten sind:

1. Gibt es eine überzufällige Beziehung (Kovariation) zwischen zwei Variablen, hier Intervention und Effekt? → Validität des statistischen Schlusses.
   Beispiel: Geben Operateure, die mit dem um eine Prognosekomponente erweiterten Prozessleitsystem A arbeiten, überzufällig andere Antworten auf dem Beanspruchungsfragebogen B als Operateure, die eine vergleichbare Anlage mit konventionellem Prozessleitsystemen fahren?
2. Gegeben, die Beziehung existiert, handelt es sich dann um eine Kausalbeziehung derart, dass die Intervention zu den Effekten führt, oder wäre die gleiche Beziehung auch feststellbar, ohne dass die Intervention ursächlich für die Effekte verantwortlich ist – beispielsweise durch den Einfluss anderer, nicht kontrollierter Bedingungen → interne Validität.
   Beispiel: Sind die geringeren Beanspruchungsangaben auf dem Beanspruchungsfragebogen B beim Einsatz des Prozessleitsystems A tatsächlich auf den Einsatz der Prognosekomponente im Prozessleitsystem A zurückzuführen oder auf eine gleichzeitige und ggf. damit verbundene Umstrukturierung der

Regelungsstrategie des Systems, die auch ohne die Prognosekomponente des Prozessleitsystems herstellbar wären?

3. Gegeben, die Beziehung zwischen Intervention und Effekten ist wahrscheinlich kausal, was sind – abgesehen von den konkreten Operationalisierungen von Intervention und Effektvariablen – die der Kausalbeziehung zugrunde liegenden Konstrukte, oder: sind die gewählten Realisierungen gültige Realisierungen der zugrunde gelegten Konstrukte → Konstruktvalidität.
Beispiel: Wird mit der gefundenen Beziehung zwischen der Beantwortung des Beanspruchungsfragebogens B und dem Einsatz des Prozessleitsystems A eine Beziehung zwischen den eigentlich interessierenden Konstrukten Arbeitsinhalt und Beanspruchung hergestellt oder gilt die gefundene Relation nur für die konkreten Realisierungen mit/ohne Prognosekomponente im Prozessleitsystem A und Beanspruchungsfragebogen B, bzw. inwieweit repräsentiert die Einführung der Prognosekomponente im Prozessleitsystem A die eigentlich interessierende Veränderung des Arbeitsinhalts (und damit der Belastung) und der Beanspruchungsfragebogen B tatsächlich das Konstrukt Beanspruchung?
4. Gegeben, es besteht eine kausale Beziehung zwischen den durch die Intervention und den gemessenen Effektvariablen realisierten Konstrukten, wie weit ist diese Beziehung auf andere Personen, Situationen und Bedingungen generalisierbar → externe Validität.
Beispiel: Gilt der gefundene Zusammenhang zwischen derartigen Veränderungen des Arbeitsinhalts und der Beanspruchung auch für andere Personengruppen unter anderen Bedingungen und zu anderen Zeiten, ist also beispielsweise bei der Veränderung des Arbeitsinhalts durch Einführung vernetzter Arbeitsplatzrechner bei Sachbearbeitern ebenfalls mit einer Veränderung der Beanspruchung zu rechnen oder gelten die gefundenen Beziehungen nur für die Veränderung des Arbeitsinhalts durch Einführung von Prognosekomponenten in Prozessleitsystemen bei Operateuren mit ähnlicher Qualifikation?

Hier wird deutlich, dass je nach beabsichtigter Generalisierungsweite unterschiedliche Validitätsaspekte relevant werden. Sollen lediglich die konkret durchgeführten Maßnahmen in ihrer Wirkung auf die konkret erhobenen Effektvariablen überprüft werden, ohne jegliche Intention der Generalisierung auf zugrunde liegende Konstrukte, andere Populationen und raumzeitliche Bedingungen, sog. D-Studien im Sinne von Cronbach, Gleser, Nanda und Rajaratnam (1972), so entfallen Probleme der Konstrukt- und der externen Validität. Aber bereits bei der Untersuchung von Konzepten wie Effektivität, Wirtschaftlichkeit oder Beanspruchung wird sofort die Frage der Konstruktvalidität der konkret untersuchten Variablen aufgeworfen. Im Rahmen der wissenschaftlich/theoretischen Analyse, für die der konkrete Fall nur eine aus einer z. T. unbekannten Menge potenzieller Realisierungen des unterstellten Kausalzusammenhangs darstellt, ergibt sich dagegen immer die Frage der Weite der Generalisierbarkeit.

3.2 Aspekte der Validität und ihre potenziellen Bedrohungen

Mögliche Bedingungen der Bedrohungen der verschiedenen Aspekte der Validität im Überblick zeigt Tabelle 2 (vgl. Shadish et al., 2002; eine detailliertere Darstellung mit Beispielen aus dem Bereich der Arbeitspsychologie findet sich bei Nachreiner et al., 1987 sowie Nickel & Nachreiner, 2009).

Tabelle 2:
Validitätsbedrohungen

Validitätsaspekt	Beispiele für die Bedrohung
Statistische Validität	– Stichprobenumfang – Signifikanzniveau – Unzureichende Teststärke – Verzicht auf Bestimmung der Effektstärke – Fehlerhafte Bestimmung der Effektstärke – Multiples Testen – Unzureichende Reliabilität der Messinstrumente – Unzureichender Messbereich (Decken-/Bodeneffekte) – Verletzungen von Voraussetzungen der Testverfahren
Interne Validität	– Unklare zeitliche Reihenfolge – Zeitgeschehen – Reifung – Messung/Datenerhebung – Instrumentierung – Statistische Regressionseffekte – Selektion – Mortalität – Wechselwirkungen mit Selektivität – Diffusion oder Imitation der Intervention – Kompensatorischer Ausgleich der Intervention – Kompensatorische Rivalität – Demoralisierung der von weniger günstigen Bedingungen Betroffenen
Konstrukt-validität	– Unzureichende präoperationale Explikation der Konstrukte – Singuläre Operationalisierungen – Singuläre Methodik – Vermutungen der Betroffenen über die Hypothesen – Wunsch nach Beurteilung durch den Experimentator – Versuchsleiter-Erwartungen – Differenzielle Wirksamkeit des Konstruktes auf unterschiedlichen Stufen – Interaktionen zwischen verschiedenen Interventionen – Interaktionen zwischen Intervention und Messoperation – Konfundierung von Konstrukten – Interventionssensitive faktorielle Struktur von Messinstrumenten – Neuigkeits- bzw. Unterbrechungscharakter der Intervention
Externe Validität	– Interaktionen zwischen Intervention und Selektion – Interventions-Situations-Interaktionen – Interaktionen von Intervention und Zeitgeschehen – Homogene Stichprobe

3.2.1 *Validität des statistischen Schlusses*

Die Feststellung einer Kovariation zwischen Intervention und Effektvariablen bedarf einer zufallskritischen Absicherung durch entsprechende statistische Verfahren. Eine Studie kann allerdings bereits von ihrer Anlage her die Möglichkeit des Nachweises der Kovariation erschweren, weil beispielsweise durch zu geringen Stichprobenumfang bei relativ großer Streuung zwischen den Mitgliedern der Stichprobe oder ein zu hoch angesetztes Signifikanzniveau oder durch die Verwendung eines Tests mit unzureichender Teststärke vorhandene Unterschiede bei der gegebenen Irrtumsvarianz nicht absicherbar sind. Allerdings ergeben sich hier nicht nur Probleme aus Fehlschlüssen im Sinne falsch negativer Schlüsse. Wie Reanalysen des publizierten Datenmaterials der Hawthorne-Untersuchungen (Roethlisberger & Dickson, 1939) durch Franke und Kaul (1978) zeigen, wurde dort offensichtlich von statistisch nicht absicherbaren Kovariationen zwischen manipulierten (und postulierten) unabhängigen Variablen und Wirkungen ausgegangen, also von falsch positiven Schlüssen. Ist Kovariation dagegen gegeben, so interessiert in der Regel auch die Stärke des Zusammenhangs, da mit großen Stichproben bekanntlich auch minimale Zusammenhänge signifikant werden. Erst die Beurteilung der Effektstärke erlaubt die Beurteilung, ob eine Intervention auch relevante Veränderungen in den Kriterien bewirkt hat. Zu Bedingungen, aus denen sich Bedrohungen der statistischen Validität ergeben, sei auf Shadish et al. (2002, S. 45 f.) verwiesen.

3.2.2 *Interne Validität*

Diese Form der Validität stellt den zentralen Aspekt bei der Zuordnung von Effekten zu Interventionsmaßnahmen dar, da es hier um die Frage geht, ob bei gegebener Kovariation von A und B eine Kausalbeziehung der Form A → B angenommen werden kann, oder ob Drittverursachung, etwa in der Form A → C → B anzunehmen ist. Zur Prüfung dieser Frage ist die in der Regel gegebene zeitliche Sequenz, wonach die Veränderungen in den Kriterien auf die Intervention folgen, notwendig (aber nicht hinreichend!). Entscheidend ist die Möglichkeit des Ausschlusses der Verursachung durch ebenfalls vorausgehende, kontrollierte oder unkontrollierte Drittvariablen.

Als klassisches Beispiel sei hier auf die Hawthorne-Studien verwiesen, in denen eine Beurteilung des Wirkungszusammenhangs unabhängig von sogenannten „psychologischen Faktoren“ (Roethlisberger & Dickson, 1939, S. 181ff.) zwar intendiert war, dann aber durch gleichzeitige – intendierte wie nicht intendierte – Veränderungen anderer Bedingungen eine Zuordnung der Effekte zu den Variationen der unabhängigen Variablen unmöglich wurde und Drittverursachung nicht mehr ausgeschlossen werden konnte. Diese Drittverursachung durch andere (mitmanipulierte) Variablen wurde im Nachhinein sogar zur Erklärung der beobachteten Veränderungen in den Kriterienvariablen herangezogen, und zwar in Form verbesserter zwischenmenschlicher Beziehungen („human relations“) zwischen Forschern, Vorgesetzten und Versuchspersonen (vgl. Nachreiner, 1980; Adair, 1984).

Drittverursachung und damit die Bedrohung der internen Validität stellen bei arbeitspsychologischen Interventionen ein besonderes Problemfeld dar, da die von den Interventionsmaßnahmen Betroffenen in der Regel wegen ihrer Betroffenheit durch potenzielle Konsequenzen der Intervention und der Ergebnisse der Evaluation interessengeleitet auf die Intervention und deren Evaluation reagieren. Hinzu kommt, dass arbeitspsychologisches Experimentieren (im Gegensatz zu unkontrolliertem Herumprobieren) im Betrieb nicht zur Alltagserfahrung der Betroffenen gehört. Arbeitspsychologische Untersuchungen stellen i. d. R. eine vom Normalfall abweichende Bedingung dar, die selbst als Intervention mit unbekannten Effekten betrachtet werden muss. Diese in der methodologischen Literatur unter dem Stichwort „Reaktivität“ behandelte Problematik kommt hier voll zum Tragen und kann zu erheblichen Störeinflüssen beim Versuch der Bewertung von Interventionsmaßnahmen führen.

Mögliche Bedrohungen der internen Validität ergeben sich durch die in Tabelle 2 dargestellten Bedingungen (vgl. Shadish et al., 2002, S. 54). Ein Teil dieser Bedrohungen lässt sich durch klassische experimentelle Logik, d. h. echte Experimente mit Zufallszuordnung der experimentellen Einheiten auf Experimental- und Kontrollgruppen ausschalten. Problematisch ist die Sachlage dagegen, wenn diese Zufallszuordnung unter den konkreten Bedingungen eines Betriebes nicht realisierbar ist. Dies wird besonders dann der Fall sein, wenn mit intakten, bereits bestehenden Arbeitsgruppen gearbeitet werden soll oder muss. Selbst wenn der einzelne Mitarbeiter als experimentelle Einheit betrachtet werden kann, ist eine Zufallszuordnung häufig nicht realisierbar, weil diese Zufallszuordnung beispielsweise gewachsene soziale Beziehungen stören würde und damit als Drittverursachung zu betrachten wäre. Bei der Arbeit mit bestehenden Gruppen ist darüber hinaus nahezu immer mit Selektions-/Mortalitätsbedrohungen zu rechnen, da sich bestehende Arbeitsgruppen sowie existierende Zuordnungen von Mitarbeitern auf bestimmte Funktionen ja gerade dadurch auszeichnen, dass sich hier, intendiert oder nicht, Selektions- und Selbstselektionsprozesse ausgewirkt haben. Insofern sind der Durchführung echter Experimente im Betrieb extrem harsche Grenzen gesetzt – bei i. d. R. damit verbundener Bedrohung der externen Validität.

Es muss daher darauf ankommen, bei der Planung und Bewertung der Interventionsmaßnahmen auf der Basis solider Sach- und Feldkenntnisse alle infrage kommenden Bedrohungen der internen Validität zu überprüfen und, soweit möglich, geeignete Gegenmaßnahmen zu ergreifen. Dies kann nicht zur Beliebigkeit der Argumentation führen, wie Frey und Frenz (1982) unterstellen. Nicht jede Bedrohung der internen Validität ist unter den jeweils konkreten Untersuchungsbedingungen im Feld plausibel zu machen. Hier muss auf der Basis inhaltlicher Sachkompetenz und des jeweiligen Standes des Wissens argumentiert werden, welche Bedrohungen vorliegen können und welche unwahrscheinlich sind (vgl. auch Shadish et al., 2002). Eine absolute Sicherheit des Ausschlusses von Drittverursachung dürfte hingegen prinzipiell nicht zu leisten sein.

3.2.3 Konstruktvalidität

Auch die Bedrohung der Konstruktvalidität lässt sich am Fall der Hawthorne-Studien verdeutlichen. So kommen Roethlisberger und Dickson (1939, S. 183) zu dem Schluss, die durchgeführten Experimente im Relais-Montage-Raum seien andere als die geplanten gewesen. Die Veränderungen der physischen Arbeitsbedingungen seien in Wirklichkeit Veränderungen der sozialen Beziehungen zwischen Management und Mitarbeitern gewesen, wobei die manipulierten Variablen (oder die Manipulation als solche) in diesem Kontext zu Trägern sozialer Bedeutung für die betroffenen Mitarbeiter geworden seien. Inhaltlich wird damit der Hawthorne-Effekt zu einem Effekt verbesserter zwischenmenschlicher Beziehungen deklariert (vgl. Cook & Campbell, 1979, S. 60). Dabei stellt sich aber die Frage, ob die in den Experimenten durchgeführten Manipulationen tatsächlich als valide Operationalisierungen des Konstrukts „verbesserte zwischenmenschliche Beziehungen" zu betrachten sind; in diesem Falle müssten die – unterstellten – Effekte auch durch solche Interventionen erreichbar sein, die die tatsächlichen Arbeitsbedingungen unberührt lassen, den Mitarbeitern dagegen lediglich signalisieren, dass das Management an besseren Beziehungen zu den Mitarbeitern interessiert ist. Es wäre vorstellbar, dass die unterstellten Effekte unter derartigen Bedingungen ausblieben, was die Validität des post hoc postulierten Erklärungsansatzes nicht unbeeinträchtigt ließe.

Bei der Frage nach der Konstruktvalidität spielt die potenzielle Konfundierung verschiedener theoretischer Konstrukte in der gewählten Operationalisierung – sowohl bei der Intervention als auch bei der Kriterienmessung – die entscheidende Rolle. Daher gilt es darauf zu achten und durch entsprechende (Vor-)Untersuchungen abzusichern, dass die gewählten Operationalisierungen die interessierenden Konstrukte auch adäquat und valide repräsentieren – bzw. dass Interpretationen gefundener Beziehungen zwischen den gewählten Operationalisierungen nicht auch als (Kausal-)Beziehungen zwischen anderen, rivalisierenden Konstrukten zu interpretieren sind. Praktisch bieten sich dafür konvergente und diskriminante Validierungen über multiple Indikatorensysteme an (vgl. Cook & Campbell, 1979, S. 59), die eine Abschätzung der Defizienz (nicht erfasster Anteil des Konstrukts) und der Kontamination (konstruktirrelevanter Anteil) der Einzel- und der Gesamtoperationalisierung in Bezug auf die zu untersuchenden Konstrukte erlauben.

Spezifische Bedrohungen der Konstruktvalidität ergeben sich nach Shadish et al. (2002, S. 72), die einige Bedrohungen der internen Validität nach Cook und Campbell (1979) nun den Bedrohungen der Konstruktvalidität zuordnen, z. B. durch die in Tabelle 2 dargestellten Faktoren. Problemen der Bedrohung der Konstruktvalidität kann im Prinzip am besten dadurch begegnet werden, dass die zugrunde liegenden Konstrukte klar expliziert und mehrfach operationalisiert werden. Zu beurteilen ist jeweils die Frage, wie gut die gewählten Operationalisierungen das Konstrukt tatsächlich repräsentieren und für welche alternativen Konstrukte sie ebenfalls relevant sind bzw. inwieweit Kontamination ausgeschlossen werden kann.

3.2.4 Externe Validität

Selten ist man nur an der Beurteilung der Wirksamkeit arbeitspsychologischer Interventionsmaßnahmen für den untersuchten Personenkreis unter den gegebenen zeitlichen, räumlichen, sozialen und sozialpolitischen Rahmenbedingungen interessiert. In der Regel interessiert die Frage, für welchen Personenkreis und unter welchen anderen Bedingungen die beobachteten Relationen zwischen Variablen oder Konstrukten ebenso gelten.

Im Vergleich zur Beurteilung der Frage, ob ein theoretisches Konstrukt in der gewählten Operationalisierung valide abgebildet wird, geht es bei der Beurteilung der Frage, auf welche Zielpopulationen bzw. auf welche Universa von Bedingungen (vgl. Cronbach et al., 1972) sich die gefundenen Relationen generalisieren lassen, sehr viel stärker um eine – logisch nicht zu rechtfertigende – Induktion, da von den untersuchten Einheiten auf nicht untersuchte geschlossen werden soll. Für den „rein“ theoretisch orientierten Forscher, der lediglich an der Überprüfung des Kausalzusammenhangs interessiert ist, unabhängig von Zielpopulationen, stellt sich dieses Problem nur am Rande, hier mag der Hinweis auf die logische Unzulässigkeit der Generalisierung dann auch angemessen sein (vgl. Irle, 1985). Anders ist die Problemlage dagegen bei Interventionsmaßnahmen, die z. B. aus Gründen nicht abschätzbarer Risiken zunächst nur in ausgewählten Bereichen eingeführt wurden und dort wirksam waren. Mit dem Hinweis auf die logische Unzulässigkeit der Generalisierung auf den eigentlich interessierenden Personenkreis ist hier weder der Organisation noch dem Evaluator geholfen. Vielmehr erscheint es wichtig, Überlegungen anzustellen, wie die (praktische) Validität derartiger Generalisierungen erhöht werden kann bzw. welche Bedingungen die Generalisierbarkeit belegbar beeinträchtigen.

Hier sind zwei Fälle zu unterscheiden. Sind die Zielpopulationen bzw. die Universa der Bedingungen, für die Aussagen angestrebt werden, bekannt (z. B. schichtdienstleistende Polizeivollzugsbeamte im Lande Niedersachsen auf Autobahnstationen im Winter dieses Jahres), so bietet sich als praktische Lösung die Ziehung einer repräsentativen Zufallsstichprobe an. Logisch unbefriedigend, aber praktisch bewährt lassen sich die Ergebnisse in solchen Fällen mit abschätzbarer Irrtumswahrscheinlichkeit auf die anvisierte Grundgesamtheit verallgemeinern.

Anders sieht die Lage dagegen aus, wenn die Grundgesamtheit nicht präzise abgrenzbar oder beschreibbar ist oder eine derartige enge Abgrenzung wenig sinnvoll erscheint. Wäre es vernünftig, Evaluationsergebnisse lediglich auf den untersuchten Personenkreis zu beschränken, nur weil die Grundgesamtheit, der dieser Personenkreis entstammt, nicht genau bekannt ist oder nur weil das über eine logisch nicht zu rechtfertigende Induktion erfolgen müsste? Was hindert den Evaluator daran, die Ergebnisse als valide für eine Grundgesamtheit und ein Universum von Bedingungen zu betrachten, für die die untersuchten Populationen und Bedingungen eine repräsentative Auswahl darstellen – auch wenn diese im Augenblick nicht präzise zu beschreiben sind –, statt sich an eine logisch korrekte Regel zu halten und den Gültigkeitsbereich auf die untersuchte Stichprobe von Personen und Bedingungen zu beschränken (zur Rechtfertigung dieses Vorgehens vgl. Cornfield & Tukey, 1956, S. 912).

Will man eine möglichst weitreichende Generalisierbarkeit erreichen, so sollte die untersuchte Stichprobe relativ heterogen sein bzw. typische Vertreter potenzieller Zielpopulationen und Universa enthalten, um Bedrohungen der externen Validität erkennen zu lassen. Diese resultieren nach Cook und Campbell (1976, S. 234 ff.) insbesondere aus Wechselwirkungen der Intervention mit Selektionsprozessen, Randbedingungen und Zeitgeschehen (vgl. Tab. 2).

In vielen Fällen von Bedrohungen der externen Validität stellt sich die Frage, ob die in der Evaluationsuntersuchung gefundenen Relationen auch unter anderen kontextuellen Bedingungen halten. Dies verlangt nach separater Prüfung der Beziehungen in (relativ homogenen) Untermengen der Stichprobe von Variablen, Personen, Situationen und Zeiträumen, woraus sich die Forderung nach heterogenen Stichproben ergibt. Kann der Effekt der Intervention auch dort nachgewiesen werden, haben sich die Universa bzw. Grundgesamtheiten, für die die untersuchten Stichproben repräsentativ sind, erweitert, während differenzierte Wirkungsmuster in Substichproben (Wechselwirkungen) die Generalisierbarkeit der Befunde einschränken – oder differenzieren. Wie die Grundgesamtheiten, auf die dann generalisiert werden kann, genau zu charakterisieren oder abzugrenzen sind, bleibt allerdings weiter unbestimmt. Im negativen Fall wird dagegen klar, auf welche Universa *nicht* generalisiert werden kann. Die vorgeschlagene Validitätsprüfung weist damit konzeptionell enge Beziehungen zur Überprüfung der Generalisierbarkeit von Messwerten auf, wie sie von Cronbach et al. (1972; s. a. Brennan, 2001; Schütte, 2004) vorgeschlagen wurde.

3.2.5 Beziehungen zwischen den Validitätsaspekten und Konsequenzen für Evaluationsuntersuchungen

Interne und statistische Validität zielen beide auf den Nachweis der Verursachung der Effekte durch die Intervention, und zwar durch den Nachweis der überzufälligen Kovariation und den Ausschluss der Drittverursachung. Sie stellen damit primär zu sichernde Validitätsaspekte dar, selbst dann, wenn lediglich der Nachweis der Wirksamkeit der Intervention – wie durchgeführt – in Bezug auf die Kriterien – wie gemessen – festgestellt werden soll. Geht es dagegen um mehr als um die hier und jetzt durchgeführte Maßnahme, wie dies bei theorieorientierter angewandter Forschung der Fall ist, so sind auch Konstrukt- und externe Validität sicherzustellen, bei der Konstruktvalidität sowohl die der Intervention als auch die der Effektmessung. Die Absicht der Generalisierung, bei der Konstruktvalidität über die konkreten Operationalisierungen auf das zugrunde liegende theoretische Konstrukt bezogen, bei der externen Validität auf Populationen, Situationen, Randbedingungen und Zeitpunkte bezogen, ist beiden gemeinsam; daher rangieren deren Bedrohungen in verschiedenen Veröffentlichungen auch nicht immer unter dem gleichen Aspekt (vgl. Cook & Campbell, 1979; Shadish et al., 2002). Insgesamt sollte diese Einteilung daher eher heuristisch oder akzentuierend betrachtet werden. Erschwerend kommt hinzu, dass Maßnahmen zur Erhöhung eines Aspekts der Validität, z. B. der internen Validität, andere Aspekte, z. B. der externen Validität, negativ beeinflussen können. Wichtig erscheint jedoch, dass für eine saubere Evaluation arbeitspsychologischer Interventionsmaßnahmen die jeweils relevanten potenziellen Bedrohungen der Validität ausgeräumt oder zumindest kontrolliert sein sollten.

3.3 Experimentelle und quasi-experimentelle Versuchspläne zur Bewertung von Interventionsmaßnahmen

Bei Zufallszuweisungen der experimentellen Einheiten auf die Interventions- und die Kontrollgruppe(n) sind entsprechend der experimentellen Logik sämtliche Bedingungen, außer der Intervention, zufallsverteilt und können daher die Ergebnisse nicht systematisch beeinflussen. Daher wird in der klassischen experimentellen Literatur diese Strategie als die wirksamste betrachtet; sie bietet überdies den Vorteil, dass sie die Voraussetzung für die Anwendbarkeit verschiedener statistischer Verfahren schafft. Cook und Campbell (1976; Shadish et al.,

2002) machen die Zufallszuweisung zum Unterscheidungskriterium zwischen „echten" Experimenten und „Quasi"-Experimenten, bei denen zwar Kontrollgruppen verwendet werden, die präinterventive Äquivalenz der Gruppen bezüglich der übrigen Variablen (Bedingungen und Versuchspersonen) aber nicht durch Randomisierung hergestellt wurde. Wo dies möglich ist, sollten daher auch bei der Evaluation arbeitspsychologischer Interventionsmaßnahmen experimentelle Versuchsanlagen gewählt werden, da sie als die kontrollstärkste Untersuchungsstrategie betrachtet werden können.

Wenn im Betrieb die Zufallszuweisung der experimentellen Einheiten auf die Versuchsgruppen auch häufig nur sehr schwer realisierbar ist, so bietet sie sich unter bestimmten Bedingungen, nämlich da, wo sie „rational" oder „nachvollziehbar" erscheint, geradezu an (vgl. Shadish et al., 2002; Nickel & Nachreiner, 2009, mit Beispielen aus dem Kontext der Arbeitspsychologie).

Hier muss angemerkt werden, dass vor der Versuchsplanung aufgrund inhaltlicher Überlegungen zu klären ist, was in Bezug auf die zu bewertende Intervention als experimentelle Einheit zu betrachten ist – einzelne Mitarbeiter, Gruppen von Mitarbeitern oder gar ganze Betriebe/Organisationen –, denn deren Zufallszuweisung zu den experimentellen Bedingungen steht zur Diskussion. Dies kann der auf den ersten Blick möglichen Zufallszuweisung einzelner Mitarbeiter den Sinn nehmen und die Durchführung echter Experimente weiter erschweren. Darüber hinaus kann es gelegentlich sinnvoller sein, aus Gründen der externen Validität auf eine potenziell mögliche Zufallszuweisung zu verzichten und mit intakten Gruppen oder Abteilungen zu arbeiten, auch wenn dies dann „nur" in quasi-experimentellen Untersuchungsplänen resultiert. Da Randomisierung überdies unter den Bedingungen des Betriebes nicht als Allheilmittel gegen jegliche Bedrohungen der internen Validität angesehen werden kann (Nickel & Nachreiner, 2009), erscheint es sinnvoll, sich bei der Planung von Evaluationsuntersuchungen genauer mit quasi-experimentellen Versuchsanlagen und deren Aussagefähigkeit zu beschäftigen (vgl. Shadish et al., 2002 sowie Nickel & Nachreiner, 2009).

Ein wichtiger Grundsatz beim Einsatz quasi-experimenteller Untersuchungsanlagen ist die Prüfung der präinterventiven Äquivalenz der Vergleichsgruppen. Kann diese abgesichert werden, so können quasi-experimentelle Versuchsanlagen an die Stringenz experimenteller Versuchsanlagen herankommen. Kann diese präinterventive Äquivalenz der Vergleichsgruppen dagegen nicht gesichert werden, ergeben sich erhebliche Probleme der Zuordnung von Intervention und Effekten, die sich nur z. T. durch kovarianzanalytische Techniken lösen lassen. In solchen Fällen hängt die Aussagefähigkeit der Ergebnisse sehr stark vom konkreten Muster der Ergebnisse ab (zu Einzelheiten vgl. Shadish et al., 2002 bzw. Nickel & Nachreiner, 2009). Anzumerken ist auch, dass das Arbeiten mit intakten Gruppen/organisationalen Einheiten (unter Verwendung quasi-experimenteller Pläne) zwar aus der Perspektive der Absicherung der internen Validität problematisch sein kann, dass sich aber unter der Perspektive der externen Validität (bei gegebener präinterventiver Äquivalenz) durchaus erhebliche Vorteile ergeben können, weil damit das „normale" Betriebsgeschehen deutlich realitätsnäher abgebildet wird.

Für konkrete Versuchspläne und eine detaillierte Diskussion kann hier auf Nachreiner et al. (1987) sowie Shadish et al. (2002) verwiesen werden. Die dort vorzufindenden Zusammenstellungen von Gestaltungselementen quasi-experimenteller Versuchspläne (z. B. zur Zuordnung der experimentellen Einheiten, zur Messung, zur Gruppenbildung und zur Intervention) zeigen nicht nur Möglichkeiten auf, Versuchspläne zu entwickeln, mit denen sich Bedrohungen der internen Validität kontrollieren oder zumindest reduzieren lassen, sondern auch validitätsverbessernde Elemente für das Design zu wählen, die die jeweils spezifischen Gegebenheiten der Untersuchung angemessen berücksichtigen (vgl. Corrin & Cook, 1998 sowie Nickel & Nachreiner, 2009).

3.4 Zeitserielle Versuchspläne

Zeitserielle Versuchspläne bieten sich insbesondere dann an, wenn der Zugriff auf verschiedene, insbesondere randomisierte oder vergleichbare Kontrollgruppen nur schwer realisierbar ist, das Abgreifen der Kriterienausprägung aber ohne größere Probleme zu verschiedenen Zeitpunkten vor, während und nach der Intervention möglich ist. Besonders geeignet als Effektivitätskriterien sind dabei Daten, die im normalen Betriebsgeschehen als nicht reaktive Maße ständig erhoben werden, wie etwa Leistungsdaten, Fehlzeiten, Fluktuationskennziffern oder Unfalldaten. Bei Fragebogen- oder Interviewdaten ist dagegen zu beachten, dass die wiederholte Applikation der Erhebungsinstrumente selbst zu Veränderungen in den Messwerten führen kann, die nicht irrtümlich der Intervention zugeschrieben werden dürfen.

Zeitserielle Pläne haben darüber hinaus den Vorteil, zeitbezogene Verläufe innerhalb der Versuchsgruppen beurteilbar zu machen (z. B. im Rahmen einer Anpassungsevaluation), die bei isolierter Betrachtung nur eines Vor- und eines Nachmesswertes unter Umständen leicht irrtümlich als Effekt der Intervention missinterpretiert werden könnten. Solche Pläne sind daher insbesondere geeignet, Bedrohungen der internen Validität durch Reifungs- und Mortalitätsprobleme, auch in Interaktion mit Selektionsproblemen, zu kontrollieren. Dazu ist dann allerdings die Ausweitung des Untersuchungsplans auf mindestens eine unbehandelte oder eine zeitlich versetzt behandelte Kontrollgruppe erforderlich (zu detaillierten Versuchsplänen vgl. Shadish et al., 2002; Nickel & Nachreiner,

2009). Gerade in dieser zeitlich versetzten Interventions-Kontrollgruppenbehandlung offenbart sich der besondere Vorteil von Zeitserienplänen, da sich beispielsweise mit zwei Versuchsgruppen durch zeitlich versetzte und überkreuzte Interventionen – wobei auch hier, wie bei quasi-experimentellen Versuchsanlagen, wieder multiple Interventionen in Betracht kommen – und die daraus resultierende gegenseitige und auf sich selbst bezogene Kontrolle von Interventionseffekten relativ kontrollstarke Versuchspläne entwickeln lassen. Der Nachteil besteht allerdings darin, dass derartige Versuchspläne zeitaufwendig sind und für die schnelle Produktion von Entscheidungsgrundlagen weniger in Betracht kommen. Dafür weisen diese Untersuchungspläne den Vorteil auf, dass sie sich auch ex post und retrospektiv (und damit ohne Reaktivitätsproblematik) auf vorhandene Daten anwenden lassen. Zeitreihenversuchspläne haben den weiteren Vorteil, neben dem Nachweis der Effektivität Auskunft über Dauer, Verlauf und ggf. Zeitverzögerung der Effekte zu geben; sie bieten damit Informationen, die aus (quasi-)experimentellen Versuchsplänen, wie sie im vorigen Abschnitt diskutiert wurden, nicht zu gewinnen sind.

Das Prinzip solcher Versuchsanlagen besteht darin, die Intervention als Unterbrechung einer Zeitserie zu betrachten, die zu einer präinterventiven und einer postinterventiven (Teil-)Zeitreihe führt, welche miteinander im Hinblick auf mehrere Merkmale verglichen werden können. Zur Auswertung derartiger Versuchspläne verweisen wir einführend auf Cromwell, Hannan, Labys und Terraza (1994a), Cromwell, Labys und Terraza (1994b), McCain und McCleary (1979), Schmitz (1989), sowie auf Tabachnik und Fidell (2007). Dort wird auch auf einige Anwendungsbeispiele aus dem arbeitspsychologischen Kontext verwiesen (zu den in Zeitserienversuchen nachweisbaren unterschiedlichen Formen von Effekten verweisen wir auf Cook & Campbell, 1979; Nachreiner et al., 1987; Nickel & Nachreiner, 2009).

Shadish et al. (2002) weisen darauf hin, dass Beobachtungen in Zeitserienform, bei denen innerhalb der Zeitserie eine geplante Intervention oder auch eine unbeabsichtigte Veränderung vorgenommen wurde, als Quasi-Experimente betrachtet werden können, wobei die Interpretationsfähigkeit bei fehlenden Kontrollgruppen wieder stark vom Muster der Ergebnisse abhängt (vgl. Matern, 1984). Im Prinzip sind damit auch bei Zeitserienversuchsanlagen die gleichen Validitätsbedrohungen wie bei den klassischen experimentellen Versuchsanlagen von Bedeutung; allerdings kommen weitere, spezifische hinzu, die aus der Abhängigkeit der Messwerte als Funktion der Zeit resultieren (vgl. dazu Shadish et al., 2002), wie z. B. Probleme der Autokorrelation der Messwerte.

Im Prinzip lassen sich mit der geschickten Anlage zeitserieller Versuchs- oder Untersuchungspläne (oder der entsprechenden Auswertung im Betrieb vorhandener Daten als Ergebnisse „natürlicher Experimente") relativ kontrollstarke, bisher in der Arbeitspsychologie aber nur selten genutzte Evaluationsuntersuchungen konzipieren, die Aufschluss über die Wirksamkeit einer Intervention geben können. Eine differenzierte Auswertung für unterschiedliche Gruppen kann dabei dazu genutzt werden, Interaktionswirkungen mit bestimmten situativen (Arbeitsplatz in der Verwaltung vs. Arbeitsplatz an der Linie) oder personalen Merkmalen (hohe vs. geringe Qualifikation) von Subgruppen zu analysieren und damit zur Abschätzung der Generalisierbarkeitsweite beitragen.

3.5 Korrelative Verfahren

Korrelations- bzw. regressionsanalytische Verfahren zur Bewertung von Interventionsmaßnahmen bieten sich immer dann als Methode der Wahl an, wenn die Möglichkeit zur Durchführung echter oder quasi-experimenteller Ansätze nicht gegeben ist. Das ist z. B. dann der Fall, wenn vergleichbare Gruppen nicht zur Verfügung stehen oder die Intervention unkontrollierbar von dritter Seite vorgenommen wurde, wie etwa bei einer gesetzlichen Verkürzung oder Ausdehnung der Arbeitszeit oder bei sog. „natürlichen Experimenten", bei denen der Evaluator eher die Rolle eines passiven Beobachters einnimmt. Statt unter derartigen Bedingungen gänzlich auf eine Evaluation zu verzichten, bietet sich hier immer noch eine, wenn auch in ihrer Beweiskraft eingeschränkte Möglichkeit zur Beurteilung der Wirkungen der Intervention. Das grundsätzliche Problem stellt dabei die prinzipiell nicht ausschließbare Drittverursachung (durch gemessene oder nicht gemessene Variablen) dar, die für die Kovariation zwischen Interventions- und Effektvariablen verantwortlich sein kann. Während es für die reine Vorhersage von Ereignissen oder Zuständen ausreicht, mit diesen zeitlich versetzt hinreichend kovariierende Variablen zu erfassen, bedarf es zur Zuschreibung eines kausalen Wirkungszusammenhangs neben der Kovariation und des zeitlichen Vorausgehens der Intervention vor ihren Wirkungen, die ebenfalls korrelationsstatistisch prüfbar sind, des Ausschlusses der Drittverursachung.

Zur Überprüfung kausaler Modelle mithilfe korrelationsstatistischer Verfahren bieten sich vier Vorgehensweisen an (vgl. auch Cook & Campbell, 1979):

- Intervention als unabhängige Variable im Rahmen eines Regressionsmodells,
- Pfad-Analysen und Analysen von Strukturmodellen,
- zeitversetzte Kreuzkorrelationen,
- Zeitserienkorrelationen und multivariate Spektralanalysen.

Der gebräuchlichste Weg zur Analyse von Interventionseffekten mittels korrelationsstatistischer Verfahren ist die Behandlung der Intervention als dummycodierte unabhängige Variable im Rahmen eines Regressionsmodells. Versuchspersonen mit oder nach der Intervention erhalten dabei den Wert 1, Versuchspersonen ohne oder vor der Intervention den Wert 0 auf einer solchen Variablen zugewiesen. Die Ergebnisse der Regressionsanalyse der Kriteriumsvariablen auf die unabhängigen Variablen lassen dann erkennen, ob und in welchem Umfang die Intervention mit den Effekten kovariiert. Dabei können die übrigen unabhängigen Variablen zur Kontrolle des Einflusses dritter Variablen, in denen sich unbehandelte und behandelte Analyseeinheiten unterscheiden, herangezogen werden. Dies kann sowohl auf individuellem wie auf aggregiertem Niveau erfolgen, indem der Beitrag dieser Variablen zur Beeinflussung der Effektvariablen rechnerisch berücksichtigt wird. Durch entsprechende Parameterwahl sind auch Interaktionseffekte, beispielsweise zwischen Vormessung und Intervention, modellierbar. Das Problem derartiger Analysen bleibt jedoch die prinzipielle Nicht-Ausschließbarkeit von Drittverursachung und die Nicht-Eindeutigkeit der Regressionslösung bei verschiedenen Modellansätzen und Vorgehensweisen. Cook und Campbell (1979) diskutieren mögliche Fehlschlüsse anschaulich anhand eines fiktiven Beispiels. Für eine detaillierte Darstellung zu Regressionsanalysen verweisen wir auf Tabachnik und Fidell (2007).

Pfad- und strukturanalytische Modelle gehen zwar ebenfalls von der gegebenen Kovarianzstruktur der erhobenen Daten aus, dienen jedoch in erster Linie der Überprüfung vorher zu spezifizierender kausaler Beziehungsgefüge zwischen den Variablen (vgl. Tabachnik & Fidell, 2007). Sie entsprechen damit den einer Evaluation von Interventionsmaßnahmen zugrunde liegenden Überlegungen wesentlich besser als reine Regressionsansätze. Für eine Darstellung derartiger Ansätze verweisen wir auf Dormann, Zapf und Perels (in diesem Band).

Zeitversetzte Kreuzkorrelationen bei wiederholten Messungen an denselben Versuchspersonen („cross-lagged panel correlations“) können nach Cook und Campbell (1979, S. 309 ff.) unter bestimmten Bedingungen ebenfalls Hinweise auf Kausalbeziehungen erlauben. Die Grundidee dabei ist, dass die Korrelation zwischen Intervention (I) und Kriteriumsvariablen (K) über verschiedene Zeitpunkte hinweg analysiert wird, wobei sich als Grundschema ergeben sollte, dass die Korrelation zwischen I zum Zeitpunkt t und K zum Zeitpunkt t + 1 höher sein sollte als die zeitsynchrone Korrelation zwischen I und K oder die Korrelation zwischen K zum Zeitpunkt t und I zu t + 1, bzw. mehrfachen Wiederholungen dieses Grundschemas. Welche Korrelationen dabei zu erwarten sind, hängt unter anderem von der Reliabilität der verwendeten Messinstrumente und ihrer Konstruktvalidität ab. Damit bieten sich Analyseansätze, wie sie oben als Strukturmodelle andiskutiert wurden, geradezu als Analyseinstrument an. Als Beispiel für derartige Analysen sei auf Schooler, Mulatu und Dates (1999) verwiesen, die im Rahmen ihrer Längsschnittstudie Modelle mit reziproken Kausalbeziehungen zwischen Arbeitsbedingungen und Persönlichkeitsentwicklung analysierten. Zeitversetzte Korrelationsstudien sind, ob klassisch oder strukturanalytisch ausgewertet, eine der Methoden der Wahl bei anpassungsorientierten bzw. formativen Evaluationsansätzen, weil hier eine zeitlich gestaffelte Veränderung der Intervention methodisch angemessen berücksichtigt werden kann.

Verfolgt man diesen Gedanken weiter und erhebt Interventions- und Kriterienausprägungen als parallele Zeitreihen, so bieten sich zur Analyse der Abhängigkeit der Veränderung der Kriterienwerte von Variationen in der Intervention Methoden der Analyse des Zusammenhangs zwischen verschiedenen Zeitreihen, von der einfachen Kreuzkorrelation beider Serien bis zur multivariaten Spektralanalyse an (vgl. Cook & Campbell, 1979, S. 321 ff.; Gregson, 1983; Chatfield, 2004). Im Unterschied zu zeitseriellen Versuchsplänen, bei denen die (aktive) Intervention als Unterbrechung der Zeitserie interpretiert wurde, geht es hier darum, die passiv registrierten Veränderungen in der Ausprägung der Intervention mit gleichzeitigen oder zeitversetzt auftretenden Veränderungen in den Kriteriumsvariablen in Beziehung zu setzen, um daraus Erkenntnisse über die Wirksamkeit der Intervention auf die Kriterien ableiten zu können.

So konnten etwa Paul, Nickel und Nachreiner (2005) mithilfe bivariater Kreuzkorrelationsanalysen zeigen, dass bei statistischer Kontrolle von Trends bzw. Saisonalitäten (als Störgrößen) die Steuerung des Personalbestands im Pflegebereich einer Klinik Auswirkungen auf die Belastung des Personals und in Folge auf dessen Fehlzeiten hatte. Dabei erlaubten die durchgeführten Analysen eine Abschätzung der zeitlichen Verzögerung, mit der sich die Personalsteuerung auf die Fehlzeiten auswirkte, sowie eine Absicherung der kausalen Wirkungsrichtung, indem hier etwa kein Einfluss der Fehlzeiten auf die Steuerung des Personalbedarfs nachweisbar war. Insgesamt konnten dabei nicht nur direkte (wie auch indirekte) Kausalbeziehungen nachgewiesen werden, sondern auch ein Aufschwingen von Belastung und Ausfallzeiten im Sinne einer positiven Rückkopplung.

Die mit solchen Analysen gegebenen Möglichkeiten der Abschätzung der Wirkungsrichtung (über den Gain der einzelnen Zeitreihen auf die jeweils andere Zeitreihe) sowie der Verzögerung der Wirkung (über die Lags bzw. die Phasenverschiebung bei zyklischen Prozessen) eröffnen interessante Zugänge zur Verfolgung/Kontrolle von Effekten der Intervention – oder auch von nicht aktiv beeinflussbaren Entwicklungen. So konnte Kossel (2007) zeigen, dass die Einschätzung der wirtschaftlichen Entwicklung durch die Unternehmen (Geschäftsklimaindex) sich nicht auf die Arbeitslosenzahlen oder krankheitsbedingte Ausfallzeiten auswirkt, sondern mit einer bestimmten Verzögerung durch diese beeinflusst wird. Der Geschäftsklimaindex erwies sich damit als abhängige (die Unternehmen schätzten die wirtschaftliche Entwicklung offensichtlich auf der Basis der vorausgehenden Arbeitslosenzahlen ein) und nicht als unabhängige Variable, die die Unternehmen dazu veranlasst, Personal einzustellen.

Mithilfe von Zeitserienanalysen von flexiblen Arbeitszeiten im Frequenzbereich (Spektralanalysen der tatsächlich verfahrenen Arbeitszeitsysteme) konnten Giebel, Janßen, Schomann und Nachreiner (2004, 2005) durch Identifizierung der Ausprägung von Circadian- und Wochenrhythmik im Dienstplan Aussagen über die zeitlichen Strukturen von Arbeitszeitsystemen ableiten (als Intervention in die zeitliche Struktur des gesamten Lebens) und anhand von Beeinträchtigungsdaten belegen, dass diese Art der Intervention, hier als Unterdrückung der circadianen und der Wochenstruktur der Arbeits- und arbeitsfreien Zeit, mit einem erhöhten Risiko körperlicher Beeinträchtigungen verbunden ist. Darüber hinaus konnten Wirtz, Giebel, Schomann und Nachreiner (2008) mithilfe bivariater Spektralanalysen zwischen dem Verlauf des Nutzwertes arbeitsfreier Zeit über die Woche und der Zeitreihe des Arbeitszeitsystems belegen, dass nicht nur die Kohärenz bestimmter Rhythmen von Bedeutung für soziale Beeinträchtigungen sind, sondern auch deren Phasenverschiebung, wobei Unter- und Überschreitungen einer bestimmten Phasenlage mit erhöhten Beeinträchtigungen verbunden waren. Giebel, Wirtz und Nachreiner (2008) konnten ähnliche Effekte auch für die Phasenverschiebung der Arbeitszeit gegenüber dem Circadianrhythmus in Bezug auf physische Beeinträchtigungen belegen. Veränderungen des Arbeitszeitsystems im Sinne einer Chronohygiene (als gezielte Intervention) sollten sich damit ebenfalls über solche Ansätze evaluieren lassen; dazu liegen aber bisher keine Ergebnisse vor.

Abschließend muss auch hier noch einmal darauf hingewiesen werden, dass auch Zeitreihenanalysen bei aller Eleganz im Nachweis der zeitlichen Abhängigkeit mehrerer Variablen das prinzipielle Problem der nicht ausschließbaren Drittverursachung nicht umgehen oder lösen können, da auch sie auf der passiven Beobachtung der zeitgleich oder zeitversetzt auftretenden Kovariation beruhen.

3.6 Modellierung und Simulation

Modellierung und Simulation sind Methoden, die Evaluationsprozesse vorbereiten, bei der Maßnahmenauswahl unterstützen, aber auch zur Evaluation von Teilschritten der Intervention (also bei formativer Evaluation) wie zur Evaluation kompletter Interventionen herangezogen werden können, indem sie Evaluationsprozesse automatisieren oder aber den Erfolg solcher Maßnahmen bereits sehr frühzeitig oder überhaupt erst – mangels realiter Auftretenshäufigkeit bestimmter Ereignisse – abschätzbar machen sollen (zu computergestützter Ergonomie vgl. Gallwey & O'Sullivan, 2005; zu Simulation und Modellierung vgl. Zachary, Campbell, Laughery, Glenn & Cannon-Bowers, 2001).

Zielsetzung von Simulation und der ihr zugrunde liegenden Modellierung ist es, wesentliche Aspekte von realen und konzeptionellen Objekten und Prozessen nachzubilden (Stein, 1997), wobei es sich immer um eine Reduktion realer Komplexität auf eine für den beabsichtigten Einsatzzweck hinreichende handelt, die allerdings bestimmten Gütekriterien (vgl. Meister, 1999) genügen muss. Simulatoren werden häufig zur Lizenzierung und zum Training (Salas, Wilson, Priest & Guthrie, 2006), also für personale wie für technologische Interventionen eingesetzt, wobei es sich hierbei auch und insbesondere um in der Entwicklung befindliche oder noch nicht (voll)entwickelte Systeme handeln kann (z. B. als prototyping). Sogenannte micro- oder scaled-worlds und auch virtual oder augmented reality werden, oft synonym, zu Simulationen verwendet, auch wenn insbesondere letztgenannte (vgl. Stanney & Cohn, 2006; Schmorrow, Stanney, Wilson & Young, 2006) andere Charakteristika aufweisen. Simulationen können auch Prozesse menschlichen Verhaltens umfassen, z. B. in Simulationen gesellschaftlicher Zusammenhänge oder von Organisationen (Brehmer & Dörner, 1993), industrieller Produktionsprozesse (Landau, 2000; Sudin & Örtengren, 2006) oder in der Allokation von Arbeitsaufgaben und Abschätzung von Leistungsverhalten, Zuverlässigkeit und psychischer Belastung (Laughery, Scott-Nash, Wetteland & Dahn, 2000; Meister, 1999).

Simulationen erlauben es auch, Versuchspersonen nicht mehr nur als Individuen, sondern auch in ihren dynamischen Interaktionen im (simulierten) organisationalen Kontext zu erfassen (Brehmer & Dörner, 1993). Sie nehmen so eine Brückenfunktion zwischen Labor- und Feldforschung ein (Chapanis & van Cott, 1972). Durch ein verändertes Konzept der laborexperimentellen Kontrolle (weg von diskreten Stimuli und hin zu Systemcharakteristika) wie die gezielte und zumindest für den Experimentator bekannte Rekonstruktion des Feldes in der Simulation ist Simulation sowohl von Labor- als auch von Feldforschung zu unterscheiden. Sie kann zwar wegen ihrer immanenten Realitätsreduktion Feldforschung nie völlig ersetzen (Meister, 1999; Pejtersen & Rasmussen, 1997; Stammers, 1986), wohl aber als Evaluationswerkzeug die Anzahl potenzieller Alternativen der Systemgestaltung und den Aufwand für (quasi-)experimentelle Evaluationsstudien reduzieren. Für abschließende Entscheidungen über Handlungsalternativen und deren Erfolg in der Realität sind sie jedoch nur bedingt geeignet.

Simulationen als Evaluationswerkzeuge in der Systemgestaltung, die bestehende (komplexe) Systeme nachbilden oder generelle Prozesszusammenhänge generieren, ermöglichen Untersuchungen, die im Feld nicht durchführbar, gefährlich oder umstritten sind (Hoc, 1989; Stein, 1997). So wird z. B. die Untersuchung von Formen fixer oder dynamischer Funktionsallokation, der Auslegung von Anzeigen- und Stellteilen, der Strategienbildung oder der menschlichen Zuverlässigkeit bei der Prozessführung unter verschiedenen Betriebszuständen (z. B. Störfällen) erst durch Simulation der Evaluation zugänglich (vgl. Meyer, 2006).

Angewendet auf die Abschätzung der Wirksamkeit einzelner Komponenten einer Maßnahme bediente man sich anfangs rechnergestützter Monte-Carlo-Simulationen oder Sensitivitätsanalysen mittels systematischer Variation einzelner Parameter (vgl. Siegel & Wolf, 1969). Weiterentwickelte und kommerzialisierte Systeme wie MicroSAINT (Laughery, 2005) werden zur Vorhersage menschlichen Leistungsverhaltens in Arbeitsprozessen (Hoagland, Martin, Anesgart, Brett, Lavine & Archer, 2001), zur Analyse von Belastungsintensitäten und -verläufen oder zur Vorhersage des Leistungsverhaltens von Arbeitsgruppen in modellierten Zusammenstellungen genutzt (Laughery et al., 2000; zu aktuellen Entwicklungen vgl. Nickel & Nachreiner, 2009).

Um eine menschengerechte Systemgestaltung zu gewährleisten, die nachträgliche korrektive Eingriffe reduziert (Ludborzs, 1996), werden Simulationsstudien bereits in frühen Entwicklungsstadien gefordert. Bei Neuentwicklungen von Systemen bedient man sich meist eines „(dynamic rapid) prototyping"-Verfahrens, bei dem Prototypen von Systemkomponenten entwickelt, einer Prüfung der Funktionserfüllung oder Gebrauchstauglichkeit (vergleichbar einer formativen Usability-Prüfung) unterzogen werden, um daraus abgeleitete Veränderungserfordernisse wiederum in nachfolgenden, komplexeren Prototypen umzusetzen, bis der iterative Prozess mit einer angemessenen Gestaltung des Gesamtsystems abschließt (vgl. Houde & Hill, 1997; Savage & Habinek, 1984).

Auch beim Einsatz von Prototypen und Simulationen ist eine systematische Anlage des Evaluationsprozesses wesentlich, da der Evaluationsgegenstand meist noch ohne Einbettung in den intendierten Nutzungskontext untersucht wird. Eine systematisierbare Zuordnung von Effekten zu Interventionen/Gestaltungsalternativen ist durch experimentelle Kontrolle zu gewährleisten. Potenzielle Bedrohungen der Validität (aus der Versuchsanlage und/oder dem der Simulation zugrunde liegenden Modell) sind wegen sich möglicherweise ändernder Interaktionswirkungen mit Kontextfaktoren im Evaluationsprozess zu berücksichtigen. Eine oberflächliche, meist physikalische Realitätsnähe von Prototypen oder Simulationen kann augenscheinlich eine hohe Produktreife suggerieren. Sie stellt allerdings nur eine von mehreren Dimensionen der Simulationstreue dar (vgl. Brehmer, 1992; Meister, 1999), die für eine valide Evaluation des jeweiligen Entwicklungsstandes und möglicher Interaktionen mit dem angestrebten Nutzungskontext gegeben sein sollten. Im Zusammenhang mit der Validierung von Modellen (vgl. Meister, 1999, und Zachary et al., 2001, für Kriterien der Modellgüte) ist *Verifikation* (Test auf Übereinstimmung mit Spezifikationen; Ist die Gestaltung richtig?) von *Validierung* (Test auf Gebrauchstauglichkeit im realen Nutzungskontext; Ist es die richtige Gestaltung?) zu unterscheiden (Hopkin, 1993; Pejtersen & Rasmussen, 1997). Diese in den Ingenieurwissenschaften beheimatete Unterscheidung eröffnet allerdings auch für arbeitspsychologische Evaluationen interessante Denkansätze (vgl. Nickel & Nachreiner, 2009).

4 Ausblick

Wie die bisherige Darstellung deutlich gemacht hat, sind methodische Patentrezepte für die Planung und Bewertung arbeitspsychologischer Interventionsmaßnahmen nicht verfügbar – und werden es nie sein. Dafür spricht alleine schon die Tatsache unterschiedlicher Evaluationsziele – übervereinfacht als Bilanzierungs- oder Steuerungsansatz charakterisierbar – und unterschiedlicher Evaluationsbedingungen – speziell was die Freiräume zur Manipulation und Kontrolle von Bedingungen, zur Durchführung von Messungen, die zeitlichen Freiräume, die zu erwartenden Konsequenzen und die mit der Intervention verbundenen (sozial-)politischen und ethischen Fragen betrifft. Es kann daher nur darum gehen, *den unter der jeweiligen Perspektive und den jeweils gegebenen Bedingungen günstigsten Ansatz* zur Bewertung einer Interventionsmaßnahme auszuwählen oder zu entwickeln; gelegentlich dürften sich unterschiedliche Ansätze sogar ergänzen. So kann eine Anpassungsevaluation durchaus als kontrollstarker, am Netto-Effekt orientierter Zeitreihenansatz ausgelegt werden, um einerseits valide Ursachenzuschreibungen zu erlauben, die zu planbaren wirksamen Korrekturen bei der weiteren Implementation der Intervention führen können und nicht in unsystematischem Herumprobieren enden. Insofern erfordern konkrete Evaluationsprojekte zur sachgerechten Durchführung oft eine Integration mehrerer, theoretisch auch gegensätzlich erscheinender Ansätze. Für ein solch sachgerechtes Vorgehen erscheint uns neben hinreichender methodischer Vertrautheit mit den Vor- und Nachteilen der einzelnen Methoden, Verfahren und Techniken, die über das im Rahmen dieses Beitrags darstellbare erheblich hinausgeht, eine solide inhaltliche Fundierung in den zu bewertenden Gegenstandsbereichen unabdingbar; und dazu zählen wir – neben der Kenntnis nomologischen arbeitspsychologischen Wissens, die wir als selbstverständlich voraussetzen – auch und insbesondere eine profunde Kenntnis des Untersuchungsfeldes und seiner Probleme. Ansonsten könnten Evaluationsmethoden gewählt werden, die zwar für Laborforschung im Grundlagenbereich angemessen sein mögen und dort auch eine Bewertung unterschiedlicher Gestaltungszustände von Arbeitsverfahren erlauben, unter Feldbedingungen wie denen eines Betriebes in seinem jeweiligen gesellschaftlichen und legalen Kontext jedoch zu Ergebnissen führen müssen, die bestenfalls irrelevant sind und schlechtestenfalls zu Wiederholungen bereits beschrittener und überholt geglaubter Wege inkl. der durch sie ausgelösten sozialpolitischen Probleme im Betrieb führen. Für Arbeitspsychologen ist daher hinreichende Erfahrung aus eigenen Felduntersuchungen, die es ihnen erst ermöglicht, die Relevanz laborexperimenteller Ergebnisse für das Feld abschätzen zu können, unverzichtbar. Denn die Bewertung arbeitspsychologischer Interventionsmaßnahmen impliziert immer auch politisches Handeln. Ergebnisse von Evaluationsmaßnahmen haben i. d. R. Konsequenzen – dies ist der Grund, warum sie durchgeführt werden – für die von der Intervention Betroffenen (und weitere mögliche Zielpopulationen), wie auch gelegentlich für den Evaluator selbst, der bei missliebigen Ergebnissen u. U. nicht mit weiteren Evaluationsstudien betraut wird.

Für die zukünftige arbeitspsychologische Evaluationsforschung stellt sich damit vor allem die Aufgabe, Erfahrungen über Bedrohungen der Validität, deren Relevanz und Abwehrmöglichkeiten durch geeignete Untersuchungsanlagen und Kontrollstrategien im betrieblichen Kontext zu sammeln und zu systematisieren. Systematische Evaluationen sind im Betrieb leider immer noch eher die Ausnahme als die Regel. Hier besteht daher deutlicher Umsetzungsbedarf. Hinzu kommt, dass negative Ergebnisse eher nicht veröffentlicht werden – und zwar aus verschiedenen Gründen. Dies macht die erforderliche Systematisierung des Erfahrungswissens (als Evaluation der Evaluation) nicht gerade einfacher.

Interessant erscheint uns auf der Basis der bisher vorliegenden Ergebnisse auch die Weiterentwicklung der o. a. Verfahren zu Modellierung und Simulation im Kontext von prognostischen, formativen und Effektevaluationen. Uns scheint, dass sich hier noch ein weites Feld öffnet, das dringend weiterer arbeitspsychologischer Beiträge bedarf – dafür dann aber auch einen erheblichen arbeitspsychologischen Gewinn in der Planung und Bewertung arbeitspsychologischer Interventionsmaßnahmen verspricht.

Literatur

Adair, J. G. (1984). The Hawthorne Effect: A reconsideration of the methodological artifact. *Journal of Applied Psychology, 69,* 334–345.

Andlauer, F., Rutenfranz, J., Kogi, K., Thierry, H., Vieux, N. & Duverneuil, G. (1982). Organization of night shift in industries where public safety is at stake. *International Archives of Occupational and Environmental Health, 49,* 353–355.

Brehmer, B. (1992). Dynamic decision making: Human control of complex systems. *Acta Psychologica, 81,* 211–241.

Brehmer, B. & Dörner, D. (1993). Experiments with computer-simulated microworlds: Escaping both the narrow straits of the laboratory and the deep blue sea of field study. *Computer in Human Behavior, 9,* 171–184.

Brennan, R. L. (2001). *Generalizability theory.* New York, NY: Springer.

Chapanis, A. (1967). The relevance of laboratory studies to practical situations. *Ergonomics, 10,* 557–577.

Chapanis, A. (1979). Quo vadis, ergonomia? *Ergonomics, 22,* 595–605.

Chapanis, A. & van Cott, H. P. (1972). Human engineering tests and evaluations. In H. P. van Cott & R. G. Kinkade (Eds.), *Human engineering guide to equipment design* (pp. 701–728). Washington, DC: American Institutes for Research.

Chatfield, C. (2004). *The analysis of time series. An introduction.* Boca Raton, FL: CRC.

Cook, T. D. & Campbell, D. T. (1976). The design and conduct of quasi-experiments and true experiments in field settings. In M. D. Dunnette (Ed.), *Handbook of industrial and organizational psychology* (pp. 223–326). Chicago, IL: Rand McNally.

Cook, T. D. & Campbell, D. T. (1979). *Quasi-experimentation: Design and analysis issues for field settings.* Chicago, IL: Rand McNally.

Cornfield, J. & Tukey, J. W. (1956). Average values of mean squares in factorials. *Annals of Mathematical Statistics, 27,* 906–949.

Corrin, W. J. & Cook, T. D. (1998). Design elements of quasi-experimentation. *Advances in Educational Productivity, 7,* 35–57.

Cromwell, J. B., Hannan, M. J., Labys, W. C. & Terraza, M. (1994a). *Multivariate tests for time series models.* Thousand Oaks, CA: Sage.

Cromwell, J. B., Labys, W. C. & Terraza, M. (1994b). *Univariate tests for time series models.* Thousand Oaks, CA: Sage.

Cronbach, L. J., Ambron, S. R., Dornbusch, S. M., Hess, R. D., Hornik, R. C., Phillips, D. C., Walker, D. F. & Weiner, S. S. (1980). *Toward reform of program evaluation.* London: Jossey Bass.

Cronbach, L. J., Gleser, G. L., Nanda, H. & Rajaratnam, N. (1972). *The dependability of behavioral measurements. Theory of generalizability for scores and profiles.* New York, NY: Wiley.

Dubin, R. (1976). Theory building in applied areas. In M. D. Dunnette (Ed.), *Handbook of industrial and organizational psychology* (pp. 17–39). Chicago, IL: Rand McNally.

Dunnette, M. D. (1976). Toward fusion. In M. D. Dunnette (Ed.), *Handbook of industrial and organizational psychology* (pp. 1–16). Chicago, IL: Rand McNally.

European Agency for Safety and Health at Work (2002). *Research on changing world of work.* Luxembourg: Office for Official Publications of the European Communities.

Fine, M. & Akabas, S. (1981). Combining experimental design with archival, survey, and interview methods: Creative evaluation in trade unions. In R. F. Connor (Ed.), *Methodological advances in evaluation research* (pp. 141–154). Beverly Hills, CA: Sage.

Franke, R. H. & Kaul, J. D. (1978). The Hawthorne experiments: First statistical interpretation. *American Sociological Review, 43,* 623–643.

Frey, S. & Frenz, H. G. (1982). Experiment und Quasi-Experiment im Feld. In J.-L. Patry (Hrsg.), *Feldforschung. Methoden und Probleme sozialwissenschaftlicher Feldforschung unter natürlichen Bedingungen* (S. 229–258). Bern: Huber.

Gallwey, T. J. & O'Sullivan, L. W. (2005). Computer aided ergonomics. In J. R. Wilson & E. N. Corlett (Eds.), *Evaluation of human work* (pp. 743–765). Boca Raton, FL: CRC.

Giebel, O., Janßen, D., Schomann, C. & Nachreiner, F. (2004). A new approach for evaluating flexible working hours. *Chronobiology International, 21,* 1015–1024.

Giebel, O., Janßen, D., Schomann, C. & Nachreiner, F. (2005). Ein neuer Zugang zur Beurteilung flexibler Arbeitszeiten – eine Überprüfung anhand flexibler Teilzeitmodelle. In GfA (Ed.), *Personalmanagement und Arbeitsgestaltung* (S. 313–316). Dortmund: GfA.

Giebel, O., Wirtz, A. & Nachreiner, F. (2008). The interference of flexible working times with the circadian temperature rhythm – a predictor of impairment to health and well-being? *Chronobiology International, 25,* 263–270.

Gregson, R. A. M. (1983). *Time series in psychology*. Hillsdale, NJ: Erlbaum.

Hacker, W. & Richter, P. (1980). *Psychologische Bewertung von Arbeitsgestaltungsmaßnahmen. Ziele und Bewertungsmaßstäbe*. Berlin: Springer.

Hoagland, D. G., Martin, E. A., Anesgart, M., Brett, B. S., Lavine, N. & Archer, S. G. (2001, September). *Representing goal-oriented human performance in constructive simulations: Validation of model performing complex time-critical-target missions*. Paper presented at the Simulation Interoperability Workshop, Orlando, FL.

Hoc, J.-M. (1989). Strategies in controlling a continuous process with long response latencies: Needs for computer support to diagnosis. *International Journal of Man-Machine Studies, 30*, 47–67.

Hopkin, D. V. (1993). Verification and validation: Concepts, issues and applications. In J. A. Wise, D. V. Hopkin & P. Stager (Eds.), *Verification and validation of complex systems. Human factors issues* (pp. 9–33). Berlin: Springer.

Houde, S. & Hill, C. (1997). What do prototypes prototype? In M. G. Helander, T. K. Landauer & P. V. Prabhu (Eds.), *Handbook of human-computer interaction* (pp. 367–381). Amsterdam: North-Holland.

Irle, M. (1985). Experimental-Pläne in sozialwissenschaftlicher Forschung. In B. Lutz (Hrsg.), *Soziologie und gesellschaftliche Entwicklung* (S. 295–302). Frankfurt a. M.: Campus.

Johanson, U., Eklöv, G., Holmgren, M. & Mårtensson, M. (1999). *Human resource costing and accounting versus the balanced scorecard: A literature survey of experience with the concepts* [Online]. Verfügbar unter: www.oecd.org/dataoecd/16/48/1948006.pdf [30. 04. 2009].

Kossel, I. (2007). *Zum Zusammenhang zwischen wirtschaftlichen Indikatoren und krankheitsbedingten Ausfallzeiten*. Unveröffentlichte Diplomarbeit, Carl von Ossietzky Universität, Oldenburg.

Krauth, J. (1983). The present state in measurement of success and change. In G. Lüer (Hrsg.), *Bericht über den 33. Kongreß der Deutschen Gesellschaft für Psychologie* (S. 769–776). Göttingen: Hogrefe.

Landau, K. (Hrsg.). (2000). *Ergonomic software tools in product and workplace design*. Stuttgart: Ergonomia Verlag.

Lange, E. (1983). Zur Entwicklung und Methodik der Evaluationsforschung in der BRD. *Zeitschrift für Soziologie, 12*, 253–270.

Laughery, K. R. (2005). Simulation and modelling as a tool for analysing human performance. In J. R. Wilson & E. N. Corlett (Eds.), *Evaluation of human work* (pp. 219–238). Boca Raton, FL: CRC.

Laughery, K. R., Scott-Nash, S., Wetteland, C. & Dahn, D. (2000). *Task network modelling as the basis for crew optimization on ships*. Proceedings of the Meeting on Human Factors in Ship Design on Automation, London.

Luczak, H. & Volpert, W. (Hrsg.). (1997). *Handbuch Arbeitswissenschaft*. Stuttgart: Schäffer-Poeschel.

Ludborzs, B. (1996). Voraussetzungen für die menschliche Zuverlässigkeit und Konsequenzen für betriebliche Gestaltungs-, Kommunikations- und Qualifizierungskonzepte in der hochautomatisierten prozeßverarbeitenden Industrie. In G. Becker & W. Preuß (Hrsg.), *Einsatz neuer Informations- und Leitsysteme in Verkehr, Prozeßführung, Fertigung* (S. 245–258). Köln: TÜV Rheinland.

Matern, B. (1984). *Psychologische Arbeitsanalyse.* Berlin: Springer.

McCain, L.J. & McCleary, R. (1979). The statistical analysis of the simple interrupted time series quasi-experiment. In T.D. Cook & D.T. Campbell (Eds.), *Quasi-experimentation. Design and analysis issues for field settings* (pp. 223–293). Chicago, IL: Rand McNally.

McClintock, C. (1984). Toward a theory of formative program evaluation. In D. Deshler (Ed.), *Evaluation for program improvement* (pp. 77–95). San Francisco, CA: Jossey Bass.

Meister, D. (1999). Simulation and modelling. In J.R. Wilson & E.N. Corlett (Eds.), *Evaluation of human work. A practical ergonomics methodology* (pp. 202–228). London: Taylor & Francis.

Metzger, H. (1977). *Planung und Bewertung von Arbeitssystemen.* Mainz: Krausskopf.

Meyer, I. (2006). *Effektivität der Prozessführung bei unterschiedlichen Oberflächen eines Prozessleitsystems.* Bremerhaven: nw.

Montibeller, G. & Belton, V. (2006). Causal maps and the evaluation of decision options. *Journal of the Operational Research Society, 57,* 779–791.

Nachreiner, F. (1980). Zur Artefaktproblematik in der Arbeits- und Betriebspsychologie. In W. Bungard (Hrsg.), *Die „gute" Versuchsperson denkt nicht. Artefakte in der Sozialpsychologie* (S. 167–190). München: Urban & Schwarzenberg.

Nachreiner, F., Brand, G., Ernst, G. & Rutenfranz, J. (1977). Zur Kontrolle von Hawthorne-Effekten in Feldexperimenten. *Zeitschrift für Arbeitswissenschaft, 31,* 172–175.

Nachreiner, F., Müller, G.F. & Ernst, G. (1987). Methoden zur Planung und Bewertung arbeitspsychologischer Interventionsmaßnahmen. In U. Kleinbeck & J. Rutenfranz (Hrsg.), *Arbeitspsychologie* (Enzyklopädie der Psychologie, Serie Wirtschafts-, Organisations- und Arbeitspsychologie, Bd. 1, S. 360–439). Göttingen: Hogrefe.

Nickel, P. & Nachreiner, F. (2009). *Einführung in die Evaluation arbeitspsychologischer Interventionsmaßnahmen.* Manuskript in Vorbereitung.

Patry, J.-L. & Perrez, M. (2000). Theorie-Praxis-Probleme und die Evaluation von Interventionsprogrammen. In W. Hager, J.-L. Patry & H. Brezing (Hrsg.), *Evaluation psychologischer Interventionsmaßnahmen. Standards und Kriterien. Ein Handbuch* (S. 19–40). Bern: Huber.

Paul, M., Nickel, P. & Nachreiner, F. (2005). Belastung und Arbeitsunfähigkeit – eine explorative Längsschnittuntersuchung am Beispiel des Pflegepersonals eines Allgemeinkrankenhauses. *Zeitschrift für Arbeitswissenschaft, 59,* 152–161.

Pejtersen, A.M. & Rasmussen, J. (1997). Effectiveness testing of complex systems. In G. Salvendy (Ed.), *Handbook of human factors and ergonomics* (pp. 1514–1542). New York, NY: Wiley.

Perrow, C. (2002). *Normal accidents. Living with high-risk technologies.* Princeton: University Press.

Roethlisberger, F.J. & Dickson, W.J. (1939). *Management and the worker. An account of a research program conducted by the Western Electric Company, Hawthorne Works, Chicago (with the assistance and collaboration of H.A. Wright).* Cambridge: Harvard University Press.

Rohmert, W. & Rutenfranz, J. (1975). *Arbeitswissenschaftliche Beurteilung der Belastung und Beanspruchung an unterschiedlichen industriellen Arbeitsplätzen.* Bonn: BMAS.

Rossi, P. H., Lipsey, M. W. & Freeman, H. E. (2004). *Evaluation. A systematic approach.* Thousand Oaks, CA: Sage.

Salas, E., Wilson, K. A., Priest, H. A. & Guthrie, J. W. (2006). Design, delivery, and evaluation of training systems. In G. Salvendy (Ed.), Handbook of human factors and ergonomics (pp. 472–512). Hoboken, NJ: Wiley.

Savage, R. E. & Habinek, J. K. (1984). A multilevel menu-driven user interface: Design and evaluation through simulation. In J. C. Thomas & M. L. Schneider (Eds.), *Human factors in computer systems* (pp. 165–186). Norwood, NJ: Ablex.

Schmitz, B. (1989). *Einführung in die Zeitreihenanalyse. Modelle, Softwarebeschreibung, Anwendungen.* Bern: Huber.

Schmorrow, D., Stanney, K. M., Wilson, G. F. & Young, P. (2006). Augmented cognition in human-machine interaction. In G. Salvendy (Ed.), *Handbook of human factors and ergonomics* (pp. 1364–1383). Hoboken, NJ: Wiley.

Schooler, C., Mulatu, M. S. & Dates, G. (1999). The continuing effects of substantively complex work on the intellectual functioning of older workers. *Psychology and Aging, 14,* 483–506.

Schütte, M. (2004). Reliabilitätsbestimmung arbeitsanalytischer Verfahren. In P. Nickel, K. Hänecke, M. Schütte & H. Grzech-Šukalo (Hrsg.), *Aspekte der Arbeitspsychologie in Wissenschaft und Praxis* (S. 79–102). Lengerich: Pabst.

Seashore, S. E. (1975). Defining and measuring the quality of working life. In L. E. Davies & A. B. Cherns (Eds.), *The quality of working life* (Vol. 1, pp. 105–118). New York, NY: Free Press.

Shadish, W. R., Cook, T. D. & Campbell, D. T. (2002). *Experimental and quasi-experimental designs for generalized causal inference.* Boston, MA: Houghton Mifflin Company.

Siegel, A. I. & Wolf, J. J. (1969). *Man-machine simulation models.* New York, NY: Wiley.

Stammers, R. B. (1986). Psychological aspects of simulator design and use. In J. D. Lewins & M. Becker (Eds.), *Advances in nuclear science and technology* (pp. 117–132). New York, NY: Plenum.

Stanney, K. M & Cohn, J. (2006). Virtual environments. In G. Salvendy (Ed.), *Handbook of human factors and ergonomics* (pp. 1079–1096). Hoboken, NJ: Wiley.

Stein, W. (1997). Modellbildung und Simulation. In H. Luczak & W. Volpert (Hrsg.). *Handbuch Arbeitswissenschaft* (S. 109–113). Stuttgart: Schäffer-Poeschel.

Sudin, A. & Örtengren, R. (2006). Digital human modeling for CAE applications. In G. Salvendy (Ed.), *Handbook of human factors and ergonomics* (pp. 1053–1078). Hoboken, NJ: Wiley.

Tabachnick, B. G. & Fidell, L. S. (2007). *Using multivariate statistics.* Boston, MA: Allyn and Bacon.

Ulich, E. (2005). *Arbeitspsychologie.* Zürich: vdf.

Von Winterfelt, D. & Edwards, W. (1986). *Decision analysis and behavioral research.* Cambridge: Cambridge University Press.

Weeks, E. C. (1979). The managerial use of evaluation findings. In H. J. Schulberg & J. M. Jerrell (Eds.), *The evaluator and management* (pp. 137–155). Beverly Hills, FL: Sage.

Wickens, C. D. (1998). Commonsense statistics. *Ergonomcis in Design, 6,* 18–22.

Wirtz, A., Giebel, O., Schomann, C. & Nachreiner, F. (2008). The interference of flexible working times with the utility of time: a predictor of social impairment? *Chronobiology International, 25,* 249–261.

Wittmann, W. W. (1985). *Evaluationsforschung.* Berlin: Springer.

Zachary, W., Campbell, G. E., Laughery, K. R., Glenn, F. & Cannon-Bowers, J. A. (2001). The application of human modeling technology to the design, evaluation and operation of complex systems. In E. Salas (Ed.), *Advances in human performance and cognitive engineering research* (Vol. 1, pp. 199–247). New York, NY: JAI.

23. Kapitel

Metaanalysen

Bernd Six und Iris Six-Materna

1 Einleitung

Gemeinhin gilt Glass (1976) als derjenige, der den Begriff der Metaanalyse prägte und darin die Dritte von drei Analyseebenen sah, auf der man Daten untersuchen kann. In der primären Analyse (primary analysis) werden die Rohdaten einer einzelnen Untersuchung vom Autor selbst analysiert, in der sekundären Analyse (secondary analysis) werden die Daten von jemand anderen entweder mit unterschiedlichen Analyseverfahren oder aber auch aus theoretischen Überlegungen heraus ein zweites Mal analysiert, während metaanalytische Verfahren primär die statistische Integration der Resultate mehrerer unabhängiger Studien beinhalten. Geht man einmal davon aus, dass zeitgleich Schmidt und Hunter daran interessiert waren, Effekte einzelner Studien zu kumulieren, wobei sie weniger an der bloßen Aggregierung von Studieneffekten als vielmehr an den Einschränkungen der Generalisierung von Studienergebnissen und deren möglicher Korrektur interessiert waren, dann liefert uns der auszugsweise übersetzte Teil eines Beitrags von Hunter (der im Jahr 2002 verstarb) in einem Überblicksartikel (Schmidt & Hunter, 2003, S. 33 f.) eine Art Kalendernotiz der Geburtsstunde ihrer Arbeiten zur Validitätsgeneralisierung (Übers. d. Verf.):

> Eines Tages, es war im Jahre 1975, und ich saß in meinem Arbeitszimmer über einer Verteilung der beobachteten Validitätskoeffizienten, die von Ed Ghiselli (1969) in einem seiner Bücher mitgeteilt wurden, als mir plötzlich der Gedanke kam, dass ich die Varianz in dieser Verteilung, die zu Lasten des Stichprobenfehlers ging, dadurch schätzen könnte, indem ich den Mittelwert der Stichprobenfehlervarianz in den einzelnen Studien berechnete. Ich war von dem Ergebnis schockiert als ich sah, dass dies ungefähr 70 % der beobachteten Varianz ausmachte. Ich war ebenso überrascht als ich die

> Stichprobenvarianz herauszog, dass die verbliebene Varianz klein genug war, um zu einer korrigierten Standardabweichung (SD) der Validitätskoeffzienten zu führen, die klein genug war, sodass fast alle beobachteten Validitätskoeffizienten positiv waren. Nachdem ich dann noch anschließend die gemittelten Validitätskoeffizienten für die Unreliabilität des Kriteriums und die Varianzeinschränkungen ... korrigiert hatte, sah ich, dass fast alle Validitätskoeffizienten nicht nur positiv, sondern von substanzieller Größe waren. Hocherfreut über dieses Ergebnis, rief ich sofort Jack Hunter an der Michigan State Universität an. Seiner Meinung nach waren in meinen Berechnungen keine Fehler.

Inzwischen fällt es nicht schwer, Belege für den großen Verbreitungsgrad von Metaanalysen zu finden. Je nach Erscheinungsgrad einschlägiger Fachbücher verlaufen die „Fieberkurven" der jährlich erscheinenden Metaanalysen unterschiedlich steil nach oben (vgl. z. B. Fricke & Treinies, 1985; Rustenbach, 2003; Schulze, 2004). So sind es in den Jahren 1975 bis 1979 insgesamt 15 Metaanalysen, die sich über PsycINFO haben nachweisen lassen, für den Zeitraum von 1980 bis 1984 sind es bereits 251, und allein in der Zeit von 1997 bis 2005 haben wir über PsycINFO 1.336 Literaturnachweise gefunden, in denen der Begriff Metaanalyse im Publikationstitel erscheint. Zusätzlich gibt es noch weitere Arbeiten, die zwar Metaanalysen enthalten, die aber nicht im Titel als solche deklariert sind. Für die Zeit von 1981 bis 2005 werden insgesamt 5.778 Arbeiten unter dem Stichwort Metaanalyse aufgeführt. Zwar lassen sich solche numerischen Größen in ihrer Bedeutung nur im Vergleich beurteilen, dennoch wird man die Aussage wagen können, dass Metaanalysen kein randständiges Thema sind – und mehr ist mit diesen quasiobjektiven Angaben auch nicht gemeint.

Metaanalysen waren noch nie die alleinige Domäne der Psychologie, in der medizinischen Forschung sind sie mindestens ebenso selbstverständlich wie in der Biologie, der Pharmakologie und den Sprach- und Erziehungswissenschaften.

Innerhalb der Psychologie werden die meisten Metaanalysen in der Klinischen Psychologie und Psychotherapie publiziert, weit verbreitet sind sie aber auch im Bereich der Pädagogischen Psychologie, der Sozial- und Arbeits- und Organisationspsychologie.

Es fällt nicht schwer, auf Standardtexte, Einführungen und Programme zur Metaanalyse hinzuweisen (Cook, Cooper, Corday, Hartmann, Hedges, Light, Louis & Mosteller, 2002; Cooper & Hedges,1994; Glass, McGaw & Smith, 1981; Hedges & Olkin, 1985; Hunter & Schmidt, 1990; Fricke & Treinies, 1985; Murphy, 2003; Rustenbach, 2003; Schulze, Holling & Böhning, 2003; Rosenthal, 1991; Wachter & Straf, 1990; Programme von Johnson, 1989; Rustenbach, 2003 und im Textanhang bei Hunter & Schmidt, 2004). Man sollte sich jedoch bewusst machen, dass „Metaanalyse" eine Kurzform zur Kennzeichnung unterschiedlicher metaanalytischer Verfahren ist, vergleichbar der Verwendung der Begriffe „Faktorenanalyse" oder „Multidimensionale Skalierung", hinter denen sich eine Vielzahl einzelner Techniken und Verfahren verbirgt, die unterschiedliche Voraussetzungen und Intentionen haben.

Wir werden im Folgenden noch auf einzelne Techniken der Metaanalyse eingehen, vorab sollen jedoch einige ausgewählte Definitionen verdeutlichen, wie unterschiedlich bereits die Standortbestimmungen ausfallen. Zwar sind sämtliche Definitionen nicht mehr als Arbeitsdefinitionen, dennoch legen sie unterschiedliche Schwerpunkte, die bei wohlwollender Einschätzung parallel zur Entwicklung des Verfahrens verlaufen. Die erste Definition betont die Integrationsfunktion von Metaanalysen, sowie ihre deskriptive Kondensierungsfunktion von Forschungsresultaten, die zweite betont die Charakteristik der Metaanalyse als Analyseinstrument quantitativer Daten, und die dritte Definition betont die Prädiktorfunktion und die differenzierte Analyse über Moderatoren hinaus:

1. „Metaanalyse bezieht sich auf eine Analyse von Analysen. Ich verwende diesen Begriff, um mich damit auf die statistische Analyse einer großen Zahl von Ergebnissen aus einzelnen Studien zu beziehen, deren Resultate integriert werden sollen" (Glass, 1976, S. 3; Übers. d. Verf.). Zur Verdeutlichung wird dann noch einmal herausgestellt: „Das zentrale Merkmal einer Metaanalyse ist die statistische Analyse der summarischen Ergebnisse vieler empirischer Einzelstudien" (Glass, McGaw & Smith, 1981, S. 21; Übers. d. Verf.).
2. „Die Überschrift „Metaanalyse" wird zur Beschreibung quantitativer Methoden zur Integration von Ergebnissen über einzelne Studien hinweg verwendet. Da die Metaanalyse sich normalerweise auf „Daten" in Form summarischer Statistiken bezieht, die den primären Analysen der einzelnen Studien entnommen worden sind, ist sie in Wahrheit eine Analyse der Ergebnisse statistischer Analysen" (Hedges & Olkin, 1985, S. 13, Übers. d. Verf.).
3. „Metaanalytische (meta-analytic reviews) Darstellungen sind quantitative Zusammenfassungen innerhalb bestimmter Forschungsbereiche, die die typischen (typical) Stärken (Zusammenhänge) von Effekten oder Phänomenen, ihre Variabilität, ihre statistische Signifikanz und den Einfluss (nature) von Moderatorvariablen beschreiben und mit deren Hilfe man dann die relative Stärke der Effekte oder Phänomene vorhersagen kann" (Rosenthal, 1995, S. 183; Übers. d. Verf.).

2 *Vom Sammelreferat zur Metaanalyse*

Wissenschaft produziert Literatur, und diese Literatur lässt sich danach klassifizieren, ob sie in Form von (a) Primärstudien bislang nicht publizierter Arbeiten, vorrangig zur Darstellung empirischer Ergebnisse vorgelegt wird oder aber auch die Entwicklung neuartiger Theorien oder Methoden darstellt, oder aber, ob sie (b) in Form von Sammelreferaten, Monografien oder Metaanalysen Überblicke über Forschungsresultate liefert, die einer thematisch eingegrenzten Fragestellung zugeordnet werden können. Überblicke über Teildisziplinen wissenschaftlicher Fächer in Lehr- und Handbüchern versuchen, einen möglichst vollständigen Katalog der Inhalte, Theorien und Methoden einer Teildisziplin darzustellen. Auf einem noch umfassenderen und abstrakteren Niveau bewegen sich die Gesamtdarstellungen einer Disziplin in Form von Einführungen, Lehr- und Handbüchern. Folgt man Thomas S. Kuhns „Die Struktur wissenschaftlicher Revolutionen" (1973), dann lassen sich für die „normale Wissenschaft", zu der wir die Psychologie samt ihrer Teildisziplinen rechnen wollen, drei Klassen von Problemen bestimmen, die gelöst werden müssen: (a) die Bestimmung signifikanter Fakten, (b) die gegenseitige Anpassung von Fakten und Theorien und (c) die Präzisierung der Theorien.

Akzeptiert man diese Problemtriade, dann wird man als Voraussetzung für die Lösung der genannten Probleme zunächst einmal über das bis zu einem bestimmten Zeitpunkt akkumulierte Faktenwissen verfügen müssen. Sehr schnell wird man feststellen, dass die in allen drei Problemklassen publizierte Primärliteratur in fast allen Wissenschaften zu einer Bankrotterklärung der Mitglieder der jeweiligen „scientific community" geführt hat, die von allen akzeptiert und zugleich beklagt wird: Man kommt mit dem Lesen der Primärliteratur nicht nach! Eine Konsequenz dieser inzwischen schon jahrzehntelangen Problematik ist die wachsende Zahl an themenspezifischen Forschungsüberblicken und Sammelreferaten, die in der Form von „narrative reviews" Forschungsergebnisse aggregieren, selegieren und teilweise auch integrieren, wobei im Folgenden immer solche Überblicke gemeint sind, die sich auf die Aggregierung der Ergebnisse empirischer Untersuchungen beziehen.

Allerdings werden diesen Forschungsüberblicken („narrative reviews") eine Reihe von Mängeln vorgeworfen, die als weitere Begründung dafür herhalten, anstelle eben dieser Art der Darstellung und Verarbeitung von Originalliteratur Metaanalysen zu verwenden, die eine Reihe dieser Fehler eben nicht machen (vgl. u. a. die Aufstellung der Fehler der „narrativen reviews" bei Rustenbach, 2003, S. 3), wie z. B. die ungeprüfte Übernahme von Darstellungen aus früheren Überblicksarbeiten; die subjektive Auswahl der Literatur, die berücksichtigt wird; nicht signifikante Ergebnisse werden als fehlende Zusammenhänge interpretiert; die Auswirkungen kleiner bzw. großer Stichproben werden fehleingeschätzt; Aussagen über die Effektstärken sämtlicher Untersuchungen sind nicht möglich.

In der Regel orientieren sich narrative Reviews an den Ergebnissen der signifikanten bzw. nicht signifikanten Ergebnisse der Einzelstudien. Noch immer gilt die Regel, dass eine Beziehung dann besteht, wenn die Resultate signifikant und dass keine Beziehung besteht, wenn die Ergebnisse nicht signifikant sind. Schmidt und Hunter (2001, S. 53 f.) illustrieren die Unterschiede zwischen dem metaanalytischen Vorgehen und dem klassischen Signifikanztest an folgendem Beispiel (Übers. d. Verf.):

> Die Populationskorrelation zwischen einer bestimmten Familienkonstellation und Jugendkriminalität betrage $\rho = .30$. Man stelle sich weiterhin vor, dass es zu diesem Problembereich 50 Untersuchungen gibt, von denen jede eine statistische power von .50 hat, diese Beziehung zu entdecken, sofern sie tatsächlich existiert. Ungefähr 50 % der Studien (25 Studien) würden eine statistisch signifikante Beziehung nachweisen, die anderen 25 Arbeiten würden keine signifikanten Beziehungen nachweisen und dies würde derart interpretiert, dass keine Beziehung vorliegt. Die Autoren der Arbeiten, in denen keine Beziehung nachgewiesen wird, würden wahrscheinlich alle zu dem falschen Schluss kommen, dass die beobachtete Beziehung nicht statistisch signifikant ist und deshalb nur zufällig auftritt. Da die Hälfte der Studien eine Beziehung zwischen Familienkonstellation und Jugendkriminalität aufzeigt, während die andere Hälfte zu dem Ergebnis kommt, dass es eine derartige Beziehung nicht gibt, würde sich dies in der einschlägigen Fachliteratur als ein Fall höchst widersprüchlicher Ergebnisse widerspiegeln. Natürlich sind die 25 Studien, die keine Beziehung berichten, alle inkorrekt, da die Beziehung ja tatsächlich existiert, und zwar in der Größenordnung von $\rho = .30$.
>
> Der Fehler liegt wahrscheinlich darin, dass davon ausgegangen wird, dass bei einem angenommenen Signifikanzniveau von 5 % die Fehlerrate ja nur 5 % oder weniger betragen kann. Aber diese 5 % sind nichts anderes als die Fehlerrate des Typ-I-Fehlers, d. h. die Fehlerrate, die dann besteht, wenn die Nullhypothese richtig wäre und es tatsächlich keine Beziehung gäbe. Wenn aber tatsächlich eine Beziehung vorliegt, dann beträgt die Fehlerrate 1.00 minus der statistischen power, die hier mit .50 angenommen wurde, also beträgt die Fehlerrate .50. Dies ist die numerische Größe des Typ-II-Fehlers: die Wahrscheinlichkeit, eine Beziehung nicht zu entdecken, die es aber tatsächlich gibt.
>
> Würde man mit allen 50 Studien eine Metaanalyse durchführen, dann würde zunächst einmal der Mittelwert aller 50 Korrelationen gebildet, und der läge wahrscheinlich sehr nahe bei der wahren Korrelation von .30.

Metaanalysen sind offensichtlich weniger fehleranfällig und stärker datenorientiert als herkömmliche Integrationsverfahren (Jackson, 1980; Cooper & Lemke, 1991, S. 245). Beaman (1991) hat für den Zeitraum von 1981 bis 1983 und von 1987 bis 1988 jeweils 20 (bzw. 10) herkömmliche Überblicksartikel mit 20 (bzw. 10) entsprechenden Metaanalysen anhand von ca. 30 Merkmalen verglichen, die in dem genannten Zeitraum im Psychological Bulletin erschienen sind. Die deutlichen Unterschiede in beiden Verfahren zeigen sich u. a. darin, dass bei den herkömmlichen Reviews weder die benutzten Quellen noch der Berichtszeitraum der verwendeten Literatur angegeben wurden, zudem blieb unklar, welche Studien denn für die Zusammenfassung der Ergebnisse eigentlich verwendet wurden. In den Metaanalysen werden vor allem Ergebnisse über statistische Kennwerte (Signifikanzwerte) als bedeutsam beurteilt, und weitaus häufiger als in den klassischen Überblicksreferaten (85 % vs. 35 %) werden in den Metaanalysen ältere Überblicksarbeiten zitiert.

3 Funktion und Zweck einer Metaanalyse

Das grundlegende Ziel einer Metaanalyse ist die Bestimmung der durchschnittlichen Stärke eines Zusammenhangs zwischen zwei Variablen aus einer Vielzahl von Einzeluntersuchungen, sofern in den Einzeluntersuchungen korrelative Zusammenhänge bestimmt worden sind. Werden in den Einzeluntersuchungen primär Unterschiede bestimmt, dann werden die Stärken von Unterschieden analysiert. Hierbei wird vorausgesetzt, dass die Ergebnisse verschiedener Untersuchungen thematisch zusammengehörig sind und in der Regel aus unabhängigen Stichproben stammen.

Die nachfolgende „Zerlegung" der Funktionen und Ziele von Metaanalysen soll nur dazu dienen, um dieses generelle Ziel besser zu verdeutlichen, aber auch, um die Leistungsfähigkeit dieses Verfahrens bzw. dieser Verfahrensgruppe herauszustellen.

3.1 Metaanalyse zur Integration von Ergebnissen

Die ersten Versuche, Verfahren anzugeben, um die Ergebnisse einzelner empirischer Untersuchungen zu kumulieren, finden sich bereits bei Tippett (1931), Fisher (1932) und Pearson (1933), allerdings nicht für die Ergebnisse psychologischer Forschungen, sondern für Ergebnisse aus der Landwirtschaft. Eine frühe Vorform der Metaanalyse findet sich bereits bei Pearson (1904), der versucht hat, aus unterschiedlichen Studienergebnissen eine summarische Aussage darüber zu machen, wie groß die Überlebensrate ist, wenn man gegen Pocken geimpft ist bzw. wenn man nicht dagegen geimpft ist. Die Stärke eines Effekts über mehrere Studien hinweg abzuschätzen wurde erst sehr viel später eingeführt und wird auf das Jahr 1976, dem Erscheinungsdatum der Kurzpublikation von Glass (1976) datiert, wobei diese Publikation auf einen Vortrag im gleichen Jahr vor der American Educational Research Association zurückgeht.

3.2 Metaanalyse zur systematischen und umfassenden Bibliografierung

Zwar ist die umfassende Bibliografierung der Einzelstudien die Grundlage jeder Metaanalyse, und diese Funktion wird auch einhellig als ein wichtiger Schritt bei der Erstellung einer Metaanalyse eingeschätzt, dennoch kann eigentlich nicht deutlich genug darauf hingewiesen werden, dass Art und Umfang der bibliografierten Primärstudien von entscheidender Bedeutung für die quantitativen Ergebnisse sind.

Inzwischen vereinfachen Datenbanken die Literatursuche (wie z. B. PsycINFO oder das entsprechende deutsche Datenbanksystem Psyndex, ERIC oder MedLine, die primär medizinische Daten enthält), wobei deren Zahl und Differenziertheit weiterhin ansteigt (vgl. den jeweils aktuellen Überblick bei der Zentralstelle für psychologische Information und Dokumentation der Universität Trier, ZPID). Dennoch empfiehlt sich weiterhin die manuelle Suche in den jeweils relevanten Fachzeitschriften, in den einschlägigen Monografien und älteren Überblicksartikeln oder auch älteren Metaanalysen.

In ihrem Beitrag mit dem Titel „Retrieving literature for meta-analysis: Can we really find it all?“ zeigt Rosenthal (2006) ebenso anschaulich wie überzeugend, dass selbst PsycINFO Angaben z. T. zu extrem unterschiedlichen Häufigkeiten an Publikationen führen, je nachdem, wer der Vertreiber der PsycINFO Version ist (APA oder CSA (Cambridge Scientific Abstracts)) und welche Suchstrategie verwendet wird: „Meta-analysis“ als Schlüsselbegriff (keyword) oder als Begriff im Publikationstitel (title words) und welcher Publikationstyp angegeben wird (alle Publikationstypen, empirische Studien oder Metaanalyse). Die Autorin empfiehlt eine möglichst breite Suchstrategie, wiewohl damit der Lektüreaufwand größer wird, die Wahrscheinlichkeit aber deutlich sinkt, dass man einschlägige Publikationen nicht findet.

Nach Rosenthal und DiMatteo (2001, S. 63) zwingen uns metaanalytische Verfahren dazu, bei der Suche nach einschlägigen Studien sehr gründlich zu sein und verlangen eine sorgfältige Rezeption und Analyse aller publizierten und teilweise auch der unpublizierten Daten. Ob und in welchem Umfang auch Untersuchungen miteinbezogen werden, die nicht in Form von Zeitschriftenbeiträgen oder Buchkapiteln publiziert wurden, sondern als „graue“ Literatur in nicht allgemein zugänglichen Forschungsberichten etc. vorliegen, ist nach wie vor ein Problem, das sich generell kaum lösen lässt. Zum einen besteht das primäre Interesse an einer möglichst exakten Beantwortung der Forschungsfrage, die nicht zuletzt davon abhängig ist, möglichst viele und umfangreiche Primärstudien zur Verfügung zu haben, andererseits lässt sich bei einer nur ungenauen Abgrenzung der Primärquellen nicht mehr genau angeben, welchem Suchbereich die Publikationen entstammen, da eine Abschätzung der Zahl nicht offiziell publizierter Quellen extrem schwierig ist.

Die zum Prinzip gemachte Forderung nach systematischer und umfassender Bibliografierung sollte eigentlich jede Metaanalyse zu einer beinah vollständigen themenspezifischen Bibliografie machen. Allein die Dokumentation der vorliegenden Literatur ist ein wertvoller Beitrag, der vor allem dann noch nutzbringender wird, wenn die Literatur anhand eines Kodier- oder Kategorienschemas ausgewertet worden ist. Die als „bare-bone"-Verfahren bezeichneten Metaanalysen, bei denen nur eine Korrektur aufgrund des Stichprobenfehlers erfolgt, ist eigentlich eine nur wenig erweiterte Form der bibliografischen Sammlung.

3.3 Metaanalyse als Varianzzerlegungsverfahren

Die Interpretation von Metaanalysen als Varianzzerlegungsverfahren bietet sich vor allem an, wenn man auf eine Klassifikation zurückgreift, die bei varianzanalytischen Verfahren als eine Art Grobeinteilung verwendet wird, nämlich die Unterscheidung in fixed, random und mixed models, wobei die „mixed-models" eine Kombination aus random und fixed models sind und für die weitere kurze Betrachtung ausgeschlossen bleiben sollen. Metaanalysen als Integrations-Verfahren empirischer Untersuchungen sollen herausfinden, wodurch die Unterschiede in den jeweiligen Einzelergebnissen der Studien zustande kommen. Geht man davon aus, dass allen Studien der gleiche Populationskennwert (ρ) zugrunde liegt und auftretende Unterschiede nur zu Lasten der unterschiedlichen Personenstichproben gehen, spricht man von einem Modell fester Effekte (fixed effects). Lässt man die in der Regel angemessenere Variante zu, dass die Populationsparameter von Studie zu Studie variieren (random effects) und die Ergebnisse durch eine Vielzahl von Artefakten (vgl. Abschnitt 3.4) beeinflusst werden können, spricht man von einem Modell zufallsbedingter Effekte. Das Modell fester Effekte ist ein Spezialfall des Modells variabler Effekte, bei dem die Standardabweichung der Populationsparameter Null ist.

Empirische Studien sind aus zahlreichen Gründen „imperfekt" (vgl. hierzu die Aufstellung in Abschnitt 3.4). Eigentlich besteht jedoch nicht das Interesse an den Ergebnissen fehlerhafter Studien, sondern an Zusammenhängen und Unterschieden, die möglichst „fehlerfrei" sind. Dieses Interesse an den „wahren" Zusammenhängen oder Unterschieden lässt sich aber nur dadurch annähernd erreichen, wenn die möglichen Einflüsse von Fehlern auf eben diese „wahren" Zusammenhänge berücksichtigt und in ihren Auswirkungen abgeschätzt werden.

Eines der wichtigsten Ziele von Metaanalysen besteht aber nun gerade darin, fehlerbereinigte Ergebnisse über eine Vielzahl von Studien zu liefern.

Von den unter 3.4 genannten Artefakten sind zwar vor allem die Stichprobenfehler für die fehlerhafte Interpretation der Studienergebnisse verantwortlich zu machen („The most damaging artifact in narrative reviews has been sampling error“, Hunter & Schmidt, 2004, S. 34), weshalb viele Metaanalysen auch nur als Modell fester Effekte gerechnet werden. Zwar ist die Entscheidung für die eine oder andere Modellvariante davon abhängig, wie man die möglichen Varianzquellen in den einzelnen Studien einschätzt, aber die Feststellung von Hunter und Schmidt (2004, S. 202), dass die meisten im Psychological Bulletin publizierten Metaanalysen auf dem Modell fester Effekte beruhen und dies möglicherweise zu ungenauen Resultaten führt, da sowohl die Varianzschätzverfahren als auch die Signifikanztestverfahren unterschiedlich sind (vgl. für eine gründliche Darstellung die Bücher von Rustenbach, 2003 und Schulze, 2004) hat bislang nicht dazu geführt, dass das Modell fester Effekte durch das Modell zufallsvariabler Effekt ersetzt wurde, wobei Letzteres das angemessenere wäre.

3.4 Metaanalyse zur Berechnung der Auswirkung statistischer Artefakte

Die Ergebnisse von Primäruntersuchungen werden durch eine ganze Reihe von Artefakten (d. h. Faktoren, die die Reliabilität und Validität ihrer Ergebnisse beeinflussen) beeinflusst, und dies hat natürlich Konsequenzen für die Validität der Ergebnisse der Metaanalyse. Grundlage der meisten Aufzählungen validitätsmindernder Faktoren ist die Liste der insgesamt 39 Validitätseinschränkungen, die von Cook und Campbell (1979) für experimentelle und quasi-experimentelle Designs vorgelegt wurde. Ohne im Folgenden diese vollständige Liste zu präsentieren (vgl. dazu vor allem Rustenbach, 2003, S. 56), beschränken wir uns auf die Auswahl der von Hunter und Schmidt (1990, S. 45) aufgeführten Untersuchungsartefakte, die u. E. zur Genüge verdeutlichen, dass in beinahe jeder Untersuchung Mängel sind, die in mehr oder weniger großem Umfang die Ergebnisse in nicht intendierter Weise beeinflussen. Prinzipiell sind Metaanalysen dazu in der Lage, diese Fehler in ihrer Wirkung auf die Ergebnisse zu berücksichtigen und in ihren quantitativen Auswirkungen zu korrigieren. Die im Folgenden aufgeführten validitätsmindernden Merkmale sind vor allem solche, die in Metaanalysen auch tatsächlich berücksichtigt werden:

1. Der Stichproben-Fehler.
2. Messfehler in der abhängigen Variablen.
3. Messfehler in der unabhängigen Variablen.

4. Dichotomisierung einer (ursprünglich) kontinuierlichen abhängigen Variablen.
5. Dichotomisierung einer (ursprünglich) kontinuierlichen unabhängigen Variablen.
6. Varianzeinschränkung in der abhängigen Variable (range variation in the independent variable).
7. Varianzeinschränkung in der unabhängigen Variablen (attrition effects).
8. Mangelnde Konstruktvalidität der unabhängigen Variablen.
9. Mangelnde Konstruktvalidität der abhängigen Variablen.
10. Übertragungsfehler von der Datenerhebung zur Datenauswertung.
11. Drittvariablenfehler (variance due to extraneous factors).

Wie stark sich letztendlich diese validitätsmindernden Merkmale auswirken, illustrieren Schmidt und Hunter (2001, 2003) an folgendem Beispiel: Die Beziehung zwischen zwei Persönlichkeitsmerkmalen A und B, die mit den beiden Verfahren x bzw. y gemessen werden, betrage ρ (A,B) = .60.

Im Folgenden wird von sechs validitätsmindernden Einflussgrößen ausgegangen:

– Die Reliabilität des Messverfahrens von x betrage .81 (die Quadratwurzel .90).
– Die Reliabilität des Messverfahrens von y betrage .81 (die Quadratwurzel .90).
– Die Konstruktvalidität von x betrage .90.
  Die Konstruktvalidität von y betrage ebenfalls .90.
– Die Varianzeinschränkung aufgrund des Median-Splits von x betrage .80.
– Die Varianzeinschräkung aufgrund des Median-Splits von x betrage .80.

Der Gesamteinfluss der sechs Merkmale ist der Minderungsfaktor *A*, der sich errechnet aus: $A = (.90)\ (.90)(.90)\ (.90)(.80)(.80) = .42$. Die minderungskorrigierte Korrelation, d. h. die zu erwartende beobachtete Korrelation ρ (x,y) beträgt mit $\rho\ (x,y) = A\, \rho\ (A,B)$ demgemäß: $\rho\ (x,y) = .42\, \rho\ (A,B) = .42\ (.60) = .25$. Mit anderen Worten: Die Korrelation zwischen den beiden Variablen ist um mehr als die Hälfte der tatsächlichen Korrelation zwischen den beiden Merkmalen abgesunken.

Wenn eine Funktion von Metaanalysen darin besteht, die validitätsmindernden Einflüsse zu korrigieren, um auf diese Weise die „tatsächlichen" Kontingenzen zwischen Variablen aufzudecken, muss man aber auch illusionslos zur Kenntnis nehmen, dass wir diese „idealen" Ausgangsbedingungen eben nicht haben, sodass ein Blick auf die unkorrigierten Ausgangsdaten als ebenso heilsam wie realitätsrelevant empfohlen wird.

3.5 Metaanalysen zum Auffinden von Moderatoren

Die Eingangsgrößen für die Berechnung einer Metaanalyse sind die Effektgrößen (in der Regel *d* oder *r*). Diese Effektgrößen aus den einzelnen Untersuchungen weisen in der Regel erhebliche Streuungen auf, sodass eine Generalisierbarkeit der Ergebnisse so ohne weiteres nicht zulässig ist. Ein Versuch, die Streuung der Effektgrößen zu verringern, besteht darin, nach Moderatoren zu suchen, die eine Subgruppenbildung in der Weise vornehmen, dass die Variation der Effektgrößen in diesen Subgruppen deutlich geringer ausfällt. In der Regel sind Moderatoren Untersuchungsmerkmale, die dazu verwendet werden, einen globalen Zusammenhang zwischen zwei Variablen anhand ausgewählter Untersuchungsmerkmale in zwei oder mehr Einzeleffekte zu zerlegen, um auf diese Weise für die unterschiedlichen Stufen oder Ausprägungen des Moderators unterschiedliche Effektgrößen zu erhalten, die vor allem eine geringere Streubreite haben und sich so eindeutiger interpretieren lassen. Bezogen auf die Unterscheidung zweier Grundmodelle der Metaanalyse (siehe S. 1046) – in ein Modell mit festen Effekten und ein Modell mit variablen Effekten – stellt die Suche nach Moderatoren den Versuch dar, die heterogenen Effekte, die beim Modell variabler Effekte auftreten, in homogene Effekte zu überführen.

Nach einem Vorschlag von Cooper (1989, S. 32 f.) lassen sich für Metaanalysen zwei Typen von Moderatoren unterscheiden, die er als „low-inference codings“ und „high-inference codings“ bezeichnet. Die „low-inference codings“ (direkt eingeführte Moderatoren) sind als Moderatoren verwendete Untersuchungsmerkmale, die unmittelbar den einzelnen Untersuchungen zu entnehmen sind, wie z. B. Publikationsjahr, Geschlecht, Nationalität, Beruf, Alter, ethnische Zugehörigkeit der Versuchspersonen, aber auch Merkmale des Untersuchungssettings (Labor, Feld, Befragung, Simulationsstudie) und die Art der verwendeten Datenerhebung (Self-report-Daten, objektive Messungen, z. B. Messung der Reaktionszeiten, physiologische Maße, Auszählung von Verhaltensindikatoren). Demgegenüber sind die „high-inference codings“ solche Merkmale, die nach der Publikation der Originalarbeit durch den jeweiligen Untersucher (Metaanalytiker) erhoben werden müssen (konzeptuell eingeführte Moderatoren). Diese zusätzlichen Beurteilungen und Bewertungen können sich z. B. auf die Qualität des Designs, die Alltagsrelevanz der Untersuchung, die theoretische Fundierung der ausgewählten Variablen oder die Angemessenheit der Stichprobe beziehen.

Moderatoren werden immer dann in eine Metaanalyse einbezogen, wenn die entsprechenden Homogenitätsüberprüfungen Hinweise auf weitere Varianzquellen anzeigen. Die beiden am häufigsten verwendeten Strategien zur Auffindung von Moderatoren sind Subgruppenanalysen und Regressionsanalysen.

Bei der Subgruppenanalyse werden die nach einem ausgewählten Merkmal klassifizierten Ausgangsstudien in kleinere Gruppen zerlegt und darüber dann erneut Metaanalysen gerechnet.

Beim regressionsanalytischen Vorgehen werden die ausgewählten Moderatorvariablen als Prädiktorvariablen in eine Regressionsanalyse mit der Effektgröße als Kriteriumsvariablen eingegeben. Ist ein Beta-Koeffizient für eine bestimmte Prädiktorvariable signifikant, dann wird daraus geschlossen, dass die Effektgröße durch diese Variable moderiert wird.

Viswesvaran und Sanchez (1998) verweisen in ihrem Beitrag nicht nur darauf, dass beide Suchstrategien zu unterschiedlichen Ergebnisse beim Nachweis von Moderatoreffekten führen, sondern dass die Entscheidung für die eine oder andere Suchstrategie vom Ziel der Untersuchung abhängt, aber auch von den Charakteristika der potenziellen Moderatoren (die z. B. untereinander substanziell korrelieren oder aber, wenn die einzelnen Stufen eines Moderators nicht orthogonal zueinander sind).

Einen umfassenden Überblick zum Problem der Moderatoranalysen liefert die Arbeit von Cortina (2003). Nach einem kurzen Überblick über die bisherigen Verfahren zur Ermittlung von Moderatoren wird ein Überblick über die im *Journal of Applied Psychology (JAP)* in der Zeit von 1978 bis 1997 publizierten Metaanalysen gegeben. Der Artikel schließt mit einem Neun-Punkte-Programm zum Umgang mit Moderatoren! Insgesamt werden 59 quantitative Darstellungen aus dem JAP analysiert, in denen von 1.647 einzelnen Metaanalysen berichtet wird. Diese hohe Zahl an Metaanalysen kommt natürlich nur dadurch zustande, dass in fast allen metaanalytischen Publikationen serienweise Subgruppen-Metaanalysen gerechnet worden sind. Der Mittelwert von $M = 27,45$ Metaanalysen bei einem Range von 1 bis 435 sinkt beträchtlich, wenn die zahlenmäßig umfangreichste Publikation von Podsakoff, MacKenzie und Bommer (1996) nicht berücksichtigt wird ($M = 20,54$, Range von 1 bis 120). Anhand von insgesamt 18 Kriterien werden die einbezogenen Metaanalysen z. B. danach beurteilt, welche Kriterien verwendet wurden, um Moderatoren aufzufinden, welche Varianten der Artefaktkorrekturen vorgenommen wurden, ob Moderatoren vor der Durchführung der Metaanalyse bereits spezifiziert werden, wie viele Moderatoren überhaupt verwendet und ob Ausreißer entfernt wurden.

Im Folgenden werden nur ausschnittsweise einzelne Ergebnisse berichtet: In zwei Drittel der Metaanalysen wurden Kriterien für die Auswahl von Moderatoren spezifiziert, wobei mehrheitlich (insgesamt 57 %) Angaben über den Prozentsatz der Varianz gemacht wurden, die den Artefakten zugeschrieben werden mussten (die sog. 75 %-Regel von Hunter & Schmidt, 1990, wonach dann nach Moderatoren gesucht werden sollte, wenn weniger als 75 % der beobachteten

Varianz Artefakten zugeschrieben werden muss) oder aber mithilfe eines Chi-Quadrat-Tests (oder eines Q- oder U-Tests) die Hypothese überprüft wird, dass die Residualvarianz Null ist (19 %), während nur 2 % die Ergebnisse danach beurteilten, ob im Kredibilitätsintervall eine Null enthalten war. Nur 19 % (d. h. 314 von 1.647) der Metaanalysen führten Moderatoren vor der eigentlichen Analyse ein (A-priori-Moderatoren). Immerhin lieferten 78,6 % bzw. 78,2 % der Metaanalysen Angaben über den Prozentsatz der Varianz zu Lasten von Artefakten bzw. die residuale Standardabweichung (die residuale Standardabweichung ist die Wurzel aus der Differenz zwischen der beobachteten Varianz und der Varianz zu Lasten der Artefakte). Der Autor mahnt dringend die Befolgung der in den Standardtexten gegebenen Empfehlungen für die Durchführung von Metaanalysen an, darunter die Festlegung von Apriori-Moderatoren, die möglichst vollständige Auflistung aller relevanten statistischen Kennzahlen sowie die Berücksichtigung von Ausreißern. Der letzte Programmpunkt von Cortina (2003, S. 434) lautet: „Jede Populationseffektgröße, bei der ein substanzieller Varianzanteil unerklärt bleibt, muss mit Vorsicht interpretiert werden, und es sollte darauf hingewiesen werden, dass weitere Untersuchungen erforderlich sind, um diejenigen Variablen zu entdecken, die die beobachtete Varianz in den Effektgrößen verursachen“ (Übers. d. Verf.).

3.6 Metaanalysen als Beitrag zur Theorieüberprüfung und -entwicklung

Metaanalysen können mehr leisten als die bloße Integration von Daten und die Spezifikation von möglichen Artefakteinflüssen, sie lassen sich auch als Beurteilungsverfahren für Theorien einsetzen und letzten Endes zumindest als Basis für die Neuentwicklung oder Revision von Theorien. Cooper und Lemke (1991) haben eine umfangreiche Liste an Metaanalysen aus den achtziger Jahren zusammengestellt, in denen Metaanalysen zu eben diesem Zweck eingesetzt worden sind.

Mithilfe von Metaanalysen lässt sich ohne großen Aufwand die Generalisierbarkeit der Befunde über verschiedene Stichproben, Messverfahren, Situationen und Zeitpunkte hinweg überprüfen. Mullen, Salas und Miller (1991) führen eine Reihe von Belegen an, wie durch die systematische Auswertung empirischer Studien theoretische Ansätze reformuliert bzw. in ihrer Reichweite spezifiziert werden konnten und auch weitere Variablen in die theoretische Modellbildung aufgenommen werden mussten. Metaanalysen als unabdingbar für die Konstruktion von Theorien zu halten, wie dies Hamilton und Hunter (1988) suggerieren, halten wir für eine induktionistische Variante der Theoriebildung, die vielleicht weiter verbreitet ist als man eingestehen möchte, sie bleibt jedoch, gleichgültig, wie positiv man den Wert von Metaanalysen einschätzt, nur eine mit vielen Einschränkungen akzeptable Form der Gewinnung theoretischen Wissens.

Als Möglichkeit, Theorien zu testen, verwenden Viswesvaran und Ones (1995) die Ergebnisse metaanalytischer Auswertungen als Eingangsdaten für Strukturgleichungsmodelle – eine Vorgehensweise, die auch bei Behson, Eddy und Lorenzet (2000) erfolgreich verwendet wurde.

Insgesamt nimmt die Anzahl der metaanalytischen Publikationen zu, in denen, zusätzlich zu der Darstellung der üblichen metaanalytischen Ergebnisse, weiterer Aufschluss über die Struktur der Daten mithilfe pfadanalytischer Auswertungen oder mithilfe von Strukturgleichungsmodellen gewonnen werden soll (vgl. hierzu z. B. Brown, Tramaye, Hoxha, Telander, Fan & Lent, 2008; Ferguson, Daniels & Jones, 2006; Podsakoff, LePine & LePine, 2007; Zhao, Wayne, Glibkowski & Bravo, 2007).

4 Effektgrößen in der Metaanalyse

Sieht man einmal von der zentralen Bedeutung des Auswertungsschemas oder Kategoriensystems ab, mit dem jede einzelne Studie in eine Form gebracht wird, die durch die vorliegenden Programme verarbeitet werden kann, so sind die Effektgrößen von zentraler Bedeutung. Sie sind das Ausgangsmaterial für die Berechnung der entscheidenden Zielgröße: dem „wahren" Zusammenhang zwischen den ausgewählten Untersuchungsvariablen. Die Bestimmung der bloßen Signifikanz der resultierenden Effektgröße ist beinah wertlos. Die in der Regel großen N's aller in die Metaanalyse eingegangenen Stichproben lassen fast alle Effektgrößen signifikant werden. Stattdessen ist die Standardabweichung der einzelnen Effektgrößen eine wichtige Informationsquelle: Auf diese Weise lassen sich Ausreißer erkennen und Hinweise für die Gruppierung von Untersuchungen finden, um auf diese Weise Moderatoren zu bestimmen.

Ob im Übrigen der numerische Wert einer Effektgröße (r oder d) zu gering ist oder nicht, sollte aus mindestens drei unterschiedlichen Perspektiven beurteilt werden: Zum einen sind die Implikationen für bestimmte Anwendungsbereiche von Bedeutung. Ein minimaler Zusammenhang zwischen der Verabreichung einer geringen Dosis von Aspirin und der Auftretenshäufigkeit von Herzinfarkten ist sicher anders einzuschätzen als ein minimaler Zusammenhang zwischen physischer Attraktivität und sozialer Kompetenz. Zum anderen fungieren bisherige Forschungsergebnisse auf einem Gebiet als Referenzgrößen für die Beurteilung der Bedeutung der Ergebnisse, und nicht zuletzt ist es die Bedeutung, die den numerischen Größen innerhalb der vorliegenden Theorien eines Forschungsthemas zugesprochen wird.

4.1 Die Berechnung von Effektgrößen

Es werden üblicherweise zwei Gruppen von Effektgrößen unterschieden:

1. Effektgrößen in der Form von Mittelwertsdifferenzen.
   Zu dieser Gruppe zählen drei Maße: Cohens d, das g von Hedges und das Delta von Glass.

Alle drei verwenden im Zähler Mittelwertsdifferenzen, im Nenner werden jedoch unterschiedliche Varianzen eingesetzt. Bei Cohens d ist es die gepoolte Varianz der beiden Gruppen, in Hedges g ist es die Quadratwurzel aus der gepoolten Varianz und beim Delta von Glass wird nur die Quadratwurzel der Varianz der Kontrollgruppe verwendet:

$$\text{Cohens d} = \frac{M_1 - M_2}{\sigma_{pooled}}$$

$$\text{Hedges' g} = \frac{M_1 - M_2}{S_{pooled}}$$

$$\text{Glass' } \Delta = \frac{M_1 - M_2}{S_{controlgroup}}$$

2. Effektgrößen in der Form von Korrelationskoeffizienten, zu denen Pearsons Korrelationskoeffizienten r, phi, punktbiseriale Korrelationen, Rangkorrelationen rho und Z (die Transformation von r nach Fisher) gehören. Im Prinzip kann man auch die quadrierten Maße wie r^2, ω^2, ε^2 und η^2 verwenden, wiewohl die Verwendung dieser Maße nicht unproblematisch ist, da die Richtung des Zusammenhangs nicht zu ermitteln ist. Für kategoriale Variablen (z. B. dichotome Variablen) wird als Effektmaß das Chancenverhältnis (odds ratio) empfohlen (Rustenbach, 2003, S. 88; Schulze et al., 2003, S. 181).

4.2 Die Konversion von Effektgrößen

Da r und d relativ einfach ineinander überführt werden können, muss man sich nur für ein Maß entscheiden, das für alle Studien ermittelt werden soll. Allerdings hat r als Effektmaß einige Vorteile. Konvertiert man d in r, dann entspricht ein r als punktbiseriale Korrelation dem Fall einer dichotomen (z. B. unabhängigen) Variablen, die mit einer kontinuierlichen (abhängigen) Variablen korreliert wird, während andererseits die Konvertierung der Pearson-Korrelation in einen dichotomen d-Wert zu einem Informationsverlust führt. Zusätzlich ist die einfachere Interpretation des r-Werts ein weiterer Vorteil von r. Zwischen r und d gelten folgende Beziehungen:

$$r = \sqrt{\frac{d^2}{d^2 + 4}} \qquad d = \frac{2r}{\sqrt{1 - r^2}}$$

Im Folgenden werden die wichtigsten Konvertierungsformeln angegeben:

$$r = \sqrt{\frac{t^2}{t^2 + df}}$$

$$r = \sqrt{\frac{F}{F + df_{error}}}$$

$$r = \sqrt{\frac{\chi^2(1)}{N}}$$

$$r = \frac{Z}{\sqrt{N}}$$

Um mehrere r-Effektgrößen zu kombinieren, wird in einigen Publikationen der Vorschlag gemacht, jeden einzelnen r-Wert in Fishers Z zu transformieren und anschließend diesen Z-Wert in einen r-Wert zu transformieren. Wir wollen aber an dieser Stelle ausdrücklich darauf hinweisen, dass das Integrationsmodell von Hunter und Schmidt die untransformierten Korrelationseffekte der Primärstudien aggregiert. Das 95 %-Konfidenzintervall für diesen r-Wert berechnet sich nach folgender Formel:

$$\overline{Z} \pm t_{(0.05)} S/\sqrt{k}$$

(vgl. Rosenthal & DiMatteo, 2001, S. 75). ($\overline{Z}$ ist der ungewichtete Mittelwert der Z-transformierten r-Werte, $t_{(0.05)}$ ist der t-Wert des zweiseitigen p-Werts von .05 für k–1 Freiheitsgrade (df), und k ist die Zahl der Studien. S ist die Standardabweichung der k transformierten r-Werte).

Dass die algebraische Äquivalenz zwischen d und den in der Literatur angegebenen Konvertierungsmaßen nicht immer gegeben ist, haben Ray und Shadish (1996) zeigen können. Nicht jede Konvertierung ist gleichermaßen genau für die Abschätzung der d-Werte. Im Einzelfall sollte deshalb auf die entsprechende Grundlagenliteratur zurückgegriffen werden.

5 *Die unterschiedlichen metaanalytischen Verfahren*

Generell lassen sich die vorliegenden metaanalytischen Verfahren danach unterscheiden (vgl. hierzu auch die Darstellung in Schulze, 2004, Kap. 9), welches Effektmaß sie als Eingangsgröße verwenden, ob und wie die aggregierten Effektgrößen gewichtet werden und welches statistische Modell ihnen jeweils zugrunde gelegt wird.

Eine andere, sehr anschauliche Klassifikation der Verfahren einschließlich ihrer grundsätzlichen Intentionen ist Abbildung 1 zu entnehmen.

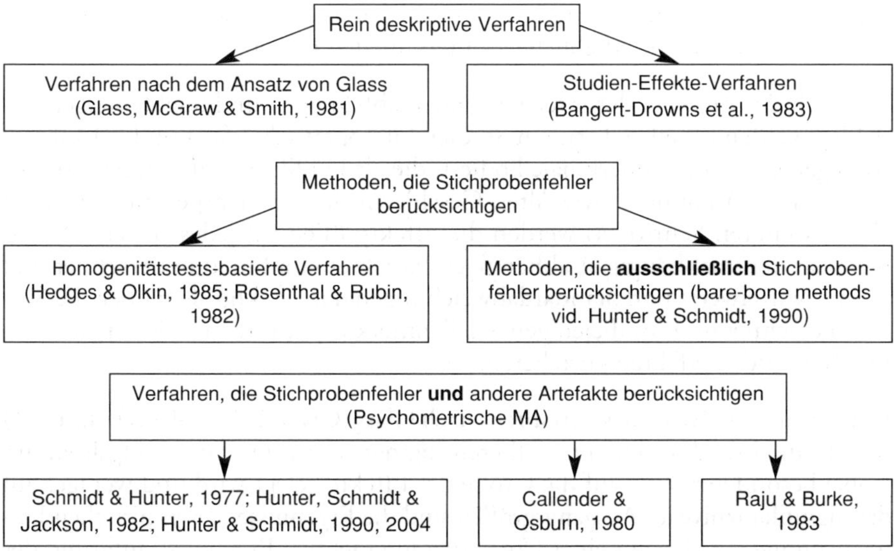

Abbildung 1:
Metaanalytische Verfahren im Überblick (nach Hunter & Schmidt, 2004, S. 454)

Hunter und Schmidt (2004) unterscheiden drei sehr breite, wiewohl in ihrer Unterscheidung stark vereinfachte Kategorien metaanalytischer Methoden: (a) rein deskriptive Methoden, zu denen als prominentestem Vertreter die Metaanalyse nach Glass, McGaw und Smith (1981) zählt, die eigentlich nicht mehr als einen numerischen Indikator der aggregierten Forschungsresultate liefert, (b) Verfahren, die nur den Stichprobenfehler berücksichtigen, andere validitätsmindernde Einflüsse aber nicht mit einbeziehen (prominentestes Verfahren ist die Metaanalyse nach Hedges & Olkin, 1985) und (c) die sog. psychometrischen Metaanalysen, die Schätzwerte für die wahren Zusammenhänge liefern, vorausgesetzt, alle Studien, die in die Metaanalyse eingegangen sind, wären „fehlerfrei" gewesen.

Wir werden an dieser Stelle nicht alle genannten Verfahren darstellen. Von den drei hier ausgewählten Verfahren ist die psychometrische Metaanalyse nach dem Schmidt-Hunter-Verfahren die in der Arbeits- und Organisationspsychologie mit Abstand am häufigsten verwendete Variante (einen frühen Überblick über unterschiedliche Verfahren liefert der Beitrag von Bangert-Drowns, 1986).

5.1 Das Verfahren nach Glass, McGaw und Smith (1981)

Die Schrittabfolge des Verfahrens nach Glass et al. (1981) findet sich in allen anderen Verfahren auch wieder, sieht man einmal davon ab, dass zusätzliche Schritte im Sinne einer Elaborierung oder aber auch kritischeren Anwendung des Verfahrens zu z. T. erheblichen Unterschieden führen.

(1) Nach der Auswahl der interessierenden abhängigen und unabhängigen Variablen werden (2) alle relevanten Studien bibliografisch erfasst und (3) anhand vorgegebener Studienmerkmale kodiert, die als Prädiktoren der Ergebnisse infrage kommen könnten (wie Alter, Geschlecht der Versuchspersonen etc.). In einem weiteren Schritt (4) werden die Effektgrößen für jedes einzelne Variablenpaar der unabhängigen-abhängigen Variablenkombination berechnet und (5) die Mittelwerte und Standardabweichungen der Effektgrößen über alle Studien berechnet und (6) diejenigen Studienmerkmale (unter 3.) identifiziert, die mit den Studieneffekten korrelieren.

Der eigentliche Zweck des Verfahrens nach Glass (Glass, 1977; Glass et al., 1981) besteht in einer deskriptiven Aufbereitung der relevanten Forschungsliteratur, wobei besonderer Wert auf die Größe der Effekte gelegt wird und weniger auf das Signifikanzniveau. Ausgangsgrößen sind die Ergebnisse der empirischen Untersuchungen, wobei aus einer Untersuchung mehrere Ergebnisse aufgrund der Verwendung mehrerer Indikatoren für die abhängige Variable eingehen können. Die Eingangswerte der Metaanalyse sind die Schätzwerte für Pearsons r oder Schätzwerte für d. Die Ergebnisse liefern Mittelwerte und Standardabweichungen der beobachteten Effektgrößen.

Die beobachtete Varianz der Effektgrößen wird ohne Einschränkungen akzeptiert, und Unterschiede in den Effektgrößen werden als Unterschiede in den Merkmalen der Studie selbst gesucht. Merkmale der Untersuchungen, die mit den Effektgrößen korrelieren (bzw. über Regressionsanalysen in ihrem Einfluss ermittelt werden), werden als Hinweise zur Interpretation der Effektgrößen verwendet. Sowohl die separate Berechnung der Effektgrößen für jede einzelne abhängige Variable in einer Studie als auch die unkorrigierte Verwendung der Varianz der Effektgröße sind die beiden am häufigsten genannten Kritikpunkte an dem Verfahren der Glass'schen Metaanalyse (vgl. Bangert-Drowns, 1986; Hunter & Schmidt, 1990, 2004).

5.2 Das Schmidt-Hunter-Verfahren

In der ersten Auflage (Hunter & Schmidt, 1990) betonen die Autoren, dass sie vor allem Verfahren darstellen wollen, mit deren Hilfe die unterschiedlichen Varianzkomponenten zu Lasten von Artefakten und Moderatoren bestimmt werden können. Im Vorwort zu ihrer zweiten Auflage (Hunter & Schmidt, 2004) machen die Autoren auf einen „zentralen" Unterschied zu den anderen metaanalytischen Verfahrenstechniken aufmerksam. Während die anderen Verfahren vor allem die Ergebnisse einzelner Untersuchungen beschreiben und aufsummieren, wollen Hunter und Hunter (1984, S. 542) vor allem Schätzverfahren dafür bereitstellen, wie die Ergebnisse ausgefallen wären, wenn die einzelnen Studien ohne methodologische und methodische Mängel und Einschränkungen durchgeführt worden wären. Die Ergebnisse dieser so „perfekten" Studien würden dann die wahren Beziehungen zwischen den untersuchten Konstrukten aufdecken können.

Das Schmidt-Hunter-Verfahren zählt zur Gruppe der Random-effects-Modelle. Nur aus Vereinfachungsgründen wird im Folgenden immer von Korrelationen als Effektgrößen gesprochen, wiewohl sowohl zu r als auch zu d entsprechende Ausführungen gelten und sich in der einschlägigen Literatur separate Darstellungen zu r und d finden.

Das Schmidt-Hunter-Verfahren beginnt mit der Bestimmung der r-Statistik für jede einzelne Studie, wobei in der Regel auf die in den Einzelstudien berichteten Korrelationskoeffizienten zurückgegriffen werden kann bzw. die entsprechenden r-Werte durch Transformation anderer Kennwerte (vgl. Abschnitt 4.2) ermittelt werden müssen. Anschließend wird der mittlere gewichtete r-Wert über alle Studien berechnet, wobei jede einzelne Effektgröße mit ihrem Stichprobenumfang multipliziert, aufsummiert und durch die Gesamtsumme aller Stichprobenumfänge dividiert wird. Auf diese Weise erhalten große Stichproben einen größeren Einfluss, da sie aufgrund ihres geringeren Stichprobenfehlers auch zu einer stabileren Schätzung des Populationsmittelwerts beitragen.

Analog wird die Varianz der *r*-Werte als gewichtete Varianz berechnet. In dieser Varianz ist ein Teil auf die Varianz des Stichprobenfehlers zurückzuführen, sodass die beobachtete Varianz die wahre Varianz in der Population nicht unverzerrt repräsentiert. Aus diesem Grund wird die Varianz der Stichprobenfehler von der beobachteten Varianz subtrahiert. Das Ergebnis ist die Residualvarianz, die die wahre Varianz der Effektstärke in der Population anzeigt. Ist diese Residualvarianz Null oder nahe Null, sodass davon ausgegangen werden kann, dass der Effekt mehr oder weniger als unbeeinflusst von allen möglichen situativen Einflussgrößen angesehen werden kann, wird die Population als „homogen" angesehen. Ist diese Residualvarianz eher hoch, sodass davon ausgegangen werden muss, dass es eine Reihe von Einflussfaktoren gibt, die den Populationswert beeinflussen, dann wird die Population als „heterogen“ bezeichnet. „Heterogene“ Populationseffekte sind in der Regel die Aufforderung, nach Moderatoren zu suchen, die für diese Effekte verantwortlich sind. Hunter und Schmidt (1990) schlagen im Prinzip drei verschiedene Verfahren vor, um nach Moderatorvariablen zu suchen:

1. Als eine Art Daumenregel empfehlen sie die „75 %-Regel“: Wenn mindestens 75 % der beobachteten Varianz der Effektgrößen zu Lasten des Stichprobenfehlers gehen, dann haben die Moderatorvariablen entweder keinen oder nur einen sehr geringen Einfluss (was ja nichts anderes heißt, als dass die anderen 25 % zu Lasten studienspezifischer Artefakteinflüsse gehen), d. h., eine Suche nach weiteren Moderatoren wird wahrscheinlich nicht sehr erfolgreich sein.
2. Eine intuitive Suchstrategie, bei der nach „verdächtigen“ Moderatoren gesucht wird (Geschlechtszugehörigkeit, Alter, Beruf etc.) und die nach diesen Merkmalen kategorisierten Studien werden dann jeweils separaten Metaanalysen unterzogen. Kommt es dann zu deutlichen Veränderungen der *r*-Werte und ihrer entsprechenden Varianzen, dann hat man offensichtlich mit Erfolg Moderatoren gefunden.
3. Die Einflüsse der ausgewählten Moderatoren auf die Effektgrößen werden mithilfe multipler Regressionsanalysen bestimmt – ein allerdings eher selten eingesetztes Verfahren.

Die korrigierte mittlere Effektgröße wird als Schätzgröße für die mittlere Effektstärke in der Population interpretiert.

5.3 Die Metaanalyse nach Hedges und Olkin (1985)

Ebenso wie das Schmidt-Hunter-Verfahren zählt die Metaanalyse nach Hedges und Olkin zur Gruppe der Random-effects-Modelle und impliziert damit das Fixed-effect-Model als Spezialfall. Das Verfahren nach Hedges und Olkin beginnt mit der Berechnung einer sogenannten g-Statistik (vgl. Abschnitt 4.1), die jedoch im Prinzip nichts anderes ist als die d-Statistik bei Hunter und Schmidt (1990). Die Darstellung bei Hedges und Olkin (1985) orientiert sich stärker an d als an der relevanten Effektgröße, wiewohl auch hier auf r als weiteres Effektmaß hingewiesen wird. Generell lässt sich das Verfahren als Homogenitätstest basierte Metaanalyse einstufen, da der (nicht signifikante) Chi-Quadrat-Test der Q-Statistik darüber entscheidet, ob von einer homogenen Population ausgegangen werden kann.

Die Ergebnisse der jeweiligen Einzelstudien werden in eben diese g-Werte umgerechnet, d. h. in standardisierte Abweichungswerte, die dann einer Fehlerkorrektur unterworfen werden, bei der als einziger Fehlerkorrekturwert die Stichprobengröße eingeht. In einem nächsten Schritt wird die Wahrscheinlichkeit bestimmt, ob die einzelnen Studien alle aus der gleichen Population stammen. Kommen alle Studien aus der gleichen Population, d. h. ist die Population homogen, dann gibt es auch keine Moderatorvariablen. Ob nun die zugrunde liegende Population tatsächlich homogen ist, wird mithilfe einer sogenannten „Q"-Statistik überprüft. Stellt sich heraus, dass die Effektgrößen nicht aus einer Population stammen, werden separate Metaanalysen durchgeführt. Diese im Vergleich zu Hunter-Schmidt eindeutigere Vorgehensweise bei der Entscheidung darüber, ob die Suche nach Moderatoren begonnen werden soll, ist einer der wesentlichsten Unterschiede zwischen beiden Verfahren. Hunter und Schmidt propagieren eine gewisse Skepsis gegenüber der beobachteten Variabilität der Effektgrößen, die um den Stichprobenfehler korrigiert werden sollen.

Johnson, Mullen und Salas (1995) haben in ihrer Arbeit einen Vergleich von drei metaanalytischen Verfahren vorgelegt. Neben dem in der aktuellen metaanalytischen Forschung nur noch selten verwendeten Verfahren nach Rosenthal (1991) werden die Verfahren von Hedges und Olkin (1985) und Hunter und Schmidt (1990) miteinander verglichen. Ausgehend vom generellen Anspruch metaanalytischer Verfahren, Forschungsergebnisse zu aggregieren und zu integrieren, würde man methodenunabhängige Ergebnisse erwarten, andererseits sind die metaanalytischen Verfahren sowohl in ihren Prämissen, aber auch in ihren speziellen Intentionen unterschiedlich, sodass identische numerische Ergebnisse gar nicht erst zu erwarten sind. Nur der Vollständigkeit halber sei erwähnt, dass ein derartiger Vergleich systematisch über die Modellannahmen, d. h. den Schätzverfahren der Effektgrößen, erfolgen müsste und nicht anhand eines empirischen Vergleichs von Ergebnissen in Abhängigkeit von den jeweils verwendeten metaanalytischen Verfahren. Johnson et al. (1995) demonstrieren die Unterschiedlichkeit der Verfahren für einen Datensatz von 10 empirischen Studien, den sie dann systematisch variieren (z. B. die Stichprobengröße und die Efffektstärkengröße). Hierbei zeigt sich, dass die Schätzwerte für die mittleren Effektstärken und auch die Variabilität der Effektstärken keine bedeutsamen Unterschiede in Abhängigkeit von den durchgeführten Verfahren zeigten. Unterschiede zeigten sich dagegen bei der Signifikanzbeurteilung von Effektgrößen und der Notwendigkeit von Moderatoranalysen. In einer scharfen Kritik weisen Schmidt und Hunter (1999) die Ergebnisse dieser Untersuchung zurück und verweisen darauf, dass Johnson et al. (1995) zur Berechnung des Standardfehlers der gemittelten Korrelationen eine falsche Formel verwendet haben.

Im Prinzip sind es vor allem drei Unterschiede zwischen Hunter und Schmidt (2004) und Hedges und Olkin (1985): (a) Zur Schätzung der mittleren Effektstärken werden bei Hedges und Olkin die z-transformierten Korrelationskoeffizienten verwendet, bei Hunter und Schmidt sind es die nicht transformierten

Korrelationen, (b) die Schätzung des Standardfehlers der Effektgrößen als Voraussetzung zur Signifikanzüberprüfung und der Bestimmung des oberen und unteren Konfidenzintervalls ist in beiden Verfahren nicht zuletzt als Konsequenz der unterschiedlichen Schätzungen der mittleren Effektstärken unterschiedlich und (c) sind die präferierten Verfahren zur Bestimmung von Moderatoreffekten unterschiedlich – Hedges und Olkin verwenden die Q-Statistik, Hunter und Schmidt „begnügen" sich mit der 75 %-Regel. Wir können in diesem Zusammenhang nur auf die von Schulze (2004) groß angelegte Simulationsstudie verweisen, in der dem Verfahren nach Hedges und Olkin aufgrund der von Schulze gewählten Kriterien der Vorrang vor Hunter und Schmidt gegeben wird, wiewohl Schulze (2004, S. 196) ausdrücklich vermerkt: „Some approaches are better than others for various tasks but a single best set of procedures has yet to be established."

6 Das Ablaufprogramm einer Metaanalyse

Die Schemata, in denen das Ablaufprogramm einer Metaanalyse in einzelne Stufen und Abschnitte zerlegt wird, unterscheiden sich sowohl in der Anzahl der einzelnen Schritte, aber auch in den Hinweisen auf die Kernprobleme, die zur besonderen Beachtung empfohlen werden.

Beelmann und Bliesener (1994) unterscheiden sechs Durchführungsschritte:

1. Explizite Formulierung der Fragestellungen.
2. Systematische Erfassung und Erhebung der empirischen Primärbefunde.
3. Kodierung und Bewertung inhaltlicher und methodischer Studienmerkmale.
4. Aggregation der Primärbefunde.
5. Interpretation der Ergebnisse.
6. Darstellung und Präsentation der Ergebnisse.

1995 erschienen in der Septemberausgabe des Psychological Bulletin unter der Überschrift „Special Section: Articles for Psychological Bulletin" fünf Einzelbeiträge, unter denen einer als Handanweisung gelesen werden sollte, wie man denn nun erfolgreich eine Metaanalyse publiziert. Der Autor (Robert Rosenthal) liefert eine Mischung aus Handanweisung und technischen Details, wobei wir auf die technischen Details nicht eingehen, da sie ausführlicher in den vorigen Abschnitten bereits dargestellt worden sind.

Bevor der potenzielle Autor einer Metaanalyse mithilfe der Rosenthal'schen Schreibanleitung das Zählwerk seiner Publikationen um n = 1 erhöhen will, weist Rosenthal (1995, S. 184) ausdrücklich darauf hin, dass der wichtigste Teil einer Metaanalyse unter dem Aspekt ihrer Publikation der deskriptive Teil ist, in dem die Effektgrößen (z. B. die Korrelationskoeffizienten) einschließlich ihrer Verteilung und ihrer zentralen Tendenzen, dokumentiert werden. Im weiteren Verlauf des Artikels macht er dann noch einmal darauf aufmerksam, dass für jede einzelne Untersuchung die geschätzten Effektgrößen (wie d, g, delta, und r) angegeben werden müssen, denn „Effect size estimates are the meta-analytic coin of the realm“ (Rosenthal, 1995, S. 185). In vier unterschiedlich langen Abschnitten (Einführung zu einer metaanalytischen Publikation, Methodenabschnitt, Diskussion der Ergebnisse, Literatur und Anhang) gibt es dann Hinweise für die Abfassung der Einleitung, die sich im Prinzip nicht von der Einleitung zu jedem anderen Artikel unterscheidet. Es muss eben deutlich gemacht werden, warum der Leser diesen Text lesen soll und was der Autor Neues mitzuteilen hat. Im Methodenabschnitt muss natürlich auf jeden Fall dokumentiert werden, welche Quellen zur Literatursuche verwendet wurden (Literatursuchprogramme, Zeitschriften, Überblicksartikel, eventuell ältere Metaanalysen etc).

Zunächst einmal sollen alle relevanten Publikationen berücksichtigt werden, auch diejenigen, die nur schwer zu beschaffen sind, und auch solche, die keine Effektgrößen enthalten, die aber aufgrund der in der jeweiligen Einzelstudie vorhandenen Angaben über Stichprobengröße, Mittelwerte und Streuungen berechnet werden können. Die Qualität einer Studie spielt für deren Berücksichtigung in der Metaanalyse zunächst einmal keine Rolle – sie sollte nur auf jeden Fall mit aufgenommen werden. Will man Studien anhand qualitativer Merkmale oder Gütemaßstäbe unterscheiden, dann sollten nach Möglichkeit unabhängige und trainierte Experten die einzelnen Studien nach vorgegebenen Kategorien bewerten. Man kann dann für qualitativ gleichwertige Studien separate Metaanalysen rechnen. Ein besonderes Problem stellen Studien dar, in denen mit der gleichen Stichprobe mehrere Untersuchungen durchgeführt und publiziert werden, da die Effektgrößen auf abhängigen Stichproben beruhen. Eine relativ einfache Möglichkeit, mit Ergebnissen aus mehreren abhängigen Stichproben umzugehen, besteht darin, diese Effektgrößen vor der weiteren Bearbeitung zu mitteln oder aber sie als einzelne Studie mit mehreren abhängigen Variablen zu verarbeiten (vgl. auch Gleser & Olkin, 1994). Zwar werden die Schätzungen für die Populationsstärken sehr instabil, wenn nur sehr wenige Studien zur Verfügung stehen, dennoch gibt es keine numerische Untergrenze für die Zahl der Studien, d. h., sehr wohl können auch Metaanalysen mit nur zwei Studien sinnvoll sein.

Im Ergebnisteil sollen vor allem die erhaltenen Effektgrößen dokumentiert werden: „The heart of a meta-analytic review is a description of the obtained effect sizes“ (Rosenthal, 1995, S. 185). Vor allem die ungewichtete mittlere Effektgröße, die gewichtete mittlere Effektgröße und der Median sollten berichtet werden, dazu die Zahl sämtlicher Versuchspersonen, die Zahl der unabhängigen Effektgrößen und deren Standarabweichungen, wobei die Angabe der maximalen und minimalen Größen interessieren könnte oder aber auch die Effektgrößen im Bereich der mittleren Quartile.

Zur Beurteilung der Qualität der Ergebnisse einer Metaanalyse sollten die Angaben über die Streuungen der geschätzten Populationskorrelationen auf keinen Fall fehlen. Unerlässlich ist auf jeden Fall die Angabe des Konfidenzintervalls, in dem der unbekannte, wiewohl fixe Populationskorrelationswert liegt. Das Konfidenzintervall gibt an, welche Werte der Korrelationswert annehmen kann, wenn weitere Studien aus dem Populationsuniversum in die Metaanalyse einbezogen würden. Ein 95 %-Konfidenzintervall, in dem keine Null enthalten ist, bedeutet, dass bei wiederholter Stichprobenziehung aus der Population 97,5 % oder mehr des Intervalls keine Null enthalten wäre.

Im Unterschied zum Konfidenzintervall (oder Vertrauensintervall) ist das „credibility interval“ (Kredibilitätsintervall) ein Maß für die Variabilität der individuellen Korrelationen in der Population. Ein Kredibilitätsintervall von 80 % (eine Größenordnung, die sich als Standard eingebürgert hat) ohne Null würde bedeuten, dass mehr als 90 % der individuellen Korrelationen in der Population keine Null enthalten.

Konfidenzintervalle liefern Schätzungen für die Variabilität der geschätzten mittleren Korrelation, während Kredibilitätsintervalle Schätzungen der Variabilitäten der individuellen Korrelationen in der Population liefern.

Abgesehen von der Erstellung eines Literaturverzeichnisses einschließlich der bibliografischen Quellen sämtlicher in der Metaanalyse verwendeten Originalarbeiten wird man die Ergebnisse noch einmal zusammenfassen und eine vorsichtige, möglichst an den relevanten Theorien orientierte Interpretation vornehmen oder aber auch den Versuch einer Re-Interpretation der Befunde im Lichte eines neuen theoretischen Ansatzes vornehmen. Die einprägsame Rosenthal-Empfehlung für die abschließende Formulierung lautet: „The meta-analysis is placed into the context of the field, and the field, very often, is placed into the context of the meta-analysis“ (Rosenthal, 1995, S. 190).

Insgesamt sind es nach Rosenthal und DiMatteo (2001, S. 70) sechs Ablaufphasen, die zum erfolgreichen Abschluss einer Metaanalyse durchlaufen werden müssen:

1. Als erstes sollen die relevanten abhängigen und unabhängigen Variablen definiert werden,
2. dann sollen die einzelnen Studien (sowohl die publizierten wie die nicht publizierten) systematisch gesammelt und sorgfältig gelesen werden. Vor allem muss dokumentiert werden, wie die abhängigen und unabhängigen Variablen operationalisiert und gemessen wurden.

3. Anschließend sollte die Variabilität der erhaltenen Effektgrößen ermittelt werden, wobei man für einen ersten Überblick anhand grafischer Verfahren die Standardabweichung der Effektgrößen berechnen sollte, da sie einen ersten Hinweis auf mögliche Moderatoren liefern.
4. Neben der üblichen Angabe der mittleren ungewichteten Effektgrößen kann es durchaus sinnvoll sein, den Median und gewichtete Effektgrößen zu berechnen.
5. Anschließend werden die Konfidenzintervalle in der Regel für die ungewichteten mittleren Effektgrößen berechnet (und zwar auf der Basis des Random-effects-Modells).
6. In einem letzten Schritt wird empfohlen, binomiale Effekt-Tabellen (binomial effect size displays) aufzustellen. Diese Rosenthal'schen Spezialität ist eine grafische Veranschaulichung vor allem für experimentelle Untersuchungen, aus denen sich die Auswirkungen der Behandlungseffekte relativ einfach ablesen lassen.

Wir haben schon mehrfach darauf hingewiesen, wie wichtig die systematische und möglichst vollständige Bibliografie der Primärliteratur ist, und in jeder der genannten Ablauffolgen wird auf diesen Schritt besonderen Wert gelegt. Mindestens von gleicher Bedeutung ist aber die sorgfältige Erstellung eines Kodier- und Kategorienschemas für die Auswertung der einzelnen Untersuchungen (vgl. hierzu auch die Ausführungen bei Lipsey, 1994; Stock, 1994; Rustenbach, 2003, Kap. 4).

Ein derartiges Kodierschema besteht aus mindestens vier Arten von Kategorien, wobei jede einzelne Kategorie numerisch kodiert werden muss, damit sie später als Selektions- oder Gruppierungsmerkmal in dem jeweiligen Metaanalyse-Programm verarbeitet werden kann:

1. Beschreibungsmerkmale der Publikation (in welcher Zeitschrift, in welchem Jahr, in welchem Land publiziert).
2. Beschreibungsmerkmale der Stichprobe (Gesamtumfang der Stichprobe, Angaben über Teilstichproben bzw. Zusammensetzung der Stichprobe – männlich/weiblich; Studierende/Berufstätige, Altersrange oder Altersgruppen, ethnische Zugehörigkeit, Berufsangaben, Wohnortgröße).
3. Beschreibung des Untersuchungstyps (Experiment, Feldstudie, Längsschnitt-/Querschnittuntersuchung).
4. Auflistung der verwendeten Erhebungsverfahren (objektive Daten, self-report, standardisierte Fragebögen, Beobachtung, Rating durch Vorgesetzte oder Kollegen).
5. Beurteilung der Studien hinsichtlich ihrer Verknüpfung zu bestimmten Theorien.

6. Besonderheiten einzelner Studien (Replikationsstudien, repräsentative Studien, Förderungsinstitution, internationale/interkulturelle Vergleichsstudie).
7. Auflistung der statistischen Kennzahlen (Effektgrößen, Mittelwerte, Varianzen).

Eine vollständige Liste wird man schwerlich erstellen können, da das jeweilige Kodierschema möglichst präzise an die Fragestellung und die ausgewählten Primäruntersuchungen angepasst sein sollte. Dringend erforderlich ist jedoch ein Kodierhandbuch, in dem die einzelnen Studienmerkmale exakt beschrieben werden, damit auf keinen Fall Mehrfachzuordnungen einzelner Studienmerkmale zu mehreren Kategorien vorgenommen werden.

7 Metaanalysen in der Arbeits- und Organisationspsychologie

Hunter und Schmidt (1990, S. 17) schreiben im Vorwort ihres fast 600-Seiten-Textes, dass ihr Buch „das einzige Metaanalyse Buch ist, das sich ausschließlich auf das Gebiet der Industriellen-/Organisations-Psychologie (I/O) und des Organisationsverhaltens (OB) bezieht“. Diese solitäre Stellung hat es bis heute beibehalten (die zweite Auflage erschien 2004). Darüber hinaus ist uns keine Zeitschrift oder Serie bekannt, die speziell Überblickskapitel zur Metaanalyse ausschließlich für den I/O- und OB-Bereich publiziert, mit Ausnahme der in den vergangenen Jahren im *International Review of Industrial and Organisational Psychology* erschienenen. Hunter und Hirsch (1987) geben in ihrem Beitrag für drei große Bereiche (Arbeitsverhalten, Kündigung und Arbeitsplatzwechsel (turnover) und Arbeitszufriedenheit) einen Überblick über die in diesen Bereichen durchgeführten Metaanalysen. Der nächste Beitrag erschien 1994 von Tett, Meyer und Roese (1994). Insgesamt 64 Metaanalysen aus 10 verschiedenen Bereichen von I/O und OB (darunter Arbeitsverhalten, Absentismus, Arbeitsmotivation, Stress, Organisationsentwicklung) werden in Kurzform berichtet, und zu jedem einzelnen Themenbereich werden in einer kurzen Zusammenfassung die zuvor eher deskriptiven Darstellungen der Ergebnisse bewertet und die unterschiedliche Bedeutung für die zukünftige Forschung versucht abzuschätzen. Die dritte und vorläufig letzte Publikation erschien von Fried und Ager (1998) und ist von den drei genannten Publikationen diejenige, die sich vor allem auf methodische Probleme konzentriert. Es werden zwar immer wieder einzelne Metaanalysen aus dem I/O-Bereich berichtet, dennoch werden schwerpunktmäßig Probleme diskutiert, die von allgemeinerer Bedeutung sind, wie die Literatursuche, die Kodierung relevanter statistischer Daten der Primärstudien und die Darstellung und Interpretation der Ergebnisse der Metaanalyse.

Steiner, Lane, Dobbins, Schnur und McConnell (1991) haben in ihrer Untersuchung insgesamt 35 Metaanalysen anhand eines Katalogs von insgesamt

21 deskriptiven, methodischen und methodologischen Merkmalen analysiert. Zu diesen 21 Merkmalen zählten u. a. solche Angaben wie die Zahl der Studien, die Zahl der Personen in den Studien, die Verfahren der Literatursuche, Kriterien für die Eliminierung von Studien, Auflistung vorhandener oder nicht vorhandener Angaben über Reliabilitäten, der Abhängigkeit oder Unabhängigkeit der Studien, (fehlende) Diskussion alternativer Erklärungen der erhaltenen Ergebnisse, (fehlende) Beurteilung der Grenzen des Verfahrens. Steiner et al. (1991) kommen nach ihrer Analyse zu drei Kritikpunkten: (1) Es gibt sehr große Unterschiede in der Anwendung metaanalytischer Techniken, (2) für eine ganze Reihe von Merkmalen sind die Ergebnisse mangelhaft (vielfach fehlen Angaben zur Reliabilität, die Kodierschemata sind nur unzureichend wiedergegeben, es werden voreilig Generalisierungen formuliert, die durch die Ergebnisse nicht abgedeckt sind) und (3) die mangelhafte Darstellung und Informationsangaben in den publizierten Metaanalysen selbst. Wir haben diese Untersuchung nicht nur referiert, um auf vermeidbare Defizite aufmerksam zu machen, wenn man selbst eine Metaanalyse durchführen will, sondern auch, um damit indirekt zu belegen, dass seit der Publikation dieser Studie die Publikation von Metaanalysen formal einen deutlichen Fortschritt genommen hat.

7.1 Der Einsatz von Metaanalysen und ihren Randbedingungen

Eine auch nur annähernd vollständige Darstellung der in der Arbeits- und Organisationspsychologie durchgeführten Metaanalysen würde den Rahmen eines Enzyklopädiebeitrags bei Weitem sprengen. Um dennoch die von uns rezipierte Literatur zu diesem Bereich zumindest bibliografisch in einer summarischen Variante zugänglich zu machen, ist das Ergebnis unserer Recherche in tabellarischer Darstellung kondensiert worden (vgl. Tab.1). Wir haben uns in dieser Kurzversion darauf beschränkt, den thematischen Schwerpunkt, die Autoren und die Quellen der jeweiligen Publikation zu nennen. Von den insgesamt 178 Metaanalysen sind 135 thematisch kategorisiert worden.

Dass wir dann doch im Folgenden eine Reihe von Metaanalysen etwas ausführlicher darstellen, liegt vor allem daran, dass diese Metaanalysen generelle Probleme beim Einsatz von Messverfahren zum Gegenstand haben. Die Ergebnisse der Analyse von Randbedingungen bei der Durchführung empirischer Untersuchungen schienen uns Grund genug, auf diesen Typ von Metaanalysen ausführlicher einzugehen. Bezogen auf die spezielle Thematik verweisen wir an dieser Stelle ausdrücklich auf die Darstellungen in dem von Schuler (2006) herausgegebenen Sammelband, in dem sich eine Vielzahl von Kapiteln u. a. zu konstruktorientierten (Schuler & Höft, 2006), simulationsorientierten (Höft & Funke, 2006) und biografieorientierten (Schuler & Marcus, 2006) Verfahren der Personalauswahl und wissensorientierten (Sonntag & Schaper, 2006) und verhaltensorientierten (Sonntag & Stegmaier, 2006) Verfahren der Personalentwicklung finden.

Generell lassen sich die Funktionen von Metaanalysen dadurch bestimmen, dass sie genauere Aussagen über Variablenzusammenhänge ermöglichen, da (a) eine Vielzahl von Studien aggregiert werden und (b) mögliche Einflussgrößen, die diesen Zusammenhang beeinflussen, in ihrer Wirkung bestimmt und korrigiert werden. Neben der Korrektur der Ergebnisse aufgrund der Stichprobengröße wird vor allem die mangelnde Reliabilität der Messverfahren zur Erfassung der abhängigen bzw. unabhängigen Variablen als Korrekturgröße verwendet. Der Entdeckerfrohmut beim Autor wie beim Leser, die feststellen, dass die korrigierten Effektgrößen deutlich über den bloß gemittelten Werten liegen, liegt u. a. auch daran, dass die mangelnde Reliabilität der Messverfahren korrigiert und so getan wird, als gäbe es idealerweise fehlerfreie Messungen.

7.1.1 Merkmale der Untersuchungsteilnehmer

Das, was für die Messverfahren im Besonderen gilt, gilt für den gesamten Beurteilungsprozess. Urteile über eigenes und fremdes Verhalten erfolgen im Kontext wissenschaftlicher Analysen anhand spezifizierter Kriterien oder Urteilsdimensionen mithilfe von Messverfahren. Dieser „Basissatz" jedweder Diagnostik impliziert eine Vielzahl bislang ungelöster Rätsel und eine Vielzahl von Lösungsvorschlägen, die sich hinter dieser einfachen Aussage verbergen. Die Metaanalyse von Mezulis, Abramson, Hyde und Hankin (2004) liefert auf der Basis von 266 Studien mit 503 unabhängigen Effektgrößen einen deutlichen Nachweis für einen universellen Positivitätsbias im Attributionsverhalten, der zwar kulturelle und alters- und geschlechtsbezogene Unterschiede aufweist, mit einem d-Wert von $d = .96$, belegt, dass Personen ihre eigenen Erfolge internal und stabil attribuieren – insgesamt aber für sämtliche beruflichen Aktivitäten, über die die Befragten Selbstauskünfte erteilen sollen. Nicht zu unterschätzen ist dabei auch die direkte Einflussnahme der Befragten auf die Ergebnisse von Persönlichkeitsfragebögen, die systematisch verfälscht werden (faking). Die hierzu vorgelegte Metaanalyse von Viswesvaran und Ones (1999) liefert entsprechende Resultate.

Andererseits zeigen die Ergebnisse der Metaanalyse von Li und Bagger (2006), dass Maße der Sozialen Erwünschtheit (gemessen mit dem BIDR) keinen nennenswerten Einfluss auf die Beziehung zwischen Persönlichkeitsmaßen und Leistungsmaßen haben.

Allein die Versuche, Urteilskriterien und Urteilsdimensionen zu finden, sind sehr umfangreich, was u. a. darauf zurückzuführen ist, dass schon die „Kriterien für die Kriterien" allein deshalb auf keinen verbindlichen Kanon zurückzuführen sind, weil sowohl die Kriterien wie die Kriterien der Kriterien Konstrukte sind, die einen Konsens über die Indikatoren eben dieser Konstrukte verlangen würden. Ganz abgesehen davon, dass sich die Konstrukte und vor allem ihre Indikatoren im Lauf der Zeit verändern, sind sie vom Ziel und den Funktionen abhängig, denen die Urteile dienen sollen.

Eine der Grundgrößen im Beurteilungsprozess sind die Beurteilten und die Beurteiler.

Auch hier ließen sich wieder lange Listen differenzierender Merkmale sowohl für die Beurteiler wie für die Beurteilten machen, angefangen von ihrer Ausbildung über ihre hierarchische Position in der Organisation bis hin zu ihrem Alter und ihrer Berufserfahrung.

Die als Urteilstendenzen gekennzeichneten Beurteilungsfehler, wie z. B. Milde- und Strengefehler oder Halo-Effekte, sind in der Regel von der Sorge getragen, dass die Urteile zu einem substanziellen Anteil Resultate von Urteilsprozessen sind, die nicht mit dem eigentlich zu beurteilenden Gegenstand kovariieren. Diese Furcht vor Fehlern führt beinahe zwangsläufig zu einer regen Publikationstätigkeit, da diese Fehler die Validität von Beurteilungen maßgeblich beeinflussen. Das prototypische Verfahren, präpotent und ubiquitär eingesetzt, ist und bleibt die Ratingskala. Wir werden an dieser Stelle weder auf die unterschiedlichsten Varianten von Ratingskalen eingehen noch auf konkurrierende Verfahren, sondern meinen damit eine abgestufte Beurteilungsvorgabe, durch die die Urteilsabgabe dokumentiert wird (ob z. B. die Urteile schriftlich oder elektronisch registriert werden, ist an dieser Stelle unmaßgeblich).

Zwar wird die Effizienz eines Leistungsbeurteilungssystems in der Regel nach formalen testtheoretischen Merkmalen eingestuft und Fehlerquellen bei den Beurteilern ausfindig gemacht, die Reaktionen der Beurteilten auf den Beurteilungsprozess und die Beurteilungssituation werden jedoch vergleichsweise selten thematisiert.

Die Metaanalyse von Cawley, Keeping und Levy (1998) beinhaltet zumindest solche empirischen Felduntersuchungen, in denen der Zusammenhang zwischen dem Ausmaß an Beteiligung (Partizipation) am Beurteilungsprozess durch die unmittelbar Betroffenen und ihren Reaktionen und Beurteilungen eben dieser Beteiligungsvarianten untersucht wird. Insgesamt 27 Studien mit 32 unabhängigen Stichproben und 92 Effektgrößen von insgesamt 6.732 Personen standen den Autoren in ihrer Metaanalyse, durchgeführt nach dem Schmidt-Hunter-Verfahren, zur Verfügung.

Neben einer globalen Auswertung des Zusammenhangs zwischen Partizipation und Reaktionen der Befragten, der nach Berücksichtigung des Stichprobenfehlers und der Reliabilitätskorrektur für beide Variablen (Partizipation und Reaktion) mit $\rho = .61$ relativ hoch ausfiel, wurden getrennte Auswertungen für unterschiedliche Reaktionstypen und für unterschiedliche Partizipationstypen durchgeführt. Von den Reaktionstypen, wie z. B. Fairness, Nutzen oder Zufriedenheit mit der Situation der Leistungsbewertung, erzielte die erhobene Zufriedenheit der Beurteilten mit der Leistungsbewertungssituation den insgesamt höchsten Zusammenhang ($\rho = .64$). Von den Partizipationstypen, wie z. B. Redezeit der Beurteilten oder Beeinflussung der Bewertungen des Vorgesetzten, war die wertexpressive Partizipation, bei der die Beurteilten in der Situation über ihre Ansichten und Gefühle in der Beurteilungssituation sprechen konnten, diejenige mit dem größten Zusammenhang ($\rho = .65$) über alle Reaktionen hinweg. Die Ergebnisse sind insgesamt eindeutig und von substanzieller Höhe, sodass die Autoren resümierend feststellen können: „Partizipation am Bewertungsprozess steht in einem direkten Zusammenhang mit der Zufriedenheit der Mitarbeiter und der Akzeptanz des Leistungsbewertungssystems“ (Cawley et al., 1998, S. 621; Übers. d. Verf.).

Auch die neuere Metaanalyse von Hausknecht, Day und Thomas (2004) wählt die Perspektive der Bewerber, die an Auswahlprozessen teilnehmen. Die 86 Stichproben mit N = 48.750 Personen beinhalten allerdings über 50 % Laborstudien, und fast 50 % der Studien fanden in simulierten Kontexten statt, sodass es einen nicht verwundert, wenn die Autoren angeben (Hausknecht et al., 2004, S. 654), dass ca. 60 % der Studien im universitären Umfeld durchgeführt wurden. Immerhin zeigen die Ergebnisse, dass positiv beurteilte Auswahlprozeduren einen deutlichen Einfluss auf die positive Wahrnehmung der Organisationen haben und mit der Bereitschaft korrelieren, dort ein Stellenangebot anzunehmen. Sowohl „Interviews“ (d. h. persönliche Auswahlgespräche) wie Arbeitsproben wurden positiver beurteilt als Persönlichkeitsfragebogen, Lebenslaufdaten und Integritätstests. Zwar sind die Autoren davon überzeugt, dass derartige Studien, in denen die Perspektive der Betroffenen in der Rolle der Bewerber für das spätere Arbeitsverhalten in Organisationen von Bedeutung ist, es bislang jedoch an Längsschnittstudien fehlt, in denen die Entwicklung und Veränderung des Auswahlprozesses bei den Betroffenen untersucht wird.

Wir wollen an dieser Stelle kurz die Ergebnisse weiterer Metaanalysen darstellen, in denen zum einen die Auswirkungen des „gender bias“ und zum anderen die der ethnischen Zugehörigkeit auf die Leistungsbeurteilung untersucht wurden. Die Frage, ob die Arbeitsleistungen von Männern oder Frauen allein aufgrund ihrer Geschlechtszugehörigkeit besser oder schlechter beurteilt werden bzw. ob die Hautfarbe Leistungsbeurteilungen beeinflusst, ist nicht nur von Bedeutung für den Beurteilungsprozess und mögliche Verfälschungstendenzen wie den Halo-Effekt, sondern auch von gesellschaftlicher Brisanz.

Die im Folgenden dargestellte Metaanalyse von Bowen, Swim und Jacobs (2000) ist in einer Reihe vergleichbarer Metaanalysen einzuordnen (Davison & Burke, 2000; Olian, Schwab & Haberfeld, 1988; Swim, Borgida, Maruyama & Myers, 1989), in denen primär der „gender bias" bezüglich der Beurteilung von Leistungen relevant ist und nicht Führungsstile, Führungskompetenzen oder andere relevante Merkmale auf der Managementebene. Die Arbeit von Bowen et al. (2000) berücksichtigt ausschließlich solche Studien, in denen die Leistungen von Personen in real-existierenden Organisationen erhoben wird. Die größere Realitätsnähe derartiger Feldstudien wird durch erhebliche Probleme bei der Dateninterpretation beeinträchtigt. Laborexperimente erlauben eine beinahe uneingeschränkte Kontrolle der Versuchsbedingungen, angefangen von der Zusammensetzung der Stichprobe, der präzisen Definition und Variation der unabhängigen Variablen bis hin zur Kontrolle möglicher störender Außeneinflüsse auf die experimentelle Situation. Feldstudien haben demgegenüber den großen Vorteil, Arbeitnehmer an Arbeitsplätzen zu untersuchen, die nachhaltig relevant für ihre Lebensgestaltung sind.

Die insgesamt 138 Effektgrößen aus 32 Stichproben stammten aus 27 verschiedenen Arbeiten und wurden nach dem Hedges-und-Olkin-Verfahren (Hedges & Olkin, 1985) ausgewertet. In 17 Studien wurden Beobachterratings verwendet, in sieben Selbstratings und in drei Studien wurden sowohl Fremd- als auch Selbstbeobachtungsdaten erhoben.

Als potenzielle Moderatoren wurden die geschlechtsspezifische Zusammensetzung der Gruppe der Beurteiler und der Gruppe der Beurteilten, das Ausmaß der „Stereotypikalität" der Berufe (d. h. die subjektive Einschätzung, ob ein Beruf eher für Männer oder Frauen geeignet ist), das Ausmaß an Trainingserfahrung und das Ausmaß an Informationen über die Leistungen eines Beurteilten verwendet. Zusätzlich wurden die Studien noch danach klassifiziert, ob die Beurteilung durch Beobachter oder in Form von Selbstberichten erfolgte. Da sich keine signifikanten Unterschiede für die Beurteilungsform ergaben, wurden nur die Resultate der 22 Stichproben berücksichtigt, in denen Beobachter die Leistungsbeurteilung durchführten. Die mithilfe der Q-Statistik ermittelte Heterogenität der Effekte lieferte die Grundlage für die anschließend durchgeführten Moderatoranalysen, bei denen die Homogenität bzw. Heterogenität der Effekte zwischen den einzelnen Abstufungen der Moderatoren mit der entsprechenden Q-Statistik (Q innerhalb) überprüft wurde. (Analog erfolgte dann die Überprüfung der Homogenität innerhalb der einzelnen Moderatorabstufungen mit Q innerhalb.)

Für die Unterscheidung der Berufe nach ihrer Stereotypikalität ergaben sich keine signifikanten Unterschiede. Ein deutlicher Geschlechtseffekt in Richtung einer positiveren Beurteilung männlicher Personen ergab sich dann, wenn sämtliche

Beurteiler männlich waren, während sich unter der Bedingung einer größeren Trainingserfahrung und besserer Information über die Beurteilten keine geschlechtsspezifische Bevorzugung ergab, wohl aber dann, wenn die Trainingserfahrung nur gering und die Information über die Beurteilten mittelmäßig ausgeprägt war. Unter diesen Bedingungen wurden die Leistungen der weiblichen Beurteilten positiver eingeschätzt. Einen unerwartet deutlichen Effekt erzielten die Besonderheiten der Messverfahren. Sowohl die Zahl der Items ($n > 10$) als auch die stärker als stereotyp „feminin“ eingestuften Beurteilungsdimensionen führten zu eindeutigen Bevorzugungen der weiblichen Beurteilten. Eine regressionsanalytische Auswertung zeigte vor allem die deutliche Auswirkung der inhaltlichen Ausgestaltung der Messverfahren. Männer beziehungsweise Frauen, deren Arbeitsleistung auf Verfahren eingeschätzt wurden, die als stereotyp maskulin oder als stereotyp feminin eingeschätzt wurden, erhielten auf den jeweils geschlechtsstereotypen Skalen auch die höheren Leistungswerte zugesprochen. Derartige Ergebnisse unterstreichen nicht nur die Bedeutung der Messverfahren innerhalb eines jeden Beurteilungsprozesses, sondern zeigen auch, dass allein formale Kriterien wie Reliabilität oder Validität nicht ausreichen, um die Einflüsse von Verfahren auf die quantitative Ausprägung von Resultaten zu kontrollieren. Die Produktion von Stereotypen und Vorurteilen vor dem Beginn des eigentlichen Beurteilungsverfahrens allein durch die Auswahl eines bestimmten Messverfahrens sollte nicht nur nachdenklich stimmen, sondern Anlass für eine Replikation dieser Metaanalyse sein.

Als weitere Metaanalyse soll an dieser Stelle die frühe Arbeit von Kraiger und Ford (1985) zur Auswirkung der ethnischen Zugehörigkeit von Ratern auf die Beurteilung von Leistungen kurz dargestellt werden. Die Autoren nennen insgesamt fünf Moderatoren, die als mögliche Einflussgrößen des Urteilsprozesses unterschieden werden sollten: Neben (1) der Erhebungssituation (Labor vs. Feld), (2) der Teilnahme (oder Nichtteilnahme) an entsprechenden Trainingskursen, (3) der anteilsmäßigen Zusammensetzung der Arbeitsgruppe durch Mitglieder der Majorität beziehungsweise Minorität, sind (4) die Spezifizität (vs. Generalität) der Beurteilungsskala und (5) der Zweck oder der Anlass der Untersuchung potenzieller Moderatoren.

Insgesamt gingen 74 Effektgrößen aus 49 Studien (30 aus publizierten und 44 aus unpublizierten Arbeiten) mit 17.159 beurteilten Personen in die Untersuchung ein, darunter 14 Effektgrößen und 2.428 Personen, die durch schwarze Beurteiler beurteilt wurden. Die nach dem Schmidt-Hunter-Verfahren durchgeführte Auswertung auf der Grundlage stichprobenkorrigierter und reliabilitätskorrigierter Effektgrößen ergab eine Populationskorrelation von $\rho = .18$ und damit einen Hinweis auf die bessere Leistungsbewertung der Weißen durch weiße Beurteiler. Mit einem ρ von $-.22$ zeigte sich analog eine bessere Beurteilung der Schwarzen durch schwarze Beurteiler.

Die Auswertung der Daten anhand der eingeführten Moderatoren zeigte, dass die Effektgrößen anstiegen, wenn der Anteil der Schwarzen abnahm (ρ = –.18) und unter „Feldbedingungen" die Effektgrößen signifikant größer waren als im Labor. Die übrigen Moderatoranalysen wurden nur für die insgesamt 64 Einzeleffekte (von 74) der Felduntersuchungen durchgeführt, erzielten aber weder für die Bedingung „Zweck der Untersuchung", „Spezifizität der Beurteilerskala" noch für die „Trainingsbedingung" signifikante Unterschiede (die ρ-Werte variierten zwischen .14 und .18). Die Ergebnisse sind zwar nicht spektakulär, dennoch lassen sich auf der Basis der verwendeten Untersuchungen, die alle im Zeitraum von 1958 bis 1982 erschienen sind, Effekte der ethnischen Zugehörigkeit der Beurteiler auf die Beurteilung der Arbeitsleistung nachweisen.

Lassen sich die ersten Arbeiten auf diesem Gebiet in den größeren Rahmen der Auswirkungen von Vorurteilen am Arbeitsplatz einordnen, so sind die neueren Arbeiten nicht nur im Kontext der Problematik von Minoritäten am Arbeitsplatz und den damit immer wieder auftauchenden Konflikten einzuordnen, sondern sie sind unter der Perspektive der „diversity"-Forschung als Thematisierung der Auswirkungen unterschiedlicher sozialer Kategorien von Organisationsmitarbeitern einzustufen.

In der nur wenig später publizierten Metaanalyse von Ford, Kraiger und Schechtman (1986) wurde zwischen objektiven und subjektiven Leistungskriterien unterschieden. Die Ergebnisse auf der Basis von 53 Stichproben (für die Ratingbeurteilungen) bzw. 49 Stichproben (für die objektiven Leistungsbeurteilungen) zeigten zum einen, dass Weiße in ihren Leistungen besser beurteilt wurden, wobei dieser Zusammenhang für die subjektiven Beurteilungen signifikant stärker ausfiel (ρ = .22 vs. ρ = .16) als für die objektiven Leistungskriterien, dass zum anderen die Zusammenhänge insgesamt eher gering und in einer vergleichbaren Größenordnung wie in der Metaanalyse von Kraiger und Ford (1985) waren. Auch die Metaanalyse von Waldman und Avolio (1991) zeigte, dass Weiße in ihren Leistungen besser beurteilt werden.

In einer neueren Metaanalyse (mit Verweisen auf weitere Metaanalysen zu diesem Thema) haben Roth, Huffcutt und Bobko (2003) mit einer größeren Anzahl von Studien die Ergebnisse der besseren Leistungsbeurteilung von Weißen bestätigt, wobei, im Gegensatz zu den bisherigen Ergebnissen, die Unterschiede zwischen den subjektiven und objektiven Leistungskriterien sich nicht in der Weise replizieren ließen, dass die subjektiven Beurteilungen vorteilhafter für die Weißen ausfielen als die objektiven Beurteilungen, sondern sich deutliche Abhängigkeiten von der Art der subjektiven bzw. objektiven Messungen zeigten. Die in dieser Studie erhobenen Daten eines Vergleichs der Leistungsbeurteilungen von Weißen und Personen spanischer Abstammung zeigten deutlich geringere Einflüsse der ethnischen Herkunft auf die Leistungsbeurteilung.

Auch in neueren Arbeiten lassen sich vor allem Unterschiede in der Leistungsbeurteilung beim Vergleich von weißen und schwarzen Arbeitnehmern nachweisen, die jedoch insgesamt nicht sehr stark ausgeprägt sind und sich vor allem nicht eindeutig der ein oder anderen Variante der verwendeten Leistungsindikatoren (subjektiv vs. objektiv) zuschreiben lassen. Die aktuellste und umfangreichste Metaanalyse von McKay und McDaniel (2006) weist auf der Basis von 572 Studien mit einem N von 109.974 Befragten ebenfalls eine höhere Arbeitsleistung bei Weißen auf, nennt aber gleichzeitig eine Reihe wichtiger Moderatoren, die diesen Unterschied minimieren. Zu den wichtigsten Moderatoren zählen die Indikatoren der Leistung und das Ausmaß der kognitiven Inhalte (cognitive loading) der Indikatoren.

Die hier exemplarisch ausgewählten Metaanalysen zu den soziodemografischen Variablen Geschlecht und ethnische Zugehörigkeit ließen sich um weitere ergänzen, in denen z. B. der Alterseinfluss auf die Beurteilung von Mitarbeitern untersucht wird (Finkelstein, Burke & Raju, 1995; Gordon & Arvey, 2004; Kite & Johnson, 1988; Waldman & Avolio, 1986).

7.1.2 Formale Qualitäten von Ratingskalen

Die im Folgenden dargestellten Metaanalysen beziehen sich auf formale Merkmale von Ratingskalen. Eine Möglichkeit, die Qualität von Ratingdaten zu bestimmen, besteht z. B. ganz einfach darin, Indikatoren der Genauigkeit von Ratings mit Indikatoren für die fehlerhafte Beurteilung zu korrelieren. Urteilstendenzen zeigen sich als Verschiebungen der Mittelwerte (als Strenge- oder Mildefehler), als Reduktion der gesamten Antwortmöglichkeiten (range restriction) oder aber als „Halo-Effekt", der zu einer erhöhten Korrelation der Urteile beiträgt, wenn ein einzelnes Merkmal oder aber auch ein Globalurteil sich auf andere Beurteilsaspekte auswirkt. Als Indikatoren der Genauigkeit lassen sich u. a. die von Cronbach (1955) unterschiedenen vier Genauigkeitsmaße verwenden („elevation" globale Genauigkeit des Ratings, „differential elevation" Genauigkeit der Einschätzung bezogen auf die einzelnen Beurteilten, „stereotype accuracy" korrekte Beurteilung über alle Personen auf den einzelnen Dimensionen und „differential accuracy" genaue Beurteilung der Unterschiede der einzelnen Personen innerhalb der Dimensionen). Es wird nun unterstellt, dass Beurteilerfehler ein indirektes Maß der Genauigkeit der Beurteilung seien. Die Ergebnisse der Metaanalyse von Murphy und Balzer (1989) basieren auf 10 Studien mit 1.096 Versuchspersonen und zeigen eine minimale, stichprobenfehler- und reliabilitätskorrigierte Korrelation von $\rho = .06$. Moderatoren waren nicht nachweisbar, und die einzigen substanziellen Korrelationen zwischen dem „Halo"-Fehler und dem Genauigkeitsmaß „differential accurcay" waren mit –.35 bzw. –.59 auch noch negativ, d. h., der Halo wirkt sich günstig auf die korrekte Beurteilung aus. Die Empfehlung der Autoren fällt demnach deutlich aus: „We recommend that the use of rater error indices as indirect indicators of rating accuracy be discontinued" (Murphy & Balzer, 1989, S. 623).

In der Metaanalyse von Viswesvaran, Ones und Schmidt (1996) geht es um eine Abschätzung der Interrater-und Intrarater-Reliabilitäten (Übereinstimmungsreliabilität oder Objektivität bzw. interne Konsistenz, alpha- oder Retest-Reliabilität) von Ratingskalen bei der Beurteilung von Arbeitsleistungen. Insgesamt werden hierbei zehn unterschiedliche Dimensionen der Arbeitsleistung berücksichtigt. Klassifiziert werden die Untersuchungen zusätzlich noch danach, ob die Urteile von Vorgesetzten oder Mitarbeitern abgegeben werden. Die stichprobenfehlerkorrigierten Interrater-Reliabilitäten der Gesamtbeurteilungen der Leistung durch die Vorgesetzten betrug .52 (N = 14.650 Befragte, 40 Korrelationskoeffizienten); der entsprechende Wert für die Mitarbeiter betrug $\rho = .42$ (N = 2.389 Befragte, neun Korrelationskoeffizienten). Deutlich höher fielen die Ergebnisse für die Koeffizienten der internen Konsistenz (alpha-Werte) aus. Für die Vorgesetzten (N = 17.899, 89 Korrelationskoeffizienten) betrug dieser Wert $\rho = .86$, für die Mitarbeiter (N = 1.270, 10 Korrelationskoeffizienten) $\rho = .85$.

Eine neuere Metaanalyse, in der Übereinstimmungen zwischen verschiedenen Urteilsquellen zur Leistungsbeurteilung untersucht wird, haben Conway und Huffcutt (1997) vorgelegt (vgl. in diesem Zusammenhang auch die Metaanalyse von Harris & Schaubroeck, 1988). In ihre Untersuchung gingen die Daten von N = 28.999 Personen aus 159 Publikationen ein, die im Zeitraum von1950 bis 1996 erschienen waren, mit insgesamt 177 Stichproben und 281 Korrelationskoeffizienten. Ziel war eine Bestimmung der Interrater-Reliabilitätswerte von Untergebenen, Vorgesetzten und Kollegen (peers) und die Korrelationen zwischen allen Urteilsquellen einschließlich der Selbstbeurteilungsdaten. Neben der Klassifikation der Urteiler wurden sowohl Berufsklassifikationen als auch Leistungsdimensionen unterschieden. Wir werden auf diese Kategorien im Einzelnen nicht eingehen. Die Autoren erwarten, dass die Reliabilitäten für weniger komplexe Berufe höher sind. Bei der Unterscheidung der Leistungsdimensionen in interpersonelle und kognitive Kompetenzen wird erwartet, dass für die Gruppe der Vorgesetzten die Reliabilitäten für die interpersonellen Kompetenzen geringer ausfallen als für die beiden anderen Gruppen und alle drei relativ geringe Reliabilitäten auf den kognitiven Dimensionen erreichen.

Die Untergebenen hatten die geringsten Reliabilitäten mit einem Mittelwert von .30 für einen einzelnen Urteiler, die Vorgesetzten den höchsten Wert mit $r = .50$. In komplexen Berufen waren die Reliabilitätswerte geringer ($r = .36$ für die Kollegen und .44 für die Vorgesetzten) als für weniger komplexe Berufe ($r = .39$ bzw. $r = .54$).

Die Reliabilitätswerte für die Urteile auf den kognitiven Dimensionen fielen entgegen den Erwartungen aus: Vorgesetzte und Kollegen erreichten sogar relativ hohe Werte (ρ = .47 bzw. ρ = .43), während die Werte für die interpersonellen Dimensionen demgegenüber geringer ausfielen (ρ = .44 bzw. .34).

In einem zweiten Teil werden dann die Übereinstimmungsreliabilitäten zwischen den vier „Urteilsquellen" untersucht (Vorgesetzte, Kollegen, Untergebene und Selbstrating).

Die Übereinstimmung der unterschiedlichen Beurteilergruppen ist insgesamt eher gering, wenn man die Artefaktkorrektur der Interrater-Reliabilitäten (kursiv hinzugefügt) unberücksichtigt lässt. Die Korrelationen zwischen den Untergebenen und den Vorgesetzten (ρ = .22;*.57*) bzw. den Kollegen (ρ = .22;*.66*), bzw. der Selbstbeurteilungen der Untergebenen (ρ = .14;*.26.*) über alle Berufe sind allesamt geringer als die Übereinstimmung zwischen den Vorgesetztenurteilen und den Mitarbeiterurteilen (ρ = .34;*.79*). Erwartungsgemäß waren die Übereinstimmungen bei der Beurteilung wenig komplexer Berufe höher, wobei der höchste Wert für diese Subgruppe mit ρ = .39 (r = *.85*) für die Beurteilerübereinstimmung der Vorgesetzten- und Kollegenurteile ermittelt wurde. Zum einen zeigt sich, dass die Korrelationen zwischen Selbst- und Fremdbeurteilung relativ gering ausfielen, zum anderen fielen die Korrelationen zwischen den Beurteilergruppen (Vorgesetzter, Kollege, die eigene Person) generell höher aus, wenn die Aufgaben weniger komplex waren (nonmanagerial) im Vergleich zu komplexeren Aufgaben (managerial). Die Ergebnisse insgesamt basieren zwar auf einer relativ umfangreichen Stichprobe, allerdings sollte man sich der Tatsache bewusst sein, dass die empirischen Arbeiten einen Untersuchungszeitraum von 50 Jahren umfassen und vielleicht dann doch spekuliert werden darf, dass sich die formale Urteilskompetenz von Mitarbeitern und Vorgesetzten im Laufe der Zeit durch Ausbildung und Schulung verbessert haben könnte.

Nicht auf Einzelverfahren, sondern auf Verfahrensgruppen bezieht sich die Metaanalyse von Dierdorff und Wilson (2003) zur Bestimmung der Interrater- und Intrarater-Reliabilität von Arbeits- und Anforderungsanalysedaten (job analysis). Die Beurteilerübereinstimmung (Interrater-Reliabilität) wurde auf der Basis von 31 Studien mit 214 Korrelationskoeffizienten, und die Stabilität der Urteiler (Intrarater-Reliabilität) wurde auf der Basis von 15 Studien und 85 Korrelationskoeffizienten bestimmt. Die beurteilten Arbeitsinhalte wurden u. a. dadurch klassifiziert, dass sie entweder sehr aufgabenspezifisch (task-level) oder sehr global (general work activity) waren. Für die stichprobenfehlerkorrigierten Interrater-Reliabilitätsschätzungen ergab sich für die spezifischen Analysen ein ρ = .77 (bei einem N = 24.656 und k = 119 Korrelationen) und für die globalen Analysen ein ρ = .61 (bei einem N = 9.999 und k = 95 Korrelationen). Für die Schätzung der Intrarater-Reliabilitäten ergab sich für die spezifischen Analysen ein ρ von .68 (bei einem N = 7.392 und k = 49 Korrelationen) und für die globalen Aufgaben ein ρ = .73 (bei einem N = 306 und k = 36 Korrelationskoeffizienten). Wurden die Intrarater-Reliabilitäten für die Zahl der Rater und die Zahl der Items pro Verfahren korrigiert, dann stieg z. B. die stichprobenfehler- und reliabilitätskorrigierte Reliabilität für die spezifischen Aufgaben (Werte für die globalen Aufgaben in Klammern) bei einem 100-Item-Instrument und 5 Ratern auf .40 (.13), bei einem 200-Item-Instrument und 15 Ratern auf .63 (.39) und bei einem 300-Item-Instrument und 25 Ratern auf .73 (.58) an. Zwar sind diese Ergebnisse nicht weiter erstaunlich, da dies Konsequenzen der klassischen Testtheorie sind; das numerische Ausmaß der Veränderung ist dann doch immer wieder verblüffend.

In einer früheren Metaanalyse haben Voskuijl und van Sliedregt (2002) insgesamt 38 Artikel mit 91 Interrater-Reliabilitätskoeffizienten ausgewertet und kommen zu einer gemittelten globalen Schätzung der Interrater-Reliabilität von ρ = .59. Die Reliabilitätskoeffizienten variieren beträchtlich in Abhängigkeit der zahlreichen berücksichtigten Moderatoren. So steigt die Reliabilität mit dem Ausmaß der Erfahrung auf z. B. ρ = .76 derjenigen, die als Arbeitsanalytiker ihre Urteile abgeben bzw. für diejenigen, die Erfahrungen im Umgang mit den einschlägigen Messverfahren haben.

Wenn die Beurteilung der Arbeitsleistung mittels Ratingverfahren durch Messfehler gravierend beeinflusst wird, dann hat dies gravierende Konsequenzen für Personalauswahl und Personalbeurteilung. Es stellt sich also die Frage, aus welchen Varianzkomponenten die Leistungsbeurteilungen zusammengesetzt sind.

Die Metaanalyse von Viswesvaran, Schmidt und Ones (2005) versucht in einem methodisch relativ aufwendigen Verfahren den Anteil der Varianz zu schätzen, der bei der Leistungsbeurteilung zu Lasten des Halo-Effekts und dreier weiterer Fehler (dem Milde- oder Strengefehler, dem Fehler zu Lasten der mangelnden Retest-Reliabilität und einem Zufallsfehler des Beurteilungsprozesses (random response error)) geht, die jedoch im Prinzip in der zentralen Fragestellung nach der Größenordnung des Einflusses des Halos enthalten sind.

Die Autoren werten die Daten aus 303 Artikeln aus, wobei die genaue Zahl der insgesamt Befragten und die Gesamtzahl der in die einzelnen Metaanalysen einbezogenen Korrelationen nicht mitgeteilt wird. Insgesamt werden für die Leistungsbeurteilung durch Vorgesetzte und Mitarbeiter acht verschiedene Leistungskomponenten unterschieden (interpersonelle und administrative Kompetenz, Qualität, Produktivität, Anstrengung, berufliche Kenntnisse, Führungsverhalten, Akzeptanz von Regeln und Normen).

Legt man dem Beurteilungsprozess der Arbeitsleistung ein Varianzkomponentenmodell zugrunde, das in der klassischen Testtheorie üblich ist (vgl. für eine ausführlichere Darstellung die Ausführungen in dem Beitrag von Viswesvaran et al., 2005, S. 110 f.), dann lässt sich zeigen, dass die Reliabilitäten zwischen den Ratern und die Korrelationen zwischen den Leistungsdimensionen (between-rater interdimension correlations) reduziert werden, wohingegen die Reliabilitäten innerhalb der Rater und den entsprechenden Korrelationen zwischen den Dimensionen (within-rater interdimension correlations) vergrößert werden. Um die von Halo-Effekten und den drei anderen Fehlern unbeeinflussten Korrelationen zwischen den Dimensionen der Arbeitsleistung zu erhalten, werden die vorliegenden empirischen Korrelationen mithilfe der Reliabilitätsschätzungen zwischen den Ratern korrigiert und damit der Einfluss der Fehlereinflüsse ausgeschlossen. Auf diese Weise erhält man die „wahren" Korrelationen zwischen den Leistungsdimensionen. (Die Korrelationen zwischen den Leistungsdimensionen ergeben eine Korrelationsmatrix, die für die folgenden Ausführungen mit A bezeichnet wird.)

Die Korrelationen innerhalb der Rater werden mithilfe der Reliabilitätsschätzungen innerhalb der Rater korrigiert, und damit werden mit Ausnahme des Halo-Effekts sämtliche anderen Fehlereinflüsse korrigiert. (Die Korrelationen zwischen den Leistungsdimensionen ergeben eine Korrelationsmatrix, die für die folgenden Ausführungen mit B bezeichnet wird.)

Der Halo-Effekt auf die Korrelationen zwischen den acht Leistungsdimensionen ist die Differenz zwischen den korrigierten Korrelationen innerhalb der Rater und den korrigierten Korrelationen zwischen den Ratern. Erstere sind die Korrelationen, die nur um die drei Fehler korrigiert werden, die aber nach wie vor durch den Halo-Effekt vergrößert worden sind, Letztere sind die Korrelationen, die für sämtliche Fehler (einschließlich Halo) korrigiert wurden, sodass die Differenz den „inflationären" Effekt des Halos angibt. Allerdings, so merken die Autoren an: „It is also important to note that the inflationary effects of halo error on true score correlations is not a measure of the amount of halo in observed ratings. In fact, it is not possible to empirically assess this value in observed ratings" (Viswesvaran et al., 2005, S. 112).

Der Nachweis eines Generalfaktors in den Ratings zur Leistungsbeurteilung wird über das Ergebnis einer CFA (konfirmatorischen Faktorenanalyse) der Matrix A geführt. Die Güte der Faktorlösung wird über die üblichen Fit-Indices definiert, in diesem Fall werden RMSR und NFI verwendet. Die CFA der Korrelationsmatrix B wird dazu verwendet, um im Vergleich mit dem Ergebnis der CFA von A die Größenordnung der Varianzanteile abzuschätzen, die allein zu Lasten des Halo-Effekts gehen, da in die Werte der Matrix B auch die Halo-Effekte eingehen, während in Matrix A nur die drei anderen Fehlereinflüsse einbezogen worden sind.

Die Ergebnisse der CFAs, getrennt für die Daten der Vorgesetzten bzw. Mitarbeiter, zeigen für die Vorgesetzten-Ratings eine Varianzaufklärung auf der Basis der korrigierten Intrarater-Reliabilitäten (Matrix A) von 75,8 % und für die Mitarbeiter von 88,8 %. Die Faktorlösung der Matrix B zeigt zwar Ladungen in der Größenordnung von .63 bis .92, die Fit-Indices sind mit .87 für den NFI und .23 für RMSR in einer Größenordnung, die die Autoren zu der Bemerkung veranlasst, dass dies vielleicht auch ein Hinweis darauf sein könnte, dass weitere kleinere Faktoren existieren könnten („which future research might examine", Viswesvaran et al., 2005, S. 117). Immerhin lassen sich in der CFA die Vorgesetzten- und Mitarbeiter-Ratings zusammen mit einem Faktor 60,3 % der Varianz aufklären. Nimmt man den Prozentsatz von 60,3 % als den Anteil der aufgeklärten Varianz auf der Basis der korrigierten Korrelationen als Referenzgröße, dann ist für die Gruppe der Mitarbeiter der Einfluss des Halo-Effekts (.888 – .603 = .285) eine um 47 % vergrößerte Varianzaufklärung, wenn man den Halo-Effekt einbezieht, für die Vorgesetzten beträgt der vergleichbare Prozentsatz „nur" 25 % (.758 – .603 = .155). Der aufgeklärte Varianzanteil von rund 60 % heißt auch, dass die durchschnittliche Korrelation zwischen den acht einzelnen Leistungsdimensionen und dem Generalfaktor r = .77 beträgt und damit eine substanzielle Korrelation zwischen dem Generalfaktor und den Leistungsdimensionen besteht. Auch den Autoren ist klar, dass die Varianzzerlegung auf Durchschnittswerten basiert und getrennte Analysen für unterschiedliche Berufsgruppen und unterschiedlich kompetente bzw. erfahrene Beurteiler durchgeführt werden sollten. Fürs Erste lässt sich aber die Frage nach einem Generalfaktor der Beurteilung von Arbeitsleistungen bejahen.

7.1.3 Der Einfluss der Informationsquelle

Die Arbeitsleistung zählt wahrscheinlich zu den am häufigsten untersuchten Kriteriumsvariablen in der I/O-Psychologie. Von besonderer Bedeutung sind damit beinahe zwangsläufig die im Kontext dieser Untersuchungen eingesetzten Messverfahren und ihre formal-statistischen Kennzahlen, aber auch ihre grundsätzlichen Operationalisierungen, wie sie sich in der Klassifikation von Leistungsmaßen in subjektive und objektive Indikatoren zeigen.

Wir können an dieser Stelle nicht auf die zahlreichen Klassifikationsansätze eingehen, die neben dieser basalen Einteilung in subjektive vs. objektive Verfahren bestehen. Übersichtsarbeiten (Marcus & Schuler, 2006; Schmidt & Kleinbeck, 2004; Schuler & Marcus, 2004) liefern neben einer systematischen Aufarbeitung der Literatur weitere umfangreiche Literaturhinweise zu Leistungsdeterminanten, Theorien und Modellen der Leistungsbeurteilung, der Klassifikation von Leistungskriterien, einzelnen Beurteilungsverfahren und den formalen

Gütekriterien. Konsequenzenreichster Beurteilungsaspekt ist allerdings die Frage nach den Funktionen der Leistungsbeurteilung und dem damit verbundenen Zweck der Leistungsbeurteilungsverfahren.

Würden subjektive und objektive Leistungsmaße in einem substanziellen Ausmaß konvergieren, würden die Praktiker billiger davonkommen, und die Theoretiker hätten ein Validitätsproblem weniger. Aus dem derzeitigen Stand der Forschung muss man leider andere Schlussfolgerungen ziehen. Die dichotome Unterscheidung in objektive (direkt quantifizierbare Ergebnisse und Verhaltensweisen von Mitarbeitern) und subjektive (Beurteilungen von Leistungen durch Vorgesetzte, Kollegen, unabhängige Beobachter) Leistungskriterien wird auch in Metaanalysen mehrheitlich so eingeschätzt, dass sie „more illusory than real" (Nathan & Alexander, 1988, S. 531) seien. Dies ist zwar zugegebenermaßen eine pointierte Position, dennoch finden sich immer wieder Belege dafür, dass die explizit eingeführte Unterscheidung in objektive und subjektive Leistungsmaße zu keinen signifikanten Unterschieden in den jeweiligen Leistungskorrelaten führten (z. B. McEvoy & Cascio, 1989 in ihrer Metaanalyse zu Alter und Leistung oder Tett, Jackson & Rothstein, 1991 in ihrer Metaanalyse zur Prädiktorleistung von Persönlichkeitsmerkmalen für Arbeitsleistung).

Diese und weitere Ergebnisse kollidieren mit einer frühen Metaanalyse von Heneman (1986), der von einer korrigierten Korrelation von $\rho = .27$ zwischen subjektiven und objektiven Maßen der Arbeitsleistung berichtete, sodass beide Verfahrenstypen nicht substituierbar sind und es sicher angemessen wäre, wenn in empirischen Untersuchungen die Ergebnisse getrennt für beide Leistungskriterien aufgeführt würden, vorausgesetzt, sowohl subjektive wie objektive Indikatoren wären verwendet worden. In einer neueren Metaanalyse von Bommer, Johnson, Rich, Podsakoff und MacKenzie (1995) wird zum einen eine Replikation der Befunde von Heneman (1986) versucht, zum anderen nach potenziellen Moderatoren gesucht, die eine Äquivalenz von subjektiven und objektiven Maßen rechtfertigen. Zwar fällt bei Bommer et al. (1995) die Korrelation auf der Basis von 50 Studien aus 40 Publikationen mit $\rho = .39$ höher aus als bei Heneman (1986). Dennoch ist der messfehler- und stichprobenkorrigierte Korrelationskoeffizient nicht so groß, als dass eine Substituierbarkeit beider Indikatortypen gerechtfertigt ist. Auch die durchgeführten Moderatoranalysen erbrachten nicht die erhoffte hohe Übereinstimmung, ausgenommen für drei einzelne Untersuchungen, in denen ein einzelnes Leistungsmaß (Produktionsquantität) eine Übereinstimmung von $\rho = .71$ der subjektiven und objektiven Beurteilung erzielte. Der sibyllinische Ausweg, multimodale Kriterien zu verwenden, erscheint zwar derzeit als angemessenste Empfehlung, dennoch sind diese Vorschläge theoretisch unbefriedigend, so lange sich die Gründe nicht ausfindig machen lassen, die zu einer derartigen Diskrepanz führen. Möglicherweise lassen sich die Unterschiede darauf zurückführen, dass trotz augenscheinlich gleicher Leistungen unterschiedliche Leistungskonstrukte bewertet oder auch nur unterschiedliche Leistungsdimensionen zur Beurteilung herangezogen werden. Folgt man Marcus und Schuler (2006, S. 435), wonach „Leistungskriterien unvollkommene Annäherungen an das Konstrukt der Leistung sind, da sie tatsächliche Leistung nur unvollständig abbilden (Defizienz) und zusätzlich Irrelevantes erfassen (Kontamination)“, dann lässt sich diese Beschreibung des diagnostischen Prozesses und die Erklärung für die mangelnde Validität auch als Begründung für die Ergebnisse der beiden hier zitierten Metaanalysen anführen.

Allerdings erreichen die Beziehungen zwischen objektiven und subjektiven Leistungsindikatoren auch dann keine Größenordnungen, die eine Substituierbarkeit rechtfertigen, wenn die Daten bei Personen der gleichen Berufsgruppe erhoben werden, für die zumindest die objektiven Daten relativ einfach zu erheben sind und auch die subjektiven Daten eine relativ eindeutige Urteilsdimension nahelegen. In ihrer Metaanalyse zum Zusammenhang objektiver und subjektiver Daten zur Leistung von Verkaufspersonal finden die Autoren für insgesamt 4.092 Personen aus 17 Publikationen mit 21 unabhängigen Stichproben ein korrigiertes r von .45. Sie liegen mit diesem Ergebnis zwar über dem globalen Wert von Bommer et al. (1995), wobei die Differenz abnimmt, wenn man die Ergebnisse von Bommer et al. (1995) für die Substichprobe des Verkaufspersonals berücksichtigt, für die sich ein korrigiertes r von .41 ergab. (Bleibt hinzuzufügen, dass sämtliche Arbeiten aus diesem Bereich auch in die Metaanalyse von Rich, Bommer, MacKenzie, Pdsakoff & Johnson, 1999 eingingen.) Nur verweisen wollen wir an dieser Stelle auf eine Metaanalyse von Conway, Lombardo und Sanders (2001), in der Zusammenhänge zwischen objektiven Kriterien und Mitarbeiter- bzw. Kollegenurteilen untersucht werden.

In einer frühen Metaanalyse von Mabe und West (1982) werden nicht subjektive und objektive Leistungsmaße gegenübergestellt, sondern als Variante dieser Dichotomisierung Vergleiche von Selbstbeurteilungen mit Fremdbeurteilungen von Fähigkeiten und Leistungen. Die insgesamt 14.811 untersuchten Personen waren zu über 80 % College-Studierende. In den 52 Publikationen mit 55 Einzelstudien ließen sich 103 Kriteriumsgrößen als Fähigkeits- bzw. Leistungsindikatoren unterscheiden, darunter 51 objektive Tests, Schulnoten (wurden 19-mal eingesetzt) und Vorgesetztenurteile (19-mal verwendet). Die 267 Korrelationen zwischen den Selbst- und Fremdbeurteilungen variierten zwischen –.26 und .80. Die stichprobenfehler- und reliabilitätskorrigierte mittlere Korrelation zwischen beiden Urteilsarten betrug .42. Dass derartige Beurteilungen von den Durchführungsbedingungen, aber auch von inhaltlichen Beurteilungsaspekten abhängen, erscheint selbstverständlich. Auch bei Mabe und West (1982) zeigte sich, dass als Ergebnis einer Regressionsanalyse 37 % der Varianz der Urteilsübereinstimmung zu Lasten der Durchführungsbedingungen geht. Urteilsüberein-

Tabelle 1:
Tabellarische Übersicht der Metaanalysen in der A- & O-Psychologie

Metaanalysen in der A- & O-Psychologie		
Metaanalysen zu Prädiktoren berufsbezogener Leistungen		
1	Hunter & Hunter (1984)	Prädiktoren der Arbeitsleistung
2	Schmidt & Hunter (1988), deutsche Version 2000	Überblick über 85 Jahre Forschung durch Metaanalysen im Bereich Personalauswahl
3	Trapmann et al. (2007)	Zusammenhang zwischen Big Five und Leistungsindikatoren und Zufriedenheit während des Studiums
4	Trapmann et al. (2007)	Validität von Schulnoten zur Vorhersage des Studienerfolgs
5	Hülsheger et al. (2006)	Vergleich kriteriumsbezogener Validität von Intelligenztests zur Vorhersage des Ausbildungserfolgs
6	Hülsheger et al. (2007)	Validität allgemeiner kognitiver Leistungstests zur Vorhersage von Ausbildungs- und Berufserfolg
7	Cheng & Chan (2008)	Zusammenhang zwischen Arbeitsplatzunsicherheit, Gesundheit, Arbeitszufriedenheit, Arbeitsleistung u. Commitment
8	Gilboa et al. (2008)	Auswirkungen von Stressoren auf die Arbeitsleistung
Metaanalysen zu einzelnen Verfahren		
Metaanalysen zum Assessment-Center (AC)		
9	Gaugler et al. (1987), deutsche Version Thornton et al. (1987)	Prädiktive Validität des AC
10	Scholz & Schuler (1993)	Konstruktvalidität des AC
11	Woehr & Huffcutt (1994)	Auswirkungen von Beobachtertrainings
12	Kolk (2001)	Konvergente und diskriminante Validität
13	Arthur et al. (2003a)	Validitätsbestimmung einzelner Dimensionen
14	Hermelin et al. (2007)	Die Validität des AC für die Vorhersage von Vorgesetztenleistungen auf Ratingskalen
Einstellunginterviews		
15	Wiesner & Cronshaw (1988)	Wirkungen struktureller Interviewmerkmale
16	Huffcutt & Arthur (1994)	Validität von Interviews bei Berufsanfängern

Tabelle 1 (Fortsetzung):
Tabellarische Übersicht der Metaanalysen in der A- & O-Psychologie

Metaanalysen in der A- & O-Psychologie		
Metaanalysen zu einzelnen Verfahren		
Einstellunginterviews		
17	McDaniel et al. (1994)	Validität von Einstellungsinterviews
18	Schmidt & Rader (1999)	Bedingungen für die Interview-Validität
19	Salgado & Moscoso (2002)	Konstruktvalidität d. Einstellungsinterviews
Situative Aufgabentests		
20	Dye et al. (1993)	Vorhersage von Arbeitsleistung
21	McDaniel et al. (2001)	Sit. Tests u. Arbeitsleistung bzw. kogn. Tests
22	McDaniel et al. (2007)	Die Validität situativer Urteilstests (SJTs) in Abhängigkeit von der Art der Instruktion
Realistische Tätigkeitsvorausschau		
23	Premack & Wanous (1985)	Auswirkungen realistischer Informationen auf Arbeitszufriedenheit u. Arbeitsleistung
24	Phillips (1998)	Auswirkungen realistischer Tätigkeitsvorausschau auf diverse Verhaltensweisen von Organisationsmitgliedern
Integrity-Test		
25	Ones et al. (1993)	Vorhersage von kontraproduktivem Verhalten u. Arbeitsleistung
Job Descriptive Index (JDI)		
26	Kinicki et al. (2002)	Konstruktvalidität einzelner Dimensionen
Job Characteristics Model (JCM) & Job Diagnostic Survey (JDS)		
27	Loher et al. (1985)	Reduziert auf die Beziehung zwischen Arbeitsmerkmalen und Arbeitszufriedenheit
28	Fried & Ferris (1987)	Berücksichtigt sämtliche Variablen, einschließlich Moderatorvariablen
29	Taber & Taylor (1990)	Psychometrische Qualitäten des JDS
30	Behson et al. (2000)	Vergleich von vollständigem Modell und reduziertem Modell
31	Fried (1991)	Vergleich von JDI und JCI

Tabelle 1 (Fortsetzung):
Tabellarische Übersicht der Metaanalysen in der A- & O-Psychologie

Metaanalysen in der A- & O-Psychologie		
Metaanalysen zu Arbeitszufriedenheit und Arbeitsverhalten		
32	Iaffaldano & Muchinsky (1985)	Arbeitszufriedenheit und Arbeitsverhalten
33	Six & Eckes (1991)	Arbeitszufriedenheit und Arbeitsverhalten
34	Judge et al. (2001)	Arbeitszufriedenheit und Arbeitsverhalten
35	Connolly & Viswesvaran (2000)	Arbeitszufriedenheit und Affektivität
36	Zapf & Dormann (2001)	Zeitliche Stabilität von Arbeitszufriedenheit
37	Cass et al. (2003)	Arbeitszufriedenheit und Gesundheit
38	VanVoorhis & Levinson (2006)	Arbeitszufriedenheit von Schulpsychologen
39	Williams et al. (2006)	Antezedenzien und Konsequenzen der Zufriedenheit mit der Bezahlung
40	Taris (2006)	Zusammenhang zwischen Burnout und objektiver Leistung
41	Williams et al. (2007)	Zusammenhänge zwischen verschiedenen Komponenten der Arbeitszufriedenheit, ihren Korrelaten, Antezedenzien u. Konsequenzen
42	Zangaro & Soeken (2007)	Arbeitszufriedenheit von Kindergärtnerinnen
43	Harrison et al. (2006)	Die Bedeutsamkeit von Arbeitszufriedenheit und Commitment
44	Riketta (2008)	Die kausale Relation zwischen Einstellungen zur Arbeit und Arbeitsverhalten
45	Fassina et al. (2008)	Arbeitszufriedenheit und wahrgenommer Fairness als Prädiktoren von Extra-Rollenverhalten (OCB)
Metaanalysen zu subjektivem und objektivem Berufserfolg		
46	Roth et al. (1996)	Zusammenhang zwischen Collegeabschluss und Berufserfolg
47	Baron et al. (1988)	Zusammenhang zwischen Abiturleistungen und Berufserfolg
48	Robbins et al. (2004)	Zusammenhang zwischen Collegeabschluss und Berufserfolg
49	Schmidt-Atzert et al. (2004)	Generelle bzw. spezifische kognitive Fähigkeiten als Prädiktoren d. Ausbildungserfolgs

Tabelle 1 (Fortsetzung):
Tabellarische Übersicht der Metaanalysen in der A- & O-Psychologie

Metaanalysen in der A- & O-Psychologie		
Metaanalysen zu subjektivem und objektivem Berufserfolg		
50	Salgado et al. (2003)	Generelle kognitive Fähigkeiten als Prädiktoren für verschiedene Berufsgruppen in der Europäischen Gemeinschaft
51	Ng et al. (2005)	Prädiktoren des subjektiven vs. objektiven Berufserfolgs
52	Hell et al. (2007)	Validität von Auswahlgesprächen für die Hochschulzulassung
Metaanalysen zu Commitment und Identifikation		
53	Steel & Ovalle (1984)	Verhaltensintention u. Kündigungsverhalten
54	Mathieu & Zajac (1990)	Antezedenzien, Konsequenzen u. Korrelate
55	Randall (1990)	Commitment im interkulturellen Vergleich
56	Cohen & Lowenberg (1990)	Side-bet theory und Commitment
57	Cohen (1991)	Berufliche Position als Moderator
58	Cohen (1992)	Antezedentien von Commitment in verschiedenen Berufsgruppen
59	Cohen (1993a)	Alter und Beschäftigungsverhältnis (tenure)
60	Cohen (1993b)	Kündigungsverhalten
61	Cohen & Hudecek (1993)	Relation von Commitment u. Kündigung in verschiedenen Berufsgruppen
62	Aven et al. (1993)	Geschlechtszugehörigkeit u. Commitment
63	Tett & Meyer (1993)	Arbeitszufriedenheit, Kündigungsverhalten und Intention zu kündigen
64	Wallace (1993)	Vergleich von Commitment zum Beruf und zur Organisation
65	Reed et al. (1994)	Duales Commitment
66	Brown (1996)	Job involvement
67	Bamberger et al. (1999)	Commitment gegenüber der Gewerkschaft
68	Johnson et al. (1999)	Beziehung zwischen Commitment gegenüber dem Betrieb und der Gewerkschaft

Tabelle 1 (Fortsetzung):
Tabellarische Übersicht der Metaanalysen in der A- & O-Psychologie

Metaanalysen in der A- & O-Psychologie		
Metaanalysen zu Commitment und Identifikation		
69	Brierley & Cowton (2000)	Konflikte zwischen Angestellten und Selbstständigen
70	Lee et al. (2000)	Berufliches Commitment
71	Meyer et al. (2002)	Affektives, normatives und fortsetzungsbezogenes organisationales Commitment
72	Riketta (2002)	Affektives Commitment u. Arbeitsleistung
73	Wright & Bonnett (2002)	Wirkung unbefristeter Arbeitsverhältnisse
74	Wasti (2003)	Einfluss kultureller Werte
75	Cooper-Hakim & Viswesvaran (2005)	Überprüfung einer Rahmenkonzeption des Commitments mithilfe einer Metaanalyse
76	Riketta (2005)	Identifikation mit der Organisation
Metaanalysen zu Persönlichkeit und Arbeitsverhalten		
(Primär) die Big Five-Dimensionen		
77	Schmitt et al. (1984)	Studien zwischen 1964 und 1982 (ohne Big Five!) zu Persönlichkeit u. Leistung
78	Hough et al. (1990)	Dimensionalität und kriteriumsorientierte Validität
79	McHenry et al. (1990)	Inkrementelle Validität von Big Five
80	Barrick & Mount (1991)	Big Five und Arbeitsleistung
81	Tett et al. (1991)	Big Five und Arbeitsleistung
82	Hough (1992)	Big Five und Arbeitsleistung
83	Robertson & Kinder (1993)	Big Five und Arbeitsleistung
84	Mount & Barrick (1995)	Big Five und Arbeitsleistung
85	Salgado (1997)	Big Five und Arbeitsleistung in zivilen und militärischen Berufen
86	Mount et al. (1998)	Big Five und Arbeitsleistung in Berufen mit Publikumsverkehr
87	Ones & Viswesvaran (1998)	Big Five und Soziale Erwünschtheit

Tabelle 1 (Fortsetzung):
Tabellarische Übersicht der Metaanalysen in der A- & O-Psychologie

Metaanalysen in der A- & O-Psychologie		
Metaanalysen zu Persönlichkeit und Arbeitsverhalten		
(Primär) die Big Five-Dimensionen		
88	Barrick et al. (2001)	Metaanalyse zweiter Ordnung von 15 MA
89	Vinchur et al. (1998)	Arbeitsleistung von Verkaufspersonal
90	Judge & Ilies (2002)	Zusammenhang von Leistungs- und Arbeitsmotivation und den Big Five-Dimensionen
91	Barrick et al. (2003)	Zusammenhang von Big Five und der Berufsklassifikation von Holland
92	Ng et al. (2006)	Die Auswirkung von „Locus of control“
93	Li & Bagger (2006)	Die Auswirkungen sozialer Erwünschtheitsfaktoren auf den Zusammenhang von Persönlichkeitsmaßen und Leistung
94	Zhao & Seibert (2006)	Big Five und Unternehmertum
95	McKay & McDaniel (2006)	Arbeitsleistungen von schwarzen und weißen Mitarbeitern
96	Rauch & Frese (2007)	Zusammenhang von Persönlichkeitsmerkmalen und Unternehmertum
97	Zimmerman (2008)	Einfluss von Persönlichkeitsmerkmalen auf Kündigungsabsicht und -verhalten
Selbstwirksamkeit		
98	Sadri & Robertson (1993)	Selbstwirksamkeit und Arbeitsverhalten
99	Lent et al. (1994)	Selbstwirksamkeit im schulischen Kontext
100	Stajkovic & Luthans (1998)	Selbstwirksamkeit und Arbeitsverhalten
101	Judge & Bono (2001)	Selbstwirksamkeit und Arbeitsverhalten
102	Schmidt-Atzert et al. (2004)	Selbstwirksamkeit im akademischen Kontext
103	Judge et al. (2007)	Selbstwirksamkeit und arbeitsplatzbezogene Leistungen in Abhängigkeit von Big Five-Merkmalen

Tabelle 1 (Fortsetzung):
Tabellarische Übersicht der Metaanalysen in der A- & O-Psychologie

Metaanalysen in der A- & O-Psychologie		
Metaanalysen zum Führungsverhalten		
Klassische Führungsansätze		
104	Fisher & Edwards (1988)	Aufgabenorientierte vs. mitarbeiterorientierte Führung
105	Judge et al. (2004)	Aufgabenorientierte vs. mitarbeiterorientierte Führung
Theorien der Führung		
Kontingenzmodell von F. Fiedler (1967)		
106	Strube & Garcia (1981)	Arbeiten aus dem Umkreis von F. Fiedler
107	Peters et al. (1985)	Getrennte Auswertung für Feld- und Laborstudien
Weg-Ziel-Theorie von House (1971)		
108	Indvik (1986)	Erste, kleine Metaanalyse zur Weg-Ziel-Theorie
109	Wofford & Liska (1993)	Überprüfung von über 30 theorierelevanten Hypothesen
LMX-Modell, Graen & Uhl-Bien (1995)		
110	Gerster & Day (1997)	Zusammenhang zu 10 verschiedenen Korrelaten und Reliabilitäten der Messverfahren
111	Hackett et al. (2003)	LMX und OCB
112	Hackett & Lapierre (2004)	LMX und OCB in westlichen und chinesischen Stichproben
Transformationale Führung		
113	Fuller et al. (1996)	Korrelate der Charisma-Dimension
114	Lowe et al. (1996)	Korrelate von 5 Dimensionen transformationaler Führung
115	DeGroot et al. (2000)	Konsequenzen (outcomes) und charismatisches Führungsverhalten
116	Judge & Piccolo (2004)	Validitätsuntersuchung zu transformationalem transaktionalem und Laissez-faire-Führungsverhalten
117	Schyns et al. (2007)	Beziehung zwischen der Wahrnehmung transformationaler Führung und impliziten Führungsvorstellungen

Tabelle 1 (Fortsetzung):
Tabellarische Übersicht der Metaanalysen in der A- & O-Psychologie

Metaanalysen in der A- & O-Psychologie		
Metaanalysen zum Führungsverhalten		
Theorien der Führung		
Substitutstheorie der Führung von Kerr & Jermier (1978)		
118	Podsakoff et al. (1996)	Subgruppen-Metaanalyse für 13 Führungssubstitute
Führung und Persönlichkeit		
119	Lord et al. (1986)	Zusammenhang zwischen sechs Persönlichkeitsmerkmalen und der Attribuierung von Führungsqualitäten
120	Judge et al. (2002)	Führungsverhalten, beurteilte Effektivität, wahrgenommene Führung und Big Five
121	Bono & Judge (2004)	Transformationale und transaktionale Führungsdimensionen und Big Five
Führungsverhalten von Männern und Frauen		
122	Eagly & Johnson (1990)	Geschlechtsspezifische Unterschiede in Führungsstilen
123	Eagly & Karau (1991)	Geschlechtsspezifische Effekte für aufgaben- bzw. interaktionsbezogene Kontexte
124	Eagly et al. (1992)	Unterschiedliche Bewertung von Männern und Frauen in Führungsrollen
125	Eagly et al. (1994)	Führungsmotivation und Geschlechtszugehörigkeit
126	Eagly et al. (1995)	Effektivität von Männern und Frauen in Führungspositionen
127	Eagly et al. (2003)	Geschlechtsunterschiede beim transformationalen Führungsstil
128	Engen & Willemsen (2004)	Geschlechtsspezifische Unterschiede in Führungsstilen
Effektivität von Trainings und Programmen		
129	Burke & Day (1986)	Effektivität von Trainings für Manager
130	Staijkovic & Luthans (1997)	Effektivität des Organizational Behavior Modification-Modells

Tabelle 1 (Fortsetzung):
Tabellarische Übersicht der Metaanalysen in der A- & O-Psychologie

Metaanalysen in der A- & O-Psychologie		
Metaanalysen zum Führungsverhalten		
Theorien der Führung		
Effektivität von Trainings und Programmen		
131	Arthur et al. (2003b)	Effektivität von Trainings, gemessen an den Kirkpatrick-Kriterien
132	Saks et al. (2007)	Auswirkungen unterschiedlicher Sozialisationsstrategien des Managements bei Berufsanfängern
133	Pereira & Osburn (2007)	Auswirkungen von Qualitätszirkeln auf Einstellungen und Leistungen
134	Salas et al. (2007)	Auswirkungen dreier Trainingsstrategien für Teams
135	Parks & Steelman (2008)	Effekte von Wellness-Programmen auf Arbeitszufriedenheit und Absentismus

Die im Folgenden aufgeführten Metaanalysen sind nur der Vollständigkeit halber aufgeführt. Sie demonstrieren das breite Spektrum der Anwendung und sollen als Informationsquellen in alphabetischer Reihenfolge dem Leser nicht vorenthalten werden.

136	Bal et al. (2008)	Der Bruch psychologischer Kontrakte und die Auswirkungen auf Einstellungen zur Arbeit in Abhängigkeit vom Alter
137	Berry et al. (2007)	Unangemessenes Verhalten gegenüber Kollegen und der Organisation
138	Byron (2005)	Konflikt zwischen Arbeit und Familie
139	Camison-Zormoza et al. (2004)	Innovation und Organisationsgröße
140	Chang et al. (2007)	Emotionale Belastung und Extra-Rollenverhalten (OCB)
141	Colquitt et al. (2001)	Auswirkungen von Gerechtigkeit in Organisationen
142	Colquitt et al. (2007)	Zusammenhang zwischen Dimensionen von Vertrauen und Risikoverhalten u. Arbeitsleistung
143	Damanpour (1991)	Determinanten und Moderatoren der Innovation in Organisationen
144	Ford et al. (2007)	Zusammenhang zwischen Zufriedenheit und Konflikt in der Familie und am Arbeitsplatz

Tabelle 1 (Fortsetzung):
Tabellarische Übersicht der Metaanalysen in der A- & O-Psychologie

Metaanalysen in der A- & O-Psychologie		
145	Franke & Park (2006)	Verkäuferverhalten und Kundenorientierung
146	Gajendran & Harrison (2007)	Mediatoren und Konsequenzen von Telecommuting
147	Gordon (1996)	Auswirkungen von Schmeicheleien auf Beurteilungen
148	Griffeth et al. (2000)	Antezedenzien und Konsequenzen von Kündigungsverhalten
149	Hechanova et al. (2003)	Prädiktoren der Anpassung von Arbeitnehmern im Auslandseinsatz
150	Hershcovis et al. (2007)	Vorhersage von Aggression am Arbeitsplatz
151	Higgins et al. (2003)	Beinflussungsstrategien und Arbeitsresultate
152	Jackson & Schuler (1985), Tubre & Collins (2000)	Rollenambiguität und Rollenkonflikte; Jackson & Schuler (1985) revisited
153	Kierein & Gold (2000)	Pygmalioneffekte in Organisationen
154	Konrad et al. (2000)	Geschlechtsunterschiede bei der Präferenz von Berufsmerkmalen
155	Kristof-Brown et al. (2005)	Fit zwischen P-Job, P-O, P-Gruppe, P-Führer
156	Hoffman & Woehr (2006)	Zusammenhang zwischen P-O-fit und Verhalten (Leistung, OCB, Kündigung)
157	Lapierre et al. (2005)	Sexuelle vs. nicht sexuelle Aggression am Arbeitsplatz und ihre Auswirkungen
158	LePine et al. (2002)	Dimensionen des Organizational Citizenship Behavior
159	Miller et al. (2008)	Auswirkungen der Organisationspolitik auf Zufriedenheit, Commitment, Stress u. Kündigungsverhalten d. Organisationsmitglieder
160	Mitra et al. (1992)	Relation zwischen Fehlzeiten und Kündigung
161	Organ & Ryan (1995)	Prädiktoren von Organizational Citizenship Behavior (OCB)
162	Paul & Moser (2001)	Ursachen und Wirkungen von Arbeitslosigkeit
163	Payne et al. (2007)	Proximale und distale Konsequenzen von Zielorientierungen
164	Podsakoff et al. (2007)	Auswirkungen unterschiedlicher Stressoren auf Arbeitszufriedenheit, Commitment, Absentismus und Kündigungsverhalten

Tabelle 1 (Fortsetzung):
Tabellarische Übersicht der Metaanalysen in der A- & O-Psychologie

Metaanalysen in der A- & O-Psychologie		
165	Quinones et al. (1995)	Berufserfahrung und Arbeitsleistung
166	Sverke et al. (2002)	Auswirkungen der Unsicherheit des Arbeitsplatzes
167	Thoresen et al. (2003)	Auswirkungen positiver und negativer Affekte auf arbeitsplatzbezogene Einstellungen
168	Tubbs (1986)	Zielsetzung
169	Verquer et al. (2003)	Übereinstimmung (fit) zwischen P(erson) und (O)rganisation und Arbeitseinstellungen
170	Viswesvaran et al. (1999)	Soziale Unterstützung und Stress
171	Van Eerde & Thierry (1996)	Wert-Erwartungs-Modell von Vroom
172	Verlegh & Steenkamp (1999)	Bewertung eines Produktes in Abhängigkeit seines Herkunftslandes
173	Wagner & LaPine (1999)	Auswirkungen partizipativen Entscheidungsverhaltens
174	Wagner et al. (1997)	Rahmenbedingungen der Partizipationsforschung in den USA
175	Willness et al. (2007)	Antezedenzien und Konsequenzen sexueller Belästigungen am Arbeitsplatz
176	Wofford et al. (1992)	Antezedenzien und Konsequenzen von Zielen
177	Zacharatos et al. (2007)	Auswirkungen von Human Resource Management (HRM) in der Autoindustrie
178	Zhao et al. (2007)	Auswirkungen psychologischer Kontrakte auf arbeitsrelevante Dimensionen

stimmungen für sportliche Leistungen und Büroarbeiten waren mit .48 und .45 am höchsten, für Führungsaufgaben (.08) am geringsten. Weniger die Koeffizienten in ihrer numerischen Größe verdienen besondere Aufmerksamkeit, sondern vor allem die höchst unterschiedliche Abhängigkeit der Urteilsübereinstimmung von den Bedingungen der Datenerhebung, wozu wir Personmerkmale, Aufgabeninhalte, Messinstrumente und Durchführungsmodalitäten rechnen.

8 *Kritik und Grenzen der Metaanalyse*

Im einleitenden Kapitel wurde vor allem auf die großen Vorteile hingewiesen, die eine metaanalytische Literaturauswertung gegenüber herkömmlichen Forschungsüberblicken und Monografien zu einem Thema hat. Es sind dies vor allem die beiden folgenden Vorteile, die die Metaanalyse gegenüber anderen Integrationsverfahren hat: Die möglichst vollständige Sammlung der empirischen Studien zu einem Bereich und das numerisch quantifizierbare Ergebnis, durch das sich Zusammenhänge bzw. Unterschiede aus sämtlichen verarbeiteten Studien darstellen lassen.

Herkömmliche Überblicks- und Forschungsreferate haben gegenüber Metaanalysen eine Reihe von unverzichtbaren Vorteilen: Hierzu zählen z. B. alle solche Darstellungen, in denen die Entwicklung einer Fragestellung, die diversen Formen der Anwendung von Theorien und ihre Modifikationen, die enge Verknüpfung von Methoden, Theorien und Ergebnissen, die systematische Eingruppierung einer Fragestellung in den größeren Kontext eines Fachgebietes, die Theorie-Praxis-Verzahnungen und auch Vorschläge für weitere Untersuchungsansätze, Reformulierungsversuche von Theorien, die Einbeziehung bislang unberücksichtigt gebliebener Konzepte und Lösungsansätze aus anderen Fachgebieten diskutiert werden. Die Liste ließe sich beliebig verlängern und soll eigentlich auch nur belegen, dass Metaanalysen ein Gewinn für empirisch arbeitende Sozialwissenschaften sind, jedoch kein Ersatz für die gedankliche Aufarbeitung eines Problemfelds oder Forschungsbereichs.

Das Resultat einer derart vergleichenden Betrachtung kann also nur sein, dass beide Integrationsverfahren wissenschaftlicher Literatur nicht gegeneinander ausgespielt werden sollen, sondern dass man sich bei der Integration empirischer Arbeiten metaanalytischer Verfahren bedienen sollte und die nach wie vor wichtige historische, systematische oder aber auch theoretische Interpretation eines Forschungsprogramms nach wie vor nur durch integrative Reviews geleistet werden muss, in denen Zweifel, Kritik, theoretische Neuentwicklungen, Verweise auf alternative Methoden und Bezüge zu Theorien und Paradigmen aus anderen Teilgebieten einer Disziplin, aber auch aus anderen Wissenschaftsdisziplinen gestiftet werden, die eben jene Denkanstöße enthalten, mit denen sich Steine ins Rollen bringen lassen.

Abschließend sollen einige der zentralen Kritikpunkte aufgeführt werden, wie sie von Rosenthal und DiMatteo (2001, S. 66 ff.) zusammengestellt worden sind: Bei aller Sorgfalt, die bei der Literaturrecherche aufgewendet wird, wird man nicht alle relevante Literatur auffinden, und einige Arbeiten werden aus den unterschiedlichsten Gründen auch nicht zugänglich sein.

1. Der vor allem in der Frühphase der Metaanalyse gern vorgebrachte Vorwurf, dass unterschiedslos „gute“ und „schlechte“ Arbeiten in die Analyse eingehen (der „Garbage in and garbage out“-Vorwurf), ist zwar nicht von der Hand zu weisen, wiewohl es nicht so einfach ist, wie es sich zunächst anhört, gute von schlechten Studien zu trennen. Im Extremfall einer „schlechten“ Studie mag dies gelingen, aber ansonsten ist der Kriterienkatalog zur Bestimmung dessen, was gut oder schlecht ist, nicht konventionalisiert. Es ist z. B. die Frage, welchen Stellenwert ein Untersuchungsmerkmal wie Stichprobengröße, Messverfahren, Operationalisierung der abhängigen und unabhängigen Variablen, Art der Datenverarbeitung im Vergleich zu jedem anderen Merkmal hat und wann es dazu führt, eine Studie auszuschließen bzw. dann doch beizubehalten. Der unseres Erachtens einfachste und auch praktikabelste Weg besteht darin – sofern man sich in der Lage sieht, Untersuchungen nach unterschiedlichen Dignitätsstufen klassifizieren zu können, sie in „Blöcken“ einer Metaanalyse zu unterziehen.
2. In Metaanalysen werden auch abhängige Effektgrößen verarbeitet. Dieser Vorwurf lässt sich zwar in einer Reihe von Metaanalysen belegen, ist aber vermeidbar, da er explizit berücksichtigt werden kann, indem z. B. abhängige Effektgrößen zu einer einzigen Effektgröße kombiniert werden und dann in die Metaanalyse eingehen.
3. In Metaanalysen werden nur „individuelle“ Effekte untersucht, d. h. Unterschiede zwischen Mittelwerten (die Effektgröße d) oder die Zero-order-Korrelationen (Effektgröße r). Diese Einschränkung auf einzelne Effekte im Vergleich zu Interaktionseffekten, wie man sie in multifaktoriellen Designs etwa vorfindet, ist tatsächlich derzeit noch ein Defizit, sofern man von den publizierten Arbeiten ausgeht.
4. Das „Äpfel und Birnen“-Problem (in Metaanalysen werden Arbeiten einbezogen, die von höchst unterschiedlicher Qualität sind) ist zwar ein alter und beliebter Vorwurf, ist jedoch eigentlich wenig gerechtfertigt. Dass in einer Metaanalyse Studien Berücksichtigung finden, von denen die einen als Replikationsstudien sehr ähnlich sind, bis hin zu solchen Arbeiten, die sowohl bei der Art der verwendeten Stichprobe als auch bei der Operationalisierung der Variablen und der Verwendung höchst unterschiedlicher Messverfahren eine große Variationsbreite aufweisen, ist eigentlich zu erwarten. Zum einen sollten ja gerade die Resultate von eben diesen Bedingungen nach Möglichkeit unabhängig sein, da man ja vor allem an der Generalisierbarkeit der Befunde interessiert ist, oder aber man wird auch hier bestimmte Studienmerkmale als Moderatoren einführen, um dann separate Analysen zu rechnen.

Metaanalysen haben vor allem in der Arbeits-und Organisationspsychologie einen Verbreitungsgrad erlangt, der sie zu einem Routineverfahren der Verarbeitung empirischer Forschung macht. Sie sind nützlich in ihrer Intergrationsfunktion, wertvoll bei der Analyse von Schwachstellen sowohl von Untersuchungsdesigns als auch für einzelne Testverfahren, hilfreich bei der Beurteilung von Theorien und beinahe unverzichtbar, wenn es um die Abschätzung der Größenordnung von Validitätsgeneralisierungen geht.

Literatur

Arthur, W., Bennett, W., Edens, P. S. & Bell, S. T. (2003b). Effectiveness of training in organizations: A meta-analysis of design and evaluation features. *Journal of Applied Psychology, 88,* 234–245.

Arthur, W., Day, E., McNelly, T. L. & Edens, P. S. (2003a). A meta-analysis of the criterion-related validity of assessment center dimensions. *Personnel Psychology, 56,* 125–154.

Aven, F. F., Parker, B. & McEvoy, G. M. (1993). Gender and attitudinal commitment in organizations: A meta-analysis. *Journal of Business Research, 26,* 63–73.

Bal, P. M., DeLange, A. H., Jansen, P. G. W. & Vander Velde, M. E. G. (2008). Psychological contract breach and job attitudes: A meta-analysis of age as a moderator. *Journal of Vocational Behavior, 72,* 143–158.

Balzer, W. K., Parra, L., Ployhart, R., Shepherd, W. & Smith, P. C. (1995). *Psychometric equivalence of the revised JDI: The same only more so.* Unpublished Manuscript, Bowling Green State University.

Bamberger, P. A., Kluger, A. N. & Suchard, R. (1999). The antecedents and consequences of union commitment: A meta-analysis. *Academy of Management Journal, 42,* 304–318.

Bandura, A. (1986). *Social foundations of thought and action.* Englewood Cliffs, NJ: Prentice-Hall.

Bandura, A. (1988). Organizational applications of social cognitive theory. *Australian Journal of Management, 13,* 137–164.

Bandura, A. (1997a). *Self-efficacy in changing societies.* New York, NY: Cambridge University Press.

Bandura, A. (1997b). *Self-efficacy: The exercise of control.* New York, NY: Freeman.

Bangert-Drowns, R. L. (1986). Review of developments in meta-analytic method. *Psychological Bulletin, 99,* 388–399.

Bangert-Drowns, R. L., Kulik, J. A. & Kulik, C.-L. C. (1983). Effects of coaching programs on achievement test performance. *Review of Educational Research, 53,* 571–585.

Baron-Boldt, J., Schuler, H. & Funke, U. (1988). Prädiktive Validität von Schulabschlußnoten: Eine Metaanalyse. *Zeitschrift für Pädagogische Psychologie, 2,* 79–90.

Barrick, M. R. & Mount, M. K. (1991). The Big Five personality dimensions and job performance: A meta-analysis. *Personnel Psychology, 44,* 1–25.

Barrick, M. R. & Mount, M. K. (2003). Impact of meta-analysis methods on understanding personality-performance relations. In K. R. Murphy (Ed.), *Validity generalization. A critical review* (pp. 197–221). Mahwah, NJ: Erlbaum.

Barrick, M. R., Mount, M. K. & Gupta, R. (2003). Meta-analysis of the relationship between the five-factor model of personality and Holland's occupational types. *Personnel Psychology, 56,* 45–74.

Barrick, M. R., Mount, M. K. & Judge, T. A. (2001). Personality and performance at the beginning of the new millenium: What do we know and where do we go next? *International Journal of Selection and Assessment, 9,* 9–30.

Bartol, K. M. & Martin, D. C. (1986). Women and men in task groups. In R. D. Ashmore & F. K. DelBoca (Eds.), *The social psychology of female-male relations* (pp. 259–310). Orlando, FL: Academic Press.

Bartram, D. (2004). Assessment in Organisations. *Applied Psychology: An International Review, 53,* 237–259.

Bass, B. M. (1981). *Stogdill's handbook of leadership. A survey of theory and research.* New York, NY: Free Press.

Bass, B. M. (1985). *Leadership and performance beyond expectations.* New York, NY: Free Press.

Bass, B. M. (1998). *Transformational leadership. Industrial, military, and educational impact.* Mahwah, NJ: Erlbaum.

Bass, B. M. & Avolio, B. (1994). *Improving organizational effectiveness through transformational leadership.* Thousand Oaks, CA: Sage.

Bass, B. M., Avolio, B. & Goodheim, L. (1987). Biography and the assessment of transformational leadership at the world-class-level. *Journal of Management, 13,* 7–19.

Baxter, B., Taaffe, A. A. & Hughes, J. F. (1953). A training evaluation study. *Personnel Psychology, 6,* 403–417.

Beaman, A. L. (1991). An empirical comparison of meta-analytic and traditional reviews. *Personality and Social Psychology Bulletin, 17,* 252–257.

Beelmann, A. & Bliesener, T. (1994). Aktuelle Probleme und Strategien der Metaanalyse. *Psychologische Rundschau, 45,* 211–233.

Behson, S. J., Eddy, E. R. & Lorenzet, S. J. (2000). The importance of the critical psychological states in the job characteristics model: A meta-analytic and structural equations modeling examination. *Current Research in Social Psychology, 5,* 170–189.

Berry, C. M., Ones, D. M. & Sackett, P. R. (2007). Interpersonal deviance, organizational deviance, and their common correlates: A review and meta-analysis. *Journal of Applied Psychology, 92,* 410–424.

Bommer, W. H., Johnson, J. L., Rich, G. A., Podsakoff, P. M. & MacKenzie, S. B. (1995). On the interchangeability of objective and subjective measures of employee performance: A meta-analysis. *Personnel Psychology, 48,* 587–605.

Bono, J. E. & Judge, T. A. (2004). Personality and transformational and transactional leadership: A meta-analysis. *Journal of Applied Psychology, 89,* 901–910.

Bowen, C.-C., Swim, J. K. & Jacobs, R. R. (2000). Evaluating gender biases on actual job performance of real people: A meta-analysis. *Journal of Applied Social Psychology, 30,* 2194–2215.

Brierley, J. A. & Cowton, C. J. (2000). Putting meta-analysis to work: Accountants' organizational-professional conflict. *Journal of Business Ethics, 24,* 343–353.

Brown, S. D., Tramayne, S., Hoxha, D., Telander, K., Fan, X. & Lent, R. W. (2008). Social cognitive predictors of college students' academic performance and persistence: A meta-analytic path analysis. *Journal of Vocational Behavior, 72,* 298–308.

Brown, S. P. (1996). A meta-analysis and review of organizational research on job involvement. *Psychological Bulletin, 120,* 235–255.

Burke, M. J. & Day, R. R. (1986). A cumulative study of the effectiveness of managerial training. *Journal of Applied Psychology, 71,* 232–245.

Byron, K. (2005). A meta-analytic review of work-family conflict and its antecedents. *Journal of Vocational Behavior, 67,* 169–198.

Callender, J. C. & Osburn, H. G. (1980). Development and test of a new model for validity generalization. *Journal of Applied Psychology, 65,* 543–558.

Camison-Zornoza, C., Lapiedra-Alcami, R., Segarra-Cipres, M. & Boronat-Navarro, M. (2004). A meta-analysis of innovation and organizational size. *Organization Studies, 25,* 331–361.

Cass, M. H., Siu, O. L., Faragher, E. B. & Cooper, C. L. (2003). A meta-analysis of the relationship between job satisfaction and employee health in Hong Kong. *Stress and Health, 19,* 79–95.

Cawley, B. D., Keeping, L. M. & Levy, P. E. (1998). Participation in the performance appraisal process and employee reactions: A meta-analytic review of field investigations. *Journal of Applied Psychology, 83,* 615- 633.

Chang, C.-H., Johnson, R. E. & Yang, L.-Q. (2007). Emotional strain and organizational citizenship behaviours: A meta-analysis and review. *Work & Stress, 21,* 312–332.

Cheng, G. H.-L. & Chan, D. K.-S. (2008). Who suffers more from Job Insecurity? A meta-analytic review. *Applied Psychology: An International Review, 57,* 272–303.

Cohen, A. (1991). Career stage as a moderator of the relationship between organizational commitment and its outcomes: A meta-analysis. *Journal of Occupational Psychology, 64,* 253–268.

Cohen, A. (1992). Antecedents of organizational commitment across occupational groups: A meta-analysis. *Journal of Organizational Behavior, 13,* 539–558.

Cohen, A. (1993a). Age and tenure in relation to organizational commitment: A meta-analysis. *Basic and Applied Social Psychology, 14,* 143–159.

Cohen, A. (1993b). Organizational commitment and turnover: A meta-analysis. *Academy of Management Journal, 36,* 1140–1157.

Cohen, A. & Hudecek, N. (1993). Organizational commitment-turnover relationship across occupational groups: A meta-analysis. *Group and Organization Management, 18,* 181–213.

Cohen, A. & Lowenberg, G. (1990). A reexamination of the side-bet theory as applied to organizational commitment: A meta-analysis. *Human Relations, 43,* 1015–1050.

Colquitt, J. A., Conlon, D. E., Wesson, M. J., Porter, C. O. L. H. & Ng, K. Y. (2001). Justice at the millennium: A meta-analytic review of 25 years of organizational justice research. *Journal of Applied Psychology, 86,* 425–445.

Colquitt, J. A., Scott, B. A. & Le Pine, J. A. (2007). Trust, trustworthiness, and trust propensity: A meta-analytic test of their unique relationships with risk taking and job performance. *Journal of Applied Psychology, 92,* 909–927.

Connolly, J. J. & Viswesvaran, C. (2000). The role of affectivity in job satisfaction: A meta-analysis. *Personality and Individual Differences, 29,* 265–282.

Conway, J. M. & Huffcutt, A. I. (1997). Psychometric properties of multisource performance ratings: A meta-analysis of subordinate, supervisor, peer, and self-ratings. *Human Performance, 10,* 331–362.

Conway, J. M., Lombardo, K. & Sanders, K. C. (2001). A meta-analysis of incremental validity and nomological networks for subordinate and peer ratings. *Human Performance, 14,* 267–303.

Cook, T. D. & Campbell, D. T. (1979). *Quasi-experimentation. Design & analysis issues for field settings.* Chicago, IL: Rand McNally.

Cook, T. D., Cooper, H., Cordray, D. S., Hartmann, H., Hedges, L. V., Light, R. J., Louis, T. A. & Mosteller, F. (Eds.). (2002). *Meta-analysis for explanation. A casebook.* New York, NY: Sage.

Cooper, H. M. (1989). *Integrating research. A guide for literature reviews.* Cambridge: Cambridge University Press.

Cooper, H. M. & Hedges, L. V. (Eds.). (1994). *The handbook of research synthesis.* New York, NY: Sage.

Cooper, H. M. & Lemke, K. M. (1991). On the role of meta-analysis in personality and social psychology. *Personality and Social Psychology Bulletin, 17,* 245–251.

Cooper-Hakim, A. & Viswesvaran, C. (2005). The construct of work commitment: Testing an integrative framework. *Psychological Bulletin, 131,* 241–259.

Cortina, J. M. (2003). Apples and oranges (and pears, oh my!): The search for moderators in meta-analysis. *Organizational Research Methods, 6,* 415–439.

Cronbach, L. J. (1955). Processes affecting scores on „understanding of others“ and „assumed similarity“. *Psychological Bulletin, 52,* 177–193.

Damanpour, F. (1991). Organizational innovation: A meta-analysis of effects of determinants and moderators. *Academy of Management Journal, 34,* 555–590.

Davison, H. K. & Burke, M. J. (2000). Sex discrimination in simulated employment contexts: A meta-analytic investigation. *Journal of Vocational Behavior, 56,* 225–248.

DeGroot, T., Kiker, D. S. & Cross, T. C. (2000). A meta-analysis to review organizational outcomes related to charismatic leadership. *Canadian Journal of Administrative Sciences, 17,* 356–371.

Dierdorff, E. C. & Wilson, M. A. (2003). A meta-analysis of job analysis reliability. *Journal of Applied Psychology, 88,* 635–646.

Dye, D. A., Reck, M. & McDaniel, M. A. (1993). The validity of job knowledge measures. *International Journal of Selection and Assessment, 1,* 153–157.

Eagly, A. H., Johannesen-Schmidt, M. C. & Engen, M. L. van (2003). Transformational, transactional, and laissez-faire leadership styles: A meta-analysis comparing women and men. *Psychological Bulletin, 129,* 569–591.

Eagly, A. H. & Johnson, B. T. (1990). Gender and leadership styles: A meta-analysis. *Psychological Bulletin, 108,* 233–256.

Eagly, A. H. & Karau, S. J. (1991). Gender and the emergence of leaders: A meta-analysis. *Journal of Personality and Social Psychology, 60,* 685–710.

Eagly, A. H., Karau, S. J. & Makhijani, M. G. (1995). Gender and the effectiveness of leaders: A meta-analysis. *Psychological Bulletin, 117,* 125–145.

Eagly, A. H., Karau, S. J., Miner, J. B. & Johnson, B. T. (1994). Gender and motivation to manage in hierarchic organizations: A meta-analysis. *Leadership Quarterly, 5,* 135–159.

Eagly, A. H., Makhijani, M. G. & Klonsky, B. G. (1992). Gender and the evaluation of leaders: A meta-analysis. *Psychological Bulletin, 111,* 3–22.

Engen, M. L. van & Willemsen, T. M. (2004). Sex and leadership styles: A meta-analysis of research published in the 1990s. *Psychological Reports, 94,* 3–18.

Fassina, N. E., Jones, D. A. & Uggerlev, K. (2008). Relationship clean-up time: Using meta-analysis and path analysis to clarify relationships among job satisfaction, perceived fairness, and citizenship behaviours. *Journal of Management, 34,* 161–188.

Ferguson, E., Daniels, K. & Jones, D. (2006). Negatively oriented personality and perceived negative job characteristics as predictors of future psychological and physical symptoms: A meta-analytic structural modelling approach. *Journal of Psychosomatic Research, 60,* 45–52.

Fiedler, F. E. (1967). *A theory of leadership effectiveness.* New York, NY: McGraw-Hill.

Finkelstein, L. M., Burke, M. J. & Raju, N. S. (1995). Age discrimination in simulated employment contexts: An integrative analysis. *Journal of Applied Psychology, 80,* 652–663.

Fisher, B. M. & Edwards, J. E. (1988). Consideration and initiating structure and their relationship with leader effectiveness: A meta-analysis. *Academy of Management Best Conference Paper,* 201–205.

Fisher, R. A. (1932). *Statistical methods for research workers.* London: Oliver & Boyd.

Fisseni, H.-J. & Fennekels, G. P. (1995). *Das Assessment-Center. Eine Einführung für Praktiker.* Göttingen: Verlag für Angewandte Psychologie.

Ford, J. K., Kraiger, K. & Schechtman, S. L. (1986). A study of race effects in objective indices and subjective evaluation of performance: A meta-analysis of performance criteria. *Psychological Bulletin, 99,* 330–337.

Ford, M. T., Heinen, B. A. & Langkamer, K. L. (2007). Work and family satisfaction and conflict: A meta-analysis of cross-domain relations. *Journal of Applied Psychology, 92,* 57–80.

Franke, G. R. & Park, J.-E. (2006). Salesperson adaptive selling behavior and customer orientation: A meta-analysis. *Journal of Marketing Research, 43,* 693–702.

Fricke, R. & Treinies, G. (1985). *Einführung in die Metaanalyse.* Bern: Huber.

Fried, Y. (1991). Meta-analytic comparison of the Job Diagnostic Survey and Job Chararcteristics Inventory as correlates of work satisfaction and performance. *Journal of Applied Psychology, 76,* 690–697.

Fried, Y. & Ager, J. W. (1998). Meta-analysis: Review, integration and recommendations for meta-analysis. *International Review of Industrial and Organizational Psychology, 13,* 123–158.

Fried, Y. & Ferris, G. R. (1987). The validity of the job characteristics model: A review and meta-analysis. *Personnel Psychology, 40,* 287–322.

Fuller, J. B., Patterson, C. E. P., Hester, K. & Stringer, D. Y. (1996). A quantitative review of research on charismatic leadership. *Psychological Reports, 78,* 271–287.

Gajendran, R. S. & Harrison, D. A. (2007). The good, the bad, the unknown about telecommuting: Meta-analysis of psychological mediators and individual consequences. *Journal of Applied Psychology, 92,* 1524–1541.

Gaugler, B. B., Rosenthal, D. B., Thornton, G. C. & Bentson, C. (1987). Meta-Analysis of Assessment Center Validity. *Journal of Applied Psychology, 72,* 493–511.

Gerstner, C. R. & Day, D. V. (1997). Meta-analytic review of leader-member exchange theory: Correlates and construct issues. *Journal of Applied Psychology, 82,* 827–844.

Ghiselli, E. E. (1973). The validity of aptitude tests in personnel selection. *Personnel Psychology, 26,* 461–477.

Gilboa, S., Shirom, A., Fried, Y. & Cooper, C. (2008). A meta-analysis of work demand stressors and job performance: Examining main and moderating effects. *Personnel Psychology, 61,* 227–271.

Glass, G. V. (1976). Primary, secondary, and metaanalysis research. *Educational Researcher, 5,* 3–8.

Glass, G. V. (1977). Integrating research findings: The meta-analysis of research. *Review of Research in Education, 5,* 351–379.

Glass, G. V., McGaw, B. & Smith, M. L. (1981). *Meta-analysis in social research.* Beverly Hills, CA: Sage.

Gleser, L. J. & Olkin, I. (1994). Stochastically dependent effect size. In H. M. Cooper & L. V. Hedges (Eds.), *The handbook of research synthesis* (pp. 339–355). New York, NY: Sage.

Gordon, R. A. (1996). Impact on ingratiation on judgments and evaluations: A meta-analytic investigation. *Journal of Personality and Social Psychology, 71,* 54–70.

Gordon, R. A. & Arvey, R. D. (2004). Age bias in laboratory and field settings. A meta-analytic investigation. *Journal of Applied Social Psychology, 34,* 468–492.

Graen, G. B. & Uhl-Bien, M. (1995). Relationship-based approach to leadership: Development of leader-member exchange (LMX) theory of leadership over 25 years: Applying a multi-level multi-domain perspective. *Leadership Quarterly, 6,* 219–247.

Griffeth, R. W., Hom, P. W. & Gaertner, S. (2000). A meta-analysis of antecedents and correlates of employee turnover: Update, moderator tests, and research implications for the next millennium. *Journal of Management, 26,* 463–488.

Hackett, R. D., Farh, J. L., Song, L. J. & Lapierre, L. M. (2003). LMX and organizational citizenship behavior: Examining links within and across Western and Chinese samples. In G. B. Graen (Ed.), *Dealing with diversity. LMX* (pp. 219–264). Greenwich, CT: Information Age Publishing.

Hackett, R. D. & LaPierre, L. M. (2004). A meta-analytic explanation of the relationship between LMX and OCB. *Academy of Management Best Conference Paper*, 1–6.

Hamilton, M. A. & Hunter, J. E. (1988). A framework for understanding: Meta-analysis of the persuasion literature. In M. Allen & R. W. Preiss (Eds.), *Persuasion. Advances through meta-analysis* (pp. 1–28). Cresskill, NJ: Hampton.

Harris, M. M. & Schaubroeck, J. (1988). A meta-analysis of self-supervisor, self-peer, and peer-supervisor ratings. *Personnel Psychology, 41,* 43–62.

Harrison, D. A., Newman, D. A. & Roth, P. L. (2006). How important are job attitudes? Meta-analytic comparisons of integrative behavioral outcomes and time sequences. *Academy of Management Journal, 49,* 305–325.

Hausknecht, J. P., Day, D. V. & Thomas, S. C. (2004). Applicant reactions to selection procedures: An updated model and meta-analysis. *Personnel Psychology, 57,* 639–683.

Hechanova, R., Beehr, T. A. & Christiansen, N. D. (2003). Antecedents and consequences of employees' adjustment to overseas assignment: A meta-analytic review. *Applied Psychology: An International Review, 52,* 213–236.

Hedges, L. V. & Olkin, I. (1985). *Statistical methods for meta-analysis.* New York, NY: Academic Press.

Hell, B., Trapmann, S., Weigand, S. & Schuler, H. (2007). Die Validität von Auswahlgesprächen im Rahmen der Hochschulzulassung – eine Metaanalyse. *Psychologische Rundschau, 58,* 93–102.

Heneman, R. L. (1986). The relationship between supervisory ratings and results-oriented measures of performance: A meta-analysis. *Personnel Psychology, 39,* 811–826.

Hermelin, E., Lievens, F. & Robertson, I. T. (2007). The validity of assessment centres for the prediction of supervisory performance ratings: A meta-analysis. *International Journal of Selection and Assessment, 15,* 405–411.

Hershcovis, M. S., Turner, N., Arnold, K., Dupre, K. E., Inness, M., LeBlanc, M. M. & Sivanatham, N. (2007). Predicting workplace aggression: A meta-analysis. *Journal of Applied Psychology, 92,* 228–238.

Higgins, C. A., Judge, T. A. & Ferreis, G. R. (2003). Influence tactics and work outcomes: A meta-analysis. *Journal of Organizational Behavior, 24,* 89–106.

Höft, S. & Funke, U. (2006). Simulationsorientierte Verfahren der Personalauswahl. In H. Schuler (Hrsg.), *Lehrbuch der Personalpsychologie* (S. 145–187). Göttingen: Hogrefe.

Hoffman, B. & Woehr, D. J. (2006). A quantitative review of the relationship between person-organization fit and behavioral outcomes. *Journal of Vocational Behavior, 68,* 389–399.

Hough, L. M. (1992). „The Big Five" personality variables-construct confusion: Description versus prediction. *Human Performance, 5,* 139–155.

Hough, L. M., Eaton, N. K., Dunnette, M. D., Kamp, J. D. & McCloy, R. A. (1990). Criterion-related validities of personality constructs and the effect of response distortion on those validities. *Journal of Applied Psychology, 75,* 581–595.

House, R. J. (1971). A path goal theory of leader effectiveness. *Administrative Science Quarterly, 16,* 321–328.

Huffcutt, A. I. & Arthur, W. Jr. (1994). Hunter & Hunter (1984) revisited: Interview validity for entry-level jobs. *Journal of Applied Psychology, 79,* 184–190.

Hülsheger, U. R., Maier, G. W. & Stumpp, T. (2007). Validity of General Mental Ability for the prediction of job performance and training success in Germany: A meta-analysis. *International Journal of Selection and Assessment, 15,* 3–18.

Hülsheger, U. R., Maier, G. W., Stumpp, T. & Muck, P. M. (2006). Vergleich kriteriumsbezogener Validitäten verschiedener Intelligenztests zur Vorhersage von Ausbildungserfolg in Deutschland. Ergebnisse einer Metaanalyse. *Zeitschrift für Personalpsychologie, 5,* 145–162.

Hunter, J. E. (1982, June). *The validity of content valid tests and the basis for ranking.* Paper presented at the International Personnel Management Association Conference, Minneapolis, MN.

Hunter, J. E. & Hirsh, H. R. (1987). Applications of meta-analysis. *International Review of Industrial and Organizational Psychology, 2,* 321–357.

Hunter, J. E. & Hunter, R. F. (1984). Validity and utility of alternative predictors of job performance. *Psychological Bulletin, 96,* 72–98.

Hunter, J. E. & Schmidt, F. L. (1990). *Methods of meta-analysis.* Newbury Park, CA: Sage.

Hunter, J. E. & Schmidt, F. L. (2004). *Methods of meta-analysis* (2nd ed.). Newbury Park, CA: Sage.

Hunter, J. E., Schmidt, F. L. & Jackson, G. B. (1982). *Meta-analysis. Cumulating research findings across studies.* Beverly Hills, CA: Sage.

Iaffaldano, M. & Muchinsky, P. M. (1985). Job satisfaction and job performance: A meta-analysis. *Psychological Bulletin, 97,* 251–273.

Indvik, J. (1986, August). *Path-goal theory of leadership: A meta-analysis.* Paper presented at the annual meeting of the Academy of Management, Chicago, IL.

Jackson, G. B. (1980). Methods for integrative reviews. *Review of Educational Research, 50,* 438–460.

Jackson, S. E. & Schuler, R. S. (1985). A meta-analysis and conceptual critique of research on role ambiguity and role conflict in work settings. *Organizational Behavior and Human Decision Processes, 36,* 16–78.

Johnson, B. T. (1989). *DSTAT: Software for the meta-analytic review of research literatures.* Hillsdale, NJ: Erlbaum.

Johnson, B. T., Mullen, B. & Salas, E. (1995). Comparison of three major meta-analytic approaches. *Journal of Applied Psychology, 80,* 96–106.

Johnson, R. W., Johnson, G. J. & Patterson, C. R. (1999). Moderators of the relationship between company and union commitment: A meta-analysis. *The Journal of Psychology, 133,* 85–103.

Judge, T. A. & Bono, J. E. (2001). Relationship of core self-evaluations traits – self-esteem, generalized self-efficacy, locus of control, and emotional stability – with job satisfaction and job performance: A meta-analysis. *Journal of Applied Psychology, 86,* 80–92.

Judge, T. A., Bono, J. E., Ilies, R. & Gerhardt, M. W. (2002). Personality and leadership: A qualitative and quantitative review. *Journal of Applied Psychology, 87,* 765–780.

Judge, T. A., Heller, D. & Mount, M. K. (2002). Five-factor model of personality and job-satisfaction. *Journal of Applied Psychology, 87,* 530–541.

Judge, T. A. & Ilies, R. (2002). Relationship of personality to performance motivation: A meta-analytic review. *Journal of Applied Psychology, 87,* 797–802.

Judge, T. A., Jackson, C. L., Shaw, J. C., Scott, B. A. & Rich, B. L. (2007). Self-efficacy and work-related performance: The integral role of individual differences. *Journal of Applied Psychology, 92,* 107–127.

Judge, T. A. & Piccolo, R. F. (2004). Transformational and transactional leadership: A meta-analytic test of their validity. *Journal of Applied Psychology, 89,* 755–768.

Judge, T. A., Piccolo, R. F. & Ilies, R. (2004). The forgotten ones? The validity of consideration and initiating structure in leadership research. *Journal of Applied Psychology, 89,* 36–51.

Judge, T. A., Thoresen, C. J., Bono, J. E. & Patton, G. K. (2001). The job satisfaction-job performance relationship: A qualitative and quantitative review. *Psychological Bulletin, 127,* 376–407.

Kerr, S. & Jermier, J. M. (1978). Substitutes for leadership: Their meaning and measurement. *Organizational Behavior and Human Performance, 22,* 375–403.

Kierein, N. M. & Gold, M. A. (2000). Pygmalion in organizations: A meta-analysis. *Journal of Organizational Behaviour, 21,* 913–928.

Kinicki, A. J., McKee-Ryan, F. M., Schriesheim, C. A. & Carson, K. P. (2002). Assessing the construct validity of the Job Descriptive Index: A review and meta-analysis. *Journal of Applied Psychology, 87,* 14–32.

Kirkpatrick, D. L. (1976). Evaluation of training. In R. L. Craig (Ed.), *Training and development handbook. A guide to human resource development* (pp. 301–319). New York, NY: McGraw-Hill.

Kite, M. E. & Johnson, B. T. (1988). Attitudes toward older and younger adults: A meta-analysis. *Psychology and Aging, 3,* 233–244.

Kolk, N. (2001). *Assessment centers. Understanding and improving construct-related validity.* Enschede: Ipskamp.

Konrad, A. M., Ritchie, J. E., Lieb, P. & Corrigall, E. (2000). Sex differences and similarities in job attribute preferences: A meta-analysis. *Psychological Bulletin, 126,* 593–641.

Kraiger, K. & Ford, J. K. (1985). A meta-analysis of ratee race effects in performance ratings. *Journal of Applied Psychology, 70,* 56–65.

Kristof-Brown, A. L., Zimmerman, R. D. & Johnson, E. C. (2005). Consequences of individuals' fit at work: A meta-analysis of person-job, person-organization, person-group, and person-supervisor fit. *Personnel Psychology, 58,* 281–342.

Kuhn, T. (1973). *Die Struktur wissenschaftlicher Revolutionen.* Frankfurt a. M.: Suhrkamp.

Lapierre, L. M., Spector, P. E. & Leck, J. D. (2005). Sexual versus nonsexual workplace aggression and victims' overall job satisfaction: A meta-analysis. *Journal of Occupational Health Psychology, 10,* 155–169.

Lee, K., Carswell, J. J. & Allen, N. J. (2000). A meta-analytic review of occupational commitment: Relations with person- and work-related variable. *Journal of Applied Psychology, 85,* 799–811.

Lent, R. W., Brown, S. D. & Hackett, G. (1994). Toward an unifying social cognitive theory of career and academic interest, choice, and performance. *Journal of Vocational Behavior Monograph, 45,* 79–122.

LePine, J. A., Erez, A. & Johnson, D. E. (2002). The nature and dimensionality of organizational citizenship behavior: A critical review and meta-analysis. *Journal of Applied Psychology, 87,* 52–65.

Li, A. & Bagger, J. (2006). Using the BIDR to distinguish the effects of impression management and self-deception on the criterion validity of personality measures: A meta-analysis. *International Journal of Selection and assessment, 14,* 131–141.

Lipsey, W. H. (1994). Identifying potentially interesting variables and analysis opportunities. In H. M. Cooper & L. V. Hedges (Eds.), *The handbook of research synthesis* (pp. 111–123). New York, NY: Sage.

Loher, B. T., Noe, R. A., Moeller, N. L. & Fitzgerald, M. P. (1985). A meta-analysis of the relation between job characteristics to job satisfaction. *Journal of Applied Psychology, 70,* 280–289.

Lord, R. G., De Vader, C. L. & Alliger, G. M. (1986). A meta-analysis of the relation between personality traits and leadership perceptions: An application of validity generalization procedures. *Journal of Applied Psychology, 71,* 402–410.

Lowe, K. B., Kroeck, K. G. & Sivasubramaniam, N. (1996). Effectiveness correlates of transformational and transactional leadership: A meta-analytic review of the MLQ literature. *Leadership Quarterly, 7,* 385–425.

Mabe, P. A. & West, S. G. (1982). Validity of self-evaluation of ability: A review and meta-analysis. *Journal of Applied Psychology, 67,* 280–296.

Marcus, B. & Schuler, H. (2006). Leistungsbeurteilung. In H. Schuler (Hrsg.), *Lehrbuch der Personalpsychologie* (S. 433–460). Göttingen: Hogrefe.

Mathieu, J. E. & Zajac, D. M. (1990). A review and meta-analysis of the antecedents, correlates, and consequences of organizational commitment. *Psychological Bulletin, 108,* 171–194.

McDaniel, M. A., Hartman, N. S., Whetzel, D. L. & Grubb Ill, W. L. (2007). Situational Judgment Tests, response instructions, and validity: A meta-analysis. *Personnel Psychology, 60,* 63–91.

McDaniel, M. A., Morgeson, F. P., Finnegan, E. B., Campion, M. A. & Braverman, E. P. (2001). Use of situational judgment tests to predict job performance: A clarification of the literature. *Journal of Applied Psychology, 86,* 730–740.

McDaniel, M. A., Whetzel, D. L., Schmidt, F. L. & Maurer, S. (1994). The validity of employment interview: A comprehensive review and meta-analysis. *Journal of Applied Psychology, 79,* 599–617.

McEvoy, G. M. & Cascio, W. F. (1989). Cumulative evidence of the relationship between employee age and job performance. *Journal of Applied Psychology, 74,* 11–17.

McHenry, J. J., Hough, L. M., Toquam, J. L., Hanson, M. A. & Ashworth, S. (1990). Project A validity results: The relationship between predictor and criterion domains. *Personnel Psychology, 43,* 335–354.

McKay, P. F. & McDaniel, M. A. (2006). A re-examination of black-white mean differences in work performance: More data, more moderators. *Journal of Applied Psychology, 9,* 538–554.

Meyer, J. P., Stanley, D. J., Herscovitch, L. & Topolnytsky, L. (2002). Affective, continuance, and normative commitment to the organization: A meta-analysis of antecedents, correlates and consequences. *Journal of Vocational Behavior, 61,* 20–52.

Mezulis, A. H., Abramson, L. Y., Hyde, J. S. & Hankin, B. L. (2004). Is there a universal positivity bias in attributions? A meta-analytic review of individual, developmental, and cultural differences in the self-serving attributional bias. *Psychological Bulletin, 130,* 711–747.

Miller, B. K., Rutherford, M. A. & Kolodinsky, R. W. (2008). Perceptions of organizational politics: A meta-analysis of outcomes. *Journal of Business and Psychology, 22,* 209–222.

Miller, K. I. & Monge, P. R. (1986). Participation, satisfaction, and productivity: A meta-analytic review. *Academy of Management Journal, 29,* 727–753.

Mitra, A., Jenkins, G. D. Jr. & Gupta, N. (1992). A meta-analytic review of the relationship between absence and turnover. *Journal of Applied Psychology, 77,* 879–889.

Mossin, A. C. (1949). *Selling performance and contentment in relation to school background.* New York, NY: Columbia University.

Mount, M. K. & Barrick, M. R. (1995). The Big Five personality dimensions: Implications for research and practice in human resource management. *Research in Personnel and Human Resources Management, 13,* 153–200.

Mount, M. K., Barrick, M. R. & Stewart, G. L. (1998). Five-factor model of personality and performance in jobs involving interpersonal interaction. *Human Performance, 11,* 145–165.

Mullen, B., Salas, E. & Miller, N. (1991). Using meta-analysis to test theoretical hypotheses in social psychology. *Personality and Social Psychology Bulletin, 17,* 258–264.

Murphy, K. R. (Ed.). (2003). *Validity Generalization. A critical review.* Mahwah, NJ: Erlbaum.

Murphy, K. R. & Balzer, W. K. (1989). Rater errors and rating accuracy. *Journal of Applied Psychology, 74,* 619–624.

Nathan, B. R. & Alexander, R. A. (1988). A comparison of criteria for test validation: A meta-analytic investigation. *Personnel Psychology, 41,* 517–535.

Neuman, G. A., Edwards, J. E. & Raju, N. S. (1989). Organizational development interventions: A meta-analysis of their effects on satisfaction and other attitudes. *Personnel Psychology, 42,* 461–489.

Ng, T. W. H., Eby, L. T., Sorensen, K. L. & Feldman, D. C. (2005). Predictors of objective and subjective career success: A meta-analysis. *Personnel Psychology, 58,* 367–408.

Ng, T. W. H., Sorensen, K. L. & Eby, L. T. (2006). Locus of control at work: A meta-analysis. *Journal of Organizational Behavior, 27,* 1057–1087.

Olian, J. D., Schwab, D. P. & Haberfeldt, Y. (1988). The impact of applicant gender compared to qualifications on hiring recommendations: A meta-analysis of experimental studies. *Organizational Behavior and Human Decision Processes, 41,* 180–195.

Ones, D. S., Mount, M. K., Barrick, M. R. & Hunter, J. E. (1994). Personality and job performance: A critique of the Tett, Jackson, and Rothstein (1991) meta-analysis. *Personnel Psychology, 47,* 147–156.

Ones, D. S. & Viswesvaran, C. (1998). The effects of social desirability and faking on personality and integrity assessment for personnel selection. *Human Performance, 11,* 245–269.

Ones, D. S., Viswesvaran, C. & Schmidt, F. L. (1993). Comprehensive meta-analysis of integrity tests validities: Findings and implications for personnel selection and theories of job performance. *Journal of Applied Psychology, 78,* 679–703.

Ones, D. S., Viswesvaran, C. & Schmidt, F. L. (2003). Personality and absenteeism: A meta-analysis of integrity tests. *European Journal of Personality, 17,* 519–538.

Organ, D. W. & Ryan, K. (1995). A meta-analytic review of attitudinal and dispositional predictors of organizational citizenship behavior. *Personnel Psychology, 48,* 775–802.

Parks, M. K. & Steelman, L. A. (2008). Organizational wellness programs: A meta-analysis. *Journal of Occupational Health Psychology, 13,* 58–68.

Paul, K. & Moser, K. (2001). Negatives psychisches Befinden als Wirkung und als Ursache von Arbeitslosigkeit: Ergebnisse einer Metaanalyse. In J. Zempel, J. Bacher & K. Moser (Hrsg.), *Erwerbslosigkeit, Ursachen, Auswirkungen und Interventionen* (S. 83–110). Opladen: Leske + Budrich.

Payne, S. C., Youngcourt, S. S. & Beaubien, J. M. (2007). A meta-analytic examination of the goal orientation nomological net. *Journal of Applid Psychology, 92,* 128–150.

Pearson, K. (1904). Report on certain enteric fever inoculation statistics. *British Medical Journal, 5,* 1243–1246.

Pearson, K. (1933). On a method of determining whether a sample of size n supposed to have been drawn from a parent population having a known probability integral has probably been drawn at random. *Biometrika, 25,* 379–410.

Pereira, G. M. & Osburn, H. G. (2007). Effects of participation in decision making on performance and employee attitudes: A quality circles meta-analysis. *Journal of Business Psychology, 22,* 145–153.

Peters, L. H., Hartke, D. D. & Pohlmann, J. T. (1985). Fiedler's Contingency Theory of Leadership: An application of the meta-analysis procedures of Schmidt and Hunter. *Psychological Bulletin, 97,* 274–285.

Phillips, J. M. (1998). Effects of realistic job previews on multiple organizational outcomes: A meta-analysis. *Academy of Management Journal, 41,* 673–690.

Podsakoff, N. P., LePine, J. A. & LePine, M. A. (2007). Differential challenge stressor-hindrance stressor relationships with job attitudes, turnover intentions, turnover, and withdrawal behaviour: meta-analysis. *Journal of Applied Psychology, 92,*438–454.

Podsakoff, P. M., MacKenzie, S. B. & Bommer, W. H. (1996). Meta-analysis of the relationship between Kerr and Jermier's substitutes for leadership and employee job attitudes, role perceptions, and performance. *Journal of Applied Psychology, 81,* 380–399.

Premack, S. L. & Wanous, J. P. (1985). A meta-analysis of realistic job preview experiments. *Journal of Applied Psychology, 70,* 706–719.

Quinones, M. A., Ford, J. K. & Teachout, M. S. (1995). The relationship between work experience and job performance: A conceptual and meta-analytic review. *Personnel Psychology, 48,* 887–910.

Raju, N. S. & Burke, M. J. (1983). Two new procedures for studying validity generalization. *Journal of Applied Psychology, 68,* 382–395.

Randall, D. M. (1990). The consequences of organizational commitment: Methodological investigation. *Journal of Organizational Behavior, 11,* 361–378.

Rauch, A. & Frese, M. (2007). Let's put the person back into entrepreneurship research: A meta-analysis on the relationship between owners' personality traits, business creation, and success. *European Journal of Work and Organizational Psychology, 16,* 353–385.

Ray, J. W. & Shadish, W. R. (1996). How interchangeable are different estimators of effect size? *Journal of Consulting and Clinical Psychology, 6,* 1316–1325.

Reed, C. S., Young, W. R. & McHugh, P. P. (1994). A comparative look at the dual commitment: An international study. *Human Relations, 47,* 1269–1293.

Rich, G. A., Bommer, W. H., MacKenzie, S. B., Podsakoff, P. M. & Johnson, J. L. (1999). Apples and apples or apples and oranges? A meta-analysis of objective and subjective measures of salesperson performance. *Journal of Personal Selling and Sales Management, 19,* 41–52.

Riketta, M. (2002). Attitudinal organizational commitment and job performance: A meta-analysis. *Journal of Organizational Behavior, 23,* 257–266.

Riketta, M. (2005). Organizational identification: A meta-analysis. *Journal of Vocational Behavior, 66,* 358–384.

Riketta, M. (2008). The causal relation between job attitudes and performance: A meta-analysis of panel studies. *Journal of Applied Psychology, 93,* 472–481.

Robbins, S. B., Lauver, K., Le, H., Davis, D., Langley, R. & Carlstrom, A. (2004). Do psychosocial and study skill factors predict college outcomes? A meta-analysis. *Psychological Bulletin, 130,* 261–288.

Robertson, I. T. & Kinder, A. (1993). Personality and job competencies: The criterion-related validity of some personality variables. *Journal of Occupational and Organizational Psychology, 66,* 226–244.

Rosenthal, M. C. (2006). Retrieving literature for meta-analysis: Can we really find it all? In D. A. Hantula (Ed.), *Advances in social & organizational psychology* (pp. 75–92). Mahwah, NJ: Erlbaum.

Rosenthal, R. (1978). Combining results of independent studies. *Psychological Bulletin, 85,* 185–193.

Rosenthal, R. (1979). The „file drawer problem“ and tolerance for null results. *Psychological Bulletin, 86,* 638–641.

Rosenthal, R. (1991). Meta-analytic procedures for social research. Newbury Park, CA: Sage.

Rosenthal, R. (1995). Writing meta-analytic reviews. *Psychological Bulletin, 118,* 183–192.

Rosenthal, R. & DiMatteo, M. R. (2001). Meta-analysis: Recent developments in quantitative methods for literature reviews. *Annual Review of Psychology, 52,* 59–82.

Rosenthal, R. & Rubin, D. B. (1982). Further meta-analytic procedures for assessing cognitive gender differences. *Journal of Educational Psychology, 74,* 708–712.

Roth, P. L., BeVier, C. A., Switzer, F. S. & Schippmann, J. S. (1996). Meta-analyzing the relationship between grades and job performance. *Journal of Applied Psychology, 81,* 548–556.

Roth, P. L., Huffcutt, A. I. & Bobko, P. (2003). Ethnic group differences in measures of job performance: A new meta-analysis. *Journal of Applied Psychology, 88,* 694–706.

Rustenbach, S. J. (2003). *Metaanalyse. Eine anwendungsorientierte Einführung.* Bern: Huber.

Sadri, G. & Roberton, I. T. (1993). Self-efficacy and work-related behaviour: A review and meta-analysis. *Applied Psychology: An International Review, 42,* 139–152.

Saks, A. M., Uggerslev, K. L. & Fassina, N. E. (2007). Socialization tactics and newcomer adjustment: A meta-analytic review and test of a model. *Journal of Vocational Behavior, 70,* 413– 446.

Salas, E. & Cannon-Bowers, J. A. (2001). The science of trainings: A decade of progress. *Annual Review of Psychology, 52,* 471–499.

Salas, E., Nichols, D. R. & Driskell, J. E. (2007). Testing three team training strategies in intact teams: A meta-analysis. *Small Group Research, 38,* 471–488.

Salgado, J. F. (1997). The five factor model of personality and job performance in the European Community. *Journal of Applied Psychology, 82,* 30–43.

Salgado, J. F., Anderson, N., Moscoso, S., Bertua, C., de Fruyt, F. & Rolland, J. P. (2003). A meta-analytic study of general mental ability validity for different occupations in the European Community. *Journal of Applied Psychology, 88,* 1068–1081.

Salgado, J. F. & Moscoso, S. (2002). Comprehensive meta-analysis of the construct validity of the employment interview. *European Journal of Work and Organizational Psychology, 11,* 299–324.

Schmidt, F. L. & Hunter, J. E. (1977). Development of a general solution to the problem of validity generalization. *Journal of Applied Psychology, 62,* 529–540.

Schmidt, F. L. & Hunter, J. E. (1998). The validity and utility of selection methods in personnel psychology: Practical and theoretical implications of 85 years of research findings. *Psychological Bulletin, 124,* 262–274.

Schmidt, F. L. & Hunter, J. E. (1999). Comparison of three meta-analysis methods revisited: A analysis of Johnson, Mullen, and Salas (1995). *Journal of Applied Psychology, 84,* 144–148.

Schmidt, F. L. & Hunter, J. E. (2000). Messbare Personmerkmale: Stabilität, Variabilität und Validität zur Vorhersage zukünftiger Berufsleistung und berufsbezogenen Lernens. In M. Kleinmann & B. Strauß (Hrsg.), *Potentialfeststellung und Personalentwicklung* (S. 15–43). Göttingen: Hogrefe.

Schmidt, F. L. & Hunter, J. E. (2001). Meta-Analysis. In N. Anderson, D. S. Ones, H. K. Sinangil & C. Viswesvaran (Eds.), *Handbook of industrial, work and organizational psychology* (Vol. 1, pp. 51–70). London: Sage.

Schmidt, F. L. & Hunter, J. E. (2003). History, development, evolution, and impact of validity generalization and meta-analysis methods, 1975–2001. In K. R. Murphy (Ed.), *Validity generalization. A critical review* (pp. 31–65). Mahwah, NJ: Erlbaum.

Schmidt, F. L. & Rader, M. (1999). Exploring the boundary conditions for interview validity: Meta-analytic validity findings for a new interview type. *Personnel Psychology, 52,* 445–464.

Schmidt, K.-H. & Kleinbeck, U. (2004). Leistung und Leistungsförderung. In H. Schuler (Hrsg.), *Organisationspsychologie – Grundlagen und Personalpsychologie* (Enzyklopädie der Psychologie, Serie Wirtschafts-, Organisations- und Arbeitspsychologie, Bd. 3, S. 893–945). Göttingen: Hogrefe.

Schmidt-Atzert, L., Deter, B. & Jaeckel, S. (2004). Prädiktion von Ausbildungserfolg: Allgemeine Intelligenz (g) oder spezifisch kognitive Fähigkeiten? *Zeitschrift für Personalpsychologie, 3,* 147–158.

Schmitt, N., Gooding, R. Z., Noe, R. A. & Kirsch, M. (1984). Meta-analysis of validity studies published between 1964 and 1982 and the investigation of study characteristics. *Personnel Psychology, 37,* 407–422.

Scholz, G. & Schuler, H. (1993). Das nomologische Netzwerk des Assessment Centers: Eine Metaanalyse. *Zeitschrift für Arbeits-und Organisationspsychologie, 37,* 73–85.

Schuler, H. (1992). Das multimodale Einstellungsinterview. *Diagnostika, 38,* 281–300.

Schuler, H. (Hrsg.). (2006). *Lehrbuch der Personalpsychologie.* Göttingen: Hogrefe.

Schuler, H. & Höft, S. (2004). Diagnose beruflicher Eignung und Leistung. In H. Schuler (Hrsg.), *Lehrbuch Organisationspsychologie* (S. 289–343). Göttingen: Hogrefe.

Schuler, H. & Höft, S. (2006). Konstruktorientierte Verfahren der Personalauswahl. In H. Schuler (Hrsg.), *Lehrbuch der Personalpsychologie* (S. 101–144). Göttingen: Hogrefe.

Schuler, H. & Marcus, B. (2004). Leistungsbeurteilung. In H. Schuler (Hrsg.), *Organisationspsychologie – Grundlagen und Personalpsychologie* (Enzyklopädie der Psychologie, Serie Wirtschafts-, Organisations- und Arbeitspsychologie, Bd. 3, S. 947–1006). Göttingen: Hogrefe.

Schuler, H. & Marcus, B. (2006). Biografieorientierte Verfahren der Personalauswahl. In H. Schuler (Hrsg.), *Lehrbuch der Personalpsychologie* (S. 190–226). Göttingen: Hogrefe.

Schulze, R. (2004). *Meta-analysis. A comparison of approaches.* Göttingen: Hogrefe & Huber.

Schulze, R., Holling, H. & Böhning, D. (2003). *Meta-analysis. New developments and applications in medical and social sciences.* Göttingen: Hogrefe & Huber.

Schyns, B., Felfe, J., Blank, H. (2007). Is charisma hyper-romanticism? Empirical evidence from data and a meta-analysis. *Applied Psychology: An International Review, 56,* 505–527.

Six, B. & Eckes, A. (1991). Der Zusammenhang von Arbeitszufriedenheit und Arbeitsleistung – Resultate einer metaanalytischen Studie. In L. Fischer (Hrsg.), *Arbeitszufriedenheit* (S. 21–45). Stuttgart: Verlag für Angewandte Psychologie.

Sonntag, K. & Schaper, R. (2006). Wissensorientierte Verfahren der Personalentwicklung. In H. Schuler (Hrsg.), *Lehrbuch der Personalpsychologie* (S. 255–280). Göttingen: Hogrefe.

Sonntag, K. & Stegmaier, R. (2006). Verhaltensorientierte Verfahren der Personalentwicklung. In H. Schuler (Hrsg.), *Lehrbuch der Personalpsychologie* (S. 281–304). Göttingen: Hogrefe.

Spector, P. E. (1985). Higher-order need strength as a moderator of the job scope-employee outcome relationship: A meta-analysis. *Journal of Occupational Psychology, 58,* 119–127.

Stajkovic, A. D. & Luthans, F. (1997). A meta-analysis of the effects of organizational behavior modification on task performance, 1975–95. *Academy of Management Journal, 40,* 1122–1149.

Stajkovic, A. D. & Luthans, F. (1998). Self-efficacy and work-related performance: A meta-analysis. *Psychological Bulletin, 124,* 240–261.

Steel, R. P. & Ovalle, N. K. (1984). A review and meta-analysis of research on the relationship between behavioral intentions and employee turnover. *Journal of Applied Psychology, 69,* 673–686.

Steiner, D. D., Lane, I. M., Dobbins, G. H., Schnur, A. & McConnell, S. (1991). A review of Metaanalyses in organizational behavior and human resources management: An empirical approach. *Educational and Psychological Measurement, 51,* 609–626.

Stock, W. A. (1994). Systematic coding for research synthesis. In H. M. Cooper & L. V. Hedges (Eds.), *The handbook of research synthesis* (pp. 125–138). New York, NY: Sage.

Strube, M. J. & Garcia, J. E. (1981). A meta-analytic investigation of Fiedler's contingency model of leadership effectiveness. *Psychological Bulletin, 90,* 307–321.

Sverke, M., Hellgren, J. & Näswall, K. (2002). No security: A meta-analysis and review of job insecurity and its consequences. *Journal of Occupational Health Psychology, 7,* 242–264.

Swim, J. K., Borgida, E., Maruyama, G. & Myers, D. G. (1989). Joan McKay vs. John McKay: Do gender stereotypes bias evaluations? *Psychological Bulletin, 105,* 409–429.

Taber, T. D. & Taylor, E. (1990). A review and evaluation of the psychometric properties of the Job Diagnostic Survey. *Personnel Psychology, 43,* 467–500.

Taris, T. W. (2006). Is there a relationship between burnout and objective performance? A critical review of 16 studies. *Work & Stress, 20,* 316–334.

Tett, R. P., Jackson, D. N. & Rothstein, M. (1991). Personality measures as predictors of job performance: A meta-analytic review. *Personnel Psychology, 44,* 703–742.

Tett, R. P., Jackson, D. N., Rothstein, M. & Reddon, J. R. (1994). Meta-analysis of personality-job performance relations: A reply to Ones, Mount, Barrick, and Hunter (1994). *Personnel Psychology, 47,* 157–172.

Tett, R. P. & Meyer, J. P. (1993). Job satisfaction, organizational commitment, turnover intention, and turnover: Path analyses based on meta-analytical findings. *Personnel Psychology, 46,* 259–293.

Tett, R. P., Meyer, J. P. & Roese, N. J. (1994). Applications of meta-analysis: 1987–1992. In C. L. Cooper & I. T. Robertson (Eds.), *International review of industrial and organizational psychology* (pp. 71–112). Chichester: Wiley.

Thoresen, C. J., Kaplan, S. A., Barsky, A. P., de Chermont, K. & Warren, C. R. (2003). The affective underpinnings of job perceptions and attitudes: A meta-analytic review and integration. *Psychological Bulletin, 129,* 914–945.

Thornton, G. C., Gaugler, B. B., Rosenthal, D. B. & Bentson, C. (1987). Die prädiktive Validität des Assessment Centers – eine Metaanalyse. In H. Schuler & W. Stehle (Hrsg.), *Assessment Center als Methode der Personalentwicklung* (S. 36–59). Stuttgart: Verlag für Angewandte Psychologie.

Tippett, L. H. (1931). *The methods of statistics.* London: Williams & Norgate.

Trapmann, S., Hell, B., Hirn, J.-O. W. & Schuler, H. (2007). Meta-analysis of the relationship between the Big Five and academic success at University. *Zeitschrift für Psychologie, 215,* 132–151.

Trapmann, S., Hell, B., Weigand, S. & Schuler, H. (2007). Die Validität von Schulnoten zur Vorhersage des Studienerfolgs – eine Metaanalyse. *Zeitschrift für Pädagogische Psychologie, 21,*11–27.

Tubbs, M. E. (1986). Goal setting: A meta-analytic examination of the empirical evidence. *Journal of Applied Psychology, 71,* 474–483.

Tubre, T. C. & Collins, J. M. (2000). Jackson and Schuler (1985) revisited: A meta-analysis of the relationships between role ambiguity, role conflict, and job performance. *Journal of Management, 26,* 155–169.

Van Eerde, W. & Thierry, H. (1996). Vroom's expectancy model and work-related criteria: A meta-analysis. *Journal of Applied Psychology, 81,* 575–586.

VanVoorhis, R. W. & Levonson, E. M. (2006). Job satisfaction among school psychologists: A meta-analysis. *School Psychology Quarterly, 21,* 77–90.

Verlegh, P. W. J. & Steenkamp, J.-B. E. M. (1999). A review and meta-analysis of country-of-origin research. *Journal of Economic Psychology, 20,* 521–546.

Verquer, M. L., Beehr, T. A. & Wagner, S. H. (2003). A meta-analysis of relations between person-organization fit and work attitudes. *Journal of Vocational Behavior, 63,* 473–489.

Vinchur, A. J., Schippmann, J. S., Switzer, F. S. & Roth, P. L. (1998). A meta-analytic review of predictors of job performance for salespeople. *Journal of Applied Psychology, 83,* 586–597.

Viswesvaran, C. & Ones, D. S. (1995). Theory testing: Combining psychometric meta-analysis and structural equation modeling. *Personnel Psychology, 48,* 865–885.

Viswesvaran, C. & Ones, D. S. (1999). Meta-analysis of faking estimates: Implications for personality measurement. *Educational and Psychological Measurement, 54,* 197–210.

Viswesvaran, C., Ones, D. S. & Schmidt, F. L. (1996). Comparative analysis of the reliability of job performance ratings. *Journal of Applied Psychology, 81,* 557–574.

Viswesvaran, C. & Sanchez, J. I. (1998). Moderator search in meta-analysis: A review and cautionary note on existing approaches. *Educational and Psychological Measurement, 58,* 77–87.

Viswesvaran, C., Sanchez, J. I. & Fisher, J. (1999). The role of social support in the process of work stress: A meta-analysis. *Journal of Vocational Behavior, 54,* 314–334.

Viswesvaran, C., Schmidt, F. L. & Ones, D. S. (2005). Is there a general factor in ratings of job performance? A meta-analytic framework for disentangling substantive and error influences. *Journal of Applied Psychology, 90,* 108–131.

Voskuijl, O. F. & van Sliedregt, T. (2002). Determinants of interrater reliability of job analysis: A meta-analysis. *European Journal of Psychological Assessment, 18,* 52–62.

Wachter, K. W. & Straf, M. L. (Eds.). (1990). *The future of meta-analysis.* New York, NY: Sage.

Wagner, J. A. & LaPine, J. A. (1999). Effects of participation on performance and satisfaction: Additional meta-analytic evidence. *Psychological Reports, 84,* 719–725.

Wagner, J. A., Leana, C. R., Locke, E. A. & Schweiger, D. M. (1997). Cognitive and motivational frameworks in U. S. research on participation: A meta-analysis of primary effects. *Journal of Organizational Behavior, 18,* 49–65.

Waldman, D. A. & Avolio, B. J. (1986). A meta-analysis of age differences in job performance. *Journal of Applied Psychology, 71,* 33–38.

Waldman, D. A. & Avolio, B. J. (1991). Race effects in performance evaluations: Controlling for ability, education, and experience. *Journal of Applied Psychology, 81,* 557–574.

Wallace, J. E. (1993). Professional and organizational commitment: Compatible or incompatible? *Journal of Vocational Behavior, 42,* 333–349.

Wasti, S. A. (2003). The influence of cultural values on antecedents of organizational commitment: An individual-level analysis. *Applied Psychology: An International Review, 52,* 533–544.

Wiesner, W. H. & Cronshaw, S. F. (1988). The moderating impact of interview format & degree of interview structure on interview validity. *Journal of Occupational Psychology, 61,* 275–290.

Williams, M. L., McDaniel, M. A. & Ford, L. R. (2007). Understanding multiple dimensions of compensation satisfaction. *Journal of Business and Psychology, 21,* 429–459.

Williams, M. L., McDaniel, M. A. & Nguyen, T. N. (2006). A meta-analysis of the antecedents and consequences of pay level satisfaction. *Journal of Applied Psychology, 91,* 392–413.

Willness, C. R., Steel, P. & Lee, K. (2007). A meta-analysis of the antecedents and consequences of workplace sexual harassment. *Personnel Psychology, 60, 127–162.*

Woehr, D. J. & Huffcutt, A. I. (1994). Rater training for performance appraisal: A quantitative review. *Journal of Occupational and Organizational Psychology, 67,* 189–205.

Wofford, J. C., Goodwin, V. L. & Premack, S. (1992). Meta-analysis of the antecedents of personal goal level and of the antecedents and consequences of goal commitment. *Journal of Management, 18,* 595–615.

Wofford, J. C. & Liska, L. Z. (1993). Path-goal theories of leadership: A meta-analysis. *Journal of Management, 19,* 857–876.

Wright, T. A. & Bonett, D. G. (2002). The moderating effect of employee tenure on the relation between organizational commitment and job-performance. *Journal of Applied Psychology, 87,* 1183–1190.

Zacharatos, A., Hershcovis, M. S., Turner, N. & Barling, J. (2007). Human resource management in the North American automotive industry – A meta-analytic review. *Personnel Review, 36,* 231–254.

Zangaro, G. A. & Soeken, K. L. (2007). A meta-analysis of studies of nurses' job satisfaction. *Research in Nursing & Health, 30,* 445–458.

Zapf, D. & Dormann, C. (2001). Job satisfaction: A meta-analysis of stabilities. *Journal of Organizational Behavior, 22,* 483–504.

Zetik, D. C. & Stuhlmacher, A. F. (2002). Goal setting and negotiation performance: A meta-analysis. *Group Processes and Intergroup Relations, 5,* 35–52.

Zhao, H. & Seibert, S. E. (2006). The big five personality dimensions and entrepreneural status: A meta-analytic review. *Journal of Applied Psychology, 91,* 259–271.

Zhao, H., Wayne, S. J., Glibkowski, B. C. & Bravo, J. (2007). The impact of psychological contract breach on work-related outcomes: A meta-analysis. *Personnel Psychology, 60,* 647– 680.

Zimmerman, R. D. (2008). Understanding the impact of personality traits on individuals' turnover decisions: A meta-analytic path model. *Personnel Psychology, 61,* 309–348.

24. Kapitel

Arbeitsanalyse

Heiner Dunckel und Marianne G. Resch

1 Einleitung

Die Anfänge der wissenschaftlichen und systematischen Beschäftigung mit der Arbeit werden häufig in Verbindung gebracht mit Namen wie Taylor (1911, deutsche Ausgabe 1977, 1995) und Gilbreth (1911), die als Begründer der Zeit- und Bewegungsstudien angesehen werden können, sowie Münsterberg (1912, 1914), der als Vertreter der Psychotechnik die arbeitspsychologische Forschung nachhaltig beeinflusst hat. Ansätze des wissenschaftlichen Studiums der Arbeit reichen jedoch sehr viel weiter bis in die Mitte des 17. Jahrhunderts zurück (vgl. Frieling & Sonntag, 1999). Der Blick in die jüngere Geschichte zeigt darüber hinaus, dass die Beschäftigung mit der Arbeitsanalyse nicht nur auf eine beachtliche Tradition zurück blicken kann, sondern seit langem als grundlegendes Thema und wichtiges Instrument der Arbeitspsychologie angesehen wird. So überschreibt z. B. Trebeck (1970) in einem „Vorläufer" der Enzyklopädie seinen Beitrag mit dem Titel „Die Arbeitsanalyse als Grundlage der Arbeitsgestaltung, der Auswahl und Ausbildung von Mitarbeitern und der Arbeitsbewertung" und verdeutlicht die Notwendigkeit, sich mit Begriffsbestimmungen, den verschiedenen Zwecken der Analyse sowie mit Problemen der Anforderungsanalyse und ihrer Methoden zu beschäftigen.

Mit Arbeitsanalyse wird ganz allgemein die systematische Erfassung und Bewertung von Informationen über die Interaktion von Mensch und Arbeitsbedingungen bezeichnet. Je nach Definition und Verständnis von Arbeit werden verschiedene Seiten menschlichen Handelns und seiner Ergebnisse untersucht. Arbeitsanalysen werden für unterschiedliche (betriebliche und wissenschaftliche) Ziele eingesetzt: Im Zentrum stehen die Arbeits- und Organisationsgestaltung und die Personalentwicklung (z. B. bei der Ermittlung von Qualifikations- oder

Eignungsanforderungen), aber auch der Arbeits- und Gesundheitsschutz, die Technikfolgenabschätzung, die Festsetzung von Lohn und Entgelt sowie die Überprüfung wissenschaftlicher Theorien sind wesentliche Ziele der Arbeitsanalyse (Ash, 1988; Brannick & Levine, 2002; Frieling, 1990).

Im Folgenden geht es um Grundlagen, Fragestellungen und Vorgehen der *psychologischen* Arbeitsanalyse, die sich mit der Arbeit als menschliche Tätigkeit befasst. In Abschnitt 2 wird der Gegenstand der Arbeitsanalyse behandelt und der Frage nachgegangen, welche Rolle die Arbeit für den Menschen spielt. Theoretische und empirische Forschungen zu den Auswirkungen der Arbeit auf den Menschen sind Grundlagen für die psychologische Arbeitsanalyse. Die theoretische Fundierung begründet die Auswahl der Analyseeinheit sowie der untersuchten Merkmale (Abschnitt 3). In Abschnitt 4 werden zentrale Merkmale und Fragerichtungen erläutert, die in der psychologischen Arbeitsanalyse verfolgt werden. In Abschnitt 5 wird auf das Anliegen der psychologischen Arbeitsanalyse eingegangen. Dabei wird verdeutlicht, dass Praxis und Forschung mit dem Einsatz arbeitsanalytischer Verfahren unterschiedliche Ziele verfolgen, aber auch Gemeinsamkeiten haben. Abschnitt 6 enthält einen Überblick über die im Rahmen der Arbeitsanalyse verwendeten Erhebungsmethoden, und in Abschnitt 7 werden beispielhaft das Vorgehen und die Einbettung von Arbeitsanalysen in umfassendere Vorgehensmodelle dargestellt. Die erforderliche Prüfung der methodischen Güte muss Besonderheiten der Arbeitsanalyseverfahren berücksichtigen; hierauf wird in Abschnitt 8 eingegangen. Abschließend finden sich in Abschnitt 9 ein tabellarischer Überblick über psychologische Arbeitsanalyseverfahren und in Abschnitt 10 ein Ausblick auf zukünftige Aufgabenstellungen.

2 *Gegenstand der Arbeitsanalyse*

In der psychologischen Arbeitsanalyse geht es um die Analyse und Bewertung der Arbeitsaufgabe(n) und der Arbeitsbedingungen als Anforderungen an die psychische Regulation des Handelns sowie um die tatsächlich ausgeführten Arbeitstätigkeiten[1] (Hacker, 1995, 2005; Oesterreich & Volpert, 1987). Gegenstand der psychologischen Arbeitsanalyse ist somit die konkrete Arbeitstätigkeit

1 Die Analyse und Bewertung der Auswirkungen der Arbeitstätigkeit und Arbeitsbedingungen auf die Arbeitenden ist nach diesem Verständnis nicht unmittelbarer Gegenstand der psychologischen Arbeitsanalyse, auch wenn diese für die Beurteilung des Gestaltungsbedarfs von Arbeitsprozessen erforderlich sind. Für die Analyse der Auswirkungen der Arbeit auf die Gesundheit und Persönlichkeit der Arbeitenden liegt eine Vielzahl von Vorgehensweisen und Verfahren vor (vgl. zum Überblick z. B. Richter & Hacker, 1998; Semmer & Udris, 2004; Zapf & Semmer, 2004; vgl. auch Semmer, Grebner & Elfering in diesem Band; vgl. auch z. B. die häufiger verwendeten Verfahren von Plath & Richter, 1984; Richter, Debitz & Schulze, 2002; Mohr, 1986; Mohr, Rigotti & Müller, 2005).

als psychisch regulierte Tätigkeit – also als Tätigkeit eines arbeitenden Individuums.

Diese Gegenstandsbestimmung erfordert eine genauere Eingrenzung bezüglich der Frage, was mit Arbeit gemeint ist, welche besonderen Merkmale Arbeit als menschliche Lebenstätigkeit aufweist und welche in der psychologischen Arbeitsanalyse zu berücksichtigen sind. Der Begriff von *Arbeit* sowie damit verbundene Wertungen unterliegen einem Wandel in Abhängigkeit von gesellschaftlichen Verhältnissen und geschichtlichen Epochen (vgl. z. B. Neuberger, 1985; Semmer & Udris, 2004). Ein wesentliches Merkmal bleibt jedoch über alle Veränderungen hinweg gleich: In der Arbeit werden die materiellen und immateriellen Grundlagen geschaffen, um das Überleben und Wohlergehen der Menschen sicherzustellen (vgl. hierzu Volpert, 1975, 2003).

Die spezifische Bedeutung der Arbeit im Leben eines Individuums betrifft zunächst Funktionen, die der Arbeit als zentralem Lebensbereich zukommen. So ist in heutigen Industriegesellschaften die möglichst kontinuierliche Ausübung einer Erwerbsarbeit unabdingbare Voraussetzung für die Sicherung der materiellen und sozialen Existenz. Darüber hinaus wird der Erwerbsarbeit eine Reihe allgemeiner psychosozialer Funktionen zugeschrieben, die auf mit ihr verknüpften Erfahrungen und Erlebnissen beruhen:

> Sie gibt dem wach erlebten Tag eine Zeitstruktur; sie erweitert die Bandbreite der sozialen Beziehungen zur Familie und zur unmittelbaren Nachbarschaft hinaus; mittels Arbeitsteilung demonstriert sie, dass die Ziele und Leistungen eines Kollektivs diejenigen des Individuums transzendieren; sie weist einen sozialen Status zu und klärt die persönliche Identität; sie verlangt eine regelmäßige Aktivität. (Jahoda, 1983, S. 136)

Für heutige Industriegesellschaften sind allerdings Beschränkungen kennzeichnend, die von Volpert (1975, 1979) als Partialisierung bezeichnet wurden. Hierzu zählt neben der gesellschaftlichen Herausbildung unterschiedlicher Berufe oder Tätigkeitsarten die Abtrennung der Entscheidungen über das Ziel der Arbeitstätigkeit und das herzustellende Produkt von der eigentlichen Ausführung. Verbunden hiermit ist eine (mehr oder weniger fortgeschrittene) Aufteilung von Kopf- und Handarbeit, d. h. nicht nur das Gesamtziel der Arbeit ist vorgegeben, sondern auch die Schritte und Mittel der Zielerreichung. Über diese allgemeinen Beschränkungen hinaus gibt es weitere Einschränkungen des Arbeitshandelns, die die arbeitenden Individuen zu „partialisierten“ – genauer: „spezifisch partialisierten“ (Volpert, 1975, S. 160 ff.) – Handlungen zwingen. Die vollständige menschliche Handlungsorganisation enthält Zielbildung, Planung, Ausführung und Rückmeldung über das erreichte Ergebnis. Auf höheren Ebenen der Handlungsregulation werden die generelle Richtung des Handelns bestimmt und unterschiedliche Ziele gegeneinander abgewogen; auf niedrigeren Regulationsebenen werden Handlungsstrategien festgelegt, Handlungswege geplant und ausgeführt. Fortschreitende Arbeitsteilung und Standardisierung der Arbeitsprozesse können dazu führen, dass nicht nur die übergeordnete Zielbildung, sondern auch Planerzeugung und Realisierungskontrolle von der Ausführung getrennt werden. Spezifische Partialisierung äußert sich also darin, dass das arbeitende Individuum bei der Bewältigung seiner Arbeitsaufgaben von höheren Ebenen der Regulation des eigenen Handelns abgeschnitten ist. Je stärker die Zergliederung des Arbeitsprozesses fortgeschritten ist, umso gleichförmiger und sinnentleerter werden die einzelnen Arbeitsvollzüge. Schließlich kann die Zeit für einzelne Arbeitsschritte genau festgelegt werden, so dass das Individuum sich in der Regulation des eigenen Handelns auch an von außen vorgeschriebene Zeitpunkte halten muss.

Das unterschiedliche Ausmaß der Partialisierung im Arbeitshandeln drückt sich zum einen darin aus, in welchem Umfang die Möglichkeiten zur eigenen Zielsetzung, zur Entwicklung geeigneter Vorgehensweisen sowie zu deren Korrektur eingeschränkt sind. Zum anderen führen partialisierte Arbeitsbedingungen dazu, dass der Umgang mit Störungen und Abweichungen im Arbeitsablauf beschränkt ist. In diesem Fall geraten – allgemein gesprochen – die Durchführungsbedingungen der Arbeitsaufgabe in Widerspruch zur Zielerreichung. Partialisierung ist auch eine Ursache dafür, dass die Arbeitsbedingungen die Regulation des Arbeitshandelns behindern.

Arbeit ist einerseits Grundlage für die Herausbildung spezifisch menschlicher Fähigkeiten, sie beeinflusst die persönliche Entwicklung und das Wohlbefinden des arbeitenden Menschen. Andererseits kann die gesellschaftliche und betriebliche Organisation dazu führen, dass die konkreten Arbeitsaufgaben zu unvollständigem Handeln führen und somit den Grundmerkmalen menschlichen Handelns widersprechen. Die Folgen der „Sozialisation durch Arbeit" sind höchst unterschiedlich zu bewerten, da der Arbeitsinhalt und die konkreten Arbeitsbedingungen positive wie negative Auswirkungen auf Gesundheit und Wohlbefinden, auf das Handeln in anderen Lebensbereichen und die persönliche Entwicklung haben können. Die psychologische Analyse von Arbeit hat somit zwei Funktionen: Zum einen wird sie benötigt, um in der Forschung die Folgen konkreter Arbeitstätigkeiten für den arbeitenden Menschen aufzudecken. Zum anderen sollte sie an solchen Forschungsergebnissen anknüpfend in der Praxis Grundlagen für eine am Menschen und seiner Entwicklung orientierte Bewertung und Gestaltung von Arbeit bieten. Weber (1994) spricht in diesem Zusammenhang von „humanisierungsrelevanten Arbeitsanalysen", deren Ziele darin bestehen, „persönlichkeitsförderliche und beeinträchtigende Arbeitsbedingungen unterschiedlicher Art sowie ihre Auswirkungen oder Widerspiegelungen im Arbeitenden zu identifizieren, Arbeitsabläufe hinsichtlich solcher Merkmale und

Prozesse zu klassifizieren und Anhaltspunkte für die menschengerechte Verbesserung von Arbeitsbedingungen zu gewinnen" (S. 12).

Die bisherigen Ausführungen bezogen sich überwiegend auf Erwerbsarbeit. Ausgeklammert blieb damit der Bereich unbezahlter Arbeit, sei es Haus- und Familienarbeit, ehrenamtliche Tätigkeiten oder Freiwilligenarbeit. Obwohl hierfür seit einigen Jahren vereinzelt arbeitspsychologische Beiträge vorliegen (vgl. z. B. Helfmann, 2000; M. G. Resch, 1999; Wehner, Ostendorp & Ostendorp, 2002; vgl. auch Sonnentag & Fritz in diesem Band), besteht in diesem Feld theoretisch wie empirisch erheblicher Forschungsbedarf.

3 Theoretische Fundierung der Arbeitsanalyse

Vorliegende Verfahren der Arbeitsanalyse unterscheiden sich in ihrer theoretischen Fundierung und damit in der Frage, welche Merkmale auf welcher Ebene erhoben werden und wie die zugeordnete Analyseeinheit bestimmt wird. Unter einer psychologischen Perspektive ist dabei von Bedeutung, dass das *Menschenbild* in Form von Annahmen über die Besonderheiten des menschlichen (Arbeits-)Handelns expliziert wird, da erst vor diesem Hintergrund die Entwicklungsförderlichkeit von Arbeitsaufgaben und -bedingungen bewertet werden kann (vgl. Dunckel, 1996; Volpert, 1990). Im Folgenden sollen die wichtigsten theoretischen Ansätze kurz skizziert werden, die Grundlage für ein oder mehrere Verfahren der psychologischen Arbeitsanalyse sind.

Ein großer Teil der in den letzten Jahren entwickelten Arbeitsanalyseverfahren orientiert sich an *handlungsregulations- bzw. tätigkeitstheoretischen Ansätzen* (vgl. Hacker in diesem Band). Die mit den Aufgaben gestellten Handlungsforderungen werden hierbei als Anforderungen an die psychische Regulation einer arbeitenden Person verstanden und untersucht (vgl. z. B. Hacker, 2005; Volpert, 1987). Im Vordergrund stehen Fragen der Angemessenheit der Arbeitsbedingungen für menschliches Handeln. Die hierfür erforderlichen Kriterien zur Bewertung von Arbeit leiten sich aus Annahmen zu Besonderheiten des menschlichen Handelns ab. Eine solche Besonderheit ist darin zu sehen, dass der Mensch bewusst geplante bzw. selbst gesetzte Ziele verfolgt. Darüber hinaus ist die menschliche Fähigkeit zu nennen, Ziele in Abstimmung mit anderen Menschen zu verfolgen. Dies wird auch als „soziale Eingebundenheit" des Handelns bezeichnet. Die dritte Grundannahme handlungstheoretischer Ansätze bezieht sich darauf, dass menschliches Handeln gegenständlich ist, d. h. Handeln verändert die den Menschen umgebenden Bedingungen und wird zugleich durch diese (mit-)bestimmt. Die Umwelt stellt Handlungsforderungen, denen das Individuum durch die Regulation seiner Handlungen entsprechen muss, um seine Ziele unter den gegebenen Bedingungen zu erreichen. Mithilfe der Arbeitsanalyse wird ermittelt, in welchem Umfang die Bedingungen am Arbeitsplatz diesen Eigenschaften menschlichen Arbeitshandelns entgegenstehen. „Je stärker die menschliche Fähigkeit zu eigenständigem, bewußtem und flexiblem Handeln in die Arbeit eingebracht und dort weiterentwickelt werden kann, desto humaner im Sinne von ‚dem Menschen gerecht' sind die Arbeitsbedingungen" (Leitner, 1999, S. 69).

Im Konzept der „vollständigen Tätigkeit" (vgl. z. B. Hacker, 1991; Pohlandt, Hacker & Richter, 1999; vgl. auch Hacker in diesem Band) wird der innere Zusammenhang von Vorbereitungs-, Organisations-, Ausführungs- und Kontrollkomponenten einer Handlung betont – dies betrifft den Aspekt der „zyklischen Vollständigkeit". Darüber hinaus sollte eine Tätigkeit vor allem auch „hierarchisch vollständig" sein, d. h. nicht nur automatisierte psychische Prozesse, sondern auch Wahrnehmungs- und Vorstellungsprozesse sowie algorithmische, nicht algorithmische und schöpferische Denkprozesse beinhalten. Im Rahmen der Entwicklung eines Konzepts der „kontrastiven Aufgabenanalyse" (vgl. z. B. Dunckel, 1996; Volpert, 1990) wurden Humankriterien als relevante Dimensionen herausgestellt, die eine Beurteilung von Arbeitsaufgaben im Hinblick auf das Ausmaß erlauben, in dem diese menschliche Besonderheiten und Stärken berücksichtigen und fördern. Dunckel et al. (1993) nennen Entscheidungsspielraum, Zeitspielraum, Strukturierbarkeit, Belastungen, körperliche Aktivität, Kontakt zu materiellen und sozialen Bedingungen des Arbeitshandelns, Variabilität sowie Kooperation und Kommunikation (vgl. auch Dunckel & Pleiss, 2007).

Die Analyse konkreter Arbeitstätigkeiten kann in umfassendere Vorgehensmodelle eingebettet werden (vgl. Abschnitt 7). Als eine wesentliche theoretische Grundlage für solche Ansätze sind Arbeiten des Londoner Tavistock Institute for Human Relations und die dort begründete *soziotechnische Systemgestaltung* (zum Überblick vgl. Trist, 1990) zu nennen. Die Arbeitstätigkeit findet überwiegend in Arbeitssystemen statt, die dem soziotechnischen Ansatz zufolge aus einem technischen und einem sozialen Teilsystem bestehen. Zum technischen Teilsystem gehören Anlagen, Betriebsmittel, Arbeitsmaterialien und -instrumente, zum sozialen Teilsystem die Beschäftigten mit ihren Qualifikationen, Bedürfnissen, Erwartungen und Ansprüchen an die Arbeit. Die Wechselwirkungen zwischen diesen beiden Komponenten eines Arbeitssystems sind zu berücksichtigen und Ansätze für eine gemeinsame Optimierung zu finden. Die ganzheitliche Betriebsanalyse unter Berücksichtigung von Mensch, Technik und Organisation (MTO-Analyse, vgl. Strohm & Ulich, 1997) lässt sich als Weiterentwicklung kennzeichnen, mit der die auf das soziotechnische System als Ganzes bezogene Sichtweise mit arbeitspsychologischen Analyseverfahren auf Grundlage der Handlungsregulationstheorie sinnvoll verbunden wird. Im Zusammenhang mit der Analyse von Gruppenarbeit findet sich bei Weber (1997) ein Vorschlag, beide Ansätze auch theoretisch aufeinander zu beziehen.

In der Betonung von Merkmalen wie Entscheidungsspielraum, Handlungsspielraum und Variabilität, Identität und Wichtigkeit der Aufgaben treffen sich handlungstheoretische Ansätze mit industriesoziologischen Traditionen, wie etwa den Arbeiten von Turner und Lawrence (1965) und den darauf basierenden Arbeiten von Hackman und Oldham (1975). Da es insbesondere den zuletzt genannten Autoren um Fragen des „Motivationspotenzials der Arbeit“ und seiner Erfassung geht, lassen sich diese Ansätze auch als *motivationstheoretisch* orientiert einordnen. Im sogenannten „Job Characteristics Model“ werden Hypothesen über motivationsfördernde Bedingungen formuliert, wobei folgenden drei Bedingungen als „kritischen Zuständen“ eine Schlüsselrolle zukommt: die erlebte Sinnhaftigkeit oder Bedeutsamkeit der eigenen Arbeit, die erlebte Verantwortung für die Ergebnisse der eigenen Arbeit sowie das Wissen über die aktuellen Resultate der eigenen Arbeitstätigkeit. Das Produkt dieser drei Zustände ergibt das Motivationspotenzial einer konkreten Arbeit. Zur Erfassung wurde der „Job Diagnostic Survey“ entwickelt, der Skalen zu den genannten Konstrukten enthält (vgl. Schmidt & Kleinbeck, 1999).

In einer anderen Tradition stehen *verhaltensorientierte Verfahren.* Eines ihrer Kennzeichen ist die Orientierung am äußeren Bewegungsablauf und dessen Zergliederung in einzelne Arbeits- oder Verhaltenselemente. Frühe Vertreter wie z. B. Taylor (1911) oder Gilbreth (1911) gingen von einem additiven Bewegungsmodell aus. Darauf basierende Verfahren (wie z. B. Verfahren vorbestimmter Zeiten) versuchen daher, elementare Grundeinheiten zu bestimmen und diese additiv zusammenzusetzen. In der Tradition des Behaviorismus stehende Ansätze bemühen sich ebenfalls, elementare Grundeinheiten zu identifizieren. Ihre Einheiten sind jedoch größer; sie werden deshalb nicht als bewegungs-, sondern als verhaltensorientiert bezeichnet. Typisch für die hiermit verbundene Herangehensweise ist die Beschreibung sichtbarer Merkmale der Arbeitssituation. Diese Orientierung basiert auf der Annahme, dass diese Merkmale unabhängig vom Kontext oder dem konkreten Arbeitsinhalt jeweils ein bestimmtes Arbeitsverhalten hervorrufen. Arbeitsplätze können somit danach verglichen oder bewertet werden, welche dieser sichtbaren Merkmale auftreten. Ein verhaltensorientierter Ansatz liegt beispielsweise dem „Fragebogen zur Arbeitsanalyse“ (FAA, Frieling & Hoyos, 1978) – der deutschen Übersetzung des „Position Analysis Questionaire“ (PAQ, vgl. McCormick, 1979) – zugrunde, mit dem vor allem Ähnlichkeitsaussagen über Arbeitsplätze auf der Grundlage festgelegter Merkmale möglich sind.

Das „Arbeitswissenschaftliche Erhebungsverfahren zur Tätigkeitsanalyse“ (AET, vgl. Rohmert & Landau, 1979) basiert ebenfalls auf dem PAQ, legt jedoch den Schwerpunkt auf die Analyse der Belastungen. Entwickelt wurde es für die Bewertung der Arbeitsschwere insbesondere im Hinblick auf Entlohnungsfragen. Es steht in der Tradition des arbeitswissenschaftlichen *Belastungs-Beanspruchungs-*

Konzepts (Rohmert & Rutenfranz, 1975). Unter Belastung wird in diesem Konzept die Gesamtheit der Einflüsse verstanden, die von außen auf den Menschen zukommen und mit der Aufgabe verbunden sind. Hiervon unterschieden wird die unmittelbare (nicht langfristige) Auswirkung der Belastung im arbeitenden Menschen, die als Beanspruchung bezeichnet wird. Sie ist abhängig vom jeweiligen aktuellen Zustand sowie von den Fertigkeiten, Kompetenzen und der Konstitution des Individuums. Der Grundgedanke dieses Modells besagt, dass das Ausmaß der Beanspruchung durch die Höhe der Belastung sowie durch individuelle Eigenheiten des arbeitenden Menschen bestimmt wird.

Ebenfalls den Schwerpunkt auf die Analyse von Belastungen legen Arbeitsanalyseverfahren, die im Kontext *stresspsychologisch orientierter Ansätze* entstanden sind. Hierzu zählt beispielsweise das „Instrument zur Stressbezogenen Tätigkeitsanalyse" (ISTA, vgl. Semmer, 1984; Semmer, Zapf & Dunckel, 1999), mit dem Belastungsschwerpunkte unterschiedlicher Tätigkeitsbereiche insbesondere aus dem Produktions- und Bürobereich abgeschätzt werden können. Das Verfahren ist auf Grundlage psychologischer Stressmodelle und der Handlungsregulationstheorie entstanden. Ausgangspunkt ist die Annahme, dass bei Stress ein Ungleichgewicht zwischen Person und Umwelt vorliegt, d. h. dass die Anforderungen der Umwelt die Leistungsvoraussetzungen oder Ressourcen einer Person übersteigen. Dieses Ungleichgewicht führt zu *Stress(reaktionen)*, wenn es als subjektiv bedeutsam und aversiv erlebt wird. Dementsprechend sind *Stressoren* Ereignisse in der Umwelt, die die Auftretenswahrscheinlichkeit von Stressreaktionen erhöhen (Greif, 1991; Semmer, 1984).

Anstelle der Suche nach und dem Abbau von Belastungen orientieren sich *gesundheits- bzw. salutogenetisch orientierte* Ansätze stärker auf die Erfassung von Ressourcen, d. h. solchen Bedingungen, die dazu beitragen, dass Menschen trotz hoher Belastung nicht krank werden bzw. gesund bleiben (vgl. z. B. Ducki, 2000; Udris & Rimann, 1999). Diese Überlegungen gehen auf Arbeiten von Antonovsky (1979, 1997) zurück. Folgt man der salutogenetischen Fragestellung, so gilt es, nach Ressourcen im Umgang mit Stressoren oder Belastungen zu suchen. Hierbei wird in der Regel zwischen inneren (personalen) und äußeren (organisationalen) Faktoren unterschieden. Zu den bekanntesten inneren Ressourcen zählt das auf Antonovsky zurückgehende Konzept eines Kohärenzgefühls („sense of coherence"). Ihm entspricht eine allgemeine Überzeugung, in der das Ausmaß der Zuversicht gegenüber den eigenen Lebensumständen zum Ausdruck kommt. Diese Zuversicht betrifft Aspekte der Verstehbarkeit, der Bewältigbarkeit sowie der Sinnhaftigkeit der Anforderungen und Ereignisse, mit denen ein Individuum konfrontiert ist.

Bislang wurde die Rolle der theoretischen Fundierung hervorgehoben: Arbeitsanalyseverfahren unterscheiden sich im Hinblick auf ihre theoretische Einbettung und damit in der Auswahl der als relevant erachteten Merkmalsbereiche. Gemeinsam ist den verschiedenen theoretischen Ansätzen, dass sich die Gewichtung und Bewertung der erhobenen Merkmale nicht zuletzt in empirischen Befunden zu ihren Auswirkungen auf den arbeitenden Menschen gründen lassen müssen. So liegen inzwischen zahlreiche Studien vor, in denen substanzielle Zusammenhänge zwischen Stressoren und Gesundheits- bzw. Krankheitsindikatoren berichtet werden (vgl. z. B. Semmer, 2003). Um einen kausalen Einfluss der Arbeit aufzuzeigen, sind theoretisch wie methodisch anspruchsvolle Längsschnittstudien erforderlich (vgl. Leitner, 1997; Zapf, Dormann & Frese, 1996; vgl. auch Dormann, Zapf & Perels in diesem Band). Die Zahl derartiger Untersuchungen ist zwar nicht hoch, dennoch verweisen die Ergebnisse eindeutig darauf, dass die Bedingungen der konkret ausgeübten Arbeitstätigkeit wichtige Faktoren für die im Erwachsenenalter verlaufenden Entwicklungsprozesse sind (zum Überblick vgl. z. B. Ulich, 2005; Semmer & Udris, 2004; vgl. auch Bergmann in diesem Band).

4 Hauptfragestellungen der Arbeitsanalyse

Weitere Kennzeichen von Arbeitsanalyseverfahren betreffen – neben den bereits im Abschnitt 3 angesprochenen theoretischen Grundlagen – die Frage nach dem Analysegegenstand sowie die Frage des Bedingungs- oder Personenbezugs.

4.1 Primat der Aufgabe

Jede Arbeitstätigkeit ist Teil eines übergeordneten betrieblichen Zusammenhangs, eingebunden in einen Erstellungsprozess von Produkten oder Dienstleistungen und in die Gesamtheit der darauf gerichteten Arbeitsaufgaben. „Diese jeweiligen Aufgaben sind die wesentlichen Stellen, an welchen der übergeordnete, den Individuen äußerliche Handlungszusammenhang die konkreten Individuen trifft und ihnen konkrete Handlungsforderungen stellt" (Volpert, 1987, S. 14).

Volpert bezeichnet die Aufgabe daher auch als Schnittpunkt zwischen Organisation und Individuum und damit als den psychologisch relevantesten Teil der vorgegebenen Arbeitsbedingungen. Nach Hacker (2005, S. 52 f.) wird durch eine Arbeitsaufgabe bestimmt, an welchem Sachverhalt (Gegenstand, Klienten) welche Veränderungen unter welchen Bedingungen (Mittel, Wege, Technologie) von wem vorgenommen werden sollen. Aus der „objektiven Logik" der Inhalte eines Arbeitsauftrags bzw. seiner Übernahme als Arbeitsaufgabe folgen entscheidende Festlegungen zur Organisation und Regulation der Tätigkeiten (ebd.).

Arbeitsaufgaben entsprechen somit einem bestimmten Typ von Handlungsforderungen, denen der arbeitende Mensch nachkommen muss, indem er entsprechende Handlungsstrukturen entwickelt (vgl. auch Oesterreich & Volpert, 1987, S. 52 f.). Während der Ausführung einer Arbeitstätigkeit müssen bestimmte äußere Gegebenheiten oder (Arbeits-)Bedingungen – sowohl physikalischer als auch sozialer und gesellschaftlicher Art – berücksichtigt werden. Diese bringen dem Handeln nicht nur eine natürliche Widerständigkeit entgegen, sondern sie bestimmen das Handeln auch dadurch, dass nur bestimmte Handlungen ermöglicht werden und eine bestimmte Handlungslogik aufgezwungen wird.

Gegenüber „natürlichen" Handlungsforderungen sind Arbeitsaufgaben sozial eingebettet und *von einem übergeordneten sozialen Zusammenhang bestimmt oder zugeteilt*. Der oder die Arbeitende ist in einen größeren und überdauernden Handlungszusammenhang eingebunden, durch den Aufgaben extern vorgegeben werden. Arbeitsaufgaben existieren somit nur mit Bezug auf gesellschaftliche und soziale Zusammenhänge. Diese müssen nicht notwendigerweise nur im Bereich der bezahlten Erwerbswirtschaft bestehen (zur Aufgabenbestimmung z. B. im Bereich unbezahlter Haus- und Familienarbeit vgl. M. G. Resch, 1999).

Die Abgrenzung von Aufgaben[2] ist daher ein wichtiger Schritt und erstes Ergebnis der Arbeitsanalyse. Die Arbeitsaufgaben sind nicht nur Schnittpunkt zwischen Organisation und Individuum, sondern zugleich zentraler Ansatzpunkt arbeitspsychologischer Gestaltungsbemühungen: Durch sie können wesentliche Eigenschaften der psychischen Struktur der Arbeitstätigkeit (wie z. B. das Ausmaß und die Möglichkeit selbstständiger Zielsetzungen bzw. Denk- und Planungsprozesse) beeinflusst werden. In diesem Sinne wird auch vom Primat der Aufgabe gesprochen (vgl. z. B. Ulich, 2004, 2005; vgl. auch Ulich in diesem Band).

4.2 Dimensionen der Analyse

Die Auswahl der in der Arbeitsanalyse untersuchten Merkmale erfolgt vor dem Hintergrund der jeweiligen theoretischen Einbettung (vgl. Abschnitt 3). Trotz unterschiedlicher theoretischer Einbettungen lassen sich zentrale – in den meisten Verfahren verwendete – Dimensionen der Analyse festhalten.

---

2 Konradt, Semmer und Tschan (2007) verweisen darauf, dass der Aufgabenbegriff und entsprechende Aufgabenanalysen auch in anderen Disziplinen (z. B. Wirtschaftswissenschaften, Organisationstheorie, Informatik) zu finden sind.

Üblicherweise werden verschiedene *Ebenen* der Bewertung und Gestaltung von Arbeit unterschieden (vgl. Ulich, 2005, S. 144 ff.). Bei Hacker und Richter (1980; vgl. auch Hacker, 1995) finden sich beispielsweise folgende vier Bewertungsebenen der Arbeit:

- Auf der Ebene der Ausführbarkeit wird beurteilt, ob zuverlässiges, forderungsgerechtes und langfristiges Ausführen der Tätigkeit gewährleistet ist;
- auf der Ebene der Schädigungslosigkeit wird beurteilt, ob physische und psychophysische Schädigungen vorliegen;
- auf der Ebene der Beeinträchtigungsfreiheit wird beurteilt, ob Beeinträchtigungen des psychosozialen Wohlbefindens vorhanden sind;
- schließlich wird auf der vierten Ebene mit dem Kriterium der Persönlichkeitsförderlichkeit festgestellt, ob und inwieweit die lebenslange Entwicklung der Persönlichkeit durch inhaltsreiche, vielfältige und soziale Arbeitsbedingungen ermöglicht wird.

Diesen Ebenen sind unterschiedliche Gestaltungsziele zuzuordnen, für die die verschiedenen arbeitswissenschaftlichen Disziplinen jeweils eigene Beiträge zu liefern haben. Die Arbeitspsychologie ist insbesondere gefragt, wenn es darum geht, Kriterien für beeinträchtigungsfreie und persönlichkeitsförderliche Arbeit zu definieren und entsprechende Verfahren zur Analyse, Bewertung und Gestaltung bereitzustellen (Ebene 3 und 4). Dies gilt auch für das von Ulich (2005, S. 149 f.) ergänzte Kriterium der Zumutbarkeit, mit dem ausgedrückt wird, in welchem Umfang eine Arbeitstätigkeit den Bedürfnissen und Qualifikationen der Beschäftigten entspricht.

Die Bewertungsebenen beinhalten eine Unterscheidung der Wirkungen der jeweils auf einer Ebene angesprochenen Aspekte: Ebene 4 betrifft positive Merkmale, wie beispielsweise die Einflussnahme auf die eigene Arbeitstätigkeit, die die spezifischen menschlichen Fähigkeiten fordern und zugleich *fördern*, d. h. positiv zur Entwicklung des arbeitenden Menschen beitragen. Hohe Anforderungen an eigenständiges Denken, Planen und Entscheiden, Möglichkeiten der Kommunikation und Kooperation, große Tätigkeitsspielräume und vollständige Aufgaben werden als wesentliche Merkmale einer persönlichkeits- und gesundheitsgerechten Arbeit beschrieben (vgl. z. B. Bamberg & Metz, 1998; Hacker, 1991; Oesterreich & Volpert, 1999; Ulich & Wülser, 2005). Auch wenn sich die theoretischen Vorstellungen sowie die verwendeten Begriffe unterscheiden, so herrscht doch

> große Einmütigkeit, dass die Möglichkeit, Einfluss zu nehmen, über möglichst viele Aspekte seines Lebens – und somit auch seiner Arbeit – selbst zu entscheiden oder zumindest mit zu entscheiden, zu den Kriterien einer menschenwürdigen Lebensführung im allgemeinen wie einer persönlichkeitsförderlichen Arbeitsgestaltung im besonderen zu zählen ist. (Semmer, 1990, S. 190)

Häufig untersuchte Dimensionen sind dementsprechend der Handlungs- oder Entscheidungsspielraum, die Partizipationsmöglichkeiten, die Kooperations- und Kommunikationsanforderungen sowie die Nutzung und Weiterentwicklung der Qualifikationen.

Der Ebene 3 sind negative Merkmale zuzuordnen, die mit Einschränkungen des Wohlbefindens, psychosomatischen Beschwerden oder auch manifesten Krankheiten einhergehen: Die Identifikation solcher Bedingungen steht in der Tradition der in den siebziger Jahren begonnenen Forschungsarbeiten zur „industriellen Psychopathologie" (Frese, Greif & Semmer, 1978). Belastende Arbeitsbedingungen können sich aus arbeitsorganisatorischen Problemen ergeben, hierzu zählen beispielsweise häufige Unterbrechungen oder fehlende Rückmeldungen sowie unklare und widersprüchliche Arbeitsanweisungen. Darüber hinaus gibt es eine Vielzahl von Bedingungen, die auf Dauer zu Überforderungen der menschlichen Leistungsfähigkeit führen, beispielsweise Zeitdruck, Monotonie oder Vigilanz. Nicht zuletzt können auch soziale Aspekte der Arbeit krank machende Wirkungen entfalten – ein Gesichtspunkt, der bislang in der Arbeitsanalyse weniger Berücksichtigung gefunden hat (vgl. Zapf & Frese, 1991). Dies ist nicht zuletzt darin begründet, dass Unklarheiten darüber bestehen, welche sozialen Belastungen überhaupt zum Gegenstandsbereich der Arbeitsanalyse gehören. Dies gilt sicherlich nicht für arbeitsplatzübergreifende Phänomene wie das generelle Betriebsklima. Konflikte, die sich etwa durch Mängel bei der Arbeitsaufgabengestaltung und der Arbeitsorganisation ergeben, sind demgegenüber durchaus Gegenstand von Arbeitsanalysen.

Die hier vorgenommene Aufzählung der in der Arbeitsanalyse untersuchten Merkmale hat weder den Anspruch auf Vollständigkeit noch wurde auf die Differenzierungen innerhalb und zwischen verschiedenen Konzepten eingegangen. Deutlich werden sollten Dimensionen der psychologischen Arbeitsanalyse sowie die grundlegende Unterscheidung förderlicher und beeinträchtigender Arbeitsbedingungen, die mittlerweile von vielen Autorinnen und Autoren geteilt wird.

Empirische Begründungen der angenommenen unterschiedlichen Wirkungen verschiedener Dimensionen der Arbeit finden sich beispielsweise in den Forschungen zum Demand/Controll-Modell von Karasek (zum Überblick vgl. Karasek & Theorell, 1990) sowie in Untersuchungen zu dem innerhalb der Handlungsregulationstheorie ausgearbeiteten Konzept Anforderung/Belastung (vgl. z. B. Oesterreich & Volpert, 1999). Da das Ausmaß von Belastungen einerseits und das Ausmaß von Anforderungen andererseits verschiedene Wirkungen haben, wird in dem Konzept Anforderung/Belastung betont, dass diese konzeptionell klar voneinander unterschieden werden müssen: „Es handelt sich dabei nicht um gegensätzliche Pole einer Dimension, sondern vielmehr um zwei voneinander unabhängige Dimensionen, deren Verwechslung Ursache unplausibler Resultate oder verfehlter Arbeitsgestaltung sein kann" (Leitner, 1999, S. 80).

Bei Oesterreich (1999, S. 144) findet sich eine weitere Differenzierung des Konzepts Anforderung/Belastung sowie eine vergleichende Diskussion verschiedener arbeitswissenschaftlicher Konzepte wie etwa des Demand/Controll-Modells oder des Konzepts „vollständige Tätigkeit" (vgl. Abschnitt 3).

4.3 Bedingungs- oder personbezogene Fragestellung

Wesentlich für die Arbeitsanalyse ist die Frage, ob sich die Untersuchung auf eine allgemeine Kennzeichnung der Arbeitsbedingungen unter Abstraktion individueller Besonderheiten richtet oder explizit nach diesen individuellen Besonderheiten fragt. Ersteres betrifft Arbeitsanalysen mit bedingungsbezogener Fragestellung. Hierbei geht es darum, Merkmale der Arbeitstätigkeit und ihrer Bedingungen unabhängig von persönlichen Wahrnehmungen sowie unter Absehung individueller Vorgehensweisen der unter diesen Bedingungen arbeitenden Personen zu ermitteln. Die personbezogene Fragestellung untersucht demgegenüber individuelle Vorgehensweisen, Leistungen, Qualifikationen sowie persönliche Bewertungen der Arbeitssituation.

Mittlerweile hat sich die ursprünglich von Gablenz-Kolakoviç, Krogoll, Oesterreich und Volpert (1981) vorgeschlagene Unterscheidung zwischen bedingungs- und personbezogener Arbeitsanalyse weitgehend durchgesetzt und die zuvor gebräuchliche Gegenüberstellung von objektiven vs. subjektiven Verfahren abgelöst. Letzteres Begriffspaar führte häufig zu Missverständnissen, da die Worte „objektiv" und „subjektiv" mit jeweils abweichenden Bedeutungen verwendet werden. Oesterreich und Volpert (1987, S. 56) verweisen zudem darauf, dass die gebräuchliche Kennzeichnung verschiedener Erhebungsmethoden als „objektiv" oder „subjektiv" ebenso zu Missverständnissen beitragen kann. Dies ist z. B. dann der Fall, wenn von der Verwendung subjektiver – etwa auf Befragung beruhender – Methoden auf die Kennzeichnung eines Verfahrens als „subjektiv" geschlossen würde. Dem ist jedoch ganz offensichtlich nicht so: Bei Verfahren mit einer bedingungsbezogenen Fragestellung können sowohl subjektive als auch objektive Methoden eingesetzt werden. Ebenso ist denkbar, dass in einem Verfahren mit personbezogener Fragestellung objektive Erhebungsmethoden eingesetzt werden, etwa bei der Beobachtung individueller Unterschiede von Arbeits- bzw. Vorgehensweisen verschiedener Personen bei der Bearbeitung der gleichen Aufgabe.

Ein Großteil der in den letzten Jahren entwickelten psychologischen Arbeitsanalyseverfahren verfolgt eine bedingungsbezogene Fragestellung (vgl. Abschnitt 9). Dies ergibt sich einerseits aus dem Anliegen, einen Beitrag zur Veränderung der technischen, organisatorischen und sozialen *Bedingungen* der Arbeit zu leisten mit dem Ziel, die Gesundheit und Persönlichkeit der Arbeitenden zu schützen und zu fördern. Andererseits ist eine Analyse dieser Bedingungen schon deshalb erforderlich, weil wesentliche Merkmale der Arbeitstätigkeit (z. B. der Entscheidungsspielraum) sich nicht aus der Eigenart menschlichen Handelns, sondern nur aus den Bedingungen und den diese prägenden betrieblichen Verhältnissen heraus erklären lassen[3]. Vor dem Hintergrund der Kenntnis der Arbeitsbedingungen sind dann personbezogene Analysen von Bedeutung, um z. B. zu erheben, wie verschiedene Personen mit im Wesentlichen gleichen Bedingungen umgehen bzw. diese bewältigen.

Aus diesem Grund wird auch darauf verwiesen, dass personbezogene Verfahren bedingungsbezogene Analysen voraussetzen: Werden etwa in der personbezogenen Analyse Wahrnehmungen der arbeitenden Personen bezüglich ihrer Arbeitstätigkeiten (beispielsweise dem Entscheidungsspielraum) ermittelt, so sind diese im Sinne einer Arbeitsanalyse nur zu interpretieren, wenn bekannt ist, ob sich das Urteil auf gleiche oder verschiedene Arbeitssituationen (bzw. der mit ihnen gegebenen Höhe des Entscheidungsspielraums) bezieht: „Gerade wenn man von einer Interaktion zwischen Person und Situation ausgeht und diese Interaktion untersuchen will, kommt man nicht umhin, diese beiden Seiten zwar in ihrer wechselseitigen Bezogenheit, aber doch getrennt zu erfassen“ (Oesterreich & Volpert, 1987, S. 55).

Mittlerweile sind die Notwendigkeit einer Unterscheidung und das Anliegen bedingungsbezogener Arbeitsanalyse weitgehend geläufig und akzeptiert (vgl. z. B. Dunckel, 1999a). Im Zusammenhang mit Erweiterungen des Anwendungsfeldes der Arbeitsanalyse zeigte sich jedoch, dass das Vorgehen bedingungsbezogener Analyse nicht ohne Weiteres übertragbar ist. Besonders deutlich tritt dieses Problem im Zusammenhang mit Untersuchungen von Arbeit und Freizeit auf. Im Rahmen empirischer Erprobungen des Verfahrens zur Ermittlung von Alltagstätigkeiten (EVA; vgl. Weyerich, Lüders, Oesterreich & Resch, 1992) wurde ein Vorgehen entwickelt, Alltagstätigkeiten mithilfe bestimmter Merkmale ihrer Ausführung (wie z. B. Ort oder soziale Einbettung) abzugrenzen. Hierbei kann zwar von individuellen Bewertungen des eigenen Handelns, nicht jedoch von der personenspezifischen Handlungsorganisation abgesehen werden. Auch im Bereich personbezogener Dienstleistungen finden sich vielfach Aufgaben, die weniger durch Vorgaben und Technik als durch persönlichen Arbeitsstil und Einstellungen bestimmt sind. Zudem ist das Arbeitshandeln in diesen Bereichen durch das Handeln des jeweiligen Nutzers der Dienstleistung beeinflusst. Oesterreich und Resch (2003) schlagen daher vor, die Auffassung von bedingungs- und personbezogener Arbeitsanalyse als Dichotomie weniger streng

3 Zudem ist eine bedingungsbezogene Analyse immer dann das Vorgehen der Wahl, wenn es um die vorausschauende Beurteilung zukünftiger Arbeitsplätze geht, da hier noch keine konkreten Arbeitenden vorhanden sind.

zu verstehen. So sollte in einer Arbeitsanalyse, welche nach dem Einfluss der gegebenen technisch-organisatorischen Bedingungen auf das Arbeitshandeln fragt, auch berücksichtigt werden, dass diese Bedingungen nicht ausschließlich durch die Organisation bzw. das Unternehmen festgesetzt sein müssen, sondern durch das arbeitende Individuum selbst mitgeprägt sein können. Dies ist häufig dann der Fall, wenn weniger stark partialisierte Arbeitstätigkeiten analysiert werden (für Projektarbeit vgl. z. B. Kötter, 2002). In diesen Fällen muss für die festgestellten Merkmale des Arbeitshandelns im Einzelnen gekennzeichnet werden, wie weit sie bedingungsgeprägt, personengeprägt oder von beiden Seiten zugleich geprägt sind. Zudem wird vorgeschlagen, in dieser Weise auch den Einfluss des Handelns nutzender Personen oder weiterer mitarbeitender Personen auf die analysierten Merkmale der Arbeitstätigkeit zu berücksichtigen (vgl. ausführlicher Oesterreich & Resch, 2003).

5 Anliegen der Arbeitsanalyse

Arbeitsanalyseverfahren werden für unterschiedliche Ziele und Anwendungsmöglichkeiten entwickelt. Für folgende Ziele können Arbeitsanalysedaten genutzt werden (vgl. auch Frieling, 1975, 1990):

- Veränderungen und Projektierung der Arbeitssituation und Arbeitsorganisation (z. B. Arbeits- und Organisationsgestaltung, Arbeitsablaufoptimierung),
- Ermittlung von Qualifikationserfordernissen und -inhalten (z. B. zum Aufbau von Trainings-, Schulungs- und Ausbildungseinheiten),
- Bestimmung von Eignungsanforderungen (z. B. Anforderungsanalyse für Assessment Center, Arbeitsplatzbewertung, Personalauswahl und -platzierung),
- Vergleich von Arbeitstätigkeiten (z. B. zur Klassifikation von Berufen, Berufsberatung, Vergleich von Positionen),
- Technikfolgenabschätzung (z. B. Folgen des Bildschirmeinsatzes oder neuer Produktionstechniken),
- Arbeits- und Gesundheitsschutz (z. B. Unfallverhütung, Vermeidung von berufsbedingten Erkrankungen),
- Lohnfindung.

Kennzeichnend für die psychologische Arbeitsanalyse ist, Arbeitsbedingungen zu identifizieren, die zum Erhalt und der Förderung der Gesundheit und Persönlichkeit der Arbeitenden beitragen. Dieses Anliegen wird durch betriebliche und gesellschaftliche Rahmenbedingungen beeinflusst. So werden Arbeitsanalysen von betrieblichen Akteuren (z. B. Betriebsrat, Unternehmensleitung) unterschiedlich bewertet und mit unterschiedlichen Intentionen eingesetzt (vgl. auch Frieling, 1993), sie unterliegen arbeitsrechtlichen Einschränkungen, und sie stoßen auf eine bestimmte Organisationskultur (z. B. Skepsis gegenüber Veränderungen). Mit Blick auf betriebliche Anwendungsfelder und Gestaltungsprozesse sind deshalb für die beteiligten Psychologen Fragen der Interessenbindung und Verantwortung zu klären (vgl. z. B. Volpert, 1994). Ein zentraler Gesichtspunkt ist in diesem Zusammenhang die Frage der Gewichtung von Aspekten der Wirtschaftlichkeit gegenüber denen einer Humanisierung der Arbeit. Dass diese weder identisch sind noch sich prinzipiell ausschließen, ist sicherlich weitgehend Konsens – kontrovers diskutiert wird allenthalben, wie groß die Schnittmenge zwischen Humanität und Produktivität einzuschätzen ist.

Ebenso zu beachten sind die unterschiedlichen Ziele von Arbeitsanalysen, je nachdem, ob sie in Forschungs- oder Praxiszusammenhänge eingebettet sind. In *Praxiszusammenhängen* werden Arbeitsanalysen häufig als Methoden angesehen, um betriebliche Probleme zu lösen. Aus dieser Sicht werden folgende Anliegen an die Arbeitsanalyse formuliert: Die Arbeitsanalyse soll möglichst konkrete Hinweise zur Arbeits- und Technikorganisation, evtl. auch zu Qualifikationen und Einstellungen der Arbeitenden geben, die unmittelbar umgesetzt werden können. Entscheidend für die Umsetzung ist dann, in welcher Weise Technik und Organisation verbessert werden können. Der angestrebte Anwendungsbereich ist daher eher eingeschränkt, d. h. die Instrumente sollten vor allem spezifisch für die jeweils gegebene Technik und Organisation geeignet sowie möglichst kurz und ökonomisch einsetzbar sein. Wenn weitere Aspekte untersucht werden, dann stehen auf den Betrieb bezogene Aspekte im Vordergrund wie z. B. die Organisationsstruktur, die technische Ausstattung, die Zusammensetzung des Personals, die Produktentwicklung. In der Regel wird in Praxiszusammenhängen der wissenschaftlichen Überprüfung der Verfahren wenig Bedeutung zugemessen, d. h. Gütekriterien oder wissenschaftliche Standards spielen eine untergeordnete Rolle.

Die Entwicklung von Arbeitsanalyseverfahren ist immer auch Teil eines Forschungsprozesses (vgl. Dunckel, 1997); sie ist und war in der Vergangenheit eng mit der Ausarbeitung und Fundierung von arbeitspsychologischen Konzepten verbunden. Aus der *Sicht der Forschung* können daher folgende Anliegen formuliert werden: Die Arbeitsanalyse dient der Überprüfung wissenschaftlicher Theorien mittels Datenerhebung. Die Analyseergebnisse sollen in statistischen Auswertungen – mitunter auch qualitativen Auswertungen – gemeinsam mit anderen erhobenen Daten ausgewertet werden. Vorrangig interessieren die Bezüge arbeitsanalytischer Ergebnisse zu anderen Ergebnissen, d. h. zu Konstrukten, deren Bedeutung außerhalb der Arbeitstätigkeit liegt. Durch die Untersuchung solcher Bezüge sollen Erkenntnisse zur Auswirkung bestimmter Merkmale der Arbeitstätigkeit (z. B. Entscheidungsspielraum) auf Merkmale der arbeitenden Menschen (z. B. Freizeitaktivitäten) gewonnen werden, unter anderem, um die Bedeutung jeweiliger Merkmale der Arbeitstätigkeit abzuschätzen. Der Anwendungsbereich eines Arbeitsanalyseinstruments sollte daher auch möglichst breit sein, denn für solche Forschungsfragen ist der Nachweis der allgemeinen Gültigkeit der Ergebnisse – über mehrere Arbeitsplätze, Betriebe, Branchen – von Bedeutung. Ein breiter Anwendungsbereich erfordert aber möglichst allgemein formulierte Erhebungsanweisungen bzw. Fragen des Instruments, damit sie für verschiedene Gegenstände und Zielstellungen nutzbar sind. Je allgemeiner die Formulierungen sind, umso mehr erfordert ihr Verständnis die Kenntnis der allgemeinen Hintergründe, beispielsweise Theorien oder Konzeptdefinitionen. Die Anwendung erfordert in der Regel den Einsatz entsprechend sorgfältig ausgebildeter Personen. In der Regel ist man für die Untersuchung von Forschungsfragen darauf angewiesen, neben Verfahren zur Arbeitsanalyse auch andere Instrumente einzusetzen, mit deren Hilfe man Merkmale arbeitender Personen erhebt, die nicht primär auf die Arbeit bezogen sind. Um Zusammenhänge von Merkmalen der Arbeitstätigkeit mit anderen Merkmalen angemessen untersuchen zu können, sind Letztere beim gleichen Personenkreis zu erheben. Personen, deren Arbeitstätigkeiten analysiert werden, sind also auch hinsichtlich weiterer nicht arbeitsbezogener Personenmerkmale zu untersuchen bzw. zu befragen. Zeit und Ressourcen hierfür zur Verfügung zu stellen, ist oft ein Zugeständnis der Praxisbereiche, in denen die zu analysierenden Arbeitstätigkeiten ausgeführt werden. Nicht zuletzt ist eine hohe Datenqualität im Sinne von Reliabilität der Messwerte und Validität für die erhobenen Konstrukte wichtig, da es um den Nachweis allgemeiner Gesetzmäßigkeiten geht.

Neben den Unterschieden gibt es aber auch Gemeinsamkeiten: Auch die Praxis benötigt Instrumente, die zuverlässig und gültig sind, die sich wissenschaftlich bewährt haben und bei umfangreicheren Veränderungsmaßnahmen einsetzbar sind. Die Praxis kann somit nicht auf Forschung verzichten, auch wenn dies häufiger übersehen wird. Die Forschung ist demgegenüber darauf angewiesen, im Feld der Praxis Untersuchungen durchführen zu können – eine Begrenzung auf das Experimentallabor ist für Erkenntnisse zu Auswirkungen der Arbeitstätigkeit auf den Menschen unzureichend. Schon aus diesen Gründen ist es sinnvoll, in Praxiszusammenhängen die Bedeutung des professionellen Einsatzes methodisch fundierter Arbeitsanalyseverfahren zu vermitteln, diese in der Forschung konzipierten Instrumente um konkrete technik- und organisationsnahe Gestaltungshinweise zu ergänzen und als Grundlage für die Entwicklung von Praxisleitfäden oder Qualifizierungsprozesse zu nutzen (vgl. Abschnitt 10).

6 Erhebungsmethoden

Mit *Verfahren oder Instrument* (oder auch: Instrumentarium) wurde bislang die gesamte einer Arbeitsanalyse zugrunde liegende Konzeption bezeichnet. Zu einem Verfahren der Arbeitsanalyse gehören Anwendungszweck, theoretische Grundlagen, Anleitungen zum Vorgehen, die genutzten Erhebungs- und Auswertungstechniken sowie Angaben zu den jeweiligen Gütekriterien. Die *Erhebungsmethode* bezeichnet demgegenüber die Art und Weise der Sammlung und Auswertung der arbeitsanalytischen Informationen – gemeint ist also hiermit die genutzte Erhebungs- und Auswertungstechnik im Rahmen der konkreten arbeitsanalytischen Untersuchung. Ein Verfahren kann den Einsatz einer oder mehrerer Methoden vorsehen.

Arbeitsanalytische Verfahren unterscheiden sich darin, mit welchen Erhebungsmethoden Daten erhoben werden (vgl. auch Frieling, 1975; Matern, 1984). Jede Erhebungsmethode hat spezifische Vor- und Nachteile (vgl. Dunckel, Zapf & Udris, 1991). Insofern liegt es nahe, Verfahren zu entwickeln, die mehrere Erhebungsmethoden miteinander kombinieren (vgl. Frieling, 1993; Matern, 1984; Semmer & Greif, 1981).

6.1 Analyse betrieblicher Daten und Dokumente

Die Analyse betrieblicher Daten und Dokumente spielt insbesondere zu Beginn einer arbeitsanalytischen Untersuchung eine Rolle, da diese in effizienter Weise eine erste Orientierung über ein Untersuchungsfeld und die Arbeitsplätze ermöglicht.

Frieling (1975) zählt in diesem Zusammenhang als Datenquellen Berufsbeschreibungen, Arbeitsplatzbeschreibungen, freie und standardisierte Berichte der Arbeitenden sowie Ausbildungsberichte auf. Matern (1984) zeigt, wie betriebliche Daten – Personaldaten, Leistungsdaten, Daten über Qualifizierungsprozesse, aber auch Krankenstandsdaten, Unfallstatistiken und Fluktuationsdaten – genutzt werden können, um mögliche Schwerpunkte für eine psychologische Gestaltung und Felder einer vertieften psychologischen Arbeitsanalyse zu identifizieren. Dies setzt allerdings voraus, dass betriebliche Daten in Beziehung gesetzt werden können zu Merkmalen der Arbeit und der Organisation, z. B. differenziert nach Abteilungen oder Filialen.

6.2 Befragungsmethoden

Befragungen sind schon deshalb eine bevorzugte Erhebungsmethode, weil die Arbeitenden als „Experten" ihrer Arbeit anzusehen sind und ihre eigene Arbeitstätigkeit am besten kennen. Sie sind zudem unerlässlich, wenn es um die subjektive Einschätzung der Arbeit geht oder um die Beurteilung psychischer Prozesse, da diese direkt nur der Introspektion zugänglich sind. Darüber hinaus sind Befragungsmethoden, insbesondere auch Fragebogen, häufig die Methode der Wahl, da diese verhältnismäßig leicht entwickelt und angewendet werden können. Aus diesem Grund sind Befragungsmethoden im Bereich der Arbeitsanalyse weit verbreitet.

Befragungsmethoden beinhalten allerdings eine Reihe von Problemen, beispielsweise die Mehrdeutigkeit der Alltagssprache und mangelnde Verbalisierbarkeit vieler Aspekte psychischer Regulationsvorgänge (vgl. etwa Bungard, 1993; Dunckel et al., 1991; Oesterreich & Volpert, 1987; Semmer & Greif, 1981; Zapf, 1989; vgl. auch Voskuijl, 2005, S. 29 f.). Darüber hinaus stellt sich die Frage, inwieweit Befragungen der Arbeitenden oder Mitarbeiterbefragungen geeignet sind, Arbeits*bedingungen* objektiv zu beschreiben. Hierfür ist der Einsatz externer Untersucher offensichtlich überlegen. So geben Oesterreich und Geissler (2002) für die Übereinstimmung von auf Fragebogendaten beruhenden Urteilen verschiedener arbeitender Personen lediglich Korrelationskoeffizienten zwischen r = .20 und r = .40 an, obwohl in dieser Untersuchung jeweils von zwei Arbeitenden die gleiche Arbeitstätigkeit bewertet wurde.

Auch die Studie von Trost und Bungard (2004) über die Interraterreliabilität von Ergebnissen aus Mitarbeiterbefragungen verweist auf den hohen Anteil personenspezifischer Einflüsse. Mithilfe der Generalisierbarkeitstheorie zeigen sie an einer Stichprobe von 270 Mitarbeitern, die jeweils in drei Abteilungen von neun Filialen arbeiteten, dass durch Befragungen gewonnene Urteile nur sehr eingeschränkt zur Beschreibung von Arbeits- und Organisationsbedingungen geeignet sind. Zwar kann durch die Aggregation der Urteile mehrerer Arbeitender auf der Grundlage mehrerer Items eine Verbesserung der Interraterreliabilität erreicht werden, aber die Aussagekraft bleibt begrenzt, und es ist unter praktischen Erwägungen fraglich, ob sich dieser Aufwand – mehrere Arbeitende, mehrere Items – lohnt.

6.3 Beobachtungsmethoden

Beobachtungsmethoden werden in der Regel dann eingesetzt, wenn Fehlerquellen der Befragungsmethoden bzw. Einflüsse durch Bewertungs- und Interpretationsprozesse der Arbeitenden vermieden werden sollen oder aber, wenn im Rahmen einer vorausschauenden präventiven oder prospektiven Arbeitsgestaltung (vgl. Ulich, 1990, 2004) Arbeitende für zukünftige Arbeitsplätze noch gar nicht vorhanden sind.

Beobachtungsmethoden werden oft als Möglichkeit angesehen, die Probleme der Befragungsmethoden zu umgehen und objektivere Daten zu erhalten. Tatsächlich unterliegen sie jedoch zum Teil ähnlichen Problemen wie Befragungsmethoden, zum Teil ergeben sich weitere Probleme (vgl. Dunckel et al., 1991, S. 41 ff.). Die Probleme dieser Erhebungsmethode sind hinreichend bekannt und können durch entsprechende Trainingsmaßnahmen verringert werden.

6.4 Beobachtungsinterview

Wie bereits einleitend erwähnt, bietet es sich an, verschiedene Methoden miteinander zu kombinieren, z. B. Fragebogen, mündliche Befragung und Beobachtung (vgl. Semmer & Greif, 1981; Zapf, 1989). In einigen Arbeitsanalyseverfahren findet sich deshalb auch das *Beobachtungsinterview* als eine bewährte und auf der Kombination verschiedener Zugänge beruhende Erhebungsmethode. Es basiert auf einer strukturierten Beobachtung des Arbeitsablaufs an einem Arbeitsplatz und eines darauf bezogenen Interviews mit der arbeitenden Person. Der Untersucher muss theoriekundig sein, d. h. die dem Verfahren zugrunde liegenden Begriffe und Vorstellungen kennen. Die Fragen oder Bewertungen, die für die Beurteilung der Arbeitstätigkeit gestellt werden, sind in Fachsprache an den Anwender gerichtet und sollen von ihm beantwortet werden. Die Informationen, die er hierzu benötigt, werden im freien Dialog und durch Befragung der untersuchten Person am Arbeitsplatz erhoben. In der Regel erhält die anwendende Person hierfür in einer Untersuchungsanleitung („Manual") Vorschläge für die Abfolge der Untersuchungsschritte sowie zahlreiche Beispiele und Orientierungsfragen.

Die mit Beobachtungsinterviews gewonnenen Daten sind offensichtlich den per Fragebogen erhobenen Ergebnissen überlegen: In Untersuchungen mit den auf der Durchführung von Beobachtungsinterviews beruhenden RHIA/VERA-Verfahren wurden die Urteile unabhängiger Untersucher, die zwei verschiedene Arbeitspersonen bei der gleichen Arbeitstätigkeit beobachteten und befragten, verglichen (zur Reliabilitätsprüfung durch unabhängige Doppelanalysen vgl. Abschnitt 8). Es ergaben sich Übereinstimmungen zwischen r = .65 und r = .80 (vgl. Oesterreich & Geissler, 2002). In parallelen Untersuchungen sollten jeweils zwei Arbeitende ihre Arbeitstätigkeit per Fragebogen bewerten, hier lagen – wie bereits berichtet – die Korrelationskoeffizienten lediglich zwischen r = .20 und r = .40 (vgl. Abschnitt 6.2).

In eine ähnliche Richtung weist die metaanalytische Untersuchung von Voskuijl und van Sliedregt (2002): „When high interrater reliabilities are required, clearly trained professionals who have contact with the job (e. g., by observing or interviewing the incumbent) achieve the best results" (S. 59).

6.5 Physikalische Methoden

Im Rahmen arbeitspsychologischer Untersuchungen kann es sinnvoll sein, die Arbeitsumgebung mit möglichst exakten physikalischen Messmethoden zu erfassen, um sie z. B. subjektiv erhobenen Beanspruchungen (z. B. mittels Fragebogen) gegenüber stellen zu können (vgl. Frieling & Sonntag, 1999, S. 107 ff.). Auf entsprechende Methoden, z. B. zur Messung von Lärm oder Beleuchtung, gehen Frieling und Sonntag (1999) sowie Luczak (1998) ein.

6.6 Physiologische Methoden

Physiologische Messmethoden werden überwiegend zur Messung der Beanspruchungsfolgen von betrieblichen Belastungssituationen eingesetzt. Es gibt verschiedene physiologische Parameter, die auch in Felduntersuchungen genutzt werden können (vgl. ausführlicher Frieling & Sonntag, 1999). Im Bereich der Stressforschung werden biochemische Indikatoren zur Beurteilung der psychophysischen Beanspruchung erhoben (vgl. Semmer, Grebner & Elfering, 2004). Allerdings besteht noch keine Einigkeit über die Angemessenheit dieser Parameter zur Beurteilung der physischen und psychischen Beanspruchungsfolgen. Darüber hinaus ist zu beachten, dass auch physiologische Messmethoden – wie alle Messmethoden – fehlerbehaftet sind (vgl. Boucsein, 1991; Luczak, 1987, 1998).

7 Einbettung und Ablauf der psychologischen Arbeitsanalyse

Arbeitsanalysen können in umfassendere Vorgehensmodelle eingebettet sein. Diese entstanden u. a. aus dem Anliegen, Erfahrungen mit dem integrierten Einsatz verschiedener Verfahren auf unterschiedlichen Ebenen der Organisation zu sammeln und dieses Konzept zugleich mit der Analyse und Bewertung von Auftragsdurchläufen, Arbeitssystemen und/oder Arbeitsgruppen zu verbinden. Ein Beispiel hierfür ist die ganzheitliche Betriebsanalyse unter Berücksichtigung von Mensch, Technik und Organisation (MTO-Analyse, vgl. Strohm & Ulich, 1997). Mit diesem Konzept wurden einerseits neue Vorgehensweisen entwickelt und andererseits bereits vorliegende Arbeitsanalyseverfahren integriert. Grundlage hierfür waren der soziotechnische Systemansatz sowie die Handlungsregulationstheorie (vgl. Abschnitt 3).

Eine MTO-Analyse umfasst sieben Schritte (vgl. Tab. 1, für eine ausführliche Darstellung und Erläuterung vgl. Strohm & Ulich, 1997, 1999).

Das hier nur im Überblick beschriebene Vorgehen trägt der Tatsache Rechnung, dass eine Arbeitsgestaltung im Hinblick auf belastungsarme und persönlichkeitsförderliche Arbeit sich in der Regel nicht nur auf einzelne Arbeitsplätze, sondern auf mehrere Organisationseinheiten beziehen wird. Grundlage für die Bewertung der gegebenen Arbeitsorganisation sowie für die Ableitung von Gestaltungsempfehlungen bleibt jedoch die Analyse jeweils einzelner Arbeitstätigkeiten („Schlüsseltätigkeiten" sowie Aufgaben, die in Gruppenarbeit erledigt werden). Hierfür wird auf die Verfahren RHIA/VERA und KABA zurückgegriffen. Beispielhaft für die bedingungsbezogene Analyse eines Arbeitsplatzes soll im Folgenden das RHIA/VERA-Verfahren kurz vorgestellt werden, mit dem Arbeitstätigkeiten im Hinblick auf die mit ihnen verbundenen psychischen Anforderungen sowie psychischen Belastungen beurteilt werden.

Tabelle 1:
Schritte, Analysegegenstände und Methoden einer MTO-Analyse

Schritt	Gegenstand	Methodik
1. Analyse auf der Ebene des Unternehmens	Analyse von Unternehmenszielen, Unternehmensstrategie, Unternehmensorganisation, Produkten und Produktionsbedingungen, Personalstruktur, Technikeinsatz, Qualitätsmanagement, Innovationsverhalten, Lohnsystem, Arbeitszeitmodellen, Mitwirkungsrechten etc.	Dokumentenanalysen, Experteninterviews
2. Analyse von Auftragsdurchläufen	Analyse des Auftragsdurchlaufes von 2 bis 5 typischen und abgeschlossenen Aufträgen	Dokumentenanalysen, Ablauforientierte Betriebsbegehungen, Experteninterviews, Gruppeninterviews
3. Analyse von Arbeitssystemen	Analyse von Inputs, Transformationsprozessen, Outputs, sozialem und technischem Teilsystem, technisch-organisatorischer Gestaltung, Schwankungen und Störungen, Hauptproblemen etc.	Dokumentenanalysen, Experteninterviews, Gruppeninterviews
4. Analyse von Arbeitsgruppen	Analyse von Möglichkeiten zur kollektiven Regulation von Arbeitsaufgaben und Arbeitszeit, Umgebungsbedingungen, Qualifizierung, Leistung, Qualität, interner und externer Koordination etc.	Dokumentenanalysen, Gruppeninterviews, Beobachtungsinterviews
5. Bedingungsbezogene Analyse von Schlüsseltätigkeiten	Analyse von Arbeitseinheiten, Tätigkeitsabläufen, Kommunikations- und Kooperationserfordernissen, Mensch-Maschine-Funktionsteilung und -Interaktion, Regulationshindernissen etc.	Ganzschichtbeobachtungen, Beobachtungsinterviews, Experteninterviews
6. Personbezogene Arbeitsanalysen	Analyse von Erwartungen der Beschäftigten an ihre Arbeit sowie Wahrnehmung der Arbeitssituation durch die Beschäftigten	Schriftliche Erhebung mit Skalierungsverfahren
7. Analyse der soziotechnischen Geschichte	Analyse von Strategien, Vorgehen und Meilensteinen bei der technisch-organisatorischen Entwicklung des Betriebes	Dokumentenanalysen, Experteninterviews

Das RHIA/VERA-Verfahren liegt in einer Version für den Produktionsbereich (Oesterreich, Leitner & Resch, 2000) sowie den Bürobereich (Leitner et al., 1993) vor. Beide Versionen beruhen auf der Überarbeitung und Integration ursprünglich getrennt entwickelter Verfahren: Mit dem VERA-Verfahren wird ein besonders bedeutsamer Aspekt psychischer Anforderungen, der Entscheidungsspielraum, erfasst. Die Höhe des Entscheidungsspielraums entspricht dem Ausmaß, in dem selbstständig Planungen vorgenommen und Entscheidungen getroffen werden. Interessant ist dabei nicht die Anzahl von Entscheidungen oder deren inhaltlicher Bezug, sondern die gedankliche Komplexität, die die Erledigung der Arbeitsaufgabe erfordert. Um diese zu beurteilen, werden die untersuchten Arbeitsaufgaben einem 10-Stufen-Modell der Regulationserfordernisse zugeordnet. Neben dieser Quantifizierung wird die gesamte Arbeitstätigkeit detailliert beschrieben, und es werden Vorschläge formuliert, wie die Arbeitsaufgabe verändert werden müsste, um auch Planungs- und Entscheidungsprozesse auf höheren Stufen zu ermöglichen. Mit dem *RHIA-Verfahren* werden aufgabenbezogene psychische Belastungen erfasst. Diese resultieren aus Arbeitsbedingungen, die die Erreichung des Arbeitsergebnisses behindern, ohne dass die arbeitende Person diesen Bedingungen effizient begegnen könnte. Es werden zwei Behinderungsformen unterschieden: *Hindernisse* sind Erschwerungen oder Unterbrechungen des Arbeitshandelns, die zusätzlichen Aufwand verursachen. *Überforderungen* ergeben sich aus ungünstigen Arbeitsbedingungen, die auf Dauer die menschlichen Leistungsvoraussetzungen überfordern. Hierzu zählen u. a. *monotone Bedingungen und Zeitdruck.* Die Arbeitsanalyse mit dem RHIA-Verfahren an einem Arbeitsplatz liefert detaillierte Beschreibungen des Arbeitsablaufs und der organisatorischen, technischen, sozialen und räumlichen Bedingungen, unter denen die Arbeitsaufgabe erfüllt wird. Die meisten dieser Bedingungen werden – neben der verbalen Beschreibung – quantifiziert. Die drei wichtigsten Maße für psychische Belastungen sind Zusatzaufwand, monotone Bedingungen und Zeitdruck.

Zur Durchführung einer RHIA/VERA-Analyse gehören Beobachtungsinterviews (vgl. Abschnitt 6.4). Die Untersucher beobachten die konkreten Arbeitsvollzüge einer hinreichend geübten Person, lassen sich bestimmte Schritte ggf. auch demonstrieren und erfragen ergänzend Informationen, die sie zur Beantwortung der im Manual an sie gestellten Fragen benötigen. Die Anwendung des RHIA/VERA-Verfahrens erfordert somit, dass die Untersucher den Arbeitsablauf genau verstehen. Hierzu enthält das Instrument ausführliche Anleitungen. Im Einzelnen gehören hierzu folgende Schritte bzw. Verfahrensteile:

Verfahrensteil A dient der *allgemeinen Orientierung über den Arbeitsplatz.* Arbeitstätigkeiten können mehrere, in Planung und Ausführung voneinander unabhängige Arbeitsaufgaben umfassen. Die Analyseergebnisse des RHIA/VERA beziehen sich jeweils auf die einzelne Arbeitsaufgabe; es ist daher zunächst mithilfe der im Manual angeführten Kriterien eine Aufgabenabgrenzung vorzunehmen. Die weiteren Verfahrensteile beziehen sich im Folgenden jeweils auf eine Arbeitsaufgabe und sind im Falle mehrerer Aufgaben wiederholt durchzuführen.

Eine genauere *Kennzeichnung der einzelnen Arbeitsaufgabe* erfolgt in Verfahrensteil B. Der Ablauf von Arbeitseinheiten einer Arbeitsaufgabe sowie ihre organisatorische Einbettung werden detailliert erhoben und dargestellt. Auf diese Weise wird das für die weiteren Verfahrensschritte notwendige genaue Verständnis der Arbeitsaufgabe erzielt; darüber hinaus ermöglicht die detaillierte Beschreibung, dass die im weiteren Verlauf der Analyse gewonnenen Bewertungen und Gestaltungshinweise auf den konkreten Arbeitsablauf bezogen und somit auch von Personen, die den Arbeitsplatz nicht kennen, nachvollzogen werden können.

Die *Ermittlung der Regulationserfordernisse* erfolgt im Verfahrensteil C anhand des bereits erwähnten 10-Stufen-Modells. Das Manual stellt hierzu einen Fragealgorithmus bereit, der die Untersucher nach Auswahl einer Antwort jeweils zur nächsten relevanten Frage leitet und schließlich in einer Einstufung der Arbeitsaufgabe mündet. Darüber hinaus enthält das Manual generelle Erläuterungen zu Möglichkeiten der Erhöhung der Regulationserfordernisse, anhand derer konkrete Gestaltungsvorschläge entwickelt werden können.

Teil D dient der *Erfassung und Bewertung von Regulationshindernissen (D1) und -überforderungen (D2).* Mögliche Regulationshindernisse werden zunächst klassifiziert und überprüft, anschließend werden der verursachte Zusatzaufwand quantifiziert sowie technisch-ergonomische oder arbeitsorganisatorische Verbesserungsvorschläge für die konkrete Arbeitsaufgabe formuliert. Im Hinblick auf Regulationsüberforderungen werden das Vorhandensein und ggf. die Dauer monotoner Arbeitsbedingungen geprüft sowie der Zeitdruck erhoben. Im Falle weiterer aufgabenunspezifischer Regulationsüberforderungen wird ggf. eine medizinische oder ergonomische Analyse empfohlen.

Teil E beinhaltet schließlich die zusammenfassende Darstellung der Analyseergebnisse. Diese werden sowohl inhaltlich beschrieben als auch quantifiziert. Neben der für Forschungszwecke nützlichen Quantifizierung der Resultate erlauben die konkreten Beschreibungen der analysierten Aspekte die direkte Ableitung von Arbeitsgestaltungsmaßnahmen. Die Analysen resultieren somit nicht nur in einer quantitativen Bewertung eines Merkmals als „hoch" oder „niedrig", sondern liefern darüber hinaus eine Begründung für die diesbezügliche Einstufung des Arbeitsplatzes sowie Gestaltungsvorschläge.

Der Einsatz des RHIA/VERA-Verfahrens allein ist sicherlich nicht ausreichend für die Planung von Gestaltungsmaßnahmen. Die Durchführung des Gestaltungsprozesses wird von dem Verfahren nicht angeleitet. Es liefert jedoch wichtige Bausteine für den Prozess (vgl. hierzu ausführlicher Lüders & Pleiss, 1999, S. 237 ff.). So bietet das Verfahren RHIA/VERA Anregungen für Gestaltungsalternativen, die so aufeinander abgestimmt sind, dass sie sich gegenseitig ergänzen und nicht Verbesserungen an einer Stelle (z. B. die Erhöhung der Anforderungen) neue Probleme an anderen Stellen (z. B. neue psychische Belastungen) schaffen. Die Analyseergebnisse und die ihnen zugrunde liegenden Vorstellungen gesundheitsgerechter Arbeitsgestaltung können darüber hinaus die Funktion haben, Alternativen überhaupt erst sichtbar zu machen. Dies ist besonders wichtig, wenn die in einem Betrieb vorzufindenden Arbeitsbedingungen von allen Beteiligten für selbstverständlich gehalten werden bzw. Gewohnheiten und Gewöhnung die Entwicklung konkreter Gestaltungsalternativen erschweren. Darüber hinaus kann das Verfahren auch zur Bewertung bereits durchgeführter Umstrukturierungsmaßnahmen genutzt werden. Die von den Veränderungsmaßnahmen betroffenen Arbeitsplätze können nach der Intervention anhand der gleichen Kriterien und Instrumente erneut beurteilt werden.

8 Gütekriterien

Die Überprüfung der wissenschaftlichen Güte arbeitspsychologischer Verfahren sollte für Wissenschaftler und Praktiker gleichermaßen von Bedeutung sein. Unternehmen geben nicht unerhebliche Beträge für die Analyse und Bewertung von Arbeitsplätzen aus (vgl. z. B. Dierdorff & Wilson, 2003), wesentliche Entscheidungen über die Arbeitsorganisation oder über personelle Maßnahmen basieren auf arbeitsanalytischen Informationen und Ergebnissen. Schon aus diesen Gründen ist es auch für betriebliche Entscheidungsträger von Bedeutung, ob und in welchem Maße die eingesetzten Verfahren zuverlässig (reliabel) und gültig (valide) sind – auch wenn dieses nicht immer so gesehen wird (vgl. Abschnitt 5).

Im Vordergrund der Beurteilung der wissenschaftlichen Güte stehen die testdiagnostischen Gütekriterien Objektivität, Reliabilität und Validität (vgl. auch die Diskussion bei Voskuijl, 2005). Da die Objektivität auch als Sonderfall der Reliabilität angesehen werden kann und üblicherweise über die Schätzung der Reliabilität beurteilt wird (vgl. Oesterreich, 1992), sind die Reliabilität und die Validität von zentraler Bedeutung:

– Mit der Reliabilität eines Verfahrens soll nachgewiesen werden, ob und inwieweit mit einem Verfahren „stabile", „zuverlässige" oder „replizierbare" Ergebnisse erreicht werden können. Insbesondere sollten wiederholte Messungen des gleichen Gegenstands möglichst wenig voneinander abweichen (vgl. Oesterreich & Bortz, 1994). Im Rahmen der Arbeitsanalyse ist die Unterscheidung von Interrater-Reliabilität und Intrarater-Reliabilität von Bedeutung (vgl. Dierdorff & Wilson, 2003). Mit der Interrater-Reliabilität oder Beobachterübereinstimmung wird festgestellt, in welchem Maße verschiedene Rater bei der Beurteilung eines Arbeitsplatzes oder einer Arbeitsaufgabe

übereinstimmen. Mit der Intrarater-Reliabilität wird festgestellt, in welchem Maße ein Rater einen Arbeitsplatz oder eine Arbeitsaufgabe konsistent (in der Regel bezogen auf ein Merkmal) beurteilt.
- Mit der Validität wird geprüft, inwieweit ein Verfahren tatsächlich auch das misst, was gemessen werden soll.

Die genannten Gütekriterien sind im Bereich der psychologischen Diagnostik entwickelt worden. Dabei wird in der Regel unterstellt, dass Personenmerkmale gemessen werden, d. h. dass Personen bestimmte Fragen oder Testaufgaben beantworten. Werden im Rahmen der psychologischen Arbeitsanalyse Personenmerkmale („personbezogene Arbeitsanalyse") beurteilt, können die entsprechenden Gütekriterien oder Standards der Testdiagnostik ohne Weiteres übertragen werden (Bortz & Döring, 2006; Lienert & Raatz, 1994).

Personbezogene Verfahren sollten somit Angaben darüber enthalten,

- inwieweit ihre Durchführung, Auswertung und Interpretation unabhängig von dem Anwender oder der Anwenderin sind („Objektivität"),
- mit welcher Genauigkeit das Verfahren ein Person- oder Verhaltensmerkmal misst („Reliabilität")[4],
- inwieweit das Person- oder Verhaltensmerkmal tatsächlich gemessen wird („Validität")[5].

Bei bedingungsbezogenen Verfahren, die Merkmale von Arbeitsbedingungen erheben, können die genannten Kriterien und Vorgehensweisen zur Überprüfung der wissenschaftlichen Güte jedoch nicht ohne weiteres übertragen werden. Bei der Überprüfung der *Reliabilität* bedingungsbezogener Verfahren geht es um die Beurteilung der Interrater-Reliabilität, für die Oesterreich (1992; vgl. auch Oesterreich & Bortz, 1994; Oesterreich & Volpert, 1991, S. 57 ff.) folgende Methoden vorgeschlagen hat:

1. Bei der sogenannten *„unabhängigen Doppelanalyse"* beobachten und befragen mindestens zwei Untersucher unabhängig voneinander verschiedene Arbeitende, die die gleiche Arbeitstätigkeit ausführen. Das Ausmaß der Überein-

---

4 Zur Orientierung geben Bortz und Döring (2006, S. 199) folgende Anforderungen an die Reliabilität eines Verfahrens an: Wenn ein Verfahren nicht nur zu explorativen Zwecken verwendet werden soll, dann sollte die Reliabilität über 0,8 sein; Reliabilitäten zwischen 0,8 und 0,9 gelten als mittelmäßig, Reliabilitäten über 0,9 als hoch.

5 Auch die Validität wird in der Regel durch Korrelationskoeffizienten quantifiziert. Die Korrelationen sollten somit bedeutsam über 0 liegen und möglichst nahe bei 1. Bortz und Döring (2006, S. 202) geben folgende Anforderungen an die Validität eines Verfahrens an: Korrelationen zwischen 0,4 und 0,6 gelten als mittelmäßig, über 0,6 als hoch.

stimmung zwischen den Untersuchern verweist darauf, inwieweit das Verfahren robust ist gegenüber
- dem Einsatz verschiedener Untersucher,
- verschiedenen Arbeitsaufträgen (da die Arbeitenden zum Zeitpunkt der Analyse mit jeweils unterschiedlichen Arbeitsaufträgen beschäftigt sein werden) und
- gegenüber verschiedenen Arbeitenden. Dieser Punkt ist insofern von Bedeutung, da bedingungsbezogene Verfahren von den interindividuellen Unterschieden zwischen den Arbeitenden absehen.

„Unabhängige Doppelanalysen" gelten als sehr strenges, methodisch aber angemessenes Vorgehen zur Überprüfung der Reliabilität eines Verfahrens.

2. *Bei „unabhängigen Wiederholungsanalysen"* wird die Arbeitstätigkeit derselben Person durch verschiedene Untersucher wiederholt analysiert. Diese Methode ist zur Überprüfung der Güte noch angemessen, auch wenn nicht mehr geprüft werden kann, inwieweit sich die Ergebnisse ändern, wenn verschiedene Arbeitende analysiert würden.
3. Die weiteren von Oesterreich und Bortz (1994) dargestellten Methoden haben unter methodischen Gesichtspunkten nur noch beschränkten Wert:
   a) Bei *„abhängigen Doppelanalysen"* wird die Arbeitstätigkeit derselben Arbeitenden durch verschiedene Untersucher *gleichzeitig analy*siert. Hier kann nicht mehr überprüft werden, inwieweit das Verfahren robust gegenüber unterschiedlichen Arbeitsaufträgen und Arbeitenden ist. Zudem ist es sehr unwahrscheinlich, dass die verschiedenen Untersucher sich nicht gegenseitig beeinflussen.
   b) Bei der *„abhängigen Wiederholungsanalyse"* wird die gleiche Arbeitstätigkeit derselben Arbeitenden durch denselben Untersucher wiederholt analysiert. Hier kann nicht geprüft werden, inwieweit das Verfahren robust gegenüber verschiedenen Arbeitenden und unterschiedlichen Untersuchern ist. Es ist zudem fraglich, ob der Untersucher sich nicht an die frühere Untersuchung erinnern kann und die folgende Untersuchung dann entsprechend durchführt.
   c) Bei *„simulierten Doppelanalysen"* analysieren verschiedene Untersucher Darstellungen von Fallbeispielen. Da hier die betriebliche (Analyse-)Realität verlassen wird, kann diese Methode eigentlich nicht mehr als Überprüfung der Reliabilität gelten.
   d) *„Simulierte Wiederholungsanalysen"* („Konsistenzanalysen") setzen voraus, dass von mehreren Untersuchern eine Reihe von Fragen beantwortet wurde, die alle dasselbe Merkmal betreffen. Es wird dann geprüft, in welchem Maße die verschiedenen Fragen miteinander korrelieren. Hohe Interkorrelationen sprechen dafür, dass die verschiedenen Fragen das gleiche Merkmal bzw. die gleiche Dimension erfassen. Wie Oesterreich (1992) zeigt, bedeutet dies nun keinesfalls, dass verschiedene Untersucher das Merkmal auch übereinstimmend beurteilen. So ist denkbar, dass der eine

Untersucher ein Merkmal mit allen Fragen konsistent als niedrig einstuft, während ein anderer Untersucher dieses Merkmal konsistent höher einstuft. Angaben zur Konsistenz sagen somit nichts darüber aus, inwieweit verschiedene Untersucher bei der Beurteilung einer Arbeitstätigkeit übereinstimmen.

Entsprechend sollten Verfahrensanwender bedingungsbezogener Verfahren darauf achten, dass die Reliabilität entweder nach der Methode „unabhängiger Doppelanalysen" oder der Methode „unabhängiger Wiederholungsanalysen" überprüft wurde.

Bei der Überprüfung der *Validität* gibt es eine Reihe von Methoden (vgl. z. B. Lienert & Raatz, 1994). Für arbeitspsychologische Verfahren haben Oesterreich und Bortz (1994) vereinfachend vier unterschiedlich anspruchsvolle Arten der Validität zusammengestellt:

1. Am anspruchsvollsten ist der experimentell oder in Längsschnittuntersuchungen erzielte Nachweis, dass bestimmte Merkmale der Arbeit Auswirkungen auf andere Merkmale (z. B. Gesundheitsindikatoren) haben.
2. Ein Verfahren kann auch dann noch als valide angesehen werden, wenn in Querschnittsuntersuchungen nachgewiesen werden kann, dass bestimmte Merkmale der Arbeit einen hohen Zusammenhang mit Merkmalen aufweisen, mit denen Auswirkungen der Arbeitstätigkeit gemessen werden (z. B. auch hier Gesundheitsindikatoren).
3. Eingeschränkt valide sind Verfahren, für die Zusammenhänge zu ähnlichen – gleichzeitig eingesetzten – Verfahren festgestellt wurden, da hier die Validität nur indirekt über die Validität der anderen Verfahren ermittelt werden kann. Ist diese nicht bekannt oder nicht hinreichend geprüft, dann gilt dies auch für das zu prüfende Verfahren.
4. Schließlich ist die Validität auch dann nur eingeschränkt gegeben, wenn diese einfach durch Expertenurteile festgestellt wird.

Die einem Verfahren zugrunde liegende Fragestellung (bedingungsbezogen oder personbezogen), aber auch die verwendete Erhebungsmethode erfordern unterschiedliche Vorgehensweisen und Methoden zur Überprüfung der Gütekriterien. Zudem werden die hierbei zu erzielenden Werte in Abhängigkeit von der Erhebungsmethode unterschiedlich hoch ausfallen. Je nachdem, ob z. B. die subjektiv erlebte Beanspruchung, auf Arbeitsbedingungen bezogene objektive Belastungen oder ob kurz- oder langfristige Gesundheitsfolgen gemessen werden sollen, sind unterschiedlich genaue Messungen zu erwarten.

Auch die seit 2004 vorliegende Deutsche Norm DIN EN ISO 10075-3 – Grundsätze und Anforderungen an Verfahren zur Messung und Erfassung psychischer

Arbeitsbelastung – befasst sich mit Kriterien und Maßstäben zur Beurteilung der wissenschaftlichen Güte von Arbeitsanalyseverfahren. In dieser Norm werden neben den genannten Gütekriterien weitere psychometrische Kriterien[6] benannt und quantitative Anforderungen für diese in Abhängigkeit von Zielstellungen und sogenannten Präzisionsstufen (genaue Messung, Übersichtsmessungen, orientierende Messungen) postuliert.

Der Teil 3 dieser Norm hat kontroverse Diskussionen zum Thema Standards für Verfahren und Erhebungsmethoden im Bereich psychischer Arbeitsbelastungen ausgelöst, die über die Norm hinaus von grundsätzlicher Bedeutung für die Arbeitsanalyse sind (vgl. Oesterreich, 2005; Nachreiner & Schütte, 2005). Unter anderem hat die Fachgruppe „Arbeits- und Organisationspsychologie" der Deutschen Gesellschaft für Psychologie (DGPs) auf erhebliche Fehler in der Norm hingewiesen[7]. Offensichtlich ist in diesem Fall der Grundsatz verletzt, dass erst dann Kriterien oder Standards zu einer Norm erhoben werden (oder werden sollten), wenn sie dem Stand der fachwissenschaftlichen Diskussion entsprechen oder aber wenigstens von der Mehrheit der nationalen und internationalen Fachwissenschaft getragen werden. Die Fachgruppe der DGPs hat deshalb empfohlen, die Norm zu überarbeiten und dabei z. B. an die „Standards of Educational and Psychological Testing" (1998) anzuknüpfen.

9 Verfahren und Instrumente

Es liegt mittlerweile eine Vielzahl von Arbeitsanalyseverfahren vor, die für unterschiedliche, auch praktisch relevante Zwecke eingesetzt werden können, die erprobt sind und die wissenschaftlichen Standards genügen (vgl. z. B. Dunckel, 1999b; Frei & Ulich, 1981; Karg & Staehle, 1982; Landau & Rohmert, 1989; Sonntag, 1987; vgl. auch die Zusammenstellung der Bundesanstalt für Arbeitsschutz und Arbeitsmedizin (BAUA)[8]; für den englischsprachigen Bereich vgl. Brannick & Levine, 2002; Gael, 1988; Kirwarn & Ainsworth, 1992).

Wie die Zusammenstellungen zeigen, lag bis Mitte der 1980er Jahren der Schwerpunkt auf der Entwicklung von Verfahren für den industriell-gewerb-

---

6 Zusätzlich werden genannt: Messempfindlichkeit, diagnostische Aussagekraft, Generalisierbarkeit, Gebrauchstauglichkeit.

7 So wurden u. a. missverständliche und teilweise fehlerhafte methodische Aussagen festgestellt; es wurde kritisiert, dass Gütekriterien definiert werden, die sich selbst in einschlägigen Texten und Lehrbüchern nicht finden, und dass „kritische Grenzen" oder numerische Mindestgrößen festgelegt werden, die weder hinreichend begründet sind noch sich in entsprechenden Lehrbüchern finden.

8 www.baua.de/prax/toolbox.htm

lichen Bereich. Seitdem haben sich die Anwendungsbereiche erweitert. Hinzugekommen sind Verfahren für den Büro- und Verwaltungsbereich, für den Dienstleistungsbereich oder das Gesundheitswesen, für spezielle Berufsgruppen bis hin zu Verfahren für Arbeitstätigkeiten außerhalb der klassischen Erwerbsarbeit. Darüber hinaus liegen Verfahren und Verfahrensvarianten für spezifische Fragestellungen wie z. B. Gefährdungsbeurteilungen (zum Überblick vgl. M. E. Resch, 2003), Analyse von Gruppenarbeit (Weber, 1997; Zölch, Weber & Leder, 1999), der Analyse und Gestaltung von Softwaresystemen (z. B. Dunckel, 1996; Hamborg & Greif, 1999) oder der Analyse geistiger Arbeit (z. B. Rudolph, Schönfelder & Hacker, 1987; Richter & Hacker, 2003; M. E. Resch, 1988) vor.

Tabelle 2 gibt einen Überblick über die wichtigsten Verfahren der psychologischen bzw. psychologisch orientierten Arbeitsanalyse. Mit Ausnahmen des SAA/SALSA und JDS können alle Verfahren als bedingungsbezogen eingestuft werden.

Nicht berücksichtigt sind in der Tabelle Verfahren aus anderen Wissenschaftsdisziplinen; auf diese sei hier nur kurz verwiesen:

- In der organisationstheoretisch orientierten Betriebswirtschaftslehre geht es vorrangig darum, Aufgaben in Teilaufgaben und Unteraufgaben zu untergliedern, und diese z. B. entsprechend der Merkmale Objekt, Verrichtung, Mittel, Raum und Zeit weiter zu beschreiben. Das Ergebnis dieser Analysen sind Aufgabenstrukturen oder Aufgaben, die dann bestimmten Personen oder Stellen übertragen werden (vgl. Landau & Rohmert, 1987; Verband für Arbeitsgestaltung, Betriebsorganisation und Unternehmensentwicklung [REFA], 1991).
- In der Praxis von Bedeutung sind die arbeits- und zeitwirtschaftlichen Methoden, die insbesondere mit der REFA-Methodenlehre des Arbeitsstudiums verbunden sind (Luczak, 1998). In der Zeitwirtschaft geht es darum, für einzelne Arbeitsgänge Ist- und Soll-Zeiten zu ermitteln mit dem Ziel, Bearbeitungszeiten und weitere Zeiten (z. B. Rüst- und Verteilzeiten) zu verkürzen und Grundlagen für die zeitliche Planung des Arbeitsprozesses (Fristenplanung, Terminplanung) zu schaffen. In der Arbeitswirtschaft werden schließlich Methoden zur Arbeitsbewertung und Lohnermittlung (vgl. Luczak, 1998) verwendet.
- In der Informatik und den Ingenieurwissenschaften dienen Arbeits- und Aufgabenanalysen dazu, Anforderungen zu spezifizieren, die von einem technischen System in qualitativer und quantitativer Hinsicht zu erbringen sind (Anforderungsanalysen bzw. Systemspezifikation, vgl. Dunckel, 1996; vgl. auch Konradt et al., 2007 sowie Konradt in diesem Band), oder dazu, die Leistungsfähigkeit eines technischen Systems festzustellen.

Tabelle 2:
Überblick Verfahren der psychologischen Arbeitsanalyse

Kurz-bezeichnung	**Verfahren**	**Ziele/Einsatzzwecke**	**Anwendungsbereiche**	**Erhebungs-methoden**	**Quelle**
AET	Arbeitswissenschaftliches Erhebungsverfahren zur Tätigkeitsanalyse	– Arbeitsbewertung – Arbeitsgestaltung – (Technikfolgen-abschätzung)[1]	Breit einsetzbar, insbesondere: – Produktion/Fertigung – Büro/Verwaltung – (Dienstleistung)[1]	Beobachtung[2]	(Rohmert & Landau, 1979; Landau & Rohmert, 1987)
ATAA	Verfahren zur Analyse von Tätigkeitsstrukturen und prospektive Arbeitsgestaltung bei Automatisierung	Arbeitsgestaltung	Produktion/Fertigung	– Beobachtung[2] – Befragung	(Wächter, Modrow-Thiel & Roßmann, 1989)
AVAH	Verfahren zur Analyse von Arbeit im Haushalt	Arbeitsgestaltung	– Haus- und Familienarbeit – Ehrenamtliche Arbeit	Befragung	(M. G. Resch, 1999)
CNC	CNC-Leitfaden	Arbeitsgestaltung	CNC-Arbeit	Beobachtung[2]	(Weber et al., 1994)
FAA	Fragebogen zur Arbeitsanalyse	Klassifikation und Vergleich von Arbeitstätigkeiten	Breit einsetzbar, insbesondere: – Produktion/Fertigung – Büro/Verwaltung – (Dienstleistung)[1]	Beobachtung[2]	(Frieling & Hoyos, 1978)

Anmerkungen: 1 Ausdrücke in Klammern bedeuten eingeschränkte Gültigkeit.
2 „Beobachtung" steht in der Regel für Beobachtungsinterviews.

Tabelle 2 (Fortsetzung):
Überblick Verfahren der psychologischen Arbeitsanalyse

Kurz-bezeichnung	Verfahren	Ziele/Einsatzzwecke	Anwendungsbereiche	Erhebungs-methoden	Quelle
FSD	Fragebogen zur Sicherheitsdiagnose	Arbeits- und Gesundheitsschutz	– Produktion/Fertigung – Dienstleistung – (Büro/Verwaltung)[1]	Beobachtung[2]	(Hoyos & Ruppert, 1993)
ISTA	Instrument zur Stressbezogenen Tätigkeitsanalyse	– Arbeits- und Gesundheitsschutz – (Arbeitsgestaltung)[1]	– Produktion/Fertigung – Büro/Verwaltung – Dienstleistung	– Beobachtung[2] – Befragung	(Semmer, 1984: Semmer, Zapf & Dunckel, 1999)
JDS	Job Diagnostic Survey	Arbeitsgestaltung	– Produktion/Fertigung – Büro/Verwaltung – Dienstleistung	Befragung	(Schmidt & Kleinbeck, 1999)
KABA	Leitfaden zur Kontrastiven Aufgabenanalyse	– Arbeitsgestaltung – Technikfolgen-abschätzung – Arbeits- und Gesundheitsschutz	– Büro/Verwaltung – Krankenhaus – (Produktion/Fertigung)[1] – (Dienstleistung)[1]	Beobachtung[2]	(Dunckel et al., 1993; Dunckel & Pleiss, 2007)
KOMPASS	Komplementäre Analyse und Gestaltung von Produktionsaufgaben in soziotechnischen Systemen	Arbeitsgestaltung	Produktion/Fertigung	– Beobachtung[2] – Befragung	(Grote et al., 1999)

Anmerkungen: 1 Ausdrücke in Klammern bedeuten eingeschränkte Gültigkeit.
2 „Beobachtung" steht in der Regel für Beobachtungsinterviews.

Tabelle 2 (Fortsetzung):
Überblick Verfahren der psychologischen Arbeitsanalyse

Kurzbezeichnung	**Verfahren**	**Ziele/Einsatzzwecke**	**Anwendungsbereiche**	**Erhebungsmethoden**	**Quelle**
LPI	Leitfaden zur qualitativen Personalplanung bei technisch-organisatorischen Innovationen	– Qualifikationserfordernisse – (Eignungsanforderungen)[1]	Produktion/Fertigung	Befragung	(Sonntag, Schaper & Benz, 1999)
MTO	Ganzheitliche Betriebsanalyse unter Berücksichtigung von Mensch, Technik, Organisation	Arbeitsgestaltung	– Produktion/Fertigung – Büro/Verwaltung	– Beobachtung[2] – Befragung – Dokumentenanalyse	(Strohm & Ulich, 1997)
REBA	Rechnergestütztes Dialogverfahren zur psychologischen Bewertung von Arbeitsinhalten	– Arbeitsgestaltung – Simulation	– Produktion/Fertigung – (Dienstleistung)[1]	– Beobachtung[2] – Befragung – Dokumentenanalyse – Simulation	(Pohlandt, Richter, Jordan & Schulze, 1999; Pohlandt & Schulze, 2005)
RHIA/VERA	Analyse psychischer Anforderungen und Belastungen in der Arbeit	– Arbeitsgestaltung – Arbeits- und Gesundheitsschutz	– Produktion/Fertigung – Büro/Verwaltung	Beobachtung[2]	(Oesterreich et al., 2000)
SAA/SALSA	Subjektive Arbeitsanalyse/salutogenetische subjektive Arbeitsanalyse	Arbeits- und Gesundheitsschutz	– Produktion/Fertigung – Büro/Verwaltung – (Dienstleistung)[1]	Befragung	(Rimann & Udris, 1997)

Anmerkungen: 1 Ausdrücke in Klammern bedeuten eingeschränkte Gültigkeit.
2 „Beobachtung“ steht in der Regel für Beobachtungsinterviews.

Tabelle 2 (Fortsetzung):
Überblick Verfahren der psychologischen Arbeitsanalyse

Kurzbezeichnung	Verfahren	Ziele/Einsatzzwecke	Anwendungsbereiche	Erhebungsmethoden	Quelle
SYNBA-GA	Synthetische Beanspruchungs- und Arbeitsanalyse	– Arbeitsgestaltung – (Technikfolgenabschätzung)[1]	– Produktion/Fertigung – Büro/Verwaltung – (Dienstleistung)[1]	Befragung	(Wieland-Eckelmann, Saßmannshausen & Rose, 1997)
TAA-KH	Tätigkeits- und Arbeitsanalyseverfahren für das Krankenhaus	Arbeitsgestaltung	Krankenhaus	– Befragung – (Beobachtung)[1, 2]	(Büssing & Glaser, 1999, 2002)
TAI	Tätigkeitsanalyseinventar	– Arbeitsgestaltung – (Qualifikationserfordernisse)[1] – (Eignungsanforderungen)[1] – (Arbeits- und Gesundheitsschutz)[1]	Breiter einsetzbar, insbesondere: – Produktion/Fertigung – Büro/Verwaltung – (Dienstleistung)[1]	– Beobachtung[2] – Befragung – Dokumentenanalyse	(Frieling, Facaoaru, Benedix, Pfaus & Sonntag, 1993)
TBS	Tätigkeitsbewertungssystem	Arbeitsgestaltung	– Produktion/Fertigung – Büro/Verwaltung – Spezielle Berufsgruppen	– Beobachtung[2] – Befragung	(Hacker, Fritsche, Richter & Iwanowa, 1995)

Anmerkungen: 1 Ausdrücke in Klammern bedeuten eingeschränkte Gültigkeit.
2 „Beobachtung" steht in der Regel für Beobachtungsinterviews.

10 Ausblick

Es gibt wenig Anlass für die Annahme, dass sich an den Gründen für eine systematische Beschäftigung mit Arbeit und der Notwendigkeit wissenschaftlich erprobter Verfahren etwas ändert. Auch in Zukunft wird die Arbeitsanalyse eine zentrale Voraussetzung für die Ableitung von Maßnahmen der Organisations- und Personalentwicklung bilden. Gerade im betrieblichen Kontext, in dem aus den Ergebnissen praktische Konsequenzen abgeleitet werden sollen, ist die sorgfältige Diagnose im Sinne einer systematischen Analyse der zu gestaltenden Arbeitssysteme unabdingbar: „Was zu Beginn eines Gestaltungsprozesses bei der Analyse falsch gemacht oder versäumt wird – z. B. eine unvollständige Problemsammlung, eine unsaubere Problemdefinition oder eine falsche Einschätzung der Problemursachen – kann zu Maßnahmen führen, die unangemessen sind und neue Probleme verursachen" (Lüders & Pleiss, 1999, S. 227).

Aber auch für die arbeitspsychologische Forschung besitzt die Arbeitsanalyse weiterhin einen zentralen Stellenwert. Gerade wenn es um die Untersuchung des Zusammenhangs von Arbeitsbedingungen, Wohlbefinden und persönlicher Entwicklung geht, ist der Einsatz bedingungsbezogener Instrumente erforderlich, da erst diese erlauben, die Arbeitsbedingungen unabhängig von den persönlichen Wahrnehmungen oder Einschätzungen der arbeitenden Person zu analysieren. Zugleich war und ist die Entwicklung neuer oder adaptierter Verfahren – etwa im Zusammenhang mit der Ausweitung der Untersuchung auf bislang kaum erforschte Tätigkeitsbereiche – in der Regel mit einem vertieften Verständnis des Gegenstandsbereichs verbunden.

Zukünftige Aufgabenstellungen und Handlungsfelder der Arbeitsanalyse lassen sich in den folgenden drei Bereichen benennen.

10.1 Weiterentwicklung der Forschung im Bereich Arbeitsanalyse

Die Arbeitsanalyse muss sich weiter den bislang nicht oder nur wenig untersuchten Arbeitsbereichen öffnen. Arbeitsanalysen wurden ursprünglich vor allem für industrielle und administrative Arbeitsplätze entwickelt. Erst in jüngerer Zeit finden sich Ansätze, die sich mit der Analyse von Dienstleistungstätigkeiten – beispielsweise des Lehrerberufs, der Pflege, Betreuung oder Erziehung, aber auch besonderen Formen der Emotionsarbeit – beschäftigen (z. B. Büssing & Glaser, 2002; Krause, 2004; Zapf, Vogt, Seifert, Mertini & Isic, 1999 sowie Zapf et al., 2000).

Darüber hinaus wird es erforderlich sein, auf Veränderungen und die zunehmende Veränderungsdynamik in der Arbeitswelt zu reagieren (vgl. auch Brannick &

Levine, 2002; Voskuijl, 2005). Gewandelte Arbeitsformen wie z. B. Projekt- und Teamarbeit in virtuellen und vernetzten Organisationen, Telearbeit und „electronic business“ sowie der zunehmende Einsatz von Internet und Intranet stellen ebenso neue Herausforderungen an die Arbeitsanalyse wie die Zunahme prekärer Beschäftigungsverhältnisse (Arbeit auf Abruf, Scheinselbstständigkeit usw.) und damit verbunden zum Teil neue Belastungen (vgl. z. B. Glißmann, 2003; Glißmann & Peters, 2001). Einzubeziehen sind auch zeitlich und örtlich flexibilisierte und „entgrenzte“ Arbeitsverhältnisse, für deren Untersuchung eine Einbeziehung von Tätigkeitsanalysen außerhalb der Erwerbsarbeit erforderlich sein wird (für einen Ansatz hierzu vgl. Fenzl & Resch, 2005).

Die arbeitsplatzübergreifende Gestaltung von Arbeitsabläufen, neue Formen der Kooperation und der zunehmende Einsatz unterschiedlicher Formen von Gruppenarbeit (vgl. auch Brodbeck & Guillaume in diesem Band) führen einerseits dazu, dass die Arbeitsanalyse zunehmend in umfassendere Vorgehensmodelle eingebettet werden muss (vgl. Abschnitt 7), aber auch, dass neue Verfahren für diese Anwendungsfelder entwickelt werden müssen (vgl. z. B. Weber, 1997; Kauffeld, 2004, 2006; Kauffeld & Frieling, 2001; Pleiss, 2003).

Untersuchungen der Facharbeit an konventionellen und computergesteuerten Werkzeugmaschinen der Arbeit in hochautomatisierten Systemen, aber auch im Bereich der Krankenpflege zeigen die Bedeutung erfahrungsgeleiteten Arbeitshandelns und des impliziten Wissens. Auch hier liegen erste methodische Ansätze vor, die im Rahmen der Arbeits- und Tätigkeitsanalyse weiter beachtet und ausgearbeitet werden sollten (vgl. Böhle, Pfeiffer & Sevsay-Tegethoff, 2004; Büssing, Herbig & Ewert, 2002). Nicht nur diese Studien verweisen auf die Notwendigkeit, die Arbeitsanalyse immer wieder an theoretische Entwicklungen zu koppeln und empirisch zu fundieren. Wie Hacker (z. B. 1995) mehrfach hervorgehoben hat, bedürfen differenziertere psychologische Arbeitstätigkeitsanalysen nicht nur der theoretischen „Anstrengung des Gedankens“, sondern sollten auch im Rahmen (quasi-)experimenteller Designs konzipiert werden, da die tätigkeitsregulierenden psychischen Prozesse selten beobachtbar und auch nur begrenzt verbalisierbar sind.

Nicht zuletzt besteht Forschungsbedarf hinsichtlich der Berücksichtigung geschlechtsspezifischer Unterschiede: Mittlerweile liegen zahlreiche Hinweise darauf vor, dass sich die Belastungs- und Anforderungskonstellationen an frauentypischen und männertypischen Arbeitsplätzen unterscheiden (z. B. European Agency for Safety and Health at Work, 2003). Es gilt sorgfältig zu prüfen, ob die – häufig an männertypischen Arbeitsbedingungen entwickelten – Instrumente ohne weiteres übertragbar oder ob Anpassungen erforderlich sind, wie sie in letzter Zeit für die analytische Arbeitsbewertung (vgl. REFA, 1991) diskutiert werden. In diesem Feld wurden Verfahren abgewandelt und z. T. neu entwickelt, die das Ziel haben, die Entgeltdiskrimierung zwischen den Geschlechtern zu verringern bzw. Arbeitsbewertungssysteme zu entwickeln, die männer- und frauenspezifische Merkmale berücksichtigen (z. B. Katz & Baitsch, 1996; vgl. auch die Diskussion bei Krell & Winter, 2004).

10.2 Anwendung der Arbeitsanalyse in der Praxis

Innerhalb der wissenschaftlichen Diskussion besteht weitgehend Einigkeit darin, dass der Einsatz fundierter Verfahren der Arbeitsanalyse immer dann geboten ist, wenn es um Veränderungen betrieblicher Abläufe und Strukturen geht. Die Notwendigkeit genauer Problemanalysen vor größeren und in der Regel kostspieligen Veränderungen wird auch im betrieblichen Kontext kaum bestritten. Häufig wird jedoch dennoch auf den Aufwand von Arbeitsanalyseverfahren als *Grund* für die geringe Umsetzung in der betrieblichen Praxis verwiesen. Insofern stellt sich die Frage, ob manche der Umsetzungsbarrieren weniger auf die Höhe des Aufwands, sondern vielmehr darauf zurückzuführen sind, dass solche umfassenderen Änderungen der Verhältnisse nicht gewünscht sind. Zumindest die Diskussion im Bereich betrieblicher Gesundheitsförderung legt nahe, dass manchen Unternehmen die Beschränkung auf personbezogene Maßnahmen „insofern entgegenkommen, als sie – in manchen Fällen durchaus zu Recht – fürchten, mit einer Veränderung der Verhältnisse seien auch Veränderungen der Machtstrukturen verbunden“ (Ulich & Wülser, 2005, S. 387).

Auf der anderen Seite liegen Erfahrungen mit der Einbettung von Arbeitsanalysen in partizipative Projekte vor, die – eine entsprechende Bereitschaft der Unternehmen vorausgesetzt – zeigen, dass sorgfältige und aufwendige Problemanalysen bereits Bestandteil einer sinnvollen Umgestaltung sein können. Besonders deutlich wird dies im Konzept der qualifizierenden Arbeitsgestaltung, d. h. der Beteiligung an und Befähigung zur Schaffung von persönlichkeitsförderlichen Arbeitstätigkeiten (vgl. z. B. Duell & Frei, 1986; Neubert & Tomczyk, 1986); bewährt hat sich auch der Einsatz von Arbeitsanalysen im Rahmen einer kooperativen Produktivitätsmessung (z. B. Pritchard, Kleinbeck & Schmidt, 1993; vgl. auch z. B. Dunckel, Jerusel, Tschan & Semmer, 1999). Der Begleitung und Fundierung solcher Konzeptionen sollte vermehrt Aufmerksamkeit geschenkt werden.

Die Anwendbarkeit von Arbeitsanalyseverfahren in der Praxis hängt mit dem Tätigkeits- und Branchenbezug zusammen – je spezieller das Instrument, umso leichter wird es einsetzbar sein. Die in diesem Zusammenhang entwickelten Praxisleitfäden beziehen sich beispielsweise auf eine bestimmte Technik (wie z. B. der CNC-Leitfaden, vgl. Weber, Oesterreich, Zölch & Leder, 1994). Eine andere Spezialisierungsmöglichkeit betrifft den Anwendungsbereich. So finden sich in letzter Zeit zunehmend Verfahrensweiterentwicklungen, die speziell auf Fragen des Arbeits- und Gesundheitsschutzes und die in diesem Zusammenhang geforderten Gefährdungsanalysen bezogen sind (z. B. Ducki, 2000; Jordan, Pohlandt & Schulze, 2001; zum Überblick vgl. M. E. Resch, 2003).

10.3 Ausbildung professioneller arbeitsanalytischer Kompetenz

Der Einsatz von Arbeitsanalyseverfahren setzt fundierte theoretische und methodische Kenntnisse voraus. Insbesondere bedingungsbezogene Arbeitsanalyseverfahren sind sowohl in der Anwendung als auch in der Einarbeitung mit einem hohen zeitlichen Einsatz verbunden. Dies betrifft auch die Vermittlung arbeitsanalytischer Kenntnisse im Rahmen universitärer Lehre: Erforderlich sind beispielsweise Kompetenzen zum methodisch sorgfältigen Beobachten und Befragen sowie die Fähigkeit, bei der anschließenden Bewertung die dem Verfahren zugrunde liegenden theoretischen Überlegungen und Kriterien präzise anzuwenden. Die Verfahren stellen hierfür z. T. umfangreiche Manuale zur Verfügung. Der Umgang hiermit muss jedoch selbst zum Lerngegenstand gemacht werden – eine Forderung, der bislang nur bei kleinen Lerngruppen und hoher Betreuungsdichte nachzukommen ist.

Hier mag in Zukunft ein Ansatz an Bedeutung gewinnen, der im Zusammenhang mit der Nutzung medial unterstützter Lehr-Lernmethoden entwickelt wurde (vgl. Luczak & Schmidt, 2005). Das *L*ernmodul Psychologische *AR*beits*A*nalyse (LARA, vgl. M. G. Resch & Fenzl, 2005) vermittelt Grundlagen und methodische Standards psychologischer Arbeitsanalyse. Es leitet zum Selbststudium, zur aktiven Auseinandersetzung und zum Einsatz eines psychologischen Arbeitsanalyseverfahrens an. Der Aufbau des Lernmoduls orientiert sich an Grundgedanken des Konzepts aufgabenbezogener Gestaltung von Qualifizierungsprozessen (vgl. Rieder & Oesterreich, 1996; Weyerich & Volpert, 1993). Die Anwendung wird an zahlreichen Fallbeispielen geübt. Die damit erworbenen speziellen Kenntnisse eines Verfahrens sowie die vermittelten Kompetenzen in der Anwendung schaffen eine Grundlage, sich in der Folge weitere Verfahren relativ zügig und zielgerichtet anzueignen.

Erfahrungen mit der Anwendung des LARA-Moduls sprechen dafür, dass sich diese Konzeption bewährt hat und der Nutzerkreis ausgeweitet werden kann. Die verstärkte Ausbildung von betrieblichen Experten im Bereich der Arbeitsanalyse lässt sich mit dem bereits angesprochenen Grundgedanken der qualifizierenden Arbeitsgestaltung verbinden. Angezielt wird hiermit ein partizipativer Ansatz zur *Qualifizierung in gesundheitsförderlicher Arbeitsgestaltung:* Zum einen wird ein Grundverständnis der bedingungsbezogenen Analyse psychischer Belastungen vermittelt. Zum anderen wird dazu angeleitet, diese Grundlagen innerbetrieblich im Rahmen von Workshops weiter zu vermitteln und sie gemeinsam mit den Beschäftigten auf die eigene betriebliche Praxis anzuwenden.

Die Arbeitsanalyse hat speziell in der deutschsprachigen Arbeitspsychologie eine lange Tradition. Es bleibt zu hoffen, dass an dieser auch in Zukunft weiter angeknüpft wird und ihre Potenziale genutzt werden, um in der Diskussion um (nationale wie internationale) Standards „guter" oder menschengerechter Arbeit fundierte Bewertungskriterien und Gestaltungsvorschläge vertreten zu können.

Aber auch für die englischsprachige Welt gilt: „The analysis of work continues to be an important management tool in a fast-evolving business world. Information about current work activities and work organization is the starting point to innovate and improve them" (Sanchez, 2000, S. 207, zitiert nach Voskuijl, 2005, S. 42).

Literatur

Antonovsky, A. (1979). *Health, stress and coping.* San Francisco, CA: Jossey Bass.

Antonovsky, A. (1997). *Salutogenese. Zur Entmystifizierung von Gesundheit.* Tübingen: dgvt.

Ash, R. A. (1988). Job analysis in the world of work. In S. Gael (Ed.), *The job analysis handbook for business, industry and government* (Vol. 1). New York, NY: Wiley.

Bamberg, E. & Metz, A. (1998). Intervention. In E. Bamberg, A. Ducki & A.-M. Metz (Hrsg.), *Handbuch Betriebliche Gesundheitsförderung* (S. 177–209). Göttingen: Verlag für Angewandte Psychologie.

Böhle, F., Pfeiffer, S. & Sevsay-Tegethoff, N. (Hrsg.). (2004). *Die Bewältigung des Unplanbaren.* Wiesbaden: Verlag für Sozialwissenschaften.

Bortz, J. & Döring, N. (2006). *Forschungsmethoden und Evaluation für Human- und Sozialwissenschaftler.* Heidelberg: Springer.

Boucsein, W. (1991). Arbeitspsychologische Beanspruchungsforschung heute – eine Herausforderung an die Psychophysiologie. *Psychologische Rundschau, 42,* 129–144.

Brannick, M. T. & Levine, E. L. (2002). *Job analysis. Methods, research, and applications for human mesource management in the new millenium.* Thousands Oaks, CA: Sage.

Bungard, W. (1993). Methodische Grundprobleme der Arbeits- und Organisationspsychologie. In W. Bungard & T. Herrman (Hrsg.), *Arbeits- und Organisationspsychologie im Spannungsfeld zwischen Grundlagenorientierung und Anwendung* (S. 369–405). Bern: Huber.

Büssing, A. & Glaser, J. (1999). *Tätigkeits- und Arbeitsanalyseverfahren für das Krankenhaus – Selbstbeobachtungsversion (TAA-KH).* In H. Dunckel (Hrsg.), *Handbuch psychologischer Arbeitsanalyseverfahren* (S. 465–494). Zürich: vdf.

Büssing, A. & Glaser, J. (2002). *Das Tätigkeits- und Arbeitsanalyseverfahren für das Krankenhaus – Selbstbeobachtungsversion (TAA-KH-S).* Göttingen: Hogrefe.

Büssing, A., Herbig, B. & Ewert, T. (2002). Implizites Wissen und erfahrungsgeleitetes Arbeitshandeln. *Zeitschrift für Arbeits- und Organisationspsychologie, 46* (1), 2–21.

Dierdorff, E. C. & Wilson, M. A. (2003). A meta-analysis of job analysis reliability. *Journal of Applied Psychology, 88,* 635–646.

Ducki, A. (2000). *Diagnose gesundheitsförderlicher Arbeit. Eine Gesamtstrategie zur betrieblichen Gesundheitsanalyse.* Zürich: vdf.

Duell, W. & Frei, F. (1986). *Leitfaden für qualifizierende Arbeitsgestaltung.* Köln: TÜV Rheinland.

Dunckel, H. (1996). *Psychologisch orientierte Systemanalyse im Büro.* Bern: Huber.

Dunckel, H. (1997). Arbeitsanalyse zwischen wissenschaftlichen Standards und betrieblicher Praxis. In I. Udris (Hrsg.), *Arbeitspsychologie für morgen* (S. 103–117). Heidelberg: Asanger.

Dunckel, H. (1999a). Psychologische Arbeitsanalyse: Verfahrensüberblick und Auswahlkriterien. In H. Dunckel (Hrsg.), *Handbuch psychologischer Arbeitsanalyseverfahren* (S. 9–30). Zürich: vdf.

Dunckel, H. (Hrsg.). (1999b). *Handbuch psychologischer Arbeitsanalyseverfahren.* Zürich: vdf.

Dunckel, H., Jerusel, S., Tschan, F. & Semmer, N. K. (1999). PPM bei komplexen Aufgaben in einer Bank. Ein Fallbericht. In H. Holling, F. Lammers & R. B. Pritchard (Hrsg.), *Effektivität durch partizipatives Produktivitätsmanagement* (S. 117–133). Göttingen: Verlag für Angewandte Psychologie.

Dunckel, H. & Pleiss, C. (Hrsg.). (2007). *Kontrastive Aufgabenanalyse. Grundlagen, Entwicklungen und Anwendungserfahrungen.* Zürich: vdf.

Dunckel, H., Volpert, W., Zölch, M., Kreutner, U., Pleiss, C. & Hennes, K. (1993). *Kontrastive Aufgabenanalyse im Büro. Der KABA-Leitfaden.* Zürich: vdf.

Dunckel, H., Zapf, D. & Udris, I. (1991). Methoden betrieblicher Streßanalyse. In S. Greif, E. Bamberg & N. Semmer (Hrsg.), *Psychischer Streß am Arbeitsplatz* (S. 29–45). Göttingen: Hogrefe.

European Agency for Safety and Health at Work (2003). *Gender issues in safety and health at work. A review.* Luxembourg: Office for Official Publications of the European Communities.

Fenzl, C. & Resch, M. G. (2005). Zur Analyse der Koordination von Tätigkeitssystemen. *Zeitschrift für Arbeits- und Organisationspsychologie, 49,* 220–231.

Frei, F. & Ulich, E. (Hrsg.). (1981). *Beiträge zur psychologischen Arbeitsanalyse.* Bern: Huber.

Frese, M., Greif, S. & Semmer, N. (Hrsg.). (1978). *Industrielle Psychopathologie.* Bern: Huber.

Frieling, E. (1975). *Psychologische Arbeitsanalyse.* Stuttgart: Kohlhammer.

Frieling, E. (1990). Analyse weist den Weg. *Bundesarbeitsblatt, 10,* 11–17.

Frieling, E. (1993). Analyse von Arbeitstätigkeiten – eine Problemanalyse. In W. Bungard & T. Herrman (Hrsg.), *Arbeits- und Organisationspsychologie im Spannungsfeld zwischen Grundlagenorientierung und Anwendung* (S. 251–256). Bern: Huber.

Frieling, E., Facaoaru, C., Benedix, J., Pfaus, H. & Sonntag, K. (1993). *Tätigkeits-Analyse-Inventar.* Thoerie. Auswertung. Praxis. Handbuch & Verfahren. Landsberg: ecomed.

Frieling, E. & Hoyos, C. Graf (1978). *Fragebogen zur Arbeitsanalyse (FAA). Deutsche Bearbeitung des Position Analysis Questionnaire (PAQ). Handbuch.* Bern: Huber.

Frieling, E. & Sonntag, K. (1999). *Lehrbuch Arbeitspsychologie*. Bern: Huber.

Gablenz-Kolakoviç, S., Krogoll, T., Oesterreich, R. & Volpert, W. (1981). Subjektive oder objektive Arbeitanalyse? *Zeitschrift für Arbeitswissenschaft, 35,* 217–220.

Gael, S. (1988). *The job analysis handbook for business, industry, and government*. New York, NY: Wiley.

Gilbreth, F. B. (1911). *Motion study*. New York, NY: Van Nostrand.

Glißmann, W. (2003). Der neue Zugriff auf das ganze Individuum. Wie kann ich mein Interesse behaupten? In M. Moldaschl & G. G. Voß (Hrsg.), *Subjektivierung von Arbeit* (S. 255–274). München: Hampp.

Glißmann, W. & Peters, K. (Hrsg.). (2001). *Mehr Druck durch mehr Freiheit. Die neue Autonomie in der Arbeit und ihre Folgen*. Hamburg: VSA.

Greif, S. (1991). Streß in der Arbeit – Einführung und Grundbegriffe. In S. Greif, E. Bamberg & N. Semmer (Hrsg.), *Psychischer Streß am Arbeitsplatz* (S. 1–28). Göttingen: Hogrefe.

Grote, G., Wäfler, T., Ryser, C., Weik, S., Zölch, M. & Windischer, A. (1999). *Wie sich Mensch und Technik sinnvoll ergänzen. Die Analyse automatisierter Produktionssysteme mit KOMPASS*. Zürich: vdf.

Hacker, W. (1991). Aspekte einer gesundheitsstabilisierenden und -fördernden Arbeitsgestaltung. *Zeitschrift für Arbeits- und Organisationspsychologie, 35,* 48–58.

Hacker, W. (1995). *Arbeitstätigkeitsanalyse. Analyse und Bewertung psychischer Arbeitsanforderungen*. Heidelberg: Asanger.

Hacker, W. (2005). *Allgemeine Arbeitspsychologie. Psychische Regulation von Wissens-, Denk- und körperlicher Arbeit*. Bern: Huber.

Hacker, W., Fritsche, B., Richter, P. & Iwanowa, A. (1995). *Tätigkeitsbewertungssystem (TBS). Verfahren zur Analyse, Bewertung und Gestaltung von Arbeitstätigkeiten*. Zürich: vdf.

Hacker, W. & Richter, P. (1980). *Psychologische Bewertung von Arbeitsgestaltungsmaßnahmen*. In W. Hacker (Hrsg.), *Spezielle Arbeits- und Ingenieurpsychologie* (Bd. 1, S. 13–128). Berlin: Deutscher Verlag der Wissenschaften.

Hackman, J. R. & Oldham, G. R. (1975). Development of the Job Diagnostic Survey. *Journal of Applied Psychology, 60,* 159–170.

Hamborg, K.-C. & Greif, S. (1999). Heterarchische Aufgabenanalyse (HAA). In H. Dunckel (Hrsg.), *Handbuch psychologischer Arbeitsanalyseverfahren* (S. 147–177). Zürich: vdf.

Helfmann, B. (2000). Verkürzte Erwerbsarbeit – familienfreundliche und gesundheitsförderliche Alternative? *Zeitschrift für Arbeitsforschung, Arbeitsgestaltung und Arbeitspolitik, 9,* 244–250.

Hoyos, C. Graf & Ruppert, F. (1993). *Der Fragebogen zur Sicherheitsdiagnose FSD. Entwicklung und Erprobung eines verhaltensorientierten Verfahrens für die betriebliche Sicherheitsarbeit*. Bern: Huber.

Jahoda, M. (1983). *Wieviel Arbeit braucht der Mensch?* Weinheim: Beltz.

Jordan, P., Pohlandt, A. & Schulze, F. (2001). *REBA_AS: Rechnergestütztes Dialogverfahren für die Bewertung und Gestaltung im Arbeits- und Gesundheitsschutz*. Bochum: Verlag Technik und Information.

Karasek, R. A. & Theorell, T. (1990). *Healthy work. Stress, productivity, and the reconstruction of working life.* New York, NY: Basic.

Karg, P. W. & Staehle, W. H. (1982). *Analyse der Arbeitssituation. Verfahren und Instrumente.* Freiburg/B.: Haufe.

Katz, C. & Baitsch, C. (1996). *Lohngleichheit für die Praxis. Zwei Instrumente zur geschlechtsunabhängigen Arbeitsbewertung.* Zürich: vdf.

Kauffeld, S. (2004). *Der Fragebogen zur Arbeit im Team.* Göttingen: Hogrefe.

Kauffeld, S. (2006). *Kompetenzen messen, bewerten, entwickeln.* Stuttgart: Schäffer-Poeschel.

Kauffeld, S. & Frieling, E. (2001). Der Fragebogen zur Arbeit im Team (F-A-T). *Zeitschrift für Arbeits- und Organisationspsychologie, 45,* 26–33.

Kirwan, B. & Ainsworth, L. K. (1992). *A guide to task analysis.* London: Taylor & Francis.

Konradt, U., Semmer, N. & Tschan, F. (2007). Aufgabenanalyse. In B. Zimolong & U. Konradt (Hrsg.), *Ingenieurpsychologie* (Enzyklopädie der Psychologie, Serie Wirtschafts-, Organisations- und Arbeitspsychologie, Bd. 2, S. 359–392). Göttingen: Hogrefe.

Kötter, W. (2002). Projektarbeit – (k)ein Thema für die Arbeitspsychologie? In M. Moldaschl (Hrsg.), *Neue Arbeit – Neue Wissenschaft der Arbeit?* (S. 399–416). Heidelberg: Asanger.

Krause, A. (2004). Erhebung aufgabenbezogener psychischer Belastungen im Unterricht – ein Untersuchungskonzept. *Zeitschrift für Arbeits- und Organisationspsychologie, 48,* 139–147.

Krell, G. & Winter, R. (2004). Anforderungsabhängige Entgeltdifferenzierung: Orientierungshilfen auf dem Weg zu einer diskriminierungsfreieren Arbeitsbewertung. In G. Krell (Hrsg.), *Chancengleichheit durch Personalpolitik. Gleichstellung von Frauen und Männern in Unternehmen und Verwaltungen. Rechtliche Regelungen – Problemanalysen – Lösungen* (S. 309–332). Wiesbaden: Gabler.

Landau, K. & Rohmert, W. (1987). Aufgabenbezogene Analyse von Arbeitstätigkeiten. In U. Kleinbeck & J. Rutenfranz (Hrsg.), *Arbeitspsychologie* (Enzyklopädie der Psychologie, Serie Wirtschafts-, Organisations- und Arbeitspsychologie, Bd. 1, S. 75–129). Göttingen: Hogrefe.

Landau, K. & Rohmert, W. (Eds.). (1989). *Recent developments in job analysis.* London: Taylor & Francis.

Leitner, K. (1997). Längsschnittstudien. In H. Luczak & W. Volpert (Hrsg.), *Handbuch Arbeitswissenschaft* (S. 117–121). Stuttgart: Schäffer-Poeschel.

Leitner, K. (1999). Kriterien und Befunde zu gesundheitsgerechter Arbeit – Was schädigt, was fördert die Gesundheit? In R. Oesterreich & W. Volpert (Hrsg.), *Psychologie gesundheitsgerechter Arbeitsbedingungen. Konzepte, Ergebnisse und Werkzeuge zur Arbeitsgestaltung* (S. 63–139). Bern: Huber.

Leitner, K., Lüders, E., Greiner, B., Ducki, A., Niedermeier, R. & Volpert, W. (1993). *Analyse psychischer Anforderungen und Belastungen in der Büroarbeit. Das RHIA/VERA-Büro-Verfahren. Handbuch und Manual.* Göttingen: Hogrefe.

Lienert, G. A. & Raatz, U. (1994). *Testaufbau und Testanalyse.* Weinheim: Beltz.

Luczak, H. (1987). Psychophysiologische Methoden zur Erfassung psychophysischer Beanspruchungszustände. In U. Kleinbeck & J. Rutenfranz (Hrsg.), *Arbeitspsychologie* (Enzyklopädie der Psychologie, Serie Wirtschafts-, Organisations- und Arbeitspsychologie, Bd. 1, S. 185–259). Göttingen: Hogrefe.

Luczak, H. (1998). *Arbeitswissenschaft.* Berlin: Springer.

Luczak, H. & Schmidt, L. (Hrsg.). (2005). *E-Learning-Kooperation in der Arbeitswissenschaft.* Stuttgart: ergonomia.

Lüders, E. & Pleiss, C. (1999). Werkzeuge gesundheitsgerechter Arbeitsgestaltung – Von der Analyse zur Praxis. In R. Oesterreich & W. Volpert (Hrsg.), *Psychologie gesundheitsgerechter Arbeitsbedingungen. Konzepte, Ergebnisse und Werkzeuge zur Arbeitsgestaltung* (S. 217–266). Bern: Huber.

Matern, B. (1984). *Psychologische Arbeitsanalyse.* Berlin: Springer.

McCormick, E. J. (1979). *Job analysis. Methods and applications.* New York, NY: Amacom.

Mohr, G. (1986). *Die Erfassung psychischer Befindensbeeinträchtigungen bei Industriearbeitern.* Frankfurt a. M.: Lang.

Mohr, G., Rigotti, T. & Müller, A. (2005). Irritation – ein Instrument zur Erfassung psychischer Beanspruchung im Arbeitskontext. Skalen- und Itemparameter aus 15 Studien. *Zeitschrift für Arbeits- und Organisationspsychologie, 49,* 44–48.

Münsterberg, H. (1912). *Psychologie und Wirtschaftsleben.* Leipzig: Barth.

Münsterberg, H. (1914). *Grundzüge der Psychotechnik.* Leipzig: Barth.

Nachreiner, F. & Schütte, M. (2005). DIN EN ISO 10075-3 – eine Ergonomie-Norm mit Anforderungen an Verfahren zur Messung psychischer Belastung, Beanspruchung und ihrer Folgen. *Zeitschrift für Arbeits- und Organisationspsychologie, 49,* 154 –160.

Neuberger, O. (1985). *Arbeit.* Stuttgart: Enke.

Neubert, J. & Tomczyk, R. (1986). *Gruppenverfahren der Arbeitsanalyse und Arbeitsgestaltung.* Berlin: Deutscher Verlag der Wissenschaften.

Oesterreich, R. (1992). Die Überprüfung von Gütekriterien bedingungsbezogener Arbeitsanalyseverfahren. *Zeitschrift für Arbeitswissenschaft, 46,* 139–144.

Oesterreich, R. (1999). Konzepte zu Arbeitsbedingungen und Gesundheit – Fünf Erklärungsmodelle im Vergleich. In R. Oesterreich & W. Volpert (Hrsg.), *Psychologie gesundheitsgerechter Arbeitsbedingungen. Konzepte, Ergebnisse und Werkzeuge zur Arbeitsgestaltung* (S. 141–215). Bern: Huber.

Oesterreich, R. (2005). Standards für Untersuchungsinstrumente zu psychischer Belastung und Beanspruchung in der ISO 10075-3 und Standards in der Wissenschaft. *Zeitschrift für Arbeits- und Organisationspsychologie, 49,* 149–153.

Oesterreich, R. & Bortz, J. (1994). Zur Ermittlung der testtheoretischen Güte von Arbeitsanalyseverfahren. *ABO-aktuell, 3,* 2–8.

Oesterreich, R. & Geissler, H. (2002). Objective psychological stress factors – Model and measurement. In C. Weikert, E. Torkelson & J. Pryce (Eds.), *Occupational health psychology. Empowerment, participation & health at work* (pp. 140–143). Nottingham: I-WHO Publications.

Oesterreich, R., Leitner, K. & Resch, M. G. (2000). *Analyse psychischer Anforderungen und Belastungen in der Produktionsarbeit. Das Verfahren RHIA/VERA-Produktion. Handbuch.* Göttingen: Hogrefe.

Oesterreich, R. & Resch, M. G. (2003). Erweiterung des Konzepts „bedingungsbezogene Arbeitsanalyse“. *Wirtschaftspsychologie, 5,* 147–149.

Oesterreich, R. & Volpert, W. (1987). Handlungstheoretisch orientierte Arbeitsanalyse. In U. Kleinbeck & J. Rutenfranz (Hrsg.), *Arbeitspsychologie* (Enzyklopädie der Psychologie, Serie Wirtschafts-, Organisations- und Arbeitspsychologie, Bd. 1, S. 43–73). Göttingen: Hogrefe.

Oesterreich, R. & Volpert, W. (Hrsg.). (1991). *VERA Version 2. Arbeitsanalseverfahren zur Ermittlung von Planungs- und Denkanforderungen im Rahmen der RHIA-Analyse.* Berlin: TU.

Oesterreich, R. & Volpert, W. (Hrsg.). (1999). *Psychologie gesundheitsgerechter Arbeitsbedingungen. Konzepte, Ergebnisse und Werkzeuge zur Arbeitsgestaltung.* Bern: Huber.

Plath, H.-E. & Richter, P. (1984). *Ermüdung, Monotonie, Sättigung, Stress. Verfahren zur skalierten Erfassung erlebter Beanspruchungsfolgen (BMS).* Göttingen: Hogrefe.

Pleiss, C. (2003). *Wissensdivergenz in der kooperativen Arbeit.* Dissertation, Universität Flensburg [Online]. Verfügbar unter: http://www.zhb-flensburg.de/dissert/pleiss/ [30. 04. 2009].

Pohlandt, A., Hacker, W. & Richter, P. (1999). Tätigkeitsbewertungssystem (TBS). In H. Dunckel (Hrsg.), *Handbuch psychologischer Arbeitsanalyseverfahren* (S. 515–538). Zürich: vdf.

Pohlandt, A., Richter, P., Jordan, P. & Schulze, F. (1999). Rechnergestütztes Dialogverfahren zur psychologischen Bewertung von Arbeitsinhalten (REBA). In H. Dunckel (Hrsg.), *Handbuch psychologischer Arbeitsanalyseverfahren* (S. 341–363). Zürich: vdf.

Pohlandt, A. & Schulze, F. (2005). *ErgoInstrument REBA 7.0. PC-Programm mit Handbuch. Rechnergestützes Dialogverfahren für die Bewertung und Gestaltung von Arbeitstätigkeiten unter Berücksichtigung von Sicherheit und Gesundheitsschutz* Tharandt: InfoMedia.

Pritchard, R. D., Kleinbeck, U. & Schmidt, K.-H. (1993). *Das Managementsystem PPM. Durch Mitarbeiterbeteiligung zu höherer Produktivität.* München: Beck'sche Verlagsbuchhandlung.

Resch, M. E. (1988). *Die Handlungsregulation geistiger Arbeit. Bestimmung und Analyse geistiger Arbeitstätigkeiten in der industriellen Produktion.* Bern: Huber.

Resch, M. E. (2003). *Analyse psychischer Belastungen. Verfahren und ihre Anwendung im Arbeits- und Gesundheitsschutz.* Bern: Huber.

Resch, M. G. (1999). *Arbeitsanalyse im Haushalt. Erhebung und Bewertung von Tätigkeiten außerhalb der Erwerbsarbeit mit dem AVAH-Verfahren.* Zürich: vdf.

Resch, M. G. & Fenzl, C. (2005). Psychologische Arbeitsanalyse. In H. Luczak & L. Schmidt (Hrsg.), *E-Learning-Kooperation in der Arbeitswissenschaft* (S. 123–132). Stuttgart: ergonomia.

Richter, G. & Hacker, W. (2003). *Tätigkeitsbewertungssystem – Geistige Arbeit für Arbeitsplatzinhaber.* Zürich: vdf.

Richter, P., Debitz, U. & Schulze, F. (2002). Diagnostik von Arbeitsanforderungen und kumulativen Beanspruchungsfolgen am Beispiel eines Call Centers. *Zeitschrift für Arbeitswissenschaft, 56,* 67–76.

Richter, P. & Hacker, W. (1998). *Belastung und Beanspruchung. Streß, Ermüdung und Burnout im Arbeitsleben.* München: Asanger.

Rieder, K. & Oesterreich, R. (1996). Ein aufgabenbezogenes Konzept zur Gestaltung von Qualifizierungsprozessen im EDV-Bereich. *Zeitschrift für Berufs- und Wirtschaftspädagogik, 92,* 31–45.

Rimann, M. & Udris, I. (1997). Subjektive Arbeitsanalyse: Der Fragebogen SALSA. In O. Strohm & E. Ulich (Hrsg.), *Unternehmen arbeitspsychologisch bewerten. Ein Mehr-Ebenen-Ansatz unter besonderer Berücksichtigung von Mensch, Technik und Organisation* (S. 281–298). Zürich: vdf.

Rohmert, W. & Landau, K. (1979). *Das Arbeitswissenschaftliche Erhebungsverfahren zur Tätigkeitsanalyse (AET).* Bern: Huber.

Rohmert, W. & Rutenfranz, J. (1975). *Arbeitswissenschaftliche Beurteilung der Belastung und Beanspruchung an unterschiedlichen industriellen Arbeitsplätzen.* Bonn: Der Bundesminister für Arbeit und Sozialordnung.

Rudolph, E., Schönfelder, E. & Hacker, W. (1987). *Tätigkeitsbewertungssystem – Geistige Arbeit (TBS-GA).* Berlin: Psychodiagnostisches Zentrum.

Schmidt, K.-H. & Kleinbeck, U. (1999). Job Diagnostic Survey (JDS – deutsche Fassung). In H. Dunckel (Hrsg.), *Handbuch psychologischer Arbeitsanalyseverfahren* (S. 205–230). Zürich: vdf.

Schuler, H. (2001). Arbeits- und Anforderungsanalyse. In H. Schuler (Hrsg.), *Lehrbuch der Personalpsychologie* (S. 43–61). Göttingen: Hogrefe.

Semmer, N. K. (1984). *Streßbezogene Tätigkeitsanalyse. Psychologische Untersuchungen von Streß am Arbeitsplatz.* Weinheim: Beltz.

Semmer, N. K. (1990). Streß und Kontrollverlust. In F. Frei & I. Udris (Hrsg.), *Das Bild der Arbeit* (S. 190–207). Bern: Huber.

Semmer, N. K. (2003). Individual differences, work stress and health. In M. J. Schabracq, J. A. M. Winnubst & C. L. Cooper (Eds.), *The Handbook of work and health psychology* (pp. 83–120). Chichester: Wiley.

Semmer, N. K., Grebner, S. & Elfering, A. (2004). Beyond self-report: Using observational, physiological, and situation-based measures in research on occupational stress. In P. L. Perrewé & D. C. Ganster (Eds.), *Research in Occupational Stress and Well Being* (Vol. 3, pp. 205–263). Amsterdam: JAI.

Semmer, N. K. & Greif, S. (1981). Zur Funktion qualitativer und quantitativer Methoden der Tätigkeitsanalyse. In F. Frei & E. Ulich (Hrsg.), *Beiträge zur psychologischen Arbeitsanalyse* (S. 39–56). Bern: Huber.

Semmer, N. K. & Udris, I. (2004). Bedeutung und Wirkung von Arbeit. In H. Schuler (Hrsg.), *Lehrbuch Organisationspsychologie* (S. 157–142). Bern: Huber.

Semmer, N. K., Zapf, D. & Dunckel, H. (1999). Instrument zur Stressbezogenen Tätigkeitsanalyse (ISTA). In H. Dunckel (Hrsg.), *Handbuch psychologischer Arbeitsanalyseverfahren* (S. 179–204). Zürich: vdf.

Sonntag, K. (1987). *Arbeitsanalyse und Technikentwicklung.* Köln: Wirtschaftsverlag Bachem.

Sonntag, K., Schaper, N. & Benz, D. (1999). Leitfaden zur qualitativen Personalplanung bei technisch-organisatorischen Innovationen (LPI). In H. Dunckel (Hrsg.), *Handbuch psychologischer Arbeitsanalyseverfahren* (S. 285–317). Zürich: vdf.

Strohm, O. & Ulich, E. (1997). *Unternehmen arbeitspsychologisch bewerten. Ein Mehr-Ebenen-Ansatz unter besonderer Berücksichtigung von Mensch, Technik und Organisation.* Zürich: vdf.

Strohm, O. & Ulich, E. (1999). Ganzheitliche Betriebsanalyse unter Berücksichtigung von Mensch, Technik, Organisation (MTO-Analyse). In H. Dunckel (Hrsg.), *Handbuch psychologischer Arbeitsanalyseverfahren* (S. 319–340). Zürich: vdf.

Taylor, F. W. (1911). *The principles of scientific management.* New York, NY: Harper & Row.

Taylor, F. W. (1977). *Die Grundsätze wissenschaftlicher Betriebsführung.* Weinheim: Beltz.

Taylor, F. W. (1995). *Die Grundsätze wissenschaftlicher Betriebsführung. Reprint. Neu herausgegeben und eingeleitet von Walter Bungard und Walter Volpert.* Weinheim: Beltz, Psychologie Verlags Union.

Trebeck, R. (1970). Die Arbeitsanalyse als Grundlage der Arbeitsgestaltung, der Auswahl und Ausbildung von Mitarbeitern und der Arbeitsbewertung. In A. Mayer & B. Herwig (Hrsg.), *Handbuch der Psychologie* (Bd. 9, S. 210–243). Göttingen: Hogrefe.

Trist, E. (1990). Soziotechnische Systeme: Ursprünge und Konzepte. *Organisationsentwicklung, 4,* 11–26.

Trost, A. & Bungard, W. (2004). Die Interraterreliabilität von Ergebnissen aus Mitarbeiterbefragungen. *Zeitschrift für Arbeits- und Organisationspsychologie, 48,* 122–131.

Turner, A. N. & Lawrence, P. R. (1965). *Industrial jobs and the worker.* Boston, MA: Harvard University.

Udris, I. & Rimann, M. (1999). SAA und SALSA: Zwei Fragebögen zur subjektiven Arbeitsanalyse. In H. Dunckel (Hrsg.), *Handbuch psychologischer Arbeitsanalyseverfahren* (S. 397–419). Zürich: vdf.

Ulich, E. (1990). Individualisierung und differentielle Arbeitsgestaltung. In C. Graf Hoyos & B. Zimolong (Hrsg.), *Ingenieurpsychologie* (Enzyklopädie der Psychologie, Serie Wirtschafts-, Organisations- und Arbeitspsychologie, Bd. 2, S. 511–535). Göttingen: Hogrefe.

Ulich, E. (2004). Gestaltung von Arbeitstätigkeiten. In H. Schuler (Hrsg.), *Lehrbuch Organisationspsychologie* (S. 221–252). Bern: Huber.

Ulich, E. (2005). *Arbeitspsychologie.* Zürich: vdf.

Ulich, E. & Wülser, M. (2005). *Gesundheitsmanagement in Unternehmen, Arbeitspsychologische Perspektiven.* Wiesbaden: Gabler.

Verband für Arbeitsgestaltung, Betriebsorganisation und Unternehmensentwicklung (1991). *Grundlagen der Arbeitsgestaltung.* München: Hanser.

Volpert, W. (1975). Die Lohnarbeitswissenschaft und die Psychologie der Arbeitstätigkeit. In P. Groskurth & W. Volpert (Hrsg.), *Lohnarbeitspsychologie* (S. 11–196). Frankfurt a. M.: Fischer.

Volpert, W. (1979). Der Zusammenhang zwischen Arbeit und Persönlichkeit aus handlungspsychologischer Sicht. In P. Groskurth (Hrsg.), *Arbeit und Persönlichkeit: Berufliche Sozialisation in der arbeitsteiligen Gesellschaft* (S. 21–45). Reinbek: Rowohlt.

Volpert, W. (1987). Psychische Regulation von Arbeitstätigkeiten. In U. Kleinbeck & J. Rutenfranz (Hrsg.), *Arbeitspsychologie* (Enzyklopädie der Psychologie, Serie Wirtschafts-, Organisations- und Arbeitspsychologie, Bd. 1, S. 1–42). Göttingen: Hogrefe.

Volpert, W. (1990). Welche Arbeit ist gut für den Menschen? Notizen zum Thema Menschenbild und Arbeitsgestaltung. In F. Frei & I. Udris (Hrsg.), *Das Bild der Arbeit* (S. 23–40). Bern: Huber.

Volpert, W. (1994). Interessenbindung und Verantwortung bei der Mitwirkung an Gestaltungsprozessen. In L. von Rosenstiel, C. M. Hockel & W. Holt (Hrsg.), *Handbuch der Angewandten Psychologie. Grundlagen – Methoden – Praxis (Teil II-3)* (S. 1–13). Landsberg/L.: ecomed.

Volpert, W. (2003). *Wie wir handeln – was wir können. Ein Disput als Einführung in die Handlungspsychologie.* Sottrum: artefact.

Voskuijl, O. F. (2005). Job analysis: Current and future perspectives. In A. Evers, N. Anderson & O. Voskuijl (Eds.), *The Blackwell handbook of personnel selection* (pp. 27–46). Oxford: Blackwell.

Voskuijl, O. F. & van Sliedregt, T. (2002). Determinants of interrater reliability of job analysis. A meta-analysis. *European Journal of Psychological Assessment, 18,* 52–62.

Wächter, H., Modrow-Thiel, B. & Roßmann, G. (1989). *Analyse von Tätigkeitsstrukturen und prospektive Arbeitsgestaltung bei Automatisierung (ATAA).* Köln: TÜV Rheinland.

Weber, W. G. (1994). Autonome und restriktive Gruppenarbeit in der Produktion. *Zeitschrift für Arbeitswissenschaft, 48,* 147–156.

Weber, W. G. (1997). *Analyse von Gruppenarbeit. Kollektive Handlungsregulation in soziotechnischen Systemen.* Bern: Huber.

Weber, W. G., Oesterreich, R., Zölch, M. & Leder, L. (1994). *Arbeit an CNC-Werkzeugmaschinen. Ein arbeitswissenschaftlicher Leitfaden für die Praxis.* Zürich: vdf.

Wehner, T., Ostendorp, C. & Ostendorp, A. (2002). Good practice? Auf der Suche nach Erfolgsfaktoren in gemeinwohlorientierten Freiwilligeninitiativen. *Arbeit, 11,* 48–62.

Weyerich, A., Lüders, E., Oesterreich, R. & Resch, M. G. (1992). *Ermittlung von Alltagstätigkeiten. Das EVA-Verfahren.* Berlin: TU Berlin.

Weyerich, A. & Volpert, W. (1993). *Aufgabenbezogene Gestaltung von Qualifizierungsprozessen im Bereich der beruflichen Weiterbildung – Modell und Pilotstudie (IfHA-Berichte).* Berlin: TU Berlin.

Wieland-Eckelmann, R., Saßmannshausen, A. & Rose, M. (1997). Das SynBA-Verfahren. Verfahrensbeschreibung, Auswertungsmanual, Anwendungsbeispiel und SynBA-KF. In M. Burmester, C. Görner, W. Hacker, M. Kärcher, P. Kurtz, U. Lieser, W. Risch, R. Wieland-Eckelmann & H. Wilde (Hrsg.), *Das SANUS-Handbuch. Bildschirmarbeit EU-konform. Information, Analyse, Gestaltung.* Bremerhaven: Wirtschaftsverlag NW.

Zapf, D. (1989). *Selbst- und Fremdbeobachtung in der psychologischen Arbeitsanalyse.* Göttingen: Hogrefe.

Zapf, D., Dormann, C. & Frese, M. (1996). Longitudinal studies in organizational stress research: A review of the literature with reference to methodological issues. *Journal of Occupational Health Psychology, 1,* 145–169.

Zapf, D. & Frese, M. (1991). Soziale Stressoren am Arbeitsplatz. In S. Greif, E. Bamberg & N. Semmer (Hrsg.), *Psychischer Streß am Arbeitsplatz* (S. 168–184). Göttingen: Hogrefe.

Zapf, D., Seifert, C., Mertini, H., Voigt, C., Holz, M., Vondran, E., Isic, A. & Schmutte, B. (2000). Emotionsarbeit in Organisationen und psychische Gesundheit. In H.-P. Musahl & T. Eisenhauer (Hrsg.), *Psychologie der Arbeitssicherheit. Beiträge zur Förderung von Sicherheit und Gesundheit in Arbeitssystemen* (S. 99–106). Heidelberg: Asanger.

Zapf, D. & Semmer, N. (2004). Streß und Gesundheit in Organisationen. In H. Schuler (Hrsg.), *Organisationspsychologie – Grundlagen und Personalpsychologie* (Enzyklopädie der Psychologie, Serie Wirtschafts-, Organisations- und Arbeitspsychologie, Bd. 3, S. 1007–1112). Göttingen: Hogrefe.

Zapf, D., Voigt, C., Seifert, C., Mertini, H. & Isic, A. (1999). Emotion work as a source of stress. The concept and development of an instrument. *European Journal of Work and Organizational Psychology, 8,* 371–400.

Zölch, M., Weber, W. G. & Leder, L. (1999). *Praxis und Gestaltung kooperativer Arbeit.* Zürich: vdf.

Autorenregister

Hinweis: die *kursiv gedruckten* Seitenangaben beziehen sich auf die Literaturverzeichnisse der Artikel.

Sachregister